Inhalt

Anhang

Kindheit: Ein Mosaik, in dem viele Steine fehlen

Ja, er fing's klein an und ist jetzt so groß,
Denn zu Altdorf, im Studentenkragen,
Trieb er's, mit Permiß zu sagen,
Ein wenig locker und purschikos . . .
Schiller

Das Dorf Hermanitz liegt im Osten des schönen Landes Böhmen, an der Elbe oder Labe, dort, wo sie nach Süden fließt. Die Gegend, mit Wiesen, bewegtem Wasser und buchenwaldumzogener Höhenkette, ist lieblich noch heute, obgleich nicht ganz so, wie vor Zeiten, als um das Castell nur wenige Wirtschaftsgebäude und Wohnungen für die Leibeigenen standen. Das Castell ist längst verschwunden; ein Bauernhof deckt seinen Grund. Von 1548 bis 1623 gehörte es samt fünf Nachbardörfern den Herren von Waldstein. Danach wechselten die Besitzer in schneller Reihenfolge: die Trčka von Lípa, die dänischen Ulefeld, die Piccolomini aus Siena, die Czernin, welche aus dem Hause der Drslawitzer abstammen, zuletzt der Orden der Barmherzigen Brüder. Von der herrschaftlichen Kirche wird uns aus dem Jahre 1713 berichtet: »Unter dem Titel der heiligen Mariae Magdalenae der Büßerin ist in Hermanitz eine Kirche, ein altes Gebäu von Stein, der Glockenturm aber, in welchem drei Glocken, große, mittlere und kleine, ist ganz baufällig, daß es kaum mehr kann geläutet werden.« Ein paar Jahre später trugen deutsche Siedler die Kirche ab und bauten eine neue, ließen jedoch die Grabdenkmäler zu beiden Seiten des Altars stehen, wo sie standen. Die Bilder sind in weißen Marmor gehauen, etwas weniger als lebensgroß: ein Ritter und seine Frau. Der Ritter, barhäuptig, mit Schnurr- und Knebelbart, hält in der Rechten ein Schwert, das er, wie wir wissen, im Leben nie brauchte; die Spitze des Schwertes ruht auf einem Wappen, das vier Löwen zeigt. Um das Relief zieht sich eine Inschrift in tschechischer Sprache. Sie lautet: »Im Jahre des Herrn 1595, am Freitag, dem Tage des Heiligen Matthäus, starb der wohlgeborene Herr, Herr Vilim der Ältere von Valdštejn auf Hermanitz, und hier ruht sein Körper bis zur fröhlichen

Auferstehung.« Auf der anderen Seite die Frau, mit Haube und großer Halskrause, wirkt ein wenig bucklig. Sie trägt ein Gebetbuch in ihren Händen. Wessen das Wappen zu ihren Füßen war, lehrt die Inschrift: »Im Jahre des Herrn 1593, dem Tage der Heiligen Maria Magdalena, starb die wohlgeborene Frau, Frau Markyta von Smiřice, Gattin des wohlgeborenen Herrn, Herrn Vilim des Älteren von Valdštejn und auf Hermanitz, und hier ruht ihr Körper bis zur fröhlichen Auferstehung.«
Die Grabdenkmäler ließ der einzig überlebende Sohn, Albrecht Wenzel Eusebius, seinen Eltern errichten, als er neunzehnjährig von einer Reise zurückkam; in der vorzügereichen Situation früher Selbständigkeit und eines bequemen Erbes, aber sonst nicht recht wissend, was nun mit sich anzufangen. Das war 1602. Er war so lange von der Heimat fortgewesen, daß sie ihm kaum noch Heimat war, und er fand nur Tote dort: die Eltern, die Geschwister Hedvika, Jan Jiři, Adam und Magdalena, deren verwitterte Leichensteine man heute an der Außenmauer der Kirche sieht. Zwei Schwestern, Maria Buhumila und Katharina Anna, lebten unter der Obhut einer Tante, der edlen Jungfrau Jitka von Valdštejn.
Er kam aus Italien und war vorher in Frankreich gewesen. Einige sagen, auch in Spanien, oder in England, aber das ist nicht wahr. Die Bildungsreise, wie sie zur Erziehung böhmischer Edelleute gehörte, konnte wohl auch England einschließen oder Spanien oder beide Königreiche; sie tat es in Fällen, von denen wir wissen, aber nicht in diesem. Übrigens wissen wir von Albrecht Wallensteins Grand Tour überhaupt nicht viel. Er schrieb keine Briefe, jedenfalls sind keine da; und an wen hätte er schreiben sollen? Von seinen späteren Gesprächen sind viele überliefert; aber die handeln nur von Krieg und Staatsgeschäften, nie, fast nie, von der eigenen Menschlichkeit. Genoß er erste Lieb' und Freundschaft, so liegen sie im Dunkeln; vielleicht genoß er keine. Man legte wenig Gewicht auf das, was wir Gefühle nennen, um die Wende des 16. zum 17. Jahrhundert. Die, welche man gleichwohl erlebte und für welche es die uns geläufigen Namen nicht gab, verschloß man in sich, vertraute sie allenfalls dem Beichtvater, dem geistlichen Berater an, der seinerseits in Schweigsamkeit geübt sein mußte. Wurden Tagebücher geführt, das kam vor, so hielten sie Begebenheiten und äußere Beobachtungen fest, nicht Reflexionen, viel weniger Selbstreflexionen. Ausnahmen gibt es, die gibt es immer, und wir werden im Lauf unserer Erzählungen noch ein paar von ihnen kennenlernen. Aber Wallenstein gehört zu ihnen nicht. Stellt er eine Ausnahme dar, so eher in der anderen Richtung; das heißt, er trieb später die Verschwiegenheit über das, was in seiner

Seele vorging und was ihn zu dem gemacht hatte, was er war, noch weiter als der Durchschnitt seiner Standesgenossen.
Er kam also aus Italien, und zwar aus Padua. Dort, so sagen ungefähr zeitgenössische Berichte, soll er Politik, ferner Mathematik, Astronomie und Astrologie studiert haben, welch letztere in seinem späteren Leben eine Rolle spielte. Wir glauben, daß er in Padua war, weil alle frühen Quellen darin übereinstimmen. Aber Weiteres ist schon unsicher. In den Matrikeln der Universität hat sich sein Name, dort wo er stehen müßte, unter der Natio Germanica, nicht gefunden. Da steht ein Zdenko von Waldstein im Jahre 1600, ein Georg und ein Christian von Waldstein im Jahre 1610, aber kein Albrecht. Studierte er also wirklich in Padua, so wäre er ein irregulärer Hörer gewesen, der Art, wie die Professoren sie nicht gern haben; die unseren Albrecht auch vorher und anderswo nicht gern gehabt hatten. Ferner heißt es, er habe bei dem Astronomen Argoli studiert. Nur leider kam Argoli erst im Jahre 1632 nach Padua, so daß an dieser Überlieferung kein wahres Wort sein kann; der Astronom, der im Jahre 1601 in Padua lehrte, hieß Galilei.
Begleitet wurde Wallenstein auf seiner Bildungsreise von dem deutschen Mathematicus Paul Virdung. Das wird allgemein angenommen, auch von solchen Geschichtsschreibern, auf die wir sonst setzen, profunden Kennern dieser einen Sache. Worauf gründet die Annahme? Sie gründet auf einem einzigen Brief, den Virdung am 13. August 1603 an den großen Kepler schrieb, in dem er sich vorstellt, von seinen Studien und Plänen erzählt, und auch, warum diese unliebsam unterbrochen wurden. Er sei einige Jahre mit dem edlen Baron von Waldstein durch Frankreich und Italien gereist. Cum illustri Barone a Waldstein. Illustris bedeutet hier nicht berühmt, berühmt war der junge Baron keinesfalls, sondern eben nur edel; und edel war auch jener Zdenko, der in Padua sich zur gleichen Zeit wenigstens immatrikuliert hatte. Warum also sollte Virdung nicht Zdenkos Begleiter gewesen sein? Wie kam Albrecht zu ihm? Warum schreibt Virdung von aliquot annorum, einigen Jahren, da Wallensteins Reise insgesamt nur zwei Jahre dauerte? – Wir lassen diese Fragen offen. Es kann so sein, wie die Historiker sagen, oder auch nicht, und kommt für unsere Zwecke nicht viel darauf an.
Gualdo Priorato, ein Offizier, der eine Zeitlang unter dem Feldherrn diente und später sich auf das Schreiben von Biographien verlegte, erzählt, es habe der junge Wallenstein so manche Stadt und Provinz gesehen, die Befestigungen studiert, die Künste und Werke bewundert, die glücklichen Regierungsweisen von Fürsten und Potentaten begeistert vermerkt, am wohlsten aber sei es ihm im Garten Europas gewe-

sen, in Italien; da habe er die süße Ritterlichkeit der Cavaliere von Neapel erlernt, die Höflichkeit der Genuesen, die florentinische Kunst des Wirtschaftens, die reife Staatsklugheit der Venezianer und so weiter und so weiter, bis er endlich im Athen Europas, in Padua, zu langem Studienaufenthalt verweilt habe. Aber woher will Priorato das alles wissen? Der Herzog-Generalissimus war nicht der Mann, einem welschen Leutnant seine Jugendgeschichte zu erzählen. Es sind Redensarten, wie man sie macht, um ein Buch zu füllen, wenn man Sicheres nicht zu bieten hat. Sicher ist nur, daß Wallenstein lang genug in Italien blieb, um die Sprache zu lernen. Denn da, wo er aus dem Dunklen taucht, wo etwas Licht, und dann immer mehr, immer grelleres auf ihn fällt, bedient er sich des Italienischen mit Eleganz und streut gern italienische Sprichworte in seine Briefe.

Der Name

Der richtige Name ist Waldstein oder ursprünglich Waldnstein. Da für die tschechische Zunge die Anhäufung von Konsonanten am Anfang eines Wortes leicht, in der Mitte aber schwer ist, so sprachen sie ihn Walstein aus. Die Deutschen fügten einen Konsonanten mehr oder auch eine Silbe hinzu, Wallstein, Wallenstein, Wahlenstein, je nach Belieben, in einer Zeit, in der man es mit den Buchstaben so genau nicht nahm. Albrecht selber schrieb Waldstein, bis er sich in eine Sphäre erhob, in der man mit dem Vornamen oder mit Initialen zeichnet.
Daß aber ein slawisches Geschlecht einen deutschen Namen hatte, erklärt sich ohne Mühe. Die Herren nannten oft sich nach Burgen, die ihnen deutsche Baumeister gebaut und denen deutsche Baumeister den Namen gegeben hatten: Sternberg, Rosenberg, Michelsberg, Wartenberg, Löwenberg, Rotstein und andere mehr und so auch Waldstein. Als das geschah, im 13. Jahrhundert, fiel es niemandem ein, einen Verrat an der Nation darin zu sehen.
Die Ruinen der Burg Waldstein findet man unweit von Turnau. Sie hieß nach den drei durch Brücken verbundenen Steinen oder Felsen, auf denen sie errichtet war; den Wald um sie herum gaben Birken, Kiefern und Buchen. Der sie sich bauen ließ, hieß Zdenek; einen anderen Namen hatte er nicht, bis er sich nach seiner neuen Festung von Waldstein nannte oder so genannt wurde. Der Bau steinerner Burgen empfahl sich damals, denn der Greuel der Mongoleneinfälle, welche die schicksalsverwandten Länder Schlesien und Mähren verwüstet hatten, konnten sich die Lebenden noch erinnern; auch

waren die Herrscher wieder einmal schwach und die Gesetze kein Schutz.
Der Mann, der nur Zdenek hieß, stammte aus einer weitverzweigten, alten, reichen und mächtigen Familie, die ihrerseits keinen Namen hatte; im 19. Jahrhundert nannten Geschichtsforscher sie die Markwartinger, weil ihr im 12. Jahrhundert bezeugter Gründer ein Ritter Markwart war. Die böhmischen Herren scheuten also auch deutsche Vornamen nicht, ein Sohn dieses Markwart hieß Hermann; aber die slawischen Namen, wie Benesch, Hawel, Zawisch, Zdenko, Jaroslaw sind unter den Markwartingern häufiger. Sie regierten im Tal der Iser, in Nordost-Böhmen, ohne daß man weiß, wie und wann sie zu ihrer Herrschaft gelangt waren: slawischer Uradel. Das Merkwürdige ist, daß sie im Ursprung dort regierten, wo 400 und 700 Jahre später noch die Besitzungen der Waldsteins lagen und daß wir von Gründungen der Markwartinger, wie zum Beispiel Stadt und Kloster Münchengrätz, noch hören werden. Im späten 13. Jahrhundert teilten sie sich in allerlei Familien, die eine gesonderte Identität zu pflegen begannen.
Von Albrecht Wallenstein schrieb sein mährischer Schwager, Karl von Zierotin, den jungen Mann empfehlend: »Er ist hoch geboren (bien né) wie Sie wissen, und mit allen großen Häusern Böhmens verwandt.« Das traf zu. Nicht nur war einer seiner Ahnen Marschall am Hof des gewaltigen Tschechenkönigs, Georg von Podiebrad; er stammte auch selber von diesem Herrscher ab, und zwar so, daß eine seiner Urgroßmütter von Mutters Seite, eine schlesische Herzogin von Münsterberg, die Urenkelin des Königs war; dieser, zählen wir richtig, war Wallensteins Vorfahr in der siebten Generation. Was dann seine lebenden Verwandten betrifft, die Smiřický, Slawata, Wartenberg, Zierotin, Lobkowicz und andere gleich tönenden Namens, so wohnten sie ringsum in den Schlössern Böhmens und der Markgrafschaft Mähren; in Grenzburgen gegen Deutschland und Ungarn hin, uralten, den Felsen sich anschmiegenden Gemäuern, je nach Bedürfnis und Stil der Zeit erweitert mit Ecktürmen, Vorburgen und Ringmauern; in Schlössern neuen italienischen Stils, langen Fluchten steinerner Säle um Arkadenhöfe, reich geziert mit Holztäfelungen, vergoldetem Schnitzwerk, Wappen, kostbaren Stoffen, Fabelbildern und Ahnenbildern; am Marktplatz ihrer eigenen Städte, in den Gassen der Prager Kleinen Seite, oder zwischen waldumrauschten Höhen und dem Fluß im Tal – da wohnten sie; umgeben von Künstlern aus Welschland, die ihnen etwa gerade den Rittersaal mit Fresken auszumalen oder den Park mit Statuen und Brunnen zu schmücken hatten, von Leibärzten und Seelsorgern, von französischen, italieni-

schen, deutschen Sekretären; bedient von Stall-, Jäger- und Haushofmeistern, von Ober- und Unterköchen, Pastetenmachern und Zukkerbäckern, von Kammerdienern, Lakaien, Haiducken, reitenden Boten; Souveräne so weit ihr Reich reichte, Herren über Leben und Tod ihrer Untertanen; Patrioten wohl auch, Hauptleute ihres Kreises, tätige Mitglieder des Landtages in Prag, Inhaber der obersten Landesämter, aber Patrioten auf ihre Art, so nämlich, daß sie des Landes Freiheit gleichsetzten mit ihren Freiheiten, welche in Jahrhunderten den Königen und Bürgern abgezwungene, ungeheuere Vorrechte waren. Vorrecht blieb ihnen noch im Tod. Da lagen sie in ihren eigenen Kapellen, Gemahl und Gemahlin nebeneinander, in weißen Stein gehauen, die Gesichter streng und klar, mit betend emporgereckten Händen die Ewigkeit erwartend, die ihnen noch vollere Herrlichkeit bescheren würde.

Sie heirateten nur untereinander, die Träger von ein paar Dutzend Namen; um den Besitz immer im selben Kreis zu halten und weil eine unebenbürtige Verbindung den Adel gemindert hätte. So war Albrechts Großvater Jiři oder Georg – bleiben wir fortan bei der deutschen Namensform – dreimal verheiratet: mit einer Slawata, einer Zierotin, einer Lobkowicz. Er war nicht so reich wie die Reichsten, aber geschickt tätig im Eisen-, Holz- und Getreidehandel, im Brauereigewerbe, im Kauf von Grundstücken und Stadthäusern – Interessen, die sich auf einen seiner Enkel übertrugen. Ein Patriot war er auch, im eben bezeichneten Sinn. Als die protestierenden Fürsten in Deutschland sich gegen Kaiser Karl V. erhoben, tat er, mit einigen Standesgenossen, es ihnen gleich, gegen den eigenen König, Ferdinand von Habsburg, den Bruder Karls; nachdem die Habsburger bei Mühlberg gesiegt hatten, mußten auch die böhmischen Protestanten den Preis der Niederlage bezahlen. Georg von Waldstein, zuerst gefänglich eingezogen und mit dem Verlust aller seiner Herrenrechte bedroht, kam später mit einer Geldstrafe davon.

Er hatte sechs Töchter und dreizehn Söhne zu versorgen, was hieß, daß für den Einzelnen nicht viel bleiben konnte. Der dritte Sohn aus der ersten Ehe, Wilhelm, hatte aber das Glück, daß ein kinderloser Onkel ihn zum Erben einsetzte; wodurch Hermanitz in seine Hand kam.

Das frühreife Kind

Die Verhältnisse in Hermanitz waren standesgemäß, aber längst nicht so glanzvoll, wie das Leben des böhmischen Herrenstandes im Ganzen oder doch an seiner Spitze eben beschrieben wurde. Glanzvoll waren sie im benachbarten Schlosse Nachod, welches »Zugang«, nämlich Zugang nach Schlesien bedeuten soll. Von dorther kam die Frau Wilhelm von Waldsteins, Markyta Smiřický, und brachte eine stattliche Mitgift ein. Von dorther scheinen auch allerlei Krankheitsneigungen gekommen zu sein, die den kerngesunden Waldsteins bis dahin unbekannt gewesen waren; physische wie geistige Belastungen. Ein Smiřický war geisteskrank oder »blöde«. Daß vier Geschwister Albrechts im zarten Kindesalter starben, will nicht viel besagen; Kinder hatten mehr Ursachen zum Sterben als zum Leben. Aber von Albrechts erhaltenen Schwestern starb die eine auch jung, bald nach ihrer Heirat, an Schwindsucht und Eklampsie; und seine Mutter starb auch jung. Er selber wird als kräftig geschildert, jedenfalls in der Jugend. Daß er ein paar schwere Krankheiten überlebte, spricht dafür. Er wurde geboren im Jahre 1583, am 14. September alten Stils, nach dem damals in Böhmen noch gezählt wurde, oder am 24. des neuen, und zwar als ein Sieben-Monat-Kind; soll aber gleich nach der Geburt vultus severitate, oculorum gravitate die Eltern verblüfft haben. So wird erzählt. Es wird dann auch erzählt, daß er früh sich auf's Soldatenspiel verlegte und die Kinder der Bauern in Schlachtordnung kommandierte; daß er solchen, die es hören oder nicht hören wollten, verkündete, er werde einmal ein Fürst werden; ja, daß er, aber das war später, auf der Lateinschule, seine Kameraden wissen ließ: im Traume hätten sich die Weiden, unter denen er schlummerte, vor ihm verneigt. Wir geben das ohne Garantie weiter.

Zehnjährig sah er seine Mutter sterben. Danach machte Herr Wilhelm, obgleich in den besten Jahren, sein Testament, da er jetzt noch bei Verstand und gutem Gedächtnis sei, bestimmte als Vormund der Kinder den Schwager seiner Frau, Herrn Heinrich von Slawata auf Koschumberg, und vermachte seinem geliebten Sohn Albrecht Wenzel Eusebius Schloß und Gut Hermanitz, samt einer großen goldenen Vase, die sich in Salznäpfe, Schalen, Leuchter und kleinere Tassen zerlegen ließ, sowie einer Kette aus 411 Golddukaten. Die beiden Töchter sollten aus dem Einkommen des Gutes gebührend versorgt werden. Nachdem Herr Wilhelm für diese Dinge gesorgt hatte, starb auch er, und Oheim Slawata kam und holte den zwölfjährigen Albrecht nach Koschumberg ein. Es traf sich gut, daß Herr Heinrich einen mit seinem Mündel ungefähr gleichaltrigen Sohn hatte. Ferner hatte er einen Neffen, Wilhelm von Slawata, der aber elf Jahre älter war als Albrecht. Ich erwähne ihn besser gleich hier. Es ist derselbe, der am 23. Mai 1618 aus einem Fenster der Prager Burg geworfen wurde und der im Leben Wallensteins eine feindlich-schleichende Rolle spielte. Wilhelm behauptet, seinen Verwandten in früher Jugend nur allzu gut gekannt zu haben. Das mag wahr sein, aber man kann schwer sagen, wie wahr. Bald nachdem der Waisenknabe in Koschumberg kümmerlichen Einzug gehalten hatte, konvertierte Wilhelm Slawata zur katholischen Religion. So aber, wie wir Herrn Heinrich kennen, war ein Abtrünniger vom Glauben der Väter auf seinem Schloß unwillkommen.

Als gute Tschechen waren die Waldsteins Hussiten gewesen schon zu Lebzeiten des Meisters und blieben es, wobei sie die milde Observanz der Herren den ins Soziale gehenden Folgerungen der wilden Knechte vorzogen. Verstehe ich das Ding recht, so fand in der Kirche zu Hermanitz der Gottesdienst gemäß dem »Böhmischen Bekenntnis« statt; einem Mixtum aus hussitischer und lutheranischer Tradition, das im Jahrzehnt vor Wallensteins Geburt im Landtag beschlossen und eine Art von Nationalreligion geworden war. Ganz und gar fehlte das Prinzip landesherrlicher Kirchenobrigkeit. Im Gegenteil: man bekannte die Religion, welche die des Landesherrn nicht war und in welche er sich nicht dareinzumischen hatte. Man bekannte sie mit mehr Inbrunst des Glaubens, oder weniger, oder gar keiner. Nehmen wir an, daß es im ländlichen Hermanitz fromm herging und daß der junge Albrecht mit großen Augen zuhörte, wenn ein alter Diener der Familie, Hans Graf, ihm neben dem ersten weltlichen Unterricht den ersten religiösen erteilte.

Ein Anderes war die Böhmische Brüdergemeinde, welcher Heinrich von Slawata anhing: im Ernste fromm, dabei wohlorganisiert, eine Sekte und der Kern einer Partei; einer der großen Versuche, zu erneuern und zu verinnerlichen, wie sie die abgetrennten Kirchen noch oft erleben sollten. Viele vom hohen Adel waren Mitglieder der Gemeinde, in Böhmen und in Mähren, das neuerdings ihr eigentliches Zentrum war. Dort, in Eibenschitz, gab es eine Schule zur Erziehung der Jugend im rechten Geist, finanziert aus Beiträgen reicher Glaubensgenossen. Die Disziplin war streng; Herren, die sonst niemandem auf Erden gehorchten, unterwarfen sich den Kirchenbußen der erwählten Senioren. Die Doktrin schwankte. Nachdem man zuerst auf die Lutheraner gesetzt hatte, aber von ihrer Menschlichkeit in Böhmen enttäuscht worden war, wuchs der Einfluß der Calviner oder Reformierten; nicht so sehr wegen der Doktrin, auf welche es den Brüdern in erster Linie nicht ankam, sondern weil sie in Basel und

Genf, in Straßburg und Heidelberg frömmere Theologen zu finden glaubten. Die Reinheit des Lebenswandels; der Ernst der Bildung; das Ernstmachen mit solchen christlichen Versprechen wie der Brüderlichkeit, die auch im Leibeigenen den Menschen erkannte – dergleichen mag von dem »Senior« ausgegangen sein, der auf Schloß Koschumberg für ein paar Adelsknaben Schule hielt. Wäre Albrecht Wallenstein ein tüchtiges Mitglied der Gemeinde geworden oder geblieben, so wüßten wir vielleicht von seiner Jugend ein wenig mehr. Denn die Leiter der Gemeinde, darin den Jesuiten, mit denen sie im feindlichen Wettstreit lagen, nicht unähnlich, verstanden sich auf das Seelenleben, darauf, wie man Versuchungen des Teufels bekämpft und die Seele durch Beichte reinigt. Die aber geschah nicht im verschwiegenen Stuhl sondern in Briefen, die man an gelehrte Mitbrüder richtete.

Unmöglich, zu sagen, welchen Einfluß die Lehre auf den zwölf-, dreizehn-, vierzehnjährigen Albrecht hatte und ob sie überhaupt auf ihn wirkte. Denkbar, daß seine Seele kein guter Boden für diesen Samen war. Und nur zu erraten, welcher Stoff sonst seinem jungen Geist zum Nachdenken aufgegeben wurde.

Böhmen war ein großes und mächtiges Königreich. Es gehörten andere Länder dazu, deren Herren von einer eingebildeten Selbständigkeit viel her machten, Schlesien, die Lausitz, Mähren. Der König, Rudolf, residierte drei Tagereisen von hier, auf seiner Burg in der großen Stadt Prag, die aus drei Städten bestand, der Alten, der Neuen und der Kleinen Seite. Sie war von der heidnischen Fürstin und Zauberin Libussa gegründet worden. Libussa hieß auch eine von Albrechts Tanten; deren er so viele hatte, daß er sie kaum alle kennen konnte. Der König war ein sonderbarer Mann, darüber war nur eine Stimme, und ein schlechter Herrscher; aber da er es einmal war, gewählt von den Herren und Rittern des Landes, und sein Vater und Großvater es auch schon gewesen waren, so würde er es bleiben, bis er stürbe. Er sprach nicht einmal tschechisch und er war ein Papist. Er ging aber auch mit Evangelischen um. Zum Oberstallmeister hatte er den Onkel Adam, Adam von Waldstein, welcher katholisch war, obgleich er von einem evangelischen Vater stammte. Den Katholiken durfte man nicht trauen. Sie waren boshaft und freuten sich, wenn den Evangelischen irgend etwas Schlimmes geschah. So war, kurz vor Albrechts Geburt, drüben im Österreichischen einmal eine evangelische Adelshochzeit gewesen; mitten während des Festes war der Boden des Rittersaales eingebrochen, und der Tisch und die Speisen und alle Gäste waren in die Tiefe gesunken. Darüber hatten die Katholiken sich herzlich gefreut und hatten noch Jahre später davon als von einer

Strafe Gottes gesprochen. Es gab im Lande nicht viele von ihnen, aber es schien, daß sie sich vermehrten, und mochte geschehen, daß ein Herr und Vetter sich plötzlich als Katholischer vorstellte: so Wilhelm Slawata; so Herr Karl von Liechtenstein, drüben in Mähren, der doch gerade noch ein eiferndes Mitglied der Brüdergemeinde gewesen war. Das mußte man hinnehmen. Die Religion war eine scheidende Sache, aber Stand und Verwandtschaft waren am Ende doch wichtiger.
Die Stände waren die Herren und die Ritter. Im Landtag in Prag waren die Städte wohl auch vertreten, aber den Bürgern kam es nicht zu, den König zu beraten, obgleich der sich leider, wie die Rede ging, von ganz unmöglichen Menschen, Kammerdienern und Ofenheizern, beraten ließ. Den Bauern kam gar nichts zu. Gehorchten sie nicht, rotteten sie sich zusammen und legten die evangelische Lehre grundfalsch aus, so traf sie die verdiente Strafe; wie denn, als Albrecht vierzehn Jahre alt war, in Linz solch ein Bauern-Anführer in vier Teile zerhackt worden war. Vielleicht lobte der Prediger das nicht, vielleicht schwieg er darüber, wie über manches andere, was nicht so sein sollte, wie es war. Herren gab es auch in Ländern, die nicht zu Böhmen gehörten, in denen aber gleichwohl der König von Böhmen der Herrscher war, in Österreich und in Ungarn. Mit denen konnte man sich verbünden, zumal sie fast alle evangelisch waren. Der König hatte viele Verwandte, nächste und fernere, alles Mitglieder des hohen Erzhauses, die anderswo Regenten waren oder Statthalter, in Wien, in Innsbruck, in der Steiermark und in Spanien auch. Dort herrschte der strenge König Philipp, der Zweite seines Namens, nun bald fünfzig Jahre lang.
Die Deutschen gehorchten vielen Fürsten und auch dem König in Prag, welcher der Römische Kaiser war. Es gab viele Deutsche in Böhmen. Sie waren fleißig, die besten Handwerker, Bergmänner und Kaufleute, aber nicht immer beliebt. Die Städte in Schlesien waren allmählich deutsch geworden und die in Mähren beinahe. In Böhmen nicht. Dort, wo die Waldsteins ihre Güter hatten, waren früher mehr Deutsche gewesen als jetzt. In der Hauptstadt Prag nahm ihre Zahl zu, zwei große Kirchen konnten sie am Sonntag nicht fassen; und wenn immer im Gedränge der Gassen ein willkommener Anlaß zu Gewaltsamkeiten zündete, so erklang der Schrei, man sollte die deutschen Hunde totschlagen. Ein Schrei des Pöbels, nicht der Herren, welche die deutsche Zivilisation achteten und von ihr nicht unberührt geblieben waren. Albrecht selber war Tscheche; wie sollte er etwas anderes sein? Ich glaube aber, daß sein erster Lehrer, Hans Graf, den er nachmals zum Freiherrn von Ehrenfeld erhob, ein Deutscher war, und daß er schon von ihm die Sprache lernte.

Die wahren Feinde des Landes und der Christenheit waren nicht die Deutschen, natürlich nicht; es waren die Türken, und der Sultan war der mächtigste Potentat auf Erden. Er gab nie Ruhe. Noch kurz vor seinem Tod hatte Herr Wilhelm von Waldstein neun Fuß-Soldaten gegen ihn ausgerüstet und zusammen mit seinem Bruder Karl vier Berittene; aber was war das gegen die fünfhunderttausend, die in den Lagern des Sultans auf den nächsten Kriegszug warteten? Und diese Lager waren gar nicht weit fort. Der Sultan beherrschte den größten Teil von Ungarn und konnte seine Paschas jederzeit gegen Mähren und Schlesien schicken, oder gegen die Steiermark oder wohin es ihm beliebte. Wenn die Türken Christen zu Gefangenen machten, so verkauften sie sie als Sklaven.

Schlimme Ereignisse wie ein Türken-Einfall oder wie der Tod eines Königs wurden durch einen Kometen angekündigt. Manchmal regnete es Blut. Manchmal hörte man plötzlich laute Trompetenstöße, niemand wußte woher, die Wolken teilten sich, und hoch am Himmel sah man zwei Heere gegeneinander kämpfen. Die Bedeutung einer solchen Erscheinung war unsicher, aber gut war sie nicht. Es gab viele Krankheiten, an denen die Menschen schnell sterben mußten. Die schlimmste von ihnen war die Pest; danach kam ein Fleckfieber, ungarische Krankheit genannt. Die Gicht, die schmerzhaft, aber nicht tödlich war, hatten die meisten älteren Männer, zumal die vom Herrenstande. Den Geistern der Verstorbenen mußte man aus dem Wege gehen, über sie waren böse Sachen zu hören. So hatte man einen untreuen Diener des Königs Rudolf, der sich zu Prag das Leben genommen, nach einer Zeit wieder ausgraben und den Körper zu Pulver verbrennen müssen; denn Rucky, so hieß der Übeltäter, war nachts im Schlosse gesehen worden, wie er auf einem Bocke ritt, begleitet von sechs grauen Katzen, Gespenstern auch sie . . . Das Gebet war ein Schutz, wie die Burg, in der man wohnte, wie die Familie, zu der man gehörte. Es gab noch einen anderen Schutz gegen die vielen bösen Unordnungen und lauernden Gefahren auf Erden, aber den entdeckte Albrecht erst später.

In Koschumberg blieb er zwei Jahre. Dann wurde er auf das Collegium der Jesuiten in Olmütz geschickt, so sagen die Einen; die Anderen: auf die Lateinschule zu Goldberg in Schlesien, und diese Version ist die wahre. Nicht, daß die erste in sich unmöglich wäre. Die Erziehungsanstalten der Jesuiten, mit ihren wohldurchdachten Studienordnungen, welche das Lernen zur Freude machen sollten und grobe Straf-Disziplin durch honesta aemulatio ersetzten, mit ihren Theaterspielen in lateinischer Sprache, mit ihren gesunden und freien Körperübungen, Schwimmen, Fechten, Tanzen, waren die besten überall; das mußten auch die Unkatholischen zugeben, deren Kinder als Extranei die klugen und gewandten Väter aufzunehmen gern bereit waren. Schwer aber wäre es zu verstehen, wenn gerade ein Mitglied der Brüdergemeinde sein Mündel den Jesuiten anvertraut hätte; wie denn die Historiker, die daran glauben, sich den Vorgang mit einer Krankheit oder einer Geistesabwesenheit Heinrich Slawatas künstlich genug erklären. Es bedarf keiner Erklärung. Denn es steht fest, daß Albrecht Wallenstein im Jahre 1597 in Goldberg eintraf; und zwischen seinem Aufenthalt in Koschumberg und dem in Goldberg fehlt die Zeit, während derer er in Olmütz gewesen sein könnte. – Vielleicht fragt hier ein Leser, woher man denn das weiß, woher man überhaupt etwas über die Umstände dieses Knaben weiß? Ich will die Frage so knapp es geht beantworten.

Ein Wort über die Quellen

Es gibt ein paar Briefe des vierzehn- und sechzehnjährigen Wallenstein, offiziellen Charakters, wie wir sehen werden, aber informativ genug. Es ist die allerechteste Quelle. Daß sie reichlicher flösse!
Ferner gibt es Randbemerkungen, wieder von eigener Hand, die er viel später zu seinem Horoskop schrieb, die Voraussagen des Sternkundigen, und zwar auch die nach rückwärts blickenden, mit seinen wirklichen Erlebnissen vergleichend. Aber diese Bemerkungen beginnen erst mit dem Jahre 1605, sagen also nur über den mündig Gewordenen aus, nicht über den Waisenknaben.
Endlich dann gibt es Lebensbeschreibungen, welche von Zeitgenossen, nicht allzu lang nach Wallensteins Tod, verfaßt wurden. Die des Gualdo Priorato, 1643 zu Lyon erschienen und dem König von Frankreich gewidmet, habe ich schon erwähnt. Priorato hat unter Wallenstein gedient, mag ihn also mit Augen gesehen haben – er beschreibt sein Antlitz als »blaß, dem Hellen näher als dem Dunklen« –, mag jedenfalls von solchen über ihn gehört haben, die ihn kannten; auf Gewährsmänner beruft er sich gelegentlich. Es steht Falsches bei Priorato, aber auch manches Wahre; da wo er Falsches bringt, scheint er nicht erfunden, sondern mißverstanden oder bereits verfälschte Überlieferungen weitergegeben zu haben. Daneben, wir hatten schon ein Beispiel, ist er zu blumigem Ausschmücken und zu Betrachtungen allgemeinster Art geneigt.
Die andere zeitgenössische Biographie stammt von dem Grafen Khevenhüller. Sogar hat Khevenhüller zwei kurze Biographien Wallensteins geschrieben. Man findet sie in seinem Werk: »Conterfet Kupf-

ferstich derenjenigen vornehmen Ministren und Hohen Officiern, So von Kaysers Ferdinand des Andern Geburth an, bis zu Desselben seeligsten Hintritt continuè und successivè Ihr. Kayserl. Majestät gedienet.«

Franz Christoph Graf Khevenhüller, Oberster Erblandstallmeister in Kärnten und General-Oberster der windisch-kroatischen Grenze, Vorschneider, oberster Silberkämmerer, Kammerherr und Geheimer Rat der römischen Kaiser Matthias und Ferdinand, war, das erkennt man aus seinen Titeln, ein großer Hofmann und Diplomat und, was seine Titel verschweigen, nicht immer zu seinem Glück; als er beispielshalber in Madrid Botschafter war, erhielt er sein Gehalt so lange nicht ausbezahlt, bis er sich eines Tages nicht einmal mehr Brot kaufen konnte und seine und seiner Gemahlin Kleider zu schmählichen Preisen verkaufen mußte. Kein ungewöhnliches Los damals, wenn man dem Hause Österreich diente, dem zu dienen Khevenhüller gleichwohl fortfuhr. Er war fünf Jahre jünger als Wallenstein und überlebte ihn um siebzehn. Überaus tätig, solange er es sein konnte, fand er auch im Tod die rechte Ruhe nicht gleich; denn seine Schwägerin, Frau Regina, schrieb, nachdem er gestorben war: »Daß Herr Graf Khevenhüller so soll umgehen, ist mir leid, er ist es wohl nicht, aber ein Geist in seiner Gestalt. Gott geb, daß er selig sei.« Daß Wallenstein und Khevenhüller sich im Hofdienst begegneten, ist wahrscheinlich, bei einer Gelegenheit sicher. Khevenhüller hatte Zugang zu amtlichen Dokumenten und machte fleißig Gebrauch davon, für seine Kurzbiographien sowohl wie für sein Haupt- und Riesenwerk, die ›Annales Ferdinandei‹, eine politische Geschichte seiner Zeit in zwölf Foliobänden. Zudem lebte er in einem Milieu, das es ihm ermöglichen sollte, über berühmte Zeit- und Standesgenossen manches Authentische zu hören: in jener österreichisch-böhmischen Adelsgesellschaft, die, vorher getrennt, unter Ferdinand II. zu einer einzigen verschmolzen war. So manches Authentische; so manche bloßen Gerüchte auch. Denn die Zeit war schnell und sonderbar unachtsam in der Nachbildung von Ereignissen, die nie stattgefunden hatten, die aber dann von Text zu Text mit fortgeschleppt wurden bis, gegen Ende des vorigen Jahrhunderts, irgendein scharfer Kopf ihnen ihre Nichtexistenz nachwies.

Vom Aufenthalt des Knaben Albrecht im Jesuiten-Collegium zu Olmütz und von seiner Konversion dort wissen nun weder Priorato noch Khevenhüller etwas. Es weiß davon ein dritter Biograph, der Jesuitenpater und böhmische Geschichtsschreiber Bohuslaus Balbinus. Balbin, ein Patensohn Wallensteins und sein warmer Verehrer, gehörte zu einer anderen Generation; an seiner Geschichte des Jesuiten-Collegiums zu Gitschin, in die er eine Lebensgeschichte des fürstlichen Gründers einflocht, begann er 34 Jahre nach Wallensteins Tod zu arbeiten. Dabei ging er mit Liebe und Genauigkeit vor; auf Burg Koschumberg ließ er von Greisen sich das Zimmer zeigen, in dem vor 70 oder mehr Jahren Schule gehalten worden war. Auch studierte er treu die von den Patres in Olmütz geführten Tagebücher und Jahresberichte. In denen stand aber vom Aufenthalt und der Bekehrung des jungen Albrecht Wallenstein in Olmütz nichts; noch auch konnte es einen lebenden Zeugen des sieben Jahrzehnte zurückliegenden Vorganges geben. Es war eine Haus-Sage, die Balbin da übernahm, die er vielleicht als Kind gehört und nie bezweifelt hatte: wie zwei Vorkämpfer des katholischen Glaubens, nämlich ein anderer Oheim Albrechts durch Heirat, Herr Jan Kawka von Řičan, und der Pater Veit Pachta, sich des Knaben angenommen, weil sie seine hohe Begabung erkannten, wie sie ihn den Böhmischen Brüdern entrissen, wie unter der Obhut des Ordens Jesu in Olmütz es ihm bald wie Schuppen von den Augen gefallen und wie er dort den wahren Glauben angenommen. Das könnte alles wahr sein und ist lange für wahr gehalten worden von solchen, die es von Balbin übernahmen. In Wirklichkeit aber war Albrecht noch ein Protestant als er, vierzehnjährig, die Lateinschule in Goldberg bezog, und er kam aus Koschumberg, nicht aus Olmütz.

Der Lateinschüler

Die Wahl der Schule hatte Herr Heinrich auf den Rat eines Freundes getroffen, der ein großer Herr in Mähren und dort ein geachtetes Mitglied der Brüdergemeinde war, des Barons Karl von Zierotin. Es ist dies aus einem Brief Wallensteins zu erschließen, in dem er schreibt, er sei durch Vermittlung des gelehrten Herrn Laurenz Circlerus nach Goldberg gekommen. Denn eben dieser Circler, in den achtziger Jahren eine kurze Zeit Rektor in Goldberg, war einst der Lehrer Zierotins gewesen und hatte ihn nach Straßburg und Basel begleitet. Dem Baron, von dessen ernstem Charakter wir noch Proben erfahren werden, war der Glaube der helvetischen Humanisten Stekken und Stab; Basel nannte er sein zweites Vaterland. Warum nicht auch der junge Albrecht dorthin geschickt wurde, muß dahingestellt bleiben; vielleicht, weil es so weit weg war, vielleicht auch, weil die Brüder in Böhmen den Lutheranern immerhin befreundeter waren als die in Mähren. Die Fürstenschule in Goldberg, gestiftet von dem Herzog Friedrich II. von Liegnitz, blühte in der Tradition Philipp

Melanchthons, dessen Schüler, Valentin Trotzendorf, sie aufgebaut hatte. Sie lebte jetzt von altem, rasch verblassendem Ruhm. Der Mann, der in Goldberg Wallensteins strenger Lehrer wurde, der Kantor Fechner, mußte ein Vierteljahrhundert später als letzter Rektor die Schule auflösen, weil keine Schüler mehr kamen. – Albrecht reiste über das Riesengebirge in das waldreiche Land Schlesien, mit einem Praeceptor und einem Diener. Im Städtchen, welches unsere Karte unweit von Liegnitz zeigt, nahm er sein Quartier bei einem Neffen des gelehrten Laurenz Circler, namens Johann, seine Mahlzeiten aber bei dem Kantor Fechner.
Was er in Goldberg lernte? Etwa könnte man sich auf die pädagogischen Forderungen beziehen, die er aufstellte, als er später selber eine Fürstenschule gründete. ». . . sehet«, so schreibt der Herzog von Friedland im Jahre 1625 an seinen Landeshauptmann, »daß sie« – die Schüler – »ebbesweilen in der Wochen einmal mit dem Bereiter ausreiten, daß sie sich gewöhnen, zu Roß zu sitzen, auch daß sie die arithmeticam fleißig lernen und etwa ein musicam instrumentalem. Es wird sie der Organist auf dem Instrument lehren können; könnt ihnen ein Clavicordium kaufen lassen.« Oder vier Jahre später: ». . . bitt, gebt ihr fleißig selbst Achtung und wenn man's nicht thun wird, so avisiert mich, als nehmlich, daß die Knaben sich sollen in allem sauber halten, fruh in die Schul gehen, auf daß sie die lateinische Sprach begreifen, nachmittag teutsch und welsch sollen sie schreiben lernen, wie auch die arithmeticam und tanzen und auf der Laute schlagen.« Möglich, daß hier etwas von der Erziehungskunst der Jesuiten mit beikam und daß es in Goldberg weniger musisch zuging. Indessen hatte die Schule eine löbliche Tradition, welche auf die von Trotzendorf verfaßte Unterrichtsordnung zurückging. Nie durften die Schüler sich unterstehen, sich des Deutschen zu bedienen; noch ihre Abendunterhaltungen hatten sie auf lateinisch zu führen. Römer waren die Autoren, deren Prosa und Verse sie nachzuahmen lernen mußten: Terentius und Plautus, Cicero, Vergil, Ovid. Des Letzteren ›Ars amandi‹ allerdings kaum; der Liebe, hieß es in den Schulgesetzen, hätten die Schüler sich durchaus zu enthalten und mit Jungfrauen keinerlei Umgang zu pflegen. Wie überhaupt auf Sitte Wert gelegt wurde; keine berauschenden Getränke, keine nächtlichen Ausflüge, keine prunkvolle Kleidung; Höflichkeit gegen jedermann und gegen die Lehrer besonders. Gebete gab es am Tage mehrmals; als schlimmstes Vergehen galt die Lüge. Auch hatte Trotzendorf nicht gekargt mit modernsten Experimenten, von denen eines das Schulgericht war: auserwählte ältere Schüler sprachen Recht über straffällige Kameraden. Inwieweit, vierzig Jahre nach dem Tod des leidenschaft-

lichen Pädagogen, solche Einrichtungen noch lebendig waren, oder leere Form, über welche die Schüler lachten, weiß ich nicht.
Die Schule war eine Lateinschule klassischer Art. Die Gegend war deutsch. Wohl stammten die Herzoge von Liegnitz aus dem alten polnischen Königsgeschlecht der Piasten, waren aber mit der Zeit Deutsche geworden, so wie ihre Nachbarn und Standesgenossen, die Herzoge von Brieg, von Münsterberg, von Jägerndorf und andere mehr, mit denen sie sich auf dem schlesischen Fürstentag trafen; und ihre Untertanen auch. Deutsch und protestantisch. Ob der Name Schlesien von einem Heidenkönig Schleß herkam oder aber von dem Zeitwort schleichen, weil nämlich so viele Deutsche, Meißner, Pommern, Märker, sich in das Land eingeschlichen und die Polen sachte zur Seite gedrängt hatten, oder von einer dritten und vierten Wurzel, blieb strittig. Es gab aber auch noch solche im Lande, die polnisch redeten, in den Dörfern ohnehin, und östlich der Oder auch in den Städten. Söhne aus polnischem Adel studierten in Goldberg so gut wie Deutsche. Da gab es dann im Ratskeller ein Geschimpfe auf lateinisch, zwischen den Nationen, zwischen Katholiken und Lutheranern, Adel und Bürgern. Gegen zwei polnische Adelsknaben, die Brüder Radoczowski, braute sich eben zu der Zeit, als Wallenstein ankam, eine Hetzverschwörung: die »schelmischen Pollacken« wurden aus der Schule gejagt, obgleich schon ihr Vater sie in den Tagen des guten Trotzendorf besucht hatte. Albrecht, der weder Deutscher noch Pole war, sah dem zu. Später, als er der kaiserliche Generalissismus war, legte er auf die polnische Bundesgenossenschaft Wert, und aus wohlerwogenen Gründen, konnte aber dennoch die unheimlich moderne Bemerkung einfließen lassen: »Denn die Polen sind von Natur der Deutschen Feind.« Da erinnerte er sich an Goldberg.
Angefeindet wurde er auch. Es ist ja bekannt, wie gern die Leute schimpfen, drohen und zu hassen vorgeben und welch willkommener Anlaß dafür ihnen die Fremden sind. Wenn der Jüngling Albrecht, gefolgt von einem Diener, der ihm die Lernbücher trug, und stolz dareinblickend durch die Straßen des Städtchens schritt, so konnte ihm Herabstimmendes geschehen. Eben darüber gibt es den ersten Brief von seiner Hand, den wir haben. Weil er der erste ist unter Tausenden, so will ich mit ihm tun, was ich mit späteren, ob sie auch gewichtiger und hochpolitisch sind, kaum je werde tun können. Der Brief trägt die Adresse: »Dem Edlen Gestrengen Ehrenvesten und wohlbenampten Herrn Wencelao von Czedlitz, des Fürstenthums Liegnitz Hauptmann, meinem besondern Herrn und Freundt.« Er beginnt:
»Edler Gestrenger Wohlbenamter, insbesonders günstiger Freundt.

Nähest wünschung von Gott den allmächtigen aller glücksehligen Wolfart, sampt entbittung meiner allzeit willigen Diensten, sol ich E. G. wegen vorstehender noth nicht bergen, die ich diese wochen über neben andern ehrlichen Leuten von etlichen leichtfertigen Personen mit schmehworten angetastet, auch des nachtes mit steinen in mein Schlafgemach, so wol meinen würte H. Joh. Circlero, von welchen als denn auch von mir niemanden ursach gegeben, ist geworfen worden. Dies aber alles hatte allso mit stillschweigen gern übergehen wollen: aber als ich nachmittag auss gehaltener Lection gegangen, ist einer mit Namen Paul Mehnert, ein Kriegsmann, doch inwohner alhier, mitten auf dem ringe gestanden und nicht allein vor einheimschen, sondern auch vielen frembden personen, mich samt meinem Preceptore und famulus für Kalvinische Schelmen mit heller Stimme ausgeschrien. Doch weil auch dieses nebst vielen andern wiederfähret, hatte ich mich in diesem fahl auch gern enthalten wollen, damit ich E. G., weil dieselbe zuvor sehr überlaufen wird, nicht mehr zu schaffen machte, aber wie gemeldet, die noth mich fast treibt das folgende anzuklagen: denn als diese eben angezogene Person mir nachgeschrien, bin ich stilleschweigend nach hause und von danen bald zu tische zum H. Cantori gegangen, da obgemeldeter mit blosser Wehr noch am Ringe gestanden, und als ich ins Haus kommen, mir nachgefolgt, aber von einen andern auf der Schwellen erhalten worden. Wiel allhier weiter geschweigen vieler unnützer reden, so sich diese dort, wie man sagt, auf die mitwoch in Ungarn verreisen wollen, vernehmen lassen, durch welche mir neben ander sehr gedreuet. Es künte sich aber E. G. vieler sachen mit besserm gründe als vielleicht sonsten, von diesem meinem famulo erkündigen. Bitte aber itzo, E. G. wolle amptes und der freundschaft wegen, so sie mit dem wolgelerten H. Lau. Circlero helt, durch welchen ich in diese fürstliche Schule kommen, mich zu beschützen bedacht sein: weil ich hier von niemand schutz oder Hülfe, wegen des grossen unwillens, bitten kan, endlich mich in allen möglichen solches zu verschulden. Hiermit wil ich E. G. sampt allen ihrigen in götlichen schutz befehlen. Gegeben in Goldberg den 17. May Anno 98. E. G. gutter Freundt Albrecht von Waldstein.«
Das Geschrei, »Kalvinische Schelme!«, meinte die Böhmische Brüdergemeinde. Es hatte sich also im Städtchen herumgesprochen, daß Wallenstein ihr angehörte. Sie galt den Lutheranern als so gut wie calvinisch; und zwischen diesen beiden Hauptparteiungen unter den Protestanten war oft giftigere Feindschaft als zwischen jeder von ihnen und den Katholiken.
Schon am nächsten Tag, dem 18. Mai, kam aus Liegnitz der Befehl des Landeshauptmanns, Paul Mehnert möge sich alsbald zu ihm auf

die Burg verfügen; wollte er aber Ausflüchte machen und etwa behaupten, er müßte zu seinem Regiment einrücken, so wäre er gefesselt nach Liegnitz zu bringen. Herr von Zedlitz wußte, was er einem vom böhmischen Herrenstande schuldig war; der seinerseits sich erlauben konnte, als »guter Freund« des Regenten zu zeichnen. »Freund« war ein Prädikat unter Ebenbürtigen, sie mochten sich übrigens kennen oder nicht.
Den Brief hat Albrecht selber verfaßt. Hätte sein Wirt ihm dabei geholfen, so wäre das Deutsche besser; das sich noch unbeholfen verwirrt und nichts von der derben Meisterschaft zeigt, welche sich Wallenstein in dieser Sprache später gewann. Der Vierzehnjährige, seinem Alter ein wenig voraus wegen früher Verwaistheit und häufiger Ortswechsel, fühlt sich wehrlos in einem anderen Land und weiß doch, was er seinem Namen schuldig ist. Er schweigt zu den Beleidigungen, bis es zuviel wird. Die Drohungen mit dem gezückten Schwert, die Verfolgung durch den blöden Goliath bis in das Haus des Herrn Kantors, diese Not muß er der Obrigkeit klagen und zusehen, ob hier denn gar kein Schutz für Fremde sei. Zur Abwechslung war Schutz.
Und das ist schon wieder beinahe alles, was wir von Wallenstein dem Lateinschüler wissen. Im August 1599 verließ er Goldberg, vielleicht rascher als beabsichtigt, weil die Pest in der Gegend zu grassieren begann. Die Reise ging ins Fränkische. In Koschumberg hatte er nichts mehr verloren, denn zu Beginn des Jahres war Herr Heinrich Slawata gestorben, dieser zweite Vater. Die Vormundschaft hatte die Jungfrau Jitka von Waldstein übernommen, aber schwerlich wird das alte Mädchen noch Autorität über den Heranwachsenden gewonnen haben. Am 29. August finden wir ihn als Student der Nürnberger Akademie zu Altdorf eingeschrieben: Albertus a Waldstein, Baro Boh., Johannes Heldreich, praeceptor Görlicensis Lusatus, Wenceslaus Metrouski fam. Ob es die gleichen Betreuer waren, die ihn schon nach Goldberg begleitet hatten, muß offen bleiben. Jedenfalls war sein Praeceptor jetzt ein Deutscher; und einer mit einer hoffnungslosen Aufgabe.

Der wilde Student

Die Altdorfer Akademie, ursprünglich das Gymnasium zu Nürnberg, in den siebziger Jahren nach Altdorf verlegt, damit die Studenten freier von den angenehmen Versuchungen der Großstadt wären, und erst dort zur Universität erhoben, hatte einen guten Ruf. Die Verhältnisse waren intim; etwa fünfzehn Professoren und zweihundert

Studenten. Zahlreiche protestantische Adelige aus Österreich und Böhmen studierten dort. Zum Beispiel hatte der wortgewaltige Anführer der oberösterreichischen Stände, Georg Erasmus von Tschernembl, zwischen 1580 und 1584 sich in Altdorf gebildet und ernsthaft gebildet; war er doch mit einer Ehrenmedaille – ingenii fructus. amat victoria curam – ausgezeichnet worden, hatte er doch profunde Rechtskenntnisse und viele gelehrte, von Professorenhand ihm gewidmete Bücher mit in die Heimat genommen. Man konnte also, wenn man wollte, in Altdorf etwas lernen.

Vielleicht, das ist möglich, zu Herrn von Tschernembls Zeiten noch besser, als zwei Jahrzehnte später. Studentengenerationen wechseln schnell, und Stimmungen mit ihnen. Ehe aber von Wallensteins Erfahrungen und Verhalten in Altdorf berichtet wird, sollte wohl eine Bemerkung über akademische Sitten der Zeit im Allgemeinen eingeflochten werden; von der nur die unter der mustergültigen Obhut der Jesuiten stehenden, Scholaren aus ganz Europa, aus Polen, Dänemark, England, Helvetien, Spanien herbeiziehenden Schulen Ingolstadts, das Pädagogium und die Universität, betonterweise auszunehmen sind.

Es waren stark grobianische Sitten. Ein Spottvers aus dem Jahre 1617:

> Wer von Tübingen kommt ohne Weib,
> Von Leipzig mit gesundem Leib,
> von Helmstädt ohne Wunden,
> Von Jena ohne Schrunden,
> Von Marburg ungefallen,
> Hat nicht studiert an Allen

gilt auch für den Rest. In Dillingen waren Totschläge unter Studenten so häufig, daß ihnen das Tragen von Degen verboten werden mußte; in den Marburger Annalen von 1619 wurde lobend hervorgehoben, es sei dies ganze Jahr ohne Mord vorübergegangen. Von Schwängerungsfällen, ausgearteten Trinkgelagen, blutigen Händeln sind der Protokolle viel; wobei die letzteren teils unter den Studierenden selber, teils zwischen ihnen und den Bürgern stattfanden. Auch die Professoren, die, wie man in unserer Zeit sagt, ein Leitbild hätten abgeben sollen, gaben oft eines, das arge Flecken hatte. Wenn wir also von dem Altdorfer Lehrer der Jurisprudenz Dr. Scipio Gentilis, im Jahre 1598 Rektor der Hochschule, lesen, er habe gern als der Anführer betrunkener Studenten in der Nacht die Stadt durchtobt, harmlose Bürger verprügelt oder mit Säbelhieben verwundet und Tische und

Stühle zertrümmert, um dann, wenn er von Amtes wegen gegen die von ihm verführten Sünder vorzugehen hatte, offen einzugestehen, er täte nur gezwungener Maßen, woran er gar nicht glaubte, so wird man dieses Beispiel nicht als Regel, aber auch nicht als schreiende Ausnahme ansehen. Andernfalls wäre der ungeeignete Jurist nicht im Jahre 1613 noch einmal zum Rector Magnificus gewählt worden.
Albrecht Wallenstein erfaßte die Lage schnell und mit Freude. Der Älteste des Stadtrates, Herr Wolf Reipp, war, so wurde erzählt, noch kürzlich von den Studenten »zu Tode geärgert« worden. Es ist nicht klar, wie sie das gemacht hatten, aber bei dem, was sie nun machten, machte er mit. In der neuen Umgebung, im Safte seiner sechzehn Jahre, in der prunkenden, ins Militärische spielenden Tracht des adeligen Studenten, aus der Nähe kontrolliert von einem Praeceptor, der offenbar bald davonlief, denn wir hören kein Wort mehr von ihm, aus der Ferne von einem weiblich hilflosen Vormund, der ohnehin es bald nicht mehr sein würde – wie hätte er da nicht den rauhen Erwachsenen spielen sollen? Er machte mit, als, drei Monate nach seiner Ankunft, die Studenten einem gewissen Dr. Schopper, wir wissen nicht was, heimzahlten. Zu nachtschlafener Stunde zogen sie vor das Haus des Gelehrten, entboten ihm höhnischen Gruß, schlugen Tür und Fenster zu Scherben und versprachen schließlich, ihren Besuch in der kommenden Nacht zu wiederholen. Der verschreckte Pädagoge beschwor die Hilfe des Nürnberger Landpflegeamtes, von welchem der Befehl an den Pfleger von Altdorf erging, Schoppers Leben und Eigentum zu schützen, auch »unvermerkt« zu erkunden, »wer die Mutwiller seien«. Sie waren, nämlich die Rädelsführer, Freiherr von Waldstein, Gottfried Sebisch aus Breslau, Jaroslaus Sokolintzky und Johann Lopes, und mußten vor dem akademischen Senat sich propter nocturnas actiones ante aedes verantworten. Scipio Gentilis tat sein Bestes, sie zu verteidigen, aber es scheint, daß sie zu einer kurzen Freiheitsstrafe verurteilt wurden.
Vergebens, wenn der Zweck der Strafe Läuterung war. Am 23. Dezember trafen Wallenstein, Sebisch, Hans Hartmann von Steinau und noch einige andere Wissensbeflissene bei ihrem Abendspaziergang mit dem Fähnrich Wolf Fuchs, Bürger von Altdorf, zusammen. Ein Wortwechsel entstand, steigerte sich und endete damit, daß Hartmann von Steinau dem Soldaten seinen Degen in den Leib stieß. Wolf Fuchs starb auf der Stelle. Steinau entfloh am gleichen Abend, da die Stadttore schon geschlossen waren, über Dächer und Mauern. Wallenstein, von dem es in den Annalen der Hochschule heißt, er habe »bey des Fuchsen Ableib das seinige gethan«, und sein Freund Sebisch wurden vor den Senat zitiert und ernsthaft vermahnt; auch die Ange-

hörigen der Beiden in Briefen ersucht, ihre zu ernsthaftem Studium offenbar nicht gemeinten Störenfriede baldmöglichst aus Altdorf zu entfernen. Diese Maßnahmen genügten der aufgebrachten Altdorfer Bürgerschaft nicht und nicht dem Nürnberger Magistrat, zumal vermutet wurde, daß der Mörder Steinau sich noch heimlich in Altdorf verberge. Es fanden Haussuchungen statt, denen die Studenten sich mit der Waffe widersetzten; der Pfleger, Georg Roggenbach, ließ die Bürgerschaft ins Gewehr treten und Sukkurs aus Nürnberg herbeiholen; schon schien, zum Geläute der Sturmglocken, eine Schlacht zwischen den übermütigen Fremdlingen und den einheimischen Braven, zwischen Säbeln, Dolchen und Hellebarden vor ihrem Beginn zu sein, als das Eingreifen energischer Kommissare aus Nürnberg die Unruhe dämpfte. Die Herren versprachen Gerechtigkeit und begannen eine neue Untersuchung des Mordfalles. Noch während sie tagten, stach Albrecht Wallenstein auch schon wieder einen Kommilitonen ins Bein. Das war am 9. Januar 1600. Die Ereignisse drängen sich so, daß es schwer wird, sie einzelnen Tagen zuzuordnen. Am 10. und 11. Januar sind Wallenstein, Sebisch und noch ein anderer Missetäter im Nürnberger Gefängnisturm Lug ins Land. Am 11. wird Wallenstein wieder entlassen, jedoch mit der Auflage, sich nicht aus Altdorf zu entfernen, und mit einem überaus strengen Verweise, der sich nicht nur auf »allerlei unverantwortliche Händel«, sondern auch auf blasphemisches Verhalten bezieht: er habe mit unerhörter Gottlosigkeit »die Heilige Dreifaltigkeit mit Spotten und Schimpfieren nicht geschont« und sollte sich selber fragen, ob er nicht eigentlich eine Leibesstrafe verdient hätte. Vielleicht, daß Albrecht die hohen Kommissare selber mit Flüchen zu schrecken versuchte und daß er sich ihnen gegenüber überhaupt ohne Gebühr betrug. – Den 14. Januar, wieder in Altdorf, schlägt er seinen deutschen Diener, Johan Reheberger, und zeichnet, wie wir in den Akten lesen, den Knaben so unmenschlich, daß Reheberger nach Nürnberg geschickt werden muß, um der obersten Schulbehörde seine schmerzlichen Male zu zeigen. Wallenstein entschuldigt sein Tun mit des Dieners Unfleiß: er habe ihn müßig am Fenster angetroffen – quia otiosus per fenestram in forum prospectaverat. Die Scholarchen ließen diese Erklärung nicht gelten und verurteilten den Freiherrn zu einer Geldstrafe von dreißig Gulden, der Akademie zu entrichten; ferner hätte er sich »mit des Knaben Freundschaft zu vergleichen«. Die Sache war, daß Reheberger ein Waisenknabe war wie Wallenstein selber, aber nicht ganz ohne Schutz auch er. Sein Vormund, Bäcker Christoff Amberger, und seine »Freundschaft«, Metzger Hans Bauer und Schneider Hans Vestner, legten sich für ihn ins Zeug; zumal die Frau des Metzgers war entschlossen, das Äußerste aus dem Fall herauszuholen. Sie verlangte nicht weniger als hundert Gulden Schmerzensgeld, noch neben der Geldstrafe und neben dem, was die Rechnung des Wundarztes sein würde. Da sehen wir nun den jungen Aristokraten in peinlichsten Verhandlungen mit den drohend aufmarschierten Bürgersleuten; bereit zu zahlen, weil er muß; aber doch nicht ganze hundert Gulden. Er bietet fünfundvierzig; dazu drei Taler ohnehin ausstehenden Lohn, ferner noch vier Gulden für ein neues Kleid, welch letzterer Vorschlag auf den Zustand des alten schließen läßt. Die Bürger genügen sich mit dem Gebotenen (das wahrscheinlich mehr als genügend ist), die Frau des Metzgers jedoch nur mit »heulen und weinen«. Er zahlt fünf Gulden an und im Februar den Rest. Das Zeit-Intervall macht deutlich, daß er sich die Summe aus der Heimat kommen lassen mußte.

Bedenkt man, daß die Fälle Dr. Schopper, Fähnrich Fuchs, Gotthard Livo oder Livon (der ins Bein Gestochene) und Johan Reheberger sich insgesamt binnen fünf Wochen abspielten, so wird man verstehen, daß die Regierung der Republik Nürnberg nun mit dem böhmischen Baron am Ende war. In einem Schreiben an Rektor Dr. Taurellus dekretierte der Rat: »So wollen wir . . . euch hiemit befolen haben, Ihm Freyherrn von Walstain obangezogener ursachen halben auf sein habitation oder wonstuben (darauff er sich auch speisen lassen und davon nicht kommen soll) so lang zu verstricken, bis er seine zu Altdorf gemachte schulden abgericht und bezalet haben wirdt, undt wann dasselb geschen, Ihm alsdann zu sagen, sich von Alttorf hinweg zu thun und seine gelegenheit anderer orten zu suchen.« Das Dekret ist vom 12. Januar, würde also, wenn unsere sich drängenden Daten stimmig sind, die Sache Reheberger nicht einmal ein- und sich auf andere Schulden beziehen.

Der wilde Jüngling saß im Stubenarrest, wir nehmen an, mit einer schnauzbärtigen Wache vor dem Hause; und würden gerne annehmen, daß wenigstens etwas Humor, ein, wenn auch hochmütiges Lachen im Spiel war, als er gleich zwei Kommilitonen nach Nürnberg schickte, damit sie für ihn um eine Erlassung der Strafe bäten. Sie wurde nicht gewährt, wohl aber etwas »Lüftung«: der Freiherr dürfe für seine Mahlzeiten zu seinem gewöhnlichen Kostherrn, auch, wenn er wolle, in die Lektionen und Predigten gehen, habe aber allen Umherschweifens in der Stadt oder vor dem Tor sich weiterhin zu enthalten. Die Gutmütigkeit der Räte ermutigte den Viertels-Gefangenen zu Weiterem. In einem Brief, in dem Zerknirschtheit und Herrenstolz sich geschickt die Waage hielten, dankte er seinen günstigen Freunden für die etliche Relaxierung seines Arrestes. Nur enthielte ihr Befehl noch etwas anderes, was man als eine unausgesprochene Verweisung von der Hochschule leider verstehen müßte; und würde solche nicht nur ihm, sondern auch den hochgeborenen Herren Karl und Adam von Waldstein, Geheimräten seiner Kaiserlichen Römischen Majestät, ja seinem ganzen löblichen Hause zu Schande und Nachteil gereichen. Daher er denn fleißig bitte, die tacitam relegationem, wie auch, was von dem Arrest noch bliebe, ganz aufzuheben und den Zeitpunkt, an dem er etwa Altdorf verlassen wollte, seinem freien Willen zu unterstellen. Seinerseits versprach er, seine Gläubiger zu befriedigen, den Räten nie mehr verdrießlich zu fallen und sich immer so zu verhalten, wie es sich für einen Herrn schickte. »Euer williger Albrecht von Waldstein, Freyher.« Der Name ist im Brief mit T, in der Unterschrift mit D geschrieben. Aber nur die Unterschrift ist von Wallensteins Hand. Den Brief schrieb jemand anderes, und ich möchte glauben, daß auch jemand anderes – Scipio Gentilis? – ihn entwarf; das Deutsche ist das Amtsdeutsch der Zeit und die Argumentation enthält bei aller Demut eine klug nur angedeutete Drohung.

So weit vom goldenen Prag lag die freie Reichsstadt Nürnberg räumlich nicht; aber von den Verhältnissen dort, welche Rolle die beiden Geheimräte von Waldstein in der Nähe des Kaisers spielten oder nicht spielten, mit welchen Unannehmlichkeiten sie sich für eine Beleidigung ihres Hauses zu revanchieren fähig wären, davon hatte der Magistrat nur die ungefährste Ahnung. Er antwortete ausweichend, zugleich zurückziehend und auf seinem Recht bestehend: von einer Relegierung sei überhaupt nie die Rede gewesen, aber bei dem Arrest müsse es verbleiben. – Albrecht vertrieb sich die Zeit in seiner milde eingeschränkten Freiheit, bis er abgezahlt hatte. Dann, Ende Februar oder Anfang März des Jahres 1600, nach einem Aufenthalt von sechs Monaten, schüttelte er den fränkischen Staub von seinen Schuhen.

Fügen wir auch noch an, daß Böhmens großer Nationalgeschichtsschreiber im 19. Jahrhundert, Franz Palacký, weder an Goldberg noch an Altdorf glaubte: er sei imstande, mit jenen läppischen Anekdoten aufzuräumen. Das wollte er, weil der patriotische Mann den Deutschen den Studenten Wallenstein nicht gönnte; so wie umgekehrt der Patriot Hallwich eine deutsche Herkunft Wallensteins erdichtete, wo keine war. Goldberg konnte Palacký bestreiten, weil er jenen Brief Albrechts an den Landeshauptmann von Liegnitz nicht kannte. Von den Altdorfer Dokumenten kannte er den Teil, den Christoph Gottlieb von Murr schon im Jahre 1790 in Druck gegeben hatte und den auch Friedrich Schiller kannte. Aber, gibt Palacký zu denken, diese Protokolle bewiesen doch nur, daß *ein* Waldstein im Winter 1600 das

Städtchen unsicher gemacht hätte, *einer* von den vielen Trägern des Namens, die es damals gab . . . – Worauf zu antworten ist, daß um 1600 in der Tat etwa dreißig Herren von Waldstein blühten oder welkten, aber nur zwei des Taufnamens Albrecht; von denen der eine über fünfzig Jahre alt war. Fünfzig Jahre, das bedeutete im Ablauf des Lebens so viel wie 65 oder 70 heute. Wenn wir nun schon die Altdorfer Spiele des Sechzehnjährigen nicht loben können: wie höchst widerwärtig gegen alle Natur und gleichsam wie die Capriolen eines aus dem Grabe Entsprungenen müßten wir sie doch empfinden, wäre der Spieler der gewesen, der in so vorgerückten Jahren sich noch zu einem Studium entschloß!

Scherz beiseite. Der Altdorfer Wallenstein ist der unsere, das ist über jeden Zweifel erhaben. Die Überlieferung jenes ereignisreichen Semesters hat während seiner Lebzeiten und durch das 17. und 18. Jahrhundert sich kontinuierlich erhalten. Gewiß schlichen sich auch Legenden in sie ein: so die von dem neu gebauten Karzer, der nach seinem ersten Gefangenen genannt werden sollte und in den Wallenstein, welcher der erste Verurteilte war, seinen Hund vorausschickte:

Läßt weislich den Pudel voran erst laufen . . .

Der Karzer hieß Stumpfel, und zwar nach einem gewissen Gabriel Stumpflein, der im Jahre 1576 in ihn gesperrt wurde. Später wurde er auch der Bärenkasten genannt, woraus man leichtsinnig schloß, Wallensteins Hund müsse Bär geheißen haben. Wir brauchen diese Lesart nicht lange zu widerlegen, da sie schon von Dr. Wagenseil, in seinen im Jahre 1687 erschienenen ›Exercitationes sex varii argumenti‹ schlagend widerlegt wurde.

Wie es erfolgreichen Männern zu geschehen pflegt, daß sie auf der Höhe des Lebens alten Lehrern oder deren Nachfolgern, nicht ohne angenehmen Reiz, wieder begegnen, so hat auch Wallenstein später mit Goldberg und mit Altdorf Kontakt gehabt. Als der Oberste Feldhauptmann im Jahre 1626 in Goldberg Quartier nahm, befahl er den greisen Kantor Fechner vor sich, dankte ihm großmütig für die ehedem geübte, wohlverdiente und nützliche Strenge, schenkte ihm hundert Taler und ließ eine schützende Garde vor seinem Haus Posten nehmen. Die Quittung Fechners ist im Breslauer Stadtarchiv erhalten, oder war es doch vor den Wirren der letzten Jahrzehnte. Dem alten Mann dürfte die Salvaguardia wertvoller gewesen sein als das Geld.

Sechs Jahre später dann, als der große Zweikampf zwischen Wallenstein und dem Schwedenkönig sich ins Frankenland spielte, nahmen Kroaten den Altdorfer Rektor Nüßler gefangen, einen Mediziner.

Wallenstein steckte ihn als Feldscher in die Truppe. Nüßler, dem in dieser Rolle unwohl war, bat seine Hochschule, ein entsprechendes Gesuch einzureichen, das der Generalissimus gewiß bewilligen würde, wenn es im richtigen Ton abgefaßt wäre, nämlich folgendermaßen: immer schon seien die heroischen Tugenden des Herzogs bekannt gewesen, neuerdings auch seine edle Großmut, der so viele Gefangene ihre Freiheit zu verdanken hätten; wie werde dann wohl er, der Rektor, solche Großmut nicht erfahren, wie die Universität nicht ein neues Pfand des alten gegen sie empfundenen fürstlichen Wohlwollens erhalten? . . . Das Ganze auf lateinisch.

In einer gleichfalls lateinisch geschriebenen Denkschrift, einer von vielen, aus dem Grunde feindlichen, aber kenntnisreichen, die Wallensteins Vetter Wilhelm von Slawata Kaiser Ferdinand im Jahre 1633 einsandte, heißt es: was die Leute von dem Feldherrn dachten, ehe er noch zu hohen Ämtern gelangt sei, sei wohl bekannt, »cum vulgariter der dolle von Wallstein vocaretur«. *Wann* wurde er so genannt? Doch nicht als Kind in Hermanitz oder auf Koschumberg, wo man vulgariter gar nicht deutsch sprach, wo der Zehn- oder Dreizehnjährige für eine solche Benennung auch kaum Anlaß gegeben haben kann? Sie würde bei weitem am besten für die Altdorfer Zeit passen. Aber woher wußte Slawata, wie die Pfahlbürger von Altdorf ihren kurzfristigen Gast genannt hatten? – »Der Dolle von Wallstein« – damals war er es. Was er in Altdorf an aggressiver Lebensfreude zeigte, verging ihm später und machte einer gebändigt feierlichen Würde Platz. Aber aus seinem sich verbergenden Inneren brach manchmal noch der Jähzorn hervor, den als erster der arme Johan Reheberger erfahren hatte, und machte sich Luft in grausamen Befehlen, wie auch im Fluchen. Bei diesem blieb er bis zu seiner vorletzten Stunde, in der er fürchterlicher als je geflucht haben soll. So ändern wir uns im Leben und ziehen einen anderen Charakter an; und doch auch nicht.

Nach Altdorf nun also die zweijährige Reise durch Gallien, wo König Heinrich sein ordnungsstiftendes Szepter schwang, und durch Italien; der Aufenthalt in Padua, dem Athen Europas, so oder so; die Heimkehr. Die Grabdenkmäler für die Eltern und eine Glocke für die Kirche von Hermanitz, fromm beschriftet, ein Zeichen dafür, daß er nun mündig und der verantwortliche Herr sei. Und die allmählich dämmernde, schärfer werdende Frage, was er mit seinem Dasein anfangen solle.

Er ließ sich einen Kinnbart nach spanischer Art stehen, die Haare kurz, die nach den Einen schwarz waren, nach den Andern ins Rötliche spielten. Das Letztere glaube ich nicht, denn später zeigte er einen Horror vor roten Haaren, wie auch vor überlangen Nasen und andern aus der Regel fallenden Bildungen, die seinen Schönheitssinn beleidigten. Selber war er in der Jugend schön, die Stirn hoch und edel, die Augen von dunklem Glanz, die Gestalt schlank; er maß etwa einhundertundzweiundsiebzig Zentimeter. Man weiß das nicht nur aus Schilderungen und Portraits der Zeitgenossen. Unruhig, wie seine Schicksale im Leben sein sollten, waren sie auch danach; die des Unsterblichen ohnehin; auch die der sterblichen Überreste. Der Sarg, schon mehrfach ausgewechselt, wurde in unserem Jahrhundert noch einmal aufgetan und, was von dem Skelett übrig war, kundigen Anthropologen zur Prüfung übergeben. Da fand man in den Knochen die Spuren später Krankheit, konnte aber auch auf die Körperlichkeit des Gesunden schließen.

Die Welt, in der er wird leben müssen

Pharao, »das große Haus«, Herr der Länder, Erbauer der Pyramiden, in grauer Vorzeit; »Ich und mein Haus«, »Ich und mein hochlöbliches Erzhaus« jetzt. Wenn der erwählte Römische Kaiser, König von Ungarn und von Böhmen, Erzherzog von Österreich, über Dinge der Politik sich äußerte, so ging es um seine und seiner Familie große Interessen; dann auch um Gott, um unsere heilige Religion; seltener schon um die Christenheit, weil dies Wort Glaubensgemeinschaften einschloß oder einzuschließen scheinen konnte, die man keineswegs einschließen wollte; um das Wohl der Völker beinahe nie. So war es gewesen vor viertausend Jahren; so immer und immer.
Haus Habsburg wird in unserer Erzählung einen breiten Platz einnehmen. Man kennt es, kennt diese aus einer Reihe von ehelichen Verbindungen und Erbzufällen erwachsene Macht, die als die bei weitem stärkste in Europa galt. Sie war geteilt in zwei Linien, die spanische und die österreichisch-deutsche, so jedoch, daß beide Linien sich immer wieder aufs neue kreuzten durch Heiraten zwischen nahen Verwandten. Kaiser Rudolf, Haupt der deutschen Linie seit 1576, war der Urenkel Johanns der Wahnsinnigen zweimal: durch seinen Vater, Sohn Ferdinands, des Kaisers Karl V. deutschen Bruder; durch seine Mutter, Karls V. Tochter. Er war in Madrid erzogen worden am Hof seines Onkels, König Philipps II., von seinem zwölften bis zu seinem achtzehnten Jahr, und etwas wahnsinnig war er auch.
Das Gefühl gottgewollter Einheit, welches die Doppeldynastie zusammenhielt, hinderte nicht, daß Fremdheit, sogar Feindschaft es durchsetzte. Rudolf hörte wohl auf die spanische Partei an seinem Hof in Prag: Botschafter und irreguläre Sendboten; einheimische Magnaten, die ihrerseits aus ihrer starr erhaltenden Gesinnung heraus es mit den Spaniern hielten. Er hörte auf sie und auch nicht; er bedurfte ihrer in seinem schleichenden Kampf gegen die Erreger geistiger und gesellschaftlicher Unruhe, die Protestanten, die in ihren verschiedenen Abarten neun Zehntel aller Böhmen ausmachten; er mißtraute ihr, teils, weil er sich als Deutscher fühlte, teils und besonders, weil er ein überaus argwöhnischer, über seine Königsrechte eifersüchtig

wachender Mensch war. Eine Prinzessin aus dem deutschen Zweig, Margareta, Schwester des jungen Regenten von Steiermark, Erzherzog Ferdinand, vermählte im Jahre 1599 sich mit König Philipp III. Ihre Reise in die neue Heimat nahm, mit Ehren-Aufenthalten unterwegs, etwa sechs Monate in Anspruch, was lang war; Kuriere pflegten das in einem Monat zu machen. Die Mutter reiste mit, und beiden Damen gefiel es in Spanien gar nicht. »Alles, was sie reden, ist erlogen«, urteilte die neue Königin über ihre Untertanen. Über ihre Hofmeisterin, eine Herzogin von Candia: »Ich kann Euer Liebden« – dem Bruder Ferdinand – »nicht schreiben, welch ein seltsames Weib die Herzogin ist. Ich bin fest überzeugt, wenn E. L. mich sähen, Sie würden Mitleid mit mir haben; den ganzen Tag weicht sie nicht von meiner Seite. Ich kann nicht nach Augsburg gehen« – Worte für etwas, was wir deutlicher ausdrücken würden – »so ist sie hinter mir; sie setzt sich sogar zu uns in den Wagen. Ich glaube, wenn ich mich nicht so wehrte, so würde sie selbst den Vortritt vor der Frau Mutter nehmen wollen.« Ähnlich die Frau Mutter: mache man sich in Madrid nicht selber »recht patzig und mausig«, so komme man mit den Spaniern nicht zurecht. Sie sehen, »daß, wenn sie stolz sein wollen, ich ebenso stolz, und wenn ihre Listigkeit selbst das Maß zu überschreiten scheint, ich ebenso listig sein könne«.
Sie stammte aus Bayern, diese Mutter Maria, Schwester des Herzogs Wilhelm V., Tante des Herzogs Maximilian, der vor kurzem, 1597, die Regierung seines Landes übernommen hatte; ein in heimlichster Seele inbrünstiger, nach außen zurückhaltender Mann mit kaltem, fernem Blick. Das bayerische Haus Wittelsbach konnte fast als ein Nebenzweig Habsburgs gelten. Vielfache Verwandtschaft und Gemeinschaft auch hier; Spannung auch hier. Die Wittelsbacher konnten ihrer Herkunft nach sich als die Besseren dünken, waren nun jedoch ungleich geringer als die Habsburger, beengt durch deren Macht und Nachbarschaft.
Wieso nun eine einzige Familie, sich das hohe Erzhaus nennend, zwei Monarchen, ein paar Dutzend Prinzen, meist sehr mittelmäßig begabt, göttergleich über einem Großteil Europas waltete, diese Frage möchte Antwort verlangen. Ungefähr so. Die Habsburger waren die Spitze der gesellschaftlichen Hierarchie, in der jede Schicht zugleich trug nach oben und drückte nach unten, bis zu der letzten, breitesten, die bloß die ertragende war. Ständische Gliederung beruhte auf Gemeinschaft der Herrschaftsinteressen. Kein König ohne weltliche und geistliche Unter-Häupter, Magnaten, Grundherren, Bischöfe; keine Magnaten ohne König. Ob kleiner Adel, ob privilegiertes, reiches Bürgertum ohne Magnaten und König, das mußte sich erst noch her-

ausstellen. Die wenigen freien Republiken, liberae respublicae, die man kannte, gaben keinen bündigen Beweis dafür oder dagegen; jedenfalls glaubte man in der neuen, noch um ihre Existenz kämpfenden Republik der vereinigten Niederlande, der sieben Provinzen, ohne einen Halb-Monarchen, den Statthalter, den Prinzen von Oranien, nicht auszukommen. Unternahm der König etwas Feindlich-Anmaßendes gegen den Stand, welcher der Spitze am nächsten war, den grundbesitzenden Adel, den Herrenstand, so mußte er vorsichtig prozedieren, den Gegner teilen, eine der Gruppen für sich gewinnen, oder doch kräftiger Hilfe von außen sicher sein; andernfalls waren die Tage seiner Herrschaft gezählt. Besaß er Willensstärke, Arbeitsfleiß, Klugheit, Festigkeit, so konnte er für seine Person eine ganze Menge entscheiden. Ohne dergleichen Begabung präsidierte er nur, ließ Cliquen walten, deren Mitglieder aus den obersten Ständen, manchmal auch ganz woanders her kamen, und spielte sie gegeneinander aus. Zeigte er sich aber vollständig ungeeignet für sein Amt, ein Sonderling, ein Menschenfeind, ein Narr, so war die Geduld der Untertanen groß; nicht von unbegrenzter Dauer.

Sie war groß, weil die Untertanen *glaubten;* glaubten an die Heiligkeit des Amtes und Amtsträgers. Der Glaube gehörte dazu; ohne ihn, diesen magischen Kitt, und nur kraft Interesses, und nur kraft versteckter oder offener Gewalt hätte die ganze Anordnung nicht gehalten. Herrscher zu sein von Gottes Gnaden, gesalbt und gekrönt, das war etwas. Den Potentaten selber gab es ein Gefühl der Erhabenheit und Geborgenheit, wo andere den Mut verloren hätten. Ob sie mit frommem Fleiß alles in Person besorgen wollten und sich abarbeiteten den ganzen Tag wie Philipp II. von Spanien, wie der eben genannte Maximilian von Bayern; ob sie mehr zum Nichtstun, zu feineren oder roheren Vergnügungen neigten und die Liebe, die Jagd, der Trunk ihre Stunden gänzlich füllten, dieser gottselige Stolz war ihnen gemeinsam, und anderes wurde von ihnen nicht erwartet. Ein Monarch, der an sein heiliges Recht selber nicht glaubte, wäre verloren gewesen; wir finden in dieser Zeit keinen.

Der Glaube des Hauses Habsburg, wie des kleineren Nebenhauses Bayern, war der römisch-katholische. Er würde der Dynastie nicht, wie er tat, Halt und Identität gegeben haben, wäre er gewesen, was er ehedem war, katholisch im genauen Sinn des Wortes, universal. Als Glaube nur noch des halben Europa, als Glaube, der Gegner hatte, also selber gezeichnet war durch Gegnerschaft, bedroht und in aggressiver Verteidigung in Österreich-Deutschland, furchtbar drohend jenen, die verdächtigt wurden, ihn zu verraten, im spanischen Bereich, in dieser neuen kämpferisch-enthusiastischen Erscheinungsform war er der Hort der Habsburger. Der Glaube der Jesuiten, der Soldaten Gottes. Wo Gott solche Soldaten braucht, da wird es auch an Soldaten einer anderen Spielart, und dann an ihrem heißen Spiel nicht fehlen. – Selbstverständlich waren weltliche Interessen, Interessen der Macht und des Besitzes, mit dem Religiösen verbunden. Das ist keine so neue Entdeckung, wie jene meinen, die in unseren Tagen mit ihr trumpfen. Widersprachen sich die weltlichen Zwecke, so genügten die geistlichen nicht, um wirkliche Gemeinschaft herbeizuführen; wie denn das französische Königtum, obgleich seinerseits katholisch, obgleich vor kurzem noch, und später wieder im bewaffneten Kampf gegen die Protestanten innerhalb des eigenen Staats, sich dem Bündnis-System der Habsburger doch niemals anschloß – um einstweilen das Wenigste zu sagen.

Weit lagen Spanien und Österreich-Böhmen auseinander. Ließ so langwieriger Wechselverkehr gemeinsames Planen und Tun überhaupt zu? Die Frage gälte für das ganze Europa. Es war ein einziges Kraftfeld, jede Macht mit jeder in direkter oder indirekter Berührung, trotz der schlechten Wege, der gefährlichen Schiffsfahrten, der Monate oder Jahresviertel, die eine von den anderen trennten. Macht stand mit Macht in Verbindung, Handel mit Handel, Geist mit Geist. Farbig waren die Berichte von weither, voller Neugier und Psychologie. Mitunter brach auch die Ungeduld des Berichtenden durch, fast die Verzweiflung darüber, daß man zu Hause so gar nicht wußte und wissen wollte, wie es hiesigen Ortes eigentlich stand. Je schwieriger der Kontakt zu pflegen war, desto stärker muß die Energie gewesen sein, die ihn pflegte; bedeutend stärker, folglich, als heutzutage, und tiefer der Ernst. Die Politiker arbeiteten auf Zeit, mußten lange warten, bis das, was sie ausgeheckt hatten, eine Reaktion hervorrief und zur Reife kam. Deswegen dachte man nicht weniger vorsorgend, nicht weniger hart und böse, als man heute denkt. Karten mochten unbeholfen gezeichnet sein, aber welche Straßen von Italien nach der Ostschweiz und nach Tirol, zum Rhein, nach den Niederlanden führten, wußten die spanischen Heerführer sehr gut. Diplomaten, Mönche in diplomatischer Mission, sorgten für den politischen Verkehr, Kaufleute für den wirtschaftlichen, für den geistigen die Naturforscher, die gelehrten Humanisten, die Sternenkenner; und durchaus europäisch, ganz überall daheim war die Kunst. Es gab dichte regionale Beziehungen, die aus vielen Ländern eine Art von Block machten, eine Verwandtschaft der Lebensformen, Gesinnungen und Geisteströume, dort wo wir heute keine suchen würden. Skandinavien und Niederdeutschland bildeten einen solchen; dann Oberungarn – nachmals Slowakei genannt – Österreich, Mähren, Böhmen, Schlesien, das polnische Krakau. Es gab Querverbindungen in jedem der genannten Bereiche und besonders dem religiösen: von Böhmen nach Amsterdam und Den Haag, nach Genf, Basel, Heidelberg, nach Oxford, nach dem hugenottischen Frankreich; von Polen und den katholischen Provinzen Deutschlands nach Rom; und wieder von Prag und Wien nach Madrid. Der Austausch zwischen beiden Linien Habsburgs wurde durch die weit vorgerückten Dauerniederlassungen und Nebenzentren des spanischen Imperiums erleichtert, Mailand und Brüssel.

Zum Erstaunen viel wußten also, wenn man die Hindernisse bedenkt, die Europäer voneinander; zu wenig angesichts dessen, was sie freundlich und feindlich voneinander wollten. Er kenne Schweden kaum dem Namen nach, entschied der gelehrte Herzog Wilhelm von Bayern, wie solle er wohl über die schwedische Politik urteilen? So von einem Lande, dessen König als Eroberer in der bayerischen Hauptstadt einreiten sollte kaum ein halbes Jahrhundert später. Weil Alles zusammenhing durch Wirtschaft, Machtpolitik, Seefahrt und Landfahrt, durch die nach keiner Nation fragenden Glaubensgemeinschaften, so tendierten die Konflikte, die es längst gab, im Land und zwischen den Ländern, zur Steigerung durch Vereinigung. Weil die Kenntnisse ungenügend waren, so würde man leichtsinnige, böse Fehler machen; einen fernen Gegner unterschätzen, wie der Sohn jenes Wilhelm von Bayern, Maximilian, den König von Schweden, Gustav Adolf, anfangs sehr unterschätzte; oder im Gegenteil einen fernen Freund überschätzen und Hilfe erwarten von einer Seite, von der keine kam, weil die Dinge dort nicht so lagen, wie man es sich gern einbildete.

Nicht so ganz Unzutreffendes bildeten die Informierten sich über Spanien ein: dies nämlich, daß das Imperium sich im Niedergang befinde, daß es arm sei trotz des Goldes und Silbers, welches die Galionen aus neu entdeckter Welt brachten, daß Kastilien, das steinige Herzland, den ungeheuren Körper nicht mehr beleben könne; spater dann, daß Sohn und Enkel Philipps II. ihre königliche Berufung ganz ungenügend erfüllten. Ein Reich wie das spanische verfällt lang, wenn es verfällt. Regiert von einer herrschaftsgewohnten Kaste, welche die schönsten Vorteile hatte von der Herrschaft, verteidigt durch eine Reihe gebietender Stellungen von Norditalien bis zum Niederrhein, Meister der alten Kriegskunst, galt Spanien Europas Politikern noch immer als Mittelpunkt schicksalsträchtiger Entscheidungen; und was der spanische Ambassador riet, dem folgte meistens der Kaiser-König in Prag. Spaniens ärgste Feinde waren nicht die Franzosen, nicht die Briten, Feinde die wohl auch, aber solche, mit denen man sich perio-

disch arrangieren konnte und mußte; es waren die Niederländer, Rebellen fünfzehn Jahre lang schon, als Wallenstein geboren wurde; die abgefallenen Provinzen, die Generalstaaten, wie man abkürzungsweise sagte, die Holländer.
Es wird von zwei Zivilisationen gesprochen, denen nichts übrigblieb, als aufeinanderzuschlagen, bis eine von ihnen hin wäre; die eine statisch, noch nicht aus dem Mittelalter heraus, beherrscht von Grundherren, Mönchen und Soldaten, die andere dynamisch, bürgerlich schon, auf gewinnbringende Tätigkeiten neuer Art erfolgreichst ausgerichtet; radikal unterscheidende Eigenschaften, die in der adaptierten Lehre Calvins ihren geistigen Ausdruck fanden. Wir wollen uns mit der Allgemeingültigkeit dieser Interpretation nicht lang aufhalten; nicht fragen, warum Zivilisationen, wären sie sich auch noch viel fremder als die altspanische, die neuholländische, einander denn durchaus nicht in Ruhe lassen können; warum, wenn unterschiedliche Prinzipien der Gesellschaft und Wirtschaft zu schrecklichen Kriegen führen müssen, warum dann auch solche Staaten, die in ihrer inneren Ordnung sich glichen wie ein Ei dem andern, sich nichtsdestoweniger in jahrzehntelangen Schlächtereien verirrten? Zum Krieg kann überhaupt alles führen. Zum Krieg muß überhaupt gar nichts führen. Zwischen Spaniern und Holländern also war Krieg, so unaufhörlich, daß um 1600 ziemlich alt, um 1630 ein Greis sein mußte, wer sich noch an seine Anfänge erinnerte; von den Spaniern geführt in dem Wahn, ihr Imperium wiederherzustellen und die frechen Republikaner zu unterwerfen; von den Holländern zuerst um Leben und bare Existenz, allmählich aber um Erweiterung, Bereicherung in der Nachbarschaft wie auf den sieben Meeren. Hier war ein europäisches Zentrum anderer Art. Von den Giebelhäusern der Städte, von den kahlen Kirchensälen, von den hochgetürmten Orlogschiffen und Handelsschiffen, die in den Häfen schaukelten, von den Exerzierplätzen, auf denen man die Soldaten in modernsten Techniken des Gehorsams drillte, von den fetten Weiden des Rheindeltas strahlten Energien aus, die wirkten quer durch Europa und verwandte Gesellschaften berührten, zum Beispiel jene der deutschen Küstenstädte, wie auch ganz anders strukturierte, zum Beispiel die böhmische. Nach Holland sah, wer evangelisch glaubte; auf Holland hoffte, wer, einem unruhigen, unzufriedenen Stande zugehörig, mit seinem König haderte, zumal wenn der König dem Hause Habsburg entstammte. Hoffnungen, welchen die Holländer mindestens nicht widersprachen; denn sie konnten ihnen nur angenehm sein. Spanien, das war Habsburg selber; Österreich-Böhmen unter habsburgischem Dominat – vorläufig; das Reich, welches noch immer das Römische hieß, unter

einer schwer zu definierenden Variation habsburgischer Befehlsgewalt. Je mehr von diesen Gebieten sich der imperialen Dynastie entfremdeten, desto besser. Ihrerseits wirkten die Holländer an einem Imperium anderen, ohne daß sie es wußten, überaus zukunftsstarken Charakters; wofür Marksteine sind die Ostindische Companie, 1602, die Eröffnung der Börse von Amsterdam zusamt der Sache und dem Worte »Aktie«, 1613, ein Handelsvertrag mit dem fernsten Reich auf Erden, dem der Japaneser, 1616, die Gründung der Städte Batavia auf der Insel Java, Neu-Amsterdam auf der Insel Manhattan. Wir greifen hier etwas vor in der Zeit, wie eine so flüchtige Bestandsaufnahme und Vogelschau wohl erlaubt. Als sie anfingen, Batavia zu bauen, war Wallenstein immer noch jung, gerade erst unterwegs, noch lange nicht angekommen. Um die Holländer mußte er bald sich kümmern; um Java und Manhattan nie.

Die Gegenden nun, von denen aus Spaniens imperiale Politiker die große Rebellion der Bürger noch zu ersticken hofften, waren die südlichen Niederlande; jener Teil, den Philipp II. sich hatte erhalten können, Luxemburg, Flandern, Brabant; Brüssel. Diesen »spanischen Niederlanden« – wieder eine ungenau kürzende Formel – hatte der König kurz vor seinem Tod noch ein Maß von Autonomie gewährt, weiser, als es seiner Legende entsprach. Sie sollten ihre Geschäfte selber besorgen dürfen durch ihre Räte und Stände, gebunden an Spanien nur durch die Person des Regenten und die noch immer unerbittlichen Glaubensgesetze. Was nicht hinderte, daß in Brüssel spanische Politik getrieben wurde, manchmal verschleiert und ein wenig gemildert, wenn es zu einer Krise kam, offen, stark und schroff. Die Regentin, mit der wir es zu tun haben werden, war die Infantin Isabella Clara Eugenia, Philipps Tochter. Der ihr zugedachte Gatte war kein anderer als ihr Vetter, Rudolf, der Römische Kaiser. Dieser jedoch, der im Ernst zum Heiraten keine Lust hatte, hielt den spanischen Hof achtzehn Jahre lang mit Versprechungen hin; worauf Philipps Geduldsfaden endlich riß und er die überreife Tochter mit dem Erzherzog Albrecht, Rudolfs Bruder, vermählte. Man wird diesen Schritt um so leichter verstehen, wenn man bedenkt, daß die Alternde so ganz allein, ohne die Hilfe eines männlichen Co-Regenten in Brüssel nicht wohl erscheinen konnte. Rudolf verstand das aber nicht und war nun verbittert über des Bruders Gewinn, den er sich selber verscherzt hatte durch achtzehnjähriges Scherzen. Das erzherzogliche Regentenpaar machte seine Sache so klug und wohlmeinend, wie es durfte; endlich, 1609, bequemte es sich sogar, den Krieg mit dem abgefallenen Nord-Teil zu beenden, als »freien Provinzen und Staaten, auf welche sie keinen Anspruch« erhöben. Ob das eine völkerrechtliche Anerkennung der Generalstaaten war, blieb undeutlich; war sie es, so wurde sie von den Regenten in Brüssel ausgesprochen, nicht von dem König in Madrid. Der Friede sollte zwölf Jahre dauern. Ein bloßer Waffenstillstand; wenn auch für so lange Zeit, daß man nicht voraussagen konnte, wie es weitergehen würde. Solche befristeten Friedensschlüsse waren nichts Ungewöhnliches, sie kamen später aus der Mode. Sie wurden öfter eingehalten als nicht. Man beschwor sie im Namen des Gottes, den man verehrte. Man bedurfte des Schutzes, den Unterschrift und Siegel gaben, in einer gefährlichen Welt. Der stand übel da, vor seinesgleichen und vor den Gazettiers, der einen beschworenen Waffenstillstand vor der Zeit aufkündigte. Das spätere Danach hing ab von innerspanischen Entwicklungen; ob die imperiale Partei die Oberhand gewinnen würde, der partido militar, oder jene, die dem Verzicht nach außen und einer Heilung der immer dringender offenbar werdenden sozialen Krankheiten des Königsreiches das Wort selber redeten. Es hing auch von den Niederländern selber ab; denn gewiß ist, daß, auf die Dauer gesehen, zum Krieg immer zwei gehören.

Friede, dauernder, nicht befristeter, war seit dem Jahre 1598 auch zwischen Frankreich und Spanien. Wer freilich sich auskannte auf der politischen Karte, wer wußte, wie spanische Macht im Süden und Osten und Norden die französische beengte, der mochte prophezeien, daß der Friede dennoch nicht dauern würde. König Heinrich IV. selber prophezeite es in einem vertrauten Gespräch des Jahres 1609. Die Versöhnung der Häuser Frankreich und Spanien, erklärte er sich, sei eine Chimäre, die Größe des einen der Ruin des anderen, und umgekehrt; Heiratsverbindungen – solche kamen demnächst zustand – oder guter Wille könnten nichts gegen die Macht der Tatsachen. Frankreich, sagte er weiter, sei wohl auf guten Weg gebracht, aber nicht am Ziel. Es brauche noch gewisse territoriale Abrundungen, Flandern im Norden, im Osten Lothringen. Im Inneren sei die Quelle aller Ordnung die Autorität des Königs. Daher die militärischen, die finanziellen Mittel, die er so emsig gesammelt und die ihn, nach ihm seinen Sohn, *absolut* machen sollten. Daher auch dürfe es im Lande auf die Dauer nur *eine* Religion geben, die katholische eben, so wie die Dinge nun einmal lägen. Er nehme Protestanten wie Katholiken in seinen Dienst, er lasse ihnen alle Gerechtigkeit widerfahren, aber er hoffe sie friedlich und Schritt für Schritt zum alten Glauben zurückzubringen . . . So dieser Monarch, der ehedem selber ein calvinischer Gottesstreiter gewesen war, der sich zur Messe bequemt hatte aus weltlichen Gründen und, wieder aus weltlichen Gründen, danach den Hugenotten die unerhörtesten Vorrechte einräumte: einen Staat im Staat mit Heer und Festungen und Kassen, vom Könige zu füllen, und Synoden, Generalversammlungen, Oberhäuptern. Diese Kapitulation sollte ewig gelten, im Geiste Heinrichs aber doch nur auf Zeit, notgedrungen. Sie widersprach dem Prinzip, das er verwirklichen wollte, oder das sich verwirklichen wollte: dem des einen Reiches, der einen, innerhalb fester Grenzen überall gleichen Ordnung, wozu die Einheit des Glaubens gehörte. Wer der Konfession des Herrschers anhing, der gehorchte; wer einer anderen anhing, der gehorchte nicht, oder stand im Verdacht latenten Ungehorsams auch in weltlichen Dingen. Warum solch Ein-Reich, solch einziger Ordnungsquell eigentlich sein mußten? Machthaber sind selten Philosophen. Sie steuern ein Ziel an, und wenn sie es erreicht haben, ein weiteres, sie fragen nicht nach dem Warum.

Der Konflikt zwischen Frankreich und Spanien, der beruhigt schien in den ersten beiden Jahrzehnten des neuen Jahrhunderts, um dann um so heller wieder aufzuflackern, war nun keiner zwischen Zivilisationen. So radikal unterschieden beide Gesellschaften sich nicht. Er war auch keiner des Glaubens. Ein Konflikt der Macht im Abstrakten war es, der Staaten und ihrer Nutznießer; daher auch Heinrich IV., erst recht aber sein Nachfolger, wie sehr sie katholische bestimmte Einheit erstrebten, sich gar nicht schämten, außerhalb ihres Reiches Protestierende und Rebellen nach Kräften zu unterstützen. Frömmigkeit war ein Motiv, das antreiben konnte zu weltlichen Taten. Theologische Rechthaberei war eine Macht und oft eine bösartige, die Seelen zerfressende. Hofprediger, Kanzelredner, geistliche Publizisten hetzten gegeneinander in der unflätigsten Sprache. Kam es aber zu einer politischen Entscheidung, so traten Beichtväter und Pastoren nicht selten zurück und fanden irgendeinen Grund, warum, in diesem einen Fall, die Staatsraison schwerer wiege als Gottes rätselhafter Wille. Dem Beispiel, das Heinrich IV. im Großen gegeben hatte, folgten zahlreiche Fürsten, deutsche zumal, im Kleineren: von einer Konfession sich zur anderen zu bekehren, wenn eine lockende Erbschaft oder sonst ein Vorteil auf diesem Weg zu gewinnen war. Daß ein Monarch sein und seiner Untertanen Seelenheil als die alles Andere überwältigende Verantwortung empfand, bereit, eher Land und Leute zu verlieren als einen Finger breit von der Gottespflicht abzuweichen, das kam vor, aber war die Ausnahme. Man mag solche Haltung rühmlich finden, wenn man will; ihre Folgen waren ungut.

Wie Frankreich den Holländern half im neuen Jahrhundert, so hatte England im alten getan, unter der Königin Elisabeth; verdeckt zuerst, dann offen bis zu der Stufe, welche Spanien zum grausig gescheiter-

ten Generalangriff provozierte. Religion war auch hier die Hauptursache nicht, gering die Verwandtschaft zwischen der militant-demokratischen Lehre Calvins, die in den Niederlanden, dem gereinigten Halb-Katholizismus ohne Papst, der in England herrschte. Elisabeths Nachfolger, Jakob I. aus dem Hause Stuart, Herr nun über das Vereinigte Königreich, führte in der geistlichen Frage lockere Reden: der Unterschied zwischen den Konfessionen sei doch im Grund so tief nicht, und wo es keine Bischöfe mehr gebe, da werde auch dem Königtum bald der Atem ausgehen – ein Wort, dessen Bestätigung die Zukunft seinem Hause vorbehielt. Jakob war ein entschieden kontinental, entschieden politisch denkender Mann, politisch im Sinn des berüchtigten Machiavelli, auf Bündnisse ausgehend, die mit dem Religionsstreit nichts zu tun hatten. Daß England unter seiner, dann seines Sohnes Regierung sich von Europa langsam schied, lag nicht an ihm. Es lag an dem Streit, der zwischen Monarchie und Bürgertum sich entwickelte und jenem zwischen dem spanischen Imperium und den Niederländern von ferne verglichen werden mag.
Jeder Staat konkurrierte mit jedem, und um so intensiver, je näher sie einander lagen; wogegen gemeinsamer Glaube, gemeinsame Gegnerschaften, Gefährdungen und daraus fließende Bündnisse nicht aufkamen. Um begehrte Territorien; um Handels-Schiffahrt, Fischereirechte, Handel überhaupt; um Vorherrschaft zur See, welche dem Handel, der Sicherheit, der Größe schlechthin diente; um Titel und Formen, welche der Größe Ausdruck gaben. So England und Spanien; England und die Niederlande, trotz des alten Bündnisses; so Dänemark-Norwegen und Schweden. Beide Königreiche gehörten demselben Kulturkreis an, wenn je zwei Nachbarn es taten; derselbe Glaube, der lutherische, galt dort so unbestritten und kraftvoll wie kaum irgendwo im Land seines Ursprungs; sie hätten Freunde sein müssen. Was sie gewissermaßen auch waren; aber Freunde, die beständig mißtrauisch aufeinander schielten und gelegentlich sich bekriegten, 1611 bis 1613 und später noch einmal. Denn sie hätten beide die Ostsee gern zu ihrem selbsteigenen Meere gemacht.
Der Kampf um das Dominium Maris Baltici war nicht neu. Schon 1563 hatte ein Kurfürst von Sachsen Klage darüber geführt, daß Schweden sehr unmilde mit der deutschen Schiffahrt umgehe; »alles in der Meinung, die Hantierung und Kaufmannschaft mit den Reußen und die ganze Ostsee unter seine Botmäßigkeit und Gewalt zu ziehen und dieselben des Heiligen Reiches Ständen und Städten abzustricken«. Dieser Kampf war vielfältig; zwischen Schweden und Dänemark, das noch einen Teil von Schwedens Südküste, Schonen, zusamt dem Sund beherrschte und allen ihn durchfahrenden Schiffen

hohen Zoll abverlangte; zwischen beiden Reichen und Polen; zwischen allen dreien und Moskowien, das noch keinen Halt an der Ostsee besaß, aber weltkundigerweise dorthin drängte. Es war ein abgesondert nordisches, östliches Ringen, aber mit dem andern Hauptgegensatz, welcher den Rhein zum Zentrum hatte und Spanien-Habsburg, Frankreich, die westdeutschen Fürsten und Städte, die Niederlande und England anging, gleichwohl verknüpft, denn auf dem europäischen Kraftfeld suchte jeder Bundesgenossen wie Feinde überall. 1614 schloß König Gustav Adolf ein Bündnis mit den Generalstaaten. Als Macht, mit der man, über viele Länder und Meere hin, zusammenwirken konnte, erschien den Spaniern die Republik Polen.

Nicht von jeher. Nicht im zweiten Drittel des vorigen Jahrhunderts, damals, als junge polnische Adlige sich ihre Bildung in Wittenberg und Genf, im hugenottischen Frankreich gewannen und der Ruf »Los von Rom« auch hier seinen Widerhall im städtischen Bürgertum fand. Tief war das polnische Geistesleben mit dem germanischen und lateinischen verbunden, kein europäischer Denkstil und Kunststil, der hier sich nicht schöpferisch ausgewirkt hätte: Luthertum vom Norden her, die Spielarten der böhmischen Religiosität im Süden, Humanismus an der blühenden Krakauer Universität. Gegen Ende des Jahrhunderts sammelte die alte Kirche sich zum Gegenangriff: der König, reiche, opferbereite Edelleute, Jesuiten, die ihre Collegien gründeten, durch praktische Hilfe, überzeugende Reden, Wissenschaft, schöne oder heitere Darbietungen um die Seelen warben. Ihr Erfolg versprach weitere Erfolge. Als Macht, in seiner Außenansicht also, war Polen katholisch in der Zeit, in der unsere Erzählung beginnt, obgleich in aufsässigem Adel der Protestantismus Genfer Herkunft noch fortlebte.

Ein großes Reich, Polen, eine Schlüsselposition in Osteuropa. Es verband den hohen Norden mit dem tiefen Süden; hier an die ungarisch-türkischen Wirren grenzend und oft in sie hineingerissen, dort an Schweden und an die schwedischen Besitzungen am Südrand des baltischen Meeres. Es verband den Osten und die Mitte, denn es reichte weit in Gebiete hinaus, die später dem Zaren untertan wurden, nach Witebsk und Kiew und ins Kosakenland, und konnte noch zu Beginn des neuen Jahrhunderts begehren, sich Moskau untertan zu machen, während es gleichzeitig über Preußen als Lehnsherr eine Art von Souveränität besaß, und gemeinsame Grenzen mit den Ländern der böhmischen Krone. Es war denn auch der polnische Wahlthron so nachgefragt wie der deutsche, und leichter zu gewinnen; nacheinander bestiegen ihn ein französischer Prinz, ein ungarischer Magnat

und türkischer Vasall, der Fürst von Siebenbürgen, ein schwedischer Wasa. Machtphantasien verschoben sich vom Süden nach Osten und Norden je nach der Neigung des regierenden Dynasten. In den neunziger Jahren hatte es den Anschein, als ob Polen und Schweden sich vereinigen würden: Sigismund Wasa, erwählter König von Polen, römisch gesinnt und habsburgisch verschwägert, war der König von Schweden auch. Anstatt der aufgelösten skandinavischen Union wäre dann ein ganz anderes Nord-Imperium Wirklichkeit geworden: Schweden, Finnland, Livland, Polen, mit dem Schwerpunkt in Warschau. Dergleichen glaubte man zu Ende des 16. Jahrhunderts noch machbar; so ungefestigt waren oder schienen noch die staatlichen, die nationalen Identitäten. Ein Irrtum, diesmal; Schwedens Edelleute und Bauern wollten nicht polnisch werden, viel weniger römisch. Ein älterer Wasa, Herzog Karl, erhob sich gegen den fremd gewordenen polnischen Neffen und zwang ihn zum Verzicht. Karls Sohn und Nachfolger, Gustav Adolf, sah in Polen den Hauptfeind, bis ihm einer erwuchs, den er für noch gefährlicher hielt. Nachdem er mit den Moskowitern sich gewinnbringend auseinandergesetzt, ihnen das Land Karelien abgenommen hatte, suchte er ihre Freundschaft, gegen Polen; ein Verhältnis, das, locker und nicht sehr wirksam, die Jahrzehnte überdauerte, während derer unsere Geschichte spielt.
Zu dem, was nachmals Staat genannt wurde, fehlte allen den Machtgebilden noch viel. Sie wurden bereichert und überfordert durch ein weltweites Imperium: Spanien. Sie wurden im Inneren belästigt, oft wie paralysiert durch Sonderbestrebungen von Provinzen und Städten, durch auftrumpfende Vasallen durch den Streit der Religion, durch das Ringen um die Teilung der Macht zwischen Ein-Herrschaft und Viel-Herrschaft, König und Ständen. Dennoch waren sie auf dem Weg, Staaten zu werden des neuen Typs und Namens, und waren schon weit voran, jeder auf andere Weise; Schweden, Dänemark, die Niederlande, auch Frankreich und England. In den Mittleren Zeiten, wie man sie jetzt im Bewußtsein großer Veränderungen zu nennen anfing, waren zwei Institute ihrem Anspruch nach fast unverändert stehen geblieben: das überall wirksame, universale Seelenregiment des Papstes in Rom, sich verbindend mit der handfesten Politik eines italienischen Staates; der Kaiser und sein Reich, das Römische, Heilige. Man durfte es nicht das deutsche nennen, was auch kaum geschah; von Deutschland sprach man, vom Deutschen Reich nicht, denn es sollte das Reich Schutz bieten und Recht setzen mehr Völkern als nur den Deutschen, und der Kaiser das Oberhaupt der Christenheit sein. Gern träumte Rudolf II. sich in diese Würde, und um so tiefer, je weniger sie der Wirklichkeit entsprach.

Die Form des Ganzen ein Wust von Präzedenzen, Beschlüssen, Richtsprüchen, Wahlkapitulationen. Die sieben Kurfürsten, die den Kaiser wählten, drei ihrerseits erwählte, die geistlichen, katholischen, Mainz, Köln und Trier; vier weltliche, Pfalz, Sachsen, Brandenburg, Böhmen. Das letztere eine Enormität, denn der König von Böhmen gehörte selber der Dynastie an, aus der seit Jahrhunderten regelmäßig der Kaiser hervorging, und darüber, ob Böhmen überhaupt ein Stand und Gliedstaat des Reiches sei, stritten sich die Juristen. Der Kaiser handelnd im Einvernehmen mit den Kurfürsten, die sich für eine zweite Reichsregierung hielten; mit dem Reichstag, der buntscheckigen, hierarchisch aufsteigenden Gesamtvertretung der Stände; mit dem Reichskammergericht, dessen Räte auf kunstvoll-bündische Art gewählt wurden; mit dem Reichshofrat, dessen Mitglieder er selber ernannte und die ihm gefügiger waren. Auch dem Reich? Das hätte der Fall sein mögen, wenn der Kaiser nichts gewesen wäre als Inkarnation, Herrscher, oberster Repräsentant des Reiches, in allen Provinzen gleich gegenwärtig. Aber der Kaiser war selber einer der Territorialfürsten, wenn man die Quadratmeilen zählte der Mächtigste unter ihnen, und was er für oder gegen das Reich tun konnte, stützte sich mehr auf seine eigenen Hilfsmittel als auf jene, die das Reich ihm zu liefern gewillt war. Seine Territorien waren zum Teil – Böhmen, Ungarn, Kroatien – weder deutsch noch reichisch. Er war Mitglied einer übernationalen Dynastie, deren Interessen Deutschland umfaßten, aber nicht dort zentrierten. Er war Katholik, und das hieß hier, nicht Vertreter des Staates gegenüber einer militanten Minderheit wie in Frankreich, sondern Vorkämpfer einer Religionspartei gegenüber der anderen, die im inneren, eigentlichen Deutschland die weitaus stärkere zu sein sich rühmen durfte. Darum war der Kaiser eine klare Quelle reichsfriedenstiftender Autorität nicht. Weit weg, an den Nordküsten wußte man kaum von ihm, kümmerte man sich kaum um ihn, denn er konnte weder geben noch nehmen. Die katholischen Stände vertrauten ihm nur in eifersüchtig gezogenen Grenzen, die protestantischen gar nicht. Je gewissenhafter er es nahm mit veralteter Kaiserpflicht, desto schlimmere Wirren mußte er verursachen. Es war die Schwäche und Tugend Maximilians II. gewesen, Rudolfs Vater, daß sein Gewissen ihm Geduld, Duldsamkeit, Skepsis erlaubte.
Unter dem Kaiser die Reichsstände, von den großen Herzogtümern und Markgrafschaften, mit oder ohne dem Recht der Kur, den Bischöfen, die weiten Regionen geboten, den Reichsstädten, bürgerlichen Republiken, Festungen und Handelszentren, in der Stille so manchem Fürsten überlegen an Geld und der Fähigkeit, sich selber

zu schützen, bis hinunter zu den Reichsabteien, winzigen Reichsstädtlein, Reichsdörfern, Reichsrittern. Die Stände unter sich geteilt durch ihre Eigeninteressen, die weltlicher, religiöser und aus beidem gemischter Natur waren. Die katholischen geeint in der Religion, obgleich getrennt in anderen Beziehungen; die protestantischen auch in der Religion nicht, denn Lutheraner und Calviner nährten gegeneinander giftigere Bosheit als beide gegen die katholischen. Die Basis ihres Zusammenlebens noch immer der Religionsfriede von 1555. Der Vertrag hatte gehalten, hatte sich bewährt, länger als man hätte voraussehen können. Nur die Dinge, die er regeln sollte, waren anders geworden und nicht im Gleichgewicht geblieben. Immer weiter hatten die Lehren Luthers und Calvins sich verbreitet, wenn auch ohne die geistige Tiefe und Leidenschaft der Frühzeit; teils als Ausdruck sozialer Bestrebungen, teils, weil die Fürsten nach Mitteln suchten, um ihre Einkünfte zu vergrößern. Hatten die Untertanen eines Abts, eines Bischofs, sich der alten Kirche entfremdet, so lag nahe die Versuchung, eine solche geistliche Herrschaft zu säkularisieren. Im Lauf der Jahrzehnte waren auf diese Weise reiche Gebiete den protestantischen Ständen zugute gekommen; sei es durch einfache Annexion, sei es, indem statt Bischöfen sogenannte Administratoren bestellt wurden, die großen protestantischen Häusern angehörten. Das Verlorengegangene der Kirche zu restituieren, war eine Forderung der katholischen Stände; es zu behalten und den Grundsatz, wodurch es gewonnen worden war, fort und fort anzuwenden, die Gegenposition. Beide Parteien waren aufs neue in einer Defensive, die dem Angriff gleichkam. Ein ideeller Streit, den man vor bald hundert Jahren begonnen, vor vierzig für in seiner Explosionskraft halbwegs erschöpft gehalten hatte, bewegte sich einem neuen Höhepunkte zu, wofür ein Zeichen dem anderen folgte. Das Reichskammergericht hörte zu funktionieren auf im Jahre 1608, weil man einen Lutheraner zum Vorsitzenden gewählt hatte; solche Jurisdiktion wollten die katholischen Stände nicht anerkennen. Im selben Jahr verließen protestantische Fürsten, geführt von dem Pfälzer, den Reichstag, noch einmal protestierend: der Streit über die Restituierung geistlicher Besitztümer könne überhaupt nicht Sache von Mehrheitsbeschlüssen sein. Im selben Jahr verhängte der Kaiser Acht und Bann über die Reichsstadt Donauwörth, weil sie gegen die Mitglieder einer benachbarten, fromm provozierenden katholischen Gemeinde sich zu grob und höhnisch verhalten habe; der Herzog von Bayern sollte das Dekret verwirklichen. Maximilian ließ die Stadt besetzen, mit Soldaten zuerst, mit jesuitischen Bekehrern dann und behielt sie schließlich als Pfand, zum Ersatz seiner Kosten. Hier hatte Rudolf II. kaiserlich-gewissenhaft gehandelt, bis zum Bruch des Reichsrechtes; was Schlimmeres erwarten ließ. Darüber, und wie es doch abzuwenden wäre, wurde gern gesprochen in wohltönenden Worten der Friedensliebe. Aber keiner erhob sich, den langsam und sicher einer Krise zustrebenden Gang der Dinge abzubremsen, und es konnte sich auch keiner erheben; der hätte ein Gott sein müssen, der die Wirrsal des Corpus Germanicum geordnet hätte mit einem Schlag. Denn es waren nicht zwei Parteien, die das Land teilten, so daß eine der anderen hätte obsiegen oder beide zu einem neuen tragfähigen Kompromiß hätten gelangen können. Es war ein Chaos sich bekämpfender, durchkreuzender, aneinander vorbeizielender Willenszentren, wenn der Wille überhaupt ein Zentrum hatte und wußte, was ihm noch zu wollen übrigblieb. Die »löblichen Reichskonstitutionen« bewahren wollten sie alle, zumal Veränderung ihnen nur bekannt war als Erlebnis, aber fremd und widerwärtig im Prinzip. Was die uralte Verfassung denn vorschrieb, darüber gab es so viele Ansichten wie Parteien, wie politische Projekte schmiedende Köpfe.

Der Kaiser Rudolf und die Erblande

Das Erzherzogtum Österreich, geteilt in die Lande ob und unter der Enns, dann Innerösterreich, nämlich Kärnten, Steiermark, Krain, Görz, dann Tirol und die habsburgischen Vorlande Elsaß und Breisgau bildeten, nach verkürzendem Ausdruck, die Erblande des deutschen Hauses Habsburg. Gefährlich ungenauer Weise zählte man auch Ungarn und Böhmen dazu; Böhmen mit allen Regionen, die der Krone des heiligen Wenzel für ewig verbunden bleiben sollten; Mähren, die Lausitz, Schlesien. Ungenauer Weise; denn das Erbrecht in Ungarn und Böhmen, welches die Habsburger sich anmaßten, wurde von den Ständen geleugnet oder doch mit Reservationen umgeben. Der ganze Länderkomplex war ähnlich entstanden, wie der spanisch-burgundisch-niederländische, erwies jedoch in der Zeit sich als ungleich wetterfester. Rudolf II. residierte in Prag.
Ein ungeeigneter Erbmonarch überrascht unsere Denkgewohnheiten weniger als ein von Wählern, welche die Wahl haben, Berufener, in seinem Amt Scheiternder; was auch vorkommt. Rudolf jedenfalls, gekrönter Erbe von Erben, verdarb sein Erbe. Nicht, daß es ihm an feineren Eigenschaften gefehlt hätte. Er besaß hohe Intelligenz, wenn der Drang des Augenblicks sie nicht trübte, Sinn, nur allzu ausgeprägten, für seinen erhabenen Auftrag, Zähigkeit; subtilsten Kunstverstand nebenbei. Prag wurde zur Weltstadt, zum anregenden Tum-

melplatz für Menschen vieler Sprachen, unterschiedlichster Talente und Neigungen, dank seiner königlichen Anwesenheit. Daß Rudolf halber Spanier war und, wenn er denn entscheiden mußte, im Politischen regelmäßig für die spanische Partei entschied, hinderte ihn nicht daran, einen Schwarm fremder Protestanten in seiner Nähe zu dulden: Maler aus Niederland, so gut wie aus Italien, philosophische Ärzte und Humanisten aus Schlesien und Oberungarn, Tycho Brahe aus Dänemark, den gefeiertsten Astronomen der Zeit, den Schwaben Johannes Kepler mit ihm und nach ihm. Allerlei Käuze und Gaukler desgleichen; unscharf war ja noch die Grenze zwischen dem Wissenschaftlichen und Magischen. Rudolf selber dilettierte in Astronomie, Physik, Medizin. Er übte sich in der Schnitzerei, der Uhrmacherei. Sein Geschmack war eklektisch; er liebte, was jetzt schon als alt und klassisch galt, die Gemälde Albrecht Dürers zum Beispiel, für die er jeden Preis bezahlte; auch das Neueste, Kühnste, die Welt des Traumes und des Verrückten Streifende. Solch labyrinthische Kunst mag unbedenklich gewesen sein für jene, die sie ausübten; gefährlich für Rudolfs von Haus aus gefährdeten Geist.

Vom Wahnsinn pflegt man zu sagen, daß er »ausbreche«; ein Wort, welches ganz richtig impliziert, daß er im Verborgenen angelegt war, lang bevor er erschien. Als rätselvoller Charakter war Rudolf seinen Zeitgenossen schon bekannt, als er, vierundzwanzigjährig, König von Böhmen wurde, Römischer Kaiser bald darauf. Um das Jahr 1600 begann das Gerücht umzugehen, er sei verrückt; der Kurfürst von der Pfalz, dem im Falle eines Interregnums zusammen mit Sachsen das Reichsvikariat zustand, hielt es für seine Pflicht, des Kaisers Gemütszustand unter der Hand erforschen zu lassen. Der Spion berichtete, man könne Seiner Majestät in deren guten Augenblicken politische Verständigkeit nicht absprechen, freilich aber leide er an schwerer Melancholie, an wiederkehrenden Anfällen, die ihn zu jeder Tätigkeit unfähig machten und ganz abhängig von Männern dunkler Herkunft, dunkleren Wesens. Auch gegenüber den Geistlichen und der Geistlichen Angebot verhalte er sich sonderbar; eine Beobachtung, welche der päpstliche Nuntius in solchem Übermaß bestätigte, daß er nach Rom berichten konnte, aus diesem Kaiser spreche der Teufel. Es wurde die nervöse Lärmempfindlichkeit des Monarchen staunend vermerkt; seine Menschenscheu, die ihn die vornehmsten Räte meiden ließ, erst recht die Menschen in Massen, zum Beispiel die im Landtag versammelten Stände; sein Jähzorn; immer wieder sein trüber Glaube oder Unglaube. Dem wäre hinzuzufügen, daß Könige in jener Zeit durch den Glanz ihres Amtes eine vorbildliche, bildende Kraft besaßen, zumal für phantasievolle Heranwachsende; daß also

der und jener Jüngling – wir haben besonders einen im Aug – sich später ein wenig nach Rudolf stilisiert haben könnte, ohne es zu wissen.
Von Rudolfs Brüdern lebte einer, Albrecht, in Brüssel, von seinen heiklen Regentenpflichten durchaus in Beschlag genommen. Ein zweiter, Maximilian, hielt Hof in Innsbruck; man wird ihn als Menschen von derber und politischer Natur kennenlernen. Der Älteste, Erzherzog Matthias, residierte als des Königs Statthalter in Österreich. Zwischen ihm und dem Haupt der Dynastie hatte es Mißhelligkeiten gegeben von Anfang, bestimmt durch die banale Leidenschaft des Neides. Von den Begabungen und mit ihnen zusammenhängenden Gefährdungen des Bruders findet man in Matthias nichts; andere Eigenschaften wohl. Wie Rudolf war er ein Mann von Herrschsucht und gänzlich ohne die Kraft, sie zu verwirklichen; tückisch und träge. Auch die wichtigsten Staatsbriefe öffnete er gar nicht, sondern gab sie an seinen ersten Berater weiter, Melchior Khlesl, den Domprobst von St. Stefan und Kanzler der Wiener Universität, dann Bischof, dann Kardinal, eines Bäckers Sohn. Schlauer Gottesmann und Machthandwerker, erdreistete sich Khlesl, seinem Herrn Lektionen zu erteilen: »Die Leute kennen, der Sachen sich annehmen, handeln, sorgfältig sein, *das* heißt herrschen und regieren, *das* setzt die Leute in Tätigkeit, verleiht den Fürsten Ansehen. Aber jedermann verläßt sich darauf, daß Euer Majestät« – nach dem Tode Rudolfs beschrieben – »nach nichts fragen, alles gehen lassen, wie es mag.« Beide Brüder waren unverheiratet, so lange schon, daß dieser einem Fürsten unbekömmliche Stand nachgerade als endgültiger erscheinen mußte. Des aufschiebenden Spieles, welches Rudolf durch achtzehn Jahre mit der Infantin Isabella getrieben hatte, erinnert man sich. Als es aus war und seine greise Mutter ihn noch immer ermahnte, für legitime Nachkommenschaft zu sorgen, sprach er vage von einer moskowitichen Prinzessin, an der sein Herz hing, ohne daß man von der Barbarenfürstin je etwas Genaueres gehört hätte, noch in Zukunft hörte.
Die Unvermähltheit des Gemütskranken machte die Frage der Nachfolge um so dringlicher, in den Erblanden wie im Reich. Von altersher geschah hier die Regelung durch die Wahl eines Römischen Königs, wie er mittelalterlicher Weise genannt wurde; ihm kam die kaiserliche Stellvertretung zu, danach die Krone. Einen Kandidaten für diese Würde der eigenen Familie zu entnehmen und wählen zu lassen durch die Kurfürsten, war die Forderung, mit welcher alle um Haus Habsburg und Deutschlands katholische Zukunft Besorgten den Kaiser zu belästigen nicht aufhörten; an ihrer Spitze die spanischen und päpst-

lichen Politiker. Solange die Frage in der Schwebe blieb, gaben sie zu bedenken, war das Schlimmste möglich; wurden doch allerlei Dynastie-Fremden, dem Herzog von Bayern, irriger Weise, dem König von Frankreich, ja wohl gar Protestanten wie dem König von Dänemark und dem Kurfürsten von der Pfalz spekulative Blicke auf die Kaiserkrone zugetraut. Aber jede Berührung des heiklen Problems war Rudolf widerwärtig, ungefähr so, wie todesfürchtige alte Egoisten von keinem Testament wissen wollen. Er sah darin ein Attentat auf sein Recht, den geheimen Plan, ihm schon zu Lebzeiten das Szepter zu entwinden, das ihm wenig Glück brachte, das aus freiem Willen wegzuwerfen er auch gern drohte, indessen er es mit zitternder Hand umklammert hielt. Als seine eigenen Minister für einen spanischen Abgesandten, der in dieser Angelegenheit nach Prag gekommen war, den Boden zu bereiten suchten, jagte er sie wütend davon. »Ich werde keine Ruhe haben«, rief er, »solange diese Leute um mich sind. Geht hin und sagt ihnen, sie sollen sich entfernen, daß ich sie nicht mehr sehe!« An derselben kranken Eifersucht scheiterten regelmäßig die ihrerseits ängstlichen, unkonzertierten Bemühungen seiner Brüder.

Noch gab es den jüngeren Vetter, Erzherzog Ferdinand, Regenten von Innerösterreich. Der war nun ganz anders als die schwierigen Königsbrüder; in glücklichstem Verhältnis zu Gott dem Herrn, welches die Hauptsache war, erfolgreicher Ehemann, guter Sohn, gewissenhafter Landesvater, gutmütig, wenn fromme Pflicht ihn nicht zur Grausamkeit zwang, lebensvergnügt und kerngesund. Seine Mutter, Maria von Bayern, hatte fünfzehn Kinder geboren, von denen zwölf dem Kindertod entgingen. Mit ihnen, trotz des burgundisch-spanischen Pompes der habsburgischen Höfe, ging sie auf frische, unverbogene, lebenskluge Weise um. Drei ihrer Töchter sah sie als Königinnen, nämlich zwei von Polen, eine von Spanien. Selber übte sie, bevor ihr ältester Sohn volljährig wurde, eine Zeitlang praktisch die Regentschaft aus, und zwar so gut, wie Frauen von Tatkraft und gesundem Verstand das oft getan haben. Ehe Ferdinand im Jahre 1598 die Regierung antrat, machte er eine Wallfahrt nach Loreto, legte die Beichte ab, inspizierte den Schatz der Kapelle, sah auch zu, wie einer Besessenen der böse Geist ausgetrieben, der Dämon gezwungen wurde, seinen Namen zu nennen, der lautete Insalata. Nach geschehenem Exorzismus unterhielt der Fürst sich mit der Erlösten, froh, sie nun ganz gereinigt und andächtig zu finden. Zurückgekehrt von seiner Pilgerreise, versprach er der Mutter, lieber allen Reichtum auf Erden zu verlieren, als der Religion Schaden zu tun; ein Grundsatz, von dem er sich bis zu seinem seligen Ende in Tat und Wahrheit leiten ließ,

»denn das Ewige immer dem Zeitlichen vorzuziehen ist«. Das Volk der kernprotestantischen Stadt Graz lachte zuerst, wenn der Jüngling mit seinen Priestern hinter dem Allerheiligsten herschritt; das Schauspiel hörte aber bald auf, humoristisch zu sein.
Im Jahre 1600 vermählte Ferdinand sich mit der bayerischen Prinzessin Maria Anna, Schwester seines Vetters, des Herzogs Maximilian. Die Heirat bedeutete ein Band mehr zwischen beiden Fürsten, die ehedem zusammen bei den Jesuiten in Ingoldstadt zur Schule gegangen waren, nicht ganz ohne Reibereien übrigens. Es hatte sich ein Vorrechts-Streit ergeben einmal, als der siebzehnjährige Bayer den ersten Platz in der Kirche einnahm, der zwölfjährige Ferdinand sich aber vor ihn stellte; was zwischen den Eltern und Verwandten beider Prinzen zu einer umständlichen, scharfen Korrespondenz führte. Der Vorfall bezeichnet ihr Verhältnis: lebenslange Schicksalsgemeinschaft und immer spannungsreiche Freundschaft. Maximilian war der ungleich Bedeutendere, soll heißen, Willensstärkere, Nachdenklichere, weiter Sehende, der aus weniger mehr machte und dem Habsburger zeitweise das Gesetz vorschrieb, wobei er stets die Formen des eine Rangstufe tiefer Stehenden wahrte. Seine Frömmigkeit erscheint nicht nur als der Gewinn jesuitischer Erziehungskunst, sie wohnte und wühlte in der Seele tiefstem Grunde; in aller Stille pflegte er sie durch Bußübungen, Fasten, die seinem Vetter in Steiermark schwer genug gefallen wären, härene Hemden unter dem Staatsgewand, Geißelungen. Als man später ein dem Kloster Altötting gestiftetes Tabernakel öffnete, fand sich ein Zettel darin, beschrieben mit des Herzogs eigenem Blut: sein Leben, die langjährige, harte Arbeit, die ihm bevorstand, hatte er der Heiligen Jungfrau gewidmet. So weit wäre nun Ferdinand nie gegangen; der zuverlässig mit den himmlischen Mächten stand, wenn er nur alles treu erfüllte, was seine Gewissensräte ihm diktierten.
Zur Grazer Hochzeit kam Maximilian mit einem Gefolge von 1200 Reitern aus München herüber. Die Festlichkeiten in der von mantuanischen Baumeistern geschmückten Stadt dauerten eine Woche: Triumphbögen, die Hofkirche in neuem Ornat prangend, ergreifende Predigten, dramatische Darbietungen der Jesuiten, Musiker aus Mailand, Tafeleien und Tanz von Mittag bis Mitternacht – das Ganze bezahlt mit Geld, welches die Landstände der Steiermark mürrisch bewilligten. Den apostolischen Segen überbrachte der Kardinal-Legat, Franz von Dietrichstein, Bischof von Olmütz.
Alle Habsburger hegten, was die rechte Ordnung der Dinge betraf, im Grunde die gleichen Ansichten. Im Reich sollten die Protestanten nicht weiter kommen als sie 1555 gekommen waren; das seither Er-

worbene war illegitim und ihnen wieder wegzunehmen, wenn und wann möglich. In ihren eigenen Ländern galt es, die Macht der ständischen Vertretungen, der Barone und der Städte, auf ein mit der Majestät des Herrscherhauses vereinbartes Maß zurückzuführen. Dies Ziel verband das Weltliche mit dem Geistlichen, denn die Stände waren in ihrer Mehrheit unkatholisch, in Böhmen und Böhmens Nebenländern, wie in Österreich und Ungarn. Es war im Bewußtsein der Prinzen kein modernes Ziel, ein Wort, das ihnen ohnehin nichts gesagt hätte, vielmehr ein in alten Zeiten liegendes, wiederzufindendes. Weil man ja aber, wie wir wissen und jene Fürsten nicht wußten, zurück niemals kann, so wäre es, verwirklicht, doch etwas Neues geworden, vergleichbar jener neuen Einheit und Schlagkraft, um die sie in Frankreich und England rangen. Mit der Verwirklichung hatte es gute Wege. Die Stände waren fest verschanzt hinter ihrem Recht, ihrer Wirtschaftskraft. Ohne sie war kein Geld zu bekommen, das überall gebraucht wurde, besonders aber für den immerwährenden Türkenkrieg; wobei die Stände schwankten zwischen der Pflicht der Landesverteidigung und der Sorge, ein starkes Heer unter des Königs Kontrolle könnte wohl auch einmal etwas anderes tun als sich mit den Türken raufen. Auch war es so, daß die Rivalität, die zwischen Rudolf und Matthias heimlich schwelte, beide zwang, um die Gunst ihrer Stände zu werben, der böhmischen, der österreichischen; dann gaben sie sich freisinniger als sie waren und streuten Zusagen aus, welche sie nicht halten wollten.
Der Erste, der frontal vorzugehen wagte, nicht gegen die Stände, wohl aber gegen die Unkatholischen, war Ferdinand von Steiermark. Kaum zur Regierung gelangt, ließ er die lutherischen Prädikanten vertreiben, ihre Tempel schließen, ihre gefährlichen Bücher, zehntausend an der Zahl, vor dem Grazer Stadttor verbrennen. Dem folgte der gemessene Befehl, alle Bürger – die vom Adel traf er einstweilen nicht – hätten nach längstens drei Sonntagen ihrem ortszuständigen Priester sich vorzustellen und sich zum Messebesuch einzuschreiben, oder das Land zu räumen. Und siehe, Einige wanderten aus, und die Allermeisten fügten sich, und bald war kein Land katholischer als Steiermark. Es hatte der Erzherzog wenig Geld, wenig Soldaten, den Lutheranern wäre es so schwer nicht gefallen, ihn und die Seinen zu überwältigen. Aus geheimnisvollen Gründen taten sie das nicht, versuchten sie das gar nicht. Der Erfolg war lehrreich, für den jungen Erzherzog wie für seine Verwandtschaft in Österreich und Böhmen. Seit der Jahrhundertwende griff die katholische Partei mit erhöhtem Mut an. Die katholische Partei: in Österreich hieß das, wenn man die Dinge ein wenig vereinfacht, Haus Habsburg und die

mit ihm Verbündeten gegen die Mehrheit des Bürgertums, die Mehrheit des Adels. Für Böhmen-Mähren, wo das Staatsrecht verfeinerter war und der historische Sinn lebendiger, wo zwei Nationen durcheinander wohnten, wo die Dynastie landfremd war und der König zugleich der Kaiser und Spanien am Orte tätig und das Reich vielspältig vertreten und Prag ein Zentrum Europas und die Politik fast schon ein Beruf – für so beschaffene Länder ist keine Vereinfachung erlaubt.

Böhmen und Mähren

Franz von Dietrichstein war im selben Jahre geboren wie Erzherzog Ferdinand, und zwar in Madrid als Sohn des kaiserlichen Gesandten. Er hatte seine Ausbildung an dem von Jesuiten geleiteten Collegium Germanicum in Rom genossen und dieses rüstige Institut konnte stolz genug auf seinen Zögling sein. Mit einundzwanzig Jahren war Dietrichstein Kardinal und Fürst-Bischof von Olmütz, welch letztere Würde ihm Zutritt zum Landrecht gab, Mährens oberstem Gerichtshof, in der Praxis einem Ausschuß der Ständeversammlung. Alsbald erhob sich ein heikler Streit um den deutschen Prälaten: im Landrecht sei nie anders als tschechisch gesprochen worden, und auch er dürfe sich keiner anderen Sprache bedienen als jener, deren er nicht mächtig war; es sei schon lächerlich genug, ihm diese Mitteilung auf deutsch zu machen. Ein alter Edelmann gab zu bedenken, es habe ihn in der Kindheit sein Vater einmal, als er deutsche Worte von sich gegeben, ermahnt, er solle dann doch gleich bellen wie ein Hund; so hätten die Väter es gehalten, so sei es der rechte Geist. Dietrichstein erwiderte, er könne ja lateinisch reden, wenn das vorgezogen werde; zu einem schweigenden Klotz lasse er sich nicht machen. Die Eidesleistung verlas er auf tschechisch und man fand seinen Akzent nicht einmal schlecht, aber so anstößig wie rechtswidrig, daß er schwor bei der Mutter Gottes und allen Heiligen. Später bediente der Kardinal sich eines Dolmetschers, so lange, bis er, fleißig wie er war, die Landessprache gemeistert hatte.
War zunächst nur das Idiom des jungen Eindringlings den protestantischen Herren ein Ärgernis, so wurde es bald seine Tätigkeit. Keiner brannte glühender darauf, die Seelen für den alten Glauben zurückzugewinnen als Dietrichstein; mit Strenge, wo er Strenge üben durfte, in seinem eigenen Olmütz; durch werbendes Beispiel, wo Strenge sich einstweilen verbot. Wie eilte nun der junge Oberhirt durch die Lande, betend, lehrend, Bündnisse knüpfend. Hier sah man

ihn einen mittelmäßigen Redner von der Kanzel drängen und selber die Predigt übernehmen; dort barfuß eine Prozession anführen; Teufel austreiben; auch gemeinen Leuten die Beichte abnehmen; Priester weihen; reuigen Häretikern in großer Öffentlichkeit die Absolution erteilen; mit eigener Hand die Armen speisen; täglich und stündlich Taten tun, die man zum Aufgabenkreis hoher Kirchenfürsten sonst nicht zählte. So hinreißend, lockend und drohend waren die Predigten des Jugendlichen, daß manche Protestanten, auch von Adel, Damen zumal, sie anzuhören nicht verschmähten; von denen dann nicht wenige früher oder später mit einem ernsten Anliegen in den Vorzimmern des Bischofs erschienen. Konversion wurde Mode. Unter dem Impulse Dietrichsteins wetteiferten die neu bekehrten Herren mit jenen, die immer treu geblieben waren, in der Erfüllung ihrer Pflicht; und ging die Rede, daß Einzelne von ihnen ihre Untertanen nicht bloß mit Hunden in die Messe hetzten, sondern ihnen auch noch mit Zangen das Maul aufreißen ließen zum Einschlingen der Hostie. So taktlos gingen aber die Bekehrer in Wirklichkeit nicht vor, es waren ihrer Feinde freudige Erfindungen . . . Wenige Jahre, nachdem man Dietrichstein im Landrecht so ungnädig empfangen hatte, war er stellvertretender Landeshauptmann von Mähren. Die Gunst des Prager Hofes, den er häufig besuchte, die Gunst des Papstes, zu dessen oberstem Agenten am Prager Hof er sich aufschwang, können das nicht genügend erklären; in ständisches Recht durfte weder Kaiser noch Papst sich direkt einmischen. Ein geschicktes Vorschieben, ein Nachdrängen und Plazieren, ein im rechten Augenblick mit Dreistigkeit Handeln gab einer Minderheit, welche der Lage nach doch immer nur geringe Minderheit bleiben mußte, wachsenden Einfluß, wie er ihrer Zahl nicht zukam. Die Unterliegenden, die doch neun von zehn waren, sahen es mit hilfloser Bitternis.

Vergleichbares geschah in Böhmen, von dem man Mähren zugleich abhängig und getrennt sich vorstellen muß. Der Markgraf in Brünn war der König in Prag, und die böhmische Kanzlei ein Amt, dessen Träger Mittel und Wege fand, auch in die Geschäfte der Nebenländer sich einzumischen. Noch aber war den Mährern ihre Autonomie teuer. Die Stände wählten ihren eigenen Landeshauptmann oder verlangten mindestens das Recht, den König bei dessen Ernennung zu beraten; es mußte ein Mitglied des mährischen Herrenstandes sein; die Wahl machte ihn zum Stellvertreter der Krone wie zum ersten Würdenträger des Landes, Direktor des Landrechts und der Ständeversammlung, Haupt einer Gruppe von Land-Offizieren. Völlige Freiheit des Glaubens gab es in Böhmen nicht, in Mähren wohl; wenn man absieht von den Gebieten des Bischofs von Olmütz. Zwangen

andere Grundherren den Untertanen ihre Religion auf, so geschah es widerrechtlich; überzeugen durften sie, nicht Zwang üben. Der Unterschied war in der Praxis ein fließender.
Trotz der staatlichen Getrenntheit der Länder spielten dichte Verbindungen hin und her; Verbindungen der Glaubensgemeinschaften und der vielfältigen an ihnen hängenden Interessen; der Sprache ohnehin, und einer Sprache, die man beiderseits für gefährdet hielt; der Familie. Böhmische Herren waren zugleich mährische oder wechselten durch Heirat nach Mähren hinüber; wie, um ein Beispiel zu nennen, Wilhelm von Slawata durch Heirat mit der letzten Erbin des Geschlechtes Neuhaus ein reicher Mann in Mähren wurde und nun für die religiöse Belehrung seiner Untertanen reichlich tat, was er tun durfte. Von dem nicht minder begüterten Politiker Karl Liechtenstein hätte man kaum sagen können, wohin er denn gehörte; man findet ihn 1599 als Oberstlandrichter von Mähren, 1600 als Geheimrat des Königs in Prag, 1604 als mährischen Landeshauptmann. Liechtenstein war einer der ersten, der sich den feurigen Künsten des Bischofs von Olmütz ergeben hatte, obgleich mit wenig Feuer in der eigenen Seele. Er war ein kühler, berechnender Kopf und hielt Kontakte mit seinen protestantischen Glaubensgenossen, solange die Politik es ihm irgend erlaubte; als er verstand, daß es nicht mehr ging, brach er sie ab. Ein so energischer Opportunist ist schwer einer Partei zuzurechnen. Um so schwerer, als die spanische Partei, der Liechtenstein seit seiner Konversion angehörte, selber das nicht war, was man heutzutage unter einer Partei sich vorstellt – wenn es denn so wäre, daß Parteimeinungen heute nicht schwanken in des Einzelnen Geist, sich nicht drehen je nach Macht und Vorteil des Augenblicks. Die Persönlichkeit mit Meinungen zu identifizieren ist recht oft falsch, denn Meinungen, außer im Falle sonderbarster Charaktere, werden aufgenommen, modifiziert, abgeworfen, ohne daß die Persönlichkeit Schaden nähme.
Die spanische Partei, das waren die Spanier in Prag, die ständig dort Residierenden und die beauftragten Besucher, soviel ist klar. Daß Habsburgs deutsch-slawisches Imperium nicht auseinanderfalle in ein Bündel ständischer Republiken, mußte ein Hauptinteresse der spanischen Politiker sein. Auch römisches Hauptinteresse; insoweit spielten die Gesandten des Papstes und des Königs von Spanien in Prag miteinander. Zu ihnen kam eine geringe Minderheit des böhmisch-mährischen Adels; Häuser, oder Teile von Häusern, die katholisch geblieben oder wieder katholisch geworden waren, auch wohl mit sanfter Hilfe der Jesuiten spanische Gemahlinnen ins Land führten: die Lobkowicz, Liechtenstein, Slawata, Martinitz, Rosenberg,

Neuhaus, Pernštejn, welch letztere drei Familien jedoch um die Jahrhundertwende ausstarben. Auf den katholischen Klerus hätte die Partei rechnen können, wenn er moralisch intakter gewesen wäre als er war. Auf den Jesuitenorden konnte sie rechnen.

Auf den König-Kaiser – sie mußte es, denn was sie erstrebte, das erstrebte sie ja, sozusagen, für ihn. Er war ihr Haupt, der Logik der Dinge nach. Rudolf II., heißt es, sei eigentlich ein Mann des Friedens und erträglichen Kompromisses gewesen und habe für seine Person die Spanier nicht leiden können. Wir glauben es; es gibt Äußerungen, auch Taten, oder doch Verzögerungen in diesem Sinn. Frieden wünschte er schon darum, weil er sich Muße wünschte für seine Liebhabereien; je schlimmer die Gemüter seiner gehobenen Untertanen sich erhitzten, desto schwerer wurde die ihm verhaßte Königsarbeitslast. Störrisch wollte er oft genau das, was seine Ratgeber nicht wollten; und da die spanisch-römische Partei an seinem Hof die stärkste war, so gefiel es ihm manchmal, ihr zum Tort mit den Protestanten ein wenig zu liebäugeln, auch etwa, einen beweibten Priester zu hoher kirchlicher Stellung, einen wegen seiner Liederlichkeit berüchtigten Mönch zum Abt zu ernennen. Minister und Günstlinge, die als spanisch Gesinnte sich fest im Sattel wähnten, entfernte er plötzlich, wenn seine Laune so war, und quälte sie für den Rest ihres Lebens mit rachsüchtiger Verfolgung. Scheinfreiheiten, die er sich gönnte, da er wirkliche Freiheit nicht besaß. Denn ihm, wie allen Habsburgern, war Häresie und Rebellion zuletzt dasselbe. Und hätte er selbst von dieser Gleichung sich lösen wollen, man würde es ihm nicht erlaubt haben, nun, da der Drang, sich zu scheiden und feindlich zu entscheiden, zusehends wuchs in Deutschland wie in Böhmen. Halb treibend, halb gezogen ließ er zu, daß der Kampf um die Positionen der Macht regelmäßig zugunsten der Spanier ausging. Die Ernennung des Herrn Zdenko von Lobkowicz, Jesuitenzöglings, Spaniers der schärfsten Observanz, zum Chef der böhmischen Kanzlei, 1599, war nichts Geringeres als ein Staatsstreich und ein wohlvorbereiteter. Ähnlichen Zweck hatte die Berufung Liechtensteins nach Prag. Es scheint aber, daß dieser Konvertit ohne Glaubenswut den Spaniern auf die Dauer nicht spanisch genug war.

Ob es um Religion ging, ob um die Macht und ihre Annehmlichkeiten, die Unterscheidung ist eine nachträgliche. In Religion suchten die Lebenden Eigenheit und Freiheit, Stolz und Hoffnung ihrer Existenz. Ein Mandat der neuen Regierung, von kaiserlichen Herolden unter Trommel- und Trompetenschall in Prag verkündet, stellte alle Adeligen, Bürger und Bauern außerhalb des Gesetzes, die nicht Katholiken oder Alt-Hussiten, Utraquisten waren; etwa dreiviertel des Volkes

von Böhmen. Die Utraquisten hatten ihren kämpferischen Charakter längst verloren, sie galten als beinahe eins mit den Katholiken. Das Patent traf die Lutheraner, die sehr zahlreich waren, zumal in den Städten, und die Böhmischen Brüder, diese unvergleichlich fromme, ernste Glaubensgemeinde; die stärkste, nicht an Zahl, da waren ihr sogar die Katholiken überlegen, aber an Wirksamkeit und vermutlich an Reichtum. Sie waren da seit 150 Jahren, sie hatten für die theologische, humanistische, politische Bildung des Landes das Schätzbarste geleistet, aber sie durften nicht da sein. Das Mandat bedeutete ihre bürgerliche Ächtung, so, daß Schuldner ihnen nicht zu zahlen brauchten, ihre Eheschlüsse und Testamente ungültig wurden. Das Landrecht bestritt die Auslegung, womit Böhmens Oberster Gerichtshof gegen den König Stellung bezog. Es kam zu gewaltigen Auftritten in den Versammlungen der Stände, zu Reden voller Gelehrsamkeit und Leidenschaft. Die Böhmischen Brüder konnten reden wie englische Parlamentarier; an ihrer Spitze Wenzel Budowec von Budowa, Herr auf Münchengrätz, vor welchem Schlosse man heute seine Figur in Stein sehen mag. Er war der Gelehrteste und der Frömmste; ein Mann, der türkisch und arabisch sprach, einen Anti-Koran verfaßt hatte und nun an des Christentums frühen Retter, Kaiser Konstantin, erinnerte. Der, gefragt, wie er die Heiden habe überwältigen können, habe geantwortet: mit den Christen, die zwar nicht in allem, aber doch im Glauben an die Dreieinigkeit eines Sinnes waren ... Ein Appell an des Königs Weisheit, an das Verbindende über dem Trennenden; und ganz vergeblich. – Indem das Mandat weder zurückgenommen wurde noch konsequent durchgeführt, steigerte es die Wirren, die es hätte bändigen sollen.
Unter Protestanten war es zur Gewohnheit geworden, die Hauptschuld an der langsam und sicher sich vergiftenden Situation den Jesuiten zu geben – diesen »blutdürstigen und in aller Welt billig als turbatores publicae pacis verhaßten und mehr als zuviel durch ihre eingesetzten Mordklauen wohlbekannten Lärmbläser«, wie sie in einem späteren böhmischen Manifest genannt wurden. Dagegen haben katholische Geschichtsschreiber geltend gemacht, nicht die Jesuiten seien schuld gewesen, wohl aber die wütenden Hetzereien gegen sie. Wurde nicht erzählt, daß sie Knaben zerstückelten, daß einer von ihnen mit einem Kinde niedergekommen sei, daß sie die Ermordung aller Lutheraner, nach dem Beispiel der Pariser Bartholomäusnacht, im Schilde führten? Die Zeit war leichtgläubig wie alle Zeiten; wir Späteren wissen es besser. Die Jesuiten kultivierten die Wissenschaften und setzten sich für deren bedürftige Adepten ein, auch wenn sie, wie Johannes Kepler, der Sternkundige, unkatholisch waren und blie-

ben. Ihre Schulen und Hochschulen, zum Beispiel das Clementinum in Prag, bestimmt, dem protestantischen Carolinum Widerpart zu tun, zum Beispiel die neue Universität in Olmütz, ragten hervor. Nicht zum wenigsten empfahl es die Jesuiten-Lehrer, daß sie ihren Unterricht auf jeder Bildungsstufe ohne Entgelt erteilten. Auf ihre Sitte war Verlaß, worin sie sich von manchen älteren Orden unterschieden. Nur allzu Wahres wußte man von Äbten, die das Stiftungsgut ihres Klosters verschleuderten, von Ordensbrüdern, die ihre Zelle mit einer Beischläferin teilten oder sich in Laientracht in das Nachtleben der Städte mischten, wo dann die Begegnung mit einer auf verwandten Pfaden wandelnden Ordensschwester sie nicht überraschte. Dergleichen konnte man den Jesuiten nur verleumderischer Weise vorwerfen. In der Gefahr, da fand man sie; sie pflegten die Pestkranken und starben dabei, Gottes gehorsame Soldaten. Auf manchem Feld waren sie Erheller, Aufklärer, viel eher als Verdunkler. Woher der Haß gegen sie? Sie waren eine verschworene Gemeinschaft, mit ihren Geheimnissen, teils wirklichen, teils eingebildeten, auf die man aus den Erfolgen ihrer Tätigkeit schloß. Die Waffen des Geistes sind die gefährlichsten; außerhalb Böhmens hatten die Evangelischen ihrer Wirkung nichts von ferne Ebenbürtiges entgegenzusetzen. Es war der praktische Grundsatz der Gesellschaft Jesu, zwar das Volk nicht zu verachten, vor allem aber sich an die Reichen und Mächtigen zu halten; an die Erben von Namen und Vermögen, deren man in zartem Alter sich versichern mußte; an die einzelnen Besitzer vieler Seelen, die Fürsten. Hatte man die, so hatte man früher oder später die Untertanen auch, wie das Beispiel Ferdinand von Steiermark lehrte ... Die Jesuiten, hieß es in Böhmen, stachelten hohe Potentaten gegeneinander, die Obrigkeit gegen die Untertanen, die Untertanen gegen die Obrigkeit; durch die Drohung mit ewiger Verdammnis zwängen sie die Könige, ihrem bösen Rat zu folgen; im Beichtstuhl erführen sie alles und gewännen die Herrschaft über die Seelen dermaßen, daß man selbst das Gute nur mit ihrer Erlaubnis tun dürfe; auch hätten sie Güter aufgehäuft wie ehedem der Tempel-Orden, und daß den Ketzern kein Glaube zu halten, sei ihr weltbekannter Grundsatz. Die Väter verteidigten sich mit Würde: Wohl sei leider richtig, daß, wo mehrere Religionen unter einem Regimente blühten, es allerlei Verwirrungen gebe und geben müsse, aber dafür könnten sie nichts, und nichts für den Neid und Haß, den ihr Eifer für die Fortpflanzung der katholischen Religion bei Andersgläubigen erregte. Wie sollten sie von ihrer Aufgabe lassen, Gott zu dienen und die Jugend zu unterweisen? ... Ein Streit, in dem jeder sich in seinem Recht fühlte; unlösbar. Soviel aber wird der Überparteiliche zugeben müssen: die unheilschwangere Frage, Ihr oder Wir, stellten am schärfsten jene, deren Bildung und Mittel des Seelenfanges die feinsten waren.

Konvergierende Verwirrung

Jedes Land lebte mit seinen eigenen Herrschaftsformen, in jedem waren die Begehrungen anders, welche die streitenden Parteien gegeneinander zu erfüllen suchten. Dennoch hing zwischen Siebenbürgen und Amsterdam, zwischen Stockholm und Rom alles zusammen. Überall grübelten unruhige, anschlägige Köpfe, die alles zusammensahen. Die lutherischen Stände Österreichs hielten engen Kontakt mit den böhmisch-mährischen. Sie hielten engen Kontakt mit den westdeutschen Protestanten, obgleich die Aktivsten unter den Letzteren, die Pfälzer, auf die Lehre Calvins schworen und deutsche Lutheraner, zumal in Dresden, in den Calvinern eine hassenswertere Brut sahen als in den Katholiken, ja als in Türken und Heiden; obgleich ferner die protestantischen Stände Deutschlands Fürsten waren, eigentliche Monarchen, welche die Rechte ihrer Landstände schmälerten, wo sie es durften, die österreichischen und böhmischen aber eine vielköpfige Aristokratie vertraten gegen ihren Landesherrn. Weit gespannte, unstimmige, unsichere Bündnisse. Wenn die Könige von Spanien und Frankreich Frieden schlossen, so freuten sich der Papst und alle guten Katholiken, aber hatten sie Grund dazu? Die äußere Politik Heinrichs IV. blieb durch ganz andere als religiöse Motive bestimmt. Hatte er im Süden Ruhe, so sah er um so bessere Möglichkeit, gegen Osten auszugreifen, mit den protestantischen Fürsten zu zetteln, die deutsche Wirrsal anzuheizen, um so die Kette habsburgischer Positionen rings um sein Königreich zu sprengen. Da hatte er es nun wieder mit wenig schlagkräftigen Freunden zu tun. Die deutschen Protestanten waren fähig, die rostig uralten Maschinerien des Reiches lahmzulegen, indem sie Streitfragen durch die Jahre schleppten, spitzfindige Memoranden produzierten, notfalls in leidlicher Geschlossenheit die Tagung verließen. Aber sie waren nicht fähig, ihre Kräfte zu summieren in kräftiger Aktion. Als 1597 ein spanischer General, Mendoza mit Namen, im Begriff, wieder einmal den Holländern eine endgültige Lektion zu erteilen, sein Heer durch deutsches, rheinisches Gebiet seinen Weg nehmen ließ und seine Soldaten dort, in Jülich und anderswo, wie die Teufel hausten, als der General auch noch sich herausnahm, in den Städten, die er völkerrechtswidrig besetzte, eine Glaubensrestauration spanischen Stils durchzuführen, dauerte es zwei Jahre, bis die getroffenen Reichskreise sich zur Gegenwehr aufrafften. Die katholischen Stände, die geistlichen Kurfürsten und Bischöfe wollten überhaupt nicht, weil das, was die Spanier taten, ihnen wohlgefiel; die ferner wohnenden Protestanten rieten zu gütlichen Verhandlungen; die in der Nähe brachten endlich einen Heerhaufen von 15000 Mann zusammen, der so wenig bezahlt werden konnte, wie die Spanier es wurden, und dessen Auseinanderfallen in gräßlicher Zuchtlosigkeit nur darum nicht als Niederlage ausgeschrien werden mußte, weil Mendoza mittlerweile schon wieder abgezogen war.

Es bröckelte überall im mittleren Europa, und das, was abbröckelte, suchte Verbindung mit anderem Abbröckelnden anderswo. Niemand traute, daß die Ordnung, welche war, Bestand haben würde; jeder hoffte, daß, wenn sie nicht Bestand hätte, die Veränderung ihm Gewinn bringen sollte.

Wie anders, wenn beide Religionsparteien einander als legitim und dauerhaft anerkannt hätten ohne heimliche Reservationen. Im Grunde hatten sie das nie getan. Wenigstens müßte man zwischen politisch-weltlicher und geistlicher Anerkennung unterscheiden. Anerkannt, von ihren katholischen Mitfürsten und vom Kaiser, waren in Deutschland die streng konservativen Lutheraner, an deren Spitze der Kurfürst von Sachsen stand; anerkannt waren in Böhmen die Utraquisten. Die Brüdergemeinde in Böhmen und Mähren war es nicht mehr; die Calviner in Deutschland und Österreich waren es nicht. Mit den Augen der katholischen Kirche gesehen, hätten jedoch Unkatholische überhaupt nicht sein dürfen und war ihnen, wenn sie unbekehrt starben, die Hölle sicher; in diesem Sinn erschien das Ziel, sie aus der Welt zu schaffen, unverrückbar, es würde bald erreicht oder später. Da nun aber die katholischen Fürsten und Politiker auch Söhne der Kirche, auch geistlich gebunden waren, so konnten sie es im Herzen ihres Herzens ja nicht anders verstehen, oder mußte man ihnen zutrauen, daß sie es nicht anders verstünden, selbst wenn sie für absehbare Zeit nur um die Bewahrung des ihnen noch Verbliebenen kämpften und sich selber für die Angegriffenen hielten. Eben darum wurde jedes Vorrücken der katholischen Partei, zum Beispiel in Böhmen und Mähren, nicht als bloßes Vorrücken, sondern als Annäherung an das absolute Ziel empfunden; was es für einen Rufer im Streit wie Kardinal Dietrichstein auch eingestandenermaßen war. Deutschlands protestantische Fürsten zeigten, soweit ihr Befehl reichte, im allgemeinen nicht mehr Duldsamkeit als die katholischen; sie zeigten mitunter noch weniger davon. Nur behaupteten sie nicht, daß die römische Kirche grundsätzlich abzuschaffen sei. Sie konnten es nicht, weil der geistigen Bewegung, die sie zu ihrem Vorteil gebrauchten, das Prinzip der Vielheit von Anfang an eingepflanzt war und unvermeidlich sich hatte entfalten müssen; wie man denn neuerdings unter österreichischen Lutheranern einen leidenschaftlichen Streit darüber führte, ob die Erbsünde zu den Akzidenzien oder zur Substanz des Menschen gehöre, und Substantialisten und Akzidenzer einander anhaßten wie in Westdeutschland Calviner und Lutheraner.

Abstrahiert man die Hauptfrage aus dem Wust der Gelegenheits-Streitereien, so ging es in den Erblanden um Monarchie oder Aristokratie, katholische Monarchie oder protestantischen Ständestaat. Im Reich, dem weiten, vielfältigen, hatte der Ständestaat sich längst durchgesetzt, so, daß die reale Macht in den Händen einer Aristokratie von Fürsten lag, Halb-Souveränen, über Regionen gebietend, deren größere in Wahrheit Staaten waren oder Staaten zu werden unbewußt tendierten. Trotzdem kamen auch die Gewichtigsten unter ihnen, der Bayer, der Sachse, der Pfälzer, vom Reich nicht los, teils, weil es ihnen bei aller Selbstsucht an biederem Sinn für das Ganze dennoch nicht fehlte, teils, weil ihre eigene Zukunft, Erweiterung oder Verminderung dennoch von dem abhing, was überall im Reich geschah. Wurde auf einem der zänkischen Reichstage mit knapper Not der Beschluß zur Auflage einer Türkenkriegs-Steuer gefaßt, so fand die Minderheit sich vor der Wahl: konnte sie von der katholischen Mehrheit zu Zahlungen gezwungen werden oder konnte sie das nicht? Erwiesen die zum Zwecke der Verteidigung organisierten einzelnen Kreise des Reichs sich als unfähig, einen dreisten Völkerrechtsbruch des spanischen Nachbarn abzuwehren, so ließ die Frage, ob das Reich überhaupt noch ein zur Verteidigung taugendes Gemeinwesen sei, oder ob nicht vielmehr jeder einzelne Stand die Rettung in der eigenen Bereitschaft, in Sonderbündnissen suchen müsse, sich nicht mehr hinter patriotischer Wortemacherei verbergen. Regelmäßig siegte der Drang zur Verneinung und Auflösung. Das war nicht der Wunsch der Anführer, jedenfalls nicht der Meisten, unter denen es an Kompromißwilligen nicht fehlte. Es war eine Folge der obwaltenden Psychologie. Jedes der beiden Hauptlager war davon überzeugt, das andere hätte es auf seine Vernichtung abgesehen, nicht jetzt sofort, aber allmählich und später, und verstand so, was immer das andere tat, und reagierte entsprechend.

Im Jahre 1608 vereinigten vorwiegend süddeutsche protestantische Stände, Pfalz, Württemberg, Baden, Hessen-Darmstadt, Ulm, Nürnberg sich zu einem Sonderbunde, der »Union«. Das Ziel war die Erhaltung des Friedens und Rechts, nichts weiter, und die Gründung hatte Vorläufer. Aber eine Allianz ruft die andere hervor; im folgenden Jahr gründete Herzog Maximilian eine katholische Gegen-Union, später »Liga« genannt, eine Sammlung süddeutscher und rheinischer geistlicher Herrschaften, unter der Führung des Bayern. Sie war auf neun Jahre befristet, die Union auf zehn, und gleichfalls nur für die Erhaltung des Guten, Alten bestimmt. Fragte sich, was beide Seiten unter Erhaltung verstanden. Die Liga, dank der Energie ihres finanzkräftigen Präsidenten, war besser organisiert und unterhielt bald eine gemeinsame schlagkräftige Armee. *Ein* Reich noch immer; aber nun zwei bewaffnete, einander belauernde Parteien in ihm. Und beide tief verstrickt in Bündnisse und Gegensätze außerhalb des Reiches, um das Reich herum.

Unter den europäisch-deutschen Projekten, welche einen Umsturz der bestehenden Mächteordnung zum Ziele hatten, war das gefährlichste eines, welches zum Gegenstand die Zukunft Böhmens hatte. Es war alt, ging zurück auf die achtziger Jahre, in die Zeit, als Heinrich von Navarra noch als Hugenotte um sein Recht auf die Nachfolge im französischen Königreich kämpfte, und war seither nie in Vergessenheit geraten. Böhmen, so die Idee, war ein Wahlkönigreich; nicht zwar nach dem Begriff der Habsburger, welche dort regierten, wohl aber nach altständisch-böhmischer Tradition. Gelang es, diese wiederzubeleben und die Habsburger in Prag zu entthronen, so wurde dem internationalen Erzhaus eine Niederlage von unermeßlicher Bedeutung bereitet. Vielleicht würden dann auch die überwiegend protestantischen Stände Österreichs sich von ihren ungeliebten Herrschern befreien. Vielleicht, nein, sicher würde sich im deutschen Kurfürsten-Collegium eine protestantische Mehrheit ergeben. Aus Böhmen vertrieben, mußte das Oberhaupt der Habsburger auch die Kaiserwürde verlieren, mit der noch immer, zwar wenig unmittelbar wirkende Befehlsgewalt, aber das schwere Gewicht uralt-geheiligter Autorität verbunden war; ein Amt, aus dem der »Mehrer des Reiches« unschätzbare Kräfte ziehen konnte. Trug es kein Österreicher mehr, was blieb dann von der Umklammerung Frankreichs, vom spanischen Dominium Mundi? Eben darum hätten verantwortlich denkende Politiker sich sagen können, daß Alles, was, wenn auch im Widerstreit der Gefühle, an der Sache der Römischen Kirche und des Erzhauses hing, mit Böhmen keinen Spaß verstehen würde; daß, wer dort eine Revolution zu fördern suchte, mit einem europäischen Feuer spielte. Aber wo gab es so menschenfreundliche Politiker? Welcher Fürst, Geheimrat, Ständeführer spielte nicht mit dem Feuer?

Aus der Zahl derer, die es im Hauptberuf taten, sei aufs Geratewohl einer erwählt, des Beispiels halber, der Fürst Christian von Anhalt-

Bernburg. Kleiner Fürstenleute Kind und eigentlich nichts als ein Beamter des Pfalzgrafen, den er als Statthalter in der an Böhmen grenzenden Oberpfalz vertrat. Während zweieinhalb Jahrzehnten beriet oder führte Anhalt die pfälzische Politik, in der er etwas sehen wollte wie eine pfälzisch-französisch-niederländisch-calvinische, von 1595 bis 1620. Als im letztgenannten Jahre seine Kanzlei in die Hände seiner Feinde fiel und die geheime Korrespondenz des westlichen Politikers gierig ausgeweidet wurde, kommentierte ein bayerischer Publizist, »gantz Europa hätt mit der Zeit daran gemüßt«; was die Pläne Anhalts nicht übel charakterisierte. Überzeugt, daß die spanische Weltmacht entweder ihr Ziel erreichen und Europa beherrschen würde oder aber auseinandergesprengt werden müßte, brütete sein anschlägiger Geist einen unerschöpflichen Vorrat von Intrigen aus; ein Netz, in dem jedem nur erdenklichen Bundesgenossen ein Platz zugewiesen wurde; ein den Kontinent umspannendes System zugleich von Luftschlössern und von explosiven Minen. Die Erblande hatten einen bedeutenden Platz darin. Fleißig korrespondierte Anhalt mit den österreichischen und böhmischen Ständen, vermittelte zwischen ihnen und den deutschen Fürsten, griff in den sich entwickelnden Streit zwischen Kaiser Rudolf und Erzherzog Matthias unaufgefordert ein, indem er abwechselnd den einen und den andern stützte, um am Ende beide ruinieren zu helfen. Daß aus einem allgemeinen Umsturz in Mitteleuropa auch für ihn selber sich Vorteile ergeben würden, nahm er gerne an; Historiker wollen wissen, er hätte es auf das Kurfürstentum Mainz abgesehen, in säkularisierter Form, versteht sich. Anhalt war fromm, ein Kenner der Lutherschen Katechismen und der Schriften Melanchthons von Jugend auf, später calvinisch, stets zuverlässiger Kirchgeher und Beter. Wenn aber zu echter Frömmigkeit die Bereitschaft gehören mag, für seinen Glauben zu kämpfen, dort wo andere auf seine Vertilgung aus sind, so gehört der Wunsch, den Glaubensfeinden ein Gleiches zu tun, nicht dazu; nicht das Spiel mit dem Feuer, in welchem, wenn es ausbricht, die Unschuldigen in Massen verbrennen müssen. Ein Schuß Demut sollte doch wohl nicht fehlen; vor Gott ohnehin, und vor dem in Zerknirschung zu liegen hatten die Herren, protestantische wie katholische, wohl gelernt; auch gegenüber den Dingen dieser Erde. Der Begriff, wonach man einer weiten, vielfältigen, immer gefährdeten Umwelt das eigene Bild aufzuprägen nicht beanspruchen darf und leben lassen muß, um selber zu leben, war im frühen 17. Jahrhundert kein geläufiger. Er wurde es etwas mehr um die Mitte des Jahrhunderts; auf Grund von Erfahrungen . . . Frömmigkeit also; aber dann Bigotterie, giftige Rechthaberei, und diese mehr noch als Fanatismus; aber dann irdische

Begier und schierer Spaß am Projekte-Schmieden – hier hätten wir die Verbindung, welche den Fürsten von Anhalt charakterisierte, ihn und hundert seinesgleichen.
Übrigens war Fürst Christian ein sanguinischer, mit Europas Höfen weltläufig vertrauter, stattlicher Mann, den Freuden des Daseins zugetan. Im allgemeinen darf man es sich nicht so vorstellen, als ob unter jenen, die, nur mit dem eigenen Interesse umgehend oder ehrgeizig sich ins große Ganze mischend, emsig an der Vorbereitung eines großen Brandes arbeiteten, die Stimmung düster gewesen wäre. Man gab sich gern dem Vergnügen hin. Vergnügen machte die Politik selber; der politischen Besuche und Konferenzen, zu zweien oder in Gruppen, auf Landschlössern oder in den Städten, waren viele, und es ging dann hoch her mit Jagden, Trinkfesten und mythenträchtigen Feuerwerken.

Wer bezahlte es? Die Fürsten selber; die Antwort wäre oberflächlich. Der Fürst war weder Bauer noch Handwerker, Bergmann, Seemann, Händler; er trieb kein Gewerbe. Er nahm von denen, die eines trieben, teils auf seinem eigenen Landbesitz, den Domänen, teils in den Städten und auf den Gütern des Adels. In Wallensteins böhmischer Heimat gehörte etwa ein Zehntel des Landes dem König; der Rest dem Adel, nämlich 254 Herren und 1128 Rittern, dann solchen Städten, die dem König, direkt, keinem Adeligen, untertan waren und die königlichen genannt wurden, unfreien Städten auch ein wenig davon, und ganz wenig den freien Bauern. Da nun der Reichtum des Adels unvergleichlich größer war als der der Städte, welch letzterer neben anderem auch noch aus Land, Wäldern, Teichen bestand, da ferner die adeligen Grundbesitzer für ihre Person weder säten noch ernteten, so ist die Rechnung klar; überwiegend kam das Geld, das die Fürsten ausgaben für nützliche oder unnütze Zwecke, von den Bauern. Sie trugen die Last, und zwar ohne daß man sie fragte, wieviel sie zu tragen fähig und willens wären; sie stimmten nicht mit, sie waren kein Stand, in Böhmen keiner und, außer in Schweden, nirgendwo. Sie waren dem Grundherrn untertan und an die Scholle gebunden, durften nicht fortziehen, ihren Hof nicht verkaufen ohne des Herrn Erlaubnis. Die mochte gegeben werden, zumal wenn der Herr den Hof selber an sich zu bringen wünschte, auf den er sonst ein Herrenrecht besaß, man könnte nicht sagen, ein Eigentumsrecht. Dafür, daß sie auf seinem Gebiet hausten, mußten die Bauern ihm frönen, im Durchschnitt zehn Tage jährlich – aber siebzig Tage ein Jahrhundert später; und mußten einen Tribut entrichten in Geld oder Naturalien, drei bis vier Taler im Jahr. Die aber nichts besaßen, die Landlosen,

arbeiteten für den Herrn direkt, in seinen Mühlen, Brauereien, Gärtnereien, Leinewebereien, Schäfereien und was sonst er betreiben ließ, als Taglöhner. Fand der Herr nicht genügend Arbeiter innerhalb seiner Herrschaft, so mußte er sie von anderswo herbeilocken, wodurch ein Maß von Freizügigkeit sich ergab, ein Verhältnis zwischen Besitzer und Arbeiter, welches das feudale, patriarchalische nicht mehr war. So auch entstanden Dörfer, zumal im Gebirge, die kleinen Städten glichen, denn ihre Bewohner arbeiteten in den Bergwerken, in der Eisenerzeugung, in den Glashütten, im Holz.
Es klingt dies so ganz barbarisch nicht und besser als in benachbarten Ländern, Polen, Ungarn, Österreich. Viel hing vom Charakter der Herrschaft ab. Lag sie nahe an einer großen Stadt, so konnten die Bauern aus Eigenem mit den Bürgern handeln. Lag sie stadtfern, so bestimmte der Grundherr um so willkürlicher die Preise, zu denen er abnahm und abgab. Hatten die adeligen Besitzer, oder ihre Verwalter, von neuen Wegen der Ökonomie gehört, zum Beispiel aus den Niederlanden, waren sie experimentierfreudig und klug, so lag ihnen wenig am Tribut, wenig am Frondienst. Sie ließen dann die Untertanen produzieren auf eigene Faust, kauften von ihnen, was sie zu bieten hatten, Getreide, Leinen, Flachs, möglichst billig, und verkauften es im Großen weiter, möglichst teuer; eine Art der Ausbeutung, die für die Herren sich als die vorteilhafteste, für die Untertanen sich als die am wenigsten beengende erwies. Das Adelshaus Smiřický, dessen Güter sich dehnten von Prag bis an den Rand Schlesiens, hatte so seinen Reichtum gewonnen oder vermehrt. Wir erwähnen es gleich hier, weil später ein Anderer in das Eigentum der Smiřický eintrat und ihre Wirtschaftsmethoden übernahm. Andere, zum Beispiel das Rittergeschlecht der Trčka, hielt sich an den älteren Brauch, aus den Untertanen das Äußerste herauszupressen mit äußerster Härte. Das waren die Güter, auf denen Rebellionen zuerst ausbrachen, am verzweifeltsten durchgefochten wurden. Wenn aber die Bauern sich rotteten und die Schlösser stürmten, in Österreich in den neunziger Jahren, dann hatten sie alle Klassen, welche unter sich stritten und Politik als Luxus der Muße betrieben, gegen sich, die Fürsten wie die Stände; und unterlagen immer.
Ein Wortführer des böhmischen Ritterstandes, Mitglied einer politisch überaus tätigen Familie und in der Lust am Intrigieren noch den Fürsten von Anhalt übertreffend, Wilhelm Kinsky, befahl bei Gelegenheit, zwei entlaufene und wieder eingefangene Untertanen seien so zu behandeln, daß »jedem ein paar Finger auf der Bank durch den Henker sollen herausgehauen, sie dann gewürget und also anderen zum Exempel sollen bestraft werden«. Der ständische Freiheitskämp-

fer ließ schließlich zu, daß sein Urteil unausgeführt blieb, weil seine Gemahlin ihn so inständig darum gebeten – ein Fall herrschaftlicher Gnade.

Soviel über die Umwelt, enge und weite, mit welcher der junge Wallenstein sich allmählich vertraut machen mußte. Wenn wir nun zu unserer Hauptperson zurückkehren, wird der Blick noch öfter über Dinge schweifen müssen, mit denen der langsam Reifende unmittelbar wenig zu tun hatte. Sie wirkten auf ihn, er noch nicht auf sie.

Er sucht seinen Weg und findet Hilfe

Nach einer frühen Tradition ist Wallenstein eine Zeitlang Edelknabe am Hof des Markgrafen von Burgau gewesen. Das könnte, und könnte eigentlich nur im Jahre 1603 gewesen sein. Es ist wahrscheinlich. Wenn falsche Legenden leicht sich bilden aus irgendeiner Sache, die man ausschmückt, mißversteht und verbiegt, so ist nicht einzusehen, was hier sollte verbogen worden sein; er diente dem habsburgischen Prinzen, oder er tat es nicht. Daß er es aber mit zwanzig Jahren als »Edelknabe« tat, braucht niemanden zu verwundern; der Name bedeutete nichts als die unterste Hofcharge.
Hätte nun Wallenstein dem Markgrafen aufgewartet, so wäre es nicht in dem oberschwäbischen Landstädtchen Burgau gewesen, wo heute eine Gasse nach ihm heißt, sondern in dem Tiroler Bergschloß Ambras. Dort hielt der Burgauer, ein tüchtiger Kriegsmann, Enkel Kaiser Ferdinands I. und Sohn der schönen Augsburgerin Philippine Welser, seinen Hof, umgeben von den Wundern, die sein Vater zusammengebracht hatte, versteinerten Drachen, Schlangen und Skorpionen, chinesischen Musikinstrumenten, aztekischen Prachtgewändern, Automaten und Kunstuhren, Riesenspielzeugen und Riesentrinkgefäßen, Mißgeburten, Bacchusgrotten, Schönheitsgalerien, wollüstigen Bade-Installationen, gräßlichen Darstellungen des Todes und tausend Merkwürdigkeiten. Ferdinand von Tirol hatte den Sammeltrieb mit seinem Neffen, dem Kaiser Rudolf, gemein, aber verbunden mit mehr Humor und weniger Kunstverstand. – Glauben wir immerhin, daß unser Jüngling diese Dinge, die wir heute noch sehen können, staunend besah, wenn er die Augen nicht niederschlagen und Haltung annehmen mußte beim Eintritt des Fürsten.
Ein Märchen aber ist die Geschichte von seiner Konversion. Einmal, heißt es, sei er, am Fenster eines erhöhten Saales sitzend, eingeschlafen und habe einen schlimmen Fall in die Tiefe, sich aber dabei kein Leides getan; danach solche wunderbare Errettung der Heiligen Jungfrau zu verdanken geglaubt und die Konsequenzen gezogen. Das ist Unsinn; erstens, weil ein erwachsener Mensch nicht im Schlaf aus dem Fenster fällt, zweitens, weil man so nicht die Religion wechselt.

Die Religion oder Konfession zu wechseln, war eine damals um sich greifende, jenen, die ihr folgten, nützliche Mode; sie bedarf im einzelnen Fall keiner dramatischen Erklärung. Bald werden wir Konvertiten in der nächsten Umgebung der apostolischen Majestäten finden; angefangen bei dem Kardinal Khlesl, dem mächtigen Ratgeber des Kaisers Matthias, und dem Minister Ferdinands II., Fürst Eggenberg. Auch erfolgte die Rückkehr zum Glauben der Väter nicht wie heutzutage nach vorhergegangener ernster Unterrichtung und durch einen feierlichen Akt, eine zweite Taufe. Man ging ein paar Mal zur Messe, gab eine Erklärung ab und war in Ordnung. Wallenstein tat diesen sehr praktischen Schritt auch, aber aller Wahrscheinlichkeit erst im Jahre 1606. Daß man das genaue Datum nicht weiß, erklärt sich aus der diskreten und nüchternen Art des Vorganges.
Burgau-Ambras ist die letzte Episode in Wallensteins jungem Leben, die man bezweifeln kann, wenn man will, weil die dokumentarischen Beweise fehlen. Danach beginnt sicherer Grund.

Soldat

Die böhmischen Herren hatten wenig Lust zum Waffenhandwerk, außer daß sie etwa bei ihren Versammlungen drohend mit den Schwertern klirrten. Es genügte ihnen, auf ihren Schlössern zu residieren, zu jagen, Feste zu feiern, ihre Renten einzuziehen und Politik zu treiben. Ihre Kriegs-Offiziere, zumal die hohen, mußten die Habsburger sich von dort holen, wo sie sie fanden; in den Niederlanden, Deutschland, Italien, Spanien. Wenn Wallenstein sich im Jahre 1604 zum Türkenkrieg meldete, so war es eine Ausnahme, nicht die Regel. Der Waisen-Jüngling, Herr über ein freies, unbestimmtes Schicksal, wollte erleben, was die große Mehrzahl seiner Standesgenossen nicht interessierte.
Kriegs-Schulen gab es keine. Ein paar militär-theoretische Schriften ja; Dilichs ›Kriegsbuch‹, Wallhausens ›Kriegskunst zu Fuß‹ und andere mehr; der in Ungarn kommandierende kaiserliche General, Georg Basta, seiner Herkunft nach ein Albanier, hatte einen Traktat über die Reiterei geschrieben. Solche Publikationen mochten ehrgeizige Offiziere sich zunutze machen; zogen aber meistens vor, die weltfremden Vorstellungen der Federprofession zu ignorieren. Der junge Edelmann diente, wie der treffende Ausdruck lautete, »von der Pike auf«, das hieß, begann als Pikenier. Seine Tugenden, oder Geld, oder Winke von oben sorgten dafür, daß er es nicht lange blieb. Umgekehrt konnte es auch vorkommen, daß einer gleich als Oberst be-

gann, weil die Aufstellung und Bezahlung eines Regiments mehr geschäftliche als militärische Kenntnisse verlangte, die Durchführung eines mit dem auftraggebenden Fürsten geschlossenen Geschäftsvertrages. Den Rest lernte man durch Erfahrung.

Wallenstein begann als Fähnrich. Sein Regiment war eines, das die böhmischen Stände dem König gern oder ungern bewilligt hatten und bezahlten, ein ständisches also. Gern oder ungern; abgesehen davon, daß ein Regiment etliche hunderttausend Gulden im Jahr kostete, konnte man nie wissen, zu welchem Zweck der geisteskranke Tückebold auf dem Hradschin Soldaten brauchte, ob zu dem angegebenen und plausiblen, ob zu einem verborgenen, den Freiheiten des Landes feindlichen. Der Türkenkrieg war ehedem für die Habsburger schon Vorwand gewesen und konnte es wieder sein. Andererseits war er nur allzu wirklich und für die Länder der Krone Böhmen eine wirkliche Gefahr. Wohl hieß das Haupt des Hauses Habsburg auch König von Ungarn. Aber der Teil von Ungarn, in dem er regierte, insoweit er überhaupt regierte, war nur ein schmaler Streifen des Königreichs: Oberungarn bis Kaschau (Košice); das Donautal von Preßburg bis Gran (Esztergom), und ein ungefähr entsprechendes Stück im Süden des Stromes. Die Festungen, welche dies Bruchstück verteidigen sollten, Raab, Gran, Canissa, waren einmal in der Hand der Christen, dann wieder in der der Türken; womit der Weg nach Brünn oder Wien oder Graz ihnen offen stand. In der Hand der Christen hieß, nach der Beschaffenheit ihres Fleisches und ihrer Sprache, in der Hand von Deutschen, Wallonen, Italienern, Tschechen; Befreiern, die dem magyarischen Adel nur zur Not lieber waren als die Türken und manchmal weniger lieb. Hochfahrend, kriegsverwildert, überaus nationalstolz, wollten die Barone kaum von den Deutschen verteidigt, sicher nicht von ihnen beherrscht sein. Wie überall im mittleren Europa mischte Religion sich ein, Ausdruck der Eigenherrlichkeit, Gegenstand des Kampfes um die Macht. Rudolf, irre, aber zähwillig wie immer, gab nichts auf die Psychologie des Landes. Wo seine Söldner beschützten, da wurden die calvinischen Prädikanten ausgetrieben; Priester und Bischöfe zurückgeführt; da doch die Türken ihren Unterworfenen Religionsfreiheit, mitunter ein Maß von Autonomie gewährten. Das Letztere, um ein Beispiel zu nennen, dem Fürsten von Siebenbürgen. Dieses im Südosten von Oberungarn gelegene vielsprachige und fruchtbare Land zählten sowohl der Sultan wie der König von Ungarn zu ihrem Machtbereich. Die Verträge zwischen beiden Souveränen waren regelmäßig so geschrieben, daß sie zu verschiedenen Interpretationen, zu ewigem Klein- und Grenzkrieg Anlaß gaben. Darum machte es im Grunde soviel nicht aus, ob Waf-

fenstillstand herrschte oder keiner. Seit Menschengedenken war kein Türkenkrieg in offener Feldschlacht entschieden worden. Langwierige Belagerungen, Erstürmungen fester Burgen, kurze Gemetzel aus dem Hinterhalt, Plünderung, Verwüstung des Landes durch Feind und Freund, darauf lief es ewig hinaus.
So auch im Jahre 1604. Anfang Juli brach böhmisches Fußvolk nach der Donau auf, gefolgt von Reiterei unter der Führung des Grafen Heinrich Matthias von Thurn. In Gran sammelten sich, aus Norden und Westen kommend, allerlei kaiserliche oder königliche Truppen, um etwas zu belagern oder um belagert zu werden. Der General war Georg Basta; unter ihm kommandierte der Brabanter Johann Tserclaes von Tilly. Es trafen sich damals vor der Donaufestung, oder waren doch nahe beieinander, ein paar Männer, die sich später wohl noch begegnen sollten: Tilly, schon 45 Jahre alt und auf der Bahn seines Kriegsruhmes vorgeschritten; der Böhme oder zum Böhmen gewordene Heißsporn Matthias Thurn; der einundzwanzigjährige Wallenstein. Mit ihm war auch ein anderer junger Tscheche gezogen, ein Herr Johann von Bubna. Zu dem, Vertrauen suchend, sagte Wallenstein in einer Mainacht des Jahres 1633: »Er kennt mich auch schon so viele Jahre . . .«

Nicht so bald hatten, Mitte September, die Kaiserlichen die Festung besetzt und verproviantiert, als auch schon, unter ungeheurem Schreckenslärm, die Türken vor ihr anlangten, kommandiert von einem gewissen Ali Pascha, angeblich 60000 Mann, und ihre Zelte längs der Donau aufschlugen. Nun war man belagert. Das dauerte etwas über drei Wochen: der direkte Ansturm der Türken zuerst, von Tillys gut postierten Kartaunen zurückgeworfen; die Laufgräben dann, die höhnischen Rufe, der bunte, nach oben geschleuderte Tod; Ausfälle der Belagerten, Scharmützel unter den Festungsmauern; der mörderische Kampf um ein Vorwerk. Den 11. Oktober zog Ali Pascha mit einem stark reduzierten Heer wieder ab. Wallenstein war Hauptmann und der Türkenkrieg für dies Jahr schon wieder zu Ende. Statt seiner zeigte sich eine neue, zusätzliche Kalamität.
Eben in diesem Oktober erhob sich – zum wievielten Mal? – ein siebenbürgischer oder ungarischer Baron und machte gemeinsame Sache mit dem Erzfeinde: Stephan Bocskay, Herr zu Debreczin und Großwardein. Der hatte wohl Grund mit seinem christlichen Oberherrn unzufrieden zu sein. Denn, als er unlängst zum Zwecke guten Zuredens in Prag gewesen war, hatte König Rudolf ihn nicht empfangen – er empfing ja fast niemanden mehr – und hatten, während er seine Tage in königlichen Vorzimmern verbrachte, freche Pagen sich

damit vergnügt, ihm Bälle an den Kopf zu werfen. Indes er aber in Prag seine Zeit verlor, verloren kaiserliche Truppen die ihre nicht, sondern hausten auf Bocskays Besitzungen, wie kein Türke schlimmer tun konnte. Bocskay, davon benachrichtigt, entzog sich dem Umkreis des verrückten Königshofes, eilte in die Heimat und schloß einen Pakt mit dem Großvezier, worauf er die Ungarn zum Kampf für ihre Freiheit und Religion aufrief. Die Sache war gut vorbereitet. Ungarische Söldner, Haiducken, die unter Basta gedient hatten, kehrten ihre Spieße und Musketen um und überfielen ihre Bundesgenossen von gestern. Ganz Oberungarn drohte in die Hand Bocskays zu fallen, welcher demnächst sich Fürst von Ungarn und Siebenbürgen nannte, ja, von Sultan Achmed als König von Ungarn angesprochen wurde; man sollte, hieß es in dem Dokument aus Konstantinopel, den Krieg gegen die Deutschen gemeinsam fortsetzen, die Beute teilen.
Basta und Tilly kannten ihre Pflicht. Eine Provinz, die ihrem Herrn gehörte und die ein Tor zu ihres Herrn böhmischen Kernländern war, durften sie nicht kampflos preisgeben. Also spielte der Feldzug sich vom Herbst in einen unvorhergesehenen Winter, von der Donau, wo er begonnen hatte, gegen Nord-Osten, bei steigender Kälte, Gefahr und Lebensnot. Damals lernte Wallenstein zuerst den Krieg kennen. Nicht den großen, kunstgerechten, wie die Spanier und Niederländer ihn führten, aber den Krieg doch; wachtposten-gedeckte Lagerfeuer und plötzliche Schüsse aus der Nacht; das Fouragieren und Nach-Viktualien-Suchen, Mehl, Schmalz, eingemachtes Fleisch, Krautgänse und Schweinernes, welche die Bauern beim Herannahen der Truppen vergruben; das Plündern und Beutemachen, Geld, Kleider, Rosse; die wachsende Not dann, als man in verwüstetes Land geriet, das Zusammenschmelzen der Fähnlein durch Desertion, Krankheit und Kälte, so daß aus zweien oder dreien eines gemacht werden mußte. Vielleicht war er glücklich bei alledem; einundzwanzig Jahre und Krieg fügen sich gut zusammen. Mindestens mißfiel ihm die Erfahrung nicht; sonst hätte er nicht ein paar Jahre später darauf gebrannt, sie zu wiederholen.
Wir haben eine Beschreibung dieses Feldzugs von dem Nürnberger Hans Wild, der ihn mitmachte und zunächst seinen Spaß daran fand, später nicht. Sogar erzählt Wild von der kleinen Festung St. Andrea, sieben Meilen von Kaschau, vor der Wallenstein einen Streifschuß in die Hand erhielt. Eine schwere Wunde kann es nicht gewesen sein, denn bald darauf war er fähig, eine weite Reise zu tun.
In der zweiten Dezemberwoche beschloß Georg Basta, daß hier für den Winter nichts mehr zu machen sei. Er zog die verbleibenden Truppen ins Gebirge zurück, von Kaschau gegen Prešov. Was ihn

noch mehr behinderte, als die Kälte, der Mangel und die Feindseligkeit des Landes, war, daß er keinen Sold auszahlen konnte – ein uraltes Klagelied. Diese Zeit, diese Gesellschaft war im Grunde zu arm, um Krieg auf dem Fuß zu führen, auf dem sie ihn führte. Weil aber die Potentaten so blind und selbstisch waren wie ihre gehobenen Untertanen, so führten sie ihn trotzdem. Weil die Gesellschaft arm war, so fiel es ihnen leicht, Soldaten zu finden und aus dem gleichen Grund unmöglich, sie zu bezahlen. Dann machten die Betrogenen sich bezahlt, wie sie konnten, im Dienst Stehende und aus dem Dienst Entlassene in gleicher Weise. Wiederum, weil die Gesellschaft arm war, undicht und ungeschützt, so konnte sie sich der von ihr gerufenen Geister, der marodierenden Krieger, nicht erwehren. Söldnerhaufen, die an Zahl uns lächerlich gering erscheinen, legten ganze Landstriche wüst, wobei zum schieren Bedürfnis und zur Gier nach Beute der sich an sich selber steigernde Trieb der Grausamkeit kam. So überall und immer. Das Erste, was die unbezahlten Knechte taten, war, die Leistung zu verweigern; nur für Geld hatten sie versprochen, ihr Leben zu wagen. General Basta verstand das sehr gut. In seinem Traktat über die Reiterei heißt es: »Gebe man mir nur ein Heer mit allen diesen Commoditäten« – Sold und Verpflegung – »versehen, es sei gleich so verderbt, so wollte ich mich unterstehen, dasselbe zu reformieren und wiederum zurechtzubringen. Da hingegen ich nicht versprechen dürfte, wäre auch unmöglich, daß ich ein gutes Heer in der rechten und guten Disziplin halten könnt, wenn es seiner notdürftigen Commoditäten beraubt wäre.« Ich weiß nicht, ob Wallenstein den Traktat gelesen hat; jedenfalls machte er in Prešov seine Beobachtungen.
Hier wurde entschieden, es sollte von jedem Regiment Einer dorthin reisen, von wo es käme und Geld anfordern; ohne Sold könne man im Frühjahr den Kampf nicht wieder aufnehmen. Für das tschechische Fußvolk wurde Wallenstein, für die Reiterei ein Herr Hysrle von Chodu bestimmt. Daß die Wahl auf Wallenstein fiel, legt den Schluß nahe, er habe in dem Dreimonats-Feldzug eine gute Figur gemacht; mag aber auch nur durch seinen Namen zu erklären sein. Mit Sitz und Stimme im Herrenstand bot der junge Hauptmann bessere Chance, gehört zu werden, als ein anderer.
In einer Kutsche, begleitet von zwanzig Reitern und Schlitten, traten Wallenstein und Chodu die Winterreise an: nicht den Weg, den sie gekommen und der nun versperrt war, sondern scharf nach Westen über Zips oder Spiš, dann nordwärts, wo die Hohe Tatra ihre verzweifelten Zacken gegen den Himmel reckt, und über polnisches Gebiet ins Schlesische. Herr von Chodu hat das Abenteuer in seinen ›Erinnerungen‹ festgehalten; wie sie zuerst noch in den hochgetürmten, tal-

beherrschenden Kalksteinmassen des Schlosses Zips von dem Grafen Thurzo gastlich aufgenommen und des Grafen Bewaffnete bis Kesmark ihnen das Geleit gegeben, weil überall feindliche Tataren und Haiducken herumstreiften; wie sie im Gebirg jämmerlich gefroren und durch Stürme und Schneewehen sich gekämpft; wie sie in Polen allerlei Widerwärtigkeit erfahren, indem man sie bald für Feinde, bald für Räuber, bald für Kaufleute, welche den König um seinen Zoll betrügen wollten, genommen; wie sie in ihren Nacht-Quartieren sich mit Erzählungen wach gehalten, während um das Haus die drohenden Knechte lärmten; wie sie nicht die Räuber gewesen, wohl aber die Ausgeräuberten, weil für schlechte Ware man ihnen den dreifachen Preis abgenommen; wie die Bauern ihnen Hinterhalte gelegt, und sie nur durch kluges Diplomatisieren sich gerettet: der Kaiser, ihr Herr, sei der Feind des Königs von Polen nicht, und es kämen wohl auch Polen nach Böhmen zu Besuch, denen werde man alle ihnen jetzt geschehende Unbill heimzuzahlen wissen; wie sie gar im Eise eines Stromes eingebrochen und der eine den anderen an den Haaren herausziehen müssen; und wie sie so herzlich froh gewesen, heimatlichen Boden zu betreten. In Teschen mußten sie den dortigen Herzog um eine Leihgabe von 200 Talern angehen. Endlich, nach viel Fährnissen in der Hauptstadt angelangt, brach Wallenstein zusammen. Wir wissen es aus den Erinnerungen Chodus wie auch aus einer Notiz von eigener Hand: »Im zweiundzwanzigsten Jahr hab ich die Ungarische Krankheit und die Pest gehabt, Anno 1605, im Januario.« Die Ungarische Krankheit war eine Art Typhus. Die Pest – sie begann mit Ängsten um das Herz und Fieberhitze und marterndem Durst und trieb dann die schwarzen Beulen, nach denen sie benannt wurde. Mit ihrer ganzen Furchtbarkeit kann sie den Jüngling nicht befallen haben, denn er spricht nur vom Monat Januar. Anfang Februar wurde er von den Ständen mit einem neuen Amt betraut, was kaum hätte geschehen können, wenn er damals noch schwer krank gewesen wäre.

Den Auftrag seines Generals mußte Chodu allein zu erfüllen suchen, aber er erreichte nichts. – »Mein Reden«, so schließt er seinen Bericht, »wurde meistenteils ins Lächerliche gezogen oder verkehrt ausgelegt.« – Die Anstrengung war also völlig umsonst gewesen, wie es im Krieg sich oft fügt, und im Frieden auch.

Achtundzwanzig Jahre später schrieb Chodu, nun Oberster und Kommandant der Festung Budweis, an Wallenstein, den Generalissimus, um einen Befehl einzuholen. Aber keine persönliche Erinnerung erwärmt den Brief; der Oberst fragt nach dem Willen seiner Fürstlichen Gnaden und zeichnet als deren untertäniger, gehorsamster Diener. – Dies war kein Zeitalter der Freundschaft. Jeder blieb für sich; wenn Wallenstein später von seinen »besten Freunden in der Welt« spricht, so sind es Politiker, deren Unterstützung er brauchte. – Die beiden jungen Leute hatten gemeinsam etwas bestanden und gingen wieder auseinander.

Das Amt, welches Wallenstein, zusammen mit einem Grafen Fürstenberg, von den Ständen anvertraut wurde, war das eines Truppenkommissars. Anstatt seinen in der fernen Slowakei harrenden und hungernden Kameraden neue Gelder zu überbringen, sollte er sich darüber unterrichten, was denn mit den alten gemacht worden sei, wieviel effektives Volk eigentlich in den böhmischen Grenzfestungen stehe und wie es sich mit seiner Besoldung verhalte; darüber hatte er dem nächsten Landtag Bericht zu erstatten. Die Aufgabe, wenn er sie durchführte, mußte ein beträchtliches Reisen und Inquirieren bedeuten. Als dann die Situation in Ungarn und Mähren eine Wendung zum Übelsten nahm und die Böhmen späte Verteidigungsmaßregeln beschlossen, verwandelte der junge Kommissar sich in den Obersten über ein »Regiment deutscher Knechte«. Die letztere Nachricht verdanken wir keinem geringeren als dem Kaiser Rudolf, der sie in einem Brief an seinen Bruder, den in Brüssel residierenden Erzherzog Albrecht, erwähnt. Beide Ernennungen zeigen, daß Wallenstein nach einer knapp halbjährigen Kriegserfahrung seinen Standesgenossen als erfahrener Offizier galt; daneben, daß die Konkurrenz auf diesem Felde nicht stark war. Ehe er sich aber als Regimentskommandant bewähren konnte, war Friede mit den ungarischen Rebellen, und dann mit den Türken.

Stephan Bocskay hatte geglaubt, sich mit den böhmischen, wenigstens den mährischen Ständen verbinden zu können. Die Idee einer allgemeinen ständischen und protestantischen Erhebung gegen das Mißregiment des Kaiser-Königs lag in der Luft und sollte noch lange in der Luft liegen. Ganz verwirklicht wurde sie spät und genaubesehen nie, weil das Prinzip, auf welches man hier baute, sich selber widersprach; die führenden Stände, die Herren und Ritter, waren Gruppen von selbstischen Individuen oder Familien, die kaum auch nur zu einer wirksamen Kohärenz unter sich gelangten, viel weniger sich zu rechtzeitiger, dauerhafter Zusammenarbeit mit ähnlich beschaffenen, zugleich widerspenstigen und nebulösen Mächten in anderen Habsburg-Ländern eigneten. Daß die protestantischen Herren in Mähren Grund zur Sorge über die Fortschritte eines militanten Katholizismus hatten, soviel traf zu; unter der Führung des kühlen Konvertiten, Karl von Liechtenstein, und des Bischofs von Olmütz war die alte Kirche entschieden im Angriff. Aber Liechtenstein war selber der Landes-

hauptmann der Markgrafschaft, Dietrichstein der oberste Vertreter seines Standes. Von ihren katholischen Mitständen wünschten die Protestanten sich nicht zu trennen. Sie waren wohl sehr stolz, sehr auf ihre Rechte pochend; zugleich aber auch als genaue Verfassungskenner sich der Pflichten gegenüber ihrem Markgrafen, Rudolf II., scharf bewußt. Tief ging ihr Respekt vor der königlichen Autorität, lag sie auch in noch so zittrigen Händen. Anstatt also Bocskays verlockende Angebote zu beantworten, schickten sie sie auf das loyalste nach Prag weiter und baten um Weisung. Da Bocskay die Freundschaft der mährischen Stände nicht haben konnte, beschloß er, sie seine Feindschaft kosten zu lassen, und schickte seine wilden Haufen, Haiducken, Tataren, auch Türken in den südlichen Teil der Markgrafschaft. Was er mit dieser Invasion eigentlich bezweckte, habe ich nicht ausfinden können; ein Mittel, die Mährer zu Bundesgenossen zu gewinnen, war sie kaum.
In Brünn bildeten die Stände einen Sicherheits-Ausschuß, bewilligten eine Kriegs-Sondersteuer, hoben Rekruten aus, Bauern, die zu dem Handwerk wie die Faust aufs Auge paßten, ernannten zu Generalen den Landeshauptmann Liechtenstein und den Bischof von Olmütz. Von Liechtenstein hieß es, er sehe die Heimsuchung Mährens nicht einmal ungern, solange sie seine eigenen Güter unbetroffen ließ; er soll geradezu geäußert haben, um die Ketzer, die da von den Ungarn getötet wurden, sei es nicht schade. Der Kardinal nahm auch dies Amt mit feurigem Ernst; gern sah er sich in der Rolle eines kämpfenden Bischofs der alten Zeit, das Kreuz in der einen Hand, das Schwert in der anderen. Jedoch scheint es, daß seine Nerven dem geträumten Schauspiel nicht gewachsen waren. Auch gab es Herren, die unter einem Bischof nicht dienen wollten, und sehr bald Zwietracht zwischen den beiden Oberfeldherrn, die einander nicht leiden konnten. Nach Prag – die Reise dauerte acht Tage – gingen flehentliche Botschaften. Aber doppelten Sinnes: man möchte Truppen zu Hilfe schicken; man möchte die kaiserlichen Truppen aus Mähren wegnehmen, die schon dort waren, nämlich die unlängst in die Markgrafschaft zurückgeworfenen, noch immer nach ihrem Solde suchenden Söldner des Generals Basta, die sich so schlimm aufführten wie die Tataren. Als dann ein Reiterregiment aus Böhmen eintraf, das ein Oberst Teuffl führte, erhob sich bald dasselbe Klagegeschrei: man möchte nur die »teuflischen Reiter« wieder abberufen. Einige Grundherren machten sich die grausige Verwirrung zunutze, um, weil sie sich unbeobachtet glaubten, ihren Untertanen rasch noch ein paar zusätzliche Lasten aufzuerlegen. Umgekehrt fürchtete man auf den Herrensitzen die bewaffneten Bauern, die vor den Ungarn davonliefen, so sehr wie den

Feind und so sehr, wie die Bauern den Freund fürchteten. »Niemand war vor Jahren glücklicher, niemand ist jetzt unglücklicher als Mähren!« klagte ein Patriot, der es wissen mußte. Wo die geschwinden, ungreifbaren Reiterscharen Bocskays sich hatten blicken lassen, ließen sie vernichtete Ernten, brennende Dörfer, Tod und Pest zurück. Unter diesen Bedingungen war eine strategische Idee Liechtensteins noch nicht die schlechteste: hinter den Rücken der Ungarn zu geraten, was sehr wohl möglich war, und ihnen in ihrem eigenen Lande ein Gleiches zu tun. Als auch in Niederungarn die Dörfer brannten, Menschen und Tiere erwürgt wurden, schloß Bocskay Waffenstillstand mit dem Sicherheits-Ausschuß zu Brünn. Seine Durchführung war schwierig, wie sich denken läßt, aber er war der Beginn des Friedens.

Die Erzherzoge

Man wird aus dem eben Berichteten nicht den Eindruck gewonnen haben, daß Böhmen oder Mähren oder irgendeines der habsburgischen Länder in der rechten Form gewesen wäre, um seine Grenzen zu verteidigen und eine Politik konsequenten Willens zu treiben. Das bewirkte das ständische Prinzip, so wie es sich im Zeichen der Menschlichkeit seiner Träger entwickelt hatte. Ein anderes war nicht zur Hand. Monarchie im eigentlichen Sinn des Wortes gab es keine. Der König befahl nicht allein, wenn er überhaupt befahl, und die Persönlichkeit Rudolfs II. ließ auch die Möglichkeiten, zu handeln, welche dem Gekrönten offenstanden, kläglich zuschanden werden.
Auf den Reichstagen in Regensburg, auf den Landtagen in Prag, Linz, Wien, Preßburg hatte Rudolf sich seit Jahrzehnten nicht blicken lassen. Vergebens warteten Sonderbotschafter aus Madrid, Gesandte deutscher Fürsten, die eigenen Geheimräte, in den allerhöchsten Zimmern auf Audienz. Zunächst mußte man zu diesem Zweck den Kammerdiener, namens Philipp Lang, mit hohen Summen bestechen. Stellung und Frechheit des Bedienten waren nachgerade so, daß er sich erdreisten konnte, den Kardinal Dietrichstein zur Hochzeit seines Sohnes einzuladen. Dietrichstein ließ sich vertreten, indem er wegen der Bescheidenheit seiner Festgabe um gütige Entschuldigung bat. Dergleichen, an sich schlimm genug, war noch das Geringste; schlimmer, was man von der Entartung des kaierlichen Seelenlebens erzählte. Rudolf, der doch die Rekatholisierung mit starken Mitteln betreiben ließ, war selber fähig, die gräßlichsten Blasphemien von sich zu geben: er gehöre dem Teufel längst, so schrie er, und der Teu-

fel solle ihn holen. Manchmal hörte man ihn mit Selbstmord drohen, manchmal unnatürliche Laute ausstoßen wie die eines wilden Tieres. Die Beichte vermied er, weil, was er zu beichten hätte, gar zu schandvoll gewesen wäre. Dietrichstein, an den er sich in einer helleren Stunde um geistliche Hilfe wandte, empfahl Dauergebete, von frommen Kapuzinern in seiner Nähe zu sprechen oder abzusingen. Aber die Mönche trieben ihn erst recht zur Raserei; sei es, weil sein Astronom Tycho Brahe ihm vorausgesagt hatte, er werde von einem Mönch ermordet werden, sei es aus einem andern Grunde. So zerrüttet wie der Geist des Kaisers war sein Hof; ein Riesen-Nest von Korruption, von Aktenbündeln, die niemand studierte, von Prassereien und unbezahlten Rechnungen.
Nicht, daß die Fürsten des Hauses Habsburg ein sehr warmes Herz für die Leiden ihrer Untertanen gehabt hätten. Das nicht. Für die Größe des Erzhauses hatten sie allerdings Sinn, und längst wußten sie, daß ihr Oberhaupt dessen Zukunft gefährdete. Was nun eine Reform an der Spitze als dringend geboten erscheinen ließ, war der Türkenkrieg, waren die Wirren in Ungarn und Mähren. Zweimal erschien im Laufe des Jahres 1605 eine Abordnung der Erzherzoge in Prag, geführt von den Prinzen Matthias und Ferdinand. Matthias alterte ohne Leibeserben, wie sein Bruder. Ferdinand war jung und lebte in einer mit Kindern gesegneten Ehe. Eben darum stand es nicht zum Besten zwischen ihm und Matthias, den der Argwohn bedrückte, es könnte Ferdinand unter Überspringung des Vetters die direkte Nachfolge des Kaisers ambitionieren. Ferdinand bestritt das; aber in solchen Fragen hat schon mancher bestritten, was er gleichwohl im Schilde führte. Zudem dachte, wie wir wissen, der Grazer streng katholisch-rechtlich. Die Einschränkung der Macht des Königs von Gottes Gnaden, oder gar seine Absetzung, an sich den heiligsten Grundsätzen zuwiderlaufend, mußte in diesem Fall Parteien zugute kommen, mit denen Ferdinand in eiferndem Streit lag; den Ständen überhaupt und den protestantischen Ständen im besonderen. Darum war Ferdinand nur mit halbem Herzen bei der Sache und kam es zwischen ihm und Matthias nie zu einem vertrauensvollen Zusammenspiel. Empfangen wurden die Erzherzoge weder bei ihrem ersten noch bei ihrem zweiten Besuch in Prag. Das Resultat des zweiten war trotzdem, daß Matthias Vollmacht erhielt, im Südosten nach seinem Verstand Krieg zu führen und Frieden zu schließen. Matthias, die Bosheit seines Bruders kennend, traute der Vollmacht nicht.
Zu einer weiteren und eigentlichen Verschwörung der Erzherzoge kam es, während mit Stephan Bocskay verhandelt wurde, im April 1606. Nun wurde in einem lateinisch geschriebenen Dokument auf

die Gemütsart des Kaisers angespielt, welche ihm die Regierung arg erschwere, und Matthias zum Oberhaupt der Familie erklärt. Der Wortlaut war absichtlich dunkel gehalten. Ein streng geheimer Familienvertrag sollte es sein, jedenfalls verstand Ferdinand es so. Als die Konspiration, nicht ohne Schuld des Matthias, dennoch bekannt wurde, eilte der junge Erzherzog, sich bei Kaiser Rudolf zu entschuldigen: er sei nach Wien gereist, weil er geglaubt habe, es handele sich um nichts anderes als um die Stillung der ungarischen Rebellion; er habe über die Gebrechlichkeit von des Kaisers Körper, wie leider auch seines Gemütes, übertriebene Schilderungen hören müssen; er habe dann unterschrieben, hauptsächlich um Matthias den Verdacht zu nehmen, als ob er ihn um die Krone bringen wolle, aber sich strikt geweigert, dem Papst und dem König von Spanien von der Sache Mitteilung zu machen; und sei wie eh und je bereit, für die kaiserliche Majestät Leib und Leben einzusetzen. Rudolf erklärte sich von dieser Entschuldigung befriedigt, denn freilich lag ihm daran, das Haupt der jüngeren Linie in sein bedrängtes Lager zu ziehen. Das wiederum mißfiel der klugen Bayerin, der Mutter Ferdinands: »Mein Kind! . . . ich fürchte mich nur, daß nit der Kaiser dir viel verheiß, damit er dich wider den Erzherzog Matthias verhetze, und läßt dich danach stecken. Was ist, wenn er dich gar zum römischen König macht, und gibt dir nix dazu? In Summa, es ist eine gefährliche Sache . . .« Ausgerüstet mit offizieller Vollmacht und heimlichem Pakt seines Hauses, konnte Matthias die Verhandlungen mit den Ungarn vorwärts treiben, die im Juni 1606 beendet wurden; ein habsburgischer und zugleich ein ständischer Friedensschluß. Abgeordnete der mährischen Stände, in der Mehrzahl Protestanten, waren an den Diskussionen beteiligt und mußten den ungarischen Baronen die Einhaltung des Beschlossenen garantieren: Religionsfreiheit, Ausschließung aller Nicht-Magyaren von den Landesämtern, Vertretung des abwesenden Monarchen durch einen Vizekönig, den von den Großen des Landes zu wählenden Palatin. Bocskay wurde als Fürst von Siebenbürgen anerkannt. Um den Artikel der Glaubensfreiheit war am längsten gerungen worden, denn Matthias dachte hier, wie alle Habsburger dachten; auch hatte sein geistlicher Berater, Melchior Khlesl, ihn pflichtgemäß auf die Höllenstrafen aufmerksam gemacht, die ihm drohten, wenn er in dieser Frage von einzigem und letztem Ernst nachgäbe. Das war die Theorie; die Wirklichkeit, daß die ungarischen Magnaten protestantisch waren, die mährischen auch, und daß es einstweilen an Mitteln fehlte, sie zur Rettung ihrer Seelen zu zwingen, was schließlich auch Khlesl zugab: man werde, schrieb er an seinen Freund Dietrichstein, »in puncto Religionis in den sauren Apfel

beißen müssen«. Der Apfel war am sauersten für den König in Prag. Rudolf ratifizierte den Frieden, in dem er einen Sieg des Protestantismus, eine Rebellion der Stände und einen Verrat seines Bruders sah, ohne Willen, ihn zu halten; er ratifizierte auch den nachfolgenden Vertrag mit den Türken. Beide Kaiser nahmen, was vorher noch nie geschehen war, einander als Vater und Sohn an, tauschten Geschenke aus, die von der deutschen Seite um ein Beträchtliches wertvoller zu sein hatten, versprachen an dem territorialen Besitzstand, so wie er eben war, während zwanzig Jahren nichts zu ändern, auch keine neuen Festungen gegeneinander zu bauen, sondern höchstens die alten zu verstärken. Wenn dieser Friede, der Friede von Zsitva-Torok, sich in der Folge als langlebig erwies, so ist der Grund dafür nicht so sehr in der Weisheit der Vertragschließenden wie in Persien zu suchen. Die Perser waren es, die dem Großtürken an der Ostflanke seines Reiches schon längst gefährlich zu schaffen machten, und dieser Umstand bestimmte die Politik Konstantinopels im Westen zu vorläufiger Genügsamkeit.
Stephan Bocskay starb wenige Wochen nach seinem Triumph. Er fand bald einen noch klügeren, kühneren Nachfolger.

Zierotin

Im August des Jahres 1604 vermählte Wallensteins Schwester Katharina Anna sich mit dem mährischen Herrn Karl von Zierotin auf Náměst und Rošicze. Wallenstein, schon unterwegs nach dem ungarischen Kriegstheater, konnte bei der Hochzeit nicht zugegen sein. Dagegen besuchte er die Schwester im nächsten Jahr, als es hieß, sie leide an der Auszehrung, und ging dann auch ein paar Wochen später hinter ihrem Sarge. Damit war seine Verbindung mit Zierotin nicht zu Ende. Der vereinsamte Grande nahm weiter ein Interesse an seinem um neunzehn Jahre jüngeren Schwager; und da Zierotin bei weitem der bedeutendste Mensch war, den Wallenstein in seiner Jugend traf, so hat der Leser ein Anrecht darauf, ihn kennenzulernen.
Karl von Zierotin – besser: Żerotín – war das Oberhaupt eines der vornehmsten, reichsten und frömmsten Häuser der Markgrafschaft. Seit den Zeiten des Hus hatte es darin keinen Papisten gegeben: »in 140 Jahren«, schrieb Zierotin, »wir können es dokumentiert nachweisen, waren unsere Vorfahren die eifrigsten Verteidiger des göttlichen Wortes in diesem Lande.« Solch ein Verteidiger war auch Freiherr Karl; ein emsiges Mitglied der Brüdergemeinde; ein Gelehrter, Grübler und ernster Patriot. Er liebte Musik, aber nur solche feierlich

gehobenen Charakters. Einmal in seinem Leben, er gestand es mit Scham, hatte er sich mit Wein berauscht, und dann nie wieder. Er kleidete sich in dunklen Samt, in bunte Seide nur ausnahmsweise an seinen Hochzeitstagen. Er sprach viele Sprachen und korrespondierte in ihnen mit vielen Bundesgenossen überall in Europa. In seiner Jugend, das wurde schon erwähnt, hatte er sich in der Schweiz gebildet, in Genf zu Füßen des Pastors Theodor Beza gesessen, welcher der Adjunkt Calvins gewesen und nun sein Nachfolger war. Daß Beza den Martertod des Michel Servet energisch verteidigt hatte, welches uns doch widern muß, focht Zierotin wenig an; andere Zeiten, andere Sitten. Beza war weniger böse als Calvin und Zierotin viel toleranter als Beza, den er gleichwohl bewunderte. Die Genfer und Basler brachten ihn in Kontakt mit der internationalen Gesinnungsgenossenschaft der Reformierten, mit Heidelberger Gelehrten und Politikern, mit dem Kreis um den König von Navarra. Einmal, das war im Jahre 1591, rüstete Zierotin mit seinem Gelde eine Anzahl Reiter aus und segelte mit ihnen von Holland nach der Normandie, um König Heinrich in seinem Kampf gegen Spanien und die Ligue beizustehen. Dies generöse Abenteuer endete mit einer Enttäuschung. Der König empfing den slawischen Religionsfreund weniger vertrauensvoll als dieser erwartet hatte; bald erkannte Zierotin, daß es in dem französischen Bürgerkrieg nicht so sehr um den Glauben wie um die Macht und die Krone ging. Seitdem hatte er keine Sympathien für Frankreich mehr. Das half seiner Politik und hätte den Mährern helfen können, wenn seine Politik sich durchgesetzt hätte. Denn Zierotin, obgleich er weiter mit Vertretern der calvinischen Allianz, zum Beispiel mit dem Fürsten von Anhalt, in Korrespondenz blieb, hielt nun dafür, daß die protestantischen Stände Mährens und der habsburgischen Länder überall ihre Sache allein verteidigen, nicht aber sich in den europäischen Hauptkonflikt, Spanien gegen Frankreich, reißen lassen sollten, in welchem ihnen die Gefahr drohte, ausgenutzt und zerrieben zu werden. Darum war er für Mäßigung. Man sollte nur sein Recht behaupten, aber dem König das Seine lassen und den Katholiken das Ihre; nie zu weit gehen, nie pedantisch auf Formalitäten bestehen. Die Hauptsache sei die Gleichstellung der Konfessionen; »das Übrige, was in das Recht der öffentlichen Religionsübung einschlägt, ist nicht so bedeutend, daß ich es geraten fände, deshalb die öffentliche Ruhe zu stören, es liegt nichts daran, ob ein Bürger in oder außerhalb der Stadt begraben oder ob eine Leiche mit oder ohne Glockengeläute herumgetragen wird«. Offener Widerstand gegen den König war erlaubt, aber nur in äußerster Not. Die war nicht da, war *noch* nicht da . . . Man unterschied damals in habsburgischen Landen zwischen »Politi-

kern« und »Extremisten«. Diese, in beiden Lagern, wollten alles um jeden Preis, und zwar in erster Linie in Religionssachen. Jene neigten um des Friedens willen dazu, sich mit einem vernünftigen Teil zu begnügen. Zierotin war ein »Politiker«, ein Mann des Kompromisses, obgleich, oder besser gesagt, eben weil er fromm war; von einer Frömmigkeit, die nichts zu tun hatte mit dem dummstolzen Fanatismus der »Extremisten«. Ein Solcher, so wie die Dinge lagen, mußte es schwer haben und am Ende scheitern, was Zierotin auch ahnte. Er war ein Verteidiger, kein Angreifer. Das alte Gemeinwesen freier Stände verteidigte er, zu denen der Monarch wie ein Primus inter Pares gehöre. Die Majestät, das waren die Stände, die Herren, Ritter und Prälaten und der König-Markgraf zusammen. – Es spricht vieles dafür, daß diese in sich aufgesplitterte Oligarchie nicht zu retten war; selbst dann nicht, wenn es den religiösen Konflikt nicht gegeben hätte, und wenn Zierotins Standesgenossen in der Mehrzahl Menschen seines Schlages gewesen wären.
Zur Verteidigung des alten Gemeinwesens gehörte auch die der Nationalität, der Sprache. Zierotin beherrschte neben dem Tschechischen das Französische, Deutsche und Italienische, tat aber so, als ob er deutsch am schlechtesten oder beinahe gar nicht verstände. Ein deutsches Amtsschreiben, das er einmal aus Olmütz erhielt, wies er tadelnd zurück. Er hatte Freunde in Deutschland, wurde, obgleich er doch nur ein mährischer Baron war, von deutschen Fürsten als ihresgleichen empfangen, fand auch, daß die deutschen Städte sauberer und wohlhabender seien als die slawischen. Nur, Böhmen und Mähren sollten abgetrennte, durch ihre Nationalität und edle Sprache charakterisierte Kronen-Republiken bleiben. Man hätte ihm einwenden können, daß es dafür in Mähren schon zu spät war, weil in seinen großen Städten die Deutschen überwogen und zwischen den Stadtgemeinden und der Oligarchie kein rechtes Vertrauensverhältnis bestand. In Prag war die »deutsche Partei« identisch mit der höfischen, der katholischen und der spanischen, und die empfand Zierotin als feindlich. »Die geheimen Räte sind Deutsche, unsere Feinde von altersher, und mit den mährischen Angelegenheiten nicht vertraut.«
Zierotin war klein von Gestalt und von Krankheiten heimgesucht, welche teils präzise als Gicht, teils ungenau als »febris erratica« identifiziert wurden. Auch litt er an etwas, was er selber »morbus imaginationis« nannte – Beängstigungen des Gemütes. Es ist schon von der Verschlossenheit und inneren Einsamkeit der Seelen in dieser Zeit die Rede gewesen, von ihrer Ungeübtheit, mit anderen, und dann auch mit sich selber vertraulich umzugehen. Daraus konnte leicht eine Stimmung entstehen, welche die Menschen seit langem kannten, weil

sie sich ja äußern mußte, und welche sie mit dem noch heute gängigen Namen benannten: die Melancholie. Von ihr dürfte der »morbus imaginationis«, das Aushecken quälender Gedanken und imaginärer Gefahren, kaum verschieden gewesen sein. Dabei war Zierotin kein harter Egoist wie die anderen, die wohl auf solche Art unwissentlich sich selber bestraften. Er sehnte sich nach Austausch und Aussprache; er schrieb viele Briefe; er suchte Freunde. Aber er fand geringen Widerhall.
Es scheint auch nicht, daß seine Frauen ihm dabei helfen konnten. Denn abgesehen davon, daß sie, vier an der Zahl, ihm nach kurzer Zeit wegstarben, zwei aus dem Hause Kragiř, zwei aus dem Hause Waldstein, war das Heiraten für ihn, wie für alle seine Standesgenossen eine nüchtern-geschäftliche Sache. Man besprach sich darüber nicht mit der Auserwählten, sondern mit weltlichen oder geistlichen Beratern, mit deren Hilfe man auswählte. Danach wurde die Frage der Mitgift geregelt, Bekanntschaft gemacht und das Fest angerichtet.
Als Wallenstein sich Zierotin näherte, lag dessen Frau, seine Schwester, auf dem Sterbebett. In den folgenden Jahren ging er viel in den reichen Schlössern des Schwagers aus und ein. Sicher hat der großartige und ernste Lebensstil Zierotins ihn beeindruckt und ein wenig mitgeprägt; wer jung ist, wird ja, was ihm imponiert, auch nachahmen. Wie er denn aber zwei so aus dem Grunde verschiedene Charaktere nachahmen konnte, wie den Baron von Zierotin und den Kaiser Rudolf? Wir nehmen die Widersprüche des Lebens, wie wir sie finden, was bei diesem nicht schwerfällt. Der wirkliche Wallenstein hatte mit Karl von Zierotin nichts gemeinsam und mit Rudolf II. auch nicht viel.

Der Nutzen guter Beziehungen

Wahrscheinlich im Laufe des Jahres 1606 versöhnte Wallenstein sich mit der katholischen Kirche. Wenn der Tag der still vollzogenen Änderung nicht mit Sicherheit frühestens 1606 liegt, so liegt er mit Sicherheit spätestens dort. Anfang 1607 schreibt Zierotin von seinem Schwager: Il va à la messe.
In der Geschichte der Konversionen junger Aristokraten der Zeit reichen die Beispiele von brennender Glaubens-Überzeugung, wie im Falle Wilhelms von Slawata, zu praktisch-kühlen Überlegungen, wie im Falle Karls von Liechtenstein. Da ist es deutlich. In Wallensteins Seele können wir nicht schauen, in diesen Jahren am wenigsten. Bewegte ihn Gottes-Unruhe? Fand er, was seither so mancher fand, daß

es mit den protestantischen Sekten wohl ganz gut ist, wenn man selber in tätiger Demut und Mühe an ihrem Dasein teilhat, sonst aber nicht, während man im Schutz der alten Kirche durch bloßes Folgen und Hinnehmen seinen Frieden findet? War es das kluge Mitglied des Ordens Jesu, Pater Veit Pachta, der auf dem Schlosse seines Onkels, Jan von Řičan, durch erleuchtende Unterredungen ihn von der Wahrheit des römischen Glaubens überzeugte? Daß Pachta seine Hand im Spiel hatte und daß Wallenstein ihm dankbar blieb, steht fest; das Letztere könnte auch andere Ursachen haben. Sonst steht hier wenig fest. Er blieb ein treu und pünktlich praktizierender Katholik sein Leben lang. Er erfüllte, solange er nur ein reicher katholischer Gutsbesitzer war, auch die geistlichen Pflichten eines solchen. Er unterhielt zu den Jesuiten sehr enge, wenn auch nichts weniger als reibungslose Beziehungen. Er gründete Klöster; er machte fromme Stiftungen. Wenn er andererseits später gegen die gewalttätige Reformierung großen Stils sich erhob, so war es der Politiker, der politisch und im Politischen realistisch urteilte. So weit, so gut.
Weiter? Wohl war ich im Begriff, zu sagen, es sei etwas in Wallenstein gewesen, was uns allmählich erscheinen wird und was man weder christlich noch katholisch nennen kann. Nur, was ist christlich, was ist katholisch? Wieviele hochmütige Menschen bekannten sich guten Glaubens zur Religion der Demut? Wieviele grausame Machtmenschen, Eroberer, Verfolger zur Religion der Liebe? Wenn es der frömmsten Potentaten Hauptgeschäft war, ewige Kriege zu führen um ein Stück Land, wer kann dann Wallensteins christliche Gesinnung bestreiten, weil er mit viel Freude und wenig Geld die Güter aufkaufte, die ihren alten Besitzern ohnehin schon konfisziert worden waren? Christentum, so wie die Gründer es gedacht hatten, und die Menschen, so wie sie im frühen 17. Jahrhundert waren, von anderen Zeiten zu schweigen, können ja im Ernst aneinander nicht gemessen werden. Was der Einzelne fühlte, während er die frommen Riten vollzog, die frommen Reden hörte und sein eigenes Tun dagegenhielt, das denke aus, wer kann. Im Alter wirkte Wallenstein am ehesten christlich, oder versuchte es doch, gerade darin, daß er kein guter Christ war, nämlich kein Fanatiker und gleichgültig gegenüber dem Konfessionsstreit. Es war aber nicht die edle Toleranz Karl von Zierotins, die ihn dabei bewegte; noch weiß ich nicht, ob ich an seinem Ort werde zeigen können, was es war.
Der junge Wallenstein wollte Karriere machen. Und da, und insoweit sein Bündnis mit Pater Veit von diesem Wunsch bestimmt war, spricht es für seinen politischen Instinkt, daß er auf die Zukunft des Katholizismus setzte. Mit weniger scharfen Augen gesehen, stand es

schlecht um die katholisch-habsburgische Sache in den letzten Jahren des Kaisers Rudolf, in Böhmen noch schlechter als in Mähren. Er mag geahnt haben, was er später wußte: daß es um die protestantische Oligarchie heimlich noch schlechter stand. Er kannte seine Vettern. Schließlich, weil wir ja von Anfang an sind, was wir später werden: der Wille, zu herrschen, die Gabe, zu herrschen, welche beide in Wallenstein so mächtig drängten, verbanden sich mit dem katholischen Prinzip besser als mit dem protestantischen. Das lehrte die Theorie, wenn man es für der Mühe wert hielt, sie zu studieren. Das lehrte die Wirklichkeit. Der König von Spanien befahl absolut. Der Herzog von Bayern befahl absolut. Der König von Böhmen, dessen Vorgänger den neuen Glauben sich hatten ausbreiten lassen, konnte alleine rein gar nichts befehlen. Die lutherischen Fürsten Deutschlands, die ihre eigenen Päpste geworden waren, befahlen allerdings. Aber das war ein Sonderfall, den Böhmen höchstens von dem benachbarten Sachsen her vertraut. Jetzt und hier, in den habsburgischen Erblanden um 1606, war das protestantische Prinzip dem republikanischen und der Rebellion nahe, und war das katholische dem geradewegs entgegengesetzt. Wallenstein haßte Rebellion; jetzt und immer.

Karl von Zierotin verzieh dem Schwager die Veränderung. Sie paßte in sein verdüstertes Weltbild und mußte ihn betrüben; aber er verzieh. Er hatte Karl von Liechtenstein verziehen, mit dem er zu Eibenschitz die fromme Schule der Bruder-Unität besucht, mit dem er später das hugenottische Frankreich durchwandert hatte und der jetzt sich als Konvertit in der Gunst der habsburgischen Prinzen sonnte. Er hatte Wilhelm von Slawate verziehen, ja, blieb mit diesem begeisterten Neu-Römer eng befreundet, solange der Weltlauf es irgend erlaubte. Darum verzieh er dem jungen, ehrgeizigen Schwager auch. Und so ging er auf seine Bitte ein und empfahl ihn an den Hof des Erzherzogs Matthias. Er tat es in drei Briefen, die wir besitzen; einen von Anfang Februar 1607, den er nach Wien schrieb, zweien vom April, die er Wallenstein auf die Reise mitgab. Der erste ist an den Minister des Erzherzogs, Johann von Mollard, gerichtet und in französischer Sprache; der zweite wieder an Mollard; der dritte, italienische, an einen Kavalier des erzherzoglichen Hofes namens Cavriani.

Es handelte sich, schrieb Zierotin, um einen jungen Herrn voller guter und löblicher Eigenschaften, der auch schon mehrere Beweise seines Wertes geliefert habe; aus bestem Hause, wohlerzogen, gebildet und, in Anbetracht seiner Jugend, von vernünftiger Reife; auch, obwohl dies ja bei seiner Durchlaucht bekanntlich keinen Unterschied mache, sei überflüssiger Weise anzumerken, daß er zur Messe gehe. Sein heißer Wunsch: in den Kreis der Kavaliere des Erzherzogs aufgenommen zu werden; teils, weil er für diesen eine besondere Verehrung hege, teils auch, weil er sich nach einem Herrn sehne, »dessen Autorität und dessen Größe ihm als Stütze und Leiter für seinen Aufstieg dienen könnte« . . . Warum nicht? Dergleichen war Ritterbrauch. Nachdem der Geheimrat hoffnunggebend geantwortet hatte, sandte Zierotin seinen Schwager, versehen mit weiteren Briefen und guten Ratschlägen, auf die Reise nach Wien. Die neuen Schreiben nuancierten ein wenig, was schon im ersten stand, zumal das mit der Reife: »Sein Urteil kann nicht so reif, sein Geist nicht so gefestigt sein, wie bei einem Manne vorgerückten Alters; aber die Gaben seiner Natur sind gut und seine Art zu denken und zu handeln löblich für seine Jahre.« Er gehörte nicht zu denen, »die aus Dünkel überall sich einmischen und die Ersten sein wollen«; eben darum bedürfe er einer freundlichen Introduktion. Eines sei freilich zu befürchten: »er brennt so auf das Waffenhandwerk, daß, wenn es seiner Durchlaucht gefällt, ihn in seine Kammer aufzunehmen, er keine Ruhe geben wird, bevor er nicht Urlaub erhält, um einige Zeit dem Erzherzog Albrecht in Flandern zu dienen«; aber vielleicht sei ja auch dieser Wunsch mehr zu loben als zu tadeln . . . So weit die Briefe in ihrer Substanz. Sie sind von einem Manne geschrieben, der mit dreiundvierzig Jahren sich der eigenen überreifen Weisheit bewußt ist und der nimmer mehr lügen würde. Die Wahrheit und nichts als die Wahrheit. Die ganze Wahrheit? Die, wenn sie überhaupt sagbar ist, wird selten gesagt, selbst von einem strengen Moralisten wie Zierotin. Jedenfalls sind seine Briefe sorgsam abgewogen, nicht schönfärbend, nicht übertreibend. Wäre Wallenstein damals noch der »Dolle von Waldstein« gewesen, hätte er Böhmens Schlösser so unsicher gemacht wie sieben Jahre früher das Städtchen Altdorf, so wären sie gewiß nicht geschrieben worden.

Das Kämmerer-Amt erhielt er; hörte wohl auch ein wenig in der Hofburg herum, wie da die Gesinnungen seien und wen vor allem man sich geneigt stimmen müsse: den Bischof Khlesl; den jovialen Freiherrn Karl von Harrach, dessen Stern am Hofe des Erzherzogs im Aufstieg war. Dauernde Gegenwart verlangte das Amt nicht, zumal wenn es sich mit keiner besonderen Verantwortung, der Silberkammer, der Kleiderkammer, verband. Man konnte jederzeit sich beurlauben lassen. Gelegentliche Begleitungen auf Reisen, auf der Jagd, im Gefolge zu sein, wenn der Fürst repräsentierte – zu Mehrerem war ein Kämmerer nicht verpflichtet. War man reich, so ließ sich aus dem Hofdienst wohl etwas machen, aber reich war Wallenstein noch nicht. Auch haben wir keine Ahnung, wie lange er sich für diesmal in Wien aufhielt.

Gegen Ende des nächsten Jahres, 1608, bat ihn sein neuer Freund vom Orden Jesu, Pater Veit, wegen eines dringenden Geschäftes nach Olmütz zu reisen.

Das Horoskop

Noch jung, in den Augen des Schwagers Zierotin noch sehr jung; auf dem Weg, diesem unbekannten, einzigen Weg aber doch weiter voran, als man mit fünfundzwanzig heute es sein würde. Besitzer eines Landgutes, das ihn nur insoweit interessierte, wie das bescheidene Einkommen, das er aus ihm zog. Oberst eines Regiments »deutscher Knechte«, das einstweilen nicht existierte. Inhaber einer Hofcharge, die viele andere innehatten, ganz mittelmäßige Leute darunter. Hin- und-herziehende Unordnung um ihn herum; am Himmel plötzlich ein heller Stern, wo gestern noch keiner gewesen war; auf Erden Krieg einmal da, einmal dort, fein eingefädelte Intrigen, Haßgezänke, Übereinkommen, die nie anders galten als vorläufig, viel Angst, viel Gier, gegen ungerechte Bereicherung Elend. In der Seele das dumpfe Gefühl, daß er mehr könnte als andere, wenn nur die Gelegenheit da wäre.

Irgendwann im Jahre 1608 kam Wallenstein der Gedanke, auch er sollte sich einmal sein Horoskop stellen lassen, und zwar von dem jetzt allerberühmtesten Nativitätendeuter, Johannes Kepler, Mathematicus seiner römisch kaiserlichen Majestät. Befremdlich war das nicht. So gut wie der Arzneikunst oder der kirchlichen Seelsorge mochte man sich der uralten Wissenschaft, der Astrologie bedienen, um zu erfahren, wer man sei und was für Schicksale man zu gewärtigen habe einerseits, andererseits, um Winke für das jetzt zu Tuende oder zu Lassende zu gewinnen und gleichsam dem Vorbestimmten dennoch auszuweichen. Obwohl nichts weniger als christlicher Herkunft hatte die Praxis der Sterndeutung die längste Zeit nicht als unfromm gegolten. Neuerdings, genauer seit dem Trienter Konzil, tat sie es, war sie verdammt und verboten, und streng rechtgläubige Potentaten wie Ferdinand von Steiermark hielten sich an das Verbot. Aber Kaiser Rudolf setzte sich darüber hinweg, wie andere große Herren vor ihm und nach ihm.

Sein Nebenamt, welches wohl das war, weswegen man hauptsächlich ihn bezahlte, wenn man ihn bezahlte, betrieb Kepler nicht nur skeptischer Weise, als notgedrungenen Broterwerb, das ist bekannt. Hatte er doch sich selber, seinen Eltern, seinem Weibe das Themá gestellt, verglich er doch nur zu gern die trübseligen Erfahrungen seines Erdendaseins mit den Konstellationen, ohne daß jemand ihm Geld dafür gegeben hätte. Nicht Zweifel an altersgrauen Überlieferungen unterschieden ihn von seinen Berufsbrüdern, nur gewisse Skrupel und Nuancen; Fragen, mit denen er auf seine grundredliche Art sich mutig einließ und mit ihnen sich herumschlug, ohne so ganz mit ihnen fertig zu werden. Das Erste war der Charakter des Geborenen, so wie er vom Stande der Planeten in der Minute der Geburt bestimmt war – aber nicht von ihm allein; es gab andere, mitprägende Elemente, welche zu übersehen der naturvertraute Kepler nicht der Mann war. Das Zweite waren die unterschiedlichen Zeiten des Lebens, das, was dem Geborenen zustieß Jahr für Jahr. Da kam er nun in ein arges Labyrinth. Was der Mensch, zumal der stark und tief gezeichnete Mensch, unter den und den Umständen tat, das stammte aus seiner innersten Natur, mithin auch aus der Konstellation der Geburtsstunde:

Hab' ich des Menschen Kern erst untersucht,
So weiß ich auch sein Wollen und sein Handeln.

Aber dann gab es auch den Planetenstand in sich wandelnder Zeit; ihn, das hieß, die mehr oder weniger kraftvollen, mehr oder weniger günstigen Winkel ihres Ortes heute zu ihrem Ort im Momente der Geburt, durfte man nicht außer acht lassen, denn sie wirkten. Wie genau wirkten sie denn? Zu nahe an die Particularia, diese Krankheit, diesen Gewinn oder Verlust, wollte Kepler nicht heran. Wer die Details des Lebens im voraus wissen wollte, mochte sich an Andere wenden: »Es sind der Astrologen viel, die Lust und Glauben zu solchem Spiel haben, wer gern mit sehenden Augen will betrogen sein, der mag ihrer Müh und Kurzweil sich betragen; die Philosophie und also auch die wahre Astrologia ist ein Zeugnis von Gottes Werken und also ein heilig und gar nicht ein leichtfertig Ding, das will ich meines Teils nicht verunehren . . .« (Wallensteins zweites Horoskop). Ferner konnte ein treuer Beobachter sich der Macht rein irdischer, menschlich und willkürlich produzierter Ursachen nicht verschließen. Wenn einer durch die Liebe sich eine Krankheit zuzog, wie zum Beispiel jungen Witwern nur zu leicht geschah, so war bloß die irdische Frau Venus im Spiel und nicht der edle Himmelskörper. Der Frage einer verborgenen Entsprechung zwischen irdischen und stellarischen Verursachungen wich Kepler aus; er unterschied zwischen dem einen und anderen. Nicht wich er einem anderen höchst beschwerlichen Problem aus: dem des Verhältnisses zwischen einzelnem und allgemeinem Schicksal. Ging Krieg über das Land oder Rebellion oder Pestilenz, dann konnte einem Geborenen wohl geschehen, was in seinem eigenen Thema sich nicht hatte ablesen lassen; dann wurde das Individuum in unvorhersagbarer Weise aus seiner Bahn geworfen. Das

allgemeine Schicksal aber unterlag dem doppelten Kausalgesetz, dem irdisch-zufälligen und dem himmlischen so gut wie das einzelne. Und Kepler stellte nicht nur einzelnen zahlenden Kunden das Horoskop; er befaßte sich auch mit der Zukunft, wenigstens der nahen, ganzer Landschaften und Königreiche. Mit dieser Art von Arbeit hatte er schon als junger Mathematiklehrer in Graz begonnen und setzte sie im Alter fort, als er den Ständen von Oberösterreich diente. Dort, in Linz, machte er Prophezeiungen, auf die er nachher traurig stolz zu sein Grund hatte; sie betrafen das Schicksal ganzer Völker, die doch nur Massen einzelner Geborener waren . . . Kepler, man sieht es, hatte bei allem Fragemut die Frage, wie persönliches Schicksal werde, nicht ganz so scharf, so trennend und verbindend durchdacht, wie unser klügeres Zeitalter es verlangen würde; welch letzteres freilich so recht viel weiter darin auch nicht gekommen ist.
Nie aber gab es einen Wahrsager, der seine Verantwortung ernster genommen hätte. Kepler wollte keinen Schaden stiften, nicht verwirren und ängstigen, nicht in Versuchung führen. Ja, einmal, wie wir aus seinem Brief an einen ungenannten Ratgeber des Kaisers Rudolf wissen, scheute er sich nicht, bewußt entgegen seiner Sternenweisheit zu prophezeien, damit aus seiner korrekteren Auslegung kein Unheil entstünde. Es geschah dies ein paar Jahre später als das, wovon hier gehandelt wird, als der Streit zwischen dem Kaiser und dem Erzherzog Matthias sich seinem letzten Höhepunkt näherte. Er sei, schreibt Kepler, »von den Parteien, die ich dem Kaiser feindlich gesinnt weiß«, von Männern aus dem Lager des Erzherzogs also, gebeten worden, sich über die Beschlüsse der Sterne zu äußern. Da habe er nun absichtlich, auf Grund scheinbarer Argumente, dem Kaiser ein langes Leben und günstige Situationen, dem Erzherzog aber Böses vorausgesagt, während seine Berechnungen eigentlich das Gegenteil ergeben hätten. Denn diese gegenteilige Ansicht, wenn Matthias sie erfuhr, mußte ihn noch angriffslustiger machen, den Bruder noch ängstlicher, was zu vermeiden die Pflicht eines verantwortungsbewußten Beraters war. Eben darum würde er auch dem Kaiser nicht sagen, was er den böhmischen Bundesgenossen des Matthias gesagt hatte; denn auch Rudolf durfte man nicht ein zu neuen Abenteuern verführendes Gefühl der Sicherheit geben. »Die Astrologie könnte dem Monarchen ungeheuren Schaden bringen, wenn ein schlauer Astrolog mit der Leichtgläubigkeit der Menschen spielen wollte. Daß dies nicht unserm Kaiser geschehe, will ich mir Mühe geben. Der Kaiser ist zu leichtgläubig . . . Kurz gesagt, meine Ansicht ist die, daß die Astrologie nicht nur aus dem Senat heraus muß, sondern auch aus den Herzen aller derjenigen, die heute dem Kaiser am besten raten

wollen. Sie muß durchaus dem Gesichtskreis des Kaisers ferngehalten werden.« Man würde hier von einer Astrologenlist sprechen, wenn der, der sie brauchte, nicht ein so grundehrlicher Mann gewesen wäre, arglos noch in der List, die nicht arg war, weil sie den Frieden zwischen den Königsbrüdern retten wollte. Kepler mißtraute, wenn nicht seinem Handwerk, doch der Wirkung seines Handwerkes. Die wenigsten Menschen taugten für seinen Segen. So auch, ehe er einem Geborenen das Horoskop stellte, zog er stets Erkundigungen ein, ob der Auftraggeber auch philosophisch genug belehrt sei, um zu unterscheiden, was eine kultivierte Sterndeutung könne und solle, was aber nicht. Solche Personalkenntnisse mußte er sich indirekt besorgen, weil er ja nicht wissen durfte, mindestens aber die Fiktion war, daß er nicht wußte, wer der Kunde sei. In der Sache Wallensteins ging der Auftrag über zwei Mittelsmänner: den Leutnant von Taxis, jetzt und später einem Agenten des Freiherrn, und einen gelehrten Medicus in Prag, Dr. Stromaier.
Kepler ging ans Werk und fand interessant, was sich ergab. Der »edle Herr« war unter dem Sternbild des Wassermanns geboren, im Zeichen der beiden vornehmsten, sonnenfernsten Planeten, Saturn und Jupiter. Die standen im Aufgang, also im ersten Haus, welches allemal das beherrschende war, herrschender noch als die anderen Eckhäuser, das vierte, siebte, zehnte. Daß Saturn und Jupiter sich in einem Hause begegneten, kam nur alle zwanzig Jahre vor, eine Conjunctio Magna. In Domo Septima stand die Sonne unter dem Sternbild der Waage, und zwar in dem Moment, da Tag und Nacht gleich wurden. Neben der Sonne der Merkur; nicht weit davon, im achten Hause des Todes, der Mars auf seiner höchsten Höhe. Vier Planeten, Saturn, Jupiter, Merkur, Venus zeigten sich durch starke Verhältnisse miteinander verbunden: Konjunktion, Opposition oder Widerschein, Sextil, Trigon. Schlecht allerdings stand es mit dem Mond, dem Gestirn des Weiblichen, der Freundschaft auch, der Soziabilität. Denn er war unsichtbar und ganz verworfen im zwölften Haus, noch dazu im Zeichen des Steinbocks, des ihm feindlichen, schädlichen Sternbildes – wie, so fügte Kepler hinzu, andere Astrologen sagen. Das war seine Art des Kompromisses: andere Astrologen pflegten hier zu sagen – so als ob nicht er selber es wäre, der es sagte. – Welche Charakteristik durfte man auf Grund dieser Berechnungen wagen? Ungefähr die Folgende: »Solchergestalt mag ich von diesem Herrn in Wahrheit schreiben, daß er ein wachendes, aufgemuntertes, emsiges, unruhiges Gemüt habe, allerhand Neuerungen begierig, dem gemeines menschliches Wesen und Händel nicht gefallen, sondern der nach neuen, unversuchten, oder doch sonst seltsamen Mitteln trachte, doch viel mehr in Gedan-

ken habe, als er äußerlich sehen und spüren lasset. Denn Saturnus im Aufgang machet müßige, melancholische, allzeit wachende Gedanken, bringt Neigung zu Alchymiam, Magiam, Zauberei, Gemeinschaft zu den Geistern, Verachtung und Nichtachtung menschlicher Gebote und Sitten, auch aller Religionen; macht alles argwöhnisch und verdächtig, was Gott oder die Menschen handeln, als wenn es alles lauter Betrug und viel ein anderes dahinter wäre, denn man fürgibt. Und weil der Mond verworfen stehet, wird ihm diese Natur zu einem merklichen Nachteil und Verachtung bei denen, mit welchen er zu conversieren hat, gedeihen, daß er für einen einsamen, leichtschätzigen Unmenschen wird gehalten werden. Gestaltsam er auch sein wird: unbarmherzig, ohne brüderliche oder eheliche Lieb, niemand achtend, nur ihm und seinen Wollüsten ergeben, hart über seine Untertanen, an sich ziehend, geizig, betrüglich, ungleich im Verhalten, meist stillschweigend, oft ungestüm, auch streitbar, unverzagt, Weib und Mann beisammen, wiewohl Saturn die Einbildungen verderbt, so daß er oft vergeblich Furcht hat. Es ist aber das Beste an dieser Geburt, daß Jupiter darauf folget und Hoffnung machet, mit reifem Alter werden sich die meisten Untugenden abwetzen und also diese seine ungewöhnliche Natur zu hohen, wichtigen Sachen zu verrichten tauglich sein.« Großer Ehrendurst, Streben nach Macht und zeitlichen Dignitäten seien deutlich; daher würden gefährliche Feinde ihm erscheinen, der Geborene ihnen aber meistens obsiegen. Auch abergläubisch werde er sein und, vielleicht mit abergläubischen Mitteln, einmal sich zum Haupt- und Rädelsführer einer malcontenten Rotte aufwerfen; grausame und erschreckliche Verwirrungen könnten mit seiner Person sich verbinden, und zwar besonders im Jahre 1613, oder vorher, oder nachher, wenn er noch lebte. – Soweit das Allgemeine und Durchgehende. Es folgt dann, woran dem Auftraggeber wohl vor allem gelegen war, dem Ausführenden aber nicht: ein vorsichtiges Eingehen in die Particularia der unterschiedlichen Zeiten, und zwar rückblickend wie in der Vorschau. Zwischen dem 11. und dem 13. Lebensjahr möchte es unruhig und widerwillig hergegangen sein, von da ab bis zum 20. recht gut, außer, daß etwas Zänkisches mit Gelehrten und Doctoribus vorgefallen sein könnte. Für das 21. deuteten die Zeichen auf eine gefährliche Krankheit. Das jetzige Jahr – 1608 – und das künftige schienen wenig hoffnungsvoll; ausgezeichnet aber das 33., in welchem Gelegenheit zu einer stattlichen Heirat sein werde. »Die Astrologi pflegen hinzuzusetzen, daß es eine Wittib und nicht schön, aber an Herrschaften, Gebäu, Vieh und barem Geld reich sein werde. Ich zwar bin der Meinung, er werde sich eine solche vor allen anderen belieben lassen, ob es wohl Himmels halber nicht also specificiert werden kann, denn seine Natur und Neigung gilt bei mir mehr als sein Stern.« . . . Im Ganzen, schrieb Kepler noch, sei das Horoskop des Geborenen dem der englischen Elisabeth ähnlich, auch dem des »gewesenen Kanzlers in Polen«. Wobei man wissen muß, daß der Großkanzler und Kronfeldherr Johann Zamojski ein überaus energischer Staatsmann gewesen war, der Führer der schwedischen Partei in Krakau, welcher, als Wallenstein noch ein Kind war, die Okkupierung des polnischen Throns durch einen Habsburger mit Waffengewalt hintertrieben hatte.

Damit würden wir den Leser gern aus diesem etwas theoretischen Handel entlassen, um desto schneller in jene Zeitlandschaften zu kommen, in denen die bunten Ereignisse blühen. Dennoch gibt er uns Fragen auf, die, wenn sie nicht gelöst werden können, doch von den sie verbergenden Schlacken gesäubert werden müssen, denn mit dem Komplott unseres Romanes haben sie stark zu tun.

Es ist behauptet worden, Kepler hätte gleich anfangs gewußt, wessen Horoskop er stellte. Wirklich schrieb er auf die Copie, die er für sich behielt, in seiner Geheimschrift den Namen »Waltstein«. Aber kein Mensch kann sagen, wann er ihn schrieb; und es ist notorisch, daß er später, nämlich seit 1614, in der Tat wußte, um wen es sich handelte. Nehmen wir aber an, er hätte es schon 1608 gewußt, etwa durch Dr. Stromaier. Was konnte es ihm helfen? Wer war dies unbeschriebene Blatt, dieser bescheidene, noch etwas unreife junge Mann mit guten Manieren, daß man ihm so Gefährlich-Großartiges hätte prophezeien können? Hatte Kepler investigiert, was es zu investigieren gab, so mochte jene »Unruhe zwischen dem 11. und 13. Jahr« auf den Tod der Eltern anspielen, das zänkische Verhältnis zu Gelehrten und Doktoren auf Altdorf, die Krankheit im 21. Jahr auf Wallensteins Zusammenbruch im Januar 1605, welches sein 22. war. Es ist ja von ferne denkbar, daß Dr. Stromaier selber den Kranken gepflegt, daß er doch durch Kollegen von dem Fall gehört hatte, zumal das Auftreten der Pest alle Ärzte der Hauptstadt interessieren mußte. Aber das sind bloße Vermutungen. Wir würden sie für knapp wahrscheinlich halten, wenn man uns zeigen könnte, daß solche irdische Detektiv-Arbeit im Beruf des Astrologen geschäftsüblich war. Etwas als unehrlich Geltendes würde Kepler nie getan haben. Auch, welcher Student, obendrein einer vom Adel, hat nicht Ärger mit Gelehrten und Doctoribus? Gaben die Planeten nur den mattesten Wink in dieser Richtung, so konnte man dergleichen getrost annehmen.

Am tiefsten war Wallenstein später von der Vorhersage seiner Heirat mit einer reichen Witwe beeindruckt. »Anno 1609«, notierte er am Rande, »im Majo hab ich diese Heirat getan mit einer Wittib wie dahier ad vivum describiert wird.« Ein kritischer Geschichtsschreiber meint denn auch, Kepler habe gewußt, daß Wallenstein in Heiratsverhandlungen stand – sie eben waren das Geschäft, zu welchem Pater Veit ihn zu sich nach Olmütz berief. Nun, die Jesuiten pflegten ihre Geheimnisse nicht vor der rechten Zeit herumzublasen, und kaum versteht man, wie Kepler in dieses sollte eingeweiht gewesen sein. Wenn er es aber war, warum prophezeite er dann die reiche Heirat für das dreiunddreißigste Jahr anstatt für das sechsundzwanzigste? Meinte er, der Jüngling und die Alternde würden die Vorfreuden der Verlobten über sieben Jahre hindehnen?

Derselbe scharfsinnige Historiker, der zur Erforschung von Wallensteins Jugend allerlei genaue Arbeit leistete, knüpft an das Horoskop noch einen Gedanken von gründlicherem Satz. Er sagt nämlich, der Geborene müsse in den ersten vierunddreißig Jahren seines Lebens ein eher fauler, politisch uninteressierter, keineswegs aber besonders ehrgeiziger Mensch gewesen sein. Wallenstein liest, sein Leben stehe unter denselben Sternen wie das Leben der großen Königin, wie das Leben des großen Kanzlers. Er liest, er sei so und so beschaffen, er werde das und das tun. Was tut er, nachdem er alles das gelesen hat? Er heiratet und begnügt sich, während rings um ihn her Throne wanken und Völker, Volksklassen, Glaubensgemeinschaften aufeinanderschlagen, in den nächsten acht Jahren damit, seine erheirateten Güter zu verwalten, im Fett zu sitzen, ein paar ständische Ämter von Durchschnittsmaß ohne Auszeichnung zu verwalten. Der Trieb ins Große kam ihm spät und plötzlich, nachdem er lange geschlafen hatte; selbst Keplers Voraussagen konnten ihn nicht wecken . . . Unser Kritiker übersah eine Kleinigkeit. Das Horoskop ist wohl im Jahre 1608 errechnet, aber Wallenstein las es damals nicht, weil er es gar nicht erhielt. Er erhielt es fünf oder sechs Jahre später. Im Dezember 1614 nämlich schrieb der Leutnant von Taxis an Kepler, er habe ihn vor etlichen Jahren um die Stellung seiner Nativität gebeten »neben dem wohlgeborenen Herrn Albrechten von Waldstein«. Nun, wenn nicht früher, kannte Kepler den Namen seines Kunden aus dem Jahre 1608. Am 1. Mai 1615 schrieb Taxis noch einmal und wiederholte seine Bitte: Herr Albrecht von Waldstein habe unlängst das bestellte Horoskop erhalten, er, der Leutnant, seines leider immer noch nicht, ». . . so er überkummen hat vorlangst«. Vorlangst, unlängst; das bedeutet doch, vor einigen Wochen oder höchstens Monaten. Warum es so lange dauerte, errate wer will; vielleicht wollte der oft betrogene Kepler erst liefern, wenn er das versprochene Honorar in Händen hätte, vielleicht war dies ausgeblieben. – Als dann, nach weiteren zehn Jahren, Taxis sich noch einmal an Kepler wandte, um Korrekturen und Erweiterungen anzufordern, tat er wieder so, als ob der große Unbekannte noch der große Unbekannte wäre; der »böhmische Herr«. Die Leute blieben Geheimniskrämer auch, wenn sie das Geheimnis längst ausgeschwatzt hatten.

Nun aber, von den Namen und Daten, zur Frage des Inhalts. War die Charakteristik Wallensteins, die Kepler gab, die richtige? Wenn nein, so braucht sie uns nicht weiter zu beschäftigen. Wenn ja, wie kam er darauf? Wollte ich sagen, es sei etwas an der Kunst der Sterndeutung, wenn der rechte Mann sie betreibe, würde das wohl ein Lächeln so manchen Lesers hervorrufen, ich aber gute Miene dazu machen, könnte man nur eine bessere Erklärung bieten. Das Ganze zu einer glücklichen Raterei zu machen, wäre dumm; so errät man einen Menschen nicht, den man nie gesehen hat. Aber wie konnte Kepler *wissen*? Hätte er selbst mit dem indiskreten Aufwand gearbeitet, mit dem heute unsere Tagesforscher arbeiten, hätte er Hermanitz und Koschumberg, Goldberg, Altdorf aufgesucht, hätte er bei Regimentskameraden, bei Verwandten, bei Wiener Höflingen herumgehorcht, nirgendwo und von keinem wäre ihm die Ankunft zuteil geworden, wie er sie in seinem Traktat zu besitzen glaubte. Nun wird man wieder zu der Vermutung zurückgeschickt, er hätte nicht nur den Namen seines Kunden, sondern ihn persönlich gekannt und seine klugen, traurigen Augen auf ihn geworfen. Ein Historiker meint darum, Wallenstein sei geradewegs nach Prag gefahren und habe sich Kepler vorgestellt. So war aber nun der Hergang einmal nicht. Die Geheimnistuerei um den »böhmischen Herrn«, die Vermittlung durch Taxis und Stromaier sind doppelt erwiesen. Von Gemüt, Vernunft, Seele, Kraft und Leibesgestalt seines Kunden wußte Kepler nichts. Trotzdem war er seiner Sache ziemlich sicher und war es erst recht, als sechzehn Jahre später der großen Öffentlichkeit so Einiges über Wallenstein bekannt geworden war. Da replizierte er nicht ohne Hohn: »Mit der Beschreibung der Natur des Geborenen wird er selber am besten wissen, wie ichs getroffen ...« Kepler hatte Grund, mit seinem Charakterportrait zufrieden zu sein.

Sieht man ab von gewissen Einzelheiten, wie der Neigung zu Alchemie, die Wallenstein nie nachgesagt wurde, so blieb es sein gängiges Portrait, zu Lebzeiten und danach. So, um ein Beispiel zu nennen, wußte einer aus der Zahl seiner Freund-Feinde, ein großer Seelenzergliederer, im Jahre 1628 von ihm zu berichten: »In der Tat grenzt – man kann das für gewiß annehmen – seine angeborene Schlauheit und Verschlagenheit an das Unglaubliche. Unter der rauhen Schale seiner schroffen Manieren, die in der Regel mehr gekünstelt als natürlich sind, verhüllt und verbirgt er die Entwürfe und Intentionen seines Geistes . . . Außer Gott dringt niemand auf den Grund seines Herzens, wenn nicht durch Conjectur und Ahnen nach lange gepflogenem Umgange . . .« Und die erste Kurzbiographie des Zeitgenossen, Graf Khevenhüller, beginnt mit den Worten: »Albrecht Herr von Wallenstain, ein nach- und tiefsinniger, nimmer ruhender, freygebiger, anschlägiger, großmüthiger Herr, doch harter und rauher Condition . . .« So geht es weiter, kulminierend in Friedrich Schiller, der das sich Verbergende, Unbestimmte, Grüblerisch-Tiefgründige zum Wesenskern seines Helden macht:

> Und woher weißt du, daß ich ihn nicht wirklich
> zum Besten habe? Daß ich euch nicht alle
> zum Besten habe? Kennst du mich so gut?
> Ich wüßte nicht, daß ich mein Innerstes
> dir aufgetan . . .

Sollte das Urbild dessen, was in Jahrhunderten über Wallenstein geschrieben wurde, in Keplers Horoskop zu suchen sein? Das ist so unwahrscheinlich nicht. Das Astrologengeheimnis wurde nicht besser gehütet als das Ärztegeheimnis, welches damals schlecht genug gehütet wurde. Kepler war ein ehrlicher, aber auch ein sehr redseliger Mann. Als Wallenstein reich und mächtig und gefährlich geworden war, wußte man natürlich, *wer* ihm die Nativität gestellt hatte. Den wird man gefragt haben. Er wird gezeigt oder erzählt haben. Wenn er auch nur einem Einzigen erzählt hätte, so etwas verbreitet sich schnell, und da es von dem berühmten Kepler kam, so machte es Eindruck.

Welchen Eindruck dem Geborenen selber? Mit welcher Gier verschlang er das Gutachten des Mathematikers, als er es endlich in Händen hatte? Man kann es ahnen. An die Genauigkeit und genaue Lesbarkeit der ungeheuren Flimmerschrift des nächtlichen Himmels glaubte er ganz ohne Keplers feinere Skrupel, als der erdgebundene Mensch, der er war. So weit ging er darin, daß, als Keplers vorhergesagte Particularia wohl ungefähr eintrafen, aber nicht zu der vorausgesagten Zeit, er, nach sechzehn Jahren, den Astrologen noch einmal befragen ließ: ob sich aus dem und dem Früher oder Später nicht vielleicht die Stunde oder Minute seiner Geburt rückschließend korrigieren ließe, zumal »die Uhren nit allezeit recht gehen«? Kepler antwortete, mit solcher Anforderung sei von der Kunst zuviel verlangt; was an sich vorbestimmt sei, könne beschleunigt werden durch irgendeinen Zufall, zum Beispiel eine Geburt, wenn die Mutter die Stiege hinuntergefallen sei; da könnten dann die Sterne nichts dazu. Nachdem er die Zumutung Wallensteins in Zweifel gezogen, erfüllte er sie dennoch, indem er sich auf die schwere Erkrankung seines Auftraggebers stützte, die 1605 eingetreten war anstatt 1604. Da kam er nun nach mühseligen Berechnungen zum Schluß, die Geburt müßte um fast eine Viertelstunde später als von den Eltern angegeben, erfolgt sein. Diese Korrektur ändere in seinem ursprünglichen Horoskop nichts Wesentliches, außer, daß nun der Mond ins elfte Haus komme anstatt in das letzte, was vielleicht eine gewisse Milderung der »Manier in Gesellschaft« bedeuten könnte . . . Der Gedankenaustausch zeigt uns, wie absolut Wallenstein traute; so wie wir dem kundigen Lesen der Strahlen, die unseren Körper durchleuchteten. Mußte er da nicht auch dem Bilde trauen, das Kepler von seinem Charakter gezeichnet hatte, nicht introspektiv vergleichen und, je länger er es, mit schaudernder Neugier, verglich, desto wahrer finden? So daß Keplers Traktat so prägend auf ihn gewirkt hätte, wie, in Keplers Sicht, die Konstellation der Geburtsstunde auf den Geborenen? Genau so. Denn Kepler sah Prägendes und Geprägtes im Widerspiel: die Natur des werdenden Lebens kam dem Effekt der Planeten entgegen, indem sie ihn zugleich aufnahm und modifizierte. Wäre Wallenstein ein heiteres Joviskind gewesen und nichts sonst, so hätte er die saturnische Rolle, welche die Wissenschaft ihm zuwies, nicht spielen können. Er hat sie nie ganz treu gespielt, er war nie ganz so. Er schwang sich zuletzt doch nicht zum Rädelsführer einer malcontenten Rotte auf, weil es ihm nicht lag, er bedrückte seine Untertanen eher weniger hart als andere Herren, er war kein Unmensch, und seine Gespräche, welche die Leute fürchteten, so als ob sie Keplers Horoskop gelesen hätten, konnten freundlich, ja gemütlich und lustig sein. Dennoch werden wir im Laufe unserer Erzählung uns immer wieder an Kepler erinnert fühlen. Und zwar gerade an die Widersprüche seiner Charakteristik. Denn es ist ja kein einfaches Seelenbild, das der Astrolog da entworfen hatte, nicht so, wie eine plumpere Psychologie es erwarten würde. Der Geborene ist mißtrauisch und verschwiegen, aber auch ungestüm, streitbar und unverzagt, aber auch furchtsam und mit der Phantasie sich Gefahren bildend, wo keine sind. Der Einfluß Saturns wird gemildert durch den nachfolgenden Jupiter.

Daran und an manches Andere werden wir oft erinnert sein. Mit welcher Präzision bleibe einstweilen offen. Nur die ganze Geschichte kann zeigen, wie geartet unser Held war; ein Mosaik von einigen hundert Worten könnte das nicht. Für immer, fürchte ich, muß offen bleiben, woher Kepler seine Einsichten hatte, insofern es rechte Einsichten waren, und wieder, wie weit sie recht wurden erst dadurch, daß er sie niederschrieb.

Heirat

In dem eben Eingeschalteten floß schon die Bemerkung mit ein, das Geschäft, um dessentwillen Pater Veit Pachta Wallenstein zu sich nach Olmütz berief, sei ein Heiratsgeschäft gewesen. Das war es; es ging um Heirat und es ging um ein Geschäft.

Pater Veit, Regens des Olmützer Jesuiten-Konvikts, ein rüstiger Prediger und geistlicher Berater der Reichen im Lande Mähren hatte unter seinen Beichtkindern eines, das ihm Sorge machte: Lucretia, Tochter des Sigmund Nekeš von Landek, Witwe des jüngst verstorbenen Arkleb von Vičkov, Herrin auf Vsetín, Lukov, Rymnice und Milotice. Das waren nun freilich Güter, mit denen man Hermanitz nur spottender Weise vergleichen konnte: über 400000 Gulden im Wert und einige tausend Untertanen ernährend. Zum größten Teil hatte Frau Lucretia sie von der Familie ihres Vaters geerbt, die mit ihr erlosch. Sie war kinderlos; sie hatte protestantische Verwandte. Da lag die Pflicht des Beichtvaters auf der Hand: der Frau einen zweiten Gatten zu besorgen, festen Glaubens und womöglich einen, der energisch genug wäre, auf den Gütern zu besorgen, was bisher unbesorgt geblieben war. In Wallenstein glaubte der kluge Geistliche den Geeigneten gefunden zu haben. Wallenstein glaubte das auch; und was noch notwendig war, die Regelung der Erbschaftsfragen, die Zusammenführung der Brautleute wurde rasch und diskret erledigt.

Unter den vielen Biographen Wallensteins gibt es kaum einen, der nicht zu erzählen weiß, Lucretia von Landek sei schon recht alt gewesen, und wenige, die zu den vorgerückten Jahren nicht auch noch das Unglück der Häßlichkeit fügen. Das mag denn wieder auf Keplers Prophezeiung von der unschönen Wittib zurückgehen. Der erste Historiker, der es behauptet, ist unser Gualdo; er weiß auch, die neue Frau von Waldstein habe der mangelnden Liebe ihres Gatten durch einen Zaubertrank nachzuhelfen versucht und dadurch ihn beinahe zu Tode vergiftet. Von Gualdo hat die Geschichte der Hofrat Herchenhahn übernommen, ein Skribent, der in den 1780er Jahren von Wallenstein handelte und aus dem auch Schiller geschöpft hat. Bei Herchenhahn lesen wir: »Eine reiche mährische alte Witwe aus dem Hause Wickova fand den muskelvollen Wallenstein sehr geschickt zu ihrem zweiten Eheherrn. Sie zog ihn vielen andern Freiern vor, die um ihre welken Hände buhlten. Ihre Liebe wuchs mit den Tagen ihres neuen Ehestandes, allein das Gift der Eifersucht schlich in ihr Herz. Die verliebte alte Dame verlangte viele Zeichen von Gegenliebe, um diese anzuflammen nahm sie zu unnatürlichen Dingen ihre Zuflucht. Ein Liebestrank . . .« und so fort. Nun mag es mit dem Zusammenle-

ben der beiden Eheleute gestanden haben, wie ihm immer wollte. Daß die Vorgeschichte der Heirat nüchtern war, sagt darüber nichts aus; nüchterne Transaktionen waren die Eheschlüsse in dem Stande, dem Wallenstein angehörte, fast immer. Das Besondere war nur, daß, während in der Regel Reichtum zu Reichtum kam, hier ein vergleichsweise karg bemittelter junger Mann eine sehr reiche Frau heiratete. Was aber Lucretias Alter betrifft, so hat die gleiche moderne Wissenschaft, die Wallensteins Schädel untersuchte, auch den ihren nicht unbetastet gelassen und entschieden, sie könnte zur Zeit ihres Sterbens höchstens 35 Jahre alt gewesen sein. Dann war sie dreißig, oder darunter, als sie zum zweiten Mal Hochzeit hielt. Auch die Lebensdaten der Eltern schließen ein höheres Alter der Tochter geradewegs aus . . . Es scheint dieser Frau fast so ungerecht ergangen zu sein, wie der athenischen Xanthippe. Wallenstein, der ihr Gedächtnis in Ehren hielt, konnte dafür aber ebensowenig wie Sokrates.
Im Übrigen entwickelten die Dinge sich glatt und ganz im Sinne des Heiratsstifters. Nachdem Frau Lucretia den seitherigen Verwalter ihrer Güter, ihren Schwager, mit einem Stück Land und 8000 Gulden abgefunden hatte, machte sie den Gemahl zum Mitbesitzer und Alleinerben ihres gewaltigen Vermögens. Vier Jahre danach starb sie, unter den Tröstungen von Kartäusermönchen. Als Wallenstein dreizehn Jahre später die Kartause zu Walditz bei Gitschin stiftete, geschah es unter ausdrücklicher Berufung auf »die besondere Neigung seiner selig verstorbenen Gemahlin, der Frau Lucretia Nekeš von Landek gegen diesen Orden«. Nach Walditz ließ er nun auch den Sarg Lucretias überführen.

> In der Kartause, die er selbst gestiftet,
> Zu Gitschin ruht die Gräfin Wallenstein.
> An ihrer Seite, die sein erstes Glück
> Gegründet, wünscht' er, dankbar, einst zu schlummern . . .

Daß sie sein erstes Glück gründete, kann man wohl sagen. Er war ein unbedeutender Herr in Böhmen gewesen, nur so einer von dreißig Waldsteinen, er gehörte jetzt zu den reichsten Herren in Mähren. Jedoch, wie er von seinen Mönchen schrieb, als er wieder einmal sich über sie zu ärgern Grund hatte: »Je mehr sie haben, je mehr sie haben wollen.«

Er beobachtet die Weltläufte und mischt sich mit Vorsicht darein

Als Wallenstein sich mit seiner »geilen Antiquität« – so nennt sie ein etwas späterer Chronist –, in Wirklichkeit also mit seiner jungen Frau auf deren mährischen Gütern niederließ, war die Markgrafschaft seit neuestem nicht mehr mit Böhmen verbunden; ihr Landesherr nicht mehr der Kaiser Rudolf, sondern der Prinz Matthias, Erzherzog von Österreich und König von Ungarn. Damit hatte es die folgende Bewandtnis.

Das Konfliktspiel, welchem die genießenden Klassen in den habsburgischen Landen sich hingaben, war ein doppeltes: eines zwischen den Ständen, und zwar überwiegend den protestantischen, und dem Landesherrn; eines innerhalb des landesherrlichen Hauses, den verfeindeten Brüdern Matthias und Rudolf. Die katholische, königliche, ohne es recht zu wissen, einer absoluten Regierungsform zustrebende Macht war in sich selber gespalten. Die Stände, in Österreich, Mähren, Böhmen waren das auch, insofern die Protestanten sich einer wachsenden katholischen Minderheit gegenüberfanden. Wieder war nicht im voraus gesagt, welche Motive in den Seelen der katholischen Herren am stärksten wirkten: das konfessionelle, verbunden mit blinder Treue zum Oberhaupt der Dynastie, wie wir solche Verbindung etwa bei Wallensteins Vetter Wilhelm von Slawata treffen; das konfessionelle, aber in erträglichem Einklang mit dem ständisch-nationalen, wie in Mähren Karl von Liechtenstein ihn zu verwirklichen suchte, wenn und solang er seinen Vorteil darin sah. Das Suchen des eigenen Vorteils war im Allgemeinen das stärkste Motiv, daher denn auch die Haltungen der Herren sonderbar schwankten, wenn man absieht von den ganz redlichen oder fanatischen Gläubigen auf der einen Seite, wenigen selbstlosen Politikern auf der anderen.

Die Verträge von 1606, den Frieden mit dem Sultan, die Autonomie der Ungarn, die Regentschaft des Bruders in Österreich, hatte Kaiser Rudolf im Herzen nie akzeptiert; er wühlte gegen sie und ließ seine Anhänger wühlen. Folglich trieben die protestantischen Ungarn, Österreicher und Mährer einem Bündnis mit dem Erzherzog zu. Es lag in der Natur dieses Machtkampfes; und lag in ihr ebenso, daß es

ein unehrliches, undauerhaftes Bündnis sein mußte. Beide Verbündeten, die Stände und der Erzherzog, gedachten einander im Kampf gegen Rudolf zu benutzen; hernach würde man sehen. Wie wenig dauerhaft das Zusammenspiel war, zeigt am deutlichsten die spanische Politik. Diese nämlich unterstützte in dem Bruderzwist nicht den legitimen König-Kaiser, sondern den sich am Rand der Rebellion bewegenden Erzherzog, und zwar darum, weil man in Madrid den familien-verderblichen Charakter Rudolfs endlich erkannt hatte. Wie aber hätten die Ratgeber König Philipps III. damit auch einen radikalen Calviner, eigentlich einen Republikaner, wie den Wortführer der österreichischen Stände, Erasmus von Tschernembl, wie einen Staatsmann von so unkatholischer Frömmigkeit wie Zierotin unterstützen sollen?
Nach häufigen Beredungen und Verschwörungen, teils offenen, in Landtagen vollzogenen, teils heimlichen, zu denen Karl von Zierotin seine Schlösser lieh, unternahm Matthias im April 1608 einen eigentlichen Kriegszug gegen den Bruder, mit geworbenen Truppen und mit ständischen Regimentern. In Liben, nahe der Hauptstadt Prag, heute ihrem Vorort, zwang der zum Zwingen, zum Handeln an sich wenig aufgelegte Prinz den König Rudolf, auf alle habsburgischen Lande südlich und östlich von Böhmen zu verzichten; ihn selber würden die Ungarn als König, die Mährer als Markgrafen annehmen; auch sollte er designierter oder zukünftiger König von Böhmen heißen, vorausgesetzt, daß es den böhmischen Ständen so gefiele.
Der abermalige Kompromiß taugte sowenig wie der vorige, und wie der nächste taugen würde. Solange Rudolf König von Böhmen blieb, dazu Römischer Kaiser mit allem Glorienschein, welcher das heilige Amt umgab, mit allen Verbindungen zu den katholischen Fürsten Deutschlands, welche es eintrug, besaßen die Phantasien des Erbkranken noch immer die Basis, von der aus sie den neuen Frieden gefährden konnten, wie sie den alten gefährdet hatten. Ferner standen beide Brüder nun vor der Notwendigkeit, sich mit ihren Standesvertretungen zu versöhnen, in einem Austrag, der in jedem Fall so doppeldeutig, so falsch und nur vorläufig gemeint sein würde, wie alles Politische, was in jenen Jahren geschah. Dank der Protestanten hatte der eine Habsburger seinen Sieg über den anderen gewonnen. Dank des Streites zwischen beiden konnten die Protestanten, die Stände überhaupt, ihren Machtkreis erweitern bis zu dem Ort, an dem den Königen nur noch ein Schatten ihrer Würde blieb.
Übrigens muß bei der Betrachtung des Umsturzes von 1608 auffallen, daß die Böhmen mit ihren natürlichen Bundesgenossen, den Österreichern und Mährern, nicht gemeinsame Sache machten. Ihr Inter-

esse, den unerträglichen Rudolf loszuwerden, einmal und für immer, hätte das Dringendste sein sollen, und die Gelegenheit war da. Der Stolz der böhmischen Herren, ihre unergründliche Freude an krausen Intrigen bewirkten, daß sie die Gelegenheit gerade dann, als sie sich aufdrängte, nicht wahrnehmen wollten, weil sie von außen kam. Eher willigten sie in die Abtrennung Mährens von der Krone des heiligen Wenzel, als daß sie sich einem Unternehmen angeschlossen hätten, welches nicht sie, sondern Österreicher und Mährer begonnen hatten. Viel weniger wünschten sie eine deutsche Intervention. Auch wußte der Chef-Intrigant der deutschen Calviner oder pfälzisch-französischen Partei, Christian von Anhalt, im Moment der Krise nicht recht, für wen er optieren sollte: ob für Matthias, der das ständische, machtauflösende Prinzip vertrat, oder, um den innerhabsburgischen Streit desto hitziger weiterbrennen zu lassen, für Rudolf.
Allein gelassen mit ihrem gebrochenen, seiner Autorität zu drei Vierteln beraubten König, erreichten die Böhmen im Sommer des nächsten Jahres, 1609, was sie wollten und nahezu ausschließlich wollten. Die übrigen Habsburger Lande waren ihre Sorge nicht. Sie hätten nun manches im Guten haben können angesichts von Rudolfs kläglicher Schwäche; aber teils, weil sie ihm nicht trauten, teils, weil sie sich ihrer Überlegenheit freuten und ihre Wortführer bei aller Frömmigkeit auch sehr machtgierige Herren waren, übertrieben sie ihre Klagen fast ins Lügenhafte, drohten, wählten einen Ausschuß von dreißig Direktoren, aus jedem Stande zehn, begannen gar, Truppen zu sammeln, denen sie einen Generalleutnant vorsetzten, den Grafen von Thurn, schworen, die doch im Moment die Angegriffenen nicht waren, sich bis auf den Tod zu wehren, oder mit ihrem heiligen Recht zu leben. Das Dokument, das ihnen endlich eingehändigt wurde mit des Königs Unterschrift, den 9. Juli, war der Form nach ein »Majestätsbrief«, aber nicht des Königs Berater hatten ihn verfaßt, sondern die Stände selber, Advokaten und geistlich gebildete Barone. Bloße Form, daß in der Schrift von Liebe und Eintracht, von untertänigen Bitten und geziemender Demut die Rede war. Rudolf ging stumm hinaus, während man ihm den Entwurf vorlas; in Panik wegen der Männer, die sich da in seinem Kabinett drängten, im Zorn über die Zumutungen. Danach bewilligte er Stück für Stück, was gefordert wurde, nur, um den Schein zu wahren, eine Kleinigkeit nicht. »Evangelisch« sollten die Fordernden sich nicht nennen, sondern Utraquisten, als solche, die das Abendmahl sub utraque specie nahmen. Es bedeutete dies eine Sprachverwirrung, denn die wirklichen Utraquisten waren die beinahe Katholischen, denen ihre Institute wegzunehmen, die Prager Universität und das Konsistorium, gerade eine

Hauptforderung der Protestanten war. Sie, Lutheraner und Böhmische Brüder verbündet, durften nun dieser geistlichen Ordnungszentren des Landes sich bemächtigen und stellten sie unter die Verwaltung gewählter »Defensoren«. Sie erhielten überhaupt Alles: Das Recht, Schulen einzurichten, Kirchen zu bauen, Pfarrer zu ordinieren, ihre Toten unter Glockengeläut zu begraben auf geweihtem Boden, wo immer Anhänger des gereinigten Glaubens lebten; und sollten von jetzt an auch die Bauern nicht »von ihren Obrigkeiten oder irgend jemand, sei es von geistlichen oder weltlichen Personen, von ihrer Religion abgedrängt und zu einer anderen Religion durch Gewalt oder auf irgendeine ersonnene Art gezwungen werden«. Dies für Böhmen. Weil die Religion nicht bloß den König und die Protestanten anging, auch die Stände der zwei Konfessionen unter sich, so wurde am gleichen Tag ein ständischer Vertrag unterzeichnet. Beide Dokumente waren sehr genau abgefaßt unter den lauernden Blicken der Juristen, für jene, die in der Kunst des Auslegens geschickt und willig waren, aber noch immer zu wenig genau.
Die geistliche Regierung des Landes war nahezu die ganze Regierung, die geistliche Freiheit nahezu die ganze Freiheit. Ein Umsturz hatte stattgefunden, und einer, welcher der spanischen Partei ärgerlich sein mußte. Fremde Mächte hatten zugunsten der Protestanten unheimlich sich eingemischt: der Kurfürst von Sachsen, auf dessen »hohe Fürsprache« im Majestätsbrief angespielt wurde; der Fürst Christian von Anhalt, den die Böhmen um Hilfe, nämlich Waffen und Munition, ersuchten. Anhalt reiste diesmal selber nach Prag, um dem, was er für den »terminus fatalis domus Austriae« hielt, tätig beizuwohnen. Er fand die Sache schon wieder beigetan, die protestantische Aristokratie unter einem Schattenkönig fest im Sattel, und ohne Lust, der großen französisch-pfälzisch-ständischen Konföderation beizutreten, dem weltpolitischen Netz, an dem er nun seit einem Jahrzehnt webte und das unter seinen emsigen Fingern immer wieder sich auflöste. – Von dem katholischen Oberstkanzler des Königreichs, Zdenko von Lobkowicz, der sich geweigert hatte, seinen Namen unter den Majestätsbrief zu setzen, hieß es unter den wilden Baronen, man solle ihn doch zum Fenster hinauswerfen, defenestrieren. Welches ein frühes Motiv unseres Dramas ist.
Wie Rudolf in Böhmen, so Matthias in den Ländern, die ihm nur untertan waren. In Mähren gingen seine Konzessionen wohl oder übel so weit, daß die Markgrafschaft zu einer eigentlichen Adelsrepublik wurde: ganze Religionsfreiheit für den Adel und seine Hintersassen, Freiheit auch für die Bürger in den Königsstädten, wenigstens außerhalb der Stadtgrenze ihren Glauben zu praktizieren, Kriegserklärun-

gen und Friedensschlüsse, Ernennungen zu den obersten Landesämtern nur mit Zustimmung der Stände, mährische Gerichtsbarkeit bis zur obersten Instanz, unter dem Patronat, nicht des Markgrafen sondern des erwählten Landeshauptmanns, Verpflichtung des Markgrafen, seine Kinder, wenn er welche hätte, die tschechische Sprache erlernen zu lassen; anderer Bindungen und Entmachtungen des Fürsten nicht zu gedenken. Die Frage, warum man, unter solchen Bedingungen, überhaupt noch einen Fürsten brauchte, beantwortete Karl von Zierotin, nun Landeshauptmann, in einem Brief an seinen österreichischen Mitverschwörer Tschernembl: man brauchte ihn, trotz allem, zur Stärkung der Einheit des Gemeinwesens, brauchte den Schutz der Legitimität inmitten einer gefährlichen Welt und besonders gegen die Umtriebe des bösen Alten auf dem Hradschin, die gewiß nicht aufhören würden . . . Erst nachdem Matthias Alles bewilligt hatte, durfte er in Brünn sich zur Begleitung prunkvoller Festlichkeiten huldigen lassen. Kardinal Dietrichstein offerierte dem Erzherzog ein Festmahl von dreihundert Speisen, aufgetragen von achtzehn Baronen und Vasallen seines Bistums; wofür Matthias sich mit einem Bankett von noch übertrumpfender Pracht bedankte. Es saßen der Fürst, der Kardinal und die Landes-Offiziere an einem Tisch, die Herren von Österreich und Mähren am zweiten, am dritten die Bürger von Brünn.
Albrecht Wallenstein war dabei, und zwar in seiner Rolle als Kämmerer des Erzherzogs; das darf man als sicher annehmen. Er war auch vorher und von Anfang an dabeigewesen, hatte von den Verschwörungen gewußt, die in dem Kriegszug nach Prag gipfelten, denn Zierotin benutzte den jungen Schwager als Verbindungsmann zu Matthias. Als Rudolf seinem Bruder einige Kommissare entgegenschickte, die ihn von seinem Vorhaben abbringen sollten, war Wallenstein unter denen, die mit des Kaisers Abgesandten ohne Ergebnis verhandelten; auf der anderen Seite aber befand sich sein Vetter, Wilhelm Slawata. Der Fünfundzwanzigjährige hielt sich auf dem laufenden dieser verwirrten Konflikte. So tief hatte er, der 1608 doch noch ein böhmischer Herr war, sich in die erzherzogliche und ständische Revolution eingelassen, daß, als es zu den Libener Verträgen kam, sein Name ausdrücklich unter jenen genannt wurde, deren Trägern aus ihrem Verhalten keinen Vorwurf zu machen König Rudolf sich verpflichten mußte. Im nächsten Jahr dann, als in Prag um den Majestätsbrief gehadert wurde, war Albrecht durch seine Heirat schon nach Mähren hinübergewechselt, dort aber zu fremd und zu jung, um an der Neuordnung der Dinge sich aktiv zu beteiligen.
Weil eine hohe Intelligenz wohl durch Erfahrung reift, ihrem Wesen

nach aber doch schon in der Jugend da ist, so darf man zu erraten suchen, was er in jener Epoche dachte, von der wir mehr und Genaueres über ihn nicht wissen. Zum Beispiel mag er gedacht haben: daß nichts stimmte, nichts taugte, nichts im Ernst glückte, was hier getan wurde. König Rudolf verzichtete auf den Rest seiner wurmstichigen Macht, entschlossen, ihn um jeden Preis zurückzugewinnen. Erzherzog, nun König, Matthias tat seinen Ständen gegenüber ein Gleiches. Der Kardinal von Dietrichstein feierte mit einem Gefolge von 900 Reitern, mit 300 Speisen und köstlicher Tafelmusik den Beginn einer Herrschaft, die seinen frommen Überzeugungen aus dem Grunde zuwider sein mußte. Feindschaft, Neid, mißtrauischer Stolz lauerten unter der Decke von Bündnissen und Versöhnungen überall. Die Böhmen hatten im entscheidenden Augenblick es nicht mit den Mährern und Österreichern gehalten, trotz aller Korrespondenz, die Zierotin mit ihren Anführern pflegte. Die neue »Union« der protestantischen Mächte Deutschlands, gegründet nicht zuletzt, um die Risse im Bau des Hauses Österreich zu erweitern und ihn zum Einsturz zu bringen, war über ohnmächtige Gespinste nicht hinausgekommen. Unter den Standesherren selber herrschte ein unguter Ton, indem die Radikaleren geneigt waren, den Gemäßigteren Verrat vorzuwerfen und selber in Forderung und Gebärde über alles Maß hinausgingen. – Soviel mochte ein kluger junger Einzelgänger nach reichlicher Gelegenheit, sich in dem Labyrinth umzuschauen, wohl erkennen. Es scheint nicht, daß Wallenstein sich für den Kampf seiner böhmischen und mährischen Vettern irgend begeistert hätte. Jedenfalls liegen dafür keine Zeugnisse vor.

Grundherr

Die Wirren des habsburgischen Bruderzwistes, welche, durch den Zufall der Erbfolge gefaßt in den wechselseitigen Haß zweier unfähiger alter Männer, nichts waren als eine Kette ständischer und nationaler Machtkämpfe, welche ihrerseits nichts waren als ein Nebenschauplatz des schleichenden großeuropäischen Konflikts, so daß spanische, französische, deutsche Tentakel stets lüstern in sie hineintasteten – sie waren noch lange nicht zu Ende; Weiteres wird von ihnen zu berichten sein. Als Herr in Mähren und im mährischen Landtag hatte Wallenstein unvermeidlich mit ihnen zu tun, aber seine Hauptbeschäftigung war das einstweilen nicht. In erster Linie war er Besitzer und Verwalter großer Güter, zusammen mit seiner Dame und für sie, dann allein; in zweiter ein Wiener Höfling; ständischer

Politiker in dritter und letzter. Das Ehepaar residierte teils auf der Burg Lukov, welche ruiniert ist, teils im Schloß zu Vsetín, dessen graue Masse, Wiesen und Wald über sich, steilere Höhen gegenüber, noch heute unerfreulichen Dienst tut. Von Vsetín nach Olmütz ist es eine Tagereise, wenn man die Pferde nicht schont; ein angenehmer Weg den Fluß entlang die erste Zeit, dann durchs Flache, Öde.
In periodischen Abständen, so berichtet Khevenhüller, sei Wallenstein nach Wien gereist, um dort stattlich Hof zu halten; »und wann er seinen gemachten Vorrath verzehrt gehabt, ist er wieder nach Haus gezogen und dort solang verblieben, bis er wieder eingesammelt und nach Hof reisen können . . .« Er sparte also auf dem Land, um in der Stadt großartig auszugeben, und zwar nicht in Brünn oder Olmütz, den Hauptstädten Mährens – was war ihm Mähren? –, sondern im goldenen Wien, wo sein König und bald sein Kaiser saß.
Was war ihm Böhmen? Es scheint, auch nicht viel; denn 1610 verkaufte er das Stammgut Hermanitz samt der Kirche und der Gruft seiner Eltern an einen Onkel namens Hannibal, wodurch er seines böhmischen Herren-Rechts verlustig ging. Auf seinen mährischen Besitzungen betrieb der Konvertit das, was man die Glaubensreformation nannte, und zwar mit Energie. Es halfen ihm dabei Jesuiten aus Olmütz, Pater Veit Pachta, Pater Dingelauer und andere mehr; einer, ein gewisser Pater Grissus, predigte und reformierte so leidenschaftlich, daß er, wie wir berichtet sind, darüber geisteskrank wurde. Es blieb nicht beim Predigen, nicht beim Austreiben der Pastoren und solcher Untertanen, welche sich der Wahrheit verschlossen. Man sprach von »soldatischen Exekutionen«, so also, daß Bewaffnete die Bauern zur Messe trieben. Zierotin, der Landeshauptmann, fand solche Methoden unerlaubt, worauf er seinen Schwager in einem gütig-strengen Brief aufmerksam machte: ungehorsame Bürger mit Waffengewalt heimzusuchen stehe allein dem Markgrafen von Mähren oder dem Landeshauptmann zu. Der Grundherr milderte die Art und Weise, ohne abzulassen vom Zweck. Warum? Trieb ihn frommes Gewissen? Weltlicher Kalkül? Gab es scharfe Grenzen zwischen beiden Motiven? Daß er damals, anders als später, von der geistlichen Macht der Jesuiten berührt wurde, steht fest; er suchte Rat bei den Vätern der Gesellschaft und vollzog die ihm aufgegebenen Exercitien. Balbinus erzählt, 1612 habe er eine Wallfahrt nach Loreto unternommen. Jedenfalls war er damals in Italien.
Was dann seine gutsherrlichen Tätigkeiten betrifft, das Kaufen und Verkaufen, das Jagen, Bauen, Gestüte-Halten, so wissen wir aus dieser Zeit darüber wenig, aus einer späteren um so mehr; welcher die Beschreibung dieses Aspektes seines Lebens vorbehalten bleiben mag.

Gelegentlich mußte er Anleihen aufnehmen, 3000, 6000 Gulden, einmal sogar einen Hof verkaufen; also hatte er es in Wien gar zu stattlich getrieben. Auf wirtschaftliche Ärgernisse deutet auch eine seiner Randnotizen zu Keplers Horoskop: 1611 habe er »Ungelegenheiten vollauf« gehabt. Im Jahre 1614 starb seine Frau. Im folgenden Jahr wurde er selber gefährlich krank, wie wir wieder aus einer Randbemerkung wissen: er sei »gar kümmerlich mit dem Leben davongekommen«. Witwer blieb er neun Jahre lang – in Anbetracht seines Alters und Standes entschieden eine Enormität. Ob es ihm auch in der Jugend wenig ausmachte, ohne Frauen zu leben, wie einige glauben, oder ob er sich mit Maitressen behalf, liegt im Dunklen. Jedoch nahm der pfiffige Kepler ohne weiteres das letztere an.
Seinen Jesuiten schenkte Wallenstein Geld und Viktualien, versprach auch, ihnen in Ostmähren ein Collegium zu bauen, woraus für diesmal nichts wurde; wahrscheinlich, weil sie mehr verlangten, als er geben wollte. Statt ihrer wurden die bescheideneren Kartäuser Nutznießer seines Stifter-Ehrgeizes. Ihnen ließ er 1617 auf seinem Gute Lukov ein Kloster errichten, das erste in einer langen Reihe, durch die er später sich als großer Herr zu bewähren und die Geistlichkeit sich gefügig zu machen suchte.
Übrigens trieb er es, wie man es in seinem Stande trieb: Reisen durch das rollende, schlösser-reiche, liebliche Mährerland, Jagden, Hochzeiten – so die des blassen Karl von Zierotin, der nie lange Witwer bleiben mochte, mit der Schwester seines Onkels, des Landhofmeisters Adam von Waldstein –, Empfänge habsburgischer Prinzen, welche er mit zu empfangen hatte, ehrenamtliche Landtags-Kommissionen; schließlich auch besoldete Ämter, nämlich militärische. Welches uns wieder zur Politik bringt.

Vom machiavellistischen Handel der passauischen Rotte

Unersättlich ist die Lust am Planen, Intrigen-Ersinnen, Gegner-zur-Strecke-Bringen, am Legen von Fallen, am Wiederverrücken dessen, was gerade leidlich zurechtgerückt wurde, bei denen, welche in der Nähe der Macht nisten. Unergründlich ist die Schadenfreude, die Wildheit, Grausamkeit bei denen, die unten wohnen, wenn man ihnen nämlich Gelegenheit gibt, den Teufel in ihrem Inneren zu entdecken und freizulassen. Solche Gelegenheit würden ihnen die Machthaber von Beruf besser nicht geben, zumal sie ihrerseits schön gedeckte Tische lieben, Brokatstoffe, mit Juwelen bestickte Sättel und andere leuchtende Dinge, Qualgeschrei und Gestank aber nicht. Trotzdem werden sie zuletzt immer wieder haben, was ihnen Verlegenheit bereitet, weil sie von ihrem vornehmen Spiel nicht lassen können.

Erzherzog Leopold, Bischof von Passau, war kaum einer der ausgepichtesten Intriganten seiner Zeit, denn er war zu dumm dazu. Ehrlich war sein Schmerz an Niedergang und Ohnmacht des Hauses Habsburg, am Verfall der gottgewollten Ordnung; wir wissen es aus seinen Briefen, zumal an den älteren Bruder, Ferdinand von Steiermark. Kaiser Rudolf mochte den jungen Tölpel, der wenigstens das hatte, was ihm fehlte: Jugend, Selbstvertrauen, zupackenden Lebensmut. Am liebsten hätte er Leopold zu seinem Nachfolger gemacht, in Böhmen und im Reich, wäre es auch nur, um den Matthias zu kränken. Einstweilen wurde Leopold zum kaiserlichen Kommissar für die durch Aussterben ihrer Dynastie erledigten rheinischen Herzogtümer Jülich und Berg ernannt. In diesem Amt sah der Bischof-Erzherzog weitere Möglichkeiten.

Die kaiserliche Administration der Herzogtümer war gutes Reichsrecht, denn nur gründliche Untersuchungen konnten ergeben, welches Haus die besten Anrechte auf sie hätte, Sachsen etwa, Brandenburg oder Pfalz-Neuburg. Es hatten aber der Brandenburger, der aus erbtechnischen Bedenken vom Luthertum rasch zum Calvinismus hinübergeschlüpft war, und der Pfalz-Neuburger, der zum gleichen Zweck den katholischen Glauben seiner Urväter wiedergefunden hatte, die Entscheidung der Reichsjustiz nicht abgewartet, sondern die Länder zunächst einmal in Besitz genommen, weswegen sie die »Possidierenden« genannt wurden. Sie wieder daraus zu vertreiben, hielt Rudolf, eben selber aus dem Großteil seiner Erbländer vertriebener, blamierter Greis, dennoch für seine Kaiserpflicht.

Jülich-Berg waren politisch oder strategisch interessante Gebiete. Welches Gebiet war es nicht? Mähren war es, Siebenbürgen war es, das Veltlin, das Elsaß, das ferne Jütland, die stille, abseits am Walde gelegene Oberpfalz, die waren alle interessant und mindestens ihrer Zerstörung wert, wie wir noch sehen werden. Das Interesse der rheinischen Herzogtümer beruhte, wieder einmal, auf ihrer Nähe zu den Niederlanden, zu Frankreich, zu den spanischen Territorien im Westen. Also fanden die Protestanten, daß Berg und Jülich nicht habsburgisch werden durften, auch nicht unter dem Vorwand rechtlichen Provisoriums. Rasch hatten die deutschen Unionsfürsten, dank der gewohnten Dienste Christians von Anhalt, ein Bündnis mit Frankreich erhandelt: König Heinrich in eigener Person würde so viele Truppen ins Feld führen wie sie selber, dem Versprechen nach eine

beträchtliche Zahl; die Holländer sollten mit von der Partie sein; die internationale Katholizität würde eine entscheidende Niederlage erfahren, so zwar, daß es den Papst in Rom eher freuen als beleidigen würde, denn der, glaubte man, hielt es mit Frankreich. Der rheinische Krieg, der europäische Krieg, der hier vorbereitet wurde, geriet zu nichts Ausgewachsenem, die Messerstiche François Ravaillacs sorgten dafür. Nach der Ermordung Heinrichs IV. sank Frankreich in die alte Unordnung zurück und war für einige Jahre keine aktiv mitspielende Macht. Die Kriegführung minderen Stils, die um Jülich-Berg trotzdem stattfand – Franzosen, Holländer und Deutsche gegen Spanier und andere Deutsche – hatte nur dies Ergebnis, daß die Possidierenden possidierend blieben. Erzherzog Leopold, der vom Elsaß bis zum Niederrhein gewaltige Operationen geplant hatte, mußte das Feld räumen.
Wenn aber das Haus Habsburg oder eines seiner Prinzen sich zu irgendeinem guten Zweck in militärische Bereitschaft setzte, um gegen den Türken zu kämpfen, gegen die Franzosen, für die Erhaltung des Rechts im Heiligen Reich, dann verbarg sich immer auch eine Nebenabsicht oder ungewisse Spekulation dahinter; war gegen den äußeren Feind nichts zu machen, dann doch vielleicht etwas gegen den inneren, die Protestanten, die Stände, denen man gerade Treue um Treue geschworen hatte. So wurde es auch von den Protestanten im Spiel regelmäßig aufgefaßt; welche daher nie wußten, ob es besser sei, zum äußeren Kriegsunternehmen beizusteuern, oder selber eine Gegenposition aufzubauen oder beide Haltungen mißtrauisch schielend zu vereinen. Daß die »Passauer« – so wurden die Truppen Leopolds genannt, weil sie dem Bischof von Passau gehorchten und nun auch in seinem Gebiet stationiert waren – daß die Passauer eigentlich gar nicht gegen die »Possidierenden« und die Franzosen gemeint waren, sondern zu den eigensten Rachezwecken des Königs Rudolf, gegen den »Majestätsbrief«, gegen die neu errungene Freiheit Österreichs, Böhmens und Mährens, war sofort ein Verdacht der ständischen Politiker. Mährens Landeshauptmann, Zierotin, immer pessimistisch und immer umsichtig, setzte im Landtag den Beschluß zu vermehrten Rüstungen durch. Zum Kommandanten eines Regimentes Musketiere wurde, Juni 1610, Albrecht Wallenstein gewählt. Ständischer Oberst in Mähren blieb er, neun wechselreiche Jahre. Er durfte es bleiben, obwohl er doch ein Papist war und durch die Kirchenregierung seiner Güter Ärgernis erregte. Denn man sah den in immer neuen Erdstößen sich entladenden Konflikt nicht als einen religiösen an. Man wollte ihn nicht so ansehen, und wie konnte man es, da doch die größten, angeblich loyalen mährischen Standesherren, der Bi-

schof von Olmütz und Karl von Liechtenstein, Katholiken waren, da man auch in der jetzt brauenden Krise auf Matthias, den Habsburger, setzte, da alles so sehr verwirrt war, ewig so sehr verwirrt blieb? Das Erwartete geschah und geschah zum Teil darum, *weil* man es erwartet hatte. Im Dezember drangen die »Passauer«, 9000 zu Fuß, 4000 zu Pferd, in Oberösterreich ein und wälzten sich donauabwärts. Während schon das Volk von Wien vor ihnen zitterte, hatte ihr Anführer, ein Kerl namens Ramé, es insgeheim auf Prag abgesehen, wo Leopold an der Seite des Kaisers auf ihn wartete. Die Mordbrenner schwenkten plötzlich nach Norden ab ins Böhmische. Über das Ziel des Unternehmens wurden nach Gewohnheit viele Lügen und einige Viertelwahrheiten ausgegeben. Man wollte, hieß es, nichts als Winterquartiere suchen, Wärme und Nahrung, welche das kleine passauische Bistum nicht mehr habe geben können; die Soldaten abzudanken sei kein Geld da. Das mochte zutreffen; es war immer Geld da, um Soldaten zu werben, nie, um sie wieder nach Haus zu schicken. Andererseits hatten ihre Führer beim Trunke längst kundgetan, ihre Waffen seien gegen alle die gerichtet, die etwas dem Kaiser Widerwärtiges im Schilde führten; später erklärten sie, wiederum doppeldeutig, solche derben Soldatenreden hätten nur jene zu fürchten Ursach, deren Gewissen schlecht sei. Es gibt einen Brief des Ramé an Kaiser Rudolf, in dem er seinen Zug nach Böhmen mit unglaublich verbogenen Gründen rechtfertigt: eigentlich hätten sie wollen nach Tirol marschieren, aber da hätten die Österreicher schon die Pässe besetzt gehabt, und dann wollten sie in Österreich bleiben, erfuhren aber, daß König Matthias sowohl wie die Stände Kriegsvorbereitungen träfen, nicht so sehr gegen sie selber, die Passauer, wie gegen Rudolf gerichtete, den auch noch aus Prag zu vertreiben das Ziel aller schlechten Menschen sei; und darum kämen sie nun, um den Kaiser-König und die Verfassung und die treuen Stände zu retten . . . In Wahrheit ergab sich, daß Leopold die Invasion Böhmens befohlen hatte und auf den Umsturz der Ordnungen von 1608–09 zielte; daß Rudolf von der Sache wußte und sie mit halbem Herzen billigte, mit dem anderen halben sie fürchtete. Rachephantasien waren eines; ihre Verwirklichung durch einen Kriegszug, den auch die schlaueste Juristerei nicht als rechtlich ausgeben konnte, etwas anderes. Rudolf schrieb an Leopold, er habe den Einfall des Ramé mit großem Mißfallen und ganz ungern vernommen und befehle seinen unverzüglichen Abmarsch; unter keinen Umständen dürfe er bis Prag gelangen. Ein Alibi; zugleich der Ausdruck wirklicher Angst vor den Geistern, die zu rufen er geduldet hatte. Auch forderte er die böhmischen Stände zu Verteidigungsmaßnahmen auf; so daß er also die Bildung zweier

Heere verursachte, die demnächst aufeinanderschlagen würden, und gar kein Mensch mehr war, nur noch ein desintegriertes Bündel der unterschiedlichsten Ängste und Willenslüste.
Ramés Horden zogen durch das Land Böhmen nordwärts und prahlten unterwegs, sie würden den Majestätsbrief zerreißen. Was das war, der Majestätsbrief, werden die unbesoldeten Söldner kaum gewußt haben; die böhmischen Bauern, Männer und Frauen, die sie, nackt ausgezogen, mit abgeschnittenen Nasen und Ohren aus ihren brennenden Häusern in die Winternacht trieben, wußten es ebensowenig. Schließlich erreichten die Passauer die Hauptstadt Prag. Es gelang ihnen, sich auf der Kleinen Seite festzusetzen, nicht aber über die verrammelte Karlsbrücke in die Alt- und Neustadt vorzudringen. Etwa drei Wochen lang war die Stadt geteilt. Die Gruppen Leopolds und Ramés plünderten die Kleine Seite, während die Anführer der ständischen Waffenmacht, Graf Matthias Thurn, Herr Colonna von Fels, Ritter Wenzel Kinsky, die Stadt jenseits der Moldau beherrschten. Beherrschen ist hier kaum das rechte Wort. Denn wie sehr auch Kinsky, als Militär, als Politiker und Demagoge sich anstrengte, die städtischen Massen anzureden, aufzuklären, unter Kontrolle zu halten, er und seine Standesgenossen konnten nicht hindern, daß Wut und Angst und Aberglaube des in enger Stadt eingesperrten Volkes, dieses meist so sehr geduldigen, so sehr passiven Volkes, sich in den greulichsten Mördereien entlud, und zwar vor allem gegen die katholische Geistlichkeit. Wir sind davon überzeugt, daß diese Opfer unschuldig waren. Wir sind nicht überzeugt, daß der Instinkt der Mörder im Kollektiven ganz in die Irre ging. Denn zum Beispiel existiert der Briefwechsel zweier böhmischer Äbte, die in ihrem Latein entschieden für die Passauer Partei nehmen. Auch ist es notorisch, daß drüben auf der Kleinen Seite Erzherzog Leopold mit den Wortführern des militanten böhmischen Katholizismus, den Geheimräten Slawata und Martinitz vertraulichsten Umgang pflog . . . Den Greueln innerhalb der einander belagernden Stadthälften entsprachen jene, die auf dem eigentlichen Schlachtschauplatz, auf der Brücke, auf dem Strom, herüber und hinüber täglich begangen wurden; indes Kaiser Rudolf in den Sälen seines Schlosses hoch oben die Hände rang, nicht wissend, welche Befehle geben, die ohnehin niemand befolgen würde. Einmal sprach er davon, einen internationalen Friedensorden zu gründen, dem alle Jesum Christum Bekennenden, Protestantische wie Katholische sollten beitreten können; die Ordens-Statuten hatte er schon entworfen, wie auch die goldene Kette, mit Sinnbildern des Friedens schön verziert, welche die Ritter tragen würden.
Inmitten des Irrenhauses, zu welchem die Hauptstadt und zu wel-

chem das Land geworden war, nahm der spanische Botschafter, Don Baltasar Zúñiga, eine klare Haltung ein. Er lehnte jeden Kontakt mit Erzherzog Leopold ab, indem er auf die durch nichts zu bemäntelnde Verantwortung des wilden Jünglings energisch verwies und auch die des Kaisers andeutete. Madrid möge der Welt kundtun, daß es mit diesem blutigen, für die katholische Sache ruinösen Skandal nichts zu tun habe. Er drohte geradezu mit Abreise. Gleichzeitig hielt er es für die Pflicht eines spanischen Diplomaten, gegen die an heiligen Männern der Kirche verübten Mordtaten bei den Ständen zu protestieren; dem schloß der Nuntius sich an. Die Stände antworteten demütig: sie hätten selber über so unmenschliche Grausamkeiten des gemeinen Pöbels von Herzen geseufzt und würden die Verbrecher bestrafen; die wahre Schuld liege aber bei der passauischen Rotte und ihren Mitkonsorten. Das hatte Hand und Fuß. Die Barone waren nicht bloß des Pöbels in der Stadt nicht Herr; sie waren es auch nicht auf dem Land, wo »Herr Omnis«, wie der Ausdruck war, mit allerlei Freveln gegen die Besitzer von Schlössern und Wäldern zu wüten begann. Wenn schon die Ordnung schmählich zusammenbrach durch die Schuld ihrer eigensten Nutznießer, warum sollten gerade die treu zu ihr stehen, die zumeist ihre Opfer waren? . . .

Soviel Lügen gingen um, soviel Denkbares und Furchtbares flimmerte in der politischen Luft, daß keiner der Gegner genau wußte, mit wem er es zu tun hatte. War Erzherzog Leopold der Schuldige? Ganz sicher. War der Kaiser mit ihm im Bunde? Offenbar, wenn auch heimlich. Hatten die Spanier ihre Hand im Spiel? Der Botschafter leugnete es. Ferdinand von Steiermark, Bruder Leopolds, der Erzpapist? Er leugnete es auch, indem er Leopolds Taten matt beschönigte. Matthias selber? War der nicht im Herzen so antiständisch, so antiprotestantisch gesinnt, wie Rudolf nur sein konnte? Nicht umgeben von zähwilligen, Kompromißbereitschaft nur heuchelnden Katholischen, Dietrichstein, Khlesl, Liechtenstein? Mußte man einem möglichen, wahrscheinlichen, sogar schon begonnenen Gesamtangriff des Hauses Habsburg nicht durch eine radikale gesamtprotestantische Aktion begegnen, um das bare Leben zu retten, die Krone Böhmens der verfluchten Dynastie endgültig zu entziehen und einen anderen König suchen? Es gab Barone, die so redeten, hatte in Westdeutschland schon längst Politiker gegeben, die so dachten.

Den verworrenen Knäuel durchschnitt Matthias mit einer Entschlußkraft, die niemand dem faulen Menschen mehr zutraute. Mit eigener Hand schrieb er an die böhmischen Granden: der langverdeckte, schändliche Betrug Leopolds und seiner Rotte sei jetzt am Tag, die Maskera abgezogen, und darum ein anderer Prozeß zu gebrauchen.

Die Räuber und ihre Adhärenten müßten bestraft werden; mit allen seinen Getreuen werde er gegen Prag marschieren und die Stadt befreien. Bischof Khlesl traf Anstalt, um zu verbreiten, er sei durchaus nicht der, als den die Protestanten ihn ansähen: längst habe er begriffen, daß etwas anderes als völlige Religionsfreiheit in Böhmen wie im Römischen Reich gar nicht übrigbleibe. Das mag er im Moment wirklich gemeint haben; Politiker wie er meinen das gerade Praktische und meinen später dann auch wieder anderes.
Im böhmischen Lager gelang es dem Ritter, seit neuestem Freiherrn Wenzel Kinsky, die Mehrheit seiner Standesgenossen für die gemäßigte, noch im habsburgischen Rahmen bleibende Lösung zu gewinnen. Kinsky, oder wie er sich tschechisch schrieb, Vchynsky, hatte sechs Brüder, von denen einer, Wilhelm, ungefähr seiner Führung folgte, ein anderer, Ulrich, aber nicht verschmähte, dem Ramé als Rittmeister zu dienen. Im Einverständnis mit Wenzel? Unmöglich ist es nicht, denn Wenzel Kinsky hatte auch dem Erzherzog Leopold sich angebiedert, ihm selber nahgelegt, den Kaiser und die katholische Religion durch einen Gewaltstreich zu retten. Dies mit der heimlichen Absicht, eben die Situation herbeizuführen, deren Opfer nun zum Himmel schrien; die Passauer würden Rudolf samt seinem Anhang ruinieren. Überfein und abscheulich, wie der Plan uns erscheint, war er nicht der einzige, den Kinsky verfolgte; so wie Spione manchmal nicht mehr wissen, welcher Seite sie nun eigentlich dienen. Lange Zeit hatte er sich bei Kaiser Rudolf lieb Kind gemacht und war noch eben samt seinen sechs Brüdern von ihm in den Herrenstand erhoben worden. Wenn, so Kinsky, der Kaiser von sich aus und freiwillig den Ständen großzügige Einräumungen machte, so könnte er sich auf dem Thron halten trotz aller seiner Feinde. Erwähnenswert ist, daß er auf den Einwand eines Ministers, der König von Böhmen werde dann nur noch eine solche Schattenrolle spielen wie der von Polen, geantwortet haben soll, Polen und Tschechen seien Brüder ohnehin – frühes slawisches Gemeinsamkeitsgefühl, mit feudalem Beisatz. Indem so Kinsky Rudolf zu retten versuchte, arbeitete er gleichzeitig an seinem Sturz und der Nachfolge Matthias; seit Jahren schon, zumal aber jetzt in der höchsten Krise. Nun führte er die Korrespondenz der böhmischen Stände mit dem Erzherzog. Kaum war dann aber Matthias in Prag gekrönt, so äußerte sich der Baron: nun hätten sie einen alten Narren anstelle eines anderen, bald würden sie einen jungen haben, Ferdinand; ob sie denn so blöde wären, immer einen Habsburger zu wählen? . . . Es muß in Kinsky, wie in anderen Politikern seiner Zeit, die unwiderstehliche Neigung obwaltet haben, an einer Anordnung der Dinge, war sie eben erst erreicht, schon wieder herumzutasten.

Bei alledem war ein vergleichsweise rationaler Egoismus im Spiel – der einzige feste Ort im verworren schwankenden Gespinste. Kinsky wußte, daß Matthias, wäre er erst König von Böhmen, zum Dank ihn reich machen würde; was auch geschah.
Und wieder das unvermeidliche, unvermeidlich unehrliche Bündnis der protestantischen Barone mit Matthias, dem streng katholisch, streng habsburgisch denkenden Habsburger. Er brauchte die Stände, weil sie Geld und Soldaten hatten. Sie brauchten ihn, weil er das Phantom der Legitimität bot, ohne das sie noch immer nicht auskommen zu können glaubten. Wieder der Zug nach Prag, auf seinen Stationen sich erweiternd durch mährische Herren und Diener und Söldner. Wieder die Versuche der Anhänger Rudolfs, das herannahende Verhängnis aufzuhalten, zu vermitteln und irgendeinen Scheinfrieden herbeizuführen; Adam von Waldstein agierte hier als Rudolfs Abgesandter, jedoch umsonst. Es geschehe nun dem frommen Kaiser was immer, hieß es in einer Zeitung aus Prag, den böhmischen Thron werde er sich nimmermehr erhalten können, »und wird ihrer Majestät jetzt wenig helfen, daß sie sagen, sie wären an einem und dem andern bishero fürgegangenen üblen Wesen nicht schuldig, weil man sie mit ihrer eigenen Handschrift nach allen Umständen überführen kann, sie haben zwar auch dieser Tage mit eigener Hand ein Brieflein an König Matthiam geschrieben, aber es ist nun zu spät . . .« Als Matthias am 24. März 1611 seinen Einzug in Prag hielt, hoch zu Roß, angetan mit einem scharlachnen Habit, Reiherfedern auf dem Hut, inmitten einer gewaltigen Kavalkade, sein eigener Hof, die österreichischen Herren, die mährischen Herren, die böhmischen Herren, die ihm entgegengezogen waren, die Reiterregimenter der Stände, jedes in seiner Farbe und mit seinen Insignien, darunter so stolze wie: virescit vulnere virtus, constanter pro patria, Sterben ist besser als Leben ohne Ehre; als Adam von Waldstein den Prinzen in tschechischer Sprache begrüßt hatte und von einem anderen Standesherrn die Anrede ins Deutsche übertragen wurde, da war der erzwungene Thronwechsel eine ausgemachte Sache und nur noch solche Details zu klären wie Rudolfs Einkommen und das Verhältnis zwischen den Ständen und ihrem neuen Monarchen, welches nicht leicht zu klären war. Ramé hatte mit dem Rest seiner Truppen schon Reißaus genommen. Leopold entschuldigte für alles Elend sich mit seiner großen Jugend; ein Ding, an das er wohl früher hätte denken sollen. Rudolf, ganz unfähig, begangene Fehler einzusehen, unterschrieb seine Abdankung mit Flüchen auf das undankbare Prag. Man fand ihn mit Geld ab. Auch blieb er Römischer Kaiser und hätte zweifelsohne sein Spiel weitergespielt, zumal, es ist schwer zu glauben, Christian von

Anhalt mit seiner deutschen Union nun wieder zu ihm hinüberschwenkte und, seine Geistesverrückung nutzend, an indezenten Anerbietungen es nicht fehlen ließ, damit nur der Brand in den Erblanden weiter glühte. Er starb aber schon zu Beginn des Jahres 1612. Am Hofe des Matthias, der damals im Begriff war, spät noch zu heiraten, wurden, wie Khevenhüller erzählt, »die vorhabenden Freuden in Trauerkleider, doch nicht in Herzeleid verwandelt«.

Das Resultat von alledem? Habsburg blieb Habsburg, die katholischen und protestantischen Parteiungen blieben, was sie waren, die Stände blieben die Stände. Alter und Trägheit des neuen Königs von Böhmen, Bischof Khlesls Bereitschaft, nun krumm gerade sein zu lassen, gaben im besten Fall Hoffnung auf eine Atempause. Daß die ständischen Königsmacher und die Partei des Königs nicht dasselbe wollten, kam schon heraus während der Verhandlungen, welche der Krönung des Matthias vorhergingen. Es kam heraus; will sagen, es war seit bald einem Jahrhundert herausgekommen und durch den Habsburger Bruderzwist nur augenblicklich verdeckt worden. Noch in Prag trafen sich des Matthias Minister zu geheimen Konferenzen mit solchen böhmischen Katholiken, die durch die Invasion der Passauer als schwer kompromittiert galten, Martinitz, Slawata, Zdenko von Lobkowicz. Der Grundsatz, auf den die Böhmen den größten Wert legten, wonach nämlich Matthias zu seiner Krone gekommen war nicht kraft Erbrecht, sondern durch freie Wahl der Stände, wurde von den Wiener Politikern nie anerkannt. Ebensowenig wollten sie andere prätendierte Rechte der Stände gelten lassen; »Konföderation«, mit den Ständen aller habsburgischen Lande; »Defension«, ein allen Ständen gemeinsames Herr; »Erbeinigung«, die Erneuerung alter böhmischer Bündnisse mit Sachsen, Brandenburg, Polen. Alle diese Institute, legitimiert oder nicht, sollten im Ernstfall sich als irreal und unnütz erweisen; was zum mindesten die flaue Haltung Sachsens in der eben beendeten Krise die Barone schon hätte lehren können. Die Welt will betrogen sein; jene, die kraft ihres Ranges mit der Welt zu tun haben, wollen sie dennoch nicht kennen und nehmen, wie sie ist. Genaugerechnet bedeuteten die Forderungen der Stände nur dies: ein Zeichen dafür, daß zwischen ihnen und dem neuen Regime von Anfang an kein Einvernehmen war, weil keine Seite wollte, daß es wäre. Warum sie dann den Vergleich geschlossen hatten, frage man immerhin.

Dem achtundzwanzigjährigen Albrecht Wallenstein hatte, neben Anderen, Mähren in der Krise seine militärische Sicherheit anvertraut. Da sein Infanterie-Regiment nur für Verteidigung bestimmt war, so nahm es an dem Zug nach Böhmen nicht teil. Albrecht selber muß dabei gewesen sein, als Kämmerer des Matthias wie als mährischer Herr, und eine neue politische Lektion gelernt haben. Von allen solchen Lektionen, von allen gewichtigen Nachrichten, die der junge Mann aus den Zeitungen entnahm, von allen Großzeremonien, denen er als eine Randfigur beiwohnte, können wir unmöglich berichten. *Dieser* Bericht mußte gegeben werden, weil in ihm so manches anklang, was Späteres vorbereitet; Mächte, Motive, politische Gewohnheiten. Auch Männer erschienen uns flüchtig, die wir nach ihrer Art später werden agieren sehen: Graf Matthias Thurn zum Beispiel und Wilhelm Kinsky. Weiß man nicht, auf wie gewundenen Pfaden sie um das Jahr 1611 wanderten, so kann man nicht verstehen, was sie zwanzig Jahre später taten oder planten; da, zwanzig Jahre später, wurde Wallenstein zu ihrem Verhängnis, oder sie wurden zu seinem.

Der Tod Rudolfs II. machte eine Kaiserwahl notwendig, und zwar im eigentlichen Sinn des Wortes; der Verstorbene hatte in seiner Bosheit bis zuletzt dafür gesorgt, daß kein designierter Nachfolger da wäre. Die Wahl des Matthias wurde von den Kurfürsten einstimmig, obgleich lustlos vollzogen. Im Jahr darauf, 1613, begleitete Wallenstein den neuen Kaiser zum Reichstag nach Regensburg. Dort, ob auch in größerem, bunterem Gefäß, sah er mit demselben Wasser gekocht werden wie in den Erblanden: Vereinigte Staaten, welche die Spielregeln ihrer Vereinigung nicht mehr anerkannten, Steuerpflichtige, welche Steuern verweigerten, Streit über konkurrierende Kompetenzen, Zusammenbruch des Rechts unter der Last gegeneinanderstoßender Machtinteressen. Karl von Zierotin hatte den Schwager gewarnt, sein Platz sei in Mähren, nicht in Deutschland; aber die Gelegenheit, einen ersten genauen Blick in die deutschen Verhältnisse zu tun, durfte er sich nicht entgehen lassen. Er blieb nicht länger als bis dieser Zweck erreicht war und wartete den Kehraus, die Umladung aller längst zerredeten Probleme auf die Schultern einer anderen, engeren späteren Versammlung, welche sie dann wohl lösen würde, nicht ab.

Nothelfer auf eigene Kosten

Das Verhältnis der Nachbarschaft ist mit dem der Feindschaft verwandt, denn Nachbarn müssen es irgendwie miteinander treiben, und ebenso wahrscheinlich auf ungute Weise wie auf gute. Der Länderkomplex, den Erzherzog Ferdinand geerbt hatte, mit Steiermark und Kärnten nicht nur, auch mit Krain, Görz, Teilen von Istrien, mit den Städten Triest und Grado, umarmte einen Teil des adriatischen Meeres. Aus diesem hätten die Venezianer nicht ungern gemacht, was die Schweden so gern aus der Ostsee gemacht hätten, ihr ausschließliches Reservat. Fehlte es ihnen an kleinen Ursachen, um in großem Sinn zu operieren? Daran fehlt es nie. Am südlichen Ende von Kroatien, welches ein Nebenland nicht Ferdinands, wohl aber der ungarischen Krone war, hauste der unternehmende, wilde Volksstamm, Uskoken genannt. Unter den Deutschen hieß es, daß es zwar etwas unbotmäßige, aber doch ansehnliche Leute seien, solche von Adel darunter, gute Christen auch; um der viehischen Dienstbarkeit der Türken zu entgehen, hätten sie sich seinerzeit in Kroatien, zumal in der Hafenstadt Zengg niedergelassen. Wenn sie gelegentlich ein venezianisches Schiff plünderten, so sei es das Schlimmste nicht, denn solche Schiffe lieferten meistens doch nur Waffen an die Türken. Im übrigen sei der Erzherzog für das, was von Kroatien aus geschehe, gar nicht verantwortlich . . . Die Venezianer verstanden es anders und übten ihre Repressalien, indem sie einmal in Istrien Schaden stifteten, einmal den Hafen von Triest blockierten, oder auch ihre Grenzsteine ostwärts in erzherzogliches Gebiet verrückten. Ob sie das taten, um im Besitz von Trümpfen sich Recht zu verschaffen oder, wie man in Graz argwöhnte, um die Deutschen aus Italien zu vertreiben und sich zum Alleinherrn der Adria zu machen, bleibe dahingestellt. Durch Jahrzehnte, schon zu Lebzeiten von Ferdinands Vorgänger, war so das Geplänkel zwischen den Nachbarn hin und wider gegangen, unterbrochen von Verträgen, welche nicht hielten. Wenn die Republik nun, 1615, zu eigentlich kriegerischen Maßnahmen griff, so letztlich wohl darum, weil Krieg überall in der Luft lag. Natürlich hielt sie Ausschau nach Bundesgenossen für alle Fälle. Natürlich wurde sie von solchen besucht, die gern Bundesgenossen werden wollten, weil es gegen Habsburg ging: England, die Generalstaaten, der Herzog von Savoyen, ja, die Türken selber, die zwar einmal durchblicken ließen, daß sie recht gern das ganze Venedig mit Österreich teilen würden, praktisch aber dann doch zur Republik hielten, und, so wurde berichtet, mit den holländischen Agenten wie aus einem Maul redeten. Auch die deutschen Unionsfürsten hörten venezianische Vorschläge sich mit halbem Ohr an. Der gefährlichste Alliierte Venedigs aber war der pässebeherrschende Bund der Drei Bünde, das rauhe, durch innere Kämpfe von äußeren Abenteuern nicht abzuhaltende Rätien, das, wie Savoyen, die Spanier zu unwillkommenen Anrainern hatte. Was Wunder, daß auch der Erzherzog sich nach Hilfe umsah dort, wo sie ihm der Sache nach herkommen mußte, in der spanischen Lombardei, in Bayern, in Wien? Kaiser Matthias und sein Ratgeber Khlesl wollten, bei so arg obwaltendem Geldmangel, bei so gespannten Verhält-

nissen in den Erblanden und im Reich, von einem Krieg gegen Venedig nichts wissen. Tröstend fügte Khlesl hinzu, auch andere Könige hätten sich schon mancherlei gefallen lassen müssen.
Sich gefallen zu lassen, was er für Unrecht hielt, dazu hatte Erzherzog Ferdinand einen zu hohen Begriff von der Würde seines Amtes und Hauses. Friedliche Gegenrepressalien, die Ausweisung venezianischer Untertanen aus seinen Hafenstädten, die Sperrung der Landstraße nach Venedig für den Handel, hatten sich als stumpf erwiesen. Wenn er nun gemessenen Befehl gab, genausoviel venezianische Dörfer zu verbrennen, jedoch unter Schonung der Kirchen, wie auf seinem Gebiet verbrannt worden waren, so vermied er den Namen, aber nicht die Sache. Seit Dezember 1615 war Krieg zwischen der habsburgischen Nebenlinie, welche demnächst zur Hauptlinie werden mußte, und Venedig, zwei Jahre lang; auf zu abgelegenem, verwinkeltem Schauplatz Nordost-Italiens, als daß er zum europäischen Weltkrieg hätte werden können; zu interessant für Europa, als daß er nicht die meisten Nationalitäten herbeigelockt hätte: Briten, Niederländer, Franzosen, Savoyarden, Schweizer, Korsen, Kreter, Albanesen auf der einen Seite; Spanier, Wallonen, Deutsche, ungezähmte Südslawen, die Uskoken, welche die schlimme Ursache von allem sein sollten, auf der anderen. Wo immer in Europa zwei Gegner aufeinanderstachen und -schossen, wäre es auch aus den speziellsten Ursachen, da mischten die Hauptparteien direkt oder indirekt sich ein, um zu erweitern, zu verlängern, die besondere Sache zu einem Konzentrat oder Nebenschauplatz der allgemeinen zu machen: lokalisierte Kriege, auf welche die Gesamtinflammation abgedrängt wurde und welche ihr vorhergingen. So im Streit zwischen Spanien und den Niederlanden; so in Jülich-Berg; so im internen Chaos der habsburgischen Erblande; so hier.
Erreicht wurde nichts; zum Schluß ging man, bei scheinbarer Erledigung der Scheinursache, auseinander, so wie man sich vor zwei Jahren getroffen hatte. Von umfassenderen Kriegszielen redete man nun besser nicht; unverwirklicht, hatte es sie nie gegeben. Während der Kriegsjahre wurde schier ununterbrochen verhandelt dank der guten Dienste des Papstes, der Könige von Frankreich und Spanien, des spanischen Statthalters in Mailand. Da wurden dann Friedensbedingungen und genaue Zeitpläne für ihre Erfüllung zu Papier gebracht; zuallererst Umsiedlung der Uskoken, fort vom Meeresufer; dann Räumung ihrer widerrechtlich eingenommenen Positionen durch die Venezianer; dann allgemeiner Waffenstillstand; dann wieder freie Schiffahrt in der Adria, Austausch der Gefangenen, Amnestie. Es machte aber einer der Kriegspartner dem andern zum Vorwurf, daß

er der Angreifer sei und den Frieden nicht ehrlich wolle; auch, wäre er selbst unterzeichnet, wo fände man Sicherheit für seine Durchführung? Der Eine wollte außer Frieden und Gerechtigkeit gar nichts; leider einstweilen nicht der Andere. Besonders dann nicht, wenn er gerade einen Waffenvorteil davongetragen hatte.
Der Vorteil, um den man kämpfte, drehte vorzüglich sich um die Festungsstadt Gradisca, am Westufer des Isonzoflusses gelegen, mit Mauern aus gewaltigen Quadern, doppelten Wällen wohlversehen, die Nordseite durch Sumpf und Röhricht gedeckt, der Süden durch ein beherrschendes Castell gesichert, ein Angriff für besonnene Angreifer nur vom Westen her möglich. Um Gradisca und seine zweitausendköpfige Besatzung konzentrierten sich die Energien Klein-Europas, welche sich einstweilen in diesem Krieg konzentrierten; verbrauchten sich mehr durch Winterskälte und Sommerbrand, Dürre, Seuchen, Wassermangel, Geldmangel und allen Mangel als durch hin und wieder geschleuderte Kugeln und Granaten. Einen Durchbruch nach Osten zu bahnen, oder doch ihre endgültige Überlegenheit zu erweisen durch Einnahme der festen Stadt, war das Ziel der Venezianer; sie zu halten, vom Osten her zu verproviantieren, den Feind in Festungsnähe zu quälen und zu entmutigen, die Aufgabe der Erzherzoglichen. Je zäher Gradisca verteidigt wurde, desto mehr Truppen setzten die Venezianer an; desto mehr mußten die Generale Ferdinands auf Zuzug sinnen. Es ließ sich aber auf die Dauer nicht verbergen, daß die Republik bei diesem Steigerungs-Spiel die Oberhand behalten hatte: die Herrschaft zur See, Geld, energischere Verbündete. Seinen Privatkrieg zu einem Krieg des Römischen Reiches zu machen, mit dem Argument, die Türken hätten durch ihre Hilfe für Venedig den Reichsfrieden gebrochen, wollte Ferdinand nicht gelingen. Die Unterstützung, die in Gulden oder Schießpulver von einigen deutschen Fürsten geboten wurde, war kaum besser als symbolisch, während aus dem befreundeten Wien immer nichts kam als der Hinweis auf wachsende Gefahren und finanzielle Unmöglichkeiten.
In dieser Not wandte der Erzherzog sich an den Adel Österreichs und Böhmens-Mährens: an Freiwilligkeit und Rittersinn nach altem Brauch. Nach sehr altem Brauch. Die Zeiten, in denen des Königs Vasallen zusamt ihren Mannen zu ihrem Oberherrn gestoßen waren, hochgemut und selber zahlend, lagen nun rückwärts. Auch scheint es nicht, daß der Hilferuf aus dem Süden viel Echo gefunden hätte. Wissen haben wir nur von einem einzigen. Denn es meldet ein Bericht aus Prag unter dem 6. April 1617: »Herr Albrecht von Wallenstein wird Erzherzog Ferdinand mit 180 Kürassieren und 80 Musketieren

auf eigene Kosten im Lager aufwarten.« Der Freiherr hatte also seine Agenten ausgeschickt, in den Städtlein und Dörfern Mährens die Werbetrommel rühren lassen, Pferde, Kürasse und Helme, Pistolen und Lanzen eingekauft, die sich Anbietenden mit den geschulten Augen des Offiziers geprüft, mit den Tauglichen den Soldvertrag abgeschlossen und sie zur Einheit gedrillt. Anfang Juni war er im Lager bei Gradisca. Ein langer Marsch, ein romantischer, fast quixotischer Ritterdienst, nicht unähnlich jenem, den Karl von Zierotin einst dem König Heinrich hatte leisten wollen, aber von besserem Erfolg begleitet.

Was den kriegerischen betrifft, so muß man freilich zwischen dem unterscheiden, was die Geschichtsschreiber sagen, indem der eine es unbesehen vom anderen übernahm, und dem, was die hier einzig sichere Quelle bietet. Darum darf keine Rede davon sein, daß Wallenstein in den venezianischen Krieg entscheidend eingegriffen hätte; erstens, weil hier überhaupt nie etwas entschieden wurde, sondern die Streitenden zum Schluß erschöpft voneinander abließen; zweitens, weil Wallensteins Reiter an Zahl für etwas Durchschlagendes viel zu gering waren, zweihundert unter einigen zehntausend. Aber er war dabei, als in einer Sommernacht der erzherzogliche Oberkommandierende, Dampierre, einen gefährlichen Handstreich unternahm, um die Umzingelung der Festung vom Osten her, damit ihre Aushungerung, zuletzt noch zu verhindern, und Getreide in die Stadt zu schaffen, was nicht ging ohne ein mörderisches Treffen mit den Graubündnern, die im Dienst der Republik kämpften. Er war dabei mit solchem Können des Befehlens und Handelns, daß er in dem Tagesbericht eines besonderen Lobes für würdig befunden wurde. »Bei dieser Occasion«, berichtet Khevenhüller in seinen Annalen, »hat sich Albrecht Herr von Wallenstein (danach Herzog von Friedland) . . . redlich und vernünftig gehalten.« Der Chronist hat diese Erwähnung aus einem amtlichen Dokument des Wiener Kriegsarchivs geschöpft, wo es heute noch ist; wie auch die andere, die sich auf eine ähnliche Aktion am 22. September bezieht: »Dabei hat sich sonderlich Albrecht von Wallenstein ganz tapfer und herzhaft erzeigt.« Soweit war er also: ein Reiter-Offizier, für einen solchen nicht einmal mehr der jüngste, der inmitten nächtlicher Gemetzel seinen Leuten das rechte Kommando und rechte Beispiel zu geben verstand. Daß er in die Verhandlungen mit Venedig soll eingegriffen, daß er einen Codex der Reiterei, Organisation, Justiz, Strategie soll entworfen haben, ist Mißverständnis oder Ausschmückung der Historiker, die ihn groß machen wollen, als er es noch nicht war. Auch kam er spät auf den Kriegsschauplatz, in einem Moment, als man bloß noch so tat, als

wüßte man nicht, daß die in Madrid gepflogenen Verhandlungen sich zum Ziele schleppen würden.
Im folgenden Winter war es vollbracht: ein Status-quo-Friede im Wesentlichen, von der Landesverweisung der Schuldigsten unter den Uskoken, der Verbrennung ihrer Raubschiffe abgesehen. Allerdings war Madrid weit, und schwierig der Weg von dem, was dort ausgehandelt worden war, zu seiner Durchführung am Orte selber, an dem beide Gegner einander Unehrlichkeit oder Ohnmacht gegenüber ihrem Anhang sich vorzuwerfen nicht verfehlten. Es wurde Sommer 1618, bevor alles vollzogen, geräumt, wiedererstattet und pardoniert war. Sommer 1618. Damals hätten die Venezianer im Herzen der Erblande einen neuen Bundesgenossen finden können, dem sie nun Glück wünschten, ohne ihre Hilfsmittel mit den seinen zusammenzulegen. Und das sollte noch oft vorkommen: war der Eine gerade aus dem Getümmel, so begab der Andere sich hinein.
Wallenstein war schon vorher in die Heimat zurückgekehrt, etwa im Dezember. Was ihm blieb, war die Dankbarkeit Ferdinands von Steiermark, nachmals Römischen Kaisers. In den einander folgenden Diplomen, die des Nothelfers Erhöhungen begründeten, wurde regelmäßig der friaulische Krieg erwähnt und wie »Er Uns mit zwei Compagnien Reiter auf eigene Unkosten aufgewartet«. So wie die Heirat mit der reichen Wittib legte Gradisca den Grund zu Wallensteins Glück. Katholisch und habsburgisch war er längst gewesen; von jetzt an war er ferdinandeisch und würde mehr Glück haben, wenn Ferdinand welches hätte. Übrigens hängen beide Anfangs-Entscheidungen eng zusammen. Ohne Frau Lucretias Schatz hätte er die beiden Reiter-Companien nicht bezahlen können. Wer weiß? Vielleicht hätte er sie dennoch nicht aufgestellt, wäre ihm nicht im Jahr vorher endlich Keplers Horoskop zugekommen, das ihm ein so großartiges, gefährliches Leben prophezeite.

Die böhmische Revolution

Aus dem Jahre 1613 gibt es einen Brief des Kaisers Matthias an seinen Vetter aus Steiermark, in dem er sich pessimistisch über die Zukunft der deutschen Habsburger äußert. Bis zu seinem Tode werde die Sache wohl noch halten, danach aber auseinanderbrechen. Nirgends habe er die Macht, wie sie einem König zustehe. Der ungarische Adel spreche offen von seiner Beseitigung, wolle keine Deutschen in Ungarns Festungen dulden, verweigere ihm jede Hilfe gegen die Türken. Das Fürstentum Siebenbürgen, von Ungarn abgetrennt, mit den Türken verschworen, sei offen feindselig. Im Erzherzogtum Österreich selber rebellierten die Stände und machten gemeinsame Sache mit der deutschen Union. Der Landeshauptmann von Mähren geriere sich wie ein Souverän, die Befehle des Markgrafen-Königs hätten dort keine Geltung. Nicht minder widerspenstig seien die schlesischen Magnaten. In Böhmen könne er nichts tun ohne die Stände, und könne auch wieder nichts mit ihnen tun, wenn er ihnen nicht die weitreichenden Versprechungen erfülle, die er ihnen ehedem im Zwang der Not habe machen müssen. Ohne die Stände aber erhalte er aus Böhmen kein Geld . . . Der Habsburger Bruderzwist hatte den Baronen und Bürgern Gewinne gebracht, welche den Verlierenden, Einräumenden tief verhaßt waren, insoweit sie sie anerkannten; wesentliche Behauptungen der Stände erkannten sie niemals an. Die Religionsfreiheit allerdings war feierlich verbrieft und gegen sie zunächst nichts zu unternehmen. Rechtsbrecher wollte niemand sein. Rechtsausleger, Rechtsbeuger waren sie alle. Ein direkter Vertragsbruch, schrieb Karl von Liechtenstein, sei leider nicht möglich; einstweilen gelte es, unter dem Vorwande der Türkengefahr ein kontinuierliches Heer aufzustellen und, was ihm vielversprechend schien, das gemeine Volk durch väterliche Erleichterungen vom Adel zu trennen. Mit dem letzteren Gedanken spielten beide Seiten und sollten noch lang mit ihm spielen, waren aber beide gleich unfähig, ihn auszuführen, weil die Bauern der eine, ihnen gemeinsame, ausgebeutete Feind blieben; wie denn ein mährischer Landtag ihnen noch einmal bei Leibesstrafe verbot, Waffen zu tragen oder ihre Beschwerden über die

Köpfe ihrer Herren hinweg vor die königlichen Gerichte zu bringen. Mit der Religionsfreiheit stand es so, daß sie Recht geworden war und Recht dennoch nicht sein durfte, weil Gottes Wille und des Herrschers heiligste Pflicht gegen sie standen. Wie man auch Feuer und Wasser auf dem Papier sich vertragen ließ, was sollte dabei herauskommen?

Man könnte nicht sagen, daß die böhmischen Stände eine glückliche Hand gehabt hätten. Ihre Bestrebungen, sich mit den Ständen der habsburgischen Schwesterlande zu konföderieren, fruchteten nicht. Zu einer sonderbaren Diskussion, richtiger Nicht-Diskussion, über dies hohe Ziel, kam es 1615 auf einem General-Landtag in Prag, einer Versammlung aller Länder der Wenzelskrone, zu der man auch die Österreicher eingeladen hatte. Als sie unter Verbeugungen eingetreten waren, wurden sie von oben herab nach ihrem Begehr gefragt, man selber habe keines; dies, weil die Barone Böhmens es für unter ihrer Würde hielten, als Erste mit einem Bündnisvorschlag herauszurücken. Verdutzt bis zur Erbitterung und mit leeren Händen reisten die Delegierten wieder ab . . . Die gleiche Versammlung beschloß ein Gesetz zum Schutz der tschechischen Sprache: es sollte niemand mehr Einwohner des Landes, Bürger einer Stadt werden dürfen, der sie nicht verstünde. Hier erscheint für einmal das nationale Element, das in all diesen Konflikten längst nicht so oft, so deutlich, so überwiegend erscheint, wie wohl geglaubt wird. Keineswegs waren die Wortführer des böhmischen Adels, die zwischen 1606 und 1612 mit Matthias gespielt hatten und nun sich in öder Unvermeidlichkeit gegen ihn sammelten, alle tschechischer Herkunft und Sprache. Die Brüder Kinsky waren es. Der unlängst verstorbene Herr Peter von Rosenberg, der reichste Mann Südböhmens war es, und Herr Albrecht Smiřicky auf Nachod, der reichste im Osten, und Herr Wenzel von Budowa, einer der wenigen Reinen im Schwall der Unreinen, die waren es und andere auch. Aber Herr Colonna von Fels stammte aus Tirol, der Graf Friedrich von Fürstenberg aus dem Alemannischen und der Lauteste, Drängendste von allen, Heinrich Matthias Graf von Thurn, aus dem Süden von Ferdinands Herrschaftsgebiet, der Grafschaft Görz. Sein Tschechisch klang erbärmlich; sein Deutsch freilich nicht viel besser. Denn der Graf, von redseligem Zorn und Tatendrang voll zum Überlaufen, war ein ungewöhnlich dummer Mann. Nur eine gewisse leichtgläubige Biederkeit, verbunden mit kümmerlichen Lebensschicksalen und immer aufs neue gebrochenen Hoffnungen, werden uns im Verlauf des Weiteren davon abhalten, uns über ihn lustig zu machen. Es spricht leider nicht für die Sache der Böhmen, daß sie keinen besseren Anführer fanden als gerade diesen.

Die Nachfolge; wieder ging es nur zu bald um die Nachfolge. Wohl hatte Matthias, als er zum König von Böhmen gewählt wurde, versprechen müssen, diese Frage aller Fragen zu seinen Lebzeiten nicht aufzuwerfen. Die Wirklichkeit protestierte gegen die erpreßte Zusage. So widersinnig wie die tschechischen Traditionen waren auch die deutschen; eine von ihnen, obgleich ungeschrieben, wollte, daß der Römische Kaiser zugleich der König von Böhmen sei. Also kein designierter Nachfolger im Reich ohne einen in Böhmen; ohne ihn, der Praxis nach, auch keiner in Österreich und Ungarn. Da nun der kinderlose Matthias von Krankheiten so geplagt wurde, daß er seiner neuerworbenen Kronen kaum noch froh werden konnte, auch seine überlebenden Brüder, Albrecht und Maximilian, sich dem Alter näherten, in welchem von der Zukunft nur noch Kummer zu erhoffen ist, so mußten Habsburgs treue Anhänger fragen, was denn da in Böhmen werden sollte, mochte die Prager Wahlkapitulation es erlauben oder nicht. Der Kandidat, auf den die Fürsten des Hauses sich geeinigt hatten, war Ferdinand, der Junge, Fromme, der Rechtsstrenge, Träg-Energische, der Glücksbegabte. Kardinal Khlesl liebte den Gedanken nicht und suchte seine Verwirklichung aufzuschieben, indem er argumentierte, erst müsse die »Komposition«, die große Entspannung und Lösung aller Hauptstreitfragen im Reich und in den Erblanden stattfinden, worauf die Nachfolge sich glattestens werde regeln lassen. Dahinter verbarg sich ein anderes Motiv, welches er nicht aus dem Sack ließ; war Ferdinand der Nachfolger, so war er angesichts der faulenden Schwächen des Matthias beinahe schon der Herr, und mit ihm nicht so leicht umzuspringen wie mit dem derzeitigen Monarchen. Instinktiv haßte der Kirchenfürst den militanten jungen Erzherzog; was auch zu einem kleinen Teil erklären mag, warum er im venezianischen Krieg jede Hilfe für ihn unterband. Er wolle Ferdinand in diesem Krieg verzehren, wie das Fieber einen Menschen verzehrt, dies Wort wurde ihm beigelegt; schreien solle Ferdinand, bis ihm das Wasser ins Maul liefe. Ob nun Khlesls feingesponnene Politik von schierer Freude an der Macht, ob sie von weiser Friedensliebe und Voraussicht bestimmt war, seine Zeitgenossen nahmen ohne weiteres das Erstere an. Also waren Ferdinand und Khlesl erbitterte Feinde; so wie Khlesl und Liechtenstein, Herzog Max von Bayern und Khlesl, Khlesl und der alte Erzherzog Maximilian, der einmal geradezu riet, den Kardinal »durch Gift hinrichten« zu lassen . . . Ein Mord, wenn das Hohe Erzhaus ihn beschloß, war eine Exekution des Rechtes, geschähe sie auch ohne Urteil, durch das heimlichste Mordmittel.

Endlich konnte Khlesl die böhmische Königswahl nicht länger verzögern. Es lag dies an einer Krankheit des Matthias, die man für tödlich

hielt; noch mehr aber an dem Erscheinen eines neuen tatendurstigen Botschafters aus Madrid, Oñate mit Namen, der alsbald sich mit Ferdinand verbündete und Spaniens gewaltige Autorität zu dessen Gunsten gebrauchte. Im Frühsommer 1617 war es soweit. Kaiser Matthias, noch einmal dem Bette entsprungen, präsentierte den böhmischen Ständen seinen Adoptivsohn Ferdinand als künftigen König. Was folgte, gehört zu dem am schwersten Begreiflichen in unserer an schwer Begreiflichem nicht armen Erzählung.
War Böhmen ein Wahlkönigreich, wie die Stände längst behauptet, wie in Westeuropa die französisch-pfälzische Partei längst spekuliert hatte? Man mag darüber streiten; die Frage wäre hier, wie weit man in der Zeit zurückgehen will, wie tief alte Überlieferungen von neuen waren überdeckt worden. Ohne allen Zweifel aber stand dem Landtag das Recht der »Annahme« zu. Das regierende Haupt durfte einen von den Seinen für den Thron vorschlagen; wurde er nicht angenommen, so konnte er kein König werden, nicht wegzudisputierende Präzedenzfälle bewiesen es. Nun gab es außerhalb des Königreichs Spanien keinen entschlosseneren katholischen Reformator, keinen unbeugsameren Feind der Häresie als den Erzherzog von Steiermark. Die Welt wußte es, die Böhmen wußten es. Wenn einer nicht in ihre gärenden Verhältnisse paßte, so war es Ferdinand, er mochte schwören, was er wollte. Alle laut gerühmte Entschlußkraft, alle reale Macht der protestantischen Barone und städtischen Delegierten hätte sich, sollte man denken, auf das Ziel konzentrieren müssen: diesen nicht! Welchen? Da wird es schwierig, denn so sehr wir unsere Augen anstrengen, einen anderen, böhmenmöglichen Habsburger können auch wir weit und breit nicht finden. So daß die Frage, vor welche die Barone mit überrumpelnder Plötzlichkeit gestellt wurden, im Grunde die war, ob sie, mit Folgen, die keiner ermaß, das Haus Habsburg jetzt vertreiben oder es noch und wieder noch einmal mit ihm versuchen sollten. Unkonzertiert trotz aller prahlerischer Verschwörungen, taten sie das letztere; wie in einem Moment von Geistesabwesenheit; wie unter dumpfem Zwang. So mancher stimmte damals für die Annahme des Kandidaten, der vier Jahre später unter dem Schwert des von Kaiser Ferdinand II. bestellten Scharfsrichters starb. Mancher; eigentlich alle mit Ausnahme des Herrn von Fels und des Grafen Matthias Thurn. Thurn, der Dümmste, hatte zuletzt noch die einzig gescheite Idee gehabt: die Annahme des Königs sei Sache nicht nur der böhmischen, sondern aller Stände der Wenzelskrone, Mährer, Schlesier und Lausitzer seien also zu einem neuen General-Landtag zu bitten. Die geölte, in den Winkeln und Schlupflöchern des Staatsrechts wohl bewanderte Diplomatie der katholisch-habsburgischen Partei glitt auch

über dies Hindernis hinweg. Ehe man sich's versah, war Ferdinand angenommen, ausgerufen, gesalbt und gekrönt. Bei einem Bankett, das er danach seinen Untertanen gab, zeigte er sich gleich jovial und herzlich-bescheiden gegenüber den Katholischen und Unkatholischen.

Dem spanischen Staatsstreich von 1599 war der protestantisch-böhmische Triumph von 1609 gefolgt, der Majestätsbrief; dem die Greueltat der »Passauer«, der Versuch Rudolfs, das Verlorene zurückzugewinnen, und Rudolfs Sturz; dem ein untauglicher Kompromiß zwischen dem König Matthias und Böhmen; dem die Wahl Ferdinands, welche einen neuen, ungleich schärferen Sieg der spanischen Partei bedeutete.

Matthias hatte versprechen müssen, es werde zu seinen Lebzeiten kein Nachfolger präsentiert werden. Der nun gekrönte Nachfolger hatte versprechen müssen, sich zu Lebzeiten des Matthias den Geschäften Böhmens fernzuhalten. Das zweite Versprechen wurde so wenig gehalten wie das erste. Ein noch jugendlicher, würdestolzer, von seinen Überzeugungen tief durchdrungener Fürst konnte nicht so tun, als ginge ihn das Reich nichts an, dessen Regent er demnächst sein würde. Hätte er selbst so tun wollen, so würden seine Anhänger am Orte, die zahlreich genug waren, es ihm gar nicht erlaubt haben. Die katholische Partei in Böhmen-Mähren formierte sich aufs neue und ging zum Angriff über, nun sie eines legitimen, starken Protektors in Österreich sicher war. Die Protestanten gingen über zu Gegenwehr und Gegenangriff. Bald also würde man endlich und sehr teuer haben, was man unlängst noch etwas billiger hätte haben können. Denn Eines war es, nach Recht und Brauch einen einzigen Habsburger Prätendenten nicht an den Thron heran zu lassen; etwas Anderes, ihn zu stürzen, nachdem er ihn schon ersessen hatte und der Dynastie, die zwischen Schlesien und Spanien einen Großteil Europas mit den Fäden ihrer Macht übersponnen hatte, den Krieg zu erklären. – In seinem Prognosticum für das Jahr 1618 prophezeite Johannes Kepler: ». . . denn wahrlich im Maien wird es an denjenigen Orten und bei denjenigen Händeln, da zuvor schon alles fertig, und sonderlich wo die Gemeinde sonst große Freiheit hat, ohne große Schwierigkeit . . . nicht abgehen.« Da zuvor schon alles fertig ist – Kepler kannte seine Böhmen. Längst war hier »alles fertig«. Man kann solch ein Streitspiel ja nicht ewig spielen; einmal macht man Ernst, und die Frage, wer mit dem Ernst begann, ist dann ziemlich gleichgültig.

Der Kaiser hatte den Hradschin verlassen, um in Wien zu sterben. Als Vertreter ließ er zehn Statthalter zurück, unter ihnen, immerhin, drei Protestanten. Alsbald zeigte sich der Einfluß Ferdinands oder jener

Böhmen, die ihren Hort in Ferdinand sahen. In Prag brachte ein Dekret alles Gedruckte, das bisher von den »Defensoren« der protestantischen Kirche beaufsichtigt worden war, unter die Kontrolle des königlichen Kanzlers – ein Zensurgesetz, wie man später gesagt hätte. Ein zweites Dekret entmachtete die Prager Stadtgemeinde. Gleichzeitig flammte ein Streit auf, der schon jahrelang geschwelt und wieder seinen Ausdruck in einer gründlichen historischen Diskussion gefunden hatte. Waren die Ländereien, welche der Kirche gehörten, eigentlich kirchliche Besitztümer, waren sie königliche, der Kirche nur geliehen? Im letzteren Fall durften die Evangelischen, die dort wohnten, nach dem Majestätsbrief in Freiheit ihre Kirchen bauen; im ersteren waren auch ihre Seelen untertan den Äbten und Bischöfen. Die protestantische Auslegung scheint hier der Wahrheit näher gewesen zu sein. Aber wieder stand beiderseits kämpferischer Wille hinter den Kettenschlüssen der Juristen; wieder ging, wer die Macht hatte, in seinem Sinn vor. Als die Bürger von Braunau sich weigerten, dem regierenden Abt die Schlüssel ihrer Kirche zu überliefern und ihre Deputierten sich im Kerker des Weißen Turmes zu Prag wiederfanden, als die schon erbaute Kirche zu Klostergrab auf Befehl des Bischofs niedergerissen wurde, erkannten die Defensoren, was den nicht eben hellsichtigen Augen des Grafen Thurn von Anfang an deutlich gewesen war: die Wahl Ferdinands hatte sie mit gebundenen Händen der katholisch-monarchischen Macht überliefert.
Sie beriefen eine Versammlung protestantischer Amtsträger nach Prag. Eine Denkschrift ging an des Kaisers Majestät und wurde schneidend beantwortet: nichts dem Rechte Zuwideres sei dieserorts je geschehen, die Langmut des Herrschers erschöpft; den Veranstaltern dreister und hoch unerlaubter Treffen drohe die ganze Schärfe des Gesetzes . . . Sofort erhob in Prag sich der Verdacht, der Feind im eigenen Hause, der Oberstlandrichter, auch Statthalter des Königreichs, Wilhelm von Slawata, hätte das trostlose Dokument verfaßt. Slawata schwört, nicht er, sondern Khlesl sei der Autor gewesen, und das ist ganz wahr. Der Kardinal, sonst kein Freund frontaler Angriffe, meinte diesmal, man müsse wie ein Löwe, nicht wie ein Fuchs einherschreiten; vielleicht, weil er wirklich glaubte, durch Drohen sei noch alles zu retten, vielleicht auch, weil er schlau genug war, sich dem Winde anzupassen, der seit der Heraufkunft Ferdinands in Wien wehte. Gut war sein Rat nicht. Im Mai beriefen die Defensoren eine zweite Protestversammlung, gern oder ungern; die Stimmung des Adels und eines Teiles der Städte war so, daß ihnen nichts anderes übrigblieb. Und hier, nicht in offener Versammlung natürlich, sondern im Turmgemach des Palastes, in welchem der reiche Albrecht

Smiřický seine Stadtresidenz hatte, wurde die Tat beschlossen, die in Europas Geschichten zum Mythos wurde: die starke, endgültige Demonstration; die Defenestration. Das war am 22. Mai. Was dann am folgenden Tag geschah: das Eindringen der schwertklirrenden Barone, Matthias Thurn, Albrecht Smiřický, Graf Andreas Schlick, Wenzel von Ruppa, zwei Brüder Řičan, zwei Brüder Kinsky, ein Slawata, welcher noch dazu der Bruder Wilhelms war, Colonna von Fels, Wilhelm von Lobkowicz und anderer mehr in den Sitzungssaal der Statthalter auf dem Hradschin; das lange Streitgespräch mit den vier Statthaltern, Sternberg, Diepold von Lobkowicz, Jaroslaw von Martinitz und Wilhelm von Slawata, die man vorfand; die drohende Frage der Verschwörer, wer jene kaiserliche Note vom März verfaßt habe; die flehentliche Antwort der ihre Gefährdung erkennenden Hochbeamten, das könnten und dürften sie nicht sagen, aber sie seien es gewiß nicht gewesen; das Sich-Erschöpfen, Zögern, sich in neuen, besseren Zorn Reden der Eindringlinge, weil ja ohne Zorn das, was sie vorhatten, nicht zu leisten war; die Verlesung des Spruches, der Slawata und Martinitz als Feinde der Stände und des Vaterlandes verurteilte; die Exekution der so rasch Verdammten, die man samt ihrem Secretarius aus dem Fenster fünfzehn Meter tief in den Schloßgraben stürzte – es gehört so sehr der allgemeinen Historie an, daß wir dem Leser die dramatischen Einzelheiten wohl ersparen können. Diskussion und Urteil waren geisterhaft, denn das Urteil, richtiger der mörderische, auf vager Rittervolksjustiz ruhende Entschluß war schon am Tag vorher unabänderlich gefaßt worden. Die Exekution war lächerlich, denn die drei Opfer kamen, wie man weiß, mit der Todesangst, dem Leben und ein paar Schrammen davon, ohne daß man weiß, wie sie das taten. Die Folgen – die waren weder geisterhaft noch zum Lachen.

Sie hätten noch immer blaß sein können, wenn die Ursache eine vom Augenblick geschaffene, irrationale gewesen wäre; wenn der dumpfsinnige Graf Thurn nicht klar gewußt hätte, zu was er da seine Standesgenossen überredete und warum. In Wien machte die Nachricht von dem Fenstersturz zunächst einen mehr verwirrenden als zu Taten treibenden Eindruck. Matthias war nicht der Mann rascher Entschlüsse; Erzherzog oder König Ferdinand derzeit in Preßburg, um am Landtag der Magyaren sich um die Stephanskrone zu bewerben. Mit dem ersten Minister, dem Kardinal Khlesl, stand es ungefähr so. Auf die Dauer trieb auch er nichts anderes als katholische Restaurationspolitik, und provisorisch war alles, was ihr widersprach. Aber die Provisorien waren lang. Man konnte mählich an ihnen nagen, wie man es in den letzten Jahren in Böhmen getan hatte; man konnte sie nicht mit einem Schlag aus der Welt schaffen. Das Prinzip war eines; dieses zwar, daß Ketzerei immer und ewig auch zu Rebellion, zur Auflehnung gegen die weltliche Obrigkeit führen mußte. Die Praxis war eine andere, ohne daß der Kardinal sich gefragt hätte, wie Prinzip und Praxis, Gewissen und Praxis sich denn vereinigen ließen. Man schaute, wollte man sich oben halten und Macht und Würden genießen, besser nicht zu tief in solche Abgründe. »Auch ich«, schrieb Khlesl, »nahms einst mit meiner Theologie hitzig. Wer aber heutigen Tages in des Römischen Kaisers Dienst steht und das Gleichgewicht behalten will, der muß ganz anders zu Werke gehen, daß er mit gleicher Waage das Politische aufrecht erhalte. Die Theologie erheischt mancherlei Verfahren, was in der Politik nicht anwendbar wäre.« Das lief auf eine ungenaue, nie mit protestantischer Konsequenz vollzogene Unterscheidung zwischen himmlischem Gebot und irdischer Notwendigkeit hinaus. Tatsächlich war Khlesls Politik seit 1611 auf Anpassung, Aufschiebung und Entspannung hinausgelaufen, eine Politik, die nur wieder unfruchtbar gemacht wurde dadurch, daß sie vorläufig und unehrlich gemeint war. Angesichts eines so grimmigen Widerstandes, wie der versuchte Mord an den Statthaltern ihn verkündete, neigte Khlesl zum Abwarten und Ausweichen. »Ich bin ein Österreicher«, sagte er begütigend zu einem Wortführer der österreichischen Stände. »Ich habe immer zum Frieden und nie gegen des Kaisers Handschrift und Siegel geraten, ich bin auch nicht mehr so jung, daß ich das Schwert wollte an die Seite hängen, ich rate daher nicht zum Blutvergießen, sondern zum Frieden, wenn er mit des Kaisers gutem Ruf aufrechterhalten werden kann.« Der Majestätsbrief dürfe nicht gebrochen werden. So auch wollte er, solange es ging, den Fenstersturz anders verstehen als er gemeint war; als ein Werk augenblicklicher Furia, keines weitreichenden Planes. Eines sah der erfahrene Diplomat sofort und richtig. Je unwidersprochener man die These der Böhmen ließ, derzufolge ihre Rebellion eine religiös und nur religiös bestimmte war, desto mehr setzte man sie ins Recht in den Augen aller Häretiker Europas. Je stärker man das Gewicht auf das Politisch-Weltliche, Soziale legte und nachwies, »daß jetziges böhmisches Unwesen dasjenige nicht betrifft, was zum äußersten Schein eingegeben würdt«, desto mehr konnte man hoffen, wenigstens die Konservativen unter den Protestanten ins eigene Lager zu ziehen, zum Beispiel den Kurfürsten von Sachsen. Von da ab, bis zum heutigen Tag, gab die Frage, Religionskonflikt oder weltlicher Konflikt, bei den Publizisten, später den Geschichtsschreibern, das sicherste Kriterium ihrer böhmenfreundlichen oder böhmenfeindlichen Haltung ab.

Es wurde denn zunächst einmal ein kaiserlicher Commissarius nach Prag geschickt, welcher herausfinden sollte, was denn eigentlich geschehen sei. Es wurden Eilboten nach Madrid, nach Rom, an die gewichtigsten deutschen Fürsten entsandt, welche ihrerseits, Bayern, Köln, Mainz, Pfalz, Sachsen, eine erregte Korrespondenz unter sich zu führen begannen. Es wurden Gutachten angefordert oder nicht angeforderte Gutachten wohlwollend studiert. Natürlich hoben sie einander auf. Die einen rieten zum Nachgeben, um Furchtbares zu vermeiden und zu retten, was zu retten war; zum Beispiel der unter etwas ungemütlichen Bedingungen noch in Prag residierende Oberste Hofmeister Adam von Waldstein. Die oberösterreichischen Stände, als deren Wortführer wir Erasmus von Tschernembl kennen, ließen so sich vernehmen: Krieg sei leicht anzufangen, die Mitte aber schwer und mühsam, der Ausgang ungewiß. Auch der größte Sieg bringe dem Potentaten nichts ein, sondern höchstens seinen Befehlshabern, Ministern und Offizieren. Viele Beispiele aus der Geschichte lehrten, daß es besser sei, aufständische Provinzen mit Glimpf als mit Unglimpf zu behandeln, wovon das hellste und lauteste das Beispiel König Philipps II., welcher die reichen und östlichen Niederlande durch das schroffe Ungeschick seines Herzogs von Alba für immer verloren habe. Wohl sei es eine gute Rede, daß das Haupt der Christenheit das Unrecht strafen müsse; genauer, sie wäre gut, wenn dann nicht so viele Unschuldige leiden müßten, mit so wenigen Schuldigen. Seien Kinder ungezogen, so haue der Vater sie nicht zu Tod, was ihm selber Reue und Herzeleid verursachen müßte, nein, er haue sie nur an dem Ort, wo es am wenigsten Schaden und Mangel brächte; das sollten Könige wohl bedenken. Großmut, kurzum, Verzeihung, Abhilfe der Beschwerden würde Böhmen dem Kaiser erhalten, scharfes Zupacken oder gar Krieg aber nicht . . . Anderen Rat enthielt eine Denkschrift, die aus dem Kreis um Ferdinand stammte; der böhmische Oberste Kanzler Lobkowicz, der spanische Botschafter Graf Oñate, der intimste Höfling Ferdinands, Freiherr von Eggenberg, hatten bei ihr Pate gestanden. Sie bezeichnete den böhmischen Aufstand geradezu als ein Glück. Jetzt sei es Zeit, den Krebsschaden auszubrennen, die unerträgliche Sklaverei der Stände-Herrschaft ein für allemal loszuwerden. Zu gewinnen sei alles, zu verlieren nichts; denn was sei das wohl noch wert, was man unter so beschämenden Umständen an Böhmen besäße? – Kaiser Matthias las solche Dinge stieren, traurigen Blicks und schlief ein, während er las. Khlesl las weiter und fand alles gleich richtig oder gleich falsch, indem er sich die Entscheidung vorbehielt.

Was der Partei der Scharfen stetigen Auftrieb gab, war das Tun der Stände in Prag. Denn sie schrieben wohl nach Wien, wie auch nach

München und Dresden, daß sie für nichts kämpfen als für die Erhaltung ihrer verbrieften Rechte, und ihres Königs treue Untertanen sein und bleiben wollten. Was sie aber, und zwar mit erstaunlicher Promptheit, schon am Tag nach dem Fenstersturz, taten, war anders: die Einrichtung einer eigentlichen Revolutionsregierung. Sie bestand aus dreißig Köpfen, je zehn aus den drei Ständen; darunter uns wohlbekannten Herren, wie Wenzel von Budowa der Fromme, Albrecht Smiricky der Reiche, Wilhelm Kinsky der Erzintrigant. Das Präsidium übernahm der weltläufige Wenzel von Ruppa. Thurn war nicht dabei. Ihm, dem man hohe Feldherrnkunst beimaß, wurde der Oberbefehl über ein hastig zusammengetriebenes Heer anvertraut, und es dienten unter ihm Herr Colonna von Fels als Feldmarschall, als Generalwachtmeister Johann von Bubna, der im Türkenfeldzug Wallensteins Kamerad gewesen war. Dem Heer sollte teils ein Landesaufgebot dienen, so, daß jeder zehnte Gutsuntertan, jeder achte Stadtbürger sich stellen mußte; teils Werbung. Hohe Steuern wurden ausgeschrieben, aber sie gingen nicht ein. Mit wenigen rühmlichen Ausnahmen waren die großen Herren bereiter zum Rebellieren als zum Zahlen. Was übrigens war der Zweck des Heeres, das seine Organisatoren doch nichts sein wollten als treue, friedliche Untertanen? Notwehr natürlich, Bereitschaft für alle Fälle. Gleich werden wir sehen, wann man den Fall als gegeben annahm.
Des Königs treue Untertanen dekretierten die Austreibung von des Königs liebsten Tröstern, den Jesuiten; in feierlich-traurigem Zuge verließen die Väter Stadt und Land. Ihnen folgten, freiwillig aber wohl wissend warum, die höchsten kirchlichen Würdenträger, an ihrer Spitze der Erzbischof von Prag. Der Beginn einer Emigration; jenes Dinges, wovon die Zukunft noch manche Spielarten sehen sollte. Auch viel Konfiskationen sollte sie noch sehen, mit denen man jetzt den Anfang machte, um Geld hereinzubekommen; die Kapitalien solcher Landesverräter wie Wilhelm von Slawata und Paul Michna, welcher der Sekretär der böhmischen Kanzlei gewesen war und jetzt in Wien saß und hetzte. Ein gefährliches Mittel, Konfiskationen. Wir beobachten hier noch einmal, was wir so oft werden beobachten müssen. In jenen Zeiten machten Krieg und Kriegsvorbereitung die Gesellschaft nicht produktiver. Sie machten sie ärmer. Wo etwas bezahlt wurde, *wenn* es bezahlt wurde, da mußte es jemandem weggenommen werden; niemand wurde belohnt, außer auf Kosten eines anderen. Ferner beschlossen die dreißig Direktoren ein Moratorium für alle Schuldner. Das Gesetz sollte wirtschaftliche Zusammenbrüche hintanhalten, führte aber nahe an den wirtschaftlichen Zusammenbruch. Wer leiht wohl oder verkauft auf Kredit, wenn ein Generalpar-

don die Schuldner deckt? . . . Nach wenigen Tagen schon wurde den Klügeren unter den Ständeführern deutlich, daß ihr Schifflein auf reißendem Strome schwamm, bösen Katarakten zu. Es gab solche, die hätten es gern wieder an Land gebracht, wenn es irgendwo ginge. Nicht so der wütende Graf von Thurn. Kein Monat war seit dem Fenstersturz vergangen, so stürmte er schon aus Prag mit 3000 Mann zu Fuß und 1000 Reitern. Das Ziel war ein böhmisches; solche Städte in Südböhmen wie Budweis und Krumau, die sich geweigert hatten, mitzumachen. Sicher doch, das ganze Böhmen sollte und mußte der neuen Regierung gehorchen, wohin käme man sonst. Wer sich aber nach Südböhmen bewegte, der bewegte sich der österreichischen Grenze zu; und schwerlich klang es nach friedlichem Vorsatz, wenn Thurn die Budweiser wissen ließ, ergäben sie sich nicht freiwillig, so werde er sich den Weg in die Stadt bahnen und das Kind im Mutterleib nicht verschonen.
Was halfen, bei so rascher und eindeutiger Entwicklung der Sachen, die gewechselten mehrdeutigen Schriftstücke, die Apologien, die von Prag nach Wien, die Mandate, die von Wien nach Prag gingen, einmal selbstgerechte und drohende, dann wieder einlenkende, gewisse Beschwerden der Böhmen als gewissermaßen begründet zugebende? Was half es, daß man am Kaiserhof von einer böhmischen Direktorialregierung nichts wissen wollte, sondern bloß mit den »auf dem Prager Schloß aus allen drei Ständen versammelten Personen« wohl oder übel verhandelte? Es war kein ernstes Verhandeln mehr, nur ein Sich-Decken hinter Papier, während man Geld, Soldaten und Bundesgenossen suchte. Jedoch wurde das kriegstreibende Geschäft in Prag energischer betrieben als in Wien. »Herzliebster Herr Bruder«, schrieb der Kurfürst von Köln an den Herzog von Bayern, »es kommt mir dieses Ihrer Majestät Cunctieren über die Massen ungelegen.« Herzog Max antwortete, das sei sein Gefühl auch, den ganzen pragerischen Prozeß verdanke man jenen, die es allzu fein politice angefangen.
Die Sorge der beiden Wittelsbacher teilten die beiden Habsburger, Maximilian und Ferdinand. Und da sie den Kaiser nicht loswerden konnten, diesmal nicht, so beschlossen sie, den Mann zu beseitigen, den sie für den Hauptzögerer, Hauptbeschwichtiger, Hauptschuldigen hielten. Graf Oñate, der Spanier, war mit von der Partie, indem er betonte, amtlich nichts von ihr wissen zu dürfen. Sie war genau geplant, witzig eingefädelt. Auf einmal schrieb Ferdinand an Khlesl Briefe so schmeichelnder Art, daß sie nicht anders konnten als den Feind freundlich stimmen. Dann statteten die beiden fürstlichen Verschwörer dem Kardinal gar einen Höflichkeitsbesuch ab. Die Konver-

sation ist uns unbekannt, verlief aber angenehm genug, um Khlesl gleich am nächsten Tag zu einem Gegenbesuch zu verlocken. In der Kutsche des Nuntius kam er angefahren, vertieft in ein Gespräch mit dem römischen Würdenträger, das sich noch eine Weile fortsetzte, während sie vor der Hofburg anhielten. Es scheint, daß der Nuntius, der vom Komplott nichts wußte, gegen die Friedenspolitik des Kardinals eiferte; denn der soll, während er nun die Treppen heraufstieg, etwas nachdenklich, ja kummervoll geblickt haben. Wie peinlich verdutzt jedoch war nicht der Kirchenfürst, als er im Vorgemach von drei Offizieren, den Grafen Dampierre, Collalto und Montecuccoli gestellt, für verhaftet erklärt, mit Injurien überschüttet und benötigt wurde, seinen Kardinalspurpur mit einem schlichten Priestergewand zu vertauschen; ganz ruhig solle er sein, tun, was man ihm sagte, die an einer Hinterpforte wartende Kutsche besteigen, Proteste hülfen nichts, es geschehe alles auf Befehl ihrer Durchlauchten. Diese, zusammen mit Oñate, verbargen sich und lauerten. Während Khlesl nur allmählich sein Schicksal begriff und Gram ihn beutelte darüber, daß er bei aller Klugheit so dumm gewesen war, trug ihn der Wagen holterdipolter, tagaus, tagein, ins ferne Tirol nach dem Schlosse Ambras. Dort konnte der Gefangene mit den Wunderdingen spielen, die – vielleicht – Wallenstein einst als Edelknabe gesehen hatte.
Ein Staatsstreich der Erzherzoge, noch einmal ein spanischer Staatsstreich, geführt gegen den Kaiser. Ihm das Geschehene beizubringen, ging nicht ohne Zorn- und Weinszenen – die letzteren von der Kaiserin aufgeführt –, ohne demütige Rechtfertigungen, ohne Niederknien und Um-Verzeihung-Bitten, ohne nachträgliche Anklagen gegen den ungehört Verurteilten. Habe man sich einmal gegen einen unerträglichen Monarchen erhoben, Rudolf, so hätte man es doch wohl um so eher tun dürfen und müssen gegen einen unerträglichen Minister. Nach ein paar Tagen gab Matthias nach, weil er mußte, und tat nun so, als ob er von den Schurkereien seines Lieblings überzeugt wäre. Über das aber, was man da seiner Würde angetan hatte, kam er nie hinweg, ein abgedankter, gebrochener alter Mann die dreiviertel Jahre, die er noch lebte. Die Macht blieb in den Händen Ferdinands, und der Leute seiner Wahl; das hieß, der Partei, welche die böhmische Sache, und dann wohl auch andere Sachen, bis zum bitteren Ende zu führen entschlossen war.
Auf den von der Höhe seiner Macht gestürzten Khlesl prasselten Schmähschriften und öffentlich abgesungene Spottlieder. Mit besonderem Behagen wurde die Frage elucidiert, wie er denn eigentlich zu seinem großen Vermögen gekommen sei; wobei die Rede ging, vom Großtürken selber habe er wenigstens 200000 Taler angenommen.

Übrigens wurde nun seine Barschaft, gleichgültig, woher sie stammte, glatt enteignet und für Rüstungen verwendet, der Wein, an die 3000 Fässer, den man in seinen Kellern fand, an die Truppen verteilt. Leben ließ man den politisch Toten und, nach langen Jahren, sogar um Einiges entschädigen. Das hatte er seiner kirchlichen Würde zu verdanken. Wäre er kein Mitglied des heiligen Collegiums gewesen, so möchte er des Erzherzogs Antecamera anders nicht als mit durchbohrter Brust und in einen Teppich gewickelt verlassen haben.

Beginn der Dreißig Jahre

Was die Böhmen am 23. Mai 1618 begonnen hatten, war ganz nur ihr Unternehmen. Handeln zuerst, aufgrund vager Hoffnungen; dann sich nach einer rettenden Basis für das Weitere umsehen.
Selbst in dem gewichtigsten Nebenland der Wenzelskrone, in Mähren, war niemand vorher unterrichtet und wußte danach niemand, was man bald tun würde. Die vornehmsten Standesherren waren nun katholisch: der Landeshauptmann von Lobkowicz, der Fürst von Liechtenstein, der Bischof von Olmütz. Liechtenstein spielte eine dreifache Rolle als mährischer Stand, als österreichischer und als Freund der Habsburger; Dietrichstein eine vierfache als Stand, als Kardinal, als geistlich-weltlicher Berater des Kaisers, als »General-Obrist« der Markgrafschaft. Die Beiden nahmen ihre ständischen Aufgaben ernst, sie wollten keine schlechten Mährer sein, solange es ginge, und sie wünschten den drohenden Krieg zwischen Habsburg und Böhmen nicht, in welchem Mähren so oder so in eine gefährliche Lage kommen mußte, sie selber mit eingeschlossen. Noch weniger wünschte ihn der führende unter den protestantischen Baronen, Karl von Zierotin. Die drei bemühten sich gemeinsam um Frieden durch mährische Vermittlung: Dietrichstein aus Angst, Liechtenstein aus kühler Politik, Zierotin aus Friedensliebe und christlichem Pessimismus. Er war im Lauf der Jahre immer hoffnungsärmer geworden, hatte seine Landeshauptmannschaft freiwillig aufgegeben und an Einfluß verloren. Aber man hörte ihn immer noch, und der Nimbus trauriger Weisheit war um ihn. Einstweilen, im Sommer nach dem Fenstersturz, wurde vom Landtag noch einmal der Beschluß gefaßt, sich in militärische Bereitschaft zu setzen: 2000 Reiter unter Georg von Nachod, 3000 Musketiere unter Albrecht Wallenstein, dessen aus den Jahren 10 und 15 stammendes Oberstenpatent also erneuert wurde. Das Amt eines ständischen Obersten, wohlgemerkt.
Er hatte keinen Sinn für die gekrönte Adelsrepublik und seine Eben-

bürtigen hätten das nachgerade wissen müssen. Er hatte keinen Sinn für das, was die Herren Freiheit nannten. Er war ein Konvertit, Klostergründer, Prädikantenvertreiber, Jesuitenfreund. Er war ein Parteigänger Ferdinands von Österreich. Natürlich war er das und notorischer Weise; seine Rückkehr aus Friaul lag ja nur ein halbes Jahr zurück. Warum die in ihrer Mehrheit protestantischen Barone ihm dann einen beträchtlichen Teil ihrer Truppen anvertrauten? Nun, wenn die Böhmen den berüchtigten Ferdinand als König angenommen hatten, warum sollten die Mährer den Herrn von Wallenstein nicht zum Obersten machen, einen der Ihren, einen der wenigen erfahrenen Kriegsmänner, die sie hatten? Es gab nicht zwei Loyalitäten, zwischen denen man wählen mußte. Es gab, so die Theorie, ein Bündel von Loyalitäten, die irgendwie verbunden bleiben sollten: die ständisch-nationale, die ständische über das eigene Land hinaus, die religiöse, die landesherrliche oder königliche.

Wallenstein dachte weniger kompliziert. Er machte von Anfang an keinen Hehl daraus, daß er die böhmische Revolution verachtete, und an ihren guten Ausgang nicht glaubte, noch ihn wünschte. Die Zukunft, das *fühlte* er, lag anderswo. Dies Anderswo hatte er schon kennengelernt, und daran wollte er sich halten. Sieben Jahre später schrieb er, er habe das Kommando über jenes ständische Regiment nur »zur desto schleunigeren Unterdrückung und Auslöschung des angezündeten Aufruhrs« übernommen. Ungefähr so. Und kaum hatte er es übernommen, so plante er schon ein Kommando ganz anderer Art. Im August lieh er von einem gewissen Václav Mol von Modřelice 20000 Gulden. Wozu? Daß die Namen der Garanten, welche den Schuldbrief zieren, keine geringeren sind als die der Fürsten Liechtenstein und Dietrichstein, zeigt jedenfalls, daß es sich um eine politische Anleihe handelte; daß, während die mährischen Stände in ihrer Gesamtheit noch nationale, überkonfessionelle Einheit spielten, bereits eine heimliche katholische Absonderung stattfand.

Die Kaiserlichen rüsteten. Die Böhmen rüsteten weiter. Die Kaiserlichen, nun ganz unter dem Antrieb Ferdinands und seines Kreises, gewannen zum Oberkommandierenden den Grafen von Buquoy, einen niederländisch-spanischen Berufskrieger von Renommé, der seinen Marktwert kannte; denn er verlangte und erhielt als Monatsgehalt 3000 Gulden, einer gewaltigen Summe zu seiner Ausrüstung nicht zu gedenken. Neben ihm kommandierten zwei Veteranen des Friaul-Kriegs, Graf Dampierre und Don Balthasar Marradas, spanischer Herkunft. Die Böhmen gewannen neben Thurn einen zweiten General aus dem Reich, den Grafen von Hohenlohe. Sie gewannen auch einen ersten Bundesgenossen. Dieser, Graf Peter Ernst von

Mansfeld, war dunkler Art; eines großen niederländischen Edelmannes Bastard, arm und enterbt von Haus, im Krieg um Jülich-Berg ein Söldnerführer des Erzherzogs Leopold, seitdem Besitzer einiger tausend Kriegsknechte, die er nie auseinandergehen ließ, weil er außer ihnen nichts besaß; bekannt durch schmutzige Ehrenhändel, stolz gleichwohl, bitter, treulos, immer nach seinem Erbe suchend, lüstern, jene zu bestrafen, die schlecht an ihm gehandelt hatten, beinahe alle. Seit geraumer Zeit diente er dem Herzog von Savoyen, der im Friaul-Krieg es mit den Venezianern gehalten hatte, gegen Spanien, gegen Ferdinand, und der jetzt, weil er selber den böhmischen Thron ambitionierte, den Böhmen weismachte, er könne ihnen die Republik Venedig und wohl noch ganz andere Alliierte zuführen. Um einen Anfang zu machen, ließ der Herzog Mansfeld mit seinen Scharen nach Böhmen marschieren, in aller Heimlichkeit zwar, so, daß es nicht sein eigener Befehl, sondern ein Handel zwischen Mansfeld und den dreißig Direktoren zu sein schien; denn zwischen Savoyen und dem Kaiser war Friede. Mansfeld belagerte Pilsen, eine andere unter den Städten, die nicht hatten mitmachen wollen. Buquoy, mit seinen Wallonen und was man in Österreich zusammengetrommelt hatte, auch Überresten des Heeres von Gradisca, drang in Südböhmen ein. Damit hatte Ferdinand, wohin er seit Juni zielte: die bewaffnete Aktion gegen die Rebellen. Damit hatten die Mährer, was sie so sehr gern verhindern wollten. Eine Kommission, welche den Frieden vermitteln sollte, Liechtenstein, Zierotin, Dietrichstein, reiste nach Wien – sonderbares Trio. Sie reiste auch nach Prag, quer durch das Kriegstheater; und was Zierotin nun sah, die niedergebrannten Dörfer, die Fliehenden, das verhungerte Vieh, die Leiber der zu Tode Gemarterten, erschütterte seine Seele so, daß er vor den Pragern mit der Zunge eines verzweifelten Engels redete. Etwas Vernunft, etwas Demut! Annahme der gebotenen Vermittlung! Waffenstillstand! Friede, Friede! ... Man hörte ihn düster an. Wie sollte man die Waffen niederlegen, solange die Kaiserlichen in Südböhmen hausten, wie sie hausten? Was stand hinter den Vermittlern? Wer garantierte das Vermittelte, nach alle dem, was man mit früheren Verträgen erlebt hatte? Besser, viel besser, die mährischen Stände täten endlich, was die schlesischen zu tun im Begriff waren, und schlössen der gerechten Sache des Kernlandes sich an. Käme es wirklich zu einer friedwilligen Intervention, Interposition, Komposition der deutschen Fürsten, welche der Kaiser um ihre guten Dienste ersucht hatte, des Herzogs von Bayern, der Kurfürsten von der Pfalz, von Mainz, von Sachsen, so würde man geeint ungleich stärker in die Verhandlungen gehen als getrennt ... Zu der Interposition der deutschen Fürsten kam es nie. Herzog Max von Bayern und Kurfürst Friedrich von der Pfalz wollten sie nicht, jeder aus ihm eigenen Gründen. Mainz besaß nur den kurfürstlichen Titel und keine Macht. Johann Georg von Sachsen, den böhmischen Dingen nahe, zugleich gut lutherisch und gut kaiserlich gesinnt, hatte allein Lust zur Vermittlung und hätte seiner Situation nach wohl zu ihr getaugt; nicht seinen Talenten nach. Der mußte ein Staatsmann von Gottes Gnaden sein, der hier noch den Frieden gerettet hätte.

Das war schließlich auch Zierotin nicht. Er scheiterte in Böhmen, und wenige Monate später in Mähren, für immer. Wenn er aber im Januar 1619 schrieb, der Anschluß Mährens an Böhmen würde den Kaiser nie zu einem Ausgleich zwingen, es würde im Gegenteil die katholische Partei »in eine solche Desparation oder besser davon zu reden, in eine so grimmige Entschlossenheit geraten, daß nicht allein dieses Land, sondern alle umliegenden Länder, ja das ganze Reich zu ihrem letzten Ende und völligen Untergang gebracht werden müßten« – so bewies er noch einmal seine Voraussicht als politischer Beobachter und als Christ. Nur leider, jene, die sehen, können meistens nicht handeln, und jene, die handeln, können meistens nicht sehen.

Albrecht Wallenstein sah ganz gut und war nun auch zum Handeln entschlossen, aber zu ungutem, nämlich kriegerischem. Von Iglau aus, im Nordwesten Mährens, wo sein Regiment quartierte, stand er seit September mit dem General Buquoy in Korrespondenz und leistete ihm Dienste, die der Standes-Offizier des neutralen Mähren ihm nicht hätte leisten dürfen. Im Oktober ging er nach Wien, mit jenen 20000 geliehenen Gulden und noch 20000, seinen eigenen Truhen entnommenen. Sein Angebot, mit Hilfe dieser Summe in den spanischen Niederlanden 1000 Kürassiere oder schwere Reiter werben zu lassen, ihm als kaiserlichen Obersten zu unterstellen, wurde nur zu gern akzeptiert. Die vorläufige Ernennung erfolgte prompt; der genaue Geschäftsvertrag stammt von Ende März, 1619. Da war nun von eigenen Unkosten keine Rede mehr. Dem Obersten wurde »für Leibesbesoldung, Tafelgeld, Obristlieutenant, Wachtmeister, Proviantmeister, Caplan, Schreiber, Profoß und dessen Leute, Trompeter, Heerpauker, Koch, Wagen, die er zu halten schuldig sein soll, und andere des Obersten Valets« monatlich 1440 Gulden zugesagt, den Kapitänen, Leutnants und Fähnrichen entsprechend gestaffelte Löhne. Interessanter Weise erhielt der Hauptunternehmer noch einen »Ajuto di costa«, ein zusätzliches Jahresgehalt von 8000 Gulden, also nahezu die Hälfte mehr, als im Vertrag stand, mit der Klausel, kein anderer Oberst hätte aus dieser Gnade und Ausnahme eine Konsequenz zu ziehen. Warum wurde sie gerade Wallenstein zuteil?

Kaum wegen früherer Verdienste, welche doch gerade darin lagen, daß sie unbezahlte waren und bleiben sollten. Eher wohl in Hinsicht auf die Zukunft. Schon im November 1618 wollte man im Wiener Geheimen Rate gern wissen, »wie es mit dem Wallenstein'schen Kriegsvolk in Mähren beschaffen, und was man sich etwa darauf in eventum verlassen möge?« Da ging es nicht um das neue, kaiserliche, erst noch zu werbende, sondern um das alte, ständische Regiment. Schien es lohnend, dem Manne, der es notfalls vielleicht aus einem ständischen in ein kaiserliches verwandeln würde, eine besondere Freude zu machen? Er nahm das Geld, er mag auch darum ersucht haben. Was aber die 40000 Gulden betraf, die waren kein Geschenk. Der Gebende bestand darauf, daß ihm ein königlicher Schuldbrief in Ordnung ausgestellt würde; das erste Geschäft dieser Art zwischen Wallenstein und Ferdinand II., noch in bescheidenen Dimensionen, und bei weitem das letzte nicht.

Nun war er beides, kaiserlicher Oberst und ständischer. Formal ging das an, denn noch hatten die Mährer sich nicht gegen den Kaiser, nicht für Böhmen erklärt. Wohin aber, trotz der Vernunfts-Anstrengungen Zierotins, der Wind wehte, spürte man im Lande weit und breit, und brach der Sturm aus, so mußte Wallenstein, dachte man es zu Ende, zwei Regimenter gegeneinander kommandieren, so wie im Jahre 11 Kaiser Rudolf zwei Heere diesseits und jenseits der Moldau. Was er ganz sicher nicht tun würde. Als im November die Truppen Buquoys von dem Grafen Thurn und seinen Leuten blutig gezaust wurden und gegen die mährische Grenze retirierten, unterstützte der in Iglau kommandierende Oberst sie mit Lebensmitteln und Munition – ein neuer, schärferer Bruch der von seinen Auftraggebern mühselig gehaltenen Neutralität. Es waren die böhmischen Heerführer, welche die Mährer zuerst auf dies Ärgernis aufmerksam machten: sie hätten da einen Obersten, der ihren Beschlüssen stracks zuwiderhandelte, auch »seinen Vettern und Blutsverwandten, die mit uns dienen, höhnisch habe entbieten lassen, er wolle sie mit Ruten tractieren und, ginge es nach ihm, so hätte er sich schon längst mit dem kaiserlichen Volk vereinigt«. Ob Wallenstein wirklich einen solchen Brief geschrieben hat, etwa an seinen Onkel Hannibal, der es mit den Aufständischen hielt, wissen wir nicht, es kommt mir ungereimt vor; aber so geredet mag er haben. Trotzdem beließen die Stände ihn in seinem wichtigen, gefährlichen Amt und durfte er unbehindert hin und her reisen, zwischen Wien und Iglau, dann, als sein Regiment in die Mitte des Landes zurückverlegt worden war, zwischen Wien und Olmütz; so im Januar, so im März. Er scheint in Wien gewesen zu sein, als Kaiser Matthias – »Was geschieht mir? Ich sehe meine rechte

Hand nicht mehr!« – endlich in das Nichts zurücksank, dem auch dieser glücklose Potentat besser nie entschlüpft wäre. Der Kaiser starb am 20. März 1619. Wallensteins endgültige Ernennung zum kaiserlichen Obersten datiert vom 24. – einer der ersten Regierungsakte Ferdinands, der nun de facto überall der Nachfolger sein sollte, obgleich er es de jure kaum irgendwo war. In Böhmen, da lag alles im Blutig-Unentschiedenen, zum Römischen Kaiser mußte er erst noch gewählt werden, und selbst die österreichischen Stände fochten sein Erbrecht an.

In diesen Wintermonaten geschah wenig wegen der Kälte und Hungersnot und grausigen Seuchen, welche besonders das böhmische Heer zur Hälfte fraßen. Solange die Waffen ruhten, wurde verhandelt; in offiziellem, hoffnungslosem Notenaustausch zwischen Prag, Brünn und Wien; in illusionsgeschwellten Heimlichkeiten zwischen Prag, Turin, Heidelberg, auch wohl London, Den Haag, Venedig. Blut und Feuer in der guten Jahreszeit, beschriebenes Papier, Eilboten und Konferenzen in der schlechten.

Ein mißglückter, entscheidender Schritt

Mit dem Frühling kehrte den Böhmen der Mut zurück. Die Dreißig erteilten Graf Thurn den Befehl, die Markgrafschaft Mähren nun durch Gewalt zu dem zu gewinnen, wozu alles Reden und Schreiben sie nicht hatte gewinnen können: die Gutgesinnten, welche zweifellos in der Mehrheit waren, ins Lager der Revolution hinüberzureißen, den Schlechten das Handwerk zu legen. Und wußte ein sächsischer Agent zu berichten: »Der Anschlag ist, den Obristen von Wallenstein als einen Erzpapisten gefangen zu nehmen. Da man auch Herrn Carol von Zierotin ertappen könnte, möchte ihm auch dergleichen geschehen.« Ein paar Tage später: »Daselbsten (in Olmütz) sind etliche lateinische Verse wider Herrn Carol von Zierotin öffentlich am Rathaus angeschlagen worden; der soll sehr furchtsam sein und allbereits seine besten Sachen zur Flucht nach Österreich zusammengerichtet haben . . .« Der edle Patriot hatte in den letzten Monaten sich seinem Lande entfremdet; die Gewichte seiner Friedenspolitik kamen nun in die habsburgische Waagschale zu liegen. Das ergab sich aus der Situation. Je offenbarer seine Landsleute den Böhmen zuneigten, desto mehr mußte er, weil er die ersehnte Mitte nicht mehr halten konnte, als Königsdiener und Legitimist erscheinen. Aber er tat nichts; nie hätte er seine Standesgenossen aktiv verraten. Er blieb am Ort, beschwor ohne Hoffnung und wurde verhöhnt als einer, der ehedem

groß gewesen und über den die Zeit erbarmungslos hinweggegangen war.
Im April rückte Thurn mit 10000 Mann in Mähren ein. Den 23. war er in Iglau und wurde, so erschien es wenigstens dem sanguinischen Mann, von den Bürgern als ein Befreier mit Jubel begrüßt. Von da ging es weiter nach Znaim. Protestantischer Adel zog den Böhmen freundlich entgegen; katholischer, der nun Grund hatte, um sein Eigentum zu bangen, auch. Ja, die vornehmsten Habsburg-Freunde, die Fürsten Dietrichstein und Liechtenstein, schickten Boten an Thurn und ließen ihm sagen, woran man nachmals taktvoll genug war, sie nicht zu erinnern: sie hätten gegen ein Bündnis der beiden Länder nichts mehr einzuwenden. Irgendwelche Befehle, wie die mährischen Truppen sich verhalten sollten, hatte der Kardinal, welcher doch der »General-Obrist« war, nicht gegeben. Ein allgemeiner Landtag wurde nach Brünn ausgeschrieben. Was der, unter so obwaltenden Umständen, beschließen würde, politisch und militärisch, war sonnenklar. Trotzdem gingen die katholischen Magnaten, wie auch der protestantische Neutralist Zierotin, nach Brünn. Bei Zierotin möchte es das gute Gewissen, das unbeugsame Würdegefühl des Patrioten gewesen sein. Von Liechtenstein und Dietrichstein ist wahrscheinlicher, daß sie die Sache der Habsburger für verloren gaben.
Anders und auf eigene Faust handelte der Schwiegersohn Zierotins, Oberst Georg von Nachod, Kommandant der mährischen Reiterei, und handelte der Schwager Zierotins, Oberst Albrecht Wallenstein, Kommandant des mährischen Fußvolkes. Sie führten ihren Streich den selben Tag, den 30. April, zweifellos nach vorheriger Verabredung.
Nachod ließ seine Kavallerie von Brünn abreiten, in Richtung auf Olmütz. Sie folgte ihm auch ein Stück. Dann fragte ihn sein Oberstleutnant, auf wessen Befehl sie ritten. Nachod: Auf Befehl des Landeshauptmanns, Lobkowicz. Die Offiziere: Das genüge nicht, der Befehl müsse ein ständischer sein, da sei etwas faul, da sei Verrat im Spiel, der Oberst sei ein Verräter. Drohend stimmten die Knechte zu und schwenkten ihre Fahnen über Nachod, als einem ehrlosen Buben, und machten es so, daß er froh war, mit heiler Haut zu entkommen und nach Österreich zu fliehen. Womit der erste Teil der Obersten-Verschwörung schnell erledigt war.
Es geht die Rede, Wallenstein und Nachod hätten vorgehabt, ihre Truppen an der ungarischen – der slowakischen – Grenze mit Resten des habsburgischen Heeres zu vereinigen, die dort unter Dampierre standen, dann umzukehren, den Landtag in Brünn aufzuheben und eine eigentliche Gegenrevolution ins Werk zu setzen. Das ist unplau-

sibel. So reißend schnell und leicht, wie die Dinge sich in Mähren entwickelt, Adel und Städte sich in die Arme der Rebellen geworfen hatten, war hier mit der bewaffneten Macht, die ihnen im besten Fall zur Verfügung stand, nichts mehr zu erreichen. Das Ziel muß bescheidener gewesen sein: die mährischen Regimenter einstweilen für Ferdinand zu retten. Übrigens war schiere Selbstverteidigung im Spiel. Wie wäre es dem »Erzpapisten«, Wallenstein, ergangen, hätte der wütende Thurn ihn erwischt?

Zu Olmütz, am Mittag des 30. April gibt er seinem Oberstwachtmeister Khuen den Befehl, mit neun Kompanien sich in Richtung auf Lundenburg (Břeclav) an der ungarischen Grenze in Marsch zu setzen; er selber werde mit der zehnten nachkommen. Khuen tut, wie ihm aufgetragen, kehrt aber schon am Abend zurück: das Ding komme ihm verworren vor, er habe nicht einmal Quartierzettel. Wallenstein, zu Roß, hört den Mann stammeln, der gleichfalls nicht abgestiegen ist, reißt den Säbel aus der Scheide und durchbohrt ihm die Brust; Khuen sinkt, tödlich verwundet. Entscheide wer mag, ob dies ein Akt blinder Wut ist, im Altdorfer Stil, oder rascher Kalkül, die schwankende Disziplin wiederherzustellen, oder beides, Jähzorn im Dienst des Verstandes. Ein neuer Oberstwachtmeister wird sofort ernannt und zeigt sich gefügiger, einstweilen. Um 10 Uhr nachts stattet Wallenstein dem mährischen Schatzmeister einen Besuch ab, Musketiere reichlich hinter sich drein: der Beamtete, Biryta, solle nur gleich alles Geld herausgeben, das in seinen Truhen liege. Biryta fleht, das dürfe er ja nicht ohne Erlaubnis der Herren Stände. Der Oberst, in der Hand den Degen, der ihm gerade noch blutigen Dienst tat: keine langen Faxen; gehängt werden oder her mit den Schlüsseln. Was soll Biryta machen? In der Schatzkammer findet Wallenstein 96000 Taler. Er läßt sie auf Wagen laden, wie auch einige Munition aus dem ständischen Zeughaus, auf acht Wagen insgesamt. Sie rollen in der Nacht noch aus Olmütz fort, er zu Pferde, der ungarischen Grenze zu, gegebenen Falls Wien zu. – Es lief auf Wien hinaus.

Von Olmütz ist es nicht weit nach Brünn. Bald erfuhren die dort versammelten Stände, erfuhr Graf Thurn, der sich eben mit ihnen herzhaft verbrüdert hatte, von Wallensteins Abfall. Thurn, der so gern Zornige, war es hier mit gutem Fug. Er sandte den Scharen des Abtrünnigen an die 1800 Reiter nach, dazu noch 400 Mährer und einen Obersten Sedlnicky, samt seinem Bannfluch, welcher den Wallensteinern zu verlesen wäre: »Was für eine große und augenscheinliche Strafe der gerechte Gott auf den hoffärtigen von Wallenstein kommen lassen, indem er einen solchen Fehl über ihn verhängt, desgleichen von einem Kavalier nit bald erhört worden, das wird unzwei-

fentlich in der ganzen Welt erschallen und von vielen Tausenden geurteilt werden. Denn wer seine geschworene Pflicht vergißt, ohne Ordinanz seiner Principalen den anvertrauten Paß verläßt, seine untergebenen Soldaten, soviel ehrliche Gemüter, mit falschen und betrüglichen Persuasionen überführet, flüchtig abzeuchet und sich des Landes Geld gewalttätiger, ja räuberischer Weise bemächtigt, der sündigt an Gott, verletzt die Ehr und handelt wider Gewissen. Sein Namen lebt billig in zeitlichem Spott und wird begraben mit ewiger Schmach und Unehr.« Variiert finden wir Thurns freudige Wut in einem Privatbrief: »Da sitzt die hoffärtige Bestie, hat die Ehr verloren, Hab und Gut, und die Seel, so er nit Buß tut, darf wohl ins Purgatorium kommen.« . . . Thurns Reiter überholten, nicht den fliehenden Obersten, seine Offiziere und Wagen, wohl aber das Gros der langsamer sich bewegenden Musketiere und überredeten sie ohne Mühe zur Umkehr. Es waren keine Durchschnitts-Söldner, sondern Mährer, die von Vaterland und Ständen doch eine Ahnung hatten.
Mittlerweile befanden zu Brünn Wallensteins vornehmste Freunde sich in einer Lage nicht unähnlich jener, die im Vorjahr Slawata und Martinitz auf dem Hradschin hatten auskosten müssen. Karl von Zierotin zumal. Er allein verhielt sich mit gewohnter Würde, obwohl wir berichtet sind, er habe bereits »zum Fenster hinausgeschaut« und nur die Fürsprache der ursprünglichen Fenstérstürzer, der Böhmen, ihn vor dem Schicksal der Prager Statthalter bewahrt. Fürst Liechtenstein beschwor nicht nur seine Unschuld, sondern auch, daß er fortan auf Tod und Leben mit den Ständen verbunden bleiben wollte, eine Verpflichtung, von der man sagen mag, daß sie erpreßt war und nicht galt; jedenfalls scheint Liechtenstein es später so verstanden zu haben. Der Kardinal, der General-Obrist, brach völlig zusammen. Auf den Knien und nicht ohne Tränen zu vergießen, bat er um Gnade; unter dem derben Gelächter der Barone bot er an, auf alle seine Ämter zu verzichten, sich nach Rom zurückzuziehen und nie wieder Politik zu treiben. Kaum auf den Beinen, aber ein Gefangener der Stände, schrieb er mit fliegender Hand an Ferdinand: »Was des Obristen von Wallenstein hochbeschwerliche und, damit ichs nit anders taufe, unbedachtsame Resolution für einen Nutz gebracht, erfahren wir leider alle Stund, und ist zu besorgen, daß daraus Eurer Majestät selbst in allen Ländern noch größerer Schaden erfolgen möchte, weilen dieses vornehmen von keinem einzigen Menschen im Land, er sei catholisch oder anderer Religion, im wenigsten nit approbiert wird . . .« Unverzüglich müsse das den Ständen gehörende Geld zurückgeschafft werden, sonst könnte er für die Folgen nicht einstehen . . . Die Verachtung, welche Wallenstein später dem Kardinal gern und oft an den

Tag legte – »Der Kardinal von Dietrichstein, er tue mir nicht vor Forcht in die Hosen« . . . stammt von dieser Epoche.
Ein paar Tage später fällte der mährische Landtag das Urteil über seinen gewesenen Infanterie-Obersten, dahin nämlich, daß er wegen tückischer, ehrvergessener Verräterei für immer aus der Markgrafschaft verbannt, sein Besitz aber enteignet und zum Guten des Landes verwendet werden sollte. Der Beschluß wurde im August noch einmal bekräftigt.
Wallenstein langte spät in der Nacht des fünften Mai in Wien an, mit seinen acht Wagen, den Fahnen des Regiments und etwa 200 Söldnern, die ihm gehorsam geblieben waren. Am nächsten Morgen hatte er Audienz bei Ferdinand. Wir möchten annehmen, daß sie huldvoll verlief. Dagegen schrieb der König an Dietrichstein, er habe von dem Unternehmen im voraus nichts gewußt und billige es keineswegs; nur, daß des Obersten Argument, man hätte das Geld den böhmischen Rebellen nicht zur stärkeren Fortführung ihrer Rebellion gönnen dürfen, sich immerhin gnädig anhören lasse . . . 96 000 Taler, soviel Geld hatte der Habsburger noch kaum je beisammen gesehen, und wie gern hätte er es behalten, wie dringend es brauchen können. Worüber er mit seinen Ministern sich eindringlich beriet. Der Freiherr von Eggenberg war für Behalten, die Mehrheit aber dagegen. Die Summe wurde in der Tat restituiert, ein Graf Dietrichstein, Vetter des Kardinals, holte die eisenbeschlagenen Truhen in aller Heimlichkeit ab und brachte sie nach Olmütz zurück. Dies in einem Moment, in dem nun auch Mähren sich in hellem Aufruhr befand, Direktoren nach dem Prager Modell die Macht übernahmen, die Jesuiten, Wallensteins Freunde, noch brutaler als vorher von den Böhmen aus dem Lande gejagt wurden; in Prag hatte man ihnen ein paar Tage Zeit gegeben, in Olmütz baten sie vergebens, noch ihr Mittagessen einnehmen zu dürfen. Es war kein Krieg zwischen Ferdinand und Böhmen, Ferdinand und Mähren, und konnte keiner sein. Nur dies war: Unrecht von der einen Seite, Exekution des Rechtes von der anderen. Folglich durfte man selber kein Unrecht tun. Alles mußte nach dem Gesetz geschehen, auf Grund von Anklage und Urteil; da würde man dann viel, viel mehr enteignen als 96 000 Taler.
Bemerken wir noch, daß in den Diplomen, in denen nachmals Wallensteins Erhöhungen proklamiert und seine Verdienste ausführlich hergezählt wurden, die Tat von Olmütz niemals vorkommt. Er selber, in der Verfassung, die er seinem Herzogtum gab, erwähnt sie, wohlgefällig. Des Kaisers Kronjuristen erwähnen sie nicht.

Bíla Horá

Im April 1619 hatte der wütende Graf Thurn Mähren revolutioniert und mitgerissen. In der ersten Juniwoche stand er mit seinen Truppen vor Wien. Wären es wohlausgerüstete Truppen gewesen, genügend zahlreich, gut geführt, von einem festen Geist beseelte Truppen, so hätte er die Stadt nehmen können, in der etwa die Hälfte der Bevölkerung mit seinem Unternehmen sympathisierte. Ob das ein entscheidender Schlag gewesen wäre, ist schwer zu sagen. König Ferdinand, in der belagerten Hauptstadt unter den ärgerlichsten Umständen aushaltend, hätte immer nach Süden ausweichen können; sicher seines Rechts, sicher der aus weitverzweigten Quellen langsam heranfließenden Hilfe. Andererseits hatte Graf Thurn es schwer mit seinen Soldaten. Deutscher Herkunft zumeist, unbezahlt, hungernd, manchmal, wie wir berichtet sind, splitternackt herumlaufend, fühlten sie geringe Lust zu der Sache, für die sie kämpfen sollten. Es fehlte an Artillerie, es fehlte an der Zahlenstärke, die notwendig gewesen wäre, um Wien einzuschließen. Was Thurn hoffte, war, Österreich so zu gewinnen, wie ein paar Monate vorher Mähren. Das schien an sich nicht unmöglich. Von den Oberösterreichern konnte er mindestens erwarten, daß sie den Durchzug spanischer Hilfstruppen hindern würden. In Preßburg, sehr nahe bei Wien, tagte eine Reichsversammlung der Ungarn, den Habsburgern bösartig. Die niederösterreichischen Stände waren geteilter als die im Lande ob der Enns, die Katholiken unter ihnen stärker vertreten. Die Protestanten tauschten langgedehnte Argumente mit Thurn, versprachen einen General-Landtag in Prag zu beschicken, beleidigten ihren Monarchen, Ferdinand, den sie einstweilen gar nicht anerkannten, mit Forderungen, welche der starrsinnige Prinz nie erfüllen würde. Militärisch wirksame Hilfe aber gaben sie den Böhmen nicht und waren auch gar nicht so organisiert, daß sie sie hätten geben können. – Nach einigen Tagen befahl Thurn den Rückzug nach Böhmen.

Der Entschluß war um so notwendiger, als mittlerweile Truppen Ferdinands unter dem Grafen Buquoy in das von Schutz entblößte Südwest-Böhmen eingefallen waren und dort so gräßlich hausten, wie

Thurns Leute im Oberösterreichischen. Ihnen wurde Ernst von Mansfeld entgegengeschickt, der unsichere Bundesgenosse, der Kriegsunternehmer auf eigene Faust, der seither untätig in Pilsen lag. Bei Netolitz, halbwegs zwischen Pisek und Krumau, geriet er in eine Falle, die Buquoy ihm mit überlegenen Kräften gestellt hatte, und verlor, was mit ihm war, an die 3000 Mann an Toten und Gefangenen, seine Proviantwagen, auch sein eigenes stattliches Silbergeschirr. Der Sieg gab den Habsburgischen diese Region Böhmens preis.

Damals, Juni 1619, dreizehn Monate nach Beginn des Aufstandes, war es um die böhmische Sache schon schlecht genug bestellt: der Angriff gegen Österreich zerlaufen, ein ganzes Armeecorps vernichtet, ein Teil des eigenen Landes in Feindes Hand; und so groß ist ja Böhmen nicht, daß es von irgendeinem Platze dort sehr weit nach der Hauptstadt wäre. Schlimmer als mit dem Kriegswesen selber stand es mit der Moral; stand es mit der Ökonomie, von der jenes in erster Linie abhing und um so direkter, je schlechter es mit der Moral stand. Patrioten von Mut und Leidenschaft können Krieg auch ohne Geld führen. Volksverachtende Barone brauchen Geld, um andere für sich kämpfen zu lassen. Die ausgeschriebenen Steuern kamen nicht ein, die Schulden stiegen, aus den unbezahlten Truppen erhoben sich fordernde, drohende Soldatenräte. Die von den dreißig Direktoren dekretierte Einziehung des gesamten Besitzes der katholischen Kirche, seine Verschleuderung an begünstigte Käufer, konnte dauerhaft nicht abhelfen, verstärkte das allgemeine Gefühl der Unsicherheit, bestätigte die Meinung, welche in den Ständen von Anfang Gesetzesfeinde und keine andere als die eigene Religion duldende Tyrannen hatte sehen wollen. Daß Gegendruck und Gefahr die Führer einer Revolution zu noch radikaleren Maßnahmen treiben, ist altbekannt. Zu anderen Zeiten haben sie wohl auch die Energie der Bedrohten gesteigert; hier nicht.

Gleichwohl tat man so, als baute man für ewige Dauer, und schritt im Hochsommer rüstig zur Neuordnung der Rechte, welche der Wenzelskrone zugehörten. Dabei ging es um drei Hauptfragen: Die Verfassung des Königreichs und seiner Nebenländer; das Verhältnis zu den übrigen Ländern des Hauses Habsburg; die Person des Monarchen. Über die Verfassung wurde zwischen den Direktoren und den Vertretern der Nebenländer verhandelt; das Resultat war die »Conföderationsakte«, wie sie genannt und am 31. Juli in einem feierlichen, politisch-religiösen Akt beschworen wurde. Ihr Geist war kühn. Das Königreich erschien nun als ein Bund in ihrer Gesetzgebung, in ihren Finanzen, in ihrem Heerwesen sich nach eigenem Willen verwaltender Republiken, innerhalb derer den Städten ganze Autonomie und freie Religionspflege auch den evangelischen Bauern eingeräumt wurde. Gemeinsam sollte ihnen allen nur der König sein: ein Wahlkönig, ein in der Ernennung seiner Beamten, in der Führung seines Heeres, in der Gestaltung seiner Außenpolitik, in der Verwirklichung seines religiösen Strebens von den Ständen dermaßen kontrollierter, von einem über und über betonten Widerstands- und Absetzungsrecht dermaßen bedrohter König, daß die Frage, warum man überhaupt noch einen König brauchte, sich aufdrängen mag. Die Antwort ist diese. Man brauchte ihn rechtlich, weil die Einheit der Länder allein auf der Krone beruhte. Man brauchte ihn praktisch, oder hoffte doch, ihn zu gebrauchen, weil das protestantische, überwiegend monarchische Europa dem oder dem gekrönten Haupt eher Hilfe geben würde als bloßen Republikanern. Wenn aber Ferdinand ausstreuen ließ, die Böhmen seien Republikaner ohne Scham, so gab die Conföderationsakte ihm recht. Kein mit scharfen Machtinstinkten begabter Mensch hätte diese Schein- und Schattenkrone je sich gefallen lassen.

Wünschten die Tschechen einen Staat ihrer Nation, so mußten sie Abtrennung wünschen; folgerichtiger Weise auch von den Nebenländern deutscher Zunge; sicher von den Herrschaftsgebieten, welche mit ihnen nicht einmal die Krone, sondern nur deren augenblicklichen Träger, das Geschlecht Habsburg, gemeinsam hatten. In Wirklichkeit zielten sie auf das genaue Gegenteil. Eine große Gemeinschaft ständischer Republiken sollte entstehen, Böhmen, Österreich und Ungarn; eine protestantische Conföderation und, wenn es nach ihnen ging, mit Prag als Mittelpunkt. Verträge mit den Herren der Länder ob und unter der Enns kamen auch wirklich zustande, so jedoch, daß die Superiorität eines der Vertragspartner, nämlich Böhmens, ausdrücklich verneint wurde. Übrigens nahmen die Abmachungen ihrem Wortlaut nach sich verheißungsvoll genug aus.

Kaum waren sie unterzeichnet, so taten die Böhmen auf eigene Faust, wozu die Österreicher ihnen keineswegs geraten hatten: sie erklärten Ferdinand der Krone los und ledig. Die ausführliche Begründung, welche sie diesem Beschluß dreingaben, enthielt alles, was sich über Charakter und Taten des Monarchen sagen ließ, vieles, was sie schon hätten wissen können, als sie ihn drei Jahre früher »angenommen« hatten; zum Beispiel, daß er zu Lebzeiten des alten Matthias sich zur Annahme gar nicht hätte präsentieren dürfen und sein Königtum eine Usurpation gewesen sei von Anfang; zum Beispiel, daß er schon in seinem eigensten Steiermark sich als ein unerbittlicher Verfolger der Evangelischen erwiesen hätte. Alles ganz richtig. Nur leider war auch nicht falsch, was ein deutscher Potentat, der Erzbischof von Köln, in

jenen Tagen äußerte: »Sollte es so sein, daß die Böhmen im Begriffe ständen, Ferdinand abzusetzen und einen Gegenkönig zu wählen, so möge man sich nur gleich auf einen zwanzig-, dreißig- oder vierzigjährigen Krieg gefaßt machen.« – Dieser Kirchenfürst, Bruder Maximilians von Bayern, kannte die Bedeutung Böhmens im Machtspiel.
Noch mußte man einen neuen König finden, natürlich hatte man schon längst nach ihm gesucht. Drei Kandidaten wurden genannt: der Herzog Karl Emanuel von Savoyen, der Kurfürst Johann Georg von Sachsen, der Kurfürst Friedrich von der Pfalz. Savoyen hatte das Verdienst, als ein Feind der Habsburger, zumal der spanischen, zu gelten und den Böhmen die erste Hilfe, die ihnen zukam, die des Kriegsgeschäftsmannes Ernst von Mansfeld, vermittelt zu haben. Es hatte auch unlängst der Groß-Intrigenspinner, Christian von Anhalt, einen Vertrag mit ihm zuwege gebracht, in dem Karl Emanuel sich verpflichtete, die schöne Summe von hunderttausend Dukaten jeden Monat zu bezahlen, auch die ihm befreundete Republik Venedig zu einer ähnlichen Leistung zu vermögen, vorausgesetzt, daß er selber nicht von Spanien angegriffen würde, und so verstanden, daß der Kurfürst von der Pfalz die für seine eigene Person in Prag obwaltenden Sympathien an ihn abtreten sollte, in welchem Fall er sich die Wahlkrone wohl gefallen lassen würde. Die Abmachung, um derentwillen Anhalt eine seiner vielen hastigen und weiten Reisen getan, war das Papier nicht wert, worauf sie stand. Die Böhmen würden sich nicht noch einmal einen katholischen König wählen. Anhalt war entschlossen, genau das zu verhindern, was zu bewirken er Savoyen versprach; sein Kandidat war ein anderer von eh und je. Savoyen, ein Windbeutel, der sich auch Aussichten auf die römische Kaiserkrone machte, würde Geld und Land nur dann darauf wagen, wenn es kein Wagnis wäre, wofür ihm der gute Wille der Könige von Frankreich und von England die allermindeste Bedingung schien. Die war höchst unerfüllt; die ganze Kandidatur eine jener spekulativen Redereien, Illusionen und wechselseitigen Betrügereien, von denen es in der Politik Europas wimmelte, wie von Würmern nach dem Regen. – Kaum aus Italien zurück, warnte der Fürst von Anhalt in einem Memorial, bei Savoyen sei »Nervus und Nachdruck nicht vorhanden«.
Johann Georg von Sachsen war eine ernstere Möglichkeit oder hätte es sein können; der mächtigste unter den drei protestantischen Kurfürsten, das Oberhaupt der Lutheraner, Böhmens Nachbar, ein reicher, weitgebietender Mann. Es ist aber derselbe, von dem Wallenstein einmal sagte: »Was ist er für ein Vieh und was führt er für ein Leben« – eine Ansicht, die auch Kenner auf dem böhmischen General-Landtag vertraten, Herren aus Schlesien und der Lausitz zumal;

sie warnten, der neue König von Böhmen dürfe kein Trunkenbold sein. Heimlich hätte Johann Georg nicht ungern gesehen, wenn er gewählt worden wäre, jedenfalls empfand er die Wahl eines Anderen als Beleidigung; aber angenommen hätte er nie, und daraus machte er auch böhmischen Abgesandten gegenüber im voraus keinen Hehl. Denn er war auf Erhaltung der guten alten Reichsordnung bedacht, ein Konservativer aus dem Grunde; darin, ob von Bier betäubt oder vergleichsweise klaren Kopfes, änderte er seine Gesinnung keinen Augenblick. Bieder, roh und simpel; ein deutscher Patriot auf seine Art, gewillt, an das »Reich« zu glauben, gar nicht gewillt, zu verstehen, daß das Reich längst auseinanderzufallen im Begriff war und daß er, als der Mächtigste unter den Protestanten, irgendwann irgendwie werde Partei ergreifen müssen; ehrlich den Frieden wünschend, ehrlich den Böhmen zu einem Ausgleich mit Ferdinand ratend, aber schlau genug, um zu ahnen, daß, wenn der Konflikt bis zum Ende durchgefochten würde, sein eigener Vorteil in dem Lager zu suchen wäre, zu dem er seiner Religion nach nicht gehörte – bei so beschaffenen Neigungen kam der Kurfürst von Sachsen für den revolutionären Schattenthron nicht wirklich in Frage, und die Böhmen hätten es wissen müssen. Sie wußten es schließlich auch in ihrer großen Mehrzahl; obgleich am Wahltag eine Partei in Prag noch immer mit Hoffnungen auf Sachsen sich wichtig machte.
Blieb der dritte Kandidat, der im Grund von Anfang an der einzig ernsthafte, nur durch Schwatz und Schein-Alternativen in Zweifel Gezogene gewesen war. Zugunsten des Kurfürsten von der Pfalz wurde in Prag notiert: er sei bescheidenen und sympathischen Charakters; er sei reich und könne viel Geld geben; er habe ganz sicher auf seiner Seite England, Frankreich, die Generalstaaten, Schweden, Venedig, die Schweiz, Ungarn und Siebenbürgen; er sei der Direktor der protestantischen Union und damit der eigentliche Beherrscher Deutschlands; er stehe gut mit Sachsen und besonders auch mit Bayern, welch letzteres er zu neutralisieren imstande sei; und sei kurzum ein Besserer nirgends zu finden. Selten sind mehr Illusionen in einem Argument aneinandergereiht worden. – Friedrich wurde gewählt von den Böhmen, Mährern, Schlesiern und Lausitzern, von den Herren, Rittern und Bürgern, mit überwältigender Mehrheit, bei nur sieben Stimmen für Johann Georg, den 26. und 27. August.
Längst schon zu tief in die Sache verwickelt, um mit Ehren frei herauszukommen, hätte der Kurfürst die Wahl gerne aufgeschoben gesehen, weil er erst sich noch der Gunst und Hilfe seines Schwiegervaters, des Königs von England, versichern wollte. Die Böhmen schoben die Wahl nicht auf. Das war nicht nur, weil die dreißig Direktoren ihre

immer häßlicher lastende Verantwortung loszuwerden wünschten; das hatte einen andern Grund. Noch eine andere Wahl war in diesem Hochsommer im Begriff des Vollzuges. Während man in Prag nach einem König suchte, suchten die Kurfürsten nach einem Kaiser, das Interregnum dauerte ja schon seit dem Tod des alten Matthias im März. Und auch für die Kaiserwahl gab es nur einen ernsthaften Kandidaten, soviel seit Jahren über andere Wünschbarkeiten geschwatzt und hin- und hergeschrieben worden war. Wenn aber erst das gewaltige Phantom der heiligen Rechte und Titel, welche an der römischen Kaiserkrone hingen, sich mit der Person Ferdinands verband, so würde es viel schwieriger sein, ihm in Prag ein Leides zu tun. Daher die Hast. Schon vorher, im Juli, hatten die Böhmen sich vorsorglich an den Reichserzkanzler, den Kurfürsten von Mainz, gewandt und ihm in einer langen und gelehrten, die Goldene Bulle, wie auch zahlreiche Präzedenzfälle aus den drei Jahrhunderten heranziehenden Denkschrift nachgewiesen, ein Kurfürst, der die Macht in seinem Lande de facto nicht ausübe, habe das Recht der Kur nicht mehr und König Ferdinand befinde sich gegenüber seinem eigenen Kurfürstentum Böhmen in diesem Fall; worauf der Erzbischof ihnen eine kurz und kühl verneinende Antwort erteilte.
Ferdinand tat die Reise nach Frankfurt, der Stadt der Kur, in Sommerglut und, solange er auf eigenem Boden Quartier nahm, nicht ohne Gefahr; begleitet von einer vergleichsweise unstattlichen Zahl von Hofleuten, hundert im Ganzen. Er reiste über München, auf dem Hinweg, wie auch zurück. Das erste Mal empfing ihn der Herzog von Bayern wie einen alten, ebenbürtigen Freund und Vetter, das zweite Mal aber das veränderte Verhältnis mit würdiger Demut betonend. Maximilian dachte hoch von seinem eigenen Rang. Nur gab es im Römischen Reich einen einzigen, der war höher.
Der Wahlakt in Frankfurt brauchte mehr Zeit als der in Prag, aber ganz vergebliche; das Resultat stand ebensowenig in Zweifel. Erst wurde eine Weile über die Frage verhandelt, ob nicht vor der Wahl eine Beruhigung der böhmischen Sache versucht werden sollte; man befand, es ginge das nachher ebensogut. Dann stand zur Diskussion der Empfang einer in der Nähe Frankfurts eingetroffenen böhmischen Gesandtschaft, deren Auftrag war, gegen die Präsenz und Stimmabgabe ihres verjagten König-Kurfürsten noch einmal zu protestieren; man beschloß, daß die Gesandtschaft nicht zu hören sei. Man: die Vertreter der drei weltlichen Kurfürsten, die in Person nicht hatten erscheinen wollen, und die drei geistlichen, die erschienen waren. Ferdinand hielt bei diesen Debatten, die seine umkämpfte Stellung zum Gegenstand hatten, sich taktvoll zurück. Nur die Pfälzer plädier-

ten für die Böhmen; die Sachsen, zuerst schwankend, erhielten aus Dresden Befehl, sich der loyalen Mehrheit anzuschließen. Nur die Pfälzer machten den Versuch, einen anderen Kaiser zu küren, nämlich den Herzog von Bayern; dies Manöver war hoffnungsarm, da Maximilian längst hatte wissen lassen, eine Stimme für ihn hätte als eine für Ferdinand zu gelten. Als, zuletzt, die Reihe an den Kurfürsten von Böhmen kam, gab er mit Bescheidenheit zu wissen, weil denn seine Mitkurfürsten, mit einer Ausnahme, für ihn seien, so wolle er sich kein Ungleiches tun und also sich selbst wählen; worauf, damit Einstimmigkeit wäre, die Pfälzer ihr erstes Votum zurückzogen ... Die Juristen des Heidelberger Kabinetts hätten die fatale Rechtsbedeutung der Zeremonie verstehen sollen: indem sie die Stimmabgabe Ferdinands unangefochten ließen, erkannten sie ihn als König von Böhmen an. Sie hätten auch die weitreichende politische Bedeutung des Aktes erkennen sollen. Das Reich, in Gestalt seiner sieben Kurfürsten, oder doch sechsen von ihnen, hatte für den Habsburger und gegen Böhmen feierlich Partei genommen. Sah man näher hin, so war das eine Entscheidung jener, auf die es ankam, weil nur sie sich denkbarer Weise auch anders hätten besinnen können: Sachsens und Brandenburgs.

Daß Ferdinand die Wahl annahm, verstand sich von selbst; mit ehrlicher Ergriffenheit übrigens, denn er war ein frommer, seiner heiligen Verantwortung bewußter Mann. Weniger erschütterte ihn die Nachricht von seiner Absetzung durch die Böhmen, die ihn in Frankfurt erreichte: nur »närrische und aberwitzige Leute«, erklärte er sich, könnten so etwas tun. Er war seiner Sache dreimal sicher: durch die Hilfe Gottes, Dei Gratia, auf die er baute; mit dem Hochmut seines Blutes, welcher eins war mit dem Hochmut seines Rechtes; in der Kenntnis der wirklichen Machtverhältnisse in Europa, für die ihm ein angeborener Instinkt nicht fehlte.

Daß Kurfürst Friedrich die böhmische Wahl annähme, war nicht selbstverständlich – sollte man glauben. Dem unerfahrenen, höchst ungründlichen Jüngling konnten seine Berater sagen, wie es in Böhmen und mit Böhmen stand. Aus London bekam er nichts Ermutigendes zu hören. Sein eigener Bund, die Union, riet wohl mit flauer Mehrheit ihm zu; aber diese lose Vereinigung kleinerer protestantischer Territorien war bei weitem so schlagfertig nicht, wie man in Prag und Heidelberg sich einbildete. Und das, worauf Christian von Anhalt seit Jahrzehnten für den jetzt eintretenden Fall gesetzt hatte und ehedem mit einigem Grund hatte setzen können, die mächtige Hilfe Frankreichs, fiel ganz weg.

Wir urteilen leicht, weil wir den Ausgang kennen. Es urteilten aber nicht wenige Zeitgenossen so, als der Ausgang noch unbekannt war; zum Beispiel der Herzog von Bayern. Der Brief, den er, am 24. September 1619, an seinen jungen Pfälzer Vetter schrieb, ist wegen mehrerem erwähnenswert; neben anderem darum, weil er zeigt, daß Maximilian, wie er auch später im großen Konflikt sich verhielt und welche bösen Vorteile er aus ihm zog, ihn doch keineswegs herbeiwünschte, vielmehr ihn mit allen seinem klaren Verstand sich bietenden Argumenten zu verhindern suchte. Die böhmische Unruhe, schrieb er, bedeutete für viele schöne Länder, ja das Römische Reich selbst und fast die ganze Christenheit größere Gefahren, als etliche es sich wohl einbildeten. In die schlimmste Not aber stürzte sich der, welcher die vermeintliche Wahlkrone annähme. Böhmen sei eines von Europas interessantesten Königreichen; schon oft hätten Wirren sich von dort verbreitet, und besonders solche Herrscher, die nicht von böhmischem Geblüt, dort keine guten Erfahrungen gesammelt. So wisse man ja auch, welche stringierenden Bedingungen die Böhmen neuerdings ihrer Krone angehängt. Machte es den Vetter denn nicht stutzig, daß der einzige vorerst erkenntliche Bundesgenosse der böhmischen Stände der Fürst von Siebenbürgen sei, ein fast leibeigener Vasall der Türken; sehe er nicht, daß, wenn er die Wahl annähme, er damit dem Erzfeind der Christenheit den allergefährlichsten Vorschub leistete? Möchte er ferner doch bedenken, daß Österreich, ein gewaltiges Haus, den Verlust Böhmens nie verschmerzen, sondern Gelegenheit ergreifen würde, um sich zu rächen, und daß Gelegenheiten oft sich über Nacht böten. Auch sollte man Anderen nie das tun, was man sich selber nicht wollte angetan haben; wo würde das wohl enden, wenn Untertanen ihre Fürsten mir nichts dir nichts vertrieben, ein Bruder-Fürst aber solch hoch unerlaubte Prozedur billigte und sich selber an die Stelle des wider alles Recht seiner Herrschaft Beraubten setzte? Schließlich: die unter den evangelischen Ständen des Reiches leider verbreitete Ansicht, wonach die katholischen ihre Vernichtung planten, sei falsch, er beschwöre den Kurfürsten zu glauben, daß sie falsch sei . . . Friedrich antwortete, der Brief seines Vetters und Freundes sei sicher aus aufrichtigem deutschen Herzen geflossen; aber die Dinge lägen nicht so, sie lägen überall anders. Das antwortete er oder ließ antworten; denn er war gar nicht imstand, einen politischen Brief zu schreiben, wie er denn, wenn er auf die Ansprache eines Gesandten zu erwidern hatte, etwas Auswendig-Gelerntes zum besten gab, was auf das eben Gehörte oft sich gar nicht bezog, andernfalls aber erst hilfesuchend mit seinen Ministern tuschelte. Der Mann, eine europäische Revolution zu führen, war der Dreiundzwanzigjährige nicht. Ihrem Ruf mußte er folgen. Am 31.

Oktober hielt er festlichen Einzug in Prag. Vier Tage später setzte man ihm die juwelen- und schicksalsschwere Wenzelkrone, höchstes Symbol eines fremden, von der Natur gesegneten, vom Geiste aber zerrissenen Landes, auf sein Lockenhaupt.

Es geschah in einem Moment, in dem die Sache der Stände zum letzten Mal von günstigen Winden bewegt erschien: eine plötzlich auftauchende Hoffnung, auf welche Herzog Maximilian in seinem Brief an Friedrich angespielt und vor deren trügerischem, gefährlichem Charakter er gewarnt hatte. Sie zentrierte um den Fürsten von Siebenbürgen, Gabriel Bethlen, oder, wie er in den Geschichtsbüchern ungenau genannt wird, Bethlen Gabor.

Bethlen war ein Mitstreiter, und dann der zweite Nachfolger jenes Stephan Bocskay, gegen den der junge Wallenstein vor nun fünfzehn Jahren seine ersten Kriegstaten verrichtet hatte; wie Bocskay ein Magyar und entschiedener Calviner; in weltlichen Dingen aber wetterwendisch, immer neue Herrschaftsprojekte in seinem Geiste wälzend. So wie Siebenbürgen einmal lag, konnte er nichts unternehmen gegen den Sultan, nichts ohne das wenigstens stillschweigende Einverständnis des Sultans; das war das einzig feststehende Gesetz seiner Politik. Übrigens zielte diese, wie jede Politik, auf Vergrößerung und Bereicherung. Eine solche mochte sehr wohl durch eine Art von erpresserischem Zusammenspiel mit dem Hause Habsburg zu finden sein. Stärker aber zogen machtpolitische Spekulationen, wie auch, immerhin, konfessionelle Sympathien den Siebenbürger nach der anderen, der ständischen Seite. Wenn er im Spätsommer 1619 den Böhmen seine Hilfe anbot, um, kraft dieser Hilfe, Ungarn mit seinem Teil-Reiche zu vereinen, so wiederholte er, was schon Bocskay versucht hatte, und was damals an der Loyalität der Mährer gescheitert war. Sein Vaterland, so schrieb er den Prager Direktoren, liege wohl im Rachen der Türken, deren Ratschläge wie die Wasserwogen des großen Meeres nie ruhten, und die eben jetzt eine um so größere Gefahr für die Christenheit darstellten, weil sie mit Persien Frieden hätten; es sei ihm aber gelungen, die Gunst des ottomanischen Kaisers zu gewinnen und nach dieser Seite sich abzusichern; so wolle er denn zu Gottes Ehren ein großes Kriegsheer nach Westen werfen und, bevor der Herbst um sei, an Mährens Grenze stehen.

Was er tat. Sein Feldzug, über imposante Entfernungen hin, war groß geplant, mit raschem Erfolg durchgeführt: eine Zangenbewegung gegen das im nordöstlichen Oberungarn gelegene Kaschau (Košice) und gegen Preßburg. Die Stadt war ihm doppelt wichtig. Sie ist ein Schlüssel zu Ungarn, zu Österreich und Mähren, weit sieht man von ihren Höhen in die drei Länder hinab. Und sie war die Hauptstadt Un-

garns, die Stadt der Reichstage, dort im Schlosse lag die Stephanskrone verwahrt. Er mußte sie haben, um Eroberung zum Recht zu machen. Tatsächlich gelang es ihm, Ungarns protestantische Edelleute ihre Säbel für ihn schwingen zu lassen.
Bethlens Marsch auf Preßburg trieb die loyalen Wiener in Panik. Die vornehmsten Emigranten, Kardinal Dietrichstein an der Spitze, wirbelten in eiliger Flucht nach Oberösterreich. Ferdinand, eben erst Kaiser, eben erst aus Frankfurt zurück, führte seinen Hof unter drangvollen Umständen nach Graz. Buquoy, dessen Truppen bis dahin die Böhmen wie Schafe hierhin und dorthin getrieben hatten, wurde zu Hilfe nach Süden gerufen; ein Rückzug, der zur Katastrophe hätte werden müssen, wären die Söldner des Grafen Thurn und wären ihre Brotherren nicht so gewesen, wie sie waren. Zu einer Vereinigung der böhmisch-mährischen mit den siebenbürgisch-ungarischen Kriegsscharen kam es; unter ihrem Druck mußte Buquoy, nahe bei Wien, eine gefährliche Retirade über die Donau vollziehen und sorgen, daß seine Schiffsbrücke abgebrochen würde, bevor der Feind ihm nachkäme. Über die Donau gelangten die Verbündeten doch, bei Preßburg, und zogen nun, zur Qual der Städte und Dörfer, am rechten Ufer des Stromes gegen Wien. Ein gewaltig angeschwollenes Heer, eine Übermacht diesmal, wohl an die 50000. Die Kaiserlichen lagen innerhalb der Festung. Ferdinand, der als treuer Landesvater geglaubt hatte, in seine Residenz zurückkehren zu müssen, wäre nur zu gern wieder fort; denn was er in seiner Stadt sah, hörte, witterte, der Hunger, die Seuchen, die Überfüllung durch die Leiber wüster Männer, die Plünderungen; was ihm von draußen zugetragen wurde, die Martern seiner Untertanen, Jammergeschrei, Tod und Feuer und Eis – wenn das alles so zuging, wie es, um seines heiligen Rechtes willen, leider wohl zugehen mußte, so war man doch besser nicht dabei. Einstweilen fand er sich in seiner Hofburg in der Falle. Ein großer Schlag jetzt, ein kühner Generalangriff, und Kaiser und Kaiserstadt waren in der Rebellen Hand; Graf Thurn, Gabriel Bethlen konnten ihren Frieden diktieren.
Es wurde wieder nichts daraus; ungefähr wie im vergangenen Juni. Zu dem schon vertrauten Elend, dem Mangel an Feldstücken, dem Mangel an Geld, dem Mangel an Disziplin, kam eine Nachricht, durch welche Bethlen sich gezwungen glaubte, von Wien abzulassen. Der König von Polen, Ferdinands Schwager Sigismund, hatte einige tausend Kosaken, wie die polnischen Reiter ungenau genannt wurden, über die Karpaten gegen Oberungarn geschickt, wobei er sich eines katholisch gesinnten magyarischen Barons als Mittelsmannes bediente. Wir meinen: Bethlen hätte besser getan, die Kosaken wüten

zu lassen, wo sie wüteten, sie wären so weit nicht gekommen, um die Entscheidung da zu erreichen, wo sie jetzt zu erreichen war. Sobald er aber im Rücken sich unsicher fühlte, gab er den Durchbruch nach vorne auf. Für seine Zwecke, die mit den böhmischen so genau nicht konzidierten, genügte es, Preßburg zu halten. Nur Bethlen hatte die zweite, späte Offensive möglich gemacht. Auch der böhmische Schwarm wälzte von Wien sich fort, so wie er gekommen. Genauer: nicht so wie er gekommen, denn wieder hatten mörderische Krankheiten ihm schlimmer zugesetzt als der Feind.

Die letzte Chance – »Schantz« schrieb man damals – war vertan. Der Nothelfer aus dem Südosten hatte sich als unverläßlich erwiesen, wie er nachmals noch öfters sich erweisen sollte: Einer, der mit seinen Barbaren rasch am Orte erschien, Hoffnungen erweckte, Rätsel aufgab und wieder verschwand. Was die konföderierten Stände nun noch taten, sie mochten es wissen oder sich verbergen, war in Wirklichkeit: auf ihren Untergang warten.

Zu den acht wohlerwogenen Argumenten, mit denen Max von Bayern seinen Pfälzer Vetter vor der Annahme der Krone eindrucksvoll gewarnt hatte, wäre ein neuntes, noch eindrucksvolleres zu fügen gewesen; womit es folgende Bewandtnis hat.

Die Beziehungen zwischen der bayerischen Linie des Hauses Wittelsbach und der österreichischen des Hauses Habsburg waren nicht so ganz simpel, wie unsere bisherige Erzählung es vielleicht erscheinen ließ. Maximilian ehrte das Oberhaupt des Reiches; mit dem Nachbarn, dem großen Territorialherrn im Osten war es eine andere Sache. Wo die Autonomie seines eigenen, einstweilen noch kleinen, aber kompakten und schärfstens verwalteten Staatswesens auch nur von ferne bedroht schien, verstand der Herzog keinen Spaß, wie ihm Sinn für Späße überhaupt nicht nachgesagt werden kann. Der Bund katholischer Fürsten, den er seinerzeit gegründet hatte, die »Liga«, war vieldeutigen Charakters gewesen; Widerpart gegen die Union der Protestanten, aber durchaus innerdeutsch, bayerisch geführt, nicht ganz ohne Spitze gegen die umklammernde, übernationale Macht der Habsburger. Auf diesen Zusammenhang, diesen heimlichen Unterschied hatten die Pfälzer gesetzt, als sie versuchten, Maximilian die Kaiserwürde zuzuspielen; um die sich zu bewerben der Herzog nicht zu schwach im Ehrgeiz, wohl aber zu klug war. Er kannte die ihm gesetzten Grenzen. Seine Liga hatte er unter habsburgischem Druck gleichsam einschlafen lassen. Im Frühjahr 1619 erweckte er sie zu neuem Dasein, diesmal auf Wunsch des Vetters und Schwagers Ferdinand. Als ein Sekretär der Wiener spanischen Botschaft bei ihm erschien, um ihn zu einer aktiven Politik in dem jetzt die Lande der

deutschen Habsburger zerreißenden Konflikt zu bewegen, wich er aus: die protestantische Union und was sie noch tun könnte, gehe ihn etwas an, Böhmen nicht eigentlich. Dieser Standpunkt eines Politikers, der strikt sich innerhalb des ihm vorgegebenen Interessenkreises zu bewegen vorgab, ließ sich nicht aufrechterhalten, wenn das Haupt der Union sich zum Haupt Böhmens machte, die deutschen Dinge zusammenflossen mit den böhmischen. Das wußte Maximilian, und eben darauf hätte er die Aufmerksamkeit des Kurfürsten Friedrich rechtzeitig lenken sollen. Genau zwei Wochen, nachdem er ihm jenen warnenden, nicht genügend deutlichen Brief geschrieben hatte, kam es in München zu einem Vertrag zwischen Maximilian, Ferdinand und dem König von Spanien, welch letzterer durch seinen Botschafter in Wien, den Grafen Oñate, vertreten war.
Bayern verpflichtete sich, zu rüsten und den Kaiser mit allen seinen und der Liga Mitteln zu unterstützen. Für seinen Aufwand sollte es volle Entschädigung erhalten und zum Pfande alle habsburgischen Länder, die es den Rebellen entreißen würde, so lange, bis es auf Heller und Pfennig bezahlt wäre. Spanien würde die Liga mit soundsoviel Reitern unterstützen, zusätzlich zu den spanischen Truppen, die schon in Böhmen standen; es würde ferner den Regenten in Brüssel, Erzherzog Albrecht, eine Diversion gegen die Rheinpfalz unternehmen lassen, wodurch die Union sollte in Schach gehalten werden. Man sieht aus solchen genau formulierten Abmachungen, daß Maximilian sicher zu spielen liebte – »ex naturali instinctu auf seine eigene Defension bedacht«, wie er es ausdrückte. Er war noch auf mehr bedacht. Die Antwort auf die heikle Frage, was denn sein Lohn sein sollte, wurde nur mündlich und ohne dieselbe Präzision gegeben. Der Herzog sollte ein Kurfürst werden, und zwar auf Kosten des Pfälzers, nachdem man diesen in die Reichsacht erklärt und also ihm die Kurwürde entzogen hätte. Er sollte ferner solche pfälzischen Lande, die ihm durch Waffengewalt zufielen, behalten dürfen – es war nicht klar, ob für immer oder, wie die österreichischen, als Pfand.
Indem Ferdinand den Vertrag von München unterschrieb, gab er die Leitung der deutschen Angelegenheiten aus der Hand, gab er sie in die Hand eines ungleich fähigeren Mannes, der einem ungleich intakteren Staatswesen vorstand. Er selber, der Kaiser, würde wohl Vorteile davon haben. Nachteile auch. Und das Römische Reich? Welche Gefahren für seinen Frieden lauerten in jenen offenen Bedingungen, in jenen geheimen, aber vor gierigen Zeugen gegebenen Versprechungen?
Maximilian ging ans Werk, Schritt für Schritt, wie seine Art war. Er schickte seine Räte nach Madrid und nach Rom, um den Papst, Paul

V., zur Beschleunigung der von ihm versprochenen finanziellen Hilfe anzuspornen. Er korrespondierte mit dem Regenten in Brüssel. Er rüstete und ließ seine Bundesgenossen von der Liga rüsten oder zahlen. Ohne Eile wob er an dem Netz, in welchem im nächsten, spätestens im übernächsten Jahr, 1621, die böhmische Rebellion samt allem, was an ihr hing, ersticken sollte, einer Allianz des katholischen Europa. Nichts dergleichen auf der anderen Seite. Die Bundesgenossen Ferdinands wurden realer, kamen einander planend näher mit jedem Monat, der ins Land ging. Jene, auf welche die Böhmen gehofft hatten, zogen sich zurück, gaben Unverbindlichkeiten von sich, verwandelten gar sich in Feinde.

Eines der zugkräftigsten Argumente für die Wahl Friedrichs war seine nahe Verwandtschaft zum König von Großbritannien gewesen. Aber Jakob I. mißbilligte das Abenteuer seines Schwiegersohnes mit groben Worten. Seine Diplomatie suchte Freundschaft mit Spanien. Nicht, daß sie irgendwelchen nationalen Notwendigkeiten entsprochen hätte. Was Jakob trieb, war Königswillkür; Spiel eines Machthabers, der zur Abwechslung einmal genau das versuchen wollte, was der Tradition seines Reiches widersprach und was seinem widerborstigen Parlament mißfiel. Auflehnungen von Untertanen gegen ihren Monarchen, gleichgültig wo, waren seinem Sinn für das gemeinsame Handwerk ekelhaft; im böhmischen Fall kam dazu, daß hier eine katholische Gegenfront entstehen mußte, in die seine persönliche Politik sich nicht recht würde einpassen können. Also suchte er zu vermitteln. Während des Jahres 19 reiste sein Sonderbotschafter, ein Lord Doncaster, in Europa herum, sprach vor bei dem Regenten Albrecht, bei dem Pfalzgrafen, bei Herzog Maximilian, bei Ferdinand, war überall zugegen, wo etwas geschah, zum Beispiel bei der Frankfurter Kaiserwahl, und erschien überall etwas lächerlich durch seine Unkenntnis der kontinentalen Angelegenheiten. Von Herzog Max ließ er dermaßen sich schmeichelnd verwirren, daß er nach London berichtete, der Herzog sei nicht im mindesten so, wie seine Gegner ihn ausmachten, vielmehr ein sehr freidenkender Herr und den Jesuiten ganz feindlich; längst hätte er dies Gewürm aus dem Land gejagt, wenn nicht der Respekt für seinen greisen, im Ruhestand lebenden Vater ihn daran hinderte. Die dem Weisen aus England vorgeschriebene Politik war aber diese: er sollte so es einrichten, daß »die böhmischen Stände von Niemandem weder im Kriegsruhm noch im Gehorsam gegen den Kaiser sich übertreffen ließen und durch ihre billige Gesinnung sich solcher Friedensbedingungen wert machten, deren Bewilligung für den obersten Herrn nicht schimpflich wäre und deren Annahme die Untertanen nicht zu bedauern hätten«. Bewundernswert formuliert; aber die Quadratur des Kreises. Kein Wunder, daß man Lord Doncaster mit einer höflich überdeckten Verachtung behandelte, und mit einer kaum noch verhohlenen seine Nachfolger, ein Gesandten-Paar, das, während der böhmische Konflikt seinem katastrophalen Ende zutrieb, in Wien und Prag noch immer milderes Wetter, ein wenig Vernunft oder Edelmut in beiden Lagern zu beschwören suchte.

Besser kannten die Franzosen die mitteleuropäischen Dinge. Aber die Zeiten Heinrichs IV. waren nicht mehr, die des großen Kardinals noch nicht. Zwielicht, Unsicherheit, innerer Konflikt herrschten in der gedehnten Epoche dazwischen. Die böhmische Revolution zu einem kraftvollen Stoß gegen das Haus Habsburg gebrauchen wollte man nicht und konnte man bei so beschaffener innerer Lage wohl nicht wollen. Andererseits schien ein vollständiger Triumph Ferdinands, die Verwandlung des verworrenen Stände-Gemeinwesens in ein Reich, wie das französische ungefähr war, auch nicht ersehnenswert. »Vermittlung«, freundliche Beilegung war darum das französische Ziel wie das britische, dort, wo es nichts mehr zu vermitteln gab. Vertrauter mit Süddeutschland als mit Böhmen, konzentrierte der französische Friedenswille sich zunächst auf die beiden deutschen Streit-Vereine, Liga und Union. Da kam, im späten Juni 1620, eine französische Gesandtschaft gerade zurecht.

Es geschahen jetzt, berichtet ein zeitgenössischer Chronist, »nit allein in Teutschland sondern auch in allen benachbarten Landen so große Zurüstungen und Kriegsbereitschaften, daß man leichtlich die Rechnung machen konnte, es würde ohne großes Blutvergießen nit abgehen . . . Weil sich nun deswegen beyde Theil samt ihren Helffern mit großem Ernst als zu einer bevorstehenden Tragödi gefaßt machten, warumb diese Zeit fast in ganz Europa allenthalben Krieg und Kriegsgeschrey, aller Orthen hörte man das Klingen der Waffen, das Schallen der Trompeten und das Schlagen der Trommeln und Heerpaukken, also daß es das Ansehen hatte, als wann der Krieg, so bishero in Böhmen geführet worden, nur ein Versuch und Probierung auf den künfftigen rechten Ernst, der allererst angehen sollte, gewesen were . . .« In Kriegsbereitschaft gesetzt hatten sich in Sonderheit die Liga und die Union, die letztere, bei Abwesenheit ihres Oberhauptes, unter der Führung des Markgrafen von Ansbach. Seit Juni lagen die Truppen beider Allianzen sich bei Ulm gegenüber. Nahm Herzog Maximilian die Seinen zurück, um sie gegen Böhmen zu führen, so ließ er einen schlagkräftigen Feind im Rücken – eine ungemütliche Situation und keine, in die der stets vorsichtig handelnde Fürst sich einzulassen gewillt war. Er forderte einen Vertrag dieses Inhalts: Liga und Union sollten einander nicht angreifen. Beide Gruppierungen wären jedoch frei, nach Belieben für Dritte oder gegen Dritte zu kämpfen; für oder gegen die Böhmen, für oder gegen den Kaiser. Unberührt von dem Vertrag würde auch der Regent der Niederlande bleiben; folglich frei zu sein, zu tun, was zu tun er vor aller Augen vorbereitete, nämlich das Stammland des Oberhauptes der Union, die Rheinpfalz, zu erobern. Wenn schließlich der Herzog, nicht als Direktor der Liga, sondern im Auftrag von Kaiser und Reich, die Acht an dem After-König von Böhmen vollzöge und als Exekutor die Pfalz besetzte, so sollte auch dies ihm ohne allen Widerstand erlaubt sein. Was Maximilian verlangte, lief auf eine Neutralisierung Deutschlands hinaus, auf Kosten der gesamten ständischen Conföderation in den habsburgischen Landen, wie auch der Pfalz, die doch ein blühender Teil Deutschlands war. Nahmen die Herren der Union, die Böhmen direkt gar nicht helfen konnten, wohl aber indirekt durch einen Schlag gegen die Liga, diese Bedingungen an, so erkauften sie einen höchst vorläufigen Frieden durch eine schwerwiegende, höchst einseitige Konzession. So handelten sie wie einer, der den Brunnen verstopft in eben dem Moment, in dem sein Haus zu brennen beginnt. Es war die französische Vermittlungsmission, geführt von dem Herzog von Angoulême, welche sie dazu überredete. Angoulême brachte zuweg, was Bayern allein nicht erreicht hätte; wobei ängstliche und schwankende Mitglieder der Union selber ihm assistierten. Der von französischen Federn entworfene Ulmer Vertrag war ein Sieg des Kaisers, bequem gewonnen. Er gab dem Herzog Max die Sicherheit, die er brauchte, der Union nur eine, die sie jetzt nicht brauchte und die ihr später nicht guttun würde. Auf dies Später hatten die Franzosen sich freilich einen ganz anderen Reim gemacht. Um das in Ulm begonnene Pazifizierungswerk zu vollenden, reisten sie nun die Donau hinunter nach Wien. Dort hausten sie noch nicht lange, als man sie über ein Ereignis informierte, das ihre Anwesenheit so überflüssig wie peinlich machte. Was aber geschehen wäre, wenn sie den falschen Ulmer Halbfrieden nicht vermittelt hätten, weiß kein Mensch. – Ein sonderbarer Unstern waltete über der Sache der Böhmen; noch die, die ihnen mit Maßen helfen wollten, trugen geradewegs zu ihrem Verderben bei.

Die Generalstaaten, unter dem Antrieb des Prinzen Moritz, schickten Geld nach Prag, 50000 Gulden im Monat, ein Tropfen auf den heißen Stein. Soweit der geistige und, mittelbar, der politische Einfluß der Holländer reichte, so war doch das, was sie quer durch Deutschland für Böhmen praktisch tun konnten, fast nichts; zumal sie ein Wiederaufflackern ihres uralten Krieges gegen Spanien jederzeit zu befürchten hatten. Sie, wie auch die Republik Venedig, wie auch Schweden und Dänemark, erkannten den neuen König rechtens an. Es fügt aber »Anerkennung« der Wirklichkeit nicht soviel hinzu, wie man wohl glaubt.

Also gab es eine gewaltige katholische Koalition; keine protestantische. Schlimmer und schlimmstens: im Frühjahr 1620 entschied auch das Oberhaupt der deutschen Lutheraner sich auf seine Weise. Kurfürst Johann Georg, er, in dem die Böhmen ihren natürlichen Protektor, vielleicht ihren zukünftigen Monarchen gesehen hatten, versprach, im Norden zu tun, was der Herzog von Bayern vom Westen und Süden her tun würde: Schlesien, die Lausitz zum Gehorsam zurückzuführen. Natürlich bedang er sich eine pfandweise Beute aus, die Markgrafschaften der Ober- und Niederlausitz; eine Transaktion, die sich als dauerhaft erweisen sollte. Übrigens – man hatte auch ein Gewissen – ließ er die Ungekränktheit seiner Glaubensgenossen von der Augsburgischen Konfession in Böhmen und den Nebenländern in den gewohnten, schwankenden, auslegbaren Klauseln sich zusichern.

Die Partie war nun weit gediehen. Der König bewegte sich noch, zu allerlei hauptstädtischen Vergnügungen im Winter, zu Huldigungsfesten in Brünn und in Breslau im Frühling. Unter der dünnen Glanzschicht war Düsternis; Fremdheit zwischen König und Untertanen, die keine mehr sein wollten, Zank zwischen Pfälzern und Tschechen, Zank zwischen den Ständen unter sich, Unruhe der gequälten Bauern, Zerrüttung der Finanzen, durch Prägung schlechter Münzen nur beschleunigt; Ahnung nahenden Unheils. Während des Winters, den der Pfalzgraf-König recht lustig verbrachte, so wie er es von seinem Heidelberg gewöhnt war, sind von einem einzigen böhmischen Regiment sieben Achtel der Männer, an die 3500, verhungert oder erfroren. Was nur erwarteten sich die Anführer von Truppen, die in der schlechten Jahreszeit solches erlitten, von der guten? . . . Der gewechselten Botschaften zwischen Friedrich und jenen, die er für seine Feinde dennoch nicht halten wollte, nach hundert Worten mühevoll endender Schachtelsätze voller selbstgerechter Klagen und Versicherungen unabänderlicher, leider nur bisher vergeblicher Friedensliebe, muß man nicht gedenken; sie füllten nur die Zeit. Auch nicht der Gefechte, die bis zum Sommer in Niederösterreich stattfanden; sie hielten nur hin.

Schlimme Zeichen deuteten auf schlimme Wirklichkeit. Das Übelste wurde aus Hamburg gemeldet. Dort erschien eines hellen Augusttages am Himmel ein Drache vom Südwesten, der aus weit aufgesperrtem Maule sein Feuer gegen Nordosten spie. Es bewegte sich vor ihm ein Heer von Reitern, je vier im Glied, während unter seinem Schwanz sieben Städte mit stumpfen Türmen lagen, nicht weit davon noch eine kleine Stadt, und dann noch vier Städte mit spitzen Türmen. Diesem greulichen Bilde kam nun aus Nordosten ein anderes entgegengerückt: ein großer Drache wiederum nebst drei geringeren, welche ihre Zungen nach dem von Südwest herausstreckten. Und die hatten bei sich viel Fußvolk, welches mit den Reitern zu scharmützeln begann. Indem langte aus Südwest ein Riese an mit einem langen weißen Gesicht, in weißem Harnisch, der half den Reitern und streckte das Fußvolk nieder. Allgemach verschwand das Bild aus Nordost in der Luft; das aus Südwesten aber blieb an die zwei Stunden sichtbar und sehr unerfreulicherweise, denn der Drache hörte nicht auf, die Städte unter ihm mit Feuer aus seinem Rachen heimzusuchen und sie mit seinem Schwanz zu peitschen ... Bezog der Triumph des West-Drachens sich auf die Heeresmacht, die nun aus Westen gegen König Friedrich heranzog?

Der Herzog von Bayern hatte es abgelehnt, Böhmen direkt anzugreifen. Weder wollte er sich über schwierige Pässe in verwüstetes Land wagen, noch einen ebenso schuldigen Feind, die Österreicher, unbestraft hinter sich lassen. Nachdem er die Union neutralisiert hatte, galt es zuerst, Oberösterreich in Bann zu schlagen, ein Beispiel zu geben, das andere Rebellen entmutigen würde, nebenbei sich die Möglichkeit einer Vereinigung mit den kaiserlichen Truppen offenzuhalten. 7000 Mann detachierte er gegen Furth im Wald, damit die Böhmen es sich nicht einfallen ließen, in seinem eigenen Bayern einen Gegenbesuch zu machen, und zu weiteren Zwecken. Mit dem Gros seines Heeres, 25 000 Musketieren, 5000 Reitern, auch reichlicher Artillerie, davon die stattlichsten Kanonen die Namen der Apostel trugen, bewegte er sich die Donau hinunter, von Regensburg gegen Linz. Der eigentliche Kommandeur war Tserclaes von Tilly, der mönchische alte Kriegskönner, dem Maximilian die militärischen Aufgaben bescheiden klüglich überließ. Für die Politik sorgte er selber.

Er fand keinen Widerstand. Delegationen der Oberösterreicher wohl, die anfragten, was er denn eigentlich wolle, da doch Friede und gute Nachbarschaft zwischen den Ländern sei. Proteste wohl; Widerstand nicht. Ohne Mühe konnte er in Linz einziehen, die Stände nötigen, ihm, als des Kaisers Commissarius, zu huldigen und ihre Truppen alsbald zu entlassen, so daß durch sie er seine eigenen vermehrte. Alles Übrige sollten die Unterworfenen später mit ihrem legitimen Herrn ausmachen; einstweilen sei er der Regent, in Kaisers Namen. »Mit Schriftwechsel«, bemerkte Maximilian wohlgefällig, »hätten sie

es zehn Jahre durch treiben können, wären mittlerweile Herren des Landes geblieben. Kommt aber dergleichen Streupulver nebst Federn in ein Land, an deren einer dreißig bis vierzig Rosse zu ziehen haben« – damit meinte er seine Apostel-Kanonen – »dann werden eilende Resolutionen bewirkt.«
Die Anführer der oberösterreichischen Stände, die wußten, daß für sie keine Gnade feil sei, entflohen nach Prag. Dort gab der Tüchtigste unter ihnen, Erasmus von Tschernembl, dem König gute Ratschläge die Menge. Zum Beispiel: »Man publiciere im Landt die Freyheit der Unterthanen und hebe auf die Leibeigenschaft . . . der gemeine Mann würde für seine Freyheit lieber sterben.« Der Adel solle in höchster Not alles beisteuern, was er besäße, die Militärwirtschaft endlich ehrlichen Leuten anvertraut werden . . . Die Barone, die doch alles dies angefangen und dafür die Verantwortung trugen, wollten auf ihre leibeigenen Bauern so wenig verzichten wie auf ihr Silber und Gold.
Gegen Prag wandten sich nun auch die Bayern, aber nicht geradewegs, sondern in allerlei Bewegungen, welche den Feind täuschen sollten. Es war auf niederösterreichischem Boden, daß sie mit den Kaiserlichen Kontakt nahmen. Die Böhmen oder Böhmischen – allzuviele tschechischer Zunge waren unter ihnen nicht – wichen nach Mähren aus; und war nun die Frage, ob man dort sie angreifen oder aber gegen Prag vorstoßen sollte, wodurch man ihnen immerhin die Möglichkeit bieten würde, zusammen mit Gabriel Bethlen noch einmal Wien zu bedrohen. Und wenn? Sie hatten es bedroht schon zweimal; ein drittes Mal, unter für sie so unvergleichlich hoffnungsärmeren Umständen, würden sie etwas Entscheidendes auch nicht ausrichten; wahrscheinlich aber es gar nicht anfangen, sondern ihre eigene Hauptstadt und Königsstadt zu retten versuchen. Die Rechnung erwies sich als korrekt. Christian von Anhalt, jetzt König Friedrichs Obergeneral, warf sich nach Böhmen, sobald er das Ziel der Feinde erkannte. – Wer wüßte das trübe Ende nicht?
Nach einigem Hin, Her und Herum standen in der Nacht vom 7. zum 8. November beide Heere einige Kilometer westlich von Prag einander gegenüber. Am Vormittag des 8. geschah die Schlacht, welche, nach dem Höhenzug, auf welchem Anhalt seine Regimenter nicht ungeschickt verteilt hatte, Bílá Hora oder am Weißen Berg genannt wird. Der Held unserer Erzählung war nicht dabei. Sein wallonisches Reiterregiment wohl, aber er selber nicht. Da wir nun noch Schlachten werden beschreiben müssen, die, wenn es wahr ist, daß Feldherrn Schlachten lenken, von Wallenstein gelenkt wurden, so dürfen wir dem Leser ein Gemälde des so oft Dargestellten für diesmal ersparen; obgleich einzuräumen ist, daß keine andere der vielen Schlachten des

Dreißigjährigen Krieges je etwas ganz, dauerhaft und endgültig entschied, während durch die Schlacht am Weißen Berg die Geschichte Böhmens für Jahrhunderte entschieden wurde. So sagen wir; und zweifeln, indem wir es sagen. Konnte eine einzige Schlacht dergleichen bewirken? Konnte es eine einzige Stunde Kampfes, in dem die eine Seite, Tschechen, Deutsche, Ungarn, Österreicher, von ein paar rühmlichen Ausnahmen zu schweigen, nicht eigentlich kämpfte, sondern nur sich zerstreuen und auseinanderjagen ließ, so daß die Sieger kaum 250 Erschlagene zählten? Es war nicht die numerische Übermacht der Bayerisch-Kaiserlichen – 28000 gegen 21000 Krieger –, die das Ende erklärt; die wäre wohl auszugleichen gewesen, hätten die Böhmischen ihre günstige Stellung zu einem rechtzeitigen Angriff benützt. Das, was in zweieinhalb Jahren versäumt, verschlampt und vertan worden war, konnte man in einer Stunde nicht zurückgewinnen. Die Schlacht am Weißen Berg war wie der Tod eines längst Sterbensreifen; der Zusammenbruch dieses »matten, kranken Regiments«, um das Wort eines englischen Beobachters zu wiederholen; eine bloße Bestätigung.

Endgültig, weil die ohnmächtigen Machthaber in Prag sie selber als endgültig nahmen. König und Königin suchten in der ersten, hektisch durchredeten Nacht in der Altstadt, welche die Moldau von den Siegern trennte, Sicherheit; am nächsten Morgen in der Flucht nach Breslau. Die geschlagenen Söldner, unbezahlte Plünderer und Meuterer seit Jahr und Tag, für neuen Widerstand zu organisieren, erwies sich als über Menschenkraft; wer dazu riet, wie der unerschütterliche Österreicher, Tschernembl, riet das Gute aber Unmögliche. Die Sieger hielten Einzug, wenige Stunden, nachdem die Besiegten Auszug gehalten hatten. Die Anführer der Stände, zuerst noch von Bedingungen redend, aber zur Antwort kühl auf die Machtverhältnisse verwiesen, erschienen drei Tage nach der Schlacht noch einmal vor dem Herzog von Bayern. Da hielt, für sie alle, Herr Wilhelm von Lobkowicz »mit tränenden Augen und weinender Stimme« eine schöne Ansprache: sie wüßten, wie sehr sie sich an Ihrer kaiserlichen Majestät versündigt, trügen nun bitteres Herzeleid daran und bäten alleruntertänigst um Verzeihung; nie, nie mehr würden sie einen anderen Herrn kennen außer Ferdinand II., ihn wollten sie fortan mit unverbrüchlicher Treue verehren; möchte doch der Herzog bei Ihrer Majestät ein gnädiger Fürsprecher sein . . . So strichen nun diese Staatsmänner den Ernst, den sie jahrelang froh und frech gespielt hatten, plötzlich aus, oder glaubten doch, daß sie es könnten. Im Allgemeinen neigte man dazu, Triumph und Unterwerfung, Sieg und Niederlage durch Wort und Pantomime stark zu akzentuieren; das eine durch prunkende Umzüge in Gold und Scharlach, Dankes-Gottesdienste zu brausendem Orgelklang, überaus harte Reden; das andere durch Weinen, Niederknien, reuige Selbstbezichtigungen. Das Dritte war der Spott, an dem die Masse der Unbeteiligten, nur Gaffenden sich ergötzte. Die hastig auf den Markt geworfenen, den Winterkönig in Wort und Bild mehr oder weniger witzig verhöhnenden Flugblätter überraschen uns nicht sonderlich. Was aber sollen wir zu jenem Franzosen sagen, den man ganz nackt durch die Straßen von Prag reiten sah, das Gesicht nach rückwärts, den Schweif des Rosses haltend, begleitet von drei Geigern, die seine obszönen Beschimpfungen des Königs und Königreiches mit ihrem Gewinsel begleiteten? . . . Die Bürger von Prag, ehedem so stolz, duldeten es ohne Murren. Sie hatten ganz anderen Jammer zu dulden; worüber demnächst. Der Drache lag über der Stadt mit Plündern und Mord; als die Sieger endlich Ordnung machten, war es eine, in der man die vielhundertjährige des Königreichs nicht mehr erkannte.

Siegers Rückkehr

Ein sächsischer Agent berichtete höhnisch: »Post magnum motum quiescit von Walstein, weil ihm die 96 Tausend Thaler auß der Ollmitzer Cassa anhero zu führen sehr schwer geworden.« Genügend beruhigt, verfügte der Oberst sich auf den südböhmischen Kriegsschauplatz. Er kämpfte, seine Leute kämpften in der Schlacht von Netolitz, welche für die Böhmen so mißlich ausging. Der Niederlage Mansfelds folgte ein Wüten der Kaiserlichen ringsumher, das Erobern fester Städte und Burgen. Es wurde Schloß Nové Hrad von einem Mitglied des Waldstein-Clans verteidigt, einem Slawata. Der Verwandte, dem man schmähliche Kapitulationsbedingungen diktierte, bat um die Fürsprache seines Oheims; Wallenstein blieb kalt. Er hatte kein Erbarmen mit den Menschen seines Blutes, wie sie, im gleichen Fall, keines mit ihm gehabt hätten. Auch gibt es kein Anzeichen dafür, daß der grausame Krieg gegen seine Landsleute, den er nun führen half, ihm Skrupel verursachte; weder jetzt noch später.

Der Oberst eines Regiments mit seinem Stab, Oberstleutnant, Oberstwachtmeister, Regimentssekretär, Proviantmeister, Wagenmeister, Quartiermeister, hatte beträchtliche Verwaltungsarbeit zu leisten. Die Bezahlung der Söldner und ihre Ernährung, soweit sie sich nicht durch Plündern ernährten, der Ersatz für die Gefallenen, die Kranken, die Deserteure, die Herbeischaffung der Rüstungen, der Waffen und Munition, die Verteilung der Quartiere, alles war seine Sache. Denn eine höhere Einheit als das Regiment gab es praktisch nicht. Die administrative Bedeutung des Hauptquartiers hat Wallenstein selber gewaltig erweitert; wovon später. Sie war gering, als er begann. Das heißt aber wieder nicht, daß ein Regimentsführer nur Schreibpult-Offizier gewesen wäre. Man erwartete von ihm, seine eigenen Leute taten es, daß er mitten unter ihnen kämpfte. In der Schlacht am Weißen Berg fielen auf der bayerisch-kaiserlichen Seite nur 250 Mann; es waren drei Obersten darunter und wohl ein Dutzend Kapitäne.

Kavallerie kannte man von zweierlei Art: Kürassiere und Arkebu-

siere. Die Kürassiere trugen schwere Panzer und noch Helme mit Visieren; auf Bildern ähndeln sie den Rittern alter Zeit. Ihre Waffen waren die Pistole und ein kurzer Säbel. Die Arkebusiere sollten sich leichter bewegen, rascher ausschwärmen können. Sie wehrten sich mit einem Feuerrohr, eben der Arkebuse; auch mit Spießen. Weil sie häufig oder im Ursprung kroatischer Nationalität waren, wurden sie gemeinhin Kroaten oder »Krabaten« genannt, auch wenn sie nicht aus dem Grenzland stammten.
Wenn nun der Oberst das Zeichen zum Angriff gegeben hatte, so jagte er wohl selber den Seinen voran, dem Feind entgegen, welcher guttat, nicht zu warten, sondern zum Gegenangriff blasen zu lassen. Von dem Treffen, was folgte, dürfte man genauer Weise nicht sagen, daß es sich in Einzelkämpfe auflöste. Es war von Anfang eine Vielzahl von Einzelkämpfen: indem ein Kürassier am andern vorbeiritt und, sich wendend, ihn in den Rücken schoß, welcher als weniger fest geschützt galt; oder das Pferd des feindlichen Nachbarn zum Stürzen brachte, worauf er ihn, mit Glück, niederreiten und erschlagen konnte; oder versuchte, ihn an seinem Bandelier vom Pferd zu ziehen; oder zweie, nah genug zusammen geratend, sich in die Arme schlossen und so beide von ihren Pferden gerissen wurden, worauf sie ihre schweren Pistolen einander auf die Köpfe schmetterten; nicht zu gedenken anderer Kunstfiguren, wie der eines nach hinten ausschlagenden und den Verfolger abhaltenden Rosses, oder eines, das so fest in der Hand des Reiters war, daß es ein anderes ansprang und biß, so daß es gute Gelegenheit gab, dem Gegner mit dem Schwert in die Öffnung des Visiers zu fahren oder die zwischen den Beinschienen und den Schenkelplatten sich bietende Blöße heimzusuchen. Waren es aber Musketiere, gegen welche die Reiter sprengten, so warteten die Ersteren besser ab; hielten den Rossen ihre langen Spieße entgegen oder schossen im rechten Moment mit ihren auf Ständern ruhenden Musketen. Verfehlten sie ihr Ziel, so waren sie übel daran. Im dichten Gewühl schlug auch wohl der Freund den Freund, denn es fehlten die uniformierenden Kennzeichen, außer der Farbe der Schärpen und dem festgelegten Schlachtruf. Irgendwie summierte die Vielzahl von Einzelmorden sich zu einem Ergebnis psychologischer Natur. Panik breitete sich aus; einer riß den andern zur Flucht. Der Angreifer durchbrach die Front des Angegriffenen, geriet ihm in den Rücken, geriet ihm in die Flanke, ein im Hintertreffen gehaltenes zweites Regiment, so und so viel Hundertschaften, kam nun erst hinzu, die Umzingelten warfen ihre Waffen weg und baten um Quartier . . . Ungefähr so. Und kein Zweifel, daß Wallenstein, der Kürassier-Oberst, in jenen Jahren, 19 und 20, mehr als einmal in Person einen Reiteran-

griff führte; verwundet wurde er aber nicht, auch später nicht, gar nie mehr ernsthaft seit 1604.
Mit seiner stark verdünnten Schar machte er jenen Rückzug nach Österreich mit, den Gabriel Bethlens Marsch auf Preßburg erzwang. Wir sind berichtet, daß, während der kaiserliche Oberfeldherr, der Spanier Buquoy, eines Abends das Städtchen Horn durchschritt, er zwei Vertretern der niederösterreichischen Stände begegnete, Sax und Buchheim mit Namen, und die Herren in ein politisches Gespräch zog, wobei er sich Wallensteins als Dolmetscher bediente. Es ging aber der Oberst über seine Funktion des deutschsprechenden Vermittlers bald hinaus, geriet in Zorn, gab den Österreichern schuld an den blutigen Wirren und wollte die Erwiderung, es hätten doch eigentlich die Böhmen den Krieg angefangen, nicht hören: die verdiente Strafe werde sie alle treffen. Ein anderer Spanier, der Oberst Don Balthasar Marradas, verdoppelte Wallensteins erregte Vorwürfe auf italienisch; und soll nur der Graf Buquoy während dieser Szene seine Würde nicht verloren haben . . . Bei Ulrichskirchen, nahe Wien, half Wallenstein den gefährlichen Rückzug über die Donau decken. Ob er es nur als Einer unter Anderen tat oder ausgenommene Heldentaten verrichtete, darüber streiten wir mit seinen Bewunderern und Detraktoren nicht. Er war in Wien während der Belagerung. Er kam wieder heraus nach Bethlens Abzug, aber mit so wenigen von seinen Leuten, daß er neue Werbungen in den spanischen Niederlanden anstellen lassen mußte. Darüber gibt es, vom letzten Tag des Jahres 19, einen Brief an Kaiser Ferdinand, der durch seine knappe Sachlichkeit frappiert. Briefe überhaupt, zumal aber an die Majestät, pflegten zur guten Hälfte Floskeln zu sein. Wallenstein erklärt schon im ersten Satz, was er braucht, warum er es braucht, welche Befehle der Kaiser zu geben hätte, damit er es erhielte . . . Anfang Januar, 1620, wurde ihm eine zweite Bestallung über 1500 Kürassiere und 500 Arkebusiere zuerkannt, ein Doppelregiment, wenn man ein gewöhnliches zu tausend Reitern zählt. Mehr Soldaten, mehr Einfluß. Auch: mehr Geschäft. Der Kommandant erhielt zur Verteilung an die ihm Gehorchenden die gesamte Soldsumme, wenn irgendwer sie erhielt; und damit Möglichkeiten zu trübem Gewinn. Denn erstens kannte man Kniffe, um den Kriegsknechten ihren Lohn zu kürzen. Zweitens pflegten die Obersten die Zahl der durch Tod oder Desertion Ausgefallenen, so lange sie konnten, zu verbergen; so daß sie Soldaten berechneten, die gar nicht mehr existierten, tote Seelen. Drittens gab es im Kriege oft Beute, Brandschatzungen, Lösegelder, wovon der Kommandant sich einen durch kein Gesetz bestimmten Anteil nahm, manchmal das Ganze, manchmal wenig. Zu Ende des Jahres 1620

wußte ein Anonymus aus Prag zu berichten, Wallenstein strebe danach, alle Soldateska außer seiner eigenen von Böhmen wegzuschaffen, »damit er alsdann mit den Seinen darinnen gubernieren könnte nach seinem Gefallen«. Natürlich war das noch Unsinn, einstweilen. Aber es zeigt, was man ihm zutraute.

Während er, Frühling 1620, sich an jener nur hinhaltenden, vorläufigen Kriegführung in Österreich beteiligte, packte ihn zum ersten Mal das Leiden, das in den folgenden vierzehn Jahren ihm das Leben sauer machen sollte. »Das Podagra habe ich Anno 1620 im April bekommen, aber geht bis dato noch gar gnädig damit zu . . .« Schlimmeres widerfuhr ihm im Sommer: »Anno 1620 im Julio bin ich auf den Tod krank gewesen, und die Krankheit vermein ich, daß ich mirs mit Trinken causiert hab; hätt auch sollen die Ungarische Krankheit werden, aber die Experienz und Fleiß des Medici ist dem halt zuvorgekommen.« So vermeinte er, weil Kepler ihm für ungefähr diese Zeit venerische Krankheit, wie auch durch Fallen, Springen, Kämpfen, andererseits durch Überfluß an Essen und Trinken verursachte Beschwerden prophezeit hatte.

Sein Doppelregiment kämpfte am Weißen Berg; aber nicht er selber. Mit einer unbedeutenden Truppenmacht ließ er sich gegen die Stadt Laun (Louny) detachieren, neunzig Kilometer nordwestlich von Prag, um die gegen Sachsen zu wohnenden böhmischen Gemeinden zu unterwerfen. Dort kam er in das Jagdgebiet des Kurfürsten Johann Georg. Wie abscheulich sich nun dieser falsche Freund Böhmens auch benommen und die Exekution gegen die Lausitz durchgeführt hatte, in dem Moment erst, in dem er eines glatten Ablaufes der Dinge auf dem Hauptkriegsschauplatz sicher sein konnte, so waren die nordböhmischen Gemeinden doch begierig, sich ihm zu ergeben, wenn sie sich schon ergeben mußten, und unter sächsische Obhut zu schlüpfen; der Kurfürst bewilligte liberalere Bedingungen als der Herzog Max, Glaubensfreiheit, Bewahrung der alten Privilegien. Wallenstein bestand demgegenüber auf dem Recht des Kaisers: daß die Bürger solcher Städte wie Saaz, Brüx, Aussig, Leitmeritz, Ellenbogen und andere mehr dem Kurfürsten huldigten, sei ganz gut, könne sie aber von der Pflicht, ihm, als dem Vertreter der Majestät, den Eid zu leisten, nicht freimachen. »Derowegen ermahne ich euch nochmals, daß ihr kein einzige Dilation nicht nimt, sondern alsbalden den schuldigen Aidt leistet, im widrigen sollte euch sehr gereuen, aber zu spät.« So an die Bürger von Brüx; so war nun sein Stil. Die Abgesandten der Stadt wußten zu berichten, »daß der Herr Albrecht von Waldstein gar ein freundtlicher Herr, aber daneben so scharf und ernst sey, was er in Sinn nehme, das müsse seinen Fortgang erreichen, und ließe nicht

nach . . .« »Gar freundlich« mochte Einsicht und gemessene Höflichkeit bedeuten; das Übrige: knappen Befehl; bündige Verneinung alles verzögernden Herum- und gelehrten Sich-Herausredens, welches eine beliebte Kunst war; Drohung. Drohen konnte er einstweilen nur schriftlich. Nach der Schlacht am Weißen Berg wußten die meisten Städte, was die Stunde schlug.
Er war in Prag, stand im Umkreis des Herzogs von Bayern an jenem 11. November, an dem die böhmischen Stände durch den Mund des Herrn von Lobkowicz so jämmerliche Abbitte leisteten. Mit welchen Gefühlen er sah und hörte? Verachtung? Schadenfreude? Verlegenheit, Mitleid, Scham? Ich würde glauben, mit sehr wenig Gefühl, dem der Herzensweichheit am wenigsten. Jedoch mit dem Bewußtsein, daß, wenn man es klug machte, hier und jetzt, in den kommenden Monaten, eine enorme Gelegenheit wäre.
Im Dezember besichtigte er flüchtig einen nicht weit von seinem Geburtsort gelegenen Güterkomplex, der den Smiřický gehörte, dieser ihm so nahe verwandten, während der Rebellion stark kompromittierten Familie. Anfang Januar ließ er aus Mähren 1300 Fässer Wein in das eroberte, nahrungsängstliche Prag schaffen und verkaufen; wir kennen die Größe des Gewinnes nicht. Damals lag er wieder im Bett oder gebrauchte, wie er sich in einem italienischen Brief an seinen Oberkommandanten Buquoy ausdrückte, eine vierwöchentliche Kur; was ihn an der emsigsten Tätigkeit nach verschiedenen Seiten nicht hinderte.

Die neuen Herren

»Sie begehren nichts als Geld und Blut«, berichtete, noch im November, ein Abgesandter des Kurfürsten von Sachsen, der doch selber für alles, was nun begann, ein gerütteltes Maß von Verantwortung trug. Ein Unbekannter, aus Prag, einen Monat später: »Das Morden geht nunmehr auch an, und gereuet jedermann, daß man sich anfangs nicht lieber bis auf den letzten Mann gewehret.« Hier lag ein besonders Widerwärtiges: Es wurde ein Sieg bis zur Neige gekostet, der allzu leicht errungen worden war. Die Besiegten hatten nicht wirklich, nicht wirksam gekämpft; nicht mit dem Ernst, den ihr Unternehmen erforderte. Ihre Revolution war keine echte gewesen. Die Gegenrevolution wurde echt.
Daß sie aber, wie behauptet wird, durch milde Versprechungen zum Niederlegen der Waffen verlockt und nachher betrogen worden seien, diesem Urteil können wir nicht beistimmen. Wenn sie sich Illusionen

machten, so taten sie's aus eigener Phantasie. Als Herzog Maximilian den Stände-Vertretern großmütig erklärte, er glaube ihnen immerhin ihr Leben zusichern zu können, waren sie bereits wehrlos. Auch konnte der Herzog, der nur als Beauftragter des Kaisers handelte, ihnen etwas Zuverlässiges gar nicht versprechen. Für seine Person schrieb er an Ferdinand: wenn er ihn auch vor dem Publikum um Gnade für die Rebellen bäte, so sei es nur der Form halber, und solle sich die Majestät doch ja dadurch nicht beirren lassen. Man müsse das Eisen schmieden, solange es weich, und ein für alle Mal ein Exempel geben. Übrigens stünden die Dinge in Böhmen keineswegs so gut, wie der Zusammenbruch der Rebellion es erscheinen lasse. Noch schwele es in den Gemütern; das, was die kaiserlichen Offiziere und Soldaten den Böhmen, katholischen wie protestierenden, wahllos antäten, sei nicht geeignet, sie zu beruhigen. Das sollte von nun an viele Jahre so hin und her gehen: Die Bayern warfen den Kaiserlichen »Exorbitanzien«, Plündern, Brennen und Morden vor, die Kaiserlichen es den Bayern . . . Nachdem er so seinen Auftraggeber teils angespornt und teils gewarnt und nach seinem Begriff alles in allem vorzügliche Arbeit geleistet hatte, kehrte Maximilian nach München zurück. Zu seinem Vertreter, oder indirekten Vertreter des Kaiser-Königs, oder Subdelegierten ernannte er den Fürsten Karl von Liechtenstein.

Dieser erfahrene Ständepolitiker, Hofmann, kalte, kluge Fuchs hatte die kaiserliche Armee schon auf ihrem Marsch gegen Prag begleitet, als Chef gleichsam einer zukünftigen Militär-Regierung. Es ging ihm dabei zur Hand Herr Paul von Michna, vor 1618 und jetzt wieder Sekretär der böhmischen Hofkammer. Michna, ein Serbier von Geburt, eines Metzgers Sohn, dank passend-unsympathischer Talente in die nächste Nähe der Macht gekrochen, hatte in den Zeiten des Kaisers Matthias sich als einer der katholischen Scharfmacher bewährt und den großen Konflikt so sehr anblasen helfen, daß Emigranten gemäßigteren Schlages, zum Beispiel Adam von Waldstein, ihm geradezu vorwarfen, der intrigante Fanatiker sei schuld an ihrem gemeinsamen Elend. Nun waren sie nicht mehr im Elend; Michna nicht und Adam von Waldstein, der sein Amt als böhmischer Obersthofmeister wiederum antreten konnte, auch nicht. Nun waren sie alle lustig zu Ratschlägen für die effektvollste Zähmung des Landes, die Bestrafung der Rebellen; nun steckten sie voller Pläne für die Wiedergutmachung ihres erlittenen Sachschadens, nicht zu reden von dem seelischen Martyrium, das sie hatten durchmachen müssen und das, wenn überhaupt, nur mit sehr viel Geld wieder gutzumachen war. Jaroslaw von Martinitz und Wilhelm von Slawata, die beiden aus dem Fenster gestürzten Granden, Erzbischof Lohel von Prag und Abt Caspar Questenberg von Strachow, die vertriebenen und nun zurückkehrenden Jesuiten, die Franziskaner und Minoriten, sie alle inspizierten ihre heruntergekommenen Besitztümer nicht ohne Genugtuung; reichlich würde da sein, was sie entschädigen und darüber hinaus belohnen könnte. Über den Ruin seiner mährischen Güter, den jahrelangen Verlust an Einkünften konnte auch Wallenstein eine Rechnung vorlegen. Als die Markgrafschaft sich Ende Dezember unterwarf, ging es dort nicht wesentlich anders zu als in Böhmen. Hier durfte der Kardinal von Dietrichstein, ehedem Springhase von Fluchtort zu Fluchtort, nun die Rolle spielen, die sein alter Freund und Widerpart, Liechtenstein, in Prag spielte; und tat es mit Freude, und tat es gründlich.

Zu denen, die durch Verluste, Exil und Todesgefahr, oder durch Leistung ihr Recht auf Siegerlohn klar nachweisen konnten, kamen bald zwielichtigere Gestalten. Mancher gratulierte sich laut zum Zusammenbruch der Rebellion und tat so, als wäre er nun von einer hassenswerten Last befreit, von dem man dergleichen Gefühle gar nicht erwartet hätte. Die mährischen Herren machten in Wien geltend, sie hätten nur sich der Übermacht des Grafen Thurn gefügt und wären andernfalls, Mai 19, wohl alle zum Fenster hinausgeflogen; wofür sie das Beispiel ihres nun sehr nützlichen Fürsprechers, Karls von Zierotin, bieten konnten. In ganz Mähren seien nur drei bis vier Männer Aufständische aus Überzeugung gewesen. Hochgegriffen war die Zahl kaum. In Prag, nicht zu reden von den Vielen, die im Vorzimmer des frechen und gierigen Sekretärs Michna Schlange standen, belästigte der steinreiche Ritter Rudolf Trčka die Militärregierung mit Glückwünschen und Forderungen: welche Qualen hatte er nicht unter den Rebellen auszustehen gehabt! Den Eingeweihten klang das neu; sie hatten es nie anders gehört, als daß Trčka auch unter König Friedrich ein rüstiges, jedenfalls ein völlig ungekränktes Mitglied des Landrechts gewesen sei. Trotzdem gelang es dem Ehepaar Trčka, wie auch seinem jungen Sohn, Adam Erdmann, sich in die Schar der Sieger und neuen Herren hinüberzumanövrieren und gewaltigen Vorteil daraus zu ziehen. Nicht weniger merkwürdig ging es mit den Brüdern Kinsky zu. Von ihnen war einer, Ulrich, den Heldentod fürs Vaterland gestorben, zu seinem Glück; denn daß er am Fenstersturz aktiv mitgewirkt hatte, daran gab es nichts zu deuteln. Wenzel Kinsky, der Erzintrigant, konnte Ärger vorweisen, den er mit den Ständen zur Zeit herrschenden Unrechts wirklich und glücklich gehabt, der aber gar nichts mit Kaisertreue zu tun hatte, sondern ein Ergebnis seiner privaten Schliche und Überheblichkeiten gewesen war. Zu den dreißig

Hauptschuldigen, den Direktoren, hatte Wilhelm Kinsky gehört. Aber nicht sehr lange oder nicht sehr feurig, oder welche Umstände sonst noch seinen Fall milderten – jedenfalls, Wilhelm und Wenzel blieben ungeschoren, sie konnten ihren Besitz erhalten und erweitern. Was soll man vollends zu dem Obersten Grafen Heinrich von Schlick sagen, der noch am Weißen Berg für die Rebellen kämpfte und erst danach, danach aber sofort, seinen Pakt mit Kaiserhaus und Kaiserkirche schließen durfte, so daß ihm nun im Kaiserheer eine glänzende Laufbahn bevorstand? Ein Vetter Schlicks, der Graf Joachim Andreas, wurde demnächst mit dem Schwert vom Leben zum Tode gebracht. Dieser aber starb in der Reife der Zeit als Feldmarschall und Präsident des Wiener Hofkriegsrates und Ritter vom Goldenen Vliese . . . In dem nun beginnenden Gewühl von Prozessen war es nicht *nur* eine Frage der Schuld, wie einer vorwärts, davon oder nicht davon kam; Glück, dreiste Geschicklichkeit, Beziehungen hatten auch was damit zu tun.

Kaiser Ferdinand mit seinen Räten, den Herren von Eggenberg, von Harrach, von Trauttmansdorff und anderen, deren Bekanntschaft der Leser noch machen wird, besaß keinen Plan für die Neuregelung der böhmischen Dinge. Es war hier das Praktischste, sich gar nicht festzulegen. Dem Krieg, der ein Krieg im völkerrechtlichen Sinn allerdings nicht gewesen war, folgte kein Friedensschluß. Genaugenommen war er noch nicht einmal zu Ende. Gabriel Bethlen, sehr bitter über das, was er als Verrat der Böhmen und Mährer ansah, hielt sich noch immer in Oberungarn; so der Privat-Kriegsunternehmer, Graf Ernst von Mansfeld, sich in der Gegend von Pilsen und in der Oberpfalz. Die meisten, aber nicht alle Städte Böhmens hatten kapituliert. Der flüchtige Pfalzgraf weigerte sich, die vollzogenen Tatsachen anzuerkennen und die beleidigte Majestät um Verzeihung zu bitten. Schlesien war einstweilen noch unentschieden; wenigstens einer der schlesischen Fürsten, der Markgraf von Jägerndorf, grimmig entschlossen, das verlorene Spiel doch noch unverloren zu machen. Nicht anders Matthias von Thurn. Er floh nicht nach Norden, sondern südwärts, zuerst nach Brünn, dann in das Feldlager Bethlens, zuletzt nach Konstantinopel, um den Großtürken zum Krieg aufzuhetzen. Ferner gab es noch immer die deutsche Union, die in Böhmen hätte eingreifen *dürfen*, und es nicht getan hatte, und deren Anführer sich nun ratlos, aber noch nicht entwaffnet fanden. Schließlich brodelte es im Böhmerland, wenn nicht auf den Straßen der Städte, wo der Bürger dem Soldaten ängstlich aus dem Wege ging, so doch in den Seelen; um so trüber, je härter die Dekrete der neuen Machthaber wurden. Die Schlacht am Berg war ein entscheidender Sieg gewesen, ein folgenschwerer, aber ein billiger; die Sorge, es könnte am Ende doch nur ein Scheinsieg gewesen sein, kam vorausdenkenden Politikern wie dem Herzog von Bayern nie aus dem Sinn. In solcher Situation war es wohl praktisch, nicht zu sagen, was man tun werde, durch keinerlei Statut sich zu binden. Aber gefährlich war es auch, weil es die allgemeine Rechtsunsicherheit steigerte, Hunderttausende, die in irgendeiner noch so dürftigen Funktion mit Rebellenregierung und Winterkönig zu tun gehabt hatten, nicht wußten, ob und wie man sie bestrafen werde. Das, wiederum, tat dem Wirtschaftsleben schlecht.

Andererseits war der Kaiser-König in Geldnot; bis über die Ohren verschuldet dem Herzog von Bayern, der die Bezahlung seiner gesamten Kriegskosten erwarten durfte, wie den Obersten seines eigenen Heeres. Also hatte man sich, lange vor dem Weißen Berg, vorgenommen, die Güter der Rebellen zu konfiszieren. Zwar fehlte es nicht an Schlauen, die zu bedenken gaben, ob es nicht besser wäre, selbst den Schuldigsten ihren Besitz, oder einen Teil davon, zu belassen, dafür ihn aber mit einem starken Tribut zu belegen; die Herren würden dann das Äußerste aus ihrem Land herauswirtschaften, um nur zahlen zu können, und dem Sieger ein schönerer Gewinn blühen, als der Verkauf des Konfiszierten, aller Wahrscheinlichkeit nach weit unterm Wert und unter mehrerlei üblen Begleiterscheinungen, verspräche. Diese ökonomisch Rechnenden wurden überstimmt. Die Konfiskation war das Einfachere, war die vollere Rache und würde überdies, was man nur im intimsten Kreis aussprach, Böhmens protestantischem Adel ein für alle Mal den Lebensmut nehmen.

Unbezweifelt war auch im Grundsatz, daß die alte Ordnung, samt dem Majestätsbrief des Kaisers Rudolf, nicht mehr galt, oder doch nur so weit, wie man es sich belieben lassen würde, sie zu dulden. Ganz ohne Kraft sollten alle rechtlichen Transaktionen, Ernennungen, Eintragungen in die Landtafel sein, die unter den Rebellen vollzogen worden waren.

Nicht so fest stand, was doch des frommen Ferdinand brennendstes Interesse war: die Lösung der Religionsfrage. Immer war es die These der Rebellen gewesen, daß es nur um Religion gehe und um nichts sonst; immer die Gegenthese der Kaiserlichen, daß es um Religion überhaupt nicht gehe, sondern um weltlichen Aufruhr. Darum, und auch aus Rücksicht auf den sonderbaren Bundesgenossen, den Kurfürsten Johann Georg, mußte man in Religionssachen vorsichtig prozedieren, vorsichtiger als dem Sieger lieb war; wobei, wer Charakter und Vorgeschichte Ferdinands von Steiermark kannte, dennoch ahnte, wie es enden würde. Es endete so, aber nach Jahren; es traf die

Calviner, die Brüdergemeinde, die Anhänger des »Böhmischen Bekenntnisses«, zuletzt die Lutheraner, es traf die Untertanen der Geistlichkeit, die königlichen Städte, die Untertanen des Adels, den Adel selber Schritt für Schritt. Regelmäßig war dabei die Begründung, man wolle nicht den Glauben treffen, sondern die aufrührerischen weltlichen Gesinnungen und Taten, zu welchen der Glaube Anlaß gab.
Fürst Liechtenstein fühlte sich etwas einsam in seinem Amt, trotz der lukrativen Möglichkeiten, die es ihm bot und die er weidlich ausnützte. Einmal bürdete es ihm ein gerütteltes Maß an Arbeit auf, die zu delegieren es ihm an geschulten Hilfskräften fehlte. Zum andern war er selber zu sehr Standesherr, zu lange Jahre zu sehr verwickelt in die ständischen Angelegenheiten Mährens und Böhmens, als daß die wirtschaftliche oder physische Vernichtung des Adels ihm nicht trotz allem etwas peinlich gewesen wären; zu klug, um nicht die Folgen der schärfsten Straf- und Racheakte zu erwägen. Öfters sehen wir ihn zögern, aufschieben, zur Vorsicht raten. Obgleich aber sein Amt von dem eines bloßen »Subdelegierten« bald in das eines königlichen Statthalters, eines eigentlichen Vizekönigs verwandelt wurde, eine Würde, die es vordem in Böhmen nie gegeben hatte, blieb er doch nur ein Ausführer der aus Wien ihm zukommenden Befehle, der »gnädigen« und der »gestrengen«; und gab regelmäßig nach. Was hatte der König, wenn man ihm gefällig war, jetzt nicht alles zu verschenken? Was hatten die Geschlagenen zu bieten?
Am 20. Februar, dreieinhalb Monate nach dem Weißen Berg, erhielt der Statthalter Befehl, die gewesenen Direktoren zusamt zweiunddreißig anderen Staatsverbrechern ohne weiteren Verzug in Gewahrsam zu nehmen; was er denn am Nachmittag besorgte, zusammen mit dem bayerischen Generalleutnant, Graf Tilly, und dem Obersten Wallenstein. Eine Überlieferung will, Tilly habe die Bedrohten noch im letzten Moment warnen lassen. Trifft das zu, so verhielt er sich nobler als Wallenstein; was möglich ist. Helfen konnten seine Winke den Opfern nicht mehr. Auch die oft gestellte Frage, warum sie denn, »in unbegreiflicher Verblendung«, so lange in Prag blieben, hat wenig Sinn. Fliehen müssen hätten sie gleich nach der Schlacht, und zwar sehr weit; nach Konstantinopel wie Thurn, nach Dänemark wie Christian von Anhalt, nach Berlin, Holstein, zuletzt nach Den Haag wie König Friedrich mit seinen pfälzischen Beratern. Jene, die sich in Sachsen aufhielten, lieferte der Kurfürst unbarmherzig ans Messer; dem mährischen Obersten von Tiefenbach, der in die Schweiz gereist war, nicht so sehr als Flüchtling, sondern um in Bad Ragaz Erleichterung von den Schmerzen der Gicht zu suchen, geschah es, daß der

Landvogt von Sargans ihn, unter dem Beifall der katholischen Stände Luzern, Zug und Nidwalden, obgleich gegen den Protest der Zürcher und Glarner, dem Erzherzog Leopold überantworten ließ, so daß er in Innsbruck prozessiert und enthauptet werden konnte; worüber, berichtet der Chronist, »in vielen unterschiedlichen Orten, gemeinen Eidgenossen zur Verkleinerung, ganz spöttlich geredet wurde« . . . Der Arm des Hauses Habsburg reichte jetzt weit.

In Prag konstituierte sich ein Sondergerichtshof, mit eigener Charta und einem Fragebogen von 236 Punkten; das böhmische Landrecht selber, für die Aufgabe ohnehin nicht in Betracht kommend, war aufgelöst. Des Scheines halber hatte man eine gute Anzahl böhmischer Beisitzer ernannt, aber nicht alle Eingeladenen fanden sich bereit dazu, nicht Slawata, nicht Martinitz; dagegen Adam von Waldstein. Fürst Liechtenstein übernahm den Vorsitz. Ein paar gelehrte Juristen, Reichshofräte und österreichische Regierungsbeamte zuverlässigen Charakters, sorgten dafür, daß alles Rechtens zuginge – insoweit Sieger-Juristen für so etwas sorgen konnten. Weil man die während der Rebellion Verstorbenen sinnvollerweise nicht zum Tod verurteilen konnte, so wurden sie durch Proklamation ihres gesamten Besitzes für verlustig erklärt; die lebendig und glücklich Geflohenen traf beides, pauschales Todesurteil und Konfiskation.

Es gab solche, die waren geflohen, aber nicht aus Böhmen, sondern verbargen sich irgendwo. Der Graf Joachim Andreas Schlick, beispielsweise, ehedem Wortführer der sächsischen Partei, hatte in dem Schlosse Friedland bei seinem Verwandten, dem Freiherrn von Redern, Zuflucht gesucht. Das feste Schloß liegt im nordöstlichen Böhmen, auf einem steilen, nur von der Nordseite zugänglichen, waldumzogenen Basaltberg, zwei Meilen vom sächsischen Zittau, auch Schlesien benachbart. Ein strategisch wichtiger Ort, durch seine Mauern ringsum Frieden sichernd; daher der Name. Schlicks Leute leisteten keinen Widerstand, als die Sachsen eindrangen, und es half ihm nichts, daß er im Jahre 19 selber in Dresden gewesen war, um dem Kurfürsten die böhmische Krone anzubieten. Nun mußte er Dresden noch einmal besuchen, als Gefangener; von wo er nach Prag geschafft wurde. Redern entkam nach Polen. In die Festung Friedland legte Wallenstein eine Garnison.

Auch verweigerte er nicht die Pflicht, den Freiherrn Christoph von Harant gefänglich einzuziehen; einen weitgereisten Mann, Musiker und Schriftsteller, der ein Werk über den »Weg in das Heilige Land« verfaßt, danach, obgleich katholischer Religion, sich an dem Aufstand beteiligt hatte. Am Tore der Burg Pecka lud Wallenstein den Standesgenossen ein, in seine Kutsche zu steigen, um die sich bewaffnete Reiter tummelten. Was die Herren während der Fahrt sprachen, weiß ich nicht, aber daß sie plauderten, ist glaubhaft, denn die vom Adel blieben höflich zueinander, auch wenn Einer den Anderen in den Tod kutschierte. Der Weg führte sie über Gitschin, unweit Hermanitz, dem Geburtsort.

Der Untergang des Hauses Smiřicky

Gitschin war Hauptsitz einer der Herrschaften, welcher der Familie Smiřicky von Smiřice gehörten, dieser mächtigen, unserem Helden nahe verwandten Familie. Mit ihr ging es nun sturzweis bergab; was teils durch die Politik, anderen, ja überwiegenden teils durch intrafamiliäre Ereignisse zu erklären ist. Eine Novelle, im Rahmen unseres Romans, und eine, die uns in der Zeit ein wenig zurückführt.
In zwei Hauptlinien geteilt, war das Haus Smiřicky zu Beginn des Jahrhunderts wohl das reichste in Böhmen. Was es zu seinen Hofhaltungen brauchte, lieferten ihm siebzehn gewaltig ausgedehnte Güter, zumeist in Ostböhmen gelegen, in der Gegend, die man heute das »böhmische Paradies« nennt. Schlösser wie das uralte, neuerdings im italienischen Stil erweiterte Nachod, wie Skal, wie die von zwei bizarren Kegeln in die Ferne grüßende Burg Trosky, wie Schwarzkosteletz, wie die düstere Kumburg, wie der Palast am Marktplatz zu Gitschin, wie Aulibitz, Dub, Friedstein gaben Kunde vom Glück der Smiřicky. Ihr Eigentum bestand zu einem Teil aus Allodialgütern, das hieß, aus frei vererblichen oder verkäuflichen; zum anderen aus einem um die Stadt Schwarzkosteletz zentrierten Fideikommiß, einer Masse also, die auf den jeweils Ältesten des Hauses überging, die männlichen Erben zuerst, wenn aber keine mehr da waren, die Frauen. Diese Einrichtung hatte einer von der Skaler Linie getroffen, Jaroslaw, welcher 1597 starb. Sein Bruder Albrecht saß auf Nachod und dessen Tochter, Markyta, wurde die Mutter Wallensteins. Eheverbindungen zwischen den Waldsteins und den Smiřickys hatte es wohl schon früher gegeben; auch das Waldstein'sche Urschloß stand im »Paradies« oder doch an seinem Rande. Unter anderen Ein- oder Angeheirateten finden wir die Hasenburgs, Slawatas und Wartenbergs, alle ein einziger groß-böhmischer Clan, obgleich einer, dessen Zugehörige gleichgültig, oft erstaunlich böse gegeneinander behandelten.
Als die Skaler Linie ausstarb, vereinigte Sigmund Smiřicky auf Nachod den gesamten Besitz in seiner Hand. So reich war er und so geschickt in der Vermehrung seines Reichtums, daß er bei allem, was sein kultivierter Hofstaat ihn kostete, jährlich 100000 Taler beiseite

legen konnte; und müßte also im Moment seines Sterbens, 1608, Millionen in Gold besessen haben. Nun gingen die Allodialgüter an seine drei Söhne Jaroslaw, Heinrich, Albrecht; das Majorat an Jaroslaw, den Ältesten. Aber der starb schon nach drei Jahren, und sein Oheim, Albrecht Wenzel, der ihm im Fette nachfolgte, nach weiteren drei. Übrig blieben von dem unlängst noch so vielverzweigten Hause nur die beiden Söhne Sigmunds, Heinrich und Albrecht, nebst zwei Töchtern, Elisabeth und Margareta Salomena.

Mit dem, der eigentlich Majoratsherr hätte werden sollen, Heinrich Georg, stand es ungut. Er wurde gemeinhin »der Blöde« genannt, sein Vetter Wallenstein nennt ihn regelmäßig so. Mich deucht, daß er nicht so sehr von schwachem Verstande war, wie das Wort »blöde« vermuten lassen könnte, sondern unheilbar verrückt. Immerzu, schreibt der Oberst Aldringen 1627 an Wallenstein, sei der gnädige Herr »vielerlei Zuständen und Einfällen unterworfen« und nur, wer seine »complexion und blödige zustendt« gründlich kennte, wäre in der Lage, ihn zu kontrollieren. Die Diener, welche man dem Blöden hielt, taten den Dienst von Irrenwärtern. Also übernahm das Majorat der jüngste Bruder, Albrecht Jan; es ist nicht völlig klar, ob als Vormund für den Blöden oder als Fideikommißbesitzer aus eigenem Recht. Als solcher wurde er jedenfalls in die böhmische Landtafel eingetragen, und darauf kam es an. Die Allodialgüter hätten zwischen beiden Brüdern, dem Dunklen und dem Hellen, geteilt werden müssen, was aber, weil praktisch ohne Bedeutung, nicht geschah; eine Schwester bekam Geld.

Glanz, Talent und Tugenden des böhmischen Adels, so wie er vor Jahrhunderten gewesen, jetzt aber nicht mehr war, leuchteten noch einmal in der Figur des jungen Albrecht Jan. Daß in *seinem* Palast an der Prager Kleinen Seite der Fenstersturz besprochen wurde, daß er an dem Attentat auf dem Hradschin mitwirkte, wollen wir dem Jüngling nicht zum Vorwurf machen, denn ihm war es Ernst mit der Religion und mit dem Vaterland. Er wies es, indem er sein Vermögen in die Schanze schlug, ein Regiment aufstellte und pünktlich bezahlte; wohl die einzige böhmische Waffeneinheit, der solches geschah. Trotz seiner großen Jugend – er zählte ganze 22 Jahre – wurde er in die Direktoratsregierung gewählt; ja, Einige wollten ihn gleich zum König machen, und daß er ein besserer gewesen wäre als der Pfalzgraf, soviel ist sicher. Er kannte Europa, er hatte wie Zierotin in Genf studiert, wie Wallenstein ein Jahr in Italien verbracht. Auf einer seiner Westreisen verlobte er sich mit einer deutschen Prinzessin, Elisabeth von Hanau, Nichte der Prinzen von Oranien, auch mit dem pfälzischen Hofe nahe verwandt. Durch diese Heirat, die im Jahre 1618 unmittelbar bevorstand, wäre Albrecht Jan ein Mitglied der großen protestantischen Fürstenverbindung geworden, die von Holland nach der Pfalz, von der Pfalz nach England ging, der auch die Häuser Brandenburg, Dänemark, Schweden und selbst der Siebenbürger nahestanden und der man entscheidende Schlagkraft zutraute; wir wissen, sie machte keinen rechtzeitigen Gebrauch davon. Aus der Heirat wurde ohnehin nichts. Als Soldat seinen Körper so rücksichtslos wagend wie als Politiker sein Vermögen, erkrankte Albrecht Jan im feuchtkalten Felde an einer Entzündung seiner Lungen; und da es gegen dies Leiden kein Mittel gab, so lag er eines Spätherbsttages auf seinem Totenbett, so schön, daß man wohl noch der zartwächsernen, von einem Jünglingsbart umrahmten Maske des Toten hätte verfallen können, auch schön angetan mit Pluderhosen, Sammetmantel und Spitzenkrause, die Hände über der Bibel gefaltet. – Noch glaube ich, wenn überhaupt einer die böhmische Rebellion hätte zum Sieg führen können, so wäre es Albrecht Jan Smiřický gewesen. – Seinen Tod betrauerten, wie man so sagt, die Schwestern, Elisabeth und Margareta, und der Blöde, falls der Notiz davon nahm; außer Landes aber ein Vetter, oder Vetter zweiten Grades, Wallenstein.

Leider hatte Elisabeth vor langen elf Jahren sich so blamiert und weggeworfen, ein zärtliches Verhältnis mit einem Bauernsohn zu beginnen. Seitdem, nach Entdeckung der Schande, lebte sie als Familiengefangene im Schlosse Kumburg; ob in Turm oder Burgverlies, wie die gemeinen Leute, oder in ein paar hart möblierten Kammern, weiß ich nicht.

Die Jüngere, Margareta, wird uns als ein vielleicht törichtes, aber gänzlich unschuldiges Wesen geschildert; von solchen Geschichtsschreibern zumal, die Wallenstein feindlich gesinnt sind und über die angebliche Weise, in welcher er die junge Frau um ihr Vermögen prellte, gern sich empören. Ein gar so lieber Charakter kann aber Margareta Salomena nicht gewesen sein. Wäre sie's gewesen, so hätte sie dafür gesorgt, daß, nun der strenge Vater und der ritterliche Bruder tot waren, die um die Nachgiebigkeit ihres Fleisches überreichlich bestrafte Elisabeth endlich in Freiheit käme. Das tat aber Margareta Salomena wohlweislich nicht. Denn solange die ältere Schwester erbunwürdig im Gefängnis saß, war sie selber, Margareta, der Vormund des Blöden und im Genuß aller Güter des Hauses Smiřický. Diesen Zusammenhang zu erkennen war die Frau trotz ihrer Jugend gewitzigt und hartherzig genug; wobei es sein kann, daß ihr Gatte, Heinrich von Slawata, ihr die passenden Argumente ins Ohr blies. Herr Heinrich wiederum war der Bruder Wilhelm Slawatas, des aus dem Fenster Gestürzten; hatte zugesehen, wie man Wilhelm zum Fenster zerrte und hatte nicht gehört oder höhnend geantwortet, als der Bruder den Bruder um Erbarmen anrief. Schön war auch nicht, was die Eheleute Slawata nach dem Tode Albrecht Jans praktizierten. Um in das Generalerbe einzutreten, brachte Herr Heinrich den politischen Einfluß ins Spiel, den er als verdienter Revolutionär besaß; Margareta aber Geld, indem sie das Haupt der Direktoren, Wenzel von Ruppa, mit 50000 Talern bestach. Die Summe wirkte. Elisabeth blieb in ihrem Gefängnis; Heinrich und Margareta hatten die Wahl, auf welchem der Smiřický-Schlösser sie residieren wollten.

Nicht lang ohne Ärger. Denn nun betrat die Szene ein alter Witwer und Haudegen, Otto von Wartenberg, im Türkenkrieg verwundet und seither »der Hinkende« genannt, übrigens von schlechtem Leumund. Sein Projekt war es, die gefangene Elisabeth zu befreien, zu heiraten und wenigstens die Hälfte des Erbes zu fordern. Er mag es insgeheim mit dem unfreiwilligen Burgfräulein abgekartet haben; denn als er mit einigen Bewaffneten die matt verteidigte Burg erstieg und zu der Gefangenen vordrang, war sie ohne weiteres bereit, dem Unhold als Braut zu folgen.

Kaum war der Ehebund geschlossen und Elisabeth, nun von Wartenberg, an ihre neue Freiheit leidlich gewöhnt, so machte sie der Schwester Vorschläge, die wir anders nicht als billig finden können: zu teilen; dann, nachdem ein gütliches Bemühen nichts fruchtete, den ganzen Besitz so lange unter Sequester stellen zu lassen, bis die Prager Regierung entschieden hätte. Die vernünftigen Anstrengungen der Kompromittierten blieben aber vergeblich. Darauf schritten die Wartenbergs zur Gewalt, indem sie die Gelegenheit wahrnahmen, welche dadurch sich ergab, daß die Slawatas alle ihre Herrschaften gleichzeitig nicht behausen konnten. Eines Tages erschien das rivalisierende Paar in Gitschin, forderte die Untertanen zur Huldigung auf, welche mit Gleichgültigkeit geleistet wurde; warf eine Anzahl von Soldaten, eine Privatgarnison, in die Stadt, und ließ das Schloß, welches mehr ein Stadtpalais als eine Burg war, in notdürftigen Verteidigungszustand setzen. Auch beträchtliche Munitionsvorräte wurden für alle Fälle dort aufgehäuft.

Mittlerweile war Pfalzgraf Friedrich König von Böhmen geworden und sah sich vor der widrigen Aufgabe, über eine ihm wildfremde Rechtsstreitigkeit zu befinden. Sie zeugte von Möglichkeiten, sie zeugte von Sitten, wie er sie aus seiner wohlverwalteten Rheinpfalz nicht kannte. Da er völlig von seinen böhmischen Räten abhing, die ihrerseits Revolutionsfreunde und Korruptionsgenossen Heinrich Slawatas waren, so dekretierte er, was sie wünschten: Elisabeth Smiřický hätte jeden ihrer Schwester rechtens gehörenden Fleck augen-

blicklich zu räumen. Nach Gitschin reiste eine stattliche Kommission, ein Herr, zwei Ritter, zusamt Heinrich Slawata, welcher selber ein Herr war, und noch einige Justitiare; nicht, um den bereits entschiedenen Streit noch einmal zu entscheiden, sondern um Frau Elisabeth unter den vorgeschriebenen Riten zu exmittieren.
Im Rathause von Gitschin ging alles glatt. Die Bürger folgten dem königlichen Befehl und huldigten Herrn Slawata ebenso willig wie ein halbes Jahr vorher der Frau von Wartenberg; für sie machte es wohl keinen großen Unterschied, wer sie regierte und schikanierte. Ins Schloß, das sich taub stellte, drangen die Kommissare durch eine Hintertür, zu welcher Slawata den Schlüssel besaß. Alsbald fingen sie an, zu inventarisieren, um sicher zu machen, daß kein Wertgegenstand verschwinde oder schon verschwunden sei. Bei diesem Geschäft traf sie Frau von Wartenberg. Es kam zu einem Streit, zu Beleidigungen der Frau, derart, daß sie anspannen ließ, um weitere Qual zu meiden, vielleicht in einer anderen Gitschiner Herrschaft vorläufigen Unterschlupf zu finden. Auch dies wollte Slawata nicht erlauben: die schönen Pferde gehörten ihm und dürften nicht aus dem Stall. Elisabeth, rasend vor Zorn und Kummer, kehrte in ihr Appartement zurück. Dorthin lockte sie die Söldner, welche ihrem Mann geschworen hatten, und gab ihnen reichlich zu trinken, wahrscheinlich, damit sie zu Tätlichkeiten gegen die Kommissare Mut bekämen. Ob nun die Kriegsknechte mit Fackeln in den Pulverturm drangen, um Munition zu fassen und dabei sich mit trunkenem Leichtsinn benahmen, ob, wie ich eher glaube, Frau Elisabeth, die man hatte schreien hören, sie wolle lieber sterben als noch mehr solcher Schmach erdulden, selber Pulver mit Glut berührte, damit endlich alles hin würde, sie und ihre Verfolger und der umkämpfte Besitz – genug, der Palast flog mit krachendem Getös in die Luft und begrub, was in ihm atmete, in Schutt und Feuer. Den Schrecken, das Grausen der Untertanen von Gitschin, nicht unvermischt mit Lust, mag man ungefähr sich vorstellen. Als sie, nach Stunden, die Brandstätte zu durchsuchen begannen, fanden sie alle Kommissare zusamt Herrn von Slawata tot, die Mehrzahl der Soldaten und Diener, zusammen an die fünfzig Erschlagene. Frau von Wartenberg war noch am Leben, halb verschüttet, an Händen und Füßen verbrannt. Man erwies ihr nicht die Hilfe, um die sie jammerte, sondern grausamere Dienste; an deren Folgen auch sie starb und außerhalb der Stadt nackend verscharrt wurde, die Tochter des reichen Sigmund Smiřicky, des edlen Albrecht Jan Schwester.
Die Gitschiner Katastrophe machte auf König Friedrich einen stark deprimierenden Eindruck, wie auch auf das Land weit und breit. An der einmal bestimmten Rechtslage änderte sie aber nichts, nur daß

Margareta Salomena jetzt ihre Schwester los war und ihren Gatten auch. Sie blieb im Besitz und blieb Vormund des Blöden.
Was aber Otto von Wartenberg, den Hinkenden, betrifft, so hatte er zweimal Glück, das dritte Mal Unglück. Sein erstes Glück war, daß er am Tage der Explosion nicht in Gitschin weilte, sondern in Prag, welches er auf Befehl König Friedrichs nicht verlassen durfte. Sein zweites Glück war, daß er es heimlich dennoch verließ, sich nach Sachsen wandte und mit den Sachsen wacker gegen die böhmischen Rebellen kämpfte; so daß auch er als einer der neuen Herren zurückkehrte, wenn auch von der dritten Garnitur, sich zur Messe bequemte und nun ein Stück von dem Reichtum fand, den er an der Seite von Dame Elisabeth vergebens gesucht hatte. Sein Unglück war, daß er als Neubesitzer und neukatholischer Eiferer es gegen seine Bauern gar zu tyrannisch trieb; schließlich stürmten sie sein Schloß und brachten ihn grausam um. Wallensteins oberster Verwalter, der es wissen mußte, schrieb damals an seinen Herrn: der Hinkende habe seinen wüsten Tod nur sich selber zuzuschreiben.

Der Kampf um das Erbe

Nach der Schlacht am Weißen Berg entfloh Margareta aus Böhmen mit soviel Geld und Juwelen, wie sie zusammenraffen konnte; zuerst in das Kurfürstentum Brandenburg, dann nach Hamburg, der mächtigen, Sicherheit gewährenden Reichsstadt. Der Historiker, dessen Forschungen uns sonst so nützlich sind, Gindely, meint, ein böser Dämon, nämlich Wallenstein, müsse ihr zur Flucht geraten haben; an sich hätte sie keinen Grund dazu gehabt, da den Ehefrauen der Rebellen im Allgemeinen nichts geschah, wenn sie blieben, dagegen auch ihre Habe insgesamt konfisziert wurde, wenn sie außer Landes gingen. Von beiden Regelungen, welche sich allmählich herausstellten, konnte aber Margareta im Moment ihrer Flucht gar nichts wissen. Was sie wissen mußte, war dies: wenn einem einzigen Menschen im Königreich ganz sicher keine Strafe drohte, so war es ihr blödes Mündel. Gegen einen Wahnsinnigen, seit Jahren im Schlosse zwischen seinen Wärtern Dahindämmernden konnte doch auch der parteiischste Königsrichter nicht Anklage wegen Rebellion erheben. Trotzdem nahm Margareta den Blöden mit auf die Reise. Warum wohl? Warum belastete sie sich mit diesem schwierigen Gepäck? Ohne Zweifel, wie einer seinen papierenen Besitztitel mit in die Fremde nimmt, wenn er den Sachwert nicht transferieren kann. Der entmündigte Besitzer war ihr eigener Rechtstitel auf das Majorat

Schwarzkosteletz und auf die Hälfte der Smiřickýschen Allodialgüter Was wieder zeigt, daß Margareta so ahnungslos, wie behauptet wird nicht gewesen sein kann. Den Rat aber, ihr Mündel zur Flucht zu zwingen, hat Wallenstein ganz sicher nicht gegeben. Denn er selber ließ sich durch seinen Oberkollegen in der Ausbeutung des Sieges, den Statthalter Liechtenstein, alsbald zum Vormund Heinrich Georg Smiřickýs machen. Seitdem blieb es seine Sorge, den Blöden wieder ins Land zu bekommen; worüber es Briefe und Postscripta von seiner Hand in Menge gibt. »Ich bitt der Herr schicke mir auch den Befehl an den Kurfürsten von Brandenburg, daß man mir den blöden Smiřický sollte folgen lassen . . .« Die Hypothese, wonach er sein Bäslein durch heimtückische Ratschläge ins Elend jagte, hat sonach gar keine Wahrscheinlichkeit. Auch die Gegenwärtige hätte er spielend zur Kapitulation gebracht, so wie er war und wie nun die Machtverhältnisse waren. Vollends hätte er die Flucht des Blöden manu militari verhindert, wenn er um sie gewußt hätte. Nun konnte er seinen neuen Besitz erst nach sieben Jahren realisieren, nämlich den Vetter Heinrich Georg in Hamburg aufheben und nach Böhmen bringen lassen. Er gab ihm, wiederum im Schlosse Skal, würdige Unterkunft, lehnte es jedoch ab, ihn zu sehen. Wallenstein, den schon Menschen von normalem Verstand sehr nervös machen konnten, wünschte durchaus keinen Verkehr mit Wahnsinnigen.

Auf verschiedenen Wegen sehen wir ihn nun sich ein und demselben Ziel nähern. Um seine Taktiken zu verstehen, muß man bedenken, daß die Verurteilung des toten Albrecht Jan, als eines Erzrebellen, damit auch die Konfiskation seines Eigentums von vorneherein sicher war, wie denn sein Gedächtnis ewiger Schande feierlich übergeben wurde, 1621, im April. Den Wert seiner und des blöden Heinrich Liegenschaften aber dürfen wir auf annähernd zwei Millionen Gulden schätzen – vier- bis fünfmal mehr als was Wallenstein in Mähren zum reichen Mann gemacht hatte.

Das Erste war, daß er die Herrschaft Gitschin sich pfandweise einräumen ließ. Der Kaiser, der kaiserliche Fiskus brauchte Geld, wie der Verdurstende Wasser; einer der dringendsten Aufträge des Statthalters Liechtenstein war, es beizubringen. Zwei Monate nach dem Weißen Berg bot Wallenstein ein Darlehen von 60000 Gulden – eines der vielen Projekte, an denen er arbeitete, während er in Prag »eine Kur gebrauchte«. Von den sechzig sollten zehn bares Geld sein, die übrigen aber durch köstliches Silbergeschirr, welches er in Wien gelagert hatte, repräsentiert werden. Ob diese Schmuckgegenstände aus der Silberkammer seiner verstorbenen Frau stammten oder aus Kriegsbeute, muß offen bleiben. Wenn das Letztere, so wäre zu besonderer

Entrüstung kein Grund. Es bereicherte sich an fremdem Gut, wer konnte; selbst Maximilian von Bayern, der sittenstrengste Fürst der Zeit, war von Prag mit schönem Diebsgewinn aus dem Besitze seines Vetters, des Pfalzgrafen, zurückgekehrt. Was die Einräumung von Pfandschaften betrifft, manchmal um Geld hereinzubekommen, öfter um Geld, das man schuldete, einstweilen zu ersetzen, so war sie nun in Böhmen gang und gäbe. Ehedem hatte Wallenstein wohl auf bloße Schuldschreiben hin Geld vorgeschossen. Die Summen, um die es sich handelte, wurden nun zu groß; da durfte er Sicherungen verlangen. Trotzdem zögerte man in Wien eine Weile; nicht wegen des Prinzips, sondern wegen der Unverschämtheit der Forderung in diesem Falle. Die 3 Städte, 67 Dörfer, 4 Edelsitze, 13 Höfe der Herrschaft Aulibitz oder Gitschin, samt Brauereien und anderen blühenden Unternehmungen, so errechnete ein Buchhalter der kaiserlichen Hofkammer, ergäben ein Produkt, daß, wer es für ein Darlehen von bloßen 60000 jahraus jahrein einsteckte, gar leicht auf einen Zins von 15 Prozent käme; da doch mehr als 6 Prozent im Lande gar nicht üblich. Wo käme man hin, wenn man die Zinsen dermaßen in die Höhe triebe? Mit solcher Rechnung wollte aber er, der Buchhalter, dem Obersten von Wallenstein durchaus keinen Schaden tun; »denn wem ist nit bewußt, daß er sein Eigentum in Mähren bei diesen Unruhen verlassen« und für seine Majestät Vermögen, Leib und Leben wagt habe? Der Federfuchser, seinerseits jämmerlich unterzahlt, schwankte zwischen zwei Sorgen: der Pflicht, die er dem Fiskus schuldete, der Furcht, die Wallenstein ihm einflößte. »Wem ist nit bewußt« – nämlich welche Machtstellung der Oberst allbereits einnahm, direkt und indirekt, durch seine Beziehungen zum Hof in Wien, zum Vizekönig in Prag? . . . Wäre Kaiser Ferdinand auch fleißiger gewesen als er war, so hätte er all das verworrene Zeug, das ihm nun von Böhmen her auf sein Schreibpult kam, unmöglich selber erledigen können. Er mußte sich auf seine Räte verlassen, hier auf den Rat des armen Federfuchsers; und schrieb also an Liechtenstein, die Sache selber scheine ihm gut, die Condition aber sehr beschwerlich, nicht zuletzt wegen des schlechten Beispiels, und so könne er dem darleihenden Obersten nicht die ganzen Gitschiner Einkünfte, wohl aber anstatt der eigentlich ihm zustehenden 3600 Gulden jährlich, wohl 4000, ja 4500, ja 5000 gewähren. Man sieht, daß Ferdinand die Summe aufbessert, während er noch diktiert, man spürt, daß selbst er, der Kaiser-König, unter den Bann des ihm in letzter Zeit so häufig genannten Obersten zu geraten beginnt . . . Kaum war dies Geschäft geschlossen, so wurde es auch schon wiederholt; ein abermaliges Darlehen von 50000 Gulden, eine abermalige Pfandsicherung und wieder, zufällig, in Gestalt

von Smiřický-Gütern, Aicha, Klein-Skal und anderen mehr. Die Voraussetzung dafür war, daß alles, was den Smiřickýs gehört hatte, nun dem Fiskus gehörte.
Während aber Wallenstein auf diesem Weg langsam in die Erbmasse vordrang, versuchte er gleichzeitig einen anderen, in entgegengesetzter Richtung führenden; er bestritt, daß dem Kaiser überhaupt ein Recht auf den Reichtum seiner Verwandten zustand. Das tat er in seiner Funktion als Vormund des Blöden, die ihm um so glatter hatte zugesprochen werden können, als alle Transaktionen der Unrechtzeit, so auch die Vormundschaft der flüchtigen Margareta, null und nichtig waren.
Hier nun operierte Wallenstein, der Jurist, folgendermaßen. Das Majorat Schwarzkosteletz hatte dem toten Albrecht Jan nicht konfisziert werden können, weil es nicht sein, sondern seines blöden Bruders Eigentum war; nur als Kurator hatte er die Nutznießung gehabt. Von den Allodialgütern hätte ihm allerdings die Hälfte gehört, wenn sie je wirklich geteilt worden wären; da solches aber nie geschehen, so seien sie als eine einzige Substanz anzusehen, deren nachträgliche Zerlegung, zum Schaden seines Mündels, er nicht zulassen werde. Zum Überfluß bestehe ein Privileg aus der Zeit Kaiser Rudolfs II., löblichen Gedächtnisses, kraft dessen böhmische Herren, hätten sie auch das Verbrechen beleidigter Majestät begangen, wohl am Leben gestraft, ihrer Güter aber nicht beraubt werden dürfen. Sie hätten in solchem Falle auf den nächsten Agnaten überzugehen . . . Was nun? Fürst Liechtenstein, der Vizekönig, in der ganzen Sache eng mit Wallenstein zusammenarbeitend, nahm diese Rechtsbedenken gewaltig ernst, oder tat so, als ob er sie ernst nähme. Nach Beratung mit einigen auch nicht gerade uninteressierten Sachkennern wie Jaroslaw von Martinitz und dem reichen, immer reicheren Rudolf Trčka, gab er sein Gutachten ab. Dem ersten Argument sei unbedingt stattzugeben: das Majorat habe dem Blöden gehört und gehöre ihm noch, denn daß dieser, in Betracht seiner Blödsinnigkeit, an der Rebellion keinen Teil habe nehmen können, sei sonnenklar. Hier log Liechtenstein zwar, wie wir besser gleich hinzufügen, und log nicht ohne Zweck: das Majorat hatte in Tat und Wahrheit dem toten Albrecht gehört, und bald gehörte es dem Statthalter selber, der es von Wallenstein preiswert kaufte, und gehörte den Liechtenstein bis zum Jahre des Herrn 1945 . . . In dem zweiten Punkt, so weiterhin das Gutachten, könnte der Oberst wohl leider auch gewinnen, wenn es zu einem Prozeß käme. Deshalb wäre es hier ratsam, sich gütlich mit ihm zu einigen, und habe er, der Statthalter, Anlaß, zu glauben, daß Wallenstein zu einem Kompromiß auch bereit wäre. Völlig unerträglich aber sei

das dritte Argument. Denn, Privileg hin oder her, wollte man dieses jetzt hervorholen und respektieren, so bräche ja das ganze Konfiskationswerk zusammen, anstatt des Kaisers träten Brüder, Schwestern, Großtanten der Rebellen in deren Besitz ein, und mit was sollte der Krieg bezahlt werden? – Wie in der obenerwähnten kleinen Sache dem Federfuchser, so folgte der Kaiser in dieser sehr umfassenden der Weisheit seines Vizekönigs. Die Allodialgüter wurden denn also zwischen dem Obersten und dem Fiskus geteilt; wobei Wallenstein, nach genauem Studium der Karte Böhmens, für sein Mündel die Stücke wählte, die in seinen großen, demnächst sich enthüllenden Plan paßten. Nachod zum Beispiel, so schön es war, nahm er nicht, weil er es nicht brauchte; später kaufte es die Familie Trčka. Für das Zugeständnis der Teilung aber verlangte er eine kleine Gegengabe: das Recht nämlich, mit dem Besitz des Blöden schalten zu dürfen, zu verkaufen oder zu tauschen je nach Belieben. Der Statthalter fand diese Bedingung sonderbar, aber erträglich, wenn man sie wohl erwog; denn Wallenstein sei ja nicht nur Kurator, sondern auch Sukzessor, Generalerbe des Blöden, und werde kaum etwas tun, was, indem es seinem Mündel schadete, ihm in das eigene Fleisch schnitte. Auch diesem Schlusse gab Ferdinand II. kopfschüttelnd sein Placet.

Dies war nun der dritte Weg. Der Oberst, der als beginnender Finanzier für geringes Geld sich gewaltige Pfänder verschreiben ließ, der Vormund, der mit den spitzigen Waffen des Rechts für seinen Protegé kämpfte, suchte gleichzeitig sich zum Exklusiv-Erben zu machen, indem er mit allen nur denkbaren Nebenbuhlern sich arrangierte. Z. B. gab es da eine greise Tante, eine Schwester seiner Mutter, Katharina von Řičan, geborene Smiřický, die nach dem Tod des Blöden wohl besseren Anspruch als Wallenstein auf das Majorat hätte erheben können; den Statuten der Stiftung gemäß kamen die Smiřický-Frauen zwar nach den Männern, aber gegenüber Verwandten des Hauses, die einen anderen Namen trugen, entschied nur das Alter. Ferner lebten zwei Söhne Anna Slawatas, der anderen Tante von Mutters Seite, Vettern Wallensteins also, und zwar eben jene, mit deren einem er Kindheitsjahre auf Schloß Koschumberg verbracht hatte. Michael Slawata fiel als Rebell und Flüchtling weg; Johann Albrecht Slawata, der im Land blieb, folgte dem Beispiel der Tante Katharina und cedierte alle seine Erbrechte. Ob Wallenstein diesen Verwandten etwa einen mit Dukaten gefüllten Beutel reichen ließ, ob er ihnen für den Fall, daß sie sich geschmeidig zeigten, irgendwelche Vergünstigungen in Aussicht stellte, deren sie für schuldige Mitglieder ihrer Familie nur zu sehr bedurften, ob er nur mit schneidender Stimme Bitten aussprach, die Befehlen gleichkamen, das wissen wir

nun wieder nicht. Ich möchte aber glauben, daß das Arrangement gütlich war. Die mit dem Schein der Freiheit getroffene Vereinbarung würde länger halten als die mit Gewalt erzwungene; sie würde die ökonomischere sein.
Blieb die letzte Smiřický-Tochter, die entflohene Margareta Salomena, die ihrerseits schon ein Söhnchen hatte. Die böhmischen Historiker sagen, sie sei im Moment ihrer Flucht nur fünfzehn Jahre alt gewesen. Dies nimmt Wunder angesichts ihrer Energie und Schlauheit; nimmt noch mehr Wunder, wenn man die Rechnung macht und findet, daß sie dann zur Zeit, als ihr Bruder Albrecht Jan starb, eine geschäftstüchtige, hartherzige Ehefrau von dreizehn Jahren gewesen sein müßte. Solche Abnormitäten kommen vor, verdienten aber, unterstrichen zu werden. Wie es sich nun mit ihrem Alter und Charakter verhielt: es ist eine Tatsache, daß Wallenstein selbst mit dieser Prätendentin zu Rande zu kommen wünschte. Der Versuch fand später, im Jahre 1624 statt; wir greifen vor. Die in Hamburg ihr Leben Fristende hatte sich an den König Christian von Dänemark gewandt: ob nicht er, der stets Gnädige, ihr helfen könnte, Heimat und Eigentum zurückzugewinnen? Damals liebten es die Fürsten, sich für irgendwelche Entrechtete einzusetzen, auch und besonders, wenn es sich nicht um ihre eigenen Untertanen handelte. Immer schrieb einer an den anderen. Das kostete nichts, wirkte auch fast nie, gab jedoch dem Schreibenden den Ruf von Milde und Wichtigkeit. In unserem Fall mag es sein, daß es die Intervention Christians war, welche Wallenstein bewegte, der Base ein paar Vorschläge zur Güte zu unterbreiten: um sich dem König gefällig zu erweisen, um auch diese letzte ferne Erbsorge ein für allemal loszuwerden, aus Gutmütigkeit, gleichviel. Ferdinand II. erlaubte der pauschal zum Tode Verurteilten, frei und sicher nach Böhmen zurückzukehren; Wallenstein erklärte sich bereit, sie standesgemäß zu versorgen. Zöge sie aber vor, im Ausland zu leben, so wäre er nicht abgeneigt, ihr in Holland etwas zu kaufen, wovon sie sich und die Ihren ernähren könnte. Margareta hätte klug getan, mit diesem gebotenen Etwas sich zufrieden zu geben. Da sie aber Alles wollte, so bekam sie nichts und blieb im Elend.
Übrigens ist sie später noch einige Mal nach Böhmen gekommen, um von den Smiřický-Gütern Besitz zu ergreifen, so wie 1618 zum ersten Mal. Das geschah, wenn die Schweden Böhmen eroberten, 1640, 1643, 1648. Da zog sie mit; und wenn die Schweden das Land räumten, so mußte sie auch wieder weg.
Was die nahe Zukunft betrifft, so werden wir bald erfahren, daß Wallenstein an alledem, was er getan hatte, um sich das Smiřický-Erbe zu sichern, den Pfandverschreibungen, der Rettung der Güter für den

Blöden, der Vormundschaft mit beispielloser Plenipotenz, der unbezweifelten Aussicht auf das General-Erbe nach des Blöden Tod – daß er sich an alledem noch immer nicht genügen ließ. Jetzt hatte er Eile. Er wollte den uneingeschränkten, klaren Besitz sofort. Er gewann ihn auch; wie, erzählt ein anderes Kapitel.
Im Juni, gegen ein neues Darlehen von 58 000 Gulden, genauer wohl, um Ausgaben zu kompensieren, die er für seine Regimenter geleistet, wurde ihm ein neuer Pfandbesitz zuerkannt: die Herrschaften Friedland und Reichenberg, aus der Konfiskationsmasse des flüchtigen Freiherrn von Redern. Wenn der Leser einen Blick auf die Karte wirft, so wird er sehen, daß Friedland von Gitschin, um die uns gewohnten Nenner zu gebrauchen, etwa 80 Kilometer entfernt ist; schönes Land liegt zwischen beiden Städten, das »Böhmische Paradies« mit seinen sandbestreuten Felsen und Fichten, rollendes Hügelland und fette Weiden, waldige Ausläufer des Riesengebirges, je nach dem Weg, den man wählt.

Er sorgt für Ordnung

Der Tag, an dem Wallenstein die Herrschaft Friedland zum Pfande erhielt, der 21. Juni 1621, ist durch eine andere Inszenesetzung traurig berühmt. Damals und dort, vor dem Altstädter Rathaus zu Prag, starben von den vierzig Hochverrätern, von den vierzig an jenen 236 Fragepunkten Gescheiterten, siebenundzwanzig durch Henkershand; und dauerte dies Schreckenstheater viereinhalb Stunden lang, weil nur ein Nachrichter da war. Die Ordnung aber, daß nicht die Verurteilten noch unpassende Reden hielten, daß unter den Zuschauern, die, sei es aus Kummer, sei es aus sonstigem Interesse, zweifellos in Menge kommen würden, kein zu lautes Jammern sich hören ließe, daß nicht etwa gar ein Handstreich zur Rettung der Staatsverbrecher versucht würde – dafür sorgte ein Infanterie-Regiment des Obersten von Wallenstein. Weil nun der Statthalter selber unter einem Baldachin sitzend den Hinrichtungen beiwohnen mußte, und Wallenstein an jenem Tag in Prag war und kommandierte, so müssen wir auch seine Gegenwart annehmen, auf der hölzernen Tribüne, in der unmittelbaren Nähe des Baldachins. Man fand da nichts dabei. Auch ist von jenen, die ihren Nacken dem Schwert bieten mußten, zu sagen, daß unter ihrer Herrschaft grausamere Akte in Böhmen geschehen waren.
So ganz wohl war dem Fürsten Liechtenstein trotzdem nicht. Wir wissen es aus einem Brief, den er fünf Jahre später an des Kaisers Beichtvater schickte; einem sonderbar langen, erregten Rechtferti-

gungsschreiben, dessen Sätze, Seiten über Seiten, mit der Frage »Wer hat . . .?« beginnen, und das auch häufig die Aufforderung »Man frage den Fürsten von Waldstein« enthält. Und da heißt es klagend: »Wer hat eine solche scharfe Exekution ohne Rumor noch Gefahr des Wesens vollbracht und dadurch sich vieler Leute und Geschlechter Feindschaft, ja weil anderwärts dergleichen nicht geschehen, einen Namen der Tyranney, als wäre es nicht Ihrer Majestät, sondern nur mein Wille und Lust gewesen, bei der Posterität auf sich geladen?« Die Staatsmorde waren nicht Liechtensteins Wille und Lust. Er hatte noch manche Begnadigung erwirkt für Verurteilte, die doch nur »pure Idioten« oder mit zu hohem Alter belastet, oder nur widerwillig-ängstliche Rebellen gewesen seien, und auch mit der Exekution gezögert, bis er nicht mehr zögern durfte. Gezögert soll auch der Kaiser haben. Die Nacht vor der Unterzeichnung der Urteile lag er schlaflos; vollzog sie am Morgen tränenden Auges und mit zitternder Hand, nachdem er noch seinen Beichtvater um Rat gebeten, dieser ihn aber verweigerte: das könne die Majestät nach Belieben halten, die heiligen Lehren schrieben hier nichts vor. Ferdinand ratifizierte, nicht mit Lust, aber doch mit Willen. Wenn seine Gutmütigkeit keine bloße Maske war, so gab es darunter in seiner Seele doch eine Schicht, die war anders. Dann auch: Was hing jetzt wirklich noch von seinem Willen ab? Als es um die Frage ging, ob man Böhmen seinen Weg gehen lassen, oder es bezwingen sollte mit Gewalt, da hatte er persönlich mitentscheiden helfen. Jetzt gab es keine Wahl mehr. Wenn der Kaiser später gelegentlich Milde wünschte, und Milde versprach, so konnte er sein Versprechen nicht halten. Ein Sieg wie der vom Weißen Berg hatte seine Logik. Was in ihm verpackt war, das mußte heraus, nicht auf einmal, aber Stück für Stück. Zu vielköpfig, zu gierig, zu ängstlich auch und um die Früchte des Sieges bangend war die Masse, die ihn gewonnen hatte. Den neuen Herren, unter den obersten Tausende von ihnen, geistlichen und weltlichen, mußte man freie Bahn geben, und stand selber unter Zwang, indem man die Illusion des Befehls würdig hütete.
Ein paar Tage später schauten denn also des Kaisers Vertreter und Waffenhelfer dem zu, was sie auf das genaueste angerichtet hatten; sahen mit starren Augen und harten Gesichtern, wie das Blut sprang und Kopf an Kopf sich reihte. Der kühle Morgen hatte sich in einen heißen Vormittag gedehnt, als sie endlich zu ihrer Frühsuppe schreiten durften. Während sie schlürften, mag, stärker als je seit dem Weißen Berg, ein Gefühl sie überkommen haben: daß es im Krieg, zumal aber im Bürgerkrieg, einen großen Unterschied machte, ob man zu den Siegern gehörte, ob zu den Besiegten.

Die Köpfe von zwölf der Hingerichteten wurden an den Altstädter Brückenturm genagelt, wo man sie zu jedermanns Warnung sehen konnte, zehn Jahre lang. Ein Ausdruck des Archaisch-Rituellen, welches dem ganzen Unternehmen anhaftete und von welchem der Begriff der Rache und Strafe sich wohl auch seither nicht so ganz befreit hat.

Wäre der Tod der siebenundzwanzig das Ende des Strafgerichts gewesen, so hätte man im Sinne alter Politik wohl urteilen können: ein harter Preis, aber für die Unterwerfung und Neuordnung eines Staates kein zu hoher. Er war nur der Anfang. Die Arbeit des Enteignungs-Rates mit seinen ganzen, halben und Viertels-Konfiskationen, je nach dem Grad der Schuld, die Arbeit der Reformations-Generalbeauftragten, die Kollektivbestrafung der Städte, die Entvölkerung und der Ruin der Städte, die Vertreibung der Prediger, die Auswanderung und Flucht der Laien und wieder der Zwang, der sie im Land halten sollte – das nahm überhaupt kein Ende, das schleppte sich weiter durch Jahre und Jahrzehnte. Man sagt wohl, die Regierungsform des Absolutismus, die nun zum ersten Mal in Mitteleuropa ihren Einzug hielt, sei der ständischen an Wirksamkeit überlegen gewesen. Historiker sagen es, die mit großen Zeiträumen rechnen, mit umfassenden Allgemein-Nennern umzugehen lieben; und mögen in ihrem Sinn ganz recht haben. Hätte man aber einen Durchschnitts-Böhmen der 1620er Jahre, einen lutherischen Bergmann, einen Klein-Adeligen, einen Bürger von Tabor oder Königgrätz angesprochen und etwa folgendermaßen belehrt: »Mensch, begreifst du denn nicht, daß du jetzt endlich unter einer zeitgemäßen zukunftsgestaltenden Herrschaftsform lebst?« – was der für Augen gemacht hätte.

Die großen Geschäfte

Der Weltpolitiker, der Weltgeneral, der nie verzagende Großpläneschmied, zuletzt noch, am Weißen Berg, der böhmische Oberkommandierende, Christian von Anhalt, war nun von alldem gar nichts mehr. Nach der Niederlage hatte er sich zuerst nach Schweden verfügt, dann nach dem dänischen Holstein. Aber nicht, um von dort aus weiter Intrigen zu spinnen, dem Pfalzgrafen, der seine Sache doch keineswegs aufgeben wollte, weiter zur Hand zu gehen. Vielmehr schrieb der Fürst an Ferdinand, wohl sei er im Eifer für die reformierte Religion manchmal etwas weit gegangen, aber wo auf Erden finde sich denn einer, dem nicht gelegentlich was Törichtes unterliefe? Sei nicht Gott allein ohne Fehl, die Kreatur stets fehlbar? So möchte denn die Majestät den Mantel ihrer Sanftmut auch über seine, des Fürsten, gelinde Fehler decken und ihm verzeihen . . . Nachdem Christian ein Vierteljahrhundert lang Fanatiker gewesen war, wollte er plötzlich nur noch Eines: mit Kaiser und Reich in Ordnung kommen, in seinem geliebten Bernburg den Frieden des Alters genießen, ein abgeklärter, stiller, zurückgezogener Zuschauer. Und so sind mehr Menschen, als man wohl glaubt; nicht Charaktere, nur Charakterspieler. Sie können ihre Rollen wechseln, wenn das Fortspielen der alten zunehmende Widerwärtigkeiten verspricht.

Fürst Christian hatte einen Sohn, gleichfalls Christian und gemeinhin »der junge Anhalt« genannt, seinen Tagebüchern nach zu schließen, ein sympathischer junger Mann, schlichter, fester als sein Vater, und mindestens ebenso klug. Ihm aber war es so ergangen. In der Schlacht vor den Toren Prags hatte er mit seinem Reiter-Regiment einen starken Angriff gegen die Bayern geführt, war dabei durch einen Pistolenschuß unter der Achsel verwundet worden und in Gefangenschaft geraten. Zuerst gab er sich als einen gewöhnlichen Hauptmann aus. Wenn jedoch schon der rote Pelz, den er über seinem Harnisch trug, und das goldene Feldzeichen auf dem Hut diesen Bescheid Lügen strafte, so machte Christian sich erst recht verdächtig, als in der ersten Nacht neapolitanische, deutsche, französische, wallonische Balbierer in seiner Wunde unbeholfen herumstocherten. Wer da keinen

Schmerzenslaut von sich gab, mußte aus einem sehr edlen Haus sein, und so wurde der junge Anhalt als der erkannt, der er war. Es folgte eine Periode ritterlicher Haft, während derer etliche Offiziere des bayerisch-kaiserlich-spanischen Lagers sich um den Prinzen stritten; teils wegen des zu erhoffenden Lösegeldes, teils aus schierer Höflichkeit, und weil es sich um einen Gefangenen von politischer Bedeutung handelte. Nach einer Weile entschied der Kaiser, daß Anhalt als ein Reichsfürst, der gegen ihn gekämpft hatte, ihm selber gehöre, und ließ ihn nach Wien kommen. Dort lebte der Jüngling im Winter 1621–22, auf Ehrenwort, in würdiger Halbfreiheit; machte und empfing die stattlichsten Besuche; nahm teil an allerlei Festlichkeiten, so als ob er kein Gefangener, viel weniger der Sohn eines Geächteten wäre; tat scharfsichtige Blicke in das Treiben des Hofes und der Politiker, welche er seinem Tagebuch anvertraute.

Wir sehen den jungen Prinzen umworben von Höflingen, die ihm raten, vor dem Kaiser einen Fußfall zu tun, das werde was einbringen. Wir sehen ihn gegen die Zumutung protestieren: er werde so bei einer Audienz sich verhalten, wie es sich schicke. Aber das genügt dem Reichs-Vizekanzler, einem Herrn von Ulm oder Ulmer, nicht; ein Fußfall müsse es sein, so stehe die Regel für Reichsfürsten, welche des Kaisers Gefangene, im Turnierbuch; ein bedingungslos zugesagter Fußfall, ein freiwilliger dazu, sonst keine Audienz. Schließlich gibt Anhalt nach, macht, in den Prunksaal geführt, an der Pforte zwei tiefe Verbeugungen, in der Mitte des Saales noch einmal zwei, und vier Schritt von dem Kaiser eine fünfte mit dem linken Schenkel, so daß das Knie den Boden berührt; spricht, in dieser Position, die Anrede: »Allergnädigster Kaiser und Herr«, worauf er sich erhebt und in geflügelten Worten seine Geschichte darlegt. Es ist die Geschichte eines Unschuldigen, gänzlich Unpolitischen. Ferdinand winkt ihn heran, lüftet den Hut, gibt dem Jüngling die Hand, wie auch die Anrede »Euer Liebden«, wie einem Fürsten gebührt. Während der nächsten Wochen sieht der Gefangene den Kaiser häufig, jagt mit ihm, fährt mit ihm zu Schiff und wird allerhöchster, ja politischer Gespräche gewürdigt. »Er sei nicht so wild, wie man ihn draußen mache«, sagt ihm der Monarch; das solle der Prinz später nur denen erzählen, die es angehe. Niemandem wolle er das Seine nehmen, sich aber etwas nehmen lassen, das auch nicht . . . Ähnlich äußert sich der Reichs-Vizekanzler: aufrichtig wünsche der Kaiser den Glimpf der Schärfe vorzuziehen, mit dem Pfalzgrafen sich gütlich zu einigen, wenn nur auch dieser dazu bereit wäre. Falls aber Spanien andere Absichten habe, so sei man nicht gesonnen, in dessen Schlepptau zu segeln. Noch weiter geht der Präsident des Reichshofrates, Graf Hohenzollern: es gebe, versichert dieser Großwürdenträger dem jungen Protestanten, in Wien keinen böseren und schädlicheren Menschen als den spanischen Botschafter Oñate . . . Sonderbare Offenheit gegenüber einem zwanzigjährigen Kriegsgefangenen; ungehemmt hechelt da einer gegen den anderen, den Bundesgenossen und Rivalen. Ihre Friedensliebe versichern sie alle; mit Worten, die so ehrlich sind, wie sie sein können, indem sie den Taten und vollzogenen Tatsachen widersprechen. Der Pfalzgraf ist in die Acht erklärt schon seit einem Jahr. Seine Kurwürde ist dem Herzog von Bayern versprochen, sein Land, wenigstens ein Teil seines Landes, die Oberpfalz, auch. In der Rheinpfalz führen die Spanier Krieg in diesem Augenblick, und es ist kein Gedanke, sie daran zu hindern. Wie, ganz abgesehen von dem, was in Böhmen geschehen ist und weiter geschieht, soll da Friede im Reich sein, wie gütliche Komposition?

Die Gunstbezeigungen von höchster Stelle bringen Anhalt das Interesse der Mittelhohen, der in Wien sich tummelnden Granden, der Minister, der fremden Residenten. Fürst Liechtenstein, gerade in der Hauptstadt, schickt ihm seine Karte. Die Dame von Lobkowicz, Gattin des böhmischen Großkanzlers, lädt ihn in ihren Salon. Man muß hier wissen, daß das Haus Lobkowicz feindlich gespalten ist, wie die meisten böhmischen Häuser. Wilhelm von Lobkowicz ist jener »pure Idiot«, der nur dank Liechtensteins Bemühungen zu ewiger Festungshaft begnadigt wurde. Zdenko von Lobkowicz ist Katholik und Kanzler von Böhmen. Seine Gattin, schon ein wenig im Lebensherbst, nimmt des attraktiven jungen Fürsten sich an, den sie, wenn schon nicht zu was anderem, doch »ins Garn der katholischen Religion fischen möchte«; aber leider, auch dazu seien wohl jüngere als sie notwendig. Mit drohendem Finger fragt Frau von Lobkowicz, warum denn Christian vor dem Kaiser nicht habe knien wollen? Gewiß darum, weil die Protestanten selbst vor Gott nicht knieten? Der Prinz antwortete, vor Gott knie er jeden Morgen, aber daß der Gottesdienst nicht in äußeren Zeremonien bestehe, das glaube er allerdings. Worauf die Dame die verflossene Rebellenherrschaft bespricht. Für seinen Herrn Vater gebe es keine Entschuldigung, das solle er wissen. Und wie sei doch die Gattin des Pfalzgrafen, die sich so nennende Königin Elisabeth, zu Prag jämmerlich bedient gewesen, von ganzen drei Edelleuten und einem Affen, der während der Mahlzeiten in die Schüsseln gesprungen. – »Ich widerlegte alles der Gebühr nach« . . . Von weiteren Gesprächen des jungen Anhalt zu berichten, mit dem Präsidenten des Geheimen Rates, Freiherrn von Eggenberg, mit dem Grafen Khevenhüller, im Begriff, als Botschafter nach Madrid abzugehen, mit dem Kapuziner Pater Valeriano Magni, einem Mann von

Einfluß in geistlich-weltlichen Dingen – das würde zu weit führen. Nur eine Begegnung noch ist nennenswert. Anhalt entschließt sich, auch den bösesten und schädlichsten Menschen in Wien, den Grafen Oñate, zu besuchen. Die beiden haben noch nicht lange auf italienisch konversiert, so kommt der jetzt viel erwähnte Kriegsmann, Oberst Wallenstein dazu. Nun dreht die Unterhaltung sich um den böhmischen Feldzug, um den Weißen Berg. Wallenstein: Auf Kaisers Seite seien da nicht mehr als 14000 Mann gewesen. Anhalt: 40000 (was der Wahrheit näher kommt). Wallenstein: Geblieben seien auf beiden Seiten nicht mehr als 800. Anhalt: 5000 (was wieder der Wahrheit näher kommt). Wallenstein: Die ganze Schlacht sei militärisch gesehen nicht besonders ruhmwürdig, soviele, wie vor Prag, fielen in manchen Treffen, von denen man nicht lange rede. Die Bedeutung liege im Politischen, weil hier in einer Stunde ein ganzes Königreich erobert wurde ... Und da kommt der Oberst der Wahrheit sehr nahe; mag aber auch verkleinern wollen, was er selber nicht mitgemacht hat.

In den folgenden Wochen sah Anhalt Wallenstein noch mehrfach, und zwar besonders bei der Hochzeit des Herrn Max von Waldstein mit Fräulein Katharina, Tochter des Geheimrats Karl Leonhart von Harrach.

Eine Heirat aus Sympathie, vielleicht, sicher aber eine politische, bei deren Arrangierung Wallenstein nicht untätig gewesen war. Maximilian, Sohn des Obersthofmeisters Adam, war Albrechts Vetter, entfernten Grades; die beiden hatten einen Ur-Urgroßvater gemeinsam. Er war auch wohl um eine halbe Generation jünger. Wallenstein mochte ihn und mochte ihn zusehends mehr, so daß er, der mit seinem Vertrauen Sparsame, ihm später ganz und gar vertraute; ein Geschenk, das nicht dem Tiefgang der Persönlichkeit gegolten haben kann – von dem zeigt Maximilians Portrait nichts –, sondern der glatten Stirn eines geschickten, liebenswürdigen Hofmannes. Was aber den Freiherrn von Harrach betrifft, so war seine Stellung bei Hof derart, daß jeder Hochstrebende sich gratulieren konnte, sein Eidam zu sein. Die Hochzeitsvergnügungen, mit Umritten, Tafeleien, Tanz und witzigen Verspottungen der Gäste dauerten zwei Tage. Der Kaiser selber nahm teil, freilich an einem Tische für sich speisend. Auch die Botschafter des Papstes, Spaniens, Dänemarks, Sachsens, Brandenburgs gaben durch Geschenke zu erkennen, daß ihnen die politische Bedeutung der Sache nicht entgangen war. – Wie lustig man es doch eines Ortes treiben kann, während an anderen, gar nicht so weit davon, Hunger und Angst und jederlei Elend herrschen.

Gubernator von Böhmen

Wallenstein war nicht um der schönen Augen seines Vetters willen nach Wien gekommen. Von anderen Geschäften einstweilen abgesehen, übergab der Kaiser an eben dem Tag, an dem Herr Maximilian Hochzeit hielt (17. Januar 1622), dem Fürsten Liechtenstein das Patent, welches aus dem bloßen »Subdelegierten« den Regenten oder Statthalter machte; am folgenden wurde Wallenstein zum »Obersten von Prag« ernannt. Titel und Amt waren neu geschaffen und ein Zeichen der Zeit; so etwas wie einen königlichen Oberkommandierenden in Prag, und damit in ganz Böhmen, einen militärischen »Gubernator von Böhmen« hatte es nie gegeben, noch geben können, solange das alte Staatsrecht galt. Pflichten und Rechte Wallensteins entsprachen der politischen Funktion Liechtensteins im Militärischen; so jedoch, daß er dem Vizekönig untergeordnet blieb. Er wurde zum Ausführer dessen, was sie in Wien und Prag ersannen; hatte für die Soldaten, für die Schlichtung von Streitigkeiten zwischen Bürgern und Soldaten, für einen Schein von Ordnung zu sorgen. Er machte auch einige strenge Gesten in diesem Sinn. Alter Soldatenkenner, der er nachgerade war, mußte er wissen, daß man die Geister, da man sie gerufen hatte, und da man sie brauchte, auf die Dauer und überall nicht hindern konnte, nach ihrem Gusto zu hausen. Wollte man das Land in Gehorsam halten, so mußte man's auf Kosten des Landes; des Adels, der Städte, der Bauern.

Was er, seinem Verstande und Temperament nach, wünschte, war Regel: Ordnung in der Unordnung. Dafür diene zum Beispiel ein Streit, den er im zweiten Halbjahr 1621 mit dem Landpfleger oder Landverderber von Mähren, dem Kardinal Dietrichstein, gehabt hatte; ein Hergang, der uns nötigt, ein wenig zurückzublicken.

Die Sache war, daß Gabriel Bethlen den böhmischen Friedensschluß, der ja auch gar keiner war, nicht akzeptierte, daß er weiter mit dem vertriebenen Pfalzgrafen korrespondierte, den Einflüsterungen des flüchtigen Matthias Thurn sein Ohr lieh, daß er die Würde eines Königs von Ungarn nicht aufgeben wollte, daß er sich mit seinen Horden nach wie vor in Oberungarn vergnügte, kurz, daß er den Krieg weiterführte, wie dieser am Rhein weitergeführt wurde oder dort jetzt erst richtig anfing. Auch in Schlesien standen die Dinge nicht geheuer. Wohl hatte Kurfürst Johann Georg mit den schlesischen Ständen einen »General-Accord« geschlossen, aber den liebte man wegen seiner Liberalität in Wien nicht; und wenn einer der schlesischen Protestanten, der Markgraf von Jägerndorf, seine Landsleute warnte, eine Regierung spanischen Stils sei, wie das Beispiel der schrecklichen, tyrannischen, überbarbarischen Exekution in Prag lehre, auch ihnen schon zugedacht und dagegen sollten sie sich wehren, so war solcher Notruf nicht so ganz nur eine Ausgießung eingewurzelten Giftes und boshaften Gemüts, nicht so ganz nur erdichteter Ungrund, wie Kaiser Ferdinand in einem Gegenmanifest erklären ließ. Denn Wallenstein selber wurde anbefohlen, gleich nach dem Blut-Akte vor dem Altstädter Rathaus gegen Schlesien aufzubrechen und dort allerlei vorzunehmen – zum Beispiel die Verhaftung der »Principalen« –, was nicht im Sinn der von Sachsen gewährten General-Amnestie war. Er kam aber nicht weit. Dann wurde er dringend nach Mähren beordert, das sich in einer Situation befand, nicht unähnlich der des Jahres 1605: bedroht von den Ungarn und Siebenbürgern, aber so bedroht, daß viele Mährer mit dem Feind sympathisierten und eine Eroberung der Provinz den jederzeit befürchteten »General-Aufstand« gegen die habsburgische Herrschaft bedeuten konnte. Immer wieder: man mußte den Zusammenbruch alles jüngst Erworbenen für möglich halten, weil es so sehr leicht erworben worden war und nun so überbarbarisch verwaltet wurde.

In dem verworrenen Kriegsspiel dieser Spätsommer- und Herbstmonate kam der kaiserliche Oberbefehlshaber, Buquoy ums Leben. Wallenstein gelang es, die Hauptstädte der Markgrafschaft zu halten, nicht aber, die Ungarn an der gebräuchlichen Verwüstung des flachen Landes zu hindern. Über die Frage, wie die Verteidigung zu finanzieren, gerieten nun der Oberst und der Kardinal-Statthalter aneinander. Wallenstein forderte eine allgemeine Landeskontribution, dem Adel, den Städten nach Leistungsfähigkeit aufzuerlegen. »Wird das Volk nicht eher ordentliche Unterhaltung haben, so werden sie mit Unordnung aus den Quartieren auslaufen und nehmen, was sie werden bekommen, was ich ihnen nicht werde zu erwehren vermögen, dieweil sie allein von Wasser und Brot nicht travaglieren können.« Der Kardinal wünschte eine solche Steuer nicht, weil sie ihn genötigt hätte, selber tief in den Beutel zu greifen; worüber Wallenstein in ungeduldig-resignierten Zorn geriet. »Wenn Eure hochfürstlichen Gnaden die Landeskontribution nicht hätten eingestellt, so hätte man dem Volk eine ziemliche Unterhaltung, doch in Abschlag ihrer Besoldung, geben können, und den Landleuten wäre es viel leichter angekommen, zu kontribuieren, als sich ganz und gar ruinieren zu lassen ... Des seien Eure hochfürstlichen Gnaden versichert, daß viel eher ein Generalaufstand wird causiert, wenn man Alles wegnehmen wird, als wenn man in Ordnung kontribuiert ... Basta, ich habe das Meinige getan, will entschuldigt sein, wenn Unordnungen geschehen ... Ich begehre da nichts für mich, sondern nehme in Acht Ihrer

Majestät Dienst und die Konservation des Landes.« – Argumente, Akzente, die sich von nun an durch ein gutes Jahrzehnt wiederholen sollten. Wallenstein befiehlt, wo er befehlen kann. Wo er nicht befehlen kann, bei Verhandlungen mit dem Hof, dem Hofkriegsrat, der Hofkammer, hier mit dem Kardinal, da legt er sein Urteil mit rasch ermüdeter Gereiztheit dar – ein überlegener Verstand, dem zur Durchsetzung die Macht fehlt, dem aber das ewige Hin- und Her-Reden tief zuwider ist. – Wie oft wir das noch erleben werden!
Obwohl nun das Waffenglück in Mähren und Oberungarn unbestimmt schwankte, bequemte Bethlen sich schließlich zum Frieden. Wie gewöhnlich zog das Geplänkel der Politiker und Juristen sich durch Monate, gleichzeitig mit dem Wüten der Soldaten; zuerst darüber, wo verhandelt werden sollte, dann durch Austausch welcher Geiseln die Sicherheit der Verhandelnden zu garantieren, zuletzt über die Sache. Als der Winter nahte, nahm der Siebenbürger, was er erlangen konnte: einen Teil Ungarns mit dem vielbegehrten Kaschau als Sprungbrett, ein paar schlesische Fürstentümer, Geld; wofür er die Stephanskrone herausgab. Das Ganze nichts als ein Waffenstillstand. Es war im Auftrag Bethlens, daß Graf Thurn nach Konstantinopel reiste, mit Grüßen an den Großvezier: wenn nur die Paschas von Ofen und von Bosnien ihn inskünftig wirkungsvoller unterstützten, so wolle er den deutschen Kaiser noch mores lehren. Das Versprechen klang dem Sultan angenehm; noch angenehmer dem Pfalzgrafen Friedrich, dem Thurn das zu Konstantinopel Verhandelte nach Holland kommunizierte. Es reisten damals geheime Boten quer durch Europa, unglaubliche Strecken weit; und was sie in chiffrierten Briefen bei sich trugen, verhieß dem gemeinen Manne überall nichts Gutes. Die beiden mächtigsten Fürsten des Reiches, der Lutheraner Johann Georg, der katholische Herzog Max, hatten geglaubt, durch rasches Ersticken des böhmischen Aufstandes den Frieden, die alte Konstitution, die Unabhängigkeit des Reiches von gefährlichen Bundesgenossen zu retten. Die Rechnung war nicht einmal dumm, aber sie stimmte nicht. Es war eine Rechnung ohne den Wirt; ohne fremde Gäste.

Die Falschmünzer

Das Jahr 1622 war in Böhmen, Mähren, Niederösterreich ein Wunderjahr des Geldes. Einige Wenige machten die vorteilhaftesten Erfahrungen damit; die Meisten üble. In so Manches, das fest und ewig gesichert erschienen war, hatte man ihnen unlängst das Vertrauen

genommen; jetzt verloren sie's auch in den allbegehrten Silbergulden, so daß die Söldner ihn nicht mehr nehmen, die Krämer nichts mehr für ihn geben wollten. Eine Inflation, gelenkt, aber sehr nachlässig gelenkt, durch den Staat, mit dem Zweck, Schulden loszuwerden. Bei einer Inflation, wissen wir, gibt es Gewinner und Verlierer. Die Gewinner sind jene, die an den Hebeln der politischen und wirtschaftlichen Macht sitzen, die Tatkräftigen, Schlauen und Frechen: die Raubvögel. Pechvögel aber sind die Durchschnittsuntertanen.
Zu einer Verschlechterung der Münze, das hieß, einer heimlichen Verringerung ihres Silbergehaltes, war man in Böhmen schon zur Stände- und Pfalzgrafenzeit gezwungen gewesen. Das wurde nach der Rückkehr der Sieger fortgesetzt; gleichzeitig auch die Silbergewinnung aus den Bergwerken von Kuttenberg forciert und Bruchsilber – altes, einzuschmelzendes Silbergerät – in großen Mengen eingekauft, wobei als Sammler und Lieferant der Prager Handelsjude Jakob Bassevi sich vor anderen bewährte. Der Zweck: mehr Gulden für den Kaiser-König, der das Münzregal, das Monopol besaß. Da nun das Warenangebot dem vermehrten Geldumlauf nicht entsprach, ganz im Gegenteil, so können wir uns des Verdachtes nicht erwehren, es hätte zu Preissteigerungen, und zwar zu beträchtlichen, auch dann kommen müssen, wenn man es bei dem alten Verhältnis des Guldens zum Silber belassen hätte. Dergleichen ahnte man allerdings nicht, weil man in der Wissenschaft vom Reichtum der Völker nur unweit gediehen war.
Die Vermehrung der Silberproduktion löste nichts. Bald sehen wir den »Subcommissarius«, den späteren Statthalter, Liechtenstein, zu dem übergehen, was schon die Stände probiert hatten. Aus einer Mark – das ist etwa ein halbes Pfund – Silber werden anstatt 19 Gulden 27 geprägt, dann 39, dann 47. Silber oder gute, alte Münzen ins Ausland zu schaffen wird streng verboten – Devisenkontrolle. Natürlich steigt der Preis des Silbers, das man mit der neuen, der »langen« oder »kleinen« Münze einkaufen muß. Der Witz ist aber, daß er nicht entsprechend schnell steigt, der Diskrepanz nicht alsbald nachkommt, die kaiserlichen Falschmünzer einen Vorsprung haben. Da liegt für den Fiskus die Möglichkeit des Gewinns.
Warum nicht auch für Privatleute, wenn sie das ganze Prägungsgeschäft übernähmen? Das wäre an sich nichts Neues. Verpachtungen von Münzstätten sind wohl schon vorgekommen, wie ja auch das »Kippen und Wippen« wahrlich nichts Neues ist. Neu ist hier nur die Dimension. Auf die Idee, durch ein »Konsortium« von »Interessenten« dem Kaiser die Sorge des Geldwesens ganz abzunehmen, scheint zuerst der gierige Sekretär Michna, jetzt Geheimrat Freiherr von

Weizenhofen, gekommen zu sein. Er gewinnt den Fürsten Liechtenstein dafür. Daß Bassevi, der Groß-Silberhändler, mitmachen wird, liegt auf der Hand. Aber der Jude hat nicht den rechten Status, einem solchen Unternehmen zu präsidieren. Für dies Amt bietet sich ein Anderer, und eigentlich nur ein Einziger: Hans de Witte, ein Niederländer, der reichste Financier Böhmens. Er ist als junger Mensch von Antwerpen nach Prag herübergekommen, und hat dort als Lehrling, als Kompagnon, als selbständiger Handelsmann Fortune gemacht; Verkäufer von allerlei kostbaren Waren auf Kredit, Hoflieferant, Geldausleiher im Großen wie auch im Kleinen. De Witte hat eine glückliche Hand, einen vorzüglichen Ruf, die besten Beziehungen quer durch Europa. In puncto religionis ist er unreuiger Calvinist, und weil er so reich ist, kann er sich's leisten, es zu bleiben. Um so sicherer, weil er unter der Rebellenregierung äußerst zurückhaltend operiert hat. Bankiers, ob jüdisch oder calvinisch, sind im allgemeinen keine Freunde von Revolutionen; sie lieben die legitime Macht.
Michna, Bassevi, Liechtenstein, de Witte, das sind Namen, die jetzt in Wien einen guten Klang haben, wenn auch jeder einen anders nuancierten. Wallenstein kommt hinzu; zum mächtigsten Manne in Böhmen der zweitmächtigste. Es kommen zu diesen fünf noch andere zehn, sogenannte »unbekannte Parteien«. Über ihre Identität hat man seither gerätselt. Ob die Herren von Eggenberg und von Harrach zu den »Mitconsorten« gehören, loyale Politiker wohl, aber doch dem Geldverdienen nicht abhold, ob der Präsident der Wiener Hofkammer, von Polheim, ob drei weitere Kammerräte, ob der neuernannte Statthalter von Niederösterreich, Freiherr von Meggau, dem ein schönes Talent nachgesagt wird, schnell reich zu werden – das alles ist so sicher und auch so wichtig nicht; denn die zehn Unbekannten nehmen an dem Geschäft insgesamt nur matten Anteil. Der Vertrag aber zwischen »Hans de Witte und seinen Mitconsorten« auf der einen Seite, der kaiserlichen Hofkammer auf der anderen, wird an jenem gleichen 18. Januar 1622 unterzeichnet, an dem Wallenstein zum Gubernator von Böhmen avanciert. Und zwar bestimmt er das Folgende:
Verpachtung des Münzregals oder Geldprägerechts in Böhmen, Mähren und Niederösterreich an das Konsortium für ein Jahr, beginnend mit dem 1. Februar 1622. Verbot von Umlauf und Ausfuhr aller fremden Münzen; Pflicht zu ihrer Ablieferung bei festgesetzten Preisen. Monopol der Pächter für den Kauf neugegrabenen böhmischen Silbers zu festen Preisen, für den Erwerb von Bruchsilber in den drei Ländern; wer sonst Silber kaufen will, muß den Nachweis eines häuslichen Bedarfs erbringen. Prägung von 79 Gulden aus der Mark Sil-

ber, mit dem Einverständnis, daß jeder Teilhaber Münze erhält und in Verkehr bringt für die Masse Silbers, die er beiträgt. An den Kaiser-König Zahlung einer Pachtsumme von 6 Millionen Gulden, in wöchentlichen Raten zu entrichten . . . Die Pachtsumme ist der Gewinn, der bei dem Prägungsgeschäft sich von selber versteht; in diesem Fall jedoch ein pauschaler, rascher, garantierter und ungewöhnlich hoher. Das ist der Grund, warum die Räte Ferdinands die Annahme des Projektes empfehlen; es wird jetzt so sehr viel Geld gebraucht für die Bezahlung des Krieges, der zu Ende sein soll, aber nicht enden will, und für andere Sachen. Natürlich sollen auch die Teilhaber einen Gewinn haben, obgleich davon im Vertrag nichts steht. Bei allem Gerede von rühmlichem Eifer für das allgemeine Wesen läßt kein Patriot sich auf ein so enormes, gefahrenreiches Unternehmen ein, es sei denn, er hätte Hoffnung, was daran zu verdienen. Wallenstein, der Landwirt und Soldat, weiß bisher vom Wesen des Geldes nicht viel mehr, als daß es gut ist, stets welches zu haben. Auch ist er keineswegs die treibende Kraft bei dieser Sache und bei weitem nicht ihr bedeutendster Nutznießer. Aus den Zeugnissen, welche von ihr übrigblieben, wenigen, fragmentarischen, verworrenen, geht immerhin hervor, wer während des Pachtjahres wieviel beitrug: Liechtenstein 797 Mark Silber, Wallenstein 5000, Michna 2932, de Witte 402 652, Bassevi 145 353 und die zehn Unbekannten zusammen 4848. Aus der Masse von 561 582 Mark Silber werden über 42 Millionen Gulden geprägt. Man sieht aus der Statistik, daß die zehn Unbekannten sehr wenig einbrachten, Wallenstein mehr als die zehn zusammen, de Witte aber beinahe hundertmal mehr als Wallenstein. Eine Societas Leonina, beim ersten Blick; beim zweiten eine, in welcher die kleinsten Teilhaber die Löwen sind. Denn unsere Tabelle lehrt auch, wer wieviel für die eingelieferte Mark Silber bekam: nämlich Bassevi 46 Gulden, de Witte 78, Wallenstein 123, Michna 248, die Unbekannten im Durchschnitt 440, Fürst Liechtenstein 569. Sonderbare Zahlen! Nichts anderes kann man aus ihnen schließen, als daß die Mark Silber mehr oder weniger wert war, je nach der Stellung des Liefernden; wobei nur wieder auffällt, daß Wallenstein, der »Gubernator von Böhmen«, zwar mehr erhielt als der Jude und der calvinische Bankier, aber weniger als der Intrigant Michna. Daß der Vizekönig am höchsten bewertet wurde, nimmt nicht wunder; man hat ausgerechnet, daß, wenn de Witte sich selber für die Mark soviel bezahlt hätte, wie er Liechtenstein zahlte, er 229 Millionen Gulden hätte einstreichen müssen, statt der 31 Millionen, die er für sich buchte. – Das Konsortium ist im Materiellen ein Unternehmen de Wittes und Bassevis. Die Übrigen sind politische Stützen und Zierden, profitierend, je nachdem

sie stützen und zieren können. Zu einer Zierde wird übrigens noch der Unzierlichste, Jakob Bassevi. Denn ihm blüht, in Anerkennung seiner Verdienste, mit dem allzu schönen Namen »von Treuenberg« der Adelsstand; dem ersten in der langen Reihe von Industrie-Rittern mosaischer Religion, welche die Habsburger zu Rittern machten.
42 Millionen Gulden in einem Jahr, davon 30 in den ersten zwei Monaten auf den Geldmarkt geworfen, das ist mehr, als die längst zerrüttete Ökonomie der drei Länder vertragen kann; wäre mehr wohl auch dann, wenn es sich um gutes Geld handelte. Aber das Geld, schlecht von Anfang an, wird immer schlechter. Dem Vertrag gemäß soll dem Gulden der Silbergehalt bleiben, der ihm allbereits geblieben war, etwa ein Viertel des ursprünglichen. Als nach anderthalb Jahren die unvermeidliche Währungsreform stattfindet, wird der Neugulden auf ein Sechstel seines Nennwertes reduziert; ein unsicherer Faktor, aber ein Faktor doch, um auf das Maß der fortschreitenden Fälschung zu schließen. Für sie können die Mitkonsorten im Grunde nichts; sie müssen weitergehen, nach dem Gesetz, nach dem sie angetreten. Dem Fiskus genügen die Pacht-Ratenzahlungen nicht, er verlangt Vorschüsse. Dem Kaiser genügen die ganzen 6 Millionen nicht; de Witte und Bassevi müssen ihm mit einer Anleihe aus eigener Tasche aufwarten. Das in den drei Ländern verfügbare Silber genügt de Witte nicht; er muß um die Lizenz nachsuchen, das begehrte Metall zu kaufen, wo er es finden kann, zu den Preisen, die man verlangt. Aber in Deutschland, in den Niederlanden macht man sich über den habsburgischen Neugulden noch weniger Illusionen als in Böhmen. Brauchte anfangs das Silber Zeit, sich der Inflation anzupassen, so zeigt es gegen Ende des Jahres die Tendenz, sie vorwegzunehmen, ihr vorauszueilen. Es kommt zu dem, daß de Witte 85 Gulden für die Mark zahlen muß. Rechnet man dazu die Kosten der Verwaltung, der Prägung, der Pacht, rechnet man dazu den Gewinn, den die Konsorten doch machen wollten, so mag dem Laien einleuchten, daß wenigstens 110 Gulden aus der Mark herausgepreßt werden müssen, also genau, was später die Währungsreform zeigt; und dagegen ist kein Beweis, daß de Witte verbreiten läßt, alles Gerede von einem weiteren Verlust an Feingehalt sei nichts als »falsche und neidische Bezüchtigung«. Das muß er verbreiten lassen; aber vergebens. Vergebens auch, daß Fürst Liechtenstein das Gerede von einer bevorstehenden Devaluierung – man sagt »Devalvation« – als »üblen unbegründeten Wahn« bezeichnet. Wahrhaft zum Verwundern sei es, daß der gemeine Mann für die einzig und ewig im Lande geltende Währung auch das Notwendigste nicht mehr kaufen könne; es bestehe doch gottlob in Böhmen kein Mangel an Viktualien. Das mag sein, obgleich sie längst knapp

sind. Aber knapp oder reichlich, sie verkriechen sich vor dem schlechten Geld, um nur heimlich sich dem verbotenen, alten, guten darzubieten. Gegen dessen Hortung oder Tausch mit Neugulden zu schwindelnden Preisen, gegen den Streik der Metzger und Krämer wirkt auch die angedrohte Todesstrafe nicht. Wo es um Geld geht, um die unnatürliche Behinderung seines Flusses, da helfen keine Strafdekrete. Wer aber gehorsam-dumm genug war, für sein gutes Geld schlechtes nach dem vorgeschriebenen Kurs zu nehmen, wer mit leerem Einkaufsbeutel von den Türen der Händler gejagt wird, der flucht dem Konsortium und zumal den mit Namen bekannten Mitkonsorten . . . Nach Ablauf des Pachtjahres möchten des Kaisers Räte den Vertrag wohl verlängern, jedoch unter verschärften Bedingungen. Fürst Liechtenstein macht Gegenvorschläge, die nicht gefallen. Er mit den Seinen ist im Grund wohl froh, aus der immer gefährlicher sich verwirrenden Sache herauszukommen und den Gewinn mitzunehmen, den sie gebracht hat.
Wohl oder übel übernimmt der Kaiser die Münze wieder in eigener Regie. Einige Monate noch läßt er es forttreiben wie bisher. Dann wird zu der Operation geschritten, von welcher Fürst Liechtenstein noch ein halbes Jahr vorher erklärt hat, der bloße Gedanke an sie sei Wahnwitz und Majestätsbeleidigung. Zuerst so, daß man, Sommer 23, beginnt, wieder Geld von altem Schrot und Korn zu prägen, oder aber, gute Reichstaler aufzukaufen, um damit die Soldaten zu bezahlen, acht neue Gulden für den Taler, der ehedem anderthalb wert gewesen war. Seit Dezember geht es radikaler zu. Nun werden die Bürger aufgefordert, ihr Inflationsgeld gegen das neueste, das alte, einzutauschen, sechs Gulden gegen einen; bei den Kreuzern, deren der Gulden 60 zählt, ist das Verhältnis noch deprimierender. Der Umtausch, die Rückberufung stellt die Regenten nun wieder vor Probleme, über deren Lösung die Historie nicht und kein Lehrbuch ihnen Aufschluß erteilt. In ganz Böhmen gibt es nur drei Münzstätten, weit auseinander gelegen. Wie sollen die Leute da hinreisen, um ihr Geld loszuwerden? Was bleibt ihnen anderes übrig, als es großen Herren oder Händlern zum Umtausch anzuvertrauen, natürlich nicht ohne Agio? Auch haben die Münzstätten das neueste Geld noch gar nicht, Silber ist nicht leichter zu finden als vorher, böse Wartezeiten entstehen. Ferner erhebt sich die Frage, über die man sich vor der Währungsreform nicht den Kopf zerbrach: wie denn der Schuldner, der seine Schulden in den Jahren des Geldchaos kontrahierte, zum Gläubiger sich jetzt verhalten solle? An diesem Rätsel ist Kaiser Ferdinand nicht der am wenigsten Interessierte; denn zum Beispiel hat Michna ihm noch rasch vor der Devalvation eine Anleihe gewährt, die er nun

auf Gulden und Kreuzer in neuestem, hartem Geld zurückhaben will. Gutachten über Gutachten. Es fehlt in Wien und Prag nicht an Juristen, die argumentieren, A sei gleich A, Gulden gleich Gulden; die Schuldner müßten also in Deflationsgeld bezahlen, was sie in Inflationsgeld geliehen. Gegen diese übereinfache Gleichung wird eingewendet, daß sie ungerecht und unmöglich sei. So beschließt man denn, Schiedsgerichte zu etablieren, die jeden einzelnen Streit nach Billigkeit schlichten sollen. Was die nun wieder zu tun haben!

Weiter sollen, da wir Lebensgeschichte, nicht Geldgeschichte schreiben, die Schicksale der böhmisch-mährischen und österreichischen Münze nicht verfolgt werden. Auch die Nachgeschichte des Konsortiums nicht, die vierzig Jahre lang ist. Wohl war Ferdinand II. faul, in den Kameralwissenschaften unbewandert, herzlich froh, wenn er nur hören konnte, die und die Schuld sei, wenn auch nur vorläufig, geregelt worden, für den und den Günstling, die und die Lustreise sei trotz allem etwas da. Dagegen saßen in seiner Hofkammer harte, pedantische Leute, ungewillt, den Fiskus betrügen zu lassen. Sie hörten nicht auf, das Gebaren der Mitkonsorten zu durchforschen, zu Lebzeiten des alten Kaisers und danach; wobei ihnen ärgerlich auffiel, daß mitunter die wichtigsten Akten auf rätselhafte Weise verschwanden. Die im Jahre 1637 errichtete »Königlich Böhmische Generalmünz- und Konfiskationsläsions-, Aus- und Verrichtungskommission« kam also nie so recht ans Ziel. Sie kam immerhin so weit, um Zeugnisfetzen zu finden, wie jene, von denen oben berichtet wurde. Sie kam sogar so weit, daß sie von den Erben des Fürsten Liechtenstein einen Schadenersatz, samt in vierzig Jahren angelaufenen Zinsen, von 31 Millionen Gulden verlangte – was sie selber kaum ernst gemeint haben kann. Kaiser Leopold, der Enkel Ferdinands, begnügte sich denn auch mit 275 000 Gulden, im Jahre des Herrn 1665. Aber das gehört nicht hierher.

In einer jener übriggebliebenen rätselhaften Tabellen werden Wallensteins Investitionen im Münzgeschäft mit 220 000 Gulden angegeben, seine Gewinne mit 240 000. Wenn beide Zahlen zu verstehen sind, wie ein Sachkenner sie versteht, so nämlich, daß die kleinere Summe von der größeren abzuziehen ist, um den Reingewinn zu eruieren, so hätte er bei dem ganzen Geschäft 20 000 Gulden verdient – eine Dividende von weniger als zehn Prozent, ein Taschengeld. Wohl möglich, daß das Publikum, wie auch die Hofkammer von den »weltkundigen Millionengewinnen« der Mitkonsorten sich eine falsche Vorstellung machte; manches ist weltkundig, was nicht wahr ist. Jedenfalls lag der Schwerpunkt von Wallensteins wirtschaftlicher Tätigkeit in dem Inflationsjahr 1622 nicht im Konsortium. In diesem

Jahr gelang ihm der Durchbruch zu gewaltigem Reichtum; aber nicht dadurch, daß er de Wittes private Staatsbank mit etwas Silber belieferte, oder, wie es praktisch gewesen sein dürfte, ein paar Hunderttausend Gulden einzahlte, die ihm als Silber verrechnet wurden. Seine neuen Beziehungen zu Bassevi und zu dem großartigen Finanzmann, de Witte, boten andere Möglichkeiten. Der Inflationsgulden rollte leicht und schnell. Wer nach ihm griff, als Oberstkommandierender in Böhmen, mit Hilfe der gewiegtesten Bankiers im Lande, der konnte Kredite von nie geträumter Höhe aufnehmen oder gewähren; der konnte, unter den und den einzigartigen juridischen oder politischen Bedingungen, kaufen, was keine Devalvation je bedroht: Land. Land so viel, daß sein Besitzer kein bloßer Besitzer sein würde, sondern ein Landesherr, ein Fürst, ein Herrscher.

Viele Güter

Der Prozeß, durch den die Hälfte von Böhmen den Besitzer wechselte, hatte mehrere Etappen oder Kategorien. Sofort und ohne Einschränkung enteignet wurden die verstorbenen Hauptschuldigen, zum Beispiel Albrecht Jan Smiřický, die zu Prag Hingerichteten, zum Beispiel Wenzel von Budowa, alle Landflüchtigen, zum Beispiel Christoph von Redern, Herr zu Friedland. Zur Gänze, zur Hälfte, zum vierten oder fünften Teil enteignet wurden die mehr oder weniger sich schuldig Fühlenden, welche nach einem kaiserlichen Dekret sich freiwillig bei dem Konfiskationsgerichtshof zu melden hatten – von ihrem freien Willen den rechten Gebrauch zu machen war ratsam. Den Gerichtshof aber, unter dem Vorsitz Adam von Waldsteins, statuierte man an eben dem Tag, dem 18. Januar, an dem der Vertrag über das Münzkonsortium perfekt und an dem Wallenstein zum Gubernator von Böhmen ernannt wurde. Nicht zufällig am selben Tag. Es bedurfte einer starken Hand, um das unterworfene Königreich in der Qual des Gehorsams zu halten. Es bedurfte vieler Gulden, um die Halb- und Viertelskonfiskationen durchzuführen. Denn der Vorsatz war, auch den milder als hauptschuldig Eingestuften alles Land zu nehmen und für den ihnen aus Gnade belassenen Teil sie mit Geld zu befriedigen. Dafür wurde das Inflationsgeld der Jahre 22–23 benötigt und reichte nicht. Die halb Enteigneten erhielten im besten Fall entwertetes Geld; erhielten, als das Geld wieder hart wurde, im besten Fall die Zinsen auf das ihnen zugesagte Kapital, welcher Zinsendienst sich durch etliche vierzig Jahre erstreckte. Im Jahre 1665 wurde er eingestellt: nun sei es genug. Diese Vorgänge sind unschön, wenn man sich in sie vertieft: das Schicksal der Frauen, die vergeblich um die Herausgabe ihrer nach dem Gesetz versicherten Mitgift flehten; der unmündigen Waisen; der Gläubiger, denen die Enteigneten etwas schuldeten; der Bürgen, welche für die Verurteilten garantiert hatten und die man nun wissen ließ, das Pech sei ihres, nicht des Kaisers. Zum Himmel schreiende Unordnungen, Ungerechtigkeiten, Unfähigkeiten. Das, muß man sagen, hätte auch die wüsteste Ständeregierung noch hingebracht. Auch dem guten Ferdinand gefiel nicht alles, was seine Geheimräte beschlossen und was er selber approbierte. Peinlich, sehr peinlich der Schwall adeliger Bettlerinnen, die auf seinen Wegen ihm auflauerten, als er Böhmens Hauptstadt besuchte. Aber wo nichts ist, hat der Kaiser sein Recht verloren. Und selbst wo etwas ist oder sein könnte, muß der Kaiser ein so harter wie weiser Mann sein; sonst verliert er sein Recht auch, und es gewinnen Andere.

So hier. Unter jenen, die gewannen, war Albrecht Wallenstein der bei weitem Erfolgreichste.

Auf Friedland hatte er längst gelauert. Kaum gab Liechtenstein ihm einen Wink, die Sache sei reif zum Verkauf, so eilte er vom mährischen Kriegsschauplatz nach Prag, um abzuschließen. Es werde, schrieb Liechtenstein an den Kaiser, wohl ein Anderer schwerlich soviel dafür bieten wie der Oberst, nämlich 150000 Gulden. Die Verhandlungen schleppten sich hin, die Hofkammer verlangte genaue Schätzung des Objekts, fand die Offerte passend; im Juni, 1622, gingen die Herrschaften Friedland und Reichenberg mit Schlössern, Städten, Dörfern und allen ihren Bewohnern, mit Meierhöfen, Schäfereien, Mühlen, Karpfenteichen und Wäldern, mit Bergwerken, Eisenhammern und Zinnhütten als ewiges Erblehen an Wallenstein über. Wir finden den Preis für einen solchen Schatz gering, zumal, wenn wir bedenken, daß es sich um de Witte-Gulden handelte. Indem aber die Regierung gegen Preissteigerungen eiferte und an der fiktiven Gleichung des neuen mit dem alten Gulden erbittert festhielt, konnte nicht sie selber es sein, die mit ihren Forderungen der Inflation Rechnung trug; Wallenstein, Oberstkommandierender von Böhmen und Mitglied des Münzkonsortiums, durfte mit keiner anderen Münze zahlen, als der einzig legitimen ... Der Kauf von Friedland machte ihn zu dem, was wiederum zu sein er sich längst entschlossen hatte, zum böhmischen Magnaten. Seinen Sitz im mährischen Herrenhause gab er etwas später gleichgültig frei; er verkaufte Vsetín, die Landschaft, in der er neun Jahre gehaust hatte. Für diesen Adel war Grundbesitz, was später Industriepapiere wurden; Heimat nicht, nur jederzeit austauschbare Investition.

Nun galt es, die Smiricky-Güter im Süden mit den friedländischen im Norden zu vereinen, nämlich, unbestrittener Herr der Erbschaft zu werden und einzusammeln, was zwischen beiden Schwerpunkten, Gitschin und Friedland, lag. Das Erstere wurde durch einen sonderbaren Rechtsvorgang des Jahres 1623 erreicht. Wallenstein, der Smirickyschen Allodialgüter schon doppelt und dreifach sicher, kaufte sie jetzt von seinem blöden Mündel, also eigentlich von sich selber. Die Kaufsumme, nun das Eigentum des Wahnsinnigen und wieder in Wahrheit das Seine, 500000 Gulden, übermachte er dem Kaiser als Darlehen, zu dessen Bequemlichkeit wie auch zur Sicherung des Erbkranken; derart, daß er selber die Zinsen genießen sollte, und zwar durch Streichung der auf seinen Gütern und Untertanen lastenden Steuern, wenn aber diese nicht reichten, aus zusätzlichen Quellen. Die Kaufsumme wohlgemerkt, das Darlehen, würde kein anderer als Wallenstein erben, wenn der Blöde mit Tod abging. Ein verwünscht gescheiter Gedanke; großartig, Vertrauen erweckend und den kaiserlichen Fiskus tief in das Geschäft verwickelnd, worum es ihm zu tun war, den Aufbau seines Fürstentums. Dazu aber, wenn es ein schönes, reiches Fürstentum sein sollte, brauchte es noch mehr, Arrondierungen nach allen Seiten.

Nun also der Taumel des Kaufens, Tauschens und Wiederverkaufens, des Kaufens konfiszierter Güter vom Staat, des Kaufes von Besitzenden, des Wiederverkaufens sogar an solche, die selber Opfer der Konfiskationen gewesen waren, des Planens, Umherreisens, Inspizierens, Schätzens – ein Taumel, der anderthalb Jahre überwiegend in Anspruch nahm und Wallenstein für den Rest seines Lebens nie mehr ganz los ließ, so als hätte er sich an eine Droge gewöhnt. Pecka von der Witwe des hingerichteten Herrn von Harant, den er selber dort verhaftet hatte. Arnau, einst das Gut seines Großvaters – daher auch seine Linie die »Arnauer« genannt wird – vom Staat, der es dem verurteilten Johann Fünfkircher genommen. Neuschloß samt der Stadt Böhmisch-Leipa, ehedem Besitz des Johann Georg von Wartenberg. Hühnerwasser und Weißwasser, dem schuldig gesprochenen Berka von Dub konfisziert. Smrkowitz aus dem Eigentum des Rebellen Johann Wachtel. Weiß-Poličan von dem verurteilten Georg von Waldstein; Roth-Poličan von dem verurteilten Wenzel Bukowsky; Oels von dem verurteilten Zdenko von Waldstein. Münchengrätz aus dem Besitz des hingerichteten Wenzel von Budowa, der heute in Stein gehauen traurig vor dem Schlosse steht. Hohenelbe im Kauf von Wilhelm Miřkowský. Hirschberg, Bösig, Perstein, Töschen, Houska und Widim im Tausch von Adam von Waldstein. Zum Gut Widim gehören der Ritterbesitz Widim und sechzehn Dörfer, zum Gut Houska das Schloß Houska und zehn Dörfer. Kopidlno samt Bartaušov und Silvar im Tausch gegen Neustadt an der Mettau und andere Güter von der Dame Magdalena Trčka, Gattin des Ritters Rudolf, einem geschäftstüchtigen Weibe. (Die Frauen betreiben die Landmaklerei mitunter energischer als ihre Männer; so auch Frau Polixena, Gattin des Kanzlers Lobkowicz.) Klein-Chomutic und Radeč von den Erben des Johann Zliwsky. Wostromiř vom Staat auf Kosten des bestraften Wenzel Wostromiřsky ... Wollten wir alle die Güter nennen, die Wallenstein kaufte, in der Hauptsache jetzt, aber auch später noch, immer, bis kurz vor dem Ende, die Güter, die er kaufte und behielt, die er kaufte, aber nicht bezahlte, sondern einstweilen dem Verkäufer beließ, die er weiterverkaufte, die er verschenkte, die er seinem Großmajorat inkorporierte, die er als Afterlehen vergab, wollten wir alle die Namen nennen, die er notierte, unterstrich, wieder ausstrich, so kämen wir auf 179, den mährischen Urbesitz nicht mitgerechnet; und den meisten wäre ein gutes Dutzend anderer beizufügen, denn solch ein Ding war ja nicht ein einziges, war ein Komplex von Besitzungen und Rechten, wie es denn auch eine Lieblingsbeschäftigung des neuen Besitzers wurde, die und die Herrschaft durch verlockende Nachbarstücke, Wälder, Höfe, besitzfremde Stadtviertel zu komplettieren. Als, zu Beginn des Jahres 1624, die Hauptarbeit vorläufig, immer nur vorläufig, getan war, sah Wallenstein sich als Herr über ein Land von einhundert Quadratmeilen, von der Nordgrenze Böhmens gegen die Mitte nicht allzu weit von Prag, im Osten tief in das Riesengebirge sich erstreckend. Wie dies Land unterteilt und verwaltet wurde, welche Stücke sich der Herrscher und Oberbesitzer direkt vorbehielt, nämlich die besten, welche er als Lehen, für fromme Stiftungen, für Geschenke an nützliche Diener gebrauchte, davon später.

Es ging hart zu bei dieser Monstre-Gründung. Ein Beispiel dafür, das schlimmste wohl. Hans Georg von Wartenberg, Bruder jenes von der Gitschiner Pulverkatastrophe her uns übel erinnerlichen Otto Heinrich, hatte wie die Meisten seines Standes zunächst an der Rebellion teilgenommen, sich aber lange vor der Schlacht am Weißen Berg dem Kurfürsten von Sachsen und damit dem Kaiser unterworfen, zu welchem Zweck er eigens nach Dresden reiste, um Zeugnisse seines guten Verhaltens einzusammeln. Er bekam sie reichlich, wie auch die Zusicherung des genau für solche Fälle wie den seinen versprochenen Generalpardons. Alles dies aber hinderte den Konfiskationsgerichtshof nicht, ihn zur Enteignung zu verurteilen, und zwar zur totalen. Vergebens bestürmte Wartenberg den Statthalter Liechtenstein, vergebens den Kaiser, die Revision eines so mit Händen zu greifenden Justiz-Irrtums zu veranlassen. Er war mit einer deutschen Prinzessin verheiratet und das schien ihm zusätzliche Chancen zu geben; nicht weniger als fünfunddreißig Reichsfürsten, darunter so beträchtliche wie der Herzog von Bayern, gewann er zu Fürsprechern. Wie man ihn aber auch vertröstete, wie eine Oberbehörde ihn zur andern schickte, er stieß immer ins Leere, und wußte bald warum. Es war Albrecht Wallenstein, der seine Herrschaften Neuschloß und Böhmisch-Leipa zur Erweiterung seines Fürstentums nach Westen haben wollte, und der sie vom Fiskus schon gekauft hatte; woraus wir auch den ungerechten Spruch im Ursprung verstehen. Saß nicht Adam von Waldstein als Präsident im Gerichtshof? Bedurfte es etwa nur eines Winkes von der Seite des Statthalters, um ein Urteil so finden zu lassen, wie er oder seine gierigen Bundesgenossen es wünschten? . . . Hans Georg von Wartenberg starb in der Fremde und in bitterer Armut; zusammen mit seinem Bruder, dem wüsten Otto Heinrich, der Letzte einer ehedem großen Familie, die überdies mit den Waldstein vom gleichen Stamme kam.

Wartenbergs Erlebnis wurde erzählt, weil wir nichts verbergen, unseren Helden nicht besser machen wollen als er war. Im Prinzip aber gilt dieses. Hätte er nicht getan, was er tat, so hätten es Andere getan statt seiner. Er spielte das Spiel, das alle spielten, die es nur spielen konnten: die landfremden Großnutznießer, die Eggenberg, Liechtenstein, Trauttmansdorff, Marradas, wie auch die Alteingesessenen, ob sie katholisch waren wie Adam von Waldstein und Wilhelm Slawata, oder protestantisch und der Rebellion so ferne nicht, wie die Brüder Kinsky, das emsige Ehepaar Trčka. Die wurden alle reich und reicher, die spielten alle gut. Er aber spielte am besten, zu den großartigsten Zwecken. So geschah es, daß er allen hoch über den Kopf wuchs, zuletzt dem Fürsten Liechtenstein, zu dessen ärgerlicher Überraschung; denn Liechtenstein hatte ihn bisher als seine Kreatur angesehen. Übrigens war unter den großen Räubern der zweiten böhmischen Revolution Wallenstein bei weitem der konstruktivste. Die Untertanen, die ihn zum Herrn bekamen, hatten mehr Vorteil als Leid davon. Er machte etwas aus seinem Raub.

Dieser hatte zwei Seiten, davon eine deutlichere. Denn wenn wir sagen, er kaufte vom Staat, so war er selber ein Träger des neuen Staates, welcher den alten böhmischen Adel enteignete. Die andere ist weniger deutlich. Einer verbreiteten These nach hat Wallenstein seine Güter weit unter ihrem Wert bezahlt, schon allein darum, weil er nicht alle, aber viele, mit Inflationsgeld bezahlte. Weiter heißt es, daß die Objekte zu tief geschätzt wurden, weil die Schätzenden selber mit im Geschäft waren, worüber die Wiener Hofkammer Klage führte: daß Wallenstein sogar die flauesten Schätzungen noch unterbot und

damit durchkam. Die als Beispiel gegebenen Zahlen sind aber nicht überwältigend; meist handelt es sich um wenige Prozente. Auch hier tat er, was alle taten, die an der Sieges- und Beutequelle saßen. Im Gegensatz jedoch zu seinen Konkurrenten war er großzügig-klug genug, später (1625) eine pauschale Nachzahlung von 200000 Gulden in gutem Geld anzubieten, wofür er von Kaiser Ferdinand ausdrücklich gelobt, seinen Standesgenossen als Beispiel vorgehalten und aller weiteren Verpflichtungen frei und ledig gesprochen wurde. Hätte das Haus »Waldstein und Friedland« geblüht, so wären ihm damit die langwierigen Unannehmlichkeiten erspart worden, welche das Haus Liechtenstein sich im Lauf des Jahrhunderts gefallen lassen mußte.
Womit nun bezahlte er alles das? Wie wurde jemand, dessen Vermögen in Geld und Immobilien nach der Schlacht am Weißen Berg doch nur etwa eine halbe Million ausmachte, binnen wenigen Jahren zu einem der Reichsten in der Christenheit? – Da stehen wir vor einem Berg dokumentierter Vermutungen, nicht vor einem Gebäude sauber erhärteter Tatsachen. Und frage man sich doch, ob, wenn die Vermögensbildung eines in unseren Tagen reichgewordenen Politikers, bei verwirrenden Zeugenaussagen, verschwundenen Akten, Aussageverweigerungen, Schwächen des Gedächtnisses etc. etc., vor dem Richter nur höchst unbefriedigend erklärt werden könnte, ob dann diese Aufgabe dem Historiker für die 350 Jahre zurückliegende Entstehung persönlichen Reichtums zugemutet werden kann.
Einem gewissen Thomas Bilek, königlich-böhmischen Gymnasialdirektor, gelang es in lebenswieriger Arbeit, die folgenden Daten zu sichern. In den Jahren 1622 bis 1633 hat Wallenstein teils vom Fiskus, teils von Privaten für 7 Millionen und 42000 Gulden Güter erkauft. Davon hat er jedoch für 3 Millionen 998000 Gulden wieder verkauft und ist für den Rest 1 Million 981000 schuldig geblieben. Woraus folgen würde, daß er nicht mehr als 1 Million 63000 Gulden bezahlt hat, ein Kapital, über dessen bescheidene Herkunft man sich den Kopf nun wirklich nicht zu zerbrechen bräuchte. Bileks Berechnungen, so präzise sie scheinen, steht allerdings im Weg, daß Wallensteins Gesamtvermögen, Immobilien, Mobilien und bares Geld, die eben genannte Summe später um ein Vielfaches übertraf.
Was nun die Jahre 22 bis 24 betrifft, so kaufte er damals für 4,6 und verkaufte für 2,74 Millionen; kaufte also realiter für 1,86. Auch diese Summe klingt unserem Gelehrten nicht so verblüffend, wie boshaftere Historiker sie haben ausmachen wollen. Erhielt der werdende Großbesitzer für die Verwüstung, welche seine mährischen Güter während der Rebellion erfahren hatten, nicht die Wiedergutmachung von 182000 Gulden zugesprochen? Erlaubte sein Gehalt dem Ober-

sten, dann dem Gubernator von Böhmen nicht, ein wenig zu thesaurieren? Verkaufte er nicht Vsetín für 130000, die übrigen Besitzungen Frau Lucretias etwas später für 218000? Legte ihm – oder eigentlich dem Blöden – für das Majorat Schwarzkosteletz der Fürst Liechtenstein nicht 532000 auf den Tisch? Machen solche Summen nicht den Gesamteindruck, daß der, welcher sie für sich buchte, recht wohl weniger als zwei Millionen aufbringen konnte, ohne zu schmutzigem Betrug seine Zuflucht zu nehmen? ... So unser Schulmann und emsig addierender Verteidiger. Aber selbst ihm sind Irrtümer unterlaufen. Wenn er etwa zu Wallensteins Geschäftskapital jene 528000 Gulden schlägt, die der Oberst für die Erhaltung seines Reiterregiments aufwandte, die folglich der Fiskus ihm schuldete und verrechnete, so bleibt undeutlich, wo dies Geld denn herkam oder was von ihm blieb. Bezahlte Wallenstein sein Regiment damit, so konnte, ging es mit rechten Dingen zu, hier kein Gewinn, viel weniger das Ganze als ein aus den Wolken gegriffener Bestandteil seines Vermögens anzusehen sein. Bezahlte er sein Regiment nicht damit, so hatte er keinen Anspruch darauf, nicht zu reden davon, daß die Soldaten ihm bald davongelaufen wären.
Den Kalkulationen Bileks gehen nun andere, großartigere Spuren parallel, ohne daß beide Linien zum Schnittpunkt kämen. Es existiert ein Brief Ferdinands II. an den Fürsten Liechtenstein, vom September 1622, in dem er von einem ihm zu Ohren gekommenen sehr erwünschten Projekt spricht, der Hofkammer auf die vorzunehmenden Konfiskationen hin »Etliche Millionen« vorzuschießen. Dem kaiserlichen Schreiben korrespondiert ein Vertragsentwurf des Fürsten Liechtenstein, vom Dezember des gleichen Jahres. Ihm zur Folge erbieten sich »Herr von Waldstein und dessen Mitinteressierte«, des Kaisers Schuldenlast durch eine Anleihe von dreieinhalb Millionen Gulden zu erleichtern, wofür ihnen mit der Zeit nach Gebühr taxierte Güter einzuräumen wären. Ist dieser Vertrag ausgeführt worden, so wäre Wallenstein an der Spitze eines zweiten, eines Leihkonsortiums gestanden: die Güter wären ihm zugefallen, die Gelder aber überwiegend von seinen »Mitinteressierten«, sicher de Witte, wahrscheinlich Bassevi, Michna und anderen gekommen, die er früher oder später für ihren Beistand angemessen hätte entschädigen müssen. Ein anderer Vertrag oder Vertragsentwurf zwischen Wallenstein und dem Statthalter, gleichfalls vom Dezember 1622, weiß von zwei Millionen, ohne daß »Mitinteressierte« in ihm erwähnt würden. Schließlich gibt es ein »Wallensteinisches Aktenregister«, in dem unter fünfhundert gewichtigen Dokumenten das folgende beschrieben wird: »Fürst Liechtensteinscher Vergleich wegen vierthalb« – das bedeutet drei-

einhalb – »Millionen Gulden rheinisch, so Ihre Fürstlichen Gnaden Herzog zu Friedland hergegeben gegen so viel konfiscierte Güter (die sie) überkommen sollen. Pragae, den 13. Januarii 1623 . . .« Das steht verzeichnet. Die Akte selber, die Quittung des Statthalters, ist verschwunden, sei es, wie Papiere eben verschwinden, sei es, weil es nachmals solche gab, die sie verschwinden lassen wollten. Unsichere Zeichen. Aber doch deutlich genug, um aus ihnen zu schließen: Wallenstein muß dem Kaiser im Winter 1622/23 eine Anleihe gewährt haben, so groß, wie er sie selber mit einem Schlag nimmermehr aufbringen konnte. Er lieh also, was er weitergab, und zwar Inflationsgeld. Der Zusammenhang zwischen Münzkonsortium und Leihkonsortium steht fest. Da aber nur er im großen Stil Güter kaufte, nicht de Witte, nicht Bassevi von Treuenberg, so bleibt die Frage, wie, wann, womit er seine »Mitinteressierten« befriedigte. Kraft eines schwindelnden, schwindelhaften Inflations-Deflationsgewinnes? Wilhelm von Slawata meinte es zu wissen. Denn in einer lateinisch geschriebenen Denkschrift von nicht weniger als 42 gegen Wallenstein gerichteten Anklagepunkten behauptete – 1624 – der Defenestrierte, sein gehaßter Vetter habe es folgendermaßen getrieben. Die Auszahlung des Großteils der Anleihe von »drei oder mindestens zwei Millionen« habe er absichtlich bis zu den letzten Tagen vor der Währungsreform verschoben. Dann lieh er sich von den Hebräern Prags gute Dukaten und hinterlegte sie bei der Hofkammer zu dem exorbitanten Preis, den sie damals hatten, um aber, wenn man sie ihm nach der Reform zurückverbuchte, sie nach dem neuen entblasenen Wert des Guldens zu verrechnen. Wenn also, exemplifizierte Slawata den begriffsstutzigen Geheimräten, Wallenstein 10000 Dukaten herlieh, so wollte er damit 160000 Gulden gegeben haben. Erhielt er aber nach der Reform dieselben 10000 Dukaten, gleichgültig auf welchem Weg, zurück, so quittierte er anstatt für 160000 nur für 23000 Gulden . . . Ob er dies Spiel mit Gulden und Dukaten, mit schlechten und reformierten Gulden wirklich trieb, ob, wie ich glaube, Slawata nur Gerüchte reproduzierte, wie sie über große Herren damals umgingen, aber mit den Gebräuchen der sonst scharf aufpassenden Finanzbehörde sich nicht reimen, das muß nun wieder unbestimmt bleiben. Manches die Entstehung dieses Vermögens Betreffende wird nie zu entwirren sein.

1621 war es noch nicht da gewesen. 1624 war es da. »Man bedenke«, schrieb Fürst Liechtenstein bitter, und an wen er dachte, erraten wir, »man bedenke, was ich vor der Rebellion gehabt und was ich jetzt habe, man sehe auch, was Andere jener Zeit gehabt und was sie jetzt vermögen, und examiniere die Proportion des Zuwachses, man frage, wo ein Jeder das Seinige genommen, so wird sich's bald finden.« Seine Bücher stünden offen, er könne die Herkunft seiner Neuerwerbungen nachweisen, Stück für Stück; bei Anderen sei das vielleicht anders.

Zweite Heirat

Ob er, so plötzlich auf die Höhe des Lebens gelangt, unlängst noch gering, so reich und mächtig jetzt, sich manchmal an die Anfänge erinnerte? An die Waisenkindheit, die kargen Mahlzeiten beim Herrn Kantor, die Altdorfer Streiche, die Reisen, den ersten Kriegsdienst? Staunte über die Härte seines gewordenen, aus einem Kind, Knaben, Jüngling zu ihm herübergeglittenen Ich, seine durch Arbeit und Krankheit schon entfremdeten Gesichtszüge? Er hatte, dünkt mich, keine Zeit zum Staunen, obgleich er die fromme Muße und Versenkung, welche die Kirche vorschrieb, routinemäßig pflegte. Tag und Jahr waren angefüllt mit Geschäften; finanziellen, administrativen, militärischen, politischen.

Ein zärtliches kam neuerdings hinzu. Ein familiäres; wenn man will ein politisches. Zum großen Herrn, der er geworden war, gehörte die Herrin. Das Majorat, zu dem er alle seine neuen Güter zusammengefaßt hatte, verlangte nach einem Erben. Witwer seit neun Jahren, trat Wallenstein im Sommer 1623 noch einmal in den Stand der Ehe. Die Erwählte war Fräulein Isabella, Tochter des Freiherrn von Harrach, Schwester jener Katharina, die Wallenstein »Frau Caterle« nannte und die unlängst seinen Vetter Max geheiratet hatte. Daß die Braut so fromm wie hübsch und schön wie klug war, darüber gab es nur eine Stimme. Sie stand im 22. Jahr, Wallenstein nun im vierzigsten. Liebe? Das Wort hatte einen formalen Klang unter adeligen Standesgenossen. Wir haben aber Gründe, anzunehmen, daß Isabella an ihrem großartig wirkenden, meistens fernen Gemahl mit wahrer Liebe hing und daß Wallenstein von diesem Gefühl nicht unerwärmt blieb. Andererseits war die Heirat auch eine politische, wie vorher schon jene zwischen Herrn Max und Frau Caterle. Beide Ehen führten die gens Waldstein aus dem Böhmischen heraus ins Wienerische und Österreichisch-Deutsche. Durch sie öffnete Wallenstein sich die heimlichste Tür zum kaiserlichen Hof, setzte er seinen Fuß zwischen Tür und Schwelle.

Karl Leonhart, Herr von Harrach, Freiherr auf Rohrau, Herr zu Stauff und Aschau, Pfandinhaber der Herrschaft Bruck an der Leitha, war ein so gebietender wie freundlicher Mann. Kaiser Ferdinand, so erzählt der Chronist, nannte ihn »die Treuherzigkeit selbst«; »seine

Freunde haben sich auf ihn verlassen können, der junge Adel hat ihn für einen Vater und die Fremden für einen Protektor gehalten; die Höflich-, Tapfer- und Redlichkeit ist ihm eingewurzt, und sein Mund und Herz eins gewesen, das gemeine Volk hat ihn geliebt, und ihm das Lob, daß er ein Zier und Ruhm des Kayserlichen Hofes sey, gegeben.« Von den fünf Söhnen, welche dem Freiherrn blühten, war der älteste, Leonhart oder Lienhart, mit der Tochter des einen kaiserlichen Ratgebers, der an Einfluß Harrach noch übertraf, des Herrn von Eggenberg verheiratet. Den zweiten, Ernst Adalbert, hatte man mit seinen vierundzwanzig Jahren gerade zum Fürst-Erzbischof von Prag erwählt; auch die Kardinalswürde ließ nicht lange auf sich warten. Die militärische Ausbildung des jüngsten Sohnes, Franz, übernahm Wallenstein in eigener Person. Zwei Töchter waren nun unter der Walsteinschen Haube. Die dritte Tochter, Maximiliana, ehelichte später Herrn Adam Erdmann, Sohn des reichen Paares Trčka. Sie, »der Herzogin Schwester«, ist es, die Schiller zu seiner »Gräfin Terzky« machte, indem er ihr einige Züge ihrer Schwiegermutter lieh, Ehrgeiz und Energie, andere dazu erfand. Eine Schwester des jungen Trčka wiederum war die Frau Wilhelm Kinskys, des Groß-Intriganten. Hier bildeten, durchkreuzten sich zwei Clans: ein habsburgisch-katholischer, deutscher, Eggenberg-Harrach-Wallenstein, ein ander, Wallenstein-Trčka-Kinsky. Diesen muß man sich als überwiegend böhmisch und protestantisch vorstellen, denn Adam Trčkas Konversion wird eine gläubige nicht gewesen sein, und Kinsky, obgleich aus der böhmischen Konfiskationsmasse sich gern bedienend, blieb Protestant. In der Mitte zwischen den beiden inkongruenten Familienbündnissen stand Wallenstein; eine Position, die im Moment ihm keine Schwierigkeiten bereitete. Der österreichische Clan war ihm bei weitem der wichtigere.
Am wichtigsten der Schwiegervater seines Schwagers Lienhart, Freiherr, neuerdings Fürst von Eggenberg. Dieser Vorsitzende des kaiserlichen Geheimen Rates, eine Art von Regierungschef, macht aus der Ferne den Eindruck eines Mannes, dem gelang, was er anfaßte, und zwar ohne daß er es sich viel Arbeit kosten ließ; eines Glückskindes. Protestantisch erzogen, gehörte Eggenberg zu den Konvertiten, die es mit der Religion gar zu grimmig nicht nahmen, sehr im Gegensatz zu einer anderen Spielart wiedergefundenen alleinseligmachenden Glaubens. Ein Politiker, die Staatsraison pflegend, und zwar die des Hauses Österreich deutscher Nationalität, der vereinigten Erblande. Eggenberg wünschte einen österreichischen Kurs zu steuern, in nicht allzu enger Abhängigkeit von Madrid, München, Rom. In der böhmischen Sache hatte er gleich am Anfang zu den Scharfen gehört, nicht

so sehr wegen der Theologie, sondern, weil er die Unvereinbarkeit der ständischen Forderungen mit dem Prinzip der Monarchie erkannte. Darum billigte er den Staatsstreich gegen Kardinal Khlesl; machte aber, und das bezeichnet ihn, einen Versuch, den Kardinal zu retten, indem er ihn »mit treuer Warnung und Erinnerung« beschwor, seine Politik zu ändern. Damit, so Eggenberg, hätte der Kirchenfürst sich und anderen arge Verlegenheit erspart, »wenn ihn nit die Hoffart, die Verachtung aller Leut und die eigenen Passiones so gar verblendt gehabt«. Die neuen Dinge in Böhmen brachten auch Eggenberg schönen Gewinn, ganz ohne Mühe; schenkungsweise übermachte der Kaiser ihm den riesigen Güterkomplex des ausgestorbenen Hauses Rosenberg, welches in Südwest-Böhmen ungefähr soviel besessen hatte wie die Smiřický im Nordosten. Seine eigenen Güter lagen in der Steiermark; er war kein geborener Österreicher wie Harrach, sondern mit Ferdinand von Graz nach Wien gekommen und ihm von Jugend an befreundet. Wenn er in der alten Heimat oder seines Podagras halber in Bädern weilte, so fühlte der Kaiser sich hilflos: »als bin ich Euer mit der Hilf Gottes auf bestimmt gewiß allhier gewärtig; denn sonsten auch täglich dermaßen wichtige Negotia vorfallen, daß ich Euer, Gott weiß, über alle Maßen hart entrate . . .« Er redete seinen Minister mit dem Taufnamen an, »Hochgeborener Fürst! Lieber Hannss Ulrich!« – seltene Intimität in einer Zeit, da die Träger öffentlicher Großwürden eine ungesunde Distanz zueinander hielten und im Geschnörkel der wechselseitigen Titulierungen zum Ausdruck brachten. Daß, in dem Stadium seines Lebens, welches wir nun erreicht haben, irgendwer auf Erden Wallenstein mit »lieber Albrecht« angeredet haben sollte, ist ja nicht vorzustellen.

Auch Frau Isabella kam eine solche Adresse nicht in den Sinn. Ihre Briefe an den Gatten beginnen: »Hochgeborener Fürst! Mein herzallerliebster Herr.« Oder auch: »Hochgeborener Herr Herr! Mein herzallerliebster Herr.« Der Text ist dann von schöner Natürlichkeit und Zärtlichkeit. Man besitzt eine Reihe von Briefen Isabellas vom August 1624, nicht weniger als acht während eines Monats geschriebene. Sie wartet und wartet auf des Herrn Herrn Rückkehr; ist tief betrübt, weil sein krankes Bein ihm Schmerzen macht und seine Rückkehr aus Wien verzögert. Sie ist enttäuscht, weil die Post keinen Brief von ihm bringt, und wenn einer kommt, empfängt sie ihn mit höchsten Freuden. »Unser Herr weiß doch, wie mir in der Welt nichts härter ankommt, als Ihn so lange nicht zu sehen; weil es aber sein Wille noch nicht ist, muß ich mit Geduld und Unlust erwarten, bis er Mittel schicken wird, daß es geschieht. Es ist mir wohl von Herzen leid, daß er an seinem Fuß wieder übel auf ist; ich hoffe aber zu Gott, es werde bald wieder besser werden. Es ist für Ihn hier wol gar keine Zeit krank zu sein. Wollte Gott, ich wäre nur etliche Stunden bei Ihm und könnte bei seinem Bette auf der Erde sitzen; ich wollte wol fleißig bei Ihm bleiben.« »Unser Herr gebe nur, daß Er bald wieder könn' ausgehen; denn ich fürchte, daß Er seine Geschäfte nicht so bald richten könnt' als ich verlange, damit Er desto eh herein könnte kommen. Ich dank Ihm gar zu tausend Malen, daß Er mich gern bei Ihm gehabt hätt' und daß Ihm ohne mich die Weil lang ist worden.« Und so fort, durch acht Brieflein. Als vermochte Wallenstein Liebe zu erwecken, und zwar in einem so feinen Menschenkinde. Zu bedauern, daß niemand Meister Johann Kepler auf diese Seite von des Geborenen Natur hinwies. Zu bedauern auch, daß Wallensteins Briefe an Isabella verloren sind. Es hat zwar die Frau sie gesammelt und sauber gebündelt; nach ihrem Tode wurden sie den kaiserlichen Behörden überantwortet und sind in einem Wiener Archive versunken. Allerdings habe ich gehört, es hätte Einer einen solchen Brief gesehen, und sei die Anrede »Geliebtes Weib« gewesen; selber aber konnte ich dergleichen nicht finden.

Standeserhöhung

Im Jahre 1623 wurde Wallenstein die uralte, aus karolingischen oder spätrömischen Zeiten stammende Würde eines Comes Palatinus, zu deutsch Pfalzgrafen, verliehen. Sie stand über der des bloßen Grafen, führte aber den Titel nicht mit sich; dreiviertel Jahre noch zeichnete der Palatinus sich »A. Waldstein« oder formeller »Albrecht, Regierer des Hauses Waldstein und Friedland«. Denn das gleiche von Juristenhand umständlich verfaßte Diplom, welches von seinem Palatinat Kunde gab, machte ihn auch zum »Regierer« oder Chef seiner Familie, welche fortan sich »Waldstein und Friedland« nennen durfte. In einem Atem wurde ihm erlaubt, alle seine Besitzungen zu einem Majorat oder Fideikommiß zusammenzufassen, damit nicht durch Erbfälle und Zerteilung der Güter das uralte Waldstein'sche Haus in Abgang geraten möchte.
Der Palatin war im Ursprung der reisende oder residierende Vertreter des Königs gewesen. Daher die Autoritäten, die er jetzt noch genoß und die das Diplom aufzählt: als, verdiente Personen in den Adelsstand zu erheben, Richter und Notare zu ernennen, außerhalb der heiligen Ehe Geborene zu legitimieren, Leibeigene freizusprechen, Lehen und Afterlehen zu vergeben. Es kamen im Falle Wallensteins nützliche Privilegien im Materiellen hinzu: das Bergwerksregal, das

Marktrecht, die Lizenz, in seinem Gebiet Handel und Gewerbe zu treiben oder treiben zu lassen, nach eigenem Belieben. Königliche Rechte insgesamt, oder, in Anbetracht der Beschränktheit des Gebietes, doch fürstliche. Dreiviertel Jahre nach dem Palatinat geschah ihm denn auch die willkommene Erhebung in den Fürstenstand – eine erste Frucht des neuen Wiener Familienbündnisses.
Leser, es seien nun viele oder wenige, die für die lange abgewetzten, nun ganz verfaulten Stufen der Hierarchie, so wie sie ehedem war, ein Interesse tragen, werden hier für eine Erklärung dankbar sein. Wer im Jahre 1623 unter den Deutschen ein Fürst wurde, der konnte nur Fürst des Heiligen Römischen Reiches werden, vom Kaiser ernannt. Ein österreichischer, ein bayerischer, ein brandenburgisch-preußischer Fürstenstand – das kam später. Fürsten waren alle deutschen Potentaten, die sich über die Grafen erhoben: die Land- und Markgrafen, die Fürst-Bischöfe und Fürst-Äbte, die Herzoge, zusamt jenen ausgenommenen sieben Bischöfen, Markgrafen und Herzogen, welche sich das Recht gesichert hatten, den Kaiser zu wählen. Ihr Stil war der Plural der Majestät, mit dem fromm-stolzen Vorsatz »Von Gottes Gnaden«. Allen Fürsten kam die Distinktion »Hochgeboren« zu, ferner die Anreden »Euer Liebden«, »Euer Fürstliche Gnaden« oder beides; wegen des Prädikats »Durchlauchtigkeit«, auf welches seit neuestem die weltlichen Kurfürsten Anspruch erhoben, machte die Wiener Hofkanzlei Schwierigkeiten. Für den Kaiser war jeder Fürst »Unser Oheim«; eine aus dem Französischen oder Spanischen übernommene Fiktion königlicher Verwandtschaft. Der erste, der im 17. Jahrhundert, noch von dem Kaiser Matthias, die Fürstenkrone erhielt, war Karl von Liechtenstein. Es folgten der Präsident des Reichshofrats, ein Graf von Hohenzollern, aus der schwäbischen Linie, dann Eggenberg, dann Wallenstein, dann der böhmische Kanzler Zdenko von Lobkowicz, über den Frau Isabella, eben erst selber in die Fürstin von Friedland verwandelt, an ihren Gatten schrieb: »Der Herr Kanzler wird wohl gar zufrieden sein, daß er Fürst ist worden und insonderheit die Frau, weil sie's so hoch verlangt.« – Die Liechtenstein sind Fürsten heute noch, die Hohenzollern auch, und beide, wie man hört, nicht übel daran. Die Eggenberg starben im 18. Jahrhundert aus. Die Lobkowicz gerieten in unseren Tagen zuerst in eine Gesellschaft, die gegen alle Titel, dann in eine, die gegen allen Besitz war, so daß ihnen von beidem nichts blieb und sie wieder da sind, wo sie vor tausend Jahren anfingen, eins mit allem Volke.
Die deutschen Fürsten, nämlich die alten, waren von dem Zuwachs, den sie erfuhren, peinlich berührt und wegen der Behandlung der neuen, zweifelhaften Standesgenossen verlegen. Es ist darüber, vier

Jahre nach der Erhöhung Wallensteins, unter den versammelten Abgesandten der Kurfürsten zu einer gründlichen Diskussion gekommen, angeregt dadurch, daß Wallenstein die Anrede »Herr und Freund« verlangte. Diese, gab Mainz zu bedenken, sei nicht einmal zwischen den Kurfürsten üblich. Sachsen teilte mit, man schreibe in Dresden dem General »Hochgeborener, insonders lieber Herr und Freund«, gebrauche auch gelegentlich das Prädikat »Euer Liebden«, aber nur selten, und gedenke dabei zu bleiben. Daß zwischen den alten und den neuen Fürsten ein Unterschied zu machen sei, darin stimmten alle überein; Bayern verlangte ihn auch noch zwischen jenen neuen, die immerhin Ländereien im Reich hätten, wie die Zollern, und den anderen, nur in den habsburgischen Erblanden Begüterten. Brandenburg lehnte das »Herr« entschieden ab, »Fürst« und »Freund« sei übergenug; wohl könne ein jeder es halten, wie er wolle, schrieben aber die Kurfürsten gemeinsam an Wallenstein, so komme man um einen Vergleich nicht herum. Er bestand, wie der Ausgang lehrt, in der Anrede: »Besonders lieber Freund, auch gnädiger Fürst und Herr« – das »Herr« wurde also eingeräumt, jedoch am Schlusse möglichst unscheinbar plaziert . . . Wallenstein, damals auf der Höhe seiner Macht, war in Fragen der Diplomkunde – der Diplomatie – überaus empfindlich. »Wie schmerzt mich in der Seelen, daß mich der Kaiser, der mein Herr ist, wie einen Reichsfürsten tractiert, dieser aber, der mein Herr nicht ist und nicht werden wird, tractiert mich wie einen Hundsbuben . . .« So, als Ferdinands Bruder, Erzherzog Leopold, ihm das »Euer Liebden« nicht hatte geben wollen. Verärgert wie Wallensteins neue Ebenbürtige waren auch seine früheren, deren Kreis er sich so hochstrebend entzogen hatte, zum Beispiel der Vetter oder Großvetter, Adam von Waldstein.

Als Devise wählte der neue Fürst sich eine entschieden herausfordernde: Invita Invidia – Dem Neide zum Trotz.

Europas schwächlicher Widerstand

Eitel Schaum, die Hoffnung der Böhmen auf ihre Bundesgenossen. Europa sah zu. Zwar, daß es um mehr ging als nur das Schicksal der Böhmen, Mährer, Österreicher, so blind, es nicht zu ahnen, war man nicht überall, nicht im Haag, nicht in Kopenhagen und Stockholm. Die Weite des Raums, verworrene Gegensätze anderswo, schwankende, einander paralysierende Gesinnungen ließen die Erkenntnis unwirksam bleiben. Solange, aber auch nur solange, Ferdinand von Habsburg innerhalb der Grenzen seiner ererbten Länder handelte gegen rebellische Untertanen, mußte man ihn handeln lassen – ein Grundsatz, auf den die französische Politik im Rückblick Gewicht legte. Auch: Wenn die deutschen Protestanten, Böhmen so nahe verwandt, als Erste von ähnlichem Unheil bedroht, sich nicht rührten in feiger Verlegenheit, wie sollten die ferner Wohnenden helfen?
Der König von Schweden, der fromme, streitlustige Soldat und schöpferischste unter den Regenten, der Helle, der Bezaubernde, der Autorität und Kraft und Lebensfreude Ausstrahlende – Gustav Adolf hielt 1620 sich incognito in Deutschland auf, in Berlin, Heidelberg und anderswo. Die Reise diente einem Heiratszweck; eine Schwester des Kurfürsten von Brandenburg, Maria Eleonora, war die Erwählte. Nebenbei sammelte der Monarch Eindrücke unter den Deutschen. In Erfurt soll er sich in eine katholische Kirche eingeschlichen, der Messe beigewohnt und seine Vorstellung von Götzendienst und papistischem Mummenschanz mit widrigem Gefühl bestätigt gefunden haben. Jedenfalls fand er seinen Begriff von Dürftigkeit und Ohnmacht der deutschen Protestanten bestätigt. Die Letzteren beurteilte sein Reichskanzler, Axel Oxenstierna, in elegantem Latein: »Die Meisten in diesen Gegenden scheinen die Neutralität als das Sicherste zu pflegen; mit welcher Weisheit, mögen sie selber zusehen. Wo ist hier mögliche Abhilfe, da es im Reiche keinen Befehl gibt – cum in imperio nullum sit imperium –, keine Ordnung, keine Energie, ja, überhaupt keinen Sinn für die öffentliche Sache?« Damals traf Herzog Max seine letzten Vorbereitungen für den Böhmenfeldzug. In Ulm fand unter den Fürsten der Union sich keiner mit Lust zur rettenden Tat, und

ließen Alle sich von den Franzosen zum Narren halten; in Prag wartete der Kurfürst-König hilflos auf den Kehraus. Gustav hätte gern auch Ulm, auch Prag besucht, wozu es nicht kam.
Die brandenburgische Heirat machte ihn zum Mitglied einer Gruppe europäisch-deutsch-protestantischer Fürsten, die alle unter sich verwandt waren, wie zum Beispiel: Ein Bruder des Kurfürsten Georg Wilhelm von Brandenburg, der trotzige Markgraf von Jägerndorf, Rebellenfreund und Bundesgenosse Gabriel Bethlens; die Gattin Georg Wilhelms, eine Schwester des Kurfürsten Friedrich; eine brandenburgische Schwester, Gattin des Herzogs von Braunschweig-Wolfenbüttel, der einen Bruder hatte, Christian, von dem wird man bald hören, die jungen Braunschweiger aber Neffen des Königs von Dänemark, und dieser der Schwager des Königs von England, und dieser der Schwiegervater des Königs von Böhmen, Kurfürsten von der Pfalz, und dieser ein Neffe der Prinzen von Oranien. Sonderbare Großfamilie. Staatsraison und heimatliche Bindungen, Ehrgeiz und Begierden, Angst und Schwäche wogen mehr.
Sie wogen mehr als Artverwandtschaft, Religionsverwandtschaft, Nachbarschaft. Treu verbündet hätten Dänemark-Norwegen und Schweden eine Macht von entscheidender, ordnender Schlagkraft bilden können. Es stand geschrieben, daß sie es während dieser langen, langen Krise niemals taten, obgleich, oder eben weil sie weit überdurchschnittlich aktiven und ebenso ehrgeizigen Regierungen gehorchten. Ein imposanter Kronenträger war Christian IV.; unermeßlich reich, denn das halbe Dänemark gehörte ihm persönlich; Seemann und Kriegsmann von Renommé auch er; seine Barone hatten wohl etwas, seine Bürger wenig, seine Bauern gar nichts zu sagen. Daß er die Schweigenden dennoch schützen wollte gegen die Lauten, Großen, davon geben Zeugnis die Gemälde rings um seinen kreuz- und schwertbedeckten Sarg im Dom zu Roskilde; Szenen voll Rittersinnes und salomonischer Gerechtigkeit. Wie auch steinerne Monumente seiner Freude am Gründen und Bauen blieben: das Haus der Börse für die neuen Geldleute in Kopenhagen, Häfen für den Krieg und den Handel, für ausgediente alte Matrosen Wohnstätten, für den König leuchtende Schlösser, die Friedrichsburg, die Rosenburg. Als Herzog von Holstein, Fürsten des Römischen Reiches gingen Christian die deutschen, die böhmischen Dinge näher an als Schweden. Dies Schweden aber war kränkendes Hemmnis für die Berechnungen dänischen Ehrgeizes; Schweden, auf der Landkarte noch eingeengt durch dänischen Besitz, noch weit weg und fremd für die Meinenden, Redenden, Korrespondierenden in Mitteleuropa, in Wirklichkeit schon stärker als Dänemark, schon glückhafter expansiv, dank seines

Kupfers und Eisens, seiner Bauernsoldaten und Schiffe, seines klug gebrauchten und vermehrten Reichtums. Wenn einer der beiden Nordkönige etwas wagte, so wußte er nie, was der andere tun würde während des Wagnisses.
Im ersten Jahr von Böhmens Demütigung, 1621, wagte Gustav Adolf abermaligen Krieg gegen Polen, der – sein eigener Ausdruck – eine Zeitlang begraben gelegen hatte unter der Asche des Waffenstillstandes. Ein schwedisches Unternehmen, gemeint für die Sicherung und Erweiterung dessen, was Schweden an der Südküste der Ostsee schon besaß; als Hilfe für Böhmen nur schönrednerisch auszugeben. Gewiß doch, der König Sigismund gehörte dem katholischen Mächtesystem an, das, undicht genug, doch dichter war als das protestantische. Er hatte seinem Schwager von Steiermark in aller Diskretion ein wenig Hilfe geleistet gegen die Rebellen. Seine Kosaken belästigten gern den Fürsten von Siebenbürgen, verdarben seine Pläne, wenn sie am höchsten flogen; so daß Interessengemeinschaft war zwischen Gabriel Bethlen und Gustav Adolf, und den böhmischen Emigranten auch. Eine dünne, weitgespannte Interessengemeinschaft. Daß Gustav nun wieder die Polen bekriegte und ihre schönste Hafenstadt raubte, Riga, konnte die Nutznießer des Sieges am Weißen Berg nur milde beunruhigen.
Es beunruhigte den Kurfürsten von Brandenburg. Ihm war unlängst durch Erbschaft das Herzogtum Preußen zugefallen, polnisches Lehen; ein Umstand, der ihn zögern ließ, die schwedische Heirat zu billigen, und der ihn seitdem, Schwager des Königs von Schweden, Lehensmann des Königs von Polen, keinen anderen Rat finden ließ, als bescheiden-kläglich seine Vermittlung anzubieten, wenn Polen und Schweden aneinandergerieten. Davor hatte sein intimster Nachbbar, Johann Georg von Sachsen, den Brandenburger beizeiten gewarnt: »Wir auch nicht zweifeln, E. L. werde . . . in Sonderheit aber und vor allen Dingen erwägen, wie gefährlich es itzo um das Königreich Schweden steht, sowohl wie stark E. L. der königlichen Würde in Polen wegen Preußen verbunden.« Johann Georg liebte Schweden nicht, die Fremden überhaupt nicht. Brandenburg, schwächer als Sachsen, weiter nach außen, nach Osten und Norden possessioniert und auf eine andere Erbschafft hoffend, Pommern, das es zum Ostsee-Anrainer machen würde – Brandenburg fühlte nach der aufsteigenden Nordmacht sich hingezogen. Nur war Georg Wilhelm für seine Person ein schwacher, harmloser Mensch; gern hätte er gelebt in einer Welt ohne gefahrvolle Entscheidungen.
Noch einmal die Großfamilie. Dem König von England und Schottland, zunehmend geärgert von seinen Parlamentariern, die er als von

Haus aus Fremder nicht verstand, schlauem, grobem Meister des Königshandwerks und heimlich nicht ohne Vorliebe für dessen neue, absolute Form, Jakob Stuart, war die Thron-Usurpation Friedrichs von der Pfalz unanständig vorgekommen, und wenig hatte er versucht, dem Jüngling aus selbstverschuldeter Not zu helfen. Weniger, als das Volk von England zu bezahlen bereit gewesen wäre; das protestantische Böhmen galt dort etwas von altersher. Für den König wurde die Lage anders, als Friedrichs Stammland, die Pfalz, ins Spiel kam, dann feindlich besetzt wurde und dem Kurfürsten weggenommen. Nun mußte Jakob sich erniedrigt fühlen in der Person seiner Tochter; ein erniedrigter König ist seiner gott-ähnlichen Gestalt entkleidet und wie entlarvt vor seinen Untertanen. Tochter und Schwiegersohn nach Heidelberg zurückzuführen, war ein legitimerer Vorsatz, als sie auf dem Thron von Böhmen zu erhalten. Er war weniger volkstümlich in England selber, weil bloß dynastischen Sinnes, von Recht etwas, aber nichts von Religion und Freiheit darin. Diesen Charakter seiner Politik und Königswillkür unterstrich Jakob, indem er das Ziel durch ein Bündnis, nicht mit anderen etwa bündnisbereiten protestantischen Mächten, sondern mit Spanien zu erreichen gedachte. Eine solche Verschwörung, ob auch Politiker in Madrid sie ernsthaft ins Aug faßten, war gegen die Natur der Dinge; der spanischen, der englischen. Der Plan, durch Jahre fortgesponnen, dann abgebrochen, durchkreuzte, wenn sie denn andernfalls zu haben gewesen wäre, die Entstehung einer protestantischen Gesamtfront.

Verwirklicht hätte er, um die dunkle Narretei des Kampfes der Mächte zu steigern, gegen die freien Niederlande, die Generalstaaten, abkürzungsweise Holland genannt, sich richten müssen. Denn in eben dem Jahr, 1621, in dem der lange schwedisch-polnische Waffenstillstand endete, lief auch der lange spanisch-holländische aus, den 9. April. Kein überraschendes Ereignis mehr. In Madrid, gegen die Partei des Friedens und der inneren Heilung, triumphierten die Vorkämpfer des imperialen Traumes schon, als Regimenter Philipps III. mithalfen bei der Unterwerfung Böhmens – was hatte Spanien, das nichts als Spanien sein wollte, in Böhmen zu suchen? Von den letzten Forderungen, welche den Generalstaaten präsentiert wurden – auf jeden Handelsverkehr mit Ost- und West-Indien zu verzichten, dazu noch den Katholiken, die es in ihren Landen heimlich und gefährlich gab, Freiheit der Religion zu gewähren –, von so ungeeigneten Zumutungen konnte man in Madrid sich Erfolg nicht erwarten. Ein Thronwechsel verschärfte den imperialen Kurs; nicht so sehr durch den Charakter des jugendlichen Nachfolgers, Philipps IV., der langer Rede nicht wert ist, wie durch den Willen des neuen Ministers. Der großartig-schädlichste Träumer war der Graf von Olivares; Träumer von spanischem Ein-Staat, der Verschmelzung aller Länder Iberiens; Träumer von wiederhergestellter spanischer Allmacht in Europa. Neuer, uralter Krieg also. Der war nun wieder beträchtlichen Parteien auf der anderen Seite so unwillkommen nicht; am wenigsten dem Ehrenpräsidenten und Obergeneral des republikanischen Staatenbundes, Moritz von Oranien, Außenpolitiker von Beruf, Militär, Herrscher von Beruf, den sieben Provinzen das Maß von Einheit gebend, welches sie hatten. Oft erscheint der Krieg als ein wünschbares Mittel, um schwache innere Einheit zu stärken.

Wenige Monate nach Abbruch des Waffenstillstandes starb in Brüssel der Mitregent, Erzherzog Albrecht. Seine Witwe, Isabella, die Tochter Philipps II., tat weiterhin, oder ließ tun, was man in Madrid wollte getan haben; so daß die Spanischen Niederlande, was immer ihre menschliche Wirklichkeit, für unsere erzählerischen Zwecke nichts waren als ein Vorposten, nein, ein Hauptposten spanisch-imperialer Politik. Von Brüssel aus operierte Spaniens berühmtester Heerführer, Ambrogio di Spinola, Sproß einer Genueser Adels- und Geldfamilie. In Brüssel hauste eine Schar von Diplomaten und Soldaten, teils spanischer, teils wallonischer Herkunft, immer verfügbar. Die spanischen Anführer wußten, was sie wollten und nicht wollten; die Holländer auch. Da nun Madrid weit ablag, da überall sonst Zerfahrenheit vorherrschte, so zentrierte Europas chaotischer Konflikt in Brüssel und Den Haag, so nahe beieinander.

Im Haag, im Schutze der Prinzen von Oranien, Moritz und Friedrich Heinrich, Brüder seiner Mutter, ließ nach einigen Wanderungen und Besuchen erhoffter Freunde auch der vertriebene König von Böhmen sich nieder. Dürftig war sein Hof; einer seiner Geheimräte, Camerarius mit Namen, klagte einem anderen: Es »laufen die Engländer und anderen Hofdiener täglich mir nach, ihr Kostgeld und Anderes, wie auch die Krämer und Handwerksleut, das Ihrige zu verlangen . . . Ich hab deswegen keinen Befehl, keinen Bericht, kein Geld . . .« Die Mitglieder der Regierung im Exil, mit der Friedrich sich umgab, mußten sehen, durch Nebenarbeiten für andere Herren sich ein Taschengeld zu verdienen. Weil der König den Böhmen allzu wenig Grund gegeben hatte, ihn zu achten, so war die Exilregierung eine mehr pfälzische als böhmische und, sollte man glauben, ganz abhängig, ganz ohnmächtig. Das war sie trotz allem nicht. Ein Element der Unruhe stellte sie dar, auszunutzen von Anderen, und sich ihres Tauschwertes bewußt; wozu das Recht gehörte, in dem sie sich befand oder zu befinden glaubte.

Wie man beim Lesen von Romanen sich denkt, das und das mußte der Autor sich so fügen lassen, andernfalls hätte seine Geschichte ja nicht weitergehen können, so fügte auch in dem wahren, blutigen Roman, der hier erzählt wird, sich manches so, damit er weiterginge. Hätte der Kurfürst von der Pfalz in die Kleinigkeit gewilligt, die Ferdinand II. von ihm forderte, hätte er Abbitte getan und vor dem Römischen Kaiser das Knie gebeugt wie der junge Prinz von Anhalt, dann, wir haben Zeugnisse dafür, wäre er seines Kurfürstentums nicht beraubt worden, und ein entscheidendes Motiv für die Erweiterung des Krieges fortgefallen. Man mag dagegen einwenden, daß Krieg und Friede an einem Fußfall doch nicht hängen können; daß Ferdinand die Kraft nicht besaß, der Dynamik des Sieges Einhalt zu gebieten, in Deutschland so wenig wie in Böhmen; daß die Spanier, die Bayern für Fortsetzung gewiß gesorgt hätten, die Holländer auch, und später noch andere. Das ist möglich. Mindestens hätte der Kurfürst den Kaiser nötigen können, seinen Unwillen oder seine Ohnmacht zum Frieden vor aller Welt zu offenbaren; was er nicht tat.

Die Freibeuter

Es fügte sich noch mehr. Den Platz der protestantischen Mächte, die aufschoben und schwankten, nahmen einstweilen kleinste ein, eigentlich Privatmächte, die nicht schwankten und ihre Rollen spielten als Hüter der Flamme.

Starrsinn, Einsamkeit und Bitternis seiner Zeit in einem Punkte konzentrierend, hatte Ernst von Mansfeld, der Bastard-Graf, der Kriegsunternehmer, seine Söldner, seinen einzigen Besitz, zur rechten Zeit aus Böhmen herausgeführt. Das verstand er; Mann der Niederlage mehr als des Sieges; aber einer, der, glaubte man ihn für immer gebrochen, alsbald wieder aufrecht dastand. Es war diese Tugend, mit der er die Knechte an sich band; Menschen, auf tieferer gesellschaftlicher Stufe im gleichen Elend wie er, und deren Vertrauen er verdiente. Ihr Vertrauen: schwerlich das seiner Dienstherren. Kein Gedanke daran, daß Mansfeld sich dem Kurfürsten Friedrich loyal verbunden gefühlt hätte. Seine Bereitschaft, sich Anderen, besser Zahlenden zu verkaufen, selbst dem Kaiser Ferdinand, hatte er öfters spielen lassen. Weil aber solchen Versuchen ein Erfolg nicht beschieden war, so hielt er es zuletzt doch immer mit jenen, die es übel mit Habsburg meinten, und holte sich seine Legitimation, wo sie ihm angeboten wurde: bei den Pfälzern, Holländern, Briten, Franzosen, Venezianern. Es machte ihm nicht viel aus, wessen General er sich eben nannte. Immer war er sein eigener, treu nur dem eigenen Unglück und bitteren Glück. Wäre die Christenheit dichter organisiert gewesen, er hätte sein Handwerk nie geübt. So aber, wie es um die Länder bestellt war, konnte das verwegene Soldatentum jedes Einzelmenschen zur Macht werden, mit welcher die Machthaber rechneten.

Von anderem Schlage als Mansfeld, der Hassende und Gehaßte, war Markgraf Georg Friedrich von Baden-Durlach. Ein gelehrter, frommer alter Mann; Luthers Bibel hatte er achtundfünfzigmal durchstudiert – muß es wohl sorgsam gezählt und die Summe nicht verschwiegen haben. Er schämte sich seiner Standesgenossen von der Union, die nach dem Weißen Berg sich unauffällig vom Schauplatz entfernten, und trat, ein Vereinzelter, für sie in die Bresche. Ein Selbstloser in Zeiten wilder Selbstsucht; als Idealist zum Elend bestimmt, wie Mansfeld, der Steppenwolf. Einstweilen hatte er Truppen geworben, angeblich zum Schutz seines eigenen Ländchens, in Wirklichkeit, um sie ins Feuer zu führen, wenn am Rhein das Feuer entbrannte. Bei aller tapferen Herzensgüte schuldig auch er; wenn gar keine protestantischen Waffen sich in Deutschland mehr rührten, so hätte weiterer Krieg ja nicht sein können. Und jeder Friede, wissen wir Späten und Klugen, wäre besser gewesen, als das, was jetzt sich vorbereitete. Der Markgraf von Baden wußte es nicht.

Den beiden ungleichen Genossen, Mansfeld und Georg Friedrich, schloß ein Dritter sich an, von eigener Phantasie getrieben: Herzog Christian von Braunschweig, meist der »Halberstädter«, auch der »tolle Halberstädter« genannt, weil der Proestant das Bistum Halberstadt »administrierte«, für welche fromme Aufgabe er wie die Faust aufs Auge paßte. »Ein Herr von der Faust und nit von der Feder« war er überhaupt, nach der Charakteristik seines Nachbarn, des Markgrafen von Kassel. Ein Ritter und Räuberhauptmann; ein Fürst, der die galantesten französischen Briefe schrieb und auch, wenn der Wein sein blasses Gesicht rötete, sich an den brutalsten Reden ergötzte, vermutlich, um seine Männlichkeit zu akzentuieren. Dann nannte er den König Jakob »den alten Hosenscheißer«, »den alten englischen Bettschiffer«, »den größten Cujon der Welt«; seine Tochter sei in ihrem Exkrement noch mehr wert als der Vater. Nicht minder verachtete er die »deutschen Cujons«, die man »Fürsten« in seiner Gegenwart nicht nennen durfte; gäbe der Kaiser ihm den Auftrag, mit dieser Brut abzurechnen, dann würde er noch zum Kaiser übergehen . . . Trotz solcher Räuber-Reden, denen bald die Räuber-Szenen, Plünderung von Kirchenschätzen, Jammergeschrei geschändeter Nonnen, Sturmglocken und heiß auflodernde Dachstühle entsprachen, haben, so weiß ich, wenigstens drei Poetinnen der Geschichts-

Schreiberinnen sich noch nach Jahrhunderten in den hochaufgeschossenen, wildhaarigen Jüngling verliebt; die Erste von ihnen war Annette von Droste. Seinerseits glaubte Christian, in Elisabeth von England-Pfalz verliebt zu sein. Ein freier Entschluß; denn er glaubte es schon, ehe er je die Irrlichter seiner Augen auf die hohe Vertriebene warf . . . Das Heer des Halberstädters diente nicht, wie das badische, der ernsten protestantischen Sache. Es diente nicht, wie das mansfeldische, dem einen Selbstzweck des Anführers, der immer aufs neue den Krieg erwanderte, weil er im Frieden eingehen mußte. Es diente dem wüsten und chevaleresken Abenteuer. Aus wie unterschiedenen Motiven die Regimenter zusammengetrommelt wurden, das machte den heimgesuchten Untertanen wenig aus.
Christian von Braunschweig war nicht der einzige junge deutsche Prinz, der Unordnung wahrnahm, um zu Roß und mit geschwungenem Schwerte sie auszukosten. Er war nur der auffälligste. Von Dynastien wimmelte es, die allzuviele Agnaten zu versorgen hatten und nicht versorgen konnten: acht Brüder von Sachsen-Weimar zum Beispiel, sechs Brüder von Sachsen-Lauenburg. Sie wohnten enge zusammen in Schlössern, in denen ausgestopfte Bären und Eber die Zähne bleckten und ein paar verwitterte Ahnenbilder den übrigen Schmuck darstellten, in deren kalten Gängen es nach Spinnweben und Moder roch, deren Feuerplätzen manchmal das Holz fehlte; und wollten da nicht wohnen bleiben. In immer aufs neue revidierten Familienverträgen mußten sie die knappen, der Landschaft abgepreßten Renten unter sich teilen. Ein regierender Herzog war froh, wenn ihm und seinem Hofstaat 11000 Gulden im Jahr zugesprochen wurden, seinen Brüdern aber je 6000 – soviel, wie ein hoher Kriegsoffizier allmonatlich einstrich. Die Benachteiligten suchten ihr Glück im Kriege. Zur Zeit waren drei Brüder Sachsen-Lauenburg im Dienst des Kaisers, Heinrich Julius, Rudolf Maximilian und Franz Albrecht; der letztere ein angeregter, heller Kopf. Ein vierter, Franz Karl, zeltete im gegnerischen Lager, bei dem Grafen von Mansfeld. Von den Weimaranern hatten drei im Dienst des Winterkönigs gestanden. Einer, Johann Ernst, höherfliegenden Geistes als der Durchschnitt, folgte Friedrich nach dem Haag. Es war noch ein jüngerer Bruder da, Herzog Bernhard, geboren 1604.
Zur Politik und Strategie der Protestanten, insoweit es dergleichen überhaupt gab, gehörte eine Macht in Europas tiefstem Südosten. Das war nicht die Türkei. Machtlogisch gesehen hätte sie es sein müssen. Aber erstens wollte kein christlicher Potentat sich offen mit dem Erbfeind der Christenheit verbünden. Zweitens sahen die Herren zu Konstantinopel ihr Reich nicht in der Form, die es ihnen geraten hätte

erscheinen lassen, einen neuen Hauptangriff gegen Wien zu wagen. Lieber agierten sie durch einen Stellvertreter, mit dem die Protestanten rechnen und zetteln konnten, ohne daß man es ihnen zum schrillen Vorwurf machen dürfte: Gabriel Bethlen, Fürst von Siebenbürgen. Ihm sind wir schon mehrfach begegnet, er ist uns halb vertraut; nicht genug, als daß, um unser Personenverzeichnis leidlich zu vollenden, seine genauere Vorstellung hier nicht am Platze wäre.
Über Bethlen gehen Mißverständnisse in den Büchern um. Als europafremder Barbar wurde er geschildert, als Beschnittener und heimlicher Mohammedaner, als Tatar oder was noch. In Wahrheit stammte er aus einer alt-magyarischen Adelsfamilie, die den Ungarn noch in unserem Jahrhundert Politiker gab. Seine erste Frau war denn auch, stimmig, eine Gräfin Károlyi; die zweite, aus Brandenburg, brachte ihm die ersehnte Anerkennung seines europäischen Fürstentums. Nun war er auch ein Mitglied jener Großfamilie; spottend nannte Wallenstein ihn den »Herrn Schwager«. Trotzdem blieb er ein türkischer Vasall, gründlich vertraut mit dem korrupten Räderwerk der Großdespotie, in deren Hauptstadt er jahrelang gelebt hatte. Er mußte Tribut zahlen, mit den benachbarten Paschas Frieden halten, er konnte gar nicht Fürst sein ohne Zustimmung der Hohen Pforte. In seinem eigensten Land lebten drei ständisch organisierte Volksgruppen, Magyaren, Deutsche und Szekler, die Letzteren halbe Türken. Es war ein unsicher begrenztes Land und Bethlen hätte seinen Umfang gern vervielfacht, das ganze Ungarn dazugenommen oder den Löwenanteil davon, auch etwa im Südosten die Moldau, die Walachei, so daß ein magyarisch-slawisches Reich entstünde. Ein anderes Hirn-Phantom von nie dagewesenem Herrschaftsgebilde, geboren aus schweifendem Ehrgeiz wie auch aus Furcht. Auch Bethlen gehörte zu denen, die Sicherheit in Angriff und Größe suchten. Er wußte, daß zwischen ihm und dem Nachbarn im Westen, den Habsburgern, ein ausgewuchteter Friede nicht sein konnte; nicht zwischen dem Calviner und dem Erzkatholiken; nicht zwischen dem Magyaren, der stets bereit sein mußte, sich mit aufsässigen Magyaren-Nachbarn zu verbinden, und dem Kaiser, welcher, praktisch, Ungarn zur Masse seiner Erbländer rechnete. Es war kein Platz für beides, die Habsburgische Donaumonarchie und ein halb protestantisches, halb orthodoxes Königreich Dacien. Darum blieben alle Friedensschlüsse zwischen Ferdinand und Bethlen nur Waffenstillstände; darum wurden ihre Bedingungen nie erfüllt und brach der Siebenbürger immer wieder los, wenn im Nordwesten etwas losbrach.
Dann gab es für ihn drei Arten, Krieg zu spielen. Die geringste war das Bündnis mit den Ständen der habsburgischen Länder. Die mittlere

eine Bewegung, die er zusammen mit protestantischen Freunden aus dem Reich zu vollziehen hätte; es kämen diese durch Schlesien nach Böhmen oder Mähren, er aber aus seiner Südostecke, und irgendwo in der Mitte träfe man sich, zum Verderben von Böhmens Unterdrükkern. Die dritte, der Traum pfälzischer Politiker, wäre eine Riesenzange; da vereinigte Bethlen sich mit keinem Geringeren als mit dem König von Schweden, der durch Polen gegen Mähren hindurchbräche. Die erste Verschwörung wurde 1620–21 erprobt und zu leicht befunden. Die zweite demnächst. Die dritte, kühnste blieb bloßer Gedanke. Bethlens Soldaten, wilde Türken und Magyaren, leichte Reitere vor allem, charakterisierten seine Feldzüge und auch ihn selber. Sie waren schnell da und schnell wieder fort. Der Zangengriff hatte nie genügende Kraft und Dauer; so hier, so überall.
Die braven und die bösen Aventuriers, Mansfeld, Baden, Halberstadt, Bethlen, konnten die Stelle der hinter ihnen sich verbergenden Mächte, Holland, England, Dänemark, Schweden, nicht ausfüllen. Und die vielen Fürsten Deutschlands, auch die vielen geldkräftigen deutschen Republiken zwischen Straßburg und Lübeck, die sich gar nicht hervortaten, die nur ihren Frieden bewahren und Handel treiben wollten, die nur sich fürchteten, die konnten die Sache auch wieder nicht besser machen. Sie konnten es höchstens, wenn Alle sich fürchteten, wenn Niemand aufbegehrte. Ihre Taten-Unlust, menschlich lobenswert, solange sie neben der eigenen Erhaltung auch die der armen Untertanen in acht nahmen, war ein Element der Auflösung so sehr, wie der harte Ehrgeiz des Bayern, wie die fromme Rechthaberei des Kaisers, wie der ungebeugte Starrsinn des Pfalzgrafen, wie die imperialen Gespinste des Herzogs von Olivares. – Damals, 1621, schrieb der König Gustav Adolf an einen deutschen Fürsten, der sich ganz weit vom Schuß fühlte, einen Herzog von Mecklenburg: Was jetzt in der Pfalz geschieht, wird morgen dir geschehen – Hodie illi, cras tibi. Dem Mecklenburger kam diese Warnung fremd vor.

Die Flammen züngeln nach Deutschland

Ein spanischer Angriff gegen die Rheinpfalz hatte noch vor dem Weißen Berg, Sommer 1620, begonnen. Spinola war der Anführer. Nachdem der lange niederländisch-spanische Waffenstillstand im nächsten Frühjahr seine Endfrist erreicht hatte, wuchs der Krieg am mittleren Rhein mit dem am unteren zusammen; und da in Böhmen die Rebellenglut von Asche bedeckt war, so wurde das rheinische Kriegstheater einstweilen zum zentralen. Die böse Sache war aus Böhmen heraus-

gewachsen, ehe sie noch in Böhmen erstickt wurde. Jetzt ging sie anderswo weiter.
Die Pfalz zu verteidigen war die Aufgabe der protestantischen Union; auf sie hatte sie sich, Böhmen preisgebend, zurückgezogen. Nun scheute sie vor ihr und vor allem zurück. In ihrer überwältigenden Mehrzahl beschlossen Fürsten und Republiken, daß es besser sei, sich draußenzuhalten, auch hier. Sie fanden Vorwände: die Veröffentlichung schwer belastender Korrespondenzen des Fürsten von Anhalt, welche die Bayern in Prag erbeutet hatten, die berüchtigte »Anhaltische Kanzlei«; die Ächtung des Pfalzgrafen. Diese veraltet-schauerliche Zeremonie mit Strafdrohungen an die Adresse all derer, die den vom Frieden in den Unfrieden Versetzten Hilfe gewähren würden, war für den Kenner des deutschen Staatsrechts von zweifelhafter Gültigkeit. Aber es stand Macht dahinter, verstärkt durch heilige Titel. Im Laufe des Jahres 21 hörte die Union praktisch zu existieren auf. Dann war es besser, sie hätte nie existiert. Ein Bund, der wacker dazu geholfen hatte, Deutschland feindlich zu spalten, als aber die feindliche Frucht überreif geworden war, sie aus Angst doch nicht pflückte, stiftete allen Schaden, den Allianzen gewöhnlich stiften, ohne ihren Nutzen.
Die Spanier wünschten die Pfalz zu besetzen, um den Kurfürsten Friedrich zu gänzlicher Ohnmacht zu reduzieren, so, daß er den Holländern nur eine Verlegenheit und keine Trumpfkarte wäre. Danach hätten sie den Gedemütigten, nun von ihnen Abhängigen nicht ungern wieder in seinem Ländchen etabliert. Das war erstens, weil langwierige Kämpfe in Deutschland ihren Krieg gegen Holland stören mußten. Das war zweitens, weil sie damals auf ein gedeihliches Verhältnis zu England hofften, welches nicht zu haben war, wenn sie gar zu rauh gegen den Schwiegersohn vorgingen. Klug eingefädelt wie immer; der blutige Faden verwirrte sich mit anderen.
Neuerdings war Ferdinand dem Herzog von Bayern viel Geld schuldig: für die böhmische Expedition; dann für einen zweiten Feldzug, den Maximilian 1621 in der Oberpfalz führte. Der Herzog, genauer Ökonom, konnte eine Rechnung von zwölf Millionen Gulden präsentieren. Wäre er nun ein Mann von überlegener Weisheit gewesen, anstatt nur klug, nur scharf, nur fromm, so hätte er sich geduldet mit der Rückerstattung; die Summe war ausgegeben, also hatte er sie gehabt und hatte wohl noch etwas mehr in seinen Truhen. Aber auch von einem der tüchtig-ernstesten Fürsten der Zeit dürfen wir nicht erwarten, daß er sich außerhalb seiner Zeit, und weit über sie gestellt hätte. Für die Millionen, die der Kaiser ihm nicht zahlen konnte, forderte er Land; als Pfand Oberösterreich; als Pfand, dann als endgülti-

gen Besitz, die Oberpfalz, welche ihm zugesprochen wurde. Bruch des Reichsrechts, wiederum. So wie Ferdinand in Böhmen Güter konfiszieren ließ, um den Krieg zu bezahlen, so konfiszierte er nun im Reich ganze Fürstentümer zum gleichen Zweck. Daß er ferner dem Herzog die Kurwürde heimlich versprochen hatte, war nun offenes Geheimnis. Ernst von Mansfeld hatte Briefe aufgefangen, in denen es stand – eine sogenannte »Spanische Kanzlei«, mit deren Veröffentlichung die Pfälzer Exilregierung der »Anhaltischen« höhnisch replizierte. – Was die Spanier westlich des Rheins, was die Bayern in der Oberpfalz trieben, konvergierte; bei doppelten Absichten dasselbe Resultat.
Nicht lange, so stand Tilly mit den bayerischen Truppen selber im Rheintal. Er folgte dem Grafen von Mansfeld, der sich in der Oberpfalz nicht hatte halten können, aber seine Söldnerhaufen geschickt wie immer aus der Falle gezogen hatte und mit ihnen quer durch Süddeutschland nach der Rheinpfalz gezogen war. Der Krieg schlief im Winter, zur Qual jener, unter deren Dächern er überwinterte. Als er, 1622, wieder erwachte, hatten Spinola und Tilly es mit drei abenteuernden Gegnern zu tun: dem braven Badner, dem finsteren Mansfeld, dem aus Nordwesten heraufkommenden wilden Christian von Halberstadt. Einer nach dem andern unterlagen sie alle drei der spanischen Kriegskunst und den wirklichen, nicht phantastischen Mächten, von welchen sie ausgeübt wurde. Zu Ende des Kriegsjahres 1622 war die ganze Rheinpfalz von fremden Herren besetzt; die östlich des Rheines von den Bayern, die linksrheinische von den Spaniern. Der Markgraf von Baden hatte, vorläufig, von seinem treuen, einsamen Unternehmen abgelassen. Mansfeld und Halberstadt schlugen sich nach Holland durch und suchten dort, nicht ohne Hilfe der Generalstaaten, sich zu restaurieren, um im nächsten Jahre wieder irgendwas anzufangen und fortzuführen, so lange, bis die Großmächte sich rührten.
Eine Situation, insgesamt, die es den Wiener Politikern erlaubte, den längst geplanten Staatsstreich zu unternehmen: die Übertragung der Würde eines Kurfürsten von dem geächteten Pfalzgrafen auf seinen bayerischen Vetter. Darüber verhandelte Kaiser Ferdinand, Januar 23, mit den deutschen Fürsten, oder einer gesiebten Zahl von ihnen. Der nach Regensburg einberufene Kongreß hätte wohl ein »Deputationstag« sein sollen, eine Versammlung aller Kurfürsten, erweitert durch solche bedeutenden Stände wie Bayern, Braunschweig, Pommern und andere mehr. Die Evangelischen kamen aber entweder gar nicht; oder ließen, Sachsen, Brandenburg, sich durch Gesandte vertreten, deren Instruktion mehr auf mißtrauisch-verärgerte Überwachung als auf Mitarbeit zielte. Im Ergebnis blieben die Katholischen

unter sich und zu bindenden Beschlüssen unbefugt. Eine weitere Zurückdrängung des Protestantismus wünschten sie allerdings, jetzt, da sie möglich war, indem sie gleichzeitig die Folgen eines überspannten Gebrauchs solcher augenblicklichen Möglichkeit fürchteten. Sie stimmten zu und lehnten die Verantwortung ab: des Kaisers Majestät wisse am besten, was zum Wohl des Reiches sei. Herzog Maximilian wurde Kurfürst; den Akt der Übertragung findet man auf einem der Gemälde, mit welchem die Arkaden des Münchner Hofgartens geschmückt sind, idealisiert dargestellt. In Wahrheit verlief die Feier düster. Die Sachsen und Brandenburger weigerten sich zu erscheinen, wie auch, was verwirrend auffallen mußte, der spanische Botschafter; des Reiches Erzkanzler, der alte Kurfürst von Mainz, kratzte sich, indes der Herzog kniend die Regalien seiner neuen Würde erhielt, bedenklich am Kopf, und als die Rede an Maximilian kam, sprach er »ganz furchtsam«. Das machte sein böses Gewissen. Er kannte die Präzedenzen zu gut, um sich über den Rechtsbruch zu täuschen, der seiner Erhebung zugrunde lag, er kannte die deutsche und europäische Politik zu gut, um nicht zu ahnen, daß, was hier geschah, dem Frieden schlechttun würde. Der Widerspruch zwischen seiner Gier auf der einen Seite, seiner Rechtlichkeit und besseren Weltkenntnis auf der anderen, ließ ihn stottern, als er danken sollte. – Das bayerische Kurfürstentum war eine neue Kriegserklärung an den internationalen Protestantismus, wie vorher die Blutszene auf dem Altstädter Ring, die Eroberung der Pfalz, die katholische Reformation in Böhmen. Im Kurfürstencollegium standen nun vier Katholische gegen zwei Evangelische. Insoweit dieser Oberste Rat des Reiches überhaupt noch Existenz und Legalität besaß, würde er fortan doch wohl so handeln, wie es dem Kaiser oder dem Nuntius Seiner Heiligkeit Vergnügen machte.

Nicht, daß die großen Mächte wirkungsvoll reagiert hätten. Sie wechselten nur Botschaften über wünschenswerte Koalitionen. Sie beurteilten nur wohlwollender als zuvor, was die Freibeuter, Mansfeld und Christian von Braunschweig, darstellten, und gaben ihnen etwas Geld, damit sie in der kommenden Kriegs-Saison abermals etwas darstellen könnten.

Bei so beschaffenen Umständen war der strategische Plan, den Christian von Halberstadt für den Sommer entworfen hatte, einer, für den seine Kräfte und alle verfügbaren Kräfte nicht ausreichten. Von Niedersachsen, an dessen Rande er sein Unwesen trieb, wollte er nach Schlesien marschieren, die Schlesier zu neuem Aufstand und Abfall bewegen, dann die Böhmen, die, wie er glaubte, auf einen Freiheitsbringer seines Schlages nur warteten, um schließlich, irgendwo in

Mähren, sich mit Gabriel Bethlen zu vereinigen. Niemand freute sich herzlicher über den Plan als die Exilregierung im Haag; zwischen ihr, dem Siebenbürger und dem in seiner Hoffnung und Tatenlust ungebrochenen Grafen Thurn war emsig darüber korrespondiert worden.
Es kam nicht einmal zu dem Versuch. Das Walten der Condottieri hatte auch die Streitmacht der Liga, Bayerns, Schritt für Schritt nach Norddeutschland gezogen. Als Gabriel Bethlen Ende August, mit 50000 Reitenden und Laufenden, darunter 30000 Türken, bei schon vorgerückter Kriegs-Saison gegen Oberungarn aufbracht, hätte er es kaum getan, wäre ihm bewußt gewesen, daß Halberstadt achtzehn Tage früher von Tilly noch einmal vernichtend geschlagen und nach Holland abgedrängt worden war.

Göding

Wallenstein sah die Gefahr dieser zweiten Koaliton gleich anfangs als eine arge an; niemand konnte wissen, wer mitmachen würde und wie, und wer nicht. Was er wußte, war, daß es um die kaiserliche Kriegsmacht in Böhmen schlecht genug stand, zumal man die besten Regimenter nach Deutschland geschickt hatte, um Tilly zu unterstützen. Die verfügbaren Truppen reichten kaum, um die Städte in Gehorsam und Angst zu halten. Brach aber zusammen, was seit November 1620 aufgebaut worden war, so blühte dem fürstlichen Großbesitzer das Los, das ihn vordem schon berührt hatte und das jetzt seine protestantischen Vettern in ganzer Bitterkeit erfuhren. Der traut dem Glück nicht, über den es so schnell so übermäßig gekommen ist. Als Bethlen seinen Teil des allzu kühnen Kriegsplanes zu erfüllen begann, konnte man gegen ihn ganze 9000 Mann mobil machen – noch nicht ein Fünftel der Macht, über welche der Siebenbürger gebot; und dieser deprimierend unterlegenen Schar fehlte es an leichter Reiterei, der Waffe, mit der Bethlen zu überraschen liebte, an Schießpulver und Lunten, an Karren und Gäulen, an Proviant und Fourage. Wäre Wallenstein Herr im Hause gewesen, dafür hätte er gesorgt, das verstand er nun aus alter Erfahrung. Aber er war in der Gesamt-Armee noch immer ein Untergebener und konnte aus eigener Vollmacht weder befehlen noch strafen: »denn sie – die Proviantmeister – lügen und betrügen den Kaiser und sagen, daß vorhanden ist, wenn schon nichts wahr ist, und man straft sie nicht.« Warum man in dem herannahenden Gewitter nicht ihm, dem Militärgouverneur von Böhmen, dem drängenden Inspirator seiner Verteidigung, das Oberkommando an-

vertraute, sondern einem alten Neapolitaner namens Montenegro, ist unbekannt; vielleicht stand Spanien dahinter. Der Zweite war Marradas, Wallenstein nur der Dritte.
Des Kaisers Hofkriegsrat hatte sich ausgedacht, daß es vor allem gelte, Österreich und Wien zu schützen; daher Montenegro Auftrag erhielt, den March-Strom hinab südwärts zu rücken und in Preßburg, dieser Vorfestung Wiens, Front zu machen. Wallenstein stimmte dagegen: »Daß man auf Preßburg sollte, werden wohl Ihrer Majestät Befehl obedieren müssen, aber Böhmen, Mähren und Schlesien gehet uns gewiß drauf.« Hatte Bethlen nicht in einem Manifest sich verschworen, er werde nicht ruhen, bis Religionsfreiheit und alte Eigentumsrechte in den Ländern wiederhergestellt wären; schweiften seine wilden Reiter nicht schon in der Nähe von Olmütz, von Brünn? Aber weiter nach Südosten, zwischen den Flüssen Waag und March, schweiften sie auch, und zwar in solchen Massen, daß die langsam, bei schwerem Regen und magerer Kost, sich entlang der March bewegenden Kaiserlichen nicht mit ihnen anzubinden wagten. Die Kommandeure – »Herr General, Don Baltasar und ich« – fanden vielmehr am ratsamsten, sich in eine feste Stadt zu retirieren, Göding (Hodonín), am Fluß vorteilhaft gelegen. Wallenstein hoffte auf einen Angriff: »man sagt, daß sie unser Lager wollen attackieren, wollte Gott, daß es wahr wäre, denn in unseren forti werden sie uns gewiß nichts tun.« – Schon am nächsten Tag gab er die vergleichsweise erfreuliche Aussicht verloren: der Feind rührt sich nicht, »in summa, er ist witzig, will uns aushungern . . .«
Aus den zweiundzwanzig Tagen der Belagerung haben wir zwanzig Briefe von Wallensteins Hand, alle an seinen Schwiegervater Harrach in Wien gerichtet. Diese Briefe, in Chiffre geschrieben, kamen aus der Festung heraus in den Taschen von Meldegängern, die nachts sich durch den Wald schlichen oder über den Fluß ruderten. Auch Harrachs Antworten erreichten ihr Ziel, von ihnen weniger; ein solcher gefährlicher Briefwechsel wurde in sechs Tagen ausgeführt.
Die kleine, von unbeschäftigten, hungernden Soldaten furchtbar übervölkerte Stadt. Das Schwinden der Disziplin; wenn die Generale, die selbst wohl noch immer leidlich speisten, sich im Lager zeigten, folgten ihnen die Blicke und Worte der drohend Zusammenstehenden. »Die Knechte laufen mit Gewalt zum Feind, die Reiter geben die schlimmsten Worte aus, wenn man durch ihr Quartier reiten tut, und wir könnens nicht ändern, denn es ist nicht Zeit und sie habens zum Teil Raison, denn sie haben große Not und ihre Roß, wenn sie zum Quartier hinaus wollen, fallen vor Mattigkeit nieder . . .« Wenn Harrach frage, was sein Entschluß sei, so sei es keinesfalls der, einen Aus-

fall zu machen und sich zu schlagen, denn des Kaisers Kavallerie sei ganz hin; »so müssen wir uns resolvieren, in diesem posto zu crepieren und selbst einer den andern essen, aber ich sorge, das Volk wird sich eines anderen resolvieren und aus Not uns Capi bei die Köpf nehmen, dem Feind übergeben und selbst in Feinds Dienst verbleiben . . .« »Wir Capi werden tun, was ehrlichen Leuten gebührt.«
Die Sorge. Sie richtete sich, betonte er, nicht auf das eigene Leben: »denn in einer jeden Occasion kann uns leicht ein Arkebusier hinnehmen«. Daß er sich um seine junge Frau ängstigte, Harrachs Tochter, gestand er ein. Sicher, es würde ein Geschrei geben und die übel Gesinnten ermutigen, wenn die Fürstin von Friedland in unverhehlter Flucht Prag verließe; er riet doch dazu, er flehte darum, siebenmal in diesen kostbar geschmuggelten Briefen. Sein Vetter Max möge Frau Isabella aus Prag nach Oberösterreich bringen, aber ja nicht quer durch Böhmen, das sei zu gefährlich, sondern durch den Wald nach Bayern und dann zu Schiff die Donau hinunter, oder auf der Elbe nach Dresden. In diesen immer wiederholten Bitten lag Zärtlichkeit. Und wie erleichtert war er von der ersehnten Nachricht: »sag zu hunderttausendmal meinem Herrn Dank, daß er mein Weib von Prag hat retirieren machen, bin wohl der größten Sorg überhebt.« Die politisch-militärische Sorge reichte weit. Man mußte den Fürsten von Liechtenstein antreiben, mehr Truppen zu werben und die Städte zu verproviantieren. Man mußte aus Prag alle Verdächtigen wegschaffen wie auch alle unnützen Mäuler, »denn die consumieren uns nur die viveri«. Man mußte ein ganz neues Heer formieren, unter den und den Obersten, und mit ihm erst dann in Aktion treten, wenn es wirklich aktionsbereit war, damit »wenn wir schon drauf gehen, der Kaiser nicht den statu verliert«; »ich bitt um Gottes Willen, die Herren feiern nicht!«
Der unmittelbare Hoffnungstrost der Belagerten waren 6000 »Polakken« oder »Kosaken«, die ihnen angeblich von dem König Sigismund zu Hilfe geschickt wurden und nun ihren Weg durch Schlesien nach Mähren nahmen. (Sie kamen aber nie.) Da war nun wieder die Sorge Wallensteins, daß sie nicht unterwegs der Mangel auseinandertriebe. Mehl sollte man für sie aufspeichern, in Olmütz, in Nikolsburg, in Eisgrub, in Lundenburg, und denen nicht trauen, die lögen, es sei genug da, wie er selber seinen Proviantmeistern nicht mehr traute: »ich drohe ihnen bisweilen mit Henken, bisweilen mit Geschenken, und wenn ichs nicht selber täte, so hätten wir schon längst nichts zu essen gehabt.« Das Gefühl, daß alles, was er nicht selber tat, gar nicht getan würde, trieb ihn zu wütender Ungeduld. Und was konnte der in der Festung Eingesperrte Großes tun? »Tausende auf Kundschafter spen-

dieren«, um von Bethlens Plänen zu erfahren. Zum Meutern aufgelegte Hungerleider noch einmal beschwichtigen, indem er ihnen versprach, der Entsatz nahe heran und die Pferde, die sie hatten schlachten müssen, werde er ihnen später schon bezahlen. Aber er konnte sie nicht einmal hindern, auf eigene Faust auszubrechen, um von den Feldern Rüben zu holen und dabei von den Türken massakriert zu werden. Und draußen im weiten, gefährdeten Land? Warum glaubte man ihm nicht? Warum glaubte man dem Kardinal von Dietrichstein, wenn der »was vorplauderte«, wie gut es stehe? In Wien machte man Anstalt, ein neues Reiter-Regiment auf die Beine zu bringen. Sehr gut; aber »mein Gott, hat mans nicht schon vor vierzehn Tagen tun können, denn man hat doch wohl gewußt, in was für Labyrinth sich der Kaiser befindt«. Von den neuen Präparationen sind »meines Erachtens die einen so schlecht und die anderen so langsam, daß uns schwerlich wird geholfen werden, denn die neuen und weiten Werbungen werden nicht zu rechter Zeit ankommen können . . . Uns ist substantialiter mit nichts geholfen als mit etlich und zwanzigtausend Mann, und derer die Meisten zu Roß, denn unsere Cavallerie ist hin . . .«

Der Schreiber dieser Briefe ist zornig, nicht selber an der Spitze des gesamten Kriegsgeschäftes zu sein. Er verachtet, was die Anderen, seine Auftraggeber tun, oder nicht, oder zu spät tun. Sie hätten die polnischen Reiter nicht gehen lassen sollen, auf deren Rückkehr man nun vergebens wartete. Sie hätten ihm erlauben sollen, im Frühsommer ein Heer aufzustellen, wie er doch angeboten hatte, sie hätten beizeiten für das im Krieg Notwendige sorgen, hätten die Verteidigung im Vorfeld, den Gegenangriff, früher einleiten sollen; berechtigte Kritik. Der sie bei Kerzenschein aufs Papier warf, ein weitsehender Mann. Auch ein nervöser, zu ängstlichen Übertreibungen neigender. Wir glauben, daß Wallenstein in den Tagen von Göding die Gesamtlage für schlimmer ansah als sie war: »der Kaiser steht in größerer Gefahr die Länder zu verlieren als je zuvor.« Das tat der Kaiser wohl nicht. Was Bethlen drei Jahre früher im Bunde mit der böhmischen Rebellion nicht gelungen war, konnte ihm jetzt allein nicht gelingen. Die Hilfe aus dem Norden, auf die er gerechnet hatte, blieb aus. Seine leichte, wetterwendische Reiterei reichte für rasche Erfolge, aber, fern von ihrer Basis, nicht für dauernd zu befestigende. Auch bei Hof war man momentweise in Panik und glaubte Wien, Prag, selbst München bedroht – als ob die siebenbürgischen Energien dafür ausgereicht hätten. Es war dies die Neigung der habsburgischen Politiker und Strategen, die Wallenstein verachtete: erst den militärischen Apparat verfallen zu lassen und nichts zu tun, außer Taten des

Übermuts, welche kriegerische Reaktionen hervorrufen mußten, dann, wenn solche Reaktionen sich einstellten, in verspätete, matte Aufregung zu geraten. Sie wurde gesteigert durch die Erwartung einer neuen Rebellion im gequälten Böhmen. Aber die brach nicht aus, auch jetzt nicht, da Böhmen von Truppen nahezu entblößt war. Eigentlich brach sie nie aus; denn das, was zweihundert oder dreihundert Jahre später geschieht, kann man ja als dieselbe, die zweihundert oder dreihundert Jahre früher gefürchtete Sache nicht ansehen. Daß Böhmen und Mähren 1623 passiv blieben, mag man sich durch die Wirkung des Blutgerichtes von 1621 erklären; eher wohl damit, daß die Massen der kleinen Leute sich für den Aufstand von 1619 nie sonderlich interessiert hatten. Auch erschienen Bethlens Türken nicht als ermutigende Bundesgenossen.
Schließlich wurde Wallensteins Laune dadurch verdüstert, daß er sich unter verhungernden Marodeuren in einer von gewaltiger Übermacht umbrandeten Festungsinsel befand. Man überschätzt die Bedeutung des Ortes, an dem man selber ist, zumal, wenn man nicht weg kann. Der Eingesperrte sah die drei Länder, Österreich, Mähren, Böhmen vor sich, deren Verhältnisse er gründlich kannte; die vielen Leidenden, auf eine Änderung Hoffenden, die in der Hauptstadt Prag herumgingen; die undichten, unsicheren Zusammenhänge. Er sah das alles in der Farbe seiner unmittelbaren Umgebung.
Mittlerweile wurde dem Siebenbürger der Boden zu kalt und zu dürr. Seine türkischen Reiter, beuteschwer und winterunlustig, strebten heimwärts; in diesem Punkt war Wallenstein falsch unterrichtet. Genau unterrichtet war auch Bethlen nicht über das, was sich in dem weiten Niemandsland, genannt Römisches Reich, ereignete. Könnte ihn nicht ein gewaltiges Heer, geführt von dem Grafen von Tilly persönlich, überraschen und ins Elend stürzen, gerade, nachdem die Seinen sich zum Winterschlaf ausgestreckt? Lohnte es sich, noch lange vor dem Neste Göding zu paradieren, dessen Zwangsmieter sich trotz aller Provokationen nicht zur Schlacht herauslocken ließen? . . . Am 19. November konnte Wallenstein an Harrach berichten, ein Waffenstillstand sei durch Vermittlung des ungarischen Palatin, Graf Thurzo, beschlossene Sache; demnächst ziehe Bethlen ab. »Der Zeit weiß ich meinem Herrn nichts anderes zu schreiben . . .« Am folgenden Tag traf Bethlen, prächtig gekleidet und hoch zu Roß, den alten Montenegro vor der Festung. Da der Fürst eine Bewegung machte, als ob er absteigen wollte, so beeilte sich der kaiserliche General, ihm zuvorzukommen; fand sich aber, überlistet, am Boden, während Bethlen im Sattel blieb. So, Montenegro zu Fuß, Bethlen zu Pferd, begab man sich unter Marschmusik und dem Donner von Kanonen

zu dem für die Unterzeichnung des Dokumentes bestimmten Platz. Wohnte, wie anzunehmen ist, Wallenstein der Zeremonie bei, so sah er »den Bethlehem« zum ersten und letzten Mal mit Augen. – Danach konnten die Erlösten sich an reichlicher Nahrung erlaben. – Der Friedensvertrag, sechs Monate später geschlossen, war nur ein regionaler und auch in seiner Region kein endgültiger. Es gab zuviel, was brennen konnte, und zuviel Funken und Glut, es zum Brennen zu bringen, überall. Ein Kompromiß zwischen Bethlen und Ferdinand – etwas Wasser oder Sand auf eine einzige, schmale Feuerstelle. Bethlen nahm seinen alten Gewinn noch einmal mit, aber keinen neuen. Zu seiner Ehre weigerte er sich, die böhmischen Emigranten, die ihn umgaben, auszuliefern; zumal den Grafen Thurn, dem anders es schlimm ergangen wäre. Thurn hat in diesen Wirren für seine Person immer wieder Glück gehabt – ich bin nicht sicher, ob zum Glück der Länder des mittleren Europa.

Damit war das Kriegsjahr 1623 zu Ende, das sechste seit Beginn der böhmischen Unruhen – post bohemos commotus, wie man zu schreiben pflegte; und war diese zweite von vorneherein ungenügende Koalition gescheitert. Der Fürst von Siebenbürgen schrieb einen würdigen Brief an den Pfalzgrafen: Er habe das Seine über und über getan, viel Blut und Geld geopfert und seine Türken länger in den Winter hinein im Feld gehalten, als noch je einem Sultan gelungen; hätte auch der Herzog Christian sein Versprechen gehalten, oder sonst wer aus Deutschland ihm die geringste Hilfe gebracht, so wären die höchsten und letzten Kriegsziele wohl zu gewinnen gewesen.

Im Januar 1624 reiste Wallenstein wieder nach Prag und fand dort, unterhalb des Hradschin, einen Palast italienischen Stils, wo vorher keiner gewesen war; seinen eigenen. Warum nicht endlich einmal das Erworbene genießen?

Herrscher und Herzogtum

Wir haben wenig authentische, sprechende Portraits von ihm. Dasjenige, welches man in den Büchern am häufigsten abgebildet findet, ist wohl von van Dycks routinierter Meisterhand. Aber der Künstler hat sein Modell nie gesehen, nur sich ein paar indirekte Eindrücke vermitteln lassen, um seiner Sammlung von Größen der Zeit ein rasches Stück hinzuzufügen. Er hat stilisiert; Gebirg im Hintergrund, Brustharnisch, Schärpe, Feldherrnstab; die ernsten Züge des Gebietenden. Jedoch ist die Ähnlichkeit mit Darstellungen aus erster Hand nicht zu verkennen. Was van Dyck auf nobel machte, hat ein unbekannter Maler auf grimm, ja häßlich gemacht; sein Werk ist im Museum zu Eger. Von ihm möchte ich glauben, daß es nach der Natur gebildet wurde; nicht zwar so, daß Wallenstein dem Künstler gesessen hätte, dazu hatte er weder Zeit noch Neigung. Es ist das Antlitz eines Herrschers, unleugbar, und eines überaus intelligenten, aber eines liebenswerten nicht. Alles ist stark und hart, im Tiefen glühende, unterwühlte Augen unter geschwungenen Brauen, hohe, zerfurchte Stirn, hagere Wangen, starke Backenknochen, über den dicken Lippen der Zwirbelbart. So entspricht es dem, was die Leute von ihm erzählen: er lacht selten, spricht wenig, ist zurückhaltend und hochmütig im Verkehr mit Ebenbürtigen, furchtbar gegen die Untergebenen – der »hoffärtige von Waldstein«, die »stolze Bestie«. Was an Staatsgemälden noch heute in den Schlössern Böhmens hängt, in Gitschin, in Telč, im Waldstein-Palais in Prag, ist spätere Vorstellung von einem großen Herrn, wie er in der Zeit des Dreißigjährigen Krieges ausgesehen haben mochte. Nach dem Leben gemalt scheint und jedenfalls zeitgenössisch ist das Reiterbild von Christian Kaulfersch. Der Reiter sieht feiner, leidender aus als auf dem Portrait von Eger, vielleicht weil er später, bei schon fortgeschrittenen Krankheiten, gemalt wurde, 1631. Das Maskenhafte, das allen seinen Bildern eignet, ist Stil der Zeit; mag aber in diesem besonderen Fall auch so zu erklären sein, daß Wallenstein, wie nervöse Menschen es tun, sich beherrschte und eine Haltung sich angewöhnt hatte, die nur, wenn er sich sehr wohlfühlte oder wenn er zornig wurde, außer Kontrolle geriet. Übrigens

gab es Psychologen, die behaupteten, auch seine schroffen Manieren, auch seine Wutausbrüche seien bloße Künstelei. Nun, man kann ja wohl auch das, was Natur ist, zu Zwecken gebrauchen.
Die Bilder stellen ihn im Harnisch dar, den er nur bei seltenen Kriegsgelegenheiten trug. Aus seinen Schneiderrechnungen geht hervor, daß er für weniger martialische Auftritte die rote Farbe liebte: »Achtzehn Ellen lange carmoisinrote Fransen zu Fürstlicher Gnaden Handschuhen«; »ein Kleid von rot scharlatin, dicht verbrämt mit carmoisinrot und mit einem roten Atlaswams«; »ein Mantel von rotem Scharlach mit siebzehn rot carmoisinernen Schnüren verbrämt und mit Samt gefüttert«; »ein scharlachner Regenmantel mit goldenen Galonen und Schlingen . . .« Daneben erscheinen »lederbraun«, »nägelbraun«, »aschfarben«. Die Tradition, wonach er, seinen Schwager Zierotin nachahmend, sich meist schwarz gekleidet haben soll und nur immer ein wenig rot zeigte, wofür es abergläubische Erklärungen gab, kann also kaum die richtige sein. Die hohen Stiefel muß man ihm mit Pelz füttern.
Er ist ein überaus sauberer Mann in einer Zeit, die sonst ungewaschen und schlimmer riecht. Er liebt Bäder, liebt überhaupt das Wasser; wofür bald andere Beispiele. In Genua läßt er sich ein silbernes Badebecken machen, auch eine silberne Bank dazu; eine andere »große Wanne« erstellt ein Goldschmied in Prag. Wenn er darinnen liegt, im von feinen Kräutern parfümierten Wasser, mag die strenge Maske von seinem Gesicht fallen. In seinem Haushalt, staunend melden es die Beobachter, dürfen Tischtücher und Servietten mehr als einmal nie gebraucht werden.
Er kränkelt. Zunächst und vor allem ist es die Gicht, die ihn quält – diese Heimsuchung, die zuerst die Zehen unter hitzigen Schmerzen anschwellen läßt, in ihrem Fortschreiten sich in den Gelenken festsetzt und Knoten bildet, die Haut austrocknet, bis sie bricht und offene Schwären entstehen, auch Verdauungsbeschwerden, Darmkoliken verursachen mag und schließlich das Herz selber nicht unangegriffen läßt. Soweit ist er mit vierzig noch nicht, das kommt später. Da seine Handschrift noch lange Zeit fest und kühn ist, so müssen wir annehmen, die Gicht habe ihn nicht in den Fingern, nur in den Füßen gezwickt. Auch erwähnt er nichts anderes. ». . . daß mir wiederum die Schelmerei in die Füß kommen ist . . .« Ein paar Monate später: »Ich liege itzunder mehr als ich gehe . . .« Darum die pelzgefütterten Stiefel, wenn er geht.
Wer die Gicht hat, soll sich vor Alkohol hüten. Früher war Wallenstein ein Freund und Kenner des Weines, und es kommt auch, ganz selten, noch vor, daß er bei guter Laune sich ihm hingibt: »Heut hab

ich mir mit dem Gesandten einen Rausch gesoffen.« Als ihm sein Schwager, der junge Erzbischof von Prag, in seiner Abwesenheit den Keller versorgt hat, scherzt er: »der Kardinal von Harrach, versteht er sich nicht besser auf die ceremonias Romanas als auf den Wein, so muß er degradiert werden; denn der Wein ist schlimm, und ich habe allbereit tapfer darum schimpfieret.« Aber bald muß er Tokaier, Melniker und Gumpoldskirchner, Rheinwein und Burgunder aufgeben und sich an den leichten, spritzig-säuerlichen Veltliner halten, von dem er glaubt, daß er ihm am wenigsten schadet. »Dieweil itzt Fried in der Veltulina ist, so werdet ihr mir den angenehmsten Dienst von der Welt tun und meine Gesundheit konservieren, daß ihr einen eigenen ausrichtsamen Menschen, dem da wohl zu trauen ist, itzt gleich in die Veltulina schickt, daß er sich erkundigt: welche die gesündeste rote Wein seyn; daß er fünfzig Eimer derselben kauft . . . Der in die Veltulina soll, muß sich auch wohl auf die Wein verstehen und dorten practico seyn; sie kosten was sie wollen, ich frag nichts danach.« Den Veltliner mischt er mit Liebwerder Sauerbrunnen, einem Wasser, dessen Wirkung er so hoch schätzt, daß er es von einem Chemiker analysieren läßt; was dann da eigentlich so Wohltätiges darinnen sei . . . Aber weit lieber als Wein trinkt er Bier, und zwar aus Weizenmalz. »Ich muß den Herren klagen, daß ich kein Weißbier in der Mark bekommen kann, dahero denn nur mit Wein den Durst löschen muß, dieweil ich das Gerstenbier nicht trinken kann . . .« Wein löscht den Durst ja nicht. Bier, wir wissen, es macht ihn erst schön; auch übt es eine milde, tröstende Wirkung aus, zumal auf nervöse, heisere, trockene, zu Magenverstimmungen neigende Naturen. Wo Wallenstein ist, da muß Bier sein. In seinem Herzogtum macht er aus dem Brauen eine der blühendsten Industrien. In der Hauptsache natürlich, weil es Geld einbringt. Nebenbei versorgen seine Brauer auch ihn selber. »An den Hauptmann zu Neuschloß Befehl ergangen, für Ihr Fürstlichen Gnaden eigenen Trunk ein Faß gut ausgelegenes weißes Bier, so keinen Schmack nach dem Faß hätte, hierhero unverlängst zu verschaffen.« Alle Verwalter seiner Güter müssen mehrere solcher Fässer stets für ihn parat haben – »bei Leibesstrafe«. Mit der Androhung dieser Repressalie, welche Auspeitschung oder Verstümmelung ebensowohl wie den Tod bedeuten kann, ist Wallenstein schneller bei der Hand, als daß er sie ausführen würde.
Er liebt es, große Tafel zu halten – Befehle und Rechnungen zeugen überreichlich davon. Selber aber muß er mit Essen nun so mäßig sein wie mit Trinken: Fasanen, Rebhühner, junge Gemüse, Obst, andere leichte Sachen. ». . . meinem Weib bitt ich auch, mein Herr lasse entbieten, daß ich wohlauf bin und lerne, rohe Schunken zu essen und

Brühen zu trinken . . .« Šunka ist das tschechische Wort für Schinken; eines der ganz seltenen Beispiele dafür, daß die alte Muttersprache ihm noch in das Deutsche eindringt.
Dies schreibt er nun besser, nämlich knapper, plastischer, witziger als irgendein deutschgeborener Anführer seiner Zeit. Dabei entscheide ich nicht, ob sein Geist eine natürliche Affinität zum Deutschen hat oder ob er, sagen wir schwedisch ebensogut erlernt hätte, hätte sein Schicksal ihn nach Schweden verschlagen; ob es sein ungeduldiges, ganz den Sachen zugewandtes Ingenium war, das ihn jede Sprache hätte meistern lassen. Jedenfalls ist es das Deutsche, in dem er zum Meister wurde. Es ist ein leicht österreichisch gefärbtes Deutsch, wie wir uns wohl auch den Laut österreichisch-böhmisch vorstellen müssen. Gern gebraucht Wallenstein den österreichischen Diminutiv: Platzl, Kuchl, Gütl; bißl statt bißchen – »vor dem Schweden graust mir kein bißl nicht«. Für »ungefähr« schreibt er »beiläufig«.
Ich kenne keinen Brief, in welchem er die Deutschen ausdrücklich lobte. Die Bejahung geschieht indirekt, durch das, was man, hätte er zweihundert Jahre später gelebt, seine Sprachenpolitik nennen würde. Sein Hof ist deutsch. Seine Haushalte sind deutsch – ein Diener bittet um seine Entlassung, »weil er der deutschen Sprache nicht kundig«. Die Justiz in seinem Herzogtum wird auf deutsch gehandhabt: »auch müßt ihr zu der Kanzelei einen deutschen Secretari haben, denn ich will nicht, daß bei der Kanzelei was böhmisch sollte tractiert werden.« Dies in einem Herrschaftsgebiet, dessen Norden – Friedland – wohl überwiegend von Deutschen bewohnt wird, der Süden und die Hauptstadt Gitschin aber von Tschechen. Selber fühlt Wallenstein sich kaum noch als Tscheche, nicht so, wie die Wilhelm von Slawata oder Adam von Waldstein es trotz allem noch tun. Die bleiben böhmische Herren, wenn schon katholische und königstreue. Wallenstein, Fürst des Römischen Reiches, ist der Heimat wie dem Stande entwachsen; man hat ja Heimat nur durch den Stand. Er kennt sie, aber als einer, der sie von außen sieht, ein Renegat. »Nun bin ich der Böhmen gar zu wohl kundig . . .« »Ich wollte, daß der Graf Slawata einmal aufhörte, seine böhmische Tücke gegen mich zu gebrauchen . . .« Darin wenigstens ist er Deutscher, ist er zum Deutschen geworden, daß er eigentlich von keiner anderen Nation viel hält. Über die Magyaren gießt er gern seine Verachtung aus; »die Ungarn werden zu Wien was vorlügen«, man solle sich nicht auf die »ungarischen Speranzen« verlassen, Ungarn ist ein »Schelmenland«. Polen nicht minder; höchst unnütze Schelme sind jedenfalls die »Polacken«, die polnischen Reiter, nach denen er ruft, wenn sie nicht da sind, und die er regelmäßig wieder zum Teufel wünscht, wenn sie da sind. »Die Po-

lacken betreffend, der Herr schicke sie aufs eheste nur fort, denn sie seynt uns schädlicher als der Feind.« Die Italiener – nun, als ein Kavalier spricht er ihre Sprache, welche die Sprache von Europas Zivilisation ist, will, daß sie in seinen Schulen gelehrt wird, und läßt im italienischen Stil bauen, meist auch von italienischen Baumeistern. Das versteht sich von selber. Es ist aber nicht so, wie einige meinten, daß er für die Nationalität eine besondere Vorliebe gehabt hätte.

> »Das ist der Dank, das hat der Fürst davon,
> Daß er die Welschen immer vorgezogen!«
>
> (Illo bei Schiller)

Er hat sie keineswegs »immer vorgezogen«. Er hat sie als Kommandeure gebraucht, die Collalto, Gallas, Gonzaga, Piccolomini, weil sie ihm vom Hofe geschickt wurden, weil sie, mehr noch als die Spanier, als die gelehrtesten Kriegsspezialisten der Zeit galten. Angenehm, indifferent oder verhaßt waren sie ihm je nach dem. Von ihrer Sprache aber redet er manchmal wie der gröbste deutsche Biedermann; die »cujonische welsche Sprach«. »Ich zweifle nicht, daß allerlei Discurs von Weibern, Pfaffen und sonstigen etlichen welschen Cujonen bei Hof wird abgeben . . .« Was alles noch nicht heißt, daß die Deutschen ihn als ihren akzeptiert hätten; oder daß er je von Böhmen frei gekommen wäre. Das geht nicht so leicht.
Für den Amtsverkehr mit Prag hält er sich noch immer einen böhmischen Sekretär; denn, um noch einmal daran zu erinnern, die triumphierende habsburgische Reformation hat das Tschechische aus der Landeshauptstadt nicht verbannt. Er wirft gelegentlich für sich selber tschechische Sätze aufs Papier. Aber neunundneunzig von hundert seiner Briefe sind nun deutsch, und deutsche Schreibknechte muß er ein ganzes Rudel haben. Was er ihnen diktiert, schmieren sie in ihrer Not hin, um es dann in schöne Kanzleischrift zu bringen; worunter er seine Initialen setzt, AHZF, später AHZM, in kühnen und wilden, das halbe Blatt bedeckenden Zügen. Schnörkel fügen damals alle an ihre Unterschrift, je größer sie in der Welt dastehen, desto mehr. Bei dem König von Schweden, bei dem Herzog von Bayern sind es so viele, daß man kaum begreift, wie solch kunstvolle Musterwirkerei dem Schreibenden zur blinden Gewohnheit werden konnte. Oft steht diese vielgekurvte Zier getrennt von dem Namen. Wallensteins Unterschrift ist vergleichsweise einfach; das »A« ein bloßer Strich mit einem Haken links oben, das »H« und »Z« in sehr klaren gotischen Lettern; das »F« oder »M« in sechs tief herunter und wieder herauf geführten Linien endend; das Ganze in einem Schwung. Nichts Ge-

drungenes, Enges wie in den Zügen seines neidischen Vetters, Wilhelm Slawata; auch nichts Sauber-Pedantisches wie bei seinem Freunde Fürst Eggenberg; Autorität, Weite, herrische Ungeduld. Zum Erstaunen viel schreibt er mit eigener Hand, zehn, zwölf Briefe am Tag; alles Vertrauliche und an Vertraute, alles, worin er sich gehen läßt und was für die Ohren der Sekretäre nicht taugt. Das Schreiben kann ihm also nicht schwergefallen sein. Über jeden Brief setzt er ein Kreuz, wie fromme Spanier noch heute tun. Beinahe jeder Brief hat eine Nachschrift – es fällt ihm immer noch etwas ein. Um Interpunktion kümmert er sich noch weniger als die meisten seiner Zeitgenossen. Oft gehen Sätze ungetrennt ineinander über, Nebensätze ohnehin, auch das »Ich aber verbleibe . . .« der Verabschiedung; was dem Ganzen etwas Eiliges, Atemloses gibt. Umschläge braucht er keine, sondern faltet das Blatt und verschließt es mit einem winzigen roten Ringsiegel. Die von Kanzlistenhand geschriebenen Staatsbriefe aber, die zeigen auf der Rückseite das große, mit dem Herzogshut gekrönte Wappen, dessen Felder sich noch reichlich mehren werden – einstweilen sind es die vier waldsteinischen Löwen und der friedländische Adler. – Mit Frau Isabella korrespondiert er treulich, aber leider hat von seinen Briefen sich nicht ein einziger erhalten.
»Herr Schwager Ew. Liebden und ich, wir wollten uns wohl vergleichen, wenn Ew. Liebden Gemahlin nicht wäre. Ich habe auch eine; wenn sie mich aber so tribulierte, wie sie Ew. Liebden zu Zeiten tut, es würden gewiß Maulschellen fallen!« So der lutherische Johann Georg von Sachsen an den Kurfürsten von Brandenburg. Das Zitat mag den Kontrast hervorheben; denn dies ist nun wieder völlig unvorstellbar, daß Wallenstein seine Gattin mit Maulschellen bedrohen könnte. Er ist »cortegiano« und wie auf die eigene, so auf der Frau Würde bedacht. Er liebt sie – in den Grenzen, die seinem Stand und die seiner eigenen Konstitution gesetzt sind. Er trifft generöse Vorkehrungen für ihre Witwenschaft; wenn immer der Krieg die Grenzen Böhmens bedroht, schickt er sie dahin, wo sie am sichersten ist. Sein sonderbarer Beruf bringt es mit sich, daß er sie lange, ein Jahr, anderthalb Jahre nicht sieht. Kommt er aber endlich wieder in ihre Nähe, so ist er doch lustig, die Begegnung nicht aufzuschieben: ». . . ich könnte es bei meinen Weibe nicht verantworten, wenn ich zuvor sollte spazieren ziehen, ehe ich zu ihr werde kommen; sie möchte mich nachher gar übel empfangen.« Unter den vielen Schilderungen seines Auftretens gibt es meines Wissens keine, die ihn zusammen mit der Herzogin erblicken läßt; es sind ja Krieger und Diplomaten, die berichten. Einer von ihnen, ein Priesterdiplomat, behauptet, Wallenstein habe Zutrauen zu niemandem, auch nicht zu

seiner Frau, und spreche mit ihr nur nach genauestem Studium der Konstellation. Das müßte, wenn es wahr ist, ungemütliche Mahlzeiten gegeben haben.
Im Felde lebt er betteinsam. Daß er sich, nach Art der Niedrigen, mit irgendwelchen das Heer begleitenden Dirnen eingelassen hätte, ist als unmöglich zu verwerfen. Wären aber Maitressen von Stand die seinen gewesen, so wüßten es die, die ihn ausspionierten, und hätten auch Einfluß auf solche Damen zu nehmen gesucht. Wie Wallenstein die Säufer verachtet, so verachtet er die Schürzenjäger, und sein grober Verdacht trifft manchen, daß er es sei. Über die Augustinermönche zu Böhmisch-Leipa: »Daß die Mönnich zu der Leipp die 2000 Gulden heuer angewandt haben, nimmt mich wunder. Ich zweifl' nicht, daß sies werden angewandt haben, aber auf Huren und los Gesind, wie ihr Brauch ist . . .« Den Kardinal von Dietrichstein nennt er geradezu ein »verhurts Pfäffle« – ich entscheide nicht, ob mit Grund.
Aus dem, daß das schöne Geschlecht ihn unterdurchschnittlich beschäftigt, folgt nicht, daß ihn, wie den König Jakob von England, das eigene angezogen hätte, daß er auch nur vertrauter Freundschaften fähig gewesen wäre. Er braucht viele, die ihm dienen, jeder auf seiner Stufe, vom Türhüter bis zum Oberhofmeister, Landeshauptmann, Feldmarschall, nichts anderes. Graf Max Waldstein, sein Vetter, hat geschickte Hofmannshände, deren er sich zu allerlei delikaten Aufträgen gerne bedient; mehr ist auch da nicht. Ein einsamer Mann also, und aus seiner Einsamkeit heraus manchmal vertrauensvoll schwatzend, wo Vertrauen nicht verdient wird; Menschheitskenner mehr als Menschenkenner. Um seine Diener und Gehilfen anzuspornen, kennt er nur zwei Mittel: Belohnungen und Strafen. Es bleibt sein Leben lang bei den Worten, die er aus dem belagerten Göding schrieb: »Ich drohe teils mit Henken, teils mit Geschenken . . .« Das ist an sich ein Grundsatz der Zeit: Graf Khevenhüller, der Historiker Ferdinands II., nennt »poena und praemium die Seele der Regierung«. Nur geht Wallenstein weiter darin als die anderen und wird berühmt-berüchtigt dafür. – Ob er seinen Hofkaplanen, seinen Beichtvätern sich erschließt, wissen wir nicht, denn die schweigen.
Der eben erwähnte mönchische Politiker sagt ihm eine »genaue Geschichtskenntnis« nach, auch »eine entsprechende Erfahrung der politischen und kriegerischen Staatsbegebenheiten, die sich aus den Bewegungen entwickelt haben, welche vor einigen Jahren in Deutschland und besonders in Böhmen den Übergang dieser Länder von einem Herrn auf den anderen zur Folge hatten«. Das Letztere ist zweifellos richtig. Seit dem Beginn des Zwistes zwischen Rudolf und

Matthias, nun beide längst in ihrer Gruft, hat Wallenstein die politische Entwicklung in den habsburgischen Landen auf das genaueste zu verfolgen Gelegenheit gehabt. Nicht minder die kriegerischen Ereignisse; auf sie, die seit 1604 gemachten Erfahrungen bezieht er sich gern. »Auch fangen Wir nit erst heuer an, ein Soldat zu werden, daß Uns, was der Kriegsbrauch vermag, ganz wohl wissend.« Es sind frühe, in seinem Geist präsente und geordnete Erinnerungen, Lebenserfahrungen, mehr denn aus Büchern gezogene. Durch Begegnungen und Gespräche, durch eine immer breiter werdende Korrespondenz, durch seine Agenten und Spione kennt er Europa zusehends genauer, so wie es jetzt ist. Historische Kenntnisse wären etwas anderes. Conrad Ferdinand Meyer, in seiner Novelle ›Gustav Adolfs Page‹, läßt ihn sagen: »Ich pflege im Bett zu lesen, wenn mich der Schlaf meidet.« Der Schlaf meidet ihn wohl, je älter und kränker er wird, um so peinigender; aber daß er viel gelesen hätte, dafür fehlen die Zeugnisse. Eine bescheidene Bücherrechnung gibt es aus der Zeit seines erzwungenen, kurzen Ruhestandes, 1631: »Um zwei erkaufte Bücher für Ihre Fürstlichen Gnaden gen Prag geschickt, zwanzig Gulden.« Eine Bibliothek hat er nicht gesammelt, denn in dem genauen Inventarium seines Prager Palastes, das nach seinem Tod erstellt wurde, ist keine erwähnt. Von dem rot-damastenen Himmel im Rittersaal, den türkischen Teppichen und blau- oder goldledernen Tapezierereien bis zu den Nachtstühlen mit Kupferkesseln finden sich da, ich habe es gezählt, 1552 Gegenstände, und darunter ein einziges Buch, »Architecturae militariae« genannt. Wird von der Festungskunst gehandelt haben . . . Es ist nichts Beschauliches in Wallenstein. Er hat keine Zeit zum Lesen, er, den schon die Pflichtlektüre seiner politischen Post in wütende Ungeduld versetzt, zumal diese Briefe meist so umständlich geschrieben sind, während er selber mit dem ersten Satz in die Mitte geht und mit dem letzten wieder heraus. Nur die Sterndeutung, für die hat er Zeit, weil er sie für sein Handwerk als unabdinglich erachtet. Auch da will er Ergebnisse, nicht bloße Theorie. – Natürlich ist ein so beschaffener, vor sich selber ganz ins Äußere flüchtender Geist wehrlos, wenn in der Krankheit oder sonst die Freude am Schaffen erlahmt. Was hat er dann zu denken, was ihm frommte?

Er braucht Ordnung um sich. Das Schöne auch, insofern es mit dem Nützlichen verbunden ist; das Spatiöse, Wohlgelüftete, Wohlbewässerte, Duftende. Neben der Macht und den Pferden sind ihm seine Bauten das Wichtigste auf Erden. Was ihn dabei interessiert, sind die Dimensionen, die edlen Fassaden und die Anlagen darum herum auf der einen Seite, das Praktische, Sanitäre auf der andern; nicht eigentlich die Interieurs, Möbel, Schmuck, Bilder. Auf diesem Feld gibt er nur Aufträge allgemeinster Art: »So seht ebenmäßig, daß alle Zimmer fertig werden, wie nicht weniger mit Mobilien und schönen Quadri versehen . . .« Schönen Quadri – im Prager Palast hingen, wie es sich gehörte, die Portraits des Kaisers und der Kaiserin, des Königs von Spanien und anderer Potentaten, auch »heidnischer Kaiser«, sowie ein paar »Landschaften«. Die Meister werden nicht genannt; noch auch erwähnt Wallenstein je die Namen berühmter Maler früherer oder der eigenen Zeit, in welcher doch nicht zu verachtende blühten. Sich in die Tiefe eines Kunstwerks zu versenken und Kraft und Frieden aus ihm zu gewinnen, das liegt ihm nun wieder gar nicht. Es genügt, wenn man ihm anständig gemachte Dekorationen liefert.

Er besitzt Wildbahnen die Menge und veranstaltet Jagden; das tut jeder Fürst. Aber sein Herz ist nicht dabei. Vielleicht, daß er das Töten der Tiere nicht liebt, jedenfalls nicht in so barbarischer Masse, wie es üblich ist; sicher, daß er die Zeitvergeudung verachtet, die sein Herr, der Kaiser, damit treibt. Er gibt selber zu, kein Kenner des Waidwerks zu sein: »Ich verstehe mich zwar nicht darauf; werdet aber die Sachen mit dem Jägermeister so anstellen, auf daß ich satisfatto bleib.« Zudem sind Hunde ihm verhaßt. Wo er hinkommt, da muß man sie wegsperren; auf seinen Bildnissen erscheint nie der gefleckte Vierbeiner, der sonst den Potentaten Gefährte zu sein pflegt. Nie ist in seinen Briefen von Jagdhunden die Rede, ein einziges Mal von Hunden, die stark genug wären, um Wölfe anzugehen. Wollten wir sagen, er liebt das Wild zu sehr, um die Jagd zu lieben, so würden die Jäger protestieren; so sagen wir es nicht. Aber die Tiere liebt er wirklich, die scheuen wie die zahmen; Kühe und Lämmer, Rehe, Vögel und Schwäne, bis hinab zu den Goldfischen in den Bassins der Gärten, bis hinab zu den »kranken, blöden Kapaunen und Hühnlein«, die er befiehlt, »in die Vorwerke auszuteilen, damit sie an der jungen Grasweide wiederum gesund werden«. Wenn er von Gitschin sich in seinen Tiergarten begibt und das edle Rotwild betrachtet, wenn er, gestützt auf ein indisches Rohr, im Park seines Prager Palastes lustwandelt und vor den künstlich durch Laub verdeckten Käfigen verweilt, in denen Märchenvögel ihr Spiel treiben, so mag er momentweise glücklich sein.

Am glücklichsten unter seinen Pferden. Sie sind seine Wonne und Leidenschaft, die im Lauf der Jahre eher noch wächst, als daß sie zur Ruhe käme; Rappen, Schimmel und Braune, aus Spanien, aus Neapel, aus Friesland, aus Pommern, überall her, wo es die schönsten gibt. »Sie kosten, was sie wollen, ich wills gern zahlen, sie müssen aber groß sein.« Er zahlt bis zu tausend Gulden für einen Hengst. Krieg muß er führen, Politik muß er treiben, davon kommt man nicht los, wenn man einmal darin ist; wäre er aber ein freier Mensch, vielleicht täte er schier nichts anderes mehr als Pferde züchten. In Prag stehen sie »alle in einem Stall, welcher wunderlich war zugerichtet, die Krippen waren von Marmelstein und bei jeder Krippen entsprunge ein Brunnen klares Wasser, die Pferde zu tränken«. Der so erzählt, der irische Aventurier Thomas Carve, hat es mit eigenen Augen gesehen. Er erzählt auch von dem Gestüte zu Smrkowitz, nahe Gitschin: »In dessen Mitten stund ein Turm und auf dem ein Wächter, welcher des Morgens und Abends mit der Trompeten ein Zeichen gab, dadurch die Stallknecht ermahnt wurden, die Pferd zu striegeln, zu putzen und zu füttern. An diesem Ort hielt er aufs wenigst dreihundert kostbare Pferd.« So müd er ist von den Anstrengungen des Heerführers und Machtspielers, so weit fort er von seinen Pferden ist, für sie zu sorgen findet er immer Zeit und Lust und Ärger. »Ich hab von meinem Vetter vernommen, daß die ein' Stuten Armelina dem Fohlen wenig hat zu geben. Der Gestütmeister muß sich gar wenig darauf verstehen, denn es ist der Brauch, daß man ihnen Kühe gibt, an denen sie saugen, und nicht allein *ein* Kuh, sondern auch zwei, darum probierts.« »Ich vernehme, daß die Fohlen, so heuer aufgestellt seynt worden, dermaßen mit Futter angefüllt werden, daß sie mehr als Schwein denn als Hauptroß aussehen. Nun hätte ich den Gestütmeister nicht für ein'n solchen Esel angesehen, daß er das nicht sollte in acht nehmen, was das vornehmste ist, daß die Fohlen sich nicht chargieren sollen. Werdet derowegen ihm solches ernstlich verweisen . . .« Als ihm, wie er glaubt durch Schuld seiner Diener, ein paar Fohlen eingingen, endet er seinen Tadel mit den Worten: »Denn mir mehr an einem Fohlen als an zween Meyerhöfen gelegen ist.« Ob aber sein Befehl, »daß bei Beschelung der Stuten ipso actu die Stute herabgelassen werde, dergestalt daß die Stut den Bescheler ersehe und nach seiner Gestalt empfahe« – ob dies Rezept praktisch ist, mögen die Kenner entscheiden . . . Seine im Kriegsdienst untauglich gewordenen Pferde läßt er eines ritterlichen Todes sterben, denn im Alter noch zu grober Feldarbeit gebraucht werden sollen sie nicht. Das Roß, das ihm in der Schlacht bei Lützen unter dem Leib erschossen wurde, muß man ihm ausstopfen und konservieren; so steht es heute noch im Palais zu Prag, neuerdings in einer Rumpelkammer.

Er bittet nie, er schlägt nie vor, er stellt nie anheim, er befiehlt; so im Hauptquartier, so im Fürstentum. »Den Dechant in Friedland will ich nicht mehr haben, denn er will gebeten seyn, und das ist mein Gelegenheit noch Brauch nicht.« Was er befiehlt, muß ausgeführt werden »in furia«, »subito«, »ohne Verlierung einiger Minuten«; weil es so sehr viel ist, was er ausgeführt haben will, vielleicht, weil er ahnt, daß ihm keine lange Zeit bleibt. Es heißt, er scherze nie, es ist nicht wahr; von Scherz und gutmütigem Spott findet sich in seinen Briefen eine Menge. Daß aber seine Befehle keine Scherze sind, soll jedermann wissen. »Sciunt mei ministri, me nugari non solere et quae volo serio velle« – »meine Diener wissen, daß ich nicht zu spaßen pflege und was ich will, im Ernste will.« »Dies denke nicht, daß ich Kurzweil halber schreibe, sondern, daß ich will, daß es also geschehe.« In seinem Betrieb, vielfältig und ins Überdimensionale wachsend, wie er ist, muß jeder arbeiten, jeder seines Lohnes wert sein: »Ich befehle euch, gebt wohl Achtung, daß mir der Gärtner nicht mehr feiert und straft ihn ernstlich, da er im wenigsten nachlässig seyn wird, sonsten wird's über euch gehen. Sorgt, daß er der Arbeit und nicht dem Saufen und spazieren gehen obwartet.« Die Leute sind arbeitswillig, man muß ihnen nur etwas dafür bieten; »denn im Herzogtum seindt Bauern genug, die gern arbeiten werden, wenn man sie zahlen wird, insonderheit aber die im Gebirg«. Das ist kein Mitleid mit den armen Bergbauern, es ist praktische Gesinnung; beide Seiten haben ihren Vorteil davon. Gute Arbeiter erhalten guten Lohn; sie, und sogar noch ihre Kinder, wenn die Väter gestorben sind. »Des Baumeisters Söhnen gebt die Unterhaltung bis zu meiner Ankunft, welche ich weiter kontinuieren will, denn er hat mir gar wohl gedient.« . . . Später, wie die Schatten über Wallensteins Leben sich verlängern, wird der Ton seiner Befehlsbriefe schärfer und ist mehr von Henken als von Geschenken die Rede.

Er gilt als launisch; er gilt als jähzornig, wunderlich, fürchterlich. Vielleicht, daß er selber diesen Ruf nicht ungern verbreitet sieht, den seine Feinde ohnehin emsig verbreiten. Denn natürlich hat er Feinde, und je mächtiger er wird, um so mehr. Begütigend meint Kaiser Ferdinand zum Gesandten eines deutschen Kurfürsten: »Der Herzog von Friedland sei in Reden und moribus etwas grob«; das dürfe man so tragisch nicht nehmen. Auch Freunde klagen darüber, und nicht erst in den Spätjahren, als Nerven und Seele krank genannt werden müssen. Das ist schon vorher da, es wird nur allmählich schlimmer. »Unsern General hat das Podagra ergriffen; Der Herr Bruder mag sich denken, wie er gegen die Seinen verfährt. Nichts gibt es ungeduldigeres und grämlicheres als diesen Menschen; kaum ist in der Stadt einer, der nicht dem Nachbarn ins Ohr flüstert, um nur ja nicht durch lautes Gespräch den Fürsten zu stören.« Der das berichtet, der Wiener Hofrat oder Kriegsrat Gerhard von Questenberg, ist seine Kreatur, sein Agent, Freund und Verteidiger fast bis zum letzten Tag. – Wer geneigt ist, an sich selber zu leiden, kann körperliche Schmerzen am

wenigsten brauchen. Wallenstein besitzt die unschöne, obgleich bedeutende Gabe, wenn er Schmerzen hat, das ganze Haus, nein, die ganze Stadt an seiner Krankheit partizipieren zu lassen.
Die umgekehrte auch. Er kann bezaubern, sei es, weil er will, zu einem Zwecke, sei es, weil er so aufgelegt ist. Das überrascht dann die Leute, die es so ganz anders über ihn gehört haben. »Ich habe E. L. zu sagen«, schreibt eine Prinzessin von Brandenburg an den Kurfürsten, »daß wir die Ehre hatten, S. L. den Herzog von Friedland allhier zu sehen. Er ist gewiß ein feiner Herr und nicht also, wie etliche Leute ihn gemacht haben, er ist gewiß sehr courtois und hat uns allen große Ehre erwiesen, ist gar lustig hier gewesen . . . Allzeit habe ich Ursache, ihn für meinen besten Freund zu halten . . .« So also kann er erscheinen: höflich nicht nur, mit Reverenzen und Flatterien, sondern behaglich lachend und in österreichisch-böhmischem Ton Schnurren aus seinem Leben erzählend. Er hat viel erlebt.
Was ist sein Traum? Hat er Zeit, zu träumen, bei all den andrängenden Geschäften? Zum Träumen hat man immer Zeit: beim Spazieren-Reiten – das tut er, solange die Gicht noch gnädig ist –, beim Betrachten der bunt gefiederten Wundervögel, oder in der Nacht, wenn er schlaflos liegt. Aus Träumen kommen ja alle seine Geschäfte. Er hat erfahren, daß er mehr kann als Andere, unvergleichlich mehr, und daß etwas in ihm die Anderen gehorchen macht. Viel Geld wollte er haben, aber was er auch einnimmt, er hat nie genug und legt nichts auf die hohe Kante. Ein Reich wollte er haben, das ihm gehörte, in dem er befehlen könnte, dessen Zentren Ordnung und Schönheit ausstrahlten. Das hat er nun, aber es ist nie ganz sicher und weit oder eng, je nachdem. Weit, verglichen mit den Gütern bloßer Vasallen; eng, wenn man es gegen die Länder der Könige hält. Ein Ebenbürtiger wollte er sein, niemanden über sich haben außer den Kaiser, diese zugleich fanatische und faule, beschränkte und schlaue Majestät, die man nun einmal über sich haben muß. Einstweilen gibt es noch andere, unter denen er steht. Vielleicht kann er ihre Höhe erreichen, vielleicht sich über sie schwingen, es kommt auf die Gelegenheit an. Sie kann niemand voraussagen, trotz der Fortschritte, welche die Kunst der Sterndeutung gemacht hat. Ihre Orakel sind oft so undeutlich, so voll Wenn und Aber. Mit dem Hause Habsburg ist er gut gefahren, mit der Römischen Kirche auch, und an beide wird er weiterhin sich halten, zumal es gar keine Wahl mehr gibt. Loyalität zahlt sich aus. Rebellion – er hat erlebt, wie die sich auszahlt; und wenn eines unmöglich ist, dann ist es, daß er je in das Lager der gemordeten, der geschlagenen und erniedrigten Böhmen zurückkehren könnte. Deswegen hört aber sein Verhältnis zu seinen Landsleuten oder ehe-

maligen Landsleuten nicht auf, ihn zu beschäftigen. Er war ein Böhme; wenn er das nicht mehr ist, so ist er eigentlich gar nichts mehr als er selber, sein Traum egozentrischer Art. Er kann sich einer allgemeinen Sache anschließen, dem Hause Habsburg, dem Römischen Reich, aber das sind Bindungen des Verstandes und Willens, nicht naturgegebene.
An der Decke des großen Festsaales im Prager Palast hat er, gleich am Anfang schon, 1625, ein Gemälde anbringen lassen, das noch heute zu sehen ist: ein Triumphator auf seinem Siegeswagen von vier Rossen durch lichte Wolken gezogen, ein Stern über seinem Haupt. Einige sagen, das sei er selber; andere bestreiten es, es sei bloß der Sonnengott. Ein Sonnengott, allerdings mit Kinnbart; eine Seltenheit. Vielleicht auch ist es Mars. Hätte der Auftraggeber wirklich an sich gedacht, so müßte es in einem Moment freudigen Selbstvertrauens, schwellenden Übermutes gewesen sein, wie sie für ihn sehr charakteristisch nicht sind. Aber ein »Charakter«, was man so nennt! Wie vielerlei sich Fremdes nistet da nicht zusammen!

Der Hof

Wallenstein, man erinnert sich, war im Frühherbst des Jahres 1623 zu einem Fürsten des Reiches erhoben worden. Nehmen wir es so genau, wie man's in alten Zeiten nahm: damit war sein Landbesitz, Friedland, noch kein Fürstentum, denn wohl konnte man für seine Person fürstlichen Ranges sein, aber ohne Land. Ein halbes Jahr später wurde die Herrschaft Friedland als ein »absonderliches Fürstentum erigiert, erhoben und bestätigt«. Demnächst wiederholte sich der Vorgang eine Stufer höher. Herzog durfte Wallenstein sich seit dem Juni 1625 nennen. Herzog war mehr als Fürst, denn jeder Herzog Fürst, nicht jeder Fürst Herzog. Damit war Friedland praktisch ein Herzogtum; die Legitimierung erfolgte im Januar 1627. Die intrafamiliäre Regelung war die, daß Herzog der Majoratsherr, der »Regierer des Hauses Waldstein und Friedland«, sein sollte, seine Kinder aber den Titel von Fürsten oder Prinzen führten. Es scheint, daß Wallenstein sich hierauf bezog, als er den Agnaten des Hauses Liechtenstein den herzoglichen Rang streitig machte: »Aus meines Herren Schreiben vernimb ich, daß man in allen Canceleien befohlen hat, denen von Liechtenstein das Prädikat Herzog nicht zu geben, auch von Ihnen nicht anzunehmen. Nun vermeine ich, daß das nicht genug ist, sondern will man recht tun, so muß man ihnen einstellen, daß sie sich nicht Herzog schreiben ... denn es präjudiciert mir.« Er hätte die

Frage so grimmig ernst nicht zu nehmen brauchen. Von den drei neuen Herzogen, Liechtenstein, Wallenstein, Eggenberg, war er im Grunde doch der einzige. Die Anderen hatten Güter; sie hatten keinen Staat. Kein Hof umgab sie; sie waren ja selber nur Höflinge. Der Herzog von Friedland baute allmählich eine Hierarchie um sich auf, so gestuft, so zahlreich, wohlbezahlt und prunkend, daß die deutschen Kurfürsten bitter vermerkten, keiner von ihnen, kein König vor ihnen, ja, kein Kaiser hätte je etwas Ähnliches gehabt. Eine Provokation, unleugbar, und gefährlich: ein böhmischer Baron, sieben Jahre früher noch so klein und unbekannt, der im Ernst den Monarchen spielte.

Die Liste des Hofstaates ist beeindruckend lang und sollte beeindrukken: der Obersthofmeister Graf Liechtenstein; der Oberstkämmerer Graf Harrach; der Oberststallmeister Graf Hardegg und der Vice-Stallmeister Herr von Breuner; nicht weniger als vierundzwanzig Kammerherren, darunter recht gute Namen, Solms, Limburg, Hoyos, Khevenhüller; drei große Haushalts-Sektionen fernerhin, nämlich die Kuchelpartei, die Silberkammer und die Stallpartei, jede mit ihren Oberen und Unteren, als dem Kuchelmeister, dem Kuchelmeister-Adjutant, dem Ersten Truchseß, dem Ersten Tafeldecker; nicht zu gedenken solcher untergeordneter Amtsträger wie der Garderobiere, der Hofbalbierer, der Kammerdiener, der Musikanten, der Türhüter, der Tanzmeister, der Edelknaben samt ihren Präzeptoren, der Fechtmeister, Trompeter, Eseltreiber, Sänftenknechte, zuletzt des Scharfrichters mit seinen Leuten, denn ein Hof von insgesamt 899 Personen brauchte jederzeit einen, der mit Strick und Beil zur Hand war, so gut wie ein Regiment Musketiere ihn brauchte. 899 Personen waren es; jedenfalls auf dem Höhepunkt von Wallensteins Macht und Prachtentfaltung. Die Zahl erklärt sich daraus, daß jeder der Höchstbeamten über einen Schwarm von Gehilfen gebot: der Obersthofmeister für sich allein über fünfundvierzig; während die Kuchelpartei mit ihren französischen Köchen, Pastetenköchen, Bratmeistern, Ziergärtnern, Kapaunwärtern, Fleischhackern, Bäckern, Zinnwäschern, Schreibern und Kontrolleuren für sich allein fünfundsechzig Bedienstete zählte. Den Abteilungschefs aber standen mindestens so viele Pferde zu, wie sie Gehilfen hatten; so daß der herzogliche Hof, ob er reiste oder am Ort blieb, mit weniger als 1072 Pferden nicht auskam. Das mußte verpflegt werden, und dafür sorgten, unter der Aufsicht der Großwürdenträger, der Kuchelmeister mit seinen Einkäufern, der Kellermeister, der Oberjäger mit seinen Unterjägern. 2 gute Ochsen, 20 Hämmel, 10 Heuer, 4 Kälber, 1 gutes Schwein, 1 Tonne Butter, 40 junge und 15 alte Hühner, 600 Laiblein Weißbrot, 400

Laiblein Roggenbrot, 8 Tonnen gutes Bier, 2 Tonnen Rheinwein, 4 Eimer Frankenwein, auch 1 Pfund Safran, 2 Pfund Pfeffer, entsprechende Mengen von Ingwer, Näglein, Zimt, Mandeln, Weinbeerlein, Rosinen, Zitronat, Oliven, Kapern, Zitronen, Pomeranzen, Koriander, Pistazien, Pfefferkuchen, Nürnberger Lebkuchen, 20 Pfund weißer Zucker, 20 Pfund Küchenzucker, Eis, 10 Pfund Seife, 6 Pfund Stärke, 2 Wagen Kohlen und Holz nach Notdurft – so die aufs geratewohl ausgewählten Fragmente des Küchenbedarfszettels für einen einzigen Tag. Alles dies wurde konsumiert zum höheren Ruhm des Einen, der selber sich wohl mit der Hälfte eines jungen Fasans, mit Artischocken, mit Erdbeeren rot und schwarz und mit ein paar Silberbechern Weißbiers begnügte. Zum Überschlag der Kosten, riesig wie sie in jedem Fall waren, bedarf es wirtschaftlichen Verstandes. Teuer war alle noble, seltene Ware: Tafelsilber aus Genua, Gobelins aus den Niederlanden, Teppiche aus Venedig, Goldledertapeten, Damasttischwäsche, lichtblaues Tuch und karmesinroter Pay aus England für die Lakaien und Pagen, die in blau'roter Livrée paradierten, und andere Zier. Essen und Trinken war teuer für die Armen, nicht für die Reichen. Wenn Wallenstein in Gitschin oder in Prag residierte, so kostete es ihn wenig, denn Ochsen, Hämmel und Hühner, auch Bier, konnte er aus seinen Gutsbetrieben beliebig viel bekommen. Was die Arbeitskräfte betrifft, die waren billig, selbst die vornehmsten. Wallenstein galt als pünktlicher und als großartiger Zahler; darum die Menge der Herren von altem Adel, die sich drängten, ihn zu bedienen. Er zahlt für ein edles Roß 1000 Gulden; seinem Obersthofmeister Graf Liechtenstein im Monat 200, dem Oberststallmeister 100, den Kammerherren 30; die große Mehrzahl der 899 Bediensteten ist froh, für Logis, reichliches Essen und ein Trinkgeld zu arbeiten oder zeremoniell herumzustehen. So daß die ganze rotblaue und blaugoldene Anordnung samt den Pferden und den mit rotem Leder gepolsterten Kutschen dennoch nicht soviel verschlang, wie der heutige Leser sich wohl vorstellen würde. Die Summen sind ganz unsicher. Ein alter, aber mit Dokumenten sauber arbeitender Historiker gibt für das erste Jahr von Wallensteins fürstlichem Hofhalt 1342 Gulden im Monat an, 4673 für ein späteres Jahr. Das ist sicher zu wenig. Denn 1630 verlangt und erhält Wallenstein von seinem Bankier 20000 Taler monatlich nur für den Konsum seines Hoflagers; was 240000 Taler oder etwa 350000 Gulden im Jahr ausmachen würde. So auch schätzt es ungefähr ein Fürst von Hohenlohe, der die Cavalcade irgendwo einziehen sieht: unter 200000 Reichstaler im Jahr sei dergleichen nicht zu machen. Und das ist nur der Aufwand im Felde. Nimmt man dazu die Hofhaltung in Prag, der in Wallensteins Abwesenheit »die Frau« vorsteht, das Bauen und Bessern an dem Palast in Gitschin und anderen Schlössern, das überhaupt niemals aufhört, tut man das alles zusammen mit den Großeinkäufen, mit den generösen Geschenken und Bestechungsgeldern, so kann Wallenstein für seine persönlichen und heimlich-politischen Zwecke – die militärischen kommen hier nicht in Betracht – kaum weniger als eine halbe Million Taler im Jahr verbraucht haben. Ja, was sagt uns das? Nun, bedenken wir, daß er als ein reicher Mann galt, als er ein Gesamtvermögen von 300000 Talern erheiratet hatte. Erinnern wir uns an jenen regierenden Herzog von Sachsen-Weimar, der mit 11000 Gulden im Jahr zufrieden war oder sein mußte. Erfahren wir bei dieser Gelegenheit, daß der Kurfürst von Bayern für sich, für seinen keineswegs unstattlichen Hof, für die Verwaltung eines Staates, der an Fläche und Bevölkerung Wallensteins Herzogtum um ein Vielfaches übertraf, endlich für einen Krieg, den er als europäische Macht führte, etwa anderthalb Millionen Taler jährlich verausgabte. Solche Vergleichszahlen geben einen Begriff.

Warum er es gar so herrlich trieb? Aus Freude an der schönen Ordnung inmitten des Chaos? Um vor der gemeinen, lauten Welt geschützt zu sein von seinen Trabanten und stummen, auf den Zehenspitzen schleichenden Pagen, hinter den Festungsmauern seines Parks? Um sich von der eigenen Kraft zu überzeugen? Um anderen zu imponieren, den ehemaligen Standesgenossen und den neuen, den unruhigen, heimgesuchten, gequälten Untertanen?

Wenn nun der Hof sich auf eine Badereise begab, so geriet der erwählte Ort schon Monate vor der Ankunft der Gäste in ängstlich wimmelnde, arbeitsame Erregung. Der Herzog von Friedland ließ nicht eine Flucht von Zimmern, nicht einen Gasthof oder mehrere Gasthöfe, er ließ die ganze Stadt reservieren. Nehmen wir als Beispiel das berühmte Karlsbad; das Jahr tut nichts zur Sache.

Am 4. März werden durch den herzoglichen Hofquartiermeister für acht Tage nach Ostern »fast die meisten Losamenter am Markt« bestellt; darunter zwei der Witwe eines doctoris juris gehörige Häuser für Wallenstein und seine unmittelbare Umgebung. Am 5. März tritt der Rat zusammen und beschließt nach gründlicher Diskussion der Lage: schleunigst seien alle Feueröfen zu fegen und, wenn mangelhaft, auszubessern; die Misthaufen, sonderlich die auf dem Markt, wegzuschaffen, ebenso Steine und Schutt; die Kanäle und Abflüsse zu reinigen; die Hunde jederzeit einzusperren, auch nachts, »damit durch derselben Unfug und Gebell keine Beschwerdt möge entstehen«; jeder Bürger solle sich in acht nehmen, gute Bescheidenheit gebrauchen, besonders während des Herzogs Anwesenheit das Volltrinken unterlassen; das nächtliche Ausgießen aus den Fenstern sei strengstens verboten; der Witwe des Juristen wird auferlegt, in ihren Häusern alles für die Bequemlichkeit des hohen Gastes Notwendige schleunigst zu veranlassen ... Weitere Wohnungsbestellungen laufen ein; teils für Hofbeamte, teils für solche Herren, die, wie etwa Graf Wilhelm Kinsky, gern gleichzeitig mit Wallenstein in Karlsbad wären – wohl könnte sich da Gelegenheit zu einem politischen Plauderstündchen finden. Adam von Waldstein, hochgestellt und nahe verwandt, wie er ist, muß glatt abgewiesen werden: Wir sind ausverkauft. Den 7. April will Wallenstein eintreffen. Die Spannung steigert sich, weil er so lange nicht eintrifft, beinahe einen Monat lang, währenddessen er doch wohl die Reservationen bezahlt. Anfang Mai endlich kommt er. In und durch die Bäderstadt bewegen sich fünfzig sechsspännige Kutschen, vierzig vierspännige Wagen für die »Kuchl-Partei«, zehn sechsspännige Gepäckwagen, eine langwierige Prozession. Wie die Karosse, welche alle Blicke suchen, am Hause der Witwe zum Stehen kommt, ist der Platz davor schon von Hellebardieren umsäumt, schon mit Ketten gesperrt. In der Nähe davon halten sich Bürgermeister und Rat, feierlich geputzt, nicht recht wissend, wie sich benehmen; für alle Fälle hat der Bürgermeister eine Ansprache vorbereitet. Wer aber nun etwas mühselig dem Wagen entsteigt, der lange, gelbgesichtige Herr, lüftet nur einmal kurz den Hut mit der roten Feder und verschwindet, gestützt auf seinen Vetter Graf Max, hinter dem voraneilenden Obersthofmeister im Hause. Dann noch ein paar Heeren, von denen man sich zuflüstert, es seien der Graf Berthold, des Maxen Bruder, der alte Trčka, gewaltig reich, der junge Trčka. Bald darauf sieht man die Vorhänge in den Frontzimmern des ersten Stockes sich zuziehen; seine Fürstliche Gnaden müssen nach der langen Fahrt wohl ruhen. Polizei schwärmt aus und treibt die Bürger von den Gassen der Nachbarschaft. Die hin- und hergehenden Wachen haben Sackleinen um ihre Stiefel gewickelt; auf dem Markt wird es still ... Eine gewöhnliche Badereise, kein großer Einzug; und, wie es im Protokoll des Rates heißt, »nur der halbe Hofstaat«. Aber imposant genug, um den Leuten zu zeigen, wer das ist, der hier nun drei Wochen lang das Wasser trinken wird. Und das muß immer wieder gezeigt werden. Eine Monarchie, die aufstieg aus dem Nichts, wie ein Zauberschloß, und die, wie ein Zauberschloß, auch wieder ins Nichts versinken könnte, muß durch das schiere Gewicht ihrer Selbstdarstellung sich immer aufs neue beweisen. Sie *ist* wirklich und für die Dauer – invita invidia: dem Neide zum Trotz.

Der habsburgische Finanzbeamte, Freiherr von Wolkenstein mit Namen, fühlt sich gedrungen, eine Denkschrift zu verfassen. Sie ist nicht an den Kaiser gerichtet, das wäre wohl hoffnungslos, sondern an des Kaisers Sohn, den jungen aufstrebenden Prinzen Ferdinand, designierten König von Böhmen und Ungarn. Die Denkschrift handelt vom Zustand Böhmens. Richtiger, vom Zustand der beiden Böhmen. Denn Böhmen, man kann sich das nicht länger verbergen, ist geteilt, und zwar in eine terra deserta und in eine terra felix. Wie schön wäre es, wenn er, der Schreibende, die terra felix seiner Königlichen Majestät untertänigst zueignen könnte, aber leider, er kann es nicht: »es befindet sich das contrarium«. In dem Teil des Landes, in dem der König noch König ist, ist nichts zu sehen als aller Orten trojanische Zerstörungen an den Gebäuden, äthiopische Verwüstungen der Wälder. »Städt, kostbare Schlösser, Märkt, Dörfer – alles fallet über den Haufen und der so liebe fruchtbare Boden überwächset mit Disteln und Dornen.« Ganze Städte sind verödet, in Prag allein an die 1400 Häuser desoliert, in Leitmeritz sieht man schwerlich noch dreißig Häuser ganz. Was Wunder, daß da der Fiskus von den königlichen Städten, diesen ehemaligen Kleinodien, keinen Nutzen mehr zu erhoffen hat? Die Ursachen? Sie gehen zurück auf die unseligen Konfiskationen des Fürsten von Liechtenstein, der den Städten ihre nutzbringenden Wirtschaften, ihre Meierhöfe, Mühlen, Teiche nahm, um sie dann, bekanntlich weit unterm Wert, an gewisse Leute zu verkaufen; wodurch die Munizipalitäten außerstand gesetzt wurden, ihren Steuerpflichten nachzukommen, wie auch, ihre Armen zu versorgen. Das war nur der Anfang. Es kamen die Auswanderungen. Es kam der ewige Krieg, draußen und auch drinnen. Es kamen die Durchzüge der schlimmen Soldateska, die Einquartierungen, die Kontributionen, solchen auferlegt, die schon für sich selber das Notwendigste nicht mehr hatten. »Ich schreib oder red gewißlich aus keiner Passion, sondern aus puro zelo und was ich eidpflichtig zu tun schuldig bin. Ihre Königliche Majestät werden durch den großen Abgang Dero Einkommens die geschriebene Wahrheit mit Schaden empfinden . . .« Dagegen nun die terra felix. Sie wird, man weiß es ja, besessen »von dem öblichen und siegreichen Fürsten und Herren, Herren Albrecht Herzog von Friedland, und seinen erbvereinigten und vergatterten consanguineis . . .« Mit den letzteren muß der Beamte den Grafen Max und die beiden Trčka meinen, deren Güter nahe am Herzogtum, auch mitten darin liegen. Er fährt fort: »Von der Größe und Weite dieses Landes und Teiles, noch von der Menge der Städte, Schlösser,

Disposition der Ström will ich nicht diskurieren... Ad subjectam materiam zu schreiten, so wird in diesem Teil ein allgemeiner, durchgehender Landfrieden gaudiert und genossen. Durchzug, noch wenige Einquartierung, wird keineswegs im geringsten verstattet, dadurch die Untertanen in ihrem ruhigen Esse nicht allein verbleiben, sondern das ganze Land täglichen zu merklichem Aufnehmen erbauet und alles in höchstem Wohlstand zu finden ist. Die Gitschinischen Cameralien sein in Wirtschaften als Geldsachen dermaßen mit solchen Ordnungen bestellt, darüber sich zu verwundern. Die ministri haben respektive ihrer Dienste große und gewisse Besoldungen, dadurch die Corruptelen ganz unterbleiben und bei solcher guter Administration ein unsägliches Geld stündlichen einkommen tuet. Es ist unglaublich, wie bei obbemeldter Kammer praktiziert und wie subtile Grifflein und Vorschläg erfunden werden, diesen fürstlichen statum täglichen zu aggrandieren, denn die nutzbaren Vorschläg werden überaus reichlich remuneriert, dahero nun ein jeder mit Vorschlägen kompetieren will. Also ist sich nicht zu verwundern, daß dieser fürstliche status in so kurzer Zeit so formidabel und blühend sich fundiert. Es ist nicht zu zweifeln, daß in kurzem dieser Friedländische status gar an die Elb sich erstrecken wird . . .« Und so verliere des Königs Majestät Stück für Stück die allerschönsten Herrschaften, viele Tausende von Untertanen, ein jährliches Einkommen von Millionen, was alles dem statui Friedlandico hinzugefügt, dem edlen Königreich aber abstrahiert werde; dergestalt, daß, wenn es noch weiterginge, dem regierenden Hause nichts mehr bleiben werde als ein Stück Wüste und ein Titel ohne Kraft . . . Die Denkschrift ist aus dem Jahre 1633. Sie mag den Zustand der terra deserta böser schildern, als er im Jahre 1625 war. Sie schildert die terra felix, das Zauberherzogtum nicht besser, als es im Jahre 1625 war. Im Gegenteil; aus den und den Gründen war Friedland 1633 nicht so glücklich daran wie acht Jahre früher.

Friedland. Der es geschaffen hat, wird von den Zeitgenossen gern »der Friedländer« genannt; so oft, daß Unwissende glauben, es sei sein bürgerlicher Name: »der General Friedländer«. Sonderbarer Name; geprägt nach etwas, was doch vor kurzem nichts war als ein unbedeutendes, unbekanntes Nest an Böhmens Nordgrenze. Die Leute spüren, was Friedland für Wallenstein ist: seine liebste Schöpfung, seine Erde, sein Stolz, seine Selbstverwirklichung. Auch die Hauptquelle seines Reichtums. Friedland muß ihm Geld und Sachen für den Krieg liefern. In Friedland zeigt er, was der Kameralwissenschaft bisher unbekannt war: daß der Krieg ein Land reicher machen kann, wenn es nicht selber sein Schauplatz ist, sondern für ihn arbeitet und, in Kriegs-Auftrag, seine produktiven Kräfte erst ganz mobilisiert.

Hier ein Blick auf die Organisation des Herzogtums.
An der Spitze, in Vertretung des die längste Zeit abwesenden Herzogs, der Landeshauptmann. Von 1625 bis 1631 ist es jener Gerhard von Taxis, der im Jahre 1608 sich sein eigenes, wie auch Wallensteins Horoskop von Johannes Kepler erbat und der seither, mit Unterbrechungen, ein Agent des langsam Aufsteigenden blieb. Die Herkunft des Mannes ist dunkel; zweifelhaft, ob er sich überhaupt »von Taxis« schreiben durfte; sicher, daß er mit den »Thurn und Taxis« gar nichts zu tun hatte. Da er nun aber friedländischer Landeshauptmann ist, so verschafft Wallenstein ihm den Rang eines Freiherrn – das Mindeste, was des Landesherrn Erster Minister darstellen muß. Daß Taxis sich sechs Jahre lang halten kann, spricht für seine Geschicklichkeit; sein Amt ist so interessant und lukrativ wie gefährlich. Wenn der Herzog weit weg ist, in Ungarn, in Mecklenburg, in Jütland, so dauert die Korrespondenz mit ihm eine Anzahl von Wochen. Mittlerweile muß der Landeshauptmann seine Maßnahmen auf eigene Faust treffen, und das ist es, was Wallenstein von ihm verlangt: »Entschuldigt euch nachher nicht, daß die Kammer nicht hat gewollt, denn ihr wißt, daß sie wohl zu raten haben und ihr zu resolvieren.« Kann man immer wissen, welche Resolutionen dem gefürchteten Herrn genehm sind? – Zuletzt wird es, trotz aller Schlauheit und Erfahrung, mit Taxis ein böses Ende nehmen.
Unter dem Landeshauptmann zwei Zentralbehörden: die Hofkammer, die Hofkanzlei. Beide kollegial, mit je einem Vorsitzenden, dem Regenten und dem Kanzler: Kammer-Räte, welche die Wirtschaft führen oder kontrollieren, die Einkünfte sammeln; Juristen, die gemeinsam zu Gericht sitzen. Eine saubere Trennung von Justiz und Verwaltung. Die Justiz anlangend, so will Wallenstein sie völlig von der böhmischen lösen. Dieser kühne Wunsch wird ihm, 1627, erfüllt: der Kaiser gestattet ihm, »ein absonderliches Recht und Tribunal aufzurichten«, so daß, was immer es entschiede, endgültig sein, »der Prozeß daselbst enden und weiter nicht gehen solle«. Nun kann kein Untertan Wallensteins mehr, über Friedland hinaus, an ein königliches Gericht appellieren, noch auch vor eines zitiert werden. Der Herzog selber könnte es, theoretisch, noch: als Reichsfürst vor den Reichshofrat oder das Reichskammergericht; als ein Lehensmann der Krone Böhmen vor ein königliches Gericht. Formen ohne Macht. Das, worauf er in aller Diskretion hinaus will, ist die Trennung Friedlands von Böhmen, der terra felix von der terra deserta; und die ist seit 1627 praktisch vollzogen.
Der Kammer unterstehen die Kammergüter. Das sind die fettesten Ländereien im Herzogtum; konsolidiert zu Großgutsverwaltungen

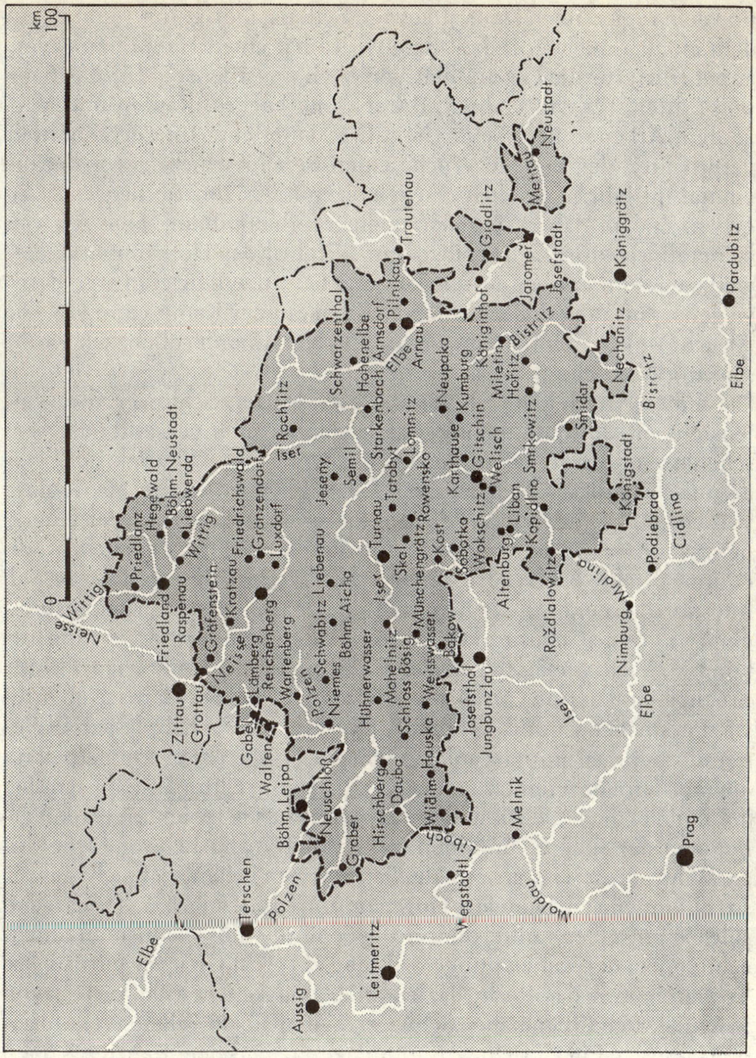

Herzogtum Friedland

und dem regierenden Haus auf ewige Zeiten gehörig. Ihrer gibt es auf dem Höhepunkt vierundzwanzig. Jedes hat einen Hauptmann, verantwortlich für die Gesundheit von Vieh und Mensch, für das Säen und Ernten, für das Mahlen, Brauen und Lagern, Kaufen und Verkaufen, Arbeiten und Gehorchen. Die Hauptleute sind der Kammer verpflichtet, der sie jede Woche einen Bericht schicken, vor der sie einmal im Jahr persönlich erscheinen müssen, um Rechenschaft zu geben. Zudem haben sie noch einen Oberhauptmann, eine Art von Generalinspektor. Er ist selbst kein Mitglied der Hofkammer: »dieweil die Kammer über dessen Tun und Lassen syndicieren soll, derowegen ist nit ragion, daß er neben ihnen auf der Kammer sitze.« Die Absicht ist klar: Hofkammer und Oberhauptmann sollen sich wechselseitig beobachten.

Dann die »Afterlehen«. Das sind Güter, Dörfer, Schlösser, die Wallenstein verkauft hat und im Lauf der Jahre weiter verkauft oder verschenkt; so jedoch, daß er der Lehensherr bleibt. Die praktische Bedeutung ist diese. Der Herzog kann gewisse Rechte sich selber vorbehalten, zumal die Wildbahn. Er kann das Lehen wieder einziehen, wenn der Lehensträger seinen Vertrag nicht hält; auch, wenn er ohne direkte Erben oder ohne letztwillige Verfügungen stirbt – ab intestato. Ferner muß der Belehnte auf der Kanzlei seinen Lehensbrief einlösen – eine Gebühr in Geld, durch die er seine Unterwerfung ankündigt. Viele versäumen diesen Gang aufs Amt, zum Schaden ihrer Erben. »Aus euerm Schreiben vernehme ich, daß der Garosch ab intestato gestorben ist und daß ihr die Güter desselben habt lassen in Sequester nehmen; nun ist solches von euch gar recht geschehen, denn die meisten von meinen Landsassen haben gar ihre Lehenbriefe bei der Kanzlei nicht gelöst, dahero ich denn euch befehlen tue: wenn einer oder der andere von ihnen sollte mit Tod abgehen, und wenn er gar Söhne hinterlassen hätte und hätte seinen Lehenbrief nicht gelöst, so sollt ihr euch in bemeldte Güter einführen; denn ich will nicht, daß solches einreißen sollte und die Lehenbriefe, als wenn mans nicht achtete, bei der Kanzlei ungelöst ließe . . .« Ein Gleiches gilt für das Testieren: wer das Recht dazu erhielt und keinen Gebrauch davon macht, dessen Erben haben Schwierigkeiten. So im Fall des verstorbenen Garosch. Ein Gericht, zusammengesetzt aus dem Kanzler, seinen Juristen, wie auch zwei Herren und zwei Rittern aus dem Herzogtum, soll entscheiden, ob die Erben das Lehen übernehmen dürfen oder nicht; alles muß nach dem Gesetz gehen. »Was aber die Barschaft anbelangt, solche gehört ohne einige Widerrede des Garosch Erben, sie können damit machen, was sie wollen.« Es ist aus Mecklenburg, wo doch Wallenstein, nach seinem Ausdruck, »ganz andere occupatio-

nes« hat, daß er diesen Befehl nach Gitschin schickt. In einem anderen Fall – es geht um seinen verstorbenen Oberbeamten und Lehensträger Kunesch – läßt er den Prozeß durchführen, erhält Recht, räumt aber dann der Witwe aus Gnade das Erbe dennoch ein. Man sieht, daß Spiel in der Sache ist: Rechtsspiel, Staatsspiel. Was kommt es ihm, dem unermeßlich Reichen, auf ein Gütlein mehr oder weniger an? Nur, die Leute sollen nicht glauben, daß seine Verfügungen Spaß seien, daß etwa das ganze Herzogtum Spaß sei. Die Lehensträger sind seine Landsassen, so wie er der Sasse und Lehensmann des Kaisers ist; schärfstens legt er auf diesen Zusammenhang wert.
Unter den Besitzern der Afterlehen sind sechs Waldsteins, angefangen mit dem Grafen Max. Der mächtige Verwandte duldet nicht, daß diese Vettern sich irgendwelche Frechheiten herausnehmen: »den leichtfertigen Lecker Zdenko von Waldstein, der, was er für Bier schuldig ist, nicht zahlen will, auszupfänden.« Lehensträger werden ferner seine eigenen Beamten, die vom Hof wie die von der Administration; zahlreiche Offiziere seines Heeres, die er so doppelt an sich zu binden sucht; Adelige, die schon ehedem in der Gegend saßen; auch Bürgersleute; und nicht zuletzt die Geistlichkeit, Jesuiten, Kartäuser, Augustiner. An ihnen, bald werden wir's erfahren, hat er mehr Ärger als Vergnügen, aber lassen können beide Parteien, Herzog und Klerus, doch nie voneinander.
Wieder ein Anderes sind die Städte. Es gibt solche, die zu den Afterlehen gehören; solche, die bedeutenderen, die nacheinander zu freien Herzogsstädten erhoben werden, als Gitschin, Friedland, Böhmisch-Leipa, Arnau, Aicha, Turnau, Weißwasser und Reichenberg. Sie haben ihre Bürgermeister und Räte, ihren eigenen Grundbesitz; sie dürfen sogar, wie Gitschin, selber Lehensträger werden. Staats-Spiel auch dies. Indem die Gemeinden Privilegien erhalten, sollen die Bürger stolz auf ihren Staat, sollen sie friedländische Patrioten werden. Mehr: sie sollen einen freien Landstand bilden. Denn dies ist als Krönung des ganzen Gebäudes gedacht: eine ständische Volksvertretung. Aus einem Brief Wallensteins aus dem Jahre 1632 geht hervor, daß er seinem Kanzler schon vor »etlichen Jahren« den Auftrag gab, eine Landesordnung zu verfassen. Der Entwurf, erst dann und damals zu Papier gebracht, handelt von drei Ständen, Klerus, Adel, Stadtgemeinden. »Dieser drei Stände Schuldigkeit ist, daß sie auf unser Ausschreiben, so oft als es die allgemeine Landesnotdurft erfordert, durch ihre Ausschüsse zum Landtage, der jedesmal in Unserer Stadt Gitschin in dem von Uns dazu deputierten Haus gehalten werden soll, gehorsamlich erscheinen, die Landtags-Proposition anhören, beratschlagen und votieren sollen, wie denn bei solchen Consultationen ein

jeder Stand sein Collegial-Votum haben soll.« Ein Mittel zur Integrierung des Staates; keineswegs eine Magna Charta der Stände, so wie die Rebellen von 1618 sich's vorgestellt hatten. Für dergleichen Bestrebungen konnte Wallenstein keinen Sinn haben, jetzt so wenig wie anfangs. Als seine Adeligen ihm mit einer Supplik kamen, die ihm ungebührlich klang, ließ er sie wissen, sie täuschten sich, wenn sie Friedland »gleichsam zu einer libera republica« machen zu können glaubten; inskünftig sollten sie einen solchen Ton wählen, wie er sich der Obrigkeit gegenüber gehöre, oder aber, es sei um ihre »hoch gerühmte Libertät« geschehen . . . Im Gitschiner Palast wird ein durch zwei Stockwerke gebrochener Saal gezeigt, in welchem die Stände sich hätten versammeln sollen. Aber, erklärt der Museumswart, »Wallenstein hatte ja die Zeit nicht, den Plan auszuführen« – ein Wort, das man in seiner Hauptstadt öfters hören kann.

Die Ökonomie

Er ist der große Wirtschafter seiner Zeit – il grand economo, wie einer seiner frühen Biographen ihn nennt. Seinem drängenden Willen entgeht weder das Größte noch das Kleinste; nicht der Glanz der Städte, die er baut; nicht, was Kühe jährlich hergeben müssen – im Tiefland eine Tonne Butter und vier Zentner Käse je fünf von ihnen, im Gebirge aber sechs. Das schreibt er vor; wehe dem Gutshauptmann, der die Regel nicht hält.

Er herrscht über Waldgebirg, Mittelland, Flachland. Jede Region muß das Ihre beibringen: das Gebirge Holz, Wildbret, Weideland für Rinder und Schafe; das Mittelland Roggen und Hafer, das Flachland Weizen und Gerste, Hopfen und Obst, Flachs und Hanf. Dazu kommen die Bergwerke, Silber, Kupfer, Blei, Zinn, Eisen; die fließenden und stehenden Gewässer, Mühlen, Fischzucht; in den Städten Industrie, Handwerk und Handel, Heimarbeit auf den Dörfern. In diesem Staat darf niemand feiern. Landstreicher werden aufgegriffen, gesäubert und gekleidet, zur Arbeit gezwungen, wenn sie zu keiner mehr taugen in Spitälern untergebracht. Das Prinzip ist, daß alles im Lande hergestellt werden soll, was dort hergestellt werden kann; daß nicht Waren eingeführt werden, sondern die Handwerke selber, in denen man im Land noch unerfahren ist.

Es ist billiger, Leute aus Parma kommen zu lassen, die sich auf Parmesankäse verstehen, als das Produkt aus Italien zu importieren; ist billiger, in Gitschin selber einen französischen Schneider zu haben, als Hofkostüme in Paris zu bestellen. »Das Tuch zu den Kleidern, wie

auch die Schuh sollen im Herzogtum erkaufet werden, denn ich will kein anderes Interesse haben, allein daß um die Waren das Geld daselbst unter die Leute kommt . . .« ». . . denn sollen mir Fremde stehlen, so will ich's lieber den Einheimischen zulassen . . .« Das ist großzügiger gesprochen als gemeint; stehlen darf niemand. Fasanenwärter, auf die Verdacht fällt, magere Vögel in die Hofküche zu liefern, die fetten aber unter der Hand zu verkaufen, werden mit dem Galgen bedroht, der Entdecker des Verbrechens soll hundert Gulden bekommen; mit hundert Stockhieben muß es ein Braumeister büßen, daß sein Bier dem fürstlichen Geschmack nicht entsprach.
Eine im Jahre 1628 publizierte »Wirtschaftsordnung« befiehlt in einundzwanzig von Kennerhand geschriebenen Artikeln – »vom Getreide, »vom Flax«, »von den Obstgärten« –, wie allenthalben zu arbeiten sei: intensiver, produktiver, unter strafferer Aufsicht. Es darf kein Ackerboden brachliegen, keine Wüstung entstehen, es ist nur das beste Saatkorn zu nehmen, der Ernteertrag muß auf dem und dem Boden so und so sein. Ähnlich in allen Artikeln. Weil das Heu für die immer wachsende Zahl der Pferde gebraucht wird, gilt es, für das Stallvieh, das auch beständig und bis zur äußersten Möglichkeit der Güter vermehrt wird, Ersatzfuttermittel zu beschaffen: Treber, die der Brauprozeß übrigläßt, Laub, Schilf. Kein Nebenprodukt darf unbenutzt bleiben. Bier wird im Herzogtum fünfmal mehr gebraut als vor Wallensteins Zeiten; also muß man den Anbau von Hopfen forcieren. Es kann nicht genug Flachs geerntet werden für die Weberzünfte, die Spinnereien, die Häusler; es können nicht genug Schafe geschoren werden für die wollenen Jacken der Soldaten, es können nicht genug Bäume gefällt werden für das Bauen in den Städten und für die Bergwerke, deren Eisen man für Kanonenkugeln, Schanzzeug, Hufeisen braucht. Es kann nie genug wachsen, nie genug geschaffen werden. Die streng überwachte, mit Belohnungen gespornte, mit Strafen angetriebene Arbeitsgemeinschaft, das Herzogtum Friedland, gelangt überall an die Grenzen: wo der Wald mehr liefern soll, als die Forstmeister verantworten dürfen, wo die Güter mehr Vieh aufnehmen müssen, als Nahrung da ist oder Ställe da sind, weil die Zimmerleute anderswo beschäftigt sind; wo das Eisen für Geschütze, Kugeln, Schanzzeug, für die Baumaschinen, Kamingitter, Vogelhäuser, Badegrotten und Wasserkünste nicht mehr genügt. In zunehmendem Maß handelt es sich um Kriegswirtschaft, um Produktion für die Bedürfnisse des Krieges: Fleisch, Brot, Zwieback und Bier; Uniformen, Strümpfe und Stiefel; Waffen, Pulver und Blei. Das ist nicht von Anfang an so. Es wird so, seit dem Herbst 1625. Es erklärt die Unersättlichkeit des Bedarfs. Für was wäre im Krieg keine Nachfrage, wenn

der Feldherr zugleich der Ernährer, der Bekleider, der Waffenlieferant seines Heeres ist?
Andererseits darf man das wirtschaftliche Wunder, welches Friedland darstellt, nicht nur durch den Krieg erklären, nur auf den Krieg bezogen sehen. Nicht einmal ist sicher, ob der Staatsgründer eigentlich je gern Krieg führte, ob er nicht lieber inmitten seiner besten Schöpfung gehaust hätte. Was ihn nach kurzer Frist wieder ins Ferne, Weite und Gefährliche trieb, davon später. Den Willen aber, aus Friedland etwas zu machen, was sich lohnte und die Bewunderung der Welt erregte, den hatte er, auch ehe er, Sommer 1625, des Kaisers oberster Befehlshaber wurde, und würde ihn auf jeden Fall erfüllt haben. So auch gingen die Künste des Friedens mitten im Kriege weiter: Prachtbauten und heimische Nutzbauten, Feingewerbe wie das Machen von Gläsern, von Papier, von Töpfen. Was das Heer nicht abnahm, zum Beispiel Butter, dafür fanden sich Großhändler, die es nach Prag und weiter übernahmen. Was sich nicht mit Vorteil auswärts verkaufen ließ, das mußten die Untertanen konsumieren, ob sie wollten oder nicht. Es sollte aber die Qualität dafür sorgen, daß sie bei freiem Willen mußten.
Bier ist ein Beispiel dafür. Das Braurecht war das einkömmlichste der Stände gewesen, der Städte wie der Adeligen. Wallenstein, wohin er kam, nahm es ihnen mit einem Federzug, bis er seinen Staat beisammen hatte. Nur der Herzog durfte fortan Bier brauen, nur herzogliches Bier durften die Friedländer fortan trinken, fremdes allenfalls »wenn sie reisen, da man bisweilen aus not einen trunk tuen muß, sonsten durchaus nit«. Mit was für Strafen wurde der Konsum nichtwallensteinischen Bieres bedroht: Hundert Taler für den Schankwirt, tausend Dukaten für den etwa mitschuldigen Dorfbesitzer! Was für Knifflein wurden ausgedacht, um den Verbrauch des einzig legalen Bieres zu erhöhen: jenes etwa, das die Kirchweih nur in einem einzigen Dorf zu einer Zeit erlaubte, nicht aber ringsumher in der Nachbarschaft. Aber Wallensteins Bier war gut. Er trank es selber. Er liebte die gediegene, er haßte die schlechte Ware. Und wenn die alten und neuen Bräuhäuser die Produktion auf das Fünffache trieben und auch absetzen, so war schließlich niemand gezwungen, Bier zu trinken oder mehr zu trinken als früher. Die Macht des Fürsten tat es; die Leistung auch.
Das Schnapsbrennen, um noch ein anderes »Knifflein« zu erwähnen, überließ Wallenstein dem, der es betreiben wollte, unter der Bedingung einer Kesselsteuer und Schanksteuer zugunsten seines Rentamtes, versteht sich. Bald aber traten fürstliche Brennereien mit privaten in Konkurrenz. Schließlich wurde die Branntwein-Getränkesteuer

zusätzlich auf den Bierschank erhoben: wer Bier trank, der würde wohl auch seinen Korn dazu trinken, und wenn er es nicht tat, so doch zahlen, als ob er es getan hätte. Was das höchste Interesse am wirklichen Branntweinkonsum abnehmen ließ.
Kleinigkeiten; aber das jährliche Einkommen, das Wallenstein aus seinem Herzogtum zog, runde 700000 Gulden, setzte sich ja aus unzähligen Posten zusammen. Aus vielem Wenigen wuchsen die Summen, die er brauchte, um sie raschestens wieder auszugeben; das Geringste war hier so wenig zu vernachlässigen wie das Größte. An den Landeshauptmann: »Ich habe Euch erinnern wollen, daß Ihr in meinem ganzen Gebiet eine gute Anzahl Saliterhütten sollt machen lassen und dieselben in continenti aufrichten, auch Leute hinschicken, die's wissen, den Saliter zu suchen und damit umzugehen . . . denn damit werde ich mein Einkommen größer machen, und itzunder wird mir sehr gelegen sein, daß ich meine eigenen Pulvermühlen habe.« Unter »Saliter« ist Salpeter zu verstehen. Beide Zwecke erscheinen hier in einem. Die Pulvermühlen brauchte er zu militärischen Zwekken, das große deutsche Kriegsabenteuer stand nun bevor. Gleichzeitig – man soll weder in erster noch in zweiter Linie sagen – würden sie »mein Einkommen größer machen«.
So die Bergwerke. Selber kein Bergmann, ist Wallenstein doch Förderer des Bergbaues, wenn zu seiner Zeit es einen gab; was nur unter der Erde des Gebietes an Erzen verborgen ist, das muß gefunden, das muß gefördert und gebraucht werden: Gold, Silber, Kupfer, Blei, Zinn, Eisen. Die Eigentums- und Betriebsformen variieren: Gruben, die der Herzog allein besitzt und ausbeutet; solche, die er verpachtet; solche, an denen er mit anderen »Erzkaufsverwandten«, einer Art von Konsortium, beteiligt ist. Was alle seine Unternehmungen bezeichnet, gilt auch für Bergbau und Hüttenwesen: Berufung von Spezialisten und Könnern, zumal aus Italien; schärfere Ausbeuteverfahren, so daß auch aus dem noch etwas gewonnen wird, was ehedem als Taubgestein verworfen wurde; hohe Löhne und Prämien zum Ansporn; prompter Gebrauch oder Verkauf. Ein eigenes Bergamt verwaltet den bedeutenden Erwerbszweig.
Mit Gold, dem Traum aller Fürsten, ist es nicht viel. Mit Silber – in der Gegend von Hohenelbe – schon etwas Erkleckliches: der Wert der Ausbeute in einem Jahr beläuft sich auf 17000 Gulden, wovon der Großteil freilich von den Kosten verschlungen wird, mehr als 6000 Gulden allein für Löhne. Kupfer, Zinn werfen etwas ab; das kostbarste Metall ist das Eisen. Dies nicht so sehr in Geld ausgedrückt; für die Verpachtung von Bergwerk und Hammer Raspenau, nahe Friedland, wo man noch heute, oder heute wieder, die Hochöfen ragen

sieht, an zwei italienische Werkmeister erhält Wallenstein 2400 Gulden im Jahr; ein paar Tropfen im Becher jener 700000. Eisen im eigenen Land hat anderen als bloß finanziellen Wert. Von seinen Pächtern kauft es allein der Herzog-General, zu Preisen, dürfen wir annehmen, bei deren Festlegung er etwas mitzureden hat. Was er dann, rings um Raspenau und auf die Nachbarstädte, Reichenberg, Böhmisch-Leipa übergreifend, entstehen läßt, ist eine Riesen-Waffenschmiede, ein Stück Rüstungsindustrie. Hier liegen nun wieder Gewinnmöglichkeiten für den Auftraggeber. Denn das Heer, das er führt, ist ja nie sein eigenes, obgleich er es, gegen Ende, in jammervollem Irrtum für sein eigenes halten wird. Es ist ein kaiserliches. Und was immer er dem Heere liefert, Kanonenkugeln oder Zwieback, muß früher oder später der Kaiser ihm bezahlen, darüber wird Buch geführt; wenn nicht mit Geld, das der Kaiser nicht hat, dann mit Geldeswert. So daß die ganze friedländische Kriegswirtschaft zuletzt ein Mittel ist für die Machtexpansion des großen Wirtschafters. Das Herzogtum mußte Herzogtümer produzieren.
Das war nicht sein Zweck. Der unvorhersagbare Gang der Dinge brachte es mit sich. Im Ursprung war es Selbstzweck, und die behaglichsten Leistungen bleiben immer jene, die mit dem Selbstzweck zu tun haben. Die Förderung von Handel und Verkehr durch Straßenbau, Vereinheitlichung der Maße und Gewichte, reitende Schnellpost, Verlegung der Zölle aus dem Inneren an die Staatsgrenzen, auch durch die Toleranz, welche Juden genießen: »daß der Jud zu Gitschin traficieren will, höre ich gern, laßt's ihm nur zu«; die Anregung des Gewerbefleißes überall durch höfischen Bedarf an Livréen, an Kerzen, an Essen und Trinken und den Gefäßen dafür; die Anspannung jeder Nerve, die Erfüllung mit Arbeit jedes Augenblicks, das Aufspüren jeden möglichen Gewinnes. Es habe sich, berichtet der Landeshauptmann an den Herzog, bei dem Orte Jeseney in der Erde ein Stoff gefunden, welcher Zinnober genannt werde; und fügt erklärend hinzu: »eine rote farb«. Wallenstein am Rand des Briefes: »Haltet mich für keinen solchen Narren, ich weiß wohl, was Zinnober ist, laßt solchen für mich arbeiten!«

Diesmal gutes Geld

Er hat das Recht, Geld zu prägen, goldenes und silbernes, mit seinem Bildnis und Wappen und des Münzmeisters Zeichen, so jedoch, daß es nach Strich, Nadel, Schrot, Korn, Gehalt und Gewicht den Vorschriften der kaiserlichen Münzordnung entspricht. Er hat das Recht;

das heißt, er nimmt es sich, seit er den Herzogstitel führt, 1625. Formal wird ihm das längst ausgeübte jus monetandi erst 1628 verliehen.
Es gibt eine Münzstätte in Gitschin, in Wallensteins eigener Regie, später in Sagan eine zweite, verpachtete. Das Ganze tue er nur der Reputation halber, schreibt er; damit die Welt es in Gold und Silber sehen kann, daß er ein Reichsfürst ist, ihn kennenlernt, von vorne, zur Seite geneigt und von Profil, weiß, wie er Haar und Bart trägt und wie streng seine Augen schauen. Damit sie sich mit seinen Wappen vertraut macht und der wachsenden Herrschaft, für die sie stehen: Waldsteinische Löwen und friedländische Adler zuerst; dazu später der Büffelkopf mit Krone, Gehörn und Nasenring, der bedeutet Mecklenburg, ein Engel, der bedeutet Sagan.

Schlägt er nicht Geld, wie der Ferdinand?
Hat er nicht eigen Leut und Land?

Münzen verbreiten den Ruhm, besonders dann, wenn es bei der Legierung mit rechten Dingen zugeht. Das tut es, mit einer Ausnahme. 1629 wird von Kennern in Dresden entdeckt, daß die friedländischen Dukaten dieses Jahres den Nennwert nur ungenau erfüllen. Sofort wird der Münzmeister ins Gefängnis geworfen, später davongejagt.
Denn Wallenstein sieht das Unternehmen nicht als ein gewinnbringendes an, nicht für sich selber, viel weniger für seine Beamten. Einmal will er »nicht allein keinen Nutzen davon haben, sondern Schaden leiden«; das andere Mal keinen Gewinn begehren, jedoch ohne Schaden. Auf die frühen Taler hat der Landeshauptmann die Devise »Dominus Protector Meus« prägen lassen. Wie kam ihm solches in den Sinn, »da doch meine Devisa ist: invita invidia? Darum laßt das erste aus und macht dies.« Zwei Tage später ändert Wallenstein seine Meinung. »Im vorigen Schreiben habe ich euch geschrieben, daß ihr auf der anderen Seiten meiner Münz sollt die Devisa, so ich führen tue, machen lassen, nämlich invita invidia. Itzunder bedenke ich mich anders und dieweil auf der einen Seite stehet: Albertus D G Dux Fridlandiae, so lasset auf der anderen Seiten stellen: Sac. Imperii princeps, und laßt aus invita invidia.« Aber daß es schnell geht; daß Münzmeister Georg Reick im Monat 1000 Golddukaten liefert; daß Silber für die Gulden und Halbgulden gekauft wird, sei es auch zu höheren Preisen als die königliche Kammer in Prag dafür bezahlt. Diese empfindet die Konkurrenz als ärgerlich; der Herzog von Friedland treibt den Wert des Silbers in die Höhe; nicht bloß bei den Münzen, auch beim

Kauf des Metalls müsse doch Gleichheit sein. Wallenstein, in seiner Ungeduld, setzt sich über solche Beschwerden hinweg. Da er sich einmal entschloß, von seinem Münzrecht Gebrauch zu machen, so muß es in furia geschehen. »Laß fleißig münzen, auf daß ich nicht Ursach hab, solches zu ahnden, denn ich höre, daß man dem nicht nachkommt, wie ichs befohlen hab, welches mir wohl in die Nasen raucht; ich bin sonsten nicht gewohnt, eine Sach oft zu befehlen . . .« In gefährlich vorgerückter Zeit, 1633, fordert er 40000 Dukaten mit einem Schlag, dann gar 100000; was über das Mögliche weit hinausgeht.

Wie es im Allgemeinen harte Arbeit verlangt, einen Staat aufzubauen, wo vorher nie einer war, so ist auch die Improvisation des Münzwesens mit vielfältigen Schwierigkeiten verbunden. Wo die Geräte hernehmen? Hauptsächlich aus Prag, dort hat man die nötige Erfahrung. Wo den Eisenkünstler finden, der des Herzogs Bild zugleich imposant und einigermaßen ähnlich schneiden kann? Der zuerst Beauftragte schneidet es so abscheulich, daß es verworfen werden muß. Wallenstein mißt seinem Aussehen auf den Münzen Bedeutung bei, und mit Grund. Die Münzstätte in Sagan prägt in einem einzigen Jahr 682000 Groschen; Millionen von Händen werden sie greifen, Millionen Blicke sie studieren, eben weil sie neu sind. Was die edlen Metalle betrifft, so hat der Versuch eines »Chimicus«, im Herzogtum selber neue Erze aufzuspüren, nur kümmerlichen Erfolg. Zum allergrößten Teil muß aus »Pagament« gemünzt werden, Schmuckstücken und Dukaten fremder Herren. Die Prozedur kann nur kosten, sie kann nichts einbringen.

Von den unterschiedlichen Geldsorten, den Zehndukatenstücken, Fünfdukatenstücken, Doppeldukaten, Dukaten, Doppeltalern, Talern, Gulden, Halbgulden und Groschen sind einige Exemplare übriggeblieben; man findet sie in den Münzkabinetten von München, Prag, Wien, Zürich und anderswo. Aber nicht gar viele. Denn sie waren zu gut. So wanderten sie wieder in die Schmelztiegel, damit mehr daraus gemacht würde, mit anderen Bildnissen geziert; daneben wohl auch, um die Erinnerung an den ersten und letzten Herzog von Friedland tunlichst auszumerzen. Der Rest wurde von Sammlern so begehrt, daß im 19. Jahrhundert ein Schlauer auf den Gedanken verfiel, Wallensteingeld zu fälschen. Besonders vor den Groschen der Jahre 29, 30 und 32 muß man sich in acht nehmen.

Wäre sein Wille auf ein einziges Ziel gerichtet gewesen, er hätte sich zu Prag verhalten, wie er wollte, daß Friedland sich zu Böhmen verhielte; also sich von der Hauptstadt getrennt. Aber sein Schwerpunkt war nirgends, nicht einmal in seiner Lieblingsschöpfung. Der nachmals Herzogtümer sammelte, wie ein Spekulant Grundstücke, sah keinen Widerspruch darin, neben dem, daß er sich souverän fühlte, auch als Untertan des Königs, der größte allerdings, im Schatten des Hradschin zu residieren. Das »Friedländer Haus«, später Waldstein-Palais genannt, ist noch heute ein Schmuck der Mala Strana.
Mit dem Aufkaufen von Häusern, insgesamt fünfundzwanzig, die dem Gebäu Platz machen sollten, begann Wallenstein bald nach dem Weißen Berg; zum Ärger Wilhelm Slawatas, der den Verlust so vieler tüchtiger Haus-Steuerzahler beklagte. Auch wollte Slawata wissen, sein Vetter habe ohne Scham Soldaten zu Bauarbeiten kommandieren lassen. Wenn es wahr ist, so hätten die Burschen schlechter können beschäftigt sein. Die Architekten waren Italiener; ein gewisser Spezza zuerst, dann einer namens Pieroni, der sich auch um Gitschin verdient machte. 1626 war der Haupt- und Wohntrakt fertig; insofern, was Wallenstein unternahm, jemals fertig wurde. Er ließ immer verschönern, immer erweitern; an dem Friedländer Haus oder darum herum wurde noch 1634 gearbeitet.
Die Front ist böhmisches Italienisch; dem Palazzo Farnese nachgebildet, jedoch, so die Kenner, weniger schlank, gedrückter durch das schwere Dach, durch das Nahe-beieinander der Fenster – je achtzehn an beiden Stockwerken –, durch die zwischen die Fenster sich drängenden Portale. Der Nichtkenner hat den Eindruck des Anmutigen, keineswegs des Übertriebenen; keineswegs den einer Herausforderung der Königsburg, wie das spätere Czernin-Palais sie darstellt. Die wahren Dimensionen des Wallenstein-Schlosses erfaßt man erst, wenn man Innenhöfe und Park inspiziert. Vom Platze her ist nur die Fassade zu sehen; gekrümmte Gassen zu beiden Seiten versperren den Blick auf den Rest.
Der Rest, das Ganze, war kein gewöhnlicher Herrensitz. Es war ein autarkes Stück Land, ein Klein-Reich inmitten des Gehudels der Großstadt, umfriedet von Nebengebäuden und einer festungsartigen Parkmauer. Wenn Wallensteins Equipage in den Hof zur Linken der Front gerollt war, hatte er alles, wessen er bedurfte; eine Kapelle für seine Andacht; eine Reitbahn am unteren Ende des Parkes; eine Badegrotte mit Kristallen, Muscheln und Tropfstein, das war schier das Wichtigste; Promenadewege zwischen Statuen und Springbrunnen.

Sogar zum benachbarten Thomas-Kloster gab es einen gedeckten Gang. Man kann sich Wallenstein nicht frei zirkulierend in der Stadt denken, nicht umjubelt von seinen Mitbürgern; er hatte keine Mitbürger, und wahrscheinlich war er in Prag verhaßt. Er herrschte über die Menge, ohne mit ihr in Berührung zu kommen; herrschte, *damit* er nicht mit ihr in Berührung käme. Nicht einmal als Gastgeber können wir ihn uns genau vorstellen, nicht als einen, der ebenbürtige Gäste lächelnd empfing; und obwohl die Prunkräume des Palastes ja wohl zu etwas da gewesen sein müssen, steht selten im Detail überliefert, wie sie gebraucht wurden. Sicher zum Empfang von Botschaftern, von kaiserlichen Ministern, von werbenden oder flehenden Delegationen; allenfalls für Feste im Familienkreis. Zuletzt war das ganze steinerne, goldlederne, grüne, kühle, plätschernde Anwesen »für mich«; zwei Worte, die in seinen Befehlsbriefen so oft vorkommen.

Anders in Gitschin, wo er nicht des Kaisers Landvogt ist, sondern sein eigener Herr; anders in den Domänen, die er später gewinnt. Wenn auch allenthalben Reservate »für mich« sein müssen, Lustgärten, Tiergärten, Schlösser ohnehin, da geht er aufs Ganze, die ganze Stadt, das ganze Land. Nicht nur der Fürst, auch die Untertanen genießen es, und genießen es heute noch. Gitschin hat keine 200 Häuser, als er die Herrschaft antritt, es hat 500, als der Mord den blutigen Strich durch alle Pläne macht. Von einer Bauern- und Pfahlbürgersiedlung, in der man die Misthaufen vor den Häusern aus eigenem vermehrt, ist es zu einer blanken Residenzstadt, Handels- und Handwerksstadt geworden. Übrigens spät im Leben Wallensteins. Immer schwankend zwischen verschiedenen Wirkungszentren, immer in die Ferne gelockt oder gezwungen, begnügt er sich in Gitschin zunächst mit Reparaturen an dem ruinierten Palast der Smiřický. Es sollen nur »etliche Zimmer« zugerichtet werden, so zwar, »daß nicht ein Gestank daraus wird«. Auch wünscht er einen Bach, »der ziemlich groß ist«, durch den Garten geführt. Es folgen kostspieligere Pläne, die aber wieder reduziert werden, als ihm, 1627, das Herzogtum Sagan zufällt. Da scheint er, momentan, den schlesischen Sitz dem böhmischen vorzuziehen: ». . . dieweil ich zu Gitschin nicht mehr so viel bauen will, so bitt ich euch, ihr wollet darob sehen, wie alle die Bürger ihre Häuser aufs Jahr akkomodieren, daß sie Bürger- und nicht Bauernhäusern gleichsehen.« Für den geplanten Schloßbau zu Sagan werden noch mehr Häuser niedergerissen als in Prag, an die achtzig; da wäre, nach der Aussage des Aventuriers Carve, ein achtes Weltwunder entstanden. Es kam aber nicht über die Grundmauern hinaus; welche scheinbar machen, daß mehr an ein bombensicheres, von Wasser umgürtetes Zwing-Uri als an eine Friedensresidenz gedacht war. Von Sagan entschließt er sich wieder zurück nach Gitschin, gedenkt, zum Herzog von Mecklenburg erhoben, ein Jahr später, 1628, sein fürstliches Hauptquartier nach Norden zu verlegen – »Ich bin resolviert, das Palacium, so ich zu Gitschin hab bauen wollen, zu Wismar zu bauen« –, macht erst, nachdem er Mecklenburg wieder verloren hat und in erzwungener Muße lebt, seine früheste Erwerbung zum wimmelnden Bauplatz. Es sollen in den warmen Jahreszeiten an die 5000 Kärrner, Schaufler, Maurer, Dachdecker, Installateure, Stukkateure, Dekorateure am Werk gewesen sein. Der neue Palast ist zu seinen Lebzeiten noch unfertiger geblieben als der in Prag, war aber immerhin bewohnbar. Mit drei Türmen gab er sich ursprünglich anders, als er sich heute gibt; es ist im 18. Jahrhundert daran geändert worden. Nicht so der Schloßplatz. Er sah, wie alte Stiche uns lehren, zu Wallensteins Zeiten so aus wie heute, ein weites Quadrat von Giebelhäusern im Stil der Spätrenaissance. Der neue Stadtgründer liebte die Einheitlichkeit, das Herz aller Ordnung: »Ich bitt euch, ihr wollet bedacht seyn, daß zum wenigstens alle die Bürgerhäuser auf dem Platz und in den Gassen mit Giebeln ausgemauert werden. Zu dem gebt ihnen Ziegel und Stein die Nothdurft . . . Auf daß es gewiß geschieht, seht, daß ihr diesen Herbst bei zweihundert Maurer bestellt.« So auch will er in Sagan, »daß sie sollen sehen, daß sie die Façaden der Häuser, so sie dort bauen, von Steinen oder Ziegeln bauen und schön und zierlich ausführen . . .«. Ich denke, daß er zwei Vorbilder hatte: Nové Mesto in Böhmen, unweit Nachod, und Telč in Mähren, die beide von ihren Besitzern, den Pernštejn und Neuhaus, mit großartiger Symmetrie ausgeschmückt worden waren. Sogar entzücken die genannten Adelsstädte den Beschauer noch mehr, als Gitschin es tut. Dafür ist dieses größer, und groß wollte Wallenstein es haben, ein anderes Prag, wie Prag aus drei Städten bestehend, mit Bischofs-Sitz und Universität. Die Iser, des Herzogtums Strom, wünschte er durch die Residenz zu leiten und hätte gewiß verlangt, es müßte in furia, ohne Verlierung einiger Minuten geschehen, wäre mit dem Graben des Kanals begonnen worden. Dazu kam es nicht. Dem Wirken dessen, der das Leben im Ernst erst der Dreißiger beginnt, mit fünfzig stirbt und die meiste Zeit dieses einen Sternen-Jahrzehnts auf fernen Kriegsschauplätzen vergeudet, sind ja Grenzen gesetzt. Ein Fragment blieb; die Stadt mit ihren beiden noblen Hauptgebäuden, dem Palast und dem Collegium, dem Dom, dem Platz, den Vorstädten, der Linden-Allee zwischen Kartause und Stadt, nein, zwischen Stallungen, Lustgarten und Stadt, denn die Linden bis ganz zur Kartause zu führen, reichte die Zeit nicht. Sie hätte gereicht, wäre wahr die Geschichte, die mir in Gitschin eine alte Frau erzählte; sie mag es von ihrer Großmutter gehört haben und die von der ihren. Die ganze vierreihige Allee sei in zehn Minuten gepflanzt worden. Was Wunder? Es gab ja so viele Pflanzer, wie Linden sein sollten, Soldaten nämlich, ganz so placiert, wie heute die schattenspendenden Bäume, in vierfacher Reihe, drei Wege bildend, wovon der in der Mitte doppelt so breit wie jene zur Seite; so standen die Soldaten mit ihren Schaufeln, ein paar Regimenter müssen es gewesen sein, und ein einziges schmetterndes Kommando tat es . . . Dort wo die Allee endet, ist ein Kranz von Stallungen und ein Park, in dem noch einiger alter Zierat zu erkennen, er verläuft sich in Wald, war größer ehedem. Man sieht Reste eines Schwanenteichs, Grundmauern eines Schlosses, das nicht vollendet wurde, eine einsam ragende Loggia, von ferne jener, die vom Prager Palast nach dem Garten schaut, nicht unähnlich. Überbleibsel aus Tausendundeine Nacht . . . Befehl an den Landeshauptmann, 1628: »Die Abriß, wie das Palacium zu Gitschin hat sollen erbaut werden, hab ich empfangen und solches dem Pieroni zugestellt. Nun fällt mir jetzt ein, daß wie ich zunächst in der Carthaus gewest bin, mir des Priors Mauermeister gemeldet, daß die Zellen, darin die Mönch wohnen sollen, nicht höher als Fünftehalb Ellen hoch sein sollen. Nun bedünkt mich, daß sie gar zu niedrig sein werden . . . seht, ob's ohne praejudicio der Architektur möchte etwas höher werden, doch muß man auf alle Weis sehen, auf daß es der Architektur nichts praejudiciert. Ihr werdet mir einen sonderlichen Gefallen tun, wenn ihr die Sachen also disponieren werdet, auf daß dasselbe Gebäu recht und untadelig gebaut wird, dieweils ein Werk ist, so ich von Grund auf gebaut hab, in Summa, ich remittiers auch ganz, denn ich hab jetzt auf andere Sachen zu gedenken . . .« Befehl an den Stadtbaumeister, 1632: »Wir zweifeln nicht, daß ihr dasselbe, was Wir wegen der Gebäude zu Gitschin euch dahier anbefohlen, euch werdet eifrig angelegen sein lassen; insonderheit aber, was an der Schloß-Arbeit von Nöthen, zu befördern . . . Gestalt Wir denn euch auch nochmals vermög' der wegen Erweiterung besagter Unserer Stadt Gitschin genommenen Abrede, hiemit befehlen: daß, weilen mit diesem, so der Stadt adjungieret werden, Wir annoch hundert Häuser darüber, dann auch in beiden Vorstädten, ein dreihundertsechzig, so sich in allen an die fünfhundert und etliche Häuser erstrecken, gebaut werden sollen, intentioniret, dahin zu sehen: daß in besagten Vorstädten die hin und wieder zerstreuten Häuser in Ordnung und gute Disposition gebracht, die Gassen und Plätze wohl abgetheilt, wie auch die morastigen Örter durch Gräben und Abzüge trocken gemacht werden, und also die Luft um so viel reiner seyn möge. – Das Kapuziner-Kloster

belangend, wollen Wir weiter nicht, daß dasselbe in der Stadt, sondern anstatt dessen, eines für die Dominikaner, das aber für die Kapuziner vor der Stadt, da man gegen Aulowitz zureiset, gebaut werde. Welches ihr dann euch also auf's beste angelegen seyn lassen werdet; auch die Abrisse von einem Jedweden, damit wann Wir anitzo im Anfang des bevorstehenden Monats Aprilis allda anlangen, Uns ihr dieselbe vorzeigen könnet, zu machen . . . Wie nicht weniger auf den Weg, so mit Linden besetzt, sowohl im Garten anstatt der Linden, so diesen Winter verderben, andere setzen, auch dieselbe, damit sie gerade über sich wachsen und eine schöne Vista geben mögen, wohl in die Höhe führen zu lassen. Auch weilen Wir hiebevor, daß allezeit Etliche dabei wachen sollen, damit die Linden von den vollen, aus der Stadt kommenden Leuten nicht verderbet werden, anbefohlen, bei unserer Kammer, damit solches also geschehen möge, zu urgieren. So werdet ihr auch gleicher Gestalt darob sehen, daß die Dachziegel, damit alle Häuser allda in der Stadt mit Ziegeln gedeckt werden können, zumal Wir durchaus allda keine Schindeldächer haben wollen, fleißig gebrennt werden.« Er rüstete sich zum Entscheidungskampf mit dem König von Schweden, als er dies Schreiben ergehen ließ; es ist viel länger, strenger, liebevoller, als unser Zitat ausweist.
Wer ihm einen Gefallen tun will, oder muß, der baut in Gitschin: waldsteinische Vettern, der junge Schwager Adam Trčka – obgleich dessen Schloß Opočno nicht gar weit weg liegt – die Herren vom Hofe. Die Bürger *müssen* bauen – »oder Ihro Fürstliche Gnaden wollen sie vertreiben«. Dann wieder beschließt er, »die Bürger keineswegs zum Bau besserer Häuser zu zwingen, sondern denen, die nicht bauen wollen, die alten Häuser abzuschätzen, zu bezahlen und auf herzogliche Kosten andere hinzubauen . . .«. Die sich aber bequemen, es selber zu tun, denen soll man Geld leihen und Material billig liefern. Und Sauberkeit, immer wieder Sauberkeit! Wasser durch die Stadt zu leiten! Den »Platz und die Gassen von Koth und Unflat zu säubern«! Er fordert's aus weiter Ferne, ohne Hoffnung, die Wahl- und Schöpfungsheimat zu sehen, den Monat und das Jahr . . . Fast gar nicht kümmert er sich um Stadt und Schloß Friedland, eigentlich überhaupt nicht; als nistete in ihm ein Widerwille gegen den waldigen Grenzort, von dem er den Namen trägt. Nur ein paar Mal hat er dort flüchtig Quartier genommen. Sonst aber läßt er erweitern, modernisieren, verzieren, wo sein Blick auf ein Schloß fällt, das ihm gehört und seinen Schönheitssinn anspricht: Lämberg, unweit Friedland, die Burg Kost, solitär und nur durch Kunst verteidigt in einem Zaubertal Ostböhmens gelegen. Er wird nie da wohnen, aber es beruhigt ihn, zu hören, daß man seinen Willen erfüllt.

»Der alten Zeiten denk ich noch mit Lust.
Da war er noch der fröhlich Bauende . . .«

läßt Schiller die Herzogin sagen. In Wahrheit baut er spät so fröhlich wie am Anfang. Der Tod trifft ihn nicht inmitten des Kriegführens. Er führt kaum noch Krieg, als man ihn tötet, und er will Frieden. Er will noch mehr bauen.

Kirchliches

Das obrigkeitliche Unternehmen, welches protestantische Geschichtsschreiber die Gegenreformation nennen, was aber am Orte selbst und von jenen, die es betrieben, die Reformation genannt wurde, ging im unterworfenen Böhmen nur allmählich, in einer Reihe von Schüben vor sich. Es wurde gebremst, wenn das kaiserliche Waffenglück schwankte, aus Furcht vor einem »Generalaufstand«. Waren dann der Siebenbürger, der Mansfelder, der tolle Halberstädter wieder in ihre Schlupfwinkel getrieben, war eine anti-habsburgische Koalition wieder zusammengebrochen, so begann ein neuer Schub. Das Ziel war vorgegeben: es durfte in Böhmen, wie ehedem in der Steiermark, überhaupt kein Unkatholischer bleiben, ob Calviner oder Lutheraner, Prediger oder Laie, Bürger oder Adeliger. Rücksichten, die man nehmen mußte, besonders gegenüber Sachsen, verlangsamten den Prozeß, so daß er, vom Weißen Berg an gerechnet, sich ungefähr über acht Jahre hindehnte. Es war erst im Jahre 1628, daß selbst ein so großer Herr wie Wilhelm Kinsky, Wallensteins Verwandter, der sich für einen Lutheraner ausgab, genötigt wurde, seinen Aufenthalt in Sachsen zu nehmen. Er durfte jedoch seine Güter in der Gegend von Teplitz behalten, auch sein Einkommen daraus ziehen; ja, mitunter erhielt er befristete Erlaubnis zum Aufenthalt in der Heimat. Ein sehr reicher Mann, und einer mit Beziehungen zu hohen und höchsten Machthabern, hat es auch im Exil besser als der Durchschnitt seiner Schicksalsgenossen.
Häretische Geistliche konnte man vertreiben, die Lutheraner zuletzt. Mit den Laien war das eine andere Sache. Daß ein entvölkertes Land dem Herrscher nichts wert sei, soviel sahen auch die trübsten Minister-Augen; zumal die des Statthalters Liechtenstein, welche, wir wissen es, so trüb nicht waren. Liechtenstein hätte es vorgezogen, das heilige Werk langsam und ohne allzu scharfe Konsequenz zu vollziehen. Leider war der Wille des frommen Kaisers anders; der päpstliche Nuntius, Caraffa, trieb zur Beschleunigung, ohne Rücksicht auf welt-

liche Interessen; eine Prinzipalreformationskommission, in welcher der Geheimrat von Martinitz, der vom Fenstersturz, nicht fehlte, erhielt den Auftrag, alles Notwendige zu veranlassen. Sie fand zwei Mittel: gütliche Unterrichtung und, wo solche am boshaften Eigensinn der zu Unterrichtenden scheiterte, Gewalt. Die Unterrichtung, in Kirchen oder Rathäusern von geistlichen Subdelegierten abgehalten, durfte manche kluge Konzession machen; zum Beispiel jene, wonach die weitverbreitete Lasterhaftigkeit des katholischen Klerus in Böhmen nicht zu bestreiten sei. Was könne man aber auch insgesamt von einem Lande erwarten, in dem die Ketzerei zweihundert Jahre lang geherrscht habe? Um zwei Dinge gehe es: um das Heil der Seelen und um die Verhinderung neuer landverwüstender Aufstände, wie der von 1618 gewesen. Das mochten die Schüler bedenken. Bedachten sie es nach einer vernünftig bemessenen Frist immer noch nicht, so kamen andere Methoden ins Spiel: Geldbußen Entziehung der Gewerbe-Erlaubnis; Einquartierung. Zum letzteren Zweck wurden ganze Regimenter nach Böhmen gelegt; durch Plage, hieß es in einem Gutachten, werde sich der Verstand der unfreiwilligen Quartiergeber erleuchten.
Unter den Geistlichen, welche sich der Reformarbeit widmeten, waren die Emsigsten die Väter von der Gesellschaft Jesu. Da es im Lande nicht genug von ihnen gab, so erhielten sie Zuzug aus Italien, Spanien, Frankreich, den Niederlanden. Sie erhoben Böhmen, bisher in ihrer Organisation mit Österreich verbunden, zu einer eigenen Ordensprovinz. Sie gründeten neue Gymnasien, neue Collegien; ja, es gelang ihnen, die uralte Carolina, die Karls-Universität, Böhmens Stolz, an sich zu bringen und mit ihrer Prager Akademie zu einem Institut zu vereinigen, welches fortan Carolina-Ferdinandea heißen sollte. Das ging nicht ohne einen langen intern-katholischen Streit. Denn wie es auch unter den Frömmsten menschlich zuzugehen pflegt, so bildeten innerhalb der großen Menschenmacht, welche Böhmen zu reformieren strebte, sich zwei Parteien: eine alt-katholische, römische, universale; eine neu-katholische, staatlich, dynastisch denkende und dabei sich selber nicht vergessende; diese war die Partei der Jesuiten. Sie hatte für sich den Wiener Hof und den Kaiser selber, der nun seinem jesuitischen Beichtvater, Pater Lamormaini, bis zum blinden Gehorsam vertraute. Sich ihre Beichtväter aus der Gesellschaft Jesu zu wählen, wurden alle Erzherzoge angehalten. Die Gegenpartei sammelte sich um Caraffa. »Es ist gewiß«, so schrieb der Nuntius nach Rom, »daß die Jesuiten durch die Gunst des Kaisers, die man sich nicht groß genug denken kann, eine Machtstellung erlangt haben, welche die aller übrigen Orden überragt und dieselben von jeder

Wirksamkeit ausschließt, an der die Jesuiten ein politisches oder geistliches Interesse haben. Ihr Einfluß beschränkt sich aber nicht allein auf die Orden, sie besitzen tatsächlich die Oberhand über alle, selbst die hervorragendsten Minister und fangen mit ihnen Streit an, wenn sie sich nicht ihrem Willen fügen . . . Einer der bedeutendsten Minister und zugleich Vertrauensmann, Eggenberg, sagte mir dieser Tage, daß die große Gunst des Kaisers für die Jesuiten ihr Verderben herbeiführen werde.« Pater Lamormaini, fährt der Botschafter in seinem Bericht fort, habe ihm selber gegenüber sich mit einer kalten Frechheit benommen, die nur zu hell seine wahren Gesinnungen gegenüber Rom und dem Heiligen Vater beleuchte . . . Mit dem päpstlichen Abgesandten, gegen die Jesuiten, hielt es der junge Erzbischof von Prag, Kardinal Harrach, Wallensteins Schwager; hauptsächlich wohl darum, weil er in seiner eigenen Autorität sich durch die geistlichen und weltlichen Anmaßungen der Väter gekränkt fühlte. Harrach, obgleich selber dem Wiener Hof-Clan angehörig, führte gegen die Jesuitisierung der Karls-Universität einen zähen Kampf: der Kaiser habe die Carolina gar nicht aufheben können, weil sie, obgleich zweihundert Jahre lang hussitisch, doch in ihrem Ursprung eine päpstliche Gründung sei. Der ihm dies vergebliche Argument einblies, war Harrachs Beichtvater, der Kapuzinerpater Valeriano Magni; aus lombardischem Adel stammend, den Jesuiten feind, aber so angesehen, daß er trotz seiner Gesinnungen erhobenen Hauptes in die Wiener Hofburg schreiten konnte, wenn es ihm gefiel. So uneinnehmbar war die Stellung dieses Grafen in der Bettelmönchskutte, daß Pater Lamormaini allerlei einfädelte, ihn für die Sache der Jesuiten zu gewinnen. Zum Beispiel war ein Bruder Magnis Oberst im kaiserlichen Heer. Ihm, insinuierte Lamormaini, stand die glänzendste Laufbahn offen, falls der Mönch von seiner Intransigenz etwas abließe. Magni war nicht der Mann für solche Tauschgeschäfte. »Ich habe«, erklärte er sich, »vor dem Jesuitengeneral und anderen Mitgliedern des Ordens, vor dem Papst, dem Kaiser, der Propaganda Fidei mündlich und schriftlich die Gesellschaft Jesu einer skandalösen und irrigen Lehrmeinung beschuldigt und begehre Hilfe von den Fürsten der Christenheit . . .« So dieser geistliche Politiker von Rang.

Und Wallenstein? In seiner mährischen Epoche war er ein rüstiger Reformator gewesen, Freund und Gönner der Jesuiten. Gehörte er nicht zur Hofpartei, seines Kaisers treuester Diener, hochgestiegen mit ihm? Je erfahrener aber und mächtiger er wurde, desto unabhängiger wurde sein Denken auch; so daß der Moment kommen mußte, und in unserer Erzählung gar schon erreicht ist, in welchem jene sich täuschten, die ihn irgendeiner Partei zuordneten. Die Kirche überhaupt, die Jesuiten im Besonderen taugten ihm, wenn sie Erziehungsarbeit leisteten, ordnungserhaltend wirkten. Erregten sie die Gemüter, anstatt zu beschwichtigen, so wandte sein Herrscher-Instinkt sich gegen sie.

Das Jesuiten-Collegium zu Gitschin war seine erste geistliche Stiftung im Herzogtum. Daran schloß sich ein Knaben-Alumnat. Über beide Vorhaben haben wir Briefe des Stifters an den Rektor Valentin Coronius, aus den Jahren 1623–25. Es sind Geschäftsbriefe, obgleich es sich um ein gewinnbringendes Geschäft ja nicht handelte. Der Freiherr, dann der Fürst, will den Jesuiten Einnahmen aus den und den Gütern zuweisen, aber nicht mehr; er will ihnen in seiner Hauptstadt Gitschin einen gewissen Baugrund gönnen, aber nicht den, den sie fordern. Er weiß, was er will und was er nicht will; er gibt nie nach. Gern erinnert er seinen Korrespondenten daran, daß er auch an andere Fundationen, an andere Bau-Unternehmen zu denken hat; meine Geldmittel, zu verehrender Pater in Christo, sind nicht unbegrenzt. Und so einmal an den Landeshauptmann: »Wir haben uns nicht wenig zu verwundern, daß sie (die Jesuiten) so starke Begehren an uns haben tun dürfen und die besten Gründe an sich ziehen wollen, daß sie zuletzt unsere Intraden mehr als wir selbst zu genießen haben würden. Weil uns aber ihr unersättlicher Geiz vorhin wohlbekannt, befremdet uns vielmehr von euch, daß ihr solches habt geschehen lassen . . . können ihnen deswegen zu dem, was sie begehren, nichts bewilligen . . .«

Balbinus, jener Historiker des Gitschiner Collegiums, den Wallenstein aus der Taufe hob, der im frühen Knabenalter den großartig-erneuernden Bau der Stadt erlebte und später der Fundation Geschichte schrieb, hat es alte Leute erzählen hören: der Herzog besuchte das Collegium oft und gern, gab sich entspannt, redete ernsthaft oder scherzte, wie es die Gelegenheit gab; wenn dann Glockenton die Patres in die Kirche schreckte, so wünschte er, sie möchten ihn in ihr Gebet einschließen. Sicher ganz wahr. Wahr aber auch anderes. Die Jesuiten wußten, was sie wollten, so gut wie er es wußte; daraus entstanden Reibungen, wenn die Ziele nicht zusammenfielen, im privaten Bereich wie im öffentlichen großen.

Im Privaten. Da war der jüngste von Wallensteins Schwägern, Franz von Harrach, den er für ein paar Jahre in das Alumnat gab. Dann sollte er ins Heer. Die Väter jedoch hatten sich einen anderen Reim auf ihren Zögling gemacht. Der Herzog an den Landeshauptmann: »Ich vernehme, daß die Jesuiter den Franzel von Harrach überredet haben, er soll ein Jesuiter werden; sein Vater aber hat ihn mir gegeben, daß ich einen Soldaten und nicht einen Jesuiter aus ihm machen solle.

Solches auch mich im Herzen auf sie schmerzen tut, daß sie wegen soviel empfangenen Wohltaten, mir einen solchen Dank wollen geben und diesen Buben also hintergehen. Nun haben sie's im Brauch, daß sie dieselbige oft verpartieren und wider den Willen ihrer Freunde ins Noviciat heimlich schicken, wie sie's dem Doctor Wilhelm getan haben . . .« Folgt der Befehl, den Franzel, wie auch noch einen anderen Harrach und einen von Waldstein, sofort aus Gitschin wegzuschaffen und nach Böhmisch-Aicha zu bringen, wo sie ebenso gut würden studieren können; das muß ohne Verlierung einer einzigen Stunde geschehen, und wenn selbst »mein Weib, oder wer da immer dawider rede, so darf man sie nicht hören, denn sie verstehens nicht . . .«. Der Staatsstreich gelang. Franzel wurde nicht zum Jesuiten, sondern »im Kriegswesen auferzogen, hat sich in vielen Occasionen ritterlich brauchen lassen«.
Der Gegensatz im Großen betraf die katholische Reformation oder »Deformation«. Wallenstein, nicht mehr der unerfahrene junge Mann von 1610, war nun im Grunde gegen sie. Er behauptete, für sie zu sein, das mußte er, er sei nur gegen die rauhen Mittel: »Die Reformation halte ich für gut, die Violenzen für bös. Darum will ich, daß man discretamente prozediert . . .« Aber ohne »Violenzen«, ohne die »Plage«, durch welche die Jesuiten die Vernunft der Ketzer zu erleuchten empfahlen, war die Sache ja nicht zu machen. Neben dem hohen Adel, den es so bitter viel nicht kostete, leistete gerade das arme Volk der Reformation den zähesten Widerstand: Bergleute, Tuchmacher, Glasbläser, Bauern. Und das waren die, auf deren Arbeit der Herzog von Friedland durchaus nicht verzichten wollte. Mehr: sogar unter den Hauptleuten seiner Herrschaften fanden sich Protestanten unterschiedlicher Spielart, und er hielt sie, solange er sie irgend halten konnte. Taxis an den Herzog: »Wollen Euer Fürstliche Gnaden, daß dero Unterthanen catholisch werden sollen, müssen sie catholische Hauptleut haben, denn die Bauern und anderen Unterthanen sagen: sollen wir anderen Glaubens werden, und unsere Hauptleut, welche witziger sein als wir, thun es nit?« Der friedländische Staatskanzler, Ilgen von Ilgenau, war ein Protestant noch 1628. Dann endlich mußte Wallenstein ihn entlassen oder in diesem Sinn wenigstens eine Scheinbewegung machen (heimlich behielt er ihn dennoch): »Dieweil itzt nach der reforma mein Kanzler wohl wird wegmüssen, so seht um einen anderen Kanzler, doch wartet auf meine ratification . . .« Der Befehl zeigt nebenbei, was wir noch oft erfahren werden: daß Wallenstein auch auf dem Höhepunkt seiner Macht durchaus nicht allmächtig war. Er konnte die Reformation nur verlangsamen, nicht hindern; mindestens nicht an der aller Welt sichtbaren Spitze. – An-

ders in seinem Heer. Da hatten die Reformations-Prinzipalkommissare nichts zu suchen. Da bediente er sich hoher protestantischer Kriesoffiziere vom Anfang bis zum Ende.

Es läuft darauf hinaus: waren die Jesuiten die Partei einer erzkatholischen Dynastie, und ihre eigene, so vertrat Wallenstein, wenn man ihn denn auf einen Nenner bringen will, die Partei der Ordnung schlechtweg. Er selber ging zur Messe, hielt pünktlich sich an alle heiligen Regeln; sei es aus Bedürfnis, sei es, weil es zum Stil gehörte. Das Übrige war in seiner Regierungsweise, wie demnächst in seiner großen Politik, noch undeutlich angelegt und blieb es: das Prinzip der Zukunft, wonach die Untertanen nach ihrer eigenen Façon sollten selig werden dürfen. Was der fanatische Ferdinand behauptete, was aber in seinem Mund eine Unwahrheit war, daß es in dem ganzen endlosen Streit nur um weltliche Gesetze gehe, nicht um Glauben, eben damit war es Wallenstein ernst. Kein Wunder, daß er den böhmischen Großinquisitoren, Martinitz, Slawata, Dietrichstein, als einer galt, der die Reformation durchkreuzte. Er zahlte ihnen die Feindschaft heim: »Bitt auch, man höre auf in Böhmen so erschrecklich wegen der Luthrischen zu procedieren, man möchte auch bei männiglich den Credit verlieren, das seine Jesuwitische oder des schlimmen Leckers Martinitz Inventionen. Wenns übel zugeht, Jesuiter finden ein anderes Collegium, der Kaiser aber kein anders Land.«

Ambivalent blieb immer das Wirken dieses denkwürdigen Ordens, zugleich humanisierend und Unfrieden stiftend. Da nun Wallenstein etwas von den Sachen verstand, da er sachlich dachte, so mußte auch sein Verhältnis zu den Jesuiten ambivalent sein. Den Unfrieden verzieh er ihnen nicht, weder im eigenen Lande, noch in der großen Politik Europas. An den Landeshauptmann, schon 1626: »Aus eurem Schreiben vernimb ich, was für Rumor mit den Jesuiten die Untertanen angefangen haben. Es ist ein welsch Sprüchwort: cosi vol, cosi habbia! Derowegen mischt euch nicht drein. Werdens die Jesuiter gut machen, so werden sie's gut haben, ich begehr ihre Impertinenzen nicht mit brachio seculari zu defendieren, denn ihre exorbitanzen seinndt unerträglich ... Könnt ich mit hunderttausend Gulden der Fundacion, so ich ihnen gethan hab, ledig werden, so thät ich's gern!«

Die Zeit sollte kommen, da zwei einflußreiche Mitglieder der Gesellschaft seine grimmigsten Feinde wurden, da man ihm die greulichsten Aussprüche über die Väter nachsagte. Das hinderte ihn aber nicht, weiter mit ihnen zu arbeiten; wo er hinkam und den Herrscher spielen durfte, da gründete er ihnen Collegien oder plante sie doch. Ihrerseits haben die Jesuiten nachmals seinem Andenken mehr gute als böse Dienste geleistet. Es blieb ein gespanntes Verhältnis, des Humo-

ristischen nicht entbehrend, halb freundlich, halb feindlich, von beiden Seiten unauflösbar.
Ähnliches gilt für alle Orden, denen Wallenstein Niederlassungen gewährte: Franziskanern im Schloß Welisch, Augustinern in Böhmisch-Leipa, Dominikanern und Kapuzinern in Gitschin, Kartäusern in Walditz. Immer waren die Dotationen stattlich, war landesväterlich-fromme Fürsorge am Werk; immer gemischt mit halb verächtlichem, halb spottendem Mißtrauen. Er müsse selber der Visitator seiner Mönche sein, schrieb er. Er verlangte, daß sie Steuern zahlten, eine reine Spielerei, denn sie hatten ja alles von ihm; wurde zornig, wenn sie behaupteten, er habe es ihnen erlassen. »Ist erlogen; ich hab ihnen nichts zugesagt, noch erlassen; seht daß sie's bezahlen, oder brecht ihnen ab an dem, was ihnen zum Gebäu gegeben wird; denn je mehr sie haben, je mehr sie haben wollen.« Nichts leichter, als die Schein-Abgaben der heiligen Männer zu erzwingen; er brauchte nur zu reduzieren, was er ihnen zugesagt hatte. Daß die Augustiner in Leipa die ihnen zum Bau ihres Klosters bewilligten Gulden gestohlen oder zu höchst üblen Zwecken verwandt hätten, davon blieb er überzeugt und kehrte in seiner Korrespondenz mit dem Landeshauptmann mehrfach zu diesem Thema zurück; wie denn die schöne Formulierung der Stiftungsdokumente mit dem Ton, in welchem er sich über die Bedachten äußerte, oft sonderbar kontrastierten. Das Irdische, hieß es, sollten die Kartäuser mit dem Himmlischen, das Vergängliche und Hinfällige mit dem Ewigen vertauschen. Die also Ermahnten verstanden das anscheinend in dem Sinn, daß sie lieber Land haben wollten, anstatt des Geldes, mit dem er sie dotiert hatte. Wallenstein: »Was ich euch wegen der Carthäuser resolviert habe, werdet allbereit empfangen haben; ich begehre sie zwar nicht weg zu thun, sondern will ihnen nur die Zähne weisen . . . Die Cartäuser wollen, ich sollte ihnen die Fundacion auf liegende Güter thun, das wird in alle Ewigkeit nicht geschehen, denn ich will dem Clero nicht zu viel Güter einräumen . . .« In alle Ewigkeit – zwei Jahre später, in einem Moment des Glücks und der guten Laune, verschenkte er an den Prior und seine zwölf Mönche dennoch einen gewaltigen Grundbesitz, dreiunddreißig Dörfer, vier Meierhöfe, Mühlen, Teiche und was noch; wofür sie sich verpflichteten, täglich eine Messe für sein Seelenheil zu lesen.
Die Krönung der Hierarchie im Herzogtum hätte ein friedländisches Bistum sein sollen. Dazu wurde die Erlaubnis des Kaisers schon 1624 gegeben, der Plan entworfen: eine Residenz in Gitschin für den Bischof, den Probst, einen Dechant, einen Archidiakon, zehn Domherren, vierzehn Vikare, Organisten, Chorknaben, Kirchendiener – das Ganze für 20000 Gulden im Jahr. Der Entwurf ist wie alle wallen-

steinischen Entwürfe; zugleich genau und großartig, ganz besonders in der Frage der Finanzierung. Er wurde im Drang der Geschäfte, die den Gründer überwältigten, nie ausgeführt; nur die nach dem Muster von Santiago de Compostela erbaute Kathedralkirche blieb davon, wie sie heute noch zu sehen ist samt dem Schwibbogen, der sie mit dem Palast verbindet. Jedoch habe ich in Gitschin sagen hören, daß auch sie nicht fertig wurde: sie hätte vier Glockentürme haben sollen und hat nur einen.

Warum Wallenstein sich in so ausgebreitete, dauernde Unkosten zugunsten der Geistlichkeit stürzte? Darauf werden eine klare Antwort jene zu geben wissen, die an eindeutige Motive, eindeutige Überzeugungen, eindeutige Charaktere glauben. Nach ihnen muß man selbstisch oder von Nächstenliebe erwärmt sein; gläubig oder ungläubig, christlich oder unchristlich, katholisch oder unkatholisch; gut oder böse. Zu solch gradliniger Psychologie sind wir unentschlossen; zumal einem Menschen gegenüber, der nicht nur andere in die Falten seiner Seele nicht schauen ließ, sondern vor sich selber scheute; der ganz sich nach außen wandte, um in nie endender Tätigkeit das Glück zu finden, dessen sein Innerstes entbehrte. Warum sollte ein so Beschaffener die Mönchsorden und ihre Heilsveranstaltungen nicht zugleich geachtet und verachtet haben? Nicht Gott den Herrn zugleich gefürchtet, verhöhnt und gar nicht geglaubt haben? Zu seinen kirchlichen Gründungen nicht von den allerverschiedensten Motiven bewegt worden sein; weil für die fürstliche Identität, die er suchte, es sich so gehörte; weil die Klöster Zentren humaner Bildung waren oder doch sein sollten, weil das Planen und Anordnen und Bauen ihm allemal Vergnügen machte, weil es, in diesem Fall, seiner Reputation diente und etwa auch seinem Seelenheil? . . . Es gibt, relativ früh, Bemerkungen von ihm, aus denen hervorgeht, daß sein Respekt, nicht bloß für die weltlich-militärischen, auch für die spirituellen Kräfte des Papsttums beschränkt war: »Will der Papst etwas bei diesem Wesen thun, so gebe er Geld, und sein Volk samt seinen Indulgenzen behalte er zurück . . .« Wir haben Zeugnisse aus jeder Epoche seines politischen Lebens, die seinen Willen zum Frieden zwischen den Konfessionen beweisen; was nicht hinderte, daß er in Böhmen und im eigenen Land das Monopol einer einzigen vorgezogen hätte, wenn es ohne den Preis der Unordnung und ärgerlicher wirtschaftlicher Verluste zu haben war. Selbst wo solche Folgen nicht drohten, war er geneigt, ein Auge zuzudrücken, wenn nämlich die kaiserliche Religionspolitik es ihm gestattete. Zum Gesuch einer protestantischen Häuslerin: »Aus der Beilage werdet ihr sehen, was die Frau Raschmin an mich supplicieren tut. Nun habe ich, so viel wie ich noch in Böhmen gewest, vernommen, daß man mit den Wittiben nicht also stricte procedieren wird; werdet derowegen sehen, daß sie auf ihrem Gütel kann wohnen, bis ihr unser Herr bessere Gedanken gibt, daß sie den rechten Glauben wird begreifen mögen.« Gutmütigkeit? Bloße Gleichgültigkeit? Ist es ihm ernst mit dem »rechten Glauben«? Weiß er nur, was ihm ernst ist? All das bestimme ich nicht. Ein Mensch wie Wallenstein ist überhaupt nicht bestimmt, außer durch das, was er tut; er tat, nach Laune und Umständen, sehr Verschiedenes.

Schlichtere Geister mußten es anders sehen. Wilhelm Slawata, der alte Verwandte und Verfolger, schrieb 1633 an den Kaiser: der Herzog gebe sich als katholisch und wolle es durch Beichten und Kommunizieren einmal im Jahr beweisen; »im übrigen aber riecht er nach Atheismus – magis Atheismum redolet –, denn er kümmert sich nicht um Gott, stößt häufig die furchtbarsten Blasphemien und Flüche aus und stützt sich in seinen Beschlüssen über Krieg und Frieden auf den Rat der Astrologen . . .« – Was die Stiftungen betrifft, die er verschiedenen geistlichen Orden gönnte, so pflegte er selber zu sagen, er tue es nicht zur Mehrung der Religion oder aus Frömmigkeit, sondern nur der Staatsraison halber. Von Slawata, dessen Denkschrift ihm übersandt wurde, übernahm der Kurfürst von Bayern den Verdacht: welcher Segen sei wohl von der Kriegführung eines Generals zu erwarten, der Gottes Allmacht »mit so erschrecklichen, unerhörten alten und neu erfundenen Flüchen und Gotteslästern und Blasphemeis, wie männiglich bekannt, unaufhörlich verletzt, auch es den gemeinen Soldaten, denen es vermög des Artikelbriefs bei Leib- und Lebensstraf verboten, zu dergleichen Gotteslästerung . . . großen Anlaß und Ursach gibt, auch seine actiones und der katholischen Religion Wohlfahrt mehr auf die betrügliche Astrologie als auf das Vertrauen zu Gott fundiert . . .?« . . . Alle Wohltaten, die Wallenstein der Geistlichkeit erwiesen hatte, konnten nicht hindern, daß er zuletzt von seinen Gegnern als gottloser, ganz verworfener Mensch angesehen wurde.

Der Erzieher

Das deutsche Gymnasium zu Böhmisch-Leipa, Eigentum der »Albrecht Eusebius Graf Waldstein, Herzog von Friedlandschen Unterrichtstiftung«, feierte im Jahre 1927 sein drittes Centenarium. Damals war es eine staatliche Schule, nicht mehr, wie noch ein halbes Jahrhundert zuvor, eine klösterliche. Es hatten auch die Augustiner sich bequemen müssen, einen Meierhof, den Wallenstein ihnen zur Finanzierung ihres Unterrichtswerkes überlassen hatte, an die Stiftung abzutreten. Von den vielen Gerechtsamen, die der Gründer ihnen außerdem bestimmt hatte, Barvermögen, ein Faß Bier wöchentlich – reichlich für zwölf Mönche – acht Schock Karpfen und vier Schock Hechte im Jahr, Brennholz nach Bedarf, sowie das Einkommen aus drei Dörfern, blieb den Vätern im Jahre 1927 fast gar nichts mehr; neuerdings hatte ihnen eine Bodenreform auch noch ein Drittel ihres Grundbesitzes genommen. Der Lauf der Welt; nach dreihundert Jahren nicht zu verwundern. Solange aber, und noch etwas länger, hat Wallensteins Gymnasium gedauert; noch unlängst traf ich einen deutschen Magistraten, welcher durch diese Schule gegangen. Aus freiem Willen, ohne Zweifel. Zu Wallensteins Zeiten *mußten* die Bürger von Leipa und der Nachbarschaft ihre Kinder bei »unnachläßlicher Strafe« in das neue Gymnasium schicken: Gottesfurcht, wie auch die freien Künste und Sprachen seien von nun an in Leipa so wohl zu lernen wie anderswo, im Ausland betriebene Studien verursachten schwere, durch nichts mehr zu rechtfertigende Unkosten, alle lernenden Kinder seien alsbald beim Hauptmann zu melden, Scheinbehelfe und Entschuldigungen würden keineswegs angenommen... Leipa ist nicht des Herzogs einzige Schulgründung. Die ihm wichtigste war die Lehranstalt der Jesuiten in Gitschin; eine der Gründungen und fruchtbaren Wirkungen, angesichts derer er, trotz allen Ärgers, auf das Bündnis mit den Vätern nicht verzichten mochte.

Auch hier spielte Staatsraison: der Wille, sich einen gebildeten und loyalen Nachwuchs im eigenen Land zu schaffen, aus dem Adel wie aus dem Bürgerstand. Nebenbei: treu ergebene Offiziere für sein Heer. Denn wenn die jungen Leute ausstudiert hatten, so ließ er sie fragen, ob sie wohl unter ihm dienen wollten? Und zwar in einem Ton, der die verneinende Antwort unratsam machte. Bei der Auswahl der Schüler zog er die Deutschen den »tölpischen böhmischen Janken« vor. »Lust zur Virtu« mußten alle Zöglinge haben, »Spirituosi« mußten sie sein, andere wollte er nicht. »Was anbelangt die zween Zlysky, ob ich sie unter die anderen Knaben zu den Patribus thun will, kann mich nicht resolvieren, bis ihr mir berichten werdet, wie sie seyn und ob etwas von ihnen zu hoffen ist, denn man thut oft grobe Pengel hinein und ist Alles an ihnen verloren ...« Die Wohlhabenden ließ er selber zahlen; für jene, die es nicht konnten, zahlte er. Die »Ausgemusterten«, das hieß als reif Entlassenen, erhielten ein Geldgeschenk, um sich »mit Kleidern und anderen Sachen« zu versehen; mitunter, wenn sie seine Edelknaben werden sollten, sogar ein Landgut und eine

Leihgabe von 1000 Gulden. Von den entferntesten Kriegsschauplätzen, den Kopf voll von politisch-militärischen Sorgen und Projekten, gab er seine Erziehungsbefehle: solche, die das Ganze, solche, die einzelne Schüler betrafen. »Schickt mir das Verzeichnis der Knaben, so von Adel sind und daselbst studieren, wie viel ihrer sind und zeichnet einen jeden mit seinem Namen auf; wie alt er ist, in welcher Schule er ist und was man vor Hoffnung hat, was aus ihm wird werden . . .« »Ich hab euch zu Gitschin befohlen gehabt, ihr sollet gegen dem neuen Jahr die Knaben, so ich studieren laß, wie die Fundacion vermag, kleiden und in Allem, wie die Fundacion geordnet ist, unterhalten; werdet derowegen sehen, daß diesem wirklich und unfehlbar nachgelebt wird. Dem Doctor, was ihm, daß er sie curieren soll, in der Fundacion geordnet ist, laßt fleißig reichen, wie auch, was in der Apotheken aufgehen wird, bezahlen. Und dieweil aus lauter Unsauberkeit sie pflegen krätzig zu werden, so sehet, daß sie sauberer, als zuvor geschehen ist, gehalten werden, und welche itzt krätzig sind, daß sie der Doctor mit Bädern und andern dazu bedürftigen Remedien curiert. Seht auch, daß sie alles das lernen, was die Fundacion vermag.«
Lernen sollten sie Deutsch, Italienisch und Lateinisch; Mathematik; Fechten, Reiten und Tanzen; auch ein Musikinstrument, jedoch ohne sich öffentlich darauf hören zu lassen, welch letzteres er wohl für unstandesgemäß hielt. Seine pädagogischen Dekrete gingen stets an den Landeshauptmann, der sie an die Patres weiterzugeben hatte. Nie erinnerte der Herzog dabei an seine eigenen Studien-Erfahrungen, an Goldberg oder Altdorf. Seine frühe Vergangenheit, die eines »groben Pengels«, war ihm wie ausgetilgt.
Er habe nie gescherzt, schreibt ein Historiker des 18. Jahrhunderts über ihn: »Aber wenn Alles um ihn stürzte und dampfte und in schrecklichen Todesgräueln wimmerte; wenn Alles mit Schrecken und Angstgeschrei vor ihm auf den Knien lag und er seine Hand von Müttern und Kindern, die sich an ihn klammerten und um ihr Leben baten, abstreifte, dann glänzte eine stumme Zufriedenheit auf seinem Angesicht.« Wallenstein als Dritter im Bunde mit Attila und Dschingis Khan, so wie diese in der Erinnerung des Abendlandes nachleben . . . Nun, über den Truppenführer wird noch zu reden sein; da trieb er es so, wie zu seiner Zeit, wie noch zu viel späteren Zeiten es Alle trieben oder treiben ließen, jedoch mit Unterschieden, die eher zu seinen Gunsten sprechen. Der Landesfürst war kein Wüterich. Hochmütig, das war er; nicht so wie die Meisten seiner Standesgenossen, die, wenn sie verglasten Blickes beim Becher saßen, ihren Dienern das Nachschenken nur mit stummen Handbewegungen befahlen, sondern als der durch eigene Kraft in die Höhe Gekommene,

nun über die gemeinen Häupter der Menschen Hinwegragende. Er gebrauchte die Untertanen für seine Zwecke. Sie hatten immer nur »für mich« zu arbeiten, nicht für Land oder Gemeinwohl; Ausdrücke, die ihm fremd gewesen wären. Aber er war klug genug, die Wechselwirkung zwischen ihrem und dem eigenen materiellen Wohlsein zu verstehen. Hatten sie Kriegssteuern zu leisten, so sollten die Reichen mehr zahlen als die Armen, eine »dem armen Manne erträgliche, proportionierte Kontribution«. Stets, ließ er wissen, sei er so gegen seine Leute affektioniert gewesen, daß er sie bei ihrem häuslichen Wesen und Nahrung wohlerhalten sehen wollte; darum mochten jene, die aus den und den Ursachen ausgewandert seien, doch zurückkehren und ihre Höfe wieder beziehen, so wollte er sie für drei Jahre aller Dienste und Steuern los und ledig sprechen. Aufgeklärter Eigennutz. Wenn er dann dekretierte, es dürfte das Getreide auf den Feldern, deren Besitzer unlängst an der Pest gestorben, von jedem, dem es beliebte, eingesammelt werden, »denn es ist besser, daß jemand dessen genießt, als daß es verderben soll«, so war es schon nicht mehr Eigennutz, was sprach, sondern wirtschaftlicher Sinn schlechtweg, mit einer Beimischung von Erbarmen. Den Armen ließ er Brot austeilen, das er bezahlte. In allen Städten mußten Spitäler – Altersheime – gebaut werden, zu erhalten aus dem Einkommen der Kammergüter, wie auch der Lehen; der bloße Befehl genügte nicht, einen genauen Plan wollte er sehen, welcher der Hygiene und dem notwendigen Raum Rechnung trüge. An sich nichts Ungewöhnliches; die besseren unter den deutschen Fürsten waren zu Ähnlichem durchaus fähig. Bei Wallenstein kommt etwas Gutmütiges hinzu, welches zu dem, daß er doch eigentlich kein Menschenfreund, noch anderer Menschen Freund war, nicht recht passen will. Solches mag trotzdem sein: Wohltätigkeit ohne Kontakt zu den Beschenkten; Mitleid des Einsamen, Güte ohne Wärme. Von einem alten Diener hört er, seine Krankheit rühre »einzig und allein von der Melancholie der Kargheit« her. Er verordnet, ihm jährlich zweihundert Gulden, statt wie bisher vierzehn, reichen zu lassen, »und zwar nicht als Bestallung sondern als Pension«. Ein erblindeter Kutschenknecht soll vier Gulden im Monat bekommen. Einem herzoglichen Arbeiter, der sich das Bein brach, sind »zu dessen besserer Kurierung hundert Gulden aus unseren Renten zu erlegen, auch ist dem Medico und dem Chirurgo einzubinden, daß sie allen äußersten Fleiß anlegen sollen, damit er nicht allein am Leben nicht periklitieren, sondern auch wohl geheilt und keine Lähmung davon erfolgen möge«. Solche Aufträge ergehen von dem in der Ferne weilenden Generalissimus, der, wenn er wollte, täglich sehen und hören könnte, wie verwundeten Söldnern die Gliedmaßen amputiert werden, bei keiner anderen Schmerzenslinderung als, im glücklichsten Falle, einem berauschenden Trunk; der nur flüchtig erwähnt, ausgeplünderte Bauern ertränkten sich aus Not im Meer. So ist der Krieg. Daheim, im Herzogtum, findet er jeden Einzelfall des Jammers der Mühe wert. »Hauptmann zu Horzitz soll der Kammer berichten, was die Schuld der gefangenen Müllerin belangt, wann die erwachsen und warum man den Mann bei seinen Lebzeiten nicht so hart gemahnet, wie jetzo das arme Weib?«

Er hätte glücklich sein können. Die blühenden Felder und fetten Weiden ringsumher, das Arbeitsgewimmel um die Bergwerke und die Baugerüste in den Städten, die schöner wurden mit jedem Jahr, das Klappern der Mühlen, die frommen Gesänge der Mönche, das zu Roß sich Tummeln der Studenten und Edelknaben, das demütige Grüßen der wohlgenährten, saubergekleideten Untertanen, wenn die herzogliche Wagenkolonne vorüberrollte – sein Werk, sein Besitz. Was brauchte er mehr? Die Zeitläufte, die ihn hochgetragen hatten, indem er sie wie kein Zweiter zu nutzen gewußt hatte, ließen ihm keine Ruhe. Hätten sie es selbst getan, so hätte er dennoch keine gegeben, weil keine in ihm war; kein Friede der Seele. So mag es die fromme Hysterikerin, Christina Poniatowska mit Namen, geahnt haben, die eines Wintertages im Schloß zu Gitschin Besuch machte. Oder stand Politik hinter ihrer Sendungsreise, Propaganda, der Haß der böhmischen Emigranten gegen den Großausnützer ihrer Leiden?
Die Poniatowska war eine Gottesverzückte, mitunter Scheintote, dann wieder zu Visionen Erwachende; übrigens eine Schülerin oder Vertraute des Jan Amos Comenius, jenes edlen Humanisten, Pädagogen und Anklägers der Greuel seiner Epoche, Böhmens Glorie bis zum heutigen Tag. Der Brüdergemeinde zugewandt, war Comenius nach der Schlacht am Weißen Berg von Wallensteins Schwager Zierotin noch eine Zeitlang beschützt und versteckt worden. Erst im Januar 1628 verließ er seine Heimat, in eben dem Moment, in welchem seine fromme Genossin die ihr von Gott aufgegebene Mission erfüllte: nach Gitschin zu reisen und »dem rasenden Hund, dem von Wallenstein« den versiegelten Brief zu überbringen, den ER selber ihr diktiert hatte, wenn aber der Herzog nicht zu Hause wäre, dann seinem Weibe. Christina fuhr zu Wagen nach Gitschin, von mehreren Engeln begleitet. Der Herzog war abwesend. Es wollten die Jesuiten und andere Räte die Jungfrau nicht zu der Herzogin lassen; Isabella, fromm und lieb, gewährte der Botschafterin dennoch Audienz und empfing den Brief. Es sei noch Zeit, las sie; der Bluthund und gottlose Mensch sollte umkehren und seine Sünden bereuen, noch stünde die Gnaden-

tür ihm offen. Führe er aber fort wie bisher und hielte er Gottes Warnungen für Scherz, so sei das Schwert gegen ihn schon gewetzt, der rächende Bogen schon gespannt, der Bösewicht wie ein Kalb dem ewigen Schlachten übergeben . . . Während die Herzogin das Geschriebene studierte, fiel Christina Poniatowska in abermalige Verzückung, kraft derer ihr denn befohlen wurde, dies verfluchte Haus schnurstracks zu verlassen, denn es sei der göttlichen Gegenwart nicht wert . . . Danach erlitt sie noch eine andere Vision: »Ich sah in einem Traum, wie Wallenstein in einem blutigen Talar einhergetreten und geschwinde auf einer Leiter in die Wolken steigen wollen, welche aber zerbrochen, daß er auf die Erde gefallen. Da er denn auf der Erde ausgestreckt aus dem Munde unter greulichem Gebrülle Flammen ausgespien, aus dem Herzen aber Gift und Pech ausgestoßen, bis ihm solches durch einen vom Himmel herabgeflogenen Pfeil durchstoßen worden, wobei ein Engel gesprochen: ›Dieses ist der Tag, da dieser böse Mann ohne alle Barmherzigkeit soll umkommen.‹« – Über solche unheilsame Zeichen wurde in einem deutschen »Wundertractätlein« noch zu Wallensteins Lebzeiten, 1632, berichtet; später hat Comenius sie der Rede für wert gehalten.

Wie Wallenstein die Warnung aufnahm? Ha ha ha! soll er gerufen haben: »Mein Herr, der Kaiser, kriegt Briefe von Rom und Konstantinopel, Madrid und Paris, ich aber gar aus dem Himmel!« Kann sein, daß ihm wirklich zum Lachen zumute war; kann sein, auch nicht.

Das Angebot

Ein Friedensjahr, die zwölf Monate anno Domini 1624, während derer Wallenstein sein Herzogtum baut. Eine Atempause, welche die Kurzsichtigen für ein Ende halten mögen. Die böhmisch-österreichische Revolution erstickt in Blut; harte, gierige Hände am Werk, die Veränderung auszubeuten. Die katholischen, die kaiserlich-bayerisch-spanischen Waffen siegreich überall im Römischen Reich. Die Pfalz von den Bayern und Spaniern besetzt, der brave Markgraf von Baden aus seinem Land vertrieben. Geschlagen die Freibeuter, Mansfeld, Halberstadt, Bethlen. Tief in Norddeutschland, an den Grenzen des Niedersächsischen Kreises, der Graf von Tilly, Generalleutnant des Herzogs, nein, Kurfürsten von Bayern. Die deutschen Stände bang, es möchte ihnen das Schicksal des Pfalzgrafen bereitet werden, und nichts weniger als lustig, seinem Beispiel zu folgen. Das alte Gleichgewicht der Parteien in Germanien gründlich zerstört. Der vor allem der Nutznießer der neuen Dinge ist, Kurfürst Maximilian, gerne willens, des hocherseufzten Friedens zu genießen, unter der einen Bedingung, daß er behalten kann, was er erworben hat. Friedwillig auch der Kaiser und seine Räte, die wohl Sieger sind, aber Bettler im Sieg. Nicht die Räte als Privatleute; sie haben unlängst Vermögen gewonnen. Aber die Hofkammer, aber der Staat. Da fehlt es mitunter an zwanzig Gulden, um einen Kurier zu bezahlen. Weitere Rüstungen? Niemand bei Hof denkt daran. Abrüsten muß man und darf man. Regimenter in ihrem Bestand reduzieren, Regimenter zusamt ihren Obersten nach Hause schicken. Freilich ist Abrüstung finanziell von direkterer Schwierigkeit als ihr Gegenteil. Die im Dienst kann man vertrösten und mittlerweile die Schulden sich zu Bergen türmen lassen. Die Lizensierten wollen Geld sehen.

Nach nicht viel mehr als einem Jahr beginnt man zu fürchten, daß die rasche Selbstschwächung unzeitig war. Endgültiger Sieg müßte universal sein, und das ist dieser nie gewesen. Teilsiege, die dennoch Bezug haben auf das Ganze, rufen neue Feinde auf den Plan; welche dann auch den alten, den Erniedrigten und Beraubten neuen Mut machen. Böhmen, obgleich isoliert in seiner Gefangenschaft, bleibt ein

Stück Europa, Deutschland, weil es so viel größer ist, erst recht. Es geht nicht bloß um einen einzigen Gegensatz, um den Streit zwischen zwei Machtzentren oder das Ausgreifen eines und desselben. Ein Gewoge widerstreitender Willen ist es, von denen einige wohl einen Gesamtwillen zu formen behaupten, gegen einen anderen Gesamtwillen, und doch nie wirklich dasselbe wollen können. Ein Turniersaal. Einzelne Paare kämpfen. Plötzlich sind zwei Fronten da, die sich aufeinander zu bewegen. Indem sie es tun, finden Pantomimen der Treulosigkeit auch innerhalb der Fronten statt. Einer macht sich los, zieht sich in die Ecke zurück, gibt der Partei, gegen die er eben noch focht, verheißungsvolle Winke, manövriert sich zwischen beide Lager, sucht zu vermitteln. Ein Anderer möchte den und den aus beiden Fronten herauslocken, eine dritte bilden. Dabei ist stets Illusion, Irrtum, Quacksalberei. Man weiß zu wenig über einander, und es gibt solche, die kennen nicht einmal sich selber. Auch gehört zur hohen Kunst, Geheimnisse zu hüten und möglichst viele von ihnen aufeinanderzupacken.
Wäre man aufgefordert, trotz allen Gewühles einen europäischen Hauptzankapfel zu nennen, so fiele im Augenblick die Wahl leicht: es ist dies gesegnete, nun verfluchte Ländchen zu beiden Seiten des Mittel-Rheines, die Pfalz. Die Unterdrückung der böhmischen Revolution haben die Protestanten hinnehmen können; zur äußersten Not noch die bayerische Kurwürde, die das innerdeutsche Gleichgewicht aufhob. Die Spanier in der Pfalz, das geht nicht. Nicht für Frankreich, nicht für die Generalstaaten, nicht für England. Eine politische Welt, die überall Unrecht wie Wasser trinkt, aus Rechtssinn die Anerkennung von Unrecht verweigernd? Zu einem kleinen Teil wohl; es ist ja beispiellos, eine alte Dynastie glatt enteignet zu sehen, wie irgendeinen aufsässigen Baron, wie einen Juden, nach dessen Schätzen der Fiskus schielte. Jedoch möchte der Sinn für das Recht so zäh nicht gewirkt haben, wäre nicht das Interesse der Macht nachhelfend dazugekommen.
Im Frühling gerät in Bewegung, was zu Ende des Vorjahres, damals, als Wallenstein von Göding zurückkehrte, erstarrt schien.
Die Briten sind die Freunde der Spanier nicht mehr. Eben noch geneigt, zusammen mit den Protektoren der Heiligen Inquisition die freien Niederlande zu zähmen, machen sie nun im Haag sich gefällig. Bei dem König Jakob, mit 58 Jahren einem Greise, gibt der Sinn für die Familie den Ausschlag; Spanien blieb die Leistung schuldig, die er sich von ihm erhoffte, die Restituierung der Pfalz. Und so empfängt er im April den düsteren Freibeuter und Ober-Marodeur, den Grafen von Mansfeld, gibt ihm Geld oder verspricht ihm welches, um Trup-

pen in England zu werben, kraft derer er »unseren liebsten Kindern«, dem Pfalzgrafen und seiner Ehegemahlin, zur Wiedererlangung ihrer Dignitäten verhelfen soll; so zwar, daß er dabei den rechtmäßigen Besitzungen unseres lieben Bruders, des Königs zu Hispanien, und unserer lieben Schwester und Base, der Infantin zu Brüssel, in keiner Weise zu nahe treten darf. Leicht wird das nicht sein, aber Mansfeld muß nehmen, was er bekommt. Die Art, in welcher er, der doch eigentlich weit mehr Niederlagen als Triumphe nachzuweisen hat, in London begrüßt wird, »als ein großer Fürst oder ein Heiliger«, ist Balsam für die verkrusteten Wunden seiner Seele. Dem Mansfeld-Enthusiasmus geben sich auch die Parlamentarier hin, die nicht gut mit dem König stehen, schlechter mit des Königs Günstling, Bukkingham. Sie wollen aber nicht das, was der König will, ein dynastisch-abgewogenes Kontinentalbündnis, sondern guten alten Krieg gegen Spanien nach der Weise des vorigen Jahrhunderts, Seekrieg, Handelskrieg, Beutekrieg. – Ein Rudel englischer Agenten wird nach den protestantischen Hauptstädten geschickt, nach dem Haag, Stockholm, Kopenhagen, auch nach Norddeutschland. Denn offenbar müssen Fürsten und Hafenstädte Norddeutschlands mit von der Partie sein, wenn Holländer und Skandinavier was Gemeinsames unternehmen sollen. Die Gesandten treffen auf Hindernisse: den Hader zwischen Schweden und Dänemark; die Angst der deutschen Fürsten, die nicht wissen, nach welcher Seite sich wenden; die scharfen, klaren Forderungen des Schwedenkönigs. Das Haus der Gemeinen hält König Jakob kurz, was den nervus rerum anbelangt. »Ich bin kein so großer und reicher Fürst, als daß ich alles solches leisten könnte«, klagt er bescheiden. »Ich bin nur König über zwei arme kleine Inseln.«

In eben dem Monat, in dem Mansfeld sich in London feiern läßt, tritt der Kardinal von Richelieu in den Rat des Königs von Frankreich ein. Noch nicht als Erster Minister, das dauert noch eine Zeit; aber die Hand Eines, der sein Handwerk aus dem Grunde versteht, wird alsbald spürbar. Seine Berufung erfolgt ein Jahr, bevor Wallenstein zu etwas Anderem berufen wird.

Unter dem neuen Ministerium tragen die Kuriere des Königs von Frankreich energischere Depeschen in ihren Satteltaschen als ehedem. Es kommt zu einer Allianz zwischen Paris, dem Haag, London; defensiven Zwecks nur und nicht so stürmischen, wie jetzt die Engländer wünschen, aber doch eindeutig in dem, wogegen man sich verteidigen will. Auch französische Gesandte schwirren nach Deutschland aus. Sie sollen den protestantischen Fürsten verdeutlichen, was ihnen droht, die Aufmerksamkeit der katholischen aber auf die leidige

Tatsache lenken, daß der Sieg der katholischen Partei eigentlich doch nicht so sehr der Ihre ist, wie vielmehr erstens der des Kaisers, zweitens der der Spanier; ein Argument, das den Kurfürsten von Bayern beeindrucken muß. Denn der mag die Spanier nicht, seit sie im Vorjahr gegen seine Rangerhöhung arbeiteten; wen er nicht mag, den verdächtigt er. Was ihn verwirren sollte, ist, daß Richelieu, indem er um ihn wirbt, gleichzeitig den alten Parteigänger des Pfalzgrafen, den Grafen von Mansfeld in Sold nimmt, denselben, der schon in englischem Solde steht. Beide Zahlungsaufträge haben verschiedene Zwecke. Für den König Jakob soll Mansfeld die Pfalz befreien, woran Richelieu im Moment so viel nicht liegt, weil es bayerische Reaktionen hervorrufen würde. Der Kardinal erhofft sich Waffenhilfe gegen die Spanier, die das Veltlin besetzt haben.

Was hat das Südgebirgstal mit der großen Politik zu tun? Nur dies: es führen von ihm Wege nach Tirol, von dort nach Bayern, wie auch ins Engadin, weiter nach Vorarlberg, zum Bodensee, ins Elsaß. Eine Brücke zwischen den beiden habsburgischen Lagern, den Spaniern, die die Lombardei beherrschen, und den deutschen Vettern, eine Verbindung zwischen Italien und dem Rhein. Die Bewohner des Veltlins sind Katholiken. Sie sind Untertanen der Grauen Bünde, einer harten, übrigens in sich gespaltenen, von grausamen Zwisten zerrissenen Genossenschaft. Gegen ihre protestantisch-barbarische Fremdherrschaft haben die Veltliner sich erhoben; was für den Vizekönig in Mailand Gelegenheit bot, sich des Tales fester Burgen zu bemächtigen. Ein Kirchenfürst, der seine Politik sich von der Religion diktieren ließe, könnte nicht anders als den Vorgang billigen; aber der neue französische Minister denkt weltlich in den Dingen dieser Welt und denkt strategisch. In der spanischen Besetzung des Veltlin sieht er ein neues Glied der Kette, die sein Frankreich fesseln, beengen, ersticken soll. Zu dem losen Nordbündnis, Frankreich-Generalstaaten-England, fügt er ein präziseres Südbündnis, Frankreich-Savoyen-Venedig. Im Winter, 24 auf 25, schlagen im Veltlin französische Waffen gegen spanische; was nicht heißt, daß beide Monarchien im formalen und ganzen Kriegszustande wären. Des Herzogs von Savoyen und der venezianischen Signoria erinnert man sich als alter Feinde Ferdinands von Steiermark.

Große Pläne flattern unverwirklicht im Winde; teils, weil die Planenden nicht taugen, teils, weil die Mittel nicht reichen, teils, weil die Wollenden sich nicht einigen können. Sehr antispanisch denkend, kann der Kardinal von Richelieu Frankreich doch nicht an die Spitze einer großen protestantischen Koalition stellen; kann es um so weniger, als im nächsten Jahr, 1625, ihm seine eigenen Hugenotten wieder die Hölle heiß zu machen beginnen. Einigen sich die protestantischen Mächte ohne ihn, so ist ihm das lieb, vorausgesetzt, daß ihr Waffenglück sie nicht gar zu weit trägt. Was er sehr gerne sähe, ist ein Deutschland, das im spanischen Schachspiel kein Turm, kein Springer, kein Läufer mehr wäre. Aber Deutschland ist zu groß, zu begehrt, und in seinen Teilmächten zu begehrend, als daß es neutralisiert werden könnte; es hat den inneren Frieden nicht, ohne den keine Neutralität sein kann; auch überschätzt der Kardinal die Handlungsfreiheit der einzelnen deutschen Fürsten. König Jakob würde jetzt, fünf Jahre zu spät, die große, die größte Koalition zur Wiederherstellung des status quo ante recht gern zusammenbringen: Britannien, Schweden, Dänemark, die Generalstaaten, ja und sogar ein beträchtliches deutsches Fürstentum, nämlich Brandenburg, und Frankreich wohlwollend im Hintergrund, und Bethlen und dann noch, etwa, der moskowitische Zar, der Polen in die Klemme nähme, oder wenigstens Geld herliehe. (Das Letztere scheitert am Zinsfuß, den die Reußen fordern.) Den Kurfürsten Georg Wilhelm von Brandenburg angehend, so bemüht er sich im Sommer 24 tatsächlich, der werdenden Koalition eine deutsche Hand entgegenzustrecken, und schickt seine Diplomaten nach Skandinavien, ein Schema mehr bietend unter den vielen Schemen, die bereits ausgekocht wurden. Immer ist die Frage, welche Stoßrichtung die Allianz nehmen soll, praktisch gesprochen, wo, zum Beispiel und vor allem, der König von Schweden landen soll, um wohin zu marschieren; da, von der Pfalz bis Livland, gibt es so manches mögliche Ausflugsziel . . . Aus der großen Koalition wird zuletzt doch nur eine geringe. Was Gustav Adolf fordert, ehe er sich in die deutschen Wirren stürzt, das all und eine Oberdirektorium – welches Dänemark sehr kränken würde –, zwei gesicherte Häfen ersten Ranges an der Ost- und Nordsee, Wismar etwa und Bremen, eine englisch-niederländische Flotte in der Nordsee – um ihn gegen Dänemark zu sichern – und viel, viel Geld, das ist mehr, als die Koalitions-Schmiede bieten können. Darauf bricht Gustav die Unterhandlungen ab und beginnt aufs neue seinen Privatkrieg gegen Polen, den er gern als einen Teil des gesamteuropäischen sieht. Mit Schweden fällt auch Brandenburg fort, von dem Zaren Michael Romanow, ohnehin einem sonderbaren Bundesgenossen, zu schweigen. Bleibt Dänemark – die Generalstaaten, seit 1620 die Triebkraft aller antispanischen, antihabsburgischen Bewegungen, verstehen sich von selber. Mit Dänemark, das bescheidenere Forderungen stellt als Schweden, kommt König Jakob zum Schluß. Eine Konferenz der protestantischen Mächte, im Frühjahr im Haag abzuhalten, soll die Strategie festlegen. Sie wird bis Spätherbst verschoben, denn im April stirbt der niederländische Anführer, Prinz Moritz von Oranien, und König Jakob stirbt auch; daß man dem toten Körper noch sechs Wochen lang so aufwartet, wie der Lebende gewöhnt war, ist nur als Zeremonie beachtenswert. Welch stattlicher Zug ihn dann zu seiner Gruft begleitet. Vierhundert arme Leute, mit Trauerkleidern beschenkt, und weit mehr als vierhundert reiche Leute, Lords und Ambassadeure, denen je zehn Pagen des Mantels Schweif halten aus Sammet und schwarzem Plüsch, Trompeter, Pfeifer, Herolde, des Königs Sporen, Handschuhe, Rapier, Schild, Sturmhut und Schlafrock exhibierend, und die Leibrosse und die Richter und der Oberste Bürgermeister der Stadt London und der Erzbischof von Cantelnberg und achtundsechzig Prädikanten und wieder Pagen, wieder Herolde und Herzoge und Grafen, und dann der Totenwagen, auf welchem der König in Wachs abgebildet liegt, so kunstvoll, als ob er lebte und nur der Sprache ermangelte, ganz weiß leuchtend, die Krone auf dem Haupt, in der einen Hand das Szepter, in der andern die Weltkugel, hinter ihm ein vornehmer Herr, den Kopf vor dem Schütteln der Kutsche zu bewahren . . . Für Christian von Dänemark ist der Tod Jakobs ein Verlust, denn der Nachfolger, Karl I., hat andere Pläne, schon um sich von dem Alten zu unterscheiden; es wird ihm auch eine andere Art von Bestattungsfest beschieden sein.

Warum Dänemark – besser gesagt, der König von Dänemark, denn seine Berater waren dagegen – nun Krieg in Deutschland führen will? Aus Ehrgeiz und Vergrößerungssucht – sie hausen in aller Potentaten Seelen. Wir dürfen ihm aber konzedieren, daß richtiges Urteil bei der Sache ist, so lang man die Not der Staaten ernst nimmt, eine Pflicht, wofür ja die Könige in erster Linie bezahlt werden. Wenn Deutschland von der katholischen Partei ganz unterworfen wird, wenn die Spanischen und Kaiserlichen sich an den Meeren festsetzen, so ist es um Dänemarks Unabhängigkeit so oder so geschehen. Die Rettung des deutschen Protestantismus ist Lebensinteresse der Nordkönige. So sieht es, im Prinzip, Gustav Adolf, so sieht es Christian auch. Fragt sich, wieweit seine Mittel reichen. Auf die Vereinigten Niederlande zählt er, und mit Recht; aber schließlich können die nicht alles und haben im Moment sich einer spanischen Offensive zu erwehren. Auf England glaubt er zählen zu können, mindestens auf den Grafen von Mansfeld, Englands neubestallten General. Dann Bethlen, dann ein neuer Aufstand in Böhmisch-Mähren, dann vielleicht Venedig, die französische Partei, die sich in Italien gebildet hat – unsichere Hoffnungen. Vor allem muß der Teil Norddeutschlands mitmachen, der an Dänemark grenzt, der Niedersächsische Kreis. Der hätte ja auch am ehesten Grund dazu, denn die Truppen des Kurfürsten von Bayern

stehen jetzt bedrohlich an seiner Grenze. Wenn nur nicht im Selbsterhaltungstrieb der Kleinfürsten die Angst eine stärkere Komponente wäre als der Wagemut. Wenn nur nicht der Kaiser und, mit seiner Vollmacht, der Kurfürst von Bayern das Recht auf ihrer Seite hätten, die »heilsamen Reichsconstitutiones«, von denen nirgends steht, wozu sie berechtigen. Wenn nur nicht die Hansestädte vor allem am Frieden interessiert wären, und keineswegs an einer Ausdehnung des dänischen Handels . . . Mit knapper Mehrheit wird König Christian zum Obersten des Niedersächsischen Kreises gewählt. Es sind dafür die beiden Herzoge von Mecklenburg, Schwerin und Güstrow, ein Neben-Herzog von Holstein, der Administrator des Stiftes Magdeburg, Christian Wilhelm, von Hause ein Brandenburger; andere hätten einen harmloseren Obersten vorgezogen. Harmlos klingen die Beschlüsse des Kreistages: Rüstungen, ja, aber nur zum Zweck der Verteidigung, eine Kreis-Armee, nirgendwo sonst zu gebrauchen als eben im Kreise und durch dänische Hilfstruppen verstärkt. Formalia, durch welche die Stände Niedersachsens vor sich selber verbergen, daß sie einer europäischen Kriegskoalition beigetreten sind, und in einem Atem verneinen, was sie bejahen.
Natürlich weiß, ahnt man in Brüssel, Madrid, Wien und München von alledem etwas. Dafür, von Botschaftern und reisenden Klerikern nicht zu reden, sorgen schon allein die guten Beziehungen, die zwischen Paris und Bayern gepflegt werden. Kurfürst Max ist ein wachsam nach allen Seiten spähender Politiker. Daß er um seine allzu schönen Erwerbungen noch einmal wird kämpfen müssen – das »er« abkürzungsweise zu verstehen –, wird ihm zu Beginn des Jahres 25 wahrscheinlich bis zur Sicherheit; eher noch überschätzt er die Gefahr. Der späte, plötzliche Wegfall Schwedens war nicht vorauszusehen, und es dauert Monate, bis er sich herumspricht.
Die Berichte der Diplomaten und Spione wurden durch Naturerscheinungen überreichlich bestätigt. Wohl war der Winter des Jahres 25 warm, so warm, daß die Mandelbäume blühten; sie erfroren im Sommer. Im Bistum Bamberg bebte im Februar die Erde, ein ganzer Berg erhob sich und ließ anderswo, weit fort, sich nieder. In Hamburg wütete eine Springflut, wie keine seit siebzig Jahren, und riß Schiffe und Häuser, Menschen und Vieh mit sich, wie auch an die 2000 Kisten Zucker. Während der Krönung von Kaiser Ferdinands jungem Sohn zum König von Ungarn sah man über Ödenburg drei Sonnen, danach aber, als gar keine Sonne mehr am Himmel war, einen Regenbogen. Bedeutete dies Phänomen, daß der Erzherzog einmal alle drei Kronen tragen würde, die ungarische, die böhmische, die römische? Ach nein, es verhieß wohl leider Unheil, neuen Krieg, und was alles an Elend

der Krieg mit sich führte, wie regelwidrige, monströse Zeichen fast immer taten . . . Vorboten verwiesen auf Schicksal; Schicksal war bös. Aber wurde es denn nicht von Menschen angerichtet, die, wenn sie nur wollten, auch ein erfreulicheres hätten anrichten können? Nicht so. Schicksal würde sein, was es sein mußte, unvermeidbar, ob es von streitsüchtigen Königen kam oder aus den Wolken.

Kepler, ein anderes Mal

Viele Geschäfte betrieb in dem Scheinfriedensjahr 1624 der Oberst von Prag: seine persönlichen, fürstlichen, die seine Zeit ganz hätten ausfüllen dürfen, und seine öffentlichen. Zum Beispiel war ihm daran gelegen, den Pragern eine Zitadelle zu schenken. Das hatte nichts mit einer Befestigung der Stadt, mit Mauern rings umher zu tun. Zitadellen mochten wohl im äußersten Notfall auch gegen Angreifer von außen dienen; ihr Hauptzweck, und den hatte Wallenstein jetzt und hier, wie später und anderswo, im Aug, war die Zähmung der Bürger. Eine Provokation: ein steinernes, eisernes Zeichen der Herrschaft. Mit dem Bau wurde begonnen, auf dem ältesten Burgberg, dem Vysehrad. Aber es ist nicht sicher, ob er je beendet wurde, und blieben keine Spuren von ihm. Fürst Liechtenstein, immer ein wenig eleganter im Umgang mit dem unterworfenen Volk, war kein Freund des Unternehmens und zögerte es hin.
Lange dauerte die Juristenarbeit, der man ein neues Staatsrecht für das Königreich verdankte. Das alte galt nicht mehr; während die Sieger ihren Sieg zur Neige kosteten, galt überhaupt nichts mehr; dann, 1623, wurde befunden, daß es ohne Verfassung, eine »Verneuerte böhmische Landesordnung« immer doch nicht gehe. Zwei Jahre später bildete sich eine Kommission, sie zu entwerfen: Karl von Liechtenstein, der Fürst von Friedland, der Reichsvizekanzler Stralendorf, der Geheimrat Werdenberg, der böhmische Vizekanzler von Nostitz, drei bürgerliche Rechtsgelehrte. Es ist anzunehmen, daß die Letzteren das meiste beitrugen; und ist nicht anzunehmen, daß Wallenstein den Kommissionssitzungen fleißig beiwohnte. Dergleichen vertrug er nicht; mag auch das im Jahre 27 endlich publizierte umständliche Dokument nie studiert haben. Die Grundgedanken gefielen ihm. Die Monarchie wurde zur erblichen, ohne Reservationen. Das Recht der Gesetzgebung lag beim König allein. Nur, wo es um Geld ging, hatten die Stände noch mitzureden; vier Stände jetzt, denn die Geistlichkeit wurde zum Ersten Stand, wie sie es gewesen war in uralten Zeiten. Politische Bündnisse innerhalb der Ständeversammlung, Parteien,

gemeinsame Voten durften keine mehr sein, bei Strafe des Hochverrats. Die obersten Beamten ernannte der König allein, nach Belieben. Das Bürgerrecht, Incolat, verlieh der König allein; eine Veränderung, wesentlich für die vielen neuen Bürger, die neuen Besitzer, die neuen Herren fremder Nationalität, die jetzt sich in Böhmen niederließen und später noch sich niederlassen sollten. Heer gab es nur eines, das königliche; keine ständischen Regimenter mehr. Religion gab es nur eine. Sprachen gab es zwei, die tschechische, die deutsche, einander gleichgestellt. In solchem Sinn noch mehr. Die erneuerte Landesordnung, kurz gesagt, verbot, was das Lieblingsspiel des Adels und der Städte gewesen war, die Politik; und das ging weiter, als selbst bewährte Wortführer der spanischen Partei gewollt hatten, wenn sie nämlich bei aller habsburgischen Gesinnung sich noch als Böhmen fühlten. Es ging nicht weiter, als Wallensteins hochfahrender, ungeduldiger Geist billigte. Je einfacher die Anordnung der Herrschaft, desto besser. Mochte der König absolut sein in Böhmen, wenn er selber es war in seinem Friedland, und Friedland Schritt für Schritt von Böhmen trennte.

Im Dezember des Jahres 24 diktierte er sein Testament. Im gleichen Monat wandte er sich noch einmal an Johannes Kepler, den jetzt zu Linz im Dienst der oberösterreichischen Stände lebenden Mathematiker. Man erinnert sich seiner Bitte: ob nicht eine Korrektur seiner Geburtsstunde, in Anbetracht der Daten seiner seit dem Jahre 1608 gemachten Erfahrungen, möglich wäre? Ferner wünschte er genaueren Aufschluß über seine Zukunft, als Kepler damals hatte bieten wollen, und zwar besonders über das Folgende: Ob er am Schlagfluß sterben werde, und zwar außerhalb seines Vaterlandes, wie andere Astrologen meinten? Ob er extra patriam Würden und Güter erlangen werde? Ob er im Kriegswesen noch länger kontinuieren sollte, wenn ja, dann in welchen Landen und mit welchem Glück? Wen er für seine Feinde werde ansehen müssen und ob es wahr sei, was andere Mathematici errechneten, daß seine Landsleute, die Böhmen, seine ärgsten Feinde sein würden? . . . Gerhard von Taxis, der die Korrespondenz vermittelte, wie vor sechzehn Jahren, fügte hinzu, der böhmische Herr wünsche keine Schmeicheleien, sondern die Wahrheit, sie sei, was sie sei.

Noch dreiviertel Jahre lang spielten die Partner Geheimnis, wie ehedem, obgleich jetzt ganz sinnloser Weise. Ein junger Offizier in Wien, Christoph von Hochkircher, hatte die Briefe zu vermitteln, auch sich persönlich zu Kepler zu verfügen, um ihn zur Arbeit anzuspornen, jedoch »celato nomine Principis«, unter Verschweigung des fürstlichen Namens. Im September 1625 tat dann Taxis mit einem Mal so, als sei ein Geheimnis nie gewesen: »Seine fürstlichen Gnaden Herzog zu Friedland« hätten ihm das und das aufgetragen. Kepler antwortete, jetzt endlich sehe er klar. Zwar habe er schon vorher was geahnt, aber wegen Hochkirchers zweifelhafter Reden doch nicht ganz trauen können. Armselige Verbergung! Längst hatte er gewußt, seit wenigstens acht Jahren; er wußte, wer Taxis war, kein Leutnant mehr, sondern Oberstleutnant, Freiherr und Landeshauptmann und wessen Landeshauptmann. So daß dies zweite Horoskop uns solche Rätsel wie das erste nicht aufgibt. Der Fürst von Friedland, der Gubernator von Böhmen, war ein Mann, über den der weltkundige Kepler mehr als genug gehört hatte, obgleich er noch immer so tat, als erschlösse er die Dinge nur, zum kleineren Teil aus den Planeten, zum größeren aus Andeutungen, welche des Oberstleutnants Briefe enthielten. Dem Befehl, seinem hohen Auftraggeber nicht zu schmeicheln, kam er pünktlich nach. Wer aus den Sternen wissen wollte, was Wallenstein verlangte, der sei noch nie recht in die Schule gegangen und habe das Licht der Vernunft, das Gott ihm angezündet, noch nie recht geputzt. Konnte der böhmische Herr nicht endlich von dem Wahne lassen, der die Ursachen aller Particularia am Himmel suchte? Irdische Begebenheiten hatten irdische Ursachen; punctum. Die Ernennung zu einem Kriegsamt war für das und das Jahr vorausgesagt worden und nicht eingetreten? Wie konnte sie denn eintreten, da in jenem Jahr gar kein Krieg gewesen war? Glaubte denn sein Befrager, es drehe sich alles um ihn allein und müsse das große Ganze sich zum Schicksal seiner Einzelperson zusammenfügen? Andere Menschen lebten doch neben ihm, sehr viele von ihnen, jeder unter einer besonderen Konstellation geboren. Wie konnte man wissen, wie sie wann ihm begegnen würden? Da müßte man zum Schluß ja eine einzige Universalnativität ergründen, womöglich der ganzen Christenheit – eine Aufgabe, die doch über jede Wissenschaft weit hinausging. Von einer vergleichsweise universalen Bedeutung waren allerdings die Themen der Staatsoberhäupter: hätte der Kaiser den böhmischen Krieg nicht gewonnen, so wäre das Schicksal vieler Leute ganz anders, und dasjenige Wallensteins auch. Ob er im Kriegswesen kontinuieren würde, hing zunächst einmal davon ab, ob der Krieg selber kontinuieren würde, und diese Frage hatte mit seiner Geburt nichts zu tun. Und da er offenbar ein sehr vornehmer böhmischer Herr, so mochte er recht wohl außerhalb seines Vaterlandes Ämter verwalten, wenn es nämlich seinem König so gefiele. Sterben tat Einer entweder im Land der Geburt oder nicht, entweder drinnen oder draußen; bei solchen bloßen Ja- oder Nein-Fragen war immer die Aussicht, daß man's richtig erriet, zur Hälfte gut, aber kein ernsthafter Sterndeuter gab sich mit ihnen ab. Auch nicht mit der Todesart; ohnehin führte das Podagra, zu dem Wallenstein sich bekannte, meistens zum bitteren Ende des Schlagflusses. Da der böhmische Herr noch immer im Kriegswesen tätig war, mit den böhmischen Rebellen es aber ein so trauriges Ende genommen hatte, so lag auf der Hand, daß er ein loyaler, ein königstreuer Böhme war, und als solcher hatte er von dem Oberhaupt Böhmens keine Ungnade zu fürchten. Anders sein Verhältnis zur Nation; »denn wer ein Böhme ist und innerhalb des Königreiches sich also verhält wie ich es (vor siebzehn Jahren) gesetzet, den wird man sonder Zweifel nirgends anders wohl besser kennen oder mehr hassen als eben in Böhmen . . .« Nicht nur die Unterworfenen vermutlich; in Situationen wie der jetzt in Böhmen obwaltenden pflegte eine Menge »Raubvögel und Angeber« umzutreiben, vor denen ein großer Siegesnutznießer sich weislich in acht nahm. Dies um so mehr, als ein Vergleich zwischen den Nativitäten Wallensteins und des Kaisers auf geringe Affektion und Zuneigung schließen ließ; auch im Horoskop des Thronerben fehlte es nicht an widerwärtigen, dem Frager feindlichen Konfigurationen . . . Ein Wink zur Vorsicht? Eine Abmahnung? Ja und nein. Kepler hatte in siebzehn Jahren seine Denkungsart und Methode nicht geändert. Nachdem er den Anspruch, den Wallenstein an die Wissenschaft stellte, als großenteils töricht widerlegt hatte, erfüllte er ihn gleichwohl, soweit er es mit seinem Gewissen irgend vereinigen konnte, oder etwas weiter – später schrieb er, er habe sein Äußerstes versucht. Er nahm die Korrektur des Augenblickes der Geburt vor, aus der sich beträchtliche Verschiebungen ergaben. Wallensteins höchste Glücksjahre fielen nun zwischen das 40. und 45., nicht, wie ehedem gefunden, zwischen das 47. und 52. Auch die einzelnen »Revolutionen«, die Zeitabläufe von Geburtsstunde zu Geburtsstunde, die Privatjahre, unterzog der Gelehrte einer neuen Kontrolle. September 24 bis September 25: über die Maßen gut. 25 bis 26: wichtige Händel, verdrießliche Hinderungen. 26 bis 27: »Ist eine Revolution des Geborenen Natur ähnlich; denn gelingt es ihm mit Erhöhung seiner Autorität, und Macht an Geld und Gütern, so geschieht es ohne Zweifel mit der Welt und vieler Leute Schaden, weshalb auch ihm Feindschaft, Widerstand, Hinderung und durch Verbitterung ohne Zweifel auch das Podagra erwecken wird.« 27 bis 28: mehr bös als gut. »Wenn dem Geborenen gleich alles glückte, würde er sich doch nicht vergnügen, sondern sich selber fressen, zu geschweigen, daß er sich außerhalb seiner auch Opponenten erwecket. Doch dies ungehindert, ist diese Revolution vorbrechend und obsiegend.« 28 bis 29. Es wird schlechter. Es wird jedenfalls undeutlicher, unsicherer, Jahr für Jahr, bis 1634. Da, im März, steht es grauenerregend, und man bricht hier lieber ab, zumal ja, was in so ferner Zukunft liegt, die Gemüter nicht sonderlich zu bewegen vermag ... War nicht überhaupt der Geborene des mühseligen, landverderbenden Kriegswesens, wie aus seinen Fragen hervorging, ziemlich satt, zumal das kitzlige Podagra ihm Bettreißen machte? Was konnte der Astronom ihm Besseres wünschen als ein gereinigtes Verständnis der Wissenschaft ohne Aberglauben, Ruhe, Erholung und Freude? Sich selber aber wünschte er viel Geld aus dem Schatz seines wohlhabenden Klienten, denn er fand sich wieder einmal ohne eigene Schuld in den bedrängtesten Umständen ...

Armer Kepler. Gar nichts erhielt er. Wohl schickte Taxis ihm durch Fähnrich Hochkircher einen Beutel mit abgewerteten »Zwanzigschillingern«. Aber Hochkircher machte Ausflüchte: der Beutel sei zu schwer, die Landstraße zu gefährlich; besser, das Geld bliebe einstweilen in seinem Haus, zu guten Treuen. Als dann Kepler einen Advokaten aufgetrieben hatte, Miller mit Namen, der bereit war, den Transfer auszuführen, war alles weg, von Hochkircher verbraucht und verjubelt. Nun tröstete der militärische Ehrenmann seinen Gläubiger mit einer Erbschaft, die er an Keplers eigenem Wohnort, in Linz, zu gewärtigen hatte, und die sich wiederum als eitel Schaum herausstellte. Kepler an Taxis, November 25: Seine Fürstlichen Gnaden versprächen ihm für eine abermalige Erweiterung seines Prognosticums, die er gar nicht leisten könne, ein reichlicheres Honorarium. Er habe aber bisher weder ein reichliches noch ein unreichliches bekommen: »Ich auch von diesem Honorario weder Heller noch Pfennig empfangen, sondern nur etliche vergebliche Botenlöhne bezahlen müssen ...«

Wallenstein achtete nicht auf die schwindelnden, dem Schleier der Maia sich gefährlich nähernden Spekulationen, auch nicht auf die Frechheiten, die Keplers Gutachten enthielt. Er achtete nur auf die »Revolutionen«, die er nun Jahr für Jahr mit Ereignissen und Taten verglich. Seine Randbemerkungen bezeugen es. »Im Augusto Dänemark geschlagen.« »Dänemark aus Holstein, Jütland, Mecklenburg vertrieben.« »Saganisch Lehen. Mecklenburgisch Posses. Stralsund belagert.« *Eine* Bemerkung aber, in Keplers Essay unscheinbar placiert, und sich auf die nächsten zwölf Monate beziehend, muß ihn am stärksten bewegt haben; um ihretwillen hätte er den Astronomen nicht mit abgewertetem Kupfer, sondern mit Gold belohnen dürfen. »Ein Potentat ..., der dies alles wüßte, der würde ohne Zweifel einen solchen Obristen mit einer so stattlichen Revolution, wenn er auch seiner Treu versichert, wider jetzige ausländische Feinde schicken.« Hier ging es um das Jetzt, das Jahr 1625. Die ausländischen Feinde waren da. Wenn der Potentat nicht von selber auf den Gedanken kam, den Obristen wider sie zu schicken, so konnte man ihn darauf bringen. Wallenstein war weit gekommen in den letzten sieben Jahren, unglaublich weit, wenn man's mit dem Anfang verglich. Dies eigentlich hatte er von Kepler wissen wollen: sollte er mit dem Erworbenen sich zufrieden geben, seine Renten einsammeln, seine Schlösser bauen, seine Rosse züchten, sein Podagra pflegen, ein großer König im Kleinen; sollte er das Glück auf kühnere, immer kühnere Proben stellen?

Bayern

Die heimlichen, nie geheim bleibenden Verhandlungen zwischen Paris und München gingen weiter unter Richelieus Ministerium. Nichts wäre dem Kurfürsten Maximilian lieber gewesen, als die Vermittlung eines Gesamtfriedens, unter der einen Bedingung, daß er seine Gewinnste behalten durfte. Da er sein Staatswesen vergrößert hatte auf eine Weise, von der nur sein Wille ihm einreden konnte, daß sie rechtlich, sein Verstand ihm aber sagen mußte, daß sie gefährlich war, so trieb er aus Not ein mehr europäisches als deutsches Machtspiel fort; in ihm war Frankreich willkommen, um seine spanischen Freunde und Halbfeinde zu balancieren. Es redeten aber die beiden Politiker, Richelieu und Maximilian, vertreten durch ihre Gesandten und Mönche, immer aneinander vorbei, und täuschte sich einer über den anderen. Was Richelieu von Bayern wollte, war unmöglich: daß es mit dem Kaiser bräche, daß es ganz neutral wäre gegenüber den Verbündeten nicht bloß Frankreichs, sondern Englands, also den Generalstaaten – dies Wespennest zu vermeiden war Maximilian ohnehin entschlossen –, Schweden, Dänemark, Niedersachsen, ja selbst dem Grafen Mansfeld. Was Maximilian von Frankreich wollte, nämlich eben diese Mächte, die werdende Nordkoalition sich selber zu überlassen, oder gegen sie zu operieren, war auch unmöglich. Immer wieder zerrissen darum die Verbindungen zwischen dem Kurfürsten und dem Kardinal, selbst dann, als sie, später, zu Papier gebracht, besiegelt und beschworen worden waren.

Zum Spiel gehören zwei Parteien. Es wäre nicht komplett gewesen, hätten nicht die Spanier und Kaiserlichen dasselbe versucht, was England und, auf weniger direkte Art, Frankreich versuchte: eine Koalition zu schmieden und kraft ihrer den gegenwärtigen Zustand der Dinge zu erhalten. Dazu bot sich, weil Frankreich keineswegs in Betracht fiel, weil auch der neue Papst, Urban VIII. aus dem Hause Barberini, eine mehr weltliche als vom Kampf gegen die Ketzer inspirierte Politik trieb, wieder nur der Kurfürst Max mit seiner Liga von Bischöfen und katholischen Fürsten. Um Maximilian warben, wie Paris, so Wien und Madrid. Ein Grande, welcher beide vertrat, Don Balthasar Marradas, Wallensteins alter, neidischer Kriegskamerad, wurde Februar 1625 nach München geschickt, um den Kurfürsten mit Hinweisen auf die allen gemeinsame Gefahr, wie auch mit dick aufgetragenen Schmeicheleien zu gewinnen. Maximilian entzog sich: eine codifizierte Dreier-Allianz sei »fast nachdenklich, teils auch unnötig«. Nachdenklich: denn ein solches Bündnis würde ihn in alle möglichen Wirren ziehen, mit denen er nichts zu tun haben wollte, die veltlinischen, die spanisch-französischen überhaupt, die spanisch-niederländischen. Unnötig, denn, so argumentierte er, man stehe ja ohnehin schon zusammen, man kämpfe ja ohnehin schon in der gleichen weitgeschwungenen Front, wenn auch jeder an seinem Ort und mit seiner besonderen Aufgabe; die Spanier in den Niederlanden, seine kaiserliche Majestät, wo sie es für gut befänden, er selber im Reich. Warum diese naturgegebene, elastische und ersprießliche Arbeitsteilung durch einen Vertrag ungeschickt formalisieren? Indem aber der Fuchs sich aus seinem eigenen Bau nicht locken ließ, hörte er gleichwohl nicht auf, in Wien vor unzeitiger Abrüstung zu warnen und stärkere Kriegspräparationen dringend zu empfehlen; von England, von Dänemark, von Schweden, von dem Mansfelder, von den Malcontenten im Reich, von Bethlen, von den Türken, von den böhmischen Emigranten, von allen Seiten drohe Gefahr, welcher er allein nicht begegnen könne. Dabei schwankte er zwischen zwei schwer zu versöhnenden Wünschen: das Amt des alleinigen Kriegs-Oberdirektors in Deutschland, das ihm vor sechs Jahren zugesprochen worden war und so stattliche Vorteile gebracht hatte, nicht zu verlieren, andererseits unter fremdem Dach Unterschlupf zu finden, wenn nun das Wetter wieder schlecht wurde. Machte man in Wien mit den Rüstungen keinen Ernst, so nahm er es übel; wenn man aber seinen Beschwörungen folgte und Truppen warb, so war genau zu prüfen, gegen wen man sie meinte und wo man sie einzusetzen gedachte. Worauf es ihm vor allem ankam, waren kaiserliche Hilfstruppen, verbunden mit der eigenen Vollmacht, von Kaiser und Reichs wegen jeden Landstrich in Deutschland zu besetzen, wenn die Notdurft es erheischen würde – zum Beispiel Niedersachsen. Welche Vollmacht, plenaria potestas substituendi, er auch erhielt.

Die Gefahr war unleugbar. Besser, ihr entgegenzugehen, als sie dem eigenen Land sich nähern zu lassen. Ein Fürst schuldete seinen Bürgern und Bauern festen Schutz. Zuletzt freilich wurde das Bayernland doch gräßlich verwüstet und in Grund und Boden ruiniert, und zwar durch die Schuld Maximilians so sehr, wie durch die anderer Leute. Noch weniger verspürte Ferdinand II. Lust zu neuer Blutstürzung, schwach, gutmütig und von Geldnot gequält, wie er war. Er gab sich, seine Räte gaben sich im Winter und Vorfrühling froher als der Kurfürst: man habe an Dänemark, an die Fürsten Norddeutschlands geschrieben, vor verfassungswidrigen Schritten gewarnt und beruhigende Antwort erhalten. Noch sei der so hochnotwendige Friede nicht verloren; komme es zum Schlimmsten, so werde immer noch Zeit sein zur Abwehr. Erst in der zweiten Maiwoche erhielt Maximilian aus Wien verblüffend kräftige Nachricht: obgleich »unsere Erbkönigreiche und Länder und derselben Untertanen auf den äußersten Grad abgemattet, ausgeschöpft und verderbt« seien, so habe man sich dennoch entschlossen, den bayerischen Mahnungen Folge zu geben und nicht bloß die noch unter den Fahnen befindlichen sechs Regimenter in Form zu bringen, jedes auf 3000 Mann, sondern zusätzlich eine neue Armada von 15000 zu Fuß und 6000 zu Roß zu versammeln, und zwar »unter dem Kommando des Hochgeborenen Unseres Oheims, des Reiches Fürsten und lieben getreuen Albrecht Wenzel Eusebius, Regierer des Hauses Walstein und Fürsten zu Friedland, Unseres Kriegsrates, Kämmerers und Obersten«. Aufgabe dieses neuen Heeres werde es sein, die Erblande gegen den Türken und Bethlen zu sichern, auch, falls Schweden und Dänemark was Feindliches versuchten, »mit und neben Eurer Liebden und der getreuen gehorsamen Kurfürsten, Fürsten und Stände Armada zum Widerstand zu konkurrieren . . .« Das Schreiben mag den Kurfürsten in einen zwiespältigen Gemütszustand versetzt haben. Man bot ihm, was er wollte; mehr, als er wollte.

Das Angebot

Kepler hatte dazu geraten. Verklausuliert, wie sein Brauch war; aber dieser eine Satz stand da. Die Politik trieb dazu. Wallenstein wußte von der Nordkoalition so gut wie Maximilian. Friedland lag dem Gefahrenherd näher als Bayern und war gefährdeter. Bayern blieb auch bei einem argen Ausgang Bayern, wenngleich verkürzt; kämen die Feinde nach Böhmen, die Dänen durch die Lausitz, Gustav Adolf durch Schlesien, Mansfeld vom Westen her, so ging Friedland in Nichts auf. Das Interesse des Kaisers, des Reiches, wie der Kaiser es verstand, und das Interesse Wallensteins koinzidierten. Jedenfalls im Politischen, das hieß im abstrakten Spiel der Macht. Im Grob-Mate-

riellen galt noch immer, was im Jahre 18 die österreichischen Stände den verstorbenen Kaiser Matthias warnend hatten wissen lassen: Krieg machte einige Minister und Militärs reich, nicht die Könige. Von einem »guten, einträglichen Krieg« hatte Kepler in seinem zweiten Horoskop höhnisch gesprochen. In der Tat, war der böhmische Krieg für Wallenstein nicht einträglich gewesen? Wenn es jetzt wieder anfing, und anfangen würde es wohl ohne ihn auch, und wenn er sich an die Spitze stellte, konnte er nicht ganz andere Einsätze wagen, als das erste Mal? Friedlands Industrien zu höchster Blüte bringen? Vorschüsse geben, welche der Kaiser nie bezahlen konnte und darum übermäßig würde bezahlen müssen? War dies das Hauptmotiv? Venedigs Botschafter am Kaiserhof, der kluge, verklatschte Signor Padavin, glaubte es: »der Fürst will wenig auslegen und sich für die Auslagen sichern. Er hat dabei sein Augenmerk auf den Besitz einiger Güter in Böhmen gerichtet, und dies ist der alleinige Endzweck aller seiner Anträge.« Ich denke, da täuschte der Botschafter sich wenigstens über die Dimension von Wallensteins Habgier – wenn man, was ihn bewegte, überhaupt noch Habgier nennen kann. Haben – er hatte genug. Um ein paar Güter willen hätte er seine Ruhe nicht geopfert, sich nicht in ein Unternehmen schwanger mit Unsicherheit und Arbeit gestürzt. Geschäft und Politik, Tatendrang, Herrscherwille, Einsicht des Staatsmannes – Worte alles das, die sich der unnennbaren Realität nur annähern.
Sein Angebot war nicht das erste. Schon 1623 hatte er die Aufstellung eines Heeres von 15 000 Mann unter seinem Kommando insinuiert, und etwas Ähnliches muß er im nächsten Jahr vorgeschlagen haben; die Hofräte bezogen sich darauf, als sie nun sein Projekt gründlich prüften. Seit langem war er ein bitterer Kritiker der Gewohnheit, nach Mitteln der Verteidigung erst dann auszuschauen, wenn der Feind schon im Land war. Was er für unabdinglich hielt, war eine Dauer-Rüstung, ein stehendes Heer. Das fügte sich zu seinem Begriff vom Staat; dort zumal, wo der Staat nichts war als eine Dynastie, die eine Anzahl stets unruhiger, mehr oder weniger zur Rebellion neigender Nationalitäten beherrschte.
Ein Dokument, in dem sein Anerbieten klar formuliert wäre, hat sich nicht gefunden, und wahrscheinlich gab es nie eines. Im Winter und Frühjahr war er häufig in Wien, um seine einflußreichen Freunde persönlich zu überzeugen. Die Gerüchte, daß etwas um ihn im Werk sei, begannen im Januar zu schwirren, verdichteten sich im März. Im April erhielt er eine geheime Mitteilung des Hofkriegsrates, ein »Intimat«: Er sei zum »Capo« allen Volkes, welches etwa ins Reich geschickt werden möchte, ausersehen, und solle sich in guter Bereit-

schaft halten. Eine Ernennung, eine Erlaubnis, mit Werbungen zu beginnen, war das noch nicht, nur ein Vorbote davon. Danach wollten fremde Beobachter wissen, Wallenstein sei im Begriff, in spanische Dienste zu treten und bespreche sich darüber mit dem spanischen Ambassadeur, Osoña; woran wenigstens soviel richtig war, daß spanischerseits einen flüchtigen Augenblick lang daran gedacht wurde, eine eigene Armee auf deutschem Boden operieren zu lassen. Schwatzereien, die nach München, Venedig, Rom gemeldet wurden, wo man sie erregt registrierte, bis nichts von ihnen übrigblieb. Wallenstein drängte zur Eile, aber nicht den spanischen Botschafter, sondern den Kaiser. An Harrach, den Schwiegervater: er möge doch dazu helfen, »daß Ihre Majestät wegen der Werbung nicht länger temporisieren, dieweil der Feind nicht feiert und Tag zu Tag mehr Volk aufbringt und also eher, denn wir uns versehen werden, er in Schlesien und diesen Landen sein wird. Darum ist gewiß keine Minuten zu verlieren; ich hab mich wohl offeriert, Ihrer Majestät zu dienen . . . aber werde ich sehen, daß man Mutwilligkeit verliert und vermeint, nachher, wenn uns der Feind am Hals ist, erst zu der Werbung zu greifen, so will ich mich in solches Labyrinth nicht stecken . . .«
Es wurden eine ganze Mengen Minuten verloren. Die Sitzungen des Geheimen Rates, der zu entscheiden hatte, was jetzt überhaupt zu tun sei, besonders aber, ob man »des Fürst von Wallenstein anerbotene Werbung ins Werk richten lassen« sollte, schleppten sich über zwei Monate hin: vom 25. April bis zum 21. Juni. Siebenmal trafen sich des Kaisers umständliche Berater: der Erste Minister Fürst Eggenberg, die Präsidenten des Hofkriegsrates und der Hofkammer, Graf Rombaldo Collalto und Abt Antonius von Kremsmünster, Fürst Gundakar von Liechtenstein, ein Bruder des Statthalters, die Herren von Meggau, von Stralendorf, von Slawata, von Harrach und Verda von Werdenberg, welcher als Sekretär fungierte. Der fleißige Harrach machte sich Aufzeichnungen, die geblieben sind; aus ihnen wissen wir, was die Geheimen redeten und wie sie schwankten. Nie wurden Wallensteins Person, sein Charakter, seine Fähigkeit in Frage gestellt. Der dazu übergroße Lust gehabt hätte, Wilhelm von Slawata, schwieg, weil er sich hoffnungslos majorisiert sah; das bittere Zucken seiner Mundwinkel mag man sich vorstellen. Majorisiert wurde auch Eggenberg, was zeigt, daß es kollegial herging und keiner allmächtig war. Der Vorsitzende gab zu bedenken, die Gefahr sei noch nicht sicher, würde aber durch unzeitige Rüstungen sicher gemacht; denn erstens hätte man dann Soldaten, die, weil kein Geld da sei, die Länder verderben würden; zweitens könnten Feinde, die an sich noch gar keine seien, jedenfalls keine aktiven, sich durch das Erscheinen eines

neuen kaiserlichen Heeres herausgefordert fühlen. Die Mehrheit war anderer Meinung. Die Gefahr sei allerdings sicher, und zwar von so vielen Seiten, daß man schier nicht wisse, gegen welche zuerst sich wenden. Das sei auch die Ansicht Bayerns und sogar Sachsens, welch letzteres Taten anstatt Worte fordere. Taten zu welchem Zweck? Des Kaisers Getreue waren nicht ganz deutlich darüber; denn in einem Atem rieten sie zu etwas wie einem Präventivkrieg, besser sei es, dem Gegner im eigenen Hause einzuheizen als zu warten, bis er selber zu unerwünschtem Besuch käme; und rieten auch zu etwas, was man in späteren Tagen Verhandlungen von einer Position der Stärke genannt hätte: jetzt seien die Feinde die Überlegenen und könnten ihre Conditones bestimmen, »wann aber die Gleichheit sein wird, so kann man vor Allem traktieren und handeln«. Durch Rüstungen zum Frieden! Dieser landverderbliche Krieg werde in Ewigkeit kein Ende nehmen, wenn man sich nicht stark mache und den bösen Intentionierten die Zähne zeige; wodurch man auch den Neutralen ein Gefühl der Sicherheit einflößen würde ... Mit den Türken – da hatte es wieder Reibereien gegeben – war zum Vergleich zu kommen, um den Preis selbst von 100000 Gulden. (Dieser Friede wurde geschlossen, während die Räte noch tagten.) Den Fürsten von Siebenbürgen mußte man entweder mit türkischer Hilfe völlig ruinieren, oder aber, zumal er ein unruhiger Kopf, im Positiven gebrauchen, nämlich »gegen die Venediger anhetzen«. Spanien sollte den Franzosen im eigenen Land recht viel Unruhe verursachen. Seine päpstliche Heiligkeit wäre um Subsidien zu ersuchen, weil es doch auch um die Verteidigung Italiens, vor allem aber um einen Kampf gegen die Ketzer, contra haereticos ginge. Ob man mit England, mit der pfälzischen Exilregierung nicht vielleicht doch zu einem Akkord gelangen könnte? ... Manch ungeschickte Illusion wurde hier geäußert, manch Widersprüchliches ohne Scham in den Wind gesprochen. Einmal, Anfang Mai, berief man Wallenstein nach Wien, um ihn über seine Pläne ins Verhör zu nehmen. Dann wieder, in der zweiten Juniwoche, begab sich der ganze Schwall nach Nikolsburg, denn ohne den Gouverneur von Mähren, Kardinal Dietrichstein, wollte man nichts Endgültiges ausmachen. Zwischen Wallenstein und dem Kardinal war kaum bessere Liebe verloren als zwischen jenem und Wilhelm Slawata. Es war aber im Schlosse Dietrichsteins, daß die Sache festgemacht wurde, die praktisch schon in Wien beschlossen worden war: die Aufstellung eines neuen kaiserlichen Heeres von zunächst 24000 Mann. Damals und dort auch wurde Wallenstein in den Stand eines Herzogs erhoben; sei es, um seinen Rang vor allen den Würdenträgern, mit denen er zu tun hatte, zu markieren, sei es, weil man über den militärischen Titel, den er führen sollte, noch nicht einig war, als Trostpreis. Wer der Gegner sei, dafür wurde eine vergleichsweise einfache Definition gefunden: »Ihre Majestät halten alle die für Feind, so die Arma wider Ihre Majestät genommen oder nehmen oder nit ablegen werden . . .«

In eben dem Moment, in welchem die Kaiserlichen die Forderungen des Kurfürsten von Bayern ganz zu erfüllen sich anschickten, begann dieser auf Gegenkurs zu steuern, obgleich im Verborgenen, Verbogenen: der Friede mit den Türken sei um so willkommener, weil ohne türkische Hilfe auch Gabriel Bethlen kaum etwas werde unternehmen können; das neueste Ereignis auf dem niederländischen Kriegsschauplatz, die Eroberung der Festung Breda durch die Spanier, sei zwar von ambivalenter Bedeutung, denn, an sich ein schöner Triumph der katholischen Waffen, könnte es doch den Mansfelder, welcher versucht hatte, Breda zu entsetzen, auf neue Felder seiner verruchten Tätigkeit führen, nach der Pfalz etwa, oder gar nach Böhmen; gegen solche Eventualitäten aber sei sein, Maximilians, Generalleutnant von Tilly wohl gerüstet, manövriere so im Reich, nicht zu weit unten und nicht zu weit oben, daß er sowohl dem Mansfelder wie dem Dänen Schach bieten könne, wozu nur noch ratsam und notwendig, daß ihm einige kaiserliche Regimenter zu Hilfe geschickt würden. Sollte es aber kein so stattliches Heer sein, wie unlängst geplant, dann wäre das, »bei den gegenwärtigen geschwinden Läuften und wunderbarlichen Anschlägen«, wohl kein Unglück . . . An Wallenstein selber schrieb der Kurfürst einen Brief, den wir nicht haben, über den jedoch der Adressat an Collalto berichtete: »Ich vermerke daraus, daß ihm nicht wohl bei dem Handel ist . . .« Was von nun an gute acht Jahre zwischen Wallenstein und Maximilian spielen sollte, begann schon, ehe noch der Krieg begann.

Den Krieg begann Kurfürst Maximilian selber. Er war es, der, am 15. Juli, seinem Generalleutnant befahl, nicht länger zu zögern, sondern in den Niedersächsischen Kreis einzumarschieren und dadurch sicher und wirklich zu machen, was bis dahin nur immer drohend wahrscheinlicher geworden war. Vergebens warnte das träge Reichs-Oberhaupt: Wohl sei die Gefahr im Norden unbestreitbar; jedoch »alsbald und ohne vorgehende Präperation in den niedersächsischen Kreis einzufallen halten Wir bei den sich dabei befindenden Umständen dieser Zeit sehr gefährlich zu sein, sintemal man hierdurch sich in einen neuen Krieg einlassen täte, bei welchem auch diejenigen Stände, die etwa noch zu gewinnen wären, da sie den Anfang des Einbruches Unsererseits verspüren, aus Verzweiflung mit den Widerwärtigen nunmehr sich zu konjungieren verursacht würden . . .« Der

Brief traf in München ein, als die Marschbefehle bereits gegeben waren ... Ferdinand, wenn schon Krieg sein mußte, diesmal einer von unabsehbaren Dimensionen, begehrte nicht schuld daran zu sein; vermutlich unter Eggenbergs Einfluß.
Warum er dann den Wallensteinplan akzeptierte? Ein Potentat tut in solchem Drang manches, wovon das Eine das Andere aufhebt, und bindet sich, indem er noch glaubt, sich nicht gebunden zu haben. Während der ersten sieben Monate des Jahres 25 lagerte über Mitteleuropa eine diplomatische Krise der Art, wie sie seit Thukydides einem großen Krieg vorauszugehen pflegte; woran sich auch später nichts ändern sollte. Daß es sieben Monate waren, nicht sieben Wochen, sieben Tage, sieben Stunden, erklärt das Verhältnis zwischen Zeit und Raum. Schleichende Rosse trugen die »Advocatoria«, die Lügen und selbstgefälligen Beschwörungen hin und her. Was später die »Mobilmachung«, war zu Wallensteins Zeiten die »Armierung«, jener grundsätzlich so unähnlich nicht; in dem einen Fall wurden, nach liebevoll ausgearbeitem Plan, gediente Reservisten zu den Fahnen gerufen, im anderen Männer zusammengetrommelt, nach ihrer Eignung flüchtig geprüft und gemietet, die auch wohl schon gedient hatten oder zum ersten Mal probieren wollten, ob der Plünderer nicht seinen Vorteil hätte im Vergleich mit dem Geplünderten. Beide, Mobilmachung und Armierung, sollten vielleicht noch der Rettung des Friedens dienen, wirkten aber kriegstreibend, wie der Kaiser und Eggenberg immerhin erkannten; darum ihr Schwanken. Sollte, schrieb Ferdinand am 23. Juni an Wallenstein, das Unternehmen nicht doch noch gebremst, ja rückgängig gemacht werden? Er habe von Dänemark beschwichtigende Mitteilungen, da scheine noch nicht alles verloren, durch allzu starke Armierung aber gebe man die Friedensmittel aus der Hand. Ob die bereits angeheuerten Befehlshaber nicht wieder entlassen, ihre Spesen bezahlt werden könnten? Wallenstein antwortet kühl: »Daß Dänemark und die anderen izt bessere Worte geben – sie haben recht, daß sie's tun; ob wir aber recht haben und ihnen trauen, daran zweifel ich.« ... Aus der Demobilisierung wurde nichts; man war auf beiden Seiten schon zu weit fortgeschritten.
Maximilian und Wallenstein beurteilten die Situation im Grunde gleich, und gleich richtig: die Nordkoalition hatte ihre Vorbereitung nicht spaßeshalber getroffen. Auch darin stimmten sie überein, daß Bayern allein einem norddeutsch-europäischen Krieg nicht gewachsen sein würde. Der Münchner Kriegsrat: »Tilly kann das Werk allein nicht erheben; Danus hab' großen Vorteil, werde das Werk aufziehen und uns konsumieren ...« Aber der Kurfürst wollte, was nicht zu bekommen war: einer kräftigen kaiserlichen Waffenhilfe genießen und

doch das liebgewordene Oberdirektorium nicht verlieren. So, als Wallensteins Truppen nach Niedersachsen kamen, reagierte er wie ein Hund, in dessen Garten ein anderer, fremder einbricht.

Wer soll es bezahlen?

Die Hofkammer, das kaiserliche Finanzministerium, hat später sich entschuldigt, es sei ihr »wegen Unterhaltung der Wallenstein'schen Armada nicht allein nichts bewußt jemals gewesen, sondern man hat dieselbe gleichsam assekuriert, daß ohne allen ihrer kaiserlichen Majestät Entgelt der Herzog von Friedland gedachte seine unterhabende Armada mit aller Notdurft, bis daß es etwa wiederum zum Friedensstand gelangen möchte, versehen würde ...« Genau richtig war das nicht. Der Präsident der Kammer, Abt Antonius, hatte jenen entscheidenden Sitzungen des Hofrates beigewohnt, hatte gehört, wie die Räte einander vorgaukelten, durch Sondersteuern, Anleihen, Strafzahlungen, »Anticipationen« könnte man wohl zweieinhalb Millionen Gulden flüssig machen; Windbeuteleien, gegen welche der Finanz-Abt seine Stimme beizeiten hätte erheben sollen. Die Herren von der Kammer wußten, daß sie für die Erhaltung des neuen Heeres das Geld nicht hatten. Sie mußten wissen, daß Wallenstein es auch nicht hatte. Ein Regiment zu Fuß kostete, knapp gerechnet, 500000 Gulden im Jahr. Hier ging es, wenn man der Wahrheit nicht auswich, um kaum weniger als zwanzig Regimenter – für den Anfang. Wo sollte der Herzog, dessen Einkommen sich in Glücksjahren auf 700000 Gulden belief, auf 700000 immer schon im voraus gebundene Gulden, wo sollte er zehn bis fünfzehn Millionen hernehmen? Und selbst wenn der Teufel sie ihm zugespielt hätte, war er denn einer, der solche Geschenke gratis weitergab? Man schlich um das dornige Problem herum, man sah sich nicht um, indem man redete. Jeder der beiden Partner wußte, daß nicht er, nicht der andere leisten konnte, was hier in Frage stand, daß also neue und grausame Wege der Finanzierung einzuschlagen waren. Die wurden wohl gelegentlich erwähnt, aber leise.

In der »Instruktion«, die Wallenstein Ende Juni ausgefertigt wurde, kam vieles zur Sprache, Schönes und nicht ganz so Schönes. Vor allem das Ziel: der heilsame, von allen Frommen hoch erseufzte Friede, die Ausrottung bei den Wurzeln allen schädlichen Mißtrauens, aller Verbitterung der Gemüter. Dann das Schmerzliche, die Bosheit der Rebellen, die selbst den Erbfeind der Christenheit in die Sozietät ihrer gottlosen Waffen zu locken sich nicht scheuten, und gegen die denn also rein gezwungenermaßen die treuen Stände zu verteidigen des Kaisers väterliche Pflicht sei. Dann die Religion: um sie gehe es keineswegs, was auch die Aufwiegler lügnerisch behaupteten, bei der Augsburgischen Konfession sollte jeder ungestört verbleiben, auch eingezogene Stifter und Klöster wie vorher behalten dürfen; welches Versprechen allerdings für jene nicht gelte, die sich weigern würden, ihre verdächtigen Waffen niederzulegen. Dann das notwendige gute Einvernehmen mit allen treuen Fürsten und Verbündeten, der Infanta zu Brüssel, den drei geistlichen Kurfürsten, Kur-Sachsen, vornehmlich aber dem Kurfürst-Pfalzgrafen in Bayern. Dann die leider fast verfallene Disziplin, ohne welche doch die Kriege nichts seien als magna latrocinia, große Raubzüge; einen unsterblichen Namen werde der neue General sich machen, wenn er das unchristliche Brennen, Sengen, Brandschatzen, Schänden ehrlicher Frauen und Jungfrauen durch exemplarische Bestrafungen abstellte, so, daß das Kriegsvolk auch im Feindesland den Bürgern nichts wegnähme, »als was die tägliche Notdurft erfordert«. »Jedoch lassen wir . . zu, in den eroberten Orten und Landschaften zur Erhaltung der Soldatesca leidenliche contributiones und Anlagen zu machen . . .« Leidenliche Contributiones.

Nach einer alten, auf Khevenhüllers Annales zurückgehenden Überlieferung hat Wallenstein in jenen Frühsommertagen mit der paradoxalen Behauptung überrascht, ein Heer von 20000 Mann könnte er nicht erhalten, wohl aber eines von 50000; nur mit solcher Übermacht wären im Reiche die Geldsummen einzutreiben, die er brauchte.

> Sie wollten erst nur von zwölftausend hören;
> Die, sagt er, die kann ich nicht ernähren;
> Aber ich will sechzigtausend werben,
> Die, weiß ich, werden nicht Hungers sterben.
>
> (Schiller)

Die Legende hat Wahrheitskern. In einer Notiz, die Herr von Harrach auf den Brief seines Schwiegersohnes vom 10. Juni kritzelte und die ein eigentliches Programm in vierzehn Punkten enthielt, lautet einer: »Wenn Ihre Majestät stark armiert, so werden sie conditiones machen, ihr Volk alles im Reich zu contentieren zwingen können und dadurch den Frieden befördern.« Der Friede, der mußte immer vorkommen, zumal bei einem so milden Ritter wie Karl von Harrach. Das Argument selber ist klar und unmild: je größer die militärische Macht, desto härter für das Reich der Zwang, sie zu finanzieren.

Andererseits war kein Gedanke daran, daß die Fürsten und Städte, wohlgemerkt die feindlichen, die bis jetzt nur den kleineren Teil des

Reiches darstellten, die ganze Last eines Heeres von 50, von 80, von 100000 Mann hätten tragen können; so dürftig wie es um die Ökonomie, so ganz irrational, wie es um das Steuerwesen bestellt war. Selbst der Graf von Mansfeld war nie ohne »Subsidien«, savoyische, niederländische, französische, englische, ausgezogen. Kein Heer lebte allein von Räuberei. Und selbst wenn es möglich war – vielleicht war das bisher Unversuchte möglich –, so steht doch fest, daß Wallenstein dergleichen nicht zugesagt hatte. Was denn hatte er zugesagt? Das Versteckspiel, welches die Kriegsplaner untereinander spielten, die leichtsinnige, verbrecherische Hast, mit der sie vorgingen, macht es unmöglich, dies Rätsel direkt zu lösen. Die Wahrheit kam erst allmählich heraus, und zwar durch die Klagen und Proteste, die er im Laufe des Jahres 26 nach Wien ergehen ließ.

Dazu erläuternd Harrach: »Beklagt sich, daß man bei Hof vermeint, daß er den völligen Krieg auf seine Spesa führen soll und kann, hab mehreres nit versprochen, als die Armee auf den Fuß zu bringen und posto zu nehmen, habs bishero erhalten, dergleichen Krieg aber kann niemand als ein großer Potentat und nit ein Privat führen.« Was die Sache so deutlich macht, wie sie eben war. Der Großunternehmer hatte sich erboten, die Fabrik zu bauen, nicht, sie aus Eigenem in Betrieb zu halten. Schon sie zu bauen, schon 50000 Mann zu kleiden, zu bewaffnen und ihnen den ersten Monatssold, wie auch das »Anlaufgeld«, den üblichen Lockpreis, zu bezahlen, verlangte weit mehr Mittel als er besaß oder sich verschaffen konnte. Klein-Unternehmer, die Obersten, welche die Regimenter, die Hauptleute, welche die Kompanien organisierten, mußten ihren Teil dazu tun, in der Aussicht, später dafür kompensiert zu werden, und zwar mit Gewinn; was sonst wäre der Zweck gewesen? Zur »Wiedererstattung dessen, so Sie in diesen unseren Diensten unentbehrlich aufwenden werden müssen«, verpflichtete sich Kaiser Ferdinand auch Wallenstein gegenüber. Woher sollte sie kommen? Wie die laufenden Kosten für das Heer gedeckt werden, insoweit sie über das im »Reich« zu Erpressende hinausgingen? Aus den Erblanden? Wallenstein forderte es später, wieder und wieder. Aber schließlich kannte er den Zustand der Erblande, kannte er das Elend der kaiserlichen Finanzen von seinem böhmischen Güterhandel her nur zu genau. In der Hast, auszuziehen zum krönenden Abenteuer seines Lebens, fragte er nicht danach, und seine Auftraggeber waren es zufrieden, daß er nicht danach fragte. Später würde man improvisieren, vielleicht auch daran gewinnen. Wohlbesoldetes Volk, geringer an Zahl, wäre ihm lieber als große Massen ohne Sold; »aber dieweils nicht ist, man muß a la desperata gehen und nehmen, was man bekommen kann.«

Aufbruch

Er saß in seinem Prager Palast, an dem gehämmert wurde, diktierte, schrieb, wartete. Er wartete auf Feldstücke, die der Hofkriegsrat ihm versprochen hatte; auf die neu geworbenen Truppen, die aus Mähren und Österreich, auch aus dem Reich, Schwaben und Franken, in langen Marschzügen herankamen, um an Böhmens Nordgrenze, in Eger, sich Rendez-vous zu geben; auf seine »Instruktion«; auf die Bestimmung seines Ranges. Ob man denn mit diesen Formalitäten sich nicht etwas beeilen könnte? Es würde spät werden, bis man Niederdeutschland erreichte; zu spät im Jahr, um noch etwas Erkleckliches zu beginnen.
Die Ernennung wurde Ende Juli ausgefolgt und lautete auf den Titel eines Generals, das Salär später festzusetzen. Bisher hatten die Landesherren ihren ersten Befehlshaber nur zum Vertreter ihrer eigenen Autorität ernannt, also zum General-Leutnant. »General« war neu, obgleich bald sich herausstellen sollte, daß es noch immer nicht genug war. Unter dem Einen, Einzigen, anfangs überhaupt keine General-Offiziere. Denn jene, die solchen Rang trugen, der alte, unnütze Montenegro, der General-Wachtmeister über die Reiterei, Marradas, und der über die Artillerie, Fürst Max Liechtenstein, waren taktvoll von ihren Ämtern zurückgetreten, zum Zeichen dafür, daß nun ein anderes Regime begann. Angenehm empfanden die Herren es natürlich nicht, daß nun der weit über ihnen stand, der eben noch unter ihnen gestanden hatte. Wenigstens einer von ihnen, Marradas, erwartete denn auch, eine neue, seiner würdige Funktion zu finden und wunderte sich höchlich darüber, daß keine vorgesehen war. Glaubte der neue Stern am Kriegs-Himmel, eine solche Armee ganz allein kommandieren zu können?
Marradas steckte unter einer Decke mit dem Obersten Rudolf Colloredo, der seinerseits auf eine Rangerhöhung aspirierte und dabei auf höfische Beziehungen zählen durfte. Wallenstein: »Daß sich Ihre Majestät wegen des Colloredo, daß er General-Wachtmeister sein sollte, nicht resolviert haben, sondern mein Gutachten begehrt, sag ihnen untertänig Dank, denn hätte er sein sollen, so wäre ich gewiß nicht geblieben, dieweil die Armada mit ihm wär versehen worden wie ein Dorf mit einem unsinnigen Pfaffen, denn ich kann schwören, daß ich die Zeit meines Lebens keinen größeren Sancuragine als ihn gesehen hab und sein Regiment ist in einer solchen Unordnung und gibt mir mehr zu schaffen als die ganze Armada.« (An Harrach) . . .
Es waren zwei Brüder Colloredo, Rudolf und Hieronismus, germanisierte Italiener, bevor sie, dank Kriegs-Schicksalen, von welchen sie

begünstigt wurden, aber andere nicht, sich in Böhmen prunkvoll niederließen. Damals tauchten so manche Namen in der Umgebung Wallensteins auf, die nicht wieder daraus verschwinden sollten: Die Obersten Herzog Franz Albrecht von Sachsen-Lauenburg, Isolano von den Kroaten, Tiefenbach, Aldringen, Schlick, Desfours und andere mehr. Der General sah sie scharf an. »Der Oberst Wratislaw hat sich gar wol gehalten.« »Bitt, mein Herr Bruder sage dem Secretari Questenberg, daß sich sein Obrister Hebron, den er bestellt hat, nicht zum besten hält, denn über ihn kommen die meisten Klagen, so viel ich aber vernimb, daß er seiner Reiter nicht mächtig ist, wenn er zu mir gelangen wird, muß schauen, wie ich sie zäumen werde.« Andere ließ er nicht heran, obwohl sie kräftige Empfehlungen vorzuweisen hatten. So einer war der Marchese Caretto di Grana, der es ihm nie vergaß. »Der Marchese di Grana erzeigt sich sehr malcontent, daß ich ihn zu keinem Regiment will befördern, sein Maul wird nicht feiern, bitt mein Herr woll es bei Ihrer Majestät und sonsten bei anderen ministris vorbeugen, daß man mir ihn recommendiert, denn ich schwöre, daß ich lieber wollte ins Spital gehen als ihn bei mir haben und von Tag zu Tag mag ich ihn weniger leiden.« (An Harrach) . . . Wer ein solches Geschäft eröffnete, wie der Herzog jetzt tat, mußte sich manches herbeieilenden Spekulanten erwehren, und unvermeidlich war, daß er gleich anfangs sich Feinde machte.

Der Nützlichste, in diesem Stadium, war ihm Johann von Aldringen, ein Luxemburger von Geburt und, wie böse Zungen wußten, von so niedriger, daß er als Lakai oder Lohndiener ins tätige Leben trat. Bloße Verleumdung; er trat als Dominus a Aldringen ins Leben, wenn auch ohne Geld. Das Soldatenhandwerk begann er als Pickenier, wußte aber bald durch seine Gabe, zu schreiben und zu rechnen, sich in den Feldkanzleien unentbehrlich zu machen. Rasch stieg er auf. 1622 war Aldringen Regimentskommandeur; ein Jahr später »Oberst-Muster-Zahlungs- und Quartier-Commissarius« mit der Aufgabe, den Bestand der Truppen zu reduzieren. Nichts natürlicher, als daß er von der Abrüstung zur Aufrüstung überging, als diese wieder aktuell wurde. Seine Tätigkeit war heikel; die Werbe-Reviere abzugrenzen und zu sehen, daß keiner der Unternehmer den anderen ins Gehege kam, die deutschen Stände aber, vor allem jene, welche sich ernsthaft nicht weigern und wehren konnten, die Reichsstädte, zur Einladung der unwillkommenen Gäste, obendrein noch zu Geldbeiträgen zu nötigen. Aldringen besorgte diese Stabs-Arbeit mit dem gleichen Geschick, mit dem er ehedem sich bei seinem Kompaniechef beliebt gemacht hatte. Eigentlich beliebt machte er sich bei Wallenstein kaum; der General sah den »Tintenfresser«, wie er ihn nannte, ungern in seiner Nähe. »Aus meines Herrn Schreiben hab ich vernommen, daß der Oberst Aldringen sehr nach Hof correspondiert; er thut gut dran, denn er ist von der Feder-Profession, mir ist unmöglich alle bagatella zu schreiben, ich weiß wohl, daß der Kaiser sich daran delektiert, aber ich hab auf anderes zu gedenken ...« (An Harrach) Ungern oder gern, man mußte die gebrauchen, die ihre Sache konnten, und selbst die geringen Könner, wenn man keine besseren fand. »Wo man nicht Falken hat, so muß man mit Raben beitzen.« (An Trauttmansdorff) Als es nun so weit war, die Marschkolonnen der unglücklichen Glücksucher sich in Staub und Stank der Grenzstadt nahe geschleppt hatten, die Offiziere ihnen zur Seite sprengend, hinter ihnen der Troß, Pulverwagen, Proviantwagen, Marketenderwagen, als die Kartaunen und Feldschlangen zur Stelle waren und auch etwas Geld in den eisernen Koffern der Kriegskommissare, aber bei weitem nicht genug, kurz, als getan war, was in genau vier Monaten unter solchen Umständen hatte getan werden können, brach er auf aus Prag mit seinem Hofstaat und zwei Kompanien Leibkürassieren. Den 31. Juli erschien er vor Eger. Eine Ratsdeputation ihm entgegen; ermutigende Worte aus des Herzogs Mund, er werde für Ordnung sorgen; Geschenke von Seiten der Stadt, zwei Eimer Wein für jeden Obersten, für den General einen Hirsch, Wein, Bier und Met. Glaubten die Stadtväter, sich mit solchen Kinkerlitzchen loszukaufen? – Am 12. August läßt Wallenstein die Bürgermeister vor sich kommen und befiehlt ihnen, 30000 Taler in die Kriegskasse zu liefern. Sitzung des Rates: es ist nicht möglich, Eger hat schon bezahlt, und zwar 40000 Gulden, schon haben ja die Damen des Patriziats ihren Schmuck verkaufen müssen. Neue Audienz beim General. Dieser: »Schaffet, daß das Geld, was euch der Commissarius Aldringen anbefohlen, ausbezahlet werde, ich kann sonst nicht marschieren, ich habe euch in der Stadt mit Einlogierung des Kriegsvolks verschont und gute Disziplin gehalten; geht fort!« Neue Sitzung des Rates; neues Gespräch mit Aldringen. Dieser auf einmal leutselig: Gestern abend habe er ihre fürstlichen Gnaden bei so gutem Humor gesehen, wie wohl lange nicht – woraus die Räte entnehmen mögen, wie aus dem Grunde gut Aldringen den Herzog kennt –, und da habe er denn die Gelegenheit beim Schopf genommen, über die schwierige Lage der Stadt Vortrag gehalten und eine Senkung der Kontribution auf bloße 10000 Gulden erreicht; ja, noch mehr, ihm, dem Generalcommissarius, sei freigestellt worden, so oder so zu einem vernünftigen Schluß zu kommen. Nun bietet der Stadtrat 5000 Gulden, Aldringen bringt sie auf 7000. Leidliche Zufriedenheit auf beiden Seiten; Einladung der Bürgermeister, darunter eines gewissen Pachhelbel, zur herzoglichen Tafel, die

ohnehin auf Kosten der Stadt geht; der Herzog auf das behaglichste plaudernd; freiwillige Meldung zweier Bürgermeistersöhne zu den kaiserlichen Fahnen . . . So noch oft; nicht immer so vergleichsweise glatt.
Er blieb in Eger den ganzen August – fragen wir nicht, was die Stadt, zusätzlich zu jenen 7000 Gulden, für seine Hofhaltung entrichten mußte. Er inspizierte die Regimenter, welche durch das Egerland zogen, vier alte, drei neue, dreiundfünfzig Kompanien Reiter. »Der von Sachsen hat überaus schöne Reiter, die anderen Obristen halb und halb . . . das Fußvolk ist über die Maßen schön und gut, das neue schier schöner als das alte . . .« (An Collalto) Etwas sanguinisch geurteilt, wenn wir den Berichten anderer Zeugen trauen sollen. Die gemusterten Horden bewegten sich nach Westen, ins Reich, auf verschiedenen Wegen. Denn vorläufig war ihm das Gesetz vorgeschrieben, nicht nur die katholischen Stände mit Durchzügen tunlichst ungequält zu lassen, sondern auch die neutralen, protestantischen. »Die Ursach ist, warum ich sie« – die Regimenter – »teilen muß, daß um Schweinfurt alles Sächsisch, Würzburgisch und Fuldisch ist, welche man verschonen muß.« (An Trauttmansdorff) Den 3. September erhob er sich selber von Eger; die Wagen rollten nach Schweinfurt ins Fränkische.
Insgesamt war er jetzt schon Herr über 50000 Söldner – weit mehr, als dem Grafen Tilly zur Verfügung standen. Daß eine solche Hauptarmee auch gegen den Hauptfeind bestimmt wäre, gegen Dänemark, den Anführer der Nordkoalition, und nicht gegen den von den Niederlanden nach Osten züngelnden Mansfelder, lag in der Logik der Dinge, wie sehr es den Kurfürsten Maximilian auch giftete. Als, fünf Jahre später, die Kurfürsten zum politischen Generalangriff gegen Wallenstein bliesen, lautete eine ihrer Anklagen: ohne ihr Wissen, zum Ruin des Reiches, habe man ein kaiserliches Heer zusammengebracht, dergleichen vorher nie gesehen, zu einer Zeit, als fast gar kein Feind mehr da war. Das ist aus der Situation des Frühlings 1630 zu verstehen. Anders 1625. Auf die militärische Opposition gegen Alles, was in Mitteleuropa seit dem Weißen Berg geschehen war, ein Drohend-Wirkliches, nicht ein nur Mögliches, hatte gerade Bayern emsig hingewiesen und Gegenmaßnahmen verlangt. War's aber eine Wirklichkeit, die *solche* Gegenmaßnahmen nötig machte? Wallenstein selber, an der Schwelle des Abenteuers, zeigte sich hart und übermütig. »Man darf den niedersächsischen Fürsten itzt wohl keine guten Wort geben, denn sie sind erschrecklich im Sack, also daß der Kaiser kann mit ihnen machen, was er will, und schließlich wird wohl dazu kommen müssen, daß sie dem Kaiser die Armada bezahlen.« Mar-

schierte man jetzt nicht gegen sie, wohin dann mit dem neuen Heer? Es würde, per desperacion, sich gegen die treuen Stände des Reiches wenden, oder aber sein Quartier wieder in Böhmen suchen zum Unheil des Königreichs . . . Genau das hatte der Minister Eggenberg gefürchtet. Durch übermäßige Rüstungen schuf man sich zwei Feinde: den fremden, der sonst vielleicht gar nicht aufgetreten wäre; den im eigenen Haus. Ein Kriegsheer hatte Eigengewicht; in vier Monaten zu zaubern wohl, nicht in vier Monaten wieder wegzuzaubern. Von dem, der es kommandierte, zu schweigen.

Franken kannte Wallenstein von seiner frühen Jugend her. Als er über Hersfeld sich Göttingen näherte, kam er in fremdes Land, Niederdeutschland, grün, weit und schön, obgleich nicht bergig wie die Heimat. Welche von Menschen bewohnte Region wäre nicht schön auf ihre Art? Sie lassen sich nur da nieder, wo es heimelig ist oder durch ihre Arbeit werden kann: Städte mit Mauern und Zinnen, Burgen von Wasser umgeben, Wallfahrtskirchen, Klöster, Gutshöfe. Aber was sie bauen, das verwüsten, zerstören, verbrennen sie auch wieder; und wissen nicht, warum.

Das Erste Generalat

Es lagen die Dinge überquer. Das absolute Königtum, das in Spanien waltete, worauf auch die deutschen Habsburger hinauswollten, unbewußt, halb bewußt, mochte gar nicht erhaltende Wirkungen haben; das ständische Prinzip aber in uralter, starr feudaler Form erscheinen. So in Böhmen; nicht in den Niederlanden. Von den Staaten, die der großen Koalition gegen Habsburg zuneigten, rangen zwei in ihrem Inneren selber um gestraffte, absolute Herrschaft; die Könige aus dem Hause Stuart erfolglos, die französischen Bourbonen mit gutem Erfolg. Der Kardinal von Richelieu zwar, Wallensteins glücklicherer Schicksalsbruder, schied noch die Gottesfragen von den weltlichen: Unterwerfung der Protestanten in der Politik, aber Freiheit ihrer Religion, wenn sie sonst sich als gehorsame Untertanen gaben. Das wurde anders nach ihm; in das Bild zweier sich bekämpfender Zivilisationen fügt Frankreich sich nicht recht ein. Der Papst in Rom, Urban VIII., war ein Feind der Ketzer und der Spanier auch. Die Vormacht der deutschen Lutheraner, Sachsen, hing so zäh an den ungeschickten Institutionen des Römischen Reiches, wie der Kaiser zäher nicht konnte; der Bayer, erzkatholisch, sah mit freundlichem Blick nach Frankreich, nach Spanien mit unfreundlichem. Könige, die beide zum protestantisch-maritimen Lager gehörten, Schweden und Dänemark, hatten ehedem sich bekriegt und waren immer auf dem Sprung, ihre Feindschaft zu erneuern. Mit der Partei der Zukunft, der schwedisch-englisch-holländischen, hielten es die barbarischen Moskowiter; die Perser aber es ganz von weitem mit den Spaniern, denn sie kämpften gegen die Türken und die Türken gegen Österreich . . . Wohl ist ein Sinn in solchen Kriegsverwirrungen. Aber er ist schwach, dunkel, entzieht sich, wenn man ihn greifen will; immer gibt es aus Notwendigkeit oder Willkür die sonderbarsten Bettgenossen.

Hätte man Wallenstein von zwei europäischen Hauptparteien gesprochen, so hätte er wohl geantwortet, sie seien ihm unbekannt. Er gehörte keiner von ihnen. Sie zogen ihn beide an, sie stießen ihn beide ab, sie waren beide zu einem Teil in ihm konzentriert; in der freien

Persönlichkeit, die erstens nur an sich selber dachte, zweitens nur an das jetzt und hier vernünftiger Weise zu Tuende. Haus Habsburg hatte er sich angeschlossen, aber eine ideelle Bindung war das nicht. Einmal verfluchte er die Holländer als Väter der Revolution; einmal lobte er sie als Menschen, die ihr Handwerk verstünden und von denen man etwas lernen könne. Für Einen, der gemacht war wie er, so klug, so unabhängig, gab es im Gewirre der Gegensätze drei denkbare Lebenslösungen: dem Ganzen das Gesetz vorzuschreiben, das war unmöglich; oder zwischen den streitenden Teilen zu vermitteln, das war schwer; oder zu vereinsamen.

So weit waren einige Staaten immerhin gelangt, daß sie bei aller inneren Vielfältigkeit auswärtige Politik im Großen betreiben konnten. Das Römische Reich keineswegs; und würde auch nie dazu gelangen. Ein Reichskrieg wurde der Theorie nach vom Reichstag beschlossen, notfalls gemeinsam von Kaiser und Kurfürsten. Nie ist der Krieg, den Wallenstein nun führte, so beschlossen worden, und wie hätte er es sollen, da er ja in erster Linie und lange Zeit gegen Stände des Reiches selber geführt wurde? Nur eine Kette von Exekutionen sollte er sein, vom Reichsoberhaupt gegen »proscribierte Ächter« wie Pfalz, Mansfeld, den Tollen Christian, gegen Rebellen und »Widerwärtige« verfügt. Als Rebell galt selbst der fremde Potentat, der nun gegen das Haus Habsburg in die Schranken trat, der König von Dänemark; wie in Madrid die Niederländer noch immer als Rebellen galten. Man wisse, erklärten sich die Wiener Hofräte, von einem Krieg gegen seine Königlichen Würden von Dänemark/Norwegen nicht das Mindeste, nur von einer Aktion des Rechtes gegen »einen Herzog von Holstein«, der leider zugleich der Oberste des Niedersächsischen Kreises sei. Mit einem solchen Feind gab es im Prinzip weder Krieg noch Friedensverhandlungen. Der Widerwärtige sollte seine Waffen niederlegen, seinen Irrtum bekennen, der von Gott gesetzten Obrigkeit sich treudeutsch unterwerfen; danach konnte man, vielleicht, zu einer glimpflichen Auseinandersetzung gelangen, denn der Kaiser sei milde und über alle die reichsverderberische Blutstürzung herzlich betrübt. – Dergleichen Fiktionen waren dem Frieden nicht förderlich.

Auch nicht der Existenz von Neutralen. In der Wirklichkeit gab es sie; den bieder-rohen Kurfürsten Johann Georg von Sachsen kennen wir als ihren Anführer. Aber es hätte genaugenommen gar keine geben dürfen angesichts von Polizei-Aktionen, wie sie der Kaiser erst in Böhmen, dann in Süddeutschland und nun in Norddeutschland unternahm; ein Nachgeben vor dem nur Tatsächlichen war es, wenn man selbst in Wien von Neutralen sprach, die es zu gewinnen oder doch neutral zu halten gelte. Praktisch wurde ihnen das schwer genug

und früher oder später unerträglich gemacht. Ihre Territorien lagen offen und unverteidigt. Nahm einer der Streithähne seinen Weg hinein, so sah der andere sich gedrungen, ihm zu folgen. Ohnehin ließen Durchzüge sich nicht vermeiden, so kreuz und quer, wie der Herren Ländergrenzen liefen. Und wenn der Boden des Gegners zu abgebrannt war, um noch die Armeen zu ernähren, wo sollte man sie Quartier nehmen lassen, wenn nicht bei den Neutralen und den Freunden? Es kam hinzu, daß die Neutralität der Neutralen nur zu oft eine schwankende, schielende, mehr als verdächtige war; zum Beispiel die des Kurfürsten von Brandenburg. Was die eigentlich fremden Mächte betraf, England, Frankreich, so war man keineswegs im Krieg gegen sie; stattlich residierten ihre Botschafter in der Hauptstadt Wien. Nur, daß von Paris und London nebenbei Gesandte zu den Widerwärtigen gingen, Geld auch, Truppen auch, heimlichen Verträgen gemäß; nur daß selbst ein so reichstreuer Prinz wie der Kurfürst von Bayern sich auf Unterhandlungen mit den Franzosen einließ, wie sie zu seiner Pflicht gegenüber Kaiser und Reich, wie auch zu seiner tatsächlichen Interessengemeinschaft mit dem Hause Habsburg in seltsamem Widerspruch standen. Die Niederlande – mit denen waren weder das Reich noch des Reiches Fürsten im Krieg, wohl aber Spanien; und die Spanier standen im Westen des Reiches, der Römische Kaiser war zur guten Hälfte ein Spanier, und von seinen spärlichen Regimentern halfen einige der Infantin zu Brüssel gegen die Niederländer, ohne daß er da die Kurfürsten um Rat gefragt hätte . . . Kann man ärgere Wirrsal sich vorstellen als diese; Wirrsal zugleich grausamer und verschwimmender Egoismen, ungarer Großspurigkeiten, Rechthabereien, frommer Heucheleien?
Zu den Heucheleien gehörte jene, wonach der Krieg kein Religionskrieg war und auf gar nichts abzielte außer auf das, was jedem gebührte und was er von jeher innegehabt hatte. Warum dann Krieg überhaupt und nie endender Krieg? Nun, weil man selber das Rechte wollte, der Andere das Unrechte. Den Augsburger Religionsfrieden wollte Kaiser Ferdinand nirgends brechen, er versicherte es tausendmal. Dunkler schon stand es um alles, was seit dem Augsburger Vergleich geschehen war und zur Masse eines wandelbaren, nicht statischen Friedenswerkes gehörte. Böhmen, so bitter sein Schicksal, konnte man auf sich beruhen lassen; Veränderungen dort berührten das Reich und sein inneres Gleichgewicht nur mittelbar. Unmittelbar dagegen die Beraubung und Ächtung des Pfalzgrafen; um so mehr, weil Kurfürst Maximilian in den eroberten pfälzischen Gebieten die katholische Reformation oder Deformation auf das schärfste betrieb, wie auch in Oberösterreich, welches der Kaiser ihm pfandweise ein-

geräumt hatte. Wie nun der Krieg sich nach Norddeutschland zog, so wurden zu Gegenständen der Gier und Angst die großen, fetten Reichsstifter, Magdeburg, Halberstadt, Hildesheim, Osnabrück, Bremen; protestantisch längst de facto, aber in den Augen der Wiener Politiker nicht de jure. Wurden sie rekatholisiert, so blieb von dem ehemals so mächtigen deutschen Protestantismus nur noch ein Rest, den man je nach Belieben würde verkürzen oder wegblasen können. Denn der eingestandene Grundsatz der habsburgischen Politik, auch in Wallensteins Feldherrn-Instruktion niedergeschrieben, war dieser: die alte Anordnung galt für jene, und nur für sie, die sich rechtzeitig unterwarfen. Wer das nicht tat, verwirkte jeden Anspruch. Aber wann war rechtzeitig? Was Wunder, daß die protestantischen Fürsten und Republiken nie recht wußten, wie sich zu sichern, ob durch Unterwerfung, ob durch Anschluß an die Kampfeswilligen?

Dem Streit der Konfessionen widersprach es, daß die Heerführer nach dem Glauben ihrer Offiziere und Knechte nicht fragten, und keiner so wenig wie Wallenstein. Denn erstens mußte er die Leute nehmen, wo er sie fand, – »capite, rapide«, wie er einmal schrieb. Zweitens verneinte er, im Gegensatz zu seinen Auftraggebern, die religiöse Komponente des Krieges von Anfang bis Ende; er wußte, einen *solchen* Krieg könnte man nie zu Ende bringen. Noch ein Drittes möchte hinter dem interkonfessionellen Charakter seines Heeres verborgen gewesen sein. So wie die Staaten, obgleich sie einander bekämpften, doch nicht recht auseinanderkamen und einen einzigen Brei bildeten, wie die kriegführenden Potentaten einander beständig von Friedensliebe getränkte und gekränkte Briefe sandten, so klebten auch die Glaubensgemeinschaften zusammen, indem und obgleich sie sich rauften; sie waren nicht so beschaffen, daß sie klare Fronten gegeneinander hätten bilden können. Die Soldaten liefen weg und liefen über zum Feind, wann immer es ihnen paßte. Bei den kleineren Kriegs-Unternehmern, den Obersten und Kapitänen, nannte man es den Dienst wechseln; welches sie in schwindelnder Häufigkeit taten. Der Oberst Hans Georg von Arnim, Brandenburger von Geburt, diente nacheinander dem König von Schweden, dem König von Polen, dem Grafen Mansfeld, wieder dem König von Schweden, dem Kaiser oder Wallenstein, dem Kurfürsten von Sachsen, wieder dem Kaiser. Und Arnim war noch eine Ausnahme, nicht darin, daß er die Herren tauschte wie Kleider, sondern daß er ernst, fromm und politisch dachte. Die Offiziere im Durchschnitt aber, was konnten sie unter so treulosen Umständen anderes wollen als sich selber, Beute, Güter und Ruhm? Ihre Ungebundenheit hätte zu einer gewissen beruflichen, ständischen, internationalen Kollegialität führen und damit auch

friedensdienliche Kontakte erleichtern mögen. Das Erste geschah wirklich; das Zweite nicht. Denn die selbstische Gier dieser Männer spottet jeder Beschreibung.
Überhaupt ist es ja so, daß die Faktoren, welche kriegstreibend, kriegsverlängernd oder friedensstifend wirken, nicht von vorneherein ausgemacht werden können. Gegner mögen zu stark sein, um Frieden zu schließen: der Angriff überbietet sich in immer neuen Mitteln, vergeblich. Gegner mögen so ungeheuer stark sein, daß sie beiderseits den Krieg gleich gar nicht zu beginnen wagen; es ist ihre Kriegsstärke, die den Frieden begünstigt. Zu Wallensteins Zeiten waren sie mit knapper Not stark genug zum Krieg, aber zu schwach zum Frieden. Sie konnten nichts entscheiden. Ein Sieg, das war, den Feind vom Feld vertreiben, ihm ein paar Tausend Knechte töten, ihm ein paar Feldstücke und bestickte Fahnentücher nehmen. Was half es? Der Besiegte wich zurück, sammelte, was ihm blieb, ersetzte den Verlust durch neuen Zulauf und stand binnen kurzem da wie vorher; wie wenn man ein Buschfeuer bekämpft und nie löscht, weil, wenn eine Flamme ausgetreten, daneben alsbald eine neue entbrennt.
Soviel über die europäische Szene, die Wallenstein als des Kaisers General betrat. Ehe wir nun von diesem neuen Abschnitt seines Lebens handeln, wird es ratsam sein, wie schon einmal, ein Wort über unsere Quellen zu sagen.
Für die Jahre 25 bis 28 sind Wallensteins Briefe an Harrach von unvergleichlichem Wert. An ihn schreibt er mitunter zwei, vier, fünf Briefe an einem einzigen Tag. Beide, Schwiegervater und Sohn, traktieren einander formell: »Hochgeborener Fürst, Euer Liebden« von der einen Seite, »Wohlgeborener Freiherr« von der anderen. Sind die Curialien erledigt, so gibt Wallenstein sich Harrach gegenüber, wie er ist; so sehr, so ganz offen, daß der Minister, sei es mit Rücksicht auf die Nachwelt, sei es, weil er den Brief an höchster Stelle vorzeigen will, ein paar Worte unleserlich zu machen oft für gut hält. Vorsichtiger, diplomatisch gedeckter schon, aber noch immer reich an Wahrheit ist des Herzogs Briefwechsel mit anderen Höflingen, dem Geheimrat Max von Trauttmansdorff zumal, nach Eggenberg und Harrach des Kaisers meistvermögendem Berater, dem Präsidenten des Hofkriegsrates, Grafen Collalto, dem Sekretär des gleichen Gremiums, Gerhard von Questenberg, und anderen mehr. Es fehlt Eggenberg, weil der Großteil seiner Korrespondenz verloren ist. Schreiben an den Kaiser selber gibt es; da staunt man, wie direkt, ja wie schroff sie gehalten sind. Und dann der Schwall der diktierten nurpolitischen, nur-militärischen, herrischen Befehle, Anfragen, Antworten, der Berichte von ihm, an ihn, über ihn, der ausgetauschten

Courtoisien und Meinungen, der Konferenzprotokolle, der geheimen Zwischenträgereien und öffentlichen Zeitungen – ein einziger Forscher hat zehn Bände mit solchen Wallensteiniana füllen können und andere zehn mal zehn. Noch schläft manches unerlöst in den Archiven, zumal den böhmischen. Was aber ans Licht gebracht wurde, ist eine Verlegenheit des Reichtums.

Ein Jahr und zwei Feldzüge

Eine dürre Skizze des Herganges zuerst.

Im Spätherbst 1625, im Winter 1626 geschah auf dem neuen, dem niederdeutschen Kriegsschauplatz nicht viel. In solcher Jahreszeit das Gewöhnliche; da war die Hauptaufgabe der Heere, in möglichster Wärme, bei möglichst gestilltem Hunger zu überleben. Nebenher wurde ein wenig Politik getrieben, der Friede angestrebt; diesmal, ehe der Krieg recht begonnen hatte. An gutwilligen Vermittlern fehlte es nie, Sachsen an der Spitze. Ob denn, da alle Streitpartner nur ihr Recht wollten, nichts gewinnen, nichts erobern, keiner Fliege etwas zuleide tun, ob da nicht, zwischen den Gerechten, ein goldener Modus gefunden werden könnte? Gesandte trafen sich in der Stadt Braunschweig, mit Aufträgen, die ins Leere trugen. Jeder, so tuend, als ob er schon der Sieger wäre, stellte ganz unmögliche Forderungen, um sie etwas, aber bei weitem nicht genügend, herunterzuschrauben. Jeder warf dem Anderen vor, daß er die Friedenslösung gar nicht wolle, falsch spielte, die Frist nur zu stärkeren Rüstungen benutzte, welch letzteres zutraf. Jeder erklärte sich bereit, abzurüsten, wenn der Andere den Anfang machte. Jeder schob dem Anderen die Schuld am Scheitern der Verhandlungen zu; niemand zweifelte, daß sie scheitern würden. Wallenstein: »Vom Frieden habe ich wenig Hoffnung.« (An Harrach) Wozu auch hatte man sich in all die kostspieligen Vorbereitungen gestürzt? Wer sollte sie bezahlen? Im Grunde konnte niemand sie bezahlen, es wäre denn das leidende Volk, das, auf seine Art, zu zahlen schon begonnen hatte.

Der König von Dänemark erfuhr Ärger mit seinen deutschen Verbündeten. Sie, die vom Niedersächsischen Kreis, hatten für gemeinsame Verteidigung nur mit knapper Mehrheit gestimmt, und wer nicht mitgestimmt hatte, fühlte sich zum Mitmachen nicht verpflichtet; der Herzog von Lüneburg, die reichen Seestädte. Der Herzog von Braunschweig schwankte, ein schwacher, ratloser Mensch. Es gelang aber seinem Bruder, dem Tollen Christian, die Herrschaft über Braunschweig zu usurpieren, so daß der Freibeuter, jetzt Dänemark verpflichtet, auch als eine Art von Regent aus eigenem Recht erschien. Der Graf von Mansfeld war auch wieder da, von Friesland über Lübeck ins Niedersächsische gezogen; der neuesten Form nach ein von den Königen von Großbritannien und Frankreich zum Besten des Niedersächsischen Kreises bestallter Diener, ohne daß der Niedersächsische Kreis ihn eigentlich um seine Dienste gebeten hätte. Zu diesen beiden kam ein dritter Aventurier, dem Charakter nach wohl der Beste, Herzog Johann Ernst von Weimar. Akteure, alle drei, in dem ungaren, noch chaotischen Drama, welches Deutschlands und Europas Staatenwelt spielte; keiner legitimen Macht recht zuzuordnen und dennoch ernstzunehmen, solange Söldner sich zu ihren Fahnen drängten. Sie brachten das flaue Kriegswesen zuerst auf Touren, weil sie am meisten zu gewinnen und nichts zu verlieren hatten.

Ärger gab es auch zwischen Tilly und Wallenstein, Wallenstein und Tilly. Zwei Heerführer, der eine alt und ruhmbedeckt, der andere vergleichsweise jung und unbewiesen. Zwei Armeen, nebeneinander operierend, verdammt, vom gleichen mageren Boden zu leben. Zwei oberste Kriegsherren, eng verwandt und verbündet, derselben Sache zugetan, aber heimlich doch nicht genau derselben. Wenn es Wallensteins erste, leichte Kriegstat war, Magdeburg und Halberstadt zu besetzen, so war der Zweck die Ernährung der Truppen durch beide Bistümer, das Winterquartier. Einen anderen erwähnten vertrauliche Briefe: jenen, die Bayern auszuschließen. Denn wo der Kurfürst Max hinkam, da blieb er, wie das Schicksal der Oberpfalz und der Pfalz rechts des Rheines auswies. Andererseits hatten die kaiserlichen Räte es auf Magdeburg und Halberstadt abgesehen, urkatholische Territorien ihrer Ansicht nach und dem Kaiser doppelt verfallen: der protestantische Administrator von Halberstadt war kein anderer als der Tolle Christian, und auch dessen magdeburgischer Nachbar, Christian Wilhelm von Brandenburg, ohnehin ortsabwesend, hielt es mit den Dänen. Aus Magdeburg und Halberstadt Pfründen für des Kaisers jungeren Sohn zu machen? Darüber hatte Wallenstein, ehe er auszog, mit Lamormaini, dem allerhöchsten Beichtvater, gesprochen. Oberst Aldringen, immer bereit, sich in Wien gefällig zu erweisen, zog nach: »Das wäre ein Bissen für den Sohn Ihrer Majestät. Oder man könnte doch wenigstens die Pastete teilen.« (An Collalto) Wallenstein, über den Kurfürsten von Bayern, grundsätzlicher: »Ist nicht ragione de statu, daß man ihn mächtiger auf Kaisers Unkosten macht.« (An Harrach)

Tilly hielt die Weser; Wallenstein die Elbe und war mit dieser strategischen Arbeitsteilung an sich zufrieden. Die Elbe war sein Heimatstrom. Sie konnte ihm Getreide aus Böhmen zuführen – es kam aber keines außer aus seinem eigenen Herzogtum. Wenn er einen Brükkenkopf auf der rechten Seite besaß, sicherte sie ihm den Rückweg nach den Erblanden, nach Schlesien, Böhmen, Mähren. Solche Sicherung hielt er für der Vorsicht erstes Gebot; den Freibeutern, besonders aber Mansfeld, traute er zu, das zu unternehmen, was sie vor drei Jahren schon einmal geplant hatten, die große Zangenbewegung nach Südosten. Er traute sie den Dänen selber zu, und auch den Schweden, deren Landung irgendwo in Pommern oder Mecklenburg zu erwarten seine Kundschafter ihm Grund gaben. Wallenstein, als des Kaisers europäischer General, war nun in der Lage, nach allen Seiten spähen zu müssen; nach den Niederlanden, nach Frankreich und Italien auch. Mit der gebotenen Vorsicht läßt sich doch sagen, daß sein Instinkt für den Osten, für Brandenburg, Schlesien, Preußen, Polen der schärfere war. Es hing dies mit seiner Herkunft zusammen, der Rhein war ihm fremd. Und während er, im Zentrum Niederdeutschlands stehend, es unmittelbar mit den Dänen und der Dänen abenteuerlichen Freunden zu tun hatte, blieb seine mittelbare Aufgabe, die Habsburgischen Erblande zu verteidigen, die neue Gewalt-Ordnung in Böhmen gegen ihre vielen leidenden Hasser aufrechtzuerhalten.

Zu den Positionen gehörte die Strategie, die man von ihnen aus zu betreiben gedachte, wenn das Wetter gnädiger würde. Darüber, über eine Verbindung, eine Konjunktion, verhandelten Wallenstein und Tilly durch Sendboten, auch durch persönliche Gespräche auf halbem Weg; konnten aber die längste Zeit sich nicht einigen. Denn es wollte immer einer den anderen zu sich herüberziehen oder doch Truppen von ihm leihen; jeder hielt das eigene Kriegstheater für das wichtigere, wie auch das gefährdetere, indem er des anderen sichere Überlegenheit angesichts eines schwachen Feindes unterstrich und sich höchlich wunderte, daß unter solchen Auspizien so wenig zuweg gebracht wurde. Tilly, im März: »Dannenhero Euer Gnaden vernünftig zu erwägen haben, daß es mit mir in viel schlechterem, böserem Stande als Ihre Gnaden versieret, auch wenig Hoffnung bevorsteht, daß wir einander so leichtlich werden succurieren mögen . . .« – Als man sich im Frühsommer endlich auf einen großen Plan einigte, ein getrenntes Marschieren nordwärts, um vereint zu schlagen, war es schon wieder zu spät dafür.

König Christian hielt sich tief in dem Dreieck, das von Wallensteins und Tillys Heerhaufen gebildet wurde, in Wolfenbüttel. Festungen, die im kaiserlich-bayerischen Machtbereich lagen, Minden, Northeim, Göttingen, blieben von seinen Truppen besetzt. Seine Abenteurer schweiften weiter nach Süden ins Hessische aus, um Nahrung und Beute zu finden. Daß sie es konnten, erklärt sich durch die Undichte der Kriegführung, selbst in einem insgesamt so engen Gebiet. Es gab keine Fronten, nur verstreute Wehrzentren, zwischen denen ein paar Hundert oder Tausend Reiter sich hindurchschlängelten, manchmal ungestraft, manchmal irgendwo ertappt. Ein Guerillakampf, Freund und Feind überall; Versuche ohne Konsequenz, vom Augenblick eingegeben, im Augenblick abgebrochen. Es war Wallenstein, der in dies Gewirr und Gehudel ein Stück kriegerischer Ordnung brachte. Früh hatte er sich der Stadt Dessau und der dort über Mulde und Elbe führenden Brücken bemächtigt, auf dem rechten Elbufer aber eine kleine Festung errichtet; Fortifikationen auch auf dem linken Ufer. Tausende von Söldnern und zur Arbeit gepreßten Bauern schanzten hier den Winter lang. Die Dessauer Brücke wurde zum stärksten Glied in der Kette, die Wallenstein mit den Erblanden verband. Als nun der Graf von Mansfeld mit seinen Holländern, Deutschen, Dänen, Schotten, Franzosen dem östlichen Elbufer entlang aufwärts zog, um die Neutralität Brandenburgs, die ohnehin zweifelhaft war, sich nicht kümmernd, kam es ihm in den Sinn, des Kaisers neuen General ebenda anzugreifen, wo dieser sich am stachligsten eingenistet hatte. Man weiß nicht warum. Was als Mansfelds Absicht galt, hätte er wohl auch ohne die Eroberung der Elbbrücke unternehmen können. Mag sein, er wollte keinen ungeschlagenen Feind sich im Rücken lassen; mag sein, er wollte nach so vielen Niederlagen seinen Geldgebern sich endlich einmal wieder beweisen. Genug, er setzte Anfang April sich gegenüber dem Brückenkopf fest, umgab ihn seinerseits mit kanonenbestückten Schanzen und ließ Approchen graben. Innerhalb von Wallensteins Brückenkopf kommandierte der Generalzahlungskommissar, der »von der Federprofession«, Oberst Aldringen, der hier zeigte, daß er dennoch mehr verstand, als Tribute zu sammeln. Mit zwei Regimentern der zwanzigtausendköpfigen Armee Mansfelds weit unterlegen, aber durch sechsundachtzig Kartaunen wirksam unterstützt, hielt er, mit nächtlichen Ausfällen und täglichem Feuerspiel, den Ort während dreier Wochen, Boten über Boten zum Obergeneral schickend, der mittlerweile von seinem Quartier Aschersleben aus einen Angriff gegen den König Christian selber vorbereitete. Mansfeld zwang ihn zur Preisgabe dieses Planes; zur Verstärkung Aldringens erst, dann, das Gros seiner Truppen in Person nach Dessau zu führen. Die Entscheidung fiel am 25. April 1626. Es war eine Schlacht, die über Durchschnitt lang tobte, während sechs Stunden. Einen Moment soll es gegeben haben, in dem Wallenstein willens war, den Brückenkopf aufzugeben, die Brücken zu sprengen und von Aldringen zum Sieg überredet werden mußte. Ob das wahr oder bloß ein Gerücht ist, welches Aldringen gerne undementiert ließ, bleibe dahingestellt. Jedenfalls läßt die Karte der Schlacht, die Merian gezeichnet hat, einen ungewöhnlich klaren Führungswillen erkennen. Der Ausbruch aus dem Brückenkopf, der Vorstoß des Kaiserlichen Fußvolkes über die Brücke unter Wallensteins eigenem Kommando auf dem Höhepunkt der Krise unter gleichzeitigem Beschuß von Mansfelds linkem Flügel durch eine Batterie, die auf dem westlichen Elbufer postiert wurde, die Attacke der Kürassiere des Grafen Schlick aus dem Hinterhalt, als Mansfeld bereits den Rückzug befohlen hatte, diese vier Aktionen bilden ein Ganzes, das nicht verfehlen wird, den Kennern des Waffenhandwerks Respekt abzunötigen; die Rückbewegung Mansfelds wäre von einer kontrollierten Retirade wohl auch dann in Gemetzel und wilde Flucht ausgeartet, wären nicht zu guter Letzt seine Pulverwagen in die Luft geflogen, so daß seine Leute sich von allen Seiten umzingelt glaubten. Ihrer drei- bis viertausend blieben auf dem Platz, darunter vornehme Offiziere, Obersten und Kapitäne. Gefangene, an die 1500, ließen leicht sich überreden, in Wallensteins Dienste überzutreten. In die Altmark brachte Mansfeld kaum mehr als 5000. Wallenstein trieb ihn am Abend bis nach Zerbst; nahm die Verfolgung am nächsten Morgen nicht wieder auf, ging zurück über die Elbe nach Aschersleben. Seine Berichte, an den Kaiser noch am Tage der Schlacht, an Bayern, die Infantin, die Erzherzoge am nächsten Morgen, klangen stolz: »Kann E. Kaiserliche Majestät gehorsamlich unberichtet nit lassen, wie heutigen Tages Gott, welcher allzeit E. Majestät gerechter Sache beigestanden, mir das Glück gegeben, daß ich den Mansfelder aufs Haupt geschlagen habe.«

Aufs Haupt geschlagen, ja; aber bald fing man in Wien an, ihm vorzuwerfen, daß er den Sieg nicht nutzte, um wenigstens dem schlimmsten Führer des Aventuriers für immer den Garaus zu machen. Er ahnte es. »Ich zweifle nicht, daß es allerlei Diskurs von Weibern, Pfaffen und sonstigen etlichen welschen Cujonen wird abgeben, daß man die erlangte Victori gegen den Mansfelder nicht prosequiert, des Landes sich nicht bemächtigt, oder sonsten andere progressi tut, die nach erlangter Victori sein können.« Wenn die Herren Kritiker selber am Ort wären, so würden sie anders reden. Mansfeld sei sein einziger Feind nicht; der Däne bereite einen Generalangriff vor, der Tolle Christian mit 3500 Reitern sei auch nicht fern, und von Tilly, der mit seiner ganzen Armee unbehelligt an der Weser lagere, erhalte er gar keine Hilfe. Einen Feldzug ins Weite zu führen, ehe das Korn reif sei, »wer ein Narr will sein und eine Armee in vierzehn Tagen ruinieren, so kann ers tun, zudem mit unbezahlter Armee läßt sich das nicht tun, was eine bezahlte tut«. Es reichte zu einer Schlacht; es reichte nicht zu ihrer Fruktifizierung, weil die Truppen erschöpft sowie unlustig bis zum Rand der Meuterei waren und weil sie unterwegs das zum Leben Notwendige nicht gefunden hätten. So auch war er mitunter geneigt, einen günstigen Waffengang seinen Auftraggebern zu verheimlichen; »denn ich weiß, wie man bei Hof ist, wenn eine gute Zeitung kommt«. Übrigens glaubte er nicht, daß Mansfeld in diesem Jahr 1626 noch einmal auf seine Beine kommen würde; worin er irrte. Der alte Mord-Unternehmer tat ein letztes Mal wie schon so oft: er nahm die Niederlage nicht an. In der brandenburgischen Altmark sich ausbreitend, erhielt er frischen Zuzug von Schotten, Dänen, von der Privatarmee des Herzogs Johann Ernst von Weimar, und stand sechs Wochen nach der Schlacht an der Dessauer Brücke wieder so da wie vorher, mit 20000 Schnurrbärten. Seine Gäste, ließ der Kurfürst von Brandenburg Wallenstein mitteilen, seien ihm unerwünscht, nur leider könne er sich ihrer nicht entledigen. Das stimmte und stimmte doch nicht. Mansfelds Söldner hausten noch grauenhafter als aller Herren Kriegsknechte im Durchschnitt; man hatte, wenn nicht wirksamen Schutz, doch ein Herz für seine Untertanen. Andererseits war die brandenburgische Politik die längste Zeit pro-dänisch, oder doch pro-niederländisch, pro-schwedisch gewesen und war es auch im Moment; worauf Wallenstein die Aufmerksamkeit des Kaisers häufig lenkte. »Ich bitt, man traue dem Kurfürsten von Brandenburg nicht.« »Der Kurfürst von Brandenburg ist mit in der Liga, seine ministri haben wohl gewußt, daß der Mansfelder wird ihnen durchs Land passieren, aber itzt wollen sies gern verbergen . . .« »Der Kurfürst von Brandenburg, was er mit uns tractiert, ist alles auf Betrug abgesehen . . .« An Georg Wilhelm selber schrieb er warnend, er werde seine Neutralität achten, wenn die andere Seite es ebenso mache; den Feind aber müsse man suchen, wo er sei.

Einen großen Plan, den Krieg in Norddeutschland zu beenden, entwarf er in der zweiten Junihälfte. Die verbündeten Heere, das bayrische und das kaiserliche, sollten zu beiden Seiten der Elbe stromabwärts ziehen, Hamburg zu, Holstein zu, den Dänen zur Schlacht zwingen oder ihn vom Reichsboden abdrängen; »denn es ist Zeit«. In Duderstadt fand am 30. Juni eine Begegnung der Generale statt, so feierlich-formell wie die früheren, aber fruchtbarer. Wallenstein machte ein Zugeständnis. Zwei seiner eigenen Regimenter würde er an Tilly abgeben; ferner ihm ein Hilfskorps von 8000 Mann überlassen, welches die Infantin zu schicken versprach. Denn nie ließen die Spanier von ihrem Traum, den deutschen Krieg mit ihrem eigenen zu verbinden. Man hatte da in Brüssel ein großartiges Schema ausgeheckt: die Holländer, denen man zu Land immer und immer nicht

beikommen konnte, in ihrem Lebensnerv, dem Handel, zu treffen und zu diesem Zweck, zusammen mit den Kaiserlichen, die wichtigsten deutschen Küstenplätze, zum Beispiel Lübeck, unter Kontrolle zu bringen. Der Entwurf hatte seine Gefahr für das Reich, das durch seine Verwirklichung in den spanisch-niederländischen Krieg endgültig verstrickt werden mußte. Eben darum war der Unfreund Spaniens, der Kurfürst von Bayern, kein Freund davon. In ihrer Begier, »den Feind abzuschmieren, ehe die schwedische Hilfe kommt« (Wallenstein), akzeptierten die Generale am Ort das spanische Angebot sehr gerne; ihre Strategie und Politik sich von Brüssel vorschreiben zu lassen, lehnten sie höflich ab.
Drei oder vier unerwartete Ärgernisse kamen dazwischen. In den Niederlanden gingen die Dinge für die Spanier plötzlich so schlecht, daß sie ihr Seekriegsprojekt in der Schublade verschwinden lassen mußten, wo es späterer Wiederauffindung harrte; das versprochene Hilfskorps fiel weg. In Oberösterreich erhoben sich die Bauern gegen die widrige Fremdherrschaft des Pfandherrn, des Kurfürsten Maximilian. Das war ein ernstes Unternehmen – von Haus zu Haus, von Dorf zu Dorf lange vorbereitet, unter einem Oberhauptmann, dem Großbauern Fadinger, der militärisch zu organisieren, auch formvollendete Briefe zu schreiben verstand, mit verhandlungsfähigen Ausschüssen und einem Parlament nach Regeln; vaterländisch und fromm. Daß die Bauern republikanische Gelüste hätten nach Art der Schweizer, logen ihre Feinde. Im Gegenteil glaubten sie den Kaiser auf ihrer Seite, und das war nicht einmal reine Illusion, insofern ihre Bewegung sich gegen die verhaßte bayerische Verwaltung und Ausbeuterei richtete; die sah man auch in Wien ungern und in der Sorge, Maximilian könnte das erpreßte Pfand für immer behalten. Dagegen gingen in Anderem, wogegen die Bauern sich wehrten, im Religionszwang, in der Vertreibung der Prädikanten und Einführung »welscher, ungeschickter, ärgerlicher Geistlicher«, Kaiser und Kurfürst zusammen; dieser ließ durchführen, was jener unbeirrbar intendierte. Mißgelaunt gab Wallenstein aus der Ferne den Jesuiten die Schuld: ». . . von den Jesuitern laßt euch nicht bei der Nase führen, denn ihr seht, was sie für feine Händel itzt im Lande ob der Ens angerichtet haben; in summa, es geht überall also zu, wo sie einwurzeln!« Er war kein Freund von Bauernaufständen, erst recht nicht, wenn sie disziplinierter, politischer geführt wurden als die böhmischen und breiten Erfolg zu haben drohten. Verspätet ließ der bayerische Statthalter die Rebellen wissen, daß er »derjenige Tyrann, für welche er durch etliche unwahrhafte leichtsinnige Leute ohne Grund ausgeschrieen und diffamiert worden, nicht sei und die Güte der Schärfe

vorziehe«. In offener Feldschlacht von den Bauern geschlagen und blamiert, mußte er sich nach Linz flüchten, der einzigen größeren Stadt, die nicht mit den Bauern gemeinsame Sache machte. In Wien und München rief man nach Truppen, die nur von Wallensteins Masse genommen werden konnten; wenn nicht aus Norddeutschland, so von Regimentern, die in Österreich und Böhmen standen. Er entbehrte sie ungern. Das arme, zerstreute Wölkchen, das der Graf von Mansfeld Anfang Mai gewesen, wuchs aufs neue zu einer ostwärts ziehenden Wetterwolke. Wie immer, wenn etwas Protestantisches, Habsburgfeindliches sich Schlesien und Mähren zubewegte, gab im rechten Augenblick der alte Südost-Feind, Fürst Gabriel Bethlen, Zeichen kriegerischer Unruhe. Würden die beiden Wolken zusammenschwimmen zu einem die habsburgischen Lande überdekkenden Sturm, wie drei Jahre früher geplant? Die Aufstände im Lande ob der Enns im nahen Mähren und Böhmen zu Ähnlichem zünden? Man kannte es ja: die triumphierende Macht des Kaisers auf der einen Seite, die arge Unsicherheit und Gefährdung ihrer Basis auf der anderen. Einige Wochen nach den Besprechungen von Duderstadt wußte Wallenstein, daß man vergeblich geplant hatte. Er schickte ein paar Regimenter nach Schlesien. Er betrieb die schlesische Landesverteidigung, die den Ständen, den Fürsten oblag und untauglich war, wie alles ständige Kriegswesen. Allmählich wurde ihm klar, daß er selber würde ziehen müssen, nach einer Gegend, die er kannte und wo das Kriegführen ihm verhaßt war. Mähren, das ging an. Aber Ungarn, das obere, slowakische, oder gar das eigentliche, niedere? Mit unbezahlten, finster blickenden Knechten, ohne gesicherten Proviant?

Noch am 3. Juli hält Wallenstein den Mansfelder zu einem Unternehmen wie dem schlesisch-ungarischen nicht für fähig. Am 13. spricht er von vier Kriegstheatern statt einem: »dahier, in Schlesien, in Ungarn und im Land ob der Ens.« Mansfeldische und dänische Truppen konnten nach Schlesien nur gelangen, weil das Volk dort zum guten Teil es gegen den Kaiser hält; mit ihnen sind böhmische Emigranten; der Bauernaufstand im Lande ob der Enns ist Antwort der österreichischen Protestanten auf das, was sie von den Dänen erhoffen; die Bewegung Gabriel Bethlens ebenso. Die vier Schauplätze entstanden nicht von ungefähr zur gleichen Zeit, und Wallenstein begreift den Zusammenhang. Den 17. ist er in Panik: »unsere Sachen stehen in ärgeren terminis als nie zuvor; die wenigste Schlappen, die wir kriegen werden, so moviert sich das ganze Reich gegen uns . . .« Später: »Mein Herr wird sehen, wie das Feuer überall um sich fressen wird . . .« Den 19. ist er entschlossen, die lange Reise zu machen, zu-

vor aber noch, nach einem nächtlichen Ritt, dem Grafen Tilly zu begegnen. Man kann ja einen Kriegsschauplatz mit dem Gros seines Heeres nicht verlassen, wie man einen Badeort verläßt. Abmachungen mit Tilly: Er wird ihm, unter dem Kommando der Obersten Aldringen, Desfours und Herzog von Lüneburg, fünfundachtzig Kompanien zu Fuß und zu Roß überlassen – »nicht mehr«, fügt Tilly bitter hinzu. Dafür sollen die Bayern Wallensteins seitherige Elbstellungen halten, wenn sie können. In den letzten Julitagen läßt er den Rest seines Heeres, etwa 20000, Infanterie, Kavallerie, Artillerie, über die Elbe setzen.
Den 28. verlegt er sein Hauptquartier von Aschersleben nach Zerbst, wo er vierzehn Tage liegen bleibt. Dies, weil er immer noch nicht recht weiß, was er tun soll. »Ziehe ich von hinnen, so sind alle besetzten Orte verloren, das dort zurückgelassene Volk wird niedergemacht, der Kurfürst von Sachsen sieht sich gezwungen, des Gegners Partei zu ergreifen, alle Widerwärtigen im Reich werden sich erheben . . . ziehe ich aber nicht, so besorge ich mich, daß der Kaiser mit allen seinen Ländern periclitiert . . . Ich muß mich necessariamente noch eine Weil hier aufhalten, denn sollte ich so plötzlich ohne Consideration hineinplumpen, so möchte etwas daraus erfolgen, das nachher übel zu remedieren wäre . . .« Mittlerweile muß man polnische Reiter werben, und zwar direkt, nicht durch den König Sigismund, denn da Polen eine Wahlmonarchie ist, auch viele Magnaten calvinisch und kaiserfeindlich gesinnt, so würden Bündnisverhandlungen zu lange dauern, und die Reiter braucht man schnellstens, irgendwo in Schlesien müssen sie zu ihm stoßen. Er braucht sie um so dringender, weil auf die Ungarn kein Verlaß ist. Man hat ja vor zweiundzwanzig Jahren gesehen, er selber hat es erlebt, wie sie in solcher Krise sich verhalten, denn »die Religion geht ihnen im Kopf herum«. Ferner braucht er Geld, die lumpigen 100000 Taler, die man ihm längst versprach. Ferner braucht er Mehl; das muß überall auf der Strecke verteilt werden. Was würden seine Leute tun, wenn sie abends wo ankommen und nichts zu essen finden? Ferner muß man sich überlegen, was mit Siebenbürgen zu machen, wenn man des Bethlen Herr geworden. Soll er sich jeden Sommer so aufführen dürfen wie eben wieder jetzt? Wäre es nicht gut, einen einheimischen Gegenfürsten aufzustellen? Ferner hat der Gouverneur von Mähren, Kardinal Dietrichstein, vorgeschlagen, 12000 Mann zu werben. Das soll er nicht, denn er würde sie bloß zum Schutz seiner eigenen Güter verwenden, man hätte Verlust und keinen Gewinn daraus. Oder doch, er mag es tun; aber so, daß das verhurte Pfäffle selber als Botschafter nach Rom geschickt und aus dem Weg geschafft wird . . . Vorsor-

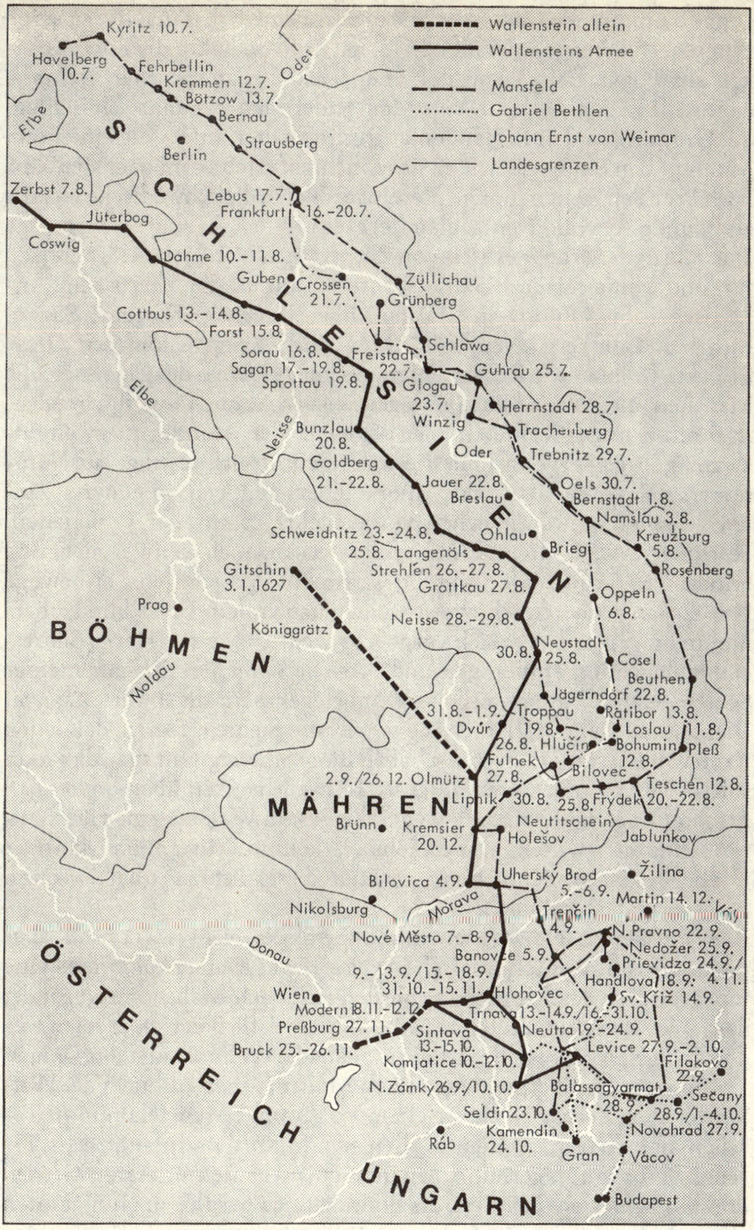

Feldzug nach Oberungarn, 1626

gende, wimmelnde Gedanken, die er aufs Papier wirft und durch seine Boten nach Wien jagt. Hat er Geld, hat er Brot, hat er die 8000 Kosaken aus Polen, trifft er an der Südgrenze die ungarischen Reiter – dann will er den Bethlen, den Mansfelder, den Weimar schmeißen, die Ordnung in den Erblanden aufrechterhalten und – dies in einem Moment von Euphorie, wie er sie manchmal erlebt – im nächsten Jahr nach Preußen ziehen, um im Verein mit Polen die schwedische Gefahr zu bannen, ehe sie Deutschland ergreift.

Den 8. August erhebt er sich von Zerbst: »ich werde starke Tagreisen tun und wenig rasten.« Starke Tagreisen tut er. Von Zerbst im Anhaltischen bis Olmütz in Mähren, über Jüterbog, Kottbus, Sagan, Bunzlau, Goldberg, Neustadt, Dvur sind es 600 Kilometer. Diese Streckte treibt er die Riesenschlange seines Heeres, die Zigeuner, die Mädchen, die tausend Bagagewagen, die Troßbuben, die fluchenden, in ihren zerfetzten Stiefeln sich schleppenden Männer in zweiundzwanzig Tagen. Wenn man die unentbehrlichen Rasttage ausklammert, sind es mehr als dreißig Kilometer am Tag. Hat, in neueren Zeiten, je einer ihm dergleichen vorgemacht? Es ist aber Wallenstein beschieden, Verdacht und Ärger zu erwecken, auch wenn er nicht den mindestens Grund dafür gibt. So wirft man ihm jetzt vor, er bewege sich zu langsam; Geschichtsschreiber haben den Tadel blind übernommen, gegen den er sich vergebens wehrt. »Meines Herrn Schreiben habe ich itzt empfangen und versichere ihn, daß ich mir meiner Seelen Seligkeit nicht also lasse angelegen sein als Ihrer Majestät Dienst, und ziehe stark fort und versichere meinem Herrn, daß keine Armee nie so stark marschiert hat als diese.« Es versteht sich, daß man solche Entfernungen nicht ungestraft in solcher Zeit überwindet, daß Erschöpfung und Ruhr und wieder die Pest in Wallensteins Heerhaufen schlimmer wüten, als der Feind es könnte. Mit 20000 Mann ist er von Zerbst aufgebrochen; am Ende dieses Feldzugs hat er kaum 5000, und die sind danach.

Es ist ein Geisterfeldzug, der wohl ungefähr erreicht, was er soll, aber nicht auf rühmlich strategische Weise. Zwei Marschkolonnen: eine innere, durch das westliche Schlesien sich nach Mähren bewegende, das ist Wallensteins Kolonne; eine äußere, östlich der Oder nach Süden dringende, das ist die Armee Mansfelds, Weimars und der Dänen. Da sie von Havelberg einen runden Monat früher aufbrach als Wallenstein von Zerbst, so hat sie einen Vorsprung; Mansfeld nimmt Teschen an dem Tag, an dem Wallenstein in Kottbus anlangt. Mit Teschen, Troppau, Jägerndorf gewinnen die Abenteurer festen Grund, dort wo Schlesien, Mähren, die Slowakei sich berühren. Nun geraten sie in Verlegenheit, weil Gabriel Bethlen, den sie erwarten, zwei Monate später aufbrach und Mitte September noch tief in Unterungarn umhertastet, so daß die Riesenzange sich wieder nicht schließt und der Zeitvorsprung verlorengeht. Während Weimar den Weg nach Ungarn einschlägt, um Bethlen zu suchen, wendet Mansfeld sich westwärts, wie einige wissen wollen, um Böhmen vom Süden her anzugreifen; erspäht bei Kremsier vom linken Ufer der March die Truppen Wallensteins, die von Olmütz her am rechten Ufer angekommen sind, so daß die monatealte Kolonnen-Nachbarschaft zu einem einzigen Punkt auf der Karte, zum Treffen, zur Schlacht sich zentrieren müßte; weiß aber dem Gegner sich zu entziehen und in der zerklüfteten Berglandschaft der Slowakei nach Osten, Südwesten, Süden, Osten, Norden allerlei Schlangenbewegungen zu vollführen, in deren Verlauf er wieder auf Weimar trifft und die wenigstens den Erfolg haben, daß Wallenstein ihn nicht erwischt; der seinerseits auch gar nicht versucht, ihn zu erwischen, sondern die Waag bei Ungarisch-Brod, die Neitra bei Neuhäusel erreicht, worüber in langsameren Bewegungen als bisher der Monat September beinahe vergangen ist. In Neuhäusel weiß er, daß Bethlen mit seinen Siebenbürgern und Türken keine siebzig Kilometer mehr südöstlich von ihm lagert. Da dieser sein eigentliches Kampfziel ist, so marschiert er am 27. September in südöstlicher Richtung, über den Gran-Strom, vierzig Kilometer weit nach Levice, wo, falls Bethlen nicht flieht, ihn nur noch fünfundzwanzig Kilometer von dem Feind trennen; der 28. muß der Tag der Entscheidung sein. Er wird es nicht. Wallenstein bleibt zwei Tage in Levice, die Truppen brauchen Rast und Nahrung. Am 30. sich wieder südwärts durch die Ebene bewegend, läßt er seine Avantgarde mit Bethlens Reitern scharmützeln, kontaktiert die siebenbürgische Hauptmacht erst gegen Abend, in der Dämmerung gibt es zwei sich gegenüberliegende Schlachtordnungen, aber keine Schlacht; den nächsten Morgen ist Bethlen verschwunden. Wallenstein an Harrach, etwas kleinlaut: »wäre noch drei Stund Tag gewest, so hab ich eine schöne victori in Händen gehabt, denn der Feind ist so verzagt gewest, daß solches dem Herrn Bethlehem noch nie widerfahren ist . . .« Ausführlicher entschuldigend an Kaiser Ferdinand: schmählicherweise sei der Feind flüchtig geworden und habe sich in der Nacht und in der Stille hinwegbegeben. Ohne Bagage und Geschütze, die er in Neuhäusel zurückließ, ohne Proviant, ohne Geld tief ins Ungarische nachzufolgen hält er für unmöglich, worin seine Offiziere ihm gerne beistimmen. Also geht er langsam den Weg zurück, den er gekommen, nach Levice, über die Neitra und noch über die Waag nach Turnau. Nun haben wir Mitte Oktober, fast zweieinhalb Monate, seit er von Zerbst aufbrach.

Der Südost-Feldzug endete, weil niemand ihn fortsetzen konnte. Hätte Wallensteins Heeresschlange sich nicht quer durch die Länder der Mansfeldischen parallel gelegt, wäre sie der siebenbürgischen nicht entgegengekrochen, so hätten der Fürst und die deutschen Abenteurer in den habsburgischen Landen nach Belieben schalten können. Durch Wallensteins Achthundertkilometermarsch wurden sie blockiert. Alle Gegner waren an den Entfernungen, an ihrer eigenen Schwäche gescheitert; als die Verlierer mochte man immerhin die ansehen, welche die Angreifenden gewesen waren. Bethlen gestand das ein. Schon zehn Tage, nachdem er Wallenstein die Schlacht verweigert hatte, machte er Friedenspropositionen, wie 1621, wie 1623; und wie 1623 riet Wallenstein, sie anzunehmen. »Bitt man schließ mit dem Bethlehem; denn je länger man sich spreizt, je größere Impertinenzen wird er begehren und auf die letzt wird mans bewilligen müssen . . .« »Diese Armee denk man nicht, daß sie mehr nach Ungarn wird zu bringen sein, denn dies Schelmensland ist nicht wert, daß so viele ehrliche Leut malamente dahie aus Not haben sterben müssen.« Ein Vertrag, im Sinn des vorhergehenden, wurde im Dezember ratifiziert. Der letzte, endgültige? Kaum; hätte nicht Gabriel Bethlen schon den Tod in Gestalt der Wassersucht im Leib getragen.

Im gleichen betrübten Zustand, aber weiter avanciert, befanden sich die deutschen Abenteurer. Mansfeld, der sein verwahrlostes Heer verlassen hatte, um seinen Weg nach Ragusa zu nehmen, von da nach Venedig, nach Paris, nach London, neuer Subsidien, neuer Werbungen halber, erlag einem Blutsturz in der Nähe der Stadt Sarajewo. Vierzehn Tage später zahlte Johann Ernst von Weimar der Natur seine Schuld; ein Jüngling noch, gebrochen von des Krieges wüster Anstrengung. Der Tolle Christian, Christian von Braunschweig, Administrator von Halberstadt, der Feuerbrand, war schon im Frühsommer erloschen – »Viel Glück auf die Reise!« rief Wallenstein ihm mit ungebührlichem Humor nach. Alle drei endeten sie als Gescheiterte, an elendem Siechtum und nicht so, wie sie sich's wohl gewünscht hätten. Ihre Mission, den Krieg spärlich in Gang zu halten, bis Mächtigere sich seiner annähmen, hatten sie treu erfüllt. Das lief nun von alleine, dazu wurden sie nicht mehr benötigt.

Das Volk, das Mansfeld und Weimar geblieben war, 4000 gespenstische Wanderer, zog ein dänischer Kriegskommissarius nach Oberschlesien zurück, wo sie denn auf Kosten des Landes wieder zu Fleische kommen, ihre Zahl vermehren und den Frühling erwarten mochten. Dies, erklärte Wallenstein, könne er nicht hindern, seine Truppen seien so jämmerlich daran wie der Feind und sehr zur Meuterei aufgelegt. Also Winterquartiere, und wo allein man sie jetzt nehmen konnte, in Böhmen-Mähren. In Wien hörte man das ungern.

Noch ein rascher Blick zurück, anderswohin. Im August schlug der alte Kriegsmeister, der Graf von Tilly, den König von Dänemark in einer Schlacht, welche bei Lutter am Barenberg genannt wird und knapp zwei Stunden dauerte; ein Sieg, bei dem Wallensteins Hilfstruppen ihm zustatten kamen. Erledigt war damit König Christian noch nicht; so wenig Mansfeld nach der Schlacht an der Elbbrücke, aus dem gleichen ewig geltenden Grunde. Er konnte, bei schmerzlichen Verlusten, sich nordostwärts zurückziehen, die Versprengten sammeln, zwischen Elb- und Wesermündung neue Stellungen beziehen; Tilly konnte ihm nicht folgen. Jedoch hatte Lutter für den Niedersächsischen Kreis und dessen Nachbarschaft gewichtigere Folgen als Dessau, der Däne war Hauptmacht, Mansfeld nur wetterwendische Nebenmacht. Wer noch durfte, brach aus; so Braunschweig, dessen Herzog sich nun dem kaiserlichen Willen unterwarf; so Brandenburg, das seiner falschen Neutralität eine schwächliche Wendung im Sinne der Treue zu Kaiser und Reich gab.

Im Spätherbst endete der Aufstand in Oberösterreich, wie Bauernaufstände zuletzt immer endeten; mit der Kapitulation der Rebellen und folgenden Blutgerichten. Es hatten die Bauern wohl erstaunliche Siege davongetragen und mit den kaiserlichen Kommissaren von gleich zu gleich verhandelt, auch allerlei Milderungen zugesagt erhalten. In Angst, es könnte etwas über seinen Kopf hinweg beschlossen werden, ignorierte Maximilian den Waffenstillstand. Sein General am Ort, Gottfried Heinrich von Pappenheim, im Kriege wohl erfahren, mußte bekennen, er habe so harten Widerstand, wie die »rasenden wütenden Bestien« ihm leisteten, noch nie erlebt. Es half ihnen aber nicht; nicht das »Ein feste Burg ist unser Gott«, das sie vor der Schlacht sangen, nicht das fromme Maß, das sie geübt hatten, solange der Erfolg bei ihnen wohnte. Die Regel war ewig wie die Welt. Bauern trugen die schwere Pyramide der Gesellschaft; sie ernährten die Herren; sie zahlten; sie wurden massakriert, wenn sie an der Regel was ändern wollten. Kümmerlich war der einzige Lohn, den sie hier zuletzt doch ernteten. Maximilian verlor die Lust an dem Land, das sich ihm so widerspenstig gezeigt hatte und, halb ausgebrannt und entvölkert, keinen Gewinn mehr versprach. Im Tausch für die Oberpfalz und die Pfalz östlich des Rheines gab er sein Pfand zurück, so daß denn die überlebenden Einwohner wieder Untertanen des frommen Kaisers sein durften – ein dunkles Glück.

Die Dinge der Parteiengruppe, die man der Kürze halber die katholische nennt, standen zu Ende des Jahres günstiger als am Anfang. Man mag das gut finden oder ungut, oder, wozu wir neigen, das Faktum vermerken, ohne es zu bewerten. Zu Ende war der Krieg deswegen noch nicht. Solange Dänemark sich hielt, solange König Gustav vom fernen Preußen aus gegen die Polen kämpfte, solange die Politiker in Madrid und Brüssel von ihrem großartig-kranken Wahn nicht ließen und im Haag die pfälzische Exilregierung ihre Fäden spann, solange der König von England bereit war, den Feinden Habsburgs Geld zu schenken und der Kardinal Richelieu auch, solange würden neue Brandherde sich finden.

Der Beitrag der neuen wallensteinischen Armee während dieses Jahres 26, an sich schwer zu ermessen, stand für den Moment im Schatten. Gegen Wunsch und Willen war der Herzog gezwungen worden, den norddeutschen Kriegsschauplatz zu verlassen, eben als dort etwas zu unternehmen gewesen wäre. In Ungarn gab es ähnliche Lorbeeren nicht zu pflücken; und was er für Tilly tat, schrumpfte in den Augen seiner Kritiker zu wenigem zusammen, verglichen mit dem, was er hätte tun sollen. Selber glaubte er, seine Pflicht bis zum Äußersten erfüllt zu haben: »wenn ich Gott also gedienet hätte, so wäre ich gewiß der vornehmste Heilige im Himmel.« In Wien, von München zu schweigen, war man anderer Meinung; war es beinahe von Anfang an gewesen und wurde es mit zusehends stärkerem Mißmut während der Monate nach der Dessauer Schlacht. Der Zweifel unter Höflingen, Diplomaten und Rivalen, ob er eigentlich der Mann sei, ein großes Heer zu kommandieren, erreichte seinen Höhepunkt, als der ungarische Feldzug versandete.

Der General

Er strebte fort von der Bühne, kaum, daß er sich hinaufgeschwungen hatte. Er besaß die Sicherheit noch nicht, die er in den nächsten drei Jahren imponierend zur Schau trug. Folglich erregte er Ärger, Enttäuschung, Mißtrauen; Reaktionen, die seine eigenen Gefühle bestätigten und steigerten.

Was in seinen Briefen des Jahres 1626 vor allem auffällt, ist Müdigkeit, Übellaune, Krankheitsklage. »Denn ich bin gar zu müd«, »denn die Mühe ist mir zu groß«, »denn ich kann allein dies nicht bestreiten«, »denn ich werde täglich mehr indisposto«, »denn ich kann nicht allein allem resistieren«, »vor lauter disgusto weiß ich nicht, was ich tue« – so, während Monaten, nahezu in jedem Schreiben an den Schwiegervater. Ihn quälte die Gicht; aber diese Krankheit ist ja eine

fortschreitende und hätte ihn in den folgenden Jahren noch schlimmer heimsuchen müssen, was sie nicht tat. Es möchten darum seine Anfälle psychisch stark mitbedingt gewesen sein, ganz so, wie Kepler prophezeit hatte. Den Ausdrücken seines Überdrusses fügte er zunächst, mit der ihm eigenen Insistenz, die Bitte um einen obersten Gehilfen, einen Feldmarschall, hinzu. Mit diesem, als man ihm einen schickte, klappte es nur einen Augenblick gut, dann sehr schlecht; mit dem Nachfolger mittelmäßig.
Seine Arbeitslast muß ungeheuer gewesen sein. Tiefer, als er wußte, hatte er sich mit der Annahme des Generalkommandos in die Nesseln gesetzt. Geld herauszupressen aus Ländern, die nicht zahlen wollten, oft gar nicht zahlen konnten, Quartiere zu verteilen, in ständigem Streit mit der bayerischen Konkurrenz-Armee und mit den am Rheine stehenden Spaniern, Nahrung, Kleidung, Stiefel, Waffen, Munition herbeizuschaffen, ohne Hilfe jener, deren Aufgabe die Versorgung des kaiserlichen Heeres doch gewesen wäre, Regimenter hin und her zu schieben und ihre Entfernung, für den Fall, daß man sie brauchte, zu errechnen, ein Minimum von Disziplin zu erzwingen unter den Gemeinden und den räuberischen Obersten, die ganze wüste Menschenapparatur intakt zu halten gegen einen Feind, der überall und nirgends war – welcher Nervenkraft hätte alles das bedurft, auch dann, wenn die »Herren Gelehrten«, wie er sie nannte, die »kahlen Kerle«, des Kaisers Minister und Kriegsräte ihm nicht beständig mit Ratschlägen, Vorschriften und Rechenschaftsforderungen in die Quere gekommen wären. Er mußte um das Größte sich kümmern, die Politik Spaniens, die zu gewärtigende Ost-Strategie Schwedens, und um das Kleinste auch. »Laßt zehntausend Paar Schuhe machen für die Knechte, auf daß ich sie nachher auf die Regimenter kann austeilen . . . Die Schuhe, daß allzeit ein jedes Paar fleißig zusammengebunden wird, auf daß man wisse, welche zusammengehören.« (An seinen Landeshauptmann Taxis) Der doch vorher schon ein so großer, sein Leben so stattlich genießender Herr gewesen war, mochte wohl sich fragen, warum er sich denn nur in dies Labyrinth begeben hätte. Er fragte sich's und wollte wieder heraus, oder, wie die Skeptiker meinten, tat so, als ob er wieder heraus wollte. Wir können es hier nicht mit den Skeptikern halten und haben Herrn von Harrach auf unserer Seite. Der nahm die wiederholten Bitten des Schwiegersohnes, ihm seine Entlassung, seine »Lizenz« zu besorgen, für Frühjahr, Spätherbst, Winter und wieder Frühjahr, ernst genug: »So find ich, wie ich den Herzogen kenn, er mir auch ad partem expresse schreibt, daß er gewiß über den Sommer nit zu erhandeln wird sein . . .« Er kam jedoch nie über Bitte und Ankündigung hinaus; nicht, daß er den

Akt durch ein formelles Gesuch an des Kaisers Majestät vollzogen hätte.

Meistens verstimmt, meistens beleidigt, neigte er dazu, das Glück der Sache, welche er diente, grau in grau zu sehen. »Wir müssen das für ein Maxima halten, daß wir schier keinem Menschen nicht trauen dürfen.« Er hoffe, noch in diesem Jahr dem Krieg ein Ende zu machen; »wo nicht, so stehen unsere Sachen übel.« Als er sich ungern zu dem Südost-Feldzug erhob: »Diejenigen, so Ihrer Majestät zum Kriege raten, sehen jetzt, in was für Labyrinth sie dieselbe und uns alle gebracht haben.« Woran er besonders »etlichen Geistlichen« die Schuld gab: »Sie tuen übel dran und verstehen das Werk nicht.« (An Collalto) Ihm selber traute man zu, schnöden Vorteils halber den Krieg absichtlich in die Länge zu ziehen. Es ist eines der vielen Beispiele dafür, daß er die unholde Feengabe besaß, ohne jeden Grund Verdacht zu erwecken. Tatsächlich riet er zu Friedens-Anstrengungen, wenn immer er die Zeit als halbwegs günstig dafür ansah; etwa nach der Dessauer Schlacht. ». . . denn der Kaiser hat nicht Mittel, zu kriegen, und dies Wesen ohne Geld kann keinen Bestand nicht haben.« Zwei Monate später an Ferdinand: Jetzt sei der Moment, mit Vorteil und guter Reputation zu verhandeln; ein Umstand, auf dessen Dauer durchaus kein Verlaß wäre . . . Und so häufig. Es wird dagegen ein sonderbarer Satz gehalten, welcher zu lesen ist in einem Brief an den Geheimrat von Trauttmansdorff vom 21. Dezember 1625. Tilly, schreibt er, habe sich der Weser, er selber sich der Elbe bemächtigt; das Meer bleibe den Dänen, Schweden, Engländern und Holländern fort und fort. »Darum müßte der Krieg mit indianischem Gold und Silber verlegt und etwa ein dreißig Jahr continuiert werden, alsdann könnte etwas Ersprießliches daraus erfolgen.« Hätte also Wallenstein die Dauer des Dreißigjährigen Krieges korrekt vorausgeschätzt und solche gewünscht? Schieres Mißverständnis! Denn in demselben Brief wird wieder betont, für einen »langwierigen Krieg« fehlten die Mittel; daß die Spanier mit »indianischem Gold« knauserig umgingen und umgehen mußten, wußte er nur zu gut. Der Satz von den dreißig Jahren ist also nichts als düstere Ironie, die Zahl aufs Geratewohl genannt: Wenn ihr Geld habt, um dreißig Jahre lang Krieg zu führen, bitte sehr; einstweilen sehe ich keines, auch nur für diesen Monat . . .

Friedensbemühungen und Spielen mit dem eigenen Rücktritt kamen aus dem gleichen Grund: dem Wunsch, sich herauszuziehen, der Sehnsucht nach Ruhe.

Es verfängt sich auch der Übelgelaunte, Kränkelnde, Grämliche leicht in Dilemmen. Zu einer Wahl gezwungen, findet er beide möglichen

Lösungen gleich gefährlich. So Wallenstein im Juli, als er zwischen Verbleiben an der Elbe und dem Marsch nach Schlesien zu entscheiden hatte: »Ziehe ich, ziehe ich nicht . . .« Vor ähnlich üblen Alternativen fand er sich in der Planung des Südost-Feldzuges gestellt: »Sollte ich nun eher als sie« – die Ungarn – »an den Feind kommen und nichts tuen, so discouragir ich das Volk und consumir's, sollte ichs aber wagen, so ist es beiden mißlich, denn der Bethlehem wird eine große Quantität von Cavallerie mitbringen.« Es waren solche deprimierte, deprimierende Briefe aus dem Hauptquartier, welche in Wien die Zweifel an der Eignung des Feldherrn sich verdichten ließen. Dazu kamen peinliche Ereignisse, die gern kolportiert wurden; Berichte über Wutausbrüche, wie sie einem Manne von seiner Stellung und Würde ungut anstanden. Auf eine der häßlichsten Begegnungen dieser Art wurde die Aufmerksamkeit des Kurfürsten von Sachsen gelenkt. Es war, als Wallensteins Armee auf ihrem Weg nach Schlesien die Niederlausitz durchquerte. Sächsische Kommissare hatten für den Proviant zu sorgen, der eines Abends in dem Städtlein Forst aus triftigen, von den Kommissaren unverschuldeten Gründen nicht zur Stelle war. Die Kommissare in ihrer Klageschrift: »Wie aber dem allen, so hat hochgedachter Herr General uns gar nicht Gehör gegeben, sondern uns vor sich fordern lassen und primo intuitu alsbald mit ehrenverletzlichen Worten angefahren, und in Gegenwart ihrer Excellenz des Herrn Feldmarschalls Don Balthasar, vieler vornehmen Cavalier und des concurrierenden gemeinen Pöbels auf der Gassen öffentlich gesaget: Wie, zum Sacrament kommt es, daß ihr das Proviant nicht habt in die Quartier verschaffen lassen? Darauf ich, Veit Kracht, die Beschaffenheit ausführen, und unseren Befehl, wie weit sich der erstrecken täte, exhibieren wollen . . . ist er dennoch ohne Verstattung einigen Gehörs oder Entschuldigens weiter zugefahren, hat die Designation von dem Landesbestellten angenommen, solche mit großem Eifer und Zorn zerrissen und uns für Hundsfötter, Bärenhäuter, Bestien und Cujonen gescholten, auch also lange continuiret, bis er endlich selbst müde geworden und angefangen, wir sollten weggehen.« Solches furiosische Procedere, fügten die Beleidigten hinzu, hätte den umstehenden Offizieren durchaus nicht gefallen, ja, der Feldmarschall Marradas habe ihnen nachher sagen lassen, sie möchten den Auftritt doch vergessen und so tun, als ob sie nichts gehört hätten . . . Eine Szene für viele. Der »Schiefer«, wie man Wallensteins Zornesausbrüche nannte, hatte ihn ergriffen und getobt, bis er verbraucht war. Vermerken wir als mildernden Umstand, daß es in der Tat fürchterlich sein muß, nach heißem Marsch mit 20000 Hungergesellen am Abend in der Nähe einer Stadt anzukommen und

nichts zu essen vorzufinden. Ein sehr mächtiger Mann will dann wohl so genau nicht wissen, wer oder was daran schuld sei.
Ärgernisse verdeckten die Leistungen. Die eine, erstaunlichste, und ihrer war er sich stark bewußt: Er unterhielt ein kaiserliches Heer und vergrößerte es emsig, ohne daß der kaiserliche Fiskus etwas dafür zahlte. Die andere: Er hatte den Blick des geborenen, lange geschulten Strategen für die Orte, an denen das Heer zu gebrauchen wäre; die Sröme, die Brücken, die Gebirgspässe. Er verstand auch die Bewegungen im voraus, welche der Gegner machen würde; so, fast aufs Haar genau, die Richtung, die Mansfeld durch Schlesien und Mähren nahm. Langem Zögern folgte ein plötzliches Sich-Aufraffen und Schlagen. Hielt er in düsteren Momenten alles für verhunzt, so entwarf er in hellen, über des Mercator Landkarte gebeugt, die kühnsten, weiträumigsten Pläne; als hätte ihn eine Droge in euphorisch beschwingten Zustand versetzt; Pläne, die er zum Teil später auch verwirklichte.

Die Offiziere

Der Feldmarschall, den man ihm auf seine dringenden Bitten hin im Oktober 1625 schickte, war Graf Ramboald Collalto, Präsident des kaiserlichen Hofkriegsrates, ein Militär entschieden politischen Charakters. Zunächst zeigte sich Wallenstein höchlich mit ihm zufrieden, schrieb ihm mehrmals am Tag, suchte, wie es seine Art war, über alles und jedes mit ihm Gedankenaustausch zu pflegen und möglichst viel Arbeit auf seine Schultern zu wälzen. »Der Graf Collalto assistiert mir über alle Maßen wohl, und gewiß hätte man mir niemanden schicken können, den ich lieber gesehen hätte, denn er überhebt mich vieler Mühe.« Knapp drei Monate später verließ Collalto das Heer, bat höchsten Ortes um seine Entlassung und kehrte nach Wien zurück. Die Bewandtnis war diese. Wallenstein hatte der Herzogin von Braunschweig für den Transport von zwanzig Faß Wein und allerlei Waren einen Geleitbrief erteilt, einen Talisman, der Sicherheit vor Plünderung durch die eigene Soldateska gewähren sollte und manchmal auch gewährte. In diesem Fall nicht. Der Oberstleutnant des Regimentes, welches Collalto persönlich unterstand, um das er aber als in Wien residierender Höfling sich wenig gekümmert hatte, ein Bursche namens Couriers, ließ den Zug überfallen und die Schätze plündern; sei es für sich selber, sei es für den Feldmarschall, welcher als der Freund eines guten Tropfens wie auch anderer Qualitätsprodukte galt. Die Herzogin führte Klage. Wallenstein griff ein, zwang, was er in ähnlichen Fällen nur selten vermochte, den Räuber zur Herausgabe der Beute und enthob ihn seines Amtes. Schwere Verstimmung Collaltos; die Disziplinierung seines Offiziers hätte ihm selber, als dem unmittelbar Kommandierenden, nicht dem Obergeneral obgelegen; Wortwechsel zwischen den beiden. Ein Monat, während dessen alles so ging wie vorher; dann plötzliches Entweichen Collaltos. Es war diese Verschwiegenheit, diese Tücke seines Adjutanten, welche Wallenstein völlig außer Fassung brachte. »Hat nun der Graf, wie er sagt, können einen Monat damit umgehen und mir die besten Worte geben, so behüte mich Gott, ferner mit ihm zu tractieren, welcher so dissimulato ist und nach langer Zeit also praecipitoso ausbricht, denn wenn ich vermeinte, daß er mein bester und vertraulichster Freund ist, so wäre er mein ärgster Feind, dahero denn ich nicht mehr mit ihm zusammenstimmen kann und Ihrer Majestät Dienst höchlich leiden müßte . . .« Er schwöre zu Gott, daß er nie einen Menschen mit größerer Courtoisie behandelt hätte als gerade Collalto; »es ist ihm um die Weine und Eisen zu tun gewest, mir aber um die parola . . .« Lüge, alles das? Gespielte Entrüstung? So urteilen schlechte Menschenkenner über einen, der selber kein guter war, sondern ein einsamer Mann, zutraulich hilfesuchend zuerst, dann wütend in der Enttäuschung. Er hatte wirklich sein Wort gegenüber der bestohlenen Welfenfürstin halten wollen. Er hatte herzlich auf den Grafen Collalto gebaut, ihn stets mit »Herr Bruder« angeredet, eine Ehre, die er sonst keinem seiner Offiziere erwies. Der Erschütterung folgte der Haß, der in seinen Briefen an den Schwiegervater loderte. Nie, nie mehr würde er etwas mit Collalto zu tun haben. »Daraus sehe ich, daß er ein schlimmer, falscher Mensch ist . . .« Wollte der Kaiser des Collalto tückische und böse Praktiken höher achten als seine eigene Reputation, der doch Tag und Nacht für ihn arbeitete, würde er stracks seinen Abschied begehren. »In Summa, der Collalto ist ein großer Practico, aber kein Soldat, und auf den Valor bei ihm muß man nicht gedenken . . .« Mochte doch der Präsident, wenn er etwas klären wollte, selber zu ihm ins Lager kommen, anstatt andere zu schicken: »Ich will den Poltron tractieren, wie es ihm gehört.« So ein halbes Jahr lang, sich immer steigernd; dann Einlenken. »Ich bitt auch, sieht mein Herr ein Mittel, den Collalto zu accomodieren, so tu er's, er wird mich sonsten stets contraminieren.« Es kam eine Zeit, in welcher die beiden wieder korrespondierten wie eh und je und sich gut vertrugen.

Blieb die Frage des Nachfolgers. Es mußte, betonte Wallenstein, einer sein, der fähig sei, eine Armee zu kommandieren; ein beliebiger Regimentsoberst konnte das nicht. Der Feldmarschall war des Generals Erster Gehilfe und als solcher im besonderen für die Heeresdisziplin verantwortlich; konnte aber auch an die Spitze eines eigenen Korps gestellt werden, um weit weg vom Oberfeldherrn nahezu selbständig zu operieren. Die Zahl der für eine solche Aufgabe Geeigneten schien dem Herzog einstweilen gering. Einen Protestanten, den Grafen Friedrich Solms, den er vorschlug, wollte man in Wien nicht; schon gab es in des Kaisers Heer nur allzuviele protestantische Obersten. Den alten Don Balthasar Marradas, denselben, der im Vorjahr sich so ärgerlich übergangen gefühlt hatte, zögerte er zu nehmen: »der Don Balthasar ist ein guter Cavaliero, aber die Sachen seind zu hoch für ihn.« Schließlich akzeptierte er ihn doch. Übrigens waren geschäftliche Sachen für Marradas keineswegs zu hoch. In Südböhmen hatte er sich dank der Konfiskationen einen dem friedländischen von Ferne vergleichbaren Güterbesitz zusammengeschachert und wäre dort wohl noch weitergekommen, hätte nicht Fürst Eggenberg in seiner Nachbarschaft desgleichen getan und seiner Ausbreitung eine Schranke gesetzt. Mit seinen Diensten zeigte Wallenstein sich bald so zufrieden wie anfangs mit Collalto.

Es durfte sich aber kein wallensteinischer Offizier auf solche Zufriedenheit verlassen. Des Feldherrn günstiges Urteil war eins mit seiner Gunst, seiner Sympathie; und die schlug leicht um in ihr höhnisches, grimmiges Gegenteil, und schlug vielleicht um auch noch ein zweites Mal.

Da war ein Oberst des Namens Wratislaw, den er im Sommer 1625 noch weidlich lobte, ihn mit einer Dotation belohnt sehen wollte, ja, den er im Herbst zum Generalwachtmeister über alles Fußvolk vorschlug. Wie anders sechs Monate später! »Mein Herr sage dem Kaiser, da ichs mit Gott bezeugen kann, daß ich die Zeit meines Lebens keinen untüchtigeren Menschen zum Krieg gesehen hab als er ist, denn es steckt doch in der Welt nichts hinter ihm.« Wieder: »Ich hab meinem Herrn allbereit oft geschrieben – in der Tat, oft – daß der Wratislaw zum Krieg nicht taugt, denn er hat weder Valor, noch Experienz noch Verstand . . .« Und als es ihm endlich gelungen war, den glücklosen Offizier zum Amtsverzicht zu bewegen, dieser aber unstimmige Schluß-Abrechnungen geliefert hatte: »der arme Mensch, er verstehts halt nicht.« Sollte Collalto ein anderes Kommando erhalten, »so will ich ihm den Wratislaw dahin schicken, denn der ist auch ein solcher Soldat«. Es könnte sein, daß Wratislaws Mißgeschick neben ernsthafteren Fehlern auch etwas mit seiner Visage zu tun hatte, denn Wallenstein schrieb einmal von seiner »langen Nasen«, die der Kaiser doch wohl weniger würde in acht nehmen als seine eigenen, des Feldherrn, Verdienste um Thron und Vaterland. Wie er sich denn überhaupt an Abwegigkeiten der äußeren Erscheinung stieß. Einen

Oberoffizier im Heere Tillys, den Generalwachtmeister Grafen Jakob von Fürstenberg, nannte er nie anders als den »buckelten Fürstenberg«, auch in Briefen an Kaiser Ferdinand, und gab ihm Schuld an dem meisten Ärger, welchen er mit der bayerischen Konkurrenzmacht erlebte. »Wäre der buckelte Graf von Fürstenberg nicht gewest, der Feind hätte ein ansehnliche botta« – Hieb – »bekommen ... in Summa, man muß sich hüten vor denen, so die Natur gezeichnet hat.«
Auf den ersten Blick widerwärtig war ihm der Oberstleutnant Christian von Ilow – nachmals Illo genannt. »Der Ilau ist nur etliche Tag hier gewest, hat mir viel Wäscherei zwischen den Befehlshabern angericht ... ich mag seiner wegen vieler Ursachen nicht, erstlich, daß er ein stolzer aufgeblasener Kerl ist, das ander, daß er viel Verhetzungen unter den Befehlshabern gern macht ... zum dritten, so kann ichs auf mein Gewissen sagen, daß unter den Holsteinischen Befehlshabern keiner solche extorsiones« – Erpressungen – »wie er gemacht hat; darum mag ich seiner ganz und gar nicht ...« Das änderte sich später. Er ließ Ilow Karriere machen bis zum Feldmarschall, und dann noch bis zu etwas anderem.
Daß er die Stolzen, Aufgeblasenen, wie auch die Plünderer nicht mochte – beide Eigenschaften erschienen oft gemeinsam –, dafür bietet ein anderes Beispiel der Graf Wolf von Mansfeld, einer der Höflinge unter den Kriegsoffizieren. Man wollte ihn zum Feldmarschall machen, lange wehrte sich Wallenstein dagegen: »wäre er so krank wie er aufgeblasen ist, so wäre er längst tot ... aus dem Reich hat man hereingeschrieben wegen des von Mansfeld, daß der Wolf angekommen ist, wäre sehr hungrig, griffe mit beiden Händen zu. Zu diesem Werk allein ist er nicht nachlässig, aber zu allem andern.« Der Leser bemerkt das Wortspiel mit Mansfelds Taufnamen »Wolf«. Es war etwas Scherzgeneigtes, Lachlustiges in Wallenstein, wenn er über Offiziere schrieb, von denen er nichts hielt. Über drei uns Unbekannte, die für ein Kommando in Ungarn vorgeschlagen wurden: »Ich befinde in meinem Gewissen, daß sie nicht dazu taugen, denn der eine ist imbambito« – kindisch – »der andere tardo come il moto de Saturno, der dritte weiß selbst nicht, was er haben will ...« Gegen den Obersten von Savelli sprach seine Faulheit, sein »welscher Brauch« – nämlich seine Lust zu Intrigen –, seine überfeinen, schwänzelnden Manieren. Dem Kaiser sei mit Savellis »romanischen Kompetenzen« wenig gedient; er eigne sich besser, »mit Cardinälen zu Rom Complimenta zu machen«, als im Krieg zu dienen. Weil aber dem Fürsten Eggenberg so viel daran gelegen sei, daß Savelli ein Regiment erhalte, »will ich das Äußerste tun und meiner Natur Gewalt antun ...«

Sein Verhältnis zu Aldringen schwankte. Der Luxemburger hatte ein Talent, sich unentbehrlich zu machen, und über die Fähigkeiten des Kontributionen-Eintreibers wie auch des Kommandanten konnten Zweifel nicht mehr geltend gemacht werden, am wenigsten seit der Dessauer Schlacht. Indessen war Aldringen ein Intrigant, und ein unvergleichlich geschickterer als Ilow. Erstaunlich weit gelangt, wünschte er noch weiterzukommen. Vielleicht dahin, wo jetzt der Herzog selber stand? Er diente ihm, und diente auch anderen; schrieb mit flotter Feder Berichte nach Wien und, auf dem Umweg über den buckelten Fürstenberg, nach München, wodurch Kurfürst Maximilian über die Stimmungen in Wallensteins Hauptquartier erfuhr, was ihm sonst verborgen geblieben wäre. Aldringens Korrespondent in Wien war Abt Antonius von Kremsmünster, welcher des Obersten »liebe Briefel« »an solche Orte kommunizierte, allda sie mit Gnaden und sonderlicher Satisfaktion durchlesen« wurden – an den Kaiser also. Von dieser Spionagetätigkeit seines Obersten wußte Wallenstein und stellte ihn einmal mit groben Worten darüber zur Rede, ohne daß die Szene Folgen gehabt hätte. Der Abt Antonius an Aldringen, tröstlich: »Der Herr kennt der Leute humores, weiß sich zu moderieren, kann dissimulieren, daher ihm dies desto leichter fallen wird . . . Wollen interim nit unterlassen, unsere vertrauliche Communikation und Correspondenz zu continuieren . . .« Man sieht das breite Geschmunzel des Geistlichen, während die Rabenfeder kratzt; ahnt das klebrige Gewebe, das aus der Hauptstadt, so fern sie war, rings um den hochfahrenden General gesponnen wurde; greift den Haß, mit dem er den kriegslustigen, zum Kriege aber so gar nichts beitragenden Geheimpfaffen dankte. So am Anfang, so am Ende.

Am liebsten waren ihm, dem schwierig Organisierten, die Einfachen, die sachlichen, rauhen Nur-Soldaten. »Der Pechmann wird gar wohl dahin taugen, denn er ist ein guter Soldat und wird Credit bei den Landleuten haben . . .« »Der Lindlo ist ein alter und guter Soldat; macht nicht viel dicentes, verstehts aber und ist fleißig.« Noch höher schätzte er den Grafen Heinrich Schlick; »haben Ihre Majestät einen guten Offizier, so ist es der Graf Schlick« – eben den, welcher so sehr spät, nämlich nach der Schlacht am Weißen Berg, sein Schifflein von der Flotte der böhmischen Rebellen fortgesteuert hatte und wohl auch ein Diplomat gewesen sein muß, denn er gedieh unter seinem neuen Herrn. Feldmarschall wurde er, auf Wallensteins warme Empfehlung hin, 1627; zur selben Zeit stieg Marradas zum General-Leutnant auf. Was hieß, daß Wallenstein den Rang, der ehedem der höchste, nur selten verliehene gewesen war, nun weit unter sich hatte – eine Genugtuung. Nicht ungern nahm er auch Mitglieder altfürstlicher Häu-

ser in seinen Dienst; drei Sachsen-Lauenburg, einen Holstein, Anhalt, Braunschweig-Lüneburg, Baden, Brandenburg, Nassau – Protestanten allesamt.
Sie hoben das Niveau nicht. Sie waren im Durchschnitt so wild, so selbstisch wie die Tiefgeborenen, auf die sie herabsahen. Weder ihm noch einem seiner Hunde habe er was zu befehlen, ließ Franz Albrecht von Lauenburg einmal seinen Vorgesetzten, den Oberst Pechmann, wissen; und als der Oberst ihm einen Verweis hatte zukommen lassen: wüßte man nicht, daß Pechmann ein Esel und Bauernsohn sei, so erkennte man's an seiner Unterschrift. Es gab Offiziere, die in vier oder fünf Sprachen korrespondierten, zum Beispiel Aldringen, andere, die ihren Namen nicht schreiben konnten. Es gab Katholische und Unkatholische, Deutsche (knapp die Hälfte), Spanier, Italiener, Wallonen, Dänen, Schotten, Iren, Franzosen; Prinzen, Bürger und Bauern. Alle hatten das für sich, daß jeder für sich war, brutal und allein; keine Freundschaften; keine ritterliche Kameradschaft und nicht einmal räuberische. Konkurrenz im Avancieren, im Intrigieren beim General oder gegen den General oder beides zugleich; Konkurrenz im Beutemachen.
Es scheint, daß Wallenstein den höheren Offizieren anfangs eine gewisse Lockerheit im Umgang mit ihm erlaubte, sie ohne Zeremonien zur Tafel bat, sie frei reden ließ und selber frei mit ihnen redete. So erzählt Gualdo Priorato; Gualdo, dem am besten zu trauen ist, wo er den Feldherrn in seinem Heer schildert, denn er ist selber dabei gewesen. Etwa erzählt er, wie einmal ein Kavalier im Hauptquartier erschienen sei, stolzer Träger eines kaiserlichen Empfehlungsschreibens: diesem Höfling sollte, wenn irgend möglich, doch das erste Reiterregiment zugeteilt werden, welches »frei« würde. Worauf der Herzog eine kleine Gesellschaft von Obersten arrangierte, zu der er auch den stellungsuchenden Kavalier einlud. Nach einem Umtrunk teilte er seinen Gästen mit »ernster Stimme und hochgezogenen Brauen« mit, einer von ihnen müsse demnächst sterben. Wieso, wieso? »Nun ja, dieser Herr hier ist gekommen, um eines von euren Regimentern zu erhalten; und so gebührt es sich, daß einer der Herren ihm den gewünschten Dienst erweist.« Die Anekdote klingt wahrscheinlich. Warum sollte er, der in seinen Briefen so sehr zu Witz und derbem Spott neigte, es in seinen Tischgesprächen nicht getan haben? Und daß er jene Krieger verachtete, die, anstatt mit harter Erfahrung und Proben ihres Könnens, mit kaiserlichen oder erzherzoglichen Gunstzetteln aufwarteten, ist vielfach bezeugt . . . Dem Maße von Kameradschaftlichkeit, das er, zunächst, um sich noch gestattete, entsprach der grobe Ton, mit dem er, unzufrieden, die Seinen

anließ. Dann schlug er die eigene Würde in den Wind. Ein Oberst, obendrein ein Reichsfürst, dem er bei der Inspektion die schlechte Ausrüstung seiner Truppen in schriller Wut vorgerückt hatte, notierte am folgenden Tag, es tue zwar dem General schon wieder leid, »gestern im Schiefer solche Worte geredet zu haben . . . Ich aber vergesse den Discurs nicht so balde.«
Er liebte die Räuber unter seinen Gefolgsleuten keineswegs. Er war gegen das Ausplündern und Martern der Bauern, das Bestehlen der Bürger; nicht aus Mitleid, sondern aus praktischen Gründen. Von der Erde, von der man in diesem Jahr lebte, mußte man auch im nächsten leben; wenn die Bürger nicht in ungefährer Sicherheit ihren Handel trieben, so konnten sie nicht zahlen. Überaus häufig sind seine Befehle und besonderen Zornes-Schreiben in diesem Sinn; seine Bemerkungen über einzelne hervorragende Missetäter. »Der De Fur« – Oberst Desfours – »er ist dahier eine Pest, denn er alle Unordnungen und Räubereien befördert und hat mehr Schaden getan als die ganze Armee . . . er ist mit Namen und in der Tat eine Fur . . .« Es hatte dieser Desfours zum Oberstleutnant einen gewissen Höffer, der noch böser wütete als sein Meister. Ihn befahl Wallenstein einmal, unter schwerer Bewachung als Gefangenen ins Hauptquartier zu schaffen, wo ihm der Prozeß gemacht werden sollte. Desfours gebrauchte Ausflüchte; er könne so viele Reiter nicht entbehren. Wallenstein: Reiter hätte er mehr als genug. »Derowegen soll er sein unnötiges und unschämliches Repetieren unterlassen und in continenti den Oberstleutnant Höffer mit fünfzig Pferden wohlverwahrt hierher bringen, sonst er alles, so der Höffer begangen, sich selbst mit schwerer Verantwortung aufladen würde. Dem Er wird also nachzukommen wissen.« Daß jedoch Höffers Nachfolger, Laverrière, keine Besserung brachte, geht wieder aus einem Schreiben des Generals hervor, in dem wir lesen müssen: »Derowegen wir Ihn zum Letzten vermahnen und anbefohlen haben wollen, Achtung zu geben und zu sehen, daß dasjenige, was den armen Leuten also gewalttätiger Weise abgenommen, restituiert, die Verbrecher auch, welche wider unser ernstliches Verbot solcher Unordnung und Impertinenzen ungescheut sich unterfangen, in Arrest genommen und an Leib und Leben gestraft werden – im widrigen Fall er diesem nicht nachkommen und fernere Klage bei uns anlangen wird, soll Er versichert sein, daß wir eine solche Demonstration gegen Ihn vor die Hand nehmen werden, daran sich die ganze Armee zu spiegeln, denn wir solche unverantwortliche Exorbitanzien nicht passieren zu lassen noch zu gestatten endlich resolviert sind. Wonach Er sich zu richten.« Sprach Ohnmacht aus solchen zornigen, fast keifenden Drohungen? Er *konnte* die armen Leute nicht

schützen, so wenig der spartanische Kriegsmeister, der alte Graf von Tilly, es konnte. Die Entfernungen waren zu groß. Die Offiziere, weit vom Schwerte des Generalprofos, taten, was sie wollten; hatten sie einem Handelsmann einen Weintransport im Wert von 3000 Talern geplündert und erhielten sie strengen Befehl, die Beute herauszugeben, so kümmerten sie sich darum nicht, sondern tranken den Wein oder verkauften ihn, und zum Schluß ließ man's auf sich beruhen, weil man mußte. Ordnung war auf der goldenen Insel des Hauptquartiers und in ihrer Nähe; in der Weite Erpressung, Mord und Raub. Um dies Chaos zu bändigen, hätte man die Mehrzahl der Kommandanten umbringen müssen. Wie sie ersetzen, wie sie mit solchen ersetzen, die es bräver machen würden? Schließlich war das ganze Heer eine Verschwörung, Gefahren und Härten des Kriegslebens zu kompensieren durch Bereicherung, die vom Solde nicht kommen konnte, wäre er selbst ausgezahlt worden. So blieb es denn meistenteils bei den Drohungen, mitunter sogar bei Warnungen des Oberbefehlshabers, nicht allzu scharf gegen Plünderer-Offiziere vorzugehen: »denn die gute Affection der Offiziere ist einzig und allein, was den Kaiser erhält, wird sie refrediert« – erkaltet sie –, »so weiß ich kein Mittel noch Hilf . . .« Es mußte ein Oberst höchst überdurchschnittlicher Greuel schuldig werden, bis Wallenstein dazu kam, ihn mit dem Schwert richten zu lassen, so, daß der Rumpf der größere, das Haupt der kleinere Teil wäre: »Auf daß man sich über mich im Reiche nicht zu beschweren hat, daß ich die Transgressoren nicht strafe, so habe ich heute dem von Gürzenich den Kopf weghauen lassen. Er ist wohl aufs Rad sentenziert worden; aber ich vermeine, daß man sich mit diesem kontentieren kann . . .« Gürzenich, Wallensteins friedländischer Lehensmann, hatte es gar zu bunt getrieben, zumal in Frauenklöstern.

Das leidende Volk

Es war kein heimliches Schauspiel, wenn das Heer vorbeigezogen kam, einen ganzen Tag lang und noch die folgende Nacht, das Heer und der Schwarm, welcher ihm anhing oder sich vorauswälzte; manchmal mit Trompeten und Trommeln unter johlender Anmeldung; manchmal, und das war wohl noch schlimmer, ganz still und stumm, wenn der General eben unter Plünderern ein Strafgericht hatte halten lassen und die Körper erwürgter Männer und Knaben längs der Straße von den Bäumen hingen. »Gott tröste den Ort, wo *die* hinkommen und ihr Winterlager halten!« rief einer aus, der den Durchmarsch mit Augen sah.

Nun möge der Leser so recht ausführliche Beschreibungen nicht erwarten; zum ersten, weil im Punkte der Schauertaten über Truppen, welche anderen Heerführern der Zeit unterstanden, Mansfeld, Tilly, Spinola, Bethlen, oder wer es sei, genau dasselbe zu berichten wäre, auch in der Spätzeit dieses Krieges, als Wallenstein verschwunden war, sich nichts verbesserte, vielmehr alles noch ungleich entsetzlicher wurde, so daß, was immer wir hier an Blut-, Folter- und Nachtgeschichten bieten könnten, das Wesen unseres Helden nicht im Besonderen unterscheidet; zum zweiten, weil dergleichen, seit es geschah, so oft und gern erzählt wurde, dreihundert Jahre lang. Sogar glauben kritische Schriftsteller unserer Tage, es sei da herzhaft übertrieben worden; ausgelassen wurde gewiß nichts. Die Summe der Leiden, könnte man sie nennen, möchte in allen großen Kriegen ziemlich die gleiche gewesen sein, wenn auch anders zusammengesetzt. Die Perfektion bringt Greuel mit sich, welche die ungeschickte, höchst unperfekte Kriegführung des 17. Jahrhunderts nicht brachte; dafür andere. Was in Wallensteins Zeiten fehlte, verglichen mit späteren, war dies: der Korpsgeist bei den Offizieren; die Gebundenheit, der erpreßte Drill und Gleichschritt bei den Soldaten, von solchen angeblich bindenden Gefühlen wie Vaterlandsliebe zu schweigen; die Organisation, welche versteht, möglichst große Lasten auf möglichst viele möglichst wirkungsvoll zu verteilen. Wallenstein machte einen Anfang in diesem Sinn, davon demnächst. Weil es aber ein erster Anfang war inmitten eines zum Krieg ungeeigneten Gemeinwesens, eines Unstaates, so blieb das System von wüster Irrationalität.

Ein Beispiel vom Anfang, Oktober 1625. Truppen Wallensteins haben die Stadt Halle besetzt, welche zum Erzstift Magdeburg gehört. Dabei sind etliche Regimenter auch in benachbartes kurfürstlich-sächsisches Gebiet vorgedrungen. Ein Beamter berichtet dem Kurfürsten: »Die Reiterei, unter welcher viel Franzosen und Kroaten gewesen sein, haben sich so wüterisch, gleich unsinnigen Leuten im Felde unten am Berge unter das Fuhrwerksvieh sehen lassen, das Schafvieh niedergeritten, geschossen, den Schaf- und Kuhhirten geplündert, ihre Speise, Geld, was sie gehabt, auch dem Sauhirten einen neuen Hut genommen, auch mit Schlägen tractiert, also daß sich die Hirten mitsamt dem Vieh ins Holz begeben. Haben sich hierauf die Soldaten in die Dörfer begeben, darinnen recht tyrannisiert, das Vieh genommen, die Pferde ausgespannt, die Leute beraubt, Kisten und Kasten gefegt, alles inzwei gehauen, die Bauern geschlagen und geprügelt, das Weibervolk geschändet, gleich als wenns auf den ungarischen Grenzen und sie die Türken wären . . .« Der Protest des Beamten,

man sei hier auf kurfürstlichem Gebiet, provoziert die Antwort: »Was kurfürstlich, ich muß fressen, mein Pferd muß auch fressen« und noch wüsteres Gebaren. Mittlerweile hat der wallensteinische Oberst, Beckmann (Pechmann?) die Bewegung in dem Dorf beobachtet und schickt einen Trompeter: »der kommt eben hinzu, als sie am besten im Heu arbeiten, schreiend: Ihr müßt henken, henken, henken, ihr müßt henken; laßts bleiben, henken müßt ihr! Mit dieser fröhlichen Botschaft behalt ich den Platz . . . Es ließ mir auch der Oberst sagen, so dergleichen Gesellen kommen und sich nicht wollen abweisen lassen, so sollte ich ihnen lassen die Hälse entzweischlagen, das sollte ich in den Dörfern den Gemeinden auch ansagen lassen. Darauf ich ihm geantwortet: Der Weg wäre wohl gut, wenn ich nur von Euer Kurfürstlichen Gnaden Befehl hätte, die Bauern wollte ich bald dazu willig machen . . .« – Das ist schlimm. Es ist aber das Äußerste nicht erreicht, solange des Sauhirten neuer Hut der Erwähnung für wert befunden wird; und fällt auch auf, daß der Oberst nicht bloß durch Androhung der Todesstrafe die Marodeure vertreibt, sondern auch die Bauern zur Selbsthilfe gegen seine eigenen Leute geradezu auffordern läßt. Noch ist der Wille zur Ordnung unter den Offizieren nicht ausgelöscht.
Ein Beispiel aus der Endzeit, acht Jahre später, wir greifen vor. Goldberg in Schlesien, die Stadt, in der Wallenstein zur Schule ging und die er als General ehedem schon, nicht ohne Wohlwollen, berührt hatte. Anders jetzt. Goldberg war in den Händen der Sachsen gewesen, nun des Kaisers Feinden, hatte aber dafür nichts gekonnt, sich selber keiner Politik schuldig gemacht; hatte durch nichts die Heimsuchung verdient, die beschrieben wird in einem Buch mit dem Titel: »Abscheuliche, doch wahrhaftige Erzählung, wie die Kaiserlichen den 4. Oktober 1633 in der Stadt Goldberg in Schlesien überbarbarisch, ja ganz teuflisch gehauset. Aus glaubwürdigen Schreiben und gründlichem Bericht derjenigen, die selbst dabei gewesen und die Tyrannei erfahren mussen, zusammengetragen durch einen treuen Patrioten.« Soldaten Wallensteins, spanischer Nationalität zumal, haben die verschlossenen Stadttore mit Äxten zerschlagen und sind eingedrungen. »Obwohl nun«, berichtet der Patriot, »niemandem unter den armen, geängstigten Leuten einfiel, sich zur Wehr zu setzen, um die Teufel nicht noch mehr zu erbittern und sie außer ihrem Bitten, Flehen, Weinen, Heulen und Schreien keine Rettung versuchten, so haben die Wallensteiner doch alles nicht nur, was ihnen in den Häusern, die sie in aller Menge angefallen, erbrochen, begegnet, wie grimmige, rasende Bestien oder vielmehr ganz wie lebendige wütende Teufel stracks niedergeschossen, gehauen und gestochen, sie haben mit ihren

ganz besonders zur Plünderung zubereiteten Äxten, Hämmern und Prügeln in vollen Streichen, nicht anders als wenn die Fleischhauer Ochsen töten, die Bürger vor die Köpfe und zu Boden geschlagen, mit Füßen getreten und zerstampft, so daß das Blut nicht nur zu den geschlagenen Wunden, sondern zu gleicher Zeit zu dem Halse, den Ohren und der Nase herausgesprungen, und daß man wohl annehmen kann, es sei von Hunderten kaum einer unbeschädigt davon gekommen ... Nun fingen die Offiziere die Plünderungen an, denn die Offiziere waren die schlimmsten, gottlosesten und verworfensten Bösewichter. Die Offiziere koppelten die Ratsherren aneinander, und zwangen sie, ihnen unterdessen die Pferde zu halten, während sie in ihre und ihrer Freunde Häuser drangen, Weiber und Mädchen schändeten, Kinder und Männer mißhandelten und dergleichen mehr, so daß sie selbst das klägliche Jammern und Hilferufen anhören mußten ... Da nun öffentlich auf diese Weise geplündert worden war und man nichts mehr vorfand, so wollte man auch das etwa tief Verborgene oder Vergrabene haben, und die Soldaten hatten Erlaubnis, die Bürger anzugreifen und zu martern nach ihrer Lust, damit sie bekennen sollten, wo irgend etwas an Gütern und Geld verborgen steckte. Vielen legte man Stricke um den Hals, andere wurden nackend auf den Gassen herumgeschleppt, die Köpfe auf dem Steinpflaster, daß Blut und Gehirn herumspritzten. Andern zerschlug man mit Hämmern die Knochen und die Hirnschädel, bis sie tot niedersanken; andern rieb man die Stirne mit Steinen und knotigen Stricken, schraubte die Köpfe mit knotigen Stricken so zusammen, daß ihnen die Augen aus dem Kopf heraustraten und das Blut zum Munde und zur Nase herausströmte. Andern schlug man brennende Kiensplitter unter die Nägel und besprengte die nackenden Leiber mit siedendem Schwefel oder ließ Männern und Weibern heiße Schwefeltropfen auf den Körper fallen, und zwar langsam und in gewissen Pausen, damit die Qual recht anhaltend werde ...« Es geht noch sieben Seiten so fort. Ein Bild der Hölle, wie Dämonen und verdammte Seelen gerne gemalt wurden; wobei es sein mag, daß solche Abbildungen auf den Autor der Klageschrift nicht ganz ohne Einfluß waren, und auf die spanischen Plünderer ebenso. Das Abbild verhält sich nach uns, und wir verhalten uns nach dem Abbild. Im Wesentlichen dürfte der Bericht des Patrioten wahr sein; wir haben noch einen zweiten, der ihn ungefähr bestätigt. Die Entartung des Krieges hatte in jenen acht Jahren Fortschritte gemacht und würde in den nächsten acht noch weitere machen. Das waren die Kommandanten, das die Kommandierten, mit denen Wallenstein es nun zu tun hatte.

Was in ihm vorging, wenn er von ihren Schandtaten hörte, ist unbekannt. Wahrscheinlich: nicht viel. Zu lange hatten überall die großen Herren in der Gewohnheit gelebt, ihre Umwelt nur auf sich und ihresgleichen zu beziehen, der Masse des Volkes aber fremd zu sein. Den frömmsten, lieblichsten Damen graute nicht davor, einen Gatten zu umhalsen, der solche Greuel zuließ, mitunter befohlen hatte. So war der Krieg, und Kriegers Beruf. Wenn es Fürsten gab, die schuldigsten darunter, die ihrem Kummer über das Leiden der Untertanen mit der Feder schrillen, heulenden Ausdruck gaben, so war er zu geschmackvoll dafür. Besser: Gehorsam zu verlangen, Ordnung zu halten nach der Möglichkeit.

Er strafte. Er ließ fürchterliche Strafen ausschreiben. Wer in neutralem Land, in Sachsen, sich verhielt, wie jener kurfürstliche Beamte es erfahren hatte, der sollte nicht als Soldat, sondern als »gemeiner Straßenräuber« bestraft und aufs Rad geflochten werden; was mitunter geschah. Über des Herzogs grausame Justiz berichteten die, und gerade die, die ihm nichts weniger als grün waren, zum Beispiel der venezianische Gesandte in Wien: er lasse die Leute umbringen, ohne ihnen auch nur Zeit zur letzten Beichte zu gönnen, und das sei ein Grund dafür, daß seine Soldaten so oft desertierten. Der »Galgensteiner« wurde er genannt, von den Ungarn der »Henker-Herzog«. Fragt sich, was solche Abschreckungs-Praxis wirkte. Auf seiner goldenen Insel durch ein Meer von Kot schwimmend, kannte er nichts als Belohnungen und Strafen; ein Menschenverächter, fremd, unnahbar. Aber die uns überlieferten Tatsachen sind widerspruchsvoll. Es wird berichtet, daß seine Soldaten dem Feldherrn davonliefen, weil sie seine Tyrannei als unerträglich empfanden. Es wird im Gegenteil berichtet, und der Kurfürst von Bayern führte bewegliche Klage darüber, daß Tillys Kriegsknechte in Scharen zu Wallenstein übergingen, offenbar doch, weil sie sich unter den kaiserlichen Fahnen ein vergnüglicheres Leben erhofften. Beides wird wahr sein, Widersprüche erlaubt die Wirklichkeit sich ohne Scham; das Zweite aber wahrer als das Erste. Spätere Ereignisse lassen es mit Fingern greifen.

Er verbot, wir wissen es schon, und verbot im eigensten Interesse, daß sein Heer die Bauern zur Verzweiflung brächte. An seinen Feldmarschall Collalto, als ein Oberst gefragt hatte, ob er hundert Musketiere beritten machen dürfte durch Bauernpferde: »drauf ich ihm habe sagen lassen, sein übel discipliniertes Regiment hätte zuvor gar zu viel Schaden und Ungelegenheit gemacht, ich will nicht, daß sie nunmehr die Bauern strapacieren sollen. Wolle derowegen der Herr Bruder, wenn das Volk ankommt, welche Bauernroß haben, dieselbigen Roß alsbalden wiederum den Bauern zurückschicken und sie keineswegs brauchen, die Befehlshaber mir verzeichnet schicken, auf daß ich sie

mit Ernst bestrafen kann, denn ich will nicht, daß das Land dadurch soll leiden und um die Rosse kommen . . .« So erzählt auch der Graf Khevenhüller in seinen Annalen, es habe Wallenstein in den von ihm besetzten Gebieten »eine stattliche Ordnung gehalten, daß das Land nicht verwüstet und verbrannt, auch die Leute nicht von Haus und Hof gejagt, sondern alles angebaut und eingeerntet worden . . . Und ob es das Reich wohl hart bedrängt, so hat doch der Soldat und Bauer zusammen gelebt, und alle Kriegsherren haben diese Manier, Krieg zu führen, vom Herzog von Friedland gelernt.« – Khevenhüller war kein Freund Wallensteins, verschwieg jedoch die Wahrheit, so wie sie ihm zugetragen wurde, nicht, auch wenn sie für die eigene Partei schmerzlich war. Die grausigste Darstellung vom Untergang der Stadt Magdeburg stammt von seiner Feder.
Das Eine, das leidliche Zusammenleben von Soldaten und Bauern, war der Grundsatz. Das Andere, gemarterte Bauern, verbrannte Höfe, weggetriebenes Vieh, war das Scheitern des Grundsatzes am Widerstande des wüsten Stoffes. Inwieweit er scheiterte, inwieweit er wohltätig wirkte, läßt sich genau nicht ausmachen. Denn natürlich haben die Chronisten vor allem das Spektakulär-Schauerliche festgehalten, nicht aber das halbwegs Normale, Glatte, worüber es nicht viel zu erzählen gab.

Die Kontributionen

Die Kosten der Kriege, welche unter den Kaisern Matthias, Ferdinand II. und Ferdinand III. während der Jahre 1618 bis 1648 geführt wurden, sollen insgesamt sich auf 110 Millionen Gulden belaufen haben. Davon entfallen achtundzwanzig Millionen Gulden auf die siebenjährige Doppel-Epoche von Wallensteins Generalat. Dies Resultat, wenn die mühevollen Berechnungen, auf denen es beruht, zuverlässig sind, würde ziemlich genau entsprechen: Wallenstein brauchte so viel, wie seine Nachfolger brauchten, oder etwas weniger. Dabei darf der Laien-Ökonom seine Leser daran erinnern, daß die Summe von 110 Millionen den Preis des Krieges bei weitem nicht nennt. Die deutschen Fürsten, die mit dem Hause Habsburg verbündet waren, und jene, die es bekämpften, mögen mit ihren Ausgaben die Zahl leicht auf das Doppelte bringen. Wollte aber Einer fragen, ob denn ein Gemeinwesen von mehr als zwanzig Millionen Seelen binnen dreißig Jahren nicht 200 oder 250 Millionen Gulden aufbringen konnte, ohne sich dabei zu zerstören, so wäre die Antwort diese: das immer wachsende Verderben ist nicht so sehr in den Aufwendungen für die kämpfenden Heere wie in dunklen Begleitumständen zu suchen. Die Produktion stieg nicht an, wie sie es zu späteren Kriegszeiten tat; sie sank, sank in weiten Landstrichen bis zu beinahe nichts. Die Opferlasten wurden von der Willkür des Krieges dahin und dorthin geworfen; eine Stadt gedieh, die Schwesterstadt verbrannte. Was die Soldaten aus Lust zerstörten, was die Seuchen veröden ließen, was Mord und Flucht kosteten, wer kann es in Geld umrechnen?

Übrigens ist uns bei den oben genannten Zahlen nicht recht geheuer. Die Kosten eines Regiments von 3000 Mann werden uns auf jährlich ungefähr 500000 Gulden angegeben, und das hält Stich, wenn man den Monatssold eines Knechtes auf zehn Gulden ansetzt und die Bezahlungen der Stäbe, vom Obersten bis zum Profos und Hurenweibel, dann der Artillerie, der Munition, des Transports und was noch dazunimmt. Wallenstein hatte im Durchschnitt wenigstens vierzig Regimenter unter sich; es gab Jahre, während derer sein Heer auf über 100000 Mann anstieg. Ein solches Jahr müßte im rational faßbaren Bereich wenigstens zwanzig Millionen Gulden verschlungen haben, anstatt vier, wie errechnet wurde. Wir hören von einem Regiment, das für einen Monat 9000 Gulden erhielt; wie konnte es damit auskommen? Die Lösung möchte zum Teil darin zu finden sein, daß der Mannschaftsbestand nie komplett war; wogegen wieder eingewendet werden kann, daß Regiments- und Kompanieführer den Mangel so lange wie möglich verschwiegen, um den Gewinn einzustreichen. Eine im Tiefsten ungeschickte, dazu noch verschleierte Wirtschaft wird sich nie ganz durchleuchten lassen, zumal fragmentarisch ist, was von ihren Dokumenten blieb.

Nun zur Hauptfrage. Wer bezahlte das alles? Wie wurde es bezahlt? Durch Subsidien zahlkräftigerer Bundesgenossen? Kaum. Was die Könige von Spanien an ihre Wiener Vettern verschenkten, kam in jenen dreißig Jahren auf insgesamt eine Million 700000 Gulden. Mit dem »indianischen Gold« war es also nichts. Die Päpste in Rom? Jener, mit dem wir es gerade jetzt zu tun haben, Urban VIII., leugnete energisch, daß der deutsche Krieg ihn überhaupt etwas angehe, und insgesamt steuerte Rom 900000 bei, ein Tropfen auf den heißen Stein. Der Kaiser selber, soll heißen, seine Hofkammer mit ihrem Finanz-Abt, und die Erblande, aus denen er schöpfte? Viel war auch da nicht, und viel konnte nicht sein. Die Ursprungslande Ferdinands II., Kärnten und Steiermark, gaben knapp genug her, um den kaiserlichen Prunk am Orte selbst zu bestreiten. Tirol und die Vorlande hatten ihre eigenen Hofhaltungen, abgetrennte Provinzen, arm und widerborstig. Oberösterreich war bis 1628 dem Kurfürsten von Bayern verpfändet, der es weidlich ausspreßte, aber für sich selbst, nicht für andere; überdies hatte der Bauernkrieg des Sommers 26 die Leute dort an den Bettelstab gebracht. Ungarn, der schmale Streifen davon, der auf des Kaisers Namen zu hören vorgab, ist nicht der Rede wert. Blieben Niederösterreich, Mähren-Böhmen und Schlesien. Die zahlten in der Tat, aber auch wieder nur Summen, die im Vergleich mit dem Bedarf sich gering ausnehmen, so schlimm sie die Zahlenden ankamen, und im ersten Jahr von Wallensteins Generalat zahlten sie gar nichts. Wollte schließlich der Leser annehmen, man hätte zu demselben Mittel gegriffen wie anno 22, zur Münzverschlechterung, so müßte er sich belehren lassen. Mit Inflation hatte man es einmal versucht und die Erfahrungen damit gemacht und versuchte es nicht noch einmal. Hier sind einige Stellen aus Briefen Wallensteins an den Schwiegervater, die Finanzlage betreffend. »Die andere Ursach« – für seinen Wunsch, abzudanken – »ist disgusto, denn ich sehe, daß man bei Hof vermeint, daß ich diesen Krieg sollte führen und den Verlag darauf tun. Nun hab ich meines Erachtens mehr als zuviel getan, indem ich diese Armee auf den Fuß gebracht, posto genommen und täglich stärken tue, mich auch um etlichmal Hunderttausend Gulden in die Schulden gesteckt. Man hat ... von Hof geschrieben, daß ich die 60000 Strich Korn sollte zahlen, itzt schreibt man, man solle aufs sparsamste damit umgehen, solches wird verursachen, daß die Armee eher denn ein paar Monat um sein, sich consumieren wird. Ich hab um 1000 Zentner Pulver geschrieben, man gibt mir keine Antwort. Ins Feld kann ich nicht ziehen, wenn man dem Volk nicht einen Monatssold gibt, ob man nun geben oder nicht geben wird; sind Exempel mit dem Grafen von Bucquoy vorhanden, er aber hat einen großen District gehabt, wo das Volk hat leben können, mir mangelt dies alles. Vom Hof aus befiehlt man mir, ich solle die Fürsten von Anhalt und andere nicht belegen, als wenn ich die Armada richtig bezahlt hätte. Von General Tilly hab ich in nichts keine einzige Assistenz, denn er tyrannisiert mich wie sein Principal unsern Herrn, den Kaiser ...« (16. März 1626) »Ich berichte dem Herrn, daß von des Kaisers Getreid noch kein einziges Körnle herkommen ist, das hat sollen das erste sein und ist verdorben; wird man mir keine Municion herschicken, so hab ich gar auf eine kurze Zeit zu schießen, wird man aber kein Geld schicken, so ziehe ich nicht allein ins Feld nicht, sondern ist sich zu besorgen, daß die Soldatesca ein anderes partito wird in die Hand nehmen. Ich vernehm, daß der Questenberg dem Kaiser berichtet hat, als wenn man kein Geld bedürfte; ich glaub, er hats tan, dem Kaiser die Ohren zu kitzeln, aber er tuet einen merklichen Undienst dadurch ...« (8. Juni 1626) »Itzunder bitte ich den Herrn, er wolle auf Mittel bedacht sein, wie ich meinen Abzug kann nehmen, denn bei dem Gott den ich anbeten tue, mir ist nicht möglich zu bleiben, dieweil ich mich übel tractiert sehe, nehm der Kaiser vorlieb, daß ich ihm einen solchen exercitum aufgebracht hab, den er nie gehabt hat und bis dato hat er keinen Heller darauf angewendet . . .« Und so, über und über; nicht viel anders an Collalto, an Trauttmansdorff.

Wodurch einiges klar wird. Er hatte »vom Kaiser«, aus den Erblanden, das ganze erste Jahr überhaupt nichts erhalten, weder Geld noch Nahrung, noch Kriegsbedarf. Da ja aber ein Heer von 60000 Mann während zwölf Monaten aus den Wolken nicht leben konnte, so hatte er es woanders hergenommen, aus der eigenen Tasche, kraft persönlichen Kredits. Dies wieder konnte unmöglich reichen; es ging um Summen, welche, wie Harrach treffend bemerkte, »kein Privat« aufzubringen vermochte. Überwiegend ernährt und bezahlt wurde die Armee durch »Kontributionen« der besetzten Länder. Sie erwähnt Wallenstein bei weitem nicht so oft, wie sie erwähnt zu werden verdienten. Mindestens geht aus seinen Briefen hervor, daß auch sie nicht ausreichten, nicht für den Sold und nicht einmal für das Essen. Man habe hier (in den Stiften Magdeburg-Halberstadt) nichts mehr zu leben, schreibt er. 20000 bezahlte Knechte wären ihm lieber als 60000 unbezahlte. Erhielte er nicht endlich die 100000 Taler, welche man ihm seit Jahresfrist versprochen, so »wird die Armee zergehen wie Butter in der Sonnen«. (An Trauttmansdorff) 100000 Taler – ein Taschengeld pro Kopf.

Die Kontributionen sind keine Erfindung Wallensteins. Mit Vorboten im 16. Jahrhundert, waren sie seit Beginn der böhmischen Unruhen in Schwang gekommen. Buquoy, Spinola hatten sie praktiziert, der Graf von Tilly sie, notgezwungen, zu einem tragenden System entwickelt. Die Theorie hieß, daß die Länder die Armee zu ernähren hätten, die Fürsten, denen sie diente, sie zu bezahlen. Das ging, solange die Kriegskasse des sparsamen Kurfürsten Maximilian leidlich gefüllt war. In dem Moment, in welchem Wallenstein die Szene betrat, begann die Grenze zwischen Nahrung und Sold in der Praxis Tillys bereits zu verschwimmen, und seitdem war der Unterschied im Ausbeutungsverfahren der Beiden so tief nicht. Die Sache schrieb es vor.

Wallenstein fügte zwei Dinge hinzu: ein Prinzip, jenes, wonach die Länder auch für die Löhnung aufzukommen hätten, soweit sie könnten; eine Tatsache, nämlich die Quantität. Sein Heer war größer als das Heer Tillys und sollte immer noch größer werden. Tatsache und Prinzip standen im Zusammenhang. Weil die Reichsstädte, die Stifter und Klöster, die Grafschaften und Fürstentümer nur dann zahlten, wenn militärische Macht am Orte sie dazu zwang, so mußte ein

wachsender Teil des Heeres zu eben diesem Zweck gebraucht werden, auch da, wo der Krieg zur Zeit nicht war. Die Armee wuchs an sich selber. Ein Teil, der sich gar nicht schlug, diente der eigenen Erhaltung und der Erhaltung jener, die sich schlugen ein paar Monate im Jahr. Später kamen die zentralen, regionalen, lokalen Behörden, die Inspektoren, Kontrolleure und Spione, die Polizisten und Gerichte, welche alle dafür sorgten, daß in Frieden und Krieg die Steuern eingingen. Wallenstein hatte nichts dergleichen und mußte doch das Geld aus dem Weiten holen. Der Anspruch des kaiserlichen Heeres, so verstand es der Feldherr, sei es, von Allen erhalten zu werden, von den Bundesgenossen und den Feinden ohnehin, und von den Neutralen auch. Gutes Reichsrecht war das nicht; er sah es von der praktischen Seite.
Ein Geschichtsschreiber, welcher die Materie genau durchforschte, kam zu dem Schluß, daß »die Wallensteinische Truppenunterhaltung keineswegs so wirr und wüst« war, wie gemeinhin geglaubt wird. Der General wußte ja, daß Land und Leute »diesen langwierigen Krieg« auch im nächsten und übernächsten Jahr noch würden bezahlen müssen, was sie nur konnten, wenn sie lebten, arbeiteten und ihre Arbeit als halbwegs sinnvoll zu empfinden Grund hatten. Einem im Ökonomischen höchst schöpferisch denkenden Manne mußte grausamdummer Verschleiß widerwärtig sein. Nur, seine Instrumente waren so; eine archaische, neuer Aufgaben ungewohnte Beamtenschaft auf der einen Seite, die Söldner und Unterherren auf der anderen. So sauber wie im Herzogtum Friedland konnte es im kriegzerwühlten Römischen Reich nicht hergehen.
»Ordinanzen« bestimmten, was, vom Obersten bis zum Gemeinen, ein jeder wöchentlich empfangen sollte: der Oberst 500 Gulden, der Gemeine zweieinhalb. Ein Abstand, muß man sagen. Nur die Offiziere partizipierten am Krieg als einem Gewinnunternehmen; die Untersten mochten ihr Leben daran gewinnen, wenn sie Pech hatten den Tod, nicht mehr. Denn der Witz war der, daß Alles, Ernährung und Bezahlung, in Geld angesetzt wurde, der Wert der Naturalien jedoch von der Geldleistung abgezogen werden sollte. Zweieinhalb Gulden reichten zu kaum mehr, als Leib und Seele zusammenzuhalten. Diese immerhin sollten kraftvoll zusammengehalten werden, wie die vorgeschriebenen Rationen zeigen: am Tage zwei Pfund Fleisch, zwei Pfund Brot, zwei Maß Bier. Es kam hinzu ein »Servis«, welches gar nicht verrechnet wurde: Heu und Haber für die Pferde, Salz, Brennholz und Licht, vom Quartierwirt zu liefern. – So das Programm, ein Rahmengesetz. Es wechselte im Detail, meistens im Sinn der Ermäßigung, nicht der Steigerung, je nach der Beschaffenheit des

Landes. Der Feldherr ließ seinem Generalkommissar, Aldringen, wie auch den Regimentskommandanten Spielraum. Er konnte sich nicht um alles kümmern, er war so sehr überfordert: »Aber es mangelt mir, daß ich keinen hab, der mir recht zur Wirtschaft assistieren täte.« (An Harrach)

In den größeren Herrschaftsgebieten, Brandenburg, Pommern, Schlesien, ließen die landesfürstlichen Regierungen oder die ständischen Vertretungen oder beide den geforderten Proviant in Magazinen sammeln, die »Soldatensteuer« je nach Besitz oder Berufsklasse verteilen, erheben und in die Regimentskassen liefern. Sie sollten auch das Recht haben, den Regimentern ihre Quartiere zuzuweisen. Weil aber Wallenstein die Regimenter auch in der schlechten Jahreszeit ihren Ort häufig wechseln ließ, je nach dem, was er die »ratio belli« nannte, so hatte dies Recht wenig Macht, oder keine. Wenn infolge einer plötzlichen, wüsten Invasion die einheimischen Regenten das Weite suchten, die Verwaltung zusammenbrach, so war auch niemand da, die Kontributionen einzusammeln, außer eben den Regiments-Obersten selber, welche dann sich offen zeigten als das, was sie heimlich immer waren: die Herren im Land. Gern wurden die Naturalien genommen, deren Wert von der vereinbarten Summe hätte abgezogen werden sollen, und trotzdem das ganze Geld verlangt. Regelmäßig waren die Zahlenden im Rückstand. Dann wurden ihnen »Tribuliersoldaten« in die Städte gelegt, welche sie solang quälen mußten, bis doch noch etwas zusammenkam; Offiziere fuhren von Haus zu Haus und sammelten aufs Geratewohl »Pfänder« ein. Die Höhe der Steuer, so wie sie auf dem Papier stand, schwankte nach Ort und Umständen.

Die Stadt Magdeburg legte, 1627, ihren Bürgern eine Zahlung von zehn Prozent ihres gesamten Besitzes auf, jedoch nur als Kriegsanleihe und gar eine mit fünf Prozent zu verzinsende, wie die Stadtväter in törichter Illusion versprachen. Zehn Prozent von allem, was man hat, Haus, Möbel und Schmuck, Land und Vieh, das ist nicht so leicht zu realisieren, nicht so leicht einzutreiben. Der Magistrat mußte selber zu groben Exekutionen schreiten, auch etwa verlobten Paaren das Heiraten verbieten, bis sie gezahlt hätten; selbst mit solchen Mitteln brachte er nur den achten Teil der errechneten Summe auf. Aldringen drohte: wenn die Stadt sich nicht in die veränderten Zeiten schickte und die Gefahr, in der sie schwebte, nicht erkennte, so würde der Oberfeldherr sie eines Besseren, Schlechteren belehren ... In dem schlesischen Herzogtum Liegnitz, das doch habsburgisches Lehen war, Freundesland der Theorie nach, wenn auch von zweifelhafter Gesinnung, stieg die Steuer bis zu vierundzwanzig Prozent des Ver-

mögens; hätte das nur vier Jahre gedauert, so mag man berechnen, was den Bürgern geblieben wäre.
Nicht die Zahlen, die Bedürfnisse der Soldaten an sich hätten die Länder elend gemacht. Es war die Wildheit und Wüstheit ihres Treibens, die Frechheit und Unvernunft ihres Forderns. Was sie in ein paar Monaten anrichteten, ließ sich nicht wieder gutmachen in der Zeit bis zur Ankunft der nächsten Plage. Wo Wallensteins Truppen hinkamen, da waren meist vorher schon andere gewesen, Truppen der Liga, oder Mansfelder, oder Dänen. Daß man da und da nicht bleiben, dort und dorthin nicht ziehen könne, weil es gänzlich ruiniertes Land sei, dies Argument wiederholte sich. Immer ging der suchende Blick nach frischen, noch unausgebeuteten Quartieren. Aber die wurden rar.
Etwas für sich blieben die großen Reichsstädte. Sie zahlten runde Summen, um von Einquartierungen verschont zu werden; Nürnberg 100000 Gulden jährlich, ein für die wohlhabende Gemeinde lästiger, nicht ruinöser Tribut. Auch hier mußte Zwang sein, das hieß, die Nachbarschaft und Drohung kaiserlichen Militärs. Wallenstein an Harrach: »Wegen des schwäbischen Volks« – der in Schwaben stehenden Regimenter – »hab ich die Anordnung getan, daß sie hinunter« – nach Österreich – »marschieren sollen, doch muß man dies dabei bedenken, daß man ihnen einen Monatssold gibt, denn mein Anschlag ist auf die von Ulm gewest, daß sies hätten geben sollen . . .« Wie nun, wenn die Regimenter fort wären, würde Ulm dann zahlen? Nicht jetzt, aber später: »die von Ulm werden mir schon nicht entgehen . . .« Es entgingen auch nicht solche wohlhabenden Städte, die befreundeten Herren gehörten; wofür das dem Kurfürsten von Mainz verpflichtete Erfurt schon im Frühjahr 26 ein saures Beispiel lieferte, denn es hatte dem Regiment des Obersten Merode einen Monatssold zu entrichten. Wallenstein: »Der Kurfürst von Mainz wird wohl murren, aber man muß ihm nur gute Worte geben und die Schuld auf mich schieben . . .« Ob reich oder arm jedoch, ob gut oder schlecht regiert, die Städte waren mit den accordierten Zahlungen immer am Verzuge. Das nahm dann der Feldherr gewaltig übel. Es berichteten die Gesandten der Stadt Magdeburg: »Dagegen ist er ein solcher Herr, er will wieder eingehalten haben, was man zusagt; wird man derowegen alle nervos anspannen müssen, damit man mit dem Gelde einhalten möge . . .« Weil es nicht einkam, so verlangte der Herzog, zum Schreck der Gesandten, strafweise noch mehr: »Wenn man zur rechten Zeit eingehalten und mich nicht bei der Nase herumgeführt!« Daß er aber auf prompter Bezahlung bestand, dafür gab es neben den von selber einleuchtenden Gründen noch einen besonderen, den Magdeburgern nicht verborgenen: er hatte »Anticipationen«

gemacht, er hatte die Gelder, welche die Städte ihm schuldeten, seinerseits sich längst geliehen und mußte hohe Zinsen darauf zahlen, so daß das Kapital um so geringfügiger wurde, je später es einging. Ging es aber allzulange nicht ein, so brach das ganze schwindelnde Zahlengebäude zusammen; Wallensteins eigenes Vermögen, sein Kredit, der Kredit seines obersten Finanziers.
Dieser war kein Anderer als Hans de Witte, der vom Münzkonsortium des Jahres 22. Wie er damals eine Art von privater Staatsbank verwaltet hatte, verwaltete er jetzt eine Art von privatem Kriegs- und Finanzministerium. Auf die Kontributionen der Landschaften, der Städte, der Stifter, auf die Steuern der Erblande, oder auch auf gar nichts Fundiertes schoß er dem General enorme Summen vor, Hunderttausende und wieder Hunderttausende, die sich zu Millionen addierten. Natürlich besaß er soviel nicht, er lieh es sich von Geschäftsfreunden, mit denen er in allen großen Städten Europas Beziehungen pflegte. Die Summen, die er mobilisierte, verlangten ihren Gewinn, ihren Zins, mußten auch bald zurückbezahlt werden, nach einem Jahr, nach einem halben, Geld war knapp. Lohn für seine halsbrecherischen Operationen mußte de Witte sich auch selber berechnen oder doch erhoffen; zum Schluß fand er keinen. Gelegentlich arbeitete er mit den böhmischen Geldmännern zusammen, die ihm schon im Konsortium gedient hatten, Bassevi-Treuenberg und Michna; selbst die Brüder Kinsky, Protestanten doch und mit einem Fuß in der Emigration, verschmähten es nicht, sich an de Wittes Leihgeschäften zu beteiligen und so, indirekt, des Kaisers deutschen Krieg finanzieren zu helfen. Jedenfalls wurde de Wittes Vermittlung unabdinglich gebraucht, weil er, der europäische Großfinanzier, den Kredit besaß, den der Kaiser so ganz und gar nicht, und auch des Kaisers General nicht hatte. Der Präsident der Hofkammer, bemerkte Wallenstein höhnisch, möge doch selber die Hansestädte besuchen und zusehen, ob man ihm leihen würde: »Dazu hat man wohl einen solchen Credit, daß die Kaufleut gleich drauf 100000 Reichsthaler sborsieren werden.« Wieder war de Wittes Vermittlung nur eine kurz befristete Auskunft; sein guter Ruf hielt, solang er prompt zurückbezahlen konnte, weswegen er denn seinem erlauchten Kompagnon beständig in den Ohren lag: »Der Hans de Witte plagt mich stets.« War dies System einer privaten Vorfinanzierung von Kriegssteuern, die ihrerseits mit irrational-archaischen Methoden erhoben wurden und nie in der vorausberechneten Höhe eingingen, teuer und unsolide, so wußte man doch kein besseres. Man hatte ein Heer von der Größe und dem Bedarf des wallensteinischen in modernen Zeiten noch nie gesehen. Man war darauf nicht vorbereitet und improvisierte sich in

immer tollere Zahlengespinste hinein. Einstweilen ging es, dank de Wittes unternehmender Phantasie und Wallensteins hartem Willen. Das eigentliche Finanzministerium, die Wiener Hofkammer, tat trostlos wenig dazu. Wallenstein: »die Hofkammer expediert einen allein mit Worten«; man glaubte in Wien, er könne das Geld »aus dem ermel schitteln«. Es lag etwas Nervöses über dem Ganzen, eine quälende Spannung; im Einzelnen mußte der mächtigste Mann im Römischen Reich mit angstgebeutelten, aber zähen, schlauen Unterhändlern sich beständig um ein paar Tausend Gulden zanken. Hätte er nicht zahlreiche Hauptberufe gehabt, so möchte man sagen, Geld für sein Heer zu bekommen, sei seines Tages und Jahres eigentlichste Arbeit gewesen. – Welche Fortschritte haben wir auf diesem Gebiet doch seither gemacht!

Und Wallenstein selber? Wenn es wahr ist, was einige meinen, daß sein großes militärisch-politisches Unternehmen im Grund eine Geldspekulation war, inwieweit lohnte es sich? Eine schwierig zu beantwortende Frage.

Nie hörte er auf, zu klagen: er habe tief sich in Schulden gestürzt (das traf zu); er werde in der Not nichts haben, um sein Weib in Sicherheit zu bringen; er müßte zuletzt noch das Hemd am Leibe versetzen. Nun, gute Kaufleute klagen gern. Übrigens war und blieb er in tiefster Seele ein geldängstlicher Mensch, trotz allen Reichtums; gingen seine Geschäfte nur etwas schlechter, so sah er sich bereits am Bettelstab, der rauhen Welt ausgesetzt ohne den goldenen Schutz, den er sich erworben hatte. Daß an seinen Vorwürfen kein wahres Wort war, daß er vielmehr an den Kontributionen sich persönlich auf das schamloseste bereicherte, wurde bald behauptet. Aber die Leute behaupteten manches Bodenlose, besonders von ihm, der die sonderbare Gabe besaß, dazu herauszufordern. Noch erinnern wir uns des Münzkonsortiums; wie da seine Gewinne übertrieben wurden. Unser Eindruck ist, daß er nicht stahl, sondern zwischen den Reichsgeschäften und seinen eigenen sorgfältig unterschied. Er war nicht der Mann, etwas herzuschenken; auch nicht der, ordinär lange Finger zu machen. Genau ließ er Buch führen über das, was er in Kaisers Diensten hergab aus seinem eigenen Herzogtum in Geld und Materialien. Dazu kam sein Generalsgehalt, erst 3000, dann 6000 Gulden monatlich, welches niemals bezahlt wurde und so für sich allein schon mählich zu einem ausstehenden hübschen Sümmchen anwuchs. Erfahren genug war er, um zu wissen, daß die Hofkammer alles das nie würde begleichen können – in Geld. Aber wenn nicht in Geld, dann in neuer, erweiterter Fürstenmacht, die ihrerseits neben dem Vergnügen des Herrschens sich in Geld würde umsetzen lassen. Wo? Das blieb einstweilen dunkel.

Schon gab es solche, die wollten wissen, er hätte sein Aug auf Brandenburg, ja wohl gar auf das Königreich Dänemark geworfen. Den vielhundertköpfigen Hofstaat, mit dem er reiste, ließ er im Felde so verwalten, als ob es ein schlichtes Hauptquartier wäre, also ihn aus den Kontributionen bezahlen; während er doch in Wahrheit größerenteils aus militärisch unnützen Chargen bestand. So daß er in aller seiner Herrlichkeit gratis lebte, solange er Krieg führte. Auch das war nur eine Frage der Buchführung: er gab selber, lieh selber her, was sein Hof verpraßte, und fügte die Zahlen der Endrechnung hinzu, vor welcher man in Wien einstweilen die Augen schloß. In aller Ewigkeit würde man das nicht können. Was dann? Taten es die Kontributionen nicht, so blieb das nach dem Weißen Berg in Böhmen angewandte Mittel: die Konfiskationen, diesmal in den Ausmaßen des Römischen Reiches. Hoffentlich nur verhielten recht viele Fürsten, zum Beispiel des Niedersächsischen Kreises, sich so übel, daß ihr Besitz als dem Kaiser verfallen gelten konnte. Oder aber: der Großgläubiger selber machte irgendwie sich strafbar. Welche Erlösung, rein finanziell gesehen, würde das bedeuten!

Die Diplomaten

Verdächtigungen wurden von fremden, in Wien residierenden Diplomaten verbreitet; zumal von dem venezianischen Gesandten Padavin, auch von dem Nuntius Caraffa, dem Spanier Aytona. Gern hörte sichs der Vertreter des Kurfürsten von Bayern an, ein gewisser Doktor Leuker, und gab es nach München weiter, wo es begierig studiert wurde. Es ist ja bekannt, wie Botschafter gern Unsinn bieten, wenn sie Sinn nicht zu bieten haben, oder Sinn und Unsinn mischen und durch allerlei Klatsch ihre Eingeweihtheit beweisen. Diese Neigung war zu Wallensteins Zeiten stärker als heutzutage, weil keine geschulte Bürokratie die Herren am Zügel hielt, auch die schieren Fristen eines Briefwechsels sie einer genauen Kontrolle entzogen. Was wußte man im nahe verwandten, aber weit entfernten Spanien Genaues von Österreich? Was in Österreich von Dänemark-Norwegen? In Norwegen, welches eine Stadt in Schweden war, hatten die Menschen Schweinsaugen und Mäuler, die ihnen bis an die Ohren reichten. So der Glaube . . . Aus Gesandtenberichten eine Biographie oder Teilbiographie Wallensteins zusammenzuschreiben, wie dies ein sonst verdienter Historiker getan hat, war eine ungeschickte Idee. Padavin also, der Venezianer, wußte schon im Spätwinter 26, daß dem »seltsamen Charakter dieses harten Mannes und seinen ausschweifenden Plänen« *alles* zuzutrauen sei. »Keiner will auch nur den Namen Wallenstein hören.« Etwas später: »Fast ununterbrochen laufen Klagen von Spanien, von der Infantin und von Bayern über Wallenstein ein, auch mit dem Heer ist man ganz unzufrieden, man zweifelt an seiner Treue. Es fehlt deshalb nicht nur an Sicherheitsgefühl, sondern man fürchtet sogar eine Meuterei und einen Anschluß an den Feind. Man hat alle diese Tage daran gedacht, wie man Wallenstein von dem Commando entheben könnte, ohne daß er davon eine Ahnung hat, damit er nicht, wenn er hinter diese Absicht käme, in seiner abenteuerlichen Laune irgendeinen bösen Anschlag durchführe, dessen man ihn ohnehin verdächtigt . . .« So schon ganz am Anfang, noch vor der Dessauer Schlacht. So in einer Epoche, in welcher der neue General die Erhöhung des Hauses Habsburg und seine eigene buchstäblich als dasselbe ansah und an nichts dachte als an Kaisers Dienst, an die Verteidigung der von außen und innen immer bedrohten Erblande, an einen diktierten Frieden im Reich. Übrigens irrte der Gesandte, wenn er meinte, der Vielerwähnte wisse gar nichts von dem, was da dem Dogen in Venedig zugemunkelt wurde. Freilich kannte er die Klatschberichte Padavins nicht, war aber zu empfindlich, um nicht die Stimmungen zu ahnen, denen sie Ausdruck gaben. Seine Depressionen, seine Klagen gegenüber dem Schwiegervater geben Zeugnis davon, wie sie auch erkennen lassen, daß er sich, trotz aller Heeresmacht, angesichts solcher Gegnerschaft ohnmächtig fühlte. »In Summa, will man mich bei Gusto erhalten, so lasse man mich machen, denn ich unterlasse gewiß nichts, was zu Nutz Ihrer Majestät gereicht, dächte ich soviel an meiner Seelen Seligkeit als an Kaisers Dienst, so käme ich gewiß in kein Fegefeuer, viel weniger in die Höll.« – Von der eigenen Loyalität war Wallenstein in seiner herrischen, grüblerischen, verwundbaren Seele nie überzeugter als in diesen Jahren.

Gut kannte er das Deutsche Reich nicht. Jener stürmische Studentenwinter in Altdorf, jener Besuch des Regensburger Reichstags zu Kaiser Matthiae Zeiten, sie waren lange her und hatten keineswegs genügt, ihn mit Instinkt für die aus tiefer Erde sich in dünne Luft spinnenden Reichskonstitutionen zu begaben. Böhmen kannte er. Dort hatte er erlebt und mit Gewinn erprobt, wie Macht keine Grenzen hat. Die Dinge im Reich waren anders als in Böhmen, kompliziert und artifiziell, aber zäh und wirksam. Er spürte das bald, aber als etwas Irritierendes, Fremdes. »Die aus dem Reich, so zu mir kommen, sagen mir soviel von den Reichsabschieden, der Goldenen Bulle usw. Ich weiß nicht, wo ich drin stecke, wenn sie damit aufziehen . . .« Die Goldene Bulle war nun bald dreihundert Jahre alt, aber fürstliche Geheimräte taten so, als wäre das Dokument vorgestern besiegelt worden. Man schickte ihm aus Wien den rechtskundigen Gehilfen, um den er bat. Im Ernst war ihm hier nicht zu helfen, denn er sah die Sachen so, wie sie heute waren oder seiner Meinung nach sein konnten und sollten; nicht, wie die Jahrhunderte sie gemacht hatten.

Über die Mächtigsten unter den Reichsfürsten, als Individuen, bildete er sich ein rasches, meist treffendes Urteil. »Der Kurfürst von Sachsen wird mit uns halten, so lang es uns gut geht.« »Der Herzog von Pommern ist ein einfältiger Herr . . .« – später nennt er ihn einen »armen Tropf«. ». . . der Kurfürst von Bayern ist besser für sich als für uns.« So wenig aber Wallenstein die altväterisch-biedere Reichstreue Johann Georgs von Sachsen erfaßte, die mit fürstlichem Egoismus um so leichter zusammenging, als ja das Reich selber eine Summe landesfürstlicher Zentren und Egoismen war, so wenig begriff er das schwierige Spiel der Gewichte im Geist Maximilian: wie er dem Kaiser zugleich Freund und Gegner war; wie er zugleich in staatlichen, und auch in Interessen des alten Reiches dachte; wie sein Hochmut schwer bedrückt wurde von Pflichtgefühl und Gottesangst. Selber ganz im Gegenwärtigen lebend, seiner Wurzeln ledig, sah Wallenstein in Maximilian auch nur den Gegenwärtigen, ohne die Dimension der Vergangenheit; den ehrgeizigen Schleicher, »welcher nicht gern Geld umsonst ausgiebt«. Wofür ihm das Verständnis fehlte: daß Bayern etwas anderes war als Friedland, Wachstum und Erbe von Jahrhunderten, und also der Herr von Bayern die Welt mit anderen Augen sehen mußte als der Herr von Friedland. Es ist dies nur ein Beispiel, wenn auch das wichtigste und folgenschwerste: Im Ungefähren steht es für Wallensteins Mißverstehen der deutschen Fürsten und der deutschen Traditionen insgesamt.

Seinerseits verstand Maximilian den kaiserlichen General aus Böhmer-Land nicht, oder verstand nur soviel, daß hier eine neuartige, unheimische und unheimliche Macht im alten Reich erschienen war. Beide Konkurrenten im Machtspiel blieben einander um so fremder, als sie sich sieben Jahre lang niemals persönlich trafen; es möchten aber ein paar zeremonielle Begegnungen, wie zum Schluß dennoch eine stattfand, wenig geholfen haben. Maximilians Mißtrauen war tief vom ersten Augenblick an, wuchs bald zu Haß, der nie mehr nachließ; denn während die meisten der Politiker ihre Urteile über Menschen und Dinge beständig wechselten und ganz ohne Scham jetzt das Gegenteil von dem schrieben, was sie unlängst noch geschrieben hatten, hielt der Kurfürst an der einmal gefaßten Ansicht fest mit grimmiger Zähigkeit. – Wer haßt, glaubt allen Berichten, die den Haß bestätigen, befriedigen, steigern. Wallenstein ahnte mehr als

genug von dieser gegen ihn genährten Gesinnung, kannte sie mitunter auch im Detail. Da er sich unschuldig fühlte und hochverdient, wenn nicht um Bayern, so doch um Kaiser und Reich, so konnte er nicht anders als replizieren auf das, was er als tückische Verfolgung erlebte. Deutlich war ihm auch, daß die Kurven der bayerischen und der kaiserlichen Politik, zumal *der* kaiserlichen Politik, wie er sie zu führen gedachte, zwar so taten, als ob sie parallel liefen, aber nie wirklich zusammenfielen und eine Tendenz, sich voneinander zu entfernen, nur schlecht verhehlten. Unter der Decke ausgetauschter Höflichkeiten, Neujahrswünsche und Siegesgratulationsschreiben konnte es zwischen der Münchner Residenz und dem herzoglichen Hauptquartier nicht anders als gereizt zugehen.
In seinen militärisch-politischen Beziehungen zu Wallenstein ließ Maximilian sich vertreten durch Tilly, seinen Generalleutnant. Da fällt nun auf, wie differenziert, ja freundlich Wallenstein über den bayerischen Kollegen urteilt. Oft nennt er ihn den »Guten Alten«. ». . . er für seine Person ist gewiß gut und willig, es kommen ihm aber seltsame Ordinanzen von München zu . . .« »Denn er ist der bayerischen Commissari Sclavo und muß wider Raison travaglieren und die Armee consumieren, und ist gewiß nicht ohne, daß er wegen seiner tapferen Taten bei der Welt glorioso ist, wegen der Pacienz aber, so er mit den Hundsföttern muß haben, wird er bei Gott coronam martyri erlangen.« Ich kenne keinen Brief, in dem Tilly sich mit ähnlich gutmütigem Verständnis über Wallenstein geäußert hätte, aber manchen ganz anders gearteten. Schimpfworte, Verleumdungen, das nicht. Dagegen häufig Klagen über mangelnde Hilfsbereitschaft, Winke über Enttäuschendes und Rätselhaftes, bittere Insinuationen. Der alte Kriegsmeister besaß nichts von Wallensteins Humor, nichts von dessen Intellektualität. Er spürte; spürte das Großartige, Unsolide in Wallensteins Wesen und fühlte sich nach jeder Begegnung überspielt, erschöpft, verwirrt. »So lange ich mit dem Herrn Herzog zu Friedland zu schaffen und meine Obacht auf ihn haben muß, so lange verursacht er mir auch alle Stund Unruhe und einen Aufruhr und Lärmen über den andern . . .« Besser konnte er sein spätes Erlebnis nicht ausdrücken; das Erleben nervöser Überlegenheit durch einen, der bei allem Können doch nur ein frommer Biedermann war. Er sah auch die goldene Pracht, die Wallenstein umgab, und verglich sie mit seinen eigenen grauen Quartieren. Tilly war ein in jenen ungeraden Zeiten vergleichsweise gerader Mann und lebte wie ein Mönch. Auch dieser Fromme aber wäre auf seine ältesten Tage gern noch reich geworden, zumal seit er sich von dem fabelhaften Reichtum seines neuen Bundesgenossen hatte berichten lassen. Es gibt dar-

über eine Bittschaft des greisen Spartaners an den Kaiser Ferdinand: da er nun so lange für die Majestät, nächst der Ehre Gottes, Gut und Blut, ja das Leben selbst so oft gewagt, im Heiligen Römischen Reich herumgekugelt und endlich gar zu diesem septemtrionalischen Ausgang – Niederdeutschland – unter vielen Gefahren gelangt: ob denn da nicht die Möglichkeit bestünde, ihn mit dem einen oder anderen konfiszierten Feindesland zu belohnen? . . . Daß Wallenstein solch einen Bettelbrief geschrieben hätte – unvorstellbar.

Die zwischen den Beiden bestehenden Rangunterschiede mußte Tilly doppelt unerfreulich empfinden, da er sich selber für den Senior ansah, dem Alter nach ohnehin, auch den Verdiensten nach. Wallenstein war ein Fürst, er nur ein Graf; Wallenstein des Kaisers General und, demnächst, Generalissimus, er nur eines Kurfürsten Generalleutnant; und wenn Maximilian noch immer als der galt, zu welchem der Vertrag von 1619 ihn erhoben hatte, als erster kaiserlicher Delegierter im Reich, so war Wallenstein nun der zweite und war es selber, Tilly aber nur ein Vertreter des ersten. Es war besonders dieser Umstand, aus dem Wallenstein das Recht des Vortritts für seine Gesandten ableitete, wenn sie zusammen mit Gesandten Tillys vor einer dritten Partei erschienen – um der kaiserlichen Autorität willen, wie er betonte. War nicht, wer zuerst durch die Türe gehen, sich bedekken, Platz nehmen durfte, eine Frage von gewichtigstem Staatsinteresse? . . . In der brieflichen Anrede konnte Tilly dem Jüngeren das Prädikat »Gnädiger Herr« nicht verweigern; mit »Insonders geliebter Herr und Freund, Euer Excellenz« kam Wallenstein ihm soweit entgegen, wie er irgend durfte. Wohnten die beiden an einem Ort, unter einem Dach, so haben wir Zeugnisse dafür, daß der Jüngere den Älteren mit zarter, fast liebevoller Rücksicht behandelte. Daß er ihn einmal, wie der Nuntius Caraffa wissen wollte, fünf Stunden in seinem Vorzimmer habe warten lassen, ist reiner Schwindel. – Trotz Wallensteins rasch aufflackerndem, rasch beschwichtigtem Mißtrauen, trotz Tillys bitterem Raunzen wäre die Rivalität zwischen den Generalen erträglich gewesen, hätte sie nicht eine tiefergehende reflektiert: den stillen Machtkampf zwischen Wallenstein und Bayern, welcher zugleich einer zwischen Bayern und Habsburg war, so jedoch, daß die vielköpfige Wiener Politik selber teils zu Wallenstein hielt, teils zu Bayern, teils einen dritten, unsicher gezeichneten Weg zu gehen versuchte.

Da eine gemeinsame Gegnerschaft die Leute zusammenzuführen pflegt, so war natürlich, daß Wiener Höflinge, auch Kriegsoffiziere, denen Wallenstein ein Dorn im Auge war, zur »bayerischen Fraktion« gehörten, wie er sie nannte; der Präsident des Reichshofrates und Vizekanzler, Peter von Stralendorf, ein gebürtiger Mecklenburger; die alten Privatfeinde Kardinal Dietrichstein und Wilhlelm Slawata; der Statthalter von Niederösterreich, Herr von Meggau; zu Zeiten auch der Feldmarschall Collalto, der Generalkriegskommissar Aldringen. Die tuschelten untereinander und mit dem bayerischen Gesandten Dr. Leuker; sie erlaubten sich auch, dem General zuzuschreiben, daß er, wenn er nur wollte, recht wohl mit der bayerischen Armee wirkungsvoller zusammenarbeiten könnte. Wallenstein: »Die Herren Gelehrten sind wohlgefaßt, Ordinancen zu geben, wissen aber nicht, daß keine Mittel vorhanden, Kaisers Armee, die unbezahlt ist, auf solche Weise zu führen. Daher wäre gut, daß der von Stralendorf nicht in Acht nähme, was sein *soll*, sondern was sein *kann*, und was sein *muß*. Ich erwarte des Grafen von Trauttmansdorff mit Freuden, damit er mit Fingern greife alle Incommoditäten, denn ich tue gewiß mehr bei der Sache, als mancher, der eine bezahlte Armee hätte . . .« Geheimrat Max von Trauttmansdorff war ein unabhängiger Mann, weder spanisch noch bayerisch noch wallensteinisch gesinnt. Als er im Mai 26 den Herzog in seinem Quartier Aschersleben besuchte, scheint es, daß er die Korrektheit von Wallensteins Strategie, unter so obwaltenden Bedingungen, wirklich mit Fingern greifen konnte. Wie denn überhaupt häufig prüfende, fragende, vermittelnde Gesandte von Wien ins Hauptquartier kamen: Verda von Werdenberg, Trauttmansdorff, Gerhard von Questenberg, Sekretär des Hofkriegsrates. Von den Questenbergs gab es drei Brüder: Gerhard; Hermann, Reichshofrat; Caspar, Abt des reichen Klosters Strachow bei Prag. Ihm erwies Wallenstein sich durch ein kostbares Geschenk gefällig: die Gebeine des heiligen Norbert, welche die lutherischen Magdeburger wohl oder übel herausrücken mußten. Gerhard von Questenberg gewann er ganz für sich; sei es durch die Macht seiner Persönlichkeit, sei es, indem er ihm den Freiherrn-Titel und die Mittel als Freiherr zu leben zuspielte. Intelligent, jovial und emsig, blieb Questenberg einer seiner nützlichsten Wiener Verbindungsmänner, fast bis zum letzten Tag.

Von dem Institut, als dessen Protokollführer Questenberg fungierte, dem Hofkriegsrat, will die Überlieferung, Wallenstein habe stets großen Ärger mit ihm gehabt. Es meinte darüber sein später, glücklicher Amtsnachfolger, Eugen von Savoyen: »Das Haupthindernis des österreichischen Kriegswesens war bisher die üble Organisation des Hofkriegsrates. Nicht nur die Bildung einer ordentlichen Armee, selbst die ersten Generale und die siegreichsten Feldzüge wurden dadurch aufgehalten, wovon die Behandlung des großen Wallenstein und meine eigene Beweise sind. Als ich endlich Präsident davon wurde, bestand er zum Teil aus neidischen Menschen, deren Eifersucht alle meine vorigen Operationen zu tadeln wußte, oder aus überklugen Theoretikern, welche, obwohl sie nicht einmal ein Detachement anführen konnten, doch alles besser wissen wollten . . .« Mit dem »Wiener Hof«, als einem vagen Sammelbegriff, hatte Wallenstein beständig Ärger, das ist wahr. Neider fehlten ihm nie, besonders unter arbeitslosen Möchtegern-Generalen, und sie freuten sich herzlich, wenn ihm etwas schief ging. Daß aber der Hofkriegsrat als solcher, dieses aus dem vorigen Jahrhundert stammende, in seinem Personalstand beständig wachsende, umständliche Gremium ihm viel anhaben konnte, dagegen sprechen die Tatsachen. Eugenio verstand es anders, denn er agierte zwei Generationen später in moderneren Zeiten, in denen die kaiserliche Armee der Wirklichkeit nach kaiserlich war. Wallensteins Armee war seine eigene, er hatte sie aufgestellt und finanzierte sie, insofern jemand sie finanzierte; ein Verhältnis, das er nur zu oft mit groben Worten bezeichnete. Er fühlte sich dem gesamten Hofkriegsrat überlegen, wozu noch kam, daß Collalto als Regimentsoberst und Feldmarschall sein Untergebener war. Er hatte direkten Zugang zum Monarchen, wenn immer er ihn wünschte (er wünschte ihn selten). Seine Klagen richteten sich wohl gegen »die Herren Gelehrten«, die »kahlen Kerle« im allgemeinen; fast nie gegen den Hofkriegsrat.

Ähnlich verhielt es sich mit dem Nachbar-Institut: dem Finanzministerium, der Hofkammer. Der Kriegsrat hätte für die Rüstungen sorgen, hätte die große Strategie entwerfen sollen, aber er tat beides nicht. Die Kammer hätte das Geld liefern sollen und tat es auch nicht. Das Eine ging an; Wallenstein war es zufrieden, sein eigener Stratege zu sein. Das Andere nahm er übel; und wenn die Kammer, Juli 26, ihm gar vorschreiben wollte, Schlesien mit seinen Truppen unberührt zu lassen, weil sonst von dort keine Steuern mehr eingingen, so geriet er in Wut. »Nun sehe man der Kammer wohl considerierte Ordinanz. der Feind ist in Schlesien, das Land hält mehr mit ihm als mit dem Kaiser und ich sollte außerhalb des Landes bleiben, auch wird der Feind sich gleich, also wie sie's auf Papier setzen, schlagen lassen und ich mit der Armee gleich hin und her marschieren können, als wenn sie ein paar Roß vor den Wagen spannen lassen, nach Hof fahren und von dannen wieder nach Haus . . .« Hohn des Mannes im Kriegeszelte über die Höflinge, die »Lecker«, die sich in blutig schwere Dinge mischten, welche sie nicht gelernt hatten, aber das Eine nicht konnten, was sie von Berufs wegen hätten können sollen. – Solche »Ordinanzen« hatten keine Folge außer dem Ärger; der General ignorierte sie schlicht. Er konnte sich manches leisten und wußte es; denn ging er, so würde man in der schrecklichsten Verlegenheit sein, ob nun die Armee blieb oder auseinanderlief. Überdies besaß er in Wien einflußreiche, zuverlässige Freunde, den Harrach-Eggenberg-Clan. Er hatte seine Protektoren weise gewählt. Dr. Leuker an den Kurfürsten von Bayern: »In summa, ich verspür, daß Eggenberg, Wallenstein und Harrach dermaßen bei Hof triumphieren und in so guter Correspondenz miteinander stehen, daß, wer einen offendiert, der hat auch die übrigen ihme zuwider.« Im Herbst, als Wallenstein, nach angeblich allzu langsamer Kriegsreise, den Mansfelder hatte entwischen lassen, als die Schlacht gegen Gabriel Bethlen im letzten Moment nicht stattgefunden hatte und der ungarische Feldzug verschwunden war wie ein Pfad in der Wüste, als nun der General für den Rest seiner Truppen Winterquartiere in Böhmen forderte – in diesem Herbst scheint momentweise selbst Eggenberg kritisch geworden zu sein. So behaupteten die Diplomaten und behaupteten noch manches andere. Der Herzog spiele denkbarer Weise falsch, mindestens aber faul, frech und starrsinnig; ernsthaft denke man daran, ihm das Kommando zu entziehen; drohe er seinerseits mit Rücktritt, so sei es entweder, um einer Absetzung zuvorzukommen, oder bloßes Manöverieren; der Kaiser selbst, sonst so milde, sei grob gegen Herrn von Harrach losgefahren, als dieser gewagt habe, den Schwiegersohn zu verteidigen. Dr. Leuker, freudig: »Es können Euer Kurfürstliche Durchlaucht nicht glauben, wie übel und spöttlich man von dem Herzog von Friedland insgemein redet . . .« Da Wallensteins ungarische Quartiere nicht allzu weit von Wien lagen, so vervielfachten sich die Gesandtschaften hin und her. Seine Forderung: Winterquartiere jetzt gleich, in Böhmen und Mähren und Österreich. Die Frage von der anderen Seite: warum alles bisher so langsam gegangen, warum gegen Bethlen oder die Truppen Mansfelds kein Winterfeldzug möglich sei? Des Generals Antwort: sein Heer sei destruiert, von Hunger und Seuchen zerfressen, die Leute verreckten rings um ihn her, er könne es nicht mehr mit ansehen, und sei »resolutissimus«, dem Labyrinth seines Feldherrn-Amtes zu entfliehen. Das war an sich nichts Neues; seit bald einem Jahr hatte er sich nach einem Fluchtweg umgesehen. War der Entschluß jetzt endgültig? An Harrach schrieb er: »daß mein propositum nicht zu mutieren ist. Denn täte ich, was man bei Hofe will, so habe ich dem Kaiser das exercitum und die Länder verloren; täte ich aber, was ich vermeine, daß ragione ist, so müßte ich mich verlieren.« Im nächsten Brief wurden bitter die »etlichen wenigen Stunden« erwähnt, die er noch des Kaisers General sein werde. Komödie? Harrach weigerte sich, die Ankündigung oder Kündigung, die seine eigene Position gefährdete, zu akzeptieren. Endlich, den 18. November, brach er selber nach dem Hauptquartier Modern, nahe Preßburg, auf. Er blieb eine Woche. Dann fuhren die Beiden in Richtung Wien, um auf halbem Weg den Fürsten Eggenberg zu treffen. Der letzte Versuch einer Bestandsaufnahme und Klärung; nicht, wie nun seit anderthalb Jahren, durch mediokre Vermittler, sondern durch den Ersten Minister in Person; mit ungewissem Ergebnis.

Bruck an der Leitha

Das Schloß Bruck oder Prugg findet man am Rande der Stadt gleichen Namens, welches an dem Flüßlein Leitha liegt. Diesseits der Leitha ist österreichisches Wald- und Hügel- und Weinland, jenseits beginnt Ungarns Tiefebene. Das Schloß gehört den Harrachs noch heute. In einer Ahnengalerie hängen die Bilder der Oberhäupter, Harrach nach Harrach, von dem Gründer, der im 14. Jahrhundert blühte, über den Freiherrn Karl, den eigentlichen Stifter des Harrach-Glücks, bis zu den Militärs und Politikern des vorigen Jahrhunderts; alle Amtsträger und Würdemänner, alle stattlich und reich und, im roten Mantel der Ritter vom Goldenen Vlies, ihrer Sache ewig sicher. Man sieht Wallensteins Schwiegervater noch einmal, zusamt seiner Gemahlin, in kniender Verzückung vor den Toren eines Klosters, welches er soeben gestiftet, die Heilige Jungfrau ist auch nicht fern. Man sieht die Herzogin von Friedland, zartes Köpfchen über dem Stuartkragen; den ältesten Sohn Karls, Leonhard, einen Taugenichts; den dritten Sohn, Ernst Adalbert, den Kardinal; im Bärtchen und funkelnden Jägergeschmeid den sechsten Sohn, Franz Albrecht, jenen Franzel, der einst in Wallensteins Internat zur Schule ging und den die heimtückischen Jesuiter zum Jesuiter hatten machen wollen. Vor seinem Portrait fragen die Damen: Wer war das? – und bleiben lange stehen. Es ist aber diese Ahnengalerie in ihrer Anlage neueren Datums und das Meiste im Schloß ganz anders als an jenem Spätherbst-Abend des Jahres 1626, da Eggenberg, Harrach und Wallenstein in einem Raum, den man nicht kennt, ihre gichtischen Füße am Kaminfeuer wärmten. Von Wien war Schloß Bruck nur eine Halbtagsreise entfernt, und die Begegnung hätte ebensowohl in der Hauptstadt sein können. Aber Wallenstein liebte die Hauptstadt nicht. Eggenbergs Fahrt war ein Entgegenkommen.

Von dem am Abend des 25., am Vormittag des 26. November zu Bruck Verhandelten gibt es kein Protokoll. Es gibt bloß indirekte Quellen. Die zuverlässigste fließt aus den Anspielungen, die Wallenstein selbst späterhin machte »über das, was ich zu Bruck mit dem

Fürsten von Eggenberg accordiert hab«. Kritisch zu gebrauchen sind die Depeschen der Diplomaten, des Venezianers, des Franzosen, des Bayern; stets eingeweiht, stets verklatscht und mit Sicherheit stimmig auch dann nicht, wenn sie unter sich übereinstimmen, denn wohl mag der Eine dem Anderen seine Geheimnisse zugeraunt haben. Ferner existiert das Memorial eines seinen Namen Verbergenden, der alles haarklein zu wissen behauptete, ein Anspruch, den seine Adressaten ernst nahmen.

Wallenstein kam nicht nach Bruck, um sich zu rechtfertigen. Immer mißverstanden und beleidigt, immer von der Korrektheit seines Handelns überzeugt, kam er, um Forderungen durchzusetzen oder seinen Rücktritt zu erklären, falls sie ihm nicht bewilligt würden. Seinerseits wünschte Eggenberg, ihn zu halten, seine Bedingungen und die mit ihnen zusammenhängende Strategie oder Politik sich auseinandersetzen zu lassen. Entscheiden konnte er nichts, das konnte allein der Kaiser. Vorentscheidungen also; Versprechen, die ratifiziert werden mußten. Auf sie kam Wallenstein in den Tagen nach der Konferenz mehrfach zurück. »Ich hab heut des Curriers erwartet mit Resolution auf meine puncti, ohne welche ich nicht dienen werde.« (An Harrach, 30. November) »Ich kann mich nicht genug verwundern, daß der Currier nicht kommt mit Resolution auf die Punkten, welche ich meinem Herrn gegeben und ohne dieselbige nicht dienen kann noch werde, denn es wäre Zeit, daß ich anfinge auf Mittel zu denken, wie ich aufs Jahr zu Feld werde ziehen, und wohin ich mich wenden werde, denn der Winter wird bald passieren . . .« (An Harrach, 3. Dezember) Schon, eine bloße Woche nach den Plaudereien am Brucker Kamin, wurde er wieder ungeduldig. Um welche Punkte ging es?

Zunächst um die Winterquartiere. Das war praktisch beschlossene Sache, denn ins »Reich« konnten die Truppen jetzt nicht mehr geschickt werden. Aber wie sie in den Erblanden zu verteilen wären, dafür bedurfte es eines Schemas. Ferner um neue Werbungen; nicht nur, um die zusammengeschmolzene alte Zahl wiederherzustellen, sondern um sie zu vergrößern. Er habe, schreibt Wallenstein im Februar 27 an Collalto, »zuvor dem Fürsten von Eggenberg gemeldet«, warum der Kaiser noch mehr Soldaten brauche. Dann auch: um die Bezahlung der Truppen. »Bis dato hab ich von dem meinigen zugesetzt, hinfüro will ichs nicht tun, denn ich ruinier mich und die meinigen damit, hab keinen Dank drum, und in Zeiten der Not hab ich keinen Heller . . .« Die alte Geld-Angst des Reichen, nie genug Reichen und in schwindelnde Geschäfte Verstrickten. Was er in Bruck verlangte, war die »böhmische Contribution«, eine von den Untertanen der böhmischen Krone, Adel, Bürger und freien Bauern zu erlegende

Kopfsteuer, des Kaisers Haupteinkommen aus diesem Lande. Für wie lange, in welcher Form, ob ganz oder nur teilweise ihm das Geld zur Verfügung stehen sollte, darüber wurde in der Folgezeit hin und her gestritten; grundsätzlich hat Eggenberg es ihm offenbar in Bruck zugesagt. Endlich betrieb Wallenstein die Erweiterung seiner eigenen Vollmachten, ein Avancement vom bloßen »Capo über das Volk im Reich« zum Generalissimus der kaiserlichen Truppen überall, mit Rechten, welche bisher der Monarch sich noch vorbehalten hatte. Es waren Forderungen neuer Art, und erst ein gutes Jahr später wurden sie ihm ganz verstattet. In Bruck machte man einen Anfang damit; denn bald nach der Konferenz fing er an, die Ernennungen seiner Obersten selbst zu signieren, ohne in Wien rückzufragen. – Soviel über die »Punkte«, die zu beweisen sind. Wer den Minister begreifen machen wollte, warum der Kaiser immer noch mehr Soldaten brauche, muß jedoch auch von der politischen Lage und den aus ihr sich ergebenden Ratsamkeiten gesprochen haben.
Der französische Gesandte weiß nach der Konferenz, Eggenberg sei nun mit der Kriegführung des Generals zufrieden oder gebe vor, es zu sein. Dem fügt der Venezianer bei, Wallenstein habe nach seiner Gewohnheit sich zuerst geziert, dann aber zum Verbleiben im Kommando »für ein Jahr« sich überreden lassen; nicht nur der Erste Minister, auch der Hof sei über die Kriegführung des Generals günstiger Meinung geworden; insbesondere auch leuchte die Notwendigkeit einer Truppenvermehrung bis auf 70000 Mann nun jedem ein. »Mit der Verhandlung über diesen einzigen Gegenstand endete die Zusammenkunft.« – Woraus zu sehen ist, daß die Herren von Wallensteins »puncti« wenige kannten; eigentlich nur den einen, welcher neue Werbungen betraf.
Schließlich das in italienischer Sprache geschriebene Memorial des Ungenannten. Es wurde schon am 26. November verfaßt; der Autor müßte sich also in Wien befunden haben, wo Eggenberg am späten Abend des 26. eintraf, oder gar in Bruck mit von der Partie gewesen sein. Jedenfalls gibt sein Bericht, der im geheimen an den Kurfürsten von Bayern ging, sich so, als sei er von dem Minister inspiriert. Folgendermaßen hatte, wenn man ihm glauben durfte, der General seine große Strategie erklärt:
Die Lage des Kaisers sei mißlich, denn er habe die meisten Fürsten Europas, mehr oder weniger, zum Feind und zudem kein Geld. Daraus die Notwendigkeit einer defensiven Kriegführung: den Krieg von den Erblanden fernzuhalten, in das Herz des Reiches aber ein so zahlreiches und mächtiges Heer zu legen, »daß es der Schrecken von ganz Europa wäre. Dies Heer darf, da es nicht die Bestimmung hat, etwas

in Besitz zu nehmen, um es Seiner Majestät zuzueignen, unter keinen Umständen einer voraussichtlichen Gefahr ausgesetzt werden, entweder geschlagen oder in Belagerungen oder ähnlichen Unternehmungen aufgerieben zu werden . . .« Die Bewegungen des Siebenbürgers und des Türken müsse man im Aug behalten, ohne sich in weitentfernte, schlimme Gegenden locken zu lassen; vor allem aber das Reich durch die Last des Heeres bedrücken, bis es sich entschließe, einen ehrenhaften Frieden zu begehren und die Soldaten zu bezahlen. Danach erst könnte man etwas gegen die außerdeutschen Mächte unternehmen und den Kaiser zu dem erheben, was er doch sein sollte, zum wirklichen Oberhaupt der Christenheit. Warum aber Haus Habsburg keine neuen Eroberungen machen dürfe? Dies, habe der Herzog geantwortet, sei darum, weil die meisten seiner Soldaten als Protestanten zur Vernichtung ihrer Glaubensgenossen sich nicht hergeben würden. Mit Absicht habe er übrigens einen großen Teil seiner Regimenter lutherischen Obersten anvertraut, um jeden Schein eines Religionskriegs zu vermeiden. Und wie man 70000 Mann ohne Geld besolden wollte? Nichts leichter als das; so lange man nichts Unrechtes gegen seine Freunde tue, könne man unter Rebellen und Feinden vom Lande selber leben, was praktisch dasselbe sei wie Bezahlung, und könne es beliebig viele Jahre . . . »Das ist der Sinn dessen, was der Herr General dem Herrn Fürsten von Eggenberg sagte, und woraus dieser die Grundsätze wohl erkannte, nach den der Herr General diesen Krieg führte, und daß er mit seltener Klugheit seine Siege nicht vom Zufall abhängig machen wollte und sich stets weigerte, eine Sache zu unternehmen, die mit seinem Hauptziele nicht übereinstimmte . . .«
Schlaue, zugleich feige und grausame, politische und psychologische Kriegführung. Schlachten vermeiden, langwierige Belagerungen vermeiden, auch jeden offenen Bruch der alten Reichsverfassung vermeiden; mit dem schweren Körper des Heeres sich auf das Römische Reich legen wie ein Vampyr und solange an seinem Blut saugen, bis es um Gnade schriee. So sich zur größten Macht in Europa erheben ohne Kosten; dann weiter sehen, was anzufangen mit der neuen Größe . . . Ein verwünscht gescheiter Bericht; gescheit berichtend über einen Gescheiten. Geschickt auch; jeder Satz so eingeweiht wie gemäßigt; zuletzt ein Lob. Ob das Traktätlein im Sinne des Lobes auch wirken sollte, ist eine andere Frage; jedenfalls hat es nicht so gewirkt. Wieder eine andere Frage: ob es für bare Münze zu nehmen sei?
Beträchtliche Historiker haben es so genommen. Unsererseits können wir es nicht für bare Münze nehmen, meinen jedoch, es sei etwas

daran. Der Unbenannte mag Wallenstein persönlich gekannt, mag ihn doch aus der Ferne mit geschulten Augen beobachtet haben. Ganz richtig sah er, daß in dem imperialen Feldherrn neben Anderem etwas Ängstliches war; daß er, was immer er tat, höchst umsichtig vorbereitete, »nichts hazardieren« wollte, immer, wenn er sich nämlich zu falschen Maßnahmen verleiten ließe, den »Ruin des Heeres«, den »Verlust der Länder« fürchtete. Er spähte nach allen Seiten; nach den aktuellen Feinden nicht nur, deren es im Augenblick Wenige gab, auch nach den potentiellen, zukünftigen, deren es viele gab und von denen die Wenigen Sukkurs jederzeit erhoffen konnten: Schweden, England, Frankreich, Holland. »Wir müssen das für ein Maxima halten, daß wir schier keinem Menschen nicht trauen dürfen.« Ferner traf zu, daß er, durch noch so große Macht, immer nur auf einen »ehrenhaften«, einen »guten und beständigen« Frieden hinauswollte. Natürlich, das wollten sie alle; in Wallenstein wechselte Überschwang mit Pessimismus ab. Es kam eine Zeit, in der er urteilte, selbst zehn siegreiche Schlachten würden auf die Dauer nicht helfen, eine einzige verlorene aber den Untergang bedeuten. Diese Zeit war seine späteste, nicht 1626. Im Moment überschätzte der Ungenannte die Ängstlichkeit und Passivität von Wallensteins Kriegführung gewaltig; sei es, weil er sich ein psychologisches Bild des Generals gemacht hatte, das sich in sich selber recht hübsch reimte, aber nur zum kleinen Teil mit seinem Gegenstand; sei es, weil er auf das Gerede der Hauptstadt hörte und für geheime Weisheit ausgab, was Höflinge und Diplomaten schwatzten. Im September hatte der Bayer, Dr. Leuker, einen »vornehmen italienischen Minister« in des Kaisers Anticamera öffentlich verkünden hören: »er wolle seinen Kopf verwetten, daß, wenn sich der Herzog von Friedland mit einer Armada von 100000 Mann in einer Campagna rasa, der Mansfelder oder Gabor mit mehr nicht als mit 10000 Mann befinden, Friedland den Mansfelder oder Gabor nicht angreifen, sondern sich defensive halten werd.« So der Klatsch, so die Mißverständnisse. Der wirkliche Wallenstein warnte davor, daß bloße Verteidigung die Truppen »discouragierte« und nutzlos »consumierte«. Mansfelds Zug nach Schlesien hatte ihm einen Strich durch seinen liebsten Plan gemacht: den großen Marsch gegen die Dänen, beiderseits der Elbe. Nur gezwungener Maßen war er dem Feind nach Osten und Süden gefolgt; auch diese Verfolgung, die an den fürchterlichen Wegstrecken scheiterte, war etwas anderes als Defensive. Was die nächsten zwei Jahre betrifft – nun, wir werden sehen. Der selbsternannte Geheimnisträger kochte mit Wasser, ganz wie die Ambassadeure. Er wußte von der Heeresvermehrung, von ihr wußten alle. Er wußte nichts von den anderen »Punkten« und redete viel von der neuen Kunst, ein Heer ohne Geld zu erhalten, während doch in Bruck von Geld und viel Geld, welches nun her mußte, die Rede gewesen war. Der Unbenannte ist also nicht in Bruck gewesen, oder wenn schon, dann weit weg von dem Raum, in welchem die drei großen Herren diskutierten; er hat auch nicht am Morgen des 27. November bei dem erschöpften Eggenberg Audienz gehabt. Nicht den Sinn der Unterredungen und Abmachungen gab er wieder, sondern die Gedanken, die er sich selber, teils beobachtend, teils spekulierend und übersteigernd, über Wallensteins Kriegführung gemacht hatte: das System, das die Beherrschten zahlen ließ, ewig zahlen ließ, dafür, daß sie gehorchen mußten.

Wirkung hatte er. Maximilian, in seiner neuen Münchner Residenz, las den Bericht und las ihn noch einmal und geriet in fiebrige Erregung. Er fand bestätigt, was sich in seiner mißtrauischen, eifernd frommen, eifersüchtigen Seele schon längst festgesetzt hatte. Er begriff, daß das Lob des Unbenannten nur Schein, und was der Kern der Sache war: der Umsturz der alten Ordnung im Reich durch dessen Entnervung, Ausblutung, grausam-allmähliche Überwältigung, und zwar ohne den Ketzern als solchen ein Leides zu tun. Er jagte Eilboten an seine katholischen Mit-Kurfürsten. Für den nächsten Februar lud er die Mitglieder der Liga zu einer Konferenz nach Würzburg. Und da war von dem Brucker Memorial ausführlich die Rede. Es mochte alles stimmen, was darin stand, oder nicht alles, aber wenn man es mit den seither gemachten bitteren Erfahrungen verglich, so stimmte wohl leider das Meiste, und dies um so wahrscheinlicher, als die Schrift von einer Person herrührte, »die um des Friedlands Sachen und Intentionen vor Anderen Wissenschaft hat, auch bei ihm in großem Vertrauen steht«. Der Kurfürst kannte also den Unbenannten. Wir kennen ihn nicht. Im Moment kennen wir ihn noch nicht.

Mittlerweile hatte das Geheime sich längst ins Ungeheime herumgesprochen; derart, daß Wallenstein für notwendig fand, durch einen ihm gefügigen Scribenten eine Widerlegung verbreiten zu lassen. Der Form nach war es der Brief eines »kaiserlichen Hauptmanns« an seinen »Herrn Schwager«. Das ging reihum und wurde kopiert, es finden sich Exemplare in mehreren Staatsarchiven. Der Brief ist auf deutsch, viel länger als das Memorial und viel ungeschickter; die Welschen konnten so etwas besser. Was, so klagt der angebliche Hauptmann, schwindelt doch da dieser arglistige Fabulant; was fabuliert dieser Poet, um Unverständigen eine Nase zu drehen? »Nun sehe man um Gottes Willen dieses Fabulanten Spitzfindigkeit!« Wie will er denn wissen, was zu Bruck zwischen beiden Fürsten vorgegangen? Ihm, dem Hauptmann, sind zufällig alle wohl bekannt, denen der

Herr General seine Geheimnisse anvertraut, aber auch die konnten höchstens von dem befriedigenden Ergebnis der Konferenz, nicht von ihrem Verlauf erfahren. »Daß aber die rationes diese gewesen, so der Fabulant hierbei erdichtet, solches ist bei mir ja gar unglaublich, sintemalen dieselben einem so hochverständigen General, (welcher durch seinen Valor, Witz und Geschicklichkeit es so weit gebracht, daß es ihm zu unseren Zeiten wohl keiner nachthun wird, in dessen Gedanken auch nichts Gemeines kömmt, sondern nur die höchsten politischen und militärischen Geheimnisse, aus vieler langen Meditation, so anderen verborgen sein) ohne Zweifel niemals in Sinn kommen, viel weniger, daß dergleichen schlechte Possen von dem Fürsten von Eggenberg als der römisch kaiserlichen Majestät einem ersten geheimsten Rat approbiert worden sein sollen . . .« Was heißt es, den Krieg ins Reich zu verlegen, da der Kaiser doch selber im Reiche wohnt, als Erzherzog von Österreich, als Herzog von Burgund? Wie kann des Feldherrn Absicht sein, die deutschen Länder zu verderben Jahr für Jahr, da man doch dieser Länder Freundschaft und Hilfe bedarf? Und wenn der fabulosische Diskurrent gar von einem Heer spricht, so gewaltig, daß Europa vor ihm erzittern müßte, einem Heer, das aber niemals und zu nichts gebraucht werden soll – welche insania, welcher Wahnsinn! Ob aber lutherische Soldaten nicht gegen ihre Glaubensgenossen kämpfen wollen, das wird man demnächst sehen, das wird der König von Dänemark noch erproben. Augsburgische Konfessionsverwandte sind so brave Soldaten des Kaisers wie die katholischen, wenn nicht sogar bravere. Finden sich jene Mächte, welche dem Hause Österreich seine Größe nicht gönnen, nicht zahlreicher auf der katholischen als auf der lutherischen Seite? . . . Dies letzte Argument mochte, neben Frankreich und neben Venedig, auch gegen Bayern gerichtet sein. Im Ganzen schrieb der Hauptmann seinem Herrn Schwager wohl alles, was gegen den Bericht des mysteriösen Italieners einzuwenden war; aber umständlich und bombastisch. Seine Polemik scheint ihren Zweck nirgends erreicht zu haben; während der Unbenannte seinen Zweck im Übermaß erreichte. Kommt es ja bei solchen Geschäften nicht so sehr auf Wahrheit, wie auf Stil, Geschick, klug berechnende Psychologie an.
Insgesamt hatte die Brucker Konferenz eine zwiespältige, nach beiden Seiten sonderbar nachhaltige Wirkung. In München versorgte sie das Glutbecken des Hasses mit neuer Kohle. In Wien verstummte das üble, spöttliche Reden über den Herzog von Friedland mit einem Schlag. Statt seiner wurde, etwa dreiviertel Jahr später, staunende Bewunderung die Mode.

Die »Resolution« über die »Punkte« von Bruck wurde in Wien am 28. November angefertigt. Vergleichsweise schnelle Arbeit und offenbar keine gründliche; die Herren, die sie ins Hauptquartier überbrachten, Questenberg und Werdenberg, hatten mit dem Herzog noch manchen Hader zu schlichten, oder er mit ihnen. Der Statthalter von Mähren, Dietrichstein, wünschte keine Einquartierung in seinem Land, viel weniger auf seinen eigenen Gütern, was man verstehen kann. Die obersten Landes-Offiziere Böhmens, die vom Fenstersturz, Slawata und Martinitz, knauserten in Sachen der Steuer; nur für drei Monate wollten sie sich ihrer begeben und auch dann noch was abziehen, 14000 Gulden im Monat. Wallenstein: »das ist ein Kinderwerk, denn es kann nicht sein . . .« »man seis versichert, nicht vierzehn Kreuzer kann ich mir abbrechen lassen, ich verlange doch in der Welt nichts mehr, als einen Praetext zu haben und den Kopf aus der Schlinge zu ziehen . . .« (An Harrach)
Noch immer, bis tief ins Frühjahr, spielte er mit dem Gedanken, sich aus dem Labyrinth, sich von der Macht, die keine ganze war, durch eine Art von Flucht zu befreien.
Seine Offiziere sahen es anders, zumal seit Bruck. Einer von ihnen, Franz Albrecht von Sachsen-Lauenburg, ein frecher, intelligenter junger Mann, übersandte einem Kameraden die Kopie eines allerhöchsten Briefes mit diesen Worten: »Hierbei habt Ihr zu sehen, was der Kaiser an den Herzog von Friedland schreibt; ich achte es aber nicht . . . NB. Ich getröste mich, daß der General itzo so viel ist, als der Kaiser selber . . .«

Unterwerfung Deutschlands

Schnee auf den Feldern, den Straßen und Saumpfaden, auf den Dächern, auf dem Haupte der Venus-Statue im Park. Bittere Kälte. Ende Dezember sind in Wallensteins Nachbarschaft viele Soldaten erfroren; mehr als zweihundert von denen, »die sich vor Tod und Krankheit in Ungarn salviert haben«. Ein reicher, mächtiger Mann hat es freilich auch im Winter gut. Daß die Öfen nicht ausgehen, daß die Holzscheite neben den Kaminen hoch aufgeschichtet bleiben, dafür sorgen die blau und rot livrierten Männer, die mit klammen Händen sich in den Höfen und steinernen Korridoren tummeln. Eine gewisse Behaglichkeit – »ich wünsche nichts, als daheim zu bleiben«. Freude am neuen Haus, das, ohne fertig zu sein, doch jetzt so ziemlich bewohnbar ist. Zärtlichkeit mit der Frau nach anderthalbjähriger Trennung; davon die Frucht im nächsten Spätherbst erscheinen wird.
Geschäfte; Ärger. Ärger um die Winterquartiere. »Kein einziges Volk, so in Ungarn gewesen ist, kann vor dem Juni zu Feld geführt werden.« Die Leute sind ausgemergelt und verseucht; man muß ihnen Zeit zur Erholung geben, wenigstens ein halbes Jahr. Aber Böhmen ist keine Pflegestätte; das Land bedürfte selbst der Pflege, nachdem Krieg oder kriegsähnliche Heimsuchung ihm nun ins zehnte Jahr gehen. Auch verhalten Söldner im Quartier, seien sie mit ihren Kräften noch so heruntergekommen, sich nicht wie Kranke. Ihren unfreiwilligen Gastgebern bleiben sie immer überlegen und nützen es aus, je hungriger und vergrämter sie sind, um so schlimmer. Kriegsrat von Questenberg, der in Böhmen und Niederschlesien die Quartierfrage regeln soll: »In Summa Summarum ersehe ich die größte Armut des Soldaten und des Untertanen . . . ich weiß kein Mittel.« Dazu Wallenstein, resignierend: »Miseria und Not, das bleibt nie aus.« Wenn Krieg ist, keinesfalls, es sei Sommer oder Winter.
In Mähren ist der für die Austeilung der Quartiere Verantwortliche der Statthalter, Kardinal Dietrichstein. Er leistet den zähesten Widerstand; in milder Sorge um seine Schutzbefohlenen und auch, weil er seine eigenen, mehr als beträchtlichen Güter verschont wissen möchte. Von einem dritten Motiv weiß Wallenstein; von dem alten,

verkrusteten Haß des Kirchenmannes gegen ihn, den allzu erfolgreichen Emporkömmling; Haß, der kein einseitiger ist, sondern Wechselverhältnis, eine an sich selber wachsende Spannung. Der Stärkere und die Wirklichkeit, auf die der Stärkere pocht, siegen für diesmal; Dietrichstein muß sich Einquartierung auch auf seinen Gütern gefallen lassen, und eine solche, deren Kosten er später in astronomischen Zahlen berechnet. Nicht besser geht es dem Statthalter Böhmens, Karl von Liechtenstein. Als er im Februar das Zeitliche segnet, behaupten die Klugen, es sei aus Gram über den Ruin seiner Güter geschehen; und zwar habe Wallenstein ihm seine Soldaten nicht aus Notwendigkeit, sondern aus persönlicher Rankün in die Betten gelegt. Daran ist soviel wahr, daß es zwischen den beiden Häuptern längst nicht mehr zum besten stand; jedenfalls von Liechtensteins Seite, der durch den Juniorpartner von einst sich überspielt fühlte. Es gibt keinen Brief Wallensteins, in welchem er schlecht über den Statthalter spräche, so wie über Dietrichstein, Martinitz, Slawata. Jetzt, an den Schwiegervater: »Der Fürst Carl ist gestern gestorben und dieweil mein Herr sein Freund ist gewest, so bin ichs versichert, daß er seinen Sohn auch vor allen denen, so ihm begehreten zu schaden, wird protegieren.« Wenn es nicht nach Kummer klingt, den Wallenstein über den Tod eines Menschen kaum je äußert, so klingt es auch nicht nach Haß; läßt übrigens durchblicken, daß Liechtensteins Familie allerlei Scherereien zu befürchten hat. Von dem vakanten Statthalterposten wissen die Eingeweihten, daß Wallenstein ihn gern seinen Titeln hinzufügen würde und deswegen dem und jenem kaiserlichen Minister sich geldgefällig erzeigt. Die Eingeweihten wissen so vieles, wofür ihnen die rechte Weihe fehlt. Tatsächlich bleibt der tote Liechtenstein ohne Nachfolger; man hält in Wien die böhmischen Dinge für normalisiert genug, um das Vizekönigtum kassieren und zur alten Hierarchie zurückkehren zu können. Zum Oberstburggrafen von Prag, ehedem der höchste Charge im Lande, avanciert Wallensteins Vetter oder Onkel, Adam.

Ärger mit des bayerischen Maximilian Liga, die ihrerseits Grund zu schriller Klage zu haben glaubt und auch wirklich hat. Denn Wallensteins Obersten, die während des Herbstfeldzuges von 1626 im Reich blieben, treiben es dort nach altem Brauch; besonders einer der Lauenburger Herzoge, Rudolf Maximilian. Seine Soldaten quälen die Stadt Erfurt, obwohl sie dem Frömmsten unter den Frommen, dem Treuesten unter den Reichstreuen, dem Kurfürsten von Mainz zugehörig. Protestschreiben des Mainzers an den Kaiser; flehentlich ernste Ermahnungen des Kaisers: am guten Willen der Kurfürsten sei so sehr viel gelegen; Antwort Wallensteins, er werde strengstens tun,

was er könne, um die Soldateska im Zaum zu halten, und habe es stets getan. Ja, was er kann, das tut er wohl . . . Gleichzeitig, an Harrach: »dies kommt allein von Bayern, denn er will nicht, daß der Kaiser mächtig im Reich ist . . .«
Der Verdacht hat Substanz. Maximilian, der neue Kurfürst, will die Kurfürsten mächtig im Reich, besonders sich selber, den Kaiser wohl auch und in allen Ehren, aber nur als Erster unter Gleichen; nicht *die* kaiserliche Macht, die zu erstreben er Wallenstein verdächtigt und die ihm mehr friedländisch als kaiserlich scheint. Die Konferenz der Liga-Fürsten oder ihrer Abgesandten, die er im Februar nach Würzburg beruft, soll Daten sammeln, die Ausschweifungen von Wallensteins Heer betreffend. Sie soll sich auch mit der dahinter verborgenen Politik befassen. Denn, so läßt Maximilian seinen Vertreter erklären: »Etliche der Sachen verständige Leute am kaiserlichen Hof und an anderen Orten wollen dafür halten, Friedland suche nichts anderes, als durch eine große Menge Volks alle Länder zu beschweren, durch so unerhörte Drangsale zu enervieren, alsdann seinem Gefallen nach mit einem und anderm zu disponieren.« Es ist der Geheimbericht über Bruck an der Leitha, der sich im Hirn des Bayern eingenistet hat und wühlt . . . Die Würzburger Konferenz beschließt, eine Gesandtschaft nach Wien zu schicken, Schonung aller loyalen Reichsstände energisch zu verlangen, vor neuen Werbungen Wallensteins zu warnen. Etwas später ist in einem Briefwechsel zwischen Bayern und Mainz sogar von der Wünschbarkeit eines Sonderfriedens mit dem Dänen die Rede: käme das Schlimmste zum Schlimmen, so werde man den Kaiser schützen müssen vor seiner eigenen Macht und des Liga-Heeres gegen Friedland bedürfen.
Solche Schreiben braucht Wallenstein nicht zu kennen, um den Text zu ahnen. Mittlerweile tut er genau das, was Maximilian verhindern will, übrigens für alle Eventualitäten selber tut: er geht an die Wiederausrüstung seines ruinierten Heeres. Der Zweck, wie es in einem Werbe-Patent heißt: durch Stärke des Rechts Ihrer Majestät friedfertige Intentionen durchzusetzen, die Anschläge der Rebellen und Geächteten zu ersticken, im Heiligen Römischen Reich den werten Frieden wiederum einzuführen. Das Mittel: gute, taugliche und wohlqualifizierte Knechte. Ferner Pulver, Kugeln für die Quartierschlangen, Musketen, wie auch »Hauen, Pickeln und Schaufeln«, die er im Herzogtum bestellt. »Die Schaufeln laßt von Holz machen und vorn, wo man damit in die Erde stechen tut, mit Eisen beschlagen . . . Solche Schaufeln heißt man auf böhmisch reyč . . .« Früher oder später muß man ihm die Lieferungen aus seinen eigenen Werkstätten bezahlen; wie auch seine Vorschüsse für die Werbungen. An den Fi-

nanz-Abt Antonius: »Was ich den Obristen von meinem Geld für die Werbungen ihrer Regimenter gegeben, wird sich weit über sechsmalhunderttausend Gulden erstrecken. Aber dies wird sich schon alles bei der Liquidation finden.« Mein Geld – es ist wohl mehr das Geld Hans de Wittes, und der hat es anderswo geliehen.
Wie nun die Sonne den scharfen Frost überwältigt, Tauwinde über die Felder streichen, die Menschen sich aus den kuhgewärmten Ställen wagen, wird es wohl oder übel Zeit, zu beschließen, was man mit dem Kriegsvolk, dem alten und dem neugeworbenen, im Sommer denn wird tun wollen. Am liebsten würde Wallenstein seine Pläne alleine machen, das geht nicht an; er habe sich wohl schon allerlei ausgedacht, »aber das Hauptwerk muß zu Wien resolviert werden«. Während des März hält er hin, er ist krank, er muß eine Kur gebrauchen, man möge ihm doch die Zeit dafür vergönnen. Endlich, am 25. März, bricht er auf und will die Strecke Prag–Wien – 250 Kilometer – in zwei Tagen zurücklegen, um wenigstens das Vorspiel des widerwärtigen Hauptstückes möglichst schnell abzutun. Er braucht nahezu einen Monat; gelangt am ersten Tag nur bis Kolin, am zweiten bis zu einem Nest namens Habern, unweit Czaslau. Dort, in elender Herberge, legt er sich für vier Wochen zu Bett. Das Podagra, schlimmer als je trotz der Kur. In Wien, wo die Zweifler längst zweifelten, ob der Herzog wirklich kommen werde, tuschelt man höhnisch. Der Venezianer spricht vom »Vorwand« eines Gichtanfalls; der brandenburgische Gesandte gibt zu bedenken, es könnte dem General »leichtlich eine Schulkrankheit zugestoßen sein«. Die Platitude ist wahr unter ihrer pfiffigen Falschheit. Schmerzhaft krank war Wallenstein gewiß; man bleibt ja nicht aus freier Wahl vier Wochen lang in Habern. Es sind aber die bevorstehenden Ärgernisse, die ihm die Füße schwellen ließen; gab es die Umschreibung »Flucht in die Krankheit« noch nicht, so gab es wohl die Sache. Er läßt sie selber durchblicken, indem er aus seinem Loch an Harrach schreibt: »Mit mir bessert es wohl etwas, aber ich hab schlecht Verlangen, gesund zu werden, denn dadurch bekomm ich eine schwerere Krankheit, die mich mehr als das Podagra tormentieren tut; nichtsdestoweniger, wenns besser sein wird, will ich mich aufmachen und auf Wien verfügen . . .« Am 20. April nachts schwankt seine Sänfte in das Harrach'sche Haus auf der Freyung; vorsichtig, vorsichtig lassen die blau und rot Livrierten sie nieder am Eingang zur Zimmerflucht, welche der gastliche Schwiegervater dem Eidam bestimmte. Alsbald geht er wieder zu Bett, um einen anderen Monat liegenzubleiben. Das Bett ist ein Schutz. Man muß zu dem Leidenden kommen, nicht er zu den Anderen; muß nicht in taglangen Sitzungen das Geschwätz der Geheimräte anhören. – In

Wallensteins Gefolge ist Valeriano Magni, jener stolze Kapuziner, der Feind der Jesuiten, des Erzbischofs von Prag Beichtiger. Es scheint, daß Wallenstein ihm traut und offen mit ihm spricht. Andere trauen ihm auch; zum Beispiel der bayerische Gesandte Isaia Leuker. Denn mehrfach schreibt der Doktor an Maximilian, er werde, wenn Wallenstein nach Wien käme, den Rat Magnis gebrauchen und bei währender Audienz sich so verhalten, wie Magni riete.
Dr. Leuker ist einer, der mit gespitzten Ohren herumgeht, wie den Diplomaten geziemt. Er weiß auch, was sein Herr gern liest, ein Umstand, der seinen Berichten ein wenig von ihrem Wert nimmt. Während man in Wien auf Wallenstein wartet, schickt der emsige Beamte nach München Bericht über Bericht: in welcher trostlosen Lage der Kaiser sei, denn er wolle dem friedländischen Wesen wohl abhelfen, aber er könne, er dürfe nicht; wie kein Minister überhaupt noch mit dem Herzog traktieren wolle, außer dem venalen Questenberg; wie der spanische Botschafter, Marqués Aytona, sich erklärt habe, sein König sei verloren, wenn er auf Wallenstein baute – auf die Liga, auf den frommen Tilly allein dürfe man sich verlassen; wie der abgedankte Oberst Wratislaw die haarsträubendsten Geschichten über seinen ehemaligen Chef verbreite (was nun wirklich nicht überrascht); wie auch der Feldmarschall Collalto in der verächtlichsten Weise von seinem Waffenbruder rede; kurz, wie allenthalben Gemurmel zu hören sei und Perplexität herrsche. Man hat, wenn man diese Depeschen liest, den Eindruck, als begäbe der in die Hauptstadt reisende General sich in ein Schlangennest; und genau das ist sein eigenes Gefühl. Daher das Sich-Bergen im Schlafzimmer. Von dort aus unterwirft er die züngelnde Opposition. Der Venezianer: »Bevor Wallenstein bei Hof anlangte, hat jedermann über ihn geschimpft. Heute läßt niemand mehr seine Stimme ertönen . . .«
Im Bett empfängt er den bayerischen Vertreter leutselig genug, reicht ihm die Hand und läßt sich auf einen tour d'horizon ein. Die größte Gefahr, plaudert er, droht vom Nordosten. Man muß die Fortschritte des Königs von Schweden bedenken. Von der Newa bis nach Riga und dann die kurländische Küste hinunter hat er sich aller Meerhäfen bemächtigt, neuerdings der preußischen auch, so daß er Herr und Meister ist von der Odermündung, oder beinahe, bis dahin, wo Moskowien an Finnland grenzt. Seine Infanterie ist der polnischen weit überlegen. Zudem ist Polen ungesichert von innen her, es sind da viele, die es heimlich mit den Schweden halten; Gustavus rechnet damit, wie er auch unaufhörlich mit den Moskowitern praktiziert. Westlich Polens weiß man nie, was Brandenburg treiben wird. Vom Süden her ist dem Fürsten Bethlen ein neuer Vorstoß jederzeit zuzu-

trauen. Im oberen Schlesien, halbwegs zwischen Brandenburg und Siebenbürgen, auch dem preußischen Kriegsschauplatz nicht allzufern, halten sich die Überreste jenes dänisch-mansfeldischen Heeres, das im vergangenen Spätherbst sich nicht wollte schlagen lassen, und nehmen zu. Der Däne rüstet wieder. Wie, wenn er Kontakt mit dem oberschlesischen Vorposten seiner Macht suchte? Wenn er eine Verbindung mit Bethlen erstrebte, wie man durch intercipierte Schreiben weiß, daß er es tut? . . . Aus alledem ergibt sich, daß eine Kriegführung, welche die Erblande, das Reich, die katholische Sache zu verteidigen hat, sehr umsichtig, und daß sie überwiegend nach Osten gerichtet sein muß. Und so darf er, des Kaisers Obergeneral, die Elbe nicht preisgeben und nicht die Orte in Brandenburg, die er besetzt hält. Dem Grafen Tilly Hilfstruppen zu schicken, westwärts, der Weser zu, er täte es gern und wird es tun, sobald er es verantworten kann. Aber ist Tillys Strategie auch ganz die passende? Neigt dieser tapfere General nicht etwas dazu, seine Kräfte bei der Belagerung unterschiedlicher Festungen zu verzetteln? Und wenn er Weser-abwärts marschieren will, kann er sicher sein, daß der Däne ihm nicht nach Osten entwischen und tun wird, was Mansfeld im Vorjahr tat; was man aber hätte hindern können, wenn man sich zeitig an Wallensteins Plan gehalten und die große Nord-Offensive beiderseits der Elbe ausgeführt hätte? . . . Schließlich brauchen, unter so gefährlichen Umständen, die guten Dinge Zeit. Sein eigenes Heer muß erst wieder gesund sein, ehe man es ins Feld führen darf; ein sehr weites Feld, wohin immer auch die ratio belli führen mag . . . Dr. Leukers Mißtrauen war unergründlich, als er die herzogliche Bettstube betrat. Aber selbst er ist nicht unbeeindruckt von Wallensteins ruhig und freundlich gebotenen Argumenten, besonders jenen, welche den Gustavus betreffen; sonst würde er nicht noch am gleichen Tag so ausführlich darüber nach München schreiben. Er habe, schließt er, wakker »die Ohren gebraucht, die Zungen aber in Ihrer fürstlichen Gnaden Anwesenheit gespart, damit ich nicht etwa eine Offension, welches deren Orten gar leichtlich erfolgt, causierte . . .« Wer weiß? Vielleicht hätte der im Bett sich sogar Einwände seines Gesprächspartners gnädig gefallen lassen. Es gibt Beispiele dafür.

Theatrum Europaeum

War er ehrlich? Ja, was heißt ehrlich in solchem Fall. Daß der Bayer ihm feind war, wußte er, und folglich war er es ihm auch. Impulsiver als Maximilian, weniger diszipliniert durch Jahrhunderte der Inzucht und Zucht, ließ er, je nach der Situation, auch andere Stimmungen in sich aufkommen; er log nicht, er glaubte, was der Augenblick ihm passend eingab, andernfalls hätte er nicht überzeugen können. Das Schlimmste, was man in München von ihm befürchtete, war der Wille, Liga und Liga-Heer gänzlich zu vertilgen, damit er der Alleinherr im Reich wäre. In der Zeit, von der die Rede ist, fehlt jeder Beweis dafür, daß er solches wollte. Der zweitschlimmste Vorwurf war, er gönne dem Grafen Tilly keinen Sieg und verweigere ihm jede Hilfe. Nur konnte man die Dinge so oder so auslegen, und wahrscheinlich waren sie auch in Wallensteins eigenem Kopf unklar ausgelegt. Das Mißverständnis, welches zwischen ihm und Tilly von Anfang an geherrscht hatte, war dies: Tilly hatte einen »Sukkurs« erwartet, ein paar kaiserliche Regimenter, ihm mehr oder weniger beigetan und untergeben. Dann war Wallenstein mit einem Heer gekommen, größer als Tillys, und bald dreimal so groß. Er wünschte es selbständig zu halten, aus militärischen wie aus politischen Gründen. Er wünschte schon 1626 die »Conjunction« beider Heere, was etwas anderes war, als zu teilen und abzugeben. Von der Vereinigung erhoffte er sich durchschlagenden Erfolg. In ihr wäre er allemal der Stärkere gewesen, dank der Überlegenheit der Zahlen, dank der eigenen Überlegenheit. Jetzt, im Frühling 1627, war Tilly allein den Dänen nicht gewachsen. Mit den in Brandenburg und Mitteldeutschland stehenden Regimentern Wallensteins, um die er bat, wäre er es vielleicht gewesen. Gesetzt, daß ein rein bayerischer Sieg in Norddeutschland möglich war, war er auch wünschbar? Für Wallenstein offenbar nicht, und das hielt man für die Hauptsache. Mußte aber des Kaisers General und, in Wirklichkeit, Chef-Politiker nicht auch von Amts wegen einen erfolgreichen bayerischen Alleingang im Norden ungern sehen? Man hatte im Süden, in der Oberpfalz und der Rheinpfalz erlebt, was eine bayerische Führung im Siege bedeutete. Maximilian trieb seine eigene Politik. Er spielte mit Frankreich. Er haßte, was er das »spanische Servitut« nannte, so sehr wie Wallenstein haßte, was er das »bayerische Servitut« nannte. Mitglied der großen habsburgischen Allianz, stand er doch immer mit einem Fuß anderswo, im Zentrum einer unsicher nach Wirklichkeit tastenden dritten Partei. Wallenstein tat das nicht – jetzt. Er dachte kaiserlich und nur so; oder, um es mit einem passenderen Wort zu sagen, er dachte österreichisch. So unbeschränkt seine selbstischen Interessen waren, so fielen sie doch mit denen des österreichischen Hauses Habsburg vorläufig zusammen; wenn nämlich Ferdinand sein wahres Interesse so verstand wie der Feldherr und dieser an den Orten der Entscheidung gegenwärtig war. »Man lasse mich machen . . .«

Im Katalog der Gefahren, die er dem bayerischen Doktor aufgezählt hatte, kamen für diesmal die westeuropäischen nicht vor. Die ewig von den Generalstaaten ausgehende verstand sich von selbst. Die Holländer erwehrten sich der Spanier mit gutem Erfolg zu Land, mit glänzendem zur See, und ohne sie wäre so manches andere Gefährliche auch nicht da gewesen. Von den beiden West-Königreichen, dem protestantischen und dem katholischen, welches nach außen eine protestantische Politik betrieb, brauchte man große Taten demnächst nicht zu befürchten. Die Regierung in London war schlecht: stolz und zerfahren; in hadernde Verhandlungen mit dem Parlament verwikkelt, von dem sie im Geldpunkte kurz und kürzer gehalten wurde. Es hatten die Landedelleute und Bürger für das Schicksal des pfälzischen Schwagers nur geringeres Verständnis, überhaupt kein waches Interesse für die Wirren des Kontinents, außer, wo Handel und seine Behinderung durch Zölle oder Blockaden ins Spiel kamen. Der Seekrieg gegen Spanien war populär, oder hätte es sein können, wäre er nur mit besserem Erfolg geführt worden. Seinem Onkel, Christian von Dänemark, konnte König Karl nicht mehr bieten als ein Schmuckstück, das kein Pfandleiher beleihen wollte, und ein paar Tausend Soldaten. Frankreich, obgleich von stärkerer Hand geleitet, war doch nicht viel aktiver. Kardinal Richelieu hätte gern Bayerns Liga aus dem deutschen Krieg herausgelockt, einen Sonderfrieden zwischen ihr und Dänemark vermittelt, auch den Pfalzgrafen irgendwie befriedet; wodurch Dänemark entlastet und die Sache der Habsburger geschwächt worden wäre. Hierüber wurde auf der Würzburger Konferenz der Ligisten mit Sympathie und ohne Ergebnis gesprochen. Maximilian wollte den Sprung nicht tun, sich nicht offen von Habsburg trennen, nichts offerieren, was der im Haag ihr Dasein fristenden, ohnmächtigen, aber tätig-zähen pfälzischen Exilregierung annehmbar gewesen wäre. Daß aber Frankreich außer matter Diplomaterei östlich des Rheines nichts tat, lag an mißlichen inneren Verhältnissen; an einem Großaufstand der Hugenotten, nicht ganz unähnlich dem böhmischen von anno 18: antiroyalistisch, fromm und feudal. Im eigenen Hause Ordnung zu machen, war des Ersten Ministers erste Pflicht; sie zu erfüllen hatte er sich vorgesetzt, ehe er grandiose Ordnung machen würde rings um das Haus. Um sich ganz den strengen Aufgaben im Inneren zu widmen, schloß Richelieu 1626 einen Frieden mit Spanien, der die Dinge im obersten Italien, im Veltlin und dessen Nachbarschaft, ungefähr so ließ, wie sie vorher gewesen waren.
Hatten England und Frankreich einen gemeinsamen Feind, so war es Spanien; dieses zu Lande, weil es von den Gebieten der spanischen Monarchie noch immer umschnürt war, jenes auf dem Wasser und

dort, wo Gott und seine Engel wohnen. Kaum aber hatte Frankreich mit Spanien Frieden gemacht, so fiel es dem Herzog von Buckingham ein, daß es für England keine schlechte Sache wäre, den Brand bei dem französischen Nachbarn anzuheizen, die Hugenotten zu unterstützen und, indem man gleichzeitig die Gesetze gegen die eigenen Katholiken verschärfte, vielleicht die Puristen von Westminster dem Könige freundlicher zu stimmen; worüber es zu einem Seekrieg zwischen Frankreich und England kam. Mit welchem Sinn? So fragt, wer glaubt, daß Kriege stets aus ernster Notwendigkeit stammen. Ist das bewiesen? Bewiesen für die Zeiten Wallensteins? Solange die gehobenen Untertanen sich noch an Gegenstände gebunden fühlten, welche anders geartet waren als der Staat, an die Religion, den Stand, die Landschaft, war ihnen nicht ohne weiteres klar, welche Sympathien und Antipathien über des Königs europäischer Politik zu wachen hatten. Solange die Monarchien noch nicht so präzise mit dem Staat eins waren, besaßen Könige und Günstlinge noch Spielraum für frei und willkürlich gewählte Unternehmungen, eigentlich Privatkriege, rasch begonnene, leicht beendete. So hier. Trotzdem waren die Folgen erklecklich, zumal für Christian von Dänemark. Die Speerspitze einer großen Protestanten-Koalition hatte er sein sollen und wollen und blieb nun auf sein eigenes Land gewiesen, in dessen Mitte, dem Reichsrat, sich schon verärgertes Reden hören ließ. Was denn die deutschen Wirren Dänemark angingen?

Swecus jedoch, Gustavus, der Schneekönig, trieb es nach der Staatsraison und ratio belli, nun seit bald zwanzig Jahren; immer die Sicherheit seines Reiches und die Handels-Vorteile, die Religion, die Größe Gottes, die Größe Schwedens, den Ruhm von Schwedens Herrscher in Einem vor Augen. Mit den Moskowitern stand er gut, Wallenstein redete nicht aus einem leeren Hafen, wenn er es zu wissen behauptete. Nachdem er ihnen gleich am Anfang seiner Regierung das Ostende des Finnischen Meeres abgenommen hatte, Ingermanland, auch ein schönes Stück nördlich des Ladogasees, vertrugen beide Mächte sich für absehbare Zeit. Nun ließ Gustav Adolf in Moskau vortragen, daß man einen gemeinsamen bösartigen Feind habe, Polen; hinter Polen aber stehe Haus Österreich und Alles, was im mittleren Europa auf den römischen Glauben schwor. »Seine Königliche Majestät ermahnt, daß Eure Zarische Majestät rechtzeitig erwägen möge, welche große Gefahr über Ihr und über Ihren Staaten schwebt. Sollte es dem Kaiser und seinen päpstlichen Verschwörern gelingen, Schweden zu überwinden, so werden sie auch danach trachten, die Russen zu verderben und den altgriechischen Glauben auszurotten . . . Der Papst, der Römische Kaiser und das ganze österreichische Haus trachten nur danach, die ganze Welt zu beherrschen, und sie sind diesem Ziel jetzt schon sehr nahe gekommen. Wenn wir aber sehen, daß des Nachbars Haus brennt, so müssen wir Wasser schleppen und löschen helfen, um unser Hab und Gut zu bewahren . . .« Der Zar, sitzend auf einem Stuhl, der ein Fürstentum wert war, den Rock steif mit Edelsteinen, über der schwarzen Zobelmütze die Krone, sich gegenüber fünfzig Bojaren und Reichsräte, auch sehr köstlich gekleidet, zu beiden Seiten zwei ausgewählt starke junge Bojaren mit silbernen Beilen auf der Schulter – Zar Michael Romanow, das Zepter, welches sehr schwer war, von der einen Hand in die andere spielend, hörte die Warnung sich freundlich an, und freundlich klang seine Antwort, aber wenig sagend. Man sei bereit, an Schweden Getreide zu verkaufen, zollfrei und zu mäßigen Preisen, vorausgesetzt, daß die Ernte gut wäre. Man hielt es ja, was den europäischen Krieg betraf, eher mit dem protestantischen Lager als mit dem katholischen. Man trieb Handel mit den Holländern und Dänen und, über das Weiße Meer, mit den Briten, während man von ungefähr allerlei über der Papisten schlimme Absichten hörte. Spanien war sehr weit weg, der Papst desgleichen, das Römische Reich immerhin näher. Zur Zeit des Kaisers Matthias hatte es Gesandtschaften gegeben zwischen Prag und Moskau hin und her, behindert durch Fremdheit und sprachliche Schwierigkeiten, wie auch zeremonielle Streitprobleme. Mit langwieriger Diplomatie hatten die Moskauer die Anerkennung ihres neuerwählten Zaren erreicht, daran lag ihnen, Gott allein weiß warum, ungeheuer viel, des Romanow, wenn nicht de jure, so doch de facto, als des »jetzigen possedierenden Herrschers aller Reussen«, welches von Kaisers Seite eine vorsichtig gemilderte Kränkung des Königs von Polen darstellte. König Sigismund sah seinen Sohn Wladislaw als den Zaren an. Der war der eigentliche Feind und eigentliche Katholik, und nur das große polnische Reich das Stück Europa, das Moskau in drohendem Ernst anging; ungeeignet organisiert zwar, der König ohnmächtig gegenüber seinen Baronen, aber doch, wie die Erfahrung lehrte, allemal kriegstüchtiger als Reussenland, das nichts hatte als seine unbewehrte, sich selber nicht kennende Weite. Die Polen saßen in Smolensk, und die Strecke von dort bis Moskau, die kannte man. Daß Kaiser Ferdinand seinen Religionsgenossen und Schwager Sigismund hin und wieder unterstützte, soviel wurde in Moskau bemerkt. Weil aber Waffenstillstand herrschte zwischen Russen und Polen, fixiert bis 1632, und die habsburgische Hilfe bloß gegen Schweden galt, so stimmten des Zaren Räte gegen eine Intervention; zufrieden, wenn Schweden und Polen einander das Leben sauer machten und banden. Solange mochte der Prinz Wladislaw sich

Großfürst von Moskau nennen, wenn es ihm Freude machte. Sein Vater nannte unbeirrbar sich König von Schweden, was jede Verhandlung zwischen Stockholm und Warschau erschwerte; man konnte sich über die Titulaturen nicht einigen. Auch in Madrid wußte man von einem König Gustav Adolf nichts, nur von dem »schwedischen Tyrannen«.

Was änderte es? Zu Ingermanland, zu Estland, das er schon besaß, hatte der Tyrann im ersten Jahr von Wallensteins Generalat, 1625, das ganze Livland gefügt, bis hinunter nach Riga und über den Dünafluß; für Polen ein kränkender Verlust. Es geschah in einem Sommerfeldzug, der dortzuland noch kürzer sein mußte als in wirtlicheren Gegenden. Wie Wallenstein nach Prag und Gitschin, pflegte Gustav im Herbst nach Stockholm zurückzukehren, im eroberten Gebiet Garnisonen und einen Gouverneur zurücklassend.

Das Jahr 26 brachte ein Neues. Schweden trug seinen Polenkrieg ein Stück näher an Deutschland heran, ins Preußische. Als Angriff gegen das Römische Reich konnte das nicht beklagt werden: Preußen war polnisches Vorland, polnisches Lehen, seit acht Jahren dem Kurfürsten von Brandenburg als Lehensträger gegeben. Ein vieldeutiges Manöver, mit 125 Schiffen und 14000 Mann in dem preußischen Hafen Pillau zu landen. Indem Gustav es wählte und seinen Entschluß mit gewohnter Energie, gewohntem Glück exekutierte, verband er, der Möglichkeit nach, zwei an sich weit voneinander entfernte Kriegstheater, das nordost-europäische und das deutsche; und genau diese Möglichkeit hatte der königliche Stratege im Sinn. Das Tal der unteren Weichsel, welche Preußen von den deutschen Pommern trennt, war so breit nicht. Andererseits konnte man von Preußen durch polnisches Gebiet wohl auch nach Schlesien vorstoßen; diesem so interessant gelegenen Lande, diesem Bündel von Fürstentümern, deutsch und polnisch, das, wie Preußen, nicht zum Römischen Reich gehörte, aber durch Erbzufall dem Hause Habsburg untertan geworden war, einem breiten Weg zu den Festungen der Erblande, einer Brücke nach Polen und, dem Oderstrom entlang, nach Pommern und Brandenburg. Für Wallensteins Strategie ist Schlesien immer ein Kern- und Schlüsselland gewesen. Das war es nicht für Gustav Adolf; wohl aber das denkbare Ziel einer Expedition, welche ihn Böhmen, welche ihn seinem südöstlichen Schwager und Glaubensgenossen, dem Fürsten von Siebenbürgen, nahegebracht hätte. Ungeheuere Kombinationen, wenn man die zu überwindenden Räume bedenkt!

Dem Wasserkönig stand es frei, zu landen, wo er landen wollte, vorausgesetzt, daß er gute Schiffe und gute Regimenter besaß. Die Überlegenheit der Seemacht, die Wallenstein wohl begriff, ohne daß er einstweilen ein Mittel wußte, ihr zu begegnen. Daß aber Gustav Adolf jetzt Preußen wählte, hatte folgenden Grund. Der großen, trügerischen Koalition von 1625 war er fern geblieben, weil man ihm die Bedingungen nicht bot, die er forderte. Mochte Dänemark sich halten, ihm die Deutschen, oder Spanier, oder Österreicher vom Leib halten, ohne selber zu weit zu kommen. Dänemark, allein gelassen, hielt sich schlecht. Die große kaiserliche, wallensteinische Kriegsmacht zielte nach der Küste. Und es waren nicht die Kaiserlichen allein, Land-Tiere ihrer Natur nach. Besessen von dem Willen, die alte Universalmonarchie zu erhalten oder zu erneuern und die längst historisch gewordene Tatsache niederländischer Unabhängigkeit trotz eines halben Jahrhunderts auszustreichen, hatten die Ratgeber des Königs von Spanien sich ausgerechnet, was auf dem Lande nicht zu machen war, könne doch zur See zu machen sein: wer den baltischen Handel der Holländer lahmlegte, traf einen Nerv ihres Reichtums. Spanische Kriegsschiffe in der Ostsee, in einem Rudel mit polnischen, gestützt auf deutsche Häfen? Dies Projekt wurde 1626 ventiliert, zum Beispiel in Brüssel, und Gustav Adolf wußte davon. Er mußte es als feindlich nicht bloß gegen die Staaten, sondern gegen sich selber ansehen; so wie umgekehrt Wallenstein die langsam von Finnland bis zur Weichsel herabkriechende, Land für Land, Hafen für Hafen ergreifende schwedische Macht als ein zuletzt gegen sein eigenstes Revier gemünztes Großunternehmen begriff. Wenn zwei das so verstehen, der Eine vom Andern, dann mögen sie ihren Zusammenstoß wohl aufschieben, aber nicht für immer.

Preußen war wohlhabend, durch Handel noch mehr als durch blühende Landwirtschaft, und denkbar unkriegerisch. Georg Wilhelm von Brandenburg empfand den Bruch seiner Neutralität um so peinlicher, als es die längste Zeit keine echte Neutralität gewesen war; aber außer papierenen Protesten hatte er dem mächtigen freund-feindlichen Schwager aus Stockholm nichts entgegenzusetzen. Anders seine Lehens-Oberherren, die Polen. Es war kein Spaß für den Adel und den Handel, daß Polens Strom, die Weichsel, glatt durchschnitten wurde, alle preußischen Häfen, mit der Ausnahme von Königsberg und von Danzig, den Schweden gehörten, schwedische Inspekteure dort Zölle von dreistem Prozentsatz erhoben, damit sie zur Bezahlung der schwedischen Armee beitrügen, ein schwedischer Generalgouverneur, Axel Oxenstierna, in Elbing saß und schwedische Garnisonen sich ins Innere des Landes, bis Marienburg, bis Mewe zerstreuten. Von Warschau aus gesehen durfte Preußen nicht werden, was Estland und Livland geworden waren, schwedische Provinzen. Ein polnisch-schwedischer Privatkrieg immer noch; aber einer, der auf Deutschland und die Niederlande und Spanien einen mittelbar starken Bezug hatte. So groß Europa war und nur in grausame Monate währenden Märschen zu durchschreiten, so war es doch doppelt eins: auf der Erde, dadurch, daß ein Herrschaftsgebiet ans andere grenzte, Schweden an Moskau und Polen, Polen an Brandenburg, Schlesien, Böhmen, Österreich, Österreich an die Türkei und an Italien, Italien an Spanien und Frankreich, alles Figuren, die aufeinander drückten; dann durch den Ozean, der, in Ostsee und Mittelmeer sich fortsetzend, das Ganze umschlang.

Wallenstein verstand Europas Einheit. Seine Plauderei mit Herrn Doktor Leuker zeigte, wie vergleichsweise genau er in der Geographie des Nordostens bewandert war; genauer als sein Bundesgenosse Tilly, der Belgier und Bayer, den in seiner Jugend kein Lehrbuch vor der schwedischen Gefahr gewarnt hatte und überhaupt kein Feind beunruhigte, außer jenem, dem er jetzt und hier sich gegenübersah. Ein Unterschied zwischen beiden Temperamenten. Gustav Adolf in Preußen kriegerisch zu beschäftigen, so, daß er von dort nicht fortkäme, war seit dem Winter 27 Wallensteins Vorsatz und blieb es an die vier Jahre. »Den König aus Polen müssen wir auf keinerlei Weis im Stich lassen, denn wir hätten nachher an dem Schweden viel einen ärgeren Feind als am Türken ...« (An Collalto) An den Kaiser selbst: »Ich sehe, daß Euer Majestät nicht weniger tun können, als nach alleräußerster Möglichkeit dem König aus Polen zu helfen, denn, wenn, was Gott behüte, er periclitieren sollte, so wären Euer Majestät Sachen in desperatis terminis ...« Schon im März 1627 ließ er ein Regiment nach Polen marschieren; welches nur ein Anfang war. Nicht bloß der Kaiser würde in die übelste Lage geraten, wenn Schweden zum Generalangriff bliese, bevor Dänemark ausgeschaltet war; er selber, Wallenstein, auch. Denn noch immer sah er die neue Ordnung in Böhmen als gefährdet an; schiere Gewaltherrschaft, nicht länger dauernd als die triumphierende Gewalt, die sie trug. Um den Schweden wie um den Dänen wimmelte es von böhmischen Emigranten. Die würden mitgehen, wenn die Wasserkönige ins Land kämen, und nach dem Ihren schreien, so lange, bis sie es wieder hätten. Verächtlich urteilte Wallenstein über die böhmischen Granden, Martinitz, Slawata, Dietrichstein, seine Mitnutznießer, die doch nie aufhörten, ihm wegen der Steuern und der Quartiere Schwierigkeiten zu machen: »die Kerls bedenken nicht die futura, sondern nur die praesentia, und wissen doch, wenn der Kaiser periclitiert, daß sie verloren sind.« Genau so. Sie saßen in einem Boot, er und seine einheimischen Gegner, aber er begriff es und sie nicht, begriffen nicht, daß man vorwärts gehen mußte und umsichtig, bei möglichst geringem Risiko, vorwärts gehen

mußte, um jeden neuen Widerstand zu brechen, an welchem der alte, erstickte aufwachen und sie alle verschlingen könnte.
Daß er Polen helfen wollte, brachte ihn der spanischen Politik nahe, die es auf dem maritimen Umwege auch wollte. Es war eine der Zielsetzungen, die ihn von Bayern trennte. In Bayern dachte man binnenländisch, rheinisch, westeuropäisch und wollte sich notfalls an Frankreich halten, nicht an Spanien und Polen.

Arnim

Zu den schon länger gedienten Ober-Offizieren Wallensteins, Marradas als General-Leutnant – aber der tat nicht mehr viel –, Graf Schlick als Feldmarschall, den Herren von Schauenburg und del Maestro als General-Wachtmeistern, Aldringen als General-Zahlmeister, kamen ein paar neue, die hier vorgestellt werden mögen: ein gewisser Torquato Conti, der aus päpstlichem Militärdienst in den kaiserlichen hinüberwechselte, ein Oberst von Mörder, ein junger Sienese, Octavio Piccolomini mit Namen, der an die Spitze der elitär ausstaffierten Leibgarde trat. Der gewichtigste aber war der Oberst Hans Georg von Arnim; gewichtig in seiner Person und Vergangenheit, wie auch in der Rolle, die im Leben Wallensteins zu spielen ihm vorbehalten war.
Arnim stammte aus der Uckermark, einer Gegend, in der noch bis in unsere Tage so mancher Träger seines Namens lebte. Sogar blieb sein Schloß Boitzenburg im Besitz der Familie, bis dort, neuem Glauben, neuer Herrschaft zuliebe, alle Schlösser verödeten. Von seiner Jugend ist nur bekannt, daß er im selben Jahr wie Wallenstein geboren wurde und an der Hochschule zu Frankfurt an der Oder sich theologischen Studien widmete; was mehr ist, als wir von den Meisten seinesgleichen wissen. Weil Boitzenburg arg verschuldet war, so daß er von seinem Erbe nicht existieren konnte, trat er 1613 als Oberst in den Dienst Gustav Adolfs. Gleich bewiesen seine Ideen großräumige Phantasie; denn als er den König, welcher sich damals in seinem Krieg gegen die Reussen befand, in Helsingfors traf, schlug er ihm eine Expedition gegen Festung und Hafen von Kola vor, das am Eismeer liegt, im höchsten Norden des Gigantenreiches. So könnte man den Daumen auf dem englischen Handel haben, dafür sei er der Mann. Gustav verstand das Projekt, gab entsprechende Befehle, nahm sie aber später wieder zurück; wie es denn zwischen ihm und Arnim zu häufigen Auseinandersetzungen kam, teils über Geldsachen, teils über politische Fragen. Trotzdem stieg Arnim im Vertrauen und

lernte dabei, militärisch wie diplomatisch. Das letztere besonders in dem fünfjährigen, durch allerlei Inkognito-Reisen, Abweisungen und neu verheißende Winke gewürzten Werbegeschäft Gustavs um die Schwester des Kurfürsten von Brandenburg; Arnim, der gebürtige Brandenburger, konnte in Berlin den Postillon d'amour spielen. Solches kaum geschehen und vollendet, verschrieb er sich dem König von Polen, welcher Gustavs Erzfeind war. Da es in Polen gegen die Türken, nicht gegen die Schweden ging, so nahm man ihm den Wechsel in Stockholm nicht weiter übel; wahrscheinlich würde man ihm überhaupt nichts verübelt haben, denn wer immer seinen Dienstvertrag gekündigt, sein Zeugnis erhalten hatte, war der Treue quitt. Dem kurzen Gastspiel in Polen folgte ein noch kürzeres bei dem wilden Mansfeld; dann, 1624–25, ein schwedischer Wiederholungskurs. Arnim, der die brandenburgisch-schwedische Heirat hatte stiften helfen, war ein Befürworter der großen Protestanten-Koalition: Schweden an der Spitze, Sachsen und Brandenburg dabei. Einen dänischen Alleingang beurteilte er pessimistisch. Wieder zeigte sein Finger in Stockholm auf einen Schlüsselpunkt der Landkarte: auf den Hafen Putzig, im Westen von Preußen, hart an der pommerschen Grenze. Wer den hätte, würde die Danziger Bucht beherrschen, nach Niederdeutschland oder Polen hineinwirken können. Auch dieser Vorschlag verschwand in einer Schublade, um später eine modifizierte Verwirklichung zu finden. Den in die Geheimnisse der polnischen, der dänischen, der brandenburgischen und vor allem der schwedischen Politik tief eingeweihten Militär-Diplomaten hätte man in Stockholm gutgetan, loyal zu erhalten. Offenbar tat man das nicht; 1625–26 finden wir Arnim wieder frei und auf dem militärischen Markt. An Angeboten konnte es einem solchen nicht fehlen; eines kam von Brandenburg, aber kein attraktives, so erbärmlich wie Brandenburgs Lage war, ein anderes von Dänemark, ein drittes von Wallenstein. Arnim entschied sich für dieses, hörte aber, selbst nachdem der Herzog im Januar 27 ihm das Regiment des langnäsigen Wratislaw verliehen hatte, nicht auf, noch eine Weile die dänische Offerte zu erwägen.

Aus alledem könnte man schließen, daß Arnim einer von den Vielen war, die im Krieg Fortune machen wollten, gleichgültig wo. Zu den Vielen gehörte er trotzdem nicht. Er lebte so fromm, daß man ihn den »lutherischen Kapuziner« nannte; trank nicht, wo seine Kameraden einander unter den Tisch soffen; bereicherte sich nicht, oder nur wenig, wo Andere Riesenvermögen erwarben; hörte gern die täglichen Ermahnungen seines Predigers Dr. Preisibius; betete mit seinen Soldaten vor jedem Waffengang, was er bei Gustav Adolf gelernt haben mochte; hielt auf Disziplin und Schonung der heimgesuchten Bürger wie kein anderer Kommandant. Seine Bildung spielte ins Schöngeistige, sein Gedächtnis war stupend; in unfehlbarem Lateinisch, Schwedisch, Französisch konnte er die kompliziertesten Verträge Artikel für Artikel hersagen, auch ergreifende Reden halten. Daß er so häufig die Herren wechselte, sagt nicht viel; mehr, daß er bisher, von der folgenlosen Aufwartung bei König Sigismund abgesehen, nur protestantischen Herren gedient hatte. Er war etwas wie ein Privatpolitiker und Generalagent der protestantischen Mächte auf eigene Faust geworden, wobei er knapp auf seine Kosten kam, aber auch nicht mehr; die Herrschaft Boitzenburg hinterließ er so hypothekenbelastet, wie er sie angetreten. Angesichts seiner Vorgeschichte nimmt Wunder, wie Arnim nun zum Diener Wallensteins, das hieß des Kaisers, das hieß der katholischen Reaktion werden konnte. Bei kaum einem seiner Kameraden wäre das erstaunlich; sie übten ein Handwerk, sie gingen von einem Brotgeber zum anderen, wie ein Firmen-Angestellter zur Konkurrenz geht. Arnim war kein gewöhnlicher Handwerker. Vielleicht wollte er nur irgendwie dabei und einem Machtzentrum nahe sein, es kam nicht darauf an, welchem, seiner eigenen Diplomatie vertrauend. Er wußte, daß Dänemark auf die Dauer unterlegen sein würde, daß Schweden den Sprung ins deutsche Dickicht noch nicht gemacht hatte, daß sein eigenes Brandenburg verloren war, wenn es den bisherigen schielenden Ohnmachtskurs weiter steuerte. Warum es nicht von der anderen Seite versuchen und Einfluß auf sie gewinnen? Ahnte er, daß Wallenstein im Herzen der katholischen Reaktion gar nicht angehörte? . . . Übrigens könnte sein, daß Arnim trotz seines frommen Lebens in tiefster Seele ein wenig falsch war, der alte Graf von Thurn behauptete, unergründlich falsch; so erschien der Gescheite dem Dummen.

Warum Wallenstein den Brandenburger an sich zog, ist deutlicher. Er schätzte Offiziere, die strenge Disziplin hielten und um die herum es sauber zuging; er liebt es, Protestanten zu engagieren. Arnim, bemerkte er zu Vertretern der deutschen Hansestädte, sei ein guter Mann, auch kein Welscher, sondern ein Deutscher, und nicht nur ein Deutscher, sondern auch ein Märker, endlich auch kein Katholik, sondern ein Lutheraner; wenn sie mit dem nicht auskämen, so wüßte er wirklich nicht . . .

Ein guter Mann – er selber nahm Arnim als einen solchen; und verließ sich in den nächsten Jahren auf ihn wie auf keinen anderen seiner Offiziere. Er nannte ihn einen *Soldaten*, eine hohe Auszeichnung in seinen Augen: »der Herr ist ein Soldat und in loco, wird wissen, alles das in acht zu nehmen . . .« Seine Korrespondenz mit Arnim, drei Bände füllend, ist für die Jahre 27 und 28 die reichste Quelle; einmal schrieb er ihm gar sieben Briefe an einem Tag. Wir selber, wären wir gut kaiserlich, würden zögern, in unseren innersten Kreis einen Mann aufzunehmen, der den Schweden lange und herzhaft gedient hatte. So war der Maßstab zu der Zeit nicht; mitten im Krieg mit einem Teil seiner Sympathien auf der anderen Seite zu stehen, beinahe das Normale; daß Arnim mit Gustav Adolfs Sinnen und Trachten wohlvertraut war, empfand Wallenstein nur als Vorteil. »Der Herr kennt des Schweden Natur, bitt der Herr denke nach, wenn wir die arma gegen den Türken transferieren werden, wie wir es versichern, daß er uns nicht ein Bubenstück reißt . . .« Arnim, der in seinem klugen Gedächtnis so manches Stockholmer Geheimnis aufgespeichert trug, konnte nun daneben eine Kammer anlegen für die Konfessionen Wallensteins; der immer einen brauchte, um sich auf ihn zu stützen und seine Pläne, Hoffnungen, Ängste und Bitternisse ihm rückhaltlos zu offenbaren. Ein paar kurze Monate war es Collalto gewesen, der alte Harrach einige Jahre. Der trat nun zurück, es ging zu Ende mit ihm.

In dem Dekret, durch welches Arnim in kaiserlichen Dienst übernommen wurde, findet sich eine Nachschrift von Wallensteins Hand, mit dem Kreuz darüber: »Wenns möglich wäre, ich wollte gern, daß sich der Herr zu Anfang Mai bei mir in Schlesien befinden könnte aus vielerlei erheblichen Ursachen.« Das war der Plan. Im Mai sollten, mit dem Großteil des Heeres, die Obersten sich in Schlesien Rendezvous geben und ihre Befehle für den Sommerkrieg entgegennehmen; sehr nah am Feind, der die oberschlesischen Festungen besetzt hielt. Es wurde aber Juni, wegen der vier Wochen, die Wallenstein in dem Neste Habern verlor. Am 23. Mai verließ er Wien, nach einer Antritts- und Abschieds-Audienz bei Kaiser Ferdinand, die eine kurze Viertelstunde gedauert haben soll; und sah es nie wieder. Seine Stellung, wollte der Venezianer wissen, sei jetzt sicherer als je zuvor, nicht zuletzt wegen der saftigen Geldgeschenke, welcher Eggenberg, Werdenberg, Questenberg und andere sich zu erfreuen hatten. Am 2. Juni erhob er sich von Prag, in der gewohnten Pracht: Achtzehn sechsspännige, mit rotem Leder bedeckte Rüstwagen, zwölf Kaleschen, des Herzogs Equipage, sechsspännig, und er darin im Lederkoller und roten Mantel; dahinter die Sänfte, umgeben von Pagen, welche die Leibpferde führten; dann Geschütze und Karren, beladen mit Munition. Der Zug ging über Gitschin und den Paß bei Schloß Nachod ins schlesische Neisse, wo ringsumher die neuen Regimenter campierten.

Feldzug von 1627, Erster Teil

Wer war der Feind? Dänemark gegen Deutschland klänge etwas seltsam, wäre auch nicht die rechte Antwort; denn Deutschland gab es als politisches Wesen gar nicht, und Dänemark nur etwas besser als gar nicht. Es war der König von Dänemark und Norwegen, Herzog von Schleswig und Holstein, der in Deutschland Krieg führte; als der größte, reichste dänische Standesherr; als deutscher Fürst, wie die anderen dänischen Stände betonten, und als Direktor eines der deutschen Kreise, wie er selber betonte. Eben dies gab der Sache den Charakter einer Mischung aus äußerem und Bürgerkrieg. Gegen König Christian stand nicht Deutschland, dessen protestantische Bürger zum großen Teil mit ihm sympathisierten, dessen protestantische Fürsten zum kleineren Teil in einem Bündnis – oder doch Hilfs- oder doch passiven Toleranzverhältnis zu ihm hielten. Der Kaiser stand gegen ihn mit einem durch seine Autorität gedeckten, da und dort zusammengeklaubten Heer; neben dem Kaiser der Kurfürst Maximilian, als Direktor der Liga, das hieß Bayern mit ein paar Anhängseln stattlichen Namens, aber geringer Macht. Dazu kamen die Spanier, die eben jetzt für den niederdeutschen Krieg sich stark zu interessieren anfingen; nicht so sehr für Dänemark wie für die See, in welcher die dänischen Inseln lagen, und für den Sund, dessen Durchfahrung der dänische König nach Belieben gestattete oder verhinderte und für die er, wenn er sie gestattete, höchst ärgerliche Gebühren verlangte. So wie die Spanier auf Kaisers Seite kamen Schweden,Briten, Niederländer, Franzosen auf der dänischen hinzu; mehr potentielle als wirkliche Helfer.

Praktisch blieb König Christian in diesem Frühjahr 1627 auf seine eigenen Ressourcen angewiesen. Die Deutschen, teils aus Sympathie, teils weil sie mußten, gaben ihm die Erde, auf der seine Truppen sich bewegten, aber auch nicht mehr; die Engländer ein paar Regimenter; die Generalstaaten etwas Geld; der Protestantismus im Exil ein paar Ober-Offiziere. Zum General-Leutnant hatte er sich neuerdings den alten Markgrafen von Baden-Durlach erwählt, den letzten der Ritter, die im Jahre 22 für den Pfalzgrafen gekämpft hatten, die anderen waren alle tot; zum Feldmarschall keinen anderen als den Grafen Thurn. Daß die Beiden eigentlich doch nur von Niederlage zu Niederlage geschritten waren, belastete ihr neues Dienstverhältnis nicht. Hatte einer einmal das Renommé, ein großer Kriegsmann zu sein, so behielt er es; auch gewann die Herzen aller auf Erlösung hoffenden Böhmen, wer Thurn in seinem Lager hatte. Noch einige geringere böhmische Häupter waren dort: Herr Ladislaus von Zierotin, welcher der letzte legitime Landeshauptmann von Mähren gewesen war, ein Neffe des Barons Karl; der Oberst von Bubna, Wallensteins Kriegskamerad im Türkenkrieg von anno 4; Hans Christoph von Waldstein, ein naher Verwandter. Die drei kommandierten in Schlesien.

In Schlesien. Warum nur blieb jenes dezimiert dänisch-mansfeldische Heer, das im Spätherbst 26 aus Ungarn sich nach Schlesien zurückgezogen hatte, eben dort, anstatt sich beizeiten nordwärts zu retten, die Oder hinunter, durchs Brandenburgische nach Pommern und von dort nach Mecklenburg? Die Anführer hielten sich nicht für geschlagen und hofften, noch einmal aufzunehmen, was ihnen im Vorjahr mißlungen war: das Zangen-Manöver, die Verbindung mit Gabriel Bethlen. Zwar hatte dies Groß-Phantom protestantischer Hoffnung im Südosten seit 1618 niemals geleistet, worauf man rechnete, und war bloßes Phantom auch jetzt, zumal der Fürst an der Wassersucht dahinsiechte. Um so eher, sagt sich der Schreibtisch-Stratege, hätte Christian selber versuchen müssen, mit seinem beträchtlichen Vorposten Kontakt zu nehmen; beträchtlich, denn das schlesische Heer hatte sich im Lauf des Winters gestärkt, wie man das so machte, und zählte nun an die 17000 Söldner, die in den Festungen des Landes, Leobschütz, Troppau, Jägerndorf, Grätz verteilt waren; die Hauptmacht lag in Crossen an der Oder. Es scheint aber, daß der König von Dänemark die alte Tatkraft nicht mehr besaß. Ohne erkennbares Ziel hielt er seine Truppen an der Küste, im Erzstift Bremen, in Lauenburg, im westlichen Mecklenburg, dessen Herzoge erst gute, dann zunehmend saure Miene dazu machten, die Rache des Kaisers fürchtend.

Rascher handelte Wallenstein. Durch die Regimenter, die er, unter dem Herzog von Lüneburg, in der Mark hatte stehen lassen, ließ er im April den unteren Lauf der Havel, von Brandenburg bis Havelberg, okkupieren; wodurch das Viereck, welches die im Bogen fließende Havel und die Elbe bilden, für dänische Bewegungen gesperrt wurde. Dr. Leuker an Kurfürst Maximilian: »Die Anbeter des Friedland machen ein großes Fest aus der Occupation der Pässe an der Havel, hiergegen hab ich aus dem Mund eines Ihrer K. M. Räte« – vermutlich Wilhelm Slawata – »gehört, daß es eine schlechte Kunst sei, Örter einzunehmen, die nicht besetzt, kein declarierter Feind im Feld und an Orten, da man sich keiner Feindseligkeit besorgt . . .« Woraus zu sehen, daß Leuker und Slawata vom Kriege, und was er für vorbereitende Umgehungen verlangt, wenig verstanden, oder: daß Wallenstein es *dieser* Partei überhaupt nicht recht machen konnte. Zudem blieb Havelberg, dort wo die Havel in die Elbe fließt, nicht lange ohne deklarierten Feind. Den Dänen, welche die Bedeutung des Platzes

besser begriffen als der bayerische Diplomat, gelang es, eine Burg oberhalb der Stadt zu besetzen, den Domberg; so daß beide Gegner sich dort eine Zeit scharmützelnd gegenüberlagen.
Tilly und Wallenstein waren beide behutsame Generale, jeder auf seine Art; Tilly neigte dazu, alles hinter sich aufzuputzen, jede Festung, jedes Türmchen zu belagern, zu erstürmen und zu garnisonieren, ehe er vorwärtsschritt; Wallenstein, bei scheinbarem Nichtstun, welches man ihm so oft vorwarf, machte erst mit Werbungen und Rüstungen sicher, daß er der zahlenmäßig Überlegene wäre, um dann durch weite, allmählich sich verengende Märsche den Feind abzuschneiden, einzukreisen, endlich zu fangen. Die Posten entlang der Havel dienten diesem Zweck; ebenso die Mission, die er Mitte Juni dem Obersten von Arnim anvertraute. Um sie zu verstehen, muß man wissen, was mittlerweile mit Brandenburg vor sich gegangen war. Georg Wilhelm, der Kurfürst, und sein Erster Minister, Adam von Schwarzenberg, saßen im fernen Preußen, um dem König von Polen zu beweisen, daß sie für das Treiben der Schweden nichts könnten, auch wohl, um den Leiden der alten Heimat fern zu sein. Schwarzenberg, katholischer Konvertit, warb längst für eine Schwenkung der brandenburgischen Politik im Sinne des Kaisers. Je tiefer das dänische Kriegsglück niederging, desto höher stieg sein Einfluß; im Mai hatte er seinen Herrn so weit. Georg Wilhelm, unlängst noch dänisch, unlängst noch schwedischer als dänisch, unlängst noch bemüht, die große Protestanten-Koalition schmieden zu helfen, demütigte sich in dem Grad, daß er in einem Brief an Wallenstein seinen Schwägern, den beiden Nordkönigen, fluchte und Hilfe gegen die dänische Invasion erbat; er wolle, von jetzt ab, solange er lebe, Seiner Kaiserlichen Majestät devoter und getreuer Kurfürst von Herzen verbleiben. Solches schrieb er und tat er, weil er das Schicksal des Pfalzgrafen befürchtete. Im gleichen Moment, in dem er sein Brandenburg den Kaiserlichen preisgab, sagte er insgeheim dem König Gustav zu, ihn in Preußen frei gewähren zu lassen; so daß Brandenburg-Preußen sich wie ein durchschnittener Wurm verhielt, dessen beide Teile kümmerlich nach entgegengesetzten Richtungen krochen. Dermaßen zerfahren-wehrlose Verhältnisse begünstigten Arnims Mission: mit einer Zahl von Regimentern, einem eigentlichen Armeecorps, die Oder hinunter ins Brandenburgische zu ziehen, sich der wichtigsten Oderpässe, Crossen, Frankfurt, auch Landsberg östlich der Oder, auch im Westen einiger Schlüsselplätze an der Sperre zu bemächtigen, derart zwar, daß die Besetzung des Kurfürstentums mit einem Schein von Legalität geschähe. Arnim, brandenburgischer Lehensmann, unterzog sich dem Auftrag mit Energie und Diplomatie. Er ging selber

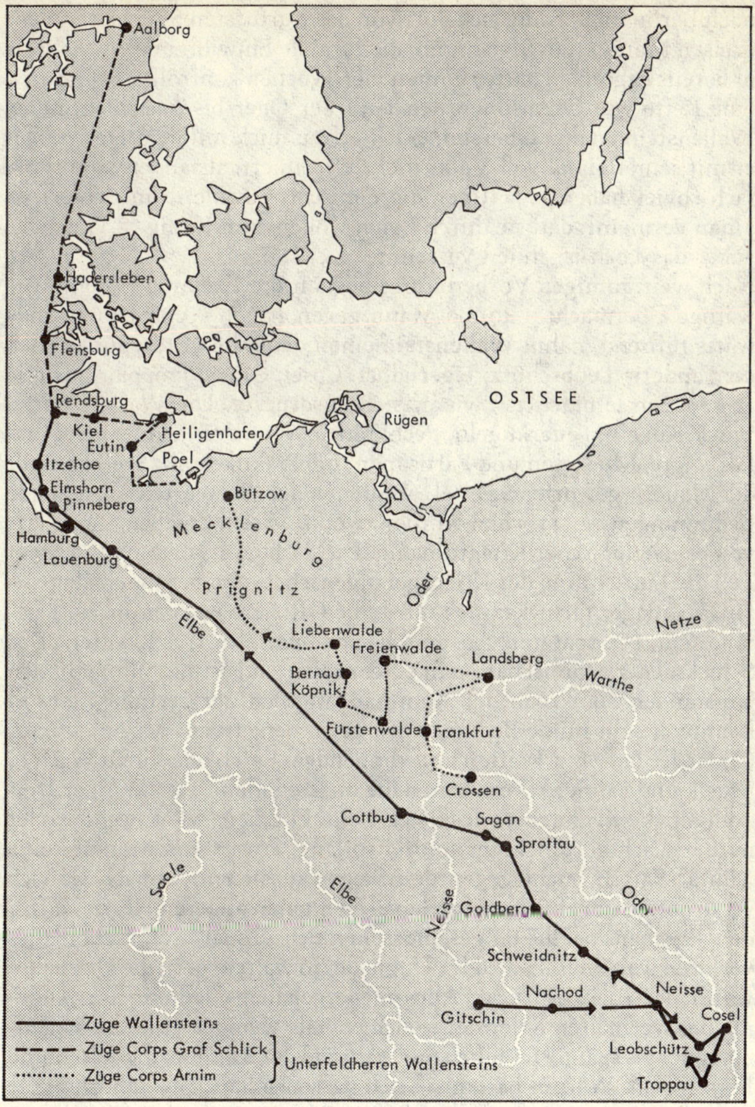

Feldzüge 1627

nach Berlin und errang sich dort von des Kurfürsten Statthalter, dem greisen Markgrafen Sigismund, die formale Einwilligung in das, was er bereits begonnen hatte; binnen vier Wochen kontrollierte er durch eine Kette von Garnisonen den Lauf der Oder bis nach Pommern. Wallenstein an den Obersten: »Ich erfreu mich mit dem Herrn, daß er mit seiner Hand voll Volks mehr effectuiert, als andere, die fünffach soviel haben . . .« Über die dänische Kavallerie in Schlesien: »man vermeint, daß sie durch Polen wollen zum König« – Gustav – »aber das Loch ist ihnen verrennt . . .«
Nach weiträumiger Vorbereitung begann die Exekution. Seine gewaltige Übermacht – 40000 Mann gegen 17000 – von Neisse südwärts führend, nahm Wallenstein einen dänischen Stützpunkt nach dem andern, Leobschütz, Jägerndorf, Cosel, Grätz, Troppau; »con le arme e con le practice«, wie er sich ausdrückte. Die Waffen waren Stück-Kugeln, Feuerkugeln, Pechkränze, wenn der Feind einen Ausfall wagte, Musketen und Partisanen; die Praktiken mit Steinen über die Mauern geworfene Zettel, auf denen den Belagerten anziehende Bedingungen versprochen wurden, wenn sie sich ergäben – eine Art von psychologischer Kriegführung. Die Sache war, daß man in jener Zeit die Einrichtung der Kriegsgefangenschaft und besonders der Gefangenenlager nicht kannte; nur hohe Offiziere wurden in Haft genommen, für späteren Austausch, oder um sich freizukaufen. Das Schicksal der Mannschaften in einer eroberten Festung hing von den Umständen ab. Ergab der Kommandant sich zur rechten Zeit, so konnte er sehr milde Bedingungen gewinnen: freien Abzug, je nach Gunst der Lage mit Waffen und klingendem Spiel, oder ohne Waffen, Musik und Fahnen. Dann traten die meisten mehr oder weniger freiwillig in die Regimenter des Siegers ein, Offiziere wie Knechte; oder mußten sich verpflichten, so und so lang, etwa sechs Monate, eine Militär-Saison, nicht gegen den Sieger zu dienen, wonach sie sich zerstreuten, um als Räuber zu leben oder einen anderen Herrn zu finden. Ergaben aber die Eingeschlossenen sich zu spät, wenn schon alles verloren war, auf Gnade oder Ungnade, so waltete gern die Ungnade; wofür der Fachausdruck »Alles niedergehauen« lautete. Im Allgemeinen verhielten Kriegsleute sich damals weniger grausam gegeneinander als später; feindlich nur während der Kämpfe, die selten und kurz waren. Warum hätten sie sich hassen sollen? Sie gehörten alle derselben Schicksalsgenossenschaft an, und es war reiner Zufall, wo sie standen.
Hier, in Schlesien, waltete überwiegend die Gnade. Man nahm den Leuten ihre Waffen und ließ sie, unter Bedingungen, ins Nichts wandern, aus dem viele von ihnen sich nur zu gern in Wallensteins Heer

flüchteten. Aus Cosel, welches das Zentrum der dänischen Streitkräfte gewesen war – Dr. Leuker: »was des Friedlands Partialisten jetzt mit der bei Cosel erhaltenen Victoria prangen!« –, aus Cosel gelang es der Reiterei nächtens zu entkommen. Das Loch nach Westen war ihr durch Arnims Dispositionen verrannt; und ihr Glück dauerte nur drei Wochen. Am rechten Ufer der Oder ihren Weg nordwärts machend, wurden die Flüchtlinge von den wallensteinischen Verfolgern nahe der pommerschen Grenze eingeholt und überwältigt; wobei neben dem dänischen Obersten Holk auch Johann von Bubna, der Böhme, geschnappt wurde. Meistens ließ Wallenstein gefangene Emigranten, die dem Feind gedient hatten, als Offiziere, nicht als Hochverräter behandeln; so diesen Jugendfreund. Es gab Ausnahmen. Eine böse wir die seines Vetters, Hans Christoph Waldstein, der in Troppau erwischt wurde und den er als seinen Privatgefangenen in Eisen nach dem friedländischen Schloß Skal bringen ließ: »Auf seine spesa bewillige ich nicht mehr als zwen rheinische Gulden die Woche.« Ein zweiter Fall, der des Wenzel Bítovský von Bítov, war grausamer. Mit Bítovský hatte der General eine alte Rechnung zu begleichen; dieser entfernte Verwandte seiner ersten Frau war ihm lästig gefallen vor dreizehn Jahren mit Prozessen um Lucretias Erbe. Und so ließ er ihn ergreifen und den kriegsgefangenen Rebellen und ihn, nur ihn, ausliefern nach Brünn an des Kaisers Rachebehörden; Bítovský starb unter dem Beil im nächsten Jahr. Wie man diese Nachtgeschichte auch erklären mag, der sie veranlaßte, war ein Mensch ohne Mitleid. Es kümmerte ihn nicht die Frage, ob er selber einmal würde Mitleid brauchen können. Wer glaubt an Absturz und Ende, solange es steil aufwärts geht?

Schlesien vom Feinde befreit oder noch einmal unterworfen, wie man will. Niederdeutschland offen; der Dänenkönig im Norden ratlos auf der Stelle tretend, ratlos retirierend. Wallenstein, inmitten seiner goldenen Insel, rollend oder getragen, kehrte nach Neisse zurück. An Harrach: »in ein paar Tagen marschiere ich nach Deutschland. Der aus Bayern hat sich an die anderen Kurfürsten gehenkt, wollte gern solches verhindern, der Possen aber wird ihm nicht angehen, denn er wollte allein gern dominus dominantium im Reich sein«. An Arnim: »ich vermeine mitten im Augusto mich mit der Armee im niedersächsischen Kreis zu befinden und den Feind an allen Seiten mit Ernst anzugreifen, dem Herrn schicke ich von hier etliche tausend Mann zu Roß und zu Fuß zu . . . und also wird der Herr offensive kriegen können . . .« In drei Hauptkolonnen sollten nun die Kaiserlichen sich dem näher wälzen, was von der dänischen Macht noch geblieben war: Arnim von der Oder und Spree gegen das östliche Mecklenburg;

Feldmarschall Graf Schlick – »Haben Ihre Majestät einen guten Offizier, so ist es der Graf Schlick« – mit 100 Reitercompanien über Frankfurt an der Oder auf einer mittleren Linie; Wallenstein selber, mit 14000 Mann Fußvolk, weiter westlich der Elbe zu. Die Marschreise ging über Schweidnitz, Goldberg, die Stadt der Kindheit, Sagan, Kottbus ins Brandenburgische. Nirgends Widerstand, dafür war gesorgt; für Proviant hatten die Brandenburger zu sorgen.

Er selber sorgte für sein Herzogtum, während zur selben Zeit sein Geist die Kriegskarte von Holstein und Schleswig hin und her bewegte. Ende Juli an Taxis, den Landeshauptmann: »Der Hauptmann zu Friedland sagt mir, wenn man noch einen Eisenhammer sollte bei Friedland machen, daß es den Untertanen beschwerlich käme; laßt das wohl ponderieren und nachher, was sein kann, das resolviert. Ich vermeine, wann's den Untertanen sollte schwer fallen, so könnte man eigene Roß halten.« Oder: »ich hab oft mit euch geredet, ihr solltet sehen: etliche Welsche, so seidene Waren werden machen, auf Gitschin kommen zu lassen. Nun habt ihr euch mit dem Krieg excusiert, itzt aber, Gott lob! ist kein Feind mehr in Kaisers Ländern; darum bitt euch, tuet dazu, kost es was es will, so frag ich nichts danach ... Zu Gitschin laßt in allen Häusern Wasser halten und bei den Rauchfängen Leitern; die Gassen laßt sauber halten, und daß in der Stadt genug Wasser lauft.« Aus Neisse, Anfang August: »Der Kriegszahlmeister zieht auf Gitschin, soll um 40000 Reichsthaler Schuh, Strümpf und Kleider für die Armee machen lassen; assistiert ihm fleißig mit Allem. Die 4000 Kleider, so ihr vor'm Jahr habt machen lassen, daß er euch bezahlt, was sie mich kosten; dieselbige führt ihm ab, sobald er's bezahlt hat. Er hat Silber und Ketten, die er zu Gitschin vermünzen soll, laßt ihn solches vermünzen; ich begehr keinen Gewinn, will aber auch nicht Schaden leiden ...« Aus Sagan schrieb er, er gedenke das nächste Jahr dort bauen zu lassen, und solle der Architekt sich für den Herbst bereit halten und einen Plan machen, wie das Saganer Schloß wohnlich gemacht werden könnte; seine Baupläne für Gitschin werde er reduzieren. Der Befehl ist merkwürdig, denn Sagan, das schlesische Herzogtum, gehört ihm damals noch nicht; er hatte aber schon sein Aug darauf geworfen und während des Frühlings in Wien deswegen verhandelt. Aus Sprottau, Mitte August, während des großen Marsches: »Der Tiergarten, will ich, daß er auf's zukünftige Jahr ganz und gar verfertigt sei und der Lustgarten gepflanzt; in die Tiergärten, so ihr hin und wieder habt machen lassen, laßt Wild einsetzen, auf daß sichs mehrt. – Seht mir die, die von Seiden arbeiten, nach Gitschin aus Welschland bringen zu lassen, wie auch, die Waffen machen, aus Niederland.« Immer der Nutzen, immer das Schöne; die Illusion der

Freude am heimatlichen Besitz, während er sich weit weg im Fremden umtrieb.
Es ist hier ein Wort über die bescheideneren Taten Tillys einzuschalten; bescheidener, weil seine Hilfsmittel es waren. Nach der langwierigen Wegnahme einiger fester Plätze war auch er Mitte Juli offensiv geworden, hatte in der Gegend von Lauenburg den Übergang über die Elbe, West nach Ost, gegen dänischen Widerstand erzwungen und so einen Riegel zwischen die beiden feindlichen Konzentrationen geschoben, die bei Havelberg unter Baden-Durlach und die im Lauenburgischen unter König Christian. Beide Anführer erkannten diese Situation als so mißlich, daß sie ihr Heil im Rückzug suchten; der König nach Holstein, Baden zur Ostseeküste, dort wo, gegenüber von Wismar, die Insel Poel liegt. Als Wallenstein am 27. August in Havelberg eintraf, war dort kein Feind mehr, und praktisch keiner mehr zwischen den Alpen und der See. Tilly tat sich auf diesen Erfolg nicht wenig zugute, mit einer Beimischung voraussehender Bitternis: »Ich bemerke schon seit langer Zeit, daß ich nichts tun kann, das an dortiger Stelle« – bei Wallenstein – »Gefallen fände, so daß, wenn ich noch so sehr travailliere, man trachten wird, mich auf meine alten Quartiere zu beschränken, damit ich ein paar Knochen benage, während Andere durch das ihnen von mir geöffnete Tor einziehen, um das Fleisch zu genießen. Ich kann mich aber nicht entschließen, mich auf eine solche Weise abspeisen zu lassen. Mir scheint vielmehr, daß der Dienst, den wir durch den Übergang über die Elbe geleistet, kein so geringer ist . . ., daß wir nicht prätendieren dürften, Anteil zu haben an den Erfolgen, die daraus mit Gottes Hilfe entstehen werden . . .« Die alte Klage; der Gram dessen, der so lange der Erste gewesen war und jetzt kaum noch der Zweite; bitteres Staunen darüber, daß der hergelaufene Böhme ihm seinen Ruhm verdunkelte durch Leistungen, die ihm doch immer etwas Unsolid-Abenteuerliches zu haben schienen. Als nun aber Wallenstein am letzten August-Tag zu Schiff die Elbe heruntergefahren kam, die hier ganz anders strömte als in seiner Heimat, und als er in Lauenburg an Land ging, wurde ihm von Tilly doch ein prunkvoller Empfang bereitet; der graue Spartaner zeigte, was er sei, auch er, und was er notfalls vermochte. Kriegsrat, politischer Rat am nächsten Tag; die beiden Oberfeldherrn, von bayerischer Seite der buckelte Fürstenberg, mit Wallenstein die Herzoge Franz-Albrecht von Lauenburg und Georg von Lüneburg, die Generale Schlick und Aldringen. Diskussion der dem Dänen zu bietenden Friedensbedingungen; gepfefferte. Es sollte König Christian: sein Heer entlassen und völlig abrüsten; auf die Würde des niedersächsischen Kreisdirektors für immer verzichten; das Territorium, das al-

lein ihm ein scheinbares Recht auf jenes Reichsamt gegeben, Holstein, an den Kaiser abtreten, der darüber nach Belieben verfügen würde; den Schaden, den der von ihm geführte unnötige Krieg den deutschen Fürsten und Städten getan, zur Gänze vergüten, das hieß, auch den von der anderen Seite verursachten Schaden; in keiner Zukunft mehr gegen das Haus Österreich gerichtete Bündnisse eingehen; die Schiffahrt durch den Sund freigeben, so, daß sie nicht mehr durch Zölle belästigt würde. Wallenstein mußte wissen, daß Dänemark für die Annahme so horrender Forderungen noch nicht reif war, wenn man die Seemacht je reif dafür machen konnte. Tilly, naiver, fand sie billig und der Kriegslage entsprechend.
Der gute Alte stand zu den Dingen der Politik und des Geistes, wie Generale zu stehen pflegen: einfach und mißmutig. Das mit dieser modernen Religionsfreiheit sei alles nur Unfug, hatte er kürzlich zu brandenburgischen Unterhändlern bemerkt; warum blieb man nicht bei dem Glauben, der tausend Jahre lang gut genug war? Hätten treue Christen nicht jederzeit in der Bibel lesen dürfen? Wozu die lutherische Rebellion, die nichts als Wirrsal stiftete? Wenn die Reichsverfassung nichts taugte, so müsse sie eben abgeändert werden, derart, daß dem Oberhaupt die nötige Autorität zukäme . . . So Tilly. Er ließ durchblicken, daß er im Herzen kaiserlicher dachte als sein bayerischer Brotherr, der nichts weniger wünschte als Modifikationen der Reichsverfassung; ja, daß er in *dieser* Frage – aber nicht der religiösen – sogar dem Denken Wallensteins nahekam. So nahe, wie ein naiver Charakter einem subtil gebrochenen kommen kann. Von solcher nur zufälligen Nachbarschaft wußte Tilly nichts.
Der dänische Vermittler, ein Prinz von Holstein-Gottorp, verließ Lauenburg stark deprimiert, sobald man ihm jene groben Bedingungen vorgelegt hatte. Das Signal zum allgemeinen Aufbruch, zur Invasion Holsteins mit ungeheurer Übermacht, die den demoralisierten Feind vor sich hertreiben und irgendwo »abschmieren« würde – ein Ausdruck Wallensteins. An den Landeshauptmann Taxis, zwölf Stunden, ehe er diesen zweiten, mutmaßlich letzten Dänenfeldzug eröffnete: »Laßt etlich hundert Lindenbaum, die noch jung sind, aussuchen, auf daß man sie auf den Frühling im Garten kann pflanzen; bitt, seht, daß diesem wirklich nachgelebt wird, denn sollt ihr nicht itzt sie alle aussuchen lassen, auf den Frühling werdet ihr sie nicht so bald zusammenbringen können . . .«

Er verhandelt mit Gesandten

Hier unterbrechen wir den Gang der Erzählung; nicht versinken darf im Schwall der Kriegs- und Staatsaktionen das sonderbare Leben, dem alles Erzählte gilt.

Wer von deutschen Fürsten zu Wallenstein geschickt wurde, hatte meistens unangenehme Aufträge auszurichten. Es ging da nicht um die feinen Dinge der Politik, wie etwa Heiratsprojekte, Handelsverträge, Allianzen. Um den wüsten Betrieb der Einquartierungen ging es, die man los werden, um Kontributionen, die man verringern, um die Unverschämtheiten dieses und jenes Offiziers, die man bestraft wissen wollte. Die Diplomaten hatten Furcht und mußten die ihnen auferlegte, hoffnungsarme Pflicht doch erfüllen. Der Herzog hörte die vorgetragenen Jammerbitten nicht gern, sagte auch nicht gern Nein, viel weniger gern, als man seiner Härte zutraute, konnte aber nicht Ja sagen, weil die Armee anders als durch die wehrlosen Länder nicht zu bezahlen war. Anstelle des Ja gab er vage Vertröstungen; anstelle des Nein stieß er ein »Es kann nicht sein« hervor, als ob die Ablehnung nicht aus freier Willkür, sondern aus der Sache selber käme; was sie im Grunde auch tat. – So das sich ewig Widerholende; die Variationen machen es interessant. Dabei greifen wir ein wenig zurück, wie auch ein wenig vor.

Er bricht plötzlich heraus. Mai 1627, Wien. Die Abgesandten der bayerischen Liga, die Herren von Metternich und Kurz von Senftenau, sollen eine Abstellung der »Werbungen«, das heißt, eine Reduktion des friedländischen Heeres erreichen. Dieses Heer, insinuieren sie, sei zum Schutz des Reiches da, ein Zweck, der aber doch wohl nicht erfüllt würde, wenn man einen Reichsstand nach dem anderen verdürbe. Wallenstein »alteriert sich etwas«, Gott und die Heiligen wüßten, wie sehr die Verbrechen seiner Armada seinen striktesten Befehlen entgegen, er werde strafen, die niederen Offiziere am Leben, die oberen durch Fortjagung, aber ein großes Heer müsse sein, der Gefahren für Kaiser und Reich seien zuviele. Die Gesandten verharren auf ihrem Standpunkt, weil sie müssen. Wallenstein, »hervorbrechend«: ob sie vermeinten, der Kaiser wäre gar eine Statua? Von Senftenau, politisch: nie würde man sich anmaßen, der Majestät etwas vorzuschreiben; es sei aber doch wohl, wenn man es bedächte, der Kaiser ebenso dem Reich verpflichtet, wie das Reich dem Kaiser. Wallenstein, ablenkend: der Ton der Briefe des Kurfürsten von Mainz mißfalle ihm schon längst. Er werde da nicht mit »lieber Herr und Freund« angeredet, wie ihm gebühre – und wie es der Kurfürst für ungebührlich hält. Die Diplomaten machen einen Vorschlag zur Güte: wenn Wallenstein es über sich brächte, den greisen Erzbischof als »Herrn Vater« zu titulieren, so könnte ihm entsprechend geantwortet werden. Wenigstens über diesen heiklen Punkt einigt man sich; nicht über die Hauptsache ... Ob sie vermeinten, der Kaiser wäre eine Statua – die Frage ist festzuhalten. Kaiserlich, höchst kaiserlich denkt Wallenstein während seines Ersten Generalats, und wenn er nicht, wie man ihm nachsagt, den Umsturz der Reichskonstitutionen plant, so macht er sich doch einen Begriff von ihnen, welcher nicht der der großen Reichsfürsten ist.

Er will nicht hören. Wien, zur gleichen Zeit. Der brandenburgische Hofrat Goetze soll Erleichterungen für die ausgeplünderte Mark herausschlagen – ein Klagelied, das in den nächsten Jahren wieder und wieder erklang. »Als ich aber«, so der Gesandte, »nach verrichteten curialibus vom Hauptwerk zu reden anfing, verdeckten seine Fürstlichen Gnaden das Gesicht im Kopfkissen und hielten mit beiden Händen die Ohren zu, also daß ich von meiner Proposition ganz ablassen und einen anderen Discurs anfangen mußte.« Unter Gesprächen über das Wetter und Gott und Welt gelingt es dem Brandenburger, seinen durch das Bett geschützten Partner endlich doch dahin zu bringen, wo er ihn haben will; worauf Wallenstein zum Gegenangriff schreitet. Kurfürst Georg Wilhelm sei einer der schuldigsten Fürsten im Reich; er habe im Vorjahr Mansfelds Zug nach Schlesien ermöglicht, er habe jetzt König Gustavs Landung in Preußen erlaubt, stecke überhaupt mit Schweden wie mit Dänemark unter einer Decke; und wenn auch Schweden und Dänemark sonst sich nicht leiden könnten, so fänden sie sich doch darin, daß sie beide des Kaisers Feinde seien. Folglich ist die Besetzung Brandenburgs durch kaiserliche Truppen recht und billig. Goetze sucht diese Anklagen zu widerlegen: sein Herr hat von der schwedischen Landung in Preußen gar nichts gewußt und sie unmöglich hindern können; davon, daß er schwedisch oder dänisch gesinnt sei, kann die Rede nicht sein, die Anzeichen sind trügerisch und in jedem einzelnen Fall durch eisernen Zwang zu erklären. »Seine Fürstlichen Gnaden konnten dawider nichts einwenden«, berichtet der Gesandte wohlgefällig. In Wirklichkeit dürfte Wallenstein rasch müde geworden sein, und daher willens, eine wenigstens verbale Konzession zu machen. Der Ruin Brandenburgs, sagt er, sei in Niemands Interesse, in seinem zu allerletzt, denn wenn das Land ganz ausgesaugt sei, so wäre dort ja nichts mehr zu holen. Er werde es gern räumen, sobald er könne, nämlich sobald er nach Dänemark marschiere. Zukunftsmusik. Im Grunde will er, daß der Gesandte nicht ganz ohne Hoffnung weggeht. Ausweichen zuerst, dann Zank und Vorwürfe, zum Schluß ein gutes Wort, das nichts kostet.

Er ist sehr gnädig. Das Qualen-Problem der Mark Brandenburg kommt nicht von seinem Schreibpult. Lösen kann er es nicht, denn unabhängig von den zweifelhaften Gesinnungen in Berlin und Königsberg ist das Land in den Jahren 27–28 eine Hauptbasis seiner Operationen. So spielt er damit und hält hin, sucht sich zu entziehen, einmal kalt und stolz, einmal überaus höflich. Die wohltuendsten Erfahrungen macht der Graf Adam von Schwarzenberg, Georg Wilhelms Erster Minister. Die Szene ist Frankfurt an der Oder, Juni 1628. Der erste Eindruck deprimiert: Schwarzenbergs Adjutant kommt zurück in den Gasthof mit der Nachricht, Wallenstein leide an seinem Schiefer, habe alle Sekretäre, Kammerdiener, Edelknaben aus seiner Umgebung verbannt, die Hunde von den Straßen treiben lassen, ja, das Läuten der Kirchenglocken verboten, da werde also im Augenblick nichts zu machen sein. Um so angenehmer überrascht ist der Minister, wie schon am ersten Abend der Generalwachtmeister del Maestro mit stattlichem Gefolge bei ihm erscheint, um ihn für den nächsten Morgen zur Audienz zu bitten; wie Wallensteins eigene Karosse, von Lakaien umgeben, ihn zur verabredeten Stunde zum Herzog bringt; wie dieser ihn gar an der Treppe empfängt und, zu seiner Linken schreitend, ihn in sein Kabinett führt, um während zweieinhalb Stunden auf das freundlichste mit ihm zu plaudern. Natürlich geht es um die ewigen Klagepunkte: die Winterquartiere, die das Kurfürstentum im kommenden Winter ganz und gar nicht mehr prästieren kann; die Abrechnungen der Obersten, die niemals stimmen, sie quittieren nicht, was ihnen wirklich bezahlt wurde; insonderheit die Greuel, deren das Reiter-Regiment Graf Montecuccoli sich schuldig gemacht; die abscheulichen Reden, die ein Leutnant namens Schaffner gegen den Kurfürsten geführt, etc. etc. Schon beim dritten Punkt unterbricht Schwarzenberg, denn er hat sich sagen lassen, der General höre nicht gern zu. Ob es ihm zu lang würde? Wallenstein: es werde ihm gar nicht zu lang, der Graf möge nur fortfahren. Dann: zur Erleichterung Brandenburgs tue er alles, was er könne, aber sein Können sei begrenzt. »Ihrer kurfürstlichen Durchlaucht Lande liegen dem Unglück allzu nahe.« Aber den Obersten Montecuccoli werde er schurigeln, den frechen Leutnant köpfen lassen, und soviel Volk aus Brandenburg abziehen, wie nur irgend möglich. Worauf die Diskussion sich zum Allgemeinpolitischen erhebt. Wallenstein: »Der Schwede ist ein solcher, dem man mehr auf die Fäuste als auf das Maul Achtung geben muß.« Die Eroberung Polens durch Schweden werde er nicht hinnehmen und notfalls selber mit 100 000 Mann nach Polen ziehen, ob es dem König Sigismund recht wäre oder nicht. Der Kaiser könne Polen wohl zum Nachbar haben, Schweden niemals ... Folgt die Tafel, an der Schwarzenberg, obgleich mehrere Reichsfürsten zugegen, den Ehrenplatz einnehmen darf, nach der Tafel wieder ein Gespräch und, kaum ist es zu Ende, Wallensteins Gegenbesuch, der bis in die Nacht nicht weniger als fünf Stunden dauert; des Herzogs Gefolge, Grafen und Herren, müssen all die Zeit im Vorzimmer warten. Die gleichen wundersamen Gnadenbeweise am nächsten Tag: »An der Tafel waren seine Fürstlichen Gnaden sehr lustig.« Weniger lustig danach; denn nun treten pommersche Abgesandte an, die Wallenstein ärgern durch ihre Obstination, besonders aber dadurch, daß sie ihn auf das intime Hin und Her zwischen König Gustav Adolf und Pommerns Hafenstadt Stralsund verweisen. »Ich bin kein Polack, ich fürchte mich vor dem Schweden nicht!« hört Schwarzenberg seinen Gastgeber rufen. Später sagt ihm der Herzog, er sei im Gespräch mit den Pommern schiefrig geworden, obwohl er sich fest vorgenommen hätte, es diesmal nicht zu werden; aber gar zu lang und verdrießlich hätten sie's gemacht. – Kann er seinen »Schiefer« an- und abstellen, je nach dem Vorteil der Lage? Übermannt es ihn wirklich, wider Willen? Daß er, was man so nennt, seine Wutanfälle und schwarzen Depressionen, manchmal zu Zwecken benutzt, soviel ließe sich zeigen ...

Die Herrn von Schwarzenberg erwiesene Gunst verfehlt nicht ihren Eindruck auf Wallensteins Offiziere, so daß um den Gesandten ein Gewimmel sporenklirrender Freundlichkeiten entsteht. Dies wieder ermutigt Bürger des Städtchens, ihren Landsmann um Interzession zu bitten: bei ihrem letzten Besuch haben die herzoglichen Gehilfen in Frankfurt weniger freundlich gehaust, allein der Stallmeister hat an die tausend Taler erpreßt, da seien die Belege. Schwarzenberg zeigt sie dem Obersten Franz von Lauenburg, dieser, weil zufällig selber nicht im Spiel, will helfen, die Sache an den Feldherrn zu bringen. Indem kommt der Stallmeister gerannt, blaß wie ein Tuch, und fleht um Gottes willen, zu schweigen, sie kämen sonst alle ums Leben. »Er war ein feiner Mann«, erzählt Schwarzenberg, »wie auch die anderen alle, also ließ ich es bleiben.« – Wer will nach diesem behaupten, Wallenstein bestrafe die Verbrechen seiner Offiziere nicht, wenn er nämlich von ihnen erfährt und wenn sie in seinem näheren Umkreis begangen wurden? Daß er aber seinen Zauber gerade an Schwarzenberg wohlgelaunt ausprobierte, erklärt sich aus des Ministers politischer Stellung; er war in Berlin längst der Führer der antischwedischen, prohabsburgischen Fraktion.

Kümmerlicher geht es mehrmals einem anderen brandenburgischen Vertreter, Curt Bertram von Pfuel mit Namen. Nicht, daß Pfuel unbegabt zu seinem Handwerk wäre; seine Reporte zeigen gewissenhaften, klugen Geist. Aber vielleicht ist er unhübsch, zu dick, zu mager, zu lang, zu kurz, etwas schielend, oder sonst aus der Norm fallend; jedenfalls, es gelingt ihm nie. So in Prag, Januar 1628. Wir sehen ihn, einen Bittsteller, auf der Karlsbrücke die Ankunft des Herzogs erlauernd, der denn auch, zusammen mit seinem Schwager, Kardinal Harrach, über die von Heiligen umsäumte steinerne Wölbung gerollt kommt. Erkennung des geschickt Postierten, Anhalten des Wagens: ob er was auszurichten hätte? In der Tat, ein kurfürstliches Schreiben – aber schon ist der Federhut kurz gelüftet, schon haben die Pferde wieder angezogen. Pfuel, der sich auf der Kleinen Seite auskennt, rennt durch die Gassen, was er kann, um am Tor des Palastes zu sein, bevor Wallenstein aussteigt. Vergebens; so viele Herren, böhmische und andere, drängen sich um den Gewaltigen, daß an ein Herankommen gar nicht zu denken ist. Es wird Tafel gehalten, aber nicht lange; danach fährt Wallenstein auf den Hradschin zum Kaiser und ist für den Rest des Tages verschwunden. Nächster Tag. Pfuel stellt sich zeitig in der Ritterstube des Palastes auf, wartet trübe Stunden, wird auch von dem endlich erscheinenden Herzog bemerkt und angesprochen, so daß er seinen Handkuß verrichten und sein Kreditiv vorweisen kann; Wallenstein winkt ab, heute geht es nicht, aber morgen. Nächster Tag. Wenn der arme Pfuel diesmal seiner Sache sicher ist, so irrt er; denn wie er den Palast betreten will, rollt gerade die bekannte Kutsche heraus und, ruft Wallenstein ihm durch das Fenster zu, er möge doch noch ein paar Tage warten, es gebe jetzt am Kaiserhof gar zu viel zu tun. Zwei Tage. Solche Wartezeit kostet Geld, denn Gesandte schulden ihren Fürsten, auf großem Fuß zu leben, und bringen dies Opfer nicht ungern, zumal sie zu Haus es knapp haben; aber Pfuel versichert, die erzwungene Muße sei ihm widerlich gewesen. Am dritten Tag, das ist der neunte seines Prager Aufenthaltes, abermalige, dringende Bitte um Audienz, mit dem Erfolg, daß er zur herzoglichen Tafel geladen wird und unter dem Deckengemälde des großen Saales, dem Mars oder Sonnengott oder verklärten Herzog, im Stimmengewirr der Gäste speisen darf. Nach aufgehobener Tafel gelangt Pfuel in einer Fensternische wahrhaftig und wirklich zu einem Gespräch; aber nur zu sehr spürt er, wie dringend es Wallenstein hat, wieder von ihm wegzukommen. So kurz er es macht, so kurz sind die Antworten. Etliche Regimenter aus Brandenburg wegführen? Ja, gern, aber wohin? Noch einmal gefragt, wohin? Verminderung des Monatssoldes? Unmöglich. Sold und Proviant nur für die Knechte, die wirklich da sind, nicht für die bloß auf dem Papier Existierenden? Ja, das soll sein. Der brandenburgische Taler zu dreißig Silbergroschen oder anderthalb Gulden berechnet? Ja, das soll auch sein. Ein paar weitere Punkte flüchtig angehört, und Wallenstein enteilt . . . Noch kann Curt Bertram Pfuel seine Mission nicht als erfüllt, nicht als gänzlich verloren ansehen. Er bohrt weiter, bei Kammerherren und Kanzleisekretären. Er wird noch einmal bestellt, sieht wieder die Kutsche ausfahren, und diesmal läßt der Herzog ihn zu sich einsteigen; Zeit ist kostbar, vielleicht kann was ausgemacht werden, während die Pferde sich die steilen Gassen zur Königsburg hinaufquälen. Vielleicht; aber wie Pfuel ein Papier aus seiner Manteltasche nimmt, der Herzog: was das sei, etwas Geschriebenes? O weh, das mache ihn schiefrig, Geschriebenes vertrage er nicht und sei überhaupt jetzt mit anderen Gedanken beladen, solches anzeigend mit Händen und Augen; so daß das Berganrollen in dem rotledernen Polsterstübchen für den Diplomaten so unergiebig bleibt wie seine ganze Prager Reise.

Er fährt nicht besser ein gutes Jahr später, dort unten in der mecklenburgischen Stadt Güstrow, nun Wallensteins Residenz; er fährt eher noch schlechter. Zu Besuch im Schloß ist der Generalleutnant Graf Tilly. Da nun dieser am nächsten Tag verreisen wird, und, so bringt Pfuel heraus, der Herzog ihn ein Stück zu begleiten gedenkt, um gemeinsam mit dem Bayern einige wichtige Schanzen zu inspizieren, hat der Gesandte Grund, sich zu eilen; die Audienz muß gleich sein oder gar nicht. Aldringen vermittelt mit der Höflichkeit, die ihn nie verläßt. Nach der Vesper, dem Nachmittagsgottesdienst, soll Pfuel in der Antecamera sein. Warten bis sechs Uhr; Wallenstein ist nach der Vesper sogleich zu Herrn Tilly gegangen und bleibt zwei Stunden. Dann, um sich in sein Kabinett zu begeben, durchschreitet er das Vorzimmer, in die Luft blickend, als ob er den sich verbeugenden Pfuel nicht bemerkte. Er hat ihn sehr wohl bemerkt, denn gleich darauf schickt er seinen Kammerherrn, Oberst Marazzano, heraus: ob Pfuel was von ihm wollte? Die Flügeltüren werden aufgetan. Der Herzog hat sich am Kamin plaziert, erhebt sich, aber mehr nicht als ein Stücklein, und redet den Besucher sitzend an: »Herr Pfuel, meinen Dienst, was bringt mir der Herr Gutes?« Daß Pfuel nichts Gutes bringt, weiß er, und Pfuel weiß, daß er es weiß. Schwankend, ob er ein Referat halten oder einen aufs äußerste gekürzten schriftlichen Extrakt überreichen und dann die einzelnen Punkte, soweit man ihn fragt, kommentieren soll, hat er sich zu letzterem entschlossen; rasch greift Wallenstein nach dem Papier, um, was ihm ekelhaft ist, möglichst schnell hinter sich zu bringen. Kurze Lektüre. Dann: »Es kann eines so wenig sein wie das Andere.« Das Eine ist, daß die Hälfte des Regiments Aldringen, welche gar nicht mehr in Brandenburg, sondern bei Rostock steht, auch nicht mehr von Brandenburg bezahlt werden soll, das Andere, daß die noch in Brandenburg verweilende Hälfte dort ihre Nahrung erhalten soll, aber nicht den Sold. Er habe, sagt Wallenstein, den Brandenburgern einen Gefallen zu tun geglaubt, indem er einen Teil des Regiments nach Rostock abzog, denn es sei doch so, daß Einquartierte, von Verzehr und Sold abgesehen, am Orte noch manchen Ärger zu stiften pflegten. Wenn man es aber in Berlin nicht so sähe, bitte sehr, er könne die Truppen auch wieder zurückschicken, in Rostock brauche er sie sowieso nicht. – Pfuel: wagt, über den jammervollen Zustand seiner Heimat etwas einzuflechten. – Wallenstein: »Herr, was soll ich tun? Gott weiß es, ich kann es nicht ändern.« – Pfuel: Wäre die Unmöglichkeit, weiter zu zahlen, nicht so mit Händen zu greifen, so würden seine gnädigen Herren, Kurfürst und Markgraf, gewiß nicht so häufige, lästige Klagen erheben; jedoch . . . Wallenstein, »mit etwas eifrigen Gebärden« ihm in die Rede fallend, also seine Worte mit Schultern, Armen, Händen akzentuierend: »Nun Herr, wie ich gesagt habe, ich kann es nicht ändern und muß ab uno extremo ad alterum schreiten und also das Volk besolden lassen.« – Wird er schiefrig? Offenbar ist er froh, eine andere Bitte erfüllen zu können. Sechzehn Kanonen, die Brandenburg, sozusagen, an Wallenstein geliehen hat, möchte es zurück haben. »Ja, das will ich tun, es ist nicht mehr als billig, es ist also versprochen.« Läutet dem Kammerdiener, damit dieser den Oberkammerherrn herbeiholt, damit dieser den Sekretär herbeiholt, und diktiert einen Brief an den Obersten von Arnim in die Schreibtafel: die Kanonen sind herauszugeben. Pfuel darf zuhören, aber immer noch stehend – in Prag wurde ihm doch ein Stuhl angeboten. Die übrigen Probleme sind derart, daß sie bei gutem Willen sich lösen lassen; Oberst Aldringen sei ein billig denkender Mann; an den möge der Gesandte sich wenden. Die Hoffnung, noch irgend etwas herauszuschlagen, hat Pfuel nicht aufgegeben und will dazu den Abschied gebrauchen, den er, so gehört es sich, am nächsten Morgen vom Herzog nehmen will, bevor dieser seine Reise mit Tilly antritt. Aber Tilly leidet an schmerzhaften Darmkoliken und kann nicht reisen; worüber Wallenstein so verstimmt ist, daß es nicht rätlich scheint, ihm heute aufzuwarten. Verabschiedung also erst am Tag darauf. Gespräch über allgemeine Sachen, eher gnädig. Wie Pfuel zu den Fragen lenken will, zu denen die Pflicht ihn ruft, wird er unterbrochen: »Nun dem Herrn meinen Dienst, und er grüße die Frau Kurfürstin, auch die Herzogin von Braunschweig, und Seine Liebden Markgraf Siegismund, und sage deroselben, daß ich gern alles tun wollte, was Seine Liebden begehren, aber es kann, Gott straf mich, nicht sein; ultra posse enim nemo obligatur.« – Mitunter kamen die lateinischen Weisheiten ihm bequem.

Feldzug von 1627, Zweiter Teil

Die Kriegsmacht der Dänen, diesen traurigen Rest der erhofften großen europäischen Koalition, vom Festland zu vertreiben, war nun keine Kunst mehr; wäre es auch dann nicht gewesen, hätte König Christian ein weniger demoralisiertes Heer kommandiert und besser kommandiert. Die Lösung eines mathematischen Problems, nachdem alle vorbereitenden Gleichungen aufgegangen sind. Jene drei Kolonnen trieben die Dänen und ihre spärlichen Verbündeten in immer engere Enge: das Korps Arnim von Mecklenburg her; das Korps Graf Schlick das östliche Holstein hinunter; von der Elbe her die Hauptarmee Wallenstein-Tilly. Zwischen beiden Feldherren sollte es kameradschaftlich zugehen, das Losungswort von dem Einen und dem Anderen abwechselnd gegeben werden, ein gemeinsamer Oberbefehl. Gleich am Anfang wurde Tilly bei der Belagerung eines Nestes namens Pinneberg am Knie verwundet und fiel aus; in Wallensteins für Beinleidende besonders eingerichteter Sänfte trug man ihn zurück nach Lauenburg. Ein Ärger für Kurfürst Maximilian: sein Generalleutnant, schrieb er, solle seine kostbare Person inskünftig besser in Obacht nehmen. Wallenstein blieb Alleinherr, den reifen Sieg einzuernten.

Neuland, in das er kam, wohlhabendes, vom Krieg bisher unberührtes Land. Felder und Wiesen zum Horizont sich dehnend, die Kühe schwarz-weiß, zerstreute Höfe, das gefächerte Strahlenspiel der Sonne hinter den Wolkenbänken. Hin und wieder schmale Zungen des Meeres. Wasserburgen und Herrenhäuser im italienischen Stil, Gruftplatten mit betenden Ahnfrauen, fast wie im Kirchlein zu Hermanitz. Des Herzogs Wagen rollend zwischen Birken und Büschen. Er sah es nicht, nicht die blaue, braungoldene Pracht des Herbstes; der Kopf steckte ihm zu voll von Krieg und Politik. ». . . ich hab Mecklenburg und den meisten Teil von Holstein inne, verhoffe noch dies Jahr Schleswig und Jütland auch zu bekommen und alsdann rate ich zum Frieden, denn dieses hab ich eingenommen, nicht, daß ich vermeine, daß wirs werden halten können, aber daß der Gegenteil desto bessere conditiones pacis für uns eingeht . . .« (An Collalto) Seinen saugenden Blick hatte er auf ein anderes Land geworfen, welches

nicht auf dem cimbrischen Chersones, sondern in dessen östlicher Nachbarschaft lag.
Elmshorn; Itzehoe. Dort für einige Tage Hauptquartier. Belagerung des festen Schloßes Breitenburg, den Herren von Rantzau gehörig, von einer dänischen Besatzung zäh verteidigt. In Itzehoe Nachricht von einem Erfolg weiter ostwärts: vor dem heranrückenden Arnim hat König Christians Feldmarschall, der alte Baden-Durlach, sich auf der Insel Poel nicht halten zu können geglaubt, hat seine Regimenter über die Lübecker Bucht nach der Ostküste Holsteins verfrachtet und ist dort, zwischen Heiligenhafen und Eutin, blind in die Falle gegangen, die Graf Schlick ihm stellte; siebenundzwanzig Kompanien Fußvolk, fünfzehn Reiter-Cornets sind glatt in Kaisers Dienst übergetreten; mit wenigen Getreuen, oder Bevorzugten, hat der alte Ritter, der badische Pechvogel, sich nach Norden gerettet. Neuer Erfolg am Ort: die Erstürmung Breitenburgs, dessen Kommandant die übliche, gütliche Kapitulation allzu höhnisch abgelehnt hatte: »Alles niedergehauen.« Sicherung des Gewonnenen, des südwestlichen Holstein, durch Aldringen; was dort unten noch dänisch ist, Glückstadt, Krempe, kann man liegen lassen. Aufbruch der Hauptmacht gegen Rendsburg am Eiderstrom. Die Besatzung dieses befestigten Handelsplatzes, Engländer, Franzosen und Dänen unter einem deutschen Hauptmann, ist klüger als die von Breitenburg; sie kapituliert nach vierzehn Tagen und darf mit Sack und Pack zu König Christian stoßen, wenn sie ihn findet. Der hat sich schon auf seine Insel Fünen geflüchtet. Kein Halt, kein Widerstand mehr; der Rest für einen so erfahrenen Strategen wie Wallenstein nicht einmal mehr handwerklich interessant. Er überließ ihn dem Feldmarschall Schlick; der denn auch, über Kiel, Flensburg, Hadersleben ins Jütländische vordringend, was von der dänischen Soldateska noch blieb, meuternde, noch dazu von der zornigen Landbevölkerung bedrohte Trüpplein, bei Ålborg gefangennahm, entwaffnete und nach Hause schickte; worauf der lange, spitze Kopf der Halbinsel von den Kaiserlichen in Besitz genommen wurde bis in Sundesnähe.
Für einen Feldzug, der kaum fünf Monate früher in Oberschlesien begonnen hatte, war das imposant genug. Abt Antonius, noch immer seinen Briefwechsel mit Aldringen unterhaltend: »Der Herren Kriegsprogresse sind, sonderlich in so kurzer Zeit, so groß, daß jedermann darüber stutzt und sagt: Quid est hoc? Sie sind fürwahr über aller Menschen Gedanken und Verhoffen und werden hoffentlich ... den so lang desiderierten, reputierlichen und beständigen Frieden bringen. Finis coronat opus.« ... Wie man, noch vor einem halben Jahr, über Wallenstein den General geurteilt hatte, war vergessen. Er

selber, in dessen Gemüt alles Böse wie alles Gute sich eingrub, vergaß es aber nicht.
Aus Itzehoe, Ende September, schrieb er einen Brief an Kaiser Ferdinand, eine Rechtfertigung, ein politisches Memorial; noch immer knapp, verglichen mit den qualvoll weitschweifigen Expectorationen der Zeit, aber ausführlich für seine Gewohnheit, die sonst auch des Kaisers Majestät kurz hielt. Er begründete die Stärke des Heeres: »Hätten Eure Majestät solche Macht nicht, auf die Stunde, wenn Gott nicht miracula getan hätte, wären Sie Ihrer Königreiche und Länder beraubt, alle die umliegenden Potentaten sind wider Eure Majestät kolligiert gewesen, und die Reichsfürsten haben mit ihnen konspiriert. Die Katholischen wären nicht bastant gewesen, so viel Feinden zu resistieren; die Lutherischen, die man für gut hält hätten sich exkusiert, daß sie einer solchen Macht nicht hätten widerstehen können. Ich hab nicht allein auf den König von Dänemark müssen eine Aufsicht haben, sondern auch auf den Türken, Bethlen und Frankreich . . .« Wäre das Heer nur so groß gewesen, wie es die unmittelbare, die dänische Gefahr zu verlangen schien, wie hätte er es dann ernähren, wie sich Winterquartiere erzwingen sollen? »derowegen habe ich müssen alle Zeit Volk am Rhein und in der Wetterau haben – unter dem Praetext der Franzosen; aber es ist wegen Versicherung des Rückens gewesen.« »Diese große Macht, so Eure Majestät haben, wird einen guten und beständigen Frieden im Reiche machen, zu welchem ich untertänigst raten tue . . . Und dieweil die Kurfürsten zu Mühlhausen beisammen sind, so vermeine ich, daß sie sich stark um den Frieden annehmen werden, welchen ich nochmals Eure Majestät untertänigst bitten tue nicht auszuschlagen.« Der Nachsatz erklärt das Dokument, zu einem Teil. Der Schreiber wußte, daß, unter der Führung Bayerns, die Kurfürsten im Begriff waren, gemeinsam zu beraten – es geschah im Oktober – und dies Treffen vornehmlich gegen ihn gerichtet sein würde. Den Angriff nahm er vorweg, nicht mit Scheingründen, sondern mit einem politischen Bekenntnis. Durch große Macht zu einer Friedensordnung in Deutschland zu kommen, wie es sie seit Menschengedenken nicht gab, war eh und je sein Ziel gewesen – darin hatte der namenlose Autor des Berichts über die Brucker Konferenz ganz recht. Weniger, wie sich nun gezeigt hatte, in der Beurteilung von Wallensteins Strategie. Wer in drei Monaten von Troppau bis Flensburg vorgestoßen war und den Großteil eines fremden Königreiches erobert hatte, brauchte sich kaum noch sagen zu lassen, das offensive Kriegführen liege ihm nicht.
Der Friede. Der exulierte, der lang entwendete, der erschmachtete, hocherseufzte, der erquickende, der Gott wohlgefällige, der liebe,

hochwerte, edle Friede – wie er genannt wurde. Das Aufhören dessen, was auch genannt wurde: die schwere große Konfusion, die in den Eingeweiden des Römischen Reiches wütende Kriegsflamme, der Sumpf allen Jammers und Elends, die unerhörten, schrecklichen Exaktionen, Kontributionen und Pressuren, Raub, Mord, Brand, Blutvergießen und Verheerung, der endliche, schmerzliche, unverdiente Untergang. Es fehlte den Leuten nicht an Worten, eher an Weisheit; und was in Europa vorging, beherrschte keiner. Auch nicht Wallenstein, wie weit er nun gelangt war. Mit Dänemark wäre Friede zu haben gewesen, hätte man ihm den Status quo ante angeboten und nichts als Verzicht auf Einmischung in die deutschen Dinge verlangt. Wallenstein schwankte in dieser Frage; der Appetit kommt beim Essen. Er denke nicht daran, Holstein und Schleswig zu behalten, hatte er im September bemerkt, das seien nur Pfänder. Ein halbes Jahr später: auf den Frieden, den er anbiete, werde König Christian sich so bald nicht einlassen, »denn auf Holstein und Schleswig muß er nicht gedenken, daß Er's wiederum bekomme, und Jütland, wird Er's wollen haben, so wird Er's mit etlichen Millionen lösen müssen . . .« (An Arnim) Ja, zeitweise dachte er daran, das Königreich Dänemark gänzlich abzuschaffen – um dann doch wieder zu Bedingungen vernünftigen Maßes zurückzukehren. Im besten Fall war ein Vertrag mit Dänemark immer nur dies: ein Ausfallen Dänemarks, ein Sonderfriede. Die Koalition, deren momentaner Anführer Dänemark gewesen und von der Dänemark so dumm im Stich gelassen worden war, würde dann eine andere Macht an die Front schicken. Das Haus Habsburg in Niederdeutschland und am Sund, das hieß nicht nur Wallenstein, nicht nur Österreich am Sund, es hieß Spanien am Sund; eine Enormität, mit der das protestantische, seefahrende Europa sich nie versöhnen würde, wenn es nicht mußte. Untertänigst zum Frieden zu raten, sehr gut und klug; aber Friede war nach den Ereignissen dieses Sommers und Herbstes eher noch schwerer zu haben als vorher. Situationen gibt es, da tun Niederlagen dem Frieden nicht gut und Siege auch nicht, und gerade nicht.
In Odense, auf der Insel Fünen, hielt Christian traurige Heerschau, besser gesagt Offiziersschau, denn Heer hatte er im Augenblick keines mehr. Es wurden bittere Vorwürfe ausgetauscht; der König wollte seine obersten Befehlshaber vor Gericht stellen. Baden-Durlach erhob Protest dagegen als ein Fürst des Reiches, ebenso der Herzog Bernhard von Weimar; die beiden waren im Ernst für das Desaster nicht verantwortlich zu machen. Sie gingen nach Holland, Durlach später zurück in seine badische Heimat, wo er über seinen Büchern einen melancholischen, jedoch ungestörten Lebensabend verbrachte. Wei-

mar, in seiner Jugend, sah keinen Grund zu resignieren; welchen Matthias Thurn, dieser langbewährte Revolutions- und Schlachtenverlierer nachgerade hätte sehen dürfen. Thurn, wie Weimar, wie eine Anzahl böhmischer Emigranten, trat demnächst in den Dienst Gustav Adolfs.

Dem Einen die Pein des Verlierens, demütigender Zank, irrendes Elend; dem Anderen Triumph. Um daheim die Früchte des Jahres gründlich einzuernten, erbat und erhielt Wallenstein im Oktober einen Urlaub von drei Monaten; es wurden beinahe acht.

Schweden und Spanier

Mit mehr Glück als Genie war es ihm gelungen, Dänen und Schweden voneinander getrennt zu halten. Dies blieb ein Axiom: mit den Dänen hatte man Mühe genug gehabt; Dänen und Schweden zusammen, unter der Führung Gustav Adolfs, würden einen ganz anderen Sturm in Mitteleuropa entfachen. Was jetzt mit Dänemark tun? Es neutralisieren durch einen glimpflichen Frieden? Im nächsten Jahr es auf seinen Inseln heimsuchen, den König stürzen, von dem es hieß, daß seine eigenen Untertanen ihn satt hätten, und wem an seiner Stelle die Krone geben? An Arnim schrieb er, der Kaiser habe sie ihm selber angeboten, »aber ich hab mich gar schön bedankt, denn ich könnte mich nicht damit maintenieren . . .« Wie ernst oder unernst dieser Vorschlag gemeint war, tat er klug, ihm auszuweichen. Selber dachte er momentweise daran, man könnte die dänischen Stände dazu bringen, den Kaiser Ferdinand zu ihrem König zu wählen, in welchem Fall man ihnen ihr Reich, ihre Freiheiten und Privilegien garantieren würde; wollten sie aber nicht, und bezwänge man sie mit Waffengewalt, so hätten sie sich nachher über nichts zu beklagen. Unausgegorene Gedanken. Den glimpflichen Frieden hätte er vermutlich gleich jetzt, im Spätherbst 1627, haben können, wenn man ihm erlaubte, von den unmöglichen Lauenburger Bedingungen abzugehen. Für alles weiter Reichende, die Bezwingung der Seemacht nach der Landmacht, brauchte er Schiffe: »denn was wir itzt tun sollen, muß zu Meere geschehen . . .« Sollte aber das uralte Königreich ganz aufgelöst oder nach böhmischer Art traktiert werden, eine Möglichkeit, die er flüchtig berührte, so bedurfte es dazu des Einvernehmens mit einer anderen Macht.

Die hier zu erzählende Episode blieb folgenlos, ist aber doch erzählenswert, wäre es nur, weil sie ein Licht auf die politischen Gewohnheiten des Zeitalters wirft. Von ihnen, wie einzigartig er den Menschen auch erschien, war Wallenstein nicht unberührt; und weil sie, gerade sie und nur sie, sein Ende verstehen lassen, dürfen sie in seiner Biographie nicht erst am Ende erscheinen, so als ob, was 1633 getrieben wurde, damals zum ersten Mal getrieben worden wäre. Es wurde immer und von allen getrieben, es gehörte zur hohen Kunst. Für diesmal, 1627, nehmen die Historiker Gustav Adolfs ohne weiteres an, es sei von Wallenstein ausgegangen. Ich weiß nicht, woher sie das haben, außer von Gustav Adolf selber, der es dem König von Dänemark so berichtete; aber Lügen gehörte zur hohen Kunst wie das Spiel mit einem plötzlichen Umsturz der Allianzen; gehörte dazu, daß schlau und überschlau im Dunklen gelassen wurde, wer der Versuchte sei und wer der Versucher. Jedenfalls war Wallenstein angenehm überrascht und wurde bald sehr nachdenklich, als im November Oberst Arnim einen Brief des Kanzlers Oxenstierna übersandte: obgleich man schwedischerseits der Hilfe, welche Kaiser Ferdinand den Polen gewährte, sich zu beklagen ein Recht habe, so wünsche man doch nichts als Freundschaft mit der Römischen Majestät und würde gern vernehmen, wie solche zu erhalten und zu stärken wäre – am besten durch ein Gespräch mit Arnim persönlich. Von Arnim, Oxenstiernas Freund, scheint die Sache eingefädelt worden zu sein; was nicht heißt, daß er in Wallensteins Auftrag handelte. Dieser an Arnim: den Schweden Hoffnung zu machen, wäre nicht dumm, denn so könnte man sie vielleicht von einer Allianz mit Dänemark abbringen. Drei Wochen später: er habe Oxenstiernas Brief noch einmal genauer studiert und finde ihn interessant. »Meine Meinung ist, daß man sich mit ihm« – Gustav Adolf – »in alle Wege sollte in eine Tractation einlassen, denn will er Dänemark auf der anderen Seite angreifen, die Örter welche Dänemark gehörig, die an Schweden stoßen, occupieren, wie auch Norwegen, ich vermeine, der Kaiser wird keine Difficultäten einwenden . . .« Dann würde es auch leicht sein, einen Frieden zwischen Schweden und Polen zu vermitteln. Ganz draußen zu bleiben aber hätten solche die Christenheit turbierenden Völker wie die Türken, Tataren und Moskowiter; auch die Holländer, »die mir destructores regum et principum« sind. Dagegen wäre es ratsam, Spanien in die Konföderation mit einzubeziehen. Einstweilen sollte doch Arnim den König Gustav Adolf seiner alten, besonderen Hochschätzung versichern und sich ziemlich im Allgemeinen halten. Drei Monate später meinte er sogar, die Generalstaaten in einen allgemeinen Friedensschluß einbeziehen zu können: »Wenn die Holländer nicht werden Narretei begehen wollen, so traue ich mir, auch mit ihnen und ihrem König« – von Spanien – »eine Composition zu machen, daß sie die Religion frei und sonsten, was das politische guberno anbelangt, mit gewissen Conditionen in forma rei publicae hätten . . .« Sanguinisch geurteilt. Nicht: das eigentlich Wünschbare falsch gesehen. Denn natürlich gab es keinen europäischen Friedensschluß, solange dieser Brunnen allen Giftes nicht endlich verstopft war. Aber zu glauben, man könnte das, so triumphierend, wie die Niederländer, so großartig-verbittert und unbeugsam wollend, wie die spanischen Imperialisten dastanden, durch ein wenig vernünftiges Zureden erreichen! Glaubte er es wirklich? Und glaubte er, das Haus Wasa würde plötzlich gemeinsame Sache machen mit dem Hause Habsburg? Man muß solche Fragen in der Trübe und Schwebe lassen, in der sie hingen, jetzt wie später. Sicher ist, daß er das Projekt ernster nahm als der kühl rechnende, tief erfahrene Oxenstierna, als der zum großen Krieg gegen die Papisten schon entschlossene König. Immer wieder kam er während dieses Winters, 27–28, mit grüblerischer Naivität darauf zurück, wobei er seinem Obersten erstaunliche Freiheit ließ: Der Herr »sehe auf alle Weis, wie die Tractation mit Schweden kann angestellt werden, denn wirds uns nichts nützen, so wirds uns nichts schaden können . . . ich remittiers dem Herrn, er kennt den Schweden, drum tue er, was er vermeint, das Ihrer Majestät und der Christenheit am besten ist, denn den Schweden will ich gern zum Freund haben, aber daß er nicht gar zu mächtig ist, denn amor et dominium non patitur socium, doch die Tractation muß auf alle Weis gehen . . .«

Zur Kunst des Verhandelns gehörte der Nebenzweck, manchmal Hauptzweck, daß, wenn schon sonst nichts dabei herauskäme, man den Partner oder Gegner wenigstens kompromittieren könnte – ein Trick, der noch in unserem aufgeklärten Jahrhundert von den Staatsmännern nicht verschmäht wurde. Auch Wallenstein war er vertraut; zum Beispiel hatte er ihn gleich zu Beginn seines Generalats, 1626, an dem dänischen General Fuchs erprobt. ». . . wird kein anderer Effect daraus erfolgen, so will ich sehen, daß ich den Fuchsen beim König discreditier . . .« Nun übten ihn die Schweden. Es war Gustav Adolf, der dem König Christian das Geheimnis kommunizierte, und zwar in stark übertriebener Form, der Kaiser habe ihm nichts Geringeres als den dänischen Thron angeboten; der später auch seinem Reichsrat eine offizielle und verächtliche Mitteilung über Wallensteins Intrigen zugehen ließ . . . Schließlich hätte dieser Krieg nicht dreißig Jahre gedauert, wäre nicht das Verhandeln selber zum dumpfen Spiel mit Luftblasen entartet.

Erregten Phantasien sich hingebend über das, was aus einem Bündnis mit Schweden alles zu gewinnen wäre, führte Wallenstein gleichzeitig genügend Skepsis ins Feld, um nicht danach als betrogener Teufel dazustehen. An Arnim: »Was die schwedischen Schiffe anbelangt, bitt der Herr wolle keine Zeit verlieren, sondern dieselbigen sofort abbrennen lassen, denn bis dato haben wir noch kein Verbündnis mit ihm gemacht und männiglich sagt, daß er die Leut gern bei der Nasen herumführt; nun bedarf er keiner Schiffe, wenn er allein sein Königreich defendieren will, will er aber zu uns, deswegen sollen sie ihm abgebrannt werden, denn wir bedürfen seiner bei uns nicht, drum bitte ich, der Herr verliere keine Zeit und spare kein Geld . . .« Wieder: »denn ich weiß gar wohl, daß der Schwed keine Tractation aus Lieb und Affection anstellt und daß ihm nicht mehr als seinem Schwager, dem Behtlehem, zu trauen, darum remittier ichs ganz und gar dem Herrn, die Schiffe aber, wo sie sind, müssen ins Feuer gesetzt werden . . .« Daß die schwedische Flotte verbrannt werden müsse, dieser Gedanke zieht sich durch Wallensteins Korrespondenz im Spätherbst und Winter, den eines Großgeschäftes mit Schweden sonderbar begleitend; einer schadete dem andern nicht, »denn je ärmer der Schwed und kraftloser er ist, je besser ist es für uns, die Tractation aber muß galiardamente gehen, einen Weg wie den anderen, doch dabei zu bedenken, trau, schau wem . . .« Aus dem einen, der Traktation, wurde so wenig wie aus dem anderen, der Verbrennung der Schiffe. Der Herzog scheint da an hochbezahlte Kommandos gedacht zu haben, die nächtens mit Brandfackeln sich an Gustav Adolfs Schiffe in den preußischen, etwa auch den schwedischen Häfen heranmachen sollten. Was leichter befohlen war als ausgeführt. Von Haus aus wußte er über Schiffe und Seefahrt nichts. Nun sollte oder mußte er sich maritime Kenntnisse beilegen, in soviel Monaten, wie er Jahrzehnte an das Erlernen der Kriegskunst gewandt hatte.

Dem schwedischen Bündnisprojekt frontal entgegen stand ein öffentlicher, pompös entworfener Plan: der einer habsburgischen Seemacht. Habsburgisch, nämlich spanisch-österreichisch-hanseatisch, oder, wenn man die Spanier wegließ, habsburgisch-deutsch. In jedem Fall wallensteinisch; wer immer die Erfinder waren, sie kamen um den Feldherrn und Küstenherrn nicht herum.

Die Idee hatte ihre Vorgeschichte. Daß ein blühender Handel der Nerv aller Dinge, einschließlich des Krieges sei, soweit war die Wissenschaft gediehen. Die holländische Schiffahrt prosperierte; in der Nähe, über die Nord- und Ostsee, wie in der Weite, um das Kap, zu den Gewürz-Inseln. Es kam dazu, daß die Holländer, wie auch Dänen und Briten, über Spanien eine Art von Blockade verhängt hatten und jedes deutsche Schiff, welches sich der iberischen Küste näherte, konfiszierten oder versenkten. Eben auf dieses Ärgernis gründete sich eine spanische Spekulation: konnte man König Philipps kriegerische

Interessen nicht verbinden mit den merkantilen der Hansestädte zu einer bewaffneten Seegemeinschaft? Man würde den Deutschen, das hieß, den Hanseaten, ein Monopol über den Handel mit Spanien bieten. Man würde sie dabei schützen mit kanonenbestückten Fregatten und sie selber zum Bau von Kriegsschiffen anspornen. Man würde dafür einen deutschen Hafen eingeräumt erhalten oder mehrere deutsche Häfen, in Ostfriesland etwa und in Pommern; würde von dort die holländische Fischerei ruinieren, von hier dem König von Polen die Hand reichen und Schwedens Verbindungen mit Preußen paralysieren. Man würde das alles aber nicht unter eigenem Namen tun, zumal man sich über die Beliebtheit Spaniens bei den deutschen Protestanten keine Illusionen machte, sondern auf dem Umweg über den Kaiser, der doch ein Deutscher war und rechtens noch immer der Oberherr über Bremen und Hamburg, Wismar und Stralsund. Über so kühne Pläne wurde zwischen dem Herzog von Olivares und einem Wiener Diplomaten namens Ludwig von Schwarzenberg schon 1624 gesprochen; Schwarzenberg macht sich zu ihrem enthusiastischen Befürworter. Mit seiner Hilfe sickerte das Projekt von Madrid nach Wien, langsam, wie es diesen Zeitalters Brauch war. Jetzt, Sommer 1627, beschloß Ferdinands Geheimer Rat, daß es gut sei und verwirklicht werden sollte, wenn nämlich die Hanseaten aus freier Überzeugung mitmachten; sie zu zwingen, wäre unpolitisch.

Gesandte schwärmten aus. Nach Lübeck wurde der Protagonist des Unternehmens, Hofmarschall Ludwig Schwarzenberg, expediert. Zwei spanische Königsdiener, denen man maritime Kenntnisse zutraute, ein Conde Sforza, ein Señor Gabriel de Roy, begaben sich nach Nordland, um die Möglichkeiten zu inspizieren und das Notwendige mit des Kaisers General zu vereinbaren. Sie wurden alle von ihm entzückt und hingerissen, Schwarzenberg zumal, der ihn im Oktober in Rendsburg traf. Nicht auf Bayern sollte man setzen, so schrieb er an seinen Freund Khevenhüller nach Madrid, nicht auf die Kurfürsten, die alle den Spaniern feind seien und dem Hause Österreich seine neue Größe neideten, sondern auf Wallenstein allein. »Man vertraue sich Ihren fürstlichen Gnaden von Friedland, dessen Eifer, Ihrer Majestät Hoheit, Nutzen und Aufnehmen zu fördern, größer ist, als Ihr Euch Herren tut einbilden.« Ebenso Sforza an die Infantin in Brüssel: einen dem Dienste Spaniens so ergebenen General wie Wallenstein habe es in deutschen Reichen überhaupt noch nie gegeben . . . Man müßte es nicht kennen. Er hatte seinen Charme angedreht, war wieder einmal genau als der erschienen, als der er nicht galt; hatte mit dem ihm eigenen raschen und großspurigen Verständnis die Ideen seiner Gesprächspartner ergriffen. Daß er gleichzeitig mit Schweden verhandelte, würde die Spanier aus allen Wolken gestürzt haben, wenn man es ihnen gesagt hätte, beschwerte aber Wallensteins Gewissen nicht merklich. Was war dabei? Was würde aus den schwedischen Kontakten herauskommen? Wahrscheinlich nichts. Wenn aber dennoch etwas, so hatte er sich Spaniens ungefähre Teilnahme ja ausbedungen . . . Tatsächlich kam der maritime Großplan seinen eigenen Vorstellungen bis zu einem gewissen Grad entgegen. Er war, schnell genug, an die Grenzen dessen gelangt, was Landmacht tun konnte. Was jetzt? Auf See gehen, oder Frieden schließen, oder die eroberten Küsten so fest machen, daß ihnen vom Wasser her nichts geschehen könnte. Dies war bei weitem das Schwierigste. Zum Seekrieg brauchte er Schiffe; zum Friedenschließen auch, denn wenn im Strategisch-Politischen ein Gedanke ihn beherrschte, so war es der, daß die Gegner nur durch Macht, durch die Möglichkeit, ihnen noch Ärgeres anzutun, zum Frieden zu überreden wären. Konnten die Madrider Meeresfanatiker ihm Schiffe liefern, so nahm er sie gern. An Collalto: »Ich bemühe mich um Schiffe; der Graf von Schwarzenberg hilft fleißig dazu. Auf den Sommer müssen wir ihn« – den König Christian – »in seinen Inseln suchen, denn er hat uns in Schlesien und Mähren auch heimgesucht – ragione sarà che rendiamo la visita.« Er glaubte, man könne Schiffe bauen und eine ernsthafte Flotte zusammenbringen so schnell, wie er anno 25 seine Regimenter zusammengetrommelt hatte. Dem Grafen Sforza gegenüber ließ er über seine Pläne für das nächste Jahr sich imponierend aus. Vier Armeen werde er haben, eine zur Eroberung der dänischen Inseln, eine zum Schutz Pommerns und Mecklenburgs, damit der Schwede ihm dort keinen Streich spielen könnte, eine für Schleswig und Jütland, als militärische Landbrücke für die Flotten zu beiden Seiten der Halbinsel, eine für die Belagerung der festen Orte, welche die Dänen noch da und dort hielten, dazu Reiterei quer durch das ganze Reich. Mehr, er werde im Sommer einen Kanal von Kiel zur Nordsee graben lassen, so daß die spanischen Fregatten, die in Dünkirchen überwinterten, mir nichts dir nichts durch die Halbinsel würden gleiten können, bei Vermeidung der gefährlichen Durchfahrung des Sunds. Die Kosten für dies Projekt schätzte er auf 100000 Taler, oder etwas mehr, wenn man's ihm in Madrid vorstrecken wollte. Ein gewaltiges Gegen-Holland sah er in plötzlicher Vision, so tätig und modern wie Holland es war, gestützt auf die niederdeutschen Protestanten, und dennoch kaiserlich . . . Die Infantin ließ gegenfragen, ob es nicht billiger käme, den Sund beidseitig zu erobern und zu fortifizieren? Auch, wenn der Kaiser mit Dänemark Frieden mache, ob Spanien und Holland miteinbezogen werden sollten? Worunter sie eine Unterwerfung der Holländer verstand,

ohne davon, wie sie denn nur formuliert werden sollte, sich genaue Vorstellungen zu machen; Wallenstein aber einen vernünftigen Ausgleich, bei gleich schwacher Präzisierung der Art und Weise.
Aus allem wurde nichts; nichts aus den vierundzwanzig Schiffen, die Spanien nach dem Ostmeer schicken wollte; nichts aus dem Kaiser-Ferdinand-Kanal, obgleich Wallensteins Phantasie an ihm vergleichsweise am zähesten hing; nichts aus der spanisch-deutschen bewaffneten Handelsgesellschaft.
Die Hanseaten wollten nicht. Wohl erschien Ludwig Schwarzenberg in Lübeck und sprach im fürstlichen Audienzsaale des Rathauses mit Engelszungen: wie alles dieses von Anfang an sich begeben, so gänzlich ohne Schuld des frommen Kaisers – man war gründlich und ging immer zu den Ursprüngen zurück: wie seinerzeit Rebellen und Türken in der Nähe der Hauptstadt Wien, dieses Schlüssels zum Christentum, so gehaust, daß kein Auge es genügend beweinen könne; wie alle Versuche, die Rebellion auf dem Gnadenwege zu stillen, zuschanden geworden; wie, um nach Norden zu blicken, allerlei ausländische monopolische Gesellschaften, zum Spott der deutschen Nation, den Hansestädten das Brot gleichsam von der Faust abgeschnitten; wie nur unter Schutz und Schirm des Kaisers, als des erwählten deutschen Oberhauptes, die Städte die Freiheit ihres Handels und Wandels wiederzugewinnen vermöchten. Mit Hilfe Spaniens, gewiß, und das sei auf den ersten Blick vielleicht etwas bedenklich; aber hätte für eine löbliche Kaufmannschaft die Einführung spanischer und indianischer Waren auf deutschen Schiffen, und deutschen Schiffen allein, nicht doch etwas Verlockendes? Und so weiter, in treudeutsch-patriotischem Ton. Was half es? Für die Hanseaten war der Kaiser längst ein bösartiger Fremder, ihre Bindung an ihn nominaler Art. In ihren Städten wimmelte es von Emigranten; auf ihren Kanzeln predigten Pfarrer, die ehedem in Böhmen gepredigt hatten. Und nun sollte der Verfolger ihrer Glaubensgenossen plötzlich der große Protektor sein? Es war ein wenig spät dazu. Dr. Wenzel, ein schärfer blickender Adlatus Schwarzenbergs, schrieb nach Wien: im Grunde habe der Kaiser im Norden Deutschlands überhaupt keinen Freund, und denke man da alles Mögliche: dänisch, schwedisch, holländisch, nur spanisch und österreichisch nicht; man möge ihm seine Einfalt verzeihen. Die Delegierten der Hansestädte, die sich, Februar 28, in Lübeck trafen, taten, was man in so heikler Situation von altersher tat: sie entschuldigten sich wegen mangelnder Instruktionen, wegen Armut, wegen ihrer schon allein durch ihre Schwäche ihnen diktierten Friedensliebe, und verschoben Weiteres auf eine spätere Tagung. Woran auch der König von Dänemark nicht unbetei-

ligt war. Denn er konterkarrierte Schwarzenbergs Bemühungen mit dieser Botschaft: obgleich er, teils durch Gottes Vorsehung, teils infolge der Erbärmlichkeit seiner deutschen Bundesgenossen, bisher nicht viel Glück gehabt habe, so sei er, im Bunde mit Schweden, mit England, mit den Generalstaaten, doch immer noch stark genug, den Handel der Seestädte zu schützen oder gänzlich zu ruinieren, wenn sie frech würden. Wahr, die Papisten seien nun an das Meer gekommen, aber das Meer sei ziemlich breit und Schiffe hätten sie keine . . . So ließ Christian den Hanseaten sagen, und sie ließen es sich gesagt sein.

Mittlerweile hielten Wallenstein und Ludwig Schwarzenberg, jüngst noch gute Freunde, rein gar nichts mehr voneinander. Der Charme wurde abgedreht; der Schiefer brach hervor. Warum? Der Hofmarschall soll es dem Feldherrn verübelt haben, daß er aus Brüssel sich einen spanischen Admiral kommen ließ, Lodosa mit Namen, um das Flottenwerk zu organisieren; wegen der Unbeliebtheit des Königreichs unter den Deutschen wünschte Schwarzenberg Spanien nicht an der ostensiven Spitze des Unternehmens. Wallenstein auch nicht; »es ist uns gar wohl bewußt, daß man die Spanier derenorten für verdächtig halten tut«; wie er denn Lodosa bald wieder mit Grüßen an die Infantin nach Belgien zurückschickte, seine Dienste würden einstweilen nicht benötigt. Dies also kann die Ursache des Zerwürfnisses nicht gewesen sein. Dagegen mag er gehört haben, daß Schwarzenberg begann, über seine mangelnde Energie, über die Unordnung des winterlichen Kriegswesens sich in seinen Briefen abfällig zu äußern; solche Kritik liebte er nicht. Außerdem, oder obenan, gab es politische Meinungsverschiedenheiten. Nachdem der Hofmarschall in Lübeck mit Engelszungen nichts ausgerichtet hatte, wurde er zornig. Er drohte nun, er riet zur Gewalt: man solle den Lübeckern ihren Hafen Travemünde, den Hamburgern die vor ihrer Nase liegende Krautinsel besetzen und beiden Städten ihre Schiffe einfach wegnehmen. Nie wollte Wallenstein mehr Feinde haben, als er haben mußte; die deutschen Meeres-Republiken insgesamt und mit einem Schlag ins gegnerische Lager zu zwingen, erschien ihm als der schädlichste Narrenstreich. »Aus Ihrer Majestät Schreiben wird der Herr Bruder sehen können, was für Wäsche der Graf von Schwarzenberg angerichtet hat, bitt man fordere ihn von dannen, denn er wird nichts Gutes machen und durch seine Violenzen männiglich in Desperation bringen.« (An Collalto) Desgleichen: »Der Graf von Schwarzenberg braucht mehr Ridenzen als je zuvor mit den Hansestädten, er hat sie allbereits in eine ziemliche Desperation und sozusagen zur öffentlichen Rebellion gebracht, ich kann seine Chimären nicht sekundieren . . .« Und so über des Hofmarschalls giftige Malizien, Narreteien, ganz unmögliche Projekte an die verschiedensten Adressaten, mit der Besessenheit, mit welcher er dergleichen zu machen pflegte. Schließlich ein Ultimatum an den Kaiser: Schwarzenberg sei wegzuschaffen, oder er selber werde nicht zur Armee zurückkehren. Die Drohung wirkte; Schwarzenberg wurde nach Prag zitiert mit einem Vorwande, hinter dem er, nicht ohne Bitternis, seine Abberufung erkannte. Das sei nun der Lohn für alle seine Mühen; er wisse auch, wer es ihm angetan habe, und warum . . .

Es blieb nicht viel von der »Armazon zu Meere«, von der großen spanisch-deutschen Kriegs- und Handels-Societät. Insoweit sie spanisch hätte sein sollen, eigentlich gar nichts. Ein Deutscher, oder Flame, aus dem vielverzweigten Hause Mansfeld, wurde anstelle Lodosas zum Admiral ernannt und erhielt den mecklenburgischen Hafen Wismar als seine Flottenbasis; da sollte er so viele Schiffe bauen lassen oder zusammenkaufen, wie bis zum Sommer möglich wäre. Der Spanier Gabriel de Roy assistierte ihm, jedoch, worauf Wallenstein Wert legte, als bloßer Techniker in Kaisers Diensten. Einstweilen mußte Landmacht den feindlichen Flotten das Landen verwehren. Wallenstein an Arnim: »Ich werde berichtet, daß achtundzwanzig Meerhäfen in Pommern sein sollen, nun ist es ziemlich viel, aber sei's wie's will, so müssen sie alle besetzt und fortificiert werden . . .« Die unmögliche Forderung eines Mannes, der von der See nichts verstand, zu Arnims Erleichterung doppelt unmöglich; denn achtundzwanzig Häfen zählte man in Pommern gewiß nicht.

Höhe des Lebens

Der Tag, an dem er beschloß, das Herzogtum Mecklenburg an sich zu bringen, ist kaum bestimmbar. Solche Ideen tauchen zuerst in der Nacht, als Wünschbarkeiten und Lüste, auf, werden dann zu realen Möglichkeiten, zur Gewißheit allmählich. Möglichkeit und Gewißheit gründeten darauf, daß Ferdinand II. finanziell sich an den Händen seines Generals befand; er schuldete ihm, was er in bar nie würde zurückzahlen können. Mit Rebellengut war der böhmische Krieg bezahlt worden. Warum dasselbe nicht wiederholen im Reich und in des Reiches Dimensionen?

Gut war der Gedanke kaum. Realisiert, mußte er Verwirrung stiften und den Krieg verlängern; paßte also nicht zu jemandem, der entwirren und den Krieg verkürzen wollte. Er paßte nicht in die Dinge des Reiches. Hätte Wallenstein Sinn für die Macht der Tradition, hätte er Instinkt für dies seltsame, zählebige Gemeinwesen gehabt, er würde sich's zweimal überlegt haben. Wollte man einwenden, es sei doch vor kurzem etwas ganz Ähnliches geschehen und ebenso, um kaiserliche Kriegsschulden loszuwerden, die Beraubung des Winterkönigs, die Übertragung der Pfälzischen Kurwürde an Bayern, so wäre zu antworten, daß Friedrichs Vergehen ungleich spektakulärer gewesen war als das der Mecklenburger Herzoge, und zum Gewinner ein Mitglied desselben Hauses gewählt wurde, kein landfremder Edelmann. Ferner: die Erhöhung Bayerns hatte in Tat und Wahrheit unsagbaren Schaden gestiftet, und Wallenstein wußte es; in übler Laune konnte er niederschreiben, all dies Kriegsunwesen verdanke man Bayern. Wie er denn auch, und das war kaum länger her als ein Jahr, vor der Enteignung des Herzogs von Braunschweig gewarnt hatte: solche Methoden würden zu ewigem Krieg führen, »welchem Krieg zu assistieren mir unmöglich wäre«. Leicht ändert man Gesinnungen binnen 15 Monaten, zumal wenn man Gesinnungen eigentlich nicht hat; und leuchtet uns selber großartig-traumhafter Vorteil, so sieht alles anders aus.

Wünschte Wallenstein in Mitteleuropa Frieden zu machen, so mußte er jetzt eben das tun, was Maximilian nach der Schlacht am Weißen Berg nicht hatte tun wollen: großmütig Verzicht üben, dem Kaiser seine Schulden erlassen, sich mit dem begnügen, was er besaß. Weil Geld fehlte, waren seine Forderungen nur durch Land zu befriedigen; durch Land, das Anderen gehörte; durch Unrecht. Unrecht und Friede passen nicht zusammen. Das Unrecht wählte er. Dazu bestimmte ihn wohl nicht so sehr der besondere Macht-Trieb, der ihm eigen war, wie die allgemeine Regel, unter der er lebte. Hat in unseren Tagen eine Gesellschaft Gewinn aufgehäuft, so wird sie ihn zu neuem Gewinn investieren; der Gedanke, ihn herzuschenken, wird ihr nicht kommen und kann ihr nicht kommen. Wie hätte er diesem harten, rechnenden, träumenden Ego kommen sollen? Gab es überhaupt eine Wahl? Investieren in Land, Macht und Rang mußte er seinen Gewinn schon allein darum, weil es der einzige Weg war, ihn zu erhalten. Hätte man ihm aber die Millionen, die man ihm schuldete, wirklich in Gold ausgezahlt – wohin damit?

Am 2. Oktober, 1627, schreibt Wallenstein, er werde zu verhindern wissen, daß Tillys Regimenter ihre Winterquartiere in Mecklenburg nähmen; denn da »die Herzoge sich gegen den Kaiser vergriffen«, so liege der Verdacht nahe, es wolle der Kurfürst von Bayern ihnen »eine Feder ziehen«, soll heißen, zu seiner Annehmlichkeit im Lande schalten. Er sagt noch nicht, *wer* das im Ernst will. Vier Wochen später sagt er es schon, insgeheim, in einem Brief an seinen Abgesandten am Kaiserhof, dem Obersten San Julian: »Wegen Sagan hab ich meine opinion allbereit geändert und begehr nichts mehr in Ihrer Majestät Ländern, denn ich sehe, große Stücke sind schwer zu bekommen und unsicher zu halten; proponier nochmals Mecklenburg . . . Will mir der Kaiser das Land ganz und gar verkaufen, desto lieber wirds mir sein; wo aber nicht ganz und gar, so vermeine ich des Älteren Teil und ein Stück von des Jüngeren, denn er ist auch um ein Stück besser als der Ältere gewest; in summa, ich will machen, daß der Jüngere solches für eine Gnad wird halten, den Älteren werden wir mit etlichen Ämtern contentieren, daß er wird zu leben haben . . . Der Herr muß aber sehen, daß diese Tractation wegen Mecklenburg nicht weiter geht, als zwischen dem Fürsten von Eggenberg, Herrn Verda und dem Herrn allein, daß der Fürst derweil Praeparatoria macht, auf daß bei meiner Ankunft die Räte selbst dies proponieren; alsdann will ich mich am Anfang ein wenig spreizen und auf die letzt akzeptieren. Mit Sagan halte der Herr der Zeit zurück, denn das eine ist besser als das andere . . .« Der gleiche Brief, um den Räten Beine zu machen, enthält auch eine Andeutung über Jesuitencollegien, die man in Mecklenburg stiften könnte . . . Die schlesische Herrschaft Sagan war ihm schon im Frühjahr bewilligt worden.

»Proponier nochmals Mecklenburg« – es geschah also nicht zum ersten Mal. Einstweilen soll der Vorschlag nur seinen Intimsten bei Hof bekannt sein, Eggenberg und dem Kanzler Werdenberg; soll von ihnen behutsam im Geheimen Rat propagiert werden und dann von diesem ausgehen, derart, daß Wallenstein selber sich überraschen lassen, sich bedenken und zieren wird, ehe er annimmt. Größere Stücke sind in den habsburgischen Landen schwer zu bekommen, da gibt es nichts Rechtes mehr; also muß die Erwerbung im Reich sein. Mecklenburg ist besser als Sagan, unvergleichlich besser; selbst dann, wenn man den Herzogen gnadenhalber ein paar Kleinportionen beläßt, wozu er im Moment, Ende Oktober, noch neigt. Freilich, das ganze Land zu kaufen wäre schöner . . .

Die mecklenburgischen Brüder haben, als sie an die Regierung kamen, das Land geteilt, so jedoch, daß die wesentlichsten Einrichtungen, Gericht, Landtag, beiden Hälften gemeinsam blieben; der Eine, Adolf Friedrich, entschieden der Klügere, residiert in Schwerin, der Andere, Johann Albrecht, in Güstrow. Was ist ihr Verbrechen? Im wesentlichen dies, der unterliegenden Seite im Krieg, der dänischen, sich angeschlossen zu haben; hätte König Christian gewonnen, so würde niemand nach ihrem Gebaren fragen. Sie haben getan, was andere Stände auch taten: für die Verteidigung des Kreises gestimmt; ein wenig gerüstet; dem dänischen Heer Durchmärsche, Einmärsche,

Besetzungen erlaubt und mit Proviant zu seiner Erhaltung beigetragen. Was, machen sie nun geltend, sei ihnen denn anderes übriggeblieben, hilflos wie sie waren? Daß auch Sympathien mitspielten, Hoffnungen auf einen Sieg des großen, imaginären Protestantenbündnisses, läßt sich behaupten, vermuten, aber schwer beweisen; die Brüder waren vorsichtig und jammerten, während sie handelten oder duldeten. Ganz loyal und demütig wurden sie, sobald, im Sommer 27, der heranrückende Wallenstein bewies, wo der Erfolg lag. – Da ist es nun zu spät. Eine Weile nimmt der Eroberer ihre Briefe noch an und beantwortet sie höflich, kurz und vage: er werde, um ihr Land zu schonen, das Mögliche tun. An Johann Albrecht: »Daß aber Euer Liebden durch böse Leute bei uns übel angegeben sein sollen, werden dieselben unrecht berichtet sein.« Eine Woche früher an Arnim: »Es möchte sich schicken, daß in kurzem im Land zu Mecklenburg eine Mutacion möchte vorgenommen werden . . .« – wir wissen schon welche. Folgt der von nun an häufig wiederholte Befehl, das Herzogtum von Quartierlasten tunlichst zu befreien und nur die Hafenstädte besetzt zu halten. Es ist schon sein Land; seine Untertanen sollen es so gut wie nur möglich haben.

Nun wird es Zeit, selber Winterquartier zu nehmen in der böhmischen Heimat. Die November-Reise ist eine langsame. Viele Briefe von unterwegs, viele Aufenthalte; in Frankfurt an der Oder hält ihn die Korrespondenz fest, die Arnim mit Oxenstierna führt – die schwedische Unterhandlung. Weiter nach Sagan in Schlesien, der Miniatur-Hauptstadt, die, sozusagen mit der linken Hand, anzunehmen er sich dennoch entschlossen hat; als Herzog von Sagan hält er seinen Einzug, obgleich er es formal noch nicht ist. Von Sagan nach Schloß Friedland; sein Weg ist ihm mit eigenen Fürstensitzen bestreut, wie die Straße, die vornehme Römer zu ihren Landsitzen führte, mit kleinen Villen zum Übernachten. Von Sagan nach Gitschin. Dort, wo er am 7. Dezember eintrifft, hat Frau Isabella ihm fünfzehn Tage früher einen Sohn geboren, Albrecht Carl. Glück, insoweit einer wie Wallenstein Glück überhaupt je erfahren kann. Im Norden das große Herzogtum, an dessen Gewinn er nicht mehr zweifelt, daheim der zarte Erbe, der das Haus Wallenstein und Friedland fortpflanzen wird, eine große böhmisch-deutsche Dynastie. Eine neue, gewiß; aber waren nicht alle Dynastien einmal neu? Taufe, vollzogen durch den Schwager, den jungen Kardinal, Gäste im Palast und ringsherum, Festlichkeiten. Gratulationen; Stiftungen; tägliche Andachten – »ich muß fromm sein«. Für den Rastlosen, der nun jahraus jahrein den lieben langen Tag mit dem Diktieren strenger, schwierig-genauer Briefe, mit Verhandlungen, Rechnungen, Inspek-

tionen verbracht hat, ein Moment vergleichsweiser Rast. Er ist gut gelaunt in diesen Frühwinterwochen. Wie gut gelaunt, bezeugt ein Wort, das er sich gegenüber dem alten Freund-Feind, dem Grafen Collalto, entschlüpfen läßt: »doch wollte ich nicht gern eine Ursache zur Diffidenz geben, denn wenn wir Curbayern recht auf unserer Seite haben, so sind wir Patroni nicht allein von Teutschland sondern von ganz Europa . . .« Daß Maximilian der ungeschützten Partnerschaft in einer solchen Hegemonie mißtraut, fällt ihm nicht ein. Auch nicht, daß andere, zum Beispiel die Herzoge von Mecklenburg, düsterer Stimmung zu sein Grund haben, während er selber sich wohl fühlt, wie nie, seit die Jugend ihn ließ. Wo Einer Platz will, muß der Andere rücken. So ist die Welt; er hat sie nicht gemacht und nimmt sie, wie sie ist.
Von Gitschin den 19. Dezember nach Brandeis an der Elbe, um den Kaiser zu treffen. Der kaiserliche Hof hält sich damals in Prag und Umgegend auf, anläßlich der Krönung des Sohnes, des jüngeren Ferdinand, zum designierten König von Böhmen. Den Feierlichkeiten ist Wallenstein ferngeblieben, vielleicht ein Grund, unter anderen Gründen, warum er seine Winterreise so langsam machte; er liebt die Zeremonien nicht, am wenigsten solche, die einem Andern gelten, und liebt instinktiv den Thronfolger nicht. Daß er aber während seines Urlaubs eine Begegnung mit seinem erhabenen Brotgeber ganz vermeiden könnte, daran ist nicht zu denken. Nach Brandeis also. Unlust im Gewimmel der Höflinge, angenehme Bestätigungen auch. Bei der morgendlichen Kollektiv-Audienz darf er den Majestäten nach dem rituellen Waschen der Hände das Tuch reichen, wird dabei aufgefordert, sein Haupt zu bedecken, weigert sich dessen zweimal, was wohl auch zum Ritus gehört, tut es beim dritten; danach, an der Tafel, aber augenblicklich, was ringsumher neidisches Getuschel erregt. Sich in des Kaisers Gegenwart den Hut aufzusetzen, ist ein Vorrecht freier Reichsfürsten; das neue Privileg will sagen, daß, wenn seine bisherige Fürstenwürde keine ganz vollgültige war, er von jetzt ab ein Stand des Reiches ist so gut wie der Bayer. Von Brandeis an Arnim: »In wenigen Tagen wird eine Mutation mit demselbigen Lande« – Mecklenburg – »vor die Hand genommen werden, denn allbereit ist alles akkordiert.« Man hat sich also in Brandeis nicht nur mit Ritualien, mit Jagd und Banketten abgegeben. Zurück nach Gitschin, Weihnachtsmesse im neuen Dom, Gebete; Gebete besonders für die Gesundheit des Prinzleins, Albrecht Carl. Dieser, heißt es, ist zu früh auf die Welt gekommen und mit einem »organischen Schaden« behaftet. Den 8. Januar nach Prag. Sechs Tage später die Nachricht vom Tod des Knaben; die guten Werke, die pünktliche Fröm-

migkeit, der Priester summende Gesänge haben nicht geholfen. Kein Wort der Klage; man klagt nicht über den Tod, wenn man Wallensteins Stellung innehat. Auch ist der Drang der Geschäfte gerade jetzt derart, daß er Zeit zu grübelnder Trauer nicht wohl läßt. Ob später, im Rückblick, Gedanken finsteren Charakters ihm kamen, bleibe dahingestellt; allenfalls könnten wir sie für ihn formen. Ist die Höhe des Lebens so schmal, derart, daß es gleich wieder abwärts geht, kaum daß man sie erreicht hat? Das Erscheinen des Erben, in eben dem Moment, in dem die blendendsten, verblendendsten Möglichkeiten sich auftaten, war der Höhepunkt; der Erbe nur ein flüchtiger Gast. – Was die Dynastie, die Fortpflanzung des Hauses betrifft, so kommt die Resignation allmählich. Es scheint, daß Frau Isabella sich mit zwei Leibesfrüchten erschöpft hat – ein Töchterchen, Maria Elisabeth, ist schon da – und daß Wallenstein es weiß. Der Nutznießer all der Herrlichkeiten, der alten wie der neuesten, soll denn also der junge Schwager und Vetter sein, der Graf Max, der wenigstens den gleichen Namen trägt. Das ist nicht, was die Erziehung eines Sohnes wäre, die Arbeit für des Sohnes Größe. Töchter zählen kaum. Man findet sie, wie die Witwen, ab, mit einem bescheidenen Gedinge.
Wintermonate in der Hauptstadt Prag; der Kaiser mit seinen Trabanten auf der Burg; am Rande des Burgberges, da wo die Gassen steil werden, der Herzog in seinem Palaste, eine Konkurrenz-Hofhaltung. Wie anders die Stimmung als vor Jahr und Tag in Wien. Keiner mehr, der laut zu sagen wagte, daß Wallenstein seinen Aufgaben nicht gewachsen sei. Heimlich wurde wohl noch allerlei gesagt, geschrieben, in Tagebücher eingetragen.
Mecklenburg betreffend, für die Sache der legitimen Herrscher, unternahm die konservative Partei, die es in des Kaisers Nähe gab, einen letzten Sturm. Wir haben ihr Gutachten, so wie Graf Khevenhüller, selbst ein Geheimer Rat und ein Feind Wallensteins, es referierte. Schlimmer als bedenklich sei es, Fürsten, deren Ahnen bei 800 Jahren im Lande gesessen, mir nichts dir nichts zu vertreiben; ungehört und ohne daß man sie der Laster, deren man sie anklagte, wirklich überführt hätte. Solche Prozedur würde die allgemeine Untrausamkeit im Reich noch vertiefen; um so mehr, als man den Herzog von Friedland öffentlich habe sagen hören, es müsse jetzt in Deutschland ein einziger Herr sein, so wie in Frankreich und Spanien. Ein Akt schreienden Unrechts im Norden würde den Frieden mit Dänemark versperren, die Schweden ins Land ziehen, den Krieg verewigen; das Glück der Waffen sei wandelbar. Verdiente Wallenstein denn eine so exorbitante Belohnung? Stimmten die Zahlen, mit denen man operierte; schuldete, bei genauer Berechnung all der Kontributionen, nicht viel-

mehr der General dem Kaiser Geld anstatt umgekehrt? War es weise, einen Mann »von so hohen Gedanken« mit Macht dermaßen zu begaben, daß man nachher, wenn man schon wollte, ihn nimmermehr würde loswerden können? Mochte, wenn es denn sein mußte, der Kaiser die beiden Mecklenburger mit einer Geldstrafe belegen und das Geld seinem Feldherrn schenken. Genügte diesem eine großzügige Gratifizierung nicht, warum sollte ihm dann Mecklenburg genügen, genügen überhaupt irgend etwas auf Erden? Warnend: es seien der Exempel genug, »daß, wenn die Herren ihren Dienern mehr Gewalt, als ihnen gebührt, eingeräumt, sie es oft mit allzu später Reue bedauert haben . . .« Der Stil des Grafen Wilhelm Slawata, der die gelehrten Anspielungen liebte. Weiter mögen bei dem Memorial der andere Altfeind, Kardinal Dietrichstein, ferner die Räte Stralendorf, Meggau, Max von Trauttmansdorff mitgearbeitet haben. Wir raten nur; können übrigens den Autoren nicht einmal so ganz unrecht geben, mindestens, was die mutmaßliche Reaktion der Kurfürsten und der Nordkönige betraf. Ach, wenn nur nicht Gründe für das Eine stets so leicht aufzutreiben wären wie für das Andere. Gerade aus der Drohung der Seemächte leitete Wallenstein die Notwendigkeit her, sich stark zu machen an der Küste: *sein* Kommando, die Verbindung von Landesherrschaft und militärischem Oberbefehl, würde zuverlässiger sein als das Walten jetzt wohl demütiger, aber kompromittierter, nord-versippter Kleinfürsten. Die übrigen Argumente steuerten seine Freunde bei, Eggenberg an der Spitze. Da hieß es: die Schuld der mecklenburgischen Brüder sei genau so evident wie Wallensteins Leistung. Wer hatte ein Heer von 100000 Mann auf die Beine gebracht, ohne Entgelt und Bezahlung, aus eigenem Beutel? Wer den Kaiser, als er verloren schien, zum Herrn gemacht vom adriatischen bis zum deutschen Meere? Wallenstein allein besaß den Kredit, die Liebe, die Furcht, bei den Offizieren wie bei den Soldaten: »sollte er manquieren, so wüßte man von keinem, der seine Stelle vertreten könnte, und würde es ohne Meuterei und gänzlichen Ruin der kaiserlichen Armada nicht abgehen . . .« Die angeblichen üblen Folgen seiner Erhöhung? Man sollte doch die Kurfürsten nicht überschätzen; sie würden Briefe schreiben wie bisher und es dabei bewenden lassen. Schweden sei in Polen genugsam beschäftigt. Dänemark (»wie der Herzog von Friedland versichert«) werde schon Frieden machen und sich nicht groß um Mecklenburg kümmern, erhielte es nur sein Eigenes zurück. Aller schönen Möglichkeiten Erfüllung, die Herrschaft am Meeresrand und auf dem Meer, die spanisch-deutsche Handelsgesellschaft unter des Erzhauses schützenden Fittichen, die Verbreitung der katholischen Religion, Bestrafung der Bösen und Belohnung der

Gerechten, dann auch und nicht zuletzt die Lösung der leidigen Geldfragen, es hing ab von dieser einen Entscheidung . . . Wer hatte recht? Ein fauler Mensch wie Kaiser Ferdinand folgt nicht dem besseren Rat, wenn er vor schwieriger Wahl steht, er folgt dem bequemeren. Die Sache war schon zu weit gediehen, als daß sie ohne die peinlichsten Beschwerlichkeiten noch hätte abgeblasen werden können. Er entschied sich für den Herrn der 100000 Soldaten. Ein unheimlicher Mann, der dort unten im Friedländer-Haus; eigentlich gemocht hatte er ihn nie. Aber er war so nützlich, so unentbehrlich, und wenn man ihm nicht seinen Willen tat, so rätselhaft. Daß es ein Entschluß der Ohnmacht war, Ohnmacht gegenüber dem General, konnte kompensiert werden damit, daß es ein Akt kaiserlicher Allmacht war, gegenüber dem Reich und Europa. Mindestens sollte es Nichtkennern so erscheinen.
Die Investitur mit Mecklenburg geschah auf doppeltem Weg, einem öffentlichen, einem geheimen. Die Öffentlichkeit ließ man nur dieses wissen: der Kaiser hatte seinem General das Herzogtum pfandweise überlassen, solange, bis seine Kriegskosten, die Kosten des aufgezwungenen, blutigen und unnotwendigen Krieges überhaupt, gedeckt wären. Also eine vorläufige, keine endgültige Enteignung der bisherigen Einsitzer. In der heimlichen Wirklichkeit war sie dennoch für immer. Dem Pfandbrief waren zwei nur für den innersten Kreis bestimmte Urkunden vorausgegangen: ein Dokument, durch das Wallenstein das Land regelrecht kaufte, der genaue Preis später festzusetzen; ein Lehensbrief, der ihm das Recht verlieh, seine Nachfolger zu bestimmen. Diskrete Improvisationen; der offenen, feierlichen Belehnung um anderthalb Jahre vorgreifend. Wallenstein nahm nach seiner Art schon diese inoffiziellen Zusagen gewaltig ernst, verlangte Korrekturen, erhielt sie: »Dies muß nicht sein . . . denn auf solche Weise kaufte ich mir nur Rechtsprozesse anstatt des Landes . . .« »Dies bitt ich, daß ausgelassen wird.« Der Kaufbrief wieder war zugleich ein Schenkungsbrief. Denn der Wert des Gegenstandes wurde geteilt in die Regalien, die landesherrlichen Einkünfte, die ihm gnadenhalber übermacht wurden, und in die Domänen, den herzoglichen Privatbesitz, für den er zahlte, jedoch wieder abzüglich einer kaiserlichen Gnadengabe von 700000 Gulden. Ein kompliziertes Geschäft; um so komplizierter, als die Bezahlung natürlich nicht in bar, sondern durch die Verrechnung angelaufener Forderungen geschah. Dies alles im Geheimen. Die Leute wußten es trotzdem; und Wallenstein, nach außen hin nur Pfandherr, fing alsbald an, sich in seinem neuen Gebiet auf die Dauer einzurichten. Er tat dies schon von Böhmen aus, wo er, seinen Dreimonat-Urlaub über weit mehr als ein halbes Jahr ausdeh-

nend, sich bis Juni 1628 aufhielt. Die beiden Hauptzwecke, die Stabilisierung der Landesherrschaft und die militärische Verteidigung, flossen dabei zu einem zusammen.
Sein dringendster Wunsch: die Herzoge Adolf Friedrich und Johann Albrecht, diese verdutzten Unglücksraben, aus dem Land zu schaffen. Darüber wenigstens zehn Briefe an seinen einstweiligen Vertreter in Mecklenburg, Obersten von San Julian, und ebensoviele an Arnim. Einmal höflich-taktvoll: »sie sollen selbst nicht begehren, mich da zu sehen, wo sie zuvor geherrscht haben . . .« Einmal grob: »die Fürsten muß man fortschicken, denn zween Hahnen auf einem Mist taugen nicht zusammen.« Was er auch mit einem lateinischen Lieblingswort ausdrückt: Amor et dominium non patitur socium. Einmal brutal: »so sehe er, daß beide Fürsten aus dem Land sich begeben per amor o per forca, denn da muß man alle courtoisie auf die Seit setzen, quia salus suadet.« Er gewährt ihnen eine Frist von fünfzehn Tagen, verlängert sie oder muß dulden, daß man sie verlängert, denn er ist selber nicht am Ort, und sein Vertreter zögert, Gewalt zu gebrauchen. Da gibt es auch noch eine Herzogin-Mutter, Sophia geheißen. Über sie: »was aber die alte Herzogin betrifft, solches remittiere ich alles des Herrn Diskretion, viel lieber wollte ich schon, daß auch sie wegziehen täte, vermeint aber der Herr, daß es nicht sein kann, so sei's . . .« Der Herr vermeint so; die Alte darf bleiben. Auch die Söhne schieben ihre Reise ins Elend hinaus, beschwören Standesgenossen, die unverbindliches Mitleid zeigen, schicken einen Gesandten nach Prag, der aber des Kaisers Antlitz gar nicht zu sehen bekommt. Ferdinand pflegt sich solche peinlichen Szenen zu ersparen.
Danach der Unterwerfungsakt der mecklenburgischen Stände, der Ritter und Städte; die Huldigung. Für sie schickt Wallenstein seine persönlichen Deputierten, San Julian und zwei Rechtsgelehrte, die Doktoren Niemann und Lüders; der Kaiser zwei Kommissare von Reichs wegen, den Geheimrat von Walmerode, den Oberst Aldringen. Anfang April werden die Stände ins Güstrower Schloß beordert, um zu vernehmen, was sie schon wissen. Sie drehen und wenden sich; sie bitten um Bedenkzeit; sie rühmen ihr angestammtes Fürstenhaus. »Wahr ist's, daß unter dem hochlöblichen Fürstlich Mecklenburgischen Regenten-Baume wir, und unsere Vorfahren, da die selben weyland in verderblicher und dürrer Finsternis des abgöttischen, verdammlichen Heidentums verirret, nun fast bei 1000 Jahren schon einen Anblick christlichen Glaubens aus sonderbarer Gnade des Allerhöchsten selig empfunden und in Erkenntnis des wahren lebendigen Gottes zu grünen und herrlich zu blühen angefangen . . .« Um welche Summe es sich denn eigentlich handele? Man sei bereit, nach Kräften

zu zahlen, wenn man nur die guten Herren behalten dürfte. Darüber zu verhandeln haben die Kommissare keine Instruktion. Sie bringen Dekrete, nicht Vorschläge, und nach einigem Hin- und-Wider-Reden muß die Huldigung doch sein. Nun erst fügen die Herzoge mit ihren Damen sich in das Unvermeidliche und verlassen das Land.
Womit die mecklenburgische Sache formal erledigt ist. Sagan folgt in einem Aufwischen, eine Bagatelle. Fortan schreibt Wallenstein sich »Herzog von Friedland und Sagan«, wird auch Mitglied des schlesischen Fürstentages. Sagan ist ein weniges Fürstentum. Wer aber aus Friedland das am wirksamsten verwaltete Gebiet Europas gemacht hat, der könnte auch aus Sagan noch etwas machen.
Zu den politisch-feudalen Rangerhöhungen militärische. Daß er sich den nie dagewesenen Rang eines »Generals des Ozeanischen und Baltischen Meeres« beilegen läßt, ist eine Anweisung auf die Zukunft: *Wenn* eine kaiserliche Flotte existieren, *wenn* ein Admiral sie kommandieren wird, so sollen Flotte und Admiral unter ihm sein. Land, Häfen und Meer, maritimer und Binnenhandel, Bataillen zu Wasser und an den Küsten, das ist nicht zu trennen. Auch, wenn die Wasserkönige zu Lande kämpfen, warum sollte die große Landmacht sich nicht eines baldigen Tages aufs Wasser wagen? Ferner muß jetzt ein einziger Wille digirieren, was immer unter des Kaisers Fahnen zu Lande geschieht, wäre es auch sehr weit weg von Deutschland entfernt, zum Beispiel in Italien. Wallensteins Kommando war ursprünglich auf Deutschland beschränkt gewesen. Sommer 26 hatte man ihn nach Ungarn gezwungen, und seitdem nannte er sich »Oberster Feldhauptmann«, ohne daß er eigentlich dazu ernannt worden wäre. Jetzt, April 28, wird er »General-Oberster Feldhauptmann«. Wiederum ein neu erfundener Titel; beispiellos die mit ihm verbundenen Vollmachten. Er paßt sehr genau auf, daß nichts an ihnen fehlt. »Ich muß etliche Tage dahier verziehen, bis meine Bestallung recht gemacht wird . . . aber wie ich sie gesehen hab, so hab ich gesehen, daß sie nichts taugt, dahero denn ich sie wiederum zurückgeschickt . . .« (An Collalto) Es ist wie bei den Mecklenburg-Dokumenten; man soll doch nicht versuchen, etwas wegzulassen, was er will, etwas hineinzupraktizieren, was er nicht will. Das Ergebnis ist eine Art von Militärdiktatur, Diktatur im militärischen Bereich; der Kaiser tritt seine Rechte an Wallenstein ab, der General soll »so schriftlich als mündlich, insgemein und absonderlich ordinieren und befehlen« dürfen, »gleichsam als ob Wir in eigener Person solches ordinieren und befehlen täten«. Er übt alle richterliche Gewalt über das Heer aus, er bezahlt es je nach Notdurft – was impliziert, daß er es je nach Notdurft vergrößern darf –, Bewaffnung, Ernährung der

Soldaten ist alles seine Sache, er ernennt alle Offiziere mit Ausnahme solcher im Generalsrang; die alleine noch bedürfen kaiserlicher Bestätigung. Solche »vollkommene Gewalt, Autorität und Vollmacht« wird überall und immer gelten. Ging es noch höher? Für einen bloßen Militär kaum. Was besagte das? Die Politik, dem Grundsatz nach, wurde nach wie vor in Wien gemacht, und von ihr mußte abhängen, ob Wallensteins Aufgaben vernünftig wären oder unvernünftig, erfüllbar oder unerfüllbar.

»Der Herzog ist gewaltig und hoch verständig.
Aber er bleibt doch schlecht und recht
Wie wir Alle des Kaisers Knecht.«

Das blieb er, auch als Besitzer Mecklenburgs von Kaisers Gnaden. Und dann war noch die Frage, wie alle die Neuvergebungen, Ehrungen und Bestellungen interpretiert würden, mit welchen Gefühlen sie ausgefertigt worden waren. Mit keinen fröhlichen, wenn man dem spanischen Botschafter trauen darf. Er fand in jenen Tagen den Kaiser Ferdinand in einem Zustand von Melancholie, »äußerst besorgt wegen der launischen Beschaffenheit des Herzogs von Friedland. Er tat mir leid, daß er trotz seiner Kenntnis von Wallensteins Charakter es nicht wagt, ihm das Commando zu entwinden; er meint eben, daß dies größere Übelstände zur Folge haben würde, als wenn man vorläufig gegen ihn gute Miene mache ...« Zwei Parteien am Hof, zwei Seelen in des Kaisers Brust; die eine verdüstert von dem, was die andere tut oder geschehen läßt.
Das kann man von Wallenstein nicht sagen. Es ist seine beste Zeit. Keine Klagen über Müdigkeit mehr, über Krankheit, obgleich schwere Podagra-Anfälle auch 1628 nicht ausbleiben; keine Drohungen mit Rücktritt mehr. Die höhnischen Proteste gegen das Gebaren von Hofkriegsrat und Hofkammer sind aus seinen Briefen verschwunden. Was er will, erreicht er – beinahe immer. Allerdings, die deutschen Kurfürsten beherrscht er einstweilen nicht, Bayern, Sachsen, die geistlichen Herren am Rhein, und weiß es. Aber Brandenburg, Pommern müssen parieren, Norddeutschland ist in seiner Hand; fragt sich nur noch, wie hart oder wie geschickt und geschmeidig die Hand sein wird. In Prag und Wien kann er sich den Herrn glauben. Er verlangt die Entfernung des unmöglichen Ludwig Schwarzenberg, des Handelsgesellschafts-Großprojekteschmiedes, und setzt sie durch. Er will zu seinem Nachfolger den flandrischen Seemann Philipp Mansfeld und erhält ihn, obgleich Mansfeld einmal in schwedischen Diensten stand. er wünscht die Erhebung seines mi-

litärischen Intimus, des Obersten Arnim, zum Feldmarschall; man tut ihm den Gefallen. An Arnim: »Ich kann mich nicht erinnern, ob ich dem Herrn das vergangene Jahr angedeutet hab, daß ich und der Graf von Schlick für ratsam befunden haben, dieweil diese Armee so groß ist und in viele corpi muß geteilt werden, daß man vier Feldmarschälle, wie in Frankreich der Brauch ist, sollte halten, auf daß, wenn einer mit einer Anzahl Volks geschickt wird, er desto größere Autorität beim Volk hätte . . .« Nun also, Arnim sei einer der Erwählten, und herzlichen Glückwunsch. Die anderen drei: Graf Schlick, Collalto – der war es aber schon vorher – und Wolf Mansfeld. Diesen letzteren, den »hungrigen Wolf«, wünschte er übrigens *nicht;* daß er ihn akzeptiert, zeigt den Zwang gelegentlichen Sich-Anpassens, dem er trotz allem nicht entgeht.
Seine lang-gedehnten Urlaubsmonate sind keine Ferien. Auch von Prag und Gitschin aus muß er regieren; die wilde Armee und die verworrene Politik. Seine Briefe zählen zu vielen Hunderten, wenn nicht Tausenden; die persönlichen, die er mit eigener Hand schreibt, die offiziellen, die er ins Konzept diktiert, um dann es sich vorlegen zu lassen, ob noch zu korrigieren. Die Beamten der Kriegskanzlei sind auch in Böhmen um ihn. Der Ordnung, welche ihr Vorsteher hält, ist es zu danken, daß diese Konzepte heute noch vorhanden sind; ein Teil durch den Buchdruck erlöst, worauf jedoch der größere Teil noch wartet. Nicht anders können wir uns Wallensteins Tag vorstellen, als daß er, etwa nach einem Morgenritt, Stunden und Stunden in seinem Kabinett sitzt, diktierend und lesend; dann empfängt; dann wieder diktiert, mitunter in Gegenwart des Empfangenen. Sein Gedächtnis ist gut, muß es sein. Er hat die Karte Deutschlands, Mittel- und Osteuropas im Kopf, neuerdings auch die der Meere und Inseln. Wer ist jetzt wo mit welchem Regiment? Was hat er dem und dem Fürsten versprochen? Wieviel, bis wann, schuldet ihm die und die Stadt? Er muß es wissen, denn wenn er es vergißt, die Schuldner werden sich nicht in Erinnerung bringen.
Die Truppen brauchen Platz und brauchen zu essen. Es darf kein Vieh und kein Getreide ausgeführt werden, zum Beispiel aus Jütland, das muß für die Soldaten bleiben. Der alte Bogislaw von Pommern, der Markgraf Sigismund von Brandenburg, Vertreter des Kurfürsten, kommen ihm mit den gewohnten Bitt-Belästigungen, aber es hilft nichts, »Privilegia sind allein zu Friedenszeiten zu gebrauchen, in Kriegszeiten hat es damit eine andere Meinung.« (An Herzog Bogislaw) Gewiß, Disziplin muß auch sein, oder sollte sein; er bemüht sich um sie, obwohl nicht mit dem gleichen Erfolg, mit denen er Fürsten und Städten seine Regimenter aufzwingt. Als der Oberst Hebron sich

in Wismar, *seiner* Stadt, die unverschämtesten Erpressungen erlaubt und Wismar bei ihm vorstellig wird, ist er »resolutissimo«, strafend durchzugreifen; nur durch seinen Tod entgeht Hebron einem Prozeß.

Mit der Frage der Quartiere hängt immer die des Geldes zusammen, denn Quartiere bedeuten an sich Geld, oder aber ein Gebiet, eine Stadt kauft sich durch Geld frei von Quartieren. Überhaupt, das Geld. Im Glanze seines Reichtums, auf dem Gipfel der Macht, fällt es nicht leichter, es zusammenzukratzen, als am Anfang; eher noch schwerer. Der Bau der Schiffe, der Einkauf von Holz, Leinwand, Hanf, die Einrichtung von Eisengießereien, die Anwerbung von Matrosen – wo das Geld dafür nehmen? Im Januar wird eine erste magere Unterstützung aus Madrid avisiert – 200000 Kronen; sie kommen erst im Sommer. Die schlesische Kontribution für das Jahr 28, 600000 Taler, muß er haben und erhält sie kaiserlicherseits zugesagt; zwischen der Bewilligung und dem wirklichen Geld in der Kriegskasse ist ein Unterschied. Für das gleiche Jahr haben die Nürnberger sich zu 100000 Gulden verpflichtet; wo sind sie? Magdeburg schuldet wenigstens 75000 Taler, dem Herzog oder seinem Bankier de Witte, das ist dasselbe. Die Stadt schickt eine Gesandtschaft nach Prag, um zu heckeln; diese Gesandtschaft allein kostet sie 15000 Taler, denn »ein jeder« – bei Hof – »will die Hände geschmiert haben. Wollten wir Gutes ausrichten, müssen noch einige Tausend spendiert werden.« Dazu fordert Wallenstein noch weitere 12000, um den Rat für seine Saumseligkeit zu bestrafen. Die Magdeburger in ihrem Bericht nach Hause: »wir spinnen allhier keine Seide dabei; zittern manchmal, wenn wir hingehen sollen und einen Sturz nach dem anderen ausstehen . . . Ihre Fürstlichen Gnaden sind in hohem Ansehen, und ist sonderlich dahin zu sehen, daß er bei Gnaden erhalten werde.«

Zum finanziellen das strategische Interesse. Die Hafenstädte müssen besetzt werden gegen den Wasser-Feind. Es gibt zwei Typen von Hafenstädten: die großen, reichsfreien Gemeinden, Hamburg, Lübeck, Bremen; die Städte, die einem Landesherrn untertan sind, die in Mecklenburg, Wismar und Rostock, die in Pommern, Barth, Greifswald, Stralsund, Kolberg, Stettin. Der Unterschied ist aber in Wirklichkeit ein fließender. Dem alten, längst verfallenden, durch seinen Mythos noch immer beträchtlichen Bund der Hansa gehören auch Stralsund und Rostock an, und ihr Verhältnis zur Landesherrschaft ist gelockert.

In Hamburg und Lübeck kommt Wallenstein mit einer ihm gänzlich neuen Welt in Berührung: republikanisch, obgleich überwiegend aristokratisch, im Politischen, im Wirtschaften kommerziell und international. Mit ihr muß er sich erst vertraut machen, was nicht geht ohne Lehrgeld; je besser er sie kennt, desto geschickter wird er sie behandeln. Schon im April, 28, an seinen neuen Seemann, Philipp Mansfeld: die Seestädte müsse man vorsichtig traktieren, um sie nicht in Verzweiflung, nämlich in die Arme Dänemarks oder Schwedens zu treiben. Daß Ludwig Schwarzenberg in Lübeck zuletzt so grob auftrat, ist der Grund dafür, daß er ihn wegjagt. Im Umgang mit den Stralsundern irrt er selber, weil Arnim ihn falsch informiert; sie sollen eine kaiserliche Garnison annehmen und wollen nicht. Eine gesamt-hanseatische Delegation erscheint in Prag, um die Neutralität ihrer Städte zu verteidigen, im besonderen, um für Stralsund ein gutes Wort einzulegen. Empfang im Palast, die Herren auf grüngoldenen Samtstühlen dem Herzog gegenüber. Wallenstein: Es wird Friede mit Dänemark sein, wenn der König will, aber er muß darum bitten. Tut er es nicht, so wird es Mittel geben, ihn auf seinen Inseln heimzusuchen. Jederzeit kann man ihn ruinieren durch Beschlagnahme aller dänischer Waren in den deutschen Häfen. Das Geld der Stralsunder will er nicht, er will eine Garnison in der Stadt; sie mögen sich mit Herrn von Arnim vergleichen oder ein Ende mit Schrecken nehmen. Für den Frieden zwischen Spanien und den Holländern weiß er auch ein Mittel: König Philipp soll ihnen ein Privilegium verleihen, zum Teufel zu fahren . . . Lacht; fügt begütigend hinzu, da habe er als Katholischer gesprochen; entläßt die schwarzgekleideten Rechtsgelehrten. – Die Szene ist erwähnenswert, weil er schon nach Jahr und Tag über die Niederlande ganz anders denken wird, über den Seehandel im Kriege auch.

Die kaiserliche Traumflotte zu Wismar, die langsam, gegen zähe Widerstände, ein Stücklein Wirklichkeit annimmt, sieht er als im Wesentlichen gegen Dänemark gerichtet an, im Unterschied zu den Spaniern. Sie, die in Madrid, die in Brüssel, und Herr de Roy, der angebliche Schiffs-Spezialist am Ort, haben den einen ewigen Feind im Aug, die Niederländer, ihren Handel, ihre Fischerei, und interessieren sich für Dänemark gar nicht. Eben darum können Wallenstein und de Roy sich nicht vertragen. Ist es aber mit der Invasion der dänischen Inseln wirklich ernst gemeint? Ist's nicht vielmehr eine der Wallensteinischen Taktiken, Prahlereien, Spielereien? Im Grund weiß er, daß Friede mit Dänemark jetzt möglich ist; aber nicht unter den Bedingungen, die er, aufgehetzt von den Wiener Höflingen, im vergangenen September zu Lauenburg anbot, nicht mit der Wegnahme von Schleswig und Holstein, oder gar so, daß die dänischen Stände sich den Kaiser Ferdinand zum König wählen. Das sind Fanfaronnaden, in die Luft gesprochen, um irgend jemandem Vergnügen zu machen. Er ahnte es längst; mit Dänemark ist nur *ein* Friede möglich, der Status-quo-ante-Friede, allenfalls mit der Qualifizierung, daß Christian IV. fortan darauf verzichten muß, in die deutschen Dinge sich einzumischen. So wie er im Tiefsten auch weiß, daß Madrid eines Tages doch nichts übrigbleiben wird, als sich mit den »Rebellen«, den Generalstaaten zu versöhnen. Wenn man Zeit braucht, sich selber klarzuwerden über das, was einem im Tiefsten schon klar ist, so braucht es noch mehr Zeit, es den Partnern klarzumachen. Denn die Partner sind dumm und kennen es nicht anders, als daß gewonnene Schlachten auch Gewinne in Land oder Gulden und Kreuzern bringen müssen.

Nun, er selber hat ja seinen höchsten Gewinn schon, Mecklenburg. Und welche Konzession immer man dem Dänen oder sonst wird machen müssen: *diese* nicht. »Ich will zum Frieden gewiß mit Hand und Fuß helfen, allein Mecklenburg muß ich halten und dabei bleiben, denn im widrigen Fall begehr ich keinen Fried . . .« (An Arnim)

Ein Widersacher

Pater Alexander von Ales, alias Francesco Rotha, Handelsmann, war einer von den Kapuziner-Mönchen, deren Kurfürst Maximilian sich für seine Geheimdiplomatie gern bediente; inbrünstig frommer, dabei der Verkleidungs-Intrige geneigter, auf dieser Erde nirgendwo fest beheimateter Menschen. Zu ihrer wie ihres Auftraggebers Gedecktheit gehörte, daß sie ihre hochpolitischen Reisen nach Paris, Brüssel, Rom, London auf eigene Faust, in Verbindung mit Ordensverwandten, unternahmen, derart, daß Maximilian, welcher das Halbdunkel liebte, nachher zu behaupten in der Lage war, er habe ihre Bemühungen weder fördern noch hindern können, weil er ja gar nichts davon gewußt hätte. Übrigens blieben es in der Regel erfolglose Bemühungen, illusiv, artistisch und schattenhaft. Streng geheim war denn auch die Mission, die den Pater Alexander im April 1628 nach Prag führte, gänzlich unabhängig von dem, was die bayerischen Agenten Preysing, Herbersdorf, Kurz von Senftenau dort offiziell verrichteten. Alexanders Reisezweck: bei einer »großen Persönlichkeit«, deren Namen außer dem Kurfürsten niemand wissen durfte, einmal so recht gründliche Erkundigungen über Wallenstein einzuziehen: seinen Charakter, seine Methode, seine Pläne. Der Geistliche blieb ein paar Tage, konferierte mehrfach mit der Großen Persönlichkeit und kehrte nach München zurück, wo er, den 26. April, seinen italienisch geschriebenen Bericht zuhanden von Serenissimus unterfertigte. Eine detaillierte Bestandaufnahme; aber so Reichliches sie bot, der gierig lesende Maximilian wünschte immer noch Weiteres, und so mußte Alexander sich ein zweites Mal zur Reise bequemen.

Seine andere Botschaft unterschied sich von der ersten darin, daß sie ein Diktat der Großen Persönlichkeit, ipsissima verba, enthielt, fügte aber nichts wesentlich Neues hinzu; il personaggio grande, einmal, und das war leichtsinnig, »il padre« genannt, hatte gleich anfangs gesagt, was er wußte, oder ein wenig mehr als alles, und konnte es nur noch variieren. Er ging in der Zergliederung seines Gegenstandes systematisch vor, wie ein Schüler, der einen Aufsatz schreiben muß: erstens, das Naturell Friedlands; zweitens, seine Art vorzugehen; drittens, seine Pläne.

Das Naturell. Ein schlauer Mann, verschlagen bis zum Unglaublichen. Ein ausgepichter Komödiant. Wo andere sich dümmer machen, als sie sind, macht er sich bizarrer, tyrannischer; um sich die Leute vom Leib zu halten, ihnen Furcht einzuflößen, vor allem, um ihnen die Lust zu nehmen, in seine Geheimnisse einzudringen. »Alles dieses geschieht mit vollendeter Kunst . . .« »Er hat ein gereiftes Urteil und einen eisernen Willen bei seinen Entschlüssen und kümmert sich durchaus nicht darum, ob er in irgendeiner Weise jemandem zu nahe tritt oder ihn beleidigt, wenn er nur sein vorgestecktes Ziel erreicht.« »Was für einen fast königlichen Staat hat er sich nicht gegründet, ohne Rücksicht auf den Haß so sehr Vieler, den er dabei sich zuzog; und bei alledem ist er auch ein großer Ökonom« – un grand Economo. Das wieder hindert ihn nicht, ungeheuer freigiebig zu sein, wo es ihm Vorteil bringt; »er gilt als ein Mann von Wort«; seine Dankesbezeigungen haben die runde Zahl tausend zum Nenner, seine Bestechungen desgleichen, durch sie hat er sich die Geheimen Räte gefügig gemacht, so, daß niemand mehr ihm zu widersprechen wagt. Versucht aber des Kaisers Majestät auf das Demütigste, ihn zu irgendeiner Konzession zu bewegen, zum Beispiel zur Räumung Sachsens, welches er, Johann Georgs Loyalität verhöhnend, mit mehreren Regimentern belegte, so ist seine Antwort immer nur diese: Es kann nicht sein – non si puo. Friedland fühlt von Natur aus einen Drang zur Oberherrschaft; nichts wird ihm schwerer, als sich einem fremden Willen unterzuordnen. Er ist entsprechend empfindlich: »Sein Jähzorn, welchen er viele täglich fühlen läßt, bricht auch gegen jene hervor, welche, ohne Friedland zu beleidigen, lediglich solche angeborene Schwachheiten an sich haben, die seinem Humor nicht zusagen. Er bekennt offen, seinen Zorn nicht meistern zu können; noch weniger aber halten ihn ein religiöser Sinn, ein ängstliches Gewissen etc. im Zaum, wovon man bei Friedland keine Äußerungen, außer erheuchelte, wahrnimmt, ungeachtet der vielen Almosen, bei denen er deutlich genug zeigt, daß er sie aus anderen Gründen als aus reiner Frömmigkeit gibt . . . So viel über seine Natur, welche leibhaftig das Bild eines jener Alten wiedergibt, über welche die Geschichte staunt, wie Attila, Theoderich, Berengar, die als einfache Heerführer durch das Wohlwollen anderer Könige Königreiche erhielten und (so flicht die Große Persönlichkeit ein) nach der Kaiserwürde strebten.«

Aus der Natur des Mannes ergeben sich die Methoden. Man muß Wallenstein zugestehen, daß er überaus planmäßig vorgegangen ist, Schritt für Schritt: von der militärischen Hilfsmacht für Tilly zum

selbständigen Kommando und dann zur Stellung des unumschränkten Generalissimus. Seine Kniffe kennt man: die Bestechungen; das Umschmeicheln des einflußreichen kaiserlichen Beichtvaters, Pater Lamormaini, überhaupt der Jesuiten; das beständige Drohen mit Rücktritt, obgleich er an ihn nicht im entferntesten denkt; das in seinem Lager den Strengen und Verhaßten Spielen, während er in Wirklichkeit alles tut, um sich bei den Soldaten beliebt zu machen; die Vergebung von Obersten-Patenten vorzugsweise an Protestanten, weil die ihm am gefügigsten sind. Seine Berechnungen sind in der großen Strategie so deutlich wie im kleinlichsten Detail. Mit Absicht hat er Dänemark nie eine Schlacht geliefert, mit Absicht ließ er, anno 26, Mansfeld nach Schlesien und Ungarn entwischen, um bei der Verfolgung sich selber in den Erblanden einzunisten. Für die Erhaltung des Heeres könnte er recht wohl Geld vom Kaiser bekommen; er will aber keines, damit es *sein* Heer bleibe und damit er Grund habe, das Reich auszusaugen. Oft hielt man ihm vor, eine so große Armee sei doch auf die Dauer ohne Geld nicht zu halten; »darüber lachte er und sagte, die Erfahrung habe in vielen Fällen, wo man einen Krieg nicht fortführen zu können behauptete, das Gegenteil gelehrt . . .« Nur aus kalkulierender Schlauheit hat er anfangs den Grafen Collalto zum Feldmarschall gewünscht, nämlich, um Streit mit ihm anzufangen und ihn wieder wegzuekeln, was nur zu bald geschah; im Umkreis Friedlands geschieht rein gar nichts, was er nicht selber eingefädelt hätte. »Zu alledem kommt noch die geringe Achtung für den ganzen kaiserlichen Hof. Er schätzt alle gering und entzweit sich offen mit allen Ministern. Mit dem Kaiser geht er so um, als ob er selber der Kaiser wäre . . . Regierende Häupter schmäht er. In Gegenwart des spanischen Gesandten sagte er, der Katholische König sei nicht recht bei Sinnen. Das Gleiche sagte er vom König von Polen. Vom Papst hat er mit Mißachtung geredet und geäußert, es gebe fünfundzwanzig Kardinäle, die man auf die Galeeren schmieden sollte. Am selben Tage, als der Freund« – so nennt Pater Alexander sich selber – »von der Persönlichkeit sich verabschiedete, bemerkte der Minister Eggenberg zur gedachten Persönlichkeit: Wahrhaftig, dieser Friedland ist eine Geißel Gottes, eine wahre Geißel . . .«
So der Mensch, so die Mittel. Die Pläne, die Ziele? »Man kann sich davon überzeugt halten, daß eines der beiden Übel bei Friedland, wenn er in dem obersten Kommando belassen wird, unvermeidlich ist. Entweder er wird, ohne sich gegen Seine Majestät offen aufzulehnen, den Kaiser und alle anderen Reichsfürsten tyrannisieren, als ob er König von Deutschland wäre . . . Oder er wird, wenn man ihm entgegentritt, die Gelegenheit ergreifen, den Beleidigten spielen und

noch Schlimmeres ausführen.« Sein unabänderliches Hauptziel aber bleibt, den einen Konkurrenten zu ruinieren, den er im Reich noch hat, die katholische Liga. Denn »über alles fürchtet Friedland Bayern«. Für Bayern ein Grund mehr, diplomatisch und vorsichtig zu operieren. Es darf dem Herzog keine Feindschaft zeigen, aber muß sie heimlich bei anderen schüren, und zwar vor allem bei den Spaniern in Brüssel. Über Brüssel führt der Weg nach Madrid. Hat man erst die Spanier auf seiner Seite, dann ist es für die Kurfürsten Zeit, offen gegen Friedland vorzugehen, wobei sie ihn in der eigenen Falle fangen müssen: schlägt man ihm nämlich seine exorbitanten Forderungen einmal ab, so wird er, wie schon so oft, mit Demission drohen, und die wird man annehmen. Das Kommando wird Tilly übertragen. Unzuverlässige Obersten werden entfernt; die Vorräte an Munition und Lebensmitteln, die Friedland im Reich aufhäufte, schleunigst übernommen. Das Ganze müßte mit einem Schlag geschehen und bald, sehr bald . . .

Der »Freund« stellte Fragen. Ob man denn bei Hofe gar nicht nachdenklich sei über den so Beschaffenen, sich gar keine Sorgen mache? Antwort: Eigentlich nicht, da Kaiser Ferdinand ganz auf das Urteil seines Beichtvaters baut. Anders steht es mit Eggenberg und Collalto; aber Eggenberg ist träge und handelt nicht präventiv, höchstens, nachdem das Übel bereits ausgebrochen. Den besten Bundesgenossen haben die Treuen, Besorgten an dem spanischen Botschafter, der vor kurzem noch seine Warnungen an den Kaiser selber heranzubringen wagte. Leider vergebens; denn Ferdinand meinte: Da gehen wir zu weit. »In Folge dessen hat der Gesandte nach Spanien berichtet, Friedland habe den Kaiser so sehr seiner Macht entkleidet, daß er ihm nur noch den Namen gelassen.« – Frage: Ob ein geheimes Einverständnis zwischen Wallenstein und Spanien bestehe? Absolut keines. – Wie es mit dem vorgeblichen Plan eines großen Feldzuges gegen die Türken stehe? Nichts als ein Vorwand, um sich hochgerüstet zu halten. Ein Gleiches gilt für die Wirren, die nun wieder in Oberitalien zu entstehen im Begriff sind. Wallenstein tut wohl so, als ob er da mit großer Macht einzugreifen plane, aber das ist nur Schein; er wird »nie etwas Gewisses für etwas Ungewisses hingeben, weswegen er gegenwärtig weder an den Türken noch an Italien denkt, wohl aber daran, den deutschen Fürsten die Haut abzuziehen und sich allein im Reich unter Waffen zu halten«. Letzte Frage: ob Friedland geneigt sei, mit den Holländern zu brechen? »Die Antwort lautete absolut verneinend.« »Schließlich gibt die Persönlichkeit noch zwei Punkte zu erwägen: Erstens: daß Friedland unbeschadet alles dessen, was oben gesagt wurde, gegenüber jenen, welche ihm die Zähne weisen, von

Natur aus sehr furchtsam ist, und daß man auf diese Voraussetzung sicher bauen kann . . . Dafür habe die Persönlichkeit ganz untrügliche Beweise.« Zweitens: Man muß den Papst vor der friedländischen Gefahr warnen, noch dringender im allergeheimsten den Grafen Tilly, »bei dessen Gutherzigkeit Friedland viel darauf rechnet, ihn täuschen und schnell verderben zu können . . .«
Kaum hatte Kurfürst Maximilian diesen letzten Satz gelesen, als er auch schon seinem im Lager Tillys weilenden Kriegskommissar Ruepp befahl, sich eilends nach München zu verfügen, »weil solche wichtigen Sachen sich ereignen und vorfallen, daß Wir für die höchste, unumgängliche Notdurft erachten, Unserem General-Leutnant dem Grafen von Tilly derenthalben Communication und ausführliche, gemessene Ordinanz zukommen zu lassen . . .«. Woraus man sehen kann, daß der Kurfürst alles glaubte, was die Große Persönlichkeit ihm zu wissen gegeben hatte; nur wollte er immer noch mehr wissen.
Der zweite Bericht, mit dem wörtlichen Diskurs der Persönlichkeit, kam Ende Mai. Seine Aussagen klangen noch gefährlicher als die des ersten, und entschieden spekulativer; der Ungenannte, um die einmal übernommene Rolle weiterzuspielen, fühlte sich wohl genötigt, zu immer stärkeren Farben zu greifen. Was ist Wallensteins letzte Absicht? Keine geringere als die, sich zum Römischen Kaiser, oder doch zum König von Deutschland, Re hereditario zu machen – zwei Titel, zwischen denen die Persönlichkeit keine präzise Unterscheidung vornimmt. Das projektiert er, wohlgemerkt, nicht zu Lebzeiten des gegenwärtigen Kaisers, wohl aber nach dessen Tod, welcher allenfalls auch beschleunigt werden könnte . . . Ja, und dann wird er zeigen, »was Deutschland vermag, wenn es unter einem einzigen Haupte vereinigt ist«. Daß er öffentlich äußert, man brauche keinen Reichstag und auch kein Treffen der Kurfürsten, macht es sonnenklar: er will nicht, daß der Nachfolger des Kaisers, der junge Ferdinand, zu Lebzeiten des alten gewählt wird, und warum er es nicht will, können die Blinden greifen. Auf die Krone Karls des Großen hat er es abgesehen. Zum Kaiser gewählt werden kann jeder Fürst, jeder Graf; wenn die Kurfürsten ihn nicht wählen wollen, so wird er das Ding ohne sie machen, auf Art der römischen Soldatenkaiser. Dabei wird er immer den Schein des Rechtes wahren; denn so ist des neuen Attila Geist organisiert, daß er beider Stützen bedarf, der Macht und der Legitimität . . . Und solange Ferdinand II. noch lebt? Solange wird das große Nachher Stück für Stück vorbereitet. In Niederdeutschland ist Wallenstein nun der Herr; dies weite Gebiet wird er sich unterwerfen, ungefähr so, wie die Großherzoge von Florenz sich die Toscana unter-

warfen. Er wird mit Dänemark einen glimpflichen Frieden machen. Er wird die Mecklenburger Herzoge irgendwie abfinden; den Pfalzgrafen auch; der ist der Verzweiflung so nahe, daß er nehmen wird, was man ihm bietet. Überhaupt wird es kein europäisches Problem geben, das Wallenstein, zuerst als Generalissimus, dann als Oberhaupt eines geeinigten Reiches, nicht wird lösen können. So glaubt er wenigstens. Die Hindernisse auf dem Weg? Er kennt sie: die Liga; den mächtigen Bund der Hanse; die großen Reichsstädte. Die Liga wird er beengen und bedrängen, auch in fremde Händel – nämlich die holländischen – zu verwickeln trachten, bis sie sturmreif ist. Gegen eine »Hansestadt in Pommern« – damit ist Stralsund gemeint – geht er schon jetzt militärisch vor; »die Bitten des Kaisers waren unvermögend, ihn davon zurückzuhalten«. Man glaubt, er werde mit den Reichsstädten ebenso umspringen. Schließlich wird er ganz Deutschland durch die folgenden Mittel unter seine Kontrolle bringen: durch Zitadellen in allen wichtigen Städten, durch Beherrschung der Schiffahrt, der Häfen, der Flußläufe, durch Verteilung von Privilegien an die Gehorsamen und durch Vertilgung der Widerborstigen . . . Der Freund: Also eine absolute Monarchie im Reiche anstatt der Aristokratie uralten Herkommens? Wie, in aller Welt, solchem denn vorzubeugen? Die Persönlichkeit: »Man muß es als ein unumstößliches Fundament voraussetzen, daß Friedland sich über jedes Hindernis lustig machen wird, das seinen Absichten entgegentreten wird, außer es besteht in einer effectiven, mächtigen Armee . . . Deshalb wird Friedland zur Stunde seine Angelegenheiten nicht vom Glück der Waffen abhängig machen wollen, um so weniger, als es sicher und durch seine Handlungsweise bestätigt ist, daß er ebenso feig ist, wenn er sich schwächer oder gleichstark fühlt, als kühn, wenn er sich beträchtlich überlegen weiß.« Sicher auch, daß er keine Macht, wäre sie der seinen auch ebenbürtig, fürchten wird, wenn sie ihm nicht Grund gibt, sie als feindlich und jeden feindlichen Aktes fähig zu betrachten; leider! geben die Güte des Kurfürsten von Bayern und des Generals Tilly einen solchen Grund nicht. Endlich »darf man sich davon überzeugt halten, daß der Kaiser nie und nimmer im Stande sein wird, diesem Mann die Waffen zu entwinden, außer mit Gewalt«. Die Folgerungen liegen auf der Hand. Das Heer der Liga, der deutschen Kurfürsten, muß stark sein; so stark, daß man demnächst nach Wien oder Prag eine solche Botschaft schicken könnte: »Da die Kurfürsten sehen, daß nicht der Kaiser Herr seiner Armee ist, sondern Friedland, den sie als Feind . . . ansehen, so verlangen sie, daß die Autorität diesem Manne entzogen werde, widrigenfalls sie genötigt wären« etc. etc. Gleichzeitig wäre es gut, mit einigen hohen Offizieren Wallensteins insgeheim anzuknüpfen . . . Der Freund, wiederum: ob Friedland der Infantin Truppen gegen die Holländer zugestanden hätte? – »Ja. Aber nur etwas Cavallerie, deren er im Überfluß hat. Daß er sich mit den Holländern nicht einlassen wird, weder viel noch wenig, darf man als ganz sicher annehmen. Als der spanische Gesandte ihm davon sprach, hat er sich mit höhnischen Worten und Gebärden über ihn lustig gemacht.« . . . Der Freund: Wie es denn überhaupt mit dem spanischen Gesandten stehe? Die Persönlichkeit: an sich ausgezeichnet; aber der Minister Olivares, vielleicht aus Privat-Interesse, denkt nicht so wie der Gesandte, Señor Aytona kann nicht so freimütig berichten, wie er wohl wünschte, in Madrid regiert nicht der König, da regieren ganz andere Leute. Um so wichtiger ist es, die Infantin zu Brüssel ins Vertrauen zu ziehen, wozu etwa der Pater Filippo, »ein sehr eifriger, fähiger und verschlagener Mönch« gebraucht werden könnte. – (Hier schrieb der grimmige Kurfürst an den Rand: »Warum thuts nit der Personaggio selbs, der dem Fridland anfangs selbs zu vilem anlaß geben?«) – »Schließlich sagt die Persönlichkeit, daß Friedland sicherlich mit dem Gedanken umgeht, die Regierungsform in Deutschland zu ändern, daß er die Reichstage und Convente immer verspottet und verächtlich angesehen, daß er die Geistlichkeit – gli Ecclesiastici – gehaßt habe und den glühenden Wunsch hege, sie zu reformieren (was hier soviel heißt, wie: sie abzuschaffen). Man möge gegen diesen Mann rasch handeln; denn er sei wie die Katze, die dem Gegner ins Gesicht springt, ehe sie den Schlag erhalten hat . . .«

Soweit die beiden Aufzeichnungen. Von wem stammen sie denn? – Darüber hat man gerätselt, seit jene Papiere zum ersten Mal wieder ans Licht kamen, und zwar wurden vorgeschlagen Wilhelm Slawata, Wallensteins neidischer Vetter, Feldmarschall Collalto, der böhmische Kanzler Fürst Lobkowicz. Aber Slawata war zu dumm, um solch ein Seelenbild zu entwerfen, Collalto konnte es schon allein darum nicht sein, weil er selber in den Berichten vorkommt, und wenn gegen Lobkowicz noch am wenigsten spricht, so spricht doch gegen ihn, daß er kein Priester war, die Große Persönlichkeit aber einmal, wie aus Versehen, der »Pater« genannt wird, wodurch die Zahl derer, unter denen er gesucht werden muß, sofort sehr klein wird. Ein gebildeter, politisierender Mönch, der perfekt italienisch spricht, wahrscheinlich ein Italiener von Haus, denn er nimmt alle seine Vergleiche aus der italienischen Geschichte, und wenn er schreibt, Wallenstein werde einmal »durch allerlei Unternehmungen zeigen, welche große Kraft Deutschland innewohnt, wenn es unter einem einzigen Oberhaupt vereinigt ist«, so spricht die Furcht des Welschen vor den Teutonen.

Ein Mönch, der Wallenstein auf das intimste kennt – das ist unbestreitbar – und der ihm »anfangs selbst zu Vielem Anlaß« gegeben, soll heißen, einmal sein Gehilfe oder Bundesgenosse war, der jedoch gleichzeitig gute Beziehungen zu Bayern unterhält. Ein Mönch, der dem Wiener Hof sehr kritisch gegenübersteht – »quelle corte venalissima« –, also ihm wohl nicht angehört, und dennoch mit dem Ersten Minister Eggenberg recht offene Gespräche führt. – Große Persönlichkeiten, in denen alle diese Eigenschaften zusammenflossen, kann es viele nicht gegeben haben. Jedenfalls gab es eine.
Im Sommer und Herbst des Jahres 29, anderthalb Jahre nach dem hier in Untersuchung Stehenden, führte Kurfürst Maximilian eine Korrespondenz, chiffriert und auf italienisch, mit dem in Wien weilenden Kapuziner Grafen Valeriano Magni; einen Briefwechsel, in dem Magni sich als Kenner höfischer Stimmungen und Intrigen auswies. Auch als ein Kenner von Wallensteins Plänen. Zwar, der Herzog ist nicht am Ort; aber sein Vertreter, Oberst San Julian, macht dem Pater die vertraulichsten Eröffnungen: ein Astrolog hat ihm gerade erzählt, es sei ihm der herzogliche Auftrag zuteil geworden, des Kaisers Horoskop für die nächsten Monate zu stellen, welches tief genug blicken lasse; vor einigen Wochen habe Wallenstein den Beichtvater Lamormaini vor dem Krieg in Italien gewarnt und die Position Frankreichs ebendort als eine rechtliche bezeichnet – dies Memorandum wurde wirklich geschrieben. Das erste Ziel des Generals bleibe immer, die Liga zu entwaffnen; und so fort. Er, Magni, stehe mit dem neuen spanischen Botschafter so gut wie mit dem vorigen . . . Für frühere Geheimdienstleistungen, die wir nicht haben, dankt Maximilian in einem Handschreiben vom August: »Es ist wahr, daß wir aus den Gefahren, die sich aus dem Treiben des Herzogs von Friedland ergeben, noch nicht heraus sind; jedoch hoffe ich, daß er seine Pflicht und Schuldigkeit nicht vergessen wird.« – Maximilian kontrolliert sich genauestens in seinen Briefen. Kann er ganz sicher sein, daß Magni sie nicht einem Vertrauten Wallensteins zeigen wird? Denn der Kapuziner spielt ein Doppelspiel; läßt sich nach wie vor von Wallenstein zu diplomatischen Missionen gebrauchen; gehört zu jenen Geheimnistauschern, die zuletzt nicht wissen, für welche Seite sie spionieren.
Dieser Valeriano Magni ist die »Große Persönlichkeit« der Kapuziner-Relationen; er ist der Verfasser des Geheimberichtes über die Konferenz zu Bruck an der Leitha; um den Streit zwischen Wallenstein und Bayern, Wallenstein und der Liga, Wallenstein und Spanien zu schüren, um den General in einem Netz von Verdächtigungen zu fangen, hat er Bewundernswertes geleistet. Wallenstein blieb das un-

bekannt; er duldete Magni in seiner Umgebung bis in die Zeiten des Zweiten Generalats.

Der Beweis, daß der Mönch alles dieses war, liegt im Folgenden. Der Brucker Bericht war von einem gebildeten, klugen Italiener verfaßt, und zwar für den Kurfürsten von Bayern. Maximilian gab ihn an seine Freunde von der Liga mit dem Kommentar weiter, er stamme von einer Person, »die um des Friedlands Sachen und Intentionen vor anderen Wissenschaft habe, auch bei ihm in großem Vertrauen stehe«. Er war eine Mischung aus echter und prätendierter Eingeweihtheit; das Wichtige, Eigentliche behauptete der Autor aus dem Munde des Fürsten Eggenberg gehört zu haben. Noch wurde Wallenstein heuchlerisch Lob gespendet; daß aber des Herzogs Strategie darin bestand, Schlachten zu vermeiden, und seine Politik darin, das Reich mit Truppen zu überschwemmen, auszusaugen, zum Gehorsam zu zwingen, war mitnichten nach Maximilians Geschmack, und der Schreibende mußte es wissen.

Ein paar Monate später riet der Kurfürst einem seiner Diener, den er nach Wien sandte, für heikle Verhandlungen sich der Hilfe des Paters Magni zu bedienen: der sei bei dem General wohl angesehen, vermöge viel bei ihm, kenne seinen Humor – sein Temperament – durch und durch. Wieder zwei Monate später versprach der bayerische Vertreter in Wien, Dr. Leuker, bei bevorstehenden Verhandlungen mit Wallenstein »den Pater Valerianum . . . zum Gehilfen zu nehmen und nach desselben Rat in allen meinen Anliegen mich zu gubernieren«. – Da haben wir die Verbindung Magnis mit Wallenstein auf der einen, mit Bayern auf der anderen Seite. Er spielt den Vermittler, er rät, wie man den seltsamen General, den er so sehr, sehr gut kennt, richtig zu behandeln habe.

Die Kapuziner-Relationen stammen wiederum von einem kultivierten Italiener. Sie sind ausführlicher und ausschweifender als der Brucker Bericht. Die Grundthese ist dieselbe: die von Wallensteins vernünftig-grausamem Programm, durch ungeheure Truppenmacht und bei Vermeidung jedes unnötigen militärischen Wagnisses Deutschland zu unterwerfen. Wieder ist Eggenberg einer von des Autors Gewährsleuten. Wieder charakterisiert Maximilian den Verfasser als eine »ihm, Herzog von Friedland, vertraute Person, so dessen vor Anderen gutes Wissen hat . . .«. Und das sollte nicht derselbe sein, der vordem mit seinen Kenntnissen über die Brucker Konferenz sich wichtigmachte? Und sollte nicht derselbe sein, der im Jahre darauf, gezeichnet von Valeriano Magni, noch einmal seine höfischen Kundschaften exhibierte, sein Intimverhältnis zu den spanischen Botschaftern, dem alten wie dem neuen, unterstrich und mit Wallen-

steins Agenten vertrautest umging, indes er gleichzeitig Bayern vor Wallenstein warnte? Immer derselbe; der Mönch, der Italiener, die Große Persönlichkeit, Graf Valeriano Magni; es ist über jeden Zweifel erhaben.
Wallenstein kannte ihn, vermutlich seit 1604. Denn sein erster Feldzug, gegen die Türken, dann gegen die ungarischen Rebellen, war auch der erste Feldzug Magnis; der eine erlebte ihn als Fähnrich, der andere als Pfleger der Kranken. Man war eine einzige Familie bei solchem Abenteuer, jedenfalls die aus Böhmen Stammenden; die hohe, hochmütige Gestalt des jungen Edelmannes in der Kutte, seine Asketenzüge und Glutaugen, seine welschen Adelsmanieren, mußten dem um sich spähenden Fähnrich aufgefallen sein. Valeriano war in Mailand geboren, aber in Böhmen aufgewachsen, und er sprach tschechisch und deutsch so gut wie italienisch. Es heißt, daß glänzende Karrieren ihm offengestanden hätten, da ein Papst, Clemens VIII., seine Familie begünstigte. Er zog den Bettelorden vor, in welchem er zu Wien und Prag aufstieg; Heiliger und Beter, Helfer der Armen, Bekehrer der Vornehmen; der Kaiser ließ sich seine Predigten gefallen. Bekanntlich aber trägt der Ehrgeiz viele Kleider. Daß Magni ein streitbarer Theologe war, streitbar besonders gegen die Jesuiten, wurde schon in einem anderen Zusammenhang erwähnt. Er bekämpfte ihre Machtgier und gewann selber eine Art von Macht dabei. Außerdem ließ er früh sich zu eigentlich politischen Sendungen gebrauchen. Beispielshalber ging er im Jahr 1622 als ein Agent des Herzogs von Bayern nach Paris, um nicht bloß die Anerkennung von Maximilians Kurwürde durch Frankreich zu erwirken, sondern geradezu ein französisch-bayerisches Bündnis zu stiften; eine Sendung, deren er sich ohne Erfolg, jedoch mit viel List, Verschwiegenheiten, kunstreichen Finten entledigte. Seine Trumpfkarte war die dem Hause Bourbon durch die Übermacht der Habsburger drohende Gefahr: würde eine Allianz Frankreichs mit der Liga nicht ein nützliches Gegengewicht gegen Habsburg bilden? Also band den Pater keine feste Loyalität; er spielte; er konnte sich mit dem Interesse Frankreichs oder Bayerns ebensogut wie mit dem der österreichischen und spanischen Habsburger identifizieren. Wir verstehen das so, daß er Heimat nur in seinem Glauben besaß. Dergleichen an keinen irdischen Herrn gebundene Politiker konnte es damals mehr geben als später im Zeichen schärfstens gefestigter Staaten.
In Prag wählte der junge Erzbischof, Wallensteins Schwager, den Kapuziner zum Beichtvater, das hieß, zu seinem obersten Berater; womit Magni in den Wallenstein-Kreis eintrat. Die Beziehung war spannungsreich. Denn während der Herzog von Friedland als Protek-

tor der Jesuiten galt, ließ der Kardinal sich von Magni bereden, den Kampf um sein Recht, zumal auf die Regierung der Prager Universität, gegen den Imperialismus der Gesellschaft hitzig zu führen. Dieser interne Konflikt erreichte einen neuen Höhepunkt in eben dem Jahr der »Kapuziner-Relationen«, 1628. Die Jesuiten hatten die Dynastie ganz und gar für sich; so sehr, daß Wallenstein dem Beichtvater seines Schwagers riet, sich von seinem heiklen Amt zurückzuziehen, er selber werde seinem Talent ein fruchtbareres Tätigkeitsfeld zu verschaffen wissen. Aber hinter Magni stand Rom, stand die Congregation De Propaganda Fide; bewaffnet mit einem Zeugnis, das ihm die hohe Zufriedenheit des Papstes bestätigte, hielt er seinen Posten und seine Positionen. Sollen wir die Plaudereien der beiden Kapuziner, Alexander und Valeriano, in *diesem* Zusammenhang sehen? Einen heimlichen Feldzug gegen den Herzog von Friedland, den Freund der Jesuiten, gegen das deutsche Haus Habsburg, nun den Jesuiten so ganz hörig? Einen Feldzug im Sinne Roms, im Sinne jener Orden, der Kapuziner, Barnabiten, Franziskaner, die von den Jesuiten sich ärgerlich eingeengt fühlten? – So vernünftig ging es da nicht zu. Wohl wird in den »Relationen« dem Beichtvater Lamormaini ein leichter Seitenhieb erteilt, aber das ist alles. Wallenstein erscheint nicht als Jesuitenfreund, sondern als ein Mensch bar jeder Religion, der fromme Stiftungen macht zu unfrommen Zwecken. Und wenn dies nun wieder valerianische Taktik sein mag, sein eigenes Feindes-Interesse zu verschweigen, warum ist er anderswo so inkonsequent? Denkt er römisch, denkt er italienisch, so müßte er es doch begrüßen, daß Wallenstein in den neuen oberitalienischen Wirren nicht auf der Seite Spaniens zu intervenieren wünscht. Denkt er anti-habsburgisch und eher französisch als spanisch, so müßte er doch gutheißen, daß Wallenstein sich in den spanisch-holländischen Dauerbrand nicht ziehen lassen will. Er sagt nicht einmal, daß er es mißbilligt; er stellt fest. Aber alle seine Feststellungen sind Vorwürfe; die »Relationen« eine einzige ungeheure Anklage, obgleich voller Bewunderung für den Angeklagten.

Ein Spiel. Dem Pater Valeriano machte es verfeinertes Vergnügen, in der intimsten Nähe eines großen Mannes und Wüterichs zu leben, der Art, wie man sonst nur in alten Büchern über sie las; sein Vertrauen zu gewinnen und es zu brechen; womit er selber, der Mönch, überlegen wurde dem Überlegenen. Je größer er seinen Gegenstand machte, desto größer wurde auch er; daher die Übertreibungen, die Romantisierungen. »Außer Gott dringt niemand auf den Grund seiner Seele« – außer Gott und Valeriano Magni, Personaggio Grande, Berater der Mächtigen. Und wenn die Kurfürsten seinen Ratschlägen

folgten, wenn sie Wallensteins Entlassung durchsetzten mit den Tricks, die er ihnen einblies – wie stolz wäre der Töter des Königstigers auf seine Trophäe gewesen.
Die Aussichten standen nicht schlecht. Noch nie hatte Maximilian sich in so drängender Angst befunden wie nach dem Empfang der ersten, der zweiten Relation. In alle Richtungen jagte er seine Kuriere; nach Norddeutschland zu Tilly, nach Mainz, Dresden, Köln. An den Erzbischof von Mainz: die gefährlichen, bisher verdeckten Vorhaben des Herzogs von Friedland seien nun am Tag, man könne ohne die äußerste Gefahr nicht länger zusehen. Mainz: Genau dies sei schon längst seine Sorge gewesen; nur, um seine geistlichen Mitkurfürsten zu mobilisieren, bedürfe er genauerer Angaben. Maximilian willfahrte, indem er eine Übersetzung des ersten Berichtes schickte; sein Name jedoch müsse in dieser Sache unbedingt geheim bleiben, weil sonst ihm von Wallenstein noch böserer Haß, Gefahr und Ungelegenheit drohten. Wieder Mainz an Bayern: Friedländische Regimenter zögen plündernd durch das Eichsfeld, ihm gehörig; da habe man vermutlich den Anfang von Wallensteins verdeckten Anschlägen. Mainz an Trier und Köln: des Herzogs von Friedland gefährliche Projekte seien nunmehr ausgebrochen, das geliebte deutsche Vaterland in tödlicher Gefahr; sofort müsse eine Konferenz der katholischen Kurfürsten stattfinden. Köln an Bayern: »Herzliebster Herr Bruder, jetzt ist es Zeit, aus dem Schlafe zu erwachen, unser aller Untergang ist näher, als wir geglaubt hatten . . .« Maximilian an Mainz: Noch zehn Wochen untätig zugesehen, und alle treuen Kurfürsten seien verloren. Und so weiter, immer aufgeregter. Sie stritten darüber, wer als Erster das Unheil hatte kommen sehen. Sie regalierten einander mit Notstandsrezepten: das Bundesheer, die Armee Tillys, sollte nach dem Südwesten transferiert werden, um für jeden Fall bei der Hand zu sein. Sie beriefen wirklich einen Kongreß der Liga nach Bingen am Rhein. Die Instruktion der bayerischen Vertreter spricht für sich: die Frage, gab der Kurfürst ihnen auf, sei hauptsächlich, ob man Wallensteins Truppen sofort angreifen oder aber warten sollte, bis man angegriffen würde. In jedem Fall wäre dem Kaiser zuvor ein Ultimatum zu stellen; entließe er den Herzog von Friedland nicht, reduzierte er sein Heer nicht auf einige tausend Mann, dem Heer der Liga einzuordnen, dann wäre man frei zu jedem, auch aggressiven Schritt, in Ausübung des ewigen Rechtes der Selbstverteidigung . . . Die Berge kreißten in der rheinischen Sommerhitze, sie gebaren ein Protokoll von 134 Seiten. Wir sehen die grauen Geheimräte wollen und doch nicht wollen; zögern und warnen vor der Gefahr des Zögerns. Offener Krieg zwischen der Liga und Wallenstein wäre eine Katastrophe, zu-

mal wegen der zu befürchtenden, schadenfrohen Einmischung fremder Potentaten; aber gar nichts zu tun und abzuwarten hätte vielleicht noch schlimmere Folgen. Einstweilen wäre zum Mindesten dies zu tun: der Kaiser durch eine Gesamtmission der Kurfürsten aufzufordern, den unerträglichen Generalissimus zu entlassen. Käme aber die gewohnte procrastinierende Antwort, dann sei rundheraus zu erklären, angesichts der leidigen Tatsache, daß des Kaisers Majestät ihrem eigenen Feldherrn nicht mehr befehlen könne, bleibe den treuen Reichsständen nichts mehr anderes übrig als Selbsthilfe ... In dem Beschluß steckte der Ratschlag Valeriano Magnis, fast buchstäblich. Vorläufig wurde nichts daraus. Zu der Fabelfrage von Mäusen, Schelle und Katze kam die Haltung Wallensteins in diesem Jahre 1628 und dem nächsten; sie erfüllte die Warnungen des Kapuziners nicht eigentlich und lähmte so die Verschworenen. Behindert blieb die Verschwörung auch dadurch, daß Max von Bayern, der doch ihr wahrer Treiber und Schüler war, immer den Schein wahren wollte, als gehörte er ihr gar nicht an. Wie er denn eben zu der Zeit, in der er die Binger Konferenz vorbereitete, seinen Kanzler zu dem Fürsten Eggenberg nach Wien schickte: von dem, was Pater Valerianus in geheimen Sachen mit dem Rotha – Deckname für Pater Alexander – eigenwillig verhandelt und dann Eggenberg selber vorgetragen, habe er, Maximilian, nichts geahnt, es sei durchaus ohne seinen Befehl geschehen, ein Mißverständnis des Vorganges müßte ihm großes Odium auf den Hals laden ... Ein zweideutiges, dem Erfolg schädliches Verfahren: nie für das einstehen zu wollen, was man tut. Magni blieb in der Umgebung Wallensteins. Maximilian und Wallenstein fuhren fort, die höflichsten Botschaften zu tauschen. Und es sollte die Zeit kommen, da die Kurfürstin von Bayern an den guten Pater Valerian schrieb: nie, nie habe ihr erlauchter Gemahl für den Herzog von Friedland etwas anderes als Vertrauen und Liebe gefühlt, auch wahrlich zu nichts anderem Grund gehabt; hätten gewisse Leute gegen den Feldherrn gewühlt, so habe Bayern es leider nicht hindern können ... Der Brief war ostensibel. Wallenstein sollte ihn zu lesen bekommen, las ihn, und wußte selbst damals, 1632, noch nicht, was vier Jahre vorher zwischen Kurfürst und Großer Persönlichkeit gespielt hatte. Wir, die wir alles dies wissen, finden es der Ironie nicht entbehrend. Man war in der Politik unehrlich zueinander; so unsagbar unehrlich, so ehrlos, so verborgen verpackt, daß etwas Besseres als endloses Verderben wohl nicht dabei herauskommen konnte. Wer unterscheidet von der Schar der Lügenbolde sich da noch als der vergleichsweise ehrlichste? Umfassender gefragt: wie ähnlich war das Geheimportrait Wallensteins, welches man dem Pater Valeriano Magni verdankt?

Der Heilige besaß Kunde aus erster Hand; er vermischte sie mit Vermutungen. Friedland, behauptet er, werde sich niemals in Spaniens Krieg gegen die Niederlande ziehen lassen; die Hilfe, welche er der Infantin gewährte, sei nur Formsache. Wahr; und zwar nicht so sehr des Herzogs Äußerungen in jener Zeit wie der untergrundigen, dauerhaften Tendenz seiner Politik entsprechend. Er läßt die Stadt Stralsund angreifen, obgleich der Kaiser ihn demütig bat, es nicht zu tun. Wahr; ein solches Schreiben Ferdinands liegt vor. Er spricht verachtungsvoll vom Papst; das ist, seinen intimen Briefen nach zu schließen, wahrscheinlich. So vom König von Polen, davon ist nichts überliefert; aber weil wir Sigismund Wasa als einen törichten alten Prinzipienreiter kennen, sind wir geneigt, es zu glauben; es paßt. Ferner: Aytona, der spanische Gesandte, soll nach Hause berichtet haben, es stehe nun leider so, daß der Kaiser von aller seiner Macht nur noch den Namen habe. Das stimmt; die Depesche hat sich gefunden. Und so weiter . . . Ein Hochstapler also war Valeriano keineswegs. Was Wunder? Maximilian kannte ja seinen Informanten. Sparsam mit seiner Zeit wie mit seinem Geld, würde er die Relationen nicht so gierig studiert, nicht so sehr sich über sie erregt haben, hätte er ihrem Urheber nicht den Besitz authentischer Geheimnisse zugetraut. Vom Richtigen über das halbwegs Plausible zum Phantastischen aufsteigend, konnte der Pater doch jederzeit Kenntnisse aus eigener Anschauung nachweisen. Daß Wallenstein Bayern und seine Liga als ein Ärgernis empfand, daran war etwas; daß er es »über alles fürchtete«, stark übertrieben; daß er nicht ruhen würde, bis das Heer der Liga vertilgt wäre, dafür fehlen nicht nur die schriftlichen Belege – die könnte es wohl in keinem Fall geben –, es fehlen auch die bezeichnenden Taten. Der Dauerstreit um die Quartiere ist eine solche Tat nicht; er war banal und naturgegeben. Wenn der Herzog den Kurfürsten als Widersacher empfand und instinktiv nicht leiden konnte, so wäre noch zu fragen, wer dies reziproke Spiel begonnen hatte: der Neuling und Eindringling im Reich, Wallenstein, oder der alteingesessene Inhaber des supremo dominio, Maximilian. Die Vernichtung Bayerns als fixe Idee Wallensteins war nichts als ein Schluß aus seinem Charakter: das und das mußte er wollen mit eisernem Willen. So ist aber die Welt nicht gemacht, oder ist es nur *höchst* selten, daß ein Charakter sich in ihr, gegen sie, bis zur äußersten Konsequenz verwirklichen könnte. Der Schluß auf Bayern war ungewiß; der auf die Hansestädte rundweg falsch. Denn sobald Wallenstein von den Küstenrepubliken und ihrem Gewerbe sich einen Begriff hatte bilden können, den er anfangs nicht besaß, behandelte er sie mit ungleich schonenderer, liberalerer Behutsamkeit als irgendein anderer

Potentat, als Dänemark, England, Schweden, von Spanien zu schweigen. Davon bald. Seine Politik gegenüber den Hansestädten in den Jahren 28 und 29 strafte eine Prophezeiung Magnis ebenso Lügen, wie seine Strategie im Jahre 27 eine ältere Lüge gestraft hatte. Wie ein toter Klotz unter den und den Umständen sich verhalten wird, kann man wohl voraussagen. Bei einem inmitten des Weltgetümmels sich bewegenden Menschen ist es unmöglich.
Reiner Schwindel, so entschied das Orakel, war Wallensteins Projekt eines Großkrieges gegen die Türken; war nur ein Vorwand, um zu rüsten und mehr zu rüsten. Dies Urteil ist nicht widerlegt worden, der Krieg gegen die Türken wurde nie geführt. Er *konnte* gar nicht geführt werden, solange die Dinge zwischen Habsburg auf der einen Seite, Dänemark, Schweden, England, Holland, Frankreich auf der anderen so standen, wie sie standen. Aus diesem Negativum auf die Verlogenheit des Planes oder Wunsches zu schließen, wäre vorschnell. Valeriano Magni wußte, daß Wallenstein mit dem Türkenkrieg nur Hokuspokus trieb. Wir, 340 Jahre später, wissen es nicht.
Die Idee eines Kreuzzuges hatte unlängst so manche Seele in Europa bewegt, sagen wir zwischen 1614 und 1624; Anknüpfung an graue Vergangenheit, Vorahnung der Zukunft. Es wäre nicht so sehr darum gegangen, die Heiligen Orte zu erlösen, wie darum, die Balkanvölker, zumal die Griechen, von unchristlich-barbarischem Joch zu befreien; auch etwa um die Sicherung strategischer Basen in Ägypten oder anderswo. Ein Kapuziner, dessen mächtige Geheimrolle Valeriano Magni nur zu gern gespielt hätte, agitierte in Paris, in Madrid und Rom für das Unternehmen: Pater Joseph, Ratgeber des Kardinals Richelieu. Ihm war das anfeuernde Poem in 4500 lateinischen Versen zu danken, »la Turciade« genannt. Ein italienisch-französischer Grande, der Herzog Karl von Gonzaga-Nevers, opferte dem leuchtenden Ziel sein Vermögen, kaufte Schiffe, gründete einen Orden »von der christlichen Miliz«, zum Beifall dreier Päpste, auch des jetzt regierenden Urban. Freilich versandeten alle die großmütigen Vorbereitungen. Die europäische Staatenwelt, unreif im Vergleich mit dem, was noch kommen sollte, war schon zu sehr verfestigt, um zu einem selbstlos-frommen Gemeinschaftswesen zu taugen; in Madrid wünschte man keineswegs, dem französischen Nachbarn etwa zu Ägypten zu verhelfen. Nehmen wir an, es sei Wallenstein mit dem Türkenkrieg ernst gewesen, nehmen wir an, er hätte das Geplante ins Werk gesetzt, so wäre es, dem Anführer bewußt oder nicht, ein anderes Werk gewesen als das, welches dem Herzog von Nevers vorschwebte; Werk nicht der europäischen Christenheit, sondern der werdenden österreichischen Großmacht. Ungefähr das, was zwei Ge-

nerationen später dem glücklicheren Nachfolger, dem Prinzen Eugen, gelang. Dazu, mag man billig schließen, waren die Zeiten im Jahre 1697 reif, nicht im Jahre 1629. Wallenstein ahnte etwas, wie er in seinem brütenden Geist manches ahnte, er kam zu früh.
Oder: er gaukelte den Leuten etwas vor, wovon er wußte, daß er es niemals tun würde. Kann einer so konsequent lügen? Wenn einer es konnte, war es dieser? »Ich will zum Frieden gewiß mit Hand und Fuß helfen, allein Mecklenburg muß ich halten und dabei verbleiben, denn widrigenfalls begehre ich keinen Fried . . .« So hatte er geschrieben; das naivste, das brutalste, das ehrlichste Wort des Jahrhunderts; lieber Dauerkrieg, Tod und Qualen für Hunderttausende als der Verlust dieses neuen Spielzeuges. Im selben Brief an Oberst Arnim ist vom Türkenkrieg die Rede: »Der Krieg und die Minister wollten nachher« – nach dem Frieden mit Dänemark – »gern die Arma gegen die Türken wenden . . .« Und so in dieser Epoche, der Epoche der Kapuziner-Relationen, an Arnim unzählige Mal: »Aus des Herrn Schreiben vernehm ich, was er mir wegen des Friedens im Reich und des Reichskrieges wider den Türken schreiben tut, nun versichere ich dem Herrn, daß ich mir dies Werk so hoch angelegen sein lasse, wie irgend eine Sache in der Welt . . .« An Collalto, ein Jahr später: »Itzt hab ich lang mit dem Grafen von Tilly vom ungarischen Krieg discuriert, bin zuletzt auf unser propositum wider den Türken zu kriegen kommen, er hat gleich mit Händen und Füßen drein geplotzt und sagt, das wäre eine heilige, rühmliche, leichte und nützliche Impresa . . .« Wieder vier Jahre später zu Unterhändlern ganz anderer Art: wenn erst Friede sei, so wollte er mit den vereinigten Armeen, der kaiserlichen und der protestantischen, »gegen den Türken gehen und ihm alles wieder nehmen, was er von Europa entzogen«. Recht wohl, das mag Trug gewesen sein, sechs, sieben Jahre lang, wie Magni es sah. Stand in denselben Briefen die nackte Wahrheit, so mischten sich eben Wahrheit und Trug, überschlau . . . Zuletzt hängt es vom Geschmacke ab, was man annehmen will, oder ob man überhaupt etwas annehmen will, dort, wo sich nichts beweisen läßt. Wäre die ganze Frage sinnleer? Sie setzt ja voraus, daß Wallenstein sich selber über die Solidität, oder Windigkeit, Verlogenheit seines Projektes im klaren war. Da es sich aber um ein jetzt und hier gar nicht ausführbares, ein nicht einmal vorzubereitendes Projekt handelte, nur um ein nebelhaftes Später, warum hätte er sich darüber im klaren sein müssen? Wir kennen seine Liebe für die Landkarte im Großen und für Züge auf ihr; wie er von einem nie ausgeführten Marsch ins ferne Preußen schwadronierte, als er noch in Ungarn stand. Warum sollte er nicht auch von einem Marsch nach Mazedonien geträumt haben, er, der so

sehr Europa-Bewußte, dessen erste Kriegserfahrung die türkische gewesen war? Vorsicht, Ungewißheit, ein Zucken der Achseln gegenüber dem Irrealen, das paßte nun freilich schlecht in Valeriano Magnis genüßlich und fest gezeichnetes Charakterbild.
So ergab sich denn schlüssig, daß Wallenstein Römischer Kaiser werden wollte. Gewiß doch: er spürte einen »unwiderstehlichen Drang zur Oberherrschaft«. Wie anders war der zu befriedigen als durch das Kaisertum, und dann, weil es jetzt noch ein recht klägliches war, durch ein mächtig gestärktes Kaisertum, durch Taten des geeinigten Deutschen Reiches der Art, daß Europas Königen das Lachen vergehen würde? . . .
Der Kurfürst Maximilian glaubte solches augenblicklich, Kaiser Ferdinand glaubte es sechs Jahre später, nachdem man seines Geistes spärlichen Garten sorgsam in diesem Sinn zerwühlt, bepflanzt und gewässert hatte. Im späten 19. Jahrhundert glaubte es ein Historiker, sonst kein schlechter Kenner der Materie. Der bewies haarklein, daß Wallenstein im Falle eines raschen Ablebens des alternden Ferdinand nach der Kaiserkrone hätte greifen *müssen*, wäre es auch widerwillig, da er, ohne dies höchste Amt, nun nichts gewesen wäre als der Anführer einer herrenlosen Räuberbande und von den beiden Kaiser-Stellvertretern, Bayern und Sachsen, die schlimmsten Ungelegenheiten zu gewärtigen gehabt hätte . . . So urteilt einer, streng logisch, aus dem Charakter; der andere, streng logisch, aus einer Situation, die gar nie wirklich wurde; und gelangen beide zu demselben baren Unsinn.
Übrigens würden wir dem Magni nicht jeden Widerspruch, den seine Psychoanalyse enthält, zum Vorwurf machen. Ein Nest von Widersprüchen wird jede lebende Seele, sobald man sie beschreiben will. Wallenstein soll überaus jähzornig sein, mit Wut selbst gegen solche losfahren, die, ohne ihn gekränkt zu haben, ihm lästig fallen durch unschuldige Beschaffenheiten. Das trifft genau, der »buckelte« Oberst Fürstenberg, der langnäsige Oberst Wratislaw sind Zeugen. Er soll gleichzeitig seine zornigen Manieren gebrauchen zu politischem Zweck. Das ist möglich, obgleich in Grenzen. Wohl kann es geschehen, daß man seiner Natur die Zügel schießen läßt, weil man nun weiß, es wirkt. Mehr Wahrheit liegt auf der andern Seite. Nicht im Fluchen und wilden Zorn spielte Wallenstein seine Rolle, sondern in der feierlichen Beherrschtheit des Auftretens; da verbarg er sich. Die Welt der Großen war ein Theater damals: die Devotions-Übungen ohne Andacht, das Zählen der Schritte und Verbeugungen, die Titulierungen, die Würdeprotzerei. Hier unterschied sich Wallenstein durch Derbheit und Offenheit, ein Hasser der Zeremonien, ohne daß man zwischen Natur und Trick eine Scheidelinie ziehen könnte.

Sich seinen Partnern anzupassen, dazu war er manchmal, nicht immer, klug genug; wir hatten Beispiele, mehr werden kommen. Eigentliche Komödie, seinen Standesgenossen gewöhnlich, spielte er selten: ein goldenes Wort über den Frieden unter den Christenbrüdern, die Hand aufs Herz, die Augen gen Himmel. Dergleichen macht bei ihm einen besonders widerlichen Eindruck, eben, weil es ihm so gar nicht lag. Es gehörte zum Geschäft.
Er fühlte keine Achtung vor dem Wiener Hof, dessen Käuflichkeit und Konfusion er durchschaute, das ist richtig; selbst mit Ferdinand sprach er kurz angebunden. Er fühlte vor nichts Achtung, was schwach war, oder dumm, oder beides. Wie ein Einbrecher trieb er es, der herumgeht und die Balken prüft, welche die Tore verrammeln. Findet er sie morsch, so stößt er zu; wenn aber in gutem Stand, so geht er weiter. Eben dies hatte Magni erfaßt, wenn er von Wallensteins heimlicher Furchtsamkeit sprach: dreist sei er mit den Unterlegenen, feig mit den auch nur gleich Starken. »Feig« – »vile« – das Wort ist ungut gewählt; schließlich war Wallenstein im Heer als Reiterführer aufgestiegen. Indessen kennen wir seine Angst um das Erworbene, die ewige Geldangst des Milliardärs. Wir kennen seine Strategie: großartig wohl, aber umsichtig und vorsichtig – »nichts hasardierend«; auftrumpfend, wo er sich stark fühlte, zurückziehend, wo er auf gefährlichen Widerstand traf. Die »untrüglichen Beweise« für seine tief verborgene Unsicherheit, die Magni zu besitzen behauptete, die mag er in der Tat im Kopf getragen haben. Aus Unsicherheit bedarf der Machtmensch doch immer auch einer zweiten Krücke, der des Rechtes. Er muß den Pfad wenigstens scheinbarer Legalität gehen, muß en règle sein. Dann wieder: er nimmt nur schiere Macht ernst, solche, deren Inhaber sich ihrer zu bedienen wissen: bewaffnete Männer, Kartaunen, Geld. Er verhöhnt alles Unmächtige, den verstaubten Plunder der Reichskonstitutionen, geschriebene Proteste, langwieriges Geschwätz, Abstimmungen. Den Widerspruch lassen wir gelten; es ist ein lebendiger. Ein Anderes nicht. Der General, heißt es, will den Kurfürstentag verhindern, der des Kaisers Nachfolger zu wählen hätte. Daraus schließt Magni, er ziele ab auf die Vakanz, um sich selber zum Kaiser zu machen. Eine unterschiedene Erklärung wurde verbreitet und ist um ein Geringes plausibler: Ihr Recht sollte den Kurfürsten genommen, das Kaisertum erblich werden im Hause Habsburg ... Es ist aber die eine Version wohl so falsch wie die andere. Wallenstein hatte wenig Interesse für Verfassungsfragen, wenig Lust, sich in Unternehmen von unabsehbarer Schwierigkeit einzulassen, die ihm, man sieht nicht was, gebracht hätten. Der Streit mit Bayern sei beigelegt, schrieb er gutmütig im

folgenden Sommer: »in Summa, sie haben sich gesorgt, daß der Kaiser das Reich wollte erblich machen . . .« So äußert sich nicht einer, der die Sache wirklich vorhatte.
Wir kommen zum ganz Übersteigerten, zum Unsinnigen. In der Laufbahn Wallensteins darf es nichts geben, was nicht er selber mit unergründlicher Schlauheit geplant und eingefädelt hätte. So ließ er den Mansfelder nach Schlesien und Ungarn entweichen, um, hinter ihm dreinmarschierend, seine Truppenmacht über die Erblande zu verbreiten. So bestellte er sich den Grafen Collalto zum Feldmarschall in der tückischen Absicht, einen Streit mit ihm vom Zaun zu brechen . . . Großer Gott. Man muß die Briefe aus jenen Tagen noch einmal lesen, in denen er sich über den Collalto-Konflikt ausläßt, die ungläubige Verdutztheit zuerst, dann die Enttäuschung, der bittere Grimm. Man muß lesen, was er schrieb, ehe er sich entschloß, dem Freibeuter nach Schlesien zu folgen; wie ratlos er da war, wie nahezu verzweifelt, wie sich in einer Situation fühlend, in der schief ausgehen mußte, was immer er tat. Das war alles vorgeplant, listig herbeigezwungen? Und man muß lesen, wie verbittert er ewig um Geld kämpfte, Geld vom Fiskus, Geld für das Heer, aus Böhmen und Schlesien. Liest man es und hört man den Informanten flüstern, er hätte wohl Geld genug vom Kaiser haben können, wenn er nur gewollt hätte, wie soll man sich das Lachen verbeißen! Arg hauen auch die tiefsten Seelenkenner daneben, zum Schaden des zu Erkennenden, wie letzthin auch zu ihrem eigenen. Hätte man Wallenstein nicht immer solcher Projekte verdächtigt, die ihm fremd waren wie die dunkle Seite des Mondes, hätte man ihn nicht für allplanend, allwissend und allboshaft gehalten, so wäre auch seinen Auftraggebern manche Wirrsal erspart geblieben.
Nun ist zwar die Vergangenheit harmlos, weil sie nicht zurückschlagen kann; über sie plappert man nach Belieben, ungestraft. Anders die Zukunft: sie blamiert uns, wenn sie vorhergesagt und falsch vorhergesagt wird. Kläglich falschen Prophezeiungen Magnis begegneten wir schon. Hier ist eine letzte: »Auch darf man sich davon überzeugt halten, daß der Kaiser nie und nimmer imstande sein wird, diesem Manne die Waffen zu entwinden, außer mit Gewalt.« Man durfte sich davon überzeugt halten, bis zum Beweise des Gegenteils; welcher denn geliefert wurde, zwei Jahre später. Die zitternde Furcht, in der des Kaisers Minister lebten, ehe sie wagten, dem Feldherrn die Botschaft von seiner Absetzung zu übersenden, ging auf Magni und Magnis Bundesgenossen zurück. Um so größer die Überraschung, als Wallenstein das Dekret gelassen aufnahm, sich verbeugte und ging. Fand sich nun einer, der da zum Pater gesprochen hätte: »Hochwür-

digster, Ihr habt Euch in dieser sehr gewichtigen Frage geirrt, also mögt Ihr wohl auch geirrt haben in Anderem?« Nein, so sprach niemand, diese Folgerung zog niemand. Die richtigen Voraussagen bleiben hängen; über die falschen geht man zur Tagesordnung über. Indem wir die Kapuziner-Relationen studierten, tauchte noch einmal Johannes Keplers uraltes Horoskop in unserem Gedächtnis auf. In einigen Zügen ähneln beide Schriftstücke einander. Der Astrolog wider Willen und der schleichende Mönch entwarfen Charakterportraits, merkwürdig genug, aber trotz ihrer Widersprüche in sich stimmig. Die Portraits eines großartigen und bösen Menschen: von unersättlichem Ehrgeiz, selbstisch, verschlossen, ruchlos und ruhelos, berechnend, wagemutig – das unterstrich Kepler, zugleich furchtsam – das unterstrichen sie beide. Kepler kannte seinen Klienten nicht, selbst wenn er ihn gekannt hätte; da gab es noch gar nichts zu kennen. Valeriano kannte seinen betrogenen Gönner sehr genau; bis zu solchen Details wie dem, daß er die Verneinung einer Bitte mit einem heiseren »Es kann nicht sein« auszusprechen pflegte. Besser kannte er ihn als irgendein Sterblicher. Standen Andere dem Fürsten näher, Harrach, der Schwiegervater, der Graf Max, später Adam Trčka, so besaßen doch sie, Höflinge und Haudegen, bei weitem nicht den geschulten Psychologenblick des Priesters. Was uns trotz allem an beiden Entwürfen zweifeln läßt, ist dies: Sie waren die Bilder von Typen und insofern ausgedacht, wie Typen sind, nicht aus Wirklichem zusammengetragen. Sie liefen ihrem Gegenstand parallel, sie näherten sich ihm stückweis, sie ergriffen ihn dennoch nicht. Kepler, mit Vorsicht, hielt sich an die Überlieferungen der Sterndeuter. Magni hatte vermutlich den Machiavelli gelesen, was der über Borgia den Sohn geschrieben hatte, und sicher den Plutarch, den Sueton, die Tiberius-Bücher der Annalen. Daraus nahm er soviel wie aus der Beobachtung, wenn nicht mehr. Was noch nicht einmal sagen will, daß Alles, was er der Literatur entlieh, untauglich zum Verstehen dieses lebenden Charakters gewesen sein müßte. So wie die Epochen der Geschichte immer ähnlich sind, wenn man sich nur tief genug in sie eingräbt, so sind sich auch Menschen immer irgendwie ähnlich, und die Abnormen, die Herrscher, die Tyrannen mehr als nur irgendwie. Ähnlich; aber nicht gleich. Vor den Gleichungen muß der Geschichtsschreiber sich hüten. Gleichungen zwischen dem Einen und dem Anderen, wie auch zwischen dem Typus und dem einen; weil das Individuelle das Typische nie erfüllt.

Wallenstein gab es dreimal. Erstens, den Menschen aus Fleisch und Blut, den dunklen Grund seiner Seele, seine Härte und Gier, seine Verborgenheit und überströmende Offenheit, seine Träume und Leiden. Letztens: das Bild, das seine Feinde sich von ihm machten, übersteigerte Verdächtigungen, plumpe Bestimmungen des Unbestimmten. »Die gemeine falsche Sage über diesen Herrn«, schreibt der bayerische Feldmarschall von Pappenheim an Maximilian, »ist den Leuten so stark imprimiert, daß ich oft selbst all dergleichen Zeitungen, welche so umständlich von ihm erzählt werden, zu glauben mich schwerlich verhindern kann, obgleich ich zur selbigen Zeit und Stund, für welche man das also Geschehene erzählt, bei ihm gewesen bin.« Dann, zwischen beiden Polen, noch etwas Anderes, Vermittelndes: eine Aura um den wirklichen Menschen, an deren Entstehung seine Feinde teilhatten und auch er selber. Denn schließlich wurden nicht alle Anführer der Zeit in dieser Weise ausgeschrien, überhöht und zerredet. Es war sein Schicksal, nicht das seiner Rivalen; er provozierte es, ohne mit ihm gleich zu sein.

Stralsund

»Mein Geist ist oft gar zu curios, jedoch muß ich ihm unterweilen bei guten, vertrauten Freunden Luft und Lauf lassen. Was machen doch Ihre Fürstlichen Gnaden vor Stralsund? Wie limitieren Sie diesmal ihre (sonst hohen) Gedanken, da sie doch keine weitaussehendere Occasion, keine besseren Mittel jemals gehabt als jetzt, hohe, ja höchste Sachen zu tentieren? . . . Wenn Er nun gleich Stralsund einnimmt, was gewinnt Er? Wenn Er aber nur ein wenig länger davor liegt, als die gemeine opinion leidet, was verliert Er?« . . . So Gottfried Heinrich von Pappenheim, den 1. Juli 1628. Sechs Wochen später: Wallensteins Entschluß, von Stralsund abzuziehen, sei ansehnlich und des Generals würdig; den allgemeinen Nutzen habe er vor die eigene Reputation gesetzt und sie eben dadurch bei vernünftigen Leuten nur noch mehr angehoben . . . Nicht viel anders urteilte Wallenstein später selbst über die berühmte Blamage. Zwar leugnete er sie. Jedoch: »Daß ich weiche, wenn ich was angreif, wie es mit Stralsund und Magdeburg geschehen ist, da es denn gar also wäre, so wäre es nicht bös, denn non est inconstantis sed prudentis mutare consilium in melius . . .« Er liebte die lateinischen Weisheiten.

Diese Geschichte ist von Patrioten oft und gern erzählt worden, dramatisch ausgeschmückt und in ihrer Bedeutung gesteigert. »Weltgeschichtliche Tage«, »das letzte Bollwerk des Protestantismus«; leises sich Hinwegstehlen des Usurpators, nachdem er in gräßlichen Schwüren sich vermessen; ein Anfang seines Endes; David und Goliath. Ganz so war es nicht.

In Wallensteins Politik gegenüber den deutschen Seestädten findet man schon in der ersten Hälfte des Jahres 28 Spuren von dem, was später überwiegen sollte: vorsichtige Mäßigung. Eben weil Ludwig Schwarzenberg es so grob getrieben hatte, bestand er darauf, daß man diesen enthusiastischen und glücklosen Diplomaten fortjagte. Dem neuen Admiral seiner Geisterflotte, Philipp Mansfeld, schrieb er im April, man müsse mit den Städten »große Moderation gebrauchen, damit sie nit etwa zur Desperation gebracht werden«, sollte heißen, sich den Wasserkönigen in die Arme würfen und ihre Neutralität brächen. Diese erkannte er an. Hamburg, Lübeck, Bremen nahm er als das, was sie waren: handeltreibende Republiken, der weiten Welt und besonders dem Norden zugewandt, mit dem Reich nur sehr lose verbunden. Ihren Handel tunlichst nicht zu schädigen, gab er sich Mühe.

Daneben unterschied er, und das hatte juristisch Hand und Fuß, zwischen den reichsunmittelbaren, ganz freien Hafenstädten und solchen, die einem Landesherren untertan waren: den mecklenburgischen, nun seinen eigenen, dem pommerschen Stralsund. Von Rostock und Wismar verlangte er Gehorsam, nämlich die Aufnahme von Garnisonen und Geld. War dies erledigt, so neigte er zu landesherrlicher Fürsorge; wie er denn in Wismar so weit ging, den Marketendern ihr Handwerk zu verbieten, damit das Soldatengeschäft den einheimischen Krämern zugute käme, auch Baracken, hölzerne »Hüttlein« bauen ließ, um die Last der Einquartierungen zu mindern. Sehr vernünftig, alles das. Warum es in Stralsund anders ausging? Hier kam manches zusammen: die strategische Lage der Stadt und der ihr benachbarten Insel Rügen, »des besten Ortes von Pommern«, wie er sie nannte; Verhältnisse in Stralsund und zwischen Stralsund und dem schwachköpfigen Landesherrn, Bogislaw XV.; schlechte Informierung des Feldherrn, der von Böhmen aus seine Befehle in Meeresferne sandte; auch wohl Podagra und Schiefer an Tagen, da der Kopf hätte klar sein sollen; verzögernde Zufälle, ungeschickte Vermittlungen. »Stralsund« ist längst nicht so charakteristisch für Wallenstein, wie man geglaubt hat. Es ist Ausnahme. Nie, sonst, hat er Zeit und Kräfte mit der Belagerung einer großen Stadt verzettelt, nur einmal nach dem Sieg »alles niederhauen« lassen; es war Tillys Art, die er tadelte, nicht seine.

Natürlich ist alles das keine Entschuldigung. Die Wenigsten fragen, nobel wie Herr von Pappenheim, ob der Fehler für den Fehlenden denn auch typisch sei. Schadenfroh ist die Masse angesichts eines Großen, der fehlt; er muß es ausbaden.

Auch Stralsund war in Wirklichkeit eine Republik, und zwar eine ziemlich radikale. Der Herzog von Pommern durfte ihren Boden nicht einmal betreten, ohne vorher die Erlaubnis des Rates einzuholen. Auf Reichsunmittelbarkeit wollte sie, oder wollten ihre oligarchischen Führer offen hinaus. Sie verwaltete ihre Kirche selber; sie schickte ihre eigenen Gesandten bis nach Moskau; sie stand dank ihrer starken Handelsflotte im Flor, welchen sie mit den landesherrlichen Hungerleidern nicht zu teilen wünschte, und unterhielt enge Beziehungen zu Schweden und Dänemark. Dem pommerschen Herzogshof, in Stettin oder Wolgast oder wo er sonst residierte, war dies bürgerstolze

Trutzen längst ein Ärgernis. Eine gewisse Hoffnung, es zu knacken, gaben zeitweise die sozialen Reibereien innerhalb der Republik. Denn hier, wie anderswo, stand Volk gegen ein reiches Patriziat, welches die Regierung in seinen Familien erblich gemacht hatte. In dem Konflikt, der etwa 1611 und 1616 das Gemeinwesen erregte, nahmen die Herzoglichen Partei für die Armen, um so in der Rolle des selbstlosen Schiedsrichters sich im Zentrum des widerborstigen Freistaates einzunisten. Das gelang ihnen nicht eigentlich, aber sie halfen, die Oligarchie zu schwächen. Dem Rat trat ein Volksparlament gegenüber, die Bürgerschaft, mit dem Recht der Annahme oder Ablehnung dessen, was den Oberen beliebte. In den vier Stadtteilen oder »Quartieren« aber gab es politische Treffen Aller, Urversammlungen, die ihrerseits die Bürgerschaft kontrollierten, mitunter terrorisierten. Als Stralsunds große Krise herannahte, stand an der Spitze des Rates der Bürgermeister Dr. Lambert Steinwich, den holländische Berichterstatter als »wackeren, verständigen Mann« beschreiben, »wohlintentioniert für die Verteidigung der Freiheit und der Privilegien dieser Stadt, wie des ganzen evangelischen Wesens; columna huius civitatis.« Sein demokratischer Konkurrent und Gegner war der Advokat Jusquinus von Gosen, ein Meister in der Kunst des Aufwiegelns.

Was der Stadt in ihren Kämpfen mit den pommerschen Herzogen gutgetan hatte und ihr weiterhin guttat im Kampf gegen einen Anderen, war ihre Lage, welche der einer Insel glich; auf der einen Seite das Meer, der Strela-Sund, auf der anderen, oder ringsherum, eine Kette von Teichen und Morasten. Zum Festland führten fünf Straßendämme, zwei vergleichsweise breit, die übrigen schmal und rasch zu durchstechen. Jenseits der trennenden Gewässer gab es Vorstädte, auch ein Wäldchen, das Hainholz, darin Villen der Reichen und Gastwirtschaften. An den künstlichen Befestigungen, den Ringmauern, Erdwällen und Gräben, hatte man, auf die Natur sich verlassend, seit Jahrhunderten nicht viel getan. Im Frühwinter 1627 riefen die Demokraten, von Jusquinus Gosen vaterländisch angestachelt, nach zwei starken Maßnahmen: nach neuen Befestigungen, Außenwerken, Bastionen, und nach der Verbrennung der Vorstädte, die man im Ernstfall nicht würde verteidigen können.

Es hingen diese schrillen Forderungen mit dem Auftreten des Obersten, demnächst Feldmarschalls, Hans Georg von Arnim in Pommern zusammen. Mit den Landständen und dem Herzog Bogislaw hatte Arnim sich über ein Besatzungs-Statut geeinigt: die üblichen Garantien von beiden Seiten und, wie üblich, von beiden Seiten nicht eingehalten. Die pommersche Verwaltung tat nichts, um die Ernährung der

kaiserlichen Soldaten zu gewährleisten, welche denn sich ernährten, wie es ging; Arnim konnte unter so trüben Umständen die zugesagte Disziplin noch schlechter als sonst aufrechterhalten. Von Einquartierung verschont bleiben sollten die herzoglichen Residenzen, nicht aber Stralsund, welches keine war. Kaum hatten die Stralsunder von der Zumutung, kaiserliche Truppen aufzunehmen, auch nur gerüchtweise gehört, als sie auch schon überlaut schworen, sich nimmermehr dazu bequemen zu wollen: »Besser ehrlich gestorben, als sich in schändliche Dienstbarkeit zu stürzen.« Republikanischer Geist; holländischer, oder wenn man will, schweizerischer Geist; Stralsunds enge, etwas düstere Frömmigkeit war versetzt mit einer Portion Calvinismus, holländischem Einfluß zu danken. Alsbald fing man an, zu schanzen und die wehrlosen Vororte zu vertilgen, deren Bewohner das Volk in der befestigten Altstadt vermehrten. Gesuche um Hilfe gingen an die verbündeten Führungs-Städte der Hanse, Lübeck, Danzig, Hamburg. Die ehedem von den Zünften und Quartieren gestellte Bürgerwehr wurde in Kompanien von je 350 Mann zeitgemäß organisiert; vornehme Ratsherren verschmähten nicht, das Kommando dieser Einheiten zu übernehmen. Weil sie nicht ausreichten, so griff man zu dem Mittel der Werbung, welches weitere 1000 Mann ergab. Man überholte die städtische Artillerie; kaufte Munition oder suchte sie zu kaufen, die Schwesterstädte zögerten mit der Lieferung; bemannte und bewaffnete einige Schiffe.
Arnim, dessen Spione in Stralsund umhergingen, wußte das alles; und es könnte sein, daß der Stadt hektisches Tun, welches ihr den potentiellen Feind vom Leibe halten sollte, im Gegenteil als Magnet wirkte; erst jetzt kam Wallensteins Vertreter der Gedanke, daß es mit einer Geldzahlung nicht getan wäre und Stralsund sich gleich Wismar unterwerfen müßte. Die Insel Rügen hatte er schon mit Beschlag belegt. Von dort segelt man in einer halben Stunde in den Hafen von Stralsund, in zwölf Stunden nach Dänemark, wenn man nämlich die Schiffe dafür hat. Die hatte Arnim einstweilen nicht. Stärker noch als durch den aufsässigen Patriotismus der Bürgerschaft wurden die kaiserlichen Strategen durch die unvergleichlichen Opportunitäten ihres Hafens angezogen.
Trotz aller bereits getaner kriegerisch-wackerer Schritte schwankte der Stadtrat, wie die Reichen es in solchen Situationen zu tun pflegen. Man war arg allein; der Kaiser der legitime Oberherr, wenn auch bloß in der Theorie und die längste Zeit sehr fern. Seit neuestem aber gar nicht fern: sein General, Arnim, lagerte im benachbarten Greifswald mit soundsoviel tausend Männern, er schob seine Regimenter mählich an Stralsund heran, und wehe der Stadt, wenn sie mit Gewalt

hereinkämen. Eine vernünftige Konzession zu machen? Sich loszukaufen? Arnim hatte eine Zahlung von 100000 Talern verlangt. Es gelang den Senatoren, die zornige Bürgerschaft zur grundsätzlichen Annahme dieser Forderung, zum Angebot einer ersten Rate von 30000 zu überreden; ein Zeichen der Bereitschaft. Während aber in dieser Frage Boten hin- und hergingen, besetzten durch Handstreich die Kaiserlichen eine kleine hafenbeherrschende Insel, den »Dänholm«; fingen auch gleich und den beruhigenden Versicherungen Arnims zum Trotz an, Schanzen aufzuwerfen und solche mit Kanonen zu bestücken. Die Stralsunder hatten seemännischen Instinkt genug, die wahre Meinung dieses Treubruchs zu durchschauen; was seither noch an beschwichtigenden Gesten, vorläufigen Versprechen, sogar unterzeichneten verklausulierten Austrägen geschah, diente bloß dem Gewinnen von Zeit, indem beide Seiten sich stärker zu machen strebten. Seit der Okkupierung des Dänholm war unerklärter Krieg. Wir können nicht finden, daß Wallenstein sie befohlen hätte. Bei dem übergroßen Vertrauen, das er Arnim erwies, ist mindestens denkbar, daß der Oberst auf eigene Faust handelte. Nun aber war es geschehen, und Eines ergab sich aus dem Anderen.

So wenig wie Arnim hatte der Generalissimus die Stralsunder Affaire von Anfang übermäßig ernst genommen. Zwischen Neujahr und Mai schrieb er seinem Vertreter am Ort ganze fünf Briefe in dieser sich immer bösartiger vergiftenden Sache; für seine Korrespondenzgewohnheiten erstaunlich wenige. Im Januar wollte er sich mit Geld begnügen. Ende Februar – da war das Unglück mit dem Dänholm schon drei Wochen alt – wurde er aufmerksam, für einen Moment sehr aufmerksam. »Der Herr muß sehen, die von Stralsund mit Ernst anzugreifen und nicht eher wegzuziehen, bis sie eine starke Garnison angenommen haben. Denn ich will es nicht dazu kommen lassen, daß sie etwas wider uns erhalten und dadurch sie und andere ihresgleichen Herz fassen und Ungebührlichkeiten anfangen . . .« So die Idee: wie Dominosteine würden die Seestädte übereinander purzeln, wenn es dieser einen gelänge, das verführerische Beispiel zu geben. Im Falle Stralsunds kam Rügen hinzu, auf das er gewaltigen Wert legte: »denn die Insel Rügen halte ich nachher auch für verloren, und andere Ungelegenheiten mehr, so daraus erfolgen müssen . . .« Am gleichen Tag gingen aus Gitschin Schreiben an den Herzog von Pommern, der um Feldstücke ersucht wurde, sowie an die Obersten del Maestro, Fahrensbach, Aldringen, Schauenburg und Conti: daß sie dem Herrn von Arnim mit was immer er bräuchte zur Hand sein sollten, dieweil Stralsund »sich etwas widerspenstig erzeige«. Das war am 27. Februar, Wallensteins Stralsund-Tag. Danach drängte sich wieder anderes in seinen Kopf: Mecklenburg und die Flotte und Bayern und Holland und Spanien und Italien. Erst am 7. April verfiel er wieder auf Stralsund: eine Garnison müßte die Stadt annehmen, coûte que coûte, aber wenn eine kaiserliche nicht durchzusetzen wäre, so würde es in Gottes Namen auch eine herzoglich pommersche tun, vorausgesetzt, die Offiziere wären »gut kaiserisch«. Im gleichen Sinn den 20. Mai – »denn ich traue den Städten so ganz und gar nicht« – und wieder den 30., maßvoll genug: Gnade sei besser als Schärfe; wollten Herzog Bogislaw und die Stände Pommerns für Stralsunds Loyalität gut sein, so könnte man sich damit begnügen; »doch remittiere ich solches alles in des Herrn Diskretion ...« Jedenfalls kann man nicht sagen, daß Stralsund ihm all die Zeit brennende Sorge, brennenden Zorn verursacht hätte. Das kam plötzlich, einem Anfall gleich, und dauerte nicht lang.

Mittlerweile, und ohne daß er es recht begriff, wurde die Hafenstadt zu einem Ort von europäischer Bedeutung. Dies lag daran, daß der Krieg wie eingeschlafen, daß Deutschland erobert und gezähmt war, das festländische Dänemark auch, während die Nordkönige nach wie vor das Meer beherrschten; immer lauerten sie, wo sie etwa an der deutschen Küste ansetzen könnten. Stralsund und nur Stralsund leistete Widerstand den Kaiserlichen, den Spaniern, dem Papst – wie die ungenaue Rede ging. In gleicher Weise zog die Stadt Habsburgs, oder Wallensteins, imperiale Macht an und die Fragmente des großen Protestanten-Bündnisses; sie übernahm, zu ihrer eigenen, nicht einmal ganz liebsamen Überraschung, eine teils wirkliche, teils symbolische Groß-Rolle. In Madrid fand der Herzog von Olivares die Belagerung Stralsunds im höchsten Grade begrüßenswert. König Christian in Kopenhagen, König Gustav Adolf in Preußen fanden das auch, aus dem entgegengesetzten, das hieß, aus dem gleichen Grunde.

Ein erster dänischer Gesandter, Dr. Steinberg, erschien in der Stadt Anfang März. Seine Botschaft klang grob: königliche Huld, notfalls auch Hilfe für Stralsund, wenn es der evangelischen Sache treu bliebe; unerbittliche Feindschaft Dänemarks, wie auch Schwedens, wenn es sie verriete – was König Christian selber ein Jahr später tat – und den Papisten Wasser und Feuer gewährte. Der Senat wand sich; tief unsicher im Grunde; widerwillig in die Positur des heldischen Verteidigers gezwungen, wie Wallenstein in die des auftrumpfenden Eroberers. So harte Alternativen stellten sich doch wohl nicht eigentlich, die Lage sei gottlob nicht ganz so, wie man sie in Kopenhagen sähe. Mit höflichen Nichtigkeiten abgespeist, kehrte der Doktor zurück. Seitdem aber wußten die Stralsunder und wußte die rebellische

Demokratie so gut wie der beschwichtigungs-süchtige Rat, daß dänischer Sukkurs ihnen zu Gebote stand; sie mußten nur noch wagen und ihn wollen. Die bloße Möglichkeit stärkte die Partei des Trotzes. Bei der Besetzung des Dänholm war von Anfang an fraglich gewesen, wer da von wem blockiert wäre; die Stadt von der Insel oder die Insel von der Stadt. Das letztere war der Fall, wenn die Stadt sich traute, von ihrer überlegenen Schiffsmacht Gebrauch zu machen. Sie tat es im März; erlaubte keinem Arnimschen Boot, sich dem Dänholm zu nähern; hungerte die Besatzer aus und zwang sie Anfang April, den Ort zu räumen. Damit war Arnims verschwiegene, aber intensive Eigenliebe auf das ärgerlichste verletzt. Blamiert stand er vor dem blind ihm vertrauenden Oberfeldherrn. Ein Sieg hätte ihn nachgiebiger gemacht als solche Niederlage. Zu Wasser konnte er nichts unternehmen. Zu Land war er, mit etwa 14000 Mann unter seinem Kommando, der bei weitem Überlegene und nutzte es aus, um den Ring enger zu schließen, die Stadt mit Wällen zu umgeben, ihre Post einer strengen Zensur zu unterwerfen; der Gymnasiast Schelenius, der in Briefen an seine Eltern sich höhnische Bemerkungen über die Belagerer erlaubt hatte, sollte gar ausgeliefert werden, erhielt jedoch vom Stadtrat beizeiten einen Wink, zu verschwinden. Übrigens gingen in der Umgegend von Stralsund Land und Wasser vielfältig ineinander über: Meer-Engen, Landzungen, von denen aus weit feuernde Kanonen die Schiffahrt zum gefährlichsten Abenteuer machen konnten. Arnim verstand sein Handwerk; durch geschickt postierte Feldschlangen hielt er die schmalen Gewässer, die Rügen von der Küste trennten, unter Kontrolle. Auch traf er ostentative Vorbereitungen, um die Stralsund von der Landseite her schützenden Teiche leerzupumpen. So daß, als im April und wieder im Mai neue Emissäre aus Dänemark in der geängstigten Stadt ankamen, sie schon willigere Ohren fanden. Zwar, Soldaten, Schiffe, selbst Festungs-Ingenieure wurden immer noch abgelehnt, zumal man mit der hastigen Aufrichtung von Bastionen und Palisadenketten ohnehin das Mögliche tat, Menschenhilfe von seiten Dänemarks aber offenen Bruch mit dem Kaiser bedeutet hätte. Eines war, sein Recht zu verteidigen, ein anderes, den Feind des Reiches hereinzulassen. Materielle Unterstützung jedoch, Geschütze, Munition, anderes Zubehör nahmen die Stadtväter dankend an; und bewegten so in kleinen Schritten sich auf einem Weg, den sie gar nicht hatten gehen wollen, dessen Ende man aber nun mit ein wenig Philosophie wohl voraussehen konnte.

Wo Dänemark zugriff, durfte Schweden nicht zurückbleiben. Gustav Adolf kannte die strategische Bedeutung Stralsunds so gut wie Wallenstein. Die Beiden waren Gegner nach den Regeln der Machtme-

chanik, mit oder ohne Willen. Auch den Schwedenkönig zog der im Umfang geringe, aber starke Magnet an; das kriegswichtige Nest, mit seinen 18000 Bewohnern. »Wir wollen dem Kaiser Stralsund nicht zukommen lassen, wenn wir dem zuvorkommen können; Dänemark und der Sund wäre damit verloren, und die Reihe käme dann an Schweden, auch wenn für eine Zeitlang die Gefahr abgewendet werden könnte.« Noch immer in Preußen mit der Niederkämpfung der Polen beschäftigt, schickte Gustav Adolf den Stralsundern als Ersatz 100 Zentner Pulver, um welche sie das verbündete Danzig vergeblich gebeten hatten, und zwar ganz ohne Bedingungen: das sei doch üblich, daß Freunde einander hülfen, und warum man sich nicht beizeiten vertrauensvoll an ihn gewandt hätte? Wieder ein winziger Schritt. In der Not wird man ein Geschenk, noch dazu ein unerbetenes, selbstloses Geschenk ja wohl noch annehmen dürfen.
Nun wünschte Arnim ein Ende zu machen, ehe zur Reife käme, was hier sich vorbereitete. Seit Mitte Mai begann er der Stadt am Tage mit Bombardements, in der Nacht mit Überraschungsangriffen zuzusetzen, die das Ganze, woraus sie offenbar gingen, nicht gewannen, aber genug, um unter Volk und Anführern die Stimmung letzter Notwendigkeit zu erregen. Für die Feiern des Pfingstfestes schlug Arnim einen achttägigen Waffenstillstand vor, im Hinblick auf die Religion und wohl auf weltlichere Dinge: wenn die Stralsunder den Anfang machten, auch während der heiligen Tage jede Befestigungsarbeit ruhen ließen, dann werde er folgen. Die Stadt verlangte Gleichzeitigkeit, nicht ein Vor- und Nachher, und daß Arnim die eben eroberten Positionen räumen sollte. Das schein-humane Projekt scheiterte, die Bombardierungen dauerten an. Jetzt auch gingen flehende Schiffsposten an die Adresse der beiden Könige: einem solchen Feind könnte man lange nicht mehr widerstehen, mit Material sei es nicht getan, man brauche Truppen, man brauche Geld, wie auch Halb-Kartaunen, Musketen- und Schlangenpulver und alles schnell, sehr schnell jetzt. Die dänische Hilfe kam sogar schneller als erwartet, zumal sie unterwegs war, ehe Stralsund um sie ersucht hatte: ein Regiment von Schotten, wilde Männer, die man in Kopenhagen nur zu gern los wurde, auch Dänen und Deutsche, einstweilen etwa 1000 Mann. Es kommandierte sie der Oberst Heinrich Holk, aus einer Schleswiger Familie, in Seeland aufgewachsen, damals gerade neunundzwanzig Jahre alt; fähig, brutal und beutegierig. Zwischen Arnims Strandbatterien sich hindurchwindend, gelangte die Flottille glücklich in den Hafen. Von da an waren die Stralsunder nicht mehr Herren über ihr politisches Schicksal; frei, den Kampf fortzusetzen, nicht mehr frei, ihn glimpflich aufzugeben. Die zuströmenden Helfer

waren die Stärkeren und würden dies Verhältnis nur so lange höflich verbergen – wozu Holk von Natur nicht neigte –, wie ihr eigener Wille mit dem ihrer Schützlinge koinzidierte.

Im Augenblick war kein Widerstreit. Fromme, düster flammende Begeisterung durchpulste das bedrohte Gemeinwesen. Aus den obersten dänisch-schottischen und einheimischen Offizieren, Bürgermeister Steinwich, ein paar Ratsherren und dem Demokraten von Gosen wurde ein Kriegsrat gebildet. Gräßliche Strafen bedrohten die Defaitisten: es sollte ihnen gar die Haut abgezogen und solche zur Warnung öffentlich ausgestellt sein. Mit dem Tode bestraft wurden auch die Blasphemierer; mit den peinlichsten Bußen die Säufer, Vollfresser, kurz alle übel Auffallenden. Eine Eidgenossenschaft. Da sie vielsprachig war, so mußte jedes spottende Reden zwischen den Nationen, den Deutschen, Dänen, Schotten unterbleiben – es fanden sich auch böhmische Emigranten unter den Verteidigern, die fehlten nirgends, wo es gegen den Kaiser ging. Neue Lieder erklangen, man kannte die Dichter kaum:

Drumb Teutschland thu die Augen auf,
Merk, was dis Wallensteinisch Hauf
In seinem Schilde führen.
Wo du die Länge wirst zusehn,
So wird dirs an die Gurgel gehn,
Der große Schlag dich rühren.

Die Babylonisch Hur dahinde steckt,
Ihre Wulfsklauen herfür reckt,
Die muß man ihr abhauen . ..

Und:

Steh Stralsund fest, verzage nit,
Thut Dir der Feind schon dräuen . . .

Nachklänge frühen Luthertums. Ein Prosaiker verfaßte das Manifest, ›Hansischer Wecker‹ genannt, um die feigen Schwesterstädte zu ihrem wahren Interesse zu mahnen. Wieder die Theorie von den Dominosteinen, die hier ganz wie von der Gegenseite auseinandergesetzt wurde. Fiele Stralsund, dann sei es um alle Hansestädte getan; danach um die Niederlande, um Dänemark, um Schweden; endlich würden auch die letzten evangelischen Reichsstände, Brandenburg, Sachsen, als eine gebratene Wurst oder anstatt des Konfekts verspeist. In Böhmen, Mähren, Österreich hatte es begonnen; da würde es enden. »Mit weibischem Wehklagen ist nichts ausgerichtet.« Sofort, nihil cunctando, müsse man gemeinsam handeln; dem Feind den Proviant abschneiden; rüsten; auf Gott, auf seine königliche Majestät zu Dänemark, auf den streitbaren Helden und Gideon, nämlich Gustavum Adolphum, den großmächtigsten, unüberwindlichen König der Schweden vertrauen . . . Solchen stralsundischen Flugschriften respondierten andere, die durch Norddeutschland flatterten; Anzeichen und Förderer einer teilnehmenden Erregung, wie seit der böhmischen Revolution nicht erhört. Wußte Wallenstein, in welches Wespennest er da gestochen hatte?

Den 2. Juni brach er, lange, ereignisreiche Winterferien beendend, von Gitschin auf, mit 800 Pferden. Wohin? Vermutlich nach Mecklenburg. Ein Feldzug war dies Jahr nicht eigentlich zu führen, denn es gab im Moment niemanden, gegen den er hätte geführt werden müssen oder können. Sein neues Herzogtum in Form zu bringen, Norddeutschland überhaupt, nach dem Modell, das ihm vorschwebte, den Schutz der Küsten zu sichern, den Bau der Flotte zu beschleunigen, Schweden zu kontrollieren und tunlichst in Polen beschäftigt zu halten, zu sehen, ob Friede sein könnte mit Dänemark-Norwegen – ihm bei weitem das Liebere – oder eine neue, letzte Aktion sein müßte, diesmal eine maritime, vielleicht im Herbst, vielleicht nächstes Jahr – so sein Programm. Ein defensives Programm, im Kern. Er hatte genug. Der Kaiser, dessen Truppen von Jütland bis Pommern verstreut lagen, auch. Stralsund war eine ärgerliche Nebensache. In Person würde man da wohl nicht nachsehen müssen.

Er reiste gemächlich, mit mehrtägigen Aufenthalten: Friedland, Sagan, Frankfurt, Berlin. Aus Sagan an Arnim: »da die von Stralsund ziemlich in der Klappen seien, so wäre ein solcher Vertrag mit ihnen zu schließen, daß, wenn sie wieder böse Buben werden wollten, sie es dennoch nicht könnten.« »Ich ziehe in ein paar Tagen von hinnen nach Frankfurt an der Oder, von dannen werde ich mich nach Prenzlau in der Uckermark wenden, allda ich etliche Tag vermeine mich aufzuhalten, denn ich wollte mich gern zuvor mit dem Herrn unterreden und mit ihm hochwichtige Negocia communicieren und alsdann meine resolution nehmen, wohin ich mich weiter begeben werde . . .« Da wußte er es noch nicht. In Frankfurt litt er am Schiefer, einem schweren Anfall von Depression, ohne daß man den Grund kennte; von außen wirkende Gründe gab es schwerlich. Auch konnte niemand, am wenigsten er selber, voraussagen, welche Folgen der Schiefer zeitigen würde: lähmende, wie manchmal, grimmig anspornende, wie hier. »Ich sehe auch wohl, daß die von Stralsund in ihrer pertinacia verharren, dahero denn ich resolviert bin, sie mit Ernst anzugreifen . . .« An drei westlich stehende Regimenter, Verdugo, Dohna, Fahrensbach, erging der Befehl, ohne Verlierung einiger Minuten nach Stralsund zu marschieren; Brandenburg und Pommern wurden herrisch gebeten, Geschütze beizusteuern, »denn wo man vor einem Platz Stücke die Notdurft hat, da kann man etwas ausrichten . . .« So plötzlich die schwarzen Vögel seine Seele heimsuchten, so schnell flogen sie wieder fort. In Berlin, dem kümmerlichen Residenzstädtchen des Hauses Brandenburg, war er lustig und bezauberte die Prinzessinnen – der Kurfürst hauste in Königsberg. In Neustadt, den 25. Juni, erfuhr er von der Ankunft Holks in Stralsund, welche drei Wochen zurücklag. Die Botschaft machte ihn nachdenklich: »ich besorge mich, daß die Bösewichter von Tag zu Tag mehr Succurs bekommen werden, nun hab ich durch den Herzog Franz Albrecht« – von Lauenburg – »dem Herzog in Pommern entbieten lassen, wenn sie wollten eine Garnison hineinnehmen, die dem Kaiser, dem Herzog und der Stadt soll geschworen sein, so will ich von der Belagerung abstehen . . .« Dies blieb seine Forderung; eigentlich keine maßlose. Er fühlte sich nicht wohl bei dem Unternehmen, er wünschte Kompromiß; nicht mehr, wie anfangs, die Beherrschung der Stadt – was hieß denn »Beherrschung« überhaupt, mit den Leuten auskommen mußte man immer –, sondern ihre gesicherte Neutralität. Darauf, wenn überhaupt auf etwas, wäre die Wirkung eines kaiserlich-herzoglich-stralsundisch verpflichteten Trüppleins hinausgelaufen; ein Eid hätte den anderen neutralisiert. Überwiegend war das ganze Problem irreal; wollte Stralsund wirklich dänisch-schwedisch werden, wie hätten 1000 ihrerseits gesinnungslose Söldner es hindern können? Irreal, wie die meiste Machtpolitik, Angstpolitik, Eroberungs-, Verteidigungs-, Befreiungspolitik. Stralsund wollte ja gar nicht schwedisch werden; nur bleiben, was es war. Ahnte Wallenstein, sonst so sachnahe, das in seinen ungetrübten Stunden? Immerhin hörte er gern auf brandenburgische Vermittlungsvorschläge.

Die alte Dynastie der Greifen hatte sich zu Tode getrunken, und Bogislaw XV. war der letzte seines Stammes. Die besten Erbansprüche auf Pommern besaß Brandenburg; daher sein Interesse an der Beilegung des Streitfalles. Der andere Vermittler war Pommern selbst: die Ritterschaft, der Hof, die Geheimräte. Mit diesen stand es so, daß sie durch Wallenstein zu erreichen hofften, was ihnen mit der Stralsunder Demokratie mißlungen war: die Zähmung der Stadt, welche ihre Souveränitäts-Träume vergessen und wieder schlicht pommerisch werden sollte, das Scheren von Samsons Haaren. So spekulierend, wirkten die Räte von Anbeginn im Sinn eines Vergleiches, der mittelbar der höchsten Reichs-Autorität, unmittelbar aber ihrer eigenen, dem Herzogtum, zugute kommen sollte; spielten den Boten zwischen Heerlager und Senat; hielten den Städtischen ein Ende mit Schrecken vor Augen und versuchten, Wallensteins Vertreter zu väterlicher Milde zu bewegen. Mit solchen Vermittlern, dadurch indirekt mit Arnim, unter einer Decke zu stecken, war der Vorwurf, welchen die Stralsunder Demokraten gegen die Friedenspartei innerhalb der Mauern, die Reichen und Ängstlichen erhoben.

Seit der Ankunft Holks und der Schotten war es spät für jede Vermittlung. Es wurde noch später, als am 30. Juni die Schweden kamen. Sie kamen mit acht Schiffen und 600 Mann, einem Obersten, Rosladin, einem Oberstleutnant, Düval, mit Zeugmeistern, Ingenieuren und Wallmeistern, und mit einem Diplomaten, Philipp Sattler, Gustav Adolfs erfahrenstem Unterhändler. Er ging zunächst allein an Land, die Schiffe mit ihrer begehrten Fracht erwarteten, was er ausrichten würde. Dies war die Art Gustav Adolfs: Diplomatie, taktvoll-geschmeidige zwar, im Gegensatz zu Christians alkoholischem Poltern, aber klare. Sattler verlangte einen formellen Bündnisvertrag zwischen der Krone Schweden und der Stadt Stralsund, zunächst für bloße zwanzig Jahre. Ein paar Klauseln machten die Allianz schöner für solche, denen am Schönen lag; sie sollte defensiv sein, offensiv nur da, wo es dem König notwendig schiene; sie sollte die Pflichten Stralsunds gegenüber Kaiser, Reich und Landesherrn nicht berühren, was immer das bedeutete; die schwedischen Hilfstruppen würden unter der Generaldirektion der Stadt bleiben, was immer das bedeutete. Praktisch nichts. Syndicus Steinwich, der Patriot, hatte die Unabhängigkeit der Republik wahren wollen gegen den Kaiser wie gegen die Könige. Nun, da Wallenstein, der wirkliche und der mythisch gefürchtete, das Phantom Wallensteins, noch eine Tagreise von Stralsund entfernt war, gab Steinwich die Unabhängigkeit preis. In Wahrheit hätte er Ähnliches, und sogar Besseres, von Wallenstein jederzeit haben können. Was den Kompromiß verhindert hatte, war Wallensteins Mythos; der Ruf unergründlicher Bosheit und Herrschsucht, der vor ihm her ging, das Schreckgespenst des Papsttums, der babylonischen Hure, als deren Puppe er angeblich agierte – in Wirklichkeit aber so ganz und gar nicht. Eine Tragikomödie der Irrungen, wieder einmal. Da nun aber der Irrtum seinen Höhepunkt erreicht hatte, so gaben beide Gegner sich ihm hin mit äußerster Erbitterung; die Stralsunder, um ihre Freiheit zu verteidigen, die sie schon an Dänen und Schweden verloren hatten; Wallenstein, um die Stadt zu »strafen«, sie zu einem »Gehorsam« zu zwingen, von dessen Form und Konsequenzen er nur die ungenauesten Vorstellungen besaß.

Vier Tage nach der Unterzeichnung jenes schwedischen Truppenvertrages langte er vor Stralsund an und nahm Quartier in einer der Reichen-Villen des Hainholzes. Zuletzt hatte das Reiseziel sich von selbst verstanden; an diesem lächerlichen Magneten klebte nun auch er, der Oberfeldherr, der General des ozeanischen und baltischen Meeres. Kurz nach seiner Ankunft soll er das Wort gesprochen haben: die Stadt müßte herunter, und wäre sie mit Ketten an den Himmel gebunden. Wir haben glaubwürdige Zeugen dafür. Es wäre auch kein so fürchterlicher Fluch; eher eine gängige Formel. Nur, Menschen in seiner Stellung sollten sich in acht nehmen. Hätte er später gelebt, so wäre er von ein paar ausgepichten Publizitäts-Agenten umgeben gewesen, die ihn abdeckten, seine Reden schrieben, seine unbedachten Äußerungen dementierten oder ins Milde verdrehten. *Den* Beruf gab es damals nicht; seine Schreiberlinge waren unbeholfene Tölpel, und auch ihrer bediente er sich selten, weil er die Macht für wichtiger hielt als den Ruf. Der angeblich Schweigsame, unergründlich Verschlagene, jedes Wort Wägende ließ sich gehen, ohne sich um den Eindruck seiner mit Windeseile verbreiteten Bravaden zu kümmern. So hier. Als die Stadt zuletzt doch nicht vom Himmel gerissen wurde, kompromittierte das eine Wort ihn mehr als die Sache. Später ist es gar gemalt worden: der Möchtegern-Alles-Bezwinger, die Arme gen Himmel gereckt, die Augen glühend in Zorn und Übermut . . . Während seiner Reise waren die Stralsunder ihm mehrfach mit Versicherungen ihrer Loyalität und bitteren Gekränktheit in den Ohren gelegen. Er hatte geantwortet, daß er Taten, nicht Worte, brauche; ihre Verbindung mit dem dänischen Reichsfeinde komme ihm hochverwunderlich vor; wären sie aber wirklich reuevoll, so sei es sein Brauch, gegen reuige Sünder Gnade zu üben; in diesem Fall sollten sie eine Delegation schicken dorthin, wo er demnächst sein würde, ins Feldlager außerhalb ihrer Stadt. Er fand keine Delegation und beschloß augenblicklich zu stürmen. Die Redouten, deckenden Werke, Laufgräben waren längst vorbereitet, die Mittel gesammelt; an die 25 000 Mann, frische Truppen darunter, schwere Artillerie, Kartaunen und Halbkartaunen in unbekannter Menge.

Das ist wohl leichter behauptet, als daß man sich's vorstellen könnte, solch ein Festungs-Sturm. Er dauerte zwei Tage, zwei Nächte. Am Tag Bombardements, um Breschen zu schießen und das Stadtvolk in Schrecken zu setzen; der Ernst kam nach Mitternacht. Wallenstein richtete seine Angriffe gegen alle vier Tore auf einmal, konzentrierte sie auf zwei, Frankentor im Nordosten, Kniepertor im Nordwesten; vor ihnen lagen die breitesten Dämme, von den mächtigsten Außenwerken geschützt. Sturmkolonnen, tausendköpfige, vier an der Zahl,

eine nach der anderen nach vorne gezwungen, vom Hagel der Geschosse zurückgeworfen, wieder vordringend, weil sie müssen; Hundertschaften von Reitern, zur Seite, durch das Wasser, an den Befestigungen vorbei, um den Verteidigern in den Rücken zu fallen. Gegenangriffe der Verteidiger. Die Träger schützenden Zaubers muß man mit Kolben und Äxten erschlagen, keine Partisane durchsticht sie, keine Kugel tut ihnen weh. Der Jammer der Sterbenden; der Lebenden verzweifeltes Hussahgeheul. Granaten, die in Pulvertonnen schlagen. In seinem Hainholz der Herzog, etwas weit vom Schuß, wie es scheint, Berichte empfangend. Der schwedische Kommandant, Rosladin, tödlich verwundet, sein Oberstleutnant, Düval, gefangen, ein tschechischer Schottenführer, Bubna, tot, dessen Chef, Major Monroe, auf einer Bahre zurückgetragen. In der zweiten Nacht die Außenwerke im Besitz der Angreifer, nur noch die Tore selber und die Ravelins, künstliche kleine Abgründe vor den Toren, zum Schutz der Stadt übrig. Panik in der Stadt; Erschöpfung, Hunger, Entmutigung. Eine dritte Nacht, und es könnte zu Ende sein; und dann die Rache, die Wölfe im Schafstall. Der Senat, bitteren Herzens, entschließt sich zu einem Schreiben an Wallenstein: Seine Fürstlichen Gnaden, als ein hochtapferer Reichsfürst, könnten gehorsamer Untertanen und Christen weiteres Blutstürzen nicht begehren; seine Fürstlichen Gnaden möchten auf geraume Zeit mit Schießen, Approchieren und allen Feindseligkeiten aufhören und eine Deputation dieser guten Stadt bei sicherem Geleit zu empfangen geruhen. – So am 9. Juli vormittags. Aber den gleichen Tag wurde eine Bitte um weitere schnellste Hilfe an den König von Schweden gerichtet.
Wollte er die Stadt erobern, so hätte er weiter stürmen sollen; sie war reif. Man sagt, daß auch seine Soldaten furchtbar gelitten hatten und daß es unter den gesund Gebliebenen rumorte. Mag sein; aber es gibt nicht die wahre Erklärung für sein Verhalten. Dem blutigen Schein zum Trotz *wollte* er die Stadt nicht erobern, oder hätte es ungern getan. Bezwingen, ja; im Sturm nehmen, nein. Zu gut wußte er, was dann folgen würde und wie auf ganz Norddeutschland sich auswirken. Er schrieb an Kaiser Ferdinand, ein Akkord wäre besser, »als wenn man mit Gewalt hineingekommen wäre, am ersten wegen des Blutbades, so unumgänglich hätte sein müssen, dadurch eine große Verbitterung bei männiglich verursacht wäre und für eine große Tyrannei ausgeschrieen . . .« Man hat das für gute Miene zum bösen Spiel, für des Fuchses sauere Trauben nehmen wollen; täte aber besser, es im Zusammenhang seiner Politik zu sehen. Jedenfalls antwortete er den Stralsundern zur Stunde, er sei bereit zu einem Gespräch. Den Waffenstillstand lehnte er ab; nur auf dem Weg, den die Deputierten näh-

men, sollten die Hostilitäten für eine viertel oder zum längsten eine halbe Stunde aufhören. Es ging auch das Schießen in den folgenden Tagen weiter. Das nächtliche Stürmen nicht; und es ist klar, daß, während man verhandelte, der Schlacht jede gläubige Wut abhanden kam.
Er empfing die Stadtväter gnädig; ließ ihnen Stühle anbieten, welches als Ehre galt; hörte ihre langwierigen Reden geduldig an; erklärte sich: Wenn die Stadt ehrlich willens sei, zum Gehorsam zurückzukehren, so sollte ein Generalpardon und alles vergessen sein. Ursprünglich sei es um den Dänholm gegangen, aber den wollte er jetzt gar nicht mehr, sie könnten ihn behalten. Auch eine kaiserliche Garnison werde nicht verlangt; nur eine auf den Kaiser, auf Pommern, auf Brandenburg und auf die Stadt selber vereidigte. An Geld sei ihm wenig gelegen, er hätte genug – eine zu rosige Beschreibung seiner Finanzen; aber da einmal 100000 Taler zugesagt, so müßten die restierenden siebzig auch bezahlt werden. Und daß sie nicht etwa glaubten, er hielte den Ketzern sein Wort nicht; alle seine Werke widerlegten einen solchen Verdacht ... Er schloß mit der väterlichen Warnung, die Gelegenheit beim Schopf zu greifen:
Fronte capillata est, post haec occasio calva.

So schlecht, wie es an jenem 10. Juli mit Stralsund stand, ein überraschend sanftes Sich-Geben des Gefürchteten; überraschend maßvolle Bedingungen. Sie waren an sich klug. Sie waren passend, wenn die Städtischen es mit ihrer Bitte ehrlich meinten; was sie im Moment wohl taten, auf die Dauer aber gar nicht tun konnten, schon allein nicht wegen ihrer dänisch-schwedischen Bundesgenossen. Hier sah Wallenstein unklar. Er hätte nicht so weit gehen dürfen, wie er in den letzten Wochen, den letzten Nächten gegangen war; oder bereit sein müssen, schleunigst weiterzugehen bis zu den Endgreueln, die er vermeiden wollte.
Erregte Debatten in der Stadt. Der Senat, entmutigt und seit jeher unsicher, möchte die Warnung des Römers beherzigen. Kritischer die Bürger, die »Quartiere«: wie groß soll denn die Besatzung sein, wer sie kommandieren, wer sie bezahlen? Die Dänen, der schwedische Oberst von seinem Sterbebett beschwören die Republik, festzubleiben; sie selber können keinen falschen Austrag verantworten und die Stadt nicht räumen, es wäre denn, die Kaiserlichen räumten ganz Pommern. Von der anderen Seite mischen die Räte des Herzogs Bogislaw sich darein, wie immer erpicht, für das landesherrliche Interesse etwas herauszuschlagen; ihr vermittelndes Gerede verschärft die Bedingungen, anstatt sie zu mildern. Es stärkt den Widerstandswillen

der Bürger, die nicht auf die Stufe gewöhnlicher Untertanen herabsinken wollen; ihr Mut wird erfrischt durch die Ankunft eines neuen dänischen Sukkurses, 400 Mann, und wird eher gereizt als gebrochen durch ein neues wallensteinisches Bombardement. Danach läßt der Feldherr plötzlich eine Waffenruhe anbieten, gespornt, wie es scheint, durch einen zweitägigen Wolkenbruch, der seinen Soldaten Qualen verursachte; vorgeschobene Posten stehen im Wasser bis zu den Hüften. Die Offerte ist der Bürgerschaft doppelt willkommen; erstens an sich, zweitens, weil sie zeigt, wie ungut sich der Gegner befindet. Schon nicht mehr so recht willkommen ist ihr die abermalige Ankunft des Obersten Holk, mit 1100 Schotten und reichlicher Munition. Kurz vor dem Eintreffen Wallensteins, vor dem Höhepunkt der Krise, hat Holk sich nach Kopenhagen begeben, um dort Hochzeit zu feiern, kehrt nun zurück und tritt in der Stadt mehr als grober Herr denn als Bundesgenosse auf, was der Friedenspartei wohl Gedanken macht, aber nur noch heimliche. Gegenüber den Dänen und Schweden, gegenüber den Radikalen im eigenen Nest kann der Senat das, was im Grunde sein Wunsch ist, nicht mehr durchsetzen. Den 21. Juli gibt er den pommerschen Vermittlern Antwort auf ihre Vorschläge: man sei bereit, unter Vorbehalt von Ehre und Gewissen Abbitte zu tun, Treue zu Kaiser und Landesherrn zu geloben, auch in praktischen Terminen etwas Geld aufzubringen; aber das mit der Garnison gehe nicht, weil man unter solcher Bedingung nie freikäme von den fremden Hilfstruppen – Bundesgenossen, hätte hinzugefügt werden können, die man so oder so nicht mehr loswerden wird. Im Übrigen werde die Bürgerschaft ganz und gar keinen Vertrag ratifizieren, ehe nicht die Belagerer abgezogen seien . . .
Folgerichtig hätte Wallenstein das Stürmen erneuern müssen. Er tat es nicht. Längst wollte er heraus aus der Sache, in die er geschlittert war und deren schwierige Gefährlichkeiten er sich nicht eingebildet hatte. Die Küste des Ostmeeres war langgedehnt und Stralsund nur ein Fleckchen daran. Noch immer lagerten seine Truppen zerstreut von Jütland bis Vorpommern, und mußten es, weil die Könige je nach Belieben einen Landungsversuch machen konnten da oder dort. Zu dünn verstreut war seine Defensive, zu dicht die Konzentration vor Stralsund – einer zeitgenössischen Berechnung nach verlor er dort an die 12000 Mann beim Stürmen und durch Krankheit. Das mag übertrieben sein, man war großzügig im Zählen damals, aber günstig wirkte die Belagerung auf Bestand und Moral der Truppen keinesfalls. Er hatte Nachricht, daß Gustav Adolf einen Handstreich gegen den Hafen von Kolberg plante. Er hatte zuverlässigere Nachricht von dem Rumoren Christians, der Rügen bedrohte und das Festland, das pom-

mersche, auch etwa das mecklenburgische, jeden Tag bedrohen konnte. Das war das Leidige, welches auch die erfolgreiche Widerborstigkeit Stralsunds erklärt: die Könige beherrschten das Meer wie eh und je. Also durfte man sich nicht länger versteifen dort, wo man sich zu lange schon versteift und verschworen hatte. Wallenstein an Arnim den 19. Juli: was komme es denn auf die Größe der Garnison an? 1500 seien allemal wenig für eine so volkreiche Stadt, als könnten es ebensogut noch weniger sein. »Was den Abzug anbelangt, will ich auch nicht difficultieren . . . bitt der Herr disponiere auf solche Weis mit ihnen, auf daß wir mit Ehren bestehen und bald abziehen können . . .« Plötzlich war die Substanz aufgegeben; es ging noch um den Schein.

Ihn zu wahren, eigneten sich der schwachköpfige Bogislaw und seine Räte. Mit Pommern, Herzog und Landständen, schloß Wallenstein in aller Eile den Vertrag, welcher von den Stralsundern nicht zu erhalten war; Pommern übernahm die Bürgschaft dafür, daß Stralsund alles tun würde, was in den Punktationen stand, nämlich, das fremde Kriegsvolk hinauswerfen und statt seiner eine so und so verteidigte Garnison annehmen, Geld hergeben, die neu erbauten Bastionen niederreißen und so weiter und so weiter: blieben diese Forderungen unerfüllt, so durfte der Kaiser sich am Herzogtum nach Belieben schadlos halten. Es ist zu betonen, daß er das ohnehin durfte, denn Pommern war und blieb von kaiserlichen Truppen besetzt. Der Vertrag taugte also in dieser Beziehung nicht viel, und taugte in keiner anderen. Denn daß Bogislaw ohne kaiserliche Hilfe die Stadt würde zwingen können, wozu mit kaiserlicher Hilfe sie zu zwingen nicht gelungen war, einer so lächerlichen Illusion gab Wallenstein sich keineswegs hin. Er wollte etwas Besiegeltes, um »mit Ehren« abziehen zu können; nichts Weiteres mehr. Nachdem er es hatte, reiste er denn für seine Person und mit seinem eigensten Schwarm wirklich ab, den 25. Juli, begierig, Mecklenburg in Besitz zu nehmen und von dort aus die Verteidigung Norddeutschlands zu reorganisieren. Arnim mußte noch eine Woche vor der Suppe hocken, die er eingebrockt hatte. Als die Bewegung der dänischen Seemacht gegen Barth und Warnemünde eindeutig wurde, erhielt er Befehl, ohne Verlierung einiger Minuten aufzubrechen mit allem, was gehen oder gezogen werden konnte: »Der Herr marschiere incontinenti nach Triebsee, denn es ist vonnöten.« Eine Belagerung dieses Ausmaßes aufzuheben dauert nun freilich Tage, auch wenn man keine Minute verliert; es erfordert, wie Wallenstein den Herzog Bogislaw etwas von oben herab wissen ließ, »mehr Mühe und Zeit, als wenn man bloß einen Kutschwagen anspannen lassen und spazieren fahren wollte«. Da gilt es, die Geschütze von den Batterien zu entfernen und gleichzeitig vor den Toren einen kriegerischen Lärm zu machen, derart, daß es den Belagerten nicht etwa beikommt, durch einen Ausfall das Werk unliebsam zu stören. Es gilt dann, die Infanterie abzuziehen, Stück für Stück, langsam, in bester Ordnung, so, daß ein Regiment das andere schützt, bis endlich alle im Freien sind. Arnim war ein Systematiker. In diesem Halbjahr sonst nicht mit Ruhm bedeckt, verstand er einen Rückzug ungeschoren zu vollführen.

Und nun, freilich nicht für lange, der Jubel des erlösten Stadtvolkes. Das erst noch ungläubige, vorsichtige aus den engen Mauern Herausdrängen, das Schnuppern auf den Spuren der Entwichenen, das Plündern, wo sich etwas zu plündern findet. Und nun, anstatt der heiligen Kampflieder, der gereimte Sieges-Spott; Spott auf den Papst, so wenig der auch mit der Affaire zu tun gehabt hatte, auf Arnim, den lutherischen Apostaten, auf Wallenstein, und auf diesen besonders.

Du hast deines Gottes gar vergessen,
Indem du dich so schlecht vermessen,
Die gute Stadt umzureißen,
Ja wann sie schon am Himmel hoch
Mit Ketten gebunden, wollst du doch
Sie schleifen und gar zerschmeißen.
Vor Stralsund dich der Strahl gerührt,
Hätt dich der Schiefer auf die See geführt,
Der Strahl hätt dich nit troffen . . .

Oder:

Nach Güstrow hin stand sein Begier
Die Zeit ward ihm gar lange:
Er sprach: Ach helf mir bald von hier,
Mir ist gar angst und bange . . .
Wer allzu schnell steigt über sich,
Der fällt gewiß bald unter sich,
Gleich wie ein Eierkuchen.
Der wird gebacken also bald,
Gefressen auch eh er wird kalt . . .

etc. etc. Zum Schluß stieß ein Dichter von Rang nach, Paul Fleming, dem wir das folgende, an die Republik Stralsund gerichtete Epigramm verdanken:

Und dennoch stehst Du noch, ob Mars, der Wüterich,
Noch zweimal mehr so arg gesetzet hätt' an Dich,
Du unbezwungner Sund! Was wollt' er doch erlangen,
Wenn Du in Ketten erst am Himmel wärst gehangen?
Dies schändet ihn vielmehr, daß Deine Niedrigkeit
Den wilden Zorn zerbricht, und Dich von ihm befreit.
Wen nicht erschrecken soll das blutige Vermessen,
Der lerne Furcht und Trutz ein wenig hier vergessen.

Dem Schaden folgte der Spott.

Sein Schade war es, wie er sich auch dagegen zu decken versuchte, und war seine Schuld. Hätte er die Stadt, die nur dem Namen nach eine Landstadt war, traktiert, wie er die Freien Reichsstädte, Lübeck und Hamburg, traktierte, hätte er sie in Ruhe gelassen und bloß Ruhe von ihr verlangt, so ist denkbar, daß sie neutral geblieben wäre. Sie nahm seine Forderungen gleich anfangs für bösartiger, als er sie meinte, und reagierte; er reagierte wieder; Stralsund gab seine Neutralität auf und wurde der erste schwedische Stützpunkt auf deutschem Boden, eben, was er hatte hindern wollen und was auch die Stralsunder keineswegs ersehnt hatten. Daß er die mißglückte Unternehmung zeitig abbrach, mag man beurteilen wie Herr von Pappenheim, oder wie Valeriano Magni. Der, ohne Zweifel, fand abermals sein Geheimwissen bestätigt, wonach »Friedland gegenüber jenen, welche ihm die Zähne weisen, von Natur aus sehr furchtsam ist . . .« Unsererseits halten wir die menschliche Wirklichkeit nicht für so gemacht, daß sie zur Wahl zwischen beiden Lesarten ernsthaft einlüde. Begriffe wie furchtsam und weise nähern sich ihr wohl, aber fassen sie nicht, denn sie besteht nicht aus Begriffs-Stoff; ob man den Stralsunder Wallenstein furchtsam oder weise nennen will, geht die Sachen nichts an. Die Sachen haben wir. Er ließ sich von dem falschen Magneten anziehen, klebte vor aller Augen daran, riß sich los, als es spät war, aber nicht zu spät, und nahm den Spott auf sich.

Noch ist etwas nachzutragen. Wallenstein hatte in der Stralsunder Angelegenheit des Kaisers Hof nicht hinter sich, jedenfalls nicht die Partei bei Hofe, welche es mit Bayern hielt und schon lange gegen ihn wühlte. Einer ihrer Anführer, Reichs-Vizekanzler von Stralendorf, ging so weit, die Stadt ex officio wissen zu lassen, daß man höchstens Ortes die Aufnahme einer Garnison durchaus nicht verlange und den General-Feldhauptmann in diesem Sinn instruieren werde. Damit gab er den Stralsundern Gelegenheit, sich gegen des Kaisers General auf des Kaisers Willen zu berufen, behauptete aber zuviel; ein späterer Brief Ferdinands an Wallenstein enthielt gelinde Zweifel, kein

Veto. Auch darf man aus Stralendorfs Opposition nicht etwa schließen, man hätte am Kaiserhof verantwortlich-maßvoller, friedlicher gedacht als im Hauptquartier. Das Ding ist einfacher. Es gab eine Gruppe, die beurteilte feindlich, was immer Wallenstein tat. Tat er etwas Provozierendes, so machte sie ihren Tadel laut. Warf er sich gegen viel schlimmere Provokationen, so wurden diese von der gleichen Partei beliebt, empfohlen und durchgesetzt. Denn Routinepolitiker reden und handeln längst nicht so oft aus der Sache heraus, wie die guten Bürger wohl glauben. Sie reden gegen einen Feind, einen Konkurrenten im Machtspiel, je nachdem, und was sie unlängst noch redeten, ist bald vergessen.
Ein paar Monate lang hatte Stralsund im Glorienschein europäischer Bewunderung gelegen. Dann lebte man wieder im grauen Alltagslicht. Ein solches Nach-dem-Sieg hat etwas Enttäuschendes; härter und schöner war die heroische Zeit. »Allhier«, berichtete der schwedische Gesandte Sattler, »blühet die Frucht vergangener Handlung, nämlich Parteiungen, Mißtrauen und Widerwille zwischen Obrigkeit und Untertanen . . . also, daß von dem Abzug an Alles darnieder liegt!« Zogen die Stralsunder Bilanz, so mußten sie finden, daß sie ihre Unabhängigkeit gerettet und verloren hatten.
Schwerer und schwerer wurde die fremde Truppenhilfe. Kaum hatte Wallenstein das Hainholz verlassen, so langte ein neuer schwedischer Sukkurs an, 1200 Mann, so daß es jetzt insgesamt schon an die 5000 waren. Im August erschien zu unerbetenem Besuch kein geringerer als Axel Oxenstierna, königlich-schwedischer Reichskanzler, ein wohlerzogener Diplomat, aber einer, der in ernsten Fragen nicht spaßte. Er prüfte die Befestigungen und fand sie kläglich: keine Nacht würde er in solcher Ungeborgenheit schlafen wollen. Er teilte dem Senat mit, daß Schweden und Dänen zusammen nicht guttäten und daß zwischen beiden gewählt werden müßte. Für den eben errungenen Sieg hatte Dänemark mehr getan als Schweden. Aber Dänemark war in offenem Konflikt mit dem Kaiser, Schweden noch nicht; Dänemark war verbraucht, während Schweden erst anfing, seine Macht in Deutschland zu gebrauchen. Der grobe Christian war unbeliebt, Gustav Adolf viel bewundert; und was den nervus rerum betraf, so war die Stadt an Schweden bis über die Ohren verschuldet. Also wählte sie Schweden zum Protektor, worüber es in Kopenhagen zu einem Vergleich kam. Die dänischen Söldner verschwanden. Die Zahl der schwedischen stieg, bis sie 5700 betrug. Ihr Kommandant wurde zum Gouverneur, was auch Bürgermeister, Rat und Volk noch debattieren mochten. Bald erschien der ursprüngliche Bündnisvertrag dem König ungenügend; er verlangte »Realunterwerfung«, die glatte In-

korporierung Stralsunds in das schwedische Königreich. Dazu kam es nicht sofort, in der Theorie, aber es kam allmählich dazu in der Wirklichkeit; welche denn zu Ende des großen Krieges auch formal bestätigt werden sollte. Die Republik sank zu einem schwedischen Provinzstädtchen herab und blieb es an die zweihundert Jahre; eine Epoche, während derer die Stralsunder wohl nicht viel unglücklicher waren, als sie bei einem anderen Ausgange der Belagerung von anno domini 1628 gewesen wären, und viel glücklicher auch nicht.

Mecklenburg

Es war mit ungefähr 300000 Bewohnern ein volkreiches Land, in das Wallenstein im Juli 1628 Einzug hielt; ungleich geräumiger als die friedländische Heimat, obgleich weniger ergiebig an Einkünften, denn es hatte bisher die landesherrliche Energie gefehlt, welche Industrien schafft und listenreich den Handel fördert. Vielleicht auch lag den Mecklenburgern die moderne Betriebsamkeit nicht. Das Gebiet, trotz der vielbuchtigen Küste im Norden, hatte etwas Binnenländisches, Abgelegenes, ohne rechte Verbindung mit den schiffbaren Strömen in West und Ost. Fruchtbares Ackerland, Weiden mit schwarz-weiß geflecktem Vieh begannen gleich hinter den Dünen und Fischerdörfern, Wälder zogen sich hin, beschatteten die sich ineinanderschlingenden Seen. Da hauste der Adel auf seinen bescheidenen Schlössern, die Bassewitz, Moltke, Bülow, von der Lühe, Plessen, Maltzan. Da gingen die Bauern hinterm Pflug, zu einem guten Teil noch Besitzer ihres Bodens, was demnächst sich ändern sollte, aber nicht zu Wallensteins Zeiten. Da lagen weit verstreut die Städte, Malchin und Plau und Malchow und Grabow und sahen mit ihrer einzigen Hauptstraße, mit ihrem viereckigen Marktplatz, mit Rathaus und Kirche und Friedhof nicht viel anders aus als die böhmischen Landstädte. Oft waren die Bewohner Stadtbürger und Bauern in einem, wie in Gitschin. Uralte Klöster, Doberan, Dargun, erzählten von dem, was die Mönche, die Zisterzienser, einmal geleistet hatten; aber die waren nun längst fort, in den Backsteingebäuden der Kirchen – jene der reicheren Städte ragenden Burgen gleich – wurde gut lutherisch gepredigt.

Von noch fernerer Vergangenheit gab es Zeugnisse für die, die sie erkennen wollten: Grabhügel der Heiden, zyklopische Festungswälle, von deren einem, der Mikilinborg bei Wismar, das Herzogtum den Namen trug. Dort, vermutlich, hatten die Ahnen der jetzt vertriebenen Herzoge gewohnt; denn sie, Adolf Friedrich und Johann Albrecht, die hart Betroffenen, stammten in gerader Linie von dem wendischen Heidenfürsten. Alteingewurzelte Herrscher unleugbar, obgleich sie wohl etwas übertrieben, wenn sie die Dauer ihrer königli-

chen Vorfahren auf 2000 Jahre veranschlagten. Der neue, der sie beraubt hatte, fragte nicht danach.
Etwas für sich waren die Hafenstädte, Rostock und Wismar; den Landesherren wohl in der Theorie gehorsam, aber praktisch ihre eigene Politik treibend, nach Norden schauend und nach Westen, nach Lübeck und Hamburg und bis hinüber zu den Holländern. Bürgerstolze Kaufmannschaft, aufsässiges Arbeiter- und Seefahrervolk; ungefähr wie in Stralsund. Das waren die Städte, denen Wallenstein nicht traute, mit dem Instinkt des Feudalherrn und des Königsdieners; deren gewinnbringende Tätigkeiten der Rechner in ihm aber zu schätzen wußte. In Rostock kam ein Zentrum der Gelehrsamkeit hinzu, Norddeutschlands älteste Hohe Schule. Auch ein solches Institut erweckte in Wallenstein verschiedenerlei Gefühle. Den Geist der Unruhe, der von ihm ausgehen mochte, liebte er gar nicht. Den Glanz, den es der Landesherrschaft gab, wenn es berühmte Gelehrte zu den Seinen zählte, den liebte er; die nützlichen Wissenschaften, wie auch die bindenden, befriedenden schlug er hoch an; und da aus seinem Traum, der Gitschiner Universität, bisher nichts geworden war, so mußte es ihm Vergnügen machen, nun wenigstens eine fremde, glorreiche Bildungsstätte sich untertan zu sehen.
Güstrow lag ungefähr in der Mitte des Landes. Das stadtbeherrschende, von einem lombardischen Architekten neu entworfene Schloß, war in bestem Stand, im Gegensatz zu dem auf der Schweriner Burg-Insel; mit seinem dreistöckigen Arkadenhof, seinen Türmen und Zinnen den großen böhmischen Schlössern nahe verwandt. Dort also erschien Wallenstein den 28. August 1628, von Stralsund kommend, dem Ort seiner scheinbaren Niederlage. Vertreter der Stände, die unlängst noch sich gegen die Vertreibung ihrer angestammten Fürsten so treu gewehrt hatten, empfingen ihn an der Grenze, was er duldete. »Nun ist zwar wahr, daß mir mit Ceremonien wenig gedient ist. Nichtsdestoweniger, aufdaß sie's nicht für eine offesa ansehen täten, so will ichs geschehen lassen . . .« Mit Zeremonien war ihm nie gedient, zumal nicht mit langen Reden. Daß er aber den Leuten imponierte durch die Darstellung seiner Macht und Pracht, empfahl sich hier, im neuen, fremden Herrschaftsgebiet, noch dringender als anderswo. Hatte man in Mecklenburg je etwas erlebt wie diesen Aufzug, Durchzug, Einzug, diese Kolonne von reitenden, fahrenden, im Eilschritt marschierenden Trabanten, von gestickten Fahnen, von Equipagen und Rüstwagen, von gleißenden Rossen?
Das Schloß fand er leer; Herzog Johann Albrecht hatte bei seiner traurigen Abreise mitgenommen, was nicht niet- und nagelfest war,

um es zu Geld zu machen. Wäre aber sein Mobiliar zurückgeblieben, so würde es dem neuen Bewohner kaum genügt haben. Wallenstein, immer nur Pfandherr, noch nicht endgültig belehnter Herzog von Mecklenburg, tat doch, als ob er dies schon wäre, im Schloß, in der Stadt und im Lande. Alsbald ergingen Aufträge an den stets gefügigen Bankier und Einkäufer de Witte: holländisches Feinlinnen, Damasttischwäsche, Gobelins und Goldledertapeten aus Amsterdam, in fünfunddreißig großen Schiffstruhen nach Hamburg zu schaffen; Teppiche aus Venedig; blauer, glänzender, kurzhaariger Samt aus Lucca; für 30000 Taler Tischsilber von Sepossi, dem berühmtesten Juwelier Genuas, in jedes einzelne Stück von Augsburger Silberkünstlern das Wallensteinische Wappen einzuprägen. Zur Verarbeitung der köstlichen Stoffe wurden Sesselmacher, Tapezierer, Schneider aus Prag und Gitschin nach Güstrow befohlen. Nur sie; nicht etwa, daß daran gedacht worden wäre, die böhmischen Paläste ärmer an Schmuck zu machen zugunsten der neuen Residenz. Wie innerhalb des Schlosses, so großartige Veränderungen rings umher. Darüber kummervoll ein Patriot: »Es lasset sich fast schlecht an, inmaßen Fridlandicus sich nunmehr vernehmen läßt, er wolle Mecklenburg nicht räumen, er werde denn mit dem Schwerte daraus vertrieben, welches bestätigt der Effect, das starke Bauen auf vielen Ämtern. Zu Güstrow ist die neue Kirche fast abgebrochen, die Kanzlei, Reithaus, Ballhaus und dabei gelegenen Häuser müssen auch fort . . . Der Bauhof wird zum Garten abgebrochen, und hinter dem fürstlichen Hause, da zuvor der Tiergarten gewesen und itzo der Acker ist, soll im Frühling mit Eichen und Buchen bepflanzet werden. Aus Italia werden viel fremde Samen und Früchte geholt, die in den Gärten im Lande sollen gesäht und gepflanzet werden. Es sind über hundert Fasanen aus Böhmen kommen, die meist versetzed werden.« Die ›neue Kirche‹ – es war der calvinische Tempel, mit einem derben Holztische anstelle des Altars, den Johann Albrecht aus den Steinen eines zerstörten Klosters erbaut hatte. Nun ließ Wallenstein die Kirche niederreißen, zum Gefallen der Lutheraner im Lande, und die Steine für einen Anbau am Schlosse verwenden. Den Anbau wiederum vertilgte Johann Albrecht, als er drei Jahre später zurückkehrte, weil von den Werken des Usurpators nichts übrigbleiben sollte; so daß man wohl sagen kann, daß jene Backsteine ein politisches Schicksal gehabt haben. Zu was sie heute dienen, weiß ich nicht.
Er richtete sich ein, wie er es gewohnt war, großartig und auf die Dauer; wie er es gewohnt war, mußte alles »in furia« gehen. Küchengärten für die Salate und leichten Gemüse, die der Arzt ihm verschrieb; eine Fasanerie, Aussetzung eines Kopfgeldes für das Töten

von Tieren, die den Fasanen gefährlich wären; Beschaffung von Hühnern, Tauben, Indianen für die fürstliche Tafel; Eisgruben, um das Bier zu kühlen, die Nahrung frisch und appetitlich zu halten. Wo die achthundert Bediensteten des Hofstaates wohnten, da das Schloß sie ja unmöglich alle aufnehmen konnte, ist unbekannt; vermutlich wurden die besten Bürgerhäuser gemietet. Für den Mathematicus, den Astrologen, entstand eilends ein Turm und Observatorium.
Die Verwandlung Güstrows, des verschlafenen Landstädtchens, in die Residenz eines der reichsten oder doch am prunkvollsten lebenden Fürsten Europas war spektakulär, aber Nebensache. Schon von Gitschin aus hatte Wallenstein angefangen, sein neues Reich zu regieren. Daran ging er nun nach seiner Art, im Ernst. Eines der drei Hauptinteressen während dieser zwölf Monate, Juli 28 bis Juli 29; neben dem Krieg, der jetzt nur lax und sozusagen mit der linken Hand geführt wurde, weil die Gegner feierten, und neben der europäischen Politik, engerer und weitester, die schwierig genug blieb. Übrigens war der Besitz Mecklenburgs von der großen Politik nicht zu trennen. Hatte er sich's genommen, weil die Gelegenheit es ergab, so hatte er sich's auch genommen, damit nicht Dänen oder Schweden es sich nehmen könnten. Solange nicht wenigstens eines der Nord-Reiche die vertriebenen Herzoge preisgab, den Nachfolger anerkannte, war der Besitz kein gesicherter. Und wie, um eine hoffnungsvolle Möglichkeit zu erwähnen, wenn der alte Bogislaw von Pommern sich noch einmal als der Trottel bewies, für den Wallenstein ihn seither gehalten, gemeinsame Sache machte mit den Stralsundern, sich in den Krieg gegen den Kaiser stürzte? Nichts wäre wünschbarer gewesen. ». . . ich wollte, daß ihn die Lust ankäme, so stände Pommern Mecklenburg gewaltig glatt an . . .« (An Arnim) Kaum saß Wallenstein in Mecklenburg, so spekulierte er schon auf Vergrößerung. Pommern, nämlich Vorpommern, Barth und Stralsund und Greifswald und Wolgast, zusammen mit seinen Inseln Rügen und Usedom, hätten ja mit Mecklenburg recht wohl ein Ganzes geformt, landschaftlich betrachtet, strategisch betrachtet. Wozu es für diesmal nicht kam. Als Bogislaw notgezwungenermaßen ein Bündnis mit dem König von Schweden schloß, war Wallenstein nicht mehr imstand, den Fehltritt gegen ihn auszunutzen.
Ein Fremder, der das zungenspitze Kauderwelsch, welches die Leute unter sich sprachen, gar nicht verstand, wollte er bedachtsam vorgehen, die alten Einrichtungen, das alte Personal gebrauchen, soweit sie brauchbar waren und sich brauchen ließen. Den Adel vor allem. ». . . ich bin sonst willens, in den Räten sowohl auch anderen Diensten im Land und bei mir desselbigen Adels mich mehr zu gebrau-

chen, als die vorigen Herzoge getan haben.« »Was anbelangt des Adels Privilegia, weiß der Herr selbst wohl, daß ich des Adels Freund bin, und wollte sie auf keinerlei Weis gern destruieren, aber wenn ich nur das Privilegium erhalten werde, daß sie nicht appellieren, so will ich gewiß sie lassen wie Edelleut und nicht wie Bauern leben . . .« Ein Freund des Adels, gewiß; was war er denn selber vor knapp zehn Jahren anderes gewesen als ein Landedelmann? Wer sonst sollte ihn stattlich bedienen?

Der Adel kam. Zögernd, mißtrauisch zuerst, kam er doch und stellte sich zur Verfügung. Ein Moltke, Gebhard von, akzeptierte das Direktorium des Geheimen Rates. Ein von der Lühe, Hans Heinrich, wurde Präsident der Hofkammer oder fürstlichen Einkommensverwaltung. Darüber eine der vertriebenen Herzoginnen, erbittert: »Was anbelanget Hans Heinrich, ich weiß nicht, wie ich es verstehen soll, daß er so bald gut wallensteinisch geworden ist.« Freilich, Exilierte verstehen so etwas nicht. Die im Land blieben, sahen es anders. Der neue Herrscher war da, sein Wille streng, seine Macht überwältigend; keine Hoffnung, daß er so bald wieder verschwinden würde. Zudem schien es ein hochvernünftiger, ja konziliänter Mann, vorausgesetzt, daß man ihm gehorchte. Warum also dem Land nicht die Dienste leisten, die unter den unbarmherzig waltenden Umständen zu leisten waren; und sich dafür bezahlen lassen? Nicht nur die obersten Regierungsbehörden, auch die Hofchargen wurden zum Teil mit Einheimischen besetzt; wir finden einen von Winterfeld als Oberjägermeister, einen Lützow als Forstmeister. An solchen Kollaborateuren haben die alten Herzoge nach ihrer Rückkehr Rache geübt; worin sie meiner Meinung nach Unrecht taten.

Noch besser würde es mit Mecklenburgs Adel gehen, wenn man sich bildsamer Jugend beizeiten annahm. Eine Anzahl junger Ritter schickte Wallenstein nach Gitschin, damit sie dort bei den Vätern der Gesellschaft Jesu studierten, dann ihm in Böhmen aufwarteten; Träger der Namen Kettenburg, Buchwald, Bülow, Maltzan, Bernstorff, Dreiberg, Lützow, Möllendorf. Daß die Jünglinge im Laufe dieses Kursus zur Messe geführt wurden, ist wahrscheinlich, obgleich angesichts der klugen Liberalität ihrer Lehrer nicht ohne weiteres sicher. Von *einem*, einem Bülow-Knaben namens Otto Christoph, wissen wir es. Dieser, einmal aus seiner Bahn gelockt, trieb sich so lange im Weiten, in Böhmen, Italien und Spanien herum, daß, als er endlich in die Heimat zurückkehrte, man ihn dort nicht mehr kennen, auch sein Erbe ihm nicht aushändigen wollte, zumal in den Jahrzehnten seiner Abwesenheit so sehr viel wüste Zerstörung im Lande sich zugetragen. Er starb als Stallmeister des Fürsten Piccolomini.

Wurden junge Mecklenburger nach Böhmen verpflanzt, so junge Böhmen nach Mecklenburg; fünf Waldsteins und Harrachs, einer von ihnen jener Franzel, den in Gitschin die Jesuiter heimtückischerweise zu einem Jesuiter hatten machen wollen. Sie steckte der große Verwandte in ein Internat, eine Ritter-Akademie, die er in Güstrow nach dem Modell der Gitschiner gründete. Die »Herren« kamen aus Böhmen, denn im Lande gab es keine, die bloßen Ritter oder Edelknaben, zwölf dem Plan nach, praktisch wohl nur sieben, aus Mecklenburg. Die Güstrower Akademie ist kein bloßes Projekt und keine Sage, wie man glaubte. Sie hat geblüht, wenn auch nur zwei Jahre lang; mit einem wallonischen Gouverneur, einem französischen Sprachmeister, einem italienischen Fortificationsmeister, einem Fechtlehrer, einem Tanzlehrer, einem Kaplan, einem Arzt, Herrn Doktor Bökel, einem Apotheker, vier Dienern für die Herren, drei Dienern für die Ritter, fünf Stallknechten und noch anderen dienstbaren Geistern; die Kosten beliefen sich auf 6282 Reichstaler jährlich. Wir können nicht finden, daß es eine Jesuitenschule gewesen sei, wie in Gitschin. Ohne Zweifel jedoch war es eine katholisch geleitete, und ohne Zweifel war ein Zweck, Mecklenburgs vornehme Jugend auf diskrete Weise mit der alten Religion zu befreunden. Der andere: einen sozusagen internationalen wallensteinischen Adel schaffen zu helfen. Hätte der Gründer einen Plan verwirklicht, mit dem er zeitweise spielte, und sich ein Fürstentum in Oberitalien erworben, so würde er venezianische Jugend zusammen mit böhmischer und mecklenburgischer sich haben tummeln lassen. Es war etwas von einem Pädagogen in ihm, was mit seiner Ordnungsliebe, seiner Freude am Organisieren zusammenhing. Gerne sah er Knaben nach seinen Befehlen, unter seinen Augen erzogen werden.

Die Kirche ließ er ungestört und ungeschoren, unter der Leitung des Konsistoriums. Pastoren wurden ernannt und entlohnt wie eh und je – ich zähle sechzehn neu eingeführte während Wallensteins Regierungszeit – und durften predigen, wie es ihnen gefiel, so lange sie nur dem Landesherrn ihren Respekt zollten, was sie bereitwillig taten. Daß nun ein Katholischer das Lutheranerland regierte, obendrein der Generalissimus Kaiser Ferdinands, des Protestanten-Austreibers, war so ganz verrückt nicht, wie es uns erscheinen mag; der Vorgänger in Güstrow, Johann Albrecht, war Calviner gewesen, und wir wissen, wie giftig die beiden protestierenden Sekten zueinander standen. Anstatt der calvinischen Schloßkapelle gab es eine katholisch geweihte für den Herzog und die Seinen; das war alles. In Friedland betrieb er die katholische Reformation, zögernd und ohne Eifer, weil er mußte. In Mecklenburg mußte er nicht und war es zufrieden. Er hielt den

Ständen, was ihnen bei der erzwungenen Huldigung zugesagt worden war: sie in ihrer Religion ungekränkt zu lassen.
Wie er mit den Ständen, den Vertretern der Landschaft und Ritterschaft, denn überhaupt passabel auskam. Daß er für Freiheit, politische Freiheit nicht den mindesten Sinn hatte, ist bekannt; Sinn allenfalls für das Nützliche frei abenteuernden Unternehmertums, wie sein Hans de Witte es darstellte. Den vertriebenen Herzogen hatten die Stände häufigen Ärger verursacht. Adolf Friedrich von Schwerin in seinem Tagebuch, 1620: »Tolle Erklärung von der Landschaft bekommen.« Wieder: »Die Landschaft eine leichtfertige Resolution übergeben, daß es eine Schande ist.« Wallenstein machte ein Instrumentum Regni aus dem, was bisher für die Regenten Bremse und Hindernis gewesen war. An den Statthalter: »Aus seinem Schreiben vernehme ich, was die Stände für Impertinenzen und Prolongacien begehrt haben. Nun sage ich, sie sollen mich nicht auf solche Weise tractieren, wie sie die vorigen Herzoge tractiert haben, denn ich werde es gewiß nicht leiden, und zum Ersten zu der Landräte und Vornehmsten Güter, auch den Personen greifen . . .« »Werden sie die Disposition wegen des Geldes nicht machen, sie werden sehen, was ihnen daraus wird entstehen, darum scherzen sie nur nicht mit mir . . .« Das war es. Indem sie ihm huldigten, hatten die Stände seiner Herrschaft den Schein von Legitimität gegeben, dessen er bedurfte. Nun sollten sie ihm Geld für die Verteidigung des Landes bewilligen und durch ihre Landräte von den Besitzenden einsammeln. Das konnten nur sie, in guter Ordnung. Dazu wurden sie zur Erntezeit nach Güstrow getrommelt. Wallenstein verlangte 50000 Taler im Monat; er begnügte sich mit 30000. Wir glauben, daß diese Steuer keineswegs unerträglich hoch war und daß sie sich bezahlt machte.
Denn Mecklenburg, für die kurze Zeit, in der Wallenstein es kontrollierte, wurde zu einer zweiten Terra Felix, einer Friedens-Insel. Das vermochte des Kaisers oberster General, wenn er es ernsthaft wollte, wie er es für sein böhmisches Herzogtum vermocht hatte; freilich nur auf Kosten anderer Länder. Als er, Winter 27, der Armee der Liga Quartiere in Mecklenburg verwehrte, wußte er, was er tat. Danach schickte er auch die eigenen, kaiserlichen Truppen fort; nach Pommern, nach der Prignitz und Uckermark. Regimenter, welche durch Mecklenburg marschierten, hatten, von Marschkommissaren überwacht, sich an den vorgeschriebenen Weg zu halten, keinen einzigen Rasttag zu machen, und wehe, wenn sie plünderten. Nur 6000 Mann zu Fuß, 500 Reiter sollten die weitgeschwungenen Grenzen des Landes verteidigen; daß sie prompt besoldet würden und also unter strenger Disziplin gehalten werden könnten, dazu diente die dem

Landtag abgenötigte Kontribution. Es herrschte Rechtssicherheit in Mecklenburg, so lange der Usurpator regierte; und sie war dem Land mehr wert als 360000 Taler.
Dazu kamen wirkungsvolle, saubere Verwaltung und prompte Justiz; jene Künste, die Wallenstein in Friedland gelernt hatte. Wir wollen ihre Segnungen nicht übertreiben, zumal sie kaum Zeit hatten, sich zu bewähren. Aber charakteristisch sind sie; und sie erreichten wenigstens dies, daß die Untertanen sich mit der neuen Herrschaft überraschend schnell versöhnten.
Es war in der Mecklenburger Zeit, daß er seinem friedländischen Landeshauptmann den Entwurf einer ständigen Verfassung in Auftrag gab; da verpflanzte er Institutionen, die ihm gefielen, vom Nordland in die Heimat. Umgekehrt führte er friedländische Einrichtungen in Mecklenburg ein. Dort wurde während des Spätherbstes, 1628, der Regierungsapparat von grundauf umgestaltet.
Bisher ein allzu einfacher und darum komplizierter Apparat. Unter dem Herzog der Kanzler sich um die öffentlichen Dinge insgesamt sorgend: Justiz, Verwaltung, Einkünfte, Verhandlungen mit den Landständen, den Städten, den fremden Potentaten. Ein einziges Gericht, wieder unter des Kanzlers Vorsitz, welches vierteljährlich tagte, einmal da, einmal dort, und mit seinen Akten beständig herumreiste. In schwierigen Streitfällen zum Schlusse zu kommen, fühlte es sich gar nicht kapabel, sondern überwies sie einer juristischen Fakultät, meistens der Rostocker, zur Entscheidung, worüber Jahre vergingen. Kam es aber endlich doch zu einem Urteil, so hatten die Herren von der Ritterschaft das Recht, dagegen an das Reichskammergericht in Speyer zu appellieren; ein Privileg, auf das sie hohen Wert legten und das die Landesjustiz zum Spott machte, denn in Speyer besaß man die Kunst, Prozesse unsterblich zu machen. Der neue Herzog tat einen Schnitt. Er trennte die Justiz von der Verwaltung und machte auch die Justiz zur ausschließlichen Sache des Landes; das hieß, er verlangte und erhielt vom Kaiser das vielbegehrte Privilegium de plane non appellando zugesprochen, welches er für Friedland schon besaß und welches sonst nur die vornehmsten Kurfürsten, Pfalz-Bayern, Sachsen, Brandenburg besaßen. Die Auflage war, daß in Mecklenburg selber drei Instanzen sein müßten, und die schuf er: das Hofgericht, nun ständig in Güstrow, das Appellationsgericht und den Geheimen Rat. Dies letztere neu gestiftete Collegium war zugleich die oberste Regierungsbehörde, in welcher, man muß es gestehen, Justiz und Verwaltung sich dennoch berührten. Im Geheimen Rat nahm Wallenstein den Vorsitz, wenn es ihm beliebte; wenn nicht, dann sein Statthalter; Geheimräte ernannte er drei, die Herren Moltke, Grego-

rius von Bevernest und Volrath von der Lühe, Mecklenburger von Schrot und Korn. Für die Verwaltung der herzoglichen Einkünfte die »Kammer« nach friedländischem Vorbild, Kammerräte, ein Präsident, hoch über ihm der »Regent«, der Finanzminister aller Wallenstein-Länder. Fortbestehen der »Kanzlei«, die ehedem alles war, nun auf einen klar umrissenen Aufgabenkreis reduziert wurde, landesherrliche Rechte, Lehens- und Grenzsachen, Beziehungen zum Römischen Reich, Diplomatie im abgeschliffenen wie im ursprünglichen Sinn des Wortes. Aus ihrem Personalbestand – Kanzler, Direktor, fünf Räte, Archivar, Pronotar, drei Sekretäre, drei Registratoren – schließen wir, daß sie etwas zu tun hatte; Wallenstein war nicht der Mann, Sinekuren zu vergeben.
Drei ihrem Wesen nach neue Institute: Geheimrat, Kammer, Kanzlei. Ihre Vorsitzenden, Statthalter, Regent, Kanzler, bildeten zusammen das herzogliche Kabinett, dem noch ein besonderer Sekretär zur Verfügung stand, Wallensteins Privatsekretär, wenn man so will: ein gewisser Heinrich Niemann, Doktor Juris, später zugleich Rittmeister. Er war kein Mecklenburger, wie auch die eben genannten Minister nicht. Der erste Statthalter, Heinrich von San Julian, eben jener, der zusammen mit Niemann Wallensteins Machtübernahme hatte vorbereiten müssen, stammte aus der Provence. Bald nach Wallensteins Ankunft als dessen Botschafter oder General-Agent nach Wien gesandt, wurde er in Mecklenburg durch einen anderen Obersten ersetzt, Herrn Albrecht von Wengiersky, polnisch-schlesischer Herkunft. Den Kanzler, Johann Eberhard zu Elz, brachte Wallenstein mit; einen Lutheraner aus dem Kur-Trierischen, der, so wie die kirchlichen Dinge in Böhmen jetzt lagen, ein Diener des Herzogs dort gar nicht hätte sein dürfen. In Mecklenburg durfte er es, und von Mecklenburg aus überall. Der Rechtsgelehrte wußte so sich unentbehrlich zu machen, daß er bei seinem großen Brotgeber aushielt, in Deutschland wie in Böhmen, bis zum letzten Tag; obgleich unter Qualen, wie Elz *nach* dem letzten Tage die Welt wissen ließ. Landfremd, nämlich Böhme, war auch Heinrich Kustos, der Regent, der oberste Geldeinnehmer. Ein verantwortungsbeladener Mann, hin- und herreisend zwischen Friedland und Mecklenburg, den Kopf voll des ungeheuren Gewirrs von Sollen und Haben, welches Wallensteins Einkommen darstellte. Wir beneiden ihn nicht um seine Aufgabe. Auch, um dies vorwegzunehmen, hatte er üblen Dank dafür. Denn während Wengiersky und Elz rechtzeitig aus Mecklenburg wieder herauskamen, blieb Kustos zu lange, wurde, als er endlich fliehen wollte, von den heranrückenden Schweden gefangen und den wiederhergestellten alten Herzogen ausgeliefert; welche ihn denn zwei Jahre

lang in harter Gefangenschaft hielten, um, was er an Geld und Wissen besaß, aus ihm herauszupressen und in einem Monstreprozeß gegen einheimische Kollaborateure ihn als Zeugen zu gebrauchen. Herzog Adolf Friedrich: Alles was Wengiersky und Elz und Kustos besäßen, gehörte rechtens ihm und seinem Bruder, denn diese friedländischen Diener seien Feinde des Landes und hätten aus der Untertanen Schweiß und Blut sich kostbarlich unterhalten. Es ging da aber nur um kleine Summen, wenn man die Machtverhältnisse und das, was sonst üblich war, bedenkt. Kustos gestand, daß der Statthalter Wengiersky sich von den mecklenburgischen Ständen 4000 rechtzeitig nach Hamburg exportierte Taler hatte verehren lassen, Elz 600, er schwieg von seinem eigenen Gewinnst . . . Die Herzoge, als sie zurückkamen, mußten das Mecklenburg Wallensteins als ein Nest von Korruption und Räuberei ausschreien, das lag in ihrer Situation. Der Wirklichkeit entsprach es schlecht. Was immer Wallenstein sonst im Reiche verursachte oder duldete oder nicht hindern konnte: in seinem eigenen Lande wollte und konnte er's hindern.

Gute Regierung, insgesamt, obgleich von oben herab, unruhig, ungeduldig. Verwandlung des Adels- und Ständestaates in einen straff organisierten Beamtenstaat. Die Justiz unparteiisch und prompt. Archivarius Lisch, der im 19. Jahrhundert die Dokumente des Güstrower Hofgerichtes ordnete, bemerkte mit Erstaunen, wie dünn doch die Aktenbündel aus der Wallensteinzeit waren, verglichen mit älteren und jüngeren; oft erfolgte der Bescheid noch am Tag der Eingabe. Eine Schnellpost entstand wie im Friedländischen, mit Güstrow als Zentrum; reitende Boten, Relais-Stationen. »Zur Beförderung des gemeinen Besten« dekretierte der Herzog eine »einzige durchgehende Gleichheit an Scheffeln, Maß, Ellen und Gewicht« – Vorwegnahme dessen, was spätere Herrscher erst nach 120 Jahren wiederum einzuführen für gut fanden. Und wie in Friedland, so durfte es in Mecklenburg keine Armen und Hilflosen, keine Bettler geben. Der Entwurf einer Armen-Ordnung, welche von seiner Kanzlei stammte, genügte Wallenstein nicht; er selber diktierte dem Kanzler eine neue in die Feder, einen eigentlichen Kabinettsbefehl, so streng wie klar und einfach; und verbot den zu Güstrow versammelten Landständen, auseinanderzugehen, ehe sie in seinem Sinn beschlossen hätten. Jede Stadt, jedes Kirchspiel hatte ein Spital oder Armenhaus einzurichten, binnen einen halben Jahres, und zu unterhalten, die Kosten auf die Bürger je nach Besitz umzulegen. Nach bedürftigen Familien mußten Bürgermeister und Pfarrer suchen wie nach Stecknadeln; man fand dreihundert, was uns wenig klingt. Eine Wallensteinische Institution. Sie versank nachher, wie alles andere von ihm Geschaffene, wich noch

einmal dem »Bettel um Gottes Willen«; ein Landes-Arbeitshaus gab es erst wieder im späten 19. Jahrhundert, und zwar nirgend anders als im Schloß zu Güstrow, welches noch in unseren dreißiger Jahren einem ähnlichen Zweck diente.
Er reiste, er inspizierte. Im Dezember 28 begab er sich nach Wismar, um am Orte selber die Machbarkeit eines Kanals zu prüfen: von der Hafenstadt zum Schweriner See und von dort die Stör und Elde hinunter bis nach Dömitz am Elbstrom. Wir kennen seine Leidenschaft für Kanäle. Dieser hätte das innere Mecklenburg mit der Elbe, hätte auf einem Umweg Ost- und Nordsee verbunden. Tatsächlich gab es ihn seit dem vorigen Jahrhundert, wenigstens stückweis, aber eng, seicht und verkommen, mit hölzernen Schleusen, die nichts taugten. Aus Hamburg beorderte Wasserbau-Ingenieure legten dem Herzog ein gewaltiges Projekt vor. Sollte der Kanal für große Handels- und Kriegsschiffe brauchbar sein, so wäre das unter 500000 Talern nicht zu machen: die Ausräumung der Flüsse, die Abschneidung der Kurven, die Verbreiterung der Kanalstrecken, die Anlegung von Pfaden für die Zugpferde, die Errichtung von nicht weniger als 26 steinernen Schleusen. Die Kalkulation zeigte nebenbei, wie arg Wallenstein die Kosten für den Kieler Kanal unterschätzt hatte, ein Projekt, mit dem zu spielen er nicht aufhörte. Jetzt meinte er, »das Geld sollte da sein und das Werk sollte gefertigt werden«. Der nördliche Abfluß des Schweriner Sees wurde noch vor kurzem »Wallensteingraben« genannt – ein vages Erinnern, nicht an die Leistung, sondern an den Vorsatz. 500000 Taler waren durch ein Machtwort nicht aufzutreiben.
Wieviel brachte Mecklenburg seinem neuen Herrscher ein? Ich kann diese Frage nur ungefähr beantworten; um so ungefährer, weil Wallenstein bloß ein Jahr lang am Orte weilte, die Intraden aber zurückgingen, sobald der Schrecken seiner Gegenwart nicht mehr wirkte, um bald völlig zu versiegen.
Wenigstens in der Theorie müßte man unterscheiden zwischen den normalen Einkünften des Staates, oder des Herzogs, welche der personifizierte Staat war, auf der einen Seite und den Kontributionen auf der anderen. Diese wurden durch die Stände von Mal zu Mal »bewilligt«, und dienten einem anomalen Zweck, nämlich dem Krieg, der Bezahlung des Heeres. Jedenfalls sollten sie dazu dienen.
Die herzoglichen Einkünfte waren wiederum gedoppelten Ursprungs. Es gab die Domänen oder fürstlichen Ämter, und was sie an Getreide, Holz, Fischfang direkt oder in Verpachtung trugen; es gab die »Regalia« oder landesherrlichen Rechte, Zölle, Akzisen, Lehengelder, Lizenzgebühren, Strafgefälle. Der Kapitalwert des Herzogtums, ohne

Regalien, wurde, als Wallenstein Mecklenburg zum Pfande erhielt, auf 700000 Gulden geschätzt. Das hätte, bei dem üblichen Zinssatz von sechs Prozent, 42000 Gulden im Jahr ergeben. Als kaiserliche Kommissare den »Kaufschilling« endgültig zu fixieren hatten, kamen sie auf eine Jahreseinnahme von 86000 Talern (genau: 86071 und einen halben Taler, 19 Schillinge, dreiundeinhalb Pfennige); was viel mehr ist, als 42000 Gulden. Demnach hätte Wallenstein das Herzogtum billig gekauft. Die Regalien, von denen es im Kaufschilling hieß, sie brächten gewöhnlich mehr ein, als der Besitz einbrächte, wurden ihm aus kaiserlicher Milde geschenkt: die Realisierung jener zugesagten Gnadengabe von 700000 Gulden. Auch diese wieder eine kräftig in die Höhe getriebene. Wenn die Regalien mehr brachten als die Domänen, oder doch ebensoviel, 86000 Taler, so würden sie einem Kapital von weit mehr als zwei Millionen Gulden entsprochen haben. Aber was rede ich? Wissen wir denn, ob dies Geld wirklich einkam? Ich glaube nicht, daß es einkam. Hinter den scheingenauen Rechnungen standen regelmäßig Illusionen. Man griff viel zu tief oder viel zu hoch, je nach dem Interesse, das man vertrat. Man tat so, als ob die Zeiten normal wären. Leider waren sie es nicht; und wenn Wallenstein, seit er der Pfandherr war, tat was er konnte, damit Bauern und Handelsleute wieder zu Atem kämen, so war das Land im Jahr zuvor doch von Dänen und Kaiserlichen ziemlich ausgeplündert worden. Auch daß Kontributionen, in stattlicher Höhe und unter reichlichem Jammern, »bewilligt« wurden, hieß noch lange nicht, daß sie eingingen.

Was nun diese, die Kontributionen betrifft, so flossen sie nur der Theorie nach in eine besondere Truhe. Wallenstein, noch aus Böhmen, an den Statthalter San Julian: »bitt der Herr informiere die Sachen dahin, auf daß alle Contributionen aus dem Lande zu Mecklenburg für mich bleiben, denn ich hab sonsten kein ander Geld . . .«; und so oft. Man mag diese Vermischung damit entschuldigen, daß er zugleich Landesherr und des Kaisers Generalissimus war, seine Stadt Güstrow während der Jahre 28–29 zugleich Residenz und Hauptquartier. Zum Überfluß gab es eine Abmachung, nach welcher die Kontributionen aus seinen eigenen Herzogtümern, Friedland, Sagan, und nun Mecklenburg, für ihn selber »inbehalten« werden, ihm also direkt zur Verfügung stehen sollten. Wir nehmen an: anstelle seines Gehalts, das allein 72000 Gulden im Jahr ausmachte, ferner für die Kosten des Hofes-Hauptquartiers und andere am Orte und im Augenblick zu bezahlende Dinge. General, Landesherr, Privatperson, diese drei in einem waren scharf nicht voneinander zu trennen, hätte selbst der beste Wille dazu bestanden. Er bestand, bis zu einem gewissen Grad. De Witte, der alle die Riesensummen »anticipierte«, darbot, um dann, wie er konnte, sich schadlos zu halten, führte getrennt Buch über Ausgaben des Landesherrn, des Generals und der Armee. Von Haus aus ein gelernter, solider Handelsmann, mit Wallenstein reich geworden, durch Wallenstein in immer gefährlichere Operationen mit fortgerissen, konnte er nicht hindern, daß in der Realität verschmolz, was er auf dem Papier noch trennte: persönliche Einkäufe wurden aus den öffentlichen Kontributionen gedeckt, weil öffentliche Ausgaben vorher aus privaten Quellen bezahlt worden waren.

»Ich hab sonsten kein ander Geld.« Trug die Heimat, trug Friedland nichts mehr? Nun, Friedland hatte den Besitz von Mecklenburg produziert oder doch produzieren helfen. Getreide aus Friedland, Waffen und Munition aus Friedland, Vorschüsse an die Regiments-Obersten aus Friedland – dies alles hatte Wallenstein zu des Kaisers Großgläubiger gemacht. Jetzt finanzierte Friedland nur den böhmischen Teil seiner verworren-vielfältigen Prachtexistenz; die Bauten in Gitschin und ringsherum im Lande, die Stiftungen, die Pferdezucht, die Hofhaltung in Prag, die Frau Isabella in unverringerter Stattlichkeit führte. So sonderbar verschoben lagen die Gewichte. Was ursprünglich Wallensteins Riesenvermögen gewesen war, arbeitete nur noch für seine Selbstdarstellung. Sein Begründer lebte von Mecklenburg und aus dem »Reich«; am Bettelstab glaubte er sich, wenn dieser störrische Gold-Esel versagte. Wie leicht und nahezu unvermerkt wir vom Bescheidenen zum Bequemen, vom Bequemen zum Großartigen, vom Großartigen zum Phantastischen aufsteigen. Aber wieder herunter, vom Phantastischen zum Großartigen oder gar nur Bequemen, das ist was anderes; das ängstigt und würgt.

Seine mecklenburgischen Einnahmen wollte er pauschaliert, damit Verlaß darauf wäre: »Dem Kustos sagt, ich bitte ihn, er solle im Land zu Mecklenburg die Sachen also disponieren, auf daß ich die 20000 Reichsthaler alle Monat von dannen bekommen kann, denn in Ermanglung dessen so hätte ich nicht zu leben.« 240000 Taler im Jahr waren mehr als das normale, von Reichs wegen geschätzte Einkommen und weit mehr als das wirkliche; sie müßten also teilweise aus den Kontributionen gekommen sein. Das taten sie, eine Zeitlang; in eisenbeschlagenen Fässern rollten sie dorthin, wo Wallenstein gerade war, mit Hilfe de Wittes. Aber es wurde schwerer und schwerer, sie zusammenzuscharren. Das Budget, welches der Herzog für die letzten fünf Monate des Jahres 29 aufstellte oder von dem »Regenten« Kustos aufzustellen befahl, sah Folgendes vor: Auf der Soll-Seite: 130000 Taler an Hans de Witte oder dessen Geschäftspartner Walter de Hertoge zu Hamburg bis zum Jahresende in drei Raten. Ferner 12000 Taler zur Erstattung der Expensen, welche die kaiserlichen Kommissare während der langwierigen Friedensverhandlungen mit Dänemark sich notiert hatten. Summa summarum: 142000 Taler. Auf der Haben-Seite: von der Landeskontribution 91390 Taler. Akzise für ein halbes Jahr, 30000, aus Verkauf von Holz 20000, von Verpachtungen 10000, von Lizenzgebühren 6000. Summa summarum: 157390, Überschuß 15390 Taler. Davon zu zahlen die Ausgaben der fürstlichen Akademie, die Arbeiten am Schloß und an gewissen Fortifikationen. . . . Ein nachdenklich stimmender Haushalt. Erstens wird der Kosten des Beamten-Staates gar nicht Erwägung getan; die müssen also von woanders her gedeckt worden sein. Zweitens wird ein sachfremder Posten erwähnt; die Diplomaten, die in Lübeck mit dem König von Dänemark verhandelten, hätten von Rechts wegen nicht Wallenstein, sondern dem Kaiser auf der Tasche liegen müssen. Hier also gewährte er wieder einmal seinem Herrn eine Anleihe. Drittens ist der Großteil der errechneten Summe für de Witte bestimmt; sei es, weil er sie bereits antizipiert hatte, sei es, um aus ihr jene monatlichen 20000 zu schöpfen. Viertens fällt auf, daß die Kontributionen weit mehr einbringen oder einbringen sollen als die regulären Einkünfte: fast zwei Drittel des Ganzen. Letztens macht die ganze Rechnung uns schwindlig. Es war leicht, solche Zahlen aufs Papier zu schreiben: »welcher gestalt die Kammer zu der benamten Summa gelangen soll, wird hiermit vorgewiesen.« Aber würde sie wahr und wirklich dazu gelangen? Würden aus der Dürre soviele Tropfen zu pressen sein, um das Faß voll zu machen?

Schon die erste Rate der dem Hamburger Bankier zugesagten Summe traf nicht termingemäß ein; de Witte rang die Hände. Strengstens verlangte Wallenstein Rechenschaft von seinen Mecklenburger Oberbeamten, Wengiersky, dem Statthalter, Kustos, dem Regenten: er habe es satt, »daß man uns mit Worten speisen solle, dadurch dann unser Credit und guter Name leiden tut. Und wir uns gegen euch eines anderen versehen hätten.« Statthalter Wengiersky: Die Dinge seien leider nicht so gelaufen, wie man hätte erwarten dürfen. Beunruhigend seien die Holzpreise zurückgegangen; außerdem die Lüneburger, sonst die besten Holzkäufer, gerade jetzt durch neue Einquartierungen drangsaliert und darum saumselig mit zahlen. Auch die mecklenburgischen Kontributionen kämen nicht ein – und kein Wunder; wer zahlt Steuern, wenn er nicht *muß*, wenn nicht die Exekutoren, die »Tribuliersoldaten« drohen? Schließlich, gab Wengiersky zu bedenken, sei es gefährlich, Geld nach Hamburg zu schaffen, selbst wenn welches da wäre; denn wieder und wieder würden neuerdings Geldtransporte von Räubern überfallen. Darauf Wallenstein, gehetzt wie er war von den unheilverkündenden Klagen de Wittes: 200 Musketiere und 100 Reiter könnten jeden Geldtransport schützen. Das Holz hätte man da verkaufen sollen, wo es die höchsten Preise erzielte; die Kammer sei faul und pflichtvergessen. Was aber die Mecklenburger anginge, so sei nunmehr Gewalt zu gebrauchen, um sie zum Zahlen zu zwingen, die Ritter, die Städter, die Bauern. »Denn mir nit genug daran ist, daß man ermahnen tut, sondern exequir man. Und hab man nicht mehr Rücksicht auf die Stände als auf mich, welches mich zum höchsten schmerzen tuet.« Der Befehl tat noch einmal seine Wirkung. Das Geld wurde eingesammelt und ging, bis zum Neujahrstag 1630, über Hamburg an de Witte. Ein Erfolg, der erklären mag, warum Wallenstein an seine Beamten oft in so fürchterlichem Tone schrieb: er mußte sie erschrecken, damit sie die Leute, die Steuerzahler erschreckten. Fragte sich, wie lang überhaupt noch durchzukommen war. Diesen Eindruck haben wir: je reicher er wurde, oder je mehr Titel zu Reichtum er besaß, und je mehr er ausgab, desto schwerer lasteten Geldsorgen auf ihm. Der böhmische Reichtum war gediegen gewesen: Einkommen aus fetten Gütern, wohladministrierten Unternehmen. Der Reichtum des Generalissimus war zunehmend illusiv; ein Turmgebäu aus Verschwendungen, Vorschüssen, Schulden, Quälereien. Und wenn selbst Friedland, neben dem, daß es sich selber glanzvoll darstellte, auch noch für die Bedürfnisse des Heeres produzierte, so verbesserte das, volkswirtschaftlich gesehen, nichts. Denn wie anders als durch Kontributionen und Konfiskationen, also wieder durch Quälereien, sollte der Kaiser die friedländische Rüstungsproduktion bezahlen? . . .

Er sei, so schrieb Wallenstein, ein Freund des Adels – und war es, solange der Adel diente und zahlte. Er war zunächst kein Freund der reichen großen Hafenstädte, die sein Gebiet umschloß, Rostock, Wismar. Sie unter Kontrolle zu bringen, gierte er schon, ehe er das Herzogtum gewonnen hatte, im Spätherbst 27, eben im Hinblick auf die bevorstehende »Mutation«; und hörte während des nächsten Halbjahres nicht auf, von dieser Sorge besessen zu sein. Um eine volkreiche Stadt zu beherrschen, kannte er nur ein Mittel, dasselbe, das er einst als Oberster von Prag gegen zähen Widerstand durchgesetzt hatte: die Zitadelle mitten inne. ». . . denn der Herr weiß, daß die großen Städt ohne Citadelle garnichts wert sein . . .« (An Arnim) Wismar und Rostock zu garnisonieren und zu befestigen! Neunzehnmal drang er, noch von Böhmen aus, in seinen Obersten Arnim, dies Geschäft zu erledigen, dann neunmal in den Statthalter San Julian: »Die Citadellen zu Rostock und zu Wismar anhebt zu bauen, denn ich kann keine ruhige Stund haben, bis die Citadellen zum wenigsten ihren Anfang bekommen haben.« Die Absicht war eine doppelte: das unruhige Stadtvolk an die Kette zu legen, ihm »einen Zaum ins Maul zu tun«, wie er sich gern ausdrückte; die Häfen gegen einen Angriff der Wasserkönige zu sichern. Beide Zwecke hingen ineinander, denn Volk und Matrosen neigten zu Dänemark. Mit Wismar stand es so, daß es sich dem Obersten von Arnim schon im Oktober 27, also noch zur Zeit der alten Herzoge, ergeben hatte: Annahme einer kaiserlichen Besatzung von 1000 Mann für die Dauer des Krieges, die wismarischen Schiffe der kaiserlichen Flotte gegen angemessene Entschädigung zur Verfügung zu stellen. Widerborstiger erwiesen sich die Rostocker, und hatten Grund dazu. Denn als sie sich zu einer beträchtlichen Kontributionszahlung bequemten, und als sie nicht hindern konnten oder wollten, daß San Julian nördlich der Stadt an der Mündung des Warnowflusses eine Schanze erbaute, um so sich zum Herrn des Hafens zu machen, erklärte der König von Dänemark Rostock als feindlich und abtrünnig von der evangelischen Sache. Die Strafe folgte auf dem Fuß; Christian ließ die Rostockischen Schiffe in seinen Häfen mit Beschlag belegen, auf hoher See kapern, wo er sie erwischte. So übel war jetzt die Lage der deutschen Seestädte; sie mußten wählen zwischen Repressalien der Landmacht und Repressalien der Seemacht und hatten, wenn sie die Wahl aufschoben, den Zorn beider Seiten zu fürchten. Es geschah ein Aufruhr in der Stadt; Volk und Seeleute wollten den Ruin des Handels, die Arbeitslosigkeit nicht hinnehmen, rotteten sich zusammen und schrien nach einem Bündnis mit Dänemark. Wallenstein an San Julian: »Aus des Herrn Schreiben von Warnemünde . . . hab ich vernommen, was der Pöbel in der Stadt Rostock vor die Hand zu nehmen sich unterstehen will . . . Der Herr sehe, daß in continenti die Bürger zu Rostock disarmiert werden und eine Citadelle angefangen . . .« Die Sache blieb ein halbes Jahr in gefährlicher Schwebe. Im Oktober, 28, rückte der Herzog von Friedland-Mecklenburg mit Truppen gegen seine Stadt Rostock und drohte, sie zu stürmen. Worauf es zu einem maßvollen Austrag kam, ähnlich dem Wismarischen; Rostock bequemte sich, eine Garnison anzunehmen, nur so zum Schutz gegen äußere Feinde, wie betont wurde. Die Hochschule ließ er seines besonderen Wohlwollens versichern; keinerlei Einquartierung in den Häusern der Professoren. Seine zunehmende Liberalität im Umgang mit den Seestädten, das, was er im Umgang mit ihnen *lernte*, und wie vernünftig-kühn er die Lektion anwandte, gehört in einen größeren, Mecklenburg überschreitenden Zusammenhang.

Was war er nun? Der Herzog von Friedland, der größte Herr in Böhmen? Der Herzog von Mecklenburg? Des Kaisers General? Ein Reichsfürst, unter anderen Reichsfürsten? Wußte er selber noch, was er eigentlich war und sein wollte? Ich glaube nicht, daß er es wußte. Gesprächsweise ließ er gelegentlich verlauten, als ein Fürst des Reiches müßte er allerdings wünschen, daß die Fürsten ihre bedeutende Rolle weiterhin spielten, und wäre wohl dumm, wenn er sich dazu hergäbe, die Herrschaft der Habsburger absolut zu machen. Das klang logisch, aber es stimmte nicht. Denn es war doch die Macht des Kaisers, seine eigene Militärmacht, dank welcher er sich ungesetzlicher, unerhörter Weise in den Kreis der Fürsten gedrängt hatte; seine neuen Standesgenossen, schärfstens interessenbewußt und überaus dünkelhaft, würden ihn nur, ungern, so lange dulden, wie die von ihm selber geschaffenen anomalen Machtbedingungen walteten. Daß er nun ein großer Fürst des Reiches war, ein niederdeutscher Politiker auf eigene Faust, entfremdete ihn bis zu einem gewissen Grad seinem Generalsamt; dieses, von dem er nicht loskam, zumal er ihm ja alles verdankte, belastete seine landesherrliche Stellung und freie, nur von der eigenen Intelligenz inspirierte Politik. Wollte er den Schwerpunkt seiner Existenz endgültig nach Mecklenburg verlegen? Es schien so; denn häuslich richtete er sich in Güstrow ein, der Winter 28–29 war der erste, in dem er nicht nach Böhmen zurückkehrte. Es schien auch nicht so; Frau und Tochter residierten all die Zeit in Prag; der Hof zu Güstrow blieb einer von Männern, also doch mehr ein Hauptquartier. Weiter: Indem Wallenstein dem Güstrower Schloß ein Prunkgewand anlegte, desgleichen es nie vorher und nie nachher getragen, indem er an dem fünfzehn Tagreisen davon entfernten Gitschiner Palast emsig und kostspielig arbeiten ließ, begann er gleichzeitig einen Bauplan ins Werk zu setzen, den er seit dem Sommer 1627 im Kopf hatte: im schlesischen Städtchen Sagan, Hauptort des gleichnamigen Herzogtums. Was wollte er in Sagan? Etwa seine Wohnung nehmen? Die Daten sprechen dagegen; seit er sich Herzog von Sagan nannte, ist er, bis zu seinem Tode, genau neun Tage lang dort gewesen, einmal vier, einmal drei, einmal zwei. Das Herzogtümchen war ja auch, verglichen mit seinen anderen Erwerbungen, eine äußerst geringfügige Sache. Aber gebaut mußte werden, und zwar so großartig wie noch nie ein Schloß, das achte Weltwunder. So jedenfalls ging die Rede. Um Platz zu machen, wurden im Lauf der Zeit nicht weniger als siebzig Bürgerhäuser enteignet, geschätzt und bezahlt, das letztere nur teilweise; die Erben oder Erbes-Erben der Enteigneten prozessierten noch zu Beginn des 18. Jahrhunderts wegen dessen, was die Rechtsnachfolger Wallensteins ihnen schuldeten. Der Herzog, als er im Oktober 28 vor Rostock lag, um die Stadt zur Raison zu zwingen,

an seinen Saganer Landeshauptmann, Herrn von Nechern: der zum Tiergarten bestimmte Ort tauge nicht, man solle seine Einrichtung einstweilen bleiben lassen und statt dessen sich mit dem Bau des Schlosses beeilen.
Wie in Prag und Gitschin bediente er sich eines italienischen Baumeisters dafür, Boccacci mit Namen. Der erste Auftrag lautete dahin, einen Plan der Stadt und des alten Piastenschlosses zu machen, an dessen Reparatur und Wohnlichmachung zunächst nur gedacht war. Nein, zu kleinlich, viel zu kleinlich. Fort mit dem alten Gebäu; alles neu aufsteigen zu lassen, über dem lieblichen Tal des Bober-Flusses, aber gar nicht lieblich ragen zu lassen: Barockpalast und Trutzburg, tiefe Gräben, aus gewaltigen Quadern gefügte Bastionen und Mauern, dann ein erstes Geschoß, ringsum gesicherter Hof, Arkaden. Weiter gelang es nicht. Jahrzehntelang stand die Neu-Ruine da, ein Monument des fremden Rätsel-Mannes, der bloße sechs Jahre der Herzog von Sagan gewesen war, ein Torso seines Lebenswerkes unter den vielen anderen. Jedoch haben Kenner nachgewiesen, daß Sagans Schloß, so wie es die Fürsten Lobkowicz in den 1670er Jahren erstellen ließen, auf Wallensteins Bau zurückging; die späteren Architekten vollendeten, mit Abwandlungen und Auslassungen, was er geplant hatte. Daß er die Stadt auch sonst verschönern ließ, Amtshaus für den Landeshauptmann und die Stände, Kanzleihaus, daß er an die Gründung eines Gymnasiums und Jesuiten-Collegiums ging, ist kaum der Erwähnung wert, weil es sich nachgerade von selber versteht; auch blieb, verglichen mit Gitschin, die Stiftung eine bescheidene.
Soviel über Sagan. Friedland? Auch als Herzog von Mecklenburg arbeitete Wallenstein unablässig an der Arrondierung, Rationalisierung seines böhmischen Besitzes, verkaufte Güter, die wenig trugen, und erhandelte lukrativere. An San Julian, Ende Mai 1628: Die Kontribution der Stadt Rostock sollte ihm zur Verfügung gehalten werden, »denn ich dem Hans de Witte über 400 000 Reichsthaler schuldig geworden bin wegen etlicher Herrschaften, so er für mich bezahlt hat« – nämlich in Böhmen. Wieder ein Beispiel dafür, daß Kontributionen seinen persönlichsten Zwecken dienen mußten; *kein* Beweis für unredlichen Gebrauch des Kriegsgeldes. Nur immer der Zirkel: um Schulden zu bezahlen, nahm er aus den erpreßten Steuern, was man ihm selber schuldete.
Was nützte der Schlösser Menge? Suchend, was er nie finden würde, hatte Wallenstein seine Identität so ins Weite gedehnt, daß sie sich aufzulösen drohte. Und dies würde immer so fortgehen, bis feindliche, zähere Macht eine Besinnung auf sich selber erzwang, einen Rückzug. Besinnung auf was? Rückzug wohin?

Im Moment waren seine bittersten Gegner die vertriebenen Mecklenburger Herzoge, Adolf Friedrich, Johann Albrecht. Erbitterte, aber ohnmächtige – vanae sine viribus irae. Die Jahre, in denen für den beraubten Pfalzgrafen großmütige Verteidiger, wilde Abenteurer sich in die Bresche geworfen hatten, lagen weit zurück; auch besaßen die Herzoge nicht solche internationale Stützen wie der Winterkönig. Was nicht heißt, daß sie gar keine besaßen. Die Altkönigin von Dänemark, Sophia, geborene Prinzessin von Mecklenburg, war ihre nahe Verwandte und eine Art Ahnfrau des fürstlichen Protestantismus: Mutter des Königs Christian und der Kurfürstin-Witwe von Sachsen, Großmutter König Karls von England wie auch des Herzogs Ulrich von Braunschweig und des Tollen Christian. Die rüstige Greisin hatte sich ein politisches Netz gesponnen, in welchem Geld einen Faden darstellte, denn sie lieh den ihr verwandten Potentaten große Summen: an Ulrich von Braunschweig 300000 Taler, an die Mecklenburger Herzoge 400000. Versteht sich, auf Zins und gegen Sicherungen. Dieser letztere Umstand mußte ihr den Regierungswechsel in Mecklenburg als besonders ärgerlich erscheinen lassen, weil sie ihre Pfänder bedroht oder verloren sah. Also wurde ihr Hof, zu Nyköping in Dänemark, ein Mittelpunkt der Agitation für die Entrechteten.
Die Beiden hatten sich zunächst getrennt und waren jeder seines kümmerlichen Weges gezogen; Adolf Friedrich nach Sachsen, wo der Kurfürst ihm Asylrecht gewährte, wenn auch sonst nicht viel, Johann Albrecht nach Magdeburg. Da sie aber ihrem Land so nah wie möglich zu sein wünschten, auch Johann Albrecht in Magdeburg »weder Conversation noch Zeitvertreib« fand, so ließen sie sich 1629 in Lübeck nieder; dorthin reiste Adolf Friedrich, unerkannt, durch die geraubte Heimat. Mit welchen Gefühlen, verrät sein Tagebuch nicht, kein Mensch schrieb damals von Gefühlen. Es heißt bloß: »Über . . . Schladen, den Parchimschen gehörig, bei Marnitz vorbei und durch die Elde geritten, bei Parchim, Schwerin« – seiner Residenz! – »und Rehna vorbei, den 26. nach Slutup. Da die Nacht blieben.« . . . In Lübeck suchte Johann Albrecht ein Haus von »wenigstens vier Stuben«. Der Exilierte war nun jeden Einkommens bar; eine Bitte um Unterstützung, die er nach London richtete, scheint zu nichts geführt zu haben. Seinem älteren Bruder setzte König Christian eine Jahresrente von 2000 Talern aus. 2000 Taler, vier Stuben. Wieviele Stuben gab es in Güstrow, in Prag, in Gitschin; wieviele Taler brauchte Wallenstein an einem einzigen Tag?
Von einer Exilregierung im Stil der pfälzischen konnte unter solchen Jammerbedingungen die Rede nicht sein. Ein paar Diener blieben den

Herzogen dennoch treu, zumal die Geheimräte Cothmann und Hagen. Mit Hilfe dieser Juristen entfalteten sie eine verzweifelte Tätigkeit, um Europas Würdenträger um »Intercession« zu bitten; alle Kurfürsten, die Infantin-Regentin zu Brüssel, auch die Kaiserlichen Minister Eggenberg, Stralendorf, Trauttmansdorff, und andere mehr. Interzessionen erfolgten denn auch reichlich, von der Seite des Kurfürsten von Sachsen nicht weniger als drei. Im Juni 1629 interzedierten gar die sechs Kurfürsten gemeinsam. Wissen wir ja, wie gerne die Potentaten anderer Leute Unrecht mit der Feder bekämpften und Hilfe spendeten, die so wenig kostete, wie sie einbrachte. Ja, die Brüder waren naiv genug, um Interzession Wallenstein selber anzugehen. Es geschah gleich, nachdem der Usurpator in Güstrow Einzug gehalten hatte, Sommer 28. Geheimrat Cothmann war es, der es wagte, die Stadt zu betreten und um Audienz nachzusuchen. Sie wurde gewährt, aber mit welchem Ergebnis! »Merkt wohl auf!« So redete Wallenstein den Diplomaten mit schneidender Stimme an. »Um Rebellen zu verfolgen, nicht um mich mit Intercessionen abzugeben, bin ich von Seiner Majestät in diese Gebiete gesendet worden. Kommt Ihr nochmals mit solcher Botschaft, so lasse ich Euch den Kopf vor die Füße legen.« Weiter, die Entschuldigungen Cothmanns unterbrechend: »Ihr habts gehört, hiermit habt Ihr Euren Bescheid.« Worüber Cothmann seinem Bettler-Fürsten melancholischen Bericht erstattete. »Habe derowegen«, so endet er, »meinen Abschied damit nehmen müssen, und bin wiederum in die Stadt nach meinem Wirtshaus gegangen, und mich folgenden Tages wieder auf die Reise gemacht...« – »Ihr habt damit Euren Bescheid« etc.; die Worte wurden legendär. Im Walde der deutschen Fürsten erregten sie ein zorniges Rauschen. Kurfürst Maximilian: »Der Herzog von Friedland disgustiert Freund und Feind, tractiert Cur- und Fürsten sehr schimpflich ... Es kommt vielen unleidlich vor, daß der Herzog von Friedland den mecklenburgischen Abgeordneten, als derselbe ganz glimpflich um Intercession gebeten und seinen Fürsten excusieren wollen, hart angefahren, nit völlig angehört, sondern ihm gedrohet, seinen, des Gesandten Kopf ihm zwischen die Füße zu legen.« ... Wie Maximilian zu seinem Kurfürstentum gekommen war, und mit welchen Folgen, ist uns bekannt. Aber feinere Manieren als Wallenstein, die besaß er, und nie hätte er Gesandte so rauh behandelt.

Mit Mecklenburg war politisch eine zweite Pfalz entstanden, unbedeutender zwar, nicht Spanien und Frankreich und Holland und England tangierend, aber doch ein Parallelfall. Den Pfalzgrafen war man nie losgeworden, er rumorte oder ließ andere für sich rumoren, bis er starb. Wie die Mecklenburger Herzoge loswerden?

Wallenstein schwankte. Zuerst hätte er die Beraubten gerne irgendwie abgefunden, so daß sie »zu leben hätten« und Ruhe gäben. Noch im Winter, 1629, hörte jemand ihn sagen: »Man muß die Herzoge von Mecklenburg nicht gar verstoßen, wir müssen ihnen was einräumen und jedem 50 000 Thaler geben lassen, bis dies Wesen seine Endschaft gewinnt.« Das klingt wahrscheinlich. Von alters war es *eine* seiner Neigungen gewesen, mit jenen, deren Besitz er an sich gebracht, irgendwie gütlich auszukommen, was dauerhafter, auf die Dauer auch ökonomischer sein würde. Aber er konnte, er kannte alles und den konträren Grundsatz ebensowohl: Ruhe würde auch geben, wer in Europas äußerste Ecken verjagt, oder wer tot war. Auf den Kopf des Herrn von Redern, Vorbesitzers von Friedland, hatte er einen Preis gesetzt. Daran war bei den Mecklenburgern nicht zu denken; *das* konnte er sich auch auf der Höhe seiner Macht gegenüber der Gesamtheit der deutschen Fürsten nicht herausnehmen. Was er gern gesehen hätte: einen regelrechten Prozeß gegen die Brüder, geführt vor dem Reichshofrat, und danach der »bando imperiale«, die Ächtung. Sein Botschafter, San Julian, der beide Formalsachen in Wien betrieb, gewann in keiner von beiden, aber gewann, nach jahrlangem Mühen, das Ziel in der Substanz. Juni, 1629, wurden die Herzoge ihres Landes für endgültig verlustig erklärt: »Kaiserliches Manifestum oder wohlgegründete Deduktion der Ursachen, warum beide Gebrüder Herzog Adolf Friedrich und Hans Albrecht von Mecklenburg ihrer Fürstentümer und Landen priviert und entsetzt wurden.« Zehn Tage später folgte der Lehensbrief, der Wallenstein zum erblichen Herzog erhob: seine Vertreter, Graf Max, und Oberst San Julian, durften ihn in feierlicher Szene entgegennehmen. Erst jetzt unterschrieb er sich als das, was er in Wirklichkeit längst gewesen war, A. H. Z. M. Der Reichserzkanzler, Kurfürst von Mainz, und alle deutschen Fürsten erhielten von der Investitur Mitteilung; was Herren und Räte nun wieder in schwierige Zweifel stürzte. Adressierte man Wallenstein als Herzog zu Mecklenburg, so erkannte man an, was Unrecht war: Reichsfürsten durften nicht ohne klar erwiesene Schuld von Land und Leuten vertrieben werden. Verweigerte man ihm den Titel, so hatte man die Rache zu gewärtigen, welche man seiner Bosheit zutraute. Wie gewöhnlich machte der Bayer sich zum Sprecher des allgemeinen Fürsten-Interesses: »Uns kommt dabei sehr fremd vor, hat auch ein seltsames Ansehen, daß man in dergleichen Sachen so gar präcipitanter verfahren und den Kurfürsten des Reichs solcher Gestalt die Justification und Gutheißung des diesfalls geführten Prozesses, ungeachtet denselben daraus, wie sich gebührt hätte, das Geringste niemals mitgeteilt worden, zugemutet werden will.« – Die Anerkennung des neuen Herzogs durch die Kurfürsten und durch Europas Könige ist nie erfolgt; man schob die Frage hinaus, bis sie sich von selber erledigte. Noch am nächsten kamen einer diskreten Billigung des neuen Titels gewisse Mächte, von denen man es kaum erwarten würde, nämlich die niederländischen Generalstaaten und die Hansestädte. Das hatte seinen Grund.

Die Gebrüder antworteten mit einem Weißbuch von nicht weniger als 1116 Seiten (die kaiserliche Anklage aber hatte 22): »Fürstliche Mecklenburgische Apologia, das ist: Hochnotwendige Verantwortung und wohlgegründete Deduktion der Ursachen, warum die durchleuchtigen, hochgeborenen Fürsten, Herr Adolf Friedrich und Herr Hans Albrecht Gebrüder, Herzoge zu Mecklenburg, Fürsten zu Wenden, Grafen zu Schwerin, der Lande Rostock und Stargard Herren, dero Fürstentümer und Landen nicht haben privieret und entsetzed werden können.« Da wurden die vier Hauptpunkte der Anklage mit marternder Gründlichkeit widerlegt, parteiisch zwar. Wenigstens soviel konnten die Autoren beweisen: Ihre Herren hatten sich nicht schuldiger gemacht als die anderen niedersächsischen Stände, und hatten, was immer ihre heimliche Gesinnung, nach außen in der Verlegenheit des Zwanges gehandelt. Ein Urteil ohne Prozeß, ohne Anhörung des Beklagten war null und nichtig; Zitate aus der Heiligen Schrift, aus den Rechtsbüchern der alten, mittleren und neuen Zeiten belegten es überreichlich. Wie schnöde waren doch die Gesandten Mecklenburgs von des Kaisers Majestät behandelt und überhaupt nicht vorgelassen worden! Die Audienz des Geheimrates Cothmann zu Güstrow blieb nicht unerwähnt: noch nie zuvor in der Welt Geschichten hatte einer es gewagt, den Abgesandten von Fürsten uralten königlichen Stammes dermaßen zu despektieren und mit einer groben injuriosischen Invektiva und ungeheuren, barbarischen Antwort zu entlassen ... Wallenstein war ein Meister in der Kunst, durch zornig unbedachte Reden seinen Feinden Propagandamaterial zu liefern.

Die beachtlichste Leistung lag im Anhang: einer Sammlung von 259 authentischen Aktenstücken und Briefen, darunter sich auch einige keineswegs unfreundlich getönte Schreiben des Herzogs von Friedland an seine zukünftigen Opfer befanden. Dies Weißbuch, insgesamt, hatte mehr Gewicht als das »Manifest«, und nicht bloß darum, weil es fünfzigmal länger war. Für den Moment konnte Wallenstein das gleichgültig sein. Er studierte nur seinen Lehensbrief, den allerdings sehr genau.

Als endgültig installierter Herrscher also verließ er sein Land im Juli 1629, genau ein Jahr, nachdem er es betreten. Neue Probleme, welche kaiserliche Machtpolitik ihm stellte, nötigten ihn nach Mitteldeutschland, dann weiter südwärts. Der Abzug war so prunkvoll und so minuziös vorbereitet, wie der Einzug gewesen war; scharfer logistischer Arbeit bedurfte es immer, einen solchen Schwarm im Stil zu beköstigen. Jedoch fielen alle Berechnungen über den Haufen, weil Wallenstein eine Woche in Schwerin blieb, anstatt vier Tage, wie geplant. Die Residenz, die er bisher nur im Schnee gesehen hatte, gefiel ihm unter der Julisonne. Welch unvorhergesehene Bedrängnis für die Proviantmeister: Hechte, Forellen, Karpfen aus den Seen ringsumher, ganze Städte in aller Eile leer gekauft, Eier zu Tausenden, Obst, Weizenmehl, Hafer, der letztere vom Gut der alten Herzogin Sophia, Mutter der Vertriebenen, die all die Zeit ungekränkt im Land geblieben war, und bar bezahlt. Den 21. Juli zog der Hof weiter, nach Neustadt an der Elde. Quartier des Herzogs in der alten Burg. Ein neues Schloß ragt in der Nähe, unfertig. Wallenstein läßt den Amtsvorsteher oder Hauptmann kommen, einen Herrn von Kleinow, erkundigt sich nach dem Zweck des Baues, befiehlt, ihn unter Dach zu bringen – das Schloß ist heute noch zu sehen. Er inspiziert die Schleusen an der Elde, findet sie ausbesserungsbedürftig, ißt zu Mittag im Zimmer, das sonst der Herzog Adolf Friedrich bewohnte, hält Siesta. Danach, in Begleitung des Amtshauptmannes, begibt er sich in die Eisenhütte. Dort wurden früher allerlei Gebrauchsgegenstände gemacht, Kanonenkugeln, seit er im Lande ist. Frage: warum gibt es nur eine Hütte, keinen Hammer am Ort? – Es war geplant, einen anzulegen, die Kriegsläufte haben es leider verhindert. – Die Männer sollen nur weitermachen, unter dem dunklen Blick des auf einem Schemel sitzenden Fürsten; er sieht, wie die Flammen aus den Öfen schlagen, das Metall in die runden Formen fließt. – Wem werden die Kugeln geliefert? – Euer Fürstliche Gnaden, dem Herrn Feldmarschall Arnim, auch dem hispanischen Ambassadeur zu Wismar. – Wallenstein, auffahrend: »Er ist den Teufel ein spanischer Ambassadeur, er dient dem Kaiser.« Schweigt eine Weile, winkt den Hauptmann wieder zu sich heran. »Solche Worte will ich nicht mehr hören. Woher wißt Ihr, daß der in Wismar ein spanischer Ambassadeur ist?« »Euer Fürstliche Gnaden, so hat der Hüttenmeister gesagt.« Schweigt wieder, verärgert. Jener Gabriel de Roy, der in Wismar mit mäßigem Erfolge hilft, eine kaiserliche Flotte zusammenzubringen, soll durchaus nicht als Diener Spaniens gelten, er ist auch formal gesehen keiner . . . Nach Inspektion der Eisenhütte ein Kennerblick auf die Landwirtschaft. Zweistündige Fahrt durch Wald und Felder. Rückkehr ins Schloß, Diktat eines Briefes an die Güstrower Kammer: was da verändert, verbessert werden sollte. Dann läßt er sich Obst bringen, sein ganzes

Abendessen, und legt sich schlafen. Man geht früh zu Bett auf solchen Sommerreisen, weil früh aufgebrochen wird, um vier oder fünf. Der Zug, die mecklenburgische Grenze überschreitend, bewegt sich in Richtung Wolmirstedt, Magdeburg.
Er glaubte, bald wiederzukommen. Er kam nie wieder.

Dialektik des Sieges

Juni 1629 schreibt Wallenstein an den Hofkriegsratspräsidenten Collalto: »Ich hab diese ganze Nacht unseren Sachen nachgedacht und befinde, daß wir so viel Volks hier und wieder stehen haben, daß wir mit solcher Macht, wie man vermeinen tuet, nicht in Italien werden ziehen können . . . In Polen habe ich 15 000 geschickt, ins Niederland 17 000. Nach Mailand begehrt man 14 000, dahier in Pommern und der Mark Brandenburg muß ich zum wenigsten 12 000 lassen, denn der Herr Bruder sei versichert, daß große Praktiken geschehen, und wenn sie die geringste Gelegenheit ersehen, so werden sie sich revoltieren, um Magdeburg muß ich 6000 lassen, im Reich eine gute Anzahl, gegen Metz müssen wir und nicht die Liga posto machen . . . wenn der Bethlehem sich movieren sollte, so müßte Ihre Majestät in Eil in dero Ländern etwas Cavalerie werben . . .« und so noch mehr. Der Brief ist nach dem Ende des dänischen Krieges geschrieben, in einem Augenblick scheinbaren Friedens. In Wirklichkeit ist keiner. Der Generalissismus, schlaflos in der Nacht, überschlägt die vorhandenen Mittel, wie ein Finanzmann, der seine Investitionen errechnet, und findet, daß sie knapp zur Verteidigung nach allen Seiten reichen, nicht zu großen Sprüngen. Ein Finanzmann ist er ja gewissermaßen auch; häufiger als von Fußvolk und Reitern schreibt er von Geld, das fehlt und das her muß, von den immer quälenderen Sorgen seines Helfers de Witte.

Ein paar Monate später empfängt er in Halberstadt einen Abgesandten, Kammerdiener und Günstling des Kurfürsten von Sachsen, mit Namen Lebzelter. Er läßt dem wendigen Manne gegenüber sich gehen, wie er das manchmal tut, seine wahren Gesinnungen mischend mit Argumenten, die man in Dresden gern hören wird. Nie, sagt er, werde er sich zur Beraubung, geschweige der Vertilgung der Evangelischen hergeben, habe ganz gar keinen Gefallen an solchen zu Wien ausgeheckten Plänen und frage »wenig danach, was der Fürst von Eggenberg, Pater Lamormaini und andere ihresgleichen für Opiniones hätten . . . Die Gewissen dependierten allein von Gott, gegen den auch ein jeder seine Religion zu verantworten hätte, und sollte man also billig doch wenigstens untereinander politisch in Frieden leben. Ihre Fürstlichen Gnaden wünschten und begehrten zwar ihresteils auch nicht mehreres, als daß man förderlichst den edlen Frieden wiederum erlangen und dabei beständig verbleiben möchte, sintemal Sie ihres Teils der großen Last, Sorg, Mühe und Arbeit auch gerne entledigt sein wollen. Sie hätten auch nunmehr nahe bei dreißig Jahren dem unruhigen Kriegswesen beigewohnt und alles erlangt, danach sie gestrebt hätten . . .« Aber noch immer seien viele Feinde da, unter ihnen weltkundiger Weise die Schweden die gefährlichsten; dazu habe man sich neuerdings und trotz seiner Warnungen in Italien in ein bedenkliches Abenteuer eingelassen. Leider sei es geschehen, und da finde man gegen sich den König von Frankreich, die Republik Venedig, sogar den Papst. Könne man unter solchen Umständen auf des Kaisers Armada verzichten? Wie gerne täte er's; aber die Zeit, da man die Hälfte, wo nicht gar zwei Drittel des angeschwollenen Heeres würde nach Haus schicken können, sei noch nicht gekommen. Was alle die Durchzüge und Einquartierungen den Bürgern bedeuteten, das wisse er nur zu genau . . .

Solche überblickenden, bestandaufnehmenden Gespräche gibt es viele in der zwielichtigen Epoche, von der nun erzählt werden soll. Sie schwanken im Detail, je nach des hohen Herrn Stimmung und je nach seinen Partnern. Die Holländer sind Leute, mit denen man sich vertragen kann, dann wieder Schelme; die Evangelischen einmal »Ketzer«, einmal so gut wie die Katholischen; der Krieg in Italien wird heute als Unfug verurteilt, morgen bejaht. Die Grundtendenz bleibt die gleiche, wenn man sie nämlich aus dem Schwall des Vielfältigen herausarbeitet. Wallenstein will jetzt einen auf Toleranz gegründeten Frieden. So ehrlich ist er, offen zuzugeben, daß er ihn auch aus persönlichen Gründen will: er hat genug, die Kriege haben ihm gebracht, was sie ihm bringen konnten, gern würde er in den Jahren, die ihm noch bleiben mögen, das Erworbene genießen. Vorausgesetzt, daß er Mecklenburg behält. Warum sollte er es nicht behalten? Ist er nicht das mächtigste Individuum im Römischen Reich?

Das mächtigste wohl; in keinem anderen für sich allein, nicht Ferdinand, nicht Maximilian, ist soviel Entscheidungsgewalt konzentriert. Das sagt nicht alles. Gegen eine Sache, in der er, unter furchtbaren Anstrengungen, seinen Willen durchsetzt, gibt es drei, in denen er sich fügen muß und mitmacht, was er mißbilligt. Der mächtigste Mann im Römischen Reich bleibt ein Diener, ein Angestellter mit Salär; sein Reichsfürstentum hat daran nichts geändert. Wenn Pater Valeriano behauptet, des Kaisers Minister seien alle von ihm gekauft und ihm hörig, so ist das nicht wahr. Er hat Gegner im fernen Wien, der Stadt, die er nun meidet und gar nicht mehr mit seinem Besuche beehrt, falsche Halbfreunde, scharfe Kritiker. Sie wiegen, jeder für sich genommen, unvergleichlich leichter als er, aber insgesamt ebensoschwer, oder schwerer. Wenn nur der alte Harrach noch lebte, sein liebevoller Verteidiger, des Kaisers Liebling. Aber Harrach ist tot, Frühjahr 1628 im Prager Palast abgeschieden. Damals gab es im Herzogtum Friedland ein halbjähriges Landestrauern und Verbot aller Lustbarkeit, welches um so sprechender von des Herzogs Kummer zeugte, als es dem Bierkonsum abträglich gewesen sein muß. Harrachs Tod ist ein schwerer Verlust. Eggenberg, kühler, fauler, zuletzt dennoch weniger treu, kann ihm den Schwiegervater nicht ersetzen. Wem soll er nun seine klagenden, seine beschwörenden, seine spottenden Briefe schreiben? Harrach war zugleich des Kaisers Minister und Wallensteins Gesandter gewesen. Nun hält er zu Zeiten einen eigenen, San Julian, der aber doch bloß ein Opportunist und Höfling ist, so wie Graf Max, der Vetter. Oder er wendet sich wieder dem Feldmarschall Collalto zu, da er denn in Wien jemanden braucht, um ihm sein Herz auszuschütten; als hätte er den alten Grimm gegen den »schlimmen falschen Menschen« ganz vergessen. Im Jahre 29 fließen die Briefe an Collalto reichlich, mitunter drei an einem Tag, und machen den Eindruck dringender Offenheit. Das wäre nicht so, wenn Wallenstein in Wien Befehle geben könnte.

Auch im Reich kann er Befehle nur sehr in Grenzen geben, trotz seiner Regimenter. Die Seestädte muß er menagieren, erstens, weil er ihr Geld braucht, auf ihren Handel angewiesen ist und mindestens auf ihre Duldung der kaiserlichen Flotte, an deren Bau ihm so sehr liegt; zweitens, weil Stralsund ihn lehrte, daß es beim Zubeißen harte Nüsse sind. Mit den kleinen Fürsten und Grafen, in Niederdeutschland, Thüringen, der Wetterau ist bequemer umgehen, sie sind wehrlos. Anders die Kurfürsten, wenn man absieht von Brandenburg. Sachsen hat Anspruch auf Schonung; hat geradezu die Frechheit, Zoll zu erheben auf das Getreide, welches die Elbe von Böhmen zur Armee im Norden trägt. Vom lutherischen Dresden gehen Fäden nach dem katholischen München, so zur Zeit der böhmischen Unruhen, so jetzt. Im Grunde sind alle Kurfürsten gegen Wallenstein, die katholischen bedrohlicher als die protestierenden; er weiß es. Er weiß, daß sie ihn loswerden wollen, Konferenz nach Konferenz, auf denen sie's traktieren lassen; und weiß, daß sie gleichzeitig etwas anstreben und dazu sich verschworen haben, was ohne ihn nimmermehr in ihrer Reichweite läge: die genaue Rückkehr zum Religionsfrieden von 1555, nämlich seine Zerstörung, die Aufhebung alles dessen, was seit 1552 in den kirchlichen Besitzverhältnissen geschah, die »Restitution« der geistlichen Güter. Ein Umsturz wie der in Böhmen nach dem Weißen Berg. Ihn haben sie sich gierig errechnet; und wollen doch in die Wüste schicken den verhaßten Zauberer, der allein dem Kaiser die für solchen Aufruhr nötige Macht gab. Der aber die Macht gab, ist nicht imstand, ihren Mißbrauch durch Kaiser und Kurfürsten zu hindern. Er wehrt sich vergebens, er warnt vergebens, er sieht die Folgen kommen, im Reich wie rings umher in Europa.

Daß er Europas, des übrigen, nicht Herr ist, versteht sich von selber. Man fragt in Madrid nicht nach seiner Meinung, ehe man eine neue Dummheit begeht; für die schmeichelhaften Briefe, die Olivares, Spinola, der König Philipp selber ihm übersenden, kann er sich nichts kaufen. In Paris wird er für den gefährlichsten Exponenten gesamthabsburgischer, also auch spanischer Politik gehalten, was nicht zutrifft. Gern würde er Frankreich weiterhin neutral halten, weder am Rhein noch in Italien es mit Truppen des Königs Ludwig zu tun bekommen. Die emsige Tätigkeit der französischen Diplomatie ist ihm bekannt; zum Beispiel, daß Richelieus Deutschland-Spezialisten in der Münchner Residenz aus und ein gehen. »Bayern steht wohl bei Frankreich.« Am meisten fürchtet er den König Gustav Adolf, mit dem Instinkt, der gewöhnlichen Politikern fehlt. »Auf den muß man mehr Achtung als auf keinen anderen geben . . .« »Ich begehre seiner Vermittlung nicht. Bleibe er in seinem Reich und lasse allhier mich machen . . . Stehen die Stralsunder in einem Bund mit den Schweden, so ist es der alte Deckmantel ihres Bubenstücks; denn allzeit will sich der Schelm unter der Defensive verbergen.« Ähnlich könnte Gustav Adolf gegen ihn sprechen. Was Wallenstein in Niederdeutschland tut, sieht er selber als legitim an: die Wiedergewinnung einer Position, die dem Kaiser überall im Reich gebührt, also auch an der Küste, also auch auf den deutschen Meeren. Daß er eine feindliche Landung in Schweden beabsichtigt, wie Oxenstierna für den inneren, schwedischen Gebrauch behaupten muß, daran ist kein wahres Wort. Nur, was dem einen seine Verteidigung, ist dem anderen seine Bedrohung. Auch Gustav Adolf hält seine Stellung in Stralsund für eine im Kern defensive, »denn wir sind nirgends so schwach wie in Schweden«. Dagegen nun wieder Wallensteins vorbeugende Züge, seine Bemühung, den polnisch-schwedischen Krieg so lang in Gang zu halten, wie die Polacken sich dazu überreden, dabei unterstützen lassen; und eben dies von Gustav Adolf wieder als unprovozierter Angriff und Beleidigung empfunden.

Nicht Herr des Spieles und Widerspieles; des einzigen, das ihm bleibt, worauf sein Leben beruht, wovon er sich nicht trennen kann, wenn er selbst wollte. Was, zum Beispiel, würde dann aus seinem mecklen-

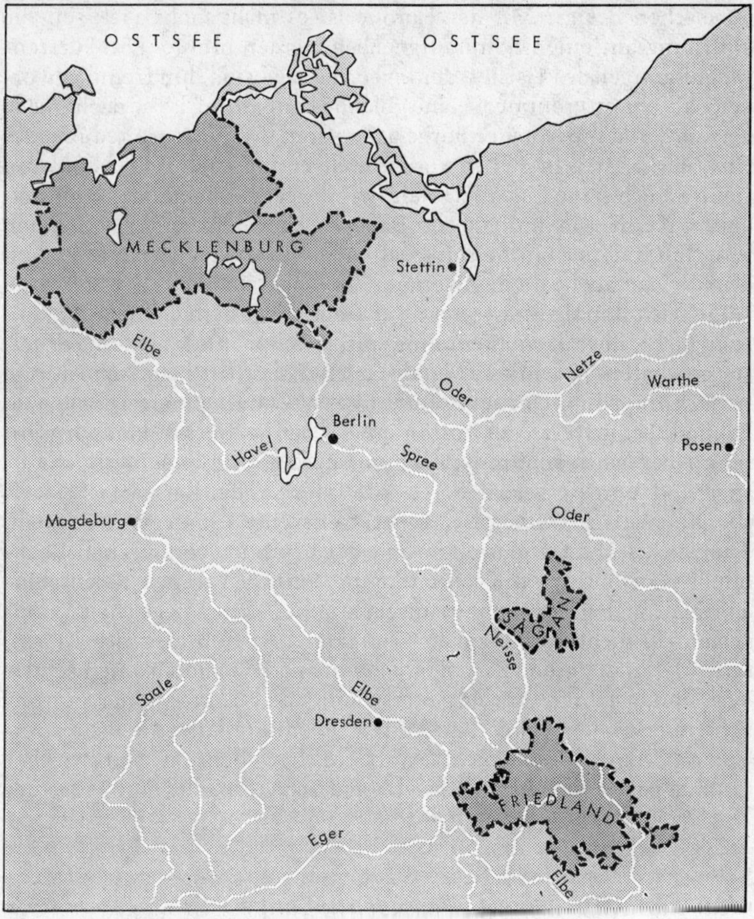

Wallensteins Länder

burgischen Besitz? Mit der Familie ist es nicht mehr viel, seit die Hoffnung auf einen Sohn aufgegeben werden mußte. Die Fürstenvergnügungen des Tisches, der Liebe, der Jagd sind ihm fremd geworden oder waren es immer. Seine goldene Hofhaltung ist er nachgerade gewohnt und nur von der Sorge geängstigt, er müßte sie reduzieren. Die Macht ist sein Beruf und, zumal er ihn und keinen anderen wählte, auch seine Lust; ungefähr wie die seines einen, wahren Rivalen im Reich, Maximilian von Bayern. Aber der dient der heiligen Jungfrau und der Größe seines alten, weitverzweigten Hauses, und dem Reiche auch; dient Zwecken, die lange vor ihm da waren und lange nach ihm da sein werden; er steht auf festem Grund. Wallenstein nicht; überall ein Fremdling; nur beliehen mit Macht, die er selber geschaffen hat, mit der er aber nicht dauerhaft identisch ist, und sie nicht mit ihm. Um sein großartiges Vernunftspiel frei spielen zu können, bedürfte er der Autonomie. Dazu sollte Mecklenburg gut sein. Aber Mecklenburg ist doch nur gering, und er seiner nicht sicher, und übrigens verdankt er es ja wieder nur der Kaisermacht, welche einerseits er selber ist, andererseits eine Clique von Cliquen, österreichischen Geheimräten und Beichtvätern, böhmischen Reaktionären, gehorsamen Kurfürsten und sonstigen treuen Reichsständen, Kardinälen, Jesuiten, spanischen Imperialisten, welschen Beutesuchern – nicht auszudenken Charakter und Substanz der Macht, unter deren ungefüge Beschlüsse Ferdinand II. seinen Namen setzt.
Was in den Jahren 29 und 30 erscheint, sind Spuren einer persönlich-freien wallensteinischen Politik. Er müßte kühn sie weitertreiben; aber man sieht nicht, kraft welcher Identität, auf welcher Grundlage. Kann er es nicht, so ist sein Scheitern bloß eine Frage der Zeit.

Von der Kunst des Friedenschließens

Wir müssen ein wenig zurückgehen: bis zu dem Tag, an dem Wallenstein in seiner Hauptstadt Güstrow einzog. Wie er es als Herzog von Mecklenburg trieb, dem sahen wir zu, einer Politik in engem Rahmen. Die große ging mittlerweile weiter, und der Landesherr war zugleich der General und der europäische Politiker.
Er hatte die Belagerung Stralsunds so hastig nicht aufgegeben nur, um mit seiner neuen Herrschaft zu spielen. Die Gefahr einer schwedischen Landung irgendwo in Pommern oder Mecklenburg erwies sich als bloßes Gerücht, wie schon zuvor; die dänische als real. Den 11. August 1628 nahm Christian mit 7000 Mann die Insel Usedom;

drei Tage später Stadt und Festung Wolgast. Schon den 15. war Wallenstein von Güstrow her auf dem Marsch gegen Wolgast, während Arnim ihm mit seinen glücklosen Belagerern von Stralsund her entgegenkam. Was folgte, war die erste ausgewachsene Schlacht, die er schlug, seit er anno 26 den Grafen von Mansfeld an der Dessauer Brücke erwischt hatte: ein Moment gesammelter Tatkraft im sicheren Gefühl, daß es gelingen würde. »Der König hält sich noch alles in den Inseln, daher denn ich ihm noch nicht kann zukommen; er sauft sich aber alle Tag voll, verhoffe zu Gott, daß er einmal im Rausch etwas wagen wird, kriecht er heraus aus den wäßrigen Örtern, so ist er gewiß unser . . .« So geschehen. Der Däne kroch heraus, stellte sich eine halbe Meile von Wolgast, glaubte an den Schutz eines Morastes, der ein überwindliches Hindernis war, und mußte der Metzelung, der Auflösung seines Heeres zusehen; nur demoralisierte Überbleibsel konnte er nachts auf die Schiffe retten. Der Eindruck dieses Treffens war nachhaltig; auf Wallensteins Feinde im eigenen Lager, Max von Bayern zumal, der nach einem solchen Erfolge für klug hielt, einstweilen nicht mehr von des Feldherrn Entlassung zu reden; auf Christian auch. Dessen Krieg gegen Kaiser und Reich ging ins fünfte Jahr. Er hatte nichts gewonnen und viel verloren; Wolgast bewies ihm noch einmal seine Unterlegenheit zu Land; von den beiden Festungen in Holstein, die er noch hielt, zwang Wallenstein die eine, Krempe, im November zur Kapitulation. Andererseits fühlten die Dänen sich verhandlungsfähig, weil ihrer Ohnmacht auf dem Kontinent die nie ernsthaft gefährdete Stellung auf ihren Inseln korrespondierte.

Über Frieden hatte man eigentlich von Anfang an gesprochen, eine dünne Begleitmusik des Krieges. An ihm war niemand schuld, niemand hatte ihn gewollt, jeder nichts als sein gutes Recht verteidigt. Schuld war der andere, schuld waren in den Augen wohlmeinender Vermittler, der Infantin zu Brüssel, des Kurfürsten von Sachsen, bloße Irrungen, Mißverständnisse, der leidige Mangel an Vertrauen. Die Vermittler griffen ins Leere, solange die Kriegführenden noch auf einen ganzen Triumph spekulierten; Wallenstein auf die Konfiszierung des Königreichs Dänemark, Christian auf den Status quo ante, mindestens in Niederdeutschland. Wie die Jahre ins Land gingen, wurde beiden Seiten das Unternehmen weniger und weniger interessant; etwas, das man fortsetzte, weil man es einmal angefangen hatte, aber ohne Glauben.

Ein Vermittler war zäher als die anderen: jener Herzog, oder Teil-Herzog von Holstein-Gottorp, der, erinnern wir uns recht, schon im September 27 in Lauenburg erschienen war, um dort die in Wien ausgekochten fürchterlichen Friedensbedingungen entgegenzunehmen.

Holstein ließ sich nicht völlig entmutigen, denn sein eigenstes Interesse stand auf dem Spiel. Im Spätherbst konferierte er mehrfach mit Wallenstein, der auch versprach, etwas abzulassen; gern zeigte er sich vernünftiger als seine Auftraggeber. Holstein trug die Botschaft zum Reichsrat, jenem dänischen Adelskreise, der das deutsche Unternehmen des Monarchen immer als fremd und Dänemark eigentlich nichts angehend gerügt hatte. Im Februar, 1628, wandte der Reichsrat sich an den Kaiser: das sei ein Krieg, von dem sie nichts wüßten, kein dänischer, nur einer ihres Landesherrn als niedersächsischen Kreishauptmannes, sie litten ganz unschuldig unter ihm, er sollte aufhören. Protest und Bitte, weil sie auf innere Zerrissenheit schließen ließen, machten die Wiener Hofkrieger eher noch dreister. Wallenstein an Arnim: ». . . denn an unserer Seiten auch nicht Leut mangeln, die gern den Krieg im Reich a la longa sehen täten, aber ich bin ihnen mit Gottes Hilf durch den Sinn gefahren und Ihre Majestät dahin gebracht, daß sie drein gewilligt, auch ich deswegen dem Herzog von Gottorp zugeschrieben, daß der Tractation, sobald ich ins Land zu Holstein anlangen werde . . . soll angefangen werden . . .« Er wünschte mit Dänemark einen Austrag schon damals, und seit er an den mit Schweden nicht mehr glaubte. Wenn die von ihm gelegentlich formulierten Bedingungen grimmig klangen, so war es Illusion des Augenblicks oder verbale Anpassung an das, was in Wien und Prag geredet wurde. In der Logik seines Denkens lag es nicht, aber die mag ihm nur allmählich bewußt geworden sein.
Gleichfalls im Februar wurden Wallenstein und Tilly zu kaiserlichen Friedenskommissaren für den inskünftigen Fall ernannt. Von da an klang die Begleitmusik lauter, wenn auch nicht so laut wie die Kanonen von Stralsund. Im Spätherbst begann man nach altem Brauch über den Ort der Verhandlungen zu hadern. Christian wollte Hamburg nicht, angeblich, weil dort die Pest wütete, und Lauenburg nicht und Kiel nicht, sondern Lübeck; welches akzeptiert wurde. Januar, 29, trafen die Bevollmächtigten ein: Vertreter des Königs und des Reichsrates, Subdelegierte Tillys und Wallensteins. Alsbald begann ein Streit über den Wortlaut der beiderseitigen Vollmachten, indem die Dänen besonders dagegen protestierten, daß sie als die Urheber des Krieges bezeichnet wurden, auch Wallensteins maritime Titel für untauglich erklärten. Die Sache selber, als man endlich zu ihr kam, gab dann auch nicht den leisesten Grund zur Hoffnung. Beide Partner, wieder nach der Spielregel, hielten es für schlau, so zu tun, als ob sie gänzlich die Sieger wären. So daß die Dänen nichts Geringeres forderten als die sofortige Räumung aller ihres Königs Territorien, der deutschen wie der dänischen; Ersetzung ihrer Kriegskosten und

erlittenen Schäden; Wiederherstellung aller Rechte und Freiheiten im Niedersächsischen Kreis, so wie sie ehedem gewesen – auch in Mecklenburg; allgemeine Amnestie; Einschluß Schwedens, Englands, Frankreichs, der Niederlande; und noch andere solche Dinge. Nach einem Monat zahlten die Kaiserlichen mit gleicher Münze: Verzicht Dänemarks auf jede Einmischung in die Händel des Reiches, Abtretung Schleswigs und des dänischen Teils von Holstein, Verpfändung Jütlands bis auf weiteres, Schadenersatz für die Leiden Pommerns und Lüneburgs, Geld über Geld. Wallenstein hat dies Friedensprogramm, welches dasjenige des Wiener Hofes war, in Händen gehabt; ernst nahm er es nicht.
Denn ehe noch seine ausschweifenden Bedingungen in Lübeck präsentiert wurden, wandte er sich an den Kaiser mit einem Geheimgutachten, das seine wahre Ansicht enthielt (26. Februar). Die Situation sei nicht so, wie man sich dies in Wien wohl einbildete. Dänemark sei nicht geschlagen und sei auch inskünftig auf dem Meer nicht zu schlagen. Trotz aller Siege stehe man im Grund selber in der Defensive, und zwar in einer schwierigen, denn die Seekanten seien langgedehnt und ausgezehrt. »Dies sieht der König auch gar wohl . . .« Frieden wolle der Reichsrat, wollten besonders die dänischen Barone, welche ihre Güter in Jütland besäßen; mit Christian sei es anders. Botschafter Frankreichs, Hollands, Schwedens, Englands umgäben ihn und versprächen ihm goldene Berge, falls er weitermache; sie bedrohten ihn, falls er aufgebe. »Der König ist wegen so viel erlittenen Spottes und Schadens desperiert, von Natur stolz und geizig; möchte sich in eine neue Confōderacion mit ihnen einlassen . . . Nun sehe ich wohl, daß so wenig wie der König das, was er begehren tut, von Eurer Majestät erlangen wird, so wenig auch er in die von Eurer Majestät vorgeschlagenen Puncta willigen wird.« Ohne Herausgabe Jütlands, Schleswigs und Holsteins sei kein Friede; der Rest werde kaum Schwierigkeiten machen. »Aber alles liegt an dem, daß man zeitig Eurer Majestät gnädigste Resolution könnte wissen, denn gewiß, die Anderen bringen ihn auf ihre Seite, und also wird dies hochwichtige und notwendige Werk den gewünschten Zweck nicht erreichen . . .« Den gleichen Tag, im gleichen Sinn, Briefe an Trauttmansdorff und nicht weniger als drei an Collalto; noch eindringlichere Beschwörungen. – Es versteht sich, daß die Erkenntnis, welche er nun preisgab, nicht plötzlich vom Himmel gefallen war, sondern längst in ihm gearbeitet hatte. Dieser ist einer, bei dem man auf die Taten genauer schauen muß als auf die Worte, und, was die Worte betrifft, auf das letzte genauer als auf das erste.
In Wien war man verdutzt und widerspenstig. Noch gerade eben ein

Sieg-Friede, ein Diktat, wie es in neueren Zeiten keines gegeben hatte, und nun, ohne daß doch in der weiten Welt sich viel verändert hätte, solcher Verzicht? Die erregten Diskussionen der kaiserlichen Berater müssen an die 14 Tage gedauert haben; denn ungefähr ebensolang brauchte ein Schriftwechsel zwischen Wien und Güstrow, und erst am 23. März erhielt Wallenstein die Antwort Ferdinands. Sie kann nicht gewesen sein, was er ersehnte: ». . . bitt man schiebs nicht auf, denn nachher, wenn wirs haben wollten, so wirds nicht sein können. Daß der Fürst« – Eggenberg – »nach Ostern in die Steiermark will verreisen, das hat mich so perplex gemacht, daß ich nicht weiß, was ich sagen soll . . .« (An Collalto) Er hoffte auf die Hilfe Eggenbergs, der, jovial und faul wie immer, bei so urgenten Geschäften zunächst einmal Ferienurlaub nahm.

In Lübeck schlichen die Unterhandlungen weiter, bloßes »Zanken«, wie Wallenstein es nannte, und obendrein ein schriftliches; die Diplomaten, eng beieinander hausend, verkehrten miteinander nur durch den Postboten. Duplik folgte auf Replik. Bescheidene Konzessionen wurden aufgrund von Wiener Anordnungen gemacht, so, daß man anstelle Jütlands sich allenfalls mit fünf Millionen Talern begnügen wollte; das reichte nicht hin und nicht her. Man munkelte von einem Bruch, von der bevorstehenden Abreise der Dänen – was gleichfalls zum Spiel gehörte. Wie auch dies, daß Christian IV. sich recht ostentativ mit seinem ungeliebten Nachbarn, dem König von Schweden, traf. Die Unterredung, über vielem und schlechtem Wein geführt, war so unergiebig, wie sie sein konnte, erreichte aber ihren Zweck, wenn nicht bei Max von Bayern, so bei Wallenstein. In Maximilian festigte sich die Überzeugung, die ganze lübische Verhandlerei sei dänischerseits nichts als Falschheit und Zeitgewinnen, indes man neue Allianzen schmiedete. Wallenstein wurde noch begieriger, zum Schluß zu kommen.

Also, anstelle des monotonen Geplänkels in Lübeck, das Jahre fressen mochte, entschied er sich für ernsthafte Kontakte. Diese Partie mußte bei ihm selber gespielt werden, am Kamin in Güstrow, insgeheim, mit nur ganz wenigen Auserwählten: ». . . ich will« – die Puncta – »unseren Subdelegierten zuschicken, auf daß sie sich deswegen mit den königlichen Kommissaren zanken, selbsten aber in secreto secretissimo will ich durch den von Schauenburg sehen, ob ein Mittel ist, Fried zu machen oder nicht . . .« (An Collalto) Sein Offizier, Generalwachtmeister von Schauenburg, war Kriegsgefangener König Christians, bewegte sich aber mit der Freiheit, die vornehmen Geiseln zugestanden wurde; eben sein Gefangenen-Status erlaubte ihm, bei den Dänen aus und ein zu gehen und zu hören, was die kaiserlichen Diplomaten nicht hörten. Als zweiter Vermittler bot sich der Kanzler des Herzogs von Holstein, ein gewisser Lanken, der über seine Tätigkeit nicht ohne Stolz nach Dresden berichtete: »Um diese geheimen Tractaten hat außer dem Herzog zu Friedland kein Mensch Wissenschaft als Hannibal von und zu Schauenburg und ich.« Die Beiden kamen mehrfach nach Güstrow, Ende März und Anfang April. Was sie dort mit Wallenstein klärend fixierten, teilten sie zwei ihnen wohl schon als friedenswillig bekannten dänischen Reichsräten mit, den Herren Friis und Scheel, welche mit der Geheimbotschaft den König auf einer seiner Inseln überraschten. Ein Vertragsentwurf im Sinne von Wallensteins Februar-Gutachten, und sehr im Sinn des Reichsrates: der König sollte auf seine Deutschland-Politik verzichten, ungeschoren bleiben aber sein Königreich. Ein Versuchsballon; ein bloßer Entwurf. Noch waren für ihn zu gewinnen der König Christian, der würde wohl sich bequemen müssen; auf der eigenen Seite der Mitcommissarius Graf Tilly; dann der Kaiser, welches die Hauptsache war; zuletzt auch Tillys eifersüchtig wachender Principal.

Den General-Leutnant mußte man nach Güstrow locken, dort täglich mehrere Stunden mit ihm zubringen, ihm schmeicheln, ihn sich wohlfühlen machen. Tilly kam im April. Er war bisher für eine Politik der Stärke gewesen und hatte die offiziellen Bedingungen gerade knapp befriedigend gefunden. Im Schlosse zu Güstrow wandelten seine Gesinnungen sich erstaunlich schnell. Es wird genügen, dies der Macht von Wallensteins Person zuzuschreiben, welcher Tilly regelmäßig unterlag, wenn die beiden sich begegneten; mit Greisenbosheiten regalierte er den Überlegenen aus der Ferne. Nur der Genauigkeit halber notieren wir ein Nebenmotiv, an das die Historiker glauben. Demnach hätte Wallenstein seinen Kollegen materiell an einem raschen Friedensschluß interessiert, und zwar so. Seit längerem hatte Kaiser Ferdinand dem verdienten Kommandanten des Liga-Heeres eine Gnadengabe von 400000 Talern zugesagt, fand sich aber natürlich außerstand, zu bezahlen. Tilly, der Mönch, war besitzgierig. Vermutlich noch mehr als sonst im Augenblick; der Prunk des Schlosses, in dem er zu Gast weilte, die schwellenden Teppiche und Seidenbehänge, das Silberzeug im Glanz der Lüster, der Schwarm der stumm hin und her eilenden Lakaien konnte nicht anders als ihn wehmütig stimmen. Nun traf es sich, daß König Christian im Lande Braunschweig-Wolfenbüttel eine Schuld stehen hatte, welche jenem leichtsinnig bewilligten Honorarium ungefähr, man glaubte sogar genau, entsprach; in Wirklichkeit waren es nur 300000. Wie, wenn Dänemark, das sonst ja nun gar nichts mehr zahlen sollte, auf die Braunschweiger Hypothek dennoch zu verzichten hätte? Wenn sie dann dem General-Leutnant überschrieben würde? Für diese Lösung ließ Wallenstein, während er seinem dumpfen Gast den Hof machte, in Wien so emsig agitieren, daß der Verdacht, es könnte zwischen dem Hauptzweck, der Gewinnung Tillys für den Vernunftfrieden, und der Bagatelle von 400 000 ein Zusammenhang bestanden haben, nicht von der Hand zu weisen ist. Man soll aber nicht behaupten, was man nicht weiß.

Was wir dagegen wissen, ist, daß die Bagatelle nur der Niederschlag eines größeren Projektes war; wallensteinischen Ursprungs, aber Tilly nicht ganz so unbekannt und unlieb, wie er später behauptete. Da ging es nicht bloß um die Hypothek, sondern um das ganze Land Braunschweig, dessen Herzog, Friedrich Ulrich, sich mit Dänemark reichsverräterisch eingelassen und schuldig gemacht haben sollte, ungefähr wie die mecklenburgischen Brüder. Enteignete man Braunschweig nach Kriegsrecht oder Reichsrecht, so konnte man es verteilen, und zwar an niemand anderen als die Generale der Liga, Tilly und Pappenheim. Dieser, Wallensteins feuriger Verehrer, wäre nur zu gern ein Teilfürst im Braunschweigischen geworden. Auf eigene Faust begann er einen Prozeß gegen Friedrich Ulrich, nahm dessen Räte ins Kreuzverhör und kam zu dem Ergebnis, daß der Herzog in der Tat enteignungsreif sei; worauf er eine Wallfahrt zu unserer lieben Frau von Loreto unternahm, seine Reise aber in Wien unterbrach, um dort seine Rechtssache zu verfechten. Wallensteins Segen hatte sie. Wurde aus Braunschweig ein zweites Mecklenburg, fielen die Lehen, aus denen es sich zusammensetzte, den bayerischen Kommandanten anheim, so entstand im Reich eine militärische Fürsten-Aristokratie, an deren Spitze noch immer der Herzog von Mecklenburg stehen würde, aber nicht mehr so einsam wie bisher; alles Liga-Geschrei über den Raub Mecklenburgs mußte dann verstummen. Nur war Kurfürst Maximilian nicht der Mann, in eine solche Falle zu gehen. Er intervenierte in Wien zugunsten des Braunschweigers. An Pappenheim schrieb er, es sei wohl nicht glaublich, daß ein bayerischer Offizier sich solche Enormitäten angemaßt hätte – der Wink wurde verstanden. Wallenstein blieb der einzige Soldaten-Fürst, Braunschweig braunschweigisch; wenn auch demnächst dem General Tilly arg verschuldet.

Hier könnte ein gedächtnisstarker Leser einwenden: hatte nicht Wallenstein selber vor drei Jahren der Konfiszierung Braunschweigs schärfstens widerraten, und zwar wegen der kriegsverlängernden, verderblichen Folgen eines solchen Aktes? Erinnert an dies sein Wort aus dem Jahre 26, was hätte er erwidert? Vielleicht: Damals lagen die Dinge so, jetzt liegen sie anders. Wahrscheinlicher: Er hätte den Fra-

ger zur Tür hinausgeworfen. Am wahrscheinlichsten: Keiner hätte gewagt, ihn zu fragen.
Als Tilly den 19. April seinen Namen unter ein Doppel-Gutachten der beiden Generale setzte, war man in Kopenhagen schon bereit, den Wallenstein-Frieden grundsätzlich zu akzeptieren, am Kaiserhof, ihn zu genehmigen. Wie unsolide, diese Wiener Politik: ein Ziel war das beste, und erreichbar; nach wenigen Wochen aber unerreichbar und sein Gegenteil noch besser. Finanz-Abt Antonius eilte nach München, um den Kurfürsten über die neue Situation zu informieren. Von Anfang an, log er, sei sie die eigentlich beabsichtigte gewesen, nur habe man eben gradatim vorgehen wollen; diese Methode sei nun nicht mehr ratsam. Maximilian hörte, staunte und ergab sich, indem er noch etwas über »Kriegskosten« murrte, die Sache, in der er sich einen Spezialisten nennen durfte; äußersten Falles ginge es auch ohne Geld. Somit waren alle, auf die es ankam, einverstanden. Oder nicht? – Wo Friede werden soll, da regen sich die Dämonen und wühlen dagegen bis zuletzt. Dabei verkleiden sie sich in Leute, die es gut meinen, oder doch pflichtgemäß das Lebensinteresse ihrer Staaten bedenken.
Den Abfall Dänemarks von der gemeinsam-ungemeinsamen Sache hielten Gustav Adolf und sein Kanzler Oxenstierna für eine um hohen Preis zu verhindernde Katastrophe; Dänemark, wie sie es sahen, war das letzte Hindernis auf Wallensteins Weg zum dominium maris und nach Schweden. Mindestens mußte Schweden bei den Verhandlungen dabei sein, als Dänemarks Bundesgenosse, als eine über Stralsund schon in den deutschen Krieg verwickelte Macht. Dabei mußte es sein, um aus einem Sonder- und Scheinfrieden einen wirklichen zu machen, oder um die Verhandlungen zu sprengen. Auf das Letztere wäre es allerdings hinausgelaufen. Das Gesamtfriedensprogramm, das Gustav Adolf seinen Vertretern mit auf die Reise gab, Schleifung aller Küstenbefestigungen, Verzicht auf alle Flotten und Seepläne, Räumung ganz Norddeutschlands durch die Kaiserlichen, verlangte, was nur völlig Geschlagenen hätte zugemutet werden können, nicht Wallenstein, so wie er 1629 auf dem Kontinent dastand. Vielleicht waren es die Bedingungen, die Gustav Adolf fordern mußte, um sich an Deutschland zu desinteressieren. Vor einem Machtvergleich aber gab es nach den Regeln des Spieles keine Generalbereinigung; die würde zwei Jahrzehnte später kommen. Ein Machtvergleich zwischen Habsburg und Schweden hatte noch nicht stattgefunden, der zwischen dem Kaiser und Dänemark war beendet. Daß Christian selber jetzt einen Sonderfrieden mürrisch wünschte, keinen universalen Nordfrieden, gab er zu verstehen, indem er den

Schweden die Reise durch seine Territorien verbot. Seinerseits sprach Wallenstein gegen die Anwesenheit von Schweden in Lübeck sein Veto: »Ihre Majestät soll nur mit Dänemark und mit keinem andern tractieren, denn sie kommen nicht zu componieren, sondern zu turbieren . . .« (An Collalto) Als Schweden bat, doch wenigstens eine Repräsentation der Stadt Stralsund zu genehmigen, ließ er wissen, er würde jeden Stralsunder erschießen lassen, der sich in die Nähe von Lübeck wagte. Er hatte Stralsund nicht vergessen. Gustav Adolf vergaß Lübeck nicht.
Mit der Idee eines Sonderfriedens ganz anderer Art spielte seit langem die französische Diplomatie; eines Sonderfriedens, nicht zwischen der katholischen Koalition und Dänemark, sondern zwischen Dänemark und einem abzusplitternden Teil der Koalition, nämlich der Liga, Bayern. Die alte Idee Richelieus und seines frommen Beraters, Père Joseph. Die Idee einer dritten Partei, in Europa und besonders im Reich; gegen Spanien, gegen Habsburg; von Frankreich zum Rhein und nach Bayern soviele Protestanten einschließend, wie kommen wollten. Maximilian war dem Schema so ganz abhold nicht, er hatte es ehedem versucht, er würde es später wieder versuchen. Aber eine eigentliche Reichsfürstenpartei, etwa auch Sachsen, die Vormacht der Lutheraner, an sich ziehend und gesichert durch die Franzosen, war eines; ein Bündnis mit dem internationalen Protestantismus etwas anderes. Maximilian trug schwer an seinen Verantwortungen und Skrupeln. Dazu kam, daß der Augenblick eines gesamt-katholischen Sieges im Norden, an dem er participierte und der im Begriff stand, interessante Früchte zu bringen, die Gespinste Richelieus nicht begünstigte. Dessen Sendbote, Hercule Girard, Baron de Charnacé, sprach in München mit Engelszungen: von einer Vermittlung zwischen Liga und Dänemark, von den gefährdeten Rechten der Kurfürsten, unter welche Bayern bekanntlich zu rechnen sei, von der alten deutschen Libertät und von der nächsten Kaiserwahl, die ja wohl, und gerade in diesem Fall, auch einmal auf den Chef des Hauses Wittelsbach fallen könnte . . . Maximilian, bartstreichend, die Lider gesenkt, schweigsam, sehr aufmerksam. Endlich: der Friede mit Dänemark sei ein Geschäft der Liga als ganzes, nicht bloß ein bayerisches; er werde seinen Bundesgenossen referieren lassen. Nach dem Frieden werde er eine Abrüstung des kaiserlichen Heeres verlangen – das ging gegen Wallenstein – und in die Wahl des Kaiser-Nachfolgers, des jungen Ferdinand, ohne vorhergegangene Abrüstung keineswegs willigen. Sollte aber der Kaiser sich in einen Krieg des Unrechts gegen Frankreich einlassen, so werde er bestimmt neutral bleiben. – Nur dies Wenige war im Moment aus ihm herauszuholen; keine genügende Mu-

nition für Charnacé, als er im April nach Dänemark kam. Er tat sein Bestes, um die Streitlust des Königs gegen den einen Feind, Habsburg, ohne den anderen, die Liga, zu neuem Leben zu stacheln; vielleicht würde er gewonnen haben, hätte nicht Wallensteins neues Vernunft-Angebot schon vorgelegen. Er kam spät. Und es erwies sich, daß sie alle zu spät kamen: Schweden, Franzosen, Briten, Niederländer, welch letztere nun mit einer Geldhilfe winkten, die sie rechtzeitig nicht gezahlt hatten. Vollends zu spät, eine letzte Geste des Zorns, als in Lübeck schon Friedensmilde herrschte, ein Schneefall im Mai, war der rasche Versuch König Christians, am Rand von Schleswig noch einmal seine Kriegskunst zu beweisen. Wallenstein: »er hat schon auf Wolgast vergessen, muß ihm wiederum eine Lektion geben«; kurz danach, beruhigt: »den Einfall vermeine ich, daß der König nach dem Essen wird resolviert haben . . .« (An Collalto) – Am 5. Juni wurden in Lübeck die Friedensurkunden ausgewechselt, am 30. traf die kaiserliche Ratifikation ein. Sie bestätigte einen aufrichtigen, beständigen, sicheren und immerwährenden Frieden, eine rechtschaffene, ungefärbte Freundschaft zu Wasser und zu Land, so, daß aller bisherigen Widerwärtigkeiten nicht mehr gedacht, vielmehr sie als erloschen, aufgehoben, gedämpft, ausgetilgt, tot und weg angesehen werden sollten. Im Genaueren versprach der König von Dänemark, sich in die Angelegenheiten des Reiches nicht mehr einzumischen, besonders auch, für seine geliebten Herren Söhne auf die Reichsstifter zu verzichten, die ehedem von dänischen Prinzen verwaltet worden waren, Bremen, Verden, Schwerin; das Letztere beträchtlich für Wallenstein, weil er es Mecklenburg schon im Vorjahr einverleibt hatte. Sich der souveränen königlich-dänischen Rechte nirgendwo anzumaßen, und, wenn es wider Erwarten noch zu einem Mißverständnis käme, auf Schiedsrichter gütlich zu hören, beschwor Kaiser Ferdinand.

Damit war zu Ende, was die Historiker später die niedersächsisch-dänische Periode des großen Krieges nannten; ausgetilgt und erloschen die Situation, in der, oder gegen die man Wallenstein vor nun vier Jahren zum Capo aller kaiserlichen Truppen im Reich berufen hatte. Wo blieben die Feinde von damals? Der Tolle Christian, der Mansfelder lange tot; der Niedersächsische Kreis loyal oder unterworfen in allen seinen Ständen; nun Dänemark unter das Friedensdach zurückgekehrt. Mit der Wirkung mußte doch wohl auch die Gegenwirkung aufhören. Hätte Wallenstein sich selber überflüssig gemacht? So sahen es die Kurfürsten und sprachen es aus, mit erbitterter Ungeduld. Natürlich sah er selber es anders. Nicht, daß der Krieg ihm zur unentbehrlichen Gewohnheit geworden wäre, er war kein ewiger Jüngling und wilder Reiter wie Gustav Adolf. Nicht einmal, daß er so zäh, wie man wohl glaubt, an seinem Generalsamt gehangen hätte. Ein paar Monate nach dem Lübecker Friedensschluß ging er mit dem Gedanken um, sein Generalat zu Lande »con bell modo« loszuwerden und sich mit einer Art von Verteidigungskommissariat an den Küsten zu begnügen, so jedoch, daß er nicht allzeit »persönlich dabei« sein müßte. Ein halbes Jahr in Böhmen, ein halbes Jahr in Güstrow, vermutlich. Das ging aber nicht. Herzog von Mecklenburg konnte er nur bleiben, solange er der Generalissimus blieb. Beides, Generalsamt und Herzogtum, beruhten auf der Macht, die er seit nun einem Jahrzehnt dem Hause Österreich hatte aufbauen helfen, zuerst in Böhmen, dann im Reich, und die für Europa unerträglich war. Der Friede von Lübeck war keine Wiederherstellung. Er klang nur so; wo sollte Wiederherstellung herkommen nach so ausschweifenden Abenteuern? Damit sie wäre, hätte genau genommen Wallenstein sich selber aufgeben müssen und bescheiden heimkehren ins väterliche Haus zu Hermanitz. Ein solches Zurück gibt es nicht; in der Biographie des Einzelnen so wenig wie im allgemeinen Schicksal. Von der höchst verantwortlichen, weitreichenden, gefährlichen Sache, mit der er sich identifiziert hatte, konnte er sich nicht trennen, solange die Sache selber sich die Identifizierung gefallen ließ. Daß im Ernst keine Wiederherstellung sein würde, zeigte, noch bevor man in Lübeck abgeschlossen hatte, jene unsagbar falsche Wiederherstellung, das »Edict wegen der Restitution der geistlichen Güter«.

Sieht man ab von Grenzgebieten und Schönheitsfehlern, Polen, Stralsund, Holland, Oberitalien, sieht man es ferner mit den Augen des Völkerrechtlers, des Formalisten, so war Wallenstein in den folgenden anderthalb Jahren ein kommandierender General ohne Feind, ein Friedensgeneral. Keine eindeutige militärische Aufgabe, kein Zwang. Daraus Unsicherheit; Zwang kann helfen, denen besonders, die immer nach allen Seiten sehen und schwer sich entscheiden. Daraus auch Muße, freier als sonst sich zu bewegen. Was in jener Zeit geschah, was getan, versucht, verworfen wurde, geschah alles gleichzeitig und hängt auch alles zusammen. Erzählen muß man es nacheinander.

Meere und Städte

Auf seiner Kavalierstour mag der junge Wallenstein das Meer erblickt haben im küstenreichen Italien; dann nicht wieder, wenn man sein Itinerarium genau prüfen will, auch in Holstein nicht, bis er, Juli 28, zwischen Anklam und Ueckermünde am Rande der schwarz-grün bewegten Öde stand. Groß war damals die Unwissenheit des Großadmirals; auf der Reise hatte er Oderschleppkähne für seetüchtige Schiffe gehalten. Jetzt, von Anklam, schrieb er an den Kaiser: er habe sich sagen lassen, das Wasser sei also beschaffen, daß zwischen den Inseln und Engen die Orlogschiffe nicht allerorten sicher passieren könnten; in solchen Gegenden wäre dem Feind leicht Schaden zu tun, und zwar durch die Uskoken: »also bin ich in den Gedanken verfallen, wie man derer etliche hundert und soviel als möglich auf den Fuß und zu K. M. Armee bringen könnte, derowegen an dieselben mein untertänigstes Bitten, Sie wollen zur Beförderung selbsteigener Dienste geruhen und zu verordnen sich gnädigst belieben lassen, daß die Patente zur Werbung gemeldeter Uskoken ausgefertigt, und demjenigen, den ich hiezu zu gebrauchen gedenke, ausgefolgt werden.« Die Uskoken – das war jenes wilde Seefahrervolk, an der Ostküste der Adria, um derentwillen vor nun elf Jahren Erzherzog Ferdinand in seinen Krieg mit den Venezianern war verwickelt worden. Jetzt erinnerte Wallenstein sich an sie; anscheinend ohne zu fragen, wie denn die meererfahrenen Frechlinge mit ihren Booten von der Adria zur Ostsee auszusiedeln wären. Man war auf dem Papier sehr kühn im Überwinden unüberwindlicher Entfernungen damals. Später, 1630, empfahl ihm ein piemontesischer Erfinder und Landkartengrübler, die afrikanischen Länder Algerien und Tunis zu erobern: wer die Gegenden besäße, wäre gar leicht Herr des Mittelmeeres. Verfrühte Ideen.

Er lernte schnell. Als er an die Küsten kam, sah er in den Städten nur Stützpunkte, Geldquellen, Pöbel, der gezähmt werden mußte. Binnen kurzem wurde er zu ihrem Partner und Gönner; ein Verhältnis, das sich wohl noch günstiger entwickelt hätte, ohne das Stralsunder Ungeschick und Mißgeschick.

Daß er für das Flottenprojekt nichts getan, bloß davon geredet hätte, ist falsch. Er tat, was er konnte, er war Feuer und Flamme dafür; eine Zeitlang. Aber wie bei allen politischen Unternehmen der Epoche, besonders denen der Habsburgischen Doppelmacht, genügten die Mittel nicht für das, worauf Wille und Phantasie sich richteten. Die 200000 Kronen aus Madrid waren nur ein Taschengeld. Er hatte den König Philipp um 24 Galeonen ersucht, die nie kamen. Die Infantin Isabella ersuchte er um zehn, sie machte Ausflüchte: die kostbaren Vehikel durch den Sund zu steuern, welchen die Holländer und Dänen kontrollierten, sei bedenklich. Der einzige katholische Potentat, der seine Flotte, spärlich genug, mit der kaiserlichen zu vereinigen wagte, war König Sigismund. Seit Januar 29 lagen polnische Schiffe im Hafen von Wismar. Blieb der Kauf, aber die Hansestädte waren widerborstig

im Verkaufen, sie hüteten ihre Neutralität wie ihren Augapfel; oder der Bau neuer Schiffe in eigener Regie. Der verlangte Geld, Materialien, kundige Zimmerleute. Wallenstein suchte sie getarnt, durch Vermittlung eines schottischen Kaufmanns, in den Niederlanden zu finden. Die Staaten durchschauten den Handel und inhibierten ihn. Nicht minder schwierig war, Matrosen für einen so neuen, befremdlichen Dienstherrn aufzutreiben. Als Kapitäne mußten Infantristen herhalten, die von der See so wenig verstanden wie anfangs der Generalissimus; zum Beispiel der Oberst de Suys. Ein solcher, im besten Fall, vergnügte sich mit Küstenpiraterie.
Einen kaiserlichen Admiralitätsstab gab es in Wismar seit Herbst 28, mit Philipp Mansfeld als Admiral, Gabriel de Roy als Schiffsspezialisten. Gegen seine Ernennung zum kaiserlichen Generalkommissar der Flotte erhob Wallenstein erfolgreich Protest; er wußte von der Verhaßtheit des Spaniers in den deutschen Städten und vom bösartig starren Charakter der spanischen Seekriegsführung. Roy blieb in ambivalenter Stellung; ein Beauftragter des Kaisers und Wallensteins, ein Agent Madrids.
Zu Ende des Jahres 28 sollen in Wismar etwa 12 Schiffe versammelt gewesen sein, davon die Hälfte kampffähig. Im nächsten Jahr waren es 20 bis 25, die polnischen mit eingerechnet. Die bloße Zahl sagt uns wenig. Die Einmaster, die Mansfeld in Lübeck, Wismar, Rostock bauen ließ, trugen etwa neun Lasten, die Last zu 1500 Kilo berechnet, die Orlogschiffe der Spanier, Briten und Schweden aber bis zu 2000 Lasten.
Vor dem dänischen Friedensschluß war die Absicht, mit der Flotte einen Angriff auf die Inseln König Christians möglich zu machen oder deren Möglichkeit vorzutäuschen; so instruierte Wallenstein noch im Januar 29 seine Admiralität. Wie ernst er es meinte, da doch die Unterlegenheit der zusammengekratzten Halbportion ihm hätte deutlich sein müssen, das wissen wir nicht. Jedenfalls lag in der dänischen Zielrichtung der Keim eines Konfliktes mit den Spaniern, die sich nicht für Dänemark, aber immer noch, immer wieder und ganz und gar für Holland interessierten. Mit der Habsburgflotte verbanden sie die Hoffnung, Fischfang und Osthandel der Rebellen zu ruinieren, weswegen sie nur zu gerne eine ihnen allein eigene Basis auf der Insel Sylt errichtet hätten; ein Projekt, das Wallenstein mißfiel, denn verdarb er es zur See mit den Holländern, so verdarb er es mit den Hansestädten. Nach dem Lübecker Frieden wäre es schwieriger gewesen, die Frage zu beantworten, was denn die kaiserliche Marine eigentlich sollte. Etwa: auf dem Meere gegenwärtig sein, die Schweden impressionieren, die Batterien an den Küsten ergänzen durch eine be-

weglichere Verteidigungsmaschinerie. Auch tat Gustav Adolf so, als ob er sie gewaltig fürchtete; zu was sollte diese bisher noch nie dagewesene deutsche Reichsflotte dienen, wenn nicht zur Invasion seines friedlichen Landes? Vielleicht überschätzte er sie wirklich, in einer Zeit, in der so viel überschätzt, geschwatzt, unsolide berichtet wurde, in der so viele Phantasien des Stolzes und der Angst umgingen. Große Kriegsschiffe besaß er selber nur 14; dort, in Wismar, sollten nun 20 sein. Im August ließ er Wismar blockieren. Ende September wagten des Kaisers Schiffe sich heraus. Es kam zu einem Feuerwechsel, der von den Schweden abgebrochen und von de Roy als denkwürdiger Sieg gefeiert wurde. Wallensteins Statthalter, skeptischer, meinte, die schwedischen Schiffe hätten sich erst zwei Tage danach aus freiem Willen entfernt. Tatsächlich folgte der Kommandant einem Befehl seines Königs: der Gegner sei stärker am Ort, man dürfte keine Niederlage riskieren. Ein Höhepunkt des kaiserlichen Flotten-Unternehmens, eigentlich der einzige; ein Moment, in welchem das Phantom wirklich wurde, weil der Gegner ihm Wirklichkeit zutraute. De Roy nutzte dies aus, um sein Gesicht zu zeigen: während der folgenden Wochen kaperten seine Offiziere acht feindliche Handelsschiffe. Und zwar war für spanisches Verstehen feindlich, was nicht freundlich war: schwedisch und niederländisch nicht nur, auch hanseatisch, lübisch oder was sonst. Hier griff Wallenstein ein. Die Schiffe und alle ihnen entnommenen Waren seien unverzüglich herauszugeben: »dieweilen man damit nichts Gutes täte, die Commerzien zu verhindern, unsere Intention auch nie gewesen, gegen die Kaufmannsschiff, sondern allein gegen die allda vorm Hafen gelegenen Orlogschiff auszulaufen.« Den Schiffern und Kaufleuten sei mitzuteilen, daß der Herzog von Mecklenburg die Freiheit des Handels über die Meere zu beschützen wissen werde. Einer von Mansfelds Kapitänen, namens Rogier, erhielt den strengsten Tadel: er habe »mehr als ein Seeräuber und nit, wie einem Soldaten gebürt, getan . . .« Das Wort bezeichnet Wallensteins Begriff vom Soldatentum, für seine Zeit keinen schlechten.

Keine schlechte war oder wurde bald seine ganze Handels- und Meerespolitik. Schon 1628 billigte er das Prinzip, das neutrale Ware in feindlichen Schiffen als neutral und unkonfiskabel anerkannte; welches das Prinzip der aus Schwäche Liberalen, der Hamburger und Lübecker war, nicht der starken Seemächte. Seiner eigenen Stadt Rostock, eben unterworfen, eben mit einer Garnison belegt, erlaubte er Handel mit dem feindlichen Schweden. Schwedische Kaufleute trieben ihre Geschäfte in Rostock unbelästigt. Ja, Rostock durfte die schwedische Armee in Preußen beliefern, nicht zwar mit kriegswichtigem Material, aber was hieß hier kriegswichtig. Den Handel Lübecks und Hamburgs, nach Osten wie nach den Niederlanden, ungestört zu lassen, befahl er mehrfach; was man von den Städten wollte, würde man »vermutlich durch familiäre und private Diskurse mehr als durch scharfe Interrogatoria« erreichen. So weise Worte wenige Tage nach Stralsund; eine gelernte Lektion. Die Ausfuhr von Viktualien, die er für das eigene Heer haben mußte, Vieh, Getreide, untersagte er allerdings, räumte aber auch hier zweckbestimmte Privilegien ein.

Überraschten angenehm schon solche Konzessionen, kommend von Einem, der doch als hochfahrend und tyrannisch galt, so entwickelte sich nach dem Lübecker Frieden Wallensteins Handelspraxis erst recht auf eine Weise, welche das Interesse auch der hartköpfigen Niederländer zu erwecken nicht verfehlte. Zum Lübecker Syndicus Winkler: er sei »ganz und gar nicht vermeint, den Commercien weder zu Wasser noch zu Land den geringsten Eintrag zu tun, sondern vielmehr denselben ihren ungesperrten Lauf zu gestatten«; die Freiheit der Meere verderbe am Schweden, an ihm selber gewiß nicht. Er konnte es beweisen. Gustav Adolf hintertrieb jeden Handel zwischen dem ihm befreundeten Holland und Pommern, das er als feindlich ansah; er blockierte Danzig, weil es kein Bündnis mit ihm hatte schließen wollen; er ließ in den preußischen Häfen horrende Zölle erheben; Stralsund, das durch Schweden befreite, gerettete Stralsund sah seinen Handel jämmerlich dahinschwinden. Aber es blühten Hamburg und Lübeck, deren Neutralität Wallenstein voll anerkannte, Rostock und Stettin, die er beherrschte. Er hatte nichts dagegen, daß Rostocker Bier in schwedischen Schiffen befördert wurde, daß Schweden Waffen in Hamburg kaufte und ebendort sein Kupfer ablud. Er protegierte den Verkehr zwischen Hansestädten und Niederländern, geriet in einen ernsten Konflikt mit Brüssel, weil die spanische Admiralität zu Dünkirchen ein lübisches, nach Amsterdam bestimmtes Schiff hatte kapern lassen: das sei gegen das Recht, das Schiff müsse wieder heraus. Den Holländern ließ er ausrichten, er werde an der Ostsee keine ihren Schiffsgeschäften feindliche spanische Admiralität dulden; frei werde der baltische Handel sein, so weit sein Arm reichte. Ein alter Stich, der dies sonderbare Ding, die kaiserliche Flotte, in Wismar darstellt, zeigt in friedlichem Nebeneinander ein Wallenstein-Schiff und ein holländisches mit der rot-weiß-blauen Flagge. Gabriel de Roy schlug eine Kontrolle der mecklenburgischen Exporte an der Quelle, in Wismar und Rostock, durch spanische Zöllner vor. Wallenstein lehnte die Anmaßung rundweg ab: die Seestädte seien souverän in Dingen des Handels und sollten unbehindert tun, was ihnen Vorteil

bringe. – Sein Weg, wenn er je mit dem spanischen parallel gelaufen war, trennte sich nun von ihm und führte ihn nah ans rebellische Niederland heran, in dem Bereich, der im Gegensatz zum politischen seiner Natur nach rational ist, dem wirtschaftlichen. Beim Nur-Wirtschaftlichen pflegt es dann nicht zu bleiben.
Wie ein feudaler Landsoldat so rasch zum klugen Practicus an der Wasserfront werden konnte? Er verstand zwar nichts vom Seehandel, wohl aber, aus seiner friedländischen Erfahrung, eine ganze Menge vom Handel überhaupt. Den Rest besorgten die hanseatischen Kaufmanns-Diplomaten, die bei ihm aus- und eingingen, seit er in Niederdeutschland waltete. Diese wieder standen mit den Niederländern in engem Kontakt. Mehr: durch sie kam Wallenstein selber in Kontakt mit den aufgeklärten Rebellen. Im Jahre 29 begann ein reger Briefwechsel mit dem niederländischen Vertreter in Hamburg, Foppius van Aitzema; Foppius war ein Freund keines Geringeren als des berühmten Rechtsgelehrten, Hugo Grotius, dessen Empfehlung er seinen Hamburger Posten verdankte. Daß Wallenstein das Werk ›De Jure Belli‹ durchblättert hätte, welches im Herbst 1625 die Frankfurter Messe zierte, glauben wir keinen Augenblick. Trotzdem mögen die Gedanken des Traktats zu ihm durchgesickert sein, und sicher sein Ruhm; an die Traum-Universität von Sagan wollte er neben anderen Bannerträgern im Reich des Geistes, Kepler, Martin Opitz, auch Grotius berufen. Holländische, hanseatische Theorie wirkte auf ihn, sobald er in die Nähe ihres Wirkungsfeldes kam.
Nehmen wir dazu den gesunden, starken Verstand des Mannes, der ihn die fremdeste Materie rasch meistern ließ. Nehmen wir seinen Sinn für Ordnung dazu. Piraterie war Unordnung, wüster Verschleiß. Als Herzog von Mecklenburg war er interessiert am Wohlstand der Städte, wie als General daran, daß die Bauern in Frieden säten, um zu ernten. Beide beschützte er nach Kräften. Nur freilich war das Meer eine vergleichsweise übersichtliche Sache, das Land, in dem seine hungernden Regimenter hin- und herzogen, eine höchst unübersichtliche; ein gekapertes Schiff leichter herauszugeben als ein verbranntes, entvölkertes Dorf wieder lebendig zu machen. Im Politischen gönnte er den Seestädten ihr vorsichtiges Sich-draußen-Halten, anstatt sie in die wartenden Arme der Skandinavier und Briten zu treiben. Der Belehrungen in diesem Sinn, welche er während der Stralsunder Episode aus Wien erhielt, hätte er kaum bedurft. Im Gegenteil war es Wien, war es allemal Madrid, das die Hanseaten vor die groben Alternativen, Freund oder Feind, stellte. Zuletzt wollte er Frieden in dieser Zeit, Frieden mindestens in Norddeutschland, und die Übung der friedlichen Künste, solange ganzer Frieden nicht zu ha-

ben war. Den Rostockern erzählte er, Ende 1629, er habe dem König Gustav Adolf die Immobilisierung der eigenen Flotte vorgeschlagen, wenn nur die Schweden von ihrer Seite aufhörten mit dem Blockieren und Kapern. Das Angebot, wirklich gemacht oder nicht, charakterisiert die Lage. Notorisch hat er dem König von Dänemark die gleiche Bereitschaft kundgetan. Do ut des: ich werde gern von meinem Unfug lassen, wenn du läßt von dem deinen. Allerdings, Mecklenburg wollte er nicht herausgeben, aus Norddeutschland wollte er nicht weichen. Er war zu arg verstrickt in ein Knäuel irrationaler Zwänge, konnte zur Freiheit des Vernünftigen sich nicht durcharbeiten. Wie ein Ruderer war er, der Bewegungen macht, als ob er ausfahren wollte, aber weit nicht kommt, weil sein Boot vor Anker liegt. Er blieb gekettet an Haus Österreich, also seinem besseren Instinkt zum Trotz auch an Spanien. Die Hanseaten ahnten es. Um ihre Neutralität in die Loyalität von Staatsbürgern zu verwandeln, hätte er einen Staat vertreten müssen, wie Frankreich oder Schweden, einen Staat, der Gehorsam fordern, weil er Schutz geben konnte. Dergleichen war das Römische Reich nicht. Wenn er redete, er würde hinbringen, was noch nicht war, und die Kurfürsten mores lehren, so genügten seine begierig kolportierten Prahlereien, um in München, Mainz, Köln, Dresden Schauder der Angst und des Hasses zu erregen; zu nicht viel mehr. Daß er obendrein selber nur ein Wahldeutscher war, kam ärgerlich dazu, mochte aber entscheidend nicht gewesen sein; einem geborenen Deutschen, Schwaben, Bayern, Österreicher, der sich auf Wallensteins Bahnen bewegt hätte, wäre es kaum besser ergangen. Zufällig, oder wohl eher nicht zufällig, tat es keiner. Man sehe sich den Fürsten von Eggenberg an, des Kaisers Ersten Minister. Ein kluger Mensch auch er, aber behaglich-faul, abenteuerscheu, durchaus den Gedankensträngen des Herkömmlichen verhaftet. Was bedeutete Wallenstein das Reichsherkommen? Intelligent dachte er, und darum phantastisch; freie, entwurzelte Intelligenz und Phantasterei sind einander nahezu gleich.

Direkt oder indirekt kontrollierte er nun diese Gegenden: Holstein-Schleswig-Jütland, aber nur bis zum Lübecker Frieden; Mecklenburg, die großen Stifter Halberstadt und Magdeburg, Pommern, Brandenburg; Schlesien nicht so recht, weil er keine Regimenter mehr dort stehen hatte; jedoch mußten die Schlesier ihm kontribuieren, und er besaß selber Sitz und Stimme im schlesischen Fürstenrat. Dann Friedland, Böhmen. Ein einziger Landkomplex, wenn man die uns gewohnten Staatsgrenzen sich fortdenkt, umrahmt und verbunden durch die Stromläufe der Elbe und Oder. Es wurden diese Flüsse zu unentbehrlichen Nachschublinien des Heeres; Pferde, Holz, Waffen,

Getreide kamen auf ihnen herabgeschwommen, zollfrei; ein Privileg, das nur für Heereslieferungen gelten sollte, von Schiffern und Kaufleuten unter der Hand auch zu anderen Zwecken wahrgenommen wurde und nicht zuletzt den Häfen, Stettin und Hamburg, zugute kam. Die Armee war der Aufsauger von Energien, der plündernde Gast, der Incubus; das ist nachgerade bekannt. Seltener notiert wird ihre andere Funktion: daß sie auch ein Verteiler von Einkommen war, ein Umschlagzentrum für Geld und Ware. Davon schweigen die Chroniken, weil die Leute lieber von ihren Leiden als von ihren Gewinnen erzählen. Briefe unternehmungsfreudiger Produzenten, die dem Generalissimus ihre Ware schmeichelnd preisen, plaudern es aus: »Ich versichere dieselbe, werd mich in einer oder anderen Occasion also gratiose zeigen, daß Euer Fürstl. Gnaden meiner Kundschaft nit wird gereuen ...« Neben der Armee war der Hof ein gewaltiger Anreger, Auftraggeber und Konsument, wie in Böhmen so jetzt in Niederdeutschland; 800 Nutznießer der goldenen Insel, unter dem Großherrn viele große Herren, gewohnt, sich nichts abgehen zu lassen, bedeuteten etwas für die insgesamt dürftige Ökonomie, gaben Händlern Gelegenheit, ihre Künste zu zeigen, am Ort, wie auch fernen, aus den Niederlanden ihre Spezialitäten herbeischaffenden. Neben der Hauptsache, dem schieren Verbrauch, gab es Reinvestitionen: die Eisenwerke in Mecklenburg; die Viehtransporte, die von Holstein und Mecklenburg nach Friedland gingen. Die Straßen mindestens im weiten Umkreis des Hofes, waren »ganz rein und sicher gehalten, und da etwas vorgeht, wird mit ernstlicher, unnachlässiger Straf verfahren«.

Die Arbeitenden, Nützlichen schonte er, weil er sie brauchte; furchtbar gegen sie nur, wenn sie sich nicht mehr wollten brauchen lassen und rebellierten. Sonst waren die wenigen Reichen ihm lieber als die vielen Armen, und kein Wunder; wer in schönen Häusern wohnt, der fürchtet die Unordnung, dem ist am inneren wie am äußeren Frieden gelegen. Das Stralsunder Patriziat hatte mit ihm auskommen wollen, nicht der »Poewel«. Ähnlich war es in Lübeck, in Rostock, in Magdeburg; wobei die Prädikanten, oft Flüchtlinge aus Böhmen und Österreich, das aufwiegelnde Ihre taten. Er sei bereit, schrieb Wallenstein, Sommer 29, an die Magdeburger, den Unterschied zwischen Pöbel und ehrbarer Bürgerschaft anzuerkennen. »Nun haben wir den ganzen Verlauf des Unwesens, auch daß vom teils leichtfertigen Gesindel des Pöbels dieser Aufstand mehr aus eigenem Mutwillen hergeflossen, als daß sie dazu einige erhebliche Ursach gehabt haben sollen, vernommen.« ... Magdeburg. Was zwischen der großen Stadt und Wallenstein im Jahre 29 sich ärgerlich entwickelte, widerspricht dem eben Erzählten, seiner Vorsicht und Liberalität in Fragen städtischer Politik. Er gönnte sich Ausnahmen, wenn der Schiefer ihn packte. Gegen Magdeburg trat er noch einmal stralsundisch auf, oder beinahe; zuletzt doch nicht. Die Sache endete mit einem Theatercoup von Generosität.

Magdeburg

In der volksreichen Elbgemeinde gab es, wie anderen Ortes, drei Parteien: eine der Zahl nach ganz geringe, aber nicht gering ihrem Vermögen nach, die wollte in allem und jedem dem Kaiser zu Gefallen sein; eine, welche den goldenen Mittelweg wählte, die Gerechtsame der Stadt zu verteidigen, aber auch die Majestät nicht zu provozieren, diese leidliche Forderung zu erfüllen, jener unzumutbaren auszuweichen wünschte, die Mehrheit des Rates, ein Teil der Bürgerschaft; die dritte ging aufs Ganze im Widerstand, hoffte erst, sich an die Dänen, dann, als die Dänen ausfielen, sich an die Niederländer und Schweden zu halten. Sie war die Mehrheit der Bürger, nach Köpfen gezählt: die Fischer, die Schiffer, die Handwerker, die Sackträger: »der Pöbel«. Erregte Geistliche führten ihr Wort.

Die übliche Steigerung, im Wechselspiel zwischen drinnen und draußen. Wallenstein hat der Stadt ursprünglich besser gewollt als anderen, er hat ihr beträchtliche Vorteile gewährt. Er will etwas dafür, viel Geld, mehr als sie zahlen kann oder ihre Bürger zahlen wollen; wir können uns nicht dazu überreden, daß sie 150000 Taler nicht zahlen könnten. Jedenfalls, sie zahlen nicht, was sie zugesagt haben. Zu den finanziellen Streitereien kommen spirituelle. Lange, ehe noch das »Edict wegen der Restitution der geistlichen Güter« von Kaiser Ferdinand unterzeichnet ist, nehmen die Kaiserlichen ein altes Prämonstratenserkloster in Besitz, führen Mönche in die erzlutherische Stadt. Die Mönche predigen, bieten jenen, die sich bekehren wollen, allerlei Annehmlichkeiten, eifern, machen sich wichtig. Zorn der Armen, Zorn der Frommen. Flucht der Reichen, kaiserlich Gesinnten. Weigerung des Rates, eine Garnison, ein Regiment aufzunehmen – Wallensteins altgewohnte Forderung an Städte, die nicht parieren. Magdeburgische Gesandte in Güstrow. Der Herzog, der viele und wichtige Dinge im Kopf hat, flüchtig: er habe nichts gegen die Stadt, aber zahlen müßte sie, wie alle Städte zahlen müßten, so sei der Krieg.

Sie zahlen nicht. Wallenstein übergibt die Sache seinem erfahrensten Geldeinzieher, Aldringen. Aldringen befiehlt eine Blockierung, nie-

mand heraus, niemand herein; es darf auch kein Schiff in Magdeburg landen, die Fischer dürfen nicht fischen. Die Blockierung wird am Ort von Offizieren dritten Ranges durchgeführt, die wenig von Politik, aber viel von Plündern verstehen. Ausfälle der Eingesperrten, Gegenstürme der Einsperrenden, Diebereien der Kroaten, wechselseitige Mördereien. Die Fischer von Magdeburg, brotlos gemacht, rauben ein benachbartes Kloster aus, rauben Getreideschiffe, die für des Kaisers Heer bestimmt sind. Die Blockade, anstatt die Gemeinde zu zähmen, bringt die dritte, die Mehrheitspartei zur Macht; der Rat ist hilflos ihr gegenüber. Er weiß es besser: Magdeburg ist nicht Stralsund, könnte eine lange Belagerung nicht aushalten, weil es das Meer nicht hat.
In großer Verlegenheit bittet der Rat freundliche Städte, zu vermitteln, Lübeck, Hamburg, Braunschweig. Die hanseatischen Fürbitter erscheinen bei Wallenstein, in seinem Quartier Wolmirstedt. Schon sie, auf deren beruhigte Neutralität er doch nun so großen Wert legt, begrüßt er diesmal ungnädig: »Ihr müßt wissen, daß Ihr mit Ihrer Kaiserlichen Majestät General handelt und mich nicht für einen Narren haltet. Es ist mir nicht um das Korn zu tun, ich muß der Stadt versichert sein, es dürften mir sonst alle meine Victorien zuschanden werden . . .« Die Legaten zählen auf, was alles Magdeburg zu tun bereit sei. Wallenstein: »Sie müssen nur eine Besatzung annehmen.« »Das wird schwer zugehen.« »Ich kann es ihnen leicht machen, und einer jeglichen Stadt. Sie werden mich nicht aushungern; ich kann sie aushungern.« Übrigens wünsche er mit den Magdeburgern selber zu sprechen.
Die kommen denn auch, geführt von dem Stadt-Syndicus. »Wie habt Ihr euch verhalten, ihr Herren von Magdeburg?« Syndicus: »Durchlauchtiger, hochgeborener Fürst . . .« Wallenstein: »Ich weiß wohl, was es ist, ist das nicht ein leichtfertig, ehrlos vergessen Wesen, was sich euer Pöbel unterfangen und so rebelliert . . .?« Vielleicht könne der Rat für die Frechheiten des Volkes wirklich nichts, das sei sogar wahrscheinlich. Die Verbrecher seien von der Stadt zu bestrafen, er wolle die Galgenschelme gar nicht, außer zwei Hauptschuldigen; und dann müsse die Stadt eine Garnison annehmen: »das ist meine Meinung.« Syndicus: »Gnädigster Fürst und Herr! Wir sind eben zu der Zeit nicht darinnen gewesen und –« Wallenstein: »Ich lasse das sein und kann nicht geifeln, ich bin kein Krämer« – welchen Satz er wiederholt. Und daß er eine Garnison in der Stadt haben müsse, »denn ich komme doch hinein, das ist gewiß«. Repetiert: »Denn ich komme doch hinein, das ist gewiß. Und zweitens, daß ich die beiden Kerls heraushaben will, denn ich will ihnen lassen die Köpfe abschlagen . . .

Und so ich die beiden Köpfe nicht bekomme, soll es noch 2000 Köpfe kosten. Das ist meine Meinung.« . . . Er winkt dreimal mit der Hand und nickt mit dem Kopf. Kriegskommissar von Questenberg, welcher der Szene beiwohnte, macht entsprechende Gesten: die Magdeburger sollen schweigen, ihre Reverenz machen und verschwinden; sie sind entlassen . . .

Das war 1629, im August. Die Blockade wird zur Belagerung nach Regeln; Oberst Pappenheim, der Kenner, der das Unternehmen vor Stralsund verurteilte, hält dieses für aussichtsreich. Neue Vermittlungsversuche der Hansestädte, verstärkt durch einen Johann Alemann, den Anführer der aus Magdeburg verjagten Kaisertreuesten; bei allem ein Patriot, wirbt er in Wallensteins Hauptquartier um Gnade für seine Heimat. Neue Sammel-Audienz der Hanseaten, einschließlich der Magdeburger, beim Herzog zu Halberstadt, im Oktober. Wallenstein, auf einmal gnädig, reicht den Deputierten die Hand, eine Ehre, die nicht dem ersten besten zuteil wird: zwar sei das Verhalten der Stadt gegen ihren Herrn, den Kaiser, ein unerhörtes, aber wenn sie bereute und inskünftig ihr Volk schärfer im Zaum hielte, so sollte das Vergangene vergangen sein. Von einer Garnison spricht er nicht mehr. Geld will er haben: 200000 Taler. Die Deputierten schwören, das sei zuviel, sie könnten es nicht aufbringen. Doch, sie könnten, weil sie müßten. Nun bieten sie 150000, aber so, daß 100000 angerechnet würden für die von der Stadt durch Blockade und Belagerung erlittenen Schäden. Darauf Wallenstein: »Nun wohlan, weil wir sehen, daß sowohl Magdeburg als auch die sämtlichen Hansestädte im Gehorsam gegen den Kaiser zu verharren bedacht sind, so wollen wir ihnen die ganze Summe aus Gnaden erlassen, damit man sehe, daß wir den Krieg nicht wegen des Geldes führen, sondern uns allein darum zu tun sei, daß gegen den Kaiser der schuldige Gehorsam erhalten werde.« Bewegung freudigen Staunens unter den Deputierten. Wallenstein, fortfahrend: »Wir vernehmen, die Hansestädte bilden sich ein, man wolle das kaiserliche Edict wegen Reformation der Religion exequieren, das sind wir durchaus nicht gemeint, sondern das Edict kann nicht Bestand haben, und wir versprechen den Hansestädten, daß ihnen das geringste deswegen nicht zugemutet werden soll, denn man kann den Religionsfrieden nicht also übern Haufen stoßen.« Er werde sie alle zu schützen wissen bei ihrem Glauben, ihrem Handel, ihren Privilegien. – Diese Gnadenszene wird der »Friede zu Halberstadt« genannt.

Sie war nicht so ganz uninszeniert, nicht so völlig einem Geistesblitz zu danken: das bittere Häckeln über Geld, dann, nachdem es zugestanden, der edle Verzicht. Immer besorgt, meistens pessimistisch,

sah Wallenstein die Lage des Reiches oder Kaisers, auch seine eigene, im Herbst schwärzer als im Sommer. Besonders erwartete er eine Expansion der Schweden von Stralsund aus – verfrühte Furcht, aber mit jedem Monat, der ins Land ging, weniger verfrüht. Darum war es besser, mit den Magdeburgern ohne Skandal und lästige Bindung seiner Kräfte ins reine zu kommen, dazu noch die Vorteile einer großmütigen Tat zu genießen. Trotzdem widersprach das magdeburgische Ärgernis der tiefsten Tendenz seiner Politik, wieviele Tendenzen sich im dunklen Grunde seines Geistes auch den Vorrang streitig machten. Er hatte sich eine Ausnahme gegönnt, er nahm sie zurück, nicht zu spät, wie vor Stralsund, sondern eben noch rechtzeitig.
Und während er die Hansestädte zum Gehorsam gegen den Kaiser ermahnte, dem einzigen Zweck dieses Krieges, kündigte er im gleichen Atem dem gleichen Kaiser den Gehorsam auf. »Das Edict kann nicht Bestand haben.« Aber das Restitutionsedikt war die all und eine Herzenssache Ferdinands II.; »dies rühmliche Reformationswerk«; »die ganze Frucht der von Gott uns bishero verliehenen Victorien«.

Das Edikt

Während noch die Verhandlungen mit Dänemark liefen, den 6. März 1629, unterzeichnete der Kaiser die Botschaft seines Herzens; eine umständliche Broschüre, voller historischer Hinweise und legalistischer Deduktionen aus dem Instrument des Augsburger Religionsfriedens von 1555, arbeitend besonders mit den Paragraphen »Dagegen«, »Damit auch«, »Nachdem« und »Dieweil aber«. Der Schluß lautete, daß alle protestierenden Stände des Reiches die seit dem Passauer Kompromiß von 1552 ihrem heiligen Zweck entfremdeten Bistümer, Prälaturen, Klöster, Hospitalien, Pfründen und sonstige Stiftungen wieder herzugeben hätten bei Strafe der Reichsacht. Kaiserliche Kommissare, je einer für einen Kreis, hatten für die Exekution zu sorgen. – Die Verfasser des Ediktes waren ohne Zweifel im Recht; wenn das noch Recht ist, wessen Wiederherstellung neues Unrecht, Obdachlosigkeit, Wirren, Angst und Seelenqualen unvermeidlich hervorruft; wenn das noch Recht ist, worüber siebenundsiebzig Jahre sich gewälzt haben wie das Meer über Flachland bei geborstenen Deichen.
Weiß der Leser denn noch, wie die Dinge in Deutschland standen, als Wallenstein jung war? Sie waren schlecht gestanden, nahe am Zusammenbruch des Reichsrechtes, ziemlich nahe am Bürgerkrieg oder Ständekrieg. Der Religionsfriede, falsch von Anfang an, nicht Ver-

söhnung von Ideen, nur notgedrungene Koexistenz von Mächten, hatte den Gegensatz nicht verwelken lassen. So etwas erwarten die Gutwilligen wohl, und zum Schluß kommt es auch, aber nach Jahrhunderten, anstatt nach Jahrzehnten; und dann ist es die schiere Zeit, die es schafft, nicht Vernunft und Menschenliebe. So war es nicht Vernunft, was den Ausbruch des Bürgerkriegs einstweilen verhindert hatte; es waren die böhmischen Unruhen. Damit nicht die Protestanten, die Union, die sächsischen Kreise den Böhmen hülfen, hatten die katholischen Fürsten 1620 einen Verzicht auf Gewalt zugesagt: nur auf dem Prozeßwege, im einzelnen Fall, würden sie die Frage des Besitzes an geistlichen Gütern zu regeln versuchen. Dann aber war es trotzdem zum Krieg in Deutschland gekommen durch das unverhoffte Überspülen des böhmischen. Mit den Triumphen der katholischen Waffen kräftigten sich Frömmigkeit und Gier; der Hunger sich beim Essen. In den Jahren vor 1629 wurden dichter und dreister die Forderungen nach dem geraubten Kirchenbesitz; zunächst noch nicht nach einer Gesamtlösung, bloß nach der Herausgabe dieser und jener Beute. Zum Beispiel in Württemberg, wo nicht weniger als siebzig reiche Klöster zur Rechtsdebatte standen; ein Drittel des Territoriums, Hauptquelle der herzoglichen Einnahmen, worauf die Pflege des Kulturstaates, die Schulen, die Pfarreien beruhten. Um so fette Spolien eiferten die Bischöfe Süddeutschlands, Konstanz, Augsburg, Würzburg, Bamberg; und gingen dabei vom Einzelnen mählich über zum Prinzip. Vieler armer Seelen unwiederbringliches Verderben sei im Spiel; man müsse vollzogene Tatsachen schaffen mit einem Schlag, ehe die gerade jetzt gedemütigte Gegenseite sich zur Verteidigung aufraffte. Kaiser Ferdinand wollte wissen, was seine getreuen Kurfürsten dächten. Da gab es denn wieder ein emsiges Hin-und-her-Schreiben zwischen Bayern, Mainz, Köln und Trier. Die vorhabende Restitution, schrieb Maximilian, sei allerdings etwas odios, aber sein müsse sie. Ähnlich der Bischof von Bamberg, als alles schon beschlossen war: wer würde an so schweren, verhaßten Bemühungen sich wohl gern beteiligen? In einem Gutachten, das die vier Kurfürsten gemeinsam nach Wien lieferten, meinten sie philosophisch, man hätte freilich mehr Ursache, das Reich Deutscher Nation zu betrauern und nach dem werten, gottgefälligen Frieden mit unablässigem Eifer und Fleiß zu trachten, als zu noch mehrerem Unvertrauen und Unruhe Anlaß zu geben. Wie wahr! Mag aber der Weg zum Unheil mit schönen Zweifelreden gepflastert sein, man geht ihn trotzdem, wenn, zusammen mit dem Unheil, Gewinne an Gut und Herrschaft leuchten. Man ging ihn hier um so leichter, als man das Recht für sich hatte und nichts wollte als den Frieden von 1555, den nachweisbar buch-

stäblichen anstatt des seither ganz widerrechtlich gewachsenen. Und weil man die Macht hatte, worauf die Kurfürsten hinzuweisen nicht verfehlten: mit der Autorität des Kaisers stehe es so, »daß wohl niemand sich unterstehen oder gelüsten lassen, noch einige Ursache haben wird, sich dero rechtmäßiger kaiserlicher Verordnung ungehorsam zu widersetzen . . .« Das Recht und die Macht, eine schöne Kombination. Auf dem gleichen Kurfürstentag zu Mühlhausen, Oktober 27, auf dem die Katholischen von der Restitution handelten, wurden auch Schritte gegen die Tyrannei des Herzogs von Friedland beschlossen; der Diplomat, den Max von Bayern bald darauf nach Prag schickte, hatte zwei Dinge zu betreiben, die Wiederherstellung des Kirchenbesitzes, die Reduktion des wallensteinischen Heeres. Beides vertrug sich schlecht. Wer den Frieden wollte, ihn wollten alle, der durfte die Restitution nicht wollen; wer die Restitution wollte, nicht die Abrüstung. Aber so genau denken Politiker selten.
Das Jahr 28 verging mit Korrespondenzen, Vorbereitungen, Entwürfen. Sie sollten geheim bleiben und wurden bekannt; er höre da, schrieb Johann Georg von Sachsen an den Kurfürsten von Mainz, von den allernachdenklichsten, gefährlichsten Plänen. Gerüchte, in denen er das, was man gemeinhin Wallenstein vorwarf, die Verwandlung des Reiches in ein »Neues Modell«, zusammenschüttelte mit Zwekken, die nicht im mindesten Wallensteins Zwecke waren: mit der Vertilgung der evangelischen Religion. Sollte man sich erst an die Kleinen, die Wehrlosen wagen, die Reichsgrafen und Reichsstädte, Schritt für Schritt vorgehen, die Großen, Sachsen und Brandenburg, einstweilen schonen? Das, fand Maximilian, wäre praktisch ratsam, aber bedenklich wegen des Grundsatzes. Gerade die Vorfahren Johann Georgs hatten mit Bistümern, die innerhalb ihres Gebietes lagen, sich überreichlich bedient; sollte es dabei bleiben? Was war mit der ungeheuren Besitzesmasse, hatte man sie erst wieder, denn eigentlich zu tun? Welche Dynastie, die habsburgische, die wittelsbachische, sollte bei der Besetzung der nord- und mitteldeutschen Bistümer den Vorzug haben? Gab es genug Mönche, Zisterzienser, Prämonstratenser, Benediktiner, und genug würdigen Charakters, um die alt-neuen Klöster wieder zu Zentren propagandae fidei zu machen? Finanzabt Antonius, selber ein Benediktiner, war dieser Meinung. Jesuitenpater Lamormaini, sein Rivale am Wiener Hof, war es nicht und brachte die größere Wirkungskraft seines Ordens in zeitige Erinnerung: ob nicht ein Teil des Reichtums, Frauenklöster zumal, denen die Frauen fehlten, für Alumnate und Seminare der Gesellschaft Jesu zu gebrauchen wären? Ging der Entwurf, den Reichsvizekanzler von Stralendorf im Oktober an Maximilian schickte, und

zwar, wie er betonte, auf Drängen der katholischen Kurfürsten, ging er nicht doch etwas weit? Stralendorf selber warnte in diesem Sinn, als stünde er nicht ganz zu dem, was doch sein eigenes Amt ausgekocht hatte: die Einziehung der ehemals reichsunmittelbaren Stifter würde Sachsen sehr hart treffen, und daß man den Calvinern den Genuß des Religionsfriedens verweigerte, sei wohl historisch korrekt, aber etwas rauh, zumal in Anbetracht des leider calvinischen Kurfürsten von Brandenburg. Und so weiter, hin und her. Es war alles noch im Fluß, noch ungar und ungeklärt, als Kaiser Ferdinand die Tuba dieses Jüngsten Gerichtes blasen ließ. Er mochte nicht länger warten. Ihn trieb auch nicht Gier, oder Gier doch nur in zweiter Linie. In der ersten war es heiliger, kaiserlicher Ernst, wie gewöhnlich.

Nun ist es charakteristisch, daß der mächtigste Mann im Reich, der Generalissimus Herzog von Friedland, nach seiner Meinung über das Edikt niemals gefragt wurde. Es existiert kein Gutachten von ihm in dieser Sache, weil er keine Gelegenheit erhielt, eines zu geben. Er war dagegen. Warum hinderte er es nicht? – Ja, wenn er ein Politiker im Sinn späterer Zeit gewesen wäre, fähig, die Parteien zu bewegen, an die öffentliche Meinung großartig zu appellieren. Wenn er auch nur als Erster im Rat eines straff regierten Königreiches gesessen hätte, wie sein glücklicherer Schicksalsbruder, der Kardinal in Paris. Es gab in Deutschland keine Regierung wie die französische; statt dessen die Kurfürsten auf der einen Seite, auf der anderen die korrupten, opportunistischen, immer auch in sich gespaltenen Minister Ferdinands. Wallenstein war kein Höfling, kein Oberintrigant. Er war auch kein leidenschaftlicher Kämpfer für das als richtig Erkannte. Wurde Falsches, Dummes, Gefährliches gemacht, so war von jeher seine Art gewesen, zu spotten und sich zu fügen; zumal dann, wenn er nicht selber bei Hofe weilte. Nie war er des Kaisers Kaiser, als der er den Leuten galt.

Übrigens kein Ritter der Grundsätze. Als er, 1625, auszog, Deutschland zu erobern, bestand eine Geheimabmachung zwischen ihm und Lamormaini, die großen Stifter Magdeburg und Halberstadt betreffend. Sie waren dem zweiten Sohn des Kaisers, Leopold Wilhelm, als Pfründen zugedacht, und das billigte er, wobei er sich freilich nicht auf den Religionsfrieden von 1555 berief, den er nicht kannte, sondern auf das Kriegsrecht. Später schob er die Übernahme der Stifter durch den jungen Erzherzog ins Unbestimmte auf, weil er ihre Einkünfte für sein Heer brauchte. In Mecklenburg dann hatte er das Bistum Schwerin, welches ein protestantischer Dänenprinz administrierte, glatt seinem Herzogtum einverleibt. »Restitution« war das nicht. Selbst den Namen des alten Bistums strich er aus, Schwerin-

Bützow wurde ein einfacher mecklenburgischer Landkreis, wie andere. Und so war seine Stellung immerhin, daß jetzt niemand wagte, das Edikt gegen ihn selber anzuwenden.
Als während seines böhmischen Winters, 27 auf 28, die bayerischen Abgesandten für die große Restitution agitierten, scheint er dagegen gearbeitet zu haben, denn er schrieb an Collalto: »alsdann wollen wir reparieren, was zu Brandeis durch die bayerische Art ist verderbt worden.« Bezog die »Reparierung« sich auf den Restitutionsplan, so war sie vergeblich; er konnte warnen, kein Veto aussprechen. Als die Sache entschieden war, zuckte er nur bitter die Achseln.
Er kannte nun Deutschland gut genug, um die Folgen zu ahnen, die über den Wortlaut des Edikts noch weit hinausgehen würden; die Verzweiflung in den Herzen nicht nur und nicht so sehr der Fürsten wie der Untertanen, die Sorge vor einer »Universalreformation« im österreichisch-böhmischen Stil, daraus die Bereitschaft, sich jedem fremden Retter in die Arme zu werfen. Zum Beispiel dem schwedischen. Wer Frieden in Deutschland wollte, Landfrieden und Seelenfrieden, durfte das Edikt nicht wollen; wer das Edikt wollte, wollte den Frieden nicht, allen goldenen Worten zum Trotz. Hier, schärfer als anderswo, schieden sich die Geister. Wallenstein ließ dem Kurfürsten von Sachsen sagen, das Edikt mißfalle ihm höchlich, und er werde sich nicht für seine Exekution gebrauchen lassen; was hieß, er würde seine Soldaten nicht ausschicken, um die Tore der Klöster zu sprengen und die jetzt dort Wohnenden zu verjagen. Eine heimliche Aufkündigung des Gehorsams, den er der Majestät schuldete; eine öffentliche sein Wort an die hanseatischen Gesandten: »Das Edict kann nicht Bestand haben . . .« Er besaß kein weitertragendes Forum. Daß seine Gesinnungen in Wien bekannt würden, dafür sorgte er; denn von den Briefen, die er an Collalto schrieb, den Hofkriegsratspräsidenten, mußte er doch wohl glauben, daß auch andere sie zu lesen bekämen. »Das Edict verursachts« – die Volksbewegung in Magdeburg » solches alles causiert die unzeitige und scharfe Reformation, wie auch das kaiserliche Edict wegen der Restitution der geistlichen Güter und Ausschaffung der Calvinisten.« ». . . denn die Unkatholischen hat alle das kaiserliche Edict wider uns moviert . . . das ganze Reich wird wider uns sein, der Schwed, der Türk und Bethlehem auch.« ». . . die Erbitterung ist so groß, daß sie alle sagen, der Schwed soll nur kommen, kann er ihnen nicht helfen, so wollen sie gern mit ihm verderben . . .«
Angeblich war Friede im Reich. Als jedoch die Wirkungen des Edikts spürbar zu werden begannen, dachte der Sieger, der Friedensstifter, so pessimistisch wie noch nie seit Übernahme des Generalats. Und schließlich mußte er, der in langsamem Zuge durch die Länder reiste

und allenthalben von Sendboten angesprochen wurde, es ein klein wenig besser wissen als die Geheimräte in Wien. Das Edikt wühlte in seinem klugen, stolzen und schuldigen Geist, wie im Geist von hunderttausend Unschuldigen. – Sechs Jahre später war von dem ganzen Unfug die Rede nicht mehr, und danach nie wieder.
Langsam mahlten die Räder der kaiserlichen Justiz, und wie sie sich nun zu drehen begannen, fanden sie passiv-zähen, knirschenden Widerstand. Erschien ein Commissarius mit ohnmächtiger Begleitung vor einer Stadt, um dies Kloster, diese Kirche zu requirieren, so ließ man ihn rundweg nicht ein. Es würde ja wohl eine Weile dauern, bis ein paar Kompanien von Wüterichen nachkämen, und dann würde man erst noch weitersehen. 150000 Mann – genauer und angeblich 134000 – waren eben nicht viel, um Deutschland allenthalben zu zwingen; waren viel erst recht nicht, wenn ihr General keine Lust spürte zum Zwang. Sogar zahlreiche Mitglieder der Restitutionsräte waren unlustig. Pappenheim, im Fränkischen Kreis mitverantwortlich, entschuldigte sich erst wegen seines Beilager-Festes, das er ungestört zu genießen wünsche, dann wegen militärischer Pflichten. Andere schützten Ungelegenheiten des Leibes vor, mußten ernsthaft und häufig zur Erfüllung ihres heiklen Auftrages gemahnt werden. Hinzu kam, daß mit den Mönchen oft auch die Pergamente verschwunden waren, aus welchen der Wortlaut der Stiftung oder das Jahr des Raubes, auf das nun alles ankam, sich ablesen ließen; so daß die Exekutoren obendrein gewiegte Altertumsforscher hätten sein müssen. Das Edikt, kurz gesagt, verstörte und zerstörte zunächst mehr durch sein schieres Dasein als durch des Befehls Verwirklichung. Im wehrlosen und für die Restituierer so überaus lockenden Herzogtum Württemberg war praktisch noch nichts geschehen, als Wallenstein im Frühsommer 1630 nach Schwabenland kam.
Es geschah wieder nichts. Zwei lutherische Standesherren, die als Bittsteller in seinem Hauptquartier Memmingen erschienen, sandten die unglaubliche Botschaft nach Stuttgart: der General habe sich gegen die Exekutionsprozeduren dermaßen vernehmen lassen, »daß daraus klärlich zu verspüren, daß seine Liebden an solchem hochlästigen Vorgehen ein beständiges Mißfallen tragen«. Kaiser Ferdinand habe es wohl befohlen, aber nicht aus eigenem Willen, sondern getrieben von der Geistlichkeit; die Majestät sei ihrer selbst nicht mehr mächtig. – Ein paar Monate länger noch erhielten so die Württemberger Atempause und glaubten sich geschützt durch eben den, der ihnen vorher als das grausamste Werkzeug der katholischen Reformation galt: »denn wenn er nicht will, so sind alle kaiserlichen Verordnungen umsonst.« Im Juli gelangten kaiserliche Handschreiben nach Mem-

mingen, die eigentliche, strenge Befehle waren. Jetzt, anderthalb Jahre nach dem Erscheinen des Ediktes, gab der General nach. 28 Kompanien unter dem Obersten Ossa wurden ins Zentrum von Württemberg geworfen, um bei der Hand zu sein, wenn die zu verjagenden Bewohner sich noch weiteren Widerstandes erfrechten. Vergebens die letzten Bitten, die ein Stuttgarter Abgesandter ins Hauptquartier trug. Er sei, sagte Wallenstein, Württembergs Freund, und das Klosterreformationswesen gehe ihm wahrhaftig zu Herzen (hier ein tiefer Seufzer); »weil aber alles sein dawider getanes Verwarnen nicht helfen wollen, müßte ers geschehen lassen und froh sein, daß die Kommission einem anderen aufgetragen worden.« Damals war er am Ende, nicht nur seiner Sabotage des Restitutions-Edikts, sondern seines Generalats, und wußte es. Die Haltung des kummervoll die Schultern Zuckenden kam ihm natürlich. Andere mochten es machen; es ging ihn nichts mehr an.

Die Nebenkriege

Machtpolitik wird so stark sein wie das letzte Argument, das, offen oder versteckt, den Politik Treibenden jederzeit zur Verfügung steht. Kann Krieg überhaupt nicht sein, so gibt es kein Machtspiel. Ist der Krieg eine rasche, schneidende Waffe, so auch das Machtspiel: präzis, virtuos, wirkungsvoll. Dem langsam, ohnmächtig durch die Jahre hingestümperten Krieg wird eine ebensolche Politik entsprechen. Zu Wallensteins Zeiten war das Reisen mühselig, die öffentliche Rede unbekannt. Statt dessen gab es Briefe und Akten, und die sind in sehr großer Zahl erhalten geblieben. Man muß sie zu interpretieren verstehen; die in ihnen zum Ausdruck kommenden vergleichsweise dauernden Tendenzen trennen von den flüchtigen Phantasien. Daß Wallenstein langfristige Ansichten pflegte, unterscheidet ihn von den meisten Politikern, welche heute dies schwatzen, morgen das, um den Widerspruch zwischen dem Einen und Anderen sich gar nicht kümmern und gar nichts im Kopf haben als Taktik und Augenblick. Natürlich war auch er Stimmungen unterworfen. Da meinen die Historiker dann, in seiner Politik habe wieder einmal ein Umschwung stattgefunden, indem sie, was er in einem Brief diktierte, viel ernster nehmen, als vermutlich er selber es nahm; der sich auf die andere Seite warf, ehe noch der erste Brief seinen Adressaten erreichte. Umschwünge von einer Unwirklichkeit zur anderen; Schläge ins Wasser. Übrigens mußte er zu gehorchen scheinen, wenn er in der Sache nicht gehorchte, sich wenigstens in der Sprache seinen capriziösen Brotherren fügen. Er mußte Ausreden finden. Spornte man von Wien aus ihn an, nun endlich in Italien aktiv zu werden, so betonte er die Notwendigkeit, den Spaniern zu helfen im Nordwesten, damit die Holländer nicht gar zu unverschämt würden, unternahm auch in diesem Sinn eine matte Kleinigkeit. Verlangte man umgekehrt von ihm, den Schwerpunkt der Kriegführung nach den Niederlanden zu verlegen, so erklärte er sich willens, demnächst in Person nach Italien zu gehen, was er jedoch niemals tat. Ein aufreibend-ärgerliches Hin-und-her-Manövrieren auf dem Papier, es mache ihn überdrüssig. Der einzige Nebenkrieg, den er aus reifem Urteil bejahte, war immer der schwedisch-polnische: Schweden in Polen zu binden Jahr für Jahr. Frühjahr 29 nutzte er eine polnische Hilfsbitte, um aufs Ganze zu gehen: vier Infanterieregimenter und fünf von der Kavallerie, 15000 Mann, eine kleine Armee, wurden für den preußischen Kriegsschauplatz bestimmt. Solches verursachte die Furcht vor Stralsund, vor dem, was die Schweden aus diesem verfluchten Brückenkopf heraus unternehmen würden, wenn man sie anderswo zu Atem kommen ließe. Das Expeditionscorps unterstellte er dem Offizier, den er für den fähigsten hielt, Arnim. »Bitt der Herr verliere keine Minuten Zeit, sondern rücke alsbald in Preußen, denn ich tue dies nicht ohne Consideracion.« Aber der polnische Adel fühlte sich unwohl angesichts einer so beträchtlichen kaiserlichen Hilfe, der man, auch nicht ganz ohne Grund, Absichten auf das Herzogtum Preußen zutraute. Er fühlte sich nicht einmal wohl bei dem Gedanken eines eklatanten Sieges im Schwedenkrieg; Wallenstein, meist gut informiert, glaubte zu wissen, warum: ». . . die Polen sind von Natur den Deutschen feind, die Proceres Regni vermeinen, je mächtiger der Kaiser wird, je eher sie von ihrem König werden gedämpft und, wie sie melden, in Servitut gebracht.« Solche Stimmungen unter den Machthabern der Republik gaben dem Unternehmen kein günstiges Vorzeichen. Der Sejm, Polens Adels-Parlament, hatte einen Zuzug von 10000 Mann erlaubt, er bestritt das nun, in mehr als 6000 hätte er nie gewilligt, am wenigsten in 15000. Der König wünschte Arnim aus den und den Gründen nicht als Oberbefehlshaber. Die polnischen Kommissare, die den Feldmarschall an der preußisch-pommerschen Grenze treffen sollten, kamen erst gar nicht und kamen dann mit unwillkommener Botschaft: man wolle einstweilen gar keine Deutschen im Land. Darüber geriet Arnim in Verlegenheit, denn wo er war, fanden seine Truppen nichts zu essen. Wallenstein in wütender Ungeduld: Arnim habe Befehl, nach Preußen zu marschieren, und hätte dem nachkommen müssen. Ohne Verlierung von Minuten möge er jetzt die Grenze überschreiten: »indem der Gustavus alles nur, um Zeit zu gewinnen, traktiert, der Herr aber lebe dieser meiner Ordinanz gemäß und wirklich nach.« – So daß denn die Kolonne ohne des Königs Erlaubnis sich in polnisches Herrschaftsgebiet wälzte. Die Expedition hatte den einen Erfolg, der ihr Zweck war. Gustav Adolf, als er von ihr hörte, verschob die Befreiung Deutschlands bis auf weiteres, denn er mußte in Preußen Ruhe haben, seiner linken Flanke sicher sein, ehe er das deutsche Abenteuer wagte. Anstatt in Stralsund langte er Ende Mai noch einmal in seinem preußischen Hafen Pillau an.

Er fand einen ungewohnt starken Gegner. Die Alliierten, mit Augen voller Gift aufeinander schielend, und sich, wo immer Gelegenheit war, wechselseitig mit Nadelstichen ärgernd, errangen gleichwohl ein paar spektakuläre Erfolge: Vereinigung des deutschen mit dem polnischen Corps Weichselabwärts; unerwartetes Treffen mit der vom Norden heraufkommenden Kavallerie Gustav Adolfs; Gefecht, das zur Schlacht, Schlacht, die zur Niederlage wurde; Rückzug der Schweden ins stark befestigte Marienburg; in Arnims Hand kostbare Trophäen, zumal einige jener leichten Feldstücke, nach ihrer Verkleidung die »ledernen« genannt, mit denen Gustav Adolf wirksam operiert hatte und die nun in Güstrow geprüft werden konnten. Belagerung Marienburgs. Da kam es ins Stocken. Überlegenheit der Verteidiger in ihrer festen Stellung. Hinsterben der Söldner Arnims in Artillerie-Duellen, mehr durch Krankheit und Hunger. Entlassungsgesuch Arnims.

Er hatte es schon am Abend des einen Tages niedergeschrieben, der sein Siegestag war, indem er sich krank meldete. Der eigentliche Grund war, daß er mit den Polen sich gar zu schlecht vertrug. Besonders haßte er, als geborener Brandenburger, heimlich-öffentliche polnische Absichten gegen das brandenburgische Preußen, gegen Königsberg; Pläne, die in Warschau und Wien angezettelt worden waren, und die auch Wallenstein mißbilligte. Sie hätten das nordöstliche Kriegstheater noch verworrener gemacht und Brandenburg endgültig in die schwedischen Arme getrieben. So schrieb er an den König von Polen, so auch an Arnim. Dessen Abschiedsgesuch akzeptierte er trockenen Tones: »Daß Er seine Entlassung wegen seines Leibes Indisposition suchen tuet, ist uns herzlich leid. Weilen aber keiner wider seinen Willen zu halten ist, so müssen wirs geschehen lassen.« An Collalto: »Ich bezeugs mit Gott, daß ich die Zeit meines Lebens mit keinem mehr Patienz gebraucht hab als mit ihm. Aber er hat schier alle Monat, sobald ihm das Geringste in den Kopf ist kommen, dem Kaiser den Stuhl vor die Tür setzen wollen, und also hab ich der Sachen einmal ein End gemacht, daß er nicht vermeinen sollte, daß Ihre Majestät ohne ihn den Krieg nicht führen kann ...« Er mochte

das eigensinnige Politisieren seiner Generale nicht, außer, daß er selber höchst eigensinnige Politik trieb, er mochte das häufige Spielen mit der Abdankung nicht, außer, daß er selber am häufigsten mit ihr spielte. Neben, unter ihm sollte niemand sich einbilden, unentbehrlich zu sein . . . Seine Briefe an Arnim wurden wieder freundlicher, sobald der erste Ärger verraucht war. Die Beiden kamen nicht voneinander.
Wenn nun der Schachzug auf so weitem Felde, die polnische Expedition, den Gegner tatsächlich zum gewünschten Gegenzug gezwungen hatte, führte er demnächst zu Anderem, gänzlich Unerwünschtem. Und zwar zum langjährigen Waffenstillstand, welcher praktisch der Friede war, zwischen Polen und Schweden. Die Begegnung mit den Kaiserlichen, der kurze und gefährliche Sommerfeldzug von 1629 machten Gustav Adolf bereiter zu einem Kompromiß, als er bisher gewesen. Die Kriegslage sprach dafür. Die Schweden hielten ungefähr, was sie drei Jahre früher gehalten hatten, die Küste, das Delta, und waren daraus nicht zu vertreiben; fernere Ziele kaum lebensnotwendiger Art schienen nicht in der Reichweite von noch einmal vier Jahren. Auf ihrer Seite konnten die Polen jetzt das kostbarste Gut, die Ehre, als gerettet ansehen. Dies die Situation, in welche die französische Diplomatie vermittelnd eingriff; jener Baron de Charnacé, der vergangenes Frühjahr in Bayern und Dänemark sich vergebens bemüht hatte, von seiner groß-europäischen Mission aber mit leeren Händen ungern nach Hause reiste. Durch Neutralisierung Bayerns hatte er Dänemark frei machen und anhetzen sollen gegen Haus Habsburg. Konnte ein Gleiches gelingen mit Schweden, durch Neutralisierung Polens? Richelieus ausgepichte Agenten unterstützten die Brandenburger, denen an Frieden dort unten so sehr gelegen sein mußte; Frieden zwischen ihrem schwedischen Halbverbündeten, ihrem polnischen Lehensherrn. Nach dem üblichen Häckeln über Praecedenzen und Titel, dem üblichen Proponieren und höhnischen Anhören ausschweifender Zumutungen einigte man sich auf halbem Weg. Nur für sechs Jahre; aber was kann in sechs Jahren nicht alles geschehen? Die Erfahrung lehrte, daß langwierige Waffenstillstände bis zum letzten Tag gehalten wurden; jetzt ein polnisch-moskowitischer, wie ehedem der zwischen den Spaniern und Holländern. In chaotisch-tückischer Welt war im Interesse aller die Verläßlichkeit des Rechtes, zumal und besonders des provisorisch gesetzten, das man bei besserer Gelegenheit rechtens würde aufkündigen können. – Durch einen schwierig konstruierten Vergleich zu Dreien, Schweden-Brandenburg-Polen, erhielt Gustav Adolf, was ihm das Interessanteste war: die Kontrolle über das Frische Haff und das Kurische,

über die Hafenstädte, Elbing, Pillau, Memel, über die Hafenzölle, welche seine Kriegskasse nährten. Spätestens am 21. Oktober erfuhr Wallenstein vom Scheitern seiner so lange »nicht ohne Consideracion« verfolgten Ostpolitik. Polen fiel aus; desto eher würde Schweden antreten. »Ich kann mich nicht rühren wegen des Schweden, Herr Tilly nicht wegen der Holländer, und dieweil Ihrer Majestät Feinde sehen, wie unsere Sachen bewandt sind, so trachten sie nimmer nach dem Frieden . . .« (An Collalto) Die polnische Expedition war richtig erdacht, insoweit richtig ist, was nicht gelingen kann. Damit es gelänge, hätte Wallenstein selber mit 100000 Mann nach Polen ziehen müssen, wie er gelegentlich prahlte, daß er tun würde. Er hätte die Schweden vom Kontinent vertreiben, die ganze preußische Küste besetzen müssen, wie die deutschen Ufer der Ostsee. Dazu, wenn wir genau sein wollen im Spekulieren, wäre nicht bloß die Verjagung der Schweden, auch die Unterwerfung des polnischen Adels und Königtums nötig gewesen, und dann was noch. Seine militärischen, seine politischen Mittel reichten nirgendwo, wenn es um die letzten Konsequenzen der habsburgischen Machtpolitik ging. Blieb nur: eben diese Konsequenz abzubrechen.
Daß aber die Franzosen begieriger als bisher getrachtet hatten, Schwedens polnischen Arm freizubekommen für das Raufen in Deutschland, damit hatte es eine italienische Bewandtnis. Wir staunen, indem wir das niederschreiben; denn wie weit war doch Italien von Polen, und wieviel weiter noch von Stockholm. Es hing dennoch alles zusammen. Die Politiker fürchteten sich nicht vor vierteljahrweiten Entfernungen, welche auf Mercators Karte sich allerdings bequemer ausnahmen als in der Wirklichkeit von Staub und Schweiß, Hunger, Mord und Pest. Beinahe nie konnten die Mächte den Raum besiegen und ausfüllen, beinahe immer scheiterten sie an ihm. Aber Mächte im Raum waren sie, oder konnten glauben, daß sie es seien; Frankreich der Nachbar der Niederlande, wie auch Italiens; Schweden der Nachbar Moskaus wie auch Deutschlands; Wallenstein der Nachbar Hollands, des Elsaß, der Lombardei und der Slowakei. Schwache Mächte in großem Raum gibt lange Kriege.
Der Krieg in Italien beginnt als ein Erbfolgestreit. Herzog Vinzenz von Mantua ist der Letzte seiner Linie aus dem Hause Gonzaga. Er herrscht über zwei Gebiete: das Mantuanische im Osten der Ebene, im Westen die Markgrafschaft Montferrat, die man zwischen Savoyen und das spanische Mailand geklemmt findet. Nur ein gehobener Bauernhof ist das Prager Friedländer-Haus verglichen mit dem Palast zu Mantua: einer Stadt in der Stadt, fünfhundert Säle mit köstlichen Möbeln für jede Jahreszeit, zwölf Innenhöfe, drei weitere Plätze, Ga-

lerien geschmückt mit Statuen aus dem alten Griechenland und den Gemälden neuer Meister wie Raffael, Leonardo, Tizian, Tintoretto, Rubens. Dies Schloß aus Tausendundeiner Nacht hat viel Geld gekostet, und die letzten Gonzaga erfahren das Ärgernis finanzieller Schwierigkeiten. Politische kommen hinzu: wer soll der Nachfolger werden, wenn der alte, kranke Vinzenz stirbt? Er bestimmt dazu einen Agnaten, der wohl entfernt, aber doch eindeutig am nächsten verwandt ist: Karl von Gonzaga-Nevers. Dieser ist seinem Charakter nach ein französischer Fürst; übrigens ein Romantiker und Kreuzfahrer – wir begegneten ihm schon einmal. Freundlich begegnet sein soll ihm auch Wallenstein, und zwar im Türkenkrieg von 1604. So sagen Historiker, welche ihre Quellen verschweigen. Nevers' französischer Biograph meldet von seiner heroischen Teilnahme am Türkenkrieg von 1601, auf österreichischer Seite, nicht von 1604. Da aber Wallenstein ihn den »armen Nevers« nennt und entschieden für ihn Partei nimmt, so mag er ihn immerhin gekannt haben. Sicher und sehr intim kennt ihn der andere Kreuzfahrer und politisierende Mystiker, Père Joseph, Richelieus Berater.

Das Testament des kranken Vinzenz ist ein politisches, und Franzosen haben es ihm in die Feder diktiert. Ein französischer Prinz soll in der Mitte Norditaliens plaziert werden; ein französischer und beileibe kein spanisch gesinnter, als welcher sich ein anderer Bewerber, der Herzog von Guastalla, präsentiert. Mit Spanien hält es auch der Herzog Karl Emanuel von Savoyen, eben der, der acht Jahre früher König von Böhmen hatte werden wollen; ein ruheloser, treuloser Kopf. Im Dezember 1627 stirbt Vinzenz. Alsbald machen Savoyen und der spanische Statthalter von Mailand, Gonzalès de Cordova, sich über Montferrat her, ein durch Rechtsvorwände nur schlecht bemäntelter Raubkrieg im Kleinen. Etwas später, nach einer Incognito-Reise durch Süddeutschland und die Schweiz, erscheint Nevers in Mantua, um von seinem Erbe Besitz zu ergreifen. Nun steht es so, daß Mantua und Montferrat Lehen des Heiligen Römischen Reiches sind. Mehr eine Formalsache, nachgerade, als eine reale. Wohl aber kann, wen es nach neuem Wein gelüstet, sich alter Schläuche bedienen. Der Streit um Mantua ist der spanisch-französische Streit um Italien, auf zwei Punkte konzentriert; der Streit zwischen den Häusern Habsburg und Bourbon, der hinter so vielen anscheinend sinnlosen Zeitungen sich verbirgt. Kann Wien uninteressiert bleiben? Nicht, daß die Liebe zwischen den erhabenen Mitgliedern des Gesamthauses eine so ganz reine, treue wäre; das nicht. Aber trennen können sie sich auch nicht. Wenn Madrid in Italien tätig wird, muß Wien konkurrieren, wobei wir dem Verbum die beiden Bedeutungen geben, die es hat. Für die

Konkurrenz ist das verstaubte lehensherrliche Recht des Kaisers brauchbar. In Prag, wo damals, Winter 1628, der Hof residiert, wird einem Diener des Herzogs von Nevers bedeutet: er hätte das Lehen nicht einfach übernehmen dürfen, da gehöre die Belehnung dazu, und diese verlange erst noch ein genaues Examen des Rechtsfalles. Der Reichshofrat, politischem Willen stets gefügig, kann nicht anders befinden, als daß der kaiserliche Sequester über Mantua zu verhängen sei. Nevers soll Schloß und Land räumen, tut es aber nicht, solange man ihn nicht dazu zwingt. Man muß ihn zwingen. Das bedeutet Waffengewalt und, praktisch, Zusammenspiel mit den Spaniern.
Wallenstein ist gegen dies neue Abenteuer. Dem spanischen Gesandten, wie auch des Kaisers Ministern sagt er ins Gesicht: »Wenn sie gegen Mantua und den Herzog von Nevers Krieg führen wollten, dürften ihnen nicht in Gedanken kommen, von ihm auch nur einen einzigen Soldaten zu erhalten, auch wenn ihm selbst der Kaiser den Befehl dazu geben sollte; es wäre ein ungerechter Krieg, denn alles Recht der Welt spräche für Nevers.« So berichten Diplomaten, und diesmal stimmt es gewiß. Auf seine Haltung des Anfangs beruft er sich 15 Monate später: »Ich habe den Krieg wider den von Nevers nie für recht befunden, und befinds noch nicht.« So an des Kaisers Beichtvater Lamormaini. Auch Lamormaini hat ihn nie für recht befunden, zumal er ausschließlich unter katholischen Potentaten stattfindet; muß sich dafür freilich von Spaniens Erstem Minister sagen lassen, sein Gemüt sei schön, sein politischer Verstand aber offenbar ungenügend. Wir würden es eher umgekehrt fassen. Wallenstein und Lamormaini gelten beide als das, was man allmächtig nennt: der Obergeneral, der Beichtiger des Frömmsten unter den frommen Monarchen. Verdoppelte Allmacht hat sich dem Krieg in Italien entgegengestellt und hat ihn nicht hindern können. Ein anderes Beispiel für die Ohnmacht angeblicher Allmacht.
Warum die ungleichen Partner beide so denken? Bei Lamormaini könnte Treue zu Rom, zum Papste im Spiel sein. Denn Urban VIII. ist für Nevers, zieht überhaupt, wenn er schon wählen muß, den Spaniern in Italien die Franzosen vor, welche sowohl weniger mächtig sind, oder einstweilen scheinen, wie angenehmer im Umgang. Ein italienisches Nationalgefühl, welches die Venezianer teilen. Man liebt die fremden spanischen Herrscher in Italien nirgendwo, und auch die Deutschen nicht sehr. Die Franzosen haben den Vorteil der geringsten Anwesenheit. Nehmen wir also an, Lamormaini flüstere seinem Herrn als Römling ins Ohr, wenn auch vergeblich. Wallenstein? Mag sein, daß er den Herzog von Nevers wirklich gekannt und ehedem gemocht und auch die genealogischen Tafeln mit dem und dem Ergebnis

studiert hat. Letzteres würde überraschen; zu einem Diplom hat er es in der Juristerei nie gebracht. Aber sein beweglicher Geist begreift vieles; auch wohl den Unterschied zwischen Recht und Unrecht. Wenn er später schreibt: »Gott straft die Spanier, dieweil sie den armen Nevers ohne Ursach angreifen« – so muß er es doch meinen. Und wenn man so will, hängt auch das ganz Andere, die Machtpolitik, mit dem Recht zusammen. Krieg kann nicht sein, solange alle sich an das Recht halten, und wenn er schon da ist, kann er sich doch nicht erweitern. Der unrechte Streit um Mantua erweitert den Krieg, nämlich, er zieht Frankreich hinein. ». . . zuvor aber, ehe die Spanier den von Nevers angegriffen, hat Frankreich sich in diese Sachen nicht gemischt . . .« Wallenstein will das Mantua-Abenteuer nicht, weil er Frankreich fürchtet, und den Nachbarn Deutschlands, Frankreich gegen den Rhein, mehr als den Nachbarn Italiens. Dies ist 1628, Wallensteins großer Winter und Frühling in Böhmen. Noch kein Friede mit Dänemark; Stralsund sich erdreistend, die Holländer ohnehin, Schweden nichts weniger als gemütlich – sollte man sich Frankreich ohne Not zum Feind machen?
Es vergeht das Jahr, das wir schon kennen, aber doch nur vom norddeutschen Schauplatz her. In der italienischen Sache vergeht es mit Gezettel, abgesehen davon, daß die Spanier im Ländchen Montferrat wüten und die dort ragende starke Festung Casale belagern. Der Wiener Hof verhandelt mit Nevers, bietet Milderungen des Sequesters; Nevers lehnt ab. Madrid verhandelt mit dem Kaiser. Wie den Franzosen aus Mantua vertreiben, wie bei dieser Gelegenheit auch eine »jornada secreta«, die geheime Nebenreise tun, nämlich mit dem unentwegten Gegner Haus Österreichs, mit der Republik Venedig abrechnen? Dies soll ein überwiegend spanisches Unternehmen sein, gestärkt durch kaiserliche Truppen; man wird sich darauf verlassen können, daß der König, Sieger in Italien, alles tun wird, was der Kaiser sich wünscht. Gelingen, auch nur begonnen werden kann es nur, wenn vorher Waffenstillstand ist zwischen Spanien und den Holländern. Darüber wird insgeheim verhandelt zwischen Madrid und Den Haag; eine der Ideen, für die auch Wallenstein sich stark macht, nur daß ihm eine endgültige Regelung wohl noch lieber wäre als die heimlich beredete tregua, der Waffenstillstand. Gleichzeitig verhandelt Paris mit Nevers und mit Venedig: der Rechtsfall sei klar, Spaniens tückische Absicht auch, der König von Frankreich werde seine Freunde nicht im Stich lassen, wenn die nur auch das Ihrige tüchtig vorbereiten . . . Bloßes Hin-und-her-Schreiben einstweilen, ungar, bauend auf Voraussetzungen, die sich als gültig erweisen mögen oder nicht; und immer über die monate-weiten Distanzen.

Ein wirklicher Schlag fällt im Norden Frankreichs, den 28. Oktober 1628: die Kapitulation von La Rochelle, der Hugenottenstadt, der Hochburg des Protestantismus. Daß La Rochelle fiel und Stralsund sich im selben Jahre hielt, diesen Vergleich ziehen wir nicht, weil er schon so oft gezogen wurde, und weil er hinkt: auch der Fall Stralsunds hätte den Kaiser Ferdinand nicht zum Herrn über Deutschland gemacht, wie Ludwig XIII. nun Herr ist über Frankreich. Der Kardinal, sein Minister, macht Gebrauch davon. Er dekretiert, daß die Freiheit Italiens, oder was von ihr noch übrigblieb, ein Lebensinteresse sei des Königreichs, und daß entsprechend gehandelt werden müsse.
Ein Winterfeldzug, beginnend im Januar 29, geführt von dem streitbaren Kirchenmann in Person. 40000 Soldaten, ein großes Heer. Überschreitung des Gebirges, Unterwerfung Savoyens, Rückeroberung Montferrats, Befreiung von Casale, das eine französische Besatzung erhält. Dann Stillstand. Energie mit Maß verbindend, ist Richelieu zu vorsichtig, um in dieser Jahreszeit nach Inneritalien vorzudringen. Für den Moment genügt es, daß er die Eingangspforte beherrscht. Gleichzeitig Intensivierung der französischen Diplomatie in Süddeutschland, Dänemark, Polen, davon war die Rede. Erneuerung des Bündnisses zwischen Frankreich und Holland. Ausgreifende französische Aktivität westwärts, Verdun, Metz, Herzogtum Lothringen, die dem Namen nach noch alle zum Römischen Reich gehören. – Da hat man es nun, klagt Wallenstein. Ohne die Mantua-Sache, so leicht zu vermeiden, wäre Frankreich neutral geblieben.
Ein anderer Schlag im April, 29. Die Holländer, geschwellt von den Siegen ihres halbhundertjährigen Selbstbehauptungskampfes, wechseln in die Offensive, umgeben mit Reiterei, Fußvolk und Batterien die flandrische Grenzfestung Herzogenbusch, Den Bosch oder, wie Wallenstein sie nennt, »Bolduk«. Dieser Angriff, schreibt er an Collalto, deprimiert ihn mehr, als wenn Rostock belagert würde, seine eigene Hafenstadt. »Bolduk liegt mir Tag und Nacht im Kopf.« Warum? Weil er für ganz Flandern fürchtet, wenn das Bollwerk fällt; weil er weiß, daß die Spanier den Frieden oder doch langjährigen Waffenstillstand mit Holland, den er wünscht, im Zeichen spektakulärer Niederlage nicht werden schließen wollen noch können; weil er den Holländern nach der Eroberung Bolduks einen so gesteigerten Übermut zutraut, daß gar kein Auskommen mehr mit ihnen wäre und zuletzt noch jene recht behalten würden, die stets behaupteten, ihre Rebellion und Unabhängigkeit vertrage sich mit Europas alter Ordnung nie. Er schwankt in dieser Zeit, welche die Zeit des dänischen Friedens ist, und danach. Er weiß nicht immer, was er tun soll, und muß auswählen. Aber hinter seinem Schwanken ist ein Wollen zu er-

kennen, das aus wirklichkeitsnaher Beurteilung der europäischen Politik fließt. Jetzt sind die Niederlande viel wichtiger als Italien. Wünschbar ist nach wie vor der Friede, oder doch die tregua zwischen Spaniern und Holländern. In diesem Sinn ersucht er seine Wiener Korrespondenten, auf Madrid zu wirken, während er seinerseits verspricht, »den holländischen Residenten auch steife Furcht einzujagen«. Furcht sollen die drei Regimenter machen, die er auf eigene Faust gegen Holland marschieren läßt, und dann noch weitere. Deren Aufgabe ist nicht, die Republik der Vereinigten Niederlande zu vertilgen, nur den Übermut des Sieges zu dämpfen. Mantua anbelangend, so nehmen seine Warn- und Friedensrufe kein Ende. »Bitt auch, der Herr Bruder helfe, daß das italienische Feuer wieder angeblasen wird . . .« (April 1629) »Das italienische Wesen gefällt mir gar nicht . . .« (Mai) »Wenn Fried in Italien ist, so ist Fried mit Frankreich auch . . .« (Oktober) »Kann aber Fried sein, so bitt ich noch, man schlag ihn nicht aus . . . denn derselbige Krieg wird unsere ruina.« (November) Wir wissen, er neigt dazu, sich zu sorgen und die Sorge bis zur Panik zu treiben. So, in einem »treuherzigen Gutachten«, welches für den Stolzen eine tiefe Demütigung bedeutet, wendet er sich an den Beichtvater Lamormaini. Der Brief macht einen fast widerlichen Eindruck; es ist da die Rede von den »Ketzern«, die ganz zu vernichten gute Hoffnung gewesen, hätte nur nicht der Teufel eine letzte Anstrengung gemacht und die katholischen Könige, Haus Österreich und Haus Frankreich, wegen des armen Nevers gegeneinandergehetzt. Mittlerweile drohen die ganzen Niederlande verlorenzugehen und Unkatholische wie Katholische sich gegen den Kaiser zu erheben; und zwar nicht, wie ehedem, einer nach dem andern, so daß sie leicht zu dämpfen gewesen, sondern alle auf einmal, Frankreich, Schweden, das Reich, Holland, die Schweizer, »ganz Italia«. Könnte man doch nur ein Mittel finden, Kaisers Autorität zu erhalten und den Nevers bei dem Seinigen zu lassen! Dies, »ehe man recht gegeneinander sich verbittert, denn nachher wird alles schwerer hergehen«. Ketzer, die Einigkeit aller Katholischen, der liebe Gott, und gar noch Freude über den Fall von La Rochelle, der für den Staatsmann Wallenstein doch gar nichts Erfreuliches hat – das ist nicht seine wahre Sprache. Es ist die Sprache des kaiserlichen Beichtvaters; in der Politik nimmt man die Leute, wie sie sind. Aber alle Anpassung hilft nichts. Das Gutachten bewirkt bloß einen Skandal am Wiener Hof, zumal Lamormaini mit Indiskretion von ihm Gebrauch macht, eine Entfremdung zwischen Wallenstein und Eggenberg, dem Befürworter des Mantuakrieges.

Wallenstein, von dessen Allmacht die Spione und dann, Jahrhunderte lang, die Geschichtsschreiber faseln, Wallenstein der Angestellte, muß Truppen nach Italien schicken, ob er will oder nicht; Truppen, die dann in den Niederlanden fehlen werden, und erst recht in einer anderen zu gewärtigenden Krise. »Der Schwed . . . wendet sich hereinwärts, ich weiß nicht, wie ich ihm begegnen werde, denn ich in allem zu Roß und zu Fuß kann über 6000 Mann nicht ins Feld führen . . .« Will man den Wienern etwas deutlich machen, so heißt es dick auftragen. Er tergiversiert, er bittet um Aufschub wenigstens bis zum nächsten Jahr, zumal dieses, 1629, doch schon zu weit vorgerückt und Winterquartier in einem so schmalen, übervölkerten Lande wie Italien zu finden, sehr schwer sei. Er läßt einige Regimenter von der Elbe an die Weser rücken, von wo sie entweder gegen Holland oder nach Schwaben bewegt werden könnten, und von dort italienwärts; so bleibt die Entscheidung offen. Jedoch nicht lange. Handbriefe des Kaisers zwingen ihn, den Südkrieg zu wählen: dem allerhöchsten Befehl verspricht er »gehorsamlich nachzukommen«. Nur möge doch die Majestät dafür sorgen, daß die Spanier ihre Zusagen halten, in Italien mit Proviant und Artillerie zur Hand sind, »denn in Ermanglung dessen würde die Armee in acht Tagen zugrundegehen, dadurch dann Eure Majestät mehr verlieren werden, als Sie in allen diesen Kriegen gewonnen, und der Schade würde nicht zu reparieren sein.« Wenigstens wird hier kein Blatt vor den Mund genommen. Ferdinand vertreibt sich den Ärger mit einer Sauhatz und bleibt bei seinem Entschluß; gleichgültig gegen seines Generals Warnungen und, wie sich von selbst versteht, völlig gleichgültig gegen die Leiden, welche dieser Heereszug für das Volk von Norditalien nun wieder bedeuten muß. Zweihundert Jahre später hat ein lombardischer Edelmann sie beschrieben, Manzoni mit Namen. »Es handelte sich um achtundzwanzigtausend Fuß-Soldaten und siebentausend Reiter . . . Ein großer Teil der Bewohner floh in die Berge hinauf. Sie führten dabei ihre wertvollste Habe mit und trieben das Vieh voraus. Andere blieben zurück, entweder um irgendeinen Kranken nicht im Stich zu lassen oder um das Haus vor Brandstiftung zu schützen oder um auf wertvolle Dinge ein Auge zu haben, die sie versteckt oder vergraben hatten. Andere wieder hatten nichts zu verlieren oder rechneten gar darauf, etwas zu gewinnen. Sobald die Vorausabteilung in das zur Rast bestimmte Dorf gelangte, verteilte sie sich augenblicklich dort und in der Umgebung zur regelrechten Plünderung. Was genossen und fortgetragen werden konnte, verschwand; alles Übrige verdarben und zerstörten sie; die Möbel wurden zu Kleinholz, die Behausungen zu Ställen, ganz zu geschweigen der Schläge, Wunden und Vergewaltigungen . . . Schließlich zogen sie wieder ab. Sie waren fort. In der

Ferne hörte man den Lärm der Trommeln und Trompeten verhallen. Dann folgten einige Stunden angsterfüllter Ruhe, und wieder kündete ein verwünschter neuer Trommelwirbel, ein verteufelter neuer Trompetenklang eine andere Abteilung an. Da diese nichts mehr zu erbeuten fand, verwüstete sie mit desto größerer Wut das übrige, verbrannte die von den anderen geleerten Fässer, die Türen der Häuser, in denen sich nichts mehr befand, und legte auch an die Gebäude Feuer. Und natürlich wurden auch die Menschen mit um so größerer Wut mißhandelt. Zwanzig Tage lang wurde es so immer schlimmer, denn das Heer war in ebensoviele Abteilungen gegliedert . . .« Dieser Romancier war ein großer Leser der alten Berichte, und gewiß ist seine Beschreibung wahr; wie auch die der Pest, welche die deutschen Söldner einschleppten, für Wallenstein ein willkommener Vorwand, um nicht selber nach Italien zu gehen. Auch war es nicht nur in Italien so, sondern während der ganzen langen Wanderschaft der ausgesiebten Regimenter und Fähnlein, zumal da, wo die Wege Heimsuchern und Heimgesuchten nur schmalen Raum boten, im Lande vor dem Arlberg und dann in Bünden. Aus dem Vaduzer Ländchen, September 29: »Die Untertanen können und wollen es nit mehr leiden . . . Um die Balzner ist es ganz und gar geschehen, wie leider auch um andere mehr, die sich diesen Winter schwerlich erhalten werden können. Es ist in summa dahin gericht, daß alles, was an der Landstraßen liegt, verderbt werden muß.« »Der allmächtige Gott steure allem besser, als wir es können.« Die Untertanen können und wollen es nit mehr leiden, müssen aber doch; und was den allmächtigen Gott betrifft, der hält sich verborgen.

Oberbefehlshaber im Italienfeldzug ist Ramboald Collalto als Generalleutnant. Unter ihm kommandieren Aldringen und ein gewisser Gallas, oder Gallasso, aus Trient gebürtig, unlängst noch in bayerischem Dienst, in dem er es zum Feldmarschall brachte. Daß er im Sommer 29 zu den Kaiserlichen übertritt, ärgert den Kurfürsten Maximilian beträchtlich. Wallenstein antwortet, er könne nichts dafür, er habe Gallas erst genommen, nachdem er in München schon um seine Entlassung gebeten und also sich auf freiem Markt befunden. Gallas verlangt viel, will, nach dem Generalissimus und dem Generalleutnant, »die dritte Person in der Armee sein«, was ihm Wallenstein auch zugesteht. Also schätzt er ihn wohl, und weil er sich auf kriegerische Qualitäten versteht, muß an dem pompösen Trunkenbold irgend etwas Schätzenswertes sein oder doch anfangs gewesen sein. Als Collalto erkrankt – die meisten hohen Offiziere sind fast immer krank –, übernehmen Aldringen und Gallas gemeinsam das Kommando. Nicht weit von ihnen hält sich Octavio Piccolomini, der

Sienese, der Vorsteher von Wallensteins Leibgarde. Im Wesentlichen wird der italienische Krieg von Italienern geführt, mit denen auch Aldringen, der polyglotte Luxemburger, wie mit seinesgleichen umzugehen vermag.
Zwei Nebenfeldzüge, Herbst 29: der in den Niederlanden, der in Italien. Jene, deren Pflicht es gewesen wäre, haben nichts vorgesorgt; es ist nichts da; darum leiden Plünderer und Geplünderte in gleichem Maße. Die Entfernungen sind zu groß, die Kräfte zu gering. Eifersüchteleien, höhnisches Mißtrauen plagen die Verbündeten untereinander. So vor wenigen Monaten Arnim und die Polen; so jetzt Wallensteins Vertreter in den Niederlanden, Grafen von Nassau, und den spanischen Kommandanten, Grafen von Berg, so Collalto und den aus Flandern nach Italien dirigierten Spanier, Spinola. Man ist versucht, allen diesen zu sagen: wenn ihr nicht Krieg führen könnt, so laßt es doch bleiben. Und das ist ziemlich genau, was ein Könner, eben Wallenstein, seit fünf Jahren sagt.
In den Niederlanden gelingt den gehässigen Alliierten ein Streifzug bis in die Gegend von Utrecht, mit dem Zweck, die Belagerer von Herzogenbusch fortzulocken. Der Prinz von Oranien läßt sich aber nicht weglocken. Einer seiner Gehilfen manövriert an den Deutschen vorbei, geht über den Rhein und nimmt die Festung Wesel, dann Duisburg, Essen, Ruhrort, nicht ohne den Beifall der Bürgerschaften. »Das Edict verursachts . . .« Die Verbündeten sehen sich gezwungen, ihren Gewinn preiszugeben und ihrerseits dem Rhein zuzustreben. Darüber verlieren die Verteidiger von Herzogenbusch vollends den Mut und ergeben sich. Mit den Resten seiner Hungerleider muß Nassau Winterquartiere auf deutschem Gebiet suchen. Die Holländer, begierig, den Besuch zurückzuzahlen, folgen ihm nach, machen sich in Jülich, im Bergischen breit, streifen bis nach Paderborn. Diese Expedition war noch vergeblicher als die polnische.
Außer dem, was Manzoni zu nennen für wert fand, vergeht der Winter in Italien, wie Kriegswinter vergehen. Spinola belagert Casale, Collalto Mantua. Da nun die französische Intervention des Vorjahres nicht als Spaß gemeint war, so muß sie wiederholt werden. Die Franzosen am Rand Italiens; ostwärts die Spanier; ein Stück weiter die Kaiserlichen; die Pest überall. Wallenstein, im Frühjahr 1630 in Karlsbad zur Kur, sieht die Lage dort unten ganz richtig. Was in Italien stattfindet, ist ein Kampf um die Hegemonie, zwischen Spaniern und Franzosen. Nie hätte der Kaiser sich dareinmischen sollen. Er hat es leider getan. Nun muß man sich strikt an den Rechtsfall halten, um den es angeblich geht, das Lehen von Mantua. Kein Ausgreifen anderswohin, keine Belästigung Venedigs, solang es nicht selber an-

greift. Die Italiener mögen die Fremden in ihrem Land nicht, nicht die Spanier, nicht den Kaiser, nicht die Franzosen, wenn auch diese ihnen noch vergleichsweise die liebsten sein mögen. Sie haben aber gemerkt, daß der Herzog von Nevers für die Franzosen nur ein Vorwand ist. ». . . dieweil sie niemand gern mächtig in Italien sehen, so hätten sie gern die Sach in bilanza erhalten, auf daß wir und die Franzosen wären müd worden, Fried gemacht, und sie im vorigen statu geblieben . . . Daher ich denn den Herrn Bruder ganz dienstlich bitten tue . . . er irritiere die Venediger nicht, dadurch benehme er die opinion den anderen Fürsten, ja der ganzen Welt, daß ihrer Majestät Intention nicht ist, sie zu ruinieren, sondern allein die justici zu administrieren, auf solche Weis werden wir der Franzosen aus Italien bald quitt werden . . .« (An Collalto) Italien beruhigen, neutralisieren, womöglich sich zum Freund machen. Ach, sein Instrument ist nicht so, daß dergleichen möglich wäre. Im Juli, 1630, erstürmen seine Generale die Festung Mantua. Mit feinster Höflichkeit wird der Herzog von Nevers an seines Landes Südgrenze escortiert, in Ritterseite und in Rücksicht auf die Kaiserin, welche seine Cousine ist. Aber dann. Gallas, Aldringen, Piccolomini lassen den Feenpalast von 3000 Mann umstellen, um sich ungestört in ihm zu ergehen, trunkenen Auges. Die in 300 Jahren gesammelten Schätze werden geteilt wie unter Brüdern: die Gemälde und Statuen, die Prunkmöbel, Teppiche, Tapisserien, die Juwelen, das goldene Service, das Silberzeug – alles auf Wagen, die angeblich für den Kaiser bestimmt sind; aber sie gehen anderswohin. Das, wozu die Transportmittel der Oberen nicht ausreichen, nehmen am nächsten Tag die Unteren; tanzen in den Gewändern der Gonzaga-Damen um Feuer, werfen die kostbaren Manuskripte der Bibliothek hinein oder verhökern sie um ein paar Pfennige an solche, die es besser wissen – ein Vetter Aldringens soll der glücklichste Käufer gewesen sein –, geilen in den Weinkellern sich zu noch Schlimmerem auf; die Kirchen, die Klöster, die reichen Privathäuser, die Banken, das Ghetto geben Zeugnis davon . . . Nie hat Wallenstein selber dergleichen getan. Er hätte es nicht getan, auch wenn die Gelegenheit gewesen wäre. Ein tadelndes Wort über das Verhalten seiner Offiziere besitzen wir jedoch nicht. Als ihn die Nachricht Ende Juli in Memmingen erreicht, hat er andere Sorgen. Auch macht er sich keine Illusionen über das, was seine Kommandanten vom Kriegführen erwarten. Unsererseits merken wir uns immerhin die drei von Mantua: Gallas, Aldringen, Piccolomini.

Ihre Eroberungsgreueltat bewirkt nichts, außer daß Nevers, ein wenig später in seine Stadt zurückkehrend, sie in trübem Zustand findet. Die Franzosen in Savoyen; die Pest, die das Herz zerfrißt; der König von

Schweden, der seine Invasion Deutschlands nun endlich und wirklich begonnen hat (Wallenstein: Nun geschieht, »welches ich längst vorhergesagt . . .«) – unter solchen Bedingungen geben die Wiener leichten Sinnes auf, was sie leichten Sinnes angefangen.
Große Politik, das muß man sagen. Höhnisch sagt es Kurfürst Maximilian. Was habe der Herzog von Friedland mit seinen gewaltigen Werbungen, seiner übermäßig angeschwollenen Soldateska unlängst denn eigentlich ausgerichtet? Stralsund? Polen? Die Niederlande? Italien? Sei alles dies denn wohl lohnend gewesen? . . . Die Kritik hat Hand und Fuß. Nur: für die polnische Expedition stimmte Maximilian seinerzeit selber, sehr energisch. Daß die seit fünfzig Jahren provozierten Holländer nun ihrerseits zu Provokationen schritten, daß die beiden Zweige des Hauses Österreich am gleichen Stamme hingen, dafür konnte Wallenstein nichts; der die Holländer keineswegs unterwerfen, nur zur Vernunft bringen wollte und es vielleicht vermocht hätte, wäre nur nicht der größte Teil seiner Macht gebunden gewesen, erstens in Deutschland, durch das Edikt, das eigenste Werk Maximilians von Bayern, zweitens durch den italienischen Krieg, vor dem niemand sonst mit so verzweifelter Geduld gewarnt hatte wie eben er. Es stand nicht gut um die Dinge des Reiches und nicht gut um die österreichischen im Frühling 1630. Er mußte es verantworten, wenn er die Allmacht besaß, in deren Ruf er stand. Hin und her gerissen durch die Capricen einer bei aller Vielzüngigkeit und Formlosigkeit gebieterischen Herrschaft, blieb er nach außen hin schuld an einer Gesamtsituation, die noch vor einem Jahr, nach dem Sieg über die deutschen Protestanten und Dänemark, recht günstig erschienen, jetzt aber miserabel war.
Nun soll keiner dem Erzähler vorwerfen, er verschweige etwas. Auch Wallenstein war nicht immer gegen eine »Diversion« in Italien. Er war es nicht zu Ende des Jahres 28 und ein wenig darüber hinaus; solange nämlich die Franzosen sich noch nicht gerührt hatten. Schreibgespinste zwischen den beiden Residenzen des Hauses Österreich, ohne Folgen. In Madrid spielte man damals mit einem Raubkrieg gegen Mantua und die Republik Venedig, den Feind Spaniens und auch des Kaisers Ferdinand von alters. Die Vorbedingung war, daß langjähriger Waffenstillstand herrschen sollte zwischen Spaniern und Holländern. Aus dem Waffenstillstand wurde nichts; mithin auch nichts aus dem Zuge gegen Venedig. Als andere Wünschbarkeit sahen König Philipp und seine Politiker das herzhafte Mitdabeisein Wallensteins an, und da hatte des Generals Schwäche für Fürstentümer sich herumgesprochen. Ehedem, als der König ihn für eine großzügige maritime Anstrengung gegen Holland gewinnen wollte, ließ er ihm

den Titel eines Herzogs von Westfriesland offerieren. Jetzt ein Fürstentum auf Kosten Venedigs: anscheinend Verona. Auch dem zweiten Mann in Kaisers Armee wurde ein verlockender Wink gegeben: während einiger süßer Monate durfte Collalto hoffen, seinem eben geborenen Sohn Stadt und Gebiet Padua zu hinterlassen . . . Wallenstein war ein böhmischer Fürst und ein norddeutscher; dazu ein italienischer zu werden, im Garten Europas seine Musterwirtschaft einzuführen und neue Untertanen in der »kujonischen welschen Sprache« zu kujonieren, hätte ihm wohl Vergnügen gemacht. Wenn er schon nicht umhin konnte, den beiden Großpotentaten ihren Willen zu tun, warum nicht den gebotenen Preis nehmen? Und unbestreitbar war Venedig wie vor zehn und zwanzig Jahren ein ärgerlich-frecher Nachbar Ihrer Majestät. Strafe für Venedig, Lohn für die Strafenden . . . Für den Lohn gebrauchten beide Generale in ihrem Briefwechsel das Code-Wort »unsere Damen«. Wallenstein, anzüglich scherzend: »Was die dama anbelangt, die meinige hat schon die Franzosen bekommen, die anderen Sachen, so man mir dafür geben will, begehr ich nicht . . .« Richelieus Winterreise nach Savoyen ließ den Krieg in Italien, der nun ein Krieg gegen Frankreich sein mußte, als unratsam erscheinen. Und von da ab, nicht vorher, riet Wallenstein zur Enthaltsamkeit. – Ein kurzer Spaß und Traum, kaum der Rede wert. Kaum der profunden Untersuchung wert, die ein Geschichtsschreiber ihm gewidmet hat, um die »maßlose Ländergier« Wallensteins noch einmal zu beweisen. In der Geschichte, besonders in dieser, zählen die Taten, und wenn schon etwas über sie hinaus, dann die Urteile und Haltungen, in denen man eine gewisse Konsequenz findet; nicht die unendlich vielen Gedankenscherze, die verlorengehen wie Spuren im Sand.

Der holländische Resident

Ist der Boden gar zu sandig, so gedeiht das Gesäte nicht.

Man kennt die Ambivalenz von Wallensteins Verhältnis zu Holland. Die Republik beunruhigte ihn; sie bewies ein für allemal, daß Aufruhr erfolgreich sein konnte, und daß es auch ohne Fürsten ging, oder beinahe. In übler Laune nannte er die Hansestädte »des Reiches Holländer und alles Übels und Ungehorsams Anfänger«. Wie er aber, um des Friedens willen, die Hansestädte zu neutralisieren suchte, so letzthin auch und immer die Niederländer. Was er gegen sie unternahm, war Zwang, dürftig, erfolglos; freier Wille und persönlichste Spekulation, was er zu ihrer Beruhigung versuchte. Diese konnte nur

gelingen, wenn man sich in Madrid bequemte, die abgefallenen Untertanen endlich als das anzuerkennen, was sie doch längst geworden, oder wenn die kaiserliche Politik sich gänzlich unabhängig machte von der spanischen. Beides der Sache nach wünschenswert; beides unmöglich durch der Menschen Menschlichkeit. Die freie Intelligenz des nur Halbmächtigen kam dagegen nicht auf.
Wir sehen ihn, im Winter 1630, Höflichkeiten mit dem Prinzen Friedrich Heinrich von Oranien tauschen, dem Statthalter Gefälligkeiten erweisen. Signale. Des Kaisers Feldherr ist guten Willens, oder wäre es, wenn man ihm entgegenkäme.
So tut, schon seit längerem, der holländische Resident in Hamburg, Foppius van Aitzema. Der Diplomat dürfte eigentlich gar nicht in Hamburg sein; denn, läßt Kaiser Ferdinand die Hamburger warnen, unter dem Schein der Beförderung der Commerzien treibt Foppius allerlei dem Reiche feindliche Praktiken, doppelt gefährliche in einer so berühmten Handelsstadt, in der vielerlei Nationen zusammenkommen. Er sei auszuweisen. Darauf insistiert nun Wallenstein gar nicht. Im Gegenteil: er läßt Aitzema Pässe für sicheres Hin-und-her-Reisen zwischen Hamburg und Den Haag ausstellen, setzt, als Tilly ihn trotzdem hat verhaften lassen, seine Freilassung durch und korrespondiert auf das vertraulichste mit ihm. Man ist einer Meinung über die Freiheit des maritimen Handels, das Ärgernis der schwedischen Tyrannei zur See, das Interesse aller schwächeren Seemächte gegenüber den starken. Die Kontakte spinnen sich fort, auch während der Belagerung von Herzogenbusch, während der Invasion Gelderns durch die Kaiserlichen, während des holländischen Gegenbesuches östlich des Rheins. Wollen die Holländer den unerklärten Krieg beenden? Oder nur hinhalten, die Anstrengungen des Gegners durch gute Worte paralysieren solange, bis die Schweden da sind? Die Frage ist unerhellbar, wie so viele Fragen dieser verworrenen und verpackten Diplomatie. Es könnte wohl sein, daß Aitzema, seinerseits ein phantasiereicher Kopf und Wallensteins Bewunderer, in seinen Wünschen weitergeht als seine Auftraggeber; daß diese des Gesandten guten Glauben zu weniger gutgläubigen Zwecken gebrauchen. So schreibt Tilly an Wallenstein: ein Agent habe ihm mitgeteilt, Aitzema sei geradezu auf ein Bündnis mit dem Kaiser, oder doch mit dem Herzog von Friedland aus, aber bloß aus eigener Initiative. Tillys Agenten berichten ihm häufig Bosheiten ohne Substanz, und es macht dem guten Alten Vergnügen, seinem Rivalen damit aufzuwarten. Hier ist ein Gran Wahrheit. Aitzema gehört zu jenen, die ihre Pflicht frei bis abenteuerlich interpretieren und Politik auf eigene Faust betreiben: was genau das ist, was Wallenstein im Großen tut. Die Neigung zum

Experiment zieht die beiden zueinander. Daß er mit Aitzema korrespondiert, läßt Wallenstein die Infantin Isabella wissen, wie auch den Spanier, de Roy. Es soll kein Geheimnis sein. Als, März 1630, Aitzemas Besuch in Gitschin bevorsteht, ersucht er die Brüsseler Regierung, ihm doch einen zu schicken, welcher den Unterhandlungen beiwohnen könnte: es ist »nicht wenig daran gelegen«. Man sieht, er möchte sich decken; Verschwörung, heimliches Spiel mit einem Sonderfrieden soll durchaus nicht stattfinden. Jedoch erscheint kein Zeuge aus Brüssel. Was Aitzema in Gitschin zu hören bekommt, ist auch nicht derart, daß es spanischen Ohren wohlgefällig wäre. Der Holländer, nach seinem Besuch, an den Prinzen von Oranien: Er habe erfahren und wisse es nun für sicher, daß Wallenstein kein Freund des Königs von Spanien sei.

Die Unterredungen finden im Palast statt, wo Aitzema mit den Besseren seines Gefolges wohnen darf; ein paar Diener bringt er im Gasthof unter. Auch im Palast formale Besuche und Gegenbesuche; gibt Wallenstein dem Gesandten die Ehre, so meldet zuerst sich ein Kammerherr und kontrolliert Wände und Teppiche, denn kein Stäubchen darf zu sehen sein. »Man sagt, er werde mehr gefürchtet und besser bedient als irgend ein Fürst in Europa; sein Hof und Palast sind so sauber und wohlgeordnet, wie ein Haus in Holland nur sein kann. Wenn er ausfährt, drängen sich die Leute von weitem, um ihn zu sehen, aber in der Nähe des Palastes darf kein Laut von Mensch oder Tier gehört werden . . .« Aus der Stille der staubfreien Räume erhaschen wir etwa die folgenden Gesprächsfetzen.

Wallenstein: ergeht sich in Klagen darüber, daß seine besten Truppen in Holland und an Hollands Grenzen durch Hunger zugrunde gehen. In Italien der gleiche Ärger, da möge keiner seiner Offiziere die Spanier leiden. Der König Philipp schreibt ihm selten und von oben herab; der Minister Olivares verweigert ihm die gebührende Anrede der Altezza. Eigentlich wünscht er mit den Herren Staaten nichts als Freundschaft. – Aitzema: Die Herren Staaten wünschen es auch. – Wallenstein: Ja, nur leider machen sie es ihm praktisch überaus schwer, mit ihren Einquartierungen auf Reichsboden und anderen Beleidigungen. Ob sie ein Doppelspiel spielten? – Aitzema: Sie wollten vielmehr in Wahrheit des Kaisers gute Nachbarn sein, und seien auch von früheren Kaisern als solche behandelt worden. Warum nicht jetzt? – Wallenstein, sich erinnernd: »Als der Krieg zwischen Spanien und den Staaten begann, hatten wir den Kaiser Maximilian, der war im Herzen ein Lutheraner. Der Kaiser Rudolf hatte gar keine Religion. Als dann Matthias regierte, war der lange Waffenstillstand. Unser gegenwärtiger Kaiser, der ist sehr mächtig. Seine Liebe zum Frieden und besonders auch zum Frieden mit den Staaten hat er genugsam kundgetan. Es sind aber die Holländer so mit ihm verfahren, daß er zum Krieg ist gezwungen worden.« – Aitzema: sucht es zu widerlegen, schweift vom Hauptgegenstand ab. Es seien leider gewisse Mißverständnisse zwischen dem Herzog, dem Herrn von Tilly und seiner eigenen Wenigkeit vorgekommen. – Wallenstein, lachend: »Er bringt das gar artig, die Holländer sind subtil, aber mein Vetter, der von Slawata, der schrieb verwichenes Jahr auch an mich über Tilly, der machte es gar zu grob, die Böhmen sind grobe Kerle und lügen viel zu grob, ich halte den Tilly für meinen Freund.« – Er spielt da auf etwas zu Explizierendes an. Michael Slawata, böhmischer Emigrant, hat Wallenstein Sommer 29 aus Amsterdam brieflich gewarnt: durch Leute von Bedeutung wisse er, daß Tilly Befehl habe, den Herzog gefangenzunehmen oder, falls es nicht möglich wäre, ihn ermorden zu lassen, welches er, der Schreibende, ihm denn mitteilen wolle, denn es würde ihn sehr schmerzen, wenn Seine Fürstlichen Gnaden auf diese Art aus der Welt kämen . . . Wallensteins Antwort: »Euer Brief Datum Amsterdam 14. Juni ist mir am heutigen Tag zugekommen, woraus ich eure Anhänglichkeit an meine Person erkenne und solche mit Dank annehme. Aber ich muß mich sehr wundern, wie Ihr euch mit so kindischen Sachen zu befassen Belieben tragen könnt. Mein Herr, der Römische Kaiser, ist ein gerechter und erkenntlicher Herr, der die treuen Dienste auf eine andere Art belohnt, als Ihr mir schreibt. Herr Tilly ist auch ein Cavalier, der es versteht, die Aufwiegler zu Paaren zu treiben, aber nicht mit Meuchelmord umzugehen. Die Herren an dem Orte, aus dem ihr schreibt, gaben sich von jeher mit lügenhaftem Gewäsche und Praktiken ab . . .« – Auf diese alte, bodenlose, nicht einmal *völlig* bodenlose Klatschgeschichte kommt Wallenstein behaglich lachend zu sprechen; um dann den Holländer zu fragen, ob er denn auch wisse, daß er Landsleute habe, die ihn selber ruinieren wollten? Die hätten ausgestreut, kein anderer als Herr Foppius van Aitzema habe ihn, den Herzog, auf die schlimme Finanzlage der Staaten hingewiesen. – Aitzema, frech: Was er wohl darauf geantwortet? – Wallenstein: »Ich sagte, es wäre zwar wahr, daß die Staaten nicht allein sehr tief, sondern ganz an den Hals und ganz über den Kopf in Schulden stecken, daß aber Foppius Aitzema mir solches sollte gesagt haben, das wäre gelogen.« – Zurück zu Ernsthaftem. Wallenstein: Gleichgültig, wie die Schuldfrage liegt, die Spanier selber dringen jetzt in den Kaiser, in ihrem Konflikt mit Holland den Vermittler zu spielen, und zwar besonders während des bevorstehenden Kurfürstentages in Regensburg. Da werde er die Sache der Generalstaaten in guter Erinnerung tragen und zur Mäßigung ra-

ten. Noch besser, Holland schickte selber einen Gesandten nach Regensburg. Sanguinisch: Ob nicht Aitzema ganz einfach bei ihm bleiben wollte, so, daß sie dann gemeinsam die Reise antreten könnten? – Aitzema: Muß das untertänigst ablehnen. Das heißt, er bindet sich nicht, wo der Andere sich zu binden bereit wäre. – Verabschiedung am Abend vor des Holländers Abreise, in seinem Appartement. Wallenstein beteuert noch einmal seine Friedensliebe, soweit Europa reicht: sein höchster Wunsch bleibt, des Kaisers Heer gegen die Türken zu führen, was doch nur sein kann, wenn Friede unter den Europäern ist. – Er bringt eine dem Gesandten schmeichelnde Nachricht. Auf seinen Antrag hat Kaiser Ferdinand einen gewissen van der Mijlen, Aitzemas Landsmann, zum Baron erhoben. – Aitzema: Bedankt sich; das sei eine Gnade Seiner Majestät den Holländern gegenüber. – Wallenstein, großartig: »Der Herr muß wissen, daß ich ein Soldat bin und liebe die Tugend und Ehrbarkeit und habe ihn, van der Mijlen, dem Kaiser empfohlen; ich bin ein Diener der Herren Generalstaaten und des Prinzen, soweit meine Pflichten es zulassen.« – Mit dieser Erklärung enden die Gespräche; noch nicht Aitzemas Erlebnisse. Am nächsten Morgen ist er kaum zwei Meilen von Gitschin fort, als ein reitender Bote des Herzogs hinter ihm dreinkommt: »er dürfe keineswegs zurückkehren, ohne mich gefunden zu haben. Er übergab mir zwölf Reichsthaler, die ich dem Wirt, bei dem einige meiner Leute logierten, bezahlt hätte. Der Wirt, sagte mir der Bote, sei schon verhaftet und müsse ohne Gnade sterben, weil er gegen des Herzogs Befehl von mir Geld angenommen. Ich schenkte dem Kurier die zwölf Thaler und schrieb an den Neffen Wallensteins« – Max – »um den Wirt zu entlasten. Wie die Sache nun abgelaufen ist, kann ich nicht sagen . . .«
Ein Höhepunkt in Aitzemas Diplomatenleben, man merkt es. Er spitzte die Ohren, er atmete die Atmosphäre in vollen Zügen, er staunte über die von kaltem Schrecken beherrschte Mustergastlichkeit von Gitschin und über die freien Reden des Gastgebers. Praktisch kam nicht viel bei seinem Besuch heraus; da könnten wir wohl Hunderte von Politikerbegegnungen dieser Jahre nennen, bei denen nichts herauskam. Jedenfalls glaubte er nun Wallensteins Ansichten zu kennen. Deren Bedeutung überschätzte er; wie die meisten Beobachter hielt er ihn für nahezu selbständig oder nahezu allmächtig im kaiserlichen Lager. Betrog einer den anderen? Wenn ja, so der Kleine den Großen. Daß Wallensteins Gesinnungen im Kern friedlich waren und nachgerade scharf antispanisch, wissen wir aus anderen Quellen. Er gab sich wie er war, vertrauensselig. Aitzema? Er mag in seiner Privatpolitik auf Wallenstein gesetzt haben und selbst auf Wien, aber das

hieß nicht, daß seine Brotherren es taten. Bald nach seinem Besuch schrieb er an Wallenstein, man sei im Haag gegen einen schwedischen Kriegszug ins Reich, man fürchte ihn. Im besten Fall war dies seine eigene Wunschmeinung, nicht die der Generalstaaten, die fleißig an der Revitalisierung ihres alten Bündnisses mit Schweden arbeiteten. Als dann Gustav Adolf wirklich kam, wurde von Kontakten zwischen Holland und Wallenstein, und dann dessen Nachfolgern, nicht mehr viel vernommen.

Von ferne erinnert die Episode an eine andere, früher erwähnte: die Verhandlungen Arnims mit Oxenstierna, Winter 28. Auch da war Wallenstein der Gutgläubige, weil er den nie endenden Krieg für sinnlos hielt. Seiner Intelligenz vertrauend, frei experimentierend, ging er zusehends über das hinaus, was ihm eigentlich erlaubt war. Zum Beispiel hätte ein Diener Ferdinands II. ja nicht zu einem Holländer verächtlich über den König von Spanien reden dürfen. So wie er nicht verächtlich über das Restitutionsedikt sprechen durfte, über den Papst, über die Jesuiten, über die habsburgische Italienpolitik, über den ganzen blutigen Wirrwarr, den er halbherzig mitmachte, halbherzig bekämpfte.

Der Sternenglaube

Jahr um Jahr nun haben wir von dem einen Menschen erzählt, dem dunklen Licht, das aufflackerte, stärker wurde, schrumpfte und wieder erlosch; und meistens doch nur, wie die Historiker es mit ihrem Gegenstand machen, er sei, was er sei, Individuum, Macht unter Mächten, König, Staat, Staatsmann. Er tat so, Andere taten anders, Wirrsal war das Ergebnis. Er hörte, er dachte, er zweifelte, er plante, er sah voraus; er befahl. Er war es nicht gewohnt, etwas zweimal zu befehlen. Ein Hantieren mit Abstraktem. Darf man dem, womit man sich so emsig befaßt, denn gar nicht näher kommen, ganz nahe, so, daß man darinnen wäre, nicht ewig draußen?

Nachtphantasie (Januar 1630)

Wo ist dies Dunkel? Welche Nacht ist das? Porca Maria! Nimm dich zusammen. Ja, so ists, gestern sind wir abgezogen von Halberstadt . . . Das Herz klopft noch, vom Schrecken des Erwachens. Klopft jetzt immer, wenn ich zu Bett liege. Wie schwer die Luft ist. Staub. Sie haben nicht recht gesäubert, ehe ich kam; mit denen muß ich eine Demonstration vornehmen. Dräuet man dem Pack nicht Tag für Tag, dann schafft es nichts . . . Was Widriges in meinem Kopf? Ich weiß nicht. Ich weiß es. Der Brief von dem de Witte. Kann er mich nicht in Ruh lassen? Soll ich selber nach Schlesien ziehen in der Sänften, und sehen, daß sie zahlen? Der Dohna behandelt sie mit zuviel Glimpf, weil er das Fürstentum in Breslau ambitioniert. Sie wollen's mir alle nachmachen. Ich muß dem Dohna zuschreiben, daß die Schlesier, wenn sie die 300000 nicht aufbringen, sollen bei dem alten Zierotin leihen. Hat ja das Seinige brav nach Breslau geflüchtet, ist eine Million Rheinisch wert, leiht gern gegen guten Zins und Sicherheit . . . Warum bin ich im Reich verhaßt? Aus der Ursach bloß, daß ich dem Kaiser gar zu wohl gedient hab wider vieler Willen, und hab keinen Dank dafür . . . Mit dem Kaiser werd ich mich nicht abboccieren diesen Winter. Daß ich auf Wien komme, muß er nicht denken.

Im Sommer zu Regensburg, wenn das wird. Ihn und den Sohn. Und den aus Bayern. Nein, den nicht. Wollen sie, daß ich in Italien kriege, kann ich nicht zu Regensburg Complimenta machen ... Nun das Bein, die offene Stelle von gestern. Mir graust, wenn ich sie sehe. Kann ich nicht mehr reiten, so mag ich nicht mehr leben ... Wenn ich nach Gitschin komme, sollen die Rosse da sein, so ich dem Piccolomini für mich zu kaufen anbefohlen in der Lombardei. Nur, daß die Pferde auch groß sind. Ein Hauptroß ist mir lieber als ein Dutzend kleine Katzeln; solche bekomme ich in Böhmen auch ... Dem Nuntius muß ich Glück wünschen, daß er Kardinal ist worden. Ich werde es bleiben lassen. Der Kerl adressiert mich Excellenza und nicht Altezza, wie die anderen Kardinäle tun. Wird jetzt Zeit, daß ich so unschämliche Briefe refüsiere ... Die alte Trčkin bietet mir Smidar an um 160000 Thaler, schreibt, es sei aus Freundschaft. Hat sie vergessen, daß sie mir's schon offeriert an die dreißig Mal? Und kauft es vom Kaiser für 100000, wenns hoch kommt. Sie kann damit, wo's ihr gefallen wird, betrügen. Zum Handel taugt sie. Wäre ich ihr begegnet anstatt der Lucretia, die hätte mir anders assistiert. Geht weg, Frau Lucretia. Ich brauch euer Geld nicht. Ich hab zwanzigmal mehr gewonnen, als ihr mir brachtet ... Den Adam Trčka muß ich zum Obersten machen, nun er die acht Fähnle von meinem Regiment kommandiert. Des wird die Maximiliana zufrieden sein und mein Weib ... Isabella versteht ein lauter gar nichts vom Handel. Sie ist treu und lieb ... Da ist es gleichsam wieder, wie als ich ein Kind war. Wie lang hat es gedauert, im Ganzen? Dreißig Jahr, fünfunddreißig? Auf Koschumberg fing es an. Was es auf sich hatte, lehrte mich der Albrecht Slawata; dann noch der Prediger, mit geschämigen Worten, und ich tat, als wüßte ich nichts. Des Lebens Hauptstrecke; vorbei. Die vorher ist kurz, und die danach, die kennt man nicht und die Zähne fallen aus, die Füße schmerzen, die Leute müssen ihre Stimmen heben, daß man sie versteht, und dreht man sich um, dann deuten sie auf einen und lachen. Der Bethlehem soll ganz geschwollen gewesen sein wie eine Tonne zuletzt, und floß überall, ist gleichsam in seinem eigenen Wasser ersoffen. Ich gönn es ihm wohl, daß er verreckt ist. Schweig, so werden sie auch von dir sprechen einmal, und wenn sie's laut nicht wagen, doch denken in der Nacht ... Der Eggenberg hat noch gezeugt im neunundfünfzigsten. Meinen Respekt. Wer sich brav pflegt und nicht muß rackern wie ich, bei dem mag's länger anhalten. Ich weiß, wie die Hurer fragen: was treibt denn der? Haltet's Maul, oder ich will es euch stopfen. Brauche meine Zeit für andere Sachen. So fragen die Schwarzfärbergesellen: Was glaubt denn der? Die Räte, die kahlen Kerle: Wohin will der hinaus? Wollen mich alle kennen. Un poco di prudencia, signori. Den würde ich umbringen lassen, der mich kennte . . . Der Jaroslaw schnarcht. Das ist gegen die Artikel. Man sollte ihm die Hände zerschmeißen. Laß sein, er hat mir treu gedient. Wachen ja genug, weiter draußen . . . Ziehe ich auf Regensburg und treff den König von Ungarn dort, muß ich vorher das wissen, was unsere Nativitäten betrifft. Wer hat mir gesagt, sie fügen sich nicht gar gut zusammen? Der Pieroni? Nein, Kepler. Dann hats der Pieroni kalkuliert, aber der Kepler Judicium ist berühmter. In Sagan mag er mir's explicieren, aber nicht obscure, wie's sein Brauch ist . . . Gitschin. Ich will jetzt, daß alles fertig wird. Die zwei Kapellen für mich und mein Weib. Die Altare in der Kirchen. Die Loggia, die muß mit lavor di stucco geziert werden. Vor der Loggia will ich eine großmächtige Fontana sehen. Alles Wasser muß hineinlaufen und von dannen wieder heraus und sich auf die Fontanen verteilen zur Rechten und Linken. Geschieht's nicht dies Jahr, so wird der Taxis merken, daß ich kein gut's Mandl bin. Nur, was hab ich von allen meinen Losamenten? Sie erlauben ja nicht, daß ich's genieße. Sei ehrlich, erlauben täten sie's. Da wäre mancher froh, wenn ich mich einschlösse in Gitschin und käme nimmer wieder herfür. Kann ich's? Wo dann das Geld hernehmen für mich und den de Witte? Der Max ist der Eine, dem ich trauen kann. Hat eine Manier, der alles gelingt, freundlich zugleich und schlau. Was er von mir will, das weiß ich. Sei ruhig, du wirst es bekommen, wenn du lebst . . . Einen Sohn! Warum hab ich keinen Sohn? Wäre der gesund geblieben, so finge er an zu reden jetzt, deutsch und welsch, noch zwölf, fünfzehn Jahre und er würde mir helfen. Hat Gott mein Weib strafen wollen? Nimmt mich wunder, für was. Mich? . . . Von Mecklenburg nun weiter fort mit jedem Tag. Wenn der Gustavus kommt, so werden die Herzoge einkehren in meinen Häusern und ruina machen aus allem, was ich angeschafft. Wie soll ich Mecklenburg halten und Pommern, und hab keine 30000 dort unten? Der Conti hat schon Valor, aber nun der Collalto in Reggio krank liegt, so müßte ich ihn nach Italien schicken. Ich hab ja keinen anderen. Wen nach Pommern? Oder keinen nach Italien? Dann müßten's Aldringen und Gallas zusammen machen. Das gibt Wäschereien. Der Aldringen, nicht, daß ich ihn mag, den Schneider. Schreibt wie ein Gazettier. Hat aber gewußt, wie er sich könnte unentbehrlich machen. Unerträglich und unentbehrlich . . . Nimm an, du tust ihnen den Gefallen, begehrst deine Lizenz, erhältst sie. Dann werden sie sehen, wie weit sie kommen, mit den Holländern, mit dem Schweden, dem Türken, mit ganz Italien und im Reich. Wer ist für mich im Reich, wer ist für uns? Die Katholischen nicht; wollen die Spanier weghaben vom Rhein, sind gegen den Krieg in Italien gewesen, haben Angst, der Kaiser wollte sie einer Monarchia unterwerfen. Die Evangelischen nicht, wegen des Edikts. Die Novi Christiani, die man durch die scharfe Reformation hat gezwungen, wie die im Herzen fühlen, mag ein jeder judizieren . . . Der Frankreich sieht häßlich aus zu Roß, gezeichnet von der Natur, ist dennoch ein großer Monarcha. Auf den muß man aufpassen, aber ihn nicht reizen. Sein Ober-Pfaff versteht's Handwerk, und wenn er sagt, das soll geschehen, so geschieht's. Mit mir ist es anders. Wenn ich sage und schreibe mir die Finger wund, es soll geschehen, so geschieht's nicht, und geschieht, was ich nicht will. Ich will werben, weil es sein muß. Man verlangt, ich soll noch mehr Truppen lizensieren. Wieviel stehen am Oberrhein, wieviel bei Metz? Vierzehn Fähnle Fußvolk, Cornette ebensoviel oder weniger, und sind unbesoldet. Aber da ist die Gefahr und nicht in Italien. Zurückholen müßten wir die in Italien sind, anstatt noch mehr hinunterzuschicken. Attakkiert der Franzos in Lothringen, so werden die Unsrigen auseinanderlaufen, wie Butter in der Sonnen. Ich kann das ja alles nicht praestieren. Wenn sie mir doch glaubten, wie ich's überdrüssig bin . . . Der Pater sagt, ich sollte beten, wenn mich der Schlaf meidet. Ich kann nicht beten. Es kommt mir immer der Teufel, lacht, fragt: Glaubst du wirklich an den alten Esel? Ich fange von Neuem an, er kommt wieder . . . Ist manchmal die Hölle schon jetzt. Kann es aber doch nicht sein, denn in der Hölle ist kein Trost; ich habe ja aber Trost gehabt zu Zeiten. Ist es die Hölle, warum Freud und Stolz? Ist es nicht die Hölle, warum die Qual? Ist aber weder die Hölle, weder auch nicht die Hölle, das wäre der Höllen allerschlimmste . . . Ich kann das Gesicht des Harant nicht vergessen, wie ich ihn gefänglich einzog auf Schloß Pecka, und später schlugen sie ihm den Kopf weg. Er konnt es nicht fassen. Daran war er selber schuld. Ich hab niemandem zur Rebellion geraten. Hätte ich's den Böhmen, den Mährern gleich getan, was wäre ich jetzt? Ein Oberstleutnant beim Schweden, mager bezahlt, verdächtigt als Fremder; oder ich moderte wie der Harant. Dann hätte ich Ruh. Ruh? Kann mir nicht einbilden, wie das ist, und die Geistlichen reden Stroh darüber . . . Die Hölle, die kann ich mir vorstellen. Ich will es nicht denken, und muß doch. Als ob einer auf den Rad läge, die Knie, die Arme, die Brust gebrochen, offen der Mund wie ein Backofen, ganz allein, und müßte so liegen immer und immer, und die Zeit steht still. Das ist zu lang, da gilt kein Scherzen. Licht! Ky čert! Wo ist die Glocke! – Euer Fürstliche Gnaden? – »Leg er Holz im Ofen nach und zünd er Kerzen.« – *Befehlen Euer Fürstliche Gnaden noch einen Becher Perlenmilch?* – »Nein, laß sein. Hat der Erste nichts geholfen, so wird auch nichts helfen der Zweite. Die

Füße schmerzen mich.« – Befehlen Euer Fürstliche Gnaden Herrn Doktor Stropherus? – »Den Arzt? Laß ihn schlafen. Morgen früh auf die sechs, zum Verbinden . . .«

Daß Wallenstein im Banne des Sternenglaubens stand, und zwar in einem schädlichen, gehört zu seinem Bild; wie die Geschichtsschreiber, so dachten die Zeitgenossen darüber. Der Kurfürst von Bayern, 1633: was sei denn Gutes von einem General zu erwarten, der »seine actiones und der Catholischen Religion wohlfahrt mehrer auf die betriegliche Astrologia, alß auf daß verthrauen zu Gott fundieret . . .«? Fragt sich, ob da praktisch ein so sehr großer Unterschied war. Maximilian baute auf Gott und die Heilige Jungfrau, gewiß. Kam es zu wirklichen Entscheidungen, so diktierte ihm die Staatsraison, auch dann, wenn diese mit Gottes Gebot nicht so ganz genau übereinstimmte. Ließ andererseits Wallenstein in seine Politik und Kriegführung die Informationen der Sterngucker miteingehen, so kann man nur sagen, daß es im allgemeinen gute Informationen gewesen sein müßten; denn treffend war sein Urteil. Vermutlich aber hatten die sieben Planeten wenig zu tun mit dem, was er über die Schweden und Holländer und Franzosen und Polen sich ausdachte. Daß die Insel Rügen ein Platz von kapitaler strategischer Bedeutung am Rande der Ostsee war und der Krieg in Italien gefährlicher Unfug, um solche Sachen zu erkennen, brauchte er die Sterne nicht. Warum dann sein Verkehr mit Astrologen, beträchtliche Ausgaben, Zeitverschwendung des Vielbeschäftigten für das Studium der Themen?
Weiß man auch eine Menge aus eigener Intuition, so nimmt man doch gern zusätzliches Wissen, das sich bietet. Die Reiche, mit denen er es am intensivsten zu tun hatte, Schweden, Spanien, betrat Wallenstein niemals, sah nie mit Augen jene, die dort herrschten, die Könige, die Minister. Da gab es nur anderer Leute Erzählungen, vielfältige, vage. Auch lag alles so unvorstellbar weit ab, Madrid, Paris, Stockholm, selbst München und Wien, wenn man irgendwo in Niederdeutschland saß. Was würde geschehen im nächsten Jahr? Was war geschehen mittlerweile, nachdem man eine nun schon wieder drei Monate alte Botschaft empfangen? Es fehlten ja die öffentlichen Debatten und Streitereien, aus denen man auf die Zukunft hätte schließen können; war alles so ganz geheim wie langsam. Hier versprach die Sterndeutung zu helfen, eine Art von verkürztem Nachrichtendienst. Man mußte doch wenigstens ins Klare kommen über die Charaktere, mit denen man es zu tun hatte. Aberglaube? Für die Epoche, die wir hier zur Gegenwart machen, war's eher ein tasten nach Rationalität, den Mathematicus über Menschen und Ereignisse zu befra-

gen. Längst kennen wir Wallenstein als einen rational denkenden, von mitgeschleppten Glaubenslasten und Hemmnissen seiner Zeit schon freien Menschen. Astrologie war eine Form, wie Spätere sagen würden, eine Vorform der Wissenschaft; keine geistige Epidemie wie der Hexenglaube, der eben damals in Deutschland grausigen Blutzoll forderte und dem auch Maximilian frönte ohne Scham. Beträchtliche mathematische Kenntnisse wurden verlangt, um die Konstellationen zu deuten. Nicht, daß Wallenstein sie besessen hätte; aber er ging mit jenen um, die sie besaßen, und verstand ihre Zeichensprache. Den Zweck wollte er nüchtern sehen: »Ich habe den Herrn Forteguerra angesprochen, Ihrer Majestät und deren Söhne Themata zu erigieren, wie auch des Königs aus Hispanien, neben diesen auch derselbigen Potentaten, so nicht ihre Confidenten sind, und meines, auf daß, wenn ich in fürfallenden Occasionen den einen, wie meine Pflicht und Schuldigkeit mitbringt, werde dienen wider die anderen, oder wenns die Not fordern sollte, müßte kriegen, wenn ich mich gegen den einen und den andern, Astrologicamente, zu versehen hätte ...«

So auch waren seine Mitarbeiter auf diesem dunkel glitzernden Felde meist Leute solider Berufe: Giovanni Pieroni, in der Hauptpflicht sein Baumeister, ein Freund Galileis; die mecklenburgischen Ärzte Dr. Herlicius und Dr. Fabricius; Pater Sebastian Forteguerra, Generalvikar des Heeres.

Von ihnen hatte nur Pieroni, der 1627 in die Dienste Kaiser Ferdinands trat, das Amt eines Hof-Astrologen inne. Die Anderen wurden von Fall zu Fall in Anspruch genommen; Dr. Herlicius für das Horoskop Gustav Adolfs. Der Arzt mußte aber nur die Berechnungen anstellen, die Deutung jemand anderem überlassen: »nicht, daß soviel daran gelegen wäre, aber ich will, daß es unterschiedliche sein sollen, die's erigieren werden, denn er darf sonsten kein judicium darüber machen, bloß die Figur ...« Das war sein Mißtrauen; mehrere sollten sich mühen, unabhängig voneinander, so, daß er selber sich die Zusammensetzung der Teile, die Entscheidung vorbehielt.

Seit Herbst 1629 finden wir wieder einen festbestallten Astrologen in seiner Nähe, die Frucht einer anderen Annäherung.

Den Obersten Octavio Piccolomini, nun Kommandeur der Leibgarde, verdankte er einer Empfehlung des Botschafters Aytona. Der Beutemacher, aus großem Haus, zuerst in spanischen und in toscanischen Diensten, zählte neunundzwanzig Jahre, als Wallenstein ihn übernahm; ein schöner Jüngling, ehe er fett und gemein wurde, ein Reiterführer von Verwegenheit und Können. Piccolomini nun war Beschützer eines stellungslosen Mathematikers und Alchimisten, den er in seiner Heimatstadt Siena kennengelernt hatte, Giovanni Battista

Senno mit Namen. Diese gleichfalls noch jugendliche Sumpfblüte nahm er nach Deutschland mit, die Dinge so arrangierend, daß Wallensteins Blick auf Senno fiel. Es ist kein Zweifel, daß der Herzog von Piccolomini wie auch von Senno auf das angenehmste berührt wurde. Er gab dem Sternenritter Amt und Brot. Er behielt ihn bei sich, als er Herbst 29 zu Halberstadt krank lag, als er Januar 30 seinen langsamen Weg nach Böhmen nahm, als er im Frühsommer nach Memmingen reiste und von dannen im Oktober wieder zurück nach Gitschin, unter veränderten Bedingungen; er räumte ihm die kostspieligen Observatorien von Gitschin und Prag ein; wo er nur auftrat, da finden wir Senno in seinem Gefolge, mit fünf Dienern und acht Pferden. Zu keinem Glück. Denn Senno, die Forschung hat es nachgewiesen, war ein falscher, korrupter Mensch. Was nicht heißt, daß Piccolomini schon damals dergleichen ahnte und seine Pläne damit hatte. Wallenstein ahnte nichts bis zuletzt.

Wenn die Astrologie auf seinen Geist zersetzend wirkte, dann frühestens seit dem Erscheinen Sennos, nicht vorher. Übrigens kann der junge Mann es ja kaum bewirkt haben, so stark war er nicht. Wird der Geist reif für eine Versuchung, so bleiben die Gelegenheiten nicht aus.

Womit wir Wallensteins vielberedeten Sternenglauben so sachlich verstanden haben, wie die Dokumente ausweisen. Das Übrige wäre Spekulation; etwa diese. Gleichheit oder Identität beruht auf mehr als nur Einem. Es bedarf der Mensch, um glücklich er selber zu sein, des Umgreifenden: Kreis der Pflichten und Loyalitäten; geradegewachsene Beziehungen zu seinen Mitmenschen; Religion. So glücklich waren, jeder auf seine Art, die Mächtigen Europas, auf deren Treiben Wallenstein reagieren mußte. Er nicht. Ihm war nichts vorgegeben: kein Vaterland, kein Stand, kein Gott. Treu zu dienen, dem Kaiser, dem Römischen Reich, dem Katholischen Wesen, redete er wohl sich ein; immer wieder kam der Moment, in dem das Willkürliche, Brüchige solcher Bindung sich zeigte. Zuletzt suchte er nur sich selber. Nun ist das eine schwere Sache, ungebunden zu leben, für die nämlich, die gleichwohl fein organisiert sind; für die groben Glücksritter, die nur so von einem Heerlager zum anderen reiten und sich nach Lohn und Beutechancen erkundigen, natürlich nicht. Schwer mit Würden und Verantwortungen und dennoch allein, ein Wolf ohne Rudel, suchte Wallenstein die Hilfe, die er weder bei den Menschen noch bei Gott und seinen Engeln fand, bei den Planeten; dem einen großen Gegenüber, dem er glaubend sich unterwarf. – So muß es nicht, so könnte es doch gewesen sein.

Keplers letzte Schicksale

Neben den Anderen, weit über den Anderen, lebte noch immer Meister Johannes Kepler, alt jetzt, man war alt mit Ende fünfzig; zumal, wenn man so reichlich erfahren hatte, wie hart der Wind auf Erden weht. Kepler, 1628, in einem Bittbrief an den Kurfürsten von Sachsen: seine »Wanderschaft und dabei habende Sorgfältigkeit« kontinuierten noch immer fort. Seine Wanderschaft: von Graz nach Prag, von Prag nach Linz, von Linz nach Ulm; der Hexenprozeß seiner Mutter, der ihn nach dem heimatlichen Württemberg trieb, um die arge Schlumpe zu retten; in Linz zur Zeit des österreichischen Bauernkrieges das Erleben gräßlicher Belagerungsnot; und immer Suchen nach dem Geld, das der Kaiser als Erbe Rudolfs II. ihm schuldete, 11817 Gulden, »mein ganzes in die 30 Jahr erworbenes Vermögen«. Sorgfältigkeit: Sternenkataloge, die Vollendung von Tycho Brahes großem Werk, Beobachtungen der Kometen, Logarithmen, verbunden mit frommen Spekulationen, gefolgt von der Mühsal, inmitten aller Kriegsnot das Erarbeitete auch drucken zu lassen, damit die Nachwelt es besitze. Wanderschaft und Sorgfältigkeit; vielleicht wollte er es nicht anders. Vielleicht liebte er im Grunde Wandern und Sorge. Denn er fuhr mit beidem fort, als er es vergleichsweise sorgenfrei hatte oder hätte haben können. Die späte Veränderung, »mein sicheres Refugium«, verdankte er Wallenstein, folgendermaßen.

Die Hofkammer, das kaiserliche Finanzamt, hatte die Reichsstadt Nürnberg angewiesen, dem Gelehrten einen Teil dessen, worauf er Anspruch hatte, auszuzahlen, welches die Wiener Art war, Schulden auf andere abzuschieben, ohne sich viel darum zu kümmern, ob die anderen auch zahlten. Nürnberg behauptete, es nicht zu können wegen einer zu entrichtenden, gepfefferten Jahreskontribution für das kaiserliche Heer. So geriet Wallenstein in das Gewebe von Unglückssträhnen, welches Kepler Jahr für Jahr um sein Geld brachte. Jedenfalls sah Kepler es so und verfiel Winter 28 auf den Gedanken, sein Rößlein nach Prag zu lenken, um zu sehen, ob sein alter Geheim-Auftraggeber nicht irgendwas für ihn zu tun gewillt sei. Der war es, in der Hochstimmung, in der er sich damals befand. Die Tilgung der kaiserlichen Schuld durch Wallenstein, nicht persönlich, sondern in seiner Eigenschaft als Herr der Kontributionen, aus »Reichsmitteln«, wurde grundsätzlich zugesagt, ein unsicherer Trost, aber eine Vertröstung. Besser: der Herzog lud den Astronomen nach seiner neu erworbenen Stadt Sagan ein: Jahresgehalt: 1000 Gulden Rheinisch, verdoppelt durch einen wöchentlichen Zuschuß von 20 Gulden für Druckkosten. Entschieden günstigere Bedingungen, als die Römischen Kaiser Kepler je geboten hatten; ohne Vergleich günstiger, weil sie eingehalten wurden. Kepler reiste denn nach Sagan mit Weib und Kind, im Sommer 1628, und zeichnete sich seitdem »der Röm. Kays. Majestät, auch Fürstl. Friedländischer Mathematicus«. Das kleine Lehen, das Wallenstein ihm zum Überfluß anbieten ließ, das Gütchen Görlachsheim, wollte er aber aus den und den Gründen nicht haben; immer mißtrauisch, immer verknorzt und auf seinen Nachteil bedacht, indem er nach seinem Vorteil zu spähen sich einredete. Wallenstein erwartete astrologische Gegendienste, das ist klar. Übrigens mag er in der Anwesenheit Keplers den Beginn jener Elite-Universität gesehen haben, die er plante; kam es zu ihrer Gründung, so war schon eine Säule da, der Mann, der jetzt »das pre unter den mathematicis hat« und dem er die hohe Ehre der Anrede »Insonders Lieber Herr und Freund« zu schenken geruhte. Dergleichen ahnte Kepler; denn er schrieb an seinen Kollegen Matthias Bernegger in Straßburg, hielte das Glück seines Patrons an, so könnte Bernegger wohl auf einen wallensteinischen Lehrstuhl hoffen: »Er strebt nach dem Ruhm, welcher aus der Förderung der Wissenschaften erblüht, ohne wegen der Religion Unterschiede zu machen.« – Si fortuna ista patroni hujus duraverit – die Frage eines, der von Natur dem Unglück mehr traute als dem Glück.

Glücklich fühlte er sich auch in Sagan nicht, obgleich er nun Haus und Herd und behagliches Einkommen besaß. Wer das Glück nur suchen will, der findet es nirgends, und immer Ursachen dafür, daß er's nicht finden kann. Sagan war klein, weit abliegend und fremd für den Fremdling. Außer dem herzoglichen Baumeister Boccacci, allenfalls dem Landeshauptmann Herrn von Nechern, fand Kepler keine halbwegs passende Ansprache. Zudem machte die »scharfe Reformation« oder Gegenreformation, welche Wallenstein nicht hindern durfte, die Stimmungen gehässig; worüber Kepler nach seiner Art bittere Klage erhob. Ein betagter evangelischer Prediger, schon in die fünf Jahre vom Schlag gerührt, fast allerdings red- und hörlos, sei unlängst gestorben, den versammelten Bürgern aber bei Strafe verboten worden, der Leiche zu folgen, also, daß der Sarg bis auf die Nacht einsam im Hause stehen geblieben. »Dergleichen Abstrickung und Verjagung des letzten Geleits ist allen und jeden halsstarrigen Ketzerischen . . . kurz hiervor von der Kanzel durch einen Jesuiter angekündigt worden. Dies lasset mancher junger Mensch ihm so wehe tun, gleich jetzt vorher, als wenn er auch Tod empfinden würde, dahin ist es auch abgesehen.« Nun stammten aber seine Setzer und Drucker aus Ketzerland; wenn sie unter solchen Umständen sich aus dem Staub machten, »so will ich unschuldig sein« . . . Die Jesuiten hatte Wallenstein selber in Sagan eingeführt; die Druckerei großzügig für Kepler in Frankfurt an der Oder kaufen lassen.

Anfang April 1630 besuchte Kepler seines Herrn böhmischen Hauptsitz, das neugebaute Smiřický-Schloß. Traf er dort, wie anzunehmen ist, den jungen Rivalen und Tunichtgut, Senno, so erwähnte er die Begegnung mit keinem Wort. Auch über seine wissenschaftlichen Unterhandlungen mit Wallenstein berichtete er ein wenig von oben herab: »Gerade bin ich aus Gitschin zurück, wo mein Patron mich drei Wochen lang zu bleiben nötigte, ein Zeitverderb für ihn wie für mich« – magno suo, magno et meo temporis cum damno ... Was der Herzog haben wollte, festumrissene, praktische Angaben, verweigerte ihm sein Renommier-Schützling jetzt, wie vor fünf, wie vor zweiundzwanzig Jahren. Vermutlich bekam er es von Senno.

Tatsache bleibt, daß Kepler vor dem Tode endlich den Gönner besaß, der es ihm möglich machte, seine »Ephemeriden« in Ruhe zu Ende und zu Druck zu bringen; jene astronomischen Tafeln mit Vorausberechnungen der Konstellationen von Tag zu Tag, bis 1636. Auch hätte er friedlich in Sagan bleiben können. Es hielt ihn aber nur selten dort. Nach zwei Jahren hatte er ganz genug und sattelte wieder seine Mähre, um nach Leipzig, Nürnberg, Regensburg zu pilgern, immer hinter dem verlorenen Schatz her, den 11817 Gulden. In Regensburg starb er. Der Witwe ließ Wallenstein auszahlen, was er ihrem Ehewirt noch schuldete, obgleich damals die verhaßte Geldnot schon nach ihm selber griff.

Die Entlassung

Zufällig hatte Wallenstein noch nie einen Kurfürsten des Römischen Reiches mit Augen gesehen. Gewöhnliche Fürsten in Menge; diese »höchsten, innersten und geheimsten Räte« niemals. Einmal, 1628, betrat er die brandenburgische Residenz Berlin, jedoch in Abwesenheit Georg Wilhelms. Einmal, Januar 1630, wollte er seinen Weg über Dresden nehmen, um sich mit dem Kurfürsten Johann Georg zu unterreden; ärgerliches Pech, ein Podagra-Anfall nötigte ihn, dieses Aufenthaltes zu entbehren. Sechs Monate später dachte er sogar daran, mit dem Kurfürsten von Bayern »in unterschiedlichen militärischen Sachen Konferenz zu pflegen«; auch daraus wurde nichts, wobei die Lesart, Maximilian habe sich den Besuch rundweg verbeten, durch kein Dokument sich belegt findet. Später, 1632, lernten die Beiden sich allerdings persönlich kennen; nun aber unter Bedingungen, welche der Pille ihre Bitternis nahmen. Wallenstein ist in Dresden schwer vorzustellen, in München noch schwerer; der in den letzten sieben Jahren seines Lebens selbst die Hauptstadt Wien nie wieder sah. Eine Abnormität: des Kaisers Generalissismus, in ständigen Unterhandlungen mit ihm, und sieben Jahre nicht in seiner Hauptstadt. Der Reichsfeldherr und führende Reichspolitiker, die Lande kreuz und quer durchreisend; und niemals bei jenen, die sich als des Reiches Säulen stilisierten. Er tat sich Schaden damit. Seine Nicht-Präsenz verstärkte, was seinem Rufe anhaftete, das Fremde, Abstrakte, Unheimliche. Es möchte aber der Rangunterschied gewesen sein, der ihn einen Bogen um die Kurfürsten machen ließ. Weit sich über ihnen fühlend in seiner Intelligenz und Sendung, stand er in der Hierarchie weit unter ihnen, den Beinahe-Königen; unter Verbeugungen hätte er sich ihnen nähern, wohl gar ihre Hand zum Kusse berühren und so sich verhalten müssen, wie er glaubte, daß die Kardinäle zu Rom sich den lieben langen Tag verhielten. Dergleichen Zeremonien mochte er als einen Zeitverderb nicht einmal, wenn sie ihm selber galten; mußte er sie exekutieren, so waren sie ihm vollends verhaßt.

Zu der Abneigung, sich dem Blick der Kurfürsten bloßzustellen, kam

die Politik. Von Anfang an hatten sie ihn nicht haben wollen; immer dringender ihn loswerden wollen mit jedem Jahr, das begann und endete. So, wie sie reagierten, reagierte er; ein gewöhnlicher Mechanismus. »Man macht aber oft einen zum Feind und Aggressoren, den man wohl zum Freund haben könnte.« Goldene Worte Maximilians, freilich nicht in Bezug auf Wallenstein gesagt; daß dieser sein Feind sei, von Natur und immer, und alles dafür könne, er selber gar nichts, soviel stand fest. Es stand ebenso fest für Maximilians geistliche Mitkurfürsten und Bundesgenossen, Trier, Mainz und Köln; von denen Köln, als sein Bruder, Mitglied »unseres löblichen Hauses«, ohnehin Eines mit ihm war. Denn wenn man »Bayern« sagt, denkt man nicht nur an das Land zwischen Alpen und Donau, neuerdings vermehrt durch die obere Pfalz, sondern ebensosehr an das Wittelsbachische Gesamthaus, eine Konstruktion, welche, die habsburgische in bescheideneren Dimensionen wiederholend, Köln, Lüttich, Münster und andere reiche Bistümer umschloß.
Es waren diese vier katholischen Häupter, welche die Opposition gegen Wallenstein schürten; sie, und nicht, wie man erwarten könnte, die im Collegium der Kurfürsten verbliebenen zwei protestantischen. Man machte in Dresden kaum die Unterscheidung zwischen dem frommen Kaiser und dem blasphemierenden Feldherrn, die man in München machen wollte; war übrigens, wenn man absieht von der Lausitz, von Wallensteins Einquartierungen im wesentlichen verschont geblieben. Von ihnen wußte Brandenburg ein schreckliches Lied zu singen, über sie Berechnungen von schwindelnder Höhe aufzustellen; die vierzig Millionen Taler, welche die brandenburgische Bürokratie errechnete, war das ganze Kurfürstentum nicht wert. Wohlgemerkt, nicht Wallensteins Truppen allein sollten sie verpraßt haben, nebenbei auch die bayerischen, die Tillyschen, die in der Mark Brandenburg keineswegs freundlicher hausten. So, als es zur Krise, zum Generalangriff gegen den General kam, wollte gerade Brandenburg nicht mitmachen: »Sollten unsere Gesandten vermerken, daß die katholischen Kurfürsten auf die Abschaffung des Herzogs von Friedland zielen und die Direction des Krieges an sich bringen wollten, so sollen sie sich dessen nicht teilhaftig machen . . . Denn einmal wird es Ihre Kaiserliche Majestät merklich offendieren und auch nicht erhalten werden, auch sehen wir nicht, was wir oder andere evangelische Stände dannenhero für einen Nutzen zu gewärtigen . . .« Hier dämmerte die Erkenntnis, daß Wallenstein der Feind der Protestanten gar nicht war, und mehr ruinöse Rechthaberei im bayerischen als im friedländischen Lager.
Was Maximilian und seine Alliierten seit 1627 unablässig forderten,

war eine Reduktion des Wallenstein-Heeres, Abrüstung. Zu einer solchen, partiellen, der Auflösung einiger Reiterregimenter, kam es im Sommer 28, aber mehr zum Schein; im nächsten Winter wurde schon wieder von der Notwendigkeit neuer Werbungen gesprochen. Mit Grund; auch nach dem Frieden mit Dänemark hatte Wallenstein für die sekundären Kriegsschauplätze, Polen, Holland, Italien zu sorgen, die Nordküsten gegen Schweden zu sichern, wofür immer nur knapp genug, nie zuviel da war. Grund hatte auch die Gegenfrage der Wiener Geheimräte: ob denn nicht die Liga selber ihre Truppenmacht um Einiges zu vermindern geneigt wäre? Wallenstein, gern oder ungern, führte eine Handvoll Nebenkriege. Tilly tat seit dem Lübecker Vertrag zwei Jahre lang buchstäblich nichts, denn es war die Politik seines Herrn, sich gegenüber Niederländern, Franzosen, Schweden strikt neutral zu halten, solange nicht das Römische Reich Opfer eindeutiger Aggression wäre. Warum Tillys Armee fortbestand, darauf gab es nur *eine* Antwort, die verklausuliert mitunter gegeben wurde: notfalls konnte man sie gegen Wallenstein selber gebrauchen.

Korrespondenz zwischen München, Mainz, Köln; Wiederholung immer derselben Argumente, Kolportierung närrischer Gerüchte; Gesandtschaften hin und her. Wallenstein will den Frieden mit Dänemark nicht – während er ihn forciert und Bayern eines Gleichen verdächtigt. Danach: Wallenstein will Frankreich in den Krieg zerren, um sich zum Meister über Welschland wie Deutschland zu machen – während er doch Frankreich fürchtet und zu beschwichtigen sucht. Er schickt Truppen nach Schwaben, weil man ihn dazu zwingt, für Italien bestimmte. Nein, sie sind für eine Invasion Frankreichs bestimmt; nein, noch gefährlicher, sie sind dazu bestimmt, die Kurfürsten vollends zu Sklaven zu machen, den seit langem beredeten großen Kurfürstentag zu verhindern, oder zu sprengen . . . »Ligatage«, Konferenzen von Abgesandten der Kurfürsten und verbündeten Bischöfe. Heidelberg, Februar 1629. Gemeinsame Gesandtschaft nach Wien: warum wird nicht endlich abgerüstet? Warum sind so viele Protestanten und Ausländer im kaiserlichen Heer? Warum belegt Wallenstein nun auch Oberdeutschland mit Quartieren? Gegen wen ist das gerichtet? . . . Mergentheim, Dezember 1629. Da ist ein kaiserlicher Minister anwesend, Antonius von Kremsmünster, der Finanzabt. Die Liga-Diplomaten halten sich ihn aber vom Leib, verkehren mit ihm nur schriftlich, gewähren ihm nicht, was zu wollen er den Auftrag hat, Militärhilfe gegen die Holländer, wobei sie ihre Antwort möglichst undeutlich und verblümt geben müssen. Denn wenn es gefährlich ist, sich mit Holland, auf dem Umwege über Holland gar mit Frankreich in Krieg einzulassen, so wäre es auch gefährlich, mit

des Kaisers Majestät und mit Spanien ganz zu brechen. Das Ligaheer ist ja indirekt ein kaiserliches, war, ehe Wallenstein leider auf dem Plan erschien, das einzige kaiserliche, muß wenigstens den Schein bewahren, für Kaiser und Reich zu stehen. Weiter in Mergentheim: man wird Wallensteins mecklenburgisches Herzogtum nicht anerkennen. Man wird in Wien noch einmal, wieder noch einmal Protest erheben gegen die angeschwollenen Zahlen des Heeres, gegen die Unverschämtheiten der Offiziere, gegen die ganze unerträgliche friedländische Tyrannei. Wird man geradezu Wallensteins Entlassung fordern? Der neugewählte Kurfürst von Mainz, Anselm von Wambold, ist dafür: obgleich Friedland jetzt den Gemäßigten spiele, weil er Gefahr wittere, so lasse er von seinen eigentlichen Plänen zur gänzlichen Versklavung des Reiches doch keinen Deut nach. Maximilian, wie kein Zweiter auf die Beseitigung des Verhaßten brennend, zögert trotzdem, gibt seinen Ängsten auf deutsch und lateinisch Ausdruck: est valde pericolosum; besonders dann, wenn Wallenstein von dem Anschlag erführe . . . Im Hintergrund steht die Hoffnung auf das große Treffen der Kurfürsten, womöglich aller, auch der Protestanten; da, durch die Gesamtgegenwart der Reichs-Oberhäupter, wird man den Kaiser mit einem Schlag zu manchem nötigen können, was durch Schreiben und Schicken nicht zu erreichen ist.
Dieser Kurfürstentag, normalerweise in der Stadt Regensburg zu halten, ist seit langem im Gerede. Der Kaiser drängt auf ihn; die katholischen Kurfürsten auch, indem sie Ferdinand, oder doch eine gewisse in Wien dominierende Partei, hindernd-aufschiebender Manöver verdächtigen. In Wahrheit wollen ihn beide Seiten – ob auch Wallenstein in Person, tut nichts zur Sache; aber wollen ihn zu verschiedenen Zwecken. Hauptziel der Wiener Politik ist die Wahl des Kaiser-Nachfolgers, des »Römischen Königs«. Ferdinand II. altert und kränkelt. Wie gefährlich ein Interregnum sein kann, hat man zur Zeit der böhmischen Rebellion erfahren. Später: welch schöne Möglichkeiten der Machterweiterung des Phantom des Kaisertums doch noch immer bedeutet für den, der sich ihrer zu bedienen weiß. Irgendwo, nicht recht zu fassen, schwebt die Drohung, es könnte ein anderer Name die lange Reihe habsburgischer Kaiser unterbrechen – zum Beispiel Wittelsbach. Besser, man schafft alle Zweifel über die Nachfolge ein für alle Mal aus der Welt. Ferner sollen die Kurfürsten in den europäischen Fragen, der holländischen, der französisch-italienischen, der schwedischen, endlich Farbe bekennen; zum Frieden helfen, wenn sie es vermögen; wenn aber nicht, und das ist leider mehr als wahrscheinlich, des Reiches Rechte unter der einzig legitimen Führung verteidigen helfen . . . Ganz anders die Gedanken der Kur-

fürsten. Sie haben mit den Nebenkriegen nichts zu tun, weil man sie nie um ihre Meinung fragte, ehe man sie begann, was gegen die Reichskonstitutionen ist. Sie haben mit der Nachfolge allerdings zu tun. Aber sie werden sich zu keiner Wahl zwingen lassen, sie werden gar niemanden wählen, ehe nicht ihre seit Jahr und Tag erhobenen Forderungen befriedigt sind: die Abschaffung der Kriegspressionen, die Reduktion des Heeres, der Wechsel im Kommando; denn es kann sich ja im Ernst nichts ändern, solange *der* kommandiert. Für die Kurfürsten soll der Collegialtag der Tag des lang ersehnten Sturmes sein, die Frage der Königswahl das erwünschteste Pressionsmittel; nicht nur, um Wallenstein zu stürzen, auch um das Verhältnis zwischen den beiden Teilen der Reichsregierung, dem Kaiser und ihnen selber, zu ihren Gunsten neu zu definieren. Dabei vergessen sie leicht, wie lieb ihnen die illegitim erhöhte Macht Ferdinands war, damals, als er das Edikt unterschrieb. Die es nicht vergessen, sind die beiden Protestanten, weshalb sie den Termin mit schlechtgelaunter Gleichgültigkeit herannahen sehen. Für Sachsen und Brandenburg ist die Spannung eine, die innerhalb des ihnen immer fremder, immer feindlicher gewordenen katholischen Gesamtwesens spielt.
Ahnt man in der Hofburg, was in Bayern und am Rhein sich zusammenbraut? Demnächst zu erhaschende Eindrücke vom Kurfürstentag machen wahrscheinlich, daß man es nicht ahnt, einer Niederlage von Format mit pompöser Selbstsicherheit entgegensteuert. Andererseits fehlt es nicht an Zeichen dafür, daß Wallensteins Position in Wien sich verschlechtert, während der Kurfürstentag näherrückt; teils nur gerüchtweisen, mit Skepsis zu betrachtenden, teils auch zuverlässigen. Nach dem letzten Ligatag, dem zu Mergentheim, wird Ferdinands Kanzler, Werdenberg, zu ihm nach Gitschin geschickt, um zu sehen, ob man ihn nicht zu Konzessionen an die Kurfürsten überreden könnte, Verringerung der Zahl der Regimenter und besonders der aufwendigen Regimentsstäbe, Räumung Brandenburgs, anderen Gesten guten Willens. Man weiß nichts Genaues über diese Sendung außer, daß sie im Februar 1630 stattfindet. Man hört Gerüchte: »Avisen«, die teils von benamten Agenten, teils von anonymen Wichtigmachern nach Köln und München depeschiert werden. Etwa: vom Kaiser höflich aufgefordert, den Tätigkeitskreis seines Generalats ein wenig einzuschränken, sei Wallenstein so zornig geworden, daß er seinen Hut vom Kopfe riß, zu Boden warf und auf ihm herumsprang. Oder im Gegenteil, er habe, melancholisch und milde, seine Bereitschaft zu allem und jedem kundgetan: wollte die Majestät seinen Rücktritt, so biete er ihn an; wünsche man, daß er sich demütige, selber auf dem Collegialtag erscheine, sich den Kurfürsten unterwerfe,

er sei willig dazu. Dies, weil er wüßte, daß der Kaiser, am Ende seiner Engelsgeduld, nun entschlossen sei, ihn in die Wüste zu schicken. Aber Wallensteins späte Selbstbescheidung sei bloßes Theater. Unter der Decke arbeite er und arbeiteten seine Freunde mit fiebrigem Eifer, seine Macht zu konservieren; Bestechungen flössen wie eh und je; wenn er nun bei den Kurfürsten sich anzubiedern versuche, so sei es bloß, um ihnen »eine Nase zu bohren« . . . Köln glaubt solche »Avisen« und schreibt an Bayern, dem er sie weitergibt, nun sei der Moment, nachzustoßen und die Entlassung durchzusetzen. Maximilian: »Es mags einer wagen, der gern Läus im Pelz hätt.« Seinerseits ist er nicht so ganz davon überzeugt, daß der Kaiser sturmreif sei, wohl aber von allem Übrigen; sogar den ihm suggerierten Ausdruck »eine Nase bohren« für »betrügen« wiederholt er und bezweifelt keinen Augenblick, daß Wallenstein darauf aus sei, »die Kurfürsten noch weniger zu respektieren, sondern im Römischen Reich nach seinem Gefallen und eigenen Willen zu prozedieren«. »Den Sachen ist ohne totale Amotion« – Abschaffung – »nit zu helfen, denn man hält keine parola.«

Daß Ferdinand im Frühjahr mit Wallensteins Abschaffung umgeht, hat keine Wahrscheinlichkeit, er schmeichelt sich mit ganz anderen Plänen noch im Frühsommer. Nur soviel trifft zu: Es rumort in Wien einmal wieder, es macht die Partei sich laut, die vom Beginne des Generalats gegen Wallenstein hechelte und nur in der kurzen Hoch-Zeit seines Einflusses, Winter 27 auf 28, stillgeschwiegen hatte: die Slawata, Meggau, Trauttmansdorff, Stralendorf. Sie inspirieren ein Geheimratsgutachten, welches Schritte empfiehlt, wirkliche Schritte; bloße Worte hätten sich endlich verbraucht. Den getreuen Kurfürsten müßte die Furcht, als übte Wallenstein im Reiche einen absoluten Dominat aus, als kümmerte er sich um Befehle der Majestät überhaupt nicht mehr, als sei das Schwert einem Rasenden – »Furioso« – in die Hand gegeben worden – solche verständliche Sorge müßte doch endlich zerstreut werden durch Straffung des militärischen Apparats und andere, besser als nur verbale Reformen; wobei es nicht über Menschenkraft ginge, Herrn General verstehen zu lassen, daß sie letzthin in seinem eigensten Interesse lägen . . . Stralendorf ehedem zu dem sächsischen Geschäftsträger: An den lästigen Einquartierungen sei nicht der Kaiser, sondern allein der Herzog von Friedland schuld, »und wäre vor Augen, wie es mit diesem Herrn beschaffen«. Es ist sonderbar mit ihm beschaffen. Er fasziniert sie alle, alle fürchten ihn. Viele hängen an ihm mit blindem Glauben; mit blindem Glauben hassen ihn die Anderen. Für diese ist es eine Wahrheit, so sicher wie die Folge von Tag und Nacht, daß es ein gefährlicheres Wagnis, als den Sturz des Unholds zu inszenieren, überhaupt nicht geben kann. Blinde Freunde, blinde Hasser haben gemeinsam, daß sie beständig an den einen Menschen denken. Und daran muß er ja wohl selber schuld sein in der Intensität seines Daseins, des aktiven wie des leidenden.

Wäre die Partie, die sich vorbereitet, nur eine zwischen Wallenstein, den Wienern, den katholischen und protestantischen Kurfürsten, so wäre sie vielfältig genug. Sie ist aber zugleich eine europäische. Welcher europäische Souverän wäre am Ausgang nicht interessiert, nicht an der Frage, wie man sie sieht, ob das große Deutschland ein Ein-Staat werden wird unter dem fiktiven Befehl des Habsburgers, dem realen Wallensteins, ob es im Gegenteil zurückkehren wird zu den alten Formen der Fürsten-Republik? Schon in dieser Frage liegt ein Mißverständnis, denn so klar und glatt ist der Gegensatz nicht. Und da wirbt nun jeder um jeden: Frankreich um Bayern, um Bayern auch Spanien; Holland um Bayern und die Liga, die es von Habsburg trennen möchte, gelegentlich auch um Wallenstein; Schweden um das gesamte Kurfürstencollegium, mit dem gleichen Zweck. So weich und verworren ist, oder scheint die politische Masse, daß man die allerverschiedensten Figuren aus ihr zu schneiden hofft. Unsicher bis zuletzt, wer für wen sein wird. Spanien – wird es Wallenstein stützen, ihn für den Seinen ansehen wie fünf Jahre früher, da er doch den Politikern in Madrid und Brüssel genug ärgerliche Enttäuschungen bereitete? Wird Richelieu seine wohlgeölten Beziehungen spielen lassen, um *gegen* Wallenstein zu agieren, den General der Meere, das gefährlichste Instrument Habsburgs, den Zertreter der deutschen Freiheiten – da andererseits ihm doch bekannt sein müßte, wie bitter des Kaisers General des Kaisers Krieg in Italien verurteilte? Jeder weiß über Jeden nicht alles, nichts ganz Sicheres, das gibt es bei so verworren schwankenden Händeln gar nicht, aber doch etwas; dafür sorgen die Botschafter, die Avisen-Schreiber, die hin und her reisenden Plaudertaschen. Dem Kardinal, auf intimstem Fuß mit den Holländern stehend, sollte doch zu Ohren gekommen sein, wie Wallenstein an den Kaminen von Halberstadt und Gitschin sich mit Herrn Foppius van Aitzema gesprächsweise gehen ließ . . . Einstweilen ist die französische Politik anti-wallensteinisch, weil sie anti-habsburgisch, anti-spanisch, besonders aber, weil sie über den Haß der Kurfürsten recht wohl informiert ist; er soll benutzt werden, um den Koloß zu sprengen, das katholische Deutschland von Österreich-Spanien zu trennen. Dies nicht etwa, um Haus Österreich zu ruinieren, dergleichen böse Absichten hat Ludwig XIII. keineswegs: »er könnte aber nit zusehen, wie das selbe so gar zunehme und fast jedermann unterdrücken wolle.« So Richelieus Gesandter, Herr von Marcheville, der Herbst 29, Winter 30 zwischen den Kurfürsten hin und her reist, Schreiben seiner Meister offeriert, selber den Mund noch ein wenig voller nimmt. Was sollen ihre kurfürstlichen Durchlauchten von Kaiser Ferdinand fordern? Daß er den Herzog von Friedland aus dem Reiche wegnimmt, ihn, der ein Fremder ist und in Deutschland nichts zu suchen hat; daß er Frieden in Italien macht und keinen Nachbarn mit unheimlichen Truppenkonzentrationen bedroht; daß er die Spanier nötigt, ihre Stellungen am Rheinstrom aufzugeben. Wenn der Kaiser alles dies nicht tut? Dann würde König Ludwig gerne erfahren, gegen wen die Kurfürsten sich mit bewaffneter Hand wenden werden? Gegen Wallenstein? Das wäre sehr gut. Gegen die Spanier? Auch dazu viel Glück. In beiden Fällen könnten sie auf kräftige französische Militärhilfe zählen ... Das Versprechen ist leichtsinnig; Richelieu selber geht nicht ganz so weit, er gibt nur Ratschläge. Die Kurfürsten würden sich doch nicht auf eine Versammlung zu Regensburg einlassen, die unter dem Erpresserdruck der Wallensteinischen Soldateska stünde? Und daß sie sich nur nicht einlullen ließen durch des Kaisers ewig wiederholte Argumente, die schwedische, die holländische, die französische Drohung. Nichts, gar nichts habe Europa gegen Ferdinand unternommen, solange er sich in den Grenzen seines Rechtes hielt; da habe er den Beifall aller gehabt, selbst der deutschen Lutheraner. Daß er sich zum Knecht spanischer Leidenschaften habe erniedrigen lassen, darin liege Deutschlands Unglück und die Gefahr für alle Friedensfreunde. Noch ein paar Schritte weiter auf dieser schlimmen Bahn, und Türken, Siebenbürger, Moskowiter, Schweden, könnten Österreich in der Tat zum Verhängnis werden, geschwächt wie es sei durch die »allgemeine Unzufriedenheit gegen Friedland und die Spanier«. »Unser Zweck ist die gemeinsame Freiheit ...« Von Schweden aber, von Holland hätten die Kurfürsten nichts zu fürchten, wenn sie sich den Griffen des habsburgischen Imperialismus entzögen; dafür werde Frankreich sorgen. Der Nuntius in Paris, Bagno, ganz der französischen Politik verfallen, stößt nach: wird Bayern so blind sein und Krieg gegen Schweden führen, um Wallenstein in seinem Herzogtum Mecklenburg zu sichern, seine Anmaßungen noch unerträglicher zu machen, so daß er selber, während die Liga sich im Kampf gegen Gustav Adolf verblutet, Italien, Frankreich, Deutschland in aller Muße unterwerfen kann? ... Es stammt diese verfängliche Frage, diese hochpolitische Idee von Bagnos Freund, Richelieus ehrgeizigem, phantasiereichem, einflußreichem Deutschland-Spezialisten, dem Père Joseph. Bayern hat von Schweden nichts zu fürchten, es handelte denn blind gegen sich selber: Gustav Adolfs großer

Deutschlandzug, an dem im Frühling 1630 kaum noch jemand zweifelt, wird sich gegen Österreichs und Wallensteins Gewalttätigkeiten richten, les violences de Volestein, nicht gegen ihr leidendes Opfer, die Liga; und so wird Frankreich mit einem Schlag die Neutralität Deutschlands gewinnen.
Etwas Besseres als bloße Neutralität? In München handelt Herr von Marcheville von einem bayerisch-französischen Defensivbündnis, und Maximilian findet den Vorschlag interessant. Seine Räte müssen ihm das Für und Wider genauestens erwägen. Das Wider: es wäre ein Bündnis gegen einen einzigen Menschen, Wallenstein; ein Mensch könnte sterben oder auf andere Weise harmlos werden, und dann wozu das Bündnis? Worauf die Räte sich antworten, es könnte doch wohl noch einen anderen Zweck haben, nämlich, Frankreich seinen evangelischen Bundesgenossen zu entfremden, es, gewissermaßen anstelle Spaniens, zu seiner Pflicht als katholischer Vormacht rufen. Der Kurfürst zögert. An Frankreich einen Beschützer finden in dieser gefährlichen Welt, das würde er gern, ungern aber in Wien den Eindruck erwecken, als ob er sich mit Frankreich »eingelassen« hätte – was die Quadratur des Kreises ist. Er möchte zu Frankreich hin, und kommt doch nicht von Österreich weg, und so, wie die Dinge sich verbinden, auch nicht von Spanien. Anders ausgedrückt: französisches Ziel ist, die Liga, den Bund der katholischen Deutschen, geraden oder doch ungeraden Wegs ins evangelische Lager zu führen; das bayerische, Frankreich von den Protestierenden zu trennen. An solcher Divergenz der Ziele scheitern die Unterhandlungen noch einmal. Denn während Richelieu und sein Kapuziner das Irdische vom Himmlischen sauber zu trennen vermögen, kann Maximilian das nicht; der Alliierte der Schweden, der calvinischen Holländer kann er nicht sein. Da ist die Grenze. Also bleiben die aufgeregten Gespräche zwischen Franzosen und Bayern vorläufig ohne Resultat, außer dem einen: in München und Mainz fühlt man sich in dem Entschluß bestärkt, von den zween Kaisern, die gegen alle Natur im Reiche walten, den einen, illegitimen, unerträglichen nun endlich heim nach Böhmen zu jagen.
»Gegen Friedland und die Spanier« – so sieht Richelieu das Lebensinteresse der Kurfürsten, weil er so sein eigenes sieht. Eine Komödie der Irrungen. Ist denn nicht Wallenstein selber ein Feind Spaniens, in Norddeutschland, in Italien? Er wäre es, und es wäre klar, daß er es wäre, hätte er wirklich die Position inne, in der man ihn sieht; die des zweiten, eigentlichen Kaisers, der tun kann, was er will. Ach, wenn sie doch verstünden, wie er manövrieren muß, wie er balancieren muß, dies Versprechen geben, weil er jenes nicht hielt, dies Stück

einräumen, um ein anderes zu behalten. Trotz aller Versuchungen und Leiden will er ja General bleiben, solange sich ihm nichts Besseres bietet. General des Kaisers, General der Spanier, kann er keine eindeutige Politik gegen Spanien treiben. Keine treiben, und das heißt, auch keine im Kopf haben. Eindeutig ist nur das Verwirklichte; wie soll es das bloß in Gedanken Hin-und-her-Wogende sein. Die widersprechenden Gedanken aber färben auch auf das Verwirklichte ab, so daß es selber vieldeutig wird, fragmentarisch, schattenhaft, sich selber zurücknehmend.

Im Winter 1630 läßt er die Spanier wissen, er werde zu einem gewaltigen Kriegszug gegen die Holländer, ja gegen Frankreich selbst bereit sein, wenn nur erst Friede in Italien wäre und wenn man ihm ungeheuer viel Geld gäbe; soviel, wie Madrid nimmermehr aufbringen kann. Freudige Erregung am Königshof: Zweifel in Brüssel, wo man seine Taktik mittlerweile kennt. Es sind Brocken, die er auswirft, damit man ihn ein paar Monate lang in Ruhe läßt. Er stellt Truppen in Lothringen und im Elsaß auf oder hindert nicht, daß man sie aufstellt; der Impuls kommt aus Wien. Mit welcher Absicht? »Man begehrt, daß ich eine Diversion in Frankreich solle machen, das kann zwar nit sein, aber man spargiere nur, daß ich hinziehen werde.« (An Collalto) Man spargiere, verbreite es, damit die Spanier es glauben, vielleicht auch, damit die Franzosen nicht ihrerseits auf böse Gedanken kommen. Daß er eine französische Bewegung gegen den Rhein fürchtet, betont er über und über; wobei man nicht sicher weiß, ob er diese Gefahr wirklich so ernst nimmt, oder sie nur taktisch ins Schild führt, um die Kaiserlichen zum Frieden in Italien zu überreden. Während er von einem Hauptschlag gegen Holland spricht, zieht er seine letzten Regimenter von dort ab, er braucht sie gegen die Schweden. Zu Herrn van Aitzema in Gitschin: er führe wohl im Sinne des Königs von Spanien bedrohliche Reden, seine Lage zwinge ihn dazu; man werde ja aber im Haag zwischen Reden und Taten zu unterscheiden wissen . . . Aus seinen Reden, seinen Schreiben schließen Historiker, er habe im Frühling oder Frühsommer 1630 wieder eine Schwenkung zu Spanien hin, gegen Frankreich, vollzogen. Aber diese Ansicht stützt sich bloß auf Worte. Während die Krise herannaht, das große Regensburger Treffen, muß er ja bei irgend jemandem stehen oder zu stehen scheinen, da er auf sich allein nicht stehen kann. Frankreich wird ihm nicht helfen. Daß er einen letzten Versuch gemacht habe, ganz indirekt, durch Mittelsmänner, Bayern zu versöhnen, behauptet Maximilian: »wenn er nur wüßte, uns damit zu gewinnen und zu seinem Intent zu disponieren . . .« Der Köder sollte die Rheinpfalz sein, die Anregung aus Wien kommen, der allmächtige Friedländer aber

dahinterstehen; stolz ist Maximilian darauf, das schmutzige Angebot verworfen zu haben . . . Hier ist in Wahrheit nichts mehr zu machen. Auch in einer persönlichen Begegnung ließe des Kurfürsten erstarrter Haß und Verdacht sich nicht auflösen.
Die Beiden denken ähnlich in manchem; vernünftige Politiker, hoch über dem Durchschnitt fürstlicher Intelligenz, geborene Ordnungsstifter. Maximilian ist gegen den Italienkrieg, so Wallenstein; Wallenstein will Frieden mit den Niederländern, so Maximilian, und er weiß auch, daß Wallenstein ihn will. Die dem Reich durch Spaniens Imperialismus drohenden Gefahren sehen sie nahezu gleich. Beide haben selber etwas dem Reichsfrieden Schädliches getan, indem sie sich anderer Herren Rechte aneigneten; Maximilian die Oberpfalz und die Kurwürde, Wallenstein Mecklenburg. Auch haben sie in ihrer Zwitterstellung etwas von ferne Gemeinsames; große Fürsten kraft ihrer Energie, ihrer Fürsorge, ihrer zugleich sparsamen und noblen Ökonomie, nicht ihrer ererbten Mittel. Die bayerische Souveränität ist zu bescheiden für die Machtpolitik, welche der Kurfürst auf ihr zu gründen sucht; Wallenstein immer etwas wie ein König ohne Reich. Aber das, was ihnen gemeinsam ist, verbindet sie nicht. Der Kurfürst würde große Augen machen, sagte man ihm, daß auch nur irgend etwas in ihm an den hergelaufenen Böhmen, den Tyrannen, den Blasphemierer erinnerte. Einer will da sein, wo der andere ist. Sie stehen sich im Weg. Jedenfalls sieht Maximilian den General immer bedrohlicher, immer widriger in seinem Weg stehen. Angehetzt durch die Franzosen, vergebens gebremst durch die Spanier werden Zusammenstoß und Kraftprobe in eben dem Moment stattfinden, in welchem eine andere, gleichfalls seit Jahren beredete Hauptkrise endlich beginnt: der Machtvergleich zwischen König Gustav und der Partei Österreich-Spanien, die schwedische Invasion; in welchem also Ferdinand II. Wallensteins Heeres und Wallensteins organisatorischer Gaben dringender bedürfte als je zuvor, und der Kurfürst auch, falls er auf den französischen Schutz nicht absolut bauen kann . . . »Verwirrende Lehre zu verwirrtem Handeln waltet über die Welt . . .«

Memmingen

Er verließ Mecklenburg im Juli 1629. Von August bis über das Jahresende blieb er im nördlichen Mitteldeutschland, in Halberstadt. Da regierte er, insoweit Einer, der das oberste Amt nicht innehat, regieren kann; empfing politische, militärische Gäste, organisierte, disponierte, rang um Geld, ohne welches gar nichts zu disponieren war,

grämte sich, warnte, gab nach. Truppen nach Italien, ungern, auf seiner Majestät scharfen Befehl; aber nie sorgten die Spanier für Nahrung, Artillerie, Munition, wie sie zugesagt hatten. Truppen nach Holland, vergeblich. Verteilung der noch verfügbaren Regimenter, 50000 Mann auf dem Papier, in der Wirklichkeit kaum mehr als 30000, sehr weit, sehr dünn, über Mecklenburg, Pommern, Brandenburg. Es kamen die Hiobsposten; Herzogenbusch kapitulierte, die Holländer gingen über den Rhein; Schweden schloß Waffenstillstand mit Polen, Gustav Adolf war nun als ein deklarierter Feind anzusehen. Es kam der alte Tilly, um wegen der Winterquartiere zu heckeln, Tilly, von dem jetzt auch seine engsten Mitarbeiter klagten, er werde immer schwieriger und stutziger und es sei bald gar kein Auskommen mehr mit ihm. Hannibal von Dohna, der Burggraf von Breslau, kam und führte aus, aus welch kläglichen Gründen seine Provinz zahlungsunfähig sei; was ungnädig aufgenommen wurde. Es kam der holländische Diplomat Aitzema, und machte Hoffnungen, die Wallenstein ernster nahm als Aitzemas Vorgesetzte. Viele, viele Briefe wurden diktiert oder mit eigener Hand geschrieben, selbst am Weihnachtstag. Überarbeitung und Ärger griffen neben den Beinen auch den Magen an; der Doktor empfahl eine Kur in Karlsbad. Mitte Januar erhob er sich von Halberstadt und reiste nach Gitschin. Dort bis Ende April. Besuche: Werdenberg, Aitzema ein anderes Mal, Johannes Kepler. Patente für die Aufstellung neuer Regimenter, die Verstärkung der alten. Er hielt sie für notwendig; jene, welche die Notwendigkeit zu verantworten hatten, die Wiener Geheimräte, aber nicht. Sie insinuierten »Reformation«, was ein Wort für Abrüstung war, um die Kurfürsten zu besserer Laune zu stimmen. Wallenstein: ». . . von Hof dringt man auf die Hauptreformation, in ein paar Monaten werden sie sehen, wie sie daran sein werden . . . Einer zieht her, der andere zieht hin, unterdessen, wenn sich unsere Feinde alle movieren werden, so wird ein jeder seine itzigen Gutachten aufs beste bemänteln wollen.« (An Collalto) So geschehen. – Von Gitschin nach Karlsbad zu geschäfteschwerem Bade-Aufenthalt, drei Wochen. Von Karlsbad nach Memmingen im oberen Schwaben.
Warum kehrte er nicht zurück nach Mecklenburg? Übersah er, daß der Schwede, der »unheimliche Gast«, nun endlich im Begriff stand, dem deutschen Reich aufzuwarten, daß also der Platz des deutschen Oberfeldherrn jetzt nirgendwo als an der Küste zu sein hatte, viel klarer als in den beiden Vorjahren? Politik, nicht seine eigene, erklärt das Rätsel. Die Schwerpunkte des habsburgischen Imperialismus lagen nun in Italien und westlich des Oberrheins. Der Hauptkrieg, nicht mehr ein Nebenkrieg, spielte um Mantua. Was demnächst ein

Hauptkrieg ganz anderen Stiles sein würde, glaubte man mit was Wenigerem als der linken Hand beherrschen zu können. Bisher hatte Wallenstein das italienisch-französische Unwesen aus weiter Ferne, aus Halberstadt und Böhmen kontrolliert. Memmingen lag italienwärts, ob man den Weg über Begrenz nach Graubünden oder über den Gotthard nahm. Nach Westen zeigte es auch, nach Konstanz, Freiburg, Breisach. Daß er imstande wäre, selber nach Italien zu gehen und dort mit gewaltiger Anstrengung ein Ende zu machen, verhieß er, oder beinahe; *wenn* nur nicht die Pest dort wütete, *wenn* nur die Spanier ihre Versprechen hielten – zwei unerfüllbare Bedingungen. Gleichzeitig ließ er glauben, er sei bereit zu einem Feldzug über den Rhein. Die Position in Oberschwaben fungierte als eine Zwickmühle, aber eine, von der er nicht wußte, ob und zu welchem Zweck er sich ihrer bedienen würde. Im Grunde war er ratlos angesichts von vielerlei gefährlichen, jedoch noch nicht voll aktualisierten Möglichkeiten. Daß man von Memmingen in vier Tagen nach Regensburg gelangen konnte, kam ominös hinzu, aber nur für seine deutschen Gegner, die ihn eines Staats- und Gewaltstreiches gegen den Kongreß für fähig hielten.

Übrigens könnte es sein, daß er selber, jahrelang Warner vor dem Löwen aus Mitternacht, sich Illusionen zu machen wünschte, jetzt, da der Räuber schon um den Vorgarten schlich. Er sprach von »ein paar Monaten« und meinte Schweden. Aber weil unter Menschen nichts zu Tuendes sicher ist, bevor es nicht wirklich getan wurde, weil die schwedische Invasion seiner eigenen Dinge Verworrenheit so oder so auf den Höhepunkt bringen mußte und also ihm widrig war, so hoffte er wider Hoffen, es möchte noch einmal bei der Drohung sein Bewenden haben; und sein Wunschdenken wird nicht so ganz unbegreiflich scheinen, wenn wir erfahren, daß König Gustav Adolf bis zu allerletzt zweifelte, ob dies größte Wagnis seines Lebens denn auch ganz und gar unvermeidlich sei. Zweifelte wohl; aber unter Zweifeln tat. In Danzig sollten noch einmal Ausgleichsverhandlungen zwischen dem König und den Kaiserlichen stattfinden, vermittelt durch Christian von Dänemark, welcher den Deutschlandzug des gewaltigen Nachbarn ungern sah. Die Gespräche hätten es schwer gehabt, etwas auszugleichen. Auch fanden sie gar nicht statt; die kaiserlichen Vertreter langten pünktlich an, die Dänen spät, die Schweden nie; erhoffte Wallenstein sich von Danzig etwas, so war er, nicht zum ersten Mal, der von Gustav Adolf Betrogene. Ein Rätsel bleibt. Denn es scheint, als ob sein Interesse an den Meeren und an Norddeutschland, an allem, was er dort in Jahren emsiger Tätigkeit gegründet und versucht hatte, erlahmte eben jetzt, als sein Werk auf die Feuerprobe gestellt wurde. Seine Korrespondenzen mit den Hansestädten, mit seinem eigenen Mecklenburger Statthalter wurden spärlich; die Flotte, die Zitadellen und Befestigungen, ehedem Lieblingsthemen, kaum noch erwähnt; als ob enttäuschte, müde Gleichgültigkeit gegenüber der eigenen Schöpfung sich seiner bemächtigt hätte. Einmal schrieb er, es sei von den Hansestädten nichts Gutes mehr zu erhoffen; was, wenn es zutraf, einem Zusammenbruch seiner norddeutschen Ordnungspolitik gleichkam.

Einer hatte als selbstverständlich angenommen, daß der General unter solchen Umständen nach Mecklenburg eilen würde: der Kurfürst von Bayern. Es wäre, schrieb er, ärgerlich, wenn Wallenstein in Person in Regensburg erschiene, wo er das Kunst- und Bubenstück, sich zu rechtfertigen und die Mehrheit auf seine Seite zu bringen, wohl hinbringen würde. Daran hindern könnte man ihn kaum; gottlob aber werde er mittlerweile mit den Schweden alle Hände voll zu tun haben, und also an der Küste, nicht an der Donau zu treffen sein. Ein Irrtum. Die Reise ging weder zur Küste noch nach Regensburg, sondern über Nürnberg – dort Hader mit den Stadtvätern wegen der monatlich von ihnen zu entrichtenden 20000 Gulden – über Ulm – dort Empfang beträchtlicher Geschenke, ein silbernes Handbecken mit Krug, auch Wein, Fische, Ochsen, Hammel und Kälber – nach Memmingen. Einzug den 9. Juni, wie er es gewohnt war; die rotgepolsterten Kutschen, die mit erhabenem Silber gestickten Fahnen, die leuchtenden Uniformen der sechshundertköpfigen Leibgarde, die noch das Eisen an den Piken versilbert trug. Wohnung im Palast der Fugger, grauem, ungetümem Bau am Rande des Städtchens. Alsbald Schweigen aller Glokken, auch dem Nachtwächter sein singendes Handwerk gelegt, und so während der vier Monate, die er in Memmingen verbrachte. – Was tat er in diesen langen Sommer- und Frühherbsttagen?

Nicht viel. Wäre auch seine Energie aufgeflammt, wie es ihre Art war, um dann sich wieder unter der Asche von Krankheit und Melancholie zu verbergen, so hätte sie doch jetzt nichts Ergiebiges leisten können. Den 19. Juni trafen der Kaiser mit Gemahlin und Sohn in Regensburg ein, dann, einer nach dem andern, die Kurfürsten. Am 6. Juli landete Gustav Adolf mit 13000 Mann auf der Insel Usedom, welche die Odermündung beherrscht; in der folgenden Woche verstärkte ihn seine Stralsunder Garnison; Anfang Juli nahm er den ersten Ort auf dem Festland, am 20. kapitulierte Stettin, die Hauptstadt Pommerns. Von da an konnte im Ernst nicht mehr die Rede von dem sein, wovon die Rede wohl gewesen war, aber nie im letzten Ernst: daß Wallenstein nach Italien zöge. »Der Schwed hat sich Rügens und Usedoms bemächtigt, die Pommern halten alle mit ihm wie nicht weniger die

Märker und Hansestädt, Torquato« – Conti – »begehrt Succurs, denn er ist bei weitem den Schweden nicht stark genug, ich kann ihm keinen Menschen schicken . . .« »bei dieser Beschaffenheit werden wir müssen das Volk aus Italien abfordern und uns in unseren Ländern defendieren, und also wird Italien verloren werden . . .« (An Collalto) Wenn er danach, Ende August, noch einmal vom italienischen Krieg schrieb, als von einer Sache, die gerade jetzt wacker gefördert werden könnte, so waren es die sinnleersten Worte, die er je ausstreute, kaum auch nur Taktik. Regensburg – wäre er der gewesen, für den seine Feinde ihn hielten, der ruchlose, erzschlaue Intrigant und Korrumpierer, so hätte er doch wohl eingreifen können in das Gespinst, das ihm galt. Tilly war in Regensburg, warum nicht er? Wieder ist es schwer, ihn auf dem Jahrmarkt fürstlicher Eitelkeiten sich vorzustellen, ein Geringerer unter Höheren, als Angeklagter vor die Kurfürsten tretend und seinen eigenen Advokaten spielend. Vor dem Publikum hätte er sagen müssen, was er privat so oft gesagt hatte, daß er selber gegen das und das gewesen sei, und nie allmächtig. Welch historisch ausholende, mit den schwierigsten Argumenten gespickte, beide Seiten, den Kaiser so gut wie die Kurfürsten kompromittierende Rede hätte das gegeben. Unmöglich! Er fühlte sich im Recht; mochten die ihm recht tun, denen er diente. Was die Personalmaschinerie betrifft, deren listigen Aufbau man ihm nachsagte, die zu Millionenpreisen erkauften Minister und Höflinge – das mußte sich jetzt ja bewähren, wenn es existierte. Er sah zu. Daß er über die Regensburger Vorgänge sich durch seinen Vetter Max genauestens unterrichten ließ, wird behauptet; es ist wahrscheinlich. Einmal besuchte er in Tirol den Erzherzog Leopold, des Kaisers Bruder; denselben, der einst, blöde-wilder Jüngling, in Prag so grauenvollen Aufruhr gestiftet hatte, in achtundzwanzig Jahren vielleicht doch etwas reifer geworden war. Leopold an Max von Bayern: man könne ja keinem in das Herz sehen, aber dieser Mann, Wallenstein, scheine ihm durchaus fähig, den rechten Weg zu gehen, wenn man ihn zu behandeln wußte . . . Die Zusammenkunft blieb in Regensburg nicht unbemerkt; und da man dort die Gerüchte liebte, hörte man gern auf eines, welches wahr haben wollte, des Kaisers Bruder hoffte anstatt des Kaisers Sohn zum Nachfolger gewählt zu werden und sich dabei der Hilfe des Herzogs von Friedland zu bedienen.

Ein anderes, indirekt-unsicheres Mittel, sich zu verteidigen, waren Gespräche mit Gästen von Distinktion, die ihre Reise zum Kongreß in Memmingen unterbrachen. Als Erster nahm der päpstliche Nuntius, Rocci, im überfüllten Städtchen Quartier und gewann die uns schon vertrauten Eindrücke: wie prunkvoll der Hof, wie höflich der

Herzog und wie vernünftig seine Ansichten. »Seine Hoheit ist unbeugsam, stolz und überaus schlau, mit mir hat er sich aber äußerst bescheiden und liebenswürdig benommen ... Er bemerkte gegen mich, daß er stets zum mindesten wie irgend jemand den Frieden in Italien gewünscht habe ...« Ende Juli kamen die Franzosen, der Gesandte bei der Schweizerischen Eidgenossenschaft, Brulart, begleitet von keinem Geringeren als Richelieus frommem, ausgepichtem Berater, Père Joseph. Vertreter einer Macht, die mit Haus Österreich in unerklärtem Krieg lag, ersuchten sie von Konstanz aus um einen sauf-conduit, einen Paß. Die Reaktion Wallensteins war schmeichelhaft, denn alsbald schickte er den Diplomaten seinen Obersthofmeister »drei Tagereisen« entgegen. Das müßte bis Konstanz selber gewesen sein; in einem Tag durchsegelt man den Bodensee in seiner Länge, und in weiteren zweimal vierundzwanzig Stunden sollte auch die schwerste Reisekutsche den Weg von Memmingen nach Lindau bewältigen. Wallenstein, indem er den Franzosen so hohe Ehre erwies, zeigt, wie begierig er war, sie zu empfangen und von dem, was er war und dachte, zu überzeugen; den Botschafter, noch mehr aber den Kapuziner, der noch unlängst der Kurfürsten Aufmerksamkeit auf les violences de Volestein lenken zu müssen geglaubt hatte. Nebenbei war der Geistliche befreundet mit einem gewissen Ordensbruder, nämlich Valeriano Magni, Wallensteins Seelenanalytiker. Dem viel beredeten Tyrannen nun zweimal, mehrere Stunden lang, in geschützter Stille gegenüberzusitzen, muß für den Pater reizvoll gewesen sein; für Wallenstein auch. Die Details dessen, was in der letzten Zeit zwischen Richelieu und Max von Bayern hin und her gegangen war, kannte er nicht, die Haupttendenz sehr wohl, und wußte natürlich auch, welche Rolle der Pater für die Definierung der französischen Deutschlandpolitik spielte.
Die Begegnung hat in keinem authentischen Dokument ihren Niederschlag gefunden. Zwar hielt Wallenstein für gut, dem Erzherzog Leopold Nachricht zu geben, noch am Tage, an dem die Franzosen sich verabschiedeten: »Der Pater Joseph Capuziner samt dem französischen Ambassadeur, welcher zu Solothurn residiert, ist bei mir gewest. Heut ziehen sie auf Regensburg. Ich sehe aus allem ihrem Tuen und Lassen, daß sie groß Verlangen nach dem Frieden haben, wie sie denn deswegen zu ihrer Majestät geschickt werden.« Soviel, aber nicht mehr; nach dem Brauch der Zeit, eine halb erlaubte, halb unerlaubte Konferenz denen, die sie anging, vorbeugend bekannt zu geben, aber nicht alles, was es mit ihr auf sich hatte. Es hatte mehr auf sich; wir wissen es von Père Josephs zeitgenössischem Biographen, der von des Geistlichen Freund und Wegbereiter, Père Ange de Mor-

tagne, immerhin Kundschaft besaß. Demnach ließ Wallenstein sich gehen, behaglich und redselig, wie er es gegenüber Fremden von Rang liebte, und ließ sich in der Richtung gehen, in der er des Kapuziners Sympathien und Träume vermutete. Der Kreuzzug gegen die Türken, wenn nur erst Friede wäre in Europa. Die Eroberung Konstantinopels. War das nicht auch das noble Ziel des Herzogs von Nevers gewesen, desselben, den kaiserliche Politik so gegen alles Recht um sein Mantua zu betrügen versuchte? Ja nun, der Kaiser sei gewiß fromm und friedensliebend, aber nicht so stünde es leider oft mit seinen spanischen oder spanienhörigen Beratern. Er selber, des Kaisers General, könne nicht, wie er wolle, nicht jeden in Wien ausgekochten Unfug verhindern. Er würde es erst dann können, wenn er ganz sein eigener Herr wäre, ein Souverän und kein Diener mehr . . . Père Joseph mag aufgehorcht haben bei diesem letzten Wort. Daß Wallenstein die Reichsverfassung umstürzen, den Kaiser so absolut zu machen strebte, wie der König von Frankreich es war, behaupteten die Kurfürsten, und er, der Gesprächspartner, hatte die Furcht der Deutschen nach Kräften angeheizt. Klang es nicht anders, wenn man den General sprechen hörte? Wollte er die Macht Ferdinands erhöhen, damit es seine eigene wäre, auszuüben zu grandiosen wie auch vernünftigen Zwecken? Solche Stellung, dachte er sie gegebenenfalls auf ganz andere, eigentlich konträre Art zu erreichen? Sich ein europäisches Fürstentum aus eigenem Recht zu gründen, der Weg führte ja zum kaiserlichen Einstaat nicht. Auf welchem Stück Erde sollte Wallensteins Souveränität denn basieren? . . . Gern wüßte man mehr von den Dialogen zweier hochfliegender, zugleich praktischer und das Praktische ins Phantastische überschreitender Geister; wüßte gern, wie Joseph später seinem Kardinal davon erzählte und wie der, mit hochgezogenen Brauen, fragend, bohrend, es aufnahm. Vielleicht war alles so genau nicht, weil die Bestrebung selber es nicht war; menschlich interessant zwar, aber unnütz für einen Politiker vom Schlage Richelieus . . . Von Memmingen reisten der Botschafter und sein gewichtigerer Begleiter nach Ulm, weiter zu Schiff nach Regensburg, über das dort zu Verrichtende Instruktionen mit sich tragend, die vermutlich aus des Paters Feder stammten. Instruktionen europäischer Vernunft. Den Kaiser zum Frieden in Italien, zur Sonderung seiner Interessen von denen der schlimmen spanischen Unruhestifter zu bewegen, wenn aber nicht ihn, dann die Kurfürsten. Die Kurfürsten ihr Heil begreifen zu lassen: daß sie von Schweden nichts zu fürchten hätten, daß die Holländer jedes deutsche Gebiet räumen würden, wenn die Spanier ein Gleiches täten; daß sie auf die mächtige Hilfe Frankreichs zählen könnten, wenn sie sich kaiserlichen Usurpationen widersetzten. Ein

direkter Auftrag, Wallensteins Sturz zu betreiben, findet sich in dem Schriftstück nicht; indirekt mag man ihn herauslesen; jedenfalls wurden die Emissäre für diesen Zweck nicht mehr benötigt.
Ein Sohn des Königs von Dänemark, Ulrich, hielt sich fünfzig Tage lang in Memmingen auf, wurde festlich bewirtet und revanchierte sich standesgemäß. Turnierspiele wurden veranstaltet; ein mit der politischen Schwüle und Hochspannung des Sommers kontrastierender, heiterer Zeitvertreib, bei dem die Bürger zuschauen durften. Ihnen ging es gut während der Wallenstein-Monate. »Sechzehn Wochen«, resümiert der Chronist, »ist der Herzog allhie gelegen, hat ein stattlich Regiment gehalten, und der Stadt ist nichts geschehen. Alles ist ganz wohlfeil geworden und alles ist wohlgeraten, und solang der Herzog in der Stadt gelegen, ist Glück und Heil gewest.« Wie die Preise stabil gehalten, ja herabgezwungen wurden, trotz des Militärs, trotz des ungeheuren höfischen Konsums, dafür gibt es keine andere Erklärung als den Ordnungswillen, der im Palast waltete. Von den Drohungen über dem Haupt ihres fremden Stadtherrn ahnten die Bürger freilich nichts. Auch nicht: von den Geldsorgen, die trotz des Silbers an den Hellebarden seiner Leibwächter ihn peinigten. Aus welchen Gründen er immer nach Schwaben gezogen war, man muß einen zusätzlichen vermuten. Norddeutschland war nachgerade furchtbar ausgesaugt und störrischer als sonst, mit dem Blick auf Gustav Adolf. Aus den Städten und Herrschaften des Südwestens konnte man noch Geld zu pressen hoffen, das dringend, so sehr dringend gebraucht wurde. Die Finanzierung eines großen Kriegswesens ohne geregelte Steuern, eigentlich ohne Staat, vor fünf Jahren improvisiert und seither fort und fort betrieben, war nun am Ende oder nahezu; und dies, bevor noch Ferdinand II. den Kurfürsten seinen Entschluß kundtat, einen Wechsel im Kommando seiner Armada vorzunehmen.

Zusammenbruch de Wittes

Sie waren nun seit neun Jahren Großgeschäftsfreunde gewesen, der General und der Finanzier. De Witte sorgte für Wallenstein wie ein dienstbarer Geist aus Tausendundeine Nacht. Alle Herrlichkeiten der Welt hatte er ihm geliefert, das Mögliche sofort, das Unmögliche etwas später; Pulver und Blei, Gobelins, Seidenstoffe und Tafelsilber, Landgüter, Geld und wieder Geld. Es wurde alles mit Selbstverständlichkeit gefordert, mit Selbstverständlichkeit akzeptiert. Als es zur letzten Krise kam, schuldete der Herr dem Lieferanten für Leistungen, die ihm persönlich galten, etwas Beträchtliches. Bei aller Großartigkeit bedeuteten jedoch Wallensteins eigenste Bedürfnisse nur einen geringen Bruchteil des Umgesetzten; und wenn sich der Gedanke aufdrängt, er hätte seinen Hofstaat, dessen Ausgaben er zu den militärischen schlug, doch etwas einschränken können, als in den Jahren 29–30 die finanzielle Gesamtlage immer beängstigender wurde, so wogen selbst diese 240000 Taler nicht schwer im Budget des Heeres und Krieges. Der Hof, alles in allem, kostete kaum mehr als zwei Regimenter, von denen das Heer an die fünfzig zählte. Auch imponiert Sparsamkeit der Machthaber den Untertanen nicht. Dieser wollte imponieren; seinem letzten Zug von Karlsbad nach Memmingen wurde nachgesagt, er hätte an Luxus noch alles Bisherige überboten.

Aber die Wirrsal dahinter. Aber die Notrufe de Wittes; gedämpft schon 1628, im Jahre darauf immer lauter; Verzweiflungsschreie zuletzt. Das von Wallenstein entworfene System war wohl das rationalste, was gefunden werden konnte; für die Unternehmungen, die man ihm abforderte, lange nicht rational genug. Es verschliß sich auf die Dauer, es wurde matter und wirkungsloser. Daß ein Teil der Armee, niemand konnte sagen ein wie großer, bloß dazu diente, die Kosten des Ganzen einzutreiben, wäre ein Ausdruck seiner mangelnden Rationalität. Diese Verwaltung verschlang zuviel von dem, was sie einbrachte. Und sie brachte immer weniger ein. Um es für einmal in der Zeit ungemäßer Sprache auszudrücken: Wallensteins Investitionen, seine Aufwendungen für Kaiser und Reich hatten sich nicht umgesetzt in solides Kapital. In Schulden hatten sie sich umgesetzt, deren Eintreibung, zusamt dem erwarteten Gewinn, auf Macht, Zwang, Raub beruhte. Wie, wenn der Zwang nachließ, oder kein zu erpressendes Geld mehr da war? Nicht zu ziehen vermag ich die Grenze zwischen wirklicher Zahlungsunfähigkeit, Armut, Dürre auf der einen Seite, auf der anderen bloßer Zahlungsunlust und Widerborstigkeit, sich meldend, sobald der Schrecken der Tribuliersoldaten am Orte verblaßte. Beide Motive spielten zusammen, eines konnte das andere vorschützen. Jedenfalls zahlten sie nicht mehr oder bei weitem nicht das, was sie zugesagt hatten: die großen Städte, Augsburg, Nürnberg, Magdeburg, die Stifter, die Länder, Böhmen, Schlesien. Von der schlesischen Kontribution für 1628, 600000 Taler, hatte de Witte zu Ende des Jahres noch keine 150000 in der Hand; im nächsten Frühjahr fehlte immer noch die Hälfte; so daß die neuerdings eingegangenen Verpflichtungen der Stände, 600000 für 1629, 600000 für 1630, nur die Masse der Schulden vermehrten. Schulden der Kontribuierenden an de Witte, das hieß an Wallenstein, das hieß an den Kaiser; Schulden de Wittes an jene, von denen er selber geliehen hatte, um zu beleihen, und die zu den Terminen das Ihrige samt den Zinsen kalten Auges zurückerwarteten. Zinsen – schon mußte de Witte Wechsel zu 12 Prozent aufnehmen, gedeckt von Kontributionen, die noch nicht einmal fällig waren und, wenn sie selbst fällig wären, doch nur tropfenweise einkommen würden. Mit jeder Frühjahrs- und Herbstmesse sah er den Zusammenbruch seines Kredits näherkommen, den Zusammenbruch von Geschäft, Ehre, Existenz. Es gedieh so weit, daß er, der mit Millionen hantierte, welche wir, um sie recht uns vorzustellen, in Milliarden übersetzen müssen, Sümmchen erlieh und erbettelte bis herunter zu hundert Gulden; daß er, unter Zeitdruck und mit den kümmerlichsten Ergebnissen, seinen eigenen Grund und Boden zu Geld machte. In herzzerreißenden Tönen beschwor der Gehetzte seinen Protektor und Ausbeuter, ihm doch zu helfen; in all dies habe er sich nur für ihn eingelassen, von ihm gedrängt, im Vertrauen auf seine Macht, welche er für die Macht des Kaisers und so für unbeschränkt hielt. Da er sich aber an einen Kaiser erinnerte, dem die Händler von Prag kein Fleisch und Brot mehr hatten verkaufen wollen, so war es doch wohl nicht die kaiserliche Autorität, der er so blind sich anvertraute. Auf Wallenstein hatte er gesetzt, der ihn in seinen Bann gezogen; welcher nun zum Wirbelschlund und Verderben wurde. Ach, wäre er diesem Herzog von Friedland nie begegnet! Ein glückhaft-wohlhabender Handelsmann hätte er bleiben können, wie er ehedem gewesen, beneidet und sorgenfrei! Und nun die betretenen Gesichter seiner Mitarbeiter, die drangvollen Tage, die schlaflosen Nächte! Nicht, daß Wallenstein versäumte, zu tun, was er konnte. Das hieß, er diktierte Briefe, teils finster drohende, teils seinerseits beschwörende; an die kommandierenden Offiziere, an die schlesischen Fürsten, an Eggenberg, Collalto, Ferdinand. Wenn er aber seine Obersten zu noch gnadenloserem Exequieren trieb, erhielt er zur Antwort, es stünde leider wirklich so; wenn er tausend Reiter nach Schlesien werfen wollte, um die dortige Steuerfreudigkeit zu beschleunigen, wußten die Magnaten es zu hindern, indem sie ein kaiserliches Veto zu ihrem Schutze erschlichen. Man war in Wien ja stets gutmütiger mit großen Herren als mit Bürgersleuten und Bauern. Wallenstein, in höchster Wut: ». . . denn non datur medium, wollen sie Krieg führen, menagieren, dem Reich Gusto und nicht Disgusto durch die Einquartierungen geben, so suchen sie ihnen unsern Herr Gott zum General und nicht mich . . .« Das alte Lied; er hatte es seit 1625 gesungen, anfangs mit besserem Erfolg. Dem Schrumpfen seiner Autorität im Reich entsprach ein gleiches in Wien; eines wirkte auf das andere.

Im Spätsommer 1630 war de Witte am Ende und machte Wallenstein

Mitteilung davon. Der Brief war voller bestürzender Figuren, »über alle Maßen bestürzt« erklärte der Schreiber sich selbst; was er auf den kommenden Herbstmessen zahlen mußte und nicht konnte, was ihm selber unbezahlt geblieben war, darunter, neben ganz anderen Summen, über 100000 in des Herzogs privatem Interesse ausgelegte Gulden. Er fügte Berichte von Offizieren bei, aus denen hervorging, wie trostlos es nunmehr in Mittel- und Norddeutschland stand; wie in Magdeburg-Halberstadt die Bürger und Bauern zusehends unverschämter würden, so daß für Leib und Leben fürchten müßte, wer auch nur versuchte, noch Geld von ihnen zu erlangen; wie an der Küste, von Pommern und Stralsund her, die Schweden schon westwärts ausschwärmten und unlängst Wallensteins eigenen Oberfinanzdirektor, Kustos, an den Toren von Hamburg gefangengenommen hätten. Und eben darum, weil aus Mecklenburg nichts mehr käme und bis auf weiteres nichts mehr kommen könnte, müßte er ab 1. September die monatliche Zahlung jener 20000 Taler einstellen, von denen Wallensteins Hof seither finanziert worden war . . . De Wittes Schicksalsbrief stammt vom 14. August. Damals konnte er unmöglich schon Bericht über das Conclusum haben, welches am Tag vorher in Regensburg gefaßt worden war. Vorahnung wäre etwas anderes; die Krise des Kurfürstentages steigerte seine Ängste. Seinen Trotz? Er war zu traurig, zu tief enttäuscht, um trotzig zu sein; damit war für ihn auch Wallensteins Zauber gebrochen.
Wallenstein, in Memmingen, empfing die Botschaft zehn Tage später. Man muß es hier mit der Zeit genau nehmen. Am 24. August wußte er mit hoher Wahrscheinlichkeit von dem Regensburger Vorgang des 13., obgleich er den Ununterrichteten spielte. So, in der Bitternis einer Nachricht, die er seinem nächsten Umkreis noch verhehlte, mag er auch in de Witte einen von den vielen gesehen haben, die sich nun sputeten, ihn zu verlassen; da doch de Witte selber sich als ganz verlassen, verraten und ohne eigene Schuld verloren anzusehen übermäßigen Grund hatte. Des Herzogs Antwort: noch immer habe er sein Wort gehalten. Allerdings seien unlängst Verzögerungen eingetreten, ihre Ursachen aber nun behoben, oder demnächst zu beheben; wegen der schlesischen Zahlungen werde er an Ihre Majestät schreiben, damit ein scharfer Mahner in die Provinz entsandt würde, und so fort. Als ob solche Vollstreckungsvorhaben nicht schon so oft sich als ohnmächtig erwiesen hätten! . . . Was aber die monatlichen 20000 betraf, über die schrieb Wallenstein ein Postscriptum mit eigener Hand, welches lautete: »Herr Hans de Witte. Was ich ihm schuldig bin, das will ich lassen ehrbar und aufrichtig zahlen. Wegen der kaiserlichen Schuld will ich gewiß auch das Meinige tun, aber er lasse

mich jetzt nicht im Stich wegen der 20000 Rht monatlich, denn ich habe sonst nichts, von wohe zu leben, und ich werde darum gewiß im September nach Augsburg schicken. Sollte mir nun damit etwas unverhofftes erfolgen, so müßte ich an ihm und seinen Interessierten mich dessen revanchieren; aber ich versichere ihm bei meiner Ehre, daß ich ihn nicht werde stecken lassen . . .« Die uralte Furcht vor der plötzlich einbrechenden Armut: »denn ich habe sonst nichts, von wohe zu leben.« Keine Zeit an die Frage verschwendet, wo denn der ruinierte, von seinen Gläubigern gepeinigte Mensch die Riesensumme finden sollte. Das würde schon irgendwie gehen, wenn man ihm mit Rache drohte, die Drohung mit vagen Zusagen verbände . . . Es machte aber dies Schreiben auf de Witte keinen Eindruck mehr, die Drohung so wenig wie die Zusage. Wallenstein den 2. September an den Obersten San Julian: »Ich berichte ihm, daß der Hans de Witte an mir nicht ehrbar handelt, denn er mir das Geld nicht, wie sich gebürt, erlegen tut; dahero denn der Herr sehe, ihm von dem assignierten Geld keines mehr zu erlegen, sondern sehe, daß er mir etwan einen anderen Kaufmann ernennt, an den man das Geld wird abführen können, denn ich mit dem ehrvergessenen Schelm nicht mehr will zu tun haben . . .« – So das Ende dieser langen Beziehung.

Auch als de Witte in einer Septembernacht Erlösung von aller Qual im tiefen Brunnen seines Prager Gartens suchte, als die Nachricht, zuerst noch gerüchteweise, nach Memmingen drang und nun durch die Jammertat bewiesen war, wie es zuletzt mit Geschäft und Gemüt des Mannes gestanden, kam von Wallenstein kein Wort der Sympathie. »Man sagt dahier um und um, daß sich der Hans de Witte soll erhenkt haben. Dahero seht, was von meinen Sachen bei ihm ist, dieselben aufs förderlichste abzuholen, insonderheit die Tapeziereréien, vergoldete Leder und andere Sachen. So ist er auch meinem Weib 10000 Dukaten schuldig gewest; die seht auch, daß unverzüglich bezahlt werden. Braucht in allem des Herrn Oberstburggrafen Assistenz.« (An Taxis) Kaiser Ferdinand in Person ließ wissen, daß er vom Selbstmord de Wittes tief erschüttert sei. Die weite Welt war es, wenn nicht in menschlicher, so doch in ökonomischer Hinsicht. Der eine, von dem man es ehestens hätte erwarten können, der Partner in Glück und Unglück durch ein Jahrzehnt, der de Wittes Sohn aus der Taufe gehoben, der Freund sozusagen, nicht einen Augenblick. Raschestens die Hand auf den Nachlaß zu legen, bevor die Masse der Betrogenen andrängte, dahin allein stand sein Wille; wobei nicht deutlich ist, wie denn die Herzogin zum Gläubiger de Wittes geworden sein sollte, aber sehr deutlich ist, daß, auch wenn sie es war, noch immer ein Saldo zugunsten der de Witteschen Erben blieb. Mit Zähigkeit behauptete Wallenstein in der Folge das Gegenteil: »weil der Hans de Witte tot und wir demselben nicht weiters, sondern uns er schuldig verblieben . . .«

Regensburg

Noch einmal wie vor langer, langer Zeit greifen wir zum Tagebuch des jungen Christian von Anhalt, jetzt auch nicht mehr des Jüngsten. Er war mit seinesgleichen nach Regensburg gereist, um dabei zu sein, um seine Abteien gegen die Exekutoren zu verteidigen, auch um, wenn möglich, ein kaiserliches Amt zu erhaschen, denn sein Einkommen reichte nicht. Zuerst hatte er sich in diesem Sinn an Wallenstein gewandt, indem er ein kaiserliches Empfehlungsschreiben beilegte. Der General erwiderte schlechtgelaunt: Er würde ihn nicht anstellen, und wenn er selbst 2000 Befürwortungen Ihrer Majestät einschickte, er habe selber kein Geld, und hätte er welches, so könnte er's besser verwenden . . . Anhalt nun, immer ein guter Beobachter, schrieb von Tag zu Tag sich auf, was er in Regensburg erlebte: die Schau-Essen der Majestäten, zu denen herrliche Musik erklang und Wein aus Springbrunnen floß; die Prozessionen zum Abendgottesdienst, die weltlichen Fürstlichkeiten zuerst, dann der junge König von Ungarn und Böhmen, der Hauptmann der Hartschierer rechts, der Hauptmann der Trabanten links, dann das Kaiserpaar, gefolgt von der oberen Geistlichkeit; die ritterlichen Ringelrennen, bei denen, zu niemandes Überraschung, der Kaisersohn den ersten Preis gewann; die Wolfsjagden und Hasenhetzen; die gängigen Gespräche, zum Beispiel über die Jagd, über die schwedische Invasion, über das Geld, welches der spanische Botschafter zu spendieren mitgebracht hatte, runde 70000 Goldkronen; über Präzedenzstreitigkeiten, nämlich, wer vor wem durch Handstreich den Vortritt genommen; über die große Hitze, zu welcher philosophiert wurde, in Italien sei es wohl manchmal noch heißer, aber nicht so andauernd; über den Tausendkünstler Schilpke, der die Herrschaften mit den Leistungen seines Gedächtnisses wie seiner Zähne verblüffte, und über die Wohnungsnot in Regensburg. Diese war verdrießlich; die eng gebaute Stadt hatte an die 25000 Gäste unterzubringen, weit mehr als eine Verdoppelung ihrer Einwohnerschaft. Im Bischofshof, in den Klöstern fanden nur die Allerdistinguiertesten Platz. Der Rest mußte mit den altersgrauen Wohntürmen der Bürger vorlieb nehmen und sich ausbeuteln lassen; unliebsam wurde bei Kaufmann Sperl der Schlaf des Fürsten Christian durch Klopfgeister, wie auch durch ein Gespenst im Totenhemd

gestört. Für die Belieferung des Festschwarmes mit Speise und Trank sorgte der Kurfürst von Bayern, der sich ein Monopol dafür hatte geben lassen, und sorgte mit Gewinn, was ihn bei den Regensburgern noch unbeliebter machte, als er ohnehin war. Es gab einen Glückstopf, eine Lotterie mit hohen Einsätzen, wir wissen nicht, ob auch sie von Bayern gehalten. Kaiser Ferdinand allein war mit einem Gefolge von über 3000 Personen angelangt. Daß er zur Bezahlung dieses Sommerstaates von Wallenstein 600000 Taler lieh, welche der listige Friedländer nur zu gern hergab, um seinen Herrn noch einmal mit goldenen Ketten zu fesseln, wurde behauptet und später von den scharfsinnigsten Historikern geglaubt; ist aber zu lächerlich, um Widerlegung zu verdienen. Er hatte im Moment die 60000 Taler nicht, nach denen de Witte jammerte, um seinen Bankrott aufzuschieben; zehnmal mehr brachte er auf, mir nichts dir nichts, und versenkte sie in das kaiserliche Danaidenfaß . . .
Die Mächtigen exhibierten den Reichtum, den sie meistens nicht hatten; die Armen ihr Elend. Von den 25000 Eindringlingen mögen mehr als die Hälfte ganz arm gewesen sein; Bettler von Beruf; Exulanten, die in der Folge des Ediktes aus den ehemals und nun wieder geistlichen Besitzungen, den Stiftern und Prälaturen, hatten weichen müssen und nach Regensburg gewandert kamen, um aller Welt zu zeigen, wie es mit ihnen stand. Sorgen sanitärer und caritativer Art bereiteten sie dem Stadtrat; sie waren der Menschentyp, der leicht die Pest verbreitete, welche denn auch, das goldene Leben peinlich störend, zu grassieren begann. Um Abhilfe zu schaffen, wurde eine Almosenkasse gegründet. Die bei den Sternen wohnten, stifteten allwöchentlich etwas, je nach Reputation und Rang; die Fürsten, die Bischöfe, die Geheimen Räte, die Kriegsmänner, als der Generalleutnant Graf Tilly, die Obersten Marradas, Graf Max von Waldstein, Pappenheim, Tiefenbach, Piccolomini, der mit seinem mantuanischen Raubgut es sich allerdings leisten konnte; gern oder ungern auch die fremden Diplomaten.
Letztere traf man in Menge. Die Franzosen, das wissen wir schon; den Spanier, Carlos Doria, Herzog von Tursi, mit dem Auftrag, Wallenstein zu unterstützen, dem Ehrgeiz Bayerns entgegenzuarbeiten; den Nuntius Rocci, verpflichtet, im engsten Kontakt mit Bayern, indirekt also gegen Spanien, für Frankreich, gegen Wallenstein zu wirken; die Venezianer, Mantuaner, Savoyer, Toscaner, alle in der Sache des Italienkrieges; späterhin auch den deutschlanderfahrenen Briten, Sir Robert Anstruther, begleitet von einem Vertreter des geächteten, noch immer ruhelos hoffenden Pfalzgrafen; Abgesandter kleinerer und kleinster Potentaten nicht zu gedenken. So daß der Kurfürsten-

tag, der ursprünglich nichts anderes hatte sein sollen als eben dies, ein Treffen der deutschen Kurfürsten mit dem Reichsoberhaupt, sich zu einem europäischen Friedenskongreß erweiterte, in der Vergangenheit schier ohne Beispiel, jenem, der vierzehn Jahre später in Münster begann, wohl zu vergleichen. Es waren aber zum Frieden die Zeiten noch nicht reif, sprich, die Menschen noch zu blind.
Flüchtig, wie sie in Regensburg betrieben wurde, erwähnen wir eine Angelegenheit, welche damals in der Umgegend des Kaisers zur Sprache kam: die Prozesse gegen die Zauberer und Teufelsbuhlerinnen, die Hexen-Inquisition. Ein Ratsherr aus Bamberg durfte vor dem Monarchen klagend erscheinen. Man hatte seine Frau durch die Folter zu Geständnissen getrieben, die er für gänzlich unwahr halten mußte, und verbrannt; regelrechte Anklage war keine gewesen, und kein Verteidiger. Ein Fall unter Tausenden; in den Städten Bayerns und des Kurfürstentums Köln, in den Bistümern Würzburg und Bamberg und anderswo. Arme alte Frauen und Mägdlein ganze sieben Jahre alt, Bettler und reiche Bürger, Bürgermeister auch, in Bamberg fünf nacheinander, Kanzler der Fürsten, Seminaristen, Chorherren und Vikare, Studenten, Schüler, ganze Schulklassen, wie es heißt – die Brandfackel raste wahllos gegen sie. Ferdinand, stets rechtlich gesinnt, ließ Abmahnungen ergehen: Prozesse, die gegen die Gerichtsordnung Karls V. verstießen, sollten aufhören. Pater Lamormaini, der solche Greuel für politisch unklug hielt, riet ihm dazu.
Ob gegen Hexer und Hexen gewütet wurde oder nicht, hing durchaus vom Landesherrn ab. Zu den entschlossensten Verfolgern gehörten der Kurfürst Maximilian und sein Bruder von Köln. Wallenstein, der Mann des Aberglaubens, hat niemals einen Hexenprozeß durchführen lassen, weder in Friedland noch in Mecklenburg.
Eine Nebensache. Man hatte in Regensburg Wichtigeres zu tun.
Der Vielzahl der anwesenden Würdebolde, der Vielzahl der ungelösten Streitfragen entsprachen die Gremien, in denen verhandelt wurde: die sechs Kurfürsten unter sich – aber die beiden Protestanten hatten sich unter bitteren Klagen entschuldigen und nur durch Kanzleibeamte darstellen lassen; die katholischen Kurfürsten allein oder im Bunde mit anderen Mitgliedern der Liga; die kaiserlichen Räte unter sich; die Kaiserlichen und Kurfürstlichen gemeinsam; die Kaiserlichen und die Franzosen; mit den Franzosen auch ganz insgeheim die Bayern; und so fort. Da wir aber Lebensgeschichte schreiben, nicht allgemeine, so müssen wir so manches, was da im Schrift- und Wortwechsel hin und her flog, unerwähnt lassen.
Am 3. Juli überreichte Ferdinand den Kurfürsten seine Proposition, über die er Beratschlagung wünschte. Das Schriftstück, langwierig

beim Ei der böhmischen Unruhen beginnend, aus welchem vor nun zwölf Jahren all dies Elend ganz ohne Schuld Heiliger Majestät ausgeschlüpft, gipfelte in sechs Fragen: Durch welche Mittel ein edler, ewig dauernder Universalfriede zu erreichen, oder, wenn solches unmöglich, die Verteidigung des Reiches in rechtschaffener Gemeinsamkeit zu führen wäre? Ob mit dem Pfalzgrafen als einem unbeirrbaren Rebellen nicht endlich ganz abzubrechen und abzurechnen sei? Wie den Holländern die Freude an weiterem Kriegen auf Reichsboden durch einträchtige Aktion zu versalzen wäre? Was gegen den Schweden zu unternehmen, wenn die sagenhaften Danziger Verhandlungen zu keinem Ausgleich führten? Gesetzt ferner, daß die Franzosen des Reiches, mithin auch der Kurfürsten, Rechte in Italien weiterhin gewalttätig verletzten, welche Gegenwehr dann zu ergreifen? Schließlich und nebenbei, ob etwa Einiges getan werden könnte, um im Kriegswesen bessere Ordnung zu schaffen? . . . Das in Fragen verpackte Programm bedeutete Reichskrieg gegen Schweden, Holland und Frankreich, unter der Führung des Kaisers und dem Kommando Wallensteins. Die Kurfürsten wurden aufgefordert, zu legalisieren, was bisher so recht legal nie gewesen war, ihren Segen zu geben und allenfalls ein paar praktische Ratschläge.
Nun wurde das Geschäft fünf Wochen lang mit der Feder betrieben, wie im Vorjahr mit den Dänen: Verhandlungen in einem Lager und in anderen, Dokumente hin und her, Replik, Duplik, Triplik.
Den 10. Juli fingen die Kurfürsten an zu beraten. Sie fanden, ihre katholische Mehrheit fand, daß Punkt sechs als erster zu erledigen sei. Bayerns Forderung: Die Stärke des kaiserlichen Heeres sei ein für allemal zu fixieren, anstatt daß wie bisher abwechselnd reformiert und neu geworben werde, je nach Belieben; das wüste Kontributions-System durch regelmäßige Beiträge aller Stände zu ersetzen; ein Feldhauptmann zu ernennen, der »im Reich angesessen« und dem das Reich vertraue. Also ein Wechsel im Kommando. Dagegen ließ das protestantische Sachsen vergebens seine Stimme vernehmen: Krieg sei Krieg und die beklagten Greuel von ihm nicht zu trennen; das Restitutionsedikt müsse aus der Welt; machte man Frieden, so würde nicht eine bessere Kriegsverfassung gebraucht, sondern überhaupt keine. Ähnlich Brandenburg. Es waren aber die protestantischen Mächte in schwacher Position; unterlegen der Zahl nach, solange man das Collegium überhaupt ernst nahm, vertreten bloß durch Beamte, den katholischen Kurfürsten und dem Kaiser in gleicher Weise entfremdet. Eine Zeit noch machten sie halbherzig mit, erhoben Einwände, gaben matte Zustimmung und zogen sie wieder zurück, wurden schließlich zu verbitterten Zuschauern. Im Ernst fanden

Zusammenkunft und Zusammenstoß statt zwischen dem Kaiser und den Katholischen.
Die Antwort auf den alles überschattenden Punkt sechs wurde entworfen, während man das Übrige besprach. Köln: Man müsse die Bewegungen der Generalstaaten im Zusammenhang mit den spanischen sehen; verschwänden die Spanier aus dem Reich, so täten die Holländer gewiß ein Gleiches. Brandenburg: der König von Schweden sei um Gottes willen nicht zu unterschätzen, habe, als er noch jung war, gegen drei große Potentaten, als Polen, Moskowien und Dänemark, erfolgreich batailliert und mittlerweile noch manches dazugelernt; seine Erfindung, den Krieg durch Zölle aus den eroberten Gebieten zu bezahlen, sei vorzüglich, und was er einmal hätte, gäbe er nicht mehr her. Bayern: jedoch muteten die von Schweden vorgegebenen Kriegsgründe recht fadenscheinig an. Ließe der König Gustav sich nicht eines Friedlicheren belehren, so wäre es Pflicht der Kurfürsten, in diesem, aber auch nur in diesem Konflikt dem Kaiser beizustehen. Mainz: allerdings sei die Lage in Italien jetzt arg verfahren. Durch wessen Schuld? Da man die Kurfürsten nicht fragte, bevor man sich dort leichtsinnig eingelassen, so konnte man jetzt von ihnen Rat, wie das Feuer zu löschen, billig nicht verlangen. Und so fort. Wenigstens die katholischen Kurfürsten waren einig in der schwedischen Frage, so daß hier die Bemühungen Frankreichs nicht verfangen hatten. In der niederländischen, in der italienischen wohl; einig war man sich auch da, aber im umgekehrten Sinn. Am einigsten immer im letzten Punkt. Am 17. Juli wurde im kaiserlichen Hauptquartier ein gesondertes Memorandum überreicht, schwer mit greulichen Schilderungen der Zustände in deutschen Landen, für die einer und einer allein die Verantwortung trüge. Aus treuem Herzen bäten die Kurfürsten Ihre Majestät, der Armada »ein solches Capo vorzusetzen, so im Reich angesessen, ein ansehnliches Mitglied dessen sei, auch von anderen Ständen dafür geachtet und anerkannt werde, zu welchen auch Kurfürsten und Stände ein gutes, zuversichtliches Vertrauen haben mögen«. Es war die bayerische Formulierung. Offenbar auch spielte die Bitte schon auf den Kurfürsten Maximilian als den geeigneten Reichsfeldherrn an; welches »Mitglied des Reiches« wäre sonst dafür in Frage gekommen?
Fühlten sich des Kaisers Räte von dieser Antwort überrascht, so hatte trotz allen Belauerns und Beschreibens der Wiener Nachrichtendienst schlecht gearbeitet. Verdutzte Zusammenkünfte der Vertrauten in Gegenwart beider Majestäten; nach drei Tagen Replik. Die Herren Kurfürsten seien im Irrtum. Das wahre Capo des Heeres sei nicht der Herzog von Friedland, sondern der Kaiser selber, der Exzesse seiner

Soldaten noch immer bestraft habe und für Disziplin weiterhin und gar noch besser sorgen werde. Bestünden Klagen gegen den Obersten Feldhauptmann, dann sollte man sie spezifizieren.

So leicht ließen nun die Kurfürsten sich diesmal nicht abfertigen. Sie waren nach Regensburg mit dem einen Hauptvorsatz gekommen, den sie drei Jahre lang beredet und nicht erreicht hatten, weil er aus der Ferne nicht zu erreichen war. Jetzt saßen sie alle beisammen und hatten den Kaiser am Ort; nicht eher würden sie ihn loslassen, als bis er ihnen zu willen wäre, oder es, mit so unabsehbaren Folgen wie dem Anschluß des ganzen katholischen Deutschland an den König von Frankreich, zum offenen Bruch käme. Dies Risiko nahmen sie an, weil sie es für gering hielten. Abermalige Antwort der Kurfürsten, überreicht am 1. August, diesmal nicht durch den Postboten, sondern durch die vier Katholiken selber. Sie trafen sich bei dem Mainzer; sie fuhren – die Herren müssen eng gesessen haben – zusammen in einer Kutsche zur Residenz Ferdinands; sie beobachteten ihn, während er las. Er las im Prinzip nichts Neues; das Alte noch einmal, in noch stärkeren Tönen, versetzt mit geschichtlichen Rückblicken. Eine große Armada sei aufgestellt worden, anno 1625, ein Feldhauptmann ernannt, ohne der Kurfürsten Wissen, »als kein Feind fast mehr vorhanden gewest«, ohne Geldmittel, aber mit beispiellosen Vollmachten. Die nutzte er aus, um die armen Leute überall im Reich, die Territorien der geistlichen Fürsten nicht ausgenommen, ganz jämmerlich und wie gefangene Sklaven zu behandeln, ohne Abrechnungen zu wirtschaften, die löblichen Reichskonstitutionen umzustürzen. Sich selber, zu männiglicher Verwunderung, gründete er einen Hofhalt, wie bei Königen, ja wohl Kaisern, nie gesehen worden, und seine Offiziere eiferten schamlos ihm nach. Es bedurfte keiner Spezifizierungen; der Schade war so überwältigend wie notorisch. Wohlgemerkt meinte kein Tadel die Majestät selber, deren väterliches Gemüt man denn auch nicht zu kränken dachte. Alle Verdammung traf den Einen, und darum mußte er weg, jetzt und sofort, und an seiner Stelle gefunden werden ein in Deutschland geborener, mit deutschem Sinn und Brauch vertrauter, von den Reichsständen als einer ihresgleichen geachteter Feldhauptmann. – Als die Thesen des Staatspapiers, an sich schon energisch genug, nach beendeter Lektüre durch noch energischere Erklärungen des Mainzers unterstrichen wurden, geriet Ferdinand ins Wanken. Er werde es sich überlegen, soll er gesagt haben, das brauche Zeit; irgendwas werde da in der Tat geschehen müssen.

Ins Schwanken geriet auch der Geheime Rat. Dessen innerstes Gremium, die Confidenten genannt, hielt eine Sitzung schon am nächsten Tag, mit dem Ergebnis, daß jedes seiner Mitglieder in dieser so sehr heiklen, nach allen Seiten gefährlichen Angelegenheit ein persönliches Traktat auszuarbeiten hatte. Die vielfach formulierten Meinungen wurden so gut es ging – es ging aber nicht gut – zu einer einzigen verschmolzen, welche in einer Vollsitzung vom 5. August Kaiser Ferdinand sich sagen ließ; es mag ihm übel dabei geworden sein. Was war die Summe? Der Kaiser hatte keinen Grund, sich über seinen Feldherrn zu beklagen, ganz im Gegenteil. Viele der kurfürstlichen Beschwerden waren leicht zu widerlegen, zum Beispiel jene, wonach General und Heer von Anfang, und gerade am Anfang überflüssig gewesen wären; da hatte man die Gefährlichkeit des dänischen Krieges und was daran hing, anscheinend vergessen. Daß ein unfähiges Subjekt zum General ernannt worden sei, daß die Majestät vom Tun und Lassen dieses Subjekts nichts gewußt haben sollte, diese Heuchelei war so unzutreffend wie beleidigend. Zu besorgen war ferner, daß Wallenstein, welcher das Heer mit seinem Kredit auf die Beine gebracht, welcher die Offiziere an sich gekettet und eigentlich der Besitzer dieser Kriegsmacht war, solche zu gefährlichen Rachezwecken gebrauchen könnte, wenn der Kaiser ihn fallen ließe; die Historien lieferten Beispiele dafür. Besser also, der Herzog blieb im Amt. Nein, besser, er blieb nicht im Amt. Denn noch Schlimmeres war zu befürchten, wenn er blieb. Der Schwede war im Anmarsch. Daß die deutschen Protestanten wegen des Ediktes – dieses so sehr rechtmäßigen Ediktes – ihm in Scharen zulaufen würden, mußte man fürchten; einen hochgefährlichen neuen Religionskrieg. Wie würde sich dann die undisziplinierte, unbezahlte, großenteils unkatholische Militia Wallensteins verhalten? Gar in des Kaisers Erblande einbrechen, dort schlimmer wüten als der Türke? Wie, wenn im Zeichen der schwedischen Invasion und des fortdauernden wallensteinischen Kommandos, die Katholischen gemeinsame Sache machten mit den Unkatholischen? Das war dann allerdings kein Religionskrieg, aber das Böseste aller Übel, summum malorum, und deswegen noch keineswegs unmöglich; es lag etwas davon in der Luft ... Im Unmöglichen endete man dagegen, wenn man im Geiste die Bedingungen hin und her wälzte, unter denen Wallenstein etwa doch gehalten werden konnte. Eine gründliche Reorganisation der Kriegsfinanzen, geregelte Zahlungen der Stände oder Reichskreise, anstatt der Kontributionen? Recht gut; aber so, wie des Reiches Fürsten über den General dachten, war das ja unter ihm nicht mehr zu machen. Sollte gar er selber nach Regensburg berufen werden, um sich zu verteidigen? Das wäre gegen seinen Vorteil, seine Ehre, ja, in Anbetracht der Stimmungen am Ort, vielleicht eine Bedrohung seines Lebens. Was konnte unter so betrüblichen Umständen anderes empfohlen werden als engster Kontakt

mit jenen Kurfürsten, zu denen man vergleichsweise noch am besten stand, nämlich Mainz, sowie den Brüdern Köln und Bayern? Da wären dann harte Nüsse zu knacken. *Wenn* der General seiner Pflichten entbunden würde, wer sollte sein Nachfolger sein, da das Generalat doch nicht eine einzige Stunde verwaist bleiben durfte? Von wo, nach Abschaffung der Kontributionen, sollte der Nachfolger sein Geld hernehmen? Wenn ferner (»welches ihm zwar Eure Majestät nit zutrauen«), wenn der Herzog von Friedland den Gehorsam verweigern, das Heer an sich ziehen und mit des Kaisers Feinden sich conjungieren sollte – welche Hilfe waren in so unerwünschtem Fall die Kurfürsten zu leisten bereit?... So weit und noch etwas weiter das Sammelgutachten. Daß recht unterschiedlich Gesinnte zu ihm beigesteuert hatten, merkt man wohl; mochte der, den es anging, das Beste daraus machen.
Sieben Tage lang machte er gar nichts daraus. Ein neuerliches Dokument aus Ferdinands Lager, in gereiztem Ton geschrieben und am 7. August ins kurfürstliche hinübergetragen, unterließ es gänzlich, die Frage des Kommandos zu erwähnen. Wünschten die Kurfürsten Konferenzen zwischen Sachverständigen von beiden Seiten, um über Heeresreform, gemeinsame Strategie und Kriegsfinanzierung zu beraten, so war man bereit dazu. Wollten sie wissen, wer denn eigentlich der Feind sei, konnten sie Antwort haben, klipp und klar. Der war es, der ohne Ursache des heiligen Reiches Länder überfallen, der in offener Feldschlacht mit Ihrer Majestät Kriegsvolk gefochten, der sie an der Administration der heilsamen Justiz gehindert; und dies traf zu für Schweden, wie die Kurfürsten selber zugaben, und traf für die ungehorsamen Stände ihres angeborenen Oberherren, die Holländer, traf für Frankreich und Venedig ganz ebenso zu. Wie solchen Reichsfeinden zu begegnen, darüber war zu reden und zu beschließen ...
Wer solches las und vom Heimlichen nichts ahnte, mußte die Verhandlungen am toten Ende glauben. Schon auch, wie in solchen Situationen üblich, begannen Gerüchte über bevorstehende Abreisen umzugehen. Aber das war Schein.
Die Kaiserlichen hatten sich die Überlegenen geglaubt, in der Zeit der großen Ernte. Allmählich begriffen sie, daß es anders stand. Eine Trennung von der Liga hätte Österreich in die bedenklichste Einsamkeit geführt. Daß er sich notfalls den deutschen Protestanten nähern könnte, ließ Ferdinand andeuten. Er hätte es nur unter Preisgabe des Ediktes gekonnt, letzthin unter Preisgabe alles dessen, was er in zehn Jahren verrichtet und was seinem frommen Herzen teuer war. Und dafür hätte er ein Anderer sein müssen, aus anderem Hause, mit anderer Vergangenheit. Viel eher war Kurfürst Maximilian in der Lage, sich neue Verbindungen zu suchen; zu den Protestanten über Sach-

sen, dessen Vertrauen er stets sorgsam kultiviert hatte, zu Schweden über Frankreich. Die kleinere Macht war freier als die große. Daß sie militärisch schwächer war, bedeutete in diesem Falle nichts. Wallensteins Truppen lungerten verstreut von den Nordküsten bis nach Italien; hätten sie selbst konzentriert werden können, so zogen doch des Kaisers Räte die Möglichkeit eines Staatsstreiches gegen die getreuen Kurfürsten keinen Augenblick in Betracht. Auch Wallenstein, dem man es zutraute, dachte nicht im Traum daran, oder höchstens in Träumen, welche wir nicht kennen. Hätte er Regensburg in Person besucht, wer weiß? Aber mit seinen Sachen hatte es sich so gefügt, daß er abwesend sein und stumm sein mußte.
Die Netze, die er in Memmingen nach hohen Besuchern auswarf, griffen nicht. Wenn Père Joseph, in Regensburg unter Fürsten und Diplomaten sich einnistend, die Leidenschaften schürend, die Ängste steigernd, an Staatsraison, Patriotismus, Liebe zu den altdeutschen Freiheiten und Liebe zum Gold kunterbunt appellierend, wenn er dabei, wie es scheint, die Kommando-Frage unberührt ließ, so darum, weil die Dinge ohnehin den Lauf nahmen, welchen man in Paris wünschte; davon, daß des Kapuziners Begegnung mit Wallenstein die französische Politik verändert hätte, kann nicht die Rede sein. So schnell wird ein tiefverwurzeltes Vorurteil nicht ausgerissen. Dasselbe gilt für den Nuntius. Es gilt für den mächtigen Jesuiten, den Beichtvater des Kaisers. In den erregten Diskussionen, die zwischen dem 5. und 12. August im Umkreis Ferdinands stattfanden, warf Pater Lamormaini sein Gewicht gegen Wallenstein in die Waagschale. Er tat es, obwohl gerade er am genauesten wußte, wie Wallenstein über den italienischen Krieg gedacht hatte; Père Joseph wußte es auch. Das hieß, es ging in Regensburg nicht um den wirklichen Wallenstein, den Parteilosen, der im Niemandsland seiner freien Intelligenz eine Politik zu treiben versucht hatte, für die er nicht stark genug gewesen war. Es ging um ein Abstractum; um die Figur, so wie sie im Spiel und Gegenspiel der europäischen Mächte erschien. Vergebens hatte er Frieden mit Frankreich gepredigt, vergebens um die Protestanten geworben, vergebens auch die Jesuiten hofiert und selbst mit Bayern sich leidlich zu stellen versucht. In der Krise hatte er sie alle gegen sich; für sich nur die eine Macht, deren Einfluß in Deutschland er heimlich so lange bekämpft hatte, Spanien.
In Madrid las man die Berichte aus Regensburg, so viele Wochen es auch ablag, mit prickelnder Sorge; immer war der Wille stärker als die Entfernung. Der Kurfürst von Bayern, dozierte Olivares im Staatsrat, sei ein böswilliger, starrsinniger Mensch voller dunkler Absichten, ganz den Franzosen hörig, der Kaiser aber schwach bis zur

Erbärmlichkeit. »Diese Versammlung wurde nur zu dem Zweck einberufen, die Macht Frankreichs zu stärken. Die Kurfürsten zeigen jetzt ihr wahres Gesicht; dreist wenden sie sich gegen des Kaisers Majestät.« Dem Ehrgeiz des Bayern Schranken zu setzen, sei höchstes spanisches Interesse. Oñate, ehedem Botschafter in Wien, pflichtet bei: fiele Wallenstein, so sei das deutsche Haus Habsburg verloren . . . Am Orte selber fühlte König Philipps Vertreter, Doria, sich zu einer diskreteren Haltung verpflichtet. Erst nach dem 13. August griff er laut und öffentlich ein, um wenigstens die Übertragung des Gesamtkommandos an Bayern zu hintertreiben. – Nach dem 13. August – dem Tag, an dem Ferdinand die katholischen Kurfürsten noch einmal empfing und ihnen in dürren Worten mitteilte, »er wolle die Kriegsdirektion bei seiner Armada ändern«.
Bis zur Vollziehung des Beschlusses vergingen weitere drei Wochen, denn erst wollte man die Frage der Nachfolge regeln; nur als Lösung in Not und Augenblick galt die Übernahme von Wallensteins Funktionen durch Tilly. Maximilian, angeblich von seinen Mitkurfürsten dazu getrieben und widerwillig, erstrebte jetzt selber das höchste Kommando, jedoch mit allen Rechten, die der Vorgänger innegehabt hätte; ehrenrühig wäre es, sie ihm, einem vornehmen Stande des Reiches, zu verkürzen. Die Kaiserlichen replizierten, daß Wallenstein so ausschweifende Rechte, wie die Kurfürsten glaubten, gar nie eingeräumt worden seien. Sie verfielen übrigens auf den Gedanken, den Reputationsverlust, den sie sich eben zugezogen hatten, wieder gutzumachen durch Verschmelzung der beiden Heere, was einer Auflösung der Liga gleichkam. Diesem Versuch, Preisgegebenes durch die Hintertür wiederzugewinnen, setzte Maximilian den Willen entgegen, seinen Sieg noch weiterzutreiben. General des Kaisers wollte er werden, wie Wallenstein einer gewesen war, gleichzeitig aber Haupt der Liga bleiben; beide Machtzentren zusammenbündeln und genießen, nicht aber auf sein eigenstes verzichten. Daß eine solcher Ämter-Akkumulierung ihn zu des Kaisers Kaiser machen würde, wie Wallenstein es nie gewesen war, fürchteten mit Grund die Confidenten; worüber es noch einmal zu so bösartigen wie zeitraubenden Auseinandersetzungen kam. Mittlerweile saß Wallenstein noch immer als Oberster Feldhauptmann im Fuggerhaus und trieb Kontributionen ein, deren er jetzt, aus bekannten Gründen, auch für seinen eigenen Lebensunterhalt dringend bedurfte. War es am Ende mit seiner Abdankung nicht ernst gemeint? Die Kurfürsten behaupteten es in schrillen Tönen; da doch sie selber, ungerührt durch die von ihnen erpreßte gewaltige Konzession, neue Hindernisse türmten.
Nebenbei fand man sich von der Frage beunruhigt, wie dem zornwü-

tigen Manne die Veränderung denn sollte bekannt gemacht werden, ohne Schimpf, womöglich verbunden mit Belohnungen, und jedenfalls so, daß beide Seiten ihre Sicherheit hätten: der Kaiser gegen einen Verzweiflungsstreich Wallensteins, Wallenstein gegen die Rache der Kurfürsten. Sehr langwierige Gespräche auch hierüber im Geheimen Rat und zwischen kaiserlichen und kurfürstlichen Deputierten. Die Kurfürsten sahen das Problem nicht. Der General hatte wenig Kriegsvolk in der Nähe und konnte nichts Böses beginnen; es kam nur darauf an, ihm das Kommando effektiv zu nehmen, in dem Moment, in dem die Ankündigung erfolgte. Ein bezahlter Diener mußte der Entlassung jederzeit gewärtig sein; dieser hatte zudem praktisch einmal im Jahr selber darum nachgesucht. Warum ihm die ersehnte Medizin nicht endlich darreichen? Das Argument stammte aus der Apotheke Valeriano Magnis, der Großen Persönlichkeit; des unvermeidlichen Magni, den in Regensburg flüstern und zischeln hören konnte, wer immer es für der Mühe wert hielt. Von einer Gefahr, die ihm drohte, wüßten sie nichts; er stand ja unter seines Herrn Schutz nach wie vor; nur daß sie das Recht, spezielle Prozesse gegen ihn anzustrengen, sich nicht nehmen ließen. Was Ehren und Belohnungen betraf, so hatte er von beiden übergenug empfangen, wenn man seinen jetzigen Rang und Reichtum mit seiner Herkunft kontrastierte; auch mochte er, was die Kurfürsten anging, bei allem Erworbenen bleiben, bei Mecklenburg allerdings nicht. – Von seinen fürstlichen Assistenten, Vettern, Freunden und Machtspielgegnern im kühlen Stich gelassen, mußte Ferdinand im engeren Umkreis zum Schluß kommen. Das Los, dem Herzog die widrige Post zu überbringen, fiel auf zwei, von denen man glaubte, daß er sie am wenigsten ungern empfangen würde, Gerhard von Questenberg, den Kriegsrat, und den Geheimrat von Werdenberg. Wie sollten sie ihre Botschaft formulieren? Etwa so. Ungestümen Bitten der Kurfürsten willfahrend, hatte der Kaiser Reformen seiner Heeresverwaltung in Angriff nehmen müssen; so tiefgreifende, die Macht des Generals dermaßen beschränkende und den Kurfürsten unterwerfende, daß es Wallenstein gewiß unmöglich erscheinen werde, ein so verkrüppeltes Amt weiterzuführen. Nichts, gar nichts besagte diese leidige Situation über das Verhältnis zwischen Monarch und General: »so wären wir doch, als welche mit beständiger Gnade seiner Liebden allzeit wohlzugetan verblieben, deren merita auch höchlich aestimierten, dahin nicht weniger bedacht gewesen, wie bei solcher Änderung seiner Liebden, als unseres Obersten Feldhauptmannes, Securität, Ehre und guter Name in billige Obacht genommen werde; dannenhero wir denn auch diese Schickung für gut angesehen, von seiner Liebden selbst Gutachten zu vernehmen, was zu dero Securität und Glimpf von derselben für tunliche Mittel vorgeschlagen werden möchten . . .« Kein Wort von Abdankung, von Lizensierung; nur die Bitte um ein Gutachten. Man mochte aber das Kätzlein taufen wie man wollte, es blieb, was es war; und gerne glauben wir dem Chronisten, der das berichtet, es sei den Herren Questenberg und Werdenberg, je näher sie Memmingen kamen, desto schwächer in der Magengrube geworden.

Sie fühlten sich wohler, als alles vorüber war. Nicht das Schreckgespenst der Geheimberichte, der falschen Erdichtungen trat ihnen entgegen, sondern der große Herr, der Zeit gehabt hatte, seine Gesichtszüge wie seine Worte zu komponieren. Die Worte waren gefaßt, höflich und gehorsamen, ja, frohen Sinnes. »Eine liebere Nachricht hätte mir nicht überbracht werden können. Ich danke Gott dafür, aus der Schlinge entschlüpft zu sein.« Den Sendlingen gab er eine Botschaft mit, in der er dem Kaiser für das ihm gewährte Vertrauen dankte; auch soll er gebeten haben, seinen Verleumdern keinen Glauben zu schenken, in seiner reichsfürstlichen Würde ihn zu schützen und nichts ihm in den Weg zu legen, wenn er sein eigen Land, Mecklenburg, gegen den Schweden zu verteidigen unternähme. All das mag die Botschaft enthalten haben, man weiß es nicht, da sie nicht existiert; vielleicht beruhte sie in einem nur mündlichen Auftrag. Jedenfalls erklärte Ferdinand von der Reaktion seines gewesenen Feldherrn sich sehr angenehm berührt.

So ruhige Würde, so zweifelsfreie Loyalität überraschte nun wieder die weite Welt, daß sie's kaum glauben konnte; wie unnütz hatte man in Regensburg wochenlang über des Generals mögliches Gebaren diskutiert, wie irrig im Kreise seiner deutschen Feinde, jahrelang. Questenberg selber, so warm er die Haltung des Gestürzten bewunderte, konnte doch eines leisen Zweifels sich nicht erwehren. ». . . verhehlt er im Innersten eine andere Absicht? Ach, bin ich denn ein Erforscher der Herzen?« . . . Um das Unbegreifliche begreiflich zu machen, entstand die Legende: er hätte das bange Reden der Abgesandten lächelnden Mundes unterbrochen und ihnen ein astrologisches Trakt gezeigt, aus dem er schon alles wußte; nämlich, daß der spiritus des Bayern über des Kaisers seinen dominierte, woraus der Inhalt ihrer Botschaft sich zwangsläufig ergab . . . Die Überlieferung, von zahllosen Autoren geglaubt, verdient keinen Glauben. Welche Macht immer die Sterndeutung über Wallenstein besaß, er behielt das für sich; in eine so hochpolitisch sachliche Szene würde er es nicht eingeführt haben. Die Leute brauchten die Erklärung des Rätsels, die Astrologie, die Zauberei; wo, wenn man ihn nur besser gekannt hätte, soviel gar nicht zu erklären gewesen wäre.

Was denn in ihm vorging? Lebzelter, der sächsische sogenannte Kammerdiener, ein über Durchschnitt eingeweihter Mensch, berichtete aus Regensburg, »daß der General sich außerordentlich melancholisch zeige, niemanden vorlasse, seine Diener und Aufwärter über alle Maßen übel tractiere, auch den größeren Teil derselben abschaffe und ihnen keine Bezahlung gebe«. Er esse fast nichts, schlafe wenig, laboriere beständig ... Das klingt wahrscheinlich. Sicher hatte er Geldsorgen; seit de Wittes Bankrott und Selbstmord ohnehin; erst recht, da nun sein militärischer Hofstaat nicht mehr zu Lasten von Kaiser und Reich ging. Noch aus Memmingen an Taxis, den friedländischen Landeshauptmann: »Dieweil nunmehr die Teuerung vorüber und ein fruchtbares Jahr heuer ist, so darf man nicht mehr Brot für die armen Leut backen. Werdets derowegen an allen Orten einstellen, sondern seht, mit dem Geld sparsam umzugehen, dieweil ihr wißt, daß mir auf die Hofstatt viel aufgeht, und aus Mecklenburg wegen des Krieges bekomme ich nichts.« Folgen nüchterne Befehle: viel Wein einzukaufen, und zwar in Österreich, wo er besser sei als in Böhmen; Tücher für Schweinsjagden bereitzuhalten; gute Ordnung in den Fremdenzimmern zu machen. Ohne Erwähnung der Ursache: Er wolle fortan in Gitschin wohnen.
Dem alten Harrach, wenn er noch lebte, hätte er den Zustand seiner Seele vielleicht enthüllt. Nun hatte er keinen. Das erneuerte Bündnis mit Collalto war ein hart politisches und sonst nichts. Übrigens lag der Feldmarschall im Sterben und bald, nachdem Wallenstein Memmingen verlassen hatte, wurde sein Sarg, aus Bünden kommend, durch das Städtchen getragen. Den Fürsten Eggenberg, den Grafen Max in sein Innerstes schauen zu lassen, das kam nicht in Frage, dazu war man zu stolz. Auch nicht: wie die besiegten Pfälzer und Böhmen nach dem Weißen Berg in einer gedruckten Apologie der Welt zu sagen, was man geleistet und gewollt hatte, wie man mißverstanden worden war. Man hätte es gar nicht sagen können; der Wille, von Fall zu Fall urteilend und hin und her gerissen, war ganz klar nie gewesen, obgleich großartig. Aber nun so alles in sich hineinschlingen zu müssen, die Kränkung, die Rückblicke, die verworrenen Wahrheiten.
Er hatte die Grenzen seiner Macht erfahren, die Ohnmacht des Königsdieners und daß, er konnte es nicht anders sehen, Undank der Welt Lohn ist. Dem grübelte er nach. Nahezu alle Geschichtsschreiber wollen, seit jenem 6. oder 7. September 1630, da die beiden Unglücksraben aus Regensburg bei ihm erschienen, habe er auf Rache gesonnen. In Wirklichkeit nahm man das schon vorher an. Die Geheimräte, als sie seine Absetzung beschlossen, zitterten davor. Die Nachwelt, leichtgläubig wie sie ist, blieb dabei. Man traute es ihm zu, man er-

kannte es später in seinem Tun, weil man es ihm zutraute; zeitweise mag er es sich selber haben suggerieren und einreden lassen, so wie das Charakterbild in Keplers Horoskop. Die Lust, ihm angetanen Tort mit Zinsen zurückzugeben, hätte sich doch immer nur gegen den Kurfürsten von Bayern richten müssen; zwischen ihm und Wallenstein würde inskünftig ein erträgliches Einvernehmen nie mehr möglich sein, und Maximilian wußte es, obgleich er nachmals versuchte, es zu vergessen. Was den Kaiser betraf: Wallenstein besaß zu scharfen Blick, um nicht zu erfassen, wie unfrei Ferdinand entschieden hatte. Wenn der Dichter den Schwergekränkten sagen läßt: »Tod und Teufel! Ich hatte, was ihm Freiheit schaffen konnte!« so ist das bloß ein Dichterwort. Er hatte es nicht. Sie waren beide gleich unfrei, gleich wehrlos, gleich gefangen; so wenig Ferdinand in Regensburg sich der Heeresmacht Wallensteins bedienen konnte, so wenig trat für Wallenstein ein Staatsstreich auf eigene Faust in den Umkreis des ernsthaft Denkbaren. Nimmt man ein Maß von Rationalität an, das ihm doch eigen war, so ist es mit der Rache gegen Habsburg nichts. Wohl aber etwas damit, daß er nun aller seiner Verpflichtungen sich los und ledig fühlte. Wallenstein war kein Bürger. Aus freien Stücken war er vor nun dreizehn Jahren in den Dienst des Erzherzogs Ferdinand getreten, aus freien Stücken zu Olmütz noch einmal in den Dienst des Königs. Da man ihn nun, unter wie verblümenden Höflichkeiten immer, aus langem Dienst entlassen hatte, so stand die Wahl seiner fürderen Wege ihm offen. Darüber Bitternis und Erleichterung. Bitter ist es, von der zur Gewohnheit gewordenen Höhe und Mitte plötzlich verdrängt zu sein. Andererseits war er mit einem Schlage heraus aus einem Labyrinth von Ratlosigkeiten und Sorgen; militärischen, politischen, finanziellen. Am Ende hatte es sein Angenehmes, gekränkt sein zu dürfen bei solcher Erlösung.
Noch einen knappen Monat blieb er in Memmingen. Ein Generalkommando wie das seine aufzulösen, braucht Zeit; lästig fielen Anfragen entfernt stehender Kommandanten, die von dem Ereignis noch nichts wußten. Vermutlich auch wartete er auf Geld aus Hamburg oder Friedland. Mittlerweile kamen die ersten Kondolenzen. Offiziere stellten sich zu seiner persönlichen Disposition: »Denn keinem Potentaten in der Welt werde ich lieber als Euer Fürstlichen Gnaden dienen.« (Der Oberst Goetz) Generalquartiermeister Sparr teilte mit, er habe alsbald selber seinen Rücktritt genommen, denn ein General, dem er vertrauen könnte, wie er dem Herzog vertraute, sei nicht in Sicht. Arnim, stellenlos zur Zeit, und immer politisierend, biederte sich an: ob er seine Fürstlichen Gnaden nicht in Gitschin besuchen dürfte? Gerüchte, die Entlassung würde demnächst zurückgezogen

werden, oder sei es schon, gingen um bis in den Winter, waren aber ohne Boden; offenbar fiel es den Leuten schwer, den großen, fast stummen Wandel zu realisieren.
Anfang Oktober brach er auf, mit seinem Wanderzirkus, um heimzukehren. Die Reise, über Nürnberg, Eger und Prag wurde durch einen schweren Podagra-Anfall unterbrochen; in Sulzbach lag er eine Woche zu Bett. Von dort Befehl an den Obersthofmeister: nicht auf ihn zu warten, nur in Eger 10000 Taler zu deponieren, mit den Geld- und Silberwägen stracks nach Gitschin zu ziehen. »Sonsten wollen wir auch, daß Ihr bei eurer Ankunft zu Gitschin mit unserem Landeshauptmann, dem von Taxis, Euch fleißig unterreden und dahin bedacht sein sollet, daß alles aufs beste angeordnet und keine unnötigen oder gedoppelten Spesen auf unsere und unserer Frau Gemahlin Leute verwendet, wie auch daß von den vorhandenen Geldern alsdann nichts weiter ausgegeben, sondern dieselben wohl verwahrt werden . . .« Trotz scharfer Vorsätze war der Einzug in Gitschin so glanzvoll wie ein halbes Jahr früher der im Schwabenland; wenigstens die Untertanen sollten von einer Veränderung nichts merken.

Die Veränderung ging tief. Laborierte es in seinem Geist, so mußte er sich sagen, daß er gescheitert war. Gescheitert worin? Woran gescheitert?
Herausforderungen folgend, Gelegenheiten ergreifend, hatte er Macht gebildet und ausgedehnt. Fragt man, wessen Macht, so wird schon alles wirr; er scheiterte in der Verwirrung. Deutsche Macht konnte es nicht sein, denn Deutschland als politisch handelnde Einheit gab es nicht, nur, eine kurze Zeit, Macht über Deutschland. Anders spanische, anders französische Macht. König Ludwig *war* Frankreich, Wallenstein nannte ihn so; nie hätte er Ferdinand »den Deutschland« genannt. Auch als er mit seinen Truppen Norddeutschland überschwemmte, in Niedersachsen, in Holstein und Schleswig schaltete wie noch nie ein Römischer Kaiser zuvor, blieb die Identität des Hauses Österreich mit dem Kaisertum, des Kaisertums mit Deutschland eine gewaltsame und schwankende. Er sagte »Wir«: »wenn wir Kurbayern recht auf unserer Seite haben, so sind wir Patroni nicht nur von Deutschland, sondern von Europa.« Theoretischen Untersuchungen abgeneigt, hätte er nicht sagen können, wer denn das eigentlich war, »Wir«. Es war das Abstractum der Macht, Macht an sich, im Namen des Kaisers ausgeübt von ihm selber.
Daß ein Zeitalter größerer Mächte angebrochen war und auch in Mitteleuropa Großmacht entstehen mußte, wenn nicht alles auseinanderfallen und passives Opfer werden sollte, davon hatte er eine Ah-

nung. Also Straffung der deutschen Energien unter der einen Agentur, die dafür in Frage kam und die auch, freilich beschränkte, Rechtstitel dafür aufzuweisen hatte, der österreichisch-kaiserlichen. Auf die Rechtstitel legte er geringen Wert. Darum ist es unwahrscheinlich, daß er ernsthaft auf einen Umsturz der deutschen Verfassung aus war. Mit Verfassungen ließ sich vielerlei machen, unter Wahrung des Scheins; zumal mit einer so chaotischen, wurmstichigen, wie der deutschen. Drohende Reden gegen die Kurfürsten mag er geführt haben. Aber es gibt kein einziges geschriebenes Wort dieses Sinnes.

Vordringend in der deutschen Masse erkannte er, immer lernwillig, daß ein Miteinander der Konfessionen sein müßte, wenn ein Maß von Einheit, Wirkungskraft, innerem Frieden sein sollte. Damit, ohne es recht zu wissen, näherte er sich schon wieder dem ständisch-bündischen Prinzip. Gehorsam gegenüber dem Reichsoberhaupt, ja; darunter die politische Autonomie der Reichsstände. Man sollte Lutheraner und Calviner bleiben lassen, was sie bleiben wollten. Hätte er Ferdinand II. zum Herrn über Deutschland machen wollen, wie Ludwig XIII. Herr war über Frankreich, er hätte das Restitutions-Edikt nicht verwerfen dürfen. Denn kein anderer Akt wirkte so im Sinne kaiserlicher Allmacht wie eben dieser. Konsequent durchgeführt, mußte das Edikt den wirtschaftlichen, dann den politischen Ruin der evangelischen Fürsten verursachen. Und davon hätten die katholischen auf die Dauer den Nachteil gehabt, sie konnten nicht bestehen ohne die evangelischen. Sie wünschten das Edikt allerdings, aber in blinder Gier, nicht in weiserem Selbstinteresse. Indem Wallenstein sich gegen das Edikt warf, widerlegte er den Mythos, der ihn nach dem absoluten Regiment des Hauses Habsburg über Deutschland streben ließ. Religiöse Toleranz und ständische Gliederung gingen zusammen. Der die eine empfahl, bejahte unvermeidlich die andere, obgleich mit Modifikationen.

Die vernünftige Zielsetzung verdarben ihm gemeinsam sein eigener Herr, der Kaiser, und die katholischen Fürsten, und zwar dank der Macht, die er ihnen gewonnen hatte.

Anders der äußere Friede, den er einem geordneten und bis zu unsicheren Grenzen unterworfenem Reiche wünschte – unterworfen, weil Ordnung und Unterwerfung ihm ein und dasselbe waren. Den äußeren Frieden verdarben ihm die Kurfürsten keineswegs. Hätte er mit ihnen vertraulichen Umgang gehabt, so wäre, was Holland, Frankreich, Italien, Spanien betraf, eine überraschende Verwandtschaft der Ansichten zutage getreten. Es wollten aber die Einen vom Anderen nichts wissen; so daß die Koinzidenz unfruchtbar blieb. Den

äußeren Frieden verdarb die Wiener Politik, in ihrer unlösbaren Bindung an die spanische. Wallenstein, angeblich des Kaisers Kaiser, konnte sie nicht durchbrechen, nur ihr Wirken verzögern oder hemmen; wodurch er sich selber schadete, ohne der Sache abzuhelfen. Die Bindung Österreichs an Spanien führte zum schwelenden Konflikt mit Urban dem Papst und allen päpstlich Gesinnten, zum offenen mit Frankreich. Für sich allein wären die Kurfürsten der angeschwollenen österreichischen Macht unterlegen gewesen und hätten Wallenstein nicht stürzen können. Die französische Einmischung, provoziert durch die Politik in Wien und Madrid, dem äußeren Schein nach provoziert durch Wallenstein selber, machte es ihnen möglich.
Warum wollten sie ihn stürzen? Angeblich, weil er so barbarisch im Reiche waltete, so grausam Krieg führte. Das war aber der echte Grund kaum, wie der Ausgang lehrt. Nach Wallensteins erstem Verschwinden wurde nichts besser, nach seinem zweiten alles nur noch ungleich schlimmer. In Regensburg bemerkten die nüchternen Sachsen, Krieg und Kriegsgreuel seien untrennbar; und wußten nicht, daß sie wiederholten, was er Jahr für Jahr versucht hatte, die Wiener begreifen zu lassen.
Stürzen wollten ihn die Kurfürsten, weil sie den Verführer des Kaisers zu einer imperialen und revolutionären Politik in ihm sahen. Diese Politik war neu und fremd, ein Fremder er selbst; darauf legten sie Gewicht. Wirklich konnte nur ein Fremder deutsche Machtpolitik zu treiben versuchen. Deutsche Politiker gab es nicht und konnte es keine geben; nur Fürsten, die an das Ihre dachten, allenfalls an ein gemeinsames Fürsten-Interesse, und ihre Beamten. Ähnliches gilt für Österreich. Auch die Räte des Kaisers dachten zuerst selbstisch, dann habsburgisch-österreichisch; wenn Ferdinand einen hohen Begriff von seiner kaiserlichen Verantwortung besaß, zumal in puncto religionis, so floß ihm doch die Sorge um das Reich mit dem Instinkt für habsburgische Hausmacht trübe zusammen. Wallenstein der Böhme hatte diesen Instinkt kaum; und, was immer sein Glaube, für religiöse Politik keine Spur von Sinn. So ging seine Aktivität zugleich weniger weit und weiter, als man in der Hofburg wünschte. Weniger weit: er suchte die üblen Folgen des Religionseifers zu verwischen und den spanischen Einfluß hintanzuhalten; in Norddeutschland hatte er über die Verhaßtheit der Spanier seine Beobachtungen gemacht. Weiter: was er an der Ostsee in Angriff nahm, ging über habsburgische Hausmachtpolitik hinaus. Hier, flüchtig, großartig und schattenhaft, erschien anderes. Wäre er auf Theorie und Wort bedacht gewesen, so hätte er's in der Tat Reichspolitik nennen dürfen; noch besser, Ordnungspolitik schlechthin. Sie provozierte Schweden. Das wollte er

keineswegs. Nichts wünschte er weniger, als mit dem König Gustav Adolf direkt sich anzulegen – »Er bleibe nur in seinem Reich und lasse allhier mich machen.« Machen – frei, rational, wie der Nutzen am Ort es diktierte. Religions-Ernst und Gier seiner Auftraggeber zerrissen sein Vernunftgespinst. Vielleicht hätte Gutsav Adolf ohne das Restitutions-Edikt die Invasion Deutschlands gar nicht betrieben. Sicher wäre ohne das Edikt der schwedische Kriegszug nicht zur Lawine geworden, wie dann geschah; nur die äußerste Bedrohung ihres Glaubens, so ihrer Heimat und Existenz, konnte die deutschen Protestanten in die Arme des Königs treiben. Davor hatte Wallenstein gewarnt.

Leidend an seiner Unselbständigkeit, welche die Geburten seines freien Verstandes erstickte, suchte er eigene Hausmacht. Daher Mecklenburg. Wenn er aber glaubte, er könnte als Reichsfürst die Reichsfürsten über ihre Zukunft beruhigen, so täuschte er sich. Sie sahen bloß den Soldaten-Fürsten, den Usurpator in ihm, in seinem Herzogtum das dreiste Beispiel kaiserlichen, das hieß friedländischen Machtmißbrauchs, noch Böseres verheißend. Er wurde nicht heimischer als deutscher Fürst, er wurde noch unheimlicher.

Nur ein Fremder hatte versuchen können, was er versucht hatte, und als Fremder war er gescheitert. Also zurück ins entfremdete Vaterland, dort, von wo er fünf Jahre früher seinen Ausgang genommen, sich häuslich einzurichten. Dem Scheine nach war seine sonderbare Karriere am Ende. Weil er aber lebte, glaubten die Wenigsten, daß sie es sei.

In Regensburg wurde Welttheater fortgespielt bis Mitte November, insgesamt an die fünf Monate. Dabei war von Wallenstein bald nicht mehr die Rede. Ein Zeitgenosse: »Nachdem aber auf dem Collegial-Tage, daß sich der Herzog gutwillig zu der Abdankung verstanden, erschollen, hat niemand mehr auf ihn gedacht . . .« Es blieb genug anderes. Es blieb alles; sein Sturz löste nichts oder knapp ein Einziges. Das katholische Deutschland fiel nicht geradezu von Österreich ab. Nach langem Zanken wurde Wallensteins Nachfolge dem alten Tilly anvertraut. Ein Kompromiß. Maximilian verzichtete für sich selbst; Tilly war sein Diener, wenn schon in seinem schlichten Denken sich nicht immer genau an die bayerischen Vorschriften haltend. Die Verringerung beider Heere, des kaiserlichen um fast zwei Drittel seines Bestandes, wurde zugesagt. Reduktionen sind wirklich erfolgt, vermutlich nicht in der ausgemachten Höhe. Die Erfüllung eines alten, jetzt, angesichts der schwedischen Invasion, ganz veralteten Programms; doppelt ungeschickt, weil die weggejagten Soldaten in ihrer

Not nichts Besseres tun konnten als dem König Gustav zuzulaufen. An die Stelle der Kontributionen sollten Geldbewilligungen durch die Kreistage treten, nur leider, solange die wohltuende Neuerung nicht durchzuführen war, das alte System vorläufig in Wirksamkeit bleiben. Natürlich dauerte es fort als das praktisch allein Mögliche. Wer konnte im Sturm des Schwedenkrieges an Kreistage, magere Bewilligungen, saumselige Einzahlungen denken?
Daß der König von Schweden wieder umkehren würde, sobald er nur vom Sturz Wallensteins hörte, hatte man in Regensburg vergeblich gehofft. Gustav Adolf ignorierte die feinen Unterschiede. Von seiner Seite entschloß Maximilian sich, in Schweden einen Hauptfeind zu sehen, begierig, alle Veränderungen, die seit dem Weißen Berg in Deutschland, etwa gar in Böhmen, erzwungen worden waren, wieder aufzuheben. Der Entschluß könnte einer an sich korrekten Beurteilung entsprungen sein; jedenfalls hatte er Folgen.
Er machte den Zusammenschluß der deutschen Katholiken und Lutheraner unmöglich. Ein solcher hätte den Verzicht auf das Restitutions-Edikt verlangt, worüber denn auch in Regensburg geschwatzt wurde. Die Konzessionen, welche die katholischen Kurfürsten widerwillig boten, reichten jedoch nicht hin und nicht her, waren zudem gegen die Logik und ohne Boden: man hielt fest an dem historischen Recht des Ediktes, wie Maximilian es tat, oder man gab es preis; dazwischen war nichts Solides. Indem das Edikt erhalten blieb, ebenso die kaiserlich-bayerische Kriegsmaschinerie bei nur scheinbaren Reformen, mußten die Lutheraner Schutz bei Schweden suchen. Sie wollten nicht, sie schoben die schwere Entscheidung auf, solange es ging; sie mußten. Denn sie waren offenbar und ganz verloren, wenn auch die schwedische Intervention noch scheiterte. Alles hing zusammen. Um Frieden in Deutschland zu machen, hätten die Kaiserlich-Katholischen auf das Edikt verzichten müssen, so auf jede Herrschaft über Norddeutschland, für welche das Edikt eine juristische Basis abgab. Eben dies war die Bedingung, auf die hin Gustav Adolf, vielleicht, zur Rückkehr nach Stockholm zu überreden gewesen wäre. Da sie nicht gewährt wurde, so wuchs der Schwedenkrieg; und wurde zum Magneten, der beide Teile Deutschlands vollends auseinanderriß.
Daß Johann Georg von Sachsen den Zwang noch immer nicht erkennen wollte, schaffte ihn nicht aus der Welt. Auch tat selbst dieser konservative, fremdenfeindliche, träge, hartherzige Mensch nun den ersten Schritt in die Richtung, in der andere folgten. Noch während die Kurfürsten tagten, beschloß er für den kommenden Winter einen Konvent aller deutschen Protestanten in Leipzig zu veranstalten. Der Beginn eines Sonderbundes, wie ehedem die Union gewesen war;

germanisch-lutherisch diesmal, nicht von Calvinern beherrscht und nach Holland schauend. Es mußten tolle Dinge geschehen sein, damit der Sachse, der Biederste unter den Tückischen, der Verräter am protestantischen Böhmen, sich eines so reichsgesetzwidrigen Planes unterfinge.
Indem die französische Diplomatie den Kriegszug Gustav Adolfs nach Kräften gefördert hatte und weiterhin förderte, brachte sie, gar zu schlau, sich um lang erstrebten Gewinn. Sie hatte Deutschland, das wahre, nicht-habsburgische Deutschland, von Österreich-Spanien trennen und neutralisieren wollen; wozu die Eintracht zwischen Katholiken und Lutheranern gehörte. Die war an sich schwer zu haben, seit Jahrzehnten schwerer und schwerer; die schwedische Invasion sprengte sie endgültig.
Infolgedessen verloren die liebevoll-heimlich gepflegten Beziehungen zwischen Bayern und Frankreich ihre Nützlichkeit. Wohl wurden sie noch weiter gepflegt, im nächsten Frühjahr sogar in einem Allianzvertrag fixiert. Aber Frankreich war der Verbündete Schwedens. Bayern erklärte sich reichstreu, kaisertreu, in dieser einen klaren Sache, gegen Schweden. Zum Überfluß übte nun der bayerische General Graf Tilly zugleich das kaiserliche Kommando aus; unmöglich zu unterscheiden, was er in der einen oder anderen Funktion tat. Maximilian band sich an Ferdinand, die Geschicke Deutschlands an die österreichischen, gerade durch seinen Regensburger Triumph; was nun den Klügeleien Père Josephs schnurstracks zuwiderlief. So kam es dem König von Schweden billig, den Franzosen einen Gefallen zu tun und Bayern Frieden zu versprechen, wenn es selber sich, überall, direkt und indirekt, friedlich gegen ihn verhielte. Die Voraussetzung traf nicht zu. Weil man nun unmöglich der Alliierte zweier Mächte sein kann, die einander bekriegen, weil ferner Schweden auf dem Schachbrett des Kardinals von Richelieu im Moment die interessantere Figur darstellte, so wurde das bayerisch-französische Bündnis hilflos und widersinnig, wie ernst beide Partner es auch hatten nehmen wollen. Jetzt, in Regensburg, trug die französische Politik mit Hilfe der Kurfürsten einen kunstgerechten Sieg davon: den Verzicht Kaiser Ferdinands auf Mantua und Montferrat. Ihn, nämlich die Anerkennung des »armen Nevers«, hatte Wallenstein immer empfohlen, und zwar mit einem weiteren Ziel im Aug: »Ist Fried in Italien, so ist Fried mit Frankreich.« Einen Gesamtausgleich mit Frankreich wünschten, unter dem Druck der Kurfürsten wie der neuen Schwedengefahr, auch des Kaisers Minister in Regensburg zu bewerkstelligen, wobei sie einen Trumpf zu halten glaubten: am italienischen Orte selber war die militärische Lage den Kaiserlichen günstig, nicht

den Franzosen. Sie ließen sich aber übers Ohr hauen. Ein Waffenstillstand wurde geschlossen und zu zwei Dingen gebraucht: von den französischen Kommandanten in Italien, um ihr Heer zu erfrischen und passend zu konzentrieren; zu Verhandlungen in Regensburg. Sie schleppten sich bis in den Oktober hin, teils über Kleinigkeiten, teils über eine Hauptforderung, welche Brulart und Père Joseph schließlich konzedierten: König Ludwig verpflichtete sich, fortan in deutsche Konflikte sich nicht einzumischen, weder Rebellen noch äußere Feinde des Kaisers zu unterstützen. Dann verpflichtete er sich doch nicht. Die Gesandten hatten keine Vollmacht, so weittragende Garantien zu geben, und wußten es; Richelieu ließ den Vertrag unratifiziert. Das Ganze war ein Spiel gewesen, um hinzuhalten, die französische Position in Italien zu verbessern, dem von Schweden in Norddeutschland begonnenen Umsturz Zeit zu geben. Die Rechnung ging so glatt auf, wie politische Rechnungen selten tun. Im folgenden Jahr stand es um das deutsche Haus Habsburg so übel, daß in die italienische Retirade gewilligt werden mußte, ohne tröstliche französische Zusagen anderswo. Damit war der Mantua-Krieg zu Ende, und Fried mit Frankreich keiner.
Kläglich ist dergleichen zu erzählen. Was weiteres noch? Daß ein englisch-pfälzisches Gesandtenpaar mit leeren Händen nach Hause kehrte, weil die unbeirrbar schroffen Forderungen Ferdinands und Maximilians dem Pfalzgrafen keine Brücke boten? Daß im Verhältnis der Holländer zum Kaiser, zum Reich, zu Spanien sich gar nichts änderte? Daß ein geheimer Hauptzweck, die Regelung der Kaiser-Nachfolge, die Wahl des jungen Ferdinand, kaum auch nur angespielt werden konnte, da protestantische und katholische Fürsten vom Gebrauch ihres Kur-Rechts in gleich kaltem Tone Abstand nahmen? . . . Frohen Mutes waren die Herren von Eggenberg, von Trauttmansdorff, Stralendorf, Meggau, Werdenberg samt ihren Jesuiten und Kapuzinern nach Regensburg gekommen; geschlagen zogen sie nach Haus. Der Kongreß, der lang ersehnte, beredete, vorbereitete Kurfürstentag hatte ihnen die Vorherrschaft in Deutschland und Italien genommen; eingebracht nichts. Die Führung der deutschen Dinge lag nun wieder bei der Liga, Bayern, wie vor Wallensteins Erscheinen. Für die Kurfürsten ein bitterer Sieg. Schweden war ein anderer Gegner als die böhmischen Rebellen, als der Pfalzgraf, als die Freibeuter; hinter Schweden Frankreich, und demnächst die Lutheraner. Starrsinn und Blindheit, List und Angst und Stolz; Unheil, mehr Unheil. Wer wollte noch sagen, Wallenstein, gerade er, vor allem er, sei an ihm schuld gewesen?

Unruhiger Ruhestand

Amor et dominium non patitur socium. Er drückte es auch derber aus: »Zwei Hahnen können auf einem Mist nicht krähen.« Über Gustav Adolf: »Er bleibe nur in seinem Reich und lasse hier mich machen.« In einem Drama läßt der zeitgenössische deutsche Poet, Hallmann, die Ehrsucht sagen: »Der Himmel kann nur eine Sonne leiden. Zwei können nicht im Thron' und Eh-Bett weiden.« – Bewußt, unbewußt oder halbbewußt war Wallenstein der Fürst, so wie die Dichter ihn haben wollten.

Das waren sie Alle in wenigstens einer Sache. Unendlich viel Hirnarbeit wurde auf Bewahrung und Steigerung der Ehre gewandt; der Aureole; der Distanz. Briefe wurden uneröffnet zurückgeschickt, weil sie nicht die rechten Titulaturen trugen; Verträge, enthielten sie noch so Dringendes, wochenlang hin und her gedreht, bis die Form gefunden war, die keinem Souverän den Vorrang vor dem anderen gönnte. Gustav Adolf, stark und hell wie er war, und doch bloß der Enkel eines kleinen Edelmannes, trieb es hier so bunt wie seine gekrönten Brüder, wenn nicht am buntesten; einen Botschafter, dessen Creditiv ihm zu seinen anderen Würden nicht auch den des Potentissimus gab, wollte er gar nicht empfangen. Fürsten, meinte ein Spanier, der es wissen mußte, sollten am besten nur brieflich miteinander verkehren. »Die Fürstliche Zusammenkunft und Gegenwart ist ein immerwehrender Krieg, in welchem man nur um die gepreng streitet, und wil ein jeder den vorzug haben und streitet mit den andern umb den Sieg.« So auch unterhalb des Königsranges. Der Nuntius am Kaiserhof, der Vorgänger Roccis, weigerte sich, den Regensburger Kurfürstentag zu besuchen, weil man ihm den Platz nicht einräumte, auf den er Anspruch erhob. Als der Militärgouverneur von Böhmen, Marradas, zu Ehren von des Herzogs von Friedland neuem Ruhestand ihm seine Aufwartung machen wollte, ließ er vorsichtshalber zunächst fragen, wie es denn mit den Anreden stünde? Selbstverständlich sei er zur »Altezza« bereit; und umgekehrt? Von oben herab antwortete Wallenstein, es bliebe bei dem, was seinerzeit im venezianischen Krieg zwischen ihnen üblich gewesen; woran der Besuch scheiterte. Es habe, klagte

Marradas, auch mit ihm selber in diesen dreizehn Jahren sich doch Einiges geändert . . . Nahe Verwandtschaft machte nichts aus. Nie adressierte Wallenstein seinen Schwager, Vetter und Erben, Max Waldstein, anders als »Hoch- und Wohlgeborener Graf«; der junge Ferdinand aber, der König von Ungarn und Böhmen, seinen Vater: »Allerdurchleuchtigster, Großmächtigster Kaiser, Allergnädigster Herr«, und zeichnete als dessen »Alleruntertänigster Diener«.
Soviel über die Würde. Die allein machte den Fürsten nicht. Kampf mit grimmen Feinden und Herausforderung des Schicksals machten ihn, einsame Höhe, brütender Trotz, verhängnisschwangere Entscheidungen. Die Tragödie, lehrte der Schlesier Martin Opitz, dulde keine niederen Standespersonen; von den Höchsten nur müsse sie handeln, von königlichem Willen, Totschlägen, Verzweiflungen, Kinder- und Vatermorden, Brand, Blutschande, Krieg und Aufruhr, Klagen, Heulen und Seufzen. Um über Fürsten alles Nähere zu erfahren, trat denn auch Opitz in ihren Dienst, als Kanzler erst des Herzogs von Liegnitz, dann des Burggrafen Dohna in Breslau, dürfte aber von beiden Hofhaltungen enttäuscht worden sein. Wie anders, wenn Wallenstein ihn engagiert hätte! Tatsächlich dachte der daran. Nicht zwar an eine politische, sondern an eine akademische Berufung; Opitz hätte Professor an der Traum-Universität von Sagan werden sollen. Die Empfehlung stammte von des Herzogs Kanzler, Eltz.
Nun stand es mit Europas Königen so, daß sie den Begriff nicht eigentlich erfüllten. Die Stuarts zur Not; weil zwei von ihnen den Dichtern den Gefallen taten, unter dem Beil zu sterben. Der zweite Philipp auch, wegen seiner Düsternis, und der verstorbene Kaiser Rudolf in Anbetracht seines Wahnsinns und Zwistes mit dem Bruder. Danach kam keiner mehr. Der fromme, gemütliche, faule, zähe Ferdinand; Philipp IV., nichts als Kunstsammler, Jäger und Schürzenjäger; König Ludwig, klein und häßlich von Gestalt, nüchtern dazu und in allem pflichtgemäß – die eigneten sich nicht für Königsdramen; wenn Gustav Adolf in einer Kette von Kriegen glänzte und tobte, so war er doch zu gesund, zu gerade heraus, um poetischem Bedürfnis zu genügen. Anders die großen Minister. Auf sie war die Rolle des Fürsten eigentlich übergegangen. Der Herzog von Olivares, Lenker von Spaniens Schicksalen, in Träumen höchsten imperialen Ehrgeizes sich bewegend, dazu rätselhaften Charakters, manchmal lustig, manchmal zu Tode betrübt; Kardinal Richelieu, der Planende und seine Pläne mit eisernem Willen Realisierende, immer von Verschwörungen bedroht, im Kampf um die Einheit Frankreichs, die Verkörperung grausamer Staatsraison, großer Redner und Schriftsteller auch, und unermeßlich reich obendrein – das waren Helden

nach der Dichter Geschmack. So Wallenstein. Er besaß, aus den bekannten Gründen, nicht die politische Macht Richelieus und wohl auch nicht ganz soviel Geld; verglichen mit dem Palais Royal wirkt das Friedländer Haus in Prag bescheiden. Dies aber hatte er voraus, daß er nach Herkunft und Stellung anomaler erschien, nicht zur Regierung geboren wie Olivares, nicht wie Richelieu durch die Bischofswürde gebunden; von blasser Herkunft, dunkler Religion. Ferner war er anders ein Fürst als sie, nämlich ein regierender, beinahe unabhängiger; ein Fürst aus Niemandsland. Ein bizarrer Tyrann, den Kopf schwer mit gigantischen Plänen. In diesem Sinn ist auch Valeriano Magnis Charakterbild ein poetisches; poetisch das Gerücht, welches umging, er habe dem König von Schweden einen Mörder gesandt.

Sein Sturz verminderte den Mythos nicht; ganz im Gegenteil. Mit asiatischer Pracht lebte Wallenstein in Böhmen; kein Diener mehr, sondern eine höchst ausgenommene Mischung von Privatmann und Souverän. Daß furchtbare Rachepläne in ihm wühlten, daran wollte kaum jemand zweifeln; nicht daran, daß er emsiger als je nach den Sternen spähte. Am Letzteren scheint etwas Wahres gewesen zu sein. Jedenfalls klagte einer von seinen Beamten, es sei schier unmöglich, Audienz zu erhalten; seine Fürstlichen Gnaden sitze den ganzen Tag in scriptis, ohne Speis und Trank, die Stunden der Nacht aber verbringe er meistens mit dem Signor Battista, dem welschen Sterndeuter . . . Natürlich könnte auch dieser Brave sich vom Wunschbild der Dichter haben beeinflussen lassen. Wir jedoch dienen der Wissenschaft, nicht der Poeterei. Darum ist hier der Ort, die Geschichte von Wallensteins Ruhestand ein wenig aufs Faktische zurückzuführen.

Die Entlassung erfolgte Anfang September, 1630. Im Winter begann Kaiser Ferdinand, seinen gewesenen General um allerlei Gutachten zur militärisch-politischen Lage zu bitten. Ende März bemerkte er seufzend zu Herrn von Questenberg, wäre Wallenstein nur nicht nach Memmingen gegangen, sondern im Norden geblieben, so würde es zu alledem nicht gekommen sein. Questenberg: Memmingen sei doch der Weg nach Italien gewesen. – Warum er dann nicht nach Italien reiste? – Ei nun, es lag ja Eurer Majestät strikter Gegenbefehl vor, den mußte er wohl achten . . . Questenberg nahm die Gelegenheit wahr, um einzuflechten, wie leider nun alles einträfe, was der Herzog stets warnend vorausgesagt hätte, wie Tilly ein Greis von siebzig Jahren sei, von Bayern abhängig und nur hergeliehen, ein guter Soldat zwar, aber im Politischen und Wirtschaftlichen eben doch nur ein Kind . . . Im April war es offenes Geheimnis, daß man nichts sehnli-

cher wünschte, als Wallensteins Dienste wiederzugewinnen. Questenberg an seinen Gönner: »Ich habe stark in Zweifel gestellt, ob Sie kommen werden, Unlust, Indisposition, Furcht wegen wieder zu dienen angesprochen zu werden, und sonst wegen Iro mir ziemlich bekannten Ingenii und Humors wegen.« Im Mai bat, ja flehte Ferdinand selber, er möge eilends nach Wien kommen oder doch in die Nähe von Wien, in Gesprächen ließe sich leichter so viel mehr klären als durch langwierigen Briefwechsel. Von da an wußte Wallenstein, daß er das Generalat wiederhaben könnte, wenn er wollte und seinen Willen mit Sicherheit deutlich machte. Das tat er nicht; während des Sommers blieb es bei unverbindlichen Zeichen hin und her. Eigentliche Verhandlungen begannen im Oktober. Im Dezember führten sie zum Resultat, obgleich zunächst nur zu einem sonderbar provisorischen.
Ein Jahr und vier Monate hätte das Exil gedauert. Die Rechnung stimmt, wenn man die Kalenderblätter zählt. In Wirklichkeit ging das Nachrollen der ersten Epoche über in das Wetterleuchten des zweiten.
Nie war es ein Exil. Die Korrespondenz blieb so dicht wie vorher. Kaiserliche Offiziere, Aldringen, Gallas, Goetz, Ossa, Cratz, Holk, Piccolomini, Pappenheim, Virmont, schickten Berichte, öffneten ihr Herz, sparten, besonders Pappenheim, nicht mit dem Wunsche, es möchte der große Soldatenvater sich doch möglichst bald wieder seiner verwaisten Kinder annehmen. Am friedländischen Hof erschienen die Gesandten fremder Potentaten, polnische, dänische, englische, gingen auch die in Schmeicheltönen abgefaßten Briefe der Könige ein. Er war nicht der große Einsame in jenen sechzehn Monaten, viel weniger der Vergessene. Eine kluge Geschichtsschreiberin mutmaßt, im Grunde hätte er sich nie wohler gefühlt als während dieses Zwischenspieles: Umworben, ohne vorerst wählen zu müssen, Träger eines gewaltigen Ruhmes und der mit ihm verbundenen politischen Macht und Möglichkeit, aber ohne die Qual der Verantwortung. Die war er einstweilen los: »Nachdem, wie Euer Kaiserliche Majestät sich gnädigst erinnern, ich im Augusto des unlängst verflossenen sechshundertdreißigsten Jahres meiner gehabten charici entlassen, ich mich dergleichen Sachen nicht angemaßt . . .« Hier könnte Schadenfreude im Spiel gewesen sein. Aber allzu reichliche Psychologie wollen wir uns nicht angelegen sein lassen, und jene, die meinten, er habe fünfviertel Jahre lang nichts getan als dazusitzen und nach Rache zu gieren, haben's der eine vom anderen abgeschrieben.
Wie angenehm nun die Muße und die Freiheit der Möglichkeiten, so konnte sie nicht dauern. Ihr Ende war mit eingebaut. Derselbe Weltlauf, der machte, daß Wallenstein umworben blieb, zwang ihn, sich

zu entscheiden. Siegten die Schweden, ohne ihn, gegen ihn, fingen sie eine Revolution in Böhmen an, so war er verloren; darum mußte er entweder einen Pakt mit den Schweden und der Revolution schließen, oder sein Gewicht noch einmal in die andere, die kaiserliche Waagschale werfen. Die Logik, ob er sie von Anfang an sah oder nicht, war unausweichlich. Übrigens mag man sie weniger ichbezogen ausdrücken, wenn man will. Bei dem Interesse an Europas Schicksalen, das er sich angewöhnt hatte, konnte er nicht lange bloß zuschauen, jetzt, da die Ereignisse immer unerhörter wurden. »Man lasse mich machen . . .« Mitzubestimmen, nach seinem Bilde Ordnung aus Chaos zu schaffen, war sein Handwerk; eine Illusion, sollte er in den Memminger Tagen geglaubt haben, er müßte oder könnte fortan darauf verzichten.

Was ohne ihn nun geschah

Gottfried Heinrich von Pappenheim, unlängst, und zwar auf Wallensteins Empfehlung hin, zum kaiserlichen Feldmarschall ernannt, war ein Soldat über dem wüsten Durchschnitt; zugleich Haudegen und Theoretiker, draufgängerisch und nachdenklich. Einen bewundernden Schüler Wallensteins nannte er sich gern. Er stellte Thesen auf wie die, wonach nichts gefährlicher sei als ein defensiv geführter Krieg im offenen Land; da zöge man herum, rat- und planlos, vom Gegner getrieben, bis man endlich umstellt und gefangen wäre. »Die einzige Ursach, daß dieser Krieg so lange währet, ist die Sparsamkeit und Verlust der Zeit.« Nie habe man einen Sieg mit äußerster Anstrengung und Promptheit ausgenutzt, um den Feind zum gewünschten Frieden zu zwingen. Kaum war man im Vorteil, so verachtete man auch schon die Gegenseite, entließ Truppen, um Geld zu sparen, brachte aber gleichzeitig die Leute durch Kontributionen und Räubereien in jene Verzweiflung, mit der alte und neue Feinde spielen konnten, so daß nie kein Ende war. »Derer Exempel sind seit der Prager Schlacht so viel, daß man in keine seither verflossene Jahreszeit greifen wird, darin man nit ein paar dergleichen ertappen könnte. Dies letzte aber mit dem Schweden ist das allerärgste . . .« Warum hatte man die Armee in Pommern nicht so stark wie nur irgend möglich gemacht? Warum hielt man sich da und dort verstreut in Mitteldeutschland, anstatt daß man, weil es noch Zeit war, mit gesammelter Macht gegen den Feind marschiert wäre? »Euer Excellenz verzeihen meine langwierige Erzählung; der getreue Rat muß (ohne Respekt der Person) die Wahrheit sagen; und der gute Rat muß in der Erkenntnis

der Ursachen . . . seinen Anfang haben.« Die so angeredete Exzellenz war Tilly; die Zeit 1631, im Januar.
Pappenheims Kritik hatte Hand und Fuß. Der Gute Alte, mit seinen Ligatruppen sich zwischen Weser und Elbe haltend, tut nicht viel während der Monate, die das Jahr 1630 noch übrig läßt. Er weiß auch nicht, was er nach Winters Ende denn tun wird. Die militärische Bereitschaft an der Küste, kaiserlich, und neuerdings unter Tillys Befehl, ist erbärmlich. Den schwedischen Funken müßte man austreten, sobald er zu Boden fiel. Man dürfte ihm doch nicht Zeit geben, zur Flamme zu werden, der Flamme nicht Zeit geben, um sich zu fressen. Tilly entschuldigt sich mit der Verwahrlosung seiner Soldaten, ein Grund, der immer Wahrheit hat, aber nichts hilft. Er könnte sich wohl auch mit der Politik eines seiner beiden Herren entschuldigen. Der Kurfürst von Bayern lüstet nicht nach raschem Hauptkampf seiner Armee mit der schwedischen. Könnte er zusammenfügen, was nicht zusammenstimmt, Loyalität und Neutralität, er täte es nur zu gern. Und lieber als an der Oder sähe er seine Bewaffneten in der Nähe von Rhein und Donau, wo seine Lebensinteressen liegen.
Andererseits hat die Kriegführung Gustav Adolfs jetzt nicht die Blitzesschnelligkeit, in deren Ruf sie im Lichte von Späterem gemeinhin steht. Bevor es, immer noch im Norden Deutschlands, zur ersten großen Entscheidung kommt, sind fünfviertel Jahre vergangen. Die »unglaubliche Furia« beginnt erst danach.
Daß Gustav von seiner Heimatbasis weit entfernt ist, ungleich weiter, als Christian von Dänemark es zu seiner Zeit war, daran ist er gewöhnt von seinen Feldzügen gegen Moskowiter und Polen her; an Langsamkeit und Unsicherheit des Nachschubs, an Truppenzuzüge von Übersee, die nicht kommen oder nicht in der befohlenen Masse kommen. Anfangs den kaiserlichen Küstenverteidigern an schierer Zahl unterlegen, hat er erst nach einem halben Jahr die Kräfte beisammen, die er braucht, um Ernst zu machen. Alsbald meldet die schlimme Kriegsregel der Zeit sich zum Wort: Mangel an Proviant, Mangel an Geld, Mangel an Disziplin. Die Schweden wollen Befreier sein, aber Kontributionen müssen sie von den Befreiten erheben, wie Wallenstein eh und je; Dörfer müssen sie niederbrennen. Man kann sie, meint Gustav tröstlich, ja wieder aufbauen; der Krieg sei so. Des Königs Ideen sind eine Sache; die Mittel, mit denen, der Stoff, in dem er sie durchsetzen will, eine andere; und so schon am Anfang.
Auch ist das Römische Reich nicht Polen, nicht Moskowien. Ungleich dichter organisiert; dem Schweden vertrauter durch Religions-, Kultur-, Fürstenverwandtschaft, aber fremder auch wieder, eben weil er es besser zu kennen glaubt. Nämlich, er kennt es besser, als es sich

selber kennt. Später sagt er einmal den Nürnbergern: von den Dingen des Reiches, so wie es früher einmal war, verstünden sie wohl etwas, aber nicht, wie es *jetzt* sei. Er versteht es. Also mag er nicht hören, wie die Leute noch immer von ihrem gnädigen Kaiser faseln, da doch dieser Kaiser ihr Recht brach, mit seinen Kriegsknechten sie heimsuchte, ihr Gut wegnahm, ihren Glauben kränkte; kann es nicht fassen, daß sie, die untereinander sich abschlachteten, den Nicht-Deutschen gegenüber sich einer und derselben Nation zugehörig fühlen und ihrem fremden Retter mißtrauen. Sein Unternehmen sieht er als ein hochpolitisches, mit nur schwedischen Gewaltmitteln nicht durchzuführen. Die deutschen Protestanten müssen zu ihm kommen und selber zu ihrer Rettung etwas tun, ermutigt von der Energie, die er ihnen zuführt. Die Fürsten von oben, die Völker von unten; Bündnisse und Revolution. Die Hoffnung trügt längere Zeit und im Grunde immer.
Daß keine Revolution ist, mag man sich durch Charakter und Herrschaftsverhältnisse der deutschen Völker erklären, nebenbei auch durch die nicht gerade geschickte psychologische Kriegführung Gustavs. In einem Manifest fordert er die Mecklenburger auf, Beamten und Anhänger Wallensteins, des Usurpators, allenthalben totzuschlagen. Täten sie es nicht, so wollte er sie selber als treulose Eidbrecher verfolgen und mit Feuer und Schwert schlimmer als seine Feinde heimsuchen. Natürlich ist das nicht der Weg, um befreundeten Aufruhr zu stiften. Die Untertanen bleiben stumm und gehorsam; will der König die verbannten Herzoge zurückführen, dann muß er es selber tun. Unordnung gibt es wohl, wo eben noch die Ordnung Wallensteins herrschte. Wer aber seine Mustergüter verwüstet, sind nicht des Landes Bauern, es sind kaiserliche Soldaten, zur Verteidigung des Herzogtums bestellt. Wallenstein an Questenberg, voller Erbitterung: »Ich glaube nicht, daß das Ihrer Majestät Wille ist, denn ich hab um dieselbige viel ein anderes verdient.« Werde nicht Remedur geschaffen, müßte er an den losen Hundsföttern selber seine Revanche nehmen. Remedur, wie? Revanche, wie? – Den Kaiserlichen folgen später die Schweden und treiben es nicht milder.
Nur einen einzigen freiwilligen Bundesgenossen findet Gustav Adolf früh: die große Stadt Magdeburg, die Elbfestung. Sie, die Wallenstein befriedet zu haben glaubte, schließt schon Sommer 30 einen Allianzvertrag mit Schweden. Fragen wir nicht, wie es bei diesem neuen Umschwung zugegangen, wie die ängstlichen, die reichen, die konservativen Stadtväter überwältigt wurden von den Radikalen, wie Hilfsversprechungen gegeben wurden, die tief im Inneren Deutschlands zu erfüllen dem Seekönig schwerfallen muß. Jedenfalls täuscht

sich der sanguinische Anführer, wenn er glaubt, die magdeburgische Fackel werde nun von Stadt zu Stadt getragen werden. In ihrer Tollkühnheit allein gelassen, wird die Republik zum anlockenden Zentrum für beide Gegner; für Tilly aber zum vorteilhafteren, denn er ist näher daran. Bedroht er Magdeburg, so hofft er den König eben dorthin zu zwingen. Erobert er es, so besitzt er die stattlichste Basis, gibt gleichzeitig eine Warnung allen denen, die es den Magdeburgern nachzutun versucht sein könnten. Gustav spielt wohl mit dem Gedanken, über Mecklenburg die Elbe zu seiner Kriegsstraße zu machen, anstatt der Oder. Aber da müßte er durch neutrales Gebiet; brandenburgisches, das wäre so tragisch nicht; sächsisches, das wäre heikel, dem Kurfürsten Johann Georg darf man keinen Vorwand geben. Weit würde er sich von seiner Sicherheit entfernen, Stralsund, Stettin, und geriete zwischen ungeschlagene Truppen des Feindes. – Einstweilen entschließt er sich für Oder und Osten.

Von Fronten ist in diesem Krieg keine Rede. Man liegt in Festungen und Widerstandsnestern, man wälzt sich aneinander vorbei, ohne sich zu erwischen, man hockt unglaublich nahe zusammen. So die Kaiserlichen, unter dem Obersten Schauenburg, ein paar Meilen südlich von Stettin, Oder-aufwärts, in den Städten Greifenhagen und Gartz. Hier greift Gustav am Weihnachtstag 1630 an; hier, in Eiseskälte, gewinnt er unter furchtbaren Massakern seinen ersten Sieg, die Verfolgung zieht sich hin bis in die Gegend von Landsberg. Damit beherrscht er das Oderland zur Gänze, es droht ihm nichts mehr vom Osten her. Die Nachricht macht Eindruck bis nach Augsburg, wo die Katholischen kleinlaut werden, bis nach Wien. Ferdinand, auf das Ärgernis im Norden zum ersten Mal rüde aufmerksam gemacht, bittet seinen gewesenen General um ein Gutachten. Wallenstein antwortet prompt: Die Schweden werden versuchen, sich der wichtigen Plätze Frankfurt und Landsberg zu bemächtigen. Kaum aber werden sie zur Winterszeit sich Schlesiens annehmen, zumal sie dann Tilly in den Rücken bekämen. Also hat man Zeit, das Erbland und Tor der anderen Erbländer in Verteidigungszustand zu setzen, die Truppen sich erholen, ermutigen, stärken zu lassen: Schlesien muß die Basis einer neuen kaiserlichen Armee sein, wie im Jahre 27. Werbungen, Aufstellungen neuer Regimenter, so fügt er in einem zweiten Gutachten hinzu, müssen unbedingt sein; in der Zeit seines Generalats sei die Gefahr gar so groß nie gewesen, und doch habe er stets eine Macht beisammen gehabt, stark genug, um nach allen Seiten wachsam zu spähen, rechtzeitig zuzuschlagen . . . Eine Kurz-Apologie ist das wohl, ein Seitenhieb gegen gewisse Andere; der Ratschlag aber vernünftig und ohne Tücke.

Tilly, auf die Nachricht von dem Greifenhagener Debakel, bricht auf von Halberstadt, nordostwärts, mit drei Regimentern zu Fuß, einem zu Pferd, legt 200 Meilen in zehn Tagen zurück – im Winter eine fürchterliche Leistung –, deckt Frankfurt und Landsberg. Der graue Kriegsmann ist so verzagt, wie noch nie in seinem harten Leben. An Wallenstein: ». . . und haben Euer Fürstliche Gnaden sich glücklich zu schätzen, daß Sie dieser schweren Mühe und großen Last sich entladen . . .« Wie er in Frankfurt anlangt, sind die Schweden schon wieder nach Nordwesten ausgewichen. Ihr nächstes Ziel ist Mecklenburg; Tilly atemlos hinterher, zu spät. Die mecklenburgischen Festungen fallen; Neu-Brandenburg, Malchin, Treptow; zuletzt das Schloß Demmin, wohin der kaiserliche Kommandant, Savelli, sich mit 1800 Mann geflüchtet hat. Savelli, klingt der Name bekannt? Jener Hofgünstling ist es, den Wallenstein so tief verachtete, so gern losgeworden wäre und behalten mußte, indem er »seiner Natur Gewalt antat«. Er beurteilte den Burschen richtig, wie Tilly eingesteht: die neuen Niederlagen müßten jene verantworten, die, anstatt herzhafter Subjekte, höchst ungeeigneten Menschen so wichtige Plätze anvertraut hätten. (An Wallenstein) . . . Was nützen retrospektive Klagen? Mecklenburg ist hin, oder beinahe; daß Rostock, Wismar, Güstrow einstweilen noch aushalten, Tilly Neu-Brandenburg zurückerobert, nur Rest und schwacher Rückschlag. Indem Wallensteins Herrschaft in Scherben geht, trifft seine Oberbeamten, Moltke, von der Lühe, die doch bloß ihrem rechtmäßigen, wenn auch neuen Landesherrn treu gedient haben, das Ungemach, worüber sie gramvoll ihre Köpfe schütteln: ihre Güter werden erst geplündert, dann auf Befehl des Königs an schwedische Offiziere verschenkt. Da sind wieder ein paar ehemals glückliche Leute an den Bettelstab gebracht und belehrt, wie die Welt ist. Nach dem Sieg der guten Sache, schreibt ihnen Wallenstein, würden sie schon Alles wiederbekommen. Lieber als solch kalter Trost wäre ihnen ein warmes Amt in Gitschin, einen Reisepfennig, aber die Einladung nach Böhmen bleibt aus. Sie erhält nur der Statthalter, Wengiersky, und folgt ihr von Herzen gern. Ein Nachfolger wird noch bestellt, Berthold Waldstein, Oberst, Bruder des Grafen Max; Regent nicht mehr, sondern letzter Verteidiger und Liquidator. Er habe keine zehn Gulden in der Hand, schreibt Berthold an einen Kameraden, man möge es ihm glauben, er sei ein ehrlicher Kerl. »Ich sehe hier nichts anderes als dieses Landes, auch unser hier aller miteinander Ruin.« Im Mai verläßt er die Hauptstadt Güstrow, vom Prunk des Schlosses mitschleppend, was er kann, und wirft sich nach Rostock, wo er noch bis zum Oktober aushält. Im Juli ziehen die alten Herzoge in Güstrow ein, begleitet oder angeführt von keinem

Geringeren als dem Befreier selber, dem Löwen aus Mitternacht. Ein Fest von perfekter Anordnung. Grabesglocken zuerst, um den Kummer der Usurpation rasch noch einmal auszukosten, ehe er sich in Jubel verwandelt; ›Ein feste Burg‹ von allen Kirchtürmen geblasen; Prozession der Fürsten, unter denen auch Bogislaw von Pommern nicht fehlt, der Adeligen, der Zünfte, der Schulkinder; Gewoge von Pferden, Samtröcken, Federhüten, Schlachtschwertern; Gottesdienst im Dom, Text aus dem 126. Psalm: Die mit Tränen säen, werden mit Freuden ernten; auf dem Marktplatz zwanzig Faß Wein und vierzig Faß Bier als Geschenk für die erlösten Untertanen. Ein Geschenk, für das sie freilich bald zahlen müssen, denn scharfe neue Steuern werden ausgeschrieben. Der neue Kanzler ist jener treue Rat Cothmann, den Wallenstein einst so rauh empfing. – Bleibt die Frage, wer dem beraubten Räuber seinen Besitz durch was ersetzen soll? Und diese Frage wird schwer lasten für die noch übrige Zeit.

Die Rückkehr der Herzoge ist ein Trumpf der schwedischen Politik. Sie mag zeigen, daß gut fährt, wer es mit dem Könige hält; solcher Erfolge ist Gustav Adolf bedürftig.

Er will Bundesgenossen, und zwar solche, die ihm Garantien geben und gehorchen. Er will keine Neutralität in diesem Abenteuer, hat sie von Anfang an nicht gewollt. »Solch Ding ist doch nichts als lauter Quisquiliae, die der Wind aufhebt und wegweht«, hat er einem brandenburgischen Unterhändler bald nach der Landung gesagt. »Was ist das doch für ein Ding, Neutralität? Ich verstehe es nicht.« Und wieder: »Ich will von keiner Neutralität nichts wissen und hören. Seine Liebden muß Freund oder Feind sein. Wenn ich an die Grenze komme, so muß sie sich kalt oder warm erklären. Hier streitet Gott und Teufel. Will seine Liebden es mit Gott halten, so trete sie zu mir. Will sie es aber mit dem Teufel halten, so muß sie fürwahr mit mir fechten. Tertium non datur.« Auch sei ihm mit Papier und Tinte nicht gedient. Reales wollte er haben, Festungen, Pässe. Seine Hände hätten Augen; die sähen und glaubten, was sie griffen . . . Er hat ja recht. Wie jämmerlich ist es der brandenburgischen Neutralität in all den Jahren gegangen, in Preußen wie in der Mark; wie jämmerlich dem Herzog von Pommern, der, so der König, nur in Ruhe sein Bierchen hatte trinken wollen. Werden die evangelischen Fürsten denn nie begreifen, vor welcher Wahl sie stehen? An Johann Georg schreibt der König, die einzige Art, »das auf Deutschland lastende spanische und österreichische Joch ein für allemal zu zerbrechen«, das Volk von den »päpstlichen, seelenschänderischen Greueln« zu erlösen, sei mannhafte Einigkeit. Aber Sachsen wollte nicht im Sommer und will auch im nächsten Winter noch nicht, wobei in der Seele des trägen Johann

Georg ein Instinkt für Herrschaft, für die Vorteile des Althergebrachten, fürs Nationale doch mitspielen mag. Was sind des fremden Königs Absichten? Warum ist er gekommen? Um der schönen Augen der Deutschen, um der puren Religion willen kaum; das gibt es nicht. Die selbstlosen Motive verschwimmen bis zur Identität mit solchen, die nichts weniger als selbstlos sind. Religion und Macht, wer kann diese Schwestern trennen? Er will assecuratio, Sicherheit für sein Nordreich; wer sicher gehen will, pflegt mehr zu erstreben, als er schon hat. Er will auch satisfactio, Erstattung seiner Kriegskosten, weil er der Angegriffene, nein, weil er zur Rettung unterdrückter Glaubensgenossen ausgezogen ist. Das rare Geld wird heutzutage aber gern in der Form von Land gefordert. Man hat Beispiele dafür; der Bündnisvertrag, den Gustav dem alten Herzog Bogislaw aufnötigte, sein allererster in Deutschland, könnte leicht so verstanden werden, als habe Schweden sein Aug auf Pommern geworfen. Triumphieren die Waffen Gustavs, dann wird man ihn nicht mehr los; unterliegt er, und noch ist der nie geschlagene Tilly ungeschlagen, dann ist man besser nicht dabei gewesen; in jedem Fall hätten Gustavs deutsche Alliierte die Furie des Krieges zu erfahren, von der Sachsen bisher verschont blieb. Den von Gott uns anvertrauten Landeskindern die Kriegsqual zu ersparen, wenn es denn möglich ist, das schulden wir ihnen als ein treuer Vater. Besser also die von Gustav verpönte Neutralität, bewaffnete Neutralität, Einigkeit der Evangelischen unter sich, unabhängig von Schweden ... So die Gedanken Johann Georgs, wenn er sich zum Denken aufrafft. Er wird dabei bestärkt und erleuchtet von dem lutherischen Berufssoldaten, der das Politisieren nicht lassen kann, dem Feldmarschall Hans Georg von Arnim. Arnim, gewohnt, seine Dienstverpflichtungen zu wechseln wie seine Hemden, posiert gleichwohl den deutschen Patrioten. Vielleicht ist er wirklich einer; wir können in dies wunderliche Herz nicht sehen. Der geborene Brandenburger wird ob seiner Staatsweisheit in Berlin hochgeschätzt, neuerdings auch in Dresden. Er reist zwischen beiden Kurfürsten hin und her, er bringt sie zusammen, er hört und flüstert ihnen zu. Im Frühling übernimmt er das Kommando des Heeres, das Johann Georg sich für alle Fälle zu sammeln entschlossen hat.

Die Politik Arnims trifft sich überquer mit der französischen. Wohl hat Richelieu den schwedischen Kriegszug lang ersehnt, wohl schließt er, Januar 31, mit Gustav Adolf einen Allianz- und Subsidienvertrag, den er geheimhalten möchte und den der König emsig verbreiten läßt, um den psychologischen Gewinn einzuheimsen. Den engen Zusammenschluß zwischen Schweden und dem Kurfürsten wünscht man in Paris nicht, weil man sich noch immer mit der Hoffnung schmeichelt,

Protestierende und Katholische zu einer dritten, rein deutschen Macht zusammenzureden. Im Mai kommt der bayerisch-französische, dem schwedischen ins Gesicht schlagende Vertrag unter Dach und Fach. Es ist die verrenkte Diplomatie des Père Joseph; man hat der schwedischen Lawine den Stoß gegeben, der sie in Bewegung setzte, und will nun sie unter Kontrolle halten, so, daß sie dahin fällt, aber nicht dorthin, und tiefer nicht, als für Frankreich gut ist.
Während des Spätwinters tagt in Leipzig der Konvent der Protestanten, zwei Monate lang. Anderthalb Fürstlein, einem katholischen Spottlied zufolge; arme lutherische Hündlein auf der Suche nach einem kleinen Krieglein. Es sind aber dreizehn Fürsten, zahlreicher städtischer Vertreter nicht zu gedenken, und weil noch Ritterzeit ist, so wissen wir genau, mit wieviel Gefolg und Pferden sie ankommen: der Kurfürst von Brandenburg mit 178 Personen und 107 Pferden, der Gesandte der Augsburger Protestanten mit zweien und einem Diener bloß. Damit will er zeigen, wie schlecht es den Augsburgern jetzt geht.
Eine Sensation ist gleich anfangs die Predigt des Doktors der Heiligen Schrift und kurfürstlich-sächsischen Ober-Hofpredigers Matthias Hoë von Hoënegg, nachmals »auf inständiges Anhalten und Begehren« in Druck herausgegeben. Hoë hat zum Text den dreiundachtzigsten Psalm gewählt: »O Gott schweige doch nicht also und sei doch nit so still, Gott halte doch nicht so inne. Denn siehe, deine Feinde toben, und die dich hassen, richten den Kopf auf. Sie machen listige Anschläge wider dein Volk . . .« Wer heutzutag die tobenden Feinde sind, darüber läßt der wortgewaltige Mann keinen Zweifel. Es sind die Papisten, es sind die Jesuiten, die Tag und Nacht trachten, wie sie uns Evangelische überwältigen und mit List den Garaus machen könnten: die Congregatio de Propaganda Fide, die Clerisei, und die katholische Liga auch. Dann ist von dem Heiland, dem gottgesandten, streitbaren Held Gideon die Rede, und den teils nickenden, teils die Brauen rückenden Zuhörern bleibt unverborgen, wen die Rede meint. Dazu ein katholischer Polemiker: »Was sagte aber Herr Doktor Hoë vom König in Schweden? Gelt, er ist ein rechter Gideon, und trübt kein Wasser?« . . . Zum Schluß dringt der Theolog in Gott den Herrn, zerknirschten Herzens zwar, aber ziemlich aufdringlich, sich nun endlich zu zeigen. »Ach Herr Gott, schweige doch nicht also; ach Gott, sei nicht länger also stille; ach großer Gott, halte doch mit deinem Eifer nicht so inne gegen unsere Feinde . . .« Hoë von Hoënegg, ein intriganter Patron, war früher gut österreichisch und spuckte auf die Calviner; neuerdings ist er schwedenfreundlich, beziehungsweise von den Schweden gekauft.

Sein »hochintioniertes Liedlein« gilt als ein Politicum, denn es muß ja doch wohl die kurfürstliche Zensur passiert haben, ehe es in die Luft geschmettert werden durfte. So urteilen die Zuhörer; und täuschen sich. Wie aus dem kunstvoll balancierten Elaborat seiner Vorschläge deutlich wird, will Johann Georg den Sprung ins schwedische Lager noch immer nicht tun. Der Kaiser empört sich darüber, daß von Gustav Adolf, gegen dessen Feindseligkeiten die Kurfürsten ihm doch Hilfe schulden, mit keinem Wort die Rede ist; stärker könnte es den König befremden. Man tut in Dresden so, als sei er gar nicht da. Rüsten will man wohl, der Kurfürst selber über 10000 Mann auf die Beine stellen; machen seine Mitstände es ihm gleich, so hätte man zusammen wohl 40000. Aber erstens soll eine solche Gemeinschaft friedfertig und defensiv sein, nur wird man fortan gegen die Durchführung des Ediktes sich zur Wehr setzen. Zweitens soll sie ganz lokker sein, jeder evangelische Kreis des Reiches für sich selber sorgen, ein koordinierender Ausschuß nur äußersten Notfalls in Funktion treten. Drittens hofft man, daß der Beschluß an sich selbst seine Verwirklichung überflüssig machen und gütliches Traktieren mit der Gegenseite zum Ziele kommen möge. Denn über allem steht der Reichsfriede; die Erquickung so vieler Tausend und Abertausend tränender, winselnder und in äußerster Not, Jammer und Elend begriffener Menschen . . . Nun wird zwei Monate lang über die Vorschläge Johann Georgs diskutiert. Uns wundert das; die Fragen sind ja dringend, die Gefahren, zum Beispiel für die evangelische, große, von Tilly belagerte Stadt Magdeburg, gehen ans Leben. Man ist am Ort beisammen, man könnte sich doch sputen. Die furchtbare Langsamkeit des Ganzen, des Reisens, Marschierens, Kriegens, teilt auch den Gehirnen sich mit; qualvoll ausführlich sind die Schriftstücke (die Wallenstein nie liest), und ebenso schleppend mag es bei den Konferenzen zugehen, zumal jeder Gesandte, auch der von Hildesheim oder Nordhausen, als ausbündig gelehrter Staatsmann erscheinen will. Übrigens sind die Nächte in den kurfürstlichen Biersälen den Konferenzen am Tag nicht förderlich. Man lebt gut, auf Kosten des Gastgebers, während man für den Jammer des Deutschen Reiches so herzzerreißende Worte findet . . . Arnim, Verfechter der dritten Partei, aber doch einer kraftvoll organisierten, verläßt den Konvent im Ärger. So, noch zorniger, tut ein junger, in Leidenschaft für große und rasche Taten entbrennender Fürst, Bernhard von Weimar.

Der Leipziger Schluß entspricht Johann Georgs Propositionen. Matt, jedoch zwiespältig, ein Halbweghaus, in dem man lange nicht bleiben kann, wird er in Wien als revolutionäre Drohung beurteilt, und in diesem Sinn, mit der gewohnten wehmütig-giftigen Pedanterie, beantwortet ihn Ferdinand. Für Gustav Adolf taugt er wenig. Er verspricht eine protestantische Heeresmacht, passiv, zerstreut, unverbündet, und obendrein eine, die, abgesehen vom sächsischen Anteil, vermutlich auf dem Papier bleiben wird. Je länger er unter ihnen lebt, desto widrig-unverständlicher werden dem König die Deutschen. Darum muß er auf eigene Faust handeln, den Einzelnen zwingen, besonders Brandenburg, Diplomatie durch gewonnene Schlachten ersetzen. Am Tage, nach dem die Leipziger in rangbestimmter Reihenfolge ihre Unterschriften malten, den 3. April, erstürmt er Frankfurt an der Oder. Die Truppen, die Tilly in die Festung gelegt hat, werden erschlagen oder gefangengenommen, unter ihnen der Kommandant, Schauenburg; Kanonen und Proviant reichlich erbeutet. Daß die Bürger, für einmal, die Schweden als Befreier begrüßten, die kaiserlichen Verteidiger aus den Fenstern beschossen, hindert nicht, daß auch sie Opfer der nachfolgenden Greuel werden; solche Mißverständnisse kommen vor. Kann man von blut- und dreckbeschmierten Pickenieren subtilste Unterscheidungen zwischen Erstürmen und Befreien verlangen? . . . Zwei Wochen später fällt Landsberg an der Warthe. Schlesien liegt offen und wehrlos.

Das sind nun ernste Nachrichten. Tiefenbach, der Nachfolger Schauenburgs, aus dem schlesischen Glogau an Questenberg: »Man glaube oder glaube es nicht bei Hof, aber sehr gewiß ist es, daß die Sachen sehr gefährlich sind; kommt der König in dieses Land, so nimmt ihn männiglich mit tausend Freuden an, von dannen nach Böhmen und alsdann nach Österreich.« Bei Hofe glaubt man es. Questenberg an Wallenstein: »Itzt heißts: helf, helf, und non est qui audiat . . . das Wasser rinnt uns ins Maul, jetzt glauben wir und erkennen unser Unrecht, und ich glaub, daß es uns reue . . . Jetzt sieht man, ob Euer Fürstliche Gnaden recht gehabt mit denen übermäßigen Werbungen oder nicht, und was wir mit unserer parsimonia und Sparsamkeit in so kurzer Zeit erhalten. Jetzt kann und darf ich mit offenem Mund mit etlichen reden, da es zuvor nit wär gegangen, und hab in allem jetzt recht . . .« Häufig fragt Ferdinand seinen Kriegsrat, ob er kein Schreiben von Wallenstein hätte, ob Wallenstein käme, wann er käme? In der Seele Questenbergs mischen sich Sorge mit Triumph, Triumph mit Spott. Irgendwie tut es ja immer wohl, in seiner Weisheit sich bestätigt zu finden, sei es auch durch Katastrophen, und nun die eigene Partei, die wallensteinische, wachsen zu sehen wie einen Baum an Wasserbächen.

Unter solchen Umständen ist Wallensteins Ruhestand mehr interessant als behaglich. In seinen Residenzen, Prag, Gitschin, Smřkowitz, empfängt er täglich Berichte von den Kriegsschauplätzen, unter-

mischt mit bitteren Klagen über Tillys entschlußlose Greisenstrategie. So groß, schreibt Pappenheim, sei die Verwirrung, daß er überhaupt nicht wisse, wo sich Gustav Adolf mit seiner Armada befinde. Das Grundübel sei der Mangel an Autorität und Resolution, »so Eure Fürstliche Gnaden gehabt . . . Gott stehe uns bei«. Wallenstein, in Böhmen, ist besser informiert als Pappenheim im Lager vor Magdeburg. Er weiß, wo Gustav Adolf ist; die Wege der Oder und ihrer Nebenflüsse kennt er genau; er hält die Invasion Schlesiens für wahrscheinlich, Böhmens für möglich. Schon auch hört er, daß die böhmischen Exulanten zu rumoren beginnen, daß der arme Redern, derselbe, den er vor zehn Jahren aus Friedland verjagte, mit Handstreichplänen umgeht, um seinen verlorenen Besitz zurückzugewinnen. Er legt eine Garnison von Musketieren in Stadt und Schloß Friedland. Er sammelt Proviant für die nach Schlesien treibenden Haufen des geschlagenen Ostheeres. Sagan, sein schlesisches Fürstentum, hat Quartiere und Nahrung zu bieten. Er befiehlt es dem dortigen Landeshauptmann in schneidenden Tönen; der doch sonst den eigenen Ländern die Kriegsnotopfer weislich ersparte. Vergebens remonstriert Herr von Kaunitz: bloße 1000 Mann würden dem mageren Ländchen in der Woche kosten 231 Strich Korn, 140 Rinder, 45 Faß Bier, 525 Strich Haber, und was sonst noch; er hätte es ja nicht; und dann noch der Schloßbau! Wallenstein verharrt auf seinem Willen. Seine Energien erwachen, wenn sie je schlummerten. Jetzt, da mit den Erblanden auch sein eigenstes Reich bedroht ist, hilft er bei der Verteidigung, und wie gerne ordnet man sich ihm unter; dem Feudalherrn, dem gewesenen General, dem hoffentlich zukünftigen, oder der ungeschriebenen, persönlichen Macht.
Im Moment erweisen diese Vorbereitungen sich als verfrüht. Gustav Adolf ist in Norddeutschland nicht fertig, er kann da noch nicht weg. Das wüste Kriegsspiel ging immer darum, wer wen wohin zöge. Durch seine Diversion gegen Frankfurt hat der König die Kaiserlichen nach Osten zwingen wollen, so daß Magdeburg von seiner Plage erlöst würde. Wirklich brach Tilly auf, noch einmal, wie schon im Januar, ließ aber mehr als die Hälfte seiner Truppen unter Pappenheim vor Magdeburg stehen. Er machte Halt in Brandenburg an der Havel, als er vom Falle Frankfurts erfuhr. Daß er weitermarschiere, dem Könige nach, wohin immer der König sich wende, wünschen seine Unterfeldherrn, Pappenheim, Tiefenbach, auch Rat Questenberg in Wien. Was hudelt doch der Gute Alte immer mit dem verfluchten Magdeburg? Aber Tilly will nicht weiter nach Osten, gar nach Südosten; er könnte für sein Nichtwollen die Erfahrungen Wallensteins vom Jahre 26 ins Feld führen. Er geht, sehr langsam, zurück nach

Magdeburg. Ist die Oder verloren, so bleibt, die Elbe zu sichern durch Wegnahme der großen Mittelfestung, auf welche alle Protestanten mit Hoffnung und Bangen blicken. Davon läßt Tilly sich von seinen Kritikern nicht abbringen. Vorläufig behält er recht; es ist die Gefährdung Magdeburgs, die Gustav Adolf nötigt, nach Berlin zu marschieren, anstatt vorwärts nach Glogau und Breslau, nach Sagan, Friedland und Prag. Er marschiert mit arg verdünnten Truppen; immer müssen ja welche zurückbleiben, da und dort, damit die getanen Eroberungen etwas Besseres sind als Steinwürfe ins Wasser. Der Macht Tillys, der um Magdeburg an die 30000 Mann versammelt hat zusamt 85 Geschützen, wäre er jetzt kaum gewachsen. Bei Berlin bleibt er stehen, um die Sache mit dem Kurfürsten Georg Wilhelm endlich in Ordnung zu bringen, eine Allianz, wenigstens die Auslieferung der Festungen Küstrin und Spandau; um den Kurfürsten Johann Georg in Briefen zu beschwören, denn will er nach Magdeburg, so muß er durch sächsisches Land. »Am Jüngsten Gericht«, hören wir ihn rufen, »werdet ihr Evangelischen angeklagt werden, da Ihr nichts bei dem Evangelio habt thun wollen; es wird Euch wohl auch hier vergolten werden. Denn ist Magdeburg weg, und ich ziehe zurück, so sehet Ihr zu, wie es Euch gehen wird!« Magdeburg ist weg den 20. Mai; erstürmt, ausgemordet, zu Asche verbrannt. Von seinen 30000 Bewohnern sollen kaum 5000 überleben.
Der bayerische Agent König aus Prag an Maximilian: »Als von einem Kammerdiener dem Friedland angezeigt worden, Magdeburg sei von Tilly eingenommen, hat er aus rabia sein auf dem Tisch stehendes silbernes Glöcklein genommen und dem Cämmerling nachgeworfen, mit Vermelden, es sei nicht wahr!« Soll heißen, Wallenstein war voller Wut über den Sieg Tillys oder Gustav Adolfs Niederlage, oder beides. Wir glauben kein Wort davon. Denn erstens empfing er die Nachricht ganz gewiß nicht von einem Kammerdiener, sondern im versiegelten Brief; zweitens war er durch den Erstürmer Magdeburgs, Pappenheim, wie auch durch Questenberg, auf den unvermeidlichen Fall der Stadt schon lange vorbereitet, kann also von dem Ereignis nicht überrascht worden sein ... Daß die Magdeburger Katastrophe, ein Greuel, seit Jahrhunderten unerhört, die Katholiken jubilieren macht oder zu Spottliedern anregt, ist kein gutes Zeichen für den Zustand des öffentlichen Geistes. »Magdeburgisieren« wird ein Verbum; wir sind ein wenig verroht in diesen zwölf Jahren. Auf die Evangelischen ist die Wirkung zwiespältig. Sie fürchten, es könnte ihnen an ihrem Orte Ähnliches geschehen, wenn *das* einmal möglich war; wider Erwarten sind die Kaiserlichen die Stärkeren gewesen, und sie geben kein Quartier mehr; von dem Löwen aus Mitternacht kam

die versprochene Rettung nicht. In einer Rechtfertigungsschrift scheib Gustav die Schuld auf die Magdeburger, das ist häßlich, auf die beiden Kurfürsten, das hat Grund; bis zuletzt habe er nie wissen können, ob sie Freund oder Feind seien. Mit dem Grausen vor dem Geschehenen mischt sich gedoppelte Erbitterung, die auch wieder umschlagen könnte in Mut. Questenberg an Wallenstein: »Magdeburg ist erobert, hab gestern dem Kaiser angezeigt, daß ich vermein, hierdurch dürften die Widrigen noch mehr irritiert und desto baß in Harnisch gebracht werden . . .«

Nicht, daß der Kurfürst Georg Wilhelm je in Harnisch gebracht werden könnte. Was ihn Mitte Juni endlich zum Anschluß an Schweden zwingt, einem passiven, ängstlich kaschierten, dennoch völligen, ist die Überredungskunst der Gewalt. Gustav muß Brandenburgs nun sicher sein; der Festungen und Pässe, der Quartiere, der Soldaten, die dort zu rekrutieren sind. Er fordert zum letzten Mal, droht mit dem Äußersten und erhält. Zwischen den fürstlichen Schwägern vermittelt Arnim, jetzt sächsischer Feldmarschall; Arnim, der bisher an die dritte, die deutsche Partei glaubte, im Moment nicht mehr an sie glauben kann. Ins schwedische Lager hinüber ist Hessen-Kassel, Weimar, unter dem Impuls des jungen Prinzen Bernhard, Mecklenburg, Pommern ohnehin; nun Brandenburg. Auf einem anderen Theater steht es umgekehrt; das evangelische Schwaben geht noch einmal an die Kaiserlichen verloren. Denn nachdem in Italien der Friede endlich geschlossen wurde, wälzen die dort frei gewordenen Truppen unter ihren Anführern, Gallas, Egon Fürstenberg, Aldringen, sich den Weg zurück, den sie gekommen, über Bünden an den Bodensee, nach Süddeutschland. Sie belehren die frechen Reichsstädte, die Grafen und Fürsten, die dem Leipziger Schluß anhingen, eines Besseren. Sie rücken weiter nach Norden in sehr beachtlichen Zahlen; Fürstenberg mit 15000 Mann, Aldringen mit 7000. Bald werden sie ins Spiel kommen. Von den Partnern des Leipziger Schlusses bleibt so eigentlich niemand mehr als der Kurfürst von Sachsen; bei weitem der Reichste, unleugbar, und nun seine Geldsäcke ausschüttend für Söldner, deren er bald 20000 beisammen hat, aber zusehends vereinsamt.

Tilly hat Magdeburg haben wollen, zur Lehre für alle Rebellen und als festen Punkt in Deutschlands Mitte; die lebende Stadt, nicht den Haufen von Trümmern und Leichen. Er kann für den Brand nichts, wie immer der geschehen sein möge. Danach weiß er wieder nicht, was tun, wie den Sieg benützen? Sich im Brandenburgischen auf den König werfen? Der zöge ihn hinter sich her in unwirtliches, ausgesogenes Land, in uneinnehmbare Stellungen und Fallen am Oderstrom.

Sich gegen Sachsen wenden, der dort brauenden Gefahr ein rasches Ende machen? Sonst dem König nicht gerade ähnlich, hält auch Tilly nicht viel von Leuten, die weder Freund sind, noch einstweilen Feind, wohl aber in Waffenbereitschaft; und hält den schwindsüchtigen Leipziger Schluß für eine verkappte Kriegserklärung. Anderer Meinung ist Maximilian, französischem Rat folgend; er will noch immer seinen lutherischen Herrn Bruder schonen, anstatt ihn in die schwedischen Arme zu treiben. Sachsen darf nicht angegriffen werden, es griffe denn selber an. Also hält Tilly sich unschlüssig in der Nähe des toten Magdeburg, zur Verzweiflung seines ungestümen Obergehilfen. Pappenheim an Wallenstein: »Dies ist alles nichts anderes als der Feinde alter Stylus; so oft wir sie geschlagen, so oft haben sie fructum victoriae nostrae mit falschen Tractaten aufgehalten und Zeit gewonnen, sich wiederum zu stärken . . . Euer Fürstlichen Gnaden ich anderes nicht zu schreiben weiß, als daß wir mit diesem mächtigen exercitu ohne Ursach still liegen . . .« An Trauttmansdorff: »Die Magdeburger Eroberung (wie denn die Gewinnung aller Stürme und Schlachten sind) war ein geringes; aber der Nutz nach der Eroberung wäre nit weniger als die Versicherung und Eroberung des ganzen Römischen Reiches gewesen, wenn man sich nur in den ersten vierzehn Tagen, derweil der Feind in vollem Schrecken . . . der Zeit und Occasion gebraucht und facta, non pacta, vor die Hand genommen hätte – sed vincere sciebat – Hannibal.« Also Tilly nicht. Daß Schlachten an sich wenig bedeuten, Vieles, Entscheidendes aber, was danach geschieht, diese Erkenntnis hat Pappenheim von seinem in Gitschin wachenden, träumenden Meister.

Herumziehen beider Gegner auf dem weiten Schachbrett, der zerwühlten, brennenden Erde. Tilly nach Hessen, um den schwedisch gesinnten, aber gänzlich unbedeutenden Landgrafen von Kassel zur Raison zu bringen – ein bloßer Verlegenheitszug. Darauf Gustav Adolf nordwestwärts an die Elbe, dort, wo bei Werben die Havel in sie fließt. Festes Lager dort. Darauf Tilly wieder nordwärts ins Magdeburgische, an der ermordeten Stadt vorbei nach Wolmirstedt, Burgstall, Tangermünde. Berührung mit dem Feind, Scharmützel, ein Haupttreffen zum Greifen nahe, dann Umkehren Tillys; er hat es nicht gewagt. In Eisleben, 50 Meilen tiefer südöstlich, zieht er das Corps Fürstenberg an sich. Von dort, gerade ostwärts, geht der Weg nach Sachsen, und darauf hat er es abgesehen. Der schlichte, fromme Nur-Soldat macht nun Politik, für ein Jahrfünft entscheidende, und zwar aus rein militärischen Motiven. Die sächsische Schein-Neutralität darf nicht länger geduldet werden, das Heer Johann Georgs ist aufzulösen, in seinen Bestandteilen von ihm selber zu übernehmen, ehe es die Schweden verstärkt. Es ist Tillys eigenster Gedanke: der Kaiser möge doch in Seine Kurfürstliche Durchlaucht dringen, »eine kategorische und solche Erklärung von derselben zu begehren, ob sie Feind oder Freund sein wollen. Alsdann könnte man sich danach richten und die Sachen anstellen. Jetzt aber muß man in steten Sorgen stehen und weiß nit, woran man wohl oder recht tuet.« Bayern will die Herausforderung Sachsens um keinen Preis, Wien sie wenigstens hinausschieben. Der alte Krieger forciert sie. Seine Gespräche mit sächsischen Abgesandten sind mißgelaunt und grimmig: die Zeiten hätten Anderes gebracht, die Protestierenden nicht mehr wie früher die Oberhand; der Religionsfriede sei immer nur ein Notbehelf gewesen; Sachsen möge seine geraubten Bistümer nur lieber gleich herausgeben, Unrecht bringe keinen Segen. Zum Schluß nehmen seine Schreiben an den Kurfürsten ultimativen Charakter an. Damit will er erreichen, daß Sachsen noch einmal abschwenkt ins kaiserliche Lager; versteht nicht, daß Sachsen genau dies nicht mehr kann, ohne sich völlig zu entehren und zu entwehren, daß er es also zu dem zwingt, was er hintertreiben will. In Dresden ist hochpolitische Spannung, wie in deutschen Landen selten. Scribenten verbreiten im Drucke dies und das: der Anschluß an Schweden sei unvermeidlich, sonst alles verloren, oder der Anschluß an den Kaiser, oder ein Drittes. Scribenten haben keinen Einfluß. Als Tillys Regimenter in Sachsen einbrechen, Merseburg nehmen, dann Leipzig, und in dem fetten Lande sich's auf ihre grausame Art wohl sein lassen, tut Johann Georg den Schritt, den er seit Monaten vorbereitete, ohne sicher zu sein, daß er ihn tun würde. Kläglich bitter klingt des Kurfürsten letzter Appell: nach einer zwanzigjährigen, mit treudeutschem Herzen geführten, an weltkundigen nützlichen Taten überreichen Regierung hätte er besseren Dank verdient. Seinem lieben Kaiser wolle er treu bleiben im Geiste der Reichskonstitutionen; gegen solche Barbareien aber, wie man sie nun auf seinem eigenen Boden verübte, müsse er die Mittel ergreifen, welche Natur und Herkommen an die Hand gäben. Sein hastig mit Schweden geschlossenes Bündnis läßt ihm mehr Selbständigkeit, als Gustavs deutsche Bundesgenossen sonst genießen, und soll so lange dauern wie die gemeinsame Gefahr – eine vage Bestimmung. Der König traut dem Kurfürsten nicht und mit Grund; dem Kurfürsten ist die Bindung an den Fremden widerlich. Schierer Zwang steht dahinter, nicht Liebe. Der Magnet hat endlich seine Wirkung ganz getan. Das protestantische Deutschland, das die Böhmen verriet und die Dänen im Stich ließ, ist schwedisch. Graf Dohna, Wallensteins erfolgloser Geldeintreiber in Schlesien, an Trauttmansdorff: »Die armen Kurfirschten haben es leider beiderseits dazu kommen lassen, daß sie nunmehr des Königs in Schweden Sklaven worden. Achte zwar dafür, daß sie beide gern wieder zurück wären, wenn sie nur könnten . . .«

Die schwedisch-sächsische Allianz ist der unmittelbare Vorbote der militärischen Entscheidung, und ist zu diesem Zweck geschaffen. Wie es beim Spielen geht und beim Kriegsspielen auch: nach langem Hinundherziehen, nach fünfzehn Monaten, während derer die Zuschauer sich schon zu langweilen begannen, ist dennoch die Krise da. Diesmal will keiner der Gegner sie vermeiden, wissend, daß sie nicht mehr zu vermeiden ist. Ein wohlgeordnetes, blankes Spiel zuerst: der Aufmarsch. Johann Georgs Neulinge, etwa 18000 an der Zahl, von Osten her gegen Düben, das man nordöstlich von Leipzig suchen muß. Die Schweden, 20000 zu Fuß, 7500 zu Pferd, bei Wittenberg über die Elbe, südwärts, dem gleichen Treffpunkt zu. Infanterie, Kavallerie, Geschütze, die leichtesten von 11, die schwersten von 31 Pferden gezogen, der König mit seiner Garde und schwarz-goldenen Fahnen, des Königs Leibschimmel ohne den König, wieder Kavallerie mit blauen, roten, weißen, gelben, grünen Fahnen, des Königs Himmelwagen, dann Kugel- und Pulverkarren, Lastfuhrwerke, Packpferde. Eine sich über den Strom bewegende Schlachtordnung, schön anzusehen; weniger schön nach der Schlacht.

Die beginnt, langsam, am Vormittag des 17. September zwischen Düben und Leipzig, auf dem Breiten Feld, wird zur vollen Wut entfesselt gegen zwei Uhr, endet im Dunklen: 45000 Schweden und Sachsen, die Bayerisch-Kaiserlichen um ein Geringes weniger, aber 75 Geschütze gegen bloße 26. Dies die Zahlen. Tillys Soldaten, zum Großen Teil Wallensteins, unter Wallensteins Offizieren, sind im Krieg urerfahren; die Sachsen, unlängst zusammengetrommelt, verstehen ihr Handwerk nicht, obgleich ihr Kommandant, Arnim, es verstehen mag. Auch haben die Kaiserlichen den Schutz der großen Stadt Leipzig hinter sich, und hinter sich die Sonne und den Wind, welches als Vorteil gilt. Am Abend sind die angeblichen Vorteile dahin, Tillys Truppen in aufgelöster Flucht, gefangen oder erschlagen; es sollen an die zehntausend geblieben sein. Von den Schweden erbeutet werden die ganze feindliche Artillerie, Munition, Kriegskasse und die Standarten, welche man heute noch sehen kann zu Stockholm in der Riddarholmkirche. Man weiß im Ungefähren, wie es geschah: Wie Pappenheim, mit seinen Reitern nach links ausschwärmend, um die nach rechts geschwenkte feindliche Front zu überflügeln, zu weit vom Zentrum seiner eigenen abkam, selber aber von der Reserve, vom »zweiten Treffen« Gustav Adolfs erfaßt wurde; wie Tilly mit seinen marschierenden Festungen, den Quadrathaufen der »Terzios«, zwar die Sachsen, welche des Gegners linken Flügel bildeten, in die Flucht trieb, eben dadurch aber seine Mitte öffnete, so daß die beweglicheren schwedischen Brigaden ihm in die Flanke gerieten, Musketiere, leichte Artillerie, die allzu günstiges Spiel hatte gegen die dichten Massen, Kavalleriegeschwader, von allen Seiten anreitend, mit vollendeter Sicherheit geführt gegen die plumpen, in der Verteidigung hilflosen Riesen – man hat es erkannt und beschrieben. Ausführlich soll in unserer Erzählung nur über eine einzige Schlacht berichtet werden, und die kommt später. Genug, daß Breitenfeld binnen fünf Stunden die Situation, die militärische, politische, moralische, so tief verwandelte, wie eine Schlacht das vermag.

Wallenstein erhält die Nachricht von Aldringen, der an jenem Tag mit 7000 Italien-Männern bei Jena stand: »Euer Fürstliche Gnaden werden bereits vernommen haben, was Herr General-Leutnant Graf von Tilly den 17. dieses zwischen Leipzig und Eilenburg für eine Niederlag erlitten, indem er alle Artilleria verloren und gleichsam das ganze Volk zu Roß und zu Fuß getrennt und geschlagen worden . . . Hab unterdessen einen Offizier zu Herrn General-Leutnant abgefertigt gehabt, welcher den 18. zurückkommen und mir berichtet, wie er alles in der Flucht gefunden und daß er sich mit harter Mühe salviert habe . . .« Aus Wien gibt Questenberg den Kommentar: »Gott straft uns vielleicht nit . . . propter nostram salutem, sondern propter nostram ingratitudinem . . .« Ein Brief Wallensteins, in dem er sich direkt über das Ereignis äußerte, etwa höhnische Kritik an Tilly übte, hat sich nicht gefunden; was er fühlte, dachte, plante, bleibe einstweilen dahingestellt. Sonst aber gibt es eine Flut bitterer Post; je tiefer der Schrecken ist, je weniger man im Augenblick tun kann und auch nur weiß, wie es denn eigentlich steht, desto mehr schreiben die Leute einander. Maximilian an Ferdinand: Er sei immer gegen den Bruch mit Sachsen gewesen. Ferdinand an Maximilian: Er auch; aber Bayerns eigenster General habe ihn ja so dringend verlangt. Maximilian an Tilly, acht Tage nach der Schlacht, großmütig: »Wir haben sowohl von dem Aldringer, als auch sonst anderwärts her mit sonderer Betrübnis vernommen, was für Unglück Ihr mit eurer unterhabenden Armee vom Feind erlitten, und dieweil wohl zu bedenken, daß sowohl dies, wie alles andere, dem unerforschlichen Willen Gottes heimzustellen und zu befehlen, Ihr euch je dennoch darum in nicht geringer Betrübnis befinden werdet, so haben wir euch derowegen hiermit gnädigst condolieren wollen . . .« Wie es aber mit der Sache eigentlich beschaffen, und was nun zu tun, das könne er von München aus nicht wohl beurteilen . . . Das große Unglück, die erlittene leidige Niederlage, la disgrâce du Comte de Tilly, der schwere und betrübte Zustand

– Schwelgen in Variationen des Kummers. Ein bayerisches Gutachten kommt zu dem Schluß, daß dieser Krieg hoffnungslos sei. Siege helfen nicht, wie ein nunmehr dreizehnjähriger Lehrgang beweist; zu verlieren ist alles, zu gewinnen nichts; der Feind gleicht einer Hydra, dem die abgeschlagenen Köpfe stets aufs neue wachsen. Ihr neuester Kopf aber, der König von Schweden, ist »ein kühner, kluger, verständiger, wachtbarer, glückhafter Kriegsfürst . . .« So im katholischen Lager; dem der Chor des evangelischen trunken von Spott und Freude respondiert. Im fernen Moskau selbst läuten die Glocken zu Ehren von Breitenfeld, denn die Reußen sind gegen Polen, also gegen den Kaiser, also für die Schweden.
Was werden die Sieger tun? Das Beste wohl, sie nützten, treu dem Grundsatz Pappenheims, ihren Sieg sofort und bis zum äußersten; verfolgten den nordwestwärts fliehenden Tilly ohne Gnade; hinderten jede Sammlung, jede neue Konzentration der Kaiserlichen. Denn natürlich gibt es noch Kaiserliche. »Vernichten« ist ein ungefähres Wort; kein Heer wird in offener Feldschlacht vernichtet. Von dem Breitenfelder mag ein gutes Drittel sich gerettet haben; weithin verstreut zunächst, aber wieder zusammenzubringen. Je geringer die Truppenzahlen an sich, desto rascher kann man sie ergänzen. Ferner haben mehrere Kommandanten bei der Breitenfelder Entscheidung gar nicht mitgewirkt: Ossa, nun am Rhein, Aldringen, Fugger, Gallas in Mitteldeutschland, Tiefenbach, der mit den Resten des Ostheeres das Land Schlesien hält. Vereinigt würden diese Truppenkörper noch immer eine Macht ergeben, größer als die eben zerstobene. Vereinigen können sie sich nur irgendwo in der Mitte; sie brauchen dazu die Autorität Tillys und was von der Tilly'schen Masse übrigblieb. Kann man Vereinigung und Neuformierung hindern? Gustav Adolf glaubt nicht, daß man sie hindern kann, und da wir von der Kriegkunst weniger verstehen als er, so lassen wir ihn dabei.
Ein anderer Weg würde von Sachsen nach Böhmen, von Böhmen nach Österreich führen, zum Herzen der habsburgischen Macht. Daß der König den hätte gehen sollen, eilends, solange in Prag und Wien die Panik loderte, ist nachmals geurteilt worden, sogar von dem Kanzler Oxenstierna. Da halten Für und Wider sich die Waage. Es sind, könnte man einwenden, schon andere Feinde vor Wien gewesen, und es hat nichts gewirkt. Jedenfalls beschließt man im Kriegsrat der Verbündeten ein Drittes. Die Schweden fühlen sich nun stark genug, mit zwei Heeren Norddeutschland zu kontrollieren, mit dem dritten, königlichen, aber nach Südwesten aufzubrechen, Thüringen zunächst, Franken dann. Im Reich sind die schon gewonnenen oder zu erhoffenden, die zu erlösenden Bundesgenossen, die Braunschweiger, die

Hessen, die Schwaben; im Reich ist das Gros der Gegner. Die Sachsen mögen einstweilen sich Schlesiens annehmen, um die Armee Tiefenbachs auszuschalten und den schlesischen Protestanten das ehedem gebrochene Wort zu erneuern . . . Es ist anzumerken, daß Johann Georg es anders herum wollte: ins Reich er, der König in die Erblande. Aber was der Kurfürst will, will der König gerade nicht; die Sachsen in Mittel- und Süddeutschland, das gäbe, wenn überhaupt etwas Reales, ein Wiederaufleben der dritten, der deutschen Partei. Besser, den schwankenden Kurfürsten zu binden durch unverschleierten Konflikt mit Haus Habsburg . . . Da der schwedische Wille stärker ist als der sächsische, so wird im Sinn des Königs entschieden. Er marschiert von Halle nach Erfurt, von Erfurt nach Franken; Arnim, der sächsische Feldmarschall, durch die Lausitz gegen Schlesien. Aber nach Schlesien geht er nicht. Elbaufwärts überschreitet er, zu jedermanns Überraschung, am 1. November die Grenze von Böhmen. Da waren die Sachsen schon einmal, 1620–21, als Unterdrücker. Gründlich müßten sie sich verändert haben, kämen sie als Befreier jetzt.

Er half nicht

In dem melancholischen Breitenfelder Rapport – »daß das Unglück zuletzt mehr als das Glück gewaltet hat« –, den Tilly nach Wien sandte, findet sich die Andeutung, er habe gegen die Sachsen marschieren müssen, um Nahrung für seine armen Soldaten zu finden; dort, wo sie vorher umherzogen, zwischen Weser und Havel, hätten sie nichts zu essen gehabt. Während des Jahres 31 zieht sich diese Klage durch die Korrespondenz des Guten Alten, Armen Alten. ». . . die Tag meines Lebens hab ich keine Armada gesehen, deren alle notwendige Requisita vom größten bis zum geringsten auf einmal totaliter abgehen . . . Und verwundert mich das zum Höchsten, daß die armen Soldaten bei ihrer so großen Bedürftigkeit so lang geblieben . . .« Auf die Dauer blieben sie dennoch nicht; sie erkrankten; sie fielen hin; sie stürben. Ob nicht Seine Fürstlichen Gnaden, der Herzog von Mecklenburg-Friedland, andere, bessere Verordnungen tun könnte? . . . General des Heeres, war Wallenstein auch dessen großer Versorger gewesen. Nun war er beides nicht mehr. »Heeres-Sabotage« – unter diesem Namen hat man sein neues Wirtschaften, welches den Nachfolger so bitter enttäuschte, zusammengefaßt. Wollte er schaden? Belegbar ist nur, daß er der allgemeinen Sache nicht auf eigene Kosten zu nützen gedachte. Lieferungen an das Heer hatten ihren Vorteil, solange er selber an der Spitze stand und seine

Rechnungen früher oder später drohend präsentieren konnte. Jetzt wären sie eine zweifelhafte Investition gewesen. Warum sie wagen, wenn es Besseres gab? Seine Identität mit Kaiser, Reich, Heer, schwierig von Anfang an, war gebrochen. Er stand allein, oder glaubte, allein zu stehen. Vielleicht ist diese kahle, in einem Punkt konzentrierte Freiheit schlimmer als die ihm zugemutete Absicht, den Schweden zu helfen, indem er die Kaiserlichen hungern ließ.

Jedoch muß man genau sein. Am krassesten soll er Tillys Auftrag, und damit die Verteidigung seines eigenen Landes, sabotiert haben in Mecklenburg; nämlich, er verkaufte, solange seine Leute noch etwas zu bestimmen hatten, überschüssiges Getreide auf dem freien Markt in Hamburg, anstatt es an die Regimenter auszuteilen. Nun hatte der Statthalter Wengiersky zunächst sehr wohl die Truppen versorgt; aus der Ernte des Jahres 1630 im Werte von über 50000 Talern. Nicht nur aber hausten die Soldaten in Mecklenburg wie in Feindesland, zumal auf Wallensteins eigenen Domänen; der Kommandant, Savelli, ließ ihnen, was er für sie erhielt, gar nicht zukommen, das Vieh – Wallensteins Herden – aus dem Land treiben, um es anderwärts zu versilbern, und seine Offiziere taten ein Gleiches. Wengiersky an Wallenstein: »Ich vernehme zwar, daß gemeldeter Duca Savelli zu Praetext aller der verübten Insolentien den Mangel des Proviants vorwenden will. Ich kann aber mit Quittungen beweisen, daß er von Anfang, als er ankommen, den Proviant nicht allein für das Fußvolk, sondern auch für die Reiterei richtig empfangen, und wäre besser gewesen, daß ich ihm keinen Proviant hätte abfolgen lassen, zumal derselbe . . . im geringsten nichts geholfen . . .« Läge hier ein Schlüssel zum Verständnis der Heeressabotage, wenigstens soweit Mecklenburg in Frage kam? Welchen Grund hatte der harte Ökonom, seine Ernten zu opfern, damit unfähige Plünderer sich an ihnen bereicherten? . . . Es kam hinzu, daß er jetzt so dringend bares Geld brauchte, der Statthalter ihm aber mitteilen mußte, beides, die Ernährung der Truppen im Land und Überweisungen nach Böhmen, sei unvereinbar. Darum der Befehl an Wengiersky, alles Verkäufliche nach Hamburg zu schaffen und, sobald auch nur 3000 Taler beisammen wären, solche mit Hilfe der Bank Heinrich Schmit ohne Verlierung einiger Stunden nach Gitschin zu transferieren. So geringfügige Summen waren ihm jetzt angenehm; vorüber die Zeiten, da er in Hunderttausenden rechnete. Bedarf es da noch weiterer Gründe; welche man in dieser Lebensgeschichte so gerne sucht, wo sie nicht sind, mindestens nicht sein *müssen*, weil anderswo genügende sind? Was gab es für Wallenstein Selbstverständlicheres, als aus Mecklenburg herauszuholen, was er konnte, solange er konnte? Er war zu

kriegserfahren, um nicht zu wissen, daß es dort ohnehin bald aus sein würde. Der Moment, in dem er Mecklenburg verloren gab, ist nur ungenau zu bestimmen; später als im Frühling 31 gewiß nicht.
Das Argument aber, er selber hätte Norddeutschland retten können, wäre er nur freigiebiger mit Getreide, allenfalls mit Kleidern und Stiefeln, Pulver und Blei gewesen, hält nicht Stich. Es brauchte mehr dazu. Die Ordnung fehlte, die er allein gestiftete hatte und vielleicht hätte aufrechthalten können, wenn er der General geblieben wäre; Autorität und Entschlossenheit des Herrschenden. Der Angreifer war stärker als der Verteidiger, zumal, wenn der Angreifer Gustav Adolf hieß, der Verteidiger Tilly; ein Greis, welcher der verhexten Aufgabe sich von Anfang an gar nicht gewachsen fühlte. Materielle Hilfe, ohne ihren Gebrauch dirigieren zu dürfen, war Wasser in das Faß der Danaiden.
Und wenn sie, gegen alle Wahrscheinlichkeit, geholfen hätte? Welchen Vorteil konnte er sich davon versprechen? Erwähnen wir denn das zusätzliche, denkbare, obgleich überflüssige Motiv. Die Kurfürsten hatten ihn aus dem Reich nach Böhmen zurückgeschickt, Mecklenburg ihm abgesprochen. Der Sieg Tillys war der Sieg Bayerns. Wenn er das ihm Wünschbare in diesem dunklen Jahr überhaupt kannte, der Triumph Bayerns konnte es ja nicht sein. Von den Kurfürsten herausgeworfen, hielt er sich draußen. Auch als der Krieg sich südwärts spielte, gegen Magdeburg, durch die Elbe so bequem mit Böhmen verbunden, ließ er die Produkte seines Herzogtums der Armee nicht zugute kommen. Zu erhöht festgesetzten Preisen mußten die friedländischen Bäckereien sein Mehl kaufen; die Überschüsse gingen nach Prag, Nordböhmen und Sachsen. Erst die unmittelbare Bedrohung Schlesiens, Sagans, Friedlands änderte seinen Sinn.
So war die Welt, so seine Stellung in ihr, so er selber. Kein Mitleid für die Soldaten, die doch unlängst noch die Seinen gewesen waren, für den schwer ringenden Feldherrn, mit dem er doch lange Zeit leidlich sich vertragen hatte. »Er für seine Person ist gewiß gut und willig . . .« Durch leere Versprechungen hielt er den Alten hin; nicht in grausamer Lust, glauben wir, bloß um das Eine zu tun und das Andere auch, bloß um die Betteleien sich für ein paar Wochen vom Halse zu schaffen.
Neutral, unbestimmt, fühlte er sich nach allen Seiten bestimmbar.

Fäden im Dunkeln

Die Trčkas von Lipa gehörten zu den reichsten Familien in Böhmen; ihre Güter, Nachod, Neustadt, Opočno, Hermanitz, Kaunitz, Smiřice, Dymokur, kamen in ihrer Gesamtheit etwa der Hälfte des Herzogtums Friedland gleich. Ererbt war dieser Besitz zum kleineren Teil; zum größeren billig erkaufte und ertauschte Beute aus der Konfiskationsmasse von 1621. Denn die Trčkas hatten an der Katastrophe ihres Vaterlandes sich bereichert und gemästet nach der Art Wallensteins; lebten sie gut schon vor dem Weißen Berg, so noch viel großartiger danach. Mit dem neuen, gierig ausgenützten Zustande hätten sie zufrieden sein müssen.

Das waren sie aber nicht. Der alte Trčka, Rudolf, scheint ein unbedeutender Mensch gewesen zu sein. Stärkeren Charakters seine Gattin, Magdalena, aus dem Hause Lobkowicz; zugleich eine immer aktive Geschäftsfrau, habsüchtig zum Erstaunen, und auch eine Patriotin. Patriotismus, ja nun, was will das Wort in solchem Falle besagen? Frau Magdalena behandelte ihre Bauern noch grausamer, als der böhmische Adel es im Durchschnitt tat, die Leute in Opočno erzählen noch heute davon. Dort im Schloß hängt auch ihr Portrait, dunkel und streng. Im Frühjahr 1628 war es auf den Gütern der Trčkas zu einem Aufruhr der gequälten Untertanen gekommen, Wallenstein selber, damals in Böhmen, hatte ihn niederschlagen müssen; nicht ohne Ekel übrigens, denn gegen Bauernpack zu kämpfen fand er seiner unwürdig. Den gefangenen Rädelsführern wurden in Prag die Nasen abgeschnitten und Male auf den Rücken gebrannt; so, zu jedermanns Warnung, schickte man sie nach Hause. Wohlwollen für die Bauern, welche doch die große Mehrzahl aller Böhmen waren, bewegte mithin die Trčkas keineswegs. Ihre Vaterlandsliebe war bloßer Stolz, Stolz auf den Herrenstand, dem sie, übrigens erst seit Neuestem, angehörten, und den die Habsburger ihrer Vorrechte beraubt hatten. Religion mag dazugekommen sein; auch sie ein Motiv des Stolzes auf Rasse und Kaste. Herr Rudolf ging zur Messe nach dem Weißen Berg, so auch sein Sohn, Adam Erdmann. Die Alte, halsstarriger, blieb bei ihrem Protestantismus, was ihr nachgesehen wurde. Ein anderer Sohn, Wilhelm, emigrierte.

Im Sommer 1627 vermählte Adam sich mit Maximiliana von Harrach, Schwester der Herzogin von Friedland; wodurch der Trčka-Sohn Schwager des Kardinals Harrach wurde wie auch Wallensteins. Verwöhnt, jovial und töricht, aber gut aussehend und von guten Manieren, scheint Adam dem einsamen Gemüt Wallensteins gut getan zu haben. Im Winter 1630 machte er den jungen Verwandten zum

Regimentsobersten, sorgte auch für seine Erhebung in den Grafenstand. Jetzt, als sein Schwerpunkt wieder in Böhmen lag, näherte er sich den Trčkas, welche im Raum ohnehin seine Nachbarn waren, mehr als zuvor. Adam wurde sein Adjutant, tief eingeweiht in politische Geheimnisse.

Indem Wallenstein die Trčkas mit neuer Freundschaft ehrte, kam er in wenigstens indirekte Berührung mit einem ganz anderen Kreise. Durch Konversion und Heirat dem Eggenberg-Harrach-Clan zugewandt, unterhielt die Familie gleichwohl Beziehungen zur böhmischen Emigration. Es geschah dies über den Bruder Wilhelm, den Flüchtling, und über den Gatten einer Schwester Adams, Wilhelm Kinsky, der in Dresden lebte. Die andere Tochter Frau Magdalenas hätte ehedem sich mit Matthias Thurn vermählen sollen, dem Anführer der großen Rebellion, dem dumpfen Feuerbrand; starb aber nach der Verlobung.

Daran erinnert man sich: an das verschlagen-verworrene Intrigentheater, welches die Brüder Kinsky zur Zeit Kaiser Rudolfs und des Erzherzogs Matthias lustvoll aufgeführt hatten; gegen den und für den und umgekehrt, oder für beide, oder gegen beide. Begabter als die Trčkas, füllten die Kinskys die Langeweile der Reichen mit politischen Kunstgespinsten. So vor 20 Jahren, so noch immer. Von den vier Brüdern war Ulrich, einer der wildesten Fensterstürzer, nach dem Attentat im Krieg umgekommen, Radslav im Exil; Wenzel, der es ehedem sehr bunt getrieben hatte, in herzlichem Verhältnis zum Kaiserhof; eine sonderbare Zwischenstellung nahm Wilhelm ein. Weil er nicht konvertieren wollte, so mußte er 1628 in milde Verbannung nach Sachsen gehen, behielt aber seine Güter, welche sich um Teplitz gruppierten, und zog ein so stattliches Einkommen daraus, daß sein Haushalt in Dresden mit dem des Kurfürsten konkurrierte. Ja, der Verbannte, der einer politisch stark belasteten Familie Angehörige, wurde, wieder auf Veranlassung Wallensteins, von Kaiser Ferdinand zum Grafen gemacht, auch öfters beurlaubt, die Heimat zu besuchen. Er war halb drinnen, halb draußen. Meinte man aber, er hätte dem Kaiser so gutmütig-irrationale Liberalität gedankt, so täuschte man sich. Seinen Status als Halb-Emigrant benutzte Kinsky, um mit anderen Voll-Emigranten, Thurn, Ruppa, Kapliř, Velen von Zierotin, Johann von Bubna, engen Kontakt zu pflegen, und harmloser Art dürften auch des Ränkeschmiedes Aufenthalte in Böhmen nicht gewesen sein. Ihrerseits stand die Gräfin Kinsky in emsiger Korrespondenz mit ihrer Mutter, der alten Trčka, wobei sie statt der Tinte sich des schweigsameren Zitronensafts bediente; solche Briefe waren über Glut zu halten, damit auf dem leeren Blatt die Schrift erschiene. Was

vermuten läßt, daß es sich um keine harmlosen Botschafen handelte, denn im allgemeinen blieb der briefliche Verkehr zwischen den Exulanten und den Daheimgebliebenen unbehindert.
Die Exulanten – es waren ihrer etwa einhundertfünfzigtausend. Arme Leute, die etwas konnten und ihr Handwerk übten, ein Gewinn des Gastlandes; arme Leute, die nichts konnten und vom Bettel lebten; reiche Leute, die das Ihre mit den Armen nicht zu teilen wünschten, dafür aber gelegentlich von ihren neuen Landesherren bestohlen, danach in endlosen Prozessen zum Narren gehalten wurden. Die Reichen, wie Kinsky, die alten Anführer, wie Thurn, wollten die Hoffnung nicht aufgeben, Hoffnung auf die Restauration des alten böhmischen Rechtes, das ihr Vorrecht gewesen war, und nicht aufgeben das Politisieren. Thurn, nach der Katastrophe von 1620 zuerst in venezianischem Heeresdienst, dann in dänischem, stand in schwedischem jetzt. Was die anti-habsburgischen Mächte dazu bewegte, den Grafen immer wieder mit gewichtigen Aufgaben zu betrauen, ist nicht leicht zu verstehen. Seine militärischen Erfolge können es nicht gewesen sein, denn er hatte niemals welche. Unbeugsam hoffende Gesinnungen hatte er; biederes Vertrauen und stark geblähtes Selbstvertrauen; einen nie erlahmenden Tatendrang. Da er sich einmal zum Haupt der Exulanten ernannt hatte und im Namen der »drei evangelischen Stände des Königreichs«, als ob sie noch existierten, feierliche Erklärungen abgab, so wurde er auch als ihr Haupt anerkannt; von den protestantischen Königen wie auch in Böhmen selber, insoweit man dort noch Mut zur Hoffnung hatte.
Gustav Adolfs deutscher Feldzug ließ die Herzen der Emigranten schnell und freudig schlagen, je weiter der König im Reiche vordrang, um so freudiger. Ein paar Hundert tschechische Offiziere dienten in der Schwedenarmee, darunter solche im Generalsrang. Die Gräfin Kinsky sandte ihrer Mutter das Bildnis des Löwen aus Mitternacht, auf einem goldenen Medaillon, und die böse Alte trug es immer im Beutel, denn glühender als sie verehrte den König nicht einer. Im Kabinette ihres Gatten aber hing das Portrait Wallensteins. »Wie weit hat er's gebracht«, murmelte Rudolf Trčka, auf den gemalten Herzog deutend, »und wer weiß, wie weit er's noch bringen wird!« Nämlich auf den Thron von Böhmen. Das war der alten Trčkas und des Sohnes eigenes Wunschdenken. Nie hätte Adam den gewaltigen Schwager zu fragen gewagt, wie der von der Idee dächte; hätte er es dennoch getan, so wäre, so gewiß das Ungewisse sein kann, die Antwort ein befremdetes Nein gewesen. Solange sie nicht fragten, konnten die Trčkas das ihnen liebe Geheimnis ungekränkt pflegen; Wallenstein verdarb es ihnen nicht, weil man ihm keine Ursache gab. Geahnt mag

er es haben, und als Ahnung, ein fernes Spiel, das andere mit seinem Namen trieben, gefiel es ihm vielleicht. Unmöglich im Ernst. Er kannte die Art dürftigen Schattenkönigtums, welche die böhmischen Herren im Jahre 19 geschaffen hatten und von welcher sie in ihrem zornigen Stolz auch jetzt nicht weichen würden; er hatte die Schicksale des Pfalzgrafen mit Verachtung beobachtet. Ihm selber solche Marionetten-Würde? Wenn die Emigranten als siegreiche Königsmacher zurückkehrten, was sollte mit seinem nichts weniger als schattenhaften Reichtum werden, mit Friedland, das aus Rebellengütern sich zusammensetzte? Sein geliebtes Herzogtum, das solideste Werk seines Lebens, mit einer Schattenkrone vertauschen? Es ist unplausibel, es stimmt nicht, wie man es dreht und wendet. Die Trčkas freilich, die waren bei bescheidenerer Dimension in der gleichen Lage. Indem sie mit den Emigranten zettelten, legten sie Minen unter dem Rechtsgebäude, in dem sie stattlich hausten; schnitten sie, um ein gängigeres Bild zu gebrauchen, an dem Ast herum, auf dem sie saßen, in der vagen Hoffnung, auf einen höheren zu springen, wenn jener zu Boden sänke. Ihnen, vergleichsweise doch geringen Leuten und obendrein minderbegabten, kann man es zutrauen, und muß es, weil es bewiesen ist. Gänzlich unbeweisbar ist der Königstraum Wallensteins. Was gar das Amt eines böhmischen Vizekönigs betrifft, das ihm von Gustav Adolf soll offeriert worden sein, so ist diese Legende ganz lächerlich. Wallenstein bloßer Vertreter des Pfalzgrafen Friedrich, den Schweden als König nach wie vor anerkannte? Er, der Besitzer von rund dem fünften Teil des Landes, der ungekrönte Beherrscher des Übrigen? Mit einem solchen Bettelgeschenk hätte man geglaubt, ihn zu ködern? – Wir kennen seine Seele nicht so genau wie jene glücklicheren Schriftsteller, die es unternahmen, »mit sicherem Blick in das Geheimnis seines Innersten zu dringen«. Wir versuchen nur auf Grund dessen, was wir wissen, uns vorzustellen. Wir gehen vom Greifbaren aus. Kamen die Schweden, und in ihrem Gefolge die Emigranten, nach Böhmen, so würde er das Zauberschloß vor seinen Augen versinken sehen; Land und Geld und Reputation, und nichts retten, als das nackte Leben, wie 1619. Mit Habsburg war er aufgestiegen, mit Habsburg mußte er fallen: ». . . nun bin ich der Böhmen gar zu wohl kundig . . . die Kerls bedenken nicht die futura, sondern die praesentia und wissen doch, daß, wenn der Kaiser periclitiert, daß sie verloren sind.« Seine alte Warnung. Die Böhmen – gemeint waren jene Böhmen, Martinitz, Dietrichstein, Slawata, die dem Weißen Berg ihre Herrlichkeit verdankten. Sie waren in der Tat verloren, wenn der Kaiser periclitierte – und Wallenstein auch. Aber Habsburg periclitierte jetzt; wie nie zuvor war die 1620 gewonnene Ordnung gefährdet. Er mußte sehen, sich zu sichern. Das hieß, er mußte Fäden spinnen, irgendwelche Fäden, nach dem Lager hin, das möglicher-, ja wahrscheinlicherweise das stärkere sein würde, dem schwedisch-emigrantischen. ». . . weil ich das Gewisse zu spielen allzeit am Besten zu sein erachte«, schrieb er in einem anderen Zusammenhang. Daran hielt er sich.

Doppeldeutig war sein Verhältnis zu den Emigranten immer gewesen. Sie hätten ihn hassen müssen, denn er war mitschuldig an ihrem Elend und beutete es aus wie kein Zweiter. Sie haßten ihn dennoch nicht; teils, weil sie in seiner Situaion wohl ähnlich gehandelt hätten, daß in dieser harten Welt jeder seinen Vorteil ruchlos nutzte, verstand sich von selber; teils, weil sie doch auch ein wenig stolz waren auf die europäische Stellung eines, der von Haus aus zu ihnen gehörte. Seinerseits schonte sie Wallenstein, wenn er sie, die in feindlichen Militärdiensten standen, zu Gefangenen machte, oder schonte sie meistens; es gibt häßliche Ausnahmen. Mit Johann von Bubna, dänischem, dann schwedischem Offizier, vor undenkbar langer Zeit seinem Lehrmeister in der Kunst des Krieges, stand er auf freundschaftlichem Fuß; Bubna, versprach einer, der es wissen mußte, sei »des Fürsten seit vielen Jahren Intimus«. Dem glücklosen Chef der Rebellenregierung von 1618, Ruppa, der in Berlin lebte, ließ er Geldgeschenke zukommen. Güte? Wallenstein war nicht gut; obgleich zu gütlich vernünftigem Ausgleich neigend, solange es nicht auf seine Kosten ging. Diesen Charakterzug des Kriegsmannes hatte allein Valeriano Magni begriffen: kein europäisches Problem werde es geben, das Wallenstein nicht lösen könnte oder nicht lösen zu können glaubte. Die Emigranten waren ein europäisches Problem, solange sie lebten, hofften und wühlten. Ließen sie sich durch irgendeine bescheidene Abfindung beruhigen, desto besser. Auch, würde man ihre Gunst nicht irgendwann brauchen können? . . . Der Fall trat nun ein.

Eintrat Jaroslaw Sezyma Rašin von Riesenburg, Emigrant der dritten Klasse, armer Kleinedelmann aus dem Umkreis der Trčkas. Kein Anführer; man hat in der Zeit der böhmischen Revolution von einem Rašin nie was gehört. Keiner, der Status gehabt hätte, mit dem Herzog von Friedland zu unterhandeln. Rašin war nur ein Geheimpostbote, vermutlich für klingenden Lohn. Wäre er von Patriotismus bewegt gewesen, so hätte er nicht seine Geheimnisse vier Jahre später an den Kaiser verkauft. Sein Bericht, 1635 niedergeschrieben, wurde zum liebsten Dokument der Wiener Staatsanwaltschaft, zum Kronzeugnis, um Wallensteins Schuld zu beweisen. Er ist aber mit Skepsis zu behandeln. Rašin, schreibend für den Lohn eines Generalpardons und zusätzlichen Honorars, war schlau genug, um zu verstehen, was man in Wien von ihm wollte; verstand er es stellenweise ungenau, so half ihm Wallensteins Urfeind, Wilhelm von Slawata, der, seiner eigenen Aussage nach, den Spion an manches »erinnerte«, was Rašin vergessen hatte und Slawata noch viel weniger wissen konnte. Das heißt nicht, daß der Bericht jeder Wahrheit entbehrte. Zwischen teils zu erweisenden, teils zu erahnenden Lügen hat er Wahrheit; aber nur da, wo sie sich durch Zeugnisse anderen Ursprungs bekräftigen läßt. Solche Bekräftigungen wieder dürfen nicht auf bloßem Hörensagen beruhen.

Denn was wurde von Wallenstein nicht alles erzählt. Wie war die Erscheinung dieses gewaltigen, fremden Menschen von Legenden umwoben. Im Jahre 28, um nur ein Beispiel zu nennen, damals, als er noch Krieg gegen Dänemark führte und schon die Intervention Schwedens fürchtete, sollte er das Folgende getan haben. Er ließ Handschrift und Siegel des Königs von Dänemark fälschen, er ließ Christian einen Brief nach Stockholm schreiben, des Inhalts, man wäre selber stark genug, man bräuchte und wollte die schwedische Hilfe nicht. Wie das? Gustav Adolf wurde stutzig; der Brief schien ihm unecht. Ein nach Kopenhagen gesandter Kurier bestätigte die Fälschung. Darauf der König zu dem Überbringer, dem als Dänen verkleideten Kaiserlichen: das Leben sei ihm geschenkt, wenn er zu seinem Herrn zurückkehrte und ihm Botschaft vom König von Schweden überbrächte: Wallenstein hielte sich wohl für einen Reichsfürsten, der König ihn aber für einen Schelm und Feigling. Befohlen, getan. Und dermaßen ärgerte sich Wallenstein über den Königsgruß, daß er drei Tage lang keinen Menschen vorließ, kein Wort redete . . . Man muß sich das vorstellen: den falschen Abgesandten, Musketier oder Leutnant, dem Feldherrn Meldung erstattend: »Seine Königlichen Würden von Schweden lassen Euer Fürstlichen Gnaden ausrichten . . .« So aus dem Grunde närrische Geschichtlein wurden dennoch geglaubt. Sie gingen ein in die Korrespondenz gelernter Diplomaten, die doch wohl soviel Kredit verdienten, als Herr Rašin von Riesenburg. Darum Vorsicht. Rašin war ein Agent des Grafen von Thurn. Er reiste hin und her zwischen Böhmen, Dresden, Berlin, oder wo sonst seine Auftraggeber zu treffen waren. Er sprach häufig mit Adam Trčka, selten mit Wallenstein. Soviel ist sicher; unsicherer der Wortlaut der Gespräche; am dunkelsten, was Wallenstein mit ihnen wollte.

Rache soll er gewollt haben; Rache an Bayern und am Kaiser, der ihn fortgejagt hatte anno 1630 im September; nichts als Rache. Von Rachedurst soll er wie toll gewesen sein. Das wurde angenommen al-

lenthalben, vom Tag der Entlassung an oder vorher, und daran gesponnen fort und fort. Im Winter 1631 wußten französische Zeitungen zu melden: wegen der ihm erwiesenen Ungnade sei der Herzog von Friedland sehr verärgert. Die Könige von Großbritannien und von Schweden hätten die willkommene Gelegenheit wahrgenommen und angefragt: ob er sich nicht rächen wollte? Nicht die Waffen ergreifen wollte gegen Österreich und Bayern? Wenn ja, so könnte er schwedischer, englischer, französischer Hilfe gewiß sein. Wallenstein habe sich die Offerte gern angehört, dem Überbringer eine goldene Kette geschenkt, dazu noch 1000 Taler in bar. »Dies«, endete der Journalist, »erfuhr ich durch Leute von Ehre und Rang, grand mignons der Könige von England und Schweden.« ... Bewundernswerte Eingeweihtheit. Tilly, der den Artikel las, nahm ihn ernst genug, um Kopien an Maximilian, an Ferdinand, an Wallenstein zu übersenden; an den letzteren mit einem Begleitschreiben, in dem ritterliche Besorgtheit sich mit Bosheit mischte. Dergleichen glaube er nimmermehr; das war ja nicht möglich, daß der Herzog alle die ihm erwiesenen kaiserlichen Wohltaten mit so schädlichen consiliis vergälte. Immerhin, nachdenklich blieb es ... Geringschätzig antwortete Wallenstein, solche Gerüchte störten ihn nicht weiter, ließen sich ganz schön anhören, aber mit Lachen beantworten. An Questenberg: es müßte ihn wundern, daß Generalspersonen auf so alberne Possen hereinfielen. Jedoch: »piensa il ladron que todos son de su condicion«. Es ist nicht klar, wer in dem spanischen Sprichwort der Dieb sein sollte; vermutlich nicht Tilly, sondern der Schreiber oder Inspirator der Zeitung.
Zwei Wochen früher wurde in dem Trčka-Schloß Opočno die Taufe von Adams Söhnchen mit der fremden Pracht des Feudal-Adels gefeiert. Man war unter sich: Herr Rudolf und Frau Magdalena; Adam Waldstein, Oberstburggraf von Prag; Erzbischof Harrach; Wallenstein in Person. Die alte, starrsinnig evangelische Gräfin Trčka kann in der Kapelle nicht zugegen gewesen sein; an der Festtafel nicht der unzeigbare Miniatur-Protestant, Sezyma Rašin. Vermutlich ließ Trčka ihn kommen und versteckte ihn, um ihn zu günstiger Stunde mit Wallenstein zusammenzubringen. Woraus nichts wurde; mit Rašin sprach nur der Graf Adam, fragend: wie es dem König von Schweden gehe und ob Thurn bei ihm sei? Hoffnung wäre wohl, den Herzog gut schwedisch zu machen. Die Initiative müßte vom andern Teil ausgehen, und zwar so, daß sie für Wallenstein neu und überraschend klänge; das sei die Bedingung ... Rašins Bericht ist glaubhaft hier und leicht zu durchschauen. Die Trčkas spielten Verschwörung; Adam und die Alten. Die andere Seite sollte tun, als ob sie den Anfang

machte; nämlich, sie sollte ihn wirklich machen, denn Wallenstein kannte das Trčka-Projekt bis dahin nicht . . . Die Szene wiederholte sich, zu Schloß Dymokur, im Mai. Nun hatten die Schweden schon Frankfurt an der Oder genommen, Panik herrschte in Wien, Briefe gingen zwischen dem Kaiser und Wallenstein hin und her, bittende von der einen, vernünftig ratende, aber in der Hauptsache kühle von der anderen Seite. Wieder sprach Rašin nur mit Trčka, wieder verlangte Trčka einen Beginn durch König und Emigranten, ließ aber durchblicken, daß er in höchstem Auftrag redete. Mittlerweile hatten also die Trčkas den Herzog informiert und der geantwortet: sie sollten nur weitermachen. Das könnte wohl sein, daß er eimal dergleichen tun würde, wenn es mit den schwedischen Siegen so weiterginge. Was er aber dabei herauszuschlagen gedachte, wie er eine neue Ordnung in Böhmen, in Mitteleuropa sich vorstellte, das blieb im Dunklen . . . Reise Sezymas nach Berlin, wo Graf Thurn seit neuestem den schwedischen Gesandten spielen durfte; gemeinsame Fahrt der beiden nach Spandau zu Gustav Adolf. Audienz. Der König tief verwundert, dann interessiert; wer dieser Trčka sei, wie alt, wie verständig? Thurn: er sei des Herzogs Schwager, einflußreich; noch klüger die Mutter, ein hochverständiges Weib, eine gewaltige Praktikantin, und sehr vaterländisch. Abermalige Sendung Rašins nach Böhmen im Namen des Königs und Thurns: Graf Adam sollte sehen, wie er Wallenstein auf die schwedische Seite brächte. Thurn an Gustav: »Mit herzlichem Verlangen erwart ich des Rašin, so dies hochwichtige Negotium in Böhmen tractiert.« Geschrieben im Juni, was mit dem Bericht Rašins übereinstimmt; am 18. Juni war er wieder in Prag und sprach mit der hohen Person selber. Wallenstein: Er werde alles Seiner Majestät Genehme tun, aber erst, wenn die rechte Zeit wäre. In eine so wichtige Sache plump zu tappen, sei seine Gewohnheit nicht; zum Beispiel müßte erst das Bündnis zwischen Schweden und Sachsen perfekt sein. Auch, fügte Trčka hinzu, wäre es gut, wenn der König selber einmal an den Herzog schriebe, mit eigener Hand, damit man's schwarz auf weiß hätte. Rückkehr Rašins nach Norddeutschland, Vollmacht Gustav Adolfs für Thurn; er möge mit dem bewußten Kavalier – das ist der Graf Adam – nach Belieben verhandeln und durch ihn andere treue Patrioten für die gute Sache gewinnen. Brief Gustavs an Wallenstein. Der Brief ist verloren, aber er hat existiert, Wilhelm Kinsky las ihn so oft und gern, daß er ihn auswendig hersagen konnte. Es stand in ihm, was Trčka gewünscht hatte: da Wallenstein auf Haus Österreich mit nur zu gutem Grund so sehr zornig sei, so wollte der König ihm gegen seine Feinde beistehen und ihn »in Allem manutenieren«. Blieb unklar, in welchem »Allem«. Dem Herzog gefiel der

Brief, den Rašin ihm überbrachte, er ging nun weiter heraus. Zwar, sich schriftlich bedanken könnte er nicht, da sei zuviel Gefahr dabei; im Kopfe getragene Antworten genügten. Er bräuchte zehn bis zwölftausend schwedische Soldaten; den Rest würde er besorgen . . . Das mit den 12 000 Mann wird durch einen Brief Thurns bestätigt; da aber Rašin der Bote Thurns war und Thurn alles glaubte, was Rašin ihm erzählte, so hat diese Übereinstimmung nichts Bekräftigend-Erstaunliches. Von Wallenstein kein authentisches Wort. Von Trčka ein einziger Brief an Thurn, in dem er seinen gnädigen Oheim, den wohl bewußten Freund – Wallenstein – entschuldigt: er könnte nicht schreiben, wegen des Zipperleins. Von Gustav eine Vollmacht für Thurn und ein verlorener Brief an Wallenstein: beides hervorgelockt durch die Berichte Thurns und Rašins. Alles Übrige ist Erzählung Dritter, die nicht dabei waren, weitergegeben von Vierten, die es auch nicht waren: Arnim, Kinsky enthüllen ihre Wissenschaft dem schwedischen Gesandten in Dresden, der, mangels soliderer Nachrichten, schreibt darüber an den Sekretär des Königs, und so weiter. In einer Zeit, in der mit besonderer Liebe schwadroniert und phantasiert, mit besonderer Kunst gemutmaßt, gelogen und verborgen wurde, können solche Zeugnisse nur einen äußerst lückenhaften Kriminalroman ergeben, und geben obendrein einen, dessen Komplott unvollzogen blieb. Von 12 000 Mann, die er bräuchte, mag Wallenstein gesprochen haben, oder Rašin, im Auftrag Thurns, ihm suggeriert haben, daß er sie brauchen könnte. Jedenfalls kamen sie nie; er traf auch keinerlei Vorbereitungen, sie zu empfangen; und wußte doch, der erfahrenste Heeresorganisator, daß Munition für sie bereit sein müßte, reichliches Geld, Magazine, sie zu ernähren. Auch, sollte denn der König seine immer nur ungenügend ausreichende Armee glatt halbieren, die Hälfte anvertrauen einem ihm gänzlich fremden, bisher feindlichen, höchst eigenwilligen Anführer? Letzthin war alles nur Gerede; von Wallensteins Seite Bedingungen, die gar nicht erfüllt werden konnten, vom Könige Botschaften, die nichts kosteten. Der Einzige, der niemals zweifelte, war Thurn. ». . . man hat«, schrieb er an Gustav, »kein Exempel, daß diese Fürstliche Person etwas Traditoris Ehrvergessenes vorgenommen hätt, sondern Glauben und Treuen gehalten, das sagen Freund und Feind.« So derselbe Thurn, der den mährischen Obersten Wallenstein gebrandmarkt und verflucht hatte im Jahre 19: »Da sitzt die hoffährtige Bestia, hat die Ehr verloren, Hab und Gut, und die Seel, so er nit Buß tut, darf wohl ins Purgatorium kommen . . .« Braver, vergeßlicher, törichter, immer betrogener Mann!

Rašins nächster böhmischer Besuch, im September, zog sich hin, so daß Bringer und Empfänger der Geheimpost am gleichen Orte durch die Nachricht von der Breitenfelder Schlacht überrascht wurden. »Wißt Ihr«, soll Wallenstein den Agenten angesprochen haben, »daß der Tilly bei Leipzig aufs Haupt geschlagen? Ist eine schreckliche Sach vorgegangen, wie ist Gott so mächtig; wie hat der Tilly allezeit so einen guten Namen gehabt, ist aber jetzt um alle seine Reputation gekommen, es ist nicht möglich, wenn mir das begegnete, ich nähme mir selbst das Leben, aber es ist gut für uns.« Mindestens das letzte Wort ist erlogen. Zu dem kleinen, scharfohrigen Manne konnte Wallenstein nicht »wir« sagen. Er war selber nicht »wir«; er gehörte keiner Partei an. Übrigens erweckte Tillys Niederlage in ihm die unterschiedlichsten Gefühle. Eine Schwächung der kaiserlich-spanischen Partei mochte in seinem Interesse sein, insoweit er seine Interessen überhaupt definiert hatte. *Diese* Schwächung, diese Katastrophe keineswegs; sie verschob nicht ein wenig die Gewichte, sie zerstörte das ganze Gleichgewicht, sie öffnete dem Schweden, dem unheimlichen Gast, jeden Weg und jede Möglichkeit. Die Folgen lernte der Graf Thurn schnell; Wallenstein etwas später. Als in der zweiten Oktoberwoche der alte Rebell und sein Botengänger den gegen Franken zu sich bewegenden König im Thüringer Wald erreichten, wurde ihnen ein gleichgültiger Empfang zuteil. Er hätte, erklärte sich Gustav, keine 12000 Mann zu vergeben, sondern höchstens 1500; der Feind sei im Reich, nicht in Böhmen, auf das Reich müsse er seine Kräfte konzentrieren. Thurn auf der Rückreise an den König; sehr bitter: »Ich bin mit Ehren alt geworden, in Redlichkeit und Aufrichtigkeit gelebt und nit zu einem solchen Kind geworden, daß ich mit meinem allzu vielen Trauen Eure Majestät verführen würde . . .« Alles sei zum Abdrükken gewesen, die 12000 Mann, und Wallenstein als Vice-Re von Böhmen, und des Kaisers Truppen in Schlesien, Böhmen, Mähren und Österreich wären zu Paaren getrieben worden; und nun, wie stünde er da vor den wackeren adeligen Personen, seinen Emigrantengenossen? . . . Es war gar nichts zum Abdrücken gewesen. Es war nur geschrieben, gesprochen, geflüstert worden, unverbindlich und vergeblich, wie so oft. Nie hatte Wallenstein gewußt, was er wollte und tun würde. Dies aber mußten beide Verhandlungspartner in tiefster Seele fühlen, und Wallenstein stärker als Gustav: daß sie zueinander nicht paßten und Bundesgenossen nicht werden konnten. Wallenstein als Gehilfe, als dependierende Kreatur des Königs von Schweden, das ging nicht. Warum er in das dunkle Spiel sich überhaupt einließ? Um anzuhören, was man ihm böte. Um mit dabei zu sein, aktiv, nicht leidendes Opfer, wenn in Böhmen etwas Unerhörtes geschähe. Um eine »Zwickmühle« zu bauen, wie er später es ausdrückte. Dies wahre Motiv konnte er ja aber den Emigranten unmöglich nennen. Also nannte er das, was alle Welt ihm zutraute und einredete, solange, bis er es momentweise selber geglaubt haben mag: »Der Kaiser mit seinem ganzen Hause sollte schmerzlich empfinden, daß er einen Cavalier affrontiert hab.« Da sie ihn für so sehr rachedurstig hielten, gab er ihnen, was sie zu hören erwarteten. Dabei wird an den Greueln, die der Zwischenträger ihm in den Mund legte, jeder Nacherzähler soviel kürzen, wie ihm beliebt. Gewiß ist nur, daß vier Jahre später Rašins Honorar in dem Maße anstieg, in dem sie fürchterlicher klangen. Wallensteins frühere Kontakte mit Gustav, die vom Spätherbst 1627, indirekt und ohne Glauben gepflegt auch sie, hatten doch einen wesentlich unterschiedlichen Charakter gehabt. Damals sollte es um eine Abgrenzung der Machtsphären gehen: Norwegen für den König, für Wallenstein Norddeutschland, das Meer für beide. ». . . denn den Schweden will ich gern zum Freund haben, aber daß er nicht gar zu mächtig ist, denn amor et dominium non patitur socium . . .« An der lateinischen Weisheit hätte auf jeden Fall scheitern müssen, was im Jahre 31 heimlich beschwatzt wurde. Jetzt wäre eine Vermischung der Machtsphären gewesen, mit dem König als dem ungleich Stärkeren. Dies also nicht. Was dann? Untätig konnte er in der großen Krise nicht bleiben. Neutral konnte er nicht bleiben, so wenig trotz allen Sich-Windens die deutschen Protestanten es gekonnt hatten. Wahrscheinlich ahnte er all die Zeit, was er zuletzt dennoch tun würde; ohne viel Freude; weil er mußte.

Höchste Verwirrung

Wallenstein an den Feldmarschall von Arnim im Dezember: »Denn zuletzt, wenn die meisten Länder werden in Asche liegen, wird man Fried machen müssen, wie uns denn diese in die 14 Jahr continuierten Kriegs-Exempel genug vor Augen stellen.« Das war seine Stimmung und sein Wille. Er drückte es sachlich aus, anstatt mit dem schwülstigen Reden der Meisten, das nichts half. Am Krieg hatte er genug gewonnen, war müde jetzt, ärger denn je vom Podagra geplagt; er wünschte Ruhe, sich und den Anderen. Für sich allein konnte er gar nicht heraus. Es mußte Friede sein, damit er Frieden hätte.
Nun wissen wir ja, welch schwierige Sache es mit dem Frieden-Schließen ist. Am besten geht sie noch, wenn eine Partei der anderen ein wenig überlegen ist, aber nicht sehr, wenn beide verstanden haben, daß sie einander den Garaus nicht machen können. Man trifft sich dann auf halbem Weg. Die Schweden waren schon weiter als den halben. Axel Oxenstierna, rückblickend: »Haben also Ihre Majestät

die Meinung gehabt, ihr Reich und die Ostsee zu versichern . . . hätten anfangs so weit zu kommen nicht vermeint.« Die Gelegenheit gab es, der Feind zog den König tiefer, der vom Feind entleerte Raum auch. Nach der Eroberung von Würzburg, Aschaffenburg, Frankfurt hielt er seit Ende Dezember seinen Hof in Mainz, der Schwede ein Nachbar Frankreichs; Projekte, im Frühjahr Bayern zu überrollen, und dann doch noch Österreich, hatten nichts Unglaubliches mehr. Der Appetit kommt beim Essen. Die Rückführung der deutschen Dinge, einschließlich der böhmischen, auf den Stand von 1618 war nun das Geringste, was der König fordern mußte, weil er das am Verhandlungstisch nicht zu Gewinnende mit Gewalt durchsetzen zu können schien. Eben darum mußte er die Mittel der Gewalt fort und fort gebrauchen. Einen absoluten Sieg will der Gegner sehen und erfahren, bevor er sich ihm unterwirft. Waren Kaiser Ferdinand und seine Räte nachgerade bereit, wegen des Ediktes mit sich reden zu lassen, so wären sie doch lieber mit Sack und Pack nach Italien geflohen, als ihr Hauptwerk preiszugeben, die katholische Reformation in Österreich, Böhmen, Süddeutschland. Das zerstörte Gleichgewicht mußte wiederhergestellt werden, wenn ein allen Seiten erträglicher Friede sein sollte. Daß er nicht geschlossen worden war *vor* der schwedischen Invasion, als er machtlogisch erreichbar gewesen wäre, dies warf Wallenstein der kaiserlich-spanischen Partei vor, mit Bitterkeit, mit Hochmut, mit Verachtung. Den Spaniern auch. Also galt sein Groll nicht der Entlassung von 1630, welche doch die Spanier zu verhindern gesucht hatten, sondern der Politik des Gesamthauses Habsburg. Den Pfaffen, wie er sich gegenüber einem dänischen Gesandten verkürzend ausdrückte.

Mit Dänemark stand er in einer von den Wienern gebilligten Geheimbeziehung. Daß Christian für die Wiedergewinnung des Gleichgewichts sich nützlich machen könnte, wenn nicht eingreifend, so doch vermittelnd, war denkbar, denn er sah den deutschen Siegeszug des Nord-Nachbarn ungern. Wallenstein übernahm den Auftrag und legte ihn auf seine Weise aus. Er schlug Dänemark den Kauf einiger mecklenburgischer Orte vor, die für ihn selber ohnehin verloren waren und die andernfalls die Schweden bekämen; außerdem mochte Christian die im Frieden von Lübeck ihm abgenommenen Bistümer wiederhaben. Ferdinand gab der ersten Lockung sein Placet, nicht der zweiten; das Edikt stand dagegen, über die Bistümer verfügte der Heilige Vater. Das sei Pfaffengeschwätz, sagte Wallenstein zu dem Gesandten, Oynhausen, verärgert. Mit dem Kaiser stünde es augenblicklich etwas gefährlich; Dänemark sollte sich doch einfach nehmen, was man ihm in Güte nicht geben wollte . . . Illoyalität? Bedeu-

tet loyal soviel wie gehorsam, so war Wallenstein es nicht mehr und würde es nie wieder sein. Wollte man seine Dienste, die eines Fürsten und europäischen Politikers aus eigenem Recht, so mußte man ihn machen lassen.
Interessanter als Dänemark war Sachsen. Nicht Schweden allein, erst das schwedisch-sächsische Bündnis hatte das Gleichgewicht zerstört; der Gedanke drängte sich auf, das Unheil wieder gutzumachen, indem man Sachsen von Schweden trennte. Das Bündnis war wohl da und hatte die Katastrophe von Breitenfeld zur Folge gehabt, blieb aber ohne Zärtlichkeit, wie alle Welt wußte. Als Diener des fremdenfeindlichsten Fürsten in Deutschland, des konservativsten in Europa, führte nun Hans Georg von Arnim die sächsischen Geschäfte; auch dieser fromme Intrigant germanisch in seinen Gesinnungen, bedacht auf die Unabhängigkeit der deutschen Protestanten, womöglich der Nation. An Wallensteins alte Freundschaft mit Arnim erinnerten sich nach Breitenfeld die Minister Ferdinands: ob nicht durch den Herzog von Mecklenburg-Friedland »ein Versuch und wenigstens ein Anfang zu dergleichen gütlichen Handlung gemacht werden könnte«? Er übernahm auch diese Mission, indem er sich seinen eigenen Reim auf sie machte; bat um einen Paß für Arnim, damit der Feldmarschall unbehelligt zu ihm reisen könnte; fand ihn zu »kaltsinnig abgefaßt« und erhielt einen zweiten, von Arnim in wärmeren Tönen redenden. Diesen trug der Kriegsrat von Questenberg mit eigener Hand nach Prag, wo er Ende Oktober anlangte. Natürlich war sein Hauptzweck ein anderer, nämlich, den Herzog zur Wiederannahme des Generalats zu bewegen. Der wollte noch immer nicht; er sei krank und ohne Lust zum Kriege; er bäte doch, den Fürsten von Eggenberg in der Sache nicht zu bemühen, solche Gespräche wären nur qualvoll für beide Seiten . . . Die Botschaft, von Questenberg nach Wien gebracht, trieb die Panik zur Verzweiflung: »Nach meiner vorgestrigen Anheimkunft habe ich alsbald Ihrer Majestät relationiert, was meine Verrichtung bei Euer Fürstlichen Gnaden zu Prag gewesen sei, so derselbe mit sehr bestürztem Gemüt angehört und sich dermaßen affligiert befunden, daß sich eines billig darob zu erbarmen hat . . . ich bitte, daß der heilige Geist Iro endlich ein Besseres inspirierte.« Es war die Taktik Questenbergs in seinem Verkehr mit dem Titanen, einerseits auf die schuldige Partei am Hofe seinen schadenfrohen Spott auszugießen, andererseits den Jammer des frommen Kaisers zu übertreiben, aber diesmal übertrieb er kaum. Ferdinand selbst leerte den Kelch der Demütigung bis zur Neige. Er könnte, schrieb er nach Prag, den Entschluß nicht als endgültig ansehen, er könnte es nicht; das mit der podagraischen Indisposition verstünde er nur zu wohl, aber die Ge-

fahr steige mit jedem Tage; wenn doch der Herzog nur ein wenig näher an Wien herankäme, daß man mit ihm reden könnte; »wie ich mir denn die verläßliche Hoffnung machen will, daß Euer Liebden, die in der gegenwärtigen Not mich begriffen sehen, mir nicht aus den Händen gehen, viel weniger mich verlassen werden.« – Dürstete Wallenstein nach Genugtuung für die Regensburger Schmach, was ja doch nur eine Sage ist: konnte er noch Kläglicheres wollen? Gleichzeitig mit Questenberg hielt Sezyma Rašin sich noch einmal in Prag auf; die beiden, die einander von Angesicht ja nicht kannten, mögen sich im Palast begegnet sein. Der Geheimagent hörte auch sofort, angeblich von Wallenstein selber, daß der Kriegsrat gescheitert war. Rašin an Thurn: »Herr Questenberger haben mit den beweglichsten und hochversprechlichsten Worten Ihre Fürstlichen Gnaden persuadieren wollen, das Generalat auf sich zu nehmen, hat sich mit dem entschuldigt, daß er es bei seiner Seel, Eid und Gewissen verschworen nit tun kann, jedoch, daß er wohl auf sich nehme, mit dem Feldmarschall Arnim zu tractieren . . .« Dies im Moment geschrieben. Vier Jahre später hinzuerfunden: Der Herzog habe ihm gesagt, weil Gustav mit ihm nichts tun wollte, so müßte es anders gehen, er werde es schon hinbringen, die Sachsen nach Böhmen zu locken . . . Genau hier handelt es sich unter Rašins Lügen um die dreisteste. Daß Arnim am 1. November die böhmische Nordgrenze überschritt, nicht als Träger von Wallensteins Geleitbrief, sondern mit seinen Truppen, als Eroberer, das überraschte jedermann: Wallenstein, Gustav Adolf, die Emigranten. Es war des Feldmarschalls eigenster Entschluß, wobei militärische und politische Motive zusammenspielten. Die Lage Sachsens war so günstig nicht, seitdem der König sich nach Südwesten gewandt hatte, ohne sich viel um das kaiserliche Restheer zu kümmern. Schon fühlte Tilly sich stark genug, um zwei Armeecorps, Gallas und Aldringen, in Richtung auf Böhmen zu detachieren, das an Sachsen grenzt. Auf der anderen Seite, in Schlesien und sogar in der Lausitz, bewegte sich noch immer die Armee Tiefenbachs. Sich zwischen diese Drohungen von West und Ost zu schieben durch Wegnahme der gewaltigen Bergfestung Böhmen, war ein kühner, strategisch einleuchtender Zug. Auch konnte man dort fette Winterquartiere finden und lohnend plündern, ob man nun als Feind kam oder, sozusagen, als Befreier. Dies war noch die Frage, in welcher Rolle man käme; in der des Befreiers nicht eigentlich. Indem die Sachsen sich an die Schweden gebunden hatten, die Schweden sich an die Emigranten, hätten auch Sachsen und Emigranten gute Freunde sein müssen. Das waren sie höchstens auf dem Papier; Johann Georg lüstete nicht danach, eine neue Revolution der Tschechen zu fördern.

Böhmen war von den deutschen Protestanten abgeschrieben seit 1618, der habsburgischen Machtsphäre zuerkannt. Da sollte es bleiben, leiden und sich ruhig verhalten; nur daß Thurn in seinem dumpfen Optimismus solche hartherzige Politik eine Zeitlang mißverstand. Er besaß Vollmacht von Gustav Adolf, als dessen Generalkommissar in Sachsen Truppen zu werben, mit denen er selber Böhmen zu befreien gedachte. Er hatte Geld gesammelt unter seinen reicheren Schicksalsgenossen; es heißt, die alte, rechnende Patriotin, die Gräfin Trčka, bot ihm 50000 Gulden, als stark versicherte Leihgabe und unter der Bedingung, die von ihr erhandelten Rebellengüter müßten auch nach der Befreiung in ihrem Besitz bleiben . . . Die Musterplätze jedoch, deren er in Sachsen bedurfte, um Söldner anzuwerben, wurden ihm unter fadenscheinigen Vorwänden verweigert – Arnim an den Kurfürsten: Thurns Pläne kämen ihm hochverdächtig vor. Als nun die Sachsen im geliebten Vaterlande eindrangen, ohne daß Arnim ihn auch nur vorbereitet hätte, schüttelten lodernde Wut und Verzweiflung den Rebellenführer: »Wehe uns ehrlichen Leuten, die für die christliche Religion so viel ausgestanden, sollen wir auf solche Weise beraubt und das schöne Königreich verwüstet werden. Hätt man mit mir in diesem, als wie es mir von Ihrer Königlichen Majestät befohlen worden, Unterredung gepflogen, so hätt man auf eine solche Form gehen können, die Gott gefallen hätt . . . Die Armen und Verzagten wären zu dem Ihrigen gekommen, die gottlosen Landesverräter bestraft und die Tyrannen untergedruckt!« Getäuscht, wieder getäuscht. Mitziehen durfte er dennoch, oder tat es uneingeladen; andere vornehme Emigranten, Bubna, Velen von Zierotin, Ruppa, Colonna von Fels, Ulrich von Ričan, Alexander Kaplíř auch, und in ihrem Gefolge einige hundert Unbekannte. Teils vermittelten sie zwischen den Sachsen und ihren eigenen Landsleuten, teils stifteten sie allerlei befreiende Unordnung; da viele von ihnen schwedische Titel trugen, durfte Arnim sie nicht so gänzlich daran hindern, wie er gewollt hätte. Aber das, worauf es ihnen am meisten ankam, die Bildung eines eigenen Heeres auf böhmischem Boden, hintertrieb er mit Energie. Thurn, später: ». . . wo sich die Meinigen gesammelt, da wurden sie aus den Quartieren getrieben; die Städte, so ich im Namen meines allergnädigsten Königs aufgefordert und sie sich mit der höchsten Freude der Welt ergeben, da hat man die Meinigen, die noch in keiner Verfassung, herausgetrieben. Ich hatte einen unfehlbaren Überschlag gemacht, eine große Summe Getreides, von Weizen, Korn, Haber und Gerste zu liefern; Magazine in den Städten eingerichtet, auch Bier und Wein . . .« Armer Thurn, noch einmal. Wie gut, so glaubte er wenigstens, war alles vorbereitet. Wie wurde die

große Hoffnung erstickt durch die zum Schein freundliche, heimtükkische Intervention des Deutschen.
Ursprünglich zielte Arnim nur auf die nördlichste Region. Als er erfuhr, daß der kaiserliche Kommandant von Prag, Marradas, mit seiner spärlichen Garnison sich aus dem Staub gemacht hatte, daß auch Wallenstein eilends verzogen war, sah er keinen Grund, warum er die Hauptstadt nicht besetzen sollte; welches denn am 15. November geschah. Wieder soll es Wallenstein gewesen sein, der ihn durch einen mit eigener Hand beschriebenen Zettel dazu verlockte; wieder wird dies Komplott von den Anklägern geglaubt; wieder ist es ins Blaue erfunden. Um zu wissen, daß Prag offen daläge, brauchte Arnim keinen Wallenstein; das konnte ihm jeder Kundschafter erzählen, jeder Bauer, dem es einer aus der Stadt erzählt hatte. *Warum* er Prag nahm, ist ebenso leicht zu erraten. Es war Böhmens edelstes Pfand, militärisch und politisch. Es war übrigens volkreich und reich und ganz anders zu schröpfen als Leitmeritz und Melnik. Der Eroberer wäre dumm gewesen, der Prag so billig haben konnte und es nicht nahm. Seinerseits spürte Wallenstein keine Lust, seinem ehemaligen Angestellten in Prag als Unterlegener, als Kriegsgefangener, wenn auch noch so ritterlichen Stils, zu begegnen. Darum sein Rückzug nach Pardubitz, zwei Tagereisen östlich der Hauptstadt. Vergnügen machte es ihm kaum, seine bequeme Prager Häuslichkeit mit einer improvisierten Residenz zu vertauschen. Welchen anderen Vorteil er sich von der sächsischen Okkupation erwartete, darüber gibt es nur eine, törichte Lesart: Kaiser Ferdinand sollte immer noch schärfer spüren, wie es mit ihm stand, die Schraube immer noch quälender angezogen sein. Als ob die Angstschreie aus Wien, wenn er sie denn hören wollte, ihm nicht schon längst bis zum Überdruß in den Ohren geklungen hätten . . . Während Arnim noch in Sachsen, Tiefenbach noch in der Lausitz stand, hatte er einen Rückzug der Kaiserlichen nach Schlesien empfohlen. Zu seinem eigenen Gram mußte Tiefenbach gehorchen; denn in Wien hörte man auf den Rat des abgesetzten Wallenstein nun viel begieriger, als man je auf den des kommandierenden gehört hatte. Wenn dahinter der boshafte Zweck stand, den Sachsen freies Spiel in Böhmen zu geben, und nicht der vorgegebene, vernünftige, sie in Ruhe zu lassen, damit sie ruhig blieben, so wird das Nachfolgende unverständlich. Nachdem Arnim die Hauptstadt besetzt hatte, war es Wallenstein, der den kaiserlichen Befehlshabern, Tiefenbach, Marradas, Mut machte: sie sollten doch sich Prag nähern von Süden und Osten, der Feind hätte kaum 7000 Mann dort, so schnell sie gekommen, könnte man sie wieder verjagen. War er verräterisch gesinnt am 10. November und gut kaiserlich am 17.? War er

wie der Gott des Philosophen, der es mit beiden kämpfenden Fronten gleichzeitig hält? Die Leute schienen es zu glauben. Der Friedländer machte das Wetter überall, das gute und besonders das schlechte; aus unergründlichen, unergründlich tückischen, nur seiner dunklen Seele vertrauten Gründen. Laurens Nicolai, Schwedens Mann in Dresden: »Etliche meinen, daß der von Wallenstein in diesem Werk das große Rad sei und alles von einer heimlichen intelligence mit ihm dependiere . . .«

Die Emigranten in Prag, nach einem Exil von elf harten Jahren. Nicht so stolz, wie sie es sich gedacht hatten, aber doch stolz genug und wie im Traum; einem so oft geträumten, diesmal wahren. Sie ließen die Schädel der im Jahre 21 Hingerichteten, die noch immer am Brükkenturm, hingen, abnehmen und bestatteten sie, in feierlichem Zuge schreitend, in der Teynkirche. Das gefiel den Leuten, aber nicht Arnim. Sie jagten, wie anno 18, die Jesuiten, »diese blutdürstigen und in aller Welt billig als turbatores pacis verhaßten, mehr als zuviel durch ihre eingesetzten Mordklauen wohl bekannten Lärmbläser«, »diese fridhässigen und mehr denn schlangengiftigen Lästermäuler« – die Jesuiten jagten sie davon, als ob sie schon die Regierung wären, »die drei evangelischen Stände« des Königreichs. Arnim, der selber sich für den Gouverneur hielt, gefiel das noch weniger, den Leuten noch mehr; auch, daß sie mit einem Gnadenbild der Heiligen Jungfrau auf öffentlichem Markt ihren Spott treiben durften. In Scharen kehrten evangelische Prediger zurück; das Konsistorium wurde erneuert; an die 15000 Prager Bürger, gezwungene Katholiken bis dahin, bekannten, wie es mit ihrem Glauben heimlich immer gestanden habe. Wenn aber die Rückkehrer die besten Wohnungen requirierten und sich's wohl sein ließen, ohne zu zahlen, so ging das etwas weit. Waren sie der Heimat fremder geworden, war ihr christlicher Edelsinn schwächer, als sie wußten? Sie machten sich breit in ihren ehemaligen Besitzungen; in solchen auch, die sie vor ihrer Auswanderung noch rasch verkauft hatten, wobei sie geltend machten, das seien notgedrungene, ungünstige Transaktionen gewesen. Einige von ihnen trieben es radikaler, wagten, was sie 1618 nicht hatten wagen wollen, und hetzten die Bauern zu Rottungen gegen ihre neuen Herren. So in dem Gebiete des Herzogs von Friedland, den Herrschaften Münchengrätz, Leipa, Hauska, Neuschloß. Erstürmung der Schlösser, Plünderung der Kassen und der Weinkeller, Gewalttaten gegen Mensch und Vieh und besonders die Priester; mit der Folge, daß der Strom der Gelder und Viktualien versiegte, der sonst nach Gitschin floß. Da hörte der Spaß auf.

Wallensteins Finanzen, als Schutz vor der Welt dem Einsamen so sehr wichtig, waren in den letzten anderthalb Jahren immer nur schlechter geworden. Der Zusammenbruch de Wittes, die Entlassung, der Verlust Mecklenburgs. Im Oktober bewegte Tiefenbachs Ostarmee von Schlesien sich ins nordöstliche Böhmen, ins Friedländische. Zum ersten Mal seit ihrer Gründung erhielt die terra felix die Medizin, die ihr Gründer so vielen ausgeteilt hatte, kühl bedauernd, daß der Krieg so sei, über die man sich aber ganz anders zu wundern pflegte, wenn man sie selber schlucken mußte. Oh, die Berichte der Bezirkshauptleute, oh, das Klag-Geheul: ganze Dörfer wüst und öd gemacht, die armen Leute erschlagen, des Herzogs edelste Rosse geraubt, seine Mühlen verbrannt, selbst die Kirchen nicht verschont, dazu noch die Pest im Lande; schlimmer als diese Polacken, Ungarn, Kroaten könnte ja der Teufel aus der Hölle nicht hausen! Die gewohnte schrillwinselnde Übersteigerung dessen, was auch ohne Übersteigerung arg genug war. Wallenstein reagierte vergleichsweise ruhig: Griessel, Hauptmann zu Friedland, sollte sich wie ein ehrlicher Mann verhalten und zur Rettung der Untertanen tun was er könnte. »Seid nur nicht kleinmütig.« An Tiefenbach: er bäte ihn, den Marsch nach Mittelböhmen möglichst um das Herzogtum herum zu machen, ein Umweg von wenigen Meilen; »weil allbereit meine anderen stati dergestalt erschöpft, daß ich deren auch im geringsten nicht mehr genießen kann, ich hinfüro keine Mittel zu meiner Unterhaltung haben könnte ...« Und nun die Emigranten; und nun die Bauern. Er verbarg sich das Ärgernis der Lage nicht und gab von seinem Flucht-Ort Pardubitz Befehl, ein Corps von Reitern aufzustellen, um wenigstens seine Hauptstadt Gitschin zu schützen. Daneben war tief eingewurzelt sein Mißtrauen gegen die eigenen Steuereintreiber und Räte: daß sie sich jeden Unordnungsvorwand zunutze machten, um zu faulenzen oder in die eigene Tasche zu arbeiten, der Verdacht beherrschte ihn immer. Und schließlich kannte er seine Leute. Darüber zerbrach seine alte Beziehung zu dem obersten Verwalter des Herzogtums, Gerhard von Taxis. Denn Taxis, eingeklemmt zwischen der Not des Bauernaufstandes und den Vorwürfen des Herzogs, der Geld haben wollte, welches nicht da war, verlor den Kopf und floh. Und noch einmal die Mitleidlosigkeit, die dunkle Härte. Taxis habe seinen Eid gebrochen, die Untertanen, denen er Rat und Tat schuldete, in diesen Trubeln im Stich gelassen und so die Desperation noch erhöht; sein Leben sei verwirkt, wenn man ihn erwischte, sein Besitz einzuziehen ... Eine Wiederholung dessen, was er mit Hans de Witte gespielt hatte. De Witte und Taxis; nun beide verschwunden. Taxis war sein treuer, nützlicher Diener gewesen, seit er die Sache mit Keplers Horoskop eingeleitet hatte, dreiundzwanzig Jahre lang.

Mit dem Nachfolger, einem gewissen Kunesch, und dessen Kammerräten ging er noch rauher um als gewöhnlich. »Seht, tractiert mich für kein guts Mannl, denn sonsten periclitiert euer Leib, Ehr und Gut. Ich will die so in Leipa und Hauska exorbitieren, bald zurecht bringen, wenn mir der Überrest von der Armee anlangen wird . . .« Wieder: »Ihr habt mir auf die Quota 18000 Gulden geschickt; damit ihr aber wissen sollet, daß auf künftigen Monat nicht 18, sondern 36000 Gulden ich haben will, sehet zu, daß ihr neben den Hauptleuten auf meinen Gütern, solche mit Einnehmung der restierenden Contributionen, deren etliche viel Tausend hinterstellig, sowohl auch der neu angelegten Landsteuer zusammenbringet und mir das Geld herein schicket, wofern anders ihr nicht wollet, daß ich zuförderst den Hauptleuten und nachher euch die Köpf abschlagen lasse . . .« Wieder: »Euer Entschuldigen seind lauter verlogen und unwahrhaftig; seht, so lieb euch euer Seelen Seligkeit ist, mich bei der Nase nicht umzuziehen; denn so wahr Gott lebt, ihr werdets mit euren Köpfen zahlen müssen, wo ihr mir die Quota nicht alle Monat liefern werdet; ich hab lang genug zu euren Proceduren still geschwiegen, aber merket mir wohl auf, ich werde gewiß mit euch nicht scherzen.« Wir verstehen, daß die Beamten in Panik gerieten bei solcher Lektüre. Ihre Bedrängnis gaben sie an die Untertanen weiter, die um Zahlungsaufschub flehten: »Mit dergleichen Klagen soll man Ihren Fürstlichen Gnaden nicht mehr kommen. Sie wollens kurzum nicht hören, denn kommen sie ihm mehr also, wollen Ihre Fürstlichen Gnaden ihnen lassen die Köpfe wegschlagen.« Daß aber Hinrichtungen wirklich geschehen wären, davon erfahren wir nichts.

Schlimme Überreiztheit. Die Gicht in Füßen und Händen, ein Schmerz in der Brust, dessen Ursachen er nicht kannte; die Geldnot bei Hofe derart, daß die höchsten Chargen nicht mehr bezahlt wurden, die Lakaien hungerten; das Bewußtsein, in der immer bösartiger wachsenden Krise Mitteleuropas sich nun entscheiden zu müssen. Wer ihn wirklich kannte, aber wo gab es den, hätte wohl voraussehen können, wie er sich entscheiden würde. Endlich würde er doch zurückkehren dorthin, wohin er seit 1617 gehörte: in das Lager des Erzherzogs von Steiermark, erwählten Römischen Kaisers . . . Der Entschluß, lange in ihm gärend, scheint um den 10. November gefaßt worden zu sein. Den 17. sandte er nach Wien die Nachricht, er sei bereit, den Fürsten von Eggenberg zu treffen. Ehe es zu dieser Konferenz kam, welche die Kaiserlichen so heiß begehrten, fand eine andere statt: mit dem Feldmarschall von Arnim, im Schlosse Kaunitz unweit Prag, den 30. November.

Es war das Gespräch, das im Oktober hätte sein sollen, nun unter völlig anderen Bedingungen. Den kaiserlichen Auftrag, mit Arnim über einen sächsischen Sonderfrieden zu verhandeln, besaß Wallenstein; Graf Thurn, in seinem unerschütterlichen Gottesglauben, wollte ihn für einen »schönen Praetext« halten, unter dessen verbergendem Mantel man seine eigenen fiebrigen Hoffnungen, die Revolutions- und Verratspläne, die Rašin-Pläne, würde fixieren können. Es lag umgekehrt. Die Emigranten-Illusion war der Deckmantel, unter dem Wallenstein während vier geheimer Stunden mit Arnim über ganz andere Dinge sprach: über die Zukunft der deutschen Protestanten vermutlich, den Widerruf des Ediktes, einen Ausgleich der Vernunft. Vertreter der Unbehausten, Johann von Bubna, Sezyma Rašin durften im Schlosse wohl anwesend sein, aber nicht bei diesen Intimgesprächen. Über sie berichteten die Sachsen später dem König Gustav: es seien nichts als Generalia über den erwünschten Frieden gewesen. Sie mußten es wohl bagatellisieren, weil es um einen sächsischen oder deutschen Separatfrieden ging, der Schweden nicht mit einschloß. So auch Wallenstein später an Arnim: Der Minister Eggenberg sei mit den Kaunitzer Begebenheiten hoch einverstanden; Friede und Einigkeit im Römischen Reich müßten endlich sein. Zu erschließen ist ferner, daß Arnim sich verpflichtete, gegen die Plünderung friedländischer Güter durch Emigranten strenger einzuschreiten; denn später warf Wallenstein ihm einen Bruch der Zusage vor. Das ist alles, was wir über die Konferenz wissen. Oder doch, eines noch. Dem Feldmarschall erkärte der Herzog mit dürren Worten, er sei im Begriff, wiederum des Kaisers General zu werden, und soll dabei als Grund diesen genannt haben. Sein Geschäft mit dem König sei auf gutem Weg gewesen, aber zerstört worden durch eine schauerliche Indiskretion des Grafen von Thurn, wie auch der Gräfin Trčka. Die Jesuiten in Prag hätten davon gewußt, sogar die Kinder auf der Gasse. Wollte man ihn denn ins Verderben stoßen? Nun also bliebe ihm nichts anderes übrig, als eilends das Generalat zu übernehmen, um sich reinzuwaschen . . . Unter dem Siegel höchster Verschwiegenheit erzählte Arnim es später dem Gesandten Nicolai, der es an seine Vorgesetzten weitergab: wenn Wallenstein gleichwohl versicherte, seine gutschwedischen Gesinnungen blieben unverändert, so sei es wohl nur aus Furcht, der König könnte sich gekränkt fühlen und den ganzen Handel publik machen. Wir lassen das offen. Irgendwie mußte er, was seinen Partnern eine plötzliche Wendung erschien, wohl erklären. Aber sie logen alle, Arnim auch; vielleicht benutzte er nur die Gelegenheit, um Thurn zu kompromittieren. – Was sonst über Schloß Kaunitz in den Büchern steht, ist Geschwätz aus dritter und vierter Hand, keiner Prüfung wert.

Schattenhaft, wie im Frühling, Sommer, Herbst und Spätherbst 1631 Wallensteins Beziehungen zu den Feinden des Hauses Habsburg gewesen waren, es blieb doch etwas von ihnen übrig. Zerrissene Fäden in der Luft. Wolken hoch über der Erde, getrennt, aber so nahe zueinander schwimmend, daß man sie als eine einzige sehen konnte oder als viele, je nach dem. Der Sonderfriede mit Sachsen, mit den deutschen Protestanten überhaupt; der Friede mit den Sachsen, Schweden und Emigranten; mit den Feinden Habsburgs in ihrer Gesamtheit, auch den unerklärten, Frankreich und den Holländern – angespielt war dies alles worden, und alles hing so zähe zusammen, daß es schwer sein würde, es zu definieren. Ein Gleiches gilt für den Charakter des Friedens-Stifters. In der jetzt zu Ende gehenden Epoche erschien als jenseits aller Norm, was immer Wallenstein politisch versuchte, denn außer dem, daß er kommissioniert war, Dänemark günstig zu stimmen und später Sachsen, besaß er kein Amt. Anders, als er nun wieder der Generalissimus von Haus Österreich wurde. Dann konnte er sein legitimes Gewicht in die Waagschale des Friedens werfen, wie schon vorher, seit 1629, nur ein noch stärkeres. Er konnte der eigenen Partei den Frieden diktieren, mit diskreter Gewalt, so, daß der Wiener Hof gute Miene zum bösen Spiel machte, oder mit indiskreter, offener. Schließlich konnte er, wie Graf Thurn zu hoffen nie aufhörte, zu Österreichs Erzfeinden übergehen. Zwischen diesen denkbaren Formen, so radikal unterschieden die letzte von der ersten, gab es Brücken und Nuancen, ganz ebenso wie zwischen den Zielen.

General auf Zeit

> Vertrauen? Neigung? Man bedurfte deiner!
> Die ungestüme Presserin, die N o t h , die setzte dich
> In dieses Amt und schrieb dir die Bestallung . . .
> Gestehe denn, daß zwischen dir und ihm
> Die Rede nicht kann sein von Pflicht und Recht,
> Nur von der Macht und der G e l e g e n h e i t !
>
> *Schiller*

In den ersten Dezembertagen galt er in Wien schon als der General; oder Ferdinand handelte mit ihm, als ob er es wäre, um die Erfüllung des eigenen sehnlichsten Wunsches zu forcieren. Am 2. Dezember schrieb er an seinen Verwandten, den Oberstburggrafen Adam, er hätte an Krieg »niemals weniger als jetzt gedacht«; warum, weiß Gott allein. Den 6. erhob er sich von Pardubitz und reiste nach Znaim in

Mähren, etwa 80 Kilometer von Wien. Unterwegs soll er zwei Tage bei den alten Trčkas verbracht haben; kein geeigneter Aufenthalt angesichts dessen, was er nun vorhatte, und einer, der uns Wunder nimmt, weil der bresthafte Fürst die Winterreise von Pardubitz nach Znaim dann in ganzen zwei Tagen zurückgelegt haben müßte. Es sind dies die kleinen Rätsel, um welche die Ankläger sich nie kümmerten, wenn die Aussage ihnen in den Kram paßte ... Man pflegte damals sich auf dem halben Weg zu treffen, und gerechter zwischen Pardubitz und Wien hätte Olmütz sich angeboten, Mährens zweite Hauptstadt, die Residenz des Kardinals Dietrichstein. Der Gast dieses alten Feindes wünschte Wallenstein aber nicht zu sein; das »verhurte Pfäffle« verbarg seinen Ärger in wehmütigen Höflichkeiten. »Euer Liebden glückselige Ankunft in dieses Land Mähren, wie hoch es mich erfreut, also um so viel mehr empfinde ichs, daß ein anderer Ort glückseliger als mein Haus ist ...« Einen Tag später erschien in Znaim des Kaisers Erster Minister, Fürst Eggenberg. Noch unlängst hatte er gefragt, ob Wallenstein, wenn er sein Gesicht so ängstlich miede, ihn denn für einen Zauberer hielte? Die Znaimer Transaktion war keine Zauberei mehr. Beide Partner hatten ihren Entschluß gefaßt, bevor sie sich noch am Kamin gegenübersaßen. Die eine unmögliche Bedingung, die Eggenberg in seinem Portefeuille trug – der Oberbefehl für den jungen König von Ungarn, und Wallenstein als sein Adjutant –, diente höchstens als Verhandlungs-Ballast, im rechten Moment abzuwerfen. Die Instruktion des Ministers hatte einer geschrieben, der sich auskannte, nämlich Questenberg. So enthielt sie, was dem Herzog Laune machen sollte: nie mehr würden »der Beichtvater und andere Geistliche« mit ihren »übel fundierten Maximen« auf den Kaiser irgendwelchen Einfluß ausüben, auch weltliche Gegner und »widerwärtige Leute« bei Hofe nicht; Gutes und Liebes nur, und gar nichts Anderes werde er fortan aus Wien zu hören bekommen ... Den Vorschlag, unter dem Kaisersohn zu dienen, ein spanisches Lieblingsprojekt, verwarf Wallenstein als indiskutabel. Dies abgetan, erklärte er sich bereit, das Generalat für drei Monate zu übernehmen und die Armada zu reorganisieren.
Eine Finte natürlich; eine grausame List, dem Verdurstenden drei Tropfen zu gönnen, damit er nach mehr stöhnte und man die Gegenforderungen ins Ungeheuerliche schrauben könnte. So hat man es seither verstanden. Wir verstehen es anders. Das mit den drei Monaten, irgendwann im November ersonnen, war ein wallensteinischer Kompromiß zwischen seinem Wollen und Nichtwollen. Er tat einen Schritt und einen ziemlich großen; aber er band sich nicht oder konnte doch sich vormachen, daß er ungebunden bliebe. Er war die

Qual der Entscheidung für ein paar Monate los. Die würde er gebrauchen, um das militärische Gleichgewicht wiederherzustellen, das verlorengegangen war, aber sein mußte, wollte man politisch überhaupt etwas erreichen, sei es mit den deutschen Protestanten, sei es mit den Schweden. Verlorengegangen war auch seine eigene wirtschaftliche Sicherheit, der Großteil seines Einkommens. Daraus ein Motiv, welches bei dem Entschluß von Znaim wohl mitgespielt haben mag. Nicht das Generalsgehalt. Im Moment jedoch, in dem Wallenstein wieder der Oberste Feldhauptmann war, verwandelte sein Hof sich in sein Hauptquartier, vom kaiserlichen Fiskus zu bezahlen; und wie knapp auch nach altem Brauch das Geld sein würde, mindestens dazu würde es reichen.
Von Finanziellem muß in Znaim die Rede gewesen sein, schärfer als 1625. Das Kontributions-System hatte sich verbraucht, und in seinem Grab lag Hans de Witte, der hilfreiche Magier; also hatten jene, die in der Wiederaufrichtung der verlotterten Kaisermacht interessiert waren, in bar zu zahlen. Der König von Spanien überwies 410000 Gulden, der Kurfürst von Bayern 300000; 205000 kamen »von Wien«, 37000 aus den mährischen Steuern und so fort. Insgesamt, so heißt es, flossen zweieinhalb Millionen zusammen. Viel war das nicht; auch für den Anfang offenbar ungenügend. Daß Wallenstein selber zuschoß, wie im Jahre 25, wird behauptet, aber seine Kassen waren notorisch erschöpft; von wem sollte er diesmal leihen? – Die Ernennung erfolgte am 15. Dezember und wurde Allen, die es anging, geziemend bekanntgegeben. Da Böhmen, wo die Sachsen ihre Winterspiele trieben, keinen geeigneten Platz für den Kommandanten eines erst noch zu schaffenden Heeres bot, blieb der Drei-Monate-General im Znaimer Schloß, über der Schlucht der Thaya dramatisch gelegen.
Die verschneiten Wege entlang trabten Kuriere, die Glückwunsch-Schreiben in ihren Felleisen trugen. Die Obersten jubilierten, »weilen der von unsererwillen so lang gewünschte rechte Hirte wieder zur verlassenen und zerrennten Herde kommt«; oder behaupteten, daß sie es täten. Tilly, dem man das kaiserliche Generalat höflich entzog, gratulierte Wallenstein und sich selbst; er sei aus einem schlimmen Labyrinth befreit. Der gleiche Ausdruck, den Wallenstein in Memmingen gebraucht hatte, und also ein in so heikler Situation wohl angezeigter. Pappenheim, klug wie immer, prophezeite, Wallensteins fama und opinio allein würden die Dinge zum Guten wenden. Denn es brauche »solche Autorität und Credit, solche Disposition und Intention, solche Mittel und solche Resolution, die Eure Fürstlichen Gnaden allein haben«. Papst Urban spendete seinen väterlichen Segen

und 27000 Gulden, was uns an einen vor langen Jahren getanen Ausspruch denken läßt: »Will der Papst etwas bei diesem Wesen tun, so geb er Geld, und sein Volk samt seinen Indulgenzen behalte er zurück . . .« Wallenstein dankte dem Kardinal-Staatssekretär Barberini in elegantem Italienisch, hinzufügend, seine Gesundheit werde eine Verlängerung über die drei Monate hinaus keineswegs zulassen. Knapp, kühl, quittierte er alle Gratulationen, und immer mit dem Hinweis auf »eine Zeit«.

Bei jenen, die in Regensburg am härtesten erpreßt hatten, herrschte Unruhe. Der Kurfürst von Mainz wollte es nun nicht gewesen sein und schob die Schuld auf Bayern, Bayern sie auf Mainz. Er sei »nicht wenig graviert«, über des Herzogs von Friedland unverhoffte Rückkehr, ließ Maximilian dem Kaiser sagen. Die große Gefahr rechtfertigte sie vielleicht, aber mindestens hätte die Zustimmung der Kurfürsten eingeholt werden müssen. Das Letztere eine etwas illusive Zumutung; von den sechs Kurfürsten waren zwei die Verbündeten Gustav Adolfs, Einer, Trier, der Schützling und Vasall des Königs von Frankreich, der Andere, Mainz, im Begriff, Land und Leute zu verlieren; nur die beiden Wittelsbacher hielten sich noch im Schwedensturm, Maximilian aber mit Blicken, die ganz anderswo nach Hilfe spähten . . . Wallenstein, im Augenblick seines Triumphes zur Großmut gestimmt, schickte einen Abgesandten zu Tilly: Er bleibe »seiner kurfürstlichen Durchlaucht treuer Diener, hätte, was ihm zu Regensburg geschehen, von Herzen vergessen, wäre gleichsam zu dieser Charge gezwungen« worden, und was sonst man im bayerischen Hauptquartier gerne hörte. Ähnlich tröstende Botschaften wurden zwischen Wien und München gewechselt. Wilhelm Slawata, Oberstkanzler von Böhmen, vermerkte den Machtzuwachs des verhaßten Vetters mit Objektivität: »Was der Fürst will, das *muß* geschehen . . .«

Der Stolzeste war der Geistliche, dem fortan jede Einmischung in die Politik verwehrt sein sollte, Pater Lamormaini, des Kaisers Beichtiger. »Ich höre«, schrieb er an Wallenstein, »daß böse Sachen über mich Eurer Hoheit zugeflüstert worden sind. Subaudio Celsitudini Vestrae sinistra quaedam de me esse insusurrata. Danach frage ich nicht, das kümmert mich nicht. Ich bin ein Mann der Heiligen Kirche, dem es ziemt, mehr auf Gottes Stimme als auf das Gerede der Menschen zu hören . . . Im Juli und August, als der Stand der Dinge noch ein anderer war, völlig verschieden von dem jetzigen, hielt ich dafür, daß es nicht ratsam wäre, Eure Hoheit aufs neue mit jenem Amt zu belasten. Welcher Vernünftige kann es mir zum Vorwurf machen . . .?« Der Herzog las es. Mit welchen Gefühlen, wissen wir nicht; nicht, ob es ihm Vergnügen machte, nun wieder in scharf umrissenem Zentrum zu stehen; nicht, ob er glaubte, mit Lamormaini, mit den Jesuiten, mit seinen Feinden in Wien und München in Zukunft besser zu harmonisieren. Vermutlich wußte er es selber nicht. Stimmungen haben keine Dauer; sie kommen, sie schwinden, sie kommen wieder. Jetzt war kaum Zeit für sie. Eine so gefahrenvolle, so grell erleuchtete Bühne hatte er noch nie betreten. Stierendes Publikum in der weiten Welt erwartete Wunder von ihm.

Der Zweikampf

Als junger Ehegemahl seine Wirtschaft führend, pflegte Wallenstein in aller Ruhe Geld zu sammeln, bis er genug hatte, um nach des Kaisers Residenz zu ziehen und dort ein paar Monate Staat zu machen. Hatte er sich ausgegeben, so reiste er wieder nach Haus. Mit der gleichen Methodik führte er seine Kriege: Ruhe für die Knechte und ihre Vermehrung, Ausfüllung der Magazine, Beschaffung von Geldern, Waffen, Munition, Pferden im Winter und Frühling; im Mai oder Juni der Feldzug, der länger als bis zum Spätherbst nicht dauern sollte; Rückkehr in die Winterquartiere. Wenn solches ein Grundsatz der Zeit war, so war es vor allem seiner, zu unbeirrbarer Systematik entwickelt; es war nicht der Grundsatz des Königs Gustav Adolf, der seine verblüffende Überlegenheit neben anderem daraus zog, daß er die Regel der Jahreszeiten verachtete. War es Wallensteins Unterlegenheit? Wir glauben es nicht. Er legte Wert auf die Moral der Soldaten, die aus ihrem leidlichen Wohlsein stammen mußte, weil sie anderswo nicht zu suchen war. Mit gesammelten Kräften so sehr spät im Jahr aufbrechend, hatte er jene Kampagne geführt von Oberschlesien bis zum Sund; die erstaunlichste der Zeit, bis der König Erstaunlicheres vollbrachte. Übrigens sollten ausgeruhte, wohlgerüstete, vergleichsweise wohlgenährte Soldaten ihr Handwerk immer noch weniger schrecklich betrieben haben als Hungernd-Verwahrloste.
Jetzt galt es, alles von Grund auf neu zu machen. Eben dies hatte Wallenstein in Znaim versprochen; nicht, zu kommandieren, nur, zu reorganisieren, um nach getaner Arbeit sich wieder nach Gitschin zurückzuziehen. Ob er von Anfang an, oder von wann ab er das Illusive seiner befristeten Zusage ahnte, läßt sich genau nicht bestimmen. Illusiv war sie. Denn natürlich ließ die bloße vorbereitende, unbewegte Strategie sich nicht trennen von der bewegten. Der Organisator war zugleich schon der General, vom Elsaß bis nach Polen, von der Ostsee bis nach Tirol wachend über das, was vorging. Das Interesse, nie wirklich erlahmt, dehnt sich zur höchsten Spannung inmitten der Arbeit; unmöglich, es abzutöten, an einem aufs Geratewohl festgesetzten Kalendertag. Von der Rolle des Generals auf Zeit glitt Wallenstein

von selber in die des Generalissimus. Vermutlich hatte er die Sache bloß darum so eingerichtet, um sich die Qual einer raschen Entscheidung zu ersparen.

Als er im September 1630 das Kommando abgab, stand es dem Scheine nach leidlich gut um die Sache, der er diente und die man abkürzend die kaiserliche nennt: die österreichische, die österreichisch-spanische, die katholische. Es stand für den Weiterblickenden schon nicht mehr gut um sie. In den folgenden fünfzehn Monaten hatten die angesammelten Düsternisse sich zu einem Ungewitter entladen, an verwandelnder Wut noch über Wallensteins Prophezeiung hinausgehend: das protestantische Deutschland in Waffen und schwedisch, mit einer einzigen kümmerlichen Ausnahme, das katholische teils erobert, teils auf dem Sprung, nach allen Seiten in fremde Sicherheit zu entfliehen; Frankreich in Lothringen, auf unerklärtem Kriegszug gegen den Rhein; die Spanier aus der Pfalz fast verjagt, bedrängt wie von alters durch die Holländer und neuestens durch die Schweden; zwei fette Erblande, Böhmen und Schlesien, zur Hälfte von den Sachsen okkupiert, die Emigranten heimgekommen, die Bauern im Aufruhr; die Schweizer dem König von Schweden das Werben auf ihrem Gebiet unter der Hand gestattend, dem Kaiser nicht; die Franzosen in Graubünden und stärker als zuvor in Oberitalien, Mantua, Savoyen ihnen gefügig; der Papst in Rom kühl bis feindlich, welches den religiösen Charakter dieser Wirren zum Rätsel macht; Polen behindert durch seinen Waffenstillstand mit Schweden, durch abermaligen Krieg gegen die Moskowiter, die Smolensk, Weißrußland ihm so gern abgenommen hätten; der Fürst von Siebenbürgen, Rákóczi, geneigt, es seinem Vorgänger Bethlen gleich zu tun, so auch die Türken, die an den Grenzen Ungarns noch ganz anders gehaust hätten, wäre ihre Hauptmacht nicht auf der fernen Seite ihres Reiches gegen die Perser gebraucht worden. Kein freundliches Bild. So zeichnet es in seinen Annalen der Historiker-Diplomat, Graf Khevenhüller. Es habe aber Kaiser Ferdinand sich nicht entmutigen lassen, sondern auf seine Generalin, die gebenedeite Mutter Gottes gebaut, und ganz mit Recht, wie der Ausgang lehrte. »Daraus nun klar zu ersehen, und ein Exempel zu nehmen, daß wer auf Gott festiglich in Widerwärtigkeit und Nöten trauet und bauet, den tut Er nie verlassen.« Neben der Generalin traute Ferdinand dem General schier ebenso fest und ließ ihn diese Doppelhoffnung ausdrücklich wissen: Gott würde helfen durch seine Mutter, diese aber durch ihr erwähltes Werkzeug, Wallenstein . . . Khevenhüller war der am wärmsten spanisch Gesinnte unter den Wiener Diplomaten. Jetzt versprach er, die Briefe, die Wallenstein ihm nach Madrid geschrieben und in denen

er auf die schwedische Gefahr so oft und prophetisch hingewiesen hatte, sorgsam aufzuheben, um sie in seinem historischen Werk zu verwenden. Da kommen sie aber nicht vor.
In Winterszeit, in der das Kriegsspiel der Könige ruhte, wachte immer das politische auf; besonders hektisch diesmal, weil, wenn die Fronten blieben, wie sie waren, das kommende Jahr fürchterlich zu werden versprach. Unterhandlungen zwischen der katholischen Liga, Frankreich und Schweden, um einen bayerischen Sonderfrieden; Unterhandlungen zwischen Österreich und Sachsen, um einen deutsch-protestantischen Sonderfrieden; Versuche, beide sich korrespondierenden Komplexe zusammenzuziehen und zu überdachen durch den ersehnten Universalfrieden. Solche papierenen Vorgänge hatte der Drei-Monate-General so scharf zu beobachten wie die wandernden Stiefel auf den Landstraßen; er mußte ja wissen, wen er – oder sein Nachfolger? – inskünftig für sich oder gegen sich haben würde. Der sächsische Sonderfriede erschien Wallenstein als wünschbar im höchsten Grade. Der Universalfriede auch; wann, seit Beginn des Ersten Generalats, hätte er den nicht gewünscht, wann nicht zu ihm geraten, wenn er zu haben war? Daß er jetzt nicht zu haben war, auch bei höchster, mildester Weisheit seiner Auftraggeber nicht, verstand er. Der König war zu weit gelangt, als daß man ihn mit einem »Alles vergeben« nach Hause schicken konnte. Dies mußte ausgetragen werden, und zwar zwischen ihm und ihm; die schwerste Bewährungsprobe. Schob er sie noch einmal hinaus mit jener wunderlichen Befristungsklausel, als unausweichlich zugleich sie wollend und fürchtend? Man sagt, er habe sich verändert seit dem Regensburger Kurfürstentag; loyal bis dahin; einsamer, von Rachedurst gepeinigter Verräter von da ab. Die Zeitgenossen glaubten es, die Späteren schleppten es weiter. Wir werfen es ab. So stark geprägte Charaktere verändern sich nicht; höchstens, daß uralte Neigungen noch stärker hervortreten. Autonom hatte er immer sein wollen, immer unter der Sklaverei fremder Willen gelitten. Da nun alles über und über eingetroffen war, wovor er gewarnt hatte, da die zum Kriege unfähige Wiener Kriegs-Sippe ihn in äußerster Not zurückgerufen hatte, so verstand das sich ihm von selber, daß er von nun an den Krieg führen würde, wie er für richtig hielt, und die Politik auch. Einem Vertreter der Kurie sagte er, er denke nicht daran, die Protestierenden als solche zu bekämpfen; sie seien in Deutschland nun einmal in gewaltiger Mehrheit, da komme man nicht darum herum. So zu Gundakar von Liechtenstein, Bruder des verstorbenen Fürsten Karl, einem wegen seines freien Urteils bei Hof in Ungnade gefallenen Politiker: glimpflicher Friede möglichst bald sei das Wünschbare, einzig Erreichbare. Er hatte zur

Zeit des Edikts nicht anders gesprochen. Im Ganzen seines Denkens gab es keine Neuheiten, nur Verschärfungen. Das Zweite Generalat würde denn auch eine Wiederholung des Ersten sein, Fortsetzung zugleich und Wiederholung, schier bis zum Öden; auf zwei Jahre konzentriert, was ehedem fünf brauchte. So im Allgemeinen, so im Persönlichen. Dem gesamtpolitischen Ehrgeiz wich der aufs Eigene gerichtete nie, er blieb ihm durch den Drang nach wahrhaft autonomer Stellung verbunden. Damals Mecklenburg; jetzt Ersatz für Mecklenburg oder noch etwas mehr. Wo?
Vorzeichen kündigten Ungutes an auch diesen Winter; wie, daß in einem Teich nahe Leipzig mit einem Mal Blut statt Wassers floß, in Wien ein Kind zur Welt gebracht wurde mit vier Händen, zwei Köpfen, drei Füßen, in selbiger Stadt die Türme der Jesuiterkirche plötzlich herunterstürzten, gleichsam wie abgeschnitten, an der Ostsee mit Blitz und Donner ein nie erlebter Sturm wütete, als sei der Jüngste Tag da. Das Schrecklichste wurde aus der Gegend von Neapel gemeldet, so reich an schönen Städten und Flecken, Palästen und Lusthäusern, Weinwachs und Früchten. Eine Entzündung des Berges Vesuvius, dort unten Montagna di Somma genannt, verdarb das Erdenparadies mit Felsbrocken und glühender Asche, und an die 18000 Seelen kamen um; als wollte die Natur den Menschen zeigen, daß auch sie magdeburgisieren könnte. Es klang der Donner lauter als je die Geschütze vor einer belagerten Festung. Da war kein Baum, den die Stürme nicht entwurzelten; die bebende Erde spie die Toten aus, jämmerlich wirbelten ihre Gliedmaßen herum; das Meer zog sich zurück, so daß der Hafen ganz trocken wurde und ein neues Vorgebirg entstand. O die Angst der Neapolitaner in der Tagesnacht! Die Reichen, die vom Adel, wurden nicht weniger gestraft als die Armen; der Gouverneur, der zu Pferde herumsprengte, als ob es noch etwas zu befehlen gäbe, war plötzlich tot und verschwunden. Was half die Bittprozession, die der Erzbischof in Person anführte, begleitet von Mönchen und Nonnen und einer Menge Volkes, das barfuß in Säcken ging, Dornenkronen trug, auch schwere Balken in Kreuzesform, Totenköpfe und Gebeine, Mühlsteine um den Hals, Ketten, Stricke, Geißeln? Der Aschenregen hörte wohl auf; statt seiner ergossen nun reißende Bäche vom Berg sich über die Ebene, von himmlischer Sintflut genährt, und noch Viele mußten ertrinken, Menschen und Tiere, die dem Feuer entgangen waren ... Solches geschah am 16. Dezember 1631, am Tage, nachdem Kaiser Ferdinand Wallensteins neue Ernennung ausgefertigt hatte. Es wurde aber spät im Januar, bevor man in Znaim davon hörte, die Brauen hob, ein paar Fragen stellte und wieder an die Arbeit ging.

Ein Heer, so wie die Dinge lagen, konnte nur in den Erblanden geschaffen werden, in Österreich, in Mähren, und in Böhmen auch. Das Letztere mag verwundern; Böhmen war vom Feinde besetzt. Aber wir wissen ja, wie eingeschränkt das Wort besetzen für diese Zeiten zu verstehen ist, wenn ganze Länder gemeint sind; wieviel da unbesetzt blieb, wie nahe aneinander die Gegner wirtschafteten. Hier kam dazu, daß zwischen den Sachsen und Wallenstein, indem sie sporadisch verhandelten, ein unerklärter Waffenstillstand war; häufig gebrochen zwar, aber nicht zu Unternehmungen großen Stils gebrochen. So hausten die Sachsen in Prag und darum herum und nördlich davon; in Pilsen, 90 Kilometer westlich, der Obristfeldzeugmeister Gallas, und wirkte in stattlicher Ruhe an der Aufbesserung seines Armeecorps, ohne daß zwischen Prag und Pilsen eine Front, eine Linie natürlicher und künstlicher Hindernisse zu finden gewesen wäre. Wallenstein, in seinem mährischen Hauptquartier, fühlte sich ungefährdet; entschlossen, das Ding aus dem Grund zu machen und Zeit zu nehmen, wie gellend die Hilferufe aus dem Reich erklangen.
Er wollte, großartig wie je, eine Armee von 100000 Mann auf die Beine bringen, jene, die schon oder noch da waren, dazugerechnet. Das ging nicht ohne Gehilfen; zwischen den Obersten, welche die einzelnen Regimenter verantworteten, und dem General-Capo eine Hierarchie von Rängen. An ihr, die eigentlich neu war und den neuen Dimensionen des Heeres entsprach, hatte er schon ehedem gearbeitet, er vollendete sie nun: Generalwachtmeister; Feldmarschall-Leutnant – die von ihm durchgesetzte Wiederbelebung eines untergegangenen Titels; Obristfeldzeugmeister; General über die Kavallerie und die Artillerie – zwei Waffenarten, denen er die höchste Bedeutung beimaß; Feldmarschall; Generalleutnant. Dieser war einmalig; es durfte nicht mehrere oberste Vertreter des Generalissimus geben, obgleich es, dem Namen nach, zu Zeiten zwei gegeben hatte, Marradas und Collalto. Collalto war tot; Marradas führte nun das Amt eines »Generals des Königreichs Böhmen«, ungefähr, was in den frühen zwanziger Jahren Wallenstein als Oberster von Prag gewesen war, und fiel also für die Kriegführung außerhalb Böhmens fort. Der eigentliche Generalleutnant wurde erst 1633 wieder ernannt, Gallas; den Wallenstein trotz seiner pompösen Schwächen doch für den fähigsten gehalten haben muß, oder für den ihm ergebensten, oder beides. Jetzt, Winter 1632, avancierte Gallas zum Obristfeldzeugmeister, und bald darauf zum General über die Artillerie, wie auch Aldringen. Die Beiden standen sich so nahe, wie Herren vom Militär konnten; hatten

zusammen den Krieg in Italien geführt, Mantua geplündert, den ärmlichen Friedensvertrag mit Frankreich geschlossen; waren übrigens mit zwei Schwester-Gräfinnen Arco verheiratet. Zum Feldmarschall-Leutnant ließ Wallenstein im Frühling den Obersten Christian von Ilow aufsteigen, den »stolzen aufgeblasenen Kerl«, den Intriganten, den Erpresser, den er anfangs so ganz und gar nicht gemocht hatte. Ilow stammte aus Brandenburg. Weil er Pfandherr über das westböhmische Städtlein Mies oder Stříbro, auch Ehewirt einer halbwegs böhmisch-österreichischen Dame aus dem Hause Fürstenberg war, so meinen tschechische Historiker, seine Gesinnungen seien böhmisch gewesen, was gewiß Unsinn ist; keinerlei Anzeichen haben wir dafür, daß Ilow irgendwelche Gesinnungen gehabt hätte. Was Wallenstein nun an diesem Manne anzog, kann man nur vermuten. Er mag fleißig und prompt gewesen sein, darauf wurde höchsten Ortes Wert gelegt; er hatte als Offizier geleistet, was man von ihm erwartete, entschlußstark, brutal, furchtlos. Wallensteins tief- und vielschichtige Energien liebten es, sich mit den Einfachen zu verbinden. So im Falle Ilows; so auch in dem des Obersten, neuerdings Generalwachtmeisters Heinrich Holk.

Es war Holk der Däne; Holk, der unbeliebte, aber starke Verteidiger von Stralsund. Wohl könnte man meinen, daß Wallenstein ihm die Rolle, die er damals gespielt hatte, lebenslang hätte verübeln müssen. Keine Spur davon. Der Söldner hatte sich dem König Christian verkauft gehabt, später dem Kaiser; er würde seinen neuen Herrn bedienen und überaus genau. Denn offenbar ist, daß Holk den Herzog bald so warm bewunderte, wie Pappenheim es tat, und ihm eigentlich hörig wurde. Seine Befehle ahmen den scharfen, drohenden Ton Wallensteins wörtlich nach: »Im widrigen Fall, und da deswegen etwas verabsäumt werden sollte, solches dem Herrn, oder wer sonst an dessen Stelle kommandiert, sich zu verantworten fallen müßte. Wonach er sich zu achten und diesem unfehlbar nachkommen zu wissen wird.« Die Langsamkeit von Untergebenen bezeichnete er als den ihnen leider angeborenen Motus Saturni – Wallensteins Ausdruck. Wie Wallenstein droht er mit »beim Kopf nehmen«: »Ich will durchaus nicht, daß die Unsrigen von der anderen Armada Licenz sollen infiziert werden; deshalb werde ich diejenigen, so ich von den Truppen absent finde, ohne Gnade exekutieren lassen und den Kapitän auf 100 Gulden strafen, damit ich sie anderen, so ich fleißig finde, verehren möge . . .« Mit grimmiger Strenge hielt er seine Menschenhaufen zusammen: »Lieber will ich nicht bei der Armee sein, als daß etwas von des Generals Rigor verloren gehen sollte.« Wo immer man auf Holksche Dokumente trifft, fällt die Schärfe der Führung und Buch-

führung in die Augen, der Kampf gegen alles Übermütige und Überflüssige, parasitäre Wuchernde, bis hinab zum Gepäck der Offiziere, dessen Mengen und Gewicht er ein bescheidenes Maximum setzte. Und eben dies, sein Fleiß, seine Arbeitskraft und Lebenskraft, seine Härte im Dienst, bewog Wallenstein, ihn nun zu seinem ersten Gehilfen zu erheben, als einen, auf den er manches abladen konnte. Vorläufig gebrauchte er ihn als reisenden Heeresinspektor. Die Legende Holks, die übrigblieb, ist nun freilich eine ganz andere; die des ruchlosen Wüterichs, der mit dem einen ihm verbliebenen Aug scharf die Kerle musterte, ob sie zu einem vorhabenden mitternächtigen Raub- und Brand-Unternehmen taugten. Das war er nebenbei, das konnte er sein, im blinden Gehorsam, den er übte, wie er ihn verlangte. Wurde ihm aufgetragen, einen Landstrich des Feindes zu »besuchen«, wie der Ausdruck war, und irgendwelche Greuel heimzuzahlen mit Gegengreueln, er führte es durch, wie er jede Aufgabe erfüllte. Die Volkssage von Holk dem Räuber, Holk, dem gottlosen, teufelsverschworenen Wallenstein-Diener, entstand so. Sie ist wie andere Sagen, etwas Wahrheit, viel Mißverständnis. In nüchterner Wirklichkeit hatte Wallenstein, der Mann der Ordnung, sich in Holk einen anderen Ordnungsfanatiker verschrieben.
Der General, man weiß es, hielt an sich nicht viel von der Methode des Sengens und Brennens, aber manchmal mußte man sie anwenden; zum Beispiel als Repressalie. Er habe vernommen, schreibt er 1632 an den freundlichen Feind Arnim, die Sachsen hätten das nordböhmische Städtchen Falkenau ganz unnötigerweise an allen vier Ekken angezündet. »Allermaßen Uns nun, warum solches geschehen, unbewußt, und Wir, wenn am Brennen etwas gelegen, soviel Croaten, Ungarn und Polen an der Hand haben, die viel eher ein ganzes Land als jene eine Stadt oder Markt in die Asche setzen werden: als haben wir dem Herrn . . . solches hiermit notifizieren und ihm benebenst, dergleichen Exorbitantien hinfürderst einzustellen, ersuchen wollen; denn da solches nicht geschehen sollte, Wir gewiß eine solche revenge, daß die auf der anderen Seite wenig Vorteil dabei haben werden, zu suchen nicht unterlassen würden.« Aug um Auge, Zahn um Zahn. Die Leute, solches Kriegsgesetz mit Lust auszuführen, hatte er, die Befehlshaber auch: den Freiherrn von Isolano, den er zum »Obersten Kommandanten alles Kaiserlichen Kriegsvolks zu Roß Kroatischer Nation und leichter Pferde«, zum General der irregulären Reiterei ernennen ließ; den Dänen Holk; den Bayern Pappenheim, den Andern an strategischem Können und politischem Blick überlegen.
Pappenheim, immer nach einem selbständigen Kommando gierig,

hielt sich in der Ferne und suchte von dort durch seine klugen Briefe Einfluß zu nehmen. Ilow und Holk waren nahe, und unentbehrlich. Zu ihnen kam nun als der Unentbehrlichste der junge Adam Trčka, Oberst über zwei, später über vier Regimenter zu Fuß und zu Pferd und dann über sieben; 1633 Feldmarschall-Leutnant. Dienten Ilow und Holk als Aufseher und Sendboten im Militärischen, so Trčka im Politischen; eingeweiht in alles, was vorging, in das Erlaubte, Halberlaubte, Unerlaubte. An Trčka, Dezember 31: »Wir geben demselben hiermit zu vernehmen, wasgestalt Wir seiner anjetzo dahier gar hoch vonnöten, indem Wir durch den Herrn gewisse und Ihrer Kaiserlichen Majestät hochangelegene Sachen dem Feldmarschall von Arnim anbringen zu lassen entschlossen.« Warum dafür gerade der verdächtige, frivole, törichte junge Trčka vonnöten war, wird nicht gesagt. In Holk hatte Wallenstein den für seinen Zweck Rechten gewählt; in Trčka den Falschen; was Folgen hatte ... Gegenüber Ilow, Holk, Trčka tritt von jetzt an der Erbe, der Graf Max, entschieden zurück; was auch Folgen hatte.
Soviel über die engsten Gehilfen. Der Schwarm der niederen Generals-Offiziere, der übernommenen und der neuernannten, Virmont, Montecuccoli, Cratz, Merode, Desfours – Desfours, der Fur, der Dieb von ehedem – Traun, Schaffgotsch, Rudolf Colleredo, Hieronimus Colleredo, Octavio Piccolomini, ist hier der Rede noch nicht wert; nicht der ungleich größere bloßer Regiments-Unternehmer. »Der Herzog von Friedland«, wußte Arnim, als die Arbeit getan war, »hat auf 130 Regimenter Geld ausgegeben; die wird weder der Römische Kaiser, noch das Römische Reich, auch halb Europa nicht bezahlen können ...« Die Ziffer stimmt aufs Haar genau; 130 Obersten also, neben gut zwei Dutzend Generalen. Sie hatten die Maschine zu bauen und instand zu halten nach dem Willen des Znaimer Hauptquartiers.
Eisige Autorität gegenüber jenen, die sich anmaßen: »Daß er sich untersteht, Uns gleichsam zu belehren, was Wir zu tun haben, befremdet Uns nicht wenig.« Drohungen, vielsagend in ihrer Kürze, wenn ihm von Räubereien der Soldaten berichtet wird: »Der Herr remediers, oder Ich wills remedieren.« Winken mit Lohn: »Will der Herr seiner Promotion weiter in Ihrer Majestät Diensten gewärtig sein, so sehe er gute Disziplin zu halten, die Companien zu complieren und NB wohl zu armieren; alsdann hat Er sich von mir gewiß aller Freundschaft und Gutes zu versehen.« Mitunter, aber das ist selten, ein Ton von Dankbarkeit und fast zärtlicher Fürsorge. An den Obersten Ossa, dessen Besitz an die Schweden verlorenging: »Ich sehe wohl, daß der Herr wegen des Feindes progressi an seinen Gütern ruiniert wird. Nun erkenne ich, wie treu und emsig er Ihrer Majestät und

dem Haus von Österreich gedient und deswegen itzunder in allerlei Ungelegenheiten geraten tut. Als offeriere ich ihm mein Hab und Gut, er komme mit allen den Seinigen. Ich versichere ihm, daß ich mir keinen Vorteil will vorbehalten, sondern alles das, was ich an liegenden und fahrenden Gütern possediere, mit ihm teilen, auf daß er dessen, welches seine Dienste gar wohl meritieren, wie ich wirklich genießen kann.« Was soll man damit machen? Hatte er es zu später Nachtstunde geschrieben, weich durch Übermüdung, so daß die in einer Tiefenschicht seiner verhärteten Seele gefangene Sehnsucht für einmal durchbrach? Den Obersten Ossa muß er ausnehmlich geschätzt haben, einen, wie seine Rapporte zeigen, ehrlich-rauhen und klugen Mann. Wenn aber die Ossa-Sippe die Sache buchstäblich, und im Palast von Gitschin Quartier genommen hätte, wie das verlaufen wäre, wollen wir offen lassen.

Ergänzung der Regimenter, die auf den zehnten Teil, oder weniger, ihres Bestandes heruntergekommen waren, Auflösung von Regimentern mit gänzlich verfaulter Moral, Bildung von neuen. Die Hauptsache, das Werben der Rekruten, mußten die Obersten selbst besorgen; und zwar versprach Wallenstein, ihnen gut zu sein für alles, was sie auslegten. Werben war zäher geworden. Daß Soldatenlos so golden nicht war, hatte sich herumgesprochen; die bettelnden Stelzbeine und Blinden und schrecklich Versehrten überall im Lande sorgten dafür. Auch wollten die Landbesitzer ihre arbeitenden Untertanen nicht ziehen lassen, hatten sie auch schon Handgeld genommen, den einzigen Preis für ihre armen Seelen, den sie auf lange Zeit sehen würden. Man warb in den Niederlanden, immer einem Hort guter Soldaten, Generalwachtmeister Merode wurde dorthin geschickt; in Südwestdeutschland; in den Erblanden, bis hinunter nach Dalmatien, Kroatien, Ungarn. In der Hauptstadt Wien griff man zu unterhörten Maßnahmen, indem Kommissare von Haus zu Haus gingen und die jungen Männer nach ihrem Brot und Gewerbe fragten; wer keines nachweisen konnte, wurde zum nächsten Musterungsplatz geführt und sah sich verdutzt auf Fortunas Schiff, ein Kämpfer fürs Vaterland, ob er wollte oder nicht wollte. Alten Deserteuren, deren es viele Tausende gab, wurde Pardon zugesagt, wenn sie nur wiederkämen. Solche Hilfsmittel kamen aber gegen die Soldaten-Teuerung nicht auf; das Handgeld für die Infanteristen, der eigentliche Kaufpreis, erreichte fünfzehn bis zwanzig Taler, um erst im folgenden Sommer wieder auf die gewohnten vier bis fünf zu sinken.

Es sollte das Regiment zu Fuß im Grundsatz 3000 Mann zählen, eingeteilt in zehn Kompanien; das Regiment zu Pferd, Arkebusiere, Kürassiere, Dragoner, eintausend. Als Wallenstein seine Arbeit begann, fand er die intakteste Infanterie-Einheit auf 620 Knechte reduziert. Unablässig trieb er die Zahlen in die Höhe, spornte er die Obersten, ihre Kompanien auf den Sollstand zu bringen. Erreicht wurde das im besten Fall zur Hälfte, im Durchschnitt auf kaum mehr als ein Drittel. Im Sommer 1632 gebot er über 54 Regimenter zu Fuß, 75 zu Pferd, dazu noch die Polacken; was, wenn die Idealzahl erreicht worden wäre, mehr als 237000 Mann ergeben hätte. Schwierige, immer unsichere Berechnungen haben ergeben, daß es doch nur um die 100000 waren, oder weniger; doppelt soviel, rechnet man den mitwandernden Troß, die Weiber und Buben dazu.

Menschen, es seien ihrer noch so viele, machen noch kein Heer. Disziplin macht es, ein altes, Wallenstein vertrautes Wort; Logistik macht es, ein neues Wort, aber alt die Sache. Ihrer mußte der Groß-Organisator sich vor allem annehmen; der Behausung, solang man noch nicht im Feld lag; der Ernährung; der Stiefel und Kleider, welche für gewisse bevorzugte Corps, zum Beispiel die Kroaten, schon ehrenvoll bunte Uniformen waren; der Waffen, schützender und tötender; der Gelder, ohne welche von alledem nichts zu haben war. Es mußte gründlicher getan werden als 1625, nicht so »capite, rapide«; Wallenstein hatte gelernt seitdem, und welch harmlose Gegner waren Mansfeld und Halberstadt und Dänemark gewesen, verglichen mit diesem.

100000 Mann; ein Heer, wie es die Christenheit bisher kaum erlebt hatte; ein Heer anderen Charakters kraft der schieren Zahl; und hätte eigentlich eine andere Regierungsform verlangt, welche man später die staatliche genannt hat. Diese, den Staat, gab es nicht; bloß auf der einen Seite den Landesherrn, nein, Länder-Herrn, mit seinem Hof, seinen Geheimräten, seinen leeren Kassen; auf der anderen die Länder mit ihren gruppierten Mächten, einer Art von passiv abwehrender Regierung, den Ständen. Stände und Staat derivieren wohl vom gleichen Wortstamm, aber sonst haben sie nichts gemeinsam. Krieg in den Dimensionen, in denen er nun geführt wurde, konnte nur der Staat führen, wie es ja auch der neue Krieg war, der den neuen Staat machte, später. So weit war man nicht. Das, worauf bei dem neuen Krieg alles ankam, seine Bezahlung, direkte und indirekte, oblag den Ständen der einzelnen Erbländer. Da nun aber der Landesherr und seine Räte den Krieg auskochten und beschlossen, ihn als leider hochnotwendigen, von rechtsbrecherischen Feinden aufgezwungenen verkündeten, so waren die Stände von vorneherein mißtrauisch und mißgelaunt; nicht um *ihr* Unternehmen ging es da, sie erlitten es bloß und wollten so wenig wie möglich darunter leiden. Meinte man dagegen, Habsburg habe doch den Hochmut der Stände gebrochen anno

1621, in Ober- und Niederösterreich wie in Böhmen und Mähren, so bedürfte der Einwand einer Korrektur. Zwar, die Evangelischen, die Radikalen und Beinahe-Republikaner irrten in der Fremde zerstreut. Katholische Prälaten, katholische Barone und Stadtväter waren jedoch darin den Lutheranern ganz ähnlich, daß auch sie es nicht liebten, ihr Geld herzuschenken, ihren Besitz durch Einquartierungen ruinieren zu lassen. Wenn schon die Fürsten sich mit Politik und Krieg amüsierten, dann sollten sie auch sehen, wie sie für das Spiel aufkämen; was sie doch gar nicht konnten. So während Wallensteins Erstem Generalat; so jetzt. Der Organisator der Armee mußte den Staat, den es nicht gab, durch diese seine eigene, einsame Person ersetzen; eine quälende, zum guten Teil immer erfolglose Anstrengung.

Am Ort hatten kaiserliche Generalkommissare von den Vertretern der Stände das Menschenmögliche zu erpressen; in Böhmen der Graf Michna von Weizenhofen, Sohn jenes Albanesen, des Inflations-Michna von 1622; in Niederösterreich der Kriegsrat von Questenberg; in Mähren der Kardinal Dietrichstein; noch andere in Schlesien, Oberösterreich, Steiermark. Wallenstein an Questenberg: der von ihm erlassene Verpflegungsbefehl sei der bescheidenste, der je dagewesen, er *müsse* ausgeführt werden; die altgedienten Soldaten, seit zwei Jahren ununterbrochen im Feld, bräuchten ja nicht nur Essen und Trinken, auch Geld, um sich neu einzukleiden, auch gutes Quartier, um sich auszuruhen; er könne da nichts nachlassen. Questenberg, halb pessimistisch, halb tröstlich: »Im Land mit dem Geld aufzukommen ist schwer, aber nicht unmöglich. Besser ist leiden, denn verderben.« Das war es eben: die Stände wollten nicht einsehen, daß sie selber, nicht bloß der politikspielende Kaiserhof, verderben würden, wenn die Schweden das Land eroberten. So genügte der vergleichsweise bequeme Briefwechsel mit den Generalkommissaren nie; mit der geduldigsten Ungeduld mußte Wallenstein selber in die Stände Österreichs und Schlesiens dringen, wie auch in den Kaiser, daß er doch, wenn gar nichts anderes hülfe, mit militärischer Exekution gegen sie einschritte. Die Kommissare trieben mitunter ein Doppelspiel, indem sie ihren eigenen Besitz verschonten, wie auch den ihrer Freunde, die gerade die Vornehmsten und Reichsten waren. Holk behauptete das von Michna; dem Liebhaber loser Mädchen, Erzbischof Dietrichstein, wird Ähnliches zuzutrauen sein. Landbesitzer in Schlesien, denen das Zahlen leid war, wanderten mit ihren Mobilien, ihren Untertanen, ihrem Vieh kurzerhand ins benachbarte Polen und kauften sich andere Güter; was nahelegt, daß es ihnen an Geld dennoch nicht fehlte. Ihr verlassenes Land, riet Wallenstein, sollte straf-

weise dem Fiskus anheimfallen. Nur, zu holen war da nicht mehr viel.
Er brachte es dennoch hin, mit bloßen Händen, sozusagen. Er ließ das Hauptquartier wiedererstehen, noch genauer und großartiger organisiert als das erste Mal: mit der Friedländischen Generalkanzlei, der zerlegbaren, auf zwei Wagen zu ladenden Baracke, welche das Archiv trug, überall aufzustellen, geleitet von Direktor Dr. Wesselius, verwaltet von zwei Hofräten, sechs wirklichen und vier Vize-Sekretären; mit der Feldbuchdruckerei; mit den General-, Quartier- und Zahlungs- und Wagen- und Postmeistereien; mit Feldspitälern und Feldchirurgen; mit dem Generalkaplan, für die geistliche Ordnung, dem Generalprofos und dem Rumormeister für die weltliche; mit dem General-Abrechnungs-Direktorium, das genauestens Buch führen mußte über des Herzogs eigene Vorschüsse, damit er sie erstattet bekäme, nicht mehr und nicht weniger. Denn natürlich lieferte das Herzogtum noch einmal, was es liefern konnte; Getreide, Schießpulver, Schanzzeug, Kleider. Er kaufte Kürasse in Triest, Musketen in Danzig und in den Niederlanden, Pferde überall. Er sorgte für die Artillerie, wobei sein Drang ins Große ihn mitunter irreführte; Mörser verlangte er, die Geschosse von 300 Pfund Gewicht schleudern könnten, wogegen Gallas einwendete, solche Ungeheuer seien weder zu transportieren, noch zu bedienen. Für das Gießen von Kanonen mußten sogar Kirchenglocken geopfert werden, wenn nicht jetzt, so im nächsten Jahr. Und immer die Disziplin, die Prozesse und Strafen, um »viel Übles zu verhüten«. Da wußte er kein Mittel als die »scharfe Demonstration«, »anderen zum Abscheu«; und insistierte und insistierte wieder und fragte, ob es geschehen und wieviele justifiziert worden und lobte die Zahl, wenn sie hoch war. Abschreckende Justiz allein hätte ihn für die Unteren kaum anziehend gemacht; auch nicht seine sagenumwobene, fremde Erscheinung im roten Mantel. Er durchbrach mitunter den Bann, empfing Deputationen von Soldaten, die sich über was zu beklagen hatten, hörte zu, gab Antwort . . . Die Schreiben, die während der drei Znaimer Monate – es wurden aber fünf – aus seiner Hand und in seine Hand gingen, zählten nach Tausenden. Ihre Fernwirkung: die Armee, deren Teile sich im späten Frühling konzentrisch nach Mittelböhmen bewegten, war an Zahl und Rüstung ohne Zweifel die tauglichste, über die Kaiser Ferdinand je verfügte. Der Zauberer hatte Wort gehalten. Ein Verdienst? Wäre, so könnte der Humanist einwenden, keine neue Armee gewesen, so hätten die Schweden kampflos die Länder Habsburgs besetzt, den Frieden diktiert, dem langen Brande ein Ende gemacht. Das kann schon sein; nur ging es in unserer Welt so einseitig ja bisher selten

zu. Auch ist nicht eigentlich von Verdienst und Wohltat die Rede, nur von der Leistung.
Bis in den März war er nicht sicher, ob es bei ihr, der bloß vorbereitenden, bleiben würde, oder tat so, als ob er es nicht wäre. Auch vor sich selber? Indem er die Offiziere antrieb mit Strenge und Milde, Rapporte las, rechnete, vergaß er sein Reich, sein Herzogtum nie. Oder es kam ihm plötzlich in den von anderen Sorgen überwältigten Sinn; dann jagte er an einem Tag vier Briefe nach Gitschin. Wie stand es mit dem neuen, blanken Stadtteil von Reichenberg? War er gebaut? Der Schindel für das Dach des Gitschiner Palastes bedurfte er jetzt nicht mehr, weil der Architekt genügend Ziegel auf Vorrat hatte; Bitte um Vorschläge, wie die Schindel sonst zu verwenden. Vollendet war der Palast noch immer nicht, er mußte es werden, äußersten Falles in vier Jahren. »Sehet, daß mir keine Minuten Zeit verloren wird, denn man wird genug zu tun haben, daß man damit fertig wird.« Für die Malereien den schon in Prag bewährten Maler anzustellen; 20 Gulden Monatslohn, 40 für die Reisekosten. Den Jesuiten hatte er 4000 Gulden jährlich für den Bau des Collegiums zugesagt; die sollten bezahlt werden nach wie vor, aber nur, wenn sie ihrerseits 4000 von ihrem Eigenen dazulegten, wenn nicht, dann nicht; man kannte ja die Patres. Um Platz für den neuen Lustgarten zu schaffen, 20 Bürgerhäuser niederzureißen, auch die Lederfabrik; die, wie die Wohnhäuser, mochte man anderswo wieder aufbauen, auf des Herzogs Grund, den Bürgern die Materialien zureichen, Geld auch, aber erst, wenn sie wirklich zu bauen anfingen. Und wenn »der von Wallenstein« – ein Verwandter, Christian mit Namen – sein Haus nicht endlich standesgemäß ausputzte, die vornehmen Zimmer nicht bloß, auch die hinteren und Dachstuben, dann sollte man ihn nach der Burg Skal ins Gefängnis führen. Daß der Gärtner nicht faulenzte. Daß der Architekt sich nicht entschuldigte wegen Mangels an Arbeitern, die seien da, wenn man sie suchte. Daß neue Teiche unfehlbar gegraben würden, besser von gelernten Teichgräbern als von Bauern; und schreiende Schwäne für sie angeschafft. Es gäbe ja schon Schwäne genug, hätte der Jägermeister in seiner Nachlässigkeit die Jungen nicht eingehen lassen ... So noch im Aufbruch zum schlimmen Zweikampfe; sich umwendend nach seines Herzens Traumland, dessen er einmal doch im Frieden zu genießen hoffte, später, später.

Wallensteins neues Kommando machte den einzigen wesentlichen Beschluß des Regensburger Kongresses null und nichtig. Es war lieb den spanischen Politikern, die damals seine Absetzung zu hintertreiben versucht hatten und ihn noch immer für den Ihren hielten. Es war dem Kurfürsten Maximilian unlieb.
Er stand nun in einem Bündnisverhältnis zu Frankreich. Der Vertrag, von Fontainebleau, sollte ihn schützen gegen Schweden, wie auch gegen Spanien; half aber während des Schwedenjahres 1631 nicht, weil er nur auf Verteidigung zielte und Bayern selber, verhängt mit Österreich wie es war, sich dem König von Schweden in den Weg legte. Kardinal Richelieu verwies in der Form korrekt darauf: Der Bündnisfall sei nicht gegeben. Gleichzeitige Unterstützung zweier gegeneinanderschlagender Feinde wäre über die wirren Finessen, an welche die europäische Politik gewöhnt war, ins Unerlaubt-Unsinnige hinausgegangen.
Nach der Breitenfelder Katastrophe, und als seit November zu der schwedischen Drohung die wallensteinische kam, suchte der Kurfürst mit gesteigerter Sorge einen Ausweg. Da Frankreich ihm nicht helfen konnte, solange sein General-Leutnant gegen die Schweden bataillierte, war Rettung nur eine: der Rückzug in die vor nun zwölf Jahren aufgegebene Neutralität. Die würde leicht nicht zu haben sein. Fromm und gewissenhaft wie immer, ließ Maximilian zunächst seine Theologen fragen, ob sie denn auch statthaft wäre. Die Gelehrten, den Willen des Himmels prüfend und die Lage auf Erden auch, antworteten, sie sei nicht bloß statthaft, sondern geboten, denn von der offenbar drohenden Vernichtung der katholischen Religion hätte niemand etwas, der Kaiser nicht, und Gott auch nicht. Sein General, den er im Dezember in Donauwörth traf, lieferte die Fakten dazu: Tilly, heißt es im Konferenzprotokoll, sei »ganz perplex und gleichsam perso« gewesen, »in consiliis ganz irresolut, weiß sich nicht darauf zu helfen, kommt von einem proposito aufs andere, konkludiert nichts, sieht die großen Diffikultäten und Extremitäten, bekennt aber diserte, daß er keinen Rat noch Mittel wisse«. Öfters habe er zu weinen angefangen. Die Tränen des alten Kriegers bestärkten Maximilian in seinem Entschluß: er mußte heraus, wenn es zu erträglichen Bedingungen ging, seinen Gewinn in Sicherheit bringen, im Stich lassen Haus Habsburg, dessen eine Hälfte, die spanische, er seit langem mit Widerwillen betrachtete, an dessen andere, die österreichische, er sich wohl mit zähen Fäden gebunden fühlte, ohne doch ihr so ganz von Herzen zugetan zu sein. »Der Kurfürst von Bayern ist besser für sich als für uns«

– Wallensteins frühe Erkenntnis. Ein Sonderfriede also; noch besser ein Gesamtfriede, oder der Sonderfriede als Anstoß zum universalen.

Nichts wäre in Paris willkommener gewesen als die Neutralität Bayerns, dann der deutschen Katholiken insgesamt, dann der deutschen Lutheraner, die dritte Partei. Père Joseph, der Deutschland-Spezialist, verstand es anders als Maximilian; zynischer. Der schwedische Krieg, dessen Blitzerfolge ihn so verblüfft hatten, wie alle anderen, sollte nicht aufhören; aber weggeleitet werden von Innerdeutschland und zentriert gegen Österreich. Ein neutrales Deutschland würde den Schweden Schranken setzen, ein kämpfendes Schweden dem Hause Habsburg; Frankreich würde Luft bekommen in seinem schwelenden Konflikt mit Spanien und überall der Schiedsrichter sein. Ein sehr weltlicher Plan des Kapuziners, klug, weitsichtig. Man müsse sich, formulierte er, der Schweden bedienen wie jener Gifte, die, mit Maß genossen, als Gegengift wirken, ohne Maß aber töten. Wenn nur, was einer sich am Schreibtisch ausdenkt, sich immer auch verwirklichen ließe dort, wo ein Dutzend Mächte gegeneinander wüten, jede vielerlei Möglichkeiten berechnend, jede drängend, jede gedrängt.

Gedrängt war Frankreich auch, wenn es, nämlich sein König, die Rolle in Europa spielen wollte, die nach der Willensüberzeugung des Ersten Ministers ihm zukam; wohlgeordnet, verglichen mit dem Römischen Reich, aber lange nicht wohlgeordnet genug für das, was Richelieu mit ihm in der weiten Welt zu vollführen gedachte. Große Feudalherren, Gouverneure, Halbkönige ihrer Provinzen, im Streit mit dem Zentrum. Im Osten, dem Rheine zu, Gebiete, die ungefähr dem französischen Herrschaftskreis zugehörten, aber nicht dem Königreich; so Lothringen, welches ein deutscher Stand war. Herzog Karl IV., einer der ruhelos-spekulativen Kleinfürsten, wie wir sie schon trafen, versuchte ein selbständiges Spiel zwischen Deutschland und Frankreich, neigte der kaiserlichen Seite zu, weil er sich von ihr weniger gefährdet glaubte, brachte 1631 sogar eine Phantom-Armee ins deutsche Feld, die bald wieder verschwand. Er korrespondierte mit der innerfranzösischen Opposition, eben jetzt angeführt von des Königs Mutter, Maria von Medici, der hirnlosen Intrigantin, des Königs Bruder, Gaston von Orléans, dem hirnlosen Intriganten. In Nancy, der Hauptstadt Lothringens, hielt Gaston sich auf. Unnötig, die Motive dieser fürstlichen Politiker zu beschreiben. Wenn es im Lande gärte gegen die harte, saugende, nur des Königs Größe bezweckende Königsmacht, dachten Maria und Gaston gar nicht an die Not der Untertanen, nur an den eigenen Stolz. Der Brauch bestand aber nun einmal, daß man Rebellen im Nachbarland, möglichen oder wirklichen Feindesland, unter der Hand weiterhalf, damit blühende Zwietracht im Inneren die Schlagkraft nach außen lähmte. Kaum wieder im Generalsamt, hielt Wallenstein, wie schlecht er auch Truppen entbehren konnte, für gut, dem Herzog von Orléans mit 8000 neuzuwerbenden Wallonen Mut zu machen, weil »dem allgemeinen Wesen zum Höchsten daran gelegen«. Nicht, daß solche Viertels-Interventionen sich je bezahlt gemacht hätten. Man betrieb sie aus Schwäche; hatte es vorher getan und würde es wieder tun, unbelehrt durch den Ausgang.

Im Spätherbst, 1631, ließ Richelieu eine Armee ostwärts marschieren, folgte auch selber mit dem König nach; man residierte in Metz. Die Absicht war, die capriziösen Herzoge, Orléans und Lothringen, zur Vernunft zu bringen, was nur mit Lothringen vorläufig gelang. Er versprach Besserung; die Franzosen sollten das Recht haben, sein Land zu durchqueren, wenn sie ins Reich wollten. Orléans entfloh nach Brüssel, unter spanischen Schutz.

Die Gegenwart des französischen Hofes und Heeres in Lothringen empfing einen weiteren Sinn, als Gustav Adolf über den Rheinstrom ging, um wichtige Plätze wie Speyer und Mainz nicht bloß zu besetzen, sondern zu annektieren: der Kurfürst von Mainz sei nun er und denke es zu bleiben. Dies war mehr von dem schwedischen Gift, als Père Josephs Rezept entsprach; Frankreich wollte einen solchen Nachbarn nicht und nicht den Untergang der geistlichen Kurfürsten. Die geheime Abmachung, ließ der Kardinal dem König von Schweden zu denken geben, sei, daß alles, was in den Grenzen des alten Gallien lag, französische Einflußzone sein sollte; was hätten die Schweden in Mainz zu suchen? Der Gesandte bekam eine schneidende Antwort: wollten die Franzosen bundbrüchig werden, so würde Seine Majestät ihnen bald auf dem Hals sein . . . Angesichts eines so explosiven Bundesverhältnisses drängte Richelieus Beratern, zumal den militärischen, die Versuchung sich auf, kräftig mit dabei zu sein, wenn schon das Deutsche Reich unter den Hammer käme, und selber einen Teil zu nehmen: das Elsaß, in anderer Form Baden und Württemberg. Dagegen eiferte der Kapuziner, den König von Frankreich an seine Pflicht erinnernd, Schiedsrichter, Vermittler, Schützer der deutschen Freiheit zu sein, nicht Eroberer. Er gewann über die Kriegerischen noch einmal, nach heißer Diskussion; in deren Verlauf besorgte Teilnehmer sich erkundigten, in welche Lage man wohl käme, fiele es Gustav Adolf ein, gemeinsame Sache mit Österreich zu machen? Die Fragestellung zeigt, wie wenig Staaten und Politiker, trotz allen Reisens und Schreibens, voneinander wußten, wie jeder jeden jederzeit jeder tollen Schwenkung für fähig hielt. So auch besorgte Richelieu,

der König von Schweden wollte sich zum Römischen Kaiser machen, glaubte man im Westen Deutschlands, der König von Frankreich habe eben diese Absicht, meinten die Franzosen, der Kurfürst von Bayern nähre den gleichen Ehrgeiz. Warum nicht? Kaum konnte es noch ein Phantasma geben, das zur entarteten Wirklichkeit nicht irgendeine Beziehung gehabt hätte.
Die Politik Père Josephs war der Wirklichkeit näher und nicht nahe genug. Schweren Herzens willigte Maximilian in die Neutralität, aber unter Bedingungen, von denen er wieder nur bei völliger Unkenntnis Gustav Adolfs glauben konnte, der würde sich ihnen anbequemen. Wäre er bereit, alle von ihm besetzten katholischen Lande wieder herauszugeben, keinen rechtgläubigen Stand in Deutschland mehr zu belästigen und den kaiserlichen Truppen freien Rückzug in die Erblande zu gestatten, dann werde Bayern sich aus dem Krieg zurückziehen, das neue, ganze Bayern wohlgemerkt, mit der oberen und untern Pfalz und der für immer bei ihm verbleibenden Kurwürde . . . Aufgefangene Papiere informierten Madrid und Wien prompt über das, was der Kurfürst spielte. Für die Spanier, denen er schon längst als erklärter Feind galt, war die Nachricht mehr Bestätigung als Überraschung; Ferdinand markierte den bitter Enttäuschten. Seine Geheimräte kamen zu dem Schlusse, Bayern habe zu seinen ganz gefährlichen Praktiken weder Recht noch Grund. Was dagegen zu tun? Die Minister waren verlegen. Könnte man nicht vielleicht den König Ludwig daran erinnern, daß die Ketzereien und Rebellionen in seinem eigenen Reich noch immer von deutschen Protestanten geschürt worden waren, deren übermäßige Stärkung er also fürchten mußte? Nicht den Papst an die tödliche Bedrohung katholischer Religion? Nicht die Spanier zur gänzlichen Evakuierung der Rheinpfalz bewegen, um so den König von England endlich zu versöhnen? Notgeborene, wenig hoffnungsvolle Ratschläge . . . Wallensteins Offiziere glaubten zu bemerken, die bayerische Strategie sei schon längst auf gar nichts als den Schutz Wittelsbachischer Besitzungen aus gewesen: »Mich wundert, daß sich noch Leute finden, die I. K. M. diesen sonnenklaren Betrug wollen ausreden und etwas Anderes vormalen . . . Man redet viel von Union, da ich doch keine sehe . . .« (Oberst Ossa) Als es Ende Januar zu einem vierzehntägigen Waffenstillstand zwischen Bayern und Schweden kam: es sei wohl zu bedenken, »daß unter diesem Werk noch Mehreres an Heimlichkeiten verborgen sein muß« (Oberst Sulz). Solches glaubte man immer: das Sichtbare war nur die Spitze eines Eisbergs von ganz anderen Dimensionen, tief im stillen Wasser . . . Schon das Sichtbare genügte, um des Kurfürsten Bündnistreue stark zu verdunkeln. Nichts Geringeres visierte er an, als mit

allem, was er in diesem von ihm selber schuldhaft mitzuverantwortenden Kriege erworben hatte, sich aus dem Staub zu machen und den Kaiser darin stecken zu lassen, und zwar mit Hilfe einer Macht, die über ihre Freundschaft für Haus Habsburg auch dem Gutgläubigen keine Illusionen gestattete.

Er hatte den Schaden, und keinen Nutzen. Gustav Adolf wies seine Bedingungen hohnvoll zurück und stellte die Seinigen: Keine Räumung der eroberten katholischen Gebiete, oder beinahe keine, und sicher nicht die der wohlhabenden an Rhein und Main, auf deren Ausbeutung er angewiesen war; Räumung, im Gegenteil, der norddeutschen Festungen, die sie noch innehatte, durch die Liga, ihr Heer auf zehntausend Mann in verstreuten Garnisonen zu reduzieren; die Zukunft der Pfalz durch einen späteren Gesamtfriedensschluß zu entscheiden. Umsonst versuchten Richelieus Diplomaten zu vermitteln. Maximilian, soviel war nun klar, konnte sich nur retten, indem er sich wehrlos machte und preisgab, was er retten wollte. Also drehte er um und suchte sein Heil aufs Neue bei der Partei, die er fürchtete, weil nun Wallenstein wieder an ihrer Spitze stand, und die ihrem eigenen Unheil auszuliefern er im Begriff gewesen war. Der Waffenstillstand, in später, schon hoffnungsloser Phase der Verhandlungen geschlossen, wurde von beiden Seiten gebrochen, noch ehe er ablief. Ein bayerischer Beamter, Donnersberg, nach Wien geschickt, um seinen Herrn zu rechtfertigen und zunächst eisig aufgenommen, durfte seit Mitte Februar seine Sprache verändern: Bayern sei treu und immer treu gewesen, und weil es treu sei, verdiene und brauche es Kriegshilfe, jetzt, sofort, soviel wie irgend möglich . . . Mit einer gewissen Gutmütigkeit erklärte Wallenstein sich bereit, den bayerischen Ausbruchsversuch als null und nichtig zu betrachten. »Ich bitt, der Herr sehe, wie gute Korrespondenz zwischen Ihrer Majestät und der Liga Volk erhalten wird, denn dieweil sich die Liga in keine Neutralität einlassen will, müssen wir dieselbe mit allen Kräften sutenieren.« (An Gallas) So mehrfach. Daß aber Maximilian »besser für sich als für uns« war, dafür hatte jene Episode den endgültigen Beweis erbracht, wenn er noch notwendig gewesen wäre; Wallenstein war nicht der Mann, es zu vergessen. – Unter den Fürsten der Liga gelang nur dem Trierer der Sprung ins andere Lager. Er lieferte die Festungen seines Gebietes glattweg den Franzosen aus, auch die Mosel und Rhein beherrschende Stadt Koblenz; eine Transaktion, bei welcher der Erzbischof seinen Vorteil hatte und Frankreich auch.

Den Verhandlungen zwischen Bayern und Frankreich korrespondierten die zwischen Wallenstein und Sachsen. Fiel Bayern aus, so war für Haus Österreich in Deutschland kein Raum mehr und blieb ihm nur eine hoffnungsarme Verteidigung der Erblande. Fiel Sachsen aus, so wurde die sehr ins Weite vorgeschobene Stellung der Schweden in Deutschland eine üble, beinahe verlorene; erst das Bündnis mit Sachsen hatte aus des Königs langsamem Manövrieren die »unglaubliche Furia« gemacht. Der bayerische Versuch scheiterte, da Frankreich, vor die Wahl zwischen Liga und Schweden gestellt, im Augenblick die stärkere Macht der schwächeren vorziehen mußte. Desgleichen wagte Sachsen nicht den Entschluß, sich von Schweden zu trennen, es spielte bloß damit; daran brach sich in diesem Winter und Frühjahr Wallensteins Friedenspolitik. Weil er sie für vernunftgemäß hielt, so gab er sie trotzdem nicht auf, jetzt nicht und im Grunde nie; ganz, wie auch Richelieu trotz seiner augenblicklichen Niederlage fortfuhr, nach Bayern zu angeln. Beide Bemühungen um separate Friedensschlüsse mißlangen, weil kein universaler Friede sein konnte. Sie führten im Gedanken zu ihm hin, dann zu der Erkenntnis, daß er unmöglich sei. Unmöglich war er vor der schwedischen Invasion gewesen, wegen des imperialen Starrsinns in Wien und Madrid. Mittlerweile hatte man in Wien den Übermut verlernt und wäre zu den Konzessionen bereit gewesen, die man rechtzeitig nicht hatte bieten wollen, etwa gar zur Aufhebung des Edikts. Jetzt war man bereit, weil die Schweden am Rhein und in Süddeutschland standen. Und eben darum genügten jetzt diese Konzessionen nicht mehr, und hätte den Schweden selbst eine Rückkehr zum Status von 1618 nicht genügt. Aus ihm war ja alles Elend gekommen. Warum sollte es sich nicht wiederholen, ginge man noch einmal zum Anfang zurück?

Man hat zwei grundverschiedene Friedensbestrebungen Wallensteins finden wollen: eine sich auf Schweden und die böhmischen Emigranten stützende, revolutionäre; eine vergleichsweise loyale und konservative, auf Sonderfrieden mit den deutschen Lutheranern zielende. Die Unterscheidung setzt voraus, daß es ihm mit jenem von dem kleinen Rašin kolportierten Geheimspiel voller Ernst gewesen war und daß er ein seiner Natur nach Fließendes, ineinander Übergehendes scharf auseinanderhielt. Es ist aber die zweite These kaum wahrscheinlicher als die erste. Friede ist Friede, wer Frieden will, der will ihn überhaupt; zu Frieden, auch mit den Schweden, hatte er in seinem Ruhestand den Wiener Politikern geraten. Würde es mit Gustav Adolf jedenfalls schwer halten, so doch leichter, wenn er die Trumpfkarte des sächsischen Bündnisses verloren hätte. Sachsen, der dort herrschenden ewig schwankenden Gesinnung nach, war die für Friedenszeichen empfänglichste Macht. Gelang es mit ihm, so mochte es ein erster Schritt sein, oder der einzige bleiben. Warum über den Anfang hinausdenken, da auch er so unsicher war, und weiterhin alles dunkel? . . . Dies war eine von Wallenstein gern gepflegte Weisheit der Zeit: Verhandlungen schadeten keinesfalls, und wenn sie den Hauptzweck nicht erfüllten, so waren ihnen doch Nebengewinne zu entlocken. Zum Beispiel: daß der feindliche Verhandlungspartner mittlerweile nachließ in seinen Kriegsanstrengungen und dann um so leichter zu überwältigen wäre. Zum Beispiel: daß der Partner blamiert und von seinen eigenen Leuten verdächtigt dastand . . . Warum also nicht verhandeln, zumal in militärisch unergiebiger Winterszeit, wenn mehrerlei Vorteile winkten, und Nachteile keine?

Er wollte, daß der Krieg aufhörte. Arnim, sein alter Freund, sächsischer Feldmarschall und Chefpolitiker, wollte es auch. Wallenstein an Arnim: »Nun sehe ich solches« – ein Treffen mit ihm – »von Herzen gern, indem ich nach nichts dichten und trachten tue, als wiederum Fried, Einigkeit und gutes Einvernehmen im Römischen Reich aufzurichten . . .« Arnim, als seine Geheimumtriebe den Schweden bekannt und zum Skandal geworden waren, in einer Verteidigungsschrift: »wie gar ein betrübter Krieg dieses sei, da wir Deutschen nicht allein Glaubensgenossen, sondern ein Bruder den andern, ja der Vater den Sohn, der Sohn den Vater oftmals erwürget, und wenns am besten geriete, so würde das liebe Deutschland ein Raub und Beute ausländischer Völker und ein erbärmlicher Schauspiegel der ganzen Welt werden . . .« Ehrliche Worte, bei Arnim mit dem nationalen Akzent, der Wallenstein fremd war. Auch der Deutsche fragte so genau nicht, wie Schweden in sein Friedensprogramm eingefügt werden könnte. An Nebengewinne dachte auch er, und zwar länger und bewußter als Wallenstein. Von welchem Moment an er die Kontakte nur noch fristete, um den Gegner hinzuhalten, die eigenen Truppen heil aus Böhmen herauszuziehen und Wallensteins Offensive gegen Sachsen zu verzögern, das läßt sich nur unpräzise bestimmen; sicher hatte er gegen Ende nichts anderes mehr im Sinn, und war nun der Betrüger, Wallenstein der Betrogene. Die List, die Doppel-Absicht gehörten zum Spiel und hinderten nicht, daß man es später wieder in Treuen versuchen würde; kein Politiker nahm da etwas übel. Auch nicht, daß man zum Gegenteil, zur fürchterlichen Strenge schritt, wenn die Güte nichts fruchtete. Die Greuel, mit denen dann die Lande des Feindes, jüngst noch Gesprächspartners, jählings heimgesucht wurden, mochten ein Produkt schierer Wut sein; so, was die Schweden demnächst in Bayern trieben und was alles bisher Erlebte scheußlich überbot. Öfter waren sie ein Mittel, um den Gegner an den Verhandlungstisch zurückzuzwingen. Als solches hätten sie prompter gewirkt, wenn der Fürst, in seinem Festungsschloß mit Fleisch und

Bier stets reichlich versehen, sie am eigenen Leib gespürt hätte, anstatt daß er die Qualen seiner Untertanen mit tapferem Kummer ertrug.
Sonderbar blieb das Verhältnis Wallensteins zu Arnim. Ehedem, anno 29, hatte er ihn aus seinem Dienst entlassen, in einem Anflug von Ärger und Stolz des Oberbefehlshabers, aber aus den Augen verlor er ihn nie, er fühlte sich wohl mit ihm, er erwartete irgendwas Gutes, Glückhaftes von ihm. Eine Wahlverwandtschaft, in ihm stärker wirkend als in Arnim. Dieser, in seiner Verteidigungsschrift, selbstgefällig: »Es wird, höre ich, mir vorgeworfen, der Herzog von Friedland hätte sich verlauten lassen, er liebe mich wie seine eigene Seele. Das hat er schon vor 4 oder 5 Jahren getan; wenn ich nicht aufrichtig gedienet, vielleicht würde er es von mir so wenig sagen als von anderen . . .« Die Fäden zwischen den beiden rissen nicht ab nach den Gesprächen auf Schloß Kaunitz und als Wallenstein das Kommando wieder übernahm. In Prag ließ Arnim das Friedländer Haus durch eine Ehrenwache schützen, so daß nicht ein silberner Löffel daraus entschwand – im Schlosse des Kaisers auf dem Hradschin ging es weniger achtsam zu. Auch Wallensteins böhmische Länder suchte er zu schonen und entschuldigte sich demütig, wenn es nicht ganz gelang. Seinerseits erhielt er durch Wallensteins Vermittlung Geld: Lohn, der aus der Zeit, in welcher er dem Kaiser gedient hatte, restieren sollte. Man muß gestehen, daß der Moment, in dem er des Kaisers Hauptstadt Prag als Eroberer besetzt hielt, für die späte Zahlung etwas ungeschickt gewählt schien.
Im Januar, 32, traf Arnim den Grafen Adam Trčka, jetzt des Herzogs politischen Generalagenten und Intimus. Was da gesprochen wurde, weiß man nicht; nur, was Arnim für gut hielt, dem schwedischen Gesandten in Dresden mitzuteilen. Bloße Platitüden: Trčka habe gefragt, ob man drüben noch zum Frieden geneigt sei, Arnim geantwortet, die Frage scheine ihm schwer verständlich, denn Trčka wisse doch, daß nicht Sachsen, sondern Schweden, die evangelische Hauptmacht, über Krieg und Frieden entscheide. Zum Schluß will er seinem ehemaligen Chef den bitteren Gruß haben ausrichten lassen, »es wäre ihm leid, daß er, bisher des von Friedland Diener, nun sein Feind werden müßte«. Was er, der Form nach, schon vorher gewesen war und der Sache nach auch in den folgenden Monaten nicht; seine Berichte modulierte er für schwedische Ohren. Den Rest des Winters verbrachte Arnim im Brandenburgischen, um auf seinen Gütern nach dem Rechten zu sehen. Unterwegs, im fernen Städtchen Berlin, begegnete er ganz zufällig einem Landsmann, der Wallensteinischer Oberst war, aber im Gebiete des Kurfürsten Georg Wilhelm, Schwe-

dens Bundesgenossen, sich ungehindert bewegte, Sparr mit Namen. Ihn kennen wir; er hatte nach Wallensteins Entlassung den Dienst im Protest quittiert und nun unter Wallenstein sich neu verpflichtet. Ein Parteigänger also, ein Botengänger jetzt. Mehrfach trug er während des nächsten Halbjahres Angebote Wallensteins zu Arnim und brachte Antworten zurück; diese, wenn sie kein Ja enthielten, können doch auch kein klares Nein enthalten haben, sonst hätte ja der Austausch sich nicht so lange hingeschleppt. Was Wallensteins Friedensbedingungen waren und wen sie einschließen sollten, ist im Ungefähren bekannt. Sie sollten Schweden nicht einschließen. Ein Sonderfriede also; Gustav Adolfs Leute in Dresden, mißtrauisch lauernd, verstanden es nicht anders. Daß Wallenstein des Kaisers Vollmacht nur zu Verhandlungen mit Sachsen besaß, hätte an sich nicht entscheidend gewirkt; er fühlte sich jetzt als Herr der österreichischen Politik und wäre, wenn er einen Sinn darin gesehen hätte, über das ihm eingeräumte Recht wohl hinausgegangen. Er sah keinen, mindestens, solange die große Protestantenkoalition nicht aufgelöst war. Deren Auflösung ging über Sachsen. Der im Kern immer reichstreuen, konservativen, in dem fremden Zwangsbündnis unglücklichen Führungsmacht der Lutheraner bot er die Aufhebung des Edikts.

Soviel ist sicher und einleuchtend; es entsprach seinen Gesinnungen von alters her, und Berichte aus verschiedenen Federn, auch Arnims eigener, stimmen darin überein. Von einem sächsischen Offizier, der bei den Unterredungen zwischen Arnim und Sparr assistiert hatte, hörte Thurn, der Emigrant, Weiteres: überall, auch in den Erblanden, sollte die Ausübung der evangelischen Religion wieder frei sein, ob es dem Kaiser lieb wäre oder nicht; ihren konfiszierten Besitz würden alle Evangelischen zurückerhalten; als ein Reichsfürst werde der General das Wohl des Reiches in acht zu nehmen wissen. »Dabei soll sich der Fürst von Wallenstein haben verlauten lassen, er wisse wohl, wenn der Papst erfahren würde, das kaiserliche Edict sei cassiert, so würde er unsäumlich den Kaiser in den Bann tun, doch wollte er solches nicht ungerochen lassen, wenn er gleich den Papst von Rom sollte vertreiben . . .« Hier werden die Dinge wieder unsicher, weil es sich um indirekte Überlieferung handelt, obendrein durch das Medium von Thurns Plappermaul. Sollten auch den böhmischen Herren ihre Güter restituiert werden? War Wallenstein so blind, zu glauben, er könne Ferdinand zur Preisgabe auch seines frühesten und heiligsten Werkes, der katholischen Reformation in Steiermark, Kärnten, Österreich zwingen? Daß er aber über Urban VIII. so sprach, glauben wir; es lag ihm; wogegen kein Einwand ist, daß er in der gleichen

Epoche dem Papste mit frommer Inbrunst die Füße küßte. Brieflich, wohlgemerkt; nie hätte er's mit dem Munde getan.
Arnim, gleichgültig was seine Gesinnungen, fügte sich der Partei, die in Dresden überwog, der schwedischen, weil der ewig schwankende Kurfürst sich ihr fügte: er könne nichts gegen die mit Ihrer Königlichen Majestät aufgerichtete Allianz. Von da ab war es nur noch ein Hinhalten um des militärischen Vorteils willen, bis Wallenstein seinerseits die Geduld verlor. So lasse das Werk sich nicht weitertreiben; treu und ehrbar habe er es gemeint und alles könnte in einer Stunde abgemacht sein, wenn die andere Seite nur wollte. Wolle sie nicht, traue sie der Schärfe mehr als der Güte, so habe er keinen Grund, auf die Schärfe der eigenen Waffen nicht zu vertrauen . . . Daß er Arnim nichts nachtrug, lehrte die Folge. Bitter gekränkt war nur der Botengänger, Oberst Sparr: »Eure Fürstlichen Gnaden haben es so gut gemeint, daß mirs im Herzen wehe tut, daß ich itzo die getane Untreue von dem von Arnim hören muß . . .« Nahe beieinander wohnten Treue und Untreue, Biederkeit und Arglist. Alle hatten es gut gemeint, alle auch ungut; Wallenstein besser als der andere, denn er hatte einmal im dunklen Grunde seiner Seele Vertrauen gefaßt, so glaubte er.
Mittlerweile stand es im sächsisch okkupierten Teil Böhmens mit Plünderungen, Hunger und Seuchen immer erbärmlicher, zumal in Prag. »Uns eifrigen Katholischen«, hieß es in einem aus der Hauptstadt geschmuggelten Schreiben, »gehet es also übel, daß es nit genugsam beschrieben werden kann. Es sind nunmehr über 700 Häuser leer wegen der Soldaten großen Beschwerden, denn wenn sie alles im Haus weggenommen und aufgezehrt, so muß der Wirt endlich mit Weib und Kind auch davon gehen, und dann wird erst, was im Haus von Öfen, Fenstern, Schlössern, Truhen und Gütern vorhanden, abgerissen. Etlichen werden in ihre Häuser, welche noch nit öde sein, bis zu dreißig Kranke eingelegt, also daß auch der Wirt mit den Seinen von denselben inficiert wird und wie das Vieh dahin sterben . . . Gott sei es geklagt, daß wir also verlassen sind . . .« Ähnlich der Schwede, Nicolai, aus Dresden: »Die Einwohner, Adel und Unadel, sind ihres Vermögens priviert, was Vorrat dagewesen von Korn, Wein und anderen Victualien von den Offizieren unnützlich verzehrt, das Übrige zum Land hinausgeführt und um halbes Geld verkauft, und die gemeinen Soldaten unterdessen von Hunger und bösen Tractamenten wie die Fliegen weggestorben, was noch restiert, krank und malcontent, die Städte ausgeplündert, insonderheit das vor diesem prächtige Prag, welche schöne Stadt nunmehr ein Dorf ist oder nur zum ledigen Steinhaufen geworden . . .« Ein Unglück, befreit zu werden. Jeder-

zeit, noch bevor sein neues Heer in Mähren bereit war, hätte Wallenstein die Gegenbefreiung, die Rückeroberung befehlen können durch die alten Armeecorps Gallas, Marradas, Tiefenbach; was Arnim auch wußte. Im Banne seiner Friedenshoffnungen verbot der Herzog jede größere Aktion bis spät in den Frühling.
Weder Bayern schied aus noch Sachsen. Von allem Winter-Friedensgerede blieb nichts übrig als die Neutralität des Kurfürstentums Trier und ein Waffenstillstand von zwei Monaten, den Maximilians Bruder, Erzbischof Ferdinand von Köln, mit den Schweden schloß, um ein wenig zu Atem zu kommen. Universalfriede? Keine der beiden Hauptparteien glaubte daran. Wohl gab es deutsche Politiker, die sich um ihn bemühten: der heimatlose Kurfürst von Mainz, der nichts mehr zu verlieren hatte, der Landgraf Georg von Hessen-Darmstadt, lutheranischer Jüngling, noch erhaltender gesinnt, noch reichstreuer als sein kursächsischer Schwiegervater. Darmstadt hatte seinen besonderen Grund, zu Österreich zu halten: er verdankte ihm einen Raubgewinn, den er seinem Verwandten und Nachbarn, Wilhelm von Hessen-Kassel, abgenommen. Wilhelm war Calviner, und so radikal, wie Georg konservativ; in Deutschland Gustav Adolfs verläßlichster, einzig ganz und gar verläßlicher Bundesgenosse. Deutschlands Jammer spiegelte sich im Streit beider Vettern. Georg, am schwedischen Hof in Mainz Gehör suchend, mußte von Gustav Adolf sich sagen lassen, spanisch gesinnte Neutralisten seien ihm unerträglich, erst sollte der Markgraf seinen unrechten Besitz, Marburg, herausgeben, »er wäre ja ein feiner Mann, der noch kein Haar ums Maul hätte, daß er sich wollte in Friedenstraktationen gebrauchen lassen«. Wilhelm entwarf für seinen großen Alliierten ein Kriegszielprogramm. Das Edikt war aufzuheben. Mehr, auch der »Geistliche Vorbehalt« war aufzuheben, so daß in Zukunft jeder Bischof oder Abt, der Lust dazu verspürte, in den Verein der Protestanten treten durfte, er selber samt seinem Staat und Reichtum. Mehr: die drei geistlichen Kurfürsten waren ganz abzuschaffen, die Wahl des Kaisers so zu organisieren, daß die evangelischen Wähler ihrer Mehrheit stets sicher wären. Die »überwitzige jesuitische Rotte und Haufe mit allem ihren Anhang« mußte man aus dem Reich verjagen, auch dafür sorgen, daß sie nicht etwa unter dem Schein eines neuen Namens wieder eingeschleift würden. An allen katholischen Orten, in Habsburgs Erblanden auch, sollten die Protestanten volle Glaubensfreiheit und gleiches Recht haben, die Katholischen in den Staaten der Protestanten aber nicht. Für die Kosten des langen, grausamen Krieges hatten die Papster aufzukommen mit Land und Leuten und Geld; dies nicht bloß zur Entschädigung der Angegriffenen, auch, um die Angreifer aller kriegerischen

Mittel zu entblößen auf ewig. So waren auch die wichtigsten Ströme im Reich durch protestantische Waffen zu sichern, Festungen und Pässe ein für allemal besetzt zu halten, und was es kostete, hatten wieder die Katholischen zu bezahlen. Wenn solche Tributzahlungen ihnen einen Rest ließen, um noch eigene Truppen zu halten, so war ihnen das zu verbieten; insgesamt hatten sie sich wehrlos zu machen durch Abrüstung. Und so noch Einiges, schärfstens ausgeklügelt. Warum, argumentierte der Landgraf, sollte man den Gegnern jetzt nicht eben die Bedingungen aufzwingen, die sie für sich selber hatten durchsetzen wollen, als sie sich die Stärkeren fühlten? Notorisch war ihr Grundsatz, daß Verträge mit Ketzern jederzeit gebrochen werden dürften. Wie anders wollte man die evangelische Freiheit sichern, als indem man ihre Hasser zu immerwährender Ohnmacht verdammte? . . . Das ging weit. Diktieren freilich ließen solche Bedingungen sich nur einem Feind, der gebrochen am Boden lag, nicht einem, der eben jetzt gewaltige Anstrengungen machte, sich noch einmal in Form zu bringen. Auch Wallenstein, friedenswillig wie er war, und längst kein Freund der Jesuiten mehr, hätte in diese Lösung des Konflikts nie gewilligt, im Augenblick nicht und später nicht. Ein neues, vernünftiger gefestigtes Gleichgewicht schwebte ihm vor in der Ferne, nicht ein Totalumsturz mit unabsehbaren Folgen. Was aber Landgraf Wilhelm forderte, war folgerichtig im Sinn der schwedischen Position gedacht; eben darum bemühte sich Wallenstein um einen Sonderfrieden mit Sachsen. Vermutlich wären die schwedischen Bedingungen noch liebevoller gewürzt gewesen, hätten Gustav Adolf und sein Kanzler es für der Mühe wert befunden, sie zu präzisieren. Georg von Darmstadt erhielt in Mainz nur den vagesten Bescheid. Man glaubte dort nicht an den Universalfrieden oder wollte ihn nicht, Glauben und Wollen lief aufs Gleiche hinaus. Die Evangelischen, ging die Rede, waren unter sich noch viel zu uneins, noch lange nicht organisiert genug, um Verhandlungen überhaupt wagen zu dürfen; des Friedens süße Vorspiegelung würde sie nur in alle vier Winde auseinandertreiben. Fragend: Was sollte nach Kriegsende denn mit den Soldaten geschehen, die seit zehn oder zwölf Jahren nichts anderes kannten als Krieg, zu keinem Handwerk mehr taugten; würden sie nicht schnurstracks dem Kaiser oder den Spaniern zulaufen? Wie überhaupt stellte man sich die Rolle Spaniens vor, das ja freiwillig vom Rhein nicht wich? Drohend: wenn aber die Deutschen etwa dachten, unter sich zu verhandeln, ohne ihren schwedischen Direktor und Protektor, dann täuschten sie sich; ihr Retter, der alles für sie in die Schanze schlug, würde da ein Wörtlein mitzureden haben. Resümierend: Friede konnte jetzt keiner sein.

»Darum müssen Wir es nunmehr dabei beruhen lassen und dafür halten und achten, der liebe, allmächtige Gott habe derzeit (ohne Zweifel der Sünde halber) die Rute seines väterlichen Zorns noch nicht abgewendet, behalte auch seine Strafe vor denjenigen, welche dies erbärmlichen Standes Ursache sind.« So der Kaiser an Christian von Dänemark, der auch eine Vermittlung matt versucht hatte. Die Ursache waren die anderen. Gottes Strafe würde sie noch besonders heimsuchen; einstweilen uns alle, wahllos. Daß sie die Potentaten, die Minister, die Priester, die Gesandten, die schuldigen Machthaber und Machtrepräsentanten gar nicht traf, oder nur selten und dann vergleichsweise milde traf, immer entsetzlicher aber die jeden Einflusses bare, leidende Masse der Menschen, das kam ihnen nicht in den Sinn; nur manchmal in ihre Worte, die keinen Sinn hatten. Und waren doch so fromm, so fromm: Ferdinand und Maximilian; Père Joseph und Pater Lamormaini; Arnim und Johann Georg, der mit viel Bier im Hirn »Meinen Jesum laß ich nicht« lallte, und Gustav Adolf. Der Kaiser erwartete von seinen Untertanen stummes Dulden; der König ein tätiges Aufsichnehmen der Opfer, welche der Glaube forderte. Er verachtete die Deutschen, weil er dazu sie so selten bereit fand. »Ihr pflicht- und gottvergessenen Buben, die Ihr euren Glauben schon unter vielerlei Religion verleugnet und die schändliche Abgötterei des Papsttums angenommen. Sollt Ihr zu Gott nit soviel Vertrauen haben, daß Ihr um seines göttlichen Wortes willen euer Haus, Hof, Weib und Kind nit hinansetzt und verlasset? Ihr leichtfertigen, abtrünnigen Schelme. Deswegen straft Euch auch Gott . . .« Bürger der Oberpfalz, die taten, was der Kurfürst von Bayern anordnete, und zur Messe gingen, mußten so zornige Worte ihres Erretters sich anhören. Er ließ seine Soldaten Luthers heilige Lieder singen; er veranstaltete Fast- und Bet-Tage im Lager; daß er am Sonntag nicht schlagen würde, darauf bauten seine Feinde. Am Werktag verbat er sich alles Jammern: »Krieg ist Krieg und Soldaten sind keine Klosterjungfrauen.« . . . In der Schar der schicksalsbestimmenden Herren war Wallenstein bei weitem der am wenigsten fromme; und war bei weitem der friedwilligste.

Darum geht der Krieg weiter

Seit Breitenfeld galt Gustav Adolf als der gefährlichste Kriegsmeister der Zeit; Tilly, der doch sein Handwerk verstand, scheint nun eine fast abergläubische Furcht vor dem Löwen aus Mitternacht gefühlt zu haben. Er glaubte, ein Mann des Friedens zu sein, nur leider »habe

Gott es anders mit ihm versehen, wäre gemeiniglich von seinen Benachbarten zum Kriege genötigt, gezwungen und lacessiert worden«; da machte er sich etwas vor. Krieg war in seiner starken, frommen, zornigen Seele, und hätte er länger gelebt, so wäre er weiter herumgezogen, dahin, dorthin, und hätte zu bataillieren nicht aufgehört. Was seine Neuerungen betrifft, die Wallenstein, noch ehe er zum Zweikampf antrat, aus der Ferne beobachtete, so müssen wir Sachkennern das Wort lassen. Von den Holländern übernahm er die Disziplin, den Drill, die häufigen Übungen, welche, so sah es einer, der dabei war, aus dem Regiment einen einzigen Körper, aus vielen Händen eine einzige Hand machten. Das ging nicht ohne eine Militärjustiz, die wenigstens so streng war wie die wallensteinische, und erfinderischer im Strafen; aber systematischer auf den Zweck, die Perfektion der Maschine ausgerichtet, wo Wallenstein nur den kalten Schrecken kannte, der das Chaos band oder nicht. Aus den Niederlanden kam auch die gesteigerte Beweglichkeit der schwedischen Schlachtordnung, die weitere, flachere, gelockertere Aufstellung mit zweiten und dritten Linien als Reserve. Des Königs hervorstechendes Interesse galt den Feuerwaffen; leichteren, rascher schießenden Musketen; von den Kartaunen, die von 30 oder 40 Pferden gezogen wurden, bis zu den leichten, wendigen Feldstücken, den »Lederkanonen«, der Artillerie. Seine Reiterangriffe waren massiert und auf Nahkampf mit dem Schwert berechnet; er gab das Kunstspiel der »Caracole« auf, welches darin bestand, daß die vordersten Reiter von weitem ihre Pistolen abschossen, dann tänzelnd umkehrten und sich verbargen, um neu zu laden. Wallenstein, immer lernbereit, verbot das Caracolieren auch, aber erst im Jahre 33: »Und weil wir auch bei der deutschen Reiterei die Carabiner-Röhr, zumalen die wenigsten darunter sind, so sich deren recht zu bedienen wissen und meinen, wenn sie dieselbe gelöst, daß sie alsdann ein Caracol machen und dem Feind den Rücken kehren sollen, daraus viel Unheil unausbleiblich erfolgt, gänzlich abgeschafft haben wollen . . .« Auf der schwedischen Seite manövrierfähige Brigaden, die Reiter passend eingestreut und durch Musketierschwärme unterstützt; auf der kaiserlichen die marschierenden Festungen, die riesigen Quadrathaufen der »Terzios«, Musketiere im Zentrum, Pickeniere zur Seite, so tief gestaffelt, daß die hinteren Reihen nur durch ihre Wucht zu wirken vermochten, den Gegner erdrückend, wenn es nach Plan ging, aber hilflos in der Verwirrung – auf diesem Unterschied beruhte der Sieg von Breitenfeld, insoweit er nicht auf Stimmungen und Zufallswillkür beruhte. Der bessere Geist der Schweden, der echten, im Zeichen einer Art von Wehrpflicht zu den Fahnen Gerufenen pflegt nicht unerwähnt zu bleiben. Wie Gustav tiefer nach Deutschland vordrang und die Reihen seines anschwellenden Heeres mit deutschen und schottischen Berufskriegern füllte, ging dieser Charakter verloren; räubernd lebte nun der Schwarm vom Land und von den Städten, wie andere Heere auch.

Des Königs große Strategie war so einfach wie die seiner Gegner. Er kannte die Bedeutung der Häfen, der Gebirgspässe, der zentralen Flußübergänge – das kannten sie alle. Er zog dahin, wo es etwas zu holen gab, wo er seiner Gegner Reichtum und Kraftquellen vermutete; er zog dahin, wo ein Gegner sich bewegte, um ihn zu stellen, oder zog anderswohin, in der Hoffnung, der Gegner würde ihm folgen. Die Manier kannte man allenthalben. Was ihn hervorhob, war die Schnelligkeit, mit der er heute ins Werk zu setzen begann und weitertrieb, was er gestern improvisiert hatte. Der Kurfürst von Bayern staunte darüber. Von des Feindes »gewohnter Eilfertigkeit« schrieb er in zwei einander bestätigenden Briefen an Wallenstein; entsprechend eilen müsse man selber. Genau diesen Schluß weigerte sich Wallenstein zu akzeptieren. Einmal, vor sechs Jahren, hatte er vom Feind sich zwingen lassen und eine übel vorbereitete, ungeheure Reise getan; seitdem nie wieder.

Es war Gustav Adolf, der sich zwingen ließ, nämlich von dem alten Tilly und dessen während der Wintermonate im Schwäbischen noch einmal zusammengescharrten Regimentern. Tilly sollte Bayern schützen; Maximilian fand, es geschehe am besten offensiv. Als der König an den Rhein zog, hatte er in Franken ein Corps unter dem Feldmarschall Horn zurückgelassen, Horn hatte seine Stellung nach Osten erweitert und, obendrein während des Waffenstillstandes, das Bistum Bamberg besetzt. Ihn daraus wieder zu verjagen, Ostfranken, die Oberpfalz, die Verbindungslinien nach Böhmen zu sichern, war Tillys weitreichender Auftrag. Er ging an ihn heran, ohne Wallensteins Rat und Billigung, rechnete aber auf Wallensteins Hilfe; Gallas, der in Pilsen hauste, würde ihm irgendwo in der Oberpfalz die Hand reichen. Ob Tilly dem Unternehmen noch gewachsen sei, ob es gut sei, die Kampagne aus freiem Willen zu eröffnen, und die schwedische »Royal Armee«, die am Rhein operierte, nach Franken und Bayern recht eigentlich einzuladen, das bezweifelte Wallenstein; wäre er gefragt worden, so hätte er zu nur defensiven Konzentrierungen am Lech und an der Donau geraten, wie er demnächst tat, als man sich zum Fragen bequemte. Übrigens war er immer nur der Drei-Monate-General, der bloße Organisator, und die Organisationsarbeit noch nicht zu Ende getan. Wie es seine Art gegenüber den Unterbefehlshabern war, stellte er Gallas frei, etwa bis an die Grenze Böhmens, nach Eger, zu rücken, um so für Tilly als ein Blitzableiter zu wirken, aber mit Vorsicht, ein verständiger Soldat. »Ich wollte so gern, als ich das Leben hab, des Herrn Conjunktion mit dem Herrn Grafen von Tilly sehen, aber wir haben zum ersten nicht soviel Volk, daß wir die Posten besetzen, viel weniger den Feind aus den seinigen treiben, geschweige denn anderen Orts uns einzulassen, nichtsdestoweniger sehe der Herr den Feind also zu divertieren, doch wird er müssen sicher gehen . . . von hier kann der Herr auf keinen Sukkurs das Datum machen, denn es ist noch in fieri, aber noch nicht effectuiert wegen der Rekruten, hoffe aber gegen Pfingsten, daß alles wird komplet sein . . .« So sein Urteil Ende Februar und noch zwei Monate später. Daß er Tilly nicht unterstützen *wollte* und den Ruin Bayerns mit heimlicher Wollust kommen sah, das mag schon sein. Alles, was man sagen kann, ist, daß wir dies zusätzliche Motiv zum Verständnis seiner Haltung nicht brauchen, weil wir ein anderes, völlig ausreichendes, rationales haben. Erst im Mai würde er fertig sein; vorher »nichts hazardieren«; durch ein über seinen Kopf hinweg in leichtsinniger Verzweiflung beschlossenes bayerisches Unternehmen sich nicht von der Methode abbringen lassen, die er für die einzig zu verantwortende hielt. – Aldringens geringfügiges Detachement blieb mit dem Heer Tillys verbunden, der Luxemburger des grauen Brabanters Unglücksgenosse bis zum Ende.

Zunächst war Glück, denn es gelang Tilly, die Schweden aus Bamberg wieder hinauszuwerfen. Sechs Monate nach Breitenfeld ein braves Stück; aber mit bösen Folgen. Des Königs Plan war gewesen, von Mainz aus rhein-aufwärts zu operieren, was an spanischen und bayerischen Besatzungen noch in der Pfalz stand, unschädlich zu machen, von da nach Württemberg zu gehen, von dessen evangelischer Bevölkerung er sich Zuzug erhoffte, und den Weg der Donau zu nehmen. Nicht so bald erfuhr er von Horns Niederlage in Bamberg, als er auch schon in ganz anderer Richtung auf dem Weg war: von Höchst den Main hinauf, Frankfurt, Aschaffenburg, Schweinfurt; dort zog er die Truppen Horns an sich, auch Regimenter aus dem Norden, Banér, Wilhelm von Weimar. Tilly scheute das Wagnis, einer auch an Zahl weit überlegenen Macht sich in Franken zu stellen. Er wich durch die Oberpfalz nach Süden aus, immer auf Hilfe von Böhmen hoffend; an Gallas schrieb er, dessen Stellung bei Eger sei gänzlich unnütz, er solle mit allem, was er habe, zu ihm herauskommen. Südwärts bewegte sich auch der König, aber nicht in direkter Verfolgung Tillys, der der bestgerüsteten bayerischen Donaufestung, Ingolstadt, zustrebte, sondern weiter rechts; über Nürnberg – dort triumphaler Einzug und Bündnisvertrag mit der großen Reichsstadt und soviel Geld, wie die

Nürnberger an Wallenstein nie hatten zahlen können –, Schwabach, Weißenburg, Monheim nach Donauwörth. Es liegt diese Stadt zwei Tagemärsche stromaufwärts von Ingolstadt, dort, wo vom Süden her der Lech in die Donau mündet, aber etwas westlich davon. Am Tag, bevor die Schweden, oder was man so nennt, dort anlangten, die lutherischen Bürger aus der katholischen Sklaverei erlösten und viele von ihnen irrtümlich umbrachten, den 4. April, war Tilly in Ingolstadt; spät abends traf aus München kommend der Kurfürst in Person ein.

Maximilian verstand, daß die Not-Offensive nach Norden so wenig geglückt war wie der Ausbruch in den Sonderfrieden, und daß nun Nemesis dem geliebten, seit vierzehn Jahren vom Krieg verschonten Bayernland nahte. Rettung konnte allein von Wallenstein kommen. Noch von München aus hatte er ihm beschwörende Briefe geschrieben, Seiten über Seiten, ihm die Gefahren kläglich ausgemalt, ihn an ein Hilfsversprechen gemahnt, 5000 Reiter, von denen aber bisher nur 2000 in der Oberpfalz erschienen seien – das traf zu. Kaum hatte er Ingolstadt erreicht, steigerte er seine Bitten zu herzzerreißendem Flehen. »Als ersuche Euer Liebden ich hiermit ganz beweglich, Sie wollen dero allzeit gegen mir und meinen Landen verspürter besonders guten Affektion und Sorgfalt, wie auch dero mir von Ihrer Majestät geschehenen vielfältigen Vertröstungen und Versprechen gemäß mich in dieser höchsten gegenwärtigen Gefahr und Not nit hilflos lassen, sondern mir ohne einige höchst schädliche Zeitverlierung die wirkliche hilfliche Hand bieten . . . Weil ich mich von Ihrer Kaiserlichen Majestät nit hab absondern und trennen wollen, sondern bei deroselben standhaft verbleiben, so muß ich dessen jetzt bei den Schweden entgelten, hoff zu Gott, Ihre Kaiserliche Majestät und Euer Liebden werden mich nit lassen zuschanden werden.« Wallensteins stets gezeigte Liebe für Bayern und Bayerns Herrn – man muß nicht glauben, daß es Ironie war. Es war das schamlose Vertrauen der Angst. Was zwischen ihm und Wallenstein in den vergangenen sieben Jahren geschehen war, was noch in den letzten Monaten, was er von dem neuen General erwartet hatte, warum er in die Neutralität zu fliehen versucht hatte, das wurde alles vergessen und ohne Weiteres angenommen, der Andere werde mitspielen. Spielte er mit? Verglichen mit den lang widerhallenden Hilferufen Maximilians waren Wallensteins Antworten höflich, vernünftig, knapp und kühl. Noch ehe er von der Krise an der Donau wußte, riet er zu einer defensiven Stellung Tillys irgendwo, vermutlich in der Oberpfalz, »bis unsere vires zusammen gebracht werden können . . .« Er hatte übrigens beizeiten und häufig auf die Bedeutung der reichsten Stadt Süddeutsch-

lands, Augsburg hingewiesen; die müsse man stark garnisonieren. Maximilians Notschrei aus Ingolstadt entlockte eine etwas gutmütigere Reaktion: den Kurfürsten werde er gewiß nicht hilflos lassen, sondern ihm nach und nach mit so vielen Truppen, wie menschenmöglich sei, Sukkurs leisten. – Fragte sich, was nach und nach hieß.
Man hatte angeordnet, was zur Verteidigung des Lech, Bayerns zur Zeit der Schneeschmelze wild strömender Grenze, möglich war; bis hinauf nach Augsburg alle Brücken abbrechen lassen und Soldaten in die große Stadt geworfen. Die Schweden am Lech dennoch aufzuhalten, war der in Ingolstadt gefaßte Entschluß. Das Lager, das in der zweiten Aprilwoche oberhalb von Rain auf der rechten Seite des Flusses entstand, soll stark gewesen sein, mit Geschütz und Schanzen und sechs Terzios, Vierecken zu je tausend Mann, und Reiterei auf beiden Flügeln, die ganze Anordnung auf höherem Niveau als das linke Ufer. Unter den Kanonen eines so postierten Gegners den Übergang zu erzwingen, galt als regelwidrig. Der König, nach fast zweijähriger Kriegführung in Deutschland stolz, bitter und übermütig geworden, durchbrach die Regel; ließ unter der Barrage seiner Batterien – dreimal 24 Feldstücken – eine hölzerne Brücke bauen, so flach zwischen den Böschungen, daß sie ein schlechtes Ziel bot; ließ am Morgen des 15. April seine Musketiere sich über dies Gebäude drängen, indes gleichzeitig Kavallerie ober- und unterhalb den Fluß durchritt. Die bayerischen Historiker bestreiten, daß eine eigentliche Schlacht gewesen sei, und für ihre These spricht, daß Maximilian am 15. mittags ausführlich an Wallenstein schrieb, was man doch inmitten einer Schlacht nicht tun kann. Der König von Schweden habe sich mit seinem ganzen Schwall an den Lech gelegt, auch oberhalb von Rain eine Brücke gebaut; man leiste ihm Widerstand mit der Artillerie wie mit der Soldateska, aber lang werde man es nicht mehr können. Postscriptum: »Gleich itzt wird dem Grafen von Tilly ein Schenkel mit einem Doppelhaken entzwei geschossen; sorg, es werde nicht ohne Gefahr sein; der von Aldringen ist im Kopf verwundet . . .«; jetzt habe er auch keine Generale mehr. – Am Abend befahl er den Rückzug dorthin, wo er besser gleich geblieben wäre, nach dem festen Ingolstadt; Tillys Sänfte schwankte inmitten der Betrogenen. Das Resultat war, daß die Bayern sich der schwedischen Kriegsmaschine unnötig ausgesetzt, dann aber entzogen hatten, wie vorher in Franken; das Land stand Gustav offen, stromaufwärts bis zum Gebirg, querfeldein bis München; das Heer hatte er nicht erwischt.
Man war rauh unter Kriegsleuten; was Tilly geschehen war, die qualvolle, wahrscheinlich tödliche Verwundung, konnte jedem, ob alt oder jung, jederzeit geschehen. Immerhin besaß Wallenstein genug

Herzenshöflichkeit, dem Geschlagenen durch seinen vornehmsten Kammerherrn, Breuner, sein Beileid zu bezeugen: »Wir haben erfahren, wasgestalt Euer Exzellenz gar hart unlängst beschädigt worden. Wie uns nun solches in unserer Seele betrübt . . .« usw. Breuner habe Auftrag, über die Kriegslage die und die Gedanken des Herzogs mitzuteilen; man möge ihm Glauben beimessen. Welche Gedanken das waren, ist unbekannt, außer, daß Wallenstein Bayern, das offene Land, einstweilen für verloren hielt; ein Urteil, das militärisch taugte, ob es ihm Kummer machte oder keinen. Schließlich hatte man ihn sehr spät gerufen, einem Unheil zu steuern, das andere verantworteten.

Seit neuestem war er der endgültig Berufene, herübergeglitten von der Rolle des Generals auf Zeit in die des Generalissimus. Die Sache wurde fest am 13. April. Zwei Tage später, in den Stunden, in denen Gustav den Lech bezwang und Tilly mit zerschmettertem Schenkel vom Pferde stürzte, trug Fürst Eggenberg die Abmachungen nach Wien.

Die Göllersdorfer Bedingungen

Alle die Zeit sah man in Wien dem 31. März, an welchem Tag das befristete Generalt aufhören sollte, entgegen, wie eine dem Teufel verkaufte Seele dem Augenblick, in dem der Leibhaftige kommen wird, um seinen Preis zu fordern. Machte Wallenstein Ernst mit der Knappheit seiner Zusage, so lief das neue Heer wieder auseinander. Der Konstrukteur der Maschine war der Eine, der sie kannte, beherrschte, zu gebrauchen vermochte. Niemand bezweifelte es. Eggenberg an Wallenstein: »Der Februarius ist nunmehr fast vorüber, der Martius wird auch unversehens verfließen, und also die verwilligten drei Monate sich enden . . . Der von E. L. vertröstete sopravento weht uns nunmehr an. Wer wird uns denselben aber erhalten, von Zeit zu Zeit bestärken, und uns endlich in den Portum Salutis vollkommentlich einführen, wenn E. L. nach Verstreichung der drei Monate aus dem Schiff treten . . .?« Man könne ja Wallensteins Bedenken gut verstehen, wolle auch seinem heroischen Gemüt in keiner Weise Zwang antun. Nur eben doch und trotzdem, ein kleines Plätzchen würden Eggenbergs Gedanken in seines Adressaten weitschauendem Geist hoffentlich finden . . . Danach erschienen als kaiserliche Abgesandte in Znaim zwei Spanier, der Kapuzinerpater Quiroga, Beichtvater der Königin von Ungarn, die eine Schwester Philipps IV. war, und der Brüsseler Diplomat Bruneau. Sie trauten wohl sich die

Vermittlerrolle zu, weil Spanien an dem Regensburger Insulte so gar nicht beteiligt gewesen war; erhielten aber keinen erwünschten Bescheid. Wallenstein wußte; und wußte nicht. Zu tief hatte er sich in die schwere, plagereiche und lustvolle Arbeit schon eingelassen, um sich noch wieder von ihr zu trennen, und wollte dennoch sich einen Fluchtweg offen lassen, und machte sich selber wie den anderen vor, daß es ihn gebe. Etwa seit dem 20. März wurden in seiner Korrespondenz häufiger die Schreiben, die von zukünftigen Kriegsoperationen handelten. Am 28. reiste der Finanzabt Antonius, jetzt auch Inhaber des neu errichteten Wiener Bistums, nach Znaim – die Idee, Wallenstein nach Wien zu bemühen, trat in niemandes Sinn. Die Sendung des Bischofs hatte besseren Erfolg als die des Beichtvaters. Mindestens sagte der Herzog zu, im Amte auszuharren, bis er den kranken, an Chiragra und rätselhaftem Kopfschmerz leidenden Eggenberg gesehen hätte. Damit band er sich; Begegnungen mit Eggenberg brachten allemal positive Ergebnisse. Auch muß Antonius seinen Auftrag gründlich besorgt haben. Denn als nun Wallenstein am 13. April nach dem Schlosse Göllersdorf aufbrach, wieder halbwegs zwischen Znaim und Wien, der Hauptstadt nun schon lächerlich nahe, als Verbeugungen und Umarmungen zwischen dem bresthaften General und dem noch beißender heimgesuchten Minister formgerecht vollführt waren und man in die Geschäfte eintrat, da bedurfte ihre Erledigung nur weniger Stunden; was nicht möglich gewesen wäre, hätte nicht Antonius die zu beschließenden Artikel im voraus fixiert. Den 14. war Wallenstein wieder in Znaim, Eggenberg in Wien, so erschöpft, daß er selber dem Kaiser nicht Bericht erstatten konnte. Der Bischof referierte für ihn: wie Wallenstein unter den und den Bedingungen sich bereit erklärt, zu bleiben, und also ein Meister sei in der Überwindung nicht nur seiner Feinde und Mißgönner, sondern seiner selbst. – Unter welchen Bedingungen?

In der Biographie starker, ihr Leben ganz selber prägender, zugleich aber in sich gefangener, verschlossener, zu Neuanfängen unfähiger Menschen gibt es der Wiederholungen mehr als bei gewöhnlichen Leuten. So wiederholt die Konferenz von Göllersdorf, 1632, die Konferenz von Bruck, nahe Wien, 1626; die kurze Begegnung mit dem Minister, der langwieriges Verhandeln mit kleineren Häuptern vorausging und nachfolgte. Wie über Bruck alsbald informiert tuende Berichte in Umlauf gesetzt wurden, so über Göllersdorf. Der Gewaltige, der unergründlich Herrschsüchtige und Ländergierige hatte vier Monate lang sich tückisch geziert, die Not des Kaisers ausgekostet, die des Kurfürsten Maximilian aufs Höchste getrieben. Wenn er nun den Oberbefehl endgültig akzeptierte, so mußte es zu einem Preis sein, dergleichen noch nie ein Diener von seinem Herrn erpreßt hatte. Gleich im April ging eine Beschreibung von Wallensteins Anstellungsvertrag, seiner »Capitulation«, nach München. Demnächst erschienen in protestantischen Ländern Flugschriften, die ziemlich dasselbe wußten. Die zeitgenössischen Geschichtsschreiber übernahmen es mit Abwandlungen, Theatrum Europaeum, Khevenhüllers Annalen; von dort die Historiker aufgeklärterer Epochen. Greifen wir einen der am liebsten erwähnten Texte heraus, so hätte nach ihm Wallenstein das Folgende verlangt und erhalten.

Er soll Generalissimus sein nicht nur von Österreich, sondern auch von Spanien. – Das nimmt Wunder. Nicht einmal die spanischen Botschafter in Wien, Castañeda, später Oñate, bekamen die Kapitulation zu lesen, sie kannten ihren Inhalt nicht, geschweige, daß man ihre Meinung darüber erbeten hätte. Auch standen spanische Heere in Deutschland nie unter Wallensteins Befehl, weder vor Göllersdorf noch nachher. Er soll General in absolutissima forma sein. – Absolut, was heißt das?

Der König von Ungarn, der junge Ferdinand, soll nie sich bei der Armee einfinden, viel weniger sie kommandieren. Dagegen muß er, ist erst Böhmen vom Feind befreit, seine Residenz in Prag nehmen, damit die Untertanen einmal wieder sehen, daß sie einen Herrn haben. Nach anderer Lesart ist es der Kaiser selber, der alte, dicke, kränkelnde Ferdinand II., der sein Heer niemals kommandieren oder besuchen darf . . . Beide Varianten sind gleich untauglich. Die Sache mit dem Kommando des Thronfolgers war abgetan schon seit dem verwichenen Dezember; in Prag hat er auch nach der Rückeroberung Böhmens durchaus nicht residiert.

Die Belohnung Wallensteins für seine Dienste soll auf ein habsburgisches Erbland versichert werden, oder soll in einem Erbland bestehen. Als zusätzliche Belohnung, wird ihm das »höchste Regal im Römischen Reich« in allen zu okkupierenden Ländern zugesagt. – Was dieses »höchste Regal« denn nur sein sollte, die Kurfürstenwürde, das Salz-Monopol, die volle Regierungsgewalt, darüber wurden profunde, jedoch vergebliche Forschungen angestellt. Man hoffte Sinn zu finden, wo Unsinn ist.

Der General soll das unbeschränkte Recht der Konfiskation haben, so, daß weder die Justizbehörden des Reiches ihm dareinreden, noch der Kaiser ohne seine Erlaubnis Gnade üben darf; denn der Monarch ist allzu milde und pardonniert jeden Bittsteller, der zu ihm kommt. – Ein Gran von Wahrheit dieser sonderbaren Information liegt darin, daß die Masse strafweise konfiszierten Besitzes nicht, wie in Böhmen nach dem Weißen Berg, verschleudert werden, sondern der Heeresverwaltung zugute kommen sollte, als eine ihrer Geldquellen. Das Andere ist falsch; weder konnte Wallenstein Enteignungen dekretieren, dazu waren nach wie vor Gerichtshöfe da, noch der Kaiser auf sein Gnadenrecht verzichten.

Bei künftigen Friedensverhandlungen sollen Wallensteins private Interessen gebührend zur Geltung kommen, zum Beispiel die Frage eines Ersatzes für Mecklenburg. – Das klingt selbstverständlich.

Was der Krieg kostet, »alle Spesen«, soll der Kaiser zahlen. – Alles, kaum. Nur etwas mehr als das vorige Mal.

Habsburgs Erblande sollen dem Heer als Zufluchtsort offenstehen. – Das versteht sich wieder von selbst, obgleich man zugeben mag, daß es sich den Herren und Nutznießern der Erblande nicht immer von selbst verstand.

Soviel über die mit Wasser gekochte Nachricht. Ihr Autor wußte über die Göllersdorfer Vorgänge, was der Autor des Geheimberichts von den Brucker Vorgängen wußte, nämlich nichts; ratend kam er an die Wahrheit nur selten und ungeschickt heran. Die oft nachgedruckte »Capitulation« ist nicht Wallensteins Vertrag mit dem Kaiser. Sie ist auch nicht ein bloßer Entwurf Wallensteins, eine Arbeitsnotiz Eggenbergs oder was noch, wie jene glauben, die den Wert des Schriftstücks zur Hälfte retten wollen. Sie beruht auf bloßem Hörensagen, und zwar einem dem General feindlichen. Daß der alte Widersacher, Valeriano Magni, im Spiel war, ist unbeweisbar; warum sollte er nicht?

Aller Wahrscheinlichkeit nach hat es einen »Vertrag« gar nicht gegeben. Ein so enormes Dokument hätte doch in der Wiener Kriegskanzlei bewahrt bleiben müssen; man fand es nie. Die Verhandlungen zwischen Wallenstein und Eggenberg waren mündlich; mündlich referierte Eggenberg dem Bischof, der Bischof dem Kaiser. Was danach noch in Znaim getätigt und bestätigt wurde zwischen Wallenstein und dem Bischof, Wallenstein und den Herren von Questenberg und Werdenberg, war wieder nur mündlich. Aus allen diesen Besprechungen ging nicht ein Generalvertrag hervor, sondern eine Reihe von Zusagen, die man teils schwarz auf weiß besitzt, teils aus den Ereignissen erschließen kann. Es sind solche, von denen der Nachrichtenfabulierer wieder gar nichts weiß. Zum vorläufigen Ersatz für Mecklenburg wurde Wallenstein mit der schlesischen Herrschaft Großglogau belehnt. Dies Fürstentümchen war kein Stand des Reiches, nur ein schlesischer; für Mecklenburg konnte es weder an Geldeswert noch an Rang im Entferntesten aufkommen, so daß offen blieb die unheimliche Frage, wie Wallenstein für sein norddeutsches Herzogtum einmal doch entschädigt werden sollte. Er würde das nicht herschenken, und nahm auch die Gnadengabe von 400000 Gulden, die der Kaiser ihm jetzt übermachte, gern an, aber nicht für Mecklenburg. Natürlich wurden die 400000 nicht in bar ausgezahlt, wo sollte das herkommen, sondern indirekt; eine Summe, die Wallenstein dem Fiskus aus böhmischen Güterkäufen noch schuldete und auf die nun der Gläubiger verzichtete. Der Beschenkte fragte gleich bei seiner Rentkammer in Gitschin an, ob er wirklich ganze 400000 schuldig gewesen? Die Antwort lautete, nur 339429 Gulden, 45 Kreuzer, 2 Pfennige; der Unterschied zwischen dem und 400000 stehe nun seinen Fürstlichen Gnaden zugute. Glogau also und Geld waren für den Augenblick seine Rekompensation; Weiters blieb im Dunklen . . . In der bösen Frage der Kriegskosten zeigte man weniger Zerstreutheit als sieben Jahre früher. Nicht die Deckung »aller Spesen« erhielt Wallenstein zugesagt, das war unmöglich, aber regelmäßige, beträchtliche Beiträge aus den Steuern Böhmens, Mährens, Österreichs, der Steiermark. Daß solches, wie er es mit Questenberg ausgemacht, nunmehr »würklich erfolgen« sollte, darum ersuchte er den Kaiser höflich und knapp. Er scheint auf monatlich 200000 Gulden aus den Erblanden gerechnet zu haben; dazu auf 50000 aus Madrid. Das wären etwa drei Millionen im Jahr gewesen, noch immer bei weitem ungenügend, um ein großes Heer zu versorgen, aber eine Basis, wie sie ihm bis 1630 gefehlt hatte. Unsicher sollte sie erweitert werden durch Geld und Gut der Untertanen, die neuerdings kompromittiert waren, im Reich und in den Erblanden. Nur nicht in Wallensteins eigenen Staaten; dort fiel der Besitz der Illoyalen ihm selber zu. Sofort, mitten im Aufbruch zum Frühjahrsfeldzug, befahl er seinen Gitschiner Beamten, zu inquirieren, »jedoch in aller Stille«, wer wohl mit den Sachsen und Emigranten sich verboten eingelassen, und was er besäße und wieviel es wert sei. In aller Stille – die zu Beraubenden sollten es vorher nicht wissen. Kein Gedanke daran, daß er selber sich doch auch ein wenig mit den Emigranten eingelassen hatte, keine Skrupel deswegen. Anderen das Ihrige wegzunehmen, wenn es nach dem Gesetz ging, und das Seine damit aufzufüllen, immer und immer, von der Gewohnheit ließ er nicht, trotz Krankheit, trotz Arbeitslast, trotz der militärisch-politischen Aussichten, die nun sich ihm eröffneten. Konfiskationen 1621, Konfiskationen 1623, 33, 34, und er dabei . . . Von einer unbeschränkten Vollmacht, über Krieg und Frieden zu beschließen, redeten nachmals die Diplomaten, schwedische sowohl wie kaiserliche. Es gab keine. Jene, die Wallenstein neuerdings ausgestellt erhielt, bezog sich allein auf Sachsen und über Sachsen auf andere protestantische Mächte Deutschlands, nicht auf die Feinde des Kaisers insgesamt. Sie bedeutete auch nicht, daß er jeden ihm beliebigen Frieden schließen durfte. Der Legat sollte er sein, der oberste Deputierte, wie schon zur Zeit des Lübecker Friedensschlusses. Das war nicht neu und in den ganzen Göllersdorfer Abmachungen viel weniger Neues, als die Leute einander weismachten. Man ging, mit wenigen Verbesserungen, auf die Anordnungen von 1628 zurück. Die Privilegien, die er ehedem innegehabt hatte, wurden wiederhergestellt, etwa das Recht, die Regimentskommandanten zu ernennen, für den Generalsrang »geeignete Subjecta« vorzuschlagen; es kam nichts Unerhörtes dazu. Wallensteins Forderungen waren sachgemäß. Sie demütigten die Majestät keineswegs; es war auch die Stimmung in Wien während jener Apriltage nicht so, als ob man grausam gedemütigt worden wäre. Ferdinand II., zäh, schlau von Instinkt, überaus würdebewußt, hätte auf seine heilig-kaiserlichen Rechte nie verzichtet. Erfunden war, was die Gazettiers in diesem Sinn verbreiteten.

Erfunden, das hieß, aus der Situation abgeleitet. Und hierin, in den wirklichen Verhältnissen, lag die Wahrheit der Fabel. Kein Vertrag machte Wallenstein zum Alleinherrn über die Armee, zum Schiedsrichter über Krieg und Frieden. Er konnte trotzdem glauben, daß er es wäre, denn er hatte erfahren, in höchster Not der Einzige, Unentbehrliche zu sein, und was kann der Unentbehrliche sich nicht herausnehmen? In der Korrespondenz zwischen ihm, dem Kaiser und den Ministern fehlte es nicht an Ausdrücken, die eine beispiellose Autorität vage implizierten: »Steifes Vertrauen«, »Alles anheimstellen«, Hoffnung auf ein gutes Ende, da er nun wieder an der Spitze sei. Wenn das keine formale Übertragung der Allmacht war, so mochte der also Geehrte doch Ähnliches darin lesen. Auf den Ton derer, die ihn gesucht und gefunden hatten, auf die Logik der Dinge machte er sich seinen Reim. Hatte er nicht die Art von Frieden mit Dänemark, die er für die richtige hielt, als bloßer Deputierter durchgesetzt? Seine Position war nun viel stärker als 1629 und noch mehr, was in keinem Vertrag stand, aus ihr herauszuholen. Während der nächsten anderthalb Jahre kamen keine Befehle aus Wien, wie sie zur Zeit des Italien-Krieges und des Edikts sehr wohl gekommen waren; nur zaghafte Vorschläge, milde Anfragen.

»General auf Lebenszeit« kann Wallenstein nicht geworden sein. Das gab es nicht; das hätte er auch gar nicht gewünscht, denn alle Bindungen ängstigten, und der wohl nach Werk sich sehnte, aber nach Ruhe auch. Garantien gegen eine zweite Absetzung wären etwas anderes. Die muß er erhalten haben, mündlich, wie das Meiste; wie, um ein Beispiel zu nennen, auch das schon im Vorjahr gegebene Versprechen, die Beichtväter dürften sich nie wieder in die Politik mischen, oder seinen Wiener Feinden werde nie wieder Gehör gegeben werden.

So etwas verspricht man und fragt nicht, ob es gehalten werden kann, und fürchtet nicht, später als Wortbrecher zu erscheinen; auf welche Art wollte man geborene Politiker wie Pater Lamormaini, bestallte Räte wie Slawata und Trauttmansdorff denn zum Schweigen bringen? – Die neue Diktatur war nicht dauerhafter als die Furcht, die sie gebar. Meinte Wallenstein, diesmal würde sie so lange dauern, wie er wollte, so war er der Betrogene.
Zu jenen, die an die »Capitulation« glaubten, jetzt und später, gehörte auch der Kardinal von Richelieu, dem man doch politische Erfahrung nicht absprechen wird. »Es wäre schwierig«, lesen wir in seinen Memoiren, »darüber zu entscheiden, ob diese Bedingungen eine Unverschämtheit des Dieners gegen seinen Herrn waren, oder hochnotwendig im Interesse des Kaisers. In extremen Lagen hat man noch immer für unabdingbar erachtet, daß der Monarch, der selber nicht zu handeln vermag, seine Geschäfte insgesamt einem anderen anvertraut und sein Schicksal total in dessen Hände legt.«

Zwischen Bayern und Böhmen

Nebenkriegstheater, so viele, so wirr durcheinander spielende, daß dem Zuschauer schwindlig wird: im Südwesten, Oberschwaben, Württemberg, Elsaß; am Mittelrhein, Lothringen, Pfalz, Trier; in Norddeutschland, zwischen Elbe und Weser, und in den Niederlanden. Holländer, Schweden, Franzosen, Spanier, Deutsche. Von Champagnien aus nehmen die Franzosen sich Lothringens an, dessen Herzog, zusammen mit Orléans, dem rebellischen Königsbruder, noch einmal frech geworden ist. Sie dringen auch im Elsaß ein, was sie nicht dürften, denn Elsaß ist Reichsboden, und kein Krieg zwischen Frankreich und dem Kaiser. Im Elsaß irrt wallensteinisches Volk umher, Montecuccoli, Fürstenberg, Ossa, die auch auf das Land östlich des Rheins, Breisach, Freiburg, Konstanz, achtzugeben haben. Neue Revolution findet im schwedisch gesinnten Württemberg statt, da wird das Edikt umgestoßen, der Klosterbesitz den Mönchen wieder entrissen. Im Aufruhr ist auch Oberschwaben, aber gegen die Schweden, weil dort die Bauern katholisch sind. Trier hat neutral sein wollen, die Spanier wissen nichts davon, erobern Koblenz und halten es, bis sie von den Schweden daraus vertrieben werden; worauf die Festung korrekt den Franzosen übergeben wird, des Kurfürsten Schutzherrn. Im Norden, nahe Magdeburg, hat der Kriegsvirtuose, der wilde Graf von Pappenheim, sich den ganzen Winter, das ganze Frühjahr getummelt gegen Übermacht, eine kleine Armee gegen fünf kleine

Armeen, wenn man sie zählt, schwedische und deutsche, nämlich hessische, weimaranische, lüneburgische. Diese Corps arbeiten schlecht zusammen bei schlechter Moral; Pappenheim, da und dorthin wirbelnd, trennt sie voneinander, schlägt sie vereinzelt, verschwindet wieder, man weiß nie recht wohin, am wenigsten in Wien und München. Auf seine Leistungen gewaltig stolz, verweigert er glattweg den Gehorsam, wenn Maximilian ihn nach Bayern befiehlt. Schließlich läßt er sich von der Infantin Isabella überreden, sein Quartier nach Flandern zu verlegen, wo der Prinz von Oranien die Festung Maastricht bedroht; welche neue Gefährdung auch die Spanier vom Mittelrhein zum Rückzug nach Norden zwingt . . . Wir lassen das auf sich gestellt. Es gehört nur ganz am Rande zu unserer Lebensgeschichte. Dazu gehört es. Wallenstein, Generalissimus im Römischen Reich, darf die Nebentheater so leicht nicht nehmen wie sein Biograph. Zu erfahren, um seinen Vertretern in der Ferne genaue Vorschriften zu machen, steht er in dauernder Korrespondenz mit ihnen. Solche Nebenschauplätze können unerwartet zusammenwachsen; wer heute dort agiert, kann vier Wochen später, ein steinerner Gast, ganz anderswo erscheinen. An Kaiser Ferdinand, als auch der Kurfürst von Mainz Pappenheims Hilfe erbeten hat: das wundere ihn nicht, denn jeder denke zuerst an sich selber und wie er Land und Leute zurückgewinnen könne; er aber, der General, habe das große Ganze zu bedenken . . . Im Lande ob der Enns haben die Bauern noch einmal rebelliert, unbelehrt durch Niederlagen und Strafgreuel, jetzt auf die Schweden hoffend, die in Bayern ihnen näher sind als fünf Jahre früher die Dänen. Den geängstigten Herren Oberösterreichs, die ihre Rettung von Wallenstein erwarten, antwortet er mit Ungeduld: Es sei ihnen bekannt, daß er jetzt Dringenderes zu tun habe und ihnen nichts geben könne, sie möchten sich nach Wien wenden.

Von April bis Juli sind die Hauptkriegstheater Bayern und Böhmen, und sind verschiedener Art. In Böhmen geht es langsam. Die Zitadelle Mitteleuropas muß befreit sein von ihren Befreiern, den Sachsen und Emigranten, bevor Wallenstein etwas im Reich unternimmt; von diesem Grundsatz bringen keine Beschwörungen ihn ab. Noch immer hält er für wünschbar und nicht unmöglich, die Sachsen zum Frieden, zur freiwilligen Räumunge Böhmens, etwa gar zu einem Bündnis-Umsturz und Übergang in sein eigenes Lager zu gewinnen. Zehn Tage nach Göllersdorf, den 23. April, bricht er von Znaim auf, gegen Tabor, Rožmítal, Pilsen. Bis die Dinge in Böhmen sich kriegerisch erhitzen, vergeht noch ein Monat. Der Monat ist bitter für den Kurfürsten von Bayern, bitterer für seine Untertanen; der folgende auch.

Maximilian wurde gesehen auf dem Rückmarsch vom Lech nach In-

golstadt, wie er in Neuburg an der Donau übernachtete: »Ist mit einem Stab zu Neuburg um die Kirchen gegangen wie der Schatten an der Wand und so betrübt, daß man ihn fast nit hat erkennen können.« Es war in Bayern kein Feind und kein Krieg gewesen fast anderthalb Jahrhunderte lang. Er hat es aufbauen helfen, die von Gott ihm anvertrauten Untertanen erzogen, streng zwar, aber zu ihrem Nutzen und Seelenheil, wenn sie es auch nicht immer zu schätzen wußten. Nun ist das Land wehrlos einem rachsüchtigen Eroberer freigegeben, und er kann es nicht hindern. Sein neues Bündnis mit Frankreich taugt nicht, sein altes mit Habsburg taugt nicht. Was hat er falsch gemacht? . . . Von Neuburg nach Ingolstadt mit seinen verwahrlosten Regimentern und mit dem verwundeten Tilly. Die Leiden Tillys, sagen die Berichte, sind unsagbar und wir glauben es; müssen uns aber Mitleiden verbieten, denn er stirbt den Tod, in den er Jahr für Jahr seine Leute führte, schlechter belohnt als er, und er immerhin unter besserer, wenngleich ratloser Pflege. Daß er auf seinem Schmerzenslager noch fortfährt, sich um seine Pflichten zu kümmern, und viele Briefe an Wallenstein diktiert, darum ihn zu bewundern werden wir uns trotzdem von niemandem verbieten lassen. Den 30. April geht er aus der Unruhe in die Ruhe, betend, solange er kann – In te Domine speravi, non confundar in aeternum –, mit dem letzten Blick auf das Cruzifix; »unser frommer, braver alter Tilly«, wie Maximilian ihn beklagt. Ein wenig ergriffen soll auch Wallenstein von der Nachricht gewesen sein, ergriffen oder doch deprimiert und angerührt von einer Todeszunge. Nun sei sein alter Kamerad vom König von Schweden aufgerieben worden, soll er gesagt haben, er selber werde wohl der Nächste sein . . .
Von Rain aus hat der Sieger Augsburg vom katholischen Joch erlöst, angeherrscht und zahlen lassen – die Stadt, die zwei Jahre früher an Wallenstein gar nichts mehr zahlen konnte, findet nun, daß monatlich 20000 ihr erträglich sind. Am 29. April sammeln die Schweden sich vor Ingolstadt, von der Festung getrennt durch den Fluß. Die Kanonade beginnt an Tillys Sterbetag. Ingolstadts Mauern und Hauptschanzen und Vorwerke sind die modernsten in Deutschland und halten stand. Im Schutz der Donau, der Festung, der Nacht zieht Maximilian mit den Seinen weiter am 1. Mai, Regensburg zu, Tillys letztem Willen folgend, läßt jedoch in Ingolstadt eine Garnison zurück, gut genug, um die Verteidigungsmittel wirksam zu bedienen. Den 4. gibt Gustav die Belagerung auf, sie würde ihn zu lang hinhalten, zuviele Menschen kosten. Noch macht er einen späten Versuch, durch seinen Feldmarschall Horn Regensburg zu gewinnen. Der Kurfürst ist vorher da und zwingt der Reichsstadt, die anders denkt, sich

als Verteidiger und Herrn auf. Stromabwärts aber von Regensburg, der eigentliche Riegel zwischen Bayern und Österreich, liegt Passau. Kann man bei Regensburg südlich in die Ebene ausweichen, so kann man es bei Passau nicht, weil dort das Donautal sich zur Klause verengt; in die gelangt nur, durch die dringt nur, wer Passau hat. Daß kaiserliche Truppen Passau sicherten, hat Wallenstein zur rechten Zeit verfügt. Indem Ingolstadt, Regensburg und Passau in bayerischer, kaiserlicher Hand bleiben, wird Gustavs Feldzug zu einem verkrüppelten; er kann in Bayern wüten wie er will, aber weder Bayern vom Norden abschneiden, noch die Vereinigung Wallensteins mit Maximilian verhindern, noch die Donau zum Weg nach Österreich machen. Er weiß es, und die Art, in der er seinem sächsischen Bundesgenossen die veränderte Situation darstellt, läßt Verlegenheit spüren. Die Idee sei die Beherrschung der Donau gewesen von Ulm bis Regensburg, leider habe Ingolstadt sich etwas widerborstig gezeigt, große Opfer nicht lohnend, und so habe er seinen Entschluß revidiert und sei südwärts gezogen. Für die Verwüstung allen Landes zwischen Donau und Isar werde er sorgen: »hoffen hierdurch dem Feinde seine nervos, die er sonsten aus diesem Herzogtum hatte, zu entziehen, und im Fall der Fürst von Wallenstein sich mit dem Herzoge in Bayern conjugiere, wie man sagt, daß nun mehr im Werk sein soll, alsdann einen solchen sedem belli hier zu machen, daß wir seine Macht mit göttlicher Hilfe wohl aufhalten und in seinen eigenen Landen mit deren Totalruin consumieren können.« Tröstlich: das Herz der Liga sei Bayern, das Magazin der Papisten nicht Böhmen oder Schlesien, sondern diese Pfaffenländer und reichen Städte im Süden. Nach Wien gehe es dann wohl im nächsten Jahr. Böhmen – er hoffe, die Sachsen könnten es halten; um die Wallenstein'sche Armee sei mehr Geschrei als wirklicher Schrecken . . . Gustav nimmt München den 17. Mai durch Akkord; zieht ein durch das Isartor mit einem Schwall von deutschen Vasallenfürsten, darunter auch ein verhärmter, seines Schicksals noch immer ungewisser Mann, der Pfalzgraf, der arme Winterkönig; bezieht Wohnung in der neuen Residenz; läßt seinen Charme vor den Bürgern spielen und seine Gelehrsamkeit vor den Jesuitern; zeigt in guter Laune sich als ein so milder wie bedeutender Herr. Das hindert nicht, daß die Kunstkammer des Kurfürsten geplündert wird. Gemälde und Statuen, wie auch die Adelshäuser; und da eilen Kunsthändler aus Ulm, Nürnberg, Frankfurt herbei, um das gestohlene Gut zu ersteigern, und Münchner Bürger steigern mit. Schöne Dinge billig zu kaufen, wer kann da widerstehen, wer fragt nach der Besitzesherkunft? – Geht es in München beinahe lustig zu, so fürchterlich auf dem Lande, Ost und West und Süd bis zur tirolischen Grenze: Brennende Dörfer und Marktflecken und Klöster, Morde und Foltern, nach Plan. Daß er Bayern ruinieren wolle aus Gründen hoher Strategie, hat Gustav schwarz auf weiß geschrieben; dem französischen Gesandten St. Etienne, der einen kläglichen Vermittlungsversuch machte, ins Gesicht gesagt, er wolle im Lande sengen und brennen, damit der Kurfürst merke, was ein Feind sei. Schwer trägt Maximilian an den Blutnachrichten, die er mit fliegender Hand an Wallenstein weitergibt, Vorwurf nach Vorwurf: ». . . hauset also« – der Schwede – »über die Maßen barbarisch, und vermelden die Seinigen, sie hätten Befehl, das Bayerland zu ruinieren. Sehen also E. L., wie es mir ergeht, und daß hieran nichts als meine beständige Treue gegen Ihre Kaiserliche Majestät und dero Haus schuldig und ich deren entgelten muß.« Friede? Ach, das sei zweifelig, »ob man mit dem König aus Schweden wegen seines bekannten und bei seinen Progressen noch mehr gewachsenen Hochmutes durch gütliche Traktate zu einem billigmäßigen Frieden werd gelangen können«. Das Zusehen schneide ihm ins Herz; bliebe Wallenstein noch lange aus, so wüßte er nicht, was er noch tun werde . . . Die Schuld, die er selber für die Kette des Elends trägt, nach ihr fragt er nicht; daß seine Soldaten in anderen Gegenden es lange so trieben, oder beinahe, wie nun die Schweden in Bayern, darauf kommt er nicht. Nun trifft es ihn, nun trifft es das Volk, mit dem er sich identifiziert, und das ist etwas ganz anderes, wenn der Wind den heißen Drachen über das eigene Haus weht. Nervös und verwundbar hinter der Maske des Strengen, mit dem Egoismus, welcher das Ich transzendiert und sich auf die eine hohe, scharf umrissene Verantwortung richtet, den Staat, dessen Namen er trägt, kann Maximilian nicht fassen, warum sein Verbündeter nicht alles stehen und liegen läßt, um ihm zu Hilfe zu eilen. Wallenstein kennt den Krieg besser. Litte er an ihm, so wäre er so übel daran, wie der Arzt, der die Schmerzen seiner Kranken mitempfindet. Der Kurfürst möge sich ein wenig beruhigen, schreibt er, stillesitzen bei Regensburg und warten, bis er käme. Er werde kommen, müsse aber zuerst noch mit Böhmen fertig sein. Einstweilen solle man die Leiden Bayerns nicht zu hoch anschlagen, das sei für die gemeinsame Sache, und später schon wieder gutzumachen . . . In Wien haben die bayerischen Klagen ein Echo. Man zuckt die Achseln, man spricht leise, man schreibt vorsichtig. Gewiß sei nicht zu vermeiden, daß Wallensteins Marsch ins Reich sich so lange verzögert, aber doch bedauerlich . . . Der Retter ist vor kaum sechs Wochen ernannt worden, und schon melden sich wieder die alten Zweifel, gedämpft, weil sie anders nicht dürfen.

Der schwedische Aufenthalt in München ist verblüffender für die neugierige Umwelt, als komfortabel für den Anführer. So abenteuerlich tief in Deutschland vorgedrungen, daß er nun dessen Südgrenze erreicht hat, weiß Gustav Adolf nicht mehr, was er tun soll. Er spricht von Kontakten mit der Schweiz, mit den Franzosen in Graubünden, welche gegen die Spanier weiter südlich ausgespielt werden könnten, anderen Projekten drittrangiger Bedeutung. Er unternimmt eine Expedition nach Schwaben, wo ein paar kaiserliche Regimenter, zusammen mit den Bauern, den schwedischen Garnisonen Ärger machen. Er steuert ohne Kompaß, wartend auf das, was Wallenstein tut. In Memmingen, wo schon einmal Einer etwas erfuhr, erfährt er es: Wallenstein hat Prag zurückgewonnen, acht Tage, nachdem er selber München gewann, den 25. Mai. Der Emigrantenschwall zerstob. Arnims Invasionsarmee ist auf dem Rückzug, der die Schwäche der Sachsen ins wahre Licht stellt. Der König hat die Sachsen zu hoch eingeschätzt, Wallensteins neues Heer zu niedrig. Jetzt ist er sicher, daß Wallenstein sich gegen Dresden wenden kann und wird. Verliert er das lutherische Kurfürstentum, so bricht seine Stellung in Norddeutschland zusammen, und er wäre tief im Süden, wie eingesperrt. Zurück nach München; zurück nach Donauwörth. Teilung des Hauptheeres. Banér und Bernhard von Weimar in Schwaben-Bayern belassen, das Gewonnene womöglich zu halten; der König mit bloßen 18000 Mann gegen Nürnberg, gegen Sachsen. Wilhelm von Weimar nach Thüringen befohlen, zu Werbungen angespornt, auch wegen Sachsen. Man muß in Sachsen sein, bevor Wallenstein dort ist, oder nicht viel später . . . Diese erratische, fast närrische Bewegung zurück dahin, woher man im Vorjahr kam, ist durch Wallensteins Bewegung in Böhmen bestimmt, eine gezwungene Reaktion. Wir, die wir vom Krieg nichts verstehen, finden, daß Wallenstein recht behalten hat mit seiner umständlichen Konzentrierung auf Böhmen, recht mit dem Rat, den er Maximilian gab, als hoffnungslos Unterlegener nichts gegen die Schweden zu unternehmen, sondern zu warten. Recht nach den Regeln des Handwerks; dies Handwerk hat mit Menschenfreundschaft nichts zu tun.

Nun könnte Wallenstein früher in Sachsen sein als Gustav, denn offenbar ist er näher daran. Er will aber nicht. Die bloße Gefährdung Sachsens hat das erreicht, was er wollte und was einer weiträumigen schwedischen Niederlage gleichkommt. Die protestantischen Kurfürsten will er schonen, da er die Hoffnung, mit ihnen ins Friedensgeschäft zu kommen, nicht aufgegeben hat. Er gibt nicht so leicht auf, was er ersehnt, er gibt es überhaupt nie auf. Nur in die Lausitz, die zum eigentlichen Sachsen nicht gehört, schickt er ein paar Regimenter, um dem Gegner zu zeigen, was er tun könnte; und weil die Pro-

vinz an sein eigenes Friedland grenzt, so muß in Reichenberg und Friedland-Stadt und Gitschin Brot gebacken und Bier gebraut werden, um die Soldaten in der Lausitz zu verköstigen, wie eh und je.
Wie eh und je treibt er es systematisch, ohne Hast. Von der Nordwestecke Böhmens, Pilsen, Karlsbad, Eger, gehen die Wege nach Sachsen, wie nach der bayerischen Oberpfalz. Er hat diese Gegend beizeiten durch Gallas sichern lassen. Aus dem nördlichen Grenzort, Eger, vertreibt Holk die Sachsen am 21. Juni, vier Wochen nach der Eroberung Prags. Die Bürger von Eger, berichtet Holk, hätten ihm ärgeren Schaden getan als der Feind und seien schlechtgesinnte Leute; ob man eine alte Burg oberhalb der Stadt nicht zur Zitadelle ausbauen könnte, um sie zu zähmen? Die Beschreibung von Eger ist überflüssig, Wallenstein kennt die Stadt. Ist er nicht von dort aufgebrochen zu seinem ersten Deutschlandfeldzug, vor sieben Jahren? Nun wieder das Zusammenströmen der Truppen in Eger, Ende Juni das Erscheinen des Generalissimus, Zeichen dafür, daß ein neuer Akt beginnt.
Die Bayern, durch Kundschafter und Gefangene, wissen rasch über die neue Marschrichtung der Schweden Bescheid. Aldringen, von seiner Wunde geheilt, noch immer Wallensteins Delegierter bei dem Kurfürsten, gibt seine Informationen nach Böhmen weiter: Gustav Adolf war den 18. Juni in Nürnberg, er wird nun vermutlich nach Bamberg marschieren, weiter nach Coburg und ins Sächsische, falls man ihn nicht vorher trifft. Treffen will man ihn, und zwar mit den vereinigten Armeen Wallensteins und Maximilians. Die Vereinigung, auf die Maximilian durch Monate mit zitternder Ungeduld warten mußte, naht nun heran, anders zwar, als er es sich gedacht hatte, und anderswo. Er muß dorthin, wo Wallenstein ist, nicht umgekehrt. Mit seinen zusammengeschmolzenen Kompanien wandert er am Naabfluß aufwärts durch die Oberpfalz, Naabburg, Weiden, Tirschenreuth, Plätze, die er vorher nie sah, obgleich sie ihm gehören. Gustav schlägt von Nürnberg nach Osten aus, zu dem Zweck, den der erfahrene Aldringen sofort erkennt: »Allem Ansehen nach vermeint der König, die Conjunction zu verhindern, oder Ihre Kurfürstliche Durchlaucht von E. F. G. zu separieren und diese Armada allein anzutreffen; verhoffe aber, er werde sich betrogen finden . . .« So getan. Wie er Vilseck erreicht, sind die Bayern schon vorüber, unterstützt von den bunt geschmückten Reitern und Räubern Isolanos, des Kroatenführers, die Wallenstein ihnen entgegenschickt. Er selber hält sich in Eger, in aller Ruhe, während unter der Julisonne die Kriegsvölker zusammenströmen, und findet noch Zeit, an Friedland zu denken: daß der Schloßbau in Gitschin noch einmal beschleunigt werden müsse; daß die Beamten des Herzogtums, vom Höchsten bis zum

Niedrigsten, bei ihrem Antritt feierlich in Eid und Pflicht zu nehmen seien, wie bei allen Monarchen üblich, anstatt daß sie jetzt ohne Form installiert würden, als ob es nichts wäre; das sei so gewesen, als noch die böhmischen Herren jene Herrschaften besaßen, und dürfe nicht mehr sein. Hat der Landeshauptmann verstanden? Wallenstein, im Begriff, die große Probe mit dem König von Schweden zu machen, ist ein europäischer Fürst, und kein böhmischer Herr; bei ihm tritt man nicht in den Dienst wie bei einem Landjunker . . .

Wo die Begegnung des Herzogs von Friedland mit dem Kurfürsten von Bayern stattfand, wissen wir nicht. Die Historiker sagen Eger, oder Tirschenreuth, oder Neumarkt, ohne ihre Quellen zu nennen. Eger klingt ganz unwahrscheinlich. Für die Bayern wäre es ein nutzloser Kraftverschleiß gewesen, so weit nordwärts zu marschieren. Daß der Kurfürst allein, von seinem Hauptquartier Weiden, die Reise gemacht hat, können wir auch nicht annehmen; damals brachte er manches über sich, aber solche Demütigung kaum. Neumarkt liegt viel weiter südwestlich, nahe Nürnberg; beide Heere berührten den Ort allerdings, aber als schon vereinigte. So mag es Tirschenreuth gewesen sein, oder auf freiem Felde. Eine gefährliche Begegnung, wäre das Zeitalter nicht geschützt gewesen durch Formen; eine ironische, hätten beide Staatsschauspieler den Begriff der Ironie gekannt. Man umarmte sich. Im weiteren Umkreis umringt von Hellebardieren und Trommeln und Standarten, im näheren von breitbeinig aufgepflanzten Ober-Offizieren, schritten die Potentaten aufeinander zu, streckten im rechten Moment ihre Arme aus und lagen sich am Halse. Ein Gespräch folgte; nur höflich erst, dann höflich und sachlich. Berichte verstreuten sich alsbald: es sei alles glatt gegangen, aber wohl hätten die neugierigen Zuschauer bemerkt, »daß Ihre Kurfürstliche Durchlaucht die Kunst zu dissimulieren besser als der Herzog gelernet . . .« Natürlich; noch während der Accolade funkelten Wallensteins Augen von Triumph und Haß. So mußte er sein; das war das Bild, das war »des von Wallenstein unersättlicher Ehrgeiz und absolute Regiersucht« und Rachsucht. Wir glauben kein Wort. Hätten selbst sonderbare Gefühle ihn bestürmt, er war zu geübt, um sie erscheinen zu lassen, und ganz nur Maske in diesem Augenblick.

Ein Oberbefehl über die Bayern kam ihm formal auch jetzt nicht zu. In der Wirklichkeit verstand es sich von selbst, daß er ihn haben und den Kurfürsten in allen Entscheidungen nach sich ziehen würde: der Mann des schwer erlernten Berufes den Dilettanten; des Kaisers Generalissimus den verpflichteten Alliierten; der Besitzer der unvergleichlich größeren Kriegsmacht. Man kennt die Zahlen nicht genau, nur die der Regimenter und Kompanien, die wenig besagen. Bei 201

Kompanien zu Fuß und 239 zu Pferd wird Maximilians Beitrag auf bloße 6000 Mann geschätzt. Wallenstein schlug das Heer, das er persönlich kommandierte, auf 40000 an, und nach der Vereinigung mit den Bayern auf gute 50000. An den Obersten Montecuccoli, den 5. Juli: »Worauf wir Ihn hiermit in Antwort berichten, daß wir bereits zu des Kurfürsten in Bayern Liebden gestoßen und über die fünfzigtausend Mann zu Roß und zu Fuß beisammen haben, der König von Schweden aber sich bei Nürnberg befindet und daselbst fortificiert, worauf wir übermorgen gegen ihn fortziehen und versuchen werden, ob er zum schlagen wird zu bringen sein, dadurch sich dann viel Sachen ändern werden.« Nürnberg also. Dort würde es endlich sein. Dort beschloß Gustav in der Defensive zu bleiben, seinen abermaligen Irrtum realisierend: daß Wallenstein seine Absicht gar nicht auf Sachen hatte, sondern direkt gegen ihn, noch in Franken. Die Vereinigten Heere bewegten sich südwärts, Amberg, Neumarkt, Roth, Schwabach, welches heutzutage ein bloßer Vorort von Nürnberg ist. Mit müßig erregter, immer nur halb und spät gestillter Neugier verfolgte man in Wien die Züge und fand sie gut. Seine Majestät, wurde Wallenstein informiert, wie auch der Minister Eggenberg, rühmten nun seine Disposition, Fortschritte und Vorhaben und erkennten selbst »und wir alle, daß Ew. F. Gn. die Sachen recht und viel besser et con vera ragion di guerra als der Kurfürst verstanden, weil auf diese Weis auf einmal das Königreich Böhmen und zugleich Bayerland von dem Feind befreit worden«. Das Sinken und Steigen und wieder Sinken von Wallensteins Ruhm gehörte zum Rhythmus seines Lebens wie Schlafen und Wachen.

Nürnberg

Der König hatte sich in eine Falle manövriert und machte das Beste daraus. Marschierte er weiter in Richtung auf Sachsen, so hätten die Vereinigten Heere, als die ungleich stärkeren, ihm den Weg verlegt. Versuchte er, nach schon so vielem sonderbaren Hin und Her, nach Westen auszuweichen, so hätte sein Kriegsruhm sich in Staub und Lachen verwandelt. Also blieb er, wo er war, in kunstgerechter Defensive. »Hohe und schöne« Schanzen, tiefe Gräben und halbe Monde rings um Nürnberg entstanden in wenigen Tagen. 20000 Soldaten, gezwungene Bauern, freudig voluntierende Jungbürger unter der Leitung von des Königs Ingenieuren vermochten es. Der Geschütze sollen an die 300 gewesen sein, darunter bayerische, in München erbeutet.

Noch in Pfreimd, drei Tagemärsche von Nürnberg, war Wallenstein der Meinung, ein so stacheliges Lager unangegriffen zu lassen und aus angemessener Ferne es zu blockieren. Was dann? Der Feind würde eines Tages heraus müssen. Er würde einstweilen versuchen, Hilfstruppen an sich zu ziehen, Regimenter aus Norddeutschland, vom Rhein, aus Schwaben und Bayern. Es würde so im Fränkischen zu einer doppelten Konzentration kommen und irgendwann zur Hauptkrise. An den Erzherzog Leopold, der um sein Tirol bangte: der König sei in einer solchen Verfassung, daß ihm der Gedanke an fernere aquisti wohl vergehen werde. Und wieder: »Weilen Wir uns mit des Herrn Kurfürsten in Bayern Liebden conjungieret und dem König an Macht weit überlegen, die ragion ergibt, daß, wenn er anders sich nicht gar verlieren will, er mehr Volk von allen Orten zu sich fordern muß . . .« Stets bereite Kritiker haben für übel befunden, daß der Generalissimus sich nicht gleich auf die Schweden stürzte, sondern rätselhaft wartete, Woche für Woche, bis sie endlich ihm etwas Gleichgewichtiges entgegensetzen konnten. Es haben diese Pedanten den Kurfürsten von Bayern auf ihrer Seite. Maximilian, von Nürnberg angekommen, wünschte sogleich ein scharfes Ende zu machen und hörte während des Folgenden nicht auf, die Untätigkeit seines verhaßten Freundes zu beklagen: »Ich habe mich zwar bisher beflissen, den Herzog von Friedland dahin zu bringen, daß man doch mit einer so ansehnlichen Armada nicht so lange still liege, sondern dermaleinst gegen den Feind einen Ernst gebrauche. Ich habe es aber bis dato über allen angewandten Fleiß dahin nicht bringen können, und muß je länger je mehr verspüren, daß man allein cunctando den Feind ausharren und auf andere ungewisse Gelegenheiten, ihm beizukommen und Abbruch zu tun, warten will. Inzwischen aber vergeht die beste Zeit und Occasion; Proviant und Geld gehen umsonst auf« und so fort. So die Äußerungen bayerischer Ungeduld. Daß jedoch die allmähliche Entleerung Süddeutschlands und der Rheinlande von schwedischen Truppen, die Ballung in Franken gewollt und eingeplant war, ganz ebenso wie vorher Gustavs Rückzug aus Bayern, dafür haben wir die Beweise schwarz auf weiß, obgleich mit einem Zusatz. Wallenstein hoffte, was immer vom Main und Lech herkäme, abzufangen, ehe es mit der Royal Armee zusammenschwamm. Sein eigenes, im Westen von Nürnberg entstehendes Lager diente so einem doppelten Zweck: des Königs Blockierung und seiner Isolierung.

Diese Festungslandschaft, Meilen breit und lang, mehrere Ortschaften, als Kreutles, Altenberg, Unterasbach und Zirndorf umfassend, wurde in drei Tagen vom Friedlich-Natürlichen ins Menschlich-Kriegerische verwandelt durch die gleichen Mittel und Massen. Sie war

im Osten ihrer Länge nach geschützt durch die Rednitz, die von Süden nach Norden fließt, geteilt durch den vom Westen kommenden Nebenfluß, die Bibert. Laufgräben, Wälle, Redouten die Rednitz entlang; ganze Wälder zerstört, um Platz und Übersicht zu schaffen, die Bäume zu Palisaden zu spitzen; die Anhöhen im Norden mit dreifachen Schanzen geschmückt; außerhalb des Walles gegen Norden die »Alte Veste«, eine Burgruine auf waldiger Höhe, nun ins Modernste verwandelt mit Kanonen, Gräben und Verhauen. Das improvisierte Großverteidigungswerk war am grimmigsten stark gegen Norden und Osten, es leuchtet ein, warum, schmaler gegen Westen und Südwesten; auch dort gab es »Vierecke«, umwallte Batterien und Wachmannschaften. Wievielen das Lager herausfordernden Schutz bot? Man weiß es nicht. Gustav, seines Gegners Nest inspizierend, als niemand mehr darin war, entschied, mehr als 22000 könnten da nie gehaust haben. Auch Könige irren. Warum, nach allem, was wir von der Weite des Lagers sehen und hören, sollten es nicht 40000 gewesen sein?
Es blieb ein Abriß dieser in der Kriegsgeschichte unerhörtenSiedlung, angefertigt zwei Jahre später im Auftrag der Stadt Nürnberg, so genau gearbeitet, wie keine andere Karte der Zeit. Da sieht man das Große und Ganze und sieht die Details: die Zelte der Infanterie, die Hüttlein für Pferde und Reiter, ein streng geordnetes Gewimmel; die Kochstellen und Marketendereien; die Munitionsplätze; die Richtstätten, drei Galgen und ein Rad, an dem zu jedermanns Warnung die Stücke eines Gevierteilten hingen. Soll der Sohn eines Bäckers zu Onolzbach gewesen sein, der begann wohl sein Leben frech und froh; warum er es so scheußlich beenden mußte, wissen wir nicht, mögen uns aber einbilden, daß inmitten solch staubiger Konzentration die Disziplin noch härter geübt wurde als gewöhnlich. Der Kurfürst hatte sein Quartier nahe der Bibert im Dorf Altenberg, dem schattig-angenehmsten Ort des Lagers; Aldringen das Seine ungefähr in der Mitte, in Kreutles; im Süden wohnte Wallenstein auf kahlem Platz in einer Baracke, die mit jenem transportablen, der Kriegskanzlei bestimmten Fertighaus identisch gewesen sein mag. Die Kanzlei in Zelten rings um das Haus, wie auch die hohen Offiziere des Stabes, der Leibarzt, und, in überdachtem Stall, die Leibrosse. Unweit davon, ganz am Südrande, das Lazarett in fünf Hütten, durchaus ungenügend. Ein Wasserquell, ein einziger, um welchen die Diener der Vornehmen sich stritten; für die Gemeinen der in Sommersglut trüb schleichende Bach. Dies Lager kann der Gesundheit nicht förderlich gewesen sein ... War die Luft rein wenigstens in der Umgebung von des Herzogs Baracke? Hatte er sein gewohntes Kräuterbad, zum Essen

seine Rebhühner, seine Erdbeeren, da doch Beerenzeit war, zum Trinken sein Weizenbier? Verbrachte er seine Tage diktierend, lesend, Befehlsträger abfertigend, Botengänger; Kriegsgefangene, umherstreichende Bauern verhörend? Ritt er mit seiner Suite durch das Lager, richtete ermunternde Feldherrnworte an die Soldaten, zeigte drohend auf eine Schanze, die nicht so bestückt war, wie er befohlen hatte? Wie fühlte sich die Nachbarschaft zu Maximilian, gab es gemeinsame Tafel dann und wann? Mindestens gab es gemeinsam unterzeichnete Befehle: Von Gottes Gnaden, Maximilian, Albrecht. Des Bayern Schreibkunststück, Wallensteins wild geschwungene Züge nehmen sonderbar sich aus in ihrer Eintracht. Sonderbar waren diese Julitage und Hundstage; drei Kriegsfürsten mit ihren Armaden, die ihre Sache hatten komponieren wollen und doch nicht können, so nahe sich gegenüber, lauernd und lauernd. »Man muß«, urteilte Wallenstein, »itzunder nur sulla defesa daselbst stehen, denn ich hoffe, wenn der König dahier nur einen einzigen colpo bekommen wird, daß sich viel Sachen im Reich werden ändern. Ich vermeine auch, daß er al longo andar sich nicht wird halten können; wird müssen aus seinen Fortificationen, denn der Hunger und Mangel der foragi wird ihn dazu treiben.« Er war der Geduldigere; nie so geduldig, nach außen hin so beherrscht, wie vor Nürnberg. Manches werde demnächst im Reich sich ändern. Ändern in welchem Sinn? Konnte er eine Totalniederlage der Schweden eigentlich wünschen? Seine Verleumder meinen, daß er sie nicht wünschte, und erklären seine Spinnen-Strategie daraus. Ja, das mag wohl sein, daß er in der Nacht manchmal sich fragte, was denn werden würde, wenn es die schwedische Macht in Deutschland nicht mehr gäbe; ob dann nicht der alte Übermut den Wienern zurückkehren würde, die Hoffnung auf Gleichgewicht und Kompromiß verloren sein, er selber entbehrlich wie 1629. Bloße Nachtgedanken. Am Tag war die militärische Situation der Gegenwart stärker als die politische einer unsicheren Zukunft. In ihrem Bann blieb er, solang man 1632 schrieb.

Ausfälle aus beiden Lagern, Geplänkel, Schußwechsel in dunkler Nacht. Wagenkolonnen mit Proviant, den ein Gegner dem anderen abzufangen oder zu verbrennen suchte, was mitunter gelang. Die Schweden hatten die große Stadt für sich, die Magazine, die dort sich befanden, und 138 Bäcker. Sie hatten gegen sich, daß die Außenwelt ihnen versperrter war als den Kaiserlichen und bei solchem Gedräng die Vorräte sich rapide verringerten. Wie gewöhnlich kam der Mensch vor den armen Tieren, der Soldat vor den Zivilisten. Die Pferde starben zuerst, danach an Seuchen und Hungerkrämpfen die Bürger, 29406 an der Zahl, wie ein Chronist errechnete. Kummervoll wird oft die Begeisterung für eine Sache, einen Menschen bezahlt, und es ändert dann nichts, daß längst die Begeisterung verflog; die Opfer gehen weiter. Krankheit wucherte auch im Gegenlager, möchte aber mehr durch die rohe Ungelehrtheit des Lebens in der Enge, durch Gefliege und Geziefer, als durch Mangel zu erklären sein. Die Heimgesuchten wurden auf rüttelnden Karren so weit wie Eichstätt, wie Regensburg geführt. Spitäler für sie einzurichten, schrieb Wallenstein den Regensburgern, sei Christenpflicht und kaiserlicher Befehl obendrein; Postscriptum »Ich rate Euch, repliciert mir nicht mehr, oder es wird was anderes daraus erfolgen« . . . Die Ernährung der gesund Gebliebenen geschah vor allem aus Bayern, wie Maximilian nicht ohne Bitterkeit bemerkte, dem ausgesaugten, dem angeblich so ganz verwüsteten Bayern. Wallenstein erkannte das an: der Kurfürst tue sein Mögliches für die gemeinsame Sache, und also sei es billig, für ihn ein Gleiches zu tun. – Sieh an, wie gerecht der sein konnte.

Die Vereinigung von Gustavs Royal Armee und den von allen Himmelsrichtungen sich heranwälzenden schwedischen Corps hielt er für unmöglich. Sie wäre es nur dann gewesen, hätte er selber ein Wort wahr gemacht, indem er die eigene Macht zwischen den Main-aufwärts reisenden Oxenstierna und die aus Schwaben herankommenden Generale Banér und Weimar schob. Er rührte sich aber nicht, zur Verzweiflung des Kurfürsten, zum freudig-ungläubigen Erstaunen der Schweden. Wie ein Fluß Nebenflüsse aufnimmt von Norden und Süden, zog Oxenstierna Corps nach Corps an sich heran; in Würzburg den Landgrafen von Hessen mit 4000 Mann, in Kitzingen den Herzog Wilhelm von Weimar mit 11 000, mit 7000 Banér und Bernhard in Windsheim. Als er Ende August bei Brück, zwischen Erlangen und Nürnberg stand, zählte sein Hilfsheer 30 000 Köpfe. Wallensteins Lager umschloß den Norden von Nürnberg nicht; und da er immer blieb, wo er war, konnten die beiden schwedischen Massen sich in aller Ruhe zusammenfinden. Was nun? Wollte Gustav das Sinnlose seines Marsches nach Nürnberg nicht ins Irre steigern durch einen Abmarsch, der ihm jetzt allerdings offenstand, von dem aber peinlich zu sagen war, wohin er denn nur gehen sollte, so mußte er eine Entscheidung suchen; dies um so dringender, weil für ein Heer von 45 000 das Essen und Trinken so ganz und gar fehlte. Wallenstein, in seiner Festungslandschaft, verweigerte die Schlacht nach wie vor.

Er hatte noch Anderes zu tun während dieser zwei Monate; er dachte an den unheimlichen Nachbarn jenseits der Rednitz, aber nicht an ihn allein. Wie stand es mit Großglogau, dem neuesten in seiner Sammlung von Fürstentümern? Max Waldstein, in solchen Dingen noch immer sein Vertrauter, mußte ihm die Einnahmen organisieren aus dem Salzsiedewerk und Salzverkauf, den Bergwerken, den Zöllen, den Gerichten. Dafür würde er seinen Untertanen auch etwas bieten: eine Regulierung des Oderflusses, auf seine Kosten auszuführen, Ziegeleien, beim Wiederaufbau und Neubau schöner Häuser zu dienen, nach Möglichkeit mildes Vorgehen bei Einquartierungen. Glogau, bisher ihm gleichgültig, war nun seine Stadt; keine Stadt Wallensteins durfte häßlich verwahrlost aussehen. Befehlsschreiben in diesem Sinn ergingen aus dem Feldlager bei Nürnberg, halfen aber nichts. Denn Anfang August eroberte der Feldmarschall Arnim Sagan wie Glogau; und was seine Söldner dort trieben, zumal mit Angehörigen des katholischen Domkapitels, was Wallenstein in den Berichten seiner auf polnisches Gebiet geflüchteten Beamten las, war derart, daß auch seine verhärtete Seele staunender Ekel ergriffen haben mag an dem Infamen, was Menschen Menschen antun können.

Es war eine der Diversionen, aus denen der Krieg seit fünfzehn Jahren im wesentlichen bestand; einer jener Feldzüge, die ebensowohl anderswohin hätten gehen können, und noch besser unterbleiben. Warum nach Schlesien? Warum nicht nach Schlesien? Wieviele Heere waren über die waldigen Bergpässe zwischen Böhmen, Sachsen, Schlesien schon getrieben worden zum Verderb der Länder, wieviele würden es noch, Jahrhundert nach Jahrhundert?

Arnim, nachdem er aus Böhmen gedrängt worden war, erwartete einen Gegenbesuch Wallensteins in Sachsen, so wie Gustav Adolf ihn erwartete. Die Bewegung nach Schlesien sollte dem vorgreifen. Auch argumentierte der Feldmarschall, ein schwedisches Corps, das vom Brandenburgischen aus schon in Niederschlesien operierte, könnte die Provinz gar leicht für den König in Gehorsam nehmen; besser, in deutschen Mannes Augen, wäre sie doch in sächsischer Hand. Ferner gehörten die Bewohner in ihrer Mehrheit zu jenen, welche der politischen Theorie nach ihre Befreiung erseufzten, denn sie waren Lutheraner und durch die Reformation des Kaisers zum abgöttischen Irrtum gezwungen. Von ihm wurden sie denn für eine Zeit erlöst; das einzige Glück, das Arnim ihnen brachte. Was sonst die Sachsen unter Befreiung verstanden, hatten sie schon in Böhmen gezeigt. Dem frommen Arnim selber war nicht ganz wohl bei der Sache. Deutsche Libertät, Gottes heiliges Wort, ein christlicher wohlversicherter Friede, das sei ja gewiß erstrebenswert; aber wie seine Leute in Schlesien hausten, das könne man mit Worten nicht sagen. »Ich lasse fast alle Tage hencken; es hilft nichts. Berufen sich darauf, sie bekommen kein Geld; darum müssen sie sonsten ihren Unterhalt suchen.«

Wallenstein hatte im Osten einige 20000 Mann stehen: 12000 in Böhmen unter Marradas, dem altgedienten spanischen Tunichtgut, die waren mehr für die Polizierung Böhmens als für seinen Schutz nach außen bestimmt; in Schlesien 10000 unter dem Obersten Goetz und Christian Ilow, welche dem Oder-aufwärts dringenden Arnim sich nicht gewachsen zeigten. Nacheinander fielen Sagan, Glogau, Steinau, dann Schlesiens Capitale, Breslau. Schon tauchte die vielversuchte, ewig lockende, ewig untaugliche Strategen-Idee wieder auf: von Schlesien nach Mähren, Zusammenspiel mit dem Fürsten von Siebenbürgen, der längst nicht mehr Bethlen, sondern Rákóczi hieß, von seines Vorgängers Lust an gesamt-evangelischen Kriegsgespinsten jedoch einen matten Teil geerbt hatte; auch ein türkischer Pascha, der von Ofen, meldete sein Interesse an.
Dem Feldmarschall von Arnim nahm Wallenstein auf die Dauer gar nichts übel, er mochte ihm antun, was er wollte. Des Herzogs Zorn richtete sich gegen Sachsen als ein Abstraktum, inkarniert in dem Kurfürsten Johann Georg, von dem er doch wußte, was für ein verächtlicher, stets fremdem und jeweils dem letzten Rat taumelnd folgender Mensch das war. »Allermaßen wir nun hieraus die Dankbarkeit, daß wir des Kurfürsten zu Sachsen Land verschonet, verspüren und allen den uns anjetzo geschehenden Schaden . . . fleißig ad notam zu nehmen nicht unterlassen wollen . . .« Dreiviertel Jahre hatte er sich im Guten um den Frieden mit Sachsen bemüht; nun sollte der Kurfürst zur Raison gebracht werden durch »Plündern, Brennen, Vieh Wegtreiben und sonstige Ruinierung«. Diversion gegen Diversion. Daß Johann Georg dabei nichts zu leiden haben würde, selbst dann, wenn er für seine Person in goldene Gefangenschaft geriete, wohl aber seine dumpfen Untertanen, die nach ihrer Ansicht über den Schlesien-Feldzug nie gefragt worden waren, das kam in Wallensteins Sinn nicht; hier dachte er genau so, wie die Mächtigen seiner Zeit und aller Zeiten.
Zum Heimsucher Sachsens wurde der Feldmarschall-Leutnant Holk auserwählt, der bis Mitte August sich nicht im Nürnberger Lager, sondern auf Vorposten weiter nördlich, zwischen Bamberg und Forchheim befand. Holk gehorchte. Wie er sonst seine Soldaten mit eiserner Hand unter Disziplin hielt, so entließ und trieb er sie nun in Taten äußerster Verwahrlosung, über die er dem Oberfeldherrn nicht ohne Vergnügen rapportierte. »Der Oberst Corpus wird morgen Abend vor Dresden am Tor aufs übelste hausen.« »Herr Oberst Corpus hat bis an die Vorstadt Dresden . . . in Brand gestecket, gestreifet, drei Dörfer allda in der Nähe abgebrannt, eine Stadt, Aitten genannt, mit allen Einwohnern in die Asche geleget, wie auch andere unter-

schiedliche Marktflecken, benebenst in die 1000 Personen niedergehauen.« Zum Schluß kam er auf »fünf gute Städte und an die dreißig Dörfer, nebst Ausplünderung des ganzen Landes diesseits der Elbe«. Er prahlte; kaum übertrieb er. Die Berichte aus Dresden klingen noch böser, zum Beispiel die des schwedischen Residenten. Es war nun an Johann Georg, über des Feindes Wüten und Toben ein Klaggeschrei anzustimmen, so wie sein Bruder-Kurfürst, Maximilian, im Frühling, in den gleichen Stereotypen: »Schlimmer als der Türke«, »wie noch nie zuvor und nirgends« – da es doch überall und immer dasselbe war. Dem Feldmarschall von Arnim gab er die Hauptschuld: Holks wilde Jagd durch Sachsen wäre nicht möglich gewesen ohne Arnims wilde Jagd durch Schlesien; abgesehen davon, daß sie des Kurfürsten Friedensliebe spornen sollte, hatte sie den Nebenzweck, Arnim zur Räumung Schlesiens zu zwingen. Ist aber der Krieg im Allgemeinen ein ungeschicktes Mittel zum Frieden, so war es diese Art von Krieg, die geschwungene Feuergeißel, wohl erst recht. In Dresden hielt Hofprediger Hoë herrliche, donnernde Predigten gegen der Papisten Tyrannei, und zum erstenmal, seit all dies begann, wurden in den sächsischen Kirchen die Gebete für den Kaiser eingestellt. In Wien, sehr weit vom Schuß, erdachte man noch andere Diversionen. Könnten die Polen nicht wieder einmal einen Beitrag für die gemeinsame Sache liefern und vom Osten her die protestantischen Kurfürsten besuchen? Von je waren Wallensteins Beziehungen mit Polen zugleich intensive und dünne. Intensive, weil die geographische Lage der Republik so war, des Nachbarn schwedischen, brandenburgischen, habsburgischen Herrschaftsgebietes, weil auch der Dynast so war, katholisch, ein Mitglied der Habsburg-Sippe; dünn, weil das weite Reich schwach war und gefährdet, der König noch schwächer. Zur Zeit fehlte er ganz, denn der alte Sigismund war unlängst mit Tod abgegangen, und sein Erbe, Prinz Wladislaw, wartete noch auf seine Wahl. Eine Epoche ohne König bedeutete für die Feinde des Reiches allerlei Versuchungen, wie Wladislaw fürchtete und wie Wallenstein begriff, nachdem er im Nürnberger Feldlager sich mit einem polnischen Abgesandten unterhalten hatte: »In Summa, ich sehe, daß sie sich besorgen, daß wir dahier Fried oder Tregua mit dem König von Schweden machen sollten, und also sie bei diesem interregno durch die Tataren, Moscowiter und Schweden eher unterdrückt werden möchten.« Die Sorge hatte ihre Logik. Solange die Schweden in Polen Krieg führten, war Wallenstein darauf bedacht gewesen, ihn in Gang zu halten, damit die Schweden nicht nach Deutschland kämen. Nun, da Friede zwischen Gustav Adolf und Polen war, oder doch etwas dem Frieden Ähnliches, und Schwedenkrieg in Deutschland, wünschten sich die polnischen

Politiker genau das Gleiche und aus dem gleichen Grund. Der Unterschied war nur der, daß Wallenstein ehedem etwas Erkleckliches getan hatte, um den Krieg in Polen zu verlängern, während Wladislaw Entsprechendes nicht tun konnte, außer, daß er wohlinformierte Briefe an Wallenstein schrieb, dessen Nürnberger Strategie lobte und die Sendung von 1000 Husaren zusagte, wenn er nur das nötige Geld dafür erhielte, 15000 Gulden. Der Prinz von Polen, Erbkönig von Schweden und Großfürst in der Moskau, wie er sich stilisierte, besaß soviel nicht. Die Verhandlungen, die Wallenstein in seinem Feldlager mit Warschauer Diplomaten führte, blieben denn etwas vage: er gab ihnen schriftlich, daß man dieserorts nicht an einen Waffenstillstand mit Schweden denke, »weder Ihre Kaiserliche Majestät, noch des Herrn Kurfürsten in Bayern Liebden, noch Wir«, und daß weitere vertrauliche Korrespondenz zwischen ihm und der Krone Polen ohne Zweifel der Christenheit dienlich wäre . . .

Von noch weiter her, als Warschau liegt, kamen Botschaften ins Lager, direkte oder mittelbare. Was der Siebenbürger trieb, waren Faxen ohne Konsequenz. Furchtbar konnte der Großtürke sein, und auf den rechnete, wer immer mit Haus Österreich anband, Gustav Adolf auch. Noch zwar gab es den Frieden von Zsitva-Torok, Bischof Khlesls Frieden, unvergleichlich länger schon, als man damals, 1606, gehofft hatte. Je länger aber der Türkenfriede dauerte, desto wahrscheinlicher würde er nicht mehr lange dauern. Äußere Gelegenheit, wie jetzt die von dem Schwedenkönig gebotene, konnte ihm ein Ende machen; ebenso ein Machtwechsel in Konstantinopel. Daß ein solcher im Mai sich ereignet hatte, erfuhr Wallenstein im Juli aus einem Bericht des kaiserlichen Residenten, Orators oder Internuntius bei der Hohen Pforte. Der Großvezier nämlich, Regep Bassa, war plötzlich verstorben. Sultan Amurad hatte es schlau angefangen, um den mächtigen Günstling loszuwerden; ihm besonders schön getan während der letzten Monate und ihm die eigene Schwester zur Frau angeboten; als aber der Minister zum Zwecke einer Besprechung im Serail erschien, da stürzten sich des Sultans Mordbediente auf ihn, und schnell lag er erdrosselt. So dunkle Justiz lohnte sich in mehr als einer Beziehung: das Vermögen des Erwürgten an Geld, Kleinodien und anderen Köstlichkeiten, bei drei Millionen Dukaten im Wert, fiel dem Sultan anheim. Fragte sich, wie der Nachfolger, Mehemed Bassa mit Namen, sich zum Krieg in Europa stellen würde, und da konnte Botschafter Schmidt Beruhigendes melden. Einen guten, ernsthaften Eindruck habe der neue Vezier bei der ersten Audienz gemacht, seine Treue zu den Verträgen betont, auch dem schwedischen Gesandten erklärt, daß er die Freundschaft des Königs Gustav Adolf hoch achte, in seine

Kriege aber ohne triftigen Grund sich nicht einmischen dürfe ... Wallenstein las den Bericht und scheint nachdenklich dabei geworden zu sein. Da war Einer der mächtigste Mann im Reich, der Begütertste wohl auch und seiner Sache sicher, und plötzlich gab es einen Schrekken, der drang ins Herz, und lächerliche Gegenwehr und ein paar erstickte Schreie, und weg war er, und alles, was er gesammelt hatte, war auch weg, und prompt ein Nachfolger da, vermutlich lange vorher ausgewählt, aber im stillen, und alles sonst ging seinen Weg weiter. Türkische Art ... An Dr. Schmidt, diesen anstelligen Menschen, von Haus aus Bürger des Schweizerstädtleins Stein am Rhein, schrieb er, mit Interesse habe er seinen Rapport gelesen und sei weiterer Nachrichten gewärtig; genauerer Auskunft (wenn wir vermuten dürfen) über den Untergang des Veziers, wie auch über das, was etwa noch vorfiele zwischen Türken, Persern, Tataren, Moskowitern und Schweden ... Durch ein Schreiben von so hoher Stelle nicht wenig geschmeichelt, ließ der Botschafter bei Wallenstein anfragen, ob er sich etwa für ein zu Konstantinopel feilgebotenes Kriegszelt interessierte? Persianische Arbeit, über die Maßen reich und schön, nur etwas gebraucht, und der Preis unverschämt, 3000 Taler. Da die Türken im Moment nirgendwo Krieg führten, so hoffe er, ihn durch bloßes Zuwarten noch herunterzubringen ...

Vier Tage, nachdem seine schwierigen Hilfsvölker zu ihm gestoßen waren, schritt Gustav Adolf zum Angriff. Insoweit das wilde Spiel, das nun begann, unter einer Kontrolle der Anführer blieb und auf fachgerechte Worte gebracht werden kann, verlief es, wie folgt.
31. August. Der König stellt sein Heer auf der rechten Seite der Rednitz, gegenüber dem feindlichen Lager, in Schlachtordnung auf. Artilleriefeuer hin und her an diesem Tag und dem nächsten. Wallenstein rührt sich nicht; seine Festung ist hier am stärksten, der Fluß und der Sumpf rechts des Flusses ein Hindernis zu seinem Schutz. In der Nacht vom 1. auf den 2. September zieht Gustav seine Truppen nordwärts und überschreitet die Rednitz bei Fürth. Nun hält Wallenstein, so vorsichtig er ist, eine offene Feldschlacht im Westen des Lagers, im Süden des Baches, der Bibert heißt, für annehmbar. Dorthin führt er am Morgen des 2. die Mehrzahl seiner Regimenter und wartet; läßt jedoch Aldringen mit einigen Truppen im Lager zurück. Der König mißversteht das Manöver. In der Meinung, Wallenstein habe Fersengeld gegeben und sei mit dem Gros seiner Armee in südwestlicher Richtung abmarschiert, schickt er zur Verfolgung seine Kavallerie in eine Weite, in der der Feind nicht ist. In der Meinung, das Lager sei nur noch matt verteidigt, läßt er es am 2. vom Norden her appro-

chieren. Am 3. geht er zum Sturmangriff über, Bernhard von Weimar auf der Rechten führend, er selber auf der Linken; schwedische Brigaden, die weißen, blauen, gelben und grünen, Deutsche und Schotten, im Vordertreffen finnische Reiter. Das Ziel ist die Alte Veste und eine Waldhöhe ihr gegenüber, der Rednitz entlang; wer dort Artillerie hinbrächte, der würde das ganze Lager beherrschen. Alsbald wird der Irrtum offenbar: die Höhen sind schon okkupiert, über und über. Was die Angreifer gegen sich haben, sind nicht nur die Scharen Aldringens, der an diesem Tag rohe Wunder vollbringt; es ist die ganze kaiserliche und bayerische Armee, die vom Westen her in das Lager zurückgeströmt kam und die lange vorbereiteten Posten beziehen konnte; die also nun unter weit vorteilhafteren Bedingungen kämpft, als jene außerhalb der Befestigungen gewesen wären. Vorteilhaftere Bedingungen; doch würden wir keinem, der den Todes-Sport nicht liebt, raten, sich in solchen Vorteil zu begeben. Aus Waldverstecken stoßen Wallensteins Musketiere vor. Die Alte Veste verwandelt sich in einen feuerspeienden Berg, verteidigt von 8000 Mann, die man ablöst, jede zweite Stunde. Ein zeitgenössischer Historiker: »Es war ein solches Schießen, Donnern und Krachen, als wenn alles in einander brechen wollte; fort und fort hörte man nichts als kontinuierliche Salven.« Im Tal der Bibert hält sich Wallensteins Kavallerie, erhebt sich von dort, gerät den Angreifern in den Rücken. So dicht wogt der Kampf, daß Aldringen plötzlich sich mitten unter den Schweden findet und einen schwedisch-deutschen Kommandeur spielt, bis er sich wieder herausziehen kann. Den Befehl an der Alten Veste übernimmt Wallenstein selber. Den roten Mantel über den Brustharnisch geworfen sitzt er zu Pferd; schaut, was es durch Feuer und Rauch zu schauen gibt; treibt an mit Worten, die untergehen im Lärmen; wirft Hände voller Goldgulden unter die Soldaten. Von seinen Offizieren werden an die sechzig umgebracht, ganz vornehme dabei, die Obersten Fugger, Caraffa, Chiesa. Ihre Namen stehen in den Büchern; jene der auf der Erde zuckenden Gemeinen kennt man nicht. Gegen Abend fällt schwerer Regen; auf die Verwundeten; auf des Herzogs Kastorhut; auf die schlüpfrige Höhe, die Bernhard von Weimar mit seinen Kanonen krönen wollte. Er muß das nun aufgeben. Nach gespensterschwerer Nacht beschließt des Königs Kriegsrat den Rückzug. Wallensteins Rapport: »Das Combat hat gar frühe angefangen, und den ganzen Tag caldissamente gewährt, seind viele Offiziere und Soldaten von Eurer Majestät Armee tot und beschädigt . . . aber kann Eurer Majestät bei meiner Ehre versichern, daß sich alle Officiers und Soldaten zu Roß und zu Fuß so tapfer gehalten haben, als ichs in einiger Occasion mein Leben lang gesehen hab . . . Den andern Tag hat sich der Feind noch

bis auf 10 Uhr auf dem Berg gehalten, wie man aber auf ihn so stark gedrücket, hat er mit Verlust von 2000 Mann (oder wie man mich berichtet, darüber; denn von den Toten, so er nicht hat retirieren können, liegt der ganze Wald voll; so sagen die Gefangenen aus, daß sie den ganzen Tag unaufhörlich die Toten und Beschädigten retiriert haben) den Wald wiederum quittiert und sich bei Korbach gelegt, allda er noch verbleiben tut . . . Es hat sich der König bei dieser Impresa gewaltig die Hörner abgestoßen . . . und ob zwar Eure Majestät valor und courage zuvor überflüssig hatte, so hat doch diese Occasion sie mehr versichert, indem sie gesehen, wie der König, so alle seine Macht zusammen gebracht, zurückgeschlagen ist worden, und das Prädicat invictissimi nicht ihm, sondern Eurer Majestät gebüret . . .«
Ein Lob für Aldringen, dem an der Verteidigung der Alten Veste das Hauptverdienst zukomme, endet den Bericht. Er wurde am nächsten Tag für den Kaiser verfaßt; die folgenden 300 Jahre konnten ihm nichts wegnehmen, wenig Reales hinzufügen.
Belohnungen für die verwundeten Braven; 400 Gulden den Obersten, 300 den Hauptleuten, 40 den Korporalen, 10 den Knechten zu Fuß. Wallensteins alter Brauch: poena et praemium. Aber Strafen gab es keine. So wohlwollend hatte er sich noch nie über seine Leute geäußert, so wie hier dem Grafen Aldringen noch nie einem Andern den Ruhm gegönnt. Der ganze Bericht atmet gute Laune; das einzige Wort »caldissamente« beschreibt, wofür Spätere ganz andere Töne, Rhythmen und Farben aus dem Wortschatz holten. Er hatte erreicht, was er wollte: erst den König zwingen, dann ihm den Zauber nehmen, der seit Breitenfeld sich an seinen Namen heftete; die eigenen Soldaten an den Feind gewöhnen.
Der war in Verlegenheit. Er war in großer Verlegenheit. Stürmen noch einmal? Abmarschieren – wohin? Als das Schlimmste erwies sich, zu bleiben und seinerseits zu warten, auf das, was Wallenstein tun würde, der gar nichts tat. Wie es im schwedischen Lager nun aussah, war ihm bekannt. Sein Volk, schrieb er, sterbe dem König in Haufen weg, an Hunger und Seuche, oder reiße aus. Es riß nicht nur aus; es lief über ins andere Lager, wissend, wo es zu Essen finden würde; eine Kompanie Reiter kam, die hatten ihren Hauptmann erschlagen und baten um Aufnahme. »Ich hab einem jeden 10 Reichsthaler geschenkt und erlaubt, daß sie sich unter die Regimenter mögen unterstellen, wo es einem jeden beliebt. Es werden ihrer mehr folgen.« Fingen die Soldaten an, ihre Anführer zu ermorden und sich aus dem Staub zu machen, so mußte das für alle Potentaten, alle Feldherrn nachdenkliche Folgen haben; aber so prinzipiell fragt man angesichts des nahen Vorteils nicht . . . Binnen zwei Wochen verlor

Gustav einen Drittel seines Heeres, etwa 15000 Mann, durch Krankheit und Desertion.
Wir hören ihn klagen. Er verstehe die Deutschen nicht; sie wollten immer noch ihren Kaiser liebkosen, so tyrannisch er sich auch gegen sie gezeigt habe. Wir hören ihn vom Frieden reden: der sei möglich jederzeit, und was er fordere, recht und bescheiden. Pommern müsse er haben, Magdeburg und Halberstadt auch, aber nicht für sich selber, sondern für die evangelischen Kurfürsten. Wallenstein? Warum sollte er ihm nicht, zum Ersatz für Mecklenburg, das Herzogtum Franken abtreten, samt Würzburg, dessen Fürst-Bischof mit einer Stange Geld abzufinden wäre? Dem Kurfürsten von Mainz sei er bereit, sein Land herauszugeben, unter der Bedingung, daß auch der Geächtete, der Pfalzgraf, sein Heidelberg wiederbekäme – aber nicht die Oberpfalz, viel weniger Böhmen . . . Es klang anders als im Frühjahr. Was das »Herzogtum Franken« betrifft, so muß man wissen, daß dies Phantasiegebilde unlängst kreiert worden war aus dem Bistum Würzburg und allerlei Klöstern, Graf- und Ritterschaften den Main entlang, wobei der König sich selber die oberste Landesregierung vorbehielt. Ein reiches Land, Franken; vermutlich hätte Wallenstein es sich auch gefallen lassen.
Oberst Sparr, jener politisierende Soldat, der das Pech gehabt hatte, bei Nürnberg in schwedische Gefangenschaft zu geraten, nun des Königs Sendbote, hatte an Wallenstein drei Vorschläge zu richten. Ob ein Austausch gefangener Offiziere genehm wäre? Das war zu Wallensteins Vorteil; noch von Tillys Zeiten her schleppten die Schweden mehr Gefangene mit sich herum, als er hatte. Ob man ein »allgemeines Quartier« einrichten könnte, eine den Unterlegenen überall und immer zu gewährende Schonung? Wallenstein lehnte ab: so sei es in den Niederlanden üblich, daß, wenn 70 Reiter auf 50 stießen, die 50 sich alsbald ergäben; wohin dann der Krieg käme? »Die Truppen sollen combattieren oder crepieren . . .« Schließlich und hauptsächlich: ob in Anbetracht so vielen schon vergossenen unschuldigen Christenblutes etc. etc. es nicht heilsam wäre, alsbald Friedenstractationen zu beginnen, sei es zwischen abgeordneten Kommissaren, sei es zwischen dem König und dem Herzog persönlich? Mit eisiger Korrektheit antwortete Wallenstein, zu dergleichen besitze er keine Vollmacht, er werde an seine Kaiserliche Majestät referieren. Gustav, als Sparr ihm diese Gegenbotschaft überbrachte, wußte Bescheid: Beschlüsse des Wiener Geheimrats waren eine Sache von Monaten und enthielten, wenn sie überhaupt zustande kamen, selten etwas Besseres als Platitüden und Schnörkel, endlosen Geschichtsunterricht und trostlose Rechthaberei. Da es denn also mit einem zweiten Stürmen nichts

war und nichts mit Friedensgesprächen, so mußten Qual und Verderb beendet werden durch einen Abzug, gleichgültig wohin. Er verschönte ihn, indem er das, was ihm von seinen Truppen blieb – 27 000 Mann, heißt es, aber vor kurzem noch waren es 45 000 gewesen – gegenüber dem feindlichen Lager noch einmal herausfordernde Stellung beziehen ließ, den 18. September. Wallenstein beobachtete von seiner Anhöhe und rührte sich nicht; worauf die Schweden nach Westen abschwenkten. Daß sie es, bei solchem physischen und moralischen Zustande, in blanker Ordnung taten, muß die Kommandanten gewaltige Mühe gekostet haben. Mit dem Blick des Fachmannes erkannte Wallenstein die Leistung an: »Er« – Gustav – »hat eine gar schöne Retraite getan, und weiß gewiß aus dieser und allen Aktionen, daß er das Handwerk leider wohl verstehet.« Den langsam Verschwindenden schickte er Reiterei nach, mehr, um zu erkunden, wohin die Reise nun eigentlich gehe, als um noch einmal zum Schlagen zu kommen.
Es war dies, was die Ungeduld des Kurfürsten Maximilian zum Überkochen brachte. Er hatte wohl oder übel mitgemacht bisher. Er hatte den Kampf um die Alte Veste mit dürren Worten gelobt, nicht ohne anzudeuten, bei stärkerem Tatenwillen wäre wohl Mehreres zu erreichen gewesen. Nun urteilte er, dem abziehenden Feind sei mit aller Macht nachzusetzen. In eigener Person verfügte er sich zum Herzog von Friedland und hielt ihm die beweglichste Ansprache. »Es hat aber«, beschwerte er nachher sich bitter, »nicht allein nichts verfangen wollen, sondern wir haben verspüren müssen, daß er unser noch dazu verspottet, als wenn wir dieser Sachen nicht genugsam Experienz hätten, wie ihm denn die beiden Feldmarschälle Aldringen und Gallas ebenmäßig beigestimmt.« Weil der Haß sich nach Kränkungen sehnt, wie der Liebende nach Zeichen des Glücks, weil ohnehin der mißtrauisch-belastete Bürokraten-Fürst den Kriegsleuten gegenüber sich im Nachteil befand, so können wir nicht wissen, ob er wirklichen Spott hörte, oder hören nur wollte, wo milde erklärt wurde.
Wenigstens bis dahin, bis zum 18. September, hatte Wallenstein recht behalten. Der Ausgang des Nürnberger Sommers war für den König von Schweden ärger als Niederlage in offener Feldschlacht. An Zahlen ohnehin; mehr noch im Unwägbaren. Aus dem legendären Siegeszug des Vorjahres war Konfusion und Entlarvung geworden; Hin-und-her-Ziehen ohne Zweck, je nach dem, was der Feind tat; Sterben und verbrannte Erde.

Nie war seit dem Weißen Berg etwas Endgültiges entschieden worden; der Krieg ging ja fort und fort. Was Wallenstein, der Zurückberufene, bereits entschieden hatte, war nur dies: die schwedische Intervention würde so wenig entscheidend sein, wie vorher die dänisch-holländisch-englische. Ein Erfolg; aber keiner, der an sich schon erfreuliche Aussichten eröffnet hätte. Man konnte kriegen und die Länder quälen, Jahr für Jahr, ohne Entscheidung; Scheinvorteil würde einmal auf der Seite sein, einmal auf der anderen, und so hin und her.
In Wallensteins intuitivem, ermüdetem Geist war diese Möglichkeit gegenwärtig; als etwas, was man guttäte, zu vermeiden, übte sie auf die Dauer die stärkste Wirkung aus. Momentweise dachte er anders, faßte er andere Hoffnungen; er wußte nicht, er lebte unter dem Drang der Nachrichten, wahrer und falscher, und den auf ihnen sich gründenden Spekulationen, wie alle. Während der folgenden ereignisreichen, unsagbar wirren sieben Wochen gab es Stunden der Euphorie, in denen er glaubte, er könne den König von Schweden »vollends consumieren«, nämlich so vernichtend schlagen, daß Friede zu machen wäre nach seiner Art, wie ehedem in Lübeck. Sieg über den ruhmreichsten Heerführer der Zeit, den neuen Alexander Magnus, ein triumphales Ende seines Zweiten Generalats, mit angenehmen Folgen für mehrere Parteien, aber gewiß für sich selber, das wünschte er schon, wenn es zu haben war. Ein Gefühl, daß es nicht zu haben war, daß man sich also irgendwo würde treffen und wechselseitig bescheiden müssen, überwog.
Man konnte nicht ewig Krieg führen. Er jedenfalls konnte es nicht, so wie Körper und Seele ihm leidend zu schaffen machten; von Haus aus war er geneigt, innere Stimmung und äußere Welt einander gleichzusetzen. Was er jetzt leistete, bedeutete eine furchtbare Anstrengung seiner Kräfte, getrieben von dem Wunsch, zum Ziel zu kommen.
War Gustav Adolf in ähnlichem Fall? Es fehlt nicht an Anzeichen dafür, daß er, der zwischen Ladogasee und Rheinstrom so manchen Strauß bestanden, sich nun nach Ruhe sehnte, daß er gern herausgekommen wäre aus dem Gestrüpp deutscher Widerborstigkeit, Tücken und Rätsel. Den Plänen, mit denen er sich trug und die auf dauernde Vereinigung aller Evangelischen unter seinem Direktorat zielten, entsprach nicht die fragende Bitternis, die ihn beschlich. Aber beide, Herzog und König, standen unter Zwang; dem allgemeinen; dem besonderen, den einer dem anderen bereitete. Es gilt dies auch für die

militärischen Aktionen, und gilt für jeden am Kriegsspiel Beteiligten. Jeder General hatte einen, den er zwingen wollte und umgekehrt; dieser jenen, jener diesen. Die Pantomime wurde schwieriger dadurch, daß man meistens nicht wußte, wo der andere hinwollte, und oft nicht einmal, wo er war. Das kam vor, daß ein Anführer mit etlichen 10000 Mann in dem weiten Lande glatt verlorenging und nach einiger Zeit gefunden wurde, wie ein irregegangener Wüstenwanderer. Aus der Strategie eindeutig folgende Absichten gab es keine. Zudem war jetzt, nach langem Frühling und kurzem Sommer, der Winter nahe; eine Jahreszeit, deren Spielregeln der König mit seinem zermürbten Heer diesmal wohl genauer würde einhalten müssen als 1631. Sollte überhaupt noch etwas geschehen, dann bald. Wo?

An die zwei Wochen hält Gustav sich bei Windsheim, nordwestlich von Nürnberg. Es ist die Marschrichtung zum Main; daß er diesen Fluß erreichen will, hält Wallenstein für das Vernünftige, also Wahrscheinliche. Darum zieht er selber, fünf Tage nach des Königs Aufbruch, von Nürnberg sich ein wenig nordwärts, ohne die große Stadt anzugreifen, die neuerdings sich gegen des Kaisers Majestät so schwer versündigte und zu deren Schutz Axel Oxenstierna mit ein paar Regimentern zurückblieb. Der König geht aber nicht an den Main. Noch einmal entscheidet er sich für den Süden, und nicht einmal für Bayern, sondern Schwaben, den Lech, den Bodensee. Dafür sprechen nur unbeträchtliche Gründe. Man könnte frische Truppen in der Schweiz werben. Man sollte die Verbindungen zwischen dem Oberrhein, Schwaben, Bayern offenhalten für nächstes Jahr; am Lech sind die Kaiserlichen, unter Ernst Montecuccoli, erfolgreich gewesen. Übrigens ist Schwaben das am wenigsten verwüstete Land, lockend für Winterquartiere. Das ist alles, und nicht viel. Noch einmal, wie im Frühling, überschätzt der König, was Arnim für die Verteidigung Sachsens tun kann; Sachsens, das er doch unter keinen Umständen verlieren darf und dessen Machthaber nie aufhören, nach einem Ausweg ins Neutrale zu schielen. Für den sächsischen Notfall, auch, um selber sich den Rückweg zur Küste nicht versperren zu lassen, rechnet er auf weithin zerstreute Truppenkörper nördlich des Mains: die Brüder Weimar, Wilhelm und den jungen aufsteigenden Stern, Herzog Bernhard, im Fränkisch-Hessischen, in Niedersachsen seinen General Baudissin und den Herzog Georg von Lüneburg, ehedem in Wallensteins Diensten, die dort ein paar feste Plätze, Wolfenbüttel, Hildesheim, Hannover, Braunschweig, besetzt halten. Wieviele Kriegsknechte sind das insgesamt? Knapp 20000. Der König meint, es sei genug, zusammen mit den 10000 oder 12000, über die Arnim kommandiert. Aber Arnim bewegt sich in Oberschlesien jetzt und will da nicht weg. – Die Wahrheit ist, daß König Gustav Adolf ratlos im Dunklen tastet. Dieser Zug nach Schwaben ist bar jeden kriegerischen Sinnes. Wieder Donauwörth, wieder Rain am Lech, das er doch schon im Frühling erobert hat und jetzt erobert zum zweiten Mal – fühlt er die Öde der Wiederholung? Die sollte mancher fühlen.

Wallenstein, sonst über die Bewegungen des Feindes gut informiert, weiß an die zwei Wochen nichts von des Königs Südzug. Noch am 6. Oktober vermutet er ihn bei Würzburg, jenseits des Mains, und hält das Corps Pappenheim für sein nächstes Kampfziel. Pappenheim – dieser unruhige, unzähmbare Anführer, diese tatenfrohe Primadonna, dieser »schnelle und schlaue Gast«, wie Oxenstierna ihn nennt, hat die Niederlande verlassen, nachdem er Maastricht gegen die Holländer nicht retten konnte. Nun treibt er sich irgendwo westlich des Mittelrheins herum. Pappenheims 8000 Mann muß Wallenstein in seine Pläne einkalkulieren, oder möchte es; mit Grund klagt er, »auf den Pappenheim sei kein Datum zu machen«. Bayerischer, wie auch kaiserlicher Feldmarschall, ligistisches wie auch wallensteiniches Volk kommandierend, benutzt Pappenheim seine Doppelstellung, um jeweils zu tun, was ihm beliebt. Wallenstein hat seinen Zug nach den Niederlanden mißbilligt: »Ich bin des von Pappenheim sein guter Freund, aber dergleichen gefährliche und weit aussehende Indecencen kann ich nicht approbieren.« Dummdreiste Bitten des Königs Philipp, er möge doch selber etwas gegen die »aufgeblasenen Holländer« unternehmen, wandern unbeachtet zu den Akten – als ob er jetzt nicht andere Sorgen hätte, als ob dies seine Sorge wäre, die Holländer, die zu König Gustav sich ziemlich kühl verhalten, gleichsam an den Haaren in den schwedischen Krieg zu ziehen . . . Nach dem Verlust Maastrichts schickt Wallenstein seinen Vetter, den Grafen Berthold, mit dem bündigen Befehl an Pappenheim, den Main hinauf nach Bamberg zu marschieren: er brauche ihn. Pappenheim antwortet aus Dortmund: in vierzehn Tagen hoffe er in Thüringen zu sein, aber große Schwierigkeiten unkatholischerseits, der Lüneburger und Baudissin und der Braunschweiger, ständen dem entgegen. Seinen wie gewöhnlich ausweichenden Bescheid kennt Wallenstein noch nicht, als er, in der ersten Oktoberwoche, sich mit Pappenheim zu vereinigen hofft, ehe Pappenheim von Gustav Adolf ereilt wird. Darum marschiert er nach Bamberg und weiter nach Coburg. Eine doppelte Fehlrechnung, denn Pappenheim ist keineswegs da, wo er ihn sucht, und der König erst recht nicht. Bei solchem Spiel sieht man mehrerlei Zwecke. Kommt es nicht zur Hauptbataille mit dem Schweden, so geht Wallensteins Anschlag auf das Kurfürsten-

tum Sachsen, um dort Winterquartiere zu finden und noch aus einem anderen Grund.
Gegen Sachsen hat er, gleich nach Aufbruch von Nürnberg, mit 12000 Mann seinen Feldmarschall Gallas delegiert, dem Holk sich unterstellen muß. Es gilt, »den Kurfürsten im Ernst anzugreifen«; Holks Einfall in Meißen war nur ein grausamer Spaß. Nun sind Strategie und Politik anders. Sachsen soll zur Gänze besetzt und unterworfen werden, so, daß man im Winter dort wird wohnen können. An Gallas: Weder durch Güte noch durch Plündern, Brennen, Vieh-Wegtreiben und sonstigen Ruin habe der Kurfürst sich anderen Sinnes machen lassen. ». . . itzunder wollten wir ihn nicht mehr schrekken, sondern bekriegen und das Land behalten . . .« Daher sei fortan die Stiftung jeden unnötigen Schadens abzustellen und strengste Disziplin zu halten; nicht mehr Diversion, sondern Okkupation. Hat Johann Georg sein Land verloren, so wird er ja wohl Frieden machen müssen, wenn er es nämlich wiederhaben will. Und dann folgt Brandenburg nach, und Gustav Adolfs ganzes Fürsten-Bündnissystem bricht zusammen . . . Weil nun Coburg ungefähr auf dem Weg von Nürnberg nach Sachsen liegt, so ist diese Bewegung keine verlorene, auch wenn man nicht auf den Hauptfeind trifft.
Man trifft allerdings nicht auf ihn. In Coburg, spätestens am 9. Oktober, erhält Wallenstein Nachricht über des Königs wahren Aufenthalt. Mehr: er wird alsbald über eine neue Veränderung des schwedischen Kurses unterrichtet. Bedenklich gemacht durch Wallensteins Marsch nach Bamberg, dessen Stoßrichtung gegen Sachsen er mutmaßt, hat Gustav sich zu einer neuen Diversion entschlossen, welche die alte ist bis zum Trübseligen, gegen Bayern, die Donau, Neuburg, dann Ingolstadt, oder Regensburg. Wenn es nach dem Kurfürsten Maximilian ginge, so wäre die Reaktion der Kaiserlichen genau die von Gustav erhoffte. Ihn, der bisher von Wallenstein sich nicht trennen durfte, der nach Forchheim, Bamberg, Coburg brav mitgezogen war, überfällt jetzt sein mühsam beherrschtes Zittern. Sofort muß er umkehren mit allem, was ihm gehorcht, damit südlich der Donau die Greuel des Frühjahrs sich nicht wiederholen; der Herzog von Friedland käme viel besser mit. Der weigert sich. Er will, daß diesmal die Entscheidung in Sachsen fallen wird, daß nicht er der Gezogene sein wird, sondern der Ziehende, Zwingende. Er versucht es den Bayern verstehen zu machen. Maximilian ist nicht zu halten. Ein sonderbares Tauschgeschäft kommt zustande: der halbbayerische Pappenheim, wenn er sich auffinden läßt, soll Wallenstein gehören, der ganz-kaiserliche Aldringen mit ein paar Regimentern aber dem Kurfürsten. Darauf trennen sich die Beiden, nach einem intensiven Zusammenle-

ben von drei Monaten. Mit seinen Truppen und den von Wallenstein vorschußweise beigesteuerten hastet Maximilian südwärts. Kaum ist er zwei Tagereisen weit, fällt er auch schon wieder in sein altes Laster, den Herzog um verstärkten Sukkurs zu beschwören, wobei er nicht so sehr um Bayern wie um Österreich besorgt zu sein scheinen will: »Euer Liebden werden sehen, der Feind wird sich durch Diversion nicht lassen aus Bayern bringen, sondern wird von da aus die kaiserlichen Erblande bekriegen wollen, in der Intention, dadurch viel eher die kaiserliche Armada und sedem belli aus den sächsischen wieder in die kaiserlichen Erblande zu bringen.« Die mit fliegender Hand niedergeschriebene Warnung veraltet am nächsten Tag; an jenem nämlich, als Gustav zum zweiten, dritten, sechsten Mal das Steuer herumwirft und sich zurück nach Norden wendet. Wieder Donauwörth, wieder Nürnberg – man müßte es nicht kennen. Die Ironie will, daß der nordwärts eilende König, der südwärts eilende Kurfürst sich in der Gegend von Nürnberg ziemlich nahekommen; Maximilian weiß das nicht. Als er später von der schwedischen Neunzig-Grad-Schwenkung erfährt, will er sie immer noch als einen Angriff gegen Bayern interpretieren, obgleich einen auf sonderbaren Umwegen durch die Oberpfalz unternommenen. Wallenstein, schon tief in Sachsen, muß dem peinlichen Alliierten zusprechen wie einem Kranken. ». . . Worauf deroselben ich hiermit in Antwort nicht verschweige, daß des Königs Intention durchaus nicht sein kann, sich gegen die Ober Pfalz und das Bayerland . . . zu wenden . . .« Wenn man schon am Lech, an Bayerns bequemster Grenze gestanden sei mit den reichen Städten Ulm und Augsburg als bereitwilligen Helfern, dann aber nordwärts ziehe, nach Nürnberg und weiter, so könne man es auf manches abgesehen haben, mit der größten Wahrscheinlichkeit auf Sachsen, aber doch in Gottes Namen auf Bayern nicht . . . Dieser Fürst rief zu oft Wolf, eine Neigung, die auch seinen eigenen Offizieren auf die Nerven ging. Der bayerische Oberst Ott Heinrich Fugger, an Wallenstein, spottender Weise: »Unseren statum und Kriegswesen allhier anbelangend, geht es noch more solito her, und auf ein jedes Schreiben, so aus dem Bayerland einkommt, gibt es unterschiedliche Alterationen in unseren Gemütern. Denn wenn sich auf eine Stund ein Reiter des Feindes um Ingolstadt sehen läßt, so ist Ingolstadt verloren, desgleichen um Regensburg, München und Salzburg, und könnten Ihre Kaiserliche Majestät ihre Sachen in Wien einpacken lassen . . .«
Warum Gustav Adolf noch einmal einen Großteil Deutschlands – in 17 Tagen 630 Kilometer – der Länge nach durchquerte, das weiß man so genau nicht. Wußte er es selber? Die einen glauben, ein Notruf des

Kurfürsten von Sachsen habe ihn dazu bewogen; dieser Brandbrief erwähnte die »zwischen uns aufgerichtete Allianz«, so zu verstehen, daß sie gebrochen wäre, wenn Sachsen allein gelassen würde. Dem wird entgegengehalten, daß der König Wallensteins Invasion ja von vorneherein eingeplant hatte, folglich, wenn man es mit dem Verstande sieht, von ihr nicht erschüttert werden durfte. Genügt der Verstand, wenn man Menschliches verstehen will? Andere meinen, er habe im Moment seiner hektischen Sinnesänderung Wallensteins Absichten noch gar nicht gekannt und eine Schwenkung der Kaiserlichen nach Nordwesten mehr gefürchtet als den Marsch ostwärts. Besetzte Wallenstein die Pässe des Thüringer Waldes, schob er, in Verbindung mit Pappenheim, einen Riegel quer durch das gebirgige Mitteldeutschland, so fanden die Schweden sich abgeschnitten von der Küste, von Stralsund, von ihrer heimatlichen Halbinsel. Diese Sorge, wie ein Anfall von Panik, soll den König getrieben haben, zusammen mit der Sehnsucht, herauszukommen; über Norddeutschland führte der Weg nach Hause. Wir müssen die Motive offen lassen. Das Resultat war das von Wallenstein vorausgesehene: »Will der König sich nicht verlieren, so muß er dem Kurfürsten succurieren« . . . Beide, König und Herzog, waren auf dem Weg nach Sachsen, dieser aber jenem weit voraus.

Was die Zwecke von Wallensteins Sachsenzug betrifft, so muß man sie vielfältig trennen. Der eine war, Sachsen zu unterwerfen und zum Frieden zu zwingen. Der andere war, die Armee während des Winters durch die Sachsen ernähren zu lassen, anstatt durch die Böhmen und Österreicher. Ein dritter war, in Sachsen dem Schwedenspuk ein Ende zu machen durch eine Entscheidungsschlacht: »wenn wir den Feind herunterbringen und ihm obsiegen, wie ich mit Gottes Hilf hoffen tue, so sind alle seine Sachen in Schwaben, Bayern und Franken gefallen.« Diese dritte Absicht paßte nicht zur zweiten, weil Winterquartiere von einer Entscheidungsschlacht so verschieden sind wie Ferien von Arbeit; es wäre denn, man faßte die Schlacht selber als eine um die Winterquartiere auf, wie man es momentweise allerdings tat. Der vierte war, die Sachsen zur Preisgabe Schlesiens zu zwingen: »In Schlesien hoff ich, daß sich der von Arnim nicht lang wird halten können, denn widrigen Falls geht seinem Herrn sein Land drauf.« Und dieser Zweck paßte nun wieder schlecht zur Erwartung einer Entscheidungsschlacht; die doch unter günstigeren Vorzeichen würde geschlagen werden, wenn die sächsische Armee ein ferner Zuschauer blieb. Das hieß, es war ein veralteter Zweck, im Hochsommer erdacht und nun zu wirken nicht aufhörend. Versuche doch einer, und wäre er der stärkste aller Menschengeister, in solche Weite von Willkür und Zufall, von umherirrenden Heerhaufen, von Getaste und Geplane und Gegengeplane Ordnung zu bringen nach seinem Bild. Wallenstein versucht es. Die Okkupierung Sachsens ist das Nächste und muß nun in Ordnung vor sich gehen. Das Land sei zu schonen, immer wieder schärft er es seinen Leuten ein: »Ich bitt, der Herr tue die Anordnung, damit das Land conserviert wird, weil wir diesen Winter davon leben müssen.« Schlachtvieh treiben die Regimenter mit sich; anderer Proviant, Getreide vor allem, ist im voraus zu sammeln und entlang der Wegstrecke zu magazinieren. Befehl an die Stadt Zwickau: Kaisers Armee, etwa 30000 Mann, werde in etwa einer Woche eintreffen und einen Tag bleiben: »als erinnern wir euch, zur notdürftigen Unterhaltung der erwähnten Armee 60000 dreipfündige Brot in Vorrat backen zu lassen und auf alle Weise dahin zu sehen, daß daran der geringste Abgang nit verspürt werden möge.« Durch solche Planung, hart, wie sie die Stadt ankommt, wird das Schlimmste vermieden; wie aber die Schweden während ihrer von heute auf morgen beschlossenen Märsche eigentlich Nahrung fanden, fragt man ungern. Sachsen also soll die Hauptarmee im Winter erhalten. Das genügt nicht; man muß sie auch bezahlen, neue Truppen werben, weil die alten sich rasch verbrauchen, wieder Artillerie, Pulver und Blei besorgen. Mit Kontributionen ist es nichts mehr, weil der allergrößte Teil Deutschlands schwedisch ist, die Reichsstädte zumal, ehedem die nützlichsten Geldgeber. Direkter als vor 1630 ist Wallenstein abhängig von dem, was man ihm aus den Erblanden zu zahlen versprochen hat, wie von dem, was die Spanier zusagten. Die Spanier machen Ausflüchte, die Stände Böhmens, Mährens, Österreichs, Kärntens desgleichen. Im Interesse »des ganzen hochlöblichsten Erzhauses und des allgemeinen katholischen Wesens« muß der Generalissimus um 200000 Taler betteln, einen lächerlichen Bruchteil dessen, worauf er Anspruch hat. Ja, der katholischen Christenheit großer Feldherr streitet mit den Wienern sich um die Bezahlung der Kuriere: er selber finanziere den Seinen beide Wege und das gehe nicht an, daß die aus der Hauptstadt gesandten von ihm Geld für die Rückreise forderten.

Übrigens steht er gut mit Kaiser Ferdinand in diesem zweiten Halbjahr 1632. Gut auf dem Papier; gesehen hat man sich nicht seit bald fünf Jahren. Wallensteins Berichte an den Monarchen sind vergleichsweise genau im Militärischen, mitunter fast herzlich im Ton, und sind häufig; es kommt vor, daß er ihm drei Briefe an einem Tag diktiert. Aus Coburg, artig, schickt er ihm ein Rudel sächsischer Jagdhunde – er kennt seines Herrn liebste Sorge und Geschmack. Daß Ferdinand die Kriegführung dessen, der angeblich General in absolutissima forma ist, so ganz unbesehen geschehen läßt, könnte man nicht sagen. Er mischt sich recht wohl ein. Ob an den Befürchtungen des Kurfürsten von Bayern nicht doch etwas Berechtigtes sei? Ob nicht der Schein, vielmehr leider die Wirklichkeit, gegen Wallensteins Beurteilung der Lage in Schlesien spreche? Es sind aber solche Bedenken mit zarter Hand geschrieben; sie enden mit einer Anregung, einem Vorschlag, einer Bitte. Freunde niemals und noch fremder als in der Zeit des Ersten Generalats, verhalten die beiden sich freundlich; einer braucht den anderen, und der Feind ist ihnen gemeinsam.

Bamberg, Coburg, Plauen, Zwickau, Altenburg, Grimma, Wurzen bei Leipzig. Dieser Vormarsch, zweite Hälfte Oktober, geschieht ohne Widerstand. In den größeren Städten bleibt er jeweils ein paar Tage; von dort gehen Nachrichten und Mandate an die von der Hauptarmee getrennten Corps, Marradas und Ilow in Schlesien, Gallas in Meißen, Aldringen in Bayern, Montecuccoli in Schwaben, Pappenheim irgendwo. Von dort auch Verfügungen nach dem Herzogtum; er vergißt es nie. Den Winter will er in Gitschin verbringen, der Parlaments-Saal soll endlich bereit sein. Dann wieder fällt ihm ein, die Nachfolge neu und definitiv zu regeln: Successor ist sein Vetter, der Graf Maximilian; er darf schon jetzt sich Prinz von Friedland nennen, auch eine Apanage, 1000 Gulden monatlich, genießen, so jedoch, daß er zu Lebzeiten des Herzogs durchaus kein Recht hat, sich in die Regierung einzumischen; und stirbt Maximilian ohne Leibeserben, und erlischt das Geschlecht derer von Waldstein – auf einem und demselben Blatt wird hier Waldstein und Wallenstein geschrieben –, erlischt es völlig, so tritt die Familie Harrach in seine Rechte . . . Solche Details zwischen zwei militärischen, ökonomischen Befehlsschreiben, angesichts einer heraufziehenden Krise von letztem Ernst. Unglaublich – falls es nicht eben die Krise ist, die ihm Todesgedanken verursacht. Auch mag er sich müder, kränker, gequälter fühlen, als er seine Umgebung wissen läßt. Früher erhöhte die Krankheit seinen Wert. Jetzt ist es geraten, sie, so gut es geht, zu verbergen.

Die Weite des Landes, die Armut des Landes, von dem man leben, in dem man also sich zerstreuen muß, um leben zu können, das langsame Hin-und-her-Kriechen der Nachrichten, die Unwissenheit über des Gegners Aktionen und Reaktionen. Daraus das Schwanken der eigenen Pläne. Ursprünglich hat Wallenstein geradewegs gegen Dresden marschieren wollen, wo der formal Verantwortliche, der Kurfürst Johann Georg, in seinem Schlosse sitzt und um Hilfe ruft. Die Hilfe, rechnet der General, muß ihm kommen von Gustav Adolf, wie auch von Arnims sächsischer Armee. Einstweilen jedoch weigert sich Arnim, auf seines Herrn Flehen zu hören: zöge er nach Sachsen, so würde das kaiserliche Armeecorps Marradas-Ilow, das er in Schlesien bindet, ihm ja nachfolgen, so daß gar kein Vorteil wäre, und bräche überdies, unter den Tränen von hunderttausend Frommen, die befreite Kirche zusammen. Da nun aber Arnim sein Tun und Lassen doch wohl mit dem König verabredet, so spricht der Schein gegen eine von den Schweden gewollte Entscheidung in Sachsen; Gustav, rechnet Wallenstein am 3. November, wird sich aus dem Fränkischen gegen Böhmen wenden und seine Truppen irgendwo auf halbem Weg mit den sächsischen vereinigen. Folglich soll Maximilian mit seinen Bayern sich in der Oberpfalz halten, Böhmen unfern, Aldringen aber mit den Regimentern, die dem Kaiser gehören, nordostwärts marschieren, so daß er in der Not zur Stelle wäre, sei es in Böhmen, sei es in Sachsen. Dies um so mehr, als das in Coburg geschlossene Tauschgeschäft nicht funktioniert; Pappenheim bleibt aus. Proteste Maximilians, das sei gegen die Abmachung, Aldringen könne er nicht entbehren; diplomatisches Zögern Aldringens. An Pappenheim schickt Wallenstein an die zwanzig Boten, die den irrenden Ritter erreichen oder nicht erreichen, mit dem Befehl, augenblicks nach Sachsen zu marschieren; bei Leipzig will er ihn treffen. Pappenheim antwortet nicht, oder antwortet ausweichend; er hat die Stadt Hildesheim erobert – die liegt nun freilich ein paar Hundert Kilometer weiter nördlich – und einen Monatslohn für seine Leute von ihr erpreßt; wenn Wallenstein ihm viel Truppen schickte und viel Geld, so getraue er sich, die schwedische Hauptarmee nach Niederdeutschland zu locken, um dort ein Ende mit ihr zu machen. Sein enthusiastisches Schreiben, vom 13. Oktober, hat Wallenstein noch nicht am 29.; und wird sehr ungeduldig. Er wisse nicht, ob Pappenheim lebendig oder tot sei, ob gesund oder krank, und wenn schon bei Gesundheit, wo er denn sei. An Pappenheim: »Allermaßen uns nun, warum der Herr so lange ausbleiben und seinen Heraufzug nicht beschleunigen tue . . . nicht wenig Wunder nimmt; als haben wir ihn hiermit nochmals erinnern wollen, alle anderen Impresen hintanzusetzen und in continenti gegen Leipzig zu avancieren . . . Dem der Herr ohne Versäumung einiger Stunden nachzukommen wissen wird.« Zwei Tage später erhält er Nachricht durch Holk: »Gute Zeitung! Der Herr Feldmarschall Pappenheim hat sich gefunden und belagert Erfurt.« Erfurt, das ist schon bedeutend näher als Hildesheim. Aber warum dies schlechte Nest belagern, an das man, wenn man es nähme, eine Garnison vergeuden müßte? Immer ist Wallenstein ein Gegner langwieriger Belagerungen gewesen, hat in grauer Vorzeit die Neigung zu solcher Strategie an Tilly getadelt. Er braucht Erfurt nicht; er

braucht das Corps Pappenheim und schickt in diesem Sinn seinen einundzwanzigsten Eilboten an den Wiedergefundenen.
Selber trifft er am 22. Oktober in Brunn auf das Detachement Holks. Von nun an ist dieser fähige Kommandant bei ihm oder in seiner engen Nachbarschaft; der Chef seines Stabes. Holk bestimmt ihn dazu, Dresden zu umgehen und auf Leipzig zu marschieren, von wo aus man weiter nördlich bei Torgau die Elbe wird erreichen und überqueren können. Weiter oben soll Gallas die Elbfront halten: Meißen, welches im Norden, Pirna, welches im Süden von Dresden liegt, Freiberg, südöstlich der Elbe, nach Böhmen weisend. Will der Leser die Landkarte betrachten, so wird diese Disposition ihm den Eindruck von Großzügigkeit machen. Das Corps Gallas – weit ausgebreitet, eine lebende Brücke nach Böhmen – für den Fall, daß Schweden und Sachsen durch Böhmen kämen –, eine lebende Brücke über die Elbe – für den Fall, daß Arnim sich Oder-abwärts und querfeldein zu nähern versuchte; die Hauptarmee für die Okkupation Sachsens, weiter nördlich, wieder bis zur Elbe oder über sie hinaus; die zerstreuten Truppenkörper gleichwohl so nahe, daß sie in wenigen Tagen zueinander finden könnten. Wallenstein, gutlaunig: »Seis nun wie es sei, der Kurfürst befindet sich in einem großen Labyrinth, denn das Eis hebt an, unter ihm an allen Ecken zu brechen.« Am 1. November besetzt Holk die Stadt Leipzig in guter – in vergleichsweise guter – Ordnung, wie Berichte der Bürger ausweisen. Keine Greuel diesmal; in den Grenzen des Menschlichen wird der Wille des Generals erfüllt.
Dieser Wille; nicht sein Kriegsplan, insoweit er überhaupt einen haben kann. Befehle und Gegenbefehle, je nach dem, was er vom Treiben des Feindes, nein, der verschiedenen Feinde erfährt. Befehl an Ilow, den 31. Oktober: er möge sehen, gemeinsam mit Gallas zu operieren. Aber Ilow ist am 25. Oktober noch in Troppau, im obersten Schlesien, was Wallenstein nicht wissen kann; von dort bis in die Gegend von Dresden ist der Weg weit. Befehl an Gallas, den 1. November, die Elbe zu überschreiten und Ilow zu finden, so daß die beiden Corps sich zwischen Sachsen und Arnim schöben. Befehl an Gallas, den 10. November, alsbald wieder umzukehren nach Meißen; nein, nicht nach Meißen, sondern in Richtung auf die Hauptarmee, in forcierten Märschen; den Heranmarsch Arnims werde man doch nicht hindern können. Warum plötzlich nicht mehr? Dafür gibt es einen Grund, den der Brief verschweigt. Gustav Adolfs Verbündeter, der Herzog von Lüneburg, hat, aus Niedersachsen sich östlich der Elbe heraufziehend, die bis dahin nur von schwachen sächsischen Truppen gehaltene Festung Torgau besetzt. Diese Bewegung kam Wallenstein unerwartet; er gab den eigenen Vormarsch gegen die Elbe auf, unlu-

stig, sich jetzt mit einem Nebenfeind gegen Osten ernsthaft zu engagieren. Wieder hat diese Unlust ihren wahren Grund in einer Nachricht des stets gut informierten, stets treffend urteilenden Aldringen, expediert am 2. November: »daß der König mit all dem Volk, so er noch in Franken zusammenbringen können, gegen Schweinfurt und Königshofen marschiert; und ist also nicht zu zweifeln, er werde durch den Thüringer Wald auf Erfurt zugehen und Eure Fürstliche Gnaden an Ihrem Vorhaben verhindern wollen.« Eindeutig: Gustav, seinerseits über die Ausbreitung und Verdünnung der kaiserlichen Macht unterrichtet, suchte nun die Entscheidung auf sächsischem Boden. Man durfte nicht weiter detachieren und trennen; man mußte konzentrieren. Wozu ein willkommener Anfang geschah an eben dem Tag, an dem Wallenstein Aldringens schicksalsschwere Botschaft in Händen hielt: Pappenheim, der Langverlorene, fand dennoch sich in Leipzig ein, ein Gewinn von 8000 Mann samt ihrem bei allen Capricen schlachtenmeisterlichen Anführer.
Das war den 6. November und Aldringens Nachricht schon wieder stark veraltet. Nachrichten reisen schneller als Armeen, aber soviel schneller nicht, und diese hatte doppelten Weg nehmen müssen: aus dem Nordfränkischen hinauf nach Regensburg, wo Aldringen saß, und von dort wieder hinunter nach Sachsen. Schon den 3. war Gustav in Arnstadt, nördlich des Thüringer Waldes; Rast-Tage dort und Vereinigung mit den Regimentern Bernhards von Weimar; den 8. traf die so verstärkte Armee in Erfurt ein; den 9. erreichte ihre Avantgarde Naumburg an der Saale. Der schwedische Vormarsch, mit »gewohnter Eilfertigkeit« vollzogen, gefährdete die Position Wallensteins. Er hatte sich des Elb-Passes bei Torgau bemächtigen wollen, das war ihm nicht gelungen, wodurch die Verbindung zwischen den in Torgau lagernden Sachsen und Lüneburgern mit Arnim offenblieb. Das Corps Gallas, zeitweise zur Eroberung des Landes östlich der Elbe bestimmt, sicherte den Weg nach Böhmen, mehr nicht; ein Rückzug in die Erblande durfte ja aber, wenn man es hindern konnte, nicht sein, was von den Vorsätzen und Anstrengungen des Jahres 32 übrigblieb. Eine Schlacht irgendwo im flachen Land zwischen Elbe und Saale war unattraktiv, zumal dann, wenn es dem König gelang, sich übermächtig zu machen durch die Torgauer – etwa 6000 Mann – oder gar Arnims Sachsen – etwa 12000. Seinem Instinkt nach liebte Wallenstein die Konzentration. Der Ort der Entscheidung war dort, wo er war; je mehr Soldaten in seiner unmittelbaren Nähe, desto besser. Strategische, noch mehr aber politische Rücksichten zwangen ihn zur Zerstreuung. Die kaiserliche Heeresmacht sollte in der Theorie 100000 Mann stark sein. Das war sie – vielleicht – im Frühling gewe-

sen; ein Kriegsjahr zehrt – Waffengänge, Krankheit, Desertionen. Das Heer, warnte er im September, werde täglich schwächer. Vom Elsaß bis nach der Oberpfalz standen, aus mehr oder weniger triftigen Gründen, Truppenkörper, die jetzt nicht halfen; Ossa, Montecuccoli, Schauenburg, Aldringen; in Schlesien Ilow, Gronsfeld in Niedersachsen. Die Truppen, über die Wallenstein verfügte, mögen insgesamt um die 35 000 gezählt haben. Was immer jetzt geschehen würde, es würde zwischen Teilen geschehen, die zwei Ganze nur repräsentierten.

Er schickt den Obersten de Suys mit zwei Regimentern gegen Naumburg, um sich dieser am rechten Saaleufer gelegenen, ummauerten Brückenstadt zu versichern. Die Schweden sind schon dort. Nun weiß er, daß er zwischen zwei Feuern ist, und möchte das westliche erstikken, ehe es mit dem im Osten zusammenwächst. An Aldringen, der endlich seinen Heranzug angekündigt hat, den 10. November: es sei nun zu spät. »Wir verhoffen schon morgen mit dem König zusammenzukommen.« Also rückt er nach Weißenfels, gleichfalls an der Saale, eine Wegstunde nördlich von Naumburg, mit beiden Armeen, der Pappenheimischen und der eigenen. Käme Gustav heraus, so wäre er ihm an Zahl mehr als gewachsen, in einem Terrain, das ihm liegt. Gustav kommt nicht heraus. Er hat in aller Eile sich bei Naumburg verschanzt, wie im Sommer bei Nürnberg, die Stadt mit einbeziehend; man weiß, wie schnell das zu machen ist. Stürmen, bei unberechenbar schweren Opfern, ist nicht Wallensteins Gewohnheit; jedes Menschenleben kostbar, nicht zwar, weil es ein Menschenleben, sondern weil es so schwer zu ersetzen ist. Seinerseits Nürnberg wiederholen, ein Gegenlager erbauen? Das ging im Sommer, das geht nicht im naßkalten Spätherbst; die Truppe sehnt sich nach Quartieren. Auch, bände man sich an der Saale, so hätten die Sachsen leichtes Spiel, über die Elbe zu kommen, Leipzig ginge verloren, die eine Flamme züngelte der anderen näher und näher. Er läßt seine Obersten befragen durch Holk und Pappenheim, er dekretiert, was sie raten: den Rückmarsch ins flache Land, die Ruhe. Den 14. kehrt er in sein Hauptquartier in Lützen zurück, südwestlich von Leipzig.

Später wurde der Beschluß als von verräterischer Absicht diktiert, mindestens als ein Zeichen von Geistesschwachheit ausgelegt. In unmittelbarer Nähe eines immer tätigen, immer aggressiven Feindes zu tun, als ob keiner da wäre! »Obzwar«, liest man in einer Schmähschrift des Jahres 34, »der Friedländer gute Gelegenheit gehabt . . . den Feind anzugreifen, hat er doch vermeint, es müsse sich auch der Feind nach seinem Kopf richten und gleichfalls mit ihm einen Stillstand halten . . .« Gestehen wir, daß die Zerstreuung des Heeres in eben dem Moment, in dem die langerwartete Entscheidung winkt und droht, daß der Gedanke, jetzt sei Zeit, sich am Ofen zu wärmen, auch uns zunächst befremdet. Nachher hat man leicht weise sein. Im Moment ist die Situation, wie Wallenstein sie sieht, und er sieht sie keineswegs alleine so. Hätte dieser kraftvolle Soldat, Holk, dieser listenreiche, kampfesfrohe Kommandant, Pappenheim, sie anders gesehen, so wüßten wir es.

Was wir wissen aus Arbeitsnotizen des Stabschefs Holk ist, daß es sich um Weiträumig-Bewegteres handeln sollte, als gewöhnliche Winterquartiere. Holks eigener Auftrag war, bis nach Westfalen vorzustoßen, nach Minden, Osnabrück, Paderborn, Münster, Dortmund gegen Köln. Die Bemerkung »Alle Werber mit mir nehmen« steht vielsagend dabei; wie auch Aldringen Befehl hatte, in Süddeutschland nach Rekruten zu fischen. Mit vier Regimentern zu Fuß, fünf zu Pferd war Pappenheim für das Land zwischen Saale und Weser bestimmt: Merseburg und Halle zuerst, dann Aschersleben, Quedlinburg, Halberstadt. Das wären nicht Winterquartiere in Sachsen gewesen; abgesehen davon, daß man mehr Land brauchte, um von den Städten Geld und Nahrung zu erzwingen, sollte ein Sperr-Riegel quer durch Mitteldeutschland gezogen werden, unterhalb der schwedischen Hauptmacht. Sachsen blieb das Zentrum. Vier Regimenter unter Melchior von Hatzfeld gingen nach Eilenburg, nordöstlich von Leipzig, um auf Torgau achtzuhaben; zwei, mit den Obersten de Suys und Contreras, nach Altenburg; zehn, unter Wallensteins direktem Befehl, deckten Leipzig, mit dem Blick auf Naumburg. Nach Süden schützten Abteilungen des Corps Gallas die festen Orte Gera, Zwikkau, Chemnitz, Freiberg, Frauenstein. Das war die Straße von Leipzig nach Böhmen, die Rückzugstraße. Es fällt auf, daß zwischen zwei Hauptketten von Garnisonen nördlich und südlich eine Lücke blieb, die von Leipzig zur Elbe führt. Nahmen die Schweden diesen Weg, so gedachte Wallenstein vom Norden her über sie zu kommen.

Am 15. morgens um 7 sollten die Truppen zum Abmarsch bereit sein, »bis um 9 Halt im Feld gegen den Feind machen«, dann sich in allen Windrichtungen zerstreuen, unter dem Schutz eines Schleiers von Kroaten und Trčka'schen Dragonern, die aufzupassen hatten bis zum Abend. Pappenheim entfernte sich gegen Halle, das er nachmittags erreichte und sofort besetzte; Oberst Hatzfeld mit vier Regimentern gegen Eilenburg. Nach Weißenfels, das verstärkt werden sollte, rückte der Generalwachtmeister Rudolf Colloredo mit wenigen Kompanien Infanterie und Kroaten.

Es ist ein Bach, Rippach genannt, vom Süden nach Nordwesten der Saale zufließend, schmalen Bettes, aber voll Wasser jetzt, das die

Wiesen bespült, mit zwei Brücken bei den Dörfern Rippach und Poserna. Wallenstein kennt diesen Weg und hat ihn schlecht gefunden, gestern, den 14., auf dem Rückmarsch. Kaum ist Colloredo jenseits des Flüßleins, so trifft er auf feindliche Einheiten, und hinter ihnen mehr und noch mehr: die Armee Gustav Adolfs. Denn Gustav ist am dunklen Morgen, um 4 Uhr, von Naumburg fort, in der Absicht, durch jene Lücke an Wallenstein vorbei sich den Torgauern, dem Herzog von Lüneburg, den Sachsen zu nähern. Er macht Gefangene. Er hört von ihnen, was er schwer glauben kann: daß Pappenheim fort ist und andere wallensteinische Regimenter auch fort sind, daß er also jetzt dem Feind überlegen sein muß, wenn er geradewegs gegen Lützen vordringt. So von einem Augenblick zum andern entschieden. Colloredo vollzieht die vom Zufall ihm aufgezwungene Pflicht. Mit seiner lächerlichen Schar muß er die sich heranwälzenden Musketiere und Reiter und Feldstücke am Bache aufhalten, solange er kann, und mittlerweile Boten auf Boten nach Lützen jagen: wie es steht, und was bevorsteht. Gegen 2 Uhr ertönen bei Lützen drei Kanonenschüsse, das verabredete Warnzeichen: kehre um, komme eilends heran, wer es hört. Der Adjutant, der nach Halle galoppiert, trägt einen Brief an Pappenheim, von Wallensteins Hand; und ist ein dringenderer Brief niemals geschrieben worden. »Der feindt marschiert hereinwarths der herr lasse alles stehen und liegen undt incaminiere sich herzu mit allem volck und stücken auf das er morgen frue bey uns sich befünden kan. ich aber verbleibe hiemitt des herrn dienstwilliger AhzM. Lützen den 15. Nov. Ao 1632.« Der Brief, wie die meisten Briefe Wallensteins, hat ein Postscriptum: »er ist schon an dem pas wo gestern der böse weg gewest ist«, auf der Rückseite des cito citissime. Der böse Weg ist der Sumpf-Pfad über die Rippach, bei Poserna. Dank Colloredos Widerstand wird es 4 Uhr nachmittags, bevor das Gros der Schweden über den Bach gelangt; zu spät für diesen 15. November. Im Dunkel kann keine Schlacht sein. Wallenstein gewinnt eine lange Nacht, um seine Fehlrechnung gutzumachen, ein paar Hundert Schritte vom Feind getrennt. Soldaten strömen herbei, die aus der unmittelbaren Nähe zwischen Lützen und Leipzig zuerst. Wie sie kommen, werden sie von Holk beim Schein der Fackeln auf ihre Plätze geführt und müssen alsbald graben und schanzen; mit jenen spitzen Schaufeln, die man auf böhmisch reyc nennt.

Die vergleichsweise gesichertste Position wäre eine von Norden nach Süden, die natürlichste auch, weil die Schweden von Westen kommen. Gewännen sie, wie der Ausdruck ist, die Schlacht, könnte man immer nach Südosten ausweichen, die Verbindung mit Gallas gewinnen und so mit Böhmen. Der General entscheidet für eine Aufstellung

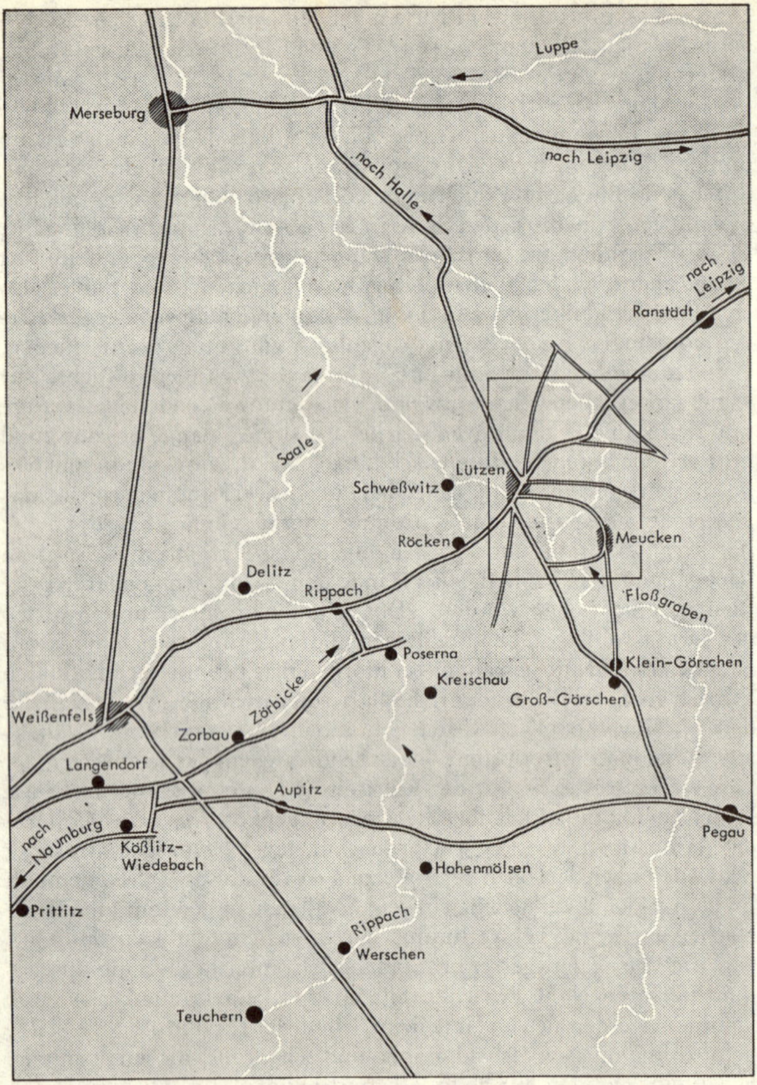

Die weitere Umgebung von Lützen

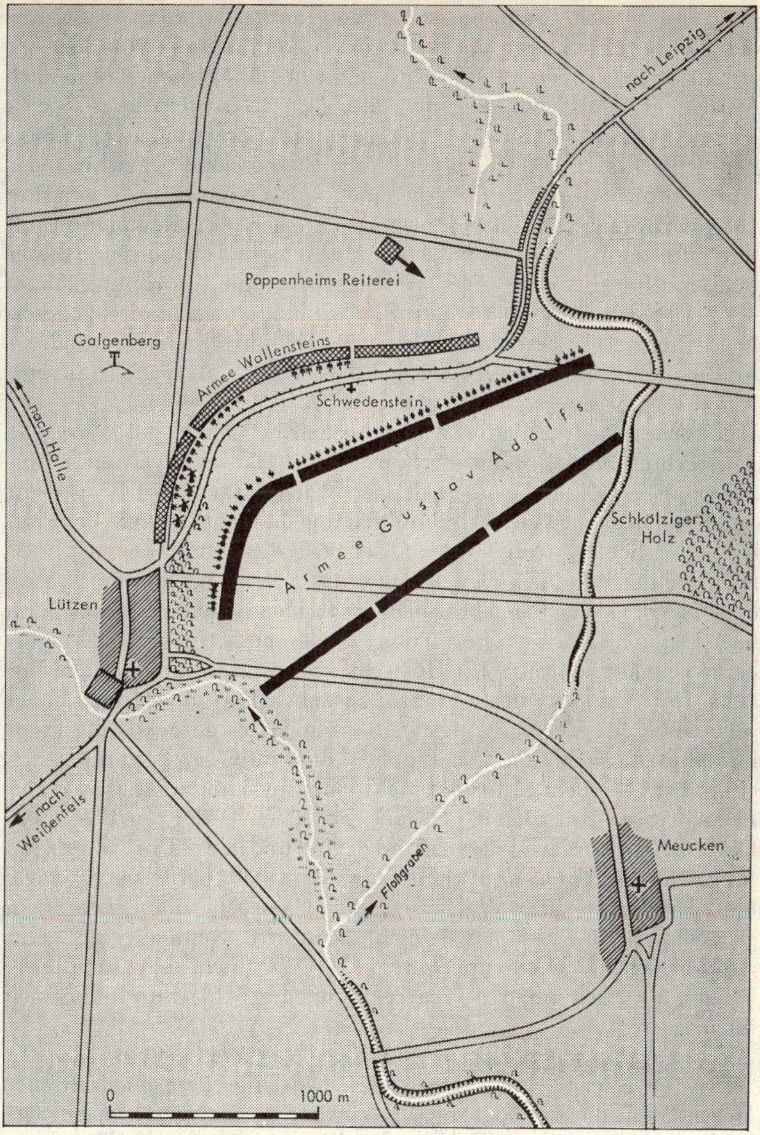

Plan zur Schlacht bei Lützen

von Westen nach Osten. Sie ist die gewagtere, weil, wenn die Schweden den Kaiserlichen in die linke Flanke kommen und von dort her sie aufrollen, kein anderer Fluchtweg bleibt als der irgendwohin nach Mitteldeutschland, der Weg, den Tilly nach Breitenfeld nahm. Sie ist aber taktisch die bessere und ist keine Improvisation. Denn es gibt einen Schlachtplan, angeblich von Wallensteins Hand gezeichnet, das wurde er nicht, die Schrift ist die eines anderen, aber gewiß von ihm entworfen, und zwar ein bis zwei Tage früher, weil Regimenter auf ihm figurieren, die am 16. November nicht mehr da waren; und dieser Plan, mit Blut befleckt, zeigt im wesentlichen die Anordnung, die in der Nacht vom 15. zum 16. getroffen wurde. Kann sein, daß Pappenheim ihn zusamt seinem Eilbrief bei sich führte, oder ein anderer Kommandant; jedenfalls beweist er, daß Wallenstein das Terrain beizeiten studiert hatte.

Das Terrain ist so günstig, wie es im flachen Lande sein kann. Am rechten Flügel die Stadt Lützen, 300 Häuser etwa, ein festes Schloß in der Mitte. An die Stadt anschließend Gärten der Bürger mit Lehmmauern, auch vier Windmühlen und die Baulichkeiten dazu auf leichter Erhebung. Am Nordende der Stadt die Poststraße nach Leipzig, eine der besten in Deutschland, mit tiefen und breiten Gräben beiderseits; sie macht bei Lützen einen flachen Bogen, zieht sich dann nach Osten bis dort, wo sie auf den »Floßgraben« trifft. Der Floßgraben ist ein kleiner Kanal für Holzschiffer, untief, festen kiesigen Bodens. Dort wird die Straße höher; zusammen mit dem Kanal bietet sie eine bereite Verteidigungsposition, so daß es gut wäre, die Front bis dahin auszudehnen. Die Truppen, die hinter der Poststraße sich eingraben, genügen dafür aber nicht; noch auch können sie, zu Holks Bedauern, das im Osten gelegene Skölziger Wäldchen erreichen. Holks Bericht: »Nach Lützen in das Schloß und in das Dorf waren 400 Mann, obgleich man wohl 1000 vonnöten gehabt hätte; ebenso viele hätten billigerweise im Walde zur linken Hand sein sollen, wenn man sie gehabt hätte.« Man hat sie nicht. Man wird, wenn alles gut geht, am Vormittag Pappenheims Reiter haben, aber nicht seine Infanterie. Weiter als zweieinhalb Kilometer kann die Schlachtordnung sich nicht erstrecken.

Für die Kaiserlichen ist sie neuartig. Was Wallenstein von den Schweden gelernt hat, zeigt er jetzt. Die Ungetüme quadratischer Heerhaufen, die Terzios, sind verschwunden. Der besseren Beweglichkeit halber und weil man eine Umgehung durch den Feind befürchtet, stehen die Reihen nirgendwo tiefer als zehn Mann. In der vorderen Linie des Zentrums fünf Divisionen zu je tausend; dahinter im zweiten Treffen noch zwei desselben Umfangs, getrennt und flan-

kiert durch Reiterkompanien. Auf dem rechten, dem Lützener Flügel vier Schwadronen Reiter und zwischen sie gestreute Gruppen von Musketieren; dieselbe Anordnung auf dem linken. Es gibt noch eine dritte Linie, Haufen zu 500 Mann, gleichfalls mit Kavallerie an den Seiten. Vor dem rechten Flügel, bei den Windmühlen, sind 14 Kartaunen postiert; vor der Mitte, bis zum linken Flügel hin, sieben weitere. Eine lockere, moderne Aufstellung; die Divisionen so weit voneinander getrennt, daß die Reserven zwischen ihnen vorrücken können; große Haufen und kleine Schützengruppen, Pferde überall. Die stärkste Stellung ist rechts, bei Lützen; mit Verschanzungen, die an die Stadt anschließen, mit massierter Artillerie, vier Regimentern Panzer-Reiter, Holk, Trčka, Desfours, Piccolomini, leichteren Reitern, Arkebusieren im zweiten Treffen, so, daß sie das Fußvolk des rechten Zentrums decken. Stark ist auch das Zentrum; der linke Flügel mit Kroaten, Ungarn, Polacken der dünnste. Er soll stärker werden, wenn Pappenheim kommt. Einstweilen, »anstelle des Feldmarschalls«, kommandiert dort Holk, aber sein eigenes Regiment bleibt auf der anderen Seite. Man muß die Front sich als eine annähernd geschlossene vorstellen, Verbindungen gehen von einem Schwerpunkt zum anderen.
Niemand schläft in der kalten Novembernacht; nicht die Söldner, die die Straßengräben vertiefen, Bäume fällen, Erdwälle aufschichten; die Obersten, die umherstreiten, zusprechen, untereinander tuscheln; die Kundschafter, die wenig zu erkunden vermögen; die Pappenheimischen Reiter, die in später Nacht von Halle aufbrechen, der Feldmarschall mit Wallensteins Brief in der Rocktasche; nicht der General. Am Morgen hat er an die 16000 Mann beisammen, 8200 zu Fuß, 7500 zu Pferd. Wieviel die Schweden sind – aber soll man sie »Schweden« nennen? Es sind ja nicht nur Schweden, nicht nur Finnen, Livländer, Kurländer, auch Deutsche und Schotten und Franzosen. Wieviele die Protestanten sind – ja nun, Protestanten gibt es bei Wallenstein auch, der Stabschef Holk selber ist einer. Diesen Krieg bezeichnet es, daß die Parteien keine Namen haben. Wir sagen »die Kaiserlichen«, weil es bequemer ist; wir sollten »die Königlichen« sagen und sagen »die Schweden« abkürzenderweise. Wieviel die Schweden sind, weiß man so ganz genau nicht; zwischen 18000 und 19000. Jedenfalls sind es mehr als die Kaiserlichen; zu ihren schweren Geschützen haben sie 40 leichte, bewegliche, die Wallenstein fehlen.
Er sieht die Schlacht als eine defensive an. Keinen Fuß breit, sagt er, werde er weichen, und lieber krepieren. (Holks Bericht) Defensiv sind im Grund alle seine wenigen Schlachten gewesen, mit der einen geringen Ausnahme von Wolgast; zuletzt noch, am großartigsten ge-

lungen, Nürnberg; defensiv und, wenn es gut ging, mit einem Angriff aus der Defensive heraus, wie an der Dessauer Brücke. Er hat Gustav nach Sachsen locken wollen, um ihn zu vernichten. Nun ist der König da, fast in Schußweite, und Wallenstein trotz allem der Überraschte. Er übernimmt den Befehl am rechten Flügel. Befehlen heißt hier, dem Getümmel sehr nah sein, oft mitten drin, mitunter voran. Nur so können die Kommandierenden Einfluß auf die Handlung nehmen; das geht nicht aus dem Hintergrund und nicht vom Feldherrnhügel, den es in der weiten Ebene auch nirgendwo gibt. Der Leidende verläßt seine Sänfte und sitzt auf in samtumwickelten Steigbügeln. Nach den einen soll er von Gruppe zu Gruppe geritten sein mit Worten der Ermutigung; nach den anderen nur stumme, dunkle Blicke auf die Reihen der Gladiatoren geworfen haben. Dies kommt uns wahrscheinlicher vor. Ein begeisternder Vorbeter, Vorredner ist er nie gewesen. Schweigend oder redend, die Arbeit dieses Tages fällt ihm schwer. Es geht um seinen ganzen angesammelten Ruhm, gegen den Fremden aus Nord, gegen den Hahn, den zweiten, den er in seinem Revier nicht dulden will; um die Zukunft seiner Politik; um die Winterquartiere, ob sie im weiten Deutschland sein können oder in den engen, verarmten Erbländern sein müssen. Dies Letzte mögen sogar die Knechte, die Aufzuopfernden ahnen.
Gustav, in dem Bewußtsein, daß der Feind sich mit den Stunden vermehren kann, will frühen Anfang machen. Nebel läßt keine Bewegung zu bis nach acht Uhr. Zwischen neun und zehn wird die Artillerie in der Nähe des Skölziger Wäldchens postiert, von wo die Schweden sich nach Südwesten, gegen das Dörflein Meuchen ziehen, später aber bis gegen die Südecke von Lützen. Gegen 11 Uhr beginnt das Eigentliche. Es beginnt mit »einer solchen furia, daß niemand je solches gesehen noch gehört hat«, und geht auch so weiter: »bis in die finstere Nacht ist ein Treffen nach dem andern geschehen, mit der größten Resolution von der Welt; denn dem Feind sind ganze Regimenter, wie sie in der battaglia gehalten haben, niedergemacht worden, auf unserer Seite sind auch etliche tausend Mann geblieben, die meisten Offiziere tot oder verwundet . . .« So Wallensteins eigenste Worte, niedergeschrieben am folgenden Tag. Bald danach wurde viel, viel geschrieben, von kaiserlichen Offizieren, Giulio Diodati, Holk, Desfours (von seinem Bericht gibt es nur ein Fragment), Gallas (der zwar nicht dabei war); von Kommandanten, Predigern, Sekretären, Fürsten, Hofmarschällen, Kammerjunkern auf der schwedischen Seite; von Gazettieren, die dabei waren oder in der Nähe und gleich fertig mit ihrer wahrhaftigen und eigentlichen Relation von der blutigen Schlacht zwischen Königlicher Majestät zu Schweden und der

Kaiserlichen Armee; von Ausbeutern, die solchen Text sich vornahmen und abwandelten in ein anderes Deutsch und andere Sprachen – Récit de la Bataille entre les Impériaux et les Suédois. Avec la Harangue du Roy de Suède à ses soldats avant de mourir; The great and famous battle of Lützen, fought between the renowned King of Sweden and Walstein; von Historikern der Zeit, die fleißig studierten und kompilierten, so daß man, woraus sie schöpften und was sie übersahen, leicht erkennen mag, Chemnitz, Watts, Khevenhüller, Pufendorf. Flugschriftenmacher und Chronisten nahmen das Ihrige von den Augenzeugen; die Augenzeugen erlebten, dieser Eines, jener ein Anderes, das Ganze keiner; erkannten oft das gar nicht, was sie erlebten, weil es so grausam wirr herging in Rauch und Nebel; schrieben kurz, gedrängt, in Hast auslassend oder in List verbergend; so daß es vieler Forscher große Mühe kostete, den Hergang zu rekonstruieren, das Gleichzeitige und das Nacheinander: Wie Gustav seinen ersten, gewaltvollsten Angriff gegen Wallensteins linken Flügel richtete, als das schwache, interessante Ziel; wie dort alsbald schlimme Unordnung sich ausbreitete und das Zentrum infizierte, die Kaiserlichen aus den Gräben vertrieben wurden, die schwedischen Reiter, Finnländer, Ingermanländer, Småländer über die Gräben setzten und Holk das Weichen der Seinen nicht hindern konnte; wie um 12 Uhr Pappenheim anlangte:

Hascha, dort kommt der unsinnig
Von Pappenheim geritten gar grimmig
Rennt über alle Zäun und Gräben
Daß ihm gleich die Haar aufstäben
Ich glaub fast ohn allen Zweifel
Er selbst sei ganz der leidige Teufel –

wie Pappenheim anlangte im rechten Augenblick, mit den Küraß-sier-Regimentern Sparr, Bönninghausen und Bredow, dem Arkebusier-Regiment Lamboy, und Dragonern und Kroaten, 3000 Reitern insgesamt; wie er anlangte, den Befehl übernahm, die Kroaten nach weit links ausschwärmen ließ, damit sie dem zweiten schwedischen Treffen in den Rücken kämen, indes er selber in frontalem Angriff das verlorene Terrain zurückgewann; wie es aber rasch ein Ende mit ihm nahm durch eine Drahtkugel, die ihm ganz die Seite aufriß, sein Trompeter schleppte ihn aus dem Gewühl, seine Leute sahen es und verloren gleich die Lust, als ob dieser eine Mensch soviel ausgemacht hätte, hohe Offiziere flohen, der Oberst Bönninghausen, der Oberstleutnant Hofkirchen, welcher das Regiment Sparr kommandierte, und ihre Reiter mit ihnen, ganz weit fort und plünderten in ihrem Hunger unterwegs das Gepäck, und Pappenheim, als der Trompeter ihm sagte, daß es seine Kürassiere seien, die flohen, wollte sich losreißen und noch kämpfen, was er doch gar nicht mehr konnte, und rief: »Ach, Ihr Brüder, daß Gott erbarm! Ist denn keiner mehr, der für den Kaiser treulich fechten will?« und dann: »Ist denn kein Mensch vorhanden, der mir das Blut stillen kann?« es war keiner da, außer dem Trompeter Ehinger, der ihn in seine Kutsche trug, dort nahm Pappenheim einen Ring, küßte ihn und gab ihn dem Trompeter mit der Bitte, er möge ihn seiner Frau bringen, und Wallenstein solle gemeldet werden, er sei gestorben für die katholische Religion, daß doch der Herzog sich seiner Witwe und Waisen als ein Vater annähme, nachdem er dem Trompeter die Hand geküßt und gebissen, sagend, er tue es nicht einem Trompeter sondern einem Kavalier, verschied er in den Armen Ehingers, sein Blut ist zu sehen an dem Eilbrief, den er in seinem Rock trug; so erging es Pappenheim, aber das wußten einstweilen nur der Trompeter und der Page Holländer, der neben der Kutsche ritt, die Fliehenden wußten es nicht, die Standhaltenden nicht, nicht die Infanteristen des Zentrums, die in große Not gerieten und riefen: Wo muß doch der Pappenheim sein, daß er uns nicht mit der Reiterei zur Hilf kommen tut? Schier war die Schlacht schon verloren bei dem linken Flügel und auch beim Zentrum, das nun der Flankendeckung durch die Reiter entbehrte und trotz betrübten Widerstandes sich schon die Batterie, die sieben Kartaunen, hatte entreißen lassen, wäre nicht gerade jetzt, gegen ein Uhr, wieder Nebel eingefallen, Sonne und Tod versteckend, hätten ferner nicht die nach weit links ausgeschwärmten Kroaten ihren Auftrag besorgt; indem sie wirklich über den Floßgraben und hinter das schwedische zweite Treffen gerieten, Pulverwagen in die Luft gehen ließen, Bagage plünderten, solche Unordnung und Flucht anrichteten dort hinten, das schnelle, bunte Gesindel, daß drei Regimenter gegen sie aufgeboten werden mußten, und die Verbindung zwischen der ersten und zweiten schwedischen Linie zerriß. Dies war die Rettung von Wallensteins linkem Flügel, der demnächst dann noch durch stärkere Anstrengungen wiederhergestellt wurde.

Weiter aber hat die Forschung zu kombinieren vermocht und allem Zweifel enthoben, was gleichzeitig in anderen Gegenden dieser Schreckens-Ebene geschah und ganz anders verlief als das eben Erwähnte, so aber, daß Eines auf das Andere wirkte, lagen auch 1000 und 2000 Meter dazwischen; wie nämlich der Angriff Bernhards von Weimar gegen Wallensteins rechten Flügel sich brach an dem Hagel aus den 14 Geschützen bei den Windmühlen, an dem Qualm, den das brennende Lützen den deutschen Reitern entgegenblies, an den Kürassier-Regimentern Holk, Desfours, Piccolomini, Trčka, geführt von Wallenstein selber; wie sie Bernhards Kavallerie zurückwarfen, in das Fußvolk eindrangen, südwärts, ostwärts, so daß der Kampf nach dem Zentrum hin konvergierte und der Mitte der Kaiserlichen von diesem rechten Flügel her Erleichterung kam; wie Holk, als er nach der Ankunft Pappenheims sein stellvertretendes Kommando aufgab und zum rechten Flügel galoppierte, den General inmitten der schwedischen Infanterie fand – »Der Herzog hielt sich sehr tapfer und witzig, denn zwei Stunden focht er gegen die Infanterie mit vier Regimentern zu Pferde . . . und war ganz umringt, bis Holk die Reiterei zurückbrachte und ihm sekundierte.« So Holk, der bestätigt wird durch die Aussage eines Schwedischen, »daß er etwa vier Schritt vom Wallensteiner gewesen, wären acht Schüsse nach ihm getan, hätte sich ganz übern Sattel gelegt gehabt; ob er nun was bekommen, weiß man nicht . . .« Er vergaß seine Krankheit, seine Müdigkeit, seinen Überdruß, er spielte ein letztes Mal kriegerische Jugend, wie bei Fort St. Andrea, vor siebenundzwanzig Jahren. Sie vergaßen sich Alle, die Beutemacher, die Karrieremacher, die Intriganten. In der Schlacht ist man nichts als Kavalier, wenn man Kavalier ist, gibt ganz dem Todesrausch und der Lust und der keuchenden Mühe sich hin. Einige aber, die keine Kavaliere waren, die vergaßen sich in einem anderen Sinn; wovon gleich. Weiterhin aber bewies die Forschung: daß, wie nun auf dem rechten Flügel der Schweden nach Pappenheims Verwundung und bevor noch die Kroaten das zweite Treffen terrorisierten, alles sich malmend vorwärtsbewegte, in der Mitte auch, aber gar nicht vorwärts auf dem linken, und Weimar den König wissen ließ, er werde lang sich nicht mehr halten können, daß da Gustav mit einem Regiment, den Smaländern, seinen Platz verließ, um den Bedrängten zu Hilfe zu kommen; querfeldein sprengte; an den Rand seines gleichfalls hart beschädigten linken Infanteriezentrums geriet und tief in es hinein; sich dem Feind erkenntlich machte als ein sehr Vornehmer, durch die Art, in der die Seinen ihn ehrerbietig passieren ließen; einen Musketenschuß in den linken Arm erhielt und seinen Schimmel nicht mehr lenken konnte, der schwere, kurzsichtige Mann in Rauch und Nebel; seinen Begleiter bat, Franz Albrecht von Lauenburg, ihn aus dem Getümmel zu bringen, aber, hilflos abtreibend, auf einen Schwarm kaiserlicher Reiter traf, die ihn töteten mit Pistolenschüssen und Stichen, in den Kopf, in den Rücken, und dann ihn plünderten, Kette und Uhr und silberne Sporen, und Hut und Kleider und Stiefel auch, so daß der nackte Leichnam auf nackter Erde lag, der Löwe aus Mitternacht, der Kreuzfahrer, der Don Quixote. Solches geschah etwa

um ein Uhr, später, aber nicht viel, als die Verwundung Pappenheims und die Flucht von Pappenheims Kavallerie, ungefähr gleichzeitig mit dem Flankenangriff der Kroaten. Von dieser Gleichzeitigkeit wissen die Gelehrten; die in nebligem Getös aufeinanderschlugen, konnten es nicht wissen. Daß es der König selber war, den man erlegt hatte, sprach unter den Wallensteinischen beim rechten Flügel sich aber bald herum, gerüchtweise; auch die Anführer neigten dazu, es zu glauben. Holk: »die ganze Bataille war auf dieser Seite, da man seinen Körper erblickte, gewonnen.« Sie war es, oder schien es, auf dieser Seite, in diesem Moment. Nun schwächte Wallenstein seinen eigenen, den rechten Flügel, den er für gesichert hielt, zugunsten des linken, den er für bedroht hielt: die Kürassier-Regimenter Piccolomini und Goetz wurden dorthin geschickt, Piccolomini übernahm den Befehl anstelle Pappenheims, Holk blieb rechts, den mochte der General nicht entbehren.
Bei den Schweden aber, mindestens in der Gegend, in welcher der erhabene Unfall geschehen war, erfuhr man vom Tod des Königs auch; die Soldaten errieten, was der herrenlos irrende Schimmel meldete; dem Herzog von Weimar gab Gustavs Kammerjunker, namens Truchseß, die erste Nachricht. Einer der Anführer, Knyphausen, riet, die Schlacht abzubrechen, wenn es ginge. Bernhard, ein ehrgeiziger Mensch und schon der Meinung, der König sei eifersüchtig auf sein Talent, wollte sie zu seinem Ruhm fortführen.
Sie hat von da an noch an die sechs Stunden gedauert, gegenüber den zweien, deren vielfältig wogendes Geschehen bisher beschrieben wurde. Diese sechs sind nicht so genau durchforscht wie die zwei des Anfangs; sie konnten es nicht, so wild und wilder, blind und blinder, verzweifelter, wie es nun zuging. Ungefähr aber war es so.
Linker Flügel. Die Obersten Goetz und Piccolomini, auf ihrem Weg dorthin, treffen den Unsicheren, den Kommandanten des Pappenheimischen Regimentes Sparr, den Oberstleutnant Hofkirchen mit seinen Reitern. Hofkirchen ist nicht so weit geflohen wie andere, zum Beispiel der Oberst Bönninghausen, der Kapitän-Leutnant Graf Luigi Broglia; er schämt sich etwas, er möchte wohl dabei sein, wenn die Angst ihn nicht so schwindlig machte. Die Offiziere beschwören ihn: der König sei tot, die Schlacht schon fast gewonnen, er möge sich jetzt an sie halten und seine Ehre retten. Hofkirchen kann sich nicht überwinden, sondern schleicht mit seinen Leuten noch eine Weile hinter der Front umher, um endlich, unauffällig, sich dem rechten Flügel anzuschließen, den er für den weniger schrecklichen hält; worin er irrt. Links geht es auch ohne ihn, besser ohne ihn. Piccolomini, was immer er sonst sein mag, ist das, was Wallenstein ehrend einen Sol-

daten nennt. Seine Kürassier-Attacken, sieben an der Zahl, wurden zur Legende. Er führt sie, auf fünf Pferden, die eines nach dem andern unter ihm verwundet stürzen, soll auch selber von sechs Musketenschüssen getroffen worden sein, ohne sich darum zu kümmern. Fußvolk der linken Mitte unterstützt ihn mit neuem Mut, in dem Glauben, daß endlich der Pappenheim da sei; es unterstützt ihn Artilleriefeuer von den Windmühlen her. Die Schweden müssen die gewonnene Batterie wieder hergeben. Jetzt, nach Wallensteins Beschreibung, werden ihnen ganze Regimenter niedergemacht, wie sie in der battaglia gehalten, die Gelbe Brigade, die Blaue Brigade, die sich »in einem Augenblick in einen Berg von Toten verwandeln, ein bewundernswerter Anblick«. (Bericht Diodati) Schwedische Reiterei ist auf der Flucht, sucht Schutz »hinter des Müllers Häuslein«. Hier also, wenn der Ausdruck erlaubt ist für das, was die Männer einander antun und den armen Tieren, geht es gut, die längste dieser langen Zeit; schon wird Victoria gerufen.
Es geht auch noch eine Weile gut rechts; sonst wäre das Zusammenspiel, die Unterstützung Piccolominis durch die Artillerie bei den Windmühlen, nicht möglich. Sprichwörtlich ist die Unbeständigkeit des Glücks in der Schlacht. Wenn bis mittags der linke Flügel der versagende, der fast schon aufgelöste war, und die Nervösen Unterschlupf suchten beim rechten, so ist es nachmittags umgekehrt. Es hängt dies, wie die Forschung bewies, mit dem Tod Gustav Adolfs zusammen. Der wirkt auf die Schweden ganz anders, als die Verwundung Pappenheims auf die Kaiserlichen; anders, als etwa der Tod Wallensteins gewirkt hätte. Wallenstein wird gefürchtet, nicht geliebt; sein Wegfallen hätte den Bann gebrochen, alle Strenge in Aufruhr und ein Rette-sich-wer-kann verwandelt. Geliebt wurde der Held und Beter, der blauäugige König; von den Nordländern gewiß; sogar von den Deutschen. Der junge Weimar rechnet damit, ein Psycholog. Er brüllt den Soldaten das Gelüst nach Rache in die Ohren. Sie wollen den toten Körper zurückgewinnen, der irgendwo liegt; sie wollen trotz des Verlustes die Schlacht gewinnen, dort, wo sie am schwersten zu gewinnen ist. So entsprechen den sieben Attacken Piccolominis man weiß nicht wieviele schwedische auf der anderen Seite. Ein Rachesturm. Er trägt weit. Er trägt zu dem Leichnam, der gefunden und nach rückwärts gebracht wird; er trägt zu den Gräben, über die Gräben, zu den Windmühlen, die erobert werden Stück für Stück, die Kartaunen gegen ihre Besitzer gekehrt; davon die Folgen schrecklich sind weit hinten bei dem Munitionslager. Gallas: ». . . und bringen die unseren Reiter wiederum in disorder, also daß unsere Artoglieria bloß stehen bleibet, unsere Infanteria, die von den Reitern bloß

gelassen war, trat zu den anderen . . . und haben keinen Fußbreit Erde verloren.« Undeutlich, beim ersten Blick, wie alle diese Berichte; verräterisch, beim zweiten, dem sich erhellt, daß die Infanterie des Zentrums standhielt, obgleich von dem rechten Reiterflügel im Stich gelassen. Holk: »Die Pappenheimischen aber setzten unseren rechten Flügel in Konfusion.« Wie das, die Pappenheimischen? Es ist das Nervenbündel, der Oberstleutnant Hofkirchen, der auf dem rechten Flügel nun das gleiche Unheil anrichtet, wie am Vormittag auf dem linken. Wir wissen es aus dem Gerichtsurteil gegen den Mann, einem zuverlässigen Dokument. Demnach weigerte Hofkirchen sich, einem ausdrücklichen Befehl des Generalissimus zu folgen; sprengte zwar zuerst sinnloserweise seinem Regiment voran, sah sich aber erschrokken um, als der Feind nahte, drehte ab und floh und seine Reiter folgten ihm, wie Schafe dem Leithammel. Der Akt kläglichen Ungehorsams verfehlte nicht seinen Eindruck auf andere, zum Beispiel auf die Arkebusiere des Obersten von Hagen, wie man aus dem Urteil gegen diesen Offizier weiß. Wäre Hagen, heißt es, nicht ausgerissen, so wäre der rechte Flügel nicht teils gebrochen worden, die vollkommene Victoria dem Herrn Generalissimus nicht entgangen. Sie entging ihm, nicht links, wohl aber rechts. Piccolomini konnte seine Leistung nicht zu einem Durchbruch forttreiben, weil ihm von rechts nicht mehr sekundiert wurde und auch die Mitte vereinsamte, wegen des Geschehens auf der Rechten. Der offiziöse Bericht des Obersten Diodati verbirgt es, indem er das Heldentum der Anführer strahlen läßt. »Mit gewohnter Unerschrockenheit befand sich der Generalissimus allenthalben an der Spitze seiner Truppen, brachte, wo Unordnung entstanden war, die Gewichenen wieder ins Gefecht, ging ins Gemenge mit dem Feind . . . Seine Hoheit wurde von einer Musketenkugel in die linke Hüfte getroffen, blieb aber . . . sowohl von diesem Schuß, der nicht in die Haut eindrang, als vor tausend anderen Kanonen- und Musketenkugeln bewahrt. Nahe bei ihm erhielt der Graf Harrach, sein Oberstkämmerer, eine Musketenkugel in die Kehle, die durch das Ohr ausdrang . . .« Wie Adam Trčka den ganzen Tag an der Spitze seiner Reiter tobte und eine Kugel ihm den Stiefel fortriß, aber nicht den Fuß, dem Grafen Berthold Waldstein, der im Zentrum kommandierte, aber auch den Fuß, woran er sterben mußte, und der General der Artillerie Breuner, der Generalwachtmeister Colloredo in den Kopf getroffen wurden, wie überhaupt von Glück sagen konnte, wer in diesen Stunden seine Ehrenpflicht tat und doch gesund blieb, dergleichen erfährt man von Diodati. Die Forschung hat sich nicht täuschen lassen.
Was den Schweden auf dem Lützener Flügel gelang, war dennoch

keine Entscheidung. Sie hatten sich erschöpft, nach fünf, sechs Stunden. Sie hielten an, noch bevor es dunkel wurde. Die Pause benutzte der Feldmarschall Holk, Holk der Einäugige, der wilde Stier, um einen Teil der geflohenen Reiter zu sammeln und neu zu ordnen. So daß auch rechts noch gekämpft wurde, als die Nacht des Spätherbstes zu dem Ende zwang, das zu erzwingen beide Seiten die Kraft nicht mehr hatten. Was bewirkte also die halb geschehene Auflösung des rechten Flügels? Eigentlich nichts. Nichts für die Kaiserlichen, die, hätten sie auch überall ihren Platz verteidigt, einen entscheidenden Gegenangriff doch nimmermehr hätten unternehmen können. Für die Schweden auch nichts. Denn es ist offenbar, daß sie bei Dunkelheit oder noch vor Dunkelheit, ihre blutigen Gewinne wieder preisgaben und sich hinter die Gräben zurückzogen, ungefähr auf ihre alten Stellungen. Als nun, eine Stunde in der Nacht, die Pappenheimische Infanterie, fünf Regimenter, etwa 4000 Mann, sie war später von Halle aufgebrochen als die Reiter und viel langsamer gereist, als sie ankam, fand sie alles still auf der kahlen Todesebene und die 14 Kartaunen verlassen bei den Windmühlen. Es heißt, die Schweden hätten auf dem Schlachtfelde genächtigt, die These hat Gewicht für jene, die an das Phantom ihres Sieges glauben, zu welchem das Behalten des Feldes gehört. Sie stimmt aber nicht. Weil die Schweden die Angreifenden waren, so ist als Schlachtfeld das Terrain zu bezeichnen, das Wallenstein verteidigte und das nördlich der Poststraße lag. Dies räumten sie. Auch können sie nicht nahe der Straße, nahe der Gräben in ohnehin unwirtlich gewordenem Gebiet übernachtet haben, denn in diesem Fall hätten sie Wallensteins Abzug sofort bemerkt; sie entdeckten ihn erst morgens.

Oberst Reinach, von der Pappenheimischen Infanterie, erbot sich, mit seinen noch tatenlustigen Leuten die Walstatt zu besetzen, auch, gäbe man ihm Pferde und Geschirre, die Geschütze einzuholen. »Herr von Reinach«, antwortete Wallenstein, »wir wissen was Mehreres, der Kurfürst von Sachsen und der Lüneburg kommen mit 16000 Mann. Wir werden alsbald marschieren und wolle der Herr hier stehen bleiben und die Retroguardi übernehmen bis alles vorbei, außer den Kroaten, 25 Kompanien, welche hinter dem Herrn haben zu bleiben . . .« Trennung vom Feind, Rückzug, zunächst auf Leipzig. Der dem Obersten gegebene Grund war Sorge vor den Sachsen und Lüneburgern, deren Zahl er überschätzte, vielleicht vor dem Corps Arnim, von dem er nicht wußte, wo es war. Eine andere Erklärung fügte er am nächsten Tag in einem Brief an Aldringen hinzu: »Gegen die Nacht aber ist unser Volk so desperiert gewest, daß die Offizier die Reiter und die Knecht bei ihren Truppen nicht haben halten können;

also hab ich mit Gutachten der Capi resolviert, bei der Nacht hierher nach Leipzig zu gehen . . .« Desperiert, am Ende seiner Kräfte, ohne Schlaf seit 30 Stunden, nun, da die Anspannung nachließ, zu seinen eigensten Körperschmerzen erwachend, mag auch der General selber gewesen sein. Was hätte es geändert, wenn ein paar der ihm gehorchenden Gruppen auf dem Schlachtfeld genächtigt hätten, unter den Starren und Stöhnenden? Die Schlacht von Lützen wäre dann ein Sieg gewesen nach den Spielregeln, so wie der Vergleich der eroberten Fahnen einen bedeutete: »Ich hab vom Feind über die 30 Standarten und Fähnle bekommen, er von mir 5 oder 6 zum allermeisten.« Was galten die Spielregeln? Beide Heere hatten einander verbraucht, das hieß, sie waren beide unterlegen und konnten darum auch ebensowohl beide sich den traurigen Sieg zuschreiben. Auch Weimar, im Moment und weil niemand ihm den Rang streitig machte, schwedischer Oberbefehlshaber, führte die Reste der Seinen dorthin, woher sie gekommen, nach Naumburg, nicht im Dunklen, aber am nächsten Morgen. Holk, zusammenfassend: »Das Blutbad hat sieben Stunden gewährt, und nach beiderseits unerhörtem erlittenen Schaden hat der einen Weg, der andere den anderen Weg sich retiriert.« Gleichen Sinnes hieß es in einem Schreiben von anonymer, kaiserlicher Seite: »Sind beide Armeen wie zween beißende Hahnen voneinander geschieden, daß man also nicht recht sagen kann, ob einer oder der andere Teil das Feld erhalten.« – Der unerhörte Schaden waren über 9000 Tote und Sterbende, davon mehr Schweden als Kaiserliche.

So der wahre Hergang der Schlacht bei Lützen. Octavio Piccolomini hat später sie verewigen lassen durch den gefragtesten Schlachtenmaler der Zeit, Snayers. Da ist alles sehr schön dargestellt: die bewegten Massen mit ihren Fahnen und Lanzen und Musketen und Schwertern in der weiten Ebene, die roten Röcke, die weißen und braunen Pferde; die gereckten Arme der Blessierten, die brennende Stadt. Im Vordergrund sind die Feldherrn wohl zu unterscheiden: der König und Weimar und Holk und Piccolomini selber. Nur Wallenstein nicht; der, scheint es, ist nie dabeigewesen.

Der Rückzug ging in so guter Ordnung vor sich, wie man nach den Greueln des Tages noch fordern mochte. Von Verfolgung keine Spur. Die Schweden hätten das nicht mehr gekonnt; Wallenstein überschätzte, was sie noch konnten, so wie umgekehrt die schwedischen Anführer einen neuen kaiserlichen Angriff ganz irrigerweise befürchteten. Gegen Mitternacht kam er nach Leipzig und blieb 20 Stunden, inmitten der Truppen, der Weiber und Buben, der Bagagewagen und Züge von Schlachtvieh, welche die Gassen füllten. Ein erster Bote ging an Aldringen: »Morgen marschier ich nach Chemnitz, mich mit dem Graf Gallas zu conjungieren und dem Feind testa zu machen. Wird derowegen der Herr alle und jede Impresen, sie seind von was für Importanz sie immer wollen, stehen lassen und sich in continenti mit allem dem kaiserlichen Volk nach Eger incaminieren, und allda fernere Ordinanz von mir erwarten, welchem allem der Herr unfehlbarlich und ohne einige Aufschiebung oder Exception nachkommen wolle, dieweil ich keine excusa, sie sei auch, was sie immer sein kann, admittieren werde.« Es lag Bitternis in diesem Brief, wie schon in dem letzten, vor der Schlacht an den Feldmarschall gesandten. Hätte er Aldringens Regimenter bei Lützen gehabt, 8000 Mann etwa, die Schlacht wäre anders ausgegangen; und was, so hatte er gefragt, lag dann noch an irgendwelchen schwedischen Trüpplein, die den Kurfürsten von Bayern ängstigten? Aldringen, unter dem Drang von Maximilians Beschwörungen, hatte gezögert und wieder gezögert, bis es zu spät war . . . Aus der Botschaft an Aldringen geht auch hervor, daß er am Tage nach der Schlacht noch dachte, im Verein mit Gallas dem Feind »testa zu machen«, also sich auf sächsischem Boden zu halten, etwa zwischen Chemnitz, Freiberg, Frauenstein. Am Abend des 17. verließ er Leipzig durch das Peterstor in südlicher Richtung; die Evakuierung der Stadt dauerte die Nacht hindurch. Verwundete, die nach dem Urteil der Balbierer schrecklicher aussahen als nach Breitenfeld, blieben zurück.

In Chemnitz, fünf Tage danach, war er entschlossen, den Rückzug nach Böhmen fortzusetzen. Einer seiner unbeliebtesten Offiziere, Caretto di Grana, hatte mündlich in Wien zu berichten: über die Schlacht, wie über die unabdingbare Notwendigkeit, Quartiere in den Erblanden zu nehmen, das abgemattete Kriegsvolk zu erquicken und während des Winters zu vermehren. Weil Caretto unterwegs erkrankte, ging ein anderer Bote, Giulio Diodati, nach Wien, diesmal, in der Form eines wallensteinischen Postscriptums, die klare Nachricht vom Tode Gustav Adolfs mit sich tragend. »Der König ist gewiß tot, mit viel Wunden auf der Walstatt tot geblieben.« Diodati langte am 29. an und durfte in höchster Gegenwart erzählen, was er dann schriftlich niederlegte; man weiß, wie elegant er seine Aufgabe bewältigte. Den Bedarf an Quartieren, nämlich Häusern, Nahrung und Geld, in den Erblanden, kann er bei währender Audienz nicht unerwähnt gelassen haben, und diese Pille war bitter. Weil aber die Hauptsache so süß klang, so wollte man in Wien das Unschmackhafte zunächst nicht bemerken und ging ein Schwall von Glückwünschen an den General ab, der herzlichste von Kaisers Hand: er gratuliere sowohl sich selber wie seiner Liebden zu dem glückseligen Succes und zu des Schweden Tod, Gott sei Lob und Dank gesagt. Es folgten

Schreiben der Könige von Polen und von Spanien, des Herzogs von Orléans – Mon cousin, c'est un ouvrage que le ciel vous réservait . . . – der Königinmutter von Frankreich, des Heiligen Vaters – Dilecte fili, Nobilis vir, nicht nur Germanien, nein, den ganzen christlichen Erdkreis hat deine Tapferkeit vor dem gefährlichsten Feinde befreit . . . – wobei wir, was Urban VIII. über den Tod des Königs im Herzen seines Herzens gefühlte, wohlweislich dahingestellt sein lassen. Reichsvicekanzler von Stralendorf verstieg sich zu der Beobachtung, seit fast zweihundert Jahren sei ein so mannhafter Sieg unter Christen nicht erhört, hinzufügend: nun werde wohl auch ein rechtschaffener Friede durch – welchen Namen er unterstrich – durch einen Herzog von Friedland gewonnen werden . . . Schon am nächsten Tage jedoch unterzeichnete der Politiker, zusammen mit anderen, ein Gutachten, das seinen Jubel dämpfte: der Sieg von Lützen, insofern es einer sei, beruhe hauptsächlich auf des Schweden Tod, einen so fähigen, mächtigen Anführer würden die Feinde kaum wieder finden. Aber ein ganzer Sieg, einer, aufgrund dessen man den Frieden diktieren könnte, das sei es ja wohl leider nicht . . . Die Folgen lehrten es. Der Choc ging tief in Wallensteins Seele, wie er ihn auch verbarg; er konnte die Enttäuschung nicht verwinden.

Das Labyrinth

Wer je sich in ein Labyrinth begeben,
Aus dem der Ausweg nimmermehr zu finden . . .

Platen

Der Zweikampf war so ausgegangen, daß der König tot war und der Herzog lebte. Ein Ende von weittragender Bedeutung, wohin immer es tragen würde, und kein ganz zufälliges; Gustav würde dem Tode sich nicht so tollkühn angeboten haben, hätte er nicht die Schlacht von Lützen als eine auf eben dies, auf Leben und Tod empfunden. Auch starb er im guten Moment. So blieb sein Name im Licht. Hätte er gelebt, wäre es immer dunkler und schmutziger um ihn geworden und hätte der deutsche Kreuzzug ihm wachsenden Ekel bereitet. Dies wenigstens brachte Wallenstein im Jahre 1632 zuweg; mehr nicht. Den 2. Dezember kam er nach Prag, von wo er ein halbes Jahr früher aufgebrochen war mit so großen Entwürfen im Kopfe. Hatte er Zeit nachzudenken – aber viel hatte er auch jetzt nicht –, so mußte er sich sagen, daß sie gescheitert waren. Den einen Menschen aus der Welt zu schaffen, war das Ziel nicht. »Konsumieren« hatte er ihn wollen, seinen Mythos brechen, seine Heeresmacht irgendwo fangen, stellen, zersprengen. Im Reich hatte er bleiben wollen diesen Winter, in Sachsen und weit über Sachsen hinaus. Das schwedische Heer war nicht zersprengt, nur blutig angefressen, wie sein eigenes. Und wenn er bei seinem Rückzug wenigstens die eroberten sächsischen Festungen, die Pleißenburg bei Leipzig, Altenburg, Chemnitz, Zwickau, Freiberg, als Pfänder zu bewahren hoffte, so gingen in den Wochen nach der Schlacht diese Plätze einer nach dem anderen wieder verloren.

Es war, meint die Forschung, unbegreiflicher Irrtum, einen Tag vor der Schlacht den Großteil seiner Armee auf Wanderschaft zu schikken. Dagegen wird eingewendet, er habe es tun müssen, sei es auch nur aus logistischen Gründen, nachdem er den König bei Weißenfels nicht hatte zum Kampf zwingen können; und habe übrigens allen Möglichkeiten vorgedacht. Wie aber? Gustav verließ ja Naumburg am Morgen des 15. November, und zwar ohne noch von des Gegners Zerstreuung zu wissen, in der Absicht, irgendwo die Elbe zu erreichen. Hätte Wallenstein seine Regimenter noch einen einzigen Tag zusammengehalten, hätten dann Kundschafter ihm von des Königs Wagnis Kunde gebracht, so hätte er vom Norden her über ihn kommen können mit einem Angriff nach der Art des alten Tilly; und das wäre etwas anderes gewesen als die Front von Lützen, die nur aufgefordert war, keinen Fußbreit zu weichen, defensive. Auch wer vom Krieg nichts versteht, darf hier von mangelnder Voraussicht sprechen. Was aber die Schweden tun würden, ob in Naumburg überwintern, ob gegen Halle ziehen oder gegen die Elbe oder gegen Lützen, wer konnte es voraussehen?

Wallenstein war Verteidiger von Haus, denn starke Verteidigung ist gewisser als der Angriff, und das Gewisse spielte er gern. Die Meisterleistung des Verteidigers von Lützen ist unbestritten. Sie wäre erfolgreicher gewesen mit der Kavallerie Pappenheims und Hatzfelds, mit der Infanterie Pappenheims von Anfang an. Wie es ausging, wurden die Regimenter nacheinander ins Feld geschickt, nicht, um durchzubrechen, sondern um gefährdete Situationen wieder herzustellen; was etwas anderes ist.

Selbst ein Sieg bei Lützen, eine Behauptung des Schlachtfeldes hätte nichts geholfen, weil die Kräfte nicht reichten zur Verfolgung. Sie reichten nicht bei den Schweden, sie hätten bei den Kaiserlichen ebensowenig gereicht. Dazu hätten zwei Heere sein müssen, eines zum Schlagen, das andere zur Verfolgung. Die Kräfte reichten zu einer Schlacht, und dann nicht weiter. Darum auch ist Lützen Wallensteins letzte Schlacht, darum war er schlachtenmüde seither, glaubte er an Schlachten nicht mehr. Sich in der sächsischen Mitte zu halten, unter feindlichem Bauernvolk, die Schweden, die sich wieder sammeln und stärken würden, auf der einen Seite, die Sachsen und Lüneburger auf der anderen, was versprach es? Eine rasche Wendung gegen die Elbe, gegen Torgau war ebenso unmöglich wie eine Verfolgung der Schweden. Solche Blitz-Schläge, erst in der einen, dann in der anderen Richtung, eine Kette von Bataillen, sind in späteren Kriegen wohl realisiert worden. Sie kamen nicht in Betracht in dem Krieg, von dem erzählt wird. Nach der Schlacht von Lützen, ob sie Sieg war oder Niederlage, kam Wallensteins Heer für gar keine Aktion in Betracht. – Es führt dies zu der Frage, warum er Sachsen so eilends verließ.

Daß die Trennung vom Feinde in der Nacht vom 16. auf den 17. November nicht notwendig war, ist das Urteil schwedischer Spezialisten. Aber es versprach keinerlei Nutzen, zu bleiben, wo er war, selbst wenn er es im Moment ohne große Gefahr gekonnt hätte. Hätte er in Leipzig, in der Umgegend von Leipzig bleiben sollen, abwarten, das Corps Gallas, die Hatzfeld'schen Regimenter an sich ziehen und etwa das Corps Aldringen, dem nach Norden zu reisen er jetzt drohenden Auftrag gab? Wir versuchen, seine Gedanken, die vielleicht etwas Besseres waren als Müdigkeit und Panik, zu erraten. Er fürchtete den Geist des Landes, der ihm feindlich war und nur durch Übermacht zu zähmen. Er fürchtete die frische Kavallerie bei Torgau. Er fürchtete auch das Corps Arnim. Nun ist von Arnim zu sagen, daß am Abend von Lützen, daß in den Tagen, ja Wochen danach von ihm durchaus nichts befürchtet werden mußte, wenn man nämlich gewußt hätte, wo er war. Er stand am 16. November noch mitten in Schlesien, etwa 250 Kilometer von Lützen entfernt. Des Königs Tod scheint er zwei Wochen nach dem Ereignis erfahren zu haben; erst am 30. November kondolierte er brieflich dem Kurfürsten Johann Georg, indem er nicht verfehlte, auf die moralische, wie auch politische Lektion zu verweisen: »Der Höchste wolle mit dem betrübten Fall lehren, daß man ja nicht sein Vertrauen auf sterbliche Menschen setze, wie hoch und groß sie auch über der Welt stünden.« Arnim also war noch weit. Aber er kam heran und konnte ebensowohl am Rande des Erzgebirges sich festsetzen, um die Kaiserlichen von Böhmen abzuschneiden, wie an der Elbe. Der Winter in Sachsen, kurz gesagt, wäre im besten Fall ein unruhiger, ein von allen Seiten gefährdeter gewesen. Ihn glaubte Wallenstein seinen Leuten nicht zumuten zu können, selbst wenn er gut ausging. Ging er übel aus, was dann?

Im Rückblick konnte die ganze Expedition nach Sachsen nicht gelingen, so oder so nicht. Der ganze Feldzug in Deutschland konnte nicht gelingen, denn Deutschland war protestantisch zu vier Fünfteln und von den Schweden in Bewegung gebracht wie nie zuvor. Was 1627 vollendet schien, die Unterwerfung des Reiches, war nicht mehr und konnte nicht wieder sein. Die Gegenkräfte, die kaiserlichen, genügten nicht, und würden dazu niemals mehr genügen. Das hatte er im Grund schon im Frühling gewußt. Er hatte es immer gewußt. Wenn er im Sommer und Herbst gelegentlich höher Schweifendes versprach, so war es Euphorie; wozu kam, daß mit Gustav, dem Sieger, dem Retter und Herrn der Deutschen, ein Friede, der alle befriedete, ja wirklich nicht zu erreichen schien. Der König war nun weg. Ja, er würde wieder rüsten. Er würde stärker rüsten als im Vorjahr, die Traumzahl der 100000 Mann diesmal überschreiten. Wozu? »Ich begehre«, sagte er zu einem dänischen Minister, »den Frieden so hoch als meine Seligkeit, nichtsdestoweniger mache ich jetzt größere praeparatoria zum Krieg, als ich niemals vorher getan hab, und verhoffe, diejenigen, so die offerierten Friedenstractaten verwerfen und zu weiterer Blutstürzung Lust haben, an einem so zarten Orte anzugreifen, daß es ihnen wehe tun soll.« . . . Besaß er nicht, womit zu drohen und zu trumpfen, so würden die Anderen zu dem Frieden der Vernunft, der ihm vage vorschwebte, sich nicht bequemen. Der Wiener Hof? Der Römische Kaiser, allzeit Mehrer des Reiches? Die Pfaffen um ihn herum, das Gemeine Katholische Wesen? Würden sie, zu deren Diensten seit nun vierzehn Jahren alles Solches geschehen war, sich bequemen, überreden lassen, zwingen lassen?

Von der Melancholie

Er stand in seinem fünfzigsten Jahr. Man darf nicht glauben, es sei die Höhe des Lebens gewesen; mit fünfzig war man so verbraucht und auf dem Abstieg, wie heutzutage Mitte der sechzig. Dies aufs Geratewohl und mit dem Blick auf Durchschnittsmenschen wie etwa den Kaiser Ferdinand gesagt; der, robust und fromm von Haus, als Faulenzer und Jäger ein konservierendes Leben führend, mit gutem Gewissen wachend und schlafend, in seinem sechsundfünfzigsten Jahr als kränkelnder Alter erschien, so daß mit seinem baldigen Hintritt gerechnet wurde. Wallenstein nun war kein Durchschnittsmensch. Ein Herrscher, ein König auf seine Art, war er geworden nicht dank der bequemen, närrischen Privilegien der Geburt, sondern dank nie nachlassender Anspannung und Anstrengung.
Gerade die Großen dieser Erde ergriff, wenn sie nun alt wurden, gerne die Melancholie, melaina cholae, atra bilis, die Schwarze Galle. Eine Zeitkrankheit, und schon ziemlich lange an der Zeit, man kennt ja Dürers Bild, die brütende Weibsgestalt. Im Jahre 1621, damals, als Wallenstein mit jugendlicher Gier den Grundstein zu seinem Reichtum legte, hatte ein englischer Geistlicher, namens Burton, sie beschrieben in einem 900 Seiten starken Buch, welches die Zeitgenossen wohl interessiert haben muß, denn es wurde oft nachgedruckt. Der Vikar von Oxford wußte, daß die schwarze Fee mit Vorliebe den Mächtigen auf die Schultern sprang, wenn sie alt wurden; ihnen, die weder liebten noch geliebt wurden, die Andere immer nur ausbeuteten, Sibi Nati, bloß für sich selber da, und die nun ihre Einsamkeit spürten, wie die Leute von ihnen wichen, um die Gunst des Nachfolgers buhlend, wie nichts mehr Freude machte, wie es so viel schwerer fiel, das Erworbene zusammenzuhalten, als ehedem, es zu erwerben. Da war dann keine Lust zum Leben mehr, aber zum Sterben auch keine: vivere nolunt, mori nesciunt. Da wurde man unfähig zum ra-

schen Entschlusse, wollte wohl noch das und das unternehmen, aber wagte es nicht, allzu umsichtig alle nur möglichen Folgen bedenkend und fürchtend; und wenn man was tat, so bereute man es alsbald und suchte es ungetan zu machen; und war gleichwohl versessen auf irgendein Ziel, quidquid volunt, valde volunt; und zornig aufbrausend, empfindlich, immer gekränkt, rachsüchtig auch, injuriarum tenax . . . So dieser Gelehrte über die Melancholie großer Herren im Alter. Ein allgemeines Bild, Schilderung nicht der Person, sondern des Typus. Auch der Vikar war dem Sternenglauben hold, mit Reserven; den Wirkungen der Konstellation mochte der entgehen, der aus freier Kraft sich zur Wehr setzte. Was aber den im Zeichen Saturns Geborenen betraf, so waren seine Neigungen geläufig: die Versunkenheit in sich selber, die Last an sich selber, das Schweigen, Grübeln, Sorgen, Fürchten – Eigenschaften, die wunderlich zusammengingen mit Freude an der Pferdezucht, am Bauen, an Wäldern, Gärten, Flüssen, Teichen, Bassins und mauer-umhegten Spaziergängen . . .

Nun ist es mit Zeitkrankheiten eine vielfältige Sache. Sie würden, erstens, nicht von der Literatur liebevoll gepflegt sein, gäben die Menschen, die man beobachtet, nicht Anlaß dazu. Ist's, beispielshalber, die Entfremdung, dann wird es viele Entfremdete geben, ist es die Melancholie, dann viele Melancholiker. Zweitens aber wirkt häufige Beschreibung zurück auf die, die sich gemeint fühlen und also werden, was zu sein man sie redselig einlädt. Und wenn sie, drittens, auch nicht so werden, oder doch nur partiell werden, zumal ja das Individuum den Typus nie ganz erfüllt, so wird man sie ihm trotzdem unterordnen und wird sie zu kennen glauben, weil man den Typus kennt. Leicht ist der Typus zu kennen, als ein von Gelehrten Hergestelltes; die Person schwer.

Übrigens war der Anatom verdunkelter Gemüter Naturalist genug, um neben den Sternen, neben den Taten, neben den Schicksalen der Seele auch jene des Körpers in Betracht zu ziehen und die Wechselwirkung zwischen beiden. Wie sollten die Menschen nicht traurig werden durch Entzündungen innerer Organe, Blutungen, Störungen im Kreislauf, venerische Fäulnisse, Magenleiden und andere dergleichen Heimsuchung? Wie noch lebensfroh sein, wenn sie nicht mehr tun konnten, was sie früher so gern getan hatten, und die Anderen, die Jungen, ringsumher herzhaft tun sahen? . . . In seinem fünfzigsten Jahr war Wallenstein ein schwer leidender Mann. Als ganz abgemagert wird er geschildert, ein emaceratum corpus, die Farbe des Gesichts gelblich-grün, manchmal ins Schwärzliche spielend, so daß er es am liebsten hinter einem seidenen Tuch verbarg. Das Podagra, ob es nun die echte Gicht war, eine deformierende Gelenkentzündung, eine den ganzen Körper durchsetzende Krankheit, gar eine tertiäre Form der Syphilis, was die Wissenschaft aus den Schilderungen der Zeit alles so genau nicht unterscheiden kann, das Podagra hatte nun auch seine Hände so verkrampft, daß er oft und während Wochen nicht einmal seine Unterschrift leisten konnte. Bei Lützen war er noch zu Pferd gestiegen; ein halbes Jahr später mochte er sich nur noch der Sänfte anvertrauen. Es kam ein »Wechselfieber« dazu, auch die »ungarische Krankheit« genannt, welche eine Art von Malaria war vermutlich, den von ihr Infizierten periodisch besuchend mit Fieberanfällen und Schüttelfrösten, mit krampfartiger Zusammenziehung der Wadenmuskeln, reißenden, ziehenden Schmerzen in Knien und Fußgelenken, sich schwesterlich verbündend mit dem, was die Gicht ohnehin produzierte. Diese, war es die echte, verursachte Arteriosklerose, so schwere, daß endlich die Gefäße des Herzens von ihr ergriffen wurden und Herzbeängstigung, Angina pectoris, nicht ausblieb. Ferner bringt Gicht in ihrem fortgeschrittensten Stadium auch Entzündungen an den Beinen hervor, die, werden sie nicht sachgerecht behandelt, zu eiternden Geschwüren entarten; sachgerecht, nach neuem Begriff, war die Behandlung, welche die Leibärzte Stroperus und Wachtel dem fürstlichen Patienten zuteil werden ließen, kaum. Täglich verbrachte er Stunden im Schwitzbad, was immer ihm das half; aus seinen aufgebrochenen Füßen wurden Stücke wilden Fleisches geschnitten. Dies das Krankheitsbild, wie Zeitgenossen es gaben, Spätere mit ihren Mitteln es analysierten. Einer will auch Tuberkulose in ihm erkannt haben, das Unheil, an dem in jungen Jahren die Schwester gestorben war. Jedenfalls litt er nicht an einem einzigen, sondern an einem Strauß von Übeln. Ein so Geschlagener kann nicht mehr lange leben, und sein stärkster Trieb ist nach der Ruh.

Nach Frieden. Dies Wort, im Folgenden so häufig vorkommend, so oft aus Wallensteins Mund kommend, wird einen zweifachen Sinn haben. Es meint die Freiheit von der Sklaverei des Amtes und des Lebens, das, wenn es keine Freude mehr macht, nur Pein ist. Es meint das Ende des großen Krieges, den allgemeinen, politischen Frieden. Egozentrisch genug war er, beide Sehnsüchte als eine zu erfahren: Friede sollte sein, weil er satt war des Kriegführens und dann des Lebens. Er werde alt, sagte er, er sei leidend, und hohe Zeit, daß die Schlächterei aufhöre; um des lieben Friedens willen werde er sogar von seinen eigenen Forderungen etwas nachlassen. Viel Böses hatte er getan, obgleich ohne es zu wissen, er hatte nach den Regeln gespielt. Gegen Ende wünschte er ein Letztes, Heilendes zu tun, das mit seinem Namen verbunden bliebe. Ob ein so schuldiger Mensch das eigentlich konnte, wäre er auch ein besserer Politiker, wären Seele und Leib nicht krank gewesen, mag man immerhin fragen.

Das Prager Blutgericht

Er blieb in Prag bis in den Mai, über fünf Monate, mit der Routine neuer Rüstungen beschäftigt. Noch war seine Korrespondenz scharf und vielfältig. Aber er schloß sich ein im Friedländer-Haus und überließ nach außenhin dem starken Heinrich Holk den Großteil der Last. Ein bayerischer Agent an Maximilian: »Seine Fürstlichen Gnaden lassen sich gar wenig sehen; auch gelangen die vornehmsten Offiziere nur selten zur Audienz, wie z. B. der Colloredo in etlichen Wochen niemals vorkommen konnte. Der Holk ist factotum, versieht Alles, Artillerie, Proviant und was sonst vorlaufen mag.«

Als Feldmarschall und »Capo der Reiterjustiz« mußte Holk auch das traurig-zwangsläufige Geschäft besorgen, den Prozeß gegen die Fahnenflüchtigen von Lützen. Zwangsläufig war es angesichts der Gesetze und aus der Natur des Krieges, so wie er immer war und sein wird, solange es ihn noch gibt. Wagen doch die Meisten ihr Leben nicht aus freiem Willen, sondern weil sie müssen und die Wahl bloß haben zwischen möglichem Tod auf dem Feld der Ehre und sicherem, entehrendem nach Kriegsrecht. Wird Fahnenflucht straffrei, so bricht die Kriegsmaschinerie zusammen. Das wäre am Ende ein Unglück nicht; aber unmöglich können Generale es so sehen. Wallenstein an Gallas, den 9. Dezember: »Ich zweifle nit, daß der Herr gute Wissenschaft wird haben, wie übel sich der Oberst Hagen bei jüngst vergangener Schlacht bei Lützen gehalten, indem er und alle seine Truppen schändlicherweise ausgerissen. Nun ist leicht zu erachten, daß dies Unheil mehr von den Offizieren als von den Soldaten herrührt, denn wären die Offiziere gestanden, so hätten die Reiter ihre Schuldigkeit auch in Acht genommen; dieweil nun das Gute belohnt, also auch das Böse bestraft muß werden . . .« usw. Das Böse mußte bestraft werden. Er ging daran mit der drängenden Gründlichkeit, mit der er so etwas machte; schrieb an einen uralten Bekannten, Generalkommissar Stredele, ob er wohl das Anklageprotokoll noch besitze, das er vor 27 Jahren im Türkenkrieg gelegentlich eines ähnlichen Rechtsfalles geschrieben habe? Die Prozedur damals war gut, er erinnere sich, genau so wollte er es jetzt gemacht haben . . . Holk, Ilow, Gallas ließen die Schuldigen in Haft setzen, soweit sie ungeschickt genug waren, sich finden zu lassen, und nach Prag bringen; den Obersten Nikolaus von Hagen, den Oberstleutnant Albrecht von Hofkirchen, den Kapitän Graf Luigi Broglia, die Rittmeister Suttel, Qualenberg, Staitz von Wobersnau – »ein Kind und nur von 18 Jahren«, wie Holk ihn mildernd kennzeichnete – und andere mehr, zwölf Offiziere insgesamt, und fünf Knechte. An die dreißig Personen zählte der Gerichtshof: neben den Justizbeamten eine Reihe wegen ihrer bewährten Tapferkeit ausgesuchter Offiziere vom Obersten bis zum Wachtmeister, darunter so gewichtige wie Rudolf Colloredo und Octavio Piccolomini. Nichts wurde in die Anklage, nichts in die Verurteilungen aufgenommen, was von Zeugen nicht über und über erhärtet war und was die Beschuldigten nicht selber eingestehen mußten. Das Ende war vorgegeben. Ein Offizier, der, wie Luigi Broglia, vom Schlachtfeld geritten war, weit weg, halbwegs bis Halle, dazu noch den Pappenheim'schen Infanteristen, die ihm entgegenmarschierten, erzählt hatte, alles sei verloren, der Generalissimus selber auf der Flucht, sie kehrten besser gleich um – was sollte mit ihm geschehen? Daß die Richter auch das Kind verdammten, den Rittmeister Staitz von Wobersnau, dessen noble Haltung und bestrickender Liebreiz dem Generalprofos während der Verlesung des Urteils Tränen entlockten, spricht eher für sie als gegen sie; sie wollten nicht, aber sie mußten, die erwiesene Schuld lag so. Es blieb die Gnade. Sie hätte allerdings geübt werden dürfen, gegen den Jüngling, gegen einen greisenhaften Artilleriehauptmann. Die Richter selber bemühten sich darum, wie auch aus Wien und München für die Vornehmsten unter den Verurteilten gute Worte kamen. Gnade konnte allein Wallenstein üben, und übte keine.

In Winterkälte fanden die Hinrichtungen auf dem Altstädter Ring statt, ein Volks- und Blut- und Trauerfest zur Wiederherstellung von Gottes Recht und gekränkter kaiserlicher Majestät. Auch dies war üblich. Eben jetzt wurde der Kommandant der Leipziger Festung, Hans Voppelius, vom Leben zum Tode gebracht, auf dem Neumarkt in Dresden, unter den Augen der kurfürstlichen Familie, weil er seine Burg nicht so brav, wie dennoch möglich gewesen, verteidigt hatte. Ein normaler Vorgang. Nur, daß es hier so viele waren. Und daß es der Altstädter Ring war, der schon einmal, vor zwölf Jahren, dergleichen gesehen hatte. Und daß Hilmar Staitz von Wobersnau so sehr liebenswert erschien. Der, seinem Rang nach, hätte der Vierte sein sollen, vor den Scharfrichter zu treten, aber Holk, der harte Holk, gab ihm den letzten Platz, immer in der Hoffnung, es könnte noch ein rettender Bote sich zeigen. Als nun keiner kam und der Jüngling niederkniete, ging eine Bewegung des Protests durch die Menge, selbst durch die beobachtenden Generaloffiziere auf ihrem Söller, ein Schrei

der Sympathie, der Held von Lützen, Piccolomini, hob den Arm und gebot Einhalt, ob dieser denn nicht geschont werden könnte, die Exekution wurde ausgesetzt, der Jüngling blieb betend in sich versunken, Holk stieg zu Pferd und ritt über die Karlsbrücke zum Palast, um nach einer Weile zurückzukehren, niedergeschlagen. Es hatte Einer sein »Es kann nicht sein« hervorgestoßen. Also starb auch der Rittmeister-Knabe unterm Schwert; »mit einer so schönen Manier«, heißt es in einem beinah offiziellen Bericht, »daß er alle Umstehenden zu einem Mitleiden bewegte . . . Man kann nicht genugsam beschreiben, wie dieser Cavalier so willig und bereit zum Tod gegangen« . . . Ob nun Wallenstein fand, daß hier keine Ausnahme sein durfte, ob er sich den Ruf des Gnadenlosen wünschte oder sein Ruf ihm gleichgültig geworden war, ob er den Kontakt zu seinen Mitmenschen überhaupt verloren hatte – ein guter Anfang des Jahres, welches Frieden bringen sollte, war das nicht. Anders, wenn er nur zwei von den zwölfen begnadigt, wenn er übrigens veranlaßt hätte, was sein Hochmut ihm verbot, eine publizistische Rechtfertigung. So blieb das Feld seinen Feinden überlassen, die Mitleid und willkommene Entrüstung zu schmerzlichem Klingen zu bringen nicht verfehlten.
Er machte noch einmal sein Testament diesen Winter. Er ließ sich vom Kaiser ein Privileg geben, das ehedem die böhmischen Herren besessen hatten: wenn je ein Herzog von Friedland sich des Hochverrates schuldig machte, sollte er an Leib und Leben bestraft werden dürfen, sein Besitz aber an den nächsten Agnaten übergehen. Er gab den Entwurf für die Stiftung einer friedländischen Universität, lange erträumt, in ernsten Auftrag: es sollte eine vollwertige Universitas Generalis sein, nach dem Modell der ältesten und bestrenommierten Universitäten im Römischen Reich, als Wien, Basel, Prag und Leipzig, berechtigt, linguas, studia, facultates und exercitia zu dozieren, alle akademischen Grade zu vergeben. Wie es denn überhaupt in dem Jahr, das nun begann, nicht den Schatten eines Anzeichens dafür gibt, daß er je daran dachte, sein Herzogtum aufzulösen und stückweis den ehemaligen Besitzern zurückzugeben; daß er nicht, immer und immer, an Ausbau und Verschönerungen gedacht hätte, als den Trost, zu dem er floh, da es sonst so wenig Trostreiches gab. Er tat auch Gutes in diesen Monaten, nebenbei; wie er zum Beispiel großzügig, genau und schärfstens für die verwitwete Gräfin Pappenheim sorgte. Pappenheim, ließ er wissen, habe sterbend für Kaiser und katholische Christenheit keinen letzten Willen mehr aufsetzen können, aber ihn, den Herzog, zum Kurator seiner Familie ernannt; diese Pflicht werde er für den toten Freund erfüllen und nicht dulden, daß angebliche Neben-Erben und ausgepichte Juristen in endlosen Prozessen die Witwe

mit ihren Waisen um das Ihrige betrögen. Gleich für den Anfang schickte er 5000 Taler – auch Trauernde brauchten Geld – und ein beinahe herzliches Kondolenzschreiben . . . Strenge gegen die Bösen, Milde gegen die Guten: Gott der Herr. Als dessen Ebenbild und Nachahmer hatten die auf Erden Herrschenden sich immer gern angesehen, waren auch von den Untertanen so angesehen worden; was, so sehr lange es dauerte, wohl für beide Seiten nicht das Rechte war.

Die Schicksalsmacher

Wir erzählen von einem politischen Leben; einem solchen also, das in seinen Bestrebungen immer nur auf die privilegierten Wenigen traf. Die Mehrzahl der Menschen erlebte das Politische nur passiv; wenn der durchs Land züngelnde Krieg sie erreichte, wenn sie zahlen mußten, und noch schärfer als sonst gegängelt wurden um des Krieges willen; wenn ihr Glaube, dem sie treu blieben, sie aus der Heimat vertrieb. Im Übrigen hatten sie andere, naturgegebene Sorgen.
Demokratie gab es keine, außer in einigen zeitweise revolutionierten Stadtrepubliken. Es wurde alles von einer Oberschicht besorgt, die auf ererbten Rechten beruhte, auf Geld, allenfalls auf Gelehrsamkeit. Die Oberen jedoch waren breit gestreut und nirgends breiter als in Deutschland; wo nicht nur die großen Fürsten mit ihren Geheimräten und Militärs und Predigern mit dem Geschäft von Krieg und Frieden, von Staatsgrenzen und Glaubensregeln sich emsig vergnügten, auch die Kleinen bis hinunter zu den Grafen und Rittern, auch die Patrizier und Juristen der Städte, gewiß einige tausend Schicksalsmacher insgesamt. Die Nordkönige waren im Prinzip abhängig von ihren feudalen Reichsräten, ihren ständischen Versammlungen. In Großbritannien kam es so weit, daß der König europäische Politik praktisch nicht mehr treiben konnte und seine Diplomaten auf dem Kontinent zu lächerlichen Figuren wurden. In Skandinavien hatte man bisher Mittel gefunden, auf dem Feld, das die Könige vor allem interessierte, über die Köpfe der Stände hinweg zu handeln; sei es, indem man ihnen erzählte, was sie wohl oder übel glauben mußten, denn wie durfte ein schwedischer Waldsiedler, ein dänischer Stadtbürger über die von Wien und Madrid her drohenden Gefahren wohl ein Urteil sich anmaßen, sei es, indem man kriegerische Tatsachen schuf, die, einmal vollzogen, keine Versammlung von Biederleuten mehr rückgängig machte. Die französische Außenpolitik bestimmten der Kardinal und der Kapuziner, gedeckt von dem König Ludwig, nahezu allein; dahin hatten Richelieus Anstrengungen es gebracht. Nicht viel anders lag

es in Madrid, zu Spaniens Unglück. In Holland gab es Parteiungen, von denen der Statthalter, der Prinz von Oranien, im Bunde mit den Kaufleuten der Ostindienkompanie, nur eine führte. Diese, im Gegensatz zu anderen, war militant und wollte, unterschiedlicher Vorteile halber, den spanischen Krieg auch dann fortsetzen, wenn jetzt ein leidlicher Friede zu haben gewesen wäre. Parteiungen machten auch in Wien sich bemerkbar, obgleich diskret, immer nur bei Hof, die Autorität des milden alten Popanzes, Sanctae Caesareae Majestatis, nie in Frage stellend.
Etwas entscheiden konnten doch nur die Großmächte, Stockholm, Den Haag, Paris, Madrid, Wien, in zweiter Linie und allenfalls noch Rom und München. Die Deutschen, auch die evangelischen Deutschen für sich allein, hätten mitentscheidende Macht wohl sein können, der schieren Zahl nach. So der Traum national denkender Politiker wie des Feldmarschalls, neuerdings Generalleutnants von Arnim. Ein immer wiederkehrender Traum und auf dem Papier plausibel. Wenn viele Kleine, denen ein Lebensinteresse gemeinsam ist, sich zusammentun, treu und ehrlich, so können auch sie etwas Großes darstellen zwischen den Großen in Unabhängigkeit und Würde. Leider summieren sich Willenskräfte, in uralten Gewohnheiten wurzelnd, nicht so leicht, wie Zahlen sich summieren.
Mit Gustav Adolf war die, wie man glaubte, stärkste persönliche Energie aus dem Lager der Protestierenden verschwunden. Zwei Wochen nach ihm starb ein anderer Streithahn, der ausgemergelte Ehemals-Schönling, Friedrich von der Pfalz, der Winterkönig; schwerstens mitschuldig auch er an den Greueln, in deren Mitte er zugrunde ging, nicht durch seine Aktivität, denn tun konnte er kaum noch etwas, sondern durch seinen gewissenhaften, gewissenlosen, auf mannigfaltige internationale Verflechtungen gestützten Ehren-Widerstand. Mit dem Sohn oder seinem Vormund würde man leichter zu einem mäßigen Austrag gelangen können. Einer weniger; eine Epoche dieser Kriegswirren zu Ende.
Warum, um Gottes und der Menschen Willen, nicht der Krieg überhaupt? Noch einmal, wie allwinterlich, stellten die Menschenfreunde, die Friedensvermittler, diese Frage: Georg von Darmstadt, von dem wir nachgerade glauben wollen, daß er ein Menschenfreund war, der König von Dänemark. Darmstadt ging ans Werk, kaum daß er von Lützen, dieser grausamen, erschrecklichen, unter Christen fast nie erhörten Blutstürzung erfahren hatte; es galt rasch zu handeln; sein Brief an den Kaiser hat überzeugenden Ton. Auch dachte er sich ein Netz von Kompromissen aus, das allen erträglich sein sollte. Christian IV., diplomatischer, bot seine guten Dienste an, den Sachsen zunächst

und den Kaiserlichen, aber ohne Bedingungen zu nennen. Beide Philanthropen machten ihre Rechnung ohne Deutschlands gebietendsten Gast.
Axel Oxenstierna handelte so schnell wie der Landgraf und unvergleichlich wirksamer. Dieser Staatsmann, erfahren in zwanzigjähriger Amtsführung als Kanzler, Freund, Berater und ständischer Aufseher des Königs, durch profunde Kenntnisse in Juristerei und deutscher Theologie nicht um seinen Verstand gebracht, sehr nüchtern vielmehr und sachnahe, kerngesund und erzgescheit die Gemüter, die Pläne, die Konflikte durchschauend, ehrlich, wenn Ehrlichkeit politisch war, notfalls auch in der Lügenkunst gewandt, immer mit der Autorität des Herrschgewohnten, des Überlegenen, Weisen, Groben – Oxenstierna machte sich über Deutschland nicht die noblen Illusionen, die Gustav mit Absichten weniger generöser Art bequem vermischt hatte. Es sei kein Verlaß auf die Deutschen, sagte er, sie wüßten den Schweden keinen Dank, nicht einmal die beiden Herzoge von Mecklenburg, und würden jetzt recht gern ohne ihre Retter auskommen. Sie dürften aber nicht. Momentweise, die Kunde vom Tod des Königs noch im Ohr, in der ersten schlaflosen Nacht seines Lebens, hatte selbst Oxenstierna die Versuchung gespürt, den Kreuzzug abzubrechen und Deutschland zu räumen. Der Tag verscheuchte solche Gedanken. Von dem Stockholmer Reichsrat – ein König war bis auf weiteres nicht da – ließ er sich eine Art von Diktatur am Ort übertragen; so jedoch, daß Schweden wenig oder gar kein Geld mehr zu geben hätte, auch die noch verbleibenden echt-schwedischen Truppen allmählich zurückzuziehen wären. Eine Germanisierung des Krieges; nur die Führung sollte bei der Krone Schweden bleiben, bei dem Kanzler, seinen Generalen und Diplomaten, und die Deutschen einen guten Preis dafür zahlen. Welchen? Beobachter, die ihrerseits nicht auf den Kopf gefallen waren, zum Beispiel Wallenstein, wußten wohl, daß es sich um »Küstenorte« handeln sollte, Pommern vor allem. Für einen vergleichsweise recht bescheidenen Beitrag war das kränkend viel, und kränkender, daß ein »bloßer schwedischer Edelmann« zu deutschen Fürsten sich zu reden erkühnte, wie noch kein Kaiser zu ihnen geredet hatte. So vertrackt war die Lage, daß sie es sich doch gefallen lassen mußten, oder glaubten, es zu müssen; daß sie stets nachgaben, wenn der Kanzler drohte, er könne auch weg, er könne sich auch mit England, Holland, Frankreich verbünden und das Deutsche Reich in Grund und Boden zerstören. Viele Schafe unter einem groben Hirten. Die Schweden, klagte der württembergische Kanzler Löffler, seien überaus geizig, dazu furios und crudel; ihre Soldaten trieben es schlimmer als die Straßenräuber, und die deut-

schen Freiheiten bedrohten sie auch. Leider brauche man sie einstweilen.
Da Wallenstein sich nicht rührte, einen fast in den Sommer ausgedehnten Winter lang, hatte Oxenstierna Zeit für seine Eile. Er schloß neue, verstärkte Allianz mit Frankreich, was ein Schlag war für alle, die ein Ende des deutschen Krieges ersehnten. Franzosen und Schweden würden die Protestanten im Zangengriff halten; befreiten sie sich dennoch daraus, so war die Gefahr groß, daß der Krieg aus einem innerdeutschen sich ganz in einen europäischen Staatenkrieg verwandelte, Deutschland und Spanien nämlich gegen Schweden, Holland, Frankreich. Die vom Schwatz der Konferenzen Betäubten sahen das nicht, oder sahen sogar eine Hoffnung, weil das schwedisch-französische Bündnis doch immer ein freund-feindliches blieb, und man bei einem Partner Schutz suchen konnte gegen den anderen. In Dresden begegnete der Kanzler den verquollenen Bedenken der Geheimräte mit der hochmütigsten Ungeduld, dem penetrantesten Spott; antwortete auf die Frage, was denn eigentlich das Ziel des Krieges sei, es wundere ihn sehr, daß man das nicht wisse, zumal man doch schon seit Jahren Krieg führe; drohte, er werde, falls der Kurfürst Johann Georg Sonderfriedens-Faxen machte, die deutschen Stände aufeinanderhetzen wie bissige Hunde und mit Frankreich, mit Holland, mit Polen sogar, im Römischen Reich ein Feuerchen machen, das so bald nicht ausgehen werde; reiste wieder fort mit der Erkenntnis, daß man in Sachsen auf zwei Dinge aus sei, Führung aller Protestanten zuerst, Frieden mit Österreich dann. So erzählte er in Berlin, wo er sich wohler fühlte und nach seiner Art zu freiem Plaudern bringen ließ. Was Frankreich wolle, wisse er genau, nämlich, »was von Basel liegt bis an die Mosel, das hätte es sehr gern«. Ähnlichen Gewinnst, fügte er hinzu, wolle er seinem Vaterland auch wohl gönnen, verriet aber einstweilen nicht, welchen. Das Kriegsziel sei, den Kaiser aus seinen Ländern zu jagen, damit er später über gar nichts mehr verhandeln könnte außer über ihre Restitution ... Oxenstierna fand die Brandenburger bereitwilliger als die Sachsen. Am bereitwilligsten die Vertreter der vier Kreise Oberrhein, Mittelrhein, Franken und Schwaben, die Süddeutschen, die er im März zu einem Kongreß nach Heilbronn bat. Dies war nun wieder ein kräftiger Schachzug gegen Sachsen; die Mitglieder des zu gründenden oberdeutschen Städtebundes, abkürzungsweise Heilbronner Bund genannt, würden dem Reichskanzler gehören. Wozu sie sich auch bequemten, nach vielwöchentlichem Häckeln und Sich-Winden; die Fürsten und ihre Juristen, die Grafen und Ritter und städtischen Deputierten. Da gab es freilich harten Streit um Präzedenzen, den Oxenstierna kurzer Hand

löste, indem er die Stühle aus dem Konferenzsaal entfernen ließ, damit niemand zuerst Platz nehmen könnte; derbe Worte aus des Kanzlers Munde, Peitschenschläge des Tierbändigers, er dulde keine Neutralisten, er könne auch ganz anders, daß die Deutschen ihrem Kaiser zugleich das Schwert und den Hut entgegenhielten, gehe über seinen Verstand; Krisen und beginnendes Auseinanderlaufen; am Ende ein Elaborat, welches der Sache nach Oxenstierna gab, was er verlangte. Es sollte ein Bündnis sein aller dieser Stände unter sich und insgesamt mit Schweden; eine gemeinsame Kriegskasse, von den Deutschen, aber nicht von den Schweden mit schwerem Geld zu füllen; ein Oberster Rat, sieben Deutsche gegen drei Schweden, mit einem Direktor, dem Reichskanzler, der über die Kriegsaktionen vorläufig allein zu entscheiden hätte. Mehr brauchte er nicht. Der Bund, »zur Wiederherstellung der Reichsverfassung«, was immer das hieß, auch zur Erfüllung gerechter schwedischer Wünsche aus viel morschem Gestein locker gebaut, würde das sein, was er wollte, ihm Geld und Soldaten liefern; oder würde gar nicht sein.
Mit einer Rede, deren sprachliche Eleganz und Reife die Schwaben wohl kaum bemerkten, hatte ein französischer Botschafter zum Erfolg des Kongresses etwas beigetragen: der Marquis de Feuquières, Marschall von Frankreich, Gouverneur von Vic und Moyenvic, Generalleutnant des Königs in Metz und Toul. Ein neuer Stern am deutschen Gewitterhimmel, Soldat, Diplomat und Literat. Er war ausgeschickt worden im Februar, um Oxenstierna zugleich zu unterstützen und zu schädigen; mit einem ganzen Rudel von Attachés, d'Avaugour, Rorté, Beauregard, Miré, de Lisle, La Grange aux Ormes, die er dahin und dorthin sandte, erwählt teils, weil sie sich in Deutschland auskannten, teils auch, weil sie trinkfest genug waren, um selbst dem Kurfürsten von Sachsen das Glas zu halten; mit einhundert Sekretären, Lakaien und Garden; mit Schmeichelbriefen des Königs Ludwig an die gewichtigeren deutschen Fürsten, Sachsen, Brandenburg, Weimar, Darmstadt, Kassel; mit viel Geld, um an geeigneten Orten Geschenke zu machen oder Pensionen anzubieten; mit einer Instruktion aus der Feder Père Josephs, die Feuquières schnell als unwirklich erkannte. Besessen von alten Denkgewohnheiten, wollte der Mönch noch immer glauben, was zu glauben ihm gefiel; an das wahre, das nicht-habsburgische Deutschland beider Konfessionen; an die Vereinigung der Evangelischen unter Sachsen, als dritte Macht der französisch-schwedischen Allianz beizugesellen, in engster Anlehnung an Frankreich, verstand sich; an die Neutralisierung Bayerns und seiner Liga, die Österreich allein und verloren lassen würde. Die germanischen Freiheiten für die Protestanten, für die Katholiken die Rettung

ihrer Religion. Johann Georg als Nachfolger Gustav Adolfs, und Maximilian, später, als Nachfolger Ferdinands. Gleichzeitig die Sendung eines Diplomaten, Charbonnières, nach Wien; ein Versuch, mit dem derzeitigen Kaiser ins Gespräch zu kommen, und wenn nichts dabei herauskäme, den Deutschen zu beweisen, daß und warum nichts dabei hatte herauskommen können. Frankreich in jedem Fall an der Spitze; im Krieg der Gewinner, ohne ihn offen zu führen; für den Frieden der Hauptvermittler, anstelle des Dänen, von dem kleinen Landgrafen zu schweigen. Auch an Wallenstein schrieb der König Ludwig: »Mon Cousin, ich habe dem Kaiser, meinem teuren Bruder, bei jeder Gelegenheit meinen Wunsch bezeugt, im Reiche zu einem guten und ehrlichen Frieden zu gelangen«, und so fort. Wallenstein antwortete mit gleich billiger Münze: die edlen Gesinnungen eines von ihm wegen seiner hohen Qualitäten stets so hoch ästimierten, so vornehmen Potentaten vergnügten ihn ganz ungewöhnlich . . . Richelieus »stummer Krieg«, wie er genannt wurde; klug; sehr klug; allzu klug. Es sei alles gar nicht so, mußte Feuquières aus Heilbronn berichten. Der Kurfürst von Sachsen sei wegen seiner schändlichen Lebensführung, wegen des Schwankens und Wankens seiner Politik, wegen seiner notorischen Sympathien für Haus Österreich bei den Protestanten so verachtet, daß sie ihn nie als ihren Chef annehmen würden; übrigens ein zu grober Feind alles Ausländischen, um je als Instrument französischer Politik zu taugen. Die Brüder Bayern aber, Maximilian und Ferdinand von Köln, seien die verhaßtesten Fürsten im Reich, verhaßter als der Kaiser selber, sie, nicht er, gälten als die Väter des ruinösen Ediktes; die Idee, sie mit den Protestanten zu versöhnen, müsse man leider preisgeben und überhaupt sehr vorsichtig auftreten, denn die Deutschen fühlten für seine Allerchristlichste Majestät nicht solches Vertrauen, wie man glaubte . . . Von Heilbronn reiste Feuquières nach Dresden, um dem Kurfürsten, von dem er mittlerweile so viel Übles gehört hatte, seine Aufwartung zu machen.

In Dresden blieb er länger als zuerst beabsichtigt; dort erlebte er manches für den Diplomaten wie für den Schriftsteller prickelnd Interessante. Gar nicht schien ihn zu interessieren, was er auf seinen Reisen durch Deutschland an Verwüstung und Elend sah, denn in seinen sonst so farbigen Beschreibungen berührte er es mit keinem Wort; davor schützte die sechsspännige Karosse und die Zeit ohne Mitleid.

Was wurde gereist damals, mit großen Kosten, die letzthin doch die armen Leute aufbrachten, ohne Ergebnisse oder mit verderblichen. In den Vertrag, den Feuquières mit dem Heilbronner Bunde schloß, gelang es ihm mit viel Geistesverschleiß und Kunst ein paar Artikel einzufügen, die jeder Realität entbehrten: Freiheit des katholischen Kults, dort, wo er vor dem Krieg zu Hause gewesen war; Neutralität Bayerns und der Freunde Bayerns, wenn man sie haben konnte. Um dies unnütze Papier endgültig zu machen – mittlerweile schrieb man Oktober, 1633 –, begaben zwei Gesandte des Bundes sich nach Paris und durften dort aus dem Mund des Kardinals, ausführlicher aus dem des Kapuziners, ein Exposé der französischen Politik sich anhören. Dieser Krieg, dozierte Père Joseph, ist ein Krieg zwischen Staaten, kein Religionskrieg. Ein Krieg zwischen Staaten kann doch einmal aufhören und zum gewünschten Gleichgewicht der Kräfte führen, ein Religionskrieg nie. Seht nach Frankreich; hier beten eure Glaubensgenossen ungestört. Ich bin ein Mann der Römischen Kirche, meine Kutte zeigt es; aber das sage ich euch, euer Grundsatz des ejus religio cujus regio stammt vom Teufel. Gott wirkt seine Erleuchtungen durch den Heiligen Geist; durch Gewalt sind sie nicht zu erreichen. Von einem deutschen Theologen habe ich selber vernommen, daß die Unterschiede zwischen Katholiken und Lutheranern so tief gar nicht, und nur verbaler Art seien. Was also? Mögen doch die Konfessions-Streiter disputieren nach Herzenslust, wenn der Krieg zu Ende ist. Jetzt gilt es, sich gegen die Spanier zu einigen, die sonst alles verschlingen. Dafür wäre ein Anfang die Neutralität der deutschen Katholiken, deren Sinn und Nutzen der König von Schweden leider nicht verstand. Neutralität zuerst, Entspannung der hassenden Gemüter; ohne die kein Friede. Der Kurfürst von Bayern ist ein Feind der Spanier, ein Feind Wallensteins. Um jeden Preis muß man ihn gegen den Kaiser aufwiegeln, danach kann man mit ihm machen, was man will. Der Kurfürst von Sachsen ist ein Feind eurer Conföderation, er spielt mit Verrat an der gemeinsamen Sache, sein Schwiegersohn, der Landgraf von Darmstadt, bestärkt sein auf Sonderfrieden zielendes Spekulieren. Man muß ihm andere Berater geben, seinen trunksüchtigen Lebenswandel auszunützen verstehen, und Arnim von ihm entfernen; Arnims Gesinnungen sind zweideutig . . . Ein Blick auf die außerdeutschen Mächte. Von England ist nichts mehr zu erwarten, so wie es dort nun steht. In den Niederlanden wünscht der Prinz von Oranien eine Fortsetzung des Krieges, andere nicht. Man wird aber französischerseits die Verhandlungen zwischen Spanien und den Generalstaaten zu durchkreuzen wissen. Dänemark ist jetzt ganz kaiserlich gesinnt und erwartet nur die Gelegenheit, über Schweden herzufallen. Von Schweden sich nicht zu trennen, ist für die deutschen Protestanten Pflicht der Dankbarkeit und der Ehre, wie Sache des Interesses. Freilich wäre zu wünschen, daß Oxenstierna seine hochfah-

renden Manieren etwas zügelte; von ihnen weiß man auch in Paris ein Lied zu singen. Und wenn die Schweden darauf abzielen sollten, das Römische Reich zu ruinieren und aufzuteilen, das wäre schlimmer als der Türke, das würde Frankreich niemals dulden ... Ja, Frankreich. Wir wollen von Deutschland gar nichts; wir erstreben nichts als ein wohltuendes Gleichgewicht in Europa. Haben wir es doch in Italien bewiesen, wo wir soviel hätten nehmen können und gar nichts nahmen, außer einer Kleinigkeit, und die haben wir bezahlt. Es ist auch nicht wahr, daß wir die Lasten des Krieges nur unseren Verbündeten aufhalsen. Demnächst werden wir 80000 Mann unter den Waffen haben, um mit ihnen die Pässe nach Italien, den Rhein, die Mosel zu kontrollieren, die Festung Breisach zu erobern, das Elsaß zu sichern. Wenn das nicht im Sinn von euch Conföderierten ist ...
So dieser einfallsreiche, fromme Mann. Auch über Wallenstein flocht er eine Bemerkung in seinen Vortrag ein, und zwar diese: man sollte versuchen, etwas mit dem Herzog von Friedland zu machen, denn gut spanisch ist er keineswegs. Verschlagen und hintergründig mag er allerdings sein, aber nur ein mittelmäßiger Soldat, der die Niederlagen fürchtet. Für sein Schwanken wird er einmal zahlen, denn Herren und Meister wie der Seine halten sich an das, quod deliberantes descivерunt, was sie bedachten und beschlossen; und was er selber nur laut denkt, wird man ihm einmal als Verrat auslegen ...

Hätte Wallenstein diesen Text mitangehört, er hätte öfters mit dem Kopf genickt, auch wohl unterbrochen: »Weiß der Herr nicht, daß so auch meine Intentionen sind?« Die Grundsätze waren ihm familiär, mit denen der Pater Dingen der Zukunft vordachte, dem Staat, wie er einmal sein würde, und dann ein paar Jahrhunderte lang: Staat unter Staaten; fähig, Krieg zu führen, auch, ihn unter Kontrolle zu halten, auch, Frieden zu schließen; scharf begrenzt nach außen; nach innen Gehorsam fordernd im Weltlichen, duldsam in Glaubensfragen. Anderer, älterer Art war Spaniens imperialer Traum; Père Josephs schroffer Antihispanismus, beruhend auf dem Instinkt gewachsener französischer Königsmacht, hätte in Wallensteins nervöser Antipathie ein Echo gefunden. Aber solche Ähnlichkeiten flatterten in der Luft, wie dünne Fäden. Richelieu und Wallenstein konnten nie zusammenkommen; so wie, auf der anderen Seite, Arnim, der von Père Joseph gefürchtete Arnim, nie mit Wallenstein zusammenkam, obgleich es auch da benachbarte Gesinnungen gab. Leicht konnte Wallenstein sie finden, hätte er die einander jagenden Denkschriften durchflogen, mit denen Arnim während des Jahres 33 den Kurfürsten Johann Georg drangsalierte: das tiefe Mißtrauen gegenüber den

Fremden, Spaniern, Franzosen, und Schweden auch; den Friedenswillen, der geradeaus ging, nicht auf so krummer Linie wie der französische. Vernunftgemäß hätten Wallenstein und Arnim sich treffen müssen, und taten es doch nie. Denn eines ist die Meinung; ein zweites der persönliche Charakter; ein drittes der Standort, von dem allein aus die Meinung wirken kann, indem sie von ihm gebunden und abgewandelt wird; ein viertes der Moment. Weil immer mehrerlei Möglichkeiten anklopfen, denkt man heute dies und sechs Wochen später das. Ist nun der Eine da, wo der Andere vor sechs Wochen war, so ist der Andere nicht mehr zu finden, ist aber nach weiteren sechs Wochen wieder da; und so, immer nahe, mag man einander verfehlen fort und fort.

Kein Religionskrieg, warnte der modern gesinnte Kapuziner. In Wien hatte man seit 1618 geschworen, daß keiner sei, mit dem besten Glauben und auf dem schlechtesten Fundament. Eben jetzt wurde die katholische Reformations-Schraube noch einmal angezogen; so eng, daß selbst fremde Botschafter, dienten sie auch protestantischen Fürsten, dem wahren Glauben anzuhängen oder das Land binnen drei Tagen zu verlassen hatten. Jungen Lutheranern, die sich in die Armee flüchten wollten, als das einzige Asyl, das es noch gab, wurde auch dieser Ausweg versperrt; wogegen Wallenstein zornigen Einspruch erhob, seine Werber fänden ihr Geschäft ohnehin immer schwieriger. Unbeirrbar hielt Ferdinand II. an dem Prinzip fest, wonach er in seinen Ländern tun durfte, was er wollte, oder tun mußte, was sein Gewissen ihm befahl und was keine andere Macht etwas anging. Eine korrekte Auslegung des Rechtes der Völker. Nur, wie sollte der vielberedete ehrliche Friede sein mit einem Gemeinwesen, das von seinen Nachbarn sich so bis zum Totalen, Verrückten unterschied und abgrenzte? Dabei ist nicht so leicht zu sagen, wer den Monarchen eigentlich in seine frommen Exzesse trieb. Seine Intimsten müssen es gewesen sein, Lamormaini, der Beichtvater, Weingartner, der Hof-Kanzelredner, Jesuiten beide; dann die altspanische Partei, Martinitz, Lobkowicz, Wilhelm Slawata. Unter den politischen Ratgebern im technischen Sinn findet man die fanatischen Glaubensverfolger nicht.

Es lehrt dies ein Gutachten, das drei von ihnen, Bischof Antonius, Vicekanzler von Stralendorf und Max Trauttmansdorff, im Januar 33 verfaßten. Sie zählten, wie es die Art aller Geheimräte war, zuerst die Argumente auf, die für neue und immer neue Waffengänge sprachen, gaben sich aber keine große Mühe damit, denn die Argumente waren sehr schwach: daß der Tod des Königs von Schweden sich günstig auswirken könnte, daß die Feinde vielleicht gar noch ermatteter seien als man selber, daß ohne einen Totalsieg das heilige Edikt ja gar nicht durchzuführen wäre, und so fort; schließlich und zusätzlich, daß in so gerechtem Kampf auf die Hilfe des Allmächtigen ja doch wohl Verlaß sei. Diese letztere Hoffnung wußten die Autoren taktvoll nach der Seite zu drehen, auf der sie selber standen: Gott könne helfen nicht bloß durch Waffenglück, aber durch Erleuchtung der Gemüter und weise Ratschläge. Diese waren denn also: Es stand schlecht mit des Kaisers Sache. Seine Länder waren so in Grund und Boden verderbt, daß jederzeit neue Rebellion und Anarchie befürchtet werden mußte. Alle die gewonnenen Schlachten hatten nichts geholfen, eine einzige verlorene aber, Breitenfeld, fast ganz Deutschland in die Hand der Feinde gegeben, was damit zusammenhing, daß es leider nun einmal sechsmal mehr Protestierende als Katholische im Reich gab. Das Herz der Deutschen war beim Feind; dem Kaiser zu gehorchen, konnte nur die Furcht sie zwingen. Ein schlechter Halberstädter, Baden-Durlacher, Mansfelder hatten das Kriegsfeuer jahrelang in Gang halten können, allen kaiserlichen Erfolgen zum Trotz; wie denn jetzt, da die mächtigsten Potentaten sich einmischten, alle deutschen Türen und Tore ihnen offenstanden, die Städte und Festungen, die Flüsse und Meere? Würden da nicht die Franzosen auf ihr uraltes Ziel losgehen, die Wiedergewinnung der Gebiete, die sie ehemals besaßen, bis zum Rheinstrom hin? England, Holland, Dänemark – alles unsichere Figuren im Spiel. Die katholischen Reichsfürsten verjagt oder neutral oder, wie man im Vorjahr erlebt hatte, nach dem Port der Neutralität ausschauend – das ging auf Bayern. Spanien der einzige verläßliche Bundesgenosse, wenn er nämlich könnte, wie er wollte; aber er konnte ja nicht, er gewann sein Ziel nicht einmal in den Niederlanden und war dort, und in Italien, in Westindien durch des Feindes Arglist jederzeit zu binden. Österreich stand allein. Man redete von Religion, und daß ohne siegreiche Gewalt das Restitutions-Edikt nicht durchzuführen wäre. Fragte sich, ob es eigentlich die Pflicht des Kaisers sei, es durchzuführen, wenn der Preis, den man dafür zahlen mußte, soviel schwerer wog als der Gewinn. Was, zumal in den letzten Jahren, wurde mit all dem Blutvergießen zur Stärkung katholischer Religion denn erreicht? Wieviel besser hatte man gelebt, wieviel sicherer hatte auch die Kirche geblüht unter der von Kaiser Ferdinand I. gestifteten Ordnung, siebzig Jahre lang, bis hin zu dem unseligen böhmischen Krieg, dieser Quelle allen Unheils! Gab es keinen Weg zurück zur guten alten Zeit, durch die Vermittlung Dänemarks, Polens, auch des Herzogs von Mecklenburg – Wallenstein? Nicht zurück, jetzt, solange der Sieg beiderseits noch in incerto schwebte? Dies war immer der beste Moment, zu verhandeln, »denn«, meinten die Räte weise genug, »ein gezwungener Friede für keinen Frieden zu halten ist«. Und wollte man einwenden, Friede sei allemal unbeständiges Menschenwerk, trotz aller Eidschwüre werde der schon wieder losschlagen, der sich im Vorteil glaube, so war darauf zu antworten, daß *dieser* Krieg von besonderer Art sei; so fürchterlich, daß alle Beteiligten, solange sie sich an die Greuel nur erinnerten, einen neuen Bruch gewiß vermeiden würden . . .

Dies Votum gefällt uns. Redlich, gescheit und kummervoll, gefällt es uns besser als die geschärften Reden Oxenstiernas, als die überklugen Gespinste Père Josephs. Nebenbei bemerkt ging es zurück auf einen Brief Gundakar von Liechtensteins an Trauttmansdorff; Liechtensteins, der in Ungnade der Hauptstadt fern lebte und betonte, er könne eigentlich gar nicht Bescheid wissen. Er wußte dennoch Bescheid; dazu gehört ja bloß, daß man ein wenig denken gelernt hat und die Gazetten liest. So übernahmen die Räte Liechtensteins Gedanken fast wörtlich, mit wenigen Ausnahmen. Dies ließen sie weg: Wenn selbst, gegen alles Erwarten, der Kaiser das ganze Reich noch einmal unterwürfe, so würde das auch nichts helfen, weil das übrige Europa, als England, Frankreich, Dänemark, Schweden, Polen, Moskau, der Papst – der Papst! –, Venedig und auch der Türke eine solche Machtkonzentration nie dulden würden. Ferner: ohne Wallenstein war der Krieg überhaupt nicht zu führen, und Wallenstein konnte sterben, er war unlängst – bei Lützen – in großer Gefahr gestanden. Endlich: der geeignete Friedensvermittler sei der König von Frankreich, an den man auf dem Umweg über Bayern am besten herankäme. Denn Frankreich, abgesehen davon, daß der Krieg es schon jetzt viel koste, was ihm anderwärts fehle, fühle sich übel dabei, es könne nicht gewinnen; durch einen Sieg des Kaisers nicht, durch einen Sieg der Schweden und Protestanten aber auch nicht . . . Hier, wissen wir, sah Liechtenstein in seiner Einsamkeit vernünftig falsch. Die Schemata Richelieus waren kühner, verbogener, ruchloser.

Wie denn auch dem Gutachten der drei Weisen etwas Illusives anhaftete. Sie glaubten, man könnte zu einem Frieden der Mitte kommen, wenn man in Wien nur ernsthaft wollte; zurückzufinden zum Status quo ante, der von weitem jetzt so liebenswert erschien. Aber der ist schwer zu haben, wenn einmal soviel Ungeheures ihn überspült und weggeschwemmt hat. Die Ratgeber, fürchten wir, kannten nicht der Feinde bösartig verhärteten Willen. Was ihr eigenes Lager betraf – daß es auch in Wien eine Kriegspartei gab, wußte Antonius nur zu wohl, er wies den Pazifisten, den Landgrafen Georg, warnend darauf hin. Es war heimliches Ringen zwischen beiden Gruppen, um die

Seele des Einen, Schwachen, Zähen, Frommen, bei dem zuletzt die Entscheidung lag.
Zur Partei des Friedens gehörten neben den drei eben Genannten der Fürst Eggenberg, welcher der Gewichtigste war, auch die Brüder Questenberg, eine gute Stufe tiefer im Rang, aber nicht ohne Einfluß. Wäre nun Wallenstein ein Politiker gewesen unter Politikern, so hätte er sich an die Spitze dieser Partei gestellt und sie zur eindeutig stärkeren gemacht. Dazu hätte er nach der Hauptstadt reisen müssen, der nun seit sechs Jahren gemiedenen, gehaßten. Dazu hätte er zum Mindesten eine gründliche Aussprache mit Eggenberg haben müssen, wie vor sechseinhalb Jahren in Bruck. Er reiste nicht, er bat darum nicht. Die Idee, die sich in seinem Geist festgesetzt hatte, war die, daß mit den Wienern ja doch nicht zu handeln war und daß er es allein tun wollte. »Man lasse mich machen.« Kein österreichischer Geheimer Rat mehr, dessen Titel er neben schöneren Titeln noch trug, kein Parteiführer, sondern selber Partei, autonom, Herr über Krieg und Frieden. Die Stellung, die er während dieses Winters und Frühjahrs nach außen einnahm, erhöhte seinen Traum. Bericht aus Prag: »Dieser fürstliche Hof ist in gewaltigem Respekt, nicht allein bei etlichen Reichsständen, sondern auch bei vielen ausländischen Potentaten. Innert zwei Monaten sind zwei königlich dänische, ein königlich polnischer und ein fürstlich savoyischer Gesandter allhier gewesen, welche alle von ihren Fürstlichen Gnaden freigehalten und ansehnlich tractiert wurden. So ist auch unlängst eine kaiserliche Legation allhier gewesen . . .«
Auch eine kaiserliche Legation. Wenn der Kern war, daß er das Schicksal Mitteleuropas allein entscheiden wollte, so gab es doch allerlei Schichten um den Kern. Er schrieb nach Wien, riet, keine Friedenschance auszuschlagen, empfahl, sich der dänischen Vermittlung zu bedienen. Er empfing die Politiker, die man ihm aus Wien schickte, und verbarg ihnen seine Ansichten nicht; kaiserlicherseits legte man Wert darauf, ihm solche zu schicken, mit denen er sich angeblich am besten vertrug, zum Beispiel Antonius, den Bischof. Dieser, zusammen mit Hermann Questenberg, kam im März durch Prag, um im nordböhmischen Städtchen Leitmeritz den Landgrafen Georg zu treffen; vor der Konferenz sollte er Wallensteins Urteil einholen, nachher ihm Bericht erstatten. Wallenstein selber, Böhmens militärischer Herr, war des Landgrafen Gastgeber. Es ist also nicht so, daß offizielle Verhandlungen zwischen Kaiserlichen und Evangelischen gegen ihn geführt worden wären, daß er sich ausschloß, oder ausgeschlossen wurde. Aber es reizte ihn, daß er nicht selber der verhandelnde Teil war. Die Herren aus Wien wollten nur seine Meinung einholen, um

von ihr Gebrauch zu machen, ganz oder halb oder gar nicht. Er wußte, wie sie es dann machen würden, ohne ihn; er hatte sie in Lübeck beobachtet, anno 29, wie sie da sich mit ihren Partnern zankten und die Zeit vergeudeten, bis er eingriff. Das wirklich Notwendige würden sie gar nicht bieten; das aber, was sie äußersten Falles bieten durften, nicht auf einmal, sondern stückweis, erst eine Lächerlichkeit, dann etwas mehr, dann, wenn es nicht reichte, noch etwas mehr, so daß die Wirkung verlorenging; man hielt es für hohe Kunst. Er hatte genug davon; und hatte Eile.
Es kam hinzu, daß Gerüchte über ihn umgingen, die zweifellos zu ihm zurückkehrten. Er sei in Wien schlecht angeschrieben. Man verdächtige ihn ganz verwegener Dinge, etwa gar, nach der böhmischen Königskrone zu streben – da mochte ein Diener der Familie Trčka geplappert haben. Mindestens sei man in Hofkreisen tief verbittert über seine Einquartierungen, seine Geldforderungen. Das traf sicher zu, aber wie sollte er es ändern? Die Wiederaufrüstung des Heeres kostete Geld, und da Deutschland von Anderen kontrolliert wurde, blieben, um es zu geben, nur die Erblande. Zahlen mußten nun nicht bloß die Bürger, auch die großen Herren aus eigener Tasche; in Wien wurden Equipagen, Zeichen des Reichtums, mit einer Sondersteuer belegt. Auf seinen Gütern in Böhmen fand Graf Trauttmansdorff nichts mehr zu essen; wozu Bischof Antonius ihm kondolierte in Tönen, die den Eindruck erwecken, als habe auch er in der Hauptstadt die guten Dinge, die er so schwärmerisch beschrieb, sich nun versagen müssen: »Es ist wahrlich um ein altes ausgemergeltes Kuhfleisch ein schlechtes Fressen. Die milden steyrischen Capauner, junge Marchfeldische Hasel, frisch gefangene Rebhünel, feiste Lexchel haben viel einen anderen Rauch«, erst recht, wenn feuriger Ungarwein mitfloß . . . Die Mährer, wie gewöhnlich, wollten die ihnen auferlegte Summe nicht zahlen, es mußte eine »militärische Exekution« dort stattfinden. Zahlen wollte auch die Steiermark nicht, und nicht einmal Einquartierungen zulassen. Darüber stritt Wallenstein sich brieflich mit »dem besten Freund, den ich auf Erden hab«, Eggenberg, dem Landeshauptmann. Was denn der Herzog geschrieben habe, erkundigte Gerhard Questenberg sich bei dem Minister. »Wegen der Bewilligung der Steiermark.« »Wegen der Vertilgung der Steiermark?« – ein Mißverständnis, worüber die Herren lachten, aber sauer. Die Kriegskontributionen mögen in der Tat ruinös gewesen sein, vorausgesetzt, daß sie bezahlt wurden. Daher Reizbarkeit in Wien wie in Prag. Man schob sich wechselseitig die Verantwortung für alles Elend zu; der Herzog dem kaiserlichen Hof, der kaiserliche Hof dem Herzog, was dessen Stimmung noch tiefer sinken ließ. – Aussage des Balthasar

Wesselius, Direktors der friedländischen Kriegskanzlei: Recht sonderbar sei es ihm vorgekommen seit etwa Mai, wie Wallenstein die Briefe seiner Kaiserlichen Majestät mit einem gewissen Ekel angenommen, weggeschoben, oft tagelang nicht gelesen, mitunter überhaupt nicht beantwortet habe . . .

Über die Gespräche, Ende März, zwischen dem Bischof von Wien und dem friedensuchenden Landgrafen ist man nur ungefähr unterrichtet; ungefähr wurde es Wallenstein auch. Beide Partner kamen nach Leitmeritz, um zu erfahren, was der andere denn eigentlich wollte und wie er sich den Frieden vorstellte; woraus ein unverbindliches Sich-Aushorchen entstand. Antonius, so erzählte der Landgraf dem schwedischen Gesandten Nicolai, habe von des Kaisers herzlichem Versöhnungswillen gesprochen, der jedoch nicht auf Schwäche, nur auf Mitleid mit der gequälten Christenheit beruhe; die Schwäche angehend, so werde er demnächst 200000 Mann auf den Beinen haben, was Übertreibung war. Georg antwortete, Frieden wollten die Evangelischen auch, es müsse aber ein ehrlicher und ganzer Friede sein und Schwedens verdiente Satisfaktion keineswegs ausschließen; glaubten die Kaiserlichen, sie könnten ihre Gegner teilen und etwa mit dem und dem einen Sonderfrieden machen, so sollten sie sich das nur aus dem Sinn schlagen. Der Bischof stimmte zu: ein Partikularfriede schaffe nur neue Ärgernisse. Zur Frage des Schadenersatzes für Schweden erklärten die Kaiserlichen, sie selber, als die beleidigte Partei, müßten solchen fordern, nicht umgekehrt; hätte man sich aber über alle übrigen Punkte geeinigt, so werde man sich in Gottes Namen auch über diesen irgendwie einigen. »Dies«, schloß der Landgraf, »ist die summa der Conference . . .« Aus anderen Quellen weiß man doch etwas mehr. Georg befand sich auf schwierigem Vorposten; ein inoffizieller Abgesandter der Kurfürsten von Sachsen und Brandenburg, die in der Kriegszielfrage sich gar nicht einig waren; ein mit seinen eigensten Schemen aufwartender Friedensbote. Schweden, schlug er vor, sollte mit dem Herzogtum Pommern abgefunden werden, oder einem Teil davon. Das war nicht im Sinn Brandenburgs, welches Pommern nach dem Aussterben der Dynastie demnächst zu erben gedachte. Die Pfalz würde man dem Sohn des Winterkönigs zurückgeben, nämlich die am Rhein gelegene; die Obere mochte bei Bayern bleiben und die Kurwürde bei dem Herzog Maximilian bis zu seinem Tod. Sachsen wollte auch etwas haben, die Lausitz, die es schon hatte, und den benachbarten böhmischen Landkreis Eger. Das Edikt mußte aufgehoben werden, soviel verstand sich von selbst. Die Calvinisten hatten den Lutheranern rechtlich gleichzustehen, beide, als die Religionsgemeinschaft der Protestierenden, in gleicher Zahl mit den Ka-

tholiken die Institute des Reiches, Reichskammergericht, Reichshofrat, zu besetzen, noch besser auch des Kaisers Geheimen Rat. In Böhmen sollte Freiheit des Glaubens sein – die sächsische Forderung; Brandenburg, im Sinne Schwedens, ging weiter . . . Hatte man wirklich Krieg geführt, zehn Jahre und länger, um so schmaler Fragen, schmaler Lösungen willen? Bischof Antonius, obgleich Mitunterzeichner jenes ernsten Memorandums, wich aus, präzise nur in dem, was seine Auftraggeber nimmer mehr akzeptieren würden. Nie würden sie Religionsfreiheit in Böhmen zulassen; das sei Sache des Kaisers, nicht als gewählter oberster Reichsautorität, sondern als eines Fürsten aus eigenem Recht. Über die paritätische Zusammensetzung der Gerichte könne man reden. Reden wohl; nur muß man gestehen, daß protestantische Reichshofräte in Wien sich sonderbar ausgenommen hätten zu einer Zeit, da der König von Großbritannien keinen der anglikanischen Kirche zugetanen Botschafter dort halten durfte. Über die Pfalz, oder Teile der Pfalz könne man auch reden, aber nicht ohne jene, die es anging, die katholischen Kurfürsten und besonders Bayern. Über Schwedens Kriegsgewinn auf Kosten des Reiches durfte man eigentlich nicht reden, aber könnte es vielleicht doch, zu allerletzt. Über das Edikt schwieg man, über Spanien, Frankreich, die Niederlande desgleichen. Was aber Sachsens territoriale Wünsche betraf, die zu befriedigen werde man sich gewiß ohne Kleinlichkeit angelegen sein lassen . . . Friedensfördernd war die Haltung des Bischofs nicht. Gegenüber so disparaten Parteien, wie der Landgraf sie unsicher vertrat, hätte nur ein generöses, genaues und totales Angebot dem Frieden helfen können.
Die Koalition wurde noch schärfer geteilt, während man in Leitmeritz lauernd schwatzte. Denn nun gelang Oxenstierna der politische Schlag im Süden, der Heilbronner Vertrag, durch den Süddeutschland dem sächsischen Einflußkreis entzogen und an Schweden-Frankreich gebunden wurde. Gleichzeitig durchschnitt der Kanzler den pfälzischen Knoten: er gab die Rheinpfalz dem Sohn des verstorbenen Friedrich zurück, unter Bedingungen, welche für die Dauer des Krieges das Land zu einem schwedischen Protektorat machten. Die Exilregierung, recht müde Leute, durfte im nächsten Jahr aus dem Haag nach Heidelberg umsiedeln. Ein Akt später Gerechtigkeit, wenn man will; keiner, der Verhandlungen über den Universalfrieden erleichterte.
Die dänische Vermittlung, ein Gegenstand der Besprechungen von Leitmeritz, sollte verwirklicht werden durch einen Kongreß der Interessierten. Bis man sich über den Ort einigte, das schlesische Breslau, vergingen Monate. Bis man die Instruktionen ausgekocht, die

Pässe und Geleitbriefe entworfen, verschickt, zur Korrektur zurückerhalten und wieder verschickt hatte, vergingen weitere Monate. Dann wartete irgendwo in Böhmen die kaiserliche Delegation auf die Dänen, die Sachsen, die Brandenburger oder wer sonst noch käme, und wartete vergebens.
So ging es ja nicht. So konnte es abermals fünfzehn Jahre gehen.

Die Mainacht von Gitschin

Was vor anderthalb Jahren gespielt hatte zwischen Wallenstein, dem König, dem Grafen Thurn und dem kleinen Agenten, Sezyma Rašin, in dunkler Luft, wurde nun fortgesetzt. Im April überbrachte Rašin ein Schreiben Thurns nach Prag. Der Bote genügte Wallenstein nicht, er wollte jemand Gewichtigeren aus dem Emigrantenlager sehen, Johann von Bubna, schwedischen Generalwachtmeister, den Jugendfreund. Von wem die Initiative für beide Geheimtreffen ausging, weiß man eigentlich nicht, und ist auch gleichgültig; Rašin behauptet, von Adam Trčka, es mag auch Thurn der Treibende gewesen sein. Jedenfalls war die Wiederaufnahme des Nebelkontaktes dem Herzog lieb. Er ließ die Pässe für die Gäste aus Feindesland ausstellen, und er empfing sie.
Sie kamen, Herr von Bubna und Rašin, der Agent, den 16. Mai nach Gitschin; ritten von Schlesien her über das weite Waldgebirg, der frisch entsprungenen Elbe entlang, hinunter in das Hügelland, hinunter in die Ebene, die Terra Felix; ritten über junge Wiesenteppiche, zwischen blühenden Kirschbäumen die Hänge hinauf, vorbei an Städtlein, Dörfern, grüßenden Schlössern; langten des Abends spät auf dem Platz vor der Residenz an, wurden kontrolliert, eingelassen und von Adam Trčka alsbald in das Kabinett des Herzogs geführt. Der sah nicht blühend aus im Licht der Kerzen, hier war keine Frühlingsstimmung; der Empfang aber leutselig.
Wallenstein, scherzhaft: »Sind wir Freund oder Feind?«
Bubna, im Geschäftston: Er sei gekommen auf Ihrer Fürstlichen Gnaden Befehl, zu dero Besten, was sie ihm auftragen wollten.
Wallenstein: »Sind wir nicht Erzlappen, daß wir einander die Köpfe zerschmeißen um anderer willen, da wir uns doch einen gewünschten Frieden, indem wir die Armeen in unserer Macht haben, machen könnten?«
Bubna: »Wenn auf Seiten der Adversari allen so wie Euren Fürstlichen Gnaden zu trauen wäre, könnte man leichtlich dazu gelangen. Aber – Anspielung auf des Partners Krankheit – Eure Fürstliche Gna-

den sind dem Tod auch unterworfen. Die löbliche Krone Schweden, also auch wir, wollen vom Kaiser nichts wissen noch hören. (Voll bitterer Erinnerung:) Denn wenn er auch gleich, was er verheißt, halten wollte, so ist er doch von seinen Pfaffen dermaßen eingenommen, daß er nach ihrem Willen leben und tun muß, was sie wollen; wir haben ja mehr als ein Beispiel, wie uns der vom Kaiser Rudolf erteilte Majestätsbrief ist gehalten worden. Wenn aber Eure Fürstliche Gnaden dasjenige, was deroselben Ihre Exzellenz der Herr Graf von Thurn vor wenigen Tagen durch Herrn Rašin schriftlich übersendet, belieben und die böhmische Krone auf sich ziehen wollten, so wäre mit Euer Fürstlichen Gnaden Person ein besserer Zutritt zum Frieden zu erlangen. Mit dem Kaiser ist es eine vergebliche Sache. (Eingeweiht:) Auch der hochselige, heiligen Gedächtnisses würdige König von Schweden hat Euer Fürstlichen Gnaden solches vor allen anderen gegönnt und Sie dabei erhalten und stützen wollen, welches alles ihrer Exzellenz, dem Herrn schwedischen Reichskanzler, und Herrn Grafen von Thurn, wie auch mir bewußt ist.«
Wallenstein (als hörte er zum ersten Mal davon:) »Was, die Krone? Das wäre ein großes Schelmstück. (Verlegenes Gesicht Adam Trčkas.) Der Kaiser ist wohl ein frommer Herr, das ist wahr; nur läßt er sich von jedem Pfaffen und Bärenhäuter anführen und verleiten. Wir müssen sie aber nicht dazu kommen lassen. Wir selbst können uns einen guten Frieden machen, die wir die Armeen in unseren Händen haben, und einen solchen Frieden, der zur allgemeinen Wohlfahrt dient, nicht nur einem oder dem anderen Teil, sondern allen und jeden, sowohl den Evangelischen als den Katholischen und den Katholischen sowohl als den Evangelischen zum Besten mit einerlei Recht und Gerechtigkeiten. Und was wir, die wir die Armeen in unserer Macht haben, abhandeln und schließen, das müssen auch die anderen, ob sie gleich nicht wollen, annehmen und belieben. Und dabei soll es ganz vollkommen und beständig verbleiben.«
Bubna (mißtrauisch:) »Zu was Ende und Ziel ist solches vermeint, wenn gleichwohl der Kaiser bleiben soll?«
Wallenstein: »Es soll dabei der Kaiser nichts zu schaffen haben, sondern wir selbst wollen alles richten, und was von uns gerichtet und gemacht wird, dabei muß es auch verbleiben. Die Pfaffen ziehen gelinde Saiten auf und sind des Krieges satt und überdrüssig, die müssen und werden gern stillschweigen. (Beschwörend:) Es soll der Friede einem jeden, der Unrecht leidet, zum Besten und zur Restitution gemacht werden. Wenn ich dies nicht ehrlich meine, so möge Gott meiner Seele die Seligkeit nicht geben. Ich würde es dem Herrn ja auch sonst nicht sagen. Er kennt mich doch schon so viele lange Jahre . . .

(Politisch:) Wolltet Ihr den Krieg noch lange Zeit führen, so habt Ihr kein Haupt. Der Kurfürst von Sachsen sollte unter Euch im Reich der Vornehmste sein. Was ist aber derselbe ein Vieh und was führt er für ein Leben. Ich sage als gewisse Wahrheit und versichere ihm, daß der Kurfürst dem Kaiser zugeschrieben, er wolle im Reich eine Zusammenkunft der Evangelischen veranstalten, obgleich er am Erscheinen der Stände zweifle; er tue es nur um des Scheines willen, denn wenn sie nicht kämen, hätte er Ursache, zum Kaiser zu treten. Für die Schlesier interveniert er beim Kaiser auch bloß pro forma. Und der Kurfürst von Brandenburg ist ebenso unbeständig. Von der Prinzessin« – der Tochter Gustavs – »vernehmen wir, daß sie zur Königin von Schweden gekrönt sei; das Regiment im Reich wird sie nicht führen können. Habt Ihr aber Eure Intention auf den König von Frankreich gerichtet, werdet Ihr es dadurch auch nicht verbessern, denn ob er sich zwar jetzt auch mit einmischt, ist er doch so jesuitisch, wie der Kaiser mehr nicht sein kann.«
Bubna: So schlecht stehe es keineswegs. Der König habe für den Fall seines Todes alles angeordnet; der Reichskanzler regiere und kommandiere als Legat des Königreiches, hinter sich Schwedens schier unerschöpfliche Kräfte.
Wallenstein (lobt den König Gustav Adolf:) Dem Unheil aber könne nur dadurch gesteuert werden, daß beide Heere sich vereinigten und den Frieden diktierten. Graf Thurn, ein alter Soldat, Oberst schon, als er selber noch ein junger Mensch ohne Rang war, könnte Generalleutnant werden – undeutlich: unter ihm selber als Generalissimus –, der Herzog Franz Albrecht von Sachsen-Lauenburg Feldmarschall. »Der Kurfürst von Sachsen und der Bayer müßten Geld herschwitzen und heimgesucht werden.« Der schwedische Herr Reichskanzler sei ein hochverständiger Herr und werde doch wohl nichts anderes erstreben als die Freiheit der Religion für beide Seiten, die Wiederherstellung der alten Freiheiten und alten Rechte.
Bubna: Hat keinen Auftrag, solche Vorschläge gut oder schlecht zu heißen. Er wird sie an den Grafen Thurn weitergeben, und dieser sie an den Reichskanzler.
Ende der Unterredung; Mitternacht. Den nächsten Morgen Adam Trčka noch einmal bei dem Gast: Fürstliche Gnaden machten sich den Gedanken, es sei vielleicht nicht alles richtig verstanden worden?
Bubna: »Ich habe alles sehr wohl verstanden, man geht darauf, daß der Kaiser dennoch bleiben soll. Und wenn man uns selbst befriedigt hätte, so würden die Pfaffen den Kaiser aufs neue anhetzen, denn die lassen von ihren Stücklein nicht, solange dieses Haus regiert.« – Trčka

beschwichtigt, wie Wallenstein am Abend bevor. Es wäre gut, wenn das Besprochene dem Reichskanzler mitgeteilt würde, durch Bubna, oder durch den Grafen Thurn. Des Kanzlers Antwort möge Herr Rašin sobald wie nur möglich dem Herzog überbringen.
Es war Bubna selber, der zu Oxenstierna nach Frankfurt am Main reiste, ihm referierte, sein Referat zur besseren Klarheit schriftlich niederlegte. Der Kanzler hörte und las. Als Einer, der sein Handwerk verstand, legte er den Finger augenblicks auf das sich Widersprechende, Rätselhafte in Wallensteins Angebot; immer ein Freund des Deutlichen, der scharfen Alternativen. Was stellte der Herr Generalissimus sich denn vor? Einen regelrechten Friedensvertrag zwischen allen Parteien, einen Vergleich zwischen ihm, der die kaiserliche Armee in Händen hatte, und den Evangelischen IN PARTICULARI? Friede überall auf Erden, Universalfriede, ja, er wünschte ihn nicht. Aber da gehörten Vollmachten dazu, so langwierig, zwischen so vielen Potentaten über so verwickelte Gegenstände, daß die Sache leider! so gut wie hoffnungslos schien. Eben darum war der rechte Weg zum Frieden der andere. Wenn der Herr Generalissimus alles in seine starke Hand nähme, wenn er Böhmens Freiheiten – die politischen, nicht bloß die religiösen – prompt wiederherstellte, die Verbannten nach Haus führte, nach altem Recht von den Ständen Böhmens sich die Krone aufsetzen ließe, dann könnte er schwedischer Hilfe sicher sein, vorausgesetzt, daß auch er Schwedens gerechte Forderungen zu unterstützen sich verpflichtete; dann könnte nach und nach, aus einem Bündel besonderer Vereinbarungen, wohl auch der allgemeine Frieden erblühen . . . Was hieß es? Der Kanzler erkundigte sich nach dem, was Wallenstein zu sein gedachte, ein loyaler, obgleich etwas exzentrischer Chef-Deputierter des Hauses Österreich, oder ein Rebell. Die erste Möglichkeit interessierte ihn nicht, die zweite war ihm angenehm; es gab keine dritte.
Ende Juni erhielt Wallenstein dies schwedische Handschreiben ausgehändigt, fand es gescheit und nachdenkenswert, und blieb die Antwort schuldig.

Man mag in dem Spiel, das er nun teils selber trieb, teils anderen mit seinem Namen zu treiben erlaubte – *wenn* er es ihnen erlaubte –, drei Linien sehen. Eine ungefähr noch sich in den Grenzen der Legalität haltende, die sächsische, deutsch-protestantische; dann die schwedisch-böhmische und die französische, beide hochverräterischen Charakters. Man mag das tun, es hat Logik. Wenn es aber selbst wahr sein sollte, daß die meisten Politiker dem Beispiel Axel Oxenstiernas folgen und mit trennendem Verstand ihrem Ziele zustreben, dieser vereinsamte, träumende Geist tat es nicht mehr. Nicht auf Linien bewegte er sich, sondern auf einem einzigen Felde, wo Disparates manchmal zusammenschwamm, manchmal sich absonderte und nur eines feststand: daß er, und im Kern er allein, der Schiedsrichter und Friedensbringer sein wollte. Wie? Er konnte es nicht sagen. Nur die Generalvollmacht wollte er, und er wußte nicht einmal genau, von welchen Gegnern, von allen oder nur von wenigen, ausgewählten. Auf der Höhe des Lebens hatte er sich zugetraut, Frieden zu machen zwischen Spaniern und Holländern, ohne den Details, den Schwierigkeiten solchen Werkes nachzudenken; seine überlegene Vernunft würde es hinbringen. Er hatte, wieder auf der Höhe des Lebens, sich verschworen, die Ausführung des Restitutions-Edikts zu hintertreiben, ohne die Folgerung zu ziehen: Das Edikt konnte er nur über den Haufen werfen in offenem Ungehorsam gegen seinen Kaiser und Herrn. Ein einziges Mal erzwang er Frieden nach seinem Gusto, den dänischen; ein vergleichsweise bescheidener Handel. Jetzt, als bei dem quälenden Zustande des Körpers und der Seele seine Kontakte zur Wirklichkeit sich zusehends verflüchtigten, war sein Selbstvertrauen noch hochfliegender. Und nicht einmal das ist richtig. Stark war sein Selbstvertrauen; auch das Gegenteil davon. Man kommt bei der Beschreibung dieses letzten Lebensjahres mit strenger Vernunft nicht aus. Darum sind so viele emsige Studien darüber eigentlich vergebens gewesen. Was er redete, was seine autorisierten, halb-autorisierten, gar nicht autorisierten, selbsternannten Freunde ihn reden ließen oder über ihn redeten, suchte man in vernünftige Ordnung zu bringen; voraussetzend, was nicht da war; das eigene Hirn verrenkend und den Gegenstand, um feste, klare Wahrheit endlich zu finden.

Dies ein für allemal bemerkt und am Beispiel jener Gitschiner Mainacht zu zeigen. Die folgenden Schlangenlinien, Abbrüche, Wiederaufnahmen, Doppeldeutigkeiten von Wallensteins End-Politik werden wir so übergenau, wie es durch Andere geschah, zeichnen weder können noch müssen. Nicht können. Jene handelten von einem einzigen Jahr, höchstens von drei Jahren; wir von einem ganzen, dicht gefüllten Leben, dessen letztes Kapitel etwas weniger sein soll als ein Gegen-Buch. Nicht müssen. Die Dinge, um die es geht, sind von poröser Substanz, sie ähneln einander, sie wiederholen sich; es genügt, ihre Konturen zu kennen.

Das Gespräch mit Herrn von Bubna bewegte sich auf der äußersten, der revolutionären Linie. Seine Vorgeschichte ist nicht in den ungefähr erlaubten Verhandlungen zu suchen, die Wallenstein 1631–32 mit Arnim führte, sondern in dem hochverbotenen Geheim-Netz,

welches eben damals Graf Thurn zu ihm spann. Da müßten wir denn nun von den aller-radikalsten Schemen hören. Was hören wir?
Es soll, sagt Wallenstein, ein durchgehender Friede sein, zu jedermanns Wohlfahrt, mit gleichen Rechten für Evangelische und Katholische. Das ist freundlich, aber vage, und in seinem Leben nichts Neues; er hat ja den Religionskrieg immer für Unfug gehalten. Über die Gestalt des Friedens beinahe nichts; nur dies, daß alle, die Unrecht leiden, wieder zu dem Ihren gebracht werden sollen. Wo? In den Erblanden, Österreich, Kärnten, Steiermark? In Böhmen? Er verrät es nicht, ist so genau nicht. Oxenstierna ist es, der, die Lücke bemerkend, das Wo, nämlich Böhmen und die Erblande, in seiner Antwort unterstreicht. Und wenn auch in Böhmen, wie soll die Entschädigung der Erniedrigten, der Emigranten und Exulanten erfolgen? Wird Wallenstein selber sein Herzogtum auflösen und Stück für Stück herausgeben, dem »losen Schelm, dem von Redern«, der als Bettler irgendwo in Polen noch immer auf seine Heimkehr wartet, und den Anderen; werden die ihm versippten Nutznießer des Weißen Berges, die Trčkas, die Eggenbergs, ein Gleiches tun? Leider wagt Bubna nicht, ihn danach zu fragen. Ein paar Wochen später meint ein anderer Emigrant, Wilhelm von Ruppa, er kenne Wallenstein, nie werde der große Räuber sich von dem Geraubten trennen.
Erstaunlicher: Er wollte den Emigranten oder bisher halb begnadigten Halb-Emigranten noch mehr wegnehmen; nicht für sich selber, aber für den Bedarf des Heeres. Neue Konfiszierungen sollten sein der Güter derer, die während der sächsischen Okkupation von Böhmen sich frech gezeigt hatten, darunter Herr von Ruppa, darunter sogar der kleine Rašin, der noch ein Gütlein besaß. Wenige Tage nur, bevor das Gespräch mit Bubna stattfand, unterzeichnete Wallenstein den Befehl, der die neue Beraubungskommission ins Leben rief. Diesen Prozeß verzögerte er nicht, er trieb zur Eile an, weil er Geld brauchte; so daß, dreiviertel Jahre später, 15 böhmische Herren, 59 Ritter, 117 Prager Bürger sich neuerdings zum Verlust ihres Vermögens verurteilt sahen. Löst man diesen Widerspruch zur äußersten Not, nimmt man an, der Generalissimus mußte einstweilen die Armee erhalten durch die bösen Mittel der alten Zeit und strebte trotzdem einer besseren zu – auf welcher Rechtsgrundlage sollte die allgemeine Wiedergutmachung erfolgen? Durch einen kaiserlichen Gnadenakt, mittels einer Pauschalsumme? Das war denkbar, aber nicht, was die unbeirrbar stolzen Böhmen wollten. Durch eine Rückkehr zum alten böhmischen Staatsrecht, den Umsturz, die Revolution? Das forderte Bubna, das forderte Oxenstierna ausführlicher: die Stände würden das Recht freier Königswahl zurückerhalten und Wallenstein zum König wäh-

len. Er lehnte ab, wie erschrocken: es wäre ein Schelmstück. Also sollte Kaiser Ferdinand bleiben – zu Bubnas bitterer Enttäuschung; nicht bloß als Beherrscher der alten Erblande, als König von Böhmen auch. Er würde nur ein paar vernünftige Konzessionen machen. Dazu würde man ihn zwingen, welchen starken Ausdruck Wallenstein nicht einmal gebrauchte. Und wenn er ihn gebrauchte, er mäßigte ihn sofort, indem er andeutete, daß Gewalt gar nicht nötig sein werde; selbst die Pfaffen seien des Krieges überdrüssig. Er mag das geglaubt haben; von Wien aus gab man ihm unsicheren Grund dazu. Seufzten nun auch des Kaisers geistliche Geheimberater nach Frieden, überwog in Wien die Partei der Vernunft, so würde der Schiedsrichter am Ende nur milden Druck ausüben müssen. Wozu dann die Vereinigung der Armeen?

Welcher Armeen? Auch diese Frage wagte Bubna nicht zu stellen, und Oxenstierna ging auf den ungereimten Gedanken überhaupt nicht ein. Sicher war es nicht die schwedische Hauptarmee, die nun geteilte Royal Armee. Wallenstein war ja nicht wahnsinnig geworden, obgleich Gerüchte in diesem Sinn nicht ausblieben. Stellen wir uns das Unvorstellbare trotzdem vor, so müßten, wenn Wallensteins Heer mit dem schwedischen Hauptheer zu einem Körper verschmölze, die Kommandeure auf der anderen Seite doch die Vornehmsten sein, die es gibt, Horn, Banér, allenfalls der junge Weimar. Wallenstein ignoriert diese obersten Häupter und schlägt den Grafen Thurn vor, unter ihm den Herzog Franz Albrecht von Lauenburg, zwei Randfiguren, die am Rande, nämlich in Schlesien, ihr Kommando haben. Woraus hervorgeht, daß er an nichts anderes denkt, als an die Vereinigung seines eigenen, in Böhmen neu aufgerüsteten Heeres mit den Evangelischen, die im benachbarten Schlesien stehen.

Diese Armee der Alliierten, ein sonderbar buntscheckiges Gebilde, geht zurück auf die sächsische Okkupation Schlesiens im Vorjahr, auf Arnims Schlesien-Strategie, die im Winter erneuert wurde. Arnim, erinnert man sich, hatte die Provinz mit mehreren Absichten besetzt, mehrere Absichten waren immer; eine davon, den Schweden einen Streich zu spielen, nämlich sie daran zu hindern, ein Gleiches zu tun. Ein Gleiches tat Oxenstierna nach Lützen. Er schickte ein Miniaturheer nach Schlesien, es sollen kaum mehr als 6000 Mann gewesen sein, wieder mit wenigstens drei Zwecken: die Sachsen zu unterstützen gegen die Kaiserlichen; die Sachsen zu kontrollieren, notfalls – man konnte nie wissen – mit der blanken Waffe über sie herzufallen; ein Aug auf das benachbarte Polen zu haben. So gehörte es zur kühnen, weitgeschwungenen, immer gefährdeten schwedischen Gesamtkriegsführung: die Dänen in Schach zu halten vom Süden, die Polen

vom Westen her. Von den drei evangelischen Truppenkörpern in Schlesien war der sächsische der beträchtlichste; ein dritter, brandenburgischer, noch geringer als der schwedische, der brandenburgische Oberst Burgsdorff bereit, sich den Sachsen unterzuordnen. Im Übrigen war Zank, vom Elend zu schweigen.
Der Dresdner Kurfürst fand seine Heeresmacht, die zu bezahlen er teils unfähig, teils zu geizig war, dennoch stolz genug, um ihre Rangstufen zu vermehren; im Winter erhob er den Höchstkommandierenden, Arnim, zum Generalleutnant, und gab ihm in der Person Franz Albrechts einen Feldmarschall bei. Die Wahl war eine Beleidigung der Schweden, was sie auch sein sollte. Es ist hier der Ort, mit dem Lauenburger, der bei Gelegenheit wohl schon vorkam, uns genauer vertraut zu machen: einem hellen, frechen, lebensfreudigen Menschen, Freund aller Aventüren, tapfer auch, das waren die Meisten, Politiker auch, das waren Viele; übrigens einem der jungen Männer, denen die Gabe innewohnte, Wallensteins ermatteter Seele für kurze Zeit wohlzutun. Oxenstierna hielt ihn für »ganz eine Creatur des Herzogs von Friedland«. Tatsächlich hatte Franz Albrecht dem Kaiser zehn Jahre lang als Offizier gedient, davon fünf unter Wallenstein. Seinen Abschied nahm er 1631. Danach, kurz vor Lützen, erschien er im schwedischen Lager, in dem sich zwei seiner protestantischen Brüder befanden, drei weitere aber, die rechtzeitig konvertiert hatten, im kaiserlichen; hielt sich in des Königs unmittelbarer Nähe während der Schlacht; machte einen braven Versuch, den Verwundeten zu retten, und mußte den Sterbenden oder schon Toten dennoch verlassen, um, mit dem edelsten Blut bespritzt, den Verfolgern zu entkommen. Seine Geschichte mißfiel den Schweden. Wie sehr sie mißfiel, zeigt der rasch aufkommende dunkle Verdacht, kein anderer als Franz Albrecht selber habe den König umgebracht. Oxenstierna behauptete das nicht geradezu. Mindestens erschien ihm Franz Albrecht als schwedenfeindlich, als tief unzuverlässig und alles in allem als widerwärtig. Um nun diese Ernennung entsprechend zu beantworten, verfiel der Kanzler auf den Grafen Thurn, was wieder eine Beleidigung für Sachsen und besonders für Arnim sein sollte. Wie es zwischen Arnim und Thurn stand, seit 1631, das wußte man ja. Thurn, noch einmal an der Spitze eines Heeres, wenn auch eines spärlichen, freute sich in seinem alten Herzen: »Meine Instruktion, Herz und Gemüt ist, den Kaiser um alles zu bringen«, hinzufügend, Arnim sei da allerdings ganz anderer Meinung, was zutraf. Als zweiten Mann unter Thurn erkor Oxenstierna einen gewissen Düval oder Duewald, von dem er selber einräumte, er sei im Militärischen leichtsinniger Draufgängerei, dazu dem Trunk und dem Gelde übermäßig

zugetan, das seien aber menschliche Eigenschaften. Der Lauenburger sprach von »seiner Exzellenz dem Branntweinsäufer Duewald« ... Der staatsmännische philosophierende, nüchterne, von traurigen Zweifeln und Rankünen heimgesuchte Arnim: Franz Albrecht, quecksilbrig und dreist; Thurn, das greise Emigranten-Idol, der immer jubelnde, immer betrogene, starrsinnige Schwachkopf; Duewald, der Alkoholiker – ein ungut assortiertes Quartett; Ungutes hätte man schon auf Grund dieser Führung der evangelischen Ostarmee prophezeien dürfen.

Sie lag während des Winters und Frühjahrs einigen kaiserlichen Regimentern unter Gallas hungernd gegenüber; wohlweislich tat man einander nichts zuleid. Am übernächsten Morgen nach der Mainacht von Gitschin gedachte Wallenstein selber nach Schlesien aufzubrechen, weil er diesen Kriegsschauplatz für den interessantesten hielt, wenn nicht in militärischer so in politischer Hinsicht. Und das allein erklärt, warum er als mögliche Kommandanten der vereinigten Heere Thurn und Franz Albrecht vorschlug. Es war aber bloßes Gerede, um Bubna, dem er so wenig Positives anzubieten hatte, doch etwas zu erheitern. Den Lauenburger konnte er vielleicht im Ernst brauchen. Thurn sicher nicht. Der war für seine Zwecke nimmermehr der Rechte. Den aber, den er vor allem brauchte, der die stärkste Autorität in Sachsen und überall im protestantischen Deutschland besaß, um den er gar nicht herum kam, ihn durfte er wieder nicht nennen, weil Haß war zwischen Arnim und den Emigranten ... Ein politisches Gespräch wie jenes aus der Gitschiner Mainacht überlieferte muß man genauestens auseinanderlegen, um Sinnvolles von Sinnlosem zu trennen, den verborgenen Sinn vom vorgeschützten. Was Wallenstein dem Emigrantenvertreter zu verstehen gab, war dieses: Ihr habt niemanden als mich. Ihr könnt auf Schweden nicht bauen. Ihr könnt auf Sachsen nicht bauen; die Ausdrücke von Verachtung für den Kurfürsten, Verachtung des streng und sauber Lebenden für den in trunkenen Orgien allnächtlich Watenden kam ihm von Herzen. Ihr könnt auf Frankreich nicht bauen. Darum werdet ihr klug tun, euer Schicksal ganz in meine Hände zu legen – ohne zu präzisieren, welche Art von Genugtuung und Befriedigung er ihnen denn zudachte. »Wir, die wir die Armeen in Händen haben« – auch das war Verschleierung. Denn er meinte Ich, der ich die Armee in Händen habe; ihr, die ihr mir eure, die schlesische, zuspielen sollt, damit ich meinen Traum erfüllen kann ... So der Kern; das Übrige Improvisation, Beschwichtigung, feiges Aneinander-Vorbeireden.

Bleiben offene Fragen. Warum, wenn er den Emigranten so blutig wenig zu versprechen hatte, ließ er sie überhaupt vor sein Angesicht

treten? Was sie wollten, »den Kaiser um Alles bringen«, wußte er doch. Was wollte er von ihnen oder für sie? Ehedem hatte er ihnen ja vorwiegend Böses getan . . . Man ist da im Dunklen und sollte nicht behaupten, in der Klarheit zu sein.
Die rationalste Erklärung hätte mit der schlesischen Armee zu tun. Plante er, sie zu sich herüberzuziehen, so konnte er ihren schwedischen Bestandteil nicht ausschließen. Der aber war in Wahrheit ein Emigrantencorps; Thurn, Oxenstiernas General, umgeben von böhmischen Herren, wie Johann von Bubna selber, dann Ulrich Misca von Zlunitz, Adam von Stampach, Johann Zaruba von Hustirzan und noch mehr von Bubnas Schicksalsbrüdern.
Weiter. Sein Traum richtete sich auf das ganze Friedensproblem. Zu ihm gehörten die Emigranten, die ja doch niemals Ruhe geben würden, zu ihm gehörte die Frage nach Böhmens Vergangenheit und Zukunft. Er hatte die Antwort nicht. In ihm wühlte die Frage.
Es könnte ja auch sein, daß er in Alter und Krankheit sich der Jugend erinnerte, der frühesten, verratenen Bindungen; daß er, während die Identität, die ihn durch zwei Jahrzehnte getragen hatte, zerbröckelte, nach einer neuen tastete, welche die ursprüngliche gewesen wäre. So etwas kommt vor; wie, beispielshalber, daß alte Leute zuletzt wieder in der Tonart zu sprechen beginnen, welche die ihrer entfremdeten Heimat war. – In dieser Zeit knüpfte er zart wieder an mit Karl von Zierotin, der in Breslau im Exil lebte; dem alten Zierotin, Gatten seiner längst verstorbenen Schwester, erstem Förderer seiner Laufbahn. Wie weit hatten seitdem, seit 1607, beide Wege sich getrennt! Nun, als Zierotin sein mährisches Vaterland noch einmal zu sehen wünschte, sorgte Wallenstein für Paß und reichlichen Schutz, »Alldieweilen wir solche seine vorhabende Reise gern auf alle mögliche Weise befördern . . .« Nicht, daß es viel bewiese. Wir meinen nur, es setzt ein kleines Licht.
Wollte er nur hören, einmal mehr, was er wußte? Wollte er nur reden, spielen auch mit äußersten Möglichkeiten, ohne realen Einsatz?
Schließlich: Hatte er sich mit den Trčkas, mit Adams Schwager Wilhelm Kinsky schon so tief eingelassen, daß er, der Gefürchtete, Erhabene, den Mut nicht mehr fand, geradewegs Nein zu sagen, wenn Emigranten-Gespinste an ihn herangebracht wurden? Daß Graf Adam, dieser völlig unbedeutende Jüngling, wachsenden Einfluß auf ihn gewann, soviel ist beweisbar. – Aussage des Generals der Kavallerie, Freiherrn von Scherffenberg: »Keiner hat mehr mit ihm practiciert als der Trčka, der fast alle Abend von 8 bis 11 bei ihm geblieben . . .«

Feuquières und Kinsky

Mittlerweile reiste der Marquis de Feuquières stattlich in Deutschland umher, zwischen Dresden, Berlin, Frankfurt; unterwegs mitnehmend, was ihm von Gewicht oder Halb- oder Viertelsgewicht schien; Pensionen austeilend, Anleihen zu mildem Zins verheißend; belagert von Gruppen kleiner Fürsten, die einen Gefallen von ihm erhofften; seine Eindrücke fixierend in Briefen nach Paris, die gar nicht enden wollten, weil, während er schrieb, immer noch neue Nachrichten kamen. Die Instruktionen, mit denen der König, der Kardinal, der Kapuziner, der Staatssekretär Bouthillier ihm erwiderten, pflegten den Ereignissen um sechs Wochen hinterdrein zu sein und verlangten gar zu viel. Dem, was er vorfand, sollte der Botschafter improvisierend sich anpassen, und dennoch Politik machen, wie man Violine spielt, die vom Komponisten gesetzten Harmonien und Takte, sehr genau. Friedensbringer der Theorie nach, hatte er der dänischen Vermittlung entgegenzuarbeiten, weil sie zur österreichischen Seite neigte. Mit Schweden hatte er engstens zu kooperieren und doch auch nicht. In Paris glaubte man noch an das Römische, das deutsche Reich und suchte es zu erhalten, indem man es von Habsburg trennte; Oxenstierna glaubte nicht mehr daran. Bayern sollte er tunlichst schonen in der pfälzischen Sache, ohne jedoch den König von England zu kränken; die Protestanten einigen unter sich, im Sinn Schwedens, nein, im Sinn Frankreichs, und den Katholiken solche Garantien für Freiheit und Besitz ihrer Kirche geben, wie Oxenstierna sie ihnen nicht geben wollte . . . Daß Politik im Kriege aller gegen alle etwas anderes ist, als Musik nach Noten zu spielen, lernte Feuquières hier. (Nicht, daß die Lektion ihm Kummer gemacht hätte.)

Großer Herr aus weitem Lande bewegte er sich in einem, das wohl auch weit war der Natur nach, dem Politiker sich aber als buntes Mosaik von Miniaturen darstellte, worüber er heimlich lachte, indes er nach außen seines Königs Würde energisch verteidigte. Es behagte ihm, wenn er in Dresden drei Wochen lang im kurfürstlichen Schloß wohnen durfte unter Ehrenbezeigungen, wie sie des Kaisers Abgesandte nicht besser, Vertreter des Königs von Großbritannien aber nicht erfuhren. Um so schärfer sein Zorn, als er bei seinem nächsten Besuch die Stimmung Johann Georgs völlig umgeschlagen fand; wovon ein Zeichen war, daß man, unter dem fadenscheinigen Vorwand, das Gefolge des Herzogs von Holstein habe alle standesgemäßen Quartiere besetzt, den Marquis in die Vorstadt verbannte. Die Wohnungen im Zentrum aber, die zu zeigen man ihm die Frechheit hatte, erwiesen sich als Pesthäuser, unbegrabene Tote lagen dort widerlich

umher. Mit schneidender Stimme erklärte Feuquières, des Königs außerordentlicher Botschafter gehe nicht nur den Begleitern eines Herzogs von Holstein, er gehe diesem selber vor; erhalte er kein passendes Hotel, so werde er unverzüglich abreisen. Hofprediger Hoë, seit neuestem Nutznießer einer französischen Pension, lächelte begütigend: in Dresden sei die Roheit nun einmal zu Haus, besser, sie einzugestehen als etwas Gewohntes, Unvermeidliches, als sie zu beschönigen. Sogar des Kurfürsten junge Söhne ließen dem Botschafter sagen, daß sie sich ihres Vaters schämten. Nachdem er seine Quartierforderungen dennoch befriedigt fand, tröstete er sich mit der Regel des Völkerrechts, wonach ein bloßer Kurfürst den König von Frankreich überhaupt nicht beleidigen konnte, und blieb. Denn Dresden war interessant.
Interessanter als das abgelegene, arme und nüchterne Berlin, dessen Hof treu zur schwedisch-französischen Allianz zu halten schien. Dresden, »im Herzen feind, im Munde freund«, wie ein Schwedischer mutmaßte, gab den Diplomaten etwas zu tun. Man besuchte sich, Franzosen, Schweden, Briten, Sachsen, Brandenburger, und tauschte Geheimnisse; sammelte Wissenschaft oder Gerüchte, die sich als Wissenschaft drapierten, aus den benachbarten Ländern Schlesien, Böhmen und bis hinauf nach Wien; traf auf der Straße den und den Offizier, der aus Schlesien kam und die neuesten Ereignisse auf diesem sonderbaren Kriegsschauplatz kannte; beobachtete schadenfroh einen Konkurrenten, der gerade das Schloß verließ, »schwerer mit Wein als mit Erfolgen«. Besonders gern trafen zu Geheim-Geschäftszwecken sich Feuquières, der schwedische Gesandte Nicolai und Wilhelm Kinsky. Immer nur einer den anderen; zu dritt nie.
Kinsky, das Glückskind unter den Emigranten, hielt Hof schier wie der Kurfürst, der ihn als arroganten Ausländer haßte, aber duldete als Steuerzahler. Zur Duldung gehörte das Recht, Privatpolitik zu treiben. Hier besaß Kinsky zwei Trumpfkarten, seinen Reichtum und seine Beziehungen zu Wallenstein. Wie intim sie waren? So intim gewiß nicht, wie Kinsky seinen fremden Gönnern weismachte; denn er verschwor sich, niemand kenne den Herzog besser als er. Trotzdem hielt er drei Kundschafter in Wallensteins Umgebung, was doch nicht notwendig gewesen wäre, hätte er jederzeit an der Quelle selber schöpfen dürfen. Auch gestand er, von gewissen Schachzügen Wallensteins völlig überrascht worden zu sein. Daß er manches wußte, und sehr bald wußte, zum Beispiel von dem Verlauf des Gitschiner Nachtgespräches, bedeutete nicht viel; das konnte er von seinen Landsleuten, Thurn, Bubna, Rašin, billig erfahren. Während des Sommers ließ Wallenstein ihn durch Adam Trčka – selber schrieb er

ihm nie – ins Hauptquartier einladen. Was beweist es? Nicht mehr, als daß irgend etwas, vermutlich Politisches, besprochen werden sollte, aber wir wissen nicht was; der Besuch fand nicht statt, Johann Georg sperrte dem Grafen die Ausreise. Einmal, wieder indirekt, verbot Wallenstein, daß Kinsky fortsetzte, was er mit Feuquières und Nicolai trieb. Auch dies nur ein unsicheres Zeichen; Verbot kann ja wohl da stattfinden, wo vorher Erlaubnis oder Auftrag gar nicht gewesen waren. Zum Überfluß tat Kinsky so, als handle er aus eigener Initiative und müsse Wallenstein für die ihm zugedachte Rolle erst noch gewinnen. Was wieder nichts beweist. Ob gelogen wurde, oder Lüge mit Wahrheit vermischt, oder die Wahrheit gesagt, damit man sie glaubte, oder die Wahrheit gesagt, damit man sie nicht glaubte – wer will es entscheiden angesichts von Spielen artistischer Großintrige nach Art der Brüder Kinsky? . . . Man muß in der Schwebe lassen. Für meinen Teil glaube ich, daß Wallenstein von dem Unternehmen Kinskys wußte, ungefähr, aber ohne es aktiv zu fördern; daß er mit einer gewissen Lust hörte, wie weit Schweden, wie weit Frankreich ihm gegenüber gehen würden, für jeden Fall, den äußersten, den unwahrscheinlichen Fall. Dergleichen gab keine solide Beziehung.

Kinsky erschien bei Nicolai den 14. Mai und kam nach einleitenden Bemerkungen zur Sache: ob Schweden und seine Alliierten wohl noch zu dem stünden, was früher – nämlich 1631 – zwischen Wallenstein und dem König Gustav Adolf vorgegangen? Nicolai, unverbindlich: Stand denn Wallenstein selber noch dazu? Würden die Böhmen ihn denn zum König haben wollen? – Kinsky: Das wohl; sie würden sich alle Finger danach lecken. Es habe ja Wallenstein das Land sowieso in seiner Gewalt und sei Kaiser de facto, in Religionsfragen gleichgültig, den Jesuiten feind; auf Kinder könne er nicht mehr hoffen, so daß der Thron, nähme er ihn ein, bald wieder vakant würde. Den Ehrgeiz, mit einer Krone in die Erde gelegt zu werden, traue er, Kinsky, dem Herzog zu . . . Als Feuquières wenige Tage später in Dresden eintraf, konnte er von seinem schwedischen Kollegen hören, womit Kinsky hausieren ging; ebensowohl von dem ständigen französischen Botschafter du Hamel, der schon seit Januar mit Kinsky tuschelte; bald hörte er es aus Kinskys eigenem Munde. Daß aber der Emigrant von Wallenstein sprach als einem, der noch ganz unentschlossen sei, lehren die Argumente, die Feuquières ihm in die Feder diktierte, befeuernder Art. Wir kennen sie aus dem Konzept, das er sorgfältig für sich behielt. Vage redete er im Namen einer Gruppe, die er Wallensteins »anhänglichste Freunde und treueste Diener« nannte. Nun also:

Es können diese Biedermänner nicht glauben, der Herzog habe die schmachvolle Behandlung vergessen, die er, zum Lohn für seine ersprießlichen Taten, zu Regensburg erfahren. (Davon, daß die Franzosen am wenigsten Grund hatten, sich über die Schmach von Regensburg retrospektiv zu empören, keine Silbe.) Sicher, Haus Österreich gab ihm das Kommando zurück. Der Herzog ist aber von zu erleuchtetem Verstand, um nicht zu sehen, daß, wenn man es ihm einmal nahm, in neidischem hassendem Mißtrauen, man ihn zurückberief nur in der äußersten Gefahr, und zwar, damit man ihn, nach deren Überwindung, desto bequemer wieder in die Wüste jagen könnte. Sein neues Kommando kann die Schmach, in der das alte endete, nicht fortwaschen. Es widerlegt sich selber, es ist nicht für die Dauer gemeint. Gewinnt der Generalissimus Österreichs Sache, so ist er verloren; eine Autorität wie die Seine dulden die Spanier keinen Tag länger als sie müssen. Verliert er, so ist er auch verloren im allgemeinen Ruin. Und diese letztere Möglichkeit wird ein General von Wallensteins Gaben als die wahrscheinlichere erkennen. Wie stark sind jetzt die Feinde Habsburgs, wie fest gebaut ihre Allianz; auch vor einem ewigen Krieg, nach holländischem Modell, hätten sie nicht zurückzuschrecken. Was Wallensteins eigene Armee betrifft, so verbergen seine Freunde und Diener sich nicht, daß sie wenig taugt: übel gesinnte Soldaten, Offiziere dürftigster Qualität. Ist nicht auch seine Kasse erschöpft, sein Kredit verbraucht? Muß er nicht die ganzen Lasten des Krieges nun den Erblanden auferlegen, was schon tiefe Verstimmung am Hof von Wien hervorrief, und in den engen ihm noch verbleibenden Gebieten ihn so verhaßt machen wird, wie er, aus den gleichen Ursachen, sich ehedem im Reich machte? . . . So könnten denn seine anhänglichsten Freunde und treuesten Diener es überhaupt nicht fassen, wenn er weiter in einer so nach allen Seiten hoffnungslosen Stellung verharrte; wenn er nicht viel lieber nach der schönen, ihm gebotenen Gelegenheit griffe; wenn er nicht Partner würde des mächtigsten Bündnisses, allein fähig, auf der erreichten Rangstufe ihn zu schützen, nein, ihn höher zu tragen zu einem Königsthron und weiter, immer weiter . . . Gern würden wir Feuquières beobachten, wie er, auf und ab schreitend, den schlauen Schriftsatz drechselte, auf italienisch übrigens, zumal er kein deutsch, Wallenstein kein französisch verstand; gerne auch den Adressaten, wie er ihn las. Ob ihn des Botschafters höfliche Unverschämtheiten ärgerlicher trafen als die schmeichelnden Insinuationen erfreulich? Ermunternde Antwort gab er keine, Kinsky behauptete auch nicht, eine erhalten zu haben. Der Ohrenbläser stellte nur neue Fragen, hinhaltende, eigentlich unnütze.

Einer Bemerkung wert bleibt die weltkluge Psychologie der Franzosen. Daß Wallensteins Tagträume einmal Wirklichkeit annehmen würden, ohne seinen Willen, nicht für ihn, sondern gegen ihn, war die Voraussage Père Josephs. 160 Jahre später hat Deutschlands Dramatiker dies Argument auf seine Art entwickelt:

. . . Ich müßte
Die Tat vollbringen, weil ich sie gedacht,
Nicht die Versuchung von mir wies – das Herz
Genährt mit diesem Traum, auf ungewisse
Erfüllung hin die Mittel mir gespart,
Die Wege bloß mir offen hab' gehalten? –
Beim großen Gott des Himmels! Es war nicht
Mein Ernst, beschloßne Sache war es nie.
In dem Gedanken bloß gefiel ich mir;
Die Freiheit reizte mich und das Vermögen . . .

Jetzt werden sie, was planlos ist geschehn,
Weitsehend, planvoll mir zusammenknüpfen,
Und was der Zorn, und was der frohe Mut
Mich sprechen ließ im Überfluß des Herzens,
Zu künstlichem Gewebe mir vereinen
Und eine Klage furchtbar draus bereiten,
Dagegen ich verstummen muß . . . .

Die Verführungskunst des Marquis de Feuquières, die zur späten Rache rufende, zu steiler Erhöhung lockende findet man gänzlich wieder in den Reden, in denen bei Friedrich Schiller die Gräfin Terzky den Helden zum Entschlusse treibt:

Sag' nicht, daß die zurückgegebne Würde
Das erste, schwere Unrecht ausgesöhnt.
Nicht wahrlich guter Wille stellte dich,
Dich stellte das Gesetz der herben Not
An diesen Platz, den man dir gern verweigert . . .

Gestehe denn, daß zwischen dir und ihm
Die Rede nicht kann sein von Pflicht und Recht,
Nur von der Macht und der *Gelegenheit*!
Der Augenblick ist da, wo du die Summe
Der großen Lebensrechnung ziehen sollst . . .

Schiller hat jene Warnung des Kapuziners nicht gekannt, des Marquis de Feuquières Denkschriften auch nicht. Beide, die zeitgenössischen Politiker und, nach Jahrhunderten, der Dichter sahen die Sache an und erdachten aus ihr buchstäblich dasselbe. Das Rätsel ist lösbar: der Ernst der Wirklichkeit verschwamm hier selber schon mit dem Spiel. Richelieu, Père Joseph, Feuquières, entschieden literarische Politiker, fühlten im Handeln sich als Zuschauer eines Dramas oder als von ferne Mitwirkende. Es gehörte zum Verhängnis Wallensteins, daß man den tragischen Helden in ihm sah, noch während er ein Wesen war von Fleisch und Blut; meistens auf der Bühne, immer im Mittelpunkt das Ende vorausbestimmt.
In Schillers Spiel gewinnt die Gräfin. Der wirkliche Versucher gewann doch nicht. Er berichtete nach Paris und erhielt eine Belobigung: nur weiter so. Er erhielt demnächst sogar einen genauen Vertragsentwurf, gezeichnet Louis, gezeichnet Bouthillier, an den Herzog von Friedland weiterzugeben. Die Prozedur überließ der König des Botschafters Klugheit; es war heikel, mit einem Vertrag herauszukommen, bevor Friedland sich »gegen den Kaiser erklärt« hatte, aber vielleicht doch notwendig, damit er sich erklärte. Anzubieten waren ihm jedenfalls: die Krone Böhmens, die sollte er sich nehmen; eine Million Livres jährlich für die Gegengabe eines Heeres von 35 000 Mann; Allianz auf Dauer, zu lösen nur mit Zustimmung beider Partner. Seine Majestät würde alles nur Mögliche tun, um die Fürsten Deutschlands, Protestierende wie Katholische, den Ideen Friedlands gefügig zu machen. Auch Bayern. Ließe aber Bayern auch dies letzte Mal sich nicht eines Besseren belehren, so wäre Friedland frei, mit ihm nach Belieben zu verfahren. Die »Erklärung gegen den Kaiser« hätte in einem öffentlichen, eindeutigen Akt zu bestehen: der Überwältigung, besser gesagt der Befreiung Böhmens, der Invasion der Erblande. Französische Heere würden auf geeignete Weise kooperieren, in Graubünden gegen die Spanier, im Elsaß und längs des Rheines. Der Kanzler Oxenstierna wäre miteinzubeziehen, auch wenn Friedland es nicht wollte; betrügen dürfe man die Schweden in einem so weitschauenden Geschäft nicht . . . Nicht betrügen. Wohl aber, auf dem geduldigen Papier, ihm den Akzent geben, der nicht der schwedische war. Was man in Paris ausheckte, war Wallensteins Beitritt zu der wunschgeträumten protestantisch-katholischen deutschen Gesamtpartei. Was Oxenstierna wollte, insoweit er die Intrige überhaupt ernst nahm, deckte sich mit den Radikalphantasien des Grafen Thurn: Revolution in Böhmen, Verjagung des Kaisers nach der Steiermark oder nach Italien, *ohne* mit den deutschen Katholiken Frieden zu machen. Genau dies befürchtete Feuquières: Wallenstein

könnte mit Thurn, das hieß, mit Schweden, zum Abschluß kommen, anstatt mit ihm selber ... Von so feinen Unterscheidungen, Gespanntheiten, Doppelheiten wußte der Pariser Vertragsentwurf natürlich nichts. Genau die Bedingungen enthielt er, welche Gustav Adolf anderthalb Jahre früher akzeptiert hatte: die Geldsumme, die Heereszahl, die gebotenen und verlangten Garantien. Wenn Wallenstein das Dokument las – dafür wird Kinsky gesorgt haben –, so mußte er sich in seinem Traum angenehm bestärkt finden. Hier wurde er als dritte Großmacht angesprochen, la France et la Suède et Friedland. Er gab aber keine Antwort. Er schwieg. Selbst persönliche Briefe des Kardinals Richelieu und des Père Joseph – wir kennen sie nicht – bewegten ihn zu keiner Reaktion. Was er anderswo tat oder redete, stand zu Frankreichs Groß-Offerte in gar keiner Beziehung. So daß, als nun, nach wiederholten zeitvergeudenden Konferenzen zwischen Kinsky und Nicolai, Kinsky und Feuquières, der Privatpolitiker dem Botschafter einmal wieder mit müßigen Fragen in den Ohren lag, ihm diese gereizte Antwort zuteil wurde:
»Der Herzog von Friedland treibt für mich ein gar zu feines Spiel – il agit avec trop de finesse pour moi. Aus seinem Schweigen auf alles, was ich ihm zukommen ließ, errate ich wohl, was er eigentlich will, nämlich Ärgernis zwischen Seiner Majestät und ihren Bundesgenossen. Er täuscht sich aber. Mit seinen Capriolen bringt er sich um die Hilfe, die der König, mein Herr, und die ganze Union ihm zu leihen imstand wären gegen jene, die er am meisten zu fürchten Grund hat und die auch wir als seine gefährlichsten Feinde kennen. Ihr Vertrauen aber wird er mit seinen Methoden auch nicht wiedergewinnen, ihren Neid und Haß gewiß nicht stillen ...« Womit das Dresdner Komplott praktisch aufgelöst war.
Wie Politiker vom Schlage des Kardinals, des Kapuziners, des Marquis die Winke Kinskys so gewaltig hatten ernst nehmen können? Sie zogen ihre Folgerungen aus Wallensteins Situation und bedrohtem Interesse, wie sie es verstanden. Sie wußten, was alle Welt von seinem unersättlichen Ehrgeiz wußte oder zu wissen glaubte; an seiner dämonischen Rachsucht gegen den Kurfürsten von Bayern zu zweifeln, wäre gewesen, als ob man an der Sonne zweifelte. Übrigens hätten sie den Staatsstreich eines böhmischen Magnaten, autonomen deutschen Fürsten, europäischen Armeeunternehmers wohl auch nicht einmal als »Verrat« empfunden. Wallenstein, solche drei Charaktere in sich vereinend, war mehr als ihre Summe: ein Machtträger eigenster Art, »le Walstein«, wie Feuqières ihn oft nannte, als ob der Name zugleich Rang und Titel bedeutet hätte. Mit den Treueverhältnissen stand es im mittleren Europa an sich nicht so, wie in den westlichen

Königreichen. Dieser entzog sich jeder gängigen Definition. Und durfte man, bis zum Beweis des Gegenteils, nicht annehmen, daß Graf Kinsky, ein tief eingeweihter Mann und des Herzogs Clan zugehörig, in seinem Auftrag manövrierte? Schließlich: was kostete das ganze Schatten-Unternehmen? Schreibarbeit war billig; des Königs Räte wurden pauschal bezahlt, des Botschafters Reisespesen durch seine Stunden mit Kinsky nicht vermehrt. Gelang es, so war der Vorteil enorm. Mißlang es, so war nichts verloren, vorausgesetzt, daß man vor Betrug sich in acht nahm. Nein, so war immer noch etwas gewonnen, nämlich, des Kaisers Generalissimus in böses Zwielicht geraten. Dieser Nebenzweck, gegenwärtig bei allen Geheimverhandlungen der Zeit, zumal den konspiratorischen, war es auch hier; Wallensteins altes: »Wird es uns nichts nützen, so kann es uns nichts schaden«, sollte heißen, kann es uns trotzdem ein wenig nützen . . .
Wie die Episode sich ergebnislos in die Länge zog, merkten Nicolai und Feuquières recht wohl, daß Kinsky mit Wasser kochte. Was sonst blieb zu denken übrig, als der Graf, ohne zu erröten, plötzlich sich erklärte: wer könne wissen? Möglicherweise-, ja wahrscheinlicherweise habe Wallenstein es auf eine Verbindung nur mit den protestantischen Kurfürsten abgesehen, um mit ihrer Hilfe die Franzosen vom Reichsboden zu verjagen . . . Er kam damit der schwankenden Wahrheit näher als mit all seinem vorhergegangenen wichtigen Gewäsche. Insoweit die Politik Wallensteins noch Rationalität besaß, war sie nicht pro-französisch. Den offenen Bruch hatte er vermeiden wollen in seiner besten Zeit, vermeiden wollte er ihn auch jetzt, aus den allertriftigsten Gründen. Ging Frankreich vom stummen und halben zum erklärten, ganzen Krieg über, so war überhaupt kein Ende mehr. Eben darum mußte man die unterm Vorwand gerechter Verteidigung schon expansive Macht in Schranken halten; durch Schüren innerer Wirren – Orléans, Lothringen; durch scharfe militärische Beobachtung. Über den Rhein, sagte Wallenstein dem sächsischen Obersten Schlieff, dürfe man den König von Frankreich keineswegs kommen lassen. Unter allen deutschen Fürsten der gewesen zu sein, der ihm dazu verholfen hätte, diese letzte Erinnerung an seinen Namen zu knüpfen – seine gebrochene Staatskunst stand dagegen und sein ungebrochener Stolz. – Blieb die Frage, die fürchterlich-unlösbare, wie Universal-Friede sein sollte ohne Schweden, ohne Frankreich, ohne Spanien.
Das Gespräch in der Mainacht von Gitschin wiegt schwerer als ein Dutzend Geheimzünfte der drei Spinneweber von Dresden. In Gitschin, für einmal, haben wir Wallensteins eigene Worte, Worte *gegen* das Schelmstück des Kronenraubes, Worte *gegen* den französischen

Erz-Jesuiten, von dem enttäuschten Bubna treu referiert, eben, weil er sich enttäuscht fühlte. In Dresden ist's, was ein Dritter notierte, was ein Zweiter sagte, der den Ersten seit Jahren gar nicht gesehen hatte; der Zweite war ein Hochstapler. Der Harm, den er Wallenstein tat, der Verschleiß eines großen Kredits, entsprang gleichwohl in des Herzogs eigener Seele. Als er noch halbwegs gesund war, hielt er seine Freunde, Verwandten, politischen Agenten unter Disziplin. Jetzt ließ er ihr Spiel wuchern.

Ein Waffenstillstand

Diesen Winter ging es nicht überall so bequem zu wie in Böhmen, wo Wallenstein und seine Gehilfen an der Heeresmaschine besserten, wie in Schlesien, wo die Regimenter des Feldmarschalls Gallas den Alliierten im gleichen faulen Elend gegenüberlagen. Aus dem Lamento eines österreichisch-bayerischen Unbekannten: »Nach des Schweden Tod werden Ihre Kaiserliche Majestät von etlichen wenigen armen Fürsten und vier schwedischen Edelleuten, Oxenstirn, Horn, Baudissin und Banér (die ohne ordentliches Haupt für Räuber zu halten) dermaßen bekriegt, daß außer gar wenig Festungen – Breisach, Philippsburg, Ingolstadt, Wolfenbüttel und Forchheim – nicht allein das ganze Römische Reich, sondern auch die österreichischen Erblande guten Teils in Feindhände kommen . . .« Das mit den Erblanden ist übertrieben; der Autor meinte ein Stück von Schlesien damit. Das mit den »wenigen armen Fürsten« ging zunächst auf Georg von Lüneburg und Bernhard von Weimar. Zwischen ihnen hatte Oxenstierna nach Lützen die Royal Armee geteilt; Lüneburg zog gegen Niederdeutschland, Braunschweig, Westfalen, um den Kaiserlichen, die dort unter den Obersten Gronsfeld und Merode noch standen, die Weserlinie abzugewinnen; Bernhard gegen den Main. Südlich der Donau gab es noch ein geringes schwedisches Corps vom Vorjahr her. Im Elsaß, das flache Land nahezu beherrschend, kommandierte der schwedische Edelmann, der bloße Räuber, Horn; weiter unten am Rhein ein anderer schwedenhöriger Kleinfürst, der Pfalzgraf von Birkenfeld. Schwach, wie dies Arrangement war, weitgedehnt und charakterisiert durch wüste Mängel, war es doch stärker, als was Wallenstein ihm entgegenzusetzen hatte, zumal er an Krieg im Winter nicht glaubte. Er meinte, Bernhard würde in Bamberg bleiben, aber der rückte gegen die Donau vor. Er glaubte nicht, daß Horn so früh sich rühren würde; der überschritt den Rhein noch im Januar und machte seinen Weg durch Württemberg zum Lech. Aldringen, noch immer

dem Kurfürsten Maximilian zur Verteidigung Süddeutschlands beigegeben, vorher in Oberschwaben, retirierte nach Bayern. Eine Wiederholung der Dinge vom Vorjahr, ohne Scham, daß Horn und Bernhard im April ihre Truppen bei Augsburg vereinigten. Wiederholung die bitteren Bittbriefe Maximilians an den Generalissimus: Euer Liebden wollen sich dafür verwenden, daß mir der Schade später recompensiert wird, aber wer baut mir meine verbrannten Städte denn wieder auf? . . . Wiederholung das Ausschwärmen bayerischer Beamter nach Prag und Wien und ihre Zurückkunft mit leeren Händen. Wiederholung die zarten Fingerzeige aus Wien: könnte doch Wallenstein für das bedrohte Bayern etwas unternehmen, so würde es Seiner Majestät gewiß sehr angenehm sein. Daß alles sich wiederholte und die schwedischen Anführer, kämen sie selbst so weit wie der König im Vorjahr – aber bis München kamen sie nicht –, dem Endziel dennoch nicht näher wären, daraus zog kaum jemand den Schluß, der sich aufdrängte. Kaum jemand; einer zog ihn, auf seine Weise.
Von außen gesehen wiederholte auch Wallensteins Situation im Frühjahr 1633 die vom Vorjahr ziemlich genau. Er wollte fertig sein mit seinen Rüstungen, ehe er aktiv würde, sein starres Prinzip; sich nicht vorzeitig beirren lassen. Er wollte dann zuerst eine kaiserliche Provinz zurückgewinnen, Böhmen das vorige Mal, jetzt Schlesien. Dies vollbracht, würde er »ins Reich« ziehen und »manches ändern«, noch einmal. Wie im Vorjahr riet er dem Kurfürsten Maximilian, sich einstweilen in der Defensive zu halten. Der Unterschied, um noch beim äußeren Schein zu bleiben, war nur der, daß er jetzt nach Bayern eigentliche Befehle senden konnte. Denn sein Delegierter, Aldringen, war am Ort mit einer Truppenmacht, die er durch Regimenter aus Böhmen allmählich verstärkte. Ungern zwar, aber er tat es; es ist nicht so, daß er für den süddeutschen Kriegsschauplatz gar nichts getan hätte. Nur waren die Vorschriften, die er Aldringen zugehen ließ, nicht, was Maximilian erhoffte: zuerst, in der Festung Ingolstadt Zuflucht zu suchen, dann, als Aldringen den Befehl mißachtete und sich nahe München an der Isar festsetzte, »nichts zu hasardieren«, wie er sich später verdeutlichte, anzugreifen nur, wenn es »ohne Risiko« geschehen könnte. Solches mag alles nur Tücke gewesen sein, heimliche Freude an der Verwüstung Bayerns, man glaubte es zu wissen. Es könnte auch ängstlich vorbeugende Strategie aus der Gesamtkriegslage heraus gewesen sein: für die Kaiserlichen, meinte er, entschied eine gewonnene Schlacht nicht viel, eine verlorene alles. Dies Letztere entsprach dem Urteil Aldringens, der, kühl, kritisch und nicht ohne verräterische Neigungen, wie er Wallenstein gegenüberstand, ihm doch zu dieser Zeit in dieser Sache entschieden beipflichtete.

Den 17. Mai brach er endlich auf von Gitschin mit dem Prunk seines Hofes, der erneuert worden war wie das Heer: 120 Diener in leuchtenden Livreen, 40 Hofbeamte von Adel, 14 sechsspännige Karossen. »Das ist wohl ein hübscher und braver Train«, lobte er beim Einsteigen, »aber wir wollen mit einem weit schöneren zurückkehren!« So wurde ihm nachgesagt – eine von tausend schlechten Erfindungen.
Holk hatte Böhmens Nordwest-Ecke zu sichern wie im Vorjahr, gegen Weimar oder Lüneburg, oder wem sonst es einfallen könnte, das Königreich feindlich aufwiegelnd zu besuchen (es fiel aber niemandem ein); mit dem einengenden Befehl, sich »ins Reich«, in die Oberpfalz durch keine Beschwörung Maximilians locken zu lassen. Ein Grundsatz Wallensteins, so alt wie sein Kommando, daß Böhmen, sein Böhmen, den Gegnern immer gesperrt bleiben müßte; mißachtet einmal nur, als sein Kommando ruhte. Mehr als genug für die Expedition nach Schlesien waren jedenfalls die Truppen, an die 35 000 Mann, die er in Königgrätz konzentriert hatte. Der Marsch ging über Smiřice, Nachod, Glatz, Münsterberg, Nimptsch nach dem Städtlein Heidersdorf, halbwegs zwischen der böhmischen Grenze und der Oder. Die Alliierten, ganz in der Nähe, Arnim, Thurn und ihre schwierigen Genossen, waren nicht halb so stark an Zahl, ihre Hilfsmittel, ihre Moral erbärmlich. Hier, schien es, konnte man in der Tat »ohne Risiko« angreifen, einer Position von weittragender Bedeutung mit einem Schlag sich bemächtigen. Was alles dem offen lag, der die Oder beherrschte, die Erfahrung gab es. Keine Rede von Angriff. Rede, sehr bald, von etwas anderem.
Bei Herrn von Arnim erschien Adam Trčka, besprach sich mit ihm und lud ihn zu einer Konferenz mit dem Generalissimus ein. Arnim nahm an. Mit dem Obersten von Fels als Vertreter Thurns, der krank war, mit dem sächsischen Obersten Vitzthum als Zeugen, mit dem brandenburgischen Obersten Burgsdorff ritt er den 6. Juni in Wallensteins Lager hinüber; fand den Herzog auf freiem Feld in einer Sänfte; bei ihm den Feldmarschall Gallas und den Grafen Trčka. Was nun gesprochen wurde, darüber gibt es Berichte wohl, was für Bedingungen formuliert wurden, das wurde in Flugblättern verbreitet, in Dresden und anderswo auf den Gassen hitzig erwogen. Authentizität hat es keine, und ist Sache des Geschmacks oder Taktes, was man glauben will. Der Brandenburger gebrauchte das alte, deprimierende Argument, es sei doch so, daß die Katholischen den Ketzern Treu und Glauben nicht schuld zu sein meinten. Darauf Wallenstein: Will denn der Herr die Katholischen von den Evangelischen so ganz ausschließen? Oberst Burgsdorff: Die Katholiken guter alter Art nicht, aber die Jesuiten. Darauf Wallenstein: »Gott schänd, weiß der Herr nicht,

wie ich den Hundsföttern, den Jesuiten, so gram bin, ich wollte, daß der Teufel die Hundsfötter längst geholt hätte. Ich will sie alle aus dem Reich zum Teufel jagen« . . . Er bezeuge es mit Gott, so wahr er wünschte, ein Kind Gottes zu sein, ja, daß Gott keinen Teil an seiner Seele haben sollte, wenn er es anders in seinem Herzen meinte, als die Worte lauteten; »und will der Kaiser nicht Frieden machen und die Zusage nicht halten, so will ich ihn dazu zwingen; der Bayerfürst hat das Spiel angefangen, ich will ihm keine Assistenz leisten, wollte, daß die Herren allbereits sein ganzes Land ruiniert hätten . . . wollte, daß er längst tot wäre, wird er nicht Frieden machen, so will ich ihn selbst helfen bekriegen, denn ich will einen ehrlichen, aufrichtigen, beständigen Frieden im Reich stiften, und nachmals mit beiderlei Armeen gegen den Türken gehen und dem Hundsfötter alles nehmen, was er von Europa entzogen, das andere mag er behalten . . .« – So kann er gesprochen haben, ohne sich um den Grafen Gallas, Ferdinands loyalen Offizier, viel zu kümmern; im Fieber, nach dem buchstäblichen Sinn des Wortes, denn fieberkrank war er und von Gicht nun so gemartert, daß ein Anderer seine Briefe für ihn unterzeichnen mußte. Die Bedingungen aber, die man kolportierte, die lassen wir weg; nicht bloß, weil sie in sich unstimmig sind, Unstimmiges vorzuschlagen wäre er wohl imstand gewesen, wer überhaupt *konnte* für einen universalen Frieden Stimmiges vorschlagen, sondern weil wir zu dieser Frage eine einzige verlässige Urkunde besitzen, in der Bedingungen sich nicht finden. Arnim, als erfahrener Geschäftsmann ein Freund des Schriftlichen, setzte das Dokument auf, den nächsten Tag, und übersandte es dem Herzog zur Bestätigung: so habe er die Abmachungen des gestrigen Tages verstanden, »daß E. F. Gn. Gemütsmeinung dieses gewesen, daß die Hostilitäten zwischen beiden Armeen aufgehoben sein sollten und sie allerseits die Waffen conjunctis viribus, ohne Respekt einiger Person, wider diejenigen, die sich unterfangen würden, den statum Imperii noch weiter zu turbieren, und die Freiheit der Religion zu hemmen, gebrauchen wollten. Welches ich denn also deute, daß alles im Heiligen Römischen Reich zum vorigen Stande, wie es vor diesem unglückseligen Krieg anno 1618 gewesen, gebracht« werden sollte. Ob er in gleichem Sinne an die evangelischen Kurfürsten berichten dürfe? . . . »Welches ich denn so deute« – Arnim selber nennt es seine Deutung; so ganz deutlich war also auf freiem Feld nicht gesprochen worden. Adam Trčka, im Auftrag seines Meisters, dessen verkrümmte Finger die Feder nicht führen konnten, gab die Antwort: löblich sei es, daß Arnim die Sachen schriftlich fixiert habe, löblich auch, daß er's nun mit den beiden Kurfürsten auszuhandeln gedenke; seinerseits werde der Herzog hal-

ten, was er versprach. – Liest man diese Bestätigung genau, so ist sie keine; von dem Jahr, auf dessen paradiesischen Zustand man zurückgehen wollte, dem Normaljahr 1618, davon auch, wo oder wo nicht seine versunkene Normalität gelten sollte, kein Wort. Man redete aneinander vorbei, großzügig und unverbindlich. Man berührte die heißesten Punkte gar nicht. In Wien, wo Gerüchte über die Verhandlungen und das Normaljahr 1618 alsbald umgingen, ließ Wallenstein dementieren: nie habe er dergleichen vorgeschlagen oder zugesagt. Das sei eine hochvernünftige, beruhigende Mitteilung, dankte der Minister Eggenberg. Hätte er gründlich gelesen, so würde er so ganz beruhigt doch nicht gewesen sein. Keineswegs sollte »alles in den statum, wie es anno 1618 gewesen, restituiert werden«. Alles nicht; vielleicht doch Einiges?
Arnim brach auf, um irgendwo in den Ländern, in Halbweg-Lustschlössern, seine beiden alten Bekannten zu treffen, die Kurfürsten von Sachsen und Brandenburg. Je weiter er sich von Wallensteins Zauber entfernte, desto unbestimmter und krauser mag die Botschaft, die er mit sich trug, ihm vorgekommen sein. Mit seiner Reise war das Projekt in seinem Ursprung, der zwischen den Heereskommandanten zu schließende, der von ihnen zu diktierende Friede stillschweigend aufgegeben. Wenn Wallenstein, in Traum und krankem Hochmut, sich momentweise für den Mann des Staatsstreiches hielt, der er doch nicht war – der nüchterne Arnim hielt sich nicht dafür. Generale durften über den Frieden sprechen, nach Auftrag und Weisung ihrer Fürsten. Die Entscheidung lag anderswo . . . In Schlesien sollte Waffenstillstand sein während Arnims Rundreise, zwei Wochen zunächst, dann etwas länger. Eingehalten wurde er schlecht. Die Heere hausten zu nahe beieinander in der Armut und schlugen sich, wenn nicht um den Sieg, so doch um Schweine und Hühner. »Von Brennen, Sengen, Plündern, Schänden, Vieh Abtreiben ist ein solcher Jammer, daß man sich nur vor Gottes Zorn und ferneren größeren Strafen über das Land fürchten muß . . .«
Nicht so auf Wallensteins goldener Insel. Dort ging es hoch her mit diplomatischer Gastlichkeit, während Arnim von einem Kurfürsten zum anderen trabte. Es erschien der zweite sächsische Kommandeur, Herzog Franz Albrecht, dem der Stillstand lieb war, politisch, wie auch militärisch; man wäre ja verloren ohne ihn, so elend, wie es rings um das eigene Hauptquartier stehe. Auch der Graf von Thurn erschien und fand seine Aufnahme wundersam: »Es wäre zu lang, Eurer Exzellenz zu beschreiben, wie überaus ansehnlich ich empfangen und auf alle Weis übermäßig traktiert worden und wieder hinausbegleitet. Was schöne Conversation ist vorgelaufen, will ich bei sicherer Gele-

genheit noch längstens erzählen. Bleibt unverwandelt, was Herr von Bubna Eurer Exzellenz referiert hat, steht alles in guten terminis . . .« Hier muß man aufmerken. Hier, meinen Wallensteins Ankläger, hätten die beiden Hauptlinien seiner verschwörerischen Politik, die deutsch-protestantische und die böhmisch-schwedische, sich verbunden, diese aber sei die eigentliche gewesen und Arnim notgedrungen mit ihr vertraut gemacht worden . . . Der Zufall wollte, daß gerade damals Herr von Bubna zurückkehrte aus Frankfurt mit jener klaren, frechen Antwort Oxenstiernas, an die man sich erinnert: ob Wallenstein Rebell zu sein gedenke oder kaiserlicher Unterhändler; daß Wallenstein den Brief las und sehr gescheit fand und Adam Trčka ihn noch preisenswerter . . .
Wenn nur Worte hier etwas wögen. Wenn nur Wallensteins alte Neigung, den Leuten zu sagen, was sie gerne hörten, ohne doch etwas Bindendes zu sagen, nicht zu Wirrsal und Krankheit entartet wäre. Thurn war da. Er war schwedischer General. Er mißtraute Arnim. Er drängte sich ein, polternd, plappernd, prahlend. Keineswegs konnte man ihn ignorieren. Keineswegs konnte man ihn wissen lassen: die Schweden nicht; die Emigranten nicht – konnte es um so weniger, als man ja vor genau vier Wochen in Gitschin einen Emigranten empfangen und ihm vage Hoffnungen gemacht hatte. Die Schweden nicht, die Emigranten nicht – auch das wäre schon eine Bindung gewesen, eine Präzisierung, zu der Wallenstein den Mut nicht fand. Vielleicht brauchte man sie am Ende doch, die Emigranten und die Schweden. Und wenn man selbst sich gegen sie zu wenden gedachte, durfte man es jetzt schon den Sachsen verraten? Gleichgültig, wie Arnim selber im Herzen dachte, seine Auftraggeber, die beiden Kurfürsten, blieben einstweilen an Schweden gekettet . . . Die deutsch-protestantische Linie von Wallensteins Politik war eine ausdenkbare, in sich logische; ob möglich im Wirklichen, mußte sich zeigen. Die böhmisch-schwedisch-französische war dunkles Gespinst, aber so fürchterlich wie die Dinge jetzt verwickelt waren, keine Befreiung aus ihm möglich. Also schob man auf. Unter Ehrenbezeigungen und Allgemeingerede durfte der schwachsinnige Thurn sich blähen, zur starken Befremdung des Kaiserhofes. Der schwedische General war ja eins mit dem Manne vom Fenstersturz, dem allerschuldigsten Anführer der Revolution.
In Dresden und Frankfurt ließen die alliierten Ober-Aufseher sich nicht täuschen, wie Thurns fromme Dummheit. Was sei denn das, fragte der Botschafter Feuquières den sächsischen Geheimrat von Miltitz, ein Universalfriede? Sei es ein Friede, den alle Kriegführenden gemeinsam aushandelten, oder etwa einer, den Wenige beschlös-

sen, so, daß dann die Übrigen ihn unbesehen zu akzeptieren hätten? – Der Geheimrat: Das Letztere sei wohl nicht undenkbar. – Der Botschafter: Wenn aber die Anderen nicht einwilligten? Würden dann die Friedensstifter zum Krieg übergehen gegen ihre Freunde von gestern? – Der Geheimrat: Das hoffentlich doch wohl nicht. – Der Botschafter: Mächte wie Frankreich, wie Schweden, wie die Generalstaaten der Niederlande würden sich von Sachsen gewiß nicht überspielen lassen. Der Kurfürst möge sich in acht nehmen . . . Daß Wallenstein auf einen Sonderfrieden mit den deutschen Protestanten zielte, war die Sorge Nicolais, die Kinskys verlegen-verlogene Interpretation ungestillt ließ; die Sorge der Klügeren unter den Emigranten, Wilhelm von Ruppa, Ladislaw Zierotin; es war die Sorge des Reichskanzlers Oxenstierna. »Man brütet da ein Ungeheuer aus«, bemerkte er bei Tisch. »Aliquid monstri alunt . . . Das Ding ist mir so zuwider, daß ich möchte heut auf und davon sein!« Weiter, sich an den böhmischen Grafen von Hoditz wendend: »Wenn sie also Frieden machen, werden die Herren Böhmen ausgeschlossen bleiben!« . . . So urteilten die Männer, die etwas von Politik verstanden; die unter der Nebeldecke die Sache in ihrer Logik sahen – klarer, fürchten wir, als Wallenstein selber.
Den 27. Juni, nach dreiwöchentlicher Rundreise, kehrte Arnim in sein schlesisches Quartier zurück. Die brandenburgischen Politik-Beamten hatte er interessiert gefunden, aber ohne Instinkt für das im Nebel Verborgene. Man war in Berlin stets etwas schwedischer gesinnt als in Dresden, etwas radikaler, und nahm das Angebot so. Genauerer Probe sei es wert; wie, zum Beispiel, stehe es denn mit Wallensteins eigenen Forderungen, dem Ersatz für Mecklenburg? . . . Er fand die sächsischen Politik-Beamten mißtrauisch. Der Waffenstillstand, gaben sie zu bedenken, habe bei den Schweden, den Franzosen, den Engländern schon allerlei Argwohn wachgerufen. Er könnte die so hoch zu schätzende dänische Vermittlung stören – in Berlin glaubte man nicht an sie. Seine Freunde sich zu Feinden zu machen, seinen Feind aber deswegen noch lange nicht zum Freund, wäre es ratsam? Wenn der Herzog von Friedland anbiete, mit vereinigten Kräften gegen die loszugehen, die das Römische Reich noch ferner turbieren wollten, so sei doch wohl klar, wen man darunter zu verstehen habe? Die Schweden nämlich – der Name wurde vermieden. Arnim machte geltend: schlug man Wallensteins Offerte glattweg ab, so drohte doppelte Gefahr: er könnte das Land Sachsen fürchterlich heimsuchen, um seine Kritiker am Kaiserhof zum Schweigen zu bringen; er könnte auch, ganz im Gegenteil, sich mit der »stärkeren Partei« vereinigen, nämlich Schweden und Frankreich – die Namen wieder ungenannt.

Übrigens wären Traktate ohne Wallenstein, gegen Wallenstein – die dänische Vermittlung – ganz umsonst, denn allein an ihm hing das Kaiserliche Heer, Generale, Offiziere, Soldaten. Mit bloßem Gerede richtete man bei dem Herzog nichts aus; irgendwas Ernsthaftes, gleichzeitig aber möglichst Harmloses, das evangelische Lager nicht Sprengendes mußte man sich ausdenken . . . Das Ergebnis solchen Für und Widers war eine Instruktion für Arnim, die ihn zu beinah gar nichts instruierte: Friedensliebe und vaterländische Gesinnung des Kurfürsten seien lange erhärtet; der bevorstehende christliche Friedenskongreß in Breslau hoffnungsvoll; was der Herzog von Friedland zu dem gleichen Zweck beitragen könnte, werde man gern erwarten . . . Vermutlich hätte Arnim seine Sache gewonnen, wenn er selber enthusiastisch für sie gewesen wäre, wenn er sie auch nur klar hätte definieren können. Das war er nicht, das konnte er nicht. Zu gering und rätselhaft war das Papier, das er mitbrachte.

Bei seiner Rückkehr fand er den Herzog »sehr alteriert«, nach seinem eigenen Ausdruck: kalt, fremd, hoheitsvoll. Vielleicht, daß Wallenstein gekränkt war in seinem Traum europäischen Schiedsrichtertums durch Arnims langes Ausbleiben und leeres Antworten. Vielleicht, daß er seine Position in Wien bröckeln fühlte – es gab Anzeichen dafür – und nun etwas Energisches tun zu müssen vermeinte. Vielleicht – aber wer sieht in einen Geist, welcher die Dinge nur noch innerhalb seiner selbst hin und her bewegte, nicht in der Wirklichkeit? Genug, er stellte, falls die Waffenruhe dauern sollte, neue schroffe Forderungen: das Land bis zur Oder hin wäre ihm einzuräumen, er brauche es für sein Heer. Als dem ein höfliches Nein entgegengesetzt wurde, erklärte er den Waffenstillstand für aufgehoben. Man trennte sich. Noch den gleichen Abend ließ er die von den Sachsen gehaltene Festung Schweidnitz angreifen, ein Überrumpelungsversuch. Er mißlang. Die Stadt war gut verteidigt; den nächsten Tag eilte Arnim herbei und trieb die Belagerer in die Flucht. Von Wallensteins Seite die erste Waffentat des Jahres, das seinen Höhepunkt schon überschritten hatte, und keine glückliche.

In einer Sänfte ließ er sich nach Reichenbach tragen, welches Böhmen ein wenig näher liegt, auf dem Weg nach Gitschin, wie Nicolai wissen wollte; und sei dabei krank und halb wahnsinnig gewesen, siuk och half rasante . . . So weit wie Gitschin ging er trotzdem nicht. Beide Heere blieben sich gegenüber in verschanzten Lagern, im engen Lande, im Elend; tatenlos.

Der Spanier

Mit der Besessenheit, mit welcher die Politiker glaubten, was zu glauben sie sich einmal vorgenommen hatten, hielten die Minister in Madrid die längste Zeit an Wallenstein fest. Sie bemerkten nichts, als er, auf der Höhe seiner Macht, in Norddeutschland gegen sie arbeitete. Sie schlugen die Warnungen und düsteren Schilderungen ihrer Botschafter in den Wind. Sie bedauerten laut die Schwäche, mit der Kaiser Ferdinand in Regensburg seinen General preisgab; preisgab dem Kurfürsten Maximilian zuliebe, der ihnen als ihr unbeirrbarer heimlich-tückischer Widerspieler galt. Die Abneigung gegen Bayern bildete eine wirkliche Gemeinsamkeit, aber eine von denen, die nicht trugen. Gab es noch andere? Der Herzog von Olivares war nicht der Religionsstreiter, der er als Chefberater des Katholischen Königs doch eigentlich hätte sein müssen. Was mit den Häretikern noch immer zu Hause auf der Plaza Mayor geschah, war eine Sache; äußere Politik eine andere. Zum Beispiel sah Olivares in dem Restitutions-Edikt einen Fehler, ungefähr wie Wallenstein: man sollte doch seine Ausführung für unbestimmte Zeit verschieben, um den Ärger der protestantischen Kurfürsten zu stillen. Dabei hatte der Minister aber nicht den deutschen Frieden im Aug, an dem ihm gar nichts gelegen war, sondern eine um so energischere Kriegs-Anstrengung gegen Holländer und Franzosen. In der Erwartung, daß Wallenstein ihm genau diesen Gefallen tun würde, wirkte er emsig im Sinn seiner Rückberufung. Es scheint auch, daß Wallenstein in Znaim dem spanischen Gesandten Bruneau willkommene Andeutungen machte; von vier Armee-Corps, die er aufzustellen gedachte, könne eines gelegentlich wohl auch in Flandern operieren. Seine Art, lästige Bittsteller mit Worten abzufinden. Um das gute Verhältnis zwischen Madrid und dem Generalissimus zu unterstreichen, wurde damals in der Person des Doktors Agustín Navarro Burena ein ständiger Vertreter im Hauptquartier bestellt. Navarro kam als Verehrer, hörte aber später auf, es zu sein; einer von den Fremden, denen gegenüber Wallenstein sich in seinen Reden, Zornausbrüchen, Improvisationen des Augenblicks gefährlich gehen ließ.

Zu seinen erklärten Feinden gehörte der neue spanische Botschafter in Wien, Castañeda. Sonderbar wiederholte sich hier die Situation des Ersten Generalats. Für die Minister des Königs, so sehr weit fort, Olivares und den Deutschland-Spezialisten Oñate, war er der große Unentbehrliche, nach wie vor. Der Mann am Ort sandte die finstersten, Wahrheit, Halbwahrheit und Schwindel vermischenden Berichte: daß Wallenstein den Krieg nicht führe und den Frieden nicht wolle;

daß er im Begriff sei, sich dem König von England zu verkaufen; daß in Wien alle vor ihm zitterten und außer der erbarmungswürdigsten Confusion dort nichts zu finden sei. Natürlich blieben dem Fürsten Eggenberg des Botschafters kränkende Urteile nicht verborgen. Einmal kam es zwischen beiden Herren zu einem Zusammenstoß, derart, daß Castañeda nach Hause fuhr und für zwei Tage das Bett hüten mußte. So Questenberg in einem Brief an seinen Gönner, schadenfroh. Was immer jedoch Castañeda an Ärger ausstehen mußte, die Beziehungen Wallensteins zu Madrid galten bis in den Spätsommer 1633 als korrekt, und besser als korrekt. Sie galten so; man meinte in Madrid, daß sie es wären.

Nun wurde dort zu Beginn des Jahres 33 ein Plan ins Werk gesetzt, den man schon eine Weile ausbrütete. Ein großer Zug sollte sein von Mailand nach Brüssel, unter der Führung von des Königs Bruder, Ferdinand, Erzbischof von Toledo, genannt der Kardinal Infant. Dieser kriegerische Kirchenfürst würde die alternde Infantin Isabella ersetzen, von der es hieß, daß ihre Tage gezählt seien – sie starb im folgenden November. Mit frischen Truppen und frischer Energie würde er wenigstens Flandern der spanischen Krone erhalten, hoffentlich Besseres vollbringen. Weil das Meer den Spaniern durch holländische Schiffe gesperrt war und Frankreich durch die Franzosen, so mußte die Reise von der Lombardei über Tirol und Schwaben nach dem Rhein gehen und den Rhein entlang; sehr langwierig, sehr gefährlich. Ob eine Provinz, die nur noch auf solchen Wegen zu erreichen war, eigentlich gehalten werden konnte, auch, welchen Vorteil es den Spaniern denn brachte, wenn sie gehalten wurde, diese Frage lassen wir auf sich gestellt. Man weiß ja, was Machtpolitik ist, was die Erben und Träger alter Macht sich, oder wem sonst, schuldig zu sein glauben . . . Philipp IV. schrieb an Wallenstein wegen des militärischen Schutzes, dessen seines Bruders Fernfahrt bedurfte, und erhielt die freundlichste Antwort, wie auch der spanische Gouverneur von Mailand, Herzog von Feria; Aldringen den Befehl, den Reisenden jede nötige Hilfe zu geben. Feinde hatte man immer genug. Warum, konnte man's ohne große Kosten vermeiden, sich die Spanier zu Feinden machen?

Die Dinge änderten sich im Frühjahr in Madrid, im Frühsommer, denn man muß sechs Wochen rechnen für die Post, in Wallensteins Lager. Die flandrische Expedition verlor an Dringlichkeit, zumal der Kardinal Infant krank in Mailand lag. Was als bloßer Durchzug konzipiert worden war, wurde zum militärischen Dauerbesuch am Oberrhein: Burgund gegen die Franzosen zu sichern, die Schweden aus dem Elsaß, und dann aus Schwaben und Franken zu vertreiben, den

Weg nach den Niederlanden frei zu machen, Deutschland und Italien durch eine Kette von Garnisonen zu verbinden. Eines jener weiträumigen und in Wirklichkeit gar nicht durchführbaren Strategeme; man brauchte deutsche Hilfe dafür. Die Truppen sollten nur zu einem Teil aus der Lombardei kommen, übrigens aber angeworben werden in Tirol, Salzburg oder anderswo, und sollten 24000 Mann sein insgesamt. Eine spanische Intervention neuen, größeren Stils; ein spanischer Angriff gegen Frankreich von Deutschland her und mit kaiserlicher Unterstützung. Vertrauensvoll, so als ob es nichts wäre, wandten König Philipp und der erwählte Direktor des neuen Kriegsprogrammes, Herzog von Feria, sich an Wallenstein . . . Der, krank ohnehin, geriet in kranke Wut. Nun wieder die Spanier, wie vor vier Jahren der Mantuakrieg. Er vergaß den Mantuakrieg nie, wie er überhaupt nichts vergaß, so etwas grub sich ein in seiner Seele. Allzeit hätten die Spanier böse consilia gehabt, hätten ohne Recht den Herzog von Mantua attackiert und darüber Herzogenbusch, Maastricht und andere Plätze verloren. Diesmal würde er's hindern. Die Zeiten hatten sich ja geändert, Gott sei Dank, er besaß Garantien. Sich einen fremden General nebenordnen lassen? Sich noch einmal in Krieg gegen Frankreich treiben lassen von verblendeten Projektemachern? Zerreißen lassen die Friedensgewebe seines Geistes? Je länger er der Sache nachhing, desto fiebriger stieg seine Erregung . . . Aussage des Oberkanzlisten Wesselius: »Zu gleicher Zeit dann auch aviso wegen Heranzugs des spanischen Volks angelangt, worauf von dem Friedländer nichts als ein unaufhörliches Fulminieren zu hören . . .« Einem ersten scharf verneinenden Gutachten, welches er Questenberg zugehen ließ, damit er's weitergäbe, folgten an einem einzigen Tag drei Sendungen: an die Infantin in Brüssel: daß es nicht sein könne; an den Kardinal Infanten in Mailand, gleichen Sinnes, dem Prinzen mündlich vorzutragen durch den Oberst Diodati; an den Kaiser. Schon mehrfach habe er sein Urteil in der leidigen Angelegenheit kundgemacht, er tue es noch einmal. Was sich da zusammenbraue, werde ihm die ganze gewaltige Kriegsmacht Frankreichs auf den Hals bringen. Es werde die deutschen Stände, katholische wie unkatholische, dem Hause Österreich noch heilloser entfremden, und die eben jetzt schwebende Hoffnung auf Frieden begraben. Übrigens täuschten die spanischen Herren sich, wenn sie glaubten, solch eine Armee ließe sich im Reich mir nichts dir nichts zusammenbringen. Ein Regiment aufzustellen brauche sechs Monate, und dann sei es nur halb. Selber könne er durchaus keine Truppen hergeben, er habe nicht genug schon wie es sei, weitere Zerstreuung und Verzettelung wäre gegen alle Kriegsvernunft. Darum bitte er untertänigst, es dahin gnädigst zu bringen, daß des Herrn Cardinal Infante und des Duca di Feria Herauszug nach Deutschland promptest abbestellt werde . . .

Nicht, daß seine Warnungen in Wien auf gar kein Verständnis gestoßen wären. Am Kaiserhof selbst trug man sich mit ähnlich begründeten Zweifeln. Castañeda, der Botschafter, war erstaunt, plötzlich auf etwas wie deutschen Patriotismus zu treffen: man wollte die Spanier nicht als freie Herren im Land. Das Argument, die Spanier seien doch gewissermaßen selber Deutsche, der König Philipp als Herzog von Burgund ein deutscher Reichsfürst, wirkte dagegen schwach, um nicht zu sagen komisch. Nun war es auch, daß Trauttmansdorff dem Botschafter ein Staatsgeheimnis eröffnete: dem Herzog von Friedland, als er das Generalat wieder annahm, sei zugesagt worden, es sollte niemand im Reich kommandieren dürfen, der ihm nicht untergeben wäre. Es ist davon schon die Rede gewesen: längst standen spanische Truppen auf Reichsboden, dem Generalissimus unverpflichtet, ebenso wie der Kurfürst von Bayern. Das Geheimnis war nur eine Ausrede Trauttmansdorffs.

Ende Juli schlug die Stimmung in Wien um, wie es dort Gewohnheit war. Eine Anti-Wallenstein-Stimmung nun. Man fand die Vorgänge auf dem schlesischen Kriegsschauplatz immer befremdlicher, denn dort ging gar nichts vor. Man sah mit Bangigkeit nach Süddeutschland, wo der Kurfürst von Bayern zwar den östlichen Teil seines Landes vom Feinde freizuhalten vermochte – sein Quartier war am Inn –, im westlichen Bayern, in Oberschwaben und Württemberg aber die Schwedischen sich ungehindert bewegten. Man sah mit doppelter Sorge nach dem Oberrhein, und zwar besonders nach der Festung Breisach, welche auf des Stromes rechter Seite liegt. Breisach wurde Modegespräch und blieb es; was man, besucht man heute dieses Friedensstädtchen, schwer begreifen wird, aber glauben muß, zumal, wenn man erfährt, daß noch fünf Jahre später, 1638 also, der Kardinal von Richelieu dem sterbenden Père Joseph Trost zu spenden suchte mit der Heilsbotschaft: Brisach est à nous! Ein Schlüsselpunkt der Weltgeschichte, den Strategen der Zeit zufolge. Eine letzte Sicherheit der Verbindung zwischen Burgund, Elsaß und Oberdeutschland. Ein allbeherrschender Ort am Rhein. Zwar hatten die dort unter dem Feldmarschall Schauenburg lagernden Kaiserlichen nicht hindern können, daß im Norden und im Süden, im Westen und Osten von Breisach die Schweden ganz hübsch befreiten und wüteten; schwer erwehrt der Laie sich des Verdachtes, daß es auch ohne Breisach ging, oder auch mit Breisach nicht ging. Dem sei, wie ihm sei; die Festung war bedroht, fast schon umzingelt, man mußte sie retten. Ungern zog Wallenstein die Konsequenz aus dem, was die Müßiggänger über

Breisach schwatzten. Einer von Aldringens Offizieren, Scherffenberg, mochte hinziehen mit zweitausend Reitern, um den Verteidigern der Festung Proviant und Mut zu bringen.
Mittlerweile hatte man in Wien schon dekretiert, daß Wallenstein nicht der rechte Mann sei, den Nabel der Welt zu retten, und daß die Spanier es tun müßten. Ferdinand selber teilte dem Herzog den Entschluß mit: Breisach verloren, alles verloren. Darum habe er, schweren Herzens, die spanische Reise nicht bloß erlauben müssen, sondern auch die Hilfe Aldringens zugesagt. Wenigstens 5000 Mann müsse Aldringen beisteuern, dazu noch ein paar Regimenter, die unter Oberst Ossa in Tirol stünden. Der Verlust sei um so leichter zu verschmerzen, als der Feldmarschall Holk ihn aus seinem in Nordböhmen untätig lagernden Corps leicht werde ersetzen können ... Ein Machtwort. Eine starke Einmischung in das, was seit Göllersdorf die unbestrittene Domäne des Generalissimus gewesen war. Der Bruch eines *Vertrags* offenbar nicht. Die Juristen in des Kaisers Umgebung hätten das nicht unerwähnt gelassen, Wallenstein von seiner Seite hätte darauf gepocht. Er schwieg aber. Er ließ keinerlei Protest hören; was jener Seelenkenner, der zu wissen glaubte, der Gefürchtete sei furchtsam im Grund und immer nachgiebig, wenn man ihm nur die Zähne zeigte, Valeriano Magni, in seinem Sinn interpretiert haben mag. Möglich auch, daß sein Zorn mit der Zeit erlahmte. Etwas blieb haften. Wieder, wie 1629, hatte man in einer Frage, die er für vital hielt, sich über sein Urteil hinweggesetzt. Nichts geändert, nirgendwo; das alte, kränkende Elend.
Sonderbar schwankten seine Reaktionen. Er schrieb an Aldringen, den 1. August, da ja nun der Herzog von Feria die Rettung Breisachs übernommen habe, so sei von kaiserlicher Seite keine Hilfe mehr notwendig, und also solle der General von Scherffenberg mit seinen 20 Kompanien Reitern bleiben, wo er sei. Der Gegen-Befehl, von Ärger diktiert und unvernünftig, weil die Spanier ja vor September gar nicht in Deutschland sein konnten, wurde acht Tage später zurückgenommen; nun erhielt Aldringen Freiheit, in seiner bekannten Diskretion für Breisach zu unternehmen, was ihm gut schiene. Danach schwieg er über Feria und über Breisach, einen Monat lang. Er ließ geschehen, was andere taten, praktisch in Unabhängigkeit von ihm. Die Verteidiger Breisachs wurden aus ihrer üblen Lage wirklich erlöst durch Feria und Aldringen, Ende Oktober. Ende Oktober – war die Gefahr so dringend gar nicht gewesen? Wurde die Expedition Ferias, der bald danach in Starnberg bei München kläglichen Todes verstarb, nicht überschätzt, von den spanischen Kriegsphantasten sowohl, welche die Rettung ihres Imperiums von ihr erhofften, wie von dem, der ihr die

katastrophalsten Folgen beimaß, Wallenstein? Man sieht zum Beispiel nicht, daß die Politik Frankreichs oder der Protestanten durch den Feria-Zug um einen Deut verändert worden wäre. Viel Lärm um wenig, in der Sache. Nur, was ist Sache, wo es um Politik geht? Da ist Sache, was die Leute reden, glauben, wollen, zu wollen vorgeben, fürchten, zu fürchten vorgeben; was einer über den anderen denkt.

König Philipps Minister dachten nicht bös von Wallenstein und wollten ihm nichts Böses zumuten. Daß er der Freund nicht war, als welchem sie ihm seit acht Jahren Weihrauch streuten, davon kam ihnen nun eine Ahnung; nicht mehr. Seine aktiven Feinde saßen in Wien, wenn man absieht von München, wo es sich von selbst verstand. Sie die spanische Partei am Kaiserhof zu nennen, wie oft geschah, wäre ungenau. Castañeda gehörte allerdings dazu, auch der altspanische Räuber und Tunichtgut, Marradas; daneben allerlei Würdenträger, Kardinal Dietrichstein, der Römer, Pater Lamormaini, der Bayerns französische Sympathien teilte, Graf Schlick, der Böhme, dazu einige kaltgestellte, sich beleidigt fühlende Offiziere, die mit Spanien wenig zu tun hatten. War der Feria-Entschluß ein Sieg spanischer Politik, so war es auch einer dieser bunt zusammengesetzten Gruppe. Daß die spanische Expedition hochnotwendig sei nicht bloß wegen Breisach, sondern um Wallenstein zu zeigen, wer der Herr war, und eine von ihm unabhängige Gewalt ins Reich einzuführen, wurde nicht geradezu gesagt, jedenfalls nicht laut.

Es existiert eine Schrift, verfaßt irgendwann im Hochsommer, wie man glaubt durch den Hofkriegsratspräsidenten Schlick und den bayerischen Vizekanzler Bartholomäus Richel; die beiden verbargen sich hinter der fiktiven Person eines »Rates«. Das kaiserliche Heer schlafe, schreiben sie. Der Feind gewinne beständig an Macht und Übermut. Der Herr Generalissimus tue, was er wolle, und tue gar nichts, außer die Zeit in ungegründeten Friedensverhandlungen zu verzetteln. Erste Frage: sei er, bei seinen überhandnehmenden Leibesungelegenheiten, überhaupt noch imstand, sein Amt zu verwalten? Zweite Frage: gebe es Mittel, ihn zu freiwilligem Rücktritt zu bewegen? Dritte Frage: wenn nicht, was dann? Vierte Frage: wäre es wohl besser, Haus Österreich und demnächst die ganze Christenheit in Ruin zu stürzen als den Herrn Generalissimus zu kränken? . . . Von diesen Problemen sei das dritte das dornigste. Wohl könnte man dem Herzog ein paar kluge Kapuziner oder andere angenehme Patres senden, um ihm die Vorzüge eines ehrenvollen Ruhestandes vor Augen zu führen. Dringender sei doch, sich der hohen Kriegsoffiziere zu versichern, so daß sie notfalls »dem Herrn Generalissimus keinen Gehorsam mehr leisten sollten ...« Die Nachfolge angehend, so fehle es wahrlich nicht an geeigneten Persönlichkeiten, man brauche da nur an den Thronfolger, den König von Ungarn zu denken, als dessen Generalleutnant der Graf Schlick sich darbiete ... Zu einem guten Teil hielt man sich an dies sorgenvolle Manuskript, als Schlick, den 12. August, ins schlesische Hauptquartier abreiste, in seinem Gepäck eine offene und eine geheime Instruktion. Die offene verpflichtete ihn, herauszufinden, was denn eigentlich los sei, wie es mit den Verhandlungen zwischen Wallenstein und Arnim stehe, was unternommen werden könne zur Förderung des spanischen Zuges und im Sinne einer tatkräftigeren Kriegführung allgemein. Im Geheimen wurde dem Feldmarschall aufgetragen, möglichst unvermerkt »den Grafen Gallas, Piccolomini, und andere hohe und vornehme Offiziere dahin zu disponieren, daß Seine Kaiserliche Majestät für den Fall, wenn mit dem Herzog von Friedland seiner Krankheit halber oder sonst eine Veränderung erfolgen sollte, deren standhafter Treue und Devotion versichert seien ...«

Seiner Krankheit halber, oder sonst. So 16 Monate nach Göllersdorf; bloße 16 Monate, nachdem der Retter dem Hilfgeschrei der Ertrinkenden gefolgt war; 11 Monate nach Nürnberg, 9 nach Lützen. (»Ich gratuliere mir und Euer Liebden zu dem glückseligen Succes und des Schweden Tod. Gott sei ewig Lob und Dank gesagt.«) ... Während des Zweiten Generalats ging alles viel schneller als während des Ersten.

Noch ein Waffenstillstand

Graf Schlick langte am 16. August im Hauptquartier an, dem »Feldlager bei Schweidnitz«. Er fand die Dinge noch rätselhafter, als er wohl erwartet hatte.

In Wirklichkeit war dort all die Zeit unerklärter Waffenstillstand gewesen. Kontakte hatten gespielt zwischen den obersten Befehlshabern wie zwischen den unteren, höfliche, das Vorige bedauernde Briefe waren hin und her gegangen; der Status rerum, hatte Wallenstein knapp und trocken an Maximilian geschrieben, verbiete zur Zeit Kriegshandlungen weitergreifender Art. Er konnte sich dabei, wie er anderwärts tat, auf eine schwere Niederlage berufen, die Anfang Juli die Kaiserlichen im westlichen Niederdeutschland traf: die Vernichtung der beiden Corps unter Gronsfeld und Merode an der Weser, bei Hessisch-Oldendorf, welcher der Fall der Festung Hameln folgte. Die Lehre, die Wallenstein aus dieser unwillkommenen Botschaft zog,

war die, daß die schwedischen Sieger, Lüneburg und Knyphausen, sich nun recht wohl südostwärts wenden konnten, gegen Böhmen; daß also »nichts hasardiert«, an seiner eigenen böhmisch-schlesischen Konzentration nichts geändert werden durfte. Oder doch nur geändert werden durfte ohne Wagnis. Anfang August befahl er Holk, von Nordböhmen aus einen neuen Besuch in Sachsen zu machen, so, wie genau ein Jahr zuvor und mit genau demselben Zweck: um durch die Qualen der Invasion, die Drehung der Folterschraube, den Kurfürsten zum Frieden zu stimmen. Der Heereszug sei eilig, denn bald werde wieder Waffenstillstand sein, zum Vorteil der Gegner, wenn man sich nicht selber noch rasch einen sicherte. Holk, mit 13000 Mann in Meißen eindringend, tat, wie er ehedem getan hatte, oder noch greulicher. Er kam bis Leipzig, von welcher schwergeprüften Stadt er noch einmal 70000 Taler erpreßte, mehr war dort nicht zu holen, und im Lande überhaupt nicht mehr viel, außer der Pest, die umging.
Dies häßliche Unternehmen war im Gang, als Schlick bei Schweidnitz eintraf. Übrigens hatten neue Verhandlungen begonnen.
Wenige Stunden nur, bevor der Kriegsratspräsident in seiner Karosse die Zelte und Fahnen und Feuer des Lagers sich nähern sah, hatte ein neues Gespräch zwischen Wallenstein und Arnim stattgefunden. Es folgten weitere Begegnungen zwischen diesen Beiden, und Gallas, Herzog Franz Albrecht, Thurn. Wenigstens bei einer dieser politischen Unterhaltungen war auch Schlick zugegen, sehr aufmerksam lauernd, wie man sich vorstellen mag. Den 22. wurde abermaliger Waffenstillstand geschlossen; Schlick will sich dagegen erklärt haben, ihn zu hindern kam ihm nicht zu. Die Urkunde, gezeichnet Herzog von Friedland, Arnim, Thurn, verpflichtete die Kontrahenten, während vier Wochen sich jeder kriegerischen Aktion zu enthalten in Brandenburg, in Sachsen – das bedeutete die Rückberufung Holks –, in den kaiserlichen Landen; sich nicht zu verstärken, auch keine Verstärkungen anderswohin zu schicken, zum Beispiel an die Donau; solches alles, damit die Friedenstractaten treu und ohne Arglist zu einem gewünschten Ende geführt würden. Kein aufschlußreiches Dokument. Es gibt ein zweites, einen Entwurf von der Hand Arnims, mit der Überschrift: »Unmaßgebliches Bedenken, wie der Herzog von Friedland seine Erklärung setzen könne wegen der Tractaten und seines Erbietens, damit es bei Anderen keine Suspizion gebe.« So nämlich solle er sie setzen, daß er entschlossen sei, »sich in die Allianz, die anizo mit den evangelischen Kurfürsten und Ständen und den Kronen Frankreich und Schweden dem Heiligen Römischen Reich zum Besten aufgerichtet sei, zu begeben und neben ihnen dahin zu arbeiten, damit alles im Heiligen Römischen Reiche, sowohl was den

Profan- als Religionsfrieden beträfe, in den vorigen Stand gesetzt und darin konserviert würde«. Der Historiker, der dies interessante Papier entdeckte, hält seine Unterzeichnung durch Wallenstein für wahrscheinlich. Er hat es aber ganz bestimmt nicht unterzeichnet. Aussage des Herzogs Franz Albrecht von Lauenburg: »Friedland hat nit schriftlich tractieren wollen, obwohl es Arnim gar oft begehrt, aber nit erhalten können, damit man ihn nicht fassen möchte.« . . . Nichts Schriftliches also; keine Signatur. Jedoch mag er einmal so geredet haben, neben ganz anderen Reden. Graf Thurn an Oxenstierna, in neu flackerndem Glauben und Jubel: »Euer Excellenz setzen den wenigsten Zweifel nit, es ist beschlossen, den Kaiser nach Spania zu jagen.«

Während zwischen den schlesischen Heerlagern nun eitel Freundschaft spielte in allerlei Zeitvertreib und Weingelagen, während Hofkriegsratspräsident Schlick fremd und streng umherging, mit dem Herzog offizielle, mit Octavio Piccolomini die heimlichsten Gespräche pflegend, befand Arnim sich auf einer politischen Rundreise; seiner zweiten, nicht der letzten, in der Sache des Wallenstein-Friedens. Er traf den Kurfürsten von Sachsen in Großenhain, den General Holk in Gera, den schwedischen Reichskanzler in Gelnhausen bei Frankfurt. Da war der Marquis de Feuquières wieder einmal nicht ferne; ihn mied Arnim, denn er liebte die Franzosen noch weniger als die Schweden. Draußen gehalten, fand Feuquières, daß Oxenstierna diese wichtige Sache schlecht gemacht habe.

Wie er sie machte, weiß man aus einem Brief, den er am gleichen Tag, dem 12. September, an den jungen Weimar schrieb. Dem schwedischen Befehlshaber berichtete Oxenstierna über das, was Arnim ihm sagte über das, was Wallenstein zu Arnim sagte. Direkte Rede Wallensteins ist das nicht.

Es hätten der Herzog und Arnim über die Bedingungen des Friedens gesprochen, die Verbannung der Jesuiten aus dem Reich, die Wiederherstellung der freien böhmischen Königswahl. Der Kaiser, habe Wallenstein bemerkt, sei wohl zum Frieden mit Sachsen, Brandenburg und anderen evangelischen Ständen bereit, jedoch nicht mit allen, und keinesfalls mit Schweden und Frankreich. »Nachdem nun«, so Oxenstierna, »der Generalleutnant über dies lange discurriert, kam er zuletzt zum Hauptpunkt, sagend, der Herzog von Friedland hätte noch nicht vergessen des Affronts, so ihm vor drei Jahren widerfuhr, wäre auch nicht im besten Concept zu Wien, und verdrieße ihn sehr und heftig, daß der duc di Feria (ins Reich) gerufen werde, zu keinem anderen Zweck als, ihm die Stange zu halten; dahero er resolviert, wenn er wüßte, daß er von uns auf jeden Fall assistiert werden

möchte, sich zu revanchieren . . .« Der Generale Holk und Gallas wie der Mehrzahl seiner Offiziere glaube er mächtig zu sein; andere, ihm suspekte habe er schon entfernt oder werde sie noch entfernen. Allerdings erachte er nicht alle Regimenter Holks für zuverlässig; dem könnte aber gesteuert werden dadurch, daß Oxenstiernas Adressat, Herzog Bernhard, sich Holk näherte und notfalls ihn gegen seine widerborstigen Untergebenen unterstützte. Es würden dann Holk und Weimar gemeinsam gegen den Kurfürsten von Bayern marschieren; Wallenstein selber durch Böhmen gegen Österreich und Steiermark; der spanischen Armee unter Feria hätte der Feldmarschall Horn sich anzunehmen; vielleicht auch könnten die Franzosen noch einmal den Spaniern in Oberitalien einheizen. Oxenstierna, resumierend: »Wäre es ein Ernst, so hätten wir nächst Gott gewonnenes Spiel, mir kommt es aber gar zu suspekt vor, weiß nicht, was ich davon soll judicieren. Habe mit ihm, Arnim, über ein und anderes discurriert, um den rechten Grund zu erfahren, aber nach seiner Art und Natur ist er ziemlich verdeckt gegangen, doch so weit ausgesagt, daß er zwar auch dubitieren müßte, wüßte aber dies für sicher, daß der Friedländer merklich disgustiert . . . Ob er aber der Armee so mächtig, wie er sich einbildete, dessen zweifele er sehr . . .« Man müsse, schloß der Kanzler seinen sonderbaren, etwa auch noch für den Adressaten gefärbten Bericht, in dieser Angelegenheit sich überwiegend passiv halten, selber gar nichts riskieren, die eigenen Pläne um so unsicherer Chancen willen keineswegs ändern; jedoch annehmen, was sich böte, wenn es sich denn wirklich ernsthaft böte. In diesem Sinn trennte er sich von Arnim: mit unverbindlichen Ermunterungen.
Arnim setzte seine Rundreise fort. Er sprach den Kurfürsten Johann Georg noch einmal auf der Moritzburg und erhandelte sich eine Vollmacht, die weiter ging als die vom Juni, aber mehrdeutigen Charakters blieb: ein »Vergleich« sollte sein zwischen der kaiserlichen und der sächsischen Armee – »Vergleich« ist etwas anderes als »Vereinigung« – im Interesse des edlen Friedens und der deutschen Libertät; erfreulicherweise sei der schwedische Herr Reichskanzler dem gleichen Ziel geneigt. Von einer Revolution in Böhmen und Österreich, einem Staatsstreich gegen Haus Habsburg kein Wort . . . Er sprach den Kurfürsten von Brandenburg in Beeskow und verließ ihn mit einem Auftrag, der mit dem sächsischen fast wörtlich übereinstimmte; kein Wunder, denn Arnim hatte ihn selber geschrieben. Wieder das »Sich Vergleichen« der Truppen, »um das heilsame Friedenswerk miteinander befördern zu helfen«, wieder die in Gelnhausen gesicherte Einbeziehung Schwedens; wieder die Erwartung eines mit dem Herzog von Friedland langsam und gründlich auszuarbei-

tenden Universal-Friedensvertrages. Nach vierwöchiger Fahrt war Arnim zurück in Schlesien, voller zweifelnder Hoffnung: ». . . erfreue mich gewiß von Herzen, daß ich sehe, wie die Gedanken so einmütig, daher ich mir die gute Hoffnung schöpfe, das Werk werde von dem lieben und grundgütigen Gott herrühren, obgleich es noch sehr schwer vor meinen, vielleicht auch mehreren Augen scheint . . .« Wallensteins Frontwechsel und Anschluß an die Evangelischen stand unmittelbar bevor; Kaufleute an den Börsen von Frankfurt und Hamburg wetteten bis zu etlichen hundert Talern darauf. Sie verloren ihr Geld.

Etwas gänzlich anderes verlangte der Herzog, als Arnim ihn am 24. September wiedersah: die Conjunction der beiden Armeen, der kaiserlichen und der sächsisch-brandenburgischen, um gemeinsam ins Reich zu ziehen und die Schweden hinauszuwerfen, denn es sei kein guter Friede möglich, solang sie in Deutschland stünden. Arnim fand diesen Gesinnungswandel unbegreiflich, unglaublich, ungeheuerlich. Um sich zu vergewissern, ob es denn wirklich so sei, schickte er am nächsten Tag noch einmal seinen Feldmarschall, der, »Creatur« Wallensteins, hell, jugendlich wohlgelaunt und zynisch, den rätselhaften Partner noch umzustimmen versuchen mochte. Franz Albrecht tat sein Bestes. Der verstorbene König, ging seine geflügelte Rede, habe doch nie ein anderes Ziel verfolgt, als einen gerechten, dauerhaften Frieden zu machen, mit Freiheit der Religion für alle, Sicherung ihrer Privilegien für alle; bis zum Beweis des Gegenteils sei solches die schwedische Politik noch jetzt. Freilich, auf eine Satisfaction habe der Retter deutscher Freiheit Anspruch, die müsse man ihm bieten; wenn er dann und trotzdem das Römische Reich zu räumen sich weigerte, so wäre immer noch Zeit, sich gegen ihn zusammenzutun . . . Aussage Franz Albrechts von Lauenburg: »Dieses habe ich dem Herzog von Friedland vorgetragen, welcher aber mit großem Ungestüm geantwortet, es sei nichts, wollte auf keinerlei Weise anders, als wir sollten uns beide alsbald mit ihm conjungieren und nach dem Reich marschieren, den Schweden auf den Hals ziehen, den Spaniern, Franzosen gleichfalls, wo man sie treffe. Auch hat er das Directorium absolute zu führen begehrt. Weil ich für solche Propositionen keinen Befehl gehabt, hab ich gesagt, Herr Generalleutnant werde durchaus nicht darauf eingehen. Ist er schiefrig geworden und hat gesagt: So sei es, die übrigen drei Tage des Stillstandes werde ich redlich meine gegebene Parola noch halten, danach aber wissen, was ich zu tun habe . . .« Worauf er sich erhob und mit einem »Euer Liebden, meinen Dienst« seinem Gast den Abschied gab.

Die Evangelischen bewegten ihre Köpfe im Sturm der Entrüstung.

Seine Gedanken über päpstische gewohnte Treulosigkeit fand Oxenstierna schrill bestätigt; Kurfürst Johann Georg fluchte tausend Sacrament, und nie wieder! Der Gekränkteste war Arnim: ein Schelmstück habe man ihm zugemutet, einen Verrat an des Märtyrer-Königs vergossenem Blute. An Georg Wilhelm von Brandenburg: »Wie es aber sei, so scheint genugsam daraus, daß mit dem Manne nichts sicheres zu tractieren ist, denn da ist keine Beständigkeit . . .« Und wieder: »Ich hab ihn an seine Vorschläge erinnert, er sagte: Er sei noch der Meinung, aber das wollte er bis zuletzt sparen. Nun wird es am meisten daran mangeln, daß keiner ist, der ihm glaubt.«
So die Geschichte des zweiten Waffenstillstandes, gesehen mit den Augen Arnims oder derer, die glauben mußten, was Arnim ihnen erzählte. In Wirklichkeit ist das aber alles gar nicht so gewesen.

Er war der alten Bindungen überdrüssig. Er tastete nach neuen, aber es graute ihm davor, und sobald man auf Grund eines Wortes, das er blindlings gesprochen, sie ihm aufzuzwingen suchte, zog er sich zurück. Nur die Bindung hätte er ausgehalten, die ihm völlige Autonomie gab, das »absolute Directorium«. Ungefähr dies erträumte er sich von der Vereinigung mit den deutschen Protestanten. Dann wäre er die dritte Macht gewesen, der überparteiliche Schiedsrichter, und hätte den Frieden, seinen Frieden diktiert. In sich selber versunken und ungeduldig, wie von ihrem Traum Besessene sind, täuschte er sich über die Schwierigkeit der Sache. Den aus der Rebellion Böhmens gekrochenen europäischen Weltkrieg konnte keiner mit einem Schlag beenden. Als man, zehn Jahre später, im Ernst über den Frieden zu verhandeln begann, dauerte es noch einmal fünf, bis man ihn hatte, und dann war es nicht die Rückkehr zur guten alten Zeit, sondern etwas ganz Neues, was man kodifizierte.
Daß Wallenstein zu Beginn dieser verworrenen Epoche, Juni bis September, Bündnis nur mit den protestantischen Kurfürsten wünschte, um mit ihrer Hilfe den Schweden die Tür zu weisen, ahnte selbst das Hornvieh, der alte Thurn. Zu Beginn; das hieß immer. Es gibt darüber Dokumente, die schwerer wiegen, als jenes Paradestück der Ankläger und Verschwörungsgläubigen, Oxenstiernas Brief an Weimar. Ein kaiserlicher Militärpolitiker, Franz Julius von Lauenburg, Franz Albrechts katholischer Bruder, war in Dresden im Oktober und erhielt dort über die Hintergründe der eben abgebrochenen Verhandlungen allerlei Informationen, von den Geheimräten wie von Arnim selber. Da ist von der Versöhnung unter Deutschen die Rede, zwischen den Evangelischen und dem Kaiser, herbeizuführen mit Hilfe des Königs von Dänemark und des Herzogs von Friedland; von einer Conjunc-

tion der Heere; von einem Versuch, das fremde Volk – nämlich die Schweden – durch gütliche Mittel und mit billiger Recompensation aus dem Reich zu schaffen, wenn es anders nicht ginge, mit Gewalt; um dann Alles auf den Stand, wie es vor der böhmischen Unruhe gewesen, glücklich zurückzuführen. Das klingt anders, als was Arnim in Gelnhausen redete oder nach Oxenstierna geredet haben soll. Es klingt plausibler. Es wird übrigens dadurch bestätigt, daß Wallenstein die Reise Arnims zum Reichskanzler entschieden verurteilte. »Der Herzog von Friedland habe noch nicht vergessen des Affronts, so ihm vor drei Jahren widerfuhr« und wolle seine Rachsucht stillen durch eine Revolution mit aller Berechnung spottenden Folgen – wie schlecht ist die Psychologie, wie bodenlos die Politik, wenn man es von Wallensteins Seite sieht. Und wie unmöglich, wenn man es sieht von der sächsischen. Denn die deutschen Lutheraner, allen voran der Kurfürst Johann Georg, allen voran der Generalleutnant Arnim, waren ja Konservative. Zum warmen Nest der Vergangenheit, in das sie zurück wollten, gehörte Haus Österreich, gehörte ein Kaiser aus dem Hause Habsburg, gehörte der Augsburger Religionsfriede und allenfalls Religionsfreiheit in den Erblanden, aber auch nicht mehr. Was Arnim dem schwedischen Reichskanzler vorplauderte, daran glaubte er selber nicht, das wollte er selber nicht und durfte es als sächsischer Minister gar nicht wollen. Warum auch fügte er hinzu, daß er zweifeln müsse? Spricht man so, wenn man überzeugen will? Wollte er gar nicht überzeugen? Was wollte er? Den mißtrauischen Oxenstierna – »Ich halte von dem Arnim'schen Handel wenig oder gar nichts« – durch das Extreme des Angebotes freundlich stimmen? Aber Lügen, so auch Viertelswahrheiten, haben kurze Beine. Man muß sich das Vorurteil aus dem Sinn schlagen, als ob Arnim, der pedantische Geschäftsmann, der immer Nüchterne, der lutherische Kapuziner – als ob er ein Politiker von zuverlässiger Konsequenz gewesen wäre. Der Neigung, zu reden, zu schreiben, zu integrieren, zu schwatzen, was ihm gerade einfiel, einmal dies, einmal das, frönte er wie die Anderen.

Arnim galt als Schwedenfeind, als heimlicher Separatist. Die Ausländer, liebte er zu warnen, hätten leichtes Spiel; mißlänge es, so gingen sie zurück auf ihre Schiffe, zurück in ihre Länder, ohne Harm; glückte es, so hätten sie den Gewinn, aber Deutschland keinen. Hier war er ungefähr konsequent. Auch jetzt, Herbst 1633, warf er auf Schweden und Franzosen seinen mißtrauischen, tief verärgerten Blick. So hätte gerade er den Kern von Wallensteins Politik erfassen und begünstigen müssen; die Politik der dritten, der deutschen Partei. Wenn aber Wallenstein nie allmächtig war in Österreich, so war Arnim in Sachsen und Brandenburg nichts weniger als allmächtig. Die protestantischen Kurfürsten würden einmal reif sein für die Trennung von Schweden-Frankreich, sogar ziemlich bald, in ein, zwei Jahren; sie waren es jetzt noch nicht. Da sie den Sprung nicht wagten, konnte auch Arnim ihn nicht tun; da die Schweden ihn als ihren Gegner ansahen, mußte er den doppelt Treuen spielen und den pro-schwedischen, verschwörerischen Sinn von Wallensteins Angebot übertreiben bis zum Närrischen, aus allen Wolken gefallen scheinen, als es plötzlich nichts war mit der Verjagung des Kaisers nach Spania. Man redete aneinander vorbei, man ließ im Dunklen, worauf alles ankam, wie im Juni. Wallenstein, verstehend, daß die große Allianz nicht augenblicklich zu sprengen sei, tat so, als wäre er bereit, sich ihr anzuschließen, in kryptischen Worten – man würde dann weiter sehen. Er fluchte auf Spanier, Jesuiten, Pfaffen, Bayern, das lag ihm; er sprach mit Verachtung vom Wiener Hof, das lag ihm auch. Aussage des Herzogs Franz Albrecht: Er habe gefragt, wozu denn die Vereinigung der Heere gut wäre, wenn doch Friede sein sollte, und Wallenstein geantwortet: »Gott schänd, es können Friedensstörer sein, besonders die Spanier, dahero man sich gegen diejenigen, die den Frieden nicht annehmen oder halten wollten, stellen müßte, und wenn's der Kaiser selber wäre . . .« Dies in den ersten Tagen der Verhandlungen. Gegen Ende, jedoch noch vor Arnims Rückkehr: »Herzog von Friedland hat erklärt, es müssen aller ausländischen Potentaten Volk als Spanier, Franzosen, Lothringer und Schweden . . . die ins Heilige Reich nit gehören, hinausgeschafft werden, damit es wieder in den Stand komme, wie zu Kaiser Rudolphi und Matthiae Zeiten gewesen. Auf das hab ich begehrt, zu wissen, mit welchem man den Anfang machen wollte? Hat er geantwortet: Es gelte ihm gleich, welchen er zuerst antreffen werde . . .« Natürlich würde er zuerst gegen die Schweden treffen und nicht gegen die Spanier, und dann gegen die Spanier überhaupt nicht. Spanier, Franzosen und Schweden bekämpften sich ja auf deutschem Boden. Schlug man gegen die Einen, so konnte man unmöglich gegen die Anderen schlagen; die hatte man dann zu Bundesgenossen, gern oder ungern. Wohl begann jetzt ein Gefühl des Hasses gegen alle Fremden in Deutschland umzugehen, sie waren ja gleich bösartig in ihrer Gegenwart, ob Freund oder Feind. Wallenstein, so stolz auf sein Reichsfürstentum, war nicht immun gegen diesen neuartigen patriotischen Drang. Ein bloßer Wunschtraum. Nationaler Aufstand gegen *alle* Besucher von draußen konnte nicht sein, nachdem das Reich sich ihnen einmal als Tummelplatz und Experimentierfeld ihrer Gegnerschaften dargeboten hatte. Politisch ausdenkbar war allein die Verbindung mit Dresden

und Berlin; danach ein Versuch, die Schweden loszuwerden im Guten oder Unguten.
Wäre es die dritte, die wallensteinische Partei gewesen, von der man sprach? Nur begrenzten Sinn hat es, Fragen nachzudenken, die so sehr im Dämmerigen liegen. Nie hatte Wallenstein alle die Gaben besessen, die den Staatsmann machen, nur einige davon, stark ausgeprägt; jetzt auch die nicht mehr. Die Phantasien, die in seinem wunden Geist aufloderten und wieder versanken, Intuitionen von Frieden und Ordnung und Toleranz, Begierden nach einer letzten Erhöhung, Zorn auch, Mißtrauen und Haß, formten sich zu keinem stetigen Willen mehr, darin wenigstens sah Arnim ganz recht. Eigentlich war er immer dritte Partei gewesen, weil er sich von keiner Partei sympathisch angezogen fühlte, sich selber für die Mitte hielt, auf alles Politische, was ihm vorkam, sich seinen persönlichsten Reim machte. Es ist jedoch keineswegs so, daß, was er jetzt trieb, den Leuten um Kaiser Ferdinand ganz ein Geheimnis gewesen oder, soweit sie es kannten, schärfstens von ihnen mißbilligt worden wäre. Die Mitte war er, zur Mitte wollte er die deutschen Protestanten ziehen. Auf der Seite standen Schweden und Franzosen, und dorthin, trotz Kinsky und Arnim, gingen nur die allerdünnsten Fäden. Die andere Seite war die Macht, die für ihn legitime, »unser Herr, der Kaiser«, seit er in ihren Bereich geflohen war im Jahre 1619. Er hielt sie auf dem laufenden, ungefähr; er verlor den Kontakt nicht. Graf Schlick, der Hofkriegsratspräsident, war zugegen gewesen, als der zweite Waffenstillstand begann. Später kehrte er nach Wien zurück und gab einen leidlich befriedigenden Bericht. Dem hatte Wallenstein nach seiner Art zugesagt, was er halten würde, falls er könnte, oder auch nicht; scharfe Kriegstaten würde er demnächst vollbringen, da oder dort, er würde nächsten Winter die Erblande mit Quartieren verschonen; er würde seinen General, Aldringen, dem Kommando des Kurfürsten Maximilian endlich unterstellen. Ob Schlick, ein schleichender Widerpart jetzt, solche Versprechen ernst nahm, muß offen bleiben; Ferdinand nahm sie ernst. Er nahm die Aussicht auf einen deutschen Sonderfrieden sehr ernst. Während des September hielten sich in der Nähe Wallensteins die Politiker, die Österreich auf dem Breslauer Friedenskongreß vertreten sollten: Trauttmansdorff, Hermann Questenberg und ein politischer Jurist namens Dr. Gebhard. Weil der Kongreß nicht stattfand, so waren diese Abgesandten arbeitslos und um so lebhafter an dem interessiert, was im Hauptquartier vorging. Man darf nicht sagen, daß Trauttmansdorff, der Bedeutendste unter ihnen, überwiegend schlimme Eindrücke gehabt und in diesem Sinn nach Wien berichtet hätte. Auch er sah dem deutschen Sonderfrieden freudig entgegen.

Über die Bedingungen war er sich nicht recht im klaren und konnte es nicht sein, selbst, wenn Wallenstein sie ihm erklärt hätte, denn der war sich selber nicht klar darüber. Daß er weiter gehen würde, als man in Wien zu gehen wünschte, zumal in puncto religionis, muß der Geheimrat geahnt haben. Setzte Wallenstein mit der Energie, die man ihm zutraute, ein Ende des grausamen Blutvergießens unter etwas großzügigen Bedingungen, so schien für einen vernünftigen Mann wie Trauttmansdorff der Schaden tragbar, gemessen am Nutzen. Vage hieß es, es sollte alles wieder so sein wie in der Zeit des guten Kaisers Matthias. So Hermann Questenberg an seinen Bruder, den Abt; so Piccolomini – seit neuestem der Vertraute des Grafen Schlick – an einen Korrespondenten: Katholische und Evangelische würden sich vereinen gegen Störer des ersehnten Friedens. »Mit den Schweden soll von uns durchaus nicht verhandelt werden, weil man meint, daß es im Reich Mißfallen erregen und daß man sie nicht in Güte zum Verzicht auf ihre Macht überreden würde, eine fremde Nation mit ihrer Armee aber im Reich nicht dulden will.« . . . Dies die Erwartung, nicht Aller, Skeptiker gab es, aber Vieler und Einflußreicher. Den Waffenstillstand, der nur ein regionaler war, zu erweitern dadurch, daß der Kurfürst von Bayern sich ihm anschlösse und mit den schwedischen Generalen, die ihn belästigten, ein entsprechendes Abkommen träfe, hat Wallenstein immerhin versucht. Maximilian lehnte schroff ab. Die bayerische Weigerung, mitzumachen, bekräftigte, was ohnehin in der Natur der Sache lag. Unglücklicherweise ging es um keinen Universalfrieden, bloß um eine Umkehrung der Allianzen; falls man nämlich den Schweden nicht etwas bot, womit sie zufrieden nach Haus gehen konnten. Im folgenden Januar war Wallenstein geneigt, es ihnen zu bieten; im September hört man nichts davon. Keinesfalls war man in Wien bereit dazu. Es existiert ein Gutachten des Geheimen Rates zur Frage der Konzessionen, die man um des lieben Friedens willen in Breslau allenfalls machen könnte. Dies Votum ist vernünftig genug, soweit es die Deutschen und die Religion betrifft. Es ist hart gegenüber den Schweden. Wenn sie auch nur einen Fuß breit deutschen Boden behielten, wäre keine Ruhe, keine Sicherheit . . . Folglich war unter den Wienern lieber von der Vereinigung der Armeen die Rede als von Frieden. Trauttmansdorff an Wallenstein: Wie er es verstehe, handle es sich um keine Verlängerung des Waffenstillstands mehr, sondern um die bereits beschlossene Conjunction der Armeen und ihren Marsch ins Reich: »Hoffe, ich werde nicht unrecht geantwortet haben.« Der Kaiser an Wallenstein: Daß er glücklich sei. Mit den Sachsen und Brandenburgern werde es denn also in Ordnung kommen, oder sei es schon in Ordnung; und nun

aber schleunigst gemeinsame Ruhmestaten! – Gelang Wallenstein das Geschäft mit den Kurfürsten, so war sein wankender Kredit befestigt, die Bosheit seiner Feinde zum Schweigen gebracht. Gelang es nicht, so stand er da als einer, der die Monate Mai bis Oktober, schier das ganze Kriegsjahr versäumt hatte; Betrogener oder Betrüger.
Es gelang nicht. Die gekünstelt munteren Briefe der Wiener, vom 21. bis 25. September, waren schon veraltet, indem sie geschrieben wurden. Wallenstein erlaubte die Illusion zu lange; erst sich selber, dann den Anderen. Der Abbruch der Verhandlungen mag Arnim – vielleicht – überraschend gekommen sein; ihm nicht. Schon zehn Tage vorher hatte er zu einem Befehl an Adam Trčka mit eigener Hand die Nachschrift gesetzt: Z pokoje nebude niz. Aus dem Frieden wird nichts. Um den geheimsten Wandel seines Willens auszudrücken, verfiel er in die Muttersprache.

Jene Poetin-Geschichtsschreiberin, die am liebevollsten, grausamsten in seine wunderliche Seele blickte, meint, der überreife Intellekt habe die vitalen Kräfte, aus denen die Tat fließt, überwogen und zuletzt gänzlich paralysiert. Immer hatte der diplomatische Verkehr mit ihm etwas Quälendes; »während seines Zweiten Generalats war es dahin mit ihm gekommen, daß ihm willkürliches Sichentschließen und Handeln fast unmöglich wurde. Die pendelnde Bewegung in der Richtung zum äußersten Punkt, wo es zum Schlusse hätte kommen müssen, dann zurück zum entgegengesetzten Punkte und wieder so weiter, lief mechanisch ab, so daß man bei genauer Beobachtung wohl hätte voraussagen können, wann der Umschwung eintreten mußte.« Schöne Sätze, ihres Gegenstandes wert. Sie werden bestätigt durch das Urteil des lebenden Zeugen. Arnim, im Rückblick: ». . . allewege, wenns zum Schluß kommen sollen, hat er seine Meinung geändert. Ist dieses aus einem betrüglichen Vorsatz geschehen, so ist ihm ganz nicht zu trauen. Ist es seine Unbeständigkeit gewesen, so ist auf ihn nicht zu bauen, habens seine schiefrigen Affecte gehindert, so muß man sich derer wieder versehen . . .« Die schiefrigen Affecte – die geistige Erkrankung; Erbe der Smiřicky. Der Dramatiker, der Krankheit nicht brauchen konnte, machte ein freies, gefährlich böses Spiel daraus:

> Und woher weißt du, daß ich ihn nicht wirklich
> Zum Besten habe? Daß ich euch nicht alle
> Zum Besten habe? Kennst du mich so gut?
> Ich wüßte nicht, daß ich mein Innerstes
> Dir aufgetan . . .

Der philosophische Kritiker wieder, Hegel, sah dies als das Herzstück von Schillers Drama: die Unbestimmtheit einer »erhabenen, sich selbst genügenden, mit den größten Zwecken spielenden und darum charakterlosen Seele«, die am Ende bestimmt wird durch gemeinen Zwang von außen.

Wir sind hier auf der Höhe dichterischer Interpretation. Sie mag der Wahrheit am nächsten kommen.

Beobachter in der Nähe lösten sich das Rätsel durch die Astrologie. Der kleine Rašin will, Adam Trčka habe über die Sterngucker gejammert, was die dem großen Schwager alles einbliesen. Der Schwede, Nicolai, in seinem Tagebuch: »Oberst Vitzthum berichtet, während Arnim in Frankfurt gewesen wäre, sei Friedland von einem Astrologen prophezeit worden, daß er im November 1633 eine Schlacht schlagen und gewinnen würde. Und da er so abergläubisch sei, um den Einfluß der Sterne zu beobachten, und seine Handlungen meistens nach den astrologischen Gutachten richte, so hielte man dafür, daß, wenn er auch zuerst einigen Ernst zu der Verbindung gehabt hätte, diese Prophezeiung ihn dazu gebracht hätte, es zu bereuen.« Ein Gleiches deutete Arnim spottend an. Nachmals, auf dem Höhe- und Endpunkt dieser tragischen Geschichte, schrieb ein Mönch, Pater Basilio mit Namen, ein braver Mann offenbar, an den Kardinal Harrach: »O welch ungeheure Veränderung! O die verruchten Astrologen; wie stürzen sie jene, die leichtsinnig auf sie hören, in den Abgrund!« Quelli maleditti astrologi . . . Daß für dies letzte Jahr sich kein astrologischer Briefwechsel fand, ist plausibel; Battista Senno, die Sumpfblüte, war beständig um ihn. Was uns betrifft, so wollen wir so plumper Erklärungen dennoch nicht bedürfen. Hätte er sich wirklich noch stärker als sonst von den Sternen leiten lassen, so wäre es bloß ein anderes Zeichen seines Verfalls gewesen, nicht die Ursache. Übrigens ist er in der Welt Geschichten der am meisten verleumdete, am intensivsten mißverstandene Machthaber. Die Meinung, er sei ein Sklave der Astrologie, stammt aus der Charakterstudie Valeriano Magnis, Personaggio grande, der soviel Falsches mit soviel Wahrem zu einem Prunkstück verschmolz. Wallenstein war ein Fremder und fremd sein Verhalten. Aber die Leute dulden nichts Fremdes. So, um es zu verstehen, zogen sie das ihnen Vertraute, Grobe bei.

Sie fanden noch andere Gründe. Während seines Rückzugs aus Sachsen war der Feldmarschall Holk gestorben, sehr rasch, an der Pest, nur drei Tage nach seiner Begegnung mit Arnim; er selber glaubte, an Gift und Arnims Mord-Tücke. »Ziehe der Herr nur fort, ich bin gar krank«, hatte er, in seinem Wagen kauernd, dem Obersten Hatzfeld zugeflüstert, und war tot die zweite Nacht. Wallenstein erhielt die

Kunde noch vor dem 14. September, dem Tag, an dem er entschied, Z pokoje nebude niz. Gab es da etwa einen Zusammenhang? War nicht der starke Holk seine Stütze gewesen, sein »Factotum«, auch der Eingeweihteste in seine hochpolitischen, hochverräterischen Pläne? . . . Für das Letztere, obgleich es behauptet wurde, fehlen die Beweise. Dagegen spricht, daß der gierige, ruhmgierige Holk die Untätigkeit gar nicht begriff, zu der Wallenstein ihn verurteilte, und sie mit Kummer ertrug. Auch wurde bei jener letzten Begegnung mit Arnim, als schon das Todesfieber im Hirn des Feldmarschalls pochte, gar nicht von Politik gesprochen, nur von Militärischem: der Räumung Sachsens und was Arnim dafür böte. Er bot aber nichts; und der Tod Holks erklärt wenig.

Das Gleichnis von dem Pendel, das von einem Extrem zum anderen wanderte, ist aus dem Raum genommen. Hat das unteilbare Ego denn Raum? Hier war alles konzentriert und in Einem: der Friede, zu dem man den Kaiser überredete, in seinem Namen handelnd; der Friede, zu dem man ihn zwang; der Krieg, den man gegen ihn führte, um ihn zu zwingen; der Krieg, den man gegen ihn führte, um ihn zu strafen; der Krieg, den man gegen die Schweden führte, um sie aus Deutschland zu verjagen; der gütliche Austrag mit den Schweden durch die Einräumung eines Stück Landes – alles versammelt in einem Punkt, welcher die Freiheit seines Ich war. Das dauerte so lang, wie die beiden Waffenstillstände, vier Monate; war untergrundig schon vorher so gewesen; änderte untergrundig sich auch nachher nicht.

Als aber das Jahr sich dem Ende zuneigte, und das Leben auch, dachte Wallenstein oft an die Verhandlungen von Schweidnitz, mit trüber, fragender Reue. Damals, damals hätte er den Frieden in seiner Hand gehabt.

Steinau

Nun riß er sich zusammen zu hektischer Tätigkeit. »Ich will nicht feiern.« Befehl an Gallas, der das Corps Holk, 13000 Mann, übernommen hatte, nach Sachsen zu rücken, aber so, daß Böhmen gedeckt bliebe. Befehl an Aldringen, in Gottes Namen gemeinsame Sache mit dem Duca di Feria zu machen und Breisach zu retten; aber selbständig müsse Aldringen bleiben, keineswegs Feria sich unterordnen als spanischer Feldmarschall, wie jener listig verlangte. Der Entschluß war praktisch ohne Bedeutung. Schon Anfang September hatte Aldringen seine Truppen am Lech mit den 10000 Hungerleidern Ferias vereinigt, und zwar auf ein Machtwort des Kaisers hin. Die Anordnung, auf die Wallenstein baute, die ihm und ihm allein das oberste Kommando über das kaiserliche Heer insgesamt gab, war damit gesprengt. Er ließ es zu, weil er mußte, nicht ohne Gegenminen zu legen. Eine davon war die Ernennung des Grafen Gallas zum Generalleutnant, zu seinem Vertreter im Reich, damit Aldringen auf Gallas, indirekt also auf ihn selber gewiesen bliebe, nicht auf Feria, viel weniger auf Maximilian. Kunstgriffe, die nicht griffen. Aldringen, in seinen Botschaften hin und her diplomatisierend, hielt sich an das, was Kaiser und Kurfürst von ihm verlangten, und war schon unterwegs zum Rhein, ehe die Erlaubnis des Generalissimus eintraf.

Arnim, in gegründeter Sorge um Sachsen und Brandenburg, wandte sich der Elbe zu, indem er einige Garnisonen in den schlesischen Festungen zurückließ, übrigens hoffte, daß seine Bundesgenossen die Oderlinie würden halten können. Wallenstein folgte ihm ein Stück Wegs, kehrte aber plötzlich um und erreichte in Eilmärschen die Oder bei Steinau. Dort hatten Thurn und der Branntweinsäufer Duewald sich mit dem Gros ihrer spärlichen Kräfte einquartiert. Er ließ den Obersten Schaffgotsch mit 160 Kompanien Reitern die Oder überqueren, um den Gegnern den Fluchtweg zu sperren; die Hauptmacht wälzte sich gegen die Mauern am linken Ufer. Er hatte an die 30000 Knechte, Thurn keine 6000; er 70 Feldstücke, Thurn 11. Daß die Schweden sich trotzdem eine Weile hätten halten können, war Arnims Klage. Thurn kapitulierte augenblicks, es ist nicht klar, unter welchen Bedingungen. Der ehrenvolle Abmarsch wurde den Soldaten nicht gewährt, denn sie mußten sich kurzer Hand in Wallensteins Regimenter einordnen lassen. Ein Bericht aus Breslau, höhnend: »Wie in Sicherheit solche Generale mit ihrer Soldateska gelebt, gefressen, gesoffen, und wie sie die Oderpässe übel bestellt gehabt, ist nicht zu beschreiben . . . Jacob Duvald ist so voll gewest, als er gefangen worden, daß er fast nit reden können . . .« Vielleicht; jedoch braucht, wer durch seinen Schaden den Anderen die Freude gibt, für hämische Erfindungen nicht zu sorgen. Sicher ist, daß Wallenstein mit den beiden obersten Gefangenen ungewöhnlich verfuhr. Mit sofortiger Hinrichtung bedrohte er sie, falls sie nicht Befehl an die Kommandanten aller Festungen in Schlesien schickten, es ihnen gleichzutun. Thurn gestand auch dies zu. Wohl, so entschuldigt er sich bei Oxenstierna, habe er mit grimmigen Worten um einen soldatischen Tod gefleht, seine Obersten, Personen von Adel darunter, seien ihm mit tränenden Augen um den Hals gefallen, flehend, er sollte doch sein kostbares Leben nicht ganz nutzlos opfern, und so behielten er und Duewald ihr Leben, aber Schweden und Sachsen die Festungen nicht. Die,

Liegnitz, Glogau, Sagan, Crossen, wurden Stück für Stück übergeben. Armer Thurn! Vier Monate früher nur von Wallenstein so prachtvoll empfangen in geblähtem Stolz, und nun so unfaßlicher Szenenwechsel. Ob, was der Herzog hier trieb, gutes Kriegsrecht war, muß man offen lassen. Die Antwort hinge von der Form der Kapitulation ab, die man nicht kennt. Hätte sie selbst auf Gnade oder Ungnade gelautet, so wäre die Ermordung von General-Offizieren doch nicht üblich gewesen. Solches pflegte nur niederen Befehlshabern zu geschehen, die ihre Burg allzu lange verteidigten. Jedenfalls war sein Spiel grausam; die Grausamkeit, die er mitunter zeigte, wenn er sich fünfmal überlegen fühlte.
Und dies war das Ende der langen Unglückslaufbahn des Grafen von Thurn. Er verschwindet nun. Nach gelungener, unerhörter Erpressung ließ Wallenstein ihn ziehen; ihn, zusamt dem Rudel von Emigranten in schwedischer Uniform, die mit Thurn in seine Hände gefallen sein müssen. In Wien nahm man ihm diese Großmut übel; den Urvater der Rebellion hätte man herzlich gern vor ein spätes Gericht gestellt.

Ich weiß, ich weiß – Sie hatten schon in Wien
Die Fenster, die Balcons voraus gemiethet,
Ihn auf dem Armensünderkarrn zu sehen . . .

Spottend schrieb er nach Wien, Thurn sei im Lager der Gegner nützlicher als auf dem Schafott. So behauptet Khevenhüller; gefunden hat der Brief sich nicht. Andere Berichte über die Steinauer Affaire blieben aufbewahrt, knappe und stolze. Sie gingen an den Kaiser, die Kurfürsten von Bayern und Mainz, an Feria, Trauttmansdorff, Questenberg, an den König von Polen in Warschau und an Dr. Schmidt in Konstantinopel. Offenbar lag ihm daran, den Glanz des Sieges zu Gemüt zu führen seinen Freunden und Feinden. Es lag ihm auch daran, etwas Handfestes für sich herauszuschlagen. An Max Waldstein, wenige Stunden danach: Er möge doch an gehörigen Orten es dahin bringen, daß man eine Steuer in den Herzogtümern Sagan und Glogau, die ihm bisher noch entzogen war, die Alkoholsteuer nämlich, an ihn abtrete; wohl habe er eine Gnade verdient. An die wenigen tausend Gulden dachte er, der Kranke, der halb Gebrochene, hier und jetzt. Übrigens hatte er dem Grafen Max, dem Erbprinzen von Friedland, die im Vorjahr bewilligte Apanage schon wieder weggenommen: die friedländischen Geschäfte gingen zu schlecht.
Wollte er Eindruck machen, so gelang es ihm für den Moment. In den letzten Wochen war Ferdinand von bayerischen, spanischen, öster-

reichischen Feinden Wallensteins mit zunehmender Frechheit belagert worden; wagten sie noch nicht geradezu die Treue des Generalissimus anzuzweifeln, so wurde doch immer schärfer ihr Gezische über seine Unfähigkeit, Rätselhaftigkeit, selbstische Bosheit. Nun, spät in der Nacht, die Steinauer Botschaft. Freudig erregt erhob sich der Monarch und pochte an der Tür von Eggenbergs Schlafzimmer, um gleich ihn teilnehmen zu lassen. Der Minister, von so zerrütteter Gesundheit wie Wallenstein, soll von dem späten Besuch zuerst tief erschreckt worden sein. Es gab ja Geschichten genug, wie die Könige ihre Günstlinge nach Mitternacht in Banden legen ließen, um sie im Morgengrauen vor den Richtblock zu bringen . . . In Mengen ausgedrückt war der Sieg von Steinau kein imposanter. Seine Folgen konnten weit tragen. Wer Schlesien beherrschte, und Wallenstein beherrschte es nun fast zur Gänze, dem stand das östliche Norddeutschland offen: Sachsen und Brandenburg ohnehin; warum nicht Pommern und Mecklenburg, warum nicht Stralsund, der dünn verteidigte schwedische Hort an der Ostsee? So spät im Jahr, so spät im Leben hätte es noch ein Feldzug werden können wie der von 1627. Sein Feldmarschall, Wolf Mansfeld, der »reißende Wolf«, drang vor bis Frankfurt an der Oder, Landsberg an der Warthe, wo wir gewesen waren schon mehr als einmal. Er selber machte Halt in Crossen. Nicht auf die Tiefebene, nicht auf das Meer hatte er es abgesehen, sondern immer und immer, wieder und wieder, auf Frieden mit den Evangelischen. In Crossen, den 21. Oktober, zehn Tage nach Steinau, traf er den Herzog Franz Albrecht von Lauenburg.
Schwer zu glauben. Hatten die beiden sich nicht in höchstem Zorn getrennt vor knapp vier Wochen? Hatte nicht Arnim geschworen, nie wieder, und Wallenstein auch? »Dieser Betrug ist wohl nicht der erste, der mir von ihnen geschehen, aber soll gewiß der letzte sein.« (An Trauttmansdorff) Ja, so redet man; und läßt doch nicht von dem, was man sich einmal vornahm und für das einzig Vernünftige, durch Vernunft sich Aufzwingende hält. Wie nach dem ersten Waffenstillstand, so hatte auch nach dem zweiten das Zetteln zwischen Wallenstein und dem Lauenburger zu spielen nicht aufgehört. Unnütz zu fragen, wer den Anfang machte, wo Anfang gar nicht war. Genug, die Begegnung fand statt. Sie ist merkwürdig. Denn hier, zum ersten und letzten Mal im Labyrinth des Jahres 1633, entstand ein Vertragsentwurf, von Wallenstein diktiert und unterzeichnet. Er lautete: Beide Kurfürstlichen Durchlauchten zu Sachsen und Brandenburg einerseits, der Römisch Kaiserlichen Majestät Generalissimus andererseits haben die jetzige Devastation, ja, den Untergang des Römischen Reiches erwogen und auf Mittel und Wege gedacht, auf welche Weise dem abge-

holfen, Deutschland von der Beraubung durch fremde Völker gerettet und wieder in vorigen Flor und Wohlstand gesetzt werden möchte. »Als haben höchstgedachte beide Kurfürstliche Durchlauchten mit hochgedachtes des Herrn Generalissimi Fürstliche Gnaden sich dahin verglichen, daß beider ihrer Kurfürstlichen Durchlauchten Waffen mit den Kaiserlichen conjungiert und dem Commando des Herrn Generalissimi Fürstliche Gnaden unterstellt werden, in Anbetracht des besonderen Vertrauens in dieselben, daß er nämlich obgedachte Intention erreichen und ins Werk setzen wird; und also mit zusammengesetzter Macht die Restabilierung des Religions- und Prophan-Friedens, wie derselbe tempore Rudolphi, Matthiae und dann bei jetziger kaiserlicher Majestät Regierung vor diesem Unwesen sich befunden, wiedergebracht und gegen diejenigen, die denselben ferner zu turbieren obstiniert, erhalten werden solle.« Ein schlichter Text. Die Vereinigung mit den deutschen Protestanten, die Wendung gegen alle fremden Völker, die nach Beraubung und Zerstörung des Reiches gierten, die Schweden zuerst, dann die Franzosen, vielleicht zuallerletzt auch die Spanier – sie war Wallensteins Traum von Anfang an, im Juni wie im September; wer es jetzt noch nicht erfaßt, dem ist nicht zu helfen. Er wollte es eindeutig machen, diesmal. Er meinte, die Partner seien reif dafür in Ansehung der Not, mit welcher der Sieg von Steinau sie bedrohte. Das war ein Irrtum. Er meinte, die Kurfürsten würden mit ihren Armeen sich ihm blindlings unterordnen, weil sie ihn doch kennen mußten, wie er selber sich kannte: ihn, der die Mitte hielt, den einzig Vertrauenswürdigen, Unparteilichen, souverän Einsichtigen. Dies war der zweite Irrtum. Er meinte, der Wiener Hof würde den Status-quo-ante-Frieden glatt annehmen nach seinem Dekret. Dies war sein dritter Irrtum und ein ehrlicher; denn er schickte seinen Entwurf alsbald mit Stolz an den Geheimrat von Trauttmansdorff. Auf Spezialpunkte des Friedens habe er sich nicht einlassen wollen; das werde eine Sache zwischen dem Kaiser und den Vertragspartnern sein. »Geschiehts, so will ich meinen Marsch mitsamt der Kurfürsten Armee nach dem Reich nehmen und in kurzem unsere Länder aller Kriegs-Molestien entheben.«

Er schloß keinen Waffenstillstand diesmal (der den geängstigten Brandenburgern angenehm gewesen wäre). Aber er ließ von der neuen, uralten Hoffnung sich im Militärischen doch bestimmen während der folgenden zwei bis drei Wochen, von Ende Oktober bis zur Novembermitte; kostbaren Wochen, mit Kriegers Augen gesehen, denn wieviel Wochen blieben noch vor Schnee und Frost? Er wollte, was auch in Süddeutschland geschah, die Konzentration seiner Hauptmacht in Schlesien-Sachsen-Böhmen nicht preisgeben, bereit,

die Armeen der Kurfürsten mit offenen Armen aufzunehmen, wenn die ersehnte Nachricht aus Dresden und Berlin käme, andernfalls die Folterschraube fester zu drehen. »Macht der Kurfürst« – von Brandenburg – »nicht Frieden, so verliert er sein Land vor Weihnachten . . .« (An Trauttmansdorff)
Armer, träumender Wallenstein. Er und Arnim verfolgten einander wie auf einer Zirkellinie, so, daß einer den anderen nie erreichte. Im besten Moment für das große Geschäft, wenn es denn einen guten Moment gab dafür, war Arnim am kältesten. Er mußte es sein, weil die schwedische Kampagne gegen ihn sich eben jetzt zu den bösartigsten Verleumdungen verstieg: Thurns Niederlage sei nicht bloß nach seinem Wunsch, nein, nach seinem geheimen Plan erfolgt, er habe es alles mit Wallenstein abgekartet. Daher das Pathos seiner Verneinung. Arnim an den Kurfürsten Georg Wilhelm: der Sieg von Steinau sei zu schlecht, als daß der Herzog von Friedland ein so großes Begehren darauf gründen dürfte, sein Angebot jedes Inhaltes bar. Darauf laufe es hinaus, daß man ihm vertrauen müsse. Ja, könnte man denn? Und wenn man selbst die Zeiten der Kaiser Rudolf und Matthias wiederfände, was würde es helfen? Sei doch aus eben diesen Zeiten der Kriegsdrache hervorgekrochen; gelte bei den Katholischen doch der Grundsatz, quod evangelicis non sit servanda fides; und so fort. Die Stellung Arnims war schwach, wenn er zum Wallenstein-Frieden riet. Sie war stark, wenn er dagegen redete, weil man in Dresden, deutlicher in Berlin, das schwedische Bündnis jetzt ohnehin nicht preiszugeben wünschte. Georg Wilhelm erklärte den Entwurf geradezu für kindisches Zeug. Seine offizielle Antwort an den Lauenburger klang nur ein wenig diplomatischer: man finde die Intention des Herzogs von Friedland rühmenswert, die vorgeschlagene Art und Weise aber nicht praktikabel. Es dauerte weitere vierzehn Tage, bis Franz Albrecht den brandenburgisch-sächsischen Bescheid in weniger kränkende Form brachte und an den Adressaten weitergab; mit dem Zusatz, ein jeder Mensch sei sterblich, und wessen hätte man sich zu versehen, wenn plötzlich ein Anderer an des Herrn Generalissimus Stelle träte? Wallenstein, bitter: »Dem Herzog Franz Albrecht gebe ich keine Antwort, denn ich halte es für unnötig . . . Das kommt alles aus des von Arnim Kopf . . .« . . . Daß aber der Leser nicht glaube, er hätte es nun aufgegeben, er hätte sich nun getrennt vom Traume, Arnim und immer wieder Arnim für seinen Zweck zu gewinnen.
Konfusion der Geister, Konfusion in des Krieges wüster Wirklichkeit. Heerhaufen wälzten sich aneinander vorbei, wie ihre Anführer aneinander vorbeiredeten. Während Arnim, in der Meinung, Wallen-

stein hätte es auf Berlin abgesehen, in die Mark Brandenburg marschierte, befand Wallenstein sich schon wieder auf dem Weg nach Südwesten, von der Oder nach der Lausitz. Seine alte Lieblingsstellung beiderseits der Sudeten; von hier aus konnte man Böhmen verteidigen, Sachsen quälen, bis es um Gnade riefe. In der Mark und im angrenzenden Pommern ließ er ein Corps unter Philipp Mansfeld zurück. »Landsberg hab ich nun allbereits auch inne, wie ich nicht weniger vermeine, daß Stargart auch allbereits in unseren Händen ist, und also haben wir außer Stettin und Colberg ganz Hinterpommern inne.« (An Trauttmansdorff) Seine eigene Bewegung war langsam. In dem schleppenden Gang von Festung zu Festung mag Absicht gelegen haben; es war die Zeit, in der er sehnlich auf des Lauenburgers Antwort wartete. Die Verlegenheit, in die sie ihn setzte, als sie, am 13. November, endlich eintraf, suchte er zu verbergen unter neuen prahlerischen Drohungen: bald würden die Kurfürsten ihren Starrsinn zu bedauern Grund haben . . . Man kann nicht mit Gewißheit sagen, was er getan hätte, wäre er nicht binnen vier Tagen gezwungen worden, sich nach einer ganz anderen Richtung zu wenden. Wir wollen den Mund nicht so voll nehmen, wie er ihn selber nahm; der im Grund so müde war, so kriegsmüde, so enttäuscht und verbittert und dekonzertiert. Auf der einen Seite versprach er, die Kurfürsten in den Frieden zu zwingen, seine eigenen Winterquartiere aber »im Reich«, in Thüringen, im Magdeburgischen zu nehmen; auf der anderen erwartete er einen schwedischen, sogar einen sächsischen Angriff gegen Böhmen. Der war möglich. Oxenstierna, in Frankfurt am Main, in der Mitte des dünnen, weiten schwedischen Spinnennetzes, hatte einen Teil der Truppen, die im Sommer die Weserlinie gewonnen hatten, nach Franken dirigiert. Er wünschte eine »Diversion« Bernhards von Weimar gegen Böhmen. Er fürchtete das, worauf Wallenstein hoffte, den Abfall der Kurfürsten. Bei diesem Kriegführen waren immer alle dekonzertiert, hielten immer alle alles für möglich, Verteidigung und Angriff, neue Koalitionen und Umsturz der Allianzen, bis irgendwer irgendwo irgendwas Rasches, Überraschendes tat, das, für ein paar Monate, die Situation veränderte.

Beginn der Endkrise

Er glaubte an den Krieg nicht mehr, darum hatte er ein halbes Jahr lang im Militärischen so sehr wenig getan. Seine plötzlichen, kurzatmigen Angriffsunternehmungen, Holks Einfall in Sachsen, Steinau, der letzte Marsch in die Lausitz, Mansfelds Einfall in Brandenburg, sollten teils seinen Kredit in Wien verbessern, wenn dies unbedingt notwendig schien, teils die Kurfürsten friedenswilliger stimmen. Im Kern hatte seine Strategie nur noch den Zweck, zu halten, was man besaß, bis Frieden wäre: die Erblande, Bayern, gegen Frankreich ein paar feste Orte am Rhein. Der Herzog von Friedland, klagte Maximilian, richte seine Intention immer nur auf die Sicherung der österreichischen Erbkönigreiche und Lande; das genüge ja nicht; den Schwedischen und ihrem Anhang im Reiche müsse man alles Gewonnene, Städte und Pässe, Land und Leute wieder wegnehmen. Wäre ein offenes Gespräch zwischen den Beiden möglich gewesen – aber möglich war es niemals von Anfang –, so hätte Wallenstein geantwortet, die abermalige Befreiung oder Unterwerfung Deutschlands sei nicht mehr zu erreichen und nicht einmal wünschbar: hatte man nicht übergenug davon gehabt, 1628, und mit welchem Erfolg? Seine militärische Politik besaß ungefähre Folgerichtigkeit, solang man nur auf sie selber achtgab, nicht auf die großzügig-wirren Versprechen, mit denen er um sich warf, wenn man ihn von Wien aus bedrängte. »Su la defesa zu stehen«, »nichts zu hasardieren«, das war es, was er seinen Generalen, Holk, Gallas, Aldringen, immer wieder einschärfte. An spektakulären Gewinnen lag ihm nichts mehr. Nichts an der brandenburgischen Hauptstadt Berlin, zum Beispiel, als er sie hätte einnehmen können. Zu was anderem als zum Plündern würde die flüchtige Eroberung von Berlin denn gut sein?

Es war sein Glück, daß solche vorsichtige, passive, lustlose Kriegführung eine Zeitlang anging, ohne daß die Gegenseite sie entscheidend gestört hätte. Der evangelische Chef-Stratege, Oxenstierna, wußte während des Sommers und Herbstes nicht, was tun, da Wallenstein ihn hinderte durch sein Nicht-Tun. Ein konzentrischer Angriff gegen Böhmen, zur Erleichterung Sachsens und Weiterem, wurde im August geplant und wieder fallen gelassen; der zweite Waffenstillstand neutralisierte Sachsen und Brandenburg. Danach war ein Hin-und-her-Ziehen, ein Gewimmel, ein Sich-Festsetzen in entfernten Gegenden, das weniger Plan verrät als Wallensteins Passivität. Weite Strekken wurden erwandert, irgendeinem sinnlosen Ziele zu, und wurden etwas später gewandert in der entgegengesetzten Richtung. Festungen wurden gestürmt und wieder verloren; wie oft Rain am Lech, Neuburg an der Donau die Herren wechselten, ist nicht zu zählen. Immer marschierten die Soldaten brav, in der einzigen Hoffnung, anderswo zu finden, was sie dort, wo sie eben waren, nicht mehr fanden, Brot und Fleisch und Bier und Häuser, in denen es noch was zu plündern gab. Die Schar der Plünderer wurde um 10000 vermehrt, als der Herzog von Feria mit seinen Spaniern – Italienern in Wirklichkeit –

in Oberschwaben erschien. Ein erbärmlich zusammengetrommeltes Heer, ohne Artilleriepferde, Wagen, Munition, gänzlich ohne Brot und Fleisch und Bier. »Ein Pfaff, so ein Beichtvater sein soll, dirigiert das ganze Wesen.« (Ossa an Wallenstein) Aber 10000 Mann waren 10000 Mann, mehr als das Bruchstück der gewesenen Royal Armee, welches Bernhard von Weimar, der Schweden-General, im September von der Saale zum Main, vom Main zur Donau, von der Donau zum Oberrhein mit sich schleppte. Indem Wallenstein bei Schweidnitz auf die Rückkehr Arnims wartete, verlagerte das Schwergewicht des Krieges sich einmal mehr nach dem Südwesten; insoweit bei solchem Gehudel von Schwergewicht und Hauptheater die Rede sein kann.

Aldringen, Kraft des Tauschgeschäftes vom Vorjahr noch immer in der Nähe des Kurfürsten Maximilian, hatte bisher die Aufgabe erfüllt, die Wallenstein ihm strikt zumaß, aber auch nicht mehr; »su la defesa« Bayern oder den Großteil Bayerns vom Feinde frei zu halten. Im September rückte er westwärts nach Oberschwaben, um Feria zu treffen; worauf die beiden sich auf eine lange, geschickt durchgeführte Migration begaben. Sie gingen um den Bodensee herum zum Rhein, welcher die Grenze der neutralen Schweiz war, den Strom entlang bis dorthin, wo er bei Basel abschwenkt nach Norden, und weiter bis Breisach. Die Entsetzung dieses von den Schweden belagerten Ortes war ein gewaltiger Erfolg für die, die Breisach gewaltig ernst nahmen, gewonnen am 20. Oktober, acht Tage nach Steinau.

Man kennt die wenigen strategischen Figuren, die endlos sich wiederholten. Einer ging irgendwohin, damit er den anderen hinter sich herzöge; so Wallenstein nach Sachsen, im November 1632. Einer verfolgte den Anderen, der nicht verfolgt zu werden wünschte, und erwischte ihn, oder erwischte ihn nicht; wie Wallenstein 1626 den Freibeuter, Ernst von Mansfeld, bis nach Ungarn verfolgt hatte, ohne ihn zu erwischen. Einer verfolgte den Anderen, oder tat so, als ob er ihn verfolgte, kehrte aber plötzlich um und stieß vor in den dünn verteidigten Raum, den der andere verlassen hatte; so Wallenstein gegen die Oder, Steinau, nachdem er Arnim auf dem Weg zur Elbe wußte. Die drei Grundfiguren ließen Abwandlungen zu. Hier war es so, daß die schwedischen Generale Horn und Herzog Bernhard der Westwärtsbewegung Aldringens und Ferias auf einer Parallele weiter nördlich zu folgen suchten, die Donau entlang in den Schwarzwald und zum Rhein. Sie gelangten nicht rechtzeitig zum Rhein, sie trafen den Gegner nicht, und ihre Manöver nehmen auf der Karte sich ganz rätselhaft aus. Mitte Oktober besann Oxenstierna, der von Frankfurt aus diesen Feldzug nur sehr ungefähr kontrollieren konnte, sich eines

Besseren. Weil Aldringen dem Rhein zustrebte, so lag offen der Weg der Donau stromabwärts, der Rückweg. Weil nach dem Abbruch des zweiten Waffenstillstandes Sachsen und Brandenburg in neue dringende Gefährdung geraten waren, so mußte eine Diversion im Osten sein. Bernhard sollte von Horn sich trennen, umkehren, sein »hievoriges Dessein repetieren« gegen Böhmen oder gegen Bayern. Er gehorchte mit Gier. Seine Leute, äußerte er, seine bewaffneten Bettler, seien nur durch Geld zu befriedigen oder durch Aktionen, Eroberungen nämlich und Plünderungen; die waren im Feindesland, Böhmen oder Bayern, ungehemmter zu exekutieren als im evangelischen Württemberg. Welche Gegend das Ziel sein würde, Bayern oder die Oberpfalz, das hieß Böhmen, ließ er sich einstweilen noch offen; der Weg war ein langes Stück derselbe. Den 20. Oktober – den Tag, an dem Aldringen in Breisach Einzug hielt – waren seine Truppen in Ulm, wo sie Schiffe in Beschlag nahmen; den 29. in Neuburg; den 31. unterhalb von Ingolstadt. Daß die Garnison dieser stärksten Festung ihn aufzuhalten versuchen würde, wenn nicht seine zu beiden Seiten des Stromes marschierenden Regimenter, so allermindestens seine Schiffe, erwartete er, aber die Bayern verbargen sich. Den 4. November erreichte er die Vorwerke von Regensburg. Regensburg, die Stadt, die für den Mittellauf der Donau so rühmlich zählte wie Breisach für den Oberrhein; das Bollwerk Bayerns, das Tor zu den Erblanden; Regensburg, dessen Verteidigung bis zum Äußersten der sterbende Tilly beschworen, Regensburg, das Gustav Adolf hatte gewinnen wollen und nicht können. Nun lag Regensburg vor der auf 10000 Mann angeschwollenen, mit Kanonen, Schiffen, Pferde-Fähren wohl versehenen Armee Bernhards. Innerhalb der Mauern waren die Verhältnisse ungut; die Bürgerschaft zumeist evangelisch, ein zahlreicher und reicher katholischer Klerus ärgerlich in sie eingestreut, verhaßt die bayerische Besatzung, die vom Stadtvolk monatlich 40000 Gulden erpreßte, aber gar nichts von Bistum und Klöstern. Maximilian liebte sehr wenig die »schwedischen Regensburger«, wie er sie nannte; sein Schutz galt der Festung, nicht den Einwohnern. Diese, behauptete er, hätten trotz ihrer frechen Klagen von der Garnison nur Vorteile, denn sie forderten für alle Viktualien und Dienstleistungen so exorbitante Preise, daß ihnen »das Geld, welches sie auf die Garnison spendieren, wiederum gleichsam per circulum in den Säckel falle«. Aufgeklärter in Fragen des Wirtschaftens, finden wir dies Argument fehlerhaft.

Schärfer war nun Maximilians militärisches Urteil. Von dem Moment an, in dem Bernhard bei Ulm erschien, hatte er prophezeit, daß es auf Regensburg und Bayern abgesehen sei. Bayern war nahezu wehrlos. Im Interesse der allgemeinen Sache hatte er Aldringens Zug zum Rhein erlaubt mit kaiserlichen, auch mit seinen eigenen Truppen; nun durfte er Hilfe beanspruchen, prompteste Hilfe für sich selber und für Haus Österreich: wer Regensburg hatte, dem stand das Land ob der Enns offen, Oberösterreich, der konnte dort zum vierten, fünften Mal die evangelischen Bauern um sich scharen und vor Wien stehen, ehe das Jahr um war. Regensburg verloren, alles verloren. Eilboten trugen seine Hilferufe in Wallensteins Hauptquartier und nach Wien, immer schrillere mit jeder Meile, welche die Weimaraner hinter sich brachten. An den Kaiser schrieb er, an Gallas, an Ilow, selbst an Adam Trčka, dessen Rang ihn zu so zudringlicher Ehrung kaum berechtigte, dessen Einfluß auf den Generalissimus aber nun berüchtigt war. In Wien nahm man Maximilians Flehen an und gab es weiter mit höchster Autorität. Alsbald verdoppelte sich die Zahl der Kuriere, deren Botschaften das Hauptquartier bestürmten. Ferdinand an Wallenstein den 28. Oktober, den 4. November, den 9. November, den 11. November: Äußerste Gefahr für mich und mein Haus, für meine Erbkönigreiche und Lande, für das katholische Wesen; äußerste Dringlichkeit eines Hilfszuges von Böhmen her, Regimenter, die Gallas abzugeben hätte, unter einen tauglichen Anführer zu stellen, etwa Rudolf Colloredo. Des Herzogs Gegenwart am Ort der Krise wurde nicht erfordert.

Nun war es so, daß die bayerische Aufregung Wallensteins eigene Pläne auf das lästigste störte. Bis zum 13. November wartete er, und wie sehnlich, auf gute Antwort aus Dresden und Berlin. Die kam und enttäuschte ihn bitter; aber enttäuschte ihn nicht so sehr, als daß er die Hoffnung aufgegeben hätte, die beiden Kurfürsten durch ein wenig Plage dahin zu bringen, wo sein Traum sie haben wollte. Dafür brauchte er die ungeschmälerte Konzentration seiner Heeresmacht in Böhmen, Schlesien, Sachsen, Brandenburg. Ferner war es so, daß er an die Bedrohung Bayerns und Regensburgs nicht glaubte. Daß Maximilian darauf schwor, bewies nichts, bewies eher das Gegenteil. Man kannte ja die Art des Mannes, immer nur an sich und sein Land zu denken, seine aufgeregte Egozentrik, seine Hysterie. Hatte Maximilian nicht zweimal Unrecht behalten im Vorjahr, er selber zweimal Recht? Er würde Recht behalten auch jetzt. Er kannte Oxenstiernas, Bernhards Projekt vom Spätsommer; eben dies würde man jetzt zu verwirklichen trachten. Böhmen war viel wichtiger als Bayern, und der Mittelpunkt, wo er selber kommandierte, nicht, wo der Bayer ihn suchte. An Gallas, den 10. November: »Ich will meinen Kopf zum Pfand setzen, daß der von Weimar nach Eger wird gehen . . .« Zwei Tage später: »Ich will aber meine Ehre zum Pfand setzen, daß der von

Weimar nicht nach Bayern, sondern nach Meißen oder Böhmen gehen wird ...«
Für alle Fälle, oder weil er das Geheul aus Wien und Bayern schlecht vertrug, gab er am 9. November dem Obersten Strozzi Befehl, mit »etlichen 20 Companien Reitern und Dragonern« von Böhmen her sich der Donau zu nähern. Eine Konzession, ungefähr, was man von ihm verlangte, aber eingeschränkt, kaum, daß sie gemacht war: Strozzi durfte nicht zu weit weg vom Mittelpunkt, Strozzi durfte keinesfalls über die Donau, es wäre denn, daß Bernhard sie überschreiten würde – was er im Moment, in dem dies geschrieben wurde, schon getan hatte. Von Bernhards Lager bei Regensburg wußte er seit spätestens dem 9.; an eine ernsthafte Gefährdung der Stadt glaubte er noch am 14. nicht. An den Kaiser: »Daß aber der Herzog von Weimar seine Intention auf Regensburg gerichtet, hat auf der Welt keine Apparenz«; von Maximilian sei er berichtet worden, die Festung, die auf dem rechten Ufer liegt, werde vom linken beschossen, Festungen über große Ströme hinweg einzunehmen sei aber nicht der Brauch: »Daher all solches Schießen vergeblich, mehr auszulachen als sich Sorge darüber zu machen«, bloßer Lärm, um ihn selber von Brandenburg zu divertieren. Der Feind verfolgte einen ganz anderen Zweck: gegen Böhmen, gemeinsam mit Arnim, der, wie er eben erfahren, von Sachsen her schon auf dem Marsch war. »Ich werde sie aber mit Gottes Hilfe dermaßen empfangen, daß sie in Böhmen zu irrumpieren vergessen« ... Am gleichen Tag ergab sich Regensburg, zog Bernhard ein in der Stadt der Reichstage, von den Bürgern mit Jubel begrüßt. Den 18. erhielt Wallenstein die Nachricht, die ihn peinlich berühren mußte.
Inzwischen war eine jener raschen Veränderungen seines Bewußtseins vor sich gegangen; ein Aufwachen aus seinem Traum, zur Wirklichkeit oder in anderes Träumen. Den 14. noch hatte er seinen Willen erklärt, durch Bernhards Faxen sich von seinen eigenen Absichten keineswegs »divertieren« zu lassen. Den 16. – noch bevor er vom Fall Regensburgs wußte – warf er seine Lieblingspläne ab und begann, was er zwei Tage früher eben nicht hatte tun wollen. An den Kaiser: »Jetzt gleich lasse ich die Bagage neben der schweren Artillerie zurück und incaminiere mich mit starken Tagreisen gegen den von Weimar. Ich hoffe zu Gott, im Fall ich ihn werde antreffen können, daß ich ihm eins werde versetzen. Der Graf Gallas bleibt in Böhmen, um auf den Arnim Acht zu geben ...« Ein einsamer Entschluß; wir sehen den nicht, der ihn hätte inspirieren können. Er fühlte, daß er mußte, um seinen Irrtum wieder gutzumachen und es scheint, daß er die neue Situation ein paar Tage lang mit einer gewissen Leiden-

schaft ergriff. »Ich versichere E. M., daß ich Tag und Nacht will eilen, um den von Weimar wiederum den Weg zurückzuweisen.« Eine feindliche Invasion der Erblande sei keineswegs zu befürchten, dafür werde er sorgen. Er tat es wirksam. Noch verstand er sein Handwerk. Vor allem mußte man Passau sichern, wie vor zwei Jahren, und das Donautal östlich von Passau, Oberösterreich. Regimenter dorthin, kommandiert von dem Obersten de Suys, Proviant dorthin. Ob aber sein eigener Zug quer durch Böhmen geeignet und notwendig war, fragen wir uns mit Sorge. Ob geeignet? Scharfer Frost hatte frühzeitig eingesetzt, im Böhmer Wald heulten die Wölfe. Wo für die überstürzte Massenwanderung Nahrung, Futter, Wärme hernehmen? Ob notwendig? Die Zukunft sollte lehren, daß abgesehen von der Sicherung Passaus hier überhaupt nichts notwendig war; daß der Fall von Regensburg in seiner Bedeutung gründlich überschätzt wurde, wie so vieles in dieser blutigen Narretei; daß Bernhard mit seinem Triumph so gut wie gar nichts anzufangen wußte, jetzt nicht und später nicht. Es reichte zu dem und dem, und dann nicht weiter, wie gewöhnlich. Wallenstein, indem er mit seinen müden Truppen durch Böhmen reiste, scheint sich dieses Wesens der Sache allmählich wieder bewußt geworden zu sein. Die Hochstimmung schwand so schnell, wie sie gekommen.

Leitmeritz, Laun, Lischkau, Rakonitz, Kralowitz, Pilsen; 130 Kilometer etwa in sieben Tagen. Man muß nicht glauben, das sei ein Spaß gewesen bei solchen Bedingungen der Jahreszeit, solchem Zustand der sich Bewegenden. In Pilsen traf er, auf seinen eigenen Wunsch, den Grafen Trauttmansdorff, der noch immer in Böhmen hauste. Ein melancholisches Gespräch. Er wisse, sagte Wallenstein, daß in Wien allerorten bös und ungerecht über ihn geredet werde, auch von vornehmen Ministern. Seine Erfolge schreibe man bloßem Glück zu, widrige Ereignisse aber seiner Nachlässigkeit. Seinen Offizieren, Aldringen, Strozzi, würden vom Hofe aus Befehle gegeben ohne sein Wissen. Man übergehe ihn, den Generalissimus, obgleich er sich doch stets an des Kaisers Wünsche gehalten, die Gründe für seine Aktionen stets ausführlich dargelegt habe. Man werfe ihm vor, daß der Graf Trčka soviele Regimenter kommandieren durfte. Nun, Trčka wünsche die Last gar nicht, er stöhne darunter, aber er habe die Geldmittel, die andere nicht hätten, und davon müsse man ja Gebrauch machen. Kurzum, er hatte sich noch nie so gekränkt gefühlt wie jetzt, er wollte bei seinem Amt nicht bleiben . . . Trauttmansdorff: »Ich hab mit etlichen Worten seine Bewegung zu lindern gesucht, im Übrigen das Meiste von selbst lassen ausrauchen.«

Danach kam er auf die allgemeine Lage. Gewann der Kaiser noch zehn

Victorien, so war nichts damit erreicht; der Feinde waren zu viele, sie würden immer neue Kräfte mobilisieren. Erlitt man dagegen eine einzige schwere Niederlage, so war es aus, denn diese Armee, die von ihm zusammengebrachte, war die letzte. Er konnte es nicht länger tragen, mit acht oder zehn Personen wollte er sich nach Danzig zurückziehen und dort alles erwarten, wenn nicht endlich Friede würde. Daß doch die Majestät keine Möglichkeit zu Verhandlungen, keine Eröffnung der Gegner verachtete! Eine, vermittelt durch den Herzog Franz Julius von Lauenburg, bestand eben jetzt ... Nun wurde der Feldmarschall von Ilow gerufen, um die militärische Situation erklären zu helfen. In Brandenburg mußten 12000 Mann bleiben, die Politik verlangte es. In Schlesien durften es durchaus nicht weniger sein, als jetzt dort unter dem Grafen Schaffgotsch standen; das Land war feindlich gesinnt und nur durch Macht unterworfen zu halten. Gallas, an Böhmens Nordgrenze, hatte mehr nicht als 5000, Arnim, der Böhmen jederzeit bedrohte, gut dreimal soviel und durfte schwedischen Zuzug erwarten. Leider sah man sich darum gezwungen, den Angriff gegen Weimar zu reduzieren. Ilow, mit dem Hauptteil der Infanterie, mußte bleiben, wo man jetzt war, in Pilsen. Er selber wollte am nächsten Tag, den 28. den Marsch nach Bayern fortsetzen mit 100 Kompanien der besten Reiterei, allen Dragonern und Kroaten, acht leichten Feldstücken. Vielleicht konnte man dem Feind irgendwelchen Abbruch tun. An eine Rückeroberung der verlorenen Plätze aber war in dieser Winterszeit nicht zu denken; die Mittel fehlten; der Versuch dazu würde die Auflösung des Heeres bedeuten. So blieb denn nichts anderes übrig, als die Winterquartiere in den Erblanden zu nehmen wie im Vorjahr; und das konnte sich nicht ändern, jedenfalls nicht völlig, solange der Krieg dauerte ... Bittere, warnende Wahrheit. Und möglich, daß Trauttmansdorff sie gar nicht ungern weitergab. Denn wir haben den Verdacht, daß er in der Frage aller Fragen recht ähnlich dachte wie sein Gesprächspartner, nur, Höfling, der er war, sich behutsam ausdrückte. Diese Beobachtung immerhin wollte er in seinem Referat nicht unterdrücken: die vom Herrn Generalissimus dargelegten motivas pro pace seien haargenau dieselben, welche die Majestät schon im Frühjahr in einem Gutachten etlicher Geheimräte habe lesen können. Etlicher Geheimräte; darunter Graf Trauttmansdorff.

Wäre Ferdinand II. mit seinem Feldherrn unter einem Dach gewesen, hätte er ihn aus der Nähe beobachtet, die schrecklich veränderten Züge, die hohlen, in Fieberglut lodernden Augen, hätte er in der Nacht sein Klaggestöhn gehört, mag sein, ein wenig Sympathie hätte ihn berührt. Aber gesehen hatten die Beiden sich seit nun bald sechs

Jahren nicht. Der Wallenstein, an den er sich erinnerte, war der neue Herzog von Mecklenburg, der Erbarmungslose, Wohlgelaunte, Triumphierende des Winters 1628. Seitdem nur schriftlicher Verkehr, manchmal ausführlicher, behaglich getönter, in diesem Jahr kühler und knapper. Man hatte den General treiben lassen, was ihm beliebte, und stand nun vor dem Resultat. Vermutlich hatte Ferdinand immer gewußt oder geahnt, daß Wallenstein ihn geringschätzte. Hier war kein Grund zum Mitleid, und eisig die Antwort des Dynasten. Üble Reden gegen den Herzog habe er nie gehört; man solle ihm doch die Redner nennen, dann werde er's investigieren lassen. Ebenso seien Befehle über den Kopf des Generals hinweg ihm unbekannt, außer solchen, die man ihm stets nach Gebühr communiciert habe. Und ganz und gar sei ihm unbewußt, irgendwelche Friedensangebote je ausgeschlagen zu haben; es seien keine gewesen. Das allererste, wenn auch magere, neuerdings von dem Herzog Franz Julius aus Dresden gebrachte, werde man prüfen . . . Dem fügte der Kaiser eine persönliche Nachschrift hinzu: »Ich möchte wohl wissen, ob der von Mecklenburg und Friedland nicht erkennt, daß ihm durch den von Arnim viel gute Gelegenheiten aus den Händen gezogen und daß er von ihm betrogen wird. Wäre mir auch lieb zu vernehmen, wie stark der Herzog auf den Weimarer zugeht.« – Kein Vertrauen war da mehr, der letzte Rest gebrochen durch die Regensburger Affaire. In seiner Nacktheit trat in der Krise der Stolz, der archaische Egoismus des Erbmonarchen hervor.

Mißverstanden, verleumdet, unbedankt. Krank am Leib, krank in der Seele. Winterszeit. Ganz keine Lust zu dem Unternehmen, in das er sich gezwungen glaubte. Er führte es weiter, in der wachsenden Gewißheit, es doch nicht durchzuführen. Seine Briefe, ein paar Tage lang voll hektischer Energie, wurden kleinlaut während der zweiten Hälfte des langen Marsches: Pilsen, Neumark an Böhmens Westgrenze, Furth im Wald, auf der bayerischen Seite. Der bayerische Offizier, der in der Oberpfalz kommandierte, Wahl, bot Schiffe, mit denen man die Flüsse, Regen und Donau, überqueren könnte; die Schiffe, nach Wahls eigener Angabe, mußten erst repariert werden, sie taugten nichts. Bernhard war mit dem Gros seiner Truppen schon donauabwärts, in Straubing, dann in Deggendorf, hatte die Donau, die Isar überquert; da werde man ihm wohl nicht viel anhaben können. Man mußte Aldringen erwarten, auf dem Rückmarsch von seiner so notwendigen Expedition an den Rhein; ohne Aldringens Corps reichten die Kräfte nicht aus. Aus Brandenburg kamen böse Nachrichten; hatte er nicht vorhergesagt, daß die kommen würden, falls er sich aus Böhmen entfernte?

In Furth wurde Kriegsrat gehalten. Seine Gewohnheit, wenn er mit einem peinlichen Entschluß umging, da wünschte er Rückendeckung durch seine Obersten. Sollte man als Erstes die kleine Festung Cham attackieren, im Waldgebirg südwestlich von Furth, unlängst von den Schweden besetzt, eine Art von Flankenschutz für Bernhards Truppen an Donau und Isar? Die Mehrheit der Offiziere war dafür: der General der Kavallerie, Piccolomini, der Oberst Lorenzo del Maestro, der Bayer Wahl, sogar der Feldmarschall-Leutnant Trčka. Wahl, um seine Meinung gefragt: Man kann die Festung recht wohl attackieren, sie ist schwach verteidigt; will man es aber lassen, so gehe man alsbald an die Donau und hinüber, das wäre das Wirksamste. Wallenstein: wird zornig, verbessert sich, es bedeute nichts, es sei sein Brauch. Dann: Infanterie und Artillerie fehlten, sie hätten in Böhmen bleiben müssen, dem General Gallas zur Verfügung, zu spät, sie jetzt nachkommen zu lassen, in diesem Gebirge gebe es nichts zu leben, man müsse umkehren; wenn aber der Herr Wahl noch ein paar Regimenter begehre zu Pferd und zu Fuß, so wolle er sie in Gottes Namen ihm leihen. Oberst del Maestro, zusammenfassend: »So endete das Consilium, und wenn es heute dabei bleibt, so werden wir morgen zurückmarschieren, ohne auch nur das Kleinste ausgerichtet zu haben. Daß das Wetter überaus grausam ist, und man sich kaum im Felde halten kann, soviel ist leider wahr . . .« – Der Kriegsrat hatte ihm nicht geliefert, was er wünschte; er entschied allein. Beginn des Rückmarsches am 4. Dezember. Trockene Mitteilung an den Kaiser: Über die Donau konnte man nicht gehen, dort, wo man stand, hätte man die Hälfte der Kavallerie binnen acht Tagen durch Kälte und Hunger verloren. Mittlerweile war Frankfurt an der Oder durch Arnim zurückerobert worden (Irrtum); Knyphausen mit einem schwedischen Corps bedrohte Böhmen (daran war etwas): »Diese Armee ist nicht bastant, sovielen Feinden, die sich hereinwärts wenden, zu begegnen, viel weniger aber in diesen unfruchtbaren Orten sich länger aufzuhalten . . .« Aldringen hätte aus Bayern sich nie entfernen sollen, war er endlich zurück, so würde man weitersehen . . .
Piccolomini, welcher die Gelegenheit benutzt hatte, sich den Bayern als einer zu empfehlen, der sich wohl für das Amt des Generalissimus eignete, wenn es denn zu einem Wechsel käme, Octavio Piccolomini noch aus Furth an Gallas: »ich überlasse es Eurer Exzellenz, zu beurteilen, wie unser Rückzug in Wien und Bayern verstanden werden wird. Dem Feind wird er ohne Zweifel Mut zu neuen Fortschritten machen . . .« Nachschrift: »Seine Hoheit der Herzog möchte um jeden Preis Frieden schließen, zumal jetzt, da er bei Hof in so schweren Verdacht geraten ist und irgendeine Aktion von dorther befürchtet.

Mehr denn je gehen ihm die Ereignisse von Schweidnitz im Kopf herum, und die Erinnerung daran stimmt ihn tief schwermütig . . .«
». . . lo fanno stare con una grandissima malincolia.« Die Winterreise zurück war langsam. Er blieb unterwegs liegen, er konnte nicht weiter, er brauchte acht Tage für die Strecke Furth–Pilsen, für die er in der anderen Richtung drei gebraucht hatte. Von seinem Krankenlager an den Präsidenten der friedländischen Kammer, Kustos: Der Bau des Schlosses in Sagan sei weiterzutreiben, sobald die Jahreszeit es erlaube. Die Materialien schleunigst anzusammeln, Pferde und Ochsen in Polen oder sonstwo zu kaufen. Das achte Weltwunder müsse vollendet dastehen in spätestens drei Jahren . . .

»Dieser Rückzug«, sagte Eggenberg zum bayerischen Gesandten, »ist das Schändlichste, Gefährlichste, Unbedachteste, was der Herzog je getan hat.« Man wird ihm Befehl geben, wieder vorzurücken, strengsten Befehl. Gehorcht er, desto besser. Gehorcht er nicht, so werden Seine Majestät beweisen, daß sie der Herr sind und der Herzog ein Diener. Sie werden um des Herzogs von Friedland willen sich und ihr Haus und Seine Durchlaucht in Bayern nicht zugrund richten lassen. Man hält mich wohl für friedländisch. Gewiß doch, ich war des Herzogs guter Freund und bin es noch, aber es heißt: »Amicus Plato, amicus Socrates, amicior autem religio et patria!« – Hatte der aber Eile, das sinkende Schiff zu verlassen.
Freilich, ein schwerer Fehler, diese Kavalkade nach Furth im Wald. Hätte er sie nicht großartig angekündigt, hätte er nur die Hilfstruppen geschickt, die man verlangte, das wäre zur Not noch hingegangen. Aber soviel zu versprechen, was nun, ein allerletztes Mal, mit freudiger Erregung erwartet wurde, und dann das Zugesagte wieder zurückzunehmen, wie dem Tantalus die Früchte entfliegen, ohne zwingenden Grund, bei Nennung von Gründen, die teils nicht Stich hielten, teils der Art waren, daß er sie im voraus hätte einberechnen müssen – wer mochte es noch verteidigen? Alle Warnungen wegen Regensburg hatte er beiseite geschoben mit schneidendem Hohn. Nun kam er, den Schaden wiedergutzumachen, und kam dennoch nicht. Hier war System, die Blinden konnten es greifen. Hier war böse Lust am Ruin des Kurfürsten, späte Rache für ein ganz anderes Regensburg. Maximilian wußte es längst, jetzt war Zeit, es herauszuschreien. Er tat es, seine Agenten taten es mit solcher Energie, solchem Erfolg, daß die Erklärung gut dreihundert Jahre lang geglaubt wurde.
Sie war falsch. Sie war allenfalls etwas in der Schwebe zu Lassendes, Zusätzliches, Unsicheres, Unnötiges. Wenn wir alle gewogen würden

nach dem und jenem gesprochenen Wort! »Was gehts mich an!« rief Wallenstein im Ärger, als ihm der Sekretär einen der bayerischen Brandbriefe vorlas. Andere auf den Charakter Maximilians zielende Äußerungen sind häufiger; daß er Bayern jederzeit bedroht glaubte und Bayerns Heil absolut gleichsetzte mit dem Heil der Christenheit. So sah Einer den Anderen, wobei Wallenstein sich auf handfestere Erfahrungen berief.

Guten Glaubens hatte er an die Bedrohung Regensburgs nicht geglaubt. Wer macht sich denn mit freiem Willen lächerlich? Unsinnige, aus falschem Schein geborene Legende, daß er die Eroberung Bayerns wünschte und mit List ermöglichte. Hätte er sie auch heimlich gewünscht, den Herzog von Weimar aus dem Feld zu schlagen, wäre allemal in seinem Interesse gewesen. Ein Sieg des fähigsten, ehrgeizigsten Schwedengenerals mußte die evangelischen Kurfürsten widerborstiger, Bernhards Niederlage sie gefälliger machen in dem Spiel, das Wallenstein immer und immer spielte. Die Niederlage hoffte er ihm beizubringen, aber in Böhmen. Da wollte er ihn auffangen nach seiner Art, was etwas anderes war, als ihm in die deutsche Weite entgegenzuziehen.

Er haßte es, gezwungen zu werden, glaubte, trotz aller Erfahrung und Umsicht, was er glauben *wollte*. Er hatte zeit seines militärischen Lebens die Winterfeldzüge verworfen, als etwas der Natur des Krieges Zuwiderlaufendes. Und wie er zeit seines Lebens gefürchtet hatte, plötzlich ohne Geld dazustehen, so, ohne Soldaten. Das Heer war sein Besitz; schwer, es auf die Beine zu bringen, leicht, es zu ruinieren. Auch hielt er es gut zusammen, diesen Winter. Wie gut, sollte im Frühjahr sich zeigen.

Zu den Vorwürfen, die jetzt ihm gemacht wurden, gehörte der, nach dem geringen Sieg von Steinau seine allzu lockeren Fronten allzu sehr gedehnt zu haben. Was suchten seine Leute nahe Berlin, während der Feind an die Tore Österreichs pochte? . . . Seine Heimat war Ost-Mitteleuropa. Österreich, Mähren, Böhmen, Schlesien kannte er als einen einzigen Block. Unter ihm lagerte Brandenburg, interessant für den Soldaten, doppelt interessant für den Politiker. Der Weg von Oberschlesien zum Meer war ihm vertraut; die bayerische Donau nicht, da hatte er niemals operiert. Den Block der Erblande zusammenzuzwingen und gegen außen zu verteidigen bei gleichzeitig militärischem, politischem Druck auf Brandenburg-Sachsen – dies sein wirkliches System, und Böhmen dessen naturgegebenes Zentrum. Der Feinde seien zuviele, man könne nicht überall sein; die verschiedenen in Mitteldeutschland umher manövrierenden schwedischen, sächsischen Truppenkörper, Wilhelm von Weimar, Banér, Knyphau-

sen, Arnim, drohten jederzeit sich zu vereinigen zu einem Angriff gegen Böhmen, oder Schlesien. Unleugbar, so stand es; das waren nicht, wie Maximilian giftete, bloße Imaginationen.
Blieb, daß er die Kavalkade nach Bayern nicht hätte unternehmen dürfen, wenn er sie für ungeeignet hielt; oder sie zu irgendwas Wirksamem führen müssen. Warum die überstürzte Umkehr? Warum nicht abwarten, ein paar Tage lang, was der Gegner triebe? Dies war ein anderer Vorwurf, den Maximilian zu erheben nicht verfehlte: hätte Wallenstein nur zwei Tage länger in Furth ausgehalten, so hätte er den Herzog Bernhard diesseits der Donau auf das wünschbarste sich gegenüber gehabt. Korrekt. Den Weimaranern wurde es an der Isar so kalt wie den Kaiserlichen im Walde. Sie fanden den Boden zu hart gefroren, um Schanzen zu graben, die Gegend zu öd und bis hinauf nach München ohne lohnende Ziele. Also gab Bernhard den Gedanken, Bayern zu erobern, so rasch auf, wie er ihn gefaßt, verzichtete überhaupt auf weitergreifende Pläne für diesen Winter und ging wieder über die Donau zurück, um das Gewonnene zu konsolidieren. Welch glorreiches Ende des Kriegsjahres, gelang es ihm, Wallenstein nach Böhmen zurückzujagen. Der war schon fort.
Wo unterschiedliche Argumente zusammenfließen, um einen Entschluß zu zeitigen, da ist oft das Eine hinter dem Vielen versteckt. Die vielen Gründe sind weder bloßer Schein noch das Wirkliche; weil man will, läßt man sie wirken. Der schlaue Piccolomini verstand es so. Ein Jahr lang hatte Wallenstein den Krieg nicht geführt, um den Frieden zu gewinnen, und hatte den Frieden nicht gewonnen. Doppelter Mißerfolg unterwühlte Ruhm, Amt und Macht. Nun griff er noch einmal nach dem Phantom des Friedens, dem Strohhalm der Hoffnung, in panischer Hast. Also mußte er in Böhmen sein zusamt dem Heer; nicht Zeit und Heer in bayerischen Winterschlachten verlieren. Er bat nicht um den langen Urlaub wie sonst, er ging nicht nach Prag oder Gitschin. In Pilsen, in einem Bürgerhaus am Markt, ließ er sich nieder, umgeben von seinem Stab; ein militärisch-politisches Hauptquartier; Zentrum des Gewitters, das heraufzog.

Das Lager in Pilsen

Winterszeit, noch einmal. Seit dreizehn Jahren hat man im Winter vom edlen Frieden zu reden gewußt, die Schlachten wurden im Sommer geschlagen.

Sein Land, klagt der Kurfürst von Bayern, sei durch das Hin-und-Wieder-Ziehen der Heere, freundlicher wie feindlicher, nun ganz in Grund und Boden ruiniert; die Commercien ruhten, von den armen Untertanen gingen keine Steuern mehr ein, weg seien die Zölle, die Mautgebühren an den Donaubrücken, ohne Wert das edelste Kleinod, das Salzmonopol, wohin sollte er sein Salz noch verkaufen? Schon sei der eigene Hofstaat unbezahlt und in schweren Schulden – was bei weitem das Schlimmste ist. Es steht kaum besser in Wallensteins Hauptquartier, am friedländischen Hof in Pilsen. Dort haben die Kanzlisten, die Postmeister, die Ärzte seit einem halben Jahr keinen Pfennig gesehen: »wie dieser Hof pflegte splendido zu sein, so ist er jetzt misero und nichts mehr daran als der Respekt und die alte Genauigkeit in Gehorsam . . .« (Questenberg) In Böhmen stehen die Häuser öd und wüst, ihre Bewohner muß man in den Wäldern suchen. Mit aufgehobenen Händen und gebogenen Knien, herzzerbrechend anzusehen, flehen die Bürger von Prag um Erbarmen den Oberstburggrafen, der nicht helfen kann, denn die Soldaten wollen behaust und ernährt sein, so ist das Gesetz. Weil nun die großen Herren von der Arbeit der Kleinen leben, so trifft es auch sie, obgleich milder. Der Kardinal von Harrach, Erzbischof von Prag, an Wallenstein, seinen Schwager: Kriegssteuer wolle er ja entrichten, solange er es vermöge, aber daß nun der General Gallas sein letztes, noch halbwegs unverderbtes Landgut mit drei Kompanien belegte, das sei zuviel, die Dragoner müßten wieder fort: »Sollte ich soviel von Euer Liebden nicht erhalten können, so verursachen Sie sicherlich, daß ich ganz aus Böhmen weichen und anderswo das Brot mir erbetteln muß . . .«

Man hat gut über die Soldaten jammern; sie selber und ihre Anführer jammern auch und haben Grund dazu. Wohin sollen sie noch? So arm sind die Länder, daß eine Provinz, die 10000, 15000 Männern die

Winterquartiere liefern muß, schon überfüllt ist und ausgesaugt wird bis aufs Blut. Das Corps Aldringen, im Dezember zurück von seiner Rhein-Wanderung, findet nirgends Unterschlupf. Der Kurfürst von Bayern will es nicht, Oberösterreich will es nicht, der Bischof von Salzburg will es nicht. Aber die Leute gehören unter Dach jetzt, sie können nicht mehr, nach zwei Wintern im Felde, sie laufen in Fetzen, sie sterben Hungers. Den Schweden, die den Großteil Deutschlands innehaben, die Reichsstädte zumal, geht es wohl besser, relativ gesprochen; nicht den Sachsen. Der Feldmarschall Franz Albrecht Herzog von Lauenburg: »Wir liegen hier, leiden Not, dergleichen ich noch in keinem Krieg gesehen. Schweidnitz ist golden dagegen gewesen ... Im Fall Ihre Kurfürstlichen Gnaden zum Krieg nichts tun wollen, so schlagen sie doch um Gottes Willen den Frieden nicht aus, er sei auch so schlecht als er wolle ...«
Maximilian auch, der würde aus »diesem schweren und langwierigen Labyrinth« gern herauskommen; je länger der Krieg dauere, desto hoffnungsloser werde ja seine Beendung durch die Gewalt der Waffen. Ob denn nicht der König von Frankreich, der doch ein katholischer Potentat sei, überredet werden könnte, den Vermittler zu spielen? Er frage es keineswegs aus Sympathie für den welschen Nachbarn, nur eben aus Vaterlandsliebe. Ob denn mit den evangelischen Kurfürsten gar nichts zu machen sei? Litten Sachsen und Brandenburg denn nicht daran, von einem schwedischen Edelmann und Privatier nun tyrannisiert zu werden, wie nie kein römischer Kaiser es ihnen zugemutet? ... Ja, selbst der spanische Ambassadeur Graf Oñate, im November nach Wien gekommen, um sehr heikle Fragen entscheiden zu helfen, rät zu großzügigen Friedensbedingungen in Deutschland: Duldung der Konfessionen überall im Reich, Generalamnestie, Einstellung aller Konfiskationen, und so fort. Was beinahe wie ein Wallenstein-Friede klingt. Aber wenn drei das Gleiche wollen, so spröde Entitäten noch dazu wie Spanien, Bayern, Friedland, so ist's das Gleiche nicht. Oñate möchte Deutschland vernünftig geeint sehen unter Habsburgs Führung, damit man den Krieg gegen Frankreich dann um so flotter führen könnte. Friedensliebe, Menschenliebe ist das keine, nur Staatsraison. Und gäbe es in Europa nur eine Sache, bei völliger Undenkbarkeit aller anderen, Wallenstein und Maximilian könnten doch nicht gemeinsame Sache machen.
Es ist dies alles ja nicht neu. Es ist bloß noch schlimmer als im Vorjahr, wie es im Vorjahr schlimmer war als im anderen, und so zurück bis 1620. Wenn übrigens unsere Bühne ehedem viele Szenenbilder hat sehen lassen, sehr weit voneinander entfernte, London und Madrid, Paris und Rom, Stockholm, Neapel, Konstantinopel, Moskau, so ist

jetzt keine Zeit mehr, quer durch Europa zu schweifen. Das lange Drama drängt dem Ende zu. Da heißt es sich zu beschränken, wie am Anfang.

Wachsender Trotz

An eben dem Tag, an dem Wallenstein dem Kaiser von seinem Rückzug Mitteilung machte, erhielt in Wien Kriegsrat von Questenberg eine heikle Instruktion. Stracks hatte er zum Generalissimus zu reisen und ihm kundzutun: die Majestät wünsche dies Jahr in ihren Landen keine Winterquartiere. Sie waren nicht mehr zu ertragen. Recht wohl gab es Möglichkeiten, sie anderswo zu nehmen: in Brandenburg, in der Lausitz, in Thüringen. Sah Wallenstein solche an sich realen Möglichkeiten nicht, beharrte er gegen alles Hoffen auf Böhmen, Mähren, Österreich, dann, allerschlimmsten Falles, hatte die Verteilung der Regimenter im Einvernehmen mit dem Kaiser zu erfolgen, der seinerseits, pflichtgemäß, sie mit seinen getreuen Ständen zu vereinbaren gedachte. Sonst konnte am Ende der Eindruck entstehen, als habe er einen Mitkönig, einen Corregem, und in seinem eigenen Reich nichts mehr zu sagen . . .
Wallenstein ein Mitkönig, der Kaiser, ging es so weiter, seiner vornehmsten Rechte beraubt: neuer Stil. Ehe Questenberg seinen Auftrag erfüllen konnte, langte auch schon die vom Generalstab ausgearbeitete Quartierliste in Wien an. Wohl wurde die allerhöchste Zustimmung erbeten, aber als bloße Formalität. Das Schema war endgültig, die Notwendigkeit gebot es und schlug Böhmen bei weitem mit grausamster Plage.
Folgte die Nachricht von dem aufgegebenen Feldzug in Bayern. Neue, schwere Verdüsterung. Er habe, schrieb nun Ferdinand an Wallenstein, von diesem Manöver sehr ungern vernommen. Er verstehe die Gründe nicht. Noch einmal habe der Herzog umzukehren, unfehlbar, und auf den von Weimar loszugehen. »Dies ist meine endliche Resolution, bei der ich, ungehindert mir itzt ein anderes Schreiben vom 5. von Euer Liebden in dieser materia angelangt, gänzlich beharre und verbleibe . . .« Graf Trauttmansdorff, immer in der Nähe von Pilsen, sollte den kaiserlichen Willen detaillieren, und zwar ernsthaft: »Lieber von Trauttmansdorff, lasset euch diesen meinen Befehl besten Fleißes angelegen sein, und werdet solchen mit Nachdruck vorzubringen wissen. Wollet ihn auch nit für ein Zeremoniell oder Scheinkommission, sondern für meine gänzliche und endliche Resolution halten, welche ich im Ernst durchzusetzen entschlossen bin.«

Plötzlich erschien Wallenstein, was ihm so noch niemals erschienen war, auch während des ersten, bescheideneren Generalats nicht: der kahle Wille, der Befehl Caesars, des Souveräns. Eine unerhörte Erfahrung. Wie reagierte er? Mit dem Trotz des Besserwissenden, seinerseits Befehlsgewohnten; befehlsgewohnt dank der Leistung, nicht des faul ererbten Titels. Er sagte Nein. Im Bewußtsein, das Ding gründlicher zu verstehen als die Wiener Tintenkleckser, überzeugt, für die Sicherheit Österreichs hinreichend gesorgt zu haben, Gegner des Kriegsführens im Winter seit jeher, Kenner der Soldaten, des Zumutbaren und Unzumutbaren, verweigerte er seinem Herrn und Meister den Gehorsam. Ein Spiel nun, in dem der eine den anderen herausforderte, vordrang, wich, wieder vordrang wie im Kampf von Mann gegen Mann, anfangs und scheinbar noch gleich gewagt für beide Seiten. – Anfangs und scheinbar. Nimm dich in acht! Hast du vergessen, warum du zum Kaiser überliefst, 1619, und wie es jenen erging, die nicht folgen wollten deinem Beispiel?
Er nahm formal sich in acht. Anstatt geradewegs abzulehnen, berief er einen Kriegsrat, alle in Pilsen anwesenden Generalspersonen und Obersten; ließ durch den Feldmarschall von Ilow ihnen beides verlesen, die Quartier-Instruktion Questenbergs, die durch Trauttmansdorff überbrachten Forderungen; ließ sie fragen, was sie dazu dächten? Sie dachten, daß man Unmögliches von ihnen verlangte. Quartiere in Sachsen. Thüringen, Brandenburg zu gewinnen, lief auf eine Winterkampagne im weiten Land hinaus, über die hart gefrorene Erde, ohne Geld und Nahrung; der Seiner Majestät solchen Ratschlag gab, würde bald selber merken, wie verzweifelt schwer er auszuführen sei, wenn er ihn nämlich selber ausführen müßte. Ein Gleiches galt für die Angriffsaktion in Bayern. Auch dabei würde nichts herauskommen als der Armee Ruin, indem die Soldaten entweder desperieren würden oder crepieren, oder erst das eine, dann das andere . . . So geschehen, Pilsen, den 17. Dezember 1633. Das Gutachten, stark in seinen Ausdrücken und lang, konnte von so vielen Offizieren gebilligt sein, aber nicht verfaßt. Einer mußte es vorgeschlagen, einer es geschrieben haben. Der Vorschlagende war Ilow; der Autor ein gewisser Heinrich Niemann, ehedem als Geheimer Rat in Wallensteins unmittelbarem Dienst, jetzt, im bescheidenen militärischen Rang eines Rittmeisters, zu Adam Trčkas Verfügung. Er wußte die Feder zu führen. Seinerseits hatte Ilow eine bieder-grobe Art, die Offiziere mit sich zu reißen, aus einer Minderheit die Mehrheit, aus der Mehrheit das Ganze zu machen, nämlich für den Augenblick. Unter der Hand war wohl mancher Militär nicht so recht glücklich, schon lange nicht, mit Wallensteins sonderbarer Strategie. Krieg führen, das hieß Beute

machen, Beute machen hieß, die Kosten, in die man sich gestürzt hatte, mit Zins wieder hereinzubekommen. Beim bloßen Still-Liegen, bemerkte mit Bitterkeit Isolano, der Kroate, war aber keine Beute. Von solchen Stimmungen wußte der in seinem Krankenzimmer isolierte Wallenstein nichts. Er nahm das Gutachten an und sandte es mit einem artigen Begleitbrief nach Wien: dem Willen der Majestät in so wichtigen Sachen auf eigene Faust zuwider zu handeln, hatte er nicht für passend befunden und darum die und die Maßnahme ergriffen; das Resultat lag bei. Gehorsamst bat er, seine und seiner Mitverantwortlichen Ansicht nun ohne weiteren Zeitverlust zu approbieren.

Der Schlag traf. Er war nicht der einzige. Getrieben durch Wallensteins langjährige Kritiker, jetzt seine offenen, erbitterten Feinde, gab der Kaiser dem in Oberösterreich kommandierenden Baron de Suys Auftrag, gegen den Inn, ins Bayerische, vorzurücken und mit den Truppen Maximilians Kontakt zu nehmen. Auch von dieser in Wien entschiedenen, offensiven Aktion hatte Trauttmansdorff in Pilsen Mitteilung zu machen, so zwar, als ob es sich um eine vorläufige, durch den Generalissimus etwa noch zu modifizierende Sache handelte. Sie war aber endgültig gemeint, wie Wallenstein wohl begriff. Endgültig war sein Gegenbefehl, den er zwei, drei, vier Mal wiederholte: Suys habe im Land ob der Enns zu bleiben, seine Regimenter durch neue Anwerbungen zu stärken und sich durch niemanden, er sei, wer er sei, von dieser seiner wohlgegründeten Willensmeinung abbringen zu lassen. Der Oberst kam in die peinlichste Situation, zumal Kaiser Ferdinand in einem abermaligen Brief und handschriftlichem PS ihn genau das Gleiche in entgegengesetztem Sinn wissen ließ: »dieweil diese Ordinanz zu meiner und meiner Länder Sicherheit dient, so wollet solcher (wenn auch schon anderwärts andere Ordinanzen wären erteilt worden oder noch erteilt werden möchten) in Allem alsbald nachkommen . . .« Schwierige Alternativen! Suys wählte den Oberbefehlshaber im Felde und blieb, wo er war; so daß die kaiserliche Autorität, sich aufspielend wie nie zuvor, wie nie zuvor gekränkt wurde. Oft während des Ersten Generalats hatte Wallenstein nachgegeben wider Wissen und Willen; diesmal nicht.

Sachlich meinte er im Recht zu sein. Nebenbei fühlte er, daß man in Wien etwas ausgeheckt hatte, wofür Oberst de Suys nur die Gelegenheit bot: seine Machtposition zu unterwühlen, langsam schrittweise. Er will es dem Grafen Trauttmansdorff auf das Rauheste gesagt haben: »Ich sehe wohl, was Ihr mir für eine Maske vor die Augen machen wollt, ich will sie abziehen, ich vermerke, daß man damit umgeht, mir die Armee aus den Händen zu spielen . . .« In den Berichten

Trauttmansdorffs kommen diese Worte nicht vor. Da verteidigte der Herzog noch einmal seine Dispositionen für den Winter als die einzig weisen: auf dem Heer beruhte das Heil Österreichs, ein Heer war zu verlieren in drei Tagen, in drei Jahren nicht wieder aufzubauen. Den Kriegsrat hatte er halten, die Schriften aus Wien ihm vorlegen müssen; seine Autorität bei den Offizieren war gottlob so stark, daß er die Zügel jederzeit straffen konnte . . . Trauttmansdorff: ob ein Besuch des spanischen Botschafters, wie auch etwa des Fürsten Eggenberg genehm wäre? Wallenstein: nein, gar nicht. Oñate, der käme ja doch nur, um ihn in Spaniens ewige, hoffnungslose Kriegsunternehmungen zu ziehen, dazu werde er sich niemals hergeben. Was Eggenberg vorzubringen hatte, wußte er auch, nämlich eine Teilung des Kommandos mit dem König von Ungarn, dem jungen Ferdinand. Der König von Ungarn war sein Herr, ihm zu gut für einen Gesellen. Jedoch war er gern bereit, dem König das Kommando ganz und gar abzutreten, in Ehren und mit einer Entschädigung, »die aber nicht schwer sein sollte«. Leider nur täuschten sich die Herren, wenn sie seine Abdankung für eine so leichte Sache hielten. Denn er und er allein hatte den Obersten, den Regimentsunternehmern, ihre Vorschüsse garantiert, auf seinem Kredit beruhte die ganze, so sehr gebrechliche Konstruktion. Was, wenn er plötzlich verschwand? . . . Abschließend: »Man muß Frieden machen, sonst ist alles verloren.«
Würde er besser daran getan haben, die Begegnung mit Eggenberg nicht auszuschlagen? Ein Gespräch wie das zu Bruck an der Leitha, 1626, wie das zu Göllersdorf, 1632, war es nicht überfällig? Dem entzog er sich, das war sein Trotz, und war ein Zeichen dafür, daß, wenn alles sich wiederholte, 1626, 1630, dennoch Alles anders war und viel bösartiger. Wiederholung wird in den menschlichen Dingen wohl erlaubt, aber nur bis da und da hin; dann kommt Neues. Zu Eggenberg stand Wallenstein nicht mehr wie früher, wegen eines Streites um die Kontributionen der Steiermark, des Ministers eigener Provinz. In dem stummen Krieg gegen Ferdinand, der nun begann, war auf Neutralität, auf Vermittlung Eggenbergs nicht zu setzen. Wallenstein ahnte es; wären ihm die Depeschen zugänglich gewesen, die von Wien nach Bayern gingen, so hätte er es mit Händen gegriffen.
Immer noch freundlich ging es mit Gerhard Questenberg, dem er zwei Tage nach Trauttmansdorff Audienz gewährte. Vielleicht, daß des Kriegsrats gemütliche Scherze seine Laune hoben; vielleicht auch, daß von den schmerzstillenden Mitteln, die er nahm, schier ununterbrochen, das eine und andere euphorische Nebenwirkungen erzeugte. Wir kennen den Großteil dieser Medikamente nicht, in des Apothe-

kers Rechnung stehen sie als »Tränklein« oder »Pulver«, unspezifiziert. Genug, er sprach zu Questenberg nicht von Abdankung, auch nicht von des Friedens schreiender Notwendigkeit, sondern vom Krieg im kommenden Frühling. Da werde die eigene Armee in guter Form sein, die des Feindes, welche man zur Winterszeit strapazierte, aber nicht. Da werde das Werk den Meister loben. Wann je habe er den Kaiser im Stich gelassen? Möge doch die Majestät ihm vertrauen, keinen üblen Rat annehmen aus unberufenem Munde, nicht durch falsche Ordinanzen den Untergang der Armee herbeiführen . . . Log er? Er log nie. Im Moment war er nur der, der so redete, so schrieb; und dann wieder ein Anderer. Seine Feinde, in ihrer Plumpheit, verstanden es als Temporisieren und Taktieren, als Lügen, weil sie selber logen. Demnächst logen, heuchelten sie mit einer Virtuosität, die in der Welt Geschichten ohne Beispiel wäre, hätte nicht Wallenstein von seiner Seite sich so jammervoll leicht belügen lassen.
Noch einmal wollte er abdanken wie 1626, noch einmal die Last und Qual des Amtes loswerden, mit viel, viel verzehrender Sehnsucht jetzt. Aber behalten wollte er das Amt auch, um noch ein Letztes, Größtes mit ihm zu tun; und nie und nimmer sich ein zweites Mal wegjagen lassen, wie in Memmingen. Das nicht; alles, alles andere eher als das. Zum Frieden riet er mit gramvoller Dringlichkeit jenen, die er doch, wollte er ihnen Schaden tun, oder gar sie verderben, viel eher zu Winter-Schlächtereien tückisch hätte überreden müssen. Es war *sein* Programm, das er ihnen aufdrängte, wie doch ein Verschwörer keineswegs tut. Nahmen sie es an, dann wollte er beim Friedensschluß ein grundsätzliches Wort mitreden, um doch noch im Reich sich etwas Liebe zu gewinnen als Pacificator, mit den einzelnen Punkten aber verschont bleiben; dafür fehle ihm die Geduld . . . Sonderbarer Verschwörer; sonderbarer Rebell!
Der Kaiser, was wir uns so zu nennen gewöhnt haben, dies heilige Phantom, für welches seit dreizehn Jahren so viele Blut- und Brandopfer waren gebracht worden, diese Kunstfigur, hinter der ein Schwarm mit steigender Wut intrigierender Rat-Einbläser sich verbarg – Ferdinand II. neigte mit jedem Tag stärker dazu, einen Rebellen in ihm zu sehen, und nur noch wenige Tage einen, der mit Strenge vielleicht noch zu zähmen wäre. Überaus ungnädig war seine Antwort auf das Gutachten der Obersten, auf Wallensteins Begleitbrief. Ruinösen Winterkrieg zu befehlen, so diktierte er, sei ihm überhaupt nicht in den Sinn gekommen. Nur eben Taten, Taten gegen Bernhard von Weimar, habe er endlich sehen wollen und wolle sie auch jetzt noch sehen, obgleich etwas reduziert. Die Vorwärtsbewegung des Obersten de Suys sei unverzüglich ins Werk zu setzen und durch 4000

Mann aus Böhmen zu verstärken; so könnte es genügen, ein unabdingbares Minimum. Was den persönlichen Ungehorsam des Barons de Suys betraf, so »gereicht uns der zu nicht weniger Empfindlichkeit«. Suys war zu seiner Pflicht zu rufen, oder durch einen geeigneteren Kommandanten zu ersetzen, »damit wir nicht etwa durch dergleichen weitere Begebenheiten gedrungen werden, unseren kaiserlichen Befehl anders zu manutenieren und dergleichen Demonstrationen vorzunehmen, darin andere Offiziere sich zu spiegeln und ein Exempel zu nehmen haben« . . . Der alte Droheton Wallensteins gegen renitente Obersten, ehe er sie »beim Kopf nehmen« ließ; jetzt aus Wien zu hören.

Er parierte nicht ohne Diplomatie, was Suys betraf, denn er ließ den völlig unschuldigen Baron nach Pilsen kommen und ernannte den General der Kavallerie Octavio Piccolomini, einen seiner Treuesten, zu Suys' Nachfolger in Oberösterreich. In der Hauptsache wich er wiederum aus. Es seien genug Regimenter in Bayern, zumal seit Aldringens Rückkehr, obgleich dessen Leute sich freilich in erbärmlichem Zustand befänden, es seien genug in Österreich, hätte der Feind auch sechsmal mehr Truppen, etwas Wesentliches unternehmen könnte er dennoch nicht. Bis zum Frühling müsse man sich defensiv halten; ohnehin sei Böhmen bedrohter als Bayern und das Land ob der Enns. Kein Wort von den 4000 Mann.

Hier hätte nun eigentlich etwas erfolgen müssen. Es erfolgte nichts. Ferdinand war es, der den Kampf abbrach, der plötzlich einlenkte. Bei so veränderter Zeit und ziemlicher Winters-Späte wolle er für diesmal es bei Wallensteins wohlmeinender Ansicht bewenden lassen. Und da ihm bekannt, wie sehr das Heer Mangel leide, habe er, unter Schmälerung seines eigenen Haushaltes, einhunderttausend Gulden, wie auch Getreide, Wein und Vieh zusammengebracht, welches alles, zur Erfrischung der armen Soldaten, demnächst in Böhmen eintreffen werde. »Und verbleiben derselben beinebens mit kaiserlichen Hulden und Gnaden wohlgewogen.« – Ein Wandel. Warum solch gnädiger Wandel jetzt?

Die Nester der Feinde; und wie sie zu einem einzigen werden

Aus diesem Winter ist eine Reihe von Schriften übriggeblieben, die sich mit Wallenstein in überaus boshaftem Sinn befassen. Sie stammen, wenn man so sagen darf, aus seinem eigenen Lager, dem kaiserlichen: »Diskurse«, »Voten«, fingierte Predigten. Alle waren geheim, alle wurden umhergesandt, kopiert und gierig ausgeliehen; vermutlich kamen sie alle vor die Augen des großen Popanzes und Schiedsrichters in letzter Instanz, des Kaisers. Wir würden das ja heutzutage anders machen, mit Reden im Parlament und öffentlichen Versammlungen, mit Zeitungs-Artikeln, giftgetränkten Broschüren und zwecksicheren Frage- und Antwort-Spielen in Wort und lebendem Bild. Das gab es in jener Zeit alles nicht, außer Predigten von der Kanzel, in denen mit dem Geistlichen das Weltlich-Politische oft recht wacker verschmolzen wurde. Schon kennen wir den Pastor Hoë von Hoënegg in Dresden als Meister in dieser Kunst. Ein anderer war der deutsche Hofprediger Kaiser Ferdinands, Pater Johannes Weingartner, S. J. – Die Pamphlete nun, über die es hier zu berichten gilt, zeigen solche Ähnlichkeit der Gedanken, der verdammenden Anklage und listigen Vorschläge zu des Übels Behebung, daß man hinter ihnen allen, oder beinahe allen, einen einzigen Propagandadirektor wohl vermuten könnte.

Eine Ausnahme bildet die erste, noch vom Oktober stammende Schrift. Sie ist überwiegend militärischen Charakters; von den Historikern wird sie, weil eine ihrer Kopien in Bamberg gefunden wurde, die Bamberger Schrift genannt. Ein Bamberger ist nun aber der Autor ganz sicher nicht, denn er schreibt italienisch. Er weiß Bescheid über die Kriegsvorgänge des Jahres 33, soweit sie von Wallenstein direkt kontrolliert wurden; über die beiden schlesischen Waffenstillstände und was man da heimlich agierte, in vertrautem Kreise schwatzte; er kennt Briefe, die Piccolomini an Aldringen schrieb, und täuscht sich nicht über den Zweck, welcher der Ernennung des Gallas zum Generalleutnant zugrunde lag, nämlich, ihn dem Spanier, Feria, gleichzustellen, und Aldringen, aller Scheinkonzessionen ungeachtet, an Wallenstein gebunden zu halten. An dem, was der Herzog alle die Zeit trieb, findet er kein gutes Haar: die Zeit verloren, die köstlichsten Siegesgelegenheiten verpaßt wieder und wieder, die reichsten Provinzen in den Grund verderbt, ohne irgendwelchen Gewinn. Ein Krieg, der »durch die Post geführt wurde«. Wallenstein sucht den Frieden, angeblich. Aber es sind ja seine persönlichsten Interessen, die den Frieden verhindern, es sind seine ungeheuren Prätensionen, welche das Reich nicht zu erfüllen vermag . . . »Ich ziehe aus dem Vorangehenden nicht die Folgerung, daß dem Herrn General ein Mangel an Treue innewohne (Gott bewahre!), wohl aber, daß seine hochfliegenden und unsteten Gedanken geeignet sind, ähnliche Wirkungen hervorzubringen, wodurch er gezwungen sein könnte, seine Hoffnung auf die unkatholischen Kurfürsten zu stützen . . . Deshalb will auch der Herr General, man soll bei jeder Verhandlung eingedenk

sein, daß die Annahme oder Verwerfung des Friedens von ihm allein abhänge und der Vorteil der Feinde zu unserem Schaden sich beim Friedensschluß nach seinen Ansprüchen und nach seiner Größe richten müsse, welche Größe, wie er zu vernehmen gibt, den Feinden selbst zur Sicherheit dienen würde.« Aus Wallensteins verwegenen, durchaus egoistischen Endzielen erklärt sich, was sonst ein dunkles Rätsel bliebe und was Haus Österreich mit dunklem Schicksal bedroht. Möge Gott der Weisheit Ihrer Majestät mit seinem Rat zu Hilfe kommen, um das Unheil rechtzeitig abzuwehren . . .
Die Sprache wurde anders, als zwei Monate später der für Habsburgs Lande verantwortliche Schutz- und Erzengel das Wort ergriff in gewaltig einherrauschendem Latein, im Feuersturm auf die Seelen der Frommen. »Exhortatio Angeli Provincialis ad Imperatorem et Reges Austriacos.« Der Imperator ist der alte Ferdinand, die Könige sind die beiden Schwäger von Ungarn und von Spanien; frommen Tadel müssen sie sich gefallen lassen. Elegistis vobis ducem, quem scitis vindicativum, excommunicatum, satis furiosum, insanum, superbum, qui non Dei sed suam quaerit gloriam . . . Einen Feldherrn habt Ihr Euch gewählt, von dem Ihr wißt, daß er ist rachsüchtig, von der Kirche verworfen, rasend schier und wahnsinnig, verblendet durch Hochmut, nicht Gottes Ruhm suchend, nein, nur seinen eigenen, der die Religion für nichts achtet, der in Euren eigenen Heerlagern den Afterdienst der Ketzer duldet, der nicht Gott um Rat fragt, sondern die Magier und Wahrsager, der nach den Deutungen der Astrologen über Krieg und Frieden bestimmt, der den Krieg schmählich vernachlässigt, um dem Gespinst eines törichten Friedens nachzujagen . . . Ich sage mehr nicht, Ihr wißt es und Ihr verbergt es . . . Schaut nur, wie dieser Feldherr Euch betrügt; vom Krieg will er ruhen, um den Frieden desto leichter zu gewinnen, und Ihr glaubt es ihm, friedliebend wie Ihr seid, aber sehet Euch doch die Menschen an, mit denen er handelt, und des Handelns Art und Weise . . . Nur ein Rettungsmittel bleibt: Ihr jagt Euren Feldherrn davon und ernennt reinen Herzens zum Anführer Eurer Kriege den König Ferdinand . . . Solches hat Gott durch mich, seinen Engel, kundgetan. Führt es aus, schnellstens. Folgt Seinem Rat oder geht unter.« . . . Richel, bayerischer Gesandter in Wien, schickte des Engels Sermon alsbald an Maximilian, denn der, wußte er, las so heilig-politische Sachen gern.
Folgten drei Schriften nicht-himmlischer Provenienz: »An Expediat«, »ob es ratsam sei, den Generalissimus Herzog von Friedland seines Amtes zu entheben und König Ferdinand III. dem Kriegswesen vorzusetzen?«, Votum eines kaiserlichen Kriegsrats in secreto Consilio; Votum cuiusquam secreti Consilarii. Diese Gutachten anonymer

Kriegsräte und Geheimräte, wenn sie einander zu überbieten trachten, können doch die Wiederholung nicht vermeiden; sie sagen dasselbe, was auch der Erzengel sagt; es ist fast nur der Zeit-Unterschied, der sie unterscheidet, denn das erste weiß von Wallensteins Rückzug aus Bayern noch nichts, das zweite kennt schon den Pilsener Ratschluß vom 17. Dezember. Alle drei sind fromm und listig insinuierend. Das erste, An Expediat, mag eines von mehreren gewesen sein; die Antwort auf eine Frage, welche Ferdinand seinen Ministern stellte. Das dritte ist merkwürdig darin, daß der Verfasser, ohne seinen Namen zu nennen, seine Identität dennoch preisgibt. Er kannte, so betont er, den Menschen, um den es geht, von Kindheit an; kannte ihn, als der Bewußte auf Schloß Koschumberg studierte und von den Leuten der Dolle von Waldstein genannt wurde. Toll blieb er sein Leben lang; ein Atheist und Erfinder greulicher Blasphemien; ohne Scham so weit gehend in seiner Begünstigung der Ketzer, daß er in seiner Stadt Glogau ihnen gar eine Kirche baute; ein von den Furien des Ehrgeizes Besessener. Hatte er nicht oft es ausgesprochen, daß der Herrscher sei, der die Armee kommandiere, so wie in Rom die Imperatoren die Kaiser wurden? Gewarnt hatte der Autor Seine Majestät vor dem fatalen Individuum schon lange, lange, schon 1624, in einer Schrift, die vierzig Anklageartikel enthielt; da wurde ihm leider geantwortet, er solle den Mund halten. Jetzt war es Zeit, ihn weit aufzumachen. Den Generalissimus, der 1631 die Sachsen tückisch nach Prag lockte und Verrat trieb seither immer, wenn nicht schon vorher, der unlängst dem Grafen Thurn die Freiheit gab aus durchscheinendem Grunde, weil nämlich der Gefangene zuviel von seinen eigenen bösen Machinationen wußte, der offen die erbärmlichen Verhältnisse von 1612 wiederherzustellen sich anmaßte, den Hasser der frommen Jesuiten, den Gegenkönig und Gegenkaiser, den gottlosen Herzog von Friedland mußte man absetzen. Wie? Die Übertragung des Kommandos an den König von Ungarn, an den Grafen Gallas als dessen Stellvertreter, die Informierung der höheren Offiziere durch wenigstens vierzig Patente, die Aufforderung an Wallenstein, in Wien zu erscheinen und sich zu rechtfertigen, Gewalt, wenn er dem Befehl nicht nachkäme – das alles hatte mit einem Schlag zu geschehen. Genau der Plan, blitzesschnell die Durchführung . . .
Der solches schrieb und sich als Wallensteins Verwandter »im dritten Grad« bezeichnete, ihn kennen wir allerdings: Wilhelm Slawata, den Oberstkanzler von Böhmen, den neidischen Vetter, Slawata vom Fenstersturz, treu im Glauben, treu im Haß, in der Dummheit treu. Längst saß er im warmen Nest zusammen mit Anderen, den Altkatholischen, Altspanischen, streng erhaltend Gesinnten, Feinden Wal-

lensteins von Anfang. Da war der Kardinal von Dietrichstein. Da war der Conde de Marradas, Generalleutnant seines Titels nach, der aber nichts mehr besagte, denn 1632 war Marradas von seinem an sich dürftigen Kommando nach Wien eingeladen und in einstweiligen Ruhestand versetzt worden, wozu seine militärischen Leistungen überreichlichen Grund gaben; ein schöner, stattlicher Greis übrigens, wie einer erzählte, der ihn im offenen Sarge liegen sah, zu Beginn unseres Jahrhunderts, ganz wohlkonserviert. Da waren des Kaisers Beichtiger, Lamormaini, und sein Hofprediger, Pater Weingartner; nicht durchweg einer Gesinnung, denn Lamormaini fühlte von Frankreich sich angezogen, Weingartner nicht; aber einer Gesinnung in den Hauptfragen, welche die Kirche anging, verbissene Vorkämpfer des Restitutions-Edikts, an dem sie auch kein Tüttelchen gemildert wissen wollten, letzthin der Überzeugung, daß zwischen den Konfessionen so lange gekämpft werden müßte, bis eine von ihnen hin wäre, wobei man, was das Ende beraf, sich auf Gott den Herrn denn doch verlassen durfte. Lamormaini und Weingartner waren genau das, wofür die Jesuiten im evangelischen Volksmund galten, genau das, was Wallenstein meinte, wenn er seine Flüche gegen den Orden ausstieß; ihr Einfluß auf Ferdinand II. war enorm. Und kein anderer war der Urheber der »Exhortatio«, der Erz- und Schutzengel Österreichs, als Pater Johannes Weingartner S. J.
Es kamen Militärs dazu, die arbeitslos und verbittert im Wiener Hofkriegsrat saßen: der Feldmarschall von Tiefenbach, 1632 auf sanfte Weise vom Heere verwiesen, der Oberst Marchese Caretto di Grana. Ein dunkler Ehrenmann. »Ich schwöre«, hatte Wallenstein acht Jahre früher geschrieben, »daß ich lieber wollte ins Spital gehen, als ihn bei mir haben, und von Tag zu Tag mag ich ihn weniger leiden.« Was er an Caretto am wenigsten leiden konnte, war dieses Offiziers den Durchschnitt um ein Vielfaches übersteigende Raubgier. Von den Kontributionen, die er eintrieb, erfuhr man nie genau, wohin sie gingen. Als er aus einer deutschen Stadt Geiseln mit sich schleppte, gegen hohes Lösegeld sie freizugeben versprach, nach Erlegung des Preises aber immer noch mehr verlangte, enthob Wallenstein ihn brüsk seines Kommandos. Der Gedemütigte bat, ihm das Bollwerk gegen den Türken, die Festung Raab, ersatzweise anzuvertrauen; Wallenstein schlug die Bitte aus. »Wenn ich des Grana Praesumption betrachte, so nimmt mich ein wenig Wunder, daß er Raab praetendiert; wenn ich aber die Qualitäten ansehe, so kann ichs nicht anders als für ein großes disparato halten.« Man versteht, warum Caretto Wallensteins Feind wurde. Man wird etwas Mühe haben, zu verstehen, wie ein so übel Beleumundeter der Fraktion der Frommen willkommener

Bundesgenosse wurde, demnächst auch den Kaiser mit Ratschlägen unverfroren heimsuchen durfte. Daß der Hofkriegsratspräsident Graf Schlick mit von der Partie war, sehr wirksam tätig jetzt, braucht man kaum noch zu erwähnen. Hofkriegsrat und geistlicher Kreis – zwei Nester, deren Vögel sich lockten und respondierten. Man weiß nicht genau, wer was geschrieben hat; mögen auch Mehrere zusammengesessen, Argumente und Geheimnisse getauscht haben. – Schwer, unsere Erzählung hat es gezeigt, wird es immer sein, den Charakter Wallensteins zu bestimmen. Wäre die Frage nach seinen Feinden ein Weg dazu? Hier waren seine Erzfeinde: Glaubenskämpfer, welche den religiösen Kompromiß als Teufelsdreck erachteten, Feudalherren alten Stils, schlechte Ökonomen und Leibeigenen-Schinder, Imperialisten alten Stils, unfähige, neidische Militärs, korrupte Plünderer.

Dann Bayern. Von jeher verbündet mit dem geistlichen Kreis; man erinnert sich des Paters Valeriano Magni, an das, was zwischen der großen Persönlichkeit und Maximilian gespielt hatte im Jahre 27. Wie ging es dem noblen Kapuziner jetzt? Es scheint nicht, daß er aktiv war wie ehedem. Zwar, das Bild Wallensteins, welches jene Voten enthalten, ist auf den ersten Blick Magnis alter Charakterstudie wohl ähnlich, und die Tricks, welche sie zur Vorbereitung des zweiten Sturzes erdachten, erinnern recht genau an jene, mit denen Magni den ersten zu fördern wußte. Aber alles ist diesmal plumper, aggressiver, nackter; von der literarischen Feinheit der Kapuzinaden keine Spur. Man bedurfte Magnis nicht mehr; sein Angebot war längst ins Breite gesickert, vergröbert, wie das Breitere es mit sich bringt. Maximilians Gesandter, Dr. Bartholomäus Richel, handelte direkt mit Schlick, mit Caretto, mit Eggenberg.

In seinem Quartier am Inn, dem Städtlein Braunau, blies der Kurfürst zum Generalangriff. An Richel, den 6. Dezember: er soll sich mit den beiden spanischen Ambassadoren zusammentun und im Allergeheimsten Wallensteins Entlassung betreiben. – An Richel, den 18. Dezember: Es ist jetzt Zeit, den Deckel vom Hafen zu tun und auf des Herzogs von Friedland Favoriten keine Rücksicht mehr zu nehmen. Der Mensch, dessen widerwärtiger, eigensinniger Kopf, dessen Imaginationen und Passionen, dessen falsche, durch allerlei Rationibus bemäntelte Aktionen die katholische Christenheit mit dem Untergang bedrohen, muß weg. Nun darf aber Richel nicht so ohne weiteres vorpreschen; lieber wäre es dem Kurfürsten schon, es ginge ohne ihn, man kennt ja Wallensteins Rachsucht. Darum soll der Gesandte bei jenen, die nicht von der Friedländischen Fraktion sind, bei dem Grafen Schlick etwa und dem Pater Lamormaini, herauszubringen suchen, ob eine baldige Veränderung zu erhoffen sei. Ist sie es, dann gut. Ist sie es nicht, steht es schlecht und kühl damit, dann und nur dann soll der Gesandte dem Kaiser mit aller Bescheidenheit den allernachdrücklichsten Vortrag halten: wie der Herzog von Friedland alle des Kurfürsten Warnungen verächtlich beiseite gesetzt, wie er an allem, allem Unheil schuld sei seit nun zwei Jahren, und wie solcher unerträglicher Sklaverei ein Ende gemacht werden müsse. Dem Schreiben liegt ein »Discurs über des Friedlands actiones und gegebene ungleiche Ordinanzen« bei, den Voten der Kriegsräte, Geheimräte und Erzengel nahe verwandt; von Richel dem Kaiser zu überreichen, aber wieder nur, wenn es notwendig sei. Richel verschiebt die Präsentation bis zum 11. Januar. – An Richel, den 22. Dezember: Es kann nicht anders sein, der Gesandte wird selber sprechen müssen. Er wird unter viel anderem auszuführen haben: Wie unerhört war doch jene Pilsener Offiziersversammlung vom 17. Dezember, wie sehr, nebenbei bemerkt, den Gewohnheiten Friedlands widersprechend, der doch sonst alles nach seinem eigenen bösen Kopf zu entscheiden pflegte! Jetzt aber schlüpfte er hinter die Faulheit seiner Obersten, die lieber im Quartier blieben als in den Winterkrieg zu ziehen; und anstatt das Gutachten mit strenger Rüge zu verwerfen, hatte er noch die Unverschämtheit, sich darauf zu berufen. Dies soll Richel dem Kaiser zu Gemüte führen; wie auch den Ungehorsam des Obersten de Suys, wie auch, was die Welt sonst über Charakter und Lebensart Friedlands weiß. Lästert er nicht Gottes Allmacht Tag für Tag mit alten wie auch mit neu erfundenen erschrecklichen Flüchen, gibt er nicht den gemeinen Soldaten ein Beispiel, da ihnen doch das Fluchen bei Todesstrafe verboten, und selbst die Feinde, die Evangelischen, es exemplarisch zu bestrafen pflegen? Darf ein so frommer Herr wie der Kaiser dem länger zusehen? Will er fort und fort seines Hauses Glück von einem einzigen, eigensinnigen, passionierten, widrigen Humor und Gemüt abhängen lassen? . . . Der Kurfürst hatte es gedacht und gefühlt 1627 und 1630 und als er, vor anderthalb Jahren, den Verhaßten umarmte und als er bei Nürnberg mit ihm haushielt im engen Lager. Neu war auch nicht, daß er den Kampf verdeckt zu führen wünschte, offen aber nur, wenn es ganz gewiß kein anderer täte; so stark charakterisierte Menschen wie Maximilian ändern sich nicht. Neu war die Steigerung, die nicht mehr zu steigernde Schrille des Tones.

Da war noch etwas Anderes neu. Dr. Richel, Diplomat, der sich seiner Aufgabe mit pfiffiger, derber Geschicklichkeit unterzog, sollte die Hilfe der spanischen Ambassadoren suchen. In Regensburg, anno 30, hatten die Spanier für Wallenstein agiert und gegen Bayern. Nicht

so jetzt. In ihrem Verhältnis zu Wallenstein vollzog sich ein Wandel seit dem Sommer; er wurde um die Jahreswende zur völligen Umkehrung.
Wiederholung auch hier, bis zu einem Markstein auf dem Weg, und dann nicht weiter. Während des erneuerten Generalats spielte der spanische Botschafter in Wien, Castañeda, eben die Rolle, welche der spanische Botschafter Aytona während des ersten gespielt hatte. Düstere Depeschen nach Madrid; Getuschel mit Wallensteins Gegnern, mit dem jungen König von Ungarn, mit Lamormaini; Wahrheiten, Übertreibungen, Verleumdungen. Castañeda verdammte den schlesischen Waffenstillstand; es sei, soll er dem Kaiser in blanken Worten gesagt haben, auf nichts anderes abgesehen, als auf den Ruin des spanischen Unternehmens, Ferias Heereszug. Er verdammte, sonderbarer Diplomat, nicht weniger zornig den Abbruch des Waffenstillstandes: das sei »wider Gott, wider die Reputation des Wortes und die menschliche Vernunft«. Noch immer lag Madrid gleich fern von Wien, und noch immer glaubte der Herzog von Olivares an Wallensteins Macht, Unentbehrlichkeit und Ingenium. Noch immer hoffte er, mit ihm ins Werk zu setzen, was das unverrückbare Ziel seiner Politik blieb: Habsburgs, nämlich Spaniens und Deutschlands, großer Krieg gegen die Franzosen und Holländer, Wiederherstellung des Imperiums. Um den lästigen Castañeda auszuschalten, sandte er im Oktober einen zweiten, außerordentlichen Botschafter nach Wien: den Grafen Oñate, der deutschen Dinge bewährtesten Kenner.
Oñate kam als Vermittler. Um so tiefer war sein Erstaunen, als er in Wien eigentlich keine Freunde Wallensteins mehr traf; nur furchtsame Ehemals-Freunde, die peinlich schwiegen; nur Gegner, die auch furchtsam waren und ihn zu Initiativen drängten. Selber verhielt er sich zunächst, wenn nicht furchtsam, so doch behutsam. In einer so schicksalsschweren Frage sei es gefährlich, die Autorität des Königs von Spanien offen einzusetzen; was würde geschehen, wenn die Minister Seiner Majestät sich gegen Wallenstein erklärten, und dann bliebe er doch in seiner Stellung? So daß hier einer den anderen aufstachelte, um hinter des andern Rücken zu verschwinden: der König von Ungarn, unbefriedigt in seinem Tatendrang, wie die Söhne alternder Väter-Herrschaften sind, den Kurfürsten von Bayern und den spanischen Botschafter; der Kurfürst von Bayern den König von Ungarn, den spanischen Botschafter und die kaiserlichen Berater, welche ihm die meistversprechenden schienen.
Oñate tastete sich vor. In Dr. Agustín Navarro hatte er einen Informanten, der an aller Quellen Quelle saß. Den Fall Regensburgs erklärte er durch einen Irrtum Wallensteins, nicht durch bösen Willen,

mit der Nachschrift, man müsse da freilich unheimlichere Interpretationen hören. Über den deutschen, den Wallenstein-Frieden erklärte er sich zu Eggenberg, wie es einem so bedeutenden Orakel gebührte: wäre der Friede dem Katholischen Wesen günstig, dann hätte er die Unterstützung Spaniens allerdings, wenn aber nicht, so würde man die ganze Deutschland- und Österreich-Politik sehr ernsthaft zu überprüfen haben. Ein Drohen mit der Sperrung der spanischen Hilfsgelder, falls Wallenstein etwas Friedenstiftendes unternahm, das Frankreich und Holland einschloß; Oñate zu wohlerzogen, es auszusprechen. Er war nicht lang in Wien, als eine Botschaft aus Madrid kam, deren Echo wie nichts anderes taugte, den Generalissimus auf die Probe zu stellen. Die Regentin der Spanischen Niederlande, Infantin Isabella, Philipps II. greise Tochter, hatte endlich das Zeitliche gesegnet. Flandern war ohne oberste Regierung; daß man dort Lust hätte, es den Holländern nachzumachen und Haus Habsburgs kostbarstes Kleinod zu stehlen, wurde befürchtet. Also mußte der Kardinal Infant, seit Monaten untätig in Mailand, die Fahrt nach Brüssel endlich unternehmen. Nur die Gewärtigung seiner Ankunft, glaubte man, konnte Flamen und Wallonen abhalten vom Ärgerlichsten. Sein starkes, militärisches Nahen, wohlgemerkt. Auf die Truppen Ferias war keine Rechnung mehr zu machen; sie irrten jämmerlich irgendwo zwischen Rhein und Inn umher, und demnächst, Anfang Januar, verstarb ihr ruhmloser Anführer. Auch der Weg den Rhein hinab war nicht mehr zu empfehlen. Was half die Rettung Breisachs, um derentwillen man soviel geopfert hatte? Die Franzosen beherrschten ganz Lothringen und konnten so dem Zuge des Infanten auf das Übelste in die Quere kommen. Weit nach Osten sollte die Reise führen, und dann diagonal nach Westen: von Linz durch Böhmen, Sachsen, Thüringen, Westfalen nach Köln. Der Herzog von Friedland hatte Farbe zu bekennen. Tat er es im Guten, steuerte er 6000 Reiter bei, welche den Prinzen zu convoyieren hatten durch alle die Lande, eines gefährlicher als das andere, so gewann er die Gunst Spaniens wieder mit einem Schlag, so war die bayerisch-spanische Genossenschaft, die in Wien sich anbahnte, so rasch aufgelöst wie entstanden. Oñate, schon stark unter dem Einfluß Castañedas und Richels und Schlicks, schon fast hinüber in der Feinde vereinigtes Nest, wartete dennoch ab, wie er sich entscheiden würde.
Für Dr. Bartholomäus Richel jedoch hatten die Spanier den Ort schon erreicht, an dem keine Rückkehr mehr möglich war. Richel an Maximilian, den 14. Dezember: Es steht besser, als es sich von Weitem wohl ansieht. Fürst Eggenberg selber, angeblich das Haupt der Friedländischen Fraktion, hat die Feder angesetzt und die scharfen Befehle

an Wallenstein durch die schärfsten Formulierungen gewürzt. Am 21. Dezember: Wie man hört, liegt der Herzog von Friedland so ziemlich im Sterben; könnte von dieser Seite des Knotens Lösung erblühen? Am 28. Dezember: Graf Oñate hat ihm gesagt, es bleibe nichts übrig als Wallensteins gänzliche Entfernung vom Kommando, und in diesem Sinn suche er unter der Hand zu wirken. Eggenberg schwankt. Es mangelt dem Herzog von Friedland nicht an Ingenium, hat er bemerkt, an Patienz aber sehr viel, immer folgt er nur seinem eigenen Kopf, will keinen Rat hören und häuft so Fehler auf Fehler. Eine Veränderung wird sein müssen, könnte aber vielleicht in einer bloßen Reduktion seiner Vollmachten bestehen. Andere Räte, die es treu meinen, geben zu bedenken, Halbmaßnahmen würden überhaupt nichts helfen. Am 31. Dezember: Es kann nicht mehr lange dauern. Des Herzogs Favoriten und Patrone schweigen jetzt; sie wagen nicht mehr, ihn zu verteidigen. Noch einmal, am 31. Dezember: Es ist soweit, und der Kaiser entschlossen, ein Ende zu machen. Ein streng gehütetes Geheimnis; er hat es dennoch herausgebracht. Nur muß man erst die vornehmsten Offiziere gewinnen, damit sie, wenn es zur Ausführung kommt, sich verhalten, wie es Kavalieren ziemt. Was dann mit dem Gestürzten zu machen sei, diese Frage verursacht Kopfzerbrechen. Ihm die Freiheit zu lassen, wäre bedenklich; ihn gefangenzunehmen, hätte auch seine Schwierigkeiten.

Das Pilsener Bankett

Am Marktplatz von Pilsen, rings um die Kirche, hausten der Herzog und sein Stab, die Kammerherren, Kanzlisten, Leibärzte, Trabanten, Sterndeuter; hausten der Feldmarschall von Ilow, der Feldmarschall-Leutnant Trčka mit ihren Offizieren. In der Stadt Kommen und Gehen, reitende Boten, pelzbedeckte Schlitten über die verschneite Fläche des Marktes. Den 27. Dezember reiste Octavio Piccolomini in geheimem Auftrag Wallensteins zu dem Generalleutnant Gallas, der in Schlesien kommandierte. Den 5. Januar verließ Kriegsrat von Questenberg die Stadt; am Tag vorher war Don Diego de Quiroga, Beichtvater der Königin von Ungarn, aus Wien eingetroffen. Den 9. erschienen aus Dresden Graf Wilhelm Kinsky mit Gemahlin zusamt dem sächsischen Obersten Schlieff. Kinsky war alsbald fünf Stunden bei Wallenstein, Schlieff wenigstens eine; worauf er, dank Trčkas wohlorganisierten Stafetten, die Rückreise nach Dresden in zwei Tagen bewältigte. Den 10. Januar kehrte Piccolomini aus Glogau zurück. Den 20. erhielt Wallenstein den Besuch des Herzogs Franz Albrecht von Sachsen-Lauenburg, sächsischen Feldmarschalls, der schon nach wenigen Stunden wieder nach Dresden aufbrach. Am 24. kam Gallas und ließ es sich nicht nehmen, gleich bei dem Grafen Kinsky zu soupieren. Es gibt der Zeugnisse viele, aus denen man weiß, wann alle diese, und noch manch anderer, in Pilsen ihre Aufwartung machten und wie lang; teils stammen sie von den Hin-und-her-Reisenden selber, teils von Beobachtern, die sich ständig im Hauptquartier aufhielten. Von ihnen waren die gewichtigsten der bayerische Kriegskommissarius Rogge und Dr. Agustín Navarro, Vertreter des Königs von Spanien.

Der Mann, dem solches Gewimmel galt, lag zu Bett; so weit war es mit ihm gekommen, daß er sich nur noch für ein paar quälende Stunden erheben konnte. Vom Bett aus hatte er in Wien, Frühjahr 1627, seinen Willen durchgesetzt, die feindlichen Höflinge sich gefügig gemacht. Anders jetzt. Er habe, erzählte Questenbergs Arzt dem Bayern Rogge, die Liste der Medikamente gesehen, die Seine Fürstlichen Gnaden täglich zu sich nähmen, wie auch die ihm vorgeschriebene Diät; nach menschlichem Ermessen könne das nicht mehr lange dauern.

Er empfing Quiroga noch am Abend nach des Kapuziners Ankunft, sehr höflich, und hörte ihm aufmerksam zu. Die Audienz dauerte drei Stunden. Natürlich handelte es sich um den Nord-Zug des Infanten, um die 6000 Reiter, die er brauchte, um quer durch Deutschland zu gelangen. König Philipp, gab der Pater zu bedenken, habe den Herzog stets sehr hoch geschätzt und würde auch weiterhin Dienste mit Gegendiensten zu vergelten wissen. Die Rettung Flanderns liege ihm am Herzen, und die Eile der Rettung, denn nachher wäre es zu spät. Wallenstein sah die Notwendigkeit der Sache und die Unmöglichkeit der Sache. Von Eger nach Köln waren es hundert Meilen, zwischen Anfangs- und Endpunkt der Reise kein Platz, der nicht dem Feind gehörte; die 6000 würden tot oder gefangen sein auf weniger als dem halben Wege. Den Rhein hinunter war es auch nicht besser; besser dagegen, und einzig gut, die Verwirklichung des Planes aufzuschieben, etwa bis nach Ostern . . . Militärische Argumente, vorgetragen mit Ernst, »con mucha ponderación«, und, soweit sie gingen, schwerlich zu widerlegen. Spanische Unwissenheit hatte das Projekt ausgeheckt, es taugte nicht, solange die Schweden und was ihnen anhing unbesiegt in Deutschland standen. Don Diego hörte nur das Nein. Der König, sein Herr, bemerkte er bitter, könnte verlangen, was er wollte, wenig oder viel, gewährt würde es ihm doch niemals.

Er ahnte Wahres. Mit der Weigerung, den Kardinal Infanten nach Brüssel zu expedieren, stand es ähnlich, wie mit der Weigerung, einen

Winterfeldzug in Bayern zu führen. Militärische Gründe gab es, sie hielten stich, sie genügten. Und doch verbarg anderes sich hinter ihnen. Wallenstein war nun Spaniens Feind. Er haßte, was er für das spanische Ziel hielt: sich in Deutschland einzunisten, Deutschland für seine eigenen, bösartigen, unerreichbaren Zwecke ewig auszunützen. Er will es dem Pater ins Gesicht gesagt haben. Ja, habe er ihm gesagt, es stimme, was man in Wien behauptete: die Holländer habe er warnen lassen, er werde nicht dulden, daß Spanien die deutsche Freiheit unterdrücke, allzeit seien die Spanier umgegangen mit bösen Ränken, wider alles Recht hätten sie den Herzog von Mantua angegriffen und darüber ihre besten Festungen in Flandern verloren . . . Hat er wirklich so gesprochen? Träumte er, so gesprochen zu haben?

Nach zwei weiteren unnützen Besuchen am Krankenbett kehrte Quiroga nach Wien zurück. Er war noch als Freund gekommen, als Freund hatte man ihn auserwählt. Vieles spricht dafür, daß seine gescheiterte Mission nicht bloß der Reise des Infanten, sondern daneben, oder darum herum, einem freundlichen Ausgleich zwischen Wallenstein und dem Wiener Hof galt. Jedenfalls sprachen viele davon. Es sei versucht worden, den Herzog zu einer Teilung des Kommandos zu überreden, so daß er im Reich kommandierte und der König von Ungarn in den Erblanden, oder umgekehrt; sei überhaupt versucht worden, ihn versöhnlich gegen des Kaisers Minister zu stimmen. Da Quiroga unter Wallensteins Charme stand, so war die Absicht naturgegeben; man blieb ja während solcher Gespräche nicht nur beim engsten Gegenstand. In dem Bericht des Paters kommt davon aber nichts vor, außer, daß Wallenstein ihm versicherte, er würde von Herzen gern die Last seines Amtes von sich werfen.

Indem Quiroga ein Handschreiben des Kaisers überreichte, welches den Wunsch des Infanten mit starken Worten unterstützte, gab er Wallenstein Anlaß, die Zumutung als eine gesamthabsburgische zu sehen; eine spanisch-österreichische Verschwörung. Es war, was seine wunde, grübelnde Seele eben noch brauchte. Höflich hatte er sich zu Quiroga verhalten, nach seiner Art; demnächst redete er von den 6000 Reitern in anderen Tönen.

Ein Konvent der General-Offiziere und Obersten des kaiserlichen Heeres, in Pilsen abzuhalten, muß noch im Dezember beschlossen worden sein. Dem Befehl des Generalissimus folgend, langten die Herren am 9. und 10. Januar im Hauptquartier an, von so weit her, wie Österreich, Schlesien, Brandenburg, Schwaben, 47 Häupter. Sie wußten zunächst nicht, wozu man sie eingeladen hatte, sie wanderten etwas ratlos umher, sie fragten einander.

Hatte Wallenstein selber sich dies Treffen ausgedacht? Wußte er, was er mit ihm bezweckte? Wir unsererseits wissen nichts. Wir können nur meinen; und meinen dies. Der Instigator der Versammlung war eben der, der sie dann leitete und zum gewünschten Ende führte: Christian von Ilow. Der brutale, geriebene Ilow; das Faktotum jetzt, wie Holk es im Vorjahr gewesen; der Starke und Gemeine, auf den der Noble, Gebrochene sich stützte, da er sich denn auf einen stützen mußte. Ilow hatte die Intrige ersonnen, zusammen mit Adam Trčka. Trčka, dessen gieriger Standesdünkel eines war mit Vaterlandsliebe, so wie eben der böhmische Adel das Vaterland liebte; Ilow, der an gar nichts dachte als noch mehr Geld und Gut, noch klingendere Titel. Dumpfe Köpfe alle beide, waren sie doch nicht so blind, um zu verkennen, daß eine Krise, viel schlimmer als die von 1630, das Glück ihres Herrn bedrohte. Mit Wallenstein würden sie fallen; mit Wallenstein noch höher steigen. Da nun ihr Patron krank und kränker wurde, fremd und fremder, da er ihrem Griff zusehends entglitt ins Unbegreifliche, so mußten sie etwas tun, um ihn zu ermutigen; um ihn an das Heer zu binden durch die Offiziere, das Heer an ihn, wieder durch die Offiziere. Er ließ es geschehen. Die Kraft fehlte ihm, es nicht geschehen zu lassen. Die Lust, es geschehen zu lassen, zu beobachten, was dabei herauskommen und wie er selber sich verhalten würde, dies Interesse war da. Vernünftig gesehen: bedurfte er, um sein Traumziel zu erreichen, nicht wirklich der neuen, scharfen Verpflichtung seiner Offiziere, nicht der Armee, die schrittweise ihm zu nehmen der Wiener Hof schon seit vergangenem Sommer am Werk war?

Vernünftig gesehen. Schon drei Tage später, und seither immer, urteilten die Klugen, sein Entschluß, abzudanken, sei nichts als Komödie und abgekartetes Spiel gewesen. Wir sind nicht so klug, zumal wir nicht glauben, daß es unter Menschen allewege so klug zugeht.

Ilow empfing die Offiziere, wie sie kamen. Der Herr ist der älteste Oberst, redete er den Ritter des Deutschen Ordens, Mohr von Wald, an, was meint der Herr zu den scharfen Schreiben, die der Herzog aus Wien bekommen? Was meint er zu dem Verlangen, in dieser Winterskälte auf Regensburg loszugehen? Wie steht er zu dieser neuen Forderung, den Kardinal Infanten mit 6000 Pferden zu convoyieren? – So privatim; am nächsten Tag, welcher der 11. Januar war, zu den versammelten Siebenundvierzig, in seinem Hause. Morgens wurden die militärischen Zumutungen besprochen, von denen man gestehen muß, daß Kaiser Ferdinand eine, den Feldzug gegen Regensburg, bereits fallen gelassen hatte; und wurden einstimmig als unmöglich befunden. Nach dem Mittagessen öffnete Ilow die Schleusen seiner aufwieglerischen Beredsamkeit. In Wien regierten die Spanier, regierten die Jesuiten. Spanien wolle auf eine Monarchie über das Römische

Reich und immerwährenden Krieg hinaus. Es sei kein Geld für die Armee da, zu anderen Zwecken recht wohl. Der Herzog, mit Undank und Verleumdungen belohnt für alle seine Dienste, habe es satt. Er wolle abdanken. Ob das aber gut wäre, wenn der Herzog ginge? Gut für Kaisers Dienst? Gut für die Herren Obersten, die so viel Geld ausgelegt im Vertrauen auf Wallensteins Kredit, auf die herzogliche Garantie, und nun alles zu verlieren im Begriff ständen? Ob man nicht einen letzten Versuch machen sollte, den Herzog umzustimmen? – Die Antwort, aus erregtem Stimmengewirr der Siebenundvierzig sich ergebend, war, daß ein solcher Versuch allerdings dringend notwendig sei; wobei der Oberst Herzog Heinrich Julius von Lauenburg, einer von Franz Albrechts unzähligen Brüdern, sich vernehmen ließ, da könnte jeder leicht Generalissimus sein und seinen Offizieren die schönsten Versprechungen geben, um dann, wenn es zum Einlösen käme, sich aus dem Staub zu machen. – Das Wort hat Gewicht. Wallenstein war den Regimentskommandanten in der Tat finanziell verpflichtet. Sich von ihnen zu trennen, mir nichts dir nichts, wäre einer Art von betrügerischem Bankrott gleichgekommen; ein Schuldner, hätte er es mit sehr groben Gläubigern zu tun gehabt. – Geführt von Ilow begab eine Delegation sich in des Herzogs Haus und wurde vorgelassen: die Obersten Bredow, Losy, Mohr von Wald, Henderson. Er sagte Nein. Man zog sich zurück, man verhandelte unter sich, Ilows Inszenierung; man drang noch einmal vor ins Krankenzimmer. Diesmal sagte er Ja. Den Herren Obersten zuliebe, zu sehen, wie sie zu dem Ihrigen kämen, das Heer zu seiner Nahrung, das Deutsche Reich zum Frieden, werde er in Gottes Namen noch eine Zeit im Amt bleiben.

Die Deputierten kehrten zu ihren Waffenbrüdern zurück. Ilow redete und redete: eine Treue sei der andern wert. Habe der Herzog sich ihnen verpflichtet, so sollten sie ihm ein Gleiches tun; desto sicherer würden sie ihn behalten. Sie fanden das einleuchtend. Nun gut, fuhr der Feldmarschall fort, schriftlich sei besser als mündlich. Indem winkte er dem Rittmeister Niemann, der ein Konzept aus der Tasche zog und vorlas: ob da irgendwer nicht mitmachen wollte? Ungefähre Zustimmung; so enthusiastisch kaum wie am Vortag.

Den folgenden Abend, den 12. Januar, gab der Feldmarschall den Siebenundvierzig ein Bankett im großen Saal des Rathauses, welches stand, wo es heute noch steht, schräg gegenüber von Wallensteins Residenz. Gefoltert in seinen Füßen und Knien und Händen, in seinem Herzen, seinen pochenden Schläfen, seinem Hirn, mußte er denn also hören, was vorging im Bankettsaal; wie die Musik aufrauschte und verstummte nach einer Zeit und statt ihrer ein anderes

Lärmen losging, ein Rufen und Schreien und Krachen zuletzt, als ob man mit Äxten auf Holz schlüge. Sie waren unter sich, die alten, grimmigen Kinder, die hartgebrannten Glücksritter, Kameraden von je, Rivalen von je, und genossen ihr Beisammensein. Der Wein erhitzte ihre Köpfe, erhitzte die Politik in den Köpfen. Der Revers, den sie unterschreiben sollten, begann zu zirkulieren. Was das sei, wollten einige wissen? Wozu man es brauche? Ob es einen feindlichen Zweck gegen die Religion in sich trage? Warum von der Treuepflicht gegen den Kaiser nichts erwähnt werde? Ilow beschwichtigte: davon sei ja vorher genug die Rede gewesen, stehe auch da, irgendwo am Anfang, es genüge so. Es genügte den Einen, die ihren Namen malten, den Anderen nicht; und wie die Nacht vorrückte, die Köpfe kreiselten, die Sinne sich verwirrten, ging es wilder und wilder zu. Man hörte Insulten lallen und gierig belacht werden gegen die beiden Inkarnationen des Bösen, Spanier und Jesuiten. Oberst Losy brüllte, sie seien alle Hundsnasen – jene, die nicht unterzeichnen wollten; Heinrich Julius von Lauenburg brüllte, man sollte Losy zum Fenster hinausschmeißen, gegen den Isolano, General der Kroaten, mit dem Schwert eindrang. Im Gewühl der Torkelnden fielen solche Szenen so sehr nicht auf; fiel nicht auf, daß auch Adam Trčka den Degen zückte, drohend, er werde jeden umbringen, der dem Generalissimus feind sei, und daß Octavio Piccolomini dem Grafen ein schrilles »O Traditore!« zurief, welch letzteres um so geringer vermerkt wurde, als Piccolomini gleich nach seinem Ausbruch den Obersten Giulio Diodati bei den Schultern griff und mit ihm im Saal umhersprang, so daß er einer Zurechnung denn wohl nicht fähig war und arg fröhlich obendrein. Als die Zecher endlich hinauswankten in die Winternacht, lagen im Saal Tische, Stühle, Öfen zertrümmert.
Wallenstein empfing Bericht am nächsten Morgen. Es war nicht die Art von Festlichkeit gewesen, die er schätzte. Er befahl alle Siebenundvierzig vor sich. Sie erschienen am Vormittag, die Übernächtigen mit ihren gedunsenen Gesichtern, gewaschen und aufgeputzt, wie es sich für eine solche Kollektiv-Audienz gehörte, die Schärpe überm Leib, den Hut unterm Arm, drängten sich zusammen im Abstand von dem Lehnstuhl, in welchem der Herzog saß. Nun war es an dem Kranken, seine legendäre Autorität zu zeigen. Er müsse hören, sagte er, daß es Bedenklichkeiten gegeben habe bei der Unterschrift, das mache sie wertlos. »Ich wollte mich lieber tot, denn beim Leben also sehen; ich will mich retirieren und meiner Gesundheit pflegen.« (Nach anderer Überlieferung: »den Rest meiner Tage in einem Kloster verbringen.«) Dem Kaiser, dem Römischen Reich Schaden zu tun, sei seine Absicht nicht, davor möge Gott ihn behüten. Er wurde

zornig, während er sprach, er ging ins Einzelne. Da war die Reise des Infanten, mit den 6000 Reitern. »Wenn solches ein Schülerjunge begehrte, wäre er wert, daß man ihn mit Ruten striche . . . Wenn ich nun solchem unzeitigen Befehl nicht pariere, so sucht man mich zu verfolgen.« Da war das Elend des Geldes. Man gab ihm keines; nicht die Spanier, nicht der Kaiser, allen Versicherungen zum Trotz. Ganze 100000 Gulden hatte Questenberg mitgebracht, mit solchem Bettel sollte er sich zufriedengeben. Wo gingen die Steuern hin? Warum führte man Krieg und gönnte dem Heer nicht, was es für den Krieg brauchte? »Wo wir hinkommen oder Quartier begehren, will man uns nicht haben, als wenn wir Türken, Teufel oder Tataren wären.« Wie gedachten sie in Wien diesen Krieg zu Ende zu bringen? »Als wir das ganze Reich mit Volk überschwemmt gehabt, alle Festungen und Pässe besaßen«, war es nicht gelungen; wie jetzt? Aber Frieden wollten sie in Wien keinen. Man besudelte seine in achtundzwanzig harten Dienstjahren gewonnene Ehre und Fama, man ging, behauptete er, sogar damit um, ihn durch Gift aus der Welt zu schaffen. War das der Dank für seine Leistungen? Dennoch und dennoch hatte er gestern den Herren Offizieren zugesagt, seinen Rücktritt noch etwas zu verzögern, ihres Interesses wegen, des Friedens wegen; sie möchten es sich noch einmal überlegen. – Ein Nicken des Kopfes, welches Entlassung bedeutete. Neues Gerede der Generale und Obersten untereinander, neue Gesandtschaft: der Herzog möchte, was gestern im Trunk geschehen, doch nicht verübeln. Jetzt, bei morgendlichem Bewußtsein, seien sie alle bereit, zu unterzeichnen. Sie taten es, wohl fünfmal, denn fünf Exemplare wurden ausgefertigt: drei von den ältesten Kommandanten der Infanterie, Kavallerie und kroatischen Reiterei zu verwahren, zwei nach Schlesien und Österreich zu bringen, der noch ausstehenden Signaturen halber. Verkürzt lautete der Pilsener Schluß wie folgt. Wegen vieler ihm zugefügter hochschmerzlicher Injurien, wegen Verweigerung des notwendigen Unterhalts der Armee, wegen unerfüllbarer und ruinöser, vom Kaiserhof ihm zugekommener Befehle hatte der Herzog von Mecklenburg, Friedland, Sagan und Großglogau vorgehabt, sein Generalsamt zu quittieren. Sein nur zu verständlicher Entschluß mußte zum Verderben gereichen der Kaiserlichen Majestät, dem bonum publicum, dem Heer und nicht zuletzt den Kommandanten des Heeres, die im Vertrauen auf Ihrer Fürstlichen Gnaden fürstliche Parola ihr Vermögen in die Schanze geschlagen. Der Herzog hatte das Bitten und Flehen seiner Offiziere erhört und eingewilligt, noch eine Zeit bei ihnen auszuharren, auch, ohne ihr Vorwissen und Einverständnis sich nicht von ihnen zu trennen. Angesichts solchen Großmutes beschworen die

Unterzeichneten ihrerseits, bei dem General ehrbar und treu zu verbleiben, auf keinerlei Weise von ihm sich zu separieren, zu trennen oder trennen zu lassen, vielmehr neben ihm und für ihn ihr Leben bis zum letzten Blutstropfen einzusetzen; und sollte Hab und Gut, Leib und Leben verwirkt haben, wer diesen Eid ehrvergessen bräche; genehmigt, Heinrich Julius Herzog zu Sachsen-Lauenburg Ilow Schaffgotsch O. C. Piccolomini Scherffenberg Sparr Trčka Morzin Suys Isolano Mohr von Wald Bredow Lamboy Gonzaga Beck Wolff Waevell Wiltberg de la Fosse Henderson Noyrel Diodati Burian von Waldstein Prjchowycz la Tornett Rauhhaupt Losy Kosseczky Corpus Milheim Bissinger Teufel de la Mouilly S. Piccolomini Wangler Schütz Gisenburg Salazar Waldenfels Notario Balbiano Corrasco Rodell Altmanshausen Haimerl Peukher Butler Gordon. – Ende des Konvents am Nachmittag dieses 13. Januar, Aufbruch in alle vier Winde.

Über die Geheimhaltung des Schriftstückes machten seine Verfasser sich keine Illusionen. Von den Siebenundvierzig mußte einer sein, der über Text und Begleitumstände plauderte; es mußten mehrere sein, zu schweigen von zahllosen Beistehern, Sekretären, Dienern, wißbegierigen Mönchen. Ein Zweck des Unternehmens, das eindeutigen Zweck nicht hatte, war eben der, die Feinde Wallensteins in Wien und München einzuschüchtern: hier stand eine Mauer, General, Offiziere und Soldaten, fest, lückenlos. Am Wiener Hof, der über die Ereignisse in Pilsen prompt informiert wurde, mutmaßte man Unterschiedliches. Die Einen: Das sei am Ende so schlimm nicht, nur ein Versuch Wallensteins, die Armee, in der es gefährlich rumorte, zu beschwichtigen und zu disziplinieren. Die Anderen: Das sei sträfliche Konspiration. Die Dritten: Leider; aber von der Art, daß sie ein Vorgehen gegen den Herzog nur um so schwieriger mache. Bartholomäus Richel, der seinem Kurfürsten diese drei Reaktionen auseinandersetzte, muß sie beobachtet haben, der Mann hatte gute Quellen. Freilich, die beste, zentralste versagte sich ihm eben jetzt.

Was konnten die Interpreten, freundliche und feindliche – wir finden die freundlichen, von denen Richel schrieb, in Wien aber nicht mehr –, was konnten sie mit dem Pilsener Schluß anfangen? Was Wallenstein selber? Hatten die Berge eine Maus geboren?

Des Kaisers Generalissimus hatten des Kaisers Offiziere jederzeit zu gehorchen. Das lag in ihrer ursprünglichen Verpflichtung; dazu, wie einer von ihnen später geltend machte, bedurfte es keiner zusätzlichen. Weil der Text jeden klaren Sinnes entbehrte, sprach alsbald eine besondere Zeitung sich herum: es habe vorher die Klausel, »so lange Ihre Fürstlichen Gnaden in Seiner Kaiserlichen Majestät Dienst verbleiben, oder diese zu ihrer Dienste Beförderung Sie gebrauchen werden« darin gestanden, so sei der Revers vorgelesen worden, wie es aber zum Unterschreiben kam, war der einschränkende Satz verschwunden. Bloße Sage. Ein plumpes Taschenspielerkunststück lag unter Wallensteins Würde; es war technisch nicht durchführbar; es hätte der Unterzeichnenden Aufmerksamkeit gerade auf die Frage gelenkt, die es zu vernebeln galt. Was aus den Zeugenaussagen hervorgeht, ist nur, daß Ilow in seinen Ansprachen von Kaiser und Kaisers Dienst markanter redete, als im Schlusse selber zum Ausdruck kam; worüber ihn einige Offiziere zur Rede stellten. Übrigens wußte der Graf Oñate es anders: Nicht eskamotiert worden sei die Klausel, sondern von Wallenstein ausgestrichen, als man ihm das Konzept des Schlusses vorlegte. Die Lesart hat psychologisch etwas mehr Wahrscheinlichkeit. Tief saß in Wallenstein die Überzeugung, daß Offiziere und Soldaten ihm die Treue schuldeten, dem Kaiser höchstens durch ihn; wie er denn auch dem Pater Quiroga gesagt haben soll, dreiviertel des Heeres – nämlich die von ihm neu zusammengebrachten Regimenter – gehörten ihm persönlich. Er würde die Klausel in der Tat durchstrichen, in höchste Wut würde sie ihn versetzt haben, hätte man sie ihm zugemutet. Daß es so vor sich ging – woher wollte Oñate es wissen?

Auch ohne die Klausel taugte der Pilsener Schluß nicht viel, war er zugleich schreckhaft und schwach, vieldeutig, undeutlich. Da war keine Verschwörung. Man verschwört sich nicht unter so Vielen, so laut. Man tut es mit einigen Wenigen, und denen sagt man, was man will. Wallenstein sagte den Siebenundvierzig nicht, was er wollte, außer, daß er ihre Geldforderungen zu befriedigen, der Not der Soldaten abzuhelfen sich bemühen werde, und daß er Frieden wolle. Dem Revers selber fehlte jede Genauigkeit, jede positive Zielsetzung. Um der Sache Substanz zu geben, hätte der Treueschwur wenigstens als möglich mit einschließen müssen, daß der Kaiser sich gegen den General wandte oder der General gegen den Kaiser. Davon nur die matteste Spur; beliebig auszulegen.

Was sonst? Nicht viel. Ilow und Trčka mögen ihrem Herrn eingeredet haben, er sei nun sicherer als zuvor im Handeln mit den Sachsen und Brandenburgern, mit den Evangelischen überhaupt. Sie mögen ihm eingeredet haben, daß seine Wiener Feinde nun nicht wagen würden, ihn fortzujagen, oder, wenn sie es wagten, er die Gegenmacht besitzen würde, die er in Memmingen nicht besaß. Sie mögen denn, die beiden Dumpfen, mit ihrem Werk zufrieden gewesen sein. Er nicht. Er, das wissen wir, fühlte sich elend bis zur Verzweiflung am Tag nach dem Pilsener Schluß. Viel lieber, als neu sich fesseln zu lassen, hätte er den

Kopf aus der Schlinge gezogen, viel lieber sich aus dem Labyrinth befreit und irgendwo Ruhe gefunden; und konnte doch nicht; und wollte doch nicht.

Letzter Verhandlungsringelreihen

Während solches sich in Pilsen abspielte, hatte die dunkle Komödie des Verhandelns schon wieder begonnen.
Den 26. Dezember schrieb Adam Trčka an seinen Schwager Kinsky in Dresden: man sei jetzt bereit, nicht bloß mit den beiden evangelischen Kurfürsten abzuschließen, auch mit Schweden und Frankreich. Kinskys Anwesenheit in Pilsen werde dringend verlangt; besser noch, der Generalleutnant von Arnim käme selber. ». . . seind nunmehr resolviert, die Maskera ganz abzulegen und mit Gottes Hilfe dem Werk mit Grund einen Anfang zu machen . . . Wofern dies negligiert, wird sich in Ewigkeit dergleichen Occasion nicht präsentieren. Es kann noch diesen Winter viel Gutes effectuiert werden, der Herr ist witzig, er unterlasse nicht, der ganzen Christenheit Nutzen zu befördern.«
Wir sind resolviert – sollte heißen: wir haben ihn jetzt, wenn die geeigneten Leute ihn stoßen. – Vermutlich sah Wallenstein den gern zitierten Maskera-Brief gar nicht. Jedoch wünschte er Kinskys Besuch; es heißt, er habe ihm mit eigener Zitterhand geschrieben.
Kinsky, seit mehr als zwanzig Jahren ohne einen anderen Beruf als den des Großintriganten, fühlte sein Herz hüpfen. Am Neujahrstag jagte er ein Schreiben an den Marquis de Feuquières. Der Botschafter erinnere sich an ihr gemeinsames, unvollendetes Dresdener Geschäft. Nun gut, es sei nun so weit, und jene Prinzipalperson entschlossen, die im Sommer ihm gemachten Vorschläge anzunehmen. Nichts anderes werde mehr benötigt als eine Vollmacht seiner Exzellenz zur Ratifizierung des Vertrages zwischen dem König von Frankreich und der bewußten Person. Feuquières antwortete, daß er entzückt sei und Schritte, die freilich Zeit nehmen würden, zu veranlassen nicht verfehlen werde. Einstweilen möge der Graf seinen Freund doch bei der jetzt vorherrschenden Stimmung erhalten. Unter seinen eigenen Leuten nannte der Diplomat die Sache heikel und zweifelhaft. Er hielt Kinsky hin; fand es, anfangs, nicht einmal passend, seinen Monarchen zu unterrichten, und zwar in Anbetracht dessen, was man ehedem mit dem Herzog von Friedland erlebt hatte. Kinsky, den Kopf voll fiebrigen Tatendrangs, ahnte von so gedämpften Reaktionen nichts. Diesmal erhielt er seinen Reisepaß von dem Kurfürsten Johann Georg; erhielt sogar eine Audienz, in deren Verlauf er, wie wir hören,

»wunderliche Projekte« berührte. Danach, geschützt durch eine Kolonne von Pferdeschlitten, eilte er nach Pilsen. Es begleiteten ihn seine Frau, Tochter der alten, mittlerweile verstorbenen Magdalena Trčka, der sächsische Oberst Schlieff, welcher eine Neigung zur Politik hatte, wahrscheinlich auch der berüchtigte Zwischenträger, Sezyma Rašin. Kinsky gedachte, einige Tage zu bleiben; er blieb länger, er blieb zu lang.
Über seine Gespräche mit Wallenstein, Ilow, Trčka, Gallas gibt es keine Zeugnisse. Anton Schlieff dagegen, der sich nur einen Tag in Pilsen aufhielt, der hat folgendermaßen berichtet.
Ein höchster Befehl führte ihn an Wallensteins Krankenbett. Der Herzog: er müsse mit ihm reden. Es seien da Tractationen gewesen im vergangenen Herbst, sie hätten sich leider zerschlagen; Homo proponit, Deus disponit. Wolle der Kurfürst von Sachsen noch Frieden schließen, ihm selber fehle es am guten Willen nicht, und so werde er auf des Römischen Reiches Wohlfahrt bedacht sein, wie es einem Reichsfürsten zieme. Weiter: Spanien geht damit um, ein Dominat über Deutschland zu errichten, das wird er nicht zulassen, solange Leben in ihm ist. Aus Italien, aus Artois und Hennegau wird er selber die Spanier vertreiben helfen. Der König von Frankreich, ein mächtiger Potentat, würde gern über den Rhein; man muß ihn daran hindern und sehen, Frankreich anderswo eine Satisfaction zu gönnen. »Tyrol und was dazugehört, soll allezeit beim Kaisertum verbleiben.« Schweden? Es möchte die Ostseehäfen behalten, die es schon innehat, wie Rostock, Wismar, Stralsund, Kolberg. An ihnen ist wohl auch Brandenburg interessiert, man wird Mittel finden, beide zu befriedigen. Die geistlichen Fürsten sollen ihre Länder wiederhaben; den Herzog Bernhard von Weimar aber – von Oxenstierna auf Kosten der Bischöfe als Herzog von Franken ausgestattet – wird man anderswo abfinden, im Elsaß oder in Bayern. Vor allem ist die Pfalz zu restituieren. Ob nicht eine persönliche Konferenz möglich wäre zwischen ihm und seiner sächsischen Durchlaucht? Zur Vorbereitung bittet er um die Sendung eines Ministers aus Dresden. Der Herzog Franz Albrecht wird ihm willkommen sein; wer aber zuerst und zuletzt sein Partner wird sein müssen, das ist Herr von Arnim . . . Der Konfessionsstreit bleibt unerwähnt, man kann nicht auf einmal über alles reden. Zum Beispiel nicht über die Frage seiner Abfindung. Er will ja doch wohl irgend etwas haben, den Ersatz für Mecklenburg? Wo, auf wessen Kosten? Es gibt zahlreiche Vermutungen darüber, unmögliche Vermutungen, denen er selber in Momenten geistiger Trübung Nahrung gab: Württemberg und Baden, die Rheinpfalz, Brandenburg sogar. Andere meinen, und meinten längst: Böhmen. Er läßt das bei-

seite. Von feindlichen Absichten gegen das deutsche Haus Habsburg, die man ihm zutraut, kein Wort. Nur: »Tyrol und was dazu gehört, soll allezeit beim Kaisertum verbleiben.« Ankläger haben es so verstanden, daß dem Kaiser *nur* Tirol verbleiben soll; sinnloserweise. Ist der Zweck, Ferdinand zu einem kleinen, harmlosen Fürsten zu degradieren, so muß er erstens das Kaisertum verlieren, zweitens isoliert werden in einer Ost-Ecke seiner ehemaligen Besitzungen, am bequemsten in der Steiermark, seiner Heimat. Tirol und was dazu gehört, das ist nicht nur ein Alpenland mit den Pässen nach Italien, das ist der Breisgau, das ist Elsaß, das sind genau die Gebiete, welche die deutschen Habsburger mit den spanischen verbinden, und die, neben Böhmen, ihnen am ehesten genommen werden müßten . . . Ein Gesprächsfetzen, dunkel, wie er dasteht, auch von Schlieff nicht aufgeschrieben, nur mündlich referiert; es ist ein sächsischer Geheimrat, der seinen Bericht zu Protokoll nahm.
Unvollständig der Sache nach und indirekt wiedergegeben, bleibt, was Schlieff am Bette hören durfte, doch der detaillierteste Entwurf Wallensteins, den wir besitzen. Er ist besser als der vom vergangenen September, weil er Schweden einschließt. Die Schweden sollen nicht, wie im Vorjahr, »geschmissen«, sie sollen abgefunden werden mit Küstenland; der Punkt ist entscheidend. Denn machen die deutschen Protestanten Frieden mit dem Kaiser, die Schweden aber nicht, so würde man nur eine Umkehrung der Allianzen haben; der Krieg, bei veränderten Fronten, würde weitergehen. Würde er nicht weitergehen, auch so? Er will, sagt Wallenstein, selber dazu helfen, die Spanier aus Italien zu vertreiben und aus Flandern. Das wäre ja nun auch weiterer Krieg, sehr weiträumiger Art; die Spanier verschwinden nicht von alleine. Und wenn einmal, nach vierzehn Jahren, die Zeit kommen sollte, in welcher die deutschen Habsburger reif waren, sich von den spanischen zu trennen – die Zeit, in welcher sie selber losschlagen würden gegen die Vettern in Madrid, die kam nie. So daß ein Krieg gegen Spanien ja doch eins werden mußte mit einem Aufstand gegen den Kaiser; und dann war kein Friede nicht . . . Wie auch keiner sein konnte, wenn man Bayern »gänzlich vertilgte«; ein Ziel, das Wallenstein nicht geradezu aussprach, von dem aber Schlieff den Eindruck hatte, daß er es im Kopfe trage . . . Was wissen wir? Wie genau, wie vollständig war Schlieffs Referat, wie genau, wie vollständig wurde es niedergeschrieben? Was hatte Schlieff nicht von Wallenstein, sondern von Kinsky gehört? Wenn Sachsen nicht wollte, so würde man es mit Schweden und Frankreich machen – so hatte er bestimmt von Kinsky gehört, und damit hatte dieser Verbrecher aus Lust und Leichtsinn den Gegensatz zwischen den beiden Verhandlungs-Strän-

gen, dem deutsch-evangelischen, dem schwedisch-französischen, einmal aufblitzen lassen. Was hatte Wallenstein nur so geredet, seiner alten Gewohnheit nach, weil er dachte, die Sachsen würden es gern hören? Was im schieren Zorn auf die Spanier, ohne es ernst zu meinen?

Schlieff kehrte nach Dresden zurück. Er fand den Kurfürsten zunächst betrunken und unfähig, ihn anzuhören; dann aber interessiert, was damit zusammenhing, daß dieser faule und dünkelhafte Mensch sich giftiger als je über die schwedische Vormundschaft ärgerte. Er fand den Feldmarschall, den Herzog Franz Albrecht von Lauenburg, im höchsten Grad interessiert. Franz Albrecht an Arnim, der im Brandenburgischen sich mit der Belagerung der Stadt Frankfurt an der Oder die Zeit vertrieb: Die Sachen stehen bestens. Wallenstein ist disgustiert, wie nie zuvor, weil er so scharfe Verweise aus Wien erhielt, weil man ihm die Armee aus den Händen spielen wollte, und aus anderen Ursachen. »Rächen will er sich am Kaiser, das ist gewiß. Wenn ich werde zu ihm kommen, werde ich bald sehen, ob es fix ist und nötig, daß Eure Exzellenz selbst zu ihm kommen. Es kann wohl nicht anders sein, wenn etwas Rechtes daraus werden soll; er muß einen haben, der ihm hilft, merke ich wohl.« Herzog Franz Julius, Bruder des Schreibenden, ist auch in Dresden angekommen, in einer Sendung, aus der sich ergibt, »daß der Kaiser gern Frieden hätte, aber nicht auf die Weise, wie der Herzog von Friedland . . . Es ist ein billiges Werk, wird aber nichts daraus werden, denn der Generalissimus denkt weit anders . . . Er ist jetzt so fest drin, daß er nicht mehr heraus kann . . . Ich bitte zum höchsten, Eure Exzellenz eilen um Gottes willen und kommen her; es wird sonst nichts daraus. Die Sachen sind fix; erfahre jetzt alleweile Mehreres von Schlieff. Der Kaiser und der Kurfürst« – von Bayern – »sollen weg.« – Worte aus Wallensteins Mund, Worte ihm beigelegt, hier vermutlich von Kinsky, an dritte, vierte, fünfte weitergegeben. Worte, Worte, Worte. Und doch gar nicht lange her, daß er Taten getan hatte, Heere aufgestellt, Staaten gegründet. Er war nicht viel mehr als ein Wortgespinst jetzt, von anderen gewoben. In dem Brief des Lauenburgers aber, mit schwerem Kopfe niedergeschrieben, denn am Abend zuvor hatte er sich »halb zutot getrunken«, in dem Brief sind zwei Sätze nachdenkenswert. »Er ist jetzt so fest drin, daß er nicht mehr heraus kann.« Der andere: »Er muß einen haben, der ihm hilft, merke ich wohl.« Franz Albrechts flinke Augen waren die ersten, die es zu sehen wagten: Der Große, Gefürchtete war hilflos jetzt. Er begann selber, sich zu fürchten.

Warum der junge Herzog von Lauenburg so sehr auf Wallenstein setzte, warum Wallensteins Gedanken ihm nicht radikal und anti-habsburgisch genug sein konnten, das weiß man ungenau. Franz Albrecht hatte vom Kaiser kein Leid erfahren, er trat auch später wieder mit Vergnügen in seinen Dienst. Er war reich von Haus, nicht wie die anderen gezwungen, mit Schwert und mit Ränken sich aus des Elends Schatten zu drängen. Sein höchstes Glück waren die Frauen; sein Sekretär bezeugt, er habe für den Herzog »fast nur Frauenzimmerbriefe« schreiben müssen. Sein Zweites die Politik. Ein Spieltrieb wohl, ähnlich wie im Falle Kinskys, obgleich weniger bösartig; eine heitere Art der Selbstverwirklichung. Den vielbesprochenen Frieden mag er immerhin gewünscht haben; was der Kanzler Oxenstierna »Humanität« nannte, war seiner Gutmütigkeit nicht ganz fremd. An Wallenstein glaubte er, er war ihm verfallen. Wenn er Frechheit genug besaß, zu bemerken, was die Vielen, Dumpfen, noch immer nicht sahen, so bemerkte er es mit dem Gefühl, daß hier schleunigst geholfen werden müsse. Er fuhr also in sächsischem Auftrag selber nach Pilsen den 14. Januar, brauchte in den Schneestürmen, die gar nicht aufhörten, fünf Tage für die Reise, erhielt in Schlackenwerth eine Abschrift des »Schlusses«, die er gleich nach Dresden schickte – »Ich liebe alles dieses, was sie tun; wäre ich aber in kaiserlichem Dienst, so täte ich es in Ewigkeit nicht« –, konferierte mit Wallenstein und begann die beschwerliche Rückkehr am gleichen Tag. Er brachte kaum etwas mit, was Oberst Schlieff nicht schon gebracht hatte. Der Herzog von Friedland werde alles für den Frieden tun, »der Kaiser wolle oder wolle nicht«. Es sei aber eilig, sehr eilig; und dringend wünsche man in Pilsen den Besuch des Generalleutnants von Arnim.

Arnim. Der entschied letzthin, wenn auch mit harter Mühe, was Sachsen tun würde, und was Brandenburg tun würde. Ohne den Rat Arnims war auch der Kurfürst Johann Georg hilflos. »Gott helfe, daß er« – Wallenstein – »es nur recht meine; vorm Jahr war es nichts wert. Kommt in Gottes Namen; ich erwarte Euer mit Verlangen.«

Nun war Arnim ein anderer Mensch als sein Feldmarschall, der lebensvergnügte Lauenburger; schwerblütig, bedächtig, verbittert durch Erfahrungen, die er letzthin wohl sich selber bestellt hatte, immer abwägend, immer dozierend. Er war nichts weniger als Feuer und Flamme für die neu-alte Situation; war Feuer und Flamme überhaupt nie. Zeichen und Wunder wolle er sehen, schrieb er, sonst glaube er nicht. Angesichts dessen, was man im Vorjahr mit Wallenstein erlebt hatte, wie könne man noch glauben? Nur, vielleicht sei es doch besser, ein klein wenig zu glauben. Denn wenn dort, in Pilsen, keine Hoffnung sei, so sei für das liebe Deutschland überhaupt keine. Daß die Fremden, die Schweden und Franzosen, Krieg führten um der schönen Augen der Deutschen willen, werde niemand ihm einreden; so sei die harte Welt der Staaten nicht. Gewännen sie, dann werde das Römische Reich zerstückelt; verlören sie, dann seien sie noch lange nicht verloren, wohl aber die deutsche Libertät. Es noch einmal mit dem Herzog von Friedland zu versuchen, oder bei Schweden auszuhalten bis zum bitteren Ende, so die Alternativen. »Bei dem ersten ist große Gefahr, aber doch etwas Hoffnung, bei dem andern ist noch größere Gefahr und in meinen Gedanken gar keine Hoffnung.« Man wähle also in Gottes Namen das Erste, aber mache sich stark durch Rüstungen; dann werde der Herzog von Friedland seinen Schiefer unter Kontrolle bringen und fein aufrichtig handeln müssen. Gegen Wallensteins Vorschlag, den Schweden an der deutschen Küste etwas zu geben, reagierte der Patriot: Andere hätten auf die Meerporte besseren Anspruch, der fremde Bundesgenosse wäre mit Geld abzufinden.

Arnim verzögerte seine Reise nach Dresden. Hinter dem fadenscheinigen Grund, er habe zum nächsten Sonntag sich für das Heilige Abendmahl geistig vorbereitet und könne vor Montag nicht weg, verbargen sich Unlust und Bosheit. Er fühlte in seinem Ehrgefühl sich wieder einmal schmerzhaft getroffen, und zwar durch einen politischen Querschuß des Kanzlers Oxenstierna.

Ungern sah dieser Politiker, was zwischen Pilsen und Dresden sich anbahnte, so ungern, wie er es im Vorjahr gesehen hatte. Es gab da für seinen kalten Blick nur zwei Möglichkeiten: Wallenstein betrog; Wallenstein suchte die Deutschen von Schweden zu trennen. Die dritte, daß nämlich Wallenstein auch mit ihm selber akkordieren könnte, schloß er aus; wenn es dem Herrn Generalissimus damit ernst wäre, so hätte er es zu Lebzeiten des Königs Gustav Adolf getan. Gegen das neue Ärgernis war nun ein bequemes Mittel zur Hand: den wichtigsten Partner Wallensteins zu schädigen durch die verbreitete Kunst des Diskreditierens. Oxenstiernas deutscher Generalagent, Graf Reinhard Solms, eilte nach Berlin, um die brandenburgischen Geheimräte vor Herrn Arnim zu warnen. Sein Chef, der schwedische Kanzler, wisse so Manches über den, und zwar auf Umwegen von keinem Geringeren als dem Herzog von Friedland. Hatte der Herzog nicht einem schwedischen Obersten gesagt, einen gefährlicheren Feind als Arnim hätten die Schweden nicht? Und die Verhandlungen im letzten Herbst seien nur an Arnim gescheitert; und Arnim habe im Oktober das Land Schlesien tückisch verlassen, das schwedische Armeecorps dem Ruin ausgesetzt und ihn, den Herzog, recht eigentlich gezwungen, die Steinauer Affaire zu unternehmen, weil andernfalls er in Wien in gar zu üblen Ruf gekommen wäre; und viel mehr hätte er damals noch tun können, das wehrlose Stralsund erobern und

Stettin und andere Küstenplätze, was er aber unterließ, um die Evangelischen zu schonen. Dies alles hatte Wallenstein dem Obersten Steinecker anvertraut, Steinecker dem Kanzler Oxenstierna, Oxenstierna dem Grafen Solms, Solms dem brandenburgischen Geheimrat Goetze, Goetze dem Obersten Burgsdorff, Burgsdorff dem Generalleutnant Arnim. Die Stafetten-Nachricht erreichte ihren Zweck; Arnim zeigte betonte Unlust, sich noch einmal auf ein Geschäft einzulassen, das bisher ihm nichts gebracht hatte als langwierige Rundreisen, Enttäuschungen, Verleumdungen. Franz Albrecht, dem an nichts dringender gelegen war, als an Arnims Reise nach Pilsen, griff vermittelnd ein. Wallenstein diktierte eine Ehrenerklärung: Alles, was da über Arnim und ihn selber behauptet wurde, sei lauter unbegründete und in Ewigkeit unerweisliche Unwahrheit. – Fragt sich, ob damit Oxenstiernas Pfeil wirksam entgiftet war.

Fragt sich des weiteren, ob des Kanzlers einfallsreiche Gehilfen das Histörchen erfunden hatten. Den Verdacht haben wir, daß im Hauptquartier Oxenstiernas ein Zentrum politischer Kriegführung bestand, beauftragt, den Einen zu ruinieren, den man als den gefährlichsten Gegner ansah; Zufall ist es kaum, daß so viele sonderbare Informationen über Wallensteins verräterische Absichten gerade von Frankfurt am Main ausgingen. Nur war die Degeneration seines Rufes vielfältig verursacht. Hatte er wirklich in blindem Moment solche jeder Wahrheit entbehrende Äußerungen getan; der so leicht ausplauderte, was ihm gerade in den Sinn kam? Hatte Adam Trčka wirklich geprahlt, selbstverständlich hätte man Regensburg entsetzen können, wenn man gewollt hätte; man wollte aber nicht, damit Bernhard von Weimar eine schöne feste Position nahe Böhmen gewänne? Vielleicht ja, vielleicht nein. In jedem Fall wurde Wallenstein zerstört: durch das bodenlose Reden seiner Feinde, seiner Freunde, Halb- und Viertelsfreunde, und durch sein eigenes. Seine ins Unbestimmte fliehende Seele bot der Zerstörung sich wehrlos dar. Von je war er der meistverleumdete Machthaber Europas gewesen. Jetzt zerrieben ihn die Gerüchte, die quer durch die Länder züngelten, ob ein Kern von Wahrheit in ihnen steckte oder keiner.

Am 26. Januar kam Arnim nach Dresden. Nun erst konnte die schwere Maschinerie der Beratungen zu rollen beginnen; und rollte und malmte sieben Tage lang. Was da geredet wurde, was da gefragt und gegengefragt wurde, in der Ratsstuben und in Schriftstücken hin und her. Was da am Ende Mattes, wiederum Verzögerndes, alle Eventualitäten umständlich Erfassendes zustande kam. Arnim gab zu bedenken, er würde mit Verhandlungen in Pilsen lieber verschont bleiben, im Vorjahr hatte er die Wankelmütigkeit des Herzogs von

Friedland verspürt, dreimal, und seine Ehre war gekränkt und die Aufgabe verlangte so gewaltige Vorsicht, daß es schier über den menschlichen Verstand hinausging. Weil aber der Herzog von Friedland auf seine wenige Person so übertriebenen Wert legte, weil der Herzog über ein großes Heer verfügte, und, wenn man ihn abwies, recht schlimme Dinge anstellen mochte, weil, kurzum, für die Christenheit soviel von der Sache abhing, so war er in Gottes Namen bereit dazu, wenn der Kurfürst ihn zu schicken geruhte. Da mußte aber die allergenaueste Instruktion sein. War mit dem Herzog als einem Potentaten für sich selber zu verhandeln, da er doch ein sterblicher Mensch war und vielen Krankheiten unterworfen? Oder, das schien ratsamer, mit ihm als einem Bevollmächtigten des Kaisers? Sollte man ihn eine kaiserliche Vollmacht vorzulegen nötigen? Wenn er aber keine hatte? Oder eine hatte, aber sie war eingeschränkt? Wie, wenn der Herzog sich aber um die Einschränkungen nicht kümmerte? Wie, wenn er die Bedingungen annahm, die man von evangelischer Seite bereithielt, der Kaiser aber nicht? Wenn er, wie im Vorjahr, eine Vereinigung der Armeen verlangte? Wenn er etwas Scharfes gegen das Haus Österreich vorhatte wegen seiner Privat-Offensen? Wenn er Vollmacht hatte vom Kaiser, aber nicht von Bayern, von der Liga, welche gleichwohl eine kriegführende Partei war? Was nach getanem Friedensschluß mit den Soldaten zu machen, wie das Geld für sie aufzutreiben, oder etwa ein Feldzug außerhalb Deutschlands mit ihnen zu unternehmen, gegen wen? Viele Fragen, viele Antworten. Eine kaiserliche Vollmacht, produzierte die sächsische Collegialweisheit, mußte sein. Eine Vollmacht limitata konnte keinen illimitierten Effekt haben, zumal der Effekt sich nach der Causa richtete, und folglich durfte der Herzog über seine Vollmacht nicht hinausgehen. Arnim wandte ein: Erwies die Vollmacht sich als allzu beschränkt, so durfte man auf keinen Frieden hoffen, außer, Wallenstein überschritt sie und die Evangelischen folgten ihm. Johann Georg replizierte, der Kaiser selber habe ihm freigestellt, mit dem Herzog von Friedland zu verhandeln. Das Ziel der Verhandlungen sei der Friede; was ihm diene, sei erlaubt, vorausgesetzt, daß dem Kaiser das Recht der Ratifikation vorbehalten bleibe. Nach der Regel Quod omnes tangit, ab omnibus debet approbari war eine Vollmacht auch der Liga allerdings wünschenswert, aber vielleicht doch nicht absolut notwendig. »Von des Herzogs von Friedland Privat-Offensen und Disgusto haben Seine Durchlaucht keine Wissenschaft.« Das interessierte den Kurfürsten keineswegs, er zielte auf die Beruhigung des Heiligen Reiches, nicht auf immerwährenden Krieg und den Ruin dieses oder jenes Hauses – womit Österreich und Bayern gemeint waren. Die Rede kam auf

Schweden. Arnim bemerkte, dem Herrn Reichskanzler seien die vorhabenden Verhandlungen sehr unangenehm, das kümmere ihn aber nicht, ihn kümmerten die Religion und die deutsche Freiheit. Es kam die Rede auf Brandenburg. Arnim sagte, enge Zusammenarbeit zwischen Sachsen und Brandenburg sei notwendig, und dazu ein Treffen der beiden Kurfürsten. Johann Georg sagte, solche Treffen seien schon häufig gewesen und hätten viel Geld gekostet, aber herausgekommen sei dabei nichts. Arnim sagte, Brandenburg werde eben jetzt von den Schweden hart bedrängt, sich ihnen noch enger anzuschließen durch Beitritt zum Heilbronner Bund. Um dies zu verhindern, wie auch, um die Verhandlungen mit dem Herzog von Friedland zu konzertieren, müsse ein Treffen der beiden Kurfürsten sein. Es wurde gefragt, in welchem Halbweg-Schloß man sich denn treffen könnte, und geantwortet, daß keines mehr da sei: Torgau war ganz ausgeräumt und ausgeplündert, und in Annaburg starben jetzt so viele Menschen. Ob nicht die beste Lösung wäre, einen sächsischen Repräsentanten nach Berlin zu schicken, und zwar in der Person des Generalleutnants Arnim? Dafür war wieder eine Instruktion notwendig, und sie unterstrich, wie ganz behutsam und vorsichtig man in einer so schweren, hochwichtigen Angelegenheit zu verfahren habe; war eine Reise notwendig, die, einschließlich der Sitzungen und Audienzen in Berlin, weniger als zehn Tage nicht dauern konnte. Um die lange Weile bei Wallenstein zu entschuldigen, sollte der Herzog Franz Albrecht sich wieder zu ihm verfügen. Als sein Vorbote war Oberst Schlieff zum zweiten Mal nach Pilsen gereist, noch während man in Dresden ponderierte.

»Wo bleibt der Herr so lange?« fragte Wallenstein den Obersten: »ich habe vermeint, er sei gestorben.« Dann: »Wo bleibt der Herr von Arnim, kommt er oder kommt er nicht?« Schlieff begann zu reden: wie sehr seine Exzellenz bedauere, den Besuch in Pilsen noch etwas aufschieben zu müssen, weil . . . – und wie er redete, begann es in Wallensteins Gesicht zu zucken und seine Gebärden veränderten sich, als ob der Schiefer über ihn käme; desto geschwinder redete Schlieff, die Reise nach Berlin sei ja notwendig im Interesse der Sache, werde auch zu lang nicht dauern, in zehn bis zwölf Tagen, Deo volente, dürfe man den Herrn Generalleutnant erwarten, vorher aber schon, und fast augenblicklich, den Herzog von Lauenburg. Wallenstein bezwang sich. Er lächelte sogar. Ja, meinte er, das mit der Reise nach Berlin sei gewiß in Ordnung und eine gute Idee, Franz Albrecht sei ihm willkommen, aber Arnim wäre ihm freilich lieber. Wie es sonst dem Kurfürsten gehe? Ob die Hochzeit des jungen Prinzen bald stattfinde? Schlieff, berichtend: »Anfänglich verspürte ich ziemliche Melancho-

lie bei ihm, nach geendeter meiner Rede war er wieder gar freundlich . . .«
Zwei Tage später langte Franz Albrecht an, fühlte aber gleich während seiner ersten Visite so arge Fieberfröste, daß er sich zurückziehen mußte; die Kommunikationen spielten nun zwischen Bett und Bett. Täglich schickte Wallenstein zu ihm, und täglich mehrmals: ob Nachrichten von Arnim da seien? Wann Arnim komme? Beinahe täglich ging ein Kurier Franz Albrechts an Arnim oder an den Kurfürsten. Eile war das Thema, nichts als Eile. An Arnim den 2. Februar: »Eure Exzellenz kommen um Gottes willen balde.« An Johann Georg den 8. Februar: Bitter habe der Herzog von Friedland sich beklagt, daß man so langsam umgehe, bei einem Werk, bei dem es jetzt ankomme auf jede Minute. Es werde ja keine Schwierigkeiten geben, nach Arnims Herkunft, aber die Sachen seien so weit gediehen, daß leicht etwas Übles geschehen könnte. An Arnim den gleichen Tag: warum so spät nach Berlin? Warum dort so lang verweilen? Den 9. habe man ihn in Pilsen erwartet, der 12. ginge noch an, zur höchsten Not. »Seine Liebden« – Wallenstein – »besorgen sich, es möchte sonst noch etwas dazwischen kommen, denn bei Hofe ist er sehr schwarz und redet man wunderlich von ihm und seinen Leuten. Wenn Eure Exzellenz kommen, wird er alles tun, was Sie wollen . . .« Welchen Weg auch Arnim nähme, für Schlitten und Pferde sei überall gesorgt. Und so an den Kurfürsten den 9. Februar, den 13. Februar, dringender, dringender. »Dem Herrn Generalissimus ist bekannt, daß man am Hofe nicht feiern tut, und deswegen ist keine Stunde in diesem Werk zu verziehen.« Am 17. Februar: Fast drei Wochen habe er nun in Pilsen gesessen voll sehnsuchtsvoller Ungeduld, und noch ungeduldiger der Herzog von Friedland, und allen Offizieren des Hauptquartiers habe man von Arnims Reise erzählt, und er komme und komme nicht, und das Gerede rings umher werde immer bedenklicher . . .

Er lag, und wartete auf Arnim. Warum gerade auf ihn? Was hatte Arnim Hilfreiches und wie Erlösendes zu bringen? Es scheint nicht, daß es die Sterndeuter waren, die ihn auf Arnim hoffen ließen; wir haben keine Anzeichen dafür. Eher war es Arnims Wesenheit, wovon er sich Trost erhoffte. Er selber war Mann und Weib, so hatte Kepler ihn beschrieben; Arnim ein frommer, kluger Mann und nichts weiter. Wo Arnim war, da konnte Rebellion nicht sein. Arnim bedeutete ihm eine Brücke vom Unerlaubten zum Erlaubten, von der hochverräterischen zur legitimen Politik. Arnim in Pilsen hätte ihn gedeckt gegen den Wiener Hof; hätte ihn gedeckt gegen die konspiratorische Betriebsamkeit Kinskys, die wilden Reden Trčkas und Ilows. Die waren um

ihn, die hielten ihn im Bett gefangen, die handelten für ihn, und er ließ es zu; ahnend, daß sie ihm Unglück brächten. Wie quälend die Enttäuschung, die Panik, die ihn ergriff, als nun Arnim wieder nicht kam und weit, weit weg war. Wie fing sein Gesicht zu zucken an, sein Blick sich zu verirren. Und dann die Selbstbeherrschung, das dürftige Lächeln, das er seiner Einsamkeit und Trauer abgewann.
Noch war Normalität um ihn her, noch spielte die in besseren Tagen aufgebaute strenge höfisch-militärische Routine. Noch produzierte das Herzogtum Friedland und lieferte, was gebraucht wurde; eben jetzt, für die Fastenzeit, Hauptkarpfen und Haupthechte, Mittelkarpfen und Mittelhechte, gebratene und geräucherte Forellen, Stockfische und Bücklinge und Heringe und Lachse in schwindelnder Menge. Daß die fetten Provisionen jeden Samstag nach Prag geschafft werden sollten, läßt darauf schließen, daß ein Großteil des friedländischen Hofes sich dort aufhielt, unnützerweise. Denn der Herzog rührte sich nicht von Pilsen, die Herzogin wohnte zu Bruck an der Leitha im Schloß der Harrachs. Ihrer Frau Mutter ging es schlecht im Geldpunkte, Graf Leonhard, des alten Harrach Erbe, war ein Taugenichts; Wallenstein verordnete, ihr jährlich 4000 Gulden aus Friedland zu reichen, in zwei Terminen. Der König von Dänemark schickte edle Rosse als Neujahrsgeschenk nach Pilsen und wurde mit einem Dankschreiben geehrt. Kammerpräsident Kustos schrieb aus Sagan: er tue das Äußerste, um beides zu leisten, die Förderung des Schloßbaues, die Ernährung der Truppen des Grafen Gallas, aber es sei nicht möglich diesen Winter, und werde wohl der Bau eine Weile zurückstehen müssen. – Befehle, wie er sie gewohnt war, Botschaften, wie er sie gewohnt war.
So ging der Krieg weiter, wie er es im Winter gewohnt war, ohne gefährlichen Ernst. Bernhard von Weimar, zusammen mit einem anderen Schweden-General, dem Pfalzgrafen von Birkenfeld, nagte wohl an der Oberpfalz, ließ ein paar Orte dort besetzen. Das mochte ein Angriff gegen Böhmen werden im Frühjahr, war aber einstweilen nicht viel. Wallenstein hatte für die Verteidigung der Erblande gesorgt, trotz aller gegen ihn erhobenen Vorwürfe selbst für Bayerns Verteidigung. Seine Regimenter standen in Böhmen, Mähren, Österreich, in Bayern, im Bistum Passau, in der Lausitz, in Schlesien und Brandenburg. Im Osten; Innerdeutschland beherrschten die Schweden. Daß die Kaiserlichen Narren wären, wenn sie jetzt die Erblande verließen, um einen Winterkrieg im Reich zu führen, urteilte Bernhard von Weimar, der sich auf das Handwerk verstand. Auch wechselten innerhalb des katholischen Lagers die Argumente von einem Kopf zum anderen. Im Dezember hatte Kurfürst Maximi-

16 Jan: 1628.

25 Jan 1633.

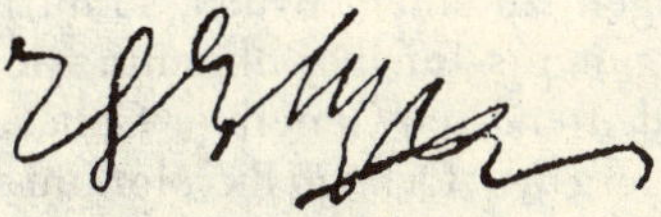

29 Decbr: 1633.

6 Febr: 1634.

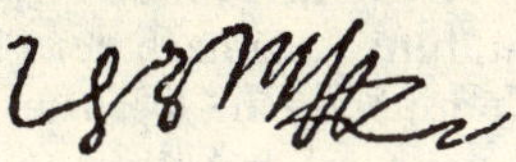

26 Jan 1634

lian um Hilfe geschrien. Jetzt wünschte er die Soldaten Aldringens loszuwerden, die noch auf seinem Gebiet hausten. Im Dezember hatte Kaiser Ferdinand eine Truppenkonzentrierung westwärts verlangt, jenseits des Inn; jetzt wünschte er eine Verteilung der Regimenter bis tief ins Niederösterreichische. Wallenstein widersprach: die Feindsgefahr verlangte eine Massierung an den Grenzen, also in Böhmen, Ostbayern, Passau, Oberösterreich und Salzburg, dessen Erzbischof Einquartierungen nicht erlauben wollte. Darüber die gewohnten, peinlichen Korrespondenzen. Am Ende gab der Generalissimus nach: Aldringen durfte von seinen unbehausten Hungerleidern einige tausend nach Niederösterreich schicken, aber weiter nicht; die innerösterreichischen Lande – Kärnten, Steiermark – sollten Geldbeiträge leisten. Der Kaiser schrieb, Amberg, Hauptort der Oberpfalz, sei bedroht durch die Weimaraner, und Maximilian schrieb desgleichen: ob nicht von Böhmen eine Kavalkade zu unternehmen wäre, um die Festung zu verproviantieren? Wallenstein antwortete, es habe nichts zu bedeuten, auf mehr als zusätzliche Quartiere könne Bernhard es nicht wohl abgesehen haben. – Winter-Briefwechsel; durchaus vertraut und gewöhnlich.
Gewöhnlich so manches. Was hatte er von seinem Monarchen zu fürchten, der oft und huldvoll sich an ihn wandte, beginnend mit »Hochgeborener lieber Oheim«, endend mit »in kaiserlichen Gnaden zugetan«? Was von einem Minister wie dem Bischof Antonius, der ihm jüngst noch »zum neugeborenen Christkindlein« so herzlich Glück gewünscht hatte?
Kam es dennoch zu einem widrigen Ereignis, einer Entlassung etwa, unwürdiger als die von Memmingen, zu einem Bruch, so durfte er seines Heeres sicher sein. Der Regiments-Inhaber ohnehin, sie hattens unterschrieben. Auch der bedeutendsten Generale: Gallas, Piccolomini, Schaffgotsch, Scherffenberg. Mit Octavio Piccolomini stand er gut. Er hatte ihm Gutes getan, oft und noch eben jetzt. Im Januar ließ er ihn zum Feldmarschall ernennen, das kaiserliche Patent stammt vom 1. Februar. Freundlichst muß die Verabschiedung gewesen sein, als Piccolomini, fünf Tage nach der Pilsener Versammlung, Urlaub nahm, um ein Kommando in Oberösterreich zu übernehmen; mit dem Nebenauftrag, den Grafen Aldringen auszuhorchen, den einen unter den oberen Befehlshabern, über dessen Gesinnungen Wallenstein Zweifel nährte. Sie stammten von langer Hand. Der Generalleutnant Gallas aber, der würde seine Pflicht und Schuldigkeit tun. Hatte er nicht durch Piccolomini sagen lassen, die eidesstattliche Verpflichtung der Offiziere sei ganz nach seinem Sinn? Kam er nicht den 24. Januar selber nach Pilsen und blieb fast drei Wochen; korpulenter

Biedermann, der er war, jovial, alkoholisch, nach allen Seiten zum Guten redend? Hatten nicht gerade Gallas und Piccolomini oft ihn beschworen, im Amt zu bleiben, damit der Kaiser nicht gänzlich abhängig würde von Spaniern und Polacken? Hier wenigstens war keine Sorge. Mit solchen Treuen konnte man reden, rückhaltlos; und tun, wenn der Tat nicht auszuweichen wäre.
Er suchte das Vertraute; die Legalität, oder den Schein der Legalität. Er teilte dem Grafen Trauttmansdorff gebührend mit, Wilhelm Kinsky sei in Pilsen angekommen, als ein Abgesandter des Kurfürsten von Sachsen, und Herzog Franz Albrecht sei angekommen, auch in sächsischem Auftrag; es werde Unterhandlungen geben zum Zweck des so notwendigen Friedens; man solle ihm doch einen Gehilfen schicken, am besten den Dr. Justus Gebhard. Kaiser Ferdinand antwortete in Person, Friedensgespräche mit den evangelischen Kurfürsten seien ihm nur genehm, Hofrat Gebhard werde alsbald nach Pilsen gehen, um seiner Liebden zur Hand zu sein und den kaiserlichen Willen zu interpretieren. Gebhard erhielt denn auch seine Instruktion, welche war, wie solche Instruktionen immer waren, getränkt mit Friedensliebe. Den 10. Februar traf er in Pilsen ein, der unentbehrliche Vertrags-Spezialist, dessen Schriftstücken nachgesagt wurde, nicht bloß jedes Wort, nein, jede Silbe müssse schärfstens geprüft werden . . . Normal das alles, Wiederholung von Früherem. Oder nicht? Oder doch nicht?
»Er ist jetzt so fest drin, daß er nicht mehr heraus kann«, jubelte Franz Albrecht. Er wollte dennoch heraus; heraus aus der blassen Hochverrats-Affaire, die Kinsky, Trčka, Ilow ihm eingebrockt hatten und mit der er spielte, für den Fall, daß Schlimmstes zum Schlimmen käme; heraus aus dem Zwang zur Entscheidung; zurück in den Schutz des Rechtes, ohne den er nicht leben mochte. Kaum war der Pilsener Revers unterzeichnet, so schickte er seinen Oberstallmeister Graf Hardegg nach Wien: freien Willens sei er bereit, sein Amt zu quittieren, wenn er Sicherheit für Person und Ehre erhielte und eine Entschädigung von 300000 Talern. Damit hinterging er seine Obersten, denn die Verpflichtung des Pilsener Schlusses war ja eine wechselseitige; hinterging er seine revolutionären Antreiber. Den Kaiser auch? Hat es Sinn, von Schein zu sprechen, wo keine Wirklichkeit mehr war? Er ließ die Offerte wiederholen durch den höfisch gewandten Grafen Max: binnen vier Monaten wollte er die Armee noch wieder in Form bringen, dann abdanken, dem jungen König von Ungarn selber in den Sattel helfen, den Steigbügel küssen und sich zur Ruhe begeben. Wir kennen die Antwort nicht, die der Prinz von Friedland am 12. Februar nach Pilsen trug; müssen aber annehmen, daß sie höchst kryptisch

lautete. Und müssen annehmen, daß, als Wallenstein dem Fürsten Eggenberg sagen ließ, »auf solche Weise könnten die Sachen nicht bestehen«, in unserer Sprache: so gehe es nicht weiter, man müsse zu einer Generalbereinigung kommen – daß der Minister nur die Achseln zuckte und ein »Zu spät« murmelte.
Denn man wünscht die Rückkehr der Toten nicht, hätte man auch die Lebenden geliebt. Wallenstein war in Wien ein Toter jetzt; geliebt hatte man ihn nie; gierige Nachfolger lauerten auf die Erbschaft.

Ein Toter in Wien; im Bette zu Pilsen ein Bündel von Körperschmerzen und Seelennot; ein Quell ausschweifender Hoffnungen für seine Freunde. Sie merkten es nicht; beinahe nicht am Ort, sonst würden sie ihn schleunigst verlassen haben; gar nicht in der Ferne.
In seinem Schlosse Zleb hob Herr Rudolf Trčka, Witwer jetzt, sein Glas auf den König Albrecht von Böhmen. Bruder, sagte er zu einem Gutsnachbarn, dem Grafen Wrzsowicz, »bleibe bei uns, die Sache des Kaisers ist verloren; damit verlierst du auch all das deinige, bei Friedland kannst du noch mehr bekommen.« Der Gast gab zu bedenken, Wallenstein sei alt und sehr krank; was nach seinem Tode? Herr Rudolf: dafür ist gesorgt. Man wird den König von Polen zu seinem Nachfolger wählen. Haus Österreich darf niemals nach Böhmen zurückkehren. Wenn aber, fragte ein andermal des Greises oberster Verwalter, Wenesch Klusack, wenn die Emigranten zurückkämen, ob dann die Familie ihnen nicht viele schöne Güter zurückgeben müßte? Rudolf: Allerdings, und gerne nicht; aber mein Sohn wird schon wissen, was er tut. Dem Adam sei die Grafschaft Glatz versprochen. Was für ein Gebiet sie sein würde, zusammen mit Opočno und Smiřice, wieviele schöne Hirsche in den Wäldern! Klusack: Ob der Herzog auch eines guten Todes sterben und der Strafe Gottes entgehen wird? Hat er doch von Gott abgelassen und sich auf seinen Verstand, Hoheit, Stärke und seine Sterngucker ganz verlassen. Er ist unbarmherzig, ungerecht, hat viele Leute, Witwen und Waisen betrübt. – Der Alte: Es ist wahr, aber es geht ihm trotzdem alles wohl vonstatten. – Auch mit dem Sohn, dem Grafen Adam Erdmann, führte der Verwalter Gespräche voll Neugier und bangen Staunens. Er werde ein großer, reicher Herr werden, prophezeite der junge Trčka – als ob er nicht schon reich genug gewesen wäre. Rosse werde er halten, wie kein anderer, und zwölf schöne Jungfrauen im Frauenzimmer, und viele Güter erwerben oder eintauschen, so, daß seine Herrschaft wohl arrondiert wäre; da zähle er auf Böhmens neuen König. – Klusack: »Es würde dieser wie der Teufel ein strenger König sein; wehe dem, der etwas wider ihn delinquieren wollte!« – Graf Adam: Er wird im

Gegenteil den Böhmen alle ihre Freiheiten wiedergeben. Seinen Humor will ich schon zu behandeln wissen . . . Nicht wir haben die beiden Trčka so reden hören; Herr Klusack hat es. Wenn wir aber dem kleinen Rašin nicht trauen, weil so viele Lügen ihm nachgewiesen wurden, so haben wir doch kein Recht, jede in diesem Umkreis gemachte Aussage zu verwerfen; sehen auch nicht, wie ein schlichter Gutsverwalter solches alles hätte erfinden können. Übrigens hielt selbst Graf Kinsky von seinem jungen Schwager nicht viel. Trčka, meinte er, sei allzu wenig erfahren und wie ein unschuldiges Lamm, möchte er noch dazulernen. – Nicht, daß Kinsky besser gewesen wäre als Trčka; er war gescheiter.

Er trieb an. Einer mußte ja antreiben. Verschwörungen gehen nicht von alleine; da der Hauptverschwörer keiner war, jedenfalls nichts dazu tat, so fiel das dunkle Amt an Kinsky. Er schrieb nach Regensburg an Bernhard von Weimar und bat um einen Paß, damit er ihn besuchen könnte; ein wichtiges Negotium sei im Spiel. Wir kennen das Negotium nicht, erinnern uns aber an einen Punkt des Friedensprogrammes, das Wallenstein dem Obersten Schlieff ein paar Tage vorher entwickelt hatte: Bernhard müsse das Herzogtum Franken wieder herausgeben und könne dafür abgefunden werden in Bayern oder im Elsaß. Im Elsaß. Das wäre ein Mittel gewesen, den Schweden ihren fähigsten Heerführer abspenstig zu machen, die Wacht am Oberrhein ihm zu übertragen gegen Frankreich wie gegen Spanien; wobei es Wallenstein wenig kümmerte, daß die Provinz zu den Ländern des Hauses Habsburg gehörte. »Man lasse mich machen.« . . . Bernhard schickte den Paß. Nun entschuldigte Kinsky sich mit Leibesungelegenheiten und bat, eine Vertrauensperson nach Pilsen zu entsenden. Bernhard lehnte ab. Der schwedische Diplomat, Philipp Sattler, der darüber an Oxenstierna referierte, fügte hinzu, Wallenstein sei, wie man höre, schon tot; zudem laufe das alles ja doch auf Betrug hinaus. Was dem Urteil des Herzogs von Weimar entsprach; gegenüber Wallensteins Friedensplänen verharrte er in eisigem Mißtrauen.

So tat Axel Oxenstierna, als er einen Boten Kinskys empfing, Sezyma Rašin, unseren alten Bekannten. Rašin machte sich am 4. Februar auf den Weg, um ihn über Halle zu nehmen und dort einen anderen alten Bekannten zu treffen, Generalwachtmeister Bubna, den Partner des Mainacht-Gespräches von Gitschin. Zuerst wollte Bubna nichts wissen und glauben: »Der Fürst sei ein Lügner.« Dann glaubte er doch und die beiden Kumpane ritten weiter nach Halberstadt, wo Oxenstierna gerade Hof hielt. Der Kanzler reagierte, wie er in dieser Sache noch immer reagiert hatte, bloß gröber: der Herzog von Friedland möge sich gegen den Kaiser Ferdinand erheben, offen und eindeutig, dann werde er alles für ihn tun, andernfalls gar nichts. Kein ermutigendes Ergebnis. In diesem Leben erfuhr Kinsky nichts mehr davon. Was half es, daß es auf der französischen Seite ein klein wenig besser stand? Feuquières zwar blieb skeptisch, hielt es aber nach einigem Zögern doch für ratsam, seine Regierung über das, was Kinsky am Neujahrstag von ihm erbeten hatte, zu informieren. Kein Skeptiker war Père Joseph, vielmehr zäh in seinen Vorsätzen und Wunschträumen. Ein gerechter Friede, gut für die Deutschen, gut für den König von Frankreich, mußte verwirklicht werden, weil er möglich blieb. Die dritte, die überkonfessionelle, die nur-deutsche Partei, unabhängig von Habsburg, unabhängig von Schweden, mußte sich endlich konstituieren. Warum nicht mit Hilfe Wallensteins? Ein Memorandum, zur Erleuchtung des Botschafters entworfen, sah Alternativen vor. Unternahm der Herzog von Friedland einen Staatsstreich gegen den Kaiser, so konnte man zu dem älteren Vertragsentwurf zurückkehren, ungefähr; nur, daß die Frage der böhmischen Krone etwas in der Schwebe zu lassen wäre. Wagte er aber die Revolution nicht, so war sein Friedenswille dennoch zu gebrauchen. Er sollte die Einberufung eines Reichstages erzwingen und die Wahl des Königs von Frankreich zum Mediator, zum Friedensvermittler mit allen einem solchen Amt zukommenden Rechten und Dignitäten. Er sollte bei währender Versammlung die französische Politik unterstützen, welche die Interessen der katholischen Kirche sichern und dem Hause Habsburg den Religions-Vorwand entreißen werde, das Schamtuch seiner Herrschsucht; welche aber die berechtigten Interessen der Evangelischen gleichfalls zu sichern wissen werde. Diese letztere Möglichkeit sei sogar besser als die erste. Schritt Wallenstein zur offenen Rebellion, so wurde er ganz von den Protestanten abhängig, die näher bei ihm waren als Frankreich und prompt ihm helfen konnten, aber Frankreich nicht; und dann wurde Deutschland von den Schweden und ihren Bundesgenossen zerstückelt, was nicht im Sinn der französischen Staatsraison lag. So also hatte der Botschafter zu verfahren: über Wallensteins Meinungen und deren Gediegenheit sich zu informieren durch einen nach Pilsen zu sendenden Vertrauensmann; beiden Lösungen sich geöffnet zu zeigen, aber, wenn es sich fügte, der Akzent taktvoll auf die zweite zu verlagern . . . Während dies wohlgemeinte Elaborat durch Frankreich und Deutschland reiste, langsam, langsam, war ein zweiter Bote Kinskys, mit Namen Rabenhaupt, zu Feuquières unterwegs; Kinsky spürte etwas von der bangen Dringlichkeit, von der man in Paris so gar nichts spürte. Rabenhaupt traf Feuquières in Frankfurt am 1. März; einem Tag, der in unserer Lebensbeschreibung eigentlich nicht mehr vorkommen dürfte. Der Emigrant berichtete mündlich: wie ungeduldig der Graf Kinsky nun sei und der Herzog von Friedland auch; wie der Herzog von Friedland von solchem Haß gegen Haus Österreich gefoltert werde, daß er den Kaiser Ferdinand nicht bloß aus allen seinen Staaten zu vertreiben gedenke, sondern ihn bis in die Hölle verfolgen würde. Über soviel Pathos mußte Feuquières lächeln. Indessen hatte er mittlerweile seine Instruktion aus Paris, welche die Angelegenheit ernster nahm, als er sie hatte nehmen wollen. So fand er dennoch gut, aus dem Schwarm seiner Attachés einen der geübtesten nach Pilsen zu entsenden, Monsieur de la Boderie, mit Briefen an Kinsky und Wallenstein, so stilisiert, daß ein feindlicher Mißbrauch mit ihnen nicht getrieben werden konnte; bloße Antworten nämlich auf Eröffnungen, die von Pilsen oder Dresden aus gemacht worden waren. Antworten, die wiederum eine Antwort erheischten, und zwar eine schriftliche diesmal, und endlich von der Hand des Herzogs von Friedland in Person. Daß er eine solche, einzig brauchbare Antwort erhalten würde, glaubte Feuquières nicht.

Das war es. Er gab nichts Schriftliches. Die Boten Kinskys wiesen sich aus mit Creditiven Kinskys, nicht Wallensteins. Darum werden wir niemals wissen, ob er Kinskys Gespinste kannte und billigte; ob er die beiden Trčka, Vater und Sohn, zu ihren lüsternen Prahlereien irgend ermutigt hatte. Wir glauben es nicht, so wie wir ihn nach langem Umgang kennen, gestehen aber gern, daß glauben oder nicht glauben hier eine Frage des Geschmacks ist. Wendet man ein, die Logik der Dinge hätte ihn gezwungen, nach der Krone Böhmens zu greifen, die Logik der Dinge hätte ihn, wenn er auch nicht wollte, gezwungen, sich den Schweden und Franzosen in die Arme zu werfen, so antworten wir, daß es im Politischen mit Logik eine unsichere Sache ist; da bleibt manches offen, in der Wirklichkeit und mindestens im Denken, was nicht im Lehrbuch steht, da ist mancher Widerspruch erlaubt. Würden Mächte und Machthaber alles bis zu Ende durchführen, was in der Logik ihrer Situation liegt, unsere Welt sähe noch sonderbarer aus, als sie ohnehin aussieht. – Wie konnte er liegen und auf Arnim warten, wenn er im Begriff war, sich den Schweden und Franzosen in die Arme zu werfen; auf Arnim, der nun ganz gewiß kein revolutionäres Geschäft mit Schweden wünschte, und mit Frankreich noch weniger?

In Wallensteins letzten Träumen ist ein Kern guter Intuition. Verträgliches Nebeneinander der Konfessionen; Toleranz. Verzicht des Hauses Habsburg auf das, was den Frieden unmöglich machte und was es durch Krieg nicht mehr gewinnen konnte. Wiedergutma-

chung, in Grenzen; Rückführung der katholischen, geistlichen Fürsten, die von den Schweden verjagt worden waren; Versöhnung irgendwie, sehr ungenau, Böhmens und der böhmischen Emigranten. Abfindung der Schweden irgendwie, im Norden. Abfindung der Franzosen irgendwie, nämlich in den an Frankreich grenzenden Regionen der Niederlande, »Artois und Hennegau«, auf Kosten der Spanier, damit beide, Franzosen und Spanier, Deutschland in Ruhe ließen. Man sagte ihm nach, er habe Ehrgeiz genug, um sich die Gruft eines Königs zu wünschen, auch wenn er nur ein paar Monate noch als König leben könnte. Andere sagten so, nicht er. Es gibt kein einziges geschriebenes, es gibt auch kein gesprochenes Wort von ihm, halbwegs zuverlässig überliefert, das sich auf die böhmische Krone bezöge. Es gibt nicht den Beginn eines Versuches, seine Thronbesteigung vorzubereiten. Wallensteins Königtum hätte eine Restauration des alten böhmischen Staatsrechts bedeutet, dies oder gar nichts war sein Sinn. Also konnte er nicht König werden durch Dekret. Gewählt hätte er werden müssen durch die drei Stände, so wie sie waren im Jahre 1618. Würden sie ihn denn gewählt haben? Darüber hätten nicht die beiden Trčka zu entscheiden gehabt, sondern einige hundert Wähler, erbitterte Feinde Wallensteins darunter. Würde er die Conföderations-Akte von 1619 beschworen haben, diese Verfassung einer Republik mit einem Schattenkönig? Gedachte er im Gegenteil, ein Usurpator zu sein, schlimmer als Ferdinand? Keine Antwort. Nirgendwo das blasseste Zeichen einer Antwort. Gerede das Ganze; Rauch ohne Feuer. Was wir ihn selber haben sagen hören, ist dies: den Ruhm des Friedensstifters wünschte er ins Grab zu nehmen. Dafür hatte er ein ungefähres Programm sich ausgedacht. Schwer, über alle Beschreibung schwer, es zu realisieren. Ein Einzelner konnte das überhaupt nicht. Viele, viele konnten es, wie später sich zeigte, geriebene Unterhändler, in langen Jahren sich aneinander reibend, Tag für Tag. Auch in seinen guten Zeiten war Wallenstein kein Unterhändler gewesen und wußte es. Träumer taugen nicht zum Unterhandeln. Sie verwirklichen ihre Träume durch Tat und Befehl, wenn sie die Kraft dazu haben. Die hatte er einmal gehabt; Friedland bewies es. Jetzt?
Sein Amt, seine Vergangenheit, die Magie seines Wesens ließen ihn noch einmal im Mittelpunkt des europäischen Brandes erscheinen, er selber träumte sich darin. Seine kranke, fast schon aufgelöste Identität brachte es mit sich, daß um den Kern dessen, was er im Kopf trug, sich Wucherungen bildeten nach allen Seiten, produziert von den frivolen Nichtskönnern, seinen Ratgebern, von Freunden, Feinden und Halbfreunden, von Politikern und Skribenten da und dort. Ringelreihen im Schnee, um einen Sterbenden. Hätten sie alles Reden und

Protokollieren über ihn bleiben lassen in St. Germain und Paris, in Dresden, Berlin, Frankfurt, es hätte praktisch keinen Unterschied mehr gemacht.

Nachtphantasie

> Er hatte schaudernd in den Abgrund
> seiner Seele hinein geblickt und
> bewegte sich behutsam, um ihn den
> Anderen zu verhüllen.
>
> (Ricarda Huch)

Wird das Ich jeder Freude bar, vom Körper, von der Seele, von beiden her, so zerfällt ihm seine Umwelt, im doppelten Sinn. Es fühlt, erfaßt, ergreift sie nicht mehr; Menschen und Dinge zerlaufen sich, laufen von ihm weg, stehen gegen es auf. Da es ohne sie nicht sein kann, zerfällt es auch in sich selber. So wird es jedem gehen, dem Bettler, wie dem Herrscher; nur daß beim Herrscher die Dimension der Macht, der weithin gezogenen Ordnung kommt, die sich auflöst, langsam, dann schneller und schneller.

Wallenstein ahnte; er wußte nicht. Menschenkenner war er nie gewesen; die Situation, in der er sich befand, war eine durchaus menschliche, von Menschen gemacht. Aus sich heraus brütete er Angst, die auf nichts Bestimmtes ging, nur so ungefähr auf den Wiener Hof, die Spanier, die Geistlichen; auf Feinde überhaupt. Draußen undeutlicher Lärm, Kommen und Gehen von Boten; im Geiste Furcht, nagende Ungeduld, Hin-und-her-Wälzen konträrer Möglichkeiten; Besuche der zwei oder drei groben Männer, denen der fein Organisierte sich ausgeliefert hatte, ohne sie zu achten. Dies von allen Seiten gehetzt und gedrängt werden, dies beim Wort genommen werden und präsentiert bekommen, was man einmal gesprochen hat; dies nicht mehr koordinieren können; dies von der alten, erworbenen Autorität leben und sie doch nicht mehr ausstrahlen können; die daraus fließende Verzagtheit. Zwickmühlen hatte er sich bewahren wollen und war nun selber in der ärgsten Zwickmühle. Das Gewisse hatte er spielen wollen, aber so viel Ungewisses sich offen halten, daß er der Allerungewisseste geworden war; verloren der sich selber Suchende. Ordnungs-Stifter, in selbstgeschaffener Wirrsal verloren. Den Strengen, Harten hatte er sein Leben lang gespielt, unter furchtbaren Anstrengungen, um das Schwache in sich zu verbergen. Nur noch Maske jetzt, und Qual dahinter. Verglühender Geist, nichts mehr wirkend; in der Not alleine. Daß er den imperialen Wahn der Spanier verdammte, mit Ernst, mit Wahrhaftigkeit, brachte ihn der anderen Seite, den Evangelischen, den Schweden, Holländern, Franzosen nicht näher. Weil er mit ihnen nur gespielt hatte, jahrelang, glaubten sie ihm nicht mehr. Weil er nichts tat, so taten sie auch nichts und redeten bloß. Er redete kaum noch. Er lag und wartete auf Arnim.

Das Licht des Mondes. Der Mond ist pur lauter Eis und Schnee . . . Der Schneekönig hatte hundertmal mehr Land als ich. Mußte er sich einmischen und mir das Spiel verderben? Wäre der Aldringen bei Lützen gewesen, ich hätte die Schlacht gewonnen und im Reich hiberniert. Der Bayer hat's gehindert, der Bayer hat's gehindert . . . O, das Brennen im Schlund . . . Wo ist der Holk? Tot. Hat nach einem Praedicanten geschrien und gejammert, aber keiner war zur Stelle; waren alle crepiert an der Pest, am Hunger, waren im Wald versteckt aus Furcht vor ihm. Nun brauchte er sie und hatte keinen . . . Warum kommt der Arnim nicht? Nun brauchte er sie und hatte keinen . . . Sind alle weg, die ich brauchte. Holk. Der alte Harrach. Pappenheim. Collalto. Die schlechten Menschen sind alle noch da. Könnte ich dem Bayern an die Gurgel. Ihn abstechen wie den Kerl zu Olmütz. So viele Jahre seitdem. Vierzehn. Fünfzehn. Wie die Jahre rollen . . . Sei ruhig, du stichst keinen mehr. Kannst ja deinen Namen nicht mehr schreiben. Kannst ja deinen Löffel nicht mehr halten. Was hab' ich ihm zuleid getan? Ging die Rede, ich wollte die Kurfürsten abschaffen. Verlogen. Schafft man das ab, was man selber will werden? Freilich doch, dessen Platz man nehmen will, den muß man schon abschaffen. Sie gaben mir keine Ruh. Sie wollten mich nicht haben, weil ich nicht geboren bin wie sie. Weil ich nicht geboren bin wie sie. Was hätt' ich aus dem Reich machen können, damals. Sie wollten's nicht dulden, weil ich nicht geboren bin wie sie. Keiner wollte es, und ich meinte es treu und ehrlich. Der Syndicus aus Lübeck; war ein stattlicher Mann, steif wie eine Stange, der Rock schwarz, die Münze am Hals, lächelte höfisch wie ein Graf. Sind politici, die von der Hanse, nicht wie die Deutschen; fast wie die Holländer. Er traute mir nicht. Warum traute mir niemand? – Als er sie brauchte, hatte er keinen . . . Ist's bald Zeit zum Klistier? Wie sie mich ekeln. Der Arzt hat versprochen, sie müßten nicht mehr sein, wenn ich nur Aquam Sambuci fleißig nähme. Ich schlinge es herunter jeden Morgen, jede Nacht, es hilft ja nichts. Das Geld, so ich den Ärzten zahle und der Apothekerin Wittib am Markt, ist gestohlen. Muß noch mein eigener Apotheker sein, das Letzte, was ich lerne; Unguentum altheae, Elec-

tuarium Hiera Picra, Tartarum Crudum. Es hilft ja nichts. Man lernt's und vergißt's. Man erwirbt's und man verliert's. Wie man mit den Schiffen umgeht, hab' ich gelernt und wieder vergessen. Gar viele Inseln kannt' ich mit Namen. Wo sind sie? Den Schweden wollt' ich anbinden im Polnischen mit unsagbarer Mühe; er hat sich nicht wollen binden lassen. Was hab ich aus Mecklenburg gemacht in einem einzigen Jahr, wie hätt' ich's regiert. Weg, vorbei; die sitzen wieder dort ... Wrack, mit Tränklein aus der Apotheke beladen ... Das Wrack bei Stralsund, das gestrandete Schiff. Alle Güter ließ ich den Kaufleuten zurückgeben, die mußten's herschwitzen, die's geplündert hatten, bei Leibesstrafe. Vergebens. Sie trauten mir nicht ... Den Brief an die Stralsunder unlängst, daß sie die Schweden sollten hinausschmeißen, daß ich sie zur Freien Reichsstadt machen würde und ihnen alles Gute tun, den hätt' ich nicht schicken sollen. Bis heute haben sie mich keiner Antwort gewürdigt. Könige schickten mir ihre Ministri und caressierten mich, hündisch wie die Hunde. Der Pole, Danus, der aus Engelland, der Franzos, der Philipp. Wer ist noch da? Der Don Agustín. Ist ein Spion, dem ich sollte den Kopf weghauen lassen. Das hätte ich sollen zusagen, was der Franzos mir proponierte. Ich werde ihm zuschreiben durch den Kinsky, daß ich es annehmen will. Er mag's schon getan haben. Ein großer Practico, der Kinsky. Man muß ihn nur anschauen, dann tut er, was man will. Was man nicht will. Ich kann nicht. Tue ich's, so kommen die Franzosen über den Rhein, und alle Territoria, die da liegen, gehören ihnen, und es ist nie kein Friede. Das darf ein Fürst des Heiligen Reiches nicht. Der bin ich. Sie werden noch sehen, daß ich es bin. Ich muß nach Wien schreiben, daß sie den schlechten Menschen nicht glauben sollen. Sie haben mich nicht verstanden. Sie haben mich nie können leiden; ich sie auch nicht. Den Max will ich schicken mit dem Brief, der mag es ihnen elucidieren mit seiner Suada ... Wenn der Arnim doch käme. Ich will den Frieden noch hinbringen, dann resignieren. Ich mache nicht Frieden ohne einen Recompens für Mecklenburg. Rechtens hab ich's erworben, sollen sie mir's ersetzen. Die Pfalz oder Württemberg, das gilt mir gleich. Sie sagen, daß Württemberg ein schönes Stück Land ist, der Wein, die Wälder. Mit der Pfalz, das kann nicht sein. Es ist kein Friede, ohne daß man sie dem jungen Pfalzgrafen restituiert ... Regensburg, wessen Schuld ist es? Hab' ich nicht gewarnt, immer und immer, der Aldringen sollte nicht an den Rhein? Wäre er in Bayern geblieben, wie ich's wollte, der Weimar hätte nicht können herunterrücken. Ganz liederlich haben sie seine Schiffe vorbeigelassen bei Ingolstadt. Wozu ist solch starke Festung am Strom gut, wenn sie des Feindes Schiffen den Paß gewährt? Und nun bin *ich's, der dem Weimar hätte sollen den Weg versperren. Ich hab' mich nie verdient gemacht. Ich hab' alles Böse verursacht. Das ist unerträglich. Die falschen Spinnen, die dem Kaiser was vorlügen, und der glaubt's, der glaubt's. Dann wollen wir tun, was er glaubt . . . Wie sie mir schrieben, wie sie zu mir redeten und bettelten. Das Handbriefel des Kaisers nach der Battaglia von Lützen. Wie hat das sich so schnell können umkehren? Die bösen, falschen Menschen sind's gewesen . . . Der Arnim muß noch in Berlin sein. Bricht er auf morgen früh, von Berlin nach Pilsen wie lang? Sieben Tage, acht, wenn es sein kann. Und er wird noch einmal bei dem Vieh einkehren in Dresden. Und die Wege sind voller Schnee. Hier taut es, aber dort nicht. Wie die Füße schmerzen, beim Tauwetter. Solange der scharfe Frost war, konnte ich atmen und gelinder waren die Zangen in der Brust. Jetzt hab' ich Angst, daß ich einschlafe, die Träume, die zeigen, wie es mit mir steht, wenn die Luft drückt. Es kommt der de Witte und klagt. Ich stoße in ihn hinein, jage ihn fort, dann löst er sich auf. Kepler kommt mit seinen Papieren, zeigt immer auf einen Tag im Kalender mit seinem langen Finger, murmelt etwas und zeigt und zeigt, aber ich kann es nicht lesen. Ich will ihn ausfragen, da ist er wieder weg. Der Kaiser Rudolf kommt und schnauft und wirft die Arme, wie ich ihn zuletzt sah in Prag, das gebrochene Männlein. Das war kein Spanischer, der Rudolf, mit dem hätte ich mich können vergleichen. Man sagte, er sei wie der blöde Smiřický. Der Teufel quält' ihn, wie er mich quält. Sauber ist es in meinem Palatia, wie beim Kaiser nicht. Träumen tue ich Spinnweben und Angst und Kot. Der muß sein in der Seelen, sonst würde ich ihn nicht träumen. Gott schickt mir keine Träume, die sähen anders aus und ich wachte auf erquickt. Wie lang ist's her, daß ich solche Träume hatte? Hatt ich sie je? Die Pfaffen lügen, daß man so träumt . . . Was der Prediger in Goldberg mir erzählte von der Lehre der Picarditen. Ist einer geboren als Böser, so kann er nicht dafür, und kann doch dafür, und Gott straft ihn ewig, und ist alles praedestiniert. Die Jesuiter erklärten's mir anders. Stifte ich Klöster, geb' ich den Armen Brot, dann bin ich fromm. Die Lehre gefiel mir, drum nahm ich sie an . . . Du lügst. Du nahmst sie an mit anderem Vorsatz und nahmst sie im Herzen nie an und bliebst immer bei der alten, und auch bei der alten nicht, und bei gar nichts, und wolltest von Gott nichts wissen aus Hochmut und Angst. Nicht so, wie der Holk, der um einen Praedicanten bettelte und sich wand in Reue, als man ihm sagte, es sei die Pest. Wie ein stolzer Knecht, der seinen Herrn verachtet und doch ihn fürchtet und sich vor ihm verbirgt . . . Ach, so allein zu sein. Gott im Himmel hilf mir. Gott im Himmel hilf mir.*

Warnung des Feldmarschalls Ilow: Der Herzog empfängt niemanden mehr, außer solchen, die er selber befohlen hat. Und dann kommt kaum ein Gespräch zustand; wegen seiner großen Schmerzen stößt er ohne Pause die schrecklichsten Flüche aus.
Erzählung des Don Diego Quiroga, Kapuziner: Wallenstein habe ihm gesagt, wenn er die ewigen Strafen der Hölle nicht fürchtete, so würde er das ärgste Gift nehmen, um von aller Miseria endlich erlöst zu sein.
Aussage des Generals der Kavallerie von Scherffenberg: Nach Erledigung der Sache mit den Unterschriften der Offiziere, nahm er Urlaub von Herrn Generalissimus. Wallenstein: Es gehe die Rede, daß Bayern wieder mit Frankreich korrespondiere, ob das wohl wahr sei? – Scherffenberg: Euer Fürstliche Gnaden, ich bin des bayerischen Hofes nicht practico, ich kenne keinen einzigen ministrum dort. »Hierauf der Herzog eine gute Weile gelegen und stillgeschwiegen, jählings aber aufgefahren und geschrien: ›O Fried, Fried, o Fried, o Fried!‹ Über dies nichts gemeldet als: ›Gott behüte den Herrn.‹«

Piccolomini

Das Dekret, das den General Octavio Piccolomini zum Feldmarschall erhob, war wohl von Wallenstein veranlaßt. Aber es war nicht so ausgefertigt, wie Piccolominis Gönner sich das vorstellte. Es verwies den neuen Feldmarschall auf den neuen Generalissimus, Ferdinand, König von Ungarn. Und die Vollmacht für Dr. Justus Gebhard war nicht ernst gemeint, war bloßer Schein, dem Hofrate unbewußt. Und die Briefe, die der Kaiser an den Herzog von Friedland diktierte, bis zum 13. Februar, die waren alle Betrug, meinten gar nichts von dem, was in ihnen stand, so freundlich sie sich lasen. Ganz andere Dinge gingen vor anderswo, oder wurden emsig vorbereitet, indes Wallenstein tatenlos in Pilsen lag. Eine Verschwörung gab es, aber die seine nicht, die, unbestimmt, passiv, bloßes Träumen, den Namen nicht verdiente. Es gab die Verschwörung gegen ihn.

Als Piccolomini Anfang Dezember in einem Schreiben an Gallas jenen Rückzug nach Böhmen in diskreten Untertönen verurteilt hatte – man könne die Reaktion in Wien und Bayern leider sich vorstellen –, antwortete Gallas nach seiner Art, gutmütig vermittelnd. Das Wetter sei miserabel, unleugbar, und zum Kriegführen ungeeignet. Wenn die Herren Kritiker wüßten, was es kostete, eine solche Heeresmaschine zusammenzuhalten angesichts solcher Feinde, so würden sie anders reden. Was hülfen passionierte Gehässigkeiten da und dort? – Octavios erste, zarte Andeutung hatte keinen Erfolg.

Den 3. Januar sah er im Auftrag Wallensteins den Generalleutnant in Großglogau. Der General der Artillerie Rudolf Colloredo kam hinzu; ein Gespräch zu dreien. Was Piccolomini hier vorbrachte, weiß man ungefähr, aus seinem im März niedergeschriebenen Bericht. Und zwar dieses. Wallenstein ging um mit Verrat und Rebellion solchen Ausmaßes, wie er in der Welt Geschichten bisher unbekannt war. Octavio hatte es aus seinem eigenen Munde. Er wolle, so der Herzog, die Armee zum Feinde hinüberführen, die Erblande erobern, den Kaiser gefangennehmen, das Erzhaus ausrotten, nicht bloß in Deutschland, sondern überall und zumal in Italien. Dann werde er schier das ganze Europa neu ordnen: Neapel dem Nepoten des Pap-

stes, Montferrat dem Herzog von Savoyen, Lucca und Siena dem Großherzog von Toscana, Mailand vielleicht an Venedig, vielleicht an Savoyen; für Frankreich Burgund und Luxemburg, Unabhängigkeit für Flandern. Dem König von Polen ein Teil Schlesiens, um ihn zu locken, machte er aber nicht mit, so würde man seine eigenen Calviner gegen ihn hetzen; ferner dann dem Grafen Trčka die Markgrafschaft Mähren, die Herzogtümer Glogau und Sagan, samt allen Gütern des Fürsten Eggenberg, dem Grafen Gallas, Friaul dem General Colloredo, die Grafschaft Glatz, das Herzogtum Teschen und die Besitzungen Wilhelm von Slawatas aber ihm selber, Piccolomini. »So war rasch die Welt verteilt.« Ein äußerst gewagtes, schwieriges Unternehmen, hatte Piccolomini eingewendet, Wallenstein geantwortet: Nur der Anfang. Es gehöre nichts als Mut und Selbstvertrauen dazu; ginge es anders nicht, so würde er an der Spitze von tausend Pferden sein Glück versuchen. – Solches alles hatte Wallenstein leichthin geplaudert an einem jener Dezembertage, während derer er, nach Piccolominis eigener Aussage, an schwerer Trauer des Gemütes litt; während derer er übrigens krank lag und ein Pferd gar nicht besteigen konnte, jetzt nicht und nie mehr.
Es scheint, daß Gallas den Ausführungen Piccolominis gewisse Zweifel entgegenbrachte; nicht, vermutlich, weil er ihn für einen Lügner hielt, sondern weil die gewichtlosen Improvisationen Wallensteins ihm vertraut waren. Es scheint, daß Rudolf Colloredo glaubte, ganz und sofort, denn er bemerkte, man sollte »diesen Schelm geschwind erwürgen«. Der Rat blieb ungehört. Die drei Herren fanden zum Schluß es besser, oder behaupteten voreinander, daß sie es besser fänden, den Kaiser zunächst gar nicht zu unterrichten, damit nicht etwa überstürzte Maßnahmen die Katastrophe beschleunigten, die zu verhindern sie bestimmt wären; und daß Gallas versuchen sollte, den Herzog von seinen verworfenen Plänen abzubringen. Piccolomini kehrte nach Pilsen zurück. Als er nun dort von Wilhelm Kinsky erfuhr, was mit Frankreich, mit Schweden, mit den evangelischen Kurfürsten schon auf den Weg gebracht worden war, als er ferner zu bemerken glaubte, daß Wallenstein sich von ihm distanzierte und nicht so, wie er versprochen hatte, ihn auf dem laufenden hielt, erkannte er seine Pflicht anders als in Glogau. Geheime Boten schwärmten aus, um den Kaiser Ferdinand, den Grafen Oñate, den Nuntius Rocci zu informieren. Rocci fügte das Eine hinzu, was in Piccolominis eigener Relation fehlt, nämlich, daß Böhmen für Wallenstein selber bestimmt war. Was die Verteilung der Welt betrifft, so erhielt sie demnächst einige Zusätze und Korrekturen, zumal Piccolomini sich an das Erfundene im Detail unmöglich erinnern konnte; so daß dann Tirol dem

Feldmarschall Ilow zugedacht war, Luxemburg nicht dem König von Frankreich, sondern dem Kardinal Richelieu persönlich, Salzburg dem Herzog Franz Albrecht und so weiter fort. – Um den 10. Januar wußte man in Wien Bescheid.

Bescheid über was? Hatte Piccolomini den Inhalt seiner Denunziationen glattweg erfunden? Wenn ja, warum?

Er hatte sie wohl nicht ganz und gar erfunden. Dergleichen geschieht selten; Lügen erwachsener Männer pflegen zuerst noch von der Wahrheit auf schwer entwirrbare Weise angeregt zu sein; pflegen zuerst noch nahe der Erde zu flattern, um später, wenn sie das Fliegen gelernt haben, sich froh in die Lüfte zu erheben. Daß Wallenstein gegenüber einem, dem er vertraute, sich in Schmähreden gegen den Wiener Hof erging, ist plausibel. Daß er sich verschwor, die Spanier aus Italien vertreiben zu helfen, ist sogar wahrscheinlich; man kennt diesen einen Wunschgedanken aus ernsterer Quelle. Und wenn Piccolomini fragte, was denn aus Italien werden sollte, warum möchte er nicht geantwortet haben, man werde Neapel dem geben und Mailand jenem? Daß er Frankreich anderswo als am Rhein zu beschäftigen und zu befriedigen gedachte, wissen wir auch; er nannte Artois und Hennegau; er mag recht wohl auch einmal das spanische Burgund genannt haben. So weit, so möglich; phantastischer Überbau der Rest. Man unterschied nicht so genau zwischen real und irreal damals; »discreditieren« gehörte zur Kunst der Politik. Octavio, nachdem er sich auf eine Sache eingelassen, die wegen Wallensteins überall geglaubter Rachsucht ein Kampf auf Leben und Tod sein würde, mußte nun übertreiben, ins Beliebige; warum nicht behaupten, Wallenstein wolle römischer Kaiser werden und römischer Papst auch? Er hätte es gewiß behauptet, wäre es für den Erfolg wirksam und nötig gewesen. Ohne Erfolg war er verloren. Mit Erfolg durfte er auf glänzenden Lohn hoffen, Reichtum und Macht und Titel. Die Tat, die er nun zu tun im Begriff stand, wurde um so größer, je ungeheuerlicher die Gefahr, der sie steuern sollte; und wurde nur möglich durch die Ungeheuerlichkeit der Gefahr, denn durch ferne, indirekte Drohungen waren des Kaisers Ratgeber nicht zu bewegen. Gab es hier scharfe Grenzen zwischen dem halbwegs Wahren und dem Erlogenen? Piccolomini zitterte in der Begier nach des Retters wichtiger Rolle; später, als es zur Ernte kam, bewies er kalte, rechnende, erpresserische Geschicklichkeit.

Er war 34 Jahre alt; gut vorangekommen für dies Alter dank Wallensteins Gunst; vom Rang des Obersten zu dem des Feldmarschalls binnen fünf Jahren. Die Eroberung von Mantua hat ihm schönes Diebsgut gebracht, Ruhm die Schlacht von Lützen. Schätzenswert das alles,

aber lange nicht genug für den Ehrgeiz des Jüngling-Mannes, der in Deutschland mit einem großen, fremden Namen angetreten war, und mit nichts sonst. Wallenstein stand ihm im Wege. Man konnte das Höchste nicht erreichen, so lange der in seiner Traumposition verblieb; konnte es um so weniger, als Wallenstein nicht mehr an Schlachten glaubte und die Kriegsführung paralysierte. Plötzlich zeigte sich die Gelegenheit, ihn zu beseitigen, in nobler Pflichterfüllung und zum eigenen Vorteil. Welch angenehme Verbindung. Die Aufgabe wurde noch reizvoller durch ihre anscheinende Schwierigkeit. War nicht Wallenstein der Unergründlichste der Unergründlichen, der Schlaueste der Schlauen? Ihn zu umgarnen und wehrlos zu machen, welches Maß an Feinheit, an Dissimulation, an Zielsicherheit heimlichster Strategie wurde dafür verlangt! Etwas wie der Ausbruch beim Pilsener Bankett – O Traditore! – durfte gewiß nicht wieder vorkommen. Dagegen will Piccolomini achtzehn der Obersten in großen Zügen alsbald eingeweiht und, trotz ihrer Unterschrift, auf Haus Österreich verpflichtet haben, darunter einen gewissen Walter Butler, Irländer.
Danach, am 17. Januar, entließ Wallenstein seinen neuen Feldmarschall in Gnaden. Nun saß Piccolomini in Linz, Weiteres erwartend. Donau-aufwärts, in Passau, hatte Aldringen sein Quartier.

Das heimliche Urteil

Bayerns außerordentlicher Gesandter in Wien, Licenciat Richel, hatte nur *einen* Auftrag: den Sturz des Herzogs von Friedland zu betreiben und, was dafür etwa schon eingefädelt war, dank seinen Beziehungen zu hochgestellten Personen zu erfahren. Hofkriegsratspräsident Schlick, Beichtvater Lamormaini, Graf Oñate lieferten ihm die Kenntnisse, die sie besaßen, waren aber Anfang Januar ihrerseits sehr unzufrieden mit dem Fortgang der »bewußten Sache«; bitter bemerkte Oñate, er werde den Kaiser noch in seinen Armen sterben sehen, ohne ihm helfen zu können. Richel am 9. Januar: Es steht schlecht und kühl. Noch immer suchen Wallensteins Begünstiger nach untauglichen Kompromissen. Den König von Ungarn hat er es aussprechen hören: wenn Bayern das Werk nicht angreift, so tut es keiner. Maximilian drängte, nach seiner Gewohnheit alle Möglichkeiten in Betracht ziehend. Die Griffe und Pfiffe, deren Wallenstein sich bediente, um sein Amt zu behalten, seien ihm bekannt. Wäre die gänzliche Absetzung nicht zu erreichen, so müßte man sich für den Augenblick mit einer Teilung des Kommandos begnügen. Würde auch dies Wenige verweigert, dann, aber nur dann, war der Kurfürst bereit zu einem Angebot, das seinen Stolz schwer genug ankam: seine eigene Armee, das Heer der Liga, dem König von Ungarn in Treuen zu überlassen, *wenn* der junge Ferdinand Wallensteins Nachfolger würde. Das schmerzliche Ausspielen dieser Trumpfkarte erwies sich als unnötig. Maximilian und sein Agent überschätzten die »Friedländische Faction« in Wien, die es nicht mehr gab. Sie überschätzten die planende Energie Wallensteins, das taten alle und hatten es immer getan. Und sie schlugen die Entschlußkraft Ferdinands II. nicht hoch genug an. Er galt als schwach, vergnügungssüchtig und faul; wie oft in besseren Tagen, hatte Gerhard Questenberg in seinen Briefen an Wallenstein darüber sich lustig gemacht. Er galt als abhängig von seinen Räten – die Art des Regierens, welche die Väter der Gesellschaft Jesu ihn ehedem als die einzig zu verantwortende gelehrt hatten. Er galt als abhängig von seinen Theologen, und war es. Aber die irrten sich, die mit solchen Beobachtungen Ferdinands Monarchencharakter ganz zu bestimmen glaubten. Er war zäh, dank seines Glaubens an Gott und an sein Gott so innig verbündetes Erzhaus. Oft hatte er den Mut des Frommen, Phantasiearmen gezeigt, in den peinlichsten Situationen den Kopf nicht verloren. Auch perfide zu sein hatte er gelernt, die Kunst feiner, böser Komödie, wenn ein guter Zweck sie forderte. Wie hatten er und der alte Erzherzog Maximilian den Kardinal Khlesl tückisch auf den Leim geführt im Jahre 18, ihn besucht und umschmeichelt und zu einem Gegenbesuch provoziert, bei dem er dann verhaftet und in ein fernes Bergschloß verschleppt wurde; nicht zwar, weil er Unrecht getan, sondern weil seine Friedenspolitik den beiden Agnaten nicht paßte. Das war lange her. Warum sollte ein so geistloser, simpler und selbstsicherer Mensch wie Ferdinand sich gewandelt haben?

Tatsächlich war er seit Ende Dezember entschlossen, mit Wallenstein ein Ende zu machen, eben, wie der Bayer berichtet hatte. Nur fand er, ein paar Wochen noch, die Angelegenheit so sehr dringlich nicht und ein umständliches Vorgehen für geboten. Anfang Januar reisten zwei kaiserliche Emissäre in verschiedenen Richtungen; nach Schlesien zu Gallas der Graf Wolkenstein, Verfasser jener Denkschrift über den Zustand Böhmens und der Terra Felix, Wallensteins immer nur wachsendes Herzogtum; zu Aldringen nach Passau der Geheimrat von Walmerode. Da solche Reisen nicht verborgen bleiben konnten, so wurden für das Publikum die üblichen Gesprächsthemen ausgegeben, Quartierfragen und andere Routine. Die heimliche Aufgabe beider Sendboten war es, die Generale auf eine Veränderung im Kriegsdirektorium vorzubereiten.

Piccolominis Nachrichten beschleunigten den Rhythmus gewaltig. Sie wurden geglaubt, ohne einen Schatten von Zweifel. Lachend sagte Fürst Eggenberg zu Bartholomäus Richel, bisher habe er als Wallensteins Freund gegolten; da nun der Herzog auch seine Güter verschenkt habe und gar zu allererst, so könne man sehen, was für gute Freunde sie seien. Oñate rühmte sich, er sei es gewesen, der das furchtbare Geheimnis an den Mann brachte: »So geschah es, daß S. M. dem Kaiser alles durch mich zu Ohren kam . . .« So mancher wollte nun an der Spitze sein.

Ungefähr gleichzeitig mit des Feldmarschalls heißen Warnungen erfuhr man in Wien vom Pilsener Schluß. Der erschütterte viel stärker, als Dr. Richel wußte. Er paßte aufs Haar genau zur Botschaft Piccolominis. Dies kündigte der Verbrecher an vor Weihnachten, die Ausmordung des Hauses Habsburg, die Neuverteilung der Welt; dies begann er den 11., 12., 13. Januar. Seine Offiziere hatten ihm schwören müssen, damit war die Verschwörung aus der Phase des Planens in die der Verwirklichung getreten. Später, in richterlichen Nachspielen, hat man den Pilsener Schluß schon an sich allein für Rebellion und Hochverrat erklärt.

Woraus die enorme Ungeschicklichkeit des »Schlusses« noch einmal zu erkennen ist. Sollte er den Beginn eines Staatsstreiches bedeuten, dann hätte der Staatsstreich durchgeführt werden müssen, in der Tat und sofort. Sollte er es nicht, dann meinte er gar nichts und hätte nicht sein dürfen. Er meinte beinahe nichts, er war in Wallensteins Geist nur ein Akt zukunftslosen Trotzes, nach welchem er im Bette blieb und auf den einen Helfer wartete, Arnim, den bravsten Feind jeder Revolution. Ein Scheinschrecken also, der im Rat des Kaisers zu realen Enscheidungen führte und nirgendwo sonst. Daß in den folgenden Tagen und Wochen in Pilsen so gar nichts geschah, hätte die Treuen freilich stutzig machen können. Immer jedoch sind Erklärungen zu finden, zumal, wenn Gottes Allmacht leicht bei der Hand ist. Wallenstein, erläuterte später Fürst Eggenberg, habe im Januar gegen die Hauptstadt Wien losstürmen wollen, aber Gott verrückte ihm rechtzeitig noch den Verstand, und so ließ er es bleiben.

Indem man noch über beide Sensationen sich erregte, traf eine Warnung des Herzogs von Savoyen ein: der Generalissimus traktiere mit Richelieu, schreibe ihm jede Woche, sein Geheimbote habe unlängst volle sieben Stunden im Kabinette des Kardinals verbracht. Wieder ein geringes Stück Wahrheit, die Schattenbeziehung Kinsky-Feuquières, im Zerrspiegel der Phantasie.

Jetzt wurde Ferdinands Aufmerksamkeit auf ein Memorandum gelenkt, das ihm, noch vor Erhalt jener Informationen des Grauens, am

11. Januar überreicht und im Dezember geschrieben worden war. Es hatte zum Autor den Fürsten Gundakar von Liechtenstein, einen Mann von Einsicht und Integrität. Hatte Liechtenstein nicht vor kaum einem Jahr gewarnt, man müsse »ehestens Frieden machen«, um beinahe jeden Preis, und wenn der Herzog von Friedland das wolle, so könne man nicht anders als ihm beistimmen? War er nicht lange Zeit in Ungnade gewesen, ohne um die Rückgewinnung der Gnade sich viel zu kümmern? Neuerdings hörte man wieder auf ihn. Über Wallenstein ließ er sich vernehmen, ohne, so betonte er, die Verdienste des Mannes zu verkleinern, die Vergehen zu übertreiben. Er war gefährlich für den Kaiser, für die Länder, für die Religion. Er war es im Licht seiner Natur, seines unersättlichen Ehrgeizes, den man kannte. Er war es im Licht seiner Situation, die ihn zu verräterischen Verbindungen mit Frankreich und den Evangelischen treiben mußte, selbst wenn sie es bisher noch nicht getan hatte. Er war es im Lichte dessen, was er schon getan hatte vor aller Augen, Akte offenen, beleidigenden Ungehorsams gegen seinen Kaiser und Herrn. Darum galt es, ihn seines Amtes zu entsetzen, seiner Macht zum Bösen zu berauben. Aber das ging so blindlings nicht. Zuerst mußte man sich der Offiziere versichern, und mittlerweile mit ihm korrespondieren im alten Stil, damit er nichts merke. Sollte dann sich leider herausstellen, daß Absetzung, Verhaftung, gerechtes Verhör des Angeklagten unmöglich waren, so blieb ein Letztes. Zwei oder drei von des Kaisers vertrauten Räten, gewissenhafte Menschen, bewandert in der Justitia, hatten zu entscheiden, ob der Herzog des Todes schuldig sei oder nicht. Entschieden sie, daß er es nicht klar erwiesenermaßen sei, so war weiter nichts zu tun, denn die Hinrichtung eines Unschuldigen Mord und Verbrechen vor Gott. Lautete aber der Urteilsspruch auf schuldig, so war es im Gegenteil eine Versündigung, ihn nicht zu töten, »denn extremis malis extrema remedia adhibenda und pro conservatione statu soll man alles tun, was nicht wider Gott ist«. Danach? Danach sollte der neue Generalissimus Frieden schließen, sei es auch den ungünstigsten Frieden; andernfalls ginge die Christenheit zugrund. Es macht Liechtenstein Ehre, daß er auch jetzt in seiner Friedensüberzeugung verharrte; Ehre macht ihm der maßvolle, fromme, verantwortungsschwere Ductus seiner Schrift. Ob er so ganz unparteiisch war, wie er sich gab, darf man trotzdem fragen. Die Liechtenstein waren keine Freunde des Herzogs von Friedland mehr, seit er, der so tief unter ihnen begann, sich so hoch über sie geschwungen hatte; durch Eggenberg, das Haupt der »Friedländischen Faction«, wurde ehedem Fürst Gundakar vom Platze des Geheimratspräsidenten vertrieben; auch stand er gut mit den Spaniern, zumal mit Oñate.

Wenn er bei allem frommen Hin- und Herreden ein klares Ziel im Aug hatte, nämlich Wallensteins legalisierte Ermordung, so hätte er geschickter und der Mentalität Ferdinands gemäßer jedenfalls nicht argumentieren können. Seine Ratschläge, früher entworfen, kamen auf dem Höhepunkt der Krise zur Wirkung. Der Monarch befolgte sie aufs Wort. Die drei Richter wurden ernannt. Ihre Wahl stand schon fest am 18. Januar; summiert man, was in den Tagen vorher gedacht, geredet und geschrieben worden war, so stand auch ihr Urteil schon fest. Sie trafen sich am 24.: Eggenberg, Trauttmansdorff, Bischof Antonius. Sie berieten. Ob sie Leben und Taten Wallensteins noch einmal vor sich vorüberziehen ließen in gedächtnisschwerer Diskussion, wie Fürst Gundakar wollte, oder es kurz machten mit ihrer fatalen Aufgabe, ist unbekannt. Sie kamen zum Spruch; der »beste Freund, den ich auf Erden hab«; der Finanzabt, mit dem dies arme Ich, Wallenstein, so oft freundliche, lustige Briefe getauscht hatte; Max Trauttmansdorff, Anhörer seiner tragischen Monologe vor noch nicht zwei Monaten. Sie kamen zu zwei Sprüchen.

Aus dem einen ging ein Armeebefehl oder Patent hervor, in welchem der Kaiser allen seinen Offizieren, hohen und niederen, Gruß und Huld entbot. Aus hochwichtigen, dringenden Ursachen sei er bewegt worden, mit seinem gewesenen General Obersten Feldhauptmann eine Veränderung vorzunehmen. Es seien darum die Kommandanten aus ihrer Obligation gegenüber dem Erwähnten gänzlich entlassen und, bis zur Neubesetzung des Generalats, an den Grafen Gallas als ihren obersten Befehlshaber verwiesen. Zwar habe man vernehmen müssen, daß bei einer unlängst in Pilsen geschehenen Versammlung so und so viele Offiziere etwas weiter gegangen seien, als sie von Rechts wegen hätten gehen dürfen. Da aber solches Abirren vom Weg der Pflicht auf falschen Vorspiegelungen beruhte und auch, damit die schuldig Gewordenen nicht etwa zu verzweifelten Entschlüssen getrieben würden, so möge alles vergeben und vergessen sein, von welchem Pardon jedoch, neben dem gewesenen General, noch zwei andere Personen ausgenommen bleiben sollten. Zum Schluß vertröstete der Monarch seine notleidenden Soldaten: wie bisher stets, so werde er auch inskünftig, und gar noch mehr, für sie leisten, was ihm irgend erschwinglich sei. – Das Patent war den 24. Januar unterfertigt, seine Publizierung einer späteren Gelegenheit anheimgegeben.

Es wurde ergänzt durch einen zweiten Spruch, einstweilen geheimer noch als der erste. Wie man aus einem Handbillett des Kaisers weiß, wurde Pater Lamormaini am gleichen Abend von ihm unterrichtet: »Der Bischof von Wien wird Euer Hochwürden eine Angelegenheit von höchster Wichtigkeit mitteilen, und zwar unter dem Siegel des

Beichtgeheimnisses, von dessen Bewahrung ich mich von Seiten E. H. sicher weiß. Dieselbe eröffne ohne viel Überlegung Ihre Meinung dem Bischof, da die größte Gefahr im Verzuge ist. So mich aufs neue der Verschwiegenheit desjenigen versichernd, dessen heiligen Gebeten ich mich empfehle, Ferdinand.« Fast könnte man aus dieser Botschaft schließen, daß über den drei Richtern in letzter Instanz der Beichtvater stand. Er bewahrte das Geheimnis während fünf Wochen. Dann, unter stark veränderten Bedingungen freilich, gab er es an den General seines Ordens weiter: »Einigen Treuesten, nämlich Gallas, Aldringen, Piccolomini, Colloredo, die so taten, als ob sie von Friedlands Partei seien, erteilte der Kaiser nun Vollmacht . . . das Haupt und die vornehmsten Mitverschworenen gefangenzunehmen und nach Wien zu schaffen, wenn es irgend möglich wäre, oder sie als überführte Schuldige zu töten« – wörtlich: e numero mortalium exturbare, aus der Zahl der Sterblichen zu eliminieren. – Wie Lamormaini dem Bischof antwortete, kann man erraten.
Er ließ die Jesuiten seines Umkreises außergewöhnliche Gebete und Bußübungen veranstalten; auf dem Umwege über Rom forderte er ein Gleiches von allen Collegien in Europa, »damit durch Frömmigkeit eine furchtbare, jedoch unnennbare Gefahr abgewendet werde«. Auch Ferdinand betete in schlafloser Nacht. Er rang mit sich, wie der Ausdruck ist, so wie er gerungen hatte vor der Unterzeichnung des Todesurteils gegen die böhmischen Rebellen im Jahre 21. Er flehte den Lieben Gott um Rat. Gott, in solchen Fällen, entscheidet selten für Aufschub und Gnade. Er entscheidet für die Staatsraison. Am Ende aber ist es besser, ihm doch die Möglichkeit einer rettenden Intervention zu gewähren, als sich gar nicht um ihn zu kümmern.
Die beiden Richtsprüche wurden geheimgehalten mit staunenswerter Disziplin. Etwa eine Woche lang blieben sie vergraben im Herzen der fünf Urheber. Am 25. Januar wußte Bartholomäus Richel nichts Interessanteres zu berichten, als daß die Kampagne gegen den Herzog von Friedland wohl leider zu einer Art von Stillstand gekommen sei. Als Erster, wieder mit der Auflage, kein Wort zu verraten, wurde der König von Ungarn eingeweiht, kurz vor dem 8. Februar der Graf Oñate. Vage vertröstete man die Anderen, begierig Horchenden, den Bayern, Schlick, Tiefenbach: das Heil sei unterwegs, bald werde man sehen, sie möchten sich gedulden. Weniger unter Kontrolle als die Deutschen bemerkte Oñate zu Bartholomäus Richel, es wäre ebensoleicht, den Friedland gleich umzubringen als ihn gefangen von Ort zu Ort zu schleppen, und weniger gefährlich. Richel verbeugte sich und verstand.
Gutmütig, oder klug, hatte Ferdinand zwei Mitglieder der ehemaligen

»Friedländischen Faction« zu Richtern ernannt; man sollte nicht sagen, das Urteil sei mit feindlicher Leidenschaft gefällt worden. Aber gerade sie, der Bischof, der Erste Minister, mußten sich nun auszeichnen durch Unerbittlichkeit, damit sie nicht zusammen mit ihrem Freund stürzten. Fühlten sie Kummer, die Herren Todesrichter? Fühlte wenigstens Eggenberg ein klein wenig Kummer? Ignoramus. Waren sie guten Gewissens? Ich denke, ja. Sie handelten pflichtgemäß. Sie fügten sich dem Bilde, das die Welt sich nun anderthalb Jahrzehnte lang von Wallenstein gemacht hatte; dem Bilde der ungezügelten Superbia, des Vermessenen und in furchtbarer Machtfülle zu allem Entschlossenen, des Teufelsknechtes. Sie hatten in höchster Angst gelebt schon vor der ersten Absetzung: würde er's hinnehmen? Er nahm es hin. Das zweite Mal würde er bestimmt auftrumpfen in Rebellentrotz, und wenigstens diese Annahme war begründet. So daß eine Entlassung im Stil von Memmingen wirklich nicht mehr in Frage kam. Eine andere Frage: ob man die Bereitschaft, die er andeutete, sich freiwillig und in Ehren zurückzuziehen, nicht ernster nehmen, sie nicht auf die Probe hätte stellen sollen? Davon war kaum die Rede vor dem 24. Januar; danach, als er seine Winke wiederholte, erst recht nicht. Daß es auf Mord hinauslaufen würde, wußten sie wohl, ohne daß einer es dem anderen eingestand; Wallenstein, inmitten seines Hauptquartiers, konnte ja nicht verhaftet werden wie ein Dieb. Sie deckten sich gegen die Blutschuld, indem sie die Entscheidung den erwählten Exekutoren überließen.

Die drei Exekutoren

Piccolomini, kaum aus Pilsen heraus, schrieb an Aldringen, den bis dahin Uneingeweihten. »Es handelt sich um eine Totalrebellion gegen seine Majestät; auf allen nur möglichen Wegen bemüht der Generalissimus sich um Einverständnis mit dem Feinde. Ich habe mich mit vielen Anderen verstanden, wir sind entschlossen, im treuen Dienst für seine Majestät und die Religion zu sterben; die Weisheit Eurer Exzellenz wird allem vorzubeugen wissen; wenn ich Sie sehe, werde ich Sie von allem genauestens zu informieren nicht verfehlen.« Die mündliche Information wurde gegeben, den 26. Januar, in Ennskirchen an der Donau. Wie gierig hörte Aldringen zu, wie schlug ihm das Herz zugleich bang und erwartungsvoll-angenehm. Nun begann eine hektische Korrespondenz zwischen Piccolomini und Aldringen, zwischen Passau und Linz. Gallas kam als Dritter hinzu. Weil er jedoch seit dem 24. Januar sich in Pilsen aufhielt, fast drei Wochen lang,

weil Adam Trčka niemanden mehr aus Pilsen herausließ ohne ein von ihm gegebenes Visum, weil man nicht wissen konnte, ob nicht irgendwo eine Briefzensur stattfinde, so, und noch aus anderen Gründen, waren die Schreiben des Generalleutnants vorsichtig gedeckt, zögernd und selten. Die beiden Freien, nur eine Tagereise auseinander, regalierten sich mit Boten hin und her. Der Freieste, Wichtigste war Piccolomini, und stolz darauf. »Das Geschäft wird so geführt, daß ich allein die Gefahr trage; in meinen gerechten Absichten vertraue ich auf Gott, auf ihm ruhen meine Hoffnungen.« Er war Wallensteins Günstling, konnte ihn also auf das schönste betrügen – Aldringen konnte es nicht. Der Herzog mißtraute dem. Gemocht, wie immer er seine Fähigkeiten schätzte, hatte er den »von der Federprofession« nie; übrigens ihn nicht gesehen seit jener Trennung in Coburg, Oktober 1632. Das folgende Jahr hatte allerlei Widrigkeiten zwischen dem Generalissimus und dem General gebracht, im Zusammenhang mit dem unglücklichen Deutschlandfeldzug des Spaniers, dann mit der Frage der Winterquartiere für Aldringens unbehaustes, halb ruiniertes Heer. Mit Taten konnte Aldringen die Hauptperson nicht sein. Mit Worten wurde er es noch mehr als Piccolomini; da zeigte er alsbald schneidende Klarheit.
Gallas, der Schwager Aldringens, war Witwer seit zwei Jahren und sehnsüchtig, aus diesem Stande herauszukommen. Sein Wunsch nach einer regulären Bettgenossin verstummte nicht, während er in Pilsen in der Falle saß und schwerste politische Sorgen hatte; das meinen die Leute fälschlicherweise, daß die Politiker an nichts anderes denken, als an die Politik. Nun war ihm berichtet worden, der Erzbischof von Salzburg, Paris Lodron, verfüge über mehrere heiratslustige, passende Cousinen. Da Aldringens Bruder des Bischofs Erster Gehilfe war, sollten beide Brüder ihm die Schönste auswählen und die Brautwerber machen. In seinen Briefen an Aldringen, die Piccolomini vermittelte, ist abwechselnd von der Krise um Wallenstein und der erhofften Eheschließung die Rede.
Noch Anderes mischte sich in diese Korrespondenz. Es gab Briefe mit Adresse, Datum und Unterschrift; Briefe harmloser Art, wenn nicht für die Bewohner Österreichs, so doch für die Generale, Briefe, in denen es um die gewohnten Fragen der Gefährdungen an den Grenzen, der Quartiere, der Disziplin ging. Es gab Briefe zwischen Adam Trčka und Piccolomini; blind von der einen Seite und abgründig falsch von der anderen. Es gab chiffrierte Briefe ohne Ortsangabe und Signatur, die handelten von dem Eigentlichen. In ihnen wurde Wallenstein nie mit Namen genannt, sondern nur »il« oder »il personaggio«, in den harmlosen aber »Seine Hoheit«. Es gab Briefe, die geheim waren und

doch nicht ehrlich; die vielleicht vor Wallensteins Augen kommen durften, vielleicht sogar sollten, man weiß es nicht. Man weiß nicht, mit welcher Sicherheit in diesem lebensgefährlichen Spiel Piccolomini auf Gallas setzte. Hier konnte zunächst niemand niemandem trauen. Und der, der zu Allem den Anstoß gegeben hatte, Piccolomini, schwankte selber im Innersten, eine Zeitlang. Das mochte sehr gut für ihn ausgehen. Das mochte auch sehr schlecht für ihn ausgehen, und für diesen Fall galt es, sich zu wappnen.

Noch stärker schwankte Gallas. Er, am Orte selber, meinte bis in den Februar hinein, daß der Konflikt zwischen Kaiser und Generalissimus so arg nicht sei und daß er gütlich gelöst werden könne. An Aldringen, den 25. Januar: »Ich fand Seine Hoheit so wohlgesinnt, daß es keiner weiteren Ausführung bedarf; er sagte, er vertraue dem Feind ganz und gar nicht . . .« An Piccolomini, den 1. Februar: Entschädigung für Mecklenburg wolle der Herzog allerdings, Sicherheit für sich »und für uns alle«, Befriedigung des Heeres, das hieß Geld; weiter reichten seine Forderungen nicht. Die Verhandlungen mit Sachsen anbelangend, so könnten fertige Verträge etwas anders aussehen als die extremen Gedanken, mit denen man an sie heranging . . . Seit wann er das heimliche Urteil, mithin auch seine eigene neue, schmeichelhafte Stellung kannte, weiß man nicht genau. Wahrscheinlich schon, als er die eben erwähnten Zeilen schrieb, denn in dem gleichen Brief heißt es: »Ich muß bitten, nichts zu überstürzen. Der Ratschlag 585 ist gut, wenn er von nicht interessierten Leuten kommt, und wenn zuerst die Ausführenden gefunden sind. Leicht ist es, dem Freund zu schreiben: Handle – wenn man selber am warmen Ofen sitzt.« Solang er sich im Hauptquartier aufhielt, war Gallas ein unsicherer Bundesgenosse; nicht bloß, weil das »lebend oder tot« ihm mißfiel, zumal er selber lebend aus der Sache hervorzugehen wünschte, sondern weil er von gräßlicher Gefahr für Gott, Christenheit und Kaiser in Pilsen beim besten Willen nichts finden konnte. Wenn aber Wallenstein so abgründig bös war, wie Piccolomini behauptete, warum sollte er den Generalleutnant ziehen lassen?

Er wollte ihn in Pilsen halten, aber nicht als Geisel. Trčka an Piccolomini, am 1. Februar: »Der Graf Gallas ist hier und billigt alles, was zwischen uns beschlossen wird. Arnim wird von Stunde zu Stunde erwartet; Graf Gallas wird vom Herzog keinen Urlaub erhalten, bevor die Verhandlungen mit Arnim beendet sind, und auch Eure Exzellenz wird über Alles unterrichtet werden.« »Eure Exzellenz seien versichert, daß Ihre Fürstlichen Gnaden werden ohne Wissen, Willen und Billigung des Herrn Generalleutnant nichts tractieren, noch weniger etwas schließen . . .« Und Piccolomini möge genau die Aktionen des

Herrn Aldringen beobachten; und möge so lieb sein, dem Herzog »ein Lägerl Veltuliner Wein« zu schicken. Piccolomini an Aldringen: Da ist Betrug im Spiel, il personaggio will Gallas betrügen und ihn selber auch. Es wäre klug, wenn Aldringen in Briefen nach Pilsen andeutete, wie wenig sympathisch ihm dieser Piccolomini sei; das könnte gute Wirkung tun. »Kurz gesagt, Dissimulation ist das A und O dieses Geschäftes . . .« – Indem sie Wallenstein der raffiniertesten Heuchelei verdächtigten, heuchelten sie selber mit einer Kunst, deren Gewebe auch der, der das Ende kennt, kaum noch entwirren kann.
Daß Piccolomini an Wallenstein und Trčka in den Tönen des liebenswürdigsten Biedermannes schrieb, versteht man; es war der Kern des Spieles, in Wien wie in Linz und Passau. Warum aber an Gallas: hoch erfreulich, daß Seine Hoheit sich so vernünftig gebare und verständlich auch, denn habe man sich einmal vom Feinde betrügen lassen, so werde man es doch wohl nicht wieder tun. »Wenn Seine Hoheit und Eure Exzellenz es wünschen, bin ich bereit nach Pilsen zu fliegen, wenn Seine Hoheit die Ratschläge Eurer Exzellenz befolgt, so wollen wir den Herzog groß machen und den Feind schlagen, oder ihn zu Verträgen im Sinn Seiner Hoheit zwingen.« Eingehen auf die gutwilligen Zweifel des Adressaten? Mißtrauen gegenüber Gallas? Angst, aus der Katastrophe Wallensteins könnte am Ende doch nichts werden? Warum an Aldringen, über dessen präzise Willensmeinung er nun wirklich keinen Zweifel haben konnte, am 26. Januar: »Wenn das Heer befriedigt wird, wenn Seine Hoheit vom Hof jede Sicherheit erhält, so weiß ich wirklich nicht, welchen Grund er noch haben sollte, sich in ein Labyrinth zu stürzen, aus dem er nicht mehr herauskäme«? Der Brief, mag man antworten, ist datiert und gezeichnet, also ostensibel. Warum dann in einem ungezeichneten, vier Tage später, die Bemerkung, il personaggio *könne* seine schlimmen Chimären gar nicht durchführen? Schlug dem Manne das Gewissen? Ich glaube es nicht; denn er hatte keines. Verzögerte er, mit auf und ab wogenden Gedanken, die allerdings in ihm waren, denn natürlich wußte er, daß die Verschwörung Wallensteins, die geplante Vernichtung Habsburgs und Neuverteilung der Welt eine Chimäre war – verzögerte er, bis er sicher war des kaiserlichen Willens, auf den alles ankam? Die Erklärung wäre annehmbar, wenn er nach dem durchschlagenden Erfolg seiner Wiener Intrige nun eiserne Entschlußkraft gezeigt hätte; gleich wird man sehen, daß er sie auch dann nicht zeigte. Der Geist dieses strebsamen Machiavelli-Jüngers funktionierte, wie die allermeisten Menschengeister: heute so, morgen ganz anders, übermorgen wie am ersten Tag. Sein Pech, daß Äußerungen, die er für den geheimsten Augenblick meinte, Jahrhunderte überdauerten.

Wollte Piccolomini die Folgen seiner großspurigen Anklage aufschieben oder verhindern, so hätte er sich nach Wien wenden müssen. Dort, für ihn freilich peinlicherweise, hätte er zu verstehen geben müssen, daß er die Dinge doch zu schwarz gemalt haben könnte. Nicht im Traum dachte er daran. Mit steigender Ungeduld erwartete er in den letzten Januarwochen das Echo auf sein eigenes Werk. An Aldringen: »Ich kann Eurer Exzellenz nicht verhehlen, daß ich der ratloseste Mensch von der Welt bin. Ich sehe, daß ich für die großen Dienste, die ich dem Hause Österreich leisten will, mit Undankbarkeit belohnt werde . . .« »Der Hof gibt mir keinerlei Nachricht . . .« »Vor mehr als vierzehn Tagen habe ich den spanischen Botschafter von allem, was in Pilsen geschieht, unterrichtet, und noch ist mir nicht die mindeste Antwort zuteil geworden . . .« Er schickte seinen politischen Adjutanten nach Wien, Fabio Diodati, Bruder des Obersten Giulio. Der kam als Träger guter Nachrichten zurück vom Grafen Oñate und vom Kaiser: es sei der höchste Wille, sich des Herzogs zu bemächtigen lebendig oder tot, per prigionar o per morte. Nun hätte Piccolomini froh sein können, er war es wieder nicht: »Ich kann nicht finden, daß unsere Sachen gefährlich genug stehen, um einen so gewagten Entschluß zu rechtfertigen; es ist ja gar nicht möglich, ihn zu realisieren, ohne daß der Hof vorher Maßnahmen träfe, um die unzufriedenen Soldaten loyal zu stimmen, damit sie die plötzliche Exekution billigen . . .« Geld, Geld, Geld mußte beschafft werden; er wiederholte die Warnung in fast jedem seiner Briefe. Er hatte ganz offenbar Angst vor der Aktion, die doch aus seiner eigenen, nur allzu buchstäblich geglaubten Denunziation so sicher folgen mußte, wie das Amen nach dem Gebet. Noch einmal mußte Fabio nach Wien: wie man sich die Ausführung denn vorstellte? Der Adjutant traf den Grafen Oñate außerhalb der Stadtmauern, in aller Heimlichkeit, vermutlich am 31. Januar; die Unterredung dauerte von 9 bis 1. Nach dem Bericht, den der Vertrauensmann am nächsten Tag an Piccolomini sandte, erklärte Oñate sich folgendermaßen. Höchste Eile tat not. Denn obwohl man sich bemüht hatte, das »Geschäft« streng geheimzuhalten, so wußten doch schon viele davon – zum Beispiel der Botschafter selber, der an jenem Tag offiziell noch gar nicht eingeweiht war. Wallensteins Spionagesystem war perfekt (Irrtum: er hatte keine Ahnung); erfuhr er von dem, was ihm drohte, so würde er sich nicht nur desto schleuniger den Feinden in die Arme werfen, sondern auch den Exekutoren – Gallas, Piccolomini, Aldringen – nach dem Leben trachten. »Nie mehr wird der Kaiser ihm vertrauen können, nie mehr werden Eure Exzellenz Seiner Hoheit vertrauen können.« Einen Minister, etwa Eggenberg, nach Pilsen zu schicken – den Gedanken

hatte man erwogen –, war ganz unnütz; die dem Grafen Gallas er-
teilte Vollmacht, das Patent vom 24. Januar, genügte zu allem. Geld
für die Truppen mußte man sammeln und bereithalten; jetzt aber es
sehen lassen um Gottes Willen nicht. Gab man es an Wallenstein, so
gebrauchte der es für seine Zwecke; gab man es an andere Generale,
so wurde des Herzogs lauernder Verdacht erweckt. Übrigens, fügte
Oñate verheißungsvoll hinzu, würden ja demnächst gewaltige Ver-
mögen zu konfiszieren sein, der Besitz Wallensteins und Trčkas. Das
würde reichen zur Befriedigung der Armee, wie auch um alle Treuen
zu belohnen. Welche Unannehmlichkeiten die rasche Hinrichtung
auch mit sich brachte, sie wogen leicht verglichen mit der Gefahr eines
totalen Ruins, die wuchs »mit jedem Tag, den dieser Mensch noch le-
ben durfte«.
Man war in Wien entschlossener als in den Quartieren der Generale.
Man unterschätzte wie gewöhnlich das Gefährliche des Unterneh-
mens, und zur Abwechslung mit einem guten, jedoch den Räten un-
bewußten Grunde: dem passiven, vereinsamten, vertrauensvollen
Wallenstein beizukommen, sollte sich als schauerlich leicht heraus-
stellen. Wie hatte Père Joseph vor einem halben Jahr zu den Gesand-
ten des Heilbronner Bundes gesagt: »Des Herzogs von Friedland
Herren und Meister sind so beschaffen, daß sie, was sie einmal ent-
schieden haben, auch tun.« Die Entscheidung war gefallen und nichts
mehr an ihr zu deuteln. Dem Angeklagten, nun Verurteilten, wurde
keinerlei Möglichkeit gewährt, sich zu verteidigen; das ging nun ein-
mal nicht, und man beruhigte sich darüber. Zu dem Drang, Gott,
Christenheit und Kaiser zu retten – gern wurde diese Dreiheit ge-
nannt –, kam ein anderes, was Oñate als Erster auszusprechen wagte:
nach der Tat würde es ungeheure Schätze zu verteilen geben. Die
Hofkammer würde liquide sein, wie seit Menschengedenken nicht.
Die Enteignung Wallensteins und der Trčkas würde noch einmal den
vierten Teil von Böhmen unter den Hammer bringen; Werte ir-
gendwo zwischen 10 und 20 Millionen Gulden. Dazu noch würde die
lästige Frage nach dem »Ersatz für Mecklenburg« sich billig erledi-
gen; was der Kaiser dem Herzog für Lieferungen aus Friedland seit
1632 aufs neue schuldig geworden war, ebenso. Sicher doch, das war
alles nur Nebensache, nur ein Begleitumstand. Wirklich nur Neben-
sache? Traumhaft schöne Nebensache mindestens; und wer Friedland
und Reichenberg, wer Gitschin, wer Nachod, wer Opočno, wer das
köstliche Gestüte vom Smrkowicz wohl erhaschen würde, darüber
grübelten lüstern die Verschworenen von Anfang an. – Trotz solcher
prickelnder Erb-Erwartschaft bemühte Oñate sich, andere Geldquel-
len zu eröffnen. Er ließ italienische Ländereien, die der Krone Spanien

gehörten, auf eigene Faust verkaufen; er schrieb nach Madrid, daß, um des Kaisers Soldaten zu bezahlen, eine Million Gulden her müsse; er hatte 200000 in der Hand und hielt sie zurück trotz aller lästigen Bittsteller; nicht jetzt, danach würde man sie brauchen.
Noch immer zauderte Piccolomini. Was man ihm zumutete, war, nach Pilsen zu gehen, ohne Geld, ohne Waffen, und den Herzog verhaften oder ermorden zu lassen. Mißlang es, so war er selber des Todes sicherstes Kind. Gelang es, so konnte dennoch ein Aufstand der Soldaten neben manchem Anderen seine Laufbahn für immer ruinieren. Rechnender Politiker, der er war, verlangte er zwei Dinge: den direkten Auftrag aus Wien, anstatt der über Oñate und Fabio vermittelten Ermunterungen; einen Befehl von Gallas. Dann war die Verantwortung geteilt, und der Generalissimus des Augenblicks trug die schwerere. Solche Kalkulationen verbarg er hinter Redereien: zum Opfertod sei er bereit, wenn nämlich sein militärischer Vorgesetzter es von ihm forderte; das Schweigen des Herrn Gallas sei ein gutes Zeichen, die Krise entspanne sich, sie steigere sich jedenfalls nicht; ob Gallas nicht doch noch den Herzog von seinen bösen Gedanken abbringen könnte? – Am Rande stehend, an den er die Seinen in geblähter Wichtigkeit geführt hatte, mochte Piccolomini nicht springen. Vielleicht, argumentierte er mehrfach, könnte man Wallenstein die Augen öffnen, indem man die beiden sächsischen Unterhändler, Arnim und Lauenburg, ganz einfach in Stücke haute? Der nicht streng völkerrechtliche Vorschlag wurde abgelehnt.
Unter diesen Umständen sandte der Kaiser seinen Geheimrat von Walmerode noch einmal auf die Reise, mit der gewohnten offenen Schein-Instruktion und der gewohnten heimlichen. Walmerode brach am 30. Januar von Wien auf, kam am 1. Februar durch Linz, ohne Piccolomini zu begrüßen – unbeholfen entschuldigte er es nachher mit purer Vergeßlichkeit –, hielt bei Aldringen in Passau sich vom 3. zum 6. auf, um dann noch einen Blitzbesuch bei dem Kurfürsten von Bayern zu machen. Maximilian erfuhr dabei das Geheimnis nicht. Aldringen erfuhr es, gründlich, und verfehlte nicht, es den Nachbarn in Linz wissen zu lassen. »Der Befehl des Kaisers ist ausdrücklich und unbedingt; der Bericht der Person aus Wien so klar, daß ich wirklich nicht weiß, wie man eine Aufschiebung der Exekution mit dem Gehorsam gegen den Kaiser verbinden kann . . . Herr Walmerode, als er sah, daß man die kaiserlichen Befehle nicht ausführen will, war schon im Begriff, nach Wien zurückzukehren; ich hielt ihn zurück bis zu einer Antwort Eurer Exzellenz, die, wenn ich bitten darf, möglichst bald kommen möge . . .« Natürlich waltete Konkurrenz zwischen beiden Freunden, Aldringen und Piccolomini; wenn

dieser es nicht machte, so würde jener es machen; und die Früchte ernten. Aus der Tatsache, daß Walmerode ihn gemieden hatte, mußte Piccolomini schließen, daß er, der so große Gnade erhofft hatte, jetzt beinahe schon in Ungnade war. Er stand vor der Wahl, seine Angst zu überwinden oder die Partie zu verlieren. Von Walmerode, man weiß nicht genau auf welchem Wege, nun offiziell, eindeutig unterrichtet, erklärte er sich wohl oder übel bereit zur Tat; nur müsse er über das Wie und Wann noch von Gallas informiert werden und eine zweite Unterredung mit Aldringen haben. Die ersehnte Nachricht von Gallas kam am 5. Februar, und zwar in der Form einer Einladung Wallensteins: »Seine Hoheit hält es für wünschenswert, sich mit Eurer Exzellenz zu besprechen . . .« Das Treffen mit Aldringen fand am 6. in Peuerbach, halbwegs zwischen Passau und Linz, statt. Am 8. begaben beide Verschworenen sich auf die Reise nach Pilsen; Piccolomini im Ernst; Aldringen aber in der Absicht, nie anzukommen.

Gerade ihn hatte Wallenstein längst in Pilsen haben wollen, »sei es auch nur für einen Tag«; um ihn zu gewinnen oder unschädlich zu machen. Aldringen hatte sich entschuldigt mit Fußschmerzen und Kopfschmerzen wie er konnte; die Ausrede steigerte die Erwartung. Andererseits war ihm von Wien aus verboten, die Reise zu tun, ohne zuvor bei Hof anzufragen, ob er dürfe; was hieß, daß er nicht durfte, vermutlich im Interesse der eigenen Sicherheit. Er spürte auch keine Lust dazu; außer, er käme mit ein paar tausend Reitern.

Durch Ilow hatte Wallenstein sich zu jenem ersten unnützen Offizierskonvent bereden lassen; für einen zweiten gewann ihn Gallas. Für was ließ er sich nicht gewinnen durch jene, auf die er baute? Er nickte; er sagte, ja, gut; er gab seine Unterschrift mit zitternder Hand. Der erste Konvent, insinuierte der Generalleutnant, sei doch gar zu unordentlich gewesen. Man müsse es noch einmal und besser machen. Jeder Oberst sollte gehalten sein, eine Rechnung zu erstellen aller seiner Auslagen, alles dessen, was der Kaiser ihm schuldete. Man würde die Addition machen und einen Delegierten mit ihr nach Wien entsenden. Da hieße es dann: zahlen. Aber zahlen könnte Ferdinand nicht. Auf diese Weise hätte man Grund zur offenen Rebellion; und würde damit anfangen, den hochdotierten Müßiggängern, den Ministern und Höflingen, ihre Güter wegzunehmen . . . So will Gallas geraten haben. So erzählt Piccolomini; und Gallas billigte die Erzählung. Das heißt noch lange nicht, daß sie wahr ist, oder in jedem Detail wahr ist. Sicher aber stammte die Idee einer zweiten Versammlung von Gallas. Er wollte sie haben, um alle schon für die gute Sache gewonnenen Kommandanten nach Pilsen zu bringen, darunter zuerst

und vor allem den Piccolomini; um dann des Kaisers Willen zu proklamieren und zur Verhaftung der Schuldigen zu schreiten.
Den 11. Februar kam Piccolomini mit einer Anzahl handfester Männer nach Pilsen. Begrüßung des Herzogs, zeremoniell zuerst, dann freundschaftlich. Begrüßung des Generalleutnants, im Zeichen einer anders gearteten Freundschaft. Besprechung der Lage. Man kam überein, daß es so doch nicht ginge. Die Garnison von Pilsen, auf die man zählte, war eben ausgewechselt worden. Man kannte die Gesinnung des größeren Teils der Armee nicht. Man beherrschte noch keine festen Plätze in Böhmen. »Darum beschlossen wir, den Befehl Eurer Majestät auf eine Weise auszuführen, die mehr Sicherheit bot.«

In diesen Tagen, vom 6. Februar bis zum 10., hielt Arnim sich in Berlin auf. Er fand die Räte des Kurfürsten Georg Wilhelm mißtrauisch und widerborstig. Kanzler Goetze: Von Wallenstein sei man zweimal betrogen worden; warum zum dritten Mal? Er suche ja doch nur, die Evangelischen zu trennen. Was von einem zu erwarten, der fähig sei, seinen eigenen Herrn zu verraten? Welche Sicherheit nach Friedensschluß? Zwar gebe der Herzog nicht viel auf die Religion; aber Andere auf Kaisers Seite gäben viel darauf, und nach Wallensteins Tod wäre man rasch wieder bei der alten Misere. – Rat Knesebeck: daß er ein arglistiger Mensch sei, nicht integra fide, habe Arnim ehedem selber zugegeben. Wären die evangelischen Kurfürsten einmal getrennt von ihren Bundesgenossen, so möchte es ihnen gehen wie in der Höhle des Polyphemus. – Markgraf Sigismund: Das Ziel sei mit süßen Worten gesetzt, der Weg aber weit. Der Streit mit den Katholischen müßte aus dem Grund angepackt und gelöst werden, oder gar nicht, weil sonst immer neue materia belli zur Hand sein würde. – Der einzige, der mit Schwedens Unlust zum Frieden und wachsender Dreistigkeit ins Gericht ging, mithin Separatverhandlungen wünschte, war Adam von Schwarzenberg, jener Minister, den Wallenstein bezaubert hatte zu Frankfurt an der Oder im Jahre 28. Er blieb einer gegen sechs. Arnim erhielt den üblichen Brei aus Friedenslob und Christgesinnung zur Antwort, mit einem Knoten: kein Separatfriede, sondern ein universaler, keine Verhandlungen ohne Schweden.
Er gab nicht auf. Er ließ sich bei dem Kurfürsten selber melden und durfte sich an sein Bett setzen früh morgens, den 9. Februar. Er hielt eine Rede, wie unter den Militärs der Zeit nur Arnim sie halten konnte, lehrreich und leidenschaftlich. Die Schweden wollten keinen Frieden, dozierte er, das wisse seine Durchlaucht doch ganz gut. Warum also ein Ja geben, das keines war, weil es abhängen sollte vom

guten Willen jener, die guten Willen nicht hatten? Die viel mehr Willen hatten, ewigen Krieg zu führen, wie sie es schon seit fünfzig Jahren taten, gegen die Russen, gegen die Polen, in Deutschland; die Willen hatten, in Deutschland Fürstentümer an ihre Günstlinge zu verschenken, Steuern einzutreiben, die Kurfürsten zu degradieren, die alten Freiheiten zu unterdrücken, kurz, sich wie die absoluten Herren zu benehmen? Sie gedachten, das ganze Pommern zu behalten und den Teil von Preußen, den sie schon hatten. Sie konnten nur gewinnen bei dem ewigen Kriege, den sie auf Kosten anderer führten, das liebe Deutschland nur verlieren, so oder so, und Brandenburg am meisten. Frankreich? Man wußte, wie der König als rex christianissimus und Lieblingssohn des Papstes mit seinen Protestanten, mit seinen Ständen verfuhr; was war das in Frankreich anderes als ein dominium absolutum? Um was sonst ging es bei dem Streit zwischen den Häusern Frankreich und Habsburg als um Bedingungen, die dem einen oder anderen bessere Aussicht auf die Beherrschung Europas gewährten? So verstand Frankreich es gewiß; und wenn selbst Österreich es ebenso verstand, so war es immer noch besser, ein Gleichgewicht zwischen beiden Aemulanten zu erhalten, als dem Einen, dem auf die Dauer Gefährlicheren zu helfen gegen den Anderen. Dem auf die Dauer Gefährlicheren. Denn schließlich mußte man für Österreich sagen, daß es lange Zeit die Reichsverfassung auf das löblichste gepflegt hatte und erst durch die böhmischen Unruhen, durch verlockendes Glück, durch Gottes Verhängnis-Schluß zu einem Mißbrauch der Macht war verleitet worden, wobei es jedoch einen Schein des Rechtes regelmäßig in Anspruch nehmen konnte. Soviel über Schweden, Frankreich, Österreich. Mehr über die Not in Deutschland, das Winseln, Jammern und Wehklagen der armen Leute, die Tag und Nacht über die Gewalttaten der unbezahlten, unbeständigen, übeldisziplinierten Soldateska mit viel Tränen zu Gott seufzten. Mehr über die Gefährdung des Römischen Reiches in seinem Bestande. Verlor der Kurfürst Land und Leute, würden ihm dann seine Bundesgenossen wirksamer helfen, als der verstorbene Pfalzgraf es von England erfahren? Darum Friede! Darum Friedensverhandlungen, separate Friedensverhandlungen, jetzt und sofort! ... Schwer atmend wälzte sich der Kurfürst im Bett, während so harter Vortrag ihm zugemutet wurde. Danach: Herr von Arnim, in Gottes Namen. Ich will mich von Sachsen nicht trennen, sondern zugleich mit ihm Frieden schließen. – Arnim fand das gut, fast zu gut, um wahr zu sein, und verlangte es schriftlich. Die kurze persönliche Erklärung, die Georg Wilhelm ihm darauf überschickte, klang wieder nicht so ganz, wie er gewollt hatte; es wurde wohl die enge, freundschaftliche Zusammenarbeit mit Sachsen, das Tractieren mit Seiner Kaiserlichen Majestät und deren Feldhauptmann, dem Herzog von Friedland, bejaht, zugleich aber unterstrichen, daß wohl kein anderer evangelischer Stand – Schweden – etwas dagegen haben und also Universalfriede dennoch die Frucht sein werde. Dergleichen, sagte Arnim, würde er zurückschicken, käme es nicht von Serenissimus selber. Dem Kurfürsten ließ er ausrichten, er verstehe den Brief genau in dem Sinn, den sie am Morgen gemeinsam erarbeitet hätten, anders nicht; und reiste ab. Am 12. Februar war er zurück in Dresden.

Am 12. Februar verließ Graf Gallas die Stadt Pilsen; gänzlich ungehindert, mit Wagen und Pferden Wallensteins. Bald wollte er wieder da sein, zusammen mit seinem guten Freund, dem Feldmarschall Aldringen.
Er suchte ihn im Schlosse Frauenberg bei dem alten Marradas, traf ihn nicht, da Aldringen schon auf dem Weg nach Wien war – »ich bedauere das sehr, denn eine Unterredung zwischen uns ist notwendig, sie ist, würde ich sagen, über alle Begriffe notwendig; Eure Exzellenz mögen an nichts zweifeln, denn ich bin kein Dummkopf« –, holte ihn ein am nächsten Tag, traf ihn in einem Dorf Luschnitz bei Gratzen. Wie er seine neue Freiheit genoß. Ein Befehl, noch aus Pilsen datiert, wurde an die Kommandanten geschickt, die man für zuverlässig hielt: »Kraft mir erteiltem Kaiserlichen Patent und bei Vermeidung Ihrer Kaiserlichen Majestät Ungnade, auch bei Verlust seiner Ehre, wolle mein Herr hinfüro keine Ordinanzen von dem Herzog zu Friedland noch dem Feldmarschall Ilow noch dem Grafen Trčka annehmen, sondern allein dem nachkommen, was ich oder der Kaiserliche Feldmarschall Graf Aldringen oder Graf Piccolomini befehlen werden.«
Zu den Auserwählten gehörte ein Oberstleutnant Mohra, der anstelle seines in Pilsen abwesenden Obersten, mit Namen Beck, in Prag ein Kommando hatte. Er sollte aber einstweilen den Befehl auf das strengste geheimhalten. Er tat so, die Anderen taten so; bis die Zettel, die sie in der Tasche trugen, ganz zerrissen waren und schier unleserlich.
Sein Dekret veränderte Gallas dahin, daß man dem Grafen Piccolomini *nicht* Gehorsam leisten sollte, »solang er sich bei dem Herzog von Friedland in Pilsen befindet, zumal er gezwungen werden möchte, nach erwähnten Herzogs Befehl und Willen die Ordinanzen auszufertigen, wodurch mancher ehrlicher Oberst und Offizier verführt werden möchte«. So wenig aber Gallas während seines langen Pilsener Aufenthaltes zu irgend etwas gezwungen worden war, so wenig wurde es Piccolomini; und als jene Warnung erging, war sie doppelt unnötig, denn Piccolomini aus Pilsen schon wieder weg. Er

hatte dem Herzog weisgemacht, seine schleunige Abreise sei notwendig, um Gallas zu retten, dem vielleicht von dem verschlagenen Aldringen Gefahr drohe, um Gallas zur Rückkehr nach Pilsen zu überreden, um dann selber nach Linz zu gehen und sicher zu machen, daß die Regimenter in Oberösterreich sich pflichtgemäß verhielten. Wie Gallas erhielt er freundlichen Urlaub und eine von Wallensteins Karossen. Eigentlich zwar hätte er noch in Pilsen jene »Billetts«, des Generalleutnants heimlichen Armeebefehl, unter der Hand an die Obersten verteilen sollen, die zum zweiten Konvent sich zu versammeln begannen. Er traute sich wieder nicht. Von Opfergang und Opfertod keine Spur; aber draußen war er. Nach Linz eilte er, mit anderen Zwecken, und fand Gallas dort; man mußte ja Oberösterreich gegen eine erfundene Rebellion verteidigen. Um dem vor kurzem noch vergleichsweise milden, skeptischen Generalleutnant Lust zu weiterem zu machen, erzählte ihm Piccolomini, es sei Wallensteins nur zu deutliche Absicht gewesen, sie alle drei, Gallas, Aldringen, ihn selber, erdrosseln zu lassen. Gallas, der nicht wieder als Dummkopf erscheinen wollte, glaubte es: Il Conte Piccolomini dice che la mente di questo scelerato era di farne strangular tutti trei. Weil es bekanntlich die prompteste Art ist, die Leute zu erdrosseln, indem man ihnen Wagen und Pferde schenkt und sie fahren läßt, wohin immer sie fahren wollen. Piccolomini log nicht mehr wie ein ausgewachsener Intrigant, er log wie ein törichter Bube. Es kam auf das Ausmaß der Frechheit nicht mehr an, man fragte nicht danach während der hitzigen Menschenjagd, die nun einsetzte, wenn nur ein spornender Effekt erzielt wurde für Jäger und Hunde. Darum wird man das Wort »Glauben« mit einem Korn Salz nehmen. Wer glaubte hier in vollem Ernst? Ferdinand gewiß, in seiner Abhängigkeit, Beschränktheit und Schwäche. Maximilian gewiß; in seinem Haß, der seit den Geheimberichten Pater Magnis noch alles geglaubt hatte. Der Graf Oñate wohl auch, im Sinne spanischer Staatsraison. Von Aldringen habe ich den Verdacht, daß er ausschließlich an seinen Vorteil dachte, der gewaltig sein würde, die Gefahr mit Worten immer höher trieb, in Wien wie in Bayern, damit der Sieg desto glorreicher erschiene, und im Gespräch mit den beiden Freunden sich ein Augurenlächeln verbiß. Ein gleiches gilt für Piccolomini. Dissimulieren war höchster Trumpf; auch voreinander dissimulierten die Verschworenen. Gallas, dümmer als die beiden und ein wenig anständiger, hatte, solange er in Pilsen war, überhaupt nicht begriffen, was gespielt wurde. Als er endlich begriff, spielte er um so kräftiger mit, um nicht zu spät zu kommen; und »Seine Hoheit« wurde »dieser Verbrecher«, »dieser Verräter«. Die Kleineren und Kleinsten – warum sollten sie nicht glauben, was die

Großen Eingeweihten ihnen zum besten gaben, und was zu des Friedländers Mythos-Bild paßte? So wurde dem Piccolomini geglaubt, Franz Albrecht von Lauenburg und Arnim hätten sich verschworen, die beiden Kurfürstentümer Sachsen und Brandenburg unter sich zu teilen. Es wurde geglaubt, daß der Tag schon feststehe, an dem Wallenstein sich in Prag zum König krönen lassen wollte: der 26. Februar, der 14. März oder sonst irgendein erfundenes, frei zirkulierendes Datum. Dem General Johann Ernst von Scherffenberg war das Kommando über die Reiter-Regimenter übertragen, die Wallenstein auf des Kaisers eigenen Wunsch nach Niederösterreich verlegt hatte. Als nun der ahnungslose Militär nach Wien kam, den 17. Februar, um Quartierfragen zu besprechen, wurde er während seines Mittagessens verhaftet, in schwere Ketten gelegt, ständig von fünfzig Knechten bewacht, damit er nimmermehr entfliehen oder gar sich eines Leides antun könnte; man würde Mittel finden, ihn zum Sprechen zu bringen. Er war ein Teil der abscheulichen Verschwörung; er hatte von Wallenstein Auftrag, Wien an allen vier Ecken anzuzünden, Brände, die in drei Nächten hintereinander stattfanden, ganz nahe an einem Munitionslager, waren der Anfang, inmitten des großen Feuers hätte die ganze kaiserliche Familie ermordet werden sollen, heimliche Protestanten waren mit im Bunde, schrille Panik ergriff die Bewohner der Hauptstadt, Wasser wurde gesammelt von jedermann, solang die Brunnen noch flossen, schwerbewaffnete Soldaten ersetzten die Nachtwächter. Umsonst beteuerte Scherffenberg, überhaupt nichts mehr zu verstehen; und mochte noch froh sein, daß er bewacht wurde . . . Wir dürfen nicht sagen, daß solcher Irrsinn das unmittelbare Werk Piccolominis und Aldringens war. Aus den Stimmungen, die sie angeheizt hatten seit Wochen, ging er wie von selber hervor.

Nun entfesselten sie ihre Energie, in bequemster Sicherheit vor dem angeblichen Rebellen, der so gar nichts entfesselte. Kinderspiel, die in Oberösterreich stationierten Regimenter zu neuem Gehorsam zu verpflichten, Gallas' erste Aufgabe; warum sollten sie dem Kaiser denn *nicht* gehorchen? Sie hatten ja nichts anderes gelernt. Warum nicht jene in Südböhmen-Mähren und Schlesien, was Aldringen, Marradas, Rudolf Colloredo besorgten? Oberst de Suys, Feldmarschall-Leutnant jetzt – es ging ein rascher Beförderungssegen auf die Treuen nieder –, nach Prag geschickt, um die Stadt und die rings umher lagernden Regimenter zu zähmen; Piccolomini mit dem schönen Auftrag betraut, 3000 Reiter gegen Pilsen zu führen, dem Hauptquartier »unter Maske der Freundschaft« sich zu nähern. Der Kurfürst von Bayern angeschrieben: er möge seine Truppen an der Donau, nahe Vilshofen, konzentrieren, damit sie von Wallensteins

Verräterbanden nicht etwa unversehens attackiert würden. Aldringen in Wien am 17., spät abends. Alsbald Gespräch mit dem Grafen Oñate; dieser beim Kaiser um Mitternacht; am nächsten Morgen Audienz Aldringens. Was er da redete, in einer der Sprachen, die ihm so leicht aus dem Munde flossen: das Gift des Hochverrates sei im Begriff, sich über Pilsen zu ergießen; vorbei die Zeit des Dissimulierens, gekommen die Stunde der großen offenen Schläge – wir erraten es aus dem Folgenden. Am 18. Entschluß des alten Kaisers und des jungen Königs, selber nach Budweis zu gehen, um durch den Anblick ihrer heiligen Personen das Treuegefühl des Heeres zu erwärmen. (Die Nordwärts-Bewegung ihres Zaubers erwies demnächst sich als unnötig.) Am 18. eine Kaskade von Sendungen Ferdinands an die oberen Befehlshaber überall: daß sie aus vielfältigen, ganz erheblichen, rechtmäßigen, demnächst zu publizierenden Ursachen von dem gewesenen Feldhauptmann, dem von Friedland, keine Befehle mehr, auch nicht von Ilow und Trčka, sondern bloß noch von dem und dem anzunehmen hätten. Am 19. entsprechende Mitteilungen an alliierte Fürstlichkeiten: Bayern, Mainz, Köln, Lothringen, an den Papst in Rom, an den König in Madrid. Soviele Boten unterwegs nach allen Himmelsrichtungen, daß Bartholomäus Richel in Wien keinen mehr finden kann und seinen eigenen Diener an Maximilian senden muß. Freudenreiche Erlösung am bayerischen Hof; Eingeständnis des Kurfürsten: er hat den Entschluß nicht abwarten mögen und die ihm befreundeten Potentaten schon am 16. unterrichtet. Proklamation Maximilians an sein Heer, geschwellt von edlem Zorn und heimlicher Seligkeit. Am 20. das Absetzungs-Patent in den Städten, die man zu beherrschen glaubt – aber in Wirklichkeit beherrscht man alle –, in Linz, in Budweis öffentlich angeschlagen. Deutende gestikulierende Bürger davor: Einer weniger. Recht geschieht's ihm. Hat immer höher und höher wollen. Wenn er aber zurückschlägt? Wenn er trotzdem unser Kaiser wird? Der, den wir haben, wird schon wissen, was er tut. Am 20. Wallenstein vor den versammelten Ständen Niederösterreichs durch die Grafen Meggau und Werdenberg – ein alter Freund der! – zum Verräter und Rebellen erklärt; zum Tyrannen und Teufel in den Kirchen der Hauptstadt. Am 20. Griff der Krallen des kaiserlichen Fiskus nach Wallensteins Besitz. Ferdinand an einen gewissen Grafen Puchheim: dem königlichen Oberhaupt sind die Güter des gewesenen Feldhauptmanns, des meineidigen Rebellen, undisputierlich verfallen. Soll also Puchheim das Herzogtum Friedland, wie auch des Trčka Güter unerwartet und in aller Stille besetzen, indem er von dem Feldmarschall-Leutnant Baron de Suys soviel Truppen verlangen wird, wie er braucht; keine Plünderung zulassen, den Untertanen keinen Schaden tun; was in Gitschin, Nachod und anderwärts vorhanden ist an Geld, Proviant und Mobilien genauestens inventieren. Ferdinand an die Landeshauptleute, Amtsleute, Rentmeister, Bürgermeister, Richter der Friedländischen und Trčka'schen Besitzungen: den Herren, welche demnächst sie besuchen werden, haben sie zu assistieren mit bestem Willen und Fleiß bei höchster Strafe. – Dies alles auf Grund bloßer Behauptungen Piccolominis und Aldringens. Dies alles, ohne daß von Pilsen auch nur das matteste Vorzeichen einer Rebellion, eines hochverräterischen Unternehmens ausgegangen wäre.

Doch, es gibt eine. Es gibt ja den Pilsener Schluß vom 12., 13. Januar. Wenn er in dem ersten Absetzungs-Patent als eine »Versammlung« bezeichnet wurde, bei der »etliche Obersten etwas weit gegangen«, so erscheint er in einem zweiten als »ganz gefährliche weitaussehende Conspiration und Verbündnis«. Das zweite Patent, bald »Proscriptionspatent«, Ächtungsbefehl, genannt, ist gleichfalls ein Werk des 18. Februar, geschrieben unter dem Drängen Aldringens, vermutlich in seiner Gegenwart, nach Anhörung der drei Todesrichter vom Januar. Welche Gnaden, liest man da, welche Privilegien, Hoheiten und Dignitäten, dergleichen wohl noch nie einem Menschen seines Standes zuteil geworden, hat der Kaiser seinem gewesenen Feldhauptmann nicht zuteil werden lassen. Wie dankte er dafür? Sein längst gefaßter Vorsatz, seine Actiones liegen am Tage. Zuverlässigsten Informationen nach ist er »Uns und Unser hochlöbliches Haus, von unseren Erbkönigreichen, Land und Leuten zu vertreiben, unsere Kron und Scepter sich selbst eidbrüchiger Weise zuzueignen vorhabend gewesen, hat zu solchem End unsere getreuen Generale, Obersten und Offiziere sich anhängig machen, dieselben zu seinem boshaften Intent gebrauchen und dadurch um Ehr und Reputation bringen wollen, unserer getreuen Diener Güter anderwärts zu verwenden gelüstet, ja Uns und Unser hochlöbliches Haus gänzlich auszurotten sich vernehmen lassen, und solche seine meineidige Treulosigkeit und barbarische Tyrannei, dergleichen nicht gehört, noch in Historiis zu finden ist, wirklich zu vollziehen sich äußersten Fleißes bemüht . . .« Folgt, was schon im ersten Patent stand, bei genauerer Aufzählung der Befehlshaber, denen man bis zum Erscheinen eines neuen General-Feldhauptmanns Gehorsam schulden soll . . . Dies monströse Dokument hat Wallenstein nie mit Augen gesehen; ein Splitter Glücks in einem Berg von Elend.

Wallensteins Tod

Verirrt und verraten, der zwei Jahre früher auf so breiter Straße prachtvoll einherzufahren schien; aufgegeben. Alles war ihm vonstatten gegangen, als er ruchlos und froh ein Riesenvermögen gesammelt, einen Staat sich gebaut hatte auf anderer Kosten. Es war ihm nichts mehr gelungen, seit er dem Großen, Ganzen nachdachte. Die Partner, die Kaiserlichen, die Evangelischen, die Fremden, die dachten an das Ganze nicht, sondern jeder bloß an seinen Teil. Darum hatten sie ihn immer wieder überspielt. Darum hatte er, reagierend, immer wieder seine Methoden, seine Nahziele wechseln müssen und war so in den Ruf des Lügners gekommen, während er doch der Ehrlichste war unter ihnen, und auf seine alten Tage der Bessere. Zugrund mußte er gehen, hätte er sich zuletzt auch nicht die Ilow, Trčka, Kinsky, die Blöden, zu Ratgebern erwählt.

». . . Unser hochlöbliches Haus gänzlich auszurotten sich vernehmen lassen . . .« Es war Piccolomini, der es gehört haben wollte. Andererseits schrieb Franz Albrecht von Lauenburg in guter Laune nach Dresden, es sei alles fix, »der Kaiser und der Kurfürst von Bayern müssen weg«; und nirgendwo wurden politische Geheimnisse so schlecht gehütet wie in Dresden. Wenn also Oñate ihm zugekommene Nachrichten aus Sachsen erwähnte, welche Piccolominis Anklagen bekräftigten, so mag sein, daß Dresdener Straßenschwatz sikkerte bis nach Wien und bis in das Bureau des horchenden Botschafters. Dergleichen mußte er ernst nehmen. Dann war die Gefahr ernst für das spanische Imperium der Habsburger, das, in Flandern, in Burgund und selbst in Italien, nicht bestehen konnte, wenn das deutsche sich auflöste. Das deutsche zentrierte in Böhmen. Fiel Böhmen fort, so war Österreich nicht zu halten und das Kaisertum nicht und gar nichts; wie als Drohung und Beinahe-Wirklichkeit sich gezeigt hatte 1619. Eher konnte das deutsche Imperium dauern ohne das spanische, als das spanische ohne das deutsche, denn jenes war noch künstlicher, noch weiter gedehnt und gestreut. Seinen Vizekönigen und Magnaten aber brachte es Reichtum, Macht, Glanz. Wer gibt ein Imperium freien Willens preis? Sie hatten gearbeitet an stärkeren Bindungen zwischen Wien und Madrid zu Beginn des Jahrhunderts; die Wahl Ferdinands zum König von Böhmen durchsetzen helfen; als die böhmische Revolution begann, zu ihrer Unterdrückung schärfstens beigetragen. So war ihre Politik gewesen damals; so die Politik des Grafen Oñate. Fünfzehn Jahre später nahm er sie wieder auf, gegen Wallenstein. Der, indem er zum europäischen Politiker wurde, gehörte keiner Partei an oder gänzlich an; fremd gegenüber seinen Standesgenossen des Anfangs, den neuböhmischen, die er verraten hatte, den altböhmischen, spanisch gesinnten, die er verachtete; fremd gegenüber den deutschen Fürsten, in deren Kreis er als Ebenbürtiger getreten zu sein glaubte; fremd gegenüber den Reichsstädten, um deren Gunst er sich mühte; Beziehungen pflegend zu Rom und Warschau und Madrid und Brüssel wohl, aber zu Kopenhagen, Stockholm, dem Haag, Hamburg auch. Ein Fremder, ein über den Konflikten Stehender, ein Schiedsrichter – »man lasse mich machen«. So sah er sich 1629; so, erst recht, 1633. Konnte es einen Schiedsrichter geben? Mußten die Parteien, wenn irgendwann Friede sein sollte, nicht unter sich zu Rande kommen? Ihn jedenfalls wollten sie nicht, selbst dort, wo sie ungefähr dasselbe wollten wie er; fremder Eindringling, hatte er vielfach sich ihnen verdächtig gemacht; stärker als er glaubte, beruhte seine Macht auf kaiserlichem Auftrag, dem Generalat. Ging er über seine Stellung hinaus, verließ er sie gar, so geriet er ins Leere.

Wäre er der Rechte für die Aufgabe gewesen, hätte es den Rechten überhaupt geben können, so sprach Manches dafür, daß der Augenblick der rechte war. Deutschland begann des religiösen Streites sehr müd zu werden. Die frommen Kampfeslieder verstummten; was am Anfang dieses Krieges die Seelen bewegt hatte, bewegte sie jetzt nicht mehr, und statt seiner stieg Haß der Fremden herauf, gleichgültig ob Schwed oder Spanier. Das im leidenden Volke Brütende teilte auch den Oberen sich mit. Der alte Kaiser Ferdinand zwar verlor immer noch lieber sein irdisches Reich als seine Seele. Anders schon stand es mit seinen weltlichen Beratern, im Gegensatz zu den geistlichen. Von jeher war der inbrünstig fromme Kurfürst Maximilian bereit, die Staatsraison über die Frömmigkeit zu setzen. Nach der alten, bequemen Reichsherrlichkeit, nach Frieden sehnten sich die beiden gewichtigsten deutschen Stände, Bayern und Sachsen. Die spanischen Politiker auch. Ihr Friede sollte aber bloß sein zwischen dem Kaiser und Deutschland, nicht zwischen den habsburgischen Imperien auf der einen Seite, den Franzosen und Holländern auf der andern.

Jung und gesund, hätte Wallenstein wohl noch Lust zu mehr Krieg gehabt für seine Zwecke. Es ist ja aber das Ich von seinem Augenblick nicht zu trennen. Wie es war, traf die eigene Müdigkeit und Verzweiflung zusammen mit der allgemeinen; manchmal reflektiert der Einsamste, was im Breiten der Gesellschaft vor sich geht. Wie den Überdruß am Krieg reflektierte er das Chaos, das ein einziger erschöpfter Wille nicht meistert; nicht das allgemeine und nicht das in ihm selber. Wollte er Deutschland vom spanischen Dominat befreien und ihm Religionsfrieden geben, so hätte er die Mehrzahl der deutschen Stände hinter sich haben müssen, mindestens die evangelischen. Einem Kurfürsten von Sachsen, mit Namen Moritz, war Ähnliches gelungen vor nun achtzig Jahren, der lange Friede, der nachfolgte, ihm zu danken. Ein Deutscher, ein Reichsfürst, ein kluger und kühner Politiker hatte es gekonnt. Einer, der selber der General des Hauses Habsburg war und obendrein ein Fremder, konnte es nicht.

All das klingt verständig. So hat zu anderer Zeit ein Geschichtsschreiber, der sich wie kein anderer aufs Diplomatische verstand, die Figur Wallensteins geknetet mit weichen kundigen Händen, um sie zerreiben zu lassen durch rationale Kräfte, eindeutige, unveränderliche Staatsgesetzlichkeiten. Es kam ihm ein Anderer in die Quere, später, und behauptete, nicht von Deutschland her sei Wallensteins Geschichte zu verstehen, sondern vom alten Böhmen her, das nie ihn frei gab; seit der Entlassung von 1630 geriet er tiefer und tiefer in das Treiben der tschechischen Emigration, äußerer, wie innerer; wonach er gierte, war die Wiederherstellung der böhmischen Autonomie, für sich selbst die Krone. – Beide Aspekte lassen etwas Wirkliches, Wirkendes sehen; der erste ein gutes Stück davon; der zweite sehr wenig. Wallenstein lag nichts an der böhmischen Freiheit; an Freiheit lag ihm nirgendwo.

Aber nach so aseptisch gereinigten Motiven und Gegenmotiven geht es in unserer Welt ja nicht zu. Kein Mensch wird durch seinen Platz in der Nationalgeschichte oder im europäischen Mächtespiel identifiziert, zumal er solchen Platz mitunter wechselt; keiner; und vollends dieser nicht. Bequem hat ein Historiker unserer Tage die Wallenstein-Frage gelöst, indem er dekretierte: »Es ist unmöglich zu sagen, was er wollte, weil er es selber nicht wußte.« Auch dieser Satz eine Annäherung an das Unerreichbare. Man bestimmt sich, indem man tut; der Politiker, indem er mit Anderen handelt, verhandelt, seinen Willen kundtut und durchsetzt, oder in Kompromissen einen Teil davon. Über Wallensteins Verhandlungen mit den Evangelischen, Schweden, Frankreich, gibt es Tausende von Dokumenten, aber eigentlich verhandelt hat er nie. Andere taten es für ihn, im Dunklen, ohne Vollmacht. Von ihm selber nichts als ein Versprechen, daß man unter den und den Voraussetzungen gemeinsam handeln würde, so oder anders. Das Übrige blieb in seinem Kopf: Traum von Frieden und neu versöhnender Regel, von Abschied im Glorienschein. Im Kopf schwimmt manches hin und her, taucht unter, kommt verändert wieder herauf. Wer alleine handeln will, einzig der eigenen Vernunft trauend, bleibt unbestimmt wie Gott der Herr. Alle Möglichkeiten sind in ihm und alle Parteien; er will alle für sich haben; er gewinnt keine.

Wallensteins Haltung gegenüber dem Kaiser Ferdinand im Dezember und Januar war die des Trotzes und Zornes. Man verdarb ihm seinen Traum. Man verdarb ihm seine Strategie und Politik, indem man ihn zu ungeeigneten Feldzügen zwang. Man brach ihm den Vertrag; jenen Vertrag, von dem Feuquières prophezeit hatte, nicht einen Tag länger würde er dauern, als die Not, die ihn gebar. Zwar kennen wir ihn nicht, aber ganz sicher hieß es in ihm, daß keine der Ärgernisse mehr sein sollten, die während des Ersten Generalats gewesen waren: keine Einmischung der Wiener Kriegsräte und Schreibtisch-Soldaten, der Priester, der Bayern, der Spanier; keine Entlassung wie die von Memmingen. Der neu gewonnene Einfluß der Feinde wurde seit dem Sommer deutlicher mit jedem Monat; Ende Dezember wußte er, daß die zweite Entlassung bevorstand. Daraus seine Reaktionen; daraus die wirkliche Verschwörung gegen seine unwirkliche.

Nun darf man nicht glauben, daß die wirklichen Verschwörer sich um die Zukunft Europas, Spaniens, des Heiligen Reiches groß gesorgt hätten. Sie sorgten sich um ihre Karriere. Sie fielen über Wallenstein her wie Wölfe über einen sterbenden Mitwolf. Wenn Aldringen so lange in Wien blieb, vom 17. Februar bis zum 24., da doch bei der gräßlichen, von ihm ausgemalten Gefahr sein Platz im Felde gewesen wäre, so tat er es, um sich als Erster seine Beute zu sichern; verlangte auch gleich ein möglichst pflegliches Auftreten der Soldaten im Herzogtum Friedland, »damit, wenn eines Tages die Verteilung vorgenommen wird, jeder seinen Teil in dem Zustand findet, der ihm Freude macht . . .« Vage mag in den Verschwörern das Gefühl gewesen sein, daß es sich hier, neben anderem, um eine Sache zwischen Deutschen und Fremden handelte und Wallenstein, der den Frieden erzwingen wollte, dabei die Rolle eines Deutschen spielte. Ihre Korrespondenz wurde auf Italienisch geführt, mit einem Anflug von Französisch; demnächst kamen Iren und Schotten dazu. Für sie alle konnte ein Wallenstein-Friede störende Folgen haben. Bald auch wurde der Vorwurf laut, die Welschen hätten ihn verhindert. Italiener, Wallonen, Briten; Deutsche und Böhmen auch, aber wenige, relativ gesprochen.

Blind war der Aufzuopfernde gegenüber dem allen, noch immer blind. Er wartete auf Aldringen; er ließ Gallas ziehen, um Aldringen zu holen, und Piccolomini, um Gallas zu holen, und wartete dann auf alle drei. Sie hatten köstlichen Spaß daran.
Hier wird der Ausdruck »mangelnde Menschenkenntnis« ein wenig dürftig. Es mußte einer hilflos versunken sein in seiner Abgetrenntheit, um so sich betrügen zu lassen. Zum Mißtrauen gehört Beteiligtsein, zum Beteiligtsein vitale Kraft. Er nahm nicht mehr teil, außer in kurzen Momenten. Von Verrätern umgeben, spürte er nichts. Einer von ihnen war sein Astrolog, Battista Senno, die junge Sumpfblüte aus Padua. Immer in des Herzogs Nähe, stattlich ausgehalten mit Honorar, Pferden und Dienerschaft, zu Rat gezogen mit seiner Sternenkunde – davon ist nichts Geschriebenes übriggeblieben, aber es muß ja wohl so gewesen sein; heimlich in der Gunst des Grafen Gallas, der ihm seit wenigstens einem Jahr periodische Geldgeschenke machte, 3000 Gulden mit einem Mal. Für welche Gegenleistungen? Man weiß es nicht; Berichte aus Wallensteins innerstem Kabinett, vermutlich. Es gab da in Pilsen einen Finanz-Assistenten und kaiserlichen Kammerrat, Putz von Adlersthurn, der gleichfalls spionierte und darüber Tagebuch führte, sogar in aller Stille schon an einer Geschichte von Wallensteins Hochverrat arbeitete, später vollendet und herausgegeben unter dem schönen Titel ALBERTI FRIDLANDI PERDUELLIONIS CHAOS. Am 13. Januar hätte Rat Putz gar zu gern ein Exemplar des Schwurs der Obersten gesehen, den Pilsener Schluß. Wer hielt ihm das Staatsdokument hin, daß er's abschreibe, schnell und unbemerkt? Meister Giovanni Battista Senno. Gleich saß er wieder über seinen Berechnungen und gab Aufschlüsse, wenn sie vom Herzog gefordert wurden, gelehrt, demütig und feierlich.

Sie wußten in Pilsen nichts von der Maschinerie, die sich gegen sie heranwälzte, wußten noch nichts von ihr am 17. Februar; Piccolomini prahlte damit. Sie taten das Gewohnte. Wallenstein an den Kaiser, den 17.: Die Fortschritte der Schweden in der Oberpfalz haben nicht viel zu bedeuten; jedoch wird er die hohen Offiziere nach ihrer Meinung fragen: »Euer Kaiserlichen Majestät untertänigst gehorsamster Fürst und Diener.« An Questenberg, den 17.: Wie er hört, sind in Wien 25 000 Taler vom Könige von Spanien angekommen und 25 000 von seiner päpstlichen Heiligkeit. Her mit dem Geld! Es gebührt den Soldaten und niemandem sonst. Den 18. an zwei kaiserliche Beamte, den einen in Böhmen, den anderen in Schlesien: Aus dem Besitz verurteilter Emigranten gibt es ein Haus in Prag, man soll es dem Grafen Adam Trčka cedieren, gibt es ein Gut im Bistum Neysô, man soll es dem Obersten Losy überlassen, beiden als Abschlagszahlung für das, was der kaiserliche Fiskus ihnen schuldig ist. – So nahm er der alten Routine nach den Emigranten noch etwas weg, drei Wochen bevor er angeblich ihnen alles wiederzugeben gedachte; genau zwei Tage vor dem Raub seines eigenen Vermögens.

Noch einmal waren die Generale und Obersten in Pilsen versammelt, nicht so viele zwar wie im Januar, nur um die dreißig; es fehlten Piccolomini, Isolano, de Suys; es fehlte Gallas. Gallas, tröstete Wallenstein, werde schon noch kommen, sein Ausbleiben sei gewiß nicht freiwillig; Gallas selbst habe ja diesen Konvent vorgeschlagen. Gallas kam nicht; der Oberst Enkevort, der ihm nachgeschickt wurde den 18., kam nicht zurück; den 17. verschwand der Oberst Giulio Diodati, der in der Stadt Quartier gehabt hatte, mit seinem ganzen Regiment, welches außerhalb lagerte; verschwand ohne Befehl, ohne Abmeldung. Ilow schickte ihm einen Adjutanten nach und hörte auch von dem nie wieder.

Da stimmte etwas nicht. Da war ein Leck. Ilow und Trčka müssen die Beobachtung früher gemacht haben als Wallenstein, der in der Einsamkeit seines Krankenzimmers gänzlich von ihnen abhing. Herzog Franz Albrechts flinke Augen machten sie auch. Dem wurde unheimlich in Pilsen.

Nicht weniger den versammelten Obersten, die besser unterrichtet waren, gerüchtweise gehört hatten, ahnten. Piccolomini hatte ihnen jene »Billets« nicht zu geben gewagt, statt dessen sie aber an die stellvertretenden Kommandanten geschickt, die Oberstleutnante rings umher; man muß nicht glauben, daß zwischen den Quartieren in Böhmen und dem Hauptquartier keine Möglichkeit der Kommunikation gewesen wäre. Die Herren gingen herum in Pilsen, noch ratloser als das erste Mal, warteten, vertrauten einander an, sie wären besser nie gekommen, sie wären besser schon wieder fort. Einige von ihnen gehörten zur Zahl der Braven, die Piccolomini gleich nach dem ersten »Schluß« eingeweiht hatte: Morzin, Balbiano, Lamboy, Beck, La Tornett.

Warum überhaupt waren sie zum zweiten Mal erschienen? Anhänglichkeit? Ach, Anhänglichkeit war eine kümmerliche Kraft damals; Wallenstein, der immer Strengere, Fremdere, Isoliertere hatte ihnen zuletzt wenig Grund zu ihr gegeben. Furcht um ihr Geld? Das wohl; Respekt vor der alten Autorität auch. Das Absetzungspatent kannten sie noch nicht. Und der Generalleutnant Gallas hatte ja die Zusammenkunft befürwortet. Nur, daß er peinlicherweise jetzt nicht da war und nicht raten konnte.

Das Gerede der Obersten, so wie Ilow es erhorchte und an das Kran-

kenbett trug, das Ausbleiben des Grafen Gallas, die Flucht des Giulio Diodati ließen Wallensteins dumpfe Angst sich abwandeln in das Bewußtsein, daß hier nun etwas getan werden müsse. Etwas. Aber was denn? Trennend, was in seinem Geist untrennbar war, erkennen wir dreierlei Bestreben. Das Erste: mit dem Kaiserhof ins Gespräch zu kommen, das schlimme Mißverständnis, das hier offenbar obwaltete, zu erhellen. Das Letzte: beim Feind, bei den Evangelischen, bei Bernhard von Weimar, welcher der am nächsten stehende Feind war, Rettung zu suchen. Zwischen diesen beiden ein Mittleres: ohne den Kaiserhof und ohne den Feind sich in eine Position zu bringen, die verteidigt werden konnte.
Am 18. sandte er den Grafen Max zu Eggenberg. Was darauf in Wien geschah, am 22., hat er nie erfahren; es geschah dieses. Eggenberg empfing den Neffen allerdings, aber rührte das überbrachte Schreiben nicht an. Dem Erbprinzen von Friedland wurde bedeutet, seine eigene Situation sei nicht die günstigste; schnell verstand er, daß er kein Erbprinz von Friedland mehr war und klug würde operieren müssen, um sich und das Seine, welches recht hübsch war, in die Zukunft zu retten. Den Oheim, den Schwager, den Großwohltäter mußte man vergessen.
Am 20. – da war seine Angst gestiegen – schickte Wallenstein dem Max einen zweiten Boten nach, Oberst Mohr von Wald. Vertrauensselig zeigte er dem altgedienten Ritter einen warnenden Gruß Eggenbergs, enthalten in einem Brief von Questenberg: er möge doch »keine andere Partei annehmen«. An diesem Lichtlein in der Nacht, dem viel zu späten, ganz, ganz matten Zeichen untergegangener Freundschaft hing er, als ob sein Stolz und Trotz gebrochen gewesen wären. Nie habe er etwas gegen den Kaiser unternehmen wollen, sollte Mohr ausrichten, und sein Feldherrn-Amt sei er gern bereit zu quittieren, wenn es der Majestät genehm wäre, aber mit Manier und ohne Gewalt, und möglichst bald müsse jetzt eine Begegnung mit Eggenberg sein, »weil durch dergleichen Diffidenzen sowohl ihrer Majestät Dienst als das bonum publicum leiden muß«. Mohr trug Briefe für Eggenberg, Ferdinand, Questenberg, auch für Gallas und Aldringen, falls er sie unterwegs träfe. Piccolomini, in dem Dorfe Horaždowitz, behandelte ihn ganz freundlich, erzählte ihm, wie es stand, schenkte ihm Wallensteins Wagen und Pferde, weil alles, was dem Herzog gehört hatte, nun dem Kaiser gehörte, des Kaisers Generale darüber verfügen durften, und empfahl ihm, weiterzureisen zu Gallas. Den traf er auf der Straße zwischen Linz und Budweis und der ließ ihn verhaften, »als wenn ich um das Friedländische Schelmstück gewußt und mich dessen teilhaftig gemacht hätte . . .« –

Für solche Versuche war es in der Tat zu spät, seit dem 24. Januar. Was nicht hinderte, daß sie ihm vom tiefsten Herzen kamen und jene irrten, damals und immer, die glaubten, er habe nur Zeit gewinnen, den Wiener Hof nur einschläfern wollen. Da gab es nichts mehr einzuschläfern, da gab es keine Zeit mehr zu gewinnen. Zurück wollte er, seine Würde bewahren, sterben in Ruhe und Ehre.
Es war sein eigenster Versuch, nicht der des Christian von Ilow, der zu stark war, um aufzugeben, zu dumm, um noch an Versöhnung mit dem Kaiser zu glauben; die Dummen, in solchen Lagen, sind die Gescheiteren. Das Letzte, die Rettung durch den Feind, war Ilows Ausweg. Er handelte nun, er maßte sich das Kommando an, de facto; der Kranke ließ ihn machen, indem er vermied, wie eh und je, seine Unterschrift zu geben. Nichts Widersprechendes in diesem Widerspruch, zugleich Hilfe bei Eggenberg zu suchen und bei dem Weimaraner; so war Wallenstein, so das Inferno, in das er geraten war, ohne zu wissen, wie. Als Vermittler bot Herzog Franz Albrecht sich an, Protestant, Reichsfürst, sächsischer Unterhändler. Franz Albrecht an Arnim, den 18. Februar: Er wartet in Pilsen noch immer auf ihn, Wallenstein wartet noch immer auf ihn, mit großer Sehnsucht. Es steht nicht ganz so gut, wie noch vor kurzem. Der heimliche Abmarsch des Regimentes Diodati, das Ausbleiben der Aldringen und Gallas . . . »Auch trauet man dem Piccolomini nicht recht.« »Die Anderen aber wollen beim Herzog leben und sterben . . .« Ja, das wollen sie; aber da man es doch so ganz sicher nicht weiß, so läßt Wallenstein den Herrn Generalleutnant bitten, ein paar tausend Pferde in Meißen an der böhmischen Grenze zu sammeln, »im Fall es vonnöten, daß sie ihm zur Hilfe kommen könnten«. Er selber, Franz Albrecht, wird heute nacht einen anderen Wunsch Wallensteins erfüllen und zu Bernhard von Weimar nach Regensburg verreisen. Er wird ihm von dem Frieden erzählen, den Wallenstein machen will und den »die Pfaffen, Spanier und dergleichen Männer« nicht wollen. Er wird Bernhard als Bundesgenossen gewinnen, für den Fall, daß es zum offenen Kampf käme zwischen einem Teil der Kaiserlichen, unter Gallas, Piccolomini, Aldringen, und dem anderen Teil, unter Wallenstein. Denn noch, betont der Lauenburger sanguinisch, sind die meisten Regimenter treu; »Aber bei Gott, wir dürfen den Herzog nicht lassen . . .« Gezeichnet »in höchster Eile«. Danach kritzelte Franz Albrecht noch ein paar Zeilen an Ilow, es sei alles nichts, solche ärgerlichen Erfahrungen dienten bloß dazu, die Gemüter der Menschen kennenzulernen, er zweifle nicht am guten Ende, werde sich auch hüten, in Regensburg etwas anderes als das strikte Sachdienliche zu erzählen – und machte in der Winternacht sich auf

den Weg mit acht Pferden. – Dieser Muntere war treu, auf seine Art.
Was mit den Obersten zu machen, die zur Stelle waren, jeder mit finsteren Brauen besorgt um seine Zukunft? Er rief sie an sein Bett, am Morgen des 19. Februar. Er musterte sie, lange und traurig, und sprach. Mit Schmerzen müsse er vernehmen, was gegen ihn ausgesprengt werde. »Nun habe ich ein so redlich aufrichtiges Gewissen wie der Oberst Diodati, und gedenke in meinem hohen Alter meine Religion nicht zu ändern, bin auch nie der Meinung gewesen, etwas gegen meinen Kaiser zu tractieren. Ohne ist es nicht, daß ich zum Frieden, welchen etliche am Kaiserhof nicht gern sehen möchten, mit Händen und Füßen geholfen, gedenke es auch noch zu tun, und halte dafür, Ihre Kaiserliche Majestät werden kein Glück haben, es wäre denn, daß sie Fried machen . . .« »Bei Hof werden viele Sachen begehrt, die vom Reich nicht können gutgeheißen werden.« Zu seinen Friedensverhandlungen werde er etliche Vertreter der Obersten zuziehen, damit sie immer Bescheid wüßten. Jetzt drohe ihm etwas Despektierliches, Schimpf und Spott. Um dagegen sich zu wehren, habe er die Vereinigung der meisten Regimenter nahe Prag befohlen. Wie stünden die Herren dazu? Verweigerten sie sich jetzt, so hätten sie ihm besser seinen Abschied erlauben sollen im Januar, als er alle Müh und Sorge von sich werfen wollte, und geblieben war ihnen zulieb . . . Immer voraussetzend, daß die Leute am genauesten zuhörten, wenn von Geld geredet wurde, fügte er etwas über die Finanzlage hinzu. Zum Garanten habe er sich gemacht für alle Summen, welche die Kommandeure ausgelegt hätten oder noch auslegen würden. Was nun? Mittlerweile sei vom Kaiser kein Geld gekommen mit der und der Begründung, es gehe wohl anderswohin. Auch über diese Frage, wie sie zu ihrem Schadenersatz kämen und er zur Einlösung des gegebenen Wortes, sollten sie mit dem Feldmarschall Rat pflegen.
Konferenz bei Ilow, Wiederholung des Vorganges vom Januar, düsterer zwar. Man hat das Protokoll; unglaublich, was damals geschrieben, mitgeschrieben und bis heute aufbewahrt wurde. Ilow und Trčka versprachen, für Ihre Fürstlichen Gnaden Blut und Gut einzusetzen ohne Bedingung. In den Ton, den sie anzugeben suchten, stimmten ein die Generalwachtmeister Sparr, Morzin, Lamboy. Einfach machte es sich der Oberstleutnant Balbiano vom Regiment Graf Piccolomini: Seine Intention sei, dem Kaiser zu dienen jetzt und immer. Die Übrigen votierten mit Vorsicht. Weil die Antwort sich unter gewissen, vom Kriegsrecht vorgeschriebenen Bedingungen von selbst verstehe, sei die Frage gar nicht notwendig gewesen (Oberst Beck); dem General, der um ehrlichen, christlichen Frieden sich so abmühe, sei man

Treue bis in den Tod schuldig (Oberst Losy); ja, gewiß, aber den anderen hohen Befehlshabern auch (Oberst Adelshofer); da nichts gegen des Kaisers Majestät, nichts gegen die Religion beabsichtigt sei, so stehe die Verpflichtung vom Januar unverändert (die meisten). Oberst Walter Butler: »Weil er sieht, daß Ihre Fürstlichen Gnaden nichts suchen, als im Dienst der Römisch Kaiserlichen Majestät die Conservierung der Armada und Contentierung der Soldatesca, also verpflichtet er sich, nebst anderen Cavalieren bei Ihren Fürstlichen Gnaden zu leben und zu sterben.« . . . Kommissar Rogge, der Bayer, kannte alsbald Wallensteins Rede, die Diskussion im Hause Ilows, die Abstimmung; wußte von der Frage Trčkas, ob das Versprechen auch gälte für den Fall, daß der Herzog selber den Dienst wechselte, und von der Antwort darauf, dem peinlichen Schweigen. Sein Informator war der Oberst Beck.
Geisterhafte Abstimmung. Von des Kaisers Majestät hatten jene »anderen hohen Befehlshaber« Auftrag erhalten, den Generalissimus umzubringen, wann immer es ihnen praktisch schiene. Piccolomini saß in dem Dorf Horažďowitz, einen Tagesritt von Pilsen, mit Truppen reichlich genug, um das Hauptquartier zu überrumpeln. Er tat das nicht, den 20. und 21., teils aus Feigheit, teils um das Vergnügen der Großfahndung, die man in Wien sich so überaus gefährlich vorstellte, zu prolongieren. Unmöglich aber konnte es noch lange dauern. Die Hauptstadt Prag, wieder nur eine Tagesreise von Pilsen, hatten drei der am frühesten eingeweihten Offiziere, Wangler, de Suys, Mohra, fest in der Hand. Gallasens Heeresbefehl, das Gehorsamsverbot, war längst nicht mehr geheim, konnte es nicht sein bei der stündlich wachsenden Zahl der Geheimnisträger. Am Orte häuften sich trübe Zeichen des Verfalles. Von dem alten Trčka, Herrn Rudolf, langte eine Warnung bei seinem Sohn an: es gingen die gefährlichsten Sachen vor, man möge sich in acht nehmen. Dr. Agustín Navarro Burena, Spaniens langjähriger Resident, verschwand bei Nacht und Nebel. Nur zu gern hätte Kriegskommissar Rogge ein Gleiches getan. Und die Obersten in Pilsen schworen dem gewesenen, dem zum Tod verurteilten Feldhauptmann Treue bis in den Tod; einige dissimulierend, Gott allein weiß, warum noch; andere unsicher, was jetzt, hier, heute, die richtige Haltung wäre; jeder begierig, es schlauer zu machen als die anderen oder wenigstens dümmer nicht. Es kam eine neue Erklärung zustande, der Zweite Pilsener Schluß, wie er später genannt wurde, in der Wohnung Ilows, am 20. Februar vormittags. Diesmal nahm Wallenstein selber das Wort: Wir Albrecht Herzog zu Mecklenburg etc. Bitter müsse es ihn überraschen, daß die Schrift vom Januar durch Etliche in ihrer Bedeutung fälschlich verdreht

wurde, so als ob er gegen die Kaiserliche Hoheit oder die Religion etwas im Schilde führte. Nein, so war es nicht. Den Abschied hatte er nehmen wollen, und dann eingewilligt, im Amt zu bleiben noch eine Weile, und dafür durfte er auch von den Obersten etwas verlangen, Treue um Treue, »um wegen der vielfältig wider Uns angestellten Machinationen Uns in guter Sicherheit zu halten« – ein Bekenntnis immerhin. Weil nun aber jenes Verbündnis so grausam mißverstanden wurde, so sprach er alle Unterzeichner ihres Eides los und ledig, *wenn* er nämlich das Geringste gegen den Kaiser tendieren würde, wonach doch sein Sinn keienswegs stand. Dies seine eigene Erklärung. Die versammelten Offiziere folgten nach, ohne den Text zu unterbrechen; bekräftigten ihre eigene Loyalität, welcher jener des Generals korrespondierte; wiederholten, da denn alles sich so gänzlich klar und tadelfrei befand, ihren Eid, bei, neben und für Ihre Fürstlichen Gnaden bis zum letzten Blutstropfen auszuhalten. Hoch über die anderen setzte Wallenstein seine geschrumpften, zitternden Initialen.
Wenn der Erste Pilsener Schluß Rebellion als unbestimmte Möglichkeit in sich getragen hatte, so nahm der Zweite sie feierlich zurück. Dies war einer seiner Zwecke; ein Stück der schwachen, nun begonnenen Gegenkampagne; Oberst Mohr sollte es nach Wien bringen. Andererseits meinten Ilow und Trčka, das Offizierscorps, das sie gleiten, bröckeln auseinanderfallen fühlten, noch einmal zu binden durch ein Papier; und mochte der Teufel holen, was auf dem Papier geschrieben stand. Das war in der Tat gleichgültig; das ganze Papier auch.
Am 18. Februar ernannte Wallenstein den Grafen Adam Trčka zu seinem Vertreter: von Trčka würden die Regimentskommandanten erfahren, wohin sie demnächst zu marschieren hätten und solchem Befehl nachkommen, als ob es sein eigener wäre. Warum von Trčka? Warum, in dieser Krise, trat er nicht stark und direkt an die Spitze der Heeresmacht, die er noch für seine hielt? Unnütz, hier nach irgendwelchen Tücken zu suchen. Ilow und Trčka zwangen ihn, eine Autorität zu delegieren, die selber noch auszuüben er zu krank und zu traurig war. Den 19., den Tag, an dem er zu den Obersten sprach, sah er aus »wie eine tote Leiche«; so schildert ihn einer, der Audienz bei ihm hatte. Auch jetzt dachten seine Antreiber nicht an Vereinigung mit dem Feind, die an den Grenzen gegen die Oberpfalz oder Sachsen hätte sein müssen. Das große Rendezvous sollte auf dem Weißen Berg bei Prag sein. Trčka begründete es damit, daß der Feind Böhmen bedrohe, was Unsinn war; auch geschützt werden mußte Böhmen an den Grenzen, nicht in der ziemlich nach Osten gelegenen

Mitte. Eben in der Mitte hofften sie sich einzunisten. Der Herzog von Friedland samt seinen treuen Regimentern in Böhmens Hauptstadt – man würde sehen, ob der Kaiser es dann wagen würde, mit Absetzung oder Schlimmerem gegen ihn zu handeln.
Über Prag hinaus ging der Rettung suchende Blick nach Schlesien, der alten, Wallenstein so genau vertrauten Kriegslandschaft. Seit Gallasens Abberufung kommandierten dort der Feldmarschall Colloredo, der General Graf Schaffgotsch. Rudolf Colloredo galt als der Feindlichste von Anfang an; Schaffgotsch, reicher schlesischer Magnat, Schwager der Herzoge von Brieg und Liegnitz, zeigte sich bereit, mitzuspielen. Er sollte die schlesischen Regimenter in Form bringen für die Kraftprobe zwischen Kaiser und General, die wichtigsten Orte sichern, Glatz, Neiße, Troppau, Glogau; sollte auch Quartier machen für kaiserliche Reiterei aus Brandenburg, die Wallenstein unter einem Vorwand näher an sich heranzuziehen wünschte. Am 19. wurde Oberst Schlieff, der Sachse, mit geheimer Botschaft nach Schlesien geschickt. Am 23. Schreiben Schaffgotschs an Trčka: Er tut, was er kann, er sucht, das überwiegend protestantische Land freundlich zu stimmen, aber er fühlt sich gehindert durch Colloredo. »Wie unsere Sachen jetzt stehen, darüber bitt ich um Nachricht, besonders wie die Tractaten mit dem Kurfürsten und den Schweden stehen, denn sind wir da richtig, hat es mit den anderen keine Not.« PS. »Daß der Diodati so fort ist, macht mir viel Gedanken. Er hat es nicht von sich aus getan. Ist Zeit, die Augen aufzumachen und nit zu feiern . . .« Am folgenden Tag ließ Colloredo den Grafen Schaffgotsch gefangennehmen. Sein Brief kam nie in Trčkas Hand; er kam, zum Unglück des Schreibenden, in anderer Leute Hände.
Am 20., nach der Unterzeichnung des Schlusses, verlassen die Obersten das Hauptquartier, gehen, wohin es sie zieht, in der Mehrzahl nach Prag, und wissen warum. Nur zwei, Beck und Gonzaga, haben in Pilsen zu bleiben, angeblich, um Zeugen der Friedensverhandlungen zu sein, in Wirklichkeit, weil man sie – aber nicht die vielen Anderen – für unsicher hält.
Den 21. will Trčka nach Prag reisen, zusammen mit einem Obersten Wildberg, um das große Treffen vorzubereiten; Wallenstein soll folgen den nächsten Tag. Trčka glaubt, daß Becks Stellvertreter, Mohra, in Prag sein Routinekommando führt; er weiß nichts von der Anwesenheit der Herren de Suys und Wangler, viel weniger, was diese Braven in zwei Tagen ausgerichtet haben. Er weiß gar nichts. Er lernt etwas, in Rokycany, zwei Meilen oder 16 Kilometer von Pilsen, durch den Obersten Sparr, der aus Prag kommt. Der Generalissimus ist abgesetzt, niemand darf ihm mehr gehorchen, und es gehorcht ihm nie-

mand mehr, aber alle gehorchen dem Generalleutnant Gallas, dem Feldmarschall Piccolomini; rings um die Hauptstadt wimmelt es von Truppen. Trčka wendet sein Roß, galoppiert zurück, steigt ab vor des Herzogs Hause am Markt. Der Schleier, der im schwülen Wind wehte seit dem 17., ist ganz gefallen. Ilow, Trčka, Kinsky, die dumpfen Köpfe, die feinen Köpfe, verstehen, daß sie verloren haben. Wallenstein versteht, welchen Ratgebern er sich anvertraut hat und daß es nun zu spät ist, sich von ihnen zu lösen. Trčka ist bleich und verstört. Ilow verliert die Nerven nicht. Kinsky lacht. Es amüsiert ihn, was er da hat einbrocken helfen. Wie aber Wallenstein sich fühlt in diesem ersten Augenblick, dafür gibt es kein Zeugnis. Im Krankenzimmer wird der Entschluß gefaßt, Pilsen zu verlassen, sofort, wenn möglich noch in der Nacht; denn von Prag, von Horaždowitz her, wo Piccolomini und Diodati lauern, ist nun ein Angriff auf das Hauptquartier stündlich zu befürchten. Nach Eger wird man gehen, der Grenzfestung im Nordwesten.
Ein paar Stunden lang hilft Wallenstein sich mit Tätigkeit. Er läßt den Direktor der Kriegskanzlei kommen, Balthasar Wesselius, und diktiert. An den Landeshauptmann in Gitschin, Dietrich von Malowetz: alle in der herzoglichen Kasse ruhenden Dukaten, eigenen wie fremden Gepräges, sind augenblicks über Reichenberg nach Rumburg und Hanßbach zu schaffen, wo ein Beauftragter des Grafen Kinsky sie in Empfang nehmen wird. Wallensteins Bote ist früher in Gitschin als das Konfiskationsmandat aus Wien; der Befehl wird ausgeführt; das Geld, 39000 Golddukaten immerhin, gleich 117000 Gulden, tut eine gefährliche Reise bis nach Sachsen. – An die Regimenter Beck und Mohr von Wald, die bei Prag lagern: »Wir müssen mit höchster Verwunderung vernehmen, welchergestalt sich etliche unterstehen ... Ordinanz zu geben, daß man weder uns noch dem Feldmarschall von Ilow, noch dem Grafen Trčka hinfüro mehr obedieren solle.« Solche Ordinanz ist wider alles Recht; dem von Kaisers Majestät ernannten General Obersten Feldhauptmann haben die Offiziere zu gehorchen, niemandem sonst, und ihren Marsch auf Eger zu nehmen ... Zögern, dann ein Wink an den Kanzlisten: nicht expedieren. Es hat keinen Sinn mehr. Nur noch da mag es Sinn haben, wo die Regimenter von den Zentren des neuen kaiserlichen Willens, Prag, Horaždowitz, Budweis, Tabor, weiter entfernt sind als von Pilsen: in Böhmens äußerstem Westen. Das trifft zu für das Dragoner-Regiment des Obersten Walter Butler, der vier Meilen von Pilsen bei Kladrau steht. Befehl an Butler: aufzubrechen mit seinen Dragonern noch in der Nacht und auf der Straße von Pilsen nach Eger sich bereitzuhalten. Es trifft zu für das Graf Trčka'sche Regiment zu Fuß, welches die Garnison

von Eger bildet und von dem Oberstleutnant Johann Gordon, schottischer Herkunft, kommandiert wird. Befehl an Gordon: zu bleiben, wo er ist und keine anderen Botschaften als die vom Generalissimus, Ilow und Trčka kommenden in acht zu nehmen.
Soviel bringt er selber hin. Die Anderen tun ein Übriges. Das heißt, sie schreiben; hoffend, daß Briefe wirken wie Taten. Ilow an Franz Albrecht, der in Regensburg eingetroffen sein sollte: Der Bruch, die Rottura, ist nun vollkommen, in Prag steht es so und so, der Herzog von Lauenburg möge den Herzog von Weimar überreden, für den Notfall seine Reiterei gegen Eger avancieren zu lassen. Kinsky an Arnim: Der Generalissimus wird selber sich nach Eger begeben. Kann denn Arnim nicht endlich seine lang besprochene Reise tun, eben dorthin; »sintemal das negotium in solchen Extremitäten (und gleichwohl von großer Importanz) daß keine Minute darin zu versäumen.« Die »große Importanz« soll die »Extremität« mildern; damit Arnim nicht etwa glaubt, es lohne sich nicht mehr . . . Briefe in die graue Ferne, gerichtet an schlecht informierte, hartherzige Menschen. Die werden fragen: Was könnt ihr denn noch bieten? Bieten muß man ihnen etwas, und mehr als Friedlands verjährten Ruhm: Soldaten, Kartaunen, Geld. Wo ist des Herzogs Leibgarde, die ehedem von Piccolomini kommandierte, die rot-blaue mit den übersilberten Hellebarden? Man weiß es nicht. Aber fünf Kompanien eines Trčka'schen Kürassier-Regimentes sind in der Nähe, und ebensoviele, die auf den Namen Heinrich Julius von Lauenburgs hören, und noch ein paar Hundert Mann Infanterie; die müssen mit morgen früh. Artillerie? Etwas Beträchtliches wäre da, unter der Kontrolle des Feldzeugmeisters Sparr, des Obersten Vetter. Um es mitzuschleppen, braucht man Pferde, besonders starke, braucht man Zeit. Es läßt solch ein Lager sich ja nicht Hals über Kopf abbrechen. Da ist des Herzogs Bagage, der Luxus, der ihn umgibt: goldene Teller, Bestecke, Becher, Leuchter, Gießbecken, Waschbassins; die Garderobe; die edlen Rosse. Da ist der Hof, oder doch der Teil davon, der sich in Pilsen befindet, vom Obersthofmeister, Oberstallmeister und Oberkammerherrn bis zu den Reitknechten und Kutschern noch immer an die zweihundert Personen. Die müssen auch mit, insoweit sie sich nicht im Dunklen samt ihren Pferden auf und davon machen. Einigen Niederen gelingt es; die Hochgestellten, Obersthofmeister von Scherffenberg, Oberstallmeister Hardegg, Oberkammerherr Dietrichstein, der Kanzler, der Leibarzt, der Astrolog, wohin wollen sie, wer gibt ihnen Gehalt und Würden, wenn sie sich von Wallenstein trennen? Unwohl ist ihnen bei der Sache, so blind sind sie nicht, aber in des Herzogs Zauberschloß wohnen sie nun einmal und bleiben unter Dach, solange es

hält. Während Trčkas Reiter auf den Straßen rings um Pilsen patrouillieren diese Nacht, damit es keine schlimme Überraschung gibt, hantieren die Lakaien mit Truhen und Koffern.

Ilow und Trčka plündern. Daß sie ihres eigenen Besitzes in Böhmen bis auf weiteres ledig sind, wissen sie, sie kennen die Praxis. Also hält man sich schadlos, solange man kann; läßt bei den reichen Bürgern und Adeligen der Stadt holen, was zu finden ist, mit vorgehaltener Waffe: goldene Ketten bei dem, 10000 Taler bei jenem, für sich selber, oder für des Herzogs neu zu sammelnden Kriegsschatz. Es mag sein, daß Wallenstein es weiß. Wenn er es weiß, was denkt er? Denkt er an Olmütz, 1619? Wie er da den Säckelmeister der mährischen Stände bedrohte, die Kasse stahl, mit ihr nach Wien zog? Und das war der Beginn seines Glücks. Raub jetzt wieder, Flucht jetzt wieder. Aber nicht zum Kaiserhofe diesmal. Anderswohin, unter anderm Stern.

Früh morgens um sechs verabschiedet er den Halbgefangenen, den Obersten Beck, redet zu ihm mit ganz fremdem Klang. »Ich hatte den Frieden in meiner Hand. Gott ist gerecht.« Wacht auf, droht dem Obersten mit dem Finger: »Ihr habt mich betrogen, ich weiß wohl, daß Ihr allzeit moniert habt, wie weit man mir obedieren könnte.« – »Bitte Euer Fürstliche Gnaden um Verzeihung, ich weiß von nichts.« – »Es gilt gleich, Ihr habt mir nichts versprochen, ich habe Euch allzeit für einen ehrlichen Soldaten und für ein tapferes Gemüt gehalten. Der Mohr-Wald hat mich betrogen. Ich will Euch mit dem Dr. Gebhard, der in praesentia, fortschicken, müßt aber noch wegen der streifenden Reiter einen Tag hier bleiben.« Läßt den Kommandanten der kleinen Pilsener Garnison, Oberstleutnant Haimerl kommen, befiehlt ihm, dem Beck eine Geleitmannschaft mitzugeben, zehn Musketiere, damit er desto sicherer reisen kann. – Sie dürfen alle in Freiheit ihres Weges ziehen, die jetzt seine erklärten Feinde sind: Beck, der bayerische Kommissar Rogge, der kaiserliche Hofrat Gebhard, der General Auditor des Heeres, Sestrich. Alle werden sie sagen, daß er der grausamste Tyrann gewesen sei, einer, dem man bei steter Lebensgefahr habe gehorchen müssen; auch jene, die jetzt noch ungefähr zu ihm halten. Heinrich Julius von Lauenburg, Feldzeugmeister Sparr, werden es sagen. Was er tut, stimmt so gar nicht dazu. Im Abtrünnigen sucht der Vereinsamte den Menschen, den ehrlichen Soldaten – viel Andere haben mich betrogen, Ihr nicht – sucht Kontakt zu ihm, wo erwidert wird mit Eiseskälte, und läßt ihn gehen, wohin immer er gehen will, Feind zu den Feinden.

Vormittags um 10 geschieht der Aufbruch nach Eger; »in der größten Unordnung«, »in unbeschreiblicher Panik«, wie schadenfroh einer berichtet, der sich in der Nähe befand.

Es war Oberst Morzin, einer von denen, die ihr Treuegelöbnis mit keinerlei Qualifikation verbunden hatten am Sonntag, den 19. Februar, am Montag ihren Namen unter den Zweiten Pilsener Schluß setzten. Eben in Prag eingetroffen am Donnerstag, goß er seinen Spott aus über Wallensteins spanisches Fliehen: hätte er selber nur tausend treue Reiter bei sich gehabt, wie leicht hätte er den Verbrecher beim Kragen nehmen können!

Ein Beispiel für viele. Ein Beispiel für alle. Kaum waren sie aus Pilsen fort, so gingen ihnen schreckhaft die Augen auf; so baten sie, gnädigst zu verstehen, wie sie dies leider hatten tun müssen, jenes aber nicht so klar wissen können; so beteuerten sie die Loyalität ihres goldenen Herzens. Unter sich hechelten sie nun, denunzierte auch der Eine den Andern ein wenig, im Wettbewerb um ein gutes Plätzchen in der kaiserlichen Gnadensonne. Der hatte zuviel geredet, der zu wenig. Der hatte falsch gehandelt, oder nicht gehandelt, als er zur Rettung von Gott, Kaiser und Christenheit hätte handeln können. Es ging auch so, Gott sei gelobt; aber die furchtbarste Gefahr wäre schneller zu bannen gewesen . . . Fielen sie von Wallenstein ab binnen zwei, drei Tagen? So sah, fühlte er's, und irrte jammervoll. Im letzten Ernst hatten sie es nie anders verstanden. Habsburgs vergleichsweise festgebaute Macht gab ihrer Existenz die Sicherheit, die er nicht geben konnte.

Es galt dies auch für die Oberstleutnante, die stellvertretenden Kommandanten der sechs Graf Trčka'schen Regimenter. Eine kleine Armee; dem Generalissimus durch seinen Schwager besonders verbunden. In der Theorie; praktisch kannte Trčka die Regimentsstäbe kaum, bezahlte vermutlich sie ebensowenig, wie die übrigen bezahlt wurden, und war ihnen herzlich uninteressant. Interessanter die Angebote, die Ernennungen, die von Wien aus an sie ergingen: bloße Diener des Grafen Trčka, sollten sie von jetzt ab Obersten und Inhaber ihrer Truppen sein. Das wirkte. Wenn Herr de Suys, seit neuestem kommandierender General in Prag, den Trčka'schen zunächst mißtraut hatte, so erkannte er sie rasch als ebenso gefällig wie die anderen; mit freudigem Staunen erfüllte ihn die Leichtigkeit seiner Aufgabe. Schon war das Nachher, die Belohnungen, die Strafen, so wichtig wie das Jetzt. Neue Befehle des Kaisers ordneten die Konfiszierung der Güter Ilows und Adam Trčkas an; auch der Herzogtümer Sagan und Großglogau; auch und besonders des »Friedländer Hauses« in Prag mit seinen legendären Reichtümern. Kriegsrat Caretto di Grana, in Böhmen umherreisend, beschäftigte sich bloß noch mit der Frage, wer was erhalten sollte; wobei er weise riet, die evangelischen Offiziere hinter den katholischen nicht allzu deutlich zurückzusetzen.

Dieser Edle behauptete, man hätte in Pilsen noch vor drei Tagen – das war Dienstag, der 21. – alles gewußt, was von Wien aus unternommen wurde; hinzufügend: von wem denn wohl? Die Frage hätte er sich sparen können. In Prag dagegen, in Piccolominis Quartier Horaždowitz, in Frauenberg, wo Gallas und Marradas sich spreizten, da wußten sie wirklich alles, je nach der Entfernung ein paar Stunden früher oder später; wußten schon am 20. von dem großen Rendezvous auf dem Weißen Berg, das hätte sein sollen; wußten am 22. nachmittags von der Flucht aus Pilsen und in welcher Richtung sie ging. Sich jetzt erkühnend, ordnete Piccolomini die Besetzung der entleerten Stadt, die Verfolgung der Flüchtigen an.

Unterdessen bewegte Wallensteins Kolonne sich westwärts auf der Straße nach Mies oder Stříbro, zwischen vereinzelten Gehöften, Feldern, Tümpeln, unter trübem Himmel. Es hatte angefangen zu tauen, gurgelte unterm Schnee; auf unsicherem Boden gingen im Schritt die Pferde, zwischen denen die Sänfte hing, langsam, langsam. Mitunter verlangte er nach seiner Karosse, ließ sich zu ihr hinüberhelfen, dann wieder zurück in die Sänfte. In Wagen folgten die Gräfinnen Trčka und Kinsky, einige andere Damen des Hofes, die Herren ritten, die Knechte auch, außer ein paar Hundert Infanteristen. Plötzlich tauchten auf der Linken, vom Süden her, bewaffnete Reiter auf, es gab Schüsse hin und her, die Kaiserlichen verschwanden wieder; sie hatten wohl nur feststellen sollen, wieviele es seien. 1300, 1400 Menschen auf schmalem Weg bilden einen langen Zug, für den militärischen Blick aber doch nur ein Trüpplein und keine Macht. So erschienen sie dem Feldkaplan des Butler'schen Regiments, mit Namen Patrick Taafe, als er sie aus der Ferne herankommen sah: »mehrere Wagen, eine mäßige Zahl Fußvolk und Reiterei«. Butlers Dragoner waren zur Stelle, wie erwartet, querfeldein, in der Nähe von Mies. Ilow, in der Gewißheit, daß nur sie es sein konnten, sprengte auf sie zu mit einigen Begleitern, fand den Obersten, befahl ihm, sich dem Zug des Herzogs von Friedland anzuschließen. Butler, wenn er nämlich wußte, daß hier ein Gestürzter, Fliehender kam, hätte wohl ein Stück zur Seite ausweichen, dann ostwärts sich aus dem Staube machen, notfalls durchbrechen können; sein Regiment war fast so zahlreich wie des Herzogs Begleitmannschaft und kampffähiger. Er folgte aber. Man kam hinunter in das am Fluß nestelnde ummauerte Städtlein Mies. Es liegt nur drei Meilen, 24 Kilometer, von Pilsen. Die Qual der letzten Tage, der letzten Nacht war gar zu groß gewesen, der Herzog müde und leidend, Mies bot den Vorteil, daß es dem Feldmarschall Ilow als Pfandherrschaft gehörte, er besaß ein Schloß oder Herrenhaus dort, der Gast fand die ihm gewohnten Bequemlichkeiten. Im Städtchen mußte auch der Oberst Butler Quartier nehmen samt den Fahnen seines Regiments, das Regiment selber, mit den Kapitänen Macdaniel, Burgh, Deveroux, Geraldin, außerhalb der Mauern; eine Vorsichtsmaßregel.

In Mies schrieben sie wieder, bei Kerzenschein. Kinsky an den sächsischen Obersten Schwalbach in Dresden: er möge das Seine dazu tun, daß Arnim alsbald nach Eger verreise. Auch: Seine Fürstlichen Gnaden der Generalissimus wäre bereit, selber nach Sachsen zu kommen mit ganz wenigen Personen, um den Kurfürsten zu treffen: ob er einen Paß erhalten könnte? – Ilow noch einmal an Franz Albrecht: die Schweden, die Weimaraner sollten nicht bloß mit Kavallerie sich der Grenze nähern, sondern mit Fußvolk eindringen in Böhmen und Pilsen besetzen, wo kostbare Artillerie stehe. Und Passau sollten sie auch besetzen. Und die Bauern im Land ob der Enns sollten sie aufwiegeln, die würden sich schon aufwiegeln lassen. Und er selber würde den Herzog Bernhard gerne treffen irgendwo, um mit ihm wegen des Herrn Generalissimus zu traktieren. – Ilow an den Obersten Ulefeld, den er irgendwo im Lande ob der Enns weiß: er möge mit seinem Regiment nach Eger marschieren, wenn es durch Böhmen nicht ginge, dann die Donau hinauf, der Herzog Bernhard werde ihn schon durchlassen, und wenn er was mit den Bauern praktizieren täte, das wäre auch gut . . . Die Bauern, die wollten sie immer gebrauchen und aufopfern, wenn es ihnen in den Kram paßte, die Böhmen, die Dänen, die Schweden, Ilow jetzt. Auch sonst hatten seine Ratschläge oder Bitten etwas Desperates; nicht zuletzt dies, daß er selber den Herzog Bernhard zu besuchen wünschte. Er selber anstatt seines Herrn.

Später traf ein unerwarteter Gast ein, der kaiserliche Oberst Heinrich Julius Herzog von Lauenburg. Er hatte nahe Prag die neuesten Neuigkeiten gehört, aber nichts Beglaubigtes gesehen; war nach Pilsen geeilt und von dort nach Mies, zumal seine eigenen Truppen, 500 Kürassiere, 200 Fuß-Soldaten, schon dort waren. Wallenstein lud ihn zum Abendessen, eine Ehre, deren er ihn sonst noch nie gewürdigt hatte, und sprach mit ihm. Er könne nicht glauben, sagte er, daß der Kaiser ein solches Patent gegen ihn habe ergehen lassen; ein Irrtum obwalte da, ein Betrug des Grafen Gallas; alles werde sich klären.

Ein anderes Nachtgespräch spielte zwischen Butler und dem Kaplan Taafe. Butler: man sei da in einer höchst ärgerlichen Lage. Taafe: das Beste wäre zu fliehen, und auch wohl möglich. Butler: Nein, das wäre das Beste nicht.

Weiter Donnerstag morgen. Heinrich Julius, unüberzeugt, ritt nicht mit, sondern zurück nach Pilsen. Butler mit seinen Dragonern mußte die Spitze halten, damit sie nicht etwa kehrtmachten und verschwänden. Der Weg führte nun nach Nordwesten, zwischen schwarzen Waldhügeln, die bald nah heranrückten, bald sich entfernten, bergauf und bergab. Man hoffte Eger zu erreichen, diesen Tag, 70 Kilometer von Mies, machte aber nur die halbe Strecke, bis Plan, wo ein zum Übernachten geeignetes Schloß war. Wieder Nachtgeschreibe dort, wieder Nachtgespräche. Wallenstein, oder Ilow, an Johann Gordon in Eger: Der Herzog wünscht den Oberstwachtmeister seines Regiments, Leslie, zu sprechen, zwischen Eger und Plan, am Freitag. – Wallenstein an den am nächsten wohnenden deutschen Potentaten, Markgraf Christian von Kulmbach, Mitglied des Heilbronner Schwedenbundes, Mitglied der Hohenzollernsippe: ein Kreditiv für den friedländischen Kanzler, Eberhard von Eltz. Eltz wird dem Markgrafen darlegen, wie der Herzog von Friedland einen gerechten Frieden gewollt habe und deswegen durch falsche Menschen verleumdet worden, ja, beinahe schon um sein Generalsamt gebracht sei, wie er aber gleichwohl den Frieden unbeirrbar erstrebe; Herr Christian, ein alter, erfahrener Fürst, tue das gewiß auch; er möge doch seinen militärischen Berater, einen Obersten Muffel, gleich nach Eger senden, zu einer Vorkonferenz mit keinem Geringeren als dem Herzog Bernhard von Weimar, dem Generalleutnant Arnim und Wallenstein. Notsignale, ins Würdige stilisiert von der europäischen Stellung her, welche die seine gewesen war bis vorgestern. – Wallenstein an den Grafen Max in Wien: Er sendet seinen Kammerherrn und Obersten Breuner, der ihm etliche Sachen vortragen wird. Er sendet ihn dem Erben, das heißt, über den Erben an den Kaiser. Breuner soll noch einmal des Herzogs freiwilligen Rücktritt anbieten; die ihm noch verbleibende Zeit will er in Hamburg verbringen; nur seine Herzogtümer möchte er gern behalten. Das dritte Angebot nun, noch hoffnungsloser als die früheren. Er hoffte trotzdem. Er konnte seinen Absturz nicht fassen; wenn er gleichzeitig bei den Evangelischen Rettung suchte, so war es nicht arglistiges Doppelspiel, sondern die alte Gewohnheit, »das Gewisse zu spielen«, das sich Widersprechende gleichzeitig zu tun. Ilow, klarer sehend, mag über solche Illusionen die Achseln gezuckt haben. Verborgen konnten sie ihm nicht bleiben, zumal die Reise Breuners Geld kostete, 300 Gulden.

Verborgen blieb ihm eine andere Mission. Aus Plan verschwand bei tiefer Nacht der Priester Patrick Taafe mit einem Zettel, in fremdartiger Sprache geschrieben, und einer mündlichen Botschaft des Obersten Butler an Piccolomini: Er folge dem gewesenen Feldhauptmann nur gezwungen. Er werde lieber hundert Leben verlieren, als dem

Kaiser die Treue brechen. Wer könne wissen? Vielleicht habe Gott ihn für eine besonders heroische Tat aufgespart.
Freitagmorgen Aufbruch nach Eger.

Diesen Freitag gelangten die Kaiserlichen nach Pilsen, die Regimenter Giulio Diodati und Tavigny. Wohl bestand zwischen Wallenstein und dem Kommandanten, Oberstleutnant Haimerl, eine Abmachung, dergemäß er die Stadt verteidigen sollte, jedoch mit dem vieldeutigen Zusatz »treu der kaiserlichen Majestät«. Haimerl legte das aus nach der Situation. Man fand die schätzenswerten Kanonen vor, reichlich Pulver und Blei, die Bürgerschaft demütig. Diodati an Piccolomini: »Ich werde hier betrachtet, als wäre ich der Messias, und Euer Exzellenz werden betrachtet werden, als käme Gott selbst.« Kein liebenswürdiger Gott. Piccolominis Soldaten plünderten nicht nur die Überbleibsel des herzoglichen Hofhaltes, silberne Altare und Tafelsilber, Linnen, Veltliner Wein, sondern bei dieser Gelegenheit auch gleich die ganze Stadt, als ob es eine feindliche, eroberte wäre; worüber Gallas die Stirne runzelte. Die Verfolgung des flüchtigen Verräters wurde angeordnet und hätte, mit Energie betrieben, ihr Ziel wohl vor Eger erreichen können. Energie hatten sie keine, auch jetzt nicht; nur Gier; nur List. Diodati an Gallas, kryptisch: »Gordon hat Weisungen von mir.« Gallas an Aldringen, kryptischer: »Ich hoffe und halte für sicher, daß der Oberst Butler den Schlag tun wird, wie er es mir durch einen Infanteriehauptmann hat zusichern lassen.« – Mit Pilsen waren alle Hauptplätze Böhmens in der Hand der Loyalen, und das war keine Kunst; wo, wenn man absieht von Trčka und Ilow, allenfalls von Schaffgotsch, gab es denn Illoyale, wo hatte es je welche gegeben? – Breuner, der Abgesandte, kam gar nicht weiter als bis Pilsen; Lachen erregte sein Anliegen.
Diesen Freitag wohnten die Herzoge Franz Albrecht von Lauenburg und Bernhard von Weimar dem Gottesdienst bei in der Regensburger Domkirche. Schon öfters hatten sie sich gesehen seit Franz Albrechts Ankunft am Dienstag. Erreicht hatte er nichts. Es sei lauter Betrug, wie voriges Jahr in Schlesien, hatte Bernhard geantwortet; er vertraue auf Gott und nicht auf den Feind, viel weniger auf einen Feind, der selber nicht an Gott glaube. Für den Herzog von Friedland werde er keinen Hund satteln lassen. Vergebens hatte Franz Albrecht erklärt, versprochen, beschworen. Als diese beiden Fürsten nun die Predigt gehört hatten, die vom Universalfrieden ergreifend handelte, und auf den Platz vor der Kirche traten, kam einer angetrabt, sprang ab und überreichte seine Botschaft: Ilows letzten Brief aus Pilsen, den vom 21. in der Nacht. Franz Albrecht las und ließ Bernhard lesen. Da war

nun also der offene Krieg zwischen Kaiser und Generalissimus. Da war angeblich der offene Krieg. Da war Betrug, wieder Betrug. Ging Wallenstein nach Eger, zog er Truppen in jener Gegend zusammen, so wollte er gewiß vorbrechen nach der Oberpfalz, und von dannen gegen Nürnberg, gegen Bamberg, gegen den Main, Schweinfurt, Frankfurt, überall hin, wo die Evangelischen weit zerstreut und schwach standen. Eine höchst gefährliche Situation; um so gefährlicher, als den Bayern vom Südosten her eine gleichzeitige Offensive wohl zuzutrauen war. Alarm! Zusammenziehung der verfügbaren Truppen an wenigen Punkten, bei Bamberg, in der Oberpfalz, an der Donau, um den heimtückischen Friedland gebührend zu empfangen. So Bernhard diesen Freitag an den Kanzler Oxenstierna, an seinen Bruder Wilhelm, an seinen Bruder Ernst, an die Stadt Nürnberg. Franz Albrecht, sanguinisch wie immer und zu freundlichen Verdrehungen geneigt, stellte für Ilow es anders hin: die von Bernhard befohlenen Konzentrationen, zumal in der Oberpfalz, seien zu Wallensteins Rettung gemeint. »... höre ungern, daß die Sachen nit alle so gehen, wie ich wohl gehofft; hat aber nichts zu bedeuten. Wir wollen (will's Gott!) den meineidigen Vögeln stattlich die Hälse brechen ...« – Der Brief kam nie in Ilows Hand. Ilows zweiter Notruf, der aus Mies vom Mittwochabend, aber zur Kenntnis Bernhards; und erregte seinen Verdacht nur noch schärfer. Nicht bloß nach Eger und Pilsen, nein, auch ins Passauer Waldviertel wollten sie ihn locken, aus sicheren Orten in ganz unbequeme, sein Heer sich trennen und verzetteln lassen, ihn in die Klemme bringen, zwischen den Bayern und Wallenstein, deren genauestes Einverständnis am Tage lag ... Bis sie ihrer lächerlichen Überlegenheit ganz, ganz sicher waren, hatten Ferdinands treue Generale, hatten besonders der Kurfürst von Bayern nichts ängstlicher befürchtet, als die Konjunktion Wallensteins mit Bernhard. Indem machte Bernhard sich bereit für einen Zangenangriff Wallensteins und seiner guten Freunde, Piccolomini, Gallas, Maximilian.
Umsonst die letzten Versuche, in Wien sich verständlich zu machen; ohne Echo das Anpochen, das Werben bei den Evangelischen. Verleumdung oder blindes Irren überall; nirgends Sympathie.

Arnim? Der hauste noch immer im Dresdner Schloß an diesem Freitag. Die Instruktion, die ihm auferlegte, sich ungesäumt – ungesäumt! – nach Pilsen zu begeben, mit dem Herzog von Friedland als kaiserlichem Plenipotentiarius über den Frieden zu verhandeln und des Herzogs Bedingungen anzunehmen, wenn sie auch über das, was der Kaiser zugestehen wollte, etwas hinausgingen, vorausgesetzt, daß sie zu Nutz und Frommen des evangelischen Wesens dienten – dies Schriftstück war zwar schon sechs Tage alt. Am Montag hatte er an Franz Albrecht geschrieben, daß er krank sei oder krank gewesen sei. Am Freitag rührte er sich immer noch nicht. Gut Ding wollte Weile haben. Er glaubte Wallenstein in Pilsen und in seinem Generals-Amte ungekränkt.

Die fünf Kompanien Panzerreiter des Herzogs Heinrich Julius zogen davon diesen Freitagmorgen, einem Befehl folgend, den ihr Oberst ihnen von Pilsen zuschickte. Heinrich Julius hatte nun begriffen und scharf kehrtgemacht; wie er denn vor Zeugen sich in den verächtlichsten Reden über den großen Freund von gestern erging. Niemand verwehrte den Kürassieren ihren Abzug. Von den Bewaffneten, die blieben, waren nun die Butler'schen bei weitem die stärksten; leicht hätten auch sie verschwinden können, oder noch etwas anderes tun. Oberst Butler kam auf solche Gedanken nicht. Er nahm die Ehre an, ein Stück Weges in Wallensteins Kutsche zu sitzen, und hörte mit höflichem Interesse, was der General ihm zu sagen hatte. Leider, bemerkte Wallenstein, habe er bisher sich gegenüber einem so verdienten Offizier etwas fremd und undankbar verhalten, jedoch ohne eigene Schuld; die Gelder zur Belohnung der Treuen seien ihm von höchster Stelle verweigert worden. Nun werde er's zu ändern wissen. Dann sollte Butler zwei wohlbesoldete Regimenter haben anstatt eines einzigen unbezahlten, und reichliche Summen, um in England, Schottland, Irland zu werben nach Bedarf. Höchst angenehme Aussichten, antwortete Butler. Er sei ein freier Mann und ein Fremder, an den Kaiser durch nichts gebunden, als den Soldateneid. Den könne er aufkündigen, von dieser Pflicht sich lösen; und wüßte sich dann keinen besseren Dienst als unter den Fahnen seiner Durchlaucht als des weisesten, siegreichsten Anführers der Epoche . . . Der Oberst stammte aus großer irischer Adelsfamilie, von der er ritterliches Auftreten geerbt hatte und Präsenz des Geistes, wenn auch sonst nicht viel; sein Glück mußte er anderswo suchen.
Von feinem Geblüt, nicht ohne gepflegte Beziehungen zum Kaiserhof, war auch der Schotte Walter Leslie, Oberstwachtmeister des Regimentes Trčka-Gordon, der den Herzog zwischen Plan und Eger begrüßte. Wallenstein glaubte sich Gordons sicher, dem hatte er Gutes getan. Er glaubte des Zweiten im Kommando der Festung sich nicht so sicher und wollte ihn zu sich herüber reden, ehe man die Zugbrücke überschritte, vermutlich auf den Rat seiner Antreiber hin. Ob Leslie etwas gehört habe von der unlängst im Heere entstandenen Konfusion? Also nicht? Nun, das sei so und so gewesen. Er hatte die Mittel

nicht mehr gehabt, die Armee zu ernähren und in guter Form zu halten, und darum sich zurückziehen wollen; wer ihn am heißesten bedrängte, zu bleiben und das Feld nicht den Spaniern zu überlassen, waren die Herren Gallas und Piccolomini. Eben die hatten dann den Sinn seines Kontraktes mit den Obersten böswillig verdreht und den König von Ungarn auf ihre Seite gebracht, aber nicht den Kaiser. An den Kaiser hatte er den Mohr von Wald geschickt, eben noch den Breuner, um zu erfahren, ob man seine Dienste eigentlich noch wünsche. Wenn ja, dann gut. Wenn nein, so wolle er den Kaiser auch nicht mehr zum Herrn. Andere Herren könne er wohl finden, habe es aber gründlich satt, zu dienen; ganz unabhängig werde er endlich sein und seine eigenen Soldaten haben. Dazu fehle es ihm nicht an Geld und Kredit; auch nicht an guten Freunden, bei den Evangelischen sowohl wie in Kaisers Heer, wo mancher Offizier sich jetzt gut österreichisch stellte, der bei erster Gelegenheit zu ihm werde herüberkommen. In Eger wolle er's abwarten. Zum Schluß werde Ferdinand noch merken, daß er besser ihm geglaubt hätte, als den Spanischen und ihren Konföderierten . . . Leslie lauschte, das Gesicht eine ehrerbietige Maske, und notierte im Geist, was da gesprochen wurde mit müder, vertrauensseliger Schwatzhaftigkeit.
Ein Moment der Euphorie, nach Momenten der Verzweiflung. Er glaubte, noch reich zu sein, und hatte doch nichts mehr als jene 39000 Dukaten, wenn sie ihr Ziel erreichten, und den goldenen Plunder, den er mit sich führte; indes die kaiserlichen Kommissare schon in seinen Schlössern wühlten, seine Beamten verhafteten, die Pläne seiner Herzogtümer studierten zum Zweck der Verteilung. Er glaubte an gute Freunde, oder wollte an sie glauben, trotz des eben gepflückten Jammerstraußes der Enttäuschungen. Nicht in dringender Gefahr fühlte er sich, war zu stolz dazu, zu geschwächt, zu lebensmüd. Andernfalls wäre er an der Festung eilends vorbeigezogen ins Sächsische, wie Piccolomini meinte, daß er es tun würde.

Eger liegt im äußersten Westen des Landes Böhmen, nahe der Nordgrenze, am Flusse des gleichen Namens, Agara, dem reißenden. Von den Böhmen wird es Cheb genannt, Heb, Biegung, weil der Fluß hier nach Westen ausbiegt, ein kurzes Stück, um dann wieder die alte Richtung zu nehmen, der Elbe zu. Steil oberhalb dieser Schleife lag die Burg, die Kaiserpfalz, erhöht auch gegen die Stadt, schwarzer Turm aus Lavagestein, Festung innerhalb der Festung. Eger war reich oder war es gewesen vor den jetzigen Wirren. Mittelpunkt der Handelsstraßen Nürnberg–Prag, Prag–Leipzig, Schlüssel Böhmens, Ausfalls- und Einfallstor. Wallenstein kannte es gut. Von Eger war er ins

Reich gezogen als der neuernannte Capo, 1625. Über Eger war er in die Heimat zurückgekehrt 1630, von Memmingen kommend, der Entlassene. Wieder war Eger sein Hauptquartier gewesen, als er sich anschickte, den Bayern zu treffen, dann den König zu suchen, vor noch nicht zwei Jahren. Immer war es farbig hergegangen mit Empfängen durch den Rat und Gastgeschenken im Gewimmel der Lanzen und Fahnen, vor gierigen Zuschauern. Als nun Egers Spitzen und Mauern aus feuchtem Gestöber tauchten, wartete keine Deputation am Tor. Erschienen war nur der Kommandant, Oberstleutnant Gordon. Kurze Besprechung: daß Kürassiere und Dragoner draußen nächtigen sollten, in der Vorstadt oder im Freien, in der Stadt die Generale samt dem Obersten Butler, die Hofbeamten und Diener; daß des Herzogs Quartier diesmal im Alexander Pachhelbel-Haus sei. Einzug der Sänfte zwischen den Rossen; Oberes Tor, Holzgasse, Marktplatz. Die Bürger sahen weg, als ob's nichts wäre, hantierten mit ihren Geräten, den polternden Hämmern, den kreischenden Feilen.
Den Begleitern waren unterschiedliche Häuser am Markt oder Ring zugewiesen, wobei es in einem Bericht heißt, die Eheleute Trčka und Kinsky hätten zusammen gewohnt. Daß man für Wallenstein das komfortabelste Quartier wählte, versteht sich von selber und auch daraus, daß es des Stadtkommandanten eigenes, dieser aber in die unwirtliche Burg verzogen war. Er respektierte den Generalissimus noch, und mehr als er gedurft hätte. Denn er hätte ihn gar nicht einlassen dürfen. Dies war die Weisung, war wenigstens eine erste Weisung, die Giulio Diodati ihm übermittelte. Bitter klang die Entrüstung des Generalleutnants Gallas, als er hörte, Gordon und Leslie hätten ihre Ehre weggeworfen und dem Verräter in ihrem festen Gebäu Unterschlupf gewährt. Aber guter Rat war teuer gewesen für Gordon in den Stunden, während derer er auf Wallensteins Ankunft wartete, zumal ein Gerücht wollte, der Herzog nahe mit fünfzehn Regimentern. In Böhmens ferner Ecke nahm die neue Lage sich ungewisser aus als im Zentrum; die alte mächtige Autorität tat ihre Wirkung, da nun ihr Träger herankam.
Diesen Abend lud Butler die Herren Leslie und Gordon zu sich in sein Quartier. Man kannte einander nicht, fühlte aber die Notwendigkeit, sich raschestens kennenzulernen.
Am selben Abend reiste der Kanzler Elz zum Markgrafen von Kulmbach, ging noch ein Bote nach Dresden, oder wo immer Arnim zu finden wäre, meldete, gegen elf Uhr, ein Reiter aus Pilsen sich am Stadttor, wurde eingelassen auf des Herzogs Befehl und von Oberstwachtmeister Leslie in das Pachhelbel-Haus geführt. Wallenstein

griff nach dem, was der Mann überbrachte, und las: Das Absetzungspatent vom 24. Januar, ihm gesandt von Haimler, dem Kommandanten von Pilsen. Hatten noch letzte Illusionen in ihm genistet bis dahin, so waren sie ihm nun genommen. Seinem kranken Herzen machte er Luft gegenüber dem, der zufällig im Zimmer stand, Leslie: Schmähreden gegen Kaiser und Kaiserhaus, und daß es nun für immer aus sei zwischen ihm und jenen; daß evangelische Truppen demnächst zu ihm stoßen würden, 2000 Reiter und 1000 zu Fuß allein vom Pfalzgrafen von Birkenfeld; und daß sie in Wien es noch bereuen würden. Leslie hörte sich's an, nahm Urlaub, kehrte zurück zu Butlers Tafelrunde, berichtete; aber nichts Neues für Butler, was das Patent betraf. Die Herren redeten offener jetzt, in der Sprache, in der sie sich am bequemsten verständigten, welche die englische war.
Samstag früh fand eine Konferenz der Helfer und Antreiber bei Wallenstein statt; ob dabei Graf Kinsky immer noch lachte, wie in den Vortagen, wird nicht erwähnt. Danach beschied Ilow die drei Anderen zu sich, die Gegenseite, die Partner, von denen man jetzt abhing, Butler, Gordon und Leslie, die »drei Heroen«, wie sie später sich stilisierten. Ilow meinte, daß jetzt die Karten auf den Tisch müßten. Wie lange würde es dauern, bis Piccolomini oder Gallas vor Eger stünde? Man brauchte Butlers Dragoner, man brauchte die 1200 Mann deutsche Infanterie, die Eger besetzt hielten, das Regiment Trčka dem Namen, und Gordon der Wirklichkeit nach. Da, entschied er, gab es nichts mehr zu verbergen. Ilow, wenn er nicht verbarg, war gewohnt, derb draufloszufahren. Ob sie nicht wüßten, fragte er, wie Haus Österreich seine treuen Diener belohne? Mit einem goldenen Schlüssel, einem Degen, einem lahmen, krummen Roß; erhalte aber jemand gar ein Landgut oder Fürstentum, dann sei's ein Zeichen, daß er nicht mehr lang zu leben habe. Anders beim Herzog, der nur darum in Ungnade gekommen sei bei Hof, weil er so treu für seine Armee sorgte. Wollten die Herren ihm jetzt schwören, als einem freien Fürsten, dem Kaiser den Gehorsam kündigen, so werde er ihnen nicht nur zahlen, was der Kaiser ihnen schuldete, sondern ihnen danken mit den schönsten Ländereien, den höchsten Kommandoposten. – Könnte man nicht noch eine Zeit vergehen lassen, gaben die drei Heroen zu bedenken, bis etwa Seine Majestät und Ihre Fürstlichen Gnaden wieder zueinander fänden? – Ilow: zu spät, und gar nichts mehr zu machen; der Herzog sei sein eigener Herr jetzt und werde es bleiben; die Schweden seien schon ganz nahe, oder Arnim mit den Sachsen, oder beide; schwören sollten sie. Sie schworen. Mit gereckter Hand standen sie da und gelobten, auf Erden niemandem anders mehr zu gehorchen als nur dem Herzog von Friedland; worauf

sie weggingen und untereinander sich noch einmal besprachen, lange und genau.
Während Ilow, nach seinem Erfolge, zusammen mit Trčka und Kinsky zu Mittag aß, zeigte Leslie sich abermals, in Gordons Auftrag: ob die Herren nicht Lust hätten, den Abend bei Herrn Oberstleutnant auf der Burg zu verbringen? Den Abend vor Faschings-Sonntag, ein Grund zu feiern; überhaupt wünsche der Kommandant sich gastlich zu erzeigen so hohen Gästen. Ein Zeichen der neu geschlossenen Freundschaft; gern nahmen sie an. Die Einladung verkürzte den Nachmittag, denn sie war schon auf sechs Uhr.
Wallenstein verließ seine Wohnung nicht, sein Zimmer nicht. Die Goldene Insel war schmal geworden, aber war noch da: der Obersthofmeister, der von weitem die Diener gängelte; die Ärzte, welche die Tropfen mischten, die Kräuterbäder bereiteten, die Verbände wechselten an des Herzogs eiternden Beinen; der Astrolog, der wichtig umherschlich; die Kanzlisten. Die Kanzlei war zur Stelle samt ihrem Direktor, dem älteren, ihrem Obersekretär, dem jüngeren Wesselius, und die Beiden hatten zu tun. Die alte Ordnung hielt, wie ein Automat, der unbekümmert weiterschnurrt. Briefe wurden registriert und eingeordnet wie seit Jahr und Tag. Briefe wurden geschrieben. Einen schrieb Wallenstein selber mit verkrampften Fingern an den Kroaten-Obersten Corpus: »Demnach wir seiner Person zu einer notwendigen Unterredung dahier vonnöten: Als erinnern wir Ihn hiermit, sich alsbald nach Empfahung dieses zu erheben und zu uns anhero zu kommen. Eger, 25. Februar 1634.« Die Hoffnung, noch immer, kaiserliche Truppen, die im nördlichsten Böhmen, in Saaz, Laun, Leitmeritz standen, dem Griff der Exekutoren zu entziehen. Ilows Hoffnung. Ob Wallenstein noch etwas hoffte, im Ernst noch hoffte, das mögen andere entscheiden. Dies aber glaube ich, daß seine quälendste Sehnsucht jetzt nach Rache war. Nicht mehr nach Frieden im Reich, Ruhe für sich selber, wie unlängst; nach Rache an jenen, die ihm das angetan hatten.
Ilow gab auch die Richtlinien für einen Armeebefehl, den Rittmeister Niemann zu Papier brachte; einen umständlichen, alles seit Anfang Januar Geschehene noch einmal rekapitulierenden Entwurf. Er gipfelte in der Aufforderung an die Obersten, sich durch nichts und niemanden von dem abbringen zu lassen, was sie schuldig waren, des Kaisers Feldhauptmann ohnehin, besonders noch in Anbetracht ihres zu Pilsen getanen Eidschwurs; sie hatten ihre Regimenter nach Laun zu führen, dem nun für ein Rendezvous bestimmten Ort, sich selber aber nach Eger zu verfügen, und dies sofort, »zumalen wir nichts als Ihrer Kaiserlichen Majestät Dienst und dero Erbkönigreiche und Län-

der Conservation suchen tun . . .« Schwer, solchen Schein jetzt noch aufrechtzuerhalten. So empfand es Wallenstein, als Balthasar Wesselius ihm den Text vorlas. Auch der erfahrene Kanzlist hatte einen so schrillen Wutanfall der Ohnmacht noch nicht erlebt. Der Herzog, als es zu den Schlußworten kam, die kranken Hände zu Fäusten geballt, »mit dem allererschrecklichsten Fluchen und Fulminieren«: Sie sind nicht dem Kaiser sondern mir die Pflicht schuldig! »Hisque verbis, omnibus furiis agitatus, me in malam rem abire jussit« – von allen Furien gepeinigt schrie er mir zu, mich zur Hölle zu scheren. – Es ist das Letzte, was wir von ihm hören; der alte, tragische Irrglaube, das Heer gehöre ihm, nur ihm. – Es ist beinahe das Letzte. Man darf nicht sagen, er habe früh sich zurückgezogen, früh sich entkleiden lassen, denn zurückgezogen war er den ganzen Tag, trug auch wohl den ganzen Tag nichts als ein leinenes Hemd, einen pelzgefütterten Schlafrock. Ab sechs Uhr wußte er, daß er nun für sich bleiben würde den Rest des Abends und der Nacht; sein ungeliebtes Gefolge würde erst gegen Morgen schwer betrunken zurückkehren. Es heißt, der Astrolog sei spät noch bei ihm gewesen und habe ihn gewarnt; Erfindung, belegt von keiner ernsthaften Quelle. Unter den Fenstern des ersten Stocks patrouillierten vier Bürgergarden, um die Hunde fernzuhalten und die Menschen auch; die einzige Wache in des Hauses unmittelbarer Nähe. Im Vorzimmer saß ein Kämmerling, wie gewöhnlich. Tönte die Glocke, so würde der nach dem Befehl fragen, dann der Mundschenk kommen mit Warmbier in goldener Schale, allenfalls der Arzt . . . Er lag und grübelte; dämmerte; träumte; haßte.
Die Drei fuhren zur Burg, gepfercht in einen Wagen zusammen mit dem Rittmeister Niemann, Trčkas unentbehrlichem Adjutanten, der mit von der Partie sein durfte. Nicht, daß der Weg lang gewesen wäre. Aber das Wetter gab sich ärgerlich, ein zum Sturm wachsender nasser Wind, und zu Fuß gingen vornehme Leute ohnehin nicht. Zu Fuß gingen die Diener, ein paar Treue Ilows und Trčkas und Kinskys, die von ihren Herren sich niemals trennten. Zu Fuß gingen die Herren erst, als sie an den Graben gekommen waren, der gegen die Stadt zu, nach Westen und Süden, die Burg umgab. Dort stiegen sie aus und schlenderten über die Zugbrücke durch das äußere Tor, vorbei am Wachtlokal, über den Burghof, zum inneren Tor, dem Eingang des Palas, wo der Wirt stand, Herr Gordon, mit seinem alten Freund Leslie und seinem neuen Freund Butler, herzlichen Empfang bereitend. Ins Schloß hinein führte er seine Gäste, vorbei an dem kalten Saal einen Gang hinunter in einen Anbau, ein holzgetäfeltes, wohldurchwärmtes Zimmer, geräumig genug zum Feiern, nicht zu groß und kahl für so wenige. Sie waren wohlgelaunt, die wenigen Gäste, in Er-

wartung der ersten gemütlichen Stunden seit gut acht Tagen. Sie hängten ihre Degen an die Wand, Uniformstücke, bloße Standeszeichen. Sie wären nicht so wohlgelaunt gewesen, hätte nur einer von ihnen beobachtet, was am Spätnachmittag vorgegangen war bei und in der Burg: wie da dreiunddreißig Butlersche Dragoner eingelassen worden waren, in kleinen Gruppen, damit es nicht auffalle, und sich verteilt hatten nach durchdachtem Kommando, zweimal sieben in Räumen zunächst dem getäfelten, warmen, rechts und links, oder östlich und westlich davon; neunzehn in den Kemenaten rings umher. Das wußten die Gäste nicht; und konnten auch nicht hören, wie, nachdem sie Platz genommen am reich gedeckten Tisch, noch weitere siebzig Irische über die Zugbrücke geführt wurden, leise, leise, und beide Tore besetzten, das äußere und das innere, in überreichlicher Zahl, damit kein Ungeeigneter herein könnte, keiner heraus. Wer kam auf dergleichen, da nun Wein und Speisen die Gemüter wohlig zu entspannen begannen, der Hecht mit Schnecken garniert, und andere von der Stadt Eger gelieferte schmackhafte Dinge? Wer erriet, daß die Diener in der Küche, wo man ihnen zu essen gab, schon eingesperrt waren und nicht mehr heraus durften? Daß jetzt die Zugbrücke aufgezogen wurde, das äußere Tor verriegelt, es machte keinen Lärm, es störte nicht die Lustigen. Sie waren lustig, und lustig politisierten sie, unter neu verschworenen Anhängern. Der Herzog, dröhnte Ilow, werde binnen drei Tagen ein Heer beisammen haben, größer und schöner als er je eines gehabt. Die deutsche Freiheit, mischte Niemann frech sich ein, sei ihm über alles lieb; Haus Österreich allein wolle sie unterdrücken, in Österreichs Blut hoffe er demnächst seine Hände zu waschen. Und was solcher trunken-leichtsinniger Reden mehr waren. Sie bemerkten nicht die lauernden Blicke und die gewechselten Blicke und die Blicke nach dem Pendel an der Wand und das böse Lächeln in die Bärte hinein. Es fiel ihnen nicht auf, wie ein Sergeant erschien und Herrn Leslie etwas überbrachte, was der Schlüssel zum äußeren Tor war. Und fiel ihnen nicht auf, wie Leslie einem Pagen etwas zuflüsterte und der Page verschwand, bei Tisch werden ja öfters kleine Aufträge gegeben. Es war aber die Botschaft, daß es nun Zeit sei, für den Oberstwachtmeister Geraldin, welcher die eine Gruppe von sechs Dragonern kommandierte, und für den Kapitän Deveroux, der führte die andere. Als die vierzehn hereinstürmten durch beide Türen und Geraldin rief »Wer ist gut Kaiserisch?« und die drei Gastgeber aufsprangen und brüllten »Vivat Fernandus!« und Kapitän Deveroux von der anderen Seite einstimmte »Und das ganze Haus Österreich«, so als ob man dies Singspiel brav eingeübt hätte, und Butler, Gordon, Leslie selber zu ihren Schwertern griffen und gleich nach ihren Gästen hackten und stachen – da war nun kein Geheimnis mehr zu durchschauen. Ungeheurer, ungeheurer Schrecken. Kinsky, der zwischen Tisch und Wand saß, fiel als Erster, fast augenblicks. Ilow konnte seine Waffe erreichen, auch Trčka. Sie schlugen um sich, sie wehrten sich so ungestüm, daß der Tisch umstürzte mit Karaffen und Gläsern und Konfekt, und alle Fenster in Scherben gingen. Siebzehn gegen vier oder drei oder zwei, das hatte ja keinen Sinn, die Meisten fuchtelten im Dunklen, kamen einander in den Weg; niemand hat die Minuten gezählt, die es dauerte. Es dauerte eine Weile; denn in der fernen Küche gelang es den Dienern auszubrechen aus ihrem Gefängnis und ihren Herren zu Hilfe zu kommen, wenigstens zweien von ihnen, die wurden auch umgebracht. Niemann, der Rittmeister, entwich in ein Nebenzimmer, wo sie ihn ertappten. Ilow lag tot. Der Letzte war Trčka, ein hünenhafter Mann, geschützt durch einen Koller aus Elenshaut. Er brach sich Bahn durch das Gedräng, erreichte den Korridor, das Portal, den Hof. Dort fragten sie ihn nach dem Losungswort. »Sankt Jakob«. »Das gilt nicht mehr, Österreich ist die Parole.« Die Iren, einander ermunternd in ihrem Kauderwelsch, wußten, wie man einen tötet, der fest ist, den Zauber besitzt gegen Stiche und Kugeln. – Erledigt. Die Exekution, lobte nachmals der Kriegsrat Caretto di Grana, hätte wirksamer nicht durchgeführt werden können, hätte man sie Jahre lang geplant und geprobt.

Nicht Jahre lang. Nur einen halben Tag. Und zwar war dies der Hergang.

Die drei Heroen hatten zuerst sich verstanden in vorsichtig tastendem Gespräch, Freitagabend. Butler fand es sonderbar, daß der Herzog, der sonst den Feind nur mit 50000 Mann anzugehen pflegte, jetzt sich ihm näherte mit einem so kleinen Trüpplein. Die Anderen fanden es noch sonderbarer, daß er eben jetzt Befehl gegeben hatte, die festen gegen die Grenzen hin gelegenen Plätze, Joachimsthal, Elbogen, Falkenau, zu räumen. Man beschloß dies zu hindern; womit das Einverstandnis schon hergestellt war. Es beruhte aber darauf, daß Butler die Proklamation des Generalleutnants Gallas vom 12. oder 15. Februar kannte, und Gordon auch. Ob sie schon das Absetzungspatent kannten oder erst Samstagmorgen erhielten, ist gleichgültig, denn jene wog so schwer wie dieses. Auch über das heimliche Urteil, das »Lebend oder Tot«, müssen sie informiert gewesen sein, seit Freitag oder spätestens Samstagmorgen; durch Diodati, Piccolomini, Gallas. Sonst wäre unerklärlich, wie Butler es wagen konnte, einen Hauptmann an Gallas zu schicken mit der Botschaft, er werde den Verbrecher gefangennehmen oder töten, wenn Arnim bis auf zwei Meilen an Eger herangekommen wäre.

Das Gespräch zu dritt wurde unterbrochen durch jenen mitternächtigen Kurier, durch Leslies Besuch im Pachhelbel-Haus. Die Eindrücke, die er zurückbrachte, steigerten die Spannung. Nun verwarfen sie den Gedanken, zu entfliehen, der vorher erwogen worden war, und entschieden sich für die Gefangennahme der Rebellen am nächsten Tag. Warum nicht gleich sie umbringen? fragte Leslie. Diese drei, denen der Zufall die Rolle der kleinen und eigentlichen Exekutoren auferlegte, fanden sich nun in der gleichen Lage, in der die großen sich wochenlang befunden hatten. Sie kannten das heimliche Urteil, aber nur als Wink, als Gesprochenes, ohne Unterschrift; keinesfalls des Kaisers Unterschrift. Der Kaiser hatte die Entscheidung den drei Großen überlassen, Gallas, Piccolomini, Aldringen. Diese, aus der Weite Österreichs, schoben sie auf die Kleinen ab in der Enge der Festung, von wo es eine weitere Übertragung nicht mehr gab. Aber Wallenstein war nicht der erste beste. Seine Ermordung konnte herrlichen Lohn bringen, oder allerlei Ärgernis. Was tun?
Ilow war schlechter Politiker, schlechter Psycholog. Am Samstagmorgen wiederholte er den Fehler, den er mit dem Ersten Pilsener Schluß gemacht hatte. Anstatt leisezutreten, trat er stärkstens auf, prahlte mit der herannahenden evangelischen Hilfe, die von nirgendwo nahte, verlangte den Schwur. Er glaubte unter Zeitdruck zu handeln. Es war aber ein anderer Zeitdruck, den die drei Heroen nun fühlten und unter dem sie sich zum Mord entschlossen. Wie die drei großen Exekutoren, überschätzten sie die Schwierigkeit. Seiner Iren war Butler sicher; nicht der Trčka'schen Kürassiere außerhalb der Stadt, nicht der deutschen Knechte innerhalb, nicht der Bürger, die heimlich es mit den Evangelischen hielten. Die Bürger waren aber unterjocht und längst ohne Hoffnung. Seit der Schlacht von Lützen hatte Wallenstein jeden Kontakt zu seinen Soldaten verloren; ein verborgener, strenger, finsterer Fürst. Seine Antreiber zeigten in Eger sich ebenso ahnungslos, wie sie sich in Pilsen gezeigt hatten. Sie hielten es nicht einmal für notwendig, das Quartier ihres kranken Herrn unter Wachtschutz zu stellen, wozu Trčkas Kürassiere doch gut genug gewesen wären.
Unter so bequemen Bedingungen war die Generalstabsarbeit zur Vorbereitung der Mörderei präziser als notwendig. Die drei Heroen beschlossen, daß die drei Gefolgsleute gemeinsam zum Schweigen gebracht werden sollten, und schweigsam, um weder die Bürger, noch die deutschen Knechte vorzeitig zu beunruhigen; daher die Abend-Einladung in die abseits gelegene Burg, die Rattenfalle; daher die Schwerter anstatt der Musketen. Am Nachmittag wurden zwei Kompanien vom Lager draußen in die Stadt geführt, Dragoner für das

Schloß und die Tat, Infanteristen, um die Hauptwache der Festung notfalls in Schach zu halten. Es wurden die Offiziere eingeweiht, die man brauchte, Geraldin und Deveroux, die kennen wir schon; dazu ein gewisser Macdaniel, der übernahm die Außenwacht an den Toren und im Burghof. Der wachthabende Offizier am äußeren Burgtor, ein Deutscher namens Grüßer, mußte die eintreffenden Dragoner passieren lassen, was nicht hieß, daß er wußte, worum es ging; vielleicht rieten sie ihm nur, wegzuschauen und sich um gar nichts zu kümmern. Verstand er seine Rolle, so war er der einzige Deutsche, der mitspielen durfte.
Später haben die Heroen sich gerühmt oder rühmen lassen, wie sie doch solches alles zu tun sich unterstanden, vierzig Personen »gegen einen so greulichen, rachgierigen Menschen, vor dem männiglich sich gefürchtet hat, und der bei sich und um sich soviel Volk, sowohl Freund als Feind, und über die zweihundert Diener gehabt, und in einem versperrten Städtlein, wo alle meistensteils mehr dem Feind als Ihrer Kaiserlichen Majestät gewogen sind und auch stündlich auf den gedachten Feind gewartet haben«. Wahrscheinlich sahen sie es wirklich so, ganz wie Piccolomini wunders von der Gefährlichkeit seiner Aufgabe gedacht hatte. Der Ausgang konnte sie eines Besseren belehren. Die Vielen waren ahnungslos oder gleichgültig oder beides, und blind die Opfer.
Nun standen die drei vor ihrer gelungenen Tat, ohne Rührung. Für einen alten Landsknecht sind die nackten, blutigen Körper toter Generale ja nichts Außergewöhnliches. Leslie, unter den dreien bei weitem der Klügste und Kühnste, ging hinunter in die Stadt, zur Hauptwache, ließ die dort lungernden deutschen Offiziere und Soldaten zusammentreten, gab ihnen Bericht in barschen Worten: das und das sei geschehen in Kaisers Dienst, dem Kaiser sollten sie noch einmal Gehorsam geloben, übrigens sich ruhig verhalten. Die taten, wie geheißen; ist es doch ratsamer, sich Mördern zu fügen als Ermordeten. Danach ließ der energische Oberstwachtmeister eine zweite Kompanie Dragoner in die Stadt ein. Auch dies nach Verabredung: die Gepanzerten hatten die Gassen zu durchreiten und sicher zu machen, daß kein Mensch sein Haus verließe. Überexakte Vorsicht. Die Bürger wußten von nichts, und hätten sie etwas gewußt, so würden sie sich um so fester in ihre Betten geschmiegt haben. – In die Burg zurückgekehrt, konnte Leslie melden, daß alles in Ordnung sei.
Über die Frage »Lebend oder Tot«, ist dann noch einmal kurz beraten worden. Welche Lösung diente dem Hause Österreich besser? Sollte heißen, welche versprach höheren Ruhm und Lohn? Daß Wallenstein nun verlassen war und hilflos wie ein ausgesetztes Kind, spottleicht,

ihn gefangen nach Pilsen zu schaffen, hätten sie wohl sich sagen können. Sie entschieden aber anders, weil doch der Feind so nahe war, weil doch Ilow eben noch die gewaltige Heeresmacht beschworen hatte, die bereit sein würde in drei Tagen. Es mußte sein, leider. Gordon, den sie für den Schwächsten hielten, blieb im Schloß, um auf die Toten aufzupassen. Leslie machte für alle Fälle Halt bei der Hauptwache. Zum unteren Markt schritten Butler, Geraldin und Deveroux, mit den schon eingeübten Dragonern.
Es war zwischen 10 und 11 Uhr. Es muß stockdunkel gewesen sein, denn der Sturm tobte nun wilder als seit Menschengedenken, und Fackeln zu zünden wäre vergebliches Mühen gewesen. Tappend in der Nacht hörten die Männer aus einem Hause klagende Stimmen: der Damen Kinsky und Trčka, die durch einen aus der Burg entflohenen Diener schon vom Ende des Banketts wußten. Uns wundert, wie ihr zartes Jammern aufkam gegen das Sturmgebraus. Butler, gebläht von Stolz und Mißtrauen seiner Verantwortung, schickte gleich einen Offizier, Macdaniel, zurück zur Hauptwache: man war in der Stadt schon informiert, ein Tumult zu befürchten, den mußte man im Keim ersticken. An Massen glaubte er auch, was das Pachhelbel-Haus betraf: Fünfzehn Dragoner vor dem Portal, fünfzehn vor dem Hoftor; als ob der Kranke im Totenhemd ihnen noch hätte entgehen können. Bei dem Letzten zog der Oberst doch vor, nicht dabeizusein. Ins Haus sandte er den bewährten Hauptmann Deveroux, mit der bewährten Zahl, den sechs.
Sie müssen unter Dach ihre Kienspäne in Brand gesetzt haben. Sie stürmten die Treppe hinauf, Deveroux mit der Partisane in den Fäusten, schreiend: Rebellen, Rebellen. Sie trafen auf den Mundschenk, der eben die goldene Schale heruntertrug, und stießen nach ihm. Sie wandten auf der Diele des ersten Stockes sich nach links, wo das Vorzimmer war und das Krankenzimmer. Aufsprang der Kämmerling und gestikulierte: Was für ein Lärmen, um Gottes willen, der Herzog schlafe. Den machten sie nieder.
Er hatte sich ans Fenster geschleppt, weil das Sturmheulen ihn ängstigte oder erst, als der Aufruhr im Haus begann. Jetzt, da Geschrei ganz nahe war und Schläge gegen die verriegelte Tür geschahen wie von Keulen, machte er ein paar Schritte gegen die Mitte, wo ein Tisch stand. Er lehnte daran. Er erkannte die hereinbrechenden Männer nicht im Halbdunkel und Fackelschein, begriff nicht die Schmähworte – du schlimmer, meineidiger, alter, rebellischer Schelm! –, die der Mörder brüllte, um sich Lust zu machen. Er wußte nur: Konec. Da ist es endlich. Noch gab sein Mund einen Laut, der wie »Quartier« klang; die altvertraute Gnadenbitte des Soldaten; ein bloßer Reflex.

Er breitete die Arme aus. Deveroux hielt sich in der Entfernung, die er brauchte für Waffe und Schwung. Man muß in die Mitte zielen, ein wenig unterhalb des Brustbeins, und den Stoß aufwärts führen, einen Fuß nach vorne gestemmt. Zwerchfell und Magen durchstoßen, die Hauptschlagader getroffen, die Lunge zerfetzt; des Todes riesiges Zackenmesser vier, fünf Organe durchwühlend, wo eines genügt hätte. Feuer, stickender Schmerz, kreisender Weltuntergang. Einmal noch, mit Menschenmaß gemessen das Fragment einer Sekunde, mag das Bewußtsein aufflackern zu Licht, von dem keiner je erzählte; dann, indem der Körper hinsinkt, kommt die Nacht, die erlösende Nacht.

Den Toten, der wog nicht schwer, nahm ein langer Mann namens Nielcarff in die Arme, um ihn aus dem Fenster zu werfen; der Hauptmann wollte es nicht leiden. Wallensteins Leichnam wurde in einen roten Teppich gewickelt, die Treppe hinuntergeschleift, so daß der Kopf aufschlug an jeder Stufe, in einem Wagen zur Burg gebracht, wo die anderen lagen. Es war kein Sturm mehr. Am Morgen trug man sie in die Kapelle.

Diesen Faschings-Sonntag kam nach Dresden die Nachricht, daß Wallenstein gebrochen habe mit dem Kaiser und unterwegs nach Eger sei – Kinskys Briefe vom Dienstag und Mittwoch. Johann Georg von Sachsen empfand solches Vergnügen darüber, daß er sich bei Herrn von Arnim ansagte zu einem Abendtrunk. Das dauerte bis um sechs in der Früh; die beiden Lustigen, so wurde dem Kanzler Oxenstierna geschrieben, »sind unterdessen immer auf Wien zu marschiert«. Wir sehen den Kurfürsten mit blaurotem Gesicht und steifen, schlenkernden Armen den Tisch umschreiten – »Nach Wien! Nach Wien!« – Arnim hinter ihm drein, etwas verlegen. Wir sehen die Diener an der Tür, grinsend und tuschelnd, sehen einen von ihnen vorspringen mit der Weinkanne, wenn der Kurfürst sich in den Sessel geworfen hatte und den leeren Humpen über die Schulter hielt; sehen ihn trinken und mühsam sich erheben und wieder um den Tisch: »Nach Wien! Nach Wien!« – Spät am Rosenmontag, schweren Kopfes noch, machte Arnim sich auf die Reise, um den Herzog von Friedland zu treffen.

Ein letztes Kapitel

Es wurde alles, was ihm diente, zur Masse ohne Sinn, sobald er tot war: die Tropfen und Salben und Pulver im Mordzimmer; die körperschonenden Gewänder und vergoldeten Bequemlichkeiten; der Hof, der auseinanderstob ins Ungewisse, Brotlose; der streng geliebte Besitz. Jeden Lärm hatte er von sich gehalten, seit er groß und reich war, und war untergegangen im Lärmen. Seine eigene Welt hatte er sich gebaut zum Schutz gegen die plumpen Mitmenschen, sein Wunderwerk, sein Herzogtum; das wurde alsbald zerrissen, verschleudert, in seinen Stücken ausgeliefert an Nichtskönner, wertlos gemacht. Man griff ins Volle, als es galt, seinen Nachlaß zu verteilen. Man griff ins Leere, wie in ein Phantom, als man ihn noch einmal erkennen wollte, seine Schuld beweisen, der weiten Welt sonnenklar machen, worauf er aus gewesen war. Die Folgen seines Verschwindens verstand jede Seite, fast jede sich kompetent dünkende Persönlichkeit irgendwie anders.
Er scheiterte, indem er sich an den äußersten Rand spielen ließ; viele Feinde zuletzt und keine Freunde. Kaum war er tot, so fand er mehr Verteidiger als Ankläger; so geriet er noch einmal in den Mittelpunkt. In der blühenden Sprache Gualdo Prioratos, seines ersten Biographen: »Fama öffnete alsbald ihren Mund, diesen Tod zu verkünden; tausend Stimmen erhoben sich, sei es, um seine Taten zu verdammen, sei es, um seine Unschuld zu beschwören, seine Tugenden zu feiern. Von Pol zu Pol flog das Ereignis wie auf Flügeln des Windes, und es wetteiferten die Schriftsteller, sein Gedächtnis den Äonen zu überliefern.«

Die Mörder unter sich

Noch in jener Nacht sandte Butler einen Boten zu Gallas nach Pilsen: Er habe sie alle getötet. Er – nicht Gordon, nicht Leslie. An den Kaiser: Die Exekution sei hoffentlich hochnotwendig gewesen, hoffentlich ersprießlich; und wie hart er doch bisher im Dienst seiner Majestät

zu leiden gehabt habe. Demnächst reiste Leslie nach Wien, als Sprecher Gordons, Kapitän Macdaniel als Sprecher Butlers. Auch Gallas trug Details bei: Gott selber habe es getan. Der Verräter sei ans Fenster gesprungen, – höhnisch – ohne, daß die Gicht ihn daran gehindert hätte; und sei dann umgekehrt mit geöffneten Armen und habe kein Wort gesprochen; wie aber die Partisane seine Brust durchbohrte, habe es Rauch gegeben und einen Knall, als ob man eine Muskete abschösse. »Vermutlich war es der Teufel, der aus ihm fuhr.« Piccolomini bestritt das später, ein Hieb gegen Gallas: »Übernatürliche Geräusche gab es keine. Das Volk glaubt dergleichen. Es scheint ihm einleuchtend, daß dieser perfide, so bösartige Gedanken hegende Mensch zu Lebzeiten von teuflischen Kräften getrieben wurde, die auch noch seinen Tod brandmarkten, indem sie seinem verabscheuungswürdigen Körper dies letzte Zeugnis der Schande erteilten ...«
Piccolomini war näher daran, als die Botschaft ihn am 27. erreichte, nämlich in Mies, wo Wallenstein übernachtet hatte fünf Tage früher. Er eilte nach Eger so schnell er konnte, um der Erste zu sein. »Die Leichname der Missetäter werde ich sofort nach Prag senden, wo sie an den schimpflichsten Orten ausgesetzt werden sollen, die zu finden sind«; verstehe, am Hochgericht. Gallas, immer ein wenig feiner, lehnte das ab, wenigstens vorläufig: der Kaiser sollte entscheiden, was mit den Toten zu machen.
Nach Wien kam die Meldung am 2. März, an welchem Tag der bayerische Gesandte schon offiziell informiert wurde; Genaueres mit Leslie und Macdaniel am 3. Im Vorzimmer des Kaisers wartend, nahm Bartholomäus Richel die Glückwünsche solcher Würdenträger wie Schlick, Meggau, Trauttmansdorff entgegen; sie freuten sich so herzlich, »daß endlich derjenige hin sei, welcher Eurer kurfürstlichen Durchlaucht und dero Landen soviel Schaden und Leids zugefügt und verursacht. Jetzt redet jeder öffentlich und liberrime von ihm, und sonderlich in Anwesenheit derer, welche des Friedlands Patroni und Creaturen gewesen, und dürfen doch nichts dawider sagen, sie wollten sich denn selbst verdächtig machen.« Maximilian ließ gleich eine Forderung auf 300000 Gulden anmelden, die er für Wallenstein, oder Wallensteins Soldaten, bei Nürnberg verbraucht habe, jetzt werde ja doch wohl Geld da sein. Richel antwortete, es werde leider wieder keines da sein; denn wie groß auch der Besitz des Verräters, so sei er doch schon gar vielen Getreuen zugesagt, deren Treue man sich anders nicht versichern könne.
Ferdinand erhob den Mörder Leslie auf der Stelle zum Grafen und Kammerherrn, womit er den Mord schon endgültig gebilligt hatte.

Das wollte er, denn ehrlich glaubte er an Wallensteins Bosheit und fühlte jetzt sich tief erleichtert. Das mußte er, gleichgültig was er fühlte; jeder Zweifel hätte die Konfiskationen unmöglich gemacht, unter den Anführern, von denen man abhing, in der Armee überhaupt die ruinöseste Verwirrung gestiftet. Jedoch wurde das heimliche Urteil noch immer verheimlicht, so als ob die Mörder zwar richtig und rettend, aber auf eigene Faust gehandelt hätten.
Milde zeigte der Kaiser sich da, wo es nichts kostete; die Ermordeten, mit Ausnahme Niemanns, sollten auf geheiligtem Grund begraben werden in aller Stille, Wallensteins sterbliche Überreste seiner Familie ausgeliefert, wenn sie so wünschte. Auch befahl er, für die abgeschiedenen Seelen nicht weniger als 3000 Messen zu lesen, die auf Kirchen und Klöster Österreichs repartiert wurden; auf Lamormainis Jesuitencollegium kamen 50, auf den frommen Pater Basilio, Kardinal Harrachs Freund, ebensoviele. Der Kardinal, Wallensteins Schwager, schrieb an Ferdinand, daß es sein unverbrüchliches Prinzip sei, öffentliches Wohl über privates Interesse zu setzen; jedenfalls riet ihm Eggenberg, so zu schreiben. In Bruck an der Leitha war die alte Gräfin, die Mutter der Harrachs, ganz gebrochen vor Kummer und bettlägerig; die Herzogin etwas besser, doch immer in Tränen . . . In Tränen. Jedoch hatte sie, oder der Advokat, der sie das Dokument unterzeichnen ließ, schon am Tag vor dem Mord ihre Forderungen in Wien angemeldet: die Herrschaften Neuschloß, Weißwasser und Hirschberg gehörten kraft Donation ihres durch Gottes Verhängnis schuldig gewordenen Ehegemahls ihr persönlich und keineswegs zur Konfiskationsmasse. Kaum erreichte die Todesnachricht Schloß Bruck, so erkühnte sie aufgrund von Wallensteins letztwilligen Verfügungen sich zu weiteren Ansprüchen: es gebührten ihr 300000 Dukaten mit einem Mal, dann noch 12000 jährlich, und der Palast in Prag. Geld sollte möglichst bald überwiesen sein, zur Erhaltung ihres Hofstaates. Gezeichnet, Isabella Herzogin zu Mecklenburg und Friedland . . . Die zarte Frau verstand ihre neue Lage nicht.
Anders der Graf Max. Der wußte sogleich, daß, wo keine rechtlichen Bedingungen obwalteten, sondern bloß faktische, auch kein Rechtsstreit sein konnte und folglich seine Erbschaft verloren war; daß er aber die zu Lebzeiten seines Wohltäters gewonnenen Vorteile würde bewahren können, wenn er es richtig machte, mit frechem, gutem Gewissen. Obwohl man ihm bedeutete, er solle bei Hof bis auf weiteres nicht erscheinen, gab er sich mit Energie als Mitglied der bewaffneten Kräfte, Regimentskommandant, königlicher Oberstallmeister nach wie vor; im April dann, als Gallas und Aldringen in der Hauptstadt erschienen, offerierte er diesen Obermördern ein Festmahl. An-

telmi, der venezianische Gesandte, fand das ein ungewöhnliches Stück von Dissimulation, zu grob, um fein zu sein. Es behielt aber der Graf Max recht, die Welt war so, ohne viel Genie verstand er sie und glitt über diese Lebenskrise zuletzt noch mit Gewinnen, anstatt mit Verlusten hinweg.

Darüber war nun wieder Octavio Piccolomini empört, eben weil er es an des Neffen Stelle gewiß genauso gemacht hätte. Er drohte mit seinem Rücktritt, wenn man Wallensteins Leichnam der Witwe ausliefertte, wenn man dem Grafen Max die von Wallenstein ihm verpfändeten Güter beließe, wenn man überhaupt nicht vorginge mit schärferer Strenge gegen die Familie und die schuldigen Anhänger. Denn er besorgte, daß Milde gegen die eine Seite schnödem Undank gleichkommen werde gegen die andere, die Exekutoren, die großen und die kleinen Heroen, und besonders gegen ihn selber. Das besorgte er schon in den allerersten Tagen, den Schauplatz des Mordes investigierend, und deutete schon von dort die Möglichkeit extremer Entschlüsse an.

In Eger ging es um die Sicherung und Verteilung der unmittelbaren Beute, des im Städtchen Vorhandenen. Es war aber eher enttäuschend, zumal Offiziere und Soldaten gleich nach dem Mord schon weggeschleppt hatten, soviel sie verbergen konnten. Gerüchte, wonach allein Adam Trčka an die 500000 Dukaten bei sich gehabt hatte und der Herzog Tonnen voll Gold, erwiesen sich als das, was in solchen Fällen solche Redereien meistens sind. Gallas bekam sein Silberservice zurück und behielt trotzdem das Ilowsche, das in Prag gefunden und ihm ersatzweise cediert worden war. Kriegsrat Caretto mußte Wagen und Pferde des in Schlesien verhafteten Grafen Schaffgotsch wieder herausrücken; ein kaiserlicher Wink, daß man zwar freigiebig belohnen werde, willkürliche Räubereien der Hochgestellten aber doch nicht hinzunehmen gewillt sei.

Dann ging es um Wallensteins Kanzlei, die Butler noch Samstag nachts hatte versiegeln und sperren lassen; um den geheimen Briefwechsel, durch welchen man zum Fundament der abscheulichen Prodition vorzustoßen hoffte. Noch aber war keine erste Sichtung des in Eger befindlichen kleineren, wie des in Pilsen zurückgelassenen größeren Teiles dieses Papierschatzes vorgenommen worden, als Gallas schon behauptete, es habe der General am Tag vor seiner Ableibung noch 600 Briefe verbrannt, die kompromittierendsten. Caretto stieß nach: die Gräfin Trčka, sonst gewiß gut und fromm – sie war ja eine Harrachtochter –, habe mit den Papieren ihres Mannes ein Gleiches getan . . . Woher wußten sie, daß es 600 Briefe waren, nicht mehr und nicht weniger? Kanzleidirektor Wesselius, der demnächst gegen sei-

nen toten Herrn mit freudigstem Eifer aussagte, was er nur irgend aussagen konnte, wußte hier von gar nichts; und unmöglich hätte Wallenstein, der 600 Briefe ja nicht in der Rocktasche trug, dies Zerstörungswerk vor ihm verbergen können. Allein die Auswahl hätte Tage gekostet; wo waren die? Auch sieht man kaum, welche Briefe eigentlich hätten vernichtet werden sollen. Nie hatte Wallenstein in geheimen Dingen an Oxenstierna, an Feuquières, an Richelieu geschrieben. Hätte er es aber getan, so wären es Handbriefe gewesen ohne Konzept; nicht in seinem Archiv, in Stockholm, in Paris hätte man sie finden müssen. Seinerseits schrieb Oxenstierna niemals an Wallenstein direkt, außer in solchen Routinesachen wie Fragen des Gefangenenaustausches; Feuquières auch nicht. Arnim oft, und von seinen Sendungen fehlt auch nichts, oder beinahe nichts. Es fehlt ein Brief Richelieus und ein in der Tat höchst geheimer Brief Gustav Adolfs; die, sollte ich meinen, wurden alsbald nach Empfang zu Asche verbrannt und nicht am letzten Tag.
Der Verdacht liegt nahe, daß Piccolomini und Gallas Stücke aus dem Archiv, die gegen sie selber plauderten, sorgsamst entfernten; da sie doch, viel länger als sie jetzt erscheinen lassen wollten, mit dem Ermordeten herzlich gestanden hatten und in die Verhandlungen des Jahres 33 ganz eingeweiht gewesen waren. Wir lassen das auf sich gestellt. Die Exekutoren kannten den Charakter Wallensteins und der angeblichen Verschwörung. Sie wußten, daß in der Kanzlei handfeste Beweise sich nimmermehr finden würden. Vorbeugend salvierten sie sich mit der Legende von den verbrannten Schriften.
Dem zuerst erhobenen, schnell gedämpften Jubel über den Kanzleifund korrespondierte ein anderer. Es gab Staatsgefangene, aus denen man nützliche Wissenschaft zu pressen hoffte. In Prag wurde der Oberst Schlieff verhaftet, der von Wallenstein zuletzt noch nach Schlesien gesandte. Den Herzog Franz Albrecht, auf der Reise von Regensburg nach Eger, ertappten Butlers lauernde Dragoner drei Tage nach dem Mord. Ebenso erging es dem Kanzler Elz, als er, noch ahnungslos, von seiner Sendung nach Kulmbach zurückkehrte. Der Lauenburger, hell und frech wie immer, durch nichts zu brechen oder einzuschüchtern, erhob Protest: er sei Botschafter des Kurfürsten Johann Georg, unterwegs zum Zwecke von Amtshandlungen, die der Kaiser ausdrücklich legitimiert habe. Was formal zutraf, ihm aber nichts half; man bewegte sich hier nicht in den Gefilden des Juris Gentium. In fürstlicher Gefangenschaft und vermögend von Haus, hatte der Herzog es besser als die anderen, ließ sich Diener und Gesellschafter nachkommen, an die fünfzig, und eine gewisse I. S. zärtlichst grüßen: »ich sterbe ihr Diener, es gehe wie Gott will, darf nichts

mehr schreiben, patientia.« – Der Kanzler Elz protestierte auch, jedoch demütiger. Von Wallensteins Praktiken sei ihm, so wahr ein Gott lebe, nie das Wenigste offenbar geworden. Zum Morde von Eger habe er, wie auch andere des Herzogs Diener, sich gratuliert, »wegen seiner rauhen Proceduren gegen uns«; froh sei er, sein Amt los zu sein und fände gern ein bequemeres, wenn er nur erst von seiner ungerechten Haft befreit wäre. Caretto, schlau, fragte den Exkanzler, ob er denn Wallensteins Hinrichtung gutheiße? Elz, noch schlauer: »Da ich die Ursache nicht kenne, wie soll ich den Effekt beurteilen?« Dieser übel intentionierte Hofrat des Pfalzgrafen Friedrich, Verführer des Herzogs von Braunschweig und Zerstörer der Friedenstraktate von 1625, boshafter Kanzler des Königs von Dänemark, endlich, verbitterter Minister des gewesenen Generals – so charakterisierte ihn einer von Ferdinands Inquisitoren –, dieser gerissenste Calviner von ganz Deutschland – so charakterisierte ihn ein anderer –, er paßte schnell sich an, indem er seinen Glauben änderte und in den Schoß der Römischen Kirche floh. Dergleichen verdirbt nicht.
Auch nicht Giovanni Battista Senno, der Astrolog. Man hatte ihn eingesperrt in der Mordnacht, setzte ihn aber schon ein paar Tage später wieder auf freien Fuß. Als am 1. März ein melancholischer Zug sich von Eger auf Pilsen zu in Bewegung setzte, die Körper der Ermordeten in roh gezimmerten Truhen auf einem Lastwagen, die Witwen Trčka und Kinsky, der gefangene Lauenburger, Piccolomini satt und stolz voran, reiste auch Senno mit, in eigener Kutsche, wie er es gewohnt war, samt seinen Instrumenten und Papieren. Die Särge wurden zu Mies abgestellt, in einem Gewölbe des Minoritenklosters, bis aus Wien Befehl käme. Senno reiste weiter nach Pilsen. Kaiser Ferdinand, begierig auf die verschwörerischen Kenntnisse des Menschen, der vier Jahre lang in Wallensteins nächster Nähe gewesen war, verlangte seine genaueste Bewahrung und Examinierung. Gallas tat so, als ob er Folge leistete, wich aber aus; Senno durfte frei sich nach Wien begeben, wo sein Verhör flüchtig und milde geriet bis zum Lächerlichen. Dann kommt er uns aus den Augen. Zweiundzwanzig Jahre später soll er in Genua gestorben sein.
Sie suchten alle sich zu retten, suchten Land, die nach dem Untergang des großen Schiffes erregt auf dem Wasser schwammen, und wollten Mitfahrer nie gewesen sein. Wer wird es ihnen verübeln? Sie ergingen sich in Schmähungen gegen den, der unlängst noch ihr Herr und Meister, wenn nicht ihr Wohltäter gewesen war. Sie kamen dabei jenen ins Gehege, denen die Anhänger des Toten nicht schlecht genug sein konnten, damit ihre eigene Tugend in desto hellerem Licht erschiene: Piccolomini, Aldringen, Beck. Gleichzeitig entstand giftiger

Zank unter den Allertugendhaftesten selber. Oberst Butler fühlte sich beleidigt, weil in Wien man allen Ruhm an der »Friedländischen Exekution« den Herren Gordon und Leslie gab, anstatt ihm, der doch ganz allein die Führung gehabt habe; er drohte, in polnischen Dienst überzutreten. Piccolomini empfand nicht nur seine Zurücksetzung im Vergleich mit dem dümmeren, dezenteren, glücklicheren Gallas; eine unterschwellige Stimmung in der Hauptstadt sowohl wie im Heer mißfiel ihm ganz allgemein. Gab es in Wien nicht schon Leute, die geradezu behaupteten, Wallenstein sei unschuldig, Gallas, Piccolomini, Aldringen hätten einen ungeheuren Betrug verübt? Wurde die schamlose These nicht ins Nationalpolitische erweitert: Die Spanier hätten alles dies ersonnen, die Italiener hätten es durchgeführt, um als Ausländer die deutsche Nation desto besser zu unterdrücken? Als Ausländer? Durfte man ihn, klagte Piccolomini auf italienisch, nach so vielen harten Jahren in Deutschland denn noch einen Ausländer nennen? Und wenn man ihm vorwarf, aus schierem Eigennutz gehandelt zu haben, nun, schlecht war er ja unter Wallenstein nicht gefahren, er besaß Rang und Reichtum schon in befriedigendem Maße, nicht zu reden von dem, was er hätte erwerben können, wenn er dem großen Verbrecher gefolgt wäre. Lieber als solche schleichenden Verleumdungen zu tragen wollte er seine Ämter niederlegen, als gemeiner Pickenier dienen oder ein so undankbares Land für immer verlassen . . . Ihrerseits fanden deutsche Offiziere des Kaiserheeres, die auch ein Verdienst zu haben glaubten, sich durch die Italiener überspielt. Darüber der General Melchior von Hatzfeld, noch zehn Jahre später: »Bei den Friedländischen Händeln hätte mir Gallas ganz gern einen schwarzen Strich gegeben, damit ja kein Deutscher bei der Armada übrigbliebe, der Ihrer Majestät so treu wäre wie ein Welscher. Dieses habe ich ihm zu Pilsen ins Gesicht geantwortet.«
Sorge, die großen Belohnungen könnten ausbleiben, oder die und die mehr erhaschen als man selber; Verdächtigungen hin und her, wetteiferndes Buhlen um höchste Gunst; Ärger und Ungeduld, weil Ferdinand seine eigene Verantwortung für den Mord der Öffentlichkeit nicht preisgeben wollte; verhüllte Drohungen, man werde das selber tun, wenn er es nicht täte; Drängen nach eindeutigen Stellungnahmen, schärferen Inquisitionen und Bestrafungen, um abzuschrecken. Was das Letztere betrifft, so war die Sorge der Generale so ganz grundlos nicht.
Zwar, die große Meuterei im Heer, die sie gefürchtet hatten zu Wallensteins Lebzeiten und jetzt noch immer fürchteten, die blieb aus, dank, sei es der Energie der Führer, oder der Müdigkeit und dumpfen Gleichgültigkeit der Geführten. Zu Akten der Rebellion kam es. Sie

waren nicht stark genug, um zu etwas Wirksamem zusammenzuwachsen, sie ängstigten die neuen Herren als Symptom. Einer der beiden Obersten, die nach Wallensteins Flucht zuerst die Stadt Pilsen besetzt hatten, Tavigny, wurde bald danach von seinen Soldaten erschossen, man kennt die Umstände nicht. Man kennt nur ein wenig genauer den Versuch eines Aufstandes und Umsturzes, den der Oberstleutnant Freiberger spätestens am 2. März in Troppau unternahm. Freiberger war ein Lutheraner aus Braunschweig, ein Gehilfe und Freund des Grafen Schaffgotsch. Ihm stand als kaiserlicher Kriegskommissar ein gewisser Lilienfeld zur Seite, auch Schneider genannt, ein Böhme und zurückgekehrter Emigrant. Jedenfalls wußte Freiberger noch nichts von Wallensteins Katastrophe. Er glaubte in seinem Sinn, er glaubte im Sinn des Pilsener Schlusses zu handeln, als er sein Manifest an alle Stände Oberschlesiens richtete: Daß der Kaiser die evangelische Religion ausrotten wolle, sei nun sonnenklar; der Herzog von Friedland ziele auf nichts anderes als dahin, das Römische Reich wieder in seinen alten Flor zu setzen und alle bei ihren Freiheiten zu erhalten; darum habe er dem König von Frankreich, den großmächtigen Staaten der vereinigten niederländischen Provinzen und der Krone Schweden sich angeschlossen; den Deutschen, den Böhmen, den Schlesiern obliege es, ein Gleiches zu tun. Hilfe sei unterwegs, die Schweden, die Sachsen. Hilfe hätten die oberschlesischen Stände selber zu geben, Geld und Proviant und bewaffnete Männer; die Kaiserlichen aber und die kaiserlich Gesinnten mit Feuer und Schwert zu verfolgen. Es waren Fragmente von fünf Regimentern beteiligt, Schaffgotsch, Morzin, Böhm, Trčka, Max Waldstein. Es wurden Geiseln genommen, Adelige und Bürgerliche, denen man nicht traute. Es gab auch solche, denen man wohl trauen durfte, tschechische und deutsche Protestanten, Adel, Bürgertum, Landvolk. Vivat Friedlandus, der längst tot war, vivat der König von Frankreich, der römischer Kaiser werden sollte. Natürlich kam Hilfe von nirgendwo. Natürlich war der Aufstand ins Irrtümliche, Blinde, Isolierte, Illusionäre unternommen. Natürlich waren die Kaiserlichen, die unter dem General Goetz gegen Troppau heranrückten, die Stärkeren. Bis zum 18. März konnte Freiberger sich in der Festung halten, dann sah er ein und gab auf. Man war in Wien klug genug gewesen, das Gnadenspiel zu wiederholen, das man vorher im Großen getrieben hatte: es sollten alle Verführten pardonniert werden, nur die bösesten Verführer keineswegs.

Eine Bagatelle. Die Tragödie von ein paar Leutchen, die zu erforschen kein Historiker für wert befunden hat. Freibergers Quixoterie galt einem Traum-Wallenstein; galt ihm, so wie man in Wien nun seinen

Charakter zeichnete. Wäre er aber der gewesen, der er nicht war, der große, großartig planende Rebell, so zeigt der Aufstand von Troppau, daß er kämpferische Gefolgschaft hätte finden können; in Schlesien mehr davon als in Böhmen. Böhmen war ganz zermürbt und gebrochen; Schlesien noch nicht, das kam später. Auch könnte es sein – wer will dergleichen beweisen? –, daß die Schlesier patriotischer und gottestreuer waren als die Böhmen.
Für die Generale war Troppau ein Warnzeichen; es gab Glut unter der Asche. Die Armee zu beruhigen und zu pflegen wie einen Kranken, Geld und Nahrung zu beschaffen, das Gerede über die schlimmen Spanier zum Schweigen zu bringen, erschien ihnen darum als die dringendste Aufgabe. Übrigens sollte man in der Defensive bleiben, den Feind in Ruhe lassen, wenn man selber von ihm in Ruhe gelassen würde. Die Strategie, die Wallenstein empfohlen hatte seit Dezember und die zu seinem Untergang führte. Jetzt ging das plötzlich und ging ganz gut. Der Feind unternahm wirklich nichts Nennenswertes, weder von Regensburg her noch von irgendwo.

Die andere Seite

Herr Rudolf Trčka ließ Wallensteins Bildnis schleunigst aus seinem Kabinett entfernen und auf den Speicher schaffen. Karl von Zierotin, der seines jungen Schwagers gute Gaben gepriesen, ihn zuerst an den Wiener Hof gebracht hatte im Jahre 1607, der alte Zierotin gab sein Urteil: »Wie der Baum, so die Früchte, wie das Werk, so der Entgelt, wie der Dienst, so der Lohn! Wir können uns darüber freuen, sehr freuen, aber es ist doch auch Grund zur Betrübnis dabei.« Welcher Grund? Zierotin blieb Orakel und weiser Salomon bis zum Ende.
Generalleutnant Arnim hoffte am 2. März in Eger zu sein. Kurz vorher, in Zwickau, traf er den Sieur de la Boderie, geheimen Abgesandten des Marquis de Feuquières, der gleichfalls nach Eger oder, wie er noch glaubte, nach Pilsen unterwegs war. So daß die beiden blassen Linien von Wallensteins Politik, die deutsch-evangelische, die französische, sich zum ersten Mal kreuzten, ihren beiden Vertretern zum Ärger; der aber machte schnell gemeinsamer, trauriger Verlegenheit Platz. Am 2. morgens wußten sie, was in Eger geschehen war. De la Boderie kehrte schleunigst um; Arnim blieb ein paar Tage dort, wo er zufällig Nachtquartier genommen hatte. Es scheint, daß er so erschüttert war, wie ein Mann seines Schlages, wie ein Politiker dieser Zeit durch Tod und Mord sein konnte. So blutige Tat, schrieb er, sei

unter einem christlichen Kaiser noch niemals geschehen. Nun sei auf Frieden kaum noch zu hoffen. Nun wolle er selber mit Verhandlungen auch nie wieder etwas zu tun haben. Von dieser Regierung werde es heißen: »Sanguine coepit, sanguine crevit, sanguine finis erit!« Die Mörder machten einen Versuch, ihn zu fangen, wie sie den Franz Albrecht gefangen hatten; um seine Ankunft zu beschleunigen, schickten sie ihm einen Trompeter, einen fingierten Brief des toten Kinsky, mit Kinskys Petschaft versiegelt. Der Bursche, zu Arnims Glück, kam zu spät.

Mit Arnim gleichzeitig, wenn nicht früher, wurde Bernhard von Weimar aufs laufende gebracht und seines lächerlichen Irrtums überführt. Nun behauptete er, den Herzog von Friedland, der, wie er höre, zu Eger sich in großer Gefahr befinde, mit göttlicher Hilfe retten zu wollen; was gelogen war. Denn er wußte schon Bescheid. Nicht den Toten wollte er retten, sondern die Verwirrung, die er unter den Lebenden vermutete, ausbeuten für seine Kriegszwecke. Er rückte von Weiden in der Oberpfalz auch wirklich gegen Eger vor und trieb durch einen nächtlichen Überfall die Kroaten des Obersten Corpus auseinander. Bald jedoch merkte er, daß es mit dem Chaos in der Armee des Ermordeten so weit her nicht war, wie seine Leute gehofft hatten, daß da nicht die Regimenter aufeinanderschlugen, das eine kaisertreu, das andere begierig, des Generals Tod zu rächen. Er zog sich wieder zurück. Später, bei einer Begegnung in Frankfurt, glaubte der Marquis de Feuquières zu bemerken, daß Bernhard den Ausgang Wallensteins nicht sonderlich bedaure.

Warum sollte er? Warum sollten die Schweden? Die Schweden gewiß nicht. Seit langer Zeit, behauptete Feuquières, hätten sie sich nicht so herzlich gefreut; eine Beobachtung, die durch Oxenstiernas privaten Gedankenaustausch bekräftigt wird. Offiziell kondolierte er dem Kurfürsten von Sachsen zur eiligen Massakrierung seines rätselhaften böhmischen Partners, wie man es kühler nicht hätte tun können; den bedauerlichen göttlichen Ratschluß mußte man nehmen, wie er war, und das beste daraus machen; die Confusiones und Perturbationes zum eigenen Vorteil gebrauchen; im trüben Wasser nützlich fischen. Heuchler, was immer man über ihn sagen mag, war Oxenstierna keiner. Von den Gefahren, nach denen er, in seiner höchst schwierigen Stellung, unablässig spähte, war er eine los; eine schwer faßbare, aber beträchtliche. Die Gefahr einer dritten Partei. So formulierte es einer seiner Star-Diplomaten, Philipp Sattler: die »dritte oder Wallensteinische Partei« sei durch »Massakrierung ihrer Häupter gedämpft«. Eine Partei, die weder schwedisch, noch spanisch gewesen wäre, sondern deutsch; also evangelisch, sächsisch, brandenburgisch, und weil solche Komponenten zu autonomer Machtbildung nicht reichten, sich auf Frankreich stützend. Genau so hatte der schlaue Feuquières die Angst der Schweden verstanden, verstand er nun ihre Erleichterung; genau dies Ziel hatte Père Joseph seit Jahren verfolgt, und in Wallenstein einen geeigneten Promotor gesehen; soll nun sich auch bitter gegrämt haben. Die dritte Partei war die Logik der Sache, gleichgültig, ob sie Wallenstein bewußt gewesen war, oder nicht . . . Feuquières selber spielte den Gerührten, wie es einem Literaten zukam. Une nouvelle bien tragique. Le pauvre duc de Friedland. Quelle pitoyable tragédie. Dann, die Feder schon für zukünftige Memoiren spitzend: »Es gelang ihm nicht, den Herzog Bernhard davon zu überzeugen, daß er es ehrlich meinte; von den Einen gejagt, von den Anderen im Stich gelassen, ging er zugrunde.«

Der größte Literat Frankreichs ergriff das Wort später. Richelieu hat dem Ausgang Wallensteins acht Seiten seines Erinnerungswerkes gewidmet; Seiten voller Kenntnis, Verständnis und nachdenklicher Sympathie. ». . . endlich gewinnt im Herzen des Kaisers der Verdacht die Oberhand. Es ist das Schicksal der Minister, daß ihre Autorität schwankt und nicht bis zu ihrem Tode zu dauern pflegt; sei es, daß die Könige müde werden eines Menschen, dem sie schon soviel einräumten, daß keine Geschenke mehr zur Verfügung stehen, sei es, daß sie scheel auf jene blicken, die in solchem Grad sich verdient gemacht haben, daß ihnen alles und alles gebührt, was zu schenken noch übrigbleibt.« Das Unheil, dem der Autor selber mit knapper Not entging; der Andere nicht. Es ist die Rede vom Neid der hohen Offiziere, vom Haß der Spanier und ihrem gewaltigen Einfluß in Wien. »Sie lassen alles, was er tut, in düsterem Licht erscheinen; geschieht etwas Unwillkommenes, so ist er schuld daran; geschieht etwas Erfreuliches, so ist es so großartig nicht und hätte jedenfalls noch besser sein können, wenn er nur gewollt hätte.« Als wäre Richelieu dabeigewesen bei jenem tragischen Gespräch zwischen Wallenstein und Trauttmansdorff am 27. November 1633. Er versteht Wallensteins Niedergang mit dem Blick des in allem Menschlichen Erfahrenen; den Pilsener Schluß als einen Akt bloßer Notwehr, der Rebellion nicht bedeutet; den Verrat der Italiener. »Er hatte Piccolomini aus dem Nichts zu hohem militärischen Rang erhoben, ihn überhäuft mit Gütern und Ehren; darum baute er auf ihn und irrte; denn nicht jene, die wir uns am generösesten verpflichtet haben, sind die Treuen, sondern die Edelgeborenen, die Männer von Ehre und Tugend.« . . . Über den Mord: »Sonderbar ist es und der Menschen Schwäche offenbarend, daß unter allen jenen, die ihm Dank schuldeten, in der Stadt nicht einer bereit war, seinen Tod zu rächen; jeder fand erkünstelte

Gründe, seine Schnödigkeit oder Feigheit zu verschleiern . . . Wallensteins Tod bleibt ein ungeheures Beispiel, sei es für die Undankbarkeit des Dienenden, sei es für die Grausamkeit des Herrn; denn in seinem an gefährlichen Zwischenfällen so reichen Leben fand der Kaiser keinen Zweiten, dessen hilfreiche Dienste auch nur von ferne an die ihm von Wallenstein geleisteten herangekommen wären.« »Es beschimpfte ihn nach seinem Tod, der ihn gepriesen hätte, wenn er am Leben geblieben wäre; die klagt man billig an, die nicht mehr imstand sind, sich zu verteidigen. Ist der Baum gefallen, so eilen alle herbei, um ihn zu entlauben und zu zerhacken; guter oder schlechter Ruf beruhen auf dem Ende; Schlechtes und Gutes wird der Nachwelt überliefert, und die Bosheit der Menschen glaubt das Eine lieber als das Andere . . .«
So dieser Kirchenfürst und Staatsmann. Anders, im Augenblick, einer, der später sein Nachfolger werden sollte, jetzt noch ein bloßer Kuriendiplomat war, Giulio Mazarini, Kardinal Mazarin. Er kannte Piccolomini seit dem Mantua-Konflikt, den er hatte schlichten helfen, und gratulierte ihm wärmstens zu diesem neuen Erfolg: wunderhübsch, wie er das mit Wallenstein besorgt habe.
Am ersten Donnerstag des Monats April wurde in Madrid ein Theaterstück gegeben, welches von Wallensteins Taten und Siegen stark heroisierend handelte. Es sollte wiederholt werden am Sonntag und wurde abrupt vom Spielplan gestrichen; am Samstag war die Post aus Wien gekommen. Am 13. April besprach der Staatsrat die Lage. »Señor«, wandte der Herzog von Olivares sich an den König, »man hat eine Persönlichkeit verloren, die trotz allem von großem Wert war und der jetzt unmöglich ein Anderer gleichkommen wird.« Mit welch zähem Glauben dieser Politiker an Wallenstein hing; noch die Katastrophe, zu der seine Leute so fleißig beigetragen hatten, interpretierte er doppeldeutig, als teils gut und notwendig, teils auch tief bedauerlich. Nur allmählich setzte die erstere Ansicht sich als die allein wahre durch, vor allem dank der mit Selbstlob gefüllten Depeschen des Botschafters Oñate. Im November entschied Olivares, der Graf sei ein Beamter von glänzendsten Qualitäten und verdiene Gnaden und Ehren, »weil er in diesem Jahr in der Sache Friedland Eurer Majestät mit großem Geschick und Ruhm gedient hat«. Oñate stieg später zum lukrativsten Amte auf, welches das Imperium zu vergeben hatte, dem eines Vizekönigs von Neapel.

Das Volk, die Zeit, die Zeitungen

Eines die Mächtigen; ein Anderes die Leidenden.
Den Deutschen, jenem Großteil von ihnen, deren Vorfahren sich vom Papste losgesagt hatten, wurde der ermordete Feind zum Freunde. Da war nun freilich auch Propaganda der Mächtigen am Werk, der Schweden nämlich. Sie hatten dem Generalissimus des Kaisers im Leben Schaden getan durch listig ausgestreute Gerüchte, so gut sie konnten; sie freuten heimlich sich über seinen Tod; sie beuteten ihn aus, wieder um Zwietracht zu säen im kaiserlichen Heer, die Gemüter zu verwirren und zu erhitzen. »Wie manche Armee und fast in einer unglaublichen Eil, mit was großen Kosten hat Wallenstein zu des Kaisers Diensten dressiert und redressiert! Wer brach unseres in Gott ruhenden allergnädigsten Königs und Herrn siegreichste und große bei Nürnberg zusammengezogene Macht als Wallenstein? . . . Durch Wallenstein haben wir den teuersten Helden, den König verloren und hernach durch Wallenstein im verwichenen Herbst an der schlesischen Armee den Schaden gehabt . . . Ich finde anders nicht, ob er schon unser Feind gewesen, als daß er einen solchen Ausgang, dazu man ihn durch so viele disgusto gezwungen, und Lohn an der Seite nicht verdienet . . . Ich lobe gern die Tugend des Feindes . . .« Der Herzog ist Ursache, daß der Kaiser noch Kaiser ist. Gottes Strafe wird den Undankbaren ereilen . . . Solche Zeugnisse ritterlicher Gerechtigkeit, durch Flugblätter verbreitet, sollten des Kaisers Soldaten lesen und angeregt werden zum Denken.
Flugblätter gab es viele, Bloße Berichte zuerst, mit Zusätzen, um des Lesers Neugier, Lust und Wehmut zu kitzeln: wie Wallenstein sich verzweifelt wehrte mit dem Schwert, so daß man ihn drei Mal durchstechen mußte; wie die Leiche zur Burg gefahren war in einem Mistwagen; wie die Gräfinnen Trčka und Kinsky die blutigen Körper ihrer Gatten selber hatten waschen müssen, mit unbeschreiblichem Jammer. Willkommene Unterhaltung, phantasie-beflügelnd, schmerzlich und schön ist der Großen plötzlicher Fall und Ende für jene, die sonst so wenig haben, was einen Tag vom anderen unterscheidet.
Spott blieb nicht aus. Erinnert man sich jenes Franzosen, der splitternackt durch die Straßen von Prag ritt, rückwärts, sein Pferd am Schweif haltend, und obszöne Späße sang gegen die am Weißen Berg geschlagenen Böhmen, ohne da die böhmische Revolution ihn so oder so irgend etwas angegangen wäre? Er freute sich über der Menschen Niederlage, nichts sonst. Auch der tote General wurde verhöhnt. Weit verbreitet muß das Gedicht gewesen sein, welches anfängt:

Hier liegt und fault mit Haut und Bein
Der große Kriegsfürst Wallenstein . . .
Durch Sterngucken und lang Tractieren
Tat er viel Land und Leut verlieren.
Gar zart war ihm sein böhmisch Hirn,
Konnt nicht leiden der Sporen Klirrn.
Hahnen, Hennen, Hund er bandisiert,
Allerorten, wo er logiert . . .

was zutraf. Die Züricher Wochentliche Ordinari Zeitung druckt ein anderes Gereimtes, in dessen Späßen Vieldeutigkeit, Fremdheit, Unseligkeit von Wallensteins Leben melancholisch mittönte:

Hier liegt der Friedland ohne Fried,
Des Reiches Fürst und doch kein Glied.
War ohne Schiff ein Admiral,
Ohn offene Schlacht ein General.
Ein Landsäß in dem Herzogstand,
Im Kopf ein Herr in keinem Land.
Im Krieg, im Sieg ein Friedensmann,
Von süßen Worten ein Tyrann.
Gut Römisch und ein Mameluck,
Aufrichtig, voll der Untreu Stuck.
Wollt endlich mehr als Kaiser sein . . .

Solche Gedichte stammten aus dem Volk, gewiß nicht aus den Kanzleien der Habsburger, und wandelten sich beim Wandern. Bilder, Holzschnitte, Kupferstiche, welche die wohlbekannten, strengen Züge des Ermordeten zeigten und den letzten Augenblick, fanden Käufer; die Stadt Eger trieb einen lebhaften Handel damit.
Bald mischte Politik sich ein, Parteigesinnung, geheuchelter oder echter Zorn; und brach ein publizistischer Sturm los, wie Deutschland ihn nicht erlebt hatte seit Luthers frühen Tagen. Protestanten gegen der Pfaffen Art und Weise; Deutsche gegen Spanier; Christentum gegen grausame Staatsraison; Wahrheit gegen Lüge. – Drei Beispiele aus ein paar Dutzend, die übrigblieben, aus Hunderten wohl, die untergingen. »Colloquium oder Gespräch neulich gehalten zu Prag zwischen einem der Ligae hohen Kriegs-Officianten und einem böhmischen Herrn.« Die angeblichen Katholiken kommen zu dem Ergebnis, daß die barbarische Tat von Eger ein Meuchelmord sei, »man mag das Kätzlein schmücken wie man will«; ihr Opfer einer, der Europas Wohltäter hätte werden können. »Eigentliche Abbildung und Be-

schreibung des Egerischen Banketts.« Es ist bereits kund »die unerhörte, allen Historien deutschen Landes unbekannte meuchelmörderische Schandtat des Egerischen Blutbades, davor sich Sonne und Mond, ja das ganze Firmament billig entsetzen, aller Menschen Herzen erzittern, aller Herzhaften Ohren ergellen sollen: wie gewalttätig wider Gott und sein Wort und aller Völker Recht, ohne gegebene Ursach, unüberwiesen, unverhört, unbeklagt und unkondemniert« jener getötet wurde, der Deutschland den Frieden schenken wollte, aber König von Böhmen werden, aber den Kaiser entthronen, aber die Stadt Wien verbrennen nimmermehr. »Relation aus Parnasso über die eingekommenen Advisen der mörderischen Gewalttat und Meuchelmordes.« Es müssen Johann Gordon, samt seinem unbedeutenden Vetter Adam Gordon, Butler und Leslie sich auf dem Parnaß rechtfertigen vor dem obersten Richter Apollo. Themis ist Ankläger, auch der Reichskanzler Minos nicht ferne, parnassiches Volk hört zu. Die Anklage ist überwältigend, die Verteidigung erbärmlich. Und so lautet des Wunschträumers Urteil: Die Angeklagten sind des Meineids und Meuchelmordes schuldig; sie werden »hiermit der Nemesis übergeben, welche sie samt und sonders, wie es ihr tunlichst und am füglichsten, und auf Weis und Weg wie den Königsmörder Ravaillac von Leben zu Tod zu bringen soll. Und solches Urteil soll alsbald auf allen Schauplätzen der Welt durch Famam publiziert werden, damit sich vor solchen meineidigen, gott-, treu- und ehrlosen Buben und Meuchelmördern männiglich wisse zu hüten . . .«
Fama tat es. Das Schönste, was sie anregte, sind sogenannte Grabschriften, Epitaphien. Die waren nun freilich Gelehrten-Spiel, zumal sie in der Sprache gedichtet sind, in der man sich noch immer am klarsten, knappsten, einprägsamsten auszudrücken vermochte, der lateinischen. Caesarem cadentem erexit Valstein, Caesar erectus prosternit Valstein. Qui in adversis socium habuit, in prosperis servum non sustinet. Voluit perdere, quem non potuit remunerari. So klingt es besser als: Den fallenden Kaiser hat Wallenstein wieder erhoben, der wiedererhobene Kaiser hat Wallenstein niedergeschlagen . . . Oder: Fridlandus Heros, Virtute, prudentia, fide sua/ Diadema cadens/ Bis in Caesaris capite confirmativ/ Remque consilio et opera restituit. Sed heu! qualem refert ille gratiam! Mit Neid wurde Tugend, Weisheit mit Betrug belohnt, Treue mit Untreue. Preisgegeben den spanischen Lüsten – Hispanicae libidini – wurde er unter dem Beifall des Kaisers umgebracht, zum Exempel menschlicher Undankbarkeit . . . Große Rolle spielen die Spanier, in der Prosa, wie in den lateinischenWortkünsten; und man weiß, mit welchem Recht sie diesen Platz einnehmen. Ein Gespräch hat sich gefunden. De morte ducis Fridlandiae

Dialogus, in welchem zwei, A und B, fragend der eine, der andere erklärend, dem traurigen Kern der Sache sich allmählich nähern, bis es endlich heißt: »Es ist der Ehrgeiz der Spanier, Alles zu beherrschen, Alles in Händen zu halten. Daß niemand am österreichischen Hof, er wäre denn Spanier, sich um Haus Österreich verdient zu machen erkühne. Jenen, obgleich er selber einst zu Spaniens Vorteil gewaltet hatte nach besten Kräften, mochten sie nicht ertragen. Denn er war ein Deutscher, das war sein Verbrechen. Da lag es, daraus floß seine Qual und alles Unheil.
Nam Germanus erat, magni vel criminis instar. Dem sie zu Lebzeiten Bürgerrecht verweigert hatten, nahmen die Deutschen nun doch noch an; fast als Nationalhelden. Sechs Jahre vergingen, und man verglich ihn mit Arminius dem Cherusker, dem Befreier Germaniens aus römischer Sklaverei. Nicht, daß Wallenstein solchen Ruhm verdient hätte; Bedürfnis meldete sich nach einem Heros und Retter, sei es auch einem gescheiterten; da sich kein anderer fand, so versuchte man es mit ihm.
Mittlerweile erfüllte Fama ihren Auftrag weit über Deutschland hinaus. Pariser Extrablätter zeigten sich gut informiert. Ein erstes, vom 16. März, schilderte Vorgeschichte und Hergang der Katastrophe, Wallensteins eigenwillige Friedensbestrebungen, die Arglist seiner höfischen Feinde: »man konnte ihn nicht länger in so machtvoller Position ertragen, er aber nicht dulden, daß man ihn zum zweiten Mal absetzte. Denn so sehr hatte er sich daran gewöhnt, absolut zu sein in allem, daß er nur dann aufhörte, zu herrschen, wenn er aufhörte, zu leben . . .« Schon dieser Journalist hatte keinen Zweifel an dem Befehl, lebend oder tot. Eine Woche später lieferte er eine Kurzbiographie des Ermordeten, beginnend mit der Feststellung, er habe wohl aus Böhmen gestammt, aber dennoch kein Böhme sein wollen. Bald auch ließ höhere Literatur Wallenstein selber reden und klagen: Verleumderisch habe man ihm Pläne untergeschoben, die er nie gehegt. – Nicht anders, nein, viel betroffener, entrüsteter reagierten die Italiener, soweit sie nicht unter spanischer Herrschaft lebten. In Venedig wurde soviel dem Kaiser Abträgliches gedruckt, daß der Botschafter der Republik in Wien diplomatische Finessen gebrauchen mußte: solche übelwollenden Texte gebe es leider nur zu viele, aber ihre Brutstätten seien Augsburg und Nürnberg; wohlweislich fingierten die Autoren Namen und Druckorte . . .
Damals blühte in Modena ein Dichter und Fürstenberater, Graf Fulvio Testi, aus Ferrara gebürtig. Testi war in Wien in irgendeiner Sendung, als das Zweite Generalat begann; er ließ es sich nicht nehmen, dieser Schicksalswende ein Sonett zu widmen und dem Herzog zu

übersenden. Gewiß hat er ihn nie mit Augen gesehen; Wallenstein mied Wien im Frühjahr 1632, wie vorher, wie nachher. Liebte er ihn aus der Ferne, in kindlicher Sehnsucht nach dem Großen? Spähte er, wie Dichter manchmal tun, bloß nach Gelegenheiten, sein Handwerk auszuüben? Jetzt, nach Empfang der Mordzeitung, phantasierte, rhythmisierte, reimte er aufs neue: hundertzwanzig Zeilen, in zehn ungleichen Strophen. Wallenstein ließ er reden angesichts des Todes. Daß er noch gesprochen habe, und mehr als nur das Wort »Quartier«, daß er kurz und würdig sich gerechtfertigt habe, wollen auch andere glauben; zum Beispiel Gualdo Priorato; zum Beispiel Richelieu. Es wäre schön gewesen, aber es war nicht so und konnte nicht so sein; das war keine Rede-Szene. Sie wurde es vor des Poeten Strahlenblick.
Halte ein mit deinem Schwert, ruft der tödlich Bedrohte. Weißt du auch, wer ich bin? Des Goten und Schweden glückhafter Besieger bin ich. Albrecht der Große bin ich. Fürchtest du meinen Namen nicht, nicht meinen Engel?

> Alberto il grande sono.
> E non temi il mio nome, anzi il mio nume?

Dem Ferdinand, inmitten von Ruin und Niederlagen, drückt ich das Szepter wieder in die Hand, die Krone auf den Scheitel . . . Sich besinnend: Ist es denn wahr; daß du, mein Gebieter, selbst meinen Tod befahlst, du, dem ich das Leben zurückgab? Daß ein ruchloser Mörder Ausführer ist deines grausamen Willens? O betrogener Caesar! Ich bin kein Verräter, aber wohl der Verratene.

> Io non son traditor, mà ben tradito!

Er ruft seine Soldaten zu Hilfe, die Genossen seiner Siege, sie sind nicht da. Er ruft nach Waffen, sich zu wehren, man gibt ihm keine. So möge denn, wenn er schon sterben muß, einsam, unbedankt, grausam, verleumdet, den Tyrannen-Kaiser die Rache treffen. Mögen die Goten sich vereinen mit den Massen der Türken, um ihn zu strafen, mögen gräßliche Vögel ihre Krallen in seine Eingeweide graben, Gespenster, Larven, Ungeheur dem stolzen Lauf seines Lebens ein Ende setzen . . . Neuer Umschwung der Stimmung.

> Ohimè che parlo? Oh Dio! Dove trascorre
> L'incauta, ardita et temeraria lingua?
> Vivi, vivi, Signore!

Er würde nicht fliehen, selbst wenn er könnte. Er fürchtet den Tod nicht, dem er für seinen Herrn tausend Mal sich aussetzte. Nur dies will er nicht, scheiden mit dem infamen Ruf des Verräters. Wer seine Schuld behaupten wird später, der, er ruft zum Zeugen an, der lügt . . .

> Und so der unglückliche Herzog,
> Der des großen Reiches
> Leuchte war und Erhalter,
> Der so viele Triumphe erfocht,
> Hochfliegender, stolzer, kühner Geist,
> Jetzt nackt, wehrlos, im Bette
> Mußte er fallen
> Von des niedrigen Mörders Messer durchbohrt,
> Schwimmend im Meer seiner Schmerzen, seines [eigenen Blutes.
> Ignudo, inerme, in letto
> Da fantaccino indegno
> Cade trafitto esangue,
> Immerso nel dolore, nel proprio sangue.

In den folgenden Jahrzehnten haben italienische Schriftsteller noch oft von Wallenstein gehandelt, fast so intensiv wie die Deutschen; in Gesprächen zwischen berühmten Toten, wie sie damals Mode wurden; in historischen Essays. Meist zeigten sie den Geopferten in günstigem Licht. Es erscheinen auch Charakterbeschreibungen, die Valeriano Magnis, der Großen Persönlichkeit, dauernden Einfluß bestätigen, wie etwa: Il Volestano non poteva tollerar superiorità. Wallenstein konnte keine Macht über sich ertragen.

Poena

Dergleichen Reaktionen, keineswegs nur des protestantischen Europa, machten peinlichen Eindruck in Wien. Unwahrhafte Reden gingen um allerorten, wurde demnächst in einer offiziellen Schrift geklagt; ja, ganz boshafte Urteile und hochverbotene Erdichtungen, als ob dem Haupt dieser schändlichen Konspiration ein überstürztes Recht, das hieß Unrecht, wo nicht gar Gewalt angetan worden wäre und Ihre Kaiserliche Majestät sich barbarischer Undankbarkeit schuldig gemacht hätte. – Leicht war es gewesen, Wallenstein umzubringen – eine Überraschung. Nun war es schwer, die Welt von der Rechtlichkeit der Tat zu überzeugen und stand man da als friedhässige,

gottlose Tyrannenmacht. Eine zweite Überraschung, so unangenehm, wie die erste erfreulich.
Man rief den Feldmarschall Piccolomini zu Hilfe. Er, der zu alledem den Anstoß gegeben, sollte nun auch der Öffentlichkeit sich vorstellen mit sonnenklaren Zeugnissen; man würde sie im Druck verbreiten. Wirklich brachte Piccolomini im März eine Relation zu Papier. Sie enthielt die Lügen, die wir schon kennen, und die Wahrheit, welche wir gleichfalls kennen; wie die Exekution vorbereitet wurde. Von den Lügen aber nur einen Teil; es fehlten wesentliche. Gereizter Schriftwechsel zwischen der Hauptstadt und des Feldmarschalls Quartier; Erweiterungen, Zusätze. Der Bericht hat sich gefunden im Jahre 1929 in der Bibliothek des Vatikans; auf der letzten Seite links unten zeigt er Unterschrift und Siegel des Grafen Gallas. Die Namenszüge Piccolominis, die rechts hätten zu stehen kommen sollen, aber nicht. Der Feldmarschall hatte die Bestätigung dessen, was er selber geschrieben oder durch seinen Assistenten Fabio Diodati hatte schreiben lassen, verweigert. Er tat dies, weil er erst seiner Belohnung sicher sein wollte, weil er den Kaiser zur Offenbarung des heimlichen Urteils zwingen wollte, weil er sich zurückgesetzt fühlte, weil der Gang der post-wallensteinischen Justiz und Politik ihm mißfiel. Aber ohne die Unterschrift des Kronzeugen war der Bericht wertlos. Man mußte auf seine Drucklegung verzichten. Allenfalls war Piccolominis Material für einen anderen Zweck zu gebrauchen.
Nun begann man die Verdächtigen, die Mitschuldigen zu examinieren; eilig, hektisch, mit sehr verworrenem System. Was man dabei voraussetzte, wurde später von den »deputierten Commissaren« formuliert: an einer so weitverzweigten, ungeheuren Verschwörung *mußten* doch mehr Leute beteiligt gewesen sein als die wenigen schon Hingerichteten, die in Eger Ermordeten. Sie mußten. Nur fand man sie nicht.
Verhört wurden gleich Anfang März und noch in Böhmen der Trčka'sche Sekretär Wabel, der Ilowsche Sekretär Wenig, der Ilowsche Hauptmann Melchior Haug, der Ilowsche Aufwärter Melk, der Astrolog Senno; dann weiter in Wien die Herzoge Franz Albrecht und Heinrich Julius von Sachsen-Lauenburg, Jeremias Kayser und Rittmeister Hennig, Sekretär und Adjutant Franz Albrechts, der Feldmarschall-Leutnant Scherffenberg, der Generalwachtmeister Sparr, der Kanzler Elz, der sächsische Oberst Schlieff, der General Graf Schaffgotsch, die kaiserlichen Obersten Haimerl und Losy, und andere mehr. Kümmerlich waren die Ergebnisse. Wie hätten sie es nicht sein sollen, da die Verschwörung, die abscheuliche Prodition bloßer Nebel war, ohne greifbare Wirklichkeit, ohne Kern? Wie hätten die

kleinen Leute, die Sekretäre und Aufwärter etwas wissen sollen vom Nebel? Die Hochgestellten parierten geschickt; am geschicktesten der Herzog Franz Albrecht, der kein Angeklagter war, nur ein widerrechtlich gefangener Fremder, von dem man rettendes Wissen zu erpressen hoffte. Er gab auch manches recht Interessante zum Besten, zumal über die Verhandlungen des Jahres 33; was, wenn nicht gegen Wallenstein, so doch gegen ihn selber sprechen konnte, verschwieg er in der Sicherheit, daß man in Wien seine Briefe an Arnim ja doch nie würde zu lesen bekommen. Kam es zum »Fundament der Verschwörung«, so antworteten die Examinierten mit schöner Regelmäßigkeit, sie wüßten kein Wort.
Des Kaisers und seiner Räte wachsende Nervsotität spiegelt sich in der Rechtsprozedur. Ein Kriegsgericht in Budweis, wohin man die Truhen von Wallensteins Kanzlei gebracht hatte, ohne diesen Berg von Papieren einer Untersuchung für wert zu finden. Sie blieben vergessen in Budweis über neunzig Jahre lang und wurden dann, niemand weiß warum, nach Wien geschafft, wo man sie im schon vorgerückten 19. Jahrhundert neu entdeckte. Eine Untersuchungskommission und ein Kriegsgericht in Wien. Im Mai ein drittes und endgültiges Kriegsgericht bei der Armee, die Regensburg belagerte, im Juli zurückeroberte, wie Wallenstein vorausgesagt hatte: in der guten Jahreszeit werde das leicht zu machen sein. Das Urteil unterlag einer Revision durch den Hofkriegsrat. Es gab eine kümmerliche Zahl von Angeklagten, ganze sechs: die Generale Schaffgotsch, Scherffenberg und Sparr, die Obersten Losy, Haimerl und Heinrich Julius von Lauenburg. Mit der Ausnahme von Schaffgotsch hatten sie leichtes Spiel.
Den Vorwurf, an der abscheulichen Konspiration beteiligt gewesen zu sein, ließ man gleich anfangs fallen. Nur dies wurde ihnen zum Verbrechen der beleidigten Majestät gemacht: sie hätten den Ersten oder den Zweiten Pilsener Schluß unterschrieben – das hatten andere auch, solche sogar, die jetzt im Kriegsgericht saßen, für den Ersten Schluß war ein Generalpardon erteilt worden, der Zweite war die Loyalität selber; sie hätten, der eine so, der andere so, dem gewesenen Feldhauptmann länger Gehorsam geleistet, als sie hätten dürfen. Sie entschuldigten sich mit Zwang, mit Ratlosigkeit. Sie konnten für sich anführen, daß sie den Befehlen Wallensteins ausgewichen seien, sobald sie Grund dazu und Möglichkeit dafür entdeckt hätten. Sie fragten, warum sie von jenen, die längst des Herzogs böses Vorhaben kannten und das Absetzungspatent in der Tasche trugen, denn nicht früher eingeweiht worden seien? Herzog Heinrich Julius, der als Reichsfürst nicht in Person vor dem Gericht zu erscheinen brauchte, widerlegte mit Hilfe eines geriebenen Anwalts die dreiundzwanzig

gegen ihn erhobenen Klagen mit solchem Geschick, solcher Energie, daß der eigentliche Prozeß gegen ihn gar nicht erst anfing.
Indem erhob sich die Frage: ob nicht auch gegen den Hauptschuldigen, den hingerichteten oder niedergemachten oder – welche Sprachregelung allmählich sich durchsetzte – den entleibten Friedland noch ein Verfahren zu eröffnen, ein gültiges Urteil zu fällen sei? Waren ohne ein solches die Konfiskationen denn rechtlich? Was sollte man der Gräfin Kinsky antworten, die, im Gegensatz zu Wallensteins Hinterbliebenen, die Dreistigkeit besaß, eine strafrechtliche Verfolgung von ihres Gemahls Meuchelmördern zu verlangen? Kopfzerbrechendes Problem! Die Räte, die wohl oder übel daran gingen, mußten gestehen, daß ein bloßer historischer Bericht, wer immer ihn verfaßte, etwas ganz anderes sei als ein Urteil. Trotzdem rieten sie von einem nachträglichen Justiz-Schauspiel dringend ab. Es gab ja die Patente, zumal das zweite, das ächtende, Anfang März der Öffentlichkeit übergebene; da stand alles drin. Wichtiger, es gab die Tat; die Exekution, die hier an sich selbst gleich war mit dem Urteil, weil ein Prozeß zu Lebzeiten des Verurteilten nicht hatte sein können. So entsprach es dem natürlichen Recht, dem Instinkt der Selbsterhaltung, der Vernunft des Staates; Beispiele dafür, aus der Geschichte Österreichs, auch Frankreichs, waren zu nennen; Silent leges inter arma, wie Cicero lehrte. Fing man jetzt einen Prozeß gegen den Toten an, so zog man in Zweifel, was man schon getan hatte, als ob die Sache noch unentschieden wäre; so mußte man übrigens Wallensteins »Interessierten und Befreundeten« Freiheit geben, der Anklage zu kontradizieren. Heikel, sehr heikel! Wie der kaiserliche Fiskus führe, wenn die Einziehung des friedländischen Vermögens sich verzögerte ins Endlose? Letztlich, gaben die Räte zu bedenken, stand zwar Wallensteins Verbrechen für alle Gutgesinnten fest; aber gerade das, woran »mächtig viel gelegen« und was der Kaiser bestätigt hatte mit heiliger Unterschrift, der barbarische Plan, die Erblande zu erobern, die Güter der Minister zu verteilen, das Erzhaus auszurotten, zu beweisen war es leider Gottes so wenig, daß man es in eine formelle Anklage zu setzen gar nicht wagen durfte. Mit welchen Folgen für die kaiserliche Reputation? Besser, schlossen diese Juristen, man ließe alle Juristerei beiseite, und die Fakten, wie sie waren . . . Dem stimmte Ferdinand zu und blieb dabei, als im Herbst sein Sohn und Thronfolger noch einmal auf sententiam post mortem drang.
Da man absah vom posthumen Gericht, so wurde um so dringlicher die Aufgabe publizistischer Rechtfertigung. Piccolominis Novelle lag vor, man konnte sie verwenden, solange man sich auf den Großdenunzianten nicht namentlich berief. Zur rechten Zeit erschien ein

zweiter, kenntnisreicherer und geschickterer Angeber, Anton Schlieff, der sächsische Oberst. Dieser, kein legitimierter Unterhändler wie der Herzog Franz Albrecht, nur Agent, in Prag gefangengenommen, in der Angst vor der Folter, mit der man ihn bedrohte, in Angst um sein Leben, in der Hoffnung auf Besseres als das bloße Leben, sah genauestens auf seinen Zweck, den Inquisitoren Freude zu machen. Von seinen beiden Missionen nach Pilsen berichtete er, und was er über Herrn Rudolf Trčka wußte, und von dem Handel Kinskys mit Feuquières und von den Fäden, die gesponnen worden waren im Dunklen, zwischen dem König von Schweden und Wallenstein im Jahre 31. Da hatte Schlieff nicht partizipiert, was er anbot, war Dresdener Hörensagen. Man nahm es ihm ab zusamt der Legende, kein anderer als Wallenstein habe 1631 die Sachsen nach Prag gelockt; setzte es herzhaft in den »Ausführlichen und gründlichen Bericht der vorgewesenen Friedländischen und seiner Adhaerenten abscheulichen Prodition ... Alles aus den eingekommenen glaubwürdigen Relationen, Original-Schreiben und anderen brieflichen Urkunden sowohl aus den von den diesfalls Verhafteten gütlich getanen Aussagen jedermann zur Nachricht verfaßt und zusammengezogen ...« Ein Meisterwerk war es nicht. Zahlreiche Autoren oder Kommissionsmitglieder werkelten daran durch Monate, die Regel bestätigend, daß zuviele Köche den Brei verderben; der Redakteur, Hofrat Prickelmayer, mag sonst ein tüchtiger Pedant gewesen sein, aber gewiß kein Schriftsteller. Von den angekündigten Original-Schreiben hatten sie erbärmlich wenig einzurücken: Franz Albrechts Regensburger Brief an Ilow, wenn er original war; Schaffgotschs letzten Brief an Trčka, wenn er getreu dechiffriert war; Freibergers Troppauer Proklamation – das war es. Zu den glaubwürdigen Relationen gehörte, daß Wallenstein im Jahre 30 die Ostseeküste unverteidigt ließ nach Plan, damit die Schweden desto leichter landen konnten; daß er im Frühjahr 32 wohl ein großes, schönes Heer zusammenbrachte, hauptsächlich mit dem Zweck, durch soviele Esser die Erblande zu ruinieren; daß er nach der Schlacht von Lützen unnötiger, schmählicher Weise die Flucht ergriff. Gelang dem General etwas, so war es die Hilfe Gottes, die Tapferkeit der Truppen; mißlang etwas, dann hatte er so gewollt. Ohne ihre dürre Phantasie groß anzustrengen, schrieben die Verfasser ab, was ihnen vorlag: der bayerische »Diskurs über des Friedlands Actiones«; Schlieffs schriftliche und mündliche Aussagen; dann, Seiten über Seiten, die Relation Piccolominis. Nur zum Schluß erdachte Prickelmayer eine Fangfrage, von der er sich Wirkung versprach: solang der Friedländer seinem Generalat in Treuen vorstand, hätten doch die Evangelischen ihn immer als das größte monstrum naturae gemalt; wieso sie doch den zum Rebellen an seinem Kaiser Gewordenen zu liebkosen sich nicht entfärbten? Seien sie schon Feinde Haus Österreichs, sollten sie nicht wenigstens unterscheiden zwischen dem Verrat und dem Verräter, im Sinne des hochvernünftigen Heiden, der das Wort geprägt hatte: Amo proditionem, non proditores? . . . Die Ermahnten blieben ungerührt.

Nebenbei, an unscheinbarem Orte, wurden in der Staatsschrift neun Wörtlein plaziert, welche den Gegnern Habsburgs nichts Neues aussagten, denn sie hatten an dem hier Eingestandenen nie gezweifelt: es habe der Kaiser notgedrungen Befehl erteilt, den gewesenen Feldhauptmann in gefängliche Verhaftung zu nehmen, damit alles ihm Vorgeworfene genauestens untersucht werden könnte, »oder doch sich seiner lebendig oder tot zu bemächtigen . . .« Stilkritiker errieten, daß es sich hier um einen nachträglichen Zusatz handelt, welcher den Satz zum Ungetüm machte; die Vermutung wurde bestätigt, als man das Konzept fand und mit der Druckschrift verglich. Hier war, was Piccolomini mit zäher, kalter Unverschämtheit verlangt hatte: vor aller Welt übernahm endlich Ferdinand II. seinen Teil, und keinen geringen, an der Blutschuld von Eger . . . Das Machwerk wurde gedruckt im Frühherbst, übersetzt ins Italienische und Tschechische und nach Kräften verbreitet.

Drei Vierteljahre später, Frühjahr 1635, erhielten in Regensburg die Angeklagten Schaffgotsch, Losy, Sparr, Scherffenberg und Haimerl ihre Todesurteile ausgefertigt. Den Grafen Schaffgotsch, von dem man immer noch sich Informationen erhoffte, unterwarf man nach dem Urteil noch der scharfen Befragung, der Tortur, zumal er schon als ein cadaver mortuum anzusehen sei, mit dem man tun könne, was man wolle. Während dreistündiger kunstvoll gesteigerter Qualen fiel dem unglücklichen Magnaten jedoch nichts ein, was er hätte gestehen können; zuletzt ließ man von ihm ab. Der Hofkriegsrat, welcher mit den Urteilen sich als zweite Instanz zu befassen hatte – die dritte war der Kaiser selbst – befand, daß sie zwar ohne Zweifel gerecht seien, so ganz gerecht aber eben doch nicht, und, mit einer Ausnahme, besser in lebenslängliches Gefängnis zu verwandeln wären. Schaffgotsch wurde im Juli 1635 enthauptet. Wenigstens ein todeswürdiger Mitschuldiger mußte ja in Gottes Namen doch sein; der Graf bot für die unentbehrliche Rolle sich dar aus den und den Gründen, vielleicht auch, weil es bei ihm, und nur bei ihm, ein großes Vermögen zu konfiszieren gab. Die übrigen Vier entließ man noch vor Ende des Jahres 1635 aus ihrer ewigen Haft; mit dem Versprechen, fortan sich nun wirklich tadelfrei zu betragen, durften sie ziehen, wohin immer sie wünschten. In so raschem Gnadenakt mag man ein neues Zeugnis sehen der Milde Kaiser Ferdinands; etwa auch ein stummes Einbekenntnis. Die Prozesse waren schlimmer als enttäuschend, sie waren eine Farce gewesen. Gleich nach dem Spruch hatte der Monarch verfügt, die Urteile seien »in der Enge zu halten und nicht zu publizieren«. Er wußte, warum.

Et Praemium

Die abermalige Neuverteilung eines großen Teiles von Böhmen aber, die war kein Scherz, die blieb nicht in der Enge.
Wäre Ferdinand ein Ökonom gewesen, wie sein Vetter aus Bayern, so hätte er Friedland als Ganzes übernommen samt der Kammer in Gitschin, dem Landeshauptmann, den Guts-Hauptleuten und reisenden Inspektoren, und hätte sich jährliche Einnahmen gesichert so stattlich wie die aus seinen besten Provinzen. Er tat das nicht. Die Verteilung des Herzogtums stand schon fest, seit Ende Januar. Nun wurde sie raschestens ins Werk gesetzt, das Wunderwerk zerstört, die eine und einzige Wohltat zurückgenommen, die Wallenstein seinem Vaterland geleistet hatte.
Alsbald verschwand der Unterschied zwischen der Terra Felix und dem übrigen Böhmen. Einquartierungen in den Städten und auf den Gütern; Plünderungen, Jammer der Heimgesuchten nach altem Brauch. Ungern sehen Diener die vertraute Ordnung zusammenbrechen, hätten sie auch einer strengen Herrschaft gedient. Sie gehorchten in der Hoffnung, Amt und Brot doch zu behalten, sie huldigten bereitwillig den neuen Herren, welche einstweilen die kaiserlichen Konfiskations-Kommissare waren. So hatten sie in Gitschin einmal der Elisabeth Smiřický gehuldigt, dann dem Ehepaar Slawata, dann Wallenstein; gewohnt, von Hand zu Hand zu wandern.
Ärger gab es allein auf den Trčka'schen Besitzungen. Er kam daher, daß die Gütertrennung zwischen Herrn Rudolf und dem Grafen Adam eine etwas verschwommene war, oder doch so dargestellt werden konnte, daß aber einstweilen nur das Gedächtnis des toten Sohnes in Acht und Bann war, nicht der lebende Vater. Nachod zwar hatte dem Ermordeten eindeutig gehört. Vom Hauptsitz der Familie, Opočno, bestritt Rudolf das mit Erbitterung; und ging soweit, den Kommissaren durch eine schießbereite Garde den Zutritt zum Schlosse zu verwehren, so wie der Hinkende, Otto von Wartenberg, getan hatte in Gitschin vor fünfzehn Jahren. Den alten Trcka konfiskationsreif zu machen durch einen Hochverratsprozeß gegen ihn und

seine verstorbene Frau Magdalena, war somit kein kleines Interesse der Kaiserlichen, denn das Gesamtvermögen der Familie vier Millionen Gulden wert. So geschehen und mit leichtem Erfolg geschehen, denn wir kennen ja den politischen Charakter dieser Eheleute; gern sagten ihre Angestellten aus, was man hören wollte. Zu seinem Glück starb Herr Rudolf, ehe dies Justizunternehmen recht in Schwung kam.

Wie reich war der Herzog von Friedland gewesen? Allezeit hatte man seine Arglist überschätzt, seine dämonische Zielsicherheit und Geistesstärke, und das von ihm Zusammengeraffte auch. Die Kommissare, die genauer kalkulierten als der Kaiser war im Ausgeben, kamen auf eine Gesamtsumme von acht Millionen 661000 Gulden. Dem standen Schuldforderungen, echte, übertriebene oder betrügerische, von drei Millionen gegenüber; als berechtigt anerkannt wurde ein Soll von einer Million 725000 Gulden. Andererseits fügt der beste Kenner dieser Sache den Aktiva noch einige, nicht genauer zu errechnende Millionen hinzu: Ersatz für Mecklenburg; Forderungen Wallensteins an den Kaiser für Heereslieferungen seit 1632; dann Vieh, Getreidevorräte in großen Massen, Wirtschaftsmobilien aller Art, welche die Mustergüter belebten. Wirklichkeit war, Nützlichkeit am Ort hatte nur dieser letztere Faktor. Das Übrige war politische Forderung gewesen, ferne Drohung, nichts Greifbares.

Die Kommissare fanden, daß mehr da sein müsse: vergrabene Goldschätze, aber die Beamten schworen, es seien keine; heimlich angeschwollene Konten in Hamburg, welche Stadt auch streng angeschrieben wurde, in Venedig und Amsterdam, es gab sie nicht. Wer von ausgeliehenen oder versteckten Geldern Wallensteins was Erkleckliches zu berichten wußte, sollte ein Zehntel davon bekommen; ein schlaues Lockmittel, aber unergiebig. Jene 39000 Dukaten, die zwei Tage vor dem Ende noch fortgeschafft worden waren, die gab es irgendwo, und emsig wurde nach ihnen gesucht; mit enttäuschendem Erfolg. Denn in Pirna, in Kinskys letzter Wohnung, ließ Kurfürst Johann Georg, sobald er die Nachricht von Eger erhielt, die Goldfüchse vorläufig beschlagnahmen, um sie dann endgültig zu behalten; ist ja in Kriegszeiten nicht so deutlich, was man tun darf und nicht tun darf. Des Kaisers Deputierte suchten an dem letzten Landeshauptmann von Friedland sich schadlos zu halten, Malowetz, der, so hieß es, die 39000 nicht mehr hätte ausliefern dürfen. Malowetz wehrte sich; der Prozeß gegen ihn dauerte vierzehn Jahre. 1648 wurde er verurteilt, die Summe samt angelaufenen Zinsen aus eigener Tasche zu bezahlen, was er nicht konnte.

Blieben, wenn man zu Wallensteins Fürstentümern und dem Riesen-

besitz der Trčkas noch den beträchlichen des Grafen Schaffgotsch, noch die bescheideneren Vermögen Ilows und Wilhelm Kinskys schlug, immerhin 14 Millionen zu verschenken. 14 Millionen, man weiß, was das war; wie es den Machthabern oft an 50 Gulden fehlte, um einen Kurier zu bezahlen. Ein Umsturz, wie nach dem Weißen Berg, und einfacher; damals hatte es Tausende getroffen in schwierig abgestuften Strafen; diesmal traf es zwei zur Gänze, und eben die, die nach dem Weißen Berg die Hauptgewinner gewesen waren.
Die Konfiskationsmasse sollte gebraucht werden zur Befriedigung des Heeres. Des Heeres, das hieß, der Generale und Obersten; der Generale und Obersten, das hieß in erster Linie der Mörder Wallensteins, der großen und der kleinen; dann der Günstlinge in Wien. Verschleuderung also; nicht rationale Verwertung. Die Geschenke waren grundsätzlich in Geld; in Gütern statt des Geldes. Wohin die Hauptbrocken gehen würden, wußte man schon Ende April: Friedland und Reichenberg, 500000 Gulden, an Gallas, Nachod, 215000 Gulden, an Piccolomini, das Kinskysche Teplitz, oder bloße 94000 Gulden, an Aldringen. Piccolomini durfte sich benachteiligt fühlen gegenüber Gallas, der obendrein noch Kinskys Haus in Prag erhielt, und stark bevorzugt gegenüber Aldringen. Der seine gierigen Hoffnungen am frühesten offenbart hatte und selber genaue Verteilungspläne verfaßte, sah unter den drei Groß-Exekutoren sich nun am letzten Platz; sah sogar sich tief unter der Spitze der zweiten Kategorie. Hirschberg, 225000 Gulden, dem Obersten, jetzt Grafen und Kammerherrn Walter Butler; Nové Město, 132000 Gulden, dem Obersten Grafen von Leslie; Smidar und Skřiwany, 178000 Gulden, für Johann Gordon; für Deveroux, Macdaniel, Geraldin 40000, 30000, 12000 in Gütern oder Fragmenten von Gütern oder Geld, welches jene zahlen sollten, deren Dotation man höher veranschlagte als die Summe, für welche sie bewilligt wurde; Isolano, Caretto di Grana – der jedoch unter schrillen Klagen fünf Jahre auf seinen Lohn warten mußte –, de Suys, Morzin, Giulio Diodati – es wurde keiner vergessen, wofür sie sorgten, die ohne lärmiges Selbstlob hätten vergessen werden können; auch nicht der stolze Graf Oñate; auch nicht Pater Lamormainis Jesuitencollegium; auch nicht der junge König von Ungarn, der seines Vaters Großzügigkeit das Gut Smrkowicz samt dem Gestüte verdankte. Edle Rosse waren überall begehrt. Was aber mit den bunten Vögeln geschah, ob sie Interessenten fanden, ob Soldaten sie töteten und brieten, wird nirgends erwähnt . . . Zu den Beschenkten gesellten sich des Kaisers Gläubiger; und da kam heraus, daß es in Hofes Nähe schier keinen gab, Militär oder Zivil, der nicht irgend etwas zu fordern gehabt hätte. Leihgaben, Auslagen, Gehaltsrückstände, Spesen aller Art

– jetzt oder nie war der Moment, sich bezahlt und überbezahlt zu machen. Hunderte von hochgereckten Armen mit krummfingriger Hand: Wir wollen etwas, wir wollen viel, wir wollen noch mehr; der und der hat das bekommen, warum wir nicht? Überall Geschrei von ehrenkränkender Zurücksetzung; als ob es um Ehre gegangen wäre. Ein Taumel im Ringen um Geld und Gut, wie jener, in dem Wallenstein gelebt hatte im Jahre 22: nur rückläufig, nur auflösend jetzt, und ohne eine Spur von Wallensteins schöpferischem Drang. Die Generale Marradas, Goetz, Strozzi, Tiefenbach – der erwarb die Herrschaft Aulibitz, zu der Gitschin gehörte –, Lamboy, Beck, jetzt Generalwachtmeister, Rudolf Colloredo – für ihn war Trčkas Schloß und Güterkomplex Opočno eben gut genug –, Desfours der Dieb, Mansfeld der Wolf, Hatzfeld, dem das schlesische Trachenberg aus dem Besitz des Grafen Schaffgotsch zugesprochen wurde; die Räte Werdenberg, Meggau, Wilhelm Slawata, Walmerode, Kurz, Stralendorf, Schlick, sie alle erhielten auf Stücke des friedländischen Hortes »Versicherung«, wie der Ausdruck war; wurden aber die Stücke höher taxiert als ihre Forderungen und sollten sie die Differenz begleichen, so vergaß man es freundlicherweise. Nur die drei Todesrichter scheinen taktvoll genug gewesen zu sein, nichts zu verlangen; sie und Gerhard Questenberg. Zum Schluß, zu bald, war nichts mehr da. So ungeheuer der Gewinn erschienen war, groß genug, um Haus Habsburg für Jahre hinaus wetterfest zu machen, er reichte nicht einmal, um die Gier mehr oder weniger unnützer Schranzen zu stillen. Drei Jahre später warteten noch 112 Offiziere des Heeres vergeblich auf ihr Geld. Die Soldaten, für die Ferdinands Herz so warm schlug, mögen von der friedländischen Exekution nichts anderes gehabt haben, als daß sie auf den friedländischen Gütern ein paar Monate lang sich satt essen durften.
Mit System wurden die häufigen Protestationen der verwitweten Herzogin behandelt. Jahrlang war die Antwort die, daß man erst noch herausfinden müsse, wie es denn eigentlich mit ihr stehe. Darüber geriet die Frau in Schulden, in Not und endlich in Verzweiflung. Sie gab den Rechtsweg auf, was eben war, was man gewollt hatte, denn Rechtsweg durfte hier keiner sein; Gnade wurde gewährt, als sie um nichts mehr als Gnade bat. Nun, zweieinhalb Jahre nach des Herzogs Tod, wurden ihr die Herrschaften Neuschloß und Böhmisch-Leipa, die Wallenstein ihr geschenkt hatte, aus christlicher Milde zuerkannt; aber nicht die 300 000 Dukaten, nicht die 12 000 jährlich, nicht der Palast in Prag. So der Grundsatz: Galt das Testament des Verräters irgendwo, so galt es überall, und folglich galt es nirgends.
Das Zauberschloß war ganz versunken. Vergebens alle die Beschwö-

rungen, die es hatten über dem Erdboden halten sollen; alle die vorausschauenden Dispositionen, die mit schweren Siegeln behängten, von vielen stattlichen Unterschriften bezeugten Dokumente. Keine Landstände mehr und Herzogliche Städte und Lehensträger, keine Kammer, keine Münze, kein Oberstes Gericht, keine Schnellpost, keine geplante, blühende Ökonomie mehr. Unrecht Gut gedeiht trotz allem nicht? Wie gewonnen, so zerronnen? Die Regel sieht man walten, wenn es sich so fügt; andernfalls vergißt man sie. Wallenstein hatte seine Beute knapp zwölf Jahre genossen. Die Erben des Wallenstein-Raubes, des Trčka-Kinsky-Schaffgotsch-Raubes blieben im Genuß so lange, bis in Böhmen und Schlesien aller Landbesitz aufhörte: die Clary-Aldringen, Colloredo, Hatzfeld, Gallas oder Clam-Gallas; so hätten die Piccolomini getan, wäre ihr böhmischer Zweig nicht gegen Ende des 18. Jahrhunderts ausgestorben. Und war auch längst kein Raub mehr, worauf sie saßen, sondern tief in der Zeit verwurzeltes Eigentum.

> Sei im Besitze, und du wohnst im Recht,
> Und heilig wirds die Menge dir bewahren . . .

Im Rechte wohnte auch der Graf Maximilian von Waldstein, Kämmerer seiner Römisch Kaiserlichen Majestät, Oberstallmeister des Königs von Ungarn. Was sein Schwager, Vetter und Wohltäter ihm als Lehen übertragen hatte, die Herrschaften Kloster und Stadt Münchengrätz, die Güter Zweretic, Swijan und Studenka, das durfte er nun, im Hinblick auf seine treuen Dienste, erbeigentümlich behalten; ein paar Jahre vergingen, und zu einem Freundschaftspreise, 50000 Gulden, kaufte er das Letzte, was aus der Konfiskationsmasse übriggeblieben war, den Palast in Prag. Das Friedländer Haus blieb so immerhin in der Familie und wurde allmählich zum Palais Waldstein; ein Name, den es, der Sache nach, bis in die Mitte unseres Jahrhunderts trug und heute noch trägt, obgleich der Sache entfremdet. Eigentlich wußte der Graf Max von dem fideikommissarischen Charakter des Herzogtums, daß er selber der Erbe war, und kein Verbrechen Wallensteins, es sei was es sei, dem Kaiser ein Recht gab, die unverjährbare, ewig dauernde friedländische Stiftung wieder aus der Welt zu schaffen. Dies Privileg, zuerst gewährt 1627, später erneuert, kannte man in Wiener Hofkreisen sehr gut, tat aber so, als ob es nie existiert hätte, zweihundert Jahre lang. Spät, nämlich im Jahre 1842, unternahm es ein Nachkomme Maximilians in der siebten Generation, Christian von Waldstein, das versunkene Schloß zu heben mit der Hilfe von Anwälten und Historikern, mit alten Pergamenten und unwiderleglichen Argumenten. In seiner Klage vor dem Landrecht Böhmens wies er nach, daß sein Ur-Oheim, Albrecht, Herzog zu Friedland, der ihm vorgeworfenen Verbrechen niemals schuldig gewesen, viel weniger überführt worden sei; daß ferner, selbst wenn er nach dem Gesetz verurteilt worden wäre, solches Urteil sich immer nur gegen seine Person, nicht gegen das Majorat hätte richten können; daß hier das Prinzip der Verjährung nicht obwaltete, weil die Stiftung expressis verbis für alle Ewigkeit galt; daß er selber, wie beigeschlossene Ahnentafel beweise, der gegenwärtige Inhaber des herzoglich friedländischen Majorates sei und Rückerstattung des widerrechtlich ihm entzogenen Ranges und Titels, wie auch der Substanz, nämlich sämtlicher friedländischer Kammergüter, binnen vierzehn Tagen zu fordern habe. Binnen vierzehn Tagen; nach zwei Jahrhunderten. Der Prozeß ging durch mehrere Instanzen, der Spruch blieb der gleiche: Die Exekution an dem Herzog von Friedland und alles Folgende waren ein kaiserlicher Strafakt – ein Akt, hätte man später gesagt, politischer Justiz oder runder heraus der Politik –, dem gegenüber bloße Zivilrichter keinerlei Kompetenz besaßen . . . Anders konnten österreichische Justizbeamte es wohl nicht ausdrükken. Sie konnten dem bizarren Grafen wohl nicht erwidern: Ihre Pergamente sind recht interessant, aber so interessant nicht, daß sie irgendwelche Aktualität besäßen. Die Gegenwart hat das Recht; von Historien und altersgrauen Sagen läßt sie sich nicht diktieren. Einem Gespenst kann man nicht Fleisch und Blut geben; einem bloßen Gedankenspiel keinen praktischen Ernst. Gehen Sie nach Haus; verschließen Sie Ihre Pergamente in der Truhe; seien Sie zufrieden mit dem, was Sie zu Ihrer Zeit, in Ihrem Leben haben und was, wie wir den Akten entnehmen, Sie ziemlich aus dem Vollen schöpfen läßt . . .

Die dreißig Jahre

Wie der Krieg, dieser formlos hinundherwogende, irre europäische Weltkrieg, dem Wallenstein nach vierzehn oder fünfzehn Jahren hatte ein Ende setzen wollen, noch vierzehn oder fünfzehn Jahre weiterging, bleibt zu erinnern; in der Kürze, die sich für eine Lebensbeschreibung ziemt, vollends für die Beschreibung eines Lebens, das auf der Strecke geblieben und des Folgenden nicht mehr Zeuge war.
In den Wintermonaten hatten des Kaisers Generale schier nichts anderes getan, als die angebliche Verschwörung Wallensteins zu überwachen und schließlich zu ersticken. Sie hatten sich das leisten kön-

nen. Im Mai hielt der neue Generalissimus, Ferdinand, König von Ungarn, zu Pilsen Revue über seine Armee, Wallensteins Armee, und fand sie gut. Nun wurde die Strategie beschlossen, welche der friedländischen entgegengesetzt war: Böhmen, Schlesien, Ostdeutschland, Norddeutschland als Nebentheater zu betrachten, Süddeutschland als das zentrale. Die Belagerung Regensburgs begann im Juni. Die Schweden versuchten es mit dem alten Kunstgriff der Diversion, indem sie tief nach Niederbayern eindrangen und Landshut eroberten; bei welcher Gelegenheit der Feldmarschall von Aldringen, der die Bayern kommandierte, auf der Flucht ruhmlos ums Leben kam. Den Evangelischen half das aber nichts, denn Regensburg, ihr Hauptgewinn des Jahres 33, ergab sich vier Tage später. Es half ihnen nicht nachhaltig, daß gleichzeitig eine gewichtigere Diversion im Osten sich abspielte; die Schweden unter Banér, die Sachsen unter Arnim standen vor Prag am Tage, an dem Regensburg fiel; schattenhafte Wiederholung von Arnims Feldzug im Jahre 31. Es brauchten die Kaiserlichen nur den Beginn einer Geste in dieser Richtung zu machen, so zogen die Invasoren wieder ab, wofür der Hauptgrund war, daß Schweden und Sachsen einander so wenig trauten wie je, noch weniger denn je. Der junge Ferdinand und sein Generalleutnant, Gallas, durften Böhmen Böhmen sein lassen und die Gegner, Bernhard und Horn, Donau-aufwärts treiben. Sie wiederholten, was Aldringen im Vorjahr hatte versuchen müssen; wie Aldringen Zuzug erhalten hatte durch die Spanier des Herzogs von Feria, so erhielten sie Zuzug, wirksameren, glückhafteren durch die Spanier des Kardinal Infanten, der nun in Person nahte aus der Lombardei und aus Tirol, mit 15000 Söldnern. Die Schlacht bei Nördlingen, Anfang September, übertraf an Masse und Dauer Lützen und den Weißen Berg und selbst Breitenfeld, denn sie tobte zwei Tage lang und endete mit der Schweden totalen Niederlage. Die Kaiserlichen hatten eine Überlegenheit gehabt, wie Wallenstein sie in seinen wenigen Schlachten nie besaß; sie hatten stürmische Aggressivität gezeigt, wie Wallenstein nie; Recht gab der Ausgang dem Kurfürsten von Bayern, der so lange vergeblich argumentiert hatte, man könnte den Feind sehr wohl aus Süddeutschland vertreiben, wenn man nur ernsthaft wollte. Mit den Trümmern seines Heeres, mit zusammengerafften Garnisonen preisgegebener Festungen konnte Herzog Bernhard, ein halbes Jahr früher der Bedroher Österreichs, eben noch hoffen, die Rheinlinie, die Verbindung mit Frankreich zu halten. Über Württemberg, diese bisher und angeblich in Wallensteins Interesse vergleichsweise geschonte Landschaft, ergoß sich die spanisch-kaiserliche Soldateska mit einer Furie, die selbst in diesem Krieg noch nicht erfahren worden war; in den folgenden fünf Jahren verschwanden dem Herzogtum drei Viertel seiner Bewohner. In heller Auflösung befand sich Oxenstiernas Heilbronner Bund.

So weit reichte der Triumph von Wallensteins Mördern; so gründlich widerlegt war seine Kriegspolitik und Friedenspolitik. Und war es nicht. Zehn Victorien, hatte er gewarnt, würden den Frieden nicht näher bringen. Nördlingen brachte den Frieden um keinen Deut näher. Es schob ihn in noch fürchterlichere Fernen hinaus.

Dies, obwohl der Zusammenbruch von Schwedens abenteuerlicher Stellung in Süddeutschland einen Prozeß beschleunigte, welcher schon im Frühjahr begonnen hatte, welcher zurückging auf das Jahr 32 und der alte, wallensteinische war: die Friedensverhandlungen zwischen Haus Habsburg und Sachsen. Der neue Generalissimus erbte die Vollmacht des Ermordeten; er ließ es in Dresden sehr höflich mitteilen. Man vernahm es gern und war auch bereit, die Entrüstung über Wallensteins Ende zu vergessen. Solche Anflüge von sittlichen Bedenken pflegen nicht lang zu dauern, wo die Politik spricht. Die allerdings sprach. Wallenstein hatte geglaubt, den Frieden mit Sachsen in einer Stunde schließen zu können; was kann Macht nicht, wenn sie das Vernünftige will? Es brauchte ein Jahr. Es begann im böhmischen Leitmeritz und spielte sich hinüber ins sächsische Pirna wegen der Kriegsläufte und dann wieder zurück nach Prag. Die kaiserlichen Unterhändler waren die längst Ernannten: Max Trauttmansdorff, Reichshofrat Hermann Questenberg und der spitzfindige Jurist, Dr. Gebhard. Sie führten die Verhandlungen nicht so, wie Wallenstein, ungeduldiger Verächter allen Kleinkrams, sich es vorgestellt hatte, wie er selber verfahren war am Kamin des Güstrower Schlosses im Jahre 29. Wobei man gestehen muß, daß der Austrag mit Dänemark ein Leichtes gewesen war verglichen mit den giftigen Konflikten, die im Römischen Reiche wucherten seit nun achtzig Jahren. Beide Partner spielten nach der ewigen Regel: zuerst das Äußerste zu verlangen, dann winzige Schritte nach der Mitte zu tun, immer wartend, ob der andere nicht weiter entgegenkommen werde, drohend mit Abbruch und, wenn die Hauptfragen schon geregelt schienen, neue Bedingungen, Qualifikationen, Reservationen heranschleppend. Stolz war zuerst die Sprache der Kaiserlichen: die Sprache, tadelte der Kurfürst von Bayern, welche »aus des Friedländers Kanzlei ihren Ursprung genommen«. Er meinte den Wallenstein des Ersten Generalats damit, den Vorkämpfer nicht der absoluten Monarchie, aber doch einer verstärkten Zentralgewalt im Reich. So nun Ferdinands Deputierte: die evangelischen Stände sollten ihren Irrtum bekennen und sich unterwerfen; dann werde man Vergangenes vergangen sein und über Einzelheiten mit sich reden lassen. Ihrerseits bestanden die Sachsen – aber Generalleutnant Arnim war nicht unter ihnen – auf einem eigentlichen Friedensvertrag, und zwar einem universalen. Die Mitte, in der man sich nach langwierigem Heckeln traf, war die, daß der Kurfürst von Sachsen mit dem Kaiser Frieden schloß, für sich und für Alle, Deutsche und Nicht-Deutsche, die ihm beizutreten wünschten; daß aber einer Satisfaktion der Schweden mit Land oder Geld, geschweige der Franzosen, inhaltlich mit keinem Wort gedacht wurde. Im Ernst keine Einladung an Europa, nur an das evangelische Deutschland, und zwar an seinen konservativen Teil, das lutherische Deutschland, die »Augsburger Religionsverwandten«. An sie eine bestechende. Der Kern war die Aufhebung des Edikts; nicht endgültig, man durfte eine vom Drang zeitlicher Umstände erzwungene Konzession doch nur auf Zeit machen; auf lange Zeit aber, vierzig Jahre; und wenn sie selbst um wären, so sollte das Problem der ehemals kirchlichen Besitzungen doch niemals mehr mit Gewalt angegangen werden. Schwer fiel dem Kaiser Ferdinand der Verzicht auf die christseligste Errungenschaft seiner Regierung; er willigte erst ein, nachdem er seine Theologen befragt hatte, zweiundzwanzig Theologen unter dem Präsidium des Kardinals Dietrichstein, und eine Mehrheit, gegen die Jesuiten, angeführt von Pater Lamormaini, die Dominikaner und Kapuziner, geführt von Don Diego Quiroga, deduzierte, das Opfer werde Gott nicht unangenehm sein, wenn nämlich die Politiker es für absolut notwendig hielten; welches eine Art war, die Männer der Welt entscheiden zu lassen über Weltliches. Auch über die Amnestierung aller gegen das Reichsoberhaupt begangenen Felonien verstand man sich, so, daß sie nicht weiter rückwärts reichte als bis Sommer 1630, dem Beginn der schwedischen Invasion. Wiederherstellung wurde zugesichert allen Besitzes, wie er gewesen war am 12. November 1627. Es hatten die Sachsen wohl weiter zurückgehen wollen, es hatte Wallenstein einmal, wir glauben es, zurückgehen wollen zum Jahre 1612; 1627 blieb das fixierte »Normaljahr«. Gleich wurden freundliche Ausnahmen gemacht, zum Beispiel für die beiden mecklenburgischen Brüder, die der Kaiser aus angeborener Güte wiederum zu Huld und Gnaden aufzunehmen versprach, wenn sie nur gegenwärtigen Friedensschluß dankbar und wirklich akzeptierten. Es wurden auch unfreundliche Ausnahmen gemacht, zum Beispiel gegen Württemberg und Baden, Gebiete, welche die Kaiserlichen eben überrannt hatten und für ihre Kriegszwecke zu quälen gedachten; eine lange Liste von Ausnahmen. Diesem Ärgernis verweigerten die Sachsen Aufnahme in den Vertrag; nur als einen beigegebenen Brief, eine unilaterale kaiserliche Willenserklärung nahmen sie es zur

Kenntnis. Auch die am »Friedländischen Verrat« Beteiligten standen auf der Liste – wer da gemeint war, sieht man nicht. Die Ausnehmung der Pfalz aber figurierte im Vertrag selber; zu schwer sei des verstorbenen Pfalzgrafen, wie auch der Böhmen Schuld an allen den Greueln der vergangenen Jahrzehnte, als daß hier an dem einmal Verfügten gerüttelt werden dürfte. Es gelang den Sachsen nicht, solche unweisen, die Heilkraft der Amnestie verderbenden Einschränkungen zu eliminieren; wie es ihnen auch nicht gelang, für ihre Glaubensgenossen in den Erblanden, zumal in Schlesien, das Mindeste zu erreichen. Sollte denn, fragte Trauttmansdorff, für den Kaiser als Landesherrn nicht recht sein, was den evangelischen Fürsten selber billig war, nämlich, über die Religion der eigenen Untertanen zu verfügen? Womit die Zukunft Schlesiens in mehr als nur der geistigen Sphäre besiegelt war. Die Zukunft des Römischen Reiches? Hier gab es beträchtliche Paragraphen, die »aus des Friedländers Kanzlei« zu stammen schienen. Alle Unionen und Sonderbündnisse im Römischen Reich waren fortan verboten. Das ging gegen Johann Georgs Leipziger Schluß, gegen die längst zerstobene Union des Pfalzgrafen, auch gegen die Liga Maximilians von Bayern. Nur ein Heer sollte sein, um über den Frieden zu wachen, unter einem Oberhaupt, dem Kaiser, und sollte künftig heißen: der Römisch-Kaiserlichen Majestät und Römischen Reiches Reichskriegsheer. Modifizierender Zusatz: ein ansehnlicher Teil des Heeres sollte dem Kurfürsten von Sachsen anvertraut sein, was ein gleiches Recht bedeutete für Bayern und Brandenburg. Der Zusatz wieder modifiziert: fügten, unglücklicherweise, die Kronen Schweden und Frankreich sich dem Prager Friedenswerk nicht, so hatten alle Kurfürsten, alle Stände überhaupt, katholische und evangelische in gleicher Weise, in treudeutscher Einigkeit dem Kaiser Hilfe zu leisten, bis die Fremden vom Reichsboden vertrieben wären.

War alles dieses nicht, was der Generalleutnant von Arnim seit Jahren geraten hatte? Daß die Fremden es ihren lieblichen Reden zum Trotz nicht gut mit den Deutschen meinten, gut nur mit sich, und über den Ruin des Reiches keine Träne weinten, hatte er es nicht seit Jahren doziert? Geschieht aber in der großen Politik endlich das, was wir wollten, und geschieht es, ohne daß auf Form und Gestalt uns entscheidender Einfluß vergönnt würde, so ist es das, was wir wollen, trotzdem nicht. Eine dritte, deutsche, evangelische Partei hatte Arnim erstrebt: mit Österreich friedlich auskommend wohl, aber Österreich nicht unterworfen; von den Schweden getrennt wohl, aber nicht den Schweden in den Rücken fallend in schnöder Undankbarkeit. Die Freiheit der gereinigten Religion war ihm am Herzen gelegen, überall und besonders in Schlesien, wo er sie einmal wiederhergestellt hatte und wo nun die Päpstlichen walten durften nach ihrem Geschmack. Arnim sah, was den blöden Augen Johann Georgs verborgen blieb: daß dieser Vertrag, so wacker er sich las, den Frieden nicht bringen werde. Er legte Protest ein und kündigte den Dienst. Wir kennen ihn; er war ein Meister in der Gewohnheit, einen Herrn zu verlassen und sich ins Privatleben zurückzuziehen, in welchem er es lange doch nie aushielt.

Arnim lebte noch und konnte sich äußern. Wallenstein nicht. Auch ist es schwer, die Kompromisse von Prag mit dem Friedensprogramm zu vergleichen, das nur in seinem Kopf existiert hatte, schwankend, einfach und ungenau, zumal alles Genaue ihn langweilte, ein Programm höchst persönlicher Natur. Ein paar Grundansichten lassen sich trotzdem fixieren. Immer war er gegen den Religionskrieg gewesen – »Die Gewissen dependieren allein von Gott« –, immer für Trennung des Politischen vom Geistlichen; wenn nun das verfluchte Edikt in der Truhe verschwand, um nie wieder daraus hervorzugehen, so war es, sechs Jahre zu spät, im Sinn des Toten. Anderes fehlte, Vieles davon. Er hatte die Amnestie auf alle ausdehnen wollen, auf die Pfalz, auf die böhmischen Emigranten, hatte ihnen doch irgend etwas Versöhnendes bieten wollen. So auch, jedenfalls zuletzt, den Franzosen und den Schweden. Er hatte die Ketten zerbrechen wollen, die Österreich-Deutschland zum Gefangenen Spaniens machten. Dies war seine Politik gewesen; angespielt mit ungeeigneten Mitteln, gestört durch fremde, kranke Elemente, aber im Kern doch dies. Und ohne, daß man das ganze Deutschland beruhigte, nicht bloß ein paar privilegierte Gruppen; und ohne, daß man den Fremden, die nun einmal da waren, etwas bot, womit sie abziehen konnten, ohne ihr Gesicht zu verlieren; und ohne daß man die Spanier, welche der Wiener Politik diktierten, nach Hause schickte und zur Annahme der neuen Dinge zwang, war in der Tat kein europäischer Friede möglich, mithin auch kein deutscher.

Sie waren froh in Deutschland über den Prager Vertrag. Sie ließen ihn von den Kanzeln verlesen und Glocken läuten und Böller schießen und die Nacht mit Feuerspielen erhellen. Sie schlossen sich an mit erstaunlicher Promptheit: die großen Reichsstädte, Lübeck, Hamburg, Bremen, Frankfurt, Nürnberg, Ulm; die großen Fürstentürmer, Bayern, Brandenburg, Braunschweig, Mecklenburg – ja auch die Herzoge in Güstrow und Schwerin, die es doch nur dem König Gustav Adolf verdankten, daß sie wieder in ihrem Land leben durften. Aber diese späte Versöhnungsszene war Trug. Zuviele blieben von ihr ausgeschlossen: die Süddeutschen samt der Pfalz, die Calviner überhaupt;

Andere, Bernhard von Weimar, Wilhelm von Hessen-Kassel, Georg von Lüneburg schlossen sich selber aus. Sie taten es in dem Bewußtsein, daß der Krieg ja doch weitergehen würde, als ein europäischer Staatenkrieg jetzt, daß sie überlegene Bundesgenossen hätten und gute Hoffnung, zuletzt noch etwas für sich herauszuschlagen. Er warne sie beizeiten, sagte Oxenstierna zu Gesandten aus Mecklenburg. Wie ein Hund würden die Schweden sich auf die Hinterbeine setzen an der Küste und um sich beißen; die in der Mitte säßen, würden die hart Getroffenen sein.

Kein Religionskrieg mehr. Ein Staatenkrieg, obgleich immer noch zwischen ungeformten, unreifen Staaten, und entsprechend wüst. Mit ihren Künsten im Stil des Marquis de Feuquières hatten die französischen Politiker den Prager Friedensschluß zu sprengen versucht. Ungefähr wie Arnim, obgleich mit anderer Meinung, verstanden sie, daß hier nicht die dritte, die deutsche Partei zu entstehen im Begriff war, von der sie so lang geträumt hatten, sondern ein an Spanien gebundenes Gesamtdeutschland, welches sie, so wie ihre Staatsraison nun einmal war, durchaus nicht ertragen wollten. Die Schlacht von Nördlingen hatte sie zu offenerem Eingreifen gezwungen, noch offenerem; wenn die schwedische Niederlage sie unmittelbar bedrohte, so lag auch wieder der Vorteil darin, daß in der Allianz sie fortan die unvergleichlich Stärkeren sein würden. Sie hatten eine Armee organisiert, eine Gruppe von Armeen, insgesamt so zahlreich an Bewaffneten, wie Wallenstein sie je unter sich gehabt hatte. Sie suchten ihre Bundesgenossen in Deutschland, wo sie sie fanden. Ihre Truppen marschierten; gegen die spanischen Niederlande; im Elsaß, in der Pfalz, über den Rhein gegen Heidelberg, den Rhein hinunter bis Koblenz; als am 19. Mai 1635, eine Woche vor der Unterzeichnung des Prager Vertrags, ein Herold in Brüssel verkündete, daß Krieg sei zwischen den Königen von Frankreich und Spanien, mithin auch zwischen dem König von Frankreich und dem Römischen Kaiser, hörte man kaum noch hin.

Von da ab war Wüste in der Zeit wie im Raum, Wüste, durch welche die Söldnerheere, Polen, Italiener, Schotten, Flamen, Kroaten, Kosaken, Griechen, Türken, auch Deutsche, auch Franzosen, Spanier, Schweden plündernd hin und her, und mitunter gegeneinander zogen. Einmal, 1636, waren die Kaiserlichen in Compiègne und die Pariser in Panik; ein anderes Mal, 1642, waren die Schweden vor Wien und die großen Herren der Hauptstadt auf der Flucht nach Graz. 1639 schlug Octavio Piccolomini bei Thionville die Franzosen, die von keinem anderen kommandiert wurden als dem Marquis de Feuquières; der nun, mit zerschmettertem Arm, in den Wundfieberträumen seiner Agonie, noch lernte, daß es hübscher ist, Kriege zu verlängern an der Spitze einer diplomatischen Mission, als zu krepieren nach Soldatenart. Der Kaiser Ferdinand II. starb und sein Sohn wurde sein Nachfolger, das Kurfürsten-Colleg funktionierte ja nun, das machte keinen Unterschied, es ging immer weiter; der Père Joseph starb, der Kardinal Richelieu, der König von Frankreich, der Papst Urban, es ging weiter. Ein innerer Krieg brach aus in England und Schottland, zwischen dem König, dem Adel und den Bauern auf der einen Seite, der Stadt London, dem Parlament, den Bürgern auf der anderen. Das war unerhört, änderte aber nicht viel am europäischen Brande, von dem Großbritannien schon lange abwesend gewesen war, und es ging weiter. Die Namenlosen, die starben in viel, viel größeren Massen jetzt als je in Wallensteins Tagen; durch die Soldaten, die unter den Wehrlosen tapferer wüteten als gegeneinander, in Hungerkrämpfen, an Pest, Typhus, Morbus Novus. Seine Fürstentümer seien ganz verödet, notierte Herzog Adolf Friedrich von Mecklenburg, auf vielen Höfen kein Mensch mehr übrig, die aber noch lebten, äßen Mäuse und andere unnatürliche Sachen, ja, die Eltern ihre Kinder und umgekehrt, er habe Beweise dafür. Das war in Mecklenburg nicht so gewesen unter Wallenstein; Rath Cothmann, derselbe, den Wallenstein einst mit Enthauptung bedroht hatte, wenn er noch einmal zu ihm käme, schrie, es müsse Friede sein, und reiste zum Regensburger Reichstag im Jahre 40, um für den Frieden zu wirken, aber es ging weiter. Dreimal noch, wenn man die flüchtigen Invasionen nicht mitzählt, brachen die Schweden tief in Böhmen und Mähren ein, eroberten Olmütz, belagerten Brünn, erstürmten zuletzt gar die Prager Kleine Seite samt dem Hradschin; da wurden Schätze geplündert und hohe Gefangene gemacht, der Kardinal von Harrach, der Oberstgraf von Martinitz, den die Böhmen aus dem Fenster geworfen hatten vor nun dreißig Jahren, der Reichshofrat von Walmerode, der Abt Caspar von Questenberg unter ihnen. In seinem Schlosse Boitzenburg wurde Hans Georg von Arnim von den Schweden überfallen im Jahre 37, zum Jubel des rachsüchtigen alten Grafen von Thurn, und nach Stockholm gebracht, wo er die Zeit sich als Staatsgefangener vertreiben mußte, bis er endlich entfloh mit dem Paß seines Kammerdieners anderthalb Jahre später. Die Erfahrung stimmte ihn so bitter, daß er seine politischen Ansichten änderte, noch einmal, und nun der Schweden wütendster Feind wurde, allerlei Pläne ausheckte, wie man sie schädigen und vertreiben könnte, etwa durch Aufhetzung der Stadt Stralsund gegen ihre tyrannischen Retter, ein Versuch, den schon Wallenstein gemacht hatte im Herbst 1633; Arnim war im Begriff, wieder in Kaisers Dienst zu treten, als er starb; Herzog Franz

Albrecht von Lauenburg aber diente dem Kaiser schon lang wieder, als ob er Wallensteins Ermordung vergeben und vergessen hätte, wie auch die danach ihm angetanen Widerwärtigkeiten, er fiel im Kampf gegen die Schweden bei Schweidnitz, wo 1633 der lange Waffenstillstand gewesen war, auch das Sterben dieses Lebenslustigen soll unsagbar schmerzlich gewesen sein. Im gleichen Jahr, 1642, kam es zu einer zweiten Schlacht von Breitenfeld, bei der nun die Sachsen auf der anderen Seite kämpften, aber ebenso geschlagen wurden wie elf Jahre früher, es kommandierte sie Octavio Piccolomini; worauf Piccolomini in spanische Dienste übertrat und sein Feind Gallas, 1639 wegen arg enttäuschender Leistungen schon pensioniert, ihn ersetzte, nicht zu seinem eigenen Glück; denn er mußte den Schweden unter Torstenson, die in einem Sonderkrieg gegen Dänemark von Oberschlesien nach Jütland gezogen waren, wie Wallenstein im Jahre 27, ihnen mußte er nachfolgen, aber Torstenson war geschickter als der König Christian gewesen war, er entging der Falle auf der engen Halbinsel, wandte sich wieder nach Süden, Gallas hinter ihm drein, immer hinter ihm drein, bis er bei Aschersleben nahe Magdeburg im Kampf gegen Torstenson sein Heer verdarb; nun ging er endgültig in Pension. Seine Trunksucht und damit zusammenhängende Korpulenz waren der Spott Europas. Es gibt eine französische Karikatur, die ihn zeigt, den geschwollenen Leib in einem Schubkarren vor sich herschiebend. Immer aber blieb er der vergleichsweise Feinste unter den drei Exekutoren. Es wird erzählt, daß, als er sein Ende nahen fühlte, er flehentlich bat, mit dem Kaiser, Ferdinand III., sprechen zu dürfen, wäre es auch nur für eine Stunde. Der Monarch fand die Bitte unpassend und schickte ihm die Räte Schlick, Khevenhüller und Kurtz. Denen aber wollte Gallas sich nicht offenbaren, sondern ließ nun sich ein Bündel Briefe reichen, die er verbrannte Stück für Stück. Weil niemand weiß, von was die Briefe denn handelten, warum ihr Inhalt den Sterbenden bedrückte, so sind wir frei, zu raten.

In eben dem Monat April, 1647, in dem Gallas starb, schloß der Kurfürst von Bayern Waffenstillstand mit Frankreich, wie er ihn mit Schweden geschlossen hatte vor fünfzehn Jahren; noch einmal bewegt von der Verzweiflung, auch den Drohungen seiner Untertanen. Da er aber alt geworden war, verbraucht und unsicher, so gab er sechs Monate später seine Neutralität wieder auf; wonach Franzosen und Schweden es in Bayern, man kann schwerlich sagen, noch gräßlicher trieben, nach den Zeugnissen der Zeit war Steigerung nicht mehr möglich. Brandenburg, seit neuestem von stärkerer Hand regiert, hatte den Prager Vertrag schon 1641 gebrochen, auf eigene Faust seine Neutralität proklamiert und verteidigt; was vom Aufstieg

Brandenburg-Preußens der Anfang war. Die Mitte aber, und fast schon das Ende vom Niedergang der spanischen Macht war, daß 1639 die stärkste Flotte, die Spanien in diesem Jahrhundert zusammengebracht hatte, von den Holländern in den Grund gebohrt wurde in neutralen englischen Gewässern; daß 1640 die Katalanen den König von Frankreich zu ihrem Herrscher wählten und auch Portugal abfiel von Madrid; daß 1643 bei Rocroy nahe der niederländischen Grenze das stolzeste spanische Aufgebot an Reitern und Infanterie von den Franzosen vernichtet wurde; daß im gleichen Jahr der Herzog von Olivares, der imperiale Träumer, unter dem Hohngelächter der Madrilenen seinen Abschied nahm, und Habsburg-Österreich von Habsburg-Spanien keine Hilfe mehr gewärtigen konnte. Es ging aber trotzdem weiter; ging weiter, obwohl über den Frieden verhandelt wurde nahezu ununterbrochen.
Immer war verhandelt worden. Der Krieg der dreißig Jahre war ein Mißverständnis gewesen, jederzeit aufzulösen, wenn man nur über geringe Differenzen in der Auslegung des Rechtes sich zu einigen bereit wäre. Es war verhandelt worden zwischen den böhmischen Rebellen, Matthias und Ferdinand, 1618–19; zwischen Wien, dem Pfalzgrafen und England zu Beginn der zwanziger Jahre; zwischen Wallenstein, dem Niedersächsischen Kreis und Dänemark 1625; zwischen Schweden und Polen, Polen und Moskowitern; zwischen den deutschen Kurfürsten unter sich; zwischen Holländern und Spaniern, Franzosen und Österreichern, Bayern und Schweden; zwischen Wallenstein und Sachsen und Brandenburg; zwischen Sachsen und dem Kaiser, woraus der Friede von Prag hervorging. Dieser war ein Angebot, offen für alle; und redlich mühte sich Sachsen, die Schweden dafür zu gewinnen. Die Ahnung, das Angebot tauge nicht für seinen Zweck, setzte nach fünf Jahren sich durch, zuerst in Berlin, dann in Wien und München. Es würde doch anderswo zwischen Anderen verhandelt werden müssen. Über den Ort, Münster und Osnabrück, einigten Frankreich, Schweden und der Kaiser sich 1641; drei Jahre vergingen, bis man über alle die Teilnehmer und die Form der Teilnehmung betreffenden Fragen im reinen war; der Kongreß von hundertundvierzig Gesandten begann im Dezember 1644; er dauerte vier Jahre, wovon das erste benötigt wurde, um herauszufinden, warum man eigentlich Krieg geführt habe. Vier Hauptgruppen von Gründen oder Gegenständen des Konflikts waren schließlich aufgereiht: Die Beschwerden der deutschen Stände, vornehmlich gegen den Kaiser, die Frage einer Amnestie, vollständiger als jene von 1635, die Satisfaktion der Bundesgenossen oder ehemaligen Bundesgenossen der Stände, nämlich Schwedens und Frankreichs, die Entschädigung der

Depossedierten. Angesichts eines so langen, zerstörenden Unwesens kommt die Aufgliederung uns ein wenig dürftig vor. Wer weiß? Daß der Menschen blutige Narreteien ihrem Schrecken adäquate Ursachen, daß sie überhaupt Ursachen haben müssen, wurde von den Geschichtsschreibern immer nur vorausgesetzt; gläubig hat man es hingenommen. Aber die Greuel beweisen nichts für ihren Sinn; die dauernden, tiefgreifenden Folgen beweisen nichts für ihre Ursachen. – Nach endlicher, sauberer Extrapolation der subjecta belligerantia unterhielt man sich drei weitere Jahre mit ihrer Bereinigung. Das wird niemanden mehr verwundern. Sie hatten zweier Monate bedurft für den elenden Leipziger Schluß, das klein-lutherische Bündnis unter Sachsens Führung; ein Jahr für den Frieden von Prag; die raschere Arbeit in Lübeck, 1629, verdankte man Wallenstein allein. Daß es praktischer sei, erst Waffenstillstand zu machen, dann Frieden, war noch unbekannt; Wallenstein hatte es damit versucht 1633, ohne Erfolg. Also führte man den Krieg fort während der vier Verhandlungsjahre; und welche Seite einmal mehr irgendeinen Gespenstersieg errungen hatte irgendwo, deren Vertreter schraubte seine Forderungen höher. Der Kongreß stellte den alten, grausamen Brauch dar, nun als Institut verfestigt: in der schlechten Jahreszeit einander Fallen zu stellen in geschriebenen Repliken und Dupliken, und die Länder zu martern in der guten. Was dann die Westfälischen Verträge betrifft, dies von hundertachtundvierzig hartköpfigen, mißtrauischen, lauernden, gierigen Diplomaten in ständiger Korrespondenz mit ihren Auftraggebern zusammengesetzte Endwerk, so könnte man von Wallensteins Ideen wohl einige in ihnen realisiert finden. Kaiser Ferdinand III. schloß zu Münster Frieden mit dem König Ludwig XIV., der König Philipp IV. aber nicht; Spaniens hoffnungsloser Krieg gegen Frankreich schleppte sich noch elf Jahre weiter im Süden wie im flandrischen Norden. Damit hatte Deutsch-Habsburg sich von Spanisch-Habsburg getrennt, war der spanische Einfluß in Wien gebrochen, und zwar endgültig. Andererseits bequemten in Münster sich die Spanier anzuerkennen, für immer und ewig, daß es die souveräne Republik der vereinigten Niederlande gab. Das Herzogtum Pommern wurde geteilt zwischen Brandenburg und Schweden, so der pfälzische Länderbesitz zwischen dem grauen Maximilian und des Winterkönigs Sohn. Die Religionshoheit der deutschen Landesherren – Cuius est regio, eius est religionis dispositio – wurde wohl noch einmal statuiert, aber nicht ohne wohltuende Schutzbestimmungen für Andersgläubige; und das darf man sagen, daß, wenn der Dreißigjährige Krieg in seinem Ursprung mit Religion zu tun gehabt hatte, er in Deutschland und Europa der letzte Glaubenskrieg christlichen Stils war. Man

könnte in alledem Spuren von Wallensteins Gedanken finden; viel kommt nicht darauf an. Denn sie waren nur in seinem Kopf gewesen, ohne daß er, bloßer Vorläufer und unsicherer Ankündiger, Wirklichkeit aus ihnen gewonnen hätte; während der Prager Verhandlungen war seiner noch gelegentlich gedacht worden, da sprach man von »Wallensteinisch Spielen«; im blutigen Sumpf der folgenden anderthalb Jahrzehnte verschwand sein Name.
Auch wollen wir ihn nicht zum prophetischen Bahnbrecher machen, der, bei aller Originalität des Charakters, doch nur ein praktischer Mann gewesen war, der Ergreifer von Gelegenheiten. Frieden, zeitgemäßen Frieden, hatte er machen wollen mit den deutschen Protestanten und mit den Holländern, das ist richtig. Lockte aber die Hoffnung einer Vorherrschaft »für uns«, dann wünschte er sie zu realisieren, ohne lang zu fragen, ob sie mittelalterlicher Art sein würde, oder moderner: »denn wenn wir Kurbayern recht auf unserer Seite haben, so sind wir Patroni nicht allein von Deutschland, sondern von ganz Europa«. Das neue Prinzip des Gleichgewichts der Kräfte, das nun die Franzosen in die Westfälischen Verträge einbrachten, Gleichgewichts in Germanien wie in ganz Europa, hätte er kaum noch verstanden. Auf des Lebens gleitender Bühne kann man ja den Verstorbenen im Ernst sich nicht vorstellen. Wie hätte Wallenstein reagiert, als bloße fünfzehn Jahre nach 1634, ein radikaldemokratischer Soldatenführer dem König von Großbritannien den Kopf abschlagen ließ unter den Fenstern von Whitehall? Unnütz, zu fragen. Wir sind auf der Höhe der Zeit, unter immer schwereren Anstrengungen, oder wir sinken ab, während wir leben. Jene, die nicht mehr mitlaufen können keuchenden Atems, die Toten, bleiben zurück wie Steine am Weg; kaum begreifen wir, daß sie vor kurzem noch Mitlebende, Mitwirkende waren.
Wer aber die kaiserliche Delegation in Münster anführte, mit lobenswerter Geschicklichkeit, das war Graf Max von Trauttmansdorff, der Friedenswillige von 1633, der Todesrichter. Wer den nachfolgenden, kaum minder harten militärischen Unterhandlungen von Kaisers Seite präsidierte, wer half, die über sechs Jahre gedehnten Etappen der Räumungen feindlich besetzter Gebiete festzulegen, die Entlohnung und Entlassung der Soldaten, kurz die Demobilisierung und das reale Ende, das war der Generalleutnant Octavio Piccolomini. Zum Schluß gab es ein Festbankett unter Soldaten, sehr großartig. Piccolomini hat es malen lassen, wie er die Schlacht von Lützen malen ließ und die Schlacht von Thionville. Man sieht diese Bilder heute noch in dem »Spanischen Saal«, den er nun in seinem Schlosse Nachod, dem Smiřický-Schloß, dem Trčka-Schloß, prunkvoll sich einrichtete; in der

Kuppel aber ein Gemälde ihn darstellend, wie er, zur ohnmächtigen Wut geschlagener Feinde, von Mars in den Olymp des Sieges eingeführt wird. Wohl erinnert es an einen anderen Deckenschmuck.

Wallensteins sterbliche Hülle ließ man zwei Jahre und drei Monate im Minoritenkloster zu Mies. Dann wurde der Sarg mit grober Unfeierlichkeit nach der Kartause Walditz bei Gitschin geschafft. Zu ihrer Verwunderung fanden die Mönche den Leichnam noch gänzlich unverwest und selbst die Todeswunde »weder dem Auge noch dem Geruchsinn den widerlichen Eindruck der Fäulnis bietend«. In der Walditzer Gruft, die der Lebende zeitig hatte einrichten lassen, lag nun der Tote neben den Reliquien der ersten Frau, Lucretia von Landek, und des Söhnchens Albrecht Carl. Kein Grabstein, keine Inschrift; es hatte alle »sine honore« sein müssen. Getreu folgten die Kartäuser dem Befehl dennoch nicht: »In Gebeten und heiligen Handlungen werden wir unseres größten Wohltäters dankbar eingedenk sein.«
Nach dem Tode Kaiser Ferdinands II., in der Reife der Zeit, ging die Rede, »Anhänger des ermordeten Wallenstein« hätten ihn vergiftet. Khevenhüller, der Annalist, der das Gerücht erwähnt, fügt hinzu, es habe sich allerdings nicht beweisen lassen.
Das Pachhelbel-Haus in Eger wurde demnächst Sitz eines Jesuitencollegiums. »Ungefähr vier Jahre nach des Herzogs Tod«, 1638 also, besuchte es der Pater Provincial, Martinus Stredonius, und schlief im Mordzimmer, aber schlecht. Beim Frühstück wandte er sich mit drohendem Finger an den Rektor: Einen Raum, in dem Gespenster umgingen, hätte man ihm nicht ungewarnt anweisen dürfen. »Und euch allen sage ich: daß mir niemand mehr schlecht von Wallenstein spreche. Denn er wäre sehr töricht gewesen, nach der Krone Böhmens zu streben; wußte er doch, daß er höchstens noch zwei Jahre zu leben hätte.« . . . Blutspuren an der Wand waren bis in die Mitte des 18. Jahrhunderts zu sehen. Während des Siebenjährigen Krieges ließ ein preußischer General, namens Gildenhof, der im Hause Quartier hatte, sie abkratzen und übermalen.
Zweifel an der Schuld Wallensteins, wie jene, die dem Pater Stredonius mitternächtlich erweckt wurden, nährte der Kaiser Leopold, Enkel Ferdinands II. Einen Höfling, der in Prag auf den Palast des Rebellen wies, fragte er in tadelnder Erwiderung: »Weißt du es für gewiß, daß Wallenstein ein Rebell war?« Zweifel trugen die Kartäuser, die im 18. Jahrhundert noch immer von Wallensteins Stiftung lebten. Als gleichfalls im Siebenjährigen Krieg ein anderer preußischer General ihre Kirche besuchte und, auf der Gruftplatte stehend, sich zu den Mönchen erklärte, »Er war ein Verräter!«, da, wird berichtet, »zuck-

ten sie die Schultern mit einer so auffallenden Miene, als ob sie sagen wollten: Er war unschuldig!« Das Erlebnis gab dem General, welcher Grevenitz hieß, den Gedanken ein, in seinen alten Tagen der Sache auf den Grund zu gehen und Wallensteins »wahre, bisher immer verfälschte Lebensgeschichte« zu schreiben. Er folgte darin dem Legationsrat Johann Christian Herchenhahn, dem Nürnberger Patrizier Christoph Gottlieb Murr, die ihre Werke im Jahre 1790 veröffentlichten. Das Buch von Murr ist geistvoll und reichhaltig, das von Grevenitz brav genug, das von Herchenhahn ziemlich albern. Mit den Dreien begann eine gelehrte Fehde, die durch das 19., das 20. Jahrhundert sich fortspann; fundierter jetzt als die vom Jahre 1634. Solange sie dauerte, waren die Historiker, die für Wallenstein Partei nahmen, meist bessere Schriftsteller als jene, die ihn mit Anklagen überhäuften, was bloßer Zufall sein mag. Heute dauert sie nicht mehr, und ist besonders den böhmischen Geschichtsforschern die Frage nach Wallensteins Schuld oder Unschuld betonterweise gleichgültig.

Die Prinzessin von Friedland, Maria Elisabeth, heiratete im Jahre 1647 einen Grafen Kaunitz; die Ehe entsprach dem Rang der Waldsteins, wie er vor dem Herzog gewesen war, und nach ihm wieder. Ein letzter Nachkomme aus dieser Verbindung starb zu Beginn unseres Jahrhunderts. Im Stammbaum der späteren Grafen Waldstein erscheint der Herzog nirgendwo, wohl aber, und das ist sonderbar, der arme Selbstmörder, Hans de Witte.

Stattlich blühten die Deszendenten des Grafen Max in ihren Epochen. Die Waldsteins waren Hussiten gewesen und tschechische Patrioten vor alledem; danach wurden sie katholische, treue Vasallen des Hauses Habsburg, und was anfangs aus Zwang oder Opportunität stammte, wurde Glaube, Halt, angeborener Stil. Ein Sohn Maximilians, Friedrich, versah das Erzbistum von Prag; ein großer Kirchenerbauer. Jede Generation brachte wenigstens einen Mönch oder Priester hervor. Alle Waldsteins taten, was einem Grundherrn ziemte, zu ihrer Zeit; als Staatsdiener, als Gründer von gelehrten Sammlungen, Bibliotheken, Theatern, vaterländisch wissenschaftlichen Unternehmungen, Fabriken auch und wohltätigen Instituten; als Helfer von Talenten und Genien, die Hilfe brauchten. Dies Treiben hatte nicht den Ehrgeiz des großen Außenseiters, des Herzogs; es war normaler, gebundener, vom Stande her selbstverständlicher, aber fruchtbar; durch Worte wie Feudalismus oder Ausbeutung wird es nur ungenügend beschrieben.

Die Kartäuser mußten ihr Haus verlassen, als Joseph II., entarteter Nachfahr Kaiser Ferdinands in der sechsten Generation, alle Klöster

in seinem Reiche aufhob, was nicht anging ohne die Vernichtung vielhundertjähriger Schätze, wie kein Hunnensturm sie barbarischer hätte bewirken können. Das Gebäude in Walditz diente fortan als Zuchthaus. Da nun jene Särge in einer Gefängniskirche billig nicht bleiben konnten, wurde dem Grafen Vinzenz Waldstein im Jahre 1785 von höchster Stelle erlaubt, sie nach seinem Schloß Münchengrätz zu überführen. Etwas verspätet fand nun doch noch ein feierliches Begräbnis statt: von sechs Pferden gezogener, mit schwarzem Tuch behangener Schlitten, Posaunen- und Trompetenstöße, Adel in Trauergewändern, betende Kapuziner, Soldaten, Volk, dem die Gräfin Geldstücke zuwerfen nicht verfehlte, Predigt, ernste Musik; dies alles in schneidender Kälte. Man hatte einen neuen Zinnsarg gemacht, schön gearbeitet, aber klein, viel gab es da nun nicht mehr zu bergen, und eine Inschrift in den Deckel ziseliert. Sie ist fromm und stolz, was das Ende betrifft, nicht ohne Zweideutigkeit: ». . . dum pro Deo, pro Ecclesia, pro Caesare, pro Patria fortiter pugnavit et triumphavit« – *solange* er für Gott, für die Kirche, für den Kaiser, für das Vaterland tapfer kämpfte . . . Zuletzt rief Gott ihn zu sich und belohnte ihn mit der himmlischen Krone. Welchen Mittels er sich dazu bediente, wird nicht gesagt.
Zum dreihundertsten Todestag ließ die Familie an der Wand über der Gruft eine neue Marmorkomposition anbringen. In der Mitte, überlebensgroß, sieht man im Relief Kopf und Brust, Harnisch, Feldherrnstab; darunter das Wappen. Links alle Titel, auch die mecklenburgischen, Fürst der Wenden, Graf zu Schwerin, der Lande Rostock und Stargard Herr. Rechts die Lebensdaten. Links unten, Ecclesiasticus 17, 30: Quid lucidius sole? et hic deficiet. Was leuchtet heller als die Sonne? und auch sie weicht der Finsternis – ein Vers, in dem etwas mitschwingt wie Böhmens Schwermut.

Es ist einsam in der St. Anna-Kapelle; um die Gedenkstätte des Sohnes kümmern die Lebenden sich so wenig wie um die Grabsteine der Eltern zu Hermanitz.

Anhang

Fragment zu Wallensteins letzter Krankheit

Meinem Sohn, Hans Beck-Mann, wissenschaftlichem Mitarbeiter der Bayer AG, verdanke ich die folgende Analyse von Wallensteins letzter Apotheker-Rechnung. (Abgedruckt bei Hallwich, Wallensteins Ende, Band II, S. 538ff.)

Die Rechnung ist für einen relativ geringen Zeitraum – 25. Dezember bis 20. Februar – aufgestellt. Die an sich erstaunliche Fülle der Posten ist nicht so aufschlußreich, wie man sich wünschte, denn oft werden nur Arzneimittelformen, Zubereitungsformen angegeben, wie Pulver, Pflaster (Emplastra), Decocta (Abkochungen), Saft, Trank oder Tränklein, ohne nähere Bezeichnung. Auch ist zu bedenken, daß nach Wallensteins Ermordung sein Leib-Apotheker, Zacharias Venediger, eine ungleich höhere Rechnung präsentierte – 700 Gulden gegen die 139 der Pilsener Apotheke, ohne daß man eine Ahnung hätte, für welchen Zeitraum, welche Dienstleistungen, welche Medikamente. (Venedigers Forderung bei Bilek, Beiträge zur Geschichte Waldsteins, S. 360.)
Analysiert man jedoch genauer und macht man eine Aufstellung und Rangordnung nach Verschreibungs-Häufigkeit bei den jeweiligen Indikationsgebieten, so zeigt sich deutlich, daß die Mehrzahl der Medikamente auf die Indikation: Obstipation entfallen. Dies berechtigt daher, anzunehmen, daß es sich zumindest bei dem einen oder anderen in der Rechnung ohne nähere Bezeichnung aufgeführten »Trank« ebenfalls um ein Laxiermittel handelt, z. B. um einen dem Infusum Sennae compositum ähnlichen, der wiederum dem sogenannten Wiener-Trank ähnelt. Auch hinter den erwähnten »Kräutern« und »Species« (Teemischungen) dürften sich in dem einen oder anderen Fall Species laxantes verbergen. Weinstein (Tartarum crudum), auch als Laxativum gebräuchlich, mag hier aber mehr seine eigentliche Rolle als Diuretikum, harntreibendes Medikament, gespielt haben. Gegen die Obstipation wurden Wallenstein die verschiedenartigsten Mittel verordnet; sie reichten vom Laxiersaft und Holunderblütenwasser (Aqua Sambuci) bis zu häufigen Klistieren. Auch Oleum Lini

(Leinsamenöl) wurde hierbei allein oder als Zusatz zu eröffnenden Klistieren angewandt.
Nach der Indikation Obstipation folgt als zweithäufigste Indikation: Pyrosis (Sodbrennen). Brennende Empfindungen in der Magengegend und retrosternales Brennen (hinter dem Brustbein) bis zum Schmerz infolge übermäßiger Salzsäureabsonderung im Magen. Die Pyrosis führt später zu einer Reflux-Ösophagitis infolge Rückflusses von Magensaft in den Ösophagus bei Kardia-Inkontinenz (Magenmund-Inkontinenz).
Wallenstein verbrauchte gegen die Hyperazidität seines Magens viele Antacida, Mittel, um die überschüssige Magensäure zu binden, d.h. zu neutralisieren. Das Sodbrennen muß ihn sehr oft, besonders nachts, heimgesucht haben. In der Rechnung sind mehrere Posten mit Aqua perlata, Perlmilch oder Perlwasser »auf die Nacht« aufgeführt. Für die Rezeptur von Perlmilch kann man folgendes Rezept zugrunde legen, obgleich die Rezepte durch die verschiedenen Pharmakopöen in den einzelnen Ländern unterschiedlich waren:

Rp. Magnesii carbonici		
Sacchari albi	āā	2,0
Aquae Amygdalarum amararum dilutum		
Aquae Cinnamomi	āā	30,0

Bei Sodbrennen umgeschüttelt 1–2 Teelöffel, d.h. je 2 g Magnesiumcarbonat und Zucker und je 30 g Bittermandelwasser und Zimtwasser.

Sicher hat Wallenstein das in der Rechnung genannte »frische Mandelöl« zum gleichen Zwecke, nämlich als reizlinderndes Mittel, verwendet, da es sonst nur äußerlich zu Augen- und Ohrenölen und zu Salben Anwendung findet. Einmal wird ein Electuarium Hiera-Picra (anderer Name: El. Aloes comp.) genannt. Hier muß gesagt werden, daß diese Zubereitung falsch geschrieben wurde; wahrscheinlich ist aus diesem Grunde nach der Benennung ein Fragezeichen in Klammern hinzugefügt. Es handelt sich um ein Electuarium, eine Latwerge, die zu Klistieren gegen Madenwürmer in einer Dosierung von 10–15 Gramm/Klistier verwendet wurde.
Um zu einem richtigen Bild über die Schwere der Obstipation und des Sodbrennens zu gelangen, muß man die große Zahl der erhaltenen Medikamente bei diesen Indikationen noch zusätzlich unter dem Aspekt der relativ geringen Zahl des Rechnungszeitraumes sehen.
Die Obstipationen lassen nicht allein nur auf einen trägen Darm

schließen – häufiges Liegen und Mangel an Bewegung, wozu ihn die Gicht zwang, mögen diesen Zustand noch verschlimmert haben; man geht sicher nicht fehl, wenn man Pyrosis und Obstipationen nicht als zwei selbständige, voneinander unabhängige Erkrankungen ansieht. Die Vermutung liegt nahe, daß es sich um ein Magen-Darm-Leiden handelte.
Oft trifft man in der Rechnung auch auf Pflaster (Emplastra). Auch hier ohne nähere Angaben. Doch darf man bei Kenntnis seiner Gicht vermuten, daß eine Art von Rheumapflaster gemeint war. Nur einmal ist deutlich ein Rheumapflaster verordnet, nämlich Emplastrum de Baccae Lauri, ein Pflaster aus Lorbeerfrüchten – auch ein Mittel gegen Hautkrankheiten.
Ab und an sind sehr einfache Kosmetikzubereitungen angegeben, vornehmlich Mundwässer und Gurgelwässer (Gagarismata) auf wäßriger, nicht alkoholischer Basis. – Groß ist der Bedarf an Rauchkerzlein, Zubereitungen aus Harzen, die zu Räucherungen (Fumigationes) verwendet wurden und im Gegensatz zu den Inhalationes keinen therapeutischen Zweck hatten. Sie dienten in der Hauptsache zur Geruchsverbesserung der näheren Umgebung, also zum Desodorieren, aber auch zum Verscheuchen von Insekten. Dem gleichen Zwecke diente wohl auch das Mastix, eine Harzart, welches auch als Klebemittel, Zahnkitt und zur Bereitung von Mundwässern und Zahntinktur taugte. Doch darf man annehmen, daß es als eine Art Olibanum (Weihrauch) Mastix gebraucht wurde.
Ferner finden sich einige Hustenmittel wie »Saft zum Husten«, Unguentum altheae (Eibischwurzelpaste) und Brusttrank, der Extrakte aus Radix Liquiritiae (Süßholz) enthält und bei katarrhalischen Leiden und Husten verwendet wurde.
Wenn Wallenstein, wie Dr. H. V. Klein (Die Krankheit Wallensteins, S. 100) annimmt, an Angina pectoris litt, so gibt diese Pilsener Apothekenrechnung kein Anzeichen dafür und konnte keines geben. Denn tatsächlich besaß man zu Wallensteins Zeiten noch kein linderndes Mittel gegen dies qualvolle Leiden. Wohl kannte man schon damals die Droge Folia Digitalis, die Blätter des roten (D. purpurea) und des weißen (D. lanata) Fingerhutes. Man scheute sich jedoch, diese stark wirkende Droge anzuwenden. Erst rund 150 Jahre später, 1785, beschreibt der Engländer Withering in seiner klassischen Monographie ›An Account of the Foxglove‹ Wirkung und Anwendung von Digitalis purpurea.

Bibliographie

Eine Wallenstein-Bibliographie wurde von Georg Schmid in den ›Mitteilungen des Vereins für Geschichte der Deutschen in Böhmen‹, 1879, Band 11, geboten und von ihm, nach ihm von Victor Loewe, in den Jahren 1883, 1885, 1896, 1902, 1911 – Bände 21, 23, 34, 40, 49 – fortgesetzt. 1879 belief sie sich auf 780, 1911 auf 2524 Nummern. War auch in den folgenden Jahrzehnten das Fortschreiten nicht ganz so stürmisch, so mag die Zahl aller Bücher und Artikel heute doch nicht sehr weit von 3000 entfernt sein.

Im Folgenden werden nur solche Publikationen genannt, die meiner eigenen Arbeit auf die eine oder andere Art förderlich waren und auf die in ihr Bezug genommen wird.

Zu einer Geschichte der Wallenstein-Forschung habe ich in den Jahren 1932–33 in der Form einer Staatsexamens-Arbeit einen ersten Versuch unternommen; das Manuskript hat sich erhalten. Leider ist es nicht möglich, hier davon Gebrauch zu machen und eine kritische Würdigung der einzelnen Autoren zu bieten, wie ich auch in den Anmerkungen mich der Polemik fast ganz enthalten muß. Andernfalls wäre ein zweiter Band, ein zweites, umfangreiches Buch entstanden.

A. Zeitgenössische Werke: Flugschriften der Zeit, die nicht nachgedruckt wurden

Copia dess Schreibens, so die Evangelischen Herren Stände in Böheimb an die Herren Stände in Mehrern den 23. Januarii 1619 gethan. Gedruckt im Jahr 1619.

Gründtliche und wahrhafftige, auch Historische Beschreibung aller gedenckwürdigen Sachen, so hin und wieder in und ausserhalb dem Heiligen Römischen Reich etc. von verschiedener jüngsthin Franckfurter Herbstmess des abgewichenen 1619 Jahrs sich verlauffen etc. Ursel im Churfürstenthumb Mayntz, 1620. (Franckfurter Messrelationen)

Acta Publica etc. durch M. Casparum Lundorpium Historiographum. Frankfurt am Main 1623.

Abdruck der vornehmbsten Schrifften welche bey dero in der Stadt Braunschweig vorgewesenen unnd leider über verhoffen zerschlagenen Friedenshandlung der Churfürstl. Durchl. zu Sachsen und Brandenburg Abgeordneten Herrn Gesandten als Interponenten von beeden Theilen übergeben. etc. Braunschweig 1626.

Executions Process wieder den Obersten von Görtzenich, wie derselbe den 4. Alten und 14. Neuen October 1627 bey Renssburg mit dem Schwerdt gerichtet worden etc. Ohne Ort, 1627.

Hansischer Wecker. Das ist: Treuhertzige Warnung an die Erbare HanseStädte etc. Grüningen 1628.

Bey dem von Churfürstlicher Durchleuchtigkeit zu Sachsen etc. aussgeschriebenen

Convent der Evangelischen und Protestirenden Chur-Fürsten und Stände in der Kirchen zu S. Thomas in Leipzig den 10. Februarii Anno 1631 ... erkläret ... durch Matthiam Hoë von Hoënegg etc. Leipzig.

Sebastian Dochtermann, Memminger Chronik. (Manuskript, Memmingen) (Dochtermann)

Fürstliche Mecklenburgische Apologia. Das ist: Hochnothwendige Verantwortung und wohlgegründete Deduktion der Ursachen warumb die Durchleuchtige, Hochgeborene Fürsten und Herrn, Herr Adolph Friederich und Herr Hans Albrecht Gebrüdere, Hertzoge zu Mecklenburg, Fürsten zu Wenden, Graffen zu Schwerin, der Lande Rostock und Stargard Herrn, dero Hertzog-Fürstenthumben und Landen nicht haben priviret und entsetzet werden können noch sollen. Ohne Ort, 1630. (Apologia)

Theatrum Europaeum etc., Band I, II, III. Frankfurt am Main 1662, 1646, 1670.

Frantz Christoph Khevenhiller, Annales Ferdinandei, 12 Bände. Leipzig 1726. (Khevenhiller, Annales)

–, Conterfet Kupfferstich derenjenigen vornehmen Ministren und Hohen Officiern, So von Kaysers Ferdinand des Andern Geburth an etc. gedienet. Leipzig 1722. (Khevenhiller, Conterfet)

Gualdo Priorato, Historia della Vita d'Alberto Valstain. Lion 1643. (Priorato, Historia della Vita)

–, L'Histoire des dernières Campagnes et Négociations de Gustave-Adolfe en Allemagne. Berlin 1772. (Priorato, L'Histoire des dernières Campagnes)

Bogislaus Philippus a Chemnitz, Belli-Sveco-Germanici, Volumen Primum etc. Stettin 1648.

Florus, Denkwürdige Kriegs- und Friedenshändel etc. 1618 bis 1659. Frankfurt am Main 1659. (Florus)

Samuel von Pufendorf, Sechsundzwanzig Bücher Kriegsgeschichte von König Gustav Adolfs Feldzuge in Deutschland an bis zur Abdankung der Königin Christina etc. Frankfurt am Main und Leipzig 1688. (Pufendorf)

Geringere Flugschriften in den Anmerkungen.

B. Quellenpublikationen, quellenkritische Studien

Unveröffentlichte Briefe Wallensteins aus dem Státní ústředni Archiv, Staatlichen Zentralarchiv, Prag, die ich der gütigen Hilfe von Dr. Miroslav Hroch verdanke, werden nur durch »Mitteilung Dr. Hroch« gekennzeichnet.

Dieter Albrecht, Die Politik Maximilians I. von Bayern und seiner Verbündeten, 1618–1651: Zweiter Teil, Fünfter Band, Juli 1629–Dezember 1630. München–Wien 1964. (Albrecht, Die Politik Maximilians)

Karl Maria Freiherr von Aretin, Wallenstein. Beiträge zur näheren Kenntnis seines Charakters etc. Regensburg 1846. Anhang mit besonders paginierten Urkunden. (Aretin, Wallenstein, Urkunden)

Eberhard Buchner, Das Neueste von gestern. Kulturgeschichtlich interessante Dokumente aus alten deutschen Zeitungen. Erster Band: das 16. und 17. Jahrhundert. München 1912. (Buchner)

Briefe Albrechts von Waldstein, Herzogs von Friedland. Regesten der Archive im Markgrafthume Mähren, I. Band. Herausgegeben von P. Ritter von Chlumecky. Brünn 1856. Enthält Wallensteins Briefe an den Grafen Collalto. (Chlumecky, Briefe)

B. Dudik, Waldsteins Correspondenz. Eine Nachlese, I und II, Archiv für österrei-

chische Geschichte 32 und 36. Wien 1865, 1866. (Dudik, Waldsteins Correspondenz)
–, Correspondenz Kaiser Ferdinands II. und seiner erlauchten Familie mit Pater Martinus Becanus und Pater Wilhelm Lamormaini, Kaiserlichen Beichtvätern. Archiv für österreichische Geschichte, Band 54, Wien 1876. (Dudik, Correspondenz Ferdinands II.)
Marquis de Feuquières, Lettres et Négociations. Amsterdam 1753. Drei Bände. (Feuquières)
Friedrich Förster, Albrechts von Wallenstein, des Herzogs von Friedland und Mecklenburg, ungedruckte, eigenhändige, vertrauliche Briefe und amtliche Schreiben aus den Jahren 1627 bis 1634. Berlin 1828–29. Drei Bände. (Förster, Briefe)
–, Wallensteins Prozeß vor den Schranken des Weltgerichts und dem K. K. Fiscus zu Prag. Leipzig 1844. Urkundenbuch als Anhang. (Förster, Prozeß)
Georg Franz, Die Politik Maximilians I. von Bayern und seiner Verbündeten, 1618–1651: Erster Teil, Erster Band, Januar 1618–Dezember 1620. Auf Grund des Nachlasses von Karl Mayr-Deisinger bearbeitet und ergänzt von G. F. (Georg Franz)
Arnold Gaedeke, Wallensteins Verhandlungen mit den Schweden und Sachsen 1631–1634, Frankfurt a/M 1885. (Gaedeke)
Simeone Gliubich, Gli Ultimi Successi di Alberto di Waldstein Narrati dagli Ambasciatori Veneti. Archiv für Kunde österreichischer Geschichtsquellen, Band XXVIII. Wien 1883. (Gliubich)
Walter Goetz, Die Politik Maximilians I. von Bayern und seiner Verbündeten, 1618–1651: Zweiter Teil, Vierter Band, 1626–Juni 1627. München 1948. (Goetz)
H. Hallwich, Fünf Bücher Geschichte Wallensteins. Band III. Leipzig 1910. (Hallwich, Fünf Bücher)
–, Wallensteins Ende. Ungedruckte Briefe und Akten. Leipzig 1879. Zwei Bände. (Hallwich, W.'s Ende)
–, Briefe und Akten zur Geschichte Wallensteins 1630–1634. Wien 1912. Vier Bände. (Hallwich, Briefe und Akten)
–, Wallenstein und Arnim im Frühjahr 1632. Mitteilungen des Vereins für Geschichte der Deutschen in Böhmen, 17. Prag 1878. (Hallwich, W. und Arnim)
–, Heinrich Matthias Thurn als Zeuge im Process Wallenstein. Leipzig 1883. (Hallwich, Thurn)
E. Hildebrand, Wallenstein und seine Verbindungen mit Schweden. Aktenstücke aus dem Schwedischen Reichsarchiv zu Stockholm. Frankfurt M. 1885. (Hildebrand)
C. Höfler, Beiträge zur Katastrophe des Herzogs von Friedland. Aus Correspondenzen des Grafen Matthias Gallas. Oesterreichische Revue 1867, I. Heft. (Höfler)
G. Irmer, Die Verhandlungen Schwedens und seiner Verbündeten mit Wallenstein und dem Kaiser. Publikationen aus den K. Preußischen Staatsarchiven, 35. Band. Leipzig 1888–1891. Drei Bände. (Irmer, Verhandlungen)
Hubert Jedin, Die Relation Ottavio Piccolominis über Wallensteins Schuld und Ende. Zeitschrift des Vereins für Geschichte Schlesiens, Band LXV. Breslau 1931. (Jedin)
Hans Jessen, Der Dreißigjährige Krieg in Augenzeugenberichten. Düsseldorf und Fribourg 1963. (Jessen)
G. Krause, Tagebuch Christians des Jüngeren, Fürst zu Anhalt. Nach dem Manuskripte der Herzoglichen Bibliothek zu Cöthen herausgegeben. Leipzig 1858. (Krause)
Max Lenz, Zur Kritik Sezyma Rašins. Historische Zeitschrift, Band 59. München 1888. (Lenz)

Karl Lohmann, Die Zerstörung Magdeburgs: Aufzeichnungen des Bürgermeisters Otto von Guericke und Anderen. Ferner: Erinnerungen des Obersten Augustin von Fritsch. Berlin 1913 (Lohmann)

Ottokar Lorenz, Briefe Wallensteins, meistentheils über Mecklenburg, aus der Zeit von 1627 bis 1630. Jahrbücher des Vereins für mecklenburgische Geschichte, 40. Jahrgang. Schwerin 1875. (O. Lorenz, Briefe)

Franz Mareš, Beiträge zur Geschichte der Beziehungen des Fürsten Johann Ulrich zu Eggenberg zu Kaiser Ferdinand II. und zu Waldstein. Sitzungsberichte der Königlich Böhmischen Gesellschaft der Wissenschaften, Jahrgang 1891. Prag 1891. (Mareš, Beiträge)

Christoph von Murr, Beyträge zur Geschichte des dreyssigjährigen Krieges etc. Nürnberg 1790. Enthält die österreichischen Anklageschriften gegen Wallenstein, Dokumente aus der Altdorfer Studentenzeit u.a. (Murr)

Friedrich Parnemann, Der Briefwechsel der Generale Gallas, Aldringen und Piccolomini im Januar und Februar 1634. Ein Beitrag zum Untergang Wallensteins. Berlin 1911. (Parnemann)

Richelieu, Mémoires du Cardinal de Richelieu, Teil VIII, ed. Petitot. Paris 1823. (Richelieu)

E. Schebek, Die Lösung der Wallensteinfrage. Berlin 1881. Dem Bande beigegeben: E. Schebek: Kinsky und Feuquières. (Schebek, Lösung)

–, Wallensteiniana. Mitteilungen des Vereins für Geschichte der Deutschen in Böhmen, Jahrgang 13. Prag 1875. (Schebek, Wallensteiniana)

Cyrill Straka, Albrecht z Valdstejna a jeho doba. Praha 1911. (Wallenstein und seine Zeit. Enthält den Briefwechsel der Brüder Questenberg.) (Straka)

Ferdinand Tadra, Beiträge zur Geschichte des Feldzuges Bethlen Gabors gegen Kaiser Ferdinand II. Nebst Original-Briefen Albrechts von Wallenstein. Archiv für österreichische Geschichte, LV. Band. Wien 1877. (Tadra, Beiträge)

–, Briefe Albrechts von Waldstein an Karl von Harrach, 1625–1627. Wien 1879. (Tadra, Briefe)

R. Trampler, Correspondenz des Kardinals Dietrichstein mit dem Hofkriegsrats-Präsidenten Collalto. Wien 1873. (Trampler)

Hermann Wäschke, Eindrücke vom Kurfürstentag zu Regensburg 1630. Auszüge aus dem Tagebuch Christians II. von Anhalt. Deutsche Geschichtsblätter, 1915. (Wäschke)

Paul Wiegler, Wallenstein, Geschichte eines Herrscherlebens. Berlin 1920. Eine Auswahl aus Wallensteins Korrespondenz. (Wiegler)

Johann Wild, Reysbeschreibung eines Gefangenen Christen Anno 1604. Zuerst Nürnberg 1613, neu herausgegeben von Georg A. Narcis. Stuttgart 1964. (Wild)

E. H. Zober, Ungedruckte Briefe Albrechts von Wallenstein und Gustav Adolfs des Großen. Stralsund 1830. (Zober, Briefe)

H. von Zwiedineck-Südenhorst, Venetianische Gesandtschafts-Berichte über die Böhmische Rebellion (1618–1620). Graz 1880. (Zwiedineck-Südenhorst, Venetianische Gesandtschafts-Berichte)

Ein bedeutendes tschechisches Quellenwerk, Documenta Bohemica Bellum Tricennale Illustrantia, wird im Lauf der nächsten Jahre erscheinen. Unter der Leitung von Josef Polišenský arbeitet eine Gruppe tschechoslowakischer Historiker mit eindrucksvoller Energie daran. Es handelt sich u.a. um den Teil von Wallensteins Kriegskanzlei, der nach der Ermordung nicht nach Budweis, sondern in den Besitz der Böhmischen Kammer, also nach Prag kam und der Epoche des Ersten Generalats entspricht. Offenbar haben weder Hallwich, der seine Forschungen auf die damaligen Wiener Bestände konzentrierte, noch Gindely, der ausschließlich aus diplomatischen Berichten zu schöpfen liebte, sich um diesen Schatz gekümmert. Seine Publizierung wird das von mir gezeichnete Bild nicht umstürzen, wohl aber weiterhin nuancieren und besonders auf dem Gebiet der Kriegswirtschaft – »Logistik« – wesentlich bereichern. Ein Beispiel dafür, daß in der Wissenschaft nichts definitiv ist; nicht einmal in jener Halbwissenschaft, Historie genannt. – Die von mir verwendeten unveröffentlichten Briefe Wallensteins stammen aus der Masse des hier zu Gewärtigenden.

C. Gesamtstellungen der Vorgeschichte und Geschichte des Dreißigjährigen Krieges

KARL BRANDI, Gegenreformation und Religionskriege. Leipzig 1941. (Brandi)

ANTON GINDELY, Geschichte des Dreißigjährigen Krieges in drei Abteilungen. Leipzig 1882. (Geschichte des ganzen Krieges für ein breiteres Publikum)

–, Geschichte des Dreißigjährigen Krieges. Prag 1869–1880. Vier Bände, nur bis 1623. (Gindely, Geschichte des Dreißigjährigen Krieges)

RICARDA HUCH, Der große Krieg in Deutschland. Leipzig 1914. Drei Bände. (Huch, Der große Krieg)

GEORGES LIVET, La Guerre de Trente Ans. Paris 1963. (Livet)

GEORGES PAGES, La Guerre de Trente Ans, 1618–1648. Paris 1949. (Pagès)

JOSEF POLIŠENSKÝ, The Thirty Years' War: Problems of Motive, Extent and Effect. ›Historica‹ XIV. Prag 1969. (Polišenský, The Thirty Years' War)

–, Zur Problematik des Dreißigjährigen Krieges und der Wallensteinfrage. In: Aus 500 Jahren deutsch-tschechoslowakischer Geschichte. Berlin 1958. (Polišenský, Problematik)

THEODORE K. RAAB, The Thirty Years' War. Problems of Motive, Extent and Effect. Boston 1968. (Raab)

MORITZ RITTER, Deutsche Geschichte im Zeitalter der Gegenreformation und des Dreißigjährigen Krieges. Band III. Stuttgart und Berlin 1901. (Ritter, Deutsche Geschichte)

S. H. STEINBERG, Der Dreißigjährige Krieg und der Kampf um die Vorherrschaft in Europa 1600–1660. Göttingen 1967. (Steinberg)

C. V. WEDGWOOD, The Thirty Years' War. London 1944. (Benutzt wurden die Ausgabe von 1956 und die deutsche Ausgabe, München 1967.) (Wedgwood)

D. Der böhmisch-mährische Hintergrund

MIRJAM BOHATCOVÁ, Irrgarten der Schicksale. Einblattdrucke vom Anfang des Dreißigjährigen Krieges. Prag 1966. (Bohatcová)

PETER RITTER VON CHLUMECKY, Carl von Zierotin und seine Zeit. 1564–1615. Brünn 1862. (Chlumecky, Zierotin)

CHRISTIAN RITTER D'ELVERT, Zur Oesterreichischen Verwaltungs-Geschichte mit besonderer Rücksicht auf die böhmischen Länder. Brünn 1880. Fotomechanischer Nachdruck: Wien 1970. (d'Elvert)

ANTON GINDELY, Geschichte der Böhmischen Brüder. Neudruck der 2. Ausgabe von 1861. Osnabrück 1968. Zwei Bände. (Gindely, Böhmische Brüder)

–, Geschichte der Gegenreformationen in Böhmen. Herausgegeben von Theodor Tupetz. Leipzig 1894. (Gindely, Gegenreformation)

GUSTAV RENÉ HOCKE, Die Welt als Labyrinth. Manier und Manie in der europäischen

Kunst. Hamburg 1957. (Enthält ein schönes Kapitel über das Prag Kaiser Rudolfs II.) (Hocke)

MARTIN LOESCHE, Die böhmischen Exulanten in Sachsen. Leipzig 1932. (Loesche)

FRANZ NEMETHY, Das Schloß Friedland in Böhmen und die Monumente in der Friedländer Stadtkirche nebst einigen alten Urkunden und eigenhändigen Briefen des Herzogs Waldstein. Prag 1818. (Némethy)

J. F. NOVÁK, Die böhmischen Landtagsverhandlungen und Landtagsbeschlüsse. Die Landtage des Jahres 1611. Prag 1917. (Novák)

JOSEF PEKAŘ, Valdstejn a česká otázka. (Wallenstein und die tschechische Frage) Český časopis historícký, XL, 1934.

JOSEF POLIŠENSKÝ, Jessenius, Fradelius und die späthumanistische Bildung in Mitteleuropa. – Studien zur Geschichte Osteuropas, III. Teil. Graz–Köln 1966. (Polišenský, Jessenius)

–, Gesellschaft und Kultur des barocken Böhmen. Oesterreichische Osthefte. Sonderdruck, ohne Ort und ohne Datum. (Polišenský, Gesellschaft)

GERTRUDE VON SCHWARZENFELD, Rudolf II. Der saturnische Kaiser. München 1961. (Schwarzenfeld)

RUDOLF STANKA, Die böhmische Conföderationsakte von 1619. Berlin 1932. (Stanka)

HANS STURMBERGER, Aufstand in Böhmen. Der Beginn des Dreißigjährigen Krieges. München 1959. (Sturmberger, Aufstand)

BERTHOLD WALDSTEIN-WARTENBERG, Die Markwartinger. Geschichte einer böhmischen Familie im Zeitalter der Přemysliden. Gräfelfing bei München 1966.

E. Der österreichische Hintergrund

BERNARD CZERWENKA, Die Khevenhüller. Geschichte des Geschlechtes mit besonderer Berücksichtigung des XVII. Jahrhunderts. Wien 1867. (Czerwenka)

JACOB FALKE, Geschichte des fürstlichen Hauses Liechtenstein. Wien 1868. Drei Bände. (Falke)

HAMMER-PURGSTALL, Khlesl's, des Cardinals, Directors des geheimen Cabinetes Kaisers Mathias, Leben. Mit beinahe tausend Urkunden. Wien 1847. Vier Bände. (Hammer-Purgstall)

F. VON HURTER, Geschichte Kaiser Ferdinand II. Wien 1850–1864. Elf Bände. (Hurter, Ferdinand II.)

FRANZ KURZ, Versuch einer Geschichte des Bauernkrieges in Oberösterreich. Leipzig 1805. (Kurz)

JOHANN GRAF MAILATH, Geschichte des österreichischen Kaiserstaates. Band III. Hamburg 1842. (Mailath)

GRETE MECENSEFFY, Geschichte des Protestantismus in Österreich. Graz–Köln 1956.

HANS STURMBERGER, Georg Erasmus Tschernembl. Religion, Libertät und Widerstand. Linz 1953. (Sturmberger, Tschernembl)

–, Kaiser Ferdinand II. und das Problem des Absolutismus. München 1957. (Sturmberger, Ferdinand II.)

F. Literatur zu einzelnen Perioden und Episoden der Geschichte Wallensteins

J. BAADER, Wallenstein als Student an der Universität Altdorf. Nürnberg 1860. (Baader)

Wilhelm Bartel, Zur Kritik des Berichtes über die Brucker Conferenz (25. November 1626). Marburg 1890. (Bartel, Zur Kritik)
Thomas Bilek, Beiträge zur Geschichte Waldstein's. Prag 1886. (Bilek)
B. Dudik, Des Kaiserlichen Obristen Mohr von Waldt Hochverraths-Process. Ein Beitrag zur Waldstein-Katastrophe. Archiv für Kunde österreichischer Geschichts-Quellen, Band XXV. Wien 1860. (Dudik, Mohr von Waldt)
–, Waldstein von seiner Enthebung bis zur abermaligen Übernahme des Armee-Ober-Commando. Wien 1858. (Dudik, Waldstein von seiner Enthebung)
František Dvorský, Albrecht z Valdšteijna až na konec roku 1621. (Albrecht von Wallenstein bis zum Ende des Jahres 1621) Prag 1892. (Dvorský)
A. Ernstberger, Flucht in den Tod. Wallenstein in Mies am 22./23. Februar 1634. Der Heimatkreis Mies, Dinkelsbühl 1962. (Ernstberger, Flucht)
–, Für und wider Wallenstein. Stimmen und Stimmungen in Franken und der Oberpfalz zum Tode des Generalissimus. Historisches Jahrbuch 74 (1955). (Ernstberger, Für und wider)
A. Gindely, Zur Beurtheilung des kaiserlichen Generals im 30jährigen Kriege Albrechts von Waldstein. Eine Antwort an Dr. Hallwich. Prag–Leipzig 1887. (Gindely, Beurteilung)
–, Zweite Antwort an Dr. Hallwich. Prag–Leipzig 1887. (Gindely, Zweite Antwort)
–, Waldstein während seines ersten Generalats, im Lichte der gleichzeitigen Quellen. 1625–1630. Zwei Bände. Prag–Leipzig 1886. (Gindely, Waldstein)
–, Waldsteins Vertrag mit dem Kaiser. Prag 1889. (Gindely, Waldsteins Vertrag)
H. Hallwich, Wallensteins Grab. Mitteilungen des Vereins für Geschichte der Deutschen in Böhmen, XXII, Heft 1. (Hallwich, W.'s Grab)
–, Waldstein oder Wallenstein. Ein offener Brief an Dr. Gindely. Leipzig 1887.
–, Wallensteins erste Berufung zum Generalat. Zeitschrift für Allgemeine Geschichte, Heft II. Stuttgart 1884. (Hallwich, W.'s erste Berufung)
Karl Gustav Helbig, Der Kaiser Ferdinand und der Herzog von Friedland während des Winters 1633–34. Dresden 1852. (Helbig, Kaiser Ferdinand)
–, Wallenstein und Arnim 1632–1634. Ein Beitrag zur Geschichte des dreißigjährigen Krieges. Dresden 1850. (Helbig, W. und Arnim)
M. Hroch, Wallensteins Beziehungen zu den Wendischen Hansestädten. Hansische Studien, Berlin 1961. (Hroch, Beziehungen)
–, Valdštejnova politika v severnim Nemecku v letech 1629–1630. (Wallensteins Politik gegenüber Norddeutschland.) Prag 1957. (Größerer Teil des Werkes ungedruckt) (Hroch, Valdštejnova politika)
F. von Hurter, Zur Geschichte Wallensteins. Schaffhausen 1855. (Hurter, Geschichte)
–, Wallensteins vier letzte Lebensjahre. Wien 1862. (Hurter, W.'s vier letzte Lebensjahre)
Josef Janáček, Valdštejnova smrt. (Wallensteins Tod) Praha, Mladá fronta, 1970. (Janáček)
Reinhold Lorenz, Wallenstein und der Osten. Europäische Revue, Jahrgang 10. (R. Lorenz)
K. Ludwig, Wallenstein in Karlsbad. Mitteilungen des Vereins für Geschichte der Deutschen in Böhmen, 1904. (Ludwig)
Georg Lutz, Wallenstein, Ferdinand II. und der Wiener Hof. Bemerkungen zu einem erneuten Beitrag zur alten Wallensteinfrage. Quellen und Forschungen aus italienischen Archiven und Bibliotheken. Band 48, 1968. (G. Lutz)
Franz Mareš, Die maritime Politik der Habsburger in den Jahren 1625–1628. Mittei-

lungen des Instituts für österreichische Geschichtsforschung II. Wien 1882. (Mareš, Die maritime Politik)

F. Menčík, Die Hofratssitzungen im Jahre 1625. Sitzungsberichte der K. Böhmischen Gesellschaft der Wissenschaften 1899. Prag 1900. (Menčík, Hofratssitzungen)

Wolfgang Michael, Wallensteins Vertrag mit dem Kaiser 1632. Historische Zeitschrift Band 88. München 1902. (Michael)

E. Neubauer, Wallenstein und die Stadt Magdeburg. Magdeburg 1891. (Neubauer)

Julius Opel, Der niedersächsisch-dänische Krieg. Halle 1872–1894. Drei Bände. (Opel)

Franz Palacký, Jugendgeschichte Albrechts von Waldstein, Herzogs von Friedland. Zum erstenmal nach ächten Quellen geschildert. (Palacký)

Karl Patsch, Albrecht von Waldsteins erste Heirath. Wien–Prag 1889. (Patsch, W.'s erste Heirat)

–, Albrecht von Waldsteins Studentenjahre. Ein Beitrag zu seiner Jugendgeschichte. Prag 1889. (Patsch, Studentenjahre)

J. Pekař, Wallenstein 1630–1634. Die Tragödie einer Verschwörung. Berlin 1937. Zwei Bände. (Pekař, Wallenstein)

V. Prökl, Waldstein, Herzogs von Friedland letzte Lebensjahre und Tod in Eger. (1876) (Prökl, Waldstein)

–, Eger und das Egerland. Falkenau 1877. Zwei Bände. (Prökl, Eger)

Moritz Ritter, Untersuchungen zur Geschichte Wallensteins, 1625–1629. Deutsche Zeitschrift für Geschichtswissenschaft, Heft IV. Freiburg 1890. (Ritter, Untersuchungen)

–, Der Untergang Wallensteins. Historische Zeitschrift, 97. Band. München 1906. (Ritter, Untergang)

–, Wallensteins Eroberungspläne gegen Venedig, 1629. Historische Zeitschrift, 93. Band. München 1904. (Ritter, W.'s Eroberungspläne gegen Venedig)

Dr. Rudhart, Einige Worte über Wallensteins Schuld. Festrede vor der k. bayer. Akademie der Wissenschaften. München 1850. (Rudhart)

E. Schebek, Die Capitulation Wallensteins beim Wiederantritte des Generalates im Jahre 1632. Oesterreichisch-Ungarische Revue, Neue Folge 11. Prag 1884. (Schebek, Capitulation)

Christoph Schorer, Chronik von Memmingen. Ulm 1660. (Schorer)

Paul Schweizer, Die Wallenstein-Frage in der Geschichte und im Drama. Zürich 1899. (Schweizer)

Josef Seidler, Das Prager Blutgericht 1633. Zweite Auflage, Memmingen 1962. (Seidler, Prager Blutgericht)

Karl Siegl, Französische Zeitungsberichte über Wallensteins Ende. Mitteilungen des Vereins für Geschichte der Deutschen in Böhmen. Heft 3, 1904. (Siegl, Zeitungsberichte)

–, Wallenstein in den Ausgabebüchern des Egerer Stadtarchivs. Mitteilungen des Vereins für Geschichte der Deutschen in Böhmen. XLIII. Jahrgang. Prag 1905. (Siegl, Wallenstein)

Sepp Skalitzky, Wallenstein-Sommer in Memmingen. Memmingen 1957. (Leicht romantisiert, gestützt auf zwei Memminger Chroniken.) (Skalitzky)

Heinrich Ritter von Srbik, Wallensteins Ende. II. Auflage Wien 1952. (Srbik)

F. Steuer, Zur Kritik der Flugschriften über Wallensteins Tod. Mitteilungen des Vereins für Geschichte der Deutschen in Böhmen. Dreiundvierzigster Jahrgang, 1904. (Steuer)

Felix Stieve, Wallensteins Übertritt zum Katholizismus, in: ›Abhandlungen, Vorträge und Reden‹. Leipzig 1900. (Stieve, W.'s Übertritt)

–, Zur Geschichte Wallensteins, in: ›Abhandlungen, Vorträge und Reden‹. Leipzig 1900. (Stieve, Zur Geschichte W.'s)

W. STURM, Geschichte der Stadt Goldberg in Schlesien, Goldberg 1888. (Sturm)

PEKKA SUVANTO, Wallenstein und seine Anhänger am Wiener Hof zur Zeit des zweiten Generalats 1631–1634. Helsinki 1963. (Suvanto)

GEORG MARTIN THOMAS, Wallensteins Ermordung. Ein gleichzeitiges Italienisches Gedicht, mit anderen unbekannten handschriftlichen Belegen. München 1858. (Thomas)

TH. VETTER, Wallenstein in der dramatischen Dichtung des Jahrzehntes seines Todes. 1894. (Vetter)

R. WAPLER, Wallensteins letzte Tage. Leipzig 1884. (Wapler)

ERNST WILMANS, Der Lübecker Friede 1629. Bonn 1904. (Wilmans)

KARL WITTICH, Wallensteins Katastrophe. Historische Zeitschrift, Neue Folge, Band XXXVI. (Wittich, W.'s Katastrophe)

ERNST HEINRICH ZOBER, Geschichte der Belagerung Stralsunds durch Wallenstein im Jahre 1628. Stralsund 1828. (Zober, Belagerung Stralsunds)

G. Biographien Wallensteins

MAX VON BOEHN, Wallenstein. Wien 1926. (Boehn)

WALTER GÖRLITZ, Wallenstein. Eine politische Biographie. Frankfurt 1948. (Görlitz)

FRIEDRICH VON GREVENITZ, Von einem Königlich-Preussischen General: Albrechts von Wallenstein Herzogs von Friedland wahre bisher immer verfälschte Lebensgeschichte. Berlin 1797. (Grevenitz)

JOHANN CHRISTIAN HERCHENHAHN, Geschichte Albrechts von Wallenstein, des Friedländers. Ein Bruchstück vom dreissigjährigen Krieg. Altenburg 1790. Drei Bände. (Herchenhahn)

RICARDA HUCH, Wallenstein. Eine Charakterstudie. Leipzig 1915.

WILHELM E. VON JANKO, Wallenstein. Ein Charakterbild im Sinne neuerer Geschichtsforschung. Wien 1867. (Janko)

J. MITCHELL, The Life of Wallenstein, Duke of Friedland. London 1837, Reprinting 1968. (Mitchell)

J. V. POLIŠENSKÝ, Wallenstein. Geschrieben für die Reihe I Protagonisti della Storia Universale, 1968. (Mir nur im englischen Manuskript verfügbar.) (Polišenský, Wallenstein)

LEOPOLD VON RANKE, Geschichte Wallensteins. Leipzig 1869. (Ranke, Geschichte W.'s)

HANS SCHULZ, Wallenstein und die Zeit des dreißigjährigen Krieges. Bielefeld und Leipzig 1912. (Schulz)

GEORG WAGNER, Wallenstein. Der böhmische Çondottiere. Ein Lebensbild mit zeitgenössischen Dokumenten. Wien 1958. (Wagner)

Nicht erwähnt wird hier die ohne Zweifel sehr verdienstvolle Wallenstein-Biographie von Hellmut Diwald, die im Herbst 1969 erschienen ist. Ich betrachte das Buch als dem meinen gleichzeitig, weil, als es erschien, schon zahlreiche Fragmente meiner eigenen Arbeit dem Publikum zugänglich waren. Ein Historiker sollte alles Wesentliche kennen, was vor ihm gedruckt wurde. Von Gleichzeitigem darf, muß er sich unabhängig halten.

H. Wallenstein als Landesherr

Bernhard Duhr S. J., Wallenstein in seinem Verhältnis zu den Jesuiten. Historisches Jahrbuch XIII. München 1892. (Duhr)

Anton Ernstberger, Wallenstein als Volkswirt im Herzogtum Friedland. Reichenberg 1929. (Ernstberger, Volkswirt)

–, Wallenstein als Volkswirt. – Wallensteins Heeressabotage und die Breitenfelder Schlacht. – Wallenstein und Chimicus Eckhardt. – In: Franken–Böhmen–Europa. Gesammelte Aufsätze, Band I. Kallmünz 1959.

Friedrich Förster, Wallenstein, Herzog zu Mecklenburg, Friedland und Sagan, als Feldherr und Landesfürst. Potsdam 1834. (Förster, W. als Feldherr und Landesfürst)

Otto Grotefend, Mecklenburg unter Wallenstein und die Wiedereroberung des Landes durch die Herzöge. Marburg 1901. (Grotefend)

Günther Grundmann, Wallenstein als Bauherr, Ostdeutsche Wissenschaft. Jahrbuch des Ostdeutschen Kulturrates, Band II, 1955. (Grundmann)

Arthur Heinrich, Wallenstein als Herzog von Sagan. Breslau 1896. (Heinrich)

O. Hunziker, Wallenstein als Landesherr, insbesondere als Herzog von Mecklenburg. Programm der Kantonsschule in Zürich, 1875. (Hunziker)

G. C. F. Lisch, Über Wallensteins Regierungsform in Mecklenburg. Jahrbücher des Vereins für mecklenburgische Geschichte und Alterthumskunde, 36. Jahrgang. Schwerin 1871. (Lisch, W.'s Regierungsform)

–, Wallensteins Kirchen- und Schul-Regierung in Mecklenburg. Jahrbücher des Vereins für mecklenburgische Geschichte und Alterthumskunde, 37. Jahrgang. Schwerin 1872. (Lisch, W.'s Kirchen- und Schul-Regierung)

–, Geschichte der Eisengewinnung in Mecklenburg aus inländischem Rasenerz. Jahrbücher des Vereins für mecklenburgische Geschichte, VII. Jahrgang. Schwerin 1842. (Lisch, Geschichte der Eisengewinnung)

–, Wallensteins Abzug aus Mecklenburg. Jahrbücher des Vereins für mecklenburgische Geschichte, 35. Jahrgang, S. 45 ff. Schwerin 1870. (Lisch, W.'s Abzug aus Mecklenburg)

–, Wallensteins Armen-Versorgungsordnung für Mecklenburg. Jahrbücher des Vereins für mecklenburgische Geschichte, 35. Jahrgang, S. 81 ff. Schwerin 1870. (Lisch, W.'s Armen-Versorgungsordnung)

Ottokar Lorenz, Wallenstein und der Besitz von Mecklenburg. Deutsche Rundschau, Band XXIII. Berlin 1880. (O. Lorenz, W. und der Besitz von Mecklenburg)

F. Menčík, Albrechta z Valdštejna dopisy k P. Val. Coroniovi, rektoru kolleje Jičínské. (Briefe Wallensteins an den Pater Valentin Coronius, Rektor des Gitschiner Collegs) Sitzungsberichte der k. böhmischen Gesellschaft der Wissenschaften. (Menčík, Albrechta z Valdštejna)

Adolph Meyer, Albrecht von Wallenstein, Herzog von Friedland, und seine Münzen. Wien 1886. (Meyer)

Emanuela Nohejlová-Prátová, Das Münzwesen Albrechts von Wallenstein. Graz 1969. (Nohejlová-Prátová)

Carl E. Pierer, Die Urkunde über Wallensteins Kloster-Gründung in Böhmisch-Leipa. Böhmisch-Leipa 1927. (Pierer)

Hugo Schmerber, Das Palais Waldstein in Prag. Mitteilungen des Vereins für Geschichte der Deutschen in Böhmen, LII. Jahrgang. Prag 1913. (Schmerber)

Julius Max Schottky, Über Wallensteins Privatleben. München 1832. (Schottky)

I. Krankheit

ROBERT BURTON, The Anatomy of Melancholy, ed. Holbrook Jackson, Everyman's Library. (Burton)

HEINRICH VIKTOR KLEIN, Die Krankheit Wallensteins. Sudhoffs Archiv für Geschichte der Medizin und Naturwissenschaften, Band 28, S. 81 ff. (Klein)

L. KROEBER-KENETH's Buch der Graphologie. Schriftkunde in neuer Sicht. Düsseldorf–Wien 1968. (Enthält S. 224 ff. neue Hypothesen über Wallensteins letzte Krankheit.) (Kroeber-Keneth)

R. MARŠAN, Valdštejnovy choroby a jejich vliv na zmar jeho plánu (Wallensteins Krankheiten und ihr Einfluß auf das Scheitern seiner Pläne). Sonderdruck aus dem Sammelwerk des Museumsvereins in Jičín, Jahrgang I, 1935. (Maršan)

J. MATIEGKA et J. MALÝ, Les caractères physiques d'Albert de Wallenstein, duc de Frýdlant, et de sa première femme, Lucrèce Nekšová de Landek. Prag 1934. (Untersuchung der Skelette) (Matiegka et Malý)

K. Astrologie

JOSEF BERGEL, Wallenstein und Seni. Der Staatsmann und Feldherr im Banne des Sternenwahns. (Bergel)

JOHANNES KEPLER, Gesammelte Werke. Hg.: Walter von Dick und Max Caspar, München 1937 ff.

ARTHUR KOESTLER, Die Nachtwandler. Das Bild des Universums im Wandel der Zeit. Bern, Stuttgart, Wien 1959. (Koestler)

[H. A. STRAUSS u. S. STRAUSS-KLOEBE (Hrsg.)], Die Astrologie des Johannes Kepler. Eine Auswahl aus seinen Schriften, eingeleitet und herausgegeben von Heinz Arthur Strauss und Sigrid Strauss-Kloebe. München 1926. (Strauss-Kloebe)

ERNST VON XYLANDER, Lehrgang der Astrologie. Die älteste Lehre vom Menschen in heutiger Sicht. Zürich 1958. (Xylander)

L. Wirtschaft und Kriegswirtschaft

ANTON ERNSTBERGER, Hans de Witte. Finanzmann Wallensteins. Wiesbaden 1854. (Ernstberger, de Witte)

GÜNTHER FRANZ, Der Dreißigjährige Krieg und das deutsche Volk. Untersuchungen zur Bevölkerungs- und Agrargeschichte. Zweite vermehrte Auflage. Jena 1943. (Günther Franz)

JOHANN NEWALD, Die lange Münze in Oesterreich. Ein Beitrag zur österreichischen Finanz- und Münzgeschichte. Numismatische Zeitschrift, Band XIII, Jahrgang 1881. Wien 1881. S. 88 ff. (Newald)

JOSEF PETRÁŇ, Poddaný Lid v Čechách na Prahu Třicetileté Války. Praha 1964. (Das untergebene Volk in Böhmen zu Beginn des Dreißigjährigen Krieges. Enthält deutsche Zusammenfassung.) (Petráň)

FRITZ REDLICH, De Praeda Militari, Looting and Booty 1500–1815. Vierteljahrsschrift für Sozial- und Wirtschaftsgeschichte. Beiheft 39. Wiesbaden 1956. (Redlich)

M. RITTER, Das Kontributionssystem Wallensteins. Historische Zeitschrift, Band 90. München 1903. (Ritter, Kontributionssystem)

M. Militaria

HANS DELBRÜCK, Geschichte der Kriegskunst im Rahmen der politischen Geschichte. Vierter Teil, Neuzeit. Nachdruck der ersten Auflage, Berlin 1962. (Delbrück)

AUGUST DEMMIN, Die Kriegswaffen in ihren geschichtlichen Entwicklungen von den ältesten Zeiten bis auf die Gegenwart. Enzyklopädie der Waffenkunde. Hildesheim 1964. Zwei Bände. (Demmin)

KARL DEUTICKE, Die Schlacht bei Lützen. Gießen 1917. (Deuticke)

G. T. CHR. FRONMÜLLER, Geschichte Altenberg's und der alten Veste bei Fürth, sowie der zwischen Gustav Adolf und Wallenstein im dreißigjährigen Kriege bei der Veste vorgefallenen Schlacht. Nach den urkundlichen Quellen bearbeitet. Fürth 1860. (Fronmüller)

J. HEILMANN, Das Kriegswesen der Kaiserlichen und der Schweden zur Zeit des dreißigjährigen Krieges. Leipzig und Meißen 1850. (Heilmann)

ALBERT HOCHHEIMER, Verraten und verkauft. Die Geschichte europäischer Söldner. Stuttgart 1967. (Hochheimer)

MATHIAS HÖGL, Des Kurfürsten Maximilian Soldaten in der Oberpfalz und an der böhmischen Grenze von 1621–1626. Regensburg 1906. (Högl)

FELIX KONZE, Die Stärke, Zusammensetzung und Verteilung der Wallensteinischen Armee während des Jahres 1633. Frankfurt 1906. (Konze)

B. H. LIDDELL HART, Wallenstein – The Enigma of History. In: Great Captains Unveiled. Edinburgh and London 1927. (Liddell Hart)

VICTOR LOEWE, Die Organisation und Verwaltung der Wallensteinischen Heere. Freiburg und Leipzig 1895. (Loewe)

OSKAR REGELE, Der Oesterreichische Hofkriegsrat 1556–1848. Wien 1949. (Regele)

SEBASTIAN RÖCKL, Quellenbeiträge zur Geschichte der kriegerischen Tätigkeit Pappenheims von 1619–1626. München 1891. (Röckl, Quellenbeiträge)

–, Von der Schlacht bei Breitenfeld bis zur Schlacht von Lützen. München 1889–1893. (Röckl, Schlacht bei Breitenfeld)

JOSEF SEIDLER, Untersuchungen über die Schlacht bei Lützen 1632. Memmingen 1954. (Seidler, Untersuchungen über die Schlacht bei Lützen)

JEAN-JACQUES DE WALLHAUSEN, Art de Cheualerie etc. Francfort 1616. (Wallhausen)

N. Deutsche Staaten

DIETER ALBRECHT, Die auswärtige Politik Maximilians von Bayern 1618–1635. Göttingen 1962. (Albrecht, Auswärtige Politik)

K. M. FREIHERR VON ARETIN, Bayerns auswärtige Verhältnisse seit dem Anfang des 16. Jahrhunderts. Aus gedruckten und ungedruckten Quellen. I. Band. Passau 1839. (Aretin, Bayerns auswärtige Verhältnisse)

JOHANN HEINRICH VON FALKENSTEIN, Vollständige Geschichten der alten, mittlern und neuern Zeiten des grossen Herzogtums und ehemaligen Königreichs Bayern. In drey Teilen. München, Ingolstadt und Augsburg 1763. (Falkenstein)

OTTO FOCK, Aus den letzten Tagen Pommerscher Selbständigkeit. Wallenstein und der Große Kurfürst vor Stralsund. Leipzig 1872. (Fock)

DAVID FRANK, Von Mecklenburgs Verwüstung durch Feinde und Freunde, darin enthalten wie die Fürsten ihrer Länder entsetzet, Albrecht von Wallenstein dieselben erhalten, aber auch wieder verlohren etc. Güstrow und Leipzig 1756. (Frank)

J. GEBAUER, Kurbrandenburg in der Krise des Jahres 1627. Halle 1896. (Gebauer)

Heinrich Günter, Das Restitutionsedikt von 1629 und die katholische Restauration Altwirtembergs. Stuttgart 1901. (Günter, Restaurationsedikt)

Otto Heyne, Der Kurfürstentag zu Regensburg von 1630. Berlin 1866. (Heyne)

Hans Henrich Klüvern, Beschreibung des Herzogthums Mecklenburg und dazu gehöriger Länder und Oerter etc. Andere Auflage, Hamburg 1737. (Klüvern)

Johannes Kretzschmar, Der Heilbronner Bund 1632–1635. Lübeck 1922. Drei Bände. (Kretzschmar, Heilbronner Bund)

Valentin Loch, Fürstbischof Johann Georg II. von Bamberg als Präsident der Kaiserlichen Commission für den fränkischen Kreis zur Durchführung des Restitutionsedicts. 39. Bericht des Historischen Vereins Bamberg 1877. (Loch)

K. Pfister, Kurfürst Maximilian I. von Bayern und sein Jahrhundert. München 1949. (Pfister)

Sigmund von Riezler, Geschichte Bayerns. Band V. Gotha 1903. (Riezler)

Friedrich Hermann Schubert, Die pfälzische Exilregierung im Dreißigjährigen Krieg. Ein Beitrag zur Geschichte des politischen Protestantismus. Zeitschrift für die Geschichte des Oberrheins, 102. Band. Karlsruhe 1954. (Schubert, Exilregierung)

Otto Schulenburg, Die Vertreibung der mecklenburgischen Herzöge Adolf Friedrich und Johann Albrecht und ihre Restitution. Rostock 1892. (Schulenburg)

Eduard Vehse, Geschichte der Höfe des Hauses Sachsen. Dritter Teil. Hamburg 1854. (Über Johann Georg von Sachsen)

–, Geschichte des preussischen Hofes und Adels und der preussischen Diplomatie. I. Teil, Hamburg 1851. (Der Hof Georg Wilhelms) (Vehse, Geschichte des preussischen Hofes)

Otto Vitense, Geschichte von Mecklenburg, Gotha 1920. (Vitense)

Adam Wandruszka, Reichspatriotismus und Reichspolitik zur Zeit des Prager Friedens von 1635. Eine Studie zur Geschichte des deutschen Nationalbewußtseins. Graz–Köln 1955. (Wandruszka)

O. Europäische Staaten

Bertold Baustaedt, Richelieu und Deutschland von der Schlacht bei Breitenfeld bis zum Tode Bernhards von Weimar. Berlin 1936. (Baustaedt)

Emilio Beladiez, España y el Sacro Imperio Romano Germanico. Wallenstein (1583–1634). Madrid 1967. (Beladiez)

G. Das, Foppe van Aitzema. Utrecht 1920. (G. Das)

Fritz Dickmann, Der Westfälische Friede. Münster 1959. (Dickmann)

G. Droysen, Gustav Adolf. Leipzig 1869. Zwei Bände. (Droysen, Gustav Adolf)

Gustave Fagniez, Le Père Joseph et Richelieu (1577–1638). Paris 1894. Zwei Bände. (Fagniez)

A. Gindely, Die maritimen Pläne der Habsburger. Wien 1890. (Gindely, Maritime Pläne)

Valentin Gitermann, Geschichte Rußlands. Erster Band. Zürich 1944. (Gitermann)

Ferdinand Gregorovius, Urban VIII. im Widerspruch zu Spanien und dem Kaiser. Eine Episode des dreißigjährigen Krieges. Stuttgart 1879. (Gregorovius)

Heinrich Günter, Die Habsburger-Liga 1625–1635. Berlin 1908. (Günter, Habsburger-Liga)

Gabriel Hanotaux, Histoire du Cardinal de Richelieu. Nouvelle Edition, Paris 1893. Sechs Bände. (Hanotaux)

Friedrich von Hurter, Friedensbestrebung Kaiser Ferdinands II. Wien 1860. (Hurter, Friedensbestrebung)

Johannes Kretzschmar, Gustav Adolfs Pläne und Ziele in Deutschland und die Herzöge zu Braunschweig und Lüneburg. Hannover und Leipzig 1904. (Kretzschmar, Gustav Adolfs Pläne)

Walter Leitsch, Moskau und die Politik des Kaiserhofes im XVII. Jahrhundert. I. Teil, 1604–1654. Graz–Köln 1960. (Leitsch)

H. Lutz, F. H. Schubert, H. Weber, Frankreich und das Reich im 16. und 17. Jahrhundert. Göttingen 1968. (H. Lutz)

Gregorio Marañón, Olivares. Der Niedergang Spaniens als Weltmacht. Übersetzt und eingeleitet von Ludwig Pfandl. München, ohne Jahr. (Marañón)

Grete Mecenseffy, Habsburger im 17. Jahrhundert. Die Beziehungen der Höfe von Wien und Madrid während des Dreißigjährigen Krieges. Archiv für österreichische Geschichte, 121. Band. 1957. (Mecenseffy)

J. Polišenský, Denmark–Norway and the Bohemian Cause in the Early Part of the Thirty Years' War. Festgabe für L. L. Hammerich. Kopenhagen 1962. (Polišenský, Denmark-Norway)

Leopold von Ranke, Die römischen Päpste in den letzten vier Jahrhunderten. 6. Auflage. Leipzig 1874. (Ranke, Die römischen Päpste)

Testament Politique du Cardinal de Richelieu, Premier Ministre etc. Amsterdam 1737. (Testament Politique du Cardinal de Richelieu)

Michael Roberts, Gustavus Adolphus. A History of Sweden 1611–1632. London 1958. Zwei Bände. (Roberts)

Friedrich Hermann Schubert, Die Niederlande zur Zeit des Dreißigjährigen Krieges im Urteil des Diplomatischen Korps im Haag. Historisches Jahrbuch, 74. Jahrgang, 1955. (Schubert, Die Niederlande)

Victor L. Tapié, La France de Louis XIII et de Richelieu. Paris 1967. (Tapié)

K. Wittich, Wallenstein und die Spanier. Preussische Jahrbücher, XXII. Band. Berlin 1868. (Wittich, W. und die Spanier)

P. Biographien, biographische Studien

Emile Baudson, Charles de Gonzague Duc de Nevers, de Rethel et de Mantoue 1580–1637. Paris 1947. (Baudson)

Ernst Brohm, Johann von Aldringen. Halle 1882. (Brohm)

Carl J. Burckhardt, Richelieu. I. Der Aufstieg zur Macht. München 1935. II. Behauptung der Macht und kalter Krieg. 2. Auflage, München 1966. (Burckhardt)

Friedrich von der Decken, Herzog Georgs von Braunschweig und Lüneburg Beiträge zur Geschichte des dreissigjährigen Krieges. Hannover 1833. Vier Bände. (von der Decken)

G. Droysen, Bernhard von Weimar. Leipzig 1885. Zwei Bände. (Droysen, Bernhard von Weimar)

O. Elster, Piccolomini-Studien. Leipzig 1911. (Elster)

A. F. Gfrörer, Geschichte Gustav Adolphs, König von Schweden und seiner Zeit. Stuttgart und Leipzig 1837. (Gfrörer)

H. Hallwich, Aldringens letzter Ritt. Schriften zum sechsten deutschen Archivtag. Prag 1906.

B. G. H. von Hellfeld, Leben Johann Ernsts des Jüngeren, Herzogs zu Sachsen-Weimar etc. aus Urkunden und gleichzeitigen Schriften entworfen. Jena 1784. (B. G. H. von Hellfeld, Johann Ernst)

J. A. C. von Hellfeld, Geschichte Bernhards des Großen, Herzogs zu Weimar etc. Leipzig 1797. (J. A. C. von Hellfeld, Bernhard der Große)

Johann Eduard Hess, Biographien und Autographen zu Schillers Wallenstein. Jena 1859. Enthält Kurzbiographien aller Persönlichkeiten, die in Schillers Drama auftreten. (Hess)
Georg Irmer, Hans Georg von Arnim. Leipzig 1894. (Irmer, Arnim)
F. Kožik, Das Schmerzenreiche und Heldenhafte Leben Jan Amos Komenskys. Prag 1958. (Kožik)
Julius Krebs, Zur Beurteilung Holks und Aldringens. Historische Vierteljahrsschrift, III. Jahrgang. Leipzig 1900. (Krebs, Beurteilung Holks und Aldringens)
–, Aus dem Leben des kaiserlichen Feldmarschalls Melchior von Hatzfeld 1633–1636. Breslau 1926. (Krebs, Hatzfeld)
Friedrich Krüner, Johann von Rusdorf, kurpfälzischer Gesandter und Staatsmann während des dreissigjährigen Krieges. Halle 1876. (Krüner, Rusdorf)
–, Bethlen Gabor, Fürst von Siebenbürgen. Historische Zeitschrift, 58. Band. München 1887. (Krüner, Bethlen)
Hartwig Peetz, Christian Markgraf zu Brandenburg und seine beiden löblichen Städte Bayreuth und Culmbach, Freud und Leid 1603–1655. Bayreuth 1859 (leicht romantisiert). (Peetz)
Bernhard Röse, Herzog Bernhard der Grosse von Sachsen-Weimar. Teil I. Weimar 1828. (Röse)
Ludwig Graf Uetterodt zu Scharfenberg, Ernst Graf zu Mansfeld, 1580–1626. Gotha 1867. (Uetterodt)
Graf von Villermont, Tilly und der Dreißigjährige Krieg. Schaffhausen 1860. (Villermont)
Ludwig Welti, Graf Kaspar von Hohenems, 1573–1640. Ein Adeliges Leben im Zwiespalte zwischen friedlichem Kulturideal und rauher Kriegswirklichkeit im Frühbarok. Innsbruck 1963. (Welti)
Hans von Zwiedineck-Südenhorst, Hans Ulrich von Eggenberg, Freund und erster Minister Kaiser Ferdinands II. Wien 1880. (Zwiedineck-Südenhorst, Eggenberg)

Q. Varia

Kurt Baschwitz, Hexen und Hexenprozesse. Die Geschichte eines Massenwahns und seiner Bekämpfung. München 1963. (Baschwitz)
Walter Benjamin, Ursprung des deutschen Trauerspiels. Berlin 1928. (Benjamin)
Berthold Haendcke, Deutsche Kultur im Zeitalter des 30jährigen Krieges. Ein Beitrag zur Geschichte des 17. Jahrhunderts. Leipzig 1906. (Haendcke)
Otto Graf Harrach, Rohrau. Geschichtliche Skizze der Grafschaft mit besonderer Rücksicht auf deren Besitzer. Wien 1906. (Harrach)
Gottfried Lammert, Geschichte der Seuchen, Hungers- und Kriegsnoth zur Zeit des Dreißigjährigen Krieges. Wiesbaden 1890. (Lammert)
M. Popper, Les Juifs de Prague pendant La Guerre de Trente Ans. Revue des Etudes Juives. Tome XXIX. Paris 1894. (Popper)
Waldstein-Wartenberg, 1159–1959. 800-Jahrfeier eines Geschlechtes aus dem altböhmischen Herrenstand. Wien–München 1959. (Waldstein-Wartenberg)

Anmerkungen

(Nicht nachgewiesen werden solche Ereignisse und Fakten, die man in jeder besseren Geschichte des Dreißigjährigen Krieges verzeichnet findet. – Die in eckige Klammern gesetzten Buchstaben verweisen auf die entsprechenden Abschnitte der Bibliographie.)

8 *bis zur fröhlichen Auferstehung:* Dvorský, S. 18. [F]
aber nicht in diesem: Dvorský, S. 44 [F]; Hallwich, Fünf Bücher, Band I, S. 9 [B]
9 *kein Albrecht:* Hallwich, Fünf Bücher, Band I, S. 9. [B]
bei . . . Argoli studiert: Dvorský, S. 44 [F], nach Červenka und Priorato.
allgemein angenommen: So von Hallwich, Fünf Bücher, Band I, S. 9. [B]
Virdung: Virdung an Kepler, in: Kepler, Gesammelte Werke, Band XIV, S. 439. [K]
Gualdo Priorato: Priorato, Historia della Vita, S. 4ff. [A]
10 *über den Namen:* Palacký, S. 79. [F]
Namen nach den Burgen: B. Waldstein-Wartenberg, Die Markwartinger, S. 62. [D]
11 *slawische Vornamen:* Stammtafel der Markwartinger bei B. Waldstein-Wartenberg, Die Markwartinger, S. 43. [D]
in der siebten Generation: Dvorský, S. 21. [F]
12 *Georg von Waldstein:* Dvorský, S. 8ff. [F]
13 *ohne Garantie:* Dvorský, S. 20 und 34. [F]
15 *über die Katastrophen-Hochzeit:* Dompropst Khlesl an Herzog Wilhelm von Bayern, zitiert bei Sturmberger, Tschernembl, S. 31. [E]
17 *neun Fuß-Soldaten:* Dvorský, S. 22. [F]
Rucky: Um genau zu sein: diese Spukgeschichte spielte erst 1612. Chlumecky, Zierotin, S. 788. [D] – Aber natürlich war sie nur eine von vielen.
18 *von Koschumberg nach Goldberg:* Darüber Stieve, W.'s Übertritt, in: Abhandlungen, Vorträge, Reden, S. 212ff. [F]
19 *Schicksale Khevenhüllers:* Czerwenka, S. 362, 390. [E]
21 *Laute schlagen:* Förster, W. als Feldherr und Landesfürst, S. 352, 355. [L]
22 *über den Streit der Nationalitäten in Goldberg:* Dvorský, S. 32. [F]
23 *der Brief:* bei Dvorský, S. 32f. [F]
24 *über die deutschen Universitäten der Zeit:* Haendcke, S. 242ff. [Q]
26 *Albrecht Wallenstein erfaßte:* Das Folgende nach Dvorský, S. 37ff. [F], Murr, S. 300ff. [B], Patsch, Studentenjahre [F], und Baader [F].
29 *Franz Palacký:* Palacký, S. 82 [F]
30 *nur zwei des Taufnamens Albrecht:* Dvorský, S. 42. [F]
Die Quittung Fechners: Dvorský, S. 34 [F]
31 *die Bittschrift Nüßlers:* Dvorský, S. 42. [F]
die Denkschrift Slawatas: Aretin, Urkunden, S. 81. [B]
32 *Untersuchung des Skeletts:* Matiegka et Malý. [I]
34 *ebenso listig sein könne:* Hurter, Ferdinand II., Band IV, S. 97, 94. [E]
37 *über die schwedische Politik urteilen:* Hurter, Ferdinand II., Band III, S. 6f. [E]
38 *über den Kampf von zwei Zivilisationen am geistvollsten:* Josef Polišenský in zahlreichen Schriften über den Dreißigjährigen Krieg.

39 *über den Welthandel etc. der Niederlande:* Ernstberger, de Witte, S. 17f. [L]
40 *das vertraute Gespräch Heinrichs IV.:* Hanotaux, Band I, S. 260f. [O]
42 *Kampf um das Dominium Maris Baltici:* Droysen, Gustav Adolf, Band I, S. 20. [O]
48 *über den Hof Rudolfs und das »Rudolphinische Prag«:* Schwarzenfeld, passim [D]; Hocke, S. 144ff. [D]
Berichte über Rudolfs Geisteszustand: Schwarzenfeld, S. 148, 151f. [D]
Khlesl an Matthias: Zitiert bei Hurter, Ferdinand II., Band V, S. 68 [E]
50 *daß ich sie nicht mehr sehe:* Chlumecky, Zierotin, S. 231. [D]
Ferdinands Wallfahrt nach Loreto: Hurter, Ferdinand II, Band III, S. 590. [E]
51 *dem Zeitlichen vorzuziehen ist:* Hurter, Ferdinand II., Band V, S. 182. [E]
über die Frömmigkeit Maximilians: Stieve, Kurfürst Maximilian I. von Bayern, in: Abhandlungen, Vorträge und Reden, S. 157. [F]
Dietrichstein, Bischof von Olmütz: Hurter, Ferdinand II., Band IV, S. 342ff. [E]
52 *Ferdinands Gegenreformation in der Steiermark:* Hurter, Ferdinand II., Band IV, S. 218ff. [E]
53 *über das mährische Landrecht:* d'Elvert, S. 32. [D]
die Landessprache gemeistert hatte: Chlumecky, Zierotin, S. 205ff. [D]
54 *zum Einschlingen der Hostie:* Theatrum Europaeum, Band I, S. 38. [A] Dagegen: Gindely, Böhmische Brüder, Band II, S. 375. [D]
über die Verfassung Mährens: d'Elvert, S. 23ff. [D]
55 *über die Laufbahn Liechtensteins:* Falke, Band II, S. 141f., 148f. [E]
über die großen katholischen Familien Böhmens: Gindely, Böhmische Brüder, Band II, S. 255ff. [D]
56 *über Rudolf und den lasterhaften katholischen Klerus:* Chlumecky, Zierotin, S. 228. [D]
über Liechtenstein und die »Spanische Partei«: Falke, Band II, S. 324. [E]
über das Mandat und seine Folgen: Gindely, Böhmische Brüder, Band II, S. 330ff. [D]
über die Utraquisten: Gindely, Böhmische Brüder, Band II, S. 341. [D]
57 *über die Gerüchte, die gegen die Jesuiten verbreitet wurden:* Hurter, Ferdinand II., Band II, S. 6ff. [E]
58 *Angriffe gegen die Jesuiten und deren Verteidigung:* Theatrum Europaeum, Band I, S. 23, 24, 42. [A]
61 *Substantialisten und Akzidenzer:* Ritter, Deutsche Geschichte, Band II, S. 91 [C]
62 *über den Ursprung des Projektes, die freie Wahl des Königs von Böhmen wiederherzustellen und die Habsburger aus Prag zu vertreiben:* Chlumecky, Zierotin, S. 158f. [D]
63 *über die Politik Anhalts:* Ritter, Deutsche Geschichte, Band II, S. 146ff. [C]; Chlumecky, Zierotin, S. 298ff., 422f. [D]
64 *über die Verteilung des Grundbesitzes in Böhmen:* Gindely, Geschichte des Dreißigjährigen Krieges, Band I, S. 140ff. [C] Die neue Studie von Josef Petráň bringt viele wertvolle Details bei, ohne die Darstellung Gindelys im großen zu widerlegen.
65 *über das Wirtschaften der Familie Smiřický:* Polišenský, Wallenstein, englisches Manuskript. [G]
Wilhelm Kinsky: Pekař, Band II, S. 121. [F]
67 *die Burgauer Überlieferung:* schon bei Priorato, Historia della Vita, S. 2. [A]
69 *als Fähnrich:* Dvorský, S. 48. [F]
70 *über die Erfahrungen und das Unternehmen Bocskays:* Chlumecky, Zierotin, S. 308f., 327ff. [D]

71 *Hans Wild:* Reysbeschreibung. [B]
72 *Traktat des Generals Basta:* Delbrück, Band IV, S. 186. [M]
Chodus Erinnerungen: Fragment aus dem Tschechischen bei Schebek, Wallensteiniana, S. 250ff. [B]
73 *Wallensteins Randbemerkungen in Keplers erstem Horoskop:* Strauss-Kloebe, S. 190. [K]
74 *Truppenkommissar:* Dvorský, S. 54. [F]
Brief Kaiser Rudolfs an Erzherzog Albrecht: Schebek, Lösung, S. 532. [B]
Die mährischen Stände und Bocskay: Chlumecky, Zierotin, S. 329ff. [D]
76 *klagte ein Patriot:* Chlumecky, Zierotin, S. 343. [D]
77 *Abordnung der Erzherzoge 1605:* Chlumecky, Zierotin, S. 345. [D]
die »Verschwörung« der Erzherzoge 1606: Hurter, Ferdinand II., Band V, S. 512ff. [E] Chlumecky, Zierotin, S. 352f. [D]
78 *Khlesl an Dietrichstein:* Chlumecky, Zierotin, S. 350. [D]
79 *über Zierotin:* das Werk von Chlumecky, passim. [D]
82 *Tod von Wallensteins Schwester:* Dvorský, S. 56. [F]
83 *über Wallensteins Konversion:* Stieve, W.'s Übertritt [F]; Dvorský, S. 29f. [F]; Patsch, W.'s erste Heirat, S. 8f. [F] Duhr, S. 81ff. [H]
84 *die drei Briefe Zierotins:* Palacký. [F]
85 *Das Kämmerer-Amt erhielt er:* Dvorský, S. 46. [F]
87 *über Keplers Verhältnis zur Astrologie:* Koestler, S. 225ff. [K] Ferner: Strauss-Kloebe, S. 4ff. [K]
88 *dieser Brief Keplers* bei Strauss-Kloebe, S. 181ff. [K]
91 *Keplers Horoskop* bei Helbig, Kaiser Ferdinand, S. 60ff. [F] Auch bei Strauss-Kloebe, S. 185ff. [K]
92 *Ein kritischer Geschichtsschreiber:* Stieve, W.'s Übertritt, S. 226. [F]
Derselbe scharfsinnige Historiker: Stieve, Zur Geschichte W.'s S. 232. [F]
Keplers Briefe: Gesammelte Werke, Band XVII [K]: Taxis an Kepler, 14. Dezember 1614. Taxis an Kepler, 1. Mai 1615.
93 *Ein Historiker meint darum:* Dvorský, S. 66. [F]
94 *nach lange gepflogenem Umgange:* Aus den »Capuziner-Relationen« ausführlich in dem Kapitel: ›Ein Widersacher‹.
die Uhren nit allezeit recht gehen: Taxis an Kepler, 16. Dezember 1624. Nr. 1000 der Gesammelten Briefe, in: Gesammelte Werke, Band XVII. [K]
96 *über den Pater Veit:* Dvorský, S. 65f. [F]; Stieve, W.'s Übertritt, S. 225f. [F]; Patsch, W.'s erste Heirat, S. 9. [F]
400000 Gulden im Wert: Bilek, S. 112. [F]
ein Liebestrank: Priorato, Historia della Vita, S. 5f. [A]; Herchenhahn, Band I, S. 17. [G]
97 *über Frau Lucretias Alter:* Maršan, S. 8. [I]
gegen diesen Orden: Patsch, W.'s erste Heirat, S. 16. [F]
Überführung von Lucretias Sarg: Förster, W. als Feldherr und Landesfürst, S. 327. [L]
je mehr sie haben wollen: Förster, Prozeß, S. 57. [B]
99 *»geile Antiquität«:* Dvorský, S. 65. [F]
100 *Nach häufigen Beredungen:* Dvorský, S. 63. [F]
über den Vertrag von Liben: Gindely, Böhmische Brüder, Band II, S. 345ff. [D]; Dvorský, S. 64f. [F]; Chlumecky, Zierotin, S. 454f. [D]
101 *über Anhalts Politik in dieser Krise:* Chlumecky, Zierotin, S. 480f. [D]
102 *über die Entstehung des Majestätsbriefes:* Gindely, Böhmische Brüder, S. 400ff. [D]; Chlumecky, Zierotin, S. 593f. [D] Auf einen Unterschied zwischen »Maje-

stätsbrief« und »Ausgleich« weist Rudolf Stanka hin: im »Brief« wird auch die völlige Religionsfreiheit der Bauern gewährt, im »Ausgleich« nicht. Stanka, S. 86. [D]

103 *Die Frage, warum man . . .:* Chlumecky, Zierotin, S. 523. Über Wallensteins bescheidene Rolle in dieser Krise: Dvorský, S. 63f. [F]; Chlumecky, Zierotin, S. 398. [D]

105 *Verkauf von Hermanitz:* Dvorský, S. 68. [F]
Pater Grissus: Dvorský, S. 72. [F]
Zierotin an Wallenstein: Dvorský, S. 72. [F]
Wallfahrt nach Loreto: Duhr, S. 83 [H]; Dvorský, S. 74. [F]
Anleihen: Dvorský, S. 78, 81. [F]

106 *Klostergründung auf Gut Lukov:* Dvorský, S. 81. [F]

107 *Leopold an Ferdinand:* Chlumecky, Zierotin, S. 560. [D]

109 *die drohenden Reden der »Passauer«:* Hurter, Ferdinand II., Band VI, S. 352. [E]
Brief Ramés an Rudolf II.: Novák, S. 153. [D]
Rudolf an Leopold: Novák, S. 160. [D]

110 *über die Situation in Prag:* Chlumecky, Zierotin, S. 724ff. [D]
Briefwechsel zweier böhmischer Äbte: Novák, S. 302. [D]
Ordens-Statuten: Hurter, Ferdinand II., Band VI, S. 386. [E]

111 *Haltung des Botschafters Zúñiga:* Chlumecky, Zierotin, S. 740f. [D]
Rechtfertigung der Stände: Novák, S. 104. [D]

112 *beschwichtigende Äußerungen Khlesls:* Novák, S. 611, 671. [D]
über die Haltung Wenzel Kinskys: Hurter, Ferdinand II., Band VI, S. 449f. [E]. Auch: Chlumecky, Zierotin, S. 473f. [D]

113 *ist nun zu spät:* Novák, S. 661. [D]
der Einzug des Matthias in Prag: Novák, S. 665ff. [D]
Anhalt und Rudolf nach dessen Absetzung: Chlumecky, Zierotin, S. 780. [D]

114 *der Wiener Hof und der Tod Rudolfs:* Hurter, Ferdinand II., Band VII, S. 1. [E]
geheime Konferenzen: Chlumecky, Zierotin, S. 756f. [D]
Wallenstein ständischer Oberst in Mähren: Dvorský, S. 69f. [F]

115 *Wallenstein auf dem Reichstag in Regensburg:* Dvorský, S. 75. [F]

116 *deutsche Urteile über die Uskoken:* Hurter, Ferdinand II., Band VI, S. 531ff. [E]
Venedig und seine Verbündeten: Hurter, Ferdinand II., Band VII, S. 80ff. [E]
Khlesl an Ferdinand: Hurter, Ferdinand II., Band VI, S. 600. [E]

119 *auf eigene Kosten im Lager aufwarten:* Hurter, Ferdinand II., Band VII, S. 174. [E]
war er im Lager bei Gradisca: Stieve, Zur Geschichte W.'s, S. 241 [F]
die hier einzig sichere Quelle: Scharfe Kritik an der Überlieferung von Priorato [A] bis Ranke [G] bei Stieve [F].
herzhaft erzeigt: Stieve, Zur Geschichte W.'s, S. 235 [F]; Dvorský, S. 86 [F]
über den Codex: Dvorský, S. 83 [F]

120 *die Venezianer und der böhmische Aufstand:* Hurter, Ferdinand II., Band VII, S. 194. [E]
Erwähnung in den Diplomen: Förster, Prozeß, Urkundenbuch, S. 9, 25, 30, 48. [B]

121 *Brief des Matthias:* Gindely, Geschichte des Dreißigjährigen Krieges, Band I, S. 79. [C]
die Beurteilung Liechtensteins: Chlumecky, Zierotin, S. 792. [D]

123 *Khlesl und das Problem der Nachfolge:* Hurter, Ferdinand II., Band VII, S. 46. [E]

bis ihm das Wasser ins Maul liefe: Hammer-Purgstall, Band IV, S. 403. [E]
»durch Gift hinrichten« zu lassen: Hurter, Ferdinand II., Band VII, S. 63, 67. [E]
124 *über das Recht der »Annahme«:* Stanka, S. 12ff. [D]
126 *Khlesl der Autor des Dokuments:* Gindely, Geschichte des Dreißigjährigen Krieges, Band I, S. 257. [C]
128 *was in der Politik nicht annehmbar wäre:* Hurter, Ferdinand II., Band VII, S. 308. [E]
Worte und Urteil Khlesls: Hammer-Purgstall, Band IV, S. 69; Anhang, S. 71. [E]
was zum äußersten Schein eingegeben würdt: Hurter, Ferdinand II., Band VII, S. 296. [E]
129 *das Memorandum der oberösterreichischen Stände:* Theatrum Europaeum, Band I, S. 48ff. [A]. Auch bei Hammer-Purgstall, Band IV, Anhang, S. 94ff. [E]
das Memorandum der »Scharfen«: Gindely, Geschichte des Dreißigjährigen Krieges, Band I, S. 324. [C]
132 *Verhaftung Khlesls:* Bericht an den Botschafter Khevenhüller in Madrid bei Hammer-Purgstall, Band IV, Anhang S. 112. [E]
133 *Das Amt eines ständischen Obersten:* Dvorský, S. 89. [F]
134 *zur desto schleunigeren Unterdrückung:* Hallwich, Fünf Bücher, Band I, S. 21. [B]
bereits eine heimliche katholische Absonderung: Dvorský, S. 90. [F]
135 *Eine Kommission, welche den Frieden vermitteln sollte:* Gindely, Geschichte des Dreißigjährigen Krieges, Band I, S. 370. [C]
stärker in die Verhandlungen gehen als getrennt: Gindely, Geschichte des Dreißigjährigen Krieges, Band I, S. 399ff. [C]. Vgl. »Copia dess Schreibens, so die Evangelischen Herren Stände in Böheimb an die Herren Stände in Mehrern den 23. Januarii 1619 gethan. etc.« [A] Die Schrift ist ein Konzentrat der böhmischen und der mährischen Argumente.
136 *und völligen Untergang gebracht werden müßten:* Gindely, Geschichte des Dreißigjährigen Krieges, Band I, S. 432. [C]
nicht hätte leisten dürfen: Hallwich, Fünf Bücher, Band I, S. 21. [B]
eine Konsequenz zu ziehen: Hallwich, Fünf Bücher, Band I, S. 24. [B] Stieve, Zur Geschichte W.'s, S. 245. [F]
137 *in eventum verlassen möge:* Hallwich, Fünf Bücher, Band I, S. 23. [B]
Schuldbrief in Ordnung ausgestellt würde: Wallenstein an Eggenberg, bei Schebek, Wallensteiniana, S. 8. [B]
schon längst mit dem kaiserlichen Volk vereinigt: Dvorský, S. 93 [F]. Hallwich, Fünf Bücher, Band I, S. 22. [B]
138 *zur Flucht nach Österreich:* Dvorský, S. 96. [F]
139 *gegen ein Bündnis der beiden Länder nichts mehr einzuwenden:* Gindely, Geschichte des Dreißigjährigen Krieges, Band II, S. 42. [C]
Gegenrevolution ins Werk zu setzen: Dvorský, S. 97. [F]
141 *überredeten sie ohne Mühe zur Umkehr:* Die Berichte bei Gindely, Geschichte des Dreißigjährigen Krieges, Band II, S. 45ff. [C]; Hallwich, Fünf Bücher, Band I, S. 26ff. [B]; Stieve, Zur Geschichte W.'s, S. 247ff. [F]; Dvorský, S. 99ff. [F] u.a. Im wesentlichen halte ich mich an den Bericht im Theatrum Europaeum, Band I, S. 114f. [A]. Dieser Bericht stammt, nach Stieve, aus einer böhmischen Zeitung. Es besteht aber kein Grund, an seiner von allen Seiten bestätigten Wahrheit zu zweifeln.
»zum Fenster hinausgeschaut«: Dvorský, S. 101. [F]
nie wieder Politik zu treiben: Gindely, Geschichte des Dreißigjährigen Krieges, Band II, S. 46. [C]

im wenigsten nit approbiert wird: Stieve, Zur Geschichte W.'s, S. 251. [F]
142 *nicht vor Forcht:* Wallenstein an Harrach, bei Tadra, Briefe, S. 441. [B]
sein Besitz aber enteignet: Dvorský, S. 101. [F]
immerhin gnädig anhören lasse: Dvorský, S. 103. [F]
Die Summe wurde in der Tat restituiert: Gindely, Geschichte des Dreißigjährigen Krieges, Band II, S. 49 [C]
erwähnt sie wohlgefällig: Förster, Prozeß, Urkundenbuch, S. 63 [B]
145 *diese Schein- und Schattenkrone:* Dazu: Stanka, S. 70ff. [D]
146 *oder vierzigjährigen Krieg gefaßt machen:* Gindely, Geschichte des Dreißigjährigen Krieges, Band II, S. 164. [C]
die Wahlkrone wohl gefallen lassen würde: Vertrag von Rivoli, 28. Mai 1619, abgedruckt bei Uetterodt, S. 212. [P]
Nervus und Nachdruck nicht vorhanden: Uetterodt, S. 214. [P]
147 *kein Trunkenbold sein:* Gindely, Geschichte des Dreißigjährigen Krieges, Band II, S. 223. [C]
147 *kurzum ein Besserer nirgends zu finden:* Theatrum Europaeum, Band I, S. 201. [A]
148 *Böhmen gegenüber in diesem Fall:* Theatrum Europaeum, Band I, S. 173. [A]
150 *zu glauben, daß sie falsch sei:* Theatrum Europaeum, Band I, S. 205. [A]
151 *an Mährens Grenze stehen:* Theatrum Europaeum, Band I, S. 217. [A]
153 *als sie versuchten, Maximilian die Kaiserwürde zuzuspielen:* Albrecht, Auswärtige Politik, S. 34. [N]
154 *Böhmen nicht eigentlich:* Albrecht, Auswärtige Politik, S. 39; Gindely, Geschichte des Dreißigjährigen Krieges, Band II, S. 382. [C]
vor gierigen Zeugen gegebenen Versprechungen: Albrecht, Auswärtige Politik, S. 40 [N]; Gindely, Geschichte des Dreißigjährigen Krieges, Band II, S. 391. [C]
155 *im Ruhestand lebenden Vater ihn daran hinderte:* Gindely, Geschichte des Dreißigjährigen Krieges, Band II, S. 140. [C]
nicht zu bedauern hätten: Gindely, Geschichte des Dreißigjährigen Krieges, Band II, S. 134. [C]
156 *der allererst angehen sollte, gewesen were:* Theatrum Europaeum, Band I, S. 256. [A]
157 *trugen geradewegs zu ihrem Verderben bei:* Über den Vertrag von Ulm: Albrecht, Auswärtige Politik, S. 43ff. [N]; Tapié, S. 110 [O]; Gindely, Geschichte des Dreißigjährigen Krieges, Band III, S. 17ff. [C]
159 *sie mit seinem Schwanz zu peitschen:* Theatrum Europaeum, Band I, S. 456. [A]
160 *Resolutionen bewirkt:* Sturmberger, Aufstand in Böhmen, S. 85. [D]
die Militärwirtschaft endlich ehrlichen Leuten: Sturmberger, Tschernembl, S. 354. [E]
161 *ein gnädiger Fürsprecher sein:* Theatrum Europaeum, Band I, S. 413. [A]
162 *mit ihrem Gewinsel begleiteten:* Gindely, Geschichte des Dreißigjährigen Krieges, Band III, S. 374. [C]
163 *sehr schwer geworden:* Dvorský, S. 104. [F]
in der Schlacht von Netolitz: Dvorský, S. 105. [F] Stieve, Zur Geschichte W.'s, S. 257 [F], bestreitet das, weil nicht alle zeitgenössischen Quellen es berichten.
Wallenstein blieb kalt: Dvorský, S. 107. [F]
beträchtliche Verwaltungsarbeit: Loewe, S. 22ff. [M]
und wohl ein Dutzend Kapitäne: Gindely, Geschichte des Dreißigjährigen Krieges, Band III, S. 346. [C]
164 *so waren sie übel daran:* Wallhausen. [M]

165 *seine Würde nicht verloren haben:* Dvorský, S. 108. [F] Gindely, Geschichte des Dreißigjährigen Krieges, Band II, S. 277. [C]
damit er es erhielte: Dvorský, S. 111. [F]
zu tausend Reitern zählt: Hallwich, Fünf Bücher, Band I, S. 37 [B]; Stieve, Zur Geschichte W.'s, S. 263. [F]

166 *noch gar gnädig damit zu:* Randbemerkung zu Keplers Horoskop, bei Strauss-Kloebe, S. 192. [K]
dem halt zuvorgekommen: Strauss-Kloebe, S. 192 [K]
die gegen Sachsen zu wohnenden böhmischen Gemeinden: Dvorsky, S. 115. [F]
aber zu spät: Dvorský, S. 121. [F]
und ließe nicht nach: Dvorský, S. 123. [F]

167 *Er war in Prag:* Stieve, Zur Geschichte W.'s, S. 266. [F]
Im Dezember besichtigte er: Dvorský, S. 143. [F]
wir kennen die Größe des Gewinnes nicht: Dvorský, S. 134. [F]
eine vierwöchentliche Kur: Der Brief bei Schebek, Wallensteiniana, S. 10. [B]
»Sie begehren nichts als Geld und Blut«: Dvorský, S. 131. [F]

168 *nicht geeignet, sie zu beruhigen:* Der Brief bei Hurter, Ferdinand II., Band VIII., S. 661. [E]

169 *ihres nun sehr nützlichen Fürsprechers, Karls von Zierotin:* Gindely, Geschichte des Dreißigjährigen Krieges, Band III, S. 387. [C]
belästigte der steinreiche Ritter Rudolf Trčka: Gindely, Gegenreformation, S. 8. [D]

170 *Ritter vom Goldenen Vliese:* Regele, S. 74. [M]

172 *noch im letzten Moment warnen lassen:* So Villermont, S. 121 [P]. Auch Gindely, Geschichte des Dreißigjährigen Krieges, Band IV, S. 54. [C]

173 *ganz spöttlich geredet wurde:* Theatrum Europaeum, Band I, S. 480ff. [A]
sich an dem Aufstand beteiligt hatte: Dvorský, S. 136. [F]

174 *Eheverbindungen zwischen den Waldsteins und den Smiřickýs:* Ahnentafel der Smiřickýs bei Bilek, S. 218. [F]

175 *in der Lage, ihn zu kontrollieren:* Bilek, S. 268 [F]
in die böhmische Landtafel eingetragen: Bilek, S. 16. [F]

176 *die Hände über der Bibel gefaltet:* Einblattdruck Albrecht Jan Smirický auf dem Totenbett, bei Mirjam Bohatcová [D]

179 *und blieb Vormund des Blöden:* Über die Gitschiner Pulverkatastrophe: Theatrum Europaeum, Band I, S. 353. [A] Gindely, Geschichte des Dreißigjährigen Krieges, Band II, S. 325ff. [C]
wenn sie außer Landes gingen: Gindely, Waldstein, Band I, S. 415. [F]

180 *mir den blöden Smiřický sollte folgen lassen:* Brief an den böhmischen Vizekanzler von Nostitz, 26. August 1623. Original im Besitz des Verfassers.

180 *»eine Kur gebrauchte«:* Dvorský, S. 160. [F]

181 *Leib und Leben gewagt habe:* Gindely, Waldstein, Band I, S. 22. [F]
ja 5000 gewähren: Bilek, S. 235. [F]

182 *in Gestalt von Smiřický-Gütern:* Bilek, S. 236. [F]

183 *mit was sollte der Krieg bezahlt werden:* Das Gutachten Liechtensteins bei Bilek, S. 244. [F] Nur aus ihm kennen wir die Argumente Wallensteins.

184 *die Intervention Christians:* Gindely, Waldstein, Band I, S. 417. [F]
sich und die Ihren ernähren könnte: Gindely, Waldstein, Band I, S. 418. [F]

185 *wie, erzählt ein anderes Kapitel:* Über Genealogie, Vermögensverhältnisse, testamentarische Bestimmungen und Schicksale der Smiřický am ausführlichsten: Bilek, S. 3ff. [F] Der Briefwechsel zwischen Ferdinand II. und Karl von Liechtenstein über den Smiřický-Besitz, Verpfändungen an Wallenstein, dessen Projekte

und Ansprüche: Bilek, S. 231f. [F] Gegen Bilek, polemisch: Gindely, Waldstein, Band I, S. 403ff. [F] Die Ergebnisse von Bileks gründlichen Berechnungen hat Gindely m.E. im wesentlichen nicht widerlegt. Zu Wallensteins Erwerbung der Smiřický-Güter auch Stieve, Zur Geschichte W.'s, S. 228ff. [F]; Hallwich, Fünf Bücher, Band I, S. 63f. [B]

Darlehen von 58000 Gulden: Bilek, S. 238. [F] Hier der Erlaß Liechtensteins, der 58000 Gulden nennt. Dagegen ist im Text Bileks, S. 39, von 85000 Gulden die Rede; Hallwich, Fünf Bücher, Band I, S. 50 [B], hat die Zahl von dort übernommen.

auch seine Gegenwart annehmen: Dvorský, S. 170. [F] Hallwich, Fünf Bücher, Band I, S. 49. [B]

186 *bei der Posterität auf sich geladen:* Falke, Band II, S. 227. [E]

die heiligen Lehren schrieben hier nichts vor: Hurter, Ferdinand II., Band VIII, S. 596. [E]

187 *das nahm überhaupt kein Ende:* Gindely, Gegenreformation, S. 213ff. [D]

189 *und ihm verzeihen:* Theatrum Europaeum, Band I, S. 547f. [A]

190 *seinem Tagebuch anvertraute:* Krause. [B]

192 *was er selber nicht mitgemacht hat:* Krause, S. 9ff. [B]

um eine halbe Generation jünger: Stammbaum der Waldstein in: Waldstein-Wartenberg. [Q]

Die Hochzeitsvergnügungen: Krause, S. 17–19. [B]

193 *zum »Obersten von Prag« ernannt:* Hallwich, Fünf Bücher, Band I, S. 58 [B] Tadra, Briefe, S. 263. [B]

nach ihrem Gusto zu hausen: Tadra, Briefe [B]

194 *in einem Gegenmanifest erklären ließ:* Beide Manifeste Theatrum Europaeum, Band I, S. 514ff. [A]

Denn Wallenstein selber wurde anbefohlen: Hallwich, Fünf Bücher, Band I, S. 47. [B]

195 *und die Konservation des Landes:* Hallwich, Fünf Bücher, Band I, S. 53f. [B]

den deutschen Kaiser noch mores lehren: Hurter, Ferdinand II., Band IX, S. 235. [E]

196 *die Möglichkeit des Gewinns:* Über die Münzverschlechterung unter Liechtenstein während des Jahres 1621: Newald, S. 96f. [L]

wahrlich nichts Neues ist: Über eine Münzverpachtung, die der neue Statthalter Dietrichstein in Mähren zuließ: Newald, S. 95. [L] – Der spanische Botschafter Oñate durfte in Wien eine eigene Münzstätte errichten lassen, um die aus Madrid ihm zukommenden Gelder in österreichische Taler umzumünzen: Newald, S. 112. [L] Ein anderes Beispiel für die Verwilderung des Geldwesens.

198 *über 42 Millionen Gulden geprägt:* Ernstberger, de Witte, S. 120. [L] Diese Tabelle [»Extrakt] mit leichten Abweichungen, die aber nicht Wallenstein betreffen: Newald, S. 111. [L]

199 *kein Mangel an Viktualien:* Liechtensteins Münzpatent vom 2. Januar 1623: Bilek, S. 303f. [F]

Fürst Liechtenstein macht Gegenvorschläge, die nicht gefallen: Newald, S. 120. [L]

201 *Aber das gehört nicht hierher:* Ernstberger, S. 126. [L] Newald, S. 126 [L], nennt einen Ersatzanspruch an Liechtensteins Sohn, Karl Eusebius, von nur 10747817 Gulden, ohne das Jahr anzugeben. Offenbar handelt es sich um eine Summe, die unter Ferdinand III. errechnet wurde. Die Schuld der Liechtensteins stieg, je länger die Untersuchungskommission arbeitete.

ein Taschengeld: Ernstberger, de Witte, S. 122, 124. [L] Dagegen gibt Gindely,

Waldstein, Band I, S. 33 [F], Wallensteins Gewinn an dem Münzgeschäft als 450000 Gulden an, ohne zu sagen, wie er die Summe errechnet hat.

202 *ein Fürst, ein Herrscher:* Die Geschichte des Münzkonsortiums ist am ausführlichsten dargestellt bei Ernstberger, de Witte, S. 86ff. [L], Gindely, Gegenreformation, S. 325ff. [D], Johann Newald, S. 103ff. [L] Von den besonders nachgewiesenen Zitaten abgesehen, beruht meine Darstellung auf diesen drei Quellen.
Nicht zufällig am selben Tag: Ernstberger, de Witte, S. 87. [L]

203 *nämlich 150000 Gulden:* Hallwich, Fünf Bücher, Band I, S. 63. [B]
als ewiges Erblehen an Wallenstein über: Lehensbrief bei Némethy, S. 95. [D]

204 *den Aufbau seines Fürstentums:* Bilek, S. 22. [F]

206 *die überdies mit den Waldstein vom gleichen Stamme kam:* Gindely, Gegenreformation, S. 44ff. [D]
die Eggenberg, Liechtenstein und Trauttmansdorff etc..: Über Eggenbergs Güterkäufe, durch die er seinen neuen südböhmischen Besitz in »langer Münze« arrondierte: Newald, S. 127. [L]

207 *um wenige Prozente:* Gindely, Waldstein, Band I, S. 65. [F]
frei und ledig gesprochen wurde: Kaiserlicher Brief bei Bilek, S. 305. [F]

208 *Vsetín für 130000:* Dvorský, S. 189. [F]
etwas später für 218000: Bilek, S. 112. [F]
Es existiert ein Brief Ferdinands II.: Der Brief bei Schottky, S. 156. [H]
nach Gebühr taxierte Güter einzuräumen wären: Entwurf bei Gindely, Waldstein, Band I, S. 34. [F]
ohne daß »Mitinteressierte« in ihm erwähnt würden: Gindely, Waldstein, Band I, S. 36. [F]

209 *Pragae, den 13. Januarii 1623:* Hallwich, Fünf Bücher, Band I, S. 74. [B]
nur für 23000 Gulden: Punkt 28 der Klageschrift Slawatas, bei Schebek, Lösung, S. 539. [B]

210 *sei das vielleicht anders:* Falke, Band II, S. 225. [E]

211 *daß er ein Zier und Ruhm des Kayserlichen Hofes sey:* Khevenhiller, Conterfet, Band II, S. 57, Artikel Harrach. [A]
neuerdings Fürst von Eggenberg: Seit Februar 1623. Zwiedineck-Südenhorst, Eggenberg, S. 71. [P]

212 *die eigenen Passiones so gar verblendt gehabt:* Zwiedineck-Südenhorst, Eggenberg, S. 59. [P]
über alle Massen hart entrate: Mareš, Beiträge, S. 30. [B]

213 *die Weil lang ist worden:* Förster, W. als Feldherr und Landesfürst, S. 320ff. [L]
es hätte Einer einen solchen Brief gesehen: Mitteilung des Herrn Grafen Karl von Waldstein-Wartenberg.

214 *eine erste Frucht des neuen Wiener Familienbündnisses:* Das Pfalzgrafen- und das Fürsten-Diplom bei Förster, Prozeß, Urkundenbuch, S. 7ff. [B]

215 *am Schlusse möglichst unscheinbar plaziert:* Gindely, Waldstein, Band I, S. 282ff. [F]
wie einen Hundsbuben: Tadra, Briefe, S. 362. [B]

217 *keinen Sinn für die öffentliche Sache:* Roberts, Band II, S. 195. [O]

219 *unter der Asche des Waffenstillstandes:* Roberts, Band I, S. 201. [O]
wegen Preußen verbunden: Roberts, Band I, S. 176. [O]

221 *keinen Bericht, kein Geld:* Schubert, Exilregierung, S. 599. [N]
ein Taschengeld zu verdienen: Schubert, Exilregierung, S. 641. [N]

223 *Ein Herr von der Faust:* Theatrum Europaeum, Band I, S. 550. [A]
noch mehr wert als der Vater: Ritter, Deutsche Geschichte, Band III, S. 243. [C]

224 *Annette von Droste:* Bilder Christians sind noch in ihrem Meersburger Haus zu sehen. Die beiden anderen: Ricarda Huch und Veronica Wedgwood.
aber je 6000: B. G. H. von Hellfeld, Johann Ernst, S. 404. [P]
225 *ohne Zustimmung der Hohen Pforte:* Krüner, Bethlen, S. 15. [P]
ein magyarisch-slawisches Reich: Krüner, Bethlen, S. 26. [P]
226 *cras tibi:* Roberts, Band I, S. 200. [O]
228 *hätte wohl ein »Deputationstag« sein sollen:* Von einem »Deputationstag« spricht Gindely, Geschichte des Dreißigjährigen Krieges, Band IV, S. 420ff. [C] Daß es in Wirklichkeit keiner war, zeigt Ritter, Deutsche Geschichte, Band III, S. 183. [C]
»ganz furchtsam«: Ritter, Deutsche Geschichte, Band III, S. 187. [C]
230 *und man straft sie nicht:* Tadra, Beiträge, S. 452. [B]
231 *Schlesien gehet uns gewiß drauf:* Tadra, Beiträge, S. 442. [B]
werden sie uns gewiß nichts tun: Tadra, Beiträge, S. 447. [B]
will uns aushungern: Tadra, Beiträge, S. 449. [B]
fallen vor Mattigkeit nieder: Tadra, Beiträge, S. 444. [B]
232 *was ehrlichen Leuten gebührt:* Tadra, Beiträge, S. 446. [B]
uns leicht ein Arkebusier hinnehmen: Tadra, Beiträge, S. 460. [B]
bin wohl der größten Sorg überhebt: Tadra, Beiträge, S. 451. [B]
nur die viveri: Tadra, Beiträge, S. 440. [B]
die Herren feiern nicht: Tadra, Beiträge, S. 444, 447. [B]
wir schon längst nichts zu essen gehabt: Tadra, Beiträge, S. 453. [B]
233 *denn unsere Cavallerie ist hin:* Tadra, Beiträge, S. 455. [B]
in größerer Gefahr die Länder zu verlieren: Tadra, Beiträge, S. 450. [B]
234 *begab man sich unter Marschmusik:* Tadra, Beiträge, S. 435. [B]
237 *Reiterbild von Christian Kaulfersch:* Darüber Klein, S. 89. [I] Das Gemälde heute im Prager Palast.
238 *»aschfarben«:* Schottky, S. 167f. [H]
In Genua: Schottky, S. 170. [H]
die Schelmerei in die Füß kommen ist: An Harrach, bei Tadra, Briefe, S. 307. [B]
239 *einen Rausch gesoffen:* An Harrach, bei Tadra, Briefe, S. 365. [B]
tapfer darum schimpfieret: Hallwich, Fünf Bücher, Band II, S. 349. [B]
ich frag nichts danach: Schottky, S. 59. [H]
das Gerstenbier nicht trinken kann: Förster, Briefe, Band I, S. 355. [B]
unverlängst zu verschaffen: Schottky, S. 117. [H]
240 *Brühen zu trinken:* An Harrach, bei Tadra, Briefe, S. 300. [B]
»weil er der deutschen Sprache nicht kundig«: Schottky, S. 169. [H]
was böhmisch sollte tractiert werden: Schottky, S. 71. [H]
seine böhmische Tücke: Hallwich, Fünf Bücher, Band I, S. 448. [B]
zu Wien was vorlügen: Tadra, Beiträge, S. 445. [B]
die »ungarischen Speranzen«: Tadra, Beiträge, S. 449. [B]
241 *schädlicher als der Feind:* Schottky, S. 201. [H]
die »cujonische welsche Sprach«: Schottky, S. 128. [H]
und sonstigen etlichen welschen Cujonen: An Harrach, 7. Mai 1626, bei Hallwich, Fünf Bücher, Band I, S. 358. [B] Nicht bei Tadra, Briefe.
einen böhmischen Sekretär: Schottky, S. 101. [H]
242 *gewiß Maulschellen fallen:* Roberts, Band I, S. 176. [O]
gar übel empfangen: Hallwich, Fünf Bücher, Band II, S. 347. [B]
243 *Studium der Konstellation:* Capuziner-Relationen, deutsch bei Schebek, Lösung, S. 66. [B]
wie ihr Brauch ist: Förster, W. als Feldherr und Landesfürst, S. 346. [L]
»verhurts Pfäffle« An Harrach, bei Tadra, Briefe, S. 481. [B]

die Seele der Regierung: Khevenhiller, Annales, XI, S. 65. [A]
genaue Geschichtskenntnis: Capuziner-Relationen, bei Schebek, Lösung, S. 66. [B]
244 *was der Kriegsbrauch vermag:* Förster, W. als Feldherr und Landesfürst, S. 415. [L]
Um zwei erkaufte Bücher: Schottky, S. 114. [H]
»Architecturae militariae«: Inventar bei Schebek, Lösung, S. 587ff. [B]
245 *wie nicht weniger mit Mobilien:* Schottky, S. 74. [H]
daß ich satisfatto bleib: Schottky, S. 61. [H]
um Wölfe anzugehen: Schottky, S. 131. [H]
an der jungen Grasweide wiederum gesund werden: Schottky, S. 120. [H]
sie müssen aber groß sein: Ernstberger, de Witte, S. 289. [L]
246 *die Pferde zu tränken:* Schottky, S. 91. [H]
dreihundert kostbare Pferd: Schottky, S. 26. [H]
mehr an einem Fohlen als an zween Meyerhöfen gelegen: Schottky, S. 93ff. [H]
nach seiner Gestalt empfahe: Förster, W. als Feldherr und Landesfürst, S. 365. [L]
mein Gelegenheit noch Brauch nicht: Schottky, S. 50. [H]
»ohne Verlierung einiger Minuten«: Förster, W. als Feldherr und Landesfürst, S. 365. [L]
247 *im Ernste will:* Schottky, S. 191. [H] An den Pater Coronius, Rektor des Jesuiten-Collegiums von Gitschin. Der Brief ganz abgedruckt, und zwar in tschechischer Sprache: Sitzungsberichte der Königlich-Böhmischen Gesellschaft der Wissenschaften, Jahrgang 1887, S. 39–54. Der Herausgeber F. Menčík meint, die Briefe Wallensteins an Coronius seien tschechisch geschrieben gewesen. Die Originale existieren nicht mehr, dagegen sowohl tschechische wie lateinische Abschriften. Daß Wallenstein an den Jesuiten lateinisch schrieb, ist unwahrscheinlich.
daß es also geschehe: Förster, W. als Feldherr und Landesfürst, S. 383. [L]
und nicht dem Saufen: Förster, W. als Feldherr und Landesfürst, S. 365. [L]
insonderheit aber die im Gebirg: Förster, W. als Feldherr und Landesfürst, S. 373. [L]
mir gar wohl gedient: Schottky, S. 58. [H]
in Reden und moribus etwas grob: Hurter, Geschichte, S. 365. [F]
den Fürsten zu stören: Maršan, S. 20. [I] Zitiert aus Straka, S. 176. [B]
248 *ihn für meinen besten Freund zu halten:* Gindely, Waldstein, Band II, S. 81. [F]
249 *erhoben und bestätigt:* Förster, Prozeß, Urkundenbuch, S. 31. [B]
erfolgte im Januar 1627: Diplom abgedruckt bei Förster, Prozeß, Urkundenbuch, S. 42. [B]
denn es präjudiciert mir: An Harrach, bei Tadra, Briefe, S. 456. [B]
250 *899 Personen:* Schottky, S. 177. [H]
251 *des Küchenbedarfszettels für einen einzigen Tag:* Förster, W. als Feldherr und Landesfürst, S. 377f. [L]
4673 Gulden für 1630: Förster, W. als Feldherr und Landesfürst, S. 376. [L]
etwa 350000 Gulden im Jahr ausmachen würde: Ernstberger, de Witte, S. 408. [L]
sei dergleichen nicht zu machen: Gindely, Waldstein, Band I, S. 265. [F]
253 *schleunigst zu veranlassen:* Ludwig, S. 519f. [F]
255 *ein Titel ohne Kraft:* Wolkensteinsche Relation, abgedruckt bei Schebek, Lösung, S. 555ff. [B]
256 *mit den »Thurn und Taxis« gar nichts zu tun:* Hallwich, Fünf Bücher, Band I, S. 106. [B]

und ihr zu resolvieren: Schottky, S. 72. [H]
und weiter nicht gehen solle: Hallwich, Fünf Bücher, Band II, S. 316. [B]
258 *daß er neben ihnen auf der Kammer sitze:* Schottky, S. 104. [H]
bei der Kanzlei ungelöst ließe: Förster, W. als Feldherr und Landesfürst, S. 331. [L]
259 *aus Gnade das Erbe dennoch ein:* Hallwich, Fünf Bücher, Band I, S. 141. [B]
auszupfänden: Förster, W. als Feldherr und Landesfürst, S. 366. [L]
eine Landesordnung zu verfassen: Schottky, S. 109. [H]
260 *sein Collegial-Votum haben soll:* Schottky, S. 111. [H]
»hoch gerühmte Libertät« geschehen: Hallwich, Fünf Bücher, Band I, S. 108. [B]
il grand economo: Ernstberger, Volkswirt, S. 105. [H]
im Gebirge aber sechs: Ernstberger, Volkswirt, S. 50. [H]
261 *das Geld daselbst unter die Leute kommt:* Schottky, S. 99. [H]
den Einheimischen zulassen: Schottky, S. 70. [H]
dem fürstlichen Geschmack nicht entsprach: Ernstberger, Volkswirt, S. 45. [H]
intensiver, produktiver, unter straffer Aufsicht: Ernstberger, Volkswirt, S. 28. [H]
262 *sonsten durchaus nit:* Ernstberger, Volkswirt, S. 44. [H]
263 *runde 700000 Gulden:* Polišenský, Wallenstein, englisches Manuskript. [G]
meine eigenen Pulvermühlen: Hallwich, Fünf Bücher, Band I, S. 193. [B]
Ein eigenes Bergamt: Ernstberger, Volkswirt, S. 61 ff. [H]
265 *erst 1628 verliehen:* Nohjlová-Prátová, S. 11. [H]
Münzstätte in Gitschin und Sagan: Nohejlová-Prátová, S. 46. [H]
später davongejagt: Nohejlová-Prátová, S. 23, 27. [H]
sondern Schaden leiden: Wallenstein an Taxis, bei Meyer, S. 31. [H]
jedoch ohne Schaden: Meyer, S. 32. [H]
und macht dies: Meyer, S. 31. [H]
und laßt aus invita invidia: Meyer, S. 31. [H]
266 *müsse doch Gleichheit sein:* Böhmische Kammer an Taxis, 23. August 1630, bei Meyer, S. 46. [H]
ich bin sonsten nicht gewohnt: Wallenstein an Taxis, bei Meyer, S. 32. [H]
hat man die nötige Erfahrung: Nohejlová-Prátová, S. 17. [H]
daß es verworfen werden muß: Nohejlová-Prátová, S. 36. [H]
in einem einzigen Jahr 682000 Groschen: Nohejlová-Prátová, S. 51. [H]
nur kümmerlichen Erfolg: Nohejlová-Prátová, S. 14. [H]
267 *wurde noch 1634 gearbeitet:* Schmerber, S. 103 f. [H]
268 *und nicht Bauernhäusern gleichsehen:* Hallwich, Fünf Bücher, Band II, S. 325. [B]
269 *zu Wismar zu bauen:* Förster, W. als Feldherr und Landesfürst, S. 376. [L]
bei zweihundert Maurer bestellt: Förster, W. als Feldherr und Landesfürst, S. 368. [L]
zierlich ausführen: Förster, W. als Feldherr und Landesfürst, S. 369. [L].
270 *jetzt auf andere Sachen zu gedenken:* Förster, W. als Feldherr und Landesfürst, S. 347. [L]
271 *fleißig gebrennt werden:* Schottky, S. 75. [H]
wollen sie vertreiben: Förster, W. als Feldherr und Landesfürst, S. 368. [L]
andere hinzubauen: Förster, W. als Feldherr und Landesfürst, S. 368. [L]
eigentlich überhaupt nicht: Némethy, S. 21. [D]
272 *als der Durchschnitt seiner Schicksalsgenossen:* Gindely, Gegenreformation, S. 301. [D]
273 *alles Notwendige zu veranlassen:* Gindely, Gegenreformation, S. 262 f. [D]

der Verstand der unfreiwilligen Quartiergeber: Gindely, Gegenreformation, S. 248. [D]

274 *seine wahren Gesinnungen gegenüber Rom:* Gindely, Gegenreformation, S. 178f. [D]

von seiner Intransigenz etwas abließe: Gindely, Gegenreformation, S. 184. [D]

Hilfe von den Fürsten der Christenheit: Gindely, Gegenreformation, S. 193. [D]

275 *aus den Jahren 1623 bis 25:* Briefe Wallensteins an den Pater Coronius bei Menčík, Albrechta z Valdštejna, S. 39–54. [H]

nichts bewilligen: Hallwich, Fünf Bücher, Band II, S. 311. [B]

276 *denn sie verstehens nicht:* Schottky, S. 42. [H]

ritterlich brauchen lassen: Khevenhiller, Conterfet, Artikel Harrach. [A]

daß man discretamente prozediert: Hallwich, Fünf Bücher, Band II, S. 327. [B]

thun es nit: Förster, W. als Feldherr und Landesfürst, S. 358. [L]

277 *der die Reformation durchkreuzte:* Gindely, Gegenreformation, S. 259. [D]

aber kein anders Land: An Harrach, bei Tadra, Briefe, S. 353. [B]

so thät ich's gern: Förster, W. als Feldherr und Landesfürst, S. 351. [L]

278 *je mehr sie haben wollen:* Förster, W. als Feldherr und Landesfürst, S. 345. [L]

nicht zu viel Güter einräumen: Förster, W. als Feldherr und Landesfürst, S. 346. [L]

Messe für sein Seelenheil: Hallwich, Fünf Bücher, Band H, S. 350. [B]

279 *samt seinen Indulgenzen behalte er zurück:* An Harrach, bei Tadra, Briefe, S. 411. [B]

280 *den rechten Glauben wird begreifen mögen:* Förster, W. als Feldherr und Landesfürst, S. 357. [L]

nur der Staatsraison halber: Aretin, Urkunden, S. 81. [B]

auf das Vertrauen zu Gott: Aretin, Urkunden, S. 78. [B]

281 *nach dreihundert Jahren nicht zu verwundern:* Pierer. [H]

keineswegs angenommen: Hallwich, Fünf Bücher, Band I, S. 123. [B]

»Lust zur Virtu«: Schottky, S. 125. [H]

ist Alles an ihnen verloren: Schottky, S. 127. [H]

282 *was die Fundacion vermag:* Förster, W. als Feldherr und Landesfürst, S. 353. [L]

wohl für unstandesgemäß hielt: Schottky, S. 125. [H]

dann glänzte eine stumme Zufriedenheit: Westenrieder, zitiert bei Schottky, S. 6. [H]

283 *proportionierte Kontribution:* Hallwich, Fünf Bücher, Band II, S. 310. [B]

los und ledig sprechen: Schottky, S. 68. [H]

als daß es verderben soll: Schottky, S. 67. [H]

dem notwendigen Raum Rechnung trüge: Schottky, S. 63. [H]

keine Lähmung davon erfolgen möge: Hallwich, Fünf Bücher, Band I, S. 142. [B]

284 *wie jetzo das arme Weib:* Schottky, S. 123. [H]

Erst im Januar 1628 verließ er: Kožik, S. 65. [P]

285 *ohne alle Barmherzigkeit soll umkommen:* Hallwich, Fünf Bücher, Band II, S. 379. [B] Wiegler, S. 178ff. [B]

289 *»unseren liebsten Kindern«:* Theatrum Europaeum, Band I, S. 817. [A]

oder ein Heiliger: Roberts, Band I, S. 235. [O]

zwei arme kleine Inseln: Roberts, Band I, S. 242. [O]

292 *vor dem Schütteln der Kutsche zu bewahren:* Theatrum Europaeum, Band I, S. 891. [A]

294 *monströse Zeichen fast immer taten:* Theatrum Europaeum, Band I, S. 900. [A]

und zögerte es hin: Wallenstein an Collalto, 29. Juni 25, bei Chlumecky, Briefe,

S. 6f. [B] Hallwich, Fünf Bücher, Band I, S. 113 und Anmerkung 233. [B] Hallwich glaubt, die Zitadelle sei gebaut worden.

»Verneuerte böhmische Landesordnung«: Ritter, Deutsche Geschichte, Band III, S. 369. [C] Gindely, Waldstein, Band II, S. 33. [F] Gindely, Geschichte des Dreißigjährigen Krieges, Kleine Ausgabe, Band II, S. 99ff. [C], u. anderwärts.

296 *welche des Oberstleutnants Briefe enthielten:* Keplers Briefwechsel in den Gesammelten Werken, Nummern 998, 999, 1000, 1001, 1016. [K]

298 *in den bedrängtesten Umständen:* Keplers zweites Horoskop bei Strauss-Kloebe. [K]

vergebliche Botenlöhne bezahlen müssen: Kepler an Taxis, in: Kepler, Gesammelte Werke, Brief Nummer 1020.

Stralsund belagert: Randbemerkungen Wallensteins zu Keplers zweitem Horoskop.

300 *teils auch unnötig:* Albrecht, Auswärtige Politik, S. 164. [N]

Welche Vollmacht . . . er auch erhielt: Hallwich, Fünf Bücher, Band I, S. 171. [B]

301 *zum Widerstand zu konkurrieren:* Hallwich, Fünf Bücher, Band I, S. 173. [B]

302 *Endzweck aller seiner Anträge:* Gindely, Waldstein, Band I, S. 52. [F]

sein Projekt gründlich prüften: Hallwich, Fünf Bücher, Band I, S. 177 [B] Menčík, Hofratssitzungen, S. 3. [F]

302/303 *in guter Bereitschaft halten:* Hallwich, Fünf Bücher, Band I, S. 183. [B]

303 *eine eigene Armee auf deutschem Boden:* Gindely, Waldstein, Band I, S. 45f. [F]

in solches Labyrinth nicht stecken: Gindely, Wallenstein, Band I, S. 50. [B] Nicht bei Tadra, Briefe.

vom 25. April bis zum 21. Juni: Menčík, Hofratssitzungen, S. 1ff. [F]

304 *von Allem traktieren und handeln:* Menčík, Hofratssitzungen, S. 21. [F]

den böse Intentionierten die Zähne zeige: Menčík, Hofratssitzungen, S. 23. [F]

305 *oder nehmen oder nit ablegen werden:* Menčík, Hofratssitzungen, S. 17. [F]

wohl kein Unglück: Hallwich, Fünf Bücher, Band III, Beilagen 2 u. 3. [B]

ihm nicht wohl bei dem Handel ist: Wallenstein an Collalto, bei Chlumecky, Briefe, S. 7. [B]

sich zu konjungieren verursacht würden: Hallwich, Fünf Bücher, Band I, S. 215. [B]

306 *ihre Spesen bezahlt werden könnten:* Hallwich, Fünf Bücher, Band III, Beilage 4. [B]

daran zweifel ich: Hallwich, Fünf Bücher, Beilage 5. [B]

werde das Werk aufziehen und uns konsumieren: Hallwich, Fünf Bücher, Band I, S. 219. [B]

307 *in dessen Garten ein anderer, fremder einbricht:* Über die Haltung Maximilians zu Wallensteins Heeresunternehmen sehr gut: Ritter, Kontributions-System, S. 194ff. [L] Der Kurfürst gab den ersten Anstoß dazu und war alsbald unglücklich über das Erreichte.

versehen würde: Hallwich, Fünf Bücher, Band I, S. 238. [B]

zweieinhalb Millionen Gulden flüssig machen: Menčík, Hofratssitzungen, S. 14. [F]

kaum weniger als zwanzig Regimenter: Hallwich, Fünf Bücher, Band I, S. 231. [B]

und nicht ganz so Schönes: Die Instruktion zuerst veröffentlicht von Hallwich, W.'s erste Berufung, S. 16ff. [F]

Annales: Band X, S. 802. [A]

308 *und dadurch den Frieden befördern:* Tadra, Briefe, S. 298. [B]

309 *und nit ein Privat führen:* Tadra, Briefe, S. 337. [B]

verpflichtete sich Kaiser Ferdinand auch Wallenstein gegenüber: Hallwich, Fünf Bücher, Band I, S. 239. [B]
was man bekommen kann: Tadra, Briefe, S. 330. [B]
310 *ganz allein kommandieren zu können:* Wallenstein an Collalto, bei Chlumecky, Briefe, S. 9. [B]
auf eine Rangerhöhung aspirierte: Chlumecky, Briefe, S. 11. [B]
als die ganze Armada: Tadra, Briefe, S. 301. [B]
311 *sich gar wol gehalten:* Hallwich, Fünf Bücher, Band III, Beilage 10. [B]
wie ich sie zähmen werde: An Collalto, bei Chlumecky, Briefe, S. 16. [B]
mag ich ihn weniger leiden: Tadra, Briefe, S. 300. [B] Vergleiche auch Wallenstein an Collalto, bei Chlumecky, Briefe, S. 17. [B]
böse Zungen: Brohm, S. 1 ff. [P]
Dominus a Aldringen: Mitteilung des Fürsten Alfred Clary-Aldringen.
312 *auf anderes zu gedenken:* Tadra, Briefe, S. 356. [B]
mit Raben beitzen: Hallwich, Fünf Bücher, Band III, Beilage 10. [B]
Wein, Bier und Met: Prökl, Eger, Band I, S. 144. [F]
313 *zu den kaiserlichen Fahnen:* Prökl, Eger, S. 151. [F]
dreiundfünfzig Kompanien Reiter: Ritter, Deutsche Geschichte, Band III, S. 298 [C]
schöner als das alte: Chlumecky, Briefe, S. 14. [B]
welche man verschonen muß: Unter sächsischem Gebiet ist offenbar Coburg zu verstehen. Hallwich, Fünf Bücher, Band III, Beilage 13. [B]
314 *ein Quartier wieder in Böhmen suchen:* Hallwich, Fünf Bücher, Band III. [B]
316 *über alle die reichsverderberische Blutstürzung:* Ferdinand an Wallenstein, bei Hallwich, Fünf Bücher, Band III, S. 81 f. [B]
320 *scheitern würden:* Wallenstein an Ferdinand, Christian IV. an Wallenstein, bei Hallwich, Fünf Bücher, Band III, S. 30. [B] – Über die Verhandlungen und ihr Scheitern das Weißbuch der niedersächsischen Stände: »Abdruck der vornehmbsten Schrifften«. [A]
321 *die Pastete teilen:* Hallwich, Fünf Bücher, Band I, S. 281. [B]
auf Kaisers Unkosten macht: Hallwich, Fünf Bücher, Band I, S. 382. [B]; Tadra, Briefe, S. 357. [B]
322 *so leichtlich werden succurieren mögen:* Förster, W. als Feldherr und Landesfürst, S. 421 [L]
324 *ich den Mansfelder aufs Haupt geschlagen habe:* Hallwich, Fünf Bücher, Band III, S. 42. [B]
die nach erlangter Victori sein können: Hallwich, Fünf Bücher, Band I, S. 358. [B]
325 *wenn eine gute Zeitung kommt:* Tadra, Briefe, S. 316. [B]
ist alles auf Betrug abgesehen: Tadra, Briefe, S. 329, 333, 384. [B]
denn es ist Zeit: Tadra, Briefe, S. 339. [B]
326 *der Kurfürst von Bayern, kein Freund davon:* Ritter, Deutsche Geschichte, Band III, S. 328. [C]
ehe die schwedische Hilfe kommt: Tadra, Briefe, S. 385. [B]
das spanische Angebot sehr gerne: Tadra, Briefe, S. 381 [B]; Wallenstein an Trauttmansdorff, bei Hallwich, Fünf Bücher, Band III, S. 68 [B]; Tilly und Wallenstein an Ferdinand II., bei Aretin, Bayerns auswärtige Verhältnisse, S. 234. [N]
lehnten sie höflich ab: Bericht des Abgesandten der Infantin, de la Moterie, bei Aretin, Bayerns auswärtige Verhältnisse, S. 232. [N] Tilly und Wallenstein nehmen die spanische Hilfe gerne an, erklären sich aber gegen eine Besetzung Lübecks

oder Hamburgs, wodurch man diese loyalen Städte in die Arme Dänemarks triebe, und wollen ihre Strategie nach der Gelegenheit richten, nicht sich von Brüssel vorschreiben lassen.

das erpreßte Pfand für immer behalten: Riezler, Band V, S. 301. [N]

wo sie einwurzeln: Förster, W. als Feldherr und Landesfürst, S. 351. [L]

326/327 *der Schärfe vorziehe:* Kurz, S. 502. [E] Über den oberösterreichischen Bauernaufstand: Kurz. [E] – Mecenseffy, Geschichte des Protestantismus in Österreich, S. 163 ff. [E], dem Werk von F. Stieve, Der oberösterreichische Bauernaufstand 1625, folgend.

327 *und im Land ob der Ens:* Tadra, Briefe, S. 389. [B]

um sich fressen wird: Tadra, Briefe, S. 397, 404. [B]

328 *fügt Tilly bitter hinzu:* Hallwich, Fünf Bücher, Band I, S. 483. [B]

nachher übel zu remedieren wäre: Tadra, Briefe, S. 406. [B]

330 *und wenig rasten:* Tadra, Briefe, S. 417. [B]

den Tadel blind übernommen: Gindely, Waldstein, Band I, S. 111. [F]

nie so stark marschiert hat als diese: Tadra, Briefe, S. 425. [B]

331 *noch nie widerfahren ist:* Tadra, Briefe, S. 443. [B] An Kaiser Ferdinand, ebenda.

332 *aus Not haben sterben müssen:* Tadra, Briefe, S. 466, 468. [B]

»Viel Glück auf die Reise!«: Hallwich, Fünf Bücher, Band I, S. 411. [B]

333 *wie die »rasenden wütenden Bestien«:* Riezler, Band V, S. 309. [N]

334 *der vornehmste Heilige im Himmel:* Tadra, Briefe, S. 457. [B]

weiß ich nicht, was ich tue: Tadra, Briefe, S. 300, 324, 327, 328, 331, 383. [B]

335 *welche zusammengehören:* Hallwich, Fünf Bücher, Band I, S. 446. [B]

nit zu erhandeln wird sein: Tadra, Briefe, S. 338. [B]

336 *nicht trauen dürfen:* Tadra, Briefe, S. 320. [B]

unsere Sachen übel: Tadra, Briefe, S. 333. [B]

verstehen das Werk nicht: Chlumecky, Briefe, S. 36. [B]

keinen Bestand nicht haben: Tadra, Briefe, S. 352. [B]

durchaus kein Verlaß wäre: Hallwich, Fünf Bücher, Band III, S. 60. [B]

etwas Ersprießliches daraus erfolgen: Hallwich, Fünf Bücher, Band III, S. 20. [B]

337 *große Quantität von Cavallerie:* Tadra, Briefe, S. 401. [B]

als ob sie nichts gehört hätten: Ginsely, Waldstein, Band I, S. 106 ff. [F]

338 *überhebt mich vieler Mühe:* Tadra, Briefe, S. 307. [B]

339 *wird mich sonsten stets contraminieren:* Tadra, Briefe, S. 325, 403, 382, 411. [B]

konnte das nicht: Tadra, Briefe, S. 373. [B]

340 *zu hoch für ihn:* Tadra, Briefe, S. 362. [B]

mit einer Dotation belohnt sehen wollte: Hallwich, Fünf Bücher, Band III, S. 14. [B]

im Herbst zum Generalwachtmeister über alles Fußvolk: Tadra, Briefe, S. 301. [B]

doch in der Welt nichts hinter ihm: Tadra, Briefe, S. 358. [B]

noch Verstand: Tadra, Briefe, S. 380. [B]

er verstehts halt nicht: Tadra, Briefe, S. 405. [B]

auch ein solcher Soldat: Tadra, Briefe, S. 385. [B]

341 *so die Natur gezeichnet hat:* Tadra, Briefe, S. 409. [B]

mag ich seiner ganz und gar nicht: Tadra, Briefe, S. 438. [B]

aber zu allem andern: Chlumecky, Briefe, S. 76. [B]

was er haben will: Chlumecky, Briefe, S. 53. [B]

meiner Natur Gewalt antun: Ottokar Lorenz, Briefe, S. 113, 124. [B]

342 *auf dem Umweg über den buckelten Fürstenberg:* Hallwich, Fünf Bücher, Band I, S. 326. [B]

an den Kaiser also: Hallwich, Fünf Bücher, Band I, S. 325. [B]
zu continuieren: Hallwich, Fünf Bücher, Band I, S. 325. [B]
Credit bei den Landleuten: Tadra, Briefe, S. 389. [B]
und ist fleißig: Hallwich, Fünf Bücher, Band I, S. 477. [B]
so ist es der Graf Schlick: Tadra, Briefe, S. 317. [B]
Marradas zum General-Leutnant: Loewe, S. 25f. [M]
343 *Protestanten allesamt:* Loewe, S. 86. [M]
an seiner Unterschrift: Loewe, S. 87. [M]
ihren Namen nicht schreiben konnten: Loewe, S. 85. [M]
ihm den gewünschten Dienst erweist: Priorato, S. 23. [A]
344 *den Discurs nicht so balde:* Hallwich, Fünf Bücher, Band II, S. 114. [B]
eine Fur: Tadra, Briefe, S. 431. [B]
also nachzukommen wissen: Hallwich, Fünf Bücher, Band I, S. 268. [B]
Wonach Er sich zu richten: Hallwich, Fünf Bücher, Band I, S. 458. [B]
345 *oder verkauften ihn:* Neubauer, S. 121. [F]
kein Mittel noch Hilf: Tadra, Briefe, S. 475. [B] Vergleiche auch Förster, Briefe, Band I, S. 180. [B]
zumal in Frauenklöstern: Hallwich, Fünf Bücher, Band II, S. 232. [B] Über Gürzenichs oder Görtzenichs Missetaten das in der Bibliographie [A] erwähnte Flugblatt.
Gott tröste den Ort: Uetterodt, S. 648. [P]
346 *kritische Schriftsteller:* Besonders: Steinberg. [C]
347 *bald dazu willig machen:* Gindely, Waldstein, Band I, S. 136. [F]
durch einen treuen Patrioten: Sturm, S. 171ff. [F]
350 *ich will nicht, daß das Land dadurch soll leiden:* Chlumecky, Briefe, S. 23. [B]
vom Herzog von Friedland gelernt: Khevenhiller, Annales, Band X, S. 891. [A] Hallwich, Fünf Bücher, Band I, S. 265f. [B]
achtundzwanzig Millionen Gulden: Ernstberger, de Witte, S. 169. [L]
351 *ein Tropfen auf den heißen Stein:* Ernstberger, de Witte, S. 169 [L], nach Karl Oberleitner, Beiträge zur Geschichte des Dreißigjährigen Krieges mit besonderer Berücksichtigung des österreichischen Finanz- und Kriegswesens von 1618–1634. Wien 1858.
352 *er tyrannisiert mich wie sein Principal:* Tadra, Briefe, S. 336. [B]
einen merklichen Undienst dadurch: Tadra, Briefe, S. 370. [B]
353 *keinen Heller darauf angewendet:* Tadra, Briefe, S. 391. [B]
wie Butter in der Sonnen: Hallwich, Fünf Bücher, Band III, S. 80. [B]
354 *Ein Geschichtsschreiber:* Ritter, Kontributions-System, S. 238. [L] Das Folgende, wenn nicht anders vermerkt, nach Moritz Ritter.
Ein Abstund: Gindely, Waldstein, Band I, S. 129ff. [F] Dort sind verschiedene Ordinanzen abgedruckt.
355 *Aber es mangelt mir:* Tadra, Briefe, S. 362. [B]
sie eines Besseren, Schlechteren belehren: Neubauer, S. 100ff. [F]
bis zu vierundzwanzig Prozent: Ritter, Kontributions-System, S. 231. [F]
356 *»die von Ulm werden mir schon nicht entgehen ...«:* Tadra, Briefe, S. 395, 399. [B]
und die Schuld auf mich schieben: Hallwich, Fünf Bücher, Band III, S. 48. [B]
bei der Nase herumgeführt: Neubauer, S. 228, 229. [F]
357 *des Kaisers deutschen Krieg finanzieren zu helfen:* Ernstberger, de Witte, S. 176. [L] Über de Wittes Kriegsfinanzierung: Ernstberger, de Witte, besonders S. 160–227.
wohl einen solchen Credit: An Trauttmansdorff, bei Hallwich, Fünf Bücher, Band III, S. 80. [B]

plagt mich stets: An den Obersten von Arnim, bei Förster, Briefe, Band I, S. 338. [B]
358 *allein mit Worten:* Tadra, Briefe, S. 404. [B]
»aus dem ermel schitteln«: Chlumecky, Briefe, S. 5. [B]
das Hemd am Leibe versetzen: Ernstberger, de Witte, S. 176. [L]
sich persönlich auf das schamloseste bereicherte: Gindely, Waldstein, Band I, S. 79. [F]
359 *er hätte sein Aug auf Brandenburg . . . geworfen:* Gindely, Waldstein, Band I, S. 98. [F]
die ihnen bis an die Ohren reichten: Autobiographie Ludwig von Holbergs in: Bekenntnisse merkwürdiger Männer über sich selbst, 1793, Band II, S. 292.
360 *auch nur den Namen Wallenstein hören:* Gindely, Waldstein, Band I, S. 78. [F]
ihn ohnehin verdächtigt: Gindely, Waldstein, Band I, S. 89. [F]
viel weniger in die Höll: Tadra, Briefe, S. 366. [B]
wenn sie damit aufziehen: An Trauttmansdorff, bei Hallwich, Fünf Bücher, Band I, S. 284. [B]
361 *so lang es uns gut geht – ein einfältiger Herr – besser für sich als für uns:* Tadra, Briefe, S. 342, 388, 369. [B]
»welcher nicht gern Geld umsonst ausgiebt«: Tadra, Briefe, S. 365. [B]
362 *seltsame Ordinanzen:* Tadra, Briefe, S. 399. [B]
coronam martyri: Tadra, Briefe, S. 364. [B]
und Lärmen über den andern: Opel, Band II, S. 484. [F]
oder anderen konfiszierten Feindesland zu belohnen: Hallwich, Fünf Bücher, Band II, S. 164. [B]
fünf Stunden in seinem Vorzimmer: Gindely, Waldstein, Band I, S. 85. [F]
364 *der eine bezahlte Armee hätte:* Tadra, Briefe, S. 383. [B]
wohl oder übel herausrücken mußten: Neubauer, S. 41. [F]
365 *doch alles besser wissen wollten:* Zitiert bei Regele, S. 45. [M]
wenn ihm etwas schiefging: Gindely, Waldstein, Band I, S. 119. [F] Über Wallensteins Verhältnis zum Hofkriegsrat: Regele, S. 52 [M], und Loewe, S. 77f. [M]
und von dannen wieder nach Haus: Tadra, Briefe, S. 407. [B]
366 *auch die übrigen ihme zuwider:* Gindely, Waldstein, Band I, S. 75. [F]
selbst Eggenberg kritisch: Gindely, Waldstein, Band I, S. 121. [F]
den Schwiegersohn zu verteidigen: Gindely, Waldstein, Band I, S. 116, 121. [F]
insgemein redet: Gindely, Waldstein, Band I, S. 113. [F]
dem Labyrinth seines Feldherrn-Amtes zu entfliehen: Hallwich, Fünf Bücher, Band I, S. 598. [B] Bilek, S. 137, 311, Bericht Max Waldsteins. [F]
müßte ich mich verlieren: Tadra, Briefe, S. 456. [B]
367 *Eggenbergs Fahrt war ein Entgegenkommen:* Über Schloß Bruck und die Familie Harrach: Harrach. [Q] Dort auch der Stammbaum der Familie.
368 *mit dem Fürsten von Eggenberg accordiert hab:* Chlumecky, Briefe, S. 70. [B] Bartel, S. 35. [F]
den seine Adressaten ernst nahmen: Über die Brucker Konferenz besonders: Bartel. [F] Ritter, Untersuchungen, S. 24ff. [F]
denn der Winter wird bald passieren: Tadra, Briefe, S. 464, 465. [F]
warum der Kaiser noch mehr Soldaten brauche: Chlumecky, Briefe, S. 40. [B]
in Zeiten der Not: Tadra, Briefe, S. 474. [B]
369 *des Kaisers Haupteinkommen:* Ritter, Untersuchungen, S. 31. [F]
mit Rechten, welche bisher der Monarch sich noch vorbehalten hatte: Daß hierüber schon in Bruck gesprochen wurde, geht aus dem oben zitierten Brief an Collalto, bei Chlumecky, Briefe, Nr. 125, S. 70, hervor. [B]

ohne in Wien rückzufragen: Ritter, Untersuchungen, S. 30. [F]
oder gebe vor, es zu sein: Gindely, Waldstein, Band I, S. 165. [F]
endete die Zusammenkunft: Gindely, Waldstein, Band I, S. 167. [F]
Memorial des Ungenannten: Italienisches Original bei Aretin, Urkunden, S. 1 ff. [B] Deutsche Übersetzung bei Schebek, Lösung, S. 52 ff. [B]

370 *Beträchtliche Historiker:* Wallenstein-feindliche wie Gindely, Wallenstein-freundliche, vorsichtige und gewiegte wie Ranke; auch die durch keine überschwere Gelehrsamkeit verderbte, intuitiv urteilende Ricarda Huch, die soviel um ihren Helden wußte.

371 *sondern sich defensive halten werd:* Ginsely, Waldstein, Band I, S. 113. [F]

372 *auch bei ihm in großem Vertrauen steht:* Aretin, Wallenstein, S. 21. [B]
Exemplare in mehreren Staatsarchiven: Abgedruckt bei Schebek, Lösung, S. 544 ff. [B]

374 *am 28. November ausgefertigt:* Hallwich, Fünf Bücher, Band I, S. 670. [B]
das ist ein Kinderwerk: Tadra, Briefe, S. 472. [B]
aus der Schlinge zu ziehen: Tadra, Briefe, S. 473. [B]
so viel ist, als der Kaiser selber: Hallwich, Fünf Bücher, Band II, S. 6. [B]

375 *viele Soldaten erfroren:* Tadra, Briefe, S. 469. [B]
Kein einziges Volk . . . vor dem Juni: Hallwich, Fünf Bücher, Band II, S. 4. [B]
ich weiß kein Mittel: Hallwich, Fünf Bücher, Band II, S. 24. [B]
das bleibt nie aus: Hallwich, Fünf Bücher, Band II, S. 26. [B]

376 *wird protegieren:* Tadra, Briefe, S. 480. [B]

377 *daß der Kaiser mächtig im Reich ist:* Tadra, Briefe, S. 476. [B]
mit einem und anderm zu disponieren: Gindely, Waldstein, Band I, S. 236. [F]
gegen Friedland bedürfen: Gindely, Waldstein, Band I, S. 238. [F]
wohlqualifizierte Knechte: Tadra, Briefe, S. 473. [B]
auf böhmisch reyč: Hallwich, Fünf Bücher, Band II, S. 68. [B]

378 *bei der Liquidation finden:* Hallwich, Fünf Bücher, Band II, S. 69. [B]
zu Wien resolviert werden: Chlumecky, Briefe, S. 43. [B]
die Zeit dafür vergönnen: Tadra, Briefe, S. 482. [B]
»Vorwand« eines Gichtanfalls: Gindely, Waldstein, Band I, S. 207. [F]
leichtlich eine Schulkrankheit: Hallwich, Fünf Bücher, Band II, S. 30. [B]
und auf Wien verfügen: Tadra, Briefe, S. 485. [B]
muß nicht in taglangen Sitzungen: Gindely, Waldstein, Band I, S. 227. [F]

379 *den Rat Magnis gebrauchen:* Gindely, Waldstein, Band I, S. 196, 204. [F]
Perplexität herrsche: Gindely, Waldstein, Band I, S. 191. [F]
niemand mehr seine Stimme ertönen: Gindely, Waldstein, Band I, S. 226. [F]

380 *welches deren Orten gar leichtlich erfolgt:* Gindely, Waldstein, Band I, S. 209 ff. [F]

382 *und die Sache der Habsburger geschwächt worden wäre:* Ritter, Deutsche Geschichte, Band III, S. 358. [C]

384 *um unser Hab und Gut zu bewahren:* Gitermann, Band I, S. 475. [O]
vorausgesetzt, daß die Ernte gut wäre: Gitermann, Band I, S. 476. [O]

384/385 *mochte der Prinz Wladislaw sich Großfürst von Moskau nennen:* Leitsch, I. Teil, S. 236 ff., 246 ff. [O]

385/386 *ohne daß er einstweilen ein Mittel wußte, ihr zu begegnen:* Daß Wallenstein der erste kontinentale Stratege war, der die entscheidende Bedeutung maritimer Macht begriff, besser als mancher Politiker des frühen 20. Jahrhunderts, bemerkt Liddell Hart, S. 180. [M]

387 *einen ärgeren Feind als am Türken:* Chlumecky, Briefe, S. 46. [B]
in desperatis terminis: Chlumecky, Briefe, S. 47. [B]

schon im März 1627: Chlumecky, Briefe, S. 47. [B]
die Kerls: Tadra, Briefe, S. 486. [B]
als wir von den Meisten seinesgleichen wissen: Über Arnim, bevor er in kaiserliche Dienste trat: Irmer, Arnim, das erste Kapitel passim. [P]
389 *Arnim entschied sich für dieses:* Patent bei Förster, Briefe, Band I, S. 76. [B]
Andere Offerten: Hallwich, Fünf Bücher, Band II, S. 19. [B]
390 *so erschien der Gescheite dem Dummen:* Irmer, Verhandlungen, Band III, S. 342. [B]
so wüßte er wirklich nicht: Hallwich, Fünf Bücher, Band II, S. 442. [B]
alles das in acht zu nehmen: Förster, Briefe, Band I, S. 286. [B]
391 *sieben Briefe an einem Tag:* Förster, Briefe, Band I, S. 164ff. [B]
ein Bubenstück reißt: Förster, Briefe, Band I, S. 334. [B]
aus vielerlei erheblichen Ursachen: Förster, Briefe, Band I, S. 78. [B]
393 *da man sich keinerlei Feindseligkeit besorgt:* Gindely, Waldstein, Band I, S. 220. [F]
394 *getreuer Kurfürst von Herzen verbleiben:* Hallwich, Fünf Bücher, Band I, S. 118. [B]
ihn in Preußen frei gewähren zu lassen: Roberts, Band II, S. 340. [O]
396 *die fünffach soviel haben:* Förster, Briefe, Band I, S. 100. [B]
das Loch ist ihnen verrent: Förster, Briefe, Band I, S. 96. [B]
con le arme: Tadra, Briefe, S. 487. [B]
Art von psychologischer Kriegführung: Gindely, Waldstein, Band I, S. 295. [F]
397 *mit der . . . Victoria prangen:* Gindely, Waldstein, Band I, S. 297. [F]
Auf seine spesa: Hallwich, Fünf Bücher, Band II, S. 133. [B]
Bítovsky starb unter dem Beil im nächsten Jahr: Nach Polišenský, Wallenstein, englisches Manuskript. [G]
gern dominus dominantium: Tadra, Briefe, S. 491. [B]
wird der Herr offensive kriegen können: Förster, Briefe, Band I, S. 96. [B]
398 *eigene Roß halten:* Schottky, S. 68. [H]
genug Wasser lauft: Schottky, S. 72. [H]
nicht Schaden leiden: Schottky, S. 99. [H]
seine Baupläne für Gitschin werde er reduzieren: Heinrich, S. 4. [H] Förster, W. als Feldherr und Landesfürst, S. 70ff. [L]
Der Tiergarten: Schottky, S. 73. [H]
399 *Ich bemerke schon seit langer Zeit:* Hallwich, Fünf Bücher, Band II, S. 171. [B]
400 *daß sie nicht mehr durch Zölle belästigt würde:* Villermont, S. 354f. [P]
daß dem Oberhaupt die nötige Autorität zukäme: Gebauer, S. 12. [N]
Laßt etlich hundert Lindenbaum: Hallwich, Fünf Bücher, Band III, S. 220. [B]
402 *nicht über die Hauptsache:* Gindely, Waldstein, Band I, S. 256. [F]
404 *ein gutes Wort, das nichts kostet:* Gindely, Waldstein, Band I, S. 335. [F]
also ließ ich es bleiben: Gindely, Waldstein, Band II, S. 76ff. [F]
406 *wie seine ganze Prager Reise:* Gindely, Waldstein, Band I, S. 353. [F]
408 *ultra posse enim:* Gindely, Waldstein, Band II, S. 133. [F]
seine kostbare Person inskünftig besser in Obacht nehmen: Riezler, Band V, S. 332. [N]
desto bessere conditiones pacis: Chlumecky, Briefe, S. 55. [B]
409 *Finis coronat opus:* Hallwich, Fünf Bücher, Band III, S. 242. [B]
410 *Diese große Macht, so Eure Majestät:* Hallwich, Fünf Bücher, Band II, S. 211. [B]
411 *mit etlichen Millionen lösen müssen:* Förster, Briefe, Band I, S. 320. [B]
ungestörten Lebensabend verbrachte: Villermont, S. 358. [P]
412 *aber ich hab mich gar schön bedankt:* Förster, Briefe, Band I, S. 258. [B]

so hätten sie sich nachher über nichts zu beklagen: Förster, Briefe, Band I, S. 168. [B]
muß zu Meere geschehen: Förster, Briefe, Band I, S. 168. [B]
413 *nehmen die Historiker Gustav Adolfs ohne weiteres an:* Roberts, Band II, S. 352. [O] Droysen, Gustav Adolf, Band I, S. 305ff. [O]
der es dem König von Dänemark: Droysen, Gustav Adolf, Band I, S. 314. [O]
durch ein Gespräch mit Arnim persönlich: Hallwich, Fünf Bücher, Band II, S. 336f. [B]
von einer Allianz mit Dänemark abbringen: Förster, Briefe, Band I, S. 124. [B]
den König Gustav Adolf seiner alten, besonderen Hochschätzung: Förster, Briefe, Band I, S. 143f. [B]
Wenn die Holländer nicht werden Narretei begehen: Förster, Briefe, Band I, S. 328. [B]
414 *doch die Tractation muß auf alle Weis gehen:* Förster, Briefe, Band I, S. 152. [B]
daß ich den Fuchsen beim König discreditier: Tadra, Briefe, S. 355. [B]
ihm nichts Geringeres als den dänischen Thron: Droysen, Gustav Adolf, Band I, S. 315. [O]
der später auch seinem Reichsrat: Droysen, Gustav Adolf, S. 305. [O]
415 *spare kein Geld:* Förster, Briefe, Band I, S. 125. [B]
müssen ins Feuer gesetzt werden: Förster, Briefe, Band I, S. 150. [B]
trau, schau wem: Förster, Briefe, Band I, S. 157. [B]
Die Idee hatte ihre Vorgeschichte: Darüber: Gindely, Maritime Pläne, S. 1ff. [O]
416 *wäre unpolitisch:* Gindely, Maritime Pläne, S. 14. [O]
als Ihr Euch Herren tut einbilden: Hallwich, Fünf Bücher, Band II, S. 270. [B]
in deutschen Reichen überhaupt noch nie gegeben: Wittich, W. und die Spanier, S. 334. [O]
417 *Ich bemühe mich um Schiffe:* Chlumecky, Briefe, S. 59. [B]
wenn man's ihm in Madrid vorstrecken wollte: Gindely, Maritime Pläne, S. 17. [O] Wittich, W. und die Spanier, S. 333f. [O]
ob Spanien und Holland miteinbezogen werden sollten: Wittich, W. und die Spanier, S. 335f. [O]
418 *wie alles dieses von Anfang an sich begeben:* Theatrum Europaeum, Band I, S. 1017ff. [A]
man möge ihm seine Einfalt verzeihen: Gindely, Maritime Pläne, S. 20. [O]
419 *und Schiffe hätten sie keine:* Theatrum Europaeum, Band I, S. 1020. [A]
einstweilen nicht benötigt: Gindely, Maritime Pläne, S. 23ff. [O]
in seinen Briefen abfällig zu äußern: Gindely, Maritime Pläne. [O]
in Desperation bringen: Chlumecky, Briefe, S. 68. [B]
nicht sekundieren: Chlumecky, Briefe, S. 71. [B]
420 *nicht zur Armee zurückkehren:* Förster, Briefe, Band I, S. 333. [B]
so müssen sie alle besetzt und fortificiert werden: Förster, Briefe, Band I, S. 155. [B]
422 *denn das eine ist besser als das andere:* 29. Oktober 1627 an San Julian, bei O. Lorenz, Briefe, S. 93f. [B]
423 *werden dieselben unrecht berichtet sein:* Förster, Briefe, Band I, S. 131. [B]
eine Mutacion möchte vorgenommen werden: Förster, Briefe, Band I, S. 123. [B]
obgleich er es formal noch nicht ist: Heinrich, S. 85. [H]
»ich muß fromm sein«: Chlumecky, Briefe, S. 63. [B]
424 *sondern von ganz Europa:* Chlumecky, Briefe, S. 66. [B]
was ringsumher neidisches Getuschel erregt: Bericht des Nuntius bei Gindely, Waldstein, Band I, S. 365. [F]

allbereit ist alles akkordiert: Förster, Briefe, S. 169. [B]
425 *wie Graf Khevenhüller . . . es referierte:* Khevenhiller, Annales, Band XI, S. 62 ff. [A]
426 *Wir raten nur:* Vgl. Hallwich, Fünf Bücher, Band III, S. 370. [B]
Eggenberg an der Spitze: Khevenhiller, Annales, S. 65 f. [A]
427 *»Dies bitt ich, daß ausgelassen wird.«:* Hallwich, Fünf Bücher, Band II, S. 378. [B]
428 *wo sie zuvor geherrscht haben:* Förster, Briefe, Band I, S. 169 [B]
denn zween Hahnen: O. Lorenz, Briefe, S. 95. [B]
quia salus suadet: O. Lorenz, Briefe, S. 96. [B]
was aber die alte Herzogin betrifft: O. Lorenz, Briefe, S. 103. [B]
herrlich zu blühen angefangen: Khevenhiller, Annales, S. 82. [A]
429 *so sollen Flotte und Admiral unter ihm sein:* Text der Bestallung bei Hallwich, Fünf Bücher, Band III, S. 331. [B]
ich sie wiederum zurückgeschickt: Chlumecky, Briefe, S. 70. [B]
430 *wird überall und immer gelten:* Text am getreuesten bei Hallwich, Fünf Bücher, Band III, S. 329. [B]
gegen ihn gute Miene machte: Gindely, Waldstein, Band I, S. 369 [F]
431 *er desto größere Autorität beim Volke hätte:* Förster, Briefe, Band I, S. 329. [B]
damit eine andere Meinung: Förster, Briefe, Band I, S. 272. [B]
432 *strafend durchzugreifen:* Förster, Briefe, Band I, S. 327. [B]
200000 Kronen: Förster, Briefe, Band I, S. 267. [B]
kaiserlicherseits zugesagt: Hallwich, Fünf Bücher, Band II, S. 397. [B]
noch einige Tausend spendiert werden: Neubauer, S. 115. [F]
daß er bei Gnaden erhalten werde: Neubauer, S. 230. [F]
433 *in die Arme Dänemarks oder Schwedens zu treiben:* Förster, Briefe, Band I, S. 326. [B]
die schwarzgekleideten Rechtsgelehrten: Fock, S. 186. [N]
434 *in die deutschen Dinge sich einzumischen:* Daß dies schon im Januar 1628 Wallensteins Ansicht war, ergibt sich aus dem bei Khevenhiller gedruckten Gutachten seiner Freunde in der mecklenburgischen Angelegenheit.
begehr ich keinen Fried: Förster, Briefe, Band I, S. 281. [B]
435 *artistisch und schattenhaft:* Hierüber besonders: Albrecht, Auswärtige Politik, S. 106 ff., 134 ff. [N]
und konnte es nur noch variieren: Die italienischen Originale der »Capuziner-Relationen« bei Aretin, Wallenstein, Urkunden, S. 23 ff. [B] Die gekürzte Übersetzung, die Maximilian anfertigen ließ, bei Hurter, Zur Geschichte, S. 202 ff. [F] Eine moderne Übersetzung bei Schebek, Lösung, S. 64 ff. [B] Gindely, Waldstein, Band II, S. 5 ff. [F], hat diesen Text nachgedruckt. Ich benutze ihn überwiegend, weil er, obgleich in der Übersetzung ziemlich frei, doch dem eleganten Stil des Originals näherkommt als die zeitgenössische Übersetzung.
439 *gemessene Ordinanz zukommen zu lassen:* Aretin, Wallenstein, Beilagen, S. 34. [B]
441 *Darüber hat man gerätselt:* Aretin, Hurter und besonders Schebek halten Slawata für den Autor; Ricarda Huch den Feldmarschall Collalto, Gindely den böhmischen Kanzler Lobkowicz.
442 *für welche Seite sie spionieren:* Auszüge aus den Berichten Magnis an Maximilian, September–November 1629, Brief Maximilians an Magni, August 29, bei Aretin, Wallenstein, Urkunden, S. 50. [B]
443 *Der Beweis . . . liegt im Folgenden:* Hier halte ich mich vor allem an Ritter, Untersuchungen, S. 24 ff. [F] Ritters Argumente sind schlüssig. Übrigens kam Bartel,

Zur Kritik des Berichtes über die Brucker Konferenz [F], gleichzeitig zum selben Befund.
in großem Vertrauen stehe: Aretin, Wallenstein, S. 21. [B]
kenne seinen Humor . . . durch und durch: Ritter, Untersuchungen, S. 37 [F], nach Aretin, Wallenstein. [F]
mich zu gubernieren: Gindely, Waldstein, Band I, S. 204. [F]
so dessen vor Anderen gutes Wissen hat: Hurter, Geschichte, S. 199. [F]
444 *ist über jeden Zweifel erhaben:* Über Magni vergleiche Deutsche Biographie, Band XX, S. 92ff., Artikel von Reusch, der allerdings von des theologischen Streiters politischer Geheimtätigkeit gar nichts weiß, und besonders Gindely, Gegenreformation, S. 160ff. [D]
Pfleger der Kranken: Gindely, Gegenreformation, S. 161. [D]
ein französisch-bayerisches Bündnis zu stiften: Gindely, Geschichte des Dreißigjährigen Krieges, Band IV, S. 488. [C]
445 *ein fruchtbareres Tätigkeitsfeld:* Gindely, Gegenreformation, S. 188. [D]
und seine Positionen: Gindely, Gegenreformation, S. 189. [D]
446 *und Ungelegenheit drohten:* Hurter, Geschichte, S. 199 [F]
Wallensteins verdeckten Anschlägen: Goetz, S. 72. [B]
ein Protokoll von 134 Seiten: Goetz, S. 73, 74, 78, 91ff., 97ff. [B]
447 *großes Odium auf den Hals laden:* Goetz, S. 88. [B]
leider nicht hindern können: Dudik, Waldstein, S. 377ff. [F]
448 *ein solches Schreiben Ferdinands:* Fock, S. 492. [N]
hat sich gefunden: Gindely, Waldstein, Band I, S. 368. [F]
449 *auch des jetzt regierenden Urban:* Darüber am ausführlichsten: Baudson, passim. [P]
450 *die Arma gegen den Türken wenden:* Förster, Briefe, Band I, S. 281. [B]
wie irgend eine Sache in der Welt: Förster, Briefe, Band I, S. 320. [B]
nützliche Impresa: Chlumecky, Briefe, S. 114. [B]
von Europa entzogen: Theatrum Europaeum, Band III, S. 75. [A]
451 *Maximilian glaubte solches augenblicklich:* Hurter, Geschichte, S. 220. [F]
ein Historiker, sonst kein schlechter Kenner der Materie: Gindely, Waldstein, Band II, S. 25f. [F]
452 *die Augen gen Himmel:* So gegenüber einer hanseatischen Gesandtschaft, August 1628, bei Fock, S. 496. [N]
453 *in Summa:* Förster, Briefe, Band I, S. 376. [B]
457 *was verliert Er:* Hallwich, Fünf Bücher, Band III, S. 386. [B]
noch mehr angehoben: Hallwich, Fünf Bücher, Band III, S. 385f. [B]
in melius: O. Lorenz, Briefe, S. 110. [B]
zur Desperation gebracht werden: Förster, Briefe, Band I, S. 326. [B]
458 *gab er sich Mühe:* Hierzu besonders Hroch, Beziehungen, S. 138ff. [F]
um die Last der Einquartierungen zu mindern: Mitteilung Dr. Hroch.
459 *huius civitatis:* Fock, S. 523. [N]
462 *alles in des Herrn Diskretion:* Förster, Briefe, Band I, S. 262, 308, 310, 311ff., 324, 336, 342. [N]
im höchsten Grade begrüßenswert: Hroch, Beziehungen, S. 141. [F]
464 *die Gefahr abgewendet werden könnte:* Droysen, Gustav Adolf, Band I, S. 336. [O]
466 *auf den . . . König der Schweden vertrauen:* Die Kapitelüberschriften dieser eindrucksvollen Flugschrift: I. Die vor Stralsund geübte schreckliche Tyrannei ursachet die E. E. Hansestädte Rat zu halten. II. Dass die E. E. Hansestädte nichts verwürket. III. Dass Stralsund nichts pecciert noch missgehandelt. IV. Der Röm.

Kays. Majestät Zeugniss, dass Stralsund unschuldig. V. Dass General Wallenstein, Kays. Majestät ungehorsamb, widerrechtlich im Reich grassiere und tyrannisiere ... VI. Bäbstlicher und spanischer Dominat und Rat, die Evangelischen so genannten Ketzer auszurotten, ist die wahre ungefärbte Ursach des Krieges wider Stralsund erstlich, hernach die anderen Städte. VII. Dass es ein Religionskrieg sei. VIII. Stralsund muss man Beystand leisten. IX. Ob die E. E. Städte dann auch hierzu bastant. X. Wie nun das Werk anzugreifen. – Folgen Briefe aus dem Kaiserlichen Lager, die zeigen, daß Ferdinand Frieden mit Stralsund wünscht. Ein besonderer Hieb wird Wallensteins protestantischen Offizieren erteilt, die »aus dem Becher der Babylonischen Huren so viel gesoffen, daß sie taumeln, darunter Arnim Apostata et persecutor« etc.
wohin ich mich weiter begeben werde: Förster, Briefe, Band I, S. 345. [B]
am Schiefer: Gindely, Waldstein, Band II, S. 77. [F]
467 *will ich von der Belagerung abstehen:* Förster, Briefe, Band I, S. 347, 349, 350. [B]
469 *Vier Tage nach der Unterzeichnung:* Dies Datum bei Hallwich, Fünf Bücher, Band II, S. 496. [B] Fock, S. 252 [N], sagt 6. Juli. Hallwich rechnet zuverlässiger und hat Belege dafür. Vergleiche seine Beilagen, Fünf Bücher, Band III, S. 368. [B]
glaubwürdige Zeugen: Fock, S. 253. [N]
in Zorn und Übermut: Fock, S. 264. [N]
470 *und für eine große Tyrannei ausgeschrieen:* Hallwich, Fünf Bücher, Band III, S. 368. [B]
bereit zu einem Gespräch: Förster, Briefe, Band I, S. 361. [B]
472 *verlor er dort an die 12000 Mann:* Khevenhiller, Annales, Band XI, S. 205. [A]
einen Handstreich gegen den Hafen von Kolberg: Förster, Briefe, Band I, S. 375. [B]
473 *Was den Abzug anbelangt:* Förster, Briefe, Band I, S. 370. [B]
denn es ist vonnöten: Förster, Briefe, Band I, S. 382. [B]
und spazieren fahren wollte: Förster, Briefe, Band I, S. 386. [B]
474 *eh er wird kalt:* Fock, S. 346ff. [N]
475 *Reichs-Vizekanzler von Stralendorf:* Hallwich, Fünf Bücher, Band II, S. 487. [B]
476 *Alles darnieder liegt:* Irmer, Arnim, S. 95. [P]
insgesamt schon an die 5000: Fock, S. 280. [N]
477 *und viel glücklicher auch nicht:* Über die Entwicklung des Verhältnisses zwischen Stralsund und Schweden: Roberts, Band II, S. 365ff. [O] Fock, S. 321ff. [N]
480 *so will ichs geschehen lassen:* O. Lorenz, Briefe, S. 99. [B]
481 *das Wallensteinische Wappen einzuprägen:* Ernstberger, de Witte, S. 287. [L]
die meist versetzed werden: Lisch, W.'s Abzug aus Mecklenburg. S. 48f. [H]
482 *appetitlich zu halten:* Lisch, W.'s Abzug aus Mecklenburg, S. 57. [H]
Turm und Observatorium: Lisch, W.'s Abzug aus Mecklenburg, S. 50. [H]
gewaltig glatt an: Förster, Briefe, Band I, S. 391. [B]
als die vorigen Herzoge getan haben: O. Lorenz, Briefe, S. 104. [B]
483 *nicht wie Bauern leben:* O. Lorenz, Briefe, S. 108. [B]
oder fürstlichen Einkommensverwaltung: Lisch, W.'s Regierungsform, S. 27ff.
Lützow als Forstmeister: Lisch, W.'s Regierungsform, S. 31. [H]
Eine Anzahl junger Ritter: Lisch, W.'s Kirchen- und Schul-Regierung, S. 11ff. [H] Vergleiche auch Schottky, S. 180. [H]
als Stallmeister des Fürsten Piccolomini: Lisch, W.'s Kirchen- und Schul-Regierung, S. 11ff. [H]
484 *6282 Reichstaler jährlich:* Lisch, W.'s Kirchen- und Schul-Regierung, S. 25ff. [H] Erst Lisch hat die Akten im Schweriner Archiv entdeckt.
Pastoren wurden ernannt: Lisch, W.'s Kirchen- und Schul-Regierung, S. 10. [H]

485 *daß es eine Schande ist:* Schulenburg, S. 13. [N]
darum scherzen sie nur nicht mit mir: Grotefend, S. 22. [H]
mit 30000: Grotefend, S. 21. [H]
und Uckermark: Förster, Briefe, Band I, S. 337. [B]
wenn sie plünderten: Förster, Briefe, Band I, S. 339. [B]
487 *Mecklenburger von Schrot und Korn:* Grotefend, S. 26. [H]
488 *schwieg von seinem eigenen Gewinnst:* Lisch, W.'s Regierungsform, S. 20ff. [H]
am Tag der Eingabe: Lisch, W.'s Regierungsform, S. 12. [H]
erst nach 120 Jahren: Grotefend, S. 32. [H]
ein Spital oder Armenhaus: Lisch, Wallensteins Armen-Versorgungsordnung, S. 80ff. [H]
489 *bis nach Dömitz:* Grotefend, S. 28ff. [H]
sondern an den Vorsatz: Grotefend, S. 30. [H]
Der Kapitalwert des Herzogtums: O. Lorenz, W. und der Besitz von Mecklenburg, S. 87. [H]
490 *»Kaufschilling«:* Der Kaufschilling bei O. Lorenz, Briefe, S. 120f. [B]
sonsten kein ander Geld: O. Lorenz, Briefe, S. 101. [B]
Zum Überfluß gab es eine Abmachung: Ernstberger, de Witte, S. 172. [L]
491 *führte getrennt Buch:* Ernstberger, de Witte, S. 292. [L]
so hätte ich nicht zu leben: Schottky, S. 150. [H]
aus den Kontributionen gekommen sein: Der beste Kenner der Wallenstein–de Witteschen Finanz-Operationen, Ernstberger, erklärt diese 20000 Taler als eine monatliche Abgabe des Landes, die mit der Kontribution identisch wäre. Ernstberger, de Witte, S. 272f. [L]. Das überzeugt nicht ganz. Die von den Ständen 1628 bewilligte Kontribution belief sich auf 30000 Taler monatlich und sollte zur Bezahlung der in Mecklenburg stationierten Regimenter dienen. Wahrscheinlich hat Wallenstein etwas davon für sich abgezweigt. Der Rest jener monatlichen 20000, solange sie einkamen, stammte aus den »normalen« herzoglichen Einkünften, so daß man von einer besonderen Abgabe hier nicht reden kann.
Auf der Soll-Seite: Lisch, W.'s Regierungsform, S. 49ff. [H]
493 *zum höchsten schmerzen tuet:* Ernestberger, de Witte, S. 392ff. [L]
garnicht wert sein: Förster, Briefe, Band I, S. 139. [B]
494 *»einen Zaum ins Maul zu tun«:* Förster, Briefe, Band I, S. 278. [B]
und eine Citadelle angefangen: O. Lorenz, Briefe, S. 96f. [B]
495 *den er seit dem Sommer 1627 im Kopf hatte:* Briefe an Taxis vom 17., 20. und 27. August 1627, bei Förster, W. als Feldherr und Landesfürst, S. 70, 72. [L]
einmal drei, einmal zwei: Heinrich, S. 86. [H]
496 *mit dem Bau des Schlosses beeilen:* Heinrich, S. 63, 67, 60. [H]
Boccacci mit Namen: Grundmann, S. 13ff. [H]
die späteren Architekten: Grundmann, ebenda. [H]
verschönern ließ: Heinrich, S. 68, 28. [H]
so er für mich bezahlt hat: O. Lorenz, Briefe, S. 103. [B]
497 *Da die Nacht blieben:* Schulenburg, S. 86. [N]
eine Bitte um Unterstützung: Schulenburg, S. 107. [N]
498 *von der Seite des Kurfürsten von Sachsen nicht weniger als drei:* Schulenburg, S. 91. [N]
die sechs Kurfürsten gemeinsam: Apologia, Beilagen, S. 135. [A]
mich . . . wieder auf die Reise gemacht: Apologia, Beilagen, S. 755. [A]
Der Herzog von Friedland disgustiert: Goetz, S. 187. [B]
499 *wir müssen ihnen was einräumen:* So in einem Brief des seinen Herzogen treuen Hofpredigers Wagner, bei Lisch, W.'s Kirchen- und Schul-Regierung, S. 6. [H]

»bando imperiale«: O. Lorenz, Briefe, S. 104, 118. [B]
Kaiserliches Manifestum: Schulenburg, S. 97. [N] Text abgedruckt in der Apologia, Beilagen, Nr. 5 [A]
der Lehensbrief: Text bei Förster, Prozeß, Urkundenbuch, S. 93. [B]
Reichsfürsten durften nicht ohne klar erwiesene Schuld: Hurter, Geschichte, S. 191. [F]
Verweigerte man ihm den Titel: Hurter, Geschichte, S. 187. [F]
zugemutet werden will: Hurter, Geschichte, S. 190. [F]
500 *von selber erledigte*: Gindely, Waldstein, Band II, S. 231. [F]
und die Hansestädte: Hroch, Beziehungen, S. 155, 157. [F]
barbarischen Antwort zu entlassen: Apologia, Teil I, S. 174. [A]
502 *Er kam nie wieder*: Meine Darstellung beruht auf Lisch, W.'s Abzug aus Mecklenburg, S. 51 ff. [H] Lisch hat einen von dem Neustadter Küchenmeister Thesand geschriebenen, sehr genauen Bericht verwendet.
503 *Ich hab diese ganze Nacht*: Chlumecky, Briefe, S. 157. [B]
Lebzelters Bericht: Gindely, Waldstein, Band II, S. 188 ff. [F]
506 *Bayern steht wohl bei Frankreich*: Chlumecky, Briefe, S. 105. [B]
Auf den muß man mehr Achtung: Hallwich, Fünf Bücher, Band II, S. 527. [B]
Ich begehre seiner Vermittlung nicht: Fock, S. 300. [N]
509 *Der König hält sich noch alles in den Inseln*: Chlumecky, Briefe, S. 78. [B]
Max von Bayern zumal: Hallwich, Fünf Bücher, Band II, S. 510. [B]
510 *Im Spätherbst konferierte er mehrfach*: Wilmans, S. 4. [F]
soll angefangen werden: Förster, Briefe, Band I, S. 308. [B]
511 *den gewünschten Zweck nicht erreichen*: Das Gutachten bei Hallwich, Fünf Bücher, Band III, S. 434 ff. [B]
drei an Collalto: An Trauttmansdorff, bei Hallwich, Fünf Bücher, Band III, S. 436 [B]; an Collalto, bei Chlumckey, Briefe, S. 105 ff. [B]
512 *was ich sagen soll*: Chlumecky, Briefe, S. 129. [B]
indes man neue Allianzen schmiedete: Maximilian an Ferdinand, bei Hallwich, Fünf Bücher, Band III, S. 437. [B]
Fried zu machen oder nicht: Chlumecky, Briefe, S. 109. [B]
513 *Um diese geheimen Tractaten*: Wilmans, S. 48. [F]
514 *Für diese Lösung ließ Wallenstein*: Wilmans, S. 53. [F]
um dort seine Rechtssache zu verfechten: Hallwich, Fünf Bücher, Band III, S. 432. [B]
Wurde aus Braunschweig ein zweites Mecklenburg: Ritter, Deutsche Geschichte, Band III, S. 420 f. [C] Wilmans S. 53 f. [F]
Nur war Kurfürst Maximilian nicht der Mann: von der Decken, Band I, S. 390 ff. [P]
515 *Vielleicht waren es die Bedingungen*: Roberts, Band II, S. 381 ff. [O]
516 *sondern zu turbieren*: Chlumecky, Briefe, S. 107. [B]
517 *Er kam spät*: Fagniez, Band I, S. 275 ff. [O]
nach dem Essen wird resolviert haben: Chlumecky, Briefe, S. 137, 139. [B]
518 *»persönlich dabei« sein müßte*: An San Julian, bei O. Lorenz, Briefe, S. 111. [B]
519 *für seetüchtige Schiffe gehalten*: Gindely, Waldstein, Band II, S. 79. [F]
also bin ich in den Gedanken verfallen: Wallenstein an den Kaiser, 4. Juli, Konzept, Kriegskanzlei, Mitteilung Dr. Hroch.
Algerien und Tunis zu erobern: Mitteilung Dr. Hroch.
Daß er für das Flottenprojekt nichts getan: Wittich, W. und die Spanier, S. 336 [O], ist in diesem Sinn zu korrigieren.

lagen polnische Schiffe im Hafen von Wismar: Hroch, Beziehungen, S. 149. [F]
520 *erhob Wallenstein erfolgreich Protest:* Hroch, Beziehungen, S. 149. [F]
die polnischen mit eingerechnet: Hroch, Beziehungen, S. 149. [F]
auf der Insel Sylt errichtet hätten: Wittich, W. und die Spanier, S. 340. [O]
521 *dort, in Wismar, sollten nun 20 sein:* Hroch, Beziehungen, S. 140. [F]
keine Niederlage riskieren: Hroch, Beziehungen, S. 155f. [F]
dieweilen man damit nichts Gutes täte: Hroch, Beziehungen, S. 156. [F]
wie einen Soldaten gebürt, getan: Mitteilung Dr. Hroch.
522 *durch scharfe Interrogatoria:* Hroch, Beziehungen, S. 145. [F]
ihren ungesperrten Lauf zu gestatten: Mitteilung Dr. Hroch.
Ein alter Stich: Abgebildet bei Horstmann, Wallensteins Flotte vor Wismar. Eine flaggengeschichtliche Studie. Beiträge zur Geschichte Rostocks, Band 21, 1938.
523 *sobald er in die Nähe ihres Wirkungsfeldes kam:* So die Ansicht M. Hrochs in seinem Artikel ›Die Beziehungen‹; ausführlicher in seinem unveröffentlichten Werk.
524 *Blockieren und Kapern:* Hroch, Beziehungen, S. 158. [F]
die gleiche Bereitschaft kundgetan: Hroch, Valdštejnova politika, S. 217. [F]
525 *meiner Kundschaft nit wird gereuen:* Ernstberger, Volkswirt, S. 133. [H]
unnachlässiger Straf verfahren: Gindely, Waldstein, Band II, S. 196. [F]
Nun haben wir den ganzen Verlauf: Mitteilung Dr. Hroch.
528 *sie sind entlassen:* Gindely, Waldstein, Band II, S. 174ff. [F]
Er werde sie alle zu schützen wissen: Gindely, Waldstein, Band II, S. 181. [F] Neubauer, S. 183ff. [F]
die Vorteile einer großmütigen Tat zu genießen: Wallenstein an Questenberg, bei Chlumecky, Briefe, S. 171. [B]
529 *die ganze Frucht:* Chlumecky, II. Abteilung der Regesten, Briefe und Rescripte Kaiser Ferdinands II., S. 273. Genauer: »der gancze fructus.«
bei Strafe der Reichsacht: Theatrum Europaeum, Band II, S. 10ff. [A]
530 *Zum Beispiel in Württemberg:* Günter, Restitutionsedikt, S. 2ff. [N]
man müsse vollzogene Tatsachen schaffen: Goetz, S. 2, 4, 143. [B]
aber sein müsse sie: Günter, Restitutionsedikt, S. 13. [N]
Ähnlich der Bischof von Bamberg: Loch, S. 41. [N]
man hätte freilich mehr Ursache: Günter, Restitutionsedikt, S. 13. [N]
531 *mit der Vertilgung der evangelischen Religion:* Goetz, S. 2, 4, 231. [B]
532 *Stralendorf selber warnte in diesem Sinn:* Goetz, S. 161. [B]
533 *alsdann wollen wir reparieren:* Chlumecky, Briefe, S. 68. [B]
Wallenstein ließ dem Kurfürsten von Sachsen sagen: Gindely, Waldstein, Band II, S. 192. [F]
»Das Edict verursacht«: Chlumecky, Briefe, S. 158. [B]
solches alles causiert: Chlumecky, Briefe, S. 180. [B]
der Türk und Bethlehem auch: Chlumecky, Briefe, S. 192. [B]
die Erbitterung ist so groß: Chlumecky, Briefe, S. 209. [B]
534 *und angeblich 134000:* Goetz, S. 388. [B]
Andere schützten Ungelegenheiten des Leibes vor: Loch, S. 38, 40, 99. [N]
Altertumsforscher hätten sein müssen: Loch, S. 63. [N]
daß daraus klärlich zu verspüren: Günter, Restitutionsedikt, S. 117. [N]
535 *daß die Kommission einem anderen aufgetragen worden:* Günter, Restitutionsedikt, S. 119. [N]
536 *Bitt der Herr verliere keine Minuten:* Förster, Briefe, Band II, S. 38. [B]
die Polen sind von Natur den Deutschen feind: Chlumecky, Briefe, S. 208. [B]
537 *und wirklich nach:* Förster, Briefe, Band II, S. 41. [B]

so müssen wirs geschehen lassen: Förster, Briefe, Band II, S. 53. [B]
den Krieg nicht führen kann: Chlumecky, Briefe, S. 161. [B]
539 *so trachten sie nimmer nach dem Frieden:* Chlumecky, Briefe, S. 182. [B]
540 *am Türkenkrieg von 1601:* Baudson, S. 49. [P]
541 *denn alles Recht der Welt spräche für Nevers:* Hallwich, Fünf Bücher, Band II, S. 428f. [B] Gindely, Waldstein, Band II, S. 206f. [F]
und befinds noch nicht: Gindely, Waldstein, Band II, S. 210. [F]
sein politischer Verstand aber offenbar ungenügend: Khevenhiller, Annales, Band XI, S. 595ff. [A]
542 *Nevers ohne Ursach angreifen:* Chlumecky, Briefe, S. 172. [B]
zuvor aber, ehe die Spanier: Chlumecky, Briefe, S. 180. [B]
eine der Ideen, für die auch Wallenstein sich stark macht: Ritter, W.'s Eroberungspläne gegen Venedig, S. 49ff. [F]
der König von Frankreich werde seine Freunde nicht im Stich lassen: Baudson, S. 254f. [P]
543 *mir Tag und Nacht im Kopf:* Chlumecky, Briefe, S. 139, 151. [B]
vertrage sich mit Europas alter Ordnung nie: Chlumecky, Briefe, S. 179. [B]
544 *auf Madrid zu wirken:* Chlumecky, Briefe, S. 138, 144, 146. [B]
denn derselbige Krieg wird unsere ruina: Chlumecky, Briefe, S. 115, 124, 180, 192f. [B]
»ganz Italia«: Chlumecky, Briefe, S. 209. [B]
wird alles schwerer hergehen: Gindely, Waldstein, Band II, S. 210. [F]
zwischen Wallenstein und Eggenberg: Chlumecky, Briefe, S. 186. [B]
545 *über 6000 Mann nicht ins Feld führen:* Chlumecky, Briefe, S. 173. [B]
der Schade würde nicht zu reparieren sein: Chlumecky, Briefe, S. 167. [B]
Manzoni mit Namen: Manzoni, Die Verlobten, übertragen von E. W. Junker.
546 *als wir es können:* Welti, S. 285f. [P]
was ihm Wallenstein auch zugesteht: Chlumecky, Briefe, S. 150. [B]
548 *bald quitt werden:* Chlumecky, Briefe, S. 222. [B]
die Banken, das Ghetto: Baudson, S. 298ff. [P]
549 *»welches ich längst vorhergesagt ...«:* Chlumecky, Briefe, S. 241. [B]
denn wohl lohnend gewesen: Maximilian an Ferdinand, bei Gindely, Waldstein, Band II, S. 240f. [F]
für die polnische Expedition stimmte Maximilian: Goetz, S. 232. [B]
550 *den Titel eines Herzogs von Westfriesland:* Wittich, W. und die Spanier, S. 337f. [O]
begehr ich nicht: Chlumecky, Briefe, S. 167. [B]
die ein Geschichtsschreiber ihm gewidmet hat: Ritter, W.'s Eroberungspläne gegen Venedig. [F]
551 *dem Statthalter Gefälligkeiten erweisen:* Friedrich Heinrich bittet Wallenstein, die Belagerung von Hanau aufzugeben, die Gräfin von Hanau ist Oraniens Schwester. Wallenstein, Datum Gitschin, 23. Februar 1630, antwortet, er habe entsprechende Befehle gegeben. Mitteilung Dr. Hroch.
Er sei auszuweisen: Hallwich, Fünf Bücher, Band III, S. 345. [B]
aber bloß aus eigener Initiative: Tilly an Wallenstein, 30. April 1630, Mitteilung Dr. Hroch.
»nicht wenig daran gelegen«: Chlumecky, Briefe, S. 211. [B]
Der Holländer ... an den Prinzen von Oranien: Das, S. 188ff. [O]
553 *von jeher mit lügenhaftem Gewäsche und Praktiken ab:* Der Briefwechsel bei Förster, Briefe, Band II, S. 66ff. [B] Wo diese offenbar aus dem Tschechischen übersetzten Briefe zu finden sind, gibt Förster nicht an. Übrigens meint Förster, und

ihm folgend Das, es handle sich um den Kanzler Wilhelm von Slawata, ohne zu fragen, wie der wohl nach Amsterdam gekommen und von dort dem ihm tief verhaßten Wallenstein so wunderliche Warnbriefe geschrieben haben könnte. Die Unterschrift ist J. M. Slawata, also Joachim Michael, der als Exulant in holländischen Diensten stand.
nicht einmal völlig bodenlose Klatschgeschichte: Über einen Mordplan der Äbtissin des Klosters Buchau, Katharina von Spaur, bei dem Tilly in der Tat mitwirken sollte, vgl. Welti, S. 269ff. [P]
555 *man sei im Haag gegen einen schwedischen Kriegszug:* Aitzema an Wallenstein, Ende April 1630. Mitteilung Dr. Hroch.
561 *Der Kurfürst von Bayern, 1633:* Aretin, Wallenstein, Urkunden S. 78. [B]
562 *Ich habe den Herrn Forteguerra:* An Kepler, Keplers Briefwechsel, Brief Nr. 1098. [K]
meist Leute solider Berufe: Bergel, S. 45. [K]
bloß die Figur: Wallenstein an Arnim, bei Förster, Briefe, Band I, S. 338. [B]
ein Reiterführer von Verwegenheit: Elster, S. 11. [P]
563 *er räumte ihm die kostspieligen Observatorien . . . ein:* Bergel, S. 47ff. [K]
mit fünf Dienern: Das Verzeichnis der fürstlichen Hofstatt bei Schottky, S. 175. [H]
564 *Kepler, 1628, in einem Bittbrief:* Keplers Briefwechsel, Brief Nr. 1073. [K]
Jahresgehalt 1000 Gulden Rheinisch: Hallwich, Fünf Bücher, Band II, S. 451. [B]
verdoppelt durch einen wöchentlichen Zuschuß: Ernstberger, Ein Besuch Keplers in Friedland, in: ›Franken – Böhmen – Europa‹, Band I, S. 352. [H]
565 *Das kleine Lehen . . . das Gütchen Görlachsheim:* Hallwich, Fünf Bücher, Band II, S. 451. [B]
»das pre unter den mathematicis hat«: Keplers Briefwechsel, Brief Nr. 1098. [K]
hohe Ehre der Anrede: Keplers Briefwechsel, Brief Nr. 1087. [K]
Er strebt nach dem Ruhm: Keplers Briefwechsel, Brief Nr. 1083. [K]
»so will ich unschuldig sein«: Kepler an Taxis, in Keplers Briefwechsel, Brief Nr. 1115. [K]
566 *die Druckerei großzügig für Kepler:* Ernstberger, Ein Besuch Keplers in Friedland, in: ›Franken – Böhmen – Europa‹, S. 351. [H] Keplers Briefwechsel, Brief Nr. 1115. [K]
temporis cum damno: Keplers Briefwechsel, Brief Nr. 1134. [K]
Der Witwe ließ Wallenstein auszahlen: Hallwich, Fünf Bücher, Band II, S. 451f. [B]
567 *diese »höchsten, innersten und geheimsten Räte«:* So der Kurfürst von Sachsen, bei Goetz, S. 58. [B]
wollte er seinen Weg über Dresden nehmen: Chlumecky, Briefe, S. 202, 206. [B]
Sechs Monate später: Chlumecky, Briefe, S. 219. [B]
wobei die Lesart: So Gindely, Waldstein, Band II, S. 264. [F]
568 *Man macht aber oft einen zum Feind:* Albrecht, Die Politik Maximilians, S. 234. [B]
die vierzig Millionen Taler: Gindely, Waldstein, Band II, S. 256. [F]
Sollten unsere Gesandten vermerken: Gindely, Waldstein, Band II, S. 249. [F]
569 *ob denn nicht die Liga selber:* Gindely, Waldstein, Band II, S. 142. [F]
570 *est valde pericolosum:* Albrecht, Die Politik Maximilians, S. 335f. [B]
oder doch eine gewisse in Wien dominierende Partei: Albrecht, Die Politik Maximilians, S. 63. [B]
571 *solange der kommandiert:* So etwa der bayerische Rat Jocher an den Nuntius in Paris, Bagno, bei Albrecht, Die Politik Maximilians, S. 24. [B]

und auf ihm herumsprang: Gindely, Waldstein, Band II, S. 235. [F]
572 *um ihnen »eine Nase zu bohren«:* Albrecht, Die Politik Maximilians, S. 327ff. [B] Aretin, Wallenstein, Urkunden, S. 59f. [B] Gindely, Waldstein, Band II, S. 235ff. [F]
der gern Läus im Pelz hätt: Albrecht, Die Politik Maximilians, S. 328. [B]
»eine Nase bohren« für »betrügen« wiederholt er: Albrecht, Die Politik Maximilians, S. 371. [B]
in seinem eigensten Interesse lägen: Gindely, Waldstein, Band II, S. 242. [F]
wie es mit diesem Herrn beschaffen: Heyne, S. 6. [N]
573 *er könnte aber nit zusehen:* Albrecht, Die Politik Maximilians, S. 58. [B]
574 *dafür werde Frankreich sorgen:* Albrecht, Die Politik Maximilians, S. 160ff. [B]
Der Nuntius in Paris . . . stößt nach: Albrecht, Die Politik Maximilians, S. 403. [B]
575 *mit einem Schlag die Neutralität Deutschlands gewinnen:* Albrecht, Die Politik Maximilians, S. 348ff. [B]
zu seiner Pflicht als katholischer Vormacht rufen: Albrecht, Die Politik Maximilians, S. 115. [B]
576 *soviel, wie Madrid nimmermehr aufbringen kann:* Wittich, W. und die Spanier, S. 425ff. [O]
aber man spargiere nur: Chlumecky, Briefe, S. 220. [B]
im Haag zwischen Reden und Taten zu unterscheiden wissen: Wittich, W. und die Spanier, S. 428. [O]
und zu seinem Intent zu disponieren: Albrecht, Die Politik Maximilians, S. 371. [B]
578 *Hannibal von Dohna:* Ernstberger, de Witte, S. 388f. [L]
aufs beste bemänteln wollen: Chlumecky, Briefe, S. 217f. [B]
578/579 *Seine Korrespondenzen mit den Hansestädten:* Mitteilung Dr. Hroch.
579 *Einzug den 9. Juni:* Ernstberger, de Witte, S. 276 [L] Gindely, Waldstein, Band II, S. 265. [F]
und so während der vier Monate: Schorer, S. 135. [F]
581 *kaum auch nur Taktik:* Chlumecky, Briefe, S. 236, 241, 242. [B]
Leopold an Max von Bayern: Albrecht, Die Politik Maximilians, S. 412. [B]
und da man dort die Gerüchte liebte: Regensburger Tagebuch Christian des Jüngeren von Anhalt bei Wäschke. [B]
Als Erster nahm der päpstliche Nuntius: Gindely, Waldstein, Band II, S. 265f. [F]
582 *mit einem gewissen Ordensbruder:* Fagniez, Band I, S. 437f. [O]
Der Pater Joseph Capuziner: Hurter, Geschichte, S. 359. [F]
wir wissen es von Père Josephs zeitgenössischem Biographen: Fagniez, Band I, S. 445ff. [O]
583 *aber unnütz für einen Politiker vom Schlage Richelieus:* Über diese Unterredung auch Burkchardt, Band I, S. 477ff. [P]
584 *für diesen Zweck nicht mehr benötigt:* Albrecht, Die Politik Maximilians, S. 423ff. [B]
ist Glück und Heil gewest: Dochtermann, S. 193. [A]
586 *denn non datur medium:* Wallenstein an San Julian, bei O. Lorenz, Briefe, S. 112. [B]
587 *über 100000 in des Herzogs privatem Interesse ausgelegte Gulden:* de Wittes letzte Aufstellung bei Ernstberger, de Witte, S. 403. [L]
müßte er ab 1. September die monatliche Zahlung jener 20000 Taler einstellen: Ernstberger, de Witte, S. 402ff. [L]

Damals konnte er unmöglich schon Bericht . . . haben: Die Vermutung Ernstbergers, de Witte [L], wäre in diesem Sinn zu korrigieren.

588 *daß ich ihn nicht werde stecken lassen:* Hallwich, Briefe und Akten, Band I, S. 77f. [B]

Ich berichte ihm: O. Lorenz, Briefe, S. 129f. [B]

Man sagt dahier um und um: Hallwich, Briefe und Akten, Band I, S. 124. [B]

588/589 *weil der Hans de Witte tot:* Hallwich, Briefe und Akten, Band I, S. 135. [B]

589 *Der General erwiderte schlechtgelaunt:* Wäschke, S. 59. [B]

der Kaisersohn den ersten Preis gewann: Hallwich, Briefe und Akten, Band I, S. 54. [B]

590 *in das kaiserliche Danaidenfaß:* Gindely, Waldstein, Band II, S. 258. [F]

ungern auch die fremden Diplomaten: Wäschke, S. 62. [B]

mit dem Auftrag, Wallenstein zu unterstützen: Albrecht, Die Politik Maximilians, S. 436. [B]

für Frankreich gegen Wallenstein zu wirken: Gindely, Waldstein, Band II, S. 292. [F] Albrecht, Die Politik Maximilians, S. 437. [B]

591 *Pater Lamormaini, der solche Greuel für politisch unklug hielt:* Baschwitz, S. 260ff. [Q]

überreichte Ferdinand den Kurfürsten seine Proposition: Theatrum Europaeum, Band II, S. 175ff. [A]

592 *Den 10. Juli fingen die Kurfürsten an zu beraten:* Albrecht, Die Politik Maximilians, S. 441. [B]

Ähnlich Brandenburg: Albrecht, Die Politik Maximilians, S. 442, 444. [B] Heyne, S. 67. [N]

593 *billig nicht verlangen:* Albrecht, Die Politik Maximilians, S. 447, 450, 451ff. [B]

ein gutes, zuversichtliches Vertrauen haben mögen: Gindely, Waldstein, Band II, S. 270f. [F]

594 *Als die Thesen des Staatspapiers:* Gindely, Waldstein, Band II, S. 276ff. [F]

595 *ein persönliches Traktat:* Hallwich, Briefe und Akten, Band I, S. 41. [B]

Die vielfach formulierten Meinungen: Gindely, Waldstein, S. 281ff. [F] Daß es sich hier nicht, wie Gindely annimmt, um eine Beantwortung des letzten kurfürstlichen Memorandums handelt, sondern um ein Sitzungsprotokoll, von dem nur der Teil, welcher Wallenstein nicht betraf, zu einer Antwort an die Kurfürsten umgearbeitet wurde – kaiserliche Triplik vom 7. August –, zeigt Albrecht, Die Politik Maximilians, S. 479ff. [B]

596 *Ein neuerliches Dokument aus Ferdinands Lager:* Hallwich, Briefe und Akten, Band I, S. 44ff. [B], benutzt schon von Heyne, S. 77ff. [N]

Daß er sich notfalls den deutschen Protestanten nähern könnte: Heyne, S. 90. [N]

597 *Wenn Père Joseph, in Regensburg:* Fagniez, S. 522. [O]

warf Pater Lamormaini sein Gewicht gegen Wallenstein in die Waagschale: Gindely, Waldstein, Band II, S. 292. [F]

Der Kurfürst von Bayern, dozierte Olivares im Staatsrat: Beladiez, S. 219–221. [O]

598 *Erst nach dem 13. August griff er laut und öffentlich ein:* Sein Memorandum, Theatrum Europaeum, Band II, S. 209ff. [A]

dem Tag, an dem Ferdinand: Hurter, Geschichte, S. 376. [F]

Die Kaiserlichen replizierten: Albrecht, Die Politik Maximilians, S. 533. [B]

599 *Magni, den in Regensburg flüstern und zischeln hören konnte:* Albrecht, Auswärtige Politik, S. 295. [N]

bei Mecklenburg allerdings nicht: Albrecht, Die Politik Maximilians, S. 503, 505, 521, 526. [B] Hallwich, Briefe und Akten, Band I, S. 66ff. [B]
so wären wir doch: Hallwich, Briefe und Akten, Band I, S. 75f. [B]

600 *desto schwächer in der Magengrube geworden:* Khevenhiller, Annales, Band XI, S. 1133ff. [A]
Eine liebere Nachricht: Questenberg an seinen Bruder, den Abt von Strachow, bei Straka, S. 48f. [B], zitiert von Pekař, Wallenstein, S. 51. [F]
Den Sendlingen gab er eine Botschaft mit: Hurter, Geschichte, S. 396. [F]
Jedenfalls erklärte Ferdinand: Ferdinand an den Obersten Montecuccoli, bei Hallwich, Briefe und Akten, Band I, S. 107f. [B]
bin ich denn ein Erforscher der Herzen: Straka [B], zitiert bei Pekař, Wallenstein, Band II, S. 22. [F]

601 *Lebzelter:* Gindely, Waldstein, Band II, S. 305. [F]
Er esse fast nichts: Heyne, S. 92. [N]
aus Mecklenburg . . . bekomme ich nichts: Hallwich, Briefe und Akten, Band I, S. 35f. [B]

602 *Der Oberst Goetz:* Hallwich, Briefe und Akten, Band I, S. 145. [B]
Generalquartiermeister Sparr: Hallwich, Briefe und Akten, Band I, S. 148. [B]
Arnim . . . biederte sich an: Hallwich, Briefe und Akten, Band I, S. 141. [B]

603 *Gerüchte, die Entlassung:* Heyne, S. 87. [N] Hallwich, Briefe und Akten, Band I, S. 206. [B]
Sonsten wollen wir auch: Hallwich, Briefe und Akten, Band I, S. 146f. [B]

606 *Ein Zeitgenosse:* Khevenhiller, Annales, Band XI, S. 1135. [A]

607 *Daß der König von Schweden:* Hallwich, Briefe und Akten, Band I, S. 68. [B]

608 *wie ernst beide Partner es auch hatten nehmen wollen:* Verhandlungen Frankreichs mit Bayern: Fagniez, Band I, S. 535ff. [O] Albrecht, Auswärtige Politik, S. 211ff. [N]
Jetzt, in Regensburg, trug die französische Politik: Regensburger Friedensverhandlungen zwischen Frankreich und dem Kaiser: Fagniez, Band I, S. 450ff. [O] Heyne, S. 97ff. [N]

611 *Der Himmel kann nur:* J. Ch. Hallmann, Trauer-, Freuden- und Schäferspiele, zitiert bei Benjamin, S. 57. [Q]
wollte er gar nicht empfangen: Roberts, Band II, S. 397. [O]
Die Fürstliche Zusammenkunft und Gegenwart: Saavreda Faxardo, Abris eines christlich-politischen Printzens . . . Nun in Teutsch versetzet, 1674, zitiert bei Benjamin, S. 58. [Q]
Als der Militärgouverneur von Böhmen: Dudik, Waldstein von seiner Enthebung, S. 110. [F]

612 *als dessen »Alleruntertänigster Diener«:* Hallwich, Briefe und Akten, Band I, S. 648. [B]
Klagen, Heulen und Seufzen: Opitz, Buch von der deutschen Poeterey, zitiert Benjamin, S. 52. [Q]
Die Empfehlung stammte von des Herzogs Kanzler: Irmer, Verhandlungen, Band III, S. 356 [B], Aussage des Kanzlers Elz.

613 *dem König von Schweden einen Mörder gesandt:* Roberts, Band II, S. 381. [O]
dem welschen Sterndeuter: Bergel, S. 48. [K] Bergel zitiert nach dem Gedächtnis.
eben doch nur ein Kind: Hallwich, Briefe und Akten, Band I, S. 305f. [B]

614 *und Humors wegen:* Hallwich, Briefe und Akten, S. 346. [B]
Im Mai bat: Hallwich, Briefe und Akten, S. 373. [B]
Eine kluge Geschichtsschreiberin: Ricarda Huch.

ich mich dergleichen Sachen nicht angemaßt: Hallwich, Briefe und Akten, Band I, S. 230. [B]

616 *seinen Anfang haben:* Hallwich, Briefe und Akten, Band I, S. 262ff. [B]
Die »unglaubliche Furia«: Ein Ausdruck des Erzherzogs Leopold, bei Hallwich, Briefe und Akten, Band I, S. 716. [B]
um Ernst zu machen: Roberts, Band II, S. 445. [O]
Mangel an Disziplin: Roberts, Band II, S. 446. [O] Droysen, Gustav Adolf, Band II, S. 186. [O]
der Krieg sei so: Roberts, Band II, S. 455. [O]

617 *schlimmer als seine Feinde:* Droysen, Gustav Adolf, Band II, S. 191. [O]
selber seine Revanche nehmen: Hallwich, Briefe und Akten, Band I, S. 196. [B]

618 *die magdeburgische Fackel:* Roberts, Band II, S. 447. [O]
Schlesien muß die Basis: Dudik, Waldstein von seiner Enthebung, S. 23ff. [B]
rechtzeitig zuzuschlagen: Dudik, Waldstein von seiner Enthebung, S. 29f. [B]

619 *wie noch nie in seinem harten Leben:* Pfister, S. 265. [N]
An Wallenstein: Hallwich, Briefe und Akten, Band I, S. 233. [B]
müßten jene verantworten: Hallwich, Briefe und Akten, Band I, S. 291. [B]
aber die Einladung nach Böhmen bleibt aus: Hallwich, Briefe und Akten, Band I, S. 216, 254, 393. [B]
und folgt ihr von Herzen gern: Hallwich, Briefe und Akten, Band I, S. 315. [B]
er sei ein ehrlicher Kerl: Hallwich, Briefe und Akten, Band I, S. 394. [B]
Im Juli ziehen die alten Herzoge: Theatrum Europaeum, Band II, S. 419f. [A]

620 *Tertium non datur:* Droysen, Gustav Adolf, Band II, S. 224ff. [O]
mannhafte Einigkeit: Droysen, Gustav Adolf, Band II, S. 219f. [O]

622 *Während des Spätwinters tagt:* Droysen, Gustav Adolf, Band II, S. 294. [O]
der Kurfürst von Brandenburg mit 178 Personen: Theatrum Europaeum, Band II, S. 192. [A]
Eine Sensation ist gleich anfangs: Die Predigt gedruckt Leipzig 1631. Dazu ein verkapptes Gegenmanifest »Aus Leipzig vom 13. Februarii, Kurtzer Bericht« etc. mit einem beigefügten »Provisional Vidimus«, das eine beißende Kritik von katholischer Seite enthält.

623 *Der Kaiser empört sich darüber:* Theatrum Europaeum, Band II, S. 316. [A]
So ... Bernhard von Weimar: Droysen, Bernhard von Weimar, S. 41. [P]

623/624 *beantwortet ihn Ferdinand:* Theatrum Europaeum, Band II, S. 312ff. [A]

624 *Daß die Bürger, für einmal:* Hallwich, Briefe und Akten, Band I, S. 329. [B] Roberts, Band II, S. 481. [O]
Man glaube oder glaube es nicht: Dudik, Waldstein von seiner Enthebung, S. 66. [F]
und hab in allem jetzt recht: Dudik, Waldstein von seiner Enthebung, S. 71f. [F]

625 *Gott stehe uns bei:* Dudik, Waldstein von seiner Enthebung, S. 70f. [F]
oder der ungeschriebenen, persönlichen Macht: Dudik, Waldstein von seiner Enthebung, S. 69. 87. [F] Hallwich, Briefe und Akten, Band I, S. 342, 351, 354, 364. [B]
Was hudelt doch der Gute Alte: Hallwich, Briefe und Akten, Band I, S. 335. [B]

626 *Davon läßt Tilly:* Tilly an Trauttmansdorff, bei Hallwich, Briefe und Akten, Band I, S. 366, 390. [B[
wie es Euch gehen wird: Irmer, Arnim, S. 129. [P]
Als von einem Kammerdiener: Droysen, Gustav Adolf, Band II, S. 340. [O]
schon lange vorbereitet: Pappenheim an Wallenstein, bei Förster, Briefe, Band II, S. 90. [B] Questenberg an Wallenstein, bei Hallwich, Briefe und Akten, Band I, S. 387. [B]

»Magdeburgisieren«: Droysen, Gustav Adolf, Band II, S. 340. [O]
627 *Questenberg an Wallenstein:* Dudik, Waldstein von seiner Enthebung, S. 97. [F]
628 *anstatt ihn in die schwedischen Arme zu treiben:* Riezler, Band V, S. 384f. [N]
ohne Ursach still liegen: Dudik, Waldstein von seiner Enthebung, S. 102f.
Hannibal: Hallwich, Briefe und Akten, Band I, S. 420ff. [B]
629 *eine kategorische und solche Erklärung:* Tilly an Trauttmansdorff, bei Hallwich, Briefe und Akten, Band I, S. 447. [B]
des Kurfürsten letzter Appell: Theatrum Europaeum, Band II, S. 430f. [A]
630 *wenn sie nur könnten:* Hallwich, Briefe und Akten, Band I, S. 541. [B]
Ein wohlgeordnetes, blankes Spiel zuerst: Droysen, Gustav Adolf, Band II, S. 395f. [O]
631 *die Nachricht von Aldringen:* Hallwich, Briefe und Akten, Band I, S. 491f. [B]
Aus Wien gibt Questenberg: Dudik, Waldstein von seiner Enthebung, S. 123. [F]
Maximilian an Ferdinand . . . Ferdinand an Maximilian: Hallwich, Briefe und Akten, Band I, S. 502, 531. [B]
gnädigst condolieren wollen: Theatrum Europaeum, Band II, S. 469. [A]
632 *glückhafter Kriegsfürst:* Hallwich, Briefe und Akten, Band I, S. 556ff. [B]
633 *In dem melancholischen Breitenfelder Rapport:* Villermont, S. 795. [P]
die Tag meines Lebens: Hallwich, Briefe und Akten, Band I, S. 251. [B]
sie stürben: Hallwich, Briefe und Akten, Band I, S. 312. [B]
Verordnungen tun könnte: Hallwich, Briefe und Akten, Band I, S. 371. [B]
»Heeres-Sabotage«: Ernstberger, Wallensteins Heeressabotage und die Breitenfelder Schlacht, in: ›Franken–Böhmen–Europa‹, Band I, S. 294ff. [H]
634 *im Werte von über 50000 Talern:* Hallwich, Briefe und Akten, Band I, S. 157. [B]
Nicht nur aber hausten: Wengiersky an Wallenstein, bei Hallwich, Briefe und Akten, Band I, S. 160. [B]
im geringsten nichts geholfen: Hallwich, Briefe und Akten, Band I, S. 175. [B]
der Statthalter ihm aber mitteilen mußte: Hallwich, Briefe und Akten, Band I, S. 177. [B]
Darum der Befehl an Wengiersky: Ernstberger, Franken–Böhmen–Europa, S. 324 [H]
635 *ließ er die Produkte seines Herzogtums:* Ernstberger, Franken–Böhmen–Europa, S. 312ff. [H]
Durch leere Versprechungen: Dudik, Waldstein von seiner Enthebung, S. 93. [F]
636 *denn gegen Bauernpack zu kämpfen:* Hallwich, Fünf Bücher, Band II, S. 399, Band III, S. 317. [B]
so, zu jedermanns Warnung: Theatrum Europaeum, Band I, S. 1097. [A]
637 *sein Haushalt in Dresden:* Pekař, Wallenstein, Band I, S. 59. [F]
um mit anderen Voll-Emigranten: Loesche, S. 41. [D]
solche Briefe waren über Glut zu halten: Irmer, Verhandlungen, Band III, S. 486. [B]
638 *»Wie weit hat er's gebracht«:* Irmer, Verhandlungen, Band III, S. 497. [B]
639 *mit sicherem Blick:* So der Anspruch des Professors Pekař, Wallenstein, Band I, S. 144. [F]
daß sie verloren sind: Tadra, Briefe, S. 486. [B]
640 *weil ich das Gewisse zu spielen:* Dudik, Waldstein von seiner Enthebung, S. 256. [F]
»des Fürsten seit vielen Jahren Intimus«: Thurn an Gustav Adolf, bei Gaedeke, S. 112. [B]

ließ er Geldgeschenke zukommen: Hallwich, Briefe und Akten, Band I, S. 321. [B]

641 *so half ihm Wallensteins Urfeind:* Pekař, Wallenstein, Band I, S. 19. [F]
dürfen nicht auf bloßem Hörensagen beruhen: Das gilt für einen Großteil der während der Untersuchungen der Jahre 34–35 gemachten Aussagen.
Im Jahre 28, um nur ein Beispiel zu nennen: Mitteilung des französischen Residenten in Brüssel vom 10. Oktober 1628. Abgedruckt in einer russischen Aktenpublikation von Forsten, deren Erscheinungsort und Zeit ich nicht feststellen konnte. Mitteilung Dr. Hroch.

642 *wußten französische Zeitungen zu melden:* Droysen, Gustav Adolf, Band II, S. 415. [O]
piensa il ladron: Förster, Briefe, Band II, S. 149ff. [B]
das sei die Bedingung: Rašins Bericht in der zeitgenössischen deutschen Übersetzung, bei Gaedeke, S. 309. [B]

643 *Thurn an Gustav:* Hildebrand, S. 1. [B]
damit man's schwarz auf weiß hätte: Gaedeke, S. 311. [B]
für die gute Sache gewinnen: Gaedeke, S. 107. [B]
Wilhelm Kinsky las ihn so oft und gern: Nicolai an Oxenstierna, bei Hildebrand, S. 16. [B]
»in Allem manutenieren«: Gaedeke, S. 312. [B]

644 *Das mit den 12000 Mann:* Gaedeke, S. 108. [B]
das sagen Freund und Feind: Gaedeke, S. 108. [B]

645 *Er hätte, erklärte sich Gustav:* Rašin. Gaedeke, S. 317. [B]
Alles sei zum Abdrücken gewesen: Gaedeke, S. 108. [B]

646 *Der Kaiser mit seinem ganzen Hause:* Irmer, Verhandlungen, S. 88. [B]
denn den Schweden will ich gern: Förster, Briefe, Band I, S. 152. [B] Selbst diese völlig im Sinn des Kaisers geführten Verhandlungen wurden später dem Paket von Wallensteins »Verrat« pauschal zugeschlagen. Irmer, Verhandlungen, Band III, S. 419. [B]
Denn zuletzt: Förster, Briefe, Band II, S. 178. [B]
Oxenstierna, rückblickend: Irmer, Verhandlungen, Band II, S. 26. [B]

648 *und erhielt einen zweiten:* Die beiden Pässe bei Hallwich, Briefe und Akten, Band I, S. 538, 562. [B]
endlich ein Besseres inspirierte: Questenberg an Wallenstein, bei Förster, Briefe, Band II, S. 186. [B]

649 *viel weniger mich verlassen werden:* Förster, Briefe, Band II, S. 187. [B]
Rašin an Thurn: Gaedeke, S. 113. [B]

650 *die Gräfin Trčka, bot ihm 50000 Gulden:* Pekař, Wallenstein, Band I, S. 109. [F]
unter fadenscheinigen Vorwänden verweigert: Gaedeke, S. 111, 112. [B]
Arnim an den Kurfürsten: Gaedeke, S. 118. [B]
Wehe uns ehrlichen Leuten: Pekař, Wallenstein, Band I, S. 138. [F]
Thurn, später: Hildebrand, S. 78. [B]

651 *Kaiser Ferdinand sollte immer noch schärfer spüren:* Dies die Ansicht von Pekař, auch von Roberts, Band II, S. 685. [O]
einen Rückzug der Kaiserlichen nach Schlesien empfohlen: Dudik, Waldstein von seiner Enthebung, S. 136. [F]
Zu seinem eigenen Gram mußte Tiefenbach: Hallwich, Briefe und Akten, Band I, S. 609. [B]
Wenn dahinter der boshafte Zweck: So verstanden es die Emigranten, und so in ihrem Sinn versteht es Pekař, Wallenstein, Band I, S. 114ff. [F]
Mut machte: Hallwich, Briefe und Akten, Band I, S. 633, 636. [B]

652 *Etliche meinen:* Hildebrand, S. 4. [B] So über den gesamten Böhmenzug Arnims.
schlangengiftigen Lästermäuler: Zuschrift der »drei evangelischen Stände« an den Kurfürsten von Sachsen, bei Loesche, S. 42. [D]
an die 15000 Prager Bürger: Loesche, S. 41. [D]
ungünstige Transaktionen gewesen: Schebek, Die Condemnationen und Confiscationen nach dem Sachseneinfall in Prag 1631–32. Mitteilungen des Vereins für Geschichte der Deutschen in Böhmen, XIV, Heft 1, S. 9ff.
Da hörte der Spaß auf: Dudik, Waldstein von seiner Enthebung, S. 165. [F] Hallwich, Briefe und Akten, Band I, S. 637. [B] Förster, W. als Feldherr und Landesfürst, S. 398. [L]
653 *Oh, die Berichte der Bezirkshauptleute:* Hallwich, Briefe und Akten, Band I, S. 575, 587, 588. [B]
Wallenstein reagierte: Hallwich, Briefe und Akten, Band I, S. 578. [B]
An Tiefenbach: Hallwich, Briefe und Akten, Band I, S. 630. [B]
ein Corps von Reitern aufzustellen: Hallwich, Briefe und Akten, Band I, S. 637. [B]
sein Besitz einzuziehen: Förster, W. als Feldherr und Landesfürst, S. 398. [L]
654 *die Köpfe wegschlagen:* Förster, W. als Feldherr und Landesfürst, S. 398–401. [L]
die Lakaien hungerten: Förster, W. als Feldherr und Landesfürst, S. 399. [L]
655 *für einen »schönen Praetext«:* Thurn an Gustav Adolf, bei Gaedeke, S. 112. [B]
nicht als Generalia: Irmer, Verhandlungen, Band I, S. 119. [B]
Der Minister Eggenberg: Förster, Briefe, Band II, S. 177. [B]
Zu erschließen ist ferner: Dudik, Waldstein von seiner Enthebung, S. 127. [F]
und den ganzen Handel publik machen: Irmer, Verhandlungen, Band I, S. 87ff. [B]
keiner Prüfung wert: Dies gilt besonders für die Aufzeichnungen des sächsischen Rates Timäus: Irmer, Arnim, S. 154 [P]; Pekař Wallenstein, S. 175ff.
656 *Ferdinand handelte mit ihm:* Vgl. etwa Ferdinand an Wallenstein, 3. Dezember 31, bei Dudik, Waldsteins Correspondenz, S. 8. [B]
Am 2. Dezember: Hallwich, Briefe und Akten, Band I, S. 650. [B]
657 *Unterwegs soll er:* Irmer, Verhandlungen, Band III, S. 488. [B]
in wehmütigen Höflichkeiten: Hallwich, Briefe und Akten, Band I, S. 656. [B]
Noch unlängst hatte er gefragt: Förster, Briefe, Band II, S. 186. [B]
im rechten Moment abzuwerfen: Eggenbergs Instruktion bei Dudik, Waldstein von seiner Enthebung, S. 172ff. [F]
ein spanisches Lieblingsprojekt: Hallwich, Briefe und Akten, Band I, S. 623. [B] Gutachten kaiserlicher und spanischer Minister.
658 *Nicht das Generalsgehalt:* Dudik, Waldstein von seiner Enthebung, S. 181. [F]
dazu würde es reichen: Dudik, Waldstein von seiner Enthebung, S. 255. [F]
Der König von Spanien überwies: Dudik, Waldstein von seiner Enthebung, S. 254. [F]
flossen zweieinhalb Millionen zusammen: Aretin, Wallenstein, S. 80. [B]
Daß Wallenstein selber zuschoß: Ritter, Deutsche Geschichte, Band III, S. 527. [C]
gratulierte Wallenstein und sich selbst: Dudik, Waldstein von seiner Enthebung, S. 190. [F]
den Wallenstein in Memmingen gebraucht hatte: Chlumecky, Briefe, S. 242. [B]
Pappenheim: Dudik, Waldstein von seiner Enthebung, S. 204. [F]
659 *dankte dem Kardinal-Staatssekretär:* Dudik, Waldsteins Correspondenz, S. 24. [B]
Der Kurfürst von Mainz: Hallwich, Briefe und Akten, Band I, S. 674. [B]

»nicht wenig graviert«: Riezler, Band V, S. 405. [N]
schickte einen Abgesandten zu Tilly: Aretin, Wallenstein, S. 80f. [B]
Wilhelm Slawata: Pekař, Wallenstein, Band I, S. 196. [F]
Pater Lamormaini: Dudik, Waldstein von seiner Enthebung, S. 194. [F]
662 *den tut Er nie verlassen:* Khevenhiller, Annales, Band XII, S. 8f. [A]
Jetzt versprach er: Khevenhüller an Wallenstein, bei Hallwich, Briefe und Akten, Band II, S. 19f. [B]
663 *Einem Vertreter der Kurie:* Albrecht, Auswärtige Politik, S. 343. [N]
So zu Gundakar von Liechtenstein: Liechtensteins Denkschrift vom Januar 1633, bei Hallwich, Briefe und Akten, Band III, S. 753. [B]
664 *Das Schrecklichste wurde aus der Gegend von Neapel:* Theatrum Europaeum, Band II, S. 510f. [A]
665 *eine Armee von 100000 Mann:* An König Sigismund, bei Dudik, Waldstein von seiner Enthebung, S. 329. [F]
und bald darauf zum General über die Artillerie: Hallwich, Briefe und Akten, Band II, S. 17, 38. [B] Den Rang des Generals über die Artillerie läßt Loewe in seiner Tabelle, S. 26 [M], weg.
666 *so meinen tschechische Historiker:* Besonders Pekař.
und diesem unfehlbar nachkommen zu wissen wird: Krebs, Beurteilung Holks und Aldringens, S. 324. [P]
so ich fleißig finde, verehren möge: Krebs, Beurteilung Holks und Aldringens, S. 322. [P]
667 *bis hinab zum Gepäck der Offiziere:* Hallwich, Briefe und Akten, Band II, S. 763. [B]
Allermaßen Uns nun, warum solches geschehen, unbewußt: Hallwich, W. und Arnim, S. 32. [B]
zum General der irregulären Reiterei: Konze, S. 18. [M]
668 *Trčka, Oberst über zwei, später über vier Regimenter:* Konze, S. 26f., 18f. [M]
1633 Feldmarschall-Leutnant: Loewe, S. 27. [M]
An Trčka, Dezember 31: Dudik, Waldstein von seiner Enthebung, S. 256. [F]
auch halb Europa nicht bezahlen können: Hallwich, W. und Arnim, S. 28. [B]
Die Ziffer stimmt: Konze, S. 22. [M]
Daß er sich untersteht: Hurter, W.'s vier letzte Lebensjahre, S. 78. [F]
Der Herr remediers: Hallwich, Briefe und Akten, Band II, S. 89. [B]
Will der Herr seiner Promotion: Hallwich, Briefe und Akten, Band II, S. 73. [B]
An den Obersten Ossa: Hallwich, Briefe und Akten, Band II, S. 99f. [B]
669 *versprach Wallenstein, ihnen gut zu sein:* Dudik, Waldstein von seiner Enthebung, S. 225. [F]
Auch wollten die Landbesitzer: Hallwich, Briefe und Akten, Band II, S. 268. [B]
die Soldaten-Teuerung: Hallwich, Briefe und Akten, Band II, S. 619. [B]
670 *Schwierige, immer unsichere Berechnungen:* Konze, S. 22, 46. [M]
671 *Am Ort hatten kaiserliche Generalkommissare:* Loewe, S. 31f. [M]
Holk behauptete das: Dudik, Waldstein von seiner Enthebung, S. 440. [F]
672 *zu holen war da nicht mehr viel:* Hallwich, Briefe und Akten, Band II, S. 27, 33, 45, 127, 186, 200, 230. [B]
Er ließ das Hauptquartier: Hurter, W.'s vier letzte Lebensjahre, S. 42f. [F] Dudik, Waldstein von seiner Enthebung, S. 185f. [F]
natürlich lieferte das Herzogtum: Dudik, Waldstein von seiner Enthebung, S. 319. [F] Hallwich, Briefe und Akten, S. 191. [B]
Mörser verlangte er: Hurter, W.'s vier letzte Lebensjahre, S. 51. [F]
Für das Gießen von Kanonen: Hurter, W.'s vier letzte Lebensjahre, S. 52. [F]

und lobte die Zahl: Hallwich, Briefe und Akten, Band II, S. 55, 84, 89, 94, 128, 145, 188 etc. etc. [B]
empfing Deputationen von Soldaten: Dudik, Waldstein von seiner Enthebung, S. 279. [F]

673 *Es gäbe ja schon Schwäne genug:* Hallwich, Briefe und Akten, Band II, S. 87, 238, 290, 331, 370, 374, 383. [B]
Es war dem Kurfürsten Maximilian unlieb: Albrecht, Auswärtige Politik, S. 328. [N]

674 *ließ Maximilian zunächst seine Theologen fragen:* Albrecht, Auswärtige Politik, S. 329. [N]

675 *wie jener Gifte:* Fagniez, Band I, S. 566. [O]

676 *dem Herzog von Orléans mit 8000 neuzuwerbenden Wallonen:* Hallwich, Briefe und Akten, Band II, S. 88, 213. [B]
Der Gesandte bekam eine schneidende Antwort: Irmer, Verhandlungen, Band I, S. XLV. [B]
Richelieus Beratern, zumal den militärischen: Fagniez, Band I, S. 586. [O]
wie jeder jeden jederzeit jeder: Fagniez, Band I, S. 585. [O] Hanotaux, Band III, S. 431. [O]

677 *der Kurfürst von Bayern nähre den gleichen Ehrgeiz:* Albrecht, Auswärtige Politik, S. 323. [N] Irmer, Verhandlungen, Band I, S. 11. [B]
Aufgefangene Papiere: Albrecht, Auswärtige Politik, S. 318, 340. [N] Mailath, Band III, S. 269. [E]
wenig hoffnungsvolle Ratschläge: Gutachten vom 28. Januar 32, bei Hallwich, Briefe und Akten, Band II, S. 100ff. [B]
Oberst Sulz: Dudik, Waldstein von seiner Enthebung, S. 263, 286. [F]

678 *Gustav Adolf . . . stellte die Seinigen:* Albrecht, Auswärtige Politik, S. 323ff. [N] Fagniez, S. 583 [O] Droysen, Gustav Adolf, Band II, S. 493. [O]
Der Waffenstillstand: Riezler, Band V, S. 401. [N]
Bayern sei treu: Albrecht, Auswärtige Politik, S. 342. [N] Riezler, Band V, S. 401f. [N]
An Gallas: Dudik, Waldstein von seiner Enthebung, S. 302. [F]
bei welcher der Erzbischof seinen Vorteil hatte: Vgl. den empörten Bericht des Kurfürsten von Mainz über den Verrat seines Trierer Mitkurfürsten, bei Hallwich, Briefe und Akten, Band II, S. 582. [B]

679 *auf Sonderfrieden mit den deutschen Lutheranern zielende:* Besonders Pekař reitet auf dieser Unterscheidung herum.

680 *»Nun sehe ich solches«:* Wallenstein an Arnim, bei Hallwich, W. und Arnim, S. 34. [B]
ein erbärmlicher Schauerspiegel: Arnims Verteidigungsschrift, Mai 1632, bei Irmer, Verhandlungen, Band I, S. 175ff. [B]

681 *Dieser, in seiner Verteidigungsschrift:* Irmer, Verhandlungen, Band I, S. 178. [B]
nun sein Feind werden müßte: Irmer, Verhandlungen, Band I, S. 115, 119. [B]

682 *Sie sollten Schweden nicht einschließen:* Helbig, W. und Arnim, S. 11. [F]
Berichte aus verschiedenen Federn: Arnim an den Kurfürsten von Sachsen, bei Helbig, W. und Arnim, S. 11 [F]; Hallwich, W. und Arnim, S. 35. [B] Ebenso der darmstädtische Hofrat List an Landgraf Georg, bei Irmer, Verhandlungen, Band I, S. 192. [B]
wenn er gleich den Papst: Irmer, Verhandlungen, Band I, S. 189. [B]

683 *Brieflich, wohlgemerkt:* Wallenstein an Urban VIII., bei Hallwich, Briefe und Akten, Band II, S. 633. [B]
weil der ewig schwankende Kurfürst: Hallwich, W. und Arnim, S. 30. [B]

So lasse das Werk sich nicht weitertreiben: Wallenstein an Arnim, Arnim an Johann Georg, bei Hallwich, Briefe und Akten, Band II, S. 34, 35. [B]
die getane Untreue von dem von Arnim: Hallwich, Briefe und Akten, Band II, S. 655. [B]
»Uns eifrigen Katholischen«: Dudik, Waldsteins Correspondenz, S. 20. [B]
Ähnlich der Schwede, Nicolai: Irmer, Verhandlungen, Band I, S. 147f. [B]
684 *er wäre ja ein feiner Mann:* Irmer, Verhandlungen, Band I, S. 123. [B]
685 *indem man ihre Hasser zu immerwährender Ohnmacht verdammte:* Das Gutachten bei Irmer, Verhandlungen, Band I, S. 125ff. [B] Vgl. auch die »Evangelischen Postulata« Januar 1632, bei Hallwich, Briefe und Akten, Band II, S. 130 [B], und die »Postulata Evangelicorum«, bei Hallwich, Briefe und Akten, Band II, S. 366 [B], die in konziserer Form Ähnliches enthalten; dazu noch die Forderung, Gustav Adolf müsse zum Kaiser oder Nachfolger des Kaisers gewählt werden.
in Mainz nur den vagesten Bescheid: Irmer, Verhandlungen, Band I, S. 139. [B]
Friede konnte jetzt keiner sein: »Schwedische Dubia bei einem zu schließenden Frieden«, nach einem Bericht des Landgrafen Georg, bei Irmer, Verhandlungen, Band I, S. 136ff. [B]
686 *Darum müssen Wir:* Ferdinand an Christian IV., bei Hallwich, Briefe und Akten, Band II, S. 661f. [B]
Deswegen straft Euch auch Gott: Gespräch mit den Abgeordneten der Stadt Hirschau, bei Hallwich, Briefe und Akten, Band II, S. 55. [B]
daß er am Sonntag nicht schlagen würde: Holk an Wallenstein, bei Hallwich, Briefe und Akten, Band II, S. 709. [B]
keine Klosterjungfrauen: Droysen, Gustav Adolf, Band II, S. 511. [O]
687 *Sachkennern das Wort lassen:* Delbrück, Band IV, S. 199ff. [M] Roberts, Band II, S. 169ff. [O]
Und weil wir auch bei der deutschen Reiterei: Wallenstein an Aldringen, bei Förster, Briefe, Band II, S. 209. [B]
688 *Von des Feindes »gewohnter Eilfertigkeit«:* Dudik, Waldstein von seiner Enthebung, S. 359, 409. [F]
689 *Ich wollte so gern, als ich das Leben hab:* Wallenstein an Gallas, bei Dudik, Waldstein von seiner Enthebung, S. 333f. [F]
an Gallas schrieb er, dessen Stellung bei Eger: Dudik, Waldstein von seiner Enthebung, S. 405. [F]
690 *Als ersuche Euer Liebden:* Maximilian an Wallenstein, bei Dudik, Waldstein von seiner Enthebung, S. 407ff. [F]
bis unsere vires: Dudik, Waldstein von seiner Enthebung, S. 394. [F]
691 *entlockte eine etwas gutmütigere Reaktion:* Dudik, Waldstein von seiner Enthebung, S. 414. [F]
Soldaten in die große Stadt geworfen: Villermont, S. 604. [P]
Die bayerischen Historiker bestreiten: Darüber Villermont, S. 607f. [P]
daß Maximilian am 15. mittags ausführlich: Dudik, Waldstein von seiner Enthebung, S. 421 [F]
692 *Wir haben erfahren:* Dudik, Waldstein von seiner Enthebung, S. 422. [F]
Eggenberg an Wallenstein: Förster, Briefe, Band II, S. 196. [B]
erschienen als kaiserliche Abgesandte: Förster, Briefe, Band II, S. 199. [B]
693 *Die Sendung des Bischofs:* Dudik, Waldstein von seiner Enthebung, S. 462. [F]
ein Meister sei in der Überwindung: Antonius an Wallenstein, bei Dudik, Waldstein von seiner Enthebung, S. 466. [F]
694 *von dort die Historiker aufgeklärterer Epochen:* Über den »Göllersdorfer Vertrag«: Wolfgang Michael [F]; Ranke, Geschichte W.'s, S. 469ff. [G]; Gindely

Waldsteins Vertrag mit dem Kaiser [F]; Schebek, Capitulation [F], mit Rücksicht auf Prof. Gindelys Darstellung. Ritter, Untergang, Erster Abschnitt, S. 235ff. [F]. – Die »Capitulation« mit leichten Varianten bei Khevenhiller, Annales, Band XII, S. 13f. [A]; Aretin, Wallenstein, Urkunden, S. 60 [B]; Förster, Briefe, Band II, S. 206 [B] und anderen. – Die Flugschriften bei Schebek. – Die Behandlung des Problems durch Ranke, Schebek und Ritter scheint mir die vernünftigste. Gindely ist wie immer reich an merkwürdigem Diplomatenklatsch, zumal spanischem, fällt wie immer auf ihn herein, gibt ihm wie immer die denkbar boshafteste Interpretation.

einen der am liebsten erwähnten Texte: Bei Aretin, Wallenstein, Urkunden. [B]

695 *mit der schlesischen Herrschaft Großglogau:* Das Angebot – zusammen mit der Lausitz! – schon in der kaiserlichen Instruktion für Eggenberg, bei Zwiedineck-Südenhorst, Eggenberg, S. 198ff. [P] Die Belehnung bei Förster, Prozeß, Urkunden, S. 100f. [B]

696 *ob er wirklich ganze 400000:* Dudik, Waldstein von seiner Enthebung, S. 443, 445. [F]

Die Antwort lautete: Hallwich, Briefe und Akten, Band II, S. 443f. [B]

ersuchte er den Kaiser höflich und knapp: Dudik, Waldstein von seiner Enthebung, S. 473. [F]

Er scheint auf monatlich 200000: Gindely, Waldsteins Vertrag, S. 10. [F] Hallwich, W.'s Ende, Band I, S. 337. [B]

dazu auf 50000: Hallwich, W.'s Ende, Band I, S. 632. [B] Ritter, Untergang, S. 258ff. [F]

Sofort ... befahl er seinen Gitschiner Beamten: Hallwich, Briefe und Akten, Band II, S. 337, 363. [B]

697 *für den Generalsrang »geeignete Subjecta«:* Wallenstein an den Prinzen Wldislav von Polen, bei Hallwich, Briefe und Akten, Band II, S. 500. [B]

698 *total in dessen Hände legt:* Richelieu, Band VII, S. 18 [B], zitiert bei Droysen, Gustav Adolf, Band II, S. 517. [O]

verweigert glattweg den Gehorsam: Dudik, Waldstein von seiner Enthebung, S. 351ff. [F]

699 *er aber, der General:* Hallwich, Briefe und Akten, Band II, S. 587. [B]

sie möchten sich nach Wien wenden: Hallwich, Briefe und Akten, Band III, S. 85. [B]

Maximilian wurde gesehen: Hallwich, Briefe und Akten, Band II, S. 349. [B]

700 *mit dem letzten Blick auf das Cruzifix:* Villermont, S. 616ff. [P]

»unser frommer, braver alter Tilly«: Riezler, Band V, S. 410. [N]

er selber werde wohl der Nächste sein: Irmer, Verhandlungen, Band I, S. 233. [B]

701 *Daß kaiserliche Truppen Passau sicherten:* Hallwich, Briefe und Akten, Band II, S. 671. [B]

mehr Geschrei sei als wirklicher Schrecken: Irmer, Verhandlungen, Band I, S. 165ff. [B]

und Münchner Bürger steigern mit: Riezler, Band V, S. 417f. [N]

702 *damit der Kurfürst merke:* Hallwich, Briefe und Akten, Band II, S. 406. [B]

so wüßte er nicht, was er noch tun werde: Hallwich, Briefe und Akten, Band II, S. 355f. [B]

und später schon wieder gutzumachen: Dieser Brief hat sich nicht gefunden. Sein Inhalt ist aus dem zu erschließen, was Maximilian am 2. Juni an Ferdinand schreibt, bei Hallwich, Briefe und Akten, Band II, S. 460. [B]

aber doch bedauerlich: So Bischof Antonius an Wallenstein, bei Hallwich, Briefe und Akten, Band II, S. 411. [B]

703 *Er spricht von Kontakten mit der Schweiz:* Irmer, Verhandlungen, Band I, S. 204. [B] Roberts, Band II, S. 711. [O]
da er die Hoffnung . . . nicht aufgegeben hat: Hallwich, Briefe und Akten, Band II, S. 556. [B]
Nur in die Lausitz: Hallwich, Briefe und Akten, Band II, S. 493. [B]
704 *um die Soldaten in der Lausitz zu verköstigen:* Hallwich, Briefe und Akten, Band II, S. 512, 521. [B]
ob man eine alte Burg: Hallwich, Briefe und Akten, Band II, S. 516. [B]
Aldringen . . . gibt seine Informationen nach Böhmen weiter: Hallwich, Briefe und Akten, Band II, S. 513. [B]
Allem Ansehen nach: Hallwich, Briefe und Akten, Band II, S. 523. [B]
daß die Beamten des Herzogtums: Hallwich, Briefe und Akten, Band II, S. 538. [B]
705 *Die Historiker sagen:* Eger: Förster, Briefe, Band II, S. 231. [B] Hurter, W.'s vier letzte Lebensjahre, S. 151. [F] Riezler, Band V, S. 425. [N]
Tirschenreuth: Aretin, Wallenstein, S. 84. [B]
Neumarkt: Droysen, Gustav Adolf, Band II, S. 603. [O]
die Kunst zu dissimulieren: Khevenhiller, Annales, Band XII, S. 24. [A]
des von Wallenstein unersättlicher Ehrgeiz: Transehe, schwedischer Resident in Berlin, 30. Juni 32, bei Irmer, Verhandlungen, Band I, S. 232. [B]
705/706 *Bei 201 Kompanien zu Fuß:* Riezler, Band V, S. 425f. [N]
auf bloße 6000: Roberts, Band II, S. 716. [O]
Wallenstein schlug das Heer . . . auf 40000 an: Ritter, Deutsche Geschichte, Band III, S. 536. [C]
Worauf wir Ihn hiermit: Hallwich, Briefe und Akten, Band II, S. 573f. [B]
und wir alle: Werdenberg an Wallenstein, bei Förster, Briefe, Band II, S. 228. [B]
in München erbeutet: Droysen, Gustav Adolf, Band II, S. 601. [O]
707 *An den Erzherzog Leopold:* Hallwich, Briefe und Akten, Band II, S. 568. [B]
Weilen Wir uns mit des Herrn Kurfürsten: Hallwich, Briefe und Akten, Band II, S. 588. [B]
Proviant und Geld gehen umsonst auf: Aretin, Wallenstein, S. 84f. [B]
708 *wie keine andere Karte der Zeit:* Abbildung auf dem Nachsatzblatt des Werkes.
709 *»Man muß«, urteilte Wallenstein:* Hallwich, Briefe und Akten, Band II, S. 673. [B]
was mitunter gelang: Gustav Adolfs Truppen ein Depot Wallensteins. Roberts, Band II, S. 726. [O] Dabei die Gefangennahme Sparrs: Hallwich, Briefe und Akten, Band II, S. 719. [B] – Wallensteins Truppen einen Proviantzug Gustav Adolfs von 152 Wagen: Hallwich, Briefe und Akten, Band III, S. 111. [B]
wie ein Chronist errechnete: Theatrum Europaeum, Band II, S. 735. [A]
710 *Postscriptum:* Wallenstein an die Stadt Regensburg, bei Hallwich, Briefe und Akten, Band III, S. 109f. [B] Wallenstein und Maximilian an den Bischof von Eichstädt, bei Hallwich, Briefe und Akten, Band II, S. 689. [B]
wie Maximilian nicht ohne Bitterkeit bemerkte: Hallwich, Briefe und Akten, Band III, S. 94f. [B]
Wallenstein erkannte das an: Hallwich, Briefe und Akten, Band II, S. 622. [B]
hielt er für unmöglich: Hallwich, Briefe und Akten, Band II, S. 622. [B]
zum . . . Erstaunen der Schweden: Droysen, Gustav Adolf, Band II, S. 619. [O]
711 *Max Waldstein, in solchen Dingen noch immer sein Vertrauter:* Hallwich, Briefe und Akten, Band II, S. 612. [B]
mildes Vorgehen bei Einquartierungen: Hallwich, Briefe und Akten, Band II, S. 697f., 703 [B]

was Menschen Menschen antun können: Hallwich, Briefe und Akten, Band II, S. 743, 747f. [B]
das könne man mit Worten nicht sagen: Arnim an Johann Georg von Sachsen, bei Hallwich, Briefe und Akten, Band II, S. 725. [B]

712 *auch ein türkischer Pascha:* Irmer, Arnim, S. 186ff. [P] Hallwich, Briefe und Akten, Band III, S. 136. [B]
Allermaßen wir nun: Hallwich, Briefe und Akten, Band II, S. 718. [B]
und sonstige Ruinierung: Hallwich, Briefe und Akten, Band III, S. 187. [B]
zwischen Bamberg und Forchheim befand: Hallwich, Briefe und Akten, Band II, S. 683, 756. [B]

713 *Zum Schluß kam er auf »fünf gute Städte«:* Hallwich, Briefe und Akten, Band II, S. 792, Band III, S. 35, 236. [B]
zum Beispiel die des schwedischen Residenten: Irmer, Verhandlungen, Band I, S. 258f. [B]
Es war nun an Johann Georg: Hallwich, Briefe und Akten, Band III, S. 1ff. [B]
Könnten die Polen nicht: Questenberg an Wallenstein, bei Hallwich, Briefe und Akten, Band II, S. 767ff. [B]
In Summa, ich sehe: Wallenstein an Questenberg, bei Hallwich, Briefe und Akten, Band II, S. 613. [B]

715 *und sei weiterer Nachrichten gewärtig:* Brief Questenbergs an Wallenstein mit der Beilage Schmidt an Ferdinand II., bei Hallwich, Briefe und Akten, Band II, S. 599ff. [B]
Wallenstein an Schmidt, bei Hallwich, Briefe und Akten, Band III, S. 103. [B] Dies Schreiben bezieht sich auf einen Brief, den er von Schmidt erhielt, und der fehlt.
ließ der Botschafter bei Wallenstein anfragen: Schmidt an Questenberg, bei Hallwich, Briefe und Akten, Band III, S. 367. [B]

716 *Es war ein solches Schießen:* Chemnitz, zitiert bei Fronmüller, S. 45. [M]
daß Aldringen plötzlich: Bericht des Bayern Rampek bei Fronmüller. [M]
wirft Hände voller Goldgulden: Fronmüller, S. 81. [M]
Von seinen Offizieren: Theatrum Europaeum, Band II, S. 660. [A]

717 *Ein Lob für Aldringen . . . endet den Bericht:* Wallenstein an Ferdinand, bei Förster, Briefe, Band II, S. 237, und sonst. [B]
Sein Volk, schrieb er, sterbe dem König in Haufen weg: Wallenstein an Schmidt, bei Hallwich, Briefe und Akten, Band III, S. 103. [B]
Es werden ihrer mehr folgen: Wallenstein an Questenberg, bei Hallwich, Briefe und Akten, Band III, S. 111. [B]

718 *anders als im Frühjahr:* Anonyme Aufzeichnungen der Klagen König Gustav Adolfs etc., bei Irmer, Verhandlungen, Band I, S. 265ff. [B]
Mit eisiger Korrektheit antwortete Wallenstein: Hallwich, Briefe und Akten, Band III, S. 21. [B] Förster, Briefe, Band II, S. 240f. [B]
und trostlose Rechthaberei: Ferdinand an Wallenstein, 31. Oktober 1632, bei Hallwich, Briefe und Akten, Band III, S. 386. [B]

719 *daß er das Handwerk:* Förster, Briefe, Band II, S. 245f. [B]
nicht ohne anzudeuten: Maximilian an Ferdinand, bei Hallwich, Briefe und Akten, Band III, S. 94ff. [B]
Es hat aber . . . nicht allein nichts verfangen wollen: Maximilian an den Fürsten Hohenzollern, bei Aretin, Wallenstein, S. 85. [B]
wo milde erklärt wurde: Jedoch Maximilian noch fünfviertel Jahre später: »Der Herzog von Friedland aber hat nichts anderes darüber getan, als daß er solch Ihrer Churf. Durchlaucht von allen hohen Offizieren gut befundenen und verlangten

Vorschlag schümpflich verlacht hat.« Aretin, Bayerns auswärtige Verhältnisse, Band I, S. 343. [N]

722 *Noch am 6. Oktober:* Hallwich, Briefe und Akten, Band III, S. 200, 216. [B]
»auf den von Pappenheim sei kein Datum zu machen«: Zitiert bei Droysen, Gustav Adolf, Band II, S. 640. [O]
kann ich nicht approbieren: Roberts, Band II, S. 739. [O]
wandern unbeachtet zu den Akten: König von Spanien an Wallenstein, bei Hallwich, Briefe und Akten, Band III, S. 286. [B]
er brauche ihn: Hallwich, Briefe und Akten, Band III, S. 82. [B]

723 *nicht mehr Diversion, sondern Okkupation:* Hallwich, Briefe und Akten, Band III, S. 187, 178. [B] In dem ersterwähnten Brief an Gallas, heißt es, die Aufgabe sei nun, Sachsen in des Kaisers Devotion zu nehmen »und zu erhalten«. Irmer, Arnim, S. 193 [P], versteht das so, daß Wallenstein Sachsen »erhalten«, nämlich Kurfürst von Sachsen werden will. Solche im Politischen unsinnige, im Sprachlichen an grobe Fälschung grenzende Irrtümer unterlaufen Historikern, die sich ein gutes Jahrzehnt lang mit Wallenstein und Wallensteins Sprache befaßten!
erhält Wallenstein Nachricht: Wallenstein an Werner von Tilly, bei Hallwich, Briefe und Akten, Band III, S. 229. [B]

724 *Euer Liebden werden sehen:* Hallwich, Briefe und Akten, Band III, S. 288. [B]
Worauf deroselben: Hallwich, Briefe und Akten, Band III, S. 376ff. [B]
Der bayerische Oberst . . . Fugger: Hallwich, Briefe und Akten, Band III, S. 309f. [B]
in 17 Tagen 630 Kilometer: Roberts, Band II, S. 745. [O]

725 *dieser Brandbrief:* Hallwich, Briefe und Akten, Band III, S. 221ff. [B]
Diese Sorge, wie ein Anfall von Panik: Roberts, Band II, S. 741. [O]
Will der König sich nicht verlieren: Wallenstein an Aldringen, bei Hallwich, Briefe und Akten, Band III, S. 326. [B]
wenn wir den Feind herunterbringen: Wallenstein an Aldringen, bei Hallwich, Briefe und Akten, Band III, S. 326. [B]
In Schlesien hoff ich: Wallenstein an Ferdinand, bei Hallwich, Briefe und Akten, Band III, S. 177f. [B]

726 *Ich bitt, der Herr:* An Pappenheim, bei Hallwich, Briefe und Akten, Band III, S. 399. [B]
und entlang der Wegstrecke zu magazinieren: An R. Colloredo, bei Hallwich, Briefe und Akten, Band III, S. 181. [B]
als erinnern wir euch: Wallenstein an die Stadt Zwickau, bei Hallwich, Briefe und Akten, Band III, S. 298. [B]
Die Spanier machen Ausflüchte: Hallwich, Briefe und Akten, Band III, S. 211, 308. [B]
um 200000 Taler betteln: Hallwich, Briefe und Akten, Band III, S. 246, 349. [B]
Bezahlung der Kuriere: Hallwich, Briefe und Akten, Band III, S. 325. [B]
drei Briefe an einem Tag: Drei Briefe aus Zwickau am 25. Oktober, bei Hallwich, Briefe und Akten, Band III, S. 342f. [B]
Drei Briefe aus Wurzen, 2. November, bei Hallwich, Briefe und Akten, Band III, S. 404ff. [B]
ein Rudel sächsischer Jagdhunde: Dankbrief Ferdinands, bei Hallwich, Briefe und Akten, Band III, S. 438. [B]

727 *Ob an den Befürchtungen:* Hallwich, Briefe und Akten, Band III, S. 295, 323. [B]
die Nachfolge: Hallwich, Briefe und Akten, Band III, S. 350. [B]
Ursprünglich hat Wallenstein: Hallwich, Briefe und Akten, Band III, S. 245. [B]

727/728 *Einstweilen . . . weigert sich Arnim:* Hallwich, Briefe und Akten, Band III, S. 281 ff. [B]
sei es in Sachsen: Wallenstein an Maximilian, 3. November, bei Hallwich, Briefe und Akten, Band III, S. 419. [B]
um dort ein Ende mit ihr zu machen: Pappenheim an Wallenstein, bei Hallwich, Briefe und Akten, Band III, S. 253. [B] Das Schreiben ist am 8. Dezember zur Registratur gegeben, dürfte also Wallenstein erst Wochen nach der Schlacht von Lützen und Pappenheims Tod erreicht haben.
ob gesund oder krank: Wallenstein an den Grafen Berthold, bei Hallwich, Briefe und Akten, Band III, S. 375. [B]
An Pappenheim: Hallwich, Briefe und Akten, Band III, S. 374. [B]
Gute Zeitung: Hallwich, Briefe und Akten, Band III, S. 397. [B]

729 *Selber trifft er:* Wallenstein an Ferdinand, bei Hallwich, Briefe und Akten, Band III, S. 324. [B]
denn das Eis hebt an: Wallenstein an Ferdinand, bei Hallwich, Briefe und Akten, Band III, S. 324. [B]
wird der Wille des Generals erfüllt: Vgl. etwa die Seiten aus einem »Leipziger Tagebuch«, abgedruckt bei Jessen, S. 314 ff. [B]
Diese Bewegung kam Wallenstein unerwartet: Nach einem Brief Georgs von Lüneburg, bei von der Decken, Band II, S. 98 [P], ist er am 30. Oktober in Torgau eingetroffen. Dies Datum entspricht dem von Deuticke, S. 43 [M], gegebenen: Wallenstein erfuhr von Lüneburgs Ankunft am gleichen Tag, was möglich ist. Dem widerspricht Deutickes Angabe, S. 46 [M], Lüneburg sei erst am 4. November nach Torgau gekommen.

730 *daß der König mit all dem Volk:* Hallwich, Briefe und Akten, Band III, S. 412. [B]
Gustav, seinerseits . . . unterrichtet: Roberts, Band II, S. 744 [O]
den 9. erreichte ihre Avantgarde Naumburg: Roberts, Band II, S. 746 [O] Die Daten bei Roberts sind verwirrt, weil er statt Oktober [alten Stils] mehrfach »September« schreibt.
in der Theorie 100000 Mann: Konze, S. 17 ff. [M]

731 *um die 35000:* Nach Seidlers Berechnungen begann er die Schlacht von Lützen mit 16000 Mann. Dazu kommen das Corps Pappenheim, 7–8000, das Corps Gallas, 8–9000; die 4 Regimenter, die unter Hatzfeld nach Eilenburg, die 2, die unter Contreras und de Suys nach Altenburg gingen – 4–5000 Mann.
Die Schweden sind schon dort: Diodatis Bericht über die Schlacht bei Lützen, bei Förster, Briefe, Band II, S. 295. [B]
Wir verhoffen schon morgen: Wallenstein an Aldringen, bei Hallwich, Briefe und Akten, Band III, S. 457. [B]
und gleichfalls mit ihm einen Stillstand halten: Ausführlicher und gründlicher Bericht etc. bei Murr, S. 219. [B]

732 *wie auch Aldringen Befehl hatte:* Wallenstein an Aldringen, bei Hallwich, Briefe und Akten, Band III, S. 457. [B]
vom Norden her über sie zu kommen: Bericht Diodati, bei Deuticke, S. 51. [M] Holks »Dispositionen« und Memorial vom 14. November, bei Hallwich, Briefe und Akten, Band III, S. 480 ff. [B]

733 *wo gestern der böse weg:* Sicher ist diese Lesart die richtige und die alte von Hurter, W.'s vier letzte Lebensjahre, S. 167 [F], gegebene, »wo gestern der Losy weg gewest ist« die falsche. Oberst Losy war am Tag der Schlacht von Lützen in Wien. Deuticke, S. 62. [M]

736 *Holks Bericht:* Hallwich, Briefe und Akten, Band III, S. 500. [B]

737 *Am Morgen hat er an die 16000 Mann beisammen:* Seidler, Untersuchungen, S. 42. [M]
und lieber krepieren: Holks Bericht, bei Hallwich, Briefe und Akten, Band III, S. 500. [B]
738 *niedergeschrieben am folgenden Tag:* An Aldringen, bei Aretin, Wallenstein, Urkunden, S. 62. [B]
739 *Hascha:* Aus einem Lied der oberösterreichischen Bauern, bei Röckl, Quellenbeiträge, II. Teil, S. 45. [M]
740 *Ach, Ihr Brüder:* Aussage des Trompeters Ehinger, bei Hallwich, Briefe und Akten, Band IV, S. 135. [B]
Ist denn kein Mensch vorhanden: Khevenhiller, Annales, Band XII, S. 194. [A]
741 *Der Herzog hielt sich:* Hallwich, Briefe und Akten, Band III, S. 502. [B]
ob er nun was bekommen: »Wahrhaftiger Bericht der überaus großen und herrlichen Victorie . . .«, zitiert bei Deuticke, S. 79. [M]
742 *die ganze Bataille:* Hallwich, Briefe und Akten, Band III, S. 501. [B]
der König sei eifersüchtig: von der Decken, Band II, S. 94. [P]
744 *keinen Fußbreit Erde verloren:* Förster, Prozeß, S. 95. [B]
aus dem Urteil gegen diesen Offizier: Die Urteile bei Seidler, Untersuchungen, S. 141 ff. [M]
Diodati verbirgt es: Förster, Briefe, Band II, S. 302. [B]
745 *»Herr von Reinach«, antwortete Wallenstein:* Erinnerungen des Leutnants Augustin von Fritsch, zitiert bei Krebs, Beurteilung Holks und Aldringens, S. 334. [P] Die Erinnerungen in extenso veröffentlicht von Lohmann, S. 229 ff. [B], der, S. 254, den Text etwas anders wiedergibt.
Gegen die Nacht: Aretin, Wallenstein, Urkunden, S. 62. [B]
746 *oder der andere Teil das Feld erhalten:* Unbekannter Verfasser, zitiert bei Seidler, Untersuchungen, S. 89. [M]
So der wahre Hergang: Meine Beschreibung der Schlacht von Lützen stützt sich, mehr als auf irgendeinen andern Autor, auf Josef Seidler. Seidler, ein Kenner der gesamten Literatur, hat den überaus fruchtbaren Gedanken gehabt, die Urteile im Prager Prozeß gegen die Fahnenflüchtigen auf Wallensteins Seite in seine Untersuchungen miteinzubeziehen. Dadurch ist es ihm gelungen, die oft rätselhaften Berichte von Holk, Diodati und Gallas buchstäblich zu enträtseln. Die Darstellungen Deutickes und Delbrücks sind durch Seidler ohne Zweifel überholt; wohl darf dieser Forscher mit Recht behaupten, daß es dank seiner Arbeit kein »Lützenproblem« mehr gebe. Vgl. seine neueste Schrift, ›Besteht noch ein Lützenproblem?‹, Memmingen 1971.
ist nie dabei gewesen: Das Bild im Wiener Heeresmuseum.
Morgen marschier ich: Aretin, Wallenstein, Urkunden, S. 62. [B]
747 *Aldringens Regimenter:* Gindely, Geschichte des Dreißigjährigen Krieges, kleine Ausgabe, Abt. II, S. 266 [C], schätzt Aldringens Truppen auf 10000 Mann. Ich weiß nicht, woher er das hat. Aber gewiß war Aldringen ungefähr so stark wie Pappenheim, da andernfalls Maximilian in das Tauschgeschäft nie gewilligt hätte.
Der König ist gewiß tot: Förster, Briefe, Band II, S. 293 f. [B]
der herzlichste von Kaisers Hand: Förster, Briefe, Band II, S. 307. [B]
748 *wohlweislich dahingestellt sein lassen:* Hallwich, Briefe und Akten, Band III, S. 649, 605. [B] – Über die Haltung Urbans nach Empfang der Nachricht vom Tode Gustav Adolfs: Gregorovius, S. 81 f. [O]
Reichsvicekanzler von Stralendorf: Hallwich, Briefe und Akten, Band III, S. 557. [B]

ja wohl leider nicht: Gutachten deputierter Räte, 5. Dezember, bei Hallwich, Briefe und Akten, Band III, S. 559. [B]

749 *auf Wanderschaft zu schicken:* So etwa Ritter, Deutsche Geschichte, Band III, S. 545. [C]

750 *ist das Urteil schwedischer Spezialisten:* Seidler, Untersuchungen, S. 92 [M], nach Sveriges krig 1611–1632, Band VI, S. 450ff.

751 *250 Kilometer von Lützen entfernt:* Den 14. November datiert, Arnim aus Bunzlau, bei Hallwich, Briefe und Akten, Band III, S. 493 [B]; den 20. aus Hain, worunter Hallwich Königshain bei Görlitz versteht, bei Hallwich, Briefe und Akten, Band III, S. 512. [B]

Das Höchste wolle: Irmer, Arnim, S. 197. [P]

»Ich begehre«, sagte er: Nicolai an Thurn, nach dem, was der dänische Diplomat ihm über seine Unterredung mit Wallenstein erzählte, bei Irmer, Verhandlungen, Band II, S. 98. [B]

752 *denn es wurde oft nachgedruckt:* Robert Burton, The Anatomy of Melancholy, zitiert nach der Ausgabe von Everyman's Library, ed. Holbrook Jackson.

753 *und mauer-umhegten Spaziergängen:* Burton, Band I, S. 210, 277, 386, 390, 392, 206, 297. [I]

Wie noch lebensfroh sein: Burton, Band I, S. 274f. [I]

hinter einem seidenen Tuch verbarg: Maršan. [I]

754 *aus seinen aufgebrochenen Füßen:* H. V. Klein, S. 81ff. [I]

Einer will auch Tuberkulose: Maršan. [I]

um des lieben Friedens willen: Ranke, Geschichte W.'s, S. 275. [G]

755 *Der Holk ist factotum:* Aretin, Wallenstein, S. 89. [B]

also auch das Böse bestraft muß werden: Förster, Briefe, Band II, S. 311. [B]

schrieb an ... Generalkommissar Stredele: Hallwich, Briefe und Akten, Band III, S. 649. [B]

756 *»ein Kind und nur von 18 Jahren«:* Hallwich, Briefe und Akten, Band III, S. 588. [B]

und fünf Knechte: Das Folgende nach Seidler, Prager Blutgericht. [F]

Hans Voppelius: Irmer, Verhandlungen, Band II, S. 47. [B]

757 *Man kann nicht genugsam beschreiben:* Seidler, Prager Blutgericht, S. 26. [F]

Er machte noch einmal sein Testament: Hallwich, W.'s Ende, S. 141. [B]

vom Kaiser ein Privileg geben: Hallwich, Briefe und Akten, Band III, S. 700. [B]

die Stifung einer friedländischen Universität: Hallwich, W.'s Ende, Band I, S. 277. [B]

758 *und ein beinahe herzliches Kondolenzschreiben:* Hallwich, Briefe und Akten, Band III, S. 553, 583. [B] Hallwich, W.'s Ende, Band I, S. 221, 335. [B] Hallwich, Briefe und Akten, Band IV, S. 23. [B]

759 *sein Brief an den Kaiser hat überzeugenden Ton:* Hallwich, Briefe und Akten, Band III, S. 532. [B]

760 *Es sei kein Verlaß auf die Deutschen:* Kretzschmar, Heilbronner Bund, Band I, S. 82, 95, 96. [N]

und Deutschland zu räumen: Irmer, Verhandlungen, Band II, S. 27. [B]

auch die noch verbleibenden echt-schwedischen Truppen: Kretzschmar, Heilbronner Bund, Band I, S. 93. [N]

daß es sich um »Küstenorte« handeln sollte: Wallenstein zu Schlieff, bei Gaedeke, S. 222. [B]

wie noch kein Kaiser zu ihnen geredet hatte: Kretzschmar, Heilbronner Bund, Band I, S. 227. [N]

er könne auch weg: Kretzschmar, Heilbronner Bund, Band I, S. 243. [N] *furios und crudel:* Kretzschmar, Heilbronner Bund, Band I, S. 195. [N]

761 *In Dresden begegnete der Kanzler:* Kretzschmar, Heilbronner Bund, Band I, S. 103ff. [N]

Was Frankreich wolle: Irmer, Verhandlungen, Band II, S. 44. [B]

Ähnlichen Gewinnst: Irmer, Verhandlungen, Band II, S. 37. [B]

762 *damit niemand zuerst Platz nehmen könnte:* Kretzschmar, Heilbronner Bund, Band I, S. 216. [N] Desselben Tricks bediente sich Präsident Theodore Roosevelt, als er 1905 Friedensverhandlungen zwischen Russen und Japanern vermittelte.

Der Bund, »zur Wiederherstellung der Reichsverfassung«: Kretzschmar, Heilbronner Bund, Band I, passim. [N] Ritter, Deutsche Geschichte, Band III, S. 551. [C]

das Glas zu halten: Fagniez, Band II, S. 117 [O]

mit einhundert Sekretären: Irmer, Verhandlungen, Band III, S. 460. [B]

wollte der Mönch noch immer glauben: Fagniez, Band II, S. 114f. [O]

763 *vergnügten ihn ganz ungewöhnlich:* Hallwich, W.'s Ende, Band I, S. 90, 258. [B]

Richelieus »stummer Krieg«: Hallwich, W.'s Ende, Band I, S. 460. [B]

Feuquières aus Heilbronn: Feuquières, Band I, S. 135ff. [B]

764 *ein Exposé der französischen Politik:* Fagniez, Band II, S. 145ff. [O]

765 *die einander jagenden Denkschriften:* Irmer, Arnim, S. 203, 207. [P] Droysen, Bernard von Weimar, Band I, S. 77. [P] Hallwich, W.'s Ende, Band II, S. 247ff., 259, 260, u. anderwärts. [B]

766 *oder das Land binnen drei Tagen:* Irmer, Verhandlungen, Band II, S. 20. [B]

wogegen Wallenstein zornigen Einspruch erhob: Wallenstein an Antonius, bei Hallwich, W.'s Ende, Band I, S. 259. [B]

768 *einen neuen Bruch gewiß vermeiden würden:* Das Gutachten, bei Hallwich, Briefe und Akten, Band III, S. 744ff. [B]

einen Brief Gundakar von Liechtensteins: Hallwich, Briefe und Akten, Band III, S. 750ff. [B]

wußte Antonius nur zu wohl: Ranke, Geschichte W.'s, S. 281. [G] Besser als jene, die es wissen mußten, weiß es Pekař: eine Wiener Kriegspartei, eine Partei, die gegen Wallenstein wirkte, weil er den Frieden wünschte, habe es nie gegeben: Wallenstein, Band I, S. 248. [F]

769 *eine kaiserliche Legation allhier gewesen:* Irmer, Verhandlungen, Band II, S. 115. [B]

Er schrieb nach Wien: Irmer, Verhandlungen, Band II, S. 45, 54. [B] Ranke, Geschichte W.'s, S. 276. [G]

Aber es reizte ihn: Nicolai an Oxenstierna, bei Irmer, Verhandlungen, Band II, S. 95. [B]

770 *man hielt es für hohe Kunst:* Vgl. die Instruktion für die Deputierten zu dem von Dänemark zu vermittelnden Friedenskongreß in Breslau, der nie stattfand. Danach sollte eine an sich weitreichende, das Edikt betreffende Konzession in fünf Stufen angeboten werden. Hallwich, Briefe und Akten, Band IV, S. 241ff. [B]

nach der böhmischen Königskrone zu streben: Nicolai an Oxenstierna, bei Irmer, Verhandlungen, Band II, S. 95. [B]

in Hofkreisen tief verbittert: Irmer, Verhandlungen, Band II, S. 95, auch S. 45f. [B]

Antonius ihm kondolierte in Tönen: Hallwich, Briefe und Akten, Band IV, S. 340. [B]

auch die Steiermark nicht: Hallwich, W.'s Ende, Band I, S. 68, 165, 217. [B]

ein Mißverständnis: Questenberg an Wallenstein, bei Hallwich, Briefe und Akten, Band IV, S. 146. [B]

771 *mitunter überhaupt nicht beantwortet habe:* Aussage der Brüder Wesselius, bei Förster, W. als Feldherr und Landesfürst, S. 551 ff. [L]
Über die Gespräche, Ende März: Nicolai an Oxenstierna über das, was Landgraf Georg ihm erzählte, bei Irmer, Verhandlungen, Band II, S. 91 ff. [B] – Ranke, Geschichte W.'s, S. 280 f. [N], und Kretzschmar, Heilbronner Bund, Band I, S. 185 ff. [N], nach Relationen im Dresdner Archiv.
772 *Die Exilregierung . . . durfte:* Krüner, Rusdorf, S. 113. [P]
Die dänische Vermittlung: Hallwich, Briefe und Akten, Band IV, S. 196, 361. [B] Hallwich, W.'s Ende, S. 424, 585. [B]
776 *Es war Bubna selber:* Bubnas Bericht, bei Hildebrand, S. 27 ff. [B] Ich habe die indirekte Rede teilweise in direkte übertragen, die Sprache leicht modernisiert, leicht gekürzt.
Ende Juni erhielt Wallenstein: Thurn an Oxenstierna, bei Hildebrand, S. 35. [B]
Man mag . . . drei Linien sehen: So Ritter, Untergang [F]. Ritter unterscheidet sogar vier Linien, indem er die böhmische von der schwedischen trennt.
778 *Wilhelm von Ruppa:* Irmer, Verhandlungen, Band II, S. 198. [B]
die neue Beraubungskommission: Am 10. Mai. Hallwich, W.'s Ende, Band I, S. 320. [B] Vgl. auch Schebek, Kinsky und Feuquières, S. 44 (= Schebek, Lösung). [B]
neuerdings zum Verlust ihres Vermögens: Schebek, Wallensteiniana [Schluß]. [B] Die Condemnationen und Confiscationen nach dem Sachseneinfall in Prag 1631 bis 1632. Mitteilungen des Vereins für Geschichte der Deutschen in Böhmen, Jahrgang XIV, Heft 1, S. 9 ff.
779 *ein Schelmstück:* Worin zwei unentwegte Wahrheits-Sucher, Gaedeke, S. 51 [B], und Pekař, Wallenstein, Band I, S. 281 [F], durchaus keine Ablehnung der Krone sehen wollen.
gab man ihm unsicheren Grund dazu: Hallwich, Briefe und Akten, Band IV, S. 203. [B] Questenberg an Wallenstein: Die Geistlichen seien jetzt schier bereit, das Edict preiszugeben, als die Politici. Vgl. auch Irmer, Band II, S. 163 [B]: Nicolai hört aus Wien, daß »die Pfaffen daselbst sehr nach dem Frieden seufzen«.
780 *ganz eine Creatur:* Irmer, Verhandlungen, Band II, S. 43. [B]
den Verfolgern zu entkommen: Eine Biographie Franz Albrechts bei Hess, S. 348 ff. [P]
Meine Instruktion, Herz und Gemüt: Thurn an Oxenstierna, bei Irmer, Verhandlungen, Band II, S. 122 ff. [B]
das seien aber menschliche Eigenschaften: Irmer, Verhandlungen, Band II, S. 43. [B]
781 *dem Branntweinsäufer Duewald:* Gaedeke, S. 139. [B]
782 *noch mehr von Bubnas Schicksalsbrüdern:* Vgl. das Angebot schwedisch-böhmischer Offiziere an den Fürsten von Siebenbürgen, bei Hallwich, Briefe und Akten, Band IV, S. 221. [B]
auf alle mögliche Weise befördern: Wallenstein an Herzog Franz Albrecht, bei Hallwich, W.'s Ende, Band I, S. 537. [B]
Aussage des . . . Freiherrn von Scherffenberg: Irmer, Verhandlungen, Band III, S. 448. [B]
Mittlerweile reiste der Marquis de Feuquières: Feuquières, Band I, S. 96, 109, 163, 182, 236, 253, Band II, S. 43, 44 ff. [B]
783 *Die Instruktionen:* Feuquières, Band I, S. 182. [B]
784 *Sogar des Kurfürsten junge Söhne:* Feuquières, Band II, S. 51. [B]
Dresden, im Herzen feind: Hildebrand, S. 65. [B]
schwerer mit Wein: Feuquières, Band II, S. 53. [B]

ihn als arroganten Ausländer haßte: Feuquières, S. 70. [B]
niemand kenne den Herzog besser als er: Feuquières, Band I, S. 264. [B]
drei Kundschafter: Nicolais Tagebuch, bei Irmer, Verhandlungen, Band II, S. 250. [B]

785 *ins Hauptquartier einladen:* Franz Albrecht an Johann Georg, bei Hallwich, W.'s Ende, Band II, S. 282. [B] – Trčka an Kinsky, bei Pekař, Wallenstein, Band I, S. 377. [F]
verbot Wallenstein, daß Kinsky fortsetzte: Hildebrand, S. 60. [B]
Kinsky erschien bei Nicolai: Irmer, Verhandlungen, Band II, S. 136ff. [B]
ebensowohl von dem ständigen französischen Gesandten: Feuquières, Band I, S. 265. [B]

786 *zu einem Königsthron und weiter, immer weiter . . .;* Feuquières, Band I, S. 155f. [B]

788 *des Marquis de Feuquières Denkschriften auch nicht:* Allerdings hätte er sie studieren können, sie erschienen in Amsterdam 1753, blieben aber in Deutschland lange Zeit unbemerkt.
nur weiter so: Ludwig XIII. an Feuquières, bei Feuquières, Band I, S. 258. [B]
einen genauen Vertragsentwurf: Datiert Chantilly, 16. Juli, bei Feuquières, Band II, S. 1ff. [B]
Genau dies befürchtete Feuquières: Feuquières, Band I, S. 247. [B]

789 *Selbst persönliche Briefe des Kardinals:* Feuquières, Band II, S. 31. [B]
Der Herzog von Friedland treibt für mich: Brief an Ludwig XIII., 22. August, bei Feuquières, Band II, S. 68f. [B] Bezieht sich auf eine Unterredung, die Feuquières nach seiner Rückkehr nach Dresden, 23. Juli, mit Kinsky führte. Frei übersetzt.
an seiner dämonischen Rachsucht: Feuquières, Band I, S. 265. [B]

790 *Dieser Nebenzweck, gegenwärtig bei allen Geheimverhandlungen:* Nicolai an Oxenstierna, bei Irmer, Verhandlungen, Band II, S. 287. [B] Ludwig XIII. an Feuquières, bei Feuquières, Band I, S. 258. [B] Père Joseph an Feuquières, bei Feuquières, Band II, S. 33, u. anderwärts. [B]
Kinsky mit Wasser kochte: Feuquières, Band I, S. 164. [B]
der Graf . . . plötzlich sich erklärte: Tagebuch Nicolais, bei Irmer, Band II, S. 240. [B]
dem sächsischen Obersten Schlieff: Gaedeke, S. 222. [B]

791 *Aus dem Lamento:* »Wohlgemeintes Bedenken«, Sommer 1633. Abgedruckt bei Schebek, Lösung, S. 568f. [B] Nach Srbik sind der bayerische Gesandte in Wien, Richel, und Graf Schlick die Autoren.
Er meinte, Bernhard würde in Bamberg bleiben: Wallenstein an Maximilian, 15. Februar 33, bei Hallwich, W.'s Ende, Band I, S. 109. [B] – Wallenstein an Ferdinand II., 21. März 33, bei Hallwich, W.'s Ende, Band I, S. 205. [B]

792 *die bitteren Bittbriefe Maximilians:* Hallwich, W.'s Ende, Band I, S. 230. [B]
Wallenstein für das bedrohte Bayern: Questenberg an Wallenstein, bei Hallwich, W.'s Ende, Band I, S. 337. [B]
würde er »ins Reich« ziehen: Wallenstein an Karl von Lothringen, bei Hallwich, W.'s Ende, Band I, S. 288. [B]
wenn es »ohne Risiko« geschehen könnte: Wallenstein an Maximilian, 22. Februar, 25. April, 5. Juni 33, bei Hallwich, W.'s Ende, Band I, S. 130, 391 [B], Hallwich, Briefe und Akten, Band IV, S. 113. [B]
entschieden beipflichtete: Aldringen an Ferdinand II., bei Hallwich, W.'s Ende, Band II, S. 266. [B]

793 *ein hübscher und braver Train:* Gaedeke, S. 49. [B]
fand den Herzog auf freiem Feld: Kurfürst Georg Wilhelm an Oxenstierna, nach

einem Bericht seines Obersten von Burgsdorff. Dies klingt authentisch. Bei Irmer, Verhandlungen, Band II, S. 219ff. [B]

794 *das andere mag er behalten:* Ranke, Geschichte W.'s, S. 477f. [G], aus dem Magdeburger Provinzial-Archiv. Im Wortlaut ungefähr übereinstimmend, was Hallwich, W.'s Ende, Band II, S. 274 [B], druckt; von diesem Bericht meint Pekař, Wallenstein, Band I, S. 313 [F], er könnte von Burgsdorff selbst stammen. Ähnlich auch Theatrum Europaeum, Band III, S. 74ff. [A] Zumal Wallensteins Verfluchung der Jesuiten war offenbar weit verbreitet.

im Fieber: Jedenfalls litt er im Juli an der »tertiana dopia«, einem schweren Malariafieber. Questenberg an Wallenstein, bei Hallwich, W.'s Ende, Band I, S. 479. [B]

in der Bedingungen sich nicht finden: Wäre von konkreten Friedensbedingungen die Rede gewesen, so müßten sie in dem Protokoll der Sitzungen erwähnt sein, welche zwischen Arnim und dem sächsischen Geheimrat stattfanden. Gaedeke, S. 165ff. [B] Da steht aber kein Wort davon. Die Unterscheidung, die Ranke, Geschichte W.'s, S. 475ff. [G], zwischen den vier Punkten aus einer Quelle und den sieben Punkten aus einer anderen Quelle vornimmt, ist darum überflüssig.

Arnim . . . setzte das Dokument auf: Helbig, W. und Arnim, S. 18 [B], Gaedeke, S. 161. [B] Hallwich, W.'s Ende, Band I, S. 396 [B], druckt eine Version, die das »ohne Respekt einiger Personen« nicht enthält.

Adam Trčka, im Auftrag seines Meisters: Hallwich, W.'s Ende, Band I, S. 398. [B]

795 *dankte der Minister Eggenberg:* Hallwich, W.'s Ende, Band I, S. 401, 405. [B]

so doch um Schweine und Hühner: Irmer, Verhandlungen, Band II, S. 204 [B]. Hildebrand, S. 36. [B]

Franz Albrecht, dem der Stillstand lieb war: Irmer, Verhandlungen, Band II, S. 205. [B]

Es wäre zu lang: Thurn an Oxenstierna, bei Hildebrand, S. 33. [B]

796 *meinen Wallensteins Ankläger:* So Pekař.

Der Zufall wollte: Thurn an Oxenstierna, bei Hildebrand, S. 35. [B]

Was sei denn das, fragte der Botschafter Feuquières: Nicolais Tagebuch, bei Irmer, Verhandlungen, Band II, S. 217f. [B]

797 *war die Sorge Nicolais:* Irmer, Verhandlungen, Band II, S. 200ff. [B]

die Sorge der Klügeren: Irmer, Verhandlungen, Band II, S. 196, 275. [B]

die Sorge des Reichskanzlers Oxenstierna: Irmer, Verhandlungen, Band II, S. 234ff. [B]

dem Ersatz für Mecklenburg: Resolution Georg Wilhelms für Arnim, bei Irmer, Verhandlungen, Band II, S. 212. [B] Georg Wilhelm an Oxenstierna, bei Irmer, Verhandlungen, Band II, S. 219. [B]

Der Waffenstillstand, gaben sie zu bedenken: Gaedeke, S. 165ff. [B]

Arnim machte geltend: Helbig, W. und Arnim, S. 19. [F] Gaedeke, S. 163. [B]

798 *Instruktion für Arnim:* Gaedeke, S. 189ff. [B]

Bei seiner Rückkehr: Arnim an Wallenstein, 19. Juli, bei Hallwich, W.'s Ende, Band I, S. 452. [B]

trieb die Belagerer in die Flucht: Arnim an Johann Georg, bei Gaedeke, S. 173f. [B]

krank und halb wahnsinnig: Nicolai an Oxenstierna, bei Irmer, Verhandlungen, Band II, S. 266. [B]

799 *für unbestimmte Zeit verschieben:* Mecenseffy, Geschichte des Protestantismus in Österreich, S. 22. [E]

Es scheint auch, daß Wallenstein in Znaim: Beladiez, S. 279. [O]

einer von den Fremden: Beladiez, S. 328 ff. [O]
Der Mann am Ort sandte die finstersten: Wittich, W. und die Spanier, S. 34 f. [O]

800 *zwischen beiden Herren zu einem Zusammenstoß:* Questenberg an Wallenstein, bei Hallwich. W.'s Ende, Band I, S. 295. [B]
den Reisenden jede nötige Hilfe zu geben: Wallenstein an Feria, 21. Januar, bei Hallwich, W.'s Ende, Band I, S. 60. [B] Wallenstein an Aldringen, 2. Februar, bei Hallwich, W.'s Ende, Band I, S. 89. [B]

801 *Vertrauensvoll . . . wandten König Philipp:* Hallwich, W.'s Ende, Band I, S. 255. [B] Der Brief des Königs, vom 12. April, wurde am 11. Juni in Wallensteins Kriegskanzlei registriert. Castañeda, für Feria, bei Hallwich, W.'s Ende, Band I, S. 377. [B]
Er vergaß den Mantuakrieg nie: Gaedeke, S. 223. [B]
Aussage des Oberkanzlisten: Förster, W. als Feldherr und Landesfürst, S. 454. [L]
Einem ersten scharf verneinenden Gutachten: 1. Juni, bei Hallwich, W.'s Ende, Band I, S. 389. [B]
an den Kaiser: 5. Juli, bei Hallwich, W.'s Ende, Band I, S. 422, 423. [B]

802 *Am Kaiserhof selbst trug man sich:* Ferdinand an Wallenstein, 27. Mai, Questenberg an Wallenstein, 27. Mai, bei Hallwich, W.'s Ende, Band I, S. 272, 273. [B]
Castañeda . . . war erstaunt: Wittich, W. und die Spanier, S. 28. [O]
Das Argument: Dies Argument gebrauchte Dr. Navarro. Vgl. Wittich, W. und die Spanier, S. 30. [O]
Nun war es auch, daß Trauttmansdorff: Wittich, W. und die Spanier, S. 32 [O] Ritter, Untergang, S. 240. [F]
Brisach est à nous: Hanotaux, Band V, S. 343. [O]

803 *Scherffenberg, mochte hinziehen:* Wallenstein an Ferdinand, 25. Juli, bei Hallwich, W.'s Ende, Band I, S. 471. [B]
Wenigstens 5000 Mann müsse Aldringen: Ferdinand an Wallenstein, 22. Juli, bei Hallwich, W.'s Ende, Band I, S. 457. [B] Antonius an Wallenstein, 27. Juli, bei Hallwich, W.'s Ende, Band I, S. 474. [B]
Er schrieb an Aldringen, den 1. August: Hallwich, W.'s Ende, Band I, S. 486. [B]
in seiner bekannten Diskretion: Hallwich, W.'s Ende, Band I, S. 501. [B]
einen Monat: Pekař, Wallenstein, Band I, S. 429. [F]

804 *verfaßt . . . wie man glaubt:* Pekař, Wallenstein, Band I, S. 439. [F] Srbik, S. 74. [F] Wie Schebek bemerkt, muß die Schrift Ende Juli oder August entstanden sein, weil die Schlacht bei Oldendorf schon gewesen ist – sie fand am 8. Juli statt, konnte aber in Wien erst zwei Wochen später bekannt sein – und andererseits Holk, der am 10. September starb, nocht lebt. Dies »Wohlgemeinte Bedenken« dürfte früher als die Mission Schlicks, 12. August, zu datieren sein. Abgedruckt bei Schebek, Lösung, S. 568 ff. [B]

805 *eine offene und eine geheime Instruktion:* Srbik, S. 77 [F], nach Mitteilungen des Kriegsarchivs, 1882, S. 197. Antonius an Richel, bei Aretin, Wallenstein, S. 98 [B]
knapp und trocken an Maximilian: Hallwich, W.'s Ende, Band I, S. 495. [B]
bei Hessisch-Oldendorf: Über Hessisch-Oldendorf das Kapitel bei von der Decken, Band II, S. 168 ff. [P]

806 *Anfang August befahl er Holk:* Hallwich, W.'s Ende, Band I, S. 506. [B]
ein neues Gespräch zwischen Wallenstein und Arnim: Den 18. August nach Irmer, Arnim, S. 235 [P]; den 16. August nach Pekař, Wallenstein, Band I, S. 362. [F] Pekař dürfte im Recht sein. Dazu Suvanto, S. 239. [F]

war auch Schlick zugegen: Pekař, Wallenstein, Band I, S. 362. [F]
Schlick will sich dagegen erklärt haben: Suvanto, S. 261. [F]
Die Urkunde: Förster, Briefe, Band III, S. 50. [B]
Unmaßgebliches Bedenken: Irmer, Arnim, S. 238. [P]

807 *Aussage des Herzogs Franz Albrecht:* Irmer, Verhandlungen, Band III, S. 404. [B] Sowenig Wallenstein sich je auf den »Göllersdorfer Vertrag« berief, so wenig berief Arnim während der nachfolgenden Wirren sich je auf dies Papier, was er doch bestimmt getan hätte, hätte Wallenstein es unterzeichnet. Merkwürdig, wie Historiker oft gerade das Einfachste nicht sehen wollen.
Thurn an Oxenstierna: Hildebrand, S. 46. [B]

808 *In diesem Sinn trennte er sich von Arnim:* Irmer, Verhandlungen, Band II, S. 310ff. [B]
und erhandelte sich eine Vollmacht: Hallwich, W.'s Ende, Band II, S. 318. [B]
verließ ihn mit einem Auftrag: Gaedeke, S. 192. [B]

809 *erfreue mich gewiß von Herzen:* Gaedeke, S. 194. [B]
Kaufleute an den Börsen: Irmer, Verhandlungen, Band II, S. 344, 376. [B] Hildebrand, S. 63. [B]
»Euer Liebden, meinen Dienst«: Irmer, Verhandlungen, Band III, S. 424f. [B]

810 *fand Oxenstierna schrill bestätigt:* Gaedeke, S. 198. [B]
ein Schelmstück habe man ihm zugemutet: Arnim an Oxenstierna, ebenso an Thurn, bei Hildebrand, S. 58f. [B]
An Georg Wilhelm von Brandenburg: Förster, Briefe, Band III, S. 75, 72ff. [B]
ahnte selbst . . . der alte Thurn: Thurn an Arnim, 21. August, bei Gaedeke, Aus den Papieren des Generallieutenants von Arnim, S. 292, zitiert bei Suvanto, S. 247. [F]
Es gibt darüber Dokumente, die schwerer wiegen: Franz Julius von Sachsen-Lauenburg an Ferdinand II., bei Hallwich, Briefe und Akten, Band IV, S. 414ff. [B], mit der folgenden »Beilage«.

811 *Ich halte von dem Arnim'schen Handel:* Droysen, Bernhard von Weimar, Band I, S. 251. [P]
war er ungefähr konsequent: Eine in diesem Sinn charakteristische Bemerkung von Arnims Hand, dann aber von ihm durchgestrichen, findet sich sogar im Konzept des »Vertrages«, vom August 1633, dessen Unterschrift Wallenstein verweigerte; bei Irmer, Arnim, S. 238. [P]

812 *Aussage des Herzogs Franz Albrecht:* Irmer, Verhandlungen, Band III, S. 405f. [B]
Herzog von Friedland hat erklärt: Irmer, Verhandlungen, Band III, S. 423. [B]
Wohl begann jetzt ein Gefühl: Hierzu etwa Wandruszka. [N]

813 *gab einen leidlich befriedigenden Bericht:* Ferdinand an Wallenstein, 27. August, bei Hallwich, W.'s Ende, Band I, S. 539f. [B]
Er nahm die Aussicht auf einen deutschen Sonderfrieden sehr ernst: Ferdinand an den Kurfürsten von Mainz, bei Hallwich, Briefe und Akten, Band IV, S. 329f. [B]

814 *So Hermann Questenberg an seinen Bruder:* Straka, S. 199 [B], zitiert bei Suvanto, S. 270. [F]
so Piccolomini: Elster, S. 19. [P] Ähnlich die Depeschen des venezianischen Gesandten Antelmi, bei Gliubich, S. 393f. [B]
Maximilian lehnte schroff ab: Wallenstein an Aldringen, bei Hallwich, W.'s Ende, Band I, S. 536 [B]; Aldringen an Wallenstein, bei Hallwich, W.'s Ende, Band I, S. 544. [B]
Es existiert ein Gutachten des Geheimen Rates: Hallwich, Briefe und Akten, Band IV, S. 268. [B]

Trauttmansdorff an Wallenstein: Hallwich, Briefe und Akten, Band IV, S. 349. [B]
Der Kaiser an Wallenstein: Hallwich, W.'s Ende, Band I, S. 586. [B]
815 *die Nachschrift:* Hallwich, W.'s Ende, Band I, S. 569. [B]
Jene Poetin-Geschichtsschreiberin: Huch, Wallenstein, S. 148. [G]
Arnim, im Rückblick: Arnim an Oberst Schwalbach, 14. Januar 1634, bei Gaedeke, S. 217. [B]
815/816 *Hegel:* »Über Wallenstein«, Sämtliche Werke, herausg. von Hermann Glockner, Band XX, S. 457.
816 *Der kleine Rašin:* Rašins Relation, bei Gaedeke, S. 324. [B]
Ein Gleiches deutete Arnim: Irmer, Verhandlungen, Band II, S. 381, 348. [B]
Pater Basilio: Hallwich, Briefe und Akten, Band IV, S. 619f. [B]
war der Feldmarschall Holk gestorben: Hatzfeld an R. Colloredo, 7. September, Colloredo an Wallenstein, 9. September, Wallenstein an Ferdinand, 16. September, bei Hallwich, W.'s Ende, Band I, S. 553, 558, 570. [B]
817 *Für das Letztere, obgleich es behauptet wurde:* Krebs, Beurteilung Holks und Aldringens, S. 326f. [P]
und sie mit Kummer ertrug: Aussage des Kanzleidirektors Wesselius, bei Förster, W. als Feldherr und Landesfürst, S. 455. [L]
gar nicht von Politik gesprochen: Holk an Wallenstein, 5. September, Hatzfeld an Colloredo, 7. September, bei Hallwich, W.'s Ende, Band I, S. 546, 554. [B]
Befehl an Gallas: Hallwich, W.'s Ende, Band I, S. 588. [B]
wie jener listig verlangte: Hallwich, W.'s Ende, Band I, S. 619, 588. [B]
es ist nicht klar, unter welchen Bedingungen: Pekař, Wallenstein, Band II, S. 208. [F]
daß er fast nit reden können: Gaedeke, S. 210. [B]
Thurn . . . entschuldigt er sich bei Oxenstierna: Irmer, Verhandlungen, Band III, S. 36f. [B]
819 *Spottend schrieb er nach Wien:* Khevenhiller, Annales, Band XII, S. 594. [A]
Andere Berichte: Pekař, Wallenstein, Band II, S. 208. [F]
die Alkoholsteuer nämlich: Hallwich, W.'s Ende, Band I, S. 634. [B]
820 *Nun, spät in der Nacht:* Gindely, Geschichte des Dreißigjährigen Krieges, Kleine Ausgabe, Abt. III, S. 17. [C]
Dieser Betrug ist wohl nicht der erste: Hallwich, W.'s Ende, Band I, S. 589. [B]
entstand ein Vertragsentwurf: Gaedeke, S. 207. [B] Zum besseren Verständnis sind die Sätze etwas aufgelockert.
821 *denn er schickte seinen Entwurf alsbald:* 23. Oktober; bei Hallwich, Briefe und Akten, Band IV, S. 398. [B]
822 *Macht der Kurfürst . . . nicht Frieden:* An Trauttmansdorff, 4. November, bei Hallwich, Briefe und Akten, Band IV, S. 420. [B]
zu den bösartigsten Verleumdungen verstieg: Irmer, Verhandlungen, Band III, S. 35ff. [B]
quod evangelicis: bei Irmer, Verhandlungen, Band III, S. 27ff. [B]
für kindisches Zeug: An Johann Georg, 26. Oktober, bei Gaedeke, S. 205. [B]
Seine offizielle Antwort: Brandenburgisches Memorial für Franz Albrecht, 26. Oktober, bei Gaedeke, S. 208. [B]
in weniger kränkende Form: Franz Albrecht an Wallenstein, 10. November, bei Hallwich, W.'s Ende, Band II, S. 80. [B]
alles aus des von Arnim Kopf: Wallenstein an Trauttmansdorff, 13. November, bei Hallwich, Briefe und Akten, Band IV, S. 431. [B]

823 *Landsberg hab ich nun allbereits:* An Trauttmansdorff, bei Hallwich, Briefe und Akten, Band IV, Seite 432. [B]
bald würden die Kurfürsten: Zum Beispiel an Trauttmansdorff, 13. November, bei Hallwich, Briefe und Akten, Band IV, S. 432. [B]
Oxenstierna . . . hatte einen Teil der Truppen: Droysen, Bernhard von Weimar, Band I, S. 281. [P]
Er fürchtete das, worauf Wallenstein hoffte: Irmer, Verhandlungen, Band III, S. 32. [B]

824 *Der Herzog von Friedland, klagte Maximilian:* Instruktion Bayerns für den Vizekanzler Richel, 6. Dezember, bei Irmer, Verhandlungen, Band III, S. 58. [B]
die flüchtige Eroberung von Berlin: Wallenstein an Mansfeld, bei Hallwich, W.'s Ende, Band II, S. 19f. [B]

825 *Ein Pfaff:* So zitiert Droysen, Bernhard von Weimar, Band I, S. 262. [P] Sein Quellennachweis ist aber falsch. Ich habe das Wort Ossas nirgends finden können.

826 *sein »hievoriges Dessein repetieren«:* Droysen, Bernhard von Weimar, Band I, S. 276. [P]
Seine Leute, äußerte er: Bernhard an Oxenstierna, bei Hallwich, W.'s Ende, Band II, S. 312f. [B]
der Weg war ein langes Stück derselbe: Droysen, Bernhard von Weimar, Band I, S. 277. [P]
aber die Bayern verbargen sich: Droysen, Bernhard von Weimar, Band I, S. 282f. [P]
die »schwedischen Regensburger«: Hallwich, W.'s Ende, Band I, S. 521, 509. [B]
per circulum in den Säckel falle: Maximilian an Ferdinand II., bei Hallwich, W.'s Ende, Band I, S. 512. [B]

827 *seine Hilferufe in Wallensteins Hauptquartier:* Maximilian an Wallenstein, 30. Oktober. Erwähnt in Wallensteins Antwort vom 6. November, bei Aretin, Bayerns auswärtige Verhältnisse, Band I, S. 328. [N]
selbst an Adam Trčka: Ilows und Trčkas höflich-nichtssagende Antworten an Maximilien bei Rudhart, S. 22, 23. [F]
Ferdinand an Wallenstein: Hallwich, W.'s Ende, Band II, S. 40, 52, 63, 81. [B]
Ich will aber meine Ehre zum Pfand setzen: Hallwich, W.'s Ende, Band II, S. 68, 87. [B]

828 *gab er . . . dem Obersten Strozzi Befehl:* Wallenstein an Ferdinand II., 9. November, bei Hallwich, W.'s Ende. Band II, S. 64f. [B]
Strozzi durfte nicht: Wallenstein an Gallas, 12. November, bei Hallwich, W.'s Ende, Band II, S. 68, 87. [B]
An den Kaiser: Hallwich, W.'s Ende, Band II, S. 89. [B]
Den 18. erhielt Wallenstein die Nachricht: Wallenstein an Ferdinand II., bei Hallwich, W.'s Ende, Band II, S. 103. [B]
Jetzt gleich lasse ich die Bagage: Hallwich, W.'s Ende, Band II, S. 98. [B]
wir sehen den nicht: Nach Droysen, Bernhard von Weimar, Band I, S. 311 [P], war es Gallas, den er am 15. November getroffen haben soll. Das ist nicht richtig. Gallas erhielt die Nachricht von Wallensteins Umentschließung den 16. November durch Piccolomini. Seine Begegnung mit Wallenstein in Großbocken fand am 17. statt. Offenbar hatte Wallenstein ihn zu sich beordert, um die neue Situation mit ihm zu besprechen. Hallwich, W.'s Ende, Band II, S. 99. [B]

829 *Ich versichere E. M.:* 18. November. Hallwich, W.'s Ende, Band II, S. 104. [B]
dafür werde er sorgen: Wallenstein an Ferdinand, 22. November, bei Hallwich, W.'s Ende, Band II, S. 109f. [B]

Proviant dorthin: Hallwich, W.'s Ende, Band II, S. 103, 110, 126. [B]
130 Kilometer etwa in sieben Tagen: Wallenstein kam am 26. nach Pilsen. Bericht Trauttmansdorffs, bei Förster, Briefe, Band III, S. 92. [B] Den 18. war er noch in Enzowan, östlich von Leitmeritz. Hallwich, W.'s Ende, Band II, S. 103. [B]
Trauttmansdorff, der noch immer in Böhmen hauste: Hallwich, W.'s Ende, Band II, S. 105, 116. [B]

830 *in seinem Referat:* Trauttmansdorffs Bericht, bei Förster, Briefe Band III, S. 92 ff. [B]

831 *auf den Weimarer zugeht:* Ferdinand II. an Trauttmansdorff, bei Förster, Briefe, Band III, S. 97 f. [B] Das PS hat Srbik im Archiv Trauttmansdorff gefunden und druckt es, W.'s Ende, S. 84. [F] Er liest: »wie stark der Herzog auf den Weimarer zutraut.« Diese Lesart ist gewiß falsch.
sie taugten nichts: Wallenstein an Maximilian, 29. November, bei Hallwich, W.'s Ende, Band II, S. 129. [B]
ihm wohl nicht viel anhaben können: Wallenstein an Ferdinand II., Furt, 30. November, bei Hallwich, W.'s Ende, S. 131. [B]

832 *es sei sein Brauch:* Bericht Wahls an Maximilian, bei Aretin, Urkunden, S. 69. [B]
So endete das Consilium: del Maestro an einen Dr. Gigli, Furt, 2. Dezember, bei Aretin, Urkunden, S. 70. [B] Der Brief muß für Maximilian bestimmt sein.
Trockene Mitteilung an den Kaiser: 3. Dezember, bei Hallwich, W.'s Ende, Band II, S. 140. [B]
Piccolomini, welcher die Gelegenheit benutzt hatte: Schlußsatz des Briefes von Wahl an Maximilian, bei Aretin, Urkunden, S. 70. [B]
Piccolomini . . . an Gallas: Hallwich, Briefe und Akten, Band IV, S. 463 f. [B]

833 *an . . . Kustos:* 4. Dezember, bei Hallwich, Briefe und Akten, Band IV, S. 469. [B] Hallwich datiert den Brief aus Pilsen, was unmöglich ist. Dort war Wallenstein erst am 13. Vgl. Rogge an Maximilian, bei Rudhart, S. 24. [F]
sagte Eggenberg zum bayerischen Gesandten: Irmer, Verhandlungen, Band III, S. 67 ff. [B]
jetzt war Zeit, es herauszuschreien: Maximilian an Richel, 18. Dezember, bei Irmer, Verhandlungen, Band III, S. 72 f. [B]

834 *was gehts mich an:* Aussage des Wesselius, bei Förster, W. als Feldherr und Landesfürst, S. 456. [L]
daß er . . . Bayerns Heil absolut gleichsetzte: Zum Beispiel an Gallas, 31. Oktober, bei Hallwich, W.'s Ende, Band II, S. 45, u. anderwärts. [B]
Was suchten seine Leute nahe Berlin: So del Maestro. Aretin, Urkunden. [B] Auch die Anklageschrift, das sogenannte »Welsche Scriptum«, bei Aretin, Urkunden, S. 102. [B]

835 *Dies war ein anderer Vorwurf:* Maximilian an Richel, 18. Dezember, bei Irmer, Verhandlungen, Band III, S. 71. [B]
Der war schon fort: Droysen, Bernhard von Weimar, Band I, S. 322 f. [P]

837 *und in schweren Schulden:* Maximilian an Richel, bei Irmer, Verhandlungen, Band III, S. 55, 70. [B]
die alte Genauigkeit im Gehorsam: Questenberg an Ferdinand, bei Hallwich, W.'s Ende, Band II, S. 416. [B]
In Böhmen stehen die Häuser öd: Die Statthalter von Böhmen an Ferdinand, bei Hallwich, W.'s Ende, Band II, S. 152. [B]
Mit aufgehobenen Händen: Förster, Briefe, Band III, S. 111. [B] Theatrum Europaeum, Band III, S. 160. [A]
Harrach . . . an Wallenstein: Hallwich, W.'s Ende, Band II, S. 571. [B]

838 *Das Corps Aldringen:* Aldringen an Wallenstein, bei Förster, Briefe, Band III, S. 140 [B]; an Wallenstein, bei Hallwich, W.'s Ende, Band II, S. 172 [B]; an Ferdinand, bei Hallwich, W.'s Ende, Band II, S. 384 [B], und anderwärts.
Der Feldmarschall Franz Albrecht: Irmer, Verhandlungen, Band III, S. 86f. [B]
aus »diesem schweren und langwierigen Labyrinth«: Irmer, Verhandlungen, Band III, S. 63, 77. [B]
selbst der spanische Ambassadeur: Irmer, Verhandlungen, Band III, S. 103. [B]

839 *eine heikle Instruktion:* Förster, Briefe, Band III, S. 114ff. [B] Beilage, bei Hallwich, W.'s Ende, Band II, S. 389. [B]
die vom Generalstab ausgearbeitete Quartierliste: Wallenstein an Ferdinand, 10. Dezember, bei Förster, Briefe, Band III, S. 148. [B]
von diesem Manöver sehr ungern: Hallwich, W.'s Ende, Band II, S. 155f. [B]
Lieber von Trauttmansdorff: Eigenhändiger Zusatz Ferdinands zu der Instruktion für Trauttmansdorff, bei Srbik, S. 349, Anmerkung 133. [F]

840 *Sie dachten, daß man Unmögliches von ihnen verlangte:* Das Gutachten bei Förster, Briefe, Band III, S. 121ff. [B]
der Autor ein gewisser Heinrich Niemann: Rogge an Maximilian, 30. Dezember, bei Rudhart, S. 26. [F]
Gehorsamst bat er: 17. Dezember, bei Förster, Briefe, Band III, S. 127f. [B]

841 *dem in Oberösterreich kommandierenden Baron de Suys:* Hallwich, W.'s Ende, Band II, S. 394. [B]
sein Gegenbefehl, den er zwei, drei, vier Mal: Wallenstein an Suys, 15., 16., 19., 20., 28. Dezember, bei Hallwich, W.'s Ende, Band II, S. 160, 164, 167, 168, 177. [B]
zumal Kaiser Ferdinand in einem abermaligen Brief: Rudhart, S. 25. [F]
Ich sehe wohl: So Wallenstein zu dem sächsischen Obersten Schlieff, der dem sächsischen Geheimrat referiert. Also wieder einmal eine höchst indirekte Quelle. Protokoll der Geheimratssitzung vom 15. Januar, bei Gaedeke, S. 223. [B]

842 *sonst ist alles verloren:* Trauttmansdorff an Ferdinand, 16. Dezember, bei Srbik, Anhang, S. 309f. [F] An Ferdinand, 17. Dezember, bei Hallwich, W.'s Ende, Band II, S. 403. [B]

842/843 *in des Apothekers Rechnung:* Vgl. hierzu Hans Becks Analyse der letzten Apotheker-Rechnung Wallensteins im Anhang, S. 1180ff.

843 *nicht . . . den Untergang der Armee herbeiführen:* Questenberg an Ferdinand, 19. Dezember, bei Hallwich, W.'s Ende, Band II, S. 406. [B]
mit den einzelnen Punkten aber verschont bleiben: Trauttmansdorff an Ferdinand, 27. November, bei Förster, Briefe, Band III, S. 96. [B] Trauttmansdorff an Ferdinand, 11. Dezember, bei Hallwich, Briefe und Akten, Band IV, S. 485. [B]

844 *unabdingbares Minimum:* Ferdinand an Wallenstein, 24. Dezember, bei Förster, Briefe, Band III, S. 129. [B]
darin andere Offiziere sich zu spiegeln: Ferdinand an Questenberg, 24. Dezember, bei Förster, Briefe, Band III, S. 135. [B]
Kein Wort von den 4000 Mann: Wallenstein an Ferdinand, 29. Dezember, bei Förster, Briefe, Band III, S. 138ff. [B]
mit kaiserlichen Hulden und Gnaden wohlgewogen: 3. Januar, bei Hallwich, W.'s Ende, Band II, S. 433 [B]; auch bei Förster, Briefe, Band III, S. 142. [B]

845 *Pater Johannes Weingartner, S. J.:* Auf Weingartner und sein Wirken gegen Wallenstein hat erst Srbik überzeugend hingewiesen: Srbik, S. 93ff., 285ff. [F]

846 *um das Unheil rechtzeitig abzuwehren:* Die »Bamberger Schrift« in deutscher Übersetzung bei Schebek, Lösung, S. 162ff. [B] Analyse bei Srbik, S. 78f. [F], der Piccolomini für den Autor hält. So Ritter, Untergang, S. 295 [B], und Hallwich,

Briefe und Akten, Band I, S. LXXI [B]. Das ist aber höchst unwahrscheinlich, denn der Verfasser der Bamberger Schrift spricht mit einer gewissen Verachtung von der Schlacht von Lützen, was Piccolomini, der Held von Lützen, nie getan hätte. Pekař, Wallenstein, Band II, S. 188 [F], lehnt Piccolomini wie Caretto ab, und meint, aus den und den Gründen müßte der Autor ein Deutscher gewesen sein. Ranke, Geschichte W.'s, S. 312, mißt der Schrift den »größten Wert« bei. – Wieviel bloße Meinung und Willkür liegt doch in allen diesen Kombinationen und Interpretationen!

Exhortatio Angeli Provincialis: Text bei Aretin, Urkunden, S. 94ff. [B] Später auch in Flugschriften verbreitet. Dazu Srbik, S. 350, Anmerkungen [F] und Schebek, Lösung, S. 228ff. [B]

An Expediat: Gedruckt, bei Schebek, Lösung, S. 574. [B]

Votum eines kaiserlichen Kriegsrats: Gedruckt, bei Aretin, Urkunden, S. 91. [B]

Votum cuiusquam secreti Consilarii: Gedruckt, bei Aretin, Urkunden, S. 80. [B]

848 *daß ich lieber wollte ins Spital gehen:* Tadra, Briefe, S. 300. [B]

enthob Wallenstein ihn brüsk seines Kommandos: Hallwich, W.'s Ende, Band I, S. 215, 239. [B]

Wenn ich des Grana Praesumption: Wallenstein an Questenberg, bei Hallwich, W.'s Ende, Band II, S. 10. [B]

850 *wie solcher unerträglicher Sklaverei ein Ende gemacht werden müsse:* Irmer, Verhandlungen, Band III, S. 59f., 68ff. [B]

Discurs über des Friedlands actiones: Zuerst veröffentlicht bei Aretin, Bayerns auswärtige Verhältnisse, Band I, S. 337ff. [N] Der »Discurs« holt weit nach rückwärts aus; er beginnt mit Wallensteins Rückberufung zum Generalat, der Verschleppung des versprochenen Sukkurses Frühjahr 1632 etc. Der Autor, vermutlich Maximilian selber, hat manchmal die Wahrheit oder einen Teil der Wahrheit für sich; öfters nicht. Zum Beispiel übersieht er, daß November 1632 die Entscheidung in Sachsen lag und nicht in Bayern, glaubt, daß Wallenstein bei Lützen ganzer Sieger hätte bleiben können, wenn er nur gewollt hätte, etc. etc.

An Richel, den 22. Dezember: Aretin, Urkunden, S. 73ff. [B]

851 *Castañeda verdammte den schlesischen Waffenstillstand:* Depesche Antelmis, 27. August 1633, bei Gliubich, S. 391. [B]

nicht weniger zornig: Wittich, W. und die Spanier, Dritter Teil, Preußische Jahrbücher 1869, S. 40. [O]

schicksalsschweren Frage: Wittwich, W. und die Spanier, Dritter Teil, Preußische Jahrbücher 1869, S. 44, 49. [O]

Den Fall Regensburgs erklärte er: Wittich, W. und die Spanier, Dritter Teil, Preußische Jahrbücher 1869, S. 42. [O]

852 *sehr ernsthaft zu überprüfen haben:* Wittich, W. und die Spanier, Dritter Teil, Preußische Jahrbücher 1869, S. 44. [O]

Ranke, Geschichte W.'s, S. 368. [G]

Richel an Maximilian, den 14. Dezember: Irmer, Verhandlungen, Band III, S. 67. [B]

853 *Am 21. Dezember:* Irmer, Verhandlungen, Band III, S. 82 [B]

Am 28. Dezember: Aretin, Urkunden, S. 89f. [B]

Am 31. Dezember: Irmer, Verhandlungen, Band III, S. 89ff. [B]

Noch einmal, am 31. Dezember: Irmer, Verhandlungen, Band III, S. 95. [B]

854 *Am 24. kam Gallas:* Über das Kommen und Gehen in Pilsen: Rogge an Maximilian, bei Rudhart, S. 25, 27, 28. [F]

könne das nicht mehr lange dauern: Rogge an Maximilian, 30. Dezember, bei Rudhart, S. 26. [F] *gewährt würde es ihm doch niemals:* Bericht Quirogas an Oñate, bei Ranke, Geschichte W.'s, S. 524ff. [G]

855 *ihre besten Festungen in Flandern verloren:* Zu dem Obersten Schlieff, nach dessen mündlichem Bericht im sächsischen Geheimen Rat, bei Gaedeke, S. 223. [B]

Er war noch als Freund gekommen: So Richel an Maximilian, bei Irmer, Verhandlungen, Band III, S. 96. [B]

ihn versöhnlich gegen des Kaisers Minister zu stimmen: Oberst Gropello an Gallas, 7. Januar, bei Hallwich, Briefe und Akten, Band IV, S. 537. [B] Berichte Antelmis vom 31. Dezember und 14. Januar, bei Gliubich, S. 410, 412. [B] Einer der besten Kenner der Beziehungen zwischen Wallenstein und den Spaniern glaubt jedoch, diese Version widerlegen zu können: Wittich, W.'s Katastrophe, I. Abt., S. 436. [F]

ein Handschreiben des Kaisers: Wittich, W. und die Spanier, Teil III, S. 45. [O]

sie wanderten etwas ratlos umher: Rogge an Maximilian, 10. Januar, bei Rudhart, S. 27. [F]

sei nichts als Komödie: So schon Franz Albrecht von Lauenburg an Arnim, 14. Januar, bei Irmer, Verhandlungen, Band III, S. 129. [B]

und wurden einstimmig als unmöglich befunden: Irmer, Verhandlungen, Band III, S. 426 [B], Aussage Schaffgotsch; S. 443f., Aussage Scherffenberg.

die Schleusen seiner aufwieglerischen Beredsamkeit: Piccolominis Relation, bei Jedin, S. 342 [B], die hier ohne Zweifel zuverlässig ist; Förster, Briefe, Band III, Anhang, S. 46 [B], Aussage des Herzogs Julius Heinrich von Sachsen-Lauenburg; Irmer, Verhandlungen, Band III, S. 443 ff. [B], Aussage Scherffenberg; Dudik, Mohr von Wald, S. 359 [F]; und anderwärts.

857 *schriftlich sei besser als mündlich:* Nach der Aussage Mohr von Walds, bei Dudik, Mohr von Wald, S. 360 [F], hat Wallenstein selber den vier Delegierten eine solche Verpflichtung suggeriert.

858 *und mit ihm im Saal umhersprang:* Aussage von Trčkas Verwalter Heinrich Straka, bei Irmer, Verhandlungen, Band III, S. 503. [B] Auch hier scheint Piccolominis eigene Relation, bei Jedin, S. 343f. [B], ziemlich wahrheitsgetreu.

Tische, Stühle, Öfen zertrümmert: Piccolominis Relation. Aussage Herzog Heinrich Julius, bei Förster, Briefe, Band III, Anhang, S. 43ff. [B] Aussage Scherffenberg, bei Irmer, Verhandlungen, Band III, S. 445 [B], und anderwärts.

Nach anderer Überlieferung: Rogge an Maximilian, bei Aretin, Urkunden, S. 109. [B].

859 *sie möchten es sich noch einmal überlegen:* Die Rede, natürlich nur ein Referat, und ein stellenweise sehr dunkles, hat Mailath im Geheimen Haus-, Hof- und Staatsarchiv gefunden; sie ist gedruckt in seiner Geschichte des Östereichischen Kaiserstaates, Band III, S. 345f. [E] Im Ungefähren steht sie schon bei Khevenhiller, Annales, Band XII, S. 1140ff. [A] Wallensteins Versicherung, er habe gegen Kaiser und Reich nichts Böses vor, ist nicht aus dem Fund Mailaths, sondern aus einem Bericht, den Kurfürst Maximilian aus Pilsen erhielt: Aretin, Urkunden, S. 109ff. [B]

Verkürzt lautete der Pilsener Schluß: Mein Referat folgt dem bei Hallwich, W.'s Ende, Band II, S. 186 [B], gedruckten, im Schaffgotschschen Archiv in Warmbrunn gefundenen Text, der zuverlässiger ist als der von Förster, Briefe, Band III, S. 151 [B], veröffentlichte.

860 *der . . . diese drei Reaktionen auseinandersetzte:* 25. Januar, Irmer, Verhandlungen, Band III, S. 167f. [B]

861 *war der einschränkende Satz verschwunden:* In der von Piccolomini im März niedergeschriebenen »Relation« findet sich die Geschichte des Texts, der sich »vor

Tische anders las« ausführlich. Jedin, S. 343. [B] Sicher also war Piccolomini ein, vielleicht *der* Verbreiter der Legende, die dann von den habsburgischen Rechtfertigungsschriften übernommen wurde. Die Zeugenaussagen Mohr von Wald, bei Dudik, Mohr von Waldt, S. 360 [F]; Scherffenberg, bei Irmer, Verhandlungen, Band III, S. 446 [B]; Schaffgotsch, bei Irmer, Verhandlungen, Band III, S. 430 [B], bemerken einen Unterschied zwischen Ilows loyalen Reden und dem weniger loyalen Text des Reverses; von der verschwundenen Klausel enthalten sie nichts. – Über die Entstehung und innere Unmöglichkeit der Klausel-Legende sehr gut Schebek, Lösung, S. 416ff. [B]
Übrigens wußte der Graf Oñate: Carta del conde de Oñate al Cardenal-Infante, 21. Februar, bei Ranke, Geschichte W.'s, S. 529 oben. [G]
gehörten ihm persönlich: Dies allerdings nur eine Behauptung Piccolominis, durch den Bayern Teisinger übermittelt. Aretin, Urkunden, S. 107. [B]
woher wollte Oñate es wissen?: Seine Informatoren waren Piccolomini und Dr. Navarro. Ritter, Untergang, S. 297 [F]; Wittich, W. und die Spanier, Teil III, S. 50. [O] Aber Piccolomini berichtet selber über die Klausel-Legende ganz anders; und Navarro, wieder nach Piccolomini, war in Pilsen jetzt so isoliert, »von den Treulosen gehaßt, von den Guten gemieden«, daß er Geheiminformationen durchaus nicht mehr beibringen konnte. Jedin, S. 342. [B]
862 *seind nunmehr resolviert:* Gaedeke, S. 214. [B] Vorher bei Helbig, Kaiser Ferdinand, S. 7. [F] Kinsky hat diesen Brief für den Kurfürsten von Sachsen aus dem Tschechischen ins Deutsche übersetzt.
an den Marquis de Feuquières: Wie viele die letzte Krise Wallensteins betreffenden Briefe, existiert auch dieser Brief Kinskys nur in einer mangelhaften Abschrift in der Pariser Bibliothèque Nationale. Das Datum ist unsicher; es könnte der 1. Januar alten Stils, also der 11. gewesen sein; in diesem Fall hätte Kinsky den Brief schon aus Pilsen geschrieben. Dazu Wittich, W.'s Katastrophe, I. Abt., S. 428. [F] Der Brief bei Förster, Briefe, Band III, S. 448 [B]; auch bei Röse, Band I, S. 454. [P]
Feuquières antwortete: Förster, Briefe, Band III, S. 449f. [B]
heikel und zweifelhaft: délicate et douteuse . . . Feuquières an Bouthillier, 1. März 1634, bei Feuquières, Band II, S. 215. [B]
was man ehedem mit dem Herzog von Friedland erlebt hatte: Mémoire pour servir etc., bei Feuquières, Band I, S. 153. [B]
863 *»wunderliche Projekte«:* Geheimer Rat Miltitz an Georg von Wertern, 4. Januar, bei Irmer, Verhandlungen, Band III, S. 109. [B]
Sezyma Rašin: So behauptet Rašin, der jedenfalls irgendwann später sich in Pilsen aufhielt. Schlieff, in seinen Zeugnissen und Aussagen, weiß davon nichts.
die Rheinpfalz, Brandenburg sogar: Den »Ersatz für Mecklenburg« suchte Wallenstein überall und nirgends. Im Winter 1633 soll er dem spanischen Vertreter Dr. Navarro gesagt haben, er habe es auf Brandenburg abgesehen; als deutscher Kurfürst werde er dann die Wahl des jungen Ferdinand zum Römischen König durchsetzen. Den merkwürdigen Bericht Navarros hat Beladiez, S. 328f. [O], zum ersten Mal veröffentlicht. Wir haben keinen Grund, anzunehmen, daß Navarro log; einmal, spät nachts, mag Wallenstein wirklich etwas über Brandenburg phantasiert haben. Schon einige Wochen später wurden ihm von spanischer Seite Absichten, nicht auf Brandenburg, sondern auf Württemberg zugetraut: Beladiez, S. 329f. [O]; und dann auf die Rheinpfalz: Ranke, Geschichte W.'s, S. 298, Anmerkung [G]. Ob dies letztere Gerücht von Arnim ausging, weiß ich nicht; jedenfalls schreibt Arnim am 9. Juli 1633 an Johann Georg, daß Wallenstein »die Unterpfalz als Recompens für Mecklenburg suche«: Gaedeke, S. 173. [B] – Dazu

kann man nur sagen, daß die Erwerbung sowohl Brandenburgs wie der Pfalz der Politik Wallensteins diametral entgegengesetzt gewesen wäre. Es wiederholt sich so oft in dieser Geschichte: flüchtig getane, nie wiederholte, konsequenzlose Aussprüche wurden ernst genommen von den Zeitgenossen, um später Verwirrung in den Büchern der Historiker anzurichten.

864 *der seinen Bericht zu Protokoll nahm:* Schlieffs Bericht steht im Protokoll der sächsischen Geheimratssitzung vom 15. Januar. Gaedeke, S. 221ff. [B] Unter peinlichstem Druck, als österreichischer Staatsgefangener, hat Schlieff später über sein erstes Gespräch mit Wallenstein sehr Ähnliches ausgesagt; der Satz über Tirol fehlt. Irmer, Verhandlungen, Band III, S. 455ff. [B]

865 *einmal aufblitzen lassen:* Aussage Schlieff, bei Irmer, Verhandlungen, Band III, S. 462. [B]

Er fand den Kurfürsten: Irmer, Verhandlungen, Band III, S. 456. [B]

sich mit der Belagerung der Stadt Frankfurt an der Oder: Irmer, Arnim, S. 262. [P]

Rächen will er sich am Kaiser: 14. Januar. Irmer, Verhandlungen, Band III, S. 129. [B]

866 *»fast nur Frauenzimmerbriefe«:* Irmer, Verhandlungen, Band III, S. 390. [B]

Ich liebe alles dieses: An Arnim, 18. Januar, bei Kirchner, »Schloß Boitzenburg«, S. 273. Zitiert bei Pekař, Wallenstein, Band I, S. 621. [F]

brachte kaum etwas mit: Protokoll der sächsischen Geheimratssitzungen vom 27./28. Januar, bei Gaedeke, S. 232f. [B]

Gott helfe, daß er: Kirchner, S. 271, zitiert bei Pekar, Wallenstein, S. 637. [F] Vgl. auch Johann Georg an Arnim, 15. Januar, bei Gaedeke, S. 220. [B]

Wunder wolle er sehen: An Johann Georg, 8. Januar, bei Gaedeke, S. 216. [B]

867 *und fein aufrichtig handeln müssen:* 14. Januar an Oberst von Schwalbach, bei Gaedeke, S. 217ff. [B]

reagierte der Patriot: Aussage Schlieff, bei Irmer, Verhandlungen, Band III, S. 457. [B]

Hinter dem fadenscheinigen Grund: Gaedeke, S. 225. [B]

Ungern sah dieser Politiker: Oxenstierna an die Räte der mitvereinigten Bundesstände in Deutschland – die »Heilbronner« – 18. Januar 1634, bei Irmer, Verhandlungen, Band III, S. 149f. [B] An den Sekretär Lars Grubbe schreibt Oxenstierna am 12. Februar, Herzog Franz Albrecht und Arnim seien nicht mehr heimliche, sondern offene Feinde Schwedens. Zitiert bei Suvanto, S. 333f. [F]

so hätte er es zu Lebzeiten des Königs Gustav Adolf getan: Thurn an Kinsky, 13. Januar 34, bei Hildebrand, S. 70. [B]

868 *um die Evangelischen zu schonen:* Notiz Arnims über die Solms'sche Denunziation, Januar 1634, bei Irmer, Verhandlungen, Band III, S. 114. [B] Arnim an Johann Georg, bei Gaedeke, S. 225f. [B] Aussage Herzog Franz Albrecht, bei Irmer, Verhandlungen, Band III, S. 423. [B]

unerweisliche Unwahrheit: Attestation für Arnim, 2. Februar 34, bei Gaedeke, S. 262f. [B]

Zufall ist es kaum: Suvanto, S. 289 [F], begründet diese Ansicht.

Hatte Adam Trčka wirklich geprahlt: So behauptet Rašin in seinem »Gründlichen und wahrhaftigen Bericht«: Gaedeke, S. 327f. [B] Ich ziehe Rašin nur selten bei. Wie Max Lenz gezeigt hat, ist er glaubwürdig nur da, wo er von anderen bestätigt wird. In diesem Fall aber braucht man den Lügner kaum.

die schwere Maschinerie der Beratungen: Die Sitzungen des sächsischen Geheimrates vom 27. Januar bis zum 1. Februar 1634 sind in zwei Protokollen festgehalten: Irmer, Verhandlungen, Band III, S. 175ff. [B], und, Verfasser Geheimrat

Timäus, Gaedeke, S. 228. [B] Dazu die Fragen, die Johann Georg vor der ersten Sitzung an Arnim richtete. Irmer, Verhandlungen, Band III, S. 173f. [B] Ein weiterer nur allzu ausführlicher Schriftwechsel zwischen dem Kurfürsten, dem Geheimen Rat und Arnim, während der Sitzungen beginnend und sich bis zum 5. Februar hinschleppend, bei Ranke, Geschichte W.'s, S. 510ff. [G]

871 *war er wieder gar freundlich:* Schlieff an den Oberstkämmerer von Taube, 1. bis 3. Februar, bei Gaedeke, S. 236f. [B]

daß er sich zurückziehen mußte: Franz Albrecht an Johann Georg, 2. Februar, bei Irmer, Verhandlungen, Band III, S. 195. [B]

und das Gerede rings umher werde immer bedenklicher: Gaedeke, S. 242, 258, 259, 261, 271, 272. [B]

872 *eben jetzt für die Fastenzeit:* Wallenstein an den Landeshauptmann Malowetz, bei Hallwich, Briefe und Akten, Band IV, S. 593ff. [B]

jährlich 4000 Gulden: Hallwich, W.'s Ende, Band II, S. 190. [B]

mit einem Dankschreiben geehrt: Hallwich, Briefe und Akten, Band IV, S. 548. [B]

eine Weile zurückstehen müssen: Hallwich, Briefe und Akten, Band IV, S. 566f. [B]

urteilte Bernhard von Weimar: Bernhard an Banér, 20. Januar, bei Irmer, Verhandlungen, Band III, S. 157. [B]

874 *die noch auf seinem Gebiet hausten:* Wallenstein an Ferdinand, 24. Januar, bei Förster, Briefe, Band III, S. 169. [B]

bis tief ins Niederösterreichische: Ferdinand an Wallenstein, 26. Januar, bei Hallwichs, W.'s Ende, Band II, S. 447f. [B]

sollten Geldbeiträge leisten: Wallenstein an Aldringen, 13. Januar, 1. Februar, bei Hallwich. W.'s Ende, Band II, S. 188, 204. [B]

Der Kaiser schrieb: 19. Januar, bei Hallwich, W.'s Ende, Band II, S. 444. [B] Maximilian an Wallenstein, 4. Februar, bei Hallwichs, Briefe und Akten, Band IV, S. 579. [B]

Wallenstein antwortete: 31. Januar, bei Hallwich, Briefe und Akten, Band IV, S. 568. [B]

»zum neugeborenen Christkindlein«: Hallwich, W.'s Ende, Band II, S. 174. [B]

das kaiserliche Patent: Hallwich, W.'s Ende, Band II, S. 451f. [B]

mit dem Nebenauftrag: Piccolominis Relation, bei Jedin, S. 345 [B], schreibt mit dem Auftrag, Aldringen gegebenenfalls gefangenzunehmen. Piccolominis Abreise von Pilsen am 17. Januar: Pekař, Wallenstein, Band I, S. 610. [F]

sei ganz nach seinem Sinn: Ilow machte von dieser Botschaft Gebrauch, um die zweifelnden Offiziere zur Unterschrift zu überreden. Aussage Herzog Julius Heinrich, bei Förster, Briefe, Band III, Anhang, S. 44. [B]

kam er nicht den 24. Januar selber: Gallas' Eintreffen in Pilsen: Trčka an Piccolomini, bei Irmer, Verhandlungen, Band III, S. 165. [B]

875 *Er teilte dem Grafen Trauttmansdorff . . . mit:* 9. Januar, 20. Januar, bei Hallwich, W.'s Ende, Band II, S. 183, 193. [B]

Ferdinand antwortete: Hallwich, W.'s Ende, Band II, S. 208. [B]

seine Instruktion: Instruction für Dr. Gebhard, 4. Februar, bei Hallwich, W.'s Ende, Band II, S. 454. [B]

den 10. Februar: Schlieff an Taube, 13. Februar, bei Gaedeke, S. 270. [B]

schickte er seinen Oberstallmeister: Richel an Maximilian, 18. Januar, bei Irmer, Verhandlungen, Band III, S. 139. [B] Hardegg langte am 17. in Wien an, dürfte also Pilsen den 13. oder 14. verlassen haben. Piccolomini, Jedin, S. 346 [B], behauptet, 400000 Taler.

und sich zur Ruhe begeben: Richel an Maximilian, 25. Januar, bei Irmer, Verhandlungen, Band III, S. 169. [B] Wahrscheinlich, nicht sicher, handelt es sich hier um die Sendung des Grafen Max. Dieser war Anfang Februar in Wien. Pekař, Wallenstein, Band III, S. 261. [F]
der Prinz von Friedland am 12. Februar nach Pilsen: Schlieff an von Taube, 13. Februar, bei Gaedeke, S. 270. [B]
876 *und ein »Zu spät« murmelte:* Wallenstein an Questenberg, 7. Februar, bei Hallwich, W.'s Ende, Band II, S. 217. [B]
Haus Österreich darf niemals nach Böhmen zurückkehren: Hurter, W.'s vier letzte Lebensjahre, S. 342. [F]
wird schon wissen, was er tut: Aussage Klusack, bei Irmer, Verhandlungen, Band III, S. 494. [B]
Es ist wahr: Irmer, Verhandlungen, Band III, S. 496ff. [B]
877 *will ich schon zu behandeln wissen:* Irmer, Verhandlungen, Band III, S. 495. [B]
möchte er noch dazulernen: Kinsky an Thurn, ohne Datum, bei Hildebrand, S. 71. [B]
nach Regensburg: 14. Januar, bei Hildebrand, S. 70. [B]
»Man lasse mich machen.«: Hierzu Wittich, W.'s Katastrophe, Erster Teil, S. 425ff. [F]
schickte den Paß: Bernhard an Oxenstierna, 20. Januar, bei Irmer, Verhandlungen, Band III, S. 153. [B]
doch auf Betrug hinaus: 9. Februar, bei Irmer, Verhandlungen, Band III, S. 246. [B]
878 *andernfalls gar nichts:* Tatsache und Zeit von Rašins Sendung wird bestätigt durch einen Brief Kinskys an Ungenannt – sehr wahrscheinlich Bubna – vom 3. Februar, bei Hildebrand, S. 72. [B] Sonst ist kein Grund, Rašins »Gründlichem und wahrhaftigem Bericht«, Gaedeke, S. 328ff., [B] für diese Episode nicht zu trauen.
den Akzent taktvoll auf die zweite zu verlagern: Mémoire envoyé à Mr. de Feuquières pour traiter avec le duc de Friedland, fait à St. Germain en laye le 1 février 1634, bei Röse, Band I, S. 455ff. [P] Dazu Fagniez, Band II, S. 164ff.
Feuquières in Frankfurt am 1. März: Mémoire pour servir d'instruction au sieur Dufrêne, allant trouver le Chancelier Oxenstiern de la part de M. l'Ambassadeur etc., bei Röse, Band I, S. 461 ff. [P] Dies Mémoire auch in den Lettres de Feuquières, Band I, S. 152ff., [B] wo es chronologisch fehl am Ort ist. Über die Sendung Rabenhaupts ferner: Feuquières an Bouthillier, 1. März, bei Feuquières, Band II, S. 210ff. [B] Aussage Schlieff, bei Irmer, Verhandlungen, Band III, S. 465. [B] – Consilium Generale – i.e. die Delegierten des Heilbronner Bundes – an Oxenstierna, 3. März 1634, bei Hildebrand, S. 74ff. [B] – Rašins Aussage, bei Irmer, Verhandlungen, Band III, S. 401 [B], werden durch diese Zeugnisse reichlich bestätigt.
879 *bis in die Hölle verfolgen würde:* So Feuquières, bei Röse, S. 462. [P]
seine Instruktion aus Paris: Feuquières, Band II, S. 212. [B]
glaubte Feuquières nicht: Röse, Band I, S. 462 [P]; Feuquières, Band II, S. 215. [B]
sich den Schweden und Franzosen in die Arme zu werfen: Dies ist die Ansicht von Pekař.
880 *Nirgendwo das blasseste Zeichen einer Antwort:* Pekař, der Wallensteins böhmische Hintergründe und Motive so sehr unterstreicht, der von seinen Königsplänen so fest überzeugt ist, ist gar nicht auf den Gedanken gekommen, daß solche Fragen 1633–34 hätten gestellt werden müssen; noch auch stellt er sie selber.

885 *die schrecklichsten Flüche:* Rogge an Maximilian, 13. Dezember 33, bei Rudhart, S. 24. [F]
Erzählung des Don Diego Quiroga: Rogge an Maximilian, 10. Januar 34, bei Rudhart, S. 27. [F]
Aussage des Generals . . . von Scherffenberg: Irmer, Verhandlungen, Band III, S. 446. [B]
887 *antwortete Gallas nach seiner Art:* 5. Dezember 1633, bei Hallwich, Briefe und Akten, Band IV, S. 470f. [B]
888 *an der Spitze von tausend Pferden:* Jedin, S. 398f. [B]
Es scheint, daß Gallas: Aldringen an Maximilian, 14. Februar 34: »Herr Generalleutnant Graf Gallas hat sich anfangs retiriert, hat aber sich nit einbilden können, daß ein solches Übel wahr sei . . .«: Aretin, Urkunden, S. 114. [B]
»diesen Schelm geschwind erwürgen«: Ausschreibung des bayerischen Sekretärs Teisinger nach Piccolominis Erzählung. Aretin, Urkunden, S. 107. [B]
Geheime Boten schwärmten aus: An Ferdinand, bei Jedin, S. 341 [B]; an Oñate, Oñate an den Kardinal-Infanten, bei Ranke, Geschichte, W.'s, S. 529 [G]; an Rocci, Rocci an Barberini, zitiert bei Srbik, S. 107. [F] Oñate spricht von *einigen* hohen Offizieren, die ihm die Ehre erwiesen etc.
Zusätze und Korrekturen: Aldringen nach späterer Erzählung Piccolominis. Srbik, S. 107. [F]
889 *Um den 10. Januar:* Oñate an den Kardinal-Infanten: Poco antes desto – nämlich dem Pilsener Schluß. Den Oberstleutnant Fabio Diodati sandte Piccolomini am 15. Januar mit gleichem Auftrag zu Aldringen nach Passau, und von dort weiter nach Wien. Da Oñate schon vorher unterrichtet war, so nehme ich an, daß es mehrere Boten waren. Da sie aus Pilsen abgingen, wären auch chiffrierte Briefe zu gefährlich gewesen; wahrscheinlich haben sie nur mündlich berichtet.
erpresserische Geschicklichkeit: Srbik, S. 108 [F], nennt Piccolominis Denunziation ein »ungeheures Lügengebäude«. Selbst Pekař konzediert, sie hätte sich nicht im Rahmen der Tatsachen gehalten. Pekař, Wallenstein, Band I, S. 609. [F]
zu dem des Feldmarschalls binnen fünf Jahren: Piccolominis Biographie bei Elster, S. 10ff. [P] Auch bei Hess, S. 377ff. [P]
890 *Dagegen will Piccolomini achtzehn:* Jedin, S. 344. [B]
bitter bemerkte Oñate: Beladiez, S. 366. [O]
Richel am 9. Januar: Irmer, Verhandlungen, Band III, S. 117f. [B]
892 *was für gute Freunde sie seien:* Richel an Maximilian, 1. Februar, bei Aretin, Urkunden, S. 113. [B]
Oñate rühmte sich: Oñate an den Kardinal-Infanten bei Ranke, Geschichte W.'s, S. 529. [G]
damit war die Verschwörung: Lamormaini an den Jesuitengeneral Vitelleschi: Machinationes internae Fridlandae tandem 12. Januarii in conjurationem erumperunt, bei Srbik, Anhang, S. 310. [F] Lamormainis Schreiben macht deutlich, wie man in Wien Piccolominis Denunziation mit dem »Schluß« verknüpfte.
in richterlichen Nachspielen: Dudik, Mohr von Waldt. S. 365 [F], Anklageschrift: indem der Angeklagte andere Offiziere zur Unterschrift überredete, habe er sie »wider das allerhöchste Haupt der Christenheit, auch unseren allergnädigsten Feldherrn aufrührerisch und meutemacherisch zu machen auf sich genommen« etc.
und so ließ er es bleiben: Richel an Maximilian, 1. Februar, bei Aretin, Urkunden, S. 113. [B]
eine Warnung des Herzogs von Savoyen: Richel an Maximilian, 18. Januar, 8. Februar, bei Irmer, Verhandlungen, Band III, S. 138, 245. [B]

893 *im Dezember geschrieben:* Pekař, Wallenstein, Band II, S. 251, Anmerkung 51. [F] Der Autor wußte noch nichts von dem Pilsener Kriegsrat vom 17. Dezember.
ginge die Christenheit zugrund: Srbik, S. 102 ff. [F] Pekař, Wallenstein, Band I, S. 601 f., Band II, S. 250. [F] Die Denkschrift zuerst veröffentlicht von O. von Mitis, Beiträge zur neueren Geschichte Österreichs, Heft 4, 1908, S. 103 ff.
zumal mit Oñate: Pekař, Wallenstein, Band II, S. 251 [F], macht hierauf aufmerksam.

894 *stand schon fest am 18. Januar:* Richel an Maximilian, 18. Januar, bei Irmer, Verhandlungen, Band III, S. 137. [B]
Das Patent war den 24. Januar: Helbig, Kaiser Ferdinand, S. 21 ff. [F] Förster, Briefe, Band III, S. 177 [B], und anderwärts. Der Druck bei Helbig gilt als der wortgetreueste.
einem Handbillet des Kaisers: Dudik, Correspondenz Ferdinands II., S. 58. [B] Zitiert bei Schebek, Lösung, S. 109. [B]

895 *aus der Zahl der Sterblichen zu eliminieren:* Lamormaini an Vitelleschi, bei Srbik, Anhang, S. 310. [F]
Er rang mit sich: Srbik, S. 359, Anmerkung Nr. 241 [F], nach Lamormaini, Ferdinandi Virtutes.
Am 25. Januar wußte Bartholomäus Richel: Irmer, Verhandlungen, Band III, S. 167. [B]
kurz vor dem 8. Februar der Graf Oñate: Richel an Maximilian, 8. Februar, bei Irmer, Verhandlungen, Band III, S. 242, 243. [B] »Conte de Oñate, den S. K. M. erst neulich dazu gezogen . . .«
und weniger gefährlich: Irmer, Verhandlungen, Band III, S. 242, 243. [B]

896 *Es handelt sich um eine Totalrebellion:* Irmer, Verhandlungen, Band III, S. 201, PS I. [B] – Der Briefwechsel zwischen Piccolomini und Aldringen während jener Wochen existiert nur in Abschriften, die bald danach, vielleicht auch sofort, gemacht wurden; da die meisten Briefe chiffriert waren, die Generale sie aber gewiß nicht selber dechiffrierten, so mußte das schon in ihren Büros geschehen sein. Auch fehlen zum Zweck der Sicherheit bei den hochpolitischen Briefen Adresse, Datum, Unterschrift. Wenn nicht schon die ersten Dechiffrierer, so haben jedenfalls die späteren Kopisten äußerst schlampig gearbeitet, und zwar in den Jahren unmittelbar nach Wallensteins Tod. Aus mehreren Briefen wurde ein einziger mit Nachschriften komponiert; die Namen der Autoren und Adressaten durcheinandergeschüttelt. Diese Unordnung bestand schon, als Bischof Paul Aldringen, Bruder des Generals, im Jahre 1639 seine »Wahrhafte Relation« aus den Briefen kompilierte; in dieser Form sind sie bei Irmer, teilweise auch bei Hallwich, W.'s Ende, Band II [B], und Briefe und Akten, Band IV [B], gedruckt. Nachdem schon M. Ritter als den Schreiber eines der wichtigsten Briefe nicht Aldringen, sondern Piccolomini vermutet hatte (Ritter, Untergang, S. 301 [F]), hat F. Parnemann im Jahre 1911 das, was nicht zusammengehörte, auseinandergenommen und Autoren und Daten mit bewundernswertem Scharfsinn festgestellt. [B] Ich folge seiner Anordnung nur da nicht, wo Srbik überzeugende Korrekturen an ihr vorgenommen hat. Vgl. Srbik, S. 365, Anmerkung 40. [F]
Die mündliche Information wurde gegeben: Piccolomini an Gallas, 27. Januar, bei Hallwich, Briefe und Akten, Band IV, S. 555. [B]

897 *ohne ein von ihm gegebenes Visum:* Aldringen an Piccolomini, bei Irmer, Verhandlungen, Band III, S. 213. [B]
auf ihm ruhen meine Hoffnungen: 3. Februar, bei Irmer, Verhandlungen, Band III, S. 200.
der erhofften Eheschließung die Rede: Aldringen an Gallas, 28. Januar, bei Hall-

wich, Briefe und Akten, Band IV, S. 558 [B]; Bischof von Salzburg an Gallas, 24. Februar, bei Hallwich, Briefe und Akten, Band IV, S. 636 [B]; Gallas an Aldringen, 1. Februar, bei Irmer, Verhandlungen, Band III, S. 194. [B] – Dazu Höfler, S. 83. [B]

898 *Ich fand Seine Hoheit:* Irmer, Verhandlungen, Band III, S. 166. [B]
An Piccolomini, den 1. Februar: Irmer, Verhandlungen, Band III, S. 193. [B]
Die Verhandlungen mit Sachsen anbelangend: An Piccolomini, wahrscheinlich 1. Februar, bei Hallwich, Briefe und Akten, Band IV, S. 575. [B] Vgl. Parnemann, S. 33, Anmerkung 23 [B], und Pekař, Wallenstein, Band II, S. 284, Anmerkung 199. [F]
am warmen Ofen sitzt: Vgl. dazu auch Aldringen an Piccolomini, bei Irmer, Verhandlungen, Band III, S. 208. [B]

899 *»ein Lägerl Veltuliner Wein«:* Irmer, Verhandlungen, Band III, S. 192. [B]
das A und O dieses Geschäftes: Irmer, Verhandlungen, Band III, S. 200. [B]
in den Tönen des liebenswürdigsten Biedermannes: An Trčka, 26. Januar, bei Hallwich, Briefe und Akten, Band IV, S. 553 [B]; 29. Januar, bei Hallwich, Briefe und Akten, Band IV, S. 563 [B]; an Wallenstein, 5. Februar, bei Hallwich, Briefe und Akten, Band IV, S. 583. [B]
bin ich bereit nach Pilsen zu fliegen: 27. Januar, bei Hallwich, Briefe und Akten, Band IV, S. 554. [B]
aus dem er nicht mehr herauskäme: Irmer, Verhandlungen, Band III, S. 172. [B]
in einem ungezeichneten, vier Tage später: Irmer, Verhandlungen, Band III, S. 212. [B]

900 *»Der Hof gibt mir keinerlei Nachricht . . .«:* Irmer, Verhandlungen, Band III, S. 209. [B]
Vor mehr als vierzehn Tagen: Irmer, Verhandlungen, Band III, S. 205. [B]
als Träger guter Nachrichten: Piccolomini an Aldringen, bei Irmer, Verhandlungen, Band III, S. 216. [B] Das Datum dieser ersten Ankunft des Vertrauensmannes, mithin des Briefes, Irmer, Verhandlungen, Band III, Nr. 425, S. 216 [B], den Piccolomini über Fabios Berichterstattung an Aldringen schrieb, bleibt ungewiß. Parnemann, S. 66ff. [B], errechnet den 29. Januar. Damals kannte man jedoch Piccolominis eigene Relation noch nicht. In ihr, Jedin, S. 345 [B], steht nun: den 24. Januar habe er durch den Don Fabio den kaiserlichen Befehl erhalten, zusammen mit Gallas den Herzog von Friedland gefangenzunehmen, damit er verhört werden könne etc. Hierdurch, meint Jedin, verschieben die Daten sich erheblich, das heißt um fünf Tage; Srbik, S. 125f. [F], hat das übernommen, wodurch auch das Datum von Fabio Diodatis zweiter Reise vorverlegt wird. Die Sache ist nicht ohne Schwierigkeit. Das »heimliche Urteil« konnte Piccolomini unmöglich am 24. in Linz mitgeteilt werden, weil es erst am 24. in Wien gefällt wurde. Auch schreibt er in seiner Relation nur von gefangennehmen, nicht von »per prigionar o per morte«. Das könnte, wie Jedin meint, ein bloßes Verschweigen und Verschönern sein. Ebenso denkbar ist, daß Piccolomini am 24. Januar etwas »Grundsätzliches« erfuhr, was schon lange feststand, etwa den Entschluß, Wallenstein abzusetzen, aber nicht das Todesurteil; oder, daß er sich mit seinen Daten geirrt hat.
Ich kann nicht finden: Irmer, Verhandlungen, Band III, S. 216. [B]
dauerte von 9 bis 1: Parnemann, S. 72. [B]

901 *den dieser Mensch noch leben durfte:* Irmer, Verhandlungen, Band III, S. 215f. [B] Daß der hier dem Grafen Aldringen zugewiesene Brief die »relatione profusa« ist, der ausführliche Bericht Fabio Diodatis, den Piccolomini sofort an Aldringen weiterschickte, und auf den Aldringen in seinem Brief, Irmer, Verhandlungen, Band III, S. 208 [B], anspielt, steht ganz außer Frage. Vgl. Parnemann, S. 68. [B]

902 *danach würde man sie brauchen:* Oñate an Philipp IV., 21. Februar, bei Ranke, Geschichte W.'s, S. 527. [G]
steigere sich jedenfalls nicht: Irmer, Verhandlungen, Band III, S. 211f. [B]
Der nicht streng völkerrechtliche Vorschlag: Irmer, Verhandlungen, Band III, S. 205, 206, 216. [B]
mit purer Vergeßlichkeit: Walmerode an Piccolomini, 2. Februar, bei Hallwich, Briefe und Akten, Band IV, S. 574. [B]
Aldringen erfuhr es: Bischof Antonius an Aldringen, 30. Januar, bei Hallwich, Briefe und Akten, Band IV, S. 566. [B]
Der Befehl des Kaisers ist ausdrücklich: Irmer, Verhandlungen, Band III, S. 208. [B]

903 *wohl oder übel bereit zur Tat:* Irmer, Verhandlungen, Band III, S. 204 [B]; Srbik, S. 130. [F]
noch von Gallas informiert werden: Irmer, Verhandlungen, Band III, S. 204. [B]
in der Form einer Einladung Wallensteins: Gallas an Piccolomini, 3. Februar, bei Hallwich, Briefe und Akten, Band IV, S. 575 [B]; Wallenstein an Piccolomini, bei Hallwich, W.'s Ende, Band II, S. 207 [B]; Piccolomini an Gallas, 5. Februar, bei Hallwich, Briefe und Akten, Band IV, S. 585. [B]
Das Treffen mit Aldringen: Parnemann, S. 87f. [B]
begaben beide Verschworene sich auf die Reise: Richel an Maximilian, bei Aretin, Urkunden, S. 118. [B] Aldringen an Maximilian, 14. Februar, bei Aretin, Urkunden, S. 113f. [B]
Gerade ihn hatte Wallenstein längst: Gallas an Aldringen, 25. Januar, 1. Februar, 3. Februar, bei Irmer, Verhandlungen, Band III, S. 166, 194, 199. [B]
Aldringen hatte sich entschuldigt: Hallwich, Briefe und Akten, Band IV, S. 558. [B]
Andererseits war ihm von Wien aus: Antonius an Aldringen, 25. Januar, bei Hallwich, Briefe und Akten, Band IV, S. 550. [B]
mit ein paar tausend Reitern: Die Idee der »Cavalcade nach Pilsen«, die vermutlich von Aldringen ausging. Parnemann, S. 57 [B]; Ritter, Untergang, S. 299. [F] Von diesem Sturmangriff auf Pilsen, der natürlich im bayerischen Sinn war, spricht Richel in seinem Bericht an Maximilian vom 1. Februar, bei Aretin, Urkunden, S. 112. [B]
Gallas billigte die Erzählung: Jedin, S. 348. [B]

904 *die mehr Sicherheit bot:* Jedin, S. 348f. [B]
Er fand die Räte des Kurfürsten . . . mißtrauisch: Protokoll der Sitzungen des brandenburgischen Geheimen Rates, 7., 8. Februar, bei Irmer, Verhandlungen, Band III, S. 219ff. [B]
keine Verhandlungen ohne Schweden: Brandenburgische Resolution für Arnim, 8. Februar, bei Gaedeke, S. 246ff. [B]

905 *separate Friedensverhandlungen, jetzt und sofort:* Arnims Schreiben an Johann Georg, ohne Datum, bei Gaedeke S. 252ff. [B] Sein in Dresden zu Protokoll gegebener Bericht, 13. Februar, Gaedeke, S. 263f. [B], stimmt damit genau überein.

906 *Universalfriede dennoch die Frucht sein werde:* Georg Wilhelm an Arnim, 9. Februar, bei Gaedeke, S. 261. [B]
zurück in Dresden: Pekař, Wallenstein, Band I, S. 674 [F], macht ein großes Wesen davon, daß Arnim in seiner Rede am Bett Wallenstein nicht erwähnte. Das war keineswegs notwendig; es ging ja, seiner Instruktion gemäß, um Verhandlungen mit Wallenstein als kaiserlichem Bevollmächtigten; von gar nichts anderem war die Rede; genau so stand es auch in dem Brief Georg Wilhelms. – Pekař fernerhin:

Arnim habe nur von einem Frieden der evangelischen Kurfürsten mit dem Kaiser gesprochen, nicht von der Revolution, die Wallenstein plante, der Vernichtung des Hauses Habsburg etc.; er habe also Wallensteins wahre Ziele listig in ihr Gegenteil verkehrt. Das kann nur ein Historiker behaupten, der die dünnen Fäden zwischen Kinsky und Feuquières, zwischen Trčka und Oxenstierna ernster nimmt als die seit Jahren von Wallenstein verfolgte Politik. Oxenstierna nahm jene Fäden gar nicht ernst, niemals weniger ernst als im Februar 1634; und Oxenstierna sollte es doch eigentlich besser gewußt haben als Pekař.

Am 12. Februar verließ Graf Gallas: Jedin, S. 349. [B]

ich bedaure das sehr: Gallas an Aldringen, 13. Februar, bei Hallwich, Briefe und Akten, Band IV. S. 592. [B]

Ein Befehl, noch aus Pilsen datiert: Förster, Briefe, Band III, S. 192. [B]

auf das strengste geheimgehalten: Aldringen an Mohra, 13. Februar, bei Förster, Briefe, Band III, S. 194. [B]

schier unleserlich: Aussage des Generalfeldzeugmeisters Sparr, bei Förster, Briefe, Band III, Anhang, S. 21. [B]

solang er sich bei dem Herzog von Friedland . . . befindet: Irmer, Verhandlungen, Band III, S. 253. [B]

907 *Wie Gallas erhielt er freundlichen Urlaub:* Jedin, S. 350. [B]

Er traute sich wieder nicht: Gallas an Aldringen, 17. Februar, bei Irmer, Verhandlungen, Band III, S. 257. [B] ». . . il n'a peu donner les billets aux colonels . . .« Der Brief ist ausnahmsweise französisch, um mitten im Satz ins Italienische überzugehen.

Il Conte Piccolomini dice: Gallas an Aldringen, 18. Februar, bei Irmer, Verhandlungen, Band III, S. 262. [B]

sich ein Augurenlächeln verbiß: Aldringens Biograph ist dieser Ansicht. Brohm, S. 104f. [P] Wie Aldringen die Angst Maximilians steigerte, dafür gibt sein Schreiben vom 15. Februar, bei Aretin, Urkunden, S. 114f. [B], ein Beispiel.

908 *Sachsen und Brandenburg unter sich zu teilen:* Caretto an Ferdinand, bei Förster, Briefe, Band III, S. 284. [B]

daß der Tag schon feststehe: Ein Ungenannter an den Kurfürsten von Mainz, bei Förster, Briefe, Band III, S. 252. [B] Dort heißt es 26. März. Das Datum korrigiert von Srbik, S. 367, Anmerkung Nr. 67. [F]

Soldaten ersetzten die Nachtwächter: Antelmi an den Dogen, 18. Februar, bei Gliubich, S. 421 f. [B]; 25. Februar, bei Gliubich, S. 426. [B] Richel an Maximilian, 20. Februar, bei Irmer, Verhandlungen, Band III, S. 269 [B]; 22. Februar, bei Irmer, Verhandlungen, Band III, S. 277. [B]

»unter Maske der Freundschaft«: Gallas an Aldringen, 18. Februar, bei Irmer, Verhandlungen, Band III, S. 262 [B]; am 20. Februar, bei Irmer, Verhandlungen, Band III, S. 266. [B]

Der Kurfürst von Bayern angeschrieben: Aldringen an Maximilian, 15. Februar, bei Aretin, Urkunden, S. 114f. [B]

909 *dieser beim Kaiser um Mitternacht:* So erzählt Hurter, W.'s vier letzte Lebensjahre, S. 395 [F], ohne seine Quelle zu nennen. Hurter war ein glücklicher, aber unordentlicher Finder von Archivalien, die dann niemals wieder gefunden wurden. Wittich, W. und die Spanier, letzter Teil, S. 56 [O], macht darauf aufmerksam, daß in Oñates Bericht an den Kardinal-Infanten vom 21. Februar ein solches Mitternachtsgespräch mit dem Kaiser nicht erwähnt wird, während doch Oñate sehr darauf bedacht war, seine Verdienste zu unterstreichen. In der Tat heißt es in jenem Brief nur: »Graf Aldringen ist eingetroffen, um Rat und Befehl entgegenzunehmen . . .« Ranke, Geschichte W.'s, S. 530. [G] Nun, da Oñate den Kaiser

in jener Epoche vermutlich täglich sah, so wird er nicht jede Begegnung einzeln erwähnt haben.

das Gift des Hochverrates: Aldringen an Maximilien, 25. Februar, bei Aretin, Urkunden, S. 114. [B]

Am 18. eine Kaskade von Sendungen: Hallwich, W.'s Ende, Band II, S. 465ff. [B]

Am 19. entsprechende Mitteilungen: Aretin, Urkunden, S. 124; Hallwich, W.'s Ende, Band I, S. 468f. [B]; Hurter, W.'s vier letzte Lebensjahre, S. 397. [F]

Soviele Boten unterwegs: Richel an Maximilian, 20. Februar, bei Rudhart, S. 30f. [F]

schon am 16. unterrichtet: Maximilien an Ferdinand, 24. Februar, bei Rudhart, S. 31f. [F]

öffentlich angeschlagen: Consilium Generale an Oxenstierna, bei Hildebrand, S. 76 [B]; Srbik, S. 140. [F]

in den Kirchen der Hauptstadt: Richel an Maximilian, 22. Februar, bei Irmer, Verhandlungen, Band III, S. 277. [B]

910 *bei höchster Strafe:* Förster, Briefe, Band III, S. 205ff. [B]

bald »Proscriptionspatent«: In der Anklage gegen den Obersten Mohr von Wald: das kaiserliche Patent, »durch welches der Friedländer und seine Adhaerenten proscribiert . . .«, bei Dudik, Mohr von Waldt, S. 372. [F] Der Ausdruck Proscriptionspatent in Mohrs Verteidigungsschrift, ebenda, S. 376. [F]

Dies monströse Dokument: Der beste Druck wieder bei Helbig, Kaiser Ferdinand, S. 32ff. [F]

911 *seine Methoden . . . wechseln müssen:* Diese Beobachtung macht G. Lutz, S. 207ff. [F]

912 *begann des religiösen Streites sehr müd zu werden:* Hierüber Wandruszka, S. 13ff. [N]

913 *So hat zu anderer Zeit:* Gemeint ist Ranke, zumal in dem Kapitel »Wallenstein und die Spanier«, in dem er seinen Helden mit Moritz von Sachsen vergleicht.

Es kam ihm ein Anderer in die Quere: Natürlich Pekař.

weil er es selber nicht wußte: Beladiez, S. 354. [O]

914 *Wenn Aldringen so lange in Wien blieb:* Brohm, S. 102. [P]

damit, wenn eines Tages: Höfler, S. 92. [B]

915 *Meister Giovanni Battista Senno:* Dies nach Bergel, S. 49ff. [K] Bergel fand im Archiv des Schlosses Friedland zehn Briefe des Bankiers Sepossi, in denen von Zahlungen an Senno im Auftrag von Gallas die Rede ist. Auch hatte Bergel 1933 das Glück, in einem Frauenkloster in der Lausitz das lateinisch geführte Tagebuch des Putz von Adlersthurn zu entdecken, aus dem hervorging, daß Putz der langgesuchte Autor des »CHAOS« ist. Das leider unveröffentlichte Tagebuch ist heute im Archiv von Münchengrätz, wo ich es sah. – Dr. Bergel war ein Freund der Familie Waldstein; die Inschrift an der neuen Gruft von 1934 geht auf seine Anregung zurück. Seine Verdienste um die Wallensteinforschung wären noch schöner zur Geltung gekommen, wären ihm nicht alle seine Abschriften und Notizen 1945 zugrunde gegangen, so daß er nur aus dem Gedächtnis berichten konnte.

Piccolomini prahlte damit: Gallas an Maximilien, 20. Februar, bei Aretin, Urkunden, S. 129. [B]

Her mit dem Geld!: Hallwich, W.'s Ende, Band II, S. 223ff. [B]

an zwei kaiserliche Beamte: Hallwich, W.'s Ende, Band II, S. 226. [B]

916 *Das Absetzungspatent kannten sie noch nicht:* Förster ist gewiß im Irrtum, wenn er meint, sie hätten es schon gekannt. Völlig unmöglich, daß sie dann den zweiten »Schluß« unterzeichnet hätten!

sandte er den Grafen Max: Wallenstein an Eggenberg, bei Hallwich, W.'s Ende, Band II, S. 225. [B]
den Großwohltäter mußte man vergessen: Srbik, S. 141. Anmerkung 83, S. 372. [F]
»keine andere Partei annehmen«: Dudik, Mohr von Wald, S. 340. [F] Der Brief Questenbergs, den Wallenstein dem Obersten Mohr von Wald zeigte, ist wahrscheinlich der verlorengegangene vom 15. Februar, auf den Wallenstein sich in seinem Schreiben an Questenberg vom 20. Februar bezieht; Hallwich, W.'s Ende, Band II, S. 237. [B]
Mohr trug Briefe: Hallwich, W.'s Ende, Band II, S. 336f. [B]
auch für Gallas und Aldringen: Dudik, Mohr von Wald, S. 345. [F]
weil alles, was dem Herzog gehört hatte: Dudik, Mohr von Wald, S. 345. [F]
mich dessen teilhaftig gemacht hätte: Dudik, Mohr von Wald, S. 346. [F]
918 *»in höchster Eile«:* An Arnim, 18. Februar, bei Gaedeke, S. 280f. [B]
und machte in der Winternacht sich auf den Weg: Franz Albrecht an Ilow, 18. Februar, bei Irmer, Verhandlungen, Band III, S. 264. [B]
919 *sollten sie mit dem Feldmarschall Rat pflegen:* Die beiden ausführlichsten Referate über diese Rede sind das des Obersten Mohr von Wald, bei Dudik, Mohr von Wald, S. 337f. [F], und das von Mailath im Haus-, Hof- und Staatsarchiv gefundene, zweifellos auch von einem Ohrenzeugen stammende. Beide sind erstaunlich ähnlich und ergänzen einander. Das von Aretin in München gefundene, Aretin, Urkunden, S. 125f. [B], ist eine wortgetreue Kopie des Mohr von Wald'schen.
920 *bei Ihren Fürstlichen Gnaden zu leben und zu sterben:* Hallwich, W.'s Ende, Band II, S. 229ff. [B], aus dem Archiv Schaffgotsch.
war der Oberst Beck: Dies wird deutlich, wenn man Becks Votum mit Rogges Schreiben an Maximilian vom 20. Februar vergleicht. Aretin, Urkunden, S. 127. [B]
das Vergnügen ... zu prolongieren: Hierzu Irmer, Verhandlungen, Band III, Einleitung S. LV [B]; Srbik, S. 372, Anmerkung 84. [F]
von dem alten Trčka: Hallwich, Briefe und Akten, Band IV, S. 753. [B]
Dr. Augustín Navarro Burena: Rogge an Maximilian, 20. Februar, bei Aretin, Urkunden, S. 128. [B]
eine neue Erklärung zustande: Aussage des Oberstleutnant Haimerl, bei Irmer, Verhandlungen, Band III, S. 368. [B]
921 *bis zum letzten Blutstropfen auszuhalten:* Hallwich, W.'s Ende, Band II, S. 231ff. [B]
von Trčka würden die Regimentskommandanten erfahren: Hallwich, Briefe und Akten, Band IV, S. 602. [B] Hallwich datiert »ca. 20. Februar«; es muß aber doch vor Wallensteins Rede vom 19. gewesen sein. Man sehe auch Trčkas Befehl an Oberst Gisenburg vom 19. Februar, bei Hallwich, W.'s Ende, Band II, S. 472 [B], aus dem bereits die ihm von Wallenstein verliehene Autorität spricht.
»wie eine tote Leiche«: Aussage Schlieff, bei Irmer, Verhandlungen, Band III, S. 466. [B]
Trčka begründete es damit: Trčka an Gisenburg, 19. Februar, bei Hallwich, W.'s Ende, Band II, S. 472. [B]
922 *Er sollte die schlesischen Regimenter in Form bringen:* Patent für Schaffgotsch, 19. Februar, bei Hallwich, W.'s Ende, Band II, S. 227. [B] Trčkas verlorengegangene, aber durch die kaiserliche Untersuchungskommission rekonstruierten Briefe an Schaffgotsch, 18. Februar, bei Irmer, Verhandlungen, Band III, S. 263. [B]
und nit zu feiern: Hallwich, W.'s Ende, Band II, S. 481f. [B]

weil man sie . . . für unsicher hält: Beck an Mohra, 20. Februar, bei Förster, Briefe, Band III, S. 248 f. [B]

923 *wimmelt es von Truppen:* Es ist nicht sicher, ob Trčka von dem Absetzungspatent erfuhr oder nur von dem Armeebefehl des Grafen Gallas; würde übrigens keinen großen Unterschied machen, denn dieser stützte sich auf jenes. Nach Mohras Bericht an Ferdinand, 23. Februar, hat er das Patent erst am 22. in Prag anschlagen lassen. Förster, Briefe, Band III, S. 242 f. [B] Srbik, S. 370, Anmerkung 81 [F], meint, er könnte damit schon am 22. begonnen haben. Daß Trčka sogar ein gedrucktes Exemplar des Patentes erhielt und Wallenstein überbrachte, behauptet der jüngere Wesselius. Förster, W. als Feldherr und Landesfürst, S. 445. [L] Das ist sehr unwahrscheinlich. – Über Trčkas mißglückten Ritt nach Prag berichtet ein Ungenannter, bei Hallwich, Briefe und Akten, Band IV, S. 728. [B] Dem Stil und Inhalt des Berichtes nach ist dieser Ungenannte der Oberst Beck. Vgl. auch die Aussage des Kanzlers Elz, bei Irmer, Verhandlungen, Band III, S. 362 [B], und Rogge an Maximilian, 26. Februar, bei Aretin, Urkunden, S. 131. [B]

Es amüsiert ihn: Aussage Schlieff, bei Irmer, Verhandlungen, Band III, S. 466 f. [B] Schlieffs Beschreibung bezieht sich auf den 19. Februar; die Hauptpersonen werden am 21. sich nicht anders gezeigt haben.

das Geld . . . tut eine gefährliche Reise bis nach Sachsen: Bericht bei Bilek. Zur Höhe der Summe Graf Puchheim an Ferdinand, 5. März, bei Hallwich, W.'s Ende, Band II, S. 532. [B]

Es hat keinen Sinn mehr: Wallenstein an die Regimenter etc., 21. Februar, bei Hallwich. W.'s Ende, Band II, S. 238. [B] Über das Nicht-Abschicken dieses Befehls Aussage der Brüder Wesselius, bei Förster, W. als Feldherr und Landesfürst, S. 458. [L] Im Prager Staatlichen Zentralarchiv, Kriegskanzlei Wallensteins, sah ich eine Mappe von beträchtlichem Umfang, Konzepte aus jenen Krisentagen enthaltend, die nicht mehr expediert wurden.

Befehl an Butler: Hierzu der im Jahre 1653 verfaßte Bericht von Patrick Taafe, Butlers Feldkaplan, zuerst, vom Lateinischen ins Deutsche übersetzt, bei Mailath, S. 368 ff. [E]; das von Mailath fortgelassene Stück in der Ursprache bei Srbik, S. 330 ff. [F] In seinem eigenen Text, S. 361 f. [F], führt Srbik überzeugend aus, der von Taafe erwähnte Befehl, welcher um Mitternacht in Kladrau eintraf, könne der, um drei Tage ältere, nun veraltete, nach Prag zu marschieren, unmöglich gewesen sein; folglich war es ein neuer, geboren aus der Situation, die in Pilsen am 21. Februar abends obwaltete.

924 *Befehl an Gordon:* Leslies Relation, bei Srbik, Anhang, S. 317. [F] Srbik, S. 385, Anmerkung 38 [F], mutmaßt, beide Befehle seien erst am 23. an Gordon abgegangen.

Ilow an Franz Albrecht: Irmer, Verhandlungen, Band III, S. 269 f. [B]

Kinsky an Arnim: Irmer, Verhandlungen, Band III, S. 271 f. [B]

Man weiß es nicht: Es wäre denn, man identifizierte die von Rittmeister Niemann geführte Kompanie »Rennfahne« mit der Leibkompanie; worauf Gallas an Ferdinand, 27. Februar, bei Förster, Briefe, Band III, S. 302 [B], schließen lassen könnte. Rogge, Aretin, Urkunden, S. 132 [B], spricht von Ilows Leibkompanie.

Da ist des Herzogs Bagage: Ein Verzeichnis der Wertgegenstände, die in Eger gefunden wurden, bei Förster, Briefe, Band III, S. 359 ff. [B]

noch immer an die zweihundert Personen: Aufzählung nach der Egerer Quartierliste bei Prökl, Eger, Band I, S. 235. [F]

insoweit sie sich nicht im Dunklen: Rogge an Maximilian, 26. Februar, bei Aretin, Urkunden, S. 132. [B]

925 *während Trčkas Reiter:* Aretin, Urkunden, S. 131. [B]

10000 Taler bei jenem: Rogge an Maximilian, bei Aretin, Urkunden, S. 131. [B] Er mag übertrieben haben, aber seine Informationen sind im allgemeinen glaubwürdig, und er war diese Nacht noch in Pilsen. Über Trčkas wirkliche oder angebliche Plünderungen auch: Diodati an Piccolomini, 24. Februar, bei Förster, Band III, S. 254. [B]

damit er desto sicherer reisen kann: Beck an Gallas, 27. Februar, bei Förster, Briefe, Band III, S. 226ff. [B] Rogge an Maximilian, 26. Februar, bei Aretin, Urkunden, S. 131. [B]

»in unbeschreiblicher Panik«: Morzin an Gallas, 23. Februar, bei Förster, Briefe, Band III, S. 230. [B]

926 *so beteuerten sie die Loyalität:* Wilhelm Trčka, ein junger Verwandter Adams, an Gallas, bei Förster, Briefe, Band III, S. 224 [B]; Oberst Bredow an Ferdinand II., bei Hallwich, Briefe und Akten, Band IV, S. 604 [B]; Oberst Wangler der Jüngere an Ferdinand II., bei Hallwich, W.'s Ende, Band II, S. 480 [B]; und anderwärts.

Unter sich hechelten sie nun: Rogge an Maximilian, bei Aretin, Urkunden, S. 133 [B]; Beck an Gallas, bei Förster, Briefe, Band III, S. 228. [B] Ein Ungenannter – vermutlich Beck – bei Hallwich, Briefe und Akten, Band IV, S. 727ff. [B]

und Inhaber ihrer Truppen sein: Richel an Maximilian, 22. Februar, bei Irmer, Verhandlungen, Band III, S. 274. [B] De Suys an Ferdinand, 25. Februar, bei Hallwich, W.'s Ende, Band II, S. 486. [B]

zunächst mißtraut hatte: De Suys an Gallas, 22. Februar, bei Hallwich, Briefe und Akten, Band IV, S. 615. [B] An Ferdinand, 22. Februar, bei Hallwich, W.'s Ende, Band II, S. 476. [B]

und besonders des »Friedländer Hauses«: Ferdinand an die Statthalter von Böhmen, 25. Februar, bei Hallwich, W.'s Ende, Band II, S. 484. [B] Ferdinand an Gallas, 26. Februar, bei Hallwich, W.'s Ende, Band II, S. 489. [B]

Kriegsrat Caretto di Grana: Caretto an Ferdinand, 24. Februar, bei Förster, Briefe, Band III, S. 259ff. [B]

927 *Dieser Edle behauptete:* Förster, Briefe, Band III, S. 268. [B]

wußten schon am 20.: De Suys an Piccolomini, bei Hallwich, Briefe und Akten, Band IV, S. 603. [B]

wußten am 22.: Piccolomini an Marradas, 22. Februar, bei Förster, Briefe, Band III, S. 231. [B]

die Verfolgung der Flüchtigen an: Förster, Briefe, Band III, S. 231. [B]

zurück in die Sänfte: Er führte während der Reise mehrmals lange Gespräche, was von der Sänfte aus nicht möglich war. Es wird auch seine Karosse als in Eger anwesend erwähnt.

eine mäßige Zahl Fußvolk: Bericht Patrick Taafes, bei Mailath, Band III, S. 368ff. [E]

928 *eine Vorsichtsmaßregel:* Taafe, Mailath, Band III, S. 368ff. [E]

ob er einen Paß erhalten könnte: Gaedeke, S. 289. [B]

Ilow noch einmal an Franz Albrecht: Irmer, Verhandlungen, Band III, S. 273f. [B]

Ilow an den Obersten Ulefeld: Förster, Briefe, Band III, S. 210. [B]

lud ihn zum Abendessen: Aussage Oberst Haimerls, bei Irmer, Verhandlungen, Band III, S. 370. [B]

alles werde sich klären: Verteidigungsschrift des Heinrich Julius, bei Förster, Briefe, Band III, Anhang, S. 53. [B]

929 *Wallenstein an den ... Christian von Kulmbach:* Kulmbach an Kurfürst Georg Wilhelm, 26. Februar, bei Irmer, Verhandlungen, Band III, S. 302f. [B] Kulmbach an Johann Georg, 26. Februar, bei Gaedeke, S. 285f. [B] Das Creditiv für Elz, bei Hallwich, W.'s Ende, Band II, S. 240. [B]

Wallenstein an den Grafen Max: Hallwich, W.'s Ende, Band II, S. 240. [B]
nur seine Herzogtümer: Diodati an Piccolomini, 25. Februar, bei Förster, Briefe. Band III, S. 271 ff. [B] Unter »ducati« sind selbstverständlich die Herzogtümer zu verstehen, nicht »Dukaten«.
300 *Gulden:* Hallwich, W.'s Ende, Band II, S. 241. [B]

930 *für eine besonders heroische Tat aufgespart:* Taafe, bei Mailath, Band III, S. 370. [E]
jedoch mit dem vieldeutigen Zusatz: Haimerls Aussage bei Irmer, Verhandlungen, Band III, S. 371 f. [B]; Doktor Gebharts Bericht, bei Förster, W. als Feldherr und Landesfürst, S. 444. [L]
Diodati an Piccolomini: Förster, Briefe, Band III, S. 253. [B]
worüber Gallas die Stirne runzelte: Gallas an Aldringen, 2. März, bei Irmer, Verhandlungen, Band III, S. 315. [B]
Gordon hat Weisungen: Förster, Briefe, Band III, S. 273. [B]
Gallas an Aldringen: 27. Februar, bei Irmer, Verhandlungen, Band III, S. 305. [B]
der selber nicht an Gott glaube: Aussage Franz Albrecht, bei Irmer, Verhandlungen, Band III, S. 412 ff. [B] Rogge an Maximilian, 9. März, bei Rudhart, S. 42. [F]
die Predigt: Extrakt eines Schreibens aus Regensburg, bei Irmer, Verhandlungen, Band III, S. 297. [B]

931 *So Bernhard diesen Freitag:* Förster, Briefe, Band III, S. 211, 212 [B]; Hallwich, W.'s Ende, Band II, S. 482. [B] Hier, wie Droysen, Bernhard von Weimar, Band I, S. 360, Anmerkung 2 [P], nachweist, muß es Ernst anstatt Wilhelm heißen. Irmer, Verhandlungen, Band III, S. 284. [B]
Der Brief kam nie in Ilows Hand: Gaedeke, S. 342 [B]; Förster, Briefe, Band III, S. 339 f. [B], und anderwärts. Der Brief ist problematisch; vielleicht nicht an Ilow geschrieben, vielleicht eine Fälschung zum Zwecke der kaiserlichen Propaganda, oder doch verfälscht. Schon die Anrede »Wohlgeborener Herr« gebührte sich für einen Mann von Ilows Stellung nicht; Franz Albrecht pflegte ihn »Wohlgeborener Freiherr, besonders lieber Herr Feldmarschall« anzureden. Das Original, so wichtig es den Kaiserlichen für ihre Zwecke sein mußte, hat sich nie gefunden; dagegen wurden Kopien alsbald ausgestreut, der Kurfürst von Bayern empfing eine von ihnen. (Rudhart, S. 33 [F]) Auch hat Khevenhüller nicht verfehlt, das kompromittierende Stück in seinen Annales abzudrucken: Khevenhiller, Annales, Band XII, S. 1167. [A] Vgl. dazu Gaedeke, S. 342, Anmerkung [B], und Ernstberger, Für und wider, S. 275 f. [F]
deren genauestes Einverständnis am Tage lag: Bernhard an Oxenstierna, 26. Februar, bei Irmer, Verhandlungen, Band III, S. 298 f. [B]
Die Instruktion, die ihm auferlegte: 18. Februar, bei Gaedeke, S. 274 ff. [B]

932 *daß er krank sei:* Irmer, Verhandlungen, Band III, S. 267. [B]
und in seinem Generals-Amte ungekränkt: In seinem, Anmerkung S. 1087, erwähnten Artikel meint G. Lutz [F], Arnim habe seine Reise verzögert, weil er die hoffnungslose Lage Wallensteins längst durchschaut hatte. Das mag sein; aber ich finde keinerlei Äußerung Arnims in diesem Sinn, und manche im entgegengesetzten. – Vgl. auch die Arnim-Biographie Irmers, der anderer Meinung ist; Irmer, Arnim, S. 274 [P]: »Zudem übersieht man auch meist, daß Arnim ebenso wenig, wie der kursächsische Hof in Dresden, von der verzweifelten Lage, in der sich Wallenstein schon eine ganze Zeit vor seinem Ende befand, unterrichtet war . . .«
in den verächtlichsten Reden: Aussage Haimerl, bei Irmer, Verhandlungen, Band III, S. 370. [B]

als des weisesten . . . Anführers der Epoche: Taafe, bei Mailath, Band III, S. 372. [E]
der Schotte Walter Leslie: Leslies Kurzbiographie bei Hess, S. 403 ff. [P] Seine Beziehungen zu Piccolomini, bei Hallwich, Briefe und Akten, Band IV, S. 546 [B], zu dem Reichshofrat Kurz von Senftenau, bei Hallwich, Briefe und Akten, Band IV, S. 488, 510, 519. [B]

933 *zum Schluß werde Ferdinand noch merken:* Leslies Bericht bei Srbik, S. 317 ff. [F] Er macht den Eindruck völliger Authentizität.
wie Piccolomini meinte, daß er es tun würde: Piccolomini an Gallas, 25. Februar, bei Förster, Briefe, Band III, S. 277. [B] ». . . perseguitando il Waldestein et cacciarlo di Boemia . . .«

934 *gierigen Zuschauern:* Darüber Siegl, Wallenstein, passim. [F]
den kreischenden Feilen: Meine Darstellung jener dreißig Stunden in Eger, Freitag Spätnachmittag bis Samstag Mitternacht, stützt sich im wesentlichen auf Srbik und die von Srbik zum ersten Mal publizierten Berichte aus erster Hand: Die »Wahrhafte Relation«, als deren Autor Srbik den Johann Gordon, als deren Korrektor er Piccolomini identifizieren konnte; der Bericht Leslies; der Bericht Macdaniels, den Srbik aus der von ihm so genannten »Kompilation L«, einer Zusammenstellung aus verschiedenen Quellen in italienischer Sprache, überzeugend herauszupräparieren vermochte. Gegenüber diesen drei authentischen Quellen verlieren andere, die man ehedem für die zuverlässigsten hielt, ihren Wert. Die »Apologia«, Aretin, Urkunden, S. 135 ff. [B], der »Relationsbericht«, auch »Ausführliche und wahrhafte Relation« genannt, Irmer, Verhandlungen, Band III, S. 286 ff. [B], sind nur erweiternde, beschönigende, gewisse peinliche Tatsachen verschweigende Bearbeitungen der authentischen Quellen. Die ein halbes Jahr später verfaßte offizielle Rechtfertigungsschrift des Wiener Hofes hat für die Flucht nach Eger Leslies Bericht gebraucht, und schreibt im übrigen die Wahrheiten wie die Lügen von Piccolominis Relation ab. – Treffend unterscheidet Srbik zwischen den direkten Berichten und solchen, die eine indirekte Authentizität haben. Es sind dies: Piccolominis Relation; der 19 Jahre später geschriebene Brief Patrick Taafes, welcher die Flucht bis Plan mitmachte, in Eger am 25. Februar nicht zugegen war, jedoch von Butler sich hat erzählen lassen; das »Itinerarium« des Thomas Carve, eines andern Butler'schen Feldkaplans. Carve hielt sich im Februar 1634 in Irland auf und kehrte erst Anfang 1635 nach Deutschland zurück, zu einer Zeit, als Butler schon tot war. Er kann also nur von Deveroux unterrichtet worden sein, der seinerseits bei den geheimen Gesprächen der »drei Heroen« nicht anwesend war. – Der Schwall der späteren Darstellungen in Geschichtswerken – Theatrum Europaeum, Khevenhiller – und Flugschriften ist informiert von den authentischen Berichten, vom Hörensagen und von Erfindungen. – Durch Srbiks Arbeit ist Steuers »Zur Kritik der Flugschriften über Wallensteins Tod« überholt, obgleich in Einzelheiten noch immer wertvoll. Nebenbei bemerkt hat Srbik übersehen, daß Hurter den Bericht Gordons schon gekannt und verwendet hat – siehe seine Fußnote, Hurter, W.'s vier letzte Lebensjahre, S. 437 [F] –, jedoch ohne den Autor zu identifizieren.
Es wird im Folgenden nicht notwendig sein, jedes Detail zu belegen. Ich tue es nur da, wo ich nicht die von Srbik publizierten drei Hauptquellen benutze, oder sonst von Srbik abweiche.
Dies war die Weisung: Diodati an Gallas, 25. Februar, bei Förster, Briefe, Band III, S. 273. [B]
Bitter klang die Entrüstung des Generalleutnants: Gallas an Ferdinand, 27. Februar, bei Förster, Briefe, Band III, S. 302. [B]

der Herzog nahe mit fünfzehn Regimentern: Apologia, bei Aretin, Urkunden, S. 136. [B]

935 *der Herzog sei sein eigener Herr jetzt:* Steuer, S. 154. [F]

936 *Briefe wurden registriert:* Ein Brief des Grafen Wrtby an Wallenstein, 25. Februar zur Registratur gegeben. Hallwich, W.'s Ende, Band II, S. 228. [B]

an den Kroaten-Obersten Corpus: Die Geschichte dieses letzten Briefes ist leider sehr unsicher. Hurter, ein Kenner von Wallensteins Handschrift, will ihn im Wiener Heeres-Archiv gesehen haben. (Hurter, W.'s vier letzte Lebensjahre, S. 433 [F]) In Wien ist er aber nicht; in Wallensteins Kriegskanzlei, die 1921 von Wien nach Prag gebracht und dem Staatlichen Zentralarchiv zugeordnet wurde, ist er auch nicht. Dagegen sah ich dort ein Kanzlei-Konzept des Briefes; was entschieden gegen die Existenz eines Wallensteinischen Handschreibens spricht. – Wo das Kroaten-Regiment Corpus sich damals befand, konnte ich nicht feststellen. Jedenfalls nicht mehr in Mähren, wie nach der, Hallwich, W.'s Ende, S. 233 [B], gedruckten »Designation«, sondern in Nordböhmen. Anfang März lag es in der Gegend von Eger. Bernhard von Weimar an Oxenstierna, 18. März, bei Irmer, Verhandlungen, Band III, S. 336. [B]

Ob Wallenstein noch etwas hoffte: Über den Zustand seiner Nerven am letzten Tag, Aussage Wesselius, bei Förster, W. als Feldherr und Landesfürst, S. 458 [L]: »Alles und Jedes hat er mit unerhörtem Fulminieren negotiiert . . .«.

936/937 *zumalen wir nichts als Ihrer Kaiserlichen Majestät:* Hallwich, W.'s Ende, Band II, S. 241 f. [B]

937 *Hisque verbis:* Förster, W. als Feldherr und Landesfürst, S. 458. [L]

Es heißt, der Astrolog: In keinem der Berichte aus erster Hand findet sich ein Wort darüber, daß die Mörder in Wallensteins Haus auf Senno getroffen wären. In Piccolominis Relation heißt es, der Astrolog habe gerade die Anticamera verlassen: Jedin, S. 356. [B] Natürlich ist denkbar, daß Senno noch durch das Haus geisterte. Denkbar, jedoch aus keiner authentischen Quelle belegbar, auch, daß er kurz vorher noch bei Wallenstein war. Wäre er es aber auch gewesen: wie sollte man wohl das zwischen ihnen geführte Gespräch kennen, so wie etwa Khevenhiller, Annales, Band XII, S. 1164 [A], es referiert? Hätte Senno den Herzog wirklich vor der noch andauernden Gefahr gewarnt, so würde er sich doch gehütet haben, das später zu erzählen. Die ganze Überlieferung entspricht der von Memmingen, September 1630, der Geschichte von den Horoskopen Ferdinands und Maximilians. So *mußte* Wallenstein sich eben in großen Krisen verhalten.

die einzige Wache: Siegl, Wallenstein, S. 47 [F]: Bezahlung von vier Schützen, die alles Getös, Klopfen, auch Bellen der Hunde verhindern müssen.

938 *der Hecht mit Schnecken garniert:* Siegl, Wallenstein, S. 46f. [F]

was der Schlüssel zum äußeren Tor war: Jedin, S. 355. [B]

939 *alle Fenster in Scherben gingen:* Siegl, Wallenstein, S. 47. [F] Bezahlung des Thomas Vogel, der sieben Fenster »in der Stuben, da die Exekution geschehn« neu verglasen mußte.

lobte nachmals der Kriegsrat Caretto: An Ferdinand, 28. Februar, bei Förster, Briefe, Band III, S. 333. [B]

wenn Arnim bis auf zwei Meilen an Eger herangekommen wäre: Dieser Brief ist verloren, sein Inhalt aber aus Gallas an Marradas, 27. Februar, bei Förster, Briefe, Band III, S. 305 [B], klar zu erschließen.

941 *gegen einen so greulichen, rachgierigen Menschen:* Relationsbericht etc., bei Irmer, Verhandlungen, Band III, S. 295. [B]

942 *wäre vergebliches Mühen gewesen:* Der Sturm wird schon in dem Bericht Gordons erwähnt, ist hier jedoch Beifügung Piccolominis. Piccolomini hatte keinen

Grund, ihn zu erfinden, zumal er in seiner Relation jede außergewöhnliche Naturerscheinung gelegentlich von Wallensteins Tod verwirft. Jedin, S. 356. [B] Der Sturm ist dann in die Beschreibungen aus zweiter Hand übergegangen: Theatrum Europaeum, Band III, S. 184 [A]; Khevenhiller, Annales, Band XII, S. 1175. [A] Die Stelle ist bezeichnend für Khevenhüllers Arbeitsweise dort, wo er nicht aus eigenen Erlebnissen oder aus den von kaiserlichen Archivaren zur Verfügung gestellten Dokumenten schöpfte. Er hat sie einfach aus irgendeiner Flugschrift kopieren lassen, ohne zu bemerken, daß die dort gegebene Interpretation – das Firmament selber entsetzte sich über solche grausame Mordtaten – seiner eigenen Billigung des Mordes schnurstracks widerspricht.

Er hatte sich ans Fenster geschleppt: Dies nicht, wie bei Srbik, S. 397, Anmerkung 165 [F], aus der Legende zu schließen, wonach Wallenstein sich aus dem Fenster stürzen wollte, sondern klar aus dem Bericht Macdaniels, bei Srbik, S. 327 [F]: Arrivato esse alla casa del Walstein lo vide ad una fenestra . . . Butler und seine Dragoner sahen also von draußen Wallensteins Schatten am Fenster.

die Schmähworte: Diese Worte des Deveroux nur bei Gordon, aber viel glaubhafter als die längeren, vornehmeren Anreden in anderen Berichten. In Piccolominis Relation ruft Deveroux: »Eure Hoheit hat die Armee des Kaisers zum Feind hinüberführen wollen« etc. Jedin, S. 356. [B]

943 *»sind unterdessen immer auf Wien zu marschiert«:* Werder an Oxenstierna, 27. Februar, bei Irmer, Verhandlungen, Band III, S. 305f. [B]

945 *Fama öffnete:* Priorato, Historia della Vita, S. 62. [A]

alle getötet: Förster, Briefe, Band III, S. 217. [B]

946 *Vermutlich war es der Teufel:* Irmer, Verhandlungen, Band III, S. 307. [B]

Übernatürliche Geräusche: Jedin, S. 356. [B]

Die Leichname der Missetäter: An Caretto, 27. Februar, bei Förster, Briefe, Band III, S. 373. [B]

sich denn selbst verdächtig machen: Richel an Maximilian, 8. März, bei Irmer, Verhandlungen, Band III, S. 326f. [B]

es werde leider wieder keines da sein: Vermutlich handelt es sich hier um die 200000 Taler, die Wallenstein, das bedeutet, der Kaiser, von Maximilian als Leihgabe erhielt, »sobald die Conjunction erfolgt«, die Vereinigung beider Armeen in Franken. Discurs über des Fridlands Actiones, bei Aretin, Bayerns auswärtige Verhältnisse, Band I, S. 341. [N]

947 *Lamormainis Jesuitencollegium:* Srbik, S. 312. [F]

jedenfalls riet ihm Eggenberg: Pater Basilio an Kardinal Harrach, bei Hallwich, Briefe und Akten, Band IV, S. 679f. [B]

doch immer in Tränen: Hallwich, Briefe und Akten, Band IV, S. 679f. [B]

schon am Tag vor dem Mord: Hallwich, W.'s Ende, Band II, S. 243. [B] Hallwich, Briefe und Akten, Band IV, S. 700. [B]

gab er sich mit Energie: Antelmi, bei Gliubich, S. 433. [B]

947/948 *Antelmi . . . fand das ein ungewöhnliches:* Gliubich, S. 442. [B]

Octavio Piccolomino empört: Antelmi, bei Gliubich, S. 437. [B]

besorgte er schon in den allerersten Tagen: Aus einem Brief Schlicks an Piccolomini vom 3. März geht das deutlich hervor. Förster, Briefe, Band III, S. 376. [B]

nach dem Mord schon weggeschleppt: Caretto an Ferdinand, bei Förster, Briefe, Band III, S. 338. [B]

Gerüchte, wonach: Ernstberger, Für und wider, S. 270. [F]

Caretto mußte Wagen und Pferde: Ferdinand an Caretto, bei Förster, Briefe, Band III, S. 349. [F]

um Wallensteins Kanzlei: »Ausführlicher und gründlicher Bericht« etc., bei Murr. [B]
noch 600 Briefe: Gallas an Ferdinand, 28. Februar, bei Förster, Briefe, Band III, S. 351. [B]
Caretto stieß nach: Caretto an Ferdinand, bei Förster, Briefe, Band III, S. 347. [B]
949 *Der Verdacht liegt nahe:* Hierüber die wichtige Anmerkung bei Steuer, S. 324. [F] Auch Suvanto, S. 267. [F] Über die Verbrennungs-Legende und die ferneren Schicksale von Wallensteins Kanzlei: Hallwich, W.'s Ende, Band I, Einleitung, S. XXXII ff. [B]; Schebek, Lösung, S. 307 ff. [B]; Srbik, S. 107. [F]
aus denen man nützliche Wissenschaft: So Caretto an Ferdinand über die Gefangennahme Franz Albrechts, bei Förster, Briefe, Band III, S. 343. [B]
ertappten Butlers lauernde Dragoner: Butler an Gallas, 28. Februar, bei Förster, Briefe, Band III, S. 342. [B] Auch Bericht Macdaniel bei Srbik, »Kompilation L«.
erging es dem Kaiser Elz: Heidechen an Gallas, 1. März, bei Hallwich, Briefe und Akten, Band IV, S. 668. [B]
Der Lauenburger, hell und frech wie immer: Caretto an Ferdinand, 7. März, bei Hallwich, W.'s Ende, Band II, S. 510. [B] Caretto an Ferdinand, 3. März, bei Förster, Briefe, Band III, S. 345. [B]
an die fünfzig: Hallwich, W.'s Ende, Band II, S. 511. [B]
950 *patientia:* Franz Albrecht an Franz Karl von Lauenburg, bei Gaedeke, S. 292 f. [B]
Elz protestierte: Elz an Walmerode, bei Hallwich, W.'s Ende, Band II, S. 520. [B]
Elz noch schlauer: Garetto an Ferdinand, 2. März, bei Hallwich, Briefe und Akten, Band IV, S. 672. [B]
so charakterisierte ihn ein anderer: Walmerode an Ferdinand, bei Hallwich, W.'s Ende, Band II, S. 519. [B] Caretto an Ferdinand, bei Hallwich, Briefe und Akten, Band IV, S. 672. [B]
in den Schoß der Römischen Kirche floh: Hurter, W.'s vier letzte Lebensjahre, S. 489. [F]
seine genaueste Bewahrung: Ferdinand an Gallas, 6. März, bei Förster, Briefe, Band III, S. 359. [B]
Gallas tat so: Förster, Briefe, Band III, S. 368. [B]
Zweiundzwanzig Jahre später soll er: Bergel, S. 53. [K] Dies nach Bergel, dessen Dokumentation verlorenging. Nach Hurter war Senno noch am 5. Juli 1634 in Wien im Gefängnis. Hurter, W.'s vier letzte Lebensjahre, S. 489. [F]
Sie ergingen sich in Schmähungen: Heinrich Julius von Lauenburg, Oberst Sparr, Oberst Breuner und andere.
951 *in polnischen Dienst überzutreten:* Hallwich, W.'s Ende, Band II, S. 537 f.
oder ein so undankbares Land: Piccolomini an Oñate, 21. März; an Schlick, 22. März; an Trauttmansdorff, 22. März; an den Kaiser, ohne Datum, vielleicht nicht abgeschickt, in deutscher Übersetzung bei Elster, S. 27 ff. [P] Der Brief an Oñate im Original, bei Hallwich, Briefe und Akten, Band IV. S. 708 ff. [B] Piccolomini an Gallas, 13. März, bei Hallwich, Briefe und Akten, Band IV, S. 692 ff. [B]
ihm zu Pilsen ins Gesicht geantwortet: Krebs, Hatzfeld, S. 62. [P]
verhüllte Drohungen: In einem zweiten Brief Piccolominis an Oñate vom 16. April; Srbik, S. 204 und S. 403, Anmerkung 42. [F]
Drängen nach Bestrafungen: Ebensosehr wie Piccolomini machte sich Aldringen zum schärfsten Befürworter dieser Forderung. Aldringen an Ferdinand, 19. März, an Bischof Antonius, 19. März, bei Hallwich, Briefe und Akten, Band IV, S. 701 ff. [B]
952 *Tavigny:* Srbik, nach Dokumenten im Archiv Nachod, S. 401, Anmerkung 28. [F] Srbik hat dies Ergebnis ans Licht gebracht.

Oberstleutnant Freiberger: Sein Manifest (Khevenhiller, Annales, Band XII, S. 1170f. [A]) ist vom 3. März. Polišenský, der die beste Quelle, die Troppauer Jesuitenchronik, benutzt hat, gibt für den Beginn des Aufstandes den 2. März an. (Polišenský, Problematik, S. 134. [C]) So auch Pekař, Wallenstein, Band II, S. 303. [F] Andererseits sagen sowohl Theatrum Europaeum, Band III, S. 184 [A], wie Khevenhüller, der Aufstand habe begonnen, sobald die Nachricht von der Verhaftung Schaffgotschs, die am 24. Februar erfolgte, nach Troppau gelangt sei. Es mag dies Tapié, S. 302 [O], veranlaßt haben, den Beginn des Aufstandes auf den 25. Februar zu datieren.
Es wurden Geiseln genommen: Theatrum Europaeum [A] gibt die Namen.
nur die bösesten Verführer keineswegs: Kaiserliches Pardons-Patent für die in Troppau liegende Soldateska, 13. März, bei Hallwich, W.'s Ende, Band II, S. 517f. [B]
953 *selber von ihm in Ruhe gelassen würde:* Gallas an Aldringen, bei Irmer, Verhandlungen, Band III, S. 313. [B] Gallas an Ferdinand, bei Hallwich, W.'s Ende, Band II, S. 501. [B] Piccolomini an Oñate, bei Hallwich, Briefe und Akten, Band IV, S. 708. [B]
ließ Wallensteins Bildnis: Irmer, Verhandlungen, Band III, S. 496. [B]
Karl von Zierotin: Pekař, Wallenstein, Band II, S. 304. [F]
Arnim hoffte am 2. März: Arnim an Johann Georg, 1. März, bei Gaedeke, S. 289f. [B]
ihren beiden Vertretern zum Ärger: Feuquières an Bouthillier, 20. März, bei Feuquières, S. 261. [B]
954 *sanguine finis erit:* Arnim an Schwalbach, 3. März, bei Gaedeke, S. 293f. [B] Arnim an Johann Georg, 3. März, bei Irmer, Arnim, S. 277. [P] In längerem Auszug bei Helbig, W. und Arnim, S. 36 [F], und bei Pekař, Wallenstein, Band II, S. 302. [F] Von dem Eindruck, den die Mordnachricht auf Arnim machte, gibt Pekar ein falsches Bild.
mit Kinskys Petschaft versiegelt: Arnim an Johann Georg, 6. März, bei Irmer, Verhandlungen, Band III, . 323f. [B]
Mit Arnim gleichzeitig: In Regensburg hatte man die Nachricht am 1. März. Chemnitz an Erskin, bei Irmer, Verhandlungen, Band III, S. 308. [B] Weiden, wo Bernhard sich damals aufhielt, liegt bedeutend näher bei Eger als Regensburg.
Denn er wußte schon Bescheid: Bernhard an Johann Georg, Weiden, 2. März, mit einer Beilage, die von dem Mord und von der Gefangennahme Franz Albrechts handelt, bei Gaedeke, S. 290f. [B] Ähnlich an Arnim, gleiches Datum, Hallwich, W.'s Ende, Band II, S. 499. [B] Am 12. März bezieht Bernhard sich in einem Brief an Arnim auf diese Botschaft: Schon damals habe er ihn von dem »in Eger vorgelaufenen Massacres verständigt«, und zwar mit dem Gedanken, »wie wir bei solcher Occasion dem gemeinen evangelischen Wesen zum Besten praevalieren möchten . . .« – Dieser unveröffentlichte Brief in der Sammlung Kurt Neuenhagen.
Er zog sich wieder zurück: Bernhard an Oxenstierna, 18. März, bei Irmer, Verhandlungen, Band III, S. 336f. [B]
bei einer Begegnung in Frankfurt: Feuquières, Band II, S. 273. [B]
Seit langer Zeit: Feuquières, Band II, S. 259. [B]
durch Oxenstiernas privaten Gedankenaustausch: Etwa an seinen Bruder Gabriel: »Gott verwirrt die Pläne der Menschen zum Besten seiner Gemeinde«, zitiert bei Kretzschmar, Heilbronner Bund, Band II, S. 259. [N]
Offiziell kondolierte er: Gaedeke, S. 297. [B]

nützlich fischen: An Friedrich Ulrich von Braunschweig, bei Irmer, Verhandlungen, Band III, S. 330f. [B]
die »dritte oder Wallensteinische Partei«: Sattler an Oxenstierna, bei Irmer, Verhandlungen, Band III, S. 322. [B]

955 *verstand er nun ihre Erleichterung:* An Bouthillier, 21. März, bei Feuquières, Band II, S. 261. [B]
bitter gegrämt haben: Fagniez, Band II, S. 166. [O]
Es gelang ihm nicht: Feuquières, Band II, S. 225, 235. [O]

956 *glaubt das Eine lieber als das Andere:* Richelieu, Band VIII, S. 93–105. [B]
Mazarin: Mazarin an Piccolomini, 27. Mai, bei Hallwich, Briefe und Akten, Band IV, S. 757. [B]
wurde in Madrid ein Theaterstück gegeben: Erzählung des württembergischen Rates Hieronymus Welschen, zitiert bei Vetter, S. 19. [F]
Am 13. April besprach der Staatsrat die Lage: Beladiez, S. 391–393. [O]

957 *Wie manche Armee:* Pro Memoria eines Ungenannten, bei Irmer, Verhandlungen, Band III, S. 332. [B] Srbik, der, S. 217 [F], die Schrift in erweiterter Form referiert, zeigt, daß es sich hier um ein Stück schwedischer Propaganda handelt. Vermutlich nur eines von vielen.
sich verzweifelt wehrte: So die Züricher Wochentliche Ordinari Zeitung, bei Buchner, Band I, S. 67f. [B]
in einem Mistwagen: Srbik, S. 211. [F]
wie die Gräfinnen: Ernstberger, Für und wider, S. 271. [F]

958 *Hier liegt und fault:* Theatrum Europaeum bringt eine Form, Band III, S. 185 [A], die auch Murr hat, S. 361. [B] Srbik; S. 419 [F], druckt eine andere, Ernstberger, Für und wider, S. 277 [F], wieder eine andere. Offenbar ist übrigens diese Spott-Grabschrift schon vor Wallensteins Tod gedichtet worden. So bemerkt der Verfasser der Pariser »Extrablätter«, der andernfalls das Gedicht am 23. März auch kaum schon gekannt hätte. Siegl, Zeitungsberichte. [F]
Hier liegt der Friedland ohne Fried: Buchner, Band I, S. 69. [B]
Bilder, Holzschnitte: Siegl, Wallenstein, S. 49. [F]
Colloquium: Srbik, S. 245. [F]

958/959 *Eigentliche Abbildung:* Srbik, S. 245. [F]

959 *Relation aus Parnasso:* R. Wapler, Anhang, S. XIVff. [F] Mein Zitat S. XXV. Auch bei Srbik referiert.
Caesarem cadentem: Bei Murr, S. 366ff. [B]; auch bei Ernstberger, Für und wider, S. 280. [F]
Fridlandus Heros: Ernstberger, Für und wider, S. 279. [F]
De morte ducis Fridlandiae: Thomas, Anhang, S. 23. [F]

960 *mit Arminius dem Cherusker:* Des teuren Fürsten und Beschirmers Teutscher Freiheit Arminii glorwürdige Taten. Allen jungen anwachsenden Teutschen Helden wie auch andern des Vaterlands Liebhabern zur freudigen Aufmunterung etc. von Johann Heinrich Hagelgans, Nürnberg 1640. Polišenský, Wallenstein, S. 7 [G], nennt dies Buch die erste deutsche Verteidigung Wallensteins. So einfach ist es doch wohl nicht. Der Name kommt in dem Buch gar nicht vor. Die Historie von Arminius ist, wie schon der Titel zeigt, eine der patriotischen Schriften, wie sie für den deutschen Geist gegen Ende des Krieges bezeichnend sind. Sicher auch will der Autor dem Leser Vergleiche mit der eigenen Zeit suggerieren; das »schändliche Römerjoch« ist ähnlich dem spanischen Joch; die Beobachtung, daß »unter dem Vorwand der Hilfeleistung oft Regiersucht verborgen« ist (S. 240), geht gegen die Schweden; wenn Hagelgans den Deutschen endlich zeigen will, wer »Herzog Arminius« gewesen sei, was er für sein Land habe tun wollen, wie er

mißverstanden und von seinen eigenen Landsleuten in schnödem Undank ermordet worden sei, mag der Autor in der Tat an Wallenstein gedacht haben.
Pariser Extrablätter: Abgedruckt bei Siegl, Zeitungsberichte, S. 292ff. [F]
daß der Botschafter der Republik: Antelmis Depesche vom 8. April, bei Gliubich, S. 441. [B]

960/961 *ein Sonett zu widmen:* Dies Sonett, veröffentlicht von Hallwich, Beiträge zur neueren Geschichte Österreichs, 1906, Heft 1, S. 57ff.

962 *nel proprio sangue:* Thomas. [F]
konnte keine Macht über sich ertragen: Thomas, S. 17. [F]

963 *für einen anderen Zweck zu gebrauchen:* Über Entstehung und Schicksal der Relation: Jedin, S. 328ff. [B]
von den »deputierten Commissaren«: Gutachten etc., bei Förster, Briefe, Band III, Anhang, S. 74. [B]
Verhört wurden gleich Anfang: Bericht des Justus Gebhard, bei Förster, W. als Feldherr und Landesfürst, S. 443ff. [L]
und andere mehr: Erhalten haben sich die Verhöre Elz, Haimerl, Hennig, Kayser, Franz Albrecht, Schaffgotsch, Scherffenberg und Schlieff, alle bei Irmer, Verhandlungen, Band III [B]; Mohr von Wald, bei Dudik, Mohr von Wald [F]; Senno, jedoch nur in einer kurzen, von Hurter, W.'s vier letzte Lebensjahre, S. 489 [F], wiedergegebenen Notiz. Ferner die Prozeß-Akten der »Mitverschworenen« Herzog Heinrich Julius, Sparr, Schaffgotsch, bei Förster, Briefe, Band III, Anhang, S. 38ff. [B]

964 *Sie blieben vergessen in Budweis:* Hallwich, W.'s Ende, Band I, S. XXXIIIff. [B]

965 *gar nicht erst anfing:* Föster, Briefe, Band III, Anhang, S. 43ff. [B]
die Fakten, wie sie waren: Gutachten etc., April 1634, bei Hallwich, W.'s Ende, Band II, S. 527ff. [B]
sein Sohn und Thronfolger: Mailath, Band III, S. 382. [E]

966 *war Dresdener Hörensagen:* Protokoll über einige Aussagen des Obersten Schlieff, bei Irmer, Verhandlungen, Band III, S. 450ff. [B] Über die Beziehungen zwischen Wallenstein, den böhmischen Emigranten und Gustav Adolf: Schlieff an Graf Schlick, bei Hallwich, Briefe und Akten, Band IV, S. 786ff. [B] Hallwich hat diese Denunziation falsch datiert; sie ist auf spätestens Mai 34, nicht auf Juli 35 anzusetzen.
aber gewiß kein Schriftsteller: Srbik, S. 265. [F]
mißlang etwas, dann hatte er so gewollt: Murr, S. 209, 213, 217, 220. [B]

967 *non proditores:* Murr, S. 295. [B]
lebendig oder tot zu bemächtigen: Murr, S. 257. [B]
Stilkritiker: Ranke, Geschichte W.'s, S. 489. [G]
die Vermutung wurde bestätigt: Srbik, S. 267. [F]
vor aller Welt übernahm ... Ferdinand: Wie Fabio Diodati triumphierend an Piccolomini schrieb: Srbik, S. 426, Anmerkung 73. [F]
ein cadaver mortuum: Förster, Briefe, Band III, Anhang, S. 78. [B]
ließ man von ihm ab: Bericht des Autidors Gras, bei Förster, Briefe, Band III, Anhang, S. 87ff. [B]
Der Hofkriegsrat ... befand: Förster, Briefe, Band III, Anhang, S. 80. [B]
ein großes Vermögen zu konfiszieren: So später der Generalwachtmeister Sparr: Hätte er Schaffgotschens Vermögen und Güter gehabt, sein Kopf stünde ihm nicht mehr auf dem Rumpfe. G. Biermann, Geschichte des Herzogtums Troppau und Jägerndorf, zitiert, bei Schebek, Lösung, S. 366. [B]

967/968 *wohin immer sie wünschten:* Hurter, W.'s vier letzte Lebensjahre, S. 506f. [F]

968 *nicht zu publizieren:* Förster, Briefe, Anhang, S. 29. [B]
Jammer der Heimgesuchten: Kammerrat Künell an Graf Kolowrat, bei Bilek, S. 352ff. [F] Stadt Friedland an die kaiserlichen Kommissare, bei Hallwich, Briefe und Akten, Band IV, S. 742ff. [B] Gallas an den Kaiser, bei Hurter, W.'s vier letzte Lebensjahre, S. 474. [F]
durch eine schießbereite Garde: Hurter, W.'s vier letzte Lebensjahre, S. 475. [F]
969 *vier Millionen Gulden wert:* Bilek, S. 209. [B]
kamen auf eine Gesamtsumme: Bilek, S. 194. [B]
Andererseits fügt der beste Kenner: Bilek, S. 193f. [B]
ein schlaues Lockmittel: Hurter, W.'s vier letzte Lebensjahre, S. 473. [F]
was er nicht konnte: Bilek, S. 192f. [B]
970 *immerhin 14 Millionen:* Bilek, S. 215. [B]
Friedland und Reichenberg: Wert bei Bilek, S. 39. [B]
Nachod: Bilek, S. 198. [B]
Teplitz . . . an Aldringen: Dies weiß Fabio Diodati schon in einem Brief an Piccolomini vom 27. April 1634, bei Hallwich, Briefe und Akten, Band IV, S. 747. [B]
selber genaue Verteilungspläne verfaßte: F. Diodati an Piccolomini, 11. Januar 1635, bei Hallwich, Briefe und Akten, Band IV, S. 772. [B] Der Brief scheint mir falsch datiert; er erwähnt Aldringen, als ob er nicht schon lange tot, Nachod, als ob es Piccolomini nicht schon lange zugesprochen wäre.
der stolze Graf Oñate: Srbik, S. 263. [F]
auch nicht der junge König von Ungarn: Hurter, W.'s vier letzte Lebensjahre, S. 477. [F]
971 *Drei Jahre später warteten noch:* Hurter, W.'s vier letzte Lebensjahre, S. 481. [F]
um nichts mehr als Gnade bat: Isabella an Ferdinand, November 35. Dazu Hallwich, Briefe und Akten, Band IV, S. 793f., Anmerkung. [B]
nicht der Palast in Prag: Hurter, W.'s vier letzte Lebensjahre, S. 481f. [F]
972 *im Hinblick auf seine treuen Dienste:* Bilek, S. 66. [B]
kaufte er . . . den Palast in Prag: Ferdinand III. an die böhmische Kammer, März 1639, bei Bilek, S. 348f. [B]
Dies Privileg: Förster, Prozeß, Urkundenbuch, S. 90. [B]
kannte man in Wiener Hofkreisen: Antelmi an den Dogen, 4. März, bei Gliubich, S. 433. [B]
973 *der Spruch blieb der gleiche:* Förster, Prozeß, Abt. II, S. 9ff. [B]
974 *ruhmlos ums Leben kam:* Brohm, S. 109. [P] Genauer: Aldringen wurde in eine Fluchtbewegung gerissen, für die er nichts konnte, und von schwedischen Verfolgern tödlich verwundet. Alsbald entstanden die üblichen Gerüchte: er sei mit den Schweden im Einverständnis gewesen, ein Bürger von Landshut habe ihn ermordet etc. Dazu Hallwich, Aldringens letzter Ritt, S. 21ff. [P]
975 *drei Viertel seiner Bewohner:* Günther Franz, S. 48. [L]
aus des Friedländers Kanzlei: Wandruszka, S. 61. [N]
976 *nachdem er seine Theologen befragt hatte:* Hurter, Friedensbestrebung, S. 83f. [O] Wandruszka, S. 33f. [N]
977 *Auch die am »Friedländischen Verrat« Beteiligten:* Theatrum Europaeum, Band III, S. 488. [A]
die Fremden vom Reichsboden vertrieben wären: Der Text des Prager Vertrags in deutscher Sprache, Theatrum Europaeum, Band III, S. 472ff. [A] Der lateinische Text wurde auf Veranlassung des Reichserzkanzlers, des Kurfürsten von Mainz, gedruckt: Coloniae Agrippinae, anno 1635. Analysen bei Wandruszka [N]; Ritter, Deutsche Geschichte, Band III, S. 588f. [C], und anderen.

978 *in welchem er es lange doch nie aushielt:* Arnims Kritik des Prager Friedens: Hurter, Friedensbestrebung, S. 129f. [O] Irmer, Arnim, S. 316f. [P]
die Nacht mit Feuerspielen erhellen: Zum Beispiel in Nürnberg. Theatrum Europaeum, Band III, S. 491. [A]
979 *würden die hart Getroffenen sein:* Vitense, S. 212. [N]
den Prager Friedensschluß zu sprengen versucht: Baustaedt, S. 156. [O]
wie Wallenstein je unter sich gehabt hatte: Nach Baustaedt, S. 158 [O], insgesamt 110000 Mann.
980 *als zu krepieren nach Soldatenart:* Feuquières, Band I, S. CCXff. [B]
er habe Beweise dafür: Vitense, S. 217f. [N]
der Abt Caspar von Questenberg unter ihnen: Dudik, Die Schweden in Böhmen und Mähren, 1640–1650, S. 419ff.
981 *schon pensioniert:* Némethy, S. 139 [D], bringt die Entlassungsurkunde, in gnädigen Worten abgefaßt und eine Jahrespension von 6000 Gulden zusagend.
in einem Schubkarren vor sich herschiebend: Helmut Vogt, Das Bild des Kranken, München 1969, Abbildung auf S. 165.
die er verbrannte Stück für Stück: So erzählt Hess, S. 158. [P] Leider gibt er seine Quelle nicht an.
982 *drei Jahre vergingen, bis man:* Über die Vorverhandlungen und Verhandlungen das schon klassische Werk Fritz Dickmanns, Der Westfälische Friede, 1959. [O]
985 *werden wir unseres größten Wohltäters dankbar eingedenk sein:* Hallwich, W.'s Grab. [F]
»Anhänger des ermordeten Wallenstein«: Khevenhiller, Annales, Band XII, S. 2366. [A]
Und euch allen sage ich: Murr, S. 343f. [B]
Blutspuren an der Wand: Murr, S. 344. [B]
Weißt du es für gewiß: Murr, S. 351 [B], nach dem Zeitgenossen Minetti, Ratsherrn von Eger.
986 *Die Prinzessin von Friedland:* Khevenhüller in einem Brief an seine Schwägerin, bei Czerwenka, S. 389. [E]
der arme Selbstmörder, Hans de Witte: Mitteilung des Herrn Grafen Karl von Waldstein.
wird es nur ungenügend beschrieben: Dazu der Vortrag: 800 Jahre Familiengeschichte, zusammengestellt von Berthold Graf von Waldstein-Wartenberg, in: Waldstein-Wartenberg. [Q]
987 *wie kein Hunnensturm:* Mailath, Band V, S. 136f. [E]
dies alles in schneidender Kälte: Vgl. Golo Mann, Auf Wallensteins Spuren, Neue Rundschau, Heft III, 1966.

Danksagung

Ein Werk wie das meine baut auf der Leistung von Hunderten von Forschern, denen man nur dadurch danken kann, daß man sie jeweils nennt. Besonderen Dank schulde ich: Herrn Professor Josef Polišenský und Herrn Dozenten Dr. Miroslav Hroch, beide in Prag, für wertvolle Informationen und Ratschläge, Herrn Hroch vor allem für die generöse Überlassung zahlreicher Exzerpte unveröffentlichter Briefe Wallensteins aus dem Prager Staatlichen Zentralarchiv; den Herren Archivaren Dr. Budîl und Dr. Kolman für die Einführung in die Schätze ihrer Archive in Mnichové Hradište/Münchengrätz und Prag; Herrn Ludvik Gregor, Prag, für die Übersetzung wichtiger Texte aus dem Tschechischen; Herrn Oberlandesgerichtspräsidenten a.D. Kurt Neuenhagen, Laubach/Oberhessen, der mir seine reiche Sammlung von Originalbriefen der Wallensteinzeit zur Verfügung stellte; den Damen und Herren der Zentralbibliothek Zürich und Fräulein Marianne Fischer vom Thomas Mann-Archiv Zürich für die Beschaffung von Druckmaterial während einer Reihe von Jahren; Herrn Dr. Karl Graf Waldstein-Wartenberg, Herrn Pater Angelus Waldstein OSB und Fürst Alfons Clary-Aldringen für Mitteilungen aus Familienüberlieferung; Herrn Klaus Schulz, Berlin, und Herrn Hans-Dieter Müller, Bremen, für die kritische Lektüre des Manuskripts; zuletzt, vielmehr zuerst, Frau Anita Naef für die Reinschrift des Manuskripts, das Mitlesen der Korrekturen und unzählige unentbehrliche Hilfeleistungen.

Register

I. Personen und Werke

III. Geographisches

»Es ist in dieser Autobiographie – und wen könnte das wundern? – viel Schwermut und auch Bitterkeit, doch keine Spur von Zynismus oder Menschenverachtung...«.

Marcel Reich-Ranicki in der FAZ

Golo Mann

Erinnerungen und Gedanken

Eine Jugend in Deutschland

Band 10714

»Eine Jugend in Deutschland« – keine alltägliche, sondern gefährdet durch Anlagen und Umstände, gleichwohl im bürgerlichen Rahmen behütet und gefördert, eigensinnig und doch in vielen Entwicklungen repräsentativ für dieses Land und für die Zeit – 1909 bis 1933 –, durch die Golo Mann seinen Weg mit beharrlicher Unabhängigkeit und kritischer Selbstzucht findet. Die Stationen: Das vom Vater überschattete Elternhaus mit den großen Geschwister Klaus und Erika. Literatur, Musik, Theater als frühe Eindrücke, Schule und Pfadfinder, Internat Schloß Salem. Nach dem Abitur Studium in München, Berlin, Heidelberg: Jaspers, der Sozialistische Studentenbund, erste Aufsätze, Versuche, dem Nazi-Geist entgegenzutreten. Hamburg, Göttingen: Selbstaufgabe der Weimarer Republik, alles Spätere vorbereitende Anfänge des »Dritten Reichs«. Golo Mann beschwört keine »besonnte Vergangenheit«, viel zu sehr litt und leidet er an den Irrtümern deutscher Politik. Dennoch weckt dieses große deutsche Bekenntnisbuch Hoffnung: »es ist weise und, aller Bitterkeit zum Trotz, zugleich auf seine Art heiter« (*Marcel Reich-Ranicki).*

Fischer Taschenbuch Verlag

fi 1318 / 7

Deutsche Geschichte im 20. Jahrhundert

Rechtsextremismus in Deutschland
Voraussetzungen, Zusammenhänge, Wirkungen
Herausgegeben von Wolfgang Benz
Band 12276

Timothy Ash Garton
Im Namen Europas
Deutschland und der geteilte Kontinent
Band 12567

Hermann Glaser
Industriekultur und Alltagsleben
Vom Biedermeier zur Postmoderne
Band 11751

Hermann Glaser
1945
Ein Lesebuch
Band 12527

Bürger, Recht, Staat
Handbuch des öffentlichen Lebens in Deutschland
Herausgegeben von Sven Hartung u. Stefan Kadelbach
Band 11504

Chr. Kleßmann
Deutschland 1945-1995
Band 11697

Extremismus der Mitte
Vom rechten Verständnis deutscher Nation
Herausgegeben von H.-M. Lohmann
Band 12534

Golo Mann
Deutsche Geschichte des 19. und 20. Jahrhunderts
Band 11330

Zeiten und Figuren
Schriften aus vier Jahrzehnten
Band 3428

Deutsche Geschichte 1918-1933
Dokumente zur Innen- und Außenpolitik
Herausgegeben von Wolfgang Michalka/Gottfried Niedhart
Band 11250

Fischer Taschenbuch Verlag

fi 1707 / 8 a

Marianne Krüll

Im Netz der Zauberer

Eine andere Geschichte der Familie Mann

Band 11381

»Was für eine sonderbare Familie sind wir! Man wird später Bücher über uns - nicht nur über einzelne von uns - schreiben«, ahnte Klaus Mann bereits 1936. Jetzt, da neben den Werken auch Briefe und Tagebücher von Thomas, Heinrich, Erika und Klaus Mann vorliegen, dazu die Erinnerungen anderer Familienmitglieder, ist dieses »Später« erreicht, um ihre erlebten und Literatur gewordenen Geschichten im Vergleich mit- und zueinander kritisch zu beleuchten. Die Soziologin und Familienforscherin Marianne Krüll folgte in ihrer, auf langjährigen intensiven Forschungen basierenden Biographie der Familie Mann den Fäden des Netzes, in dem sie alle verstrickt waren. Ihr Ausgangspunkt ist der Selbstmord von Klaus Mann, den sie vor dem Hintergrund des Generationen umspannenden Gewebes von Schuld, Verzweiflung, Hoffnungslosigkeit und Tod betrachtet. Sie legt dar, wie Erfolg und Scheitern, Selbstverwirklichung und Selbstvernichtung auf unterschiedlichste Weise von den Mitgliedern dieser Familie gelebt wurden. Mit ihrer – biographische Details und Werkzitate unkonventionell zusammenführenden – Betrachtungsweise entwickelt M. Krüll ein faszinierendes Panorama und Psychogramm einer Familie, die für die Literatur des 20. Jahrhunderts von eminent wichtiger Bedeutung war.

Fischer Taschenbuch Verlag

fi 1314 / 5

Joachim Fest

Die unwissenden Magier

Über Thomas und Heinrich Mann

Band 11259

Mit den Betrachtungen zweier Unpolitischer, unwissender Magier, setzt Joachim Fest sich in diesen beiden Essays auseinander. »Unwissend, weil schlecht informiert, weil wirklichkeitsfern, Magier, weil sich andere Wirklichkeiten erträumend oder Lieblingsträume mit Wirklichkeit gleichsetzend«, hat Golo Mann das Politisieren seines Vaters Thomas und seines Onkels Heinrich genannt. Gegensätzlichkeit der Temperamente – aus Thomas' Sicht »ethischer Individualist« der eine, »Sozialist« der andere – und Rivalität im Repräsentationsbedürfnis bestimmen nach Fest die Ausgangspositionen ihrer »politisch gebundenen Dienstleistungen« (Th. Mann). Thomas' ästhetisierender Kunstbegriff ließ ihn Heinrichs Romane kritisch, ja verächtlich beurteilen, Heinrich provozierte ihn daraufhin durch »parteiergreifenden Übertritt ins Politische« (Fest), indem er Volk, Fortschritt und Menschheitsglück zum Thema seines Schreibens machte. Thomas blieb als Erzähler von »Verfalls- und Verfeinerungsgeschichten« ein Betrachter, in dessen Werk das »gesamte politische Faszinationsvokabular der Zeit« (Fest) ohne Echo blieb. Erst Hitler hat es bewirkt, daß Thomas seine Haltung änderte, das Menschenrecht, unpolitisch zu sein, aufgab und in Sendungen der BBC von 1940-1945 »Deutsche Hörer« zum Widerstand aufrief.

Fischer Taschenbuch Verlag

fi 1547 / 4

Marcel Reich-Ranicki

Thomas Mann und die Seinen

Band 6951

Marcel Reich-Ranicki gehört zu den besten Kennern der an herausragenden Begabungen und Persönlichkeiten reichen Familie Mann. »Aber so glücklich wir sein müssen, daß es diese einzigartige Familie gibt, so aufschlußreich, so faszinierend ihre Geschichte ist, so wenig brauchen wir (und die Manns) einen Hofberichterstatter.« Von einem solchen freilich ist Reich-Ranicki weit entfernt. »Entmonumentalisierung« heißt vielmehr sein Gebot. Gerade wer über Thomas Mann schreibt, »der, allen Interpreten mißtrauend, die Deutung seines Lebens und seines Werkes schon früh in die eigenen Hände genommen hat«, kann die Aufgabe nur erfüllen, »wenn sie aus der direkten oder indirekten Polemik gegen sein Autoporträt hervorgeht.« Was Reich-Ranicki über Golo Mann schreibt, der sich »nur mit oder gegen, doch nicht ohne Thomas Mann entfalten konnte«, gilt für alle Mitglieder der Familie, in höherem Maße für die Söhne Golo und Klaus, in geringerem für die Tochter Erika, möglicherweise sogar noch für den Bruder Heinrich. In ihm finden wir die zweite charakterliche und künstlerische Autorität, den einzigen Widerpart, mit dem oder gegen den auch Thomas Mann sich nur entfalten konnte. Die Gegensätze und Abhängigkeiten, die Kämpfe und der Zusammenhalt der Familie werden von Reich-Ranicki in biographischen und literaturkritischen Studien, vor allem aber vor dem Hintergrund der Tagebücher und Korrespondenzen untersucht.

Fischer Taschenbuch Verlag

fi 1578 / 4